1 MONTH OF
FREE
READING

at
www.ForgottenBooks.com

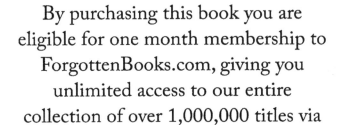

By purchasing this book you are eligible for one month membership to ForgottenBooks.com, giving you unlimited access to our entire collection of over 1,000,000 titles via our web site and mobile apps.

To claim your free month visit:
www.forgottenbooks.com/free1277162

ISBN 978-0-364-83518-0
PIBN 11277162

Vorbericht.

Dieser seit 1792 durch ein röm. kaiserl. Privilegium als öffentliches allgemeines Intelligenz-Blatt Deutschlands bestätigte Anzeiger hat durch die im vorigen Jahre geschehene Auflösung der deutschen Reichs-Verbindung keine weitere Veränderung erlitten, als daß der Schicklichkeit wegen, die Beziehung auf dieses politische Verhältniß aus dem Titel weggelassen worden ist. Uebrigens wird dieses Blatt nach dem bisherigen Plane fortgesetzt, und jene Staatsveränderung hat das Bedürfniß einer solchen Publicitäts-Anstalt für die Nation überhaupt sowohl, als für alle einzelne deutsche Staaten noch mehr erhöhet.

Der bekannte Zweck dieses allgemeinen Anzeigers d. D. ist: allen Ländern, wo Deutsch gesprochen wird, diejenigen Vortheile der Publicität darzubieten, die ein einzelner Staat, eine Provinz oder Stadt durch ein wohl eingerichtetes Intelligenz-Blatt erhält. Er soll demnach

1) dem ganzen deutschen Publicum gleichsam zum Sprachsaal dienen, um Gegenstände von gemeinsamen Interesse öffentlich zu verhandeln, neue nützliche Entdeckungen und Erfahrungen im Fache der Land- und Hauswirthschaft, der Manufacturen und Fabriken, der Gesundheitskunde, der Künste ꝛc. bekannt zu machen und der Prüfung der Kenner zu unterwerfen.

2) Den verschiedenen deutschen Staaten soll dieser allgemeine Anzeiger dazu dienen, solche Gegenstände der Gesetzgebung, Verwaltung, Justiz und Polizey, welche eine nicht bloß locale, sondern allgemeine Bekanntmachung, auch außerhalb Landes, erfordern, aufs schnellste und im weitesten Umfange zur öffentlichen Kenntniß zu bringen; z. B. Steckbriefe, Warnungen, Vorladungen, Nachfragen nach vermißten und verschollenen Personen, Anzeigen von verlornen oder gefundenen Sachen, ausgesetzte Preise, neue Verfügungen, welche Reisenden zu wissen nöthig sind, und dergl.

3) Privat-Personen können durch dieses Blatt Kaufs- und Verkaufs-Anfragen und Nachrichten, Preis-Courante, Anerbieten und Gesuche von Conditionen und Dienststellen, Ortsveränderungen, Familien-Vorfälle und andere Gegenstände allgemein und schnell bekannt machen.

4) Den Vortheil dieser Anstalt für das Publicum noch mehr zu erhöhen, ist mit der Expedition dieses Blattes auch ein Adreß- und Correspondenz-Büreau verbunden, welches mancherley, durch den Inhalt der Inserate veranlaßte Geschäfte und Aufträge gegen billige Gebühren besorget.

Die bey dieser Anstalt festgesetzten Bedingungen sind:

a) Alle Aufsätze gemeinnützigen Inhalts, und Antworten, die zur Belehrung des Publicums dienen, werden mit Dank gratis aufgenommen und können unfrankirt eingeschickt werden.

b) Für Aufsätze jeder Art, welche den Privat-Vortheil des Einsenders betreffen, werden von jeder gedruckten Zeile 1 ggl. Sächs. oder 4 1/2 Kr. Rhein. Einrückungs-Gebühren entrichtet, und das Porto vom Einsender getragen.

528562

c) Wird der Expedition die Führung der durch ein Inserat veranlaßten Correspondenz und andrer Geschäfte übertragen, so berechnet sie dafür billige Brief- und Commissions-Gebühren, z. B. für einen Brief 4 ggl.

d) Die Entrichtung der Gebühren und Auslagen geschieht von Personen, die nicht mit der Expedition in Rechnung stehen, baar bey der Einsendung der Inserate, oder durch Zurechnung der Postämter, da man denn das löbl. Postamt, wo der Brief aufgegeben wird, ersuchen muß, auf dem Couvert die Bemerkung beyzufügen:

„Für die Bezahlung bürgt das N. N. Postamt zu N. N."

Wer in Handelsverbindungen steht, kann, statt baaren Geldes, dem Inserat eine Anweisung an ein bekanntes Handelshaus hier in Gotha, in Leipzig, Frankfurt, Cassel, Nürnberg, Augsburg, Hamburg, Braunschweig, Bremen, Berlin, Breslau, oder in andern Handelsplätzen beylegen, des Inhalts:

„daß solches auf Sicht die von der Expedition des allg. Anz. in Gotha dabey zu liquidirenden Gebühren für dessen Rechnung zahlen solle, ohne Avis."

Daß dabey keine Verweigerung der Annahme solcher Assignationen zu besorgen seyn müsse, versteht sich von selbst.

Für Obrigkeiten und Gerichte ist deren Unterschrift und Siegel zur Sicherheit hinlänglich. Jedoch werden sie gebeten, zur Verhütung von Mißverständnissen und Fehlern im Abdruck ihrer Inserate, den gewohnten Chiffre-Zügen ihrer Unterschrift ihre Namen, deutlich mit lateinischen Buchstaben geschrieben, und den weniger bekannten Ortsnamen die nächste Post-Station, woher sie die Briefe von hier aus empfangen, beyzufügen; auch zu bestimmen, ob die Einrückungs-Gebühren durch Zurechnung von den Posten berichtigt, oder die Liquidation eingesendet werden soll, um die Berichtigung unmittelbar zu bewirken.

e) Die Einsender müssen, nöthigen Falles, für die Wahrheit und die Folgen ihrer Aufsätze einstehen, können aber bey unverfänglichen Aufsätzen, wenn sie es verlangen, auf strenge Verschweigung ihrer Namen rechnen.

f) Alles, was irgend wider die bürgerlichen Gesetze, die Religion und die guten Sitten läuft, oder gemeinschädlichen Inhalts ist, findet keinen Platz in diesem Blatte. Insbesondere verbittet man sich alle Anzeigen von Universal- und Wunder-Arzeneyen, und Geheimniß-Krämerey jeder Art, auch von Bücher-Nachdrücken, es sey denn, um vor solchen zu warnen.

g) Der Preis dieses Blattes, wovon täglich, die hohen Festtage ausgenommen, eine Nummer von einem ganzen oder einem halben Bogen erscheint, ist in Gotha für das halbe Jahr 2 Rthlr. sächs. Währung, oder 3 Fl. 36 kr. Rhnl. und nur an weit entfernten Orten kann er — billiger Weise — von den löbl. Postämtern etwas höher angesetzt werden. Man kann nur halbjahrweise antreten, und die Aufkündigung müssen zwey Monate vor dem Ablauf des halben Jahres geschehen. Geschlossene Jahrgänge und Bände sind in allen Buchhandlungen zu haben. Auch ist für diejenigen Liebhaber, welchen mehr an den in diesem Blatte enthaltenen gemeinnützigen Aufsätzen, als an solchen gelegen ist, wobey es vorzüglich auf Neuheit ankommt, die Einrichtung getroffen, daß sie den allgemeinen Anzeiger monatlich, bestweise broschirt, in allen guten Buchhandlungen um 4 Rthlr. Sächs. oder 7 Fl. 12 kr. Rhein. den Jahrgang erhalten können.

h) Alle diesen allg. Anzeiger betreffende Briefe müssen nicht an den Herausgeber oder Redacteur, sondern an die

Expedition des allg. Anzeigers d. D.
in Gotha

adressirt werden.

a) Will man von Motten bereits ange-
gangene Wollenwaaren (und dieß ist allerdings die Hauptsache) von jenen unsaube-
ren Gästen reinigen, oder

b) Man will dergleichen reine Waaren
vor Mottenfraß sichern.

In Ansehung des ersten wird Anfrager seinen Zweck bestimmt dadurch erreichen, wenn er in einem, nach der Form
der bekannten Zwetschen- oder Obstdörren
gebaueten Circulirofen von Backsteinen
(d. h. einem solchen Ofen, worin vom Heerde
aus verschiedene Feuercanäle so sich verbreiten, daß alle Seiten des Ofens stark
erhitzt werden können und die Canäle zuletzt
in ein gemeinschaftliches Zugrohr sich endigen) die angefressenen Wollenwaaren par-
tienweise vorsichtig aufschichtet und diesen
Ofen nun etwa bis zu 60° Reaumur in Hitze
setzt. Durch dieses Verfahren und wenn
vorzüglich, wegen nöthiger Verbreitung und
Durchdringung der Hitze, die Waaren einige
Stunden in diesem Ofen bleiben, werden
nicht nur alle Arten von etwa darin lebenden Raubinsecten, sondern auch das Ey, als
Stoff zum künftigen Zerstörer, getödtet.
Die Motte als Schmetterling — mithin in
ihrem vollkommenen Zustande — schadet
nicht, auch ihre Eyer nicht, aber die aus
den letztern sich bildenden Larven sind die
eigentlichen Zerstörer, und dieses dauert, bis
sie von gänzlich klein genagter weicher Wolle
eine Art von cylinderförmigem Beutel (Ge-
spinnste) um sich gezogen haben, worin sie
sich verpuppen, und nachher, als vollkommener Schmetterling, ausfliegen. Uebrigens bringt die starke Hitze den Wollenwaaren durchaus keinen Nachtheil und die durch
warme Metallplatten in Falten und Lagen
von den Manufacturisten ohnehin gepreßt
werdenden Tücher werden nicht das mindeste
von ihrem Glanze verlieren. Anfrager bemerke sich nur noch, daß, je mehr er die
Waaren auseinander schichtet und dünne
Lagen machen kann, je schneller und wirksamer kann die Hitze alle Theile durchdringen
und um so schneller und sicherer wird also
auch der Zweck erreicht.

In Betreff des zweyten ist vorzüglich
im Frühjahr das öftere Reinigen und Aus-
lüften der Waaren, so wie hauptsächlich

auch letztere der Tageshelle so viel thunlich
auszusetzen, das beste Verwahrungsmittel.
Alle Mottenarten fliehen die Tageshelle und
werden, als vollkommnes Insect, im Frühjahre eher als ihre Eyer entdeckt. Finden
sich Larven, dann ist sicherlich schon Scha-
ben gestiftet und nur die vorbeschriebene
Ofencur kann helfen.

Einsender versichert aus vieljähriger
Erfahrung den Anfrager, daß nur die angegebenen Mittel ihm helfen werden. Alle bis
jetzt bekannte Thier- oder Pflanzenstoffe,
sie mögen einfach oder chemisch verbunden
angewendet werden, sind nur höchst unsichere Palliativa, wogegen der Circulirofen
ein sicheres, wenigstens ein Jahr dauerndes
Palliativ bleibt. — Statt der angebotenen
Belohnung wünscht Einsender vielmehr, den
bey Anwendung jenes Mittels hoffentlich
nicht ausbleibenden guten Erfolg seiner Zeit
im allg. Anz. zu erfahren.

Darmstadt.   Dr. G. B.

Bitte an meine Handelsfreunde.

Da ich den 13 Oct. durch Plünderung
nicht mehr denn Alles verlor, und um fernern Mißhandlungen, (da ich nichts mehr
hatte) zu entgehen, mit meiner Frau und
Tochter entfloh und mich nach Berlin zu meinem Schwager wendete, fand ich doch gestern nach meiner Zurückkunft noch mein
Haus, meine Nelken und meine Pflanzen
nebst meinem Samen-Vorrath unversehrt;
indessen bedarf ich doch, um leben zu können, Unterstützung, desgleichen zu Anschaffung der nöthigsten Wäsche und Kleidungsstücke Geld; ich ersuche demnach diejenigen
meiner zahlreichen Freunde, so noch im Reste
bey mir sind, um die Gefälligkeit, mir
meine Forderung so bald wie möglich und
gewiß kommenden Monat Januar einzuschicken, wodurch sie mich ihnen sehr verbinden
werden. Jeder gefühlvolle Mann wird meine Bitte, die gewiß nicht unbillig ist, mir
gewähren, da ohne diese traurigen Umstände
diese Erinnerung nicht geschehen wäre.

Jena den 21 Dec. 1805.

Wolfgang Wedel.

Künste, Manufacturen und Fabriken.

Anfrage.

Dr. Münter, erzählt in seinem Buche über Visionen, Geistererscheinungen, Ahnungen ꝛc., daß über einem schallenden Gelächter an einer Tafel plötzlich ein leeres Glas gesprungen sey; ein Frauenzimmer, vor dem das Glas gestanden, habe diesen Zufall als ein übles Vorzeichen für sich angesehen und sey durch nichts, selbst dadurch nicht zu beruhigen gewesen, daß man ihr betheuert habe: Es sey ausgemacht, daß sogar die größte Glocke springen müsse, wenn sie in der höhern Octave getroffen würde."

In Erxleben's Anfangsgründen der Naturlehre §. 295 wird ausdrücklich gesagt, daß Gläser entzwey geschrieen werden können.

Ist dem wirklich also? Ist es durch mehrere Versuche bestätigt? Lassen sich diese Versuche willkürlich anstellen, und auf welche Art mußte das geschehen? Auf welchen Vorsätzen beruht der Satz „die größte Glocke muß springen, wenn ꝛc." Und wenn eine Antwort auf alle diese Fragen für den allg. Anz. vielleicht zu weitläufig ausfallen würde, in welchen Werken kann man sich darüber vollkommen belehren?

5. D.

Dienst-Anerbieten.

1) In eine chemische Fabrik einer großen Stadt Oberdeutschlands wird unter vortheilhaften Bedingungen ein Gehülfe gesucht, welcher rationelle chemische Kenntnisse besitzt, und sich sowohl über diese, als über seinen moralischen Character hinlänglich legitimiren kann. Man bittet aber recht sehr, daß sich keine Subjecte melden mögen, die in chemischer und moralischer Hinsicht den billigen Erwartungen nicht vollkommen entsprechen können. Die zu dieser Stelle Lusttragenden belieben ihre Briefe mit der Ueberschrift: An die chemische Fabrik, an die Expedition des allg. Anz. in Gotha zur weitern Beförderung einzusenden.

2) In eine Materialhandlung in einer Stadt Thüringens wird zu deren Erlernung ein junger Mensch gesucht. Er steht unmittelbar unter Aufsicht seines Principals, dessen freundschaftliche Behandlung im voraus versichert wird. Dagegen verlangt man, daß das Subject eine gute Erziehung genossen hat und viel Neigung für das Geschäft zeigt. Die nähern Bedingungen erfährt man auf frankirte Briefe an E. E. in S unter Couvert der Exped. des allg. Anz. in Gotha.

Familien-Nachrichten.

Todes-Anzeigen.

1) Am 8 d. M. raubte mir der Tod meine innigst geliebte Gattin Marianne geborne Gräfin von der Schulenburg aus dem Hause Burgscheidungen. Sie starb in ihrem vierten Wochenbette. Nur wer diese in hohem Grade vortreffliche Frau kannte, nur der vermag meinen Schmerz zu ahnen!

Cassel am 19 Dec. 1806.

G. V. L. von Buttlar, Kammerherr u. Hofgerichts-Assessor.

2) Unter vielen herben Prüfungsstunden des Schicksals tief gebeugt, traf mich und meine Kinder heute der härteste Schlag desselben. Mittags ein Viertel nach 12 Uhr vollendete nach einem sechs Wochen langen äußerst schmerzhaften Krankenlager seine leidensvolle irdische Laufbahn unser guter redlicher Mann und Vater, Johann August Herrmann, geboren in Anhalt-Zerbst. Das Ziel seiner Tage war 63 Jahre 11 Monate.

Bemerkt, entfernte Freunde und edle Menschen, die Ihr oft durch Güte und Wohlthun manche Erleichterung, manche Freude auf dem Dornenpfade seiner Wallfahrt schuft, bemerkt in meinen und meiner Kinder gerechten Thränen zugleich den wärmsten Dank, und ein stilles Gebet zu Gott für Euch!

Cassel, Wilhelmshöher-Vorstadt, am 7 December 1806.

Anna Dorothea Margarethe Herrmann geb. Pföhl.

Augusta Herrmann.
Friedrich Herrmann.
Amalie Herrmann.
August Herrmann.

3) Allen meinen auswärtigen Freunden, Gönnern und Bekannten machen wir hiermit den schmerzhaften Verlust des besten Gatten und Vaters, wie auch Bürgers und Weißgerbers Ernst Meyer bekannt. Er starb den 17 December an einem Schnupfenfieber

im 58 Lebensjahre. Wir empfehlen uns fernerhin allen unsern auswärtigen Handels-
Freunden und versichern selbigen die beste
und promteste Bedienung. Auch ohne
schriftliche Beileidsbezeugungen sind wir von
der wärmsten Theilnahme unserer Freunde
vollkommen versichert.

Eisenberg den 18 Dec. 1806.
Des Seligen hinterlassene Witwe
und Kinder
Maria Rosina Meyer.

Justiz- und Polizey-Sachen.

Nachricht.

Nachdem die Schauspielerin Juliane Francisca Witwe Hermann geb. Zamboni mit Hinterlassung eines letzten Willens verstorben, und
dessen Eröffnung Termin auf den 29 Januar k. J.
bestimmt ist, so wird dieß sämmtlichen etwaigen
Interessenten hiermit zur Nachricht und Wahrung
ihrer Nothdurft bekannt gemacht.

Cassel den 22 Decbr. 1806.
Stadtschultheißen-Amt der Ober-Neu-
stadt das.
Reinück.

Aufforderung.

Ein fremder, in nachstehender Beschreibung
näher bezeichneter Jude, welcher sich David Meyer
nennt, und aus Amsterdam gebürtig seyn will,
ist wegen eines in der Nacht vom 16 auf den 17
Sept. d. J. in dem Hause des Einwohners Hans
Heinrich Harre zu Eddesse geschehenen, durch die
hannöverschen Anzeigen bereits bekannt gemachten
beträchtlichen Diebstahls, und wegen der dabey verübten Verwundung des Hauswirths Harre, bey
hiesigem Amte in Untersuchung und gefängliche Haft
gerathen.

Nach allen vorgekommenen Umständen muß
man diesen Inquisiten für sehr gefährlich halten,
und besonders erregen auch seine verschiedenen Angaben über seine bisherige Lebensweise den Verdacht,
daß er vielleicht vorhin schon andere Verbrechen
begangen habe.

Es werden daher alle diejenigen Obrigkeiten,
denen solche etwaige Vergehungen des Inquisiten
zur Wissenschaft gekommen seyn möchten, hierdurch
zur Hülfe Rechtens und mit dem Erbieten zu ähnlichen Gegendiensten geziemend ersucht, und überhaupt jedermann, welcher in dieser Rücksicht einige
Auskunft zu geben vermag, hiermit aufgefordert,
darüber dem hiesigen Amte baldige Nachricht zu
ertheilen.

Es wird in dieser Absicht noch bemerklich gemacht, daß der Inquisit nach seiner ersten Angabe
als achtjähriger Knabe in Gesellschaft zweyer Juden,

Hirsch und Moses, Amsterdam verlassen und vier
Jahre lang bey einem Juden Namens Meyer in
Dischburg bey Würzburg die Ochsen gehütet, auch
in seinem 16 Jahre bey einem Juden Joseph in
Mühlingen bey Dessau gedienet, während seiner
übrigen Lebenszeit aber mit kurzen Waaren gehandelt und keinen bestimmten Aufenthalt gehabt, vor
etwa zwey Jahren sich mit seiner jetzigen angeblichen
Ehefrau Namens Seyen, welche in Bielefeld gedienet, verheirathet habe, und hauptsächlich im
Westphälischen und Anhaltischen herumgezogen sey.
Nach seinem jetzigen Vorbringen hingegen will er
mit einem Juden Leeser und dessen Ehefrau Scheba
in seinem achten Jahre aus Amsterdam gegangen,
bey diesen 10 Jahre geblieben, darauf zwey Jahre
bey einem aus Dischburg in Franken gebürtigen
Juden Namens Susmann Heinemann gewesen
seyn, mit dessen Tochter sich vor vier Jahren in
Frankfurt am Mayn verheirathet und beständig mit
kurzen Waaren gehandelt, auch immer ein umher-
kreisendes Leben geführet haben. Auf solche Weise
will er hauptsächlich in und bey Frankfurt am Mayn
und in den Rheingegenden, in den letzten drey
Jahren aber besonders in den Hessischen und in den
westphälischen Provinzen, auch im Anhaltischen und
im Göttingischen herumgezogen, und im September dieses Jahres nicht weit von Hannover von
seiner Ehefrau abgegangen seyn.

Uebrigens hat derselbe einen von dem Magistrat zu Werther in der Grafschaft Ravensberg am
2 August dieses Jahres ausgestellten Paß bey sich
geführet.

Signalement.

David Meyer ist nach seiner anscheinend richtigen Angabe 24 Jahre alt, mißt 5 Fuß 5 Zoll
Calenbergisch, ist mager, hat ein schieres, schmales, blasses und schwärzliches Gesicht, blaue Augen
und schwarzbraune kraude Haare. Bey seiner Arretirung war er mit einem Frackrock von graume-
lirtem Tuche mit ovalen, getrieten Stahlknöpfen,
einer Weste von fleischfarbigem schmalgestreiften
Piqué, einer Hose von breitgestreiftem grünlich-
weißem Manchester, weißen wollenen Strümpfen, Schuhen ohne Schnallen, auch einem schwarzen seidenen Halstuche und rundem Hute bekleidet.

Amt Meinersen im Fürstenthum Lüneburg den
13 Decbr. 1806.
Dietrichs.   Schmidt.

Vorladung Phil. Regler's.

Der zum großherzoglichen Regimente Erbgroß-
herzog gezogene, und sich entfernt habende Philipp
Regler von hier, wird hiermit aufgefordert, binnen
drey Monaten sich vor untergezeichneter Stelle zu
sistiren, oder zu gewärtigen, daß nach der Landes-
Constitution wider ihn verfahren werde.

Weinheim am 12 Dec. 1806.
Großherzoglich badensches Amt.
Beithorn.   Bajer.

Allgemeiner Anzeiger

der

Deutschen.

Sonnabends, den 3 Januar 1807.

Nützliche Anstalten und Vorschläge.

Ueber nähere Verbindung der chursächsischen Posten mit den böhmischen.

In einem Briefe aus Carlsbad, welcher im Freymüthigen Nr. 168 steht, wird den böhmischen Postmeistern der Vorwurf gemacht, daß sie zur Beförderung einer schnellern, pünctlichern Postcommunication zwischen Sachsen und den beyden böhmischen Badeörtern Carlsbad und Franzensbrunnen bey Eger gleichsam aus Stolz keinen Schritt bey den sächsischen Postbehörden thun wollten. Diesen Vorwurf aber verdienen weder die böhmischen Postmeister, noch die höchste Behörde derselben zu Wien. Ich will es sogleich durch einige zuverlässige Thatsachen erweisen.

Von Carlsbad geht täglich, während der Curzeit, eine reitende Post nach Franzensbrunnen und Töplitz; die Ausdehnung derselben von Töplitz bis Dresden würde einen raschern Lauf der Correspondenz bewirken. Kaiserl. königl. Seits hat man dieses eingesehen, und die Sache dem churfürstl. sächf. Finanzcollegium vorgestellt; aber sie fand keinen Eingang.

Das Publicum fühlt das Bedürfniß eines regelmäßigen chursächsischen Postwagens nach Asch, nicht nur zu Gunsten der Badegäste im Franzensbrunnen bey Eger, sondern auch zum Vortheil des fabrikreichen chursächsischen Voigtlandes, um so mehr, als dieser Wagen dadurch mit dem prager Postwagen, der bis Asch geht, in Verbindung gesetzt werden könnte. Kaiserl. königl. hat man diese Verbindung gewünscht, und den Nutzen derselben bey den Oberpostämtern zu Dresden und Leipzig geltend zu machen gesucht; aber die Hauptpostwagen-Expedition zu Wien konnte darauf keine bestimmte Erklärung bisher erhalten. *)

Wer ist also Schuld, daß die Postcommunication zwischen Böhmen und Sachsen nicht geschwinder, nicht pünctlicher geht? Möchte man doch zu Dresden und Leipzig die Stimme des bey dieser Sache interessirten Publicums, und die Einladung wohlmeinender Nachbarn endlich einmahl hören, und dadurch den gerechten Klagen abhelfen, welche in dem Briefe aus Carlsbad laut genug ertönen!

Unterdessen bis es besser wird, mag dem daben interessirten Publicum die Nachricht dienen, daß zwischen Asch und Hof ein regelmäßiger Postenlauf dreymahl wöchentlich tour & retour fahrend und reitend Statt hat, wodurch Briefe und Effecten aus Sachsen nach Carlsbad und in den Franzensbrunnen befördert werden können. Briefe, die von

*) Jene Verweigerung der vorgeschlagenen Postwagen-Verbindung mag niemand lieber sehen, als die angränzenden kaif. königl. Postmeister, weil sie sich wohl dabey befinden, daß die Kaufleute und Fabrikanten im voigtländ. Kreise ihre Briefe und Effecten 4 bis 7 Meilen, durch Expresse an sie absenden müssen; im Gegentheil muß aber dadurch dem chursächsischen Post-Aerarium jährlich ein bedeutender Schaden erwachsen.

Leipzig am Dienstag und Sonnabend abgehen, können auf diesem Wege am Donnerstag und Montag, mithin allemahl den dritten Tag, im Franzensbrunnen und zu Carlsbad ankommen.

P.   **Ch.**

Gelehrte Sachen.

Antwort auf die Anfrage im K. A. Nr. 188.

Man fragt, welches die beste und zweckmäßigste Geschichte der Deutschen sey? — Ohne ungerecht gegen Heinrich und Galletti zu seyn, deren Werke nur zu weitläufig bearbeitet sind, nennen wir: Posselt's Geschichte der Deutschen für alle Stände, fortgesetzt von Pölitz. — Ueber dieses Werk vergleiche man die allgem. Literatur-Zeitung 1805, Nr. 331 S. 514.

Vor einiger Zeit wurde in diesen Blättern nach dem ähnlichsten Bilde des Kaisers Napoleon gefragt. Niemand hat darauf geantwortet, weil unter allen französischen Stichen keiner ähnlich war, jetzt aber läßt sich darauf antworten. Lehmann in Berlin hat es geliefert. Der Kaiser ist darauf im Profil und colorirt dargestellt, die Unterschrift ist: Napoléon premier. Empereur des François, Roi d' Italie. Fait par Lehmann, logé Probstgasse Nr. 14 à Berlin. 1 Rthlr. — Man kann nichts ähnlicheres sehen! Gesichtszüge, Farbe des Gesichts, Kleidung, alles ist frappant ähnlich.

Allerhand.

Bitte an Menschenfreunde.

Die öffentliche Nachricht von dem mitleidsvollen Gefühl edler Bürger in Regensburg, die eine Sammlung von Geldbeyträgen zur Unterstützung der in der hiesigen Gegend durch den Krieg verunglückten Einwohner veranstaltet haben, hat mir bey dem auch mich, und meine beyden Gemeinden Umpferstedt und Wiegendorf betroffenen harten Schicksale zu großer Aufheiterung gereicht. Es ist ein trauriges Verhängniß, daß diese unschuldigen, sonst thätigen Menschen beynahe alles, was sie durch Fleiß und Sparsamkeit in vielen Jahren sich mühsam erworben hatten, in wenig Tagen verloren haben und in die traurigsten Umstände gerathen sind, woraus sie sich bey aller Anstrengung ihrer Kräfte in vielen Jahren nicht wieder zu helfen im Stande seyn werden. Sie haben jetzt kein Vieh, keine Mobilien und kein Brodkorn mehr, die Winter-Aussaat ist größtentheils zertreten und vernichtet, und nur wenige sind im Stande, sich wieder Zugvieh und Geschirr anzuschaffen, um ihre Felder künftig bearbeiten zu können. Möge doch jenes schöne Beyspiel guter Menschen mehrere, die durch solche unglückliche Kriegsereignisse nicht gelitten haben, zu edler Nacheiferung reizen! Ich habe es für Pflicht geachtet, ihnen meine erwähnten beyden unglücklichen Gemeinden ganz besonders zu wohlthätiger Unterstützung zu empfehlen.

K. Bogenhard,
Pfarrer zu Umpferstedt und Wiegensdorf zwischen Weimar u. Jena.

Silberminen zu Cazalla und Guadalcanal.

Die Herren Interessenten bey diesen Minen, namentlich der Herr Gr. v. C. M. Herr v. R. . g. Herr v. K. . f. Herren C. . i et H. . nn, belieben ihren gegenwärtigen Aufenthalt und Adressen ohne Verzug an das G. Commissariat einzuschicken, um denselben Nachricht von dem Stande der Unternehmung ertheilen zu können.

Gen. Commissariat der Minen zu Cazalla und Guadalcanal.

Dienst - Gesuche.

1) Ein verheiratheter Mann, der eine gute leserliche Hand schreibt und im Rechnungsfache geübt ist, auch bereits dritthalb Jahr als Gehülfe in einer Fabrikhandlung gestanden hat, wünscht, da er durch die jetzigen politischen Verhältnisse seine Versorgung verloren hat, so bald wie möglich als Schreiber in einer Amtsstube oder als Gehülfe in einer Handlung eine Stelle zu erhalten. Auf seine Treue, Fleiß, Verschwiegenheit und Ordnung in Geschäften kann man sich verlassen. Die Expedition des allg. Anz. besorgt franco eingehende Briefe an denselben.

2) Ein junger thätiger Mann, welcher dem Betriebe großer Eisenhüttenwerke vorstehet, wünscht wegen eingetretener Kriegsumstände ein anderes Unterkommen. Er wird mehr auf gute Verhältnisse, als auf reichlichen Gehalt sehen, und kann die vorzüglichsten Empfehlungen vorlegen. Wem mit diesem Subject gedienet ist, beliebe in frankirten Briefen seine Nachfrage unter der Aufschrift H. I. Z. an die Expedition des allgem. Anz. in Gotha abzugeben.

3) Ein auf die Feder und im Rechnen geübter junger Mensch von 21 Jahren, welcher auch im Clavierspielen nicht ungeschickt ist, und sich noch andere Kenntnisse, die einem jeden von guter Erziehung angemessen sind, eingesammelt hat, wünscht entweder bey einem Rechtsgelehrten oder in irgend einer Expedition angestellt zu werden. Frankirte Briefe an denselben besorgt, die Expedition des allg. Anz. in Gotha.

R. am Harz.

Familien = Nachrichten.

Antwort auf die Anfrage in Nr. 327 S. 38 7 des allg. Anz.

Der Hauptmann Zickwolf hat mich ersucht, die allenfalls hierher für ihn einlaufenden Briefe statt seiner anzunehmen und bis auf weitere Nachricht für ihn aufzubewahren. Was also in seinen Angelegenheiten an ihn gelangen soll, das wird füglich unter Einschluß an mich geschehen.

Darmstadt den 25 Dec. 1806.

M. A. Fabricius, Post = Secretair.

Aufforderung.

Der bey dem königl. preuß. Infanterie Regiment Tschammer gestandene Fahnjunker von Froreich wird hiermit ersucht, seinem Freunde Dormund von Wertinski Nachricht zu geben, wo er sich aufhält, indem alle sonstige Bemühungen, denselben aufzufinden, fruchtlos waren.

Dormund von Wertinski.

Todes = Anzeigen.

1) Durchdrungen von dem innigsten Gefühle des Schmerzes, halten wir es für Pflicht, unsern auswärtigen Freunden den Tod unsers am 20 Dec. im 39 Jahre seines Lebens sanft entschlummerten Sohnes, Gatten und Vaters, Johann Paul Lindner, Hospital = Apothekers, bekannt zu machen. Von ihrer innigsten Theilnahme überzeugt, verbitten wir uns alle schriftliche Beyleidsbezeugung und empfehlen uns fernerer Freundschaft und Andenken.

Nürnberg den 20 Dec. 1806.

Felicitas Lindner, Mutter, geb. Rießling.
Magdalena Felicitas Lindner, geb. Solger, in meinem und meiner zwey unmündigen Kinder Namen.

2) Vorige Nacht um 1 Uhr starb an den Folgen eines Schlagflusses unser geliebtester Vater, Johann Christian Göttlich, Bürgermeister und Apotheker allhier, in dem Alter von 77 Jahren 7 Monaten und 3 Tagen. Wir machen diesen noch immer zu früh erfolgten und tief beugenden Verlust seinen entfernten Verwandten und Freunden hierdurch bekannt, und empfehlen uns ihrer fernern Gewogenheit und Freundschaft.

Schmalkalden den 22 Dec. 1806.

Christian Philipp Göttlich, in meinem und meiner übrigen fünf Geschwister Namen.

Justiz = und Polizey = Sachen.

Vorladungen: 1) der Gläubiger Gottfr. Sam. Weckeßer's und Clem. Krafft's.

Gegen die hiesigen Zißfabrikanten, Gottfried Samuel Weckeßer und Clemens Krafft, ist der Concurs = Proceß erkannt, und Terminus ad liquidandum credita et simul de prioritate certandum auf Mittwoch den 4 Februar 1807 anberaumet worden.

Alle diejenigen, welche aus irgend einem Rechtsgrunde an die Zißfabrikanten Weckeßer und Krafft Ansprüche und Forderungen zu machen haben, sie seyen gleich dahier bekannte oder unbekannte Gläubiger, werden daher anmit öffentlich aufgefordert und vorgeladen, an beregten Tage, Vormittags 9 Uhr, entweder in Person oder durch genugsam Bevollmächtigte auf allhiesigem Rathhause zu erscheinen, ihre Forderungen anzugeben und zu beweisen, auch das allenfallsige Vorzugsrecht zu streiten. Derjenige, welcher in dem Termin entweder gar ausbleibt, oder nicht mit allen Beweisthümern gefolgt erſcheint, um ſeinen Beweis nöthigenfalls ſo gleich antreten zu können, wird alsdann nach Maßgabe der Concurs-Ordnung, ohne weitrres Erkenntniß, von dem Concurs ausgeſchloſſen werden, es wäre denn, daß er innerhalb vier Wochen, von dem Tage des aufhörenden Hinderniſſes an, hinlängliche Urſachen zur Wiederherſtellung in den vorigen Stand anzugeben vermögend ſeyn würde.

Zugleich werden alle diejenigen, welche an die Zißfabrikanten Weckſter und Krafft noch Zahlungen zu machen haben, gewarnt, ſolche bey Strafe doppelter Zahlung, an niemand anders, als den obrigkeitlich aufgeſtellten Curatorem Maſſae, Hrn. Chriſtian Oeſterlein, des innern Raths dahier, zu leiſten. Sig. Wertheim, den 20 Dec. 1806.

Von Regierungs-Commiſſions wegen.
Juſtizrath und Stadtamtmann.
v. Berg.

2) Chrph. Fr. Weber's; Chrn. F. Müller's, und Andr. Nitzſche's.

Nachdem die abweſenden, von hier gebürtigen Handwerks-Geſellen Chriſtoph Friedrich Weber, ein Hufſchmid, und Chriſtian Friedrich Müller, ein Maurer; ingleichen der Trippmacher-Meiſter Andreas Nitzſche, ſeit mehr als 20 Jahren keine Nachricht von ſich gegeben, und für-ſelbige einiges Vermögen und zwar 23 Rthlr. 7 gl. 6 pf. für Weber, 28 Rthlr 6 pf. für Müller, und 14 Rthl. 8 gl. 4 4/5 pf. für Nitzſche zu unſerer Beſorgung gediehen, Wir aber dieſelben, oder deren Erben, und wer ſonſt irgend Anſprüche an dieſes Vermögen zu haben glaubt, ſub poena praecluſi und bey Verluſt ſolcher Anſprüche, auch der Wiedereinſetzung in den vorigen Stand, den 24 Februar künfigen Jahres, zum perſönlichen Erſcheinen, oder Legitimation ſowohl für die Perſon als zur Sache, ſo wie zur Liquidir- und Beſcheinigung ihrer Anſprüche, ingleichen den 21 April bef. J. zu Anhörung eines zu-publicirenden Beſcheids vorgeladen haben. So wird ſelches auch hierdurch öffentlich bekannt gemacht. Sig. Lauſigk, am 23 Sept. 1806.

Der Rath allda.

3) der beyden Söhne Cirlac Bauer's von Aßlar.

Cirlac Bauer's zwey Söhne von Aßlar: Carl Wilhelm Bauer und Joh. Henrich Bauer, welche ſich bereits über 25 Jahr entfernt, und von ihrem Aufenthalt keine Nachricht ertheilet haben, oder, falls dieſelben nicht mehr am Leben ſeyn ſollten, deren rechtmäßige Erben, werden hiermit öffentlich vorgeladen, um innerhalb ſechs Monaten ihr aus 292 fl. 23 kr. beſtehendes Vermögenstheil, welches bisher unter Curatel geſtanden, ſamt Zinſen vom 10 Aug. 1791 an in Empfang zu nehmen,

und ſich dazu vorgängig zu legitimiren, widrigenfalls ſolches ihren nächſten ſich darum meldenden Seiten-Verwandten gegen Caution nutzlich überlaſſen werden ſoll. Greifenſtein bey Wetzlar den 20 Decbr. 1806.

Fürſtl. ſolmſiſches Oberamt daſelbſt.

4) der Erben G. Mich. Müller's.

Die aller-fälligen unbekannten Leibes- oder Teſtaments-Erben des im vorigen Jahr in Vitroia in Italien im Hoſpital verſtorbenen, als Schuhknecht auf der Wanderſchaft geweſenen Georg Michael Müller von Diedelsheim werden hierdurch aufgefordert, à Dato binnen 9 Monaten entweder in Perſon, oder durch hinlänglich Bevollmächtigte vor unterzeichneter Stelle zu erſcheinen, und ſich rechts-erforderlich zu legitimiren, oder zu gewärtigen, daß das zu Diedelsheim in Pflegſchaft ſtehende Vermögen deſſen ſich hierum gemeldet habenden Geſchwiſtern wird ausgefolget werden.

Bretten, den 12 Dec. 1806.
Großherzoglich badiſches Amt.
G. Poſſelt. Vidi. Schiller.

Kauf- und Handels-Sachen.

Verkauf eines Landguts im Hannöveriſchen.

Ein adelich freyes Landgut in einer angenehmen Gegend im Hannöveriſchen, eine Stunde von Göttingen belegen, wober 330 Morgen gutes Land und außerdem hinreichende Holzung iſt, ſoll aus der Hand verkauft werden. Das Nähere erfährt man bey dem Civil-Gerichts-Procurator Nolte in Göttingen.

Verkauf von Kupfer- und Bleywerken.

Da von herzoglich naſſauiſcher Commiſſion ferner beſchloſſen worden iſt, daß die durch den allg. Anz. 1806 Nr. 330, 334 und 340 bereits angekündigte Verſteigerung der an der Lahn unweit der ehemaligen Abtey Arnſtein, und den Orten Winden und Weinähr gelegenen von fiſckiſchen Kupfer- und Bleybergwerke nicht eher, als Mittwoch den 4 März 1807 zu Weinähr bey Schultheiß Mono Statt haben ſoll; als wird dieſes mit dem Anhang jedermann bekannt gemacht, daß nach geſtellter hinreichender Sicherheit dem Leztbietenden auf Verlangen hinlängliche Zahlungstermine zu mehreren Jahren werden bewilliget werden, und überhaupt die Steigerbedingungen drey Wochen a dato bey unterſchriebenem eingeſehen werden können.

Thal Ehrenbreitſtein den 15 Dec. 1806.
Von Commiſſions wegen.
Saly, Secretair.

Allgemeiner Anzeiger

der

Deutschen.

Sonntags, den 4 Januar 1807.

Literarische Nachrichten.

Auctions-Anzeige.

Den 19 Januar 1807. g. G. wird in Altenburg in Sachsen eine Auction von einer ansehnlichen Büchersammlung aus allen Wissenschaften ihren Anfang nehmen. — Aufträge übernehmen in Leipzig: Herr Auctions-Cassier Magister Grau, Herr Magister Grimmel und Hr. Antiq. Schumann. — In Altenburg: Herr Hofadvocat Becker, Herr Kaufmann Sachse, Hofcommissär Voigt und Herr Antiq. Freier, bey welchen auch die Verzeichnisse zu haben sind. Altenburg, den 20 Nov. 1806.

Joh. Gottlob Voigt, Hofcommissär.

Kupferstiche.

Von dem Porträt Napoleon I. Kaiser der Franzosen und König von Italien,

das ähnlichste, das je existirt hat, sind wieder Exemplare angekommen und für 12 gl. sauber colorirt bey Unterzeichnetem und in allen Buchhandlungen zu haben.

Leipzig, den 12 Dec. 1806.

Heinrich Gräff.

Periodische Schriften.

Der allgemeine Kameral-Oeconomie Forst- und Technologie-Korrespondent für Deutschland

wird noch immer von den entferntesten Orten der unmittelbar bey uns bestellt; wir müssen daher die resp. Interessenten des Kameral-Korrespondenten neuerdings ersuchen, die wöchentlichen Bestellungen bey den nächsten resp. Ober- und Postämtern und Zeitungs-Expeditionen und die monatlichen bey den Buchhandlungen ihres Orts oder des zunächst gelegenen zu machen. Der Netto- oder Auslieferungspreis ist 7 fl. für den ganzen Jahrgang;

Allg. Anz. d. D. I B. 1807.

wir geben aber im Jahr 1807 den Kameral-Korrespondenten an die Postämter und Buchhandlungen nur gegen halbjährige Vorausbezahlung ab, welche also alle resp. Abonnenten im Januar 1807 zu entrichten haben. Erlangen im Dec. 1806.

Expedition des Allgemeinen Kameral-Korrespondenten.

Eben sind nachstehende neue Zeitungen erschienen, die sich durch ihren Inhalt auszeichnen:

Zeitung für die Toilette und das gesellige Leben für das Jahr 1807.

Geist des neunzehnten Jahrhunderts auf das Jahr 1807.

Der Freymüthige für alle Stände auf das Jahr 1807.

Ausführliche Anzeigen davon findet man im europäischen Universal-Anzeiger.

So eben ist fertig geworden und in allen Buchhandlungen zu haben:

Taschenbuch der Reisen, oder unterhaltende Darstellung der Entdeckungen des 18ten Jahrhunderts in Rücksicht der Länder Menschen und Produkten kunde für jede Classe von C. A. W. v. Zimmermann 6r. Jahrgang für 1807. Peru; mit 11 Kupfern. Leipzig. Gerhard Fleischer. 2 rthlr.

Bücher-Anzeigen.

Verlags-Verzeichniß der Beckerschen Buchhandlung in Gotha.

Becker, K. J. Noth- und Hülfsbüchlein, oder lehrreiche Freuden- und Trauergeschichte der Einwohner von Mildheim, 1 Th. 8. Pr. 6 ggl. 2 Th. 6 gl.

— Fragebuch für Lehrer über das Noth- und Hülfsbüchlein. 8. 3 gl.

— Mildheimische Sittentafel. Fol. 1 ggl.

— Das Rebellionsfieber, eine Rede des Pf. Wohlgemuth 2c. (aus dem 2 Th. des Noth. besonders gedruckt) 1 ggl.

Becker: Das Friedensfest in Mildheim, nebst der Vorlesung des Corporal Wackerfinn vom Soldatenleben und der Predigt des Pastor Starke vom ewigen Frieden. Ein Anhang zum Noth- und Hülfsbüchlein. 8. 4 ggl.

— — Mildheimisches Liederbuch von 518 lustigen und ernsthaften Gesängen über alle Dinge in der Welt ꝛc. 8. 6 ggl.

— — Melodien zum mildheimischen Liederbuch für das Clavier oder Pianoforte. qu. 8. 1 Rthlr. 18 ggl.

— — Melodien zum mildh. Liederb. für zwey Violinen und Baß. qu. 8. 1 Rthl. 18 ggl.

— — Vorlesungen über die Pflichten und Rechte des Menschen. 8. 2 Th. 2 Rthl.

— — Das Eigenthumsrecht an Geisteswerken. Mit einer dreyfachen Beschwerde über das bischöfl. augsburgische Vicariat, wegen Nachdruck, Verstümmelung und Verfälschung des Noth- und Hülfsbüchleins. 8. 6 ggl.

— — über Bürgerschulen. Eine Gelegenheitsschrift. 3 ggl.

— — Deutsche Zeitung, oder moralische Schilderung der Menschen, Sitten und Staaten unsrer Zeit. 1784 bis 1795. Jeder Jahrgang 1 Rthl. (die Jahrgänge 1784, 87 u. 90 fehlen.)

— — Deutsche Zeitung. Schlußband mit allg. Register zu den 12 Jahrgängen. 18 ggl.

— — National-Zeitung der Teutschen. Die Jahrgänge 1796 bis 1800, jeder 1 Rthl.

— — Kurze Staatengeschichte des Jahres 1796 (als 2 Th. des Jahrg. der Nat. Ztg.) 4. 12 ggl.

— — Kurze Staatengeschichte des Jahres 1797 12 ggl.

— — National-Zeitung der Teutschen 1801 bis 1805. Jeder Jahrgang 2 Rthl.

Becker, F. G. die Erziehungs-Anstalt in Dechelde. 8. 9 ggl.

von Benzel-Sternau, Ch. E. Reichsgraf, das goldne Kalb. 4 Bände. 8. 8 ggl.

— — Lebensgeister, aus dem Klarfeldischen Archive. 4 Bände. 8. 4 Rthl.

— — Gespräche im Labyrinth. 3 Bände. 8. 3 Rthl.

*— — Schiller's Feyer. Seinen Manen durch seinen Geist. gr. 8. (broschirt) 16 ggl.

Bucher, W. L. Ueber die jetzige Theurung des Getreides. 8. 6 ggl.

Collenbusch, Mildheimische Gesundheitslehre, in Vorlesungen über das Noth- und Hülfsb. 3 Theile, 1 Rthl. 12 ggl.

— — Der Rathgeber für alle Stände, in Angelegenheiten, welche die Gesundheit, den Vermögens- und Erwerbstand und den Lebensgenuß betreffen. Herausg. v. Med. Rath Dr. Collenbusch. 1 Jahrg. 1800. 8. 1 Rthl.

— — 2 Jahrg. 1801. 1 Rthl.

Demme, G. H. (Gen. Superint. in Altenburg) neue christliche Lieder. 8. 4 ggl.

— — dess. Lieder mit Melodien. qu. Fol. 16 ggl.

— — Abendstunden im Familienkreise gebildeter und guter Menschen. Herausg. von Karl Schlle. 2 Bände. 8. 2 Rthl.

— — Der Jubeltag der fojährigen Amtsfeyer des würdigen Schullehrers Grabe in Boustädt (mit Demme's Jubelpredigt.) 6 ggl.

Gemeinnützige Aufsätze vermischten Inhalts, als Beyträge zum Reichs-Anzeiger, herausg. v. R. Z. Becker. 1ste Samml. 1797. 4. 12 gl.

— — 2te Sammlung. 1798. 12 ggl.

Hahnemann, Dr. Sam. Ueber das Scharlachfieber. 8. 3 ggl.

Kries, Prof. Fr. Lehrbuch der Naturlehre für Anfänger, nebst einer kurzen Einleitung in die Naturgeschichte. 1804. 8. 8 gl.

— — Rechenbuch für Bürger- und Landschulen. 8. 6 ggl.

Ludwig, K. G. Das Dünger-Büchlein, oder Winke zum Nachdenken über die beste Art der Bereitung, Erhaltung und Anwendung des thierischen Düngers. Nebst e. Anhange über die Preisfrage: Wie wirkt der Dünger? 8. 6 ggl.

Neufranzösischer 100 jähriger Kalender, mit dem Gregorianischen verglichen. (Eine Tafel fol.) 2 ggl.

Perikles. Ueber den Einfluß der schönen Künste auf das öffentl. Glück. Aus d. franz. Urschrift übers. von Ch. E. Gr. v. Benzel. 1. gr. 8. 1806. Reichs-Anzeiger, teis. pr. von 1791—1800, jeder Jahrg. 2 Rthl.

— — von 1801—1805. Jeder Jahrg. 4 Rthl.

v. Schlotheim, Ernst, Beyträge zur Flora der Vorwelt, oder Beschreibung merkwürdiger Kräuter-Abdrücke und Pflanzen-Versteinerungen. 1ste Abtheilung, mit 14 ausgetuschten Kupfertafeln. 1804. kl. Fol. 5 Rthlr.

Thieme, A. Traus. Ueber die Hindernisse des Selbstdenkens. Eine gekrönte Preisschrift. 8. 18 ggl.

Umbreit, E. Gottl. Zwölf Orgelstücke verschiedener Art. Fol. 1ste Samml. 12 ggl.

— — 2te Samml. 16 ggl.

— — 3te Samml. 16 ggl.

— — 4te Samml. 16 ggl.

— — 5te Samml. 16 ggl.

— — 6te Samml. 12 ggl.

Dessen fünfzehn Choral-Vorspiele. 12 ggl.

Roung, Arthur, über Großbritaniens Staatswirthschaft, Polizey und Handlung. Aus dem Engl. übersetzt von Klockenbring. 6 ggl.

*de Zach, Lib. Bar. Franc. Tabulae motuum Solis novae et correctae ex Theoria gravitatis et observationibus recentiss. erutae. Quibus accedit Fixarum praecipuar. Catalogus novus ex observationibus astronomicis annis 1787—90 in specula astronomica Gothana habitis, editae auspiciis et sumtibus Serenis. Ducis Saxo-Gothani. Auctore Francisco de Zach. 1792. fl. Fol. 6 Rthl.

* — — Fixarum praecipuarum Catalogus novus etc. zum bequemen Gebrauch besonders gedruckt. 3 Rthlr.

— — Tabulae motuum solis etc. Supplementum. 1804. fl. Fol. 1 rthlr. 12 gl.

NB. Bey Bestellung dieser Werke bittet man die Titel genau anzugeben.

— — Astronomische Tafeln der mittlern geraden Aufsteigungen der Sonne in Zeit und in ihrer mittlern Bewegung für Monate und Tage, zur Verwandlung der Sternzeit in mittlere Sonnenzeit und umgekehrt etc. gr. 8. (Zum bequemen Gebrauch beym Observiren eingebunden.) 6 gl.

— — Monatliche Correspondenz zur Beförderung der Erd- und Himmelskunde, herausgegeben vom Freyherrn von Zach, herzogl. sächs. Oberhofmeister und Dir. der Sternwarte Seeberg bey Gotha. gr. 8. mit Kupfern und Landkarten. Jahrg. 1800. 801. 802. 803. Jeder Jahrg. 5 rthlr.

— — Monatl. Correspondenz etc. 1804. 1805. 6 rthlr. 8 gl.

— — Nachrichten von der königl. preuß. trigonom. und astronom. Aufnahme von Thüringen und dem Eichsfelde, und von der herzogl. sächsen-gothaischen Gradmessung zur Bestimmung der wahren Gestalt der Erde. 1 Theil. 4. 2 rthlr.

An die Lehrer der französischen, englischen und lateinischen Sprache empfehlen wir folgende Bücher für den ersten Unterricht, welche schon in vielen Schulen eingeführt, und sowohl durch ihre bewährte Brauchbarkeit, als durch guten Druck und billige Preise dazu vorzüglich geeignet sind:

Schaffers erste Anfangsgründe der französischen Sprache, besonders für Kinder. 10 Bogen. gr. 8. 6 ggl.

Dessen französisches Lesebuch für Anfänger mit analogischen Hinweisungen und einem vollständigen Wörterbuche. 14 Bogen. gr. 8. 10 ggl.

Dessen Aufgaben zum Uebersetzen aus dem Deutschen ins Französische. 7 1/2 Bogen. gr. 8. 5 ggl.

Paletts Uebungen zum Schreiben des echt Englischen. Ein Uebersetzungsbuch. 16 Bogen. 8. 12 ggl.

Saltmann's Gegenstände der ältesten Geschichte, ein englisches Lesebuch, aus den besten Schriftstellern zusammengetragen, und mit einem Wörterbuche begleitet. 7 Bogen. 8. 6 ggl.

Broders elementarisches Lesebuch der lateinischen Sprache für die untern Classen. Ein Pendant zu dessen kl. lateinischen Grammatik. 11 Bogen. 8. 8 ggl.

Kindergespräche, deutsch und franz. 2te Auflage. 8. 13 Bogen. 10 ggl.

und erbieten uns zugleich an diejenigen, welche selbige etwa noch nicht kennen und einzuführen ge-

williget sind, davon ein Exemplar durch die zunächst liegende Buchhandlung auf Verlangen uneutgeltlich zu überlassen.

Gebr. Hahn in Hannover.

Die jetzigen Zeitumstände machen zu sehr das Bedürfniß fühlbar, sich mit der französischen Sprache näher bekannt zu machen. Ich empfehle zu diesem Behufe nachstehende, in meinem Verlage erschienene wohlfeile und zweckmäßige französische Grammatik:

Müllers, J. W. kurze französische Sprachlehre oder Grammatik, nebst einem Lesebuch und Wörterregister für die ersten Anfänger. 8. rob 10 gl. gebunden 12 gl.

Sie enthält: 1. in gedrängter Kürze die nothwendigsten grammatikalischen Regeln mit Beyspielen, 2. deutsche Uebungen zum Uebersetzen ins Französische, 3. französische Uebungen zum Uebersetzen ins Deutsche, 4. ein kleines französisches Wörterbuch zur Erklärung und zum bequemen Auffinden der in der Gramant und im Lesebuch vorkommenden franz. Wörter.

Für Studierende, denkende Kaufleute und Zeitungsleser zeige ich, zur Erklärung der in Zeitungen, Büchern und Reden jetzt öfters vorkommenden fremden Wörter und Redensarten, folgendes Werk an:

Fr. A. Schröters termino — neologie — technisches Wörterbuch oder Erklärung der in Reden u. Schriften häufig vorkommenden fremden Wörter und Redensarten, in alphabetischer Ordnung. Dritte Auflage 1803. rob 1 Rthlr. 14 gl. gebunden 1 Rthlr. 16 gl.

Die kurz hintereinander gefolgten neuen Auflagen sprechen für die Nützlichkeit und Brauchbarkeit dieses Buches, und zeugen von dem allgemeinen Beyfall, mit welchem es beym Publikum ist aufgenommen worden. Es ist dieses Wörterbuch das vollständigste in seiner Art, und wird gewiß jedes Lesers Wißbegierde hinreichend befriedigen.

G. A. Keysers Buchhandlung in Erfurt.

Unsere Kaufmanns-Töchter und Weiber, oder über deren Erziehung, häusliches und gesellschaftliches Leben und den Einfluß, den sie auf Familien- und Handlungswohl haben, von Ehregott Meyer. Erster und zweyter Theil. Mit Kupf. 8. Leipzig, bey Heinrich Gräff und in allen Buchhandlungen. Preis 2 rthlr.

Diese beyden Theile umfassen ein Ganzes, unter dem separaten Titel:

Unsere Kaufmanns Töchter 2c.

Der 3te und 4te Theil, welcher für sich wieder ein Ganzes bilden wird, wird dasjenige enthalten, was hauptsächlich die Weiber betrifft.

Umgang und Erfahrung haben dem Verfasser dictirt. Er rechnet diese Arbeit unter die gelungenste, und schmeichelt sich, den Damen aus die-

sein Stande ein angenehmes Toilettengeschenk gegeben zu haben. Das Ganze ist in das Gewand eines Romans gekleidet, damit niemand aus Furcht,
eine gelehrte Abhandlung zu lesen, abgehalten werden möchte, es sich anzuschaffen.

Neue Verlagsbücher der Buchhandlung des
Waisenhauses in Halle, von der Oster- und
Michaelis-Messe 1806.

Der Biograph, oder Darstellungen merkwürdiger Menschen der drey letzten Jahrhunderte.
Fünfter Band, gr. 8. 1 Rthlr. 16 gr. — Ernesti
Praefationes et Notae ad M. T. Ciceronis
Operam omnium editionem majorem. Pars I.
8. 2 rthlr. — Grens systematisches Handbuch der
gesammten Chemie. Dritte Auflage. Umgearbeitet
von M. H. Klaproth. 1 und 2 Theil, gr. 8.
4 Rthlr. — Junkers Handbuch gemeinnütziger
Kenntnisse für Volksschulen, 3ter Band 4te Ausg.
1 Rthlr. — Knappii Diatribe in locum Epist.
Pauli ad Romam. Cap. X. 4 — 11. 4. 5 Gr. —
Desselben Missionsgeschichte, 64stes Stück. 4. 8 gr.
— Fabri Abriß der Geographie; zwölfte mit einem
Anhange vermehrte Ausgabe. 8. 10 gr.

Homeri Ilias. Editio nova in usum scholarum librorum summariis aucta. Accedunt
Hymni Homeridarum et Epigrammata. 8 maj.
1 Rthl. 8 gr.

Auswärtige Schulen, welche auf diese neue
Ausgabe gewartet haben, ersuchen wir, ihre Bestellungen in den ihnen nähesten Buchhandlungen
zu machen. Diese werden alsdann ihren Bedarf
verschreiben, weil wir unverlangt nichts verschicken.
Halle im December 1806.

Buchhandlung des Waisenhauses.

Folgende Schriften verdienen jetzt von neuen
empfohlen zu werden:

Beruhigungsgründe bey dem Tode unserer Freunde in diesem Kriege, vom Consistorialrath Hol-
schen in Hannover. 5 gl.

Trost und Lehre bey dem Grabe der Unsrigen, vom
Pastor Bringen in Celle, zweyte vermehrte
Aufl. 16 gl.
und sind in allen Buchhandlungen zu haben.

Pädagogische Fragmente. (Pestalozzi gewidmet).
Von Dr. W. Kern. 8. Leipzig, bey Heinrich
Gräff und in allen Buchhandlungen. Preis 12 gl.

Inhalt.

Fragment. 1) Die drey Stufen der Zähmung
der Menschheit. — 2) Selbstbildung ist Loos und
Adel der Menschheit. — 3) Die Rückkehr in die Natur
ist die Ergreifung ihrer Gesetze der Nothwendigkeit.
— 4) Können die Vorstellungen die Erfahrung vertreten? — 5) Scheitert die Erziehung an der Wollust? — 6) Vergnügen, Schmerz, Mißigung, —
7) Aeußrer Umriß der wahren Erziehung. 8) Fortsetzung und Veralgemeinung Fragments 5. — 9)
Fortsetzung Fragments 3. — 10) Kunsterziehung.
— 11) Sechs Erziehungsgebote. — 12) Drey Charactere der Kunsterziehung ac.

Pestalozzi's Ansichten, Erfahrungen und Mittel zur Beförderung einer der Menschennatur
angemessenen Erziehungsweise. Eine Zeitschrift
in freyen Heften. 1s Heft. 8.

Dieses lang ersehnte 1ste Heft einer äußerst interessanten Zeitschrift des würdigen Pestalozzi, hat
uns endlich die Presse verlassen, und ist in allen
Buchhandlungen zu bekommen.

Ich begnüge mich damit, bloß den Inhalt anzuführen, dieser wird einen jeden Verehrer von
Pestalozzi hinlänglich auf dieses Journal aufmerksam machen.

Inhalt.

Ueber die Grundsätze, den Plan und die Tendenz dieser pädagogischen Zeitschrift. — Ein Blick
auf meine Erziehungszwecke und Erziehungsver-
suche. — Briefe (der 3te bis 8te Brief) aus der
zu erwartenden neuen ganz umgearbeiteten Auflage
der Schrift: Wie Gertrud ihre Kinder lehrt. —
Bericht über meinen Versuch, einer Abtheilung
von Schülern der zweyten Classe Anleitung zur
schriftlichen Darstellung der Zahlen und ihrer Verhältnisse zu geben.

Nachricht an das Publikum.

Die seit dem Jahre 1803. ununterbrochen erschienene oberdeutsche Zeitschrift für Haus- und
Landwirthe, Kaufleute, Fabrikanten und Ma-
nufakturisten wird vom 3ten Januar 1807 an unter dem Titel:

Allgemeine königlich-bairische Vaterlandskunde

fortgesetzt, und ist wöchentlich auf allen Postämtern
und monatlich Heftweis in jeder guten Buchhandlung, der Jahrgang um 5 fl. 30 kr. zu beziehen.
Augsburg im December 1806.

Allgemeiner Anzeiger
der
Deutschen.

Montags, den 5 Januar 1807.

Gelehrte Sachen.

Bitte um Veranstaltung einer lateinisch-medicinischen Zeitung.

Daß gewiß ein recht großer Theil der Aerzte, nachdem sie von der Universität zurückgekehrt ihre practische Laufbahn angetreten haben, die lateinische Sprache oft ganz vernachlässigen, ist eine Wahrheit, welche keiner Bestätigung bedarf. Die Ursachen dazu sind wol theils überhäufte Geschäfte, welche ihnen kaum Zeit zu Lesung medicinischer Zeitschriften, höchstens zum Nachschlagen ihrer Handbücher verstatten, theils weil sie ihrer fernerhin, besonders an kleinern Orten, nicht mehr benöthigt zu seyn glauben. Noch eine wichtige Ursache liegt aber wol darin, daß jetzt wirklich selten und bey weiten nicht so oft, als in frühern Zeiten, ein für den practischen Arzt nöthiges Buch in lateinischer Sprache herauskommt; oder geschieht es auch, gleich sorgt man dafür, daß es sobald als möglich ins Teutsche übersetzt wird, und so erlebt das Original selten mehrere Ausgaben. Man will freylich das durch das Werk gemeinnütziger machen. Dieser Endzweck wird aber wol nicht erreicht, denn man überträgt das Werk aus einer den Aerzten aller Nationen verständlichen Sprache in die einer einzigen, und macht damit diesen gewiß kein Compliment. Uebersetzt man es aber nicht für die Aerzte, und für diese war es doch bestimmt, (denn ich rede von eigentl. practisch-medicinischen Schriften) so wird es für diejenigen übersetzt, für welche es nicht bestimmt war, und in deren Hän-

den es wol eben so wenig Nutzen stiften dürfte, als die fast jede Woche erscheinenden medicinischen Volksbücher, wodurch der Bauer oder dessen Frau und Tochter für 14 gl. die Kenntnisse übertragen bekommen sollen, sich und ihre Krankheiten zu erkennen, zu beurtheilen und zu heilen. Aber welcher Menschenfreund wünscht nicht bey jeder solchen Ankündigung, daß der Verfasser derselben etwas anderes zu thun haben möchte? Gibt es denn nicht schon der unberufenen Heilkünstler, welche nur zu oft ungestraft ihr Wesen zum Nachtheil der Menschheit treiben, genug? Soll noch jeder Laie sich selbst, wenn nicht positiv durch seine Mittel, doch negativ durch Versäumniß der nöthigen, oft schleunig anzuwendenden Hülfe, schaden? Und könnte der Verfasser im Ernst glauben, daß der Bauer mit seinem Buche die Bedingnisse, unter welchen dieses oder jenes Mittel in dieser oder jener Gabe, in diesem oder jenem Zeitraume der Krankheit, bey diesem oder jenem Subject wohlthätig oder nachtheilig wirken wird, unterscheiden kann? oder ist dieß alles eins?

Aber nicht bloß des Nutzens wegen, welchen die lateinische Sprache für die gesammte Medicin sowohl, als für jeden Arzt insbesondere hat, und weil auch für den auf dem Lande wohnenden Arzt doch bisweilen Fälle eintreten, wo er der lateinischen Sprache bedarf und ihrer um alles nicht unkundig seyn möchte, sondern auch aus einer gewissen Vorliebe für dieselbe wünscht gewiß der größte Theil der Aerzte, solche wieder allgemeiner angewendet zu sehen. Wodurch könnte dies

es aber beffer gefcheben; als durch medicinifche Zeitfchriften, da diefe die Hauptlectüre
vieler Aerzte ausmachen?

Möchte es daher doch einem Manne, der
einem folchen Unternehmen vollkommen ge-
wachfen wäre, gefallen, fürs erfte eine la-
teinifch-medicinifche Zeitung für practifche
Aerzte zu veranftalten, in welcher die neueften Entdeckungen und Erfahrungen in der
Medicin, oder fonft für den Arzt gehörige
Gegenftände abgehandelt und vorgetragen
werden! Gewiß müffen fich dazu recht viele
Intereffenten finden, und ihr Nußen kann
nicht weniger groß feyn, als die Verbindlichkeit und das Vergnügen derjenigen, deren
Wünfchen dadurch Gnüge geleiftet würde.

D. B.

Allerhand.

Quittung und Dankfagung, nebft Bitte
an wohlthätige Menfchenfreunde.

Zur Unterftüßung der am 14 Oct. und
in den nächftfolgenden Tagen d. J. unglücklich gewordenen hiefigen Einwohner find mir,
außer 20 Rthlr. 8 Gr., die ich zu eben diefem Zweck aus Churfachfen nach und nach
erhalten habe, von dem Hrn. Generalfup.
Voigt zu Weimar 89 Rthlr. 20 Gr. eingehändigt worden; und ich danke den edeln
Wohlthätern in Frankfurt a. M. für die
wichtige Hülfe, welche durch die Austheilung diefer Summe mehrern Unglücklichen
unfres Orts widerfahren ift, mit aller der
Rührung, die der nur empfinden kann, der
großmüthige Handlungen zu fchäßen weiß,
und das Unglück aus eigner Erfahrung kennt.
Vielleicht macht es auch noch auf andere
Edeldenkende und Wohlhabende Eindruck,
wenn fie fich's lebhaft vorftellen, welcher
Jammer an einem Orte anzutreffen feyn
muß, der nicht nur angezündet worden ift,
und dadurch die größere Hälfte feiner Häufer verloren hat, ohne das Feuer löfchen zu
können und zu dürfen, fondern auch zu gleicher Zeit eine Plünderung erfuhr, welche
fünf Tage lang dauerte und fich auf jede Art
von Habfeligkeiten erftreckte.

So wurden denn viele von uns bis
auf's Hemd ausgezogen; (von mir wurde,
als ich fchon ohne Rock und auf den Strüm-

pfen einherging, auch das leßte gefordert,
das ich am Leibe trüg;) Schränke und Com-
moden, Tifche und Stühle. Thüren und
Fenfterläden, Bettftellen und Wafchrollen
und alle Arten von Hausrath wurden weg-
getragen und verbrannt; felbft einen fehr
großen Theil unfrer Betten haben wir verloren; und da fich feit dem 14 October die
Sterblichkeit fehr vermehrt hat: fo gefchieht
es häufig, daß die Sterbenden fich mit einem
harten Lager von Stroh begnügen müffen.
Beym Anblick eines fo vielfachen Elendes
fühle ich mich gedrungen, nichts von dem
anzunehmen, was zu meiner Unterftüßung
beftimmt werden dürfte; wünfche aber defto
fehnlicher, daß die Noth der Unglücklichen
um mich her auch ferner durch milde Beyträge gelindert werde. Mit redlicher Unei-
gennüßigkeit und mit der gewiffenhafteften
Ueberlegung werde ich vertheilen, was an
das hiefige Pfarramt eingefendet wird; doch
wünfche ich fehr, daß mir die Erlaubniß
gegeben würde, den Einwohnern meines
Filials Rannftädt, welche zum Theil ebenfalls fehr beraubt worden find, etwas davon
zufließen zu laffen.

Auerftädt am 22 Dec. 1806.

M. Carl Chriftian Nauck,
Pfarrer dafelbft.

Künfte, Manufacturen und Fabriken.

Es wird von Unterzeichnetem ein ge-
fchickter Arbeiter gefucht, der im Stande ift,
fechs eiferne gegoffene Cylinder von 4 1/2
Schuh Länge und 1 1/2 Schuh im Durch-
meffer ganz glatt abzudrehen oder abzufchlei-
fen. Die Arbeit kann fehr gut durch Waffer-
mühlen befördert werden, wozu auch die
zweckmäßigften Vorrichtungen bereits getroffen worden find.

Wer im Laufe diefes Monats diefe Arbeit anzufangen verfprechen kann, und fich
vollkommne Ausführung zutraut, der habe
die Güte, mir bald die Bedingungen, unter
welchen man es unternehmen will, bekannt
zu machen. Erfurt den 12 Dec. 1806.

Heinrich Bundfchu,
pr. Abr. des Hrn. J. W. Lohmeyer.

Dienst - Anerbieten.

Es wird auf Petri dieses Jahres ein
unbeweibter Gartenknecht, der einen Ge-
müse- oder Küchen-Garten zu bearbeiten
versteht, und daneben sich aller andern ihm
aufzugebenden Arbeit unterziehen muß, in
Dienste gesucht; diejenigen, welche hierzu
Luft haben, haben sich dieserhalb zu melden
bey dem Gastwirth Amthor zu Schwarza
bey Meiningen.

Kauf - und Handels - Sachen.

Publicandum.

Da die jetzigen Zeitumstände es durchaus nöthig machen, daß die zum städtischen
Darlehn von dem Publicum bestimmten Gelder, so bald als möglich, eingezahlt werden,
indem die Stadt sich jetzt vorzüglich in den
Umständen befindet, baares Geld zu gebrauchen, um die Bedürfnisse der kaiserlich-französischen Truppen befriedigen zu können: so
wird das hiesige sowohl, als das auswärtige
Publicum hierdurch nochmahls dringend aufgefordert, zu diesem Darlehn, nach dem
Publicandum vom 25 November, nach Möglichkeit zu contribuiren und ihre Beyträge
unverzüglich auf das berlinsche Rathhaus in
die Haupt-Stadtcasse, an die Rendanten,
Herrn Kriegsrath Goding, oder Hrn. Hofrath Gützlaff abzuliefern.

Zur nähern Erläuterung und zur Nachricht und Achtung für alle Interessenten wird
annoch Folgendes bekannt gemacht:

1) Es werden zu dem städtischen Darlehn auch fremde Münzsorten nach dem folgenden Tarif angenommen, und wird darnach
die Darlehnssumme in Courant berechnet:

	Thlr.	Gr.	Pf.
5 Frankenstücke zu	1	8	5
2 Frankenstücke	—	13	—
Laubthaler à 6 Livres zu	1	14	5
Conventionsgeld, den Thaler zu	1	9	6
24 Kreuzerstücke zu	—	5	7
Brabanter Kronenthaler zu	1	13	8

Damit die Umtauschung der Interims-
scheine gegen förmliche Stadt-Obligationen
künftig um so weniger aufgehalten werden
möge, soll die Obligation nur an denjenigen,
auf dessen Namen der Interimsschein spricht,
oder an den vollständig als Cessionarius qualificirten Inhaber desselben ausgehändigt werden.

3) Werden alle diejenigen, welche vom
10 October bis 11 November inclusive,
sub Nr. 1 bis 633 inclusive, Gelder oder
Documente zum städtischen Darlehn gegeben
haben, aufgefordert, innerhalb den nächsten
acht Tagen nach der Bekanntmachung dieses
und zwar Vormittags von 9 bis 1 Uhr, und
Nachmittags von 4 bis 6 Uhr, bey dem Documenten-Bureau der Haupt-Stadtcasse auf
dem berlinschen Rathhause ihre Erklärung
schriftlich abzugeben, auf wie hoch sie die
Stadt-Obligationen über die von ihnen abgelieferten Gelder oder Documente nach der
Bestimmung des Publicandi vom 25 November c. verlangen, wobey denjenigen, welche
Summen unter 50 Thaler gegeben haben,
nochmahls in Erinnerung gebracht wird,
daß sie zu ihrem Darlehn so viel hinzulegen
müssen, daß dieselbe die Summe von 50
Thaler erreicht, wenn sie davon Zinsen genießen wollen, indem sie über Summen unter funfzig Thaler nur unzinsbare Scheine
erhalten können. Diejenigen, welche in der
bestimmten Frist ihre Erklärungen nicht abgeben werden, haben es sich selbst beyzumessen, wenn die Obligationen über die von
ihnen gegebenen Darlehne nach Gutdünken
des Documenten-Bureau werden ausgefertigt werden, wobey sodann keine weitere
Abänderung Statt findet.

4) Da man verschiedentlich den Wunsch
geäußert hat, die Form und den Inhalt der
Stadt-Obligationen näher kennen zu lernen,
so wird hierdurch bekannt gemacht, daß die
Stadt-Obligationen in der nachfolgenden Art
ausgefertigt werden sollen:

Wir Präsident 2c. bescheinigen hierdurch, daß — am — zur Bestreitung
der Kriegslasten ein Capital von — darlehnsweise hergegeben, und bey der Haupt-
Stadtcasse belegt, — dessen Empfang wir
hierdurch, mit Verzicht auf die Einrede der
nicht empfangenen Valuta anerkennen. Wir
versichern und verpflichten uns, dieses Capital zum Nutzen und Besten der ganzen Stadt
und jedes Bewohners derselben gewissenhaft
zu verwenden, und verbinden uns, dasselbe
von — an, mit 5 Procent pro anno, in
halbjährigen Ratis, in der Münzsorte des
Capitals richtig zu verzinsen, auch das Capital selbst ein Jahr nach wieder hergestelltem

Frieden und nach einer sodann dem Gläubiger und der Stadt Berlin freystehenden sechsmonatlichen Aufkündigungsfrist, allhier in
Berlin bankbarlichst zurückzugeben, und zwar
bey den Darlehnen in baarem Gelde, das
Gold in dem Münzfuße von 35 Stück vollwichtigen Pistolen à 5 Thlr. auf die Mark,
à 21 Karat 8 Grän sein, und das Courant
nach dem Münzfuße von 1764 und bey den
Darlehnen in Staatspapieren nach der Wahl
des Schuldners in den gegebenen Effecten
oder in der in dieser Verschreibung ausgedrückten Darlehns- Summe in Gold oder
Courant."

„Wir verpflichten uns auch, die Zahlung des Capitals demjenigen zu leisten, welcher diese Obligation bey unserer Haupt-
Stadtcasse abliefern und über den Empfang
des zurückgezahlten Geldes quittiren wird, so
daß weder wir selbst, noch unsere Haupt-
Stadtcasse von dem jedesmahligen Inhaber
dieser Obligationen weitere Kenntniß nehmen,
uns auch mit der Untersuchung der Legitimation des Inhabers der Obligationen und des
sich zur Zurückzahlung bey der Haupt-Stadtcasse meldenden Empfängers nicht befassen
können und werden, und daher den Eigenthümer dieser Obligation erinnern, solche
mit aller Vorsichtigkeit, gleich wie baares
Geld, zu verwahren, um der Gefahr vorzubeugen, daß ein von ihm nicht legitimirter
oder ungetreuer Vorzeiger derselben das
Geld darauf empfange, und solches dem
wahren Eigenthümer verloren gehe".

„Für die Sicherheit dieses Darlehns haftet das Vermögen der Kämmerey mit allen
ihren Pertinentien, die ganze Stadt und
jeder Eigenthümer und Bewohner derselben."

„Wir entsagen hierdurch allen gegen
diese Obligation Statt findenden Rechtswohlthaten und Ausflüchten, wie solche Namen
haben mögen, und insbesondere der Einrede,
daß eine allgemeine Verzicht nichts gelte,
wenn nicht auf jede besondere Einrede besonders Verzicht geleistet worden, und kann und
soll nichts als die richtige Wiedererstattung
der in dieser Obligation verschriebenen Summe von — — Uns und die Stadt und
deren Eigenthümer, Bürger und Einwohner von dieser Schuld entbinden, auch soll
die auf Eigenthümer, Capitalisten und Einwohner künftig zu diesem Behuf zu machen-

de Auflage unter keinem Vorwande anders
als zur Bezahlung von Capital und Zinsen
verwendet werden."

„Urkundlich ist diese Obligation in beglaubter Form ausgefertiget, durch eigenhändige Unterschrift des Präsidenten rc. vollzogen, und durch Beydruckung des Stadt-
Insiegels bekräftigt worden.

Berlin, den

(Folgt Siegel und Unterschriften.)

„Und ich Endesunterschriebener, welcher von Seiner königlichen Majestät von
Preußen durch Höchstdero Cabinets-Ordre
vom 22 October 1806 zur Fürsorge für die
Stadt Berlin besonders angewiesen worden,
confirmire hierdurch vorstehende, von dem
berlinschen Magistrat und der Verwaltungs-
Comité an   zu
über ein Darlehn von
5 pro Cent pro anno, ausgestellte Stadt-
Obligation in allen ihren Puncten und Clauseln.

Berlin den
Seiner Königl. Majestät von Preußen
Allerhöchst bestallter wirklicher geheimer Etats-Krieges- und dirigiren-
der Minister.

(L. S.)

(gezeichnet) von Angern."

Berlin, den 7 December 1806.
Comité administratif.
de la Garde. Hotho. Nine. Zelter.
Wibeau. Meyer. Beringuier.

Justiz- und Polizey-Sachen.

Vorladung Ferdinand Suterleite's von Neuenburg am Rhein.

Der schon über 20 Jahre, unwissend wo?
abwesende hiesige Bürgerssohn Ferdinand Suter-
leite, seiner Profession ein Maurer, oder dessen
Leibeserben werden hiermit aufgefordert, binnen
einem Jahr und sechs Wochen sich dahier zu melden,
und das dem erstern angefallene und unter Pflegschaft stehende mütterliche Vermögen von 297 fl. 4 kr.
nach vorläufigem legalen Ausweis über ihre Erbrechte zu erheben, widrigens dasselbe den hierortigen nächsten Intestaterben gegen Caution überlassen
werden würde. Neuenburg im Breisgau am
Rhein, den 24 Nov. 1806.

Magistrat
der großherzoglich badischen Stadt allda.
Lorenz, Syndicus.

Allgemeiner Anzeiger

der

Deutschen.

Dienstags, den 6 Januar 1807.

Berichtigungen und Streitigkeiten.

Abfertigung des Herrn Christ. Gottl. Steinbeck zu Langenberg bey Gera in Betreff seiner in Nr. 303 des allg. Anz. befindlichen Antwort auf meine Aufforderung in Nr. 266 des allg. Anz.

Wenn jemand, um sich gegen einen ihm gemachten Vorwurf zu rechtfertigen, seine Zuflucht zur Lüge nimmt, so legt er dadurch selbst auf das deutlichste an den Tag, wie schlimm seine Sache stehe. In diesem Falle befindet sich Hr. Steinbeck, und so groß auch seine Dreistigkeit und Fertigkeit ist, dem Publicum Mährchen aufzuhängen, so wird sie ihm dießmahl zu weiter nichts helfen, als daß das allgemeine Urtheil über ihn keinen Augenblick zweifelhaft bleibe.

a) Zuvörderst ist er listig genug, durch die in Nr. 303 des allg. Anz. aufgestellte Geschichts-Erzählung dem Leser den Gesichtspunct dadurch zu verrücken, daß meine kurze schriftliche Verhandlung mit ihm im Jahr 1804 in chronologischer Hinsicht durchaus falsch erzählt. Er erzählt nämlich die Sache so, als wenn ich ihm meine Abhandlung vor dem Empfange seines Briefes vom 13 Jul. 1804 zugeschickt hätte. Dieser Umstand ist wichtiger, als man auf den ersten Blick glauben sollte, denn nur dadurch konnte er den noch weiter unten folgenden Unwahrheiten bey nicht sehr aufmerksamen Lesern einigen Grad von Wahrscheinlichkeit geben. Daß aber Hr. Steinbeck unverschämt gelogen hat, beweisen die eigenen

Allg. Anz. d; D. 2 B. 1806.

Worte seines Briefes vom 13 Jul. 1804, der wörtlich so lautet: „Nach der gütigst „gegebenen kurzen Anzeige des Inhalts „Ihrer Bemerkungen über Erziehungs- „Anstalten zu urtheilen (denn ich hatte in „einem vorhergehenden Briefe vom 3 Jul. bey „ihm bloß angefragt: ob er den Aufsatz, dessen „Inhalt ich ihm im Allgemeinen anzeigte, in „den teutschen Patrioten aufnehmen wolle?) „passen dieselben sehr gut in den Plan „meines Patrioten, und bitte Sie sehr „um gefällige Mittheilung der- „selben, aber auch um die Gewogenheit, „das Honorar dafür billig zu stellen, „denn ich bin Privatmann, der von „seiner schwachen Feder sich, seine Frau „und sechs Kinder zu versorgen hat, „und das will in diesen Zeiten viel sagen. „Mit vieler Erwartung hochachtungs- „voll u. s. w." Erst nach dem Empfange dieses Briefes schickte ich ihm die Abhandlung und meldete ihm, über das Honorar würden wir uns nach dem Abdrucke leicht einen, er möge nur so bald möglich den Aufsatz einrücken u. s. w.

b) Doch die tückische Absicht jener ersten Lüge ist nicht zu verkennen; sie sollte bloß dazu dienen, die darauf folgende zweyte auf den ersten Anblick glaublicher zu machen, nämlich: „daß ich für meinen Aufsatz 25 Rthlr. in Golde von ihm verlangt hätte". Den dreisten Lügner aufzufordern, die Wahrheit jener Forderung durch irgend einen Brief von mir darzuthun, wäre zwecklos, denn wohlweislich hat er sich gleich im Eingange seiner Antwort gegen eine Verpflichtung der Art dadurch sicher zu stellen gesucht, daß er vorgibt: „ihm seyen alle seit 14 **Jahren erhaltene Briefe verbrannt worden.“** Aber niemanden, der nur etwas mit dem Journalwesen bekannt ist, wird es entgehen, daß es keine Sitte ist, bey der Einsendung eines Aufsatzes eine auf das Ganze gestellte Honorarforderung zu machen, und daß, wenn ich wirklich eine Forderung vor dem Abdrucke hätte machen wollen, ich sie nicht auf das Ganze, sondern auf den Bogen hätte stellen müssen, da Journalaufsätze bogenweise honorirt werden, und das Honorar erst nach vollendetem Abdrucke berechnet wird. Und warum hätte ich denn diese Forderung entweder nicht schon bey meiner vorher an St. ergangenen Anfrage oder doch bey Uebersendung des Manuscripts gemacht? — Wer sich nun die Mühe nehmen will, Steinbeck's Antwort in Nr. 303 des allg. Anz. zur Vergleichung aufmerksam durchzugehen, dem wird es jetzt in die Augen fallen, wie raffinirt der Verfasser ein wahres Factum — nämlich seinen obenerwähnten Brief — mit erdichteten zusammenzustellen wußte, um das Publicum zu täuschen.

c) Was bezweckte aber Hr. St. mit dieser zweyten Unwahrheit? — Nichts anders, als dadurch einen Vorwand anzugeben, mit — wie er weiter erzählt — das Manuscript zurückzuschicken, und dieses dann gerade in dem Augenblicke, wo es mit der Post an mich abgehen soll, so ganz à propos durch den angeblichen Rast mitnehmen, hernach unterschlagen zu lassen und dadurch allen Verdacht von sich selbst zu entfernen. So wäre freylich alles in der Ordnung geschehen; aber Hrn. Steinbeck's neue Lüge erscheint hierbey so plump und handgreiflich, daß sie kaum einer ernsthaften Widerlegung bedarf. Er sagt nämlich: „weil ich von meinem Verleger selbst nicht „so viel Honorar dafür zu ziehen hatte, so „mußte ich mich entschließen, die Abhandlung wieder zurückzusenden. Freylich that „es mir leid — und ich zögerte auch einige „Wochen mit dieser Remission, bis ich „Hrn. B. nächsten Brief erhielt, worin „er diese verlangte.“ — Aber was bewog ihn denn, mit der Remission des Manu-

scripts einige Wochen zu zögern? Was konnte ihn abhalten, es mir auf der Stelle zurückzuschicken, wenn die Forderung von 25 Rthlr. in Golde, die ich an ihn gemacht haben soll, ihm zu hoch war? — Und hätte ich jene Forderung wirklich gemacht, was in aller Welt hätte mich denn bestimmen können, den Aufsatz schon in einigen Wochen zurückzufordern, ehe ich von St. selbst Nachricht erhalten hätte, daß ihm meine Forderung wirklich zu hoch sey? Wie hätte ich ohne eine solche Nachricht von seiner Seite wissen können, daß er nicht gesinnt sey, meinen Aufsatz seinem Journale einzuverleiben? — Doch auch hier wäre es unnütz, ihn aufzufordern, das Datum und die Existenz meines vorgeblichen Briefes, worin ich so ganz ohne alle vernünftige Veranlassung die Remission meines Manuscripts verlangt haben soll, zu beurkunden; denn ihm sind ja, wie wir schon wissen, alle Briefe aus jenen Zeiten verbrannt!

Unter solchen Umständen wird Hr. St. selbst fühlen, wie sehr er durch seine tollkühnen Lügen seine Sache verschlimmert hat, und wie wenig er unbedingten Glauben verdient, wenn er vorgibt, sein Briefsteller Rast habe das Manuscript wider sein Wissen unterschlagen, obgleich er an diesen eine förmliche Aufforderung ergehen läßt, seine Sünde zu bekennen! Wer lächelt über solche Luftstreiche nicht? Sollte der angebliche Rast wirklich eines solchen Bubenstücks fähig gewesen seyn, so hätte St. durch meine Briefe, worin ich geraume Zeit nachher, als ich auf den Abdruck des Aufsatzes immer vergebens gewartet hatte, ihn an das Manuscript erinnerte, nothwendig müssen aufmerksam gemacht werden. Wie wenig es ihm helfen kann, die Empfang dieser Briefe, die er unbeantwortet zu lassen für gut befunden hat, zu läugnen — welches er, um consequent zu seyn, allerdings thun muß — das wird sich hoffentlich bald zeigen. — Und wie kann er endlich glauben, daß man es wahrscheinlich finde, daß er von dem Aufenthaltsorte des angeblichen Rast nichts Bestimmtes wisse, da dieser sein genauer Bekannter, Briefsteller und intimer Geschäftsträger war? Sucht er etwa dadurch der Verbindlichkeit zu entgehen, uns dessen Aufenthaltsort zu nennen, aus Furcht, sein Freund Rast möchte ernstlich zur Rede gestellt werden, und dann der wahre Zusammenhang der Sache an den Tag kommen?

Das Zeugniß der Meyer'schen Buchhandlung geht dahin, daß der angebliche Rast ihr den Auftrag gegeben habe, die stipulirten Freyexemplaren an Hrn. Steinbeck in Langenberg zu senden. War Rast wirklich der ehrlose Dieb, wie es St. behauptet, und hatte dieser nicht selbst die Hand im Spiele, so ist es unbegreiflich, wie Rast hätte so kühn seyn können, der M. Buchhandlung einen Auftrag zu geben, durch dessen Vollziehung sein Betrug sogleich entdeckt worden wäre. — Dieses, und die Nichtbeantwortung meiner Erinnerungsbriefe lassen es ziemlich spaßhaft finden, wenn Hr. St. mir in seiner Antwort noch den Weg vorzeichnen will, den ich verpflichtet gewesen wäre einzuschlagen, ehe ich gesucht hätte, ihn an den Pranger der Publicität zu bringen!

Steinbeck's raffinirte Umgehung der Wahrheit aber, und seine lügenhafte Darstellung der Sache, wodurch er selbst seinen öffentlichen Credit muthwillig zerstört hat, beweisen, wie sehr er das Licht zu scheuen habe, und lassen zu deutlich vermuthen, daß bey der ehrlosen Veräußerung meines Manuscripts noch besondere Umstände im Verborgenen liegen müssen, deren weitere Enthüllung ich nur der Zeit überlassen kann.

Die mir von ihm angedrohte Injurienklage erwarte ich *). Seine Ausfälle aber auf meine Humanität in Nr. 303 des allg. Anz., so wie seinen giftigen Brief vom 15 d. M. — dessen richtigen Empfang ich ihm hiermit anzeige — kann ich für nichts anders nehmen, als was sie sind, nämlich für ganz gewöhnliche Mittel, wozu die Gemeinheit greift, um eine Art von unmächtiger Rache auszuüben.

Nur ein Steinbeck könnte endlich schamlos genug seyn, der Nachschrift zu meiner Aufforderung eine schändliche Deutung zu geben. Ich erkläre hiermit öffentlich, daß ich nichts anders habe sagen können, noch

*) Nur hier die Nachricht für ihn, daß ich unter dem hiesigen academischen Gerichte stehe, und daß er sich folglich an dieses mit seiner Klage zu wenden habe.

wollen, als dieses: „ich habe Steinbeck's Vorgeben, daß er eine Frau mit sechs Kindern von seiner Schriftstellerey zu ernähren habe (s. seinen Brief unter III. a) für unwahr gehalten, weil ich von einem Freunde, dem er sehr wohl bekannt sey, gehört habe, er sey wenigstens damahls noch nicht verheirathet gewesen, und der unbefangene Leser wird darin nichts anders haben finden können, als dieses. Habe ich aber durch einen Irrthum meines Gewährsmannes ihm hierin Unrecht gethan, d. h. war er wirklich verheirathet, und hatte er sechs Kinder, wie er mir schrieb, so kann er versichert seyn, daß ich ihm über diesen Punct eine öffentliche völlig genugthuende Erklärung geben werde, und um dieses zu können, habe ich dafür gesorgt, daß ich nächstens authentische Zeugnisse über diese Sache in Händen haben werde, denn sein eigenes Wort kann unter den vorhandenen Umständen nichts beweisen. — Nur glaube der Ehrenmann nicht, daß es ihm gelingen werde, das, was in der vorliegenden Sache — nämlich der ehrlosen Vertrödelung des ihm anvertrauten Manuscripts — eigentlich nur Nebensache ist, durch seine Tiraden vor dem Publicum zur Hauptsache zu machen.

Das Publicum wird übrigens dem Hrn. Steinbeck, der nur durch Lügen eine elende Rechtfertigung versuchte, sein Bedauern nicht versagen, in so fern man nämlich einen Mann bemitleiden muß, der alle Achtung, die er sich selbst, der Wahrheit, und dem Publicum, vor welchem er sprach, schuldig war, frevelnd mit Füßen trat. —
Göttingen am 30 Nov. 1806.
J. G. Becker.

Antwort auf des Herrn Dr. Steinbeck in Langenberg im 303 St. des allg. Anz. an uns ergangene Aufforderung.

Zwischen Herrn Candidat Rast (wie er sich uns in der Jubilatemesse 1805 in Leipzig in unserm Gewölbe nannte) und uns war es freylich Abrede, daß wir Ihnen, Herr Dr. Steinbeck, die bedungenen Freyexemplare von dem quaestionirten Buche: Be-

merkungen über die Erziehung" zusen-
den wollten. Wie aber unterm 2 August
v. J. der sogenannte Aast aus Eythra bey
Leipzig in einem Schreiben uns die Final-
Bedingungen wegen Ihrer Verbrecherge-
schichten meldete, wozu er in dem Schreiben
noch von Ihnen volle Macht und Gewalt zu
besitzen, uns versicherte, gab er uns noch
eine nähere Adresse nach Eythra, bey Herrn
Sparwald in Leipzig abzugeben, an, unter
welcher dann durch Beyschluß unsers Com-
missionairs in Leipzig Herrn Buchhändler
Heinsius, die bestimmten Frey-Exemplare
am 7 Septemb. von hier richtig abgegangen.
Lemgo in Westphalen den 1 Dec. 1806.
    Meyersche Buchhandlung.
  N. S. Das Publicum wird hiermit zugleich benachrichtigt, daß die erwähnte
Schrift: Bemerkungen über Erziehungs-
Anstalten und häusliche Erziehung (9 gl)
von nun an mit verändertem Titelbogen und
unter dem Rahmen des wahren Verfassers,
des Herrn Becker, versandt werden wird.

Allerhand.

Anfrage an Buchdrucker.

Sollte sich nicht ein Buchdrucker finden,
der aus Menschlichkeit 16 bis 20 geschriebene
Bogen druckte; die ausgelegten Unkosten des
Papiers sollten einstweilen auf der Stelle
bezahlt werden. Gewiß ist es, ein solcher,
der sich dazu bereitwillig findet, wird der
Retter einer verfolgten Familie werden.
    Georg Wilhelm Frenzel,
        Schullehrer zu Holzhausen.

Danksagung.

Aus mildthätigen Händen einer ungenannten Familie aus C. habe ich über Erfurt
mit inniger Rührung ein Päckchen mit Wäsche erhalten, welches hierdurch dankbarlich
zu erkennen gibt.
  V.   H.

Familien-Nachrichten.

Aufforderungen.

Von meinem vierten Sohne Ferdinand,
preuß. Fähndrich im Regimente Herzog von
Braunschweig, habe ich keine andere Nachricht bis jetzt, als daß derselbe auf der Insel
Usedom bey Führung von Krankenwagen in
französische Kriegsgefangenschaft gerathen
seyn soll. Es ergeht daher an ihn selbst die
Aufforderung, mir wo-möglich-ungesäumt
einige Nachricht von sich und seiner gegenwärtigen Lage zu geben; hiernächst auch an
alle Freunde, Verwandte und Bekannte die
dringende Bitte, wenn sie etwas von ihm
und seinem Aufenthalte wissen, oder noch in
Erfahrung bringen sollten, mich baldigst davon zu benachrichtigen, auch ihm, falls er nahe
genug wäre, diejenige Unterstützung zu gewähren, welche seine Lage erheischet, und
die Umstände verstatten dürften.
  Zugleich zeige ich meinen Freunden, Verwandten und Bekannten den nun nicht mehr
zu bezweifelnden Tod meines dritten Sohnes
Albrecht, preuß. Lieutenants im Regimente
von Zweifel, in der Schlacht bey Jena ergebenst an, mir alle Beyleidsbezeugungen
verbittend.
  Sondershausen den 26 Dec. 1806.
      Freyherr von Lyncker,
    fürstl. schwarzb. sondershäusischer
        geheimer Rath.

2) Herr Wilhelm Arnold Alting von
Geusau, ein Sohn Herrn Lamorals von
Geusau von der beygendorfischen Linie, welcher sich vormahls in Batavia aufhielt, wird
hierdurch gebeten, mir seinen jetzigen Aufenthalt bekannt zu machen, weil ich ihm
interessante Nachrichten mitzutheilen habe.
Zugleich ersuche ich einen jeden, welcher den
jetzigen Aufenthalt des erwähnten Herrn von
Geusau zuverlässig kennt, um gefällige Nachricht davon. Tennstädt in Thüringen den
22 December 1806.
      Heinrich Sahlbach, Amtsdirector.

Todes-Anzeige.

Der 15 d. M. war der traurige Tag,
an welchem mein unvergeßlicher Vater Heinrich Christian Löwel auf der Dobrahütte
in einem Alter von 60 Jahren 2 Monaten das
Zeitliche mit dem Ewigen verwechselte.
  Indem ich diesen schmerzhaften Verlust
für mich und im Namen meiner Mutter und
Geschwister allen schätzbaren Anverwandten
und Freunden hiermit bekannt mache, und

um stille Theilnahme bitte, zeige ich zugleich
allen Handelsfreunden ganz ergebenst an,
daß die von meinem seligen Vater zeither
geführte Eisen = , Stahl = und Waffens
Waaren = Fabrik auf der Dobrahütte, bey
Gräfenthal im Saalfeldischen nun in meinem
Namen fortbetrieben wird, und versichere
auch ich fernerhin promte Bedienung und
billigste Preise meiner Fabricate.

Saalfeld den 19 April 1806.

Georg Christoph Löwel,
herzogl. sachsen = coburg = saalfeldi=
scher Berg = und Münzmeister.

Justiz = und Polizey = Sachen.

Aufforderung

an alle, welche auf des Pfarrers Möller
Stipendium Ansprüche zu haben glauben.

Unterm 27 Nov. des vorigen Jahres hat man
alle diejenigen, welche an das im Jahr 1756 von
dem verstorbenen Pfarrer Joh. F. Möller zu
Eisenroth im Dillenburgischen gestiftete Stipendium
jetzt oder künftig Anspruch zu machen gedenken,
aufgefordert, binnen drey Monaten sämmtliche
Urkunden, wodurch sie sich dazu zu legitimieren glau=
ben, an die unterzeichnete Behörde einzusenden.
Mehrere haben diese Aufforderung befolgt; da
inzwischen dem Vernehmen nach mehrere dies noch
zu thun willens sind, so wird letztern nochmahls
hiermit eine dreymonatliche Frist anberaumt, um
sich zu jenem Zwecke auf die gesetzmäßige Art legi=
timiren zu können. So bald diese Zeit verstrichen
seyn wird, so hat man beschlossen, eine Commission
aus der unterzeichneten Behörde und einem von
der Familien zu ernennenden Mitglied der mölle=
rischen Familie zu bestellen, welche alsdann alle bis=
her eingereichte und noch einzureichende Legiti=
mationsurkunden sorgfältig untersuchen, und die
Ansprüche eines Interessenten verificiren wird.
Man macht dieses demnach hiermit allen zu des Pfar=
rers Möller Familie gehörenden Personen zur Nach=
richt und Nachachtung bekannt.

Herborn, den 10 Dec. 1806.

Academischer Senat hies.

J. Ernst Wisseler, Prov.

Vorladung militairpflichtiger Wir=
temberger.

Herrenberg. Nachbenannte aus diesseitigem
Oberamt gebürtige und dermahlen abwesende mili=
tairpflichtige ledige Unterthanen, deren Aufenthalt
nicht bekannt ist, werden hiermit ernstlich aufgefor=
dert, unverzüglich in ihre Heimath zurück zu kehren,
und zu gänzlicher Berichtigung der Conscriptions=
Listen vor hiesigem Oberamt sich zu stellen; widri=
genfalß sie die in der Conscriptions Ordnung fest=

gesetzten — für sie äußerst nachtheiligen Folgen, in
der Confiscation ihres Vermögens, auch dem Ver=
lust ihres Unterthanen = und Bürgerrechts bestehend,
unnachsichtlich zu erwarten haben.

Und zwar von Herrenberg:

Von Herrenberg. Johann Jacob Gubler,
Weber. Ferdinand Benjamin Zeeb, Schreiner.
Johann Friedrich Kaiser, Barbierer. Johan=
nes Müller, Weber. Jacob Friedrich Wolbold,
Beck. Johann Lucas Marquardt, Schuster.
Christian Ferdinand Leyrer, Buchbinder. Gott=
lieb Friedrich Gerlach, Schuster. Johann Frie=
drich Hartmann, Schuster. Gottlieb Friedrich
Müller, Wagner. Christoph Friedrich Traub,
Apotheker. Johannes Dörrenbach, Metzger.
Johann Christian Ferdinand Krönig, Sattler.
Ludwig Gerlach, Zeugmacher. Johann Georg
Dußling, Schuhmacher. Joh. Heinr. Schmau=
fer, Hafner. Johann Jacob Gauger, Metzger.
Georg Jacob Supper, Schreiner. Johann
Georg Morhard, Metzger. Andreas Gottlieb
Traub, Kaufmann. Johannes von Au, Beck.
Gottlieb Friedrich Bührer, Schuster. Carl Frie=
drich Bahr, Maurer. Christian Friedrich
Fischer, Metzger. Johann Jacob Müller, Wag=
ner. Andreas Friedrich Bührer, Beck. Jo=
hann Friedrich Gerlach, Zeugmacher. Andreas
Gottlieb Gak, Schneider. Johann Zeeb, Kü=
fer. Jacob Friedrich Deusch, Metzger. Gott=
lieb Friedrich Leyer, Schuster. Johann Ja=
cob Wolff, Schuster. Wilhelm Friedrich Krauß,
Canditor. Johann Jacob Vögele, Schreiner.
Johann Jacob Zipper, Schuster. Gottlieb Frie=
drich Kuthardt, Strumpfweber. Carl Fried=
rich Kübler, Metzger. Wilhelm Friedrich Kaith,
Schlosser. Gottlob Friedrich Binder, Bierzie=
der. Jacob Friedrich Gerlach, Schuster. Chri=
stian Heinrich Maier, Schuster. Johann Ja=
cob Oertle, Beck. Wilhelm Gottlieb Bührer,
Metzger. Christian Friedrich Vogel, Schuster.
Johann Jacob Leyrer, Beck. Jacob Fried=
rich Kempfer, Hafner. Gottlieb Friedrich Berg,
Beck. Georg Jacob Heinrich Morhard, Kup=
ferschmid. Johannes Sauber, Schuster. Adam
Friedrich Vögele, Bierfieder. Johann Conrad
Zipper, Sailer. Jacob Friedrich Gak, Schnei=
der. Johann Michel Dölker, Leinenweber. Ja=
cob Friedrich Seeger, Schlosser. Jacob Bökle,
Weber.

Von Haßlach: Martin Vellnagel, Schrei=
ner Joseph Vellnagel, Schmid. Johann Frie=
drich Wagner, Schuster.

Von Oberjesingen: Joseph Nißle, Bauer=
knecht. Daniel Widmaier, Wagner. Johann
Peter Bühler, Schmid. Peter Kabler, Maurer.
Wilhelm Gottlieb Eitel, Schneider. Johannes
Böß, Schreiner. Daniel Bäuerle, Schneider.
Johann Georg Keuler, Schneider. Johann
Michael Nißle, Schmid. Johann Jacob Kue=

fer, Metzger. Johannes Widmaier, Metzger.
Daniel Bäuerle, Müller.

Von Kuppingen: Johann Jacob Roller,
Schmid. Johann Georg Cammerer, Schneider.
Hieronymus Roller, Bauerknecht. Johannes
Schnierle, Zimmermann. Johann Jost Beer-
strecher, Metzger. Johann Georg Schnierle,
Zimmermann. Johann Georg Beerstecher, Metz-
ger. Jacob Martin Viethauer, Schuhmacher.
Matthias Widmaier, Nagelschmid. Johann
Georg Braun, Metzger. Johann Georg Beck,
Schmid. Johann Friedrich Schmid, Beck.
Von Affstett: Jeremias Beck, Küfer. Jo-
hann Gottlieb Holzapfel, Küfer. Jacob Holz-
apfel, Beck. Johann Georg Kobler, Tuchma-
cher. Jacob Koler, Schuster. Conrad Koler,
Schuster. Johann Jacob Supper, Schneider.
Von Gärttringen: Matthäas Kiseler, Bauerknecht. Jacob Hertfelder, Schuster. Johann
Georg Schmid, Weber. Johann Georg Hertfelder, Schuster. Jacob Kiseler, Bauerknecht.
Johann Georg Schwarz, Weber. Jacob Mot-
teler, Bauerknecht. Ramei Nonnenmacher,
Metzger. Georg Jacob Bester, Schreiner. Johannes Wolbold, Schreiner. Johann Michel
Zinnser, Schmid. Georg Michel Zösel, Schreiner. Johann Georg Maier, Zimmermann. Jacob Mast, Maurer. Johann Georg Luz,
Schmid. Johannes Schwarz, Schuster. Jacob Weiß, Schmid. Johannes Flach, Barbierer. Johannes Andler, Schuster. Jacob Häm-
merle, Bauerknecht. Johann Michel Kümmerle,
Metzger. Johannes Sattler, Schuster. Johann
Heinrich Luz, Biersieder. Georg Martin Zinnser, Schmid. Johannes Kümmerle, Bauerknecht. Johann Georg Zinnser, Beck. Johann
Jacob Zinnser, Beck. Jonathan Morns-
hinweg, Beck. Johann Martin Wolff, Metzger. Johann Jacob Lipperle, Sattler. Jo-
hann Jacob Supper, Weber. Gottlob Zinnser,
Schuster. Johann Ulrich Kümmerle, Metzger.
Johannes Erhard, Beck. Johann Michel Veil-
nagel, Bauerknecht.
Von Mönchberg: Conrad Regreis, Schnei-
der. Johann Conrad Regreiß, Stricker. Jo-
hann Jacob Weippert, Weber. Johannes
Maier, Müller.
Von Nebringen: Jacob Heinrich Bühler,
Weber. Matthias Stükel, Beck. Joh. Georg
Schittenhelm, Schmid. Jacob Heinrich Egeler,
Schuster. Johann Martin Schäberlen, Weber.
Philipp Jacob Gauß, Schreiner. Christoph
Schneider. Johann Jacob Schäberle, Schu-
ster. Johannes Schäberle, Schneider.
Von Kaib: Johann Breitmaier, Müller.
Johann Georg Sindlinger, Wagner. Johann
Michel Rentschler, Weber. Johann Martin
Koter. Johann Martin Rentschler,
Weber. Andreas Maier, Beck. Johann Mar-
tin Hättinger, Beck. Jmanuel Scheurenbrand,
Weber. Johann Georg Breitmaier, Stricker.

Von Kohrau: Konrad Schmid. Johan-
nes Maier, Bauerknecht. Gabriel Bühler,
Schneider. Gabriel Kuof, Tuchmacher. Johan-
nes Schmid, Schreiner. Johann Georg Schu-
rer, Tuchmacher. Johann Georg Schmid,
Schneider. Jacob Kuonath, Weber. Johann
Michel Kienzle, Schneider. Johann Georg
Kuof, Schreiner. Gabriel Bühler, Beck. An-
dreas Bühler, Beck. Thomas Schmid, Schuster.
Von Alleingen: Johann Simon Haar,
Schreiner. Johann Michel Haar, Bauerknecht.
Johannes Schmollinger, Maurer. Jacob Blos,
Zimmermann. Jacob Henne, Zimmermann. Joh.
Jacob Büchsenstein, Gerber. Konrad Schwei-
ker, Schmid. Jacob Breuning, Beck. Chri-
stian Beck, Weber. Philipp Jacob Walz, Jo-
hann Peter Beeb, Müller. Joseph Lammer,
Schreiner. Franz Stephan Schmollinger, Stri-
cker. Anton Zammer, Schneider. Stephan
Mikeler, Porcellanarbeiter. Johannes Schmol-
linger. Joseph Walz, Sibell Lanz, Schuster.
Von Galtstein: Johann Martin Kienzle,
Beck. Georg Peter Supper. Johann Georg
Freyberger, Schreiner. Johann Jacob Bur-
kard Freyberger, Schreiner. Ludwig Fried-
rich Wanner, Kaufmann. Johann Georg Bai-
linger, Schmid. Jacob Friedrich Klein, We-
ber. Jacob Friedrich Klein, Zimmermann.
Johann Martin Klein, Zimmermann. Johann
Jacob Binder, Bauerknecht. Joh. Fried. Wilhelm,
Metzger. Jmanuel Frid. Notter, Schuster. Joh.
Martin Breitmaier, Schneider. Johannes Not-
ter, Schneider. Johann Martin Notter, Stri-
ker. Johann Georg Sterzer, Strumpfweber.
Johann Burkhardt Kienzle, Beck. Jacob
Fridrich Kienzle, Beck. Johann Gottlieb
Notter, Beck. Johann Martin Maier, Schnei-
der.
Von Theilfingen. Johann Georg Reichert,
Beck. Stephan Messerschmid, Schuster. Jacob
Messerschmid, Weber. Johannes Schneider,
Weber. Carl Gauß, Küfer. Johann Martin
Maier.
Von Zildrishausen. Philipp Jacob Zippe-
rer. Leonhard Jäger, Schneider. Conrad
Wanner, Hafner. Johann Georg Schäfer,
Schneider. Johann Georg Keppler, Strumpf-
weber. Johann Jacob Notter, Beck. Jacob
David Waker, Barbierer. Jacob Gertter, Häf-
ner. Johann Friedrich Wichtermann, Metzger.
Johannes Waker, Strumpfweber. Jacob Frie-
drich Weng. Häiner. Friederich Wolbold, Häf-
ner. Jacob Sattler, Schuhmacher. Michael
Schmoll, Weber. Johann Jacob Hahn, Be-
der. Johann David Bauer, Schuster. Joh.
Michel Berner, Hafner. Johann Michel Wa-
ker, Strumpfweber. Johann Caspar Gertter,
Schuster. Mattheus Hahn, Becker. Georg
Friedrich Schüz, Schuhmacher. David Melchior
Wolff, Schuhmacher. Jacob Friedrich Vischer,
Schuhmacher. Andreas Braun, Schuster. Jo-

dann Conrad Eberle, Schuhmacher. Leonhard Schüz, Kiefer. Ludwig Friedrich Walker, Bauerknecht. Johann Friedrich Entenmann, Nagelschmid. Conrad Schüz, Schuster.

Von Nufringen. Michel Supper, Tuchmacher. Jacob Marquardt, Becker. Jacob Supper, Maurer. Georg Christoph Marquart, Schneider. Johannes Seiz, Tuchmacher. Joh. Michel Reichert, Tuchmacher. Conrad Kienzle, Tuchmacher, Christian Heinzmann, Zimmermann. Michel Stötzler, Schäfer. Conrad Vellnagel, Tuchmacher. Jacob Zeeb, Zimmermann. Johann Michel Widmaier, Schuster. Georg Jacob Wünsch, Weber. Johannes Besler, Beck. Joh. Supper, Küfer. Johann Blasius Marquart, Sattler. Johann Ludwig Kopp, Beck. Johann Georg. Brodbek, Schuster. Johann Michel Seiz, Tuchmacher. Conrad Ludwig Marquart, Schuster. Johann Georg Kienzle, Beck. Paulus Würger, Schneider. Michel Widmann, Weber. Jacob Widmann, Schuster. Jacob Schurer, Tuchmacher. Johann Georg Kopp, Schmid. Johann Friedrich Braun, Weber. Johann Georg Nüßle, Metzger. Johannes Schneider, Beck. Michel Semle, Schuster. Gottlieb Christoph Kienzle, Beck. Johann Jacob Schneider, Beck. Jacob Kopp, Beck. Jacob Heinzmann, Weber. Jacob Kienzle, Beck. Conrad Spieß, Küfer.

Von Mözingen: Johannes Sindlinger, Schmid. Jacob Bauer, Maurer. Martin Zinner, Schuster. Christian Bertsch, Zimmermann. Johann Georg Bauer, Zimmermann. Joseph Sattler, Schreiner. Johann Georg Teufel, Schmid. Jacob Bertsch, Zimmermann. Johann Zinner, Schneider. Johannes Kußmaul, Schuster. Johannes Teufel. Jacob Friedrich Kußmaul, Beck. Jacob Hauser, Schuster. Jacob Friedrich Berg, Zimmermann. Georg Friedrich Teufel. Johannes Schwißler, Christian Hauser, Metzger.

Von Oberdschelbronn: Johann Martin Mokler, Schreiner. Johann Jacob Mokler, Schneider. Johann Jacob Kunath, Schneider. Michel Bühler, Schneider. Gottlieb Rauschenberger, Weber. Johann Jacob Sattler, Metzger. Jacob Andreas Rauchenberger, Zimmermann. Johann Jacob Schäberle, Weber. Johann Jacob Brauning, Schmid.

Von Ekenweiler: Christian Hähnle, Bleßfieder.

Von Nellingsheim: Jacob Hauser, Schneider. Martin Strohheker, Schäfer. Johannes Laz, Schreiner. Johann Mühleisen, Schreiner. Johann Georg Hertter, Wagner. Johann Martin Strohheker, Kiefer. Johann Gottlieb Laz, Schuster.

Von Wolfenhausen: Johannes Maier, Schneider. David Proß, Schäfer.

Von Remmingsheim: Johann Jacob Schneider, Metzger. Andreas Scheibing, Bar-

bierer. Michel Proß, Schneider. Johannes Proß, Maurer. Joachim Proß, Schneider. Martin Luginsland, Maurer. Andreas Proß, Zimmermann. Michel Schu, Sattler. Andreas Drezing, Kübler. Michel Luginsland, Maurer. Johann Georg Kapp, Schneider. Jacob Naaß, Schuster.

Den 22 December 1806.

Königlich Württembergisches Ober-Amt.

Kauf- und Handels-Sachen.

An meine Handelsfreunde.

Die Manier, durch Herunterfetzung des Credits anderer sich ein Ansehen von Wohlstand zu geben, nimmt zum Aerger manches reellen Kaufmanns immer mehr zu. Besonders bedienen sich kleine Krämer dieses Kunstgriffs, um bey ihren großen Creditoren als reich, und vor der Welt als flug zu gelten.

So schätzbar und nützlich Nachrichten über eines andern Umstände durch solche Männer sind, die sich nicht scheuen, offen das zu beweisen, was sie im Vertrauen sagen, so verächtlich und schädlich ist doch auch Gewösch solcher Menschen, die selbst nicht werth sind, sie zur Verantwortung zu ziehen. Eine Abbitte und Ehrenerklärung liegt ihnen nicht am Herzen, denn es geschiehet ja solche gehässig nur vor dem Richter, mithin wäre es um den Weg schade, den man einer Klage wegen machte. Allein zu wünschen wäre es, ein Mittel zu finden, wie wahre Nachrichten von denen zu unterscheiden sind, die durch Bosheit oder Dummheit erdichtet worden. Manche brave Männer, welche falsche Nachrichten mißtrauisch machten, werden dann in nützliche Geschäfte sich mit einander einlassen, und manche, die schon in engen Handlungs-Verbindungen stehen, werden sich nicht von einander trennen.

Ich meines Theils will als Mittel gegen alles Gewösch und gegen alle Verläumdung, welche die mich betroffene Plünderung kann veranlaßt haben, meinen Freunden, von denen ich künftig Waaren beziehen werde, hiermit freystellen: daß sie, nachdem ich die Waaren empfangen habe, sogleich die Zahlung gegen Disconto einziehen lassen. Diejenigen aber, die jetzt schon liquide Forderung für erhaltene Waaren an mich zu haben glauben, belieben solche sogleich an wen sie wollen zum Eincassiren auf mich anzuweisen. Und dann, wenn ich solche, wegen Mangel an Zahlungsfähigkeit zurückweise, unterwerfe ich mich ihrer öffentlichen Bekanntmachung. Weimar, den 18. Dec. 1806.

J. J. Theus, Sohn.

Nachricht wegen der chemischen Probier-Cabinete.

Obgleich bey starker Kälte keine Probiercabinette versendet werden können, weil mehrere Reagentien durch den Frost leiden, so verstattet doch die jetzige gelinde Witterung eine Ausnahme. Auf Ver-

angen können noch einige vorräthige Cabinette um den alten Preis von 4 Stück Friedrichsd'or sogleich abgesendet werden. Erfurt im December 1806.
Trommsdorff, Professor der Chemie.

Wechsel- und Geld-Cours in Sächsischer Wechselzahlung.

Leipzig, den 30 Dec. 1806.

In den Messen.	Geld	Briefe.
Leipz. Neujahrs-Messe	99 3/4	—
— Oster-	98	—
Naumburger	—	—
Leipz. Michaels	—	—
Amsterdam in Bco. à Uso	—	—
Detto in Curr. à Uso	—	141 3/4
Hamburg in Bco. à Uso	—	150
Lion 2 Uso in Liv.	—	78 1/2
Paris 2 Uso in Liv.	—	78
Augsburg à Uso	—	101
Wien à Uso	—	51
Prag à Uso	—	51
London à 2 Uso p. Pf. St.	—	—
Ränder-Ducaten	—	12 1/2
Kaiser-Ducaten	—	12
Wichtige Duc. à 66 Aß	10	—
Breslauer à 65 1/2 ditto	10	—
Leichte à 65 ditto	9	—
Almarco ditto	—	—
Almarco Louisd'or	—	—
Souverainsd'or	9 x⊕	—
Louisd'or à 5 Rthl.	—	9 1/2
Sächs. Conv. Geld	pari	—
Schild-Louisd'or	2 1/4	—
Laubthaler	—	2 1/2
Preuß. Curr.	6	
Do. Münze	12	
Zet.	pari	
Caff.-Bill.	3/4	
Kronenthaler	1/2	
3- 7. Kr.	8 1/2	
17	5	
Wiener Banc-Zettel	51	

Wechsel- und Geld-Cours in wichtigen Pistolen à 5 Rthlr.

Bremen, den 31 Dec. 1806.

London für 100 Esterl. à 2 Uso	—
Amsterdam in Banco 250 fl. k. S.	—
Dito 2 Mon. dato	—
Dito in Courant k. Sicht	30 1/2
Dito 2 Mon. dato	29 1/2
Hamburg in Banco 300 Mk. k. Sicht	38 1/2. 39
Dito 2 Mon. dato	—
Paris für 1 Fr. 2 Uso	—
Bourdeaux à 2 Uso	—
Frankfurt a. M. für 100 rthlr. Ldr.	—
Leipzig dito	—
Wien, in Courant	—

Holl. Rand-Ducaten f. 1 St.	2 x⊕. 6g.
Feine 2/3 Stück av.	4
Convent. Münze Verlust	10
Holländ. Fl. in Natura 1 St.	36 3/4

Bremer Courant

Hamburger Course.

den 30 Dec. 1806.

London für 1 Esterl. à 2 Uso	337 3/8
Amsterdam in Banco k. Sicht	34 1/4
dito 2 Mon. dato	43/4
dito in Cour. k. Sicht	5 1/2
dito 2 Mon. dato	25 1/4
Paris für 3 Fr. 2 Uso	25 1/4
Bordeaux dito 2 Uso	87
Madrid 3 M. 1 Duc.	87 1/2
Cabix	40 3/4
Cadix	300
Lissabon 3 M. für Crusados	55
Wien und Prag 6 W. in Cour.	
Copenhagen Cour. 2 Monat dato	

Pistolen à 5 Rthlr.	10 ₺ 13 1/4 ₰
Gold al Marco	—
Ducaten	—
Feine 2/3 Stück	32
Grob Dän. Courant	26
Hamburger dito	—
Preuß. dito	62 1/2

Num. 6.

Allgemeiner Anzeiger
der
Deutschen.

Mittwochs, den 7 Januar 1807.

Justiz = und Polizey = Sachen.

Antwort auf die Aufforderung und
Bitte des Hrn. Medic. Pract. und Amts=
Chir. Tepohl allhier um Beschleu=
nigung des rechtlichen Vorspruchs sei=
ner Sache mit dem hiesigen Hrn. Ju=
stiz= Amtmann Heydemann.

Hätte Hr. Tepohl, wie sich gebühret,
vorher beym judicio Nachfrage gehalten, so
würde er, ohne alle Zurückhaltung, von den
bereits erfolgten Eingange des erwarteten
Urthels unterrichtet worden seyn, und es
hätte jener, solchemnach ganz überflüssigen
Aufforderung oder Bitte nicht bedurft, in=
dem mit aller Unerschrockenheit hiermit
öffentlich erklärt wird, daß, nach im Mo=
nat Januar 1805 erfolgter Versendung der
in dieser, zwischen dem Justiz= Amtmann
Heydemann und besagtem Hrn. Tepohl an=
hängigen Sache ergangenen Acten, nach an=
derweitem rechtlichen Erkenntniß, leztere im
Monat September dieses Jahres allhier ein=
gegangen, die sofortige Vorladung der In=
teressenten zu dessen Publication aber bey
dem damaligen Drange der Geschäfte, und
da ich sogar einige Zeit in Dienstgeschäften
abwesend gewesen seyn müssen, nicht mög=
lich gewesen ist, auch mit nachheriger Ein=
tritt der Kriegs=Unruhen diese Sache, so
wie alle Partheisachen, für welche, wegen
der durch solbare Unruhen herbeygeführten
Menge außerordentlicher Arbeiten, hier und
in mehrern Orten gleichsam Indicium clau=
sum gewesen, einstweilen weggelegt werden
müssen, so, daß nur erst am 29 dieses Mo=

Allg. Anz. 7. D. 1 B. 1807.

nats die Publication des eingegangenen Ur=
thels erfolgen können, welcher schuldlose
Verzug übrigens bey der so langen Dauer
dieser Sache zwar ganz unbedeutend ist, je=
doch auch bey der eintretenden unterthänig=
sten Berichts=Erstattung der höchsten Be=
hörde nicht verschwiegen werden soll, deren
Urtheil, ob ich bey der Sache mit gebühren=
der Unbefangenheit verfahren habe, oder
nicht? geltend bleiben wird. So viel für
diejenigen, welche glauben oder wünschen,
daß ich durch obenerwähnte Aufforderung in
Verlegenheit gebracht worden.

Justiz=Amt Pretzsch den 27 Dec. 1806.

Gottlob Friedrich Meurer,
Amts=Actuarius, als Verweser in ge=
dachter Sache.

Künste, Manufacturen und Fabriken.

Bozzini's Lichtleiter betreffend.

Thomas ab Indagine hat das Nr. 341
eingerückte und wider seinen Aufsaß über
den bozzini'schen Lichtleiter in Nr. 250 ge=
richtete Etwas, gezeichnet D. Carl Friedr.
Heinr. Brumhard (line anno & loco) gele=
sen; und findet dasselbe nicht geeignet, sich
darüber in einige Controvers mit D. Brum=
hard einzulassen, sondern überläßt das Ur=
theil über eins und andere gern dem sachkun=
digen Publicum.

Der Beschreibung seiner im Entbin=
dungs=Institute angestellten Versuche, wel=
che Prof. Froriep, „so bald es seine Zeit
erlaube" — „in einem medicinischen Blatte"
zu liefern verspricht, sieht man mit Ungeduld

entgegen. Nur sind die Leser des allgem. Anz., worin der bozzinische Lichtleiter am ersten ausposaunt worden ist, zumahl bey der fast zahllosen und noch täglich sich vermehrenden Menge medicinischer Blätter, berechtigt zu erwarten, daß davon zu seiner Zeit auch ihnen Anzeige geschehen wird.

Daß Hr. G. X. Hufeland, den die Sache sehr nahe angeht, sich dabey ganz stillschweigend scheint verhalten zu wollen, ist den Lesern seines Journals sowohl, als denen des allg. Anz. sehr auffallend.

N. S., 26 December 1806.

Auf die im allg. Anz. Nr. 334 S. 3914 geschehene Anfrage, von wem eine gründliche und zweckmäßige Anlegung einer Potaschen-Siederey herausgegeben worden, dient folgendes zur Nachricht. Als ich im J. 1780 eine Potaschen- und Salpeter-Siederey anlegte, ließ ich mir alle nur mögliche Abhandlungen über diesen Gegenstand kommen. Ich habe gleichwohl wenig Practisches darin gefunden; alles war, ohne practische Kenntnisse und Erfahrungen darüber zu haben, niedergeschrieben. Sollte Anfrager nicht zu weit von hier entfernt seyn, und wollte zu mir kommen, so wollte ich meine Erfahrung mittheilen, welches ihn nicht gereuen wird.

G. F. Wurlitzer, Capitain.

N. S. Sollte der Anfrager einer Potaschen-Siederey zu mir kommen wollen, so muß er eine Bouteille Wasser, mit welchem er die Asche auslangen will, mitbringen. Ist das Wasser dazu nicht qualificirt, so wende er ja kein Geld daran, es ist verloren.

Gelehrte Sachen.

Antwort auf die Anfrage in Nr. 314 des allg. Anz. vom 21 Nov. 1806, wegen des Lebens zweyer Gelehrten.

M Friedrich Heinrich Starke war im Jahr 1802, wo ich mich noch in Chursachsen aufhielt, Superintendent in Bitterfeld, und wird sich wahrscheinlich auch noch da befinden; denn sonst hätte mich seyn Bruder, der churfürstl. sächsische Kriegsgerichtsrath Carl Christoph Starke in Dresden, der

ebenfalls Schriftsteller und Verfasser eines schätzbaren Werkes über das chursächsische Kriegsrecht ist, wohl von seinem Tode oder seiner Veränderung benachrichtigt, da ich mit diesem in freundschaftlichem Briefwechsel stehe. Reichmannsdorf.

Meier.

Antwort auf die literarische Frage in Nr. 202 S. 2452 des X. A. 1806.

Den Mann am Capitol, oder die Sendung der Mönche — An mein Vaterland, mit canonischen Noten von Herrn Professor Tellenz in Freyburg, habe ich gedruckt in Händen, und kann Abschrift davon geben, wenn ich weiß, was dafür bezahlt wird.

Henri Lenzinger,
Postsecretair in Durlach.

Allerhand.

Danksagung
und ein Wort zur Beherzigung.

Dem Herrn Hofrath und Professor Hübner auf der Universität Jena, seiner vortrefflichen Gemahlin und seinen menschenfreundlichen chemnitzer Anverwandten stattet Unterzeichneter den aufrichtigsten wärmsten Dank mit gerührtem Herzen ab, für die ansehnlichen Geschenke, womit sie so viele theils durch den in der Nacht vor der Schlacht am 14 October entstandenen großen Brand, theils durch die Plünderung Verunglückte so großmüthig und zugleich so zartsinnig unterstützt und erfreut haben. Es wäre ein Verrath an der Menschheit, Wohlthäter, die sich durch reine uneigennützige Menschenliebe so wahrhaft adeln, zur Kenntniß des Publicums nicht zu bringen. Möge Ihnen, uns aufgeforderte Wohlthäter! Ihr eigenes Herz und ihr Bewußtseyn der schönste Lohn seyn.

Es ist kein Ort, der von den Schrecknissen des gegenwärtigen Krieges so viel gelitten hat, als Jena, denn an keinem von gleicher Kleinheit hat sich eine solche Truppenmasse zusammengedrängt, an keinem ist sie so lange geblieben, keiner ließ so unmittelbar an das Feld, worauf eine der blutigsten Schlachten vorfiel.

Jena den 25 Dec. 1806.

D. W.

Silberminen zu Cazalla und
Guadalcanal.

Die Herren Interessenten bey diesen
Minen, namentlich der Herr Gr. v. C. M.,
Herr v. K..g, Herr v. K..f, Herren C..i
et H..nn, belieben ihren gegenwärtigen
Aufenthalt und Adressen ohne Verzug an
das G. Commissariat einzuschicken, um den
selben Nachricht von dem Stande der Unternehmung ertheilen zu können.

Gen. Commissariat der Minen
zu Cazalla und Guadalcanal.

Dienst-Anerbieten.

Es wird ein unbeweibter Forstmann für
einen Forstmann, als Liverey-Jäger in
Dienst gesucht, welcher vorzüglich in jeden,
auch sogar in nicht vorauszusehenden Verhältnissen bey jetzigen Zeitläuften die Eigenschaften der unbestechlichen Redlichkeit und
Treue, des willigen Gehorsams und der aus-
dauernden wohlwollenden Anhänglichkeit an
seinen Herrn besitzt, und in seinem sittlichen
Verhalten ganz untadelhaft seyn muß, außer
hinlänglichen Forst- und Jagdkenntnissen
aber die französische und deutsche Sprache
vollkommen in seiner Gewalt hat, um in
beyden als Schreiber und Dollmetscher
brauchbar zu seyn, auch nächst der Bedienung seines Herrn und der Aufwartung bey
Tafel auf Reisen mit Pferden umzugehen
weiß.

Diejenigen, welche in allem diesen völlig Gnüge leisten und deshalb glaubwürdige
Zeugnisse aufweisen können, haben sich auf
dem Schlosse zu Zschopau bey Chemnitz im
churfächf. Erzgebirge zu melden und daselbst
in Unterredung zu treten.

Dienst-Gesuche.

Ein junger thätiger Mann, welcher
dem Betriebe großer Eisenhüttenwerke
vorstehet, wünscht wegen eingetretener Kriegs-
gebundstände ein anderes Unterkommen.
Er wird mehr auf gute Verhältnisse, als
auf reichlichen Gehalt sehen, und kann die
vorzüglichsten Empfehlungen vorlegen. Wem
mit diesem Subject gedienet ist, beliebe in
frankirten Briefen seine Nachfrage unter der
Aufschrift H. I. Z. an die Expedition des
allgem. Anz. in Gotha abzugeben.

Justiz- und Polizey-Sachen.

Steckbrief hinter J. G. Brünett.

Am 14 Nov. d. J. wurde hier ein fremder
Mensch, nach seiner Angabe Johann Gottlob
Brünett aus Basel, über der Begehung eines
Diebstahls ergriffen und bey der gegen ihn vollführ-
ten Untersuchung zeigte sich der Arrestat, welcher
einer herumschweifenden Lebensart und des einem
begangenen Diebstahls geständig war, dagegen aber
den Attentat eines andern gewaltsamen Diebstahls
und den Gebrauch von Dietrich und Meisel selbst
gegen mehrere beschworne Aussagen leugnete, als
ein besonders gefährlicher Verbrecher.

Zur Sicherung des Publicums wird auf hohen
Befehl herzogl. Landesregierung allhier das unten-
stehende Signalement dieses Verbrechers bekannt
gemacht und es werden alle Civil- und Militärbehörden, bey welchen etwas gegen diesen angeblichen
Brünett vorgekommen, ersucht, so schleunig als
möglich und spätestens bis Ende Juny 1807. von
dieſen gegen Brünett vorgekommenen Anzeigen oder
bestraften Verbrechen uns einige beglaubte Nachricht
zu ertheilen.

Altenburg, am 22 Dec. 1806.

Der Rath daselbst.

Signalement.

Johann Gottlob Brünett gibt sich für 25
Jahre alt und von Basel gebürtig aus, woselbst
sein Vater einen Handel mit Wandleuchtern von
Blech getrieben, welchen er auch nachher fortgesetzt
haben, später bey einem Kaufmann in Braunschweig Bedienter gewesen und sodann mit einem
Italiener mit einer Drehorgelhervmgezogen seyn will.

Gegen Anfang Octobers d. J. soll dieser Jng-
liener ihn zu Walterhausen im Gothaischen fort-
geschickt haben und seitdem bis zu seiner Arretirung
allhier mit er vom Betteln gelebt haben, weshalb
er auch in einem Städtchen bey Langensalze zur
Haft gebracht worden wäre.

Brünett ist von ziemlich kleiner Statur und
hat dunkelbraune Haare und bläuliche Augen, seine
Sprache ist nicht dem schweizerischen, sondern mehr
dem obersächsischen Dialect ähnlich, auch scheint er
einige Jahre älter, als 25 Jahre zu seyn; bey seiner
Ertheilung hatte derselbe einen blauen Frack, schwarz
seidene Weste und dunkel geäreifte lange Manche-
ster-Brinkleber an, doch ist er nach beschwornen
Aussagen Tags vorher in demselben Rocke, bunter
Weste und gelben Beinkleidern gesehen worden,
hingegen hatte derselbe weder einen Paß noch sonst
eine Legitimation bey sich, und gab vor, seinen in
Braunschweig erhaltenen Paß verloren zu haben.

Vorladungen: 1) Th. Hayin's.

Arnern. Thomas Hayin, von Holzen, jetzt
38 Jahr alt, wenn er sich noch am Leben befindet,
ist nun schon vor 10 Jahren als Drechsler Geselle
auf die Wanderschaft gegangen, hat aber seither

von seinem Leben und Aufenthalt in seine Heimath
keine Nachricht gelangen lassen. Auf Ansuchen seiner Geschwister werden aber derselbe oder seine etwaigen Leibes-Erben jetzt hiermit aufgerufen, innerhalb 9 Monaten, von heute an, vor hiesigem
Ober-Amt in Person, oder durch Bevollmächtigte
sich einzufinden, um das ihnen angefallene in Höl-
zen unter Pflegschaft stehende Vermögen in Empfang
zu nehmen, widrigenfalls solches an die nächsten
Anverwandten des Hagin in Holzen gegen Caution
verabfolgt werden wird.

Verordnet beym großherzoglich badischen
Ober-Amt Röteln.   Lörrach, den 1
Dec. 1806.

2) der Gläubiger J. E. Westhof's.

Alle die, welche an den Vermögensnachlaß des
verstorbenen Herrn Amts-Advocaten, Johann
Ernst Westhof allhier, Forderungen haben, werden
geladen, sich bey Verlust ihrer Forderungen, die bey
zehn Thalern Strafe drey Wochen vor dem Liqui-
dationstermine anzuzeigen sind, und der Wiedereinsetzung in den vorigen Stand, in dem deshalbi-
gen Liquidations-Termine
den 3 April 1807 Donnerstags nach dem
Osterfeste
damit allhier beym Magistrate zu melden. Auswärtige haben hier Bevollmächtigte anzunehmen,
Saalfeld, den 19 Dec. 1806.
Magistrat das.

Kauf- und Handels-Sachen.

Die braunschweiger Messe,
welche den 2 Februar 1807 ihren Anfang nimmt,
wird, wie gewöhnlich, gehalten werden.

Sicherheit und Schutz wird von Seiten des
französischen Gouvernements allen Kaufleuten der,
mit Frankreich befreundeten, oder dermahlen mit
französischen Truppen besetzten Lande, zugesichert,
sowohl für sie selbst, als für ihre Waaren, englische
Manufactur- und Colonial-Waaren ausgenommen,
als welche nach den Allerhöchsten Decreten Sr.
Majestät des Kaisers der Franzosen und Königs
von Italien verboten bleiben.

Braunschweig, den 23 Dec. 1806.
Ministerium des Herzogthums
Braunschweig.
J. L. von Bötticher.

Buchhändler-Gewölbe in Leipzig
zu vermiethen.

Ein Gewölbe mit großer Schreibestube und
Niederlage in Leipzig, welches für einen Buchhändler sehr passend, ist von Ostern 1807 zu vermiethen.
Hr. Herzog in der Grimmaischen Gasse in Leipzig
giebt nähere Nachricht.

Gesundheitsmaschinen.

Wem meine beyde Arten Erschütterungs-
oder Motionsmaschinen sowohl für Manns-
als Weibspersonen entweder aus eigner Erfahrung
bekannt sind, oder wer von ihrem erwiesenen Nutzen
in Hinsicht der menschlichen Gesundheit nur gehört
hat, der wird auch an der Realität meiner Angabe
eines Fahrstuhls zum Selbstfahren nicht
zweifeln, dessen Eigenschaften folgende sind: 1)
weicht er in seiner Construction von den gewöhnlichen und bekannten Fahrstühlen ganz ab; 2) gehet
er so leicht, daß eine kranke ganz entkräftete Person in allen Winkeln eines kleinen Wohnzimmers
ohne alles Geräusch sehr sanft und bequem sich von
selbst herum fahren kann; 3) ist äußerst einfach;
4) nimmt wenig Raum ein; 5) ist auf Meublementart eingerichtet, und mahagonyartig gebeizt; 6) kann
zernommen und an der Behörde sogleich wieder zusammengesetzt werden. In einem großen Saale
kann man auf einem solchen Fahrstuhle so geschwind
fahren, daß eine beylaufende Person fast nicht gleich
kommen kann. Er schafft also kranken Personen
wahren Nutzen, und gesunden viel Vergnügen,
ist allenthalben, wo dergleichen eingeführet sind,
mit gänzlichem Beyfall aufgenommen worden. Ein
solcher Fahrstuhl kostet mit Emballage-Kiste und
Beschreibung zu erhalten 16 gl. Sächs., oder den Louisd'or
zu 5 rthlr.

Bey oben besagten beyden Maschinen ist zwar
bey der erstern, nämlich für Mannspersonen, weil
der Unterleib auf die nämliche Art erschüttert, als
wenn man reitet oder fährt, und der Oberleib hat
auch die angemessenste Bewegung, kurz, den ganzen
Leib alle Glieder in Bewegung. Diese kostet mit Emba-
lagekiste und Beschreibung 11 rthlr. 18 gl., die andere aber für Frauenzimmer kommt auf 3 Louisd'or.

Beyde Arten sind äußerst einfach, nehmen wenig Raum ein, sind auf Meublementart eingerichtet, können zernommen und an der Behörde sogleich wieder zusammengesetzt werden. Ihres geleisteten Nutzens wegen in Hinsicht der menschlichen
Gesundheit habe ich schon viele dergleichen auch auf
dem Postwegen ins Ausland versenden müssen, welches ich durch die mir zugesendeten Bestellungsbrie-
fe beweisen kann.

Freyberg, den 21. Dec. 1806.

Carl Immanuel Löscher,
vormahliger Bergmeister in Böhmen, nunmehr ansässig zu
Freyberg in Sachsen.

Gedörrte Zwetschen.

Bey Joh. Georg Löhlein in Coburg ist eine
beträchtliche Partie aufs beste conservirte gedörrte
Zwetschen, von der vor 2 Jahren besonders gut gewachsenen Sorte, der Ctr. à 6 Kthlr. in 24 fl. fl.
contante Zahlung zu bekommen, welche sowohl cen-
nerweise circa 4 Ctr. haltend, als auch in größern
Quantitäten abgegeben werden. Briefe deshalb erbittet man sich portofrey.

Allgemeiner Anzeiger
der
Deutschen.

Donnerstags, den 8 Januar 1807.

Gesetzgebung und Regierung.

Die Erb-Unterthänigkeit der Oberlausitz. *)

Die oberlausitzer Erb-Unterthanen können nicht so, wie die Schutz-Unterthanen auf die natürliche persönliche Freyheit Anspruch machen. Diese Erb-Unterthanen sind zwar nicht den römischen Sclaven gleich zu achten; allein sie sind gänzlich glebae adscripti (zur Hufe oder zum Gute gehörig) und nach der bisherigen Verfassung rechtlich dafür zu halten. Denn in der Confirmation der landständischen Bedenken vom J. 1651 im oberlausitzer Collections-Werke S. 611 Th. 1 stehet.

Erstens, im Art. 1 ausdrücklich „sondern weil sie (i. e. die Erb-Unterthanen) wegen deren Dienste, die sie den Gütern, auf welchen sie geboren oder sich sonsten dahin seßhaft gemacht, zu leisten schuldig, vor ein zugehörig Stück derselben zu achten, müssen sie vielmehr bey solchen verbleiben.“

Güter aber heißt hier nicht etwa die einzelne Wohnung, in welcher der Erb-Unterthan geboren ist, sondern der sämmtliche fundus dominii (Grund und Boden eines Besitzers) so weit sich solcher erstrecket. Dieses bekräftiget sogleich Art. II am angeführten Orte.

„Erstlichen wird ein jedweder derjenigen Herrschaft ufm Lande unterthänig, worunter er geboren“ welches also in genere und nicht in specie zu verstehen.

Zweytens stehet am angef. O. S. 616. „Immaßen auch die Unterthanen sammt allen ihren Kindern demjenigen unterthänig seynd, welchem sie von ihrer vorigen Herrschaft mit Grund und Boden verkauft werden, bevoraus, wenn der Kauf auf alle Zugehörungen geschlossen worden, und sollen demselben folgen nicht alleine die zur Zeit des Vertrags vorhandenen, sondern auch die Abwesenden, so sich unter anderer Herrschaft ufhalten, weiln sie zu dem verkauften Gute gehören“

„Außer Grund und Boden aber kann und soll ein Unterthan wider seinen Willen weder verkauft noch vertauschet noch verschenket werden.“

Eben diese den Erb-Unterthanen hier durch bestimmte Condition unterscheidet sie von den römischen Sclaven, weil sie drittens a. angef. O. S. 615

„gestalten Sachen nach denen ufm Grund und Boden gewidmeten gleich zu achten“ aber den römischen Sclaven entgegen sich verheirathen, das Ihrige verkaufen, eben deswegen auch ein Eigenthum erwerben, Testamente machen können ꝛc. und ihnen an

*) Die wahre Darstellung einer Sache bewirkt zuweilen die gesetzliche Abschaffung derselben; sollte man diese in dem gegenwärtigen Falle wol vergeblich hoffen dürfen? Sollte Dänemarks glänzendes Beyspiel für die Lausitz, für Schlesien, Mecklenburg, Pommern ꝛc. ohne menschenfreundliche Nachahmung bleiben?! b. R.

dere im gemeinen Rechte zugelassene Handlungen zu verüben nicht verboten, sondern
nachgelassen und erlaubt sind.

Diese Erb-Unterthanen sind also ihrer
Natur nach zur Cultur des Grundeigenthums
bestimmt, und alle häufige Mandate wegen
Entweichung der Unterthanen aus einer
Herrschaft zur andern oder außer Landes
haben neben dem unleugbaren Eigenthum
des Grundherrn die sichere und stete Cultur
des Landes zum Zweck. Deshalb haben auch
als Grundsatz die vollen landüblichen Robott-
und Hofe-Dienste nach S. 610 Th. I. a. ang.
O. als ein jus acquisitum in der Oberlausitz Statt, welche der Landesherr auch den
Grundherrn nicht nehmen will, noch genommen hat, und so lange als Grundgesetz gelten,
und als der Gesichtspunct betrachtet werden
müssen, nach welchem die Dienstlustigen zu
beurtheilen sind, so lange der Landesherr die
oberlausitzer Stände bey ihren Rechten, Privilegien ꝛc. bey ihren Bewilligungs-Landta-
gen zu schützen verspricht.

Unter diese vollen landüblichen Dienste,
welche die Erb-Unterthanen zur Cultur des
Grundeigenthums zu leisten haben, gehört
auch, daß deren Kinder der Erbherrschaft
als Gesinde dienen müssen, und es ist kein
positives Recht vorhanden, welches

a, die Anzahl der zu dienenden Individuen auf einem Gute,

b, die Zeit, wie lange **jedes Individuum**
dienen müßte.

c, und einen auf alle Dienstboten gleichen Lohn bestimmte, und nur Urbaria, Recesse, Verträge und Herkommen, welche an
verschiedenen Orten auch verschiedenes hierüber bestimmen, sind als Ausnahmen von
der Regel anzusehen, und können mit Recht
nie auf die Gerechtsame anderer Erbherren
oder andere Erb-Unterthanen ausgedehnt
werden, noch weniger anzeigen, daß der Erb-
Unterthan auf natürliche Freyheit Anspruch
machen könne, welcher gesetzmäßig und der
Regel nach volle landübliche Dienste, als ein
glebae ad'criptus zu leisten schuldig ist. Unleugbar sind aber dergleichen einzelne und
auf mancherley Weise zerstreute Modificationen Beweise, nicht der dem Erb-Unterthanen
ex jure (den Rechten nach) zustehenden natürlichen Freyheit, sondern der von mancherley

Erbherrn bestimmten Individual-Nachlasse
von ihrem Rechte, die Erb-Unterthanen zur
Cultur ihres Gutes auf unbestimmte Weise
anzuwenden.

Daß selbst Churfürst Johann Georg I
das Recht der Erbherrschaften anerkannt
hat, besaget ganz deutlich der Schluß der
1621 ertheilten Resolution im oberlausitzer
Collections-Werke Tom. I S. 611.

„Hingegen aber wollen wir auch gegen
denselben i. e. den wie vor Alters und im
Lande bräuchlichen also hinfürder und
nachmahls die schuldigen Robott und Hofe-
Dienste zu rechter Zeit leistenden Erbunter-
than euren Herrschaften und Obrigkeiten
uns gnädigst versehen, daß sie sich gegen
euch als ihren von Gott ihnen vertrauten
Unterthan, in einem und dem andern also
gleichfalls beziegen werden, damit sie es
gegen demselben, als wohl der höchsten
Obrigkeit, wie auch sonsten gegen männig-
lich zu verantworten mögen."

Diese vom Landesfürsten gegen die
sämmtlichen supplicirenden Dorf- und Baus-
erschaften, Gemeinden und Unterthanen geführte Sprache zeigt ja unverkennbar, daß
der Fürst das Recht auf der Erbherrn Seite
anerkannt, sich aber zu ihrer Billigkeit versehen hat, dasjenige aus letzterm Gesichtspuncte den Erb-Unterthanen widerfahren zu
lassen, was ihnen als gefordertes Recht
nicht widerfahren konnte, wenn derselbe
nicht ein von Alters her und im Lande bisher
bräuchliches Recht den Erbherrn nehmen
wollte.

a) Daß in den Gesetzen eine bestimmte
Anzahl der auf jedem einzelnen Gute als Gesinde zu dienen schuldigen Individuen vorhanden seyn könne, läßt sich gar nicht denken,
und das Mehrere oder Mindere kann nur
von der Größe des Guts und dessen Bewirth-
schaftungsart abhängen. Stehet es dem
Erbherrn frey — und wer wird es dem Erbherrn jemals nach Recht und Billigkeit ver-
wehren können — von seinem Grund und
Boden etwas wegzugeben, und an einzelne
Erb-Unterthanen auszubauen, oder eingegangene Nahrungen ganz oder einzelne Theile derselben wiederum zu selbst eigner Bewirthung
zu übernehmen, ja wohl übernehmen zu müssen,
So liegt es in der Natur der Sache, daß sich

die Anzahl der zur Cultur nothwendigen Personen vermindern oder vermehren kann und muß. Genug der volle landübliche Hofedienste und Robotten zu leistende Erb-Unterthan ist schuldig, die zum ganzen Dominio gehörenden Grundstücke — nicht bloß einzelne Theile derselben zu cultiviren, und des zu dienen schuldigen Erb-Unterthanen Last hat seine Gränzen im Dominio, aber die Art und Weise, wie das Dominium cultiviret werden soll, ist nie durch Gesetze bestimmt. Durch selbige aber ist in der confirmirten Gesinde-Ordnung von 1689 im oberlausitzer Collections-Werke Tom. 1 S. 646 der Natur der Sache gemäß §. 6 bestimmt.

„Daß der Unterthanen Kinder sich zum Dienst bey ihrer Herrschaft jährlich zu stellen haben, von welchen Knechten und Mägden erstlich die Herrschaft, was ihnen nöthig und anständig zu ihrem Dienste zu bestellen befugt sind.

Die Erbherrschaft ist daher befugt, in Ansehung der Anzahl sich der Regel nach nicht auf eine eingeschränkte Summe zu beschränken, sondern sich so viel aus ihnen zu wählen, so viel sie deren jährlich nöthig — denn wozu wäre denn das jährlich verordnet, und warum müßten denn auch alle außerhalb des Domini dienende Gesinde sich zur Gesinde-Schau stellen — und zur diesjährigen Cultur des Dominii erforderlich zu seyn erachtet? Bey so ansehnlicher Vermehrung der Völksmenge läßt es sich wol auch im Ganzen nicht nur vermuthen, sondern auch beweisen, daß, da sich die Anzahl der zu dienen schuldigen Personen größtentheils und an den mehresten Orten vermehret hat, auch die Last des Dienstzwanges sich mehr vertheilet hat. Gesetzt aber, daß die Anzahl der zum Gesinde-Hofe-Dienste und Cultur des Dominii erforderlichen Personen sich nicht vermehret, wol gar gegen vormahlige Zeiten sich verringert hätte: so hebt dieß nicht die General-Schuldigkeit der Erb-Unterthanen, das Dominium cultiviren zu müssen, auf, sondern sie müssen diese Last nach Zeit und Umständen tragen, und wenn kein genugsames Gesinde vorhanden ist, aus welchem die Erbherrschaft sich das nöthige Gesinde auslesen kann: so muß das Gesinde in der Regel so lange dienen, bis deren Anzahl sich

vermehret hat, und man aus mehreren Individuen sich die erforderliche Anzahl wählen kann. Hieraus veroffenbaret sich

b) daß in Ansehung der Zeit, wie lange jedes Hofe-Gesinde an jedem Orte zur Cultur des Dominii dienen müsse, nichts Gesetzliches der Natur der Sache nach vorhanden seyn kann, noch vorhanden ist, denn dergleichen würde offenbar im Widerspruche mit den seit Jahrhunderten bestätigten und in der Landesordnung schon begründeten Gerechtsamen der Erbherren, so wie der im Vorhergehenden angeführten Gesetze stille stehen. Es ist vielmehr in der Landesordnung im oberlausitzer Coll. Werk Tom. I p. 382 ausdrücklich verordnet, daß

der Unterthanen Kinder ihrer Herrschaft zu jeder Zeit zu dienen verpflichtet sind.

Auf dem rechtlichen Wege daher eine Zeit bestimmen wollen, wie lange ein Gesinde ohne Unterschied dem Dominio nur zu dienen schuldig und der Erbherr gebunden sey, sich dieses gefallen zu lassen, kann nirgends dargethan werden und würde nach richtigen juristischen Grundsätzen ein solches Verlangen abzuweisen seyn.

Ein ganz anderes aber ist es, wenn von der Billigkeit in Fällen ausgegangen wird, wo die Anzahl der zu dienen schuldigen und fähigen Gesinde-Individuen so stark ist, daß die Erbherrschaft die Wahl unter dem zur Cultur des Dominii nöthigen Personale haben kann. Nur in solchem Falle würde es das Ansehen haben, als ob der Erbherr einzelne Individuen unbillig behandeln wollte, und in solcher Rücksicht ist entweder von der Erbherrschaft selbst, oder vorschlagsweise, von den höhern Behörden die Modification dahin gedeihen, daß unter dem jährlich erforderlichen Gesinde eine solche Ordnung obwalte, daß die Erb-Unterthanen gleichmäßige Dienstleistungen verrichten möchten. Einem jeden, welcher die Rechte der Erbherrschaften nicht verkennt oder verkennen will, wird es einleuchten, daß nur bey vermehrter Anzahl des zu dienen schuldigen Personals eine solche Modification Statt haben kann, und da keine Gesetze vorhanden sind, noch nicht daju auf dem Wege der Processe gezwungen werden kann, daß aber auch durch eine vermehrte Anzahl der zu dienen schuldigen Individuen die Last des Dienstzwanges an und für sich selbst sich verringert. Der Billigkeit gemäß kann es wol an manchen Orten eingeführt seyn, daß ein mit einem zweyjährigen abwechselnden Zeitraum vielleicht gar durch gemeinschaftliches Abkommen bestimmter Termin Statt hat. Auch kann es seyn, daß höhere Behörden diese Einrichtung für gut befunden, und vorschlagsweise zwischen uneins gewordenen Parteyen zur Ausgleichung vorstellig gemacht haben. Allein wo stehet ein auf dermahlen bestandenen Gesetzen gegründeter rechtlicher Zwang, daß der Erbherr sich einen zweyjährigen Zeitraum müsse gefallen lassen, da ihm wol nach dem Zustande seines Dominii und der großen oder kleinern Anzahl der dienstfähigen Erb-Unterthanen frey stehet, wol einen drey- und mehrjährigen, aber auch wol nur einen einjährigen Zeitraum als einen Vergleich mit ihnen zu bestimmen.

Gänzlich aber den Grundbegriffen von Erbherrschaften und Erb-Unterthanen entgegen würde es seyn, wenn man annehmen wollte: daß, wenn das Kind eines Erb-Unterthanen, dem die Cultur des Dominii mit vollen landüblichen Hofe-Diensten obliget, ein oder zwey Jahre nur den Hofe-Dienst verrichten, und alsdann von allem Dienste befreyet seyn sollte, nach wiederum weiter nach einem Zeitraume zum Gesinde-Dienstzwange verbunden sey. Ein Gesetz hierüber ist nirgends aufzuweisen. Wenn aber in andern Ländern, z. B. in den chursächsischen alten Erblanden ein solches Gesetz vorhanden seyn sollte, nach welchem alle Erbregister, Recesse, Herkommen und Vergleiche umgeworfen worden, und daß sich ein dortigen Unterthanen Kind mit zwey Jahren seinen ganzen Gesinde Dienst auf dem herrschaftl. Hofe ein für allemahl verrichtet habe, auch dieses allein durchgängig gelten sollte: so würde solches eben so wenig als ein Gesetz für die Oder-Lausitz, als ein aus brandenburgischen oder schlesischen Gesetzen hergenommenes Gesetz als gültig können angesehen werden.

Wenn im Eingange der 1767 ergangenen oberlausitzer Gesinde-Ordnung stehet, daß einige landständische Deputirte von Land und Städten nach Anleitung der oberlau-

sitzischen Landes- und Gesinde-Ordnungen, nicht minder mit Rücksicht auf die in den chursächs. alten Erblanden 1735 ergangenen Gesinde-Ordnung ein Project zu einer Gesinde-Ordnung entworfen hätten; so gehöret gar keine juristische Auslegungskunst dazu, wenn man annehmen wollte, sie hätten die oberlausitzer Stände deshalb, weil sie mit Rücksicht auf die erbländische Gesinde-Ordnung etwas für das Land und die gute Sache anpassendes ins neue Project aufgenommen hätten, deshalb auch die chursächs. Gesinde-Ordnung als ein für die Oberlausitz passendes Gesetz allgemein angenommen. So unsinnig diese Behauptung wäre, so sehr würde derjenige zu belachen seyn, wenn er, wenn jemand aus Moser's Phantasien einen brauchbaren Gedanken angewendet hätte, behaupten wollte — Moser's Phantasien wären ein Gesetz für die Oberlausitz.

In Ansehung c) eines auf alle Dienstboten der Erbherrschaften gleichen Lohnes für ihre Erb-Unterthanen muß wol durchgängig dasjenige als Gesetz gelten, welches in der Gesinde-Ordnung von 1767 titu o II § 1 im oberlausitzer Collections-Werk Tom. III S. 311 befindlich ist, wo es heißt:

"Bey denen vermöge der Erb-Unterthänigkeit denen Gerichtsherrschaften zu leistenden Diensten und dem dafür zu erhaltenden Lohne hat es billig bey denen Landes-Gesetzen, Verfassung und dem, welches an einem und dem andern Orte durch Verträge, Recesse, Erbregister, Statute und beständig hergebrachte Gewohnheit eingeführt worden, das unabänderliche Bewenden."

Die Gesinde-Ordnung ermächtiget sich nicht, eine Universal-Norm zu ertheilen, nach welcher alle und jede Erb-Unterthanen von ihren Erbherrschaften an jedem Orte die Summe des Lohns erhalten sollen, sondern es bleibt bey jeden Orts-Gewohnheit — welche wol selten kaum bey einigen benachbarten Orten völlig übereinstimmig aufzufinden seyn würde — und nur alsdann, wenn dergleichen nicht vorhanden seyn sollte, würde an den übrigen Orten die in der Gesinde-Ord-

nung bestimmte landüblich festgesetzte Taxe
zu entrichten seyn.

Obgedachter Aufsatz wurde bey Gelegenheit einer Streitigkeit zwischen dem dienstlei-
steuden Gesinde eines Orts mit ihrer Erbherrschaft in der Oberlausitz auf Verlangen
abgefaßt. 3.

Berichtigungen und Streitigkeiten.
Ehrenrettung.

In Nr. 35, 57, 58 und 72 des zweyten
Jahrgangs der Justiz- und Polizey-Rügen ist
zu lesen, wie die Stiftsregierung zu Merseburg einen gewissen Eckert an der Strafe der
Confiscation einer Quantität Hafers rechts-
widrig verurtheilt hat. Als ich, des Verur-
theilten Anwald, unter Darstellung der Richtigkeit dieses Spruchs, bey der Landesregierung um dessen Abänderung nachsuchte, trug
die Stiftsregierung berichtlich auf meine Bestrafung an. Seiten der höhern Behörde
antwortete man hierauf gar nicht, mithin
hinlänglich verneinend. Nichts desto weniger wurde von der Stiftsregierung, namentlich:

Herrn Canzler Christian Friedr. Freyherrn
von Gutschmidt,

und den Herren S T Räthen:

Herrn Adolph August von Berbisdorf,
- Carl Ludolph von Alvensleben,
- Christian Michael Herold,
- August Heinrich Frank, und
- Ernst Friedrich Carl Aemilius
Freyherrn von Werthern,

unter dem 7 November 1805, bey einer
zweyten Berichtserstattung in der Hauptsache,
jener Antrag wiederholt und dabey zu dessen
Begründung angeführt: "es ginge sattsam
aus den Acten hervor, wie sehr ich Eckerten
in seinem Ungehorsam zu unterstützen, zu
fernerm Appelliren zu verleiten, und dem
auf eine allgemeine Landespolizeyanstalt sich
gründenden Verfahren entgegen zu arbeiten,
geflissen gewesen sey."

Diese Beschuldigungen sind durchgängig
unwahr und mithin Injurien. Zu Rettung
meines dadurch gekränkten guten Namens
und zur Ehre unserer Regierung finde ich
mich daher veranlaßt, hierdurch öffentlich
bekannt zu machen, daß letztere die wider

Eckert gesprochene Straf-Sentenz in eine
durch Leistung eines Reinigungs-Eides be-
dingte Lossprechung abgeändert, und auf
den Antrag wegen meiner Bestrafung nichts
wider mich verfügt hat.

Weißenfels am 7 Nov. 1806.
Adv. Carl Wilhelm Kayser.

Nützliche Anstalten und Vorschläge.
Pharmaceutisch-chemisches Institut.

Mein pharmaceutisch-chemisches Institut, welches in diesem Wintersemester, der
Kriegsunruhen wegen, unterbrochen wurde,
wird zu Ostern 1807 wieder seinen Anfang
nehmen. Ueber die Einrichtung und Bedingungen werde ich auf Verlangen eine gedruckte Nachricht einsenden.

Jena. D. J. F. A. Göttling,
Professor.

Familien-Nachrichten.
Todes-Anzeige.

Diesen Morgen 7 Uhr entschlief sanft
nach vielen körperlichen Leiden, aber bey immer heiterer Seele mein geliebter Bruder
und redlicher Freund, der königl. chur-braun-
schweig-lüneburgische Major, Adolph Friedrich von Roth. Die für mich so traurige
Pflicht, diese Nachricht meinen entfernten
Verwandten und Freunden mitzutheilen, erfülle ich hierdurch, mit der tröstenden Ueberzeugung, daß ein jeder von ihnen die Größe
meines Verlustes mit mir fühlen wird, um
desto mehr, da der jetzt Verstorbene in dem
Zeitraum von einem Monat der zweyte und
letzte meiner Geschwister ist, den ich betraure.

Arnstadt den 26 Decbr. 1806.
Louise v. Wider, geb. v. Roth.

Justiz- und Polizey-Sachen.
Aufforderung an P. Schuch.

Der hiesige Bürger Peter Schuch, der sich seit
mehreren Monaten durch heimlichen Austritt entfernt hat, wird durch dieses obrigkeitlich aufgefordert, innerhalb drey Monaten a dato um so gewisser zurückzukehren, und seiner Entfernung halber sich zu verantworten, als er sonst nach den Lan-

beygesetzten wider ausgetretene Unterthanen behandelt werden soll. Weinheim, den 30. Dec. 1806.
Großherzoglich Badensches Amt.
Beithorn.

Nachricht.

Nachdem die Schauspielerin Juliane Francisca Witwe Hermann geb. Zamboni mit Hinterlassung eines letzten Willens verstorben, und zu dessen Eröffnung Termin auf den 29 Januar k. J. bestimmt ist, so wird dieß sämmtlichen etwaigen Interessenten hiermit zur Nachricht und Wahrung ihrer Nothdurft bekannt gemacht.
Cassel den 22 Decbr. 1806.
Stadtschultheißen-Amt der Ober-Neustadt daf.
Reinäck.

Vorladungen: 1) der Gläubiger Gottfr. Sam. Weckeßer's und Clem. Krafft's.

Gegen die hiesigen Zißfabrikanten, Gottfried Samuel Weckeßer und Clemens Krafft, ist der Concurs-Proceß erkannt, und Terminus ad liquidandum credita et simul de prioritate certandum auf Mittwoch den 4 Februar 1807 anberaumt worden.

Alle diejenigen, welche aus irgend einem Rechtsgrunde an die Zißfabriканten Weckeßer und Krafft Ansprüche und Forderungen zu machen haben, sie seyen gleich dahier bekannte oder unbekannte Gläubiger, werden daher anmit öffentlich aufgefordert und vorgeladen, beregten Tags, Vormittags 9 Uhr, entweder in Person oder durch genugsam Bevollmächtigte auf allhiesigem Rathhause zu erscheinen, ihre Forderungen anzugeben und zu beweisen, auch über das allenfallige Vorzugrecht zu streiten. Derjenige, welcher in dem Termin entweder gar ausbleibt, oder nicht mit allen Beweisthümern gefaßt erscheint, um seinen Beweis nöthigenfalls sogleich antreten zu können, wird alsbald nach Maßgabe der Concurs-Ordnung, ohne weiteres Erkenntniß, von dem Concurs ausgeschlossen werden, es wäre denn, daß er innerhalb vier Wochen, von dem Tage des aufhörenden Hindernisses an, hinlängliche Ursachen zur Wiederherstellung in den vorigen Stand anzugeben vermögend seyn würde.

Zugleich werden alle diejenigen, welche an die Zißfabriканten Weckeßer und Krafft noch Zahlungen zu machen haben, gewarnt, solche bey Strafe doppelter Zahlung, an niemand anders, als den obrigkeitlich aufgestellten Curatorem Massae, Hrn. Christian Oesterlein, des innern Raths dahier, zu leisten. Sig. Wertheim, den 20 Dec. 1806.
Von Regierungs-Commissions wegen.
Justizrath und Stadtammtmann,
v. Berg.

2) der Gläubiger der M. Caroline Müller.

Um die jetzt vorseyende gerichtliche Berichtigung des Nachlasses der kürzlich allhier verstorbenen Kammerdienerin und Gastueberin in dem hiesigen Gasthofe zur silbernen Schelle Frau Marthe Caroline Müller mit Sicherheit beendigen zu können, werden den Rathswegen nach dem Antrage der dabey interessirten Erben alle diejenigen unbekannten Creditoren, welche an die Müllersche Verlassenschaft etwa noch Forderungen haben sollten, hierdurch öffentlich aufgefordert, solche binnen hier und dem 1 Februar d. J. entweder bey dem hiesigen Stadtrathe oder den Müllerischen Erben selbst anzugeben und zu bescheinigen. Alle diejenigen, welche solches zu thun unterlassen würden, haben auf den Fall, daß ihre Forderungen den letztern nicht etwa schon bekannt seyn sollten, zu gewarten, daß auf dieselben bey Berichtigung der Müllerschen Verlassenschaft keine Rücksicht genommen werden wird.
Gotha, den 1 Januar 1807.
Bürgermeister und Rath daf.

3) J. F. Weber's.

Johann Friedrich Weber aus dem zum hiesigen herzogl. Justizamte gehörigen Dorf Rathrinau gebürtig, der seit länger als 44 Jahren abwesend ist, und nach den zuletzt anher gelangten Nachrichten vom Jul. 1793 als damahliger kaiserl. kön. Cordonist in Riva in Tyrol gestanden, seit dem Jahre 1793 aber weiter nichts hat von sich hören lassen, wird zur Erhebung seines in 232 Rßl. 11 gl. 1 pf. bestehenden, und bis jetzt unter vormundschaftlicher Administration gestandenen väterlichen Erbantheils excl. seines Antheils an einigen von seinem vor mehrern Jahren zu Kumbach im Fürstlich Schwarzb. Rudolstädtis. bey seiner Tochter und deren Ehemanne, der Weißmannischen Eheleute verstorbenem Vater, weil. Johann Christoph Weber, ererbten geringen Ledigen, in Gemäßheit eines unterm 7 Decbr. 1767 der Abwesenden halber emanirten landesherrl. höchsten Mandats, auf Veranlassung seiner Anverwandten, unter der Verwarnung, daß wenn er sich nicht einfinden sollte, desselben bisher unter vormundschaftlicher Administration stehender väterlicher Erbantheil seinen nächsten Anverwandten ohne Caution werde verabfolgt werden; ingleichen werden, im Fall derselbe verstorben seyn sollte, dessеlben etwaige Leibes- oder Testaments-Erben, sowie alle die, aus welchem Rechtsgrunde es sey an diesen Weberischen Erbtheil Anspruch machen zu können, vermeinen sollten, bey Verlust ihrer Ansprüche vorgeladen,
den 18 April 1807 ist die Mittwoche nach dem Sonntage Misericordias Domini.
als welcher Tag pro termino peremtorio anberaumet worden ist, vor herzogl. Justizamte hierselbst zu rechter gerichtsfrüher Zeit resp. legal zu erscheinen, ihre Erb- oder sonstigen Ansprüche zu beschei-

nigen, und sodann zu gewärtigen, daß das Weitere in Gemäßheit des desthalbigen höchsten Mandats werde verfüget werden. Wornach sich also zu achten. Sign. Saalfeld, den 23 Dec. 1806.
Herzogl. Sächs. Justizamt.
Johann Christoph Opiz.
Johann Georg Saalborn.

4) der beyden Söhne Ciriac Bauer's von Aßlar.
Ciriac Bauer's zwey Söhne von Aßlar: Carl Wilhelm Bauer und Joh. Heinrich Bauer, welche sich bereits über 25 Jahr entfernt, und von ihrem Aufenthalt keine Nachricht ertheilet haben, oder, falls dieselben nicht mehr am Leben seyn sollten, deren rechtmäßige Erben, werden hiermit öffentlich vorgeladen, um innerhalb sechs Monaten ihr aus 292 fl. 23 kr. bestehendes Vermögenstheil, welches bisher unter Curatel gestanden, samt Zinsen vom 10 Aug. 1791 an in Empfang zu nehmen, und sich dazu vorgängig zu legitimiren, widrigenfalls solches ihren nächsten sich darum meldenden Seiten-Verwandten gegen Caution nutzlich überlassen werden soll. Greifenstein bey Wetzlar den 20 Decbr. 1806.
Fürstl. Solmsisches Oberamt daselbst

Kauf- und Handels-Sachen.

Avertissement.

Le Gouvernement impérial français vient d'imposer une forte contribution sur le Duché de Magdebourg. Pour la lever, il faudra recourir à un emprunt, moyen le plus efficace pour atteindre ce but, le mieux assorti aux conjonctures actuelles où le sujet n'a déja que trop souffert, et le plus propre par conséquent à lui procurer une sorte de soulagement.

Voici les Conditions de cet emprunt:

On y invite généralement les étrangers comme les indigènes. Les espèces admissibles sont: l'or et le Courant au titre de 1764 et même les monnoyes en pièces de gros: d'ailleurs il ne sera reçu aucune somme au dessous de 50 rthlr. non plus que papier, ni papier monnoye, de quelque nature qu'ils soient. Les intérêts seront de 5 p. 100. payables par tous les six mois et sur Coupons. Les biens-fonds de la Province serviront de nantissement de l'intérêt et du principal; il sera donné des renseignemens plus particuliers sur cet objet soit à la caisse, soit dans les papiers publics. Le payement se fera à la caisse des dépôts de la Régence de cette ville dans la maison des Etats de la Province et par devant le Conseiller de Commission Fischer qui s'y trouvera tous les matins. Il sera fourni provisoirement des recépissés intérimiliques à échanger dans la suite contre des obligations du pays, lesquels seront les uns et les autres signés par tous les membres du Comité établi pour cet objet et scellés du sceau fait particulièrement à cette fin. Les obligations du pays seront payables au porteur. Le remboursement ne se fait dans cette ville un an après la paix. Les Capitaux peuvent être dénoncés à six mois d'avertissement, mais il est loisible au débiteur de les dénoncer en tout tems.

Magdebourg, le 20 Decbr. 1806.
Le Comité de réalisation de la contribution de guerre à Magdebourg.

Anleihe für das Herzogthum Magdeburg.

Von dem Herzogthum Magdeburg ist durch die kaiserlich französische Behörde eine starke Kriegs-Steuer gefordert worden, und es muß zu diesem Behuf zu einer allgemeinen Anleihe Zuflucht genommen werden, zu einem Mittel, welches den Zweck am leichtesten befördert, welches der jetzige Zustand der sonst schon hart angegriffenen Unterthanen nöthig macht, und welches für sie in dieser Lage am wohlthätigsten ist.

Die nähern Bestimmungen bey dieser Anleihe sind folgende:

Es werden Ausländer und Einheimische dazu aufgefordert. Angenommen wird Gold und Courant nach dem Münzfuß von 1764 und selbst Münze, jedoch nur in Groschen-Stücken; und überhaupt keine Summe unter 50 Rthlr., übrigens aber keine Papiere und kein Papiergeld, von welcher Art sie auch seyn mag. Die Zinsen werden 5 pro Cent halbjährig bezahlt, und zu Erleichterung werden Coupons gemacht. Zur Sicherheit des Capitals und der Zinsen werden die Länderepen in der Provinz eingesetzt, und nähere Bestimmungen deshalb bey der besondern Anfrage darüber oder bey der Zahlung auf der Casse gegeben, demnächst auch noch öffentlich bekannt gemacht werden. Die Zahlung geschieher auf der Depositen-Casse der hiesigen Regierung in dem landschaftlichen Gebäude an dem Commissionsrath Fischer, welcher jeden Vormittag dort gegenwärtig ist. Vorläufig werden Interims-Scheine ausgewechselt, und diese nachher gegen Landes-Obligationen ausgewechselt; beyde von sämmtlichen Mitgliedern der dazu besonders vorgesetzten Deputation unterschrieben, und mit einem eigenen allgemeinen Siegel besiegelt. Die Landes-Obligationen werden au porteur ausgestellt. Die Wiederbezahlung der Capitalien erfolgt in dieser Stadt, ein Jahr nach dem Frieden. Die Kündigungs-Zeit aber ist 6 Monat vor dem Abtrage, und von dem Schuldner können die Capitalien zu jeder Zeit gekündiget werden.

Magdeburg, den 20 Dec. 1806.
Magdeburg. Kriegs-Steuer-Realisirungs-Deputation.

Perſio,
ein neues Farbe-Material zur Erſparniß des Indigs und der Cochenille.

Die Erfindung des Perſio iſt gewiß in der Färberey eine der wichtigſten; die Vortheile, die dieſe Farbe bewirkt, ſind auffallend. Beym Blau wird nicht allein ein Drittel Indig erſpart, ſondern das Blau wird alsdann dadurch viel feuriger, glänzender, und färbt nicht ab. Ein gleiches iſt auch bey Himmelblau, bis zur helleſten Schattirung, Perlenblau, zu bemerken; eben ſo vortheilhaft birkt dieſe Farbe bey Purpur, Pompadour, Violett, Lilla, Eminence, Braun, merte d'oye und überhaupt bey allen Farben, welche eine röthliche Schattirung verlangen. Wenn man die Hälfte Cochenille dazu nimmt, ſo kann man ſehr ächt Carmoiſin damit färben; man wird alſo einſehen, daß die dadurch bewirkte Erſparniß bey den jetzigen ſteigenden Preiſen des Indigs und der Cochenille wichtig iſt. — Bey allen braunen, carmelittenen und dergl. Farben wird dieſes Farbe-Product mit Nutzen gebraucht; es iſt zum Schauen, Aufſetzen, oder Abdunkeln wohlfeiler und haltbarer als Orſeille, Fernambuck, Blauholz und dergl. Vorzüglich wird der Perſio auf Wolle gebraucht, doch gewährt er eben den Nutzen auf Seide. Er iſt bey Streiber in Eiſenach in Thüringen nebſt einer Beſchreibung zum Gebrauch, ächt und zu verſchiedenen Preiſen, ſo wie auch mehrere andere Farbe-Waaren zu haben. — Man warnet zugleich vor dem nachgemachten und verfälſchten Perſio.

Steingut.

Die Fabrik des Dr. Treuner zu Königſee im Fürſt. Schwarzburg-Rudolſtadt liefert alle Arten von Steingut für Küche, Tafel, Kaffee- und Theetiſche, Salben- und Saftbüchſen, Reibe- und Evaporir-Schalen, Deſtillir- und andere Gefäße zum Gebrauch der Apotheker u. ſ. w. die feuerfeſt ſind, ſo daß man darin kochen, braten und backen kann. Kenner achten es dem berliner Sanitätsgeſchirre nicht nur gleich, ſondern ziehen es demſelben wegen der wohlfeilern Preiſe noch vor.
der Redact.

Pfälzer Blättertaback.

Allen denjenigen, ſo in pfälzer Blätter-Taback Geſchäfte machen, und in eine reelle und ſolide Bedienung einigen Werth ſetzen, empfiehlt ſich der Unterzeichnete. Ich unterhalte ein beſtändiges Lager von dieſem Artikel, und den Freunden, die mich mit ihrem Zutrauen beehren wollen, werde ich davon in ſehr billigen Preiſen ſowohl in großen als kleinen Partheyen ablaſſen.
Muſter werden auf frankirte Anfragen zugeſandt. Mannheim, den 21. December 1806.
Heinrich Vogt.

Zug-Stiefelſchäfte.

Von den roßledernen Zug-Stiefelſchäften, welche hier gemacht werden, habe ich den Verlag übernommen. An Güte den engliſchen gleich empfehle ſie um ſo mehr die mäßige Preis, zu welchem ich ſie in Dutzenden an Lederhandlungen überlaſſen kann. Ueber die nähern Bedingungen werde ich mich auf jede frankirte Anfrage gern erklären. Gotha, im Januar 1807.
Ernſt Arnoldi.

Garten- und andere Sämereyen.

Aufträge, womit ich mich beehrt finde, werde ich ſo, wie ſolche eingelaufen ſind, nach einander befördern und abſenden.
Unbekannten Gartenfreunden empfehle ich zugleich meine ergebenſten Dienſte, und bemerke, daß Verzeichniſſe von allen möglichen in- und ausländiſchen Küchen-, Kräuter-, Gemüſe-, Klee-, Feldſpecerey-, Waldholz-, Garten- und Blumenſämereyen und Gärtnergeräthe gratis bey mir ausgegeben werden. Briefe erbitte ich jedoch poſtfrey, anſonſt ſolche unerbrochen retour geben müſſen.
Erfurt, im Dec. 1806.
C. A. Salzmann.

Fortepianos

in Flügel-, Clavier- und aufrechtſtehender Form von verſchiedener Eleganz und Holzgattung von den beſten wiener Meiſtern ſind in großer Anzahl vorräthig, und zu den billigſten Preiſen zu verkaufen, im muſikaliſchen Inſtrumenten-Magazin von C. F. Lehmann auf der Ritterſtraße in Leipzig.

Frankfurter Wechſel-Cours.
den 2 Januar 1807.

	Briefe.	Geld.
Amſterdam in Banco k. S.	—	
, 2 Mon.	—	
Amſterdam in Courant k. S.		139 3/4
, 2 Mon.		
Hamburg k. S.	139 1/2	
, 2 Mon.	148 1/2	
Augsburg k. S.	147 3/4	
Wien k. S.	100 3/8	
,	51	
London 2 Mon.		
Paris k. S.	78	
, à Uso	77 3/4	
Lyon	78	
Leipzig M. Species		
Baſel k. S.		
Bremen k. S.	108	

Allgemeiner Anzeiger
der
Deutschen.

Freytags, den 9 Januar 1807.

Berichtigungen und Streitigkeiten.

Es hat im 287 Stücke des allg. Anz. 1806 ein Ungenannter den Mitgliedern unser Facultät den Vorwurf gemacht, als würden von ihnen aus Mangel an Fleiß so wenige Vorlesungen gehalten, daß ein Studierender in mehrern Theilen der Heilkunde sich eine gründliche Kenntniß zu verschaffen nicht im Stande sey, welches er durch ein Verzeichniß derjenigen Vorlesungen beweisen will, die auf hiesiger Academie von Michael bis 1805 bis Ostern 1806 allein gehalten worden seyn sollen.

Es ist aber dieser Vorwurf zu kränkend für uns, als daß wir ihn gänzlich mit Stillschweigen übergehen könnten; und unsere Ehre, welche durch jenen Aufsatz auf eine so empfindliche Art angegriffen worden ist, die Ehre der Academie selbst, auf welcher wir lehren, fordert uns dazu auf, den Verläumder zu entlarven, der durch dergleichen grundlose Nachrichten das Publicum zu hintergehen sucht. Wir hoffen diese Absicht zum Theil schon durch ein historisch richtiges Verzeichniß der in dem erwähnten Zeitraume gehaltenen Vorlesungen zu erreichen. D. Vogt, der, als damahliger Rect. Magn. nach den Statuten der Academie von allen Vorlesungen frey war, und sich diese Erlaubniß mit allem Rechte zu Nutze machen konnte, indem die Verwaltung des Rectorats viel Aufwand an Zeit erfordert, hat demungeachtet außer der in dem obengedachten Aufsatze erwähnten medicinischen Pros pädeutik noch öffentlich, also unentgeltlich

Allg. Anz. d. D. 1 B. 1807.

Physiologie vorgetragen, und nicht bloß einige anatomische Demonstrationen gehalten, sondern die wichtigsten Theile des menschlichen Körpers, nämlich die ganze Eingeweide-, Muskel- und einen großen Theil der Nervenlehre, seinen Zuhörern in der Natur gezeigt und erklärt, und dieses nicht für ein Honorarium von 8 Gr., sondern gratis, so wie es die Verfassung der hiesigen Academie verlangt, nach welcher ein jeder Professor in jedem halben Jahre einen Theil der ihm übertragenen Wissenschaften öffentlich vortragen muß. Der kleine Beytrag, welchen diejenigen entrichten, die die anatomischen Vorlesungen besuchen und zu welchen der Prof. der Anatomie noch einen beträchtlichen Zuschuß von seinem eigenen Vermögen machen muß, ist zur Bestreitung der durch den Transport und die Beerdigung der Leichname, so wie der durch die Auslagen für Holz, Geschirre, Wäsche, Besoldung eines Aufwärters und andere nöthige Dinge veranlaßten Unkosten bestimmt. Wie kann man denselben also ein Honorarium nennen?

D. Seiler hat nicht allein Therapie, sondern auch Nosologie und Semiotik der acuten Krankheiten vorgetragen; auch haben die Arbeiten, welche das Clinicum sowohl ihm, als dem D. Erdmann verursacht haben, nicht allein in Conferenzen bestanden.

D. Erdmann hat außer den angeführten Vorlesungen über Röschlaub's Nosologie auch Vorträge über die Physiologie der Pflanzen und Disputirübungen über verschiedene medicinische Gegenstände gehalten.

D. Schweikert hat privatim theoretisch-practische Anleitung zu der Geburtshülfe gegeben, und D Oslisio hat nicht nur Osteologie, sondern auch Zoonomie gelehret und Examinatoria über verschiedene Theile der Heilkunde gehalten.

Wäre aber auch die Angabe des Verfassers nicht so unvollständig, als sie wirklich ist, so würde doch jeder Unpartepische einge-stehen müssen, daß der Schluß von dem, was in einem halben Jahre geschehen ist, auf dasjenige, was von der hiesigen medicini-schen Facultät überhaupt geleistet wird, so wie die Aeußerung: es seyen aus Mangel an Fleiß der Lehrer so wenige Vorlesungen ge-halten worden, äußerst übereilt sey. Gewiß wird sich der Verfasser derselben selbst schä-men, wenn er nur einiges Gefühl für Recht und Billigkeit hat, und diese Sache mit kal-tem Blute überdenkt. — 1) Fragen wir: ist es immer möglich, daß in einem halben Jahre alle medicinische Wissenschaften vor-getragen werden? Wie viele Ursachen lassen sich denken, durch welche dieses verhindert werden kann! Es hängt ja nicht allein von dem Willen des Lehrers ab, welche Vorle-sungen er halten kann, sondern auch von dem Willen und der Anzahl der Studieren-den, von den Bedürfnissen derselben, von den übrigen Geschäften der Professoren und ihren Gesundheitsumständen. Der Verfas-ser hätte sich also doch erst nach den Grün-den erkundigen sollen, warum auf unserer Academie in einem halben Jahre nicht alle zu der Heilkunde und ihren Vorbereitungs-wissenschaften gehörige Doctrinen vorgetra-gen werden? Ob man den Lehrern desweg-gen Vorwürfe machen dürfe? Oder ob nicht die Schuld vielleicht mehr an den Schülern liege? u. s. w. Allein 2) fragen wir auch: ist es denn aber nothwendig, daß in einem halben Jahr alle Zweige der Medicin vorge-tragen werden? Der Verfasser will ja selbst keine Stümper, sondern gründliche Aerzte gebildet wissen. Dieses ist aber doch in einem halben Jahre nicht möglich, und folg-lich muß jeder, der kein Stümper bleiben will, längere Zeit auf der Academie verwei-len. Kann denn also eine Wissenschaft, wel-che in diesem halben Jahre nicht gelehrt wor-den ist, nicht im nächst folgenden getrieben werden? Läßt sich um deswillen, weil über diese oder jene Lehre von Michaelis 1805 bis Ostern 1806 keine Vorlesung gehalten wor-den ist, behaupten, daß man sich darüber auf unserer Universität überhaupt keinen Un-terricht verschaffen könne? Gewiß würde der Verf., wenn er sich von diesem allen eine genaue und richtige Kenntniß hätte ver-schaffen wollen, nicht als Ankläger gegen uns aufgetreten seyn. Er würde unsere Fa-cultät von einer andern Seite kennen gelernt haben, als von der er sie jetzt zu kennen scheint. Wir wollen ihn und das Publicum nur noch auf einige hierher gehörige Puncte aufmerksam machen.

Es hat sich zwar in den letzten Jahren die Anzahl der auf unserer Academie Medi-cin Studirenden ziemlich gemehrt, indessen ist dieselbe doch nicht so stark, daß sich jedes halbe Jahr eine hinlängliche Anzahl zu allen medicinischen Vorlesungen finden sollte, besonders da mehrere hierher kommen, wel-che schon andere Academien besucht haben. Und ist es dem Verfasser ganz unbekannt, daß es vielleicht keine einzige Academie gibt, auf welcher in einem halben Jahre über alle Theile der Heilkunde Vorlesungen gehalten werden? Es fehlt bey uns nicht an Gele-genheit, diejenigen Wissenschaften zu hören, welche, wie der Verf. angibt, hier nicht vor-getragen werden, wenn man nur will, wenn sich nur eine hinreichende Anzahl Zuhörer findet, die den Lehrer für seinen Zeitauf-wand entschädiget. In der That sind auch diese Vorlesungen in verschiedenen Halbjah-ren hier gehalten worden, wie es die Anzahl und das Bedürfniß der Zuhörer erforderte. Daß aber in den letzten Semestern die Chi-rurgie, Geburtshülfe und Chemie nicht öf-fentlich vorgetragen worden sind, kommt daher, weil diese Stellen damahls unbesetzt waren. Der Verfasser jenes Aufsatzes er-scheint daher um so ungerechter in seinen Vorwürfen, je mehr er das, was einen ein-zelnen Zeitpunct betrifft, auf die Verfassung unserer Facultät überhaupt bezieht.

Wir wissen zwar recht wohl, daß uns noch manche wünschenswerthe Institute ab-gehen; allein hängt denn die Errichtung und Vervollkommnung derselben allein von dem Willen der academischen Lehrer ab? Daß er den hiesigen Lehrern der Heilkunde nicht an Fleiß und Thätigkeit gefehlt habe, theils die schon vorhandenen Institute zu vervollkommen, theils die Errichtung einiger neuen zu veranlassen, beweisen, wie wir glauben, theils die Verbesserungen, welche das anatomische Theater durch den D. Vogt erhalten hat, der es seit 1796 nicht ohne beträchtlichen Aufwand aus seinem eigenen Vermögen und empfindlichen Nachtheil für seine Gesundheit empor brachte, theils die Acten, welche über die Errichtung eines Hebammen-Instituts geführt worden sind, theils das Privat-Clinicum, welches D. Seiler und D. Erdmann gerade in jener Periode, von welcher D. Röber und sein anonymer Lobredner sprechen, unterhalten haben, und welches sicher nicht zu den unbedeutenden Anstalten dieser Art gerechnet werden konnte; denn von dem 1 Januar 1805 bis zum letzten März 1806 sind 947 Kranke in jener Anstalt behandelt worden. Die Vorsteher scheuten keinen Aufwand von Zeit, sondern besuchten die den Zuhörern übergebenen Kranken selbst mit aller Sorgfalt; täglich widmeten sie außerdem den Theilnehmern eine Stunde, in welcher nicht bloß Conferenzen über die Krankengeschichten gehalten wurden, sondern sie hielten auch ein theoretisch-practisches Examen und ließen Ausarbeitungen über practische und medicinisch-gerichtliche Gegenstände verfertigen. Nie verlangten sie eine Belohnung für diese Bemühungen, sondern verwendeten die Gratificationen, welche sie von Sr. Churfürstlichen Durchlaucht zu Sachsen erhielten, und die Honoraria der Mitglieder des Instituts allein zu der Bestreitung der Arzneykosten.

Der Verfasser schließt seinen Aufsatz folgendermaßen: „Dieß sind die Worte eines ehrlichen Mannes, welcher sich sogleich nennen wird, wenn man ihn vom Gegentheile seiner Angaben überführt." Dieß ist geschehen; jetzt nenne er sich! Es ist dieß um so mehr zu wünschen, je häufiger einer unserer würdigsten und dankbarsten Schüler, der jetzt als practischer Arzt in Dresden lebt, durch die Unterschrift: D. F. in den unangenehmen und für ihn so schmerzhaften Verdacht gekommen ist, als habe er diesen Aufsatz selbst verfertigt. In wie fern sich aber derjenige, welcher vom Gegentheile seiner Angaben

überführt wird, als ehrlicher Mann nennen könne, entscheide das Publicum.

Noch müssen wir eines andern in Nr. 234 des R: A. befindlichen Aufsatzes gedenken, der angeblich von einem D. W. S. Wilden in Berlin herrühren soll, welchen uns ganz unbekannt ist, ungeachtet er sich mehrere Jahre hier aufgehalten haben will, und der auch weder den 5. August 1806 zu Berlin gelebt hat, noch gegenwärtig dort zu finden ist, wie wir durch das dasige königl. Polizey-Bureau versichert worden sind. *) Auch dieser Aufsatz enthält mehrere falsche Nachrichten über die Verhältnisse unserer Facultät. Collegialische Rücksichten erlauben uns jedoch nicht, den Inhalt desselben einer ausführlichen Critik zu unterwerfen. Indessen schon die von der Person des Verfassers angegebenen Umstände dürften hinreichen, den Gehalt desselben, in sofern er nachtheilige Aeußerungen über unsere Facultät enthält, zu würdigen.

Wir hoffen uns vor allen unpartheyisch denkenden hinreichend gerechtfertiget zu haben, und ist dieses geschehen, so haben wir unsere Absicht erreicht.

Wittenberg den 28 Dec. 1806.

Die medicinische Facultät das.

*) Die gefällige Mittheilung dieses Schreibens bemerke ich hier auf Verlangen.
der Redact.

Familien-Nachrichten.

Aufforderung.

Der bey dem kön. preuß. Infanterie-Regiment Tschammer gestandene Fahnenjunker von Frorich wird hiermit ersucht, seinem Freunde Dormund von Wertinski Nachricht zu geben, wo er sich aufhält, indem alle sonstige Bemühungen, denselben aufzufinden, fruchtlos waren.

Dormund von Wertinski.

Justiz- und Polizey-Sachen.

Bekanntmachung.

Von Gottes Gnaden Carl Herzog zu Mecklenburg, Fürst zu Wenden, Schwerin und Ratzeburg, auch Graf zu Schwerin, der Lande Rostock und Stargard Herr 2c.

Demnach bey Unserer Justiz-Canzley Unser Canzley-Rath Strübing hierselbst die Anzeige ge-

macht, wie die Sammlung derjenigen Acten, welche
bey seiner Advocatur-Praxis in seine Verwahrsam
gekommen, ferner aufzubewahren ihm lästig fiele,
er sich auch, da alle, welche ein Interesse dabey
haben, solche bey ihm abzulangen, schon nach
Uebernehmung seiner Dienstverhältnisse jahrelange
Zeit gehabt, zu deren Aufbewahrung länger nicht
verbunden hielte, und Wir auf seine Bitte einen
Termin auf

den 30 Januar 1807

zu dem Ende anberahmet haben, damit seine Committenten oder alle, welche ein Interesse dabey haben, entweder vorgedachte Acten während jetzt und
gedachtem Termine von ihm abholen, oder sich in
gedachtem Termin, Vormittags um 9 Uhr, vor
Unsrer Justiz-Canzley zu deren Ablangung melden
sollen, so machen Wir solches zu jedermanns Wissenschaft hierdurch öffentlich bekannt, und sollen diejenigen, die ihre Acten dann so wenig abgelanget,
als wenig sich in besagtem Termin gemeldet haben,
mit dem ihnen zustehenden Rechte, solche zurückzufordern, präcludirt, die Acten als zur Aufbewahrung unerhebliche Papiere erklärt, und deren Cas-
sirung dem Supplicanten verstattet werden.

Gegeben Neu-Strelitz, den 24 Nov. 1806.

Ad Mandatum Serenissimi proprium.

Herzogl. Mecklenb. zur Justiz-Canzley verordnete Canzley-Director
und Canzley-Räthe.

H. C. Gerschow.

Vorladungen: 1) H. F. Henze's.

Wider den schon vor mehreren Jahren von hier
entwichenen hiesigen Bürger und Schneidermeister
Heinrich Friedrich Henze hat dessen zurückgelassene Ehefrau, Johanne Caroline Charlotte Henze,
geb. Hesse, wegen böslicher Verlassung die Ehescheidungsklage angebracht und auf Erlassung der
Edictalcitation angetragen. Da nun diesem Suchen Statt gegeben und ein Termin zur Instruction
der Sache auf

den 3 März 1807

auf dem hiesigen Rathhause vor dem hierzu ernannten Deputirten, dem Herrn Stadtrichter Grabe,
angesetzt worden ist; so wird der Schneidermeister
Heinrich Friedrich Henze hierzu unter der Verwarnung vorgeladen, daß er bey seinem ungehorsamen Außenbleiben der böslichen Verlassung für
geständig geachtet und hierauf das, was hieraus
rechtlich folgt, durch Erkenntniß festgesetzt werden
wird.

Nordhausen den 25 November 1806.

Von Seiner Majestät, dem Kaiser der
Franzosen und Könige von Italien
bestätigtes Stadtgericht.

Weber.   Zellermann.

2) Phil. Kegler's.

Der zum großherzoglichen Regimente Erbau-
herzog gezogene, und sich entfernt habende Philipp
Kegler von hier, wird hiermit aufgefordert, binnen
drey Monaten sich vor unterzeichneter Stelle zu
sistiren, oder zu gewärtigen, daß nach der Landes-
Constitution wider ihn verfahren werde.

Weinheim, am 12 Dec. 1806.

Großherzoglich Badensches Amt.

Beithorn.   Bajer.

Kauf- und Handels-Sachen.

Vermiethung eines Landhauses bey Zürich.

In einer der angenehmsten Gegenden bey
Zürich, eine kleine Viertelstunde von der Stadt,
befinden sich in einem Landhause einige meublirte
Zimmer, welche man mit Vergnügen einer nicht
zahlreichen deutschen Familie, oder einzelnen Personen überlassen würde, so wie in den glücklichen
Zeiten der Schweiz mehrere Fremde von Stande
einen angenehmen Aufenthalt in dieser ländlichen
Wohnung fanden. Die zu vermiethende Wohnung
enthält: zwey geräumige Zimmer, mit Aussicht
gegen die Promenade, wo Geßner's Denkmal
steht; neben einem derselben befindet sich ein kleines
Bedienten-Cabinett ohne Aussicht. Ferner ein
kleiner Salon mit zwey Seiten-Cabinetten und
einem Balcon; die Aussicht auf eine schöne Fläche
von Wiesen und Saatfeldern; rechts der mit Dörfern und Landhäusern bekränzte Zürich-Berg,
und links der im Schatten stehende Utliberg. Auf
beyden Seiten des Landhauses befindet sich eine
Allee von Pappelbäumen, und die Nähe der öffentlichen Promenade, von welcher man nur durch die
Sihl (einen Waldstrom) getrennt ist, gewährt Morgens und Abends die angenehmsten Stunden. Im
Fall eine Küche, um eigene Menage zu führen, gewünscht würde, würde es mit Vergnügen geschehen, auch könnte noch eine Bedienten-Kammer
abgegeben werden, und im Keller verschlossener
Einschlag; so befindet sich auch dabey Stallung für
zwey Pferde, und geräumige verschlossene Remisen.

Nachschrift.

Für Familien, die gern dem Sturm und Drang
ihrer Gegenden, in friedlichern und entferntern
sich entziehen möchten, würde dieser schöne an-
muthige Aufenthalt sich vorzüglich eignen. Dahin
einschlagende Aufträge in frankirten Briefen erbitte ich mich, an die Frau Besitzerin zu Zürich gelangen zu lassen.

Gotha.   Kriegsrath Reichard.

Allgemeiner Anzeiger
der
Deutschen.

Sonnabends, den 10 Januar 1807.

Nützliche Anstalten und Vorschläge.
Reform der jüdischen Nation,
Fragment eines Briefes.

Sie haben sich die Rabbinen immer mit vielen Geistesqualitäten gedacht, mein werthester Freund, haben immer geglaubt, daß sie ihren Rabbinismus der Zeit und den Umständen unterwerfen, und wünschen daher zu wissen, ob es denn wirklich um die Liturgie der Juden so traurig stehet, als wie Sie im Anz. Nr. 201 gelesen haben. „Ich kann es nicht begreifen" so schlossen Sie Ihren herzlichen Brief „daß die Hirten Israels, die Rabbinen, ihre Heerde auf ungesunden und dürren Fluren weiden und die Krankheiten nicht befürchten, die für die gequälten Schäfchen daraus entstehen können." Von mir also, mein Lieber, wollen Sie die Wahrheit hierin hören.

Nun, so muß ich mich in Ihren Willen fügen und Ihnen sagen, daß jener Aufsatz treffliche unwiderlegbare Wahrheiten enthält und nur den Fehler hat, daß die darin enthaltenen Vorschläge zur Verbesserung nicht schnell genug genehmigt und auch von dem orthodoxen Juden befolgt werden können. Es gibt leider Leute unter den Rabbinen, die von ihrer Kindheit an der Fahne der Stupidität geschworen und den Kopf so ungeheuer voll Phantome und Absurditäten haben, daß nur ein kleines Plätzchen für Wahrheit übrig bleibt. Mir wird angst und bange, wenn mich ein ungütiges Geschick zuweilen in ihre Gesellschaft führt.

Allg. Anz. d. D. I B. 1807.

Da schwatzen sie denn ein langes und breites von der Verderblichkeit der Welt, die ihrer Meinung nach darin bestehet, daß man jüdische Schulen für die liebe Jugend errichtet, in welchen man die Zeit mit unnützen Dingen verschwendet, als mit der Erlernung seiner Muttersprache und andern deutschen Gegenständen u. s. w., vom Paradiese und Hölle, wie viele Oelbäche wol in jenem fließen zum Vergnügen der Frommen und wie viele Feuergemächer wol diese enthält, die den gottgefälligen Dienst versehen, die Gottlosen in Asche zu verzehren, die Gottlosen, die ihrer Dummheit keinen Beyfall zulachen und sich vor ihrem Götterbann nicht zu fürchten scheinen; da plaudern sie denn von Geistern, Engeln und am allerliebsten vom Todesengel, und von solchen herzerhebenden Sujets noch weit mehr. So mancher Rabbi beklagt sich dann recht nachdrücklich, daß seine Gemeinde, die zum Glück weit klüger ist, als ihr gestrenger Moralist und Geisterbanner, ihn recht derb ausgelacht hätte, da er ihr in heiligem Eifer ein wahres raphaelisches Gemählde von Hölle geben und eine noch mehr als pestalozzische anschauliche Schilderung von der fürchterlichen Gestalt des Todesengels machen wollte. So mancher klagt und seufzt und schreyet über gewisse Leute, die so abscheulich gottlos sind und ihre hebräischen Namen profaniren, indem sie dieselben in deutsche umschaffen, Mansche in Moses, Schimschon in Simson u. s. w. und ein bitteres „Weh ihnen und ihrer

Seele" beschließt dann gewöhnlich das geistliche Gespräch. —

Können Sie demnach von solchen Leuten erwarten, daß sie nur im geringsten von dem alten Schlendrian abweichen? — Nein! sie weichen und wanken nicht von den abgeschmacktesten Ceremonien, sie mögen das Wohl oder das Weh ihrer Gemeinde befördern, mögen gute oder nachtheilige Wirkungen auf das Herz haben, mögen dem bessern Zeitgeiste angemessen seyn oder nicht, das kümmert sie nur wenig, wenn nur ihr Interesse nicht darunter leidet und ihr Geldbeutel. So mancher predigt, indem ihm der Schweiß vor der Stirne rinnet, und seine Predigt trägt das frappanteste Gepräge der gröbsten Dummheit, der seltsamsten Abgeschmacktheit; leere Worte ohne Witz und Sinn ist der ganze Inhalt.

Doch, lieber Freund, werden Sie sehr inconsequent handeln, wenn Sie von einigen dieser göttlichen Männer auf alle schließen wollen. Besonders nehme ich die italienischen Rabbinen aus, die ganz und gar nicht zu der vorhergehenden Schilderung passen. Das sind vielmehr Leute, die ein Herz im Busen tragen, das für alle Menschen schlägt, bey denen die Vernunft die erste Stimme behauptet, der sie treulich gehorchen; die ihre Gemeinden auf den seligen Pfad der beglückenden Tugend leiten und ihre religiöse Verfassung, den reinen Gesetze Moses zufolge, auf Principien der echten Moral gründen, die kein Phanatiker zu erschüttern wagt. Ehrfurchtsvoll treffen Sie diese Gemeinden in ihren Andachtstempeln, verrichtend die vortrefflichen Gebete, die sich unter den Gebeten der Juden befinden, und ihre Rabbinen predigen ihnen Moral und Religion nicht in einem mystischen Orakelton, in einer unverständlichen Sprache, sondern klar und deutlich, wie es Volksrednern geziemt und in der cultivirten verständlichen Landessprache.

Mich wundert es daher nicht wenig, mein lieber Freund, daß der Verf. jenes Aufsatzes gänzlich von diesen schweigt, und alle Juden in eine Classe wirft. Das mag wol unter andern Ursache seyn, warum dieser vortrefflich geschriebene Aufsatz auch bey manchem aufgeklärten Juden nicht der will-

kommensten Aufnahme sich erfreuet. Dazu kommt noch, daß manche Ausdrücke in demselben nicht gelinde genug gewählt sind und daher von ihrem Verfasser vermuthen lassen, daß er etwa nicht unterthänig genug seiner Religion und ihren Attributen huldigt. Doch, das alles widerlegt nicht die darin enthaltenen Wahrheiten. ——

„Welche Texte denn die Rabbinen zu ihren Predigten wählen" fragen Sie, „ob sich denn das nicht von selbst verstünde, daß die Bibel dazu den reichhaltigsten Stoff darbiete, ohne daß der Verf. des Aufsatzes im R. Anz. nöthig gehabt hätte, darauf aufmerksam zu machen?" Nein, m. L., gewöhnlich wählen diese Art Redner aus den Disputationen des Talmuds ihre Texte und Themas und zwar je verworrener, je lieber.

Doch, schließen Sie nicht von einigen auf alle und zählen Sie ja nicht die italienische Rabbinen unter diese Classe. Einige von denselben haben bey dem jetzigen Concilium in Paris zur Genüge gezeigt, daß sie nicht zu denjenigen gehören, die Ohren haben und nicht hören, Augen nicht sehen, ein Herz und nicht fühlen wollen.

Künste, Manufacturen und Fabriken.

Erfindung eines Hänge-Instruments für Bergleute.

Oft habe ich mich, sowohl wie ich in Freyberg Bergbau studirte, als auch auf meinen Reisen, nicht weniger nachher während meines zwölfjährigen Aufenthalts in Freyberg mit Vergnügen zu überzeugen Gelegenheit gehabt, daß es unter den Steigern, ja sogar unter den gemeinen Bergleuten, Männer gibt, welche, wenn sie Instrumente hätten, im Stande seyn würden, es durch Uebung dahin zu bringen, einen, ich will auch nur sagen ungefähren Grubenriß zu entwerfen, der doch jedermann, welcher anfahren und sich mit einer Grube bekannt machen, oder das Innere derselben sehen will, vor dem Einfahren eine Uebersicht des Ganzen gewährte. Aber des hohen Preises der Markscheider-Instrumente wegen müssen sowohl diese, als Eigenlöhner, oft andere Officianten, auf Anschaffung dieser Instrumente, so nothwendig ihnen selbige auch sind, und so

sehr sie dieselben zu besitzen wünschen, Verzicht thun, wodurch nicht selten das allgemeine Beste gehindert wird.

Diesem abzuhelfen, und so zur Verbreitung der Kenntnisse und Wissenschaften im allgemeinen durch Erfindung wohlfeiler Instrumente, die dabey dem Zwecke doch angemessen, unter dem unbemittelten Berg-Personale
etwas beyzutragen, war schon längst mein
Bestreben, aber, wenn ich auch eine Idee
hatte, so fand sich nach genauer Prüfung
immer wieder eine Schwierigkeit, die ich
ohne der Richtigkeit oder Bequemlichkeit zu
schaden nicht heben konnte, bis ich vor einiger Zeit durch ein altes Instrument, welches
ein salzburger Berg-Officier hatte, auf
einen Weg geführt wurde, der, als ich ihn
verfolgte, mich endlich auf den Punct führte,
durch welchen ich meinen Zweck erreichte,
ein wohlfeiles Hänge-Instrument, zu
welchem jeder Gruben-Compaß eingerichtet
werden kann, ausfindig zu machen. Ist der
Compaßkasten, wie bey Gruben-Compassen
gewöhnlich der Fall, auf eine rechtwinklich
vierseitige Platte aufgeschraubt: so dienet
dieser gleich als Auftrag- oder Zuleg-Instru-
ment. Zwar kann der Compaßkasten mit
dem Theilungsringe nicht, wie es eigentlich
bey den Zuleg-Instrumenten eingerichtet ist,
wo sich der Compaß im Zulegkasten drehet,
auf seiner vierseitigen Platte, weil er darauf
festgeschraubet ist, verdrehet werden; aber
wie man sich auch hier und in jedem Falle,
wenn auch etwas mühsamer, helfen kann,
wird gewiß jeder, der nur einigermaßen
weiß, was man beym Zulegen zu beobachten
hat, leicht finden. Hat man daher nur einen
gut eingetheilten und sonst genau gearbeiteten Gruben-Compaß mit einer etwas langen
vierseitigen Platte: so kann ein Hänge-Instrument dazu, welches, denn ich habe es
selbst untersucht, in allen Fällen zu gebrauchen, nebst der am Compaß nöthigen Einrichtung, um 4 bis 5 rthlr. gefertiget werden. Auch der Bequemlichkeit wegen ist dieses Hänge-Instrument jedem zu empfehlen,
indem man es in der Westen-, Kittel- oder
Brieftasche, ohne ihm zu schaden, bequem
bey sich führen kann; denn es legt sich zusammen. Auf diese Art kann sich auch der
wenig Bemittelte helfen, welcher Lust hat,

im wissenschaftlichen Fache fortzugehen und
zum allgemeinen Besten mitzuwirken, indem
er schon für 14 bis 16 rthlr. einen gut und
genau gearbeiteten Gruben-Compaß, mit
Gehänge, auch den angemessenen Gradbogen
haben kann, und wenn der mit vierseitiger
Platte versehene Gruben-Compaß dazu über-
sendet wird, so kann das Hänge-Instrument
und der Gradbogen dazu für 6, 8 bis 10 rthl.
je nachdem es der Güte des Compasses angemessen ist, hergestellet werden. Da mein
Wunsch jederzeit gewesen, so viel in meinen
Kräften stehet, Nutzen zu schaffen, ich daher
viel Zeit auf Versuche, die mich auf Verbesserungen oder Erfindungen hinleiten, ver-
wende: so würde ich auch, wenn man mich
durch postfreye Briefe mit Bestellungen beehrte, keinen Fleiß sparen, jedermann durch
gute und genaue Arbeiten zu befriedigen.

Dresden am 29 Dec. 1806.

Johann Gotthelf Studer,
Hofmechanicus.

Berichtigungen und Streitigkeiten.

Die Dreistigkeit, mit welcher der Postmeister Warthling zu Bösingfeld die in der
dem 97 Stücke der allg. Anz. inserirten
Warnung enthaltene Beschuldigung nach
Verlauf eines Zeitraums von acht Monaten,
mittelst der im 349 St. vorigen Jahres angezogenen vermeintlichen Rüge von sich ab-
zulehnen sucht, ist um so mehr ganz unverschämt, als er darin die Richtigkeit des uns
schuldig gebliebenen Saldo von 38 rthlr. 16
gr. 10 pf. und daß er die Bezahlung versprochen habe, abzuleugnen nicht vermogt hat.

Ohne uns bey den in unsern Händen
befindlichen Beweisen mit umständlicher Widerlegung seines übrigen wahrheitswidrigen
Vorbringens abzugeben, oder uns auf seine
unstatthafte Aufforderung einzulassen, wollen
wir nur dieses anführen, daß er wiederholt
gütlich und endlich unterm 10 Febr. a. pr. bey
Vermeidung unbeliebiger Maßnahme an den
Abtrag erinnert worden, er aber kein Bedenken getragen hat, in der unterm 28 des-
nur besagten Monats hierauf erlassenen Antwort ganz gegen den Character eines ehrlichen Mannes zu erklären: daß er nunmehr
nach der Drohung die erbärmlichen Saldo-

gelber, wie er sich ausdrückt, an sich behalten werde, um in Absicht einer öffentlichen Anzeige seinen Regreß daran nehmen zu können.

Schon auf diese Erklärung wären wir berechtiget gewesen, jene Cammination zu realisiren. Wir fanden uns aber bewogen, noch einen gütlichen Versuch zu machen, und ihm in der hierauf unterm 11 März erlassenen Antwort bis zu Ende sothanen Monats eine endliche Frist zu bestimmen.

Da aber auch diese fruchtlos blieb, so hat er sich jene Warnung lediglich selbst beyzumessen.

Indem wir also diesen Mann als einen bösen Schuldner und untreuen Lotteriecollector hiermit nochmahls öffentlich aufstellen; so werden wir gar nicht zu befürchten haben, daß das Publicum solches als eine Verläumdung ansehen werde, und er kann nur durch baare Uebersendung der Schuld seine Ehre retten, in welchem Falle wir nicht ermangeln werden, dieses zur öffentlichen Anzeige zu bringen.

Seine Briefe, welche die Sache betreffen, sollen abschriftlich an die Behörde zur Einsicht und Beurtheilung versandt werden.

Gotha den 5 Jänner 1807.

Herzogl. S. Lotteriedirection das.

Dienst-Gesuche.

Ein Mensch von 20 Jahren sucht unter der Aufsicht eines sachverständigen Oeconomen als Verwalter bey einer Landwirthschaft angestellt zu werden. Dessen Kenntnisse im Rechnen und Schreiben sind so beschaffen, daß ihm schon etwas Wichtiges in der Art anvertraut werden kann. Er hat einige Jahre bey einem großen Oeconomen die Hauswirthschaft gelernt und die Landwirthschaft practisch mit betrieben. Von seinem Verhalten bey jener Herrschaft kann er die besten Zeugnisse aufweisen, und in den Bedingungen seines künftigen Gehalts wird er sich sehr billig finden lassen. Frankirte Briefe an ihn werden von der Expedition des allg. Anz. unter der Adresse F. A. H. besorgt werden in Thüringen.

Justiz- und Polizey-Sachen.

Vorladung Ferdinand Enterleite's von Neuenburg am Rhein.

Der schon über 20 Jahre, unwissend wo abwesende hiesige Burgersohn Ferdinand Sauerleite, seiner Profession ein Maurer, oder dessen Leibeserben, werden hiermit aufgefordert, binnen einem Jahr und sechs Wochen sich dahier zu melden, und das dem erstern angefallene und unter Pflegschaft stehende mütterliche Vermögen von 297 fl. 14 kr. nach vorläufigem legalen Ausweis über ihre Erbrechte zu erheben, widrigens dasselbe den hierortigen nächsten Intestaterben gegen Caution überlassen werden würde. Neuenburg im Breisgau am Rhein, den 24 Nov. 1806.

Magistrat der großherzoglich badischen Stadt allda.

Lorenz, Syndicus.

Kauf- und Handels-Sachen.

Nachricht für Blumenliebhaber.

Herr Curt Sprengel, Professor der Botanik in Halle, beschreibt in dem zweyten Stück seiner Garten-Zeitung vom Monat Sept. 1806 eine seltene Pracht-Pflanze, unter dem Namen Ferraria pavonia, nach Ventenat Tigridia pavonia. Diese, bis jetzt sehr seltene und nur allein von dem berühmten Pflanzen-Mahler Redouté in Paris nach der Natur vortrefflich abgebildete Blume, zeichnet sich nicht nur durch bunte Mischung der Farben, sondern auch durch die mit keiner andern Blume zu vergleichende Gestalt, über alle andere aus. Es mag also Blumen-Liebhabern und Gärtnern lieb seyn zu vernehmen, daß bey Endesunterzeichnetem tragbare Zwiebeln von dieser Pflanze, entweder käuflich à 3 franz. Laubthaler das Stück, oder in Tausch gegen andere Pflanzen besonders ausländische Zwiebel-Gewächse zu finden sind. Da der selben Cultur sehr leicht ist; indem selbige in Töpfen, im Freyen oder vor die Fenster gestellt recht schön und öfter blühet, so eignet sie sich ganz für Blumen-Liebhaber auch ohne botanische Kenntniße.

Briefe und Geld werden nur frankirt angenommen, letzteres muß der Bestellung beygefügt, oder hier angewiesen werden.

Zürich, im Dec. 1806.

L. Schultheß, im Lindengarten Nr. 676.

Färberwange.

Eine große neue Färberwange, welche von Menschen oder auch von Pferden in Bewegung gesetzt werden kann, ist in Oberdruß auf dem langen Feich bey Joh. Gottfr. Schmid zu verkaufen.

Literarische Nachrichten.

An dem Tempel zu Delphos stand mit goldn. Buchstaben die Ueberschrift: erkenne dich selbst. Aus
dieser weisen Lehre entwickelte Kant das große System seiner Philosophie und schloß den forschenden
Blick des Verstandes die Tiefen der Selbsterkenntniß auf. Eine treue Darstellung seiner Ansicht gibt,
in einem angemessenen Schema, die
    anthropologische Karte aller Anlagen und
    Fähigkeiten des Menschen, in ihrer Ver-
    bindung und Beziehung auf einander. Ent-
worfen zum Vortrage der Anthropologie, in
physiologischer, pragmatischer und moralischer
Hinsicht, von M. Heinrich August Töpfer,
Lehrer der Mathematik und Physik an der Land-
und Herbenschule zu Grimma, und gestochen
von Wilhelm von Schlieben, Lieutenant beym
Regiment Prinz Clemens in Langensalza.

Diese Karte ist zu haben bey mir in Grimma,
bey Hrn. Lieutenant von Schlieben in Langensalza und bey dem Herrn Buchhändler Friedrich Bruder in Leipzig, (Preis 16 gl. sächs.),
als eine Folge der bereits mit Beyfall aufgenommenen encyclopädischen Generalkarte aller Wissenschaften und schönen Künste. Beyde wiederholen dem
Geiste unserer Zeit jene erhabene Denkschrift: erkenne dich selbst.

Grimma, den 1 Jan. 1807.
                M. Heinrich August Töpfer.

Subscriptions-Anzeige.

Nächstens erscheint:
Jena, oder ein Denkmahl für meine Vaterstadt.
Herausgegeben von Dr. Ludwig Oemler, Hof-
advocaten. Zum Besten meiner armen Landsleute.
    Ihr, die ihr ehedem mit mir die schönen Ge-
filde meiner Vaterstadt durchwallet. — Freunde,
Bekannte, — fühlet mit mir und helft thätig! —
Herr Buchhändler Wettach in Hamburg und die
Buchhandlung von Franzen und Große in Stendal,

Allg. Anz. d. D. 1 B. 1807.

nimmt Subscription auch Pränumeration mit 12 gl.
an.
                            Dr. Oemler.

Uebersetzung.

Von dem in Paris in kurzer Zeit herauskommenden neuen Werk der Frau von Stael, Voyage
en Italie, wird nächstens eine Uebersetzung in einer
berühmten Buchhandlung von einem bekannten Uebersetzer erscheinen. Dieß zur Vermeidung aller
Collision.

Herabgesetzte Bücherpreise.

Nachstehende Bücher, welche theils selbst in
meinem Verlage erschienen, theils auch aus dem
bebrenischen Verlage von mir gekauft worden
sind, setze ich bis zur nächsten leipziger Ostermesse
1807 auf die äußerst niedrigen Preise herunter:
Bosers und Blakets Untersuchungen über die beste
Construction der Deiche. A. d. Franz. von Kronke, m. 7 Kupf. gr. 4. 798. sonst 1 fl. 48 kr.
nun 1 fl.
Brünings Abhandlung über die Geschwindigkeit
des fließenden Wassers und von den Mitteln dasselbe auf allen Tiefen zu bestimmen. A. d. Holl.
von Kronke. Mit 1 K. gr. 4. 798. sonst 2 fl.
24 kr. nun 1 fl.
Erklärung, ausführliche, der sämmtlichen Wun-
dergeschichten des alten Testaments, aus natürlichen Ursachen. Durchaus begleitet mit philosophischen, kritischen und historischen Anmerkungen,
nebst einer Abhandlung über Wunder und Offenbarung; 2 Theile, 1800 — 1804. gr. 8 Berlin,
sonst 2 fl. 40 kr. nun 1 fl. 30 kr.
von Meyers, Friedrich, Tobias, ein episches Gedicht
in 7 Gesängen. 8. broch. sonst 1 fl. nun 30 kr.
    — gekrönte Preisschrift: von den Unterschieden
zwischen Tutel und Curatel, Unmündigen und
Minderjährigen, nach römischem und deutschem
Rechte, für practische Juristen bearbeitet. 8. 1803.
sonst 54 kr. nun 30 kr.

Apollonia, oder die Räuber der Gebirge, vom Verfasser der Henriette von Detten. 8. 1803. sonst
1 fl. 30 kr. nun 40 kr.

Lindau, oder der unsichtbare Bund; eine Geschichte
aus dem Revolutionskriege, von Weigel; 8. 1805.
sonst 1 fl. 48 kr. nun 48 kr.

Stein, Handbuch des Zubereitens und Aufbewah-
rens der Thiere aller Classen, welche für Natu-
ralien-Cabinette bestimmt sind; enthaltend: die
Methode der Herren Nicolas, Schaumburg und
Hofmann. M. Kupf. 8. 1802. sonst 1 fl. 12 kr.
nun 40 kr.

The Vicar of Wakefield by Olivier Goldsmith,
mit worterklärenden deutschen Anmerkungen.
gr. 8. 1800. 27 Bog. sonst 1 fl. 48 kr. nun 1 fl.
— Wer von diesem 10 Exemplare zusammen nimmt,
erhält 2 gratis

Goldschmidt allgemeine Uebersicht der Geschichte der
Kuhpocken und deren Einimpfung rc. 8. 1801.
sonst 1 fl. nun 30 kr.

Husgers getreuer Wegweiser von Frankfurt und dessen Gebiet. Mit einem Grundriß und 1 Karte.
8. 1802. sonst 1 fl. 30 kr. nun 1 fl.

Trimolt merkwürdige Beyspiele zur Kenntniß der
Seelenkräfte der Thiere; mit 1 Kupf. Schreibp.
sonst 1 fl. nun 30 kr.

Geschichte des franz. Freyheitskriegs, am Ober-
rhein, der Saar und der Mosel. Mit den Bild-
nissen des Herzogs von Braunschweig, Custine's,
Wurmser's rc. sonst 1 fl. 24 kr. nun 1 fl.

Leclerc, die enthüllten Trappisten. 8. Druckpap. sonst
48 kr. jetzt 24 kr. Schreibpap. 1 fl. jetzt 30 kr.
Für Liebhaber der wohlfeilen Ausgaben sind in
den beygesetzten äußerst geringen Preisen und in
Menge bey mir aus dem behrensschen Nachlaß
zu haben:

Regulus; eine Tragödie in 5 Aufz. von Collin. 8.
1802. sonst 1 fl. jetzt 12 fr.

Engel, Herr Lorenz Stark; ein Charactergemählde.
8. 1802. sonst 48 kr. jetzt 24 kr.

v. Kotzebue dramatische Spiele, 3 Theile, mit dem
Bildnisse des Verfassers. sonst 1 fl. 24 kr. nun
40 kr.

Langbeins Talisman gegen die Langeweile, 3 Sammlungen. Mit 3 Kupfern und 3 in Kupfer gestochenen Titeln. 8. schönes Papp. — so wie alles
bisher angezeigte, sonst 3 fl. nun 1 fl. 30 kr.

Nessenbrechers Taschenbuch der Münz- Maß- und
Gewichtskunde, für Kaufleute. 8. 1803. sonst
1 fl. 30 kr. nun 1 fl.

Schilling, Gott lebt noch: eine Erzählung. 12 kr.

Sentenzen aus Jean Pauls und Hippels Schriften.
rc. 1801. sonst 48 kr. nun 24 kr.

Lintens Vater Roderich unter seinen Kindern. 8.
1803. sonst 1 fl. 30 kr. nun 45 kr.

Hufelands Rath an Mütter über die wichtigsten Puncte der physischen Erziehung der Kinder.
12 kr. für 2 fl.

Frankfurt a. M.   B. Körner.

Periodische Schriften.

Der preußische Hausfreund.

Mehrere Zeitschriften sind bey den jetzigen
Kriegsdrangsalen in ihrem regelmäßigen Erscheinen:
unterbrochen worden; andere haben ganz aufgehört.
Keins von beyden ist bey dem preußischen Haus-
freunde der Fall. Ununterbrochen, und nur durch
die Stockung des Postenlaufs in der pünctlichen Versendung behindert, hat er vielmehr, der Würde
seines Zwecks, und der Freymüthigkeit seines To-
nes angemessen, auf die Gemüther der, von einem
unglücklichen Kriege bedrängten Leser einzuwirken,
und ihnen nicht ohne Erfolg, durch Hindeutung auf
eine bessere Zukunft, Beruhigung einzuflößen gesucht.
Daß er dieß vermogte, verdankt er besonders dem
bisherigen Beyfalle und Zutrauen des Publicums.
Er wird fortfahren, sich als wahrer Freund des Hauses und des Vaterlandes, durch ruhige und offene
Belehrung über die dem Menschen und Bürger
wichtige Angelegenheiten das allgemeine Zutrauen
zu erhalten, und darf in Zukunft wohl um so mehr
auf eine fortgesetzte, lebendige Theilnahme rechnen,
da durch die jetzigen wichtigen Ereignisse die Masse des fruchtbaren Stoffs sich gemehrt, und der Kreis
der vor sein Forum gehörigen Ideen sich erweitert hat.

Von dieser Zeitschrift sind bis jetzt erschienen:
1tes Quartal (April, May, Juny). 1 rthlr. 6 gl.
2tes — (July, Aug., Sept.). 1 rthlr. 6 gl.
3tes — (Octob., Nov., Dec.). 1 rthlr. 6 gl.

Das neue Quartal nimmt mit dem 1 Januar
1807 seinen Anfang, die Vorausbezahlung koste,
vierteljährig 1 rthlr., und für denselben Preis werden auch neueintretenden Pränumeranten die früheren Quartale überlassen.

Auswärtige, welche man um Bekanntmachung
dieser Schrift ihres Orts bitter, belieben sich an
ihren nächsten Postämtern, und diese bey dem hiesigen Hof-Postamte die Bestellung zu machen.

Berlin, 1806.

Dieterici, Spand. St. 52.

Fortsetzung der Bildungsblätter. Eine Zeitung
für die Jugend 1807. Mit Kupfern und Musik
beylagen.

Eltern, Lehrer und Kinderfreunde freuen sich
gewiß, daß der Verleger dieser schönen und nützlichen Zeitung durch den großen Beyfall derselben
in das angenehme Verhältniß gesetzt ist, die Fortsetzung davon für künftiges Jahr versprechen zu
können.

Jeder, der nur einigermaßen die Kosten berechnen kann, die der Verleger dieses Instituts durch
Druck, Papier, so viele schöne Kupfer rc. darauf,
mit besonderer Vorliebe verwendet, muß ihm mit
voller Ueberzeugung die Behauptung zugestehn, daß
fast jede wöchentliche Lieferung den Werth eines
kleinen Jugendbuches hat. Die ersten und geschäz-

ften Jugendschriftsteller und Schulmänner Deutschlands schmücken sie fortdauernd mit ihren Beyträ-
en, sowie

die pädagogischen Verhandlungsblätter für
Eltern, Lehrer und Erzieher,
welche dieser Zeitung wöchentlich beygelegt werden,
einen Vereinigungsplatz über Erziehungskunst formiren, der für jeden zur Beseitigung dieses Gegenstandes, in seinem verhältnißmäßigen Wirkungskreise
von höchster Wichtigkeit seyn muß.

Es war auch wol natürlich, daß ein solches
Unternehmen den allgemeinen entschiedensten Beyfall haben würde, es hat zu viel Gutes für sich.
Wer sonst für seine kleinen Lieblinge zerbrechliches
Spielzeug ꝛc. kaufte, verwendet sein Geld jetzt für
dieselben auf reellere Bildungsmittel. Die Jugendzeitung behauptet darunter den ersten Platz, sie
veranlaßt jede Woche ein neues Vergnügen, und
hat zugleich für uns Eltern selbst das Angenehme,
Sachen darin zu finden, die wir vergessen zu haben
scheinen, und welche wiederzulesen uns so große
Freude macht.

In allen in- und ausländischen Buchhandlungen, sowie auf allen Postämtern,
ist solche beständig zu erhalten und zu bestellen.
Der Preis des Jahrgangs ist 8 rthlr. sächl. oder
14 fl. 30 kr. Reichsgeld.
Leipzig, im December 1806.

Georg Voß.

Ueber das allgemeine Vereinigungsblatt der
kritischen Literatur.

In dem wir aufgemuntert durch den Beyfall,
welcher dem Plane des allgemeinen Vereinigungs-
blatts der kritischen Literatur, wie seiner Ausführung auch durch öffentliche Stimmen ertheilt
worden ist, die Fortsetzung dieser Zeitschrift ankündigen, rechnen wir um so zuversichtlicher auf die
fortdauernde Unterstützung des Publicums, da im
künftigen Jahre das kritische Vereinigungsblatt besser noch, als es der Natur der Sache nach bisher
möglich war, seine Bestimmung erfüllen wird. Es
soll nehmlich im künftigen Jahre keine Schrift darin angezeigt werden, bis Urtheile wenigstens unserer bedeutendsten kritischen Journale über dieselbe
zusammengestellt werden können. Welchen Werth
und welches Interesse eine solche Zusammenstellung
habe, sieht man leicht. Da aber dadurch die Anzeige
mancher Schriften nothwendig erst spät gegeben
werden kann, so soll ein unentgeltlich ausgegebenes
Extrablatt die in jeder Woche in allen deutschen
Journalen erschienenen Recensionen mit einem
kurzen Urtheile anzeigen. Besonders für Buchhändler muß dieses Blatt sehr wichtig seyn, da es alle
literarische Nova zusammen stellt. Auch sollen einem
oft geäußerten Wunsche gemäß die der schönen Literatur und Kunst gewidmeten Blätter des kritischen
Vereinigung gratis auch einzeln ausgegeben werden.
In das Intelligenzblatt werden auch in Zukunft,

wie bisher, Antikritiken, Bücheranzeigen und ande-
re literarische Notizen aufgenommen.
Hildburghausen, im Dec. 1806.
Hanisch's Wittwe.

Bücher-Anzeigen.

Ueber die Natur der Krankheit, welche im Herbst
des Jahres 1804 zu Livorno geherrscht hat. Von
Joh. Rudolph Heß. Nach seiner ersten Schrift,
die in der französischen Sprache in Florenz in der
königl. Buchdruckerey anno 1805 gedruckt ward.
Zürich, 1806.
*) Der Verfasser schrieb als Augenzeuge. Sei-
ne Ansicht der Krankheit, die man aus niedrigen, gehässigen Privatabsichten für das gelbe
Fieber ausgab, ist durch die Schriften des Dr.
Palloni und Dr. Düsour, die seiner Meinung
anfangs widersprachen, bestätiget.
der Redact.

Neueste biblische Handconcordanz und Wörterbuch zur Beförderung eines schriftmäßigen
und nützlichen Vortrags beym Religions Unterrichte und zur Erleichterung des zweckmäßigen Bibel-Lesens, von M. Wichmann, neue
ganz umgearbeitete und vermehrte Auflage, mit
einer Vorrede von M. Kindervater, 2 Theile.
4. Leipzig, bey Friedrich Gotthold Jacobaer.
1806.

Dieses Werk ist sowohl Predigern, als auch
besonders jungen Studierenden in doppelter Hinsicht von allen Recensenten empfohlen worden.
Der erste Vortheil, den es gewährt, ist Bequemlichkeit und Zeitersparung im Auffinden der
classischen Schriftstellen bey Predigten und Katechi-
sationen.

Der zweyte und vorzüglichste Nutzen, wodurch
es sich Predigern, Studirenden und selbst Schullehrern empfiehlt, besteht darin: es ist ein compen-
diöses Handbuch einer guten Exegese, denn es umfaßt die Bestimmung von Wortbedeutungen, Erklärung von vieldeutigen Ausdrücken der heiligen
Schrift, und was in derselben in Geschichte, Erdbeschreibung und Alterthümer einschlägt. Diese
neue Ausgabe, an welcher mehrere würdige Theologen gearbeitet haben, welche 1796 zuerst erschien und
jetzt wiederum unverändert abgedruckt ist, hat größere Vollständigkeit und Berichtigungen der exegeti-
schen, dogmatischen und historischen Bemerkungen
erhalten; fehlende Wörter sind nachgetragen, falsche Citate berichtigt, und bey ihrer Bearbeitung,
außer den Werken der Alten, auch die eines Dathe,
Eichhorn, Herder, Nösselt, Morus, Rosenmüller, Teller ꝛc. benutzt, ja selbst Dissertationen
über einzelne Schriftsteller nicht übersehen worden.
Auch das angeblich vollständige Sprachregister
dient zu großer Bequemlichkeit.

Neue Verlagsbücher von Schwan und Götz in Mannheim und Heidelberg, welche um beygesetze Preise in allen guten Buchhandlungen zu erhalten sind:

Ewald, Joh. Ludw., kurze Anweisung, auf welche Art die Jugend in den niedern Schulen zu unterrichten ist. 8. 6 ggl. oder 24 kr.

Frank, J. P., de curandis Hominum morbis Epitome, Libri V. pars 2. 8 maj. 2 rthlr. 4 gl. oder 5 fl. 15 kr.

Frank, J. P. Grundsätze über die Behandlung der Krankheiten des Menschen, 6r Theil. Aus dem Latein. übersetzt. gr. 8. 1 rthlr. 16 ggl. oder 2 fl. 30 kr.

Geburten, über früh- und spätreife. 8. 4 ggl. ob. 15 kr.

Müller, Friedrich, (sonst Mahler Müller genannt). Schreiben über eine Reise aus Liefland nach Neapel und Rom, von August von Kozebue. 8. vorschirt. 8 ggl. oder 36 kr.

Roman P. L., Versuch eines badischen evangelisch-lutherischen Kirchenrechts, vorzüglich für Pfarrer und Candidaten des Predigtamts. gr. 8. Pforzheim. 1 rthlr. 20 ggl. oder 2 fl. 45 kr.

Schreiben von Friedrich Müller, königl. baper. Hofmahler, über eine Reise nach Rom und Neapel, von A. von Kozebue. 8. Deutschland 1807. broch. 36 kr.

Der Verfasser dieser Schrift beleuchtet des Hrn. von Kozebue in seiner italienischen Reise aufgestellte Urtheile über Kunstwerke und Künstler mit einer, durch die Anmaßungen eines unverständigen Dünkels zwar lebhaft erregten, nichts weniger aber gerechten Critik; und indem er überall Gelegenheit findet, den Mangel jenes Schriftstellers an gründlicher Erkenntniß und reinerm Gefühl dessen, was in den Künsten geleistet werden soll und geleistet worden, durch augenscheinliche Beweise darzuthun, nimmt er zugleich Veranlassung, über das Wesen der bildenden Kunst, über das Eigenthümliche ihrer Hauptzweige, Architectur, Plastik und Mahlerey, über das Verhältniß des Kenners zum Künstler, über die richtigen Maximen in Beurtheilung noch lebender Künstler u. f. w. die gedachtesten und gehaltvollsten Reflexionen, Früchte eines ernsten Nachdenkens und einer langen Erfahrung einzustreuen. Daher diese Schrift dem denkenden Künstler und Kunstliebhaber nicht anders als sehr interessant und lehrreich seyn kann.

Bey Ziegler und Söhne in Zürich ist vor kurzem erschienen und in allen Buchhandlungen zu haben:

Militärische Aufsätze, von V. L. Theilung von Courelary. Erste Abtheilung, mit einer Karte von Erguel. 8. 3 fl. 36 kr.

Dieselben enthalten I. Entwurf eines Angriffs auf die Kantonnierungsquartiere der fränkisch. Truppen in der Landschaft Erguel. II. Betrachtungen über den dem Herrn General von Erlach zugeschriebenen Plan eines Angriffs auf die 6 vden fränkischen Armeen in der Schweiz im März 1798. III. Bemerkungen über die Stärke und Anzahl der französischen Truppen, welche 1798 in die Schweiz gedrungen sind. IV. Nachricht von der holländischen Armee vor der Revolution, im Jahr 1795. V. Nachricht von dem ehemahls in holländischen Diensten gestandenen, altwallomischen Infanterie-Regiment Fürst von Nassau-Usingen. VI. Die Landung in England.

Bey Peter Waldeck in Münster ist so eben erschienen:

J. A. Eisenmanns Versuch psychologischer Characteristiken der Menschen in seinen verschiedenen Lebensperioden, verschiedener Nationen und Stände. 16 Bdch. 8. 16 gl.

Folgende sehr nützliche Schriften sind als Geschenke für die Jugend sehr zu empfehlen:

Fröbing, J. C., die Bürgerschule, ein Lesebuch für die Bürger- und Landjugend. 4 Bände. mit Kupfern. Enthaltend: 1) die Naturgeschichte. 2) Die Geographie. 3) Die Weltgeschichte. 4) Die biblische Geschichte. 6 rthlr. 4 ggl.

— Nützliches Lesebuch für alle Stände. 8. 18 ggl.

— Gesangbuch für die häusliche Erbauung. 8. 16 ggl.

Biernann, G. H., Anleitung zum Kopfrechnen, in Verbindung mit dem schriftlichen Rechnen zu gebrauchen. 2te Auflage. 8. 20 ggl.

— Das Kopfrechnen vom Tafelrechnen abgesondert und in seine Gränzen gebracht. Ein Lehrbuch für Schulen, auch bloß für practische Tafelrechner, welche sich im Kopfrechnen selbst unterrichten wollen. 8. 18 ggl.

— Handbuch zum Unterricht in der Buchstaben-Rechnung und Algebra, für diejenigen, welche ihre arithmetischen Kenntnisse erweitern wollen. 8. 1 rthlr.

— englische und deutsche Vorschriften zur runden Hand und zur Canzley. 8. 1 rthlr.

Meiners, C., Geschichte des weiblichen Geschlechts. 4 Theile. 5 rthlr. 8 ggl.

Müntel, J. L., der theoretisch-practische Tafelrechner nach dem Geist des Seminarii zu Hannover. 8. 1 rthlr. 12 ggl.

Letzteres erbieten wir uns den Subscribenten, welche es bis hierhin abzufordern versäumt haben, sowie überhaupt Liebhabern noch vorläufig zu 1 rthlr. baar zu erlassen.

Hannover, den 18 Dec. 1806.
Helwingsche Hof-Buchhandlung.

Gesetzgebung und Regierung.

Publicandum an sämmtliche Bewohner des erzgebirgischen Kreises. *)

Da nunmehr unterm 16 dieses Monats Ihro Churfürstliche Durchlaucht unser gnädigster Herr huldreichst geruhet haben, die Beschlüsse der am 28 November und den folgenden Tagen in Chemnitz versammelten Stände des erzgebirgischen Kreises, wegen Aufbringung der diesem Kreise von Ihro Majestät dem Kaiser der Franzosen und König von Italien auferlegten Contribution von 1,324,215 Thaler — — zu genehmigen, die niedergesetzten Deputationen der Stände des Kreises in Dresden und Freyberg gnädigst zu confirmiren und ihnen gemessenst anzubefehlen, jene Beschlüsse zu vollziehen: so hält es die Deputation der Stände des Kreises in Freyberg für ihre erste Pflicht, sämmtlichen Bewohnern des Kreises eine vollständige Einsicht der angenommenen Grundsätze und des Geistes, welcher den Kreisconvent bey dem ihm aufgetragenen wichtigen Geschäfte belebte, zu verschaffen.

1) Die Zeit, in welcher die ersten Zahlungen gemacht werden sollten, war so kurz, die Contribution an und für sich für den Kreis so unerschwinglich, die Gefahr, wenn

bey dem Verfall aller Fabriken und Gewerbe das ganze baare Vermögen des Kreises der Circulation auf einmahl entnommen worden wäre, war so groß, daß man für den ersten Augenblick Zuflucht zu Anleihen nehmen mußte.

Die zuvorkommende Gnade unsers gnädigsten Churfürsten, welche für den Kreis in dringendster Noth 100,000 Thlr. ohne Zinsen vorschußweise bezahlte, trat auch hier als ein helfender Engel ein, und ertheilt zugleich durch das höchste Decret vom 10 dieses Monats der Deputation die Erlaubniß, auf den Credit des Kreises noch ferner Anleihen zu eröffnen.

Aber diese Anleihen müssen theils wieder bezahlt werden, theils können sie zu einer Zeit, wo alles borgt, nicht so schnellen und ausreichenden Fortgang haben, als, ohngeachtet des unterdessen abgeschlossenen Friedens, der Drang der Umstände erfordert, und es fragt sich also

2) Wie soll die Bezahlung und resp. Wiederbezahlung geschehen? Wäre hier der sonst gewöhnliche Schock u. Quatemberfteuerfuß gewählt worden, so würde der eine Theil des Kreises an den Bettelstab gebracht worden seyn, indem der andere völlig frey geblieben wäre. Die Städte und der größte Theil der Landleute würde allein, und noch dazu sehr unverhältnißmä-

*) Obiges Publicandum enthält Ansichten, Grundsätze und Einrichtungen, die bey jeder Vertheilung von Kriegscontributionen beherzigt zu werden verdienen; es ist in den freyberg. Nachrichten 1807 Nr. 1 und 2 erschienen und auch besonders in 8. bey Craz und Gerlach in Freyberg abgedruckt worden. Der Verfasser desselben soll der am Ende mit unterzeichnete Bürgermeister von Zwickau C. W. Ferber seyn. Die Anfrage im allg. Anz. 1806 Nr. 345 S. 4057 scheint mir durch dieses Publicandum so vortrefflich beantwortet, daß ich durch allgemeine Verbreitung desselben vielen deutschen Provinzen einen großen Dienst zu erweisen glaube.   v. R.

Allg. Anz. d. D. 1 B. 1807.

fig, ein Haus in Freyberg, so viel als die ganze Stadt Hapnichen, der Besitzer eines Hufengutes in dem einen Dorfe so viel als drey andere benachbarte Dörfer bezahlt haben. Alle Hammerwerke, alle Blaufarbenwerke, ganze Gewerkschaften, sämmtliche einzelnen Besitzern gehörige Berg, Schmelz, Siede und andere Bergwerks-Fabricationswerke und Hütten, sämmtliche Freygüter, alle von Rittergütern abgebaute Güter und Häuser, alle andere unbeschockte Grundstücke des Kreises, ganze Stände, z. B. der geistliche, das ganze Personale, welches bey dem Bergbau, den Aemtern, der Steuer u. s. w. im Kreise angestellt ist, alle oft reichen Pächter, Hausgenossen und Auszügler, kurz die Hälfte der wohlhabendern Bewohner des Kreises würden dem Wunsche, oft wider ihren Willen, haben entsagen müssen, mit allen ihren Mitbürgern die aufgelegte schwere Last zu tragen, die eben dadurch doppelt schwer auf der übrigen Hälfte gelegen und diese zu Boden gedrückt haben würde, wenn der ganz ungleiche Schock- und Quatembersteuer-Fuß gewählt worden wäre, der noch oben darein unermessliche Reste, sonderlich bey den armen Hüttenbewohnern der Städte herbeygeführt haben würde. Die Execution würde dem Kreise gedroht haben, der Ordentliche oder Wohlhabende würde für den Nachlässigen, Lüderlichen und Verarmten noch einmahl haben bezahlen müssen, und der Ruin manches braven Mannes im Kreise würde die unvermeidliche Folge gewesen seyn.

Um schreyende Ungerechtigkeiten und Ungleichheiten dieser Art zu verhüten, wurde von den sämmtlichen Ständen des Kreises in einmüthiger Uebereinstimmung und ohne Widerspruch eines einzigen Standes folgends beschlossen:

A. Es darf niemand im weiten Umfange des ganzen Kreises existiren, er sey wer er wolle, er besitze was er wolle, viel oder wenig; er sey bey andern Abgaben befreyt oder nicht, der nicht verbunden wäre, verhältnißmäßig zur Bezahlung der Contribution beyzutragen.

Die aufgelegte Contribution wird als Aequivalent für die unterbliebene Plünderung betrachtet. Wer also hätte können geplündert werden, wer Personensteuer

bezahlt, mit einem Worte, alle Individuen des Kreises, alle Grundstücke, die im Kreise liegen, alle darin befindliche Corporationen und werbende Wesen, die etwas zu verlieren gehabt hätten, sind contribuable. Es ist eine einzige Ausnahme im ganzen Kreise, das ist, das Militair als solches. —

Um hierbey

B. Doch ein Anhalten zu haben, mußte unter den schon bestehenden Arten, die Abgaben zu erheben, diejenige gewählt werden, welche die verhältnißmäßigste, schicklichste, einfachste, unter allen übrigen noch die gleichste und diejenige war, welche hoffen ließ, bey der dringenden Eile am schnellsten etwas Beträchtliches zur Bezahlung der Contribution zu erhalten. Dieß ist der Magazinhufen-Fuß, jedoch also, daß nicht nur alle Städte und Communen, die zum Verhältnisse ihrer Gewerbe und ihres Wohlstandes zu wenige Hufen haben (welche also zu wenig gäben, wenn sie nach ihren wirklich aufgezogenen Hufen zur Mitleidenheit gezogen würden) ansehnlich, jedoch immer billig und verhältnißmäßig erhöht, sondern daß auch alle Befreyungen zur Mitleidenheit gezogen werden. Alle Städte und Dörfer, alle und jede oberwähnte Freygüter, Corporationen, Gewerkschaften, Hammer, und andere Werke, alle bey den Rittergütern befindliche Grundstücke, die nicht Ritterguts Grund und Boden sind, alle von den Rittergütern angebaute Häuser und Güter; kurz alles, was befreyt seyn würde, wenn nur die wirklich aufgezogenen Hufen beytragen müßten, werden mit sogenannten blinden Hufen — jedoch bloß zum Behuf der aufzubringenden Contribution — und zwar zum Besten des ganzen Kreises und zur billigen Erleichterung der wirklichen Magazinhufenbesitzer, deren Beytrag dadurch außerordentlich vermindert wird, aufgezogen.

Ferner

C. Contribuiren zu der dem Kreise aufgelegten Contribution die löbl. Ritterschaft nicht nur nach ihren besondern, nicht durch Ritterpferde verdienten Hufen gleich jedem andern Hufenbesitzer, sondern auch noch mit 600 Thlr. von jedem Ritter, und jedem

Beytragspferde, so wie sich von selbst die Concurrenz der im Bezirke des Kreises gelegenen fürstl. gräfl. schönburgischen Herrschaften und der Herrschaft Wildenfels versteht.

Sonach

Um dieß alles vollständig bewirken zu können, ist die erste Pflicht der Deputation des Kreises, alles aufzubieten, um zu erfahren:

I. Um wie viele Tausende die wirklich aufgezogenen Magazinhufen des Kreises, durch die nach obigen Grundsätzen anzuziehenden blinden Hufen vermehrt werden können.

Sodann

II. in Gewißheit zu setzen, wie weit sich die dem armen erzgebirgischen Kreise aufgelegte, gegen andere Kreise ganz unverhältnißmäßige Contribution, durch wahre offene Darlegung der weltkundigen unbezweifelten Armuth des Kreises und durch die gewiß nicht fruchtlos angestellte Großmuth des erhabensten Siegers, vermindern lasse.

III. Von dieser endlich, ohne Hoffnung fernern Erlasses festbestimmten Summe der Contribution sollen zuvörderst die von der löbl. Ritterschaft sowohl, als den einbezirkten Herrschaften des Kreises zu gebenden Beyträge und Quoten abgezogen werden.

IV. In den, dann noch übrig bleibenden Theil der aufzubringenden Contribution ist mit der ganzen Anzahl der bereits wirklich vorhin schon aufgezogenen Magazinhufen sowohl, als der noch anzuziehenden blinden Hufen zu dividiren, dadurch zu bestimmen, wie viel kömmt auf eine Hufe, sodann zu fragen, wie viele Hufen hat jeder Ort des Kreises entweder wirklich oder nach Befinden, jedoch allein zu diesem Behuf aufgezogene Hufen, zu versteuern? — und darnach ist von uns das ganze Quantum, was jeder einzelne Ort geben muß, genau zu bestimmen und auszuschreiben.

Zu diesem dem Orte aufgelegten Local-Beytrag muß sodann jedes in dessen Bezirk lebende und wohnende Individuum ohne Ausnahme nach den oben iub A. aufgestellten Grundsätzen, wes Standes und Würden es auch sey, ohne Ansehen der Person, ohne

Rücksicht auf sonstige Befreyung und Jurisdiction beytragen. Wie viel jedes Individuum zu dem aufgelegten Local-Quantum zu geben habe, bestimmen die Communen selbst, denen die Beschaffenheit des Vermögens der in ihrer Mitte wohnenden Mitglieder der Commun, am besten bekannt seyn muß, und denen daher die Subrepartition ganz allein überlassen bleibet. Auf den Dörfern geschiehet diese Subrepartition unter der Direction der Obrigkeit mit Zuziehung der Gerichts- und Ausschuß-Personen von Bauern, Gärtnern und Häuslern; in den Städten unter der Direction der Stadtobrigkeiten mit Zuziehung der Viertelsmeister und Ausschuß-Personen, oder der unter anderer Benennung vorhandenen Repräsentanten der Bürgerschaft dergestalt, daß hierbey die Zustimmung des größten Theils von den Viertelsmeistern oder den Repräsentanten der Bürgerschaft für hinlänglich zu achten. Alles dieß zu Folge des höchsten Approbatorii vom 16 dieses Monats.

Aber kein contribuables Individuum, unter welcherley Vorwand es auch sey, das in der Commun ist wesentlich aufhält, darf ganz frey gelassen werden, wenn nicht notorisches Unvermögen eintritt, selbst wenn es die ganze Commun zufrieden wäre. Streitige Fälle, über die sich nicht gütlich vereinigt werden kann, entscheidet die Deputation definitiv.

Alle Subrepartitionen, welche nicht nach diesen Grundsätzen, bey Aufbringung der bisher ausgeschriebenen und eingesendeten Ortsbeyträge gemacht worden sind, müssen darnach und auf die vorgeschriebene Art ausgeglichen werden. Die dem ganzen Kreise aufgelegte schwere Last muß nothwendig gleich und gerecht auf alle Schultern der Bewohner des Kreises gelegt werden. Der Auszügler, der zehn oder mehrere Tausende im Vermögen hat, kann und muß mehr geben, ob er gleich nur Auszügler ist, als der Hüfner, dessen Gut verschuldet, dessen Besitzer also arm ist. Redliche Gerechtigkeit muß überall im Kreise Princip der Subrepartition seyn. Die Deputation der Stände des Kreises wird diese heilige Pflicht gewiß nicht einen Augenblick aus den Augen setzen.

Damit die deputirten Stände aber kein befreytes Grundstück und dessen Besitzer frey

laffen, ift es vor allen Dingen nöthig, folche
zu kennen, und es werden daher

1) Alle Vaſallen und Rittergutsbeſitzer
des Kreiſes von der Deputation erſucht
und aufgefordert, bey ihrer Vaſallenpflicht
und Ehre, unverzüglich jedes bey ihren
Rittergütern, den dazu gehörigen Dörfern
und ſonſtigen Beſitzungen mitführende,
unter den Magazinhuſen nicht liegende
Grundſtück, welches mit Ritterpferden
nicht verdient und alſo nicht ohnehin ſchon
zur Contribution verſteuert wird und jedes
vom Rittergute abgebante Haus mit redlicher, pflichtmäßiger Schätzung deſſen
Größe nach Magazinhuſenfuß gerechnet,
ſo wie alle ihnen bekannte ſonſtige, ihnen
auch nicht gehörige geiſtliche und weltliche
Befreyungen anzuzeigen, und ein Exemplar von dieſer Anzeige eigenhändig von
dem Vaſallen ſelbſt, oder in deſſen Abwe-
ſenheit von den Gerichten unterſchrieben
und beſiegelt, bey dem Amte, wohin das
Gut ſchrift- oder amtsſäſſig einbezirkt iſt,
das andere Exemplar aber unmittelbar
bey der Deputation einzureichen. Sind
dem Vaſallen keine Befreyungen, die er
ſelbſt hat oder die andere beſitzen, bekannt,
ſo reicht derſelbe Vacatſcheine ebenfalls in-
duplo ein. Auf dieſen Angaben oder Va-
catſcheinen muß das Amt, in deſſen Bezirk
das Rittergut liegt, ganz oben zu leichterer Ueberſicht bemerkt werden.

2) Ganz gleiche Eingaben verlangt die
Deputation von ſämmtlichen Städten des
Kreiſes. Auch dieſe werden erſucht und
aufgefordert, alle zu ihnen gehörige, oder
ihnen bekannte, wenn auch andern Beſi-
tzern oder zu andern Orten gehörige ritter-
ſchaftliche, städtiſche oder Dorfsbeſitzun-
gen und werbende Werke, die nicht mit
Magazinhuſen aufgezogen ſind und alſo
beſonders mit blinden Huſen aufgezogen
werden müſſen, was jedoch die Häuſer der
Städte betrifft, bloß mit Angabe deren
Zahl und deren Bewohner überhaupt in
duplo. einmahl bey den Aemtern, wohin
ſie ſchrift- oder amtsſäſſig einbezirkt ſind,
einmahl aber bey der Deputation unmittelbar, mit dem Stadtſiegel und der individuellen Unterſchrift aller Mitglieder der
Stadträthe verſehen, einzureichen, dabey

aber ihren Amtseiden und Pflichten treu
durchaus zu Werke zu gehen. Eben ſo
verfahren

3) Alle Amtsdörfer. Die gleichmäßigen
von ihnen bey der Deputation und den
Aemtern einzureichenden Anzeigen ihrer
eigenen und aller ihnen bekannten, mit Magazinhuſen nicht aufgezogenen fremden
Befreyungen müſſen von den Gerichtsper-
ſonen und Gemeindevorſtehern auf Pflicht
und Gewiſſen vollzogen, eigenhändig unterſchrieben und beſiegelt werden.

Die Uebergabe dieſer Anzeigen muß ohnfehlbar bey Vermeidung der Execution binnen acht Tagen nach Inſinuation dieſes Publicandi geſchehen. Jede Commun iſt ſonach
zum allgemeinen und ihrem eigenen Beſten
verpflichtet, der Controlleur der benachbarten zu ſeyn.

Da nun durch pflichtmäßige Angabe der
Befreyungen und deren Größe nach Maga-
zinhuſenmaß gerechnet die Zahl der blinden
Huſen anſehnlich vermehrt und dadurch das
ganze Quantum, das auf einen Ort kommt,
beträchtlich vermindert wird: ſo darf die
Deputation der Stände des erzgebirgiſchen
Kreiſes hoffen, daß jeder der Herren Vaſallen, jede Stadtobrigkeit, jedes Amtsdorf
ihres eigenen Vortheils wegen nicht unterlaſſen werde, die exiſtirenden Befreyungen mit
größter Sorgfalt aufzuſuchen und anzuzeigen. Sollte aber dennohngeachtet die Deputation gewiſſenloſe eigennützige Verſchwei-
gung irgend wo entdecken: ſo wird dieſelbe
ohne Anſehen der Perſon den oder die Namen der Verſchweigenden, die ſich der billigen Theilnahme an allgemeiner Noth zu entziehen ſuchten, und deren, die ſie dabey unterſtützten,

der Verachtung des ganzen Kreiſes
und Landes

öffentlich Preis geben, dagegen aber auch
nicht unterlaſſen,

die redlichen Männer, welche durch
ihre gewiſſenhafte Thätigkeit die mühſamen Arbeiten der Deputation vorzüglich unterſtützten, öffentlich der Achtung ihrer Mitbürger zu empfehlen.

So überläßt es nun die Deputation der
eignen vorurtheilsfreyen Beurtheilung aller
und jeder Bewohner des Kreiſes, ob die ver-

sammelten Stände desselben von Ritterschaft und Städten fähig waren, einen edlern Entschluß zu fassen, einen, der würdiger gewesen wäre, von Ihro Churf. Durchl. huldreichst approbiret zu werden, als der: durch Verwerfung des Schock- und Quatember-Steuer-Fußes, (welcher im vorliegenden Falle durch fürchterliche Ungleichheit nur einzelne, aber diese desto härter, ja vielleicht die Hälfte der Bewohner des Kreises ganz zu Boden gedrückt haben würde) — alle schreyenden Ungerechtigkeiten bey Aufbringung der Contribution zu verhüten und sich dagegen zum Wohle aller Bewohner des Kreises durch Annahme des Magazinhufen-Fußes nach obigen Modificationen, durch Zuziehung aller Stände des Kreises, aller sonst befreyten Personen und Besitzungen zur allgemeinen billigen Mitleidenheit, der gewünschten Gleichheit so sehr zu nähern, als es Menschlichkeit und Recht fordern, Umstände und Kürze der Zeit es erlauben.

Freyberg den 18 December 1806.

Deputation der Stände des erzgebirgischen Kreises:

Christian Ehrenfried Anton von Ziegesar,

Heinr. Moritz Gottlob v. Nostitz.

Jobst Christoph v. Römer,

Carl Wilhelm Herber, Deput. der Kreisstadt Zwickau,

Alexander Wilhelm Köhler, Deput. der Stadt Freyberg.

Nützliche Anstalten und Vorschläge.

Nachricht von dem chemisch-pharmaceutischen Institut zu Erfurt.

Ob ich gleich bey den gegenwärtigen Verhältnissen gesonnen war, auf nächste Ostern keinen neuen Cursus in meinem Institut zu eröfnen, so habe ich doch meinen Entschluß geändert, weil sich mehrere Pensionairs gemeldet haben; in so fern also der Numerus zusammen kommt, werde ich den neuen Cursus auf Ostern anfangen. Ich ersuche daher alle diejenigen, welche mit beytreten wollen, sich baldigst bey mir zu melden, und füge die Versicherung hinzu, daß wir hier unter dem Schutz Sr. Majestät des Kaisers der Franzosen ꝛc. ruhig und sicher leben.

D. Joh. Bartholmä Trommsdorff, Professor der Chemie u. Apotheker zu Erfurt.

Familien-Nachrichten.

Frage und Bitte an Menschenfreunde, besonders in der Gegend von Jena.

Der Fähndrich Friedrich von Winterfeld, Regiments Prinz Heinrich von Preussen, ist am 14 October auf dem Schlachtfelde von Jena verwundet liegen gesehen worden; ob aber derselbe da, oder in einem Lazarethe gestorben, oder ob er noch am Leben sey, darüber fehlt es den bekümmerten Eltern an irgend einer gewissen Auskunft. Wer solche ertheilen kann, ist auf das inständigste gebeten, sie sobald als möglich an den Vater desselben, den Landrath von Winterfeld (auf Spiegelberg) nach Prenzlow in der Uckermark, über Berlin, gelangen zu lassen. Sollten im Lebensfall Kosten zur Herstellung und Pflege des guten Verwundeten erforderlich seyn, so sey der Edle, welcher sie vorstrecken wird, der promtesten Erstattung von gedachtem Vater, und zwar mit dem wärmsten Dankgefühle gewiß. — Des bekümmerten Vaters hier unterzeichneter Bruder, der die Uebertragung dieser Aufforderung von der berliner Zeitung in diese Blätter veranlaßt, bittet noch insbesondere alle seine Freunde und Bekannten in Thüringen, welche er sich vormahls als Werbofficier zu Stadt-Ulm zu verschaffen das Glück hatte, inständigst um geneigte Willfahrung, und überläßt es ihnen, sich, wenn es ihnen bequemer seyn sollte, statt an seinen Bruder, an ihn selbst zu wenden. *)

Erlangen den 4 Januar 1807.

Der Forstmeister von Winterfeld.

*) Ich ersuche alle Menschenfreunde, welche oben verlangte Auskunft ertheilen können, und vielleicht durch die Entfernung der Verwandten des vermißten Hrn. v. W. abgehalten werden möchten, sich an sie zu wenden, ihre Nachrichten mir mitzutheilen, da ich beauftragt bin, die allenfallsigen Auslagen zu vergüten und solches sehr gern thun werde.

Gotha.   R. Z. Becker.

Todes-Anzeige.

Unser geliebter resp. Gatte und Vater, der herzogl. sächs. Rent-Secretarius und Saalenfloßmeister, Johann Adolph Christian Hochhausen, starb am Schlusse seines 77 Jahres ganz sanft an Entkräftung. Auswärtigen Gönnern, Freunden und Verwandten machen dieses unter Verbittung aller schriftlichen Condolenz bekannt

Jena am 2 Januar 1807.

Die hinterlassene Witwe u. Sohn.

Kauf- und Handels-Sachen.

Publicandum.

Da die jetzigen Zeitumstände es durchaus nöthig machen, daß die zum städtischen Darlehn von dem Publicum bestimmten Gelder, so bald als möglich, eingezahlt werden, indem die Stadt sich jetzt vorzüglich in den Umständen befindet, baares Geld zu gebrauchen, um die Bedürfnisse der kaiserlich-französischen Truppen befriedigen zu können: so wird das hiesige sowohl, als das auswärtige Publicum hierdurch nochmahls dringend aufgefordert, zu diesem Darlehn, nach dem Publicandum vom 25 November, nach Möglichkeit zu contribuiren und ihre Beyträge unverzüglich auf das berlinsche Rathhaus in die Haupt-Stadtcasse, an die Rendanten, Herrn Kriegsrath Geding, oder Hrn. Hofrath Günlaff abzuliefern.

Zur nähern Erläuterung und zur Nachricht und Achtung für alle Interessenten wird annoch Folgendes bekannt gemacht:

1) Es werden zu dem städtischen Darlehn auch fremde Münzsorten nach dem folgenden Tarif angenommen, und wird darnach die Darlehnssumme in Courant berechnet:

	Thlr.	Gr.	Pf.
5 Frankenstücke zu	1	8	5
2 Frankenstücke		13	
Laubthaler à 6 Livres zu	1	14	5
Conventionsgeld, den Thaler zu	1	9	6
24 Kreuzerstücke zu		5	7
Brabanter Kronenthaler zu	1	13	8

2) Damit die Umtauschung der Interimsscheine gegen förmliche Stadt-Obligationen künftig um so weniger aufgehalten werden möge, soll die Obligation nur an denjenigen, auf dessen Namen der Interimsschein spricht, oder an den vollständig als Cessionarius qualificirten Inhaber desselben ausgehändigt werden.

3) Werden alle diejenigen, welche vom 10 October bis 11 November inclusive, sub Nr. 1 bis 633 inclusive, Gelder oder Documente zum städtischen Darlehn gegeben haben, aufgefordert, innerhalb den nächsten acht Tagen nach der Bekanntmachung dieses und zwar Vormittags von 9 bis 1 Uhr, und Nachmittags von 4 bis 6 Uhr, bey dem Documenten-Bureau der Haupt-Stadtcasse auf dem berlinschen Rathhause ihre Erklärung schriftlich abzugeben, auf wie hoch sie die Stadt-Obligationen über die von ihnen abgelieferten Gelder oder Documente nach der Bestimmung des Publicandi vom 25 November c. verlangen, wobey denjenigen, welche Summen unter 50 Thaler gegeben haben, nochmahls in Erinnerung gebracht wird, daß sie zu ihrem Darlehn so viel hinzulegen müssen, daß dieselbe die Summe von 50 Thaler erreicht, wenn sie davon Zinsen genießen wollen, indem sie über Summen unter fünfzig Thaler nur unzinsbare Scheine erhalten können. Diejenigen, welche in der bestimmten Frist ihre Erklärungen nicht abgeben werden, haben es sich selbst beyzumessen, wenn die Obligationen über die von ihnen gegebenen Darlehne nach Gutdünken des Documenten-Bureau werden ausgefertigt werden, wobey sodann keine weitere Abänderung Statt findet.

4) Da man verschiedentlich den Wunsch geäußert hat, die Form und den Inhalt der Stadt-Obligationen näher kennen zu lernen, so wird hierdurch bekannt gemacht, daß die Stadt-Obligationen in der nachfolgenden Art ausgefertigt werden sollen:

Wir Präsident ec. bescheinigen hierdurch, daß — am — zur Bestreitung der Kriegslasten ein Capital von — darlehnsweise hergegeben, und bey der Haupt-Stadtcasse belegt — dessen Empfang wir hierdurch, mit Verzicht auf die Einrede der nicht empfangenen Valuta anerkennen. Wir versichern und verpflichten uns, dieses Capital zum Nutzen und Besten der ganzen Stadt und jedes Bewohners derselben gewissenhaft zu verwenden, und verbinden uns, dasselbe von — an, mit 5 Procent pro anno, in halbjährigen Ratis, in der Münzsorte des Capitals richtig zu verzinsen, auch das Capital selbst ein Jahr nach wieder hergestelltem Frieden und nach einer sodann dem Gläubi-

ger und der Stadt Berlin freystehenden sechs
monatlichen Auffündigungsfrist, allhier in
Berlin danfbarlichst zurückzugeben, und, zwar
bey den Darlehnen in baarem Gelde, das
Gold in dem Münzfuße von 35 Stück vollwichtigen Pistolen à 5 Thlr. auf die Mark,
à 21 Karat 8 Grän fein, und das Courant
nach dem Münzfuße von 1764 und bey den
Darlehnen in Staatspapieren nach der Wahl
des Schuldners in den gegebenen Effecten
oder in der in dieser Verschreibung ausgedrückten Darlehns-Summe in Gold oder
Courant."

„Wir verpflichten uns auch, die Zahlung des Capitals demjenigen zu leisten, welcher diese Obligation bey unserer Haupt-
Stadtcasse abliefern und über den Empfang
des zurückgezahlten Geldes quittiren wird, so
daß weder wir selbst, noch unsere Haupt-
Stadtcasse von dem jedesmahligen Inhaber
dieser Obligationen weitere Kenntniß nehmen,
uns auch mit der Untersuchung der Legitimation des Inhabers der Obligationen und des
sich zur Zurückzahlung bey der Haupt-Stadtcasse meldenden Empfängers nicht befassen
können und werden, und daher den Eigenthümer dieser Obligation erinnern, solche
mit aller Vorsichtigkeit, gleich wie baares
Geld, zu verwahren, um der Gefahr vorzubeugen, daß ein von ihm nicht legitimirter
oder ungetreuer Vorzeiger derselben das
Geld darauf empfange, und solches dem
wahren Eigenthümer verloren gehe".

„Für die Sicherheit dieses Darlehns haftet das Vermögen der Kämmerey mit allen
ihren Pertinentien, die ganze Stadt und
jeder Eigenthümer und Bewohner derselben."

„Wir entsagen hierdurch allen gegen
diese Obligation Statt findenden Rechtswohlthaten und Ausflüchten, wie solche Namen
haben mögen, und insbesondere der Einrede,
daß eine allgemeine Verzicht nichts gelte,
wenn nicht auf jede besondere Einrede besonders Verzicht geleistet worden, und kann und
soll nichts als die richtige Wiedererstattung
der in dieser Obligation verschriebenen Summe von — Uns und die Stadt, und
deren Eigenthümer, Bürger und Einwohner dieser Schuld entbinden, auch soll
die auf Eigenthümer, Capitalisten und Einwohner künftig zu diesem Behuf zu machen-

de Auflage unter keinem Vorwande anders
als zur Bezahlung von Capital und Zinsen
verwendet werden."

„Urkundlich ist diese Obligation in beglaubter Form ausgefertiget, durch eigenhändige Unterschrift des Präsidenten ꝛc. vollzogen, und durch Beydruckung des Stadt-
Insiegels bekräftigt worden.
Berlin, den
        (Folgt Siegel und Unterschriften.)

„Und ich Endesunterschriebener, welcher von Seiner königlichen Majestät von
Preußen durch Höchstdero Cabinets-Ordre
vom 22 October 1806 zur Fürsorge für die
Stadt Berlin besonders angewiesen worden,
confirmire hierdurch vorstehende, von dem
berlinschen Magistrat und der Verwaltungs-
Comité an
über ein Darlehn von   zu
5 pro Cent pro anno, ausgestellte Stadt-
Obligation in allen ihren Puncten und Clauseln.

Berlin den
        Seiner Königl. Majestät von Preußen
        Allerhöchst bestallter wirklicher gehei-
        mer Etats-Krieges- und dirigiren-
        der Minister.
                    (L. S.)
        (gezeichnet)   von Angern."
Berlin, den 7 December 1806.
        Comité administratif.
de la Garbe. Hotho. Niže. Zelter.
    Wibeau. Meyer. Beringuier.

───────────

Garten- und andere Sämereyen.
Aufträge, womit ich mich beehret finde, werde
ich so, wie solche eingelaufen sind, nach einander
befördern und absenden.
    Unbekannten Gartenfreunden empfehle ich zu-
gleich meine ergebensten Dienste, und bemerke, daß
Verzeichnisse von allen möglichen in- und ausländischen Küchen-, Kräuter-, Gemüse-, Klee-, Feld-
specerey-, Waldholz-, Garten-, und Blumensämereyen und Gärtnergeräthe gratis bey mir ausgegeben werden. Briefe erbitte ich jedoch postfrey,
ansonst solche unerbrochen retour gehen müssen.
Erfurt, im Dec. 1806.
                    C. A. Salzmann.

            Anfrage.
    Durch Zufall wurde ich durch einen einquartier-
ten Officier mit Brown's Pflaster bekannt, wovon

mit dieser würdige Mann eine Portion zurück ließ, um es bey einer offenen Wunde zu gebrauchen, an der ich schon lange mit den heftigsten Schmerzen leide. Kaum hatte ich Gebrauch von diesem Pflaster gemacht, so ließen die Schmerzen nach und die

Avertissement.

Le Gouvernement impérial français vient d'imposer une forte contribution sur le Duché de Magdebourg. Pour la lever, il faudra recourir à un emprunt, moyen le plus efficace pour atteindre ce but, le mieux assorti aux conjonctures actuelles où le sujet n'a déja que trop souffert, et le plus propre par conséquent à lui procurer une sorte de soulagement.

Voici les Conditions de cet emprunt:

On y invite généralement les étrangers comme les indignes. Les espèces admissibles sont: l'or et le Courant au titre de 1764 et même les monnoyes de billon en pièces de gros: d'ailleurs il ne sera reçu aucune somme au dessous de 50 rthlr. soit en plus que papier, ni papier monnoye, de quelque nature qu'ils soient. Les intérêts seront de 5 p. 100. payables par tous les six mois et sur Coupons. Les biens-fonds de la Province serviront de nantissement de l'interèt et du principal: il sera donné des renseignemens plus particuliers sur cet objet soit à la caisse, soit dans les papiers publics. Le payement se fera à la caisse des dépôts de la Régence de cette ville dans la maison des Etats de la Province et par devant le Conseiller de Commission Fischer qui s'y trouvera tous les matins. Il sera fourni provisoirement des recépissés intérimistiques à échanger dans la suite contre des obligations du pays, lesquels seront les uns et les autres signés par tous les membres du Comité établi pour cet objet et scellés du sceau fait particulièrement à cotte fin. Les obligations du pays sont payables au porteur. Le remboursement se fait dans cette ville un an après la paix. Les Capitaux peuvent être dénoncées à six mois d'avertissement, mais il est loisible au débiteur de les dénoncer toutes parts.

Magdebourg, le 20 Decbr. 1806.

Le Comité de réalisation de la contribution de guerre à Magdebourg.

Wunde aufhörte zu heilen. Mein kleiner Vorrath ist nun aber alle, und ich fordere daher denjenigen auf, der dieses Pflaster zu verkaufen hat, mir seinen Namen im allg. Anz. der D. nebst Bemerkung, wie viel die Portion kostet, bekannt zu machen.

Anleihe für das Herzogthum Magdeburg.

Von dem Herzogthum Magdeburg ist durch die kaiserlich französische Behörde eine starke Krieges-Steuer gefordert worden, und es muß zu diesem Behuf zu einer allgemeinen Anleihe Zuflucht genommen werden, zu einem Mittel, welches den Zweck am leichtesten befördert, welches der jetzige Zustand der sonst schon hart angegriffenen Unterthanen nöthig macht, und welches für sie in dieser Lage am wohlthätigsten ist.

Die nähern Bestimmungen bey dieser Anleihe sind folgende:

Es werden Ausländer und Einheimische dazu aufgefordert. Angenommen wird Gold und Courant nach dem Münzfuß von 1764 und selbst Münze, jedoch nur in Groschen-Stücken, und überhaupt keine Summe unter 50 Rthlr., übrigens aber keine Papiere und kein Papiergeld, von welcher Art das auch seyn mag. An Zinsen werden 5 pro Cent halbjährig bezahlt, und zu Erleichterung werden Coupons gemacht. Zur Sicherheit des Capitals und der Zinsen werden die Kämmereyen in der Provinz eingesetzt, und nähere Bestimmungen deshalb bey der besondern Anfrage darüber oder bey der Zahlung auf der Casse gegeben, demnächst auch noch öffentlich bekannt gemacht werden. Die Zahlung geschieht auf der Depositen-Casse der hiesigen Regierung in dem landschaftlichen Gebäude an den Commissionsrath Fischer, welcher jeden Vormittag dort gegenwärtig ist. Vorläufig werden Interims-Scheine ausgestellt, und diese nachher gegen Landes-Obligationen ausgewechselt, beyde von sämmtlichen Mitgliedern der dazu besonders vorgesetzten Deputation unterschrieben, und mit einem eigenen allgemeinen Siegel besiegelt. Die Landes-Obligationen werden au porteur ausgestellt. Die Wiederbezahlung der Capitalien erfolgt in dieser Stadt, ein Jahr nach dem Frieden. Die Kündigungs-Zeit aber ist 6 Monat vor dem Abtrage, und von dem Schuldner können die Capitalien zu jeder Zeit gekündiget werden.

Magdeburg, den 20 Dec. 1806.

Magdeburg. Krieges-Steuer-Realisirungs-Deputation.

In dem in Nr. 6 S. 51 des allg. Anz. abgedruckten Artikel über Anlegung einer Pottaschensiederey ist bey der Adresse des Hrn. Capitains J. J. Wurlitzer dessen Wohnort — Schloß-Heldrungen — beyzusetzen vergessen worden. d. R.

Allgemeiner Anzeiger
der
Deutschen.

Dienstaas, den 13 Januar 1807.

Nützliche Anstalten und Vorschläge.

Beytrag zu dem Aufsatze im A. A.
Nr. 243: Ein Hinderniß der zweckmäßigkeit des ersten Unterrichts.

Der Verfasser jenes Aufsatzes in Nr.
243 fodert, von der guten Sache durchdrungen, angelegentlich einige unserer bedeutendsten Pädagogen auf, in diesen Blättern die
Frage zu beantworten: ob es bey dem ersten
Unterricht mehr auf die Erwerbung von
Kenntnissen und auf die Ausfüllung des Gedächtnisses, oder auf Uebung der Geisteskraft
der Kinder ankomme? — Ich, so wie jeder
Menschenfreund wird um so bringender der
Bitte des Verf. beystimmen, je mehr er
von der Wahrheit der übrigen Bemerkungen desselben überzeugt ist. Es wird
mir daher, wie ich hoffe, nicht für Unbescheidenheit ausgelegt, oder sonst zum Nachtheil
angerechnet werden, wenn ich dennoch meine
Ansicht der Sache in diesen Blättern mit-
theile. Bloß der Umstand, daß ich meines
Wissens sie noch nirgends gelesen zu haben
mich erinnere, bestimmte mich, sie niederzuschreiben; ich habe sie öfters durchdacht, und
durch mehrjährige Beobachtungen und Erfahrungen bestätigt gefunden.

Es ist wol ausgemacht gewiß, daß zu
einer vollkommen intellectuellen Bildung
eben sowohl unsere Gedächtniß- als Denkkraft einen hohen Grad der Stärke erreicht
haben muß. Wenn auch einzeln genommen,
diese vieles in mehrern vor jener voraus hat,
so würden sie getrennt immer nur ein Stück-
werk unsrer vollkommnen Geistesbildung aus-

machen; nur in Verbindung kann diese sich
in ihrer ganzen Hoheit und Größe darstellen; — und wirklich bestätigt dieß auch
die Erfahrung bey allen großen Köpfen.
Dieß, verbunden mit der allgemein anerkannten Bemerkung, daß Jünglinge und
mehr noch Männer, deren Gedächtniß durch
vernachlässigte Uebung und Entwickelung
schwach ist, nur mit ungeheurer Mühe und
oft auch dadurch nicht das Versäumte nachholen können; — muß es dem Jugendlehrer
zur Aufgabe machen, auf keinen Fall bey
der Ausbildung des Verstandes die des Gedächtnisses ganz zu vernachlässigen. Ich
halte den Nachtheil eines solchen Erziehungs-
princips für außerordentlich groß, den wie
in reiferen Jahren und vorzüglich im practischen Leben erst recht erfahren.

Noch bey weiten zweckloser scheint mir
indeß das entgegengesetzte Verfahren, aus
lauter Sorge für die Ausfüllung des Gedächtnisses die Uebung der Geisteskraft zu
vergessen. Wir sammeln da, und wissen weder warum noch wozu? Es bliebe daher
dem Erzieher nothwendig das übrig, auf
die Entwickelung beyder Seelenkräfte Rücksicht zu nehmen. So oft aber auch dieß befolgt wird, so wird doch, meiner Ueberzeugung gemäß, fast allgemein darin gefehlt,
daß bey der gleichzeitigen Uebung derselben
die Entwickelung jeder einzelnen Kraft als
etwas für sich bestehendes, von einander
ganz unabhängiges betrachtet und nicht zu
Zeiten berücksichtigt wird, in welchem Grade und in welchem Verhältnisse zu einander
beyde, als nebeneinander bestehend, fortge-

schritten sind. Ich behaupte nämlich, und finde es in der Natur der Sache gegründet, daß es eine Hauptaufgabe für den Erzieher ist, bey der intellectuellen Bildung unserer Kinder die Gedächtniß- sowohl als die Denkkraft zugleich und zwar jede einzeln in dem Grade auszubilden, daß keine vor der andern einen Vorsprung erhält. Meine Gründe sind folgende: . Wird hierauf nicht Rücksicht genommen, so wird das Kind an der Uebung derjenigen Seelenkraft das meiste Interesse haben, zu der es die meisten Anlagen hat; also an den Uebungen, die ihm die wenigste Mühe und das meiste Vergnügen machen. Dem Erzieher kann es nicht schwer werden, diese vorzügliche Kraft in der frühesten Jugend der Kinder zu entdecken; — sucht auch er nun diese vorzüglich zu nähren, was gewöhnlich geschieht, weil auch ihm die schnelle Entwickelung derselben Freude macht, so wird die Ausbildung dieser Kraft seines Geistes bald einen solchen Vorsprung vor der übrigen erhalten, daß das Kind an die Uebung dieser nur höchst ungern gehen und schon deswegen mit vieler Mühe doch wenig ausrichten wird. Daraus erklären sich die täglichen Erfahrungen, daß in Kindern so selten Denkkraft und Gedächtniß verbunden sind, aber fast immer eins dieser beyden Vermögen in einem gewissen oft vorzüglichen Grade vorhanden ist, daß in der Regel die meisten Kinder ein gutes Gedächtniß haben, weil so viele in der vorzüglichen Cultur desselben das Meisterstück der Erziehungskunst sehen. Daraus läßt sich ferner erklären, was wahres an dem ist, was man so oft selbst von Erwachsenen sagt, daß Leute, die ein gutes Gedächtniß besäßen, wenig Verstand hätten, daß man also jenes, nach einem umgekehrten Verhältniß, zum Maßstabe von diesem macht.

Ob Gedächtniß oder Verstand gegenseitig in ihrer Ausbildung einen Vorsprung erreicht haben, kann bey einer gehörigen Beobachtungsgabe bald bemerkt werden. In der Regel kann man aber diejenige Kraft in ihrer Bildung als zurückgeblieben halten, zu deren Uebung das Kind am wenigsten Lust äußert, und dieß ist dann eine Aufforderung an den Erzieher, mit vereinter Macht und auf alle Arten darauf hinzuarbeiten, das Versäumte

wieder einzuholen. Seine Mühe wächst in eben demselben Verhältniß, in welchem er eine dieser Kräfte in ihrer Bildung voraus eilen läßt. Der vielleicht zu machende Einwurf, daß alsdann die Denkkraft der Kinder in ihrem Fortschreiten aufgehalten wird, verliert zum Theil schon dadurch an seiner Wichtigkeit, daß der Erzieher seine Zöglinge nur bis zum Jünglingsalter nach meiner Ansicht zu leiten braucht. Bis zu diesen Jahren scheint das Gedächtniß den nöthigen Grad seiner Cultur zu erreichen und der Erzieher kann nun um so mächtiger und ungetheilter auf die Ausbildung ihrer Geisteskraft hinarbeiten. Daduch, daß nun in reifern Jahren die Resultate des Denkens und die vielen Erfahrungen im practischen Leben in dem Gedächtniß aufbewahrt werden, findet dieß schon Nahrung zu seiner fernern Cultur, ohne daß dazu absichtliche Mittel angewendet werden.

Ich erwarte das Urtheil denkender Männer, in der gewissen Hoffnung, daß der wichtige Gegenstand einen Wolke, Tillich und andere bewegen wird, in der hier zur Sprache gebrachten Sache ein ernstliches und bedeutendes Wort zu reden.

W. im Nov. 1806. J. R.

Allerhand.

Erklärung.

Seit Eröffnung der von uns angekündigten Subscription zur Unterstützung der durch den Krieg verunglückten Einwohner Thüringens und des Vogtlandes sind uns eine Menge Anfragen und Gesuche um Beyhülfe zugekommen. Jedem Einzelnen zu antworten, ist nicht möglich. Wir glauben es aber bey den meisten durch die Erklärung zu können, daß wir das Geschäft der speciellen Vertheilung der eingehenden Gelder nicht über uns nehmen, sondern diese ganz allein den competenten Landesregierungen überlassen, ihnen aber die eingehenden Gesuche zu besonderer Rücksicht empfehlen werden. Regensburg am 1 Jan. 1807. Die Unternehmer der Subscription.

Dienst-Gesuche.

1) K. R. der mehrere Jahre als Hauslehrer angestellt gewesen ist, wünscht als
solcher auf dem Lande, in der Gegend von
Altenburg wieder angestellt zu werden. Außer
dem Gewöhnlichen verspricht er einen guten
Unterricht in der Musik und der französischen
Sprache; auch gibt er Anleitung zum Zeichnen. Das Nähere erfährt man in frankirten Briefen beym Hrn. Diacon. Schulz in
Ronneburg.

2) Ein Mensch von 35 Jahren, welcher
im Forstwesen gut bewandert und ein guter
Jäger ist, wünscht auf einer Forstey angestellt zu werden, oder auch einstweilen bloß
als Kammerjäger oder Bedienter bey irgend einem Herrn unterzukommen. Was
seine Kenntnisse im Forstwesen betrifft, so
wird er, im Fall er examinirt werden würde,
gewiß für gut befunden werden; und von
seiner guten Aufführung kann er die nöthigen Belege beybringen. Das Nähere erfährt man in der Buchhandlung von
Gredy und Breuning
in Erlangen.

3) Ein junges elternloses Mädchen, welches trauriger Verhältnisse wegen gesonnen
ist, in Condition zu gehen, wünscht als
Gesellschafterin oder auch als Aufseherin
bey unerzogenen Kindern unterzukommen.
Sie ist in jeder weiblichen Arbeit geübt und
verspricht, treulich zu erfüllen, was ihre
Pflicht und Schuldigkeit erfordert. Da sie
noch im elterlichen Hause ist, kann sie ihren
Dienst gleich antreten. Die Expedition des
allg. Anz. besorgt die franco eingehenden
Briefe.

Familien-Nachrichten.

Herr Wilhelm Arnold Alting von
Geusau, ein Sohn Herrn Lamorals von
Geusau von der heygendorfischen Linie, welcher sich vormahls in Batavia aufhielt, wird
hierdurch gebeten, seinen jetzigen Aufenthalt bekannt zu machen, weil ich ihm
interessante Nachrichten mitzutheilen habe.
Zugleich ersuche ich einen jeden, welcher den
jetzigen Aufenthalt des erwähnten Herrn von

Geusau zuverlässig kennt, um gefällige Nachricht davon. Tennstädt in Thüringen den
22 December 1806.
Heinrich Sahlbach, Amtsdirector.

Justiz- und Polizey-Sachen.

Vorladungen: 1) der Gläubiger Gottfr.
Kopke's.
Gegen den hiesigen Bürger und Seifensieder-
Meister Gottfried Kopke ist heute der Gantproceß
erkannt worden; dessen dahier nicht bekannten Gläubigern wird daher zur Anzeige ihrer an gedachten
Gottfried Kopke habenden Forderungen Liquidirung derselben, und Ausführung des etwaigen
Präferenz-Anspruches eine Frist von 6 Wochen unter
dem Rechtsnachtheile hiermit anberaumet, daß sie
im Unterlassungsfalle mit Umlauf dieser Frist mit
ihren Forderungen von der Hauptmasse ausgeschlossen werden sollen. Mannheim den 2 Januar 1807.
Großherzogl. Stadtvogtey-Amt.
Aupprecht. Boehmer. Vidt. Nürnberger.

2) J. Richer's.
Röteln. Wenn sich Friedrich Richert von
Lörrach, der im Jahr 1789 sich als Bauernknecht
aus hiesiger Gegend entfernt hat, oder seine etwaige
Leibes-Erben, nicht binnen 9 Monaten, von heute
an gerechnet, bey hiesigem Ober-Amt selbst, oder
durch Bevollmächtigte melden, um das ihm, Richert,
durch seinen Vater angefallene Vermögen in Em-
pfang zu nehmen: so wird dasselbe seinen nächsten
Anverwandten auf ihr Ansuchen gegen Caution aus-
abfolgt werden.
Verordnet bey d. Großherzoglich
Badischen Ober-Amt Röteln zu
Lörrach, den 15 Dec. 1806.
Großherzoglich Badisches Ober-Amt
Röteln.

3) Frz. Sauer's.
Franz Sauer von Obenheim gebürtig ist mit
seiner Stiefschwester Elisabetha Junghaus vor
langen Zeiten nach Ungarn abgezogen, und hat sich
nach seinem letzten Schreiben vom 15 November
1770 in Ofen auf der Festung der Hauptstadt des
Königreichs Ungarn aufgehalten.
Da nun derselbe noch einiges Vermögen dahier
zurückgelassen, und seine nächsten Anverwandten um
dessen Extradition angesuchen, so ist hierauf
durch die frankfurter Reichs-Oberpost-Amtszeitung
unterm 14 Februar d. J. unter Anberaumung eines
drei monatlichen Termins vorgeladen worden, welcher Termin aber durch einen Schreibfehler, indem
nach der bestehenden diesseitigen hohen Verordnung
neun Monate erfordert werden, irrig angesetzt worden, so wird gedachter Franz Sauer oder dessen
rechtmäßige Erben hiermit in weiterem edictaliter
vorgeladen, um innerhalb der noch ermangelnden

6 Monate à dato vor hiesigem Großherzoglich Badenschen Amt Odenheim bey Bruchsal in Person oder
durch Bevollmächtigte zu erscheinen, und das vorhandene in der Pflegschaft stehende Vermögen in
Empfang zu nehmen, oder zu gewärtigen, daß solches an dessen nächste Verwandte, die sich hierzu
legitimiren können, verabfolgt werde.
          Odenheim, am 30 Dec. 1806.
               Großherzoglich Badensches Amt.
          Meßbach.   Kirchgeßner.

          4) J. F. Weber's.
     Johann Friedrich Weber aus dem zum hie-
sigen herzogl. Justizamte gehörigen Dorf Katha-
rinau gebürtig, der seit länger als 44 Jahren abwesend ist, und nach den zuletzt anher gelangten Nachrichten vom Jul. 1793 als damahliger kaiserl. kön.
Cordonist in Riva in Tyrol gestanden, seit dem
Jahre 1793 aber weiter nichts hat von sich hören
lassen, wird zur Erhebung seines in 232 Rfl. 11 gl.
1 pf. bestehenden, und bisjetzt unter vormundschaftlicher Administration gestandenen väterlichen Erbantheils excl. seines Antheils an einigen von seinem
vor mehrern Jahren zu Kumbach im Fürstlich
Schwarzb. Rudolstädtis. bey seiner Tochter und deren Ehemanne, der Weißmann'ischen Eheleute
verstorbenem Vater, weil. Johann Christoph Weber, ererbten geringen Ledigen, in Gemäßheit eines
unterm 7 Decbr. 1767 der Abwesenden halber
emanirten landesherrl. höchsten Mandats, auf Veranlassung seiner Anverwandten, unter der Verwarnung, daß wenn er sich nicht einfinden sollte, desselben bisher unter vormundschaftlicher Administration stehender väterlicher Erbantheil seinen nächsten
Anverwandten ohne Caution werde verabfolgt werden; welchen, im Fall derselbe verstorben seyn sollte, denselben etwaige Leibes- oder Te-
staments-Erben, sowie alle die, aus welchem Rechtsgrunde es sey an diesen Weber'ischen Erbtheil
Anspruch machen zu können, vermeinen sollten,
bey Verlust ihrer Ansprüche vorgeladen,
     den 18 April 1807 ist die Mittewoche
               nach dem Sonntage Misericordias
          Domini.
als welcher Tag pro termino peremptorio anberaumet worden ist, vor herzogl. Justizamte dieselbst
zu rechter gerichtsfrüher Zeit resp. legal zu erscheinen, ihre Erb- oder sonstigen Ansprüche zu bescheinigen, und sodann zu gewärtigen, daß das Weitere in Gemäßheit des beytzalvigen höchsten Mandats werde verfüget werden. Wornach sich also zu
achten. Sign. Saalfeld, den 23 Dec. 1806.
          Herzogl. Sächs. Justizamt.
               Johann Christoph Opitz.
               Johann Georg Saalborn.

Wechsel- und Geld-Cours in wichtigen
          Pistolen à 5 Rthlr.
     Bremen, den 7 Jan. 1807.

London für 100 Lsterl. à 2 Uso		—
Amsterdam in Banco 250 fl. k. S.		—
Dito 2 Mon. dato		—
Dito in Courant k. Sicht		30 1/2
Dito 2 Mon. dato		30. 29.3/4
Hamburg in Banco 300 Mk. k. Sicht		37 1/2.3/4
Dito 2 Mon. dato		36
Paris für 1 Fr. 2 Uso		—
Bourdeaux à 2 Uso		—
Frankfurt a. M. für 100 rthlr. Lbr.		—
Leipzig dito		—
Wien, in Courant		—
Holl. Rand-Ducaten f. 1 St.	2 xR. 61
Feine 2/3 Stück av.		4
Convent. Münze Verlust		10
Holländ. Fl. in Natura 1 St.	36 3/4

          Bremer Courant.

     Hamburger Course.
          den 2 Jan. 1807.

London für 1 Lsterl. à 2 Uso		—
Amsterdam in Banco k. Sicht		337/8
dito 2 Mon. dato		34 1/4
dito in Cour. k. Sicht		43 4
dito 2 Mon. dato		51 2
Paris für 3 Fr. 2 Uso		25 3/8
Bordeaux dito 2 Uso		25 3/8
Madrid 3 Mr. 1 Duc.		87 ·
Cadix		87 1/2
Lissabon 3 Mr. für Crusados		40 3/4
Wien und Prag 6 W. in Cour.		295
Copenhagen Cour. 2 Monat dato		55

Pistolen à 5 Rthlr.	10 ß 14 1/2 ß
Gold al Marco	. . .
Ducaten	. . .
Feine 2/3 Stück	31
Grob Dän. Courant	25
Hamburger dito	24
Preuß. dito	. . .

Allgemeiner Anzeiger

der

Deutschen.

Mittwochs, den 14 Januar 1807.

Nützliche Anstalten und Vorschläge.

Vorschlag zur Bildung der Landwirthe und zur Errichtung zweckmäßiger Seminarien für dieselben.

Quoties purum fiduciae est in his, quibus imperas, amplius est exigendum, quam satis est, ut practetur. quantum satis est.
    Seneca de Benef. VII, 23.

Wer es weiß und bedenkt, daß jeder Professionist, auch selbst auf dem Lande, seine Profession einige Jahre lang lernen, und von seiner sich erworbenen Geschicklichkeit Proben ablegen muß, wenn er als Meister aufgenommen werden und das Recht, seine Profession für sich zu treiben, erlangen will, der wird sich gewiß mit mir darüber wundern, daß bey den Wirthen auf dem Lande nicht auf eine ähnliche Art verfahren, und mit ihnen, als solchen, gar keine Prüfung angestellt wird. Nun könnte man zwar dieß deßwegen für unnöthig und überflüssig halten, weil in den meisten Fällen Wirthssöhne die Nachfolger ihrer Väter werden, und von diesen die zur Führung einer Wirthschaft erforderlichen Kenntnisse sich erwerben könnten; allein nichts davon zu gedenken, daß es zur Zeit gar manchen, ja ich darf wol sagen, den meisten Wirthen selbst an der ihnen nöthigen Tüchtigkeit und an den von ihnen zu fordernden Einsichten mangelt, will ich sogleich besonders darauf aufmerksam machen, daß, im Fall ein Wirth mehrere Söhne hat, derselbe nicht den zu seinem Nachfolger ernennt, der am fähigsten und

Allg. Anz. d. D. 1 B. 1807.

tüchtigsten dazu ist, sondern daß vielmehr, nach der im Lande eingeführten Sitte, entweder der älteste oder der jüngste die Wirthschaft übernimmt.

So wie es nun in diesem Fall gar leicht möglich ist, daß gerade dem Ungeschicktesten und Unfähigsten das Wirthshaus zu Theil wird, eben so läßt sich auch wol nicht läugnen, daß alsdann, wenn ein Wirth nur einen Sohn hat, dieser von der Natur und von seinen Eltern so vernachlässigt seyn kann, daß er die ihm zufallende Wirthschaft nur auf die elende Art zu führen im Stande ist. Außerdem lehrt aber auch die Erfahrung, daß bisweilen durch Kauf oder Heirath ein solcher Bauernsohn auf ein Wirthshaus kommt, dem es fast an allen den Eigenschaften mangelt, die man von einem tüchtigen Wirthe zu fordern und zu erwarten berechtigt ist.

Soll nun diesem bisher angegebenen Uebel abgeholfen und sollen ins künftige auf den Dörfern gute Wirthe angetroffen werden, so weiß ich kein anderes Mittel, als daß von Obrigkeitswegen solche Seminarien errichtet werden, worin jeder künftige Landwirth sich auf seinen Stand gehörig vorbereiten, und die ihm nothwendigen theoretischen und practischen Kenntnisse erwerben könnte und müßte. Nicht genug also, daß in diesen Seminarien der Unterricht, den die Zöglinge bereits schon in der Schule im Lesen, Rechnen und Schreiben genossen haben, fortgesetzt und ihr Verstand durch zweckmäßige Uebungen sorgfältig ausgebildet würde, müßten ihnen auch zum Bierbrauen, zum Branntweinbrennen, zum Backen, zur Obstcultur, zum Feldbau und zur Viehzucht die nöthigen Anweisungen gegeben, und zu practischen Versuchen häufige Gelegenheiten verschaffet werden.

Außerdem wäre es, nach meinem Dafürhalten, sehr gut, wenn die bestehenden und unabänderlichen landesherrlichen Verordnungen ihnen erläutert, und sie von der Nothwendigkeit und Heilsamkeit derselben so überzeugt würden, daß sie in der Folge auch andere zu der nämlichen beruhigenden Ueberzeugung zu bringen im Stande wären. Und so möchte es auch für sie angenehm und vortheilhaft seyn, wenn man ihnen, um sich mit den ihr Wirthshaus besuchenden Reisenden unterhalten und die Zeitungen besser verstehen zu können, nicht nur die Hauptländer, sondern auch die wichtigsten Orte unsers Erdtheils bekannt zu machen suchte.

Daß zu diesem von mir bisher angegebenen Unterricht nicht viele Lehrer erforderlich wären, sieht wol jeder, ohne mein Erinnern, leicht ein, und es würden daher die Kosten, welche die in Frage stehenden Seminarien verursachen, von denen, die sie besuchen, um so leichter bestritten werden können, je größer die Anzahl derselben seyn würde, und je zuverlässiger man annehmen darf, daß sie meistens entweder als Wirthssöhne, oder als Bauersöhne reiche und begüterte Eltern hätten.

Was das Locale dieser Seminarien anbetrifft, so wären, nach meinem Erachten, in katholischen Ländern besonders aufgehobene Klöster dazu tauglich; außerdem aber könnte mancher Stadt, die wegen der neuen Länder-Organisationen ein starkes Regierungs-personale, oder die bisher daselbst gewesene Universität verlieren muß, durch die Errichtung eines solchen Seminariums ein nicht unbedeutender Ersatz verschafft werden.

Wollte ich nun alle die Vortheile angeben, die sich von den in den fraglichen Seminarien gebildeten Wirthen erwarten ließen, so müßte ich um so mehr befürchten, meine Leser dadurch ungeduldig zu machen, je leichter jeder von selbst die meisten davon entdecken und bemerken kann; ich will daher mich nur darauf einlassen, daß dergleichen

Wirthe zur Beförderung des in unsern Tagen mit größtem Eifer verfolgten Zwecks, das Landvolk aufzuklären, ungemein viel beytragen könnten. Denn da jetzt schon die Wirthe auf dem Lande, ihrer geistigen Mängel und Unvollkommenheiten ungeachtet, bey ihren Gemeinden in großem Ansehen zu stehen pflegen, und da diese ihnen jetzt schon gewöhnlich weit mehr Aufmerksamkeit schenken, als den Landpredigern und Landschullehrern, so würde gewiß jene Achtung und diese Aufmerksamkeit alsdann einen noch höhern Grad erreichen, wenn die Wirthe in den für sie bestimmten Seminarien gewesen wären; und so manche zur Zeit ihnen fremde Einsicht erlangt hätten. Ein solcher Wirth könnte dann in den vertraulichen Gesprächen mit seinen Gästen denselben viele Vorurtheile und abergläubische Meinungen benehmen, die noch immer auf dem Lande herrschend sind; er könnte ihnen von den landesherrlichen Verordnungen richtige Begriffe bey bringen, und falls er selbst, nach meiner obigen Bemerkung, von der Zweckmäßigkeit und Heilsamkeit derselben überzeugt wäre, auch ihnen diese Ueberzeugung einflößen; er könnte aber auch vornehmlich in Betreff des Feldbaues und der Obstcultur durch seine mündlichen Belehrungen und durch sein Beyspiel weit mehr auf das Volk wirken, als der Prediger, der, nach seiner Bestimmung, jener Seelen und Herzen, aber nicht Aecker und Bäume cultiviren gelernt hat.

Wollte man übrigens zur Reform und der Verfassung in den Wirthshäusern auf dem Lande noch mehr thun und zugleich für das eheliche Glück der in Seminarien gebildeten Wirthe sorgen, so müßte man auch die Veranstaltung treffen, daß für künftige Dorfwirthinnen eigene Institute errichtet würden, in denen sie, vor ihrer Verheirathung, eine Zeit lang sich aufhalten und von den ihnen angemessenen weiblichen Arbeiten, besonders von der Kochkunst, so weit es nöthig ist, Kenntnisse zu erlangen suchen müßten. Dazu sollten wenigstens solche Dorfwirthinnen verbunden seyn, welche an einer Poststraße wohnen und bey denen nur allzuoft der Fall eintreten kann, daß angesehene Fremde daselbst übernachten und folglich auch ein Abendessen sich zurichten lassen müssen. Wahres Vergnügen wäre es dann für jene Reisenden, wenn sie nicht nur einen cultivirten Wirth, sondern auch eine gebildete und in der Kochkunst nicht unerfahrne Wirthin anträfen, und sie würden gewiß, außer dem Wohlgefallen, das sie diesen bezeigen, auch die Regierung segnen, welche auf die Dorfwirthshäuser in ihrem Lande eine so rühmliche Sorgfalt verwendet hat.

— e —.

Künste, Manufacturen und Fabriken.

Anfrage.

In gegenwärtigen Augenblicken, wo auf Erhaltung der Kornvorräthe in unserer Gegend mehr wie jemahls zu sehen räthlich ist, wünschte ich eine baldige genaue Antwort.

Der Engländer verzinnt seine Bleche, ohne zur Beize Getreide zu gebrauchen; es ist dieser Vortheil noch ein den Deutschen sorgfältig verborgenes Geheimniß. Die mineralischen Säuren aus Alaun, Vitriol, Kochsalz ꝛc. dienen nur, um das schwarze Blech von seiner Rinde, die es im Feuer bekommen hat, und wegen welcher es kein Zinn annehmen kann, zu befreyen, vielmehr frißt eine solche Säure aus Alaun, Vitriol ꝛc. das Eisen zu einem Oder; wohl aber wird das schwarze Blech, um es blank, weiß und zum Verzinnen geschickt zu machen, in eine Beize gethan, die aus Pflanzenstoffen z. B. aus Eicheln, Tormentill-Wurzel ꝛc. *) fermentirt und sauer geworden, wozu aber eigene Handgriffe erforderlich sind.

Aus thierischen Substanzen, auch aus der Het- oder Mutterlauge des Salmiacs läßt sich gleichfalls eine Beize bereiten, welche eben die Dienste, wie Kornbeize thut. Wenn man das Nachsud oder das Frischbier rein aus den Trebern gezogen, mit Klatschwasser, worein in 10 — 12 Eimern 2 bis 3 Metzen zerquetschte Hülsenfrüchte geworfen, nochmahls aufsieden läßt, in Beiztonnen in gehöriger Wärme erhalten vertheilt, und im übrigen mit guter Aufsicht eben wie mit der Kornbeize verfährt, kann bey wohleingerichteten Bierbrauereyen eine Beize bereitet werden, welche eben die Dienste, wie die Kornbeize leistet.

*) In den ehemahligen zweybrückischen Blechfabriken wird Roßkastanien-Mehl anstatt des Kornmehls zum Verzinnen mit größtem Vortheil angewandt.   d. R.

Zwey junge Frauenzimmer in Weimar, von guter Herkunft, wünschen als Kammer-Jungfern Dienste zu erhalten. Sie besitzen alle hierzu nöthige Eigenschaften, und schmeicheln sich hierdurch die Zufriedenheit ihrer künftigen Herrschaften zu erreichen. Auf gefällige portofreye Anfrage ertheilt der königl. preuß. Compagnie-Chirurgus J. C. Rüdiger dermahlen in Weimar (in der Schloßgasse) weitere Nachricht.

Dienst - Anerbieten.

1) Es wird auf einem Kammergute in Thüringen ein Verwalter von gesetzten Jahren gesucht, der genaue und pünctliche Rechnung über Einnahme und Ausgabe der Früchte, der Brennerey und Brauerey zu führen im Stande ist. Auch muß er besonders Kenntniß vom Brennereywesen besitzen, und Ackerbau wohl verstehen und zu behandeln wissen, hauptsächlich zur Nachtzeit in erforderlichen Fällen viel Munterkeit besitzen, und über dieses alles glaubhafte Attestate beybringen können. Sollte sich ein Subject hierzu verstehen, so kann unter portofreyer Einsendung der Briefe an die Exped. des allg. Anz. in Gotha, an L. W. C. das Nähere bestimmt werden. Die Stelle ist jetzt vacant.

2) Es wird auf einem Rittergute ein Gärtner gesucht, der mit glaubwürdigen Attestaten seines Fleißes und Wohlverhaltens, auch seiner Kunst, wohl versehen seyn muß. Baumschulen anzulegen und Bäume zu veredeln, ist sein Hauptgeschäft, und außer diesen ein kleiner Gemüse-Garten nebst etlichen Mistbeeten zu bearbeiten. Sollte jemand dieses pünctlich zu bewerkstelligen sich unterstehen, so hat er nicht nur einem guten Lohn, sondern auch einer guten Behandlung entgegen zu sehen; beweibt oder unbeweibt ist gleich. Die Exped. des allg. Anz. in Gotha gibt auf freye Briefe unter der Adresse an L. W. C. nähere Auskunft.

3) Es wird in einer ansehnlichen Brauerey ein Brquer gesucht, der jedoch das Böttner-Handwerk verstehen muß, und sowohl helle braune Hefenbiere, als auch Lagerbiere zu brauen verstehet, und wegen seiner Kunst und wegen seines Wohlverhaltens gute Atteste vorzuzeigen hat. Man wendet sich deshalb in freyen Briefen an die Expedition des allg. Anz. in Gotha unter der Adresse an L. W. C.

Justiz- und Polizey-Sachen.

Aufforderung

an alle, welche auf des Pfarrers Möller Stipendium Ansprüche zu haben glauben.

Unterm 27 Nov. des vorigen Jahres hat man alle diejenigen, welche an das im Jahr 1756 von dem verstorbenen Pfarrer Joh. F. Möller zu Eisenrod im Dillenburgischen gestiftete Stipendium jetzt oder künftig Anspruch zu machen gedenken, aufgefordert, binnen drey Monaten sämmtliche Urkunden, woburch sie sich dazu zu legitimiren glauben, an die unterzeichnete Behörde einzusenden. Mehrere haben diese Aufforderung befolgt; da inzwischen dem Vernehmen nach mehrere dies noch zu thun gesonnen sind, so wird letztern nochmahls hiermit eine dreymonatliche Frist anberaumt, um sich zu jenem Zwecke auf die gesetzmäßige Art legitimiren zu können. So bald diese Zeit verstrichen seyn wird, so hat man beschlossen, eine Commission aus der unterzeichneten Behörde und einem von der Familien zu ernennenden Mitgliede der möllerischen Familie zu bestellen, welche alsdann alle bisher eingerichte und noch einzureichende Legitimationsurkunden sorgfältig untersuchen, und die Ansprüche eines Interessenten verificiren wird. Man macht dieses demnach hiermit allen zu des Pfarrers Möller Familie gehörenden Personen zur Nachricht und Nachachtung bekannt.

Herborn, den 10 Dec. 1806.

Academischer Senat hies.

J. Ernst Wißeler, Prov.

Vorladungen: 1) der Gläubiger des geheim. R. R. Kleinschmit.

Nach Einsicht der, hiesiger Fürstlicher Regierung vorgelegten Liquidations-Protocolle in Sachen sämmtlicher Gläubiger des Herrn geheimen Regierungs Raths Kleinschmit dahier, hat Hochdieselbe die Ueberzeugung geschöpft, daß dessen Vermögen zu Bezahlung seiner Schulden durchaus unzulänglich sey, und daher sich bewogen finden müssen, darüber den förmlichen Concurs zu eröffnen, sich Unterzeichneten aber zu beauftragen, diese Auserkennung des Concurses sämmtlichen Gläubigern des genannten Herrn geheimen Regierungs-Raths Kleinschmit öffentlich bekannt zu machen, und den-

jenigen, denen in puncto liquidationis noch etwas nachzuholen obliegt, oder welche bisher bey diesem Debitwesen sich nicht gemeldet haben, zu Bethätigung der Liquidation einen gewissen Tag sub praejudicio juris zu bestimmen.

In Gemäßheit dieses verehrlichen Auftrags werden daher die genannten Gläubiger zu bewerberem Ende auf Montag den 2ten Februar l. J. unter Androhung der Strafe der Ausschließung und des Verlust der Wiedereinsetzung in den vorigen Stand, wiederholt hiermit vorgeladen.

Arolsen, am 30 Dec. 1806.

Aus Commißion Fürstl. Waldeckischer Regierung.

Schumacher, Regierungsrath.

2) der beyden Söhne Ciriac Bauer's von: Aßlar.

Ciriac Bauer's zwey Söhne von Aßlar: Carl Wilhelm Bauer und Joh. Heinrich Bauer, welche sich bereits über 25 Jahr entfernt, und von ihrem Aufenthalt keine Nachricht ertheilet haben, oder, falls dieselben nicht mehr am Leben seyn sollten, deren rechtmäßige Erben, werden hiermit öffentlich vorgeladen, um innerhalb sechs Monaten ihr aus 292 fl. 23 kr. bestehendes Vermögenstheil, welches bisher unter Curatel gestanden, samt Zinsen vom 13 Aug. 1791 an in-Empfang zu nehmen, und sich dazu vorgängig zu legitimiren, widrigenfalls solches ihren nächsten sich darum meldenden Seiten-Verwandten gegen Caution nützlich überlassen werden soll. Greifenstein bey Wetzlar den 20 Decbr. 1806.

Fürstl. Solmsisches Oberamt daselbst.

Kauf- und Handels-Sachen.

Apotheken-Verkauf.

Eine in einer der schönsten und blühendsten Städte Obersachsens nahe an der Elbe sich befindende Apotheke, welche sehr wenig von den Kriegsunruhen gelitten hat, steht anjetzt, Familien-Angelegenheiten wegen, aus freyer Hand nebst Haus und Zubehör zu verkaufen. Kaufliebhaber können sich, um nähere Auskunft davon zu erhalten, in frankirten Briefen an die Herrn Brückner und Lampe oder an Hrn. Werner und Comp. in Leipzig wenden.

Zug-Stiefelschäfte.

Von den rohledernen Zug-Stiefelschäften, welche hier gemacht werden, habe ich den Verlag übernommen. An Güte den englischen gleich empfiehle sie um so mehr der mäßige Preis, zu welchem ich sie in Dutzenden an Lederhandlungen überlassen kann: Ueber die nähern Bedingungen werde ich mich auf jede frankirte Anfrage gern erklären. Gotha, im Januar 1807.

Ernst Arnoldi.

Allgemeiner Anzeiger
der
Deutschen.

Donnerstags, den 15 Januar 1807.

Nützliche Anstalten und Vorschläge.

Ideen über die Errichtung eines Instituts zur zweckmäßigen Bildung junger Mechaniker, Uhrmacher, Fabrikanten und Liebhaber mechanischer Künste.

Unstreitig gehört die Mechanik unter die angenehmsten Künste, weil die Verfertigung so mannichfaltiger Werkzeuge eine angenehme Unterhaltung gewährt und bey den vielen neuen Erfindungen die Kunst so zu sagen fast täglich neu wird; Auge und Geist sind dabey täglich beschäftigt und täglich in voller Erwartung über das neue Gebilde. — Den Werth und die Annehmlichkeiten dieser herrlichen Kunst wissen aber die wenigsten deutschen Mechaniker zu beurtheilen und zu schätzen. Theils zwingen sie Nahrungssorgen, viele Instrumente ganz handwerksmäßig zu verfertigen; theils fehlt es ihnen an Fertigkeit und Kenntniß mancher großen Vortheile bey der Arbeit; vorzüglich aber fehlt es den meisten an mathematischen, physischen und technologischen Vorkenntnissen, und denjenigen, welche etwa solche besitzen, fehlt es wieder an Vermögen, um die Verfertigung großer Instrumente übernehmen zu können, um sich dadurch gemeinnützig und berühmt zu machen. — Von den Ursachen der selten zweckmäßigen Bildung der Mechaniker und des dadurch entstehenden Mangels nothwendiger Kenntnisse bey denselben will ich hier einige anführen. —

Viele Mechaniker nehmen Lehrlinge an, ohne doch gegen sie die Pflichten zu erfüllen,

wozu sie ihre Geschicklichkeit in Stand setzt. Die meisten lassen den Lehrling, sobald er nur etwas arbeiten kann, nun Tage lang so hin arbeiten, ohne ihn mit den Handgriffen und Vortheilen zur genauern und schnellern Arbeit bekannt zu machen; andere haben auch nicht die Gabe, sich dem Lehrlinge gehörig mitzutheilen; endlich bestehet der größte Fehler darin, daß der Lehrling, wenn er einige Instrumente (z. B. die in ein Reißzeug gehörigen) nothdürftig machen kann, er nun in seinen Lehrjahren nichts anders zu thun bekommt, zumahl wenn bey dem Lehrherrn nur gewisse Arten Instrumente bestellt werden. — Was hat nun der Lehrling am Ende gelernt? — Nichts anders als das Handwerk, einige wenige Werkzeuge nothdürftig verfertigen zu können. Das ist aber ein ganz unrechter Weg. Denn kommt nun der schlecht unterrichtete Lehrling in eine fremde Werkstatt, wo ganz andere Instrumente verfertigt werden, so muß er wieder von vorn anfangen; der Gedanke, wie weit er hinter seinen übrigen Mitarbeitern zurück steht, macht ihn nur verdrüßlich, und hat er nicht besonderes Genie für seine Kunst, so bleibt er beständig zurück.

Sehr selten wird auch dem Lehrling zum Studium der Mathematik die Zeit vergönnt, und viele Lehrherren lachen darüber, daß mathematische Kenntnisse zur Ausübung ihrer Kunst unentbehrlich seyn sollen. Allein wenn auch, ein Lehrling wirklich Gelegenheit und Zeit hat, Mechanik zu studiren, so wird er wiederum selten von den Mathematikern in solchen Aufgaben geübt, welche auf Mechanik anwendbar sind. Denn da wir noch kein einziges ausführliches Werk über die Anwendung der Mathematik zur Verfertigung mechanischer Arbeiten besitzen, so könnte der Lehrer der Mathematik diese Kenntniß auf keinem andern Wege erlangt haben, als das durch, daß er selbst mehrere Jahre in der Mechanik gearbeitet hätte. Aber wie viel solcher Gelehrten mag es wol geben? — Endlich glaubt man auch wol, daß die niedere Mathematik für den Lehrling der Mechanik hinreichend wäre; aber gerade die höhere und angewandte Mathematik ist ihnen vorzüglich nöthig.

Durch diese fehlerhafte Bildung junger Mechaniker wird es dann bewirkt, daß auch der geschickteste practische Mechanicus das traurige Loos eines Mahlers hat, der nicht im Stande ist, eigene Ideen zu entwerfen und auszuführen, und daher bloß durch Copiren sein kümmerliches Brod verdienen muß, während der geschickte und talentvolle Mahler sein nöthiges Auskommen gleichsam spielend, und mit manchem Genusse begleitet, gewinnt.

So nothwendig nun Umfang mathematischer Kenntnisse dem eigentlichen Mechaniker ist, eben so nöthig und vortheilhaft muß er für Uhrmacher, Fabrikanten und solche, die eine Fabrik dirigiren, in Verbindung mit den nöthigen mechanischen Geschicklichkeiten seyn. Ich brauche, um dieses zu beweisen, nur folgendes anzuführen. Jedermann weiß, daß der Künstler, welcher eine Uhr oder eine andere Maschine zusammen setzt, dadurch einen gewissen Zweck erreichen will. Dieser Zweck kann aber, je nachdem die Theile der Maschine verändert oder versetzt werden, auf sehr mannichfaltige Art erreicht werden, eben so wie durch diese Versetzung und Veränderung der Theile sehr mannichfaltige Wirkungen hervorgebracht werden können. Es entsteht nun natürlich die Frage: Wie die Bildung und Verknüpfung der Theile einer Maschine anzuordnen sey, damit die aus ihren Bewegungen entstehenden Verbindungen den größtmöglichen Vortheil auf die leichteste Weise verschaffen? Oder mit andern Worten: Welche unter den zur Erreichung einer bestimmten Absicht möglichen Maschinen ist die beste und zweckmäßigste? — Offenbar gehört zur Beantwortung dieser Frage ein

Mann, welcher Einsicht in die Natur der zu verarbeitenden Materie mit mathematischen Kenntnissen und mechanischer Geschicklichkeit verbindet. Man glaube ja nicht, daß die ersten Anfangsgründe der mathematischen Wissenschaften dazu schon hinreichend wären; auch melden diejenigen nichts davon, welche ganze Werke über Uhren, Maschinen und andere Instrumente herausgegeben haben. Es ist daher gar kein Wunder, daß viele Entwürfe zu Maschinen ihren Erfindern sehr viel Vortheil versprachen, so lange sie noch auf dem Papiere standen; so bald aber diese Maschinen wirklich zusammengesetzt und in Bewegung gesetzt wurden, als gänzlich unbrauchbar erschienen. Wer erinnert sich hierbey nicht an die vielen verunglückten Versuche, dem Luftballon eine beliebige Direction zu geben; und an den in neuester Zeit bekannt gewordenen Lichtleiter! Viele Mühe und Kosten hätten sich diese Erfinder ersparen können, wären sie im Stande gewesen, ihre Erfindungen mit dem Lichte der höhern Mathematik zu beleuchten. Ueberhaupt ist es eine ganz thörichte Erwartung, das aufs gerathewohl treffen zu wollen, was nur durch die feinsten Vernunftschlüsse herausgebracht werden kann.

Aber nicht bloß zur Erfindung neuer, auch zur Beurtheilung und Verbesserung schon fertiger Maschinen würde die zweckmäßige Verbindung der Mathematik mit mechanischer Geschicklichkeit dienen, um Mittel an die Hand zu geben, sie ihrer Vollkommenheit näher zu bringen.

Sind dieß nicht alles höchst wichtige Vortheile für alle eigentliche Mechaniker, Uhrmacher und Fabrikanten, woraus für das ganze menschliche Geschlecht sehr großer Nutzen erwachsen würde? — Ich weiß wohl, was manche nur handwerksmäßig arbeitende mechanische Künstler gegen diese Ideen einwenden werden. Ich weiß, mit welcher Eigenliebe sie ihre große Unwissenheit zu verbergen suchen. „Wir haben Erfahrungen! wir haben Erfahrungen! schreyen sie." Dieß ist hier die Hauptsache, die Theorie hat sich schon öfters geirrt!" — Allein hört nur auf, ihr guten Leute, auf eure Erfahrungen zu pochen! Ihr seyd ja wegen Mangel an theoretischen Kenntnissen nicht einmahl im Stande, mit der gehörigen Aufmerksamkeit

Erfahrungen zu machen; noch weniger die nothigern Vortheile und Anwendung daraus herzuleiten. Gestehet also nur offenherzig euer Unvermögen, und unterwerft euch, demüthig den Regeln einer Wissenschaft, welche die klugsten Menschen von je her für den höchsten Gipfel der menschlichen Erkenntniß gehalten haben. Suchet euch mit den Geheimnissen dieser göttlichen Wissenschaft bekannt zu machen, damit eure Mitbürger von euern Arbeiten größern Nutzen und Vortheil ziehen mögen.

Der Verf. dieses Aufsatzes ist durch funfzehnjährige Uebung in der Verfertigung aller Arten von mathematischen und physischen Instrumenten zu der lebendigen Ueberzeugung gekommen, wie unentbehrlich die höhere Mathematik zur geschickten Verfertigung der Instrumente sey. Er glaubt, seine in so vielen Jahren gesammelten Kenntnisse und seine durch manches von seiner Hand vorhandene, mit Beyfall aufgenommene Kunstwerk erprobte Kunstfertigkeit nicht besser für das allgemeine Beste anwenden zu können, als wenn er in Verbindung mit mehrern Gelehrten und Künstlern ein Institut errichtet, welches die zweckmäßige Bildung junger Mechaniker, Uhrmacher, Fabrikanten und Liebhaber mechanischer Künste zur Absicht hat. Er legt dieserhalb vorläufig dem Publicum den Plan vor, nach welchem er eine solche Lehranstalt errichten würde. Sämmtliche Lehrlinge würden in vier Classen geordnet und jede derselben erhielte in folgenden Künsten und Wissenschaften Unterricht.

Erste oder unterste Classe.

Hier würden folgende Gegenstände gelehrt. — Kenntniß der Eigenschaften und des Gebrauchs der verschiedenen mechanischen Werkzeuge. — Belehrung über die Eigenschaften eines guten Zirkels und die Verfertigung desselben — theoretische und practische Arithmetik und Geometrie — Technologie — Freye Handzeichnung — Uebung in deutschen Aufsätzen.

Zweyte Classe.

Anleitung, kleine Instrumente und Uhren zu verfertigen. — Anleitung zum Gebrauch mathematischer Instrumente — Algebra und die Lehre von Kegelschnitten — Technologie —

Uebung in freyen Handzeichnungen und die Kunst, Grundrisse und Durchschnitte von Instrumenten zu zeichnen — Uebung in deutschen Aufsätzen — Anfangsgründe der französischen und englischen Sprache.

Dritte Classe.

Anweisung zur Verfertigung mathematischer und physischer Instrumente, und zu der Kunst, kleine mathematische Instrumente zu theilen. — Unterricht in der Uhrmacherkunst. — Anleitung zum Gebrauch größerer mathematischer Instrumente und zur Berichtigung kleiner mathematischer Instrumente — Anweisung, Buchstaben und Zahlen zu stechen. — Ideen von Instrumenten zu entwerfen, perspectivische Zeichnungen zu machen. — Ferner: Unterricht in der Differentialrechnung, in Statik und Dynamik. — Uebung in deutschen Aufsätzen, und Unterricht in der französischen und englischen Sprache.

Vierte Classe.

Anleitung, große mathematische, physische und astronomische Instrumente und Uhren zu verfertigen, nebst dem Unterrichte in allen dazu gehörigen Geschicklichkeiten. z. B. im Schleifen der optischen Gläser, in Verfertigung und Füllung der Barometer- und Thermometerröhren. — Anweisung, große mathematische Instrumente auf der Theilmaschine und mit dem Zirkel einzutheilen. — Mathematische und astronomische Instrumente zu berichtigen, nebst Belehrungen über den Gebrauch dieser Werkzeuge. — Anleitung zur Ausrechnung und Eintheilung der Uhren. — Unterricht in der Physik und im Maschinenbau, besonders in den, den mechanischen Künstler interessirenden Zweigen. — Theorie der perspectivischen Risse, nebst Anleitung, perspectivische Zeichnungen von Instrumenten zu verfertigen.

Bey dieser Anstalt wäre natürlich das Ausstudiren nicht an gewisse Jahre gebunden, sondern jeder Schüler würde dann austreten dürfen, so bald er durch ein Examen seine mathematischen Kenntnisse und durch schnelle und fleißige Verfertigung irgend eines mathematischen Instruments seine Geschicklichkeit bewiesen hätte, und das könnte bey einigem Talente schon im dritten Jahre geschehen.

Daß übrigens eine solche Anstalt nicht bloß
für die obengenannten Künstler und Kunstliebhaber, sondern auch für Architecten, Berg-
baukundige u. a. m. von größtem Nutzen
seyn würde, bedarf keines Beweises.

Der Verf. dieses Plans zu einer gewiß
höchst nützlichen Anstalt hat mehrere Gründe,
sich noch nicht zu nennen, wenn er gleich
ohne Unbescheidenheit versichern kann, daß
sein Name allen, die sich auf mechanische
Kunst verstehen, sehr vortheilhaft bekannt
ist. Er wird aber kein Bedenken tragen,
sich und die zur Ausführung des Plans er-
wählten Mitarbeiter zu nennen, so bald er
merkt, daß sein Entwurf bey dem dabey interessirten Publicum Beyfall gefunden, und
der Friede die für alle Wissenschaften so
nöthige Ruhe herbeygeführt hat. Wer indessen über die Bedingungen, unter welchen
Schüler in diese Anstalt aufgenommen werden könnten, etwas Näheres zu wissen
wünscht, kann seine Anfrage in postfreyen
Briefen mit der Adresse: An das Institut
zur Bildung junger Mechaniker, an die
Expedition des allg. Anz. in Gotha einsenden, und der pünctlichsten Beantwortung
derselben sich versichert halten.

Berichtigungen und Streitigkeiten.

Der erste Schuß im siebenjährigen Kriege.

Im Freymüthigen 1806 Nr. 191 ist eine
Erzählung über den ersten Schuß im siebenjährigen Kriege befindlich, die wunderbar
genug klingt, um auch die Wunder unsrer
Tage begreiflich zu machen. v. Archenholz
hat deshalb im Octoberstück der Minerva
auf das Verdächtige und Unglaubliche jener
Erzählung aufmerksam gemacht, ohne jedoch
auf die wahre Darstellung des Vorfalls selbst
einzugehen.

Sie folgt hier aus Leonhardi's Erdbeschreibung der churf. und herzogl. sächsischen
Länder, zweyte Ausgabe, einem Werke, das
wol nicht in Aller Händen ist, denen diese
Kleinigkeit interessant seyn dürfte. Ob übrigens die Fangeweile des Gen. v. Winterfeld
oder die Verbindungen des dresdner Cabinets mit denen zu Petersburg und Wien
den stärkern Antheil am Ausbruch jenes

Krieges gehabt haben, ist wol nicht so entschieden, wie v. Archenholz glaubt. Gewiß
ist es, der siebenjährige Krieg wurde treulos
eingeleitet, schimpflich begonnen, grausam
durchgeführt und glänzend geschlossen. Jetzt
sind auch seine Folgen vorüber — Das Schicksal hat entschieden, wir hoffen, zum Glück
der nächsten Generationen, vielleicht auch
zum Glück unsrer Tage. — Die Erzählung
ist folgende:

Auf dem Berge bey der Stadt Stolpen
(drey Meilen v. Dresden) befindet sich ein
churf. Schloß, das aus drey durch Zugbrü-
cken mit einander verbundenen Höfen bestehet und ehedem eine sehr gute Bergfestung
gewesen ist. — Bey der Einnahme derselben
durch die Preußen geschah hier der erste
feindliche Schuß im siebenjährigen Kriege,
allein auf eine andere Art, als ich (in der
ersten Ausg.) auf Treu und Glauben des
Eroberers, der die Begebenheit selbst erzählt,
nacherzählt habe. Denn es hat sich gezeigt,
daß der Generalmajor Warneri zwar Held
der Geschichte, Officier und Erzähler, doch
aber kein treuer wahrheitliebender Erzähler
und Mann von Ehre, sondern ein Großspre-
cher gewesen ist."

„Ich halte es daher für Pflicht, diese
Begebenheit den wahren Umständen nach
hier mitzutheilen, wie sie Past. Dietmann
von einem Augenzeugen erfahren und in Nr.
X Laufiß. Magaz. 1788 bekannt gemacht hat."

„Mehrere Jahre vor dem Ausbruche
des siebenjähr. Kriegs war diese Bergfestung
mit einer Compagnie Invaliden besetzt und
ihr Commandant war der Gen. Maj. Adolph
v. Liebenau. Dieser erhielt in der Nacht
vom 30 — 31 Aug. 1755 Ordre, die Garnison sogleich auf die damalige Festung Sonnenstein marschiren zu lassen, welches auch
den 31 Aug. früh Morgens erfolgte, so daß
nur der Commandant nebst einem ältern
Capitain und einem Lieutenant, die insge-
sammt in der Festung ihre Wohnung hatten,
in derselben zurück blieben.

„Nach dem Abzuge der Invaliden mußten die Einwohner des Dorfes Altstadt
einige Mann zur Bewachung des Schlosses
und der Festung stellen, weil sie vermöge
des Amts Erdbuchs in Fehdezeiten hierzu
verpflichtet waren. Bis zum 3 Septbr. war

alles ruhig und niemand vermuthete die von Bischofswerda her am gedachten Tage Abends gegen 6 Uhr in Stolpe ankommenden preuß. Husaren. Fast zu gleicher Zeit war auch der Commandant von seinem in Langenwolmsdorf liegenden Gute zurückgekommen, und man hatte die Aufzugsbrücke niedergelassen, damit er hereinreiten konnte. Dieser zufällige Umstand allein machte den Husaren die Eroberung leicht und möglich; denn bey aufgezogener Brücke war das Eindringen für Cavallerie unmöglich. Unter diesen Umständen ritt der damahlige Oberstlieut. Warneri mit seinen Begleitern in die Festung. Am Stadtthore hatte er zwar einen alten Bürger mit ungeladenem Gewehre und auf der Festung zehn oder zwölf Bauern von Altstadt mit ungeladenen Gewehren — denn mit geladenen wußten sie nicht umzugehen — aber keine Soldaten von den eingegangenen Kreisregimentern angetroffen. Die Schildwachen mit aufgepflanzten Bajonetten, der Unterofficier und die Wachen unter dem gewölbten Thore, so wie die übrigen Umstände sind Erdichtungen des prahlenden Warneri: folglich that man ihm keinen Widerstand und konnte auch keinen thun.

„Hierauf ließ Warneri Appell blasen, und der Gen. v. Liebenau kam herunter in den Schloßhof. Hier forderte ihm nun Warneri den Degen ab und schoß dem Commandanten, als dieser eben im Begriff war, denselben abzugeben, mit dem Pistol eine Kugel in den Leib, welche er auch mit in's Grab genommen hat. So war der erste Schuß auf eine Warneri entehrende Art angebracht, da Hr. v. Liebenau auf Gegenwehr gar nicht dachte."

„Am 18 Septbr. verließen auch die Preußen eine ihnen unnütze Festung wieder, nachdem sie vorher die Wasserkunst (ein theures Werk) zerstört und den Brunnen verschüttet hatten."

So erzählt Prof. Leonhardi. Sollten zu Stolpe oder Altstadt noch Augenzeugen leben, so wäre ja eine authentische Nachricht leicht zu erhalten. Warneri kann sich jetzt nicht vertheidigen und doch wird er hierin eines solennen Mordes beschuldigt. — Man erlaube mir nur noch die Frage: war es nicht sehr unüberlegt, Warneri's prahlende

Darstellung jenes Vorfalles im „Freymüthigen" in den Tagen bekannt zu machen, wo die sächs. Armee mit der preußischen vereint zur Schlacht ging? Mußte man diesen Augenblick benutzen, um Sachsen ernstlich darauf aufmerksam zu machen, wie es von Preußen im siebenjährigen Kriege behandelt worden sey? Oder mußte auch jene Kleinigkeit zur Unzeit kommen?

Allerhand.

Dringende Anfrage.

Man hat zu L... im nicht holzarmen sächs. Erzgebirge zur Ersparung des Holzes, mit welchem man übrigens zu L... gar nicht spart, kürzlich für die Armen einen Sarg fertigen lassen, mittelst dessen der Leichnam bis ins Grab gebracht, dann der S... von unten geöffnet, und so wie er die Leiche hat herausfallen lassen, wieder heraufgezogen werden kann. Der Todtengräber wirft nun Geröll und Steine, da der ganze Gottesacker durchaus steinig ist, auf den Leichnam unmittelbar, was einen gräßlichen Anblick giebt.

Durch diese Oeconomie wird 1 rthl. für den Sarg erspart, was bisher den Aermsten aus der Almosencasse mußte gegeben werden. Ohne etwas hierüber selbst zu sagen, will ich die bedeutsamen Worte des herrlichen Demme hierher setzen:

„Die liebe Menge, spricht er, richtet nach dem, was sie sieht und fühlt. Ihr ist deshalb der Todte eben so wohl Mensch, als der Lebende. Laßt's nun Sitte werden, daß der Todte wie eine taube Nuß weggeworfen wird: so steht zu besorgen, daß sie von dem Todten auf den Lebenden und auf sich selbst schließen und daß der wahre Mensch ihnen zur tauben Nuß herabsinkt. Werst den Leichnam des Menschen neben das Aas des Thiers auf den Anger, (oder scharrt ihn ein, wie man ein Aas verscharrt,) so wird die liebe Menge den Unterschied zwischen Thier und Mensch bey beyder Leben auch nicht höher anschlagen, als sie ihn mit Augen sieht — und wie viel sieht sie! Mit dem Todten Prunk zu treiben, seinen Leichnam auszuputzen, ist mehr als kindische Eitelkeit; ihn aber absichtlich so zu vernachlässigen, daß sein Anblick gräßlich werde, und Ekel errege, ist herzlose Starkgeisterey. Aber zwischen a und z liegen noch viel Buchstaben mitten inne."

In einem gewissen Staat wurde bekannter Maßen einmahl die Anordnung gemacht, daß die Todten nicht in Särgen, sondern in Säcken beerdiget würden; aber diese Anordnung mußte, Aufruhr zu verhüten, bald wieder aufgehoben werden, und dieß, wie einsichtsvolle Männer behaupteten, zum Glück für die Moralität des Volks. Obgedachte Begräbnißart aber muß fast einen noch widerlichern Eindruck machen. Und wenn für die Lebenden doch immer so viel unnöthiger Aufwand gemacht wird, sollte denn der Verstorbene nicht noch ein Paar elende Bretter werth seyn; oder vielmehr ist dieser letzte Aufwand nicht eben für die Lebendigen? Mir deucht auch, der Leib des Menschen werde in der Bibel ein Tempel Gottes genannt; auf jeden Fall aber sollte uns doch die Hülle, in welche ein vernünftiger unsterblicher Geist eine Zeit lang eingekleidet hienieden gewirkt hat, uns immer noch so achtungswürdig seyn, daß wir sie nicht verächtlich, wie eine taube Nuß, wegwürfen, auch wenn sie der Geist nun abgelegt hat.

Zur Zeit hat man sich indeß zu L... noch gescheuet, von jenem Transportier-Sarg Gebrauch zu machen, weil die Armen eher den 1 Rthlr. für einen gewöhnlichen Sarg noch zusammen betteln, als die Leichname der Ihrigen so wegwerfend mochten einscharren lassen; denn sie sehen im Leichnam doch einmahl noch den Menschen, nur wie er sanft schläft den süßen Todesschlaf. Würden sie aber genöthiget seyn zu obgedachter Begräbnißart, so stünde entweder ein Aufstand der Einwohner, oder gar das noch Schlimmere zu besorgen, daß man sich, mit Abstumpfung des Menschengefühls nur, allmählig auch an diesen gräßlichen Anblick gewöhnen möchte.

Man wünscht darum bald möglichst von einsichtsvollen Moralisten (nicht Cameralisten) belehrt zu seyn, ob die erwähnten Besorgnisse gegründet sind, daß nämlich jene öconomische Speculation zum größten Nachtheil für die Moralität der lieben Menge, und besonders auch, zu noch größerer Verachtung und Wegwerfung der Armen ausschlagen dürfte, damit der Rath zu L... noch in Zeiten von dieser Speculation abziehe.

L. Z.

Familien - Nachrichten.

Aufforderungen.

1) Alle Menschenfreunde, die den jetzigen Aufenthalt meines, in der Fremde sich befindenden Sohnes, Conrad Andreas Zachariä, Buchbindergesellen aus Erfurt gebürtig, wissen oder erfahren sollten, bitte ich recht dringend, demselben zu sagen oder sagen zu lassen, sogleich zu seiner Mutter nach Erfurt zurück zu reisen, weil eine wichtige und für ihn angenehme Angelegenheit seine Gegenwart sehr nöthig machte.

Witwe Catharina Eva Zachariä zu Erfurt.

2) Unterzeichnete bittet diejenigen, welche den Aufenthalt der beyden Töchter des Doctor Barth in Halle, Namens Christel und Mariane, wissen, so bald als möglich denselben der Expedition des allg. Anz. bekannt zu machen.

Altdietendorf.
Verwitwete Doct. Arnold.

Anfrage.

Indem man einen angenehmen Auftrag an den Herrn Fürsten von Reus und Plauen, Henricus XVII, vormaligen Obristen in holländischen Diensten, hat, so wird um dessen Aufenthalt gefragt.

Dienst - Gesuche.

Ein unverheiratheter Oeconom, 30 Jahr alt, der wegen seiner öconomischen Kenntnisse, welche er bereits bey Verwaltung einiger nicht unbeträchtlichen Güter in Ausübung gebracht, als auch über sein sittliches Betragen hinlängliche Zeugnisse aufzuweisen hat, wünscht, da er auch noch die für das allgemeine Beste so nützliche, als unentbehrliche Wissenschaft, die Thierheilkunde, mit der Oeconomie verbindet, baldigst als Verwalter eine anderweitige Anstellung. Der beständige Secretair der leipziger öconomischen Societät, Herr Commissionsrath Riem zu Dresden, ist erbötig, auf portofreye Briefe nähere Auskunft zu geben.

Justiz - und Polizey - Sachen.

Aufforderung an P. Schuch.

Der hiesige Bürger Peter Schuch, der sich seit mehreren Monaten durch heimlichen Austritt entfernt hat, wird durch dieses obrigkeitlich aufgefordert, innerhalb drey Monaten a dato um so gewisser zurückzukehren, und seiner Entfernung halber sich zu verantworten, als er sonst nach den Landesgesetzen wider ausgetretene Unterthanen behandelt werden soll. Weinheim, den 30. Dec. 1806.

Großherzoglich Badensches Amt.
Beithorn.

Nachricht.

Nachdem die Schauspielerin Juliane Francisca Witwe Hermann geb. Zamboni mit Hinterlassung eines letzten Willens verstorben, und zu dessen Eröffnung Termin auf den 29 Januar k. J. bestimmt ist, so wird dieß sämmtlichen erwähnten Interessenten hiermit zur Nachricht und Wahrung ihrer Nothdurft bekannt gemacht.

Cassel den 22 Decbr. 1806.

Stadtschultheißen-Amt der Ober-Neustadt das.
Reinäck.

Vorladungen: 1) der Gläubiger Gottfr. Sam. Weckeßer's und Clem. Krafft's.

Gegen die beiden Zißfabrikanten, Gottfried Samuel Weckeßer und Clemens Krafft, ist der Concurs-Proceß erkannt, und Terminus ad liquidandum credita et simul de prioritate certandum auf Mittwoch den 4 Februar 1807 anberaumt worden.

Alle diejenigen, welche aus irgend einem Rechtsgrunde an die Zißfabrikanten Weckeßer und Krafft Ansprüche und Forderungen zu machen haben, sie seyen gleich daher bekannte oder unbekannte Gläubiger, werden daher anmit öffentlich aufgefordert und vorgeladen, beregten Tags, Vormittags 9 Uhr, entweder in Person oder durch genugsam Bevollmächtigte auf allhiesigem Rathhause zu erscheinen, ihre Forderungen anzugeben und zu beweisen, auch über das allenfallsige Vorzugsrecht zu streiten. Derjenige, welcher in dem Termin entweder gar ausbleibt, oder nicht mit allen Beweisthümern gefaßt erscheint, um seinen Beweis nöthigenfalls sogleich antreten zu können, wird alsdann nach Maßgabe der Concurs-Ordnung, ohne weitere Erkenntniß, von dem Concurs ausgeschlossen werden, es wäre denn, daß er innerhalb vier Wochen, von dem Tage des aufhörenden Hindernisses, an unügliche Ursachen zur Wiederherstellung in den vorigen Stand anzugeben vermögend seyn würde.

Zugleich werden alle diejenigen, welche an die Zißfabrikanten Weckeßer und Krafft noch Zahlungen zu machen haben, gewarnt, solche bey Strafe

2) der Glä...

Alle die, welche ... verstorbenen Herrn ... Ernst Westhof allhier, ... geladen, sich bey Verlust ... zehn Thalern Strafe drey ... dationstermine anzuzeigen, ... einsetzung in den vorigen Stand, ... gen Liquidations-Termine ...

den 3 April 1807 Donnerstags nach dem Osterfeste

damit allhier beym Magistrate zu melden. Auswärtige haben hier Bevollmächtigte anzunehmen.

Saalfeld, den 19 Dec. 1806.

Magistrat das.

3) der Gläubiger G. F. Wirth's.

Nachdem Wir wegen mehrerer wider den hiesigen Buchdrucker, Herrn Georg Friedrich Wirth, klagbar gewordenen Schulden, und bey befundener Unzulänglichkeit des wirthlichen Vermögens zu Berichtigung der schon bekannten Schulden den Concursproceß zu eröffnen und zu dem Ende den 19 Februar 1807 ist der Donnerstag nach dem Sonntage Invocavit zum Liquidations-Termine bestimmt haben: als werden Kraft dieses alle und jede unbekannte wirkliche Gläubiger, welche an obbenannten Herrn Wirth einige Ansprüche zu machen haben, es sey aus welchem Grunde es wolle, edictaliter und peremtorisch citiret, sothanen Tages respective cum curatoribus vor allhiesigem Stadtgerichten an ordentlicher Gerichtsstelle früh um 9 Uhr persönlich bey Verlust ihrer Forderungen und der Wiedereinsetzung in den vorigen Rechtsstand zu erscheinen, sich gehörig anzumelden und zu legitimiren, ihre Forderungen zu den Acten zu liquidiren und zu bescheinigen, vor allen Dingen die Güte zu pflegen, und wo möglich sich unter einander zu vereinigen, entgegen geschehen Falls aber mit dem bestimmten Herrn Curatore litis et bonorum super liquido et prioritate zu verfahren, innerhalb drey Wochen abzuschließen, und darauf entweder der Ertheilung eines Locationsbescheides oder der Introduir- und Versendung der Acten nach rechtlichem Erkenntniß gewärtig zu seyn. Uebrigens haben sämmtliche Gläubiger ihre Forderungen längstens drey Wochen vor dem Eintritt des Termins, mittelst kurzer Schreiben, bey 10 Rthlr. gesetzlich bestimmter

Strafe zu den Acten anzuzeigen, und die Auswärtigen zu Annehmung künftiger Citationen und Resolutionen hiesigen Orts wohnhafte Gevollmächtigte bey 5 Rthlr. individueller Strafe zu bestellen.

Wornach sich jedermann zu achten. Sig. Creyßstadt Cahla, den 30 November 1806.

Der Rath daselbst.

Kauf- und Handels-Sachen.

Anzeige.

Die im Monat August 1806 auf Subscription angekündigte Gemählde-Verloosung kann, der kriegerischen Zeitumstände wegen, noch nicht Statt finden. Nur die Folgen dieser, der Kunst so ungünstigen Conjuncturen, werden den Fortgang oder das gänzliche Aufgeben dieses Unternehmens bestimmen.

Die gütige Theilnahme so vieler Kunstfreunde an dieser Subscription erkenne ich mit verbindlichstem Dank.

der Hofmahler Zehrer.

Ballenstädt, im Dec. 1806.

Papier-Offerten.

Ich empfehle dem Publicum mein Papierlager in den gangbarsten Sorten Schreibpapieren sowohl als in schönen auf englischen Formen gearbeiteten Druckpapieren. Besonders willkommen werden mir Aufträge in Tabaks-Tapeten- und Kartenpapieren seyn, die ich nach aufgegebenen Mustern, soviel die Natur der Sache es möglich macht, nach Wunsch zu vollziehen versprechen darf, da mehrere geschickte Papiermacher für mich arbeiten. Auch wird man die Preise so billig finden, daß sich die Fracht in ziemlicher Entfernung bestreiten läßt.

C. L. Brede, in Offenbach.

Echter Cichorienwurzel-Samen.

In der Wrebeschen Samen-Handlung in Braunschweig ist zu verkaufen: Frischer echter vorzüglich guter Art Cichorienwurzel-Samen. Einzeln kostet das Pfund 1 Rthlr., und in großen Partien zu 50 oder 100 Pfunden das Pfund 20 gute Groschen, gegen baare Bezahlung oder in guten Anweisungen. Der Preis ist in Conventions-Münze bestimmt. Auf vollwichtiges Gold wird das Agio gut gethan; dagegen mit der Münze von geringerm Werth als Conventions-Münze der fehlende Werth vergütet wird. Diesen Cichorienwurzel-Samen habe ich alle von ausgesuchten guten glatten mittellangen Samen-Wurzeln sorgfältig selbst gezogen. Da es auch sehr bekannt ist, daß hier zu Braunschweig die Veredlung der Cichorien-Wurzeln sehr weit gediehen ist, und die Vervollkommnung in der Echtheit der hiesigen Wurzeln durch eifrige Bemühung mir auf das Beste gelungen ist: so ist solches einem jeden hinlängliche Sicherheit, die beste echte Wurzel-Sorte, wovon die Ergiebigkeit einer vollkommenen Ernte größten Theils abhängt, bey mir zu bekommen.

Ernst Christian Konrad Wrede, Handelsgärtner, wohnhaft neben der Petri-Kirche in Braunschweig.

Pfälzer Blättertaback.

Allen denjenigen, so in pfälzer Blätter-Taback Geschäfte machen, und in eine reelle und solide Bedienung einigen Werth setzen, empfiehlt sich der Unterzeichnete. Ich unterhalte ein beständiges Lager von diesem Artikel, und den Freunden, die mich mit ihrem Zutrauen beehren wollen, werde ich davon in sehr billigen Preisen sowohl in großen als kleinen Partheyen ablassen.

Muster werden auf frankirte Anfragen zugesandt. Mannheim, den 21. December 1806.

Heinrich Vogt.

Frankfurter Wechsel-Cours.

den 9 Januar 1807.

	Briefe.	Geld.
Amsterdam in Banco k. S.	—	—
,, 2 Mon.		
Amsterdam in Courant k. S.	—	140 1/2
,, 2 Mon.	140	139 1/2
Hamburg k. S.	148 1/2	
,, 2 Mon.	147 3/4	
Augsburg k. S.	100 1/2	
Wien k. S.		49 1/2
,, 2 Mon.		
London 2 Mon.		
Paris k. S.	77 5/8	
,, 2 Uso	77 1/4	
Lyon	78	
Leipzig M. Species		
Basel k. S.		
Bremen k. S.	107 3/4	

Allgemeiner Anzeiger
der
Deutschen.

Freytags, den 16 Januar 1807.

Gesetzgebung und Regierung.

Können Geistliche mit Recht zu Contributionen aufgefordert und gezwungen werden?

Diese Frage ist, wie ich glaube, unter den vielen Aufsätzen über diesen Gegenstand am besten durchdacht von dem Pastor Busse bereits im A. A. 1806 Nr. 14; beantwortet worden. Ich werde daher nur einige Zusätze machen und von gedachtem Aufsatze so viel anführen, als der Zusammenhang erfordert und zur Uebersicht der vorgelegten Frage nothwendig ist.

Daß es jetzt gleichsam an der Tagesordnung sey, die Geistlichen zu Contributionen zu veranlassen, [gewiß aus keiner andern Ursache, man gestehe es nur offen, als weil die Auf- oder Verklärung die Religion nicht mehr als die Stütze des Staats betrachtet, die Lehrer derselben also für unnöthig und überflüssig gehalten und ihre Besoldungs-Einnahme für weggeworfen erachtet wird.]

Daß man ferner diese angesonnenen Abgaben und Contributionen auf die ihnen zur Besoldung auf ihre Amtsführungs-Zeit gegebenen Grundstücke (ein wol gar nicht durchdachter Plan) legt, ist bekannt.

Es zerfällt daher obige Frage in zwey Gegenstände:

1) Kann der geistliche Stand mit Recht besteuert werden?

2) Ist der entworfene Plan rechtlich und unbefangen durchdacht, die von den Geistlichen geforderte Contribution nach Maßgabe ihrer Besoldungs-Grundstücke, wovon

sie nur usu fructuarii sind, nach der Aussaat zu bestimmen?

Was den ersten Punct betrifft, so gibt dieß der Pastor Busse gewiß nur aus Bescheidenheit, ja aus Mitleidenheit zu. Ich will dieses einstweilen auch annehmen, aber, wohl zu merken, auf keinen Fall zugeben, weil ich das Gegentheil aus rechtlichen Gründen am Schlusse zu beweisen gedenke.

Also zu Nr. 2. — Allerdings setzt man ganz unrichtig und gegen alle natürliche Gerechtigkeit und Billigkeit, wie P. Busse sagt, den Geistlichen in die Classe anderer Eremiten, als der adelichen Ritterguts-Besitzer u. s. w. „da doch zwischen freyem adlichen Gute und Pfarrgute bekanntlich ein himmelweiter Unterschied sich findet. Jenes ist freyes Eigenthum und Erbe, dieses nur dem Besitzer zum lebenswierigen Nießbrauch angewiesen. Ueber jenes kann der Eigenthümer freyer schalten und walten, auf dieses borgt nicht einer auch einen Heller. Jenes kommt immer ohne Widerspruch vom Vater auf Sohn, dieses müssen, nach dem Tode des jedesmahligen Besitzers, dessen Witwe und Kinder sogleich mit dem Rücken ansehen.

Ich sage: es ist wider alle natürliche Gerechtigkeit und Billigkeit, die Geistlichen überhaupt in die Classe der eigenthümlichen Feldbesitzer zu setzen. Denn jeder adliche Ritterguts-Besitzer, jeder eigentliche Feld-Inhaber kann zur Zeit der Noth auf seine Grundstücke borgen, und diese nur dem von ihm Quellen, solches wieder zu bezahlen. Stirbt er, so hinterläßt er zwar auf diesen Fall seinen Erben eine Schuld, aber auch

zugleich das Mittel zur möglichen Wiederbezahlung. — Der Geistliche hingegen hat
kein Eigenthum, kann und darf auf die ihm
als Besoldung übergebenen Felder nichts
borgen, bekommt auch nichts darauf geborgt.
Also wird er nothgedrungen werden, auf
seine Person zu borgen.

Angenommen, daß er wirklich Credit
findet, bald darauf aber stirbt; (und wer ist
ihm Bürge, daß er in drey Jahren noch lebt,
bis dahin die Contribution vorausbezahlt
werden soll; denn nach dem Ausschreiben der
thüringischen Kreisdeputation soll die Roggen-
Aussaat auf alle drey Felder und also auf
drey Jahre angegeben und auf jeden Scheffel
1 rthlr. contribuirt werden) so hinterläßt er
seiner Witwe und vaterlosen Waisen eine
Schuldenlast und kein Mittel zur Bezahlung.
Die Erben der eigentlichen Feldbesitzer bleiben in ihren Wohnungen im Besitz und in
der Benutzung der Grundstücke ihres verstorbenen Vaters. Die Witwe oder Kinder der
Geistlichen hingegen sehen sich von dem Nah-
rungszweige ihres verstorbenen Ernährers
vertrieben.

Ich sage ferner: es ist aller natürlichen
Gerechtigkeit und Billigkeit zuwider, daß
man einzig und allein Feld zu einer Quelle
macht, aus welcher man bey außerordentlichen Lasten und bey dem Drange der Umstände Contributionen schöpfen will. Wo
bleiben die übrigen Staatsdiener, welche
zum Theil unendlich reichlicher mit Geld besoldet sind, als diejenigen, denen man den
usum fructum einiger Länderey als Besoldung gegeben, und die sich in dieser ihrer Be-
soldungsart in vieler Hinsicht unsicher finden?
Nimmt man den Grundsatz an: allgemeine
Lasten müssen auch gemeinschaftlich getragen
werden, so heißt das wol nichts anders,
als jeder Staatsdiener, jeder Capitalist,
jeder der einen Nahrungszweig hat, der
Künstler, Kaufmann, Handwerker, selbst
Knechte und Mägde, Bediente, Handwerksburschen und Tagelöhner müssen verhältnißmäßig dazu beytragen. Der Geistliche ist
Staatsdiener, wie H. Busse richtig bemerkt.
Seine Besoldung, sie mag in Länderey oder
in bestimmter Besoldung bestehen, ist fast
eben so genau bestimmt, als die Besoldung
jedes Beamten, jedes weltlichen Staatsdieners. Eine Salarien-Steuer wäre daher

sehr leicht nach den Verhältnissen und dem
Einkommen eines jeden Staatsdieners auszumitteln, und dann würde man der so
äußerst drückenden Unbilligkeit ausweichen,
wo mancher Geistliche weiter nichts als
Feld, oft äußerst schlechtes Feld zu seiner
Besoldung hat, so daß sein Ueberschuß d. h.
seine Besoldung oft nicht über 200 rthlr.
trägt; ein anderer hingegen gar keins oder
doch sehr wenig Feld hat, also gar nichts,
oder äußerst wenig contribuirt, und gegen
seine Amtsbrüder 3 — 4 mahl höher salarirt
seyn kann; dann würde die so offenbare Abneigung gegen den geistlichen Stand, dem man so
gern seine partes salarii beschränken d. h. seine
Exemtionen untergraben möchte, doch wenigstens etwas bemäntelt werden, wenn jeder weltliche Staatsdiener nach der Summe seines
Einkommens beytragen müßte; dann würde
jeder Kaufmann, der Tausende jährlich
gewinnt, jeder Müller, der manchen Rittergutsbesitzer übersieht, jeder Handwerker sich an
seinem rechten Wirkungspuncte fühlen, jeder
Tagelöhner, der jetzt spöttelnd auf den Geistlichen hinblickt, und ihn bey Mitcontributio-
nen in seinem Herzen frohlockend herabgesetzt
und herabgewürdigt glaubt, auf sich selbst
hinblicken und seine verhältnißmäßige Last
fühlen. Also nicht eher können Geistliche
zu Contributionen aufgefordert werden, als
bis jeder andere Staatsdiener und Bürger
contribuirt; nicht anders darf er geschätzt
werden, als nach seinem Gehalte.

Unbegreiflich ist es daher, daß man in
Thüringen die weltlichen Staatsdiener zur
Mitcontribution nicht aufgefordert hat, ja
was noch unbilliger zu seyn scheint, sogar
den Einnehmern 1/3 Procent Einnahmege-
bühren von den Contributionen an sich zu
nehmen, gnädig veranlaßt, da mancher
Vater seinen Kindern Schuhe und Strümpfe
entziehen muß, um nur die Contribution zusammen zu bringen. Wo bleibt das Mitgefühl?
Wo bleibt die Pflicht, gemeinschaftliche Lasten gemeinschaftlich zu tragen?

Doch nun erlaube man mir, zu Nr. 1
zurückzugehen und aus Gründen der Billigkeit, auch des strengsten Rechts zu beweisen, daß Staatsdiener überhaupt und
also auch Geistliche auf keinen Fall vom
Staate zur Contribution gezwungen werden
können.

Wie verhält sich der Geistliche und jeder andere Staatsdiener zu dem Feldeigenthumsbesitzer, zu dem Kaufmann, Handwerker, Tagelöhner? Wenn der Feldbesitzer des Staats wegen Schulden gemacht hat, so bleiben seine Erben, wie schon gesagt, im Besitz ihres väterlichen Eigenthums, ihr Nahrungszweig geht fort und sie können nach und nach bezahlen. Die Witwe und Kinder der Geistlichen und aller Staatsdiener werden von ihrer Erhaltungs-Quelle vertrieben. — Stirbt der Kaufmann, der Handwerker u. s. w. so haben die Witwen das Recht, den Nahrungsstand ihres Mannes fortzusetzen; sie können sich Handlungsdiener, Gesellen u. s. w. halten, oder ihr Gewerbe mit ihren eigenen Kindern forttreiben, und die Quelle, welche bey Lebzeiten ihres Mannes ihnen Nahrung zufließen ließ, ganbar erhalten. Geistliche Witwen müssen aber mit ihren oft unerzogenen Kindern die Studierstube ihres Mannes oder Vaters mit dem Rücken ansehen, dürfen an dessen Arbeitstisch weder ihre Kinder (wenn sie sich auch schon dazu vorbereitet d. h. Candidaten der Theologie oder der Schule wären) setzen, noch fremde Candidaten nehmen, um sich durch sie ihren fernern Unterhalt zu verschaffen zu suchen. Der Tagelöhner sterbe auch in der drückendsten Armuth, so wird seine Witwe auf's Tagelohn gehen, so werden seine Kinder ihr Brod, sey es auch spärlich, sich verdienen können. — Die Witwen der Geistlichen oder jeder andern Staatsdiener können allenfalls ihre Zuflucht zur Nehnadel oder zum Spinnrocken nehmen, welches der letzte Schritt zum Bettelstabe ist; ihre Kinder sind vielleicht auf Schulen oder Universitäten, verdienen nichts, sondern bedürfen sehr viel! Und warum? Damit sie dem Staate dereinst Dienste leisten können. Sollte also die Exemtion, deren sich der Geistliche und jeder Staatsdiener bisher erfreuet hat, nicht ihren Grund in der Billigkeit haben?

Aber wie steht es denn mit dem Rechtsgrunde aus, welchen jeder Staatsdiener, jeder Geistliche für sich hat?

Wenn der Staat oder Summus episcopus einen Geistlichen vocirt (und was von diesem gilt, gilt auch von jedem Staatsdie

ner) so macht er mit demselben einen Vertrag, sichert ihm seine Besoldung zu, bestimmt ihm seine Amtsgeschäfte, und über diesen Vertrag wird eine Urkunde ausgefertiget und dem Geistlichen eingehändiget. — Dieses ist die Vocation, in welcher dem Geistlichen zugesichert wird, daß er alle Theile der Besoldung, so wie sie sein Amtsvorfahr genossen und wie sie die Matricul specificirt, ungestört und unbeeinträchtigt genießen soll. Ist es nun nicht Verletzung des Vertrags, wenn ein Theil der Besoldung entzogen und das vertragsmäßig bestimmte Einkommen verkürzt und geschmälert wird?

Ferner, von wem fordert man Contributionen, von dem Eigenthumsbesitzer oder von dessen Pachter? Doch wol nach rechtlichen Gründen von dem erstern und nicht von dem letztern. Das Jus Canonicum sagt: „Die Geistlichen sind Pächter des Staats, welche den Pacht statt ihres Gehalts an sich behalten. Also ist der Staat schuldig, die Contribution der geistlichen Länderey selbst zu entrichten, solche sich selbst zu bezahlen; keineswegs aber darf er sie von dem Pachter fordern. — Ja! antwortet der Past. Busse: Immunität ist dem Geistlichen bey seinem Amtsantritte zwar von allen öffentlichen gewöhnlichen Abgaben zugesichert, aber nicht von den außerordentlichen Lasten, die z. B. in Kriegs- oder andern gefahrvollen Zeiten über ein Land zufälliger Weise kommen können.

Hierauf antworte ich: wo steht denn diese Bedingung, Einschränkung und Ausnahme geschrieben? Man berücksichtige folgendes Beyspiel: wenn jemand Einen in seinen kleinen Hausstaat als Diener annimmt, so sichert er ihm seinen Gehalt in dem Maße zu, wie er mit ihm übereingekommen ist. Wenn nun aber diesem Hauswirth ein oder mehrere Pferde, Rindvieh ꝛc. fallen, seine Felder verhagelt werden, oder wenn er bestohlen wird, und also außerordentliche und unvorhergesehene Lasten ihn überfallen, kann er den Rechten nach zu seinem Diener sagen: du mußt mir meine außerordentlichen Lasten tragen helfen, ich muß dir von deinem Gehalt Abzüge machen? Würde, wenn der Diener klagbar wird, nicht der Herr verurtheilt werden, seinen Vertrag zu erfüllen, den dem Diener zugesicherten Lohn ohne Abzüge zu geben? Was nun von einem solchen Vertrage in einem kleinen Hausstaate gilt, das gilt auch von dem Vertrage, welchen der große Staat mit seinen Dienern abgeschlossen hat.

Nun nur noch ein Wort: nicht denkbar und gleichwohl wahr ist es, daß man auch den armen Schuldienern Contribution auflegt! Seit einigen Jahren schrie alles: die Schuldiener sind zu kärglich besoldet, wir müssen sie verbessern! müssen Quellen aussmitteln, damit sie ihr Amt sorgenloser führen können! und nun schreyt man: gebt! gebt! — dort rief man auch: Hosianna! — und wenige Tage darauf: kreuzige, kreuzige ihn!

Kauf- und Handels-Sachen.

Avertissement.

Le Gouvernement impérial français vient d'imposer une forte contribution sur le Duché de Magdebourg. Pour la lever, il faudra recourir à un emprunt, moyen le plus efficace pour atteindre ce but, le mieux assorti aux conjonctures actuelles où le sujet n'a déja que trop souffert, et le plus propre par conséquent à lui procurer une sorte de soulagement.

Voici les Conditions de cet emprunt:

On y invite généralement les étrangers comme les indigènes. Les espèces admissibles sont: l'or et le Courant au titre de 1764, et même les monnoyes de billon en piéces de gros; d'ailleurs il ne sera reçu aucune somme au dessous de 50 rthlr. non plus que papier, ni papier monnoye, de quelque nature qu'ils soient. Les intérêts seront de 5 p. 100. payables par tous les six mois et sur Coupons. Les biens-fonds de la Province serviront de nantissement de l'intérêt et du principal; il sera donné des renseignemens plus particuliers sur cet objet soit à la caisse, soit dans les papiers publics. Le payement se fera à la caisse des dépots de la Régence de cette ville dans la maison des Etats de la Province et par devant le Conseiller de Commission Fischer qui s'y trouvera tous les matins. Il sera fourni provisoirement des recépissés intérimistiques à échanger dans la suite contre des obligations du pays, lesquels seront les uns et les autres signés par tous les membres du Comité établi pour cet objet et scellés du sceau fait particulièrement à cette fin. Les obligations du pays sont payables au porteur. Le remboursement se fait dans cette ville un an après la paix. Les Capitaux peuvent être dénoncés à six mois d'avertissement, mais il est loisible au débiteur de les dénoncer en tout tems.

Magdebourg, le 20 Decbr. 1806.

Le Comité de réalisation de la contribution de guerre à Magdebourg.

Anleihe für das Herzogthum Magdeburg.

Von dem Herzogthum Magdeburg ist durch die kaiserlich französische Behörde eine starke Kriegessteuer gefordert worden, und es muß zu diesem Behuf zu einer allgemeinen Anleihe Zuflucht genommen werden, zu einem Mittel, welches dem Zweck am leichtesten befördert, welches der jetzige Zustand der sonst schon hart angegriffenen Unterthanen nöthig macht, und welches für sie in dieser Lage am wohlthätigsten ist.

Die nähern Bestimmungen bey dieser Anleihe sind folgende:

Es werden Ausländer und Einheimische dazu aufgefordert. Angenommen wird Gold und Courant nach dem Münzfuß von 1764 und selbst Münze, jedoch nur in Groschen-Stücken, und überhaupt keine Summe unter 50 Rthlr., übrigens aber keine Papiere und kein Papiergeld, von welcher Art beydes auch seyn mag. An Zinsen werden 5 pro Cent halbjährig bezahlt, und zu Erleichterung werden Coupons gemacht. Zur Sicherheit des Capitals und der Zinsen werden die Ländereyen in der Provinz eingesetzt, und nähere Bestimmungen darüber bey der besondern Anfrage darüber oder bey der Zahlung auf der Casse gegeben, demnächst auch noch öffentlich bekannt gemacht werden. Die Zahlung geschiehet auf der Depositen-Casse der hiesigen Regierung in dem landschaftlichen Gebäude an dem Commissionsrath Fischer, welcher jeden Vormittag dort gegenwärtig ist. Vorläufig werden Interimsscheine ausgestellt, und diese nachher gegen Landes-Obligationen ausgewechselt, beyde von sämmtlichen Mitgliedern der dazu besonders vorgesetzten Deputation unterschrieben, und mit einem eigenen allgemeinen Siegel gesiegelt. Die Landes-Obligationen werden au porteur ausgestellt. Die Wiederbezahlung der Capitalien erfolgt in dieser Stadt, ein Jahr nach dem Frieden. Die Kündigungs-Zeit aber ist 6 Monat vor dem Abtrage, und von dem Schuldner können die Capitalien in jeder Zeit gekündiget werden.

Magdeburg, den 20 Dec. 1806.

Magdeburg. Kriegs-Steuer-Realisirungs-Deputation.

Allgemeiner Anzeiger
der
Deutschen.

Sonnabends, den 17 Januar 1807.

Sollen wir nun am deutschen National-werth verzweifeln oder nicht?

Auf der ganzen weiten Welt ist nichts so schlecht, was nicht auch etwas gutes an sich trüge. Denn schlege es durch Thaten nun erwiesen, daß der Deutsche seine Kraft und standhafte Tapferkeit verloren habe; wäre es wahr, daß dieses allein die Eigenschaften sind, welche dem Mann und der Nation Ehre und Achtung erwerben können: so könnten wir uns wenigstens einstweilen mit dem Gedanken trösten: Wir leiden nicht unschuldig, sondern das, was unsre Thaten verdienen.

Den wichtigen Gegenstand unsrer Ueberzeugung besser in's Auge zu fassen, wollen wir einmahl diese Geschichte ein wenig zu Hülfe nehmen, welche uns in jedem Zeitalter, unter allen Völkerschaften, Beyspiele von verächtlicher Feigheit und heroischer Tapferkeit aufstellt. So weit, wie diese Erzählungen reichen, sehen wir heute eine Nation mit unüberwindlichem Muth ihre Rechte und Freyheiten vertheidigen, die oft kurz nachher, nach wenig Menschenaltern, wie eine Heerde furchtsamer Schafe aus einander gejagt und unterjocht wird. So fürchterlich unsern Voreltern jene türkischen Heere erschienen, die eine Zeit lang alles überwanden, was sich ihnen entgegen stellte, eben so unbedeutend ist heute ihre Macht und ihr Ansehen in den Augen der ganzen Welt. So bezeichnet diese Geschichte von jeher die Deutschen als eine der tapfersten Nationen.

Allg. Anz. d. D. 1 B. 1807.

des Erdbodens und sie ist in der That uná überwunden noch am heutigen Tage. Erst alsdann, wie es den neuern Franzosen einfiel, eine Umkehrung unter sich zu beginnen, der wir uns entgegen zu setzen, unwichtiger Ursachen wegen, einfallen ließen, hat sich Ungewißheit eingefunden, Zutrauen und Zuversicht dagegen verloren, ohne welche kein gemeinschaftliches, kräftiges Wirken möglich ist. Eine solche Anregung, da so eben alle Leidenschaften zum äußersten Grade der Entflammung gekommen und das reizbarste Volk unter der Sonne in und gegen sich selbst aufgestanden war, konnte wol keinen andern Erfolg haben, als den, die Welt im Strome des schrecklichsten Ungestüms mit fortzureißen und alles zu erschüttern.

Die Vorsehung hatte gerade damahls, wie diese Umwälzung in Frankreich geschah, einige gute, aber schwache Fürsten auf den Thron gesetzt. Sie wollten und wünschten das Beste ihrer Völker, in der Wahl von Mitteln aber zu schwach und unglücklich, verlor sich der Muth bey den unaufhörlichen Unfällen, das Zutrauen der Menschen auf ihre Machthaber. Bis hierher hatte der deutsche Soldat in allen Kriegen seine Nationaltapferkeit bewiesen und mit seltner schwankendem Glücke gefochten. Allein bald sahen wir nun in den unrichtig angelegten und unrichtig befolgten Planen der verbundenen Mächte den muthigen Streiter umsonst seine Kräfte anwenden, deutsches Blut ward in Strömen vergossen und ein trauriges Opfer des Mißtrauens, des Zwiespalts und der Unwissenheit. Die letzten Feldzüge am

Rhein hatten nur Verkleinerung des deutschen Reichs und Muthlosigkeit schaffende Ereignisse zur Folge. Oft unverschuldet verloren die deutschen Feldherren vordem erworbenen Ruhm und der Soldat das nöthige Vertrauen auf seine Obern und sich selbst. Jene Franzosen, wovon bey Roßbach ein einziger preußischer Husar ganze Haufen vor sich her jagte, erfüllte anfangs ein feuriger Enthusiasmus, der dann, mit Ueberzahl vereinigt, Siege auf Siege verschaffte, in einer Reihe von glücklichen Streitjahren dieser Nation den ihr eigenthümlichen Muth und Ausdauer wieder gab und jene Ueberfeinerung und Weichlichkeit vertrieb, die so lange den Franzosen höchst nachtheilig gewesen war.

Unstreitig hatten lange unter den Deutschen die Preußen und Sachsen vorzüglich sich ausgezeichnet und bey guter Anführung stets ihre angeborne Tapferkeit bewiesen. Das System aber, welches die preuß. Regierung zuletzt dahin verleitete, nur immerhin friedliche Maßregeln zu ergreifen, gab dem kriegerischen Geiste dieser Nationen nach und nach einen gewaltigen Stoß, erzeugte endlich Mißmuth, Unmuth und Mißtrauen und bereitete so auch nach und nach das schreckliche Schauspiel vor, das uns bey Jena so gedemüthiget hat.

Der Anfang von den preußischen Operationen war der Einmarsch in Sachsen. Seitdem Napoleon den französ. Armeen allein befehligte, war eine ganz neue Erschaffung darin geschehen, die offenbar genug zu einer beyspiellosen Schnelligkeit und Beweglichkeit führt, der schlechterdings nichts zu widerstehen vermag, wenn Entschlossenheit, Tapferkeit und Ueberzahl damit vereinigt sind. Dennoch verzog sich das Vorrücken der Preußen und Sachsen bis in die Gegend von Weimar und Jena noch über vier Wochen lang. Schon hatten öffentliche Blätter den Einmarsch der französ. Colonnen in's Fränkische angezeigt, als noch immer Regimenter im Cantonnir- und Marschquartier zerstreut sich befanden und Pferde sowohl, wie andere Train-Bedürfnisse noch nicht an den Ort der Bestimmung angelangt waren. Der franz. Vortrapp war handgemein mit uns bey Schleiz und noch waren die verbestimmten Regimenter, welche unsre

Avantgarde bilden sollten, nicht gehörig beysammen, und nur das, was zunächst sich befand, ward nachher bey Saalfeld zusammengerafft, und dem zehnmahl überlegenen Feinde entgegen gestellt, oder vielmehr preis gegeben.

Schon einige Tage vor der Schlacht bey Jena fehlte es an der nothwendigen Einrichtung und Ordnung zum Brod- und Futterfassen, an bestimmten Befehlen und Anweisungen zur Schlachtordnung, zum Angriff und zum möglichen Rückzuge für die preußisch-sächsische Armee. Ja, in der Schlacht selbst schien es außer Zweifel gesetzt, daß man weder die wahre Stärke, noch die eigentliche Stellung und Absicht des Feindes kannte; daß man endlich hier und da die Infanterie ohne Cavallerie und Artillerie so lange stehen ließ, bis dieselbe völlig abgeschnitten und von feindlicher Cavallerie und Artillerie umzingelt ihrem traurigen Schicksal überlassen blieb. Weil endlich niemand vorhanden war, der den Rückzug geschlossen und standhaft zu decken sich bemühte, gelang es dem Feinde, alles in Unordnung auseinander zu sprengen und in die Flucht zu jagen.

Französischer Seits fing man erst Wochen vor der Schlacht bey Jena ernstliche Rüstungen und Märsche gegen Franken zu unternehmen an und befand sich schon in der feindlichen Flanke, ehe dieselbe gehörig formirt und aufgestellt war; die ganze französische Armee hatte die Preußen von einem Flügel zum andern umgangen, ehe dieselben die wahre Richtung ihres Marsches, ihre Stärke und Absicht erfahren hatten. Noch waren verschiedene französische Divisionen nicht angelangt, viele Meilen entfernt, VI. am Abend vor der Schlacht ihren Standpunct bereits bestimmte und nachher die spätere Ankunft anderer Truppen dazu benützte, den Feind vollends ganz zu zerstreuen.

Nach dem Operationsplane der Preußen sagt man, war ihre Absicht, von Sachsen aus durch Hessen hindurch den Feind in der Gegend von Frankfurt anzugreifen. Dieses Plan war unstreitig der erste Fehltritt, welcher die übrigen alle, sammt dem unglücklichen Ausgange zur sichern Folge hatte.

Eine so verlängerte Operationslinie, wie die von Magdeburg bis Frankfurt am Mayn, wollte verbunden und bewacht seyn, wozu unsre Macht gegen die feindliche viel zu schwach war. Denn sollte auf dem Angriffspunct mit Nachdruck gehandelt werden, so war allein schon die gesammte preußische Armee da aufzustellen nöthig. Was blieb da zur Sicherstellung der Communication, zur Bewachung des verlassenen Elbstroms? Die Russen! Ja, wenn diese am 1. September ein Lager bey Dresden, eins bey Torgau und eins bey Wittenberg oder Magdeburg bezogen gehabt hätten. Schon hier bey Jena umgingen die Franzosen den Herzog v. Br. weil seine Flanken und sein Rücken bloß gestellt waren, und gleich nach dieser Schlacht ging man auf Berlin los, weil die Elbe ganz unbesetzt war. Konnte man sich denn nicht mit einem Corps durchschlagen, mit der heranziehenden Reserve bey Torgau vereinigen und da die schöne Stellung bey Zinna einnehmen?

Die untern Befehlshaber ohne Instruction, der Soldat ohne Brod und Futter, alles ungewiß, mißtrauisch, hungrig und durstig — wie war es möglich, daß da der Erfolg besser seyn konnte? Oder, wo hat je eine Armee unter so mißlichen Umständen sich tapferer und vortheilhaft gezeigt? Beklagen muß man sein unglückliches Vaterland und die braven Leute, welche bestimmt waren, Opfer des Schicksals und der Vorsehung über Europa beschlossen zu haben scheint.

Alle diese Betrachtungen älterer und neuer Geschichte, wie selbst die Ereignisse des Tages, bürgen dafür, daß weder der Preuße, noch Franzose, weder Sachse, noch Italiener, weder Türke, noch Russe oder irgend eine Nation in der Welt sich ausschließlich des Muths und der Tapferkeit zu rühmen Ursache haben. Die alten Römer sind oft geschlagen worden, sie zeigten sich feig, wenn ihre Anführer Schwächlinge waren, die Fehler auf Fehler begingen, und ihre Nachkömmlinge, die Italiener, werden den Ruf als gute Soldaten unter Napoleon gewiß wieder erlangen.

Die sogenannte Freypartie unter Friedrich d. G., welch einen Abschaum von Menschen gabs da unter den Gemeinen? Der große Mann aber, der immer zu sagen pflegte: die Hunde sind gut, aber die Jäger taugen nichts, wenn sich ein Corps oder ein Regiment nicht wohl gehalten hatte, gab dieser Freypartie stets ausgezeichnet gute Officiere, und sie verrichteten Wunder der Tapferkeit mit diesen Leuten. Die sächsischen Truppen haben allemahl vortrefflich gefochten und bey verschiedenen Gelegenheiten eine Kühnheit gezeigt, die ungewöhnlich war, wenn sie gut angeführt waren. Die Geschichte mit dem tapfern und klugen Schulenburg, der 6000 Mann Infanterie rettete, die von der ganzen schwedischen Cavallerie unter Carl XII Tag und Nacht verfolgt ward, wäre vielleicht ein würdiges Seitenstück zum bekannten Rückzuge der 10000 Griechen. Die Franzosen unter einem Türenne, Tourville, Düquesne Grafen Moritz von Sachsen u. a., wie so tapfer und achtungswürdig. Dagegen wie erschienen sie im siebenjährigen Kriege, unter Commando derer, die von Weibern dazu ausersehen waren? Und in der That, sie beweiset es jetzt, die französische Armee, unter der Anführung ihres Napoleon, daß Friedrich nicht zu viel von sich und dieser Nation sagte, wenn er versichert, keine Kanone solle ohne seinen Willen in Europa abgeschossen werden, wenn er König von Frankreich wäre. Damit wollte er offenbar nicht den Muth seiner Preußen herabsetzen und den Franzosen hier einen Vorzug einräumen. Nein, sie hatten ihm endlich wol oft genug es bewiesen, seine Soldaten, daß kein Volk in der Welt ihnen hier den Vorrang abgewinne. Aber die besondre Anlage zum auswallenden Enthusiasmus, der dem geschickten Redner und klugen Feldherrn so günstig ist, die besonders vortheilhafte Lage des Landes, seine Ströme und Festungen, vereinigt mit der bessern Bildung des großen Haufens in Frankreich, das waren die Gegenstände, welche ihm so partypisch für alles Französische machten. Und o großer Mann! wenn du wieder anstehen, Europa, Deutschland, dein Reich, dein Berlin, deinen Musensitz betrachten solltest, Zorn und Beyfall zugleich würden die Züge deines Angesichts beweisen. Und wahrhaftig, Recht hast du! Der gute Jäger richtet auch seine Hunde gut ab, und wenn jene nichts taugen, zeigen auch diese sich schlecht.

Von einem sächsischen Officier.

Dienst = Anerbieten.

Ein Handlungsdiener, der mit den für eine Musikhandlung nöthigen Kenntnissen auch die der französischen Sprache verbindet, kann ein vortheilhaftes Unterkommen finden. Nachricht erhält man im Bureau de Musique von A. Kühnel in Leipzig.

Familien = Nachrichten.

Frage und Bitte an Menschenfreunde, besonders in der Gegend von Jena.

Der Fähndrich Friedrich von Winterfeld, Regiments Prinz Heinrich von Preußen, ist am 14 October auf dem Schlachtfelde von Jena verwundet liegen gesehen worden; ob aber derselbe da, oder in einem Lazarethe gestorben, oder ob er noch am Leben sey, darüber fehlt es den bekümmerten Eltern an irgend einer gewissen Auskunft. Wer solche ertheilen kann, ist auf das inständigste gebeten, sie sobald als möglich an den Vater desselben, den Landrath von Winterfeld (auf Spiegelberg) nach Prenzlow in der Uckermark, über Berlin, gelangen zu lassen. Sollten im Lebensfall Kosten zur Herstellung und Pflege des guten Verwundeten erforderlich seyn, so sey der Edle, welcher sie vorstrecken wird, der promtesten Erstattung von gedachtem Vater, und zwar mit dem wärmsten Dankgefühle gewiß. — Des bekümmerten Vaters hier unterzeichneter Bruder, der die Uebertragung dieser Aufforderung von der berliner Zeitung in diese Blätter veranlaßt, bittet noch insbesondere alle seine Freunde und Bekannten in Thüringen, welche er sich vormahls als Werbofficier zu Stadt-Ilm zu verschaffen das Glück hatte, inständigst um geneigte Willfahrung, und überläßt es ihnen, sich, wenn es ihnen bequemer seyn sollte, statt an seinen Bruder, an ihn selbst zu wenden. *)

Erlangen den 4 Januar 1807.

Der Forstmeister von Winterfeld.

*) Ich ersuche alle Menschenfreunde, welche oben verlangte Auskunft ertheilen können, und vielleicht durch die Entfernung der Verwandten des vermißten Hrn. v. W. abgehalten werden möchten, sich an sie zu wenden, ihre Nachrichten mir mitzutheilen, da ich beauftragt bin, die allenfallsigen Auslagen zu vergüten und solches sehr gern thun werde.

Gotha.   K. J. Becker.

Todes = Anzeige.

Mit innigster Betrübniß mache ich hier durch meinen Freunden bekannt, daß meine Frau nach einer langen Kränklichkeit am dritten dieses Monats an einer Leberverhärtung im 45 Jahre ihres thätigen Lebens entschlafen ist. Ueberzeugt, daß alle, welche die Selige kannten, Antheil an meinem gerechten Schmerze über diesen für mich sehr großen Verlust nehmen, verbitte ich jede ausdrückliche Versicherung desselben.

Zugleich mache ich allen den Freunden, die seither in Handelsverbindungen mit uns standen, ergebenst bekannt, daß ich mich aus allen Kräften bestreben werde, durch gute Bedienung ihr schätzbares Zutrauen in eben dem Maße mir zu erhalten, als meine selige Frau dasselbe zu besitzen, das Glück gehabt hat. Gotha, den 6 Januar 1807.

Friedrich Wilhelm Buttstädt u. Sohn.

Allerhand.

Gestohlne Sachen.

1) Es sind mir, Endesbenannten, am 3 Januar a. c. vier Pachtbriefe, die ich über meine Länderey mit meinen Pächtern abgeschlossen, nebst einigen Specereisachen aus meinem Schranke entwendet worden. Wer mir nun diese Pachtbriefe wieder einhändiget, oder den Thäter ausfindig und mir solchen namhaft machen wird, dem verspreche ich, unter Verschweigung seines Namens, eine der Sache angemessene Belohnung.

Langensalza den 7 Januar 1807.

Victorie Christiane Hagenbruch.

2) Am 5 d. M. ist im Gasthofe zum deutschen Hause eine Wanduhr mit einem weißmetallenen Zifferblatt unter Zurücklassung des Perpendikels und der Gewichte, nebst zwey kupfernen Spuckkästchen diebischer Weise entwendet worden. Unterschriebener, welchem an der Entdeckung des Thäters gelegen ist, bittet daher, im Fall diese Sachen etwa zum Verkauf gebracht werden möchten, den Verkäufer derselben anzuhalten, und wenn sie schon wirklich verkauft seyn sollten, dieselben gegen Erstattung des Kaufpreises wiederum zurückzugeben.

Erfurt den 10 Januar 1807.

Joh. Caspar Gürth,

Gastwirth zum deutschen Hause auf dem Rübenmarkt.

Allgemeiner Anzeiger
der
Deutschen.

Sonntags, den 18 Januar 1807.

Literarische Nachrichten.

Erinnerungsbuch für 1807. *)

Wenn in der jetzigen Zeit die bedeutende Auflage eines Buchs binnen zwey Monaten vergriffen worden, so darf dieß wohl für einen Beweis gelten, daß es mit ausgezeichnetem Beyfall aufgenommen worden und ein allgemeines Bedürfniß des Publicums befriedigt.

Die erste Auflage des bey Friedr. Vieweg zu Braunschweig gedruckten

Erinnerungsbuch für 1807.

erschien im November und am Ende des Decembers war eine neue Auflage nöthig. Diese ist nun zu haben und kostet mit Vignetten von Gubitz geziert, auf Velinpapier gedruckt und sauber in Leder gebunden in allen Buchhandlungen 20 ggl.

Folgendes ist der Inhalt dieses für jeden Geschäftsmann, wes Standes er auch sey, recht eigentlich brauchbaren und zugleich bequemen Taschenbuchs:

*) Ohne der sehr eleganten und geschmackvollen Ausstattung und der zweckmäßigen Einrichtung dieses Erinnerungsbuches besondere Erwähnung zu thun, mache ich auf die beygefügte statistische Galerie der sämmtlichen europäischen Staaten aufmerksam, deren Werth zwar schon der Name ihres Verfassers, G. Hassel, verbürgt. Allein ich kann mit Wahrheit hinzusetzen: bey derselben liegen nicht bloß die neuesten und zuverläßigsten Angaben zum Grunde, sondern die Anordnung der einzelnen Staaten ist mit so viel Verstand und Scharfsinn gemacht, daß sie einen leichten, vollständigen und zu den interessantesten Bemerkungen und Vergleichungen führenden Ueberblick gewährt. Da diese Galerie den Zustand Europa's unmittelbar vor dem Ausbruche des jetzigen Kriegs darstellt, so gewährt sie jedem, der den großen politischen Ereignissen unserer Zeit nur einige Aufmerksamkeit widmet, Belehrung und Vergnügen auch für die Folgezeit.

Dr. Hennicke,
Redact. des allg. Anz.

Allg. Anz. d. D. 1 B. 1807.

1) Ein Schreibcalender mit leerem Raum für jeden Tag zu Notizen. 2) Tabellen mit Linien, für Einnahme und Ausgabe, oder auch für Gewinn und Verlust. 3) Tabellen zur bequemen Uebersicht der Rechnungsmünzen, des Münzfußes, der Wechsel Uso und Respecttage, des Handelsgewichts, der Längen-Getreide- und Weinmaße der vornehmsten Handelsstädte. 4) Berechnung des Reichsgeldes gegen Conventionsmünze. 5) Berechnung der Conventionsmünze gegen Reichsgeld. 6) Rabat-Tabellen. 7) Interes-Tabellen. 8) Meilen-Tabelle. 9) Verzeichniß der vornehmsten Messen und Jahrmärkte. 10) Statistische Galerie der sämmtlichen europäischen Staaten, von Georg Hassel. 11) Eine kleine Karte von Deutschland, und 12) Mehrere Bogen weißes Papier mit einem Bleystift und einer Tasche zur Aufbewahrung kleiner Papiere.

Kupferstiche und Bücher zu verkaufen.

Eine Collection von einigen hundert Kupferstichen und Zeichnungen der besten Meister der bekannten Schulen, als: der italienischen, deutschen, französischen, niederländischen und englischen, dabey sich seltene Blätter befinden, sind zusammen oder theilweise zu billigen Preisen zu erhalten in Leipzig auf dem Nicolai-Kirchhofe in Dr. Carls Hause Nro. 686, nach der Alee hinaus in der 4ten Etage. Man findet auch daselbst zugleich eine Anzahl guter Bücher aus allen Wissenschaften um einen billigen Preis.

Pränumerations-Ankündigung.

Der Rechnungsweiser, oder Hülfsbüchlein für Stadt- und Landbeamte, Verwalter, Kauf- und Handelsleute, und überhaupt für jeden Bürger und Hausvater brauchbar.

Dieses Büchlein, welches sich unter der Presse befindet, wird sowohl dem Rechnungskundigen als auch mit der Rechenkunst ganz Unbekannten sehr willkommen seyn. Es enthält:

1) Richtige Geldresolvirungen, z. B. Resolvirung des wiener Geldes oder des 20 Gulden Fußes ins rhei-

nische oder den 24 Gulden Fuß. h. Resolvirung des französischen Geldes ins rheinische und wiener Geld. c. Resolvirung des sächsischen Geldes ins rheinische. d. Resolvirung des rheinischen Geldes in das sächsische und preußische Geld. e. Resolvirung der Conventions-Kronen- und Laubthaler in rheinische, fränkische und Kaisergulden, dann in Reichsthaler und Batzen. f. Resolvirung der fränkischen Gulden und Kreuzer in rheinische, dann rheinische in fränkische Gulden. g. Resolvirung verschiedener flüssiger und Ellenmäße. h. Resolvirung der Pfunde und Pfennige in Gulden und Kreuzer.

2) Vollständige Zinsenberechnung über angelegte Capitalien von 1/4 Kreuzer bis 10000 Gulden, mit 1/2 1/2 3/4 1. 2. 3. 4. 5 Procenten, auf Tage, Wochen, Monate und Jahre.

3) Tabelle, in welcher zu sehen ist, wie viel auf 1 Tag, Woche, Monat komme, wenn man ein Capital von 1 und so viel Gulden jährlich einzunehmen, zu verzinsen, an Lohn zu bezahlen u. s. w. habe.

4) Tabelle, welche zeigt, wie hoch die Pfunde und Pfennige im Einzelnen von den Rechnungsführern angenommen werden können.

5) Tabelle, in welcher die Getreidegemäße von den bekanntesten Orten in Deutschland angegeben und berechnet sind.

6) Tabelle, welche zeigt, wie viel der Müller Mehl am Gewichte liefern muß, wenn man so und so viel Körner an Gewichte gegeben hat.

7) Tabelle, worin zu ersehen ist, wie hoch 1 1/2 1/4 Pfund komme, wenn der Centner für einen gewissen Preis eingekauft oder verkauft wird.

8) Tabelle für Weinhändler und Wirthe, beym Ankaufe und Verzapfen der Weine.

9) Bestimmung des Werthes der bekanntesten in- und ausländischen Gold- und Silbermünzen.

10) Gewicht verschiedener Geldsorten.

Dann folgt eine Anleitung, auf eine kurze und sehr leichte Art verschiedene Rechnungs-Aufgaben zu lösen;

Am Ende ist

11) Die Großherzogl. Würzburgische Stempel-Taxe angehängt

Alle diese Tabellen und Resolvirungen sind von einem geschickten Rechenmeister genau entworfen und revidirt worden, so daß man sicher jeder Angabe trauen darf.

Zur leichtern Anschaffung dieses gemeinnützigen Büchleins wähle ich den Weg der Pränumeration, und erlasse solches für 6 gute Groschen oder 20 kr. rheinisch, wenn man dieselbe vor dem 20 Februar 1807. unmittelbar an meine Handlung frey einsendet. Wer 6 Exempl. abnimmt, erhält das 7te frey. Würzburg, den 6 Dec. 1806.

C. Ph. Bonitas's Handlung und Buchdruckerey in Würzburg auf dem Rüdnershofe.

Periodische Schriften.

Von dem Neuen Journal der ausländischen medicinisch-chirurgischen Literatur, herausgegeben von Dr. Harles und Dr. Ritter, ist des sechsten Bandes zweytes Stück erschienen:

Inhalt.

I. Ausführlichere Abhandlungen und Auszüge.
1) Abhandlung über die Chinarinde, von Fabbroni.
2) Tavares über die heilsamen Wirkungen der China in der Gicht. Beschluß.
3) Bertho über das gelbe Fieber in Andalusien. Beschluß.
4) Geschichte einer Brustwassersucht, mit besondern Erscheinungen von Larrey.
5) Bosquillon über die Ursachen und Behandlung der Wasserscheu.
6) Richerand über die Dunkelheit der Diagnostik bey penetrirenden Bauchwunden.
II. Kürzere Aufsätze und Auszüge.
1) Sabatiers Bericht über Maunoir's Abhandlung über die Organisation der Iris, und über eine künstl. Pupille.
2) Sabatiers und Cuviers Bericht über eine zweyte Abhandlung Maunoir's über denselben Gegenstand.
3) Lefoulon über die Behandlung des Tetanus in Westindien.
4) Richerand über die Verrenkung des Oberarms.
5) Baudelocque und Dupuytren über einen monströsen Fötus.
6) Laennec und Piscau über eine partielle Erweiterung der Valvula mitralis.
III. Literarische Notizen.
A) Frankreich. Neue Schriften.
B) Italien. Neue Schriften.
Der Preis eines Jahrgangs aus 4 Stücken ist 4 thlr. Cour. oder 7 fl. rhein.
Erlangen, im Dec. 1806.
Expedition des Neuen Journals der ausländ. medicin. chirur. Literatur.
Greby und Breuning.

Folgende Journale sind so eben fertig geworden und versandt:
1) Allgem. geograph. Ephemeriden, 12s St.
2) Allgem. deutsches Gart. Magazin, 10s St.
3) Voigts Magazin der Naturkunde, 12n Bandes 6s St.
Die ausführlichen Inhalte sind in unserm Monatsberichte, der bey allen löbl. Buchhandlungen, Post- und Zeitungs-Expeditionen gratis zu haben ist, zu finden.
Weimar, im Januar 1806.
F. S. priv. Landes-Industrie-Comptoir.

Inhaltsanzeige
von

Donte (VI.) europäischen Staatsrelationen, siebenten Bandes zweytes Heft, Frankfurt am Mayn, in der Andreäischen Buchhandlung.

Heidelberger politisch-literarische Zeitung.

Diese von Seiner Königl. Hoheit, dem Großherzog von Baden, so eben gnädigst privilegirte Zeitung erscheint innerhalb 8 Tagen, und enthält vorzüglich zwey Abtheilungen:

I. Politik.
II. Wissenschaften.

Die Politik, und zwar die äußere, wird alles Interessante, was politische Zeitungen anzuzeigen pflegen, so neu als möglich geben. Unter der innern Politik werden neue Anordnungen in Bezug auf Staatseinrichtung und Staatsverwaltung zur Kenntniß des Publicums gebracht.

Unter dem Worte: Wissenschaften, erhält der Leser hauptsächlich vier Rubriken: 1) Academien. 2) Gelehrte Gesellschaften und Preise. 3) Literarische Anzeigen. 4) Neue Erfindungen und Entdeckungen.

Die Redaction wird nichts versäumen, was, durch Mitwirkung der heidelberger Gelehrten, für die vorzügliche Bearbeitung dieser wissenschaftlichen Gegenstände geschehen kann. — Aber, fragt man vielleicht, wie ist es thunlich, alles dieß in wöchentlichen vier Blättern (denn nicht mehrere sollen erscheinen, und zwar Sonntags, Montags, Mittwochs und Freytags) zu liefern? Die Redaction ersucht diese Zweifler, zu bedenken, daß manche politische und literarische Zeitschriften, von denen für jeden Tag ein Bogen erscheint, gar leicht auf einen Bogen für die Woche das wahrhaft Interessante zurückführen könnten, und dieß nur soll ja unsere Zeitung enthalten. Auch wird man bey einer kurzen Vergleichung leicht bemerken, daß das Format dieses Blattes von ungewöhnlicher Größe und das Blatt selbst auf das Sparsamste benutzt, also auch in dieser Hinsicht Vieles gewonnen ist. — Seine Erweiterung wird vorzüglich von der Unterstützung des Publicums abhängen.

Das heidelberger Postamt hat die Hauptspedition dieser Zeitung übernommen, und werden daher alle löbliche Postämter und Buchhandlungen ersucht, sich mit ihren Bestellungen dahin, ihrer Vorausnehmer sich an die nächste Postexpedition ihres Orts zu wenden.

Der Preis für das halbe Jahr, ist, hier in Heidelberg, einschließlich der Postexpeditionskosten, 6 fl. 48 kr. rheinisch.

Am Ende jedes Jahrs wird ein Register geliefert, und zugleich eine Anzeige aller Abonnenten dieses Blattes, nach ihrem Stand und Namen.

Beyträge, vorzüglich politische und wissenschaftliche Aufsätze, sind sehr willkommen und werden ansehnlich honorirt. Sie sind, wie die Bekanntmachungen, die man einrücken lassen will, und mit 3 kr. für die Zeile bezahlen muß, portofrey einzusenden an

die Redaction der politisch-literarischen Zeitung zu Heidelberg.

Die löblichen Postämter werden ersucht, ihre Bestellungen so schnell als möglich zu machen, da durch die erst kürzlich erfolgte Ankunft des gnädigsten Privilegii die Anzeige nicht früher gegeben werden konnte.

Der Correspondent von und für Deutschland, welcher gegenwärtig mit Sr. königl. Majestät von Bayern allergnädigstem Privilegium erscheint, wird künftig auch Anzeigen und Bekanntmachungen aller Art zur Kenntniß des größern Publicums bringen und steht gegen die mäßigen Einrückungsgebühren von 4 1/2 kr. rheinisch für die gedruckte Zeile allen respectiven Civil- und Militärbehörden sowohl, als Privaten, zu Diensten. Die beliebigen Einsendungen geben directe an die Redaction des Correspondenten von und für Deutschland zu Nürnberg.

Nachricht.

Nach der in Nro. 326. v. J. des Allgem. Anz. die Sonntagszeitung betreffenden Ankündigung sollte man glauben, daß dieses Blatt hier herausgegeben und bey mir gedruckt und verlegt würde. Zur Vermeidung irgend eines Mißverständnisses deßhalb ich hiermit an, daß dieß bey mir nicht also ist, und daß ich dabey nicht weiter interessirt bin, als daß die Redaction mich ersucht hat:

„Die Versendung in monatlichen Heften an Buchhandlungen, die es verlangen möchten, zu übernehmen, indem sich die frankfurter Oberpostamts-Zeitungs-Expedition nur mit der Versendung in Blättern befassen könne.“

Offenbach, den 5 Januar 1807.

Brede,
Buchdrucker, Buch- und Papierhändler.

Bücher-Anzeigen.

Bey Ziegler und Söhne in Zürich ist erschienen und durch alle Buchhandlungen zu haben:
Ebene und körperliche Elementargeometrie für Bürger- und andere Realschulen, wie auch zum Selbstunterricht, von J. C. Häfeli, mit 4 Kupfertafeln und einer Vorrede von H. U. A. Dieth, fürstlich anhalt bissaumischem Schuldrector und Professor der Mathematik. &c.

Zur Empfehlung dieses Lehrbuches, das auch durch die Nettigkeit seines Gewandes gefallen wird, brauchen wir wol weiter nichts zu thun, als die Worte anzuführen, womit der durch seine eigenen mathematischen und physicalischen Schriften berühmte Herr Schuldirector Vieth die Vorrede beschließt. — Eine Schule, die einen Lehrer besißt, bey dem sich vorrath von Kenntnissen mit Methode zusammen finden, eine solche Schule kann sich Glück wünschen. Und in diesem Falle befindet sich gewiß diejenige, woran der Herr Verfasser des gegenwärtigen Buches arbeitet. Ich darf diesem Buch ohne Bedenken die günstige Aufnahme versprechen, die es verdient. Möge es in den Händen seines schäßbaren Verfassers und vieler andern Lehrer allen den Nußen stiften, dessen es so fähig ist.

So eben ist bey mir erschienen und in allen Buchhandlungen zu haben:
Biblische Anthropologie, von Dr. Franz Ober-
   thür in Würzburg. gr. 8. 1r Bd. 1 rthlr. 20 gl.
   oder 3 fl. 18 kr. rhein.

Sie ist die Hälfte der Dogmatik, die der Verf. in biblische Anthropologie und biblische Theologie eintheilt. In welchem Sinne der Beyname biblisch zu nehmen sey, weiß man bereits aus seiner Idea biblica ecclesiae Dei, einem mitten aus der biblischen Theologie, des Umfangs und der Wichtigkeit des Gegenstandes und selbst ihres daher nothwendig gewordenen größeren Volumens wegen, herausgehobenen Monogramm. Die Benennung wird in soweit a posteriori genommen, weil die Bibel nicht nur alle den Menschen als ein moralisches Wesen nahe angehende, aus der Natur durch die Vernunft entdeckbare Wahrheiten bestätiget, erweitert, erläutert, auf eine eigne mehr eindringende Weise vorträgt, sondern auch noch mehrere ihr ganz eigne Wahrheiten enthält, so daß nur aus ihr ein vollständiges System der theoretischen sowohl als practischen Religionslehre, keine alles umfassende vollendete Theologie oder Anthropologie entworfen werden kann. Sonst ist dem Verfasser die Natur die erste Quelle, aus der er schöpfte, und von der er zur Bibel übergeht, eine Gradation und Oeconomie, die ihre eigene Absicht hat, und ihre besondere gute Wirkung thut.

Was man einstimmig an der Art, die Dogmatik zu behandeln, bey der Idea Biblica ecclesiae Dei rühmte, findet man auch bey der biblischen Anthropologie: Tiefsinn und Scharfsinn des Forschers im Archive der Natur und der Offenbarung, Neuheit der Ansichten und der Darstellung, strenger Zusammenhang aller Theile und aller Ideen, Brauchbarkeit für alle, für den academischen Lehrer und forschenden Gelehrten, für den Volkslehrer, den Asceten und jeden denkenden Christen; Beweiskraft des inneren Gehaltes der Dogmatik selbst, für die Göttlichkeit der christlichen Religion, hoher Reiz zum Studium derselben in der Bearbeitung und Darstellung ihrer Lehren, wo Religionsphilosophie und Ascese, Psychologie, Menschen- und Bibel-

kenntniß in einem Ganzen zusammen fließen, wie die Geschichte der Dogmatik kaum noch ein ähnliches Werk wird aufweisen können. Dieß sey das zusammengedrängte Urtheil eines Kenners, nicht nur des Verlegers, der seine Waare anpreist, aber doch sich auch selbst überzeugt fühlt, daß er ein interessantes und auf die Bedürfnisse und Forderungen der Zeit ganz berechnetes Werk dem Publicum liefere.

Das Ganze ist übrigens fertig, und die noch übrigen zwey oder drey Theile werden ununterbrochen auf einander folgen, wenn das Publicum das Unternehmen unterstüßt. Dieser erste Band enthält die Hauptabtheilung des ganzen Werks, und handelt von des Menschen Bestimmung, von Tugend und der ihr entsprechenden Glückseligkeit. Der folgende wird von der Sünde und dem traurigen Loose des Sünders, von dem Falle des gesammten Menschengeschlechts, der dritte von der Wiederherstellung des gefallenen Menschengeschlechts durch Christum und die Gnade. Der vierte vom Tode und dem ewigen Leben der Gerechten, dem Uebergange dahin, dem wechselseitigen Verhältniß der Todten und Lebenden, von den Strafen der Sünder und endlich vom Ende der Welt, soviel sich darüber sagen läßt, handeln. Ob die zwey leßten Hauptabtheilungen in einen Band zusammen gefaßt werden können, läßt sich noch nicht bestimmen. Die beyden ersten fielen der Wichtigkeit der Gegenstände wegen etwas weitläuftiger aus und forderten jede einen eignen Band. Münster, im Dec. 1806.
                                        Peter Waldeck.

In unserm Verlage ist so eben erschienen:
Polen, zur Zeit der zwey leßten Theilungen dieses Reichs,
historisch, statistisch und geographisch beschrieben. Nebst einem allegorischen Frontispiz, 3 Prospecten und einer Landkarte, welche die verschiedenen Theilungen Polens in den Jahren 1773, 1793 und 1795 dem Auge deutlich macht. 34 Bogen. gr. 8. Preis 2 rthlr.

Von demselben Verfasser erschien bey uns im Jahr 1799:
Südpreußen: Voran ein kurzer Abriß der politischen und Kirchengeschichte Polens. Mit 6 Prospecten und 3 Landk. 42 B. gr. 8. Pr. 2 rthl. 12 gl.
                Dykische Buchhandlung in Leipzig.

In einigen Wochen erscheint in unterzeichneter Buchhandlung:
Entwurf eines Staatsrechts für den rheinischen Bund. Nach den Grundsäßen des allgemeinen Völkerrechts bearbeitet von J. v. Zinkel. gr. 8.
Der fleißige und durch mehrere gründliche Schriften rühmlich bekannte Verfasser liefert hier dem Publicum ein Buch, das sowohl wegen der Neuheit des Gegenstandes, als vorzüglich wegen der darin aufgestellten völkerrechtlichen Grundsäße allgemeines Interesse erregen wird.
München, den 3 Januar 1807.
                E. A. Fleischmann's Buchhandlung.

Num. 18.

Allgemeiner Anzeiger
der
Deutschen.

Montags, den 19 Januar 1807.

Nützliche Anstalten und Vorschläge.

Einige Gedanken über das Verhältniß der Eltern zu ihren Hofmeistern und über den Antheil, welchen jene an dem Geschäfte der leztern zu nehmen haben.

Es ist eine alte längst anerkannte Wahrheit, daß der Mensch, wenn er das werden soll, wozu er bestimmt ist, von andern erzogen, daß seine Anlagen, Fähigkeiten und Kräfte, gut und vollkommen zu werden, von außen heraus entwickelt und gebildet werden müssen. Viel sind der Wege zur Erreichung dieses hohen Zwecks gegeben; aber auch viel und mannichfach sind die Verirrungen, in denen man in dieser Hinsicht sich schon herum getrieben hat und zum Theil noch herumtreibt. Man mag einen Blick auf den Zustand der öffentlichen Volkserziehung werfen, oder auf den der häuslichen Bildung, so wird man dieß leider nur zu oft noch hier und da bestätigt finden, ohne jedoch im mindesten das mannichfache Gute zu verkennen, wozu in den letzten Jahrzehnden unserer Zeit von so manchen wackern Männern der Samen ausgestreuet worden. Mit der häuslichen Erziehung, und besonders einem Puncte derselben haben wir es hier vornehmlich zu thun.

So wie es Eltern gibt, besonders in den höhern Ständen, welche, weil sie die Erziehung ihrer Kinder nicht selbst besorgen, und sogenannten Hofmeistern *) dieß Geschäft übertragen, sich mehr, als ihnen vernünftiger Weise zukommt, dabey anmaßen, und in alles, selbst in die geringfügigsten Kleinigkeiten sich mischen: so fehlt es auch nicht an solchen, die, wenn sie einmahl sich der Erziehungsangelegenheit entledigt, und einen Mann ins Haus genommen haben, dem sie ihre Kinder übergeben, sich nun auch wenig oder gar nicht mehr um das Erziehungsgeschäft, welches doch eine ihrer wichtigsten und heiligsten Herzensangelegenheiten seyn sollte, bekümmern, und nur froh sind, daß sie sich diese Sorgen vom Halse geschafft haben, —

Die Ursachen dieser für den Menschenfreund so traurigen Erscheinung sind von verschiedener Art. Bey manchen Eltern rührt sie von allzugroßer Liebe zur Bequemlichkeit her. Sie finden es behaglich, die Erziehung ihrer Kinder von andern besorgt zu wissen, um vielleicht andern Lieblingsneigungen nur desto ungestörter nachhängen zu können, und oft müssen dann in diesem Falle überhäufte Arbeiten den Entschuldigungsgrund hergeben. — Ich gestehe gern zu, daß manchem Geschäftsmanne nicht viel Zeit übrig bleibt, die

*) Es wäre zu wünschen, daß dieser unpassende Name aus unserer Sprache verbannt und ein anderer dafür allgemein eingeführt würde. Es gibt wirklich Orte, wo dieser so nützliche und ehrenvolle Stand so wenig geschätzt ist, daß man schon beym Namen mit Verächtlichkeit die Achseln zuckt. Ich verdenke es daher keinem jungen Manne von Ehrgefühl und seines innern Werthes sich bewußt, wenn er, sobald er sich dem häuslichen Erziehungsfach in solchen Orten widmet, nach einem andern Titel sich umsieht und etwa die Docterwürde sich zu verschaffen sucht.

er der Aufmerkſamkeit auf die Erziehung ſeiner Kinder widmen kann; aber ſollte ſich im Laufe des Jahres nicht auch manches Stündchen finden, wo er ſeine Arbeitsfeſſeln (wenn anders dieſe wirklich ſo ſchwer auf ihm liegen) auf einige Zeit abwerfen, wo er als Vater ſich mit ſeinem Hofmeiſter über dieſen oder jenen Gegenſtand, ſey es über den Unterricht oder die moraliſche Bildung der anvertrauten Zöglinge, freundſchaftlich unterreden könnte? — Indeß dieß iſt nicht eines jeden Sache. Man ſucht lieber andere Erholung auf, geht lieber in leere Geſellſchaften, als daß man ſeine Stunden der Muße auf die eben angedeutete Weiſe im Kreiſe der Seinigen würdiger zubrächte.

Eine andere Urſache von der Gleichgültigkeit mancher Eltern gegen die häusliche Erziehung ihrer Kinder iſt Mangel an theoretiſchen und practiſchen pädagogiſchen Kenntniſſen. Um daher nicht ihre Unwiſſenheit in dieſer Hinſicht zu verrathen, um keine ſchiefe Urtheile in einem ihnen ziemlich fremden Fache zu fällen, verhalten ſie ſich lieber ſchweigend, wo ſie oft reden ſollten. Sie geben wol, um den Hofmeiſter nicht ganz ſicher zu ſtellen, von Zeit zu Zeit zu verſtehen, daß ſie ſowohl das Ganze, als das Einzelne des Erziehungsgeſchäftes im Stillen genau beobachteten; allein jeder, der damit vertraut iſt, weiß aus Erfahrung, daß dieß unter ſolchen Umſtänden nicht leicht möglich ſey, daß wol etwas mehr, als Achtſamkeit von fern — daß häufiger Umgang mit dem Erzieher und den Zöglingen erfordert werde, um in das Innere des Verhältniſſes, in den Geiſt der Methode und der Behandlung einzudringen, und nicht vom äußern trügeriſchen Scheine geblendet zu werden. — Bey andern Eltern liegen jener Gleichgültigkeit gegen die Erziehung ihrer Kinder auch wol noch andere und ſpeciellere Urſachen zum Grunde. Indeß begnüge ich mich jetzt bei der obigen Angabe der allgemeinen, um ſolche Eltern noch auf die Nachtheile aufmerkſam zu machen, welche jene unelterliche Denkart bringt. — — Nachtheilig wird dieſelbe aus folgenden Gründen.

1) Man findet nicht immer einen Mann, dem man in allen Stücken ſeine Kinder ganz und gar anvertrauen kann.

Unſere meiſten Hofmeiſter ſind junge Leute, die kaum die Univerſität verlaſſen haben, und nun in eine ihnen noch fremde Sphäre hineingeworfen werden; die auch bey dem beſten Willen oft das nicht leiſten, was ſie ſelbſt und andere von ihnen fordern, weil — es ihnen noch an Erfahrung fehlt. Selbſt die unparteiiſchſten und trefflichſten Univerſitäts-Zeugniſſe gewähren nicht immer hinreichende Bürgſchaft; denn ſie beurtheilen den jungen Mann und können ihn nur beurtheilen als Student — können nur ſagen, daß er als ſolcher fleißig geweſen, ſich Kenntniſſe erworben, und rechtlich und ordentlich ſich betragen habe; keinesweges aber als Erzieher, weil er, in der Regel wenigſtens, als ſolcher noch keine Proben auf der Academie abgelegt hat; denn auch das bloße Stundengeben in Privathäuſern, dem ſich mancher Muſensohn aus Dürftigkeit unterzieht, iſt noch nicht Erziehung im vollen Sinne des Worts. Wie können daher Eltern, beſonders einem ſolchen angehenden Erzieher mit gutem Gewiſſen ihre Kinder ganz und gar überlaſſen! Wie viel beſſer würden ſie daran thun, wenn ſie dem jungen Manne, der vielleicht mit allen Kräften darnach ſtrebt, ihren Wün[...] [...] mit Freundſchaft und Liebe an die Hand gingen, anſtatt ſorgloſer Ruhe ſich hinzugeben!

2) Geſetzt aber auch, daß man ſo glücklich war, wirklich einen Mann zu finden, auf den man in allen Stücken ſich verlaſſen, von dem man mit Gewißheit ſich verſprechen kann, er werde den gerechten Forderungen eines wackern Jugenderziehers Genüge leiſten, — geſetzt man findet dieß ſpäterhin durch Thatſachen bewährt: ſo zeugt es doch wahrlich von ſehr wenig Aufmerkſamkeit, von ſehr geringer Schätzung ſeiner Verdienſte, wenn Eltern, wenn beſonders Väter ſich aller Erziehungsſorge entſchlagen, wenn ſie nicht nur nicht von Zeit zu Zeit Gelegenheit nehmen, mit ihrem Hofmeiſter über die Erziehung der Kinder zu ſprechen, ſondern ihn wol gar als Miethling betrachten, ihn entweder von ihren traulichen Familien-Cirkeln, woran der gute Menſch ſich ſo gern im Glauben an gute Menſchen anſchließt, entfernt halten, oder, wenn ſie ihm ja Zutritt verſtatten, es oft nur der kalten

herzlosen Form wegen, und nicht selten mit empfindlicher Zurücksetzung thun. Solche Eltern kennen die mühselige Seite der Erziehung gar nicht; sie wissen nicht, was es heißt, Kinder vom frühen Morgen bis in die sinkende Nacht um sich zu haben, — wie viel man, der glücklichen Freyheit gewohnt, entbehret, wenn man fast keine Stunde des Tages sein nennen kann, wenn man durch ewiges Fragen, durch beständiges Geräusch u. s. w. fast immer unterbrochen wird; sie denken sich das alles so leicht, so unbedeutend, daß sie oft kaum begreifen, wie einem so etwas zur Last fallen könne. Und doch sollten sie sich nur einmahl an die Stelle ihres Erziehers setzen. Gewiß, sie würden es nicht lange aushalten, und dann anders urtheilen; sie würden einsehen, wie schwer, wie sehr schwer das Erziehungsgeschäft ist; sie würden erkenntlich seyn, und selbst durch äußere Thatsachen ihre Aufmerksamkeit und Dankbarkeit für so manche dargebrachte Aufopferung zu beweisen streben. Eine einzige trauliche Unterredung, wie erheitert sie nicht oft die getrübte Seele des Erziehers, wie ermuntert, wie stärkt sie von neuen zur Erfüllung seiner Pflichten, verdoppelt sie nicht seinen Eifer, mit Erfolg in seinem Berufe zu wirken!

3) Kälte und Gleichgültigkeit der Eltern in Sachen der Erziehung hat auch auf die Kinder den nachtheiligsten Einfluß. Wenn der Hofmeister sieht, daß sein redliches Bemühen um die Bildung und Vervollkommnung derselben so wenig Aufmerksamkeit findet, daß es den Eltern gleichviel zu seyn scheint, ob jene Vor- oder Rückschritte in den Wissenschaften machen, oder stehen bleiben, ob sie an Moralität und Religiosität zunehmen, oder nicht; wenn er vielleicht noch außerdem verkannt und zurückgesetzt, wenn Fremde und Verdienstlose, wenn solche, die nicht mit Menschenbildung, — einer der höchsten Aufgaben in der sittlichen Welt — sich beschäftigen, ihm bey jeder Gelegenheit vorgezogen, wenn noch obendrein auch andre häusliche Verhältnisse ihm Unannehmlichkeiten bereiten, und so seine ohnehin mühevollen Tage noch mehr verkümmert und verbittert werden: wird und muß dann nicht, vermöge der Ein-

richtung der menschlichen Natur, auch sein Eifer allmählig erkalten, wird und muß nicht am Ende Unmuth und Unzufriedenheit über seine drückende Lage ihn ergreifen? Und kann nun noch bey einer solchen Seelenstimmung die gute Sache der Erziehung gedeihen? — Den Kindern, die vielleicht schon früher bemerkten, wie wenig Achtung und Aufmerksamkeit man ihrem Lehrer und Erzieher schenkte, wie wenig man sich überhaupt von Seiten der Eltern um sie, um ihre Arbeiten und Erholungen, um ihre Freuden und Leiden bekümmerte, — den Kindern entgeht es nicht, wie wenig ihr Hofmeister jetzt zum Unterricht, zur Unterhaltung mit ihnen aufgelegt ist, — wie oft er sich vergebens bemühet, innern Kummer zu verbergen und heiter zu scheinen, während dem seine Seele von Mißmuth erfüllt ist. Ihr Eifer, ihre Thätigkeit läßt gleichfalls nach; ihre Achtung gegen ihn ist schon durch die vorherige Geringschätzung der Eltern gemindert; sie erlauben sich jetzt manches, was sie vorher sich versagten, weil sie jetzt selbst weniger Rücksicht zu finden glauben, und so reift das schöne Werk der Erziehung, das auf sichere Grundlage gebaut schien und mit Lust und Liebe und Freude begonnen wurde, leider! nicht zur Vollendung. Und wodurch? — Wodurch anders, als durch die Gleichgültigkeit und Sorglosigkeit der Eltern gegen ihren Hofmeister und ihre Kinder! —

4) Wenn endlich die von dem Hofmeister unter solchen Umständen sehnlich herbeygewünschte Stunde des Scheidens herannahet, und die Eltern entdecken, daß ihre Kinder nicht das geworden sind, was sie hätten werden können und wofür sie sie hielten, — welche Empfindungen müssen dann in ihrem Innern sich regen, wenn sie anders nicht ungerecht genug sind, die Schuld von sich auf ihren Hofmeister zu wälzen — ungerecht genug, es zu vergessen, daß sie es waren, die nicht thätig mitwirken mochten, die ihm nicht, wie ihre Pflicht doch unerläßlich forderte, bey der Sorge für das Heil ihrer Kinder freundschaftlich die Hand boten! Muß nicht die bitterste Scham und Reue ihre Seele erfüllen, wenn nun die traurige Erfahrung sie zur Erkenntniß ihrer unverantwortlichen Nachlässigkeit bringt? Muß nicht

bey jedem Fehltritt, den ihre Kinder jetzt und in Zukunft thun, — bey jeder Probe von Unwissenheit und Unart, die sie blicken lassen, — muß da nicht der qualvolle Gedanke sich ihnen unabweislich aufdrängen: Unsere Kinder würden auf einer höheren Stufe geistiger und sittlicher Bildung stehen, hätten wir eifrigern Antheil an ihrer Erziehung genommen, hätten wir ihren Lehrer und Erzieher kräftiger unterstützt, hätten wir nicht durch Kälte und Gleichgültigkeit gegen seine Verdienste ihn mit Unmuth erfüllt, und so die Tage und Jahre, die er bey uns verlebte, ihm verbittert?

Möchten das alle Eltern beherzigen, die die häusliche Erziehung ihrer Kinder nicht selbst besorgen können! Möchten besonders Väter die angedeuteten Gedanken ihrer ernsten Aufmerksamkeit würdigen, und möchte dadurch die Lage manches jungen Mannes, der vielleicht mehr trübe, als frohe Stunden in seiner Erziehersphäre zählt, erheitert — möchte sein saures Geschäft ihm versüßt und erleichtert, — möchten überhaupt diese Blätter mit Liebe aufgenommen werden, so wie sie mit Liebe gegeben sind! — Die Erfüllung dieser Wünsche wäre der schönste Lohn des Verfassers. —

***hain.　　　　.D. K—z.

Berichtigungen und Streitigkeiten.

Nachtrag zu dem Aufsatze an die Directoren der Gewehrfabrik zu Potsdam, im allg. Anz. 1806 Nr. 349 S. 4103.

Von Zeile 8 — 14. — Nicht die Acten selbst haben jenen Irrthum berichtigt, Ihnen u. s. w., sondern in denselben ist der dort berührte Irrthum berichtigt, mit welchen Ihnen auch die Kosten zuliquidirt und Sie zugleich veranlaßt worden sind, die Person zu nennen, welche wir der Injurie willen alsdann weiter in Anspruch nehmen können.

So viel zur Vermeidung eines möglichen Mißverstandes, womit wir zugleich unsre Bitte nochmahls wiederholen.

Zella St. Blasii den 12 Jan. 1807.

Heinrich Chr. Klett und Söhne.

Merkhand.

Buchdrucker = Offerten.

Gelehrten und Buchhändlern empfehle ich meine Pressen. Eine über 40 Jahr bestehende vollständige Buchdruckerey und die Hülfsmittel, welche Schriftschneider, Schriftgießer, Holzschneider, Kupferstecher und Kupferdrucker, die mir hier zur Hand sind, gewähren, setzen mich in den Stand, die mühsamsten und kunstreichsten Arbeiten zu übernehmen. Uebrigens sind meine Druckarbeiten und die dazu gelieferten Papiere den Buchhändlern wahrscheinlich hinlänglich bekannt. Durch einen edeln Geschmack in meinen Druckarbeiten und durch billige Preise werde ich suchen, den mir bisher geschenkten Beyfall ferner zu verdienen.

C. L. Brede in Offenbach.

Familien = Nachrichten.

Heirathsantrag.

Ich bin ein junger Mann von 25 Jahren, ansehnlichem Vermögen, habe keine ganz unangenehme Gestalt, und lebe auf dem Lande in der Nähe einer ziemlich großen Stadt.

Ich wünsche mir eine Gesährtin des Lebens; unter den Frauenzimmern meiner Gegend finde ich keine, die ich zu wählen wünschen könnte, und da meine Verhältnisse mir nicht erlauben, Reisen deshalb zu thun, so wähle ich diesen Weg. Meine Frau müßte mit mir wenigstens von gleichem Alter seyn. Sie muß von unbescholtenem Herkommen und eine Deutsche seyn, und nichts Unangenehmes in ihrem Aeußern haben. Auf Vermögen sehe ich nicht.

Will eine meiner Landsmänninnen auf meine Bitte hören, und sich mit mir in Correspondenz einlassen, so würden wir uns näher verständigen und würde ich ihre nähere Bekanntschaft suchen. Ich bitte eine solche, ihre Briefe nach Helmstädt, in Niedersachsen, unter der Adresse: An Herrn Carl Z. poste restante zu schicken und dem Briefe gefälligst ihren Schattenriß beyzulegen. Mit der nächsten Post werde ich dann ausführlicher schreiben.

Die höchste Verschwiegenheit versteht sich von selbst.

Tobis-Anzeige.

Gestern erhielt ich die traurige Nachricht von dem Tode meines Mannes, des in hohenloh-öhringischen Diensten gestandenen Hauptmanns C. Gott. Friedrich Dietzsch. Er starb zu Steinau an der Straße. Unsern Anverwandten und Freunden solches bekannt zu machen, habe ich nicht unterlassen wollen; wobey ich mich und meine zwey unmündigen Kinder Ihrer fernern Freundschaft und Gewogenheit empfehle.

Gotha, den 10 Januar 1807.

Karoline Dietzsch, geb. Grabner.

Kauf- und Handels-Sachen.

Publicandum.

Da die jetzigen Zeitumstände es durchaus nöthig machen, daß die zum städtischen Darlehn von dem Publicum bestimmten Gelder, so bald als möglich, eingezahlt werden, indem die Stadt sich jetzt vorzüglich in den Umständen befindet, baares Geld zu gebrauchen, um die Bedürfnisse der kaiserlich französischen Truppen befriedigen zu können; so wird das hiesige sowohl, als das auswärtige Publicum hierdurch nochmahls dringend aufgefordert, zu diesem Darlehn, nach dem Publicandum vom 25 November, nach Möglichkeit zu contribuiren und ihre Beyträge unverzüglich auf das berlinsche Rathhaus in die Haupt-Stadtcasse, an die Rendanten, Herrn Kriegsrath Oeding, oder Hrn. Hofrath Gützlaff abzuliefern.

Zur nähern Erläuterung und zur Nachricht und Achtung für alle Interessenten wird annoch Folgendes bekannt gemacht:

1) Es werden zu dem städtischen Darlehn auch fremde Münzsorten nach dem folgenden Tarif angenommen, und wird darnach die Darlehnssumme in Courant berechnet:

	Thlr.	Gr.	Pf.
5 Frankenstücke zu	1	8	5
2 Frankenstücke		13	
Laubthaler à 6 Livres zu	1	14	5
Conventionsgeld, der Thaler zu	1	9	6
24 Kreuzerstücke zu		5	7
Brabanter Kronenthaler zu	1	13	8

2) Damit die Umtauschung der Interimsscheine gegen förmliche Stadt-Obligationen künftig um so weniger aufgehalten werden möge, soll die Obligation nur an denjenigen,

auf dessen Namen der Interimsschein spricht, oder an den vollständig als Cessionarius qualificirten Inhaber desselben ausgehändigt werden.

3) Werden alle diejenigen, welche vom 10 October bis 11 November inclusive, sub Nr. 1 bis 633 inclusive, Gelder oder Documente zum städtischen Darlehn gegeben haben, aufgefordert, innerhalb den nächsten acht Tagen nach der Bekanntmachung dieses und zwar Vormittags von 9 bis 1 Uhr, und Nachmittags von 4 bis 6 Uhr, bey dem Documenten-Bureau der Haupt-Stadtcasse auf dem berlinschen Rathhause ihre Erklärung schriftlich abzugeben, auf wie hoch sie die Stadt-Obligationen über die von ihnen abgelieferten Gelder oder Documente nach der Bestimmung des Publicandi vom 25 November c. verlangen, wobey denjenigen, welche Summen unter 50 Thaler gegeben haben, nochmahls in Erinnerung gebracht wird, daß sie zu ihrem Darlehn so viel hinzulegen müssen, daß dieselbe die Summe von 50 Thaler erreicht, wenn sie davon Zinsen genießen wollen, indem sie über Summen unter funfzig Thaler nur unzinsbare Scheine erhalten können. Diejenigen, welche in der bestimmten Frist ihre Erklärungen nicht abgeben werden, haben es sich selbst beyzumessen, wenn die Obligationen über die von ihnen gegebenen Darlehne nach Gutdünken des Documenten-Bureau werden ausgefertigt werden, wobey sodann keine weitere Abänderung Statt findet.

4) Da man verschiedentlich den Wunsch geäußert hat, die Form und den Inhalt der Stadt-Obligationen näher kennen zu lernen, so wird hierdurch bekannt gemacht, daß die Stadt-Obligationen in der nachfolgenden Art ausgefertigt werden sollen:

Wir Präsident 2c. bescheinigen hierdurch, daß —— am —— zur Bestreitung der Kriegslasten ein Capital von —— darlehnsweise hergegeben, und bey der Haupt-Stadtcasse belegt —— dessen Empfang wir hierdurch mit Verzicht auf die Einrede der nicht empfangenen Valuta anerkennen. Wir versichern und verpflichten uns, dieses Capital zum Nutzen und Besten der ganzen Stadt, und jedes Bewohners derselben gewissenhaft zu verwenden, und verbinden uns, dasselbe von —— an, mit 5 Procent pro anno, in halbjährigen Ratis, in der Münzsorte des Capitals richtig zu verzinsen, auch das Capital selbst ein Jahr nach wieder hergestelltem Frieden und nach einer sodann dem Gläubiger und der Stadt Berlin freystehenden sechsmonatlichen Aufkündigungsfrist, allhier in Berlin dankbarlichst zurückzugeben, und zwar bey den Darlehnen in baarem Gelde, das Gold in dem Münzfuße von 35 Stück vollwichtigen Pistolen à 5 Thlr. auf die Mark, à 21 Karat 8 Grän fein, und das Courant nach dem Münzfuße von 1764 und bey den Darlehnen in Staatspapieren nach der Wahl des Schuldners in den gegebenen Effecten oder in der in dieser Verschreibung ausgedrückten Darlehns-Summe in Gold oder Courant."

"Wir verpflichten uns auch, die Zahlung des Capitals demjenigen zu leisten, welcher diese Obligation bey unserer Haupt-Stadtcasse abliefern und über den Empfang des zurückgezahlten Geldes quittiren wird, so daß weder wir selbst, noch unsere Haupt-Stadtcasse von dem jedesmahligen Inhaber dieser Obligationen weitere Kenntniß nehmen, uns auch mit der Untersuchung der Legitimation des Inhabers der Obligationen und des sich zur Zurückzahlung bey der Haupt-Stadtcasse meldenden Empfängers nicht befassen können und werden, und daher den Eigenthümer dieser Obligation erinnern, solche mit aller Vorsichtigkeit, gleich wie baares Geld, zu verwahren, um der Gefahr vorzubeugen, daß ein von ihm nicht legitimirter oder ungetreuer Vorzeiger derselben das Geld darauf empfange, und solches dem wahren Eigenthümer verloren gehe."

"Für die Sicherheit dieses Darlehns haftet das Vermögen der Kämmerey mit allen ihren Pertinentien, die ganze Stadt und jeder Eigenthümer und Bewohner derselben."

"Wir entsagen hierdurch allen gegen diese Obligation Statt findenden Rechtswohlthaten und Ausflüchten, wie solche Namen haben mögen, und insbesondere der Einrede, daß eine allgemeine Verzicht nichts gelte, wenn nicht auf jede besondere Einrede besonders Verzicht geleistet worden, und kann und soll nichts, als die richtige Wiedererstattung der in dieser Obligation verschriebenen Summe von — — Uns und die Stadt und deren Eigenthümer, Bürger und Einwoh-

ner von dieser Schuld entbinden, auch soll die auf Eigenthümer, Capitalisten und Einwohner künftig zu diesem Behuf zu machende Auflage unter keinem Vorwande anders als zur Bezahlung von Capital und Zinsen verwendet werden."

"Urkundlich ist diese Obligation in beglaubter Form ausgefertiget, durch eigenhändige Unterschrift des Präsidenten ꝛc. vollzogen, und durch Beydruckung des Stadt-Insiegels bekräftigt worden.

Berlin, den

(Folgt Siegel und Unterschriften.)"

"Und ich Endesunterschriebener, welcher von Seiner königlichen Majestät von Preußen durch Höchstdero Cabinets-Ordre vom 22 October 1806 zur Fürsorge für die Stadt Berlin besonders angewiesen worden, confirmire hierdurch vorstehende, von dem berlinschen Magistrat und der Verwaltungs-Comité an
über ein Darlehn von   zu
5 pro-Cent pro anno, ausgestellte Stadt-Obligation in allen ihren Puncten und Clauseln.

Berlin den
     Seiner Königl. Majestät von Preußen
     Allerhöchst bestallter wirklicher geheimer Etats- Kriegs- und dirigirender Minister.
          (L. S.)
     (gezeichnet)   von Angern."

Berlin, den 7 December 1806.
     Comité administratif.
de la Garde. Hotho. Nitze. Zelter.
     Wibeau. Meyer. Beringuier.

Nachricht an unsere Handelsfreunde.
Da unser vormahliger Compagnon, unter dessen Namen die Firma der hiesigen Porcellain-Fabrik bisher geführt worden ist, sich vor kurzem entfernt und bey einer andern Fabrik engagirt hat, so unterlassen wir nicht, dieses hierdurch mit der Bemerkung bekannt zu machen, daß mit uns künftig
     Friedrich Egidius Henneberg et Comp.
unterzeichnen werden. Indem wir alle diejenigen, welche die hiesige Porcellain-Fabrik bisher mit Aufträgen beehrt haben, ergebenst ersuchen, solche uns ferner zu Theil werden zu lassen, versichern wir zugleich die schleunigste und reelleste Erfüllung derselben.
     Gotha, den 12 Januar 1807.
          Henneberg. Gabel. Brehm.

Meßwohnungen für Buchhändler.

Für Buchhändler, welche die leipziger Messe besuchen, sind in einem Hause, wo schon Buchhändler stehen, zwey bequeme Plätze um billige Preise zu haben. Hr. D. F. Vogel im Paulinum in Leipzig gibt nähere Nachricht.

Sämereyen und verschiedene Gewächse.

Die Hoffmannsche Samenhandlung zu Sömmerda will ihre Schuldigkeit nicht versehlen, ihren auswärtigen resp. Freunden anzuzeigen, daß auch für dieses Jahr alle Gemüse-, öconomische Futter-Kräuter-, botanische und Blumen-Samen bey ihr zu haben sind. Selbige wird Verzeichnisse gratis geben und die billigste und reellste Bedienung sich zur Pflicht machen, erbittet sich aber bey allen Angelegenheiten Briefe und Gelder postfrey, so wie Bezahlung zugleich mit, oder richtige Anweisung.

Von den ägyptischen großen, engl. frühesten und sehr delicaten Zuckerkartoffeln ist auch wieder Vorrath beygebracht worden, in schon bekannten Preisen; auch kann man mit Samen von diesen Arten dienen. Neue spanische Kartoffeln das Stück 1 Ggl. und afrikanische Schlangen-Kartoffeln das Stück a Ggl. sind, vorzüglich die letztern, sehr angenehm zur Speise.

Die besonders ergiebigen Frucht- und Grasarten sind wiederum beygeschafft; der nackte Sommer-Gerste (Hordeum coeleste) behauptet ihren Platz, so wie das Stauben- und Johannis-Korn am rechten Ort gesäet und zu rechter Zeit; der engl. frühe Hafer ist ergiebig und bald reif; der türkische hohe Hafer (Avena oriental.) noch einträglicher und zugleich ein vortreffliches Mittel, die Quecken auszurotten.

Auf alle Arten von Samen wird Bestellung angenommen, es seyen öconomische oder botanische, oder wie sie heißen mögen; auch auf alle Art Gewächse, im Freyen sowohl als ins Glashaus ꝛc.

Freunde, welche schon seit vorigen und mehrern Jahren rückständig sind, werden um baldigste Zahlung höflichst ersucht.

N. S. Verzeichnisse sind auch bey der Expedition des allg. Anz. d. D. zu haben.

Justiz- und Polizey-Sachen.

Vorladungen: 1)

Der für den hiesigen Bürgerssohn Joh. Nicolaus Hoch im Jahr 1795 als Miliz eingestandene, aus dem ehemahls churpfälzischen Oberamt Umstatt gebürtige, seinem Namen nach aber hier unbekannte Mann, oder dessen etwaige Erben werden hiermit aufgefordert, sich zum Empfang der in Deposito des großherzoglichen Hofraths-Collegii zu stehenden, in 165 fl. bestehenden Einstands-Caution innerhalb drey Monaten hier zu melden und gehörig zu legitimiren oder zu gewärtigen, daß nach fruchtlosem Umlauf der Frist diese Gelder ohne wei-

ters als verfallen dem herrschaftlichen Aerario werden zugewiesen werden.

Weinheim, den 5 Januar 1807.
Großherzoglich Badensches Amt.
Beihorn. Thio.

2) der Friederica Philip. und Elisabetha Bechtold.

Die von dem, vor mehreren Jahren verstorbenen, vormahligen churpfälzischen Bothen-Meister Bechtold dahier hinterlassenen Töchter Namens Friederica, Philippina und Elisabetha Bechtold, verehelichte Gottlieb Fried. Lorenz, oder derselben allenfallsige Leibes-Erben, werden anmit edictaliter vorgeladen, innerhalb einer peremtorischen Frist von neun Monaten entweder selbst, oder durch hinlänglich Bevollmächtigte sich zu dem Empfang der bey diesseitiger Depositur beruhenden Bechtoldischen Gelder ad 160 fl. 9 kr. um so gewisser rechtlicher Ordnung nach hinlänglich zu legitimiren, als sonst nach fruchtlosem Ablauf dieser Frist über befragliche Gelder anderweit werde verfüget werden.

Mannheim, den 31 December 1806.
Großherzoglich Badischer Hofrath der Badischen Pfalzgrafschaft.
Vdt. Steinwar.

3) der Gläubiger Gottfr. Kopfe's.

Gegen den hiesigen Bürger und Seifensieder-Meister Gottfried Kopfe ist heute der Gantproceß erkannt worden; daher wird den bekannten Gläubigern, daher zur Anzeige ihrer an gedachten Gottfried Kopfe habenden Forderungen Liquidirung derselben, und Ausführung des etwaigen Präferenz-Anspruches eine Frist von 6 Wochen unter dem Rechtsnachtheile hiermit anberaumet, daß sie im Unterlassungsfalle nach Umlauf dieser Frist mit ihren Forderungen von der Hauptmasse ausgeschlossen werden sollen.

Mannheim den 2 Januar 1807.
Großherzogl. Stadtvogtey-Amt.
Rupprecht. Doehmer. Vidt. Würnberger.

4) J. Richert's.

Röteln. Wenn sich Friedrich Richert von Lörrach, der im Jahr 1789 sich als Bauernknecht aus hiesiger Gegend entfernt hat, oder seine etwaige Leibes-Erben, nicht binnen 9 Monaten, von heute an gerechnet, bey hiesigem Ober-Amt selbst, oder durch Bevollmächtigte melden, um das ihm, Richert, von seinem Vater angefallene Vermögen in Empfang zu nehmen: so wird dasselbe seinen nächsten Anverwandten auf ihr Ansuchen gegen Caution verabfolgt werden.

Verordnet bey dem Großherzoglich Badischen Ober-Amt Rötein zu Lörrach, den 15 Dec. 1806.
Großherzoglich Badisches Ober-Amt Rötein.

5) J. Chr. Bluhme's.

Es ist der hiesige Bürger und Strumpfwirker, Meister Johann Christian Bluhme, welcher am 14 Februar 1736 geboren, seit vielen Jahren von hier weggegangen, und von seinem Leben und Auf-enthalte keine Nachricht erfolgt. Da demselben in-zwischen durch Erbschaft ein nicht unbeträchtliches Vermögen an Grundstücken und Gelde zugefallen, und er nunmehro das 70 Jahr seines Alters über-schritten, so hat dessen zeitheriger Vormund, der fürstl. Hofadvocat. und Auditeur, Herr Johann Wilhelm Koch allhier; in Rücksicht, daß der Abwe-sende seine noch lebende Ehefrau, Frau Marie Ca-tharine Bluhme, und zwey Söhne, den abwe-senden Handlungsdiener Ernst Heinrich, und den Böttcher Franz Heinrich Bluhme, zu Mansfeld, zurückgelassen, um dessen Vorladung mittelst Edic-talien geberen.

Diesem Gesuche ist nicht zu entstehen gewesen, und es wird daher gedachter Meister Johann Chri-stian Bluhme, oder, falls derselbe nicht mehr am Leben, dessen Erben, ingleichen alle diejenigen, welche an sein Vermögen aus irgend-einem Grunde Ansprüche zu haben vermeinen, hiermit edictaliter et peremtorie citirt,

den fünfzehnten Junius 1807.

auf hiesigem Rathhause zu rechter Gerichtszeit, in Person oder durch hinlänglich legitimirte und in-structe Bevollmächtigte zu erscheinen, sich anzumel-den, ihrer Verwandtschaft oder sonstigen Ansprüche halber, gehörig resp. sich zu legitimiren, und Be-scheinigung beyzubringen, mit dem zu bestehenden Procurator massae darüber in zwey abgewechselten Sätzen, von Mund aus in die Feder zu verfahren, unter der Verwahrung, daß der abwesende Meister Johann Christian Bluhme für todt, dessen sich nicht meldende Erben aber, ingleichen alle andere, wel-che einigen Anspruch an sein Vermögen gehabt, für präcludirt, aller Ansprüche und Rechte, sowie des beneficii restitutionis in integrum für verlu-stig geachtet, und das Vermögen gedachten Meisters Johann Christian Bluhme den sich meldenden und legitimirenden nächsten Verwandten zuerkannt wer-den wird. Zugleich wird zur Inrotulation der Acten

der dreyzehnte Julius 1807.
und zur Ertheilung eines präclusivischen Bescheids der zwanzigste Julius 1807.

hiermit anberaumt.

Wornach sich zu achten. Sign. Weimar, den 7 Januar 1807.

Der Rath daselbst.

6) des Advoc. Dan. Mich. Gieseguth.

Zur Publication eines in Untersuchungssachen wider den Canzley-Advocaten Daniel Michael

Gieseguth allh. gesprochenen Erkenntnisses ist von uns der 14 April d. J. bestimmt worden. Er wird also hiermit öffentlich geladen, da sein Aufenthaltsort nicht auszumachen ist, sich unter der Versicherung in diesem Termine vor uns zu stellen, daß außerdem das Erkenntniß für publicirt erachtet, und man in dessen Gemäßheit wider ihn verfahren werde.

Saalfeld, den 10 Januar 1807.

Magistrat daselbst.

7) J. J. Weber's.

Johann Friedrich Weber aus dem zum hie-sigen herzogl. Justizamte gehörigen Dorf Katha-rinau gebürtig, der seit länger als 44 Jahren abwe-send ist, und nach den zuletzt anher gelangten Nach-richten vom Jul. 1793 als damahliger kaiserl. Kön. Cordonist in Riva in Tyrol gestanden, seit dem Jahre 1793 aber weiter nichts hat von sich hören lassen, wird zur Erhebung seines in 232 Rthl. 11 gl. 1 pf. bestehenden, und bis jetzt unter vormundschaft-licher Administration gestandenen väterlichen Erb-antheils excl. seines Antheils an einigen von seinem vor mehrern Jahren zu Kumbach im Fürstl. Schwarzb. Rudolstädt. bey seiner Tochter und de-ren Ehemanne, der Weißmannischen Eheleute verstorbenem Vater, weil Johann Christoph We-ber, ererbten geringen Ledigen, in Gemäßheit eines unterm 7 Decbr. 1767 der Abwesenden halber emanirten landesherrl. höchsten Mandats, auf Ver-anlassung seiner Anverwandten, unter der Verwar-nung, daß wenn er sich nicht einfinden sollte, des-selben bisher unter vormundschaftlicher Administra-tion stehenden väterlichen Erbantheil seinen nächsten Anverwandten ohne Caution werde verabfolgt wer-den; ingleichen werden, im Fall derselbe verstor-ben seyn sollte, desselben etwaige Leibes- oder Te-staments-Erben, sowie alle die, aus welchem Rechts-grunde es sey an diesen Weberschen Erbtheil Anspruch machen zu können, vermeinen sollten, bey Verlust ihrer Ansprüche vorgeladen,

den 18 April 1807. ist die Mittewoche nach dem Sonntage misericordias Domini.

als welcher Tag pro termino anberau-met worden ist, vor hiesigl. Justizamte hierselbst zu rechter gerichtlicher Zeit resp. legal zu erschei-nen, ihre resp. oder sonstigen Ansprüche zu beschei-nigen, und sodann zu gewärtigen, daß das Weri-terre in Gemäßheit des deßhalbigen höchsten Man-dats werde verfüget werden. Wornach sich also zu achten. Sign. Saalfeld, den 23 Dec. 1806.

Herzogl. Sächs. Justizamt.

Johann Christoph Opitz.
Johann Georg Saalborn.

Allgemeiner Anzeiger
der
Deutschen.

Dienstags, den 20 Januar 1807.

Justiz- und Polizey-Sachen.

Haussuchungen betreffend.

Während der unseligen Plünderungen, die vom 13 bis 16 Octbr. v. J. unter andern häufigen Schreckensscenen hier Statt fanden, erlaubten sich mehrere schändliche verkleidete Personen auf fremde Rechnung Kleider, Wäsche, Pretiosen und andere Kostbarkeiten aus den Wohnungen der hiesigen Einwohner unrechtmäßiger Weise an sich zu nehmen. Nur wenige hatten vielleicht die Absicht, die entwendeten Sachen den rechten Eigenthümern wieder zuzustellen. Dieß bewiesen die Folgen. Wenige Tage nach der Plünderung wurden von einigen braven Männern, doch ohne gerichtliche Beyhülfe, Haussuchungen veranstaltet, die aber leider! sehr oberflächlich ausfielen. Denn erst, als man von Gerichtswegen den rechten Weg einschlug, fanden sich entwendete Sachen in fremden Häusern, wo man sie gar nicht vermuthet hatte. Die vorgefundenen Sachen wurden gerichtlich aufbewahrt, und nach geschehenen legalen Legitimationen den rechten Eigenthümern wieder zugestellt.

Um meine Stimme über diesen gewiß nicht unwichtigen Gegenstand vor dem großen Publicum zu erheben, thue ich den Justizbehörden, damit manchen Mißbräuchen und Unordnungen bey der Art von Geschäften vorgebeugt werden könne, folgende nur maßgebliche Vorschläge:

1) Wenn eine allgemeine Haussuchung Statt finden soll, so geschehe sie nicht oberflächlich, sondern man untersuche

alle Stellen des Hauses genau, lasse die Schränke von ihren Plätzen rücken, das Stroh aus den Betten werfen, das Gemüse in den Kellern umwühlen, die Brunnen in den Höfen untersuchen, auf den Böden und in den Holzremisen Holz und anderes Gerümpel auseinander reißen u. s. w.

2) Man verlasse sich nicht auf die Gerichtsdiener, sondern es gehe ein verpflichteter Actuar mit.

3) Die Personen, welche um Haussuchung gebeten haben, müssen selbst mitgehen, um ihre Sachen zu recognosciren.

4) Man weiche zuweilen von der Haussuchung, die in einer Straße nach der Reihe geschieht, ab und gehe schnell in ein anderes Haus, um sichere Leute zu überrumpeln.

5) Man durchsuche schon untersuchte Häuser, die verdächtig sind, nach Verlauf einiger Zeit noch einmahl.

6) Verdächtige Personen, die Sachen nach benachbarten Ortschaften schaffen wollen, untersuche man an den Thoren und andern Ausgängen des Orts.

In unserer Stadt handelten wir nach diesen Regeln, und waren so glücklich, mehrere Sachen zu retten, die Kostbarkeiten aber entgingen unserer Gerichtsbarkeit!

Jena den 10 Januar 1807.

A. Slevogt,
Vice-Bürgermeister u. Stadtrichter.

Gesundheitskunde.

Ein Mittel gegen die Schafpocken. *)

Der Herr Justiz-Commissarius Sebald zu Berlin sandte dieses Mittel ein, und sagt: daß er es nicht allein in des Herrn Majors von Blankensee Handbuche gefunden, sondern von ihm auch mündlich eine Anweisung zu dessen Anwendung und die Versicherung erhalten: daß nach dessen Gebrauche die Schafe niemahls die Pocken bekämen.

Man vermische nämlich zu Pulver:
1 1/2 Loth Johanniswurzel, (Hypericum perforatum.)
1 1/2 Loth Eberwurzel, (Carlina acaulus,)
1 1/2 Lth. Teufels-Abbiß. (Scabiosa suecisa,)
8 Loth grauen Schwefel,
1 Quentchen Teufelsdreck,
1/2 Quentchen Kampfer,
1 1/2 Loth schwarzen Kümmel.

Wenn die Schafherde über 1500 Stück stark ist: so muß zu dem obigen noch für 6 Pfennige Kampfer mehr genommen werden. Diese Species werden unter das Salz gemischt, welches den Schafen zum Lecken gegeben wird, und zwar des Jahres zwey-bis dreymahl, besonders dann öfterer als zweymahl, wenn in der Nachbarschaft die Pocken schon grassiren.

Seit Jahr und Tag bin ich mit diesem würdigen Veteran und erfahrenen Landwirthe dadurch in nähere Verbindung gekommen, daß ich der Gerichtsverwalter in seinen, nicht weit von Berlin, angekauften Gütern bin. Ich habe ihm und seinem Handbuche manche practische Erfahrung in der Landwirthschaft zu danken, und habe die Geschichte, wie er zu den obigen Mittel gekommen ist, von ihm nachstehend, und mit der Erlaubniß der weitern Bekanntmachung, mitgetheilt erhalten.

„Ich hatte — so sagte er — auf meinem „vorigen Gute Trossin in der Neumark, 18 „Jahr hinter einander, einen Schäfer, mit „dem ich sehr zufrieden war. — In einem „dieser Jahre kamen die Pocken in die Nach-„barschaft; ich befahl daher meinem Schäfer, „sich 20 pockige Schafe von dem Nachbar „anzubieten, und solche unter meine Schafe „aufzumengen, damit diese auch, und leicht, „die Pocken erhielten. Er schlug mir aber „diesen Auftrag mit der Aeußerung ab:

„das ist nicht nöthig, unsere Schafe „sind nicht von der Art.“ „Ich konnte mir diese laconische Antwort „eben so wenig erklären, als ich noch weni-„ger meinen Schäfer zur Erfüllung meines „Auftrages bewegen konnte. Indessen er-„hielten meine Schafe die Pocken nicht, ohn-„geachtet sie überall hingehütet wurden, wo „in der Nachbarschaft die Pocken sehr heftig „grassirten. Mein Schäfer war auch weder „durch Drohungen, noch Versprechungen zu „bewegen, mir die Gründe anzugeben, wa-„rum meine Schafe nicht von der Art wä-„ren, sondern er verschloß sein Geheimniß „tief in sich. Das nächste Jahr verabredete „ich mit einem meiner Nachbaren, daß er 20 „von meinen gesunden Schafen in seine „pockige Herde aufnehmen, und mir 20 „von seinen pockigen Schafen in meine ge-„sunde Herde zuschicken mußte, um den „Versuch zu machen, ob mein Schäfer nur „in der Einbildung, oder in der That „Recht habe. Jener Tausch hatte aber den „Erfolg, daß meine reinen Schafe bey mei-„nem Nachber die Pocken nicht erhielten, „die fremden pockigen Schafe aber in mei-„ner Herde ganz gesund abpockten, ohne „meine Herde anzustecken. Endlich gab mir „mein Schäfer das obige Recept, und seit-„dem habe ich diese Mittel meinen Schafen „jährlich im Frühjahr und Herbst, (bey „abnehmendem Monde) mit Salz ver-„mischt, geben lassen; wenn die Pocken aber „in meiner Nachbarschaft waren, so gab ich „es dreymahl, und meine Schafe blieben „immer von der Pockenseuche ver-„schont. —“

Berichtigungen und Streitigkeiten.
Berichtigung.

In den Justiz- und Polizey-Rügen 1806 Nr. 84 und 85 sind sechs Rechtsentscheidungen abgedruckt. Als völlig unverfänglich Relationen waren sie mit Benennung des Collegiums eingesendet, welches sie verfaßt hat; die Censur hat aber den Namen gestrichen. Da dieses dem Zwecke des Einsenders entgegen läuft, und überdieß theils die Absicht desselben verdächtig machen, theils zu Mißverständnissen Anlaß geben kann:

so zeigt der Einsender an: daß die dort angeführten sechs Entscheidungen, durch deren
vierte und fünfte zwey Sprüche der Juristen-
facultät zu Leipzig theils reformirt, theils
bestätiget wurden, bey dem sächs. Schöp-
penstuhle zu Leipzig abgefaßt worden sind.
D. M.

Ein verehrliches Publicum benachrichtige
ich hiermit, daß der Provisor Selle in
Stendal von meinem China-Surrogat, welches ich nach der bekannten Veranlassung
als meine eigene Erfindung für ein sehr billiges Honorar von zwey Thalern jedem
menschenfreundlich angeboten habe, unmöglich die Kenntniß haben könne, daß er im
Stande wäre, die Bestandtheile desselben
bekannt zu machen. Er bat mich zwar, ihm
die Bestandtheile und die Art, dasselbe zu
verfertigen, mitzutheilen, allein ich habe
solches nicht gethan, und sonach werden alle
diejenigen Herren und Freunde, welche dieses Mittel bereits von mir erhalten, und
von denen schon einige von nahen und entfernten Orten mir die trefflichen Wirkung dankbare Nachricht ertheilt haben, finden, daß, im Fall gedachter Selle (wie ich
aber nicht glauben kann) wirklich etwas bekannt machen sollte, dieses von meinem Fa-
bermittel verschieden seyn und ihm nicht gleichen wird. Belzig in Sachsen bey Wittenberg den 31 Dec. 1806.
    J. G. Liebholdt, Apotheker.

Nützliche Anstalten und Vorschläge.

Pharmaceutisch-chemisches Institut.

Mein pharmaceutisch-chemisches Institut, welches in diesem Wintersemester, der
Kriegsunruhen wegen, unterbrochen wurde,
wird zu Ostern 1807 wieder seinen Anfang
nehmen. Ueber die Einrichtung und Bedingungen werde ich auf Verlangen eine ge-
ruckte Nachricht einsenden.
Jena.   D. J. F. A. Göttling,
        Professor.

Dienst-Anerbieten.

Eine Dame von Stande, dermahlen in
Hessen wohnhaft und begütert, sucht eine

Erzieherin für ihre vier Töchter, wovon
die älteste eilf Jahr alt ist. Ihr Wunsch ist,
daß diese Erzieherin, außer einer moralisch-
sittlichen eigenen Bildung, nicht nur ihrer
Muttersprache, sondern auch der französischen theoretisch und practisch mächtig seyn
müsse und das Talent habe, sie ihren Eleven
auf eine solide Weise zu lehren. — Andere
Nebenkenntnisse, als in weiblichen Arbeiten,
Musik 2c. würden dem Wunsch der Mutter
um so mehr entsprechen.

Durch diese Anzeige wird jeder nicht nur
ersucht, dergleichen Subjecte vorzuschlagen,
sondern auch alle diejenigen, die eine solche
Stelle, die sogleich angetreten werden kann,
mit redlicher Ueberzeugung, den Erfordernissen zu entsprechen, annehmen können, eingeladen, sich an die Expedition des allgem.
Anz. zu wenden, worauf die Unterhandlungen sofort mit der Zusicherung angetreten
werden sollen, daß mit einem anständigen
Gehalt eine anständige und freundschaftliche
Behandlung verbunden ist.
M.-i. H. den 18 Dec. 1806.
        v. F. v. B.

Dienst-Gesuche.

1) Ein Frauenzimmer von guter Familie, Erziehung und Gesundheit, einige 20
Jahr alt, in allen feinen weiblichen Arbeiten
geübt und in allen zum Haushalt nöthigen
Kenntnissen wohl bewandert und erfahren,
wünscht zu Lichtmeß oder Ostern eine gute
Stelle entweder als Kammermädchen, oder
als Ausgeberin und Haushälterin. Fleiß
und Unverdrossenheit, so wie gute Zeugnisse
empfehlen sie; ihr Wunsch ist nicht sowohl
ein großer Gehalt, als vielmehr eine gute
und freundliche Behandlung. Frankirte
Briefe unter der Adresse: an M. W. in
Sachsen besorgt die Exped. des allg. Anz.

2) Ein lediger Mensch von 28 Jahren, der
schon in Diensten gewesen, sucht bey einer
guten Herrschaft als Bedienter oder Kut-
scher anzukommen. Er kann frisiren, rasiren, ziemlich fertig schreiben und rechnen,
und weiß mit Pferden umzugehen. Nähere
Auskunft ertheilt
    A. H. Leonhardi in Gotha.

Abgemachte Geschäfte.

Die in Nr. 341 des allg. Anz. bemerkte Subjecten-Stelle in meiner Officin ist wieder besetzt, und werden weitere desfallsige Dienst-Offerten höflich verbeten. An
Heinrich Klunge,
Hof-Apotheker in Eisenach.

Justiz- und Polizey-Sachen.

Aufforderung an p. Schuch.

Der hiesige Bürger Peter Schuch, der sich seit mehreren Monaten durch heimlichen Austritt entfernt hat, wird durch dieses obrigkeitlich aufgefordert, innerhalb drey Monaten a dato um so gewisser zurückzukehren, und seiner Entfernung halber sich zu verantworten, als er sonst nach den Landesgesetzen wider ausgetretene Unterthanen behandelt werden soll. Weinheim, den 30. Dec. 1806.
Großherzoglich Badensches Amt.
Beithorn.

Vorladung der Gläubiger des geheim. R. R. Kleinschmit.

Nach Einsicht der, hiesiger fürstlichen Regierung vorgelegten Liquidations-Protocolle in Sachen sämmtlicher Gläubiger des Herrn geheimen Regierungs Raths Kleinschmit dahier, hat Hochdieselbe die Ueberzeugung geschöpft, daß dessen Vermögen zu Bezahlung seiner Schulden durchaus unzulänglich sey, und daher sich bewogen finden müssen, darüber den förmlichen Concurs zu eröffnen, mich Unterzeichneten aber zu beauftragen, diese Auderkennung des Concursus sämmtlichen Gläubigern des genannten Herrn geheimen Regierungs-Raths Kleinschmit öffentlich bekannt zu machen, und denjenigen, denen in puncto liquidationis noch etwas nachzuholen obliegt, oder welche bisher bey diesem Debitwesen sich nicht gemeldet haben, zu Bethätigung der Liquidation einen gewissen Tag sub praejudicio juris zu bekümmern.

In Gemäßheit dieses verehrlichen Auftrags werden daher die genannten Gläubiger zu bemeldetem Ende auf Montag den 2ten Februar k. J. unter Androhung der Strafe der Ausschließung und des Verlusts der Wiedereinsetzung in den vorigen Stand, wiederholt hiermit vorgeladen.
Arolsen, am 30 Dec. 1806.
Aus Commission Fürstl. Waldeckischer Regierung.
Schumacher, Regierungsrath.

Wechsel- und Geld-Cours in wichtigen Pistolen à 5 Rthlr.

Bremen, den 7 Jan. 1807.

London für 100 Lsterl. à 2 Uso	—
Amsterdam in Banco 250 fl. k. S.	—
Dito 2 Mon. dato	—
Dito in Courant k. Sicht	30 1/2
Dito 2 Mon. dato	30. 29 3/4
Hamburg in Banco 300 Mt. k. Sicht	37 1/2. 3/4
Dito 2 Mon. dato	36
Paris für 1 Fr. 2 Uso	—
Bourdeaux à 2 Uso	—
Frankfurt a. M. für 100 rthlr. Lbr.	—
Leipzig dito	—
Wien, in Courant	

Holl. Rand-Ducaten f. 1 St. . . 2 rP.	61
Feine 2/3 Stück av.	4
Convent. Münze Verlust	10
Holländ. Fl. in Natura 1 St.	36 3/4

Bremer Courant

Hamburger Course.

den 6 Jan. 1807.

London für 1 Lsterl. à 2 Uso	—
Amsterdam in Banco k. Sicht	337/8
dito 2 Mon. dato	34 1/4
dito in Cour. k. Sicht	43/4
dito 2 Mon. dato	5 1/2
Paris für 3 Fr. 2 Uso	25 3/8
Gordeaux dito 2 Uso	25 3/8
Madrid 3 M. 1 Duc.	87
Cadix	87 1/2
Lissabon 3 M. für Crusados	40 3/4
Wien und Prag 6 W. in Cour.	295
Copenhagen Cour. 2 Monat dato	55

Pistolen à 5 Rthlr.	10 ß 14 3/4 ß
Gold al Marco	
Ducaten	
Feine 2/3 Stück	31
Grob Dän. Courant	25
Hamburger dito	24
Preuß. dito	

Allgemeiner Anzeiger
der
Deutschen.

Mittwochs, den 21 Januar 1807.

Künste, Manufacturen und Fabriken.

Etwas über den Einfluß der Fabrikmaschinen auf den Nationalreichthum und die Bevölkerung eines Staats.

Vom
Oberrentkammer-Archivar D. Murhard in Cassel.

Da die vermittelst Maschinen hervorgebrachten industriellen Producte gewöhnlich zu ihrer Hervorbringung eines weit geringern Aufwandes von Zeit und Productionskraft bedurft haben, als die fast bloß durch Menschenhände erzeugten Genußmittel ähnlicher Gattung, die Größe und Dauer der Productionskraft aber die zwey vorzüglichsten Principien des verglichenen Werthes aller Waaren ausmachen, so ist die natürliche Folge, daß jene erstern in den meisten Fällen diese letztern an Wohlfeilheit weit übertreffen.

Bey dieser Wohlfeilheit der durch Maschinen hervorgebrachten Waaren aber sind die einzelnen Nationalglieder höchst verschieden interessirt, denn so vortheilhaft sie dem einen Theile derselben ist, eben so nachtheilig ist sie dem andern. Nutzen ziehen nämlich daraus die Fabrikunternehmer und sämmtliche Consumenten der Waaren, Schaden hingegen alle diejenigen Handarbeiter, welche sich bisher mit Verfertigung ähnlicher Waaren beschäftigten und nun, weil ihr Arbeitsproduct mit dem Producte der Maschine nicht mehr Preis halten kann, außer Brod gesetzt werden.

Manche, zum Theil sehr berühmte, staatswirthschaftliche Schriftsteller, wie z. B.

*) S. deff. Esprit des loix. T. 5. p. 202.

Allg. Anz. d. D. 1 B. 1807.

Montesquieu *), haben daher den wohlthätigen Einfluß der Maschinen auf die Erhöhung des Nationalreichthums und auf die Bevölkerung bezweifelt und bei der römische Kaiser Vespasian ließ sogar, als ein Mechaniker in Rom ein Kunstwerk erfunden hatte, durch welches große Lasten und besonders schwere Säulenschäfte mit geringer Mühe fortbewegt werden konnten, den Künstler zwar ansehnlich belohnen, ihm aber zugleich auf das schärfste verbieten, Gebrauch von der Maschine zu machen, damit der dürftigen Menschenclasse dieser Erwerbzweig, den ihr die Fortbewegung jener Lasten darbot, nicht genommen würde.

Wollen wir gründlich das Problem lösen: ob die Einführung der Fabrikmaschinen günstig oder ungünstig auf den Nationalreichthum wirke? so müssen wir vor allen Dingen die daraus erwachsenden Vortheile und Nachtheile sorgfältig prüfen und aus der genauen Vergleichung derselben ein Resultat zu ziehen suchen. Was zuerst den Vortheil des Fabrikunternehmers betrifft, so hängt derselbe hauptsächlich von der Frage ab: ob die Maschine mit ähnlichen Maschinen concurrirt, oder nicht? Ist letzteres der Fall, so richtet sich sein Vortheil nach dem Preise der bloß von Handarbeit hervorgebrachten ähnlichen Waaren. Bringt z. B. eine solche Maschine mit Hülfe eines Mannes ein Genußmittel hervor, welches ohne die Maschine in derselben Zeit kaum von vier Arbeitern hervorgebracht werden kann, so muß der Arbeitslohn dieser vier Leute den Maßstab zu dem abgeben, was der Besitzer der Maschine dem Publicum abfordern kann, das ist, er braucht, damit es ihm nie an Arbeit fehle, nur etwas weniger zu fordern, als der Lohn der Arbeit beträgt, welche durch die Maschine erspart wird. Tritt hingegen die Concurrenz ähnlicher Maschinen ein, so sinken die Gewinnste ihrer Besitzer zuletzt so tief herunter, daß sie mit den bey der Handarbeit gewohnlichen Gewinnsten fast im Gleichgewicht stehen. So bringt z. B. wegen des jetzt allgemeinen Gebrauchs der Mühlen das Mahlen des Getreides auf Mühlen gegenwärtig den Müllern wahrscheinlich nicht mehr ein, als die Fabrication des Mehls zu den Zeiten der alten Römer denen einbrachte, welche diese Arbeit fast bloß durch Menschenhände verrichten ließen.

Den beträchtlichsten Vortheil aus der Einführung der Maschinen aber ziehen sämmtliche Verbraucher der durch sie hervorgebrachten Genußmittel, denn sie alle werden dadurch in den Stand gesetzt, ihr Bedürfniß solcher Waaren wohlfeiler einzutauschen, als ihnen außerdem möglich wäre. Da nun die Zahl der Consumenten einer Waare stets die Zahl ihrer Producenten weit übertrifft, so zieht auch eine weit größere Anzahl Nationalglieder aus den Maschinen Nutzen, als Schaden. Ueberhaupt läßt sich, da die wahre Vermehrung des Nationalreichthums in einem Lande allein in der Vermehrung werthvoller Güter zu dem möglichst niedrigen Kostenpreisen besteht, weil alsdann nicht bloß das Totalproduct des Landes vergrößert ist, sondern zugleich alle Verbraucher jener Genußmittel in den Stand gesetzt werden, entweder mehr zu genießen oder mehr zum productiven Capital zu schlagen, als bey theurern Preisen geschehen könnte, der wohlthätige Einfluß der Maschinen auf die Erhöhung des Nationalwohlstands im Allgemeinen nicht verkennen.

Wir gehen nun zu dem Nachtheil über, welcher aus der Einführung von Fabrikmaschinen in Ansehung der einzelnen Nationalglieder erwächst, die dadurch außer Brod gesetzt werden. Die Größe dieses Nachtheils hängt von der Größe des in einem Lande vorhandenen Capitalstoffs ab. Ist nämlich die Nation im Fortschreiten zum Nationalreichthum begriffen, so verschwindet jener

Nachtheil fast gänzlich, denn die in einem solchen Fall immer mehr sich anhäufenden Capitalien werden von ihren Besitzern in den meisten Fällen sogleich zur Beschäftigung derer auf eine solche Art außer Brod gesetzten Staatsbürger verwendet werden, weil die Capitalien außerdem müßig bleiben und folglich ohne Nutzen seyn würden. In einem solchen Fall leider also weder die Wohlfahrt der Einzelnen, noch die Nationalbevölkerung durch die Einführung der Maschinen. Der Capitalstoff ist überall die Vorbedingung der industriellen Thätigkeit, und wo es daran nicht fehlt, da wird es auch den Arbeitern nicht leicht an Gelegenheit zur Aeußerung ihrer Productivkräfte und folglich zur Erwerbung ihres Unterhalts fehlen.

Befindet sich hingegen die Nation nicht in einer so günstigen Lage, d. h. fehlt es an Capitalien, wodurch die außer Brod gesetzten Nationalglieder auf eine productive Art beschäftigt werden können, so gerathen freylich diese letztern anfangs in eine große Verlegenheit und werden zum Theil genöthigt, das Vaterland zu verlassen und im Auslande Arbeit zu suchen, allein diese üblen Folgen sind nur vorübergehend und werden durch die Vortheile, welche daraus der Nation erwachsen, weit überwogen. Sind nämlich in einem Lande die Capitalien nicht im Zunehmen, so müssen zwar, wenn ein Theil derselben auf die Errichtung und Erhaltung von Maschinen verwandt wird, alle diejenigen productiven Arbeiter, welche bisher das durch in Thätigkeit erhalten wurden, außer Brod kommen, allein die vermittelst der Maschinen hervorgebrachte Wohlfeilheit der Waaren hat auf den stärkern Verbrauch derselben einen so wichtigen Einfluß, daß bald nicht bloß die anfangs außer Brod gesetzten, sondern noch viele andere eben durch dieselben Verdienst erhalten.

Die Erfahrung aller Zeiten bestätigt diese Behauptung, einen der auffallendsten Beweise dazu aber liefert uns die Maschine, welche dazu dient, die Copien einer Schrift zu vervielfältigen, nämlich die Buchdruckerpresse. In dem Augenblick, da sie zuerst angewendet wurde, mußte eine Menge Copisten außer Beschäftigung kommen, denn man kann annehmen, daß ein einziger Buchdrucker so viel Arbeit liefert, als zweyhun dert Copiſten, man muß daher glauben, daß von 200 Arbeitern 199 unbeſchäftigt blieben. Dieß zugegeben, ſo verurſachte doch die Leichtigkeit, mit welcher man die gedruckten Bücher vorzugsweiſe vor den geſchriebenen leſen konnte, der niedrige Preis, auf den dieſelben herabſanken, und die Aufmunterung, welche dieſer Umſtand den Schriftſtellern gab, eine größere Anzahl davon herauszugeben, alles dieß zuſammengenommen verurſachte, daß in ſehr kurzer Zeit mehr Buchdrucker angeſtellt waren, als es vorher Copiſten gegeben hatte, und könnte man gegenwärtig genau die Anzahl nicht allein der Buchdrucker, ſondern auch aller Perſonen, welche die Buchdruckerkunſt in Thätigkeit ſetzt, wie z. B. Stempelſchneider, Schriftgießer, Papiermacher, Kupferſtecher, Fuhrleute, Correctoren, Buchbinder und Buchhändler erfahren, ſo würde man vielleicht die mit der Bücherfabricatur beſchäftigte Menſchenzahl hundertmahl größer finden, als vor der Erfindung der Buchdruckerkunſt. *)

Wenn man aus der Erſparniß an Productivkräften, welche die Maſchinen bewirken, den Schluß zog, daß ihre Einführung nachtheilig auf die Nationalbevölkerung wirken müſſe, ſo bedachte man nicht, daß, wenn nur das Manufacturproduct Abnehmer findet, die Kunſt, Kräfte zu erſparen, ſogar zum größten Vortheil der Bevölkerung, bis ins Unendliche weiter getrieben werden kann. Das Beyſpiel Englands gibt uns hiervon einen augenſcheinlichen Beweis, denn ſeine Manufacturſtädte verdanken den hohen Grad ihres Wohlſtands und den außerordentlichen Zuwachs an Volksmenge hauptſächlich den Fabrikmaſchinen und wenn nach Küttner's **) Verſicherung in Mancheſter bey einer Volksmenge von 40,000 Seelen keine Bettler anzutreffen und Kinder ſchon vom vierten Jahre an productive Arbeiter ſind, ſo ſind an dieſem blühenden Zuſtand jener Stadt einzig und allein ihre Fabrikmaſchinen Schuld.

Wollte man aber aus Beſorgniß, ein Theil der Handarbeiter werde durch Entziehung des zur Aeußerung ihrer Productivkräfte erforderlichen Capitalſtoffs und durch die Wohlfeilheit der induſtriellen Producte außer

Brod geſetzt werden, die Einführung der Maſchinen in einem Lande verbieten, ſo würde nicht allein der dabey gehoffte Zweck gänzlich verfehlt, ſondern das gefürchtete Uebel ſelbſt ſogar noch beträchtlich vermehrt werden. Die Staatsverwaltung, welche eine ſolche Maßregel erwählte, würde nicht viel klüger handeln, als diejenige, welche die Abſchließung eines Friedens darum verzögern wollte, weil dieſer die Zügelloſigkeit eines Theils der Armee und die Brodloſigkeit vieler Menſchen zur nothwendigen Folge haben würde. Ein ſolches Verbot nämlich könnte auf keinen Fall den Gebrauch der Maſchinen im Auslande verhindern, die induſtriellen Producte des Auslandes würden daher vermöge ihrer größern Wohlfeilheit bald die vaterländiſchen verdrängen und weil alsdann ſelbſt die Arbeiter wegfallen würden, die außerdem bey den Maſchinen angeſtellt worden wären, ſo müßten dadurch noch weit mehr Nationalglieder außer Brod kommen, als bey Geſtaltung der Maſchinen der Fall geweſen wäre.

Geſetzt inzwiſchen auch, es würde in einem Lande durch die Einführung von Maſchinen im Ganzen wirklich die Volksmenge vermindert, ſo dürfte doch eine vernünftige Regierung, der es nicht darum zu thun ſeyn muß, viele, ſondern glückliche Unterthanen zu beherrſchen, ihrer Einführung keine Hinderniſſe in den Weg legen, denn es würde ja immer in dieſem Fall, wie der Graf von Soden ſehr richtig bemerkt ***), die Anwendung der Maſchinen öconomiſch, die ihr zu unterſtellende menſchliche Kraftäußerung hingegen unöconomiſch, alſo verſchwendet ſeyn würden, da ſie dieſelben theurer bezahlen müßten, dadurch an Genuß leiden.

Erwägt man nun noch, daß in den meiſten Fällen vermittelſt der Maſchinen Producte geliefert werden können, die man in dem Grade von Vollkommenheit auf keine andere Art hervorzubringen im Stande iſt, ſo erhellt daraus vollends das Abgeſchmackte ſolcher Verbote. Man kann Baumwolle mit Fingern und mit Maſchinen ſpinnen, allein die Finger können dem Faden nie einen ſolchen Grad von Feinheit und Gleichheit ge-

*) Vergl. Say Traité d'économie politique (Paris 1803) Tom. I. Chap. IX.
**) S. verſ. Beyträge z. Kennt. v. England 2 St. S. 50.
***) S. deſſ. National-Oeconomie B. 1 §. 140.

ben, als die Spinnmaschinen, letztere können daher nicht bloß bey weiten mehr Arbeit als die Spinner liefern, sondern auch Producte verfertigen, die alle Spinner der Welt auf gleiche Art hervorzubringen nicht im Stande wären. Eben so können wol Mahler mit dem Pinsel die Muster nachahmen, die unsere Cattune und Papiertapeten schmücken, aber außer Stand sind sie, den Zeichnungen eine solche Regelmäßigkeit und den Farben eine solche Gleichheit zu geben, als vermittelst der Druckmaschinen hervorgebracht wird. Eine Fabrikmaschine verdrängen würde daher öfters nichts anders heißen, als die Production eines Genußmittels nur bis zu einem gewissen Punct gestatten oder mit andern Worten: seine Vollendung verbieten. *)

Einer weisen und thätigen Regierung fehlt es übrigens nicht an Mitteln, die Uebel, welche bey der Einführung von Maschinen anfangs ganz unvermeidlich sind, gleich im Keim zu ersticken. Da die bisherige Beschäftigung der außer Brod gesetzten Nationalglieder größtentheils in Handarbeit bestand, so bietet sich der Staatsgewalt immer ein weites Feld zur Benutzung ihrer Productivkräfte dar, denn wo wäre wol das Land zu finden, in dem nicht noch neue, das Gemeinwohl befördernde Anstalten, z. B. Canäle, Chausseen 2c. zu errichten wären? Immerhin mögen dann die Summen, welche der Staat in dieser Hinsicht aufopfert, beträchtlich seyn, es sind ja nur Vorschüsse, welche bereinst mit Wucherzinsen zurückkehren und weit entfernt, den Nationalreichthum zu schwächen, wird dieser Aufwand das kräftigste Mittel, ihn zu erhöhen.
Cassel.

*) Vergl. Say a. a. O.

Kauf- und Handels-Sachen.

Verkauf des Gasthofs zur Schelle in Gotha.

Auf Nachsuchen der Erben der kürzlich verstorbenen Kammerdienerin Frau Martha Caroline Müller, soll der von derselben allhier hinterlassene braubrechtigte Gasthof zur silbernen Schelle,

welcher sich seiner vortheilhaften Lage, so wie seiner sonstigen Eigenschaften halber, als eins der vorzüglichen Gasthäuser in der hiesigen Stadt auszeichnet, und nach seinem Gehalte und seinen Abgaben nachstehends näher beschrieben ist,
den 7 März dieses Jahres ist der Sonnabend nach Oculi,
von Vormittags 9 Uhr an, auf dem Rathhause an den Meistbietenden gerichtlich versteigert werden. Es wird daher solches hierdurch öffentlich bekannt gemacht, und es können die Kauflustigen ihre Gebote darauf schriftlich oder mündlich beym Stadtrathe offeriren und gewarten, daß demjenigen dieses Gasthaus zugeschlagen werden soll, der in diesem Termin bis zum Schlage 12 Uhr das höchste Gebot darauf gethan haben wird.
Uebrigens kann auch der Käufer wegen Ueberlassung eines Theils der in dem Gasthofe befindlichen und zur Fortsetzung der Gastwirthschaft erforderlichen Mobilien nach Befinden mit den Erben eine besondere Uebereinkunft treffen.
Gotha, den 5 Januar 1807.
Bürgermeister und Rath das.

Beschreibung des Gasthofs zur Schelle.

Es liegt derselbe auf dem besten Theile des hiesigen Hauptmarktes, in einer unbedeutenden Entfernung von der hiesigen fahrenden Post, und enthält:
I) in einem Hauptgebäude von Stein, drey massive Keller, einen großen Hauserden, neue Stuben, ein Cabinet, vier Kammern, eine Köche, zwey Vorsäle und einen Boden,
II) im ersten Seitengebäude rechter Haud, ein Waschhaus, eine Stube, drey Kammern, einen Abtritt und einen Boden.
III. Im zweyten Seitengebäude rechter Hand zwey Schweineställe und ein Hühnerbaus.
IV. Im dritten Seitengebäude rechter Hand, einen Stall, eine Futterkammer, einen Boden.
V. Im Hintergebäude, eine Kutschenremise, zwey Ställe, einen Boden.
VI. Im Seitengebäude linker Hand, drey Pferdeställe, vier Stuben, sechs Kammern, zwey Vorplätze und eigen Boden, so wie
VII. einen geräumigen Hof.
Die Stallung faßt gegen 70 Pferde. Uebrigens lehnet die Schelle an der St. Augustinerkirche mit jährlich 8 gl. 6 pf. Erbzins an 1 Pfund Wachs und 4 alten Pfennigen, steuert incl. der Gastgerechtigkeit terminlich 3 rthlr. 8 gl. so wie terminl. 5 rthlr. 9 gl. Geschoß, entrichtet monatlich 4 gl. an Almosen und 4 gl. Quartiergeld, ist im Brand-Cataster mit 2000 rthlr. versichert, und es sind die Gebäude nebst Braugerechtigkeit auf 6000 rthlr. gerichtlich taxiret.

Allgemeiner Anzeiger
der
Deutschen.

Donnerstags, den 22 Januar 1807.

Nützliche Anstalten und Vorschläge.

Freymüthige Gedanken über das Postwesen als Bann-Anstalt in einigen deutschen Ländern.

Sobald gewisse Anstalten und Einrichtungen für das Menschengeschlecht wohlthätig und für den Staat von ausgezeichnetem Nutzen sind, so ist man sehr geneigt, diese Anstalten mit einem gewissen Zwange zu belegen, und jeden, auch der sich von deren Wohlthätigkeit und Nutzen nicht überzeugen kann, zur Theilnahme daran zu zwingen — und so wird denn oft, was wohlthätig seyn sollte und könnte, zur drückenden Bürde. Einer solchen Anstalt die möglich größte Vollkommenheit zu geben, ihr die möglich größte Allgemeinheit zu verschaffen, indem man von dem Nutzen und der Vortrefflichkeit zu sehr überzeugt ist, und besonders weil man von Seiten des Staats dieselbe als ein neues schickliches Mittel ansieht, das Staatseinkommen zu erhöhen — dieß sind meist die Gründe, die ein solches gewaltsames Verfahren herbeyführen.

So verfuhr man mit Manufacturen und Fabriken, die man an vielen Orten zu Zwangsanstalten machte: so belegte man hin und wieder die Assecurations-Anstalten, z. B. die Wittwen-Cassen, wo des Mannes Leben assecurirt wird, mit einem Zwange, und so hat man in neuern Zeiten auch mit der Postanstalt, einer der schönsten und wichtigsten Einrichtungen, die auf die Ausbildung und das Wohl des ganzen Menschengeschlechts den größten Einfluß hat, verfahren.

Vor der Entstehung des Postwesens in Deutschland bediente man sich, um Packete und Briefe von einem Orte zum andern zu bringen, des Botenwesens, der Canzleyboten, die in gerichtlichen Geschäften abgeschickt wurden, der Metzger, die auf dem Viehkauf ausgingen, und überhaupt aller Gelegenheiten, die von einem Orte zum andern sich darboten. Fand sich keine solche Gelegenheit, so mußte man besondere Boten absenden, oder man mußte auf eine Gelegenheit warten. Erst im Jahr 1516 legte Franz von Taxis mit Bewilligung des damahligen Kaisers Maximilian I, als Regenten der Niederlande, zwischen Wien und Brüssel für die niederländisch-österreichischen Regierungs-Angelegenheiten eine reitende Post an, nachdem schon vorher in Frankreich schwache Versuche mit der Postanstalt gemacht worden waren. Leonhard von Taxis legte darauf eine beständige reitende Post aus den Niederlanden durch Lüttich und Trier nach Speyer und von da durch Würtemberg über Augsburg und Tyrol nach Italien an, weßhalb er auch von Kaiser Carl V 1543 zum General-Postmeister in den Niederlanden ernannt wurde. Das Postwesen, das jetzt schon festen Fuß gefaßt hatte, und immer mehr vervollkommnet und erweitert wurde, erhielt dadurch noch mehr Ansehen, daß Kaiser Mathias den Lamoral von Taxis im J. 1615 mit dem General-Postmeister-Amte im Reiche, als einem neuen Regal und männlichen Reichslehen belehnte, welches von Ferdinand II 1621 auf die tarische weibliche Nachkommenschaft ausgedehnt, und endlich

unter Carl VII in ein Reichsthronlehn verwandelt wurde. So wurde die Postanstalt,
die in ihrer Entstehung eine bloße Privat-
Anstalt war, nach und nach zu einer öffentlichen.

Von der Gemeinnützigkeit des Postwesens überzeugt, hielt es den tarischen Posten
nicht schwer, in den reichsständischen Ländern, besonders in den kleinern und den
Reichsstädten, wo man es nicht der Mühe
werth hielt, eigne Posten anzulegen und vielleicht auch den ersten Kostenaufwand scheute,
bald Eingang zu finden. In den größern
weltlichen Reichsländern hingegen legte der
Landesherr eigne Posten an, und die tarischen
wurden entweder gar nicht, oder nur bedingt
und bittweise, oder als Staatsrechtsdienst-
barkeit zugelassen, oder aber endlich ganz
wieder verdrängt. Immerhin aber wurde
in den einzelnen Ländern noch an keinen
Zwang gedacht, den man mit dieser Anstalt
verbinden könnte. Nachdem sich nun so das
Postwesen immer mehr ausbildete und man
diese Anstalt als ein der Landeshoheit zuste-
hendes Regal ansah, ist man in neuern
Zeiten dahin gekommen, daß man in einigen
deutschen Ländern die Postanstalt zu einer
Bann-Anstalt dergestalt gemacht hat,
daß jeder, welcher in einem Wagen verreisen
will, Postchaise und Postpferde nehmen, oder
wenigstens, um davon dispensirt zu seyn,
eine bestimmte Abgabe an die Post bezahlen
muß, auch, daß niemand bey nachdrücklicher
Strafe seine Briefe und Packete mit Gelegenheit fortschicken darf, sondern, daß man
sich dazu nothwendig der Post bedienen muß,
und zwar aus dem Grunde, damit das Postregal nicht geschmälert werde.

Ueber den ersten Fall enthalte ich mich
aus Gründen etwas zu sagen, sondern nur
von dem letztern ein Paar Worte. Es leidet
keinen Zweifel, daß es sehr gut und zweckmäßig ist, die Anstalt der Post zu einer
öffentlichen zu machen, theils wegen des
großen Einflusses, den diese Anstalt auf das
Ganze hat, welcher nnumgänglich nothwendig macht, daß Posten unter öffentlicher
Auctorität angelegt werden, theils weil die
dem Postwesen zu leistende Sicherheit und
Garantie niemand leisten kann, als der
Staat; allein weder in rechtlicher noch in

politischer Hinsicht läßt sich der Zwang vertheidigen, welchen man der Postanstalt hin
und wieder zu dem Ende aufgelegt hat, um
das Postregal, als eine Staatsrevenüe, zum
größtmöglichen Ertrage zu bringen.

Wirft man einen Blick auf den Briefpostzwang in rechtlicher Hinsicht, so ergibt
sich aus der Natur und der kurzen Geschichte
des Reichs- und Landes-Postwesens in
Deutschland, daß der Staat kein Recht habe,
die Postanstalt mit einem drückenden Zwange
zu belegen, denn

1) war sie anfangs eine Privatanstalt,
und Privat-Auctorität reichte nicht hin,
die natürliche Freyheit so in Schranken
zu legen; aber auch späterhin, da man
sie allgemein als ein landeshoheitliches
Regal und nicht als kaiserliches Reservat-
Recht ansah, bezweckte man bey Anlegung
und Erweiterung des Postwesens nur das
gemeine Wohl und das Beste der Staats-
Unterthanen, welche dadurch ein Mittel
erhielten, mit geringen Kosten von den
entlegensten Orten geschwind schriftliche
Nachrichten zu erhalten. Man war weit
entfernt, durch diese Anstalt den Staats-
Unterthanen einen Zwang anzulegen und
sich Mittel zu erlauben, die nicht durch den
Zweck gerechtfertigt würden. Ein jeder
hatte das Recht, sich dieser wohlthätigen
Anstalt zu bedienen, keinem aber wurde
eine Verbindlichkeit dazu aufgelegt. Aber

2) kann dieser Postenzwang, ähnlich mit der
beliebten Steuer unsers Stempel-Papiers,
auch ein Mittel werden, die Unterthanen
und überhaupt jeden, der sich der Anstalt
bedienen will, nach Herzenslust zu besteuern, denn wenn einmahl verordnet ist,
daß jeder sich der Post bedienen muß, so
kann man leicht die Brieftaxen nun zu
einer solchen Höhe treiben, daß es vortheilhafter ist, besondere Boten an die entlegensten Orte zu schicken. Und so kann diese
Anstalt so sehr vom ursprünglichen Zwecke
abweichen, daß sie in eine der größten
Besteuerungs-Arten ausartet.

Aber auch in politischer Hinsicht läßt
sich der Postzwang nicht vertheidigen. Wenn
der Staat den National-Wohlstand. befördern will, so werden alle Verordnungen,
deren er sich als Mittel hierzu bedient, die

aber dem Zwecke geradezu entgegen wirken, verwerflich seyn. Die möglich größte Freyheit des Staatsbürgers, se:nen Wohlstand auf alle Art zu befördern, wie er es seinem jedesmahligen Privatvortheile am gemäßesten findet, ist daher hier der höchste und letzte Grundsatz, das leitende Princip für eine Regierung bey der Auswahl der Mittel zur Erreichung des obigen Zwecks. Zur Ausführung jenes Grundsatzes ist aber besonders geschickt, daß man die Communicationsmittel befördert und zu dem Grade der Vollkommenheit bringt, den zu erhalten sie fähig sind. Die Postanstalt ist nun ein solches Communicationsmittel und dazu geeignet, sehr viel zu jenem Zweck beyzutragen, weil der Staat nur allein dieses Mittel in Händen hat und aus dem Grunde mit Recht hat, weil unter öffentlicher Auctorität diese Anstalt nur am besten gedeiht, wie oben schon ausgeführt worden ist. Wie wohlthätig für den Staat und seine Bürger diese Anstalt sey; wie sehr sie die Communication befördere und welchen Nutzen sie insbesondere für den Ideen= und Waarentausch habe — wird jedem einleuchten, und die Regierung ist zu segnen, die dieser Anstalt die größte Gemeinnützigkeit und Vollkommenheit verschafft, indem sie dadurch zur Aufklärung und Cultur des Menschengeschlechts nicht wenig beyträgt. Wird das Wohlthätige der Postanstalt aber nicht vermindert werden, wenn man sie mit einem Zwange belegt, wenn eine Regierung nur von dem Gesichtspuncte ausgeht, bloß für Vermehrung der Staats=Revenüen und nicht für das Wohl und die Bequemlichkeit der Staatsbürger zu sorgen? Allerdings!

Verwerflich ist daher auch in dieser Hinsicht der Briefpostzwang, denn

1) hindert er die freye Circulation, indem jede schriftliche Nachricht, die man jemand geben will, den Weg durch ein Posthaus nehmen muß, wenn man sich nicht dadurch von dem Bann befreyen will, daß man mit großen Kosten einen besondern Boten absendet. Meinem Freunde, bey dem ich meine Geheimnisse besser verwahrt weiß, als bey der Post, darf ich also kein Briefchen zur Bestellung an einen nahen oder entfernten Ort mitgeben. Und warum? Weil dem Staate dadurch einige Groschen entgehen, auf die er ein jus quaesitum zu haben glaubt.

Der Staat soll vor allen Dingen alle Communicationsmittel befördern, ihnen aufhelfen, wenn in dem Kreislaufe derselben eine Stockung entsteht, und alles beytragen, daß die Communication im Innern von einem Orte zum andern auf die natürlichste und leichteste Art erhalten werde. Dieß zu thun, braucht er nicht immer positiv zu wirken, sondern wenn er oft nur negativ handelt und die mannichfachen entgegenstehenden Hindernisse wegräumt, so thut er schon sehr viel. Hierzu gehört aber auch, daß er selbst keine Hindernisse, dergleichen ein solcher Postzwang ist, in den Weg legt.

Die freyeste Benutzung aller Communicationsmittel muß daher dem Staate der Leitstern seyn, auf den er stets hinblickt, wenn er in Ansehung ihrer verordnet. Hiervon ausgehend, wird er sich keine Mittel erlauben, die Zwang auflegen und die natürliche Freyheit so sehr beschränken. Weniger drückend ist dieser Zwang in Ländern, wo das Postwesen Anspruch auf Vollkommenheit und einen hohen Grad der Ausbildung machen kann; aber

2) nun gar in Ländern, wo die Postanstalt noch roh und unausgebildet ist, da wird der Postzwang zu einer drückenden Last. Mir sind in deutschen Ländern Gegenden bekannt, wo zwischen ziemlich ansehnlichen Städten, die 1 1/2 Meile von einander liegen, die Postroute 5 — 8 Meilen beträgt. Wenn mir daher jemand umsonst oder gegen eine Kleinigkeit einen Brief, der Eile hat, an einen solchen Ort mitnehmen will, so darf ich ihm denselben nicht mitgeben, und er darf bey harter Strafe ihn nicht mitnehmen, sondern ich muß neben der Gelegenheit einen besondern Boten gehen lassen, wenn ich den Brief nicht auf der sechsmahl längern Postroute laufen lassen will. Als ich in G.. wohnte, wollte mir ein Freund zu X. eine Summe Geld schicken, weil er wußte, daß ich in Noth war. Er hatte es schon einige Tage eingepackt, und wollte es mit der Post, die in einigen Tagen erst abfuhr, abgeben lassen. Zufälliger Weise findet er einen reisenden Handlungsdiener, der G.. passirt und es nach langer Weigerung wegen allenfallsiger Visitation und Confiscation mitnimmt und an mich abgibt eher, als die Post noch in X. abging. Ich wurde dadurch in den Stand

gesetzt, mich aus Unannehmlichkeiten zu retten, in die ich mich versetzt gesehen hätte,
wenn ich das Geld mit der Post einige Tage
später erhielt.

Wie viel hängt nicht beym Kaufmann
von einem Augenblicke ab, den er eine Nachricht früher oder später erhält? Wie viel
Geschäfte kann er nicht in fünf Minuten
machen? Wie viele Gelder und Wechsel
werden nicht durch sichere Gelegenheiten angebracht? Endlich

3) auch deshalb ist der Postzwang verwerflich, weil hier durchaus keine Controlle
Statt finden kann, weil dadurch nur Anlaß
zu unangenehmen Auftritten, zu Verzöge-
rungen, Unterschleifen und Bestechungen gegeben wird. Wie ist es möglich, jeden Reisenden, jeden Boten zu visitiren, ob er etwa
Briefe bey sich trägt? Wird sich jeder diese
Visitation gefallen lassen, wird nicht der
Reisende, dem oft die Zeit so lieb ist, jeden
Tag dadurch aufgehalten werden? Und
wird nicht der Staat dadurch nicht noch zu
größern Ausgaben verleitet, indem die Con-
trolleurs und Visitatoren besoldet werden
müssen?

Aus diesem allen ergibt sich, daß weder
in rechtlicher, noch in politischer Hinsicht
ein Postzwang statthaft, daß vielmehr nur
der Zwang zu billigen sey, den die Existenz und die Aufrechthaltung der Postanstalt
selbst nöthig macht, weil der Staat ohne
einige Aufopferung der Staatsbürger ein so
kostbares Institut nicht erhalten kann.

5.　　　　　C. P. T. Wangemann.

Allerhand.

Aufruf an einen edeln Reichen.

Durch den Wucher eines Juden ist ein
junger Mann von einer angesehenen Familie,
der eine bedeutende Staatsstelle bekleidet,
bis zu einer Schuld von Zweytausend Gulden hinaufgesteigert worden; er soll diese
am 20 Februar 1807 bezahlen, und da er es
außer Stande ist, so würde er nur unter
neuen, größern Verschreibungen Zahlungs-
frist erhalten, und sich, so in immer fürchter-
licheres Elend stürzen.

Da er beweisen kann, daß er ein sehr
bedeutendes Vermögen zu hoffen hat, und

daß er von seinem gegenwärtigen Gehalt die
Zinsen leicht abtragen, auf jeden Fall auch,
innerhalb 4 Jahren, das Capital selbst wieder
zurückgeben kann: so fordert er einen edeln
Reichen des deutschen Vaterlandes auf, ihm
mit schleuniger Hülfe beyzustehen. — Sollte
es in ganz Deutschland keinen Juden geben,
der das durch seinen Glaubensgenossen an
der Menschheit verübte schreckliche Unrecht
wieder gut machen wollte?

Edle Männer, helft dem Bedrängten
eiligst!

Wer dieß zu thun entschlossen ist, wendet sich an die Expedition des allg. Anz., indem er bloß einen Brief an dieselbe einschließt
mit der Adresse: An den durch Juden-
wucher Bedrängten. Dieser Brief wird
sodann die Expedition des allg. Anz. weiter
befördern, unter gehöriger Adresse.

Familien - Nachrichten.

Frage und Bitte an Menschenfreunde, besonders in der Gegend von Jena.

Der Fähndrich Friedrich von Winterfeld, Regiments Prinz Heinrich von Preussen, ist am 14 October auf dem Schlachtfelde von Jena verwundet liegen gesehen
worden; ob aber derselbe da, oder in
einem Lazarethe gestorben, oder ob er noch
am Leben sey, darüber fehlt es den bekümmerten Eltern an irgend einer gewissen Auskunft. Wer solche ertheilen kann, ist auf
das inständigste gebeten, sie sobald als möglich an den Vater desselben, den Landrath
von Winterfeld (auf Spiegelberg) nach
Prenzlow in der Uckermark, über Berlin,
gelangen zu lassen. Sollten im Lebensfall
Kosten zur Herstellung und Pflege des guten
Verwundeten erforderlich seyn, so sey der
Edle, welcher sie vorstrecken wird, der
promtesten Erstattung von gedachtem Vater,
und zwar mit dem wärmsten Dankgefühle
gewiß. — Des bekümmerten Vaters hier
unterzeichneter Bruder, der die Uebertragung
dieser Aufforderung von der berliner Zeitung
in diese Blätter veranlaßt, bittet noch insbesondere alle seine Freunde und Bekannten
in Thüringen, welche er sich vormahls als
Werbofficier zu Stadt Jlm zu verschaffen
das Glück hatte, inständigst um geneigte

Willfahrung, und überläßt es ihnen, sich, wenn es ihnen bequemer seyn sollte, statt an seinen Bruder, an ihn selbst zu wenden. *)
Erlangen den 4 Januar 1807.
Der Forstmeister von Winterfeld.

*) Ich ersuche alle Menschenfreunde, welche oben verlangte Auskunft ertheilen können, und vielleicht durch die Entfernung der Verwandten des vermißten Hrn. v. W. abgehalten werden möchten, sich an sie zu wenden, ihre Nachrichten mir mitzutheilen, da ich beauftragt bin, die allenfalsigen Auslagen zu vergüten und solches sehr gern thun werde.
Gotha. K. J. Becker.

Aufforderung.

Herr Wilhelm Arnold Alting von Geusau, ein Sohn Herrn Lamorals von Geusau von der heygendorsischen Linie, welcher sich vormahls in Batavia aufhielt, wird hierdurch gebeten, mit seinen jetzigen Aufenthalt bekannt zu machen, weil ich ihm interessante Nachrichten mitzutheilen habe. Zugleich ersuche ich einen jeden, welcher den jetzigen Aufenthalt des erwähntem Herrn von Geusau zuverlässig kennt, um gefällige Nachricht davon. Tennstädt in Thüringen den 22 December 1806.
Heinrich Sahlbach, Amtsdirector.

___

Dienst - Anerbieten.

In einer der vorzüglichsten Städte Thüringens wird ein Lehrling von guter Erziehung, welcher die nöthigen Vorkenntnisse besitzt, eine gute Hand schreibt und fertig rechnet, und nicht unter 17 Jahren alt ist, gegen eine billige Pension von einer Fabrik- und Waaren-Handlung en gros gesucht. Die nähern Bedingungen erfährt man auf frankirte Briefe A B C. adressirt an die Expedition des allgemeinen Anzeigers.

Dienst - Gesuche.

1) Ein deutscher Gelehrter, von edler Herkunft, edlem Character, sehr empfehlender Bildung und Aeußerem, der nebst den erforderlichen Wissenschaften und Weltkenntniß das Französische in größter Vollkommenheit spricht und schreibt, bewährter Kenner im Kunstfach und in der Literatur

ist, practische Reise- Kenntnisse besitzt und von unterhaltendem Umgange ist, wünscht, bey freundschaftlicher Behandlung gegen einen mäßigen Gehalt, vorzüglich eine Stelle als Führer eines jungen Herrn auf Reisen, oder eine Erzieher-, Gesellschafter-, Privatsecretair-, Vorleser-, Bibliothecar- oder eine ähnliche seinen Fähigkeiten angemessene Stelle in einem wohlhabenden, guten Hause. Frankirte und versiegelte Briefe an ihn, mit H. v. H. bezeichnet, befördert die Expedition des allg. Anz. d. D. zu Gotha.

2) Ein unverheiratheter Oeconom, 30 Jahr alt, der wegen seiner öconomischen Kenntnisse, welche er bereits bey Verwaltung einiger nicht unbeträchtlichen Güter in Ausübung gebracht, als auch über sein sittliches Betragen hinlängliche Zeugnisse aufzuweisen hat, wünscht, da er auch noch die für das allgemeine Beste so nützliche, als unentbehrliche Wissenschaft, die Thierheilkunde, mit der Deconomie verbindet, baldigst als Verwalter eine anderweitige Anstellung. Der beständige Secretair der leipziger öconomischen Societät, Herr Commissionsrath Riem zu Dresden, ist erbötig, auf portofreye Briefe nähere Auskunft zu geben.

Justiz - und Polizey - Sachen.

Nachricht von einem Einbruch.

Vorige Nacht ist eine Räuberbande von ohngefähr 16 Mann, welche gößern unter dem Namen von Handwerksburschen die hiesige Gegend durchstrichen haben, in dem freyherrl. von Gemmingschen Hause zu Wolfsbehlen eingebrochen. Ihr Verfahren war ganz das nämliche, wie bey andern Gelegenheiten. Sie verstopften das Schlüsselloch am Kirchthurm, öffneten mittelst eines herbeygetragenen Balkens den Plankenzaun am Garten, und mittelst einer Planke die Hausthüre; drangen mit Stümmeln von Wachsstöcken in die Stube, banden den Bewohner und die Hausgenossen, öffneten die Schränke und Commode, und raubten nebst einigem Gewehr allerley Silber, als Löffel, einen Hirschfänger, Schuh-Schnallen, Messer und Gabel, an baarem Geld ohngefähr 1600 fl. Nach vorgenommener Untersuchung werden die näheren Umstände weiter bekannt gemacht werden. Die Personalbeschreibung der Räuber konnte von den beängstigten Hausgenossen nur sehr unvollständig angegeben werden.

Einer dieſer Kerls ſoll ein lang-gewachſener Kerl geweſen ſeyn, einen braunen Rock, ein rothes Bruſt-tuch getragen, einen runden Huth, um das Kinn ein Tuch über den Hutz gebunden, und einen Bart gehabt haben.

Man erſucht alle löbliche Gerichte und Indi-viduen, ein wachſames Auge auf dieſe Räuber zu haben. Dornberg, den 16 Dec. 1806.

Großherzogl. Heſſ. Oberamt daſ.

Steckbrief hinter B. Meyer: Iſ. Lion, Iſ. Levi und W. Abraham.

Am 16 Dec. v. J. bey dem Einmarſche der kaiſ. königl. franzöſiſchen Truppen in Erfurt haben die Baugefangenen, worunter ſich auch die Juden Bernhard Meyer, Iſac Lion, Iſac Levi und Wolf Abraham, befinden, die ihnen dargebotene Gelegenheit benutzt, von der hieſigen Feſtung zu entweichen. Die meh-reren Diebſtähle, welche ſie verübten, zeichnen ſich ſowohl durch ihre Größe, als Verſchmitztheit, wo-mit ſie begangen worden, aus. Das hieſige Stadt-gericht zweifelt daher nicht, daß ein jeder und be-ſonders Militär- und Civil-Obrigkeiten zu deren Wiederhabhaftwerdung möglichſt behülflich ſeyn wer-den. Indem daſſelbe im Betretungsfall um Arreti-rung und Ausliefenung dieſer Perſonen bittet, offe-rirt es ſich zur Erſtattung der gehabten Koſten und Beobachtung aller rechtlichen Dienſterweiſungen in ähnlichen und andern vorkommenden Fällen. Erfurt, den 10 Januar 1807.

Das von Sr. Majeſtät dem Kaiſer der Franzoſen und König von Ita-lien beſtätigte Stadtgericht.

Signalements.

1) Der Jude Bernhard Meyer iſt 33 Jahr alt, mittler Größe und Statur, hat ein längliches volles Geſicht, lange Naſe, rothe etwas trieffende Augen, und trägt ſein ſchwarzes Kopfhaar rund verſchnitten. Bey ſeiner Entweichung ſoll derſelbe einen bouteillengrünen Rock mit ſtehendem Kragen, und 6 gelben Knöpfen auf jeder Seite getragen haben.

2) Der Iſac Levi Leſer genannt iſt 39 Jahr alt, ungefähr fünf Schuh hoch, hagerer Statur, hat ein rundes pockennärbiges braunes Geſicht, eine kleine Naſe, braune Augen und ein ſchwarzes ab-geſchnittenes Haar. Er ſoll bey ſeiner Entweichung einen grauen Leibrock mit ruchenen Knöpfen getra-gen haben. Er ſpricht übrigens auch Franzöſiſch.

3) Iſac Lion iſt 32 Jahr alt; von mittler Größe und Statur, hat tiefliegende Augen, eine hohe Stirn, eine lange dicke Naſe, ſchwarz abge-ſchnittene krauſe Haare, kränkelt beſtändig und lei-bet an einem Bruchſchaden. Hat bey ſeiner Ent-weichung einen dunkelblauen Oberrock getragen.

4) Wolf Abraham iſt von mittelmäßiger Grö-ße, hager, hat ein ſchmales, bleiches längliches

Geſicht, braune Augen, ſpitziges Kinn und ſchwarz abgeſchnittene Haare. Soll einen ſeegrünen Ober-rock getragen haben. Alle viere waren auch Weimarſchmicke ohnweit Meiningen.

Vorladungen: 1) Jod. Krämer's.

Jodock Krämer von Kirrlach, welcher vor ungefähr 33 Jahren ſich aus ſeinem Geburtsort ent-fernt hat, ohne bisher etwas von ſich hören zu laſſen, wird anmit vorgeladen, binnen 9 Monaten entweder ſelbſt, oder durch hinlänglich Bevollmäch-tigte ſein in Kirrlach unter Curatel ſtehendes Ver-mögen ad 243 fl. in Empfang zu nehmen, oder zu gewärtigen, daß ſolches gegen Caution an ſeine nächſten Anverwandten ausgeliefert werde.

Philippsburg den 31 Decbr. 1806.

Großherzoglich Badenſches Amt. Schoch. Jopf.

2) J. M. Aibolin's.

Dem im Jahr 1773 zu Malterdingen gebornen Johann Michael Aibolin, welcher vor 15 Jahren auf die Wanderſchaft gegangen, ſeither aber nichts mehr von ſich hören laſſen, iſt eine Erbſchaft von etwa 67 fl. — zugefallen, derſelbe wird alſo hier-mit aufgefordert, ſolche binnen 9 Monaten in Em-pfang zu nehmen, oder es wird dieſelbe ſeinen nächſten Verwandten gegen Caution überlaſſen werden.

Emmendingen im Breisgau den 30 Dec. 1806.

Großherzoglich Badenſches Oberamt Hochberg. Roth. Montanus.

Kauf- und Handels-Sachen.

General-Subhaſtations-Patent.

Nachdem der dem Hieronymus Böttner und deſſen Eheweibe Marie Eliſabethe Böttner zu Marlishauſen zugehörige Gaſthof zur grünen Tanne daſelbſt, ſamt allen damit verbundenen und vereinbarten Gerechtigkeiten und Freyheiten, Wein und Bier darin zu ſchenken, darein Heimbürgen und Einwohner nicht tragen, legen, noch das Ge-tränke ſchätzen dürfen, ingleichen das Backen und Schlachten, nebſt Haupt- und Seiten-Gebäuden, Brauhaus, Malzdarre, Hofraum und Scheuer, ingleichen dem dazu gehörigen Garten und den hier unten näher ſpecificirten Gemeinde-Theilen, wel-cher Gaſthof nebſt beſchriebenem Zubehör von dem ernannten Böttner'ſchen Eheleuten für 950 Mfl. erkauft worden iſt, gnädigſter Herrſchaft als ein Erbgut zu Lehn geht, jährlich mit Michaelis 1 Mfl. 15 gl. 3 pf. und zwey Michaelis-Hühner dahin zinſet und gewöhnliche Trankſteuer präſtiret, der Gemeinde zu Marlishauſen 11 gl. 2 pf. Schoffer, 7 gl. contribuiret, einer ausgeklagten Schuld hal-ber zum öffentlichen Anſchlag zu bringen iſt; als

wird solchaner Gasthof und Zubehör mit allen anklebenden Rechten und Gerechtigkeiten, wie ihn
benannte Böttner'sche Eheleute und deren Vorfah-
ren besessen, benutzt und gebraucht haben, hiermit
generaliter dergestalt und zwar öffentlich feil- und
ausgeboten, damit derjenige, welcher darauf ein
Gebot zu thun gemeinet ist, bey Fürstl. Schwarzb.
Regierung allhier sich gebührend melden, sein Ge-
bot anzeigen und darauf nach Befinden weiterer
Entschließung und Bedeutung gewärtig seyn solle.
Sign. Arnstadt, den 8 Januar 1807.
Fürstl. Schwarzburg. Regierung daselbst.
(L. S.)   Johann-Benjamin Friedrich
Eberwein.

Verzeichniß
der zum Gasthof zur grünen Tanne zu Mar-
liahausen gehörigen Gemeinde-Theile.

1) Eine Wiese auf den Himpel, neben Johann
Georg Eschrich und rel. Sophie Marie Hofmann.
2) Ein Gemeinde-Theil auf der Peters-Gemeinde
neben Johann Nicol. Kämpf und Christoph Heinrich Weiß.
3) Ein breit Krautland auf dem Obermarthbache
neben Christian August Künzel und Johann
Leonhard Kämpf.
4) Ein Krautland auf dem Obermarthbache neben
Sophie Friederike Gießler und Jacob Richter.
5) Zwey Wiesen-Flecklein auf dem alten Riede
neben Johann Nicol. Kämpf und Johann Nicol.
Koch.
6) Ein Wiesen-Flecklein auf dem Meiseberge neben
Johann Georg Eschrich und Jacob Richter.

Oeconomie- Verpachtung.
Die Oeconomie der beyden im Bezirk des Amts
Hayn bey Ortrandt gelegenen Rittergüter Großkmehlen alten und neuen Theils, soll von Walpurgis 1807 an, auf 6 oder auch nach Befinden auf 12
Jahre durch Licitation verpachtet werden. Der
Licitations-Termin ist auf nächstkommenden,
zweyten März 1807
festgesetzt, und haben sich die Pacht-Liebhaber gedachten Tages des Vormittags um 10 Uhr an gewöhnlicher Gerichtsstelle zu Großkmehlen einzufinden und der Unterhandlungen gewärtig zu seyn,
wobey jedoch ausdrücklich bekannt gemacht wird,
daß der Herr Verpachter sich unter den Licitanten,
ohne an den Meistbietenden gebunden zu seyn, die
freye Wahl vorbehält. Die nähern Pacht-Bedin-
gungen, so wie von dem königl. Oeconomie-In-
spector, Herrn Schmieder, gefertigte Nutzungs-
Anschläge, ingleichen der Pacht-Contract selbst,
werden von Dato an bey der in Großkmehlen
wohnhaften Gerichts-Herrschaft, dem Herrn Freyherrn von Gregory, dem Endesunterschriebenen
dasigen Gerichts-Verwalter und Advocat Peschel
zu Ortrandt wohnhaft, und bey dem Herrn Hof-

rathe und Finanz-Consulenten, Doct. Zübel, in
Neustadt bey Dresden auf der Kloster-Gasse Nr. 9
auf Anmelden vorgelegt.
Großkmehlen, am 10 Januar 1807.
Freyherrl. Gregoryische Gerichte allda
und
Christian Gottfried Peschel, GVr.

Verkauf eines Landguts im Hannöverischen.
Ein adelich freyes Landgut in einer angenehmen Gegend im Hannöverschen, eine Stunde von
Göttingen belegen, wobey 330 Morgen gutes Land
und außerdem hinreichende Holzung ist, soll aus
der Hand verkauft werden. Das Nähere erfährt
man bey dem Civil-Gerichts-Procurator Nolte in
Göttingen.

Verkauf einer Buchdruckerey.
Nachdem Wir die dem hiesigen Buchdrucker,
Herrn Georg Friedrich Wirth, zeither eigenthümlich zuständig gewesene
Buchdruckerey, wobey zwey Pressen mit Spindeln und Mareln, die eine mit hölzernem, die
andere mit eisernem Fundament, und beyde mit
holländischen Schlössern, befindlich, mit darzu
gehörigen Schriften und sonstigen Erfordernissen
mehrerer ausgeklagten Schulden halber öffentlich an
den Meistbietenden zu verkaufen, resolviret, und in
dieser Absicht
der 17 Februar 1807 ist der Dienstag nach
dem Sonntag Invocavit
zum Biethungs-Termine bestimmt haben; als wird
solches hierdurch zu jedermanns Wissenschaft gebracht, damit diejenigen, welche auf die Wirth-
sche hiermit öffentlich feilgebotene Druckerey zu bieten gedenken, vorbestimmten Tages Vormittags um
11 Uhr zu Rathhause an ordentlicher Raths-Ge-
richts-Stelle erscheinen, ihre Gebote und Bedingungen zu den Acten geben, und sodann weiterer
Verfügung rechtlicher Gebühr gewärtig seyn können.
Wornach sich jedermann zu achten.
Sig. Creysstadt Cabla, den 21 Nov. 1806.
Der Rath daselbst.

Mineralien.
Folgende Fossilien kann ich um beygesetzte billi-
ge Preise ablassen, da ich selbige in Vorrath besitze:
Kannelstein aus Ostindien, das Carat à 8 pf.
Circon von Zeylon, das Carat à 1 gl.
Berill in Krystallen von 1 Zoll, à 3 und 4 gl. das
Stück.
Edler Opal von Caschan in Ungarn, von 2 bis 4 Zoll,
à 8 gl. à 1 rthlr.
Edler Serpentin von Corsica, 8 bis 16 gl.
Moynbbau von Altenberg, 4 bis 8 gl.
Wolfram-Krystalle aus Böhmen, à 4 bis 8 gl.
Honigstein-Krystall von Artern, 2 bis 4 gl.
Katzenaugen (geschliffen) von Zeylon, 12 gl. bis
2 rthlr.

Spinel-Krystalle von Zeylon, a gl. das Stück.
(Zwillings-Kryst. 4 gl.)
Lepidolit aus Mähren, 3 bis 4 Zoll, 8 gl. bis 1 rthlr.
Faser-Brechnit von Baumholder, 6 bis 12 gl.
Bohl von Lemnos, Umbra von Cölln, Isorin aus Böhmen, Menekan, Witherit, Kennelkohle, Braunsteinschaum, alle aus England, Zeisir, Chrysolit, krystl. Speckstein, aus dem Bayreuthischen, Schillerstein, Anhydrit, Chreisstein, vom Harz, Tremolit, Chpanit von allen Farben, Strahlstein, Chlorit, Staurolit, Sphen, Adularia und Feldspath aus der Schweiz und Tyrol. Stänglicher Thoneisenstein (vorzüglich schön) aus Böhmen. Schaumerde und Kohlenblende, aus Gera. Begapischer Jaspis. Boracitten von Lüneburg. Kalk-Fluß-Schwer- und Gypsspath aller Art, sowie auch von allen Metallen und übrigen neuen Fossilien sind um billige Preise bey mir zu haben. Wer mich mit Bestellungen einzelner Fossilien beehren will, wird sich von den billigsten Preisen und guten Stücken leicht überzeugen, auch ist niemand verbunden, die Sachen zu behalten, sobald die Stücke nicht nach Wunsch ausfallen sollten. Das Preisverzeichniß meiner übrigen Fossilien ist unentgeltlich bey mir zu haben. Systematische Sammlungen von 5 rthlr. bis 10 rthlr. sind immer in Vorrath bey mir zu haben.

August Geißler,
Mineralien-Händler, zu Leipzig in der Nicolaistraße Nro. 599.

Die Büste des hochf. Prinzen August von Sachsen-Gotha,
die ich vor einiger Zeit ankündigte, ist nun vollendet. Sie wird von allen, die den Prinzen gekannt haben, als getroffen und vollkommen ähnlich gefunden, und ruft bey ihnen das Andenken an die freundlichen Züge dieses allgemein verehrten und geliebten Prinzen zurück. Ihr Preis ist in Gotha 1 Friedrichsd'or, und bey Versendungen noch 1 rthlr. für Emballage.

Jacob Rathgeber,
herzogl. Hofbildhauer.

Zug-Stiefelschäfte.
Von den rohledernen Zug-Stiefelschäften, welche hier gemacht werden, habe ich den Verlag übernommen. An Güte den englischen gleich empfiehlt sie um so mehr der mäßige Preis, zu welchem ich sie in Dutzenden an Lederhandlungen überlassen kann. Ueber die nähern Bedingungen werde ich mich auf jede frankirte Anfrage gern erklären. Gotha, im Januar 1807.
Ernst Arnoldi.

Sämereyen.
Meine bekannte Handlung von allen Sorten Sämereyen mache ich meinen werthesten Freunden abermahls bekannt, und bitte ferner gütigst ihre Aufträge mir zu übertragen, und einer guten und prompten Bedienung versichert zu seyn. Die gedruckten Verzeichnisse meiner Sämereyen sind ohnentgeltlich jederzeit bey mir zu haben.
Carl Friedrich Schliestedt, in Braunschweig, wohnhaft auf der Gülden-Straße.

Pfälzer Blättertaback.
Allen denjenigen, so in pfälzer Blätter-Taback-Geschäfte machen, und in eine reelle und solide Bedienung einigen Werth setzen, empfiehlt sich der Unterzeichnete. Ich unterhalte ein beständiges Lager von diesem Artikel, und den Freunden, die mich mit ihrem Zutrauen beehren wollen, werde ich davon in sehr billigen Preisen sowohl in großen als kleinen Partheyen ablassen.
Muster werden auf frankirte Anfragen zugesandt. Mannheim, den 21. December 1806.
Heinrich Vogt.

Frankfurter Wechsel-Cours.

den 16 Januar 1807.

	Briefe	Geld
Amsterdam in Banco k. S.	—	—
2 Mon.	—	141
Amsterdam in Courant k. S.	140 1/4	—
2 Mon.	140 1/4	
Hamburg k. S.	148 3/8	
2 Mon.	147 5/8	
Augsburg k. S.	100 3/8	
Wien k. S.	51 1/2	
2 Mon.	51	
London 2 Mon.		
Paris k. S.	77 5/8	
à 2 Uso	77 1/4	
Lyon	77 3/4	
Leipzig M. Species		
Basel k. S.		
Bremen k. S.	107 5/8	

Naturkunde.

Bemerkungen über den Laubfrosch.

Eine ähnliche, wie die in Nr. 268 des allg. Anz. v. J. enthaltene Bemerkung habe ich in der Mitte des Monats September, folglich in der Zeit, wie noch genugsame Nahrung vorhanden war, an einem Laubfrosche, der dieß Jahr ziemlich gefüttert seyn soll, gemacht. *) Einige Tage, ehe dieß geschah, wurden ihm sechs bis acht Fliegen kurz nach einander gegeben, — und von der Zeit an, bis vier Tage darnach war anhaltend heiterer Himmel.

Am Morgen des Tages der Beobachtung saß das Thierchen ruhig auf seinem Sitze über dem Wasser, gegen vier Uhr Nachmittags aber schien es auf demselben Sitze krank zu seyn. Sein Kopf hing abwärts, der Rücken war aufwärts gekrümmt, die Augen schienen sich krampfhaft zu bewegen und wurden geschlossen. Die Stellung veränderte sich gar bald. Der Kopf bob sich schnell in die Höhe, das Maul, von dessen oberem Theile ein Stück zäher Schleim, wie ein Zwirnsfaden dick, herab hing und am untern Theile anklebte, wurde sehr weit aufgesperrt, die Augen schlossen sich, der Leib blähete sich auf und im Innern des Bauchs schien sich ein Theil krampfhaft zusammenzuziehen. Etwa acht Secunden darauf senkte sich der Kopf, das bey dieser Bewegung verschlossene Maul öffnete sich etwas,

die beyden Vorderfüße kamen in Bewegung und wurden bis zur Augenhöhe so erhoben, daß die erstenmahle ein Zehe beynahe das Auge berührte. Nun strichen die beyden Vorderfüße von da aus vorzüglich im Hintermaule nach vorn zu wol zehnmahl und das nach und nach erfolgende Streichen nahm immer etwas entfernter vom Auge seinen Anfang.

Die Wirkung davon war, daß sich im Untermaule eine ziemliche Menge weißlichen Schleims zeigte und durch Umwicklung und Wiederloswicklung desselben um und von den Zehen ganz vorn im Maule zusammengebracht wurde. Noch während dieser letzten Periode kam das linke Hinterbein in Bewegung. Der Laubfrosch strich sich mit demselben vorzüglich mit dem Fuße den Leib von hinten nach vorn zu vielmahl, schloß unter dem Geschäfte das Maul, ließ die Vorderfüße mit noch anklebendem wenigen Schleim langsam herabsinken und dann kam der Hinterfuß in Ruhe.

Einige Secunden nachher fing der vorbeschriebene Schleimgewinnungs-Proceß wieder an, er endigte sich aber so, daß das Hinterbein erst ruhete, die Vorderbeine aber noch in Arbeit blieben und zulezt behülflich waren, daß der angehäufte und über das Untermaul herabhängende zähe Schleim theilweise verzehrt wurde. Wie darauf der Laubfrosch noch einige Schleim-Theilchen verschluckt hatte, setzte er sich ruhig hin.

*) Die sogenannten Mehlwürmer, die Lieblingsspeise der eingeschlossenen Nachtigallen, gewähren auch dem Laubfrosch eine sehr angemessene Nahrung; nur muß man ihnen vermittelst einer Scheere die Freßzangen abzwicken, ehe man sie als Futter darreicht. h. R.

Allg. Anz. d. D. 1 B. 1807.

Ich schloß aus dem Bemerkten auf Hunger, verschaffte demselben eine Anzahl Fliegen, von welchen er wol zehn Stück fing und verzehrte. Das fernere Verhalten des Thierchens ist mir aber, da ich mich nur kurze Zeit an dem Orte, wo es erhalten wurde, aufhielt, unbekannt geblieben.

C.　　　　　　　　Wippermann.

*　　*

Der Gegenstand unseres Streits ist zu wichtig, um die Eingabe a. A. d. D. Nr. 268 mit Stillschweigen zu übergehen. Es betrifft derselbe die große Nation der Frösche, die sich wahrlich nicht wenig darauf zu gute thun kann, daß man ihrem Beyspiel folgt und über sie ein vielstimmiges, disharmonisches Quack, Quack! erschallen läßt. — Man will diesen Thieren durchaus die Nothwendigkeit der geringfügigen und nach meinem, noch besser aber nach einem neuern, in diesen Blättern gethanen Vorschlage, sehr leicht zu erhaltenden Nahrung, der sie im Winter bedürfen, abstreiten, welche man ihnen jedoch, wie ich glaube, nicht entziehen kann, ohne sie einem schmähligen Hunger auszusetzen.

Es wird dort nun wieder der Entdeckung einer Schleimhaut erwähnt, welche diese Amphibien im Winter abstreifen und als Nahrung einschlürfen sollen. Mit der, einer mir unbekannten Dame, die diese Entdeckung machte, Achtung verschere ich indessen, daß dieß durchaus keine neue Entdeckung ist, daß ich aber dieser Naturerscheinung eine entgegengesetzte Entstehung gebe und einen ganz andern Zweck darunter suche. Ich halte mich nämlich überzeugt, daß diese weiße Schleim im Innern des Thiere erzeugt wird und das deshalb, weil sie sich auf die schrecklichste Weise anstrengen müssen, einer denselben von sich zu geben, wobey sie alle Bewegungen eines Erbrechenden machen. Mit ziemlicher Ueberzeugung möchte ich ebenfalls wol behaupten, daß sie ihren ganzen Körper mit diesem Schleim überziehen, um dadurch in Stand gesetzt zu werden, sich auf Bäumen und Blättern festzuhalten und selbst an einer Glasscheibe hinauf zu klettern. Lassen Sie uns jedoch einen Augenblick annehmen, daß jene Schleimhaut an den äußern Theilen der Thiere entstände und sie

dieselbe wirklich einschlürften, so scheint dieß doch noch nicht zu beweisen, daß sie als eine Naturaussteuer zur winterzeitigen Selbsterhaltung betrachtet werden kann, da ich Sommer und Winter dieselbe Erscheinung wahr genommen habe.

Das Belächeln und Bedauern der für die Winterfütterung der Laubfrösche besorgten Herren hätte man also immerhin noch ein Weilchen aussetzen können, bis irgend ein vollgültiger Naturforscher darüber entschieden haben würde.

Münden 1806.　　　　G. Petri.

Für Jagd = und Natur=Liebhaber.

Im Forste des Freyherrn von Ulm zu Wärenwaag in Schwaben, unweit Mößkirch, ist vergangenen Herbst ein ganz schneeweißer Waldschnepfe geschossen worden. Es soll in gewissen Landschaften viele dergleichen geben. Ob dieß wirklich so sey, und wie diese heißen, oder ob in andern Gegenden Deutschlands auch schon weiße Schnepfen geschossen worden seyen, wünschte man im allg. Aufs. beantwortet zu lesen. — Weiße Waldhasen sind in den Forsten des gedachten Freyherrn von Ulm schon mehrere vor Zeiten geschossen worden.

Schaffhausen den 21 Decmbr. 1806.
Freyherr von Schellenberg.

Land = und Hauswirthschaft.

Ueber einige Mißbräuche der Schäfer.

Auf verschiedenen Winterreisen beobachtete ich einige Mißbräuche der Schäfer, welche öffentlich gerügt zu werden verdienen. Der erste ist der: daß sie an verschiedenen Orten die Wälder Winterszeit und bey hohem Schnee noch beziehen und beziehen dürfen. Ein Mensch mit gesunden Augen und Verstande muß es leicht einsehen können, daß das Schaf nicht mit Schnee satt gehütet werde, sondern daß es jedes hervorragende Zweiglein, oder jeden zu erlangenden Gipfel begierig abfrißt. Auch wissen die Schafknechte ihrem Vieh im Nothfall dieses Futter zu verschaffen. So sah ich dieses Jahr, daß einer im Holze bey tiefem Schnee auf einen Baum gestiegen war,

und mit seinem Stocke von diesem und den
benachbarten Bäumen die Streu abschlug,
so weit er nur langen konnte. Die Begierde,
mit welcher sein Vieh auf die herabfallende
Streu wartete und diese auffraß, zeigte meines Erachtens genugsam, daß dieß Verfahren nicht das erstemahl vorgenommen werde.
Man sehe überhaupt im Frühjahr einen
Schlag an, welchen die Schafe im Winter
bezogen haben; so weit die darauf stehenden Bäumchen aus dem Schnee hervor ra-
ben, oder wo sie von den Schafen ausge-
scharret werden konnten, ist zuverläßig der
ganze letzte Jahrestrieb davon abgebissen.

Der zwepte holzverwüstende Gebrauch
ist der: daß noch immer alle Horden vom
Sprossen, zu welchen junge Fichten (Roth-
Tannen) genommen werden, verfertiget sind.
Wie viel schöne junge Stämmchen werden
dadurch jedes Jahr zerstört! Denn der Schäfer sucht sicher nicht behutsam nach kranken
herum, oder nimmt nur die überflüssigen
einzeln heraus, sondern er greift nach den
geradesten, nach solchen, welche sich gut schä-
len lassen und ihm am gelegensten zur Hand
sind. Alles dieß kann aber durch den mäßigen Aufwand einiger Bretter erhalten werden, wie auf hiesiger Schäferey schon längst
geschah. Es werden jährlich acht bis zehn
schlechte schwache Schlagbretter dem Schäfer
zum Ausbessern der Horden gegeben; eins
nach hiesigem höchsten Preise zu 4 gr. gerechnet, beträgt der ganze Aufwand 32—40 gr.
und hiermit können nicht nur die Stellhor-
den, sondern auch der ganze Pferdschlag für
12—1300 Stück in vollkommenem Stande
erhalten werden. Selbst die Fertigung solcher Horden ist viel leichter, da nicht so viele
Löcher gebohret, auch nicht so viele einzelne
Theile genau zusammen gefügt werden müssen, wie bey den Sprossen. — Kurz nur
Vorurtheil kann die gänzliche Einführung
der Bretterhorden erschweren, deren Vortheil
zuverläßig ansehnlich genug ist.

Sollten in der gegenwärtigen Zeit, nach
dem verschiedene Naturbegebenheiten kurz
hinter einander in dem voigtländischen Waldungen die fürchterlichsten Verheerungen an-
richteten, jene verderblichen Gewohnheiten
nicht so auffallend seyn, daß die höchsten
Landesbehörden denselben Einhalt zu thun

bewogen würden? Aber nicht allein auf
herrschaftliche Forste dürfte ein Verbot der
Winterhuthung sich erstrecken, sondern die
Unterthanen müßten für ihr Bißchen Holzung sich auch dieser landesväterlichen Vorsorge erfreuen können. Der Verlust der
Schäfereyen besagt nicht viel, da das Vieh
durch Kälte, Nässe und den beschwerlichen
Gang viel Schaden leidet, auch vor dem
Ausgang und bey der Rückkehr in den Stall
bepnahe eben so viel Futter vorgelegt erhalten muß, als es zu einer nothdürftigen Sättigung ohne jene Bewegung bedurft hätte.
Wie viel Dünger wird übrigens ganz unnöthiger Weise vertragen, der doch bey Schäfereyen sehr hoch angeschlagen werden muß.
Es ist sehr zu verwundern, daß dergleichen
Mißbräuche noch zu einer solchen Zeit gerügt
werden müssen, wo so viel über Stallfütterung überhaupt, über Vermehrung des Düngers und auch über Forstöconomie und Holzersparung geschrieben wird.

H―――b―R.―――― im Voigtlande.

C. B.

Allerhand.

Bitte an edle gute Menschen.

Das traurige Schicksal, welches der
jetzige Krieg so manchem durch den Genuß
des Friedens glücklichen Orte zufügte, traf
ganz vorzüglich auch die herzogl. weimarische
Stadt Buttelstedt. Nachdem dieser Ort
schon sehr durch starke Einquartierung königl.
preußischen Truppen gelitten hatte, verlor
er, durch die schrecklichste Plünderung, nach
der Schlacht bey Jena und Auerstädt, fast
seine ganze bewegliche Habe, und man sah
sogar mehrere Häuser zerstört und in unbe-
wohnbaren Zustand versetzt. Doch das Maß
seines Unglücks war noch nicht voll. Es
bildete sich eine Militairstraße über Buttelstedt, und diese Stadt wurde ein Etapen-
Ort. Ganz ununterbrochene Einquartierung,
rieb daher vollends auf, was die unglücklichen Bewohner dieser Stadt aus dem Rum
ihres zerstörten Hauswesens etwa noch gerettet hatten. Der Zustand dieser Armen bedarf unter diesen Umständen wol keiner
weitern Schilderung. Selbst hülflos und
ohne Mittel, auch nur die dringendsten Be-

Bedürfnisse zu befriedigen, müssen die Unglücklichen noch heute für die gute Verpflegung
der kaiserl. französischen und alliirten Truppen sorgen. Sollten mitleidsvolle Herzen
sich geneigt fühlen, durch milde Beyträge
dieser ganz in Armuth gestürzten Stadt ihr
trauriges Schicksal zu erleichtern, so können
die Edlen ihre gütigen Gaben an den Stadtschreiber und Amtsadvocaten Wunder und
den fürstlichen Steuer-Einnehmer Carl
Friedrich Münzel sen. daselbst einsenden,
und der gewissenhaftesten Vertheilung derselben versichert seyn.

Buttelstedt am 16 Januar 1807.

Justiz- und Polizey-Sachen.

Vorladungen: 1)

Der für den hiesigen Bürgerssohn Joh. Nicolaus Hock im Jahr 1795 als Miliz eingestandene, aus dem ehemals churpfälzischen Oberamt Umstatt gebürtige, seinem Namen nach aber hier unbekannte Mann, oder dessen etwaige Erben werden
hiermit aufgefordert, sich zum Empfang der in Deposito des großherzoglichen Hofraths-Collegii beruhenden, in 165 fl. bestehenden Einstands-Caution innerhalb drey Monaten hier zu melden und
gehörig zu legitimiren oder zu gewärtigen, daß nach
fruchtlosem Umlauf der Frist diese Gelder ohne weiters als verfallen dem herrschaftlichen Aerario werden zugewiesen werden.

Weinheim, den 5 Januar 1807.
Großherzoglich Badensches Amt,
Deithorn. Thilo.

2) der Cathar. Radleff.

Catharine Radleff, die angeblich an einen
reformirten Schullehrer zu St. Goar verehelicht
gewesen seyn soll, oder derselben allenfalsige Leibes-Erben werden hiermit vorgeladen, den aus
der Verlassenschaft ihres dahier verlebten Bruders
resp. Oheims, des pensionirten rheinpfälzischen Ar-
tillerie-Majors Philipp Jacob Radleff nach
Ausweis dessen Testaments zu überkommen habenden Erbtheil in Zeit dreyer Monate von heute an in
Empfang zu nehmen, oder zu gewärtigen, daß solcher an die benannten Mit-Erben zur nutznießlichen
Pfleaschaft gegen Caution verabfolgt werde.

Mannheim, den 13 Januar 1807.
Großherzoglich Badisches Garnisons-
Auditoriat.
Lutz, Auditeur.

3) der Gläubiger Melch. Deinzmann's.

Gegen den hiesigen Bürger Melchior Deinzmann wurde heute der Gantproceß erkannt; dessen
dahier nicht bekannte Gläubiger werden sohin vorgeladen, ihre an gedachten Melchior Deinzmann
habende Forderungen innerhalb 6 Wochen dahier
entweder selbst oder durch hinlänglich instruirte Bevollmächtigte anzuzeigen, zu liquidiren, und den
etwaigen Präferenz-Anspruch auszuführen, unter
dem Rechtsnachtheile jedoch, daß sie ansonst nach
Umlauf solchen Termins mit ihren Forderungen von
der Gantmasse ausgeschlossen werden sollen.

Mannheim, den 9 Januar 1807.
Großherzogl. Badisches Stadtvogteyamt.
Rupprecht. Boehmer. Vidt. Nürnberger.

4) der Erben J. Frz. Kleinert's.

Johann Franz Kleinert von Helsa, hiesigen
Gerichts, ist im Jahre 1776 nach America gegangen, und hatte einen Sohn, Namens Johannes
Kleinert, zurückgelassen. Dieser Sohn ist dem
Vater gefolgt und soll, einer Urkunde zufolge, zu
Baltimore gestorben seyn. Von der höhern Behörde
ist beschlossen, daß Johann Franz Kleinert's Vermögen zu Helsa den nächsten Verwandten verabfolgt werden soll. Als solche haben sich gemeldet:
Johann Franz Kleinert's vollbürtige Schwestern
1) Anna Elisabeth, Johannes Wilkiges Wittwe,
2) Anna Catharina, Augustin Rode's Ehefrau,
und 3) der verstorbenen, mit Martin Brethauer
verehelichte Schwester, Dorothea Elisabeth, geb. Kleinert, Kinder, a) Anna Martha,
Johannes Streußel's Ehefrau, b) Catharina
Elisabeth, Christoph Ifselbenne's Ehefrau, und
c) Anna Magdalena, Johannes Müller's Ehefrau, geb. Brethauer, sämmtlich zu Helsa.

Wer eine nähere oder gleiche Verwandtschaft
oder auch sonstige Ansprüche auf das zu Helsa vorhandene, unter der Verwaltung des dasigen Einwohners Heurich König stehende Vermögen
Johann Franz Kleinert's, sammt dem, bisher
dafür gehaltenen Zubehör, begründen kann, wird
hierdurch öffentlich aufgefordert, Freytags den 17
April des nächstkünftigen Jahrs 1807, um zehn Uhr
Vormittags, entweder persönlich oder durch einen
mit beglaubigter Vollmacht versehenen Anwald,
vor hiesigem Gerichte auf dem Stifte zu erscheinen
und seine Gerechtsame zu wahren oder zu ermarten,
daß Johann Franz Kleinert's Vermögen, sammt
vormeldetem Zubehör, den obengenannten Schwestern und Schwester-Kindern, gegen Caution,
übergeben werde. Stift Taufungen ohnweit Hel-
sen. Cassel, am 17 December 1806.

Rall, Amtmann.

Allgemeiner Anzeiger
der
Deutschen.

Sonnabends, den 24 Januar 1807.

Naturkunde.

Beantwortung der Anfrage im A.
A. 1806 Nr. 226: Ob es dreyfarbige
Katzen männlichen Geschlechts gebe
oder nicht.

Hofrath Blumenbach in Göttingen
sagt in seinem Handbuche der Naturgeschichte
7. Aufl. S. 104. „Zu den vorzüglichsten
„Spielarten gehört rc. die spanische oder
„schildpattfarbige Katze;" — diese ist wol,
wenigstens in Deutschland, die am häufig=
sten verbreitete Gattung — „unter welchen
„letztern man häufig weibliche Katzen von,
„drey ganz verschiedenen Farben, z. B.
„schwarz, weiß und gelb, aber kaum je einen
„dergleichen Kater gefunden haben will."

Außerdem fügt Hofr. Bl. in seinem
mündlichen Vortrage über die Naturgeschich=
te hier noch die Bemerkung hinzu: daß er es
mit Dank, oder auch mit verhältnißmäßiger
Belohnung zu erkennen wissen würde, wenn
ihm jemand einen dreyfarbigen Kater
zeigte. Es verdient kaum bemerkt zu wer=
den, daß so wenig die graue oder eine an=
dere gemischte Farbe für eine jener drey
Grundfarben gerechnet werden dürfe.

Wenn man nun noch bedenkt, daß Hofr.
Bl. seit mehrern Jahren in jedem Semester
diese Bemerkung der nicht geringen Zahl sei=
ner Zuhörer mitgetheilt hat, daß ihm diese, die
nicht nur in allen Theilen Europa's, sondern
sogar in der alten und neuen Welt zerstreuet
sind, mancherley Bemerkungen über natur=
historische Gegenstände gern und oft mitge=
theilt haben, unter welchen aber bis jetzt

Allg. Anz. d. D, 1 B. 1807.

noch keine vorgekommen ist, die jener Be=
hauptung widersprochen hätte, daß endlich
der verstorbene Obr. L. v. A. in dem vor=
letzten Jahrzehent des vorigen Jahrhunderts
sich alle Mühe gab, sogar Belohnungen da=
bey versprach, um einen dreyfarbigen Kater
aufzutreiben, aber dennoch keinen Kater ge=
funden hat, wodurch jene Meinung wider=
legt worden wäre: — so kann bis jetzt die
obige Frage wol nicht bejahend beantwortet
werden.

Göttingen. **Woltmann.**

* * *

Zur Beantwortung jener Anfrage mache
ich bekannt, daß ich vor einigen Jahren
einen dreyfarbigen d. h. schwarz, weiß und
gelb sehr distinct bezeichneten Kater besessen
habe, der mir an der damaligen Epidemie
starb. Diese Katze wurde in hiesiger Gegend
als eine äußerst seltene Naturerscheinung be=
trachtet. Zittau in der Oberlausitz.

Chrn. Gottlieb May.

* * *

Die drey = und vierfarbigen Katzen wer=
den zu Schafhausen in der Schweiz basler
Chäzli genannt. Vermuthlich sind die er=
sten dieser dort so beliebten Thiere von Basel
dahin gekommen. Pfarrer Härter, zum Eck=
stein in Schafhausen wohnhaft, hat einen
weiß, gelb und schwarz gefleckten Kater,
und dieser wird wol nicht der einzige in die=
ser mit Hunden und Katzen übermäßig bevöl=
kerten Stadt seyn.

Schafhausen.

Freyh. von Schellenberg.

Anfrage.

Es wurde vor einiger Zeit im N. A. gefragt, wie lange wol ein Schuhu hungern könne, und verschiedentlich darauf geantwortet. Als ein Seitenstück zu jener Frage könnte man wol die aufwerfen: Wie lange kann ein Fuchs hungern? Die erste war deswegen schwer zu entscheiden, weil niemand, der einen Schuhu hat, so grausam würde seyn wollen, ihn ohne Noth hungern zu lassen, der Fuchs hingegen wird in der sogenannten guten Zeit selten von einem Jäger geschont, und oft so lange in den Bau gesperrt, bis er in die vor der Röhre gestellte Falle, oder in's Garn geht. Dieß thut er nur in der letzten Verzweiflung, wenn alle andere Versuche, sich zu retten, fehlgeschlagen sind; er muß also oft fürchterlich lange hungern und man hat hiervon die merkwürdigsten Beyspiele.   Dzl.

Land- und Hauswirthschaft.

Bemerkung, die Vertilgung des Hederichs (Raphanus Raphanistrum) betreffend.

So viel Mühe man sich auch gegeben hat, dieses der Gerste und dem Hafer so vorzüglich nachtheilige Unkraut zu vertilgen, von so unbedeutendem Erfolge sind bisher fast alle Vorschläge gewesen. Zwar sind nach der Preisaussetzung von 5 Fried.d'or durch den geheimen Rath Grafen von Riesch nach dem N. A. 1806 vom 17 März mehrere Preisschriften eingelaufen, die aber sämmtlich zu keinen bedeutenden Resultaten führen. Der Vorschlag des verstorbenen Domherrn von Rochow zu Rekahn, den Hederich auszujäten, ist viel zu kostspielig und in großen Oeconomien weniger bedeutend. Das Vor- und Nacheggen der Saat hilft wenig. Das einzige und fast wirksamste Mittel, den Hederich, wo nicht ganz zu vertilgen, doch ihm Grenzen zu setzen, ist der Vorschlag des Hn. von Zehmen zu Schmöllen: mehrere Saatzeiten hinter einander die Sommerfelder mit Winterfrüchten zu besäen.

Eine mehrjährige auffallende Bemerkung theile ich denkenden Oeconomen hierdurch mit. Zwey Ackerstücke, die an einer sehr befahrnen Straße liegen und mit derselben in gleicher Richtung laufen, haben, wenn sie im Sommerfelde besäet sind, entweder gar keinen, oder äußerst wenigen Hederich. Der einzige Grund liegt darin, d. s. diese beyden Ackerstücke im Winter häufig befahren werden, wenn der Weg schlimm oder sehr verschneyet ist. Die Besitzer dieser Ackerstücke stören auch aus dem Grunde das widerrechtliche Fahren auf denselben nicht, weil sie von einem Hauptfeinde, dem Hederich, befreyet bleiben. Alle übrige Ackerstücke, die dicht an diese beyden grenzen und weiter hin, sind oft ganz mit Hederich überzogen. Nach dieser Erfahrung möchte man also künftig lieber alle Reisende bitten, statt durch Aufgraben und Bezeichnen unser am Wege liegenden Ackerstücke, sie vor dem Befahren zu sichern, sich derselben statt des Weges zu bedienen, denn bey einer fleißigen und guten Zurechtmachung (NB in und ganz fettem Boden) dieser befahrnen Stücke habe ich seit vielen Jahren gesehen, daß ihnen das häufige Befahren nicht allein gar nicht schadet, sondern den Vortheil hat, daß kein Hederich aufkommen kann. Wer weiß, zu welchen Resultaten diese Erfahrung leitet? Ich zweifle keinesweges, daß sie aufmerksame Oeconomen auch schon eine Bemerkung gemacht haben, und erinnere ihrer Gemeinnützigkeit wegen bier nur daran.

Diesen im Magdeburgischen d. 1 Jul. 1806.
Heine, Prediger.

Bemerkung über den Kartoffelbau.

Vergangenen Sommer pflückte ich auf meinem Kartoffelfelde von einigen Reihen Kartoffelstöcken die Blüthen ab. — Als Laie in der Botanik und Oeconomie dachte ich diese Stöcke dadurch gewissermaßen zu castriren, damit sich ihr Wachsthum mehr auf die Knollen concentriren möchte. Der Erfolg davon übertraf meine Erwartung; denn beym Ausnehmen der Kartoffeln fand man sie an diesen Stöcken gegen die übrigen so auffallend groß, daß davon wenigstens ein bis zweymal mehr geerntet wurde, als von jeder andern gleich großen und unter gleichen Umständen gepflanzten Anzahl Kartoffeln.

Nach der Zeit las ich zwar in Darwin's Phytonomie 1 B. S. 196. Er, der Verfasser, sey auf die Vermuthung gekommen, „ob

„man nicht im Stande seyn würde, die
„Größe und Menge der Kartoffeln durch
„Abpflücken der Blätter zwey bis dreymahl
„zu vermehren, weil auf diese Art der zur
„Hervorbringung der Blüthen und Samen
„bestimmte Nahrungsstoff auf die Vergröße-
„rung der Wurzel verwendet und mehr näh-
„rende Bestandtheile für die künftigen Pflan-
„zen abgesetzt werden würden. Er hätte
„diesen Gedanken einer geistvollen Dame
„mitgetheilt, welche ihm nach einigen Mo-
„naten meldete, daß sie dergleichen Versuche
„mit augenscheinlich gutem Erfolge an eini-
„gen Wurzeln gemacht habe.“ Und hierbey
macht der Uebersetzer, 1) Nebenstreit, die
Bemerkung: daß seines Wissens dieses Verfahren beym Kartoffelbau in Deutschland
schon längst bekannt und üblich sey.

Aber so viel ich weiß, ist dieses einfache
und leichte Verfahren nicht so allgemein bekannt, wenigstens in unsern Gegenden nicht
so im Gebrauch, als seines großen, allgemeinen Nutzens wegen es zu seyn verdiente.
Kinder können es während der Blüthenzeit
spielend verrichten und dadurch die Kartoffel-
Ernte wenigstens verdoppeln!

Es wäre daher sehr zu wünschen, daß
selbiges öffentlich mehr berichtiget und dadurch nach Verhältniß seines allgemeinen
Werthes angewendet würde; denn es betrifft
NB. zum größten Vortheil der leidenden
Menschen eine beträchtliche Vermehrung
der Kartoffel-Ernte ohne weitere Kosten, Mühe und Umstände.

S.

Gelehrte Sachen.

Antwort auf die Anfrage im allg. Anz.
1806 Nr. 330.

Franz Thom. Chastel, Lector der franz.
Sprache auf der Universität zu Gießen, hat
geschrieben: Essai d'une grammaire achevée
du Traité de l'Etymologie et de la Syntaxe
françoise, avec des Tables, à Francfort et
à Leipzig ,792 II Tom, in 8 Auch hat er
die zweyte verbesserte Ausgabe der Köster'-
schen Anleitung zur französischen Sprache
für Frauenzimmer Frankf. a. M. 1775 besorgt; vergl. Meusel's gelehrt. Teutschland.
1 B. S. 261. 5 Nachtrag S. 219.

Steinbrenner.

Künste, Manufacturen und Fabriken.

Den Liebhabern meiner im vorigen Jahre
erfundenen und empfohlenen Backsteinbren-
nerey im Freyen ohne Ofen dient hiermit
zur Nachricht, daß sie solche bey mir in Augenschein nehmen können. Für abgebrannte
Ortschaften ist diese Erfindung von besonderer Wichtigkeit.

Blankenhain bey Jena.

C. W. Speck, Commerzien-Rath.

Justiz- und Polizey-Sachen.

Bekanntmachung.

Bey dem in der Nacht vom 15 auf den 16 d.
im freyherrl. von Gemmingischen Hause zu
Wolfskehlen geschehenen Einbruch ist nach der
Angabe des Bewohners folgendes entwendet
worden:

1) Ein Säckchen mit goldenen Münzen, als Carolinen, Louisd'or, Ducaten und eine halbe Max-
   d'or, im Betrag 434 fl. 4 kr.
2) Ein Sack mit 237 St. franz. Thalern, 651 fl. 45 kr.
3) Ein Säckchen mit 47 Kronenthalern, 126 fl. 54 kr.
4) Einzelne Kronenthaler, 16 fl. 48 kr.
5) Sechsbätzner, 126 fl.
6) Ein sogenannter berliner Hirschfänger mit
   silbernem Griff, woran ein Löwenkopf. Eine
   Koppel von weißem Wildleder. Der Werth ist
   auf 36 fl. angegeben.
7) Eine goldene Taschenuhr, das innere Gehäus
   von Gold, das äußere von Semilor. Der Ring,
   woran die stählerne Kette hängt, von Silber.
   Werth 45 fl.
8) Eine silberne Uhr, mit einem Gehäus, das mit
   Schildkröte überzogen ist. Stahlkette u. ordinaires
   Pettschaft am Schlüssel von Stahl. Werth 25 fl.
9) Ein silberner Vorlegelöffel, 9 silberne Eßlöffel
   (wovon einer fleckig) 6 Kaffeelöffel, eine Zuckerzange. Werth vom Ganzen 56 fl.
10) Ein Paar längliche, viereckige, geriefte silberne
    Schuhschnallen. Werth 7 fl.
11) Ein silbernes Büchschen. Werth 1 fl.
12) Eine runde, geriefte, mit Laubwerk gravirte
    silberne Tabatiere. Werth 8 fl.
13) Ein Gesteck silberne Messer, Gabel und Löffel.
    Werth 25 fl.
14) Zwey goldene Kugelringe, in einem die Buch-
    staben M. M., im andern F. K.
15) Ein goldener Petschierring mit einem ungesto-
    chenen Achat.
16) Ein desgleichen mit einem Stein, worauf eine
    Figur gestochen. Der Werth von sämmtlichen
    Ringen 40 fl.
17) Alte würtemberger, darmstädter, östreicher 2c.
    Thaler. Werth 30 fl.

18) Verschiedene Tabatieren von Schildkrot, Achat und Porcellan. Werth 12 fl.
19) Ein neuer Säbel mit Koppel. Werth 10 fl.
20) Ein Paar Pistolen und eine Terzerole. Werth 7 fl. 30 kr.
21) Ein Paar neue Beinkleider und fünf Schnupftücher. Werth 9 fl.

Der jüngern Magd wurde aus dem erbrochenen Kasten geraubt:

Ein Halstuch von Kammertuch, 2 fl.
Ein Paar grün seidene Strümpfe, 2 fl.
Zwey rothe leinene Halstücher, 2 fl.
An Geld ohngefähr, 8 fl.

Der ganze Diebstahl beträgt also über 2000 fl. Eine nähere Beschreibung der entwendeten Gegenstände konnte der Beraubte nicht machen.

Nach allen Umständen zu schließen, sind die Räuber von der Gelegenheit des Hauses durch nachbeschriebene Weibsperson unterrichtet worden.

Caroline Friederike Petern, gebürtig von Leiselsheim bey Worms, Cantons Speyer, Departements Donnersberg, geboren im Jahr 1783, welche seit 4 bis 5 Jahren von Haus abwesend und daselbst als eine Diebin verrufen ist. Ihre armen Eltern sind nach Bayern ausgewandert und sie hat von Haus und nicht das geringste Vermögen. Sie ist von mittlerer Statur und wohl beleibt. Sie hat ein vollkommenes, rothes (meist geschminktes) etwas blatternarbiges Gesicht, graue Augen, blonde Haare. Die Haare an der Stirne getheilt. Trägt eine weiß durchbrochene Haube, ein schwarz seidenes Halstuch um den Hals gebunden, gewöhnlich ein roth cattunenes Mützchen und solche Schürze, einen roth blumigen flanellenen Rock, gelbe Ohrringe. Diese Weibsperson durchstreift seit drey Monaten die hiesige Gegend, und hat sich besonders zu Leeheim, Wolfskehlen, Dieburg und Zimmern aufgehalten, daselbst in Wirthshäusern gezehrt, und sehr viel Geld verzehrt, indem sie z. B. zu Leeheim dem Wirth, bey dem sie logirte, 66 Louisd'or in Verwahrung gab. In einem zu Großzimmern zurück gelassenen Kasten mit Kleidungsstücken fanden sich noch 175 fl. 31 kr. Diese Weibsperson hat sich etwa drey Wochen vor dem verübten Einbruch eine Zeitlang zu Wolfskehlen in einem Wirthshaus aufgehalten und mehrmahlen Gelegenheit gesucht, in das von Geminngische Haus zu kommen. Sie hat von Wolfskehlen aus sich an mehrere Orte, z. E. nach Großgerau, nach Dieburg und auf die Rheinauen bey Trebur fahren lassen. Von Wolfskehlen kam sie nach Großzimmern, wo sie gleichfalls in einem Wirthshaus logirte. Von da ging sie am 23 d. nach Gernsheim und den 24 alda über den Rhein. Am 27 d. entwendete sie einem Bürger zu Mainz aus der Commod-Schublade 600 Francs, verbarg sich mit diesem Gelde in einem Taubenschlage, wurde aber entdeckt, arretirt und gestand sogleich diesen ihren letzten Diebstahl. Ich habe mich mit der Behörde zu Mainz in Bezug gesetzt, und es übernommen, alles einzusammeln, was man von den Beträgen dieser gefährlichen Person auf der rechten Rheinseite erfahren kann.

An den oben genannten vier Orten ihres Aufenthalts hatte sie folgenden Kerl bey sich:

Valentin Sorton, geboren im Jahr 1786 zu Dreysen, Mairie Göllheim, Departements Donnersberg, seiner Profession ein Küfer, und von armen Eltern. Er ist mittlerer Statur, stark und untersetzt, hat ein vollkommenes, aber blasses Gesicht, stumpfe Nase, graue Augen, blonde Haare, welche kurz und bloß auf der Stirne zwey Finger breit ins Gesicht geschnitten sind. Er kleidet sich wie ein wohlbemittelter Pfälzer. Dieser Bursche befand sich als Conscribirter zu Mainz, und wurde von der Petern beredet, mit ihr über den Rhein zu gehen. Er gibt an, daß er an folgenden Orten gewesen und theils nur durchpassiret sey, theils sich alda aufgehalten habe: Leeheim, Großzimmern, Dieburg, Hofoeim bey Worms, abermahl zu Leeheim, Wolfskehlen, Dieburg, Mainz, Trasia, Hähnlein, Hambach, abermahl zu Wolfskehlen, abermahl zu Großzimmern, Gernsheim. Die Petern scheint ihn bloß zu Versendungen gebraucht zu haben, indem er sich meistens nur über Nacht oder längstens einige Tage bey ihr aufgehalten haben will. Die Person gaben sich bald für Eheleute, bald für Verlobte aus, die sich bemühen, diesseits Rheins copulirt zu werden. Sorton gibt an, er wisse nicht anders, als daß die Petern das viele Geld, so sie besitze, ererbt habe. Allen Umständen nach scheint er der Verführte und sein vorheriger Lebenswandel tadellos gewesen zu seyn. Dieser Sorton wurde am 24 d. zu Wolfskehlen arretirt und sitzt jetzt im Gefängniß zu Darmstadt. — Beyde verdächtige Personen sind also in Sicherheit und der Zweck gegenwärtiger Bekanntmachung ist das Gesuch an alle löbl. Gerichte und Individuen, denen von beyden Personen, ihrem zeitherigen Leben, Betragen, Aufenthalt und sonstigen Verbindungen etwas bekannt ist, solches baldgefälligst an hiesiges Amt gelangen zu lassen. — Allem Anschein nach stand die Petern mit der starken Räuberbande, die den Einbruch zu Wolfskehlen ausführte, in Verbindung, und nur genaue Notizen von jener können zur Entdeckung von dieser führen.

Dornberg den 31 Dec. 1807.

Großherzogl. Hess. Oberamt daf.
J. Elwert.

Allgemeiner Anzeiger
der
Deutschen.

Sonntags, den 25 Januar 1807.

Literarische Nachrichten.

Anzeige.

Das berühmte französische Journal: der Publicist — enthält folgende Anzeige des neuesten Geisteswerkes Sr. Hoheit des Fürsten Primas des Rheinischen Staatenbundes.

„So eben verließ „Péricles. De l'influence des beaux arts sur la félicité des peuples, par Charles Dalberg, associé étranger de l'institut de France" die Preße. Unter diesem bescheidenen Titel kündigt Se. durchl. Hoh. der Fürst Primas sein Werk an. Dieser Souverain wurde vor zwey Jahren an Hrn. Klopstocks Stelle von der dritten Claße des Instituts zum Mitgliede ernannt. Mit der französ. Sprache ist dieser erlauchte Gelehrte so vertraut, wie mit der deutschen, und es ist kein Zweifel, daß dieß neue Werk seinen andern allgemein bekannten vortrefflichen Abhandlungen würdig ist. In Erwartung der nähern Darstellung dieser Schrift erlauben wir uns zu wiederholen, was ein französischer Schriftsteller mit so viel Wahrheit von diesem Fürsten sagt: „Die Geschichte wird ihn unter die besten Fürsten setzen; die Wissenschaften eignen sich ihm zu mit Stolz, und er behauptet in der literarischen Welt den hohen Rang, den ihm seine Würde in der politischen Welt sichern."

Von dieser Schrift ist eine vom Herrn Grafen von Benzel (Verf. des goldenen Kalbes) verfaßte deutsche Uebersetzung (Prachtausgabe gr. med. 8. Pr. 16 gl. sächs.) in allen Buchhandlungen zu haben.

Anthropologische Generalkarte aller Anlagen und Fähigkeiten des Menschen.

An dem Tempel zu Delphos stand mit goldnen Buchstaben die Ueberschrift: Erkenne dich selbst.

Aus dieser weisen Lehre entwickelte Kant das große System seiner Philosophie und schloß den forschenden Augen des Verstandes die Tiefen der Selbsterkenntniß auf. Eine treue Darstellung seiner Ansicht gibt, in einem angemessenen Schema, die anthropologische Karte aller Anlagen und Fähigkeiten des Menschen, in ihrer Verbindung und Beziehung auf einander. Entworfen zum Vortrage der Anthropologie, in physiologischer, pragmatischer und moralischer Hinsicht, von M. Heinrich August Töpfer, Lehrer der Mathematik und Physik an der Land- und Fürstenschule zu Grimma, und gestochen von Wilhelm von Schlieben, Lieutenant beym Regiment Prinz Clemens in Langensalza, und zu haben, bey mir in Grimma, bey dem Lieutenant von Schlieben in Langensalza und beym Buchhändler Friedrich Bruder in Leipzig. (Preis 16 gl. sächs.)

Diese Karte schließt sich an die mit Beyfall aufgenommene encyclopädische Generalkarte aller Wissenschaften und schönen Künste an, und wiederholt mit ihr dem Geist der Zeit jene erhabene Denkschrift: erkenne dich selbst!

Grimma, den 1 Jan. 1807.

M. Heinrich August Töpfer.

Landkarten.

Der ohnlängst angekündigte Plan der Schlacht bey und in Lübeck ist nunmehro erschienen und durch alle Buchhandlungen Deutschlands in ganz gleichem Format des

Plans von Jena und Auerstädt, mit Text für 9 gl.
sächs. zu haben.

Der Plan ist nach einer vortrefflichen Handzeichnung von dieser Schlacht, nebst den Märschen des Generals Blücher und seiner Stellung über der Trave
auf 2 besondern Kärtchen sehr sauber von dem als
geschickten Künstler bekannten Hrn. Fr. Müller
gestochen, und entspricht ganz der Erwartung, die
man sich von diesem Blatte machen durfte.

Auch sind noch bey mir Exemplare der Schlacht
bey Austerlitz, mit Beschreibung für 6 gl. die
Schlacht bey Jena und Auerstädt mit Beschreibung für 8 gl. der Plan der Festung Stralsund,
nebst General-Karte von Schwedisch-Pommern,
(welches ein vorzüglich schönes Blatt ist) für 6 gl.
der Plan der Festung Glogau für 4 gl. und Plan
der Festung Gaeta, nebst einer kurzen Geschichte
dieses Platzes, für 8 gl. Neueste General-Karte von
Deutschland, Landkarten-Format für 8 gl. zu haben.

Zugleich bemerke ich, daß ein Anonymus in der
Allg. Zeitung vom 12 Dec. v. J. bey Erwähnung
des in meinem Verlage erschienenen, und nach dem
ziemlich bedeutenden Absatz zu schließen, mit Beyfall aufgenommenen Plans der Schlacht bey Jena
und Auerstädt, sagt, daß solchen ein leipziger Geograph, Herausgeber des Handatlasses von Sachsen,
gezeichnet habe. — Dieß wäre Herr Conduct. Lange,
welcher eine Darstellung dieser Bataille Leipzig,
bey Hrn. Rein und Comp. für 6 gl. in Commission
gab. Da nun der Zeichner meines Plans, welcher
Soldat, Ingenieur und Franzos ist, durchaus Hr.
Lange die Ehre seiner Arbeiten nicht entziehen will,
und an jenem bey Hrn. Rein und Comp. in Commission gegebenen Plan so wenig Antheil hat, als
Herr Cond. Lange an dem seinigen, so bitte ich
mich auf dessen Veranlassung genöthigt, obgedachten sehr übelunterrichteten Herrn en-Masque zu
bitten, in Zukunft nicht naseweis zu seyn, und erst
genauer zu untersuchen, ehe er etwas albernes sagt.
— Denn wir kennen unsere Leute! — !

Geograph. Verlagshandlung von J.
G. Herzog in Leipzig, alter Neumarkt 617.

Musikalien.

Für die musikalischen Besitzerinnen des Toiletten - Geschenks ist eine Sammlung vermischter
Compositionen, Arietten, Lieder, Fantasien x.
veranstaltet, die unter dem Titel:
Schwärmereyen am Clavier, zur Begleitung
des Toiletten - Geschenks, vom Musikdirector
Carl Fr. Ebers, recht sehr schön gedruckt erschienen ist, und ihnen gemäß großes Vergnügen machen soll. Eine jede Piece darin trägt den Stempel erhabener Schwärmerey und verbindet mit einer schmeichelnden Melodie eine reine schöne Harmonie. Dieß hübsche Musikwerk ist in allen Buchhandlungen zu erhalten, und kostet 1 rthlr. sächs.gl.

gegeben von Dr. C. W. Hufeland, 1807. 28 Bogen in 8. broch.

So dringend auch bisher von allen Lesern des
Journals der pract. Heilkunde das Bedürfniß eines
allgemeinen Repertoriums über ein so reichhaltiges
Ganze, wie dasselbe darbietet, gefühlt und so vielfältig auch der Herausgeber um die Lieferung eines
solchen Universalregisters ersucht wurde, so verhin-
derte doch die Schwierigkeit der Sache selbst bisher
dessen Erscheinung. — Die sorgfältige Bearbeitung
und zweckmäßige Anordnung dieses jedem Freunde
des Journals unentbehrlichen Registers möge dafür
die beste Entschuldigung seyn.

Franconia. Eine populäre Zeitschrift zum Nutzen
und Vergnügen für Künstler, Gewerbeleute und
Handwerker, für Fabrikanten und Manufakturi-
sten, für Bürger und Landleute.

Unter diesem Titel erschien mit dem Anfange
des Jahres 1807 zu Würzburg, in Deutschlands und
Frankenlands Mittelpunkt, regelmäßig alle Sonntage ein Blatt von einem ganzen Bogen.

Seine Bestimmung spricht sich schon in dem
Titel aus.

Der Inhalt des Blattes wird alles umfassen,
was die Leser unterrichteter, geschickter, froher und
vergnügter zu machen fähig ist. Es wird sich daher
auf alles Wissenswerthe, auf alles Gute, Neue und
Nachahmungswerthe vom In- und Auslande erstrecken, was Bezug auf Künste und Handwerke,
Fabrik- und Manufakturwesen, auf Land- und
Hauswirthschaft hat. Für Aufsätze solcher Natur
ist jedesmahl ein Theil des Blatts gewidmet. Der
übrige Raum desselben wird, in einer zweckmäßigen
Abwechselung, durch Erzählungen merkwürdiger
Ereignisse, schöner Handlungen, u. d. gl. durch
eine wohlgewählte Blumenlese kurzer Gedichte und
Lieder, durch launige Anecdoten, Räthsel ꝛc.,
endlich durch vermischte Notizen und Bemerkungen
ausgefüllt. Auf solche Weise sollen sich Nutzen und
Vergnügen brüderlich einigen. Für Anzeigen und
Bekanntmachungen, welche für unser gewähltes Le-
sepublicum Interesse haben, wird von Zeit zu Zeit
eine eigene Beylage herausgegeben.

Von neuen und für die Leser der Franconia
empfehlungswürdigen Büchern, welche die Verlags-
handlungen gratis einschicken, werden kurze Anzeigen geliefert werden.

Die Herausgeber dieser Zeitschrift werden sich
bestreben, dieselbe durch Neuheit und die möglichste
Mannichfaltigkeit auszuzeichnen. Der Vortrag
wird kurz, bündig und verständlich seyn. Mit dem
innern Gehalte wird auch das Aeußere des Blattes
im Einklange stehen. Schöner Druck, gutes Papier,
ein sauberer Umschlag nach jedem halben Jahre,
und Verlagen von Kupfern, so oft diese zur bessern
Darstellung und Versinnlichung nothwendig sind,
sollen ihm eine gefällige Ansicht geben.

Die Bestellungen, welche zeitig zu machen
sind, um die Auflage darnach bestimmen zu können,

werden von hiesigen Annehmern in der Expedition
des Blattes in der Kunsthandlung des Herrn C. Ph.
Bonitas in Würzburg gemacht; auswärtige aber
wenden sich entweder an das hiesige großherzogliche
Oberpostamt, welches die Hauptversendung übernommen hat, oder an das ihnen am nächsten liegende Postamt.

Die Bezahlung geschieht halbjahrweise, mit
1 fl. 30 kr. Reichswährung voraus.

Entsprechende Beyträge werden mit Vergnügen aus dem In- und Auslande, doch niemahls
ohne Namen des Einsenders, angenommen und
eingerückt.

Inserate in die Beylagen werden mit 3 kr.
für die gespaltene Zeile bezahlt.

Briefe, Beyträge und Inserate werden un-
ter der Aufschrift: an die Expedition der Zeitschrift
Franconia in Würzburg, postfrey eingesendet.

Die erste Nummer erscheint am 6 Januar,
und wird als Probeblatt unentgeltlich ausgegeben.

Würzburg, im Dec. 1806.

Die Herausgeber der Zeitschrift
Franconia.

Anzeige für Berg- und Hüttenleute.

Bey A. Ph. Tölle in Schöningen, bey Braunschweig, und bey J. J. Ernst in Quedlinburg
ist bereits das erste Heft des

Magazins für Eisenberg- und Hüttenkunde,
herausgegeben von J. L. Jordan, und C. L.
Gaffe.

erschienen und in allen Buchhandlungen zu haben.
Das 2te Heft ist wieder unter der Presse und wird
nächstens beendigt seyn. Der Preis eines jeden
Heftes auf Druckpapier ist 18 ggl.; auf Schreibpapier aber 21 ggl.

Bücher-Anzeigen.

In allen Buchhandlungen Deutschlands sind
folgende interessante Werke zu haben:

Neapel und Sicilien. Ein Auszug aus dem großen und kostbaren Werke der Voyage de Naples
et Sicile der Herren de Non. Mit vielen Kupfern und Karten. 12 Theile. 17. rthlr. 20 gl.

Souels Reisen durch Sicilien, Malta und die
liparischen Inseln. Eine Uebersetzung aus dem
großen und kostbaren französischen Originalwerke
von J. A. Heerl. Mit vielen Kupfern und Karten. 4 Theile. 4 rthlr.

Nachstehende Bücher haben so eben in meinem
Verlage die Presse verlassen und sind für beygesetzte Preise in allen Buchhandlungen zu haben:
Der Cid, Tragödie in fünf Aufzügen: übersetzt
von Dr. C. G. Kleffel. 8. 9 gl.
Huschke, J. G. Commentatio de Orphei Argonauticis. 4. 7 gl.

Schmidt, C. F. **Vorbereitungs- und Confirmationsreden; nebst einer Orgel-Einweihungspre-
digt. gr. 8. 10 gl.**
Die Unruhen in Göttingen, in Hauptbezug auf
Ludwig Spangenberg. gr. 8. 12 gl.
Da ich diese Artikel nicht an alle Buchhandlungen pro Novitate habe versenden können, so
werden diejenigen, welche Gebrauch davon machen
wollen, solche für meine Rechnung, von der B.
Fleischerschen Buchhandlung in Leipzig ausgeliefert erhalten.
                A. C. Stiller, Buchhändler zu Rostock.

Anzeige, besonders für die Gegenden, welche von
der französischen Armee besetzt sind.
Da in der jetzigen Zeit, wo das Verstehen der
französischen Sprache so allgemein nothwendig geworden, viele wünschen müssen, ein gutes und zugleich wohlfeiles Wörterbuch zu besitzen, so kann
man dem Publicum folgendes empfehlen, welches
schon so viel Beyfall gefunden, daß es in kurzer Zeit
zweymahl gedruckt worden.
Nouveau Dictionnaire portatif françois-allemand et allemand françois, par Mr. le Professeur Catel. 2 Vol.
Kostet in allen Buchhandlungen 1 rthlr. 8 ggl.

Dem Vater des Vaterlandes.
Unter dieser Aufschrift ist so eben in der Sommerschen Buchhandlung in Leipzig eine Prachtausgabe des von Sr. Magnifizenz, dem Rect. der hiesigen
Universität, Herrn Oberhofgerichtsassessor Dr. Erhard verfertigten, und bey der Feyer der von unserm allgeliebten Fürsten angenommenen Königswürde von den hier Studierenden feyerlich ange-
stimmten Gesanges erschienen, der, wegen der Einfachheit, mit welcher darin die Liebe fürs Vaterland und der hohe Werth unsers gerechten und guten Königs ausgedrückt ist, Volksgesang zu werden
verdient. Das Exemplar kostet 8 gl. — Die Melodie, nach welcher er gesungen ward, ist die des
bekannten Volksliedes: „Auf! auf! Ihr Brüder!
und seyd stark!"

Anzeige.
Wir machen das sich um Erziehung überhaupt
und besonders der studierenden Jugend interessiren-
de Publicum auf eine Schrift unter dem Titel:
Einige Momente zur Beantwortung der Frage:
„Entsprechen unsere Gymnasien dem Endzwecke aller Erziehung? kurz dargestellt mit
besonderer Beziehung auf das kathol. Deutschland, von einem Freunde des Besserwerdens.
Mit dem Motto: Wer muthwilligen Sinnes
die Jugend verhunzt, versündigt sich schwer an
der Menschheit. 1806.

aufmerksam, eine Schrift, der Seitenzahl nach zwar
gering, dem innern Gehalte nach aber um so gewichtiger. Der Hr. Verf. wahrscheinlich selbst Lehrer in irgend einem gelehrten Erziehungsinstitute,
spricht überall mit Kürze, Wahrheit und Wärme;
fesselos schwebt sein Geist über dem Stoff, dem er
gebietet; durchaus ist ein Ton gewählt, welcher von
des Verf. reinem Enthusiasmus, zum Besserwerden
nach Kraft beyzutragen, zeugt. Mit wahren und
starken Zügen zeichnet er den Genius der Zeit. Das
Treiben und Drängen der sogenannten Philosophen
unserer Tage; die Sucht, das Alte, durch Erfahrung als gut Erprobte, mit kühner Hand umzustoßen und dem Zeitgeiste zu opfern, dem studierenden Jünglinge zu allem, nur nicht zum wahrhaft gebildeten Menschen und gründlichen Gelehrten zu
verhelfen. Die naiv verfaßte Vorrede, „väterliche
Mitgabe", genannt, enthält den Hauptgedanken;
dieses Schriftchen möge nur in den Händen derer,
welche von reiner Liebe zur Wahrheit (unbekümmert, woher und von wem dieselbe auch komme)
getrieben werden, lange verweilen, um ihr Nachdenken aufzurufen, um ihr Herz zur Beförderung
des Guten zu entflammen. — Das Ganze ist eine
tiefeindringende Kritik der modernen zur Organisation der Gymnasien entworfenen und zum Theil
schon ausgeführten Pläne.
Der Preis ist broschirt 6 ggl. sächf. oder 24 kr.
rhein.   Karl Felsseckers Söhne in
                                Nürnberg.

In allen Buchhandlungen ist beständig zu erhalten:
Allgemeines oeconomisch-chemisch-technologi-
sches Haus- und Kunstbuch, oder Sammlung
ausgesuchter Vorschriften zum Gebrauch für Haus-
und Landwirthe, Professionisten, Künstler und
Kunstliebhaber. Von C. F. A. Hochheimer.
1ster Band; gr. 8. dritte verm. und verbess. Auflage.
        Preis 2 rthlr. 6 gl.
2ter Band. gr. 8. dritte verm. und verbess. Auflage.
        Preis 2 rthlr.
3ter Band. gr. 8. zweyte verm. und verbess. Auflage.
        Preis 2 rthlr. 6 gl.
4ter Band. gr. 8. Preis 2 rthlr. 12 gl. Das ganze
        Buch complet 9 rthlr.
Der innere Reichthum dieses Buches und sein
allgemein anerkannter Werth erlauben dem unterzeichneten Verleger bloß die Anzeige zu machen,
daß es nun wieder vollständig zu haben ist. Die
öftern Auflagen der erstern Theile beweisen überzeugend, daß es in vielen bedeutenden Haushaltungen
nicht fehlt und immer mehr angeschafft wird. Die
Freude über diesen Beyfall macht es ihm zur Pflicht
für die möglichsten Verbesserungen desselben zu
sorgen.   Georg Voß in Leipzig.

Allgemeiner Anzeiger
der
Deutschen.

Montags, den 26 Januar 1807.

Land- und Hauswirthschaft.

Beantwortung der im Anz. 1806 Nr. 175 S. 2088 aufgestellten Fragen; vom Freyhrn. von Leoprechting.

Die Beantwortung der hier aufgestellten Fragen nach ihrem ganzen Umfange würde leicht Stoff zu einem eigenen Werke geben. Ich werde daher nur im Allgemeinen meine Meinung über diesen Gegenstand hier mittheilen, und behalte mir vor, mich dem Anfrager, im Falle er durch das hier Mitgetheilte nicht ganz befriediget seyn sollte, in einem Privatschreiben näher zu erklären, und die angeführten Gründe genauer auseinander zu setzen.

Der Anfrager hat allerdings höchst unrecht zu glauben, daß, je besser er seine Felder baue, desto mehr habe nicht sowohl er, als die Zehnt-Herrschaft oder vielmehr deren Pächter Vortheil davon. Die Sache liegt zu klar am Tage, als daß sie nur eines Beweises bedürfte; denn angenommen, er baue ein Stück Feld, welches bey gewöhnlicher Cultur 100 Scheffel Ertrag abwerfe, so müßte er davon 10 als Zehnt-Gebühr entrichten, und baue er dieß nämliche Feld so gebaut, daß der Ertrag 200 Scheffel betrüge, so erhielte die Zehnt-Herrschaft zwar 20 Schffl. allein er bekäme auch statt 90 Scheffel 180, und würde sich also gewiß durch die 90 Schffl. größeren Ertrags, und wahrscheinlich auch bessern Getreides für den größern Aufwand auf die Cultur des Feldes hinlänglich entschädiget finden. Durch eine bessere Cultur der Aecker werden auch diese im Preise steigen

gen, er wird durch den höhern Ertrag seiner Grundstücke seinen Viehstand vermehren können, und obschon also die Zehnt-Herrschaft bey Verbesserung seiner Wirthschaft allerdings einen großen Nutzen hat, so ist doch der Vortheil auf seiner Seite weit beträchtlicher.

Aus diesem also erhellet klar, daß die vom Anfrager angeführte gewisse bedeutende Person vollkommen recht habe, zu behaupten, daß, je mehr der Eigenthümer Zehnten gäbe, desto mehr Vortheil habe er von seinem Landbaue. Allein daraus folget keineswegs, daß die Zehnt-Abgabe nicht die nachtheiligsten Folgen für die Landwirthschaft habe. Man erlaube mir, hier mehrere Beweise anzuführen.

1) So wie der Anfrager, obgleich mit dem größten Unrecht, denkt, so denken leider viele, ich kann fast sagen, der größte Theil unserer Landleute. Sie glauben, bey Verbesserung ihrer Felder gewinnen nicht sowohl sie, als die Zehnt-Herrschaft; sie bleiben daher bey ihrem alten Schlendrian. — Wer hat den Schaden davon? — Der Staat. — Und woran liegts? — Weil man den Zehnten nicht aufheben will.

2) Der zehnte Theil des Strohes wird durch diese Abgabe der Landwirthschaft entzogen. Wenn der Staat es für vortheilhaft erachtet, die Stallfütterung einzuführen, so soll er auch dem Landwirthe nicht einen Theil seiner Fütterung und seiner Streu auf diese Art entziehen.

3) Der Bauer ist verbunden, seine Getreide-Haufen so lange auf dem Felde liegen

zu laſſen, bis der Zehnt-Herr ſeine Gebühr
genommen hat. Nun geſchiehe es öfters aus
Schikane der Pächter oder derjenigen, die
das Getreide einzuſammeln haben, oder
auch öfters durch Zufall, daß dadurch die
beſte Zeit zum Einführen verſtreicht, und
nun das Getreide halb naß eingethan werden muß. Der Landmann, den ein ſolches
Unglück trifft, gehet darüber zu Grunde,
und der Staat erhält eine Bettelfamilie
mehr —! —

4) Oefters iſt der Zehnte dem Pfarrer
als ein Beſoldungsſtück angewieſen. Ich
habe oft Gelegenheit gehabt, zu bemerken,
daß, wo dieß der Fall war, nie der Pfarrer
und ſeine Gemeinde vollkommen miteinander
harmonirten, weil einmahl der Bauer glaubt,
es ſey eine ungerechte Abgabe, die er entrichten müſſe. Uebrigens gibts beym Einſam-
meln gewöhnlich Streit und Zank.

Erfahrene Staatsmänner haben ſchon
ſehr über dieſe Art von Einkünften, wohin
auch vorzüglich der Blut-Zehnte und alle ſo-
genannte jura ſtolae gehören, geeifert, den
Nachtheil davon bewieſen, nützliche Vorſchläge gemacht, doch bis jetzt blieb's noch
beym Alten, und ihre Wünſche, mit denen
ich die meinigen von Herzen vereinige,
bleiben — pia deſideria! —

5) Der Zehnt Herr hat bey Einziehung
des Zehnten nicht nur große Unkoſten, viel
Mühe und Arbeit, ſondern wird auch, wenn
er nicht ſehr treue Diener hat, gewöhnlich
genug betrogen.

Alle dieſe und noch andere Widerwärtigkeiten würden durch Aufhebung des Naturalzehnten und Verwandlung deſſelben in
eine beſtimmte jährliche Abgabe an Naturalien gehoben werden.

Dieſen Zehnten in eine beſtimmte Abgabe
an Geld zu verwandeln, würde ich aus dem
Grunde nicht rathen, weil ſeit 15 Jahren,
wo unſer deutſches-Vaterland der Schauplatz
der fürchterlichſten Kriege geworden, der
Preis aller Getreidearten ſo ſehr geſtiegen iſt,
daß ich nicht zweckmäßig ſcheint, eine Abgabe in Geld ſtatt des Zehnten feſt zu ſetzen,
ohne dem Zehntherrn oder dem Entrichter zu
nahe zu treten.

Um nun aber das Quantum zu beſtimmen, welches jährlich ſtatt des Zehnten ent-

richtet werden ſoll, ſo iſt es allerdings nothwendig, daß man einen Maßſtab von 15
Jahren annehme. Hier aber tritt die Schwierigkeit ein, daß man in einer jeden einzelnen
Gemarkung wieder auf die Güte und auf die
Lage eines jeden einzelnen Grundſtückes Rückſicht nehme. Zu dieſem Ende müſſen alle
Grundſtücke unter drey Rubriken geſetzt
werden, als:

  a. Guter   ⎫
  b. Mittel   ⎬ Boden.
  c. Schlechter ⎭

Habe ich nun einmahl die verſchiedenen
Grundſtücke auf dieſe-Art einzeln aufgenommen, ſo unterſuche ich die Frage:

1) Wie viel Körner erhalte ich von meiner Ausſaat in einem ganz guten Jahre von
dem ſub a. geſetzten Grundſtücke.

2) Wie viel unter der nämlichen Vor-
ausſetzung von dem ſub b.

3) Wie viel von dem ſub c. geſetzten
Grundſtücke.

Ich gebe jetzt in dieſer Unterſuchung
weiter, und ſtelle die nämliche Frage bey
Mittel- und ganz ſchlechten Jahren auf.

Nunmehr unterſuche ich ferner, wie ſich
in Zeit von 15 Jahren die Ernten zu einander verhalten. Aufmerkſame Oeconomen,
die freylich ganz unintereſſirt bey der Sache
ſeyn müſſen, werden mir hier die beſte Aufklärung ertheilen können. Ich will hier annehmen, daß in 15 Jahren 4 gute, 8 mittelmäßige und 3 ſchlechte Ernten Statt fänden.
Ich nehme ferner an, daß ein guter Scheffel
in einem ganz fruchtbaren Jahre nur vom
Scheffel 20, in einem Mitteljahre 10, in
einem ſchlechten Jahre aber nur 5 Scheffel
Ertrag liefere. Ich würde alſo von dieſem
Acker in 15 Jahren bey einem Scheffel jährliche Ausſaat 175 Scheffel eärnten. Da
nun aber Rückſicht auf die Brache genommen werden muß, und folglich in 15 Jahren
der Acker nur 10 Jahre benutzt wird, und
aus dieſer Urſache auch nur eben ſo viel
Jahre der Zehnte in Anſchlag gebracht werden kann, ſo muß der dritte Theil davon abgezogen werden, und ich erhalte nur noch
116⅔ Scheffel; folglich jährlich im Durchſchnitt 11 2/3 mahl meine Ausſaat. Der
Zehnherr würde daher nach dieſem Maßſtabe
von 15 Jahren von dieſem Acker à 1 Scheffel

Aussaat jährlich 1 1/6 Scheffel als Zehnt-
Gebühren erhalten.

Die nämliche Ausrechnung findet bey
Mittel- und schlechtem Boden Statt. Es
versteht sich nun von selbst, daß nach Maßgabe der verschiedenen Getreidesorten, die
in einem Lande gebaut werden, diese Abgabe
bestimmt werde. Ich nehme z. B. an: In
der Gemarkung N. wird jährlich im Durchschnitt 1/8 Korn, 2/8 Weizen, 2/8 Gerste,
1/8 Hafer gebaut, so muß diese Abgabe ebenfalls in diesen Getreidearten nach dem Maßstabe der Aussaat entrichtet werden.

Aber, wird man mir einwenden, der
Bauer wird jetzt sein schlechtestes Getreide
der Zehntherrschaft einliefern, und dadurch
werden unter beyden Theilen manche Mißhel-
ligkeiten entstehen! — Um dieses sowohl,
als alle Unterschleife von Seiten der Ein-
sammler unmöglich zu machen, so sollten die
Entrichter gehalten seyn, statt des zu zahlen-
den Getreides den Werth desselben in baarem
Gelde nach dem Preise zu entrichten, wie die
verschiedenen Getreidesorten 4 bis 6 Wochen
nach der Erute stehen.

Nunmehr ist der Zehntherr ganz gedeckt.
Der Grundherr mag bauen, was er will, er
muß die einmahl bewilligte Abgabe entrichten.
Von nun an aber muß der Staat auch jede
Einschränkung der Freyheit in Bezug auf
die Landwirthschaft aufheben. Dahin gehört
a) Jeder Grundbesitzer sollte das Recht
haben, seine Grundstücke zu benützen, wie
er nur immer will. Der Dreyfelderzwang,
eines der größten Hindernisse in der Landwirthschaft, müßte ganz hinwegfallen

b) Eine jede Regierung sollte es sich
angelegen seyn lassen, so sehr es immer thunlich ist, die zu einem Gute oder einem Eigenthümer zugehörenden und in der Gemarkung
zerstreut liegenden Grundstücke gegen andere
auszutauschen, damit sie in eine zusammen-
liegende Fläche gebracht werden, um den
Eigenthümer in deren Benutzungsart und
in der Ausübung seiner bisher beschränkten
Eigenthumsrechte mögliche Freyheit zu verschaffen.

c) Alle einzelne ganzen Gemeinden
eigenthümlich zustehende Hutungen, oder
sonstige Grundstücke sollten unter die einzelnen berechtigten Gemeinde-Glieder zu deren
Urbarmachung vertheilt werden.

d) Alle Hut- und Trift-Gerechtigkeiten,
sie mögen Namen haben, wie sie wollen,
müssen aufgehoben werden.

Professor Pfeiffer und Kammerrath Fischer
lehren uns in ihren vortrefflichen Werken
über Gemeinheitstheilungen die Art, wie
die in dieser Hinsicht häufig obwaltenden
Hindernisse aus dem Wege geräumt werden
können.

Die vom Anfrager angeführte gewisse
bedeutende Person wird durch angeführte
Gründe jetzt gewiß einsehen, daß die Aufhebung des Naturalzehnten für beyde Theile
gewiß vortheilhaft sey, und daß sie besonders auf die allgemeine Verbesserung der
Landwirthschaft den wesentlichsten Einfluß
haben muß. Ein jeder Landmann wird jetzt
auf alle mögliche Art suchen seine Aecker zu
verbessern, um ihnen einen größern Ertrag
abzunöthigen. Er weiß, daß er jetzt zu seinem eigenen und alleinigen Vortheil arbeitet,
daß, die Ernte mag ausfallen, wie sie will,
er doch einmahl das nämliche Quantum zahlen muß.

Die Zehnt-Herrschaft gewinnt auch dabey; alle Sorgen, Zank und Streit, Mühe
und Arbeit, Betrug und Schikanen fallen
jetzt hinweg. Sie erhält ihre Abgabe in
baarem Gelde nach dem Werthe des Getreides, und hat bey Eincassirung desselben
weiter nichts zu thun, als einen Empfangs-
schein auszustellen.

Der Anfrager stellt Nr. 3 die Frage auf:
Wie würde der Besitzer eines starken (Kley)
Bodens fahren, wenn er diesen nach folgen-
dem Schema anbaute u. s. w.

Der Anfrager hat hier zu bemerken vergessen, wie eigentlich dieser Boden beschaffen
sey und aus welchen Bestandtheilen er bestehe.
Der Niedersachse bezeichnet mit dem Namen
Kley-Boden ein fettes und zähes Land.
Auch versteht man zuweilen die sogenannte
Haselerde darunter, welche aus Thon und
Kalk, oder aus Lehm und Kalk bestehet,
oft fast zu leicht ist, allein auch allzuleicht
bindet, und beym Pflügen nicht bröckelt,
sondern bricht. Um also die vorgelegte Frage
genau beantworten zu können, müßte sich
Anfrager genauer erklären; da nämlich das
bey alles auf die Temperatur der Gegend,
und jedes einzelnen Theiles, auf die Temperatur der Jahreszeiten und die der veränder-

lichen Witterung ankommt. Besonders muß die Art des Bodens genau untersucht werden. Dahin gehört: die Dammerde mit ihrer Unterlage, ob diese Erde nämlich trocken, quellicht oder nur feucht von Natur sey; ob sie aus Lehm, Thon oder Kley, Letten, schwarzem thonartigen Sand, oder kalkartigem Boden bestehe. — Ehe ich alles dieses weiß, vermag ich nicht, meine Meinung über das vorgelegte Schema mitzutheilen. Ich will hier den unbekannten Anfrager nur mit den verschiedenen gemachten Erfahrungen über die beste Benutzung eines schweren, von Natur feuchten Kley-Bodens bekannt machen.

Der Landwirth, der solche Aecker besitzt, muß vorzüglich darauf bedacht seyn:

a) Die überflüßigen Feuchtigkeiten abzuleiten.

b) Die schwere Erde gelinder zu machen.

Ersteres geschieht durch Abwässern. Ich rathe zu diesem Ende einem jeden Gutsbesitzer, sich folgendes vortreffliche Werk anzuschaffen, welches in der Ostermesse 1799 unter dem Titel erschienen ist:

John Johnstone's Abhandlung über das Austrocknen der Sümpfe und Entwässerung kaltgründiger Aecker, nach der neuesten von dem Herrn Elkington entdeckten Verfahrungsart; aus dem Englischen übersetzt vom Grafen von Podewills.

Um die schwere Erde milder zu machen, bleibt kein anderes Mittel übrig, als eine richtige Anwendung und Auswahl des Viehdüngers, die sogenannte grüne Düngung, Ueberführung solcher Aecker mit Rasenplaggen, Kalk, Asche u. s. w.

Die erfahrensten Landwirthe sehen es als einen feststehenden Grundsatz an, daß, je strenger der Boden ist, je mehr müsse er jederzeit unter Schatten gehalten werden. Nie darf man in einem solchen Boden zwey, noch weniger aber mehrere Getreide-Arten hintereinander bestellen, weil die Wurzeln aller Getreide-Arten durchaus wagerecht laufen, und das Zwirnartige und Faserige derselben den Erdboden dergestalt zusammen bindet, daß er größtentheils den wohlthätigen Einfluß der düngenden Kraft des Regens, der Luft und des Thaues entbehren muß.

Sie lassen nebst dem gar sehr das Unkraut aufkommen, und entziehen durch ihren mehlreichen Samen dem Erdreich die besten Säfte. Daher soll man nach einer jeden Getreideart solche Früchte bauen, die den Boden vor den Sonnenstrahlen bedecken, die Festigkeit verhindern, und kein Unkraut aufkommen lassen. Dahin gehören Klee, Hülsenfrüchte aller Art, besonders Bohnen, die in diesem Erdreiche vorzüglich gut gerathen. Nur rathe ich hier an, (wenn der Acker nicht gedüngt werden soll, wie dieß selten der Fall seyn wird) selbigen nur einmahl im Herbst zu pflügen, und im Frühjahr die Bohnen in Reihen drey Fuß auseinander in die Fähre zu säen und einzueggen. Der geheime Rath Albrecht Thaer führt folgenden Grund zu dieser Verfahrungsart an; er sagt: daß der Kley, der den Winter über oben liegt, und vom Froste mürbe geworden ist, beym zweyten Pflügen im Frühjahr wieder untergebracht wird, indessen eine härtere und rohere Erde oben kommt, in der die Bohnen nicht gleich so gut fortkommen können. Kommt nachher eine trockene Witterung, so fängt der zweymahl gepflügte Boden an, heftig zu bersten, und bis in den Rigen stehenden Pflanzen müssen sterben, indessen das einfährige Land bey weiten nicht so geschwind und so stark aufreißt, weil es mehr Feuchtigkeit in sich hat. Man hält es allgemein für ausgemacht, daß aller im Herbst aufgebrochene Boden fruchtbarer ist, als der, den man im Frühjahre aufbricht. Denn so bald das Erdreich Wärme erhält, so dringen Dünste heraus; doch ungleich mehr soll dieß bey leichtem Boden geschehen.

Die auf diese Art unter die Erde gebrachten Bohnen werden auf diese Weise, wie die Kartoffeln mit einem leichten Pfluge ohne Räder bearbeitet. Nunmehro vertreten die Bohnen völlig die Stelle der Brache, indem sie, ohne die Bearbeitung des Landes zu verhindern, dem Kley-Acker doch das so wohlthätig gehaltenen Schatten gewähren, überdieß auch in Körnern einen weit größeren Ertrag, als die dicht und breitwürfig gesäeten Bohnen geben.

Angenommen nun, daß der Acker hätte ein Jahr vorher Weizen oder Spelz in frischem Dung getragen, die Bohnen aber wären

darauf folgt, so würde ich ohne den Acker
zu düngen, im dritten Jahr denselben so
früh wie möglich pflügen und Gerste hinein
säen. Man hat nämlich die Erfahrung gemacht, daß Gerste nach Bohnen, welche auf
diese Art bestelt werden, besonders ergiebig
sey. Nachdem diese gehörig untergeegget ist,
so würde ich den ganzen Acker mit einer zwey
bis drey Zoll dicken Lage des sogenannten
englischen Compost (einer Mischung von
Stallmist oder Menschendung, einer doppelten Quantität Erde und etwa dem zwanzigsten
Theil ungelöschten Kalks) überführen lassen.
Diese Composition muß aber wenigstens drey
Monat vorher verfertiget und durch das nöthige Quantum Mistjauche in eine beständige
Gährung gebracht worden seyn. — Man
muß wahrlich über den wohlthätigen Einfluß
dieses Composts erstaunen. — Ist nun die
Gerste grün, so säet man Kleesamen darunter, und benutzt den Acker im vierten Jahre
zur Fütterung. Im fünften Jahre kann ich
von demselben noch zwey Klee-Ernten ziehen
und ihn dann frühzeitig im Herbst umreißen
und wieder wie im ersten Jahre behandeln
lassen. — Diese Behandlungsart wird mir
einen noch so festen Kley-Boden in einigen
Jahren mürbe machen, und auf eine unglaubliche Art verbessern.

Anfrager stellt hier die Frage: ob die
Kosten durch den Ertrag gedeckt würden, wenn er Spelz in Reihen zum Behacken
säe. — Es scheint also, er will die Pferde-
hacken-Cultur in dieser Gegend einführen.
— Möchte er doch ja diese gute Idee ausführen, allein nicht nur bey einer jeden
Sorte von Getreide, sondern auch bey den
meisten andern Früchten! Der Ertrag wird
nicht nur die Kosten hinlänglich sichern, sondern den der breitwürfigen Saat noch übertreffen. Diese Bestellungsart ist in den beträchtlichsten Districten des Orients, in Persien, Japan, China, hauptsächlich aber in
Bengalen üblich, S. Communications to
the Board of Agric. Um ein Feld so zu bestellen, muß es in schmalen Streifen ge-
pflügt, und immer eine Furche übrig gelassen werden, wo man alsdann mit einem
leichten Pfluge öfters die Erde von den Ge-
treide-Reihen wechselsweise ab- und anpflügt.
Das Besäen dieser Beete aber erfordert
einen besondern Handgriff, wenn nicht ein

Theil des Samens in die Furche fallen und
verloren gehen soll. Das An- und Abhäu-
feln der Erde kann auch mit der Handhacke
geschehen, allein dieß ist nicht nur weit beschwerlicher und kostspieliger, sondern auch
mit großem Zeitverluste verbunden, indem
zwanzig Arbeiter in einem Tage nicht so viel
hacken können, als ein einziger leichter Pflug,
vor welchen ein Pferd gespannt ist. Ein
kleiner Junge kann dieß Pferd führen, und
ein Knecht den Pflug lenken. Freylich muß
letzterer die nöthige Fertigkeit dazu besitzen.
Unzählige Versuche beweisen, daß der Ertrag
dieser Bestellungsart immer höher, als der
breitwürfigen Saat war; S. Miller's Garten-Lexicon u. s. w. —

Der berühmte Oeconom Ducket war
der erste, der eine neuere Drillmethode mit
Pferde-Werkzeugen erfand, und die bey der
Felderwirthschaft sehr anwendbar ist. A.
Thaer hat im zweyten Hefte seiner neuen
Ackergeräthschaften dieselbe mit einigen von
ihm zweckmäßig befundenen Abänderungen
so deutlich abbilden lassen, daß ein jeder ihre
ohnehin einfache Zusammensetzung und ihren
Gebrauch daraus hinlänglich abnehmen und
sich von der Wirkung dieser Werkzeuge einen
deutlichen Begriff machen kann. Ich rathe
daher dem Anfrager, sich diese Hefte, so wie
die andern so schätzbaren Werke dieses verdienstvollen practischen Landwirthes, anzuschaffen. Auch bin ich von den edeln Gesinnungen dieses Mannes so sehr überzeugt,
daß ich dem Anfrager verspreche, daß Thaer
ihm die nöthigen Modelle gern machen lassen wird, wenn er ihn darum ersucht. Hier
kann er auch die Preise derselben am besten
erfahren.

Zu Nr. 5) Ueber die Benutzung des Ca-
narien-Samens kann ich dem Anfrager
keine Auskunft geben. Ich kenne keinen andern Gebrauch desselben, als für Baum-
wollen-Fabriken und als ein sehr gutes Futter für alles Geflügel. — Ich erinnere mich
einst gelesen zu haben, daß der Samen, als
Brey gekocht und dann durchgesiebt, eine
treffliche Nahrung für kleine Kinder seyn
soll. — Jedoch hatte ich noch keine Gelegenheit, mich davon zu überzeugen.

Regensburg.

Freyh. von Leoprechting.

Dienſt - Anerbieten.

1) Es wird für eine Kunſtfabrik ein junger Mann geſucht, welcher ein geſchickter
Staffir-Mahler und erfahrner Lackier-
Künſtler iſt. Wer ſich hierzu geneigt findet, kann der Bedingungen halber ſich in
frankirten Briefen unter der Aufſchrift 11 R.
B. an die Expedition des allg. Anz. ſoba!d
wie möglich wenden, welche die Briefe an
die Behörde beſorgen wird.

2) In einer Bleyweiß-Fabrik des
nördlichen Deutſchlands kann ein Meiſter-
knecht, der ſein Werk verſteht, gegen ſehr
annehmliche Bedingungen ſofort angeſtellt
werden. Wer Fähigkeiten und Luſt dazu hat,
kann die Adreſſe in der Expedition dieſes
Blattes erfahren.

Dienſt - Geſuche.

Ein Frauenzimmer von guter Familie, Erziehung und Geſundheit, einige 20
Jahr alt, in allen ſeinen weiblichen Arbeiten
geübt und in allen zum Haushalt nöthigen
Kenntniſſen wohl bewandert und erfahren,
wünſcht zu Lichtmeß oder Oſtern eine gute
Stelle entweder als Kammermädchen, oder
als Ausgeberin und Haushälterin. Fleiß
und Unverdroſſenheit, ſo wie gute Zeugniſſe
empfehlen ſie; ihr Wunſch iſt nicht ſowohl
ein großer Gehalt, als vielmehr eine gute
und freundliche Behandlung. Frankirte
Briefe unter der Adreſſe: an M. W in
Sachſen beſorgt die Erped. des allg. Anz.

Juſtiz - und Polizey - Sachen.

Nachricht von einem Einbruch.

Vorige Nacht iſt eine Räuberbande von ohngefähr 16 Mann, welche geſtern unter dem Namen
von Handwerksburſchen die hieſige Gegend durch-
ſtrichen haben, in dem freyherrl. von Gemming-
ſchen Hauſe zu Wolfskehlen eingebrochen. Ihr
Verfahren war ganz das nämliche, wie bey andern
Gelegenheiten. Sie verſtopften das Schlüſſelloch
am Kirchthurm, öffneten mittelſt eines herbeygetragenen Balkens den Plankenzaun am Garten, und
mittelſt einer Planke die Hausthüre; drangen mit

Stümmeln von Wachsſtöcken in die Ställe, banden
den Bewohner und die Hausgenoſſen, öffneten
Schränke und Commode, und raubten an einigem
Gewehr allerley Silber, als Löffel, einen Hirſchfänger, Schuh-Schnallen, Meſſer und Gabel, an
baarem Geld ohngefähr 1600 fl. Nach vorgenommener Unterſuchung werden die nähern Umſtände
weiter bekannt gemacht werden. Die Perſonal-
Beſchreibung der Räuber konnte von den beängſtig-
ten Hausgenoſſen nur ſehr unvollſtändig angegeben
werden.

Einer dieſer Kerls ſoll ein lang gewachſener Kerl
geweſen ſeyn, einen braunen Rock, ein rothes Bruſt-
tuch getragen, einen runden Hut, um das Kinn
ein Tuch über den Hut gebunden, und einen
Bart gehabt haben.

Man erſucht alle löbliche Gerichte und Individuen, ein wachſames Auge auf dieſe Räuber zu
haben. Dornberg, den 16 Dec. 1806.

Großherzogl. Heſſ. Oberamt daſ.

Vorladungen: 1) Jod. Krämer's.

Jodock Krämer von Kirrlach, welcher vor
ungefähr 33 Jahren ſich aus ſeinem Geburtsort entfernt hat, ohne bisher etwas von ſich hören zu
laſſen, wird anmit vorgeladen, binnen 9 Monaten
entweder ſelbſt, oder durch hinlänglich Bevollmächtigte ſein in Kirrlach unter Curatel ſtehendes Vermögen ad 243 fl. in Empfang zu nehmen, oder zu
gewärtigen, daß ſolches gegen Caution an ſeine
nächſten Anverwandten ausgeliefert werde.
Philippsburg den 31 Decbr. 1806.

Großherzoglich Badenſches Amt.
Schoch. Joſf.

2) J. M. Abolin's.

Dem im Jahr 1773 zu Malterdingen gebornen
Johann Michael Abolin, welcher vor 15 Jahren
auf die Wanderſchaft gegangen, ſeither aber nichts
mehr von ſich hören laſſen, iſt eine Erbſchaft von
etwa 67 fl. — zugefallen, derſelbe wird alſo hiermit aufgefordert, ſolche binnen 9 Monaten in Empfang zu nehmen, oder es wird dieſelbe ſeinen
nächſten Anverwandten gegen Caution überlaſſen
werden.

Emmendingen im Breisgau den 30 Dec. 1806.
Großherzoglich Badenſches Oberamt
Hochberg.
Roth. Montanus.

3) der Gläubiger Gottfr. Kopfe's.

Gegen den hieſigen Bürger und Seifenſieder-
Meiſter Gottfried Kopfe iſt heute der Gantproceß
erkannt worden; deſſen dahier nicht bekannten Gläubigern wird dahier zur Anzeige ihrer an gedachten
Gottfried Kopfe habenden Forderungen Liquidirung derſelben, und Ausführung des etwaigen

Präferenz-Ansprüche eine Frist von 6 Wochen unter dem Rechtsnachtheile hiermit anberaumet, daß sie im Unterlassungsfalle nach Umlauf dieser Frist mit ihren Forderungen von der Hauptmasse ausgeschlossen werden sollen. Mannheim den 2 Januar 1807.

Großherzogl. Stadtvogtey Amt.

Rupprecht. Boehmer. Vidt. Nürnberger.

4) §. Richert's.

Rötteln. Wenn sich Friedrich Richert von Lörrach, der im Jahr 1789 sich als Bauernknecht aus hiesiger Gegend entfernt hat, oder seine etwaige Leibes-Erben, nicht binnen 9 Monaten, von heute an gerechnet, bey hiesigem Ober-Amt selbst, oder durch Bevollmächtigte melden, um das ihm, Richert, von seinem Vater angefallene Vermögen in Empfang zu nehmen: so wird dasselbe seinen nächsten Anverwandten auf ihr Ansuchen gegen Caution verabfolgt werden.

Verordnet bey dem Großherzoglich Badischen Ober-Amt Rötteln zu Lörrach, den 15 Dec. 1806.

Großherzoglich Badisches Ober-Amt Rötteln.

5) der Gläubiger des geheim. u. s. w. Kleinschmie.

Nach Einsicht der, hiesiger fürstlichen Regierung vorgelegten Liquidations-Protocolle in Sachen sämmtlicher Gläubiger des Herrn geheimen Raths Kleinschmie dahier, hat Hochdieselbe die Ueberzeugung geschöpft, daß dessen Vermögen zu Bezahlung seiner Schulden durchaus unzulänglich sey, und daher sich bewogen finden müssen, darüber den förmlichen Concurs zu eröffnen, mit Unterzeichnetem aber zu beauftragen, diese Auserkennung des Concurses sämmtlichen Gläubigern des genannten Herrn geheimen Regierungs-Raths Kleinschmit öffentlich bekannt zu machen, und denjenigen, denen in puncto liquidationis noch etwas nachzuholen obliegt, oder welche bisher bey diesem Debitwesen sich nicht gemeldet haben, zu Bethätigung der Liquidation einen gewissen Tag sub praejudicio juris zu bestimmen.

In Gemäßheit dieses verordlichen Auftrags werden daher die genannten Gläubiger zu bemeldetem Ende auf Montag den 2ten Februar k. J. unter Androhung der Strafe der Ausschließung und des Verlusts der Wiedereinsetzung in den vorigen Stand, wiederholt hiermit vorgeladen.

Arolsen, am 30 Dec. 1806.

Aus Commission Fürstl. Waldeckischer Regierung.

Schumacher, Regierungsrath.

6) der Erben J. Frz. Kleinert's.

Johann Franz Kleinert von Helsa, hiesigen Gerichts, ist im Jahre 1776 nach America gegangen, und hatte einen Sohn, Namens Johannes Kleinert, zurückgelassen. Dieser Sohn ist dem Vater gefolgt und soll, einer Urkunde zufolge, zu Baltimore gestorben seyn. Von der höhern Behörde ist beschlossen, daß Johann Franz Kleinert's Vermögen zu Helsa den nächsten Verwandten verabfolget werden soll. Als solche haben sich gemeldet Johann Franz Kleinert's vollbürtige Schwestern 1) Anna Elisabeth, Johannes Williges Wittwe, 2) Anna Catharina, Augustin Rode's Ehefrau, und 3) der verstorbenen, mit Martin Brethauer verehelicht gewesenen, Schwester, Dorothea Elisabeth, geb. Kleinert, Kinder, a) Anna Martha, Johannes Steusel's Ehefrau, b) Catharina Elisabeth, Christoph Iselbinne's Ehefrau, und c) Anna Magdalena, Johannes Müller's Ehefrau, geb. Brethauer, sämmtlich zu Helsa.

Wer eine nähere oder gleiche Verwandtschaft oder auch sonstige Ansprüche auf das zu Helsa vorhandene, unter der Verwaltung des dasigen Einwohners Henrich König stehende, Vermögen Johann Franz Kleinert's, samt dem, bisher dafür gehaltenen Zubehör, begründen kann, wird hierdurch öffentlich aufgefordert, Freytags den 17 April des nächstkünftigen Jahrs 1807 um zehn Uhr Vormittags, entweder persönlich oder durch einen mit beglaubigter Vollmacht versehenen Anwald, vor hiesigem Gerichte auf dem Stifte zu erscheinen und seine Gerechtsame zu wahren oder zu erwarten, verbehältig ... Vermögen, samt Bruder und Schwester ... den obengenannten Schwestern zu übergeben werde. Stift Kaufungen bey Cassel, am 17 December 1806.

Kan. Amtmann.

7) des Advoc. Dan. Mich. Giesegurh.

Zur Publication eines in Untersuchungssachen wider den Cantzley-Advocaten Daniel Michael Giesegurh alhi. gesprochenen Erkenntnisses ist von und der 14 April d. J. bestimmt worden. Er wird also hiermit öffentlich geladen, da sein Aufenthaltsort nicht auszumachen ist, sich unter der Verschürtung in diesem Termine vor uns zu stellen, daß außerdem das Erkenntniß für publicirt erachtet, und man in dessen contumaciam wider ihn verfahren werde.

Saalfeld, den 10 Januar 1807.

Magistrat daselbst.

Kauf- und Handels-Sachen.

Verkauf eines Landguts im Hannöverischen.

Ein adelich-freyes Landgut in einer angenehmen Gegend im Hannöverischen, eine Stunde von

Göttingen belegen, wobey 330 Morgen gutes Land und außerdem hinreichende Holzung ist, soll aus der Hand verkauft werden. Das Nähere erfährt man bey dem Civil-Gerichts-Procurator Volte in Göttingen.

Verkauf eines Hauses.

Ein Haus mit 5 Stuben und 15 Kammern, nebst einer bequemen Kram-Kammer und zwey dazu gehörigen Niederlagen, ganz zum Handel eingerichtet; ingleichen Keller, Scheuer, Stallung, und Waschhaus, nebst gedielten Böden, ferner nebst einem Grab- und Gras-Garten etwa 1/2 Acker haltend und einem Brunnen im Hof, an einem frequenten Ort, wo ein bedeutender Handel getrieben und wo weder Accise noch Innung ist, welcher Ort vermöge seiner Lage von Durchmärschen und Einquartierungen ziemlich verschont geblieben, in einem Lande in Thüringen, mit dem der Friede nicht unterbrochen worden ist, wird Familien-Angelegenheiten halber zum Verkauf angeboten. Liebhaber können auf frankirte Anfragen den Namen des Orts in der Expedition des allg. Anz. in Gotha erfahren.

Verkauf eines Hauses nebst Färberey.

Es ist ein Haus, nebst zwey daran stoßenden Gärten, Hof, Scheuer und Stallung, wobey eine Färberey nebst allem Zubehör, als drey Kessel, zwey Blaufarben, eine große Mange, kalte Küpe, Reibschale nebst Kugeln und Mörser, 150 Stück Formen, sehr bequem .... freyer ... an der Werra ...stige können sich allda ... Johann Paul Walter nach dem Preis und übrigen Bedingnissen näher erkundigen.

Apothen-Verkauf.

Eine in einer der schönsten und blühendsten Städte Obersachsens nahe an der Elbe sich befindende Apotheke, welche sehr wenig von den Kriegsunruhen gelitten hat, steht anjetzt, Familien-Angelegenheiten wegen, aus freyer Hand nebst Haus und Zubehör zu verkaufen. Kaufliebhaber können sich, um nähere Auskunft davon zu erhalten, in frankirten Briefen an die Herrn Brückner und Lampe oder an Hrn. Werner und Comp. in Leipzig wenden.

Echte Gemüse-Sämereyen, auch Blumen-Gewächse.

Die Wredesche Samen-Handlung in Braunschweig empfiehlt sich mit allen möglichen Arten echter Sämereyen von Küchengewächsen. Der vieljährige Betrieb dieses Samen-Gewerbes, wie auch der sorgfältige Selbstbau aller inländischen Sorten, geben einem jeden hinlängliche Sicherheit, die besten echten Samen-Sorten in dieser Handlung zu bekommen. Für Cichorien-Kaffeefabriken empfiehlt sich diese Handlung besonders mit frischem echten vorzüglich guter Art Cichorienwurzel-Samen, welcher von ausgesuchten guten glatten mittellangen Samen-Wurzeln sorgfältig selbst gezogen. Im einzelnen kostet das Pfund 1 Rthlr. und in großen Partien zu 50 oder 100 Pfunden, das Pfund 20 Guregroschen, gegen baare Bezahlung oder in guten Anweisungen. Der Preis ist in Conventions-Münze bestimmt; auf vollwichtiges Gold wird das Agio gut gethan; dagegen aber bey Münze von geringerm Werth als Conventions-Münze der fehlende Werth vergütet wird. Zur Zierung der Gärten werden auch verkauft; selbstgezogene Samen von 300 Sorten vorzüglich ausgesuchter schönblühender Gewächse; ingleichen 240 wirklich verschiedene Sorten schöner Rosensträuche mit Namen, worunter die vorzüglichsten neuesten und raresten jetzt bekannten Sorten vom ersten Range befindlich; ferner viele hundert Arten verzierend blühende perennirender Gewächspflanzen nach botanischen Benennungen, so wie auch alle Arten auserlesener Blumenzwiebeln. Ueber jede dieser Waaren können Liebhaber besondere gedruckte Preis-Verzeichnisse, welche das Mehrere besagen, in der Handlung abfordern.

Ernst Christian Konrad Wrede,
Handelsgärtner, wohnhaft neben der Petri-Kirche in Braunschweig.

Garten- und andere Sämereyen.

Aufträge, womit ich mich beehret finde, werde ich so, wie solche eingelaufen sind, nach einander befördern und absenden.

Unbekannten Gartenfreunden empfehle ich zugleich meine ergebensten Dienste, und bemerke, daß Verzeichnisse von allen möglichen in- und ausländischen Küchen-, Kräuter-, Gemüse-, Klee-, Feldspecerey-, Waldholz-, Garten-, und Blumensämereyen und Gärtnergeräthe gratis bey mir ausgegeben werden. Briefe erbitte ich jedoch postfrey, ansonst solche unerbrochen retour gehen müssen.

Erfurt, im Dec. 1806.

C. A. Salzmann.

Sämereyen.

Echten frischen Garten-, Blumen-, Feld- und Waldsamen hat zu verkaufen. Christian Riebling in Erfurt auf der Krämerbrücke.

Allgemeiner Anzeiger

der

Deutschen.

Dienstags, den 27 Januar 1807.

Gesetzgebung und Regierung.

Un petit mot sur un grand abus.

Actuellement que les Princes de l'Allemagne ont acquis la pleine Souveraineté de leurs territoires il serait tems d'abolir expressément et nommément les *Lois mosaiques* en *Allemagne*. Elles n'ont jamais été adoptées par une Loi formelle de l'Empire. Elles ne sont point reçues en *France*. Les Praticiens seuls en Allemagne les ont reconnues et appliquées, fondés sur le préjugé suranné qu'elles constituent un Droit divin positif et universel, préjugé dont nous sommes revenus il y a long-tems et déjà depuis Thomasius [*]. Aussi s'aperçoit-on clairement en les lisant combien elles sont locales et adaptées à la Constitution particulière des Juifs et à leurs besoins individuels.

Les théologiens enseignent depuis long tems que l'ancien Testament ne nous oblige plus du tout, et les Légistes en appliquent les dispositions même dans le for extérieur. Quelle bizarre contradiction! Elle paraîtrait aussi choquante qu'elle l'est réellement, si, en fait de Législation, nous n'étions accoutumés depuis des siècles, nous autres Allemands, à tout ce qu'un mélange monstrueusement bigarré peut offrir de plus baroque.

Cette abrogation frayerait les voies à une réforme totale de nos Lois privées, très-désirable pour la chose publique. Selon le Traité de la Confédération du Rhin les Lois de l'Empire sont déjà annullées; mais vraisemblablement cela ne doit s'entendre que des Lois constitutionnaires et non des Lois proprement dites. Sans cela les sujets des Souverains confédérés ne devraient être jugés maintenant que sur les Lois territoriales déjà existantes et à leur défaut sur les seules lois naturelles.

A conjecturer de l'avenir par l'état actuel des choses, il se pourrait bien que le *Code-Napoléon* fût introduit chez nous, avec les modifications convenables, A B......, n le 1 janv. 1807.   P.

Land- und Hauswirthschaft.

Etwas über die Bemerkungen des Pachters Kanisch in Nr 278 des allg. Anz. 1805. die Wechselwirthschaft und Brache betreffend.

Das Häuflein derer, die mit Klarheit und Wahrheit über Wechselwirthschaft urtheilen und darnach handeln, ist so klein und unbedeutend, daß diese Art zu wirthschaften eben so wenig, wie der Tropfen im Weltmeere auffs Ganze haben kann.

Zwar hört man schon in allen Gegenden Deutschlands von Wechselwirthschaft viel sprechen, und sieht hier und da Wirthschaften, welche etwas von dieser Weise an sich

[*] On en est si bien revenu que Mr. *Hommel* de Leipsic dit quelque part dans sa Littérature du Droit qu'il va traiter *de Legibus mosaicis aliarumque barbararum gentium!*

tragen; Wirthſchafter, die das Wahre der
Wechſelwirthſchaft gefaßt zu haben wähnen.
Allein unter allen Landwirthſchafts-Einrich-
tungen, die mir genauer bekannt geworden,
iſt nicht- eine einzige wahrhaft vollendete
Wechſelwirthſchaft zu finden, und ich behaupte geradezu: wahre, ganz zweckmäßige
Wechſelwirthſchaft iſt zur Zeit mehr das Eigenthum einiger wenigen Köpfe, als ein in
der That ganz ausgeführter und wirklich vorhandener Gegenſtand.

Die Urſachen ſind zu mannichfaltig und
die Hinderniſſe zu viel und groß, welche der
Darſtellung dieſer einzig vollkommenen Land-
wirthſchaftsweiſe entgegen ſtehen. Denn
wie oder wo wäre es möglich, bey unſerer
vorhandenen Eintheilung der Felder, beym
Hutungs-, Communs und Weidezwange,
bey der nachtheiligen Zehnt-Abgabe u. ſ. w.
eine vollkommen richtige Wechſelwirthſchafts-
Einrichtung und Eintheilung zu bewirken?
Wie eine dazu nöthige Stallfütterung, feſte
unfehlbare Beſtimmung eine Reihe von
Jahren im voraus zu gründen?

Wenn alſo von den Wirkungen der abge-
ſchafften Brache geſprochen wird und werden
ſoll, muß nur die Benennung Wechſelwirthſchaft nicht gebrandt oder vielmehr gemißbraucht werden. Freylich erfordert die allgemeine Abſchaffung der Brache äußerſte Vorſicht nicht allein, ſondern dieſe Art der Acker-
behandlung iſt vielmehr in manchen Fällen
ſo heilſam und wichtig, daß es wol wahrhaft
erfahrnen Landwirthen niemahls eingefallen
iſt, ſie gänzlich unterlaſſen zu wollen; auch
kann dieſelbe keineswegs in der Wechſelwirthſchaft unbedingt ausgeſchloſſen bleiben. Freylich ſieht man jetzt viele, zu einer ſolchen Abänderung Unfähige dieſelbe beginnen, und
faſt eben ſo viele, nach erfahrenem Schaden
und Unfall, zum Alten wieder umkehren.
Mehr wie offenbar ſcheint es, daß weder die
bisherige Bildung unſrer Landwirthſchafts-
Vorſteher gut und zweckmäßig genug, noch
weniger aber der große ſogenannter
Bauern dazu gemacht iſt, die allgemein
nothwendige Verbeſſerung der Landwirthſchaft zu bewirken, die gleichwohl nur in der
Vereinigung Aller ihre mögliche Darſtellung
finden kann.

Traurig iſt es denn auch, wenn Leute,
die den Ruf als verſtändige Landwirthe für

ſich haben, vom Schein getäuſcht, ſich verleiten laſſen, verdienſtvolle Männer und
deren Bemühungen dem Publicum verdächtig
zu machen, das ſeltner Wahrheiten ſteht,
als Zeugniſſen glaubt; wenn Mißbrauch und
ungeſchickter Gebrauch für die Sache ſelbſt
angeſehen, und ſo das Gute verſchrieen und
verkannt wird, ehe noch ſeine Werke recht
ans Licht gekommen waren.

Indeß ſcheint leider nunmehr die Zeit
ſich mehr als jemahls entfernen zu wollen,
in der die Vermehrung des Glücks und des
Wohlſtandes der Welt zu Theil werden
könnte. Wenn wir ſtatt vor den Pflug zu
ſpannen, den Streitern Pulver und Bley
zuführen, wenn wir, ſtatt der Getreide-
marktfuhren, jammernde Soldaten transportiren, die in Schlachten verſtümmelt worden; dann ſcheint es bald gänzlich umſonſt,
von irgend etwas zu ſprechen, das Verbeſſerung unſers Faches geben kann.

H. A. v. Steindel.

Künſte. Manufacturen und Fabriken.

Sicheres Mittel gegen das Rauchen der Schornſteine.

Der neu aufzuführende Schornſtein muß
unten, wo er den Rauch einnehmen ſoll, im
Lichten nicht weiter, als 18, höchſtens 20 Zoll
ſeyn. Bey jedem Stock und Wechſel wird
er um 1 bis 2 Zoll erweitert und ſo zum
Dache hinaus geführt und oben mit einem
Huth verſehen. Ein ſo aufgerichteter Schornſtein raucht nicht, wenn er auch ſo erweitert
geſchleift und auf dem Speicher ſchnecken-
artig gewunden werden muß. Die Urſache
davon liegt in der Natur des Feuers, der
Luft und des Rauches. Das Feuer, wo der
Rauch herkommt, es ſey in dem Ofen, oder
auf dem Heerde, verdünnt, wie bekant, die
Luft und treibt ſie auseinander, mithin auch
den in ihr befindlichen und mit ihr verbundenen Rauch. Je länger das Feuer anhält,
je mehr geſchieht dieſes. Iſt nun der
Schornſtein unten weit und oben enge, wie
die alten Schornſteine meiſtens ſind, ſo faßt
der untere Theil zu viel Rauch; dieſer wird
auseinander getrieben, der Raum, durch den
er ſoll, immer kleiner und enger: er
muß ſich ſtopfen, die untere Hitze dauert
fort und treit den Rauch fortdauernd mehr

261

aneinander, er suche Raum, den er nicht
mehr im Schornstein findet, füllet den Busen
desselben und bringt endlich in die Küche,
wo er sich ausbreiten kann. Ist hingegen
der Schornstein unten enge und obenhin
weit, so findet der Rauch, je höher er steigt,
desto mehr Raum und kann sich je länger je
mehr ausbreiten. Aus gleicher Ursache kann
er auch nicht zurück, steigt vielmehr aufwärts; ja, der Schornstein bekommt also
gebaut einen Zug von unten nach oben, der
keinen Rauch zurück in die Küche läßt. Die
Einrichtung der Schornsteine auf diese Art
schreibt sich von dem russisch-kaiserl. Staats-
rath von Cancrin her, der als ehemaliger
Oberkammerrath und Baudirector zu Hanau
die Schornsteine in den neuen herrschaftlichen Gebäuden also aufführen ließ; und kein
solcher Schornstein rauchte. Schornsteine
nach der alten Art, unten weit und nach oben
enge und immer enger bis zum Ausgang, zu
verbessern, hat man zwar mehrere Mittel,
sie entsprechen aber selten dem Zweck. Das
sicherste ist: man läßt den alten zweckwidri-
gen Schornstein ganz ablegen und einen
neuen nach Cancrin's Angabe aufführen.
Da man die meisten alten Backsteine wieder
brauchen kann und wenig neue nöthig hat,
so belaufen sich die Kosten nicht hoch. Der
Einsender hat hiervon, so wie von neuen
also aufgerichteten Schornsteinen mehrmah-
lige Erfahrungen.

Br..r.   Sfr.

Familien-Nachrichten.

Todes-Anzeige.

Den am 15 d. M. durch den im 75 Le-
bens- und 48 Amts-Jahre erfolgten Tod
unsers guten Gatten, Vaters und Schwie-
gervaters, Ludwig Nicolaus Friedemann
Domrich, bisherigen Superintendenten zu
Seebergen, erlittenen schmerzenvollen Verlust unsern resp. Anverwandten und Freunden hierdurch bekannt zu machen, entlediegen
wir uns der traurigsten Pflicht. Wer den
edeln Character die es verewigten — uns
unvergeßlichen Vaters kannte, wird die Größe
unsers Verlustes zu schätzen wissen, und die
Verbittung aller Beyleidsversicherungen, als
eines Vergrößerungsmittels unsers Schmerzes, gewiß nicht für ungerecht finden. Die

wie uns ihrem Wohlwollen bestens empfehlen. Seebergen den 16 Jan. 1807.

Juliane Elisabethe Domrich, geb.
Meister.
Auguste Marie Haußner, geborne
Domrich.
Johann Franz Haußner, Pfarrer
und Adjunctus zu Oldisleben, als
Schwiegersohn.

Aufforderung.

Es wird wegen des Mousquetiers, Clemens Thoß, welcher in der preußischen Armee unter dem Regiment des General-Lieutenants Grafen von Kunheim, Leibcompagnie von Bornstedt, gestanden, und am
3 Oct. vorigen Jahres aus dem Feldlazareth
zu Halle geschrieben hat, nachher aber keine
weitere Nachricht von ihm eingegangen ist,
das unterrichtete Publicum auf's bringendste
um einige Nachricht von seinem Leben und
dem Ort seines Aufenthalts gebeten.

Schwalmberg im Fürstenthum Lippe,
den 11 Januar 1807.

A. H. Thoß,
Justiz-Amtmann hierselbst.

Dienst-Gesuche.

Ein Mensch von etlichen 30 Jahren,
welcher verschiedene Jahre als Schreiber
in Gerichtssachen gearbeitet, eine hübsche
leserliche Hand schreibt, die lateinische und
französische Sprache nothdürftig versteht,
und sich überall bey seinen Herren Principa-
len so betragen, daß er jederzeit das beste
Lob davon getragen hat, wünscht bald ein
weiteres Unterkommen in dieser Eigenschaft
zu haben. Man wendet sich deshalb in
frankirten Briefen unter der Adresse an
J. B. S. in S. an die Expedition des allg. Anz.

Kauf- und Handels-Sachen.

Anleihe.

Ein Capital von 16000 Fl. Rhein. (8888 Rthlr.
21 gl. 4 pf. Sächs.) wird zu einer Anleihe gegen
landübliche Zinsen auf sicher gerichtliche Hypothek,
im Ganzen oder auch in vier Theilen, gesucht.
Unterzeichnete gibt weitere Auskunft über die dabey
Statt findende vollkommene Sicherheit und Nachweisung an die Behörde.

Gotha.   d. Exped. d. allg. A. d. D.

Verpachtung eines Wirthshauses.

In das zu Wilbeck neu gebaute herrschaftliche Wirthshaus wird ein Wirth gesucht, welcher die zur Führung einer guten Wirthschaft erforderliche Eigenschaft und Vermögen besitzt. Die hierzu geeigneten und sich desfalls zu legitimirenden Liebhaber können sich binnen vier Wochen bey der fürstlich Hessen-Rotenburgischen Hof-Canzley dahier melden, und bey dieser die Bedingungen erfahren.
Rotenburg an der Fulda, den 17 Jan. 1807.

Wechsel- und Geld-Cours in Sächsischer Wechselzahlung.

Leipzig, den 20 Jan. 1807.

In den Messen.	Geld	Briefe
Leipz. Neujahr-Messe	—	—
— Oster-	98 1/2	—
Naumburger —	97 1/4	—
Leipz. Michaelis —	—	—
Amsterdam in Bco. à Uso	—	—
Detto in Curr. à Uso	—	142 1/2
Hamburg in Bco. à Uso	—	150 1/4
Lion 2 Uso in Liv.	—	78 1/2
Paris 2 Uso in Liv.	—	78 1/2
Augsburg à Uso.	—	100 3/4
Wien à Uso.	—	51
Prag à Uso.	—	51
London à 2 Uso p. Pf. St.	—	—
Ränder-Ducaten	—	11 1/4
Kaiser-Ducaten	—	12
Wichtige Duc. à 66 Aß	10	—
Breslauer à 65 1/2 ditto	10	—
Leichte à 65 ditto	9	—
Almarco ditto	—	—
Almarco-Louisd'or	—	—
Souverainsd'or	9	—
Louisd'or à 5 Rthl.	—	9 1/2
Sächs. Conv. Geld	pari	—
Schild-Louisd'or	2 1/4	—
Laubthaler	—	2 1/2
Preuß. Curr.	5 1/4	
Do. Münze	10	
Xer.	pari	
Caß. Bill.	3/4	
Kronenthaler	1/2	
3. 7. Kr.	9	
17	5	
Wiener Banc. Zettel	51	

Wechsel- und Geld-Cours in wichtigen Pistolen à 5 Rthlr.

Bremen, den 21 Jan. 1807.

London für 100 Lsterl. à 2 Uso	—
Amsterdam in Banco 250 fl. t. S.	—
Dito 2 Mon. dato	—
Dito in Courant t. Sicht	32 1/8
Dito 2 Mon. dato	30 3/4 1/2
Hamburg in Banco 300 Mk. t. Sicht	38 1/2
Dito 2 Mon. dato	36 1/2 3/4
Paris für 1 Fr. 2 Uso	—
Bourdeaux à 2 Uso	—
Frankfurt a. M. für 100 rthlr. Ldr.	—
Leipzig dito	—
Wien, in Courant	—
Holl. Rand-Ducaten f. 1 St.	2 ℔. 61
Feine 2/3 Stück av.	4
Convent. Münze Verlust	10
Holländ. Fl. in Natura 1 St.	36 3/4

Bremer Courant

Hamburger Course.

den 21 Jan. 1807.

London für 1 Lsterl. à 2 Uso	—
Amsterdam in Banco t. Sicht	33 13/16
dito 2 Mon. dato	34 3/16
dito in Cour. t. Sicht	4 1/2
dito 2 Mon. dato	51/2
Paris für 3 Fr. 2 Uso	25 1/2
Bordeaux dito	25 5/8
Madrid 3 M. 1 Duc.	89
Cadix	88 1/2
Lissabon 3 M. für Crusados	42
Wien und Prag 6 W. in Cour.	302
Copenhagen Cour. 2 Monat dato	49
Pistolen à 5 Rthlr.	10 ℔ 14 1/2 β
Gold al Marco	—
Ducaten	—
Feine 2/3 Stück	31 1/2
Grob Dän. Courant	26
Hamburger dito	—
Preuß. dito	60

Allgemeiner Anzeiger
der
Deutschen.

Künste, Manufacturen und Fabriken.

Von einem dauerhaften Mörtel.

Der Name Mörtel zeigt es schon hinlänglich an, daß es eine solche Masse sey, welche in einem Mörsel bereitet wird; auch dasjenige, was der römische Baumeister Vitruvius, in kurzen Ausdrücken hiervon gedenkt, bestärkt obige Meinung. Vitruv. lib. 8 C. 7 in fine. „Calx quam vehementissima mortario miscentur, ita ut quinque partes arenae ad duas caleis respondeant."

Nach einer vierzigjährigen Beobachtung, wo jedoch auch viele mißglückte Versuche geschahen, habe ich jetzt die überzeugendste Gewißheit, daß diejenige Methode, welche hiernächst beschrieben wird, einen erwünschten Erfolg beym Mauerwerk darbietet, und wenn man genau alle Vorschriften befolgt, so erhält man einen solchen Mörtel, welcher an den gothischen Gebäuden sich findet.

Es ist allgemein bekannt, daß vom Kalk nur zwey Hauptarten vorhanden sind: nämlich Steinkalk und Lederkalk. Erstere Sorte mit Wasser vermischt, bleibt kalt, hingegen letztere wird nach dem Brennen mit Wasserzusatz heiß, es entstehet ein heftiges Aufwallen und die Basis wird zu Staubmehl. Diese Sorte ist es, worauf die ganze Beschreibung deutet, da sie beym Gebrauch ist benutzt worden.

Die Löschung geschieht nach Vorschrift des franz. Baumeisters de la Faye; vid. Hannöv. Magazin 88 Stück 1777. Man schüttet in einen geflochtenen Korb zur Zeit

Allg. Anz. d. D. 1 B. 1807.

etwa 2 Spint gebrannten Kalk, die größten Stücke zerschlägt man in kleinere; man senkt solchen in einen großen Kessel mit kaltem Wasser so tief, daß der Kalk unter Wasser kömmt. Nachdem der Kalk im Wasser zu knittern beginnt, wird der Korb an seinen Henkeln aufgehoben; man läßt das überflüssige Wasser eine kurze Weile ablaufen und schüttet diese Masse in ein bereit stehendes leeres Gefäß; — wenn man zwey Körbe nimmt, wird solche Arbeit mehr beschleuniget — und das letztere wird abermahls zum ersten hinzugeschüttet. Binnen etwa 24 Stunden ist aller Kalk mit starkem Geprassel in ein zartes Pulver zerfallen und kann schon zum beliebigen Gebrauch angewandt werden.

Ehe ich weiter gehe, wird es am passlichsten seyn, die erforderlichen Geräthschaften anzuführen, welche in folgenden bestehen.

1) Ein viereckiger Kasten zum Kalkmessen, inwendig lang 13 1/4 Zoll, breit 9 Z., hoch 4 Z.

2) Ein viereckiger Kasten, inwendig lang 13 1/4 Zoll, breit 9 Z. und hoch 8 Z. Dieser ist zum Grandmessen.

3) Ein gegossener eiserner Mörsel. Die Maße des meinen hat 22 1/2 Höhe, der obere Durchmesser ist 21 1/2 Z., der Boden, so gerundet, hat im Centrum 2 1/2 Z. Dicke. Die Stampfkeule ist von geschmiedetem Eisen, lang 4 Fuß 4 Zoll. Dieser Stampfer hat nach oben einen Knopf, 14 Zoll weiter nach unten einen knopfähnlichen Vorsatz, der zur Bequemlichkeit der Stampfer dienet.

4) Ein eisernes Kratzeisen an einem hölzernen Stiel; die Scheibe ist convex gerundet

det; es hat Aehnlichkeit mit dem sogenannten Pflugstecker.

5) Eine hölzerne kurzstielige Kelle.

6) Ein Gefäß zum vorräthigen Waffer,
hierzu kann ein großer Keffel genommen
werden.

Den Mörtel verfertiget man wie folgt:
Man schüttet ein abgestrichenes Maß Kalk
Nr. 1 in den Mörsel, hierauf wird 1 3/4
Quart Waffer gegoffen, beydes mit dem
Kratzeisen gemischt, bis es nicht mehr stäubt,
nun schreitet man zum Stampfen, wozu
zwey handfeste Leute erforderlich sind. Diese
müssen so lange fortdauernd stampfen, bis
der Kalk sich zum Teig in einem Stück begibt.

Nun wird ein abgestrichenes Maß Nr. 2
gesiebter Grand in den Mörsel hinzugeschüttet, nochmahls zwey Quart Waffer aufgegoffen und wiederum gestampft. Sobald
man findet, daß alle Theile vermischt sind,
hört das Stampfen auf, mit dem Kratzeisen
geschieht die letzte Durchrührung und mit der
hölzernen Kelle wirft man es aus. Dieß ist
also der fertige Mörtel.

Zu Fachwerken und Uebertünchungen
ist das erstere Stampfen sehr zu empfehlen;
hingegen für dickere Mauerwerke kann man
den Fleiß des Stampfens mäßigen; auch
hier kann man, wie Vitruv will, mehrern
Grand b. h. zu zwey Theilen Kalk fünf Theile
Grand verwenden.

Im Jahr 1783 habe ich ein freystehens
des Gebäude mit Dachpfannen decken laffen.
Der Mörtel war ein Theil Kalk zu zwey
Theilen Grand; dieser war so gesiebt, daß
Steine, die größer als ein Pfefferkorn waren, zurück blieben; dieses Dach hat bisher
keinen einzigen Stein verloren, obgleich seit
dem viele heftige Stürme gewüthet haben.
Auch wurden zugleich im obigen Jahre die
äußern Fachwände, welche mit holländischen
Klinkern gemauert sind, mit diesem Mörtel
übertüncht; auch dieser steht ohne Wandel
und hat nie Feuchtigkeiten durchgelaffen.

Alle Stellen, wo der Mörtel soll angebracht werden, müffen vorher vom Maurer
sattsam genäßt seyn, denn der beste Mörtel,
am trockenen Stein gebracht, fällt bald
wieder ab. Sehr nützlich und nothwendig
ist es, wenn beym Dachdecken eine gute Anzahl Steine sind zuvor in's Waffer gelegt

und sattsam getränkt worden; auch ist es
sehr gut, wenn die Mörtelfugen sowohl inwendig als auswärts so bald wie möglich
verstrichen werden.

Beym Grandsieben nimmt man zum
Dachdecken und zu Uebertünchungen ein solches Sieb, daß nur Steine von Pfefferkornsgröße durchfallen; im starken Gemäuer, wo
dicke Mörtelfugen sind, können schon Steine
von Bohnengröße passiren.

Die besten Siebe erlangt man folgendermaßen: beym Tischler läßt man zwey
eichene viereckige Rahmen, die jeder innen
halb 1 1/2 Quadratfuß Weite und 10 Zoll
Höhe haben, machen. Vom Nadler werden
die Gitter aus Meffingdrath verfertigt und
angenagelt, nächstdem die gegenseitigen zwey
Obertheile jeder mit zwey Löchern durchbohrt,
Stricke durchgezogen und irgend am Boden
über einen Haken gehangen.

Zwey Menschen können eine beträchtliche
Menge Grand sichten; einer schlägt mit der
Schaufel den Grand in's Sieb, der zweyte
gibt nur geringe Schaukelbewegung; das
Verlangte fällt durch, was bleibt, wird als
Unrath weggeworfen.

Der Mörtel muß täglich verbraucht und
nie zum folgenden Tage aufgehoben bleiben.
Bey Aufführung maffiver Gebäude, wo man
vielen Mörtel braucht, muß eine lange hölzerne elastische Stange vorgerichtet werden,
woran eine zugespitze hölzerne Ramme mit
Handhaben vermittelt Stricken und einer
Holzschraube befestiget wird, die Ingredienzen werden bey dieser Verfahrungsart verdoppelt in dem Mörsel bearbeitet.

Lüchow im Hannöverischen.

Georg Conrad Steding.

Allerhand.

Danksagung.

Der unglückliche Schullehrer im hiesigen Kirchspiele, welchen ich in diesen Blättern, Jahrgang 1803 Nr. 84, mit so glücklichem, meine Erwartung weit übertreffendem Erfolge dem thätigen Mitleiden edler
Menschenfreunde empfahl, ist am 7 dieses
Monats durch einen sanften Tod von seinem
Elende befreyet, welches in den letzten Monaten seines Lebens zu einer furchtbaren

Höhe gestiegen war. Wiederholt äußerte er mir schon vor längerer Zeit den Wunsch und die Bitte, daß ich nach seinem Tode allen seinen großmüthigen Wohlthätern in seinem Namen für das, was sie an ihm gethan, öffentlich den herzlichsten Dank abstatten möchte. Es ist mir doppelt angenehme Pflicht, mich dieses Auftrages zu entledigen, da ich, der ich so oft Zeuge seiner Leiden war, es weiß, wie der durch jene großmüthige Unterstützung gestärkte Glaube an echte Menschlichkeit auch sein Vertrauen auf Gott immer neu belebte und mit diesem verbunden Kraft genug hatte, ihn, den hoffnungslos Leidenden, gegen Verzweiflung zu schützen. Die Ueberzeugung, dazu mitgewirkt zu haben, wird gewiß allen den Edeln, welchen ich durch diese Zeilen eine vielleicht längst vergessene gute That in's Gedächtniß zurück rufe, die Erinnerung daran werth machen.

Von ihren Beyträgen ist noch etwas für die Witwe und ihre vier Unmündigen übrig geblieben, und der Verstorbene hat in den letzten vier Jahren alle die Erleichterung und Bequemlichkeit genossen, deren er bedürftig und für welche er empfänglich war.

Bassum unweit Bremen d. 13 Jan. 1807.

W. Nöldeke, Pastor.

___

Familien - Nachrichten.

Todes = Anzeige.

Mit tiefbetrübtem Herzen machen wir unsern auswärtigen Verwandten und Freunden den frühen Tod unserer geliebten ältesten Tochter, Christiane Friederike, bekannt. Er erfolgte an einem Nervenfieber in der Nacht vom 19 zum 20 dieses Monats zu Eisenach, wohin sie um Neujahr zum Besuch ihrer dort verheiratheten Schwester gereist war, im 21 Jahre ihres schönen und unschuldigen Lebens. Wir wissen es, daß dieser Guten, die in der Blüthe der Jugend so vielen Hoffnungen entrissen wurde, ein liebevolles Andenken aller, die sie kannten, und viele Thränen ihres vertrauten Zirkels folgen, und finden in der Mittrauer gefühlvoller Freunde um diese unvergeßliche Holde, die bey ihrer musterhaften Denkart uns liebende Tochter und hülfreiche Freundin zugleich war, dankbar die einzige Linderung, deren das Gemüth bey einem so harten Schlage fähig ist.

Gotha den 22 Januar 1807.

Justus Perthes.
Ernestine Perthes geb. Dürfeldt.

Justiz = und Polizey = Sachen.

Bekanntmachung.

Bey dem in der Nacht vom 15 auf den 16 d. im freyherrl. von Gemmingischen Hause zu Wolfskehlen geschehenen Einbruch ist nach der Angabe des Bewohners folgendes entwendet worden:

1) Ein Säckchen mit goldenen Münzen, als Carolinen, Louisd'or, Ducaten und eine halbe Maxd'or, im Betrag 434 fl. 4 kr.
2) Ein Sack mit 237 St. franz. Thalern, 651 fl. 45 kr.
3) Ein Säckchen mit 47 Kronenthalern, 126 fl. 54 kr.
4) Einzelne Kronenthaler, 16 fl. 48 kr.
5) Sechsbätzner, 136 fl.
6) Ein sogenannter berliner Hirschfänger mit silbernem Griff, woran ein Löwenkopf. Eine Koppel von weißem Wildleder. Der Werth ist auf 36 fl. angegeben.
7) Eine goldene Taschenuhr, das innere Gehäus von Gold, das äußere von Semilor. Der Ring, woran die stählerne Kette hängt, von Silber. Werth 45 fl.
8) Eine silberne Uhr, mit einem Gehäus, das mit Schildkröte überzogen ist. Stahlkette u. ordinaires Pettschaft am Schlüssel von Stahl. Werth 25 fl.
9) Ein silberner Vorlegelöffel, 9 silberne Eßlöffel (wovon einer fehlig) 6 Kaffeelöffel, eine Zuckerzange. Werth vom Ganzen 56 fl.
10) Ein Paar längliche, viereckige, geriefte silberne Schuhschnallen. Werth 7 fl.
11) Ein silbernes Büchschen. Werth 1 fl.
12) Eine runde, gereifte, mit Laubwerk gravirte silberne Tabatiere. Werth 8 fl.
13) Ein Gesteck silberne Messer, Gabel und Löffel. Werth 25 fl.
14) Zwey goldene Kugelringe, in einem die Buchstaben M. M., im andern F. K.
15) Ein goldener Pettschierring mit einem ungeschenen Achat.
16) Ein desgleichen mit einem Stein, worauf eine Figur gestochen. Der Werth von sämmtlichen Ringen 40 fl.
17) Alte würtemberger, darmstädter, östreicher ꝛc. Thaler. Werth 30 fl.
18) Verschiedene Tabatieren von Schildkrot, Achat und Porcellan. Werth 12 fl.
19) Ein neuer Säbel mit Koppel. Werth 10 fl.
20) Ein Paar Pistolen und eine Terzerole. Werth 7 fl. 30 kr.
21) Ein Paar neue Beinkleider und fünf Schnupftücher. Werth 9 fl.

Der jüngern Mägd wurde aus dem erbrochenen Kasten geraubt:

Ein Halstuch von Kammertuch, 2 fl.
Ein Paar grün seidene Strümpfe, 2 fl.
Zwey rothe leinene Halstücher, 2 fl.
An Geld ohngefähr, 8 fl.

Der ganze Diebstahl beträgt also über 2000 fl. Eine nähere Beschreibung der entwendeten Gegenstände könnte der Beraubte nicht machen.

Nach allen Umständen zu schließen, sind die Räuber von der Gelegenheit des Hauses durch nachbeschriebene Weibsperson unterrichtet worden.

Caroline Friederike Petern, gebürtig von Leiselsheim bey Worms, Cantons Speyer, Departements Donnersberg, geboren im Jahr 1783, welche seit 4 bis 5 Jahren von Haus abwesend und daselbst als eine Diebin verrufen ist. Ihre armen Eltern sind nach Bayern ausgewandert und sie hat von Haus aus nicht das geringste Vermögen. Sie ist von mittlerer Statur und wohl beleibt. Sie hat ein vollkommnes, rothes (meist geschminktes) etwas blatternarbiges Gesicht, graue Augen, blonde Haare. Die Haare auf der Stirne getheilt. Trägt eine weiß durchbrochene Haube, ein schwarz seidenes Halstuch um den Hals gebunden, gewöhnlich ein roth catrunenes Mützchen und solche Schürze, einen roth blumigen flanellenen Rock, gelbe Ohrringe. Diese Weibsperson durchstreift seit drey Monaten die hiesige Gegend, und hat sich besonders zu Leeheim, Wolfskehlen, Dieburg und Zimmern aufgehalten, daselbst in Wirthshäusern gelebt, und sehr viel Geld verzehrt, indem sie z. B. zu Leeheim dem Wirth, bey dem sie logirte, 66 Louisd'or in Verwahrung gab. In ihrem zu Großzimmern zurück gelassenen Kasten mit Kleidungsstücken fanden sich noch 175 fl. 31 kr. Diese Weibsperson hat sich etwa drey Wochen vor dem verübten Einbruch eine Zeitlang zu Wolfskehlen in einem Wirthshaus aufgehalten und mehrmahlen Gelegenheit gesucht, in das von Gemmingische Haus zu kommen. Sie hat von Wolfskehlen aus sich an mehrere Orte, z. E. nach Großgerau, nach Dieburg und auf die Rheinauen bey Treur fahren lassen. Von Wolfskehlen kam sie nach Großzimmern, wo sie gleichfalls in einem Wirthshaus logirte. Von da ging sie am 23 d. nach Gernsheim und den 24 über den Rhein. Am 27 d. entwendete sie einem Bürger zu Mainz aus der Commod.-Schublade 600 Francs, verbarg sich mit diesem Gelde in einen Taubenschlage, wurde aber entdeckt, arretirt und gestand sogleich diesen ihren letzten Diebstahl. Ich habe mich mit der Behörde zu Mainz in Bezug gesetzt, und es übernommen, alles einzusammeln, was man von dem Betragen dieser gefährlichen Person auf der rechten Rheinseite erfahren kann.

An den oben genannten vier Orten ihres Aufenthalts hatte sie folgenden Kerl bey sich:

Valentin Sorton, geboren im Jahr 1786 zu Drensen, Mairie Göllheim, Departements Donnersberg, seiner Profession ein Kiefer, und von

armen Eltern. Er ist mittlerer Statur, stark und untersetzt, hat ein vollkommnes, aber blasses Gesicht, stumpfe Nase, graue Augen, blonde Haare, welche kurz und bloß auf die Stirne zwey Finger breit ins Gesicht geschnitten sind. Er kleidet sich wie ein wohlbemittelter Pfälzer. Dieser Bursche befand sich als Conscribirter zu Mainz, und wurde von der Petern beredet, mit ihr über den Rhein zu geben. Er gibt an, daß er an folgenden Orten gewesen und theils nur durchpassirt sey, theils sich alda aufgehalten habe; Leeheim, Großzimmern, Dieburg, Hofheim bey Worms, abermahl zu Leeheim, Wolfskehlen, Dieburg, Mainz, Traisa Häublein, Hambach, abermahl zu Wolfskehlen, abermahl zu Großzimmern, Gernsheim. Die Petern scheint ihn bloß zu Versendungen gebraucht zu haben, indem er sich meistens nur über Nacht oder längstens einige Tage bey ihr aufgehalten hat. Beyde gaben sich bald für Eheleute, bald für Verlobte aus, die sich bemühten, diesseits Rheins copulirt zu werden. Sorton gibt an, er müsse nicht anders, als daß die Petern das viele Geld, so sie besitze, ererbt habe. Allen Umständen nach scheint er der Verführte und sein vorheriger Lebenswandel tadellos gewesen zu seyn. Dieser Sorton wurde am 24 d. zu Wolfskehlen arretirt und sitzt jetzt im Gefängniß zu Darmstadt. Beyde verdächtige Personen sind also in Sicherheit und der Zweck gegenwärtiger Bekanntmachung ist das Gesuch an alle löbl. Gerichte und Individuen, den von beyden Personen, ihrem zeitherigen Leben, Betragen, Aufenthalt und sonstigen Verbindungen etwas bekannt ist, solches hulbgefällig an hiesiges Amt gelangen zu lassen. Allem Anschein nach stand die Petern mit der starken Räuberbande, die den Einbruch zu Wolfskehlen ausführte, in Verbindung, und nur genaue Notizen von jener können zur Entdeckung dieser führen.

Dornberg den 31 Dec. 1807.

Großherzogl. Heß. Oberamt das.
A. Elwert.

* * *

Vorladung:

Der für das hiesigen Bürgerssohn Joh. Nicolaus Hock im Jahr 1795 als Miliz eingestandene, aus dem ehemahls churpfälzischen Oberamt Umstatt gebürtige, seinem Namen nach aber hier unbekannte Mann, oder dessen etwaige Erben werden hiermit aufgefordert, sich zum Empfang der in Deposito des großherzoglichen Hofraths-Collegii beruhenden, in 165 fl. bestehenden Einstands-Caution innerhalb drey Monaten hier zu melden und gehörig zu legitimiren oder zu gewärtigen, daß nach fruchtlosem Umlauf der Frist diese Gelder ohne weiters, als verfallen dem herrschaftlichen Aerario werden zugewiesen werden.

Weinheim, den 5 Januar 1807.

Großherzoglich Badensches Amt.
Beithorn. Thilo.

Allgemeiner Anzeiger
der
Deutschen.

Donnerstags, den 29 Januar 1807.

Land- und Hauswirthschaft.

Beantwortung der Bemerkungen des Pachters Ranisch im allg. Anz. 1806 Nr. 278, (nun auch im leipz. Intell. Bl. Nr. 51 und 52) Wechselwirthschaft und Brache betreffend. †)

Da diese Bemerkungen wichtig genug schienen, sie in den allg. Anz. aufzunehmen, so dürfte eine Beurtheilung derselben für nicht minder wichtig anzusehen seyn. Denn sonst könnten sie bey den mit den richtigen Grundsätzen der sogenannten Wechselwirth- schaft unbekannten Oeconomen leicht widrige Eindrücke machen, und selbige von der Aus- übung dieser so wohlthätigen Wirthschaft zurückscheuchen. Ich halte es daher nicht für vergebliche Arbeit, wenn ein practischer Landwirth, welcher einige 30 Jahre die Wechselwirthschaft nach richtigen Grundsätzen, ohne sie jedoch erst von den Engländern er- lernt zu haben, für sein Locale mit überwiegen- dem Vortheile gegen die Brach- oder Drey- felderwirthschaft getrieben hat, auftritt, und beweiset, daß die Aufhebung der Brache, oder wie der P. R. es nennt, die Wechsel- wirthschaft *) an der Theurung der Getreide- arten unschuldig sey. Es sey mir erlaubt, seiner Bemerkung Schritt für Schritt zu folgen. Der P. R. behauptet, daß seit 20 Jahren Männer in Sachsen gelehrt haben, der Acker bedürfe keiner Ruhe u. s. f. und man könne mit Recht sagen, daß sie dadurch die Theurung des Brod-Getreides herbey- geführt haben. Wenn aber an der Theurung des Brod-Getreides die Lehre dieser Männer Schuld seyn soll; woher kam denn die Theu- rung im Jahr 1771 und 1772, da diese Män-

---

†) Vergl. die Gegenbemerkungen in Nr. 26 S. 258. d. R.

*) Wechselwirthschaft wird aber wirklich mit Brach-Aufhebung oft verwechselt. Ein andermahl nennt dieß alles der P. R. ein neues Wirthschaftsystem, das er nicht ganz verwerfe, sondern sich bemühe, mit seinen Zeitgenossen fortzuschreiten. Da er der neuen Reformatoren Meinungen vielversprechend nennt, so dürfte er sich vielleicht von einem, etliche 70 Jahr alten Reformator eher belehren lassen. Hier stehe also kürzlich etwas in dieser Anmerk. von obigem Getrenntes, wie folget. Ist denn das nicht auch Brache, aber vernünftige und die nützlichste Brache, wenn man sein Feld zu 1/6 bis 1/3 mit Klee und Wicken ruhen läßt, das ist, daß solche nicht Samen tragen dürfen, weil alles, was zum Samen stehen bleibt, auslauget, — sondern zu grünem und dürrem Futter dienen müssen? Dabey wird aber 1/6 (was davon nicht für die Schaf-Brache liegen bleiben muß) mit Kraut, Runkelrüben, Kohlrüben, Kartoffeln, und mehr andern zu behackenden Wurzel- Gewächsen über Sommer gebaut, d. i. gesömmert. Da dann die übrigen zwey Drittel mit Kör- nerfrüchten, dergestalt abwechseln — d. i. die eigentliche Wechselwirthschaft ausmachen — daß man nur nicht grasartige Körnerfrüchte, d. i. Weizen, Roggen, Gerste oder Hafer hinter einander auf einem und demselben Felde, sondern zwischen jeder grasartigen Frucht eine pflan- zenartige, d. i. Wicken, Erbsen u. s. m. zu reifen Körnern erbauet. Ist dieß nicht eine nützliche Abwechselungs- oder Wechselwirthschaft? — Wo statt Schafen nur Rindvieh gehalten wird, da kann auch der übrige, jenen gewidmete Brachtheil noch zum Wechselfruchtbau geschlagen wer- den. Ungefähr so muß man sich einen Begriff von der Wechselwirthschaft machen.

Allg. Anz. d. D. 1 B. 1807.

ner diese Grundsätze noch nicht lehrten? Von der Hungersnoth in ältern Zeiten, z. B. unter Ludwig IV, genannt der Eiserne, in den Jahren 1067 bis 1072 im Thüringischen nichts zu gedenken. M. s. das Flugblatt: Ueberall 1806 Nr. 8 S. 62.

Der Vorschlag des — wie er sagt — unpractischen Oeconomen im R. A. *) alle Brachen zu besäen, um der Theurung mit einem mahle abzuhelfen, ist der Widerlegung nicht werth; es gehört mehr dazu, ehe dieses empfohlen werden kann! Mehr verdient derjenige widerlegt zu werden, welcher ohne die Wechselwirthschaft genüglich zu kennen, die neuern, sich in der Wechselwirthschaft übenden Landwirthe, und so noch andere, die ihnen folgen wollten, von ihrem Unternehmen abwendig zu machen und in die Irre zu führen sucht. Lasse man doch diese besser wirthschaften wollenden Wirthe ruhig ihren Gang gehen; und gesetzt, daß solche im Anfange nicht ganz genau das Ziel treffen, so werden sie durch einiges Lehrgeld schon dazu gelangen, gerade wie der Brachwirth auch nicht immer gleich ohne Fehler seinen Anfang macht! Nur diesesmahl beantworte ich obgedachten Aufsatz: sollten Alltagswirthe dennoch neuerdings davider auftreten, so werden die bessern Landwirthe meine und jener Gründe zu würdigen wissen, ohne daß ich nöthig habe, mehr als dieß wenige aufzustellen.

Daß vor dem dreyßigjährigen Kriege die Volksmenge größer als jetzt war, dieß kann man zugeben, daß aber das Getreide immer wohlfeil gewesen sey, dem widersprechen alle alte Chroniken und zuverlässige Nachrichten. Damahls hatte ungünstige Witterung auf den Getreidebau eben denselben Einfluß, welchen solche noch jetzt darauf hat. Wer nur einigermaßen im Lande bekannt ist, der wird wissen, daß bis jetzt noch viele wüste Marken, Leeden und Wälder zu finden sind, an welchen die Abtheilungen der Beete noch deutlich gesehen werden können; dieses ist ein offenbarer Beweis, daß sie vor der angegebenen Zeit urbar gewesen, durch den nachherigen Menschenmangel wüste geblieben und es noch seyn müssen, weil das Recht der Gemein-

heit oder die ausschließliche Schaftrift darauf ruhet. Uebrigens war zu der Zeit die Getreide-Consumtion nicht so groß als jetzt. Viele Fabriken, z. B. von Puder und Stärke erfordern jetzt große Quantität Getreide; damahls aber puderte man sich nicht. Die Handlung war in keinem Flore, wie jetzt; was erbauet wurde, das consumirte man auch an Ort und Stelle; jetzt gehen große Vorräthe in die an der Ost- und Nordsee gelegenen Häfen, um übers Meer verschifft zu werden. Die Branntwein-Fabricatur erforderte damahls kein Getreide, er wurde aus Wein fabricirt, so wie in jenen Zeiten er nur noch als Arzney gebraucht worden. *) Das Getränk, welches Tacitus in dem Buche: von den Sitten der Deutschen, erwähnte, war nach dem Urtheile gelehrter Männer das Bier. Nachdem aber die großen stehenden Kriegsheere, welchen der Branntwein Bedürfniß ist, aufgekommen sind, und Kriegs- und Handelsschiffe alle Meere bedecken, bey deren Verproviantirung Branntwein ein Hauptartikel ist, der überhaupt so häufig und allgemein getrunken wird, da wird eine so große Menge Getreide zu Branntweinbrennereyen verwendet, daß Kenner dieses großen Aufwandes sich billig wundern, daß dasselbe nicht noch theurer sey. Das Rittergut, welches P. A. zum Beweise anführt, daß durch die Aufhebung der Brache daselbst die Hälfte weniger Getreide erbauet wurde, beweiset weiter nichts, als daß daselbst diese Art zu wirthschaften nicht nach richtigen Grundsätzen betrieben werde. Es kommt nicht darauf an, daß eine Sache betrieben, sondern wie sie betrieben wird.

Aus der ganzen Abhandlung gehet hervor, daß dem Verf. keine nach vernünftigen Grundsätzen eingerichtete Wechselwirthschaft bekannt sey. Hätte er doch die Schriften der verehrungswürdigen Männer: Riem, Thaer, Weber, Gericke, 2c., welche sich seit zwanzig Jahren dadurch Ruhm erworben haben, gelesen, so würde er beurtheilen können, wo der Fehler bey seinem zum Beweise aufgestellten Rittergute liege, und daß ein großer Unterschied sey zwischen Bracheaufheben, dabey aber Stallfutterung

---

*) 1805. Nro. 169. S. 2119.   b. R.
**) Man sehe Beckmann's Anleitung zur Technologie, im 8. Abschnitt §. 4, S. 165, Göttingen 1787, deßgleichen Krünig's Encyclop. im 6. Theile. S. 420.

und Wechselwirthschaft treiben, und die
Brache sommern.

Der Verf. redet in der Folge vom Düngermangel, Surrogaten, von Anschüren,
von Oelsaat nach Sömmerung; alles Ver-
weise von Nichtkenntniß der Wechselwirthschaft, denn zu dieser gehöret Stallfütterung,
und bey derselben zweckmäßigen Behandlung
kann es an Dünger und Stroh nicht fehlen.
Wo der Futterbau mit Getreidebau und
Viehzucht in richtigem Verhältnisse stehet,
da wird es keinem vernünftigen Landwirthe
einfallen, gleich nach der Sömmerung Oelsaat zu säen. Durch den Futterbau wird
alles das bewirkt, was man durch Brache
zu erlangen beabsichtigt, und auf welchem
Brachfelde wächst wol reineres Getreide und
längeres Stroh, als nach gut behandeltem
Kleefelde? Es ist nicht meine Absicht, den
Futterbau und den darauf folgenden Körner-
bau zu lehren, sondern nur die unrichtige
Ansicht des Verf. aufzuklären. Die Wechselwirthschaft ist aller Orten auf nassem und
trocknem Lande mit Vortheil anzubringen,
nur muß jedes Feld nach seiner Beschaffenheit richtig behandelt werden. Der Verf.
redet nur immer von Sömmerung; der
Wechselwirth aber wird nie dreymahl Getreide
hintereinander erzielen, sondern dazwischen
Erbsen, Wicken oder auch Futter säen und
zu behackende Früchte bauen, um dadurch
das Unkraut zu vertilgen, und den Boden
durch Sonne und Luft zum höhern Körner-
ertrage empfänglich zu machen. (Mehr f. m.
in der Anmerk. S. 273.)

Der Verf. nimmt an, daß in Chursachsen sich 73,396 Hufen Landes, ohne die Rittergüter und die Lausitz befänden; man
könne daher berechnen, daß alljährlich drey-
artig wenigstens 600,000 Scheffel Korn und
Weizen über Winter ausgesäet würden, und
setzt sodann fest, daß davon zwey Drittel in
gesommertes Feld, welches für die Wechselwirthschaft ohne großen Schaden (?) beybehalten werden könne, gesäet werde, d. i. ein
Drittel in Land, welches sich zur Sömmerung
qualificirt, ein Drittel wo es mit Schaden
geschieht, und so setzt er noch das letzte Drittel

mit reiner Brache an, welche sehr selten dem
Mißwachse bloß stehe (also dieß doch auch,
und wol dann, wenn er die Wechselwirthschaft treffen könnte?) und uns vor dem
schrecklichsten Hungertode schütze :c. Man
kann, ohne der Wahrheit zu nahe zu treten,
als gewiß annehmen, daß in ganz Sachsen
nicht der 50 Theil der Felder nach richtigen
Wirthschafts-Grundsätzen mit Wechselwirthschaft betrieben werde. Der Landmann, welcher Wechselwirthschaft treiben will, muß
freyes Eigenthum haben, und deren gibt es
sehr wenige, das mehreste liegt in Gemeinheiten, oder ist der Huth- und Trift-Gerechtig-
keit unterworfen; da findet die Wechselwirthschaft nicht Statt; und mit der zwey Drittel-
Sömmerung ist es vollends gar nichts. Welcher Schäferey-Besitzer wird zugeben, daß die
Brachen gesommert werden, damit seine
Schafe verhungern? Unser vortrefflicher
Regent sucht als wahrer Vater des Vaterlandes durch Prämien seine Unterthanen zu
ermuntern, sich aus der Gemeinheit zu
setzen; aber wie wenig erreichte er dadurch
seine Absicht? Man sehe die jährlich vertheil-
ten Prämien, vergleiche sie mit dem Ganzen
und urtheile dann, ob der Verf. wol Recht
habe. Wenn ungünstige Witterung beym
Getreidebau mit Mißwachs oder doch schlechte Ernte verursacht, wie das seit ein Paar
Jahren der Fall gewesen ist *), so kann und
muß Ausfall an der Ernte entstehen. Der
Wechselwirth, welcher sein drittes Feld alle
Jahre nach veränderten Gründen nützt, wird
dabey immer noch besser, als der Brache haltende Wirth wegkommen, wenn der immer
sommernde Landwirth wenig erntet; aber
letzterer gehe bey den berühmten Männern in
die Schule, welche vor 20 Jahren die bessere
Wirthschaftsmethode lehrten, so wird er
nicht nöthig haben, sich vor dem Hungertode
zu fürchten.

Was übrigens der Verf. über schreckli-
chem Schaden in den Wäldern durch Auf-
harkung des Landes und der Büschren sagt,
verdient alle Aufmerksamkeit. So wie die
beygefügte Note über einen Aufsatz im ersten
Bande des Farmer's Magazin, London 1805,

*) Daß selbst 1806 in manchen Gegenden, besonders wo Sand prädominirte, nur eine Mittelernte ge-
gen andere Orte gewesen, weiß man, aber wie z. B. bey Wittenberg, das bezeugt ein Aufsatz in
der Zeitung für die elegante Welt, Nr. 142. d. J. S. 1141; und in dieser Gegend ist gewiß die
Wechselwirthschaft am wenigsten zu Hause, folglich nicht Schuld!

die Sommer- oder reine Brache in Schottland betreffend, beweiset, daß die Engländer noch lange nicht so aufs Reine hierin
sind, als man auswärts meint. Dieser Anmerkung über einen Farmer, welcher die Brache
vertheidigte, ist's hier nicht am unrechten
Orte; auch eine andere Anmerkung von einem
Farmer entgegen zu stellen, der die Brache
im Großen abgeschafft hat, und Hutcheson
Mure heißt, welchen Arthur Young einen
alten erfahrnen, betriebsamen Mann genannt
hat, der reife Beurtheilung des Alters mit
dem Jugendfeuer vereinigte. Und dieser alte
Mure wird von Siske im Streite über die
Brache, als am meisten entscheidend aufgerufen, und von seiner Wirthschaft. (N. s.
Thaer's Beyträge zur Kenntniß der engl.
Landwirthschaft, 3. B. S. 450 ff.) gesagt,
was hier folgt.

1) „Sein Boden ist so schwer, naß und
bindend, daß Rüben nicht mit Vortheil darauf gebaut werden können; folglich kann die
Beschaffenheit seines Bodens keinen Zweifel
erregen.“

2) „Seine Wirthschaft ist von der Größe,
daß in dieser Hinsicht von der Vertheidigern
der Brache, wenn sie sich so stark auf Verhältnisse stützen, die das System wesentlich
verändern müßten, nichts eingewandt werden kann.“

3) „Er kauft keinen Dünger; die
Wirthschaft selbst muß folglich alles liefern,
was zu ihrem Betriebe nöthig ist, ohne
von irgend einem fremden Zuschusse abhängig zu seyn.“

4) „Es ist kein Versuch auf einem Fleck-
chen Landes, auf einem Stücke von etlichen
Ackern gemacht; sondern er hat es über
seinen großen in vortrefflicher Cultur befindlichen Farm ausgedehnt.“

„Wir wissen also, daß der Farm dieses
Herrn auf einem solchen Boden liegt, von
dessen Cultur ohne Brache gewöhnliche
Landwirthe keinen Begriff haben. Wir
wissen, daß dieser Herr sie nie hält. Wir
wissen, daß er dieß thut, ohne irgend eine
Gelegenheit zu haben, Dünger zu kaufen;
indem er bie Einrichtung seiner Oeconomie
auf den großen Punct hinrichtet, seinen
Ackerbau durch sich selbst bestehend zu machen.
Ich brauche hier nicht zu sagen, daß er we-

der Stroh, noch Stoppeln kauft, und keine
andere braucht, als die er auf seinem eigenen Boden geerntet hat, um damit Dünger-
haufen zu errichten, die vollkommen hinreichend sind, das Land in zunehmender Verbesserung zu erhalten, ohne je zur Brache
seine Zuflucht zu nehmen — und dieß nicht
auf ein, zwey oder drey, sondern auf eine
lange Reihe von Jahren, in welcher sich
seine Ernten immer verbessert haben. In
allen den Jahren haben seine Ländereyen
keine Brache gehabt; sein Boden ist rein
ohne diese, und reich ohne zugekauften Dünger geworden.“

Auf eine ähnliche Art habe ich auch auf
meinem Rittergute die Brache ehemahls abgeschafft und die Wechselwirthschaft eingeführt.

Endlich würde es auch gefordert werden
können, daß der H. Ranisch das, was er
Sömmern nennt, deutlicher erwähnt hätte;
denn nicht alle Sömmerung schwächet das
Feld. So z. B. wird er doch dem Erbsen-
und Wickenbauer keine Verschlechterung des
Feldes für die darauf erfolgenden Gras-
früchte, d. h des Roggens, der Gerste und
des Hafers zuschreiben? Vom Klee so etwas
zu sagen, wird sich Niemand einfallen lassen.
Und doch sagt der Verf. „Selbst der Kleebau hat unsern Körner-Ertrag in etwas zurückgesetzt.“ (das dürfte nur höchstens in
Feldern seyn, wo man den Klee in quetiges
Land säet, wo mehr Quecken, die ausmä-
gern, als wohlthätiger Klee wächset?) aber
— fährt er fort — da er uns bey der zum
Theil abgeschafften Weide in der Fütterung
große Vortheile verschafft, so ist deren (dessen) Anbau, so viel wir zur grünen Fütterung bedürfen, nicht abzurathen. Warum
will er nur so viel erbauer wissen, als wir
zur grünen Fütterung bedürfen? — Man-
gelts nicht den meisten Wirthschaften an der
genüglichen dürren Fütterung für den Winter? Da kann nur ein Heu gemachtes Klee-
und Wickenfutter aushelfen; und so der Viehzucht, wie auch der Vermehrung des Düngers gewünschte Fortschritte verschafft!
Geschieht dieß nicht, dann ist's ganz natürlich, daß die Sömmerung nachtheilig werden muß; und daß das, was der Verf. zum
Schlusse sagt, in diejenige Kraft übergehen

kann, nach welcher schon Benkendorf, Riem u. a. m. angerathen haben, wo bey Futtermangel auch Düngermangel ist, lieber Felder abzubauen, als anzubauen; *) und so ist nur das der einzige Fall, wo die von ihm sehr schädlich angegebene Sömmerung, vernünftige Einschränkung erfordert. **) Was der P. R. endlich noch von Verpachtungen zugefügt hat, sind helle Wahrheiten.

Im December 1806.

Von einem practischen Landwirthe, welcher etliche 30 Jahr diese Wechselwirthschaft mit Vortheil getrieben hat.

Berichtigungen und Streitigkeiten.

Erklärung,
die Streitigkeit der Herren F. G. Becker und D. Steinbeck wegen eines Manuscripts betreffend.

Unstreitig verdiente der Vorfall: „daß „ein Schriftsteller seine Arbeit unvermuthet „unter einem fremden Namen an einen Verleger verkauft und gedruckt findet, —" als ein Beytrag zu Sönn's Betrugs-Lexicon — zur Publicität gebracht zu werden, wie solches in Nr. 266 vor. Jahrg. dieses allg. Anz. d. D. durch Hrn. F. G. Becker's Adresse an Hrn. D. Steinbeck geschehen ist. Eben so mußte nun der letztere seine Vertheidigung dem Publicum vorlegen dürfen, die man in Nr. 303 gelesen und daraus ersehen hat, daß er den Cand. jur. Rast aus Gera als Urheber jener säubern Speculation angibt. Dieser schickte unterm 4 Dec. v. J.

aus Zwenkau bey Leipzig auch eine heftige Antwort auf Steinbeck's Anschuldigung ein, welche aber deshalb einstweilen bey Seite gelegt wurde, weil er meldete, daß er die Sache bereits bey St's Gerichtsobrigkeit anhängig gemacht habe. Herrn Becker's in Nr. 5-b. l. J. eingerückte Abfertigung Steinbeck's mußte noch einen Platz erhalten, weil sie den eigentlichen Statum controversiae berichtiget. Hierauf hat nun D. Steinbeck abermahls eine Gegenrede eingesendet, worin er sagt, daß er bey Becker's Obrigkeit um peinliche Untersuchung des gegen ihn durch beyde Aufsätze begangenen Verbrechens eingekommen sey.

Es wäre daher unschicklich, in dieser zu einem doppelten Rechtsstreit gewordenen Sache durch die Publicität der Justiz vorzugreifen, und durch zwecklose Invectiven nützlichen Gegenständen den Raum weg zu nehmen. Erst wenn die Richter ihr Urtheil gesprochen haben, kann allenfalls der Ausgang der Sache historisch angezeigt werden. Bis dahin also fällt kein Wort weiter davon; Hrn. D Steinbeck's letztem Aufsatze muß auch schon deswegen die Aufnahme versagt werden, weil sein categorisches Verlangen, daß derselbe binnen einer Zeitfrist, worin es sogar, den Umständen nach, unmöglich war, im allg. Anz. abgedruckt seyn müsse, mit Drohungen begleitet war!

Nur das verdient noch angeführt zu werden, daß Hr. B. den in Nr. 266 geäußerten Zweifel an dem ehelichen Stande und der Vaterschaft des l). St. zurück nehmen muß. Der darüber von ihm befragte Freund

---

*) Billig sollte auch Ranisch noch im allg. Anz. Nro. 315: sich einige Stellen zueignen, die daselbst S. 3731 und 3733 stehen. Denn er überlegte nicht, daß viele Felder ohne genugsamen Dünger, stets ohne oder mit Brache, nicht das bringen, was selbst Wechselwirthschafts-Felder ohne genugsamen Dünger erobern lassen, wenn sie zwischen dem Fruchtbaue entweder zu bedeckende Wurzeln, oder Wicken, Erbsen, Klee u. s. w. tragen. Befolgt er diesen Wechsel nicht, kann oder will er es nicht, dann muß er immerhin vieles Feld brach liegen lassen, so wie nicht alle Menschen unter ein Hütchen zu bringen sind! Diese Gattung von Farmern müssen Brache beybehalten, es wäre denn, daß sie— wie S. 3733 des obgedr. Anzeigers steht — Felder hätten, welche Dammerde, mit gelegenen Unterlagen vereiniget, haben; und außerdem wisse man, daß wenige und gut gedüngte Felder reichlichern Ertrag liefern, als viele und schlecht gedüngte, u. s. m. Aber man table doch nicht die, welche die überflüssigen Felder zu Wechselfrüchten widmen, da dieß doch ohne großes Allsico geschehen kann!

**) M. s. Berliner Beyträge 1. B. S. 127–174, vom nöthigen Abbaue der überflüssigen Aecker, als einer Hauptverbesserung des Ackerbaues, welches jeder Landwirth im Großen lesen, und vorzüglich nachahmen sollte; so sagt Riem in seinem Prodromus der Encyclopädie und des Futter-Abels, neue Aufl. S. 414.

wußte vermuthlich, daß St. im Jahr 1803 noch unverheirathet gewesen war, also im Jul. 1804 noch nicht sechs Kinder haben konnte. Aber, ein mit dem erwähnten letzten Aufsatze eingeschicktes, in gehöriger Form vom H. K. Rath zu Langenberg ausgestelltes Attestat besagt: daß D Steinbeck im Spätherbst 1803 eine dasige Witwe mit sechs Kindern erster Ehe geheirathet habe, wodurch jener Zweifel wirklich beseitiget ist.

d. X.

Dienst-Anerbieten.

Eine Dame auf dem Lande in Niedersachsen sucht eine Gesellschafterin, und wünscht, da sie an den Augen leidet, daß selbige ihr durch Vorlesen, so wie bey Erziehung einer Tochter nützlich werden könnte. Diejenigen, welche hierzu qualificirt sind, werden ersucht, in frankirten Briefen der Expedition des allg. Anz. ihren Namen, Alter, Adresse, die Dienstbedingungen, welche sie wünschen, so wie vorzüglich auch diejenigen Personen anzuzeigen, welchen sie bekannt sind. Diejenigen, welche sich gemeldet haben, werden gebeten, dann die weiteren Annäherungen, falls deren Statt finden können, abzuwarten.

Dienst-Gesuche.

1) Ein Mensch von 23 Jahren, welcher seit 7 Jahren in einer Materialhandlung deutsche Correspondenz und doppelte italienische Buchhaltung geführt hat, für jetzt noch placirt ist, wegen jetziger Zeiten sich aber genöthiget sieht, Ostern seinen Platz zu verlassen, wünscht, um seine Zeit nicht müßig zuzubringen zu müssen, in einem Gewölbe oder auf einem Comtoir angestellt zu werden. Er ist mit den besten Zeugnissen versehen, und kann noch auf besondere Empfehlung rechnen. Anträge hierauf bittet man an die Expedition des allg. Anz. in Gotha unter der Adresse C. V. einzusenden.

2) Ein Mensch von 15 Jahren, der eine gute Hand schreibt und sich bisher mit der Schreiberey beschäftiget hat, auch in diesem Fache sich weiter ausbilden möchte,

wünscht auf einer Schreib- oder Rechenstube als Schreiber-Bursche eine Anstellung zu finden. Er ist von guten Eltern, hat vielen guten Willen und Lust etwas zu lernen. Nachfragen nach seiner Handschrift und sonstigen Verhältnissen besorgt die Expedition des allg. Anz. unter der Adresse A. Z.

3) Ein Frauenzimmer in den zwanziger Jahren wünscht als Haushälterin oder Kammerjungfer eine Stelle zu erhalten. Da sie schon mehrere Jahre mit Beyfall conditionirt hat, so ist sie auch mit den nöthigen Kenntnissen und Zeugnissen versehen.

Ober-Hessen.   X. Z.

Kauf- und Handels-Sachen.

Anerbieten.

Die erste Verloosung der bey den Herren Gebrüdern Bethmann negociirten kaiserl. königl. Obligationen sowohl als die der vormahligen brüsseler nunmehr Chambre aulique Obligationen ist in Wien erfolgt.

Endes-unterzeichneter erbietet sich, die herausgekommenen und in Wien zahlbaren Obligationen entweder gegen kaiserl. oder andere Staatspapiere, zum billigsten Cours berechnet, umzutauschen.

Feist Emden
in Frankfurt am Mayn.

Gutsverkauf.

Von dem in Nr. 348 S. 4092 zum Kauf angebotenen Landgute können jetzt folgende nähere Umstände angezeigt werden.

Dieses ganz freye Allodial-Gut liegt unter königl. bayrischer Hoheit, in einer der schönsten Gegenden Schwabens an einem Flusse, hat ansehnliche herrschaftliche und öconomische, im besten Stand befindliche Gebäude, schöne und nutzbare Gärten, ergiebige Wiesen und Waldung, hohe und niedere Jagd auf drey Stunden im Umkreis, Fischerey und beträchtliche baare Gefälle; dabey hohe und niedere Gerichtsbarkeit, Patronatrecht und alle andere Vorrechte und Annehmlichkeiten, die man bey einem solchen Besitzthum wünschen kann. Es soll um denselben Preis abgelassen werden, wie es vor mehrern Jahren erkauft worden, obgleich der jetzige Besitzer eine ansehnliche Summe zu Ameliorationen daran verwendet hat; auch kann ein großer Theil der Kaufsumme als Capital verzinslich darauf

steben bleiben. Ernstliche Liebhaber werden sich
wegen der weitern Auskunft an die
Exped. des allg. Anzeigers d. D.
in Gotha.

Apotheken-Verkauf.

Eine in einer der schönsten und blühendsten
Städte Obersachsens nahe an der Elbe sich befindende Apotheke, welche sehr wenig von den Kriegsunruhen gelitten hat, steht anjetzt, Familien-Angelegenheiten wegen, aus freyer Hand nebst Haus
und Zubehör zu verkaufen. Kaufliebhaber können
sich, um nähere Auskunft zu erhalten, in
frankirten Briefen an die Herrn Brückner und
Lampe oder an Hrn. Werner und Comp. in
Leipzig wenden.

Sämereyen.

Echten frischen Garten-, Blumen-, Feld- und
Waldsamen hat zu verkaufen. Christian Nießling
in Erfurt auf der Krämerbrücke.

Justiz- und Polizey-Sachen.

Vorladungen: 1) der Gläubiger der Baronesse
M. J. F. von Wal.
Da am 5 d. die dahier privatisirt habende gewesene Stiftsdame zu Münsterbilsen, Baronesse
Marie Juliane Ferdinande von Wal verstorben
ist, und ein Testament zurückgelassen hat, in welchem ein Neffe derselben, Baron Eugen Johann
Nepomuk Joseph von Wal, zum Erben ernannt
ist, so werden hierdurch alle diejenigen, welche irgend eine Forderung ex quocunque capite an die
Verlassenschaft der Verstorbenen machen zu können
glauben, aufgefordert, diese binnen sechs Wochen
dahier vorzubringen, oder zu erwarten, daß im
Nicht-Meldungsfalle die Erbschaft ohne weiters
nach dem Inhalt des Testaments verabfolgt werden
soll. Heidelberg, den 13 Januar 1807.
Großherzogl. Badische Hofraths-
Commission.
Baurittel.   vdt. Weurer.

2) der Lodowilla Lambrecht.
Die nächsten bekannten Erben der seit vielen
Jahren abwesenden Lodowilla Lambrecht von Bammenthal, welche vor 73 Jahren geboren worden ist,
und seit-ihrer Abwesenheit von ihrem Geburtsort
keine Nachricht von ihrem nachherigen Aufenthalt
gegeben hat, sind um Verabfolgung ihres bisher
pflegschaftlich verwalteten Vermögens eingekommen,
weshalb Lodowilla Lambrecht, so wie alle diejenigen, welche an deren Vermögen einen gegründeten
Anspruch machen zu können glauben, edictaliter
aufgefordert werden, sich deshalb dahier binnen 9
Monaten um so gewisser zu melden, als nach deren
Ablauf befragliches Vermögen den sich gemeldet

habenden Erben ohne weiteres verabfolgt werden
soll. Neckargemünd, den 13 Januar 1807.
Großherzogl. Badisches Amt.
Reidel.   Rettig.

3) der Gläubiger Melch. Deitigsmann's.
Gegen den hiesigen Bürger Melchior Deitigsmann wurde heute der Ganiproceß erkannt; dessen
dahier nicht bekannte Gläubiger werden sohin vorgeladen, ihre an gedachten Melchior Deitigsmann
habende Forderungen innerhalb 6 Wochen dahier
entweder selbst oder durch hinlänglich instruirte Bevollmächtigte anzuzeigen, zu liquidiren, und den
erwaigen Präferenz-Anspruch auszuführen, unter
dem Rechtsnachtheile jedoch, daß sie ansonst nach
Umlauf solchen Termins mit ihren Forderungen von
der Ganimasse ausgeschlossen werden sollen.
Mannheim, den 9 Januar 1807.
Großherzogl. Badisches Stadtvogteyamt,
Kupprecht.   Boehmer.   Vidt. Nürnberger.

4) der Erben J. Frz. Kleinert's.
Johann Franz Kleinert von Zelsa, hiesigen
Gerichts, ist im Jahre 1776 nach America gegangen, und hatte einen Sohn, Namens Johannes
Kleinert, zurückgelassen. Dieser Sohn ist dem
Vater gefolgt und soll, einer Urkunde zufolge, zu
Baltimore gestorben seyn. Von der höhern Behörde
ist beschlossen, daß Johann Franz Kleinert's Vermögen zu Zelsa den nächsten Verwandten verabfolgt werden soll. Als solche haben sich gemeldet:
1) Johann Franz Kleinert's vollbürtige Schwestern
1) Anna Elisabeth, Johannes Williges Witwe,
2) Anna Catharina, Augustin Rode's Ehefrau,
und 3) der verstorbenen, mit Martin Brethauer
verehelicht gewesenen, Schwester, Dorothea Elis-
sabeth, geb. Kleinert, Kinder, a) Anna Martha,
Johannes Streußel's Ehefrau, b) Catharina
Elisabeth, Christoph Jselhenne's Ehefrau, und
c) Anna Magdalena, Johannes Müller's Ehefrau, geb. Brethauer, sämmtlich zu Zelsa.
Wer eine nähere oder gleiche Verwandtschaft
oder auch sonstige Ansprüche auf das zu Zelsa vorhandene, unter der Verwaltung des hiesigen Einwohners Henrich König stehende, Vermögen
Johann Franz Kleinert's, sammt dem, bisher
dafür gehaltenen Zubehör, begründen kann, wird
hierdurch öffentlich aufgefordert, Freytags den 17
April des nächstkünftigen Jahrs 1807, um zehn Uhr
Vormittags, entweder persönlich oder durch einen
mit beglaubigter Vollmacht versehenen Anwald,
vor hiesigem Gerichte auf dem Stifte zu erscheinen
und seine Gerechtsame in wahren oder zu erwarten,
daß Johann Franz Kleinert's Vermögen, sammt
vorbemeldetem Zubehör, den obengenannten Schwestern und Schwester-Kindern, gegen Caution,
übergeben werde. Stift Kaufungen ohnweit Hessen-Cassel, am 17 December 1806.
Rau, Amtmann.

5) der Eva Cath. Hörnlein.

Die aus dem hiesamtlichen Stadt-Flecken Breitenbach bürtige, seit länger, als 30 Jahren, von
da abwesende und verschollene Eva Catharina
Hörnlein, so wie deren etwanige Leibes-Erben
und alle diejenigen, welche an ihr hiesiges Vermögen irgend einige Ansprüche haben möchten,
werden anmit geladen

den 9 Junius d. J.

gesetzlich anher zu erscheinen, sich behörig anzumelden, und ihre Forderungen ordnungsmäßig herauszusetzen, auch zu bescheinigen, im Unterbleibungsfall aber, daß die Hörnlein für todt und jeder
anderer seiner Ansprüche, so wie der Rechtswohlthat der Wiedereinsetzung in den vorigen Stand
für verlustig erklärt — das Hörnleinische Vermögen
auch deren sich vorläufig gemeldet habenden hiesigen nächsten Anverwandten ohne Sicherheits-Bestellung überlassen werde, zu gewarten.

Sig. Gehren, den 9 Januar 1807.

Fürstl. Schwarzburg. Amt das.

6) der Erben Wenzel Frühauf's.

Nachstehende Edictal-Citation, welche also
lautet: Nachdem am vierten December 1806 der
hiesige Freyhäusler Wenzel Frühauf und kurz darauf den 6 ejusd. mens. et anni dessen Eheweib
Susanne geborne Kahl ohne Hinterlassung nothwendiger Leibes-Erben Todes verfahren; von den
sich gemeldeten Seitenverwandten derselben es
jedoch, ob sie die nächsten seyn dürften, zweifelhaft ist, mithin die Erlassung der Edictalien der
Nothdurft erachtet werden müssen; als werden alle
diejenigen, welche an sothane Verlassenschaft Wenzel Frühauf's oder dessen Eheweibes einige Erb-
schafts- oder sonstige Ansprüche, aus welchen
Rechtsgrunde sie nur immer hergeleitet werden können, zu haben vermeinen, andurch öffentlich citiret
und geladen, daß sie in dem hierzu anberaumten
Termin

den dreyzehnten Julius dieses Jahres
zu rechter früher Gerichtszeit an gewöhnlicher Gerichtsstelle auf dem herrschaftlichen Hofe allhier, entweder in Person, oder durch hinlänglich sich legiti-
mirende Gevollmächtigte, erscheinen, ihre Ansprüche
zu den Acten anzeigen und gehörig bescheinigen;
immaßen diejenigen, welche entweder gar nicht erscheinen, oder ob sie zwar erscheinen, dennoch dieser Ladung sonst nicht gnügen würden, von dieser
Erbschafts-Masse mit ihren Ansprüchen werden
ausgeschlossen, auch diejenigen, welche sich der
Rechtswohlthat der Wiedereinsetzung in den vorigen
Stand zu erfreuen haben, derselben für verlustig
werden geachtet, und mit ihren Ansprüchen weiter
nicht werden gehöret werden.

Hiernächst werden auch alle Auswärtige bedeutet, sich zu Annehmung künftiger Ausfertigungen
einen Gevollmächtigten in hiesigem Orte, oder einer
der zunächst desselben gelegenen Städte, Lauban,
oder Marglissa, zu bestellen.

Zugleich sehen wir
den dritten September dieses Jahres
zu Ertheilung eines präclusivischen Bescheides für
die ungehorsamlich Außenbleibenden fest, mit aus-
drücklicher Bestimmung, daß dafern auch niemand
im besagten Publications-Termin erschiene, dennoch
dieser Bescheid für publicirt werde ad Acta genommen werden.

Gebhardsdorf, bey Marglissa in der Ober-
Lausitz, am 6 Januar 1807.

Hochadelich von Uechtritzsche Gerichte
daselbst, und
(L. S.)   Friedrich August Siegismund,
Justitiar.
und sich in Leipzig, Wittemberg, der Sechsstadt
Lauban, in Friedland in Böhmen, Greiffenberg in
Schlesien und hier, öffentlich affigirt befindet; wird
andurch, und besonders die darin anberaumten
Termine zu jedermanns Wissenschaft gebracht, und
zur Nachachtung bekannt gemacht.

Gebhardsdorf, bey Marglissa in der Ober-
Lausitz, den 7 Januar 1807.

Hochadelich von Uechtritzsche Gerichte
daselbst, und
Friedrich August Siegismund,
Justitiar.

Frankfurter Wechsel-Cours.

den 23 Januar 1807.

	Briefe.	Geld.
Amsterdam in Banco k. S.	—	—
2 Mon.	—	141 1/2
Amsterdam in Courant k. S.	—	140 1/2
2 Mon.	—	148 1/4
Hamburg k. S.	—	147 1/2
2 Mon.	—	—
Augsburg k. S.	100 3/8	—
Wien k. S.	51	—
2 Mon.	—	—
London 2 Mon.	—	—
Paris k. S.	77 3/4	—
à 1 Uso	77 3/8	—
Lyon	77 3/4	—
Leipzig M. Species	—	—
Basel k. S.	—	—
Bremen k. S.	107 5/8	—

Justiz- und Polizey-Sachen.

General-Pardon
für die Deserteurs der herzoglich nassauischen Truppen.

Von Gottes Gnaden Wir Friedrich
August, souverainer Herzog zu Nassau rc. rc.
Da Wir häufig von den Landeskindern,
welche leichtsinniger Weise Unsere Kriegsdienste verlassen haben, und von Unsern
Bataillons und Corps weggegangen sind,
um Gnade und Verzeihung angegangen worden; so haben Wir aus landesväterlicher
Milde beschlossen, für diesesmahl unter den
bewegten Zeitumständen, allen und jeden
Unterofficieren, Soldaten, beeidigten Rekruten und Knechten, welche von Unserer Infanterie, Cavallerie und den Garnisonscom-
pagnien entwichen, und aus Unsern herzoglichen Landen gebürtig sind, auch nicht
für andere eingestanden waren, und denen
außer dem Verbrechen der Desertion kein
weiteres Vergehen, besonders nicht die Stiftung eines Deserteur-Complotes, zu Schulden kommt, dergestalt einen gänzlichen Pardon zu ertheilen, daß, wenn selbige sich binnen drey Monaten, und zwar vom 1 Februar
bis zum 1 May dieses Jahres, bey ihren
Bataillons und Corps, oder auch bey dem
daher commandirenden Officier wieder einfinden, den Werth dessen, was sie dem
Aerario an Montirung- und Armaturstücken
vertragen, ersetzen, und sodann als treue
Unterthanen ferner dienen wollen; sie ohne
einige Bestrafung wieder aufgenommen und
ihnen ihr außerdem verfallenes Vermögen

Allg. Anz. d. D. 1 B. 1807.

geschenkt und freygelassen werden soll. In
Ansehung des Ersatzes des Vertragenen wird
den Verwandten der Deserteurs sowohl, als
den Gemeinden, woraus solche gebürtig, und
die durch ihre Rückkehr bey Stellung der
erforderlichen Rekruten erleichtert werden,
freygestellt, diesen Ersatz für diejenigen, welche
ihn zu leisten unvermögend sind, zu übernehmen.

Wir hegen hierbey das gerechte Zutrau-
en zu Unsern getreuen Unterthanen, daß sie,
so viel an ihnen ist, zur Rückkehr ihrer
desertirten Anverwandten mitwirken, und
daher denselben von der ihnen hierdurch ange-
gebotenen Begnadigung Nachricht ertheilen,
und sie aufmuntern werden, zu ihrer Schuldigkeit zurück zu kehren.

Alle diejenigen hingegen, welche in ihrer
Pflichtvergessenheit beharren und über die
bestimmte Zeit zurückbleiben, oder von nun
an desertiren, sollen niemahls Pardon erhalten und im Betretungsfalle nach aller Strenge der ihnen bekannt gemachten Kriegsarti-
kel, der Deserteursverordnung vom 19 November 1805, und Unserem neuern unterm
3 October 1806 an Unsere Truppen erlassenen Befehle ohne alle Nachsicht bestraft, und
ihr Vermögen confiscirt werden.

Unser Kriegscollegium hat diese Unsere
gnädigste Entschließung nicht nur bey Unsern
Truppen, sondern auch überall im Lande
bekannt zu machen, und sich selbst zur Nachachtung dienen zu lassen, auch darauf zu
sehen, daß ihr allenthalben nachgelebt, besonders aber von den Ortsobrigkeiten ein
wachsames Auge auf die sich heimlich ein-

schleichenden und bey den Ihrigen aufhalten,
den Deserteurs gerichtet werde.

Urkundlich dessen haben Wir gegenwärtigen General-Pardon eigenhändig unterzeichnet, auch Unser herzogliches Insiegel
beydrucken lassen. So geschehen zu Biebrich
den 9 Januar 1807.
(L. S.)   Friedrich August,
              Herzog zu Nassau.

Künste, Manufacturen und Fabriken.

Anerbieten, Weinessig verfertigen zu lehren.

Da der Weinessig in einem hohen Preise
steht, so habe ich mich entschlossen, den Liebhabern dieser Kunst, gegen postfreye Einsendung eines vollwichtigen Ducatens, das
ganze Verfahren zu lehren, wie in Holland
aus Rosinen, auch sogar aus den Stengeln
derselben ein vortrefflicher Weinessig gemacht
wird, der sich durch folgende gute Eigenschaften empfiehlt: er besitzt eine sehr starke,
doch dabey liebliche Säure, eine schöne
blaßgelbe durchsichtige Farbe, besteht aus
ganz unschädlichen Ingredienzien, hält sich
immer gleich gut, und kann bey jeder Witterung in die weitesten Gegenden versendet
werden. Er dient nicht nur zu jedem ökonomischen Gebrauch, sondern ist auch zu allen
chemischen Arbeiten anzuwenden. Man kann
ihn, ohne ein Brauhaus zu besitzen, mit
wenig Mühe und Brennmaterialien in großen
und kleinen Quantitäten in einer Zeit von
drey Wochen verfertigen. · Auch wird er sehr
bald klar, und macht wenig Bodensatz. Der
Nutzen, den der Fabrikant davon hat, ist
sehr beträchtlich, indem ihm die Ohm ohngefähr 5 Thaler zu stehen kommt, und er wegen seiner starken Säure noch einen Zusatz
von Wasser verträgt.
          Johann Gottlob Pauli in Gera.

Gelehrte Sachen.

Anerbieten an Verlags-Buch-handlungen.

Ein Mann, welcher die deutsche und
französische Sprache vollkommen versteht,
bietet einer soliden Buchhandlung seine
Dienste als Uebersetzer an. In Rücksicht
des Honorars wird er billig seyn, da dieß

Geschäft Vergnügen für ihn ist. Frankirte
Briefe an B. G wird Herr Secretär Liebe-
sius in Burg-Kams bey Postweg sogleich
besorgen.   B. G.

Allerhand.

Aufforderungen.

1) Es hat bey Unterzeichnetem ein sicherer Herr B. v. Fr..g vom 4 October an bis
3 November vor. J. logirt, und sich durch
seinen offenen Character, durch pünctliche
Bezahlung für die ihm geleistete Bedienung
und durch wiederholtes Anrühmen seiner
großen Bekanntschaften das Vertrauen erworben, daß man ihm bey seiner Abreise
einige Prätiosen auf Treue und Glauben
mitgab, welche er binnen einem Monat gemäß ausgestellten Handscheins zu bezahlen
versprach. Herr B. v. Fr.. g leistete diese
Zahlung nicht, und ließ seitdem nichts von
sich hören, ohne daß man die wahre Ursache
davon weiß. Derselbe wird daher in diesem
öffentlichen Blatte zur Abführung seines
Rückstandes binnen drey Wochen eingeladen,
mit der Erklärung, daß man widrigenfalls
unter obrigkeitlichem Beystande diejenigen
Mittel gegen ihn gebrauchen werde, welche
dem Unterzeichneten zu Gebote stehen.
Eichstädt an der Altmühl im fränkischen
Bayern den 26 Januar 1807.
          Christoph Oeschler,
              Trinkstubenverwalter.

2) Alle diejenigen, welche auf unsere
Mahnungen in Betreff mehrjähriger Schuld-
forderungen bisher keine Rücksicht genommen haben, werden hiermit öffentlich zur
Bezahlung aufgefordert. Sollte diese nicht
erfolgen, so werden wir uns zu einem na-
menlichen Aufrufe genöthigt sehen.
          Mineralien-Tausch- u. Handlungs-
              Comtoir zu Hanau.

Dienst-Gesuche.

Ein Candidat, der etliche Jahre schon
als Vicarius bey einem Prediger auf dem
Lande war, und mehrern Kindern aus Familien von Stande daselbst auch Unterricht
ertheilte, sucht wieder eine ähnliche oder

folche vortheilhafte Lage, wo er möglichst ungehindert bloß und allein zum Wohl der anvertrauten Jugend wirken könnte. Was seine Kenntnisse anbetrifft, so verspricht er außer der französischen Sprache, die er aber nicht mit der vollkommensten Fertigkeit spricht, und der Fähigkeit, prosalische und poetische Stücke richtig lesen zu lehren, auch in der Arithmetik einen zweckmäßigen Unterricht zu geben. Die übrigen Sprach- und Sachkenntnisse setzt er als nothwendig voraus. Was seinen Character aber betrifft, so beruft er sich, um die Bescheidenheit nicht zu verletzen, auf sein inneres Bewußtseyn, und auf alle diejenigen, die ihn persönlich kennen, und die Triebfedern seiner Handlungen unpartenisch beobachtet haben. Diejenigen, welche sich deswegen schriftlich mit ihm unterhalten wollen, belieben sich aber in frankirten Briefen unter Couvert des allg. Anz. an W. E. St. in E. zu wenden.

Familien-Nachrichten.
Todes-Anzeigen.

1) Am 20 dieses Monats Nachmittags 3 Uhr entschlummerte zu einem bessern Leben an einem sechswöchentlichen hitzigen Brust- und Nervenfieber, das sich mit Schleimfieber und Stickfluß endigte, ein edler muth-, talent- und hoffnungsvoller Jüngling, der königl. preuß. Lieutenant vom Infanterie-Regiment Zenge, Joseph Anton von Ostien, gebürtig aus Westpreußen, im 22 Jahre seines tadellosen Lebens. Wer den Verewigten als tapfern braven Soldaten, als warmen Freund und angenehmen Gesellschafter kannte, wird überzeugt seyn, wie schmerzlich sein Verlust uns allen ist, die wir ihn kannten und liebten. Möchte doch dieses Blatt in die Hände seiner um ihn bekümmerten Eltern und Verwandten kommen.
Gräfentonna im Herzogthum S. Gotha den 26 Januar 1807.
Johann Christoph Zinckeisen, herzogl. sächsischer Amtsvoigt daselbst.

2) Hart waren die Schläge des Schicksals, die mich und meine Familie zeither nie verbengten, aber der härteste traf uns am 3 Januar; er raubte mir eine liebenswür-

dige Gattin und meinen Kindern eine zärtlich geliebte Mutter, Charlotte Henriette geb. Hausotter. Ihr Tod, der nach einem zehntägigen Krankenlager an einem Nervenfieber erfolgte, war eben so sanft, als ihr Leben fromm, thätig und wohlthuend war. Ich entledige mich hiermit der traurigen Pflicht, diesen unersetzlichen Verlust allen Freunden und Verwandten bekannt zu machen. Vogelsberg den 16 Jan. 1807.
J. W. Hildebrand, Pf. nebst fünf Kindern.

Aufforderung.
Herr Glockmann, noch im letzten Sommerhalben Jahre Studiosus zu Jena, wird hiermit ersucht: seinen jetzigen Aufenthaltsort an v. L. zu C anzuzeigen, indem letzterer mit ihm etwas Schriftliches zu besprechen hat. Am 24 Januar 1807.

Kauf- und Handels-Sachen.
Ein Landgut,
zwey Stunden von Dresden, mit 60 Schffl. (dresdner Maß) Ackerland, 32 Scheffel Wiesenwachs, 17 Scheffel Huthung, 27 Scheffel gut bestandenen Kieferwald, 4 Scheffel Grasgarten, einem Teich, einem Küchengärtchen, wenigen Abgaben, vollständigem und gutem Viehstand, Schiff und Geschirr, neuen mit Ziegeln gedeckten schönen Gebäuden, gesunder und reizender Lage, bequem sowohl für Standespersonen als für Landleute — ist wegen nothwendig gewordener Ortsveränderung des Besitzers bald und um einen sehr billigen Preis zu verkaufen. Anschläge davon erhält man in Wiehe bey Artern bey Hrn. Johann Heinrich Bauer; in Leipzig bey Hrn. Friedr. Heymann in der Hainstraße; in Dresden im Todenschen Commissions-Comtoir; in Freyberg beym Hrn. Schichtmeister Mehner, und in Weißen beym Hrn. Kaufmann Laue.

Justiz- und Polizey-Sachen.
Nachricht von einem Einbruch.
Vorige Nacht ist eine Räuberbande von ohngefähr 16 Mann, welche gestern unter dem Namen von Handwerksburschen die hiesige Gegend durch-

strichen haben, in dem freyherrl. von Gemmingschen Hause zu Wolfstehlen eingebrochen. Ihr
Verfahren war ganz das nämliche, wie bey andern
Gelegenheiten. Sie verstopften das Schlüsselloch
am Kirchthurm, öffneten mittelst eines herbeygetragenen Baltens den Plankenzaun am Garten, und
mittelst einer Planke die Hausthüre; drangen mit
Stümmeln von Wachsstöcken in die Stube, banden
den Bewohner und die Hausgenossen, öffneten
Schränke und Commode, und raubten nebst einigem
Gewehr allerley Silber, als Löffel, einen Hirschfänger, Schuh-Schnallen, Messer und Gabel, an
baarem Geld ohngefähr 1600 fl. Nach vorgenommener Untersuchung werden die näheren Umstände
weiter bekannt gemacht werden. Die Personal-
Beschreibung der Räuber konnte von den beängstigten Hausgenossen nur sehr unvollständig angegeben
werden.

Einer dieser Kerls soll ein lang gewachsener Kerl
gewesen seyn, einen braunen Rock, ein rothes Brusttuch getragen, einen runden Huth, um das Kinn
ein Tuch über den Huth gebunden, und einen
Bart gehabt haben.

Man ersucht alle löbliche Gerichte und Individuen, ein wachsames Auge auf diese Räuber zu
haben. Dornberg, den 16 Dec. 1806.

Großherzogl. Heß. Oberamt das.

Vorladungen: 1) Jod. Krämer's.
Jodok Krämer von Kirrlach, welcher vor
ungefähr 33 Jahren sich aus seinem Geburtsorte entfernt hat, ohne bisher etwas von sich hören zu
lassen, wird anmit vorgeladen, binnen 9 Monaten
entweder selbst, oder durch hinlänglich Bevollmächtigte sein in Kirrlach unter Curatel stehendes Vermögen ad 243 fl. in Empfang zu nehmen, oder zu
gewärtigen, daß solches gegen Caution an seine
nächsten Anverwandten ausgeliefert werde.

Philippsburg den 31 Decbr. 1806.
Großherzoglich Badenisches Amt.
Schoch. Zopf.

2) J. M. Ribolin's.
Dem im Jahr 1772 zu Malterdingen gebornen
Johann Michael Ribolin, welcher vor 15 Jahren
auf die Wanderschaft gegangen, seither aber nichts
mehr von sich hören lassen, ist eine Erbschaft von
etwa 67 fl. zugefallen, derselbe wird also hiermit aufgefordert, solche binnen 9 Monaten in Empfang zu nehmen, oder es wird dieselbe seinen
nächsten Verwandten gegen Caution überlassen
werden.

Emmendingen im Breisgau den 30 Dec. 1806.
Großherzoglich Badenisches Oberamt
Hochberg.
Roth. Montavus.

3) der Hermann'schen Gläubiger.
Nachdem des Kammerdieners Müller Wittwe
geborne Schade als Testaments-Erbin der dahier
verstorbenen Schauspielerin Wittwe Hermann,
gebornen Zamboni, die Erbschaft der Defunctab
nicht anders als cum beneficio inventarii anzutreten erklärt, und des Endes um öffentliche Vorladung der etwaigen Hermannschen Creditoren gebeten hat; so werden alle diejenigen, welche an ersagten Nachlaß der Wittwe Hermann aus irgend einem
Grunde Ansprüche zu haben vermeinen, hierdurch
ein für allemahl vorgeladen, um solche in dem auf
den 2 März hierzu anberaumten peremtorischen
Termin vor unterzeichneter Behörde gehörig zu
liquidiren oder der Verabfolgung der Erbschaft und
Präclusion zu gewärtigen.

Cassel, den 16 Januar 1807.
Stadtschultheißen-Amt der Ober-
Neustadt das.
Reinäck.

4) Fr. Knörre's.
Bey dem herzoglichen Amte allhier befindet sich
Michael Heinrich Grobe aus Döllstädt, wegen
eines in dem großherzoglich bergischen Orte Hudin-
gen an einem, dem Schmidtgesellen Friedrich
Knörre aus Weyer, im fürstlich wiedischen Amte
Runkel, zugehörigen Felleisen verübten Diebstahls
in Untersuchung. Zur Fortsetzung derselben ist vorzüglich sowohl die Confrontation zwischen dem De-
nunciaten Grobe und dem bestohlnen Knörre,
als auch die eidliche Bestärkung des erlittenen Verlusts des letztern erforderlich. Da aber der jetzige
Aufenthalt des ermähnten Knörre nicht bekannt ist;
so wird in Gemäßheit höheren Befehls mehrge-
nannter Schmidtgeselle Friedrich Knörre hiermit
edictaliter beschieden, längstens den 16 October dieses Jahrs, ist der Freytag nach dem 20 Trinitatis-
Sonntag, vor dem herzoglichen Amte allhier zur
gewöhnlichen Gerichtszeit in Person zu erscheinen,
damit die oben erwähnte Confrontation und eidliche
Bestärkung bewirkt werde. Hiernächst wird ermel-
detem Knörre anbefohlen, wo möglich, das von
ihm zurückbehaltene Grobesche Felleisen und die
darin befindlich gewesenen Sachen mit zur Stelle
zu bringen, und hat übrigens selbiger zugleich die
Empfangnehmung seines Felleisens und der darin
seyenden Effecten, als welche bey dem Amte allhier
verwahrt werden, zu erwarten. Sollte aber oft
genannter Knörre in dem anberaumten Termin
nicht erscheinen, so wird nicht nur in der Unter-
suchungssache selbst sofort die weitere rechtliche Verfügung geschehen, sondern auch, über dessen Effecten
den Rechten nach weiter disponiret werden.

Tonna, im Herzogthum Gotha, den 22 Januar
1807.
Herzogl. Sächs. Amt das.
Christian Samuel Crebner.

Allgemeiner Anzeiger
der
Deutschen.

Gesetzgebung und Regierung.

Publicandum. *)

Die meisten eingehenden Verzeichnisse von den mit blinden Hufen aufzuziehenden Befreyungen im Kreise sind so unglaublich fehlerhaft und mit so weniger Rücksicht auf die, doch ausdrücklich festgesetzten Grundsätze abgefaßt, daß es eine wahre Unmöglichkeit und ein, menschlichen Verstand und Kräfte übersteigendes Unternehmen seyn würde, aus diesen unzureichenden Anzeigen ein Haupt-Amts- oder Kreis-Cataster zu fertigen, und darnach die Contribution zu vertheilen.

Wir halten es daher für nothwendig, jetzt, weil es noch Zeit ist, Kreisdeputations-wegen hiermit zu erklären: daß

1) alle und jede Verzeichnisse und Anzeigen, worin sich auf mehr, als das bisher befreyt gebliebene Grund-Eigenthum eingelassen ist, (in welchen z. B. ein Aus-zügler, ein reicher, an dem Ort wohnen-der Particulier oder sonst ein Individuum, welches kein Grund-Eigenthum besitzt, und also bey der Subrepartition der Com-mun zu Gute kommt, in der es wohnt, mit blinden Hufen aufgezogen worden,) in welchen aber

2) auf der andern Seite Grundstücke, es bestehen solche in Häusern oder in lie-genden Gründen jeder Art, welche bisher bey Praestandis nach dem Magazinhufen-fuße nicht zur Mitleidenheit kamen, aus irgend einem Grunde, z. B. daß sie nur

*) Vergl. das erste Publicandum in Nr. 11. Allg. Anz. d. D. 1 B. 1807.

erbpachtsweise ꝛc. ꝛc. veräußert worden wären, verschwiegen, oder für befreyt erklärt worden sind,

3) in welchen, wie doch deutlich vorge-schrieben worden ist, die Größe der mit blinden Hufen aufzuziehenden Befreyun-gen nicht nach dem Maßstabe der Hufen, sondern nach Scheffeln ꝛc. angegeben ist, von der Deputation als nicht eingereicht angesehen werden, und daß die anderweite schleunigste Einreichung richtiger Ver-zeichnisse nach den bekannt gemachten Grund-sätzen, sofort bey Vermeidung der unnach-sichtlichsten Execution erforderlich sey.

Die bisher begangenen Fehler sind in den abgeänderten Verzeichnissen sorgfältig zu vermeiden; und bey den Rittergutsdörfern sowohl, als bey den Amtsdörfern, wie auch bey allen übrigen zerstreut liegenden Befrey-ungen sind selbst Häuser und Mühlen ohne Feld nach Hufen zu schätzen; ja, alle von den Rittergütern abgebante Häuser, alle davon abgekommene Grundstücke sind genau anzugeben, da schlechterdings ein Beytrag von diesen zu den Ritterpferdsbeyträgen un-ter irgend einem Vorwande nicht zugestan-den wird.

Nur die Städte haben die in ihren Ring-mauern sowohl, als außer denselben in den Vorstädten oder ihren Weichbildern liegenden Häuser und Befreyungen überhaupt, wie das Publicandum besagt, anzugeben, da ihnen besondere Quoten nach besondern ver-

d. R.

einigten Maßstäben von der versammelten
Deputation ausgeworfen werden müssen.

Der Werth eines Hauses, einer Mühle,
oder sonst einer Befreyung auf dem Lande,
nach dem Maßstabe der Hufen, kann sehr
leicht gefunden werden, wenn der Werth
einer Hufe zu Gelde festgesetzt und angenommen wird. Wir bestimmen solchen hiermit,
um niemanden wehe zu thun, auf 4800 Thlr.
Wenn nun die Frage ist: Wie viel ist dieses
Haus, diese Mühle, diese bey dem Pfarrgute
geführte Hufe, dieses vom Rittergute abgebaute Haus nebst dem dazu geschlagenen Garten, dieses auf Erbpacht ausgethane, vielleicht ehemahls von einem Kammergute ab-
getrennte Grundstück oder sonst irgend eine
Befreyung, sie möge Namen haben, wie sie
wolle, nach dem Hufenmaßstabe werth: so
darf nur gefragt werden, für wie viel höchstens könnte dieses aufzuziehende Grundstück
verkauft werden? Denn wir wiederholen
es, nur und ganz allein mit dem Grund-
eigenthume hat es die Deputation, mit dem
Vermögen hingegen, ohne Rücksicht auf Hufen, die Commun selbst bey der Subrepartition zu thun.

Würde das Grundstück, das Haus, die
Mühle, der Gasthof 4800 Thlr. gelten: so
wird es eine blinde Hufe seyn, wäre es nur
480 Thlr. werth, so würde es ⅒ Hufe seyn,
wäre es 2400 Thlr. werth, so würde es
eine halbe Hufe seyn rc. rc.

Der geschätzte Werth der aufzuziehenden
Befreyungen braucht jedoch nicht in den Anzeigen enthalten zu seyn, wir müssen ihn der
Pflicht und dem Gewissen des Anzeigenden
bis zu näherer Erörterung überlassen.

Daß unser Publicandum hat verstanden
werden können, beweisen die eingehenden
richtigen Anzeigen; daß es zuweilen nicht
hat verstanden werden wollen, beweisen verschiedene. Das bisher eingegangene redlich-
ste und richtigste Verzeichniß ist das, welches
von der Gemeinde zu Oberbobritzsch, einem
im Kreisamte Freyberg liegenden freyberger
Rathsdorfe, eingereicht worden ist. Diese
redliche Gemeinde hat 88 Magazinhufen zu
versteuern, und dennoch nicht unterlassen,
annoch eilf blinde Hufen anzugeben, unter
diesen sogar, wie sie es der Wahrheit schuldig war, außer andern einen kleinen am Ba-

che hinliegenden Gemeinderaum aufgeführt.
Das, was offenbar am wenigsten guten Willen, das Publicandum zu verstehen, an den
Tag legt, ist von dem Rittergute Rückers-
walde mit dem Dorfe Kühnheide unterm
Amte Wolkenstein, welches einen Vacatschein
eingereicht hat, ungeachtet außer einem
Hammerwerke, Mühlen, Schmieden und
Schenken, noch sehr viele vom Rittergute
abgebaute Häuser dabey befindlich sind, die
sämmtlich als blinde Hufen hätten aufgezogen werden sollen.

Wir werden nicht unterlassen, ferner
durch verdientes öffentliches Lob und öffentlichen Tadel unserm in dem Publicandum vom
18 Decbr. a. pr. gethanen Versprechen gerechte Gnüge zu leisten.

Freyberg den 8 Januar 1807.

Deputation der Stände des
erzgebirgischen Kreises.

Christian Ehrenfried Anton v. Ziegesar,

Heinrich Moritz Gottl. v. Nostiz,
Jobst Christoph v. Römer,
Carl Wilhelm Gerber, Deput. der
Kreisstadt Zwickau,
Alexander Wilhelm Röhler, Deput.
der Stadt Freyberg.

Land- und Hauswirthschaft.

Anfragen eines Landwirths.

Leopold sagt in seinem Handwörterbuche des Gemeinnützigsten und Neuesten aus der Oeconomie:

1) unter dem Worte Erbse, „daß man
die Erbsen reihenweise säe und behacke, und
zwar mit großem Nutzen.‟

Wie werden sie aber reihenweise gesäet?
Zu welcher Zeit muß man sie behacken?
Wie viel Pfund Erbsen nimmt man zum Rei-
henweisesäen auf 160 zwölfschuhige ☐ Ruthen
nürnberger Maßes zur Aussaat? Nach
Scheffeln kann man sich nicht überall richten, weil sie nicht überall einerley sind.

2) Unter dem Worte Hünmel. „Him-
mel heißt sehr unrichtig die männliche Pflanze
beym Hanfe und beym Hopfen; die weibliche (foemella) sollte so heißen.‟

Unter Hanf heißt es: „die Pflanze,
welche die männlichen, aus kleinen gelben

Staubfäden bestehenden Blumen trägt, heißt
Simmel, Hahn, Hanfhahn; der Samen-
stängel Hänfin, Hanfhenne 2c."

Unter Hopfen: „die weiblichen Samen-
körner samt ihren schuppigen, den Tannen-
zapfen ähnlichen Samenzäpschen sind eigentlich das, was man vom Hopfen hauptsächlich braucht."

Es wird also der Simmel einmahl für
das weibliche und zweymahl für das männliche Geschlecht angegeben, und der Verfasser
hat einmahl nach seiner, nachher aber nach
der gemeinen Meinung geschrieben.

Welches ist nun recht?

Hierbey wird auch gelegentlich gefragt:
a) Kann ein und eben derselbe Hopfen-
stock in diesem Jahre Hopfen tragen, im
andern Jahre aber Fimmel, oder auch
umgekehrt?

b) Ist es eben nöthig, daß man Fimmel in seinem Hopfengarten habe?

Verschiedene sonst erfahrne Hopfengärt-
ner konnten mir keine bestimmte Antwort
hierauf geben.

c) Unter dem Worte Honiggras (wol-
liches Rotzgras, holcus lanatus): „Wenn
der Wuchs einer Wiese gar nicht mehr fort
will, so ist nöthig, sie von neuen anzusäen,
und alsdann ist dieses Gras eins der besten."

Es fragt sich aber:
a) Säet man den Samen nur oben
auf den Rasen und egget ihn allenfalls ein,
oder muß man die Wiese erst umreißen,
ehe man säet?

b) Wie viel Pfund Samen erfordert
eine Wiese — oder auch ein Artland —
von 160 zwölfschuhigen □ Ruthen?

c) Wo kann man den Samen bekommen, und was kostet das Pfund?

In dem Anhange zur zweyten Ausgabe
des oben angeführten Handwörterbuchs wird
der schwedische Steinklee (Trifolium me-
lilotus officinalis flor. albo) so angerühmt,
daß ihn mancher Landwirth, wie Einsender
selbst, anbauen würde, wenn er erst von
der Wahrheit der in diesem Buche angegebenen Eigenschaften durch erfahrne Landwirthe
überzeugt wäre. Auf den Verfasser allein,
der wegen der Bekanntmachung zwar vielen
Dank verdient, aber einem G. F. Wunder
in Gotha, der ihm die meiste Nachricht von

diesem Futtergrase gab, aber doch vielleicht
noch nicht genug Versuche damit gemacht
hatte, nachgeschrieben hat, kann man sich
wol nicht ganz verlassen.

Ungefähr vor acht Jahren säete ein hiesiger Landwirth einen Klee an, den er schwedischen Klee nannte, der weiß blühete und
in einem sehr guten und wohl gedüngten
Gartenlande über 7 Schuh hoch, aber so
hart wurde, daß er für das Vieh nicht zu
gebrauchen war. Vor etlichen Jahren ist
er wieder ausgegangen. Ist er nun der
wahre schwedische Steinklee, oder der Erd-
beerklee (Trifolium fragiferum) der auch
weiß blühet und nach einer in einem öffentlichen Blatte gegebenen Nachricht nicht viel
taugen soll, gewesen, kann ich nicht sagen.
Ich wünsche aber und mehrere Landwirthe
werden es wünschen, von dem schwedischen
Steinklee mehr Kenntniß zu bekommen, daher ich mich nicht enthalten kann, zu fragen:

1) Besitzt dieser Klee vorzüglich gute
Eigenschaften? Und welche?

2) Kann er, wie in jenem Buche angegeben wird, wirklich um Martini ohne
Nachtheil gesäet werden?

3) Was hat man bey dessen Anbau und
Pflegung zu beobachten?

4) Wie lange dauert er?

5) Wo ist Same davon zu haben? Und
wie theuer das Pfund?

6) Wie viel Pfund von diesem Samen
hat man auf 160 nürnberger zwölfschuhige
□ Ruthen nöthig?

Auf das lange Ausdauern kommt es mir
eben nicht an; schon gar genug, wenn die
Aussaat um Martini geschehen darf, und der
Klee, wie auch in dem angezogenen Buche
steht, im ersten Jahre nach der Aussaat drey
bis vier Fuß hoch wird, das Rindvieh ihn
gern frißt und mehrmahls schon im ersten
Jahre abgemähet werden kann.

Gelehrte Sachen.

Anfrage.

In welcher Schrift findet man eine faßliche Anleitung zur Anfertigung einer zweckmäßigen Holz-Bibliothek.

Allerhand.

Danksagung.

Der prompten Justizleistung des hochfürstl. schwarzburgis. Amtes Gehren verdanken Unterzeichnete die Wiedererlangung eines Antheiles der von dem Fuhrmann Georg Veit Geisler bereits unterschlagenen, und demselben zum Transport nach Neustadt an der Orla anvertrauten Waaren, daher dem würdigen Herrn Amtmann Kühn daselbst hiermit der verbindlichste Dank öffentlich gebracht wird. Naumburg den 23 Jan. 1807.

Zätzsch und Geier.

Dienst-Gesuche.

1) Ein Mann von 34 Jahren, welcher durch Zeitumstände aus seinem Wirkungskreise gerissen ist, wünscht eine Stelle, welche seinen Kenntnissen angemessen ist. Er spricht und schreibt vollkommen Deutsch, Französisch und Englisch, versteht auch Dänisch, Holländisch und etwas Italienisch, zeichnet, ist gelernter Kaufmann, und als solcher sechs Jahr in beyden Indien als Cargiateur gereist. Diese Kenntnisse, verbunden mit einer guten Erziehung, werden ihn hoffentlich zu jedem Geschäfte tauglich machen. Seine Wünsche schränken sich bloß auf gute Behandlung und ein anständiges, nicht übermäßiges Salair ein. Die Expedition des allg. Anz. nimmt unter der Adresse P. H. Briefe für denselben an.

2) Ein schon in mehreren, sowohl in- als ausländischen Tabacksfabriken gestandener Werkmeister, welcher die besten Zeugnisse aufzuweisen hat, und alle Sorten Rauch- und Schnupftabacke zu fabriciren versteht, wünscht seiner Verbesserung wegen ein anderweitiges Unterkommen. Nähere Nachricht gibt der Regierungs-Canzley-Assistent Janske in Magdeburg bey dem Horndrechsler-Meister Polle auf der Klinkerey wohnhaft.

3) Ein Frauenzimmer von guter Erziehung wünscht, sobald als möglich in einer Familie oder bey einer einzelnen Dame als Gesellschafterin, Wirthschafterin, oder hat sie eine anständige Behandlung zu erwarten, auch als Kammerjungfer angestellt

zu werden; — auch gilt es ihr gleich viel, ob es in oder außer Deutschland ist.

Familien-Nachrichten.

Der Prinz Heinrich XVII Reuß, nach dessen Aufenthalt in Nr. 14 des allg. Anz. gefragt wird, hat dermahlen seinen Aufenthalt zu Gießen im Hessen-Darmstädtischen.

Aufforderungen.

1) Es wird der am 10 Januar d. J. aus der Klosterschule zu Gotha weggegangene Gymnasiast und Selectaner C. G. G. hiermit vorgerufen, sich je eher je lieber bey seinen Eltern einzufinden, oder ihnen seinen Aufenthaltsort aufs baldigste anzuzeigen.

2) Es wird wegen des Mousquetiers Clemens Thoß, welcher in der preußischen Armee unter dem Regiment des General-Lieutenants Grafen von Kunheim, Leibcompagnie von Bornstedt, gestanden, und am 3 Oct. vorigen Jahres aus dem Feldlazareth zu Halle geschrieben hat, nachher aber keine weitere Nachricht von ihm eingegangen ist, das unterrichtete Publicum aufs dringendste um einige Nachricht von seinem Leben und dem Ort seines Aufenthalts gebeten.

Schwalmberg im Fürstenthum Lippe, den 11 Januar 1807.

A. H. Thoß,
Justiz-Amtmann hierselbst.

Kauf- und Handels-Sachen.

Anleihe.

Ein Capital von 16000 Fl. Rhein. (8888 Rthlr. 21 gl. 4 pf. Sächs.) wird zu einer Anleihe gegen landübliche Zinsen auf sichere gerichtliche Hypothek, im Ganzen oder auch in vier Theilen, gesucht. Unterzeichnete gibt nähere Auskunft über die dabey Statt findende vollkommene Sicherheit und Nachweisung an die Behörde.

Gotha.

d. Exped. d. allg. A. d. D.

Anfragen.

1) Wo und zu welchem Preise kann man die weißen Gläser, deren sich mehrere berühmte Naturalien-Sammler zur Darstellung künstlicher Augen bey ausgestopften Thieren bedienen, käuflich erhalten?

2) Wo und zu welchem Preise kann man junge newfoundländische Hunde, ächter Race, wie solche der Professor Leonhardi im Magazin für das Forst- und Jagdwesen beschreibt, käuflich erhalten?

Allgemeiner Anzeiger
der
Deutschen.

Sonntags, den 1 Februar 1807.

Literarische Nachrichten.

Bekanntmachung

an die jüdische Nation, und überhaupt an alle diejenigen, welche frey von Vorurtheilen an Beförderung des Guten ohne Ausnahme aufrichtigen Antheil nehmen.

Von dem beliebten Journale: Sulamith, eine Zeitschrift zur Beförderung der Cultur und Humanität unter der jüdischen Nation, herausg. von D. Fränkel und Wolf in Dessau, hat so eben außer den bereits erschienenen, mit allgemeinem Beyfalle aufgenommenen drey ersten Heften, das vierte Heft die Presse verlassen. Jedem echten Menschenfreunde interessirt gewiß ein Institut, welches wie dieses, eine so edle, gemeinnützige und vortreffliche Tendenz hat. Da dieses Journal die sittliche und geistige Bildung der jüdischen Nation beabzweckt, so hoffen die Herren Herausgeber, dieselbe mit der Zeit, sowohl durch wissenschaftliche, als durch freymüthige, allen Aberglauben und Wahn verbannende, jedoch schonende, moralische und religiöse Belehrungen im Allgemeinen zu bewirken. Die Art ihres Unternehmens entspricht ganz ihrem warmen Eifer für die gute Sache, so wie der in den ersten Heften von ihnen angegebene Maßstab zur Genüge überzeugt, wie genau sie die Denkungsart ihrer Glaubensgenossen kennen, auf welche sie zu wirken wünschen. Nicht allein Leser jüdischer Religion, sondern auch gebildete Leser christlichen Glaubens finden Belehrung und Unterhaltung in

Allg. Anz. d. D. 1 B. 1807.

diesem Journale, zu welchem christliche und jüdische Gelehrte vereinigt, zweckmäßige Aufsätze liefern. Die innigste Theilnahme eines jeden fühlenden gebildeten Mannes verdient in der That ein solches Unternehmen, welches ohne den mindesten Eigennutz, bloß aus reinem herzlichen Antriebe zur Beförderung des Guten geschieht. Da nun von der größern Frequenz des erwähnten Journals die heilbefördernde Fortdauer desselben lediglich abhängt, so läßt es sich auch mit Recht erwarten, so sich noch mehrere Freunde des Gemeinnützigen als Subscribenten melden werden. Der Preis des in 12 Heften bestehenden Jahrgangs ist 5 Thlr. sächs. oder 9 Fl. rhein. (auf Schreibpap. 6 Thlr. sächs. oder 11 Fl. rhein.) Die Hauptspedition hat das wohllöbl. Postamt zu Dessau übernommen. Auch ist dieses Journal außerdem bey Herrn L. M. Levin in der neuen Friedrichsstraße Nr. 27 in Berlin, Herrn Professor Aaron Wolfssohn in Breslau, Herrn Ignaz Jeitteles Candidat der Rechte in Prag, Herrn Geisenheimer Vorsteher des jüdischen Philantropins in Frankfurt am Main, und Herrn Kahles in Hamburg, bey den sämmtlichen Postämtern Deutschlands, in allen guten Buchhandlungen, und bey der Redaction des Journals Sulamith in Dessau zu haben.

Kunst=Anzeige.

Die unterzeichnete lithographische Kunstanstalt findet sich verpflichtet, den Herren Abonnenten und Kunstfreunden am Ende des ersten Jahrganges öffentl. anzuzeigen: daß künftig kein interessantes

Kunststück aus dieser Anstalt ans Tageslicht treten
soll, das nicht auch in der Fortsetzung dieser Lieferung von Kunstartikeln erscheinen wird. Dagegen
wird es von unserer Seite unmöglich seyn, und so
genau an die Zahl der Stücke und an ihre Erscheinungszeit zu binden; aber wir verbürgen immer den
entsprechenden Werth von 1 fl. 36 kr.

Zugleich eröffnen wir ein zweytes Abonnement
für Schulen und Schulfreunde, nach dessen Plan
im gegenwärtigen Jänner 6 Bücher von Thieren in
hinlänglich großem Formate erscheinen werden; im
Februar, sechs Blätter mit nützlichen Pflanzen und
Gewächsen; im März, vier Bilder mit den merkwürdigsten Begebenheiten aus der Geschichte des
neuen Bundes.

So werden jedesmahl alle drey Monate die
Gegenstände abwechseln, und von jeder Art zu einer lehrreichen Sammlung anwachsen. — Jede monatliche Lieferung kömmt für Abonnenten, welche
alle drey Artikel zusammen nehmen, auf 1 fl. 12 kr.
zu stehen; einzelne Lieferungen aber auf 1 fl. 24 kr.
— Ein- und austreten kann jeder Liebhaber nach
Belieben. Zur nähern Auskunft trägt sich an
Die lithographische Kunstanstalt bey
der männlichen Feyertagsschule in
München.

München, am 15 Jan. 1807.

Bücher Verloosung.

Da die 7te und letzte Ziehung der von Sr.
Hochfürstl. Durchl. zu Schwarzburg-Rudolstadt,
dem Buchhändler Wolfgang Stahl in Jena gnädigst concedirten ersten Bücherverloosung den 1ten
März anberaumt worden ist, und in dieser Classe unter andern ansehnlichen Gewinnsten auch ein Gewinn von 500 rthlr. sich befindet, der für die geringe Einlage von 2 rthlr. 10 gl. gewonnen werden
kann, für welchen Betrag einem jeden die Auswahl
der Bücher ganz frey stehet, und um den Nieten-
gewinnern den Vortheil zu verschaffen, daß sie
ganz schadlos ausgehen können, so hat man noch
einen besondern Catalog drucken lassen, der mit
den Listen der 6ten Classe ausgegeben wird, aus welchem nicht nur allein dieselben mit vielen Nutzen
unter diesen Bedingungen, welche dieselbe verspricht,
wählen können, sondern auch den größten Gewinnern soll es frey stehen, aus selbigem für ihren gewon-
nenen Antheil sich noch mehrere Vortheile zu verschaffen. Wer sich daher die Mühe nehmen will,
solchen durch zu sehen, wird sich bald davon überzeugen und das Vorurtheil wird verschwinden, daß
es keine Ladenhüter, sondern gute, brauchbare und
von den berühmtesten Schriftstellern alter und neuerer Zeiten bearbeitete Schriften sind. Wer daher
noch Lust hat, Kaufloose zu nehmen, beliebe sich bey
Zeiten, weil noch welche vorhanden sind, zu melden, und man kann solche bis Ostern bekommen.
Briefe und Gelder erwartet man jedoch postfrey.

Etablissements- Anzeige.

Da mir Endesbenanntem die Reinickische Lesebibliothek hier in Naumburg von einem hochweisen Rath zur fernern Besorgung anvertraut worden
ist, so mache ich zugleich bekannt, daß nicht nur
alle neue Bücher, Journale und Zeitungen bey mir
zu erhalten sind, sondern auch jede Bücherbestel-
lung mit größter Sorgfalt und Schnelligkeit besorgt
werden wird. Naumburg, den 20 Jan. 1807.
Karl August Wild.
am Markte unter dem Schlößchen.

Auctions- Anzeigen.

Von einer beträchtlichen Büchersammlung,
welche am 9 März dieses Jahres und folgenden Tagen in Frankfurt am Mayn an den Meistbietenden öffentlich verkeigert werden soll, sind an folgenden Orten Cataloge zu haben:

In Bayreuth: bey Hrn. Postmeister Fischer;
Berlin: Hr. Candidat Backofen; Braunschweig;
Hr. Antiquar Pape; Bremen: Hr. J. G. Heyse;
Cassel: Hr. Griesbach; Celle: Hr. Postsecretär
Pralle; Cleve: Hr. Buchhändler Hannesmann;
Cöln: Hr. Antiquar Imhof; Dresden: Hr. J. A.
Kornhaber; Erlangen: Hr. Antiquar Kammerer;
Frankfurt am Mann: Hrn. Varrentrapp und Wen-
ner; Freyburg: Hr. Buchh. Lutz; Göttingen: Hr.
Proclamator Schepeler; Gotha: Exped. des allg.
Anz. d. D.; Halle: Hr. Auct. Commissarius Fries
bel; Hamburg: Hr. A. F. Ruprecht; Hannover:
Hr. Commissionär Freudenthal; Helmstädt: Hr.
Fleckeisen; Jena: Hr. Auctionator Görner; Leip-
zig: Hr. Magister Graus; Nürnberg: Hr. Lechner;
Prag: Hr. Widtmann; Regensburg: Hrn. Mon-
tag und Weiß; Wesel: Hrn. Röder und Klönne;
Wien: Hr. J. G. Binz.

Die für den Monat November v. J. angezeigt
gewesene Bücher-Auction des weil. Hofr. und Leibmedicus Sommer hierselbst wird nun sicher mit
dem Monat April d. J. anfangen, und werden bis
bis dahin nicht etwa zurückgenommenen Aufträge
dem Inhalte gemäß besorgt werden.
Braunschweig, im Januar 1807.

Landkarten.

Karten von Polen.

1) Polen in die dermaligen Besitzungen eingetheilt.
Nach der vortrefflichen Karte von Rizzi Zannoni,
4 Blätter. 1806.
2) Polen, von D. F. Sotzmann, in 16 Blatt. 1796.
3) Polen, von G. F. Uz, in 4 Blättern. 1798.
4) Pologne par Jaillot.
5) Polen, Litthauen und Kurland, im Jahr 1796.
6) Polen, von J. L. Güßefeld. Weimar.
7) Polen, von L. G. Jäger, in 4 Blättern.
8) Polen, von Sleisa.

9) Specialkarte von Südpreußen, von Gilly, in 12 Blättern. Berlin 1805.

10) Allgemeine Karte der Königreiche bepder Galizien, von F. v. Lichtenstern. 1804.

11) Ost- und West-Galizien, nach den besten Hülfsmitteln entworfen, in 7 Blättern. Wien. 1803.

12) Galizien und Lodomerien, in 1 Blatt.

13) Karte eines Theils von Neu- oder West-Galizien, welche die Woywodschaften Sendomier und Krakau enthält, nebst einem Theil von Alt-Galizien, in 12 Blättern, entworfen von D. G. Reymann. 1797.

14) Ost- und West-Galizien, von Schmiedburg. Weimar.

Obige Karten sind sämmtlich zu haben bey Gerhard Fleischer dem jüng. Buch- und Kunsthändler in Leipzig.

Musikalien:

Violoncell-Schule und Lehre vom begleitenden Baß, ausgearbeitet von Baillot, Levasseur, Catel und Baudiot, von d. K. Conservatorium der Musik zum Lehrbuch angenommen. Französisch und deutsch. a rthlr. 20 gl.

A. E. Müller, der Sachsen-Freude, als Friedrich August die Königswürde annahm, Ein Lied für Alle. 5 gl.

Fürstenau, 5 Duos conc. pour 2 Flût. Op. 11. 1 rthlr. 8 gl.

Himmel, Lied: Ich denke dein, mit Pianof. oder Guitare. (NB. Auf Verlangen besonders gestochen). 5 gl.

Aberlle, Polonoise p. Pianof. 12 gl.

Catalog meines sämmtl. Selbstverlags unentgeltlich.

Leipzig. Bureau de Musique, A. Kühnel.

Bücher-Verkauf.

Es steht eine Lesebibliothek in 300 Bänden der vorzüglichsten Lesebücher, à 5 gl., alle gut gebunden, zu verkaufen. Liebhaber belieben sich in frankirten Briefen mit der Aufschrift: A. B. C. in D. an die Expedition des Allg. Anz. d. Deutschen in Gotha zu wenden, die alsdann das Nöthige besorgen wird.

Periodische Schriften.

Das 3te Heft von der Zeitschrift: Der Rheinische Bund, herausgegeben vom Hofkammerr. Winkopp.

Ist so eben erschienen; es enthält: 29) Organisation von Frankfurt; 30) Ausgleichung verschiedener Territorialansprüche zwischen Sr. Hoheit dem Fürsten

Primas und königl. Hoheit dem Großherzoge von Hessen; 31) Tausch- und Epurationsvertrag zwischen dem Könige von Wirtemberg und dem Großherzoge von Baden; 32) K. wirtemb. Verordn. die freye und ungehinderte Religionsausübung der verschied. christl. Religionsparteyen im Umfange des ganzen Königreichs betreffend. 33) Aufhebung landständ. Verfassung im ganzen Umfange des Großherzogth. Hessen. 34) Ueber die Unterhaltung des gesammten Personals des K. und Reichskammergerichts. 35) Vollständ. Uebersicht alles dessen, was in der Grafschaft Castell bey und seit der Mediatisirung von kön. bayer. Seite geschehen und ergangen ist. 36) Beytritt des Churfürsten von Sachsen zum Rhein. Bunde. 37) Großherzogl. badische Besitznahme der Souveränität über das Fürstenth. Fürstenberg, die Landgrafschaft Klettgau, die Grafschaft Thengen und die Herrschaft Hagenau. 38) Gerichtsordnung im Herzogthum Nassau. 39) Truppen-Contingent derjenigen verbündeten Fürsten, welche nach dem pariser Vertrage zusammen 4000 Mann zur Bundesarmee zu stellen haben. —

Mit diesem Stücke ist der 1te Band geschlossen. Das 4te Stück oder des II. Bandes 16 ist unter der Presse und erscheint bald.

Frankfurt, den 20 Jan. 1807.

J. C. B. Mohr.

Allgemeiner Kameral-, Oekonomie-, Forst- und Technologie-Korrespondent für Deutschland, im Jahr 1807.

ist bereits erschienen und wird posttäglich versendet.

Die ersten Stücke enthalten außer mehreren andern Zusätzen folgende Abhandlungen: 1) Kameral-Prospect oder skizzirte Darstellung des Zustandes der theoretischen und practischen Kameralistik, sowohl im Ganzen als auch in einzelnen europäischen und deutschen Staaten, im J. 1806. — 2) Etwas über den Nutzen und die Anwendbarkeit der Drillwirthschaft. Von Hrn. L. v S. in B. 3) Ueber eine Behauptung Lübers, daß Arbeit der wahre Maßstab des Tauschwerthes aller Güter sey. Von Hrn. K. Freyhrn. v. Richthofen. 4) Kritik über die Kritik des Systems einer Steuer-Rectifikation nach rechtlichen Grundsätzen. Von Hrn. D. S. in Bamberg. 5) Ueber Ersatz und Repartition der Kriegsschäden. Von Hrn. M. in Salzburg.

Alle Briefe, Beyträge und Inserate, den Kameral-Korrespondenten oder Kameral-Verkündiger betreffend, werden eingesandt:

An die Expedition des Allgemeinen Kameral-Korrespondenten in Erlangen.

In diesem Jahre zeichnen sich nachstehende drey Zeitungen durch ihren reichhaltigen Inhalt vor vielen andern auf das vortheilhafteste aus:

1) Der Freymüthige auf das Jahr 1807;

2) Zeitung für die Toilette und das gesellige Leben ꝛc.

3) Geist des neunzehnten Jahrhunderts ꝛc.
Ausführliche Anzeigen davon nebst einer Ueberficht des interessanten Inhalts, findet man im europäischen Universal-Anzeiger ꝛc.

Bücher-Anzeigen.

Bey dem Buchh. Vollmer in Hamburg ist erschienen und in allen Buchhandlungen zu haben.
Wer sich directe nach Hamburg wendet, erhält
auf 5 Exempl. das 6te frey.
Grammaire allemande à l'usage des amateurs
de la langue allemande par Valette. 12 gl.
Die beste Sprachlehre für alle Franzosen, die in
kurzen deutsch lernen wollen.
Kleines möglichst vollständiges deutsch-franzö-
sisches und französisch-deutsches Wörterbuch,
nebst auserlesenen Redensarten, Gesprächen ꝛc.
um auf die leichteste Art und ohne Anweisung
französisch sprechen zu lernen. 6 gl.
Das unentbehrlichste Werk für alle, die französische Einquartierung oder mit Franzosen zu thun
haben. Nie wird man dieß Buch bey allen Angelegenheiten des gewöhnlichen Lebens vergeblich zu
Rathe ziehen.

Pimetri, Philadelphia und Enslin, oder die enthüllten Zauberkräfte. Eine Sammlung leicht
auszuführender magischer-chemischer und Karten-
Kunststücke, nebst den interessantesten Scherz- und
Pfänterspielen zur Belustigung und Unterhaltung
froher Gesellschaften 8 gl.
Der allgemeine Beyfall hat die Trefflich-
Brauchbar- und Anwendbarkeit dieses Werks, das
in keiner frohen Gesellschaft fehlen soll, bewiesen.

Hamburgisches Liederbuch für frohe Gesellschaften. Enthaltend eine Auswahl der neuesten und
besten Gesänge der vorzüglichsten deutschen Dichter, zur Aufheiterung, sowie zu Erhaltung einer
frohen Laune. 4 gl. Die beste Sammlung,
die wir je erhalten und in der man alle Lieblings-
gesänge Hamburgs zusammen vereinigt findet.
Kleines vollständiges niedersächsisches Kochbuch.
Enthält eine allgemein verständliche leicht faßliche
Anweisung, um Suppen, Gemüse, Fleisch, Fische, Braten, Backwerk ꝛc. auf die wohlfeilste
und schmackhafteste Weise zuzubereiten 5 gl. Das
unentbehrlichste Handbuch für angehende Haus-
frauen, Wirthschafterinnen und Köchinnen.
Stammbuch-Aufsätze. Enthaltend eine Auswahl
der vorzüglichsten Stellen aus den beliebtesten
und besten Schriften für alle Fälle des Lebens. 6 gl.
Allgemeiner Hamburger Briefsteller für alle im
gewöhnlichen Leben nur irgend vorkommende Fälle, nebst einer Anweisung zu schriftlichen
Aufsätzen seiner Gedanken. 8 gl. Dieß Werk ist
jedem, der Muster zu Briefen und schriftlichen
Aufsätzen bedarf, unentbehrlich. Ueber alle Fälle
findet man die gründlichsten Belehrungen, als:
über Wechselvorfälle, Bittschriften, Testamente,

Codicille, Contracte aller Art, Cessionen, Lehr-
briefe, Anweisungen, Quittungen, Empfang-
Bürgschaft- und Schuldscheine, Vollmachten ꝛc.

Bemerkungen über Rußland, seine Bewohner,
und deren Nationaleigenheiten. geht. 1 rthlr.
oder 1 fl. 45 kr.
Bey den jetzigen Zeitereignissen, wo so oft die
Rede von Rußland und seinen Bewohnern ist,
glaubt unterzeichnete Handlung auf dieses Werkchen, welches in ihrem Verlage erschien, aufmerksam machen zu müssen. Die leipziger Literatur-
Zeitung sagt in Nro. 221. d. J. 1806. Niemand
wird diese Bemerkungen ohne Belehrung und Vergnügen aus den Händen legen.
Bureau für Literatur in Fürth.

Exempelbuch zum Gesundheits-Catechismus,
ein Lesebuch für niedere Schulen, Eltern, Lehrer und Kinder, die sich des Guten befleißigen
wollen, von A. C. Müller, 2 Theile, 2te vermehrte und verbesserte Auflage. Hannover, bey
b. Gebrüd. Hahn, 1806. 33 1/2 Bogen. 12 ggl.
Schulpreis in Quantitäten nur 8 ggl.
Der Faustische Gesundheits-Catechismus ist bekanntlich ein vortreffliches Buch. Allein recht brauchbar und nützlich wird er erst durch Hülfe dieses Exem-
pelbuchs. Hier wird jede Vorschrift desselben mit
einer paßlichen Geschichte belegt und dadurch anschaulich und eindringender gemacht. Sehr glücklich hat der Verfasser den Ton getroffen. Er erzählt fließend, verständlich und anziehend. Die
man anerkannte Nützlichkeit dieses Buchs, sowie
der wohlfeile Preis wird ihm ferner Beyfall erwerben und sichern, besonders bey allen, welche
den Gesundheits-Catechismus mit Vortheil gebrauchen wollen.

Unter dem Titel:
Die Vortheile des Krieges. Ein Bruchstück aus
einem satyrisch-komischen Roman, von Christian Rudolph Illing, Secr. d. Phj. A. z. A.
Sola salus — bello, — bellum — te posci-
mus omnes! 1807.
ist so eben eine kleine Schrift erschienen, welche
36 S. in 8. broschirt und im farbigen
Umschlage, 5 gl.; auf Schreibpapier aber 6 gl.
kostet, und durch alle Buchhandlungen zu haben ist.

Bey Varrentrapp und Wenner in Frankfurt am Mayn ist so eben erschienen:
Sömmering Abbildungen der menschlichen Organe des Geschmacks und der Stimme,
der Sinnesorgane 3te Lieferung, mit 4 Kupfertafeln, geglättetes Velinpapier, cartonirt.
(Ladenpreis 3 Laubthaler. Subscriptionspreis
2 1/2 Laubthaler.) Der Subscriptionspreis bleibt
mit 2 1/2 Laubthaler bis zur bevorstehenden Ostermesse offen.

Gesetzgebung und Regierung.

Beantwortung der Frage: Kann man den Juden das volle Staatsbürgerrecht zugestehen? — Von einem Juden.

Die Reformation und die Erhebung, oder vielmehr Gleichmachung der jüdischen Nation mit der christlichen findet besonders in Deutschland *) viele Widersacher. Politische und gelehrte Zeitungen benutzen diesen allgemeinen Gegenstand der Unterhaltung, die bei ihnen vorkommenden Lücken damit auszufüllen. Die erstern, **) in Ermangelung interessanterer Kriegsnachrichten, wollen ganz bestimmt von ihren Correspondenten wissen, daß es zu keiner Allianz zwischen der jüdischen und christlichen

Nation kommen könne; die zweyten ***) geben den philosophischen Rath, die alten barbarischen und für unsere Zeit nicht mehr passenden Namen von Zoll und dergl. zu modernisiren, um mit Ehren und auf keine unmoralische Weise die reisenden Juden in Contribution zu setzen.

Die Hauptpuncte, warum der Friede zwischen den beyden Nationen nicht ratificirt werden könne, sagt man, wären:

1) Da die Juden an einen Messias glauben, der sie in ein Land führen soll, wo möglich das Land, wo sie jetzt wohnen, und wo sie sich so unglücklich fühlen, als ihr Vaterland ansehen, und

2) Da die Juden ein anderes Land erwarten, also hier nirgends zu Hause sind, so

---

*) In Frankreich ist schon durch die Revolution der Jude eben so gut citoyen als der Christ, und erfüllt sowohl im Militär, als Civilstande alle Pflichten, die von ihm gefordert werden; nur in Deutschland und in einigen andern Ländern ist eine Reform in dieser Rücksicht noch Bedürfniß.

**) Berliner Zeitung Nr. 146. v. J.

***) Jenaische Literaturzeitung Nr. 238.
Man will die Beybehaltung des Zolles als eine Entschädigung angesehen wissen, da der Jude nicht alle Pflichten gegen den Staat erfüllen könne. Aber wo ist hier die Compensation? Ist von Pflichten des Juden gegen den Staat die Rede, so kann doch wol nur derjenige darunter zu verstehen seyn, worin er als Schützling lebt, nicht der, wo er durchreist. Diesem ist er doch wol keine andere Pflichten schuldig, als der durchreisende Christ, und doch soll er sich gleich einer Waare verzollen lassen? Das Entehrende liegt doch wol nicht in dem Namen, sondern in der Sache? Oder hat der Jude gegen den Bürger, wo er in einem fremden Staate logirt, oder bey dem er sich zur Mehrzeit aufhält, andere Pflichten als der Christ, die er nicht erfüllen kann? Er verzehrt bey ihm eben so gut sein Geld, wie dieser, und gibt ihm Nahrung. Wie kommt er also dazu, daß er seinen Körper erst verzollen muß, wenn ihm die Vergünstigung eines Nachtquartiers und einer einstweiligen Wohnung werden soll? Der ganze Gebrauch stammt eigentlich aus jenem barbarischen Zeitalter her, wo man den Juden nicht als Menschen, sondern bloß als Sache betrachten zu müssen glaubte; aber im Jahrhundert der Aufklärung sollte doch die Sache mit der Idee wol von selbst wegfallen.

Allg. Anz. d. D. 1 B. 1807.

können sie sich bloß als Fremde betrachten, und nicht nur die Pflichten des Bürgers nicht erfüllen, sondern sie müssen es für ihre Pflicht halten, sich durch Betrug, Zinsen und Wucher zu bereichern, um desto unabhängiger und glücklicher in ihrem künftigen wahren Vaterlande leben zu können.

Diese zwey Puncte, die auch manchem edeln, human und liberal denkenden Mann ein gordischer Knoten zu seyn scheinen, lassen sich aber von dem, der in die innern Mysterien unserer Religion eingeweihet ist, leicht auflösen.

Also weil die Juden einen Messias glauben, der sie in ein besseres Land führen soll, werden sie ihren jetzigen Wohnort nicht als ihr Vaterland ansehen können und gleich bereit seyn, es gegen ein anderes zu vertauschen, wenn der Messias sie dazu auffordern wird. Freylich in dem Lande, wo sie hinkommen sollen, fließt ja Milch und Honig in Strömen; dort wird der levantische Kaffee (ein eben so nothwendiges (!) als theures Product) weit besser und wohlfeiler getrunken; wie wäre es also möglich, daß dieses Schlaraffenland, wo sie jetzt wohnen und wo der Bauer und Pächter aus christlicher Liebe die Sahne von allem abschöpft, was er zu Markte bringt, als ihr Vaterland ansehen können. O gewiß werden sie mit Freuden ein Land verlassen, das sie (da, wo es ihnen erlaubt ist) im Schweiße ihres Angesichts gebauet haben, und alle ihre englischen und französischen Waaren herzlich gern ihren christlichen Mit- oder Nichtmitbrüdern hinterlassen, und alle ihre Gelder, die sie in den Banken und auf Häusern stehen haben, als Hypotheken oder Schuldscheine für die beym Ausmarsche aus Aegypten gemachten Anleihen den Aegyptern anweisen; kurz sie werden sogar alle ihre Wechsel cassiren und es nicht achten, wie theuer sie dann ihr neues Bürgerrecht erkaufen müßten, um nur ein Land zu verlassen, wo sie Jahrhunderte im Schoße ihrer Familien schlechte und gute Zeit verlebt, wo, wenn nicht eine neue ägyptische Finsterniß die aufgehende Sonne verdunkelt, sie erst noch glückliche Tage zu erwarten haben! Und dieses Land werden sie um ein anderes verlassen, wo nicht Ströme von Milch und Honig fließen, wo der Boden

nicht ohne Bebauung die reichsten Ernten von Reis und Wein, Rosinen und Mandeln liefert, sondern wo öde Wüsten, mit den Trümmern der einstigen Herrlichkeiten bedeckt, sich eine an die andere ketten, welche nur der ausdaurendste Fleiß nach Jahrhunderten erst in Gefilde von gleicher Fruchtbarkeit, als die, welchen sie den Rücken gekehrt haben, umwandeln könnte, ein Land, wo sie lange Jahre als Unglückliche und Obdachlose, den räuberischen Anfällen ihrer Nachbarn bloßgestellt, umher irren müßten, nur durch die Hoffnung gestärkt, ihren Urenkeln vielleicht ein einigermaßen glücklicheres Loos zu bereiten. — Sollten wirklich die Juden, die doch sonst, wenn von ihrem Vortheil die Rede ist, als ein Muster von politischer Klugheit und Raffinement betrachtet worden, so unwissend, so über alle Begriffe thöricht und einseitig seyn, um das Gewisse nicht etwa gegen das Ungewisse sondern gegen das offenbar Schlechtere zu vertauschen? Ganz andere Verhältnisse waren zu Esra's Zeiten. Palästina war noch nicht verwüstet, keine unangebaute Oede; die Rückkehr geschah mit dem Willen und auf Befehl ihres Landesherrn, der sie gegen alle Unbilden schützte, und ihnen ... ... und dennoch entschloß sich vielleicht kaum der ... achte Theil der Nation zur Rückkehr. Nur die ärmern folgten dem Rufe des Führers; die reichern und in Babylon angesessenen blieben, wo sie waren, wohl wissend, daß sie sich nur verschlimmern würden. Aber unter den gegenwärtigen Umständen würden selbst wol kaum die ärmsten dem vermeinten Messias folgen, um ihre Existenz noch elender zu machen.

Indessen man weiß, was Fanatismus unter gewissen Umständen wirken kann. Der Fanatiker achtet einer Idee wegen, die lebhaft seine Phantasie erfüllt, weder Entsagungen und Aufopferungen, noch selbst körperliche Schmerzen. Existirt also der Glaube an einen Messias wirklich als Glaubensartikel unter den Juden und sind alle davon überzeugt, als von einer göttlich geoffenbarten Wahrheit, so könnte die Idee wenigstens bey dem ärmern und unwissenden Theil der Nation Wünsche erzeugen, die ihrer Anhänglichkeit an ihren jetzigen Wohnort im Wege

ftänden. Wir wollen also folgende zwey
Fragen beantworten:

1) Gehört der Glaube an einen Messias
zu den Glaubensartikeln der jüdischen Religion, so daß der, welcher daran zweifelt,
oder ihn wol gar nicht annimmt, nicht den
wahren jüdischen Glauben hätte?

2) Welche Begriffe verbindet der, der
wirklich einen Erlöser glaubt, mit seiner
Sendung?

Was den ersten Punct betrifft, so müssen wir im voraus bemerken, daß der Jude
eigentlich gar keine Glaubensartikel hat.
Er kennt in seinen Schulen keinen Katechismus, worin ihm gelehrt würde, was er für
ächte und wahre Religionslehren annehmen
hätte. Er lernt seine Religion historisch aus
der biblischen Geschichte, wo ihm gar nichts
als Glaube, sondern als unumstößliche Wahrheit vorgetragen wird. Der Lehrer sagt
nicht dem Kinde: du mußt glauben, daß ein
Gott ist; sondern er setzt diese und andere
Religionslehren als ausgemachte Wahrheit,
woran gar kein Zweifel möglich ist, schon im
Herzen des Kindes voraus, und fängt gleich
damit an, daß er dasselbe lehrt, was Gott
gethan habe. Er hat vielleicht darin nicht so
ganz Unrecht. Etwas glauben, heißt doch
wol, etwas auf Auctorität der Aussage
eines andern als wahr annehmen. Glaube
ist also nicht Ueberzeugung und schließt die
Möglichkeit eines Zweifels nicht aus. Davon weiß das jüdische Kind nichts. Es
lernt Gott nicht als Gegenstand des Glaubens, sondern sogleich als ein historisches
Wesen durch seine Handlungen kennen, und
seine Idee von demselben erlangt dadurch
eine Lebendigkeit, die nur die Idee eines
Gegenstandes haben kann, mit der der Begriff der Persönlichkeit verbunden ist. Für
das Kind ist dieß wenigstens hinreichend; ob
es auch der ausgebildeten Vernunft des
Jünglings und Mannes genüge, das zu entscheiden, gehört nicht hierher. Aber zu
bemerken ist noch, daß auch der Knabe,
wenn er in seinem dreyzehnten Jahre losgesprochen wird, und der Vater ihm im Tempel öffentlich ankündigt, daß er nun als ein
Mann sich anzusehen habe, der die Last seiner
Sünden selbst tragen müsse, niemahls gefragt werde, ob er glaube, oder was er

glaube. Indessen sind doch wirklich im Talmud und in den Commentaren der heiligen
Schrift, wahrscheinlich der zur Zeit ihrer
Entstehung vorhandenen atheistischen Secten
wegen, einige Glaubensartikel festgesetzt,
aber über ihre Anzahl herrscht eine große
Verschiedenheit. Gewöhnlich nehmen einige
26, andere 13 an, unter welche denn auch
der Glaube an einen Erlöser mit gerechnet
wird; noch andere nur 6, und endlich, da
ein großer Rabbi im Talmud selbst sagt:
es gibt gar keinen Messias, sondern alles,
was die Propheten von ihm sagen, beziehe
sich auf den Hiskias; ein anderer aber behauptet, man verstände unter dem Worte
Erlösung nichts weiter, als daß die Bedrückung, worunter das Volk schmachte, aufhören werde: so hat man die Glaubensartikel auf drey eingeschränkt: es gibt ein höchstes Wesen, eine Belohnung und Bestrafung
nach dem Tode, und Gott selbst hat die Gesetze durch Moses gegeben. Aber auch diese
werden nicht katechetisch in den Schulen gelehrt, sondern man findet sie nur in den
Disputationen des Talmuds und in den Commentaren hier und da zerstreut, und als
Meinungen der Rabbi angegeben, so daß sie
hier nur für den Studierenden existiren.

Aus dem wichtigen Umstande nun, daß
in den Volksschulen kein die Glaubenslehren
enthaltender Katechismus existirt, läßt sich
nun die Beantwortung der zweyten Frage
herleiten, was für Begriffe der Jude, welcher wirklich einen Messias glaubt, damit
verbinde.

Die Kinder der Armen, welche doch
gewiß nicht den kleinsten Theil der Nation
ausmachen, besuchen nur die sogenannten
Winkelschulen, wo sie selten etwas mehr lernen, als Hebräisch lesen, welches gewöhnlich
die ganze Schulzeit ausfüllt, ohne daß sie
das geringste von dem verstehen, was sie
hersagen. So früh als möglich werden
dann die Kinder heraus genommen, um das
Geld zu ersparen, oder sie zum Handel, und
wäre es auch nur mit Stecknadeln, anzuhalten. Ordentliche Freyschulen, wo der
Unterricht etwas höher steigt, gibt es nur wenige, und wenn auch hier und da einige vorhanden sind, so sind sie doch nicht im Stande,
alle arme Kinder darin aufzunehmen, weil

das zu viel Lehrer erfordern würde, und doch
gewöhnlich die Judenschaft die Last allein
tragen muß, da der Staat gar nichts dazu
beyträgt. Aus dieser elenden Beschaffenheit
des Unterrichts der armen Kinder folgt also,
daß diese, wenn sie erwachsen sind, eigentlich gar keine Religion, nicht einmahl eine
Idee davon haben, also auch nichts von
einem Messias wissen, und wenn sie ja einmahl das Wort von ihren Eltern hören, so
werden sie darunter einen Mann verstehen,
der sie von ihrer Dürftigkeit und Noth befreyen werde, nicht gerade jemand, der sie
in ein anderes Land führe.

Bemittelte Eltern, welche ihren Kindern
entweder Hauslehrer halten, oder sie in eine
besser eingerichtete Schule schicken, lassen
dieselben, da schon mehr Zeit auf andere
Wissenschaften verwendet wird, und also
zum Hebräischen wenig Muße übrig bleibt,
höchstens die biblische Geschichte und etwas
weniges aus dem Hebräischen in die Muttersprache übersetzen lernen, welches kaum zu
reicht, die gewöhnlichen Gebete zu verstehen.
Diese also hören auch während der ganzen
Schulzeit, die gewöhnlich bis zum 13 Jahre
dauert, nichts vom Messias und bekommen
eben so wenig eine deutliche Idee davon; als
die Kinder der Armen. Denn was in den
Gebeten, die, wie ich schon in der von mir
heraus gegebenen Abhandlung über die
Reform der jüdischen Nation *) gezeigt,
eine gänzliche Veränderung nöthig haben,
davon vorkommt, ist schlechterdings nicht geschickt, ihre Begriffe über diesen Gegenstand
zu verdeutlichen. Sie denken sich also eben
so, wie die Classe der ärmern Juden, im
Allgemeinen einen Mann darunter, der die
Nation in einen bessern Zustand bringen und
ihre politische Lage vortheilhaft verändern
wird. An die Ausführung in ein anderes
Land denken sie gewiß nicht, und sie haben
auch keine Ursache, dieß zu wünschen, da sie
wohl einsehen, daß dieß keine Verbesserung
für sie seyn würde, und sie sich übrigens in
ihrem gegenwärtigen Wohnsitze physisch
wohl befinden, indem ihre Vermögensum-
stände sie in den Stand setzen, sich fast alle
Genüsse des Lebens zu verschaffen.

Was endlich diejenige Classe von Juden
betrifft, welche den Talmud studirt haben,

*) In Commission bey Hrn. Mittler in Leipzig.

und deren es in Polen noch sehr viele, in
Deutschland aber nur wenige gibt, so kann
auch bey diesen der Glaube an einen Messias
wol nicht unerschütterlich seyn, da die Verfasser des Talmuds selbst, wie wir schon angeführt haben, darüber nicht ganz einig sind.

Aber wenn sie auch einen Messias erwarten, der die jüdische Nation wiederum zu
ihrer alten Herrlichkeit erheben, sie zur Be-
herrscherin aller Nationen machen und in
das Land der Segnungen und des Glücks
versetzen werde, so setzen sie doch diese Epoche
gleichsam erst an's Ende der Welt und statu-
iren vorher eine solche Umwälzung aller
Dinge, wie die Christen beym jüngsten Gerichte annehmen. Dieß erhellet aus mehrern
Stellen des Talmuds, wenn es z. B. heißt:
der Messias kommt nicht eher, als bis entweder alle Menschen vollkommen gut, oder
alle im höchsten Grade verdorben und schlecht
sind; bis keine der geschaffenen Seelen mehr
vorhanden ist, um in einen irdischen Körper
überzugehen zu können; bis gar kein Geld
mehr vorhanden und die äußerste Armuth
allenthalben herrschend ist und dergl. Alle
solche Stellen heißen doch wol nichts anders,
als: So lange die gegenwärtige natürliche
Ordnung der Dinge dauert, so lange es noch
Gute und Böse, Reiche und Arme gibt, so
lange noch neue Geschöpfe geboren werden,
also so lange noch diese Erde in ihrem jetzigen
Zustande besteht, wird der Messias nicht
kommen. Ehe er erscheint, muß eine gänzliche Zerrüttung aller jetzt bestehenden Verhältnisse, eine völlige und allgemeine Revolution des Erdkreises vorangehen, und, wie
es scheint, ist dann seine Bestimmung, aus
den Trümmern gleichsam eine neue schönere
Erde zu schaffen und diese zum Wohnplatz
der Seinen zu machen. Ist aber dieß die
Idee, welche der studirte orthodoxe Jude
mit dem Messias verbindet, wie ist es möglich, daß er seinen jetzigen Wohnort nicht als
sein Vaterland ansehen solle? Das Land,
wohin er zu kommen hofft, liegt jenseits der
Grenzen der gegenwärtigen Ordnung der
Dinge. Diese muß erst vernichtet seyn, ehe
er an jenes denken kann, und so lange sie
besteht, hindert ihn jener Glaube schlechterdings nicht daran, daß er es für seine Pflicht
halte, sich in allen Dingen so zu betragen,

wie es die gegenwärtige Ordnung der Dinge
von ihm verlangt. Warum sollte er also
seinen jetzigen Wohnort nicht als sein Vaterland ansehen? Das, was er erwartet, gelangt erst zu einer Existenz, wenn dieß
jetzige nicht mehr ist. Dieser Glaube kann
also so wenig einen solchen Einfluß auf ihn
haben, als der gemeine Glaube des Christen,
daß er am jüngsten Tage körperlich wieder
auferstehen und in einem neuen Himmel und
auf einer neuen Erde in unendlicher Seligkeit fortleben werde, ihn bewegen kann, seinen jetzigen Wohnplatz nicht als sein Vaterland anzusehen.

Eigentlich aber ist jetzt auch die Zahl
derer, die sich bloß mit dem Talmud beschäftigen, nur sehr klein. Die meisten legen sich
dabey auch auf andere Wissenschaften, welche der gegenwärtige Zeitgeist ihnen empfehlungswerth macht. Sie lesen wenigstens die
vortrefflichen Werke eines Maimon, Men-
delsohn, und anderer großer Männer unserer
Nation, auch wol manche Schriften christlicher Gelehrten, wodurch nothwendig ihr
Verstand so weit ausgebildet werden muß,
daß sie die Lehren und Sagen des Talmuds
zu würdigen wissen werden. Solche Männer von wahrer und echter Ausbildung wünschen wol, wie jeder von uns, eine Reform
der Nation, aber keine Auswanderung.
Möchte die Reform zu Stande kommen!
Möchte man wenigstens meinen Vorschlag in
Betreff der Einsetzung der Rabbinen beherzigen, wie bald würde dann unsere Religion,
der jetzigen Zeitcultur gemäß, in einem reinen Theismus sich veredeln, und was würde
man dann noch von dem Glauben an einen
Messias zu befürchten haben? Aber auch
schon jetzt erlaube man nur dem Juden, ein
Vaterland zu haben, und er wird es gewiß

für das seinige und die christlichen Bewohner desselben für seine Mitbrüder ansehen. *)
Er wird gewiß alle Pflichten, die ihm gegen
den Staat und seine Mitbürger obliegen,
treu erfüllen, und um so treuer, je mehr der
Staat auch die seinigen gegen ihn beobachten
wird. Schon oft hört man laut von unsern
Gegnern rufen: Ja, der Staat soll alles,
und der Jude will gar nichts thun. O nein,
wir behaupten nur, vom Staate müsse der
Anfang zu einer Reform ausgehen; er muß
den Plan dazu entwerfen, die Mittel dazu
ausfindig machen; dann wird und soll der
Jude auch das Seinige thun, zur Ausführ-
rung des gemachten Plans mitwirken und die
zur Erreichung des Zwecks angegebenen Mittel ausführen.

So war auch der Gang der Dinge bey
allen den schönen und zweckmäßigen Einrichtungen, die zur Verbesserung des moralischen
und physischen Zustandes unserer christlichen
Mitbrüder getroffen worden sind. Der
Staat machte die ersten Anlagen dazu, ent-
warf den Plan und trug den Staatsbürgern
auf, was jeder zur Erlangung des Zwecks
beytragen sollte. Gerade so müßte er auch
in Beziehung auf unsere Nation verfahren
und sich durch keine Rücksichten davon abhalten lassen. Dieß ist seine Pflicht, seine Bestimmung, denn wegen hat jede gesellschaftliche Verbindung unter den Menschen eine
Obrigkeit nöthig. Sie soll das Haupt, das
Auge des ganzen Körpers seyn; die übrigen
Glieder aber sollen ihre Befehle vollführen.

Noch muß ich bemerken, daß in einigen
unserer Zeitschriften, in Aufsätzen, welche
die Juden betreffen, eine Inhumanität
herrscht, welche wol geschickt ist, die Erbit-
terung zwischen beyden Parteyen zu vermehren, aber nicht sie zu mildern. Wer jemand

*) Man hat in Frankreich der Versammlung der jüdischen Deputirten die Frage vorgelegt: ob die
Juden ihre christlichen Mitbürger als Fremde betrachteten. Die Frage scheint auf den ersten Anblick seltsam; denn der Jude kann wol sich selbst als Fremder in den Staaten, wo er lebt, betrachten, aber nicht die andern Einwohner, die ja eigentlich den Staat ausmachen. Nach meiner Meinung kann sie also wol nur so viel heißen: dürfen die Juden diejenigen Menschen, mit denen sie
als Bürger eines Staats zusammen leben, in Dingen, die nicht diejenige auf das allgemeine
Interesse haben, so behandeln, wie sie ehemals den, der in ihrem Lande als Fremder, d. h. als
ein nicht darin ansässiger, nur durchreisender Mann sich aufhielt, z. B. in Rücksicht der Zinsen behandeln durften? Aber auch so ausgedrückt, zerfällt die Frage bey der geringsten Zergliederung in
sich selbst. Denn auch aus einem solchen Gesichtspuncte kann der Jude unmöglich seine christlichen
Mitbürger ansehen, und ist also auf keine Art zu irgend einer Uebervortheilung gegen denselben
berechtigt.

beſſern will, muß ihm wol ſeine Irrthümer und Fehler vorhalten, aber nicht ſeine Verachtung beweiſen. Dieſe kann nur erbittern und alſo gerade den zu beſſernden nur deſto hartnäckiger in der Beybehaltung ſeiner Irrthümer machen. Möchten doch alſo die Redacteure von Zeitſchriften, die nach ihrem Vorgeben doch Humanität und Cultur verbreiten wollen, nicht jedem, der nur durch pöbelhafte Ausdrücke Beſchuldigungen, welche nur Individuen treffen, der ganzen Nation und das noch dazu anonym aufbürdet, ſeine Seichtigkeiten öffentlich bekannt zu machen verſtatten, und beſonders nicht auf eine eben ſo niedrige als herabwürdigende und jedes Emporſtreben niederdrückende Art die Arbeit eines jüdiſchen Verfaſſers, der ſich durch das ungeheure Labyrinth des Ceremonialweſens durcharbeiten muß, wäre ſie auch ſo ſchlecht, wie die ſchlechteſte ſo vieler chriſtlichen Auctoren, mit den Worten abfertigen: *) Jude bleib' bey deinem Schacher! O, wann werden doch alle Vorurtheile von unſerer Erde ſchwinden! Dieſe ſchrecklichen Phantome, herbeygeführt von der Hand des Aberglaubens, haben nicht nur von jeher den Chriſten gegen den Juden, ſondern auch ſelbſt die Chriſten von verſchiedenen Glaubensmeinungen gegen einander empört und das ſchrecklichſte Unheil veranlaßt. Prediget doch, ihr Hirten der Völker, Menſchlichkeit und Liebe; verachtet nicht ſelbſt und lehrt nicht andere, den irrenden Mitbruder verachten, ſondern traget ihn ſanft und mit ſchonender Liebe, die ſeine Gebrechen heilen will, und nicht ſie zurück ſtoße, weil ſie ſtatt zu heilen, nur die Wunden ſtärker aufreißt und ihm neue an dem empfindlichſten Theile ſeines Körpers ſchlägt.

Deſſau.   S. Lar.

*) S. Georgia Nr. 54.

Familien - Nachrichten.

Unſern auswärtigen Verwandten und Freunden machen wir hiermit unſere am 18 dieſes Monats in Suhl vollzogene eheliche Verbindung bekannt. Wir bitten um die Fortdauer ihrer Gewogenheit und Freund-

ſchaft und verſichern ihnen dagegen wahre Hochachtung und Ergebenheit.

Coburg am 25 Januar 18..
Leopold Jacob,
Herzogl. ſachſ. coburg. ſaalfeldiſcher Landesregierungs-Regiſtrator.
Johanne Leonore Jacobs, geb. Hoffmann aus Suhl im Hennebergiſchen.

Aufforderung.

Die Expedition des allg. Anz. in Gotha bittet um Angabe des dermahligen Aufenthaltsortes des Herrn v. Nemenich, fürſtl. oranien-fuldaiſchen Kammer-Directors, und Herrn Wilhelmi, kön. preuß. Forſtmeiſters in der Gegend von Erfurt, indem ſie ihnen intereſſante Nachrichten mitzutheilen hat.

Abgemachte Geſchäfte.

Die in Nr. 25 S. 251 angetragene Stelle eines Staffirmahlers iſt nunmehr beſetzt.

Juſtiz - und Polizey - Sachen.

Bekanntmachung.

Bey dem in der Nacht vom 15 auf den 16 h. im frohenl. von Gemmingiſchen Hauſe zu Wolfskehlen geſchehenen Einbruch iſt nach der Angabe des Bewohners folgendes entwendet worden:

1) Ein Säckchen mit goldenen Münzen, als Carolinen, Louisd'or, Ducaten und eine halbe Maxd'or, im Betrag 434 fl. 4 kr.
2) Ein Sack mit 237 St. franz. Thalern, 651 fl. 45 kr.
3) Ein Säckchen mit 47 Kronenthalern, 126 fl. 54 kr.
4) Einzelne Kronenthaler, 16 fl. 48 kr.
5) Sechsbägner, 136 fl.
6) Ein ſogenannter berliner Hirſchfänger mit ſilbernem Griff, woran ein Löwenkopf. Eine Koppel von weißem Wildleder. Der Werth iſt auf 36 fl. angegeben.
7) Eine goldene Taſchenuhr, das innere Gehäus von Gold, das äußere von Semilor. Der Ring, woran die ſtählerne Kette hängt, von Silber. Werth 45 fl.
8) Eine ſilberne Uhr, mit einem Gehäus, das mit Schildkröte überzogen iſt. Stahlkette u. ordinaires Verſchaft am Schlüſſel von Stahl. Werth 25 fl.
9) Ein ſilberner Vorlegelöffel, 9 ſilberne Eßlöffel (wovon einer ſteckig) 6 Kaffeelöffel, eine Zuckerzange. Werth vom Ganzen 56 fl.
10) Ein Paar längliche, viereckige, geriefte ſilberne Schuhſchnallen. Werth 7 fl.

11) Ein filbernes Büchschen. Werth 1 fl.

12) Eine runde, gereifte, mit Laubwerk gravirte filberne Tabatiere. Werth 8 fl.

13) Ein Gesteck silberne Messer, Gabel und Löffel. Werth 25 fl.

14) Zwey goldene Kugelringe, in einem die Buchstaben M. M., im andern F. K.

15) Ein goldener Petschierring, mit einem ungestochenen Achat.

16) Ein desgleichen mit einem Stein, worauf eine Figur gestochen. Der Werth von sämmtlichen Ringen 40 fl.

17) Alte würtemberger, darmstädter, östreicher rc. Thaler. Werth 30 kr.

18) Verschiedene Tabatieren von Schildkrot, Achat und Porcellan. Werth 12 fl.

19) Ein neuer Säbel mit Koppel. Werth 10 fl.

20) Ein Paar Pistolen und eine Terzerole. Werth 7 fl. 30 kr.

21) Ein Paar neue Beinkleider und fünf Schnupftücher. Werth 9 fl.

Der jüngern Magd wurde aus dem erbrochenen Kasten geraubt:

   Ein Halstuch von Kammertuch, 2 fl.
   Ein Paar grün seidene Strümpfe, 2 fl.
   Zwey rothe leinene Halstücher, 2 fl.
   An Geld ohngefähr, 8 fl.

Der ganze Diebstahl beträgt also über 2000 fl. Eine nähere Beschreibung der entwendeten Gegenstände konnte der Beraubte nicht machen.

Nach allen Umständen zu schließen, sind die Räuber von der Gelegenheit des Hauses durch nachbeschriebene Weibsperson unterrichtet worden.

Caroline Friederike Peterr, gebürtig von Leisselsheim bey Worms, Cantons Speyer, Departements Donnersberg, geboren im Jahr 1783, welche seit 4 bis 5 Jahren von Haus abwesend und daselbst als eine Diebin verrufen ist. Ihre armen Eltern sind nach Bayern ausgewandert und sie hat von Haus aus nicht das geringste Vermögen. Sie ist von mittlerer Statur und wohl beleibt. Sie hat ein vollkommnes, rothes (meist geschminktes) etwas blatternarbiges Gesicht, graue Augen, blonde Haare. Die Haare auf der Stirne getheilt. Trägt eine weiß durchbrochene Haube, ein schwarz seidenes Halstuch um den Hals gebunden, gewöhnlich ein roth cattunenes Mützchen und solche Schürze, einen vorblumigen flanellenen Rock, gelbe Ohrringe. Diese Weibsperson durchstreift seit drey Monaten die hiesige Gegend, und hat sich besonders zu Leeheim, Wolfskehlen, Dieburg und Zimmern aufgehalten, daselbst in Wirthshäusern gelebt, und sehr viel Geld verzehrt, indem sie z. B. zu Leeheim dem Wirth, bey dem sie logirte, 66 Louis'dor in Verwahrung gab. In ihrem zu Großzimmern zurück gelassenen Kasten mit Kleidungsstücken fanden sich noch 175 fl. 31 kr. Diese Weibsperson hat sich etwa drey Wochen vor dem verübten Einbruch eine Zeitlang zu Wolfskehlen in einem Wirthshaus aufgehalten und mehrmahlen Gelegenheit gesucht, in das von Gemmingsche Haus zu kommen. Sie hat von Wolfs-

kehlen aus sich an mehrere Orte, z. E. nach Großgerau, nach Dieburg und auf die Rheinauen bey Trebur begeben lassen. Von Wolfskehlen kam sie nach G. oßzimmern, wo sie gleichfalls in einem Wirthshaus logirte. Von da ging sie am 23 d. nach Gernsheim und den 24 allda über den Rhein. Am 27 d. entwendete sie einem Bürger zu Mainz aus der Commod-Schublade 600 Francs, verbarg sich mit diesem Gelde in einem Taubenschlage, wurde aber entdeckt, arretirt und gestand sogleich diesen ihren letzten Diebstahl. Ich habe mich mit der Behörde zu Mainz in Bezug gesetzt, und es übernommen, alles einzusammeln, was man von dem Betragen dieser gefährlichen Person auf der rechten Rheinseite erfahren kann.

An den oben genannten vier Orten ihres Aufenthalts hatte sie folgenden Kerl bey sich:

Valentin Sorton, geboren im Jahr 1786 zu Dreysen, Mairie Göllheim, Departements Donnersberg, seiner Profession ein Kiefer, und von armen Eltern. Er ist mittlerer Statur, stark und untersetzt, hat ein vollkommnes, aber blasses Gesicht, stumpfe Nase, graue Augen, blonde Haare, welche kurz und bloß auf der Stirne zwey Finger breit ins Gesicht geschnitten sind. Er kleidet sich wie ein wohlbemittelter Pfälzer. Dieser Bursche befand sich als Conscribirter zu Mainz, und wurde von der Peterin beredet, mit ihr über den Rhein zu gehen. Er gibt an, daß er an folgenden Orten gewesen und theils nur durchpassiret sey, theils sich allda aufgehalten habe: Leeheim, Großzimmern, Dieburg, Hofheim bey Worms, abermahl zu Leeheim, Wolfskehlen, Dieburg, Mainz, Trasse, Hähnlein, Hambach, abermahl zu Wolfskehlen, abermahl zu Großzimmern, Gernsheim. Die Petern scheint ihn bloß zu Versendungen gebraucht zu haben, indem er sich meistens nur über Nacht oder längstens einige Tage bey ihr aufgehalten hat: Beyde gaben sich bald für Eheleute, bald für Verlobte aus, die sich bemühen, diesseits Rheins copulirt zu werden. Sorton gibt an, er wisse nicht anders, als daß die Petern das viele Geld, so sie besitze, ererbt habe. Allen Umständen nach scheint er der Verführte und sein vorheriger Lebenswandel tadellos gewesen zu seyn. Dieser Sorton wurde am 24 d. zu Wolfskehlen arretirt und sitzt jetzt im Gefängniß zu Darmstadt. — Beyde verdächtige Personen sind also in Sicherheit und der Zweck gegenwärtiger Bekanntmachung ist das Gesuch an alle löbl. Gerichte und Individuen, denen von beyden Personen, ihrem zeitherigen Leben, Betragen, Aufenthalt und sonstigen Verbindungen etwas bekannt ist, solches baldgefälligst an hiesiges Amt gelangen zu lassen. — Allem Anschein nach stand die Petern mit der starken Räuberbande, die den Einbruch zu Wolfskehlen ausführte, in Verbindung, und nur genaue Notizen von jener Unnen zur Entdeckung von dieser führen.

Dornberg den 31 Dec. 1807.

Großherzogl. Heff. Oberamt daf.
         A. Elwert.

Steckbrief hinter J. A. Senff.

Der wegen Veruntreuung und Dienstpflicht-verletzung zur Zuchthausstrafe verurtheilte vormahlige hiesige Salin-Inspector Friedrich August Senff, aus Dürrenberg, im Stifte Merseburg, ist in der Nacht vom 11 auf den 12 Januar aus seinem Arreste beym hiesigen Stadt-Gerichte entsprungen.

Derselbe ist 38 Jahr alt, mittler, etwas untersetzter Statur, hat hellbraunes, abgeschnittenes und sich wenig kräuselndes Haar, hellblaue Augen und schlauen Blick, breites pockennarbiges Gesicht und gespaltenes Kinn. Er redet stark in obersächsischer Mundart.

Bey seiner Entweichung ist er wahrscheinlich bekleidet gewesen mit einem grauen Rock, bräunlicher oder grauer Chenille, letztere mit gelben Knöpfen, blauem gestreiften manchesternen Pantalon, Stiefeln und lederner Kappe.

Namens hochlöblicher Justizkanzley in Zelle und vermöge speciellen Auftrags, werden alle Obrigkeiten und Behörden geziemend ersucht, auf den Inquisiten achten zu lassen, denselben im Betretungsfalle zu arretiren und sodann wegen dessen Abholung, gegen Erstattung der Kosten und erforderliche Reversalien, Nachricht anher zu ertheilen.

Lüneburg, den 22 Jan. 1807.

Verordnete Untersuchungs-Commission.

G. C. W. Schuster, A. C. Wedekind, Amtsman Schreiber zu Schar-schreiber zu Lüneburg. nebst.

Vorladungen: 1) J. Leonh. Brodbag's.

Röteln. Der gewesene Scribent Johann Leonhard Brodbag, Sohn des dahier vor mehreren Jahren verstorbenen Herrn Land-Physicus Dr. Brodbag, ist nun schon seit 18 Jahren aus hiesiger Gegend entfernt, ohne daß man seither von seinem Leben oder Aufenthalt einige Nachricht dahier erhalten hätte. Auf vorgetragene Bitte seiner Verwandten und eingelangte Verfügung des hochpreislichen Hofraths-Collegii in Carlsruhe werden nun aber Johann Leonhard Brodbag, oder seine etwaigen Leibes-Erben, hiermit aufgefordert, innerhalb 9 Monaten, von heute an, vor hiesigem Oberamt in Person oder durch Bevollmächtigte sich zu stellen, und das ihm, Brodbag, angefallene bis jetzt von einem Pfleger verwaltete Vermögen in Empfang zu nehmen, widrigenfalls es an seine nächsten Anverwandten gegen Caution verabfolgt werden wird.

Verordnet beym Ober-Amt Röteln, Lörrach, den 23 Dec. 1806.

2) Nicol. Grasso's.

Ein gewisser, aus Erfurt gebürtiger Nicolaus Grasso hat sich im Jahre 1753 von hier entfernt, und von dieser Zeit an von seinem Aufenthalt keine Nachricht gegeben. Seine Verwandten und dessen Vormund der Vorsteher Heinrich Grasso haben daher auf Todeserklärung desselben und Auszantwortung der für ihn im Pupillar-Deposito liegenden, in einhundert und etlichen 60 Rthlr. bestehenden Gelder angetragen. Da nun diesem Ansuchen Statt gegeben worden ist, so werden die Nicolaus Grasso und dessen etwaige unbekannte Erben oder Erbnehmer hiermit aufgefordert, sich bey dem hiesigen Stadtgerichte oder in der Registratur desselben, und zwar spätestens in dem vor dem Deputirten Herrn Justiz-Rath Kopp auf den 1 May 1807 angesetzten Termine zu melden, und daselbst weitere Anweisung zu gewärtigen, widrigenfalls der obgedachte Grasso für todt erklärt, und sein Vermögen an die sich hier angemeldeten Intestat-Erben verabfolgt werden wird.

Erfurt, den 27 Junius 1806.

Stadtgerichte.

Kauf- und Handels-Sachen.

Versteigerung einer Apotheke.

Die hiesige sehr gut gelegene, seit einiger Zeit vom Besitzer zum Verkauf ausgesetzte Apotheke wird unter annehmlichen Bedingungen Montags den 23 März d. J. Vormittags 10 Uhr auf dem hiesigen Rathhause im Aufstrich verkauft werden. Die Herrn Liebhaber werden hierzu mit dem Anhang eingeladen, daß die Steigerer ihre zu Uebernahme der Apotheke nöthigen Kenntnisse, Sittlichkeit und öconomischen Mittel darzuthun haben.

Wimpfen, den 21 Januar 1807.

Großherzogl. Hessisches Amt Wimpfen.

Hofrath Majer.

Sämereyen.

Mit meinem Verzeichniß von allen Sorten Kräuter-, Kohl-, Wurzel-, Zwiebel-, Erbsen-, Bohnen- und Blumen-Samen, welche ich größtentheils mit aller möglichen Sorgfalt selbst baue, kann ich einem jeden Liebhaber umsonst dienen. Entfernte und Unbekannte, mit denen ich noch nicht in Verbindung stehe, und die mich mit ihrem gütigen Zutrauen beehren wollen, können mit das Quantum von jeder Sorte genau bestimmen, ich werde solches, alsdann gleich aufs beste besorgen, und die Preise nebst Verzeichniß treulich beylegen; ich mache es mir ganz zur Pflicht, jeden nach seinem Wunsche zu befriedigen. Zur Sicherheit, und um das Porto zu ersparen, muß auf hier oder hiesige Gegend Anweisung oder baar Geld beygelegt werden. Alle Briefe bitte ich postfrey einzusenden, um dadurch nicht den Nutzen im Porto zu verlieren; unfrankirte Briefe gehen wieder zurück. Erfurt, den 22 Jan. 1807.

Georg Christian Zaun.

Gesetzgebung und Regierung.

Ueber Ungleichheit der Contributions-Erhebung.

Mit wahrem Vergnügen hat man das Publicandum an sämmtliche Bewohner des erzgebirgischen Kreises im Betreff der Vertheilung der Contributionsabgaben in Nr. 11 S. 97 f. des allg. Anz. gelesen und sich herzlich gefreut, daß doch irgendwo sich Männer mit Ernst und Klugheit dem Geschäfte unterzogen haben, eine verhältnißmäßige Vertheilung der Kriegscontributionen unter alle und jede Individuen, mit Vermeidung aller Ungerechtigkeit und Unbilligkeit, auszumitteln und anzuordnen.

Krieg ist selten etwas anders, als ein trauriges Verhängniß unschuldig Leidender. Nur höchst selten hilft Krieg den Unterthanen eines Landes im Wesentlichen weiter etwas, als daß sich etwa der Umfang und Inhalt des Reichs, zu dem sie gehören, vergrößert; aber auch zugleich mit dieser Vergrößerung die Gefahr sich verdoppelt, in neue Kriege verwickelt zu werden; die es in Unglück und Elend stürzen. Leiden nun alle Bewohner eines Staats unverschuldet, so ist es auch der Billigkeit und Gerechtigkeit angemessen, daß niemand ausgeschlossen bleibe, wenn Kriegslasten zu vertheilen sind.

Der Kaufmann, der vielleicht zwanzigmahl mehr alljährlich gewinnt, als der Besitzer eines Landguts, sollte gar nichts beytragen, wenn dieser Hunderte geben muß und Tausende bey einer allgemeinen Zerstörung verliert, die ihn im Kriegszuge schreck-

licher wie Schloßenwetter und Heuschreckenwanderung getroffen hat? Der Inhaber einer reichhaltigen Pfarrpfründe, das ganze Jahr hindurch ruhig und ungestört bey allem, was andere in Herbeyschaffung von Abgaben und Staatslasten empfinden, deren Name bisher Legion gewesen, sollte dieser auch dann nur andere geben und leiden lassen, wenn Krieg über den Nächsten hereingebrochen ist, dem er zu geben und zu helfen predigt? Warum sollten Minister, Räthe und Beamte nicht ebenfalls nach Verhältniß ihrer Besoldungen und Einkünfte zur Kriegs-Contribution hergeben, da der Landwirth bey seiner schweren Arbeit eben so gut fürs Allgemeine bemüht ist, wie der, welcher das Staatsruder mit führen hilft?

Und dann, so ist ja auch die Eintheilung nach sogenannten Hufen, Schocken, Quatembern die allerungleichste und drückendste unter der Sonne. Im weißner Kreise giebts Hufen, bey Lommatsch und Döbeln, die über 1000 rthlr. reinen Ertrag liefern und ihre Besitzer schon lange zu Herrn gemacht haben, die im Ueberfluß sich befinden; dagegen es in demselben Kreise Hufen giebt, wobey die Besitzer Tag und Nacht wie Lastthiere arbeiten, und dennoch kaum ihr trockenes Haferbrod nebst dem Leinewandkittel gewinnen. Der Arme, zum ewigen Leiden bestimmte, giebt 60 rthlr. und sein herrschaftl. Rittergutsherr zahlt 600 rthlr. hat aber 2000 Hufen Landes im Besitz, die zehnmahl besser und einträglicher sind, wie jene. Wer kennt nicht in S. die unendlich drückend Ungleichheit der Schock- und Quatember-Eintheilung

wonach oft mancher vierfach zahlt, gegen
das, was andere geben? Sieht man zu
dem allen noch, wie alle Kriegsführen allein
auf die Besiter von Grund und Boden fallen,
so scheint es in der That, als ob es darauf
abgesehen wäre, diese Menschenclasse allein
zu Grunde zu richten.

Eben das war es bisher, was die Kriege
in ihren Folgen so traurig machte. Denn
ein Land, dessen Ackerbau und Landwirth
schaft darnieder liegt, ist unstreitig das un-
glücklichste unter allen, da Mangel an Unterhalt und Lebensmitteln das tiefste Elend
herbeyführt. Drey Viertel sind Landleute
im Staate. Wenn diese dem übrigen Viertel
nichts geben, nichts abkaufen können, was
soll aus beyden, was soll aus einem solchen
Lande werden? Der Staatsmann, der Gelehrte, der Kaufmann, der Handwerker werden hungern, und der elende Ackersmann
wird traurig und langsam seinem Pfluge
nachschleichen, wenn er beständig sich ungerecht behandelt und unverschuldet in Armuth
versetzt sehen muß. Sein Muth wird sich in
unthätigen Mißmuth verwandeln, und langes Elend das Loos eines solchen Landes
seyn.

Gelehrte Sachen.

An das Publicum.

Noch ein Beweis von dem barbarischen Verfahren, das man gegen mich
und meine Schriftstellerey sich erlaubt.
Im Sommer 1805 habe ich dem Hrn. Buchhändler Theissing in Münster, dem Verleger meiner: Genieblitze, ein Mnscr. über
die oströmische Geschichte insinuirt, aber
bis jetzt dieses Mnscr., meiner vielen deshalb geschriebenen Briefe ungeachtet, weder
gedruckt, noch ungedruckt von ihm zurück
erhalten können. Eben so habe ich vom Hn.
B. Gräffe, trotz der neulichen Klage, noch
nicht die mindeste Erklärung wegen meiner
Negergeschichte erhalten. So weit treibt
es die Cabale gegen mich! So will man
mit aller Gewalt meine Feder lähmen, das
mit kein kräftiges Wort für Wahrheit, Recht
und Menschenwohl weiter daraus fließe!
Oder habe ich für andere Dinge geschrieben?
Man lese meine Schriften und urtheile selbst!

Sie sind sämmtlich genannt in meiner, oder:
Heynig's kurz gefaßter Lebensgeschichte.
(Nr. f. Nr. 302, den 9 Nov. d. allg. Anz.)
Mannheim den 28 Nov. 1806.
Heynig,
Privatgelehrter zu Mannheim.

Künste, Manufacturen und Fabriken.

Anfrage.

In Urkunden und archivalischen Schriften des funfzehnten Jahrhunderts wird häufig unter dem Namen lundisch Tuch, eines
Wollen-Fabricats erwähnt, das an Höfen
und von allen Ständen viel zur Kleidung
gebraucht wurde. Es fällt auf, daß man
bey damahls blühenden Wollen-Mannfactu-
ren Deutschlands häufig eines ausländischen
Fabricats dieser Art bedurfte. Was ist aber
unter diesem so häufig erwähnten lundischen
Tuche eigentlich zu verstehen? Die Wollen-
Fabriken Englands wurden bekanntlich erst
späterhin blühend, und konnten schwerlich
schon damahls bedeutenden Absatz in Deutschland haben. Lund in Schonen ist nie durch
beträchtliche Wollen-Fabriken bekannt gewesen. Es wird daher um gefällige Belehrung in
diesen Blättern gebeten, was dieses damahls
häufig erwähnte und gebrauchte lundische
Tuch für ein Fabricat gewesen seyn möchte?

Allerhand.

Nachricht.

Die Aufforderung an den Hofr. u. Professor J..h in München, eingeschickt von
G....e in S. kann im allg. Anz. nicht abgedruckt werden. d. Red.

Dienst-Gesuche.

1) Ein Forstmann, der auf einem der
ersten Institute studirt und seine Kenntnisse
durch mehrjährige practische Erfahrungen
bereichert hat, sucht einen Platz, auf dem er
Gebrauch davon machen kann. Auch zu
Vermessungs- und Taxationsgeschäften wird
er sich gern gebrauchen lassen. Jedem, mit
ihm anzustellenden Examen unterwirft er sich,
mit Vergnügen. Er ist 24 Jahr alt, unver-

heirathet und mit den befriedigendsten Zeugnissen versehen. Die Expedition des allg.
Anz. besorgt frankirte Briefe an denselben.

2) Ein junger Deconom, welcher in
kleinen sowohl als großen Wirthschaften als
Verwalter gestanden hat, und öconomische
Rechnungen zu führen im Stande ist, auch
Zeugnisse seines Wohlverhaltens anführen
kann, wünscht, da er jetzt außer Condition
ist, bald eine andere gute Stelle zu erhalten.
Frankirte Briefe wird dieserhalb die Expedit.
des allg. Anz. unter der Adresse X. in P..g
besorgen.

Familien - Nachrichten.

Todes - Anzeigen.

1) Besenhausen auf dem Eichsfelde.
Am 10 Januar entschlief unser innigstgeliebter
Vater, der königl. preuß. Kammerherr Friedrich Ernst von Hanstein. Er hat das
seltene Lebensziel von beynahe 84 Jahren erreicht, und hinterläßt außer 8 Kindern, 8
Enkel und 4 Ur-Enkel. Er behielt seine
gewöhnliche Heiterkeit, sorgsame Aufmerksamkeit und liebevolle Theilnahme an allem
bis auf den letzten Augenblick, so wie er seine
gewohnte Ordnung selbst am letzten Tage
seines Lebens nicht änderte, sondern völlig
gekleidet bis zur späten Abendzeit sich außer
Bette befand. Ohne über wesentlichen
Schmerz zu klagen, wurde bloß das Athmen
in den letzten 24 Stunden ihm beschwerlicher,
und ohne einen Zug seines stets gleich heitern
Gesichts zu verändern, ging er durch ein
scheinbar natürlich sanftes Entschlafen ins
beßere Leben hinüber. Ihm folgen die Thränen der innigsten Verehrung und Liebe seiner
Kinder und Großkinder; und die Achtung
und Freundschaft, mit der ihm alle, die ihn
kannten, während seines Lebens beehrten,
wird, wie wir durch so viele gütige Beweise
überzeugt sind, auch ohne schriftliche Versicherung, nach seinem Tode in dem Herzen seiner
entfernten Freunde und Verwandten, denen wir
hiermit unsern großen und schmerzlichen Verlust gehorsamst anzeigen, niemahls erlöschen.
Friedrich von Hanstein,
Ernst von Hanstein,
hannöversche Capitains.

2) Am 23 dieses Monats wurde mein
Bruder, der herzogl. gothaische Amtscommiss-
sair bey dem Amte Tenneberg, Joseph Christian Orphal, auf einer Jagd in Uelleben
bey Gotha von einem Unvorsichtigen im 42
Jahre seines gewiß thätigen Lebens erschossen,
und dadurch einer nun tief gebeugten Witwe,
ihr Gatte, und fünf noch unerzogenen Kindern ihr zärtlicher Vater und Versorger geraubt. Alle, die ihn kannten, werden ihn
gewiß bedauern. Dafür bürgt mir sein zu-
vorkommendes und liebevolles Betragen, das
er stets gegen Vorgesetzte und Untergebene,
gegen Bekannte und Fremde bewies.
Diesen für uns so schmerzhaften Verlust
mache ich in Auftrag der trauernden Familie
allen Verwandten und Freunden hiermit bekannt, und empfehle die Witwe und Kinder
des Verewigten ihrer fernern Freundschaft
und Gewogenheit.
Ohrdruff am 27 Januar 1807.
Wilhelm Christian Orphal,
Amts-Advocat.

Kauf - und Handels-Sachen.

Anerbieten.

Die erste Verloosung der bey den Herren
Gebrüdern Bethmann negociirten kaiserl.
königl. Obligationen sowohl als die der vormahligen brüsseler, nunmehr Chambre aulique Obligationen ist in Wien erfolgt.
Endesunterzeichneter erbietet sich, die
herausgekommenen und in Wien zahlbaren
Obligationen entweder gegen kaiserl. oder
andere Staatspapiere, zum billigsten Cours
berechnet, umzutauschen.
Geist Emden
in Frankfurt am Mayn.

Verkauf eines Wohnhauses in Erfurt.
Da zum öffentlichen Verkauf des dem Juwelier
Carl Ropp gehörigen, auf dem Anger hierselbst
sub Nr. 152 gelegenen Hauses die Bietungstermine
auf den 27 November c. auf den 27 Januar
1807 und den 27 März 1807 von dem Deputaten Herrn Reg. Refert. Büschleb auf hiesigen
Stadtgerichten angesetzt worden sind, so wird dieses den Kaufliebhabern mit der Bemerkung bekannt gemacht, daß die Taxe dieses Hauses zu
5230 Rthlr. in der Stadtgerichts Registratur näher
eingesehen werden kann. Erfurt, den 2 September 1806.
Stadtgericht.

Mailänder Reiß.

Bey Bavier zur Glocken in Chur in Graubünden ist schöner mailänder Reiß in Fässern zu 5 Ctnr. nürnberger Gewicht in beliebigem Preise zu haben.

Wechsel- und Geld-Cours in Sächsischer Wechselzahlung.

Leipzig, den 27 Jan. 1807.

In den Messen.	Geld	Briefe
Leipz. Neujahrs-Messe	—	—
— Oster-	98 1/2	—
Naumburger —	97 1/2	—
Leipz. Michaels —	—	—
Amsterdam in Bco. à Uso	—	—
Detto in Curr. à Uso	142¾	—
Hamburg in Bco. à Uso	—	150 1/2
Lion 2 Uso in Liv.	—	78 1/2
Paris 2 Uso in Liv.	—	78 1/2
Augsburg à Uso.	—	100 3/4
Wien à Uso.	—	50 1/2
Prag à Uso.	—	50 1/2
London à 2 Uso p. Pf. St.	—	—
Ränder-Ducaten	—	11 1/4
Kaiser-Ducaten	—	12
Wichtige Duc. à 66 Aß	10	—
Breslauer à 65 1/2 ditto	10	—
Leichte à 65 ditto	9	—
A marco ditto	—	—
A marco Louisd'or	—	—
Souveraind'or	9 xC	—
Louisd'or à 5 Rthl.	—	9 1/2
Sächs. Conv. Geld	pari	—
Schild-Louisd'or	2 1/4	—
Laubthaler	—	2 1/2
Preuß. Cour.	5	
Do. Münze.	9 1/2	
Ltr.	pari	
Cass. Bill.	3/4	
Kronenthaler	1/2	
3. 7. Kr.	9 1/2	
17	4 3/4	
Wiener Banc. Zettel	30 3/4	

Wechsel- und Geld-Cours in wichtigen Pistolen à 5 Rthr.

Bremen, den 28 Jan. 1807.

London für 100 Esterl. à 2 Uso	—
Amsterdam in Banco 250 fl. l. S.	—
Dito 2 Mon. dato	—
Dito in Courant l. Sicht	32. 1/4
Dito 2 Mon. dato	30 1/2
Hamburg in Banco 300 Mt. l. Sicht	38
Dito 2 Mon. dato	36 1/2. 3/4
Paris für 1 Fr. 2 Uso	—
Bourdeaux à 2 Uso	—
Frankfurt a. M. für 100 rthlr. Lde.	—
Leipzig dito	—
Wien, in Courant	—

Holl. Rand-Ducaten f. 1 St.	2 xC. 61
Feine 2/3 Stück av.	4
Convent. Münze Verlust	10
Holländ. Fl. in Natura 1 St.	36 3/4
	Bremer Courant

Hamburger Course.

den 27 Jan. 1807.

London für 1 Esterl. à 2 Uso	—
Amsterdam in Banco l. Sicht	33 11/16
dito 2 Mon. dato	34 1, 16
dito in Cour. l. Sicht	4
dito 2 Mon. dato	43 4
Paris für 3 Fr. 2 Uso	25 1/2
Bordeaux dito 2 Uso	25 5/8
Madrid 3 M. 1 Duc.	89
Cadix	89
Lissabon 3 M. für Crusados	42
Wien und Prag 6 W. in Cour.	300
Copenhagen Cour. 2 Monat dato	49

Pistolen à 5 Rthlr.	10 ß 14 3/8
Gold al Marco	—
Ducaten	—
Feine 2/3 Stück	31 5/8
Grob Dän. Courant	26
Hamburger dito	—
Preuß. dito	59

Allgemeiner Anzeiger
der
Deutschen.

Mittwochs, den 4 Februar 1807.

Literarische Nachrichten.

Bücher-Verkaufe.

Folgende Werke für Bibliotheken sind um beygesetzte Preise im 24 fl. Fuß zu verkaufen.

1. Le grand Dictionnaire Historique, commencé par Louis Moreri et continué par le même et par plusieurs auteurs de différens parties. Première edition de Basle en François. à Basle 1731 et seq. Voll. I. VII. compl. gr. Fol. Frzbd. 56 fl.

2. Dictionnaire historique et critique, par Mr. Pierre Bayle cinquième edition. à Basle 1753. Vol. I—IV. gr. Fol. Frzbd. 27 fl.

3. L'histoire de Thucydide de la guerre de Peloponese, de la traduction de N. Perrot D'ablancourt. à Paris 1662. gr. Fol. Frzbd. 4 fl.

4. Recueil des pierres antiques gravées, où les ouvriers ont mis leurs noms par Philippe de Stofch, dessinées et gravées fur les originaux par Bernard Picard. Amsterd. 1721. exempl. à grand papier. gr. Fol. Frzbd. 27 fl.

5. Histoire du ministère du Cardinal du Richelieu, avec son portrait, par H. David, s. l. 1650. gr. Fol. Frzbd. 4 fl.

7. Iconologia Deorum. v. J. v. Sandrart, mit f. viel. Kupfern. (Zur vollständigen Academie gehör.) gr. Fol. Pbbd. 4 fl.

8. Abbildung der Gemählde und Alterthümer, welche seit 1738 sowohl in der verschütteten Stadt Herculanum, als auch in der umliegenden Gegend an das Licht gebracht worden, nebst ihrer Erklärung von C. G. v. Murr. Augsb. 1777. Vol. I—VI. mit f. vielen Kupfern in Contorni, der Text gebunden, die Kupfer roh. 15 fl.

9. Cours d'étude pour l'instruction du Prince de Parme, par Mr. l'Abbé Condillac. à Parme de l'imprimerie royale 1775. Vol. I—XVI. Marmbd. gr. 8. (Ladenpr. 42 fl.) 20 fl.

10. a) Traité des ponts. b) Traité de la construction des chemins, p. le Sieur Gautier, IIIeme

edition. à Paris 1755. avec grand nombre de planches. gr. 8. 5 fl.

11. L'Arrey Histoire d'Angleterre, d'Irlande etc. Vol. I—VI. (ohne die Kupfer.) 5 fl.

12. Pet. Andreae Mathioli Commentarii in fex libros Pedacii Dioscoridis Anazarbei de medica materia. Venetiis, ex officina Valgrisiana. 1565. Mit mehr als tausend nach der Natur vortreffl. gemahlten Pflanzen, Thieren und Gegenständen aus dem Naturreich. Ein prächtiges Exempl. in vergoldeten Lederband. 40 fl.

13. Conrad Gesner sämmtliche Thier-Bücher. Ins Teutsch gebracht durch Conrad Foret. Zürich, bey Ch. Froschower 1565. Mit sehr vielen prächtig nach der Natur gemahlten Thieren, und einest der schönsten Exempl. so von dieser Art vorhanden. Vergold. Lederbd. 40 fl.

14. Sculptura hiftoriarum et temporum memoratrix, bis 1697. durch Ch. Weigel. Nürnberg 1698. und sehr viel. Kupf. durch C. Luycken. Lederbd. 5 fl.

15. Raymundi Duelii Excerptorum genealogico hiftoricorum libri duo. Lipfiae 1725. mit sehr viel. Kupf. Prgbd. 6 fl.

16. Conquiste della Ser. Republica di Venetia etc. deferit. del P. M. Coronelli. s. l. et à Papbd. 3 fl.

17. Description du manège moderne par le Baron d'Eisenberg et après B. Picard D. Herlberger sc. et exc Zürich 1759. 55 fl. Kpf. Papbd. 4 fl.

18. Des großen Weigelschen Wappenbuchs 1d und 2d Supplement, 7 fl. Kupf. nebst 16 fl. Kupf. zum 3ten. Papbd. 1 fl. 30 kr.

19. Généalogie de la très-illustre et autrefois souveraine maison de la Tour, expliquée par une quantité d'armes et d'arbres généalogiques. à Bruxelles 1709. (fig. de Vermeulen). 3 fl. Leb. Bände. gr. Fol. cpl. 40 fl.

20. Histoire de la vie et du regne de Louis XIV. par Mr. de la Hode, enrichie de medailles. Francf. et Basle 1741. Vol. I—VI. cpl. in 3 f. Perg. Bde. 9 fl.

21. Commentarii Bellici principis Montecuculi.
Viennae Austr. 1718. 4 fl.

Man wendet sich deshalb in frankirten Briefen an die Expedition des allg. Anz. d. D. in Gotha.

Das rühmlich bekannte Werk: Encyclopédie Methodique ou par ordre de matières. Paris 1782. u. f. J., welches noch fortgesetzt wird, ist zu verkaufen. Dieses Exemplar in gr. 4. vollständig, so weit es herausgekommen ist, besteht gegenwärtig aus 97 in halben Franzband gebundenen und 21 gehefteten Theilen Text, in 2 gebundenen Theilen Atlas, und in 8 gebundenen und 23 gehefteten Theilen Kupfer, sämmtlich vorzüglich gut conditionirt. Unter 660 Gulden rhein. wird es nicht abgelassen; wer bis zum 1 April d. J. den höchsten Preis über diese Summe in portofreyen Briefen an den herzogl. nassauischen Legationssecretär Stachelhausen zu Regensburg bietet, bekommt solches wohl eingepackt franca Nürnberg.

Landkarten.

In kurzem erscheint in unterzeichneter Handlung:

Allgemeiner Kriegsschauplatz im Norden, in den Jahren 1806 — 1807.

Diese vortreffliche, nach den besten geographischen Hülfsmitteln und neuesten astronomischen Ortsbestimmungen gezeichnete, und von dem als Künstler schon bekannten Hrn. Fr. Müller eben so sauber als schön gestochene Karte, ist ihrer Vollendung sehr nahe, und ich mache jedermann, wer eine genaue und richtige

General-Karte vom ehemahligen Polen zu haben wünscht, darauf aufmerksam, und bin überzeugt, daß kein Käufer es bereuen wird, diese kurze Zeit gewartet zu haben. Diese Karte enthält: ganz Polen, im möglichsten Detail, einen Theil von Rußland mit St. Petersburg, einen Theil der Moldau, Ungarn, ganz Schlesien, Schwedisch Pommern, Obersachsen bis über Jena südlich, Niedersachsen bis über Lübeck; in einem Maßstabe, der eine sehr genaue Ansicht erlaubt. — Da dieses Blatt gewiß eine sehr erwünschte Erscheinung für jeden Zeitungsleser ist, und sich eine gute Aufnahme versprechen darf, weil er hier auf einer Karte alle Länder beysammen findet, die seit dem 14 December, uns merkwürdig geworden sind, so will ich den Ankauf überdieß durch nicht zu theuren Preis so viel als möglich erleichtern, und denselben nicht höher als 12 gl. sächs. setzen. Wer sich von Orten, wo keine Buchhandlungen sind, in portofreyen Briefen, mit Einsendung des Geldes für 5 Exemplare, direct an mich wendet, erhält das 6te frey, — und überdieß die Abdrücke nach der Reihe, wie die Briefe eingegangen sind.

Leipzig, am 19 Jan. 1807.

Geograph. Verlagshandlung von J. E. Herzog, auf dem alten Neumarkt Nr. 627.

Periodische Schriften.

Bey Heinrich Gräff in Leipzig, wird eine ausführliche Anzeige einer Wochenschrift für Menschenbildung, bearbeitet und herausgegeben von Pestalozzi und seinen Freunden, gratis ausgegeben. — Entfernte können sich selbige durch ihre nächste Buchhandlung verschreiben lassen.

Schlesische Provinzialblätter. 1806. Elftes Stück. November.

Inhalt.

1. Die Tempelherren in Schlesien.
2. Fußreise durch die schlesische Schweiz. Beschluß.
3. Terzinen. Im Spätherbst bey den Trümmern der Einsiedeley.
4. Ueber die Ursachen der verminderten Frequenz auf gelehrten Schulen und über die Mittel, ihr aufzuhelfen. Eine Rede von Halbritter.
5. Beobachtende Blicke auf Leihbibliotheken und Lesezirkel.
6. Chronik.

Inhalt der literarischen Beylage.

1. Recensionen.
2. Auszug aus den Witterbeobachtungen im Sept. zu Wölfelsdorf.
3. Neue Schriften von einheimischen Verfassern.
4. Todesfälle.

Nachricht.

Vom Europäischen Universal-Anzeiger 2c. ist nun der erste halbe Jahrgang von 27 Stücken beendigt und für den geringen Preis von 8 gl. bey uns in der Joachimschen Buchhandlung allhier und in allen soliden Buchhandlungen zu haben. Von diesem Anzeiger erscheint auch ferner jede Woche ein Stück in gr. 4. Neue Bestellungen müßten sobald als möglich gemacht werden, doch braucht man sich nur immer auf einen halben Jahrgang mit 8 gl. verbindlich zu machen.

Expedition des europäischen Universal-Anzeigers in Leipzig.

Bücher-Anzeigen.

Anzeige für Militär-Wundärzte.

Die Sommersche Buchhandlung in Leipzig hält es, in der gegenwärtigen Periode, wo so mancher durch Mangel an schneller und gehöriger Hülfe unglücklich wird, nicht für überflüssig, sowohl die Herren Feldwundärzte, als auch die Chirurgen derjenigen Oerter, wo Blessirte liegen, auf folgende in ihrem Verlage erschienene Bücher aufmerksam zu machen:

1) Hunter, über das Blut, die Entzündungen und die Schußwunden. Mit Anmerkungen von Dr. E. B. G. Hebenstreit. 3 Bände. gr. 8. mit Kupfern. 3 rthlr. 12 gl. oder 6 fl. 18 kr.

2) **Taschenlexicon für Chirurgen und Wundärzte** enthaltend: Alles was bey vorkommenden Fällen zu wissen, und, sich Raths zu erholen nöthig ist. 2 Bände. 2 rthlr. 20 gl. oder 5 fl. 6 kr. Man findet in diesem Lexicon einen reichhaltigen Schatz von Erfahrungen der besten aus- und inländischen Wundärzte, die der sich in der Nothwendigkeit davon Gebrauch machen zu müssen befindende Wundarzt, voll Zutrauen und ohne Gefahr sogleich auf der Stelle anwenden kann. Auch erlaubt die Bequemlichkeit des Formats, daß man es in zwey Bände gebunden bey sich tragen, und sich augenblicklich daraus Raths erholen kann.

3) van Geßcher, über Wunden, deren Verband und Heilung. Mit Anmerkungen von A. J. Löffler. Mit Kupfern. 1 rthlr. 16 gl. oder 3 fl.

4) van Geßcher, über die Nothwendigkeit der Amputation. Ladenpreis 10 gl. jetzt 5 gl. oder 24 kr.

5) Ecker, über die Ursachen, welche eine geringe Wunde gefährlich und tödtlich machen können. Lad. 20 gl. j. 6 gl. oder 27 kr.

6) Bertrandi von den Knochenkrankheiten. 20 gl. oder 1 fl. 30 kr.

7) Anweisung des königl. preuß. Ober-Collegii medici, wie die Ruhr zu curiren und ihr vorzubauen. 1 gl. oder 5 kr.

8) Beddoe's, über die neuesten Methoden, die Schwindsucht zu heilen. Aus dem Englischen, mit einer eigenen Abhandlung, von Dr K. G. Kühn. Mit 1 Kupf. 1 rthlr. oder 1 fl. 48 kr.

9) Crusa Sammlung bewährter und leicht zu bekommender Mittel gegen die meisten Krankheiten des menschl. Körpers, aus den besten alten und neuen Schriftstellern. Ladpr. 16 gl. j. 6 gl. oder 27 kr.

10) Hunczovsky Erläuterungen der chirurgischen Lehrsätze des Hippokrates. Ladpr. 12 gl. j. 6 gl. oder 27 kr.

11) Kühns, Dr. K. G., Repertorium der neuesten Erfahrungen englischer Gelehrten aus dem Fache der Physik, der Medicin und der Chirurgie. 6 Bände. mit Kupfern. 1806. 15 rthlr. oder 27 fl

12) Löfflers, Dr. A. F., Beyträge zur Arzneywissenschaft und Wundarzneykunst 2 Bde. Ladpr. 1 rthlr. 4 gl. j. 10 gl. oder 45 kr.

13) Ruß, über die Vortheile, welche das Aderlassen in vielen wichtigen Krankheiten gewährt. 9 gl. oder 41 kr.

14) Sydenhams, Th., sämmtl. Werke. 1 rthlr. j. 12 gl. oder 54 kr.

Obige Bücher kann man durch jede richtig zahlende Buchhandlung bekommen; schlecht oder gar nicht bezahlende Handlungen können sie nicht liefern. Wer sie daher durch die Buchhandlung seines Orts nicht bekommen kann, erhält, wenn er sich unmittelbar an die Commersche Buchhandlung in Leipzig wendet, denselben Rabat, welchen sie dieser Handlung gegeben haben würde.

Sittlich religiöse Betrachtungen am Morgen und Abend, für gebildete Stände, vom Professor K. H. L. Pölitz. 4 Monate. Januar — April. gr. 8. 1807. Leipzig, bey Hinrichs. 1 rthlr. 8 gl. Auf Schreibpap. 1 rthlr. 16 gl.

So, gerade so mußten die ewig tröstenden Wahrheiten der Religion aufgestellt werden, wenn sie in ihrer Liebenswürdigkeit fruchtbar auf Herz und Sinn der Gebildeten wirken, sie zum Guten aufmuntern und in ihren Pflichten stärken sollen. Nach Form und Stoff betrachtet hat der Verfasser alles gethan, was in unsern Zeiten geschehen muß, wo Lauheit die Kraft der Religion schwächte. Keine Betrachtung ist langweilig und doch auch keine ohne Reichthum der Gedanken. Jede führt zu einem wohlthätigen Gesichtspunct, wo man gern und befriedigt verweilt. Man lese und sage, ob man dergleichen Betrachtungen schon hat? Welches Geschenk könnte also auch für jede Familie gewichtvoller seyn?

G. H. von Berg Sammlung deutscher Polizeygesetze, 2ten Theils 1r Bd. oder das Handbuch des Polizeyrechts, 6n Theils 1r Bd. gr. 8. Hannover, bey den Gebrüdern Hahn. 1807. 3 rthl.

Die Ordnung des Handbuchs des deutschen Polizeyrechts führt von der Sicherheitspolizey zur Wohlfahrtspolizey, welche in dem zweyten Bande durch auserlesene Beyspiele erläutert werden soll. Der dritte Band wird die Localpolizey und was sich auf das Polizeyverfahren bezieht, enthalten. Die vorliegende erste Abtheilung des zweyten Bandes umfaßt die Bevölkerungs- und Gesundheitspolizey. Die Leser werden hier eine unerwartete Reichhaltigkeit bey strenger Auswahl finden, und wenn gleich vorzüglich der Arzt und Staatswirth sich für diese Abtheilung interessiren dürften: so wird doch auch der Rechtsgelehrte in mannichfaltiger Hinsicht, und selbst bisweilen in gerichtlichen Fällen davon nützlichen Gebrauch machen können.

Auch ist von demselben Verfasser in gleichem Verlage der dritte Theil der juristischen Beobachtungen und Rechtsfälle erschienen, welcher außer interessanten Bemerkungen über den letzten Reichs-Deputations-Schluß besonders mehrere belehrende Erörterungen aus dem Civilrechte enthält. Dieser Band kostet 1 rthlr. und beyde Werke sind in allen Buchhandlungen zu haben.

Fastenpredigten über den Einfluß einer religiösen Denkungsart auf das Wohl des Menschen in dieser und jener Welt, von August Jäscher. Erfurt, 1806. 8. bey Keyser. 12 gl.

Diese Fasten-Predigten, von dem schon durch Predigten, das Bild des Christen in seinen gewöhnlichen Verhältnissen und ein Lehrbuch der christlichen Religion 2c. rühmlich bekannten Verfasser, enthalten folgende Reihen: 1) der montägige Einfluß einer religiösen Denkungsart auf das sittliche Wohl des Menschen, 2) der wohlthätige Einfluß einer religiösen Denkungsart auf die Beruhigung des Menschen im Unglück, 3) auf das häusliche Glück des Menschen, 4) auf das bürgerliche Wohl, 5) auf das Wohl ganzer Saaten, 6) auf das Wohl der Menschen in der künftigen Welt.

Für Mütter und Erzieherinnen ist die Nachricht gewiß höchst angenehm, daß das von dem Verleger des Toiletten-Geschenks letzthin angekündigte Lehrbuch weiblicher Kunstarbeiten für ihre Töchter und Zöglinge, unter dem Titel:

Die Arbeitsstunden im Stricken, Nähen und Sticken; ein Lehrbuch für fleißige Töchter. Mit Vorzeichnungen und Mustern auf 15 Kupfertafeln. Klein Quart - Format. Preis 1 rthlr. 8 gl.

nun wieder in allen Buchhandlungen zu haben ist. Bey diesem Unterrichtsbuch, auf dessen Besorgung sich der Verleger etwas zu gut weiß, in Rücksicht seines werthvollen Innern und Äußern und des dafür bestimmten mäßigen Preises, war darauf gerechnet, daß es in jeder Familie, wo Töchter sind, sowie in allen weiblichen Erziehungs-Instituten als Lehrbuch eingeführt werde, wozu die bis jetzt für diesen Gegenstand erschienenen Werke, wie mehrere bey dem Verleger selbst, größtentheils zu theuer sind.

Unter dem Titel:

Mannichfaltigkeiten aus der fränkischen Erdbeschreibung und Geschichte, zur Unterhaltung für Liebhaber, von Bundschuh. 12 Bogen. in gr. 8.

ist bey uns der erste Heft eben erschienen. Wer sich in portofreyen Briefen geradezu an uns wendet, und wenigstens 12 Exemplare zusammen nimmt, erhält das Stück für den äußerst mäßigen Preis von 36 kr. In den Schulen, wo man des Hrn. Verfassers bekannten allgemein geschätzten Grundriß zum Vortrag der vaterländischen Erdbeschreibung und Geschichte in Franken gebraucht, werden Lehrer und Schüler sich dieser Mannichfaltigkeiten mit nicht geringem Nutzen zur bessern Erkenntniß dieser jetzt jedem, der nur auf einen mäßigen Grad von Bildung Anspruch macht, ganz unentbehrlichen Wissenschaften bedienen. Ist es gleich ausgemacht, wie der Hr. Verfasser schon öfters erklärte, daß Schullehrer über seinen Grundriß eben keine Vorlesungen halten sollen, sondern wenn sie mit wahrem Nutzen zu unterrichten suchen, den Inhalt ihren Schülern und Schülerinnen nur auf eine gute Art abfragen dürfen, und so lange damit fortfahren müssen, bis er richtig aufgefaßt sey, so wird es doch für Lehrer und Ler-

nende gerathen heißen, wenn sie sich über die wichtigsten Gegenstände hier nähere Erläuterung holen. Als Lehrbuch in arbeitsfreyen Stunden geben diese Mannichfaltigkeiten gewiß mehr reelle Unterhaltung, als viele unserer gelesensten Romane und Schauspiele. Das 1te Heft bearbeitet folgende Gegenstände, 1. Klodwig der Franken-König. 2. Kilian der Apostel der Franken. 3. Winfried, nachmahls Bonifaz. 4. Die Grafen von Franken, nach ihren zwey Hauptlinien, die fränkisch-babenbergische und fränkisch-hessische. 5. Konrad I, König der Deutschen. 6. Nürnberger Fleiß, was man ehemahls darunter verstand. 7. Muster eines Fehdebriefes und die Antwort darauf. 8. Die Hofnarren, wie sie aufkamen. Einige Proben ihres Witzes. 9. Ueber Turniere und Scharfrennen. 10. Altfränkische Sprachsitte. 11. Ueber den Ertrag von wilden Bienen. 12. Ueber den Bau von wilden Kirschen, und die ergiebige Baumzucht. 13. Bischof Anthard oder Eginhardt zu Würzburg ein wahrer Menschenfreund. 14. Andreas Bodenstein, genannt Karlstadt. 15. Eine merkwürdige Wallfahrt aus Franken zum heiligen Grabe nach Jerusalem, vor den eigentlichen Kreuzzügen. 16. Von der berühmten fränkischen Familie der Küchenmeister und ihren Wohnsitzen. 17. Wie der Oberrath zu Würzburg 1391 die Polizey handhabte. 18. Versuch einer Geschichte der Auflagen und Abgaben im Fürstenthume Würzburg, nach sechs verschiedenen Zeitaltern 2c.

Das 2te Heft erscheint noch vor Ausgang dieses Monats.

Arnstadt, den 2 Jan. 1807.

Klüger'sche Buchhandlung.

Julius, oder das Vaterhaus. Nach Ducray-Duminil, für Deutsche bearbeitet, von A. L. W. Müller, 2 Bände, mit Kupf. 8. 1807. Leipzig, bey Hinrichs, 2 rthlr.

Dieses Buch, welches ein eben so wahres als lebhaftes Gemählde der Verirrungen einer an sich edlen jugendlichen Natur, wie der Rückkehr derselben zur Tugend aufstellt, verdient nicht bloß als ein anziehender Roman, sondern auch als ein wahres Sittenbuch empfohlen zu werden, weil es nicht die interessantesten Begebenheiten und nicht durch leeres Wortgepränge belehrt. Die mannichfachsten Charactere und Situationen und ein über dem Ganzen bis zu Ende schwebendes Geheimniß, verbunden mit einer seltnen Lebendigkeit und Anmuth der Darstellung und bey Styls zeichnen es vor den meisten seiner Gattung sehr vortheilhaft aus, und machen es zum würdigen Seitenstück der Almonde von demselben Verfasser.

Allgemeiner Anzeiger
der
Deutschen.

Donnerstags, den 5 Februar 1807.

Gesetzgebung und Regierung.

Müssen alle Unterthanen zur Kriegs-
vorspann beytragen?

Im oberpfälzischen Wochenblatte vom
26 Dec. 1806 Stück LII S. 880 wird eine
hierüber von jemand geschehene Anfrage fin-
girt, und diese Frage verneinend beantwortet.

Der Verfasser der Antwort stellt sich
über den Frager sehr ungehalten: es ärgert
ihn, daß man über eine so helleinleuchtende,
so ausgemachte Sache noch zweifeln könne:
er weist den Frager auf die bestehenden Verordnungen, um ihm aber die Mühe des
Nachschlagens zu ersparen, besonders auf
das Generalmandat vom 27 Jänner 1801 in
der Maurischen (?) Generaliensammlung von
1802, 7 (?) Theil 320 S. Nr. 72 hin, gemäß
welcher von allen Vorspannrepartitionen nur
allein der wirkliche Monathstand, ohne
irgend auf den Stand des Besitzers Rücksicht zu nehmen, zum Grunde gelegt werden
soll.

Wiewohl es also, fährt er fort,
unwiderruflich festgesetzt sey, daß auch
die adelichen und überhaupt die gefreyten
Gutsbesitzer zu allen Kriegslasten beytragen
müssen, (das war's also eigentlich, was den
Verfasser drückte, und weswegen er die Anfrage zu fingiren für gut fand) so spreche
sich doch aus vor allegirter Verordnung die
klare Ansicht dahin aus, daß ein Hofwirts-
herr, welcher seine Oeconomie Gründe theils
weise verpachtet hat, um so mehr von dem
Vorspann frey zu lassen sey, als die parti-
ellen Pächter solcher Grundstücke ohnehin

Allg. Anz. d. D. 1 B. 1807.

einen angemessenen Viehstand halten, und
hiernach die verhältnißmäßig treffende Vor-
spannsconcurrenz leisten müssen.

Dieß vorbezeichnete Verfahren sey selbst
in dem Urbegriffe (?) und in der Natur der
Sache gegründet. Noch nie sey der bloße
Besitzer eines Hauses mit Concurrenzen zur
Vorspann, oder zu Naturallieferungen ange-
fordert worden: wohl aber müsse er Quartier tragen.

Nach diesen Ansichten können also, wenn
Requisitionen um Holz z. B. zum Bivouac-
quiren, Kochen rc. eintreten, die mit Holz-
wachs versehenen Besitzer zur verhältnißmäßigen Concurrenz gezogen werden: aber
es würde gegen die natürliche Ordnung verstoßen, dem Besitzer einer Waldung wegen
dieser Quartier aufzulegen, Vorspann oder
Getreide- und Fourragelieferungen von ihm
zu fordern.

Die Anmaßung des Verfassers, mit
welcher er es wagt, die Lehre eines Bod-
man, Weber, Hanzfeld über Kriegslasten
und Schäden umzustoßen, allerhöchste Deci-
sionen, die Praxis seiner eigenen Provinz,
die Grundsätze und Verordnungen der Lan-
desstellen seiner Provinz als falsch und irrig
zu verdammen, und seinen Bescheid als untrügliche Wahrheiten aufzudringen, ist doch
zu arg.

Frohnfuhren bey Truppenzügen gehören
unstreitig in die Categorie öffentlicher außerordentlicher Leistungen, wozu jeder Unterthan
aus dem Grunde des Staatsschutzes, den er
genießt, nach dem Maßstabe seines Vermögens, zu concurriren hat. Sie sind eine an

alle geforderte Leistung. Es müssen also
hierbey eben die Grundsätze eintreten, welche
bey Erhebung der Summen zur Bestreitung
einer öffentlichen Last nothwendig und erforderlich sind. Einer dieser Grundsätze ist
auch, der Ungleichheit des Reichthums so
viel möglich dadurch abzuhelfen, daß man
bey Vertheilung jeder Staatslast die Armen
erleichtern, und die Reichen beschweren müsse.
Weber über Repartition der Kriegsschäden
S. 300.

Natürlich ist es freylich, und wegen der
dringenden Noth eben so nothwendig, als
billig, daß die Natural-Leistung der Frohnfuhren vorschußweise von jenen geschehe, die
wirklich Zugvieh haben; weil nur wirklich
existirendes Vieh den Dienst leisten kann.
Daß es aber hierbey nach dem mißverstande-
nen Grundsatze gewisser Herren: es gibt ein
Kriegsglück und ein Kriegsunglück, belassen
werden müsse, würde gegen alle Ordnung
der Dinge laufen. Es bleibt nach der
Rechtsthese doch immer auch der nicht mit
Zugvieh versehene Unterthan zu der Frohne
verbunden. Die Vorschuß leistenden Unterthanen haben zur begründetsten Entschädigung an dem rhodischen Gesetze ihren Schutz-
patron. Allerdings sollen alle von einer
Gemeinde geleistete Fuhren verzeichnet,
tarirt, und unter sämmtliche Gemeinds-
leute, welche doch mit Bürger- und Nach-
barnrecht versehen sind, ohne Verschonung
der Exemten und Privilegirten, nach
Verhältniß der Güterzahl, oder des Schä-
tzungscapitales, oder auf den Fuß einer gütlichen Uebereinkunft ausgeschlagen und dergestalt zur Entschädigung reducirt werden.
So wurden wirklich im größten Theile von
Schwaben die Fuhren und andere Kriegslasten unter den Gemeinden und Aemtern
ausgeglichen.

Nach der Praxis in der Obern Pfalz
ruht die Pflicht der Vorspannleistung auf
dem Besitze von Grundstücken, oder auf dem
Zugvieh, welches jemand vermöge seines
Grundbesitzes wirklich hält, oder doch in
der Regel halten sollte und könnte.
Das Kriegsfuhrfrohnen repartirende
Landgericht hält sich an die Eigenthümer der
catastrirten vorspannpflichtigen Güter. Ob
dieselben verpachtet seyen oder nicht, davon

hat es keine Notiz zu nehmen: so wie die
Staatsabgaben unverändert auf den Gütern
liegen bleiben müssen, so müssen es auch die
Militär-Frohnen, als ebenfallsige Staatslasten. Die temporäre Nutznießung kann
keine Veränderung hervorbringen. Durch
die Verpachtung von Schloßbaugründen
wird die Einhöfung derselben nicht gemindert, die der Pächter nicht erhöht. Auch ist
es keineswegs richtig, daß der Pächter einzelner Grundstücke deswegen seine Mönath
vermehre, er beschlägt dieselbe meistens ne-
benher mit seiner vorigen Mönath.

Wer demnach im Momente, wo die
Fuhren geleistet werden sollen, mit Zugvieh
nicht versehen ist, der hat für seinen Theil
in Geld zu concurriren, oder die ihn betreffenden Fuhren zu verdingen. Sind Gründe
veräußert, ist aber diese Veräußerung dem
Landgerichte nicht insinuirt worden, und
keine Umschreibung, keine Veränderung der
Einhöfung in den Catastern geschehen, so
versteht es sich wieder von selbst, daß das
Landgericht nach wie vor repartiere.

Ginge es an, sich der Frohnfuhrenpflicht
durch Abschaffung des Zugviehes zu entledigen, so würden die meisten ihre Gründe
durch gemiethete Mönath bestellen lassen und
sich keine mehr halten, oder die Gründe verpachten; woraus unleidliche Prägravatio-
nen der mit Zugvieh versehenen entstehen
müßten. Dergleichen Verpächter wären
dann auch zu keinem Ersatz des auf der Vorspann zu Grunde gegangenen Viehes, Schiff
und Geschirres, zu keiner Naturalien-Liefe-
rung zu concurriren schuldig. Aus dem
nämlichen Princip würde auch folgen, daß
der Verpächter eines Hauses zu keiner Quartierungslast verbunden sey.

Ganz anders denken und handeln die
oberpfälzischen Landes-Collegien. Unterm 26
September 1800 gab die Landesdirection die
Entschließung:

„nach gegenwärtigen Verordnungen
„sollen sämmtliche Städte und Märkte
„nach Verhältniß ihrer besitzenden bür-
„gerlichen Feldgründe zu den sämmtlichen
„Kriegsvorspannen angelegt werden.“

Unterm 12 März 1801 ist vom oberpfälzischen General-Landes- und Marsch-Com-
missariate verordnet worden:

„daß die Last des Vorspanns nicht allein
„auf die mit Pferden versehenen Unter-
„thanen gelegt, sondern ihnen von den
„Feld- und Wiesen-Gründebesitzenden zur
„Entschädigung ein verhältnißmäßiger
„Beytrag gemacht, oder die Repartition
„so gemacht werde, daß die mit Möhn
„nicht versehenen Unterthanen, wenn die
„Reihe des Anspannens an sie kommt,
„die sie betreffenden Fuhren verdingen
„können.‟

Erst im Jahr 1805 unterm 12 Julius
entschied das königl. Hofgericht Amberg in
einer Appellationsstreitsache der Bauern zu
A. mit den Köplern daselbst wegen Concurrenz zu den Militairfuhren, nach vorläufig
erholter Erinnerung der Landesdirection:

„daß die Schuldigkeit zu Territorial-Mö-
„nath-Scharwerken der bisherigen Lan-
„desobservnz gemäß aus dem Besitzthum
„liegender Gründe hervorgehe, folglich
„die Besitzer liegender Gründe, ohne
„Rücksicht auf den Mönath-Stand zur
„Mönath-Scharwerk zu concurriren
„schuldig seyen.‟

Wenn der dictatorische Ausspruch des
Verfassers, daß die Vorspannspflicht auf
dem actuellen Mönathstand hafte, so richtig
ist, wie kommt es denn, daß die Landesdirection bey Güterzertrümmerungen auf die ab-
getrennten Theile allemahl so sorgfältig die
Quoten anschlägt, nach welchen die Besitzer
derselben zu den öffentlichen ordentlichen sowohl als außerordentlichen Lasten, als
Kriegsvorspann, Lieferungen, Quartier, ꝛc.
zu concurriren haben; und warum erging
denn erst unterm 2 Sept. 1806 in Ansehung
der Straßenfuhrfrohnen die instructive Erläuterung:

„daß nach dem Geiste der Verordnung vom
„21 Junius 1806 im Stück XXXI des
„Reg. Bl. §. 5, zu diesen Fuhren nicht
„nach der Zahl der Möhnstücke, son-
„dern nach der Gradation der oeconomi-
„schen Nutzungen, mithin nach dem
„Hoffuße (wie zu Kriegsfuhren) concur-
„rirt werden solle.‟

Aber das General-Mandat vom 27 Januar 1801 in der meirischen Generaliensammlung ist klar.

Hierüber muß erinnert werden:
1) Es ist sehr voreilig, einen Privaten
auf die neue meierische Generaliensammlung
von 1802 zu verweisen; da bis zu diesem
Augenblicke sogar die wenigsten Landgerichte
und Regierungsräthe damit versehen sind.

2) Das allegirte Mandat ist keineswegs
ein von der höchsten Stelle ausgegangenes,
für alle Provinzen des Königreichs und beständig geltendes Gesetz, sondern bloß wie
der Verfasser aus dem baierischen Intelligenz-
blatte von 1801 St. V S. 65 ersehen mag,
eine temporaire, die Provinz Baiern angehende Verfügung der baierischen Kriegsdeputation. Einen Oberpfälzer auf diese
Verfügung hinzuweisen, geht also eben so
wenig an, als wenn ein Baier auf die Befolgung der Verordnung der oberpfälzischen
Landesdirection über das einzelne Hüthen
vom 18 May 1804, oberpfälz. Regier. Bl.
Stück XXI. S. 405, oder über den Ge-
treideaufkauf vom 24 May 1805 Intelligenzblatt von 1805 St. XXV. S. 396 angewiesen
werden wollte. Wenn Herr von Meier
jene und ähnliche Verfügungen in seine
Sammlung aufnahm, so hatte er die Absicht,
bloß das Geschehene während des französischen Kriegs der Nachwelt aufzubewahren,
nicht aber alles Geschehene für eine beständige gesetzliche Vorschrift auszugeben, wie
aus seiner Vorrede abzunehmen ist.

3) Jene Verfügung der baierischen
Kriegsdeputation ward unter ganz andern
Umständen getroffen; damahls wußte man
die Gradation des oeconomischen Besitzthums
der Klöster und Hofmarken noch nicht: wäre
also die Vorspann nach dem bekannten Hoffuße ausgeschlagen worden, so würden viele
Unterthanen ganz leer durchgekommen seyn.
Zudem war damahls den Unterthanen eine
allgemeine Repartition aller Kriegslasten zugesichert; die erwähnte Verfügung konnte
also um so unverfänglicher getroffen werden.

Vollends lächerlich ist, was der Verf.
gegen das Ende seines Aufsatzes aufstellt:
daß nämlich bey Holzrequisitionen nur die
Eigenthümer von Holzwachsen verhältnißmäßig hergenommen werden müssen; daraus müßte folgen, daß requirirte Schuhe,
Tuch, Branntwein, Pferde, Schafe ꝛc. nur
allein die Schuhmacher, Kaufleute, Brannt-

weinbrenner, Pferde, und Schafherren ver=
hältnißmäßig beyzuschaffen, und andere,
welche nichts dergleichen besaßen, auch nicht
dazu zu concurriren verbunden wären.

Aus allem ergibt sich, daß der fingirte
Anfrager bey weiten nicht verdient hätte,
auf eine so lieblose, verächtliche Art abge=
fertigt zu werden, und daß der Verf. noch
lange der Mann nicht ist, welcher die Ver=
fahrungsweise der Landrichter=Aemter in Re=
partion der Kriegsfuhren gründlich zu tadeln
und sie eines beffern zu belehren im Stande
wäre. ***

Allerhand.

Danksagung
wegen erhaltener milden Beyträge für
das geplünderte und zur Hälfte ab=
gebrannte Auerstädt.

Auf den, von der unterzeichneten Ge=
richtsbehörde in Nr. 299 des allg. Anz. be=
kannt gemachten Aufruf zur Wohlthätigkeit
sind folgende milde Beyträge eingegangen.

14 Scheffel 1 B. 2 Mßr. Korn von der
Gem. Neusdorf; 24 Schffl. desgl. von der
Gem. Wicterstädt; 6 Schffl. Korn 3 Schffl.
Gerste, 10 Schffl. Kartroffeln von der Gem.
Eberstädt; 12 Schffl. Hafer, 19 Stck. But=
ter, 127 Stück Käse, 52 Stck. Eyer, 1/4
Eimer Brantwein, ein Fud. Grummt v. d.
Gem. Guthmannshausen; 8 Schffl. 1 Vtl.
Korn, 1 rthl. Geld v. d. Gem. Neustädt;
sämmtlich im Weimarischen gelegen. 2 Schffl.
Korn, 1 Schffl. Gerste v. Hr. Habemann in
Riedertrebra; 3 Scheffel Korn 3 Schffl.
Gerste v. Hr. Kam. Junk. v. Berlepsch auf
Gröbig; 40 Schffl. Korn, 20 Schffl. Hafer,
50 Ctr. Heu, eine schlachtbare Kuh durch
das hochlöbl. thüringische Kreis = Commissar=
riat; 5 Schffl. 2 Vtl. Mehl v. Hr. Rohmer=
ir der Emsen=Mühle; 1 rthl. v. Hr. Acr.
Brenner in Schulpforta; 1 rthl. 8 gr. v. Hr.
Ger. Dir. Quehl in Großneubausen; 2
Krthlr. und 2 rthl. 22 gr. v. Hr. Salzschrei=
ber Tomschütz auf Unternenfulza; 4 rthlr.
v. Hr. Kaufm. Weinich in Leipzig; 1 rthlr.
v. Z. daher; 5 rthl. daher, mit der Bemer=
kung, daß der Einsender wenig Tage vor der
Baraille durch die Güte des Hn. Kreishaupt=
manns v. Zedtwitz aus einer großen Verlegen=

heit geriffen worden; 1 Krthlr. v. K. K. da=
her; 2 rthl. v. Hr. Stiftsbaumeister Glück
aus Meißen; 1 rthl. v. J. W. H. aus Leipz.
2 rthlr. 16 gr. v. Hr. M. Limprecht daher;
2 rthl. C. B. von R. S. aus Dresden; 1 rthl.
8 gr. v. F. H. aus Dank gegen Gott; 1/4
Krthl. v. d. Wittwe W.; 5 rthl. C. B. v. H.
E.; 21 rthl. 8 gr. 8 pf. v. G. H. G. aus
Dresden; 10 rthl. Con. Spec. von T. v. S.
g. H. in G.; 9 rthl. 23 gr. sächs. v. E. E.
Rath in Kreutzburg; 10 rthlr. Gott segne
das Wenige; 5 rthl. preuß. 1/24 v. N. N.;
5 rthl. v. H. R. P. in Dresden; 4 rthl. von
A. J. aus Erf.; 3 rthl. v. C. B. v. F. aus
Dresden; 4 rthl. v. Wilh. G. aus Mühl=
berg; 1 rthl. 8 gr. v. B. in W und 2 rthl.
Sächf. aus Wannfried; 1 rthl. C. B. Wenig
aber gern; 15. rthlr. preuß. 1/24 v. Hr.
Kaufm. Hornung aus Frankenhausen; 10
rthl. 4 rthl. 8 gr. und 6 rthl. von Hermß=
dorf bey Dresden; 8 gr. von M. Häbler
aus Hakelof; 5 rthl. C. B. von G. G.; 200
fl. Rheinisch v. d. resp. Armen=Commission
aus Römhild, von einer für die durch den
Krieg Verunglückten veranstalteten Collecte;
13 Stück Lthlr. v. G. J. F. aus Cassel; 1
Frdd'or v. einem zweymahl Ausgeplünder=
ten bey Merseburg; 2 rthl. 16 gr. von zwey
theilnehmenden Menschenfreundinnen; 1 Pa=
quet mit Wäsche und Kleidungsstücken aus
Leipzig v. J R. K. u. E. E.; 2 rthl. v. Hr.
Adjunct. Weiße in Nebra; 50 rthl. v. Hr.
Huyf=en von Kattendyke aus Braunschweig;
30 rthl. von der Gem. Rußleina bey Roffen
durch Hr. Pastor Lobeck; 34 rthl. 17 gr. f
pf. durch Hr. Pastor Reinhold aus Limbach
bey Wilsdruf, näml. 3 rthl. v. Hr. Hofpache=
ter Starke in Limbach, 2 rthl. v. einem Un=
genannten, 14 rthl. 5 gr. v. d. Gem. Sora;
6 rthl. 3 gr. von der Gem. Lampertsdorf;
6 rthl. 14 gr. 8 pf. v. d. Gem. Birkenheyn;
2 rthl. 19 gr. von Kotzen, nebst einem sehr
zweckmäßigen Trostschreiben der Gem. Lim=
bach und Sora an die Gem. Auerstädt;
4 Krthlr. von A u. Z. aus St.; 1 Ctnr.
Graupen, 1/2 Ctnr. Reis von Hr. Kaufm.
Jäusch in Raumburg; 15 rthl. und 38 rthl.
durch das königl. sächs. Amt Eckartsberge,
zu einer Unterstützung für die Kranken;
2 rthl. 8 gr. v. Hr. Ass. Lepsius in Raum=
burg; 2 rthl. C. B. v. F. A. S. aus Dresd.

Auch hat sich der Hr. Chirurg. König aus Stadtsulza durch seine rastlose uneigennützige Thätigkeit in Besorgung der hier sich befundenen Blessirten, so wie der hiesigen kranken Familien, desgleichen der hiesige Müller-Mstr. Cämmerer, durch abzugsfreyes Mahlen des Getreides für die Abgebrannten, ein bleibendes Verdienst erworben.

Wir sagen den edlen Gebern aller dieser Wohlthaten, im Namen unserer so überaus unglücklichen Gerichtsunterthanen den heißesten, den wärmsten Dank, mit dem herzlichsten Wunsche, daß der Höchste auch ihnen ein Vergelter seyn möge, und der Versicherung, daß wir die Gaben ganz der Bestimmung gemäß bereits verwendet haben und noch verwenden werden; daß zur Verschaffung des dringendsten Bedürfnisses — Brod — bisher fast alle durch verschiedene Behörden ausgetheilten Wohlthaten verwendet werden müssen, und daß die Sorge, woher Brod bis zur künftigen Ernte, woher Same zur Sommeraussaat für das Sommerfeld und das fast zu zwey Drittheilen zerfahrne, zertretene und durch weit ausgedehnte Bivouaqs verwüstete Winterfeld, herkommen solle, die Unglücklichen mit banger Besorgniß erfüllen würde, wenn nicht die Hoffnung, daß aus entferntern glücklichern Gegenden noch ausreichende Beyträge eingehen möchten, sie aufrecht erhielte.

Bey dieser Gelegenheit statten wir den verehrungswürdigen Mitgliedern der hochpreisl. Landesregierung in Weimar, welche verhinderten, daß die hiesige Ortsfeuerspritze nicht mit den eroberten preuß. Kanonen abgefahren wurde, im Namen der hiesigen Gemeinde den gehorsamsten Dank ab.

Diejenigen Beyträge, welche durch kais. königl. französische Militär-Personen, unter denen sich der Beytrag des so menschenfreundlichen Hrn. Intendanten des ersten sächs. Arrondissements Villain, der sich auch sonst noch des hiesigen Orts mit vorzüglich herablassender Güte angenommen hat, auszeichnet, findet man in dem Journal de Francforh aufgeführt. Signatum Auerstädt den 17 Januar 1807.

Freyh. Zedtwitzische Gerichte allhier.
Dr. Adam Friedr. Christian Voigt,
Ger. Verw.

Anfrage.

Als im Jahre 1805 die Theurung des Getreides so hoch gestiegen war, daß der Scheffel Hafer mit 5 und 6 rthlr. bezahlt wurde, zahlte man für die Meile 10 ggr. Extrapostgeld. Seit geraumer Zeit und jetzt, wo an manchen Orten der Hafer nur 1 rthlr., an manchen 1 rthlr. 12 gr., an andern höchstens 1 rthlr. 18 gr. bis 2 rthlr. gilt, zahlt man für die Meile 12 ggr. Extrapostgeld. Woher kommt dieß? — Diese Ungleichheit ist zu auffallend, und gibt den mit Extrapost Reisenden gerechte Ursache, darüber zu klagen.

Dienst - Anerbieten.

1) Eine Dame auf dem Lande in Niedersachsen sucht eine Gesellschafterin, und wünscht, da sie an den Augen leidet, daß selbige ihr durch Vorlesen, so wie bey Erziehung einer Tochter nützlich werden könnte. Diejenigen, welche hierzu qualificirt sind, werden ersucht, in frankirten Briefen der Expedition des allg. Anz. ihren Namen, Alter, Adresse, die Dienstbedingungen, welche sie wünschen, so wie vorzüglich auch diejenigen Personen anzuzeigen, welchen sie bekannt sind. Diejenigen, welche sich gemeldet haben, werden gebeten, dann die weiteren Annäherungen, falls deren Statt finden können, abzuwarten.

2) Es wird ein Mann von mittlern Jahren gesucht, der folgende Eigenschaften haben muß:

1) Muß er vorzüglich mit Pferden umzugehen wissen.

2) Muß er sowohl Küchen- als Glashaus-Gärtnerey, auch etwas Feldbau verstehen.

3) sich zu jedem andern Geschäften im Hauswesen und auf Reisen als Bedienter brauchen lassen.

Ueber seine Eigenschaften und gute Aufführung muß er hinlängliche Attestate beybringen. Wenn er ledig ist, so ist es besser, ist er aber verheirathet, so ist dieß kein Hinderniß; nur darf seine Familie nicht zu zahlreich seyn. Er muß gesund, mit geraden Gliedern und einer dauerhaften Leibesconstitution versehen seyn. Nebst guter Behand-

lung wird ihm ein angemessener Gehalt ausgesetzt und zugleich bey guter Aufführung
eine beständige Versorgung zugesichert. Die
Stelle kann sogleich bezogen werden. Die
Expedition des allg. Anz. besorgt die wegen
dieser Sache franco eingeschickten Briefe.

3) Eine Haushaltung in einer nicht unbeträchtlichen Stadt am thüringer Walde sucht
eine gute Köchin, die zugleich auch im
Nothfall einer Haushaltung vorzustehen im
Stande ist. Sie muß übrigens gültige Beweise ihrer treuen Rechtschaffenheit beybringen können. Die Expedition des allg. Anz.
besorgt die Anmeldungen dahin.

4) In einer Stadt in Thüringen wird
ein junger Mensch gesucht, welcher gegen ein
billiges Lehrgeld Lust hat, bey einem kunstliebenden Manne als Gold- und Silber-
arbeiter zu lernen. Man wendet sich schriftlich an ihn unter den Buchstaben G. H. I. E.
franco an die Exped. des allg. Anz.

Dienst-Gesuche.

Ein junger Mensch von guter Her-
kunft und Erziehung erlernt und schon ein Jahr als Diener gestanden hat, wünscht je eher je lieber eine andere
Stelle als Diener in einer Handlung. Er
versteht das dazu erforderliche; auch ist er
im Stande, die deutsche und französische
Correspondenz zu führen. Im Englischen ist
er auch ziemlich weit. Er kann gute Attestate
beybringen. Die Expedition des allg. Anz.
wird die unter der Adresse H. S. franco ein-
geheuden Briefe besorgen.

Familien-Nachrichten.
Aufforderung.

Die Expedition des allg. Anz. in Gotha
bittet um Angabe des dermahligen Aufenthaltsortes des Hrn. v. Schulze aus Glück-
stadt, königl. dän. Jagdjunkers, des Hrn.
Baron Friedrich v. Kremp, Officiers unter den churhessischen Jägern, und des Hrn.
Müllers, vormahls in dem Landschafts-
hause zu Stuttgardt, indem sie ihnen interessante Nachrichten mitzutheilen hat.

Justiz- und Polizey-Sachen.
Steckbrief hinter Marie Louise Emden aus Corbach.

Diese 31 Jahr alte Person ist des hiesigen
Kiefers Franz Heinrich Emden Tochter, etwas
mehr, wie mittelmäßiger Statur, hat schwarzbrau-
nes Haar und Blatternarben, trug einen leinenen
blau gedruckten Rock, franzleinene blau und weiß
gestreifte neue Schürze, und entweder ein
Wamus von blau gedrucktem Leinen, oder von
Bieber grün und schwarz gestreift und tränkte noch,
ein anderthalbjähriges dahier zurück gelasse-
nes uneheliches Kind. Diese Person wurde wegen
mehrerer verdächtigen Diebstähle am 12 dies. Mon.
dahier gefänglich eingeführt, hatte aber durch Aufhebung der obern Oferplatte Gelegenheit gefunden, durch einen Abtritt sofort zu entweichen. Da
uns aber äußerst daran gelegen ist, dieser gefährlichen Person wiederum habhaft zu werden: so ersuchen wir alle hohe und niedere Obrigkeiten zur
Hülfe Rechtens: auf jene genau zu invigiliren, im
Betretungsfalle gefänglich einzuziehen, und uns
davon gefällig zu benachrichtigen, um wegen der
Kosten und Auslieferung das Erforderliche verabre-
den zu können, und erbieten uns in vorkommenden
Fällen zu gleicher Rechtsgefälligkeit. Corbach im
Fürstenthum Waldek am 21 Januar 1807.
Commissarius, Bürgermeistere und Rath
daselbst.

Vorladungen: 1) J. J. Henze's

Wider den schon vor mehrern Jahren von hier
entwichenen hiesigen Bürger und Schneidermeister
Heinrich Friedrich Henze hat dessen zurückgelassene Ehefrau, Johanne Caroline Charlotte Henze,
geb. Hesse, wegen böslicher Verlassung die Ehescheidungsklage angebracht und auf Erlassung der
Edictalcitation angetragen. Da nun diesem Suchen Statt gegeben und ein Termin zur Instruction
der Sache auf

den 3 März 1807

auf dem hiesigen Rathhause vor dem hierzu ernannten Deputirten, dem Herrn Stadtrichter Grabe,
angesetzt worden ist; so wird der Schneidermeister
Heinrich Friedrich Henze hierzu unter der Verwarnung vorgeladen, daß er bey seinem ungehorsamen Außenbleiben der böslichen Verlassung für
geständig geachtet und hierauf das, was hieraus
rechtlich folgt, durch Erkenntniß festgesetzt werden
wird.
Nordhausen den 25 November 1806.
Von Seiner Majestät dem Kaiser der
Franzosen und Könige von Italien
bestätigtes Stadtgericht.
Weber. Kellermann.

2) der Cathar. Radleff.

Catharine Radleff, die angeblich an einen
reformirten Schullehrer zu St. Goar verehelicht

gewesen seyn soll, oder derselben allenfallsige Leibes-Erben werden hiermit vorgeladen, den aus
der Verlassenschaft ihres dahier verlebten Bruders
resp. Oheims, des pensionirten rheinpfälzischen Ar-
tillerie-Majors Philipp Jacob Radleff nach
Ausweis dessen Testaments zu überkommen habenden Erbtheil in Zeit dreyer Monate von heute an in
Empfang zu nehmen, oder zu gewärtigen, daß solcher an die benannten Mit-Erben zur nußnießlichen
Pflegschaft gegen Caution verabfolgt werde.

  Mannheim, den 13 Januar 1807.

       Großherzoglich Badisches Garnisons-
               Auditoriat.
             Luß, Auditeur.

    3) der Erben Wachenfeld's.

In der von hiesiger Regierung mir committir-
ten Sache des Metropolitans Gundlach zu Zieren-
berg in väterlicher Gewalt seiner Kinder erster Ehe
und als Vormund der Kinder der Räthin Klein-
schmidt, vorher verehelicht gewesenen Seclo gegen
den Conductor Wachenfeld zu Wolfhagen, Erb-
vertheilung betreff., ist die Vernehmlassung des verstorbenen Regiments-Feldscherers Wachenfeld et
uxoris nachgelassenen Erben aus Wolfhagen erforderlich, und da dieselben abwesend sind, auch deren
Aufenthaltsort-unbekannt ist, die öffentliche Vorladung derselben erkannt worden. Dem gemäß
werden die sämmtlichen Erben des genannten Regiments-Feldscherers Wachenfeld hierdurch edictaliter citirt, in dem auf den 12 Februar d. J. anberaumten Termine so gewiß vor der Commission
allhier entweder in Person, oder durch specialiter
bevollmächtigte Mandatarien zu erscheinen, und
sich der obigen Erbschaftssache halber zu Protocoll
vernehmen zu lassen, als widrigenfalls zu gewärtigen, daß sie mit ihrer Nothdurft präcludirt, und
in der Sache rechtlich weiter geschritten werde.

  Cassel, den 15 December 1806.

        Beermann,
      Rath und Oberschultheis.

    4) J. H. Höe's.

Johann Heinrich Höe aus Hopfgarten bey
Erfurt gebürtig und am 11 November 1709 geboren,
hat sich schon seit mehr als 50 Jahren aus der hiesigen Gegend entfernt, ohne daß sein nachheriger
Aufenthalt hier bekannt wurde. Während seiner
Abwesenheit sind ihm aber zwey Acker Land in der
allenberfer Flur erblich zugefallen, und seine, so
viel bekannt ist, nächsten Verwandten Ernst und
Caspar Tobias Schleevogt aus Allentorf haben
deswegen bey dem unterzeichneten Amte den Pro-
vocations-Proceß gegen ihn anhängig gemacht.

    Der Johann Heinrich Höe und dessen Erben
werden daher hiermit vorgeladen, in dem auf
    den 11 November dieses Jahres früh 9 Uhr
angesetzten Termine, oder vorher sich persönlich
oder durch legitimirte Bevollmächtigte am Amtsstelle
zu melden, und die Klage zu beantworten. Im

fall niemand erscheinen sollte, wird auf Todes-
Erklärung und was dem anhängig nach Vorschrift
der Gesetze erkannt werden.

  Erfurt im Amte Azmannsdorf, am 14 Januar
1807.
            Heinemann.

  5) J. V. Mezel's; 6) M. Kühlberg's und
      7) der M. E. Müller.

Von dem Justiz-Amte Tonndorf werden
nachstehende Verschollene, oder falls dieselben bereits verstorben seyn sollten, deren etwanige allhier
unbekannte Erben, als:

1) des Johann Valentin Mezel aus Nohra,
welcher sich im Jahre 1757 oder 1759 aus Erfurt
als Tischlergeselle mit dem daselbst damahls
befindlichen französischen Militair entfernt haben soll, und dessen Vermögen in 264 Rß-
4 gl. 11/2 pf. bestehet.

2) des Michael Kühlberg aus Nohra, welcher
die Schuhmacher-Profession erlernt, und sich in
dem Zeitraum von 1780 bis 1785 aus seinem
obengedachten Wohnorte entfernt hat, und dessen im Depolito befindliches Vermögen 70 Rthlr.
17 gl. 2 1/2 pf. beträgt; endlich

3) der unverehlichten Marie Elisabethe Müller
aus Hohenfelden, welche im Jahre 1771 mit
einem Bettlerhaufen aus Orthausen weggegangen seyn soll, und deren Vermögen in 213 Rthlr.
5 gl. 3 1/4 pf. bestehet,

hierdurch auf Ansuchen ihrer Verwandten, weil sie
länger als 10 Jahre abwesend sind, und während
dieser Zeit von ihrem Leben und Aufenthalte keine
Nachricht gegeben haben, öffentlich vorgeladen, sich
innerhalb neun Monaten, in der Registratur des
gedachten Amtes, oder spätestens in Termino
den 28 May 1807 Vormittags 10 Uhr in gewöhnlicher Gerichtsstube entweder persönlich oder schriftlich zu melden, und gegen Empfangnehmung ihres
Vermögens das Weitere zu erwarten, unter der
Verwarnung, daß wenn sie sich nicht spätestens in
dem angesetzten Termine melden, sie, die Verschollenen für todt erklärt, deren etwanige unbekannte
Erben aber mit ihrem Erbrecht präcludirt, ihnen
ein ewiges Stillschweigen auferlegt, und das Vermögen ihren sich meldenden, und gehörig legitimirenden Erben verabfolgt werden soll. Wobey denselben, falls sie in Termino zu erscheinen verhindert
würden, der fehlender Bekanntschaft eines zu con-
stituirenden Bevollmächtigten die Justiz-Commissa-
rien Herr Dr. Bund oder Dr. Hadelich zu Erfurt
dazu in Vorschlag gebracht werden.

  Gegeben Schloß Tonndorf, den 3 Jul. 1806.

    8) der hermann'schen Gläubiger.

Nachdem des Kammerdieners Müller Witwe
geborne Schade als Testaments-Erbin der dahier
verstorbenen Schauspielerin Witwe Hermann,
gebornen Zamboni, die Erbschaft der Defunctae
nicht anders als cum beneficio inventarii anzutreten erklärt, und des Endes um öffentliche Vorla-

dung der etwaigen Hermann'schen Creditoren gebeten hat; so werden alle diejenigen, welche an ersagten Nachlaß der Witwe Hermann aus irgend einem Grunde Ansprüche zu haben vermeinen, hierdurch ein für allemahl vorgeladen, um solche in dem auf den 2 März hierzu anberaumten peremtorischen Termin vor unterzeichneter Behörde gehörig zu liquidiren oder der Verabfolgung der Erbschaft und Präclusion zu gewärtigen.

Cassel, den 16 Januar 1807.

Stadtschultheißen-Amt der Ober-Neustadt das.

Reinück.

Kauf - und Handels - Sachen.

Anleihe.

Ein Capital von 16000 Fl. Rhein. (8888 Rthlr. 21 gl. 4 pf. Sächs.) wird zu einer Anleihe gegen landübliche Zinsen auf sichere gerichtliche Hypothek, im Ganzen oder auch in vier Theilen, gesucht. Unterzeichnete gibt nähere Auskunft über die dabey Statt findende vollkommene Sicherheit und Nachweisung an die Behörde.

Gotha. h. Exped. d. allg. A. d. D.

Versteigerung von Brillanten.

Dienstag den 31 März l. J. wird die Versteigerung der in der Fhrr. von Erthal'schen Verlassenschaft vorfindlichen ansehnlichen Partie gefaßter und ungefaßter Brillanten und anderer Pretiosen, in dem Fürst-Primatischen Schlosse dahier Nachmittags ihren Anfang nehmen, und bis zur Beendigung fortgesetzt werden, wozu die Herren Liebhaber eingeladen werden.

Aschaffenburg, den 15 Januar 1807.

Von ghst angeordneter Testaments Executorie wegen.

Nota. Das Verzeichniß über sämmtliche Gegenstände ist besonders gedruckt, und ins Publicum gegeben worden.

Gutsverkauf.

In einer angenehmen Gegend in der Nähe von Gotha und zwar in einer mittelmäßigen Stadt ist ein kleines Gut aus freyer Hand zu verkaufen. Es besteht aus 150 Acker Land, 9 1/2 Acker Wiesen und 6 Acker Holz. Die dazu gehörigen Oeconomie- und Wirthschaftsgebäude, die vor wenigen Jahren größtentheils neu erbaut, und daher in den besten Stande sich befinden, sind dabey vorzüglich zu berücksichtigen, als:

1) ein großes Wohnhaus, worin 6 Stuben, 6 Kammern, eine große geräumige Küche, und zwey große Keller befindlich sind. An dem Hause ist ein großer Obst- und Gemüsegarten.

2) Eine große Brantweinbrennerey, auf zwey Blasen eingerichtet, in welcher ein Springbrunnen,

eine Darre, Brennerstube und sonst alle mögliche Bequemlichkeiten vorhanden sind.

3) Drey große aneinander gebaute Scheuern mit zwey übereinander stehenden Böden.

4) Ein großer Stall, worin 30, und ein anderer und dritter, worin 40 Stück Vieh stehen können.

5) Ein Seitengebäude mit großen Frucht- und Heuboden, Stallung für 12 Pferde und Gesindekühe.

Die näheren Bedingungen und sonstige vorläufige Nachrichten sind bey mir am Ende Unterschriebenen zu erfahren, wenn sich Kauflustige mit frankirten Briefen an mich wenden.

W. C. Orphal,

Amtsadvocat in Ohrdruf bey Gotha.

Bäume, Sträuche, Weinreben und Blumen.

Ich beziehe mich auf die im vorigen Herbst gethane Anzeige im allg. Anz. Nr. 248, daß bey mir alle Sorten Bäume und Sträuche, auch 100 Sorten engl. Stachelbeeren und 300 Sorten Wein, ferner alle Arten perennirende Blumen, dieses Frühjahr zu haben, wovon die Cataloge gratis ausgegeben werden. Es ist von allen Sorten großer Vorrath vorhanden, da meine Pflanzung durch den Krieg nur wenig gelitten, indem nur die trocknen Holzwände, Pfähle und Häuser meiner Plantage ruinirt worden, in den Gärten in der Stadt aber kein Schaden geschehen ist.

Zerbst, den 25 Jan. 1807.

Joh. Carl Corthum.

Frankfurter Wechsel-Cours.

den 30 Januar 1807.

	Briefe.	Geld.
Amsterdam in Banco k. S.	—	
Amsterdam in Courant k. S.	—	141 7/8
— 2 Mon.	—	141
Hamburg k. S.	—	148 3/4
— 2 Mon.	—	148
Augsburg k. S.	100 1/4	—
Wien k. S.	50	—
— 2 Mon.		
London 2 Mon.		
Paris k. S.	—	77 1/2
— 2 Uso	—	77 1/8
Lyon M. Special	77 3/4	—
Leipzig M. Special		—
Basel k. S.		
Bremen k. S.		107 5/8

Allgemeiner Anzeiger
der
Deutschen.

Freytags, den 6 Februar 1807.

Nützliche Anstalten und Vorschläge.

Privaterziehungsanstalt für Knaben.

Ein protestantischer Pfarrer, der in einer angenehmen Gegend Frankens, eine Stunde weit von einer bedeutenden Stadt entfernt, wohnt, wünscht, da sein Amt sowohl, als seine übrigen Verhältnisse es erlauben und Erziehung, so wie sonst, auch jetzt noch, eine der angenehmsten Beschäftigungen für ihn ist, einige Zöglinge, die jedoch nicht unter acht und nicht über zwölf Jahr alt seyn dürften, seinem Unterrichte anvertraut zu sehen. Derselbe ist 32 Jahr alt und der deutschen und lateinischen, desgleichen der französischen Sprache, in Hinsicht auf Schreiben und Sprechen, mächtig. Letztere hat er vor wenigen Jahren, als Lector, nicht nur öffentlich an einem ansehnlichen Gymnasium, sondern auch privatim gelehrt. Auch die italiänische Sprache ist ihm, um nicht zu viel zu sagen, nicht fremd; aber er spricht dieselbe nicht. Zunächst würden Rechnen, Geographie, Naturlehre, Naturgeschichte u. s. w. nebst Anweisung zu echter Sittlichkeit; Hauptgegenstände des Unterrichts mit ausmachen. Auch, Tonkunst, besonders Violinspielen, würde nicht vergessen werden, indem Einsender selbst kein ungeübter Violinspieler ist.

Eltern, die demselben ihr Zutrauen schenken und die dabey eintretenden Bedingnisse erfahren wollen, wenden sich in postfreyen Briefen unter der Aufschrift: An J. K. G. in Z h S. an die Expedition des allg. Anz., welche dieselben weiter besorgt.

Allg. Anz. d. D. 1 B. 1807.

Naturkunde.

Zur Beantwortung der Anfrage von §. B. in Nr. 304 S. 3645.

Die von §. B. bekannt gemachten Bemerkungen, daß, wenn auf der schwäbischen Alp die tyroler und schweizer Alpengletscher sichtlich würden, nach 24 Stunden Regen erfolge, bewahrheiten sich auch durch eine langjährige Erfahrung in der Provinz Ansbach, und namentlich zu Auernheim, auf dem höchsten Standpuncte des sogenannten Hahnenkamms (Hunnen-Campus; Campus hunnorum) im wassertrübinger Kreise, Amts Heidenheim; und die tyroler Gebirge sind den dortigen Einwohnern wahre Barometer, denn sie dürfen zuversichtlich auf baldigsten Regen hoffen, so bald sich diese ihren Blicken in die weite Ferne darstellen.

Dinkelsbühl.   Fischer.

Gelehrte Sachen.

Anfrage, Aufforderung und Vorschlag.

Anfrager hält es für ausgemacht aus innern Gründen, daß die bekannte Volkssage vom Blaubart deutschen Ursprungs sey, welche man jetzt freylich meistentheils nur aus Perrault's französ. Bearbeitung kennt. Er wünscht aber auch äußere Beweise zu sammeln, und bittet jeden, der sich solcher aus alten Büchern oder Gedichten erinnert, dieselben durch den Anzeiger d. D. bekannt zu machen. Der Gewinn einer gründlichen Bearbeitung der Volkssagen für Geschichte, Sitten und Poesie ist sehr groß, obgleich wenig berücksichtigt. Es wollte sich vor einiger Zeit verlauten, Veit Weber habe aus dem Munde der Harzbewohner die Harzsagen gesammelt; er wird hiermit aufgefordert, solche herauszugeben, aber ja rein und lauter, ohne fremden Zusatz, der nur verunstalten kann.

Endlich aber ist es einleuchtend, daß eine genauere Untersuchung der Volkssagen nicht aus eines Menschen Leben geschöpft werden kann, sondern aus ganz Deutschland. Die Erfahrungen solcher Männer, die in den Sinn dieser Sache eingehen, vorher gehört und gesammelt werden müssen. Es fragt sich, ob die Redaction dieses Blattes erlaubt, daß darin solcherley Nachrichten und Andeutungen zur Sprache kommen; *) sie werden sicher weniger Platz einnehmen, als manche weitläufige oconomische Ausführungen, welche schon häufig fruchtlos befunden worden sind. Alsdann aber dürfte es doch gut seyn, daß Anfrager etwas näher anzeige, was er eigentlich meine, und er ist hierzu erbötig.

Cassel.   * * *

Berichtigungen und Streitigkeiten.

Beleuchtung eines Avertissements vom 12 d. M. im allg. Anz. Nr. 18 S. 180 unter der Firma: Henneberg, Gabel, Brähm.

Ein Beytrag zur Geschichte der Sprach- und Herzens-Fehler.

Die Herren Henneberg 2c. finden sich bewogen, öffentlich bekannt zu machen: daß ich mich vor kurzem entfernt und bey einer andern Fabrik engagirt hätte. Dieser gebrauchte Ausdruck ist Sprachfehler und Fehler des Herzens zugleich.

Ein Bedienter, der seinen Herrn bestohlen oder auf andere Art betrogen hat und heimlich davon gelaufen ist, wird in öffentlichen Steckbriefen mit Recht durch die Bemerkung: „er habe sich vor kurzem entfernt," zu jedermanns Warnung an den Pranger der Publicität gestellt.

Wenn aber ein Mann, der vor ungefähr 35 Jahren die Porcellan-Fabrik zu Gotha mit gegründet, auch seit dieser Zeit die Hauptgeschäfte mit gutem Erfolge dirigiret und durch eine mehr als zwanzigjährige

gemeinschaftliche Betreibung derselben mit drey andern Compagnons gewiß hinlänglich bewiesen hat, daß es ihm weder an Kenntnissen und nützlichen Erfahrungen in seinem Fache, noch an Redlichkeit und Verträglichkeit fehle; wenn dieser Mann, einige Jahre nach dem Beytritt eines neuen Compagnons, des Herrn Henneberg, und mannichfaltigen unverdienten Kränkungen, sich genöthiget siehet, seinen Antheil an dieser durch unermüdeten Fleiß empor gebrachten Fabrik aufzugeben, und, um nicht sein weniges Vermögen unthätig zu verzehren, bey der Porcellan-Fabrik zu Gera sich zu engagiren: wenn er sich entschließen muß, mit seinem Wohnorte zugleich sein eigenthümliches Haus, das ihm durch vierzehnjährige Bewohnung lieb geworden war, zu verlassen, sich von mehreren erprobten Freunden, ja, als Wittwer, sogar von zwey geliebten Kindern zu trennen, und diesem seinem Herzen so theuern Umgange zu entsagen; wenn ein alter sechzigjähriger Mann, nach reiflicher Erwägung aller dieser Aufopferungen, dennoch kein anderes Mittel findet, sein Alter ruhiger zu verleben, als in dem Abgange von der zeitherigen Societät; wenn er diese Entschließung seinen drey Compagnons officiell bekannt macht; wenn, nach mehreren schriftlichen Unterhandlungen mit dem obgedachten Hrn. Henneberg, eine förmliche Uebereinkunft zu Stande kommt, mittelst welcher dieser Hr. Henneberg den Fabrik-Antheil jenes Mannes käuflich an sich bringt, und über die Bezahlung der Kaufsumme in bestimmten Fristen Wechsel ausstellt; wenn dieser Mann vor seinem Abgange von Gotha solchen nicht bloß seinen Freunden und Bekannten, sondern, außer mehrern Gönnern, selbst dem erhabenen Beschützer der Künste, seinem Durchlauchtigsten Herzoge, dessen wiederholte Beweise landesherrlicher Huld und Gnade ihm ewig unvergeßlich bleiben werden, persönlich meldet; wenn er eine Menge Abschieds-Besuche und unter andern bey seinem Compagnon, Hrn. Gabel selbst macht, dann erst mit nassen Augen seinen zeitherigen vieljährigen Wohnort, Kinder und Freunde verläßt und in einem eilf Meilen von Gotha entfernten Orte Ruhe zu finden sucht; dann kann man wol, ohne vor sich

*) Ja, wofern ihr Umfang die Grenzen dieses Blattes nicht überschreitet.   d. R.

selbst zu erröthen, am allerwenigsten in
einem öffentlichen Avertissement, den Ausdruck
von ihm brauchen: er habe sich entfernt.

Meine Ehre fordert daher, zwar nicht
für Gotha, wo alle von mir angeführte
Thatsachen hinlänglich bekannt sind, sondern
für das Ausland, wo man jenen Ausdruck
in dem gewöhnlichen Steckbrief-Sinne
verstehen könnte, gegenwärtige öffentliche
Berichtigung.

Es würde mir sehr thun, wenn mein
vieljähriger Freund Cabel, dessen Namen
unter dem erwähnten Avertissement mit abgedruckt ist, dasselbe mit unterschrieben hätte.
Allein dieß ist in der That nicht zu glauben.
Wie sollte der edle Mann, der in seinem Leben niemand etwas zu Leide that, im Stande
gewesen seyn, seinen Freund auf eine so
empfindliche Weise zu kränken und öffentlich verdächtig zu machen! Nein, theurer,
geliebter Freund, dieß war Ihnen nicht möglich; und hätten Sie wirklich Ihren Namen
unterzeichnet, so ahnete Ihr redliches Herz
nicht, daß meine Ehre dadurch gefährdet
werde.

Nachdem übrigens die gothaische Porcellan-Fabrik die Absicht, mir zu schaden, unverkennbar an den Tag gelegt, und ihre
neue Firma annoncirt hat, manche Freunde
aber vielleicht doch wünschen dürften, Por-
cellan-Waaren von meiner Fabrication zu
beziehen, so zeige ich zugleich an, daß sie sich
mit ihren Commissionen entweder unmittelbar an die hiesige Fabrik, oder unter der
Firma: Christian Schulz und Comp. zu
Gotha, an meinen Sohn, den Silbhauer
Schulz, wenden können, wo sie um billige
Preise Porcellan ganz von derselben Güte
und Facon, wie ich es sonst fertigen ließ,
franco Gotha oder Gera, welcher Ort ihnen
näher ist, erhalten sollen.

Gera im Voigtlande den 30 Jan. 1807.
Christian Schulz.

Kauf- und Handels-Sachen.

Porcellanfabrik zu Gera.

Die unterzeichnete Porcellanfabrik empfiehlt
sich mit ihren Fabrikaten zu gütigen Bestellungen,
indem sie die Versicherung beyfügt, jeden ihr zugehenden Auftrag promt und zur Zufriedenheit der
Ersteller zu besorgen.

Sie darf dieß um so überzeugender öffentlich
geloben, da Herr Schulz, welcher bisher die Geschäfte der Porcellanfabrik zu Gotha leitete, sich
mit ihr verbunden, und durch seine Kenntnisse und
vieljährigen Erfahrungen ihre Fabrikate bereits
außerordentlich verbessert hat, auch keine andere
Fabrik billigere Preise zu machen im Stande ist.

Gera Untermhause, den 30 Januar 1807.
Die privilegirte Porcellanfabrik
daselbst.

Gutsverpachtung.

Das sächsische Lehn-Gut in Groß-Vargula
bey Langensalza, welches ungefähr 12 Hufen Land
und 43 Äcker Wiesen und Gärten enthält, soll nebst
Inventarium wegen des unvermutheten frühen
Ablebens des seitherigen Pacht-Inhabers desselben,
gegen eine baare Caution von fünf hundert Stück
Conventionsthaler, aufs neue verpachtet werden,
und zwar so, daß es schon den achten Junius dieses Jahres übernommen werden könne. Diejenigen, welche dieses Gut zu pachten gesonnen sind,
haben sich bey dem Handlungshause Christian
Lutteroth, Söhne und Comp. in Mühlhausen
zu melden.

Versteigerung einer Apotheke.

Die hiesige sehr gut gelegene seit einiger Zeit
vom Besitzer zum Verkauf ausgesetzte Apotheke wird
unter annehmlichen Bedingungen Montags den
23 März d. J. Vormittags 10 Uhr auf dem hiesigen Rathhause im Aufstreich verkauft werden.
Die Herrn Liebhaber werden hierzu mit dem Anhang eingeladen, daß die Steigerer ihre zu Uebernahme der Apotheke nöthigen Kenntnisse, Sittlichkeit und öconomischen Mittel darzuthun haben.

Wimpsen, den 21 Januar 1807.
Großherzogl. Hessisches Amt Wimpfen.
Hofrath Majer.

Vermiethung eines Buchhändler-Gewölbes
in Leipzig.

Ein großes Gewölbe, nebst Schreibstube und
einer daran stoßenden kleinern Niederlage oder auch
Kammer, ist von Ostern 1807 an in einer bequemen
Gegend zu vermiethen, und daß man sich deswegen
an den Hrn. M. Eberhard, Leipzig im Gewand-
gäßchen Nr. 622 zu wenden.

Gottlob Frenzel, Jahn und Comp.
in Leipzig, in Ammannshof, sonst Joh. Carl
Ärrtel, empfehlen sich hiermit zu allen Spedition
und Commissions-Aufträgen bekannt, auch verkaufen selbige voll. Zug-Stiefelschäfte von Roßleder
und Pack-Loden zu billigen Preisen, und nehmen
auf andre Artikel Bestellungen an.

Sämereyen.

Echten frischen Garten =, Blumen =, Feld = und Waldsamen hat zu verkaufen. Christian Niedling zu Erfurt auf der Krämerbrücke.

Justiz = und Polizey = Sachen.

Steckbrief hinter J. A. Senff.

Der wegen Veruntreuung und Dienstpflichtverletzung zur Zuchthausstrafe verurtheilte vormahlige hiesige Salin = Inspector Friedrich August Senff, aus Dürrenberg, im Stifte Merseburg, ist in der Nacht vom 11 auf den 12 Januar aus seinem Arreste beym hiesigen Stadt = Gerichte entsprungen.

Derselbe ist 38 Jahr alt, mittler, etwas untersetzter Statur, hat heilbraunes, abgeschnittenes und sich wenig kräuselndes Haar, heilblaue Augen und schlauen Blick, breites pockennarbiges Gesicht und gespaltenes Kinn. Er redet stark in obersächsischer Mundart.

Bey seiner Entweichung ist er wahrscheinlich bekleidet gewesen mit einem grauen Rock, bräunlicher oder grauer Chenille, lettere mit gelben Knöpfen, blauem gestreiften manschesternen Pantalon, Stiefeln und lederner Kappe.

Namens hochlöblicher Justizcanzley in Zelle und vermöge speciellen Auftrags, werden alle Obrigkeiten und Behörden geziemend ersucht, auf den Inquisiten achten zu lassen, denselben im Betretungsfalle zu arretiren und sodann wegen dessen Abholung, gegen Erstattung der Kosten und erforderliche Reversalien, Nachricht anher zu ertheilen.

Lüneburg, den 22 Jan. 1807.
Verordnete Untersuchungs = Commission.

G. C. W. Schuster, A. C. Wedekind, Amtschreiber zu Scharnebeck. schreiber zu Lüneburg.

***

Vorladungen: 1) M. Stein's.

Dem vor bereits 22 Jahren als Beckerknecht in die Fremde gegangenen Michel Stein von Handschuchsheim gebürtig ist durch Ableben seiner Eltern ein dermahl unter Curatel stehendes Vermögen von 892 fl. 38 kr. erblich angefallen.

Gedachter Michel Stein wird daher hierdurch öffentlich vorgeladen: innerhalb drey Monaten seine Erbschaft in Empfang zu nehmen, oder zu erwarten, daß solche seinen sich deßhalb gemeldet habenden vier Geschwistern gegen Caution ausgehändigt werden wird. Heidelberg, den 20 Januar 1807.

Großherzoglich Badisches Amt Unterheidelberg.

J. Neßler. Rettig.

***

2) J. Specht's.

Der längst abwesende, und seit dem Januar 1797 bey einer Schlacht bey Mannheim vermißte Bürgers Sohn Johannes Specht von Neibsheim, oder dessen allenfallsige eheliche Leibs = Erben werden hiermit aufgefordert, binnen der zerstörlichen Frist von neun Monaten zu erscheinen, und das bisher vormundschaftlich vermögte, in ohngefehr 4682 fl. bestehende elterliche Vermögen in Empfang zu nehmen, oder zu gewärtigen, daß er Johannes Specht als verschollen erkläret, und sein Vermögen denen darum anstehenden nächsten Anverwandten zur nutznießlichen Erbgenschaft gegen Caution übergeben werde. Druckfal, am 19 Jan. 1807.

Großherzoglich Badisches Landamt.

Gußmann. Vidt. Fränzinger.

***

3) der Gläubiger Melch. Deitigsmann's.

Gegen den hiesigen Bürger Melchior Deitigsmann wurde heute der Gantproceß erkannt; dessen dahier nicht bekannte Gläubiger werden sohin vorgeladen, ihre an gedachten Melchior Deitigsmann habende Forderungen innerhalb 6 Wochen dahier entweder selbst oder durch hinlänglich instruirte Bevollmächtigte anzuzeigen, zu liquidiren, und den etwanigen Präferenz = Anspruch auszuführen, unter dem Rechtsnachtheile jedoch, daß sie ansonst nach Umlauf solchen Termins mit ihren Forderungen von der Gantmasse ausgeschlossen werden sollen.

Mannheim, den 9 Januar 1807.

Großherzogl. Badisches Stadtvogteyamt.

Rupprecht. Boehmer. Vidt. Nürnberger.

***

4) der Eva Cath. Hörnlein.

Die aus dem diesamtlichen Stadt = Flecken Breitenbach bürtige, seit länger, als 30 Jahren, von da abwesende und verschollene Eva Catharina Hörnlein, so wie deren etwanige Leibes = Erben und alle diejenigen, welche an ihr hiesiges Vermögen irgend einige Ansprüche haben möchten, werden anmit geladen,

den 9 Junius d. J.

gesetzlich anher zu erscheinen, sich gehörig anzumelden, und ihre Forderungen ordnungsmäßig herauszulegen, auch zu bescheinigen, im Unterbleibungsfall aber, daß die Hörnlein für todt und jeder andere seiner Ansprüche, so wie der Rechtswohlthat der Wiedereinsetzung in den vorigen Stand für verlustig erklärt — das Hörnleinische Vermögen auch deren sich hiezu gemeldet habenden hiesigen nächsten Anverwandten ohne Sicherheits = Bestellung überlassen werde, zu gewarten.

Sig. Gehren, den 9 Januar 1807.

Fürstl. Schwarzburg. Amt das.

Allgemeiner Anzeiger
der
Deutschen.

Sonnabends, den 7 Februar 1807.

Nützliche Anstalten und Vorschläge.

Ueber das Institut der barmherzigen Brüder; nebst einer Nachricht von Errichtung eines Privatkrankenhauses.

Im R. A. 1806. 229 wünschet man Bemerkungen über die Einrichtung, den Geist und den ganzen practischen Werth des Instituts der barmherzigen Brüder zu erfahren. Da ich oft Gelegenheit hatte, dieses Institut näher kennen zu lernen, so will ich meine Beobachtungen mittheilen.

Von allen Mönchsorden ist gewiß keiner von einem so ausgebreiteten Nutzen gewesen, als der Orden der barmherzigen Brüder; ob er es noch dermahlen ist, ob die Krankenpflege nicht zweckmäßiger, weniger kostspielig als durch Besorgung durch Mönche eingeleitet werden könnte, wird das Resultat der folgenden Betrachtung seyn.

Die barmherzigen Brüder nehmen ohne Unterschied, ob ein junger Mensch Studien hat, oder ob er keine hat, in den Orden auf, und ich fand mehrere, die mich versicherten, daß sie bey Aufnahme in den Orden kein Wort Latein lesen konnten. Im Noviciat lernen sie gar nichts, was zu ihrer künftigen Bestimmung nothwendig ist; diese für jeden jungen Menschen kostbare Zeit wird mit unzweckmäßigen Mönchsübungen vertändelt, und der Verstand bekommt eine falsche Richtung. Die Bigotterie ist hiervon die Folge. Nach geendigtem Noviciat überläßt man dem jungen Menschen die Krankenpflege, das heißt, er wird Krankenwärter in einem Kloster; ist er dieses einige Jahre, und hat

er sich empirische Kenntnisse von Behandlung der Krankheiten eigen gemacht, so wird er Unterkrankenwärter, dann Oberkrankenwärter, und wird von Stufe zu Stufe bis zum Prior des Klosters befördert, wo er sodann berechtiget ist, den Kranken selbst zu ordiniren. Jedes Kloster hat seine eigene Apotheke; der Apotheker muß geprüft seyn; diese Vorschrift besteht in den kaiserl. österr. Staaten. Auch weiß ich Fälle, daß einige aus dem Orden der Barmherzigen auf den Universitäten zu Wien und Prag als Doctores Medicinae oder als Doctores Chirurgiae sind promovirt worden. Diese Promotionen geschehen aber gewöhnlich in einem solchen Alter, wo der Mensch selten noch fähig ist, etwas zu lernen; so kenne ich einen Prior eines Klosters, der dermahlen 56 Jahr alt ist, und erst vor drey Jahren als Doctor Chirurgiae promovirt wurde.

In den kaiserl. österreichischen Staaten war man schon lange überzeugt, daß die Kranken bey den Barmherzigen nicht zweckmäßig behandelt werden. Diejenigen Klöster, welche so viel Einkünfte besitzen, daß sie im Stande sind, einen Arzt zu besolden, müssen einen auswärtigen haben, welcher alle Tage ordiniret. Meines Wissens haben die Klöster zu Wien, Grätz, Linz und Türnau solche Aerzte. Doch könnte ich mehr als zehn mir bekannte Klöster nennen, wo kein Arzt angestellt ist, sondern wo der Prior des Klosters ordiniret. Auch ist den barmherzigen Brüdern unter Strafe von 100 Ducaten verboten, außer ihrem Kloster in der Stadt Kranke zu curiren, oder chirurgische Operationen vorzunehmen.

Die Spitäler der barmherzigen Brüder sind ganz zweckwidrig angelegt; denn in allen Klöstern, die ich besuchte, fand ich ein großes Zimmer, in welchem alle Kranke, sie mögen was immer für eine Krankheit haben, behandelt werden; nur die Wahnsinnigen werden abgesondert, und nur wenige Klöster haben ein Reconvalescenten Zimmer.

Die Klöster der barmherzigen Brüder sind selten so fundiret, daß sie im Stande wären, ihre Bedürfnisse ganz zu bestreiten. Sie müssen das meiste durch die Sammlung zu erwerben trachten; dieses hat die Folge, daß jedes Kloster mehr Brüder haben muß, als es für die Krankenpflege nothwendig hat, damit es Menschen gibt, die auf dem Lande herumziehen, um die Lebensmittel aufzutreiben. Um nur ein Beyspiel zu geben: In dem Orte, wo ich dieses schreibe, ist ein Kloster der barmherzigen Brüder. Das Krankenzimmer hat 34 Betten; sichere Einkünfte durch gestiftete Capitalien hat das Kloster jährlich 2000 Fl. Zur Besorgung der 34 Betten wären 6 Brüder hinlänglich; da aber die Sammlung bestritten werden muß, so sind in diesem Kloster 14 Brüder.

So sehr ich wünsche, daß nicht nur in jeder Stadt, sondern selbst auf dem Lande Krankenhäuser errichtet werden möchten, so sey dieses wenige, was hier bemerkt wurde, zur Warnung gesagt, damit kein neues Kloster der barmherzigen Brüder errichtet werden möge.

Es kann nicht geläugnet werden, daß Krankenhäuser für den Staat äußerst kostspielige Institute sind. Aber eben deshalb, weil der Staat die Verwaltung hat, sind sie kostspielig; denn die Verwaltungskosten betragen oft mehr, als die Kranken an Medicamenten und Nahrung kosten. Ist es aber nothwendig, daß der Staat die Krankenhäuser errichte? Kann dieses nicht durch einzelne Menschen, die Liebe und Eifer zur Sache haben, unternommen und ausgeführt werden? Hat man nicht in England und Italien hiervon Beyspiele? Aber auch in Deutschland kenne ich ein Krankenhaus, das ohne Mitwirkung des Staats schnell errichtet ist und worin die Kranken zweckmäßig behandelt werden. Es sey mir erlaubt, in diesen Blättern in gedrängter Kürze und zur Nachah-

mung die Geschichte dieses Krankenhauses zu erzählen.

Die Stadt N.., welche 732 Häuser und 6000 Einwohner zählt, und worin nebst andern Professionisten 660 Tuchmachermeister sind, besaß kein Krankenhaus. Man fühlte die Nothwendigkeit, eins zu errichten, schon lange, wußte aber die gehörige Einleitung nicht zu treffen, bis im Jahr 1804 N... den Vorschlag machte, man solle durch eine Subscription den Versuch dazu machen. Es wurde eine Subscription eröffnet, jedermann zur Unterzeichnung eingeladen, und in einigen Tagen wurden 1500 Fl. unterzeichnet. Dieser schnelle Fortgang ermunterte den N.. welcher unter den Bürgern von N.. zwey sehr thätige Beförderer dieser Anstalt fand, mit diesen beyden gemeinschaftlich an der Errichtung des Krankenhauses zu arbeiten. Es wurde sogleich für den ersten Anfang ein Haus von vier geräumigen Zimmern gekauft, jedoch das Locale des Hauses so gewählt, daß man in der Zeitfolge durch den Bau das Krankenhaus erweitern könnte. Die erste Einrichtung an Betten, Wäsche ꝛc. ist zum größten Theil von den Bürgern dem Hause geschenkt und am 31 Jul. 1804 ist der erste Kranke aufgenommen worden.

Um die jährlichen Auslagen für den Unterhalt der Kranken bestreiten zu können, hat man abermahl die Bürgerschaft zu einem jährlichen Beytrag, jedoch nur auf 5 Jahre aufgefordert, weil man überzeugt zu seyn glaubte, daß an Capitalien so viel eingehen dürfte, daß das Haus die Beyträge entbehren kann. Man ersuchte die Bürgerschaft, einen nach ihren Vermögenskräften geringern aber gewissen Beytrag zu unterzeichnen; diese Unterzeichnung fiel jährlich auf 521 Fl. aus. Ferner wurde die Einleitung getroffen, daß jeder Handwerks-Gesell von seinem Wochenlohn einen Kreuzer dem Krankenhause bezahle; dafür wird er unentgeltlich aufgenommen, wenn er krank wird. Die Hausbesitzer, welche nicht jährlich einen Gulden für einen Dienstboten bezahlen, müssen, wenn ein Dienstbote von ihnen in das Krankenhaus aufgenommen wird, alle Tage für ihn 12 Kreuzer zahlen. Es wurden 12 Bürger erwählt, denen die Direction des Hauses übergeben wurde. Der jedesmahlige Syndicus der

Stadt iſt der Vorſteher. Alle dieſe Menſchen dienen unentgeltlich, und nur der Arzt, der Wundarzt und die Krankenwärter werden bezahlt. Im Januar 1804, wo man die erſte Jde zu Errichtung des Krankenhauſes in N… faßte, hat O.. die erſten 10 Fl. ſubſcribirt und ſogleich bezahlt; im September 1806, da ich dieſes ſchreibe, beträgt das auf Zinſen angelegte Capital des Krankenhauſes 12750 Gulden. Bis Ende Jun. 1806 ſind in dem Zeitraume von 1 Jahr 11 Monaten 223 Kranke aufgenommen worden; hiervon ſtarben 11 Perſonen, darunter waren Altershalber ein Weib von 115 Jahren und ein Mann 95 Jahr alt. Ferner wurde ein vom Schlagfluß getroffener Mann in das Krankenhaus gebracht, der nach drey Stunden ſtarb. Dieſe drey Menſchen kann man alſo nicht unter diejenigen rechnen, die hätten geheilet werden können. Man kann daher annehmen, daß von 220 aufgenommenen nur 8 Menſchen ſtarben, ein Beweis, wie zweckmäßig dieſe Anſtalt eingerichtet, und mit wie vieler Aufmerkſamkeit ſie beſorgt wird. Wenn die Verwaltung des Krankenhauſes beſoldet wäre, wenn diejenigen, denen die Obſorge und Leitung dieſes Geſchäftes oblieget, davon leben müßten, ob ſie auch mit jenem Eifer und Genauigkeit dieſes Geſchäft leiten möchten, als es dermahlen geſchiehet, überlaſſe ich jedermanns Entſcheidung.

Wenn man übrigens an andern Orten Deutſchlands ähnliche Inſtitute errichten wollte, ſo bin ich erbötig, die ausführliche Geſchichte des Krankenhauſes von N.. ſammt den Directionsregeln über die Leitung und Beſorgung unter der Bedingung mitzutheilen, daß man die Schreibgebühren bezahlt, und mit frankirten Briefen unter Einſchluß an die Expedition der allg. Anz. in Gotha ſich an mich wendet. Das Ganze wird ohngefähr 32 Bogen enthalten. Im Sept. 1806.

Gelehrte Sachen.

Zuſchrift an den Beurtheiler meines Planes zu einem zweckmäßigen Schulatlas.

Ihre Beurtheilung, welche in die geographiſchen Ephemeriden November 1806 eingerückt iſt, habe ich mehreremahle durchgeleſen; da ſie aber weder eine wiſſenſchaftliche Berichtigung, noch eine gegründete Widerlegung, ſondern bloß eine Vertheidigung des Kartenmonopols des Hrn. Bertuch enthält, ſo finde ich mich nicht verpflichtet, darauf zu antworten. Ich habe von vielen braven Männern Berichtigungen bekommen und ſie mit Dank benutzt. — Ich kann dem Recenſenten nicht helfen, der Atlas erſcheint in ſphäriſchen Rechtecken, was er auch dagegen haben mag, das Publicum mag dann entſcheiden. Vielleicht werde ich oder ein guter Freund von mir bald eine wiſſenſchaftliche Geographie herausgeben. Den Vorwurf einer literariſchen Uebedeutenheit will ich gern ertragen, mich aber nie einer literariſchen Ungezogenheit ſchuldig machen; ſo denke ich: ein anderer mag anders denken und handeln.

Allen denjenigen, die bis jetzt durch ihren Beytritt uns in unſerm Unternehmen unterſtützen, dient zur Nachricht, daß wir uns durch die Zeitumſtände veranlaßt finden, den Subſcriptionstermin bis zur Jubilatesmeſſe zu verlängern.

M. Lindner,
ordentl. Lehrer an der Bürgerſchule zu Leipzig.

Dienſt - Anerbieten.

1) Es wird ein erfahrner, unverheirateter, wo möglich junger Oeconom, der einen anſtändigen Gehalt, liberale Behandlung und angenehme geſellſchaftliche Verhältniſſe zu erwarten hat, zu einer Verwalterſtelle auf einem Gute im Werra-Grunde, auf Oſtern dieſes Jahres geſucht, weswegen man ſich in portofreyen Briefen an den Pachter Schwabe in Tiefenort, welche in Eiſenach bey dem Herrn Profeſſor Schneider abzugeben ſind, zu wenden hat.

2) In eine nicht unbedeutende Apotheke in einer anſehnlichen heſſiſchen Landſtadt wird ein Gehülfe von folgenden Eigenſchaften geſucht:
1) Muß er von geſetzten Jahren und daher zur Eingezogenheit geneigt ſeyn.
2) Muß er ſeine Wiſſenſchaft gründlich erlernt haben, und daher ſeinen Geſchäf-

ten als Apotheker ganz gewachsen seyn,
so daß man sich ganz auf ihn verlassen
kann.

3) Muß er einen ganz unbescholtenen Character besitzen und diesen mit glaubwürdigen Zeugnissen beweisen können.

Wer sich dieser Eigenschaften und Erfordernisse bewußt ist, und zur Annehmung
dieser Stelle Neigung hat, der kann, falls
er zu eigenem Etablissement sobald vielleicht
keine Hoffnung haben dürfte, sich auf einen
langjährigen Unterhalt und außerdem auf
eine sehr gute und liberale Behandlung gegründete Hoffnung machen; ja es wird ein
solches Subject sogar als Freund des Hauses
angesehen werden, wenn es sich der Freundschaft desselben würdig zeigen wird. Wer
sich mit dem Einsender dieses in nähere Correspondenz einlassen will, beliebe sich in frankirten Briefen an den Hrn. Postsecretair
Lenk in Gotha gefälligst zu wenden, welcher die Briefe weiter zu besorgen die Güte
haben wird.

Familien-Nachrichten.
Aufforderungen.

1) Vor zwey bis drey Monaten ist Barbara Steffenhagen, die Frau eines Invaliden der königl. preuß. Garde, Namens Johann Heinrich Steffenhagen, in einem Dorfe
in der Gegend von Gotha gestorben, und
ihr zehnjähriges Mädchen, Anna Marie,
welches sie bey sich hatte, ist von edeln Menschen aufgenommen und verpflegt worden.
Der bekümmerte Vater, welcher von Potsdam nach Gotha gereist ist, um sein Kind
aufzusuchen, bittet den Menschenfreund, der
dasselbe bisher unterhalten hat, seinen Wohnort der Expedition des allg. Anz. gefälligst
bekannt zu machen.

2) Es wird der am 10 Januar d. J. aus
der Klosterschule zu Gotha weggegangene
Gymnasiast und Selectaner C. G. G. hiermit vorgerufen, sich je eher je lieber bey
seinen Eltern einzufinden, oder ihnen seinen
Aufenthaltsort aufs baldigste anzuzeigen.

3) Es wird wegen des Mousquetiers,
Clemens Thoß, welcher in der preußischen

Armee unter dem Regiment des General-Lieutenants Grafen von Kunheim, Leibcompagnie von Bornstedt, gestanden, und am
3 Oct. vorigen Jahres aus dem Feldlazareth
zu Halle geschrieben hat, nachdem aber keine
weitere Nachricht von ihm eingegangen ist,
das unterrichtete Publicum aufs dringendste
um einige Nachricht von seinem Leben und
dem Ort seines Aufenthalts gebeten.

Schwalmberg im Fürstenthum Lippe,
den 11 Januar 1807.

A. H. Thoß,
Justiz-Amtmann hierselbst.

Kauf- und Handels-Sachen.
Anerbieten.

Die erste Verloosung der bey den Herren
Gebrüdern Bethmann negociirten kaiserl.
königl. Obligationen sowohl als die der vormahligen brüsseler, nunmehr Chambre auti-
que Obligationen ist in Wien erfolgt.

Endesunterzeichneter erbietet sich, die
herausgekommenen und in Wien zahlbaren
Obligationen entweder gegen kaiserl. oder
andere Staatspapiere, zum billigsten Cours
berechnet, umzutauschen.

Feist Emden
in Frankfurt am Mayn.

Justiz- und Polizey-Sachen.
Vorladung der Gläubiger der Baronesse M. J. J. von Wal.

Da am 5 d. die dahier privatisirt habende gewesene Stiftsdame zu Münsterbilsen, Baronesse
Marie Juliane Ferdinande von Wal verstorben
ist, und ein Testament zurückgelassen hat, in welchem ein Neffe derselben, Baron Eugen Johann
Nepomuk Joseph von Wal, zum Erben ernannt
ist, so werden hierdurch alle diejenigen, welche irgend eine Forderung ex quocunque capite an die
Verlassenschaft der Verstorbenen machen zu können
glauben, aufgefordert, diese binnen sechs Wochen
dahier vorzubringen, oder zu erwarten, daß im
Nicht-Meldungsfalle die Erbschaft ohne weiters
nach dem Inhalt des Testaments verabfolgt werden
soll. Heidelberg, den 13 Januar 1807.

Großherzogl. Badische Hofraths-
Commission.
Baurittel. vdt. Weurer.

Allgemeiner Anzeiger

der

· Deutſchen.

Sonntags, den 8 Februar 1807.

Literariſche Nachrichten.

Bücher ⸗ Verkäufe.

Verzeichniß architectoniſcher und mathematiſcher Werke, welche um beygeſeßte Preiſe in ſächſ. Währung zu verkaufen ſind.

1, Luc. Vitruvio Pollione de Architectura. Lib. X. per Aug. Gallo. 1521. Die ungemein ſeltene erſte Ausgabe in ital. Sprache, mit meiſterhaf⸗ ten Holzſchnitten. Eine typographiſche Selten⸗ heit, treffl. conſervirt. Lederband. gr. Realfol. 15 rthlr.

2. Architettura di Sebaſt. Serlio, Bologneſe. In Venezia, 1663. per Combi et la Nou. Fol. Pergbb. mit vielen Holzſchnitten. 4 rthlr.

3. Cours d'Architecture, Enſeigné dans l'Acade⸗ mie roy. d'Architeeture etc, par Fränçois Blon⸗ del. Paris 1698. I — V part. en deux Vol. mit vielen Kupfern. Frzbb. 8 rthlr.

4. Perſpectiva durch Hans Lenker, Bürger zu Nürnberg. 1751. prächtiges Exempl., vom Künſt⸗ ler ſelbſt ausgemahlt und mit Gold erhöht. Ver⸗ gold. Lederbb. 6 rthlr.

5. Della Transportatione del Obeliſco Vaticano⸗ del Cav. Dom. Fontana. Intagl. da Natal. Bonifacio. L. Imo. Roma 1690. c. mult. fig. Perg. Bd. 2 rthlr.

6. Le due Regole della Perſpectiva Pratica di Jacomo Barrozzi da Vignola. Roma, 1644. c. mult. fig. mit der Büſte des Vignola von Che⸗ rub. Albert. 3 rthlr.

7. J. Quatro Libri dell Architectura di Andr. Palladio. Venet. 1601. c. mult. fig. Pappbd. 4 rthlr.

8. Id. Liber ed. altera. Venet. 1616. Perg. Bd. 3 rthlr.

9. Regola delli cinque Ordini d'Architettura di M, Jacomo Barozzio da Vignola. Roma, per Giov. Battiſta de Roſſi. 48 Kupfertaf. gr. Fol. ohne Jahrzahl. 4 rthlr.

Allg. Anz. d. D. 1 B. 1807.

10. Salomon de Caus Beſchreibung nützlicher Ma⸗ ſchinen, Höhlen, Grotten und Luſtbrunnen. m. vielen Kupfern und Figuren. Frankf. 1615. Fol. 1 rthlr.

11. Penther's Anleitung zur bürgerl. Baukunſt. I — IV. Theil. Augsb. 1745 — 61. mit ſehr vie⸗ len Kupfern. Marm. Bd. 4 Bde. Fol. 12 rthlr.

12. Deſſ. Anweiſung zum Bauanſchlag. Augsb. 1753. mit vielen Kupf. Marmbb. Fol. 2 rthlr.

13. Deſſ. Praxis Geometriae. Augsb. 1761. mit Kupf. Fol. 2 rthlr.

14. Deſſ. Gnomonica fundamentalis et Mecha⸗ nica. Augsb. 1760. m. Kupf. Fol. 1 rthlr.

15. Tutte le Opere d'Architettura et Proſpetti⸗ va, di Sebaſt. Serlio, Bologneſe. In Venezia, 1600. mit ſehr vielen treffl. Holzſchnitten. Kl. Fol. 1 rthlr. 12 gl.

16. Jacques Fançois Blondel, de la Diſtribution der maiſons de plaiſance etc. T. I. II. A Pa⸗ ris, 1737. gr. 4. mit 160 Kupf. Frzbb. 6 rthlr.

17. Schmids bürgerlicher Baumeiſter. 8 Bde. Fol. compl. 30 rthlr. (Der Pränumerationspreis war 50 rthlr.)

18. Frezier, Theorie et Pratique de la Coupe des bois, ou Traité de Stereotomie, à l'Uſage de l'Architecture. T. I. II. III. A Paris, 1737. 4to. mit ſehr vielen Kupf. Frzlederbb. 5 rthlr.

19. Belidor's Ingenieur ⸗ Wiſſenſchaft. 1. 2. Theil mit vielen Kupf. Nürnb. 1758. 2 rthlr.

20. Andr. Cellarii Atlas Univerſalis. Amſterd. ap. Gerard. Valk. 1708. Realfol. Ein ausge⸗ mahltes Prachtexempl. 6 rthlr.

21. Almanach Nova, plurimis Annis inſervien⸗ tiis per Jo. Stoeflerinum et Jac. Pflaumen etc. Venetiis ap. Petr. Liechtenſtein. 1515. 4. Schwbb. 2 gl.

Man wendet ſich deßhalb in frankirten Briefen an die Exped. des Allg. Anz. d. D. in Gotha.

Muſikalien.

A Moscou chez l'Auteur: Fantaiſie et Chanſon Ruſſe, avec Variations pour le Clavecin ou
Pianoforte, dediées à Madame Sophie Knorre,
née Senf, à Dorpat, par Theodore Nehrlich. Oeuv. III.

Chez le même: Six Leçons pour le Clavecin ou Pianoforte, compoſées et dediées à Son
Excellence Madame de Neplujuff, née de Tep-
loff, à Moscou, par Theodore Nehrlich.
Oeuv. IV.

A St. Petersbourg chez F. A. Dittmar: Fantaiſe et Chanſon Ruſſe, avec Variations pour le Pianoforte, dediée à Mademoiſelle
Agrippine de Kiriloff, par J. P. Theodore
Nehrlich. Oeuv. V.

A Moscou, gravé chez Reinsdorp et Käh-
ner; Caprice en Pot-Pourri, contenant des Chan-
ſons Ruſſes, variés pour le Pianoforte et de-
diés à Son Alteſſe Impériale Madame la Grand-
Ducheſſe Marie Pawlowna, Princeſſe héréditaire
de Saxe-Weimar et Eiſenach, par J. P. Theodore Nehrlich, Maitre de Clavecin à Moscou. Oeuv. VI. 1805.

Der Herr Capellmeiſter Reichardt fällt über
dieſe Compoſitionen in Nro. 30. der dießjährigen
berliner muſikaliſchen Zeitung folgendes unparteyi-
ſche Urtheil:

Es wird wol jetzt in ganz Europa kein Inſtrument häufiger und allgemeiner geübt, als das
Fortepiano, und für keines findet man mehr Vir-
tuoſen und ſelbſt große Künſtler, als eben für dieſes; auch werden unzählige Sachen aller Art dafür
geſchrieben und gedruckt und geſtochen. Dennoch
fühlt gewiß jeder gründliche und redliche Lehrmei-
ſter ſehr oft den großen Mangel an echten Studien,
durch welche beyde Hände gleichmäßig geübt, Vortrag und Geſchmack gebildet und das Ohr und Gefühl an gute reiche Harmonie und rythmiſche Genauigkeit und Mannichfaltigkeit gewohnt würde.
Seit einiger Zeit hat man mit allem Rechte ſeine
Zuflucht zu den unſterblichen Werken unſers Se-
baſtian Bach genommen und vielfältige Aufgaben
haben dieſe Meiſterwerke zur Freude aller Kenner
und wahren Freunde der Kunſt überall hin verbreitet. Für die meiſten unſrer jetzigen jungen Clavier-
ſpieler, welche die Kunſt nicht von Anfang an mit
dem Ernſt und der Gründlichkeit getrieben und ſtu-
dirt, die zu Bachs Zeiten als nothwendig und einzig zuläſſig anerkannt wurden, für dieſe ſind die meiſten Bachiſchen Sachen aber zu ſchwer, und eben ſie
die große Arbeit darin einſehen, oder doch wenigſtens ahnen und fühlen lernen, ſind ſie ihnen auch
zu trocken und zu einförmig, da ihre unergründliche
Mannichfaltigkeit nicht in den äußern Zornen, ſondern in der innern, tiefgedachten Arbeit liegt. Ueberall fehlt es daher noch an ſolchen Studien, die
zu einer zweckmäßigen Einleitung und Vorübung in
die Werke großer Meiſter dienen könnten und an
ſich ſelbſt doch auch intereſſante Meiſterſtücke wären.

„Deſto erfreulicher war dem Recenſenten und
wird jedem echten und großen Muſik-und Clavier-
freunde die Erſcheinung der vor uns liegenden Cla-
vierſtücke ſeyn, welche alle jene guten Eigenſchaften an ſich tragen, alle die vorher aufgezählten
Vortheile gewähren und durch ihren tiefen Character und milden Anſtrich von Melancholie ein ganz
eignes Intereſſe haben. Der Componiſt, in welchem ein würdiger Schüler der großen Paléchom-
ſchen oder vielmehr Bachiſchen Schule unverkennbar iſt und der auch mit allen Forſchritten der
neuern Kunſt mit vergrößerten zu ſeyn ſcheint, hat
auf eine ſehr intereſſante Weiſe viele der höchſt bedeutenden, gefühlvollen und ganz eignen ruſſiſchen
National-Melodien benutzt. Wie richtig und tief
er den eignen Character dieſer National-Geſänge
gefühlt, zeigt die harmoniſche Behandlung, und die
eben ſo künſtliche als natürliche Verkettung mehrerer in eine Fantaſie. Dieſe ſeine Fantaſien zeigen
überall von dem ſchönen ſeltnen Talent der freyen
Fantaſien, welches der Componiſt — der dem
Recenſenten übrigens perſönlich in jeder Rückſicht
völlig unbekannt iſt — gewiß in eben ſo hohem
Grade beſitzt, als die ſeltne Kunſt, mit beyden Händen gleich deutlich, fertig und bedeutend vorzutragen. Dieſes ſchöne und für alle Clavier-Inſtru-
mente höchſt wichtige Talent können Clavierſchüler,
die es ernſtlich mit ſich und der Kunſt meinen, an
dieſen neuern Arbeiten beſſer und vollſtändiger üben,
als an dieſen Leçons und Variations, und finden
ſie darin auch nicht den ganzen unerſchöpflichen
Reichthum unſers Bachs, ſo werden ſie doch dadurch zu deſſen Meiſterwerken auf die zweckmäßigſte
Weiſe verbreitet, und haben zugleich für die erſten
Jahre die Annehmlichkeit, faßlicher und fürs Ohr
angenehmere Uebungsſtücke zu ſpielen. So werden
ſie auch nicht einſeitig bloß zur Bachiſche Sachen
vorbereitet, ſondern für die Kunſtwerke der ver-
ſchiedenſten Meiſter, für Mozart, Beethoven,
Clementi und Duſſec, deren größere Werke alle
von dem gründlichen Studium Bachiſcher und Hän-
delſcher Meiſterwerke zeigen und ähnliche Vorbereitung zum richtigen und bedeutenden Vortrag erfordern.

(Zu Hamburg bey Perthes zu haben).

Pränumerations-Ankündigung.

Die echte Fabrikatur des Dünkerker und engliſchen St. Omer, nebſt allen Sorten Rauch-
und Schnupftaback, mit ſeinen Kupfern und
Abdrücken verſehen. Nebſt einer Zugabe approbirter häuslicher und ſehr nützlicher Wiſſenſchaften.

Ein jeder, der ſich dieſes gute Werk anſchafft,
kann ohne einen weiteren Unterricht alles daraus
erlernen, und der Fabrikant ſelbſt wird darin
vieles finden, was zu ſeinem Nutzen dient. Um die
Anſchaffung ſo leicht wie möglich zu machen, wird
dieſes Werk um den geringen Pränumerationspreis
à 2 fl. rheiniſch oder 1 rthlr. 3 gl. ſächſ. ob. 3 Mark

Hamb. Cour. erlaſſen; und die Erinnumeration bleibt
bis zu Ende des Monats Julius 1807. offen, einen Monat darauf werden die Exempl. an die Herrn Pränumeranten ohnfehlbar abgeſandt, Briefe und Gelder nebſt Einſchreibgebühr bitten wir uns franco zu
übermachen.

In Frankfurt am Mayn, an Hrn. J. D.
Döring, in der großen Sandgaſſe, an Hrn. G.
Ph. Claus in der Grünbergaſſe, Lit. G. Nr. 107;
in Leipzig, an Hrn. Wilhelm Rein und Comp.;
in Hamburg, an Hrn. J. J. Locos, im Laden
an der Schlamatzer-Brücke.

Periodiſche Schriften.

Folgende Journale ſind ſo eben fertig geworden
und bereits verſandt:

1) Journal der Moden, 1807. 18 Stück.
2) Allgem. geograph. Ephemeriden, 16 St.
3) Neueſte Länder- und Völkerkunde, 3ten Bdes.
    16 St.
4) Wielands neuer deutſcher Merkur, 18 St.

Die ausführlichen Inhalte davon ſind in unſern
Monatsberichten, die bey allen löbl. Buchhandlungen, Poſt- und Zeitungs-Expeditionen gratis
zu haben ſind, zu finden.
Weimar, im Januar 1807.
      F. S. priv. Landes-Induſtrie-
              Comptoir.

An Leſegeſellſchaften und Freunde einer intereſ-
ſanten Lectüre.

Um den Menſchen, beſonders von ſolchen Orten, wo man die neueſten Producte der Literatur
nicht aus der erſten Hand haben kann, Genüge zu
leiſten, ſind wir erbötig, die in mehrern öffentlichen Blättern empfohlnen Zeitungen:

1) Der Freymüthige für alle Stände auf das
    Jahr 1807.
2) Die Zeitung für die Toilette und das geſel-
    lige Leben ꝛc.
3) Der Geiſt des neunzehnten Jahrhun-
    derts ꝛc.

welche durch Mannichfaltigkeit und Intereſſe gewiß
jedermann befriedigen werden, um einen Partie-
preis abzulaſſen.

Der Jahrgang jeder dieſer Zeitungen, welchen
der europäiſche Univerſal-Anzeiger ꝛc. als Beylage beygefügt wird, koſtet eigentlich Einen Friedrichsd'or, wer aber alle drey Zeitungen zuſammen nimmt und ſich mit baarer Zahlung an uns
wendet, erhält ſie alle jährlich für zwey Friedrichs-
d'or alſo um den dritten Theil wohlfeiler. Vereinigt ſich daher eine Geſellſchaft von 6 Perſonen
zu dieſer ſo gewählten Lecture, ſo kommen alle dieſe
Zeitungen, zuſammen 365 Stücke, jedem einzelnen
Leſer nicht höher als jährlich ohngefähr 1 rthlr. 16 gl.
ein Preis deſſen Geringfügigkeit jeden überzeugen

muß, daß es uns bloß um gemeinnützige Verbreitung dieſer Blätter zu thun iſt. Uebrigens ſind
dieſe Zeitungen durch alle Buchhandlungen, Poſt-
ämter, Zeitungs-Expeditionen und überhaupt da,
wo andere Zeitungen zu bekommen ſind, eine jede
jährlich für Einen Friedrichsd'or zu haben.
      Expedition des europäiſchen Univer-
          ſal-Anzeigers in Leipzig.

Antwort auf die Bitte um Veranſtaltung einer
    lateiniſchen mediciniſchen Zeitung.
      (Allg. Anz. d. Deutſchen 1807. Nr. 4.)

Eine Geſellſchaft von Aerzten und Naturfor-
ſchern, überzeugt von der Wichtigkeit des Bedürfniſſes einer lateiniſchen mediciniſchen Zeitſchrift für
unſer Zeitalter, hat ſich in der Abſicht vereiniget,
dieſem Bedürfniſſe von dem Monate Februar
an, durch Herausgabe einer ſolchen Zeitſchrift abzuhelfen.

Nach dem Wunſche des Hrn. D. B. werden die
Unternehmer dabey hauptſächlich auf die practiſchen
Aerzte Rückſicht nehmen, und ihr Inſtitut für dieſe
ſo gemeinnützig als nützlich zu machen ſuchen. Uebrigens wollen ſie lieber mit der Erfüllung deſſen,
was ſie dabey ſich ſelbſt zum Geſetze machen zu müſſen glaubten, den Anfang machen, als vor der Hand
viel davon verſprechen.

Was die äußere Einrichtung dieſer Zeitſchrift
anbelangt, ſo wird ſie den Titel führen:
Commentarii de noviſſimis artis ſalutaris incrementis.

Vier Hefte, jedes zu acht Bogen in 8. werden
einen Band ausmachen, und der Preis von vier
Bänden wird 6 rthlr. ſächſ. ſeyn.

Man wird ſich die Freyheit nehmen, die Epoche
der neueſten Erweiterungen auf den Anfang des
laufenden Jahrhunderts, in Fällen von außerordentlicher Wichtigkeit auch wol noch etwas weiter zurück zu ſehen. Daher wird es für den Anfang nicht an Vorrath fehlen, die Hefte in kürzeren Zeitabſchnitten, etwa von Monat zu Monat auf
einander folgen zu laſſen. Sobald es aber an wich-
tigem Inhalte gebrechen ſollte, wird man damit eine
Aenderung treffen, und den Zeitraum zwiſchen zwey
auf einander folgenden Heften verlängern. Intereſſante Beyträge von beobachtenden Aerzten, es ſey
in teutſcher oder lateiniſcher Sprache, werden wir
ſehr dankbar aufnehmen; nur müſſen wir in Abſicht
auf die lettere uns das Recht vorbehalten, die Aufſätze, im Falle daß dieß nöthig ſeyn ſollte, den Geſetzen des Inſtituts gemäß einzurichten.

Alle Beyträge ſowie die Beſtellungen bitten wir
an die Kriegerſche Buchhandlung in Marburg,
welche die Hauptexpedition übernommen hat, gefälligſt einzuſenden. Den 25 Jan. 1807.
      Die Herausgeber der mediciniſchen
              Commentarien.

Bücher=Anzeigen.

National= oder Bürger=Gardisten wird es angenehm seyn zu erfahren, daß von dem Buche: der Soldat als Beystand der Polizey, eine neue Auflage erschienen ist. Diese neue Auflage hat einen Anhang bekommen: über Organisation und Pflichten der Bürger=Garden, Bürger=Wachen oder National=Garden, und dieß Buch ist daher auch für den Bürgerstand, welcher jetzt an mehreren Orten Militärdienste verrichtet, sehr nützlich geworden; überhaupt aber ist es für junge Militärs und für solche, die mit der Garnisonpolizey, besonders in Kriegszeiten, unbekannt sind. Es kostet bey den Gebrüdern Gädicke in Berlin 1 rthlr. oder 1 fl. 48 kr.

Erzählungen aus dem alten und neuen Testamente, für die Jugend und Schulen bearbeitet, vom Rath J. G. D. Schmiedtgen. 2 Theile. Neue mit Kupfern vermehrte Ausgabe. 8. 1807. Leipzig, bey Hinrichs. geb. 1 rthlr.
Wenn diese trefflichen Erzählungen nach dem Urtheil der erfahrensten Männer schon an sich ein körniger Auszug der Bibel sind, welche für die Jugend, vermöge der leichten und angenehmen Darstellung, aufs zweckmäßigste sich empfehlen; so gewinnen sie jetzt bey dieser neuen Ausgabe noch mehr an Schönheit und Anschaulichkeit durch 72 Kupfer, welche alle nach den größten Meistern, nach Rubens, Rembrand, Dieterich rc. bearbeitet sind. Der Freund der Religion und der Kunst werden sonach beyde befriedigt. Wegen Wichtigkeit des Gegenstandes setzt jedoch die Verlagshandlung den Preis nur auf 12 gl., ohne Kupfer auf 12 gl.
Die Aesthetik für gebildete Leser, von Prof. X. H. L. Pölitz. 2 Theile. gr. 8. 1807. Leipzig, bey Hinrichs. 3 rthlr.
Was Garve für sein Zeitalter war, das ist in philosophischer Hinsicht der Verfasser für das unsrige, besonders im Betreff dieser Aesthetik, seiner Weltgeschichte und seiner Erziehungswissenschaft. Ein Vergleich, welcher gebildeten Lesern den rechten Gesichtspunct angibt, aus denen sie diese Schriften zu betrachten haben. Bey seiner Neutralität in der Philosophie befriedigt er im hohen Grade jeden Unbefangenen, der sie aufs Leben anwenden will. Von deutlich gedachten Grundsätzen geht er aus, vermeidet alle Polemik, und stellt das, was die Philosophie fürs Leben darbietet, in einer so vollendeten stylistischen Form und so blühend dar, daß der Kreis aller Gebildeten unwiderstehlich angezogen wird.

Als eine höchst angenehme Erscheinung für die Jugend ist folgendes neueste Buch des geschätzten

Herrn Rector Carl Hahn, Erzieher des Prinzen von Solms=Braunsfeld, zu achten. Der Titel ist:
Angenehme Schulstunden, Gedichte und gereimte Erzählungen für die Jugend verschiedenen Alters.
Der unterzeichnete Verleger maßt sich nicht an, etwas über das Innere dieses ganz schönen Jugendbuches zu sagen, aber er freuet sich ungemein, Eltern, Lehrern und Kinderfreunden damit ein Vergnügen bewirkt zu haben, welches er, da er selbst Familien=Vater ist, so gern theilt. Das Buch ist hübsch gedruckt, kostet 1 rthlr. 4 gl. und ist in allen Buchhandlungen zu haben.

Bey uns ist vor kurzem erschienen und in allen guten Buchhandlungen zu haben:
Ephemeron für Lectüre und Theater, von Heinrich Bertuch, 1ste Lieferung. 8. 1 rthlr. 4 gl.
Theater=Regien und Leser erhalten in dieser Schrift eine Sammlung Theaterstücke, die ihren Zweck sicher nicht verfehlen werden. Goldchen, ein natürliches Zauberspiel mit Gesang, ist ein liebliches Lustgebilde der Phantasie in zwey Acten, worin die schwere Aufgabe, das Zauberische und Uebernatürliche am Ende durch natürliche Magie zu erklären, glücklich gelöst ist. Der Pachter und seine Söhne, eine Posse in drey Acten, ist auf das Lachen berechnet, und wird diese Tendenz gewiß erreichen. Die Persifflage des Uebermuth reicher Glücks=Pilze, die dem Stück zur Folie dient, ist nur zu treffend. Die angehängten Briefe machen begierig nach der in dem folgenden Bande versprochenen Fortsetzung. Dem Singspiele ist ein braver, der Sache gewachsener Componist zu wünschen, der den Text sinnund ausdrucksvoll wieder zu geben weiß.
Gotha, im Januar 1807.
Steubel und Keil.

In unserm Verlage ist so eben erschienen:
Polen, zur Zeit der zwey letzten Theilungen dieses Reichs, historisch, statistisch und geographisch beschrieben. Nebst einem allegorischen Frontispis, 3 Prospecten und einer Landkarte, welche die verschiedenen Theilungen Polens in den Jahren 1773, 1793 und 1795 dem Auge deutlich macht. 34 Bogen. gr. 8. Preis 2 rthlr.
Von demselben Verfasser erschien bey uns im Jahr 1799:
Südpreußen: Voran ein kurzer Abriß der politischen und Kirchengeschichte Polens. Mit 6 Prospecten und 3 Karten. 42 B. gr. 8. Pr. 1 rthlr. 12 gl.
Dykische Buchhandlung in Leipzig.

Allgemeiner Anzeiger
der
Deutschen.

Montags, den 9 Februar 1807.

Der Franzos, der Deutsche und der Engländer, ein Parallele für Denker.

Descends du haut des cieux, auguste verité,
Repands sur nous écrits ta force et ta clarté.
Voltaire, Henriade.

Goldene Wahrheit, dich rufe ich an! Du, die du allein das Glück der Menschen gründen kannst, laß mich mit deinem Scharfblick drey Gegenstände untersuchen, welche täglich so falsch dargestellt werden.

Die Franzosen, die Deutschen und die Engländer erregen jetzt die Aufmerksamkeit der bekannten Welt; ... . von ihnen, wie manches schiefe Urtheil wird nicht über sie gefällt, die meisten sehen sie nur durch die betrügerische Brille ihrer Vorurtheile, im nachtheiligen Licht widriger Umstände, oder von einem falschen Standpunct aus. Laßt uns sie, mit abgekühlten Leidenschaften, nach langer vielfältiger Erfahrung so betrachten, wie sie dem cosmopolitischen unparteyischen Beobachter erscheinen müssen.

Jede Nation ist das, was Natur des Landes, Nahrung, Erziehung, politische und religiöse Verhältnisse und die tausendfache Modification der Umstände aus ihr gemacht hat. Sie hat also einen eigenen individuellen Character, der das Resultat erwähnter physischen und moralischen Verhältnisse ist. Wie sie es geworden, gehöret in das weitläuftige Fach der Geschichte, und kann hier keinen Raum finden; nur wie sie jetzt uns scheinen, wollen wir hier untersuchen.

Allg. Anz. d. D. 1 B. 1807.

Daß der Franzos, in einem Lande geboren, das den günstigsten Himmelsstrich, einen Reichthum an Producten aller Art hat, gut genährt, mit dem edeln Rebensaft getränkt, ein Wesen munterer Natur ist, als die kalten rauhen Nordländer, läßt sich a priori et a posteriori beweisen; daß besonders der gemeine Mann bey den Franzosen weit mehr natürliches Feuer, weit mehr angebornes Talent hat, mehr persönliche Tapferkeit und mehr Beredsamkeit besitzt, als die Deutschen, sehen wir ja täglich; selbst Ehrgefühl, das man bey dem gemeinen Mann sonst so wenig antrifft, findet man häufig bey den gemeinsten Franzosen.

Wer übrigens in Frankreich gereist ist, wird gestehen müssen, daß es das Land der Lebensgenüsse ist, daß man daselbst gute Chausseen, vortreffliche Wirthshäuser, bequeme Betten, gute und fast nichts kostende Weine und angenehme Gesellschaften fast überall antrifft. Was will man mehr haben!

In Deutschland trifft man meistens schlechte Wege für ein hohes Chaussee-Geld, theure und schlechte Wirthshäuser, Betten, die zu hart, zu kurz und mitten im Sommer mit Federn bedeckt sind, lange und unschmackhafte Speisen, theure und schlechte Weine, im Durchschnitt nicht einmahl trinkbares Bier an. Kurz es ist das Land der Entbehrungen und Mängel; ein practischer Epicureer muß es da bey der Theorie bewenden lassen, die er tauben Ohren prediget. Der große Montesquieu sagte daher, als er von seinen Reisen nach Hause kam: Deutschland wäre ein Land, gut, um es einmahl zu sehen,

Italien, um darin zu reisen, England, um darin zu denken, Frankreich aber, um darin zu leben.

Wenn der Deutsche, gegenwärtig durch die Kriegslast gedrückt, den Franzosen mißkennt, wenn er sich nicht andere Nationen in den nämlichen Verhältnissen denken kann, wenn er nicht mit ihm sprechen, dem lebhaft plauderhaften Soldaten nicht antworten kann, müssen beyde oft ungeduldig über einander werden; wer aber ihre Sprache mit Fertigkeit redet, wer durch Lebhaftigkeit, Gegenwart des Geistes, Witz, Aehnlichkeit mit ihnen hat, wird gewiß mehr mit ihnen ausrichten, als mit andern Nationen. Ich könnte hier manche eigene Erfahrung mittheilen, wo mich meine Landsleute in der Gefahr stecken ließen; Franzosen auf den ersten Wink halfen. Freylich ist der Franzos oft leichtsinniger und inconsequent, man vermißt an ihm die Beharrlichkeit des Deutschen; allein wie oft artet diese Beharrlichkeit nicht in Eigensinn aus.

Wie erpicht ist der Deutsche auf seine alten Vorurtheile. Er wandelt selten die ehrenvolle Bahn der Entdeckungen; ja, er hemmt sogar, oft durch Neid und Mißgunst getrieben, den raschen Gang seines Nachbars. Er hat den Fehler an sich, daß er selbst alles verachtet, was in seinem Lande erfunden, oder auch nur erzeugt wird; bey uns ist es leider mehr als unter irgend einem Himmelsstriche wahr, daß niemand ein Prophet in seinem Vaterlande ist. Elender Zunftzwang, alte unsinnige Gerechtigkeiten hemmen bey uns den Gang der Künste, und sind meistens Schuld, daß das gewerbreiche England aus unserm Lande so viel Geld ziehet.

Hier spreche ich bloß vom gemeinen Deutschen; den gebildeten ziehe ich selbst dem gebildeten Franzosen vor. Man trifft unter dieser Classe Menschen von jenem hohen moralischen Werth, von jener reichen Intensität an, die zwar den gemeinen Köpfen entgeht, den Denker aber so lebhaft hinreißt, so angenehm fesselt, und wie Dyas Na-Gore sagt: „Sich finden, sich erken„nen, sich bewundern, ist ein Vorzug feiner „Seelen, die in leisem Vorgefühl ihres „Werths, sich mit der Ahnung der lebhafte„sten Freundschaft begegnen."

Es ist nicht der blendende Schimmer des Witzes, mit welchem der gebildete Franzos, oft gar künstlich, manchen Mangel zu decken weiß; es ist jener innere Reichthum des Wissens, verdienstvolle Belehnung mühsamer Arbeiten, kalter leidenschaftloser Beobachtungen, jene erhöhte Stufe der Cultur, wo die thörichten Vorurtheile der Menschen vor dem Sonnenbilde der Wahrheit verschwinden, wie ein enthüllender Nebel vor den zertheilenden Strahlen des Weltlichts.

O ihr Edeln, warum sind euter nur so wenig, warum müssen eure Anstrengungen oft unfruchtbar gegen die Allgewalt der Menge ringen, die seit Jahrtausenden das Unglück der Welt machen? Wenn werdet ihr das Unglück heben können, woran die Menschheit im Allgemeinen und Deutschland insbesondere so hart darnieder liegt, und besonders die drey moralischen Krankheiten heben, die uns so schwach und sieg machen! sie heißen: Standes-, Religions- und National-Vorurtheil. Die erste hat drey Abarten: Titelsucht, Adelsucht und Prunksucht.

a) Die Titelsucht. Wo gibt es mehr unsinnige, lächerliche Titel, als in Deutschland? Was für vielerley Herren gibt es nicht bey uns: Wohlgeborne, Hochwohlgeborne, Hochgelahrte, Feste und Gestrenge, sehr Weise und Vorsichtige, und So... allein, wie sie sich alle nennen lassen, und die Legionen Räthe, die wir alle haben. Das Thörichtste von allem ist, daß sogar die Weiber die Titel ihrer Männer führen, die oft für ihr Geschlecht gar nicht passen, z. B. Frau Generalin, Frau Vice-Ober-Landjägermeisterin, Frau Hoftrompeterin, Frau Kammerhusarin ꝛc. Der steife Ton, den dieses in den Gesellschaften hervorbringt, die Uneinigkeiten, die es oft veranlaßt, sind unglaublich. Da muß die Wirthin sich stets in Acht nehmen, daß sie keine Tasse Thee gegen die oft zweifelhafte Rangordnung präsentirt.

Welche Trennung aber unter den Menschen! Wie oft findet nicht der isolirte Denker des höhern Standes ein Wesen seiner Art in einem niedern Stande, das durch Kopf und Herz so ganz geeignet wäre, sein Freund, der Trost seines Lebens zu seyn; der hölzerne Wohlstand, wie Kotzebue sagt, oder die Etiquette hält ihn ab. Er ist geheimer Rath, der andere nur Registrator.

Mancher Stand glaubt einen Vorzug zu verdienen und ein Recht zu haben, die andern zu verachten. Der Soldat verachtet den Gelehrten, der Kaufmann den Oeconomen u. s. w. Als wenn nicht ein jeder ein Glied dieser großen Kette wäre, die nur durch ihre wechselseitige Eingreifung das Ganze zusammen hält.

Nur Menschen edler Art, durch günstige Umstände unterstützt, zerreißen kühn die drückenden Banden dieses Vorurtheils. So waren ehemahls in Paris die berühmten Chemiker: Lavoisier, ein Generalpächter, Chaulnes und d'Ayens, Herzöge, Lauragais, ein Graf, Rouel und Bausne, Apotheker, trotz dem großen Abstand des Standes, Freunde. So lebte Friedrich der Große mit Voltaire, Maupertuis, d'Alembert, d'Argens im vertrautesten Umgange an der Seite dieser interessanten Gäste; bey jenen angenehmen Soupéen, wo Witz und muntere Laune herrschten, erholte sich der Weise von den Strapazen des Königs.

b) Die Adelsucht. Die Adelsucht thut in manchen Ländern viel Schaden, so wie sie ehemahls in Frankreich that. So bald ein Kaufmann reich wurde, war sein erstes Beginnen, sich eine Charge zu kaufen, die ihn adelte. Er und seine Nachkommenschaft war dann für die Industrie verloren, weil der Geadelte kein bürgerliches Gewerbe mehr treiben durfte; da es doch Unternehmungen gibt, die eine lange Erfahrung und eine Generation von Künstlern erfordern, wie z. B. die großen Fabriken in England. Dieses mag mit eine der Hauptursachen seyn, warum der erfinderische Franzos in diesem Fache nicht so weit gekommen ist, wie die Engländer.

Uebrigens ist es nicht thöricht, einen so großen Vorzug einer Sache zu gestatten, die auf gar nichts wesentlichem beruht. Wenn wird man einsehen lernen, daß sich die Verdienste unserer Voreltern nicht erben lassen, wie die Meubels eines alten Schlosses? Ich glaube, die Geschichte unserer Tage hat sattsam bewiesen, daß die größten Talente meistens im Mittelstande anzutreffen sind, und wie Voltaire sagt:

Il est de ces esprits favorisés des cieux,
Qui sont tout par eux mémes, rien par leurs ayeux.

Nur muß man nicht von der einen Extremität auf die andere fallen, und gemeine Menschen in hohe Stellen setzen. Es gibt eine natürliche Scheidung unter den Menschen, dieß ist die der Erziehung; der Gebildete ist zu allem geschickt; der Ungebildete hingegen wird nicht ohne Schaden für's Ganze seine natürliche Grenze überschreiten.

c) Die Prunksucht. Die Prunksucht oder die Sucht zu glänzen, ist eigentlich in Deutschland und besonders in den ehemaligen Reichsstädten zu Hause. Der Kaufmann liegt am härtesten daran krank, und die Wirkungen sind bey ihm um so auffallender, da gewöhnlich zwey sich streitende Leidenschaften hier in Collision kommen; Hochmuth und Geiz. Der Hochmuth will glänzen. Da werden prächtige Equipagen, Livreen, Gärten angeschafft, Gesellschaften gehalten, wo große Säle zum Erstaunen der Nachbarschaft illuminirt werden, und das Gedränge der Wagen dem demüthigen Fußgänger gefährlich wird. Der Geiz will nun wieder ersparen, was sein Feind, der Hochmuth, verschwendet hat. Da leben sie nun für sich wie Schuhflicker, das Gesinde muß hungern, oder sie lassen sich, um an Hof sich präsentiren zu können, aus einem schwarzen Frack ein habit habillé machen, welches dann zu kurz ausfällt und aussieht, als wenn das Tuch dazu gestohlen wäre. Da kann man mit Boileau sagen:

Depuis Paris jusqu'à Rome
le plus sot animal à mon avis est l'homme.

2) National-Vorurtheil.

Dieses Vorurtheil könnte man vielleicht den Franzosen und Engländern am ersten vorwerfen; wenn es nicht bey ihnen auch was Gutes hervor brächte. Es bezweckt bey ihnen einen Nationalgeist, die Energie des Zusammenhanges; bey uns Deutschen hingegen isolirt es den Sachsen von dem Preußen, den Bayer von dem Oestreicher; Pfälzer Würtemberger u. s. w. Wie schädlich dieses für uns gewirkt hat, muß auch der eingeschränkteste Kopf einsehen; mehr hiervon möchte dermahlen nicht rathsam seyn zu sagen.

Und endlich 3) Religions-Vorurtheil.

Ihr Fanatiker leset die Geschichte: dieses Schauspiel für den Geist, dieses Trauerspiel für's Herz. Sie wird euch Unglück
und Greuel ohne Ende erzählen, wie die
Menschen sich gehaßt und verfolgt, geschlach-
tet und verbrannt haben, um Meinungen,
die keiner evident beweisen, die, wie wir
Chemiker sagen, keiner mit einem Experi-
ment bestätigen kann. Merkwürdig bey der
ganzen Sache ist, daß, je dümmer ein Volk
ist, je größer ist die Macht des Aberglaubens.
Indessen gibt es noch Länder, wo niemand
ein Betteldogt werden kann, außer er bekennt sich zu der Religion des wohlregieren-
den hochweisen Herrn Bürgermeisters.

Erst dann, als bey uns das neue Licht
erschien, verschwand diese ewige Finsterniß.
Ich glaube, es würde bald überall heller
werden, wenn es nur viel solche Lehrer gäbe,
als uns der Himmel zum Trost, vielleicht
zum Ersatz unserer vierzehnjährigen Leiden be-
scherte. Alsdann würde die Welt von einem
der drückendsten Uebel befreyet werden.
Wenn einmahl die Zahl der guten Lehrer
größer ist, wird man vielleicht einsehen lernen, daß es dem erhabenen Wesen, welches
nach unsern jetzigen astronomischen Beobachtungen Billionen und Trillionen Welten erschaffen hat, vielleicht gleichgültiger seyn
kann, als wir's bisher glaubten, ob auf
einem so kleinen Theile seiner Schöpfung die
Form seiner Anrufung aus Rom, Genf
oder Wittenberg kam.

Bey den meisten Menschen ist der Fall,
wie Voltaire sagt:

Je le vois trop les soins qu'on prend de
notre enfance,
Forment nos sentimens, nos moeurs,
notre croyance
Jeusse été près du Gange esclave des faux
Dieux,
Chretienne dans Paris, Musulmane en ces
lieux etc.
Zaire.

Nur wenig Menschen haben Geisteskräfte
genug, um den thörichten Aberglauben, den
sie gleichsam mit der Muttermilch eingesogen
haben, abzulegen, wie z. B. die Juden,
sondern bleiben vielmehr Zeitlebens davon

gefesselt. Seht unrecht ist es also, sie darum zu hassen, und von ihnen zu fordern,
was für sie eine moralische Unmöglichkeit ist.
Die gesammte Menschheit laborirt noch an
dieser Krankheit, und die Engländer haben
in Irland starke Anfälle davon gehabt.
Also jetzt zu diesen.

Man könnte von den Engländern fast
behaupten, daß sie so viel Böses haben, daß
sich nichts Gutes von ihnen sagen ließe;
aber auch den Satz umwenden. Newton,
Locke, Hume, welche erhabene Wesen!
Wie klein der Menschencalculator Pitt dagegen. Wenn wir die Engländer als Gelehrte,
als Künstler betrachten, wie groß! Wie
klein in der Politik, wie ungerecht, das allgemeine Weltmeer als ihr Privat-Eigenthum
zu betrachten, und jeden zu verfolgen, der
Antheil daran nehmen will; zu verlangen,
überall freye Einfuhre für ihre Fabrikate
zu haben und die der andern Völker in ihrem
Lande zu verbieten! Sie wollen ganz Europa
zu Bettlern oder zu Sclaven, wie die unglücklichen Indier, machen.

Allein die Zeit der Erwachung ist gekommen; die Völker werden den Schaden einsehen, den sie ihnen verursacht haben. Rai-
nal's Prophezeihung wird eintreffen; Eure
Colonien, die ihr, wie einst die Nordamerika-
ner, tyrannisirt, werden sich gleich ihnen
auch frey machen. Alsdann verliert ihr die
reichen Einkünfte, die allein euch in Stand
setzen, die ungeheure Seemacht zu erhalten,
die euch das Uebergewicht auf dem Weltmeer
geben könnte.

Der Friede wird Frankreich und Deutschland durch eine neue Ordnung der Dinge dazu verhelfen, ihre Fabriken in eben so glänzenden Stand zu setzen, als die entgegen-
Wohlfeilheit wird ihren Landesproducten
einen noch weit größern Vorzug geben.
Dann wird eure künstliche Macht fallen,
wie alles fallen muß, was nicht auf die feste
Basis der Wahrheit gegründet ist.

Wollen wir die Engländer insbesondere
betrachten; so kann man dem gebildeten Engländer die Vorzüge nicht streitig machen,
die wir den gesitteten Deutschen zuschreiben.
Das Volk unter sich ist gerecht, hat Nationalgeist, ist aber sonst wild und roh, und

gegen die Fremden äußerst grob, und hierin
grade das Gegentheil der Franzosen.

Ich habe gesucht, hier diese drey Nationen so zu schildern, nicht wie sie mir allein,
sondern auch, wie sie denjenigen erscheinen, die alle Fähigkeiten besitzen, und alle Gelegenheit dazu hatten, sie unparteyisch zu beurtheilen. Manches ließe sich noch darüber
sagen, aber noch ist es nicht Zeit, noch ist
die gesammte Menschheit nicht auf jener moralischen Höhe, wo sie die enthüllte Wahrheit ohne Zittern in ihrer Nacktheit erblicken
kann! Noch ist die Zahl der Schwachköpfe
zu groß, der Denker zu klein. Die Menschheit kann nur langsam den steilen, dornigen
Pfad der Erkenntniß ersteigen, und den
Gipfel alsdann erst erreichen, wenn sie die
Irrwege erkannt hat, die davon abführen,
wenn ein großer Theil an den Dornen zerrissen, an den Klippen zertrümmert worden,
wider die sie ihre rasenden Leidenschaften
schleudern; alsdann erst werden sie den großmüthigen Führern folgen, die sich ihnen
anboten, und dasjenige, was der erhabene
Verfasser der Verbindung der Moral mit
der Politik vorschlug, wird angenommen
werden. Diese Verbindung, welche nur
allein ein dauerhaftes Wohl der Gesellschaft
gründen kann, wird vor sich gehen; alsdann
kann kein Krieg mehr Statt finden, der
fromme Traum des St. Pierre, des heiligen
St. Pierre möchte ich sagen, der ewige
Friede, die Verbrüderung der Menschheit ist da, die Dreyeinigkeit der Natur wird
erscheinen; das Wahre wird sich mit dem
Guten verbinden, um das Schöne zu erzeugen. Frankfurt a. M. den 10 Dec. 1806.
Joseph Servière.

Dienst-Anerbieten.

1) Eine Dame auf dem Lande in Niedersachsen sucht eine Gesellschafterin, und
wünscht, da sie an den Augen leidet, daß
selbige ihr durch Vorlesen, so wie bey Erziehung einer Tochter nützlich werden könnte.
Diejenigen, welche hierzu qualificirt sind, werden ersucht, in frankirten Briefen der Expedition des allg. Anz. ihren Namen, Alter,
Adresse, die Dienstbedingungen, welche
sie wünschen, so wie vorzüglich auch die-

jenigen Personen anzuzeigen, welche
sie bekannt sind. Diejenigen, welche sich
gemeldet haben, werden gebeten, dann die
weiteren Annäherungen, falls deren Statt
finden können, abzuwarten.

2) Es wird ein Mann von mittlern
Jahren gesucht, der folgende Eigenschaften
haben muß:
1) Muß er vorzüglich mit Pferden umzugehen wissen.
2) Muß er sowohl Küchen- als Glashaus-Gärtnerey, auch etwas Feldbau verstehen, und
3) sich zu jeden andern Geschäften im
Hauswesen und auf Reisen als Bedienter
brauchen lassen.
Ueber seine Eigenschaften und gute Aufführung muß er hinlängliche Atteste beybringen. Wenn er ledig ist, so ist es besser,
ist er aber verheirathet, so ist dieß kein Hinderniß; nur darf seine Familie nicht zu zahlreich seyn. Er muß gesund, mit geraden
Gliedern und einer dauerhaften Leibesconstitution versehen seyn. Nebst guter Behandlung wird ihm ein angemessener Gehalt ausgesetzt, und zugleich bey guter Aufführung
eine beständige Versorgung zugesichert. Die
Stelle kann sogleich bezogen werden. Die
Expedition des allg. Anz. besorgt die wegen
dieser Sache franco eingeschickten Briefe.

3) Eine Haushaltung in einer nicht unbeträchtlichen Stadt am thüringer Walde sucht
eine gute Köchin, die zugleich auch im
Nothfall einer Haushaltung vorzustehen im
Stande ist. Sie muß übrigens gültige Beweise ihrer treuen Rechtschaffenheit beybringen können. Die Expedition des allg. Anz.
besorgt die Anmeldungen dahin.

Justiz- und Polizey-Sachen.

Rottenburg. Einberufung sämmtlicher auf der
Wanderschaft und sonst abwesenden ledigen
Unterthanensöhne.

Alle jene militärpflichtigen, auf der Wanderschaft und sonst abwesenden ledigen Unterthanen werden endurch der Verlust ihres Bürger- und Unterthanen-Rechts etc. auch bey Vermeidung der Confiscation ihres gegenwärtigen und künftigen Vermö-

gens namentlich aufgefordert, in Zeit von 3 Monaten bey dem unterzogenen königl. Oberamte sich zu melden, als:

Von der Stadt Rottenburg. Joh. Baptist Hauf, Bierbrauer. Jacob Wiest, Hutmacher. Anton Mickeler, Metzger. Ignatz Schmied, Färber. Johann Holzapfel, Apotheker. Xaver Oertle, Seiler. Johann Wiech, Metzger. Fr. Joseph Grey, Büchsenmacher. Joseph Zobler, Schuster. Joseph Steiner, Messerschmid. Jacob Adiß. Kiefer. Martin Palm, Schuster. Martin Erath, Gerber. Joseph Heberle, Müller. Joseph Oertle, Gärtner. Jacob Steiner, Sickler. Martin Vollmer, Weingärtner. Thaddäus Pfeifer, Zimmermann. Johann Thoma, Glaser. Melchior Bauer, Schmid. Kasimir Becker, Färber. Joseph Adiß, Schlosser. Joh. Georg Orgeldinger, Becker. Johann Ruckgaber Rothgerber. Andreas Adiß, Becker. Fr. Michael Bauer, Musikant. Klemens Sautermeister, Handelsmann. Fr. Joseph Schleyer, Gürtler. Joseph Holzherr, Bierbrauer. Sebastian Ritter, Maurer. Joseph Erath, Gerber. Joseph Simon, Schlosser. Johann Georg Hofmeister, Metzger. Fidel Schnell, Weingärtner. Lorenz Leutfuß, Weingärtner. Michael Ruckgaber, Drechsler. Franz Metzger, Stricker. Andreas Adiß, Schuster. Franz Xaver Komesfaska. Anton Sautermeister, Drechsler. Joh. Georg Erath, Rothgerber. Johann Seile, Schreiner. Jacob Wiech, Schmid. Fr. Joseph Staab, Schreiner. Mattheus Oertle, Schreiner. Moritz Mehrle, Schlosser. Wendelin July, Färber. Kasp. Schnigler, Hutmacher. Jos. Heberle, Gürtler. Gabriel Schleyer, Gürtler. Albert Dorner, Zeugmacher. Peter Fischer, Glaser. Moritz Hann, Weingärtner. Mattheus Holzherr, Metzger. Franz Adiß, Becker. Joseph Holzherr, Becker. Anton Frick, Weingärtner. Sebastian Sulzer, Zinngießer. Thomas Wentelstein, Schlosser. Sebastian Staab, Zeugmacher. Joh. Georg Weinhart, Schneider. Joseph Metzger, ohne Profession. Johann Binsinger, Schuster. Ignatz Hamerbacher, Schreiner. Joseph Heinrich, Kürschner. Johann Buß, Gerber. Mattheus Bäuerle, Schlosser. Martin Wiech, Gerber. Thaddäus Steiner, Drechsler. Karl Schneider, Zeugmacher. Martin Wiech, Metzger. Joh. Ulmer. Thomas Pfelmer, Drechsler. Ludwig Deck, Musikant. Johann Mauer, Weingärtner. Sebastian Mächle, Zeugmacher. Michael Heberle, Schlosser. Joseph Vollmer, Weingärtner. Fidel Bosch, Bierbrauer. Johann Hofmeister, Weißgerber. Johann Erath, Rothgerber. Michael Bäuerle, Silberarbeiter. Joseph Manz, Metzger. Joseph Edelmann, Schuster. Joseph Eberle, Schuster. Joseph Neu, Schuster. Joseph Hofmeister, Kurferschmid. Joseph Opp, Weingärtner. Jacob Rebstock, Messerschmid.

Christian Adiß, Schuster. Franz Sattler, Schuster. Martin Schleyer, Schuster. Thaddäus Rebstock, Hutmacher. Joseph Zepf, Drechsler. Sebastian Holzherr, Bierbrauer. Mattheus Binsinger, Strumpfweber. Joseph Heyer, Messerschmid. Friedrich Pfeifer, Siebmacher. Joseph Entreß, Drechsler. Johann Bäuerle, Buchbinder. Kajetan Dorner, Seiler. Ferdinand Hofmeister, Sickler. Joseph Konrad Hed, Schuster. Sebastian Lipp, Stahlarbeiter. Johann Schweitzer, Gerber. Mattheus Humel, Barbier. Fr. Anton Schnell, Weißgerber.

Dorf Weiler. Anton Zeiß, Zimmermann. Joseph Zeiß, Maurer. Christian Ulmer, Moritz Ulmer, Maurer. Michael Humel.

Dorf Dettingen. David Hermann, Siebmacher. Paul Weist, Wagner. Bonaventura Schaub. Martin Schaub, Schlosser. Simon Hermann. Silvan Schaub, Kordmacher. Kilian Wiest, Schreiner. Andreas Hermann, Bierbrauer. Bonifaz Hermann, Bierbrauer. Kaspar Hermann, Schmid. Wunibald Schmeckenbecher, Schneider. Thomas Thalmüller, Schreiner. Adam Thalmüller, Schuster.

Dorf Kiebingen. Lukas Steiner. Michael Palm. Paul Walter, Wagner. Benedict Palm, Maurer. Andreas Palm. Dominicus Raid, Schuster. Jacob Schweißgur, Wagner. Anton Steiner.

Dorf Bühl. Romuald Raid. Michael Recht, Wagner. Lorenz Raid, Kiefer. Fr. Salis Lohmüller, Schreiner. Georg Recht, Schmid. Mathias Grieb.

Dorf Hirschau. Johann Meyer, Jäger. Karl Zimmermann, Scribent. Remigius Schäfer, Weingärtner. Marx Zimmermann. Lorenz Haug, Schäfer. Fr. Salis Haug, Wagner.

Dorf Wendelsheim. Christian Zobler. Fidel Schäfer, Anton Hollocher. Erasmus Bauer, Weber. Raimund Bauer, Schreiner. Franz Fischer, Stricker.

Dorf Wurmlingen. Joseph Zuber, Schneider. Peter Zuber, Schneider. Joseph Scheible, Wagner. Aloys Zbing, Maurer. Ferdinand Zuber, Weber. Pangraz Zuber, Weber. Joh. Bapt. Kern, Zimmermann. Wunibald Scheible, Schuster. Mathes Groß, Schuster. Vinzens Bierlinger, Weber. Joseph Leinst, Weber. Simon Kupper, Maurer. Kornel Siegel, Wagner.

Dorf Schwalldorf. Thomas Wiest, Schuster. Lorenz Straub, Maurer. Anton Straub, Maurer. Wilibald Meyer, Schreiner. Mattheus Flach. Andreas Bauer. Joseph Flach.

Dorf Niedernau. Valentin Müller, Maurer. Michael Hermann, Maurer. Mattheus Hartmann. Johann Bapt. Meyer, Papiermacher. Jof. Nepom. Eggenweiler. Konrad Joß, Schuster. Diomas Koblstetter.

Dorf Hailfingen. Fidel Fischer, Schneider. Eberhart Gramer, Bierbrauer. Lorenz Bauer. Sebastian Vogt, Maurer. Felix Kaiser. Georg Sauter. Januar Bauer. Urban Kaiser, Schuster. Florian Ullrich, Weber. Johann Paul Gramer, Schuster. Karl Ullrich, Schuster. Gregor Rebmann. Siegfried Kaiser, Schuster.

Dorf Seebronn. Joseph Kieserle, Bierbrauer. Joh. Martin Kieserle, Papiermacher, Aloys Weiß, Schmid. Joh. Georg Schach, Bierbrauer. Xaver Schach, Bierbrauer.

Dorf Ergenzingen. Jacob Bader, Stricker. Johann Dollsinger, Schreiner. Aloys Teufel, Schreiner. Kaspar Gramer, Stricker. Moritz Raible, Sattler. Sebastian Vater, Schmid Ignaz Schmied, Sattler. Anastasius Klery, Seifensieder. Lorenz Bauer, Schuster. Gregor Bauer, Schmid. Fidel Renz, Schuster. Matheus Bauer, Chirurgus. Menrad Renz, Büchsenmacher. Eduart Gramer, Schuster. Johann Weiß, Schneider. Paul Beßer, Stricker. Thomas Schäfer, Seiler. Stephan Gramer, Kiefer. Thomas Renz, Stricker. Wilhelm Raible, Stricker.

Dorf Weitingen. Gregor Haßnacht. Peter Raible, Schuster. Gabriel Freunler, Bierbrauer. Thadäus Teufel, Strumpfweber. Karl Haßnacht. Fidel Schmied. Marhäus Katz, Schlosser. Bonaventura Gegner. Norbert Hermann, Sattler. Jacob Gramer. Damastus Katz, Schuster. Melchior Raible, Schuster. Joseph Schelldomer, Schneider. Hyazent Schweizer, Christian Mittelhoky Schreiner. Ignaz Riester, Schlosser. Raphael Hermann, Kiefer. Gregor Katz, Schreiner. Eusebius Veeß, Säckler. Thomas Schaub. Thadä Veeß, Müller. Johann Katz, Schuster. Silvester Schaub.

Dorf Rohrdorf. Andreas Pfeffer, Schreiner. Georg Schiebel, Zimmermann. Michael Teufel, Zimmermann. Bonifaz Teufel, Schreiner. Moritz Teufel, Schuster. Hugo Schweizer, Bierbrauer. Zirinus Teufel, Bierbrauer. Bartholomä Leder. Severin Katz.

Rottenburg, den 28 Jan. 1807.

Königl. Würtemb. Oberamt.

Vorladungen: 1) J. Leonh. Brobhag's.
Röteln. Der gewesene Scribent Johann Leonihard Brobhag, Sohn des dahier vor mehreren Jahren verstorbenen Herrn Land-Physicus' Dr. Brobhag, ist nun schon seit 18 Jahren aus hiesiger Gegend entfernt, ohne daß man seither von seinem Leben oder Aufenthalt einige Nachricht dahier erhalten hätte. Auf vorgetragene Bitte seiner Anverwandten und eingelangte Verfügung des hochpreißlichen Hofraths-Collegii in Carlsruhe werden nun aber Johann Leonhard Brobhag, oder seine

---

etwaigen Leibes-Erben, hiermit aufgefordert, innerhalb 9 Monaten, von heute an, vor hiesigem Oberamte in Person oder durch Bevollmächtigte sich zu stellen, und das ihm, Brobhag, angefallene bis jetzt von einem Pfleger verwaltete Vermögen in Empfang zu nehmen, widrigenfalls es an seine nächsten Anverwandten gegen Caution verabfolgt werden wird.

Verordnet beym Ober-Amt Röteln, Lörrach, den 23 Dec. 1806.

---

2) der Lodowilla Lambrecht.
Die nächsten bekannten Erben der seit vielen Jahren abwesenden Lodowilla Lambrecht von Bammenthal, welche vor 73 Jahren geboren worden ist, und seit ihrer Abwesenheit von ihrem Geburtsort keine Nachricht von ihrem nachherigen Aufenthalt gegeben hat, sind um Verabfolgung ihres bisher pflegschaftlich verwalteten Vermögens eingekommen, weshalb Lodowilla Lambrecht, so wie alle diejenigen, welche an deren Vermögen einen gegründeten Anspruch machen zu können glauben, edictaliter aufgefordert werden, sich deshalb dahier binnen 9 Monaten um so gewisser zu melden, als nach deren Ablauf befragliches Vermögen den sich gemelden habenden Erben ohne weiteres verabfolgt werden soll. Neckargemünd, den 13 Januar 1807.

Großherzogl. Badisches Amt.
Keidel.　　　Rettig.

Kauf- und Handels-Sachen.

Blumen-Samen.

Unterzeichneter hat dieses Jahr wieder von einigen auswärtigen Herren Blumisten folgende in drey Alphabeten verzeichnete, mit größter Sorgfalt frisch aufgenommene Blumensämereyen in Commission erhalten. Alle sind mit richtigen teinnischen und deutschen Namen versehen, die im dritten Alphabet in versiegelten Pakets befindlich, um die begpreßten billigen Preise zu haben.

Auch kann ich auf Verlangen mit Gemüse-Sämereyen, welche für den Haushalt nöthig sind, von vorzüglicher Güte und um billige Preise, doch nur in rothen oder kleinen Bestellungen dienen. Die Namen und Preise derselben hier anzuführen, würde zu weitläufig seyn, ich darf aber versichern, daß man für an mich eingesandte Gelder hierin nach Billigkeit bedient werden wird.

Adonis aestivalis, Sommer Adonis 2 gl.
Antirrhinum majus, großes Löwenmaul 3 gl.
Aquilegia officinalis, officinelle Akelep 2 gl.
Aster chinensis, chinesische Sternblume 3 gl.
Caspicum annuum, spanischer Pfeffer (will etwas warm stehen) 2 gl.
Cellosia cristata, Hahnenkamm (will warm stehen) 2 gl.
Cerinthe major, große Wachsblume 2 gl.
Cerinthe minor, kleine dito 2 gl.

Chrysanthemum fistulosum lut., gelbe-gefüllte Wucherblume 2 gl.
— — alb., weiße ditto ditto 2 gl.
Crepis lutea, gelbe Grundfeste 2 gl.
Cynoglossum linifolium, leinblättrige Hunds-zunge 2 gl.
Delphinium corsoleda, Rittersporn div. Sor. 2 gl.
Dianthus chinensis, Chineser-Nelke, 2 gl.
— — carthusianorum, Kartheuser Nelke 2 gl.
Digitalis purpurea, rother Fingerhut 2 gl.
Fumaria vescaria, Blasen-Erdrauch 2 gl.
Galega officinalis, officineller Geisklee 2 gl.
Gomphrena globosa, Kugel-Amarant (will warm stehen) 2 gl.
Hedysarum coronarium, kronartiger Esparsette (blüht im zweyten Jahre) 2 gl.
Hibiscus trionum, Stundenblume, Wetterröschen 2 gl.
Impatiens balsamina, Balsaminen, div. Sor. 2 gl.
Lathyrus odoratus, wohlriechende Wicke 2 gl.
Lavatera trimestris, lavaterische Pflanze (weiße Sommerpappel) 2 gl.
Malva moschata, wohlriechende Malve 2 gl.
— — peruviana, peruvianische Malve 2 gl.
Molilotus italica, italienischer Klee 2 gl.
Reseda odorata, wohlriechende Rotede 3 gl.
Scabiosa atropurpurea, dunkelrothe Scabiose 2 gl.
Senecio elegans, schöne Jacobsblume. 3 gl
Tagetes erecta, aufrechte Tagetes, oder Todtenblume 2 gl.

Antirrhinum triphyllum, dreyblättriges Löwenmaul 2 gl.
Browallia elata, Browallie 3 gl.
Centaurea maxima, gelbe Flockenblume 2 gl.
— — rothe ditto 2 gl.
Chrysanthemum coronarium luteum, kretische Wucherblume 2 gl.
Crepis rubra, rother Pippau 2 gl.
Geranium moschatum, wohlriechender Storchschnabel 3 gl.
Iberis umbellata, doldenförmige Schleifenblume 2 gl.
Lathyrus articulatus, knotige Wicke 2 gl.
Lupinus angustifolius, schmalblättrige blaue Lupine 2 gl.
Nigella damascena, Jungfer in Haaren 2 gl.
Papaver somniferum, bunter Mohn 2 gl.
Tagetes patula, ausgebreitete Sammtblume 2 gl.
Trifolium incarnatum, rother Klee 3 gl.
Xeranthemum annuum, Strohblume 3 gl.
Zinnia multiflora, vielblumige Zinne 2 gl.

After chinensis, chinesische Sternblume, 12 Sorten untereinander 7 gl.
Amaranthus, mehrere Sorten Tausendschön, 3 gl. 6 pf.
Calendula pluvialis, Regen anzeigende Ringelblume 7 gl.
Celsia arcturus, gelbe schön blühende Celsia 7 gl.
Cheiranthus annuus, Sommerlevcojen in vielen Farben 7 gl.

Cheiranthus cheiri, englischer Goldlack 3 gl. 6 pf.
— — incanus, Winterlevcojen 7 gl.
Cytisus alpina, schönblühender Bohnenbaum 7 gl.
Dianthus caryophyllus, gefüllte Nelken 7 gl.
*Euphorbia lathyris, Maulbaum Springkraut 7 gl.
Hesperis tristis, Nachtviole 3 gl. 6 pf.
Mesambrianthemum cordifolium, herzblättriges Eiskraut 7 gl.
Oenothera grandiflora, großblumige Nachtkerze 7 gl.
Papaver rhoeas, gefüllter Klatschmohn in zehn Farben 3 gl. 6 pf.
Pelargonium odoratissimum, wohlriechender Storchschnabel 7 gl.
dito - in 12 Sorten 19 gl.
dito - in 6 Sorten 14 gl.
Pisum umbellatum, beschirmte Kermesbeere 3 gl. 6 pf.
Primula auricula, veredelte Aurikeln 7 gl.
Oryza caroliniana, carolinischer Reis 3 gl. 6 pf.
*Trachelium coeruleum, ein sehr schön azurblau und sehr lange blühendes perennirendes morgenländisches Topfgewächs 18 gl.
Topfgewächse in 12 Sorten 1 thlr. 4 gl.
dito in 6 Sorten 14 gl.
50 verschiedene Sorten Blumensamen ohne Namen untereinander 10 gl. 6 gl.
Verschiedene Sorten schönblühende Gartenlupinen untereinander 3 gl. 6 pf.
100. Sorten Blumensamen à-1 thlr 25 gl.
50 — — 19 gl.
*32 — — 18 gl.
25 — — 14 gl.

Die mit einem * bezeichneten Sorten und Packete verdienen einer besondern Empfehlung.
Briefe und Gelder werden postfrey erbeten.
Gotha im Februar 1807.

Hofsecretair Jänisch.

Wechsel-Cours von Berlin.

Berlin, den 30 Januar 1807.	Pr. Cvrant.	
	Briefe.	Geld.
à vista ⎱ Amsterdam in Court.	—	152
2 Mth. ⎰ detto detto	—	161 3/4
à vista Hamburg in Banco	—	
1 Mth. detto detto	—	160
2 Mth. detto detto	—	
3 Mth. London	—	
2 Mth. Wien	—	
2 Mth. Paris in Franken	—	85 3/4
2 Mth. Augsburg	—	
2 Mth. Breslau	—	
2 Mth. Frankfurt a. M.	—	
Geld-Cours.		
Friedr. Wilh. d'or	16 3/4	16 1/4
Holländ. Rd. Duc. à 2 3/4	—	19 1/2
Kaiserl. Duc. à 2 3/4 r.		
Pr. Münze	5	—
Wiener Bco.-Noten		
Conventions-Geld		

Allgemeiner Anzeiger
der
Deutschen.

Dienstags, den 10 Februar 1807.

Gesundheitskunde.

Publicandum,
das Verhalten bey den jetzt herrschenden Nerven- und Faulfiebern betreffend.

Unter den Krankheiten, welche das menschliche Geschlecht zu befallen pflegen, verdienen hauptsächlich diejenigen vorzügliche Aufmerksamkeit, welche zu gewissen Zeiten an einem Orte viele oder doch mehrere Menschen zugleich befallen, und unter dem Namen hitzige Krankheiten, Faul-, Friesel- und Nervenfieber bekannt sind. Zu einer solchen Zeit wünscht dann mancher Rathschläge zu vernehmen, wie man dergleichen Uebeln vorbeugen und sich auf irgend eine zweckdienliche Art dagegen sichern könne. Da nun bey gegenwärtiger Jahreszeit die Nerven- oder sogenannte Faulfieber ziemlich allgemein hier im Lande herrschen, so wollen wir zum Besten unserer Mitbürger die nöthigen diätetischen Verhaltungs-Regeln bekannt machen.

Der Anfang und bevorstehende Ausbruch eines solchen Fiebers gibt sich durch folgende Erscheinungen zu erkennen. Gewöhnlich geht einige Zeit vor der Krankheit eine Mattigkeit im Körper und ein unruhiger nicht erquickender Schlaf vorher, dazu gesellen sich nicht selten Glieder- und Rückenschmerzen mit Schwere in den Gliedern, der Kopf ist wüste und eingenommen, manche bekommen Kopfweh und müssen öfters niesen. Das Gemüth ist niedergeschlagen und gewöhnlich finden sich Abwechselungen von Frost und Hitze ein. Der Appetit verliert sich, oder geht in wirklichen Abscheu über. Bey einigen Kranken

ist bitterer Geschmack und Neigung zum Erbrechen vorhanden, manchmahl auch eine Empfindung von Schwere und Zusammenziehen in der Gegend der Herzgrube, bey den mehrsten Kranken verändert sich die Gesichtsfarbe und der Blick des Auges zusehends, und das letztere erhält ein sehr trübes Ansehen. Jederzeit zeigt sich eine gewisse Abstumpfung in den Bewegungs-Kräften des Körpers und ein betäubendes Wesen, das oftmahls gegen Abend in Verwirrung und Irre-Reden übergeht, wobey der Puls schnell, klein und schwach geht, als wodurch alsdann der wirkliche Ausbruch dieser Fieber bestätigt wird. Sämmtliche Erscheinungen und Zufälle nehmen sodann immer mehr zu, und es kommen bey manchen auch noch flüchtige Stiche oder ein Drücken in der Brust mit trockenem Husten hinzu. Gewöhnlich sind in dieser Krankheit die Sinne und Bewegungs-Organe angegriffen, so daß die Kranken entweder irre reden oder in Betäubung darnieder liegen, wobey sie theils zittern, theils Zuckungen und Krämpfe in den Händen und andern Theilen des Körpers haben.

Die Dauer und Entscheidung dieser Fieber, es mag nun die Genesung oder der Tod erfolgen, ist sich nicht immer gleich. Bald endigt sich die Krankheit und zwar in den gelindesten Fällen am siebenten oder achten, bald am zwölften oder funfzehnten Tage, welches theils von äußern Umständen, theils von der Größe der Krankheit und der körperlichen Beschaffenheit der Menschen abhängt. Einige Kranke sind nach 14 Tagen außer Gefahr, andere erst nach einigen Wochen, im Ganen genommen erfolgt die Genesung nur langsam.

Alles, was die Kräfte des Körpers merklich schwächt, kann zu einer Zeit, wo die Witterung an sich schon auf den Körper schwächend wirkt, zur Entstehung der Nervenfieber Gelegenheit geben, dahin gehören: der anhaltende Genuß schlechter, ungesunder und unkräftiger Nahrungsmittel, und Diätfehler aller Art, schwächende Leidenschaften, Kummer, Gram und Nahrungssorgen und der Einfluß einer dicken, naßkalten und nebeligen Luft, besonders an Orten, wo viele Menschen in einem engen Raume und in tief gelegenen Häusern beysammen wohnen. Daher sind alle diejenigen Personen, deren Körper schon seit einiger Zeit durch dergl. Ursachen geschwächt worden, am meisten zu diesen Fiebern geneigt, und werden von ihnen bey obwaltenden Umständen am leichtesten befallen, so wie im Gegentheil eine gesunde und starke Constitution und die Abwesenheit obiger Umstände sehr vor Krankheiten dieser Art schützt. Um also vor einer solchen Krankheit sich zu bewahren, muß man auf den Genuß von zuträglichen Speisen und Getränken und der Erhaltung einer gleichmäßigen Gemüthsruhe vorzüglich Rücksicht nehmen.

Es ist wahr, die grobe und derbe Kost, welche der Landmann zu genießen pflegt, lehrt ihn die Gewohnheit und seine ursprüngliche starke Constitution vertragen, und er befindet sich wohl dabey; wenn aber drückende Sorgen auch auf sein Gemüth wirken, oder er Brod genießt, das neuerdem aus neuem nicht völlig reif gewordenen oder unreinen Getreide, worunter Trespe, Mutterkorn u. d. befindlich gewesen ist, gebacken worden: so leidet dadurch auch seine Gesundheit, und er kann bey vorwaltender ungünstiger Luft und Witterung um so eher von vorbenannten Krankheiten befallen werden. Gutes Brod, so wie gesunde und kräftige Nahrungsmittel überhaupt, sind daher zur Aufrechthaltung der körperlichen Kräfte in dieser Hinsicht nothwendig.

Es ist zu keiner Zeit nöthiger, mäßig im Essen und Trinken zu seyn, als wenn hitzige Fieber im Schwange gehen, und man Gefahr läuft, durch den Einfluß einer nach-

theiligen Luft und Witterung, oder durch das Einathmen der Luft an den Orten, wo mehrere Kranken beysammen sind, und durch den steten Umgang mit Kranken, von ihnen ergriffen zu werden. Man muß sich überhaupt solcher Speisen bedienen, welche leicht verdaulich, aber nahrhaft sind; für ganz Arme sind Knochenbrühe mit Kartoffeln und Wurzelwerk, oder die rumford'schen Suppen kräftige Nahrungsmittel. Andere Fleischspeisen können durch einen geringen Zusatz von Essig und Gewürzen zu einer solchen Zeit sehr zuträglich werden, so wie überhaupt für diejenigen, so in der Nähe von dergl. Kranken sind, der tägliche Genuß des in den Apotheken vorräthigen Kräuter-Essigs, aus Krausemünze, Wermuth, Raute und Salbey, Morgens und Abends zu einem Eßlöffel voll, oder eines guten Weines, besonders des Rheinweins, sehr zuträglich ist. Bemittelte Personen mögen sich dann und wann des aus Rothwein und Orangen-Schalen bereiteten Bischoffs bedienen, und unbemittelte neben einem guten Biere eines aus reinem kräftigen Branntwein und unreifen Pomeranzen bereiteten Aquavits, zur Zeit ein Spitzgläschen, wodurch der Magen gestärkt und die Verdauungskraft in Thätigkeit erhalten wird, oder täglich ein paarmahl ein gutes kräftiges, mit etwas Ingwer zubereitetes warmes Bier, welches zuträglicher ist, als das warme erschlaffende Kaffeegetränk, dessen sich der gemeine Mann noch häufig in Menge zu bedienen pflegt.

Bewegung in freyer Luft ist zwar zur Erhaltung der Gesundheit zuträglich, aber man muß sich vor Erkältung hüten, und wenn durch Nässe die Ausdünstung unterdrückt worden, die nassen Kleider mit andern vertauschen, die Füße in laues Wasser setzen, auch ein paar Tassen Thee trinken und die Ausdünstung wieder herzustellen suchen. Man vermeide so viel als möglich alle heftige Eindrücke von Schrecken, Furcht und Entsetzen, und suche sich nach Möglichkeit aufzuheitern. Es ist ein schädliches Vorurtheil, daß jedes mehr oder weniger heftige Nerven- oder Faulfieber ansteckend sey, und schon mancher hat für dasselbe büßen müssen. Wer also genöthiget ist, mit dergleichen Kranken umzugehen, thue es ohne Furcht, und er wird gewiß von aller Ansteckung verschont bleiben, wenn nicht sonst etwa die Krankheit ansteckender Natur ist, oder andere Umstände bereits den Grund dazu gelegt haben. Durch Muth, Geduld und Hoffnung und ruhige Hingebung in ein unabänderliches hartes Schicksal wird die gegenwirkende Kraft des Körpers erhalten.

Es ist ferner von der größten Wichtigkeit, daß die Luft in einem Hause oder in dem Zimmer, wo einer oder mehrere Kranke dieser Gattung liegen, oft erneuert und gereiniget werde, welches theils durch das öftere Oeffnen der Thüre und Fenster, theils durch das Verbreiten säuerlicher Dämpfe bewerkstelligt wird. Man schüttet, um diese Dämpfe zu gewinnen, in einiger Entfernung von dem Kranken, in ein wohl erwärmtes Glas einen Eßlöffel gut getrocknetes Kochsalz und dazu nach und nach ein Loth concentrirte Schwefelsäure, rührt die Mischung mit einem gläsernen Röhrchen um und läßt den aufsteigenden Dampf im Zimmer und in den Vorgemächern des Hauses verbreiten. Oder man thut in ein gewöhnliches Medicinglas von einigen Unzen etwa ein Quentchen Gewürznelken, schüttet starken Essig darauf, setzt es nach geschehener Erwärmung auf heiße Asche oder Kohlen, so daß sich durchs Kochen saure Dämpfe daraus entwickeln, und läßt solche in der Krankenstube verbreiten. Auch das Besprengen des Fußbodens mit Essig zuweilen am Tage ist nützlich. Man sehe zugleich darauf, daß die Kleidungsstücke der Gesunden und die Wäsche der Kranken oft gelüftet und gereinigt werden, besonders wenn bey der letztern Ausleerungen aller Art eine Verunreinigung der Wäsche verursacht und eine Erneuerung derselben durch reine, trockene und wohlerwärmte Wäsche nothwendig gemacht haben.

Der gemeine Mann will noch häufig bey Anwandlungen von Uebelbefinden sein eigener Arzt seyn. Es trifft sich nämlich zuweilen, daß der Anfang der vorbenannten hitzigen Krankheiten mit Kopfweh, Schwindel und mit Wallungen im Blute, oder auch mit kurzem Athmen und Stichen in der Brust verknüpft ist. Wird nun dem Kranken in einem solchen Falle unbedingt zur Ader gelassen, so wird die Lebenskraft auf eine höchst

nachtheilige Weise geschwächt und der Kranke in die größte Gefahr gestürzt; denn es darf zu diesem Mittel nur in seltenen Fällen und unter der Anleitung eines erfahrnen Arztes geschritten werden. Man liebt auch noch häufig die abführenden Mittel, und glaubt sich derselben bey jeder Anwandlung von Uebelbefinden, wo der Magen und die Verdauungskraft leidet, bedienen zu müssen. Gelinde wirkende Laxiermittel würden, ob sie gleich überhaupt genommen nicht zweckmäßig sind, nicht so viel schaden, allein zum Unglück hat der Landmann noch gar zu häufig einen Hang zu nachdrücklich angreifenden Purganzen, daher diese gesetzlich gar nicht mehr in Apotheken vor der Hand verkauft werden dürfen. Brechmittel schaden zwar nicht so viel als Purgiermittel, ja sie können in einzelnen Fällen und im Anfange von Krankheiten dieser Art, wenn anhaltender Ekel und Neigung zum Erbrechen und Crudităten im Magen vorhanden sind, von Nutzen seyn, sie sollten aber auch nur durch den Beyrath des Arztes gebraucht werden, da selbst der Umstand, wenn die Zunge bey einem Kranken unrein und ein bitterer Geschmack vorhanden ist, nicht jederzeit die Anwendung dieser Mittel erheischet.

Sollte nun jemand von den oben bemerkten Vorläufern des hitzigen Nervenfiebers ergriffen werden, so muß er sich an einen verständigen und erprobten Arzt wenden und dessen Rath und Vorschrift pünctlich erfüllen. In der Krankenstube muß täglich auf einige Augenblicke ein paarmahl ein Fenster und die Thür geöffnet werden, doch so, daß der Kranke der Zugluft und Erkältung nicht ausgesetzt ist. Man halte die Stube mäßig warm, und heize nicht zu stark ein, hülle den Kranken nicht in viele und schwere Betten, und beobachte in Absicht der Gesunden und Kranken das hier anempfohlne zweckmäßige Verhalten.

Heiligenstadt den 13 Januar 1807.

Von Sr. Majestät dem Kaiser der Franzosen ꝛc. bestätigtes Provinzial-Collegium medicum et sanitatis.

Justiz = und Polizey = Sachen.

Rottenburg. Einberufung aller abwesenden in fremden Kriegsdiensten befindlichen Unterthanen.

Zufolge eines ex speciali resolutione ergangenen allergnädigsten Befehls, werden sämmtliche in auswärtigen Kriegsdiensten befindliche Unterthanen, selbst jene, welche consöderirten Staaten dienen, andurch namentlich aufgefordert, bey Strafe der Confiscirung ihres gegenwärtigen und zukünftigen Vermögens, in Zeit von drey Monaten in ihre Geburtsorte zurückzukehren, und sich bey dem unterzeichneten königl. Oberamte zu melden, und zwar

Von der Stadt Rottenburg. Johann Schäfer. Ignaz Straub. Florian Gerber. Moriz Ott. Joseph Straub. Joseph Hofmeister. Johann Pfeifer. Georg Fidel Gröner. Augustin Gerber. Johann Bauer. Peter Straub. Ferdinand Hofmeister. Joseph Gscheidle. Eusebius Grey. Thadäus Dirr. Martin Erarb. Albert Ullmann. Franz Joseph Lipp. Thomas Schmied. Johann Steiner. Martin Zumel. Ignaz Weiner. Joseph Ulmer.

Dorf Oettingen. Benedict Meyer. Dorf Liebingen. Joseph Wittel. Dorf Wendelsheim. Mathias Gärtner. Mathäus Fischer. Andreas Dießinger. Maximilian Bauer.

Dorf Schwalldorf. Mathias Flach. Dorf Niedernau. Johann Georg Hartmann. Valentin Müller. Bernhard Deutsch. Dorf Haßfingen. Clemens Vogt. Conrad Sauter. Philipp Lupper. Dorf Seebron. Chrisagon Schäbel. Dorf Ergenzingen. Caspar Teufel. Bernhard Schäfer. Timotheus Bader. Joseph Teufel. Carl Teufel. Constantin Dollinger. Friedrich Bauer. Roman Cramer. Benedict Kleindienst.

Dorf Weitingen. Cölestin Kallbacher. Dorf Rohrdorf. David Müller.

Rottenburg den 28 Januar 1807.

Königl. Würtemberg. Ober = Amt.

Kauf = und Handels = Sachen.

Verkauf einer Buchdruckereygerechtigkeit nebst Druckereygeräthschaften.

In Gefolg der bereits vorläufig geschehenen dreymahligen Ankündigung in der mannheimer Zeitung, wird nunmehr die der ehemahligen fälzischen Academie der Wissenschaften dahier zugeständene Buchdruckereygerechtigkeit sammt den hierzu gehörigen vollständigen Druckereygeräthschaften (über welche letztere das Inventarium bey Unterzeichnetem eingesehen werden kann) Montags den 2 März Nachmittags 3 Uhr unter annehmlichen Bedingnissen öffentlich versteigert, welches den allenfallsigen Ersteigliebhabern mit dem Anhange

bekannt gemacht wird, daß die Versteigerung im goldenen Lamm vorgenommen werde, und der Leztbietende bey erfolgendem Zuschlag sich entweder als großherzoglich badischer Staatsbürger qualificiren, oder doch wenigstens darthun müsse, daß er sich anheischig mache, ein solcher zu werden, ohne welche letztere Bedingniß und deren Erfüllung der Zuschlag ungültig ist.

Mannheim, den 31 Januar 1787.

J. C. Medicus.

Wechsel = und Geld = Cours in Sächsischer Wechselzahlung.

Leipzig, den 3 Februar 1807.

In den Messen.	Geld	Briefe
Leipz. Neujahrs=Messe		
— Oster=		98 3/4
Naumburger		97 1/2
Leipz. Michaeli=		—
Amsterdam in Bco. à Uso		—
Detto in Curr. à Uso	143	—
Hamburg in Bco. à Uso		150 1/2
Lion 2 Uso in Liv.		78 1/2
Paris 2 Uso in Liv.		78 1/2
Augsburg à Uso.		100 3/4
Wien à Uso.		50
Prag à Uso.		50
London 2 Uso p. Pf. St.		—

Gewinnen		Geld	Briefe
	Ränder à Ducaten	—	11
	Kaiser = Ducaten	—	11 3/4
	Wichtige Duc. à 66 Aß	10	
	Breslauer à 65 1/2 ditto	10	
	Leichte à 65 ditto	9	
	Almarco ditto	—	
	Almarco Louisd'or	—	
	Souveraind'or	—	
	Louisd'or à 5 Rthl.	9 mg	9 1/2
	Sächs. Conv. Geld	pari	
	Schild = Louisd'or	2 1/4	
	Laubthaler	—	2 1/2

Verlieren		Geld	Briefe
	Preuß. Curr.	5	
	Do. Münze.	9 3/4	
	Xer.	pari	
	Caff. Bill.	1	
	Kronenthaler	1/2	
	3. 7. Kr.	9 1/2	
	17	4 3/4	
	Wiener Banc. Zettel	50	

Allgemeiner Anzeiger
der
Deutschen.

Mittwochs, den 11 Februar 1807.

Gesetzgebung und Regierung.

Bemerkungen über die Ausgleichung der Kriegscontributionen, vorzüglich in Beziehung auf die Mitleidenheit der Geistlichen.

Die den einzelnen Kreisen Sachsens auferlegte Contribution hat besondere Kreisdeputationen veranlaßt, welche von Seiten des Landesherrn beauftragt waren, die Aufbringung und Vertheilung der Contributionssumme zu reguliren. Wie sehr wäre es zu wünschen gewesen, daß diesen Deputationen die allgemeinen Grundsätze wären vorgeschrieben worden, nach denen die Ausgleichung geschehen sollte, um eine rechtliche Einheit in dieß Geschäft zu bringen, dessen Ausführung keinem Staatsbürger gleichgültig seyn kann. Vermuthlich aber wollte man das Oertliche eines jeden Kreises berücksichtigt sehen, und überließ es daher den resp. Deputationen, sich über die tauglichsten Grundsätze der Ausgleichung zu vereinigen, und ihnen gemäß unter landesherrlicher Bestätigung das Geschäft im Detail zu besorgen.

Wie es zu erwarten war, so ist es auch erfolgt; die resp. Deputationen gingen von verschiedenen Grundsätzen aus, und die Ausgleichung mußte daher da mehr, dort weniger zweckmäßig ausfallen. So nahm z. B. der voigtländische Kreis den Grundsatz an: die Vertheilung der Contribution nach der Summe der Magazinhufen, der Schocke und Quatemberfteuern zu veranstalten, und sich in keine anderweitige Vermögenstaxe einzulassen, auch dazu diejenigen Personen nicht verbindlich zu machen, die in der Regel zu den Lasten des Staats nicht beytragen, wie Prediger, Schullehrer, Dienstboten u. s. f.

Nach andern Grundsätzen entschied die löbliche Deputation des erzgebirgischen Kreises, die die Contribution auf alle Personen jeden Standes und jeder Lebensart vertheilt wissen wollte. Sie sah das Kriegsübel als ein gemeinschaftliches an, mithin auch die Contribution, welche nach dem noch bestehenden Kriegsrecht zum Ersatz für die Plünderung gefordert wird, als eine allgemeine Auflage, wovon sich kein Mensch dispensirt halten darf, da jedermann von der Plünderung betroffen werden konnte. Sie blieb daher bloß bey den Magazinhufen stehen, auf welche ein bestimmtes Quantum gelegt wurde; der übrige Theil der Contribution sollte auf alle übrige Classen vertheilt, und jedes sonst freye Grundeigenthum von Seiten der Ortsgerichte taxirt, und daraus sogenannte blinde Hufen gebildet werden, denen nun im gleichen Verhältniß mit den wirklichen Hufen eine angemessene Portion zugetheilt würde. Hierüber hat sie sich ausführlich in einer Schrift erklärt, welche, nachdem ihre Grundsätze von der Landesregierung gebilligt wurden, unter der Form eines Publicandum erschien, und an die Stadt- und Dorfgerichte vertheilt wurde.*) Dem zu Folge sollen auch die Güter der Prediger und Schullehrer zur Mitleidenheit gezogen werden, und sie sind daher überall nach dem

*) Allg. Anz. Nr. 11 S. 97 — 105.   d. R.

Allg. Anz. d. D. 1 B. 1807.

Hufenmaß ausgemessen und gewürdigt worden, um nach Befinden ihren Antheil an der
allgemeinen Last zu empfangen.

Schwerlich wird nun jemand in Abrede
seyn, daß die Contributionen eine allgemeine
Staatslast sind, wozu jeder Staatsbürger,
wer er auch sey, gezogen werden muß; —
also auch Prediger und Schullehrer sollten
dazu beytragen. Aber die Frage ist: wie?
und in welchem Verhältniß? Will man
auch bey den Geistlichen ihr Grundeigenthum zur Basis machen — wie es geschehen
ist; — will man sich nur an das Grundeigenthum halten, wie es geschehen muß,
wenn man die Ausgleichung bloß nach Magazinhufen reguliren will, so tragen zu Contributionen

1) nur solche Geistliche bey, die bey
ihren Stellen Pfarrgüter haben,
welches eine offenbare Unbilligkeit ist; —
so werden

2) selbst die begüterten geistlichen Stellen unverhältnißmäßig bedrückt oder geschont.

Es gibt sehr viele Prediger- und Schul-
stellen, wobey kein Grundeigenthum ist; sollen diese frey ausgehen? Den Diaconen in
den Städten, und allen Schullehrern wäre
das sehr zu wünschen. Aber die Ephoren?
die Oberpfarrer in kleinen Städten, welche
gemeiniglich keine Landwirthschaft, aber ein
desto stärkeres Fixum, Zehnten, Accidenz
haben? — Da man sie nicht nach der angenommenen Basis taxiren kann, so müssen sie
befreyt bleiben — oder man muß eine andere
Grundlage suchen, um ihren Beytrag zu bestimmen — und davon schweigt das Publicans-
dum gänzlich, das vielmehr die ganze Last
nur auf das Grundeigenthum jeder Art gelegt wissen will.

Es ist ferner notorisch, daß die meisten
Predigerstellen einzig mit Grundeigenthum,
und gewöhnlich sehr mittelmäßig dotirt sind;
die Accidenzien sind bey vielen unbedeutend,
die Wirthschaft muß alles hergeben, und sie
ernährt nur zur Nothdurft. Die Inhaber
solcher Stellen werden also hart bedrückt,
wenn sie mit dem Bauer von ihrem Pfarrgute einen gleichen Antheil an der Contribu-
tionslast geben sollen. Die Gründe ergeben
sich von selbst aus der verschiedenen Lage des

Predigers und des Bauers. Aber ein anderes Mißverhältniß offerirt sich. Bey mehreren Pfarreyen sind wenig Grundstücke, aber
desto mehr Accidenz oder Zehnten, oder sonstige Emolumente. In meiner Nähe lebt
sogar ein Landprediger, der keine Furche
Landes besitzt, und dennoch beträchtliche Einkünfte hat. Warum soll der vom Landbau
allein und oft kümmerlich lebende Prediger
eben so viel und noch mehr tragen, als der,
dem noch andere Quellen sicherer und reichlicher fließen?

Dasselbe gilt von dem Schullehrer. Es
gibt deren, die eine ziemlich beträchtliche
Wirthschaft, aber wenig andere Einkünfte
haben, und sich daher mit Mühe und Noth
durchbringen müssen; es gibt andere, die
nur wenig Aecker besitzen, aber sonstige größere Vortheile genießen, wie z. B. der Schullehrer meines Orts einige hundert Thaler
Revenüen hat, aber kaum einen Scheffel
Land — diese also tragen wenig, jene viel
mehr!

Aus diesen Bemerkungen ergibt sich zur
Gnüge die Unzulänglichkeit der angenommenen Basis, und die Unbilligkeiten, welche
daraus gerade für die ärmern Landprediger
entstehen, können die Anwendung derselben
rechtlich nicht gestatten, wie sie gewiß auch
eben so wenig in dem Willen des vortrefflichen Landesherrn, als der löblichen Deputation sind.

Aber warum nahm man auch nur auf
die Pfarr- und Schulgüter Rücksicht, wobey
die Inconvenienz nicht vermieden werden
konnte, daß sie taxirt, und von Behörden
taxirt würden, an die der Clerus in der
Regel nicht gewiesen ist? Hatten nicht nur erst
im vorigen Jahre alle Prediger und Schullehrer Sachsens eine genaue unter strenger
Vorschrift abgefaßte Specification ihrer
Einkünfte einreichen müssen? Konnte man
sich nicht lieber an diese Angaben halten, die
in der Regel mit gewissenhafter Treue entworfen worden sind?

Offenbar hätte man an den allgemeinen Einkünften jeder Prediger- und
Schullehrerstelle eine sichere und billige
Grundlage gehabt, wonach der Antheil an
der Contribution bestimmt werden konnte,
und wobey jede andere Inconvenienz, nament-

lich willkürliche Taxationen wären vermieden
worden. Bey dieser Basis war es denn
möglich, die im Ganzen sehr kümmerlich dos
tirten Prediger und Schullehrer, welche häus
fig selbst Unterstützung bedürfen, und gegen,
wärtig durch Einquartierungen und mannich,
fache Schmälerung ihrer Einkünfte nicht we,
nig leiden, auf eine anständige und billige
Art zur Mitleidenheit zu ziehen, wenn man
dabey folgenden Grundsatz gelten ließ:

Das Procent von 100 bis zu 400 rthlr.
Einkünfte ist 2 Thaler.

Das Procent von 400 bis zu 1000 rthlr.
Einkünfte ist 4 Thaler.

Das Procent von 1000 bis zu 1500 rthlr.
Einkünfte ist 6 Thaler u f. f.

Nach diesem Verhältniß könnte jeder,
mann ohne große Beschwerde seine Beyträge
entrichten, und möchte man dabey immerhin
andere Grundstücke, wie Häuser, Mühlen,
Hammerwerke nach dem angenommenen Prin,
cip würdigen, so fielen doch für den geistli,
chen Stand mancherley Mißverhältnisse weg,
die ich hier kaum anzudeuten gewagt habe,
und die man bey der gegenwärtigen Stim,
mung des Publicums eher vermindern, als
vermehren sollte. Ob ich gleich selbst ein
Glied dieses Standes bin, so habe ich doch
in keiner andern Absicht die Feder ergriffen,
als, um die Stimme der Gerechtigkeit laut
werden zu lassen, welche in unserm sächsischen
Vaterlande sich noch vernehmlich machen
darf, und nie ohne allen Nutzen gehört wird.
Für meine eigene Person habe ich so wenig
zum Vortheil gesprochen, daß ich nach dem
angenommenen Princip des Grundeigenthums
nur mit einem mäßigen Beytrag belegt wer,
den kann; allein zufolge des Princips der
Einkünfte das Doppelte zu tragen schuldig
wäre. N. M.

N. S. Bey diesem Aufsatze liegt —
wie man leicht begreift — die Voraussetzung
zum Grunde: daß eine Auflage zur Mitlei
denheit bey der Contribution nicht von Sei
ten einer Kreisdeputation, sondern von
der höchsten Landesregierung allein, und
zwar fürs ganze Land gemacht werden wird.
Wer fühlt nicht das Widerrechtliche, daß z.
B. die Geistlichen eines Kreises zur Mitleit
denheit gezogen werden; die eines andern
Kreises aber nicht! Wer kann aber auch
einen Augenblick zweifeln, daß der erhabene

Regent Sachsens, wie überall, so auch hier
nur mit Weisheit und Gerechtigkeit handeln
werde!

Dienst , Gesuche.

Ein geschickter Färbermeister auf dem
Niederlanden, der sowohl in Führung der
Küpen, als auch in allen andern Farben Ge
nüge leisten kann, sucht als Schönfärber
Condition. Auskunft ertheilt

Johann Philipp Krieger sen.
in Nürnberg.

2) Ein Mensch von 15 Jahren, der
eine gute Hand schreibt und sich bisher
mit der Schreiberey beschäftigt hat, auch
in diesem Fache sich weiter ausbilden möchte,
wünscht auf einer Schreib, oder Rechenstube
als Schreiber,Bursche eine Anstellung zu
finden. Er ist von guten Eltern, hat vielen
guten Willen und Lust etwas zu lernen.
Nachfragen nach seiner Handschrift und son
stigen Verhältnissen besorgt die Expedition
des allg. Anz. unter der Adresse A. Z.

Familien , Nachrichten.

Aufforderung und Bitte.

Mein Sohn, Johann Gotthelf Dreß,
ler, 21 Jahr alt, von mittler Statur und
blonden Haaren, arbeitete seit einigen Jah,
ren in mehrerern juristischen Expeditionen,
und soll dem Vernehmen nach den 22 Julius
1806 nach Hamburg, um allda in gleicher
Qualität placirt zu werden, abgereiset seyn.
Da ich nun seit seiner Abreise aller anges
wandten Mühe ungeachtet seinen Aufent
haltsort nicht habe erfahren können, und
mir als bekümmertem Vater an dessen Aufs
enthalt viel gelegen, auch zu vermuthen ist,
daß ihm dieses Blatt nicht zu Gesichte kom
men möchte: so werden diejenigen edeldens
kenden Menschenfreunde hiermit höflichst
gebeten, welche von gedachtem meinem Sohn
den Aufenthalt wissen, oder sonst seinen
jetzigen Aufenthaltsort wüßten, mir selbiges
gefälligst bekannt zu machen.

Eilenburg, bey Leipzig, den 2 Febr. 1807.

Johann August Dreßler,
Gen. Accis,Thorschreiber.

Allerhand.

Aufforderung.

Bis jetzt hat meine Bitte um Bezahlung
meiner außenstehenden Forderungen zu meinem Erstaunen nicht das geringste gefruchtet
ich wiederhole sie demnach, und zeige jedem
meiner Bekannten hierdurch an, daß Samen,
Pflanzen und Nelken, nach meinem Verzeichnisse wie vorher bey mir zu bekommen sind.
Jena den 3 Februar 1807.

Wolfgang Webel.

Kauf- und Handels-Sachen.

An Pflanzenfreunde.

Den Liebhabern der Botanik und insbesondere denen der Mooskunde, glaube ich
keinen unangenehmen Dienst zu erweisen,
wenn ich ihnen anzeige, daß noch eine Anzahl
von den bereits mit großem Beyfall aufgenommenen Kryptogamen vorräthig ist.
Jede Centurie kostet pränumerando nicht
mehr als einen Ducaten. Briefe und Gelder muß ich mir aber postfrey erbitten.

D. Friedrich Hergt,
practischer Arzt, Accoucheur und Wundarzt
zu Pösneck, der botanischen Gesellschaft
zu Altenburg und der physicalischen Gesellschaft zu Heidelberg ordentl. Mitglied,
und der Gesellschaft für die Naturkunde
und Industrie Schlesiens zu Breslau
Ehrenmitglied.

Compagnon zu einer Tabacksfabrik gesucht.
Zu größerem Betrieb einer bereits eingerichteten Tabacksfabrik, welche vom Kriegstheater ganz
entfernet ist, wird ein Theilnehmer gesucht, welcher, bey einem soliden und verträglichen Character ungefähr 12 bis 15000 Fl. zu diesem Geschäfte beylegen könnte. In portofreyen Briefen
unter der Adresse C, K. M. übernimmt die Expedition des allg. Anz. zu Gotha die weitern Bestellungen.

Nachricht für Horndreher rc.
Unterzeichneter hat eine ansehnliche Partie echt
ungarischer Ochsen-Hornspitzen von seltener Schönheit erhalten. Außer diesen und andern Sorten
Hornspitzen führt er Mahagony, Buchs- und
Ebenholz, Walroß und kleine Elephantenzähne.
Bey Empfehlung dieser Artikel macht er diejenigen,
welche Horn, Elfenbein, Metall und Meerschaum
poliren oder Glas schleifen, auf folgende Polier-
Mittel aufmerksam, die, auf einer eigens dazu eingerichteten ihm gehörigen Mühle bereitet, den

hohen Grad von Feinheit erhalten, welchen man
ihnen auf die gewöhnliche Art nur mit großem
Zeitaufwand geben kann:

Feuerstein geschlemmt pr. Pfund 1 Rthlr. Sächs.
Bimstein ditto — 8 Ggl.
Hirschhorn ditto — 8 Ggl.
Kreide ditto — 2 Ggl. (im Ct.
6 Rthlr.)

Briefe und Gelder werden postfrey erbeten.
Gotha, im Februar 1807.

Ernst Arnoldi.

Feine Liqueure u. s. w.
Alle Sorten breslauer und danziger Dopp-
Liqueure, Punsch-Orangen- oder Bischoff-Extract
werden verfertigt und sind zu äußerst billigen Preisen zu haben in Stadt-Jlm bey J. A. Götz-
len. Briefe und Gelder erbittet man portofrey
einzusenden.

Sämereyen.
Zu Braunschweig in der Samenhandlung
von J. H. P. Ahrens sind zu haben: alle Arten in-
und ausländischer Garten-, Blumen-, Holz- und
Graskräuter-Samen im großen und kleinen; ingleichen viele hundert Arten dauernder Blumen-
Pflanzen, Blumenzwiebeln, und Rosensträuche,
und können Liebhaber die darüber gedruckten Preis-
verzeichnisse beliebig abfordern.
Von Blumensamen kostet ein Sortiment von
140 besonderen Prisen, welche oft bis 280 gemischte Farben geben, 2 Rthl. 12 gute Groschen Conv.
Münze; ferner sind in großen Partien von den
hiesigen glatten echten Arten Cichorienwurzel-
Samen, das Pfund zu 1 Rthlr. Conv. Münze, zu
haben.

Justiz- und Polizey-Sachen.

Vorladungen: 1) Jacob Stöhr's
von Gottenheim.

Jacob Stöhr, seiner Profession ein Metzger,
von Gottenheim aus dem Breisgau gebürtig, ist
schon 32 Jahre abwesend, ohne daß man etwas von
seinem Aufenthalt oder Daseyn erfahren konnte.
Nachdem nun seine hierländische Geschwister
um Emanntwortung seines unter gerichtlicher Pflegschaft stehenden Vermögens von ohngefähr 1000 fl.
angesucht haben, so werden hiermit gedachter
Jacob Stöhr oder dessen eheliche Abstämmlinge
aufgefordert:
binnen 1 Jahr und 6 Wochen
sich um so gewisser zu melden und zu legitimiren,
als sonst sein Vermögen auch ohne Caution seinen
sich hier Landes befindlichen nächsten Anverwandten
eingeantwortet werden wird.
Freyburg, den 10 Januar 1807.
Großherzoglich Badisches auch Lehnamt
der Herrschaft Kranzenau.

Maus.

Allgemeiner Anzeiger
der
Deutschen.

Donnerstags, den 12 Februar 1807.

Nützliche Anstalten und Vorschläge.

Motion patriotique.

Point de patriote Allemand qui ne souhaite qu'on tire tout le parti possible du nouvel ordre des choses pour le bonheur de l'Allemagne. Or un des meilleurs partis à en tirer est la *réunion des Eglises protestantes* tant de fois projetée. Sous l'ancienne Constitution politique la chose était impossible ou autant vaut. Il eût falu la porter à la diète du St. Empire, et Dieu sait, combien d'intérêts divergens, combien de raisons d'Etat ou prétendues telles l'eussent fait manquer sans retour. Nous allôns dépêtrés de ces entraves. Les opiniâtres partisans des anciennes formes et surtout de l'ancienne *routine* ne pourront plus éconduire les projets les plus salutaires par le dicton trivial *que cela ne se peut point*. Aujourd'hui rien de plus aisé que cette réunion des églises non-catholiques. Les lumières ont fait assez de progrès pour qu'on n'ait plus a redouter d'opposition de la part des théologiens: Ils ne sont devenus que trop *accommodans*.

Quelques-uns d'entr'eux, ainsi que plusieurs jurisconsultes, ont proposé de faire renoncer chaque église protestante à une partie de ses dogmes, pour opérer une parfaite conciliation. Etrange moyen de rapprocher des partis divisés d'opinions religieuses! Comme si l'on pouvait changer de croyance ainsi que d'habits.

Allg. Anz. d. D. 1 B. 1807.

Vous diriez d'une transaction juridique sur un objet litigieux de commerce! De pareilles propositions rappellent involontairement le propos du médecin pressé de se réconcilier avec son confrère: qu'il me passe, dit-il, l'émétique pour ce malade et je lui passerai la saignée pour un autre.

A-t-on réellement à coeur la réussite de ce projet d'union, il faut s'y prendre d'un tout autre biais. Laisser là le dogme et la croyance individuelle et ôter seulement la nécessité de la professer. En un mot il faut donner plus de latitude aux Livres symboliques, en retranchant de ces professions publiques de foi tous les points de doctrine controversés entre les deux Eglises protestantes, et les abandonnant au libre arbitre de chaque fidèle.

On pourrait même faire un pas de plus. Si des raisons d'Etat n'y mettaient obstacle, les Gouvernemens pourraient se contenter pour tout symbole du Nouveau Testament, et permettre ensuite aux différentes églises de livrer à l'oubli tout autre livre symbolique. Je n'appréhende point d'être désavoué des théologiens modernes en proposant de faire rentrer dans le néant la Confession d'Angsbourg, la formule de Concorde (ainsi nommée par antiphrase), le serment contre les Cryptocalvinistes, le Catéchisme d'Heidelberg, le Synode de Dordrec, etc. etc. Alors toutes les sectes qui se sont détachées de l'Eglise Romaine, pourvuqu'elles reconnaissent le Nouveau Testament et au plus un ordre hiérarchique quelconque, pourraient être amalgamées avec les Protestans proprement dits, quelle que soit d'ailleurs leur exégèse à elles. Devant cette union incorporative, les noms de Sociniens, de Luthériens, de Calvinistes, d'Arminiens etc. etc. disparaîtraient du vaste protocolle polémique de nos théologiens pour ne plus figurer que dans les sombres tableaux de l'Histoire ecclésiastique. Plus de discorde alors entre les différens Sectaires.

On ne haïrait plus le bon Anabaptiste,
Le Morave pieux et le triste Piétiste,
Les enfans de Calvin et les Luthériens,
Les enfans de Gomar et les Arminiens,
Désormais réunis sous les mêmes bannières
Oublieraient l'aigreur qui divisait leurs pères.

En effet moins les liens et les intérêts politiques seront croisés par ceux de la religion, plus il régnera de fraternité entre les citoyens d'un même État. Ajoutez que les théologiens protestans, affranchis du joug des livres symboliques, ne seront plus placés dans la fâcheuse alternative d'opter entre leur fortune et leur conscience.

Il y a plus. Les plans les plus salutaires, les projets les mieux combinés pour la réforme des écoles publiques ont échoué dans la plupart des pays protestans, faute de fonds suffisans pour les mettre en exécution. Supposé les Églises protestantes une fois réunies (et l'on a vu combien cela est faisable) il y aura une quantité de places de ministres, de surintendans et jusqu'à des Consistoires entiers dorénavant superflus, qui pourront être supprimés. Leurs appointemens, parfois assez considérables, rentreront dans le trésor public, et pourront être employés à la dotation des écoles publiques et à l'entretien des régens nécessaires. Je dis des régens et non des maîtres d'école, tels qu'ils sont actuellement. Effectivement, le premier pas à faire pour réformer nos écoles, ce serait de rabaisser nos magisters de village, la plupart profondément ignares, à l'état de

simples marguilliers, et de subroger en leur place de vrais lettrés qui aient fait toutes leurs études: non pas precisément des études de théologie, mais, des études relatives à l'état d'instituteur, telle que la Philosophie pratique et en particulier la Pédagogique. Il est incontestable qu'un jeune proposant ainsi formé sera plus propre à remplir ces postes qu'un savantasse hérissé seulement d'hébreu et sachant ses pères sur le bout des doigts: toutes méritantes que sont d'ailleurs ces connaissances à l'égard du théologien.

A B....... n le 4 janv. 1807.   P.

Gefundheitskunde.

Eine nöthige Warnung in Betreff der sogenannten Zulpe oder Flutschbeutel der Kinder.

Es ist manche Mutter in dem Fall ihre Kinder nicht selbst säugen zu können, oder (leider!) zu wollen, und dann fehlt es bisweilen an einer Amme; es muß alse dem Kinde die Nahrung — wenigstens in den ersten Monaten — durch einen sogenannten Zulp beygebracht werden. Hierbey wird nun häufig der Fehler begangen, daß die Milch oder das sonstige Nahrungsmittel mit vielem Zucker vermischt wird. Weil nun solches theils aufmahls längere Zeit im Gefäße aufbewahrt, theils vom Kinde lange im Munde behalten wird, so erfolgt in diesem süßlichen Nahrungsstoff eine gewisse chemische Veränderung, welche auf die Säfte des Kindes nachtheilig wirkt. Eine traurige, bald in die Augen fallende Wirkung ist die, daß die Zähne dieser Kinder frühzeitig schon angegriffen werden; hauptsächlich die Oberzähne, und oftmahls schon im vierten Jahre die Krone derselben durch die specifke Schärfe zerfressen und zerstört ist. Die Eltern und Wärterinnen können nicht genug hierauf aufmerksam gemacht werden, und man suche dem gerügten Nachtheil dadurch vorzubeugen, daß man 1) sich des Zuckers so sparsam als möglich bediene (denn das Kind wird sich an die unversüßte Nahrung auch bald gewöhnen) 2) das Nahrungsmittel jedesmahl frisch zubereite, auch jedesmahl das Geschirr, Läppchen und Schwamm rein wasche; 3) den

Mund und insonderheit das Zahnfleisch des Kindes nach jedem Genuße reinige.

Bey dieser Gelegenheit werfe ich zu Nuß und Frommen der Eltern, welche ihre geliebten Kleinen durch den frühen Verlust der Vorderzähne entstellt sehen, die wichtige Frage auf: wie verhält man sich in Ansehung der oberflächlich im Kiefer steckenden Wurzeln? — Soll man es der Natur überlassen, bey Eintritt des Zahnfleisches jene Ueberreste durch die neuen Zähne wegzustoßen? Oder ist zu besorgen, daß die angetroffene alte Wurzel die Krone der neuen Zähne anstecke, und muß man jene daher durch chirurgische Hülfe wegschaffen, ehe diese in die Zahnhöhlen eintreten?

Möchte doch ein Arzt aus einer großen Stadt sich menschenfreundlich das nicht geringe Verdienst erwerben, diese Fragen bald öffentlich zu beantworten.

C.   B.

Künste, Manufacturen und Fabriken.

Vortheilhaftere Art des Branntweinbrennens.

Seitdem der Branntwein ein so großes Bedürfniß geworden, wird jährlich eine ungeheure Menge Getreide dazu verwendet. Ob schon bekannt ist, daß aus allen Zuckerstoff haltenden Gewächsen Branntwein erhalten werden kann, so ist doch der Gehalt gegen den Aufwand an Brennmaterial zu geringe, um dieselben mit Vortheil dazu anwenden zu können. Die Anwendung der Feuerung mit Dämpfen gibt aber der Sache eine ganz andere Gestalt, und bewirkt eine gänzliche Reform des Branntweinbrennens, da

1) keine theuern Branntweinblasen mehr nöthig sind, sondern nur ein eiserner Dampfkessel, der in einen Ofen gesetzt wird, welcher zugleich die Branntweinbrennerey wie eine Stube mit erwärmt, und zugleich noch zu andern Zwecken, als Kochen der Speisen und dergleichen, gebraucht werden kann.

2) Zu Erhizung dieses Dampfkessels und Erzeugung der Dämpfe ist nicht die Hälfte Brennmaterial erforderlich, da derselbe nur immerwährend im Kochen erhalten werden darf, wozu viel weniger Brennmateri-

rial erforderlich ist, als wenn die kalte Flüßigkeit erst ins Kochen gesetzt werden muß.

3) Fällt eine Menge Arbeit weg, als das Ein - und Ausschöpfen in die Brennblase, da der nöthige Grad Hize, um den Spiritus in Dünste zu zersetzen, gleich in die Gährwanne geleitet wird. Hierzu sind bekanntlich nicht einmahl 80 Grad Reaumur, der Siedepunct des Wassers, erforderlich, sondern nur 68 Grade. Es wird nichts vergossen, läuft nichts über, und das Anbrennen wird gänzlich vermieden.

4) Besonders aber können nunmehr alle Zuckerstoff haltende Gewächse, als alle Gattungen Rüben, Kartoffeln, Obst und dergleichen mehr mit Vortheil zum Branntweinbrennen benutzt werden, und geben noch eben so gutes Viehfutter, wodurch eine große Menge Getreide erspart wird, da es weiter keinen Aufwand macht, als einige Gährwannen mehr anzuschaffen, um diese Producte in Gährung zu setzen. Endlich und hauptsächlich noch

5) ist bekannt, daß in allen Brennereyen oft mit Schaden gebrannt wird, wenn die Gährung fehl geschlagen ist. Es bleibt ein großer Theil Spiritus zurück, und das Getreide ist verschwendet. Hier aber kann das Brenngut aufs neue in Gährung gesetzt werden, so lange es noch zu Erzeugung des Branntweins zur Weingährung geschickt ist. Da der Branntwein bekanntlich kein Educt, sondern ein Product der Gährung ist, so kann auf diese Art aus allen Producten eine viel größere Menge Branntwein erhalten werden; denn ist auch des, aus der zweyten Gährung erzeugten Spiritus weniger, so macht es doch keinen besondern Aufwand, denselben mittelst der hingeleiteten Dämpfe des Dampfkessels abzuscheiden, da dieser so wenig Brennmaterial erfordert, um immerwährend im Kochen zu bleiben und der Reihe herum die Gährwannen, so wie die Gährung vollendet ist, abzutreiben. Eine so vortheilhafte Einrichtung braucht nur allgemein bekannt zu seyn, um durchgängig eingeführt zu werden.

C. F. Werner.

Land- und Hauswirthschaft.

Die spanische Kohlrübe,
ein vortreffliches Wintergemüse für den Tisch und vorzügliches Herbst-Winters- und Frühjahrs-Futter für das Rindvieh.

Die spanische Kohlrübe, oder eigentlicher, die gelbe untererdige oder Boden-Kohlrabi, ist noch nicht so bekannt, als sie es verdient. — Sie ist eine Kohlart von der Steckrübe (Brassica olerac. Napo-brassica L.) und hat ein röthlich gelbes Fleisch, wird sehr groß, wie die Runkelrübe und hat übrigens Kraut und Blätter, wie die gewöhnliche weiße Bodenkohlrabi. Ihr Fleisch ist sehr zart und von angenehmen Geschmack, wird nie pelzig und kocht sich im späten Frühjahr noch so zart und schmackhaft, als im Herbst zuvor, wenn sie den Winter über, wie gewöhnlich, im Keller aufbewahret wird.

Außerdem ist sie ein vorzügliches Milch- und Mastfutter für das Rindvieh und übertrifft weit die Runkelrübe, die ein viel lockeres Fleisch hat, und daher viel leichter ist, aber bekanntlich desto weniger milchet und mästet, als die schweren Bodenkohlrabi. Besonders bekommt die Butter von diesem röthlich gelben Knollengewächs eine schöne und erhöhetere Farbe. — Für den Sommer gibt zwar die Runkelrübe mehr Futter an Blättern, als die gelbe Bodenkohlrabi, doch kann man letztere gegen den Herbst auch blatten; und die Wurzel ersetzt für den Winter und Frühjahr alles reichlich.

Der Same wird im April in ein mittelmäßig gedüngtes Land gesäet, man muß sich weiterhin merken, daß man mit Aussetzung der Pflanzen, zumahl, wenn sie auf Aecker kommen sollen, nicht ja sehr eile, son dern warte, bis die Wurzeln die Stärke einer Schreibfeder haben: so schießt dann keine Pflanze in die Höhe. Auch muß man bey dem wirklichen Verpflanzen die Wurzeln verstutzen, damit sie mehr in die Dicke und Rundung wachsen, als in die Länge. — Man setzt sie wenigstens 1 1/2 Fuß von einander. — Sehr zuträglich ist diesem Gewächs, wenn das Land dazu vor Winter gedünget worden: in frischgedüngtem Boden bekommen die Wurzeln leichter Nebenzacken. — Die rundesten werden zum Samentragen ausge-

wählt. — Ich habe noch bey keinem Samenhändler diesen Samen angetroffen, als bey Peter Sassel in Frankfurt am Main, das Loth zu 30 Kr. Man kann ihn aber sehr leicht selbst in Menge ziehen, wie andern Kohlsamen.

Christ,
Pf. zu Kronberg.

Berichtigungen und Streitigkeiten.

Alle Welt hat sich gewundert, daß Herr v. Archenholz, der sonst so sehr auf historische Treue hält, und so behutsam in Bekanntmachung unerwiesener Thatsachen verfährt, den verläumderischen Brief eines berliner Bürgers an den unglücklichen Herzog von Braunschweig in die Minerva aufgenommen, ja sogar durch seine Vorerinnerung ihm noch mehr Gewicht gegeben hat. Hr. v. A. hat vermuthlich gewußt, daß der Verfasser des Briefes ein geborner Braunschweiger ist, der von dem Herzog Wohlthaten genossen hat. Wie konnte der verläumden? Nur reine Wahrheitsliebe mußte es seyn, die ihn die Stimme der Dankbarkeit überhören ließ. Gewiß hat aber Hr. v. A. nicht gewußt, daß der Briefsteller kurz vorher, ungefähr um die Zeit der Erscheinung des Telegraphen, auf ein Gesuch um eine Stelle, die schon besetzt war, oder besser besetzt werden konnte, von dem Herzoge eine abschlägige Antwort erhielt; er würde sonst zuverlässig Bedenken getragen haben, auf jenen schändlichen Brief einen Werth zu legen. Wie oft Rache und andere Leidenschaften des Geschichtschreibers selbst sich in seine Erzählungen mischen, muß ein Geschichtforscher, wie Hr. v. A., gewiß aus eigner Erfahrung wissen. Man sieht hieraus, daß auch der geübteste und sorgfältigste Geschichtsforscher fehl treten kann.

Allerhand.

Zur Warnung.
Schon seit länger als 22 Monat habe ich bey Franz Reinhard, Schichtmeister in Suhl, im Hennebergischen, zwey Instrumente bestellt, ihm das Geld nebst Brief-Porto sogleich eingesandt, dessen Empfang

er mir auch unterm 3 Febr. 1806 gemeldet, mit der Verſicherung, daß ich ſolche nun bald erhalten ſolle: meiner ſeitdem an ihn erlaſſenen höflichen und ernſthaften Bitten aber, wenn er gedachte Inſtrumente nicht ſenden wolle, mir doch wenigſtens mein Geld wieder zu geben, ohnerachtet, iſt mir von ihm nichts zugekommen.

S. d. g. in Schleſien den 24 Jan. 1807.

Ulr.

Geſtohlne Pferde.

In der Nacht vom 6 bis 7 Februar ſind zu Giſſelborn ohnweit Stadilm in der Schenke aus dem Stalle durch zwey Kerle zwey Pferde geſtohlen worden, welche folgender Geſtalt kenntbar:

1) Ein ſchwarzbrauner Hengſt, großer Statur, an den Hinterfüßen ganz kurz weiß, ohngefähr 6 Jahr alt.

2) Ein ſchwarzbrauner Wallach, großer Statur, ohngefähr 5 Jahr alt, mit einem ungewöhnlich großen Nabel.

Sollten ſelbige durch dieſe zwey Diebe verkauft worden ſeyn, ſo erbietet man ſich, das dafür bezahlte Geld zurück zu zahlen, und ſich deshalb bey Jacob Lucius und Sohn in Erfurt zu melden. Diejenigen, welche die Diebe entdecken, erhalten ein anſehnliches Douceur.

Erfurt am 7 Febr. 1807.

Dienſt = Anerbieten.

1) Es wird ein Mann von mittlern Jahren geſucht, der folgende Eigenſchaften haben muß:

1) Muß er vorzüglich mit Pferden umzugehen wiſſen.

2) Muß er ſowohl Küchen = als Glas Haus = Gärtnerey, auch etwas Feldbau verſtehen, und

3) ſich zu jeden andern Geſchäften im Hausweſen und auf Reiſen als Bedienter brauchen laſſen.

Ueber ſeine Eigenſchaften und gute Aufführung muß er hinlängliche Atteſtate beybringen. Wenn er ledig iſt, ſo iſt es beſſer, iſt er aber verheirathet, ſo iſt dieß kein Hinderniß; nur darf ſeine Familie nicht zu zahlreich ſeyn. Er muß geſund, mit geraden Gliedern und einer dauerhaften Leibesconſti-

tution verſehen ſeyn. Nebſt guter Behandlung wird ihm ein angemeſſener Gehalt ausgeſetzt und zugleich bey guter Aufführung eine beſtändige Verſorgung zugeſichert. Die Stelle kann ſogleich bezogen werden. Die Expedition des allg. Anz. beſorgt die wegen dieſer Sache franco eingeſchickten Briefe.

2) In eine Apotheke wird auf Oſtern ein Gehülfe geſucht, der ſchon eine Zeit lang ſervirt hat, gute Zeugniſſe aufweiſen und einer Apotheke vorſtehen kann. Franco eingehende Briefe unter den Buchſtaben S. S. wird die Expedition des allg. Anz. weiter beſorgen.

Dienſt = Geſuche.

1) Ein Menſch von 25 Jahren, der ſich ſeit 10 Jahren in einer Manufacturhandlung, wobey auch nicht unbeträchtliche Speditions Geſchäfte betrieben wurden, in einer anſehnlichen Handelsſtadt befindet, und ſich zum deutſchen, franzöſiſchen und engliſchen Briefwechſel verbindlich machen machen kann, auch jene Sprachen geläufig ſpricht, nicht unbedeutende Fortſchritte in der italieniſchen Sprache gemacht hat, worin er ſich auch bald brauchbar zu machen ſchmeichelt, wünſcht, bloß um ſich noch mehr Kenntniſſe zu erwerben, und ſeinen Wirkungskreis zu erweitern, ſeinen gegenwärtigen Platz zu verändern und auf einem Comtoir in einem Hauſe, wo er Gelegenheit hat, ſeine bereits erworbenen Kenntniſſe practiſch in Ausübung zu bringen, placirt zu werden. Es wäre ihm aber beſonders angenehm, wenn er als Commiſſions=Reiſender angeſtellt werden könnte, um ſeine Neigung, entferntere Gegenden zu bereiſen, auf eine thätige und nützliche Weiſe zu befriedigen. Wegen ſeines Betragens und moraliſchen Characters beruft er ſich gänzlich auf das Zeugniß ſeines gegenwärtigen Principals, welches gewiß, ohne alle Anmaßung, das empfehlendſte und ſchmeichelhafteſte ſeyn wird. Diejenigen, die einiges Augenmerk auf obiges Dienſtgeſuch nehmen wollen, und die Adreſſe davon zu melden wünſchen, belieben ſich gefälligſt in portofreyen Briefen an die Expedition des allg. Anz. zu wenden.

2) Ein junger Mensch, der die Oeconomie erlernt hat, deſſen Wißbegierde aber noch nicht befriedigt iſt, wünſcht ſich für künftiges Frühjahr eine Verwalterſtelle, jedoch unter der Aufſicht des Pachters oder Gutsbeſitzers. Fleiß, Beharrlichkeit und treue Abwartung ſeiner angewieſenen Geſchäfte wird er einem mäßigen Gehalt entgegen ſetzen. Die Expedition des allg. Anz. beſorgt die frankirten Briefe an ihn.   R O.

3) Ein junges Frauenzimmer, ungefähr 20 Jahr alt, von guter Herkunft, in einer Landſtadt Thüringens erzogen, in den nöthigen weiblichen Arbeiten nicht unerfahren, wünſche, da ſie durch den Tod ihrer guten Mutter nun ganz verwaiſet iſt, in eine gute Familie, ſey es in der Stadt oder auf dem Lande, aufgenommen und als Kammerjungfer oder in der Landwirthſchaft angeſtellt zu werden. Ihre Forderung in Anſehung des Gehalts wird ſehr billig ſeyn, und da ſie hauptſächlich eine humane Behandlung und den Aufenthalt in einem guten Hauſe beabſichtiget, ſo würde ſie allenfalls auch einige Jahre ganz ohne Gehalt und nur für freye Station dienen. Man wendet ſich deshalb in frankirten Briefen unter der Adreſſe C. W. B. an die Expedition des allg. Anz.

Familien = Nachrichten.

Unſere am 11 dieſes Monats ſtatt gehabte Verbindung zeigen wir hierdurch allen unſern auswärtigen Verwandten und Freunden gehorſamſt an, und empfehlen uns zu fernerer Gewogenheit.
Eiſenberg den 18 Januar 1807.
Apold Albertus.
Doris Albertus geb. Biſchoff.

Juſtiz = und Polizey = Sachen.

Bekanntmachung.

Nachdem auf allerhöchſten Befehl vom 12 hujus der 27 Februar 1807 zur Feyer des erſten Gutstages allergnädigſt angeordnet worden iſt, hierdurch aber der Fortgang des in dem zu Herrn Gottlob Ludwigs von Pöllnitz auf Bennsdorf Vermögen entſtandenen, und Vigore Commiſſionis vor dieſigem Amte anhängigen Creditweſen durch erlaſſene Edictalien auf dieſen Tag anberaumten Termins zur

---

Publication des abgefaßten Präcluſiv = Beſcheides behindert wird, auch dieſer Termin deßhalb bis auf den Sechſten März 1807 verſchoben worden iſt, und an dieſem Tage nunmehro die Publication des gedachten Präcluſiv = Beſcheides unter der in den Edictalien bemerkten Comminatian erfolgen ſoll; als wird ſolches zur Nachachtung aller derer, welche bey dieſem Creditweſen einiges Intereſſe haben, anduch öffentlich bekannt gemacht. Datum Juſtizamt Borna, den 28 Januar 1807.

Königl. Sächſ. Commiſſionerath und Juſtiz = Amtmann allda und zu Pegau   als
Commiſſarius Cauſae
Tobias Gottlob Hänel.

Vorladungen: 1) militairpflichtiger Unterthanen.

Nachſtehende Unterthanen, welche entweder auf der Wanderſchaft, oder in fremden Kriegedienſten ſich befinden, werden hiermit aufgefordert, innerhalb drey Monaten in ihr Vaterland zurückzukehren und ſich bey hieſigem Amt zu melden, bey Vermeidung der von Sr. königl. Majeſtät von Würtemberg gegen die ungehorſam Ausbleibenden verordneten Strafen der Vermögens = Confiscation und Verluſt des Unterthanenrechts; als:
Von Schrozberg:
Johann Michel Schumm.
Ludwig Bennertheim, Gärtner.
Chriſtoph Philipp Ehrmann, Schmid.
Johann Chriſtian Reu, Schreiner.
Johann Michel Reu, Schreiner.
Georg Friedrich Zirt, Becker.
Johann Michel Zinck, Küfer.
Michel Dörr, Wagner.
Heinrich Lang, Zimmermann.
Chriſtian Wirth, Becker.
Michel Schauer, Becker.
Friedrich Stolz, Kaufmannsdiener.
Georg Stolz, Müller.
Matthäus Schroth, Bierbrauer.
Heinrich Lang, jünger, Schneider.
Michel Stuz, Metzger.
Von Creuzfeld.
Georg Steinler.
Sig. Schrozberg im Hohenlohiſchen bey Rotenburg ob der Tauber, den 10 Januar 1807.
Juſtizamt daſ.
Nötinger.

2) der Gläubiger C. Lang's.

In der Concurs = Sache des von hier entwichenen Bürgers Carl Lang ſind die ad concludendum verſchickt geweſenen Acten an uns zurückgekommen; wir haben daher zur Exrotulation derſelben und zu hierauf erfolgender Publication der Locations = Urthel,

Donnerstags den 2 nächstkünftigen Monats April anberaumt; und fordern demnach alle Creditoren öffentlich hierdurch auf, an jenem Tag, Vormittags 9 Uhr auf dem allhiesigen Rathhause entweder in Person oder durch hinlänglich bevollmächtigte Mandatarien vor uns zu erscheinen und diese gerichtl. Verhandlung somit anzunehmen.

Heilbronn, den 31 Jan. 1807.

Oberamtmann, Bürgermeister und Gericht.

3) M. Stein's.

Dem vor bereits 22 Jahren als Beckerknecht in die Fremde gegangenen Michel Stein von Handschuchsheim gebürtig ist durch Ableben seiner Eltern ein dermahl unter Curatel stehendes Vermögen von 892 fl. 38 kr. erblich angefallen.

Gedachter Michel Stein wird daher hierdurch öffentlich vorgeladen: innerhalb drey Monaten seine Erbschaft in Empfang zu nehmen, oder zu erwarten, daß solche seinen sich deßhalb gemeldet habenden vier Geschwistern gegen Caution ausgehändiget werden wird. Heidelberg, den 20 Januar 1807.

Großherzoglich Badisches Amt Unter Heidelberg.

J. Nestler.   Rettig.

4) J. Specht's.

Der längst abwesende, und seit dem 9 Januar 1797 bey einer Schlacht bey Mantua vermißte Bürgers Sohn Johannes Specht von Reidscheim, oder dessen allenfallsige eheliche Leibes-Erben werden hiermit aufgefordert, binnen einer zerstörlichen Frist von neun Monaten zu erscheinen, und das bisher vormundschaftlich verwaltete, in ohngefehr 4682 fl. bestehende elterliche Vermögen in Empfang zu nehmen, oder zu gewärtigen, daß er Johannes Specht als verschollen erklärt, und sein Vermögen denen darum anstehenden nächsten Anverwandten zur nutznießlichen Erbpflegschaft gegen Caution übergeben werde. Bruchsal, am 19 Jan. 1807.

Großherzoglich Badisches Landamt.

Guhmann.   Vidt. Fränzinger.

5) der Gläubiger der Baronesse M. J. J. von Wal.

Da am 5 d. die dahier privatisirt habende gewesene Stiftsdame zu Münsterdilsen, Baronesse Marie Juliane Ferdinande von Wal verstorben ist, und ein Testament zurückgelassen hat, in welchem ein Neffe derselben, Baron Eugen Johann Nepomuk Joseph von Wal, zum Erben ernannt ist, so werden hierdurch alle diejenigen, welche irgend eine Forderung ex quocunque capite an die Verlassenschaft der Verstorbenen machen zu können glauben, aufgefordert, binnen sechs Wochen dahier vorzubringen, oder zu erwarten, daß im Richt-Meldungsfall die Erbschaft ohne weiters

nach dem Inhalt des Testaments verabfolgt werden soll. Heidelberg, den 13 Januar 1807.

Großherzogl. Badische Hofraths-Commission.

Baurittel.   vdt. Weurer.

6) der Lodowilla Lambrecht.

Die nächsten bekannten Erben der seit vielen Jahren abwesenden Lodowilla Lambrecht von Bammenthal, welche vor 73 Jahren geboren worden ist, und seit ihrer Abwesenheit von ihrem Geburtsort keine Nachricht von ihrem nachherigen Aufenthalt gegeben hat, sind um Verabfolgung ihres bisher pflegschaftlich verwalteten Vermögens eingekommen, weshalb Lodowilla Lambrecht, so wie alle diejenigen, welche an deren Vermögen einen gegründeten Anspruch machen zu können glauben, edictaliter aufgefordert werden, sich deßhalb dahier binnen 9 Monaten um so gewisser zu melden, als nach deren Ablauf befragliches Vermögen den sich gemeldet habenden Erben ohne weiteres verabfolgt werden soll. Neckargemünd, den 13 Januar 1807.

Großherzogl. Badisches Amt.

Reidel.   Rettig.

7) der Eva Cath. Hörnlein.

Die aus dem diesfamiliischen Stadt-Flecken Breitenbach bürtige, seit länger, als 30 Jahren, von dort abwesende Eva Catharina Hörnlein, so wie deren etwanige Leibes-Erben und alle diejenigen, welche an ihr hiesiges Vermögen irgend einige Ansprüche haben möchten, werden anmit geladen

den 9 Junius d. J. gesetzlich anher zu erscheinen, sich behörig anzumelden, und ihre Forderungen ordnungsmäßig herauszusetzen, auch zu bescheinigen, im Unterbleibungsfall aber, daß die Hörnlein für todt und jeder anderen seiner Ansprüche, so wie der Rechtswohlthat der Wiedereinsetzung in den vorigen Stand für verlustig erklärt — das Hörnleinische Vermögen auch deren sich vorläufig gemeldet habenden hiesigen nächsten Anverwandten ohne Sicherheits-Bestellung überlassen werde, zu gewarten.

Sig. Gehren, den 9 Januar 1807.

Fürstl. Schwarzburg. Amt das.

8) der Hermann'schen Gläubiger.

Nachdem des Kammerdieners Müller Witwe geborne Schade, als Testaments-Erbin der dahier verstorbenen Schauspielerin Witwe Hermann, gebornen Zamboni, die Erbschaft der Defunctae nicht anders als cum beneficio inventarii anzutreten erklärt, und des Endes um öffentliche Vorladung der etwaigen Hermannschen Creditoren gebeten hat; so werden alle diejenigen, welche an erfragten Nachlaß der Witwe Hermann, aus irgend einem Grunde Ansprüche zu haben vermeinen, hierdurch

ein für allemahl vorgeladen, um solche in dem auf
den 2 März hierzu anberaumten peremtorischen
Termin vor. unterzeichneter Behörde gehörig zu
liquidiren oder der Verabfolgung der Erbschaft und
Präclusion zu gewärtigen.
Cassel, den 16 Januar 1807.
Stadtschultheißen. Amt der Ober-
Neustadt daf.
Reinuch.

Kauf- und Handels- Sachen.

Versteigerung von Brillanten.

Dienstag den 31 März l. J. wird die Versteigerung der in der Febr. von Erbalischen Verlassenschaft vorfindlichen ansehnlichen Partie gefaßter und ungefaßter Brillanten und anderer Pretiosen, in dem Fürſt. Primarischen Schloße dahier
Nachmittags ihren Anfang nehmen, und bis zur
Beendigung fortgesetzt werden, wozu die Herrn
Liebhaber eingeladen werden.

Aschaffenburg, den 15 Januar 1807.
Von zogst angeordneter Testaments
Executorie wegen.
Nota. Das Verzeichniß über sämmtliche Ge-
genstände ist besonders gedruckt, und ins Publicum
gegeben worden.

Versteigerung einer Apotheke.

Die hiesige sehr gut gelegene, seit einiger Zeit
vom Besitzer zum Verkauf ausgesetzte Apotheke wird
unter annehmlichen Bedingungen Montags den
23 März d. J. Vormittags 10 Uhr auf dem hiesigen Rathhause im Aufstreich verkauft werden.
Die Herrn Liebhaber werden hierzu mit dem Anhang eingeladen, daß die Steigerer ihre zu Uebernahme der Apotheke nöthigen Kenntnisse, Sittlichkeit und beconomischen Mittel darzuthun haben.
Wimpfen, den 21 Januar 1807.
Großherzogl. Heßisches Amt Wimpfen.
Hofrath Majer.

**Vermiethung eines Buchhändler-Gewölbes
in Leipzig.**

Ein großes Gewölbe, nebst Schreibstube und
einer daran stoßenden kleinern Niederlage oder auch
Kammer, ist von Ostern 1807 an in einer bequemen
Gegend zu vermiethen, und hat man sich deswegen
an den Hrn. M. Eberhard, Leipzig im Gewand-
gäßchen Nr. 622 zu wenden.

Geschlagenes Gold und Silber.

Die Kleiewetter'sche Fabrik in geschlagenem
Gold und Silber wird von jetzt an bloß durch
unterzeichneten Versendungen machen. Die Herren Vergolder und Buchbinder werden ersucht, sich

dieser Adresse zu bedienen. Guter Waare, billiger
Preise und prompter Bedienung können sie sich ver-
sichert halten.
C. L. Brede,
Buchdrucker, Buch- und Papierhändler
in Offenbach am M.

Jütländische Lammwolle.

Unterzeichnete benachrichtigen hierdurch, daß
sie durch ihre Hopfen-Versendungen nach Jütland
veranlasset sind, ein Geschäft mit jütländischer
Lammwolle zu errichten, und daß man bey ihnen
stets ein Lager von dieser Waare antreffen wird.
Da sie die Wolle aus der ersten Hand ziehen, so
darf man mit Sicherheit auf deren beste, feinste
Qualität und möglichst niedrige Preise rechnen.
Braunschweig, den 31 Januar 1807.
Conr. Wilh. Krause und Sohn.

In J. Ad. Nitsche'ns Buchhandlung in Norb-
hausen ist in Commission zu bekommen:
1) Spence's Zahnpulver die Büchse zu 6 gl.
2) Antiscorbutische Zahntinctur, das Glas 12 gl.
kleinere 8 gl.
3) Die vortreffliche Waschtinctur, Lotion d'Arpalie.
Eine Wenigkeit mit Wasser vermischt, damit gewaschen, verfeinert die Haut und bringt sie zu
ihrer jugendlichen natürlichen Farbe zurück.
Das Glas 8 gl.
Briefe werden frey erbeten und etwas Vergütung für Emballage beygelegt.

Frankfurter Wechsel-Cours.

den 6 Februar 1807.

	Briefe.	Geld.
Amsterdam in Banco k. S.	—	—
, , 2 Mon.	—	142 1/4
Amsterdam in Courant k. S.	—	141 1/4
, , 2 Mon.	—	148 5/8
Hamburg k. S.	—	148
, , 2 Mon.	—	—
Augsburg k. S.	100 1/4	—
Wien k. S.	49 1/4	—
, 2 Mon.	—	—
London 2 Mon.	—	—
Paris k. S.	—	77 3/4
à 2 Uso	—	77 1/4
Lyon	77 3/4	—
Leipzig M. Special	—	—
Basel k. S.	—	—
Bremen k. S.	—	107 5/8

Allgemeiner Anzeiger
der
Deutschen.

Freytags, den 13 Februar 1807.

Nützliche Anstalten und Vorschläge.

Anerbieten in Schulangelegenheiten,

Deutschlands Fürsten und Regierungen protestantischer Länder gewidmet.

So rühmlich und eifrig sich auch in unsern Tagen Deutschlands gute und weise Regenten bestreben, durch heilsame Gesetze und zweckmäßige Einrichtungen die Schulangelegenheiten ihrer Länder von den vorhandenen Mängeln und eingewurzelten Uebeln zu befreyen und sie dagegen in eine bessere Verfassung zu setzen: so lehrt doch, leider! immer noch die tägliche Erfahrung, daß kein Gesetz, so ernst es auch Gehorsam gebeut, den Starrsinn und Ungehorsam pflichtvergessener Eltern bricht; daß keine Einrichtung, so weise und wohlthätig sie auch ist, die veralteten Vorurtheile gegen Schulen und Unterricht entkräftet und daß also die edeln und beglückenden Absichten guter Fürsten nicht erreicht werden, welche sie zu erreichen wünschen.

Den Beweis zu dieser Behauptung liefert jetzt Sachsen, dessen Bewohner weder unter die Zahl der unwissenden, noch ungehorsamen Unterthanen in Deutschland gerechnet werden, und die sich in vielen Stücken sehr vortheilhaft auszeichnen. Ein Muster weiser und guter Gesetze ist die 1773 ergangene Schulordnung dieses Landes, und vortrefflich durchdacht, zweckmäßig geordnet und ernstlich befohlen sind die neuen Einrichtungen vom 4 März 1805 in Rücksicht des Anhaltens der Kinder zur Schule, der bessern Bezahlung des Schulgeldes und der gesammten Aufsicht über die Schulverfassung; allein noch nie ist wol eine gute Schulordnung so gänzlich vernachlässigt, noch nie eine zweckmäßige Einrichtung so hartnäckig vernichtet, so muthwillig in den Staub getreten worden, als diese. Nichts ist besser, aber vieles ist schlimmer geworden. Die Schulen stehen noch eben so leer, als vorher, aber die Schullehrer hungern jetzt, wo sie vorher nur darbten.

So ist es in Sachsen, und so ist es fast überall, wo jetzt in Schulangelegenheiten etwas zur Verbesserung eingerichtet und anbefohlen wird. Die Gesetze sind weise und gut, aber die Handhabung und Befolgung ist elend und schlecht.

Aeußerst kränkend und schmerzhaft muß es daher für gute Fürsten und deren Berather seyn, wenn sie sehen, daß ihre guten Absichten so vernichtet und ihre weisen Gesetze und Anordnungen so muthwillig bey Seite gesetzt werden! Unmöglich können sie aber doch auch sich dabey beruhigen und es gestatten, daß die Unordnung so fortdauert, die Gesetze so schändlich vernachlässiget, die Schullehrer der Hungerqual überlassen und unfähig gemacht werden, ihre Pflichten mit Freuden und Eifer zu erfüllen, und daß also dadurch nach und nach der gänzlichen Unwissenheit und Barbarey Thür und Thor geöffnet wird. Nein, nein, sie werden gewiß auf Mittel und Wege, diesem Uebel vorzubeugen, denken, und sich bestreben, diese Angelegenheit auf einen sichern und festen Fuß zu setzen.

In diesem Fall aber muß folgende Frage:
Ist es möglich, eine Einrichtung zu
treffen, durch welche die Gesetze und Anordnungen zum Besten der Schulangelegenheiten in strenge Ausübung und Befolgung können gebracht werden, so daß

1) ein regelmäßiges Anhalten der
Kinder zum Schulunterricht kann hergestellt;

2) eine reelle Verbesserung der Einkünfte der Lehrer kann bewirkt und

3) eine beständige und zweckmäßige
Aufsicht auf Schulen und Schullehrer zu
ihrer immer bessern Vervollkommnung
kann geführt werden?

der Hauptgegenstand ihres Strebens und
eine vollkommen befriedigende Antwort derselben ihr erster Wunsch seyn. Daß aber
dieses ist, beweist der rege Eifer und die
Aufopferungen, welche mehrere von Deutschlands erhabenen Fürsten auf ihre Schulanstalten verwenden, ohne auch noch ganz zu
ihrem gewünschten Zweck zu gelangen.

Ermuntert von der guten Sache für die
Menschheit, und aufgefordert von den Leiden
seiner Amts- und Mitbrüder, wagt es daher
ein Schulmann, hiermit zu erklären:

daß er im Stande zu seyn glaubt, den
erhabenen und für das Wohl ihrer Schulanstalten so eifrig arbeitenden Fürsten
und Gesetzgebern einen Plan vorzulegen,
welcher obige Frage, auf eine befriedigende Art, mit Ja beantwortet und so
geeignet ist, daß er

1) ohne große Veränderungen der loca-
len Verhältnisse und ohne großen Kostenaufwand, folglich ohne neue Lasten aufzulegen, in jedem deutschen protestantischen
Lande anwendbar, und

2) so einfach geordnet ist, daß er sowohl
den Unterobrigkeiten, als höhern Behörden eine große Menge der Official-Arbei-
ten in diesem Fache erspart und abnimmt,
und der endlich auch

3) recht füglich dazu dienen kann, daß
alle künftige Berathungen und Verbesserungen im Schulwesen weit eher können
aufs Reine gebracht und in Ausübung

gesetzt werden, als es bisher möglich war.
Kurz, daß dadurch, bey gehöriger Unterstützung von Seiten der Regierungen, die
Wünsche und Zwecke guter Fürsten so viel
möglich können erreicht und erfüllt werden.

So weit die Bekanntschaft des Verfassers in den Schulangelegenheiten Deutschlands sich erstreckt, so kennt er noch keine
Anstalt und Einrichtung, welche seinen Plan
erreichte. Es ist daher derselbe ganz die
Frucht seines Nachdenkens, ungeachtet er
dankbar bekennen muß, daß das vortreffliche
sächsische Generale vom 4 März 1805 sehr
großen Antheil an der Ausbildung und Berichtigung desselben hat.

Sollte diese Erklärung nun etwa das
Glück haben, die Aufmerksamkeit hoher und
für das Wohl der Schulen thätiger Personen
am Ruder der Staaten zu erregen und solche
den Plan selbst ihrer hohen Aufmerksamkeit
würdigen wollen: so wird der Verfasser
denselben mit Freuden ihrer Einsicht, Beurtheilung und weisen Berichtigung überreichen
und sich unendlich glücklich schätzen, wenn
derselbe irgend unter der Leitung einer weisen Regierung zur Ausführung gebracht,
dadurch vielleicht das gewünschte Gute erreicht und eine Jammerthräne seiner Amtsbrüder abgetrocknet wird.

Die Expedition des allg. Anz. welche
den Namen und Wohnort des Verfassers
kennt, wird auf postfreye Briefe sowohl denselben nennen, als auch Aufträge an ihn
überschicken, worauf derselbe nicht unterlassen wird, sogleich sein Versprechen pünktlich
zu erfüllen.

Gesetzgebung und Regierung.

Einquartierungswesen.

Diejenigen Einwohner von Gotha, die
bisher als Bewohner von Freyhäusern,
oder als Einmiethlinge durch Gesetze und
Privilegien, oder durch das Herkommen von
der Einquartierungslast befreyt waren, sind
nun ebenfalls zur Mitleidenheit gezogen worden, *) um besonders denjenigen Hausbesitzern eine Erleichterung zu verschaffen, wel-

*) So sind auch in Dresden die Miethleute, nach Maßgabe ihres Hauszinses, einer Abgabe unter-
worfen. Alle, die nur 15 Rthlr. Hauszins zahlen, sind frey; dann steigt es in der Progression bis
auf 3 Ggl. für den Thaler. d. R.

the die Kosten der Verpflegung, ohne ihren gänzlichen Ruin, aus eigenen Mitteln zu bestreiten, nicht ferner im Stande sind. Die hierher gehörige Verordnung von Seiten der herzogl. Durchmarsch- und Verpflegungs-Commission erschien unter dem 14 Jan. und besagt dem Wesentlichen nach Folgendes. — Es soll, so lange der gegenwärtige Krieg dauert, ein jeder Einwohner der hiesigen Stadt und deren Vorstädte, welcher ein besonderes Quartier bewohnt, die Lasten der Einquartierung mit zu übernehmen schuldig und verbunden seyn. Weil man aber von den Bewohnern der Freyhäuser und den Einmiethlingen nicht durchaus verlangen kann, daß sie eben so wie die Besitzer von solchen Häusern, auf welchen die Einquartierungs-last gesetz- und verfassungsmäßig ruhet, jederzeit auf die Unterbringung der Einquartierten eingerichtet seyn werden, so soll es der freyen Wahl der erstern überlassen bleiben, ob sie die ihnen zukommende Einquartierung in natura übernehmen, oder ob sie statt dessen einen monatlichen Beytrag an Geld bezahlen wollen. Die genannten Personen haben sich daher hierüber zu erklären, und wer diese Erklärung in der festgesetzten Frist von acht Tagen unterläßt, soll sofort mit einer Natural-Einquartierung nach Beschaffenheit seines Quartiers und mit gehöriger Rücksicht auf andere bekannte Umstände angesetzt, und zu seiner Zeit damit belegt werden. Was das Quantum des monatlich zu entrichtenden Geldbeytrags betrifft, so wird es den Bewohnern von Freyhäusern überlassen, diesen nach eigenem gewissenhaften Ermessen zu bestimmen; doch behält sich die Commission vor, gegen eine zu gering scheinende Selbstschätzung zweckmäßige Erinnerungen zu machen, oder, wo diese nichts fruchten, ein billiges Beytrags-Quantum festzusetzen. In Absicht der eigentlichen Einmiethlinge werden die monatlichen Beyträge nach Maßgabe des Miethgeldes, das sie bezahlen, bestimmt, so daß diejenigen, die 150 Thlr. und darüber Miethe geben, monatlich von jedem Thaler des jährlichen Miethzinses 1 gl. 4 pf. entrichten; diejenigen, die jährlich 100 bis 149 Miethe bezahlen, von jedem Thaler. monatlich 1 gl.; diejenigen, die jährlich 75 bis 99 Thlr. Miethe geben, von jedem Thaler

monatlich 10 pf.; diejenigen, die jährlich 50 bis 74 Thlr. Miethe geben, von jedem Thaler monatlich 8 pf.; und diejenigen, die jährlich 12 bis 49 Thaler. Miethe geben, von jedem Thaler monatlich 6 pf. bezahlen sollen. Allen aber, welche weniger als 12 Thlr. jährliche Miethe geben, bleibt es ganz überlassen, ob sie durch einen freywilligen Beytrag die allgemeine Last zu erleichtern suchen, und wie viel sie solchen Falls verwilligen wollen; und diejenigen Einmiethlinge, die sich in so beschränkten Vermögensumständen befinden, daß sie den sie treffenden Beytrag zu leisten nicht im Stande sind, sollen auf gehörige Anzeige gänzlich davon befreyt werden. Auch soll diese Abgabe nur so lange erhoben werden, als die Einquartierung fremder Truppen sie nothwendig macht. Doch soll in jedem Falle, und wenn auch die Einquartierungen vor der Hand gänzlich aufhörten, oder sich bis auf das unbedeutendste verminderten, der Geldbeytrag für den Monat Januar entrichtet werden, da zur Unterstützung vieler, durch die Einquartierungslasten heruntergebrachten Hausbesitzer ein baarer und sicherer Geldvorrath nöthig ist.

Dienst-Gesuche.

1) Ein junger Mann, der in einer ansehenen Manufactur in Sachsen die Jahre gestanden, dann bis jetzt in einer andern Fabrik über drey Jahr servirt und sich während dieser Zeit in Comptoir-Arbeiten zu vervollkommnen gesucht hat, ziemlich Französisch spricht und schreibt, einige Vorkenntnisse im Italienischen besitzt und sich der deutschen Correspondenz mächtig glaubt, wünscht, da Verhältnisse ihn dazu veranlassen, seine jetzige Station zu verlassen, und eine anderweitige Comptoir- oder auch Reisestelle zu erhalten. — Ueber sein Betragen und die übrigen erforderlichen Qualitäten kann er von seinen bis jetzt gehabten Herren Principals die besten Zeugnisse beybringen. — Sein Antritt kann sogleich oder zu Ostern erfolgen. Briefe bittet man zur gefälligen Weiterbeförderung mit der Bezeichnung A—Z an die Expedition des allg. Anz. in Gotha einzusenden.

2) Eine Predigers-Tochter von 18 Jahren, welche bisher einem ländlichen Haushalt vorgestanden hat, wünscht als Haushälterin oder Gehülfin in einem Haushalt angestellt zu werden. Sie verbindet mit den dahin einschlagenden Kenntnissen einen stillen und gesetzten Character. Diejenigen, welche diese Person in Dienste nehmen wollen, wenden sich an Unterzeichneten.

Marburg in Oberhessen.

L. Hesse jun. Administrator.

Justiz- und Polizey-Sachen.

Steckbrief hinter J. E. Kindervater.

Der unten genau bezeichnete Johann Ernst Kindervater, welcher hierselbst wegen Dieberey, namentlich wegen eines zu Neustadt am Rübenberge begangenen Pferdediebstahls inhaftirt gewesen ist, aber Gelegenheit gefunden hat, aus dem Arrest zu entkommen, war bey dem herzogl. sächs. Justizamt Gotha wieder zur Haft gebracht und von demselben den 25 dieses Monats an den hiesigen Vogt Sander ausgeliefert. Leider! ist aber, nach einer eben geschehenen Anzeige des genannten Vogt, dieser höchst verschlagene und für die öffentliche Sicherheit gefährliche Arrestat in der Nacht vom 25 auf den 26 dieses Monats zu Großen-Gottern Amts Langensalza wieder entsprungen und nicht hierher zurückgebracht.

Alle Civil- und Militär-Behörden werden deshalb, zur Beförderung der Gerechtigkeitspflege und mit dem Erbieten zu ähnlichen Gegendiensten, wie auch zur Kostenerstattung, geziemend ersucht, auf den flüchtigen sorgfältig achten zu lassen, denselben im Betretungsfalle zu arretiren und uns davon gefällige Nachricht zu ertheilen.

Beschreibung des flüchtigen Johann Ernst Kindervater.

Derselbe ist aus Döllstedt im Gothaischen gebürtig, 35 Jahr alt, hat in den letzten beyden Jahren zu Friemar im Amte Gotha gewohnt, und will sich vom Handel mit Garn, Obst, Pferden, Füllen und Schweinen genährt haben.

Er ist 6 Fuß groß und von schmaler Statur, hat blonde krause abgeschnittene Haare, ein mageres schieres Gesicht von blasser Farbe, große blaue Augen, gesunde weiße Zähne, und keine besondern Kennzeichen. Seine Sprache ist die obersächsische.

Bey der Entweichung hat derselbe seinen kleinen runden Hut liegen gelassen und folgende Kleidungsstücke getragen: eine weiße baumwollene Mütze, ein braunes-seidenes Halstuch, einen guten Rock von grobem dunkelblauen Tuch mit zwey Reihen schlichter weißer Knöpfe, eine lange Oberhose von weißem Leinen, von unten bis an die Knie mit weißen knöchernen Knöpfen und oben ohne Knöpfe, halbe Gamaschen von grauem Tuch mit überzogenen Knöpfen, und Schuhe.

Kindervater ist mit dem Schließgeschirr entsprungen und hat eine, dem einen seiner Bewacher zugehörige, alte Kappe oder Fuhrmannsmütze von grauem Leinen mitgenommen.

Herzberg am Harze, den 29 Jan. 1807.

Verordnete Beamte.

Lueder. Havemann. Hauß.

Vorladungen: 1) der Gläubiger C. Ludwig's Freyhr. von Niebecker.

Zu Folge allerhöchsten Auftrags sind vor das königl. Sächs. Justiz-Amt Borna in Verlassenschafts-Sachen des verstorbenen Herrn Carl Ludwig Freyherrn von Niebecker alle diejenigen bekannten und unbekannten Gläubiger, welche an diesen Nachlaß Ansprüche zu machen gesonnen sind, unter den gesetzlichen Verwarnungen auf

den dreyßigsten Junius 1807 zu Liquidirung und Bescheinigung ihrer Ansprüche, so wie auf

den achtzehnten August 1807 zu Ertheilung eines commissarischen Bescheides, und auf

den sechsten October 1807 zur Publication einer Präclusiv-Sentenz, vermöge des nach Maßgabe des unterm 13 November 1779 ergangenen, die Edictal-Citation in Civil-Sachen außerhalb des Concurs-Processes betreffenden Mandats, erlassenen und sowohl den hiesigen Amte als an den Rathhäusern zu Dresden, Leipzig, Freyberg, Altenburg und Rudolstadt angeschlagenen Edictalien, peremtorie vorgeladen worden, und solches daher zu jedermanns Wissenschaft andurch bekannt gemacht. Datum Justiz-Amt Borna, den 20 Januar 1807.

Königl. Sächs. Commissions-Rath und Justiz-Amtmann allda und zu Pegau als
Commissarius Causae
Tobias Gottlob Hänel.

2) Ph. J. Wiedmann's.

Von dem Stadtgericht zu Ansbach ist auf Ansuchen der Kammer Revisors Wolff der seit 10 Jahren verschollene, von hier gebürtige Beckergesell Philipp Jacob Wiedmann nebst seinen etwa zurückgelassenen Erben und Erbnehmern dergestalt öffentlich vorgeladen worden, daß er sich binnen neun Monaten, und zwar längstens in dem auf den 14 Nov. 1807 Morgens um 11 Uhr anberaumten Termin auf der Gerichtsstube des hiesigen Stadtgerichts persönlich oder schriftlich melden, und daselbst weitere Anweisung, im Fall seines Außenbleibens aber gewärtigen solle, daß er werde für todt erklärt, und daß sein sämmtliches zurückgelassenes Vermögen seinen nächsten Erben, die sich als solche gesetzmäßig legitimiren können, werde zugeeignet werden. Ansbach, den 29 Jan. 1807.

Stadtgerichte.

von Spitz.

Allgemeiner Anzeiger

der

Deutschen.

Sonnabends, den 14 Februar 1807.

Gesetzgebung und Regierung.

Etwas über die Vertheilung und Ausgleichung der Kriegslasten, besonders in den Dorfgemeinden.

Fast in allen Dorfschaften der königl. sächsischen und herzogl. sächsischen Lande werden die Lasten, welche bey dem gegenwärtigen Kriege die Dörfer getroffen haben, unter die Gemeindeglieder und Gutsbesitzer entweder nach dem Hufen- oder nach dem Steuerfuße vertheilt. Beydes ist uns billig und verdient eine Rüge. Es darf uns bey Vertheilung außerordentlicher Lasten, die doch auch um des Staates willen getragen werden, kein anderer Grundsatz leiten, als der, auf welchen nach den Principien des allgemeinen Staatsrechts die Repartition der gewöhnlichen Abgaben zu bauen ist. Wer viel im Vermögen hat, muß mehr geben, als der, welcher weniger Eigenthum besitzt. Mithin ist da, wo von Vertheilung der Kriegslasten unter Gemeindeglieder und Gutsbesitzer die Rede ist, auf den Werth und zwar auf den gegenwärtigen Werth ihrer Grundstücke Rücksicht zu nehmen. Diesen gibt uns aber weder der Steuer, noch der Hufenfuß richtig an. Das Steuer-Quantum, welches auf einem Grundstücke haftet, zeigt vielleicht, wie viel das Grundstück vor 100 und 200 Jahren werth gewesen seyn mag, es zeigt nicht, wie viel dasselbe jetzt werth ist. Hierzu kommt, daß die Besteuerung selbst, vorzüglich in den königlich-sächsischen Landen, vom Anfange an äußerst ungleich gewesen seyn muß. Denn würde

Allg. Anz. d. D. 1 B 1807.

man wol, wenn sie nicht ungleich gewesen wäre, schon im Jahre 1459 auf eine Revision der Steueranschläge Bedacht genommen haben? Weiter: in die Hufen- und Scheffelzahl eines Gutes werden gewöhnlich nur die Felder eingerechnet; Wiesen und Holzungen, in welchen gerade die Stärke des Gutes bestehen kann, bleiben ausgeschlossen. Auch nimmt man niemahls auf die Qualität der Felder Rücksicht. Krämer besitzt zehn Scheffel Aufeld, Struben zehn Scheffel in elendem Sandboden; soll nun dieser eben so hoch mit Abgaben angesetzt werden, wie jener? Dabey ist es nicht zu übersehen, daß ein Gut viel Pertinenzien haben und dennoch weniger werth seyn kann, als ein anderes, zu welchem nicht so viel Grundstücke gehören. Man denke sich ein Gut, das unmäßig mit Frohnen beschwert ist.

Der Verfasser dieses Aufsatzes ist sehr genau in einem altenburgischen Dorfe bekannt. In diesem Dorfe machen sechs Anspänner und dreyzehn sogenannte Kuhbauern die Gemeinde aus. Jene, die Anspänner, können nach der Scheffelzahl zwey Drittheile, diese, die übrigen Gemeindeglieder, ein Drittheil der ganzen Dorfflur besitzen. Die Anspänner haben aber durchaus schlechtes Feld und wenig Wiesen, die Kuhbauern sehr tragbare Aecker und viele Wiesen. Jene haben drückende Frohnen, diese thun dem Gerichtsherrn gar nichts umsonst. Wie uns billig, daß hier die Kriegslasten ohne Unterschied nach der Scheffelzahl repartirt und aufgebracht werden! Darf man zugeben, daß der Bedrückte noch mehr gedrückt und so der Ruin ganzer Familien beschleuniget wird? Nein!

Der Hufen- und der Steuerfuß sollte bey Vertheilung außerordentlicher Abgaben nie als Maßstab angenommen werden. Aber welcher andere Maßstab wäre wol dafür fest zusetzen? An eine Taxe der Güter ist nicht zu denken. Sie würde mit zu vielen Schwierigkeiten verknüpft seyn, und immer nur für jetzt eine billige Norm an die Hand geben. In sechzig bis siebzig Jahren wäre man, weil Landgüter eben sowohl verbessert, als verschlechtert werden können, wieder da, wo wir jetzt sind. Wie aber? wenn man nun auf den Werth Rücksicht nähme, welcher bey der letzten Verlehnung eines Grundstücks von dem Eigenthümer desselben angegeben und von dem Lehnsherrn angenommen worden ist? Der Verfasser glaubt dieß vertheidigen und vorschlagen zu dürfen. Das Interesse des Eigenthümers läßt bey Lehnsfällen nie eine zu hohe, das Interesse des Lehnsherrn keine zu niedrige Taxe erwarten. Alles, was sonst noch wider die Anwendbarkeit des Steuer- und Hufenfußes bey Vertheilung und Ausgleichung der Kriegslasten gesagt worden ist, fällt hier weg: denn 1). bekommt man nun jedesmahl die Angabe des Werthes in den neuern Zeiten: 2) werden bey Verlehnungen alle zu dem Gute gehörige Grundstücke, es wird auch die Qualität derselben in Anschlag gebracht. Nicht zu geschweigen, daß der Maßstab, welchen das Kauf- und Handelsbuch eines jeden Ortes an die Hand gibt, auf alle Grundeigenthümer sich anwenden läßt, auf die Hüfner, wie auf die Häusler.

Möchten doch fähige Männer weiter über die Sache nachdenken! Möchte doch der Maßstab, den sie entweder einstimmig, oder durch Mehrheit der Stimmen für den besten halten, von unsern Regierungen angenommen und als ein Grundsatz für alle Ortschaften gesetzlich gemacht werden. Eine Menge der verderblichsten Processe würde auf diese Weise niedergeschlagen. Ohne positive Autorität für sich zu haben, ist die Stimme des Rechtes und der Billigkeit eine Stimme, die nur selten gehört wird. Und wie könnte sie auch gehört werden! Dienen nicht unter denen, die ihre Ausleger seyn sollten, dienen nicht an dem Altare der Themis neben den vortrefflichsten Männern noch immer elende Sycophanten? Menschen, denen es bloß um Broterwerb gilt, die den heiligsten Tempel entheiligen, die sich unserer Schwächen, der Unzulänglichkeit, Unbestimmtheit und Dunkelheit vorhandener Gesetze freuen, um nach Bonzen- Fakirn- und Derwischen-Art Andere irre zu führen, sie auszuplündern und ihren eigenen Beutel bereichern zu können?

Aber noch eins ist zu erinnern. Soll ein Grundsatz über die Vertheilung der Kriegslasten festgesetzt werden: so binden Verträge und Observanzen, welche vielleicht an einem, oder dem andern Orte über denselben Gegenstand schon vorhanden sind, dem Gesetzgeber die Hände durchaus nicht. Wir sprechen von der gleichmäßigen, mithin von der einzig rechtlichen Vertheilung solcher Lasten, die in dem Staatsverein ihre Veranlassung haben. Verträge, welche der gleichen Vertheilung entgegen stehen, sind an sich ungültig nach dem bekannten Satze: Ius publicum pactis privatorum mutari non potest. Observanzen aber, welche eine ungleiche Vertheilung begünstigen, sind irrationell und darum für niemand verbindlich. Daß die Römer, die wie da, wo von Recht und Unrecht die Frage ist, so gern um Rath fragen, nicht anders geurtheilt haben würden, beweißt ein Rescript des Kaisers Anastasius, welches hier, wenigstens analogisch, Anwendung leidet. „So oft," spricht der Kaiser, „in Fällen der Noth (argente necessitate) den Provinzen unseres Reichs Lieferungen an Getreide, Oel u. s. w. angesagt werden, kann sich keiner der Grundeigenthümer (possidentium) der Mitleidenheit entziehen, kein Privilegium schützt ihn. Alle diesfalls hergebrachte Begünstigungen sind ohne Unterschied, wann und auf was für Art sie entstanden, ungültig; sie sind es auch alsdann, wenn sie sich auf ein landesherrliches Rescript (pragmatica sanctio) oder auf einen richterlichen Ausspruch (judicialis dispositio) gründen sollten."

So weit war dieser Aufsatz geschrieben, als dem Verfasser folgende, erst vor kurzen erlassene Verordnung der altenburgischen Regierung zu Gesichte kam: „Herzogl. Regierung hat bey mehreren Gelegenheiten wahrnehmen müssen, daß über den Maßstab der Vertheilung und resp. Ausgleichung der

Militair-Ableistungen in den einzelnen Ortschaften der hiesigen Lande bisher viele Zweifel und Streitigkeiten entstanden sind. Die Nothwendigkeit erfordert daher, daß hierunter, so viel möglich, eine allgemeine Richtschnur festgestellet werde. Um aber diesen allerdings wichtigen Gegenstand der Gesetzgebung in nähere Erwägung zu ziehen, hat die herzogl. Regierung für nothwendig erachtet, sich zuvörderst nach der Verfassung und den besondern Verhältnissen, welche deshalb zeither an einem jeden Orte obgewaltet haben, ausführlich zu unterrichten. Zu Erreichung der vorliegenden Absichten ergehet — an die Aemter, Vasallen-Gerichte und Stadträthe andurch Unser Begehren, sich darüber berichtlich vernehmen zu lassen 2c."

Gegen dem edlen Trünzchler, Gegen allen dem würdigen Männern an seiner Seite, welchen nichts gleichgültig bleibt, was auf das Wohl und Wehe ihrer Untergebenen Einfluß haben kann! **G.**

Künste, Manufacturen und Fabriken.

Spinnmaschinen.

Auf die Anfrage, von wem und an welchen Orten Spinnmaschinen und andere in dieses Fach gehörende Gegenstände verfertiget werden, werden hiermit dem Anfrager und dem übrigen dabey interessirten Publicum folgende Notizen aus dem R. A. in Erinnerung gebracht:

Maschinen z. Kartätschen, Spinnen 2c. der Baumwolle b. J. H. Treudt, Präceptor, in Heilbronn a. N. R. A. 1801. 651, 80.

Wollen-Spinn-Kratz- und Schrubel-Maschinen liefert Conr. Leiner, in Laasphe im Wittgenstein. R. A. 1803. 122, 1637.

Echte engl. Sp. M. werden verfertiget in der Maschinen-Werkstätte in Reindorf (dicht) an den Linien Wien's. R. A. 1803. 192, 2499.

——— b. William Mallinton und Comp. in Eisenach. R. A. 1804. 97, 1295.

Zum Bau von Spinnmaschinen erbieten sich H. A. Ezold, Tischler-Meister, und K. Kättich, Schlosser-Mstr. in Ronneburg; R. A. 1805. 218, 2776.

Beschreibung von den Kamm- u. Spinnmaschinen auf Wolle und Baumwolle eingerichtet, mit 8 Kupf. v. J. Rud. Heß. Zürich b. Orell 2c. 1806. Preis 1 1/2 rthl. Allg. Anz. 1806. 331, 3912.   b. Red.

Dienst-Anerbieten.

Es wird auf einem Gute ohnweit Mühlhausen in Thüringen ein Bediente gesucht, der die Gärtnerey, die Aufwartung und mit Pferden umzugehen versteht, und glaubwürdige Zeugnisse seines Wohlverhaltens aufzuweisen hat, auch den Dienst bald antreten kann. Die Expedition des allg. Anz. gibt nähere Auskunft.

Dienst-Gesuche.

1) Ein unverheiratheter Mann von 28 Jahren, Verfasser mehrerer mit Beyfall gelesenem Aufsätze in der Landwirthschafts-Zeitung, welcher mit den practischen Kenntnissen der Landwirthschaft in allen ihren Zweigen vollkommen bekannt ist, das Institut des Herrn Thaer ein halbes Jahr in Celle benutzte, die Theorie des Landbaues mit Fleiß studirt hat, auch die sämmtlichen Hülfswissenschaften, die einem guten Landwirthe unentbehrlich sind, sich zu besitzen schmeichelt darf, wünscht zu Ostern oder Johannis seine jetzige Lage zu verändern und eine neue Condition als Verwalter einzugehen. Für die Geschicklichkeit dieses jungen Mannes, als Theoretiker, kann ich mich selbst, nach dem, was ich von ihm in den Händen gehabt habe, verbürgen; für seine Treue und Redlichkeit, so wie für seine Fähigkeit, eine bedeutende Landwirthschaft zu dirigiren oder zu führen, bürgen die Zeugnisse bedeutender und bekannter Gutsbesitzer oder Pächter, welche eines solchen Gehülfen bedürfen, wenden sich gefälligst an den Prediger Herrn Röcker in Blasheim bey Lübbecke im Fürstenthum Minden.   Schnee.

2) Ein junges gebildetes Frauenzimmer von Stand sucht eine Stelle als Gesellschafterin in einer adlichen Familie, oder bey einer einzelnen Dame. Sie würde sich

auf Verlangen sehr gern der Wirthschaft an﹣
nehmen. Eine gute Behandlung ist ihr größ﹣
ter Wunsch, wenn ihr Gehalt auch noch so
niedrig ist. Briefe an sie besorgt, unter der
Adresse: J. v. L. in O. die Expedition.des
allg. Anz. d. D.

Familien ﹣ Nachrichten.

Aufforderung.

Der königl. preuß. Lieutenannt Kühn,
bey dem Husaren﹣Regiment von Gettkandt,
wird dringend gebeten, seine Geschwister so
bald als möglich mit Nachricht von sich zu
beruhigen, und ihnen den Ort seines jetzigen
Aufenthaltes bekannt zu machen.

Todes ﹣ Anzeige.

Am 8 dieses entschlummerte sanft in die
seligen Gefilde der Ruhe Johanne Chri﹣
stiane Gurbier geb. Hagenbruch, im 84
Jahre ihres ruhmvollen Lebens. Allen ver﹣
ehrungswürdigen Verwandten und Freunden
zeige ich dieses für mich so traurige Ableben
unter Verbittung alles Beyleids ergebenst an.
Langensalza am 9 Februar 1807.

Julius Carl August v. Kroßau.
Capitain beym Infanterie﹣Regimente
Prinz Clemens.

Justiz ﹣ und Polizey ﹣ Sachen.

Vorladung J. Leonh. Brodhag's.

Röteln. Der gewesene Scribent Johann Leon﹣
hard Brodhag, Sohn des dahier vor mehreren
Jahren verstorbenen Herrn Land﹣Physicus Dr.
Brodhag, ist nun schon seit 18 Jahren aus hiesiger
Gegend entfernt, ohne daß man seither von seinem
Leben oder Aufenthalt einige Nachricht dahier erhal﹣
ten hätte. Auf vorgetragene Bitte seiner Anver﹣
wandten und eingelangte Verfügung des hochpreis﹣
lichen Hofraths﹣Collegii in Carlsruhe werden nun
aber Johann Leonhard Brodhag, oder seine
etwaigen Leibes﹣Erben, hiermit aufgefordert, in﹣
nerhalb 9 Monaten, von heute an, vor hiesigem
Oberamt in Person oder durch Bevollmächtigte sich
zu stellen, und das ihm, Brodhag, angefallene
bis jetzt von einem Pfleger verwaltete Vermögen
in Empfang zu nehmen, widrigenfalls es an seine

nächsten Anverwandten gegen Caution verabfolgt
werden wird.

Verordnet beym Ober﹣Amt Rötein. Lörrach,
den 23 Dec. 1806.

Kauf ﹣ und Handels ﹣ Sachen.

Verkauf einer Buchdruckereygerechtigkeit nebst Druckereygeräthschaften.

In Gefolg der bereits vorläufig geschehenen
dreymahligen Ankündigung in der mannheimer
Zeitung wird nunmehr die der ehemaligen pfäl﹣
zischen Academie der Wissenschaften dahier zuge﹣
standene Buchdruckereygerechtigkeit sammt den hier﹣
zu gehörigen vollständigen Druckereygeräthschaften
(über welche letztere das Inventarium bey Unter﹣
zeichnetem eingesehen werden kann) Montags den
2 März Nachmittags 3 Uhr unter annehmlichen
Bedingnissen öffentlich versteigert, welches den
allenfallsigen Strichliebhabern mit dem Anhange
bekannt gemacht wird, daß die Versteigerung im
goldenen Lamm vorgenommen werde, und der
Letztbietende bey erfolgendem Zuschlag sich entweder
als großherzoglich badischer Staatsbürger quali﹣
ficiren, oder doch wenigstens darthun müsse, daß
er sich anheischig mache, ein solcher zu werden,
ohne welche letztere Bedingniß und deren Erfüllung
der Zuschlag ungültig ist.

Mannheim, den 31 Januar 1787.
J. C. Medicus.

Nachricht für Hornbreher &c.

Unterzeichneter hat eine ansehnliche Partie echt
ungarischer Ochsen﹣Hornspitzen von seltener Schön﹣
heit erhalten. Außer diesen und andern Sorten
Hornspitzen führt er Mahagony﹣, Buchs﹣ und
Ebenholz, Wallroß und kleine Elephantenzähne.
Bey Empfehlung dieser Artikel macht er diejenigen,
welche Horn, Elfenbein, Metall und Meerschaum
poliren oder Glas schleifen, auf folgende Polier﹣
Mittel aufmerksam, die, auf einer eigens dazu ein﹣
gerichteten ihm gehörigen Mühle bereitet, den
hohen Grad von Feinheit erhalten, welchen man
ihnen auf die gewöhnliche Art nur mit großem
Zeitaufwand geben kann:

Feuerstein geschlemmt pr. Pfund 1 Rthlr. Sächs.
Bimstein　ditto　—　—　8 Ggl.
Hirschhorn　ditto　—　—　8 Ggl.
Kreide　　ditto　—　—　2 Ggl. (im Ct.
　　　　6 Rthlr.)

Briefe und Gelder werden postfrey erbeten.
Gotha, im Februar 1807.
Ernst Arnoldi.

In der Mineralien﹣Anzeige von mir habe ich folgenden Druckfehler gefunden: anstatt
Sammlungen von 8 rthl. bis 100 rthlr. steht in Nr. 21 S. 215 8 bis 10 rthl. *)
Leipzig den 3 Febr. 1807.　　　　　　　　A. Geißler.

*) So steht es in der eingeschickten Handschrift.　d. Redact.

Allgemeiner Anzeiger
der
Deutschen.

Sonntags, den 15 Februar 1807.

Literarische Nachrichten.

Von der
Monatlichen Correspondenz zur Beför=
derung der Erd= und Himmelskunde,
herausgegeben vom Freyherrn Franz von
Zach, Herzogl. Sachsen = Gothaischen
Oberhofmeister, ist der Januar = Heft
erschienen und hat folgenden

Inhalt:

I. Astronomische Beobachtungen und Bemer=
kungen auf einer Reise in das südliche
Frankreich im Winter von 1804 auf 1805.
(Fortsetzung.)

III. Beyträge zu einer Theorie merkwürdiger
Winde, von dem Herrn Kammer=Rath
von Lindenau. (Beschluß.)

III. Längen=Unterschied zwischen Prag und
Breslau aus Pulversignalen auf der Rie=
sen=Kuppe des k. preußischen Herrn Gene=
ral=Majors von Lindener, 1805 den 25,
26, 27 und 28 Julius; bestimmt und
herausgegeben von Aloys David.

IV Auszug aus einem Schreiben von F.
W. Bessel.

V. Louis Feuillée.

*   *
*

Zu diesem Hefte gehört das Portrait von
Jacques Josephe Claude Thulis.

*   *
*

Aufgeschnittene und beschmutzte Hefte
werden nicht zurückgenommen.

Der Preis eines Jahrganges ist gegen
Pränumeration sechs Thaler in Gold
(11 Fl. Rhein.); und man kann zu jeder Zeit
in das Abonnement eintreten, muß aber den

Allg. Anz. d. D. 1 B. 1807.

ganzen laufenden Jahrgang nehmen. Ein=
zelne Monatsstücke kosten 14 gl. (1 Fl. 3 kr.)

Man macht die Bestellungen bey den
Post=Expeditionen und Buchhandlungen jedes
Orts, welche die Exemplare von unterzeich=
neter Buchhandlung auf den gewöhnlichen
Wegen beziehen.   Gotha.
Die Beckersche Buchhandlung.

**Anthropologische Generalkarte aller Anlagen
und Fähigkeiten des Menschen.**

An dem Tempel zu Delphos stand mit goldnen
Buchstaben die Ueberschrift:

Erkenne dich selbst.

Aus dieser weisen Lehre entwickelte Kant das große
System seiner Philosophie und schloß den forschenden
Augen des Verstandes die Tiefen der Selbsterkennt=
niß auf. Eine treue Darstellung seiner Ansicht gibt,
in einem angemessenen Schema, die
anthropologische Karte aller Anlagen und
Fähigkeiten des Menschen, in ihrer Ver=
bindung auf einander. Ent=
worfen zum Vortrage der Anthropologie, in
physiologischer, pragmatischer und moralischer
Hinsicht, von M. Heinrich August Töpfer,
Lehrer der Mathematik und Physik an der Land=
und Fürstenschule zu Grimma, und gestochen
von Wilhelm von Schlieben, Lieutenant beym
Regiment Prinz Clemens in Langensalza, und
zu haben, bey mir in Grimma, bey dem Lieu=
tenant von Schlieben in Langensalza und
beym Buchhändler Friedrich Bruder in Leip=
zig. (Preis 16 gl. sächf.)

Diese Karte schließt sich an die mit Beyfall auf=
genommene encyclopädische Generalkarte aller Wis=
senschaften und schönen Künste an, und wiederholt
mit ihr dem Geist der Zeit jene erhabene Denk=
schrift: erkenne dich selbst!

Grimma, den 1 Jan. 1807.
M. Heinrich August Töpfer.

Kunst-Anzeige.

Die unterzeichnete lithographische Kunstanstalt findet sich verpflichtet, den Herren Abonnenten und Kunstfreunden am Ende des ersten Jahrganges öffentl. anzuzeigen: daß künftig kein interessantes Kunststück aus dieser Anstalt ans Tageslicht treten soll, das nicht auch in der Fortsetzung dieser Lieferung von Kunstartikeln erscheinen wird. Dagegen wird es von unserer Seite unmöglich seyn, uns so genau an die Zahl der Stücke und an ihre Erscheinungszeit zu binden; aber wir verbürgen immer den entsprechenden Werth von 1 fl. 36 kr.

Zugleich eröffnen wir ein zweytes Abonnement für Schulen und Schulfreunde, nach dessen Plan im gegenwärtigen Jänner 6 Bilder von Thieren in hinlänglich großem Formate erscheinen werden; im Februar, sechs Blätter mit nützlichen Pflanzen und Gewächsen; im März, vier Bilder mit den merkwürdigsten Begebenheiten aus der Geschichte des neuen Bundes.

So werden jedesmahl alle drey Monate die Gegenstände abwechseln, und von jeder Art zu einer lehrreichen Sammlung anwachsen. — Jede monatliche Lieferung kömmt für Abonnenten, welche alle drey Artikel zusammen nehmen, auf 1 fl. 12 kr. zu stehen; einzelne Lieferungen aber auf 1 fl. 24 kr. — Ein- und austreten kann jeder Liebhaber nach Belieben. Zur nähern Auskunft trägt sich an

Die lithographische Kunstanstalt bey der männlichen Feyertagsschule in München.

München, am 15 Jan. 1807.

Kupferstiche.

Napoleons I, Porträt.

Das ähnlichste, was je des Künstlers Hand erschuf, wird hier dem Publicum käuflich angeboten.

Aller Augen sind auf Ihn, als einen außerordentlichen Mann unsers Zeitalters, gerichtet. Wem wäre Er wohl uninteressant?

Folgende verschiedene Abbildungen von Ihm sind in allen Buchhandlungen zu haben:

Sein Porträt als Bruststück, sauber colorirt à 12 gl. Dasselbe in ganzer Figur stehend wie Er seine Truppen mustert, sauber colorirt 16 gl.

Dasselbe schwarz 8 gl.

Ich bemerke bey letzterm noch folgendes: Es sind so viele Variationen von Porträts Napoleons, daß derjenige Theil des Publicums, der Ihn nie sah, unmöglich wissen kann, ob er das rechte oder unrechte habe. Diesem zur Nachricht: Das ihnen hier angebotene ist 9 rheinische Zoll hoch, jene andern sind nur 7 Zoll hoch. Dieses hat das richtige Costüm, eine haben das falsche; denn die Hörner in dem Zipfel des Rockes, als das Erkennungszeichen, zu welchem Regimente die Uniform gehört, welche Napoleon trägt, sind falsch gestellt, sie müs-

sen sich mit den Mündungen begegnen, nicht mit den Rücken. Leipzig, im Januar 1807.

Heinrich Gräff.

Die vor einiger Zeit angekündigten Eleganten Umschläge zu Parthengeschenken, erste Lieferung, gezeichnet von Bartel, gestochen von Schenk, in gewöhnlichem länglichem Briefformat, sind nunmehro erschienen und unparteiische Sachkenner halten sowohl die Zeichnung als den Stich dieses Blattes für die gelungenste Arbeit dieser beyden verdienstvollen Künstler. Die Idee ist ganz neu, und so daß selbst die gebildeten Stände mit Vergnügen sich dieser bedienen werden.

Die sonst zur Aufschrift bestimmte Vorderseite zeichnet sich durch ein völlig und schön ausgeführtes Bild aus. Die morgenländischen Magier knieen hier, verehrend vor dem heiligem Kinde, das auf Mariens Schooße liegend, in eignem von ihm ausstrahlenden Lichte die ganze Scene verklärt. Zu ihrem Füßen sind die ihm dargebrachten Geschenke verbreitet. — Auf der durch zwey Diagonalen zertheilten Rückseite, ist der mittlere für das Siegel bestimmte Raum von vier Dreyecken umgeben, in welchen weiß, auf dunkelm Grunde, wie halb erhaben, die Symbole der vier schönsten Wünsche für das Neugeborne sich zeigen. Unten der Genius, der die Fackel des Lebens schwingt, und durch Schwingen sie bis zum spätern Alter flammend erhalten möge. Oben, Hygiäa, welche die sich selbst verjüngende Schlange aus der heilenden Schale tränkte, damit auch Gesundheit das bauernde Leben erfülle. Auf der einen Seite die Weisheit, auf der andern die Grazie der Anmuth, (der Zuneigung der Gemüther, und der ewig jugendlichen Freude) die beyde vereint die Gefährtinnen des neuen Lebensbürgers seyn mögen. Diese Dreyecke sind mit Arabesken auf weißem Grunde leicht und angenehm umrankt. Entfaltet man drey davon, so sieht man auf der Unterlage dem Siegel entgegen in dem hohen stufenförmigen Basis das Geheimniß des menschlichen Wesens und Daseyns, in dem Bilde der Sphinx welche zugleich durch das auf dem thebanischen Felsen aufgegebene Räthsel, was des Morgens auf vier, des Tags auf zwey, und des Abends auf drey Füßen wandle? die Stufen des Menschenalters andeutet, welche Bedeutung noch durch die hinter ihr erscheinende Ekliptik, das Bild der vollendeten Zeit, unterstützt wird. Die Sphinx ist dunkel auf dem kleinen hellen Grunde der aufgehenden Sonne zu sehen, die das neugeborne Leben verkündet, und auf deren Strahlen sich blumenspendende Kinder und Cherubs, Diener des guten Schicksals und der Freude wiegen.

Der Preis von 12 Stück oder 1 Dutzend dieser Blätter ist 2 rthlr. sächs. baare Zahlung.

Zugleich empfehle ich auch meine mittlere und ordin. Sorten Farbenbriefe, welche sich ohngeachtet ich den Preis sehr niedrig stelle, sowohl durch Stich als saubere Illumination sehr von den gewöhn-

lichen unterscheiden, — nur muß ich nochmahls erinnern, daß ich solche nicht auf Rechnung, sondern
bloß gegen baare Zahlung gebe, weil ich bey den
eingeführten Preisen zu wenig Gewinn behalte, um
solche auf Rechnung geben zu können.

Leipzig, im Februar 1806.

J. G. Herzog,
auf dem alten Neumarkt Nro. 617.

Landkarten.

Zweyte durchaus berichtigte Ausgabe des Plans
der Schlacht bey Jena.

Unsere erste Ausgabe des Plans der Schlacht
bey Jena am 14 Oct. 1806, hatte, weil er auf
wirkliche Vermessung des Terrains gegründet und
durch Mittheilungen über die Stellung des französischen Heeres aus den sichersten Quellen von dieser
Seite völlig über jenes große Ereigniß belehrend
war, das Glück, gleich nach seiner Erscheinung der
Aufmerksamkeit preußischer, sächsischer und selbst
französischer Militärs vom Generalstabe, die im
Stande waren, den Ueberblick des Ganzen zu haben,
auf sich zu ziehen, und sie theilten uns gütig ihre Bemerkungen und Berichtigungen mit. Wie sorgfältig davon sowohl in dem Plane, als bey dem zugehörigen Texte Gebrauch gemacht worden ist, wird
jeder auf den ersten Blick bey Vergleichung der ersten Ausgabe mit der zweyten so- eben erschienenen, bemerken. Einem häufig geäußerten Wunsche zufolge ist dem Texte auch die französische Uebersetzung beygefügt, und unter andern Verbesserungen auf dem Plane, sind auch die sächsischen
Truppen von den preußischen durch Illumination
unterschieden worden, sowie die Positionen des
Corps d'Armée des Marschalls Soult richtiger angegeben. Wir glauben hier weiter nichts zur Empfehlung unsers Plans hinzusetzen zu dürfen, als
die Versicherung, daß er in seiner gegenwärtigen Gestalt ohnstreitig das genaueste Bild jener merkwürdigen Schlacht gibt, die durch Druckschriften
und eilfertige Pläne in allem Format häufig so ver-
kehrt dargestellt worden ist. Der Preis der neuen
Auflage mit dem zugehörigen Texte von zwey eng-
gedruckten Quartbogen ist, wie vorher auford. Papier 12 gl. sächs. oder 54 kr. rhein. ; auf Olifantpapier 16 gl. sächs. oder 1 fl. 12 kr. rhein.

Was unsern zweyten Plan, nehmlich von der
Schlacht bey Auerstädt betrifft, so war es nicht möglich, ihn früher zu liefern, weil das ganze Terrain
der Gegend erst sorgfältig dazu aufgenommen werden mußte. Er ist aber jetzt im Stiche, und wird
in 14 Tagen mit einer deutschen und französischen
Erklärung gewiß geliefert werden.

Weimar, den 18 Jan. 1807.

Das geographische Institut.

Auctions-Anzeigen.

Von einer beträchtlichen Büchersammlung,
welche am 9 März dieses Jahres und folgenden Tagen in Frankfurt am Mayn an den Meistbietenden öffentlich versteigert werden soll, sind an folgenden Orten Cataloge zu haben:

In Bayreuth: bey Hrn. Postmeister Fischer ;
Berlin: Hr. Candidat Backofen ; Braunschweig:
Hr. Antiquar Pape ; Bremen: Hr. J. G. Heyse ;
Cassel: Hr. Griesbach ; Celle: Hr. Postsecretär
Pralle ; Cleve: Hr. Buchhändler Hannemann ;
Cölln: Hr. Antiquar Imhof ; Dresden: Hr. J. A.
Rombaler ; Erlangen: Hr. Antiquar Kammerer ;
Frankfurt am Mayn: Hrn. Varrentrapp und Wen-
ner ; Freyburg: Hr. Buchh. Lutz ; Göttingen: Hr.
Proclamator Schepeler ; Gotha: Exped. des allg.
Anz. d. D. ; Halle: Hr. Auct. Commissarius Frie-
bel ; Hamburg: Hr. A. F. Ruprecht ; Hannover:
Hr. Commissionär Freudenthal ; Helmstädt: Hr.
Fleckeisen ; Jena: Hr. Auctionator Börner ; Leip-
zig: Hr. Magister Grau ; Nürnberg: Hr. Lechner ;
Prag: Hr. Widmann ; Regensburg: Hrn. Mon-
tag und Weiß ; Wesel: Hrn. Röder und Blönne ;
Wien: Hr. J. G. Binz.

Bücherkauf.

Es gibt ein dem Anschein nach selten gewordenes Buch, betitelt:
Les ruses du braconage mises à découvert, ou
mémoires et instructions sur la chasse et
le braconage, avec quelques figures en taille
de bois, par L. Labruyere, Garde de S.
A. Mgr. le comte de Clermont, prince du
sang. à Paris 1771.

Wer mir dieses, wo nicht ganz überlassen,
doch wenigstens auf einige Zeit nur leihen wollte,
würde mich zum feurigsten Dank verpflichten.

L. von Wildungen, Oberforstmeister
zu Marburg.

Herabgesetzte Bücherpreise.

Bey uns ist zu haben:

Der gothaische Hofkalender in französischer
Sprache, von 1786 bis 1800, fein gebunden,
in Futteral.

Diese 15 Jahrgänge, die für sich schon eine kleine
französische Bibliothek ausmachen, enthalten über
200 Kupferstiche, von vorzüglichen deutschen Künstlern gezeichnet und gestochen und fast 300 Bogen
Text. Der Ladenpreis war 10 rthlr. Wer sich directe an uns wendet, erhält die ganze Sammlung
für 1 rthlr. 16 gl. sächs. Liebhaber der französischen Sprache können sich nicht leicht mit weniger
Kosten eine interessantere Unterhaltung verschaffen.
Auch für Anfänger in der französischen Sprache eignet sich diese Lecture.

Gotha, den 6 Februar 1807.
Steudel und Keil.

Periodische Schriften.

Bekanntmachung für Zeitungsleser.

Die häufigen schriftlichen Anfragen, wegen der
in meinem Verlage erscheinenden großherzoglich-

bergischen Provinzial-Zeitung, veranlassen mich, hierdurch einem Publicum ganz ergebenst an-zuzeigen, daß die hochlöblichen Postämter jeden Orts, mit dem hiesigen Postamte in Verbindung ste-hen, und die Spedition sowohl dieser als auch an-derer Zeitungen zu besorgen haben. Zugleich be-nuße ich diese Gelegenheit, mich dem fortdauern-den Wohlwollen eines respectiven Publicums gehor-samst zu empfehlen.und zu versichern, daß ich keine Kosten sparen werde, meine Zeitung in dem guten Rufe ferner zu erhalten, womit sie seither beehrt wurde. Elberfeld, den 28 Jan. 1807.

Johann Anton Mannes,
Verleger obengenannter Zeitung.

Schlesische Provinzialblätter. 1806. Zwölftes Stück. December.

Inhalt.

1. Charade.
2. An einen Buchstabenkünstler.
3. Ueber die Vorspann-Einrichtung in Schlesien.
4. Ueber zwey allzuverkannte schlesische Schriftstel-ler älterer Zeit.
5. Ueber alte Zeit und neue Zeit.
6. Chronik.

Inhalt der literarischen Beylage.

1. Recensionen.
2. Auszug aus den Wetterbeobachtungen im No-vember zu Wölfelsdorf.
3. Register.

Bücher-Anzeigen.

Abécédaire françois à l'usage des En-fans et des Etrangers, avec 80 Figures 8. 1807. Leipsic, chez Hinrichs. 16 gl.
L'autenr de ce petit ouvrage a su's'accom-moder avec un art merveilleux à la conception des jeunes gens, par le choix raisonné des ima-ges, pour imprimer la prononciation et l'articu-lation des mots aussi facilement que prompte-ment. C'est moyennant cet abécédaire qu'on peut dire, que les enfans apprendront le Fran-çois en badinant.

Unter dem Titel:
Die Vortheile des Kriegs. Ein Bruchstück aus einem satyrisch-komischen Roman, von C. K. Jüing. 8. ist so eben eine kleine interessante Schrift erschienen, welche 6 gl. kostet und in allen Buchhandlungen zu haben ist.

Neues Communionbuch für Bürger und Land-leute, zur Belehrung u. Selbstprüfung vor der all-gemeinen Beichte sowohl, als der Privatbeichte, von Christian Victor Kindervater, Generalsu-perintendent zu Eisenach.
Bey der großen Menge Communionbücher aller Art fehlet es doch immer noch an einem Werke,

das dem Bürger und Landmann zur Bele-bung seiner Andacht bey jener ehrwürdigen Ge-dächtnißfeyer des Todes Jesu ganz angemessen wäre, das Reinheit der Begriffe, Allgemeinverständ-lichkeit und Herzlichkeit ebenmäßig in sich vereinigte. Der allgemein bekannte und geschäßte Generalsuper-intendent Kindervater sucht durch oben angezeigte Schrift jenem Bedürfnisse abzuhelfen, und dem Bürger und Landmann.statt der, zum Theil ver-alteten, den Erkenntnissen unsrer Zeit unangemes-nen Gebetbücher, ein dem jetzigen verbesserten Re-ligionscultus entsprechenderes, der Fassungskraft und den eigenthümlichen Bedürfnissen dieser Volks-classen sich mehr annäherndes Erbauungsbuch in die Hände zu geben, das mit sanfter belebender Wär-me für Christensinn das Herz erfüllt, und so diese ehrwürdige Handlung für alle recht heilsam und fruchtbar macht. Durch mehrere Schriften dieser Art hat der Verfasser schon seine ausgezeichneten Fä-higkeit, auf die sittlich religiöse Bildung jener Men-schenclassen wohlthätig zu wirken, hinlänglich be-wiesen. Sein Vortrag ist populär, und dabey so eindringend und herzlich, daß er selbst im gleichen Grade der Ueberzeugung und Rührung in gleichem Grade hervorbringt.
Die Jacobäersche Buchhandlung zu Leipzig, wird dieß Buch um 8 gl., bey einer ansehnlichen Bestellung aber noch billiger erlassen.

Codex Augusteus.

Die dermaligen Kriegsunruhen und die Un-gewißheit über die darauf erfolgende Lage unsers Landes haben manchen Besitzer des ältern Codicis Aug. bisher abgehalten, die Pränumeration auf die kürzlich erschienene Fortsetzung dieses wichtigen Werks zu erlegen und den letzten Pränumerations-Termin noch zu benutzen; mehrere beßfällige An-fragen und Gesuche an mich, belegen mir dieses und bestimmen mich zu dem Entschluß, noch eine Anzahl Exemplare von der kürzlich erschienenen Zweyten Fortsetzung Codicis Augustei zum Pränumerationspreis von 13 rthlr. sächs. abzulassen. Indem ich diese Verfügung hiermit bekannt mache, fordre ich zugleich die noch rückständigen Herren Pränumeranten auf, die nur erst einen Theil der Pränumeration erlegt haben, den Rest ohne weitern Aufschub einzusenden und das Werk gegen Abliefe-rung des Pränum. Scheins und Zahlung des Nach-schusses in Empfang zu nehmen.
Nach dem jetzt glücklich erfolgten Frieden, wo keine Besorgnisse mehr statt finden, muß ja einem jeden, der den Cod. Aug. gebraucht, ohnehin dar-an gelegen seyn, das jetzige Anerbieten zu benutzen, um nicht in kurzer Zeit einen höhern Preis für die Anschaffung dieses-nöthigen Buche zahlen zu müssen.
Leipzig, den 16 Jan. 1807.

Johann Samuel Heinsius,
privil. Verleger.

N. S. Das chronologische Register über diese neue Fortsetzung kostet 12 gl. und über die Lausiß 16 gl.

Allgemeiner Anzeiger
der
Deutschen.

Montags, den 16 Februar 1807.

Gesetzgebung und Regierung.

Beytrag das Einquartierungs=
Geschäft betreffend.

Schon mehrmahls wurde der Wunsch in mir rege, daß das Einquartierungsgeschäft im allg. Anz. zur Sprache kommen möchte, damit man mit den Grundsätzen, wornach in verschiedenen Ländern gedachtes Geschäft besorgt wird, bekannt würde, und von meh= rern Methoden die beste ausgemittelt werden könnte. Ich las daher mit Vergnügen den Aufsatz in Nr. 305 S. 3650 des allg. Anz., welcher mir jetzt erst zu Gesicht kam, und werde nach dem Wunsche des Verf. auch meine Meinung und bisher befolgten Grund= sätze mitzutheilen suchen.

Ich habe seit 1791 dieses Geschäft be= sorgt, und es sind mir bey den vielen Ein= quartierungen und Cantonierungen mancher= ley Vorfälle bekannt geworden, habe man= cherley Des und Remonstrationen, obgleich bey den mehrsten das theilnehmende Interesse die Beweggründe waren, anhören müssen; kurz ich habe viele Erfahrungen in dem Ge= schäfte gemacht, aber dennoch so viel als es thunlich war, die Grundsätze befolgt, welche ich hier als einen Beytrag mittheilen will.

Vorläufig muß ich noch bemerken, daß ich ein Dorfbewohner bin, mithin der gegen= wärtige Aufsatz bloß vom Lande verstanden, nicht aber auf städtische Einquartierung ange= wendet werden kann, denn da in einer Stadt andere Verhältnisse eintreten, welche noth= wendig berücksichtigt werden müssen, so sind

Allg. Anz. d. D. 1 B. 1807.

auch die Grundsätze, nach welchen auf dem Lande einquartiert wird, von jenen ganz verschieden. Mithin zur Sache. Wie zu jeder Zeit, wo gemeinschaftliche Lasten zu tragen sind, solche billig nach dem Grundsatze vertheilt werden sollen, daß solche nach Verhältniß des Vermögens getragen wer= den: so ist es auch mit der Last der Ein= quartierung.

Um diese Last nun richtig zu vertheilen, ist ein Maßstab oder eine Grundlage nöthig, nach welcher diese Austheilung zu machen, und diesen bietet uns hier der im Lande be= stehende Steuer = oder Contributionsfuß (wiewol sehr unvollkommen) dar; denn nach diesem ist jedermann in Ansehung seines Grundeigenthums und Gewerbes bereits geschätzt; jedoch machen Personen, bey wel= chen das Vermögen nicht in Grundstücken, sondern bloß in Capitalien und beweglichem Eigenthum bestehet, desgleichen der ganz Ärmere Theil von bloßen Häuslern, welche ihr Brod mit der Hand täglich und spärlich verdienen müssen, mehrere Kinder zu ernäh= ren haben, oder wo sonst ohne eigne Schuld Unglücksfälle eingetreten, ferner arme Wit= wen und Waisen 2c. billig eine Ausnahme. Auch ist Rücksicht zu nehmen auf einen Bauer, welcher ein schuldenfreyes Bauern= gut hat, und zugleich ein starker Capitalist ist, gegen einen, welcher das nicht ist. Der Steuerfuß bleibt aber in Ermangelung einer bessern Grundlage immer die Hauptricht= schnur, nach welcher hier repartirt wird.

Folgendes wird die Methode deutlicher machen, nach welcher hier verfahren wird.

Wenn, setze ich ben Fall, ein Ort 29 thlr.
3 gl. contribuirt, so wird vorerst die Ge-
meinde- oder Communsteuer abgezogen, und
diese soll in 1 Thlr. 15 gl. bestehen, mithin
blieben 27 Thlr. 12 gl. zu repartiren. Sollten nun in diese 150 Mann vertheilt werden,
so würde auf 4 gl. 4 3/4 pf ein Mann kommen. Nun soll ein Güterbauer 1 Thlr. 12 gl.
terminlich contribuiren, so trüge es ihm vorerst 9 Mann, es blieben aber jedesmahl noch
die 4 3/4 pf. übrig, welche auch fast wieder
einen Mann austragen; dieses wird und
muß ihm noch repartirt werden, denn da
dieser Fall mehrmahls eintritt, so bleiben
am Ende mehrere Mann übrig, und wer
sollte diese ins Quartier nehmen? Der Arme?
dieß wäre unbillig; ich halte dafür, daß der
Vortheil auf Seiten desjenigen seyn muß,
der ihn am nöthigsten braucht.

Gleiche Bewandniß hat es mit einem
Contribuenten, welcher 10 bis 11 gl. gäbe;
diesem muß ebenfalls der dritte Mann zugetheilt werden, weil der in der Regel nicht
unter die ärmere Classe zu zählen ist, und
sollte dieß bey manchen wegen widriger Zufälle dennoch seyn, so muß Rücksicht darauf
genommen werden.

Hingegen müssen auch die übrigen Ver-
mögensumstände bey den Ortsbewohnern in
Betrachtung kommen, denn es kann ein
Mann vermögend seyn, und dennoch wegen
Mangel an eignen Grundstücken nicht viel
contribuiren, mithin würde er nach dem
Contributionsfuß zu sehr begünstigt werden.
Nur finde ich unbillig, einen bloßen Capitalisten nach seinem vollen Vermögen zur Mitleidenheit zu ziehen; denn bewohnt er ein
Haus als Einmiethling, so ist dieses bereits
mit unter der Repartition begriffen, und
hiernach wird dem Eigenthümer, so viel ihm
zukommt, zugetheilt; da er nun keine Grundstücke besitzt, so wächst ihm gar nichts zu,
und er muß alle Bedürfnisse an Naturalien 2c.
und vielleicht sehr theuer kaufen, so wie
auch den Schutz, den er genießt, bezahlen;
ferner hat er weiter nichts zu hoffen, als
seine bestimmten Interessen, da im Gegentheil der Güterbesitzer in manchem Jahre
nach einer guten Ernte gute Fruchtpreise
zu erwarten, und statt daß jener mit höchstens 5 Procent zufrieden seyn muß, 10, viel-

leicht 20 Procent zu genießen hat. Mithin
ist hier eine Mittelstraße wegen der Lasten zu
treffen, welche er in dem Orte, worin er
lebt, mit zu tragen hat. So wie ich mich
nicht überzeugen kann, daß arme Häusler,
welche ihr Brod für sich und ihre Kinder
spärlich oder wol gar mit Spinnen verdienen
und schuldlos unglücklich sind, desgleichen
arme Wittwen und überhaupt alle diejenigen,
welche nur 1 gl. bis 1 gl. 6 pf. auf ihr eigenes Häuschen terminlich steuern und selbst
einen Beytrag verdienen, zur Mitleidenheit
bey der Einquartierung gezogen werden können, wenn diese nicht sich und den Kindern
das Brod (wenn sie welches haben) aus dem
Munde nehmen und den Soldaten geben
sollen, zumahl wenn dieses im Winter ist,
wo die mehrsten nichts zu verdienen haben.

Ich setze, ein Tagelöhner verdiente bey
jetziger Zeit täglich auf dem Lande 4 gl. und
nun soll er nur einen Mann zur Einquartierung bekommen, so wird er diesen, wie zeither immer der Fall war, nicht unter 12 gl.
bey den theuern Preisen der Lebensmittel
halten, mithin ist in einem Tage sein drey-
tägiger Verdienst weg, vielleicht ohne Hoffnung, wegen Mangel an Arbeit, ihn wieder
zu erwerben, und wenn man diesem mehrmahls
kommen sollte, so würde er am Ende auch
nicht mehr Taglöhner bleiben. Es hat noch
mehr Folgen. Selbst der Billeteur hat oftmahls, wenn er der ärmern Classe Einquartierung einlegt, seine Roth, denn mir ist
der Fall mehrmahls vorgekommen, daß der in
eines armen Taglöhners oder sonst armes
Quartier gewiesene Soldat wegen Mangel
an Bequemlichkeit und hinlänglichem Unterhalt wieder zurückgekommen, und nicht eher
wieder abging, bis er in anderes Quartier
bekam; dieß gibt aber alsdann nur zu Unordnungen und Verdrießlichkeiten Anlaß.

Was die mittlere Classe oder den sogenannten Mittelmann, welcher etwas Ländc-
rey besitzt, betrifft, so ist derselbe dermahlen
so übel als der vorige daran; denn sein Bißchen Land muß er ackern lassen, und wenn
er nun hiervon Ackerlohn und Fuhren, welches beydes von Jahr zu Jahr steigt, desgleichen Steuern und Erbzinsen, auch Holz-
gelder, welche in manchen Gegenden beträchtlich sind, bezahlt hat, so hat er, wenn nämlich

die Früchte gerathen (welche aber durch das
Miethlings-Ackerwerk, das mehrentheils
schlecht und nicht zur besten Zeit geschiehet,
gar nicht mehr gut anschlagen) nach Verhältniß vielleicht sein Brod nothdürftig oder
er muß noch ein halbes Jahr kaufen; mißrathen aber die Früchte noch. überdieß, wie
zeither aus den angegebenen Gründen öfters
der Fall hier gewesen, oder trifft ihn sonst
eine ungewöhnliche Ausgabe, so muß er
Schulden machen, die er nicht leicht wieder
abträgt, und folgen so mehrere Jahre nach
einander, so ist er gezwungen, nach dem
Wunsche der wohlhabendern Bauern,*) sein
Land zu verkaufen; aus einem Mittelmann
wird nun ein Taglöhner; der Staat erhält
einen armen Mann mehr, und der Bauer,
welcher dessen Land erkauft, erhält den Vortheil, contribuirt aber dem Staate weiter
nichts mehr, als die paar Pfennige, welche
auf dem gekauften Lande haften. Diese
Classe also muß, wo nicht andere Umstände
eintreten, nicht übernommen, sondern streng
nach der Repartition behandelt werden.
Gibt es Ausnahmen, so müssen solche berücksichtigt werden.

Ein anderes ist es mit dem mit Grundstücken wohl angesessenen Bauer; dieser, ob
er gleich dermahlen, wie er zeither bey den
theuren Fruchtpreisen gewohnt war, nicht
so viel Capitalien alljährlich wegen des größern temporellen Aufwands bey den Kriegszeiten zurück legen kann, hat doch die Hoffnung, wenn die Ruhe wieder eintritt und
die Früchte gerathen, in einem Jahre vielleicht den gehabten Aufwand wieder zu erhalten, und wenn auch dieses in mehrern
Jahren erst geschähe, so kann er doch darauf
rechnen, sich mit der Zeit zu erholen. **)

Einem Grundstücksbesitzer wächst fast
alles, was er mithin auch zur Einquartierung bedarf, Brod, Gemüse aller Art, selbst
Fleisch zu, und zieht er auch sein Vieh an,
so kann er doch Fleisch und andere Bedürfnisse für Geld bekommen, das er aus dem
Kaufe seiner Früchte erhält. Von alle dem
hat nun ein armer Taglöhner nichts, sondern muß Brod und Gemüse mehrentheils
theurer, als der Marktpreis ist, vom Bauer

kaufen und seinen wenigen Verdienst ihm zu
lösen geben; und dennoch schreyen die Bauern immer hoch auf, der Arme muß mit
bequartiert werden!

Wenn nun der Arme durch Einquartie-
rungs-Aufwand nur 8—10 rthlr. Schulden
machen sollte, so hat er nie die Hoffnung,
so viel wieder erübrigen zu können, sondern
es bleibt die Schuld auf seinem Häuschen
stehen und wird auf seine Kinder vererbt.
Ich kenne mehrere Brodschulden aus dem
vergangenen Jahrhundert, von den siebziger
Jahren her, welche vielleicht in kurzen zum
zweytenmahl vererbt werden. Und gewiß
denkt so ein arm gemachter Mann oder dessen Kinder nie mit Wohlgefallen an diese
Schuld und an den, von welchem er glaubt,
ihm solche verursacht zu haben.

Das Resultat also nach dieser Voraussetzung wäre der bisher so viel möglich
befolgte Grundsatz:

daß der Grundstücksbesitzer die ärmere
Classe in Ansehung der Einquartierungs-
lasten mit übertragen und letztere gänzlich verschont bleiben muß;

mit der Erläuterung, daß, wenn es nach
der Repartition auf 1 gr. einen Mann trüge,
dieser auch dem Contribuenten, ob er gleich
ein armer Mann sey, zurepartirt werden
müßte, denn dieß ist ein Beweis, daß die
Einquartierung stark wird, und so müßte
dieß auch steigen; denn käme auf 2 gr. ein
Mann, so müßte der, welcher so viel steu-
erte, den Mann erhalten u. s. w. nur rückwärts dürfte nicht gelegt werden, sondern
wenn auf 2 gr. ein Soldat zur Einquartierung käme, der, welcher nur 1 gr. Steuer
gäbe, davon befreyt bleiben müßte. Käme
aber nun ein Mann auf 4 gr., so müßten
wenigstens die Contribuenten von 2 und 1 gr.
gänzlich unbelegt bleiben; es sey denn, daß
zu starke, schnelle und unverhoffte Einquartierung vorfiele, da müßte bloß der Gelag
berücksichtigt, die Repartition demungeachtet gefertigt und nachher durch Vergütung
gleich gemacht werden.

Denn obgleich der Arme, oder auch
jeder Andere bey so einem Fall verbunden
ist, so viel aufzunehmen, als er unterbrin-

*) Gewiß ist dieß mehrentheils das Ziel, wornach sie jetzt laufen, denn an Geld fehlt es ihnen der-
mahlen nicht, und sie suchen daher immermehr Grundstücke dafür anzukaufen und sich zu vergrößern.
**) Ich rede von ordentlichen und nicht liederlichen Wirthen, denn diese machen eine Ausnahme.

gen kann, so ist er deshalb nicht schuldig, die Unterhaltung zu tragen, sondern nur für die, welche ihm die Repartition anweist; für die übrigen aber derjenige, der sie ins Quartier nehmen sollte und nicht unterbringen konnte.

Ich verkenne gar nicht die Last, den Aufwand, das Risico und die Unruhe, welche der Begüterte zu tragen hat. Denn erstlich ist die Last und der Aufwand beym Einquartieren erheblich, und dann hat er noch überdieß die vielen Magazinlieferungen, die starken Kriegsvorspanne zu thun, wobey ihn zu Zeiten das Unglück treffen kann, alles zu verlieren; ich kenne dieses recht gut als Augenzeuge; wer aber viel zu verlieren hat, hat mehrentheils, wie bereits erwähnt, auch wieder Mittel, sich zu erholen; und dann ist es ein Unglück, welches unvermeidlich, welches die Bauern nicht allein, sondern auch den mittlern und armen Stand nach Verhältniß viel härter, als ihn, trifft.

Ich kenne vernünftige, aber freylich wenige Bauern, welchen etwas mehr Menschengefühl zugetheilt ist, die den Grundsatz, daß die Armen mit der Einquartierungslast verschont bleiben müßten, billigen, (ich wiederhole die Ausnahme bey starken Einquartierungen) aber sollte man es glauben, es ist mir als Gegentheil der Fall vorgekommen, daß mehrere wohlhabende Bauern und selbst Vorgesetzte von Communen sich der Sünde der Vervortheilung an ihren armen Mitnachbarn schuldig gemacht, den Quartiermacher bestochen, und anstatt acht Mann zu quartieren, nur vier Mann ins Quartier erhalten haben, mithin da sie die Last den armen Ortsbewohnern zu erleichtern suchen sollten, werden letztere von den wohlhabendern vervortheilt; und dabey sind sie nicht beruhigt, sondern beklagen sich immer über den unerschwinglichen Aufwand und die Lasten, welche sie jetzt tragen müßten, vergessen aber dabey, daß sie seit zehn bis zwölf und mehr Jahren die theuren Fruchtpreise genossen, und die mehresten ordentlichen Wirthe in ganz andere Umstände gekommen sind, als sie vorher waren.

Die Strafe der Vervortheiler müßte erstlich von Obrigkeits wegen strenge vollzogen werden und bey einer künftigen Einquartierung die gefehlten Mannschaften zur

Schadloshaltung der übrigen Ortsbewohner ihm noch über die demselben neuerlich zu bequartierenden zurepartirt werden.

Dieß wären die Grundsätze, nach welchen hier das Einquartierungsgeschäft besorgt wird; es würde noch manches, besonders über die mangelhafte und unregelmäßige Eintheilung der Kriegsführen, welche ebenfalls einer bessern Einrichtung bedürfen, zu sagen seyn, da aber dieser Aufsatz schon zu weitläufig geworden, auch mich meine Geschäfte daran hindern, so will ich dieß bis zu einer andern Zeit versparen, jedoch noch einige Bemerkungen, welche mir durch die Erfahrungen zu Theil geworden, hinzufügen, um auch anderer Meinungen darüber zu hören.

1) So ist nach meiner Einsicht beym Repartiren und Billetiren ein verständiger, redlicher Gehülfe aus dem Orte nicht unnöthig, weil ein solcher mit den Einrichtungen der Häuser, der Stallungen besser bekannt ist; er kann daher in mehrern Vorfällen Aufschluß und Rath geben. Nur warne ich vor Zuziehung mehrerer Personen, denn diese geben sich eine bedeutende Miene, wollen dabey nur leider fast jedesmahl das Interesse nicht nur für sich, sondern auch für ihre Verwandten, vielleicht bis ins dritte und vierte Glied wahren und berücksichtigen, bringen sonderbare Einfälle, welche mehrentheils zu ihrem Vortheil und zum Nachtheil der übrigen Nachbarn hinaus gehen, zum Vorschein, verursachen Aufenthalt und Unordnung, und können oft kaum ihre Namen schreiben, noch weniger sonst etwas zur Hülfe beytragen, weil sie keine andere Zahlen als x x x machen können. Es gibt Ausnahmen, von denen ich nicht rede.

2) Treten Fälle ein, wo auch der beste Wille, einem jeden das Seinige zu zu repartiren, nichts vermag, denn es kommt oft unvorhergesehene schnelle Einquartierung, Ueberfälle, sogar des Nachts. Nach Einquartierung, wenn bereits der Ort belegt ist und wo zugleich die Quartiermacher mit dem Commando, der Compagnie oder Colonne zugleich kommen; diese wollen und können nicht warten, werden ungeduldig, wol gar drohend, wollen die Zeit nicht mit Re-

partiren hingehen laffen, sondern beſtehen gleich auf Billets.

Hier habe ich für das Beſte gehalten, den Beſtand gleich angeben zu laſſen und in Gedanken nach einer vorherigen, vielleicht gleichen Einquartierung, in ſo weit es möglich zu billetiren, nachher aber, wenn unvermeidliche Fehler mit untergelaufen ſeyn ſollten, bey der nächſten Einquartierung oder durch Umlegung der beſtehenden es wieder gut zu machen ſuchen.

3) Iſt es faſt bey jeder Einquartierung der Fall, daß von den Quartiermachern mehr Mannſchaft angeſagt wird, als nachher kommt, oder es bleiben zehn bis zwölf Mann durch dieſe oder jene Urſache zurück, daß alſo ſo viel Quartiere unbelegt bleiben. In dieſem Fall habe ich folgenden Unterſchied gemacht, daß, wenn dem Quartierwirth keine Schuld, daß er nicht belegt worden, zur Laſt fällt, nicht Unregelmäßigkeiten paſſire ſind, ſolchem nicht zuzumuthen iſt, daß er die ihm gefehlten Mannſchaften alsdann bey der künftigen Einquartierung noch nachtragen ſoll. Denn einmahl hat er den Aufwand gemacht, welchen er für ſich und die Seinigen nicht nöthig gehabt hätte, und ob er gleich nachher ſolchen für ſich ſelbſt nützen können, ſo iſt es doch nicht mit dem ſonſt gewöhnlichen Vortheil geſchehen. Iſt er aber nicht ohne Schuld, dann gebührt ihm nicht nur die vorige, ſondern auch die neue volle Laſt zu tragen.

Wl....niz bey Eiſenach im Decbr. 1806.
J. A. A.....
Ger. Schr.

Merkhand.

Zur Warnung für Jagdliebhaber.

Folgende Geſchichte, die einem ſehr vorſichtigen Jäger begegnet iſt, kann vielleicht Nutzen ſtiften.

Ich ging mit zweyen Schützen nach geendigtem Waldtreiben einem angeſchoſſenen Haaſen nach. Kaum waren wir in dem Gebüſche, als das Haro erſchallte. Ich hörte ein Geräuſch und ſah ſogleich darauf einen Rehbock ankommen. Ich gab ihm einen Flugſchuß, und ging ihm nach. Dieß führte mich auf eine Wieſe, wo ich einen

vierten Schützen traf, der mir ſagte, daß der Bock wahrſcheinlich krank und im Gebüſche ſeyn müſſe. Ich ging zurück. Man rief wieder Haro, und ein Haſe lief mir an. Ich ſchoß, und hörte in dem nämlichen Augenblick das traurige Geſchrey: Ach Gott, wer hat mich unglücklich gemacht! Mein Auge iſt dahin. Das Schrot, das von der gefrornen Erde abgeprallt war, hatte einem unvermutheten fünften Schützen am Auge verwundet; und zwar ſo, daß es noch jetzt unentſchieden iſt, ob das Auge nicht gelitten hat.

Schwerlich kann man allen Zufällen vorbeugen. Aber ähnliche dieſem könnte man vermeiden, und zwar durch ein unwandelbares Jagdgeſetz, daß die Zahl derer, die im Gebüſche ſuchen ſollen, feſt beſtimmt und durch keinen willkürlich nachkommenden abgeändert werde.

S.... am 4 Februar 1807.
J. A. B.

Anfrage.

„Auf den grünen Donnerſtag muß man Grünes eſſen, ſonſt wird man ein Eſel"; iſt eine Rede, die man ſehr häufig von Menſchen aus den niedern Ständen hört. Was kann wol der Sinn dieſer Worte ſeyn, und was möchte einen ſo ſonderbaren Glauben veranlaſſt haben? Möchte es doch verſtändigen Männern gefallen, ihre Gedanken darüber gefälligſt in dieſen Blättern mitzutheilen.

Gelehrte Sachen.

Aufforderungen.

1) Der Director Wilhelm Tiſchbein zu Caſſel wird hiermit wiederholt und dringend erſucht, auf die Anfrage an ihn in Nr. 322 Seite 3805 des allg. Anz. 1806, wegen des fehlenden Textes zum IV Bande des Hamilton. Vaſenwerks, ehebaldigſt zu antworten. Sollte er etwa den allg. Anz. nicht ſelbſt leſen, ſo werden ſeine Freunde und Bekannten dadurch gebeten, ihn auf jene Anfrage aufmerkſam zu machen.

2) Eben ſo wird auch Hr. Buchhändler Niemann, welcher jetzt den rochiſchen Verlag zu Leipzig übernommen, um Beantwortung der auf der obgenannten Seite

des allg. Anz. ihn angehenden Anfrage, den Haupttitel und das Inhaltsverzeichniß des letzten Jahrgangs des allg. literarischen Anzeigers betreffend, ersucht.

Familien-Nachrichten.

Aufforderung.

Herr Joh. Gottfried Achenwall, vormahls Advocat in Göttingen, Sohn des berühmten Gelehrten dieses Namens, wird hierdurch ersucht, seinen jetzigen Aufenthalt und Adresse der Unterzeichneten bekannt zu machen, weil man ihm eine angenehme ihn betreffende Nachricht zu ertheilen hat.

Gotha, d. Exped. d. allg. Anz. d. D.

Justiz- und Polizey-Sachen.

Bekanntmachung.

Neustadt unterm Hohnstein. Am 24 v. M. sind bey hiesigem Amte die, unten näher bezeichneten drey Kerls, wegen begangenen Straßen-Raubes zur Haft gebracht. Da nun zu erwarten steht, daß diese Räuber, welche schon seit mehreren Jahren, ohne einen bestimmten Aufenthaltsort zu haben, in der Welt umher geirrt sind, auch an andern Orten als Verbrecher bekannt seyn möchten: so wird ganz ergebenst gebeten, Falls diese Kerls sich irgendwo sollten etwas haben zu Schulden kommen lassen, dem hiesigen Amte eine gefällige Nachricht darüber zu ertheilen.

Neustadt unterm Hohnstein, den 6 Febr. 1807.
Amt Hohnstein daselbst.
H. A. Lehzen.

Signalement.

1. Caspar Minzel, aus Buttelstädt gebürtig, und von Profession ein Hufschmid, — (ein berüchtigter Dieb, welcher etwa zwey Jahr lang zu Erfurt inhaftirt gewesen, während der Krieges-Unruhen im October v. J. aber von dort entsprungen ist) —, gibt sein Alter auf 34 Jahr an, ist sehr gut gebauet, 6 Fuß 5 Zoll groß, hat hellbraunes, in einen Zopf gebundenes Haar, und dunkelblaue Augen. Er redet im thüringischen Dialecte, zeigt viele Gewandtheit in seinen Mienen und Gebärden, hat dabey aber einen sehr scheuen Blick. Bey seiner Arretirung trug er einen runden Hut mit breitem schwarzen Bande und großer Schnalle, ein weißes Halstuch, einen dunkelblauen Oberrock mit rothem Kragen, rothem Unterfutter und gelben Knöpfen, eine Weste von grünbuntem Cattun, ein ledernes Beinkleid, weiße baumwollene Strümpfe, und Stiefeln mit schwarzen Klappen.

2. Friedrich Fricke ist angeblich aus Helfte bey Eisleben gebürtig, 20 Jahre alt, und zeither als Musikant mit einem gewissen Wittig aus Cöthen auf den Messen und Märkten umhergezogen. Er ist schlanker Statur, und 6 Fuß 5 Zoll hoch, hat braunes Haar, hellblaue Augen, schmales Gesicht und gebogene Nase. Bey der Arretirung war er bekleidet mit einem runden Hute, blau und roth karrirtem Halstuche, grauem Oberrocke mit überzogenen Knöpfen, weißer Piqué-Weste, Pantalons von hellgrünem Manchester, und Stiefeln mit schwarzen Klappen.

3. Christian Friedrich Starke ist seinem Vorgeben nach aus Wittenberg gebürtig, und 27 Jahre alt; hat seit früher Jugend ein Vagabunden-Leben geführt, und sich dadurch ein Gepräge von Frechheit erworben, welches gleich beym ersten Anblicke auffällt. Er ist kleiner untersetzter Statur, mißt 5 Fuß 11 Zoll, hat dunkelbraunes gelocktes Haar, blaue Augen, und breites volles Gesicht. Am Tage seiner Arretirung trug er einen alten runden Hut, ein rothkarrirtes Halstuch, einen hellblauen Oberrock mit weißen Knöpfen, eine gelbbunte Piqué-Weste, weiße leinene Hose, und ausgeschweifte Stiefeln. Auf der linken Seite der Brust hat dieser Kerl drey rothe Marken, welche jedoch nicht eingebrannt, sondern mit der Nadel geritzt, und wahrscheinlich mit Mönnig eingerieben sind. Sie bestehen in einer Blume, einem doppelten Kreuze und einer Wolfsangel, und sind ihm angeblich vor mehreren Jahren von einigen Handwerksburschen in Wettin eingeschnitten worden.

Unter Vorzeigung eines falschen Attestes vom Magistrate zu Buttelstädt haben diese Kerls seit einiger Zeit sich für Leute ausgegeben, welche durch die Krieges-Verheerungen in dieser Gegend verunglückt wären, und als solche auch während der letztern Tage in der Gegend von Nordhausen milde Beyträge eingesammelt.

Vorladungen: 1) militairpflichtiger Würtemberger.

Nagold. Nachbenannte aus dießseitiger Stadt und Amt abwesende militairpflichtige Unterthanssöhne, deren Aufenthalt unbekannt ist, werden hiermit öffentlich aufgerufen, unverzüglich längstens bis zu Ende nächsten Monats Februar, in ihre Heimat zurückzukehren und sich zu Berichtigung der Conscriptions-Listen vor hiesigem Oberamt zu stellen, widrigenfalls sie in der Conscriptions-Ordnung bestimmten für sie höchst nachtheiligen Folgen, nämlich Vermögens-Confiscation und Verlust des Unterthanen- und Bürger-Rechts, unnachsichtlich einzutreten würden; und zwar von Nagold: 1) Johannes Walz, Tucher. 2) Jac. Fried. Rapp, Schneider. 3) Fried. Benjamin Reich, Schuster. 4) Johann Georg Schuh, Schmid. 5) Joh. Adam Schwarz, Bed. 6) Jac. Fried. Harich, Weißgerber. 7) Andr. Hainzt, Hafner.

8) Phil. Ludw. Zertkorn. 9) Gottlieb Wendel Gröninger, Tucher. 10) Andr. Helber, Schuster. 11) Joh. Fried. Benz, Tucher. 12) Gottlieb Melchinger, Bortenwürker. 13) Ezech. Gottlieb Mokler, Schreiner. 14) Christian Hahr, Rothgerber. 15) Christian Albrecht Stopper. 16) Gottfr. Grüninger, Tucher. 17) Jac. Fried. Müller, Bierfieder. 18) Joh. Georg Deuble, Stricker. 19) Joh. Wolfg. Sautter, Weißgerber. 20) Immanuel Joh. Großmann, Weißgerber. 21) Johann Jac. Gröninger, Metzger. 22) Jac. Fried. Mosapp, Beck. 23) Joh. Fried. Hohnecker, Tucher. 24) Christoph Lucas Kohler, Beck. 25) Joh. Harsch, Metzger. 26) Joh. Wilh. Großmann, Weißgerber. 27) Gottlieb Hohnecker, Tucher. 28) Paul Hafner, Hafner. 29) Joh. Martin Buob, Rothgerber. 30) Ferd. Harsch, Sattler. 31) Joh. Jac. Waker, Hafner. 32) Johannes Wohlleber, Schäfer.

Von Bohndorf: 1) Jac. Stähle. 2) Christian Katz, Nagelschmid. 3) Joh. Mart. Ruoff, Büchsenmacher. 4) Joh. Fried. Rasler, Barbier. 5) Joh. Jac. Weinmar, Orgelmacher. 6) Karl Ruoff, Schlosser. 7) Joh. Georg Maier, Maurer. 8) Gottlieb Ruoff, Schmid. 9) Johann Ulrich. Weinmar. 10) Joh. Jac. Dupper, Metzger. 11) Joh. Jac. Lutz, Sammid. 12) Joh. Jac. Rasler, Barbier. 13) Jac. Weinmar, Schneider. 14) Joh. Weinmar, Bek. 15) Jac. Gengenbach, Weber. 16) Joh. Jac. Scheurer, Schuster.

Von Haiterbach: 1) Philipp Müller, Metzger. 2) Joh. Mart. Raupp, Maurer. 3) Nikolaus Raupp, Schneider. 4) Michael Manz, 5) Joh. Jac. Helber. 6) Konr. Brezing, Kübler. 7) Joh. Fried. Sixler, Maurer. 8) Joh. Michael Schmelzle. 9) Joh. Daniel Schumacher, Chirurgus. 10) Joh. Raupp, Schuster. 11) Joh. Georg Bürkle, Seiler. 12) Andreas Bürkle, Zeugmacher. 13) Mich. Stoll, Weber. 14) Michael Schobert, Schneider. 15) Joh. Ulrich. Rauß, Schneider. 16) Christian Jac. Sixler, Weber. 17) Joh. Gutekunst, Schuster. 18) Christian Helber, Bek. 19) Joh. Georg Rooß, Schreiner. 20) Konrad Gutekunst, Sattler. 21) Christian Rauschenberger, Schuster. 22) Joh. Christian Jetter, Weber. 23) Joh. Jac. Rauf, Zimmermann. 24) Mich. Stöffler, Bek. 25) Joh. Georg Sauer, Schuster. 26) Jac. Fried. Stoll, Schneider. 27) Joh. Adam Graf, Bek. 28) Joh. Georg Gutekunst, Kübler. 29) Joh. Eiting, Weber. 30) Joh. Mart. Großmann, Hafner. 31) Joh. Georg Rauschenberger, Schuster. 32) Joh. Georg Gutekunst, Kübler. 33) Gottlieb Conzelmann, Metzger. 34) Gottfr. Baltas Bürkle, Maurer. 35) Joh. Adam Braun, Zimmermann. 36) Joh. Phil. Großmann, Barbierer. 37) Matthias Rauschenberger, Barbierer. 38) Christian Rauschenberger, Wagner. 39) Christian Manz,

Schmid. 40) Karl Schmelzle, Stricker. 41) Baltas Schuler, Bek. 42) Jac. Helber, Tucher. 43) Christian Gottfr. Conzelmann, Metzger. 44) Joh. Rauß, Schneider. 45) Johann Jacob Conzelmann, Rothgerber. 46) Joh. Fried. Stöffler, Strumpfweber. 47) Joh. Georg Lehrer, Schneider. 48) Eberhard Marquardt, Zimmermann. 49) Johann Bernhard Stoll, Weber. 50) Joh. Martin Knorr, Schuster. 51) Konrad Eiting, Weber. 52) Joh. Georg Gutekunst, Hutmacher. 53) Joh. Fried. Schmelzle, Schuster. 54) Joh. Hiller, Kübler. 55) Joh. Rapp, Wagner.

Vom Hof Nuifra: 1) Johann Rauschenberger, Bek. 2) Johann Georg Hof, Sattler. 3) Joh. Georg Raupp, Bek. 4) Jac. Rauschenberger, Sattler. Von Hochdorf: 1) Joh. Jac. Breuning. 2) Joh. Jedele, Zimmermann. 3) Jac. Vogt, Schuster. 4) Wilh. Kirneisen, Schmid. 5) Jac. Katz, Wagner. 6) Konrad Jedele, Maurer. 7) Joh. Georg Walz, Schuster. 8) Elias Vill, Schuster.

Von Schietringen: 1) Ad. Raupp, Zimmermann. 2) Joh. Mart. Raupp, Schneider. 3) Jos. Hezer, Schuster. 4) Joh. Jac. Gutekunst. 5) Joh. Fried. Renner, Bierbrauer. 6) Mich. Gutekunst, Schneider. 7) Joh. Georg Lutz, Schreiner. 8) Jacob Baumann, Maurer. 9) Mich. Teufel, Weber. 10) Martin Gutekunst, Weber. 11) Gottfried Lutz, Weber. 12) Mich. Baumann, Weber.

Von Iselshausen: 1) Michael Katz, Müller. 2) Joh. Zägele, Kübler. 3) Joh. Mart. Baumann, Bierfieder. 4) Joh. Sindlinger, Schuster. 5) Immanuel Gottlieb Maier, Bek. 6) Joh. Georg Großmann, Schneider. 7) Mich. Glaser, Leinweber. 8) Joh. Rauser, Schuster. 9) Joh. Jac. Baumann, Kiefer.

Von Schwandorf: 1) Georg Walz, Schreiner. 2) Joh. Mart. Schumacher, Bek. 3) Fried. Hölzle, Schneider. 4) Johann Georg Walz, Stricker. 5) Michael Walz, Zeugmacher. 6) Johann Georg Walz, Tucher. 7) Joh. Georg Schuler, Tucher. 8) Joh. Georg Helber, Hafner. 9) Friedrich Holzinger, Maurer. 10) Christian Schmid, Maurer. 11) Konrad Krauß, Bierbrauer. 12) Jacob Zeiter, Schreiner. 13) Ludwig Schuhmacher, Becker. 14) Joh. Georg Walz, Bierbrauer. 15) Conrad Helber, Weber. 16) Joh. Martin Walz, Zeugmacher. 17) Jac. Bürkle, Strumpfweber. 18) Joh. Georg Keppler, Weber. 19) Jacob Walz, Zeugmacher.

Von Beihingen: 1) Michael Proß. 2) Johannes Walz. 3) Mich. Walz. 4) Jacob Friedrich Theurer. 5) Joh. Georg Proß. 6) Joh. Georg Schanz. 7) Christian Henni. 8) Joh. Georg Großmann.

Von Bösingen: 1) Christian Koch, Schneider, 2) Jacob Koch. 3) Christoph Stikel. 4) Joh. Ad. Dölker, Weber. 5) Jac. Maiß, Weber. 6) Joh.

Mart. Kloz, Weber. 7) Johannes Kläger, Schu-
ster. 8) Jac. Wakenhut, Schreiner. 9) Joh. Adam
Zaier, Weber. 10) Mich. Strkel, Kiefer.
Von Warrbt: 1) Jac. Friedrich Wakenhut,
Schneider. 2) Jac. Großmann. 3) Joh. Friedrich
Graf, Bek. 4) Joh. Großmann, Weber. 5)
Georg Adam Leiz, Metzger. 6) Joh. Georg
Schaible, Wagner. 7) Joh. Graf, Bek. 8)
Friedr. Vetter, Weber. 9) Jac. Friedr. Schai-
ble, Schmid. 10) Jacob Zertter, Schmid.
Von Eberhard: 1) Joh. Mich. Walz,
Bierbrauer. 2) Thomas Schwarz, Weber. 3)
Hiob Weik, Weber. 4) Johannes Rothfuß,
Bek. 5) Georg Friedr. Sprenger, Taglöhner.
6) Joh. Georg Zertter, Schuster. 7) Johann
Friedr. Weik, Weber. 8) Joel Walz, Weber.
Von Emmingen: 1) Jac. Mößner, Kübler.
2) Christian Burkhard Weitbrecht, Zimmer-
mann. 3) Joh. Martini, Zimmermann. 4) Jo-
hann Georg Schächinger, Kübler.
Den 20 Januar 1807.
Oberamt Daselbst.

2) der Gläubiger C. Lang's.
In der Concurs-Sache des von hier entwichenen Bürgers Carl Lang sind die ad confulen-
dum verschickt gewesenen Acten an uns zurückgekommen; wir haben daher zur Extrotulation derselben
und zu hierauf erfolgender Publication der Locations-Urthel
Donnerstags den 2 nächstkünftigen Monats
April
anberaumt: und fordern demnach alle Creditoren
öffentlich hierdurch auf, an jenem Tag, Vormittags 9 Uhr auf dem allhiesigen Rathhause entweder
in Person oder durch hinlänglich bevollmächtigte
Mandatarien vor uns zu erscheinen und diese gerichtl. Verhandlung somit anzunehmen.
Heilbronn, den 31 Jan. 1807.
**Oberammtmann, Bürgermeister und
Gericht.**

3) M. Stein's.
Dem vor bereits 22 Jahren als Beckerknecht
in die Fremde gegangenen Michel Stein von Handschuchsheim gebürtig ist durch Ableben seiner Eltern
ein dermahl unter Curatel stehendes Vermögen von
892 fl. 38 kr. erblich angefallen.
Gedachter Michel Stein wird daher hierdurch
öffentlich vorgeladen: innerhalb drey Monaten seine
Erbschaft in Empfang zu nehmen, oder zu erwarten, daß solche seinen sich deßhalb gemeldet habenden vier Geschwistern gegen Caution ausgehändiget
werden wird. Heidelberg, den 20 Januar 1807.
**Großherzoglich Badisches Amt Unter-
heidelberg.**
J. Nestler. Kettig.

4) J. Specht's.
Der längst abwesende, und seit dem 9 Januar
2797 bey einer Schlacht bey Mantua vermißte
Bürgers Sohn Johannes Specht von Neibsheim,
oder dessen allenfallige eheliche Leibes-Erben werden hiermit aufgefordert, binnen einer zerstörlichen
Frist von neun Monaten zu erscheinen, und das
bisher vormundschaftlich verwaltete, in ohngefehr
4682 fl. bestehende elterliche Vermögen in Empfang
zu nehmen, oder zu gewärtigen, daß er Johannes
Specht als verschollen erklaret, und sein Vermögen denen darum anstehenden nächsten Anverwandten zur nußmießlichen Erbpstegschaft gegen Caution
übergeben werde. Bruchsal, am 29 Jan. 1807.
Großherzoglich Badisches Landamt.
Guhmann. Vidt. Fränzinger.

5) der Cathar. Radleff.
Catharine Radleff, die angeblich an einen
reformirten Schullehrer zu St. Goar verehelicht
gewesen seyn soll, oder derselben allenfallige Leibes-Erben werden hiermit vorgeladen, den aus
der Verlassenschaft ihres dahier verlebten Bruders
resp. Oheims, des pensionirten rheinpfälzischen Ar-
tillerie-Majors Philipp Jacob Radleff nach
Ausweis dessen Testaments zu überkommen habenden Erbtheil in Zeit dreyer Monate von heute an in
Empfang zu nehmen, oder zu gewärtigen, daß solcher an die benannten Mit-Erben zur nußmießlichen
Pstegschaft gegen Caution verabfolgt werde.
Mannheim, den 13 Januar 1807.
**Großherzoglich Badisches Garnisons-
Auditoriat.**
Luz, Auditeur.

6) der Anna Reg. Stöber.
Die abwesende Anna Regina verheirathete
Stöber, geborne Beyerodt, oder die etwan von
ihr zurückgelassenen unbekannten Erben und Erbnehmer werden hierdurch aufgefordert, sich innerhalb neun Monaten und spätestens in dem auf den
1 Junius künftigen Jahres angesetzten Termine
bey hiesigem Stadtgerichte oder in der Registratur desselben persönlich oder schriftlich zu melden, und daselbst weitere Anweisung zu erwarten,
unter der Androhung, daß wenn dieselben dieser
Ladung zu folge sich nicht melden würden, die Regina
Röber geb. Beyerodt für todt erklärt, die unbekannten Erben ihres Erbrechts für verlustig geachtet und
der erstern hiesiges in einer Hufe Acker-Land und
79 Rthlr. 5 Sgr. Capital und Baarschaft bestehendes Vermögen an derselben sich gemeldet habende
nächste Intestat-Erben ohne Sicherheitsleistung
verabfolgt werden wird.
Mühlhausen, den 12 April 1806.
Stadtgericht.
v. Kappard. Schotte.

Allgemeiner Anzeiger
der
Deutschen.

Dienstags, den 17 Februar 1807.

Gesetzgebung und Regierung.

Ueber Theilnahme der Geistlichen an Kriegscontributionen. *)

Der Verf. des Aufsatzes in Nr. 15 des allg. Anz. gründet seine Meinung: daß die Geistlichen nicht zur Theilnahme an Contributionen gezogen werden dürften, unter andern darauf, daß

1) in den Vocationen ihnen die unverkürzte Besoldung ihrer Vorfahren zugesagt worden;

2) die ihnen versprochene Immunität von allen Abgaben nicht auf die gewöhnlichen Staatslasten eingeschränkt sey;

3) daß kein Beschädigter seinem Diener zumuthen könne, seinen Schaden durch Abzüge von dem bedungenen Gehalte tragen zu helfen, und

4) daß die Unzulänglichkeit der Schulmeisterbesoldungen allgemein anerkannt, und dieses mit Auferlegung neuer Abgaben nicht vereinbar sey.

Er erlaube mir, hierauf zu erwiedern:

1) Die Aussteller der Vacationen können nur von sich und denen, welche sie zwingen können, reden; aber gegen Gewaltigere und deren Auflagen sind ihre Zusagen ohne Kraft.

2) Die versprochenen Immunitäten verstehen sich von Abgaben, welche der Versprechende auferlegen könnte, keinesweges von solchen, welche ein Eroberer verlangt, der keine Privilegien anerkennt; und wenn auch die Vertheilung durch die Landes-Col-

*) Vergl. Nr. 41 S. 409 f.   d. R.
Allg. Anz. d. D. 1 B. 1807.

legia geschieht, so brauchen doch diese zur Zeit einer feindlichen Besitznahme nicht auf die sonstigen Verhältnisse und Verträge zwischen Landesherrn und Unterthanen, Dienstherrn und Diener Rücksicht zu nehmen, sondern richten sich billigerweise nach dem wahrscheinlichen Sinne des Contributionsausschreibens, in welchem keine Classe der Einwohner ausgeschlossen ist, und welches das ganze eroberte Land, das heißt: die Bewohner des ganzen Landes, angeht.

3) Eine Contribution ist keinesweges mit einem Unglücksfalle des Dienstherrn, sondern mehr mit einer allgemeinen Hausplage, als einer ansteckenden Krankheit, Plünderung u. s. w. zu vergleichen, denn sie wird nicht vom Landesherrn, sondern von den Unterthanen desselben, dergleichen doch die Geistlichen und alle Diener auch sind, gefordert.

4) Man kann die Dürftigkeit der mehrsten Schullehrer anerkennen und doch mit Grund behaupten, daß sie, so gut wie der ärmste Tagelöhner, wenn er nicht Almosen erhält, obgleich verhältnißmäßig nur sehr wenig, als Mitglieder des befriegten Staats, zu der allgemeinen Kriegs-Contribution beyzutragen haben.

B. in W.

Gemeinnützige Gesellschaften.

Ueber Dr. Bozzini's Lichtleiter.

Die kaiserl. königl. medicinisch-chirurgische Josephs-Academie in Wien hat in

einer, am 17 Januar gehaltenen Sitzung
vorläufig einige der neu aufgenommenen
Mitglieder, welche sich in Wien gegenwärtig
befinden, feyerlich in ihre Mitte eingeführt,
und bey dieser Gelegenheit, außer andern
interessanten Gegenständen, sich vorzüglich
mit einer genauern Untersuchung und Prüfung des von Dr. Bozzini zu Frankfurt am
Main erfundenen und zu Beleuchtung der
innern Theile und Höhlen des Körpers bestimmten Lichtleiters beschäftigt. Die Versuche, welche an menschlichen Leichen damit
vorgenommen wurden, fielen dießmahl eben
so, wie das vorige mahl, da die Academie
die ersten Versuche damit anstellte, ganz zur
Ehre des Erfinders aus, indem sie die
Brauchbarkeit dieser genialischen Kunsterfin-
dung vollkommen bewährten und die Erwartung sämmtlicher Experimentatoren bis
zur angenehmsten Ueberraschung erfüllten.
Es ist indessen kaum zu bezweifeln, daß nicht
die Anwendung des Lichtleiters an lebenden
Personen mit mancherley Schwierigkeiten
verknüpft seyn dürfte, die man erst in der
Folge ganz kennen lernen wird, und deren
Beseitigung die Aufgabe für die heilkünst-
lerische Casuistik bleibt.

Vor der Hand hat die Academie an dem
von Dr. Bozzini unmittelbar überschickten
Original-Lichtleiter einige nicht unwesent-
liche Veränderungen vorgenommen, die nicht
bloß auf die Niedlichkeit, Bequemlichkeit,
Einfachheit und daraus resultirende leichtere
Anwendbarkeit der Geräthschaft, sondern
auch auf das wesentlichste Stück derselben,
auf die Wirksamkeit der Beleuchtung selbst,
berechnet sind, und in sofern wirkliche Verbesserungen heißen können. Die Vortheile
dieses nach Angabe der Academie hier verfertigten Lichtleiters zeigten sich bey Anstellung
der Versuche mit beyderley Lichtleitern so
auffallend, daß sie von allen, den Versuchen
beywohnenden Academikern einhellig anerkannt wurden. Da die Josephs-Academie
von allerhöchsten Orten aus den höchst ehrenvollen Auftrag erhalten hat: den Gehalt der
bozzini'schen Erfindung unparteyisch zu prüfen, und besonders ihren Werth in Bezug
auf den Gewinn für die Heilkunst zu bestimmen, so glaubt sie es sowohl ihrer Pflicht
als der leidenden Menschheit schuldig zu seyn,

daß sie ihre Versuche nicht nur an Leichen,
sondern in dazu geeigneten Krankheitsfällen,
auch an lebenden Personen, so lange fortsetze,
bis sie im Stande ist, die erschöpfendsten
Resultate zu liefern. Man behält sich vor,
dem sachverständigen Publicum von diesen
Resultaten sowohl, als auch von den mit
dem bozzini'schen Lichtleiter bereits getroffenen, oder vielleicht ferner noch zu treffenden Veränderungen zu seiner Zeit die um-
ständlichere Nachricht mitzutheilen.

Nützliche Anstalten und Vorschläge.

Nachricht von dem Institut für arme Blinde zu Erfurt, vom Jahr 1806.

Die Einnahme für das Institut in diesem Jahre betrug:

1) Aus der hiesigen Kreis-Casse
   50 rthl. — gr. — pf.
2) Von Sr. Durchl. dem
   Fürsten von Fulda   19 — 12 — —
3) Von andern unge-
   nannten Wohlthätern 12 — 22 — 4

Summa 82 rthl. 10 gr. 4 pf.

Die Ausgabe für Beköstigung, Medicamente und Wartung betrug 78 rthl. 6 gr. 9 pf.

Bleibt also Rest: 4 rthl. 3 gr. 7 pf.

Die Anzahl derer, welche im J. 1806
im Institute selbst, so wie außer demselben,
unentgeltlich operirt, geheilt, gewartet und
mit den nöthigen Lebensmitteln versorgt, als
auch an andern Augenkrankheiten behandelt
wurden, belief sich, laut unsers Protocolls,
an Fremden und Einheimischen auf 41 Personen.

Diejenigen entfernten Augenkranken,
die an dieser Anstalt künftig Theil nehmen
wollen, müssen sich vorher melden; die
Blinden aber müssen vorher auch eine schriftliche Beschreibung ihres Zustandes, wo möglich von einem Arzte, einsenden lassen, damit sie von der Heilbarkeit des Uebels können unterrichtet und ihnen keine unnöthigen
Reisen verursacht werden.

Sind es am grauen Staar Leidende, so
müssen sie sich den 1 May hier einfinden.

Dank allen den Edeln, die auch im verflossenen Jahre dieses Institut noch mit mit-

den Gaben erfreuten. Wer künftig zur Unterstützung dieses Instituts etwas gütigst einsendet, dem werden die an Augenübeln Leidenden gewiß mit uns danken.

Erfurt den 10. Febr. 1807.
Dr. Friedr. Fischer, Stadtphysicus.
Mauritius Geilfus, Past.

Allerhand.

Aufforderung an den Hofrath und Professor Jach zu München.

Der Hofrath und Professor Jach zu München wird hiermit ernstlich aufgefordert, die ihm bewußte Sache binnen vier Wochen abzuthun; indem ich sonst genöthiget bin, die ganze Verhandlung in diesem Blatte zur öffentlichen Kunde zu bringen.

Schmalkalden am 10 Febr. 1807.
Goedeke.

Dienst = Anerbieten.

Sollte bey jetzigen Kriegsunruhen etwa ein Töpfer, der gut mit Brennen umzugehen weiß, außer Thätigkeit gesetzt seyn, so kann solcher bey einer Brennerey als erster Brenner (zwar nicht als Töpfer = Brenner) wenn er Zeugnisse seines Wohlverhaltens aufzuweisen hat, in einem in Thüringen gelegenen Orte sein Unterkommen finden. Nähere Nachricht kann man auf frankirte Briefe mit der Adresse B. Y. an die Expedition des allg. Anz. erhalten.

Dienst = Gesuche.

1) Ein Mann von 30 Jahren, der seit 11 Jahren in Schreibstuben gedient, wo er sich vorzüglich dem Rechnungsfach gewidmet, in den letzten sechs Jahren aber auch die Stelle eines Actuars mit versehen hat, wünscht als Rechnungsführer oder Verwalter angestellt zu werden. Er kann auf Erfordern eine verhältnißmäßige Caution leisten und sich mit guten Zeugnissen legitimiren. Portofreye Briefe unter der Adresse F. D. wird die Expedition des allg. Anz. besorgen.

---

2) Ein Frauenzimmer von 19 Jahren und guter Herkunft wünscht ihr Unterkommen bey einer guten Herrschaft als Jungfer zu finden, da sie in weiblichen Arbeiten nicht ungeschickt ist. Sie ist mit guten Zeugnissen versehen und wird sich auch in Zukunft bemühen, die Zufriedenheit ihrer Herrschaft zu erwerben. Frankirte Briefe unter der Adresse: An B in B. wird die Expedition des allg. Anz. besorgen.

Justiz = und Polizey = Sachen.

Bekanntmachung.

Nachdem auf allerhöchsten Befehl vom 12 hujus der 27 Februar 1807 zur Feyer des ersten Bußtages allergnädigst angeordnet worden ist, hierdurch aber der Fortgang bei dem zu Herren Gottlob Ludwigo von Pöllniz auf Benndorf Vermögen entstandenen, und Vigore Commißionis vor diesem gem. Amte anhängigen Creditwesen durch erlassene Edictalien auf diesen Tag anberaumten Termins zur Publication des abgefaßten Präclusiv = Bescheides behindert wird, auch dieser Termin deßhalb bis auf den Sechsten März 1807 verschoben worden ist, und an diesem Tage nunmehro die Publication des gedachten Präclusiv = Bescheides unter der in den Edictalien bemerkten Comination erfolgen soll; als wird solches zur Nachachtung aller derer, welche bey diesem Creditwesen einiges Interesse haben, andurch öffentlich bekannt gemacht. Datum Justizamt Borna, den 28 Januar 1807.

Königl. Sächs. Commißionsrath und Justiz = Amtmann = alda und zu Pegau als Commißarius Causae
Tobias Gottlob Hänel.

Kauf = und Handels = Sachen.

Eilfte Ziehung der altenburgischen Actien = Anleihe.

Nachdem in Gemäßheit des unterm 16 November 1795 bekannt gemachten Plans der Actien = Anleihe für das Fürstenthum Altenburg am heutigen Tage die eilfte Ziehung der zur Rückzahlung gelangenden Actien in gewöhnlicher Maße vor sich gegangen ist; als wird dieses, und daß die Rückzahlung des Betrags der Actien von den, nach Ausweis der besonders gedruckten Listen herausgezogenen Nummern, so wie der verfallenen ganzjährigen Interessen von den bis zu obigem Tage noch nicht herausgekommenen Actien = Nummern nunmehr planmäßig aus der Actien=

Caffe erfolgen werde, den Interessenten hierdurch eröffnet. Altenburg, den 3 Februar 1807. Herzogl. Sächs. zur Verwaltung der Actien-Anleihe-Geschäfte gnädigst verordnete Commission.

Wechsel- und Geld-Cours in Sächsischer Wechselzahlung.

Leipzig, den 10 Februar 1807.

In den Messen.	Geld.	Briefe.
Leipz. Neujahr. Messe		
— Oster.	98 3/4	—
Naumburger	97 3/4	—
Leipz. Michaels —		
Amsterdam in Bco. à Uso		
Detto in Curr. à Uso	143½	—
Hamburg in Bco. à Uso	—	150 1/2
Lion 2 Uso in Liv.	—	78 1/2
Paris 2 Uso in Liv.	—	78 1/2
Augsburg à Uso.	—	100 3/4
Wien à Uso.	—	49
Prag à Uso.	—	49
London à 2 Uso p. Pf. St.		
Länder-Ducaten	—	11
Kaiser-Ducaten	—	11 1/2
Wichtige Duc. à 66 Aß	10	—
Breslauer à 65 1/2 ditto	10	—
Leichte à 65 ditto	9	—
Almarco ditto		
Almarco Louisd'or		
Souverainsd'or	9 ℞	
Louisd'or à 5 Rthl.		9 1/4
Sächs. Conv. Geld	pari	—
Schild-Louisd'or	2 1/4	—
Laubthaler		2 1/2
Preuß. Curr.	5	
Do. Münze.	10	
Xer.	pari	
Caff. Bill.	1	
Kronenthaler	1/2	
3- 7. Kr.	10	
17	4 1/2	
Wiener Banc. Zettel	49	

Wechsel- und Geld-Cours in wichtigen Pistolen à 5 Rthlr.

Bremen, den 31 Jan. 1807.

London für 100 Esterl. à 2 Uso	—
Amsterdam in Banco 250 fl. k. S.	—
Dito 2 Mon. dato	—
Dito in Courant k. Sicht	32
Dito 2 Mon. dato	30 1/2 3/4
Hamburg in Banco 300 Mk. k. Sicht	38
Dito 2 Mon. dato	30 1/2 3/4
Paris für 1 Fr. 2 Uso	—
Bourdeaux à 2 Uso	—
Frankfurt a. M. für 100 rthlr. Ldr.	—
Leipzig dito	—
Wien, in Courant	—
Holl. Rand-Ducaten à 1 St.	2 ℞. 61
Feine 2/3 Stück av.	4
Convent. Münze Verlust	
Holländ. Fl. in Natura 1 St.	

Bremer Courant.

Hamburger Course.

den 30 Jan. 1807.

London für 1 Esterl. à 2 Uso	—
Amsterdam in Banco k. Sicht	33 11/16
dito 2 Mon. dato	34 1/16
dito in Cour. k. Sicht	4
dito 2 Mon. dato	43/4
Paris für 3 Fr. 2 Uso	25 3/8
Bordeaux dito 2 Uso	25 5/8
Madrid 3 M. 1 Duc.	90 1/2
Cabix	90 1/2
Lissabon 3 M. für Crusobes	42 1/2
Wien und Prag 6 W. in Cour.	30a
Copenhagen Cour. 2 Monat dato	49
Pistolen à 5 Rthlr.	10 ℔ 15½ β
Gold al Marco	—
Ducaten	—
Feine 2/3 Stück	—
Grob Dän. Courant	26 1/4
Hamburger dito	24 1/2
Preuß. dito	—

Allgemeiner Anzeiger
der
Deutschen.

Mittwochs, den 18 Februar 1807.

Literarische Nachrichten.
Kupferstiche.
Anzeige eines deutschen National-Unternehmens.

„Ich habe mich unterfangen, dem An=
denken Klopstock's, Schiller's, Herder's
und Kant's Monumente zu setzen, und ge=
nieße jetzt das Vergnügen, dem Publicum
das erste davon vorlegen zu können. In
demselben Geiste gedichtet werden die an=
dern den romantischen, freundlichen, tiefen
Geist ihrer Bestimmung aussprechen, wie
dieses den erhabenen, epischen Geist Klop=
stock's ausspricht. So wie dieses den Bey=
fall der Kunstkenner erhalten wird, so wer=
den es die andern gewiß nicht minder, und
so darf der Herausgeber wol hoffen, ein schö=
nes interessantes Kunstwerk zu
liefern, welches dem Andenken dieser Männer
würdig, und ihren Landsleuten, dem gebil=
deten, wissenschaftlichen, kunstliebenden bes=
sern Theil wenigstens, angenehm seyn wird.

Es ist wol nicht nöthig, meinen Plan
weitläufig zu rechtfertigen. Etwas Freude
und Stolz an Vaterland und Landsleuten
sollten uns doch bleiben dürfen! Ich weiß
wohl, daß wir heilige Namen, in der Nähe
und Ferne, ähnlich diesen nennen könnten,
wenn es darauf ankäme, unsere Kraft zu
zeigen, allein bey diesen wird, dünkt mich,
das Interesse durch den Umstand erhöht, daß
sie mit einander gelebt haben, und daß sie
fast mit einander gestorben sind; daß wir
sie noch alle gekannt haben, und daß der

Allg. Anz. d. D. 1 B. 1807.

Schmerz über ihren Verlust noch nicht ver=
drängt ist. — Wer von uns hat nicht wenig=
stens einen Theil seines Wissens oder seines
Vergnügens Ihnen zu danken? Wer hat
nicht ihren Tod betrauert? Aehnliche Em=
pfindungen bestimmten den Plan zu diesem
Unternehmen, und ist es mir gelungen, et=
was schönes und interessantes zugleich zu lie=
fern; gefällt dem gebildeten Deutschen mein
Unternehmen, und freut den Kenner das
Genie und der Fleiß der daran arbeitenden
Künstler — so ist der erste und gewiß der
größte Zweck meines Unternehmens erreicht.

Die Zeichnungen dieses und des zunächst
folgenden Blattes, — auf Schiller, — sind,
die Architectur vom königlichen Bauconduc=
teur Klinsky, die Landschaften von Me=
chau. Das erste ist von Anton Herzinger
in Kupfer gebracht, und an dem zweyten
arbeitet Haldenwang; von diesem habe ich
auch schon einen Probedruck, und ich getraue
mir zu sagen, daß es vortrefflich wird. Das
erste ist dem Durchlauchtigsten Herrn Kron=
prinzen von Dänemark, weil dieser Hof unsern
Klopstock pensionirte, dedicirt worden.
Jedes Blatt ist 31 Zoll sächs. Maß breit und
26 Zoll hoch, und kostet 10 Thlr. Sächs. oder
18 Fl. Rhein. Ein Preis, den kein Kenner
neuer Kupferstiche hoch finden wird. In
vier bis fünf Wochen hoffe ich das zweyte
fertig zu haben, und bey dessen Herausgabe
werde ich von den beyden letzten, auf Herder
und Kant, etwas näheres sagen können,
und zugleich den Herren Liebhabern eine
Subscription oder Pränumeration anbieten,

nach welcher, sie die beyden letzten um ein
beträchtliches wohlfeiler erhalten können."
Dresden, im Februar 1807.
Heinrich Ritter,
Kunſthändler.

* *

Erklärung des Monuments auf Klopſtock.
Die Compoſition, ſowohl der Architectur als
der Landſchaft ſollen alle, ſo viel möglich, in dem
Geiſte und Character deſſen, den ſie ehret, gedichtet werden. Klopſtocks Muſe iſt die Sionitin.
Sein Monument iſt demnach im hohen morgenlän-
diſchen Styl. Auf einem Sarkophag liegt der
Dichter zwiſchen dem von ihm ſelbſt gewähten und
von ihm öfters genützten Bilde der Unſterblichkeit,
die Gartenhändel. Unter ihm, zwiſchen den
Säulen in ägyptiſcher Ordnung, ſitzen die vier Evangelien, an ihren Attributen kenntlich, als die Ba-
ſis ſeines großen Geſangs. Ihm zur Seite und
über ihm ſchweben Seraphinen, und ein Sternen-
kranz, den Character und die Tendenz ſeiner Dichtungen anzudeuten. Im großen, reichen, friſchen
Styl iſt die Landſchaft, und zwar am Fuße des, in der
Ferne ſichtbaren, Berges Libanon. Der hohe Pla-
tanus nebſt dem ſchattigen Palmbaum und die ſtei-
len, ſchroffen Felſen bewahren das Stille, das
Ernſte der Scene. Die reiche, ſchwärmeriſche Fülle
der ganzen Landſchaft beurkunden, loben die Wahl
des hohen Dichters, hier ſein Grab und ſein Monument gewählt zu haben. Eine einzige Figur, nicht
mehrere, damit das Intereſſe nicht vom Haupt-
gegenſtande abgeleitet würde, iſt dieſer Dichtung
gegeben worden, und zwar in einer Stellung, welche errathen läßt, daß ſie hier in dieſem heiligen
Lande vor dem Monumente des verewigten Dichters
wol in deſſen Schriften leſen könne. — Auch als Unterſchrift hat man einen Vers gewählt:

„Ehre ſey und Dank und Preis dem Hocher-
habenen, dem Erſten, der nicht begann,
und nicht aufhören wird!" —

den wohl kein andrer, als Klopſtock-gedichtet
haben kann.
Was die Ausführung in Kupfer betrifft, ſo
ſcheint ſie dem Künſtler meiſterhaft gelungen zu ſeyn.
Ungeachtet des Reichthums und der Mannichfaltigkeit der Gegenſtände ſind ſie alle bis auf die fein-
ſten Töne trefflich vollendet.
Wir ſehen hier eine morgenländiſche Dichtung
in ihrem natürlichen, warmen Colorit, deren Beleuchtung ſehr verſtändig auf den Hauptgegenſtand
gerichtet iſt, und deſſen kraftvolles ſchönes Helldun-
kel den Vorzug der Kunſt-aquatinta in zwey Platten zu arbeiten, gewiß documentirt. Es wird un-

*) „Saat von Gott geſäet, dem Tag der Garben
zu reifen!" ſteht einzig nebſt zwey über einander gelegten Garbenbündeln, auf der Grab-
ſtätte ſeiner erſten Gattin Meta.

nöthig ſeyn, den Kenner auf die mahleriſche Behandlung des ſchönen Vorgrundes, auf das ſchöne
reine Korn, welches aber die Luſt und das Orna-
ment geſchmolzen, und beſonders auf die Prächtig,
mit welcher das innere ausgeführt iſt, aufmerkſam
zu machen.
Unterzeichneter nimmt Beſtellung auf dieſes
und die folgenden drey Blätter an.
Gotha. K. Z. Becker.

Pränumerations-Ankündigung.

Ich habe nun auch ein Brandverhütungs-
Büchlein für Familien ausgearbeitet, und wird,
da-bereits ſchon mehr als die Hälfte daran im Drucke
fertig iſt, daſſelbe noch vor Oſtern die Preſſe verlaſſen. Was mein Feuerkatechismus für gemeine
Landſchulen iſt, das wird dieſes Büchlein für gebildete Familien werden, und ich ſage daher gewiß
nicht zuviel, wenn ich behaupte, daß es in der
Stadt und auf dem Lande in jedem Hauſe, das auf
vernünftige Vorſicht wegen Feuersgefahr nur einigen Anſpruch machen will, durchaus eingeführt
und zum Handbuche gemacht werden ſollte. Nach
ſeinem Erſcheinen, koſtet es 6 gl. ſächſ. oder 27 kr.
rhein. Wer aber bis zum 12 März 1 rthlr. ſächſ.
oder 1 fl. 48 kr. rhein. baar und franco an mich
einſendet, erhält jedes Exemplar um 4 gl. od. 18 kr.
und überdies noch frey für ſeine Bemühung
haben. Auf dem Lande rechne ich vorzüglich auf
die Beſtellungen der Herren Prediger.
Langenberg bey Gera, den 8 Febr. 1807.
Dr. Steinbeck,
Verf. des Feuersnoth- und Hülfsbuchs,
des Handbuchs der Feuerpolizey und
des Feuerkatechismus.

Periodiſche Schriften.

Das Decemberſtück
von Thaers Annalen des Ackerbaues ſ. d.
J. 1806.

iſt erſchienen. Der zweyte Band dieſes Jahrganges welcher dadurch geſchloſſen wird, enthält außer
den monatlichen Berichten des Herausgebers und
andern kleinen Aufſätzen folgende ausführliche Abhandlungen:
Ueber das Zerſtückeln großer Landgüter in kleinere Nahrungen, und über den Einfluß deſſelben
auf den Ueberſchuß der Production (nebſt Reflexionen über dieſen Aufſatz vom Herausgeber. — Verſchiedene, Ernte Methoden, beſonders bey regniger
Witterung. — Königl. Schön und Begünſtigung
des landwirthſchaftlichen Inſtituts zu Mögelin.
Nachricht von einem Werke über landwirthſchaftliche Buchführung (nebſt Reflexionen darüber, vom
Herausgeber (Verſuch eine dreyfeldrige Gemein-
heitswirthſchaft in eine Schlagwirthſchaft umzuän-
dern. Von Hrn. Herrmann. — Geſchichte einer

Schafpockenimpfung 2c. Von Hrn. Albert. — Fernere Nachricht von der Durchwinterung der Loma-
nischen Schäferey im Freyen. Von Hrn. von Trem-
bicky. — Verarbeitung der Kartoffeln zu Stärke-
mehl. Von Hrn. Häse. — Etwas über das Aus-
saugen des Ackers durch den Anbau der Feldfrüchte.
Von Hrn. J. H. Lange. — Ueber die vierfurchi-
gen Ackerbeete in Bayreuth und deren Bestellungsart. Von Hrn. Riesewetter. — Auszüge aus Youngs
Pächtercalender. Mit Anmerkungen vom Herausgeber. Erfahrungen über die Kleppmaiersche Methode den Klee durch Gährung zu trocknen. Vom
Herz. von Hollstein-Beck. — Erhaltung der Pferde
ohne Körner. Vom Gr. v. Veit. — Haferbau,
von demselben. — Ueber den Ankauf von Heu und
Stroh. — Ueber Wechselwirthschaft und Löffer-
sucht der Landwirthe. Von Hrn. Kurz. — Ueber
agronomische Karten. Von Hrn. Röper. — Ueber
reichen Körnerertrag der Gerste nach Kartoffeln und
über das Unterpflügen des gekeimten Hafers. Von
Hrn. Lender. — Vergeblicher Anbau der Lucerne.
Von Hrn. Freier. — Von den Fehlern der Dächer
bey Wirthschaftsgebäuden. — Ueber meine Methode der landwirthschaftlichen Buchhaltung. Vom
Herausgeber. Ueber die Nahrungsfähigkeit einiger
Vegetabilischen Producte. Von Hrn. Einhof. —
Vorschlag zur Einführung der Fruchtwechselwirth-
schaft im Brandenburgischen. Von Hrn. August
Hoffmann.

Da mit diesem Stücke das Abonnement abgelaufen ist, so werden die Herren Pränumeranten
ersucht, entweder bey der Verlagshandlung oder
bey den ihnen zunächst gelegenen Postämtern und
Buchhandlungen die Pränumeration zu erneuern.
Der Pränumerationspr. bleibt wie bisher 5 rthlr.
Gold für den Jahrgang. Die Verlagshandlung erbietet sich auch, die beyden ersten Jahrgänge denen,
die sich an sie selbst mit der Vorausbezahlung wenden, um den Pränumerationspreis zu erlassen.

Zeitung für Pädagogik, Erziehungs- und Schulwesen, als Fortsetzung der Bibliothek der pädag.
Literatur, herausgegeben vom Hofrath Gutsmuths zu Schnepfenthal.

Von obiger Zeitschrift ist der Januarheft des
Jahrgangs 1807, der achten Jahrganges erstes Stück heute versandt. Wenn die lange Dauer
einer Zeitschrift auf gute Aufnehmer derselben schließen läßt; so ist dieser der Beyfall des pädagogischen
Publicums versichert. Es ist hinreichend zur Kenntniß ihrer Einrichtung den Inhalt des neuesten Stücks
mitzutheilen. Er ist, nach einigen Worten an die
Leser, folgender:

I. Abschnitt. Abhandlungen 2c.
1) Ueber Spracherlernung. Vom Hrn. Conf.
   Rath Horstig.
2) Ueber Sonntagsschulen.
3) Fragmente einer Rede des Hrn. Prof. Graff
   in Elbing über Erhebung der Schulen zu Erziehungsanstalten.

4) Flüchtig hingeworfene Ideen über Zeichen-
   kunst und deren Nothwendigkeit für alle Stände als ein recht menschliches Bildungsmittel.
   Von Gutsmuths.
5) Pestalozzi an das Publicum über das Bedürfniß einer Wochenschrift für Menschenbildung.
6) Bemerkungen über Carol. Rudolphis Gemählde weibl. Erziehung, und Jean Paul Rich-
   ters Levana.
II. Abschnitt. Historische Nachrichten.
Die neuerrichtete Universitäts-Töchterschule in
   Göttingen.
III. Abschnitt. Literarische Nachrichten.
10) Recensionen und Anzeigen neuer pädagog.
   Schriften.
Der Preis dieses Jahrgangs von 12 Heften
ist 4 rthlr. 12 gl. Man kann seine Bestellung darauf bey jeder soliden Buchhandlung machen.

Bemerkungen über das Einquartie-
rungswesen. Von dem königl. baperischen
Herrn Hofgerichts-Director Weber zu Bamberg.

Diese, besonders der gegenwärtigen Zeitbe-
dürfnisse wegen, höchst wichtige Abhandlung,
deren Werth der berühmte Name des Hrn. Verfassers verbürgt, befindet sich in Nro. 18. des Allg-
meinen Kameral-Korrespondenten
für Deutschland, der posttäglich auf allen
Ober- und Postämtern und Zeitungs-Expeditionen
und monatlich in allen Buchhandlungen zu haben
ist. Alle Briefe, Beyträge und Inserate den
Kameral-Korrespondenten oder Kameral-Verkündiger betreffend, werden frankirt eingesendet,
An die Expedition des Allgem. Kameral-Korrespondenten in Erlangen.

Bücher-Anzeigen.

Vor kurzem ist in unserm Verlage erschienen
und nunmehr in allen Buchhandlungen zu haben:
Der Lichtleiter, oder Beschreibung einer
einfachen Vorrichtung und ihrer Anwendung
zur Erleuchtung innerer Höhlen und Zwischenräume des lebenden animalischen Körpers,
von Ph. Bozzini, mit Kupfern. gr. Fol.
1 rthlr. 6 gl. sächf. oder 2 fl. 15 kr. rhein.
Diese Schrift über einen Gegenstand, der schon
so viele Aufmerksamkeit erregte, glauben wir Aerzten, Geburtshelfern und Naturforschern besonders
empfehlen zu dürfen. Weimar, im Jan. 1807.
F. S. priv. Landes-Industrie-
Comptoir.

Die verschollene Burg, nach dem Französischen des
de la Tour frey bearbeitet. Neue Ausgabe, m.
Kupf. 16. 1807. Leipzig, bey Hinrichs. 10 gl.
Eine liebliche Kleinigkeit, die man gern unter
der Menge unterhaltender Schriften sehen und genießen wird.

In allen Buchhandlungen ist zu haben:
Kriegssteuerrecht, allgemeines, mit Absicht
auf die Kriegssteuern der Pfarrer und Geistlichen. gr. 8. Mannheim, bey Tobias Löffler. Preis 1 rthlr. 8 gl.

Borkhausen's Ringen nach dem schönsten Ziele
des Mannes.
Unter dieser Aufschrift wird Köbling, Verf.
des Gesuches und der Monatsgeschichte Deutschlands,
das Merkwürdigste aus dem Leben des berühmten
großherzogl. hess. Kammerraths Dr. Borkhausen
mit besonderer Rücksicht auf dessen Verdienste um
die Natur- und Forstkunde in einem der Sache angemessenen Tone erzählen. Da der Erlös zur Unterstützung der Wittwe und der Waisen des Verstorbenen bestimmt ist, das Werkchen klein und der
Preis gering seyn wird, so hofft man, daß durch
die größere Menge von Beyträgen die Unbedeutend-
heit der einzelnen zu einer namhaften Summe erwachsen werde. Besonders hat man zu Naturforschern und Forstmännern, die wissen, wie viel B.
that und aufopferte, das Zutrauen, daß sie, die
gute Absicht zu befördern, gern das Ihrige beytragen. Unterzeichneter nimmt Subscription an.
Wilmans, Buchhändler in Frankfurt
am Mayn.

In J. Ad. Nitschens Buchhandlung in Nordhausen sind zu bekommen:
Der Stubengärtner, oder Anleitung zur Kenntniß und Cultur der vorzüglichsten ausländischen
Gewächse. Mit einem Anhange, welcher eine
Anweisung enthält, wie mehrere schöne Pflanzen
im Winter zum Blühen zu bringen sind. Herausgegeben von K. A. Weller. 8. 1806. 12 gl.
Jedem Blumenliebhaber muß es angenehm seyn,
mit einem Buche bekannt zu werden, welches vollkommene Anleitung zur Stubengärtnerey gibt.
J. L. G. Leopolds Landbienenzucht, kurz und
faßlich dargestellt für Landleute; Ein Anhang zum
2ten Bande des Agricola. 8. 1806. 8 gl.
Erwünscht muß es den Bienenliebhabern seyn,
aus der Hand eines Schriftstellers einen faßlichen
Unterricht zur Bienenzucht zu erhalten, welcher sich
bereits durch seine vorhergehende öconomische Schriften den allgemeinen Beyfall erworben hat.

Empfehlungswerthe Schriften der französischen
Literatur, welche bey mir und in allen Buchhand-
lungen zu haben sind:—
Oeuvres de Jacques - Henri - Bernardin de St.
Pierre. 7 Volumes. 18. 1797. 6 rthlr.

Fables de Lafontaine avec un nouveau Commen-
taire par Coste. Ornée de 216 fig. 5 Vol. 4.
2 rthlr. 12 gl.
Rousseau J. J., les Confessions. 4. Vol. 8. 1801.
5 rthlr.
— — du Contrat social, ou principe du Droit
politique. 12. 1796. 10 gl.
— — Julie ou la nouvelle Heloise. 4 Vol.
nouvelle Edition. 8. 1801. 2 rthlr. 16 gl.
— — Emile, ou de l'education. 4 Tomes. 12.
1799. 1 rthlr. 16 gl.
— — Le même sur papier vélin. 4 rthlr.
Souvenirs poétiques. 12. 1803. 18 gl.
Delille, I. Paradis perdu 5 vol. 8. 1 rthlr. 12 gl.
Delille, J., l'Imagination, poème en 8 chants,
accompagné des notes historiques et litterai-
res, 2 Vol. 12mo. 1 rthlr. 16 gl.
de Marmontel Oeuvres posthumes, Tome 1 — 4.
Mémoires d'un père pour servir à l'instruction
de ses enfans. 8. 2 rthlr. 16 gl.
— — Tom. 5 et 6. Regence du Duc d'Orleans.
8. 1 rthlr. 8 gl.
de Genlis, Mad., Madame de Maintenon, pour
servir de suite à l'Histoire de la Duchesse de
la Valiere. 2 Vol. 8. 1 rthlr. 4 gl.
Gerhard Fleischer der jüng.
in Leipzig.

Madame de Genlis Manuel du Voyageur, oder
Handbuch der Gespräche, um sich mit dem richtigen Ausdruck des geübteren Umganges (Conver-
sationston) in 4 Sprachen bekannt zu machen.
Englisch, deutsch, französisch und italienisch, in
51 Gesprächen gegen einander übergestellt. 8.
Neue verb. und verm. Auflage. 1807. Leipzig
bey Zürichs. 1 rthlr. 8 gl.

Für Reisende, für Schulen und für jeden, der
den Geist und Character der angezeigten Sprachen
ganz vollkommen lernen will, fast unentbehrlich.
Der Recensent in der baselschen Literaturzeitung
1806. Nro. 197. sagt unter andern: „Bey der Er-
„lernung einer fremden Sprache aus classischen und
„wissenschaftlichen Schriften bleibt man wenigstens
„damit unbekannt, oder wird nur in einem gerin-
„gen Grade fähig, sich darin auszudrücken. Hier
„sind durchaus nur solche Gegenstände abgehandelt
„worden, die im gewöhnlichen Umgange vorkom-
„men 2c. Die Uebertragung in jede der fremden
„Sprachen ist von jemanden besorgt worden, dem
„sie Muttersprache war. Ueberall hat der Recen-
„sent auch den Ausdruck rein und passend ge-
„funden."

Allgemeiner Anzeiger
der
Deutschen.

Donnerstags, den 19 Februar 1807.

Gesetzgebung und Regierung.

Im Decbr. vor. J. ist bey der kaiserl.
österreichischen Armee auf Veranlassung
des Erzherzogs Carl ein Publicandum erlassen worden, wonach die Unterofficiere von
den Officieren künftig hin nicht mehr Er,
sondern Sie genannt werden sollen.

Einsender dieses kann es sich unmöglich
versagen, diese Mittheilung noch mit einigen
Bemerkungen zu begleiten. Der Geschäfts-
kreis der Unterofficiere und ihr Verhältniß
zur ganzen Armee ist von der Beschaffenheit
und Wichtigkeit, daß diese zahlreiche Militairclasse beym Feldherrn und beym Militair-
Gesetzgeber die größte Rücksicht verdient.
Jeder Sachkundige weiß es, wie ungemein
beschwerlich der Dienst eines Unterofficiers
in der Garnison ist, und daß die geringe Besoldung damit schlechterdings gar nicht in
Verhältniß stehet. Indessen erfordert freylich der Kriegsetat der größern Mächte zu
große Summen, als daß sich in jener Rücksicht eine beträchtliche Erhöhung füglich ausführen ließe. Es ist daher um so mehr
Pflicht, diese nützliche Classe der Staatsdiener auf eine andere Art zu entschädigen, und
ihnen dadurch die Beschwerden ihrer Lage zu
versüßen und zu erleichtern, und es liegt zur
Erreichung dieses Zwecks kein Mittel näher
und leichter zur Hand, als das, ihren Rang
ehrenvoller zu machen. Hierdurch wird aber
nicht nur — wie gesagt — eine wirkliche
Pflicht vom Staat erfüllt, sondern auch sein
eigenes Interesse wesentlich befördert. Also
doppelte Aufforderung für ihn, diesen wich-

tigen Gegenstand zu beherzigen und zu einer
heilsamen Reform zu schreiten! Durch die
Eingangs erwähnte, bey der kaiserl. österr.
Armee getroffene Maßregel — die ihrem menschenfreundlichen Urheber ein neues Verdienst
gibt — ist schon ein Schritt dazu gethan;
aber ich wünschte, man hätte einen zweyten
folgen lassen, nämlich den, sie der Fuchtel-
strafe zu entziehen. Bey der königl. preuß.
Armee sind zwar diejenigen Unterofficiere,
welche im Besitz von Verdienstmedaillen sind,
derselben nicht unterworfen, aber man hätte
sich nicht darauf einschränken sollen, dieß
als Ausnahme zu bestimmen, sondern es
müßte als Regel für diese ganze Militairclasse gelten. Wie beschimpfend und herabwürdigend ist nicht jene Strafe, die noch
dazu mehrentheils öffentlich Anwendung findet, für den, welcher sie leidet; wie kränkend für jeden andern Unterofficier von Ehrgefühl, der solche an seinem Kameraden,
umringt von den Blicken vieler fremden
Menschen und sogar vieler jenem untergeordneten Soldaten, vollziehen sieht? — Welcher Mißgriff! (Ich mag nicht Mißhand-
lung sagen, weil mancher, durch die lange
Gewohnheit bestochen, diesen Ausdruck zu
hart finden könnte.) Der Staat hat die Ehre
des Officiers gegen alle Beeinträchtigungen
und Kränkungen so viel möglich zu schützen
gesucht; er behandelt solche mit Recht als
eine zarte Pflanze, die zu ihrer Zeit schwere
Früchte für ihn bringen soll, und er ver-
schmähet dieses große Mittel in Ansehung
eines zahlreichern Corps von unentbehrlichen
— wenn gleich geringer ordinirten — Mili-

tairvorgesetzten. Eine solche Ungleichartigkeit in der Methode ist nicht zu billigen; und man ist zu keinen guten Erwartungen berechtiget, wenn man durch harte, schimpfliche Behandlung das Ehrgefühl abstumpft und tödtet: es erkaltet Eifer und Treue und der unglückliche Sinkende fällt in den Strudel gänzlicher Immoralität, welcher bey zweckmäßiger schonender Bestrafung nach den ersten Fehltritten leicht wieder zu heben gewesen wäre. Möchte doch also jenes Ueberbleibsel eines vorzeitigen rauhern Militairsystems bald aus allen Armeen verschwinden! Die guten Wirkungen werden sich bald zeigen. Man bestrafe leichtere Vergehen mit kürzerm oder längerm Arrest: man erschwere aber solchen nie durch Krummschließen — denn von dieser Strafgattung gilt, wiewohl in einem etwas geringern Grade, alles das, was ich von der des Fuchtelns gesagt habe —: bey wichtigern Verbrechen erfolge Degradation zum Gemeinen, und nach den Umständen zugleich auch Abführung zur Festungsstrafe; aber man verknüpfe mit der Degradation nicht zu gleicher Zeit die Strafe des Gassenlaufens; und endlich sey es Regel ohne Ausnahme, daß ein zur Degradation Verurtheilter nie wieder Unterofficier werden könne.

Bey Anwendung solcher Grundsätze wird jedes Regiment ein achtungswerthes Corps von Unterofficieren erlangen, auf deren Ehrgefühl und Diensteifer in der Garnison und im Felde zu rechnen ist *): vorausgesetzt, daß bey der Wahl der Subjecte nicht leichtsinnig zu Werke gegangen wird. Figur und Größe des Mannes mögen — wenn es nicht anders seyn soll — auch fernerhin erforderlich seyn, nur muß dadurch die Wahl nicht hauptsächlich bestimmt werden.

Noch zwey Wünsche bleiben mir für diese Militairclasse zu äußern übrig: der erste, daß auf ihre Versorgung mit Civilbedienungen die größte Achtsamkeit verwendet, und durch die sorgfältigste Controlle verhindert würde, sie jemahls bey der Bewerbung einem Söldnern oder Schreiber nachgesetzt zu sehen: der zweyte, daß den vorzüglichern und mit Kenntnissen bereicherten Subjecten

mehr, als wenigstens bisher bey der königl. preuß. Armee der Fall war, die Aussicht zum Officier-Avancement eröffnet würde. Wie sehr sich der ganze Stand dadurch heben, und wie manchen talent- und kenntnißvollen jungen Mann von den höhern Bürgerclassen die Armee dadurch gewinnen würde, bedarf weiter keines Wortes. Wir wissen ja leider aus neuern Erfahrungen, daß mancher unwissende und schwache Officier vom Amtstande, der nach seiner Tour bis zur höhern Militairsphäre gelangt war, noch weit mehr jämmerlich verdorben hat, als seine geschicktern und klügern Ahnen einstens gut machten.

C.   Z—r.

Naturkunde.

Beytrag zur Beantwortung der Frage im allg. Anz. 1807 Nr. 1 über die Behauptung, daß Gläser entzwey geschrieen werden können.

Daß dergleichen Versuche gemacht seyen, und wie sie sich erklären lassen, zeigt Walch in s. philosoph. Lexicon, Th. 2 Sp. 2206 fg. Art. Schall, wo er sagt: „11) hat man noch eine besondere Begebenheit, daß gewisse Künstler Gläser haben entzwey schreyen können. Die Sache hat ihre Richtigkeit, weil so viele glaubwürdige und umständliche Zeugnisse vorhanden sind. In Holland hat solche Kunst Nicolaus Petter, der in Amsterdam Wein und Bier schenkte, verstanden. Er nahm ein Glas, so man einen Römer zu nennen pflegte, und nachdem er gesehen, was dasselbige vor einen Ton hatte, hielt er den Mund mitten an das Glas, und fing an, in einem etwas höhern Ton zu schreyen, als das Glas von sich gegeben hatte; wie er nun damit beständig fortfuhr, fing das Glas an, sich zu erschüttern, bis es endlich gar entzwey ging. Dieses hat Morhof selbst mit angesehen, welcher daher Anlaß nahm, 1672 eine Dissertation unter dem Titel: Stentor ὑαλοκλάστης, sive de scypho vitreo per certum humanae vocis sonum fracto an den Joh. Daniel Majoran herauszugeben, welche nicht nur 1683 vermehrter zum Vorschein gekommen, sondern man hat sie auch in seine

*) Selbst für die Moralität des gemeinen Soldaten, für seine Achtung und Folgsamkeit müssen daraus sehr heilsame Wirkungen entspringen.

dissertation. acad. die 1699 zu Hamburg herausgekommen, gebracht, wo sie S. 329 anzutreffen ist. Außer diesem Petter hat ein anderer, Cornelius Meyer, solche Versuche angestellet, wiewohl mit diesem Unterschiede, daß Meyer in eben dem, Ton geschrieen, den das Glas von sich gegeben, und den Mund über das Glas gehalten; dahingegen Petter in einem höhern Ton geschrieen und den Mund mitten an das Glas gehalten. Diese Probe des Meyer's hat nicht nur Daniel Bartoli in seinem Buche de sono et tremoribus harmonicis beschrieben, dessen Worte Franciscus Tertius de Lanis in magist. nat. et art. tom. 2 l. 9 exper. 39 c. 2 angeführet, sondern es hat auch Meyer zu Rom 1696 ein Werk unter dem Titel: nuovi ritrovamenti divisi in due parti drucken lassen, darinnen auch die Art vorgestellet wird, wie man die Gläser entzwey schreyen oder singen soll. Man erklärt diese Begebenheit eben so, wie die kurz vorher gegangene. Es werde der Schall, oder die in den Lufttheilen erregte Bewegung dem Glase mitgetheilt, daß dessen kleine Theile in eine Erschütterung gebracht würden, welche sie anzunehmen fähig wären, weil man in einem solchen Ton schrie, wie das Glas klänge."

„In Formey Abrégé de toutes les sciences: T. 6 p. 135 kommt hierüber folgendes vor: "D. Il y a des gens qui cassent un verre à boire par le son de leur voix, en présentant l'ouverture de la coupe devant leur bouche. Quelle est la véritable explication de ce phénomène? R. Cela se fait en prenant l'unisson du verre, et en forçant la voix; alors on augmente la grandeur des vibrations-totales, et par conséquent celle des vibrations particulieres d'où elles résultent. Mais, comme ces dernieres ne peuvent se faire, sans que les parties du verre s'écartent les unes des autres, lorsqu'elles deviennent trop grandes, l'écartement de ces parties va jusqu'à séparation ou solution de continuité, et alors le verre tombe en pieces.

Gailorf. J. R. Höch.

Anfrage in Betreff warmer Winter.

Das weimar'sche Wochenblatt Nr. 100, vom 20 Decbr. 1806, hebt aus Chronisten und Geschichtschreibern, vom Jahre 1182 bis 1748, acht und zwanzig außerordentlich warme (— und, wie es hinzu fügt: schöne!—) Winter an. Der Verfasser dieses Artikels hat vermuthlich dabey die löbliche Absicht, Leuten, die nach dem physischen warum nicht viel fragen, sich gewöhnlich nur an die Gegenwart halten und sich wenig um den Zusammenhang der Folgen der Dinge kümmern, die tröstliche Wahrheit ans Herz zu legen: es geschehe nichts neues unter dem Monde. Es gibt aber auch Leute, an die er nicht gedacht zu haben scheint, welche mehr bedürfen, als obiges Kernsprüchlein unsrer alten Ammen. Diese möchten gern wissen, ob in seinen Chronisten und Geschichtschreibern nicht etwa auch davon etwas stehe: ob die in gedachten schönen Wintern aufgeblüheten Blumen, die Baumblüthen, die Weinstöcke zc., wie auch das um Ostern schon im Schoßen gestandene Korn nicht etwa in den, auf diese Winter gefolgten Sommern Schaden auf irgend eine Weise genommen haben? Ob die Sommer nicht eben darum, weil die Winter so schön waren, desto schlechter und unfruchtbarer gewesen seyen? - Ob nicht etwa Krankheiten — vielleicht gar pestartige! — die Folge davon waren? u. s. w. Es gibt für Leute, welche wissen, was sie lesen, hier noch gar manche Fragen, die entweder ihm, oder seinen Chronisten und Geschichtschreibern nicht eingefallen seyn mögen, die aber wol werth sind, gut beantwortet zu werden. Kann er dieß letztere, so wird er nicht übel thun, wenn er sich noch die kleine Mühe nimmt, es zu bewirken. Physische Ursachen will man ihm erlassen; er soll nur berichten, was seine Autoren über die Thatsachen und über die Folgen jener außerordentlichen Winter niedergeschrieben haben. Sollte er aber, wie sich vermuthen läßt, nicht viel Tröstliches in seinen Quellen finden, so wäre es — ohnmaßgeblich — doch wol besser gewesen, wenn er sie nicht öffentlich aufgerührt hätte. Er wird ja wol fühlen, warum nicht!

den 25 Dec. 1806. H. H.

Gelehrte Sachen.

Mit vielem Interesse las der Unterschriebene in Nr. 4 des allg. Anz. die Bitte um Veranstaltung einer lateinisch-medicinischen Zeitung.

So unbedeutend dieser Gegenstand beym ersten Anblick scheinen mag, so wichtig ist er genauer betrachtet. Dem ausübenden Arzte, den seine sparsame Muße nur auf das Lesen solcher Schriften, die zu seinem Fache ausschließlich gehören, beschränkt, würde es allerdings sehr wünschenswerth seyn, wenn er damit zugleich die Fortsetzung des Studiums einer Sprache verbinden könnte, wodurch er gleichsam mit den Gelehrten aller Nationen in Verbindung steht.

Die Annehmlichkeit, die verschiedenen Gegenstände der Medicin in lateinischer Sprache verhandelt zu sehen, die man zugleich als eine wahre Erholung betrachten kann, aber abgerechnet, würde es sowohl für den Arzt, als für den Laien sehr wichtig seyn, wenn wir künftig alle unsere Verhandlungen in dieser Sprache führten. In allen andern Wissenschaften hat das offene Schreiben in der Muttersprache weniger zu bedeuten. — In der Medicin aber hat das Halbwissen und Unrechtverstehen weit ernstlichere Folgen, die sogar oft mit dem Verluste der Gesundheit und des Lebens verbunden sind, und daher kommt es, daß der Arzt durch die schief aufgefaßten und unrecht verstandenen Ideen des Laien so oft gestört wird, wodurch er sich zuweilen genöthigt sieht, aus Convenienz manches zuzugestehen oder zu unterlassen, was eigentlich nicht hätte geschehen sollen. Auf den Laien, und vorzüglich auf den Eingebildeten — Grillenfänger — hat das Lesen medicinischer Schriften allemahl einen sehr üblen Einfluß, weil er sie, wie gesagt, nur halb versteht, und besonders müssen ihnen die verschiedenen Streitigkeiten, und die mitunter sich widersprechenden Meinungen unter den Aerzten, um so mehr in unsern Zeiten, wo so manche unreife Auswüchse und logische Narrheiten zum Vorschein kommen, zum Aergerniß gereichen, sie dadurch an den Aerzten irre werden, und das Zutrauen an Arzt und Arzneykunde verlieren.

Wollte man dagegen einwenden, daß mancher Arzt das in lateinischer Sprache Geschriebene nicht lesen würde, so könnte das wol nur von der Classe unter den Aerzten, die Hufeland mit dem Namen Routinier — Handlanger des Arztes — belegt, gelten, und da diese, als Subalterne überhaupt nicht vernünfteln dürfen, wenigstens nicht sollten, weil ihnen das Princip, wornach gehandelt werden soll, unbekannt ist, so ist ihnen, besonders jetzt, in unsern Zeiten, das Lesen medicinischer Schriften überhaupt mehr schädlich als nützlich, und man sollte ihnen etwa eine Art Katechismus, welcher, ihrer Fassungskraft angemessen, das für sie Gehörige enthielte, z. B. die vorzüglichsten Aeußerungen der verschiedenen Krankheiten, die nöthige Hülfe in sehr eiligen Fällen, eine Anweisung, wie sie dem Arzt Bericht von dem Zustande des Kranken abstatten, wie sie den Kranken warten und pflegen sollen u. s. w. in die Hände geben. Für diese Classe von Aerzten wäre es also sehr zu wünschen, wenn die medicinischen Schriftsteller in einer gelehrten, den erwähnten Aerzten unbekannten Sprache schrieben, indem damit aller Mißbrauch, der aus der Unbekanntschaft mit dem Geiste mancher medicinischen Schriften entspringt, aufgehoben wird.

Dr. B. welcher jene Bitte hat ergehen lassen, verdient daher den Dank aller Aerzte, daß er einen Gegenstand zur Sprache brachte, der, wenn er, woran wol nicht zu zweifeln, weiter beherzigt wird, *) die wohlthätigsten Folgen verspricht.

Dr. Wilhelm Harcke,
practischer Arzt in Braunschweig.

Dienst-Anerbieten.

Es wird auf einem Gute ohnweit Mühlhausen in Thüringen ein Bediente gesucht, der die Gärtnerey, die Aufwartung und mit Pferden umzugehen versteht, und glaubwürdige Zeugnisse seines Wohlverhaltens aufzuweisen hat, auch den Dienst bald antreten kann. Die Expedition des allg. Anz. gibt nähere Auskunft.

---

*) Dieß ist bereits von einer Gesellschaft von Aerzten und Naturforschern, welche in Nr. 38 S. 282 Commentarii de novissimis artis salutaris incrementis ankündigt, geschehen.   d. R.

Familien - Nachrichten.

Todes-Anzeigen.

1) Nach einem kurzen Krankenlager starb sehr sanft an Entkräftung unser theurer Vater, der königl. sächsische Kammerherr und Kreishauptmann Ludwig Carl von Pöllnitz, im 71 Lebensjahre, Nachmittags 3 Uhr, den 3 Februar. Mit Festigkeit und Ruhe ging er auch diesem letzten Ziele entgegen. Wir melden diesen schmerzlichen Verlust unsern theuern Verwandten und Freunden, und bitten ergebenst um ihre stille Theilnahme und ihre schätzbare Freundschaft.

Bendorf den 4 Februar 1807.

Gottlob Ludwig von Pöllnitz.
Charlotte Henriette Friederike von Pöllnitz.
Carl Ferdinand Bruno von Pöllnitz.

2) Unsern auswärtigen Verwandten und Freunden machen wir das am 12 dies. Mon. erfolgte, für uns so schmerzhafte Ableben unsers guten Vaters, des Schullehrers und Cantors, Heinrich Christian Rahlert, bekannt, und bitten, uns durch Beyleidsbezeugungen nicht an den großen Verlust, den wir erlitten haben, zu erinnern.

Langensalza den 14 Februar 1807.

Friedrich Wilhelm Rahlert, für mich, und im Namen meiner Geschwister, Heinrich, Sophia verehel. Burckhardt, Maria und Wilhelm.

3) Sanft entschlief zu bessern Erwachen, heute Vormittags um 10 Uhr, unser jüngster Knabe Adolph, noch nicht gar zwey Jahr alt, an Krämpfen, die ihn gestern Abend überfielen, und wahrscheinlich Folgen eines für seinen zarten Körper zu heftig gewordenen Krankheitsstoffs waren. Wer den lieblichen Knaben kannte, wem Elterngefühle nicht fremd sind, von dem sind wir des herzlichsten Beyleids gewiß, wenn er es uns auch nicht wörtlich und schriftlich versichert.

Schwobach den 8 Febr. 1807.

Kreis-Director Cella und seine Frau.

4) Auswärtigen Gönnern und Freunden mache ich den abermahligen erlittenen schmerzlichen Verlust meiner jüngsten Tochter, Johanne Henriette, welche in ihrem 13 Jahre am 9 Februar an einem Friesel und Nervenfieber ihrer Mutter in die Ewigkeit gefolgt, bekannt.

Johann Wilhelm Hildebrand, Pfarrer zu Vogelsberg.

Abgemachte Geschäfte.

Die Stelle einer Erzieherin, gesucht in Nr. 19 des allg. Anz. ist bereits besetzt. Bekannt gemacht zu Vermeidung mehrerer Anerbieten. M. den 19 Febr. 1807.

v. F. v. B.

Justiz - und Polizey - Sachen.

Bitte.

Diejenige Universität, wohin die zwischen mir und der Caroline Dürfelds seit sechs Jahren verhandelten Acten verwichenes Jahr zum Rechtsspruch versandt worden sind, wird hiermit um gütige Beförderung derselben gehorsamst gebeten.

Saßhe.

Vorladungen: 1) militairpflichtiger Würtemberger.

Nachstehende Unterthanen, welche entweder auf der Wanderschaft, oder in fremden Kriegsdiensten sich befinden, werden hiermit aufgefordert, innerhalb drey Monaten in ihr Vaterland zurückzukehren und sich bey höchstem Amt zu melden, bey Vermeidung der von Sr. königl. Majestät von Würtenberg gegen die ungehorsam Ausbleibenden verordneten Strafen des Vermögens-Confiscation und Verlust des Unterthanenrechts; als:

Von Schrosberg:
Johann Michel Schumm.
Ludwig Nennertheim, Gärtner.
Christoph Philipp Ehrmann, Schmid.
Johann Christian Keu, Schreiner.
Johann Michel Keu, Schreiner.
Georg Friedrich Hirt, Becker.
Johann Michel Zink, Käser.
Michel Nörr, Wagner.
Heinrich Lang, Zimmermann.
Christian Wirth, Becker.
Michel Schauer, Becker.
Friedrich Stolz, Kaufmannsdiener.
Georg Ditz, Müller.

Matthäus Schroth, Bierbrauer.
Heinrich Lung, Schneider.
Michel Stoz, Metzger.
Von Creußfeld.
Georg Steinler.
Sig. Schrozberg im Hohenlohschen bey Roten-
burg ob der Tauber, den 10 Januar 1807.
Justizamt daf.
Wöringer.

2) militairpflichtiger Naffauer.

Sämmtliche conscriptionsfähige junge Mannschaft aus dem Herzogthum Naffau, welche bey den
vorgewesenen Recrutenzügen entweder ungehorsamlich ausgeblieben oder heimlich entwichen sind,
werden hiermit aufgefordert, sich binnen drey
Monaten so gewiß wieder in ihrem Wohnort einzufinden, und sich bey ihren Beamten zu melden,
als die nicht binnen dieser Zeit zurückkommenden
ihres Bürger- und Gemeinderechts verlustig erklärt, und nicht allein nie wieder in die herzoglichen
Lande aufgenommen werden, sondern auch ihr
Vermögen confiscirt, und das künftig zu hoffende
einstweilen zur Confiscation annotirt, und bey eintretendem Anfall wirklich confiscirt werden soll.
Biebrich, den 31 Januar 1807.
Herzoglich Naffauisches Kriegscollegium
dahier.

3) der Gläubiger des Grafen F. C. A. Alex.
Heinrich's zu Stolberg.

Es ist der Major im großherzogl. heffischen General-Stabe, Erbgraf Friedrich Carl Aug. Alexander Heinrich zu Stolberg, vor einiger Zeit
allhier mit Tode abgegangen und hat ihm, seine
Activ-Verlassenschaft dergestalt überschreitende
Schuldenmenge hinterlassen, daß selbst die gesetzlich privilegirten Gläubiger bey weitem nicht befriedigt werden können. Damit indessen über die
bereits zur Anzeige gekommenen und allenfalls noch
weiter angezeigt werdenden Forderungen rechtlicher
Ordnung nach verfahren und hiernächst über dieselben und über die Vertheilung der Maffe erkannt
werden möge; so werden alle diejenigen, welche sich
bis jetzt mit ihren habenden Anforderungen noch
nicht gemeldet haben, und welche dem vorliegenden
Verhältniffe der Sache ungeachtet, ihre Ansprüche
geltend zu machen gedenken, aufgefordert, dieselben binnen einer peremptorischen Frist von vier Wochen a dato, bey dem bestellten Commiffario, großherzogl. Kriegsrath Balser allhier, anzuzeigen und
gehörig zu liquidiren, gegenfalls sich zu gewärtigen,
daß sie nicht weiter gehört, sondern von gegenwärtiger Maffe werden ausgeschloffen werden.
Darmstadt, den 3 Februar 1807.
Großherzogl. Heffisches Kriegs-Collegium daselbst.
v. Weyhers. Bch. v. Stamendinghe. Scriba.
Balser. Rekulé.

4) Chrph. Bruchbeck's.

Der im Jahre 1716 dahier geborne, aber während unbekannter Zeit abwesende hiesige Bürgersohn Christoph Bruchbeck, oder deffen etwaige
Leibeserben werden zur Uebernahme des ihm vom
seiner verlebten Schwester Margaretha angefallenen geringen Erbantheils binnen 9 Monaten unter
dem Nachtheile vorgeladen: daß im Nichterscheinungsfalle auf der Miterben Anrufen nach dem Ausbleibenden darüber disponiret werde.
Weinheim, am 7 Februar 1807.
Großherzoglich Badensches Amt
Beithorn. vdt. Baser.

5) L. Hahn's und Frz. Herter's.

Ludwig Hahn von Wachenheim an der Priems
und Franz Herter von Kreuznach, zwey Meffer-
pursche, welche wegen verübten Diebstahls in Untersuchung gezogen, und nach geschehenem Einbekenntniß aus ihren gefänglichen Haften entkohen,
zu deren Beyfangung und Einlieferung anhero bereits die Obrigkeiten durch eben dieses Blatt unterm 18 Nov. v. J. geziemend angegangen worden,
werden dadurch öffentlich aufgefordert, zur Verantwortung über ihre Flucht, dann Erstehung der
gegen sie verhängten Strafe innerhalb 6 Wochen
sich dahier unter dem Nachtheil zu sistiren, daß
anfonsten auf Betreten nach fruchtlos abgelaufenem
Termin gegen sie nach der Landes-Constitution,
wie gegen entwichene Verbrecher verfahren werden
solle. Heidelberg den 31 Jan. 1807.
Großherzogl. Bad. Stadtvogtey-Amt.
Baurittel. vid. Gruben.

6) J. Schaumlöffel's.

Des Durchlauchtigsten Fürsten und Herrn,
Herrn Friedrichs Fürsten zu Walbeck, Grafen
zu Pyrmont und Rappoltstein, Herrn zu Hohenack
und Geroldseck am Wasigen ꝛc. ꝛc.
Wir zu Höchstdero Consistorio verordnete Präsident, Vice-Canzler und Räthe fügen hiermit
zu wissen:
Es hat die Ehefrau des Johannes Schaumlöffel zu Nieder-Wildungen Barbara Catharine
geborne Bartholdy gegen gedachten ihren Ehemann
aus Holzhausen im churhessischen Amt-Gudensberg
gebürtig, welcher sie vor länger als 10 Jahren
heimlich verlaffen hat, eine Ehescheidungs-Klage
bey Uns angestellt, und gebeten, daß Wir derselben als einen malifiosum desertorem öffentlich
vorladen, und im Fall deffen ungehorsamlichen
Zurückbleibens, die zwischen ihm und ihr bisher
bestandene eheliche Verbindung trennen und wiederaufheben möchten. Wir citiren und rufen demnach
gedachten Johannes Schaumlöffel aus Holzhausen, daß er von nun an in drey Monaten vor Uns
auf dem Consistorio dahier erscheinen, die veranlaßten Gründe seiner heimlichen Entweichung anzeigen,
und sich dieserhalb gehörig rechtfertigen, oder im

Zurückbleibungsfall sich gegenwärtigen solle, daß die Klage seiner Ehefrau für eingestanden angenommen, mithin er pro desertore malitioso erklärt, auf seinen Ungehorsam die Ehescheidung dem Suchen seiner Ehefrau gemäß erkannt, und dieser auch die anderweite Heirath gestattet werde. Urkundlich Unserer gewöhnlichen Fertigung.

Arolsen, den 5 Februar 1807.

Fürstl. Waldeck. zum Consistorio verordnete Präsident, Vice-Canzlar und Räthe daselbst.

Zerbst. F. Kleinschmit.

7) J. Chrn. Krannich's.

Nachdem Johann Christian Krannich aus Crawinkel seit länger denn 10 Jahren abwesend und dessen Anverwandte, Johann Valentin Bauer zu Crawinkel und Consorten um Ueberlassung des demselben zuständigen Vermögens, so wie um Erlassung der gewöhnlichen Edictalien nachgesucht haben; als wird hierzu gedachter Krannich oder dessen Leibeserben, wie auch alle diejenigen, welche an dessen Vermögen aus irgend einem Grunde einigen Anspruch zu machen haben mögen, auf den 25 May dieses Jahres, ist der Montag nach dem Trinitatisfeste, hiermit und zwar bey Verlust ihrer Erbrechte oder sonstigen Ansprüche auch der Wiedereinsetzung in den vorigen Stand peremtorisch vorgeladen, immaßen alle diejenigen Personen, welche nach Ablauf dieses Termins unter was vor einem Vorwande es wolle, an dieses Vermögen einen Anspruch zu machen gedächten, wenn sie gleich einen Todtenschein produciren und zeigen könnten, daß sie zur Zeit des wirklichen Absterbens die nächsten Erben gewesen, in Gemäßheit der besten Vorschrift, Cap. II, Artic. 5. der neuen Verfügung zu der herzogl. Landes-Ordnung Seite 55, mit diesem ihren Gesuche weiter nicht zu hören, sondern schlechterdings a limine judicii abzuweisen sind, dem obgedachten Impetranten Johann Valentin Bauer und Consorten aber das Vermögen des abwesenden Johann Christoph Krannich's, ohne Caution, um damit als mit ihrem wahren Eigenthum zu schalten und zu walten, höchster Vorschrift gemäß überlassen werden soll.

Ichtershausen, am 6 Februar 1807.

Herzogl. Sächs. Amt. Jnt. und zur Wachsenburg.

C. F. L. W. Spiller von Mitterberg.

8) Gottl. Brunquell's.

Es ist Christian Gottlieb Brunquell, von hier gebürtig, nach der eidlichen Versicherung seines Bruders, des Tischers Meister Johann Ernst Wilhelm Brunquell allhier, als Kaufmannsdiener mehrere Jahre in fremden Ländern gewesen, sodann vor 20 bis 21 Jahren zum Regimente in die Welt gegangen, seitdem aber von dessen Leben und Aufenthalt keine Nachricht eingegangen. Be-

---

dachter Bruder des abwesenden Brunquell hat daher, in Gemäßheit des Landes-Gesetzes vom 20 August 1777 um öffentliche Vorladung desselben und Zuantwortung dessen zeither unter obrigkeitlicher Administration gestandenen Vermögens, so nach der letzern Vormundschafts-Rechnung

211 Rthlr. 14 gl. 7 1/2 pf.

beträgt, nachgesucht. Da diesem Gesuche bereits vorhin gewillfahret worden, sich aber eingetretener Umstände halber die Erlassung anderweiter Edictalien nöthig macht: so wird der abwesende Christian Gottlieb Brunquell, oder im Fall er verstorben, dessen Erben, ingleichen alle diejenigen, welche an dessen Vermögen aus irgend einem Grunde, Anspruch zu haben vermeinen, hierdurch edictaliter und peremtorie citirt und geladen,

den neunten Julius 1807

auf hiesigem Rathhause, zu rechter Gerichtszeit, entweder in Person, oder durch hinlänglich legitimirte Bevollmächtigte zu erscheinen, sich anzumelden, resp. ihre Erb- oder sonstigen Ansprüche anzubringen, und zu bescheinigen, auch mit dem bestellten Contradictor darüber zu verfahren, unter der Verwarnung, daß der abwesende Brunquell für todt und verschollen declarirt, dessen sich nicht meldende Erben von seinem Vermögen ausgeschlossen, und sie sowohl, als alle andere, ihrer Ansprüche und Rechte, so wie des beneficii restitutionis in integrum für verlustig geachtet, und des abwesenden Brunquells Vermögen den sich meldenden und mit hinlänglicher Beglaubigung der Verwandtschaft versehenen nächsten Erben, ohne einige Sicherheitsleistung, zugesprochen und verabfolgt werden wird, indem zugleich zur Publication des abzufassenden präclusivischen Bescheides der vier und zwanzigste Julius 1807 terminlich anberaumt seyn soll.

Wörnach sich zu achten. Sig. Weltkürz den 7. Februar 1807.

Der Rath daselbst.

9) A. L. Richter's.

Der Seilenbauer August Ludwig Richter, angeblich aus Dresden gebürtig, hat sich mit Zurücklassung einer namhaften Schuldenlast von hier entfernt, und wird hiermit öffentlich aufgefordert, a dato binnen vier Wochen von so gewisser dahier zu erscheinen und auf die gegen ihn vorgebrachten Schuldklagen zu antworten, als sonst solche rücksichtlich seiner für eingestanden angenommen, und die Gläubiger aus dem Erlös seiner dahier zurückgelassenen und sodann zu verkaufenden Effecten sollen befriediget werden.

Sig. Wertheim den 9 Febr. 1807.

Stadt-Amt. Bürgermeister und Rath.
v. Düff.

Allgemeiner Anzeiger
der
Deutschen.

Freytags, den 20 Februar 1807.

Gesundheitskunde.

Ueber das Branntweintrinken der Soldaten vor und während der
Schlacht.

Es hat der Hofrath Faust zu Bückeburg
durch einen Aufsatz in der Minerva zu beweisen gesucht, daß Trinken des Branntweins vor und während der Schlacht sey
dem Soldaten und der Sache, für welche
derselbe ficht, gleich schädlich, wenn es nicht
in sehr kleiner Quantität geschähe; und
trage nicht nur zum Gewinnen der Schlacht
nichts bey, sondern bewirke sogar oft das
Gegentheil. Der Verf. jenes Aufsatzes ist
über mein Lob erhaben, und in sofern möchte
es manchem sehr kühn scheinen, noch etwas
über einen Gegenstand zu sagen, welchen ein
Faust der Beurtheilung werth fand, und
von dem man auch vermuthen kann, daß er
erschöpft ist. Indeß im Reiben der Meinungen offenbart sich die Wahrheit, und der
Hofr. F. ist ein viel zu humaner, wahrheitsliebender Arzt, als daß derselbe nicht einem
andern, stimmte er auch nicht völlig mit ihm
überein, hierüber einige Worte erlauben
sollte.

Ohne auf irgend eine Theorie Rücksicht
zu nehmen, sondern mich bloß an die Erfahrung zu halten, ist durch diese hinlänglich
bewiesen, daß die Wirkung des Branntweins
und der ihm verwandten Getränke auf den
menschlichen Körper folgende ist. In einer,
dem Erregbarkeitszustande des Individuums
angemessenen, mäßigen Quantität verstärkt
und beschleunigt er alle Verrichtungen des

Allg. Anz. d. D. 1 B. 1807.

Körpers und des Geistes. Schneller wallt
das Blut durch die Adern, kraftvoller hebt sich
der Fuß und schwingt der Arm das Schwert,
muthiger funkelt das Auge und lebendiger
wird die Phantasie, der Scharfsinn und der
Witz. Diese Wirkung des Alcohols ist aber
nur kurz dauernd und hinterläßt eine eben
so große Schwäche und Hemmung aller
Lebensverrichtungen, je stärker und schneller
dieselben vorher waren. Es ist also eine
neue Gabe desselben nöthig, um die Abspan-
nung zu heben. Unmäßig genossen erfolgt
ein Rausch, Betäubung und alle die übeln
Wirkungen, welche Faust angegeben hat.
Daß also der Soldat sich vor der Schlacht
nicht betrinken darf, daß er nicht in einen
Zustand versetzt seyn muß, wo er nicht mehr
Herr über seinen Geist und seinen Körper
ist, das ist keine Frage. Also hier nur über
den mäßigen Genuß des Branntweins vor
und während der Schlacht.

Eine Schlacht ist ein Drama, wo der
höchste Grad widerstrebender Kräfte mit einander im traurigen Wechselspiel begriffen ist.
Es bedarf dazu gewiß höherer Kraftanstren-
gungen, als nur selten im friedlichen bürgerlichen Leben erforderlich sind. Ein jedes
Individuum muß den höchsten Grad seiner
Körper- und Geisteskräfte anwenden, um
das gesteckte Ziel zu erreichen. Selbst der
gemeine Soldat ist hier nicht mehr die bloße
Maschine, die er auf der Parade zu seyn
scheint, und besonders die leichten Truppen
bedürfen jeder Mann für Mann großer Kör-
perkraft und eines hohen Muthes, wenn sie
das heroische Trauerspiel glücklich zu Ende

des Menschenlebens auf dem Spiele steht,
hier ist sie nothwendig. Es kommt hier auf
einige glückliche Momente, auf das pünctliche Ausführen eines weise durchdachten
Plans an, und nicht die Gesundheit im Allgemeinen darf hier betrachtet werden, sondern
wie es möglich ist, den höchsten Grad der
Kräfte für einige wenige Stunden hervor
zu bringen und zu erhalten. Das, was man
gegen den Branntwein in den angeführten
Fällen gewöhnlich behauptet, trifft also nur
das übermäßige Trinken desselben. Sollte
es nun aber auch nicht zu vermeiden seyn,
wie es beynahe ausgemacht ist, daß einer
oder der andere Soldat sich wirklich betränke,
so wird dieß doch immer weniger Nachtheil
haben, als wenn der größte Theil der Armee
erschlafft und abgespannt gar nicht oder doch
nur unvollständig die von ihr verlangten
Pflichten erfüllte; etwas, welches in unserm
frivolen Zeitalter, bey der knappen Diät,
welcher der Soldat unterworfen ist, bey den
schwächenden Leidenschaften, die ihn öfters
bestürmen, nur zu oft der Fall seyn möchte.
Wären wir im Stande, eine Armee von
größtentheils von Früchten lebenden Hindus
oder von Alpenbewohnern aufzustellen, welche
größtentheils von Milch und Käse leben,
denen spirituöse Getränke etwas unbekanntes
sind, und welche eben deshalb auch ohne
dieselben alle die ihnen angebornen und aner-
zogenen Kräfte äußern können: so würde ich
diesen den Genuß des Branntweins vor und
in der Schlacht für absolut schädlich, wenigstens doch für überflüssig erklären, und wie
Faust dieß im Allgemeinen thut, widerrathen. Je mehr es aber Sitte im gemeinen
Leben wird, sich durch Branntwein aufzu-
reizen und zu größern Kraftäußerungen zu
erwecken, desto mehr wird auch der Ansich-
rer eines Heers verpflichtet seyn, ihm denselben wo nicht anzurathen, doch wenigstens
zu erlauben.

Der Wein übrigens ist weit eher noch
anzurathen, als alle gebrannte Wasser.
Nach einer schweren Arbeit im Sommer,
wenn da der Durst plagt, und besonders der
Schweiß den Wanderer oder den Arbeits-
mann sehr ermattet hat, da ist ein Glas
Wein allem Wasser und jeder Limonade ohne
Wein vorzuziehen, da dieß nur den Schweiß

noch vermehren, und den Durst beynahe
nur auf die Augenblicke löschen, wo sie die
Kehle netzen. Wer also Wein bezahlen kann,
versehe sich mit etwas gutem Wein. Schade
nur, daß wenige gemeine Soldaten dieß im
Stande seyn werden!

Calvörde den 13 December 1806.
J. F. J. Schmidt, M. D.

Berichtigungen und Streitigkeiten.

Beytrag zur Berichtigung der Streitigkeiten über den ersten Schuß im
siebenjährigen Kriege.

In wie weit der Generalmajor Warneri, und ein angeblicher Augenzeuge in
Nr. X des laufst. Magazins 1788 die bey
der Festung Stolpen im Jahr 1756 vorgefallenen Umstände treu und wahr erzählt haben,
darüber möchte schon aus demjenigen richtig
zu urtheilen seyn, was ebenfalls ein Augenzeuge im Jahr 1764 davon der Welt durch
den Druck bekannt gemacht hat. Dieser
Augenzeuge ist der Diaconus M. Carl Christian Gerken zu Stolpen. Nach S. 134
der im Jahr 1764 von ihm herausgegebenen
Historie der Stadt und Bergfestung
Stolpen, trat er am 31 August 1755 sein
Amt als Diaconus zu Stolpen, seinem Geburtsorte, an. S. 296 dieser Historie führt
er den Generalmajor Johann Adolph von
Liebenau unter den Commandanten der
Festung Stolpen auf, und erzählt von ihm,
daß er 1760 den 24 März im 78 Jahre seines
Alters gestorben, und in die Stadtkirche zu
Stolpen begraben worden ist. — Die Kugel,
die ihm Warneri 1756 soll in den Leib geschossen haben, müßte also wenigstens nicht
tödlich gewesen seyn.

Seite 401 erzählt er beym Jahr 1756:
Die chursächsische Armee zog sich in ein Lager
zwischen Pirna und Königstein, und den 31
August bekam auch die hiesige Festungs-Gar-
nison Ordre, sogleich von hier ab, und nach
der Festung Sonnenstein zu marschiren, welches früh gegen 7 Uhr geschah, da eben der
Schloß-Gottesdienst seinen Anfang nehmen
sollte, der alsdann mußte eingestellt werden.
Nächstfolgenden Freytag den 3 Sept. Abends
gegen 6 Uhr rückten schon preußische Husaren
allhier ein, welche, da sie keinen Wider-

stand fanden, die Festung sogleich besetzten. Das war also die Eroberung einer Festung durch Husaren.

Liebhaber der sächsischen Geschichte stoßen S. 273 auf die Nachricht, daß die Gräfin von Cosel 1764 auf der Festung Stolpen in dem St. Johannis-Thurme noch ihre Wohnung hatte, und daß sie seit dem 25 Dec. 1716 sich daselbst befand. Nach einer mündlichen Erzählung soll sie bey der Besetzung der Festung noch mit Pistolen um sich herum haben schießen wollen, und zuletzt aus Desperation zur jüdischen Religion übergegangen seyn. Wo könnte man über den letzten Punct gegründete Nachricht finden?

W. am 3 Februar 1807.

Justiz- und Polizey-Sachen.

Vorladungen: 1) J. H. Kromm's.

Der seit 60 Jahren abwesende Johann Heinrich, Sohn von weiland hiesigem Bürger und Metzgermeister Johann Georg Kromm, oder dessen rechtmäßige Erben, werden hiermit öffentlich vorgeladen, binnen 6 Monaten von heute an, dahier vor Amt in Person oder durch Bevollmächtigte zu erscheinen, und wegen des elterlichen Vermögens des Abwesenden Red und Antwort zu geben, gegenfalls aber gewärtig zu seyn, daß dieses den hiesigen nächsten Verwandten gegen gebührende Caution wird verabfolgt werden.

Schotten, den 9 Febr. 1807.
Großherzoglich Hessisches Amt daselbst.

2) G. H. Mylius's.

Gottlieb Heinrich Mylius von hier, welcher am 6 November 1736 geboren, und dessen seither unter Administration gestandenes Vermögen beynahe in 1000 Meiß. Gülden besteht, ist seit dem Jahr 1753 von hier abwesend und man hat seit dieser Zeit weder von seinem Leben noch Aufenthalte einige Nachricht erhalten können. Da nun derselbe das 70 Jahr bereits zurückgelegt, so hat dessen vor der Hand bekannte nächste Anverwandtin, Marie Elisabethe Dorothea Kühn, geborne Lübeck, zu Buttstedt, des Abwesenden Schwester Tochter um Vorladung desselben, und derjenigen, welche etwa sonstige Ansprüche an dessen Vermögen zu machen haben, gebeten.

Nachdem nun diesem Gesuch nicht zu entstehen, so wird gedachter Gottlieb Heinrich Mylius, oder falls er selber nicht mehr am Leben, dessen Erben ingleichen alle diejenigen, welche an sein Vermögen aus irgend einem Grunde Ansprüche zu haben vermeinen, hiermit edictaliter und peremtorie citirt den achtzehnten Julius ai. curr. vor hiesigem fürstlichem Scatoull-Gerichten zur rechten Gerichtszeit in Person oder durch hinlänglich legitimirte und instruirte Bevollmächtigte zu erscheinen, sich ihrer Verwandtschaft oder sonstiger Ansprüche wegen gehörig zu legitimiren und resp. dieselben zu bescheinigen, und mit dem zu bestellenden Procurator darüber in zwey abgewechselten Sätzen zu verfahren, und zwar alles dieses unter der Verwarnung, daß der abwesende Mylius für todt, dessen sich nicht gemeldete Erben aber, ingleichen alle diejenigen, welche sonst Ansprüche zu machen gedacht hätten, für präcludirt, ihrer Verwandtschafts-Rechte und Ansprüche, so wie der Rechts-Wohlthat der Wiedereinsetzung in vorigen Stand für verlustig geachtet und das Mylius'sche Vermögen den sich meldenden und legitimirenden nächsten Verwandten zuerkannt werden wird. Wobey zugleich zu Inrotulation der Acten der neun und zwanzigste August a. a. und zur Publication eines Bescheides der fünfte September a. c. pro Termino anberaumt wird.

Signat. Neumark, den 8 Februar 1807.
(L. S.) Fürstl. Sächs. Scatoull-Gerichte daf.

Carl Adolph Schultze.

3) der Gläubiger C. Lang's.

In der Concurs-Sache des von hier entwichenen Bürgers Carl Lang sind die ad consulendum verschickt gewesenen Acten an uns zurückgekommen; wir haben daher zur Extrotulation derselben und zu hierauf erfolgender Publication der Locations-Urthel,

Donnerstags den 2 nächstkünftigen Monats April

anberaumt: und fordern demnach alle Creditoren öffentlich hierdurch auf, an jenem Tag, Vormittags 9 Uhr auf dem allhiesigen Rathhause entweder in Person oder durch hinlänglich bevollmächtigte Mandatarien vor uns zu erscheinen und diese gerichtl. Verhandlung somit anzunehmen.

Heilbronn, den 31 Jan. 1807.

Oberamtmann, Bürgermeister und Gerichte.

Allgemeiner Anzeiger
der
Deutschen.

Sonnabends, den 21 Februar 1807.

Lections-Verzeichniß
für das Sommerhalbejahr von Ostern bis Michaelis 1807
auf der Forst-Academie zu Dreyßigacker.

Montags, Dienstags, Donnerstags und Freytags.

	Stunden.	Classe I.	Classe II.	Classe III.
Vormittags.	6 — 7	Forstbotanik. Bechstein.	Practische Geometrie. Hoßfeld.	wie Classe II.
	7 — 8	Zahlenrechnung. Herrle.	Musterung des Raubzeugs. Bechstein.	wie Classe II.
	8 — 9	— — —	Stereo- und Trigonometrie. Herrle.	Taxation der Forste. Hoßfeld.
	9 — 10	Deutscher Styl. Meyer.	Fortsetzung der Algebra. Herrle.	Infinitesimal-Rechnung. Hoßfeld.
	10 — 11	Abtrieb der Wälder. Herrle.	Jagdrecht. Meyer.	wie Classe II.
Nachmittags.	1 — 2	Forstschutz. Meyer.	Handzeichnen. Haußen.	wie Classe II.
	2 — 3	Handzeichnen. Haußen.	Holztechnologie. Meyer.	wie Classe II.
	3 — 4	Plan- und Bauzeichnen. Haußen.	wie Classe I.	wie Classe II.

Mittwochs und Sonnabends.
Vormittags.

1) Botanische Excursionen. Classe I. Bechstein.
2) Forstexcursionen. Classe I. II u. III. Herrle.
3) Taxation im Walde. Classe III. Hoßfeld.
4) Meßübungen. Classe I u. II. Herrle u. Meyer.

5) Manövriren mit Jagdzeug. Alle Classen. Herrle.
6) Leithundsarbeiten zur Behängzeit. Voigt.
Nachmittags.
7) Schießübungen. Herrle.
8) Falknerey. Bein.
Die neuen Lectionen fangen 14 Tage nach Ostern an.

J. M. Bechstein, Director.

Allg. Anz. d. D. 1 B. 1807.

Faden statt anschwellt. Es gibt jetzt schon fünf solche Schlichten-Kochereyen in Leeds, wovon jede täglich wol für 20 Schillinge Absatz macht.

4) Sir Jos. Banks hat den Versuch gemacht, Pflanzen 1) mit Brunnenwasser, 2) Regenwasser, 3) Brunnenwasser mit 1/2 Gran Vitriol, und 4) Brunnenwasser mit einem Gran Vitriol auf das Quart Wasser zu tränken, und dann ihre Zunahme an Gewicht zu beobachten. Diese wurden befunden: 1) von reinem Brunnenwasser 41; 2) von Regenwasser 21; 3) von Brunnenwasser mit 1/2 Gran Vitriol 74; 4) von Brunnenwasser mit einem Gran Vitriol 75 Gran.

Allerhand.

Bemerkung über Mißbrauch der Publicität.

Aeußerungen des Beyfalls und Tadels sollten in öffentlichen Blättern wirklich mit etwas mehr Behutsamkeit, als gewöhnlich, geschehen. Ueberhaupt ist es eine Versündigung gegen die Publicität, wenn man jede Kleinigkeit solcher widmet. Unbedeutende Gegenstände sind schlechterdings nicht für das Publicum geeignet, und es scheint, daß manche ihres lieben Ichs wegen sich öffentliche Herzenserleichterungen erlauben, welche bey dem Mann von seinem Gefühl den Zweck ganz verfehlen. Hierher gehören ins

nen in einer Lampe bestimmten Zeit die Eigenschaft zu geben, daß es nach dem Verbrennen einen Wohlgeruch gibt? Dem Anfrager wird die Bekanntmachung eines solchen Mittels sehr willkommen seyn.

Nützliche Anstalten und Vorschläge.

Nachricht wegen Eröffnung des neuen Cursus im pharmaceptisch-chemischen Institut zu Erfurt.

Meinen Freunden zeige ich hiermit an, daß der neue Cursus in meinem Institut bestimmt den ersten May seinen Anfang nehmen wird. Sollten noch einige beyzutreten wünschen, so erbitte ich mir sobald als möglich davon Nachricht aus.

Erfurt den 15 Febr. 1807.

D. Joh. Barthol. Trommsdorff.

Dienst-Anerbieten.

Ein Lehrbursche von gutem Herkommen mit den nöthigen Kenntnissen versehen wird in eine Ausschnitthandlung in Erfurt gegen die gewöhnlichen Bedingungen gesucht, kann jedoch aber ohne Lehrgeld nicht angenommen werden. Man kann sich deßhalb in frankirten Briefen an den Sensal Christian Meyer daselbst wenden.

Dienst = Gesuche.

1) Ein junger Mann von 24 Jahren, der die Material = und Schnitthandlung in einem Hause erlernt hat, worin beyde mit einander vereinigt sind, sucht als Diener eine Stelle, weil er durch die Folgen des Kriegs auf die Handlung seinem jetzigen Principal überflüssig geworden ist. In einer Handlung, wobey unverdrossener Fleiß und tüchtige Arbeit, Treue, Redlichkeit, Güte des Herzens, ein heitres Gemüth und eine dauerhafte Gesundheit erfordert wird, kann er sehr nützlich seyn. Für Comtoir Geschäfte und Correspondenz eignet er sich jetzt noch nicht, weil er dazu noch mehr Uebung und Kenntnisse bedarf. Nähere Auskunft gibt der Buchhändler Göschen in Leipzig.

2) Ein Mensch von 15 Jahren, der eine gute Hand schreibt und sich bisher mit der Schreiberey beschäftigt hat, auch in diesem Fache sich weiter ausbilden möchte, wünscht auf einer Schreib= oder Rechenstube als Schreiber=Bursche eine Anstellung zu finden. Er ist von guten Eltern, hat vielen guten Willen und Lust etwas zu lernen. Nachfragen nach seiner Handschrift und sonstigen Verhältnissen besorgt die Expedition des allg. Anz. unter der Adresse A. Z.

Familien = Nachrichten.

Beantwortung.

Meinem Freunde Dormund von Werczinsky mache ich bekannt, daß ich den 27 November v. J. in Burg gesund bey meinen Eltern angekommen bin.

von Froreich.

Todes = Anzeige.

Am 11 Februar starb mein ...

chen wie dieses unsern verehrungswürdigen Gönnern und Handlungsfreunden bekannt, mit der gehorsamsten Anzeige, daß die Geschäfte und Verrichtungen unter der bisherigen Firma fortgeführt werden. Wir erbitten uns die Fortdauer der schätzbaren Gewogenheit und Freundschaft, wozu wir uns bestens empfehlen.

Eisenach den 15 Februar 1807.
Caroline Ottilia Axel, geb. Stickel, nebst acht zum Theil noch unerzogenen Kindern.

Abgemachte Geschäfte.

1) Der gesuchte Arbeiter für das Abdrehen von sechs eisernen gegossenen Cylindern und dergleichen mehr hat sich bereits gefunden. Erfurt den 17 Febr. 1807.
Heinrich Bundschu,
pr. Adresse Hrn. Lohmeyer.

2) Die in Nr. 342, 348 vor. J. und Nr. 13 d. J. angebotenen Stellen eines Verwalters, eines Brauers und eines Gärtners sind alle drey besetzt.
d. A.

Justiz = und Polizey = Sachen.

Vorladung Frz. Mich. Hamberger's.

Der schon längst als Schuster in die Fremde gegangene hiesige Bürgersohn Franz Michael Hamberger, oder dessen Descendenten, werden hiermit aufgefordert, sich

binnen einem Jahr und sechs Wochen, wegen Antretung des dem Michael Hamberger von seinen Eltern angefallenen Vermögens von 975 fl. 21/2 kr. bey diesem Magistrat zu melden, widrigens dasselbe dessen nächsten Anverwandten gegen Sicherheit eingeantwortet werden würde.

Altdreysach, am 30 Januar 1807.
Magistrat der ...

Allgemeiner Anzeiger
der
Deutschen.

Sonntags, den 22 Februar 1807.

Literarische Nachrichten.

Bücher-Verkäufe.

Samuel Clark's 1) Demonstration of the
Being and Attributes of God. London
1732. — 2) Scripture - Doctrine of the
trinity. London 1732. — 3) Letter to
Mr. Dodwell. London 1731. — 4) Ex-
position of the Curch - Catechism. Lon-
don 1730. — 5) 17 Sermons on several
Occasions. London 1724. — 6) Three
Practical Essay's on Baptism, Confirma-
tion and Repentance. London 1730. —
7) A. Collection of Papers, which passed
between the late learned Mr. Leibnitz and
Dr. Clarke. London 1717.
W. Derham's Astro Theology, or a De-
monstration etc. London 1731.
— — Physico - Theology; or a Demon-
stration of the Being etc. 1727
Robert Jenkin's, Reasonableness and
Certainty of the christian religion. 2 Vol.
London 1721.
Christianity, as old as the Creation:
or the Gospel a Republication of the religion of nature. London 1730.
Scripture vindicated; in Answer to a Book
intituled Christianity as old, etc. 3 Parts.
London 1731.
John Edwards, free Discourse concer-
ning Truth and Error etc. London 1701.
Divine Dialogues containing sundry Disqui-
sitions et Instructions concerning the Attributes of God etc. by Francis Palaeopo-
litanus. London 1713.

Allg. Anz. d. D. 1 B. 1807.

The independent Whig: or a Defence
of primitive Christianity, etc. 2 Vol.
London 1732.
Diese Sammlung englischer Schriften
von bekanntem Werthe, lauter Original-Aus-
gaben, in 17 wirkl. englischen saubern Leder-
bänden, soll dem ersten Liebhaber, der sich dazu
meldet, um 1 Friedrichsd'or überlassen werden. Man wendet sich deßhalb an die
Exped. des allg. Anz. d. D.

Ein äußerst wohl erhaltenes Exemplar von Melchior Pfinzings Geuerlicheiten und eins teils
der gedichteten des löblichen streytparen, und
hochberümbten helds und ritters herr Tewr-
dannkhs, erste seltene Ausgabe, Nürnberg 1517.
Fol. worin die Holzschnitte sämmtlich mit sehr lebhaften Farben und Gold sauber illuminirt sind, in
braunes Leder gebunden, ist für 6 Louisd'or zu verkaufen. Die Hoffmannische Hofbuchhandlung in
Weimar gibt davon auf Verlangen nähere Nachricht.

Kunst-Anzeige.

Die unterzeichnete lithographische Kunstanstalt
findet sich verpflichtet, den Herren Abonnenten und
Kunstfreunden am Ende des ersten Jahrganges öffentl. anzuzeigen: daß künftig kein interessantes
Kunststück aus dieser Anstalt ans Tageslicht treten
soll, das nicht auch in der Fortsetzung dieser Lieferung von Kunstartikeln erscheinen wird. Dagegen
wird es von unserer Seite unmöglich seyn, und so
genau an die Zahl der Stücke und an ihre Erscheinungszeit zu binden; aber wir verbürgen immer den
entsprechenden Werth von 1 fl. 36 Kr.
Zugleich eröffnen wir ein zweytes Abonnement
für Schulen und Schulfreunde, nach dessen Plan
im gegenwärtigen Jänner 6 Bilder von Thieren in
hinlänglich großem Formate erscheinen werden; im
Februar, sechs Blätter mit nützlichen Pflanzen und

Gewächsen; im März, vier Bilder mit den merkwürdigsten Begebenheiten aus der Geschichte des neuen Bundes.

So werden jedesmahl alle drey Monate die Gegenstände abwechseln, und von jeder Art zu einer lehrreichen Sammlung anwachsen. — Jede monatliche Lieferung kömmt für Abonnenten, welche alle drey Artikel zusammen nehmen, auf 1 fl. 12 kr. zu stehen; einzelne Lieferungen aber auf 1 fl. 24 kr. — Ein- und austreten kann jeder Liebhaber nach Belieben. Zur nähern Auskunft trägt sich an

Die lithographische Kunstanstalt bey der männlichen Feyertagsschule in München.

München, am 15 Jan. 1807.

Landkarten.

1) Plan des Treffens von Auerstädt. Unser Plan der Schlacht bey Jena, dessen zweyte wesentlich aus authentischen Quellen berichtigte Ausgabe jetzt in den Händen des geographischen und militärischen Publicums ist, veranlaßt von Kennern und Freunden der Kriegskunst und der neuesten thatenreichen Zeitgeschichte wiederholte Nachfragen, nach einem Plane des Treffens von Auerstädt. Da wir diesen, sowie den Plan der Schlacht von Jena, lediglich auf wirkliche Vermessungen des Lokals und auf wahre Data in Rücksicht der Positionen gründen wollten, beydes aber nicht das Werk eines Tages seyn konnte, so ist er erst jetzt erschienen, und wir glauben, daß uns der Kenner für diese Verzögerung Dank wissen wird. Die nördliche Gegend unsers Plans der Schlacht bey Jena stößt, wiewohl nach einem etwas verschiedenen Maßstabe, mit dem von dem Treffen bey Auerstädt zusammen. Die vollständige Uebersicht der Märsche der preußischen Armee von dem Anfange der Feindseligkeiten bis zum 14 October, den Zusammenhang der Schlachten bey Jena mit dem Treffen bey Auerstädt und die nächstfolgenden Bewegungen beyder Heere, wird ein drittes Blatt, dessen Vollendung nahe ist, dem Liebhaber zeigen. Der Plan des Treffens von Auerstädt kostet mit dem dazu gehörenden deutschen und französischen Texte 9 gl. Conv. M. oder 40 kr. rhein. 2) Bey Erweiterung des Kriegsschauplatzes, zu dessen Uebersicht wir folgende in unserm Verlage erschienene Charten dem Publicum empfehlen, als die Karten von 1) Westphalen, 2) Niedersachsen, 3) den Herzogl. sächs. Landen, 4) dem südlichen und 5) dem nördlichen Obersachsen, 6) von Schlesien, 7) Ost-West-Süd- und Neu-Ost-Preußen, 8) von Polen kommen nun noch die Karten von 9) Ost- und West-Gallizien, 10) Ungarn und Siebenbürgen und 11) der europäischen Türkey. Sämmtliche Blätter sind in dem sogenannten Homannischen Formate und jedes kostet auf ord. Papier 8 gl. sächs. oder 36 kr. rhein., auf holl. Oliv. Papier aber 12 gl. oder 54 kr. 3) Zugleich zeigen wir die nahe Vol-

lendung eines Blattes an, welches die nördlichen Provinzen des türkischen Reichs von der Moldau an bis Albanien und die angränzenden Länder größtentheils darstellen und in einigen Wochen von uns geliefert werden wird.

Weimar, den 16 Febr. 1807.
Das geographische Institut.

Kupferstiche.

Schlacht bey Jena.

Da die geometrisch gezeichneten Pläne von der Schlacht bey Jena, welche nur einen topographischen Ueberblick gewähren, von dem Publicum sehr gut aufgenommen worden sind; so zweifelt Unterzeichneter nicht, daß eine Darstellung besagter Schlacht in mahlerischem Style, nicht weniger Beyfall finden werde. Er liefert daher auf zwey in Kupfer gestochenen Blättern ein Paar hervorstechende Scenen aus jener ewig denkwürdigen Schlacht, mit der Aufschrift:

I. Die Schlacht bey Jena.
II. Das Schlachtfeld bey Jena.

Das erste Blatt stellt den Angriff der Franzosen auf den Anhöhen zwischen Kötschau und Kospoda, das zweyte, das Schlachtfeld auf der Anhöhe ohnweit dem Rauthale dar.

Durch eine günstige Gelegenheit gelang es dem Herausgeber dieser Kupfertafeln, von Herrn Gullio, einem eben so geschickten Zeichner, als tapfern Krieger, welcher blessirt bey ihm im Quartiere lag, und diesen kriegerischen Auftritten, selbst beygewohnt hatte, eine treue und wahre Zeichnung zu erhalten. Beyden Blättern ist ein halber Bogen deutscher und französischer Text zur Erläuterung beygefügt. Kupfer nebst Text kosten 16 gl. sächs. oder 1 fl. 12 kr. rhein. Ausgemahlt 1 rthlr. 3 gl. oder 2 fl. rhein. Wer 9 Exemplare zusammen nimmt erhält das 10te frey. Wer 9 Exemplare zusammen nimmt erhält das 10te frey. Bestellungen lassen sich machen franco einzufenden an

Friedrich Ulrich Schenk in Jena, oder an das Herzogl. Sächs. Postamt daselbst.

Musikalien.

Verzeichniß neuer Verlagswerke von Joh. André in Offenbach a. M.

Kromer, 6 Sonaten für's Pianoforte, mit Violin-Begleitung, liv. 1. 2. 3. jedes 2 fl.
— — 3 Duetten für 2 Violinen. Op. 51. 2 fl.
— — 3 Duetten für 2 Violinen. Op. 54. 2 fl.
Amon, 3 Quartetten für Flöte, Violin, Alto und Vcelle. Op. 42. 3 fl. 30 kr.
— — Concert für Flöte. G dur. Op. 44. 3 fl.
Klotte, Concert für Flöte. G dur. Op. 4. 2 fl. 45 kr.
Wölfl, 3tes Concert für's Pianoforte, F dur. Op. 32. 3 fl.
— — 3 Sonaten für Pianof. und Flöte. Op. 35. 2 fl. 15 kr.

A. Romberg, 3 Quartetten für 2 Violinen, Alto und Violoncelle. Op. 16. 5te Sammlung seiner Quartetten. 4 fl.
— — Variationen für Violin, mit Begleitung von Violin, Alto und Violoncelle. Op. 17. Nro. 1. 2. jedes 1 fl. 20 kr.
— — Variationen für Violin, mit Begleitung von Violin, Alto und Violoncelle, nebst Flöte, Hautbois und Fagott, ad libitum. Op. 17. Nr. 3. 1 fl. 20 kr.
Fleischmann, Sinfonie D## Op. 6. 4 fl.
— — Ouvert. aus der Geisterinsel. Op. 7. 2 fl.
Gyrowetz, petits airs für Pianoforte, mit Violinbegleitung, liv. 4. 5. 6. jedes 2 fl.
Saust, 3 Variat. für Flöte. Op. 1. 48 kr.
— — 3 Duetten für 2 Flöten. Op. 3. 2 fl.
— — Variationen für's Pianof. und Flöte. Op. 5. 48 kr.
— — 6 Walzer für 2 Flöten. 30 kr.
Mozart, Rondo für's Pianof. Op. 115. 30 kr.
Hofmann, Var. für's Pianof. Op. 11. 1 fl.
Schmitt, Var. Nro. 3. 36 kr.
Mayer, Ouvert. der Oper, l'Equivoco. 1 fl. 45 kr.
Eisner, 3 Rondos für's Pianof. 48 kr.
— — Ouvert. aus Lodowiska für's Pianof. zu 4 Hände. 30 kr.
— — Musik aus dem Wasserträger zu 4 Hände. 30 kr.
Voigt, Concert für die Bratsche. Op. 11. 3 fl.
Nina d'Aubigni von Engelbrunner, Gesänge beym Clavier, mit deutschem und englischem Text, 18 26 Heft, jedes 1 fl. 30 kr.
Ebers, Var. für's Pianof. mit Begleitung zweyer Clarinetten, 2 Horn und 2 Fagott. Op. 14. 1 fl. 30 kr.
— — 24 Tänze für's Pianof. Op. 16. 30 kr.
Haydn, letztes Quartett für 2 Viol., Alto und Violone. Op. 103. 48 kr.
— — dasselbe Quartett arr. für's Pianof. von A. Schmitt. 36 kr.
— — Var. für's Pianof. Nro. 2. 30 kr.
Arnold, 4tes Concert für Violoncelle. Es## ist zugleich für Bratsche arrangirt. 4 fl.
Berger, Lied, ich habe geliebt, mit Guitarre-Begleitung. 18 kr.
— — 3 Lieder mit Guit. und Bratsche-Begl. 30 kr.
Beethoven, Trio für 2 Flöten und Bratsche. Op. 29, D## 1 fl. 30 kr.
Göpfert, Son. für 2 Guit. und Flöte. 1 fl.
Witt, Sinfonie Nro. 3. F## 4 fl.
— — Sinfonie Nro. 4. Es## 4 fl.
List, 4stimmiges Choralbuch für die Orgel. 2 fl.

Herabgesetzte Bücherpreise.

Bey uns ist zu haben:
Der gothaische Hofkalender in französischer Sprache, von 1786 bis 1800, fein gebunden, in Futteral.

diese 15 Jahrgänge, die für sich schon eine kleine französische Bibliothek ausmachen, enthalten über 200 Kupferstiche, von vorzüglichen deutschen Künstlern gezeichnet und gestochen und fast 300 Bogen Text. Der Ladenpreis war 10 rthlr. Wer sich direcre an uns wendet, erhält die ganze Sammlung für 1 rthlr. 16 gl. sächf. Liebhaber der französischen Sprache können sich nicht leicht mit weniger Kosten eine interessantere Unterhaltung verschaffen. Auch für Anfänger in der französischen Sprache eignet sich diese Lecture.

Gotha, den 6 Februar 1807.
Steudel und Keil.

Bücher-Anzeigen.

Der neue Deutsch-Franzos, ein Noth- und Hülfsbuch für die Unterhaltung beyder Nationen. Dritte verbesserte und mit Vergleichungs-Tabellen der französischen und deutschen Münzen versehene Auflage. Erfurt, bey Beyer und Maring. 1807. geh. 6 gl. oder 27 kr.

Der sehr starke Verkauf dieses Buchs, welcher binnen 2 Monaten drey Auflagen von 15000 Exemplaren nöthig machte, ist der sicherste Beweis, daß es unter allen nach ihm erschienenen das zweckmäßigste und nützlichste ist. Es enthält 1) eine Sammlung der unentbehrlichsten Wörter französisch und deutsch mit beygefügter richtigen französischen Aussprache, so daß auch ein Unkundiger dieser Sprache dadurch in den Stand gesetzt wird, sich den Franzosen verständlich zu machen. 2) Dergleichen Gespräche über die im gemeinen Leben und jetzigen Verhältnissen besonders bey der Einquartierung vorkommenden Gegenstände und Handlungen, Fragen, Antworten u. f. w. 3) Vergleichungs-Tabellen des französischen, preußischen, sächsischen und rheinischen Geldes. Es ist in allen Buchhandlungen und auf allen Postämtern zu haben.

Nouvelle Grammaire Françoise, oder systematische Anweisung zu leichter und gründlicher Erlernung der französischen Sprache für Deutsche, von A. de La Combe et Prof. C. L. Seebas. Neue vermehrte Auflage. 8. 1807. Leipzig, b. Hinrichs. 16 gl. Schreibpapier 1 rthlr.

So wahr es ist, daß alle critische Blätter diese Sprachlehre als vorzüglich empfohlen haben, und sie in mehrern öffentlichen Schulen schon eingeführt ist; so gegründet sind wirklich ihre Vorzüge, sowohl in Rücksicht der logischen Ordnung der Lehrmaterien, als besonders der trefflichen und höchst zweckmäßig gewählten Beyspiele wegen, um somehr, da bey dieser stark vermehrten Auflage das Ganze noch einmahl bearbeitet und demselben ein höherer Grad von Vollkommenheit gegeben worden ist. Zur Beförderung ihrer Gemeinnützigkeit erbietet sich die Verlagshandlung, ihren Preis (44 Bogen) auf 16 gl. zu setzen, und gegen baar auf 6 Exemplare das 7te frey zu geben.

Die erste und echte Ausgabe vom Original des Pericles. De l'influence des beaux arts sur la félicité publique, par Charles de Dalberg, associé etranger de l'institut de Franco, etc.

deren im allgemeinen Anzeiger Nro. 24. dieses Jahres so rühmliche Erwähnung geschieht, ist in Regensburg unter den Augen des erlauchten Herrn Verfassers erschienen, und in der Prachtausgabe in gr. med. 8. geheftet für 1 rthlr. sächs. oder 1 fl. 48 kr. rhein. sowohl daselbst in der Montag- und Weißischen, als in allen auswärtigen Buchhandlungen zu haben, sowie auch die daselbst angezeigte Uebersetzung des Herrn Grafen von Benzel.

In allen Buchhandlungen ist zu haben:
Neues französisches Lesebuch, oder Anleitung zur Uebung in der französischen Sprache. Mit einem Wortregister, von F. C. Laukhard. 2te Aufl. 8. Leipzig, bey Gerhard Fleischer d. jüng. Preis 16 gl.

Dieses zum Unterricht sehr zweckmäßig eingerichtete Lesebuch, welches sich den Beyfall der Kenner erworben, in mehreren Schulen eingeführt ist und mit Nutzen gebraucht wird, und wovon bereits die 2te Auflage die Presse verlassen hat, kann allen denjenigen mit Recht empfohlen werden, die als erste Lectüre in der französischen Sprache ein Buch suchen, welches leicht und faßlich geschrieben ist und sie hauptsächlich mit allen im gemeinen Leben vorkommenden Benennungen bekannt macht. Das beygefügte sehr vollständige Wortregister erleichtert den Gebrauch ungemein.

Als eine höchst angenehme Erscheinung für die Jugend ist folgendes neueste Buch des geschätzten Herrn Rector Carl Hahn, Erzieher des Prinzen von Solms-Braunfels, zu achten. Der Titel ist:
Angenehme Schulstunden, Gedichte und gereimte Erzählungen für die Jugend verschiedenen Alters.

Der unterzeichnete Verleger maßt sich nicht an, etwas über das Innere dieses ganz schönen Jugendbuches zu sagen, aber er freuet sich ungemein, Eltern, Lehrern und Kinderfreunden damit ein Vergnügen bewirkt zu haben, welches er, da er selbst Familien-Vater ist, so gern theilt. Das Buch ist hübsch gedruckt, kostet 1 rthlr. 4 gl. und ist in allen Buchhandlungen zu haben.

Georg Voß.

Bey dem Buchhändler Fleckeisen in Helmstedt ist erschienen:
Henke, H. P. K., Predigt am Krönungsfeste Napoleons des Großen, am 2ten Decbr. 1806. gr. 8. 2te Aufl. 4 ggl.

Lorenz, J. F. Grundlehren der allgemeinen Größen-Berechnung als Supplement zum Grundrisse der Mathematik, 1r Th. Reine Mathematik oder zweyter Cursus derselben. gr. 8. mit 3 Kupfern. 1 rthlr. 4 ggl.

Schulz, Fr. erster buchhalterischer Vortrag eines dreymonatlichen fingirten Handlungsgeschäfts als Leitfaden eines zweckmäßigen handlungswissenschaftlichen Unterrichts auf Universitäten und Schulen. gr. 4. 16 ggl.

Wolff, J. W. G., Gedächtnißpredigt auf den Erbprinz von Braunschweig-Lüneburg Carl Georg August. 1806. gr. 8. 4 ggl.

Ziegler, Fr. die Theorie der Strafschärfung, ein criminalistischer Versuch. gr. 8. 12 ggl.

Süptiz Lehrbuch der summarischen Processe. gr. 8.

In meinem Verlage ist so eben die für den gegenwärtigen Zeitpunct merkwürdige Abhandlung erschienen, und durch alle Buchhandlungen zu bekommen:
Erörterung der Frage: Wie können die gegenwärtigen Kriegs-Contributions-Militär- und andere Lasten für ganz Sachsen unmerklich werden? Eine Schrift zur Beherzigung bey der bevorstehenden allgemeinen Ausgleichung. Allen sächs. Patrioten gewidmet. 8. geh. Pr. 6 gl.

Der ungenannte Herr Verfasser ist ein bedeutender und geübter Staatsbeamter, der beseelt von reiner Vaterlandsliebe in dieser kleinen Schrift jene wichtige Frage sachkundig geprüft, die von ihm aufgestellte Meinung gründlich dargelegt, und, indem er seine patriotischen Wünsche äußert, diesen Gegenstand, der gewiß allgemein interessirt, in deutliches Licht gesetzt hat.

Leipzig, im Februar 1807.

Carl Tauchnitz.

Nouvelle Grammaire allemande à l'usage des François et de ceux, qui possédent la langue françoise, ou Méthode pratique pour apprendre facilement et à fond la lange allemande p. C. B. Schade. Cinquieme Edition augmentée. 8. 1807. Leipsic, chez Hinrichs. 21 gl.

Die bisherige günstige Aufnahme dieser deutschen Grammaire, welche die Sprache auf die einfachsten Regeln zurückführt, die beste Anwendungsart derselben klar und leicht darstellt und mit faßlichen Beyspielen erläutert, beweist schon ihren anerkannten Werth. Bey der jetzigen Auflage ist nur noch die größere Vollständigkeit und die gänzliche Reinheit von Druckfehlern zu bemerken.

Allgemeiner Anzeiger
der
Deutschen.

Montags, den 23 Februar 1807.

Gesetzgebung und Regierung.

Ueber die Vertheilung der Kriegs-Contributionen ꝛc.

„Auf die im allg. Anz. Nr. 345 v. J. aufgeworfene Frage:

„welches die zweckmäßigste, den Grundsätzen der Gerechtigkeit und Billigkeit angemessenste Art sey, außerordentliche Kriegscontributionen so zu vertheilen, daß jeder Staatsbürger in richtigem Verhältniß daran Antheil nähme und sie am schnellsten und leichtesten erhoben werden könnten?"

will ich als Beytrag zur Beantwortung derselben meine Meinung darüber folgendergestalt äußern:

Die zweckmäßigste und den Grundsätzen der Gerechtigkeit angemessenste Art, die Contributionen aufzubringen, wäre wol eigentlich die, — wenn der Betrag der Contribution aus der Staatscasse genommen würde; oder wenn sie der Umstände halber ja von den Unterthanen eingebracht werden müßte, doch bloß als der Staatscasse geleistete Vorschüsse angesehen, und entweder daraus baar erstattet, oder auf die in die Staatscasse zu

entrichtenden gewöhnlichen Beyträge oder Landessteuern abgerechnet würden; *) alsdann wäre bloß die Frage übrig: wie auf den Fall, wenn die Staatscasse die Bezahlung für jetzt zu leisten nicht vermöchte, die Unterstützung derselben oder die Vorschüsse am zweckmäßigsten und schnellsten herbeygeschafft werden könnten? Und hierzu würden denn Vorausbezahlung der gewöhnlichen firen Beyträge oder Landessteuern, dann freywillige und gezwungene Anleihen am besten geeignet seyn. Allein — da diese Art, die Contributionen aufzubringen, aus mehr als einer Ursache nicht überall ausführbar seyn dürfte, so muß es schon bey der unmittelbaren Aufbringung von den Unterthanen zur Zeit bewenden; und um diese, der Eingangs erwähnten Frage gemäß zu bewirken, schlage ich folgende Art und Weise der Vertheilung ohnmaßgeblich vor:

I. Alles, wodurch der Mensch Bedürfnisse, Bequemlichkeiten, Vergnügen und Reichthum erhält oder sich verschafft und erwirbt, sey Gegenstand bey Vertheilung der Contributionen.

II. Ein jeder, der als Einwohner und Unterthan des Staats betrachtet werden

*) Ich gehe dabey von folgenden Sätzen aus: die Contributionen, welche der Eroberer einer feindlichen Lande auflegt, sind der Ersatz der von ihm des Krieges halber aufgewendeten Unkosten und gehabten Schäden, dergleichen, wie bekannt, der Processe derjenige leisten muß, der überwunden wird. Der Krieg wird Staats wegen und durch Soldaten geführt, der Unterthan hingegen nimmt selbst keinen Theil daran; folglich muß der Staat die Unkosten tragen. — Der Unterthan ist zwar schuldig, zu den Staatsbedürfnissen und Ausgaben seinen Antheil beyzutragen, dieß setzt aber die Mithülfe aller übrigen Zweige der Staatseinkünfte zu diesen Ausgaben voraus; der Antheil eines jeden Zweiges muß seinen Kräften angemessen seyn und mit den übrigen in Verhältniß stehn. Unverhältnißmäßige und übertriebene Anstrengung des einen Zweiges der Staatseinkünfte wirkt nachtheilig auf alle übrige Zweige u. s. w.

Allg. Anz. d. D. 1 B. 1807.

kann, er sey wes Standes, Alters und Geschlechts er wolle, welcher Gegenstände bar Geld, oder in dessen Willen, Kräften und Fähigkeiten Mittel liegen, wodurch sich Bedürfnisse irgend einer Art, Bequemlichkeiten und Vermögen erwerben lassen, sey schuldig, zu den Contributionen beyzutragen; selbst der Landesherr nicht ausgeschlossen.

Um diese Beyträge auszumitteln, werde

III. eine Reduction aller dergleichen Gegenstände und Mittel nach Geldeswerth veranstaltet, und dieser durch eine allgemeine individuelle Selbstschätzung festgesetzt, dergestalt, daß bey denjenigen Gegenständen und Mitteln, die schon an und für sich Kaufpreis oder Werth haben, dieser beybehalten, bey allen übrigen hingegen ein Capitalwerth, als von gewissen Zinsen, angenommen werde.

IV. Die durch diese Schätzung erlangte Hauptschätzungs-Summe des ganzen Landes, oder einer Provinz werde gegen die Contributionssumme gehalten und berechnet, wie viel auf jedes Hundert und Tausend Schätzung kommt, um die Contribution zu vertheilen; und die Schätzungssumme eines jeden Contribuenten sey also der Maßstab, wonach er contribuiren soll.

V. Ueber die Art und Weise dieser Schätzung werde ein Regulativ entworfen,*) worin unter andern hauptsächlich folgendes enthalten sey:

A. Die Gegenstände der Schätzung werden eingetheilt:

1) in liegende Gründe und andere Realitäten; dazu gehören:

a) Felder, Wiesen, Hölzer, Gärten, Teiche, Fischwasser, Weinberge, Huthweiden, Hebden, Steinbrüche, Torfgruben u. s. w.

b) Gebäude aller und jeder Art mit ihren unmittelbaren Umgebungen;

c) Fabriken, Mühlen und andere Kunstwerke mit ihren Gebäuden und Geräthschaften;

d) Gerechtigkeiten und Befugnisse. z. B. Jagden, Triften, Huthungen, Jus patronatus, Gerichtsbarkeit, Dorfhandel, Brauerey, Branntweinbrennerey, Gastierungs-, Schenk-, Apotheker-, Barbier-, Back-, Schlacht- und dergleichen Gerechtigkeiten u. s. w.

e) jährliche Zinsen, Renten, Schoß, Lehngelder, Zehnten, Dienste und dergleichen, bestimmte und unbestimmte, feststehende sowohl, als steigende und fallende; auch Bergwerks Kuxe u. s. w.

2) in fahrende Habe: als Vieh aller und jeder Art, Haus- und Wirthschafts-Handwerks- und alles andere Geräthe, Schiff und Geschirr, Kleider, Wäsche, Betten, Meublen, Silberzeug, Pretiosen, Uhren, Bücher, Instrumente, Gemählde, Statuen u. s. w.

3) in Vorräthe aller und jeder Art, an Geld, Getreide und andern Producten, Handelswaaren, Fabrikaten u. s. w. ihre Bestimmung sey, welche es wolle.

4) in außenstehendes Geld und Geldeswerth; es trage Zinsen oder nicht.

5) in den Geldwerth und Betrag dessen, was jeder Schätzungspflichtige zu seinen Bedürfnissen aller und jeder Art, zu seinen Vergnügungen und Bequemlichkeiten alljährlich gewöhnlich braucht und verwendet, und also entweder von seinem Vermögen, oder an fixen Besoldungen, Deputaten, Gnadengehalt und Pensionen, oder aber durch erlernte Künste und Wissenschaften, durch Handel, Gewerbe, Handwerk, Handarbeit, Jahreslohn u. s. w. erwirbt, verdient und einnimmt. **)

B. Bey denjenigen Gegenständen, welche unter 1. 2. 3. und 4. gehören, wird derjenige

---

*) Diese Verordnung müßte aber mit der größten Deutlichkeit, und in einem für den gemeinen Mann faßlichen Stile abgefaßt seyn; denn die im gewöhnlichen Canzley-Stil geschriebenen Publicanda mit ihren Nachdem und Alldieweil werden öfters bloß um deßwillen schlecht befolgt und ausgeführt, weil sie entweder gar nicht oder nur sehr schwer zu verstehen sind.

**) Um hier der Gewissenhaftigkeit der Schätzungspflichtigen zu Hülfe zu kommen, würde ein Tarif, vermittelst dessen alle Contribuenten in mehrere Classen eingetheilt, und für jede Classe nach Unterschied, ob sie auf dem Lande und in kleinen Städten, oder in mittlern und großen Städten wohnen, ein Minimum und nach Befunden ein Medium vorgeschrieben würde, vielleicht sehr zweckdienlich seyn.

Preis als Schatzungs-Summe angesetzt, für welchen der Besitzer den Gegenstand an einen Fremden ablassen oder verkaufen würde, wenn er sich im Falle der Veräußerung befände.

C. Bey Nr. 5 hingegen wird der jährliche Betrag der Bedürfnisse, des Erwerbes, Verdienstes oder der Einnahme, als Zins angesehen, von einem Capital, das 10 prC. trägt; und darnach wird das Capital berechnet und als Schatzungs-Summe angesetzt; so daß also 100 rthlr. Einnahme 1000 rthlr. Schatzung ausmachen.

D. Bey den liegenden Gründen und übrigen Realitäten Nr. 1 werden alle unbezahlte Kaufgelder und andere mit gerichtlichem Consens darauf haftende Schulden von der Schatzungs-Summe abgezogen. Eben so kann auch

E. bey Nr. 5 der Betrag derjenigen Bedürfnisse abgezogen werden, welche Personen z. B. Kinder und Eltern brauchen, die jemand aus Pflicht zu erhalten schuldig ist; in so fern nämlich dergleichen Personen nach dem oben sub II aufgestellten Grundsatze unter die Schatzungspflichtigen nicht gerechnet werden können.

F. Bey Nr. 2 und 4 wird wirklichen Kauf- und Handelsleuten frey gestellt, ob sie ihre Wechsel- und Waaren-Passiv-Schulden in Abzug bringen wollen oder nicht; dasjenige hingegen, was sie bey andern zu fordern haben, müssen sie, wie alle andere Personen, bey Nr. 4 in Ansatz bringen u. s. w. *)

VI Die Ausführung der Schatzung werde folgendergestalt bewerkstelliget: Man lasse ein oder etliche Exemplare des Regulativs und dazu eine nach dem unten angefügten Schema A. eingerichtete gedruckte Tabelle oder Register in jedem Ort abgeben, mit der Weisung an die Obrigkeiten, Ortsvorsteher oder Prediger, den Einwohnern die Sache aufs beste mündlich zu erklären und sie zur Gewissenhaftigkeit anzumahnen. Dieses Register oder Tabelle wird hierauf

an einem öffentlichen Orte z. B. auf dem Rathhause in der Amts- oder Gerichtsstube, beym Ortsvorsteher oder Prediger ausgelegt **) und jeder Schatzungspflichtige muß da in Gegenwart der dazu geordneten obrigkeitlichen Person, des Ortsvorstehers oder Predigers seine Schatzung selbst einschreiben oder in seiner Gegenwart einschreiben lassen. ***) Dieser, der Vorsteher 2c. trägt dabey sogleich Nummer, Namen und Schatzungs-Summe des Contribuenten in eine zweyte Tabelle B. über, und wenn er nach völlig vollzogener Schatzung aus dieser das ganze Schatzungs-Quantum des Orts gezogen hat, zeigt er solches mit Einreichung des Registers A. bey der geordneten Behörde an. Bey dieser Behörde wird hierauf, wenn die Hauptsummen aller Orten zusammen getragen sind, die Total-Schatzungssumme des Kreises oder der Provinz gezogen und nun berechnet, wie viel jedes Hundert und Tausend Schatzung beytragen muß, um die erforderliche Contributions-Summe heraus zu bringen. Die Behörde macht diesen Beytrag jedem Orte bekannt und der Vorsteher 2c. fordert nach der in Händen behaltenen Tabelle B. das Geld ein.

Ist das Geldbedürfniß dringend, so kann gleich bey der Schatzung die Erlegung einer gewissen Summe von jedem Hundert und Tausend Schatzung als abschläglich angeordnet und das Geld bey der Uebergabe der Schatzungsregister mit eingezahlt werden.

So viel als Umriß dieses Vorschlages, dessen Beurtheilung ich Sachverständigen überlasse, und wobey ich mich erbiete, über die etwaigen Zweifel das Weitere zu erklären. Vielleicht scheint bey der ersten Ansicht die Anordnung und Ausführung der vorgeschlagenen Selbstschatzung, worauf dabey das Meiste ankommt, mit Schwierigkeiten verknüpft zu seyn; vielleicht scheint selbst die ganze Idee den in der Eingangs erwähnten Frage enthaltenen Eigenschaften nicht gänglich zu entsprechen, weil so vieles der

*) Ein Mehreres über den Inhalt des Regulativs und dessen Erfordernisse her zu setzen, hielt ich für überflüssig, da sich aus diesem wenigen das Fernere schon von selbst ermessen läßt.
**) Auf den Dörfern sind die Schenken nicht dazu geeignet — weit besser die Kirchen.
***) Ich schlage um deswillen auf Dörfern die Prediger mit vor, weil sie da die Personen sind, die den Schatzungspflichtigen die Sache am besten begreiflich machen können, und weil die Einwohner gegen den Prediger in der Regel mehr Achtsamkeit haben, als gegen ihres gleichen.

B.

Einnahme-Register der Contribution, bey der Stadt (dem Dorfe) ....

Nummer des Schatzungs-Registers.	Namen, Stand und Gewerbe ꝛc. der Contribuenten.	Schatzungs-Summe.	Beytrag zur Contribution von jedem Hundert Schatzung . . gl. . . pf. gerechnet.		Tag der Bezahlung.
		Thlr.	Thlr.	gr.	pf.
1.	Johann Gottfried Weise, ein Ackersmann	6400	...	...	...
2.	Dessen Frau – – – –	1050	...	...	...
	ꝛc.	ꝛc.		ꝛc.	

Anmerk. Das Ausrechnen der Beyträge eines jeden Contribuenten würde den Landleuten und Dorfgerichts-Personen sehr leicht fallen, da sie darin durch die, dieser Contribution ähnliche Berechnung, ihrer Beyträge zur Immobiliar-Brandcasse, die sie recht gut zu machen wissen, schon geübt sind.

Nachtrag.

Indem ich vorstehenden Aufsatz zum Einrücken absenden will, lese ich in Nr. 11 dieses Blattes das Publicandum der erzgebirgischen Kreisdeputation, in Betreff der Vertheilung und Aufbringung der dem Kreise aufgelegten 1,324,215 Thlr. Contribution. Da sich dieses Publicandum also über eben denselben Gegenstand verbreitet, so kann ich nicht umhin, über selbiges einige Bemerkungen mitzutheilen.

Die erzgebirgische Kreisdeputation hat sich in Hinsicht der aufgestellten Grundsätze bey Aufbringung und Vertheilung der Contribution, die Hochachtung und Verehrung aller biedern Sachsen erworben, und deren Absicht und Eifer wird gewiß von vielen Einwohnern dieses Kreises mit Dank erkannt und gerühmt werden; — in noch weit höherm Grade aber würde dieß der Fall seyn, wenn sie in der Wahl der Mittel, ihren Endzweck auszuführen, glücklicher gewesen wäre, und keine Ausnahme gestattet hätte. Dieselbe hat, um schreyende Ungerechtigkeiten und Ungleichheiten bey der Vertheilung und Aufbringung der Contributionen zu verhüten,

statt des sonst gewöhnlichen Schock- und Quatem-ber-Steuer-Fußes, den Magazinhufen-Fuß zur Vertheilung gewählt, *) in der Maße, daß nicht nur da, wo das schon bestehende Magazinhufen-Quantum dem Gewerbe und Wohlstande des Orts nicht angemessen ist, eine billige Erhöhung des Hufen-Quantums Statt finden, sondern auch alle bisherige Befreyungen zu (blinden) Magazinhufen angeschlagen, und mit zur Vertheilung gezogen werden sollen. Allein — die schon bestehenden Magazinhufen sind unter sich fast eben so ungleich, wo nicht noch ungleicher, wie die Schocke und Quatember; und der Hufenfuß muß also ebenfalls eine unrichtige und ungerechte Vertheilung bewirken; zum andern, fehlt es ja auch durchaus an einem Maßstabe, wonach das bestehende Magazinhufen-Quantum eines Orts wegen des Wohlstandes und Gewerbes erhöhet werden soll, und wonach die freyen Grundstücke zu blinden Hufen angeschlagen werden können. Eine Magazinhufe begreift in der Regel eine Fläche, oder eine gewisse Anzahl Acker oder Scheffel pflugbares Land, und die Gebäude, Hölzer, Wiesen, Teiche, Gärten u. s. w.

*) Die meißnische Kreisdeputation hat den Hufen-Fuß gewählt; die leipziger Creisdep. hat den Schock- und Quatember Steuerfuß gewählt, — die thüringische hat anfänglich den Hufen-Fuß hernach die Scheffelzahl der Aussaat gewählt — und alle drei verschiedenen Arten, die Contributionen zu vertheilen, sind höchsten Orts genehmigt worden. Man würde sich wundern müssen, warum die Unterthanen eines und desselben Landes so verschieden behandelt worden sind, wenn nicht schon in einem unterm 6 Decbr. v. J. ergangenen Rescripte Ihro Churfürstl. Durchl. versichert hätten, daß auf eine billige Ausgleichung der Contributions-Beyträge baldigst Bedacht genommen werden würde. Da diese Ausgleichung ein Werk von großer Wichtigkeit ist, und gewiß für viele Leser Interesse hat, so wird unstreitig zu seiner Zeit das Fernere davon in diesen Blättern mitgetheilt werden.

find davon ausgeschlossen oder unverhuft; an manchen Orten sind aber auch die letztgenannten Grundstücke mit verhuft. An einigen Orten werden 12, 15 bis 20, an andern 24 bis 30 Scheffel pflugbares Land oder andere Grundstücke zu einer Hufe gerechnet, und die Scheffel der letztern sind in Ansehung der Güte und Größe bisweilen besser als jene der erstern Orte; oft sind in einem und demselben Orte die Hufen in Ansehung des Ertrags und Werths sich nicht gleich, und der Preis der Magazinhufen an verschiedenen Orten ist daher so verschieden, wie 1 und 2, wie 1 und 3 u. s. w. Wenn also jemand 5, 10 mehr oder weniger Scheffel, Holz, Wiese, oder Feld, ein Haus oder Garten unverhuft besitzt, so läßt sich schlechterdings nicht ermessen, wie hoch derselbe in Hufenansatz gebracht werden soll, weil es weder einen Flächeninhalt, noch einen Preis als bestimmten Maßstab für eine Hufe gibt; noch weniger kann von einem Auszügler, einem Gewerbtreibenden und andern unangesessenen, jedoch vermögenden Einwohnern beurtheilt werden, ob und wie hoch derselbe in Ansatz kommen kann, da sich im Patente selbst nicht deutlich genug darüber verbreitet ist. Ferner ist es von sehr vielen Grundstücken gänzlich unbekannt, ob sie schon verhuft oder befreyet sind, indem die Hufen-Catastra darüber keine Auskunft geben; manches freye und unverhufte Grundstück wird daher für verhuft und bey Rittergütern für Rittergutszugehörigkeit ausgegeben werden, und dagegen ein schon verhuftes vielleicht noch einmahl in Ansatz kommen. Und wenn endlich die Subrepartition der den Orten zuzutheilenden Contributions-Quanta den Mitgliedern des Orts überlassen bleiben soll: so werden so viel Streitigkeiten, so viel Widersprüche, Klagen und Parteylichkeiten

unterlaufen, daß es schlechterdings unmöglich wird, solche zu beseitigen; denn manche Contribuenten affectiren nie mehr Unverstand und sind nie hartnäckiger, als wenn sie etwas geben sollen, und sind im Gegentheil nie lüstiger und unverschämter, als wenn sie darauf ausgehen, sich Erleichterung zu verschaffen.

Hiernächst scheint es etwas inconsequent, daß die Ritterschaft eine Ausnahme machen, und von ihren Rittergütern nicht nach Hufen, sondern nach Ritterpferden contribuiren will. Die auf den Rittergütern haftenden Ritterpferde sind unter sich, in Hinsicht auf den Werth und Ertrag der Güter, fast noch ungleicher, wie die Schocke und Quatember, und es kann also nicht fehlen, daß durch die Repartition nach Ritterpferden mancher Besitzer eines kleinen Gutes mit vielen Pferden hart gedrückt, dagegen ein anderer, der ein großes Gut mit wenig Pferden besitzt, begünstigt wird. Auch kann sehr leicht der Verdacht entstehen, daß die Rittergüter über haupt vor den übrigen Unterthanen begünstigt werden sollen; **) denn wenn auf jedes Ritterpferd gegeben wird, so kommt zwar bey einem kleinen Gute mit etwa sechs Hufen, das ein Ritterpferd zu vertreten hat, 100 Thlr. auf eine Hufe. Da aber doch Rittergüter mit einem Ritterpferde gewöhnlich weit mehr als sechs Hufen haben, und außer diesen Grundstücken auch beträchtliche Pertinenzien an Zinsen, Diensten u. s. w. die bisweilen den Werth der Grundstücke übersteigen, dazu gehören: so kann man im Durchschnitt kaum mehr als 40 Thlr. Contribution auf eine Hufe, und eine Hufe Werth rechnen. Bey den übrigen Contribuenten hingegen wird, wenn die Contribution unvermindert bleibt, das bestehende Magazinhufen-Quantum des Kreises gewiß um die Hälfte (durch blinde Hufen)

**) Im gewöhnlichen Gange der Dinge würde dieß weiter nicht auffallen. Allein da von Abstellung fürchterlicher Ungleichheiten und schreyender Ungerechtigkeiten, zum Wohle aller Bewohner des Kreises, die Rede ist, und zu dem Ende eine ungewöhnliche Vertheilungs-Norm bey den übrigen Unterthanen eingeführet werden will, so schien in mehr als einer Hinsicht die Gleichstellung der Rittergutsbesitzer mit den übrigen Unterthanen nothwendig. Diese sind, weil sie von allen ständischen Versammlungen und Berathschlagungen ausgeschlossen bleiben, ohnehin immer geneigt zu glauben, daß die ständischen Beschlüsse mehr auf den Vortheil der Stände als Rittergutsbesitzer, als auf das Beste der übrigen Unterthanen berechnet wären, — und um deßwillen auch um so geneigter, der Ausführung dieser Beschlüsse Schwierigkeiten in den Weg zu legen, oder sie wenigstens mit Nachlässigkeit und einer Art von Unzufriedenheit zu befolgen.

erhöhet werden müssen, — was gar nicht
wahrscheinlich ist — wenn nur 100 Thlr. auf
eine Hufe kommen sollen. Und so ließen sich
noch viele Umstände anführen, zum Beweise,
daß die genommenen Maßregeln der edeln
Absicht — schreyende Ungerechtigkeiten und
Ungleichheiten bey der Vertheilung der Contribution zu verhüten u. s. w. — nicht entsprechend sind. Indeß, wer auf der andern
Seite alle dabey einschlagende Umstände
kennt, und die Schwierigkeiten weiß, die
der Ausführung einer solchen Absicht im
Wege liegen, wird sich bescheiden, daß
nichts desto weniger die Deputation der
Stände alles gethan hat, — was ihrer würdig war.　　　　　　　　Bochardt.

Berichtigungen und Streitigkeiten.

Antwort auf die Erklärung des Hn.
Christian Schulz in Gera, unter dem
Titel: Beleuchtung eines Avertisse-
ments 2c. in Nr. 36 des allg. Anz.

Ohne zu untersuchen, ob der Ausdruck:
entfernt, im vorliegenden Falle ein Sprachfehler sey, können die Unterzeichneten wenigstens wahrhaft versichern, daß er keinen Herzens-Fehler bezeichnet; denn sie haben das
bey nicht die Absicht gehabt, in Beziehung
auf Hrn. S. etwas Unangenehmes bekannt
zu machen. Die Anzeige schien ihnen um
deswillen nöthig: weil die Porcellan-Fabrik
zeither unter dem Namen Schulz u. Comp.
betrieben worden war, und mancher vielleicht, wenn er von Hrn. S. nunmehrigem
Aufenthalt in Gera hörte, glaubte, daß mit
ihm die Fabrik dahin gegangen sey, oder wenigstens, ohne ihn, hier in der sonstigen Ausdehnung zu wirken aufgehört habe.

Weiter sollte sich die Tendenz des Avertissements nicht erstrecken, und Hr. S. hätte
nicht nöthig gehabt, sich durch Erzählung der
Geschichte seiner Verdienste um die hiesige
Porcellan-Fabrik und seiner häuslichen Verhältnisse so viel Mühe zu geben, daß das
Publicum nicht auf den Gedanken kommen
möge: er habe unsere Stadt heimlich verlassen, wenn er nicht diese Gelegenheit zu
einem andern Zwecke benutzen wollte. Die
Veranlassung zu Hrn. S. Abgange war ja
hier, und so weit seine Zunge reichte, schon

seit mehrern Monaten von der Seite bekannt,
von welcher er das Ereigniß betrachten zu
lassen wünschte.

Ihm lag nämlich daran, nachdem er
hier alle diejenigen, die ihn nicht — was schwer
ist — genau kennen, glauben zu machen gesucht hatte, wie schlimm es ihm seit der Ankunft des neuen Gesellschafters in der Fabrik
ergangen sey, nun auch in die größere Welt
hineinzurufen: daß er Gotha recht ungern
den Rücken gewendet, daß man es aber dort
seit dem Zutritt des bösen Henneberg's länger
auszuhalten schlechterdings nicht vermocht
habe.

Man könnte es unbesorgt der Zeit überlassen, diese Vorstellungen von Hrn. S. und
seiner vormaligen Compagnons Character
und den daraus herzuleitenden Ursachen seiner Trennung zu berichtigen. Zuverlässig
wird der Mann, der ihm zu dem Aufsatze im
allg. Anz. die Feder geliehen hat, in einem
Jahre oder früher eine andere Ansicht gewinnen, so bald er nämlich Hrn. S. nicht mehr
allein nach seinen Worten, sondern auch
nach seinen Handlungen kennt. Indessen
dürfte es das Publicum auch sehr natürlich
finden, ihm bey dem Wunsche für Wahrheit
über den vorliegenden Gegenstand zu Hülfe
zu kommen.

Wahr ist es: daß Herr S. vor geraumer Zeit die hiesige Porcellan-Fabrik mit hat
errichten und seitdem dirigiren helfen. Daß
aber, bey weniger Eigensinn und mehr innerer Kraft von Seiten desselben, das Geschäft
mit besserem Erfolg hätte betrieben werden
können, und daß diese glückliche Veränderung
durch die Ankunft des neuen Compagnons
veranlaßt worden ist, wird wol Herr S.
nicht leugnen.

Wahr ist es ferner: daß er hier ein
eigenthümliches Haus besitzt, Wittwer ist,
und zwey Kinder zurückgelassen hat.

Wahr auch mithin: daß er mit Ab-
schieds-Besuchen von Hohen und Niedern,
von Bekannten und Unbekannten, mit éclat,
wie es sein Plan erforderte, von hier weggegangen ist; überhaupt aber nicht zu bezweifeln, daß ihm dieser Schritt, um seiner Kinder und wirthschaftlichen Einrichtung willen,
in einem sechzigjährigen Alter schwer geworden seyn müsse.

Bey dem allen wird sich das Publicum wundern, zu hören, daß wir Hrn. S. übriges Vorgeben von erlittenen Kränkungen und von der Nothwendigkeit, ein anderes Engagement zu suchen, als einem bösen Traume, ganz widersprechen müssen. Räthselhaft und unerklärbar bleiben freylich die Beweggründe zu seinem unerwarteten Schritte, und wir können sie nur in der Begleiterin des Alters, und in dem unbezwingbaren Mißtrauen suchen, das ihn beständig in der peinlichsten Unruhe erhält.

Diese Rechtfertigung würde zu weitläuftig werden, wenn wir den Lesern zum Beweise unserer Behauptung die erforderlichen Argumente mittheilen wollten. Da Hr. S. solche unverändert in sich trägt, so werden sie ohnehin auch in seinen jetzigen Umgebungen zuverlässig nicht lange unbekannt bleiben. Nur so viel zur vorläufigen Beständigung.

Herr S. hat schon lange vor seiner Anstellung in Gera eine eigene Porcellanfabrik in Eisenach errichten wollen, und dazu, ohne seinen hiesigen Compagnons das geringste anzuzeigen, Einleitungen getroffen. Dadurch zuerst erhielten wir mit Erstaunen die Nachricht von seinem Willen, uns zu verlassen. Wir ließen deßhalb Unterhandlungen mit ihm eröffnen, vernahmen dabey seine Beharrlichkeit, sich von der hiesigen Fabrik zu trennen, und daß er, nach seinen Begriffen, durch das Betragen des neuen Gesellschafters, Henneberg, dazu genöthigt sey, erfuhren aber bey keiner Unterredung, worin die Beschwerden bestanden, und sie sind uns auch, Gott weiß es, bis jetzt fremd geblieben. Nur aus die Besorgniß konnten wir aus einigen Aeußerungen desselben schließen, er werde nicht bis in sein spätes Alter als Theilhaber beybehalten werden, und ertheilten ihm daher, um diese Bedenklichkeit zu heben, die Versicherung: daß er bis an sein Lebens-Ende, unter den bisherigen Bedingungen, Mitpachter bleiben solle. Darauf antwortete er jedoch ganz bestimmt verneinend, und wollte sich nur für einen willkührlichen Zeitraum, nicht wie bisher, auf ge-

meinschaftlichen Gewinn und Verlust, sondern gegen ein fixes jährliches Salarium ferner engagiren.

Dieß Verlangen war schon deßhalb höchst sonderbar, weil die von ihm eingegangene Pachtung noch zwey Jahre dauerte. Es fehlte aber auch sonst nicht an sehr wichtigen, Herrn S. am besten bekannten Gründen, die es durchaus nothwendig machten, ihn, bey fernerer Concurrenz am Geschäftsgänge, in eignes Interesse zu ziehen, und darum konnte man seine unbillige Forderung nicht zugestehen. Indessen suchten wir ihn doch noch bis zum letzten Tage durch freundschaftliche Vermittelungen und Wiederholung der vorhin erwähnten Zusage einer lebenslänglichen Verbindung von seinem, nach aller Wahrscheinlichkeit, bloß ihm selbst schädlichen Entschlusse zurückzubringen, allein alle Bemühungen waren vergebens; er meinte, seine neuen Bedingungen wären zu fest und vortheilhaft, als daß er sie aufheben könnte.

Das ist die strengste Wahrheit. Es und nicht anders verhält sich's mit Hrn. S. Abgange von unserer Porcellan - Fabrik. Wir bedauern es, bey den Worten deutscher Männer, und fordern ihn auf: das Gegentheil zu beweisen und uns einer an ihm verschuldeten wirklichen — nicht eingebildeten — Kränkung zu überführen. War es ihm Opfer, seine Kinder, sein Haus, seine Freunde zu verlassen: so hat er es ohne Noth gebracht, und darf darüber niemand, als sich selbst anklagen, wenn ihn nicht ein härterer Vorwurf, als der des Eigensinns und der Schwachheit, treffen soll.

Gotha im Februar 1807.

Henneberg. Gabel. Brehm.

Kauf- und Handels-Sachen.

Falkenauer Hopfen.

Eine Quantität von dem besten, falkenauer Hopfen, ungefähr 20 Centner, à 50 Rthlr. Conventions-Münze ist zu haben in Eisenberg und Gera. Liebhaber zu selbigem werden sich gefälligst in frankirten Briefen an Dähr's Erben allda wenden. Eisenberg, den 4 Februar 1807.

Allgemeiner Anzeiger
der
Deutschen.

Dienstags, den 24 Februar 1807.

Gesetzgebung und Regierung.

De même un petit mot sur celui de Monsieur P. (Allg. Anz. d. D. N. 26.)

Monsieur P. a bien raison: il faudrait qu'on quittât enfin en Allemagne l'usage des lois mosaïques, que l'on doit à la chimère d'un droit divin positif et universel. Il n'y a guère d'*universel* que celui, qui est écrit dans la raison et le coeur des humains. C'est de même vrai, qu'on se sert chez nous depuis des siècles d'un mélange de lois aussi bizarre qu'incompatible avec le génie du temps et le principe incontestable de l'unité de l'Etat. Mais pour l'introduction du Code Napoléon avec les modifications convenables, que Monsieur P. nous prophétise, Je n'ose donner dans son sentiment. Je croirais, que c'est fort peu différent d'adopter un droit étranger *avec les modifications convenables*, ou d'en procréer un indigène de fond en comble. Que sont-elles, ces modifications convenables, que les différences du droit étranger à celui, qu'on se peut figurer le plus convenable à la nation, qui veut en adopter? Or, d'après les mathématiciens jamais on ne trouve les différences, qu'il y ait d'une chose à l'autre, sans connaître parfaitement ces choses-mêmes; et connait-on le droit, qui serait le plus convenable à l'Allemagne, pourquoi ne pas sanctionner celui-ci au lieu de rendre convenable un étranger par des modifications? Habit emprunté, quelque beau qu'il soit, sied-il jamais comme habit propre, malgré toutes les modifications, qu'on y puisse faire? Et ne se trouvent-ils pas parmi nous des gens, au fait de nous prendre la mesure et de le couper adroitement?[*]

Au résultat, je doute, que la prophétie ci dessus-mentionnée l'accomplisse.

W——, le 1 Febr. 1807. D. M.

Nützliche Anstalten und Vorschläge.

Ueber Institute zur Bildung geschickter Hauslehrer. [**]

Von jeher haben sich die Candidaten des Predigtamts mit dem Erziehungsgeschäfte abgegeben, aber jetzt gewiß mehr, als jemals. Dabey ist der Fall wol fast immer, daß Söhne unbemittelter Eltern sich der Theologie widmen. Hat nun ein solcher Candidat seine Universitäts-Jahre beendiget, was soll er dann in diesen theuern Jahren anfangen? Eine Besoldung von hundert und mehreren Thalern, die mit einer Hauslehrerstelle lang der öftern Dienstanerbieten im allg. Anz. nebst Aussicht vielleicht auf eine lebenslängliche Versorgung, verbunden ist, ist zu loben, daß nicht jeder sich darum bewerben sollte. Aber nur wenigen kann es wol das

---

[*] Nous venons de recevoir, sur cette matière, un œuvre, qui mérite bien l'attention des législateurs. C'est celui de *Zacharias*: *Wissenschaft der Gesetzgebung.*

[**] Dieser Gegenstand ist schon einmahl, im R. Anz. 1805 Nr. 182 S. 2282 f., zur Sprache gebracht worden. D. R.

bey eingefallen seyn, über ihre Kenntniffe, ihr
Talent, und über eine gewiffe Aufopferung, die
zu diesem Fache gehört. Betrachtungen anzu,
stellen. Genug, man findet sein Unterkommen,
und gutes Unterkommen, woes einem oft bes,
er geht, als wenn man in einem öffentlichen
Amte stünde; ob die lieben Kinder des sorg,
samen Vaters zu brauchbaren Staatsbürgern
gebildet werden, das ist die kleinste Sorge.

Der Einsender will hierdurch keineswe,
ges diesem ganzen Stande zu nahe treten,
denn, wie es in allen Ständen der Fall ist, die
Glieder sind gemischt, und es gibt daher ohn,
streitig unter den Candidaten, die Hausleh,
rerstellen bekleiden, einzelne sehr würdige
Männer, denen die Erziehung ihrer Zöglinge
ganz am Herzen liegt, und die dazu auch ge,
hörige Kenntniffe, Talente und Erfahrung
besitzen. Allein ausgemacht bleibt es, die
Zahl der wirklich brauchbaren Erzieher ist
gegen das Heer der unfähigen, unbrauch,
baren und schlechten nur sehr klein.

Mehr als einmahl ist schon der Wunsch
öffentlich geäußert worden, daß auf Univer,
sitäten über das Erziehungswesen Vorlesun,
gen gehalten werden möchten und dieser Vor,
schlag ist auch auf einigen bereits ausgeführt.
Ich möchte aber (wahrscheinlich zur Freude
vieler Väter, wenn es ausgeführt werden
sollte) an Gelehrte, die mit den erforderli,
chen Kenntniffen und Erfahrungen im Fache
der Erziehung ausgerüstet wären, oder noch
besser an Vorsteher von Erziehungsanstalten
die Aufforderung ergehen lassen, aus der Bil,
dung und Erziehung solcher Candidaten, die
sich der häuslichen Erziehung widmen wollen,
ein eignes Geschäft zu machen, und damit ein
durch öffentliche Blätter anzukündigendes Com,
missions-Büreau zu verbinden, durch welches
man mit Hauslehrern verforgt werden könnte.

Um das große Bedürfniß guter Haus,
lehrer zu befriedigen, müßten mehrere In,
stitute der Art errichtet werden; für die
verschiedenen Gegenden Deutschlands, der
Schweiz u. s. w. möchte ich unter den Uni,
versitäten Tübingen, Würzburg, Leipzig,
Göttingen und Königsberg vorschlagen. *)

*) Mit inniger Freude erfehe ich so eben aus Nr. 7
der Nation. Ztg. daß ein solches Institut in Wit,
tenberg unter Direction des Prof. Pölitz,
bereits vorhanden ist.   d. R.

Künste, Manufacturen und Fabriken.

Ich fand vor einigen Tagen das 206
Stück des frankfurter Ristretto vom 27
December 1806 bey einem meiner Freunde,
und las mit Bedauern unter dem Artikel:
Frankfurt, daß die erzgebirger Bandfabri,
ken darum nicht fort arbeiten könnten, weil
es ihnen an gefärbter Seide, die in Berlin
zubereitet wird, zu fehlen anfinge.

Wenn Fabriken, die eine ansehnliche
Menschenclaffe ernähren, stille stehen müssen,
so ist der Nachtheil für das Land größer, als
wenn solches gar keine Fabriken besäße.
Die Subsistenz der Fabrikarbeiter ist ohne,
hin dürftig; Armuth aber, Mangel des täg,
lichen Brodes, bey moralischen Grundsätzen,
die, ohne lieblos den Nebenmenschen zu rich,
ten, bey dieser Menschenclaffe nichts weniger
als streng sind; wer fühlt und fürchtet nicht,
wohin das endlich führe! Der Einsender
aus einer Fabrikstadt gebürtig, hat es nur
zu deutlich wahrnehmen können, wie mit der
durch Zeitereignisse nöthig gewordenen Ein,
schränkung der Fabriken der Verfall der
Sittlichkeit bey dieser Volksclaffe gleichen
Schritt ging. Es machte daher jener Artikel
auf ihn einen tiefen Eindruck. Aber erweh,
ren konnte er nach einigem flüchtigen Nach,
denken sich nicht des Gedankens: Muß
denn nothwendig das Stillestehen der
erzgebirgischen Fabriken von den politi,
schen Verhältnissen Berlins abhängen?
Gibt es für jene keinen andern, und
merkantilisch betrachtet, vielleicht be,
quemern Weg, sich ihre gefärbte Seide
zu verschaffen? Seine Ansicht legt er des,
falls hiermit der weitern Prüfung dar.

Der Weg, den die rohe Seide, entweder
directe aus Italien oder indirecte aus der
Schweiz bezogen, zu nehmen hat, bis sie in
Berlin gefärbt, und von da wieder an den
Ort der Fabricirung gelangt ist, ist ungleich
weiter, folglich der Betrag an Fracht, und
was gleichfalls nicht zu übersehen ist, der
Zeitverlust weit bedeutender, als wenn die
erzgebirger Fabrikanten ihre Seide in solchen
Färbereyen färben ließen, die die Transport,
route berührte, oder wohin sie doch durch
einen unbedeutenden Umweg gebracht werden
könnte. So kennt z. B. der Einsender eine

sehr wohl eingerichtete Färberey in Offen=
bach am Main, eine Stunde von Frankfurt,
deren Eigenthümer, Johann Anton An=
dre, ihm als ein in seinem Fache geschick=
ter und von Seiten seines moralischen Cha=
racters als allgemein geschätzter Mann be=
kannt ist. Sollte ein solcher oder ähnlicher
Weg dem erzgebirger Fabrikanten nicht be=
quemer seyn? Gesetzt aber auch, der erzge=
birger Fabrikant wollte nicht gern seine
ältern Verbindungen in Berlin aufgeben:
so müßte ihm doch im Fall der Noth ein Aus=
weg willkommen seyn, wodurch das Stille=
stehen seiner Fabrik verhindert würde. Und
dieß ist es vorzüglich was Einsender um
des gemeinen Bestens willen durch seine
mitgetheilte Bemerkung, bezwecken möchte.
Im Febr. 1807.   ***

Justiz= und Polizey = Sachen.

Steckbrief und Aufforderung.

Wir haben bereits das Publicum durch mehre=
re öffentliche Blätter, als den allgemeinen Anzei=
ger, die leipziger, casseler Polizeyzeitung, das
eisenacher, langensalzer, mühlhäuser und heiligen=
städter Intelligenzblatt, im September und Octo=
ber vorigen Jahres auf zwey aus hiesigen Arresten
entsprungene Personen aufmerksam gemacht. Es
ist uns aber noch keine sichere Anzeige von densel=
ben geschehen. Die Entsprungenen, welche sich
bey uns Heinrich und Friedrich Köhler, in Pots=
dam, wo sie auch entsprungen, sich Schmidt ge=
nannt haben, wahrscheinlich aber eigentlich Haase
heißen, und schon wegen eines ihnen angeschuldig=
ten Diebstahls eines Silberservices von einem Fuhr=
mannskarne zur Zeit der frankfurter Messe vor
2 Jahren, beym Amte Aßmannsdorf bey Erfurt in
Verdacht sind, hatten falsche Pässe von einem nicht
existirenden gräfl Ißdärniglischen Amte Langenbach
bey Zwickau, so wie einen von der Regierung zu
Cassel vom 29 März 1806 bey sich; führten auch
Umgang mit ihrer angeblichen Schwester Johanna,
so mit ihrem Mann Friedrich Fischer vermeintlich
aus Oberstdorf bey Arnstadt und einem nun einjäh=
rigen Kinde herumzieht und mit kurzer Waare han=
delt. Sie sind überdem zweyer Diebstähle in Schwarz=
hausen und Sättelstädt zwischen Eisenach und Go=
tha verdächtig, der Theilnahme eines andern an
dem Silberservice des Herrn Prinzen von Hessen=
Philippsthal bezüchtiget, mit einem Wort sehr ver=
dächtige und gefährliche Menschen. Da wir nun
auf alle Weise bemüht sind, sie wieder habhaft zu
werden, sie auch wahrscheinlich ihr Diebes Hand=
werk fortsetzen, sich aber irgendwo wieder in einem
Privathause und Familie eingeschlichen haben, viel=
leicht dabey durch einen zum Schein treibenden

Schnitthandel und falsche oder erschlichene Pässe
die Obrigkeiten täuschen; so fordern wir alle und
jede Militär= und Civilbehörden auf, jenen Kerls
in ihren Bezirken nachzuspüren, und es nicht bloß bey
Lesung dieser Zeilen bewenden zu lassen, sondern
ihre Untergebenen, vorzüglich Polizey = Diener,
Einnehmer der Zölle und anderer dergleichen Abga=
ben in dessen Kenntniß zu setzen. Beyde sind groß
und stark, haben blaue Augen, hellbraune Haare,
Heinrich trug diese in einem dünnen Zopf, der an=
dere verschnitten. Der älteste von 36 Jahren, Hein=
rich (Köhler, Schmidt, Haase,) stieß im Spre=
chen etwas an, der andere Friedrich Köhler (Chri=
stian Schmidt, Haase,) soll Warzen im Gesichte
haben, die man aber hier nicht bemerkt hat. Beyde
trugen schwarze manschesterne Hosen, rothe Tuch=
westen, sprachen hochdeutsch, jedoch auch eine den
Wächtern unverständliche Sprache, vermuthlich
platt; desgleichen soll von dem einen die Frau und
2 Kinder nebst Schwiegermutter Wittwe Bergmann
in Aßmannsdorf arretirt seyn. Sollten beyde oder
einer von ihnen wieder erlangt und anher abgelie=
fert werden, so verbinden wir uns nicht nur wie=
derholt zu Erstattung der durch Arretirung, Ver=
pflegung und sonst aufgewendeten nöthigen Kosten,
und Ertheilung der erforderlichen Reversalien, son=
dern auch zu einer Belohnung von 10 Thalern auf
die Wiedereinbringung eines jeden von ihnen.
Noch fordern wir alle die, welche an die bey den
Entsprungenen gefundenen Sachen, wovon wir
vorzüglich einen Ranzen mit Pistolen, Brecheisen,
Meißeln, einen andern mit herrnhuter und may=
länder bunten und schwarzen baumwollenen und sei=
denen Tüchern, auch Bändern, einer silbernen
zweygehäusigen Repetiruhr, mit schildkrötenem Ge=
häuse und der Inschrift Lorenz Galling in Linz,
einer silvernen zweygehäusigen ordinären Taschen=
uhr C. A. B. 1548 bezeichnet, mit silberner Pan=
zerkette, 2 spanische Röhre, mit Silber beschla=
gen, silberne vergoldete Ohrkingel, silberne Zeu=
telringe, dergleichen Gürtelschnallen, auszeichnen,
gegründeten Anspruch zu machen gedenken, bey Ver=
lust desselben auf, sich vor dem 27 April dieses Jah=
res allhier zu melden, und ihre Ansprüche zu be=
scheinigen, indem wir, wenn sich die Eigenthümer
nicht melden, oder wir die Entsprungenen nicht wie=
der habhaft werden, die meisten Sachen gedachter
Kerls meistbietend verkaufen und den Erlös zu Er=
stattung der Kosten und Verlags anwenden lassen
werden.

Amt Creuzburg, an der Werra, am 7 Febr. 1807.
Ganerbschaftl. Gesammtamt dahier.
C. L. K. Zollig. C. A. Just. F. A. Greineisen.

Vorladung J. W. Reinhardt's.

Nachdem bey dem allhiesigen Stadtrath der
Bürgermeister und Rath allhier, Herr Johann
Gottfried Reinhardt allhier, zu vernehmen gegeben,
daß sein Mutter Sohn, Herr Friedrich Wilhelm
Reinhardt in den Jahren 1784 und 1785 auf der

Universtät zu Göttingen den Studiis obgelegen
habe, und hierauf ohne Vorwissen seiner, dessen
Vaters, dem Verlauten nach mit einem jungen
Grafen aus Ungarn im Jahr 1785 von Göttingen
ab, und auf Reisen gegangen sey, auch von jenem
1785 Jahre an bis hierher ihm, dem Vater, oder
auch seinen noch lebenden Geschwistern allhier von
seinem Leben und Aufenthalt nicht die geringste
Nachricht gegeben habe, und daher wegen der Verabfolgung seines Sohnes in 3000 Rthlr. 21 gl. 5 pf.
bestehenden mütterlichen Vermögens an ihn, so
wohl, als wegen künftiger Regulirung seiner, des
Herrn Bürgermeisters Reinhardt künftigen eigenen
Verlassenschaft, nach seinem dereinstigen Ableben,
in Ansehung seiner übrigen Erben, um Erlassung
gewöhnlicher Edictalien gebeten hat, diesem Suchen
auch zu fügen unbedenklich gewesen, und von der
herzogl. hochpreisl. Landes-Regierung zu Gotha
dem allhiesigen Stadtrath hierzu gnädige Commission ertheilet worden ist; als wird Eingangs gedachter Studiosus Herr Friedrich Wilhelm Reinhardt,
oder falls er nicht mehr am Leben seyn sollte, dessen nachgelassene Erben und alle diejenigen, welche
an dessen Vermögen, aus irgend einigem Grunde,
Ansprüche zu machen haben, bey Strafe des Verlusts ihrer Forderungen und Ansprüche, wie auch
bey Verlust der Wohlthat der Wiedereinsetzung in
vorigen Stand hiermit Commissions- und Rathswegen edictaliter geladen, auf den
          12 September dieses Jahres, ist der
          Sonnabend nach dem 13 Trinitatis-
          Sonntag,
Vormittags 10 Uhr vor dem Stadtrath und Commission allhier entweder in Person, oder durch hinlänglich legitimirte Gevollmächtige gebührig zu erscheinen, sich anzumelden, ihr an dieses mütterliche Vermögen, so wohl als das nach dem Ableben des Herrn Bürgermeisters und Land-Commissairs Reinhardt zu erwarten habende väterliche
Vermögen, zu suchen habendes Erbschafts-Recht
oder andere Ansprüche anzugeben, und zu bescheinigen, und hierauf zu gewarten, daß der abwesende
Herr Studiosus Reinhardt bey dessen Außenbleiben für todt und verschollen, dessen hinterbliebene
Erben und andere an dieses Vermögen Ansprüche
und Forderungen machende Personen aber, im
Fall ihres Ausbleibens, mit diesen ihren Ansprüchen
und Forderungen von dieser mütterlichen Erbschafts-
Masse sowohl als der künftigen Succession in des
Herrn Bürgermeisters Reinhardt dereinstige Verlassenschaft, nebst dem besagten Herrn Studioso
Reinhardt selbst für ausgeschlossen und der Wohlthat der Wiedereinsetzung in den vorigen Stand
für verlustig werden erklärt, und dagegen des
Herrn Studiosi Reinhardt ererbtes mütterliches
Vermögen dessen noch lebendem Herrn Vater, der
demselben nach seines Vaters Ableben zufallen könnende väterliche Vermögens-Antheil aber dem
Herrn Bürgermeisters Reinhardt übrigen Erben,
nach Vorschrift der herzogl. Landesgesetze ohne Cau-

tion eigenthümlich werde zuerkannt und überlassen,
und auf ihn, den Herrn Studiosum Reinhardt,
bey künftiger Vererb- und Vertheilung seines väterlichen Vermögens unter des Vaters Erben,
keine weitere Rücksicht werde genommen werden.
    Waltershausen, im Herzogthum Gotha, den
29 Januar 1807.
        Bürgermeister und Rath daselbst,
        vi Commissionis.

Wechsel- und Geld-Cours in Sächsischer Wechselzahlung.

Leipzig, den 17 Februar 1807.

In den Messen.	Geld	Briefe.
Leipz. Neujahr-Messe		
— Oster-	98 3/4	
Naumburger —	97 3/4	
Leipz. Michaels		
Amsterdam in Bco. à Uso	—	
Detto in Curr. à Uso	—	143 1/4
Hamburg in Bco. à Uso	—	150 1/2
Lion 2 Uso in Liv.	—	78 1/2
Paris 2 Uso in Liv.	—	78 1/2
Augsburg à Uso.	—	100 3/4
Wien à Uso.	—	47 1/2
Prag à Uso.	—	47 1/2
London à 2 Uso p. Pf. St.		
Louis d'Ducaten	11	
Kaiser-Ducaten	11 1/2	
Wichtige Duc. à 66 Ag	10	
Breslauer à 65 1/2 ditto	10	
Leichte à 65 ditto	9	
Almarco ditto		
Almarco Louisd'or		
Souveraind'or	9 *G	
Louisd'or à 5 Rthl.		9
Sächs. Conv. Geld	pari	
Schild Louisd'or	2 1/4	
Laubthaler		2 1/2
Preuß. Curr.	5	
Do. Münze	10	
Ldr.	pari	
Cass. Bill.	1	
Kronenthaler	1/2	
3. 7. Kr.	9 3/4	
17	4 1/2	
Wiener Banc. Zettel	47	

Allgemeiner Anzeiger
der
Deutschen.

Mittwochs, den 25 Februar 1807.

Gemeinnützige Gesellschaften.

Ueber Dr. Bozzini's Lichtleiter *).

Die gelehrte Welt wurde seit einiger Zeit in verschiedenen Journalen, und jüngst auch in der wiener Zeitung vom 24 Jan. d. J. auf Dr. Bozzini's Lichtleiter aufmerksam gemacht. Die medicinische Facultät in Wien erhielt zugleich mit der Josephs-Academie von allerhöchsten Orten aus den Auftrag, Dr. Bozzini's Erfindung zu würdigen, und dann darüber Bericht zu erstatten. Nach mehreren und wiederholten, an menschlichen Leichen mit dem benannten Lichtleiter gemachten Versuchen hat die medicinische Facultät das Resultat ihrer Untersuchungen in einem ausführlichen Berichte an ihre unmittelbare Behörde übergeben.

Da nun aber einmahl die Sache so schnell, selbst in politischen Blättern zur Sprache gebracht wurde, und da dadurch mancher zu voreiligen Schlüssen, vielleicht zu Geldauslagen, die er in der Folge bereuen möchte, verleitet werden dürfte: so hielt es die medicinische Facultät für Pflicht, den Gelehrten Oesterreichs und des Auslandes auf dem kürzesten Wege bekannt zu machen, was sie an Dr. Bozzini's Lichtleiter fand, und was sie von desselben Anwendbarkeit und Brauchbarkeit denkt. Die Röhre des Lichtleiters, mittelst welcher das Licht in die Höhle geleitet wird, ist gerade; sie kann daher nur in solche Höhlen eingebracht werden, welche einen geraden Ausgang haben.

Nicht der ganze Umfang einer inneren Höhle des menschlichen Körpers wird mittelst dieses Lichtleiters beleuchtet und dem Auge sichtbar dargestellt, sondern einzig jener sehr kleine und unbeträchtliche Theil derselben, gegen welche die eingebrachte gerade Röhre des Lichtleiters gerichtet werden kann, und der dem Auge gerade entgegen zu stehen kommt, wird sichtbar. Alle übrige Theile der Höhle und die Wände derselben, in welche man die Röhre einbringt, bleiben unsichtbar; letztere um so mehr, weil sie von den Stäben der eingebrachten Röhre selbst größtentheils bedeckt werden, und überdieß das Wenige, was von den Wänden der Höhle in den Zwischenräumen der von einander entfernten Stäbe der Röhre zum Vorschein kommt, nur im Profil erscheint, und daher nur sehr undeutlich gesehen werden kann. — Da nun also die beleuchtete Stelle so klein ist, daß sie im Durchmesser höchstens einen Zoll beträgt, so würde man meistentheils (wüßte man nicht im voraus, was man sieht) nicht im Stande seyn, zu bestimmen, welcher Theil des menschlichen Körpers hier dem Auge beleuchtet dargestellt werde. Um so weniger wird es möglich seyn, anzugeben, ob und welche Abweichungen vom Normalzustande an dieser beleuchteten Stelle sich vorfinden. Daß von der Beschaffenheit aller übrigen Theile der Höhle kein Urtheil gefällt werden könne, versteht sich von selbst, indem dieselben gar nicht sichtbar werden. Ueberdieß ist die Anwendung des Lichtleiters mit bedeutenden

---

*) Die Beurtheilung desselben von Seiten der medicin. chirurg. Josephs-Academie in Wien befindet sich in Nr. 47 S. 474 des allg. Anz.　　d. R.

Allg. Anz. d. D. 1 B. 1807.

Schwierigkeiten verbunden. Im lebenden und gesunden Zustande würde die Einbringung und Richtung der Röhre des Lichtleiters in eine Höhle des menschlichen Körpers nicht ohne anhaltende unangenehme Empfindungen, oder wirkliche Schmerzen bewerkstelligt werden können; dieß verändert aber schon die Ansicht des zu besichtigenden Theils. Wäre die Höhle vollends in einem krankhaften Zustande, z. B. entzündet, mit Geschwüren besetzt u. s. w., so würde die Einbringung der Röhre größtentheils unmöglich, oder von sehr nachtheiligen Folgen seyn, wie dieß auch der Fall bey Wunden seyn müßte.

Freylich ist der Lichtleiter selbst jetzt noch so construirt, daß es leicht wäre, viele Verbesserungen an demselben anzubringen: aber auch durch alle Verbesserungen vervollkommnet wird er immer ein bloßes Spielwerk bleiben, und nie das leisten, was man durch denselben zu leisten versprach; nämlich: die krankhafte Beschaffenheit innerer Höhlen des menschlichen Körpers dem Auge sichtbar darzustellen. Das Urtheil des rationellen Arztes und der Finger des Erfahrnen werden also auch in Zukunft, wie bisher, es seyn, von denen der Hülfsbedürftige, für welchen man den Lichtleiter bestimmte, einzig die Bestimmung der für ihn passenden Hülfe zu erwarten hat.

Gesetzgebung und Regierung.

Das sächsische General-Accis-Tabellen-Wesen betr.

Durch ein Rescript d. d. Dresden den 13 Dec. 1805 sind von Seiten des geheimen Finanz-Collegiums bey der General-Accise 29 Gegenstände, welche größtentheils officielle Eingaben betreffen, theils der Sache angemessener behandelt, theils in Wegfall gebracht worden, wodurch den Accis-Officianten für die Zukunft viel Arbeit erspart, auch manche erleichtert wird. Vorzüglich ist die Tabelle der täglichen Einnahme, gegen die vorige, viel zweckmäßiger eingerichtet. Wollte man diese vollkommne Abänderung nur von Seiten ihrer Erleichterung und mehrerer Bestimmtheit betrachten; so würden nur wenige und vorzüglich Accis-Officianten ihre Wohlthätigkeit fühlen und zu stillem

Dank sich verpflichtet halten. Betrachtet man sie aber von der Seite ihrer Gemeinnützlichkeit, indem dadurch bey jeder Einnahme (wie viel mögen ihrer wol in Sachsen seyn?) jährlich gewiß ein Buch Papier, da viele officielle Eingaben doppelt gefertiget worden mußten, erspart wird, so verdient sie auch allgemeinen Dank und erregt den Wunsch, daß alle Collegien auf ähnliche Abänderungen Bedacht nehmen möchten.

Hierbey aber drängt sich noch ein Wunsch auf, nämlich der, daß auch im Innern der Rechnungen selbst künftig mehr Bestimmtheit, mehr Einförmigkeit, mehr Zweckmäßigkeit, als einem an sich schon so complicirten Rechnungswesen, möchte eingeführet werden.

So hat es schon viel Unbehülflichkeit, daß CX Titel nur in V Capitel vertheile und so unverhältnißmäßig vertheilt sind, daß das V Capitel allein deren LXI in sich begreift, die übrigen XXXIX Titel aber in den übrigen IV Capiteln enthalten sind, wodurch einem im Rechnen nicht vollkommen Geübten sowohl Uebersicht als Zusammenrechnen erschwert wird, dem doch auf eine sehr leichte und zweckmäßige Weise abzuhelfen seyn möchte.

Das V Capitel, von Kaufmannschaften, enthält, wie schon gesagt, LXI Titel, worin so viele Dinge, die gar nicht zur Ueberschrift des Capitels passen, aufgeführt sind, wenn man unter Kaufmannschaften Sachen versteht, womit vorzüglich Kaufleute Handel treiben.

So könnten ja wol viele jener Titel in ein VI Capitel mit der Ueberschrift: Handel und Feilschaften passender gebracht werden. Z. E. Titel 79. Inländischer Talg:
die Seifensieder,
andere Käufer in der Stadt.
- 82. Orange-Franz- und andere junge Bäume.
- 83. Allerhand Hopfen.
- 85 b) Töpferwaaren:
die Töpfer vom Lande,
die Töpfer in der Stadt von den rohen Materialien.
- 88. Viehhandel und fremde Vögel.
- 89. Handel und Verkauf-Maß- und andern Viehes.

Durchgeht man nun die innere Einrichtung der S. A. Rechnungen in Rücksicht der
verschiedenen Rubriken in den Titeln, so
möchte man auf den Gedanken gerathen, daß
sie von ihrer Entstehung an keiner Umänderung müsse gewürdiget, vielmehr als vollkommen betrachtet worden seyn.

Nur einiges will ich mir erlauben, anzuführen; Vorschläge aber zur vollkommnern Umänderung einem Kenntnißreichern
überlassen.

Könnte nicht Cap. I Tit. VII die siebente
und achte Rubrik: Bierhefen zum Branntwein und Weißbacken, wegfallen, und dagegen Cap. II Tit. XII bey der ersten Rubrik:
Branntweinschrot und Malz, und bey der
zweyten Rubrik: Weizen und Dinkel, verhältnißmäßig etwas für Hefen an Accise erhoben werden? Etwa acht Kannen zu einem
Scheffel Branntweinschrot und eben so viel
zu einem Scheffel Weizen zum Weißbacken?
Auf diese Weise würde doch etwas für Hefen
bey der Accise einkommen, wo jetzt (versteht

sich, daß ich hier von meiner Einnahme
spreche) dafür gar nichts erhoben wird.
Warum gibt Cap. II Tit. XVI in der ersten
Rubrik ein Schfl. Weizen zu Stärke und
Puder 6 gr. hingegen in der zweyten Rubrik
ein Schfl. Weizen- oder Gersten-Malz zum
Essigbrauen 7 gr.? Wäre der Satz umgekehrt nicht richtiger, da jenes zum Luxus,
dieses zum täglichen Bedarf gehört?

Bey Cap. II. Tit. XVII könnte die sechste
Rubrik: Häute und Felle, wegfallen, und
Häute und Felle bey der ersten, zweyten und
vierten Rubrik resp. mit 1 gr. 3 pf. und mit
1 pf. zugleich mit veracciset werden. Dasselbe
gilt bey Cap. III Tit. XVIII.

Nur so viel zur Probe aus den ersten
Capiteln. Denn ich würde für einen solchen
Aufsatz zu weitläufig werden, da die Haupt-
Reform mit dem IV und vorzüglich mit dem
V Capitel vorgenommen werden müßte.
Auch hiervon nur etwas zum Beweise.

Unter Aerzten, Cap. V Tit. CVII sind,
da sie so schön zwischen Seiltänzern und Lö-
wen- und Bärenführern paradiren, doch
wol nur jene Verderben bringenden Wunder-
Doctores zu verstehen, denen ja, so wie Lö-
wen- und Bärenführern, Riemenstechern c.
durch landesherrliche Befehle verboten ist,
ihr Unwesen zu treiben. Sollten diese wenigstens nicht wegfallen, wenn man auch
Seiltänzer und Puppenspieler, obschon der
Moralität äußerst nachtheilig, wollte passiren lassen? Der Tit. CX von accordirten
Fix-Accisen passet weder in das jetzige V Capitel von Kaufmannschaften, würde aber
auch nicht in ein neu anzulegendes VI Capitel von Handel- und Feilschaften passen, füglich aber unter das jetzt bestehende VII Capitel von Müller-Fix-Accise zu bringen seyn.

Sollte ich eins und das andere aus
einem falschen Gesichtspuncte betrachtet haben, so hat mich wenigstens keine unlautere
Absicht dabey geleitet.   N.

Dienst-Anerbieten.

Für die Steingutfabrik in Zell am
Harmersbach ohnweit Lahr im Breisgau,
wo nach Art von Wedgewood gearbeitet
wird, werden geschickte Steingutdreher und
Former gesucht. Wer etwas Vorzügliches

in diesen Fächern zu leisten vermag, kann auf Anstellung unter günstigen Bedingungen und auf Erfatz der Reisekosten von Frankfurt aus bis nach Zell rechnen. Schriftlich wendet man sich deßfalls an das Handelshaus Schnizler und Lenz in Lahr im Breisgau oder an Hrn. Joseph Anton Burger in Zell am Harmersbach.

Dienst - Gesuche.

Ein Frauenzimmer von zwanzig Jahren, welche schon seit dritthalb Jahren Erziehes rin war, Französisch spricht, und in weiblichen Handarbeiten Geschicklichkeit besitzt, wünscht zu Ostern ihre jetzige Stelle mit einer andern in einer Stadt des Königreichs Sachsen oder in Thüringen zu vertauschen. Eine gütige, freundschaftliche Behandlung wird ihr schätzbarer als ein großer Gehalt seyn. Man erbittet sich die deßfalligen Anerbieten in die Expedition des allg. Anz. unter der Adresse A. H. L.

Justiz - und Polizey - Sachen.

Vorladungen: 1) der Gläubiger G. Eberlein's.
Laut eines unter dem hiesigen Rathhause angeschlagenen Liquidations - Edicts vom heutigen dato, werden alle diejenigen, welche an und auf die sämmtlichen Habe und Güter des hiesigen Kauf - und Handelsmanns Georg Eberlein, rechtliche Ansprüche und Forderungen zu haben glauben, zu deren Anzeige und Liquidation innerhalb des peremtorisch anberaumten Termins von 45 Tagen, unter dem Rechtsnachtheil des gänzlichen Ausschlusses von der gegenwärtigen Masse, anher vorgeladen.

Zugleich wird hiermit bekannt gemacht: daß der Eberlein seinen Personalgläubigern 10 pr. Ct., 14 Tage nach Bestätigung des Nachlaß - Vertrags, unter Gewährleistung seiner Frau und beyderseitigen Verwandtschaft, zu bezahlen angeboten, und daß demnach die Gläubiger sich bestimmt zu erklären haben, ob sie diese angebotene 10 pr. Ct. annehmen, und den Weg der Güte einzuschlagen gesonnen sind; die Ausbleibenden aber sich gefallen zu lassen haben, daß ihr Stillschweigen für eine Einwilligung in den Accord angenommen werden wird.
Nürnberg, den 6 Februar 1807.
Königlich Bayerisches Stadtgericht.

2) C. Jac. Leiblin's.
Der ohngefähr 64 bis 65 Jahr alte Carl Jacob Leiblin, Sohn des zu Carlsruhe verstorbenen Raths und Archivarius Leiblin, welcher im Jahr

1791 letztemahls bey dem spanischen Schweizer-Regiment v. Reding in Barcelona als Sergeant in Diensten gewesen ist, hat seit dieser Zeit nichts mehr von sich hören lassen, jedoch ein Vermögen von circa 4200 fl. zurückgelassen. Da nun dessen nächste Verwandte um Auslieferung besagten Vermögens gegen Caution gebeten haben, so wird ersagter Leiblin, oder dessen eheliche Leibes - oder sonstige Erben andurch vorgeladen, binnen neun Monaten sich um Auslieferung solchen Vermögens zu melden, oder zu gewärtigen, daß dasselbe gegen Caution in Erbschafts - Pflegschaft werde übergeben werden. Carlsruhe, den 16 Januar 1807.
Aus Auftrag
Großherzoglich Badischen Hof - Raths Collegii erst. Sen.
Vdt. Walther,
Secretarius.

3) Jos. Schäffer's.
Dahiesiger Handelsjude Wolff Jacob Würzweiler hat bey Großherzogl. Hofgericht eine wegen der Forderung des dahiesigen Bürgers und Ackersmanns Joseph Schäffer an den Commandeur vom Streicher auf ihn lautende Cessions - Urkunde überreichet, und um Ausfolgung der cedirten Schuld gebeten. Da nun benannter Schäffer, der sich über sothane Bitte zu erklären hat, sich von hier angeblich entfernet, ohne daß man weiß, wohin er sich begeben habe; als wird derselbe hiermit vorgeladen, seine Erklärung in einer ohnerstreckichen Frist von 6 Wochen über die Richtigkeit der ausgestellten Cession durch einen dahier angestellten Hofgerichts - Procurator zu abzugeben, oder zu gewärtigen, daß nach Verlauf dieser Frist die an den Wolff Jacob Würzweiler angeblich geschehene Cession seiner Forderung gegen den Commandeur von Streicher für anerkannt angesehen werden solle.
Mannheim, den 30 Januar 1807.
Großherzogliches Hofgericht der Badischen Pfalzgrafschaft.
von Hacke. Courtin. Dietz.

4) Seb. Bueb's.
Nachdem der diesseitige Bürgerssohn Sebastian Bueb, seiner Profession ein Bäcker, schon im Jahr 1784 in die Fremde gegangen, ohne bisher von seinem Aufenthaltsort, Leben oder Tod die mindeste Nachricht ertheilt zu haben, so wird er oder seine etwaige Leibeserben hiermit aufgefordert, binnen einem Jahre und sechs Wochen so gewiß bey der unterfertigten Stelle zu melden, widrigens sein dahier unter Curativ stehendes, beyläufig 1400 fl. betragendes Vermögen seinen nächsten Anverwandten gegen Caution verabfolgt werden würde.
Altbreisach, am 17 Januar 1807.
Magistrat der Großherzogl. Badischen Stadt allda.
Schilling, Syndicus.

Allgemeiner Anzeiger
der
Deutschen.

Donnerstags, den 26 Februar 1807.

Gesetzgebung und Regierung

Ueber die Privilegien der Apotheker.

Privilegien gefährden im Durchschnitt das gemeine Beste, denn sie widerstreben dem Triebe zur Industrie, hemmen Handel und Kunstfleiß und eröffnen eine Quelle so manchen Unrechts. Demungeachtet sind die Erfordernisse, welche man beym Etablissement einer Officin voraussetzt, — die Categorie, in welcher der Apotheker zum gemeinen Besten und polizeylichen Zwange steht, auf der Wagschale der Billigkeit geprüft, die Momente, welche den Staat verpflichten, diesen Stand mit Privilegien zu dotiren. Man erwäge daher folgendes:

1) der Apotheker ist von Staats wegen gehalten, nicht nur einfache Heilmittel in ihrer wahren Güte zu sammeln, sondern er muß ferner durch Kenntniß der Physik im weitesten Sinne des Worts aus diesen einfachen Heilmitteln die mannichfaltigsten Producte zu bereiten verstehen.

2) Es kann sich derselbe keinen gewissen Absatz sowohl der einfachen, als zubereiteten Heilmittel durch Kunstfleiß verschaffen, dabey aber darf in seiner Officin kein Defect Statt haben; es ist also der Apotheker überdieß verbunden, von jeder Sorte Heilmittel sich einen Vorrath und zwar in seiner ganzen Kraft auf eine unbestimmte Zeit zu bewahren, damit er sowohl bey einzelnen, als allgemein herrschenden Krankheiten, die vom Zufalle abhängen, dem Arzte wie dem Kranken schleunige Hülfe zu leisten vermöge.

Allg. Anz. d. D. 1 B. 1807.

3) Diese Heilmittel müssen aus den ihm vorgeschriebenen Materialien, so wie nach einer für alle Apotheker bestehenden Norm verfertigt werden, er kann also weder durch Kunstfleiß, noch Industrie über diese Grenze schreiten.

4) Es ist demselben ferner jede Gattung Heilmittel und selbst die Zusammensetzung derselben nach der Vorschrift des Arztes von Staats-Polizey wegen tarirt; dadurch sind seinem Handelsgeiste die Hände gebunden.

5) Er muß sich gefallen lassen, daß man ihm zu jeder Zeit seine Vorräthe von Heilmitteln untersuche, und im Falle dieselben nicht probemäßig befunden werden, sie nicht nur zernichtet, sondern er selbst deshalb bestraft werde.

6) Derjenige Apotheker also, der verlesene, kraftlose, gekünstelte, oder sogar verfälschte Heilmittel verkauft, derjenige, welcher sie unter der Tare giebt, ist ein Betrüger und Wucherer, gefährdet das gemeine Beste, in Verzögerung des Krankseyns seiner Bürger oder bey manchem Falle durch geheimes Morden. Diesem zufolge sind keine der Gründe gegen die Ertheilung der Privilegien bey dem Apotheker anwendbar, vielmehr fordern die Natur der Obliegenheit des Apothekers und die Sicherheit des Staats, daß

a) dem Apotheker von Staatswegen eine gewisse Garantie für die Fortdauer seiner Entreprise zugestanden werde.

b) und in dieser verbleibe, um den zureichenden Vorrath von Heilmitteln echt zu erhalten, welches bey dem ohnehin zufälligen

Abſatz ſchon beſchwerlich und den Koſtenauf-
wand erhöhend iſt, noch zufälliger aber wird,
wenn ſich der Abſatz in mehrere theilen ſoll.

c) Daß er im Großen ſeine einfachen
und chemiſch bereiteten Heilmittel gewinne,
denn eben dadurch kann derſelbe billiger verkaufen, das präparirte Heilmittel vollſtändiger und wohlfeiler liefern.

d) Daß er nicht verleitet werde, durch
moderne Induſtrie, Kunſtfleiß und ſonſtige
unmoraliſche Mittel ſeine Officin in mehrere
Beſchäftigung zu ſetzen.

e) Daß er als ehrlicher Mann beſtehe,
und nicht durch Nahrungsſorgen gezwungen
werde, ſich im Schmälern der Hülfe für
Rothleidende ſeinen Unterhalt zu gewinnen.

f) Daß er bey einer honorablen Exiſtenz
ſeine wiſſenſchaftlichen Kenntniſſe täglich
mehr erweitere, wodurch er dem Staat in
mancher Angelegenheit von großem Nutzen
werde, eben dadurch aber auch denſelben
veredle, denn der größte Theil der vorzüglichſten Naturforſcher und Chemiſten
unſrer Zeiten waren Apotheker, z. B.
Wiegleb, Gren, Hermbſtädt, We-
ſtrumb, Klaproth, Willdenow, Trommsdorff; der berühmten Ausländer nicht
zu gedenken. Unterdeſſen kann der Staat
allen dieſen Obliegenheiten, welche derſelbe
zur geſetzlichen Exiſtenz ſeiner Apotheken hat,
nur dadurch genügen, wenn er ſeinen Apotheken ein Privilegium ertheilt.

Es iſt nun noch die einzige Erörterung
übrig, auf welchen Bedingungen dergleichen
Privilegien beſtehen ſollen.

Als ſolche wären folgende Momente zu
berückſichtigen:

1) Daß der Sprengel des Apothekers
weder rückſichtlich ſeiner Mitbürger und des
Arztes zu groß, noch rückſichtlich ſeiner Sub-
ſiſtenz zu beengt ſey.

2) Muß dieſes Privilegium ſo lange gehalten werden, als der Apotheker zureichende
Beweiſe vorlegen kann, daß alle dieſe oben
angeführten Gründe, wegen welcher der Staat
verpflichtet war, dem Apotheker ein Privilegium für dieſen ſeinen Sprengel zu ertheilen,
in dem Falle noch Statt finden, wo man
die Anlegung einer zweyten Apotheke im
Plane habe.

3) Im Fall der Staat im Sprengel
eines Apothekers eine Filial-Apotheke für

nothwendig findet, der reſpective Apotheker
gehalten ſey, dieſelbe anzulegen; wenn aber
die Bedingung, unter welcher der Apotheker
von Staats wegen gehalten war, eine Filial-
Apotheke anzulegen, nicht mehr Statt hat
ſo kann dieſe Filial-Apotheke wieder aufge-
löſt werden.

4) Iſt der Staat befugt, das Privilegium unter einer in demſelben zu bemerken-
den Summe Geldes wieder an ſich zu kaufen, jedoch nur in dem Fall des Abſterbens
eines Apothekers, und mit der Obliegenheit,
allen in der Apotheke vorhandenen Vorrath
an Geſchirr und Heilmitteln den Erben zu
vergüten.

5) Daß innerhalb zwey Jahren eine
ererbte Apotheke entweder einen eignen Apotheker habe, oder ſollte in der Familie des
Apothekers ein Sohn vorhanden ſeyn, der
Talente beſitzt und von dem zu erwarten
ſtünde, daß nach Verlauf von ungefähr ſechs
Jahren derſelbe der Apotheke ſelbſt vorſtehen
könne, ſo dürfte dieſe durch einen Proviſor
bis zu dieſem Zeitpunct verſehen werden.

6) Daß Landeskinder, welche ſich prac-
chend in der Pharmacie gebildet haben, das
Einſtandsrecht beym Verkauf einer Apotheke
vor einem Fremden haben.

7) Daß keine Apotheke an einen verkauft
werden dürfte, welcher außer Stand ſich
befindet, den Kaufſchilling und einen jährlichen Vorrath aus eignem Vermögen zu be-
ſtreiten.

8) Darf kein Subject als ein Apothe-
ken-Käufer in Vorſchlag gebracht werden,
wenn ſolches nicht das Zeugniß der Fähigkeit,
einer Apotheke vorzuſtehen, von dem Collegium medicum als das erſte Erforderniß
zum Kaufe vorlegen kann.

9) Derſelbe Fall iſt, wenn ein Apothe-
ker ſeinem Sohn oder Schwiegerſohn die
Apotheke abtreten will, oder ſie nach deſſen
Tode ererbt.

Da nun die Apotheken theils mit excluſivis, theils mit limitatis Privilegiis perſe-
hen, und dem Anſchein nach eine ſolche vor-
geſchlagene Einförmigkeit der Privilegien beſchwerlich zu ſcheint, ſo erachtet man zur Ausführung dieſes Vorſchlags nothwendig, daß
der Staat in der Folge ſolche Apotheken, die
mit Privilegiis excluſivis verſehen ſind, vorläufig an ſich kaufen müſſe, nachdem aber

wieder mit dem in Vorschlag gebrachten Privilegium abtreten könnte, um sich des Vorwurfs der Beeinträchtigung des Privatrechts zu entheben.

Gesundheitskunde.

Einige Worte über die Nothwendigkeit, die Impfung der Schutzblattern zum Gesetz zu machen.
Zur Beherzigung für Sanitäts-Collegien.
Von Dr. Wilh. Harcke, practischem Arzt in Braunschweig.

In Nr. 22 des braunschw. Magazins 1806 suchte ich die Nothwendigkeit zu beweisen, die Impfung der Schutzblattern gesetzlich zu befehlen. Man nahm darauf wenig Rücksicht. Die natürlichen Blattern, die schon damahls obgleich nur einzeln herrschten, wüthen jetzt ungestört und wirklich epidemisch hier im Lande fort. So wüthet z. B. diese schändliche Krankheit*) in den Aemtern Lichtenberg und Saldern, einige Stunden von Braunschweig, noch in diesem Augenblicke, und seit einigen Monaten sind einige hundert Menschen an derselben gestorben, und viele auf Zeitlebens schrecklich verkrüppelt, ohnerachtet mehrere Aerzte in dieser Gegend gern und unentgeltlich impfen. Es hält schwer, sich so etwas wahr zu denken, weil man dadurch an dem menschlichen Verstande irre wird, und doch ist's leider so.

Dieser Gegenstand gehört aber vor das Forum der medicinischen Polizey, also vor die Sanitäts-Collegien; und man könnte diesemnach wol gar anfragen, was ich als bloßer Arzt hier hineinzureden hätte. Der Verf. will das gern über sich ergehen lassen, wenn er nur seinen Zweck, die Sache, von welcher hier die Rede ist, ernstlicher, als bis jetzt bey uns geschah, zur Sprache zu bringen, erreicht; er zieht sich dann gern zurück, und überläßt das übrige Männern, die tiefer und kräftiger eingreifen können, als seine schwache Hand ihm erlaubt. Warum treffen denn aber diese Sanitäts-Collegien nicht solche

*) Man kann die natürlichen Blattern mit vollem Rechte eine schändliche Krankheit nennen, da sie den Verstand des Menschen schänden, in so fern es von uns abhängt, ob wir sie ferner dulden wollen, oder nicht.

Anstalten, daß diese scheußliche Krankheit, die natürlichen Blattern, endlich aufhören? Was könnten sie wol rühmlicheres thun, und wodurch könnten sie sich ein dauernderes Andenken stiften, wenn es ihnen überhaupt darum zu thun seyn muß, medicinische Polizey zu handhaben. Diese unbegreifliche Sorglosigkeit ist aber um so unverzeihlicher, da die Ausrottung der Blattern auf eine sehr leichte Art und in sehr kurzer Zeit geschehen kann.

In meinem vorigen Wirkungskreise, als Landphysicus in Gandersheim, traf ich mit Hülfe des dortigen Amts und der Prediger die Verfügung, daß mir von jedem Dorfe eine Liste von allen Kindern eingehändigt wurde, die ich von Monat zu Monat ergänzte, und daß so viel wie möglich alle Kinder, und zwar unentgeltlich, denn nur dann ist der gemeine Mann und der Bauer dafür zu gewinnen, geimpft wurden, daß ferner diese allgemeine Impfung von zwey zu zwey Monaten wiederholt wurde. Durch diese Verfügung würden die natürlichen Blattern in diesem Districte nach wenigen Jahren vielleicht ausgerottet worden seyn, indem zu vermuthen war, daß die Zurückgebliebenen sich nach und nach auch zur Impfung eingefunden haben würden, wenn diese Einrichtung durch mein Abgehen von dort nicht ins Stocken gerathen wäre. — So sehr ich mich aber auch hier bemühete, alle zu impfen, so war das doch nicht möglich; der eine hatte noch albernere Einwendungen dagegen, als der andere. — Bey solchen Gelegenheiten sieht man, beyläufig gesagt, wie schlecht es um die Erziehung und Bildung des gemeinen Mannes bestellt ist. — Wenn also nicht der Staat oder hier die Repräsentanten desselben, die Sanitäts-Collegien, sich der Sache annehmen, und für die Impfung der Schutzblattern gesetzliche Befehle auswirken, so wird diese wohlthätige Entdeckung vielleicht in wenigen Jahren nicht mehr für uns da seyn, und wir werden, wenigstens bey uns, gar keine Schutzblatterlymphe mehr haben können.

Es ist eine merkwürdige Frage, warum bey uns, oder in Deutschland überhaupt,

die vortrefflichsten Erfindungen, Entdeckungen und Einrichtungen, kein Gedeihen haben,
oder nicht fort wollen, während sie in andern Ländern ihre wohlthätigen Folgen
überall verbreiten. Fehlt es den Vorstehern
des deutschen Volks an Patriotismus, oder
fehlt es ihnen an Muth und Kraft, etwas
zu gebieten, was nicht jedem Einzelnen gleich
als nothwendig in die Augen fällt? Beydes
kann nicht seyn; aber woran liegt es denn?
Staatsoberhäupter nennen sich Landesvä-
ter, weil sie es besser als ihre Unterthanen
verstehen, wie diese glücklich zu machen sind.
Damit werfen sie sich also als Vormünder
des Volks auf, und übernehmen dadurch die
absolute Verpflichtung, für das Beste des
Volks zu sorgen, und wenn es als unmün-
dig — oder nach Kant als Subaltern, der
nicht vernünfteln darf — sein eignes Heil verkennt, so muß der Landesvater, als Reprä-
sentant der Vernunft der Unmündigen, daſ-
selbe zu seinem Besten anhalten und zwingen.
Folglich muß der Landesvater unter andern
auch die Impfung der Schutzblattern gesetzlich befehlen, da der Unmündige im andern
Falle allein seine Gesundheit und sogar
sein Leben aufs Spiel setzt, und durch eigne
Einfalt oft wirklich verliert, sondern auch
andere durch die Gefahr der Ansteckung in
dieselbe Lage setzt. Ueber die Befugniß der
Staats-, die Impfung der Schutzblattern
zum Gesetz zu machen, haben sich schon mehrere Gelehrte erklärt, so daß darüber in
wirklich aufgeklärten Staaten gar keine
Frage mehr seyn kann, wie dieses auch die
Verfügungen dieser Staaten bewiesen haben.
Da nun aber die Staatsoberhäupter weder
allwissend noch allmächtig seyn können, so
übergeben sie die Sorge um die verschiedenen
Zweige ihrer Obervormundschaft den Weisen
unter dem Volke, in diesem besondern Falle
den Sanitäts-Collegien, und erwarten von
ihnen, wie billig, daß sie das Beste des Volks
auf alle Weise suchen und fordern werden.
Diesem zufolge sind die Sanitäts-Collegien
schuldig, den Staatsoberhäuptern die Nothwendigkeit des in Frage stehenden Gesetzes
vorzulegen, und zwar anschaulich und nachdrücklich, da der Gegenstand von so großer
Wichtigkeit ist, und sie dürfen dann hoffen,
dieses Gesetz gegeben zu sehen.

Selber fängt aber bey uns ein sonderba-
res Temporisiren, ein ewiges Nachgeben,
sich Fügen und Ueberlegen an einzureißen,
welches am Ende in eine gänzliche Erschlaf-
fung ausarten, und das alte barbarische Zeitalter vorbereiten muß. Und wirklich haben
wir durch diese Kraftlosigkeit und den Mangel an aller Energie schon einen großen
Schritt in die alte Finsterniß hineingethan,
und es fängt schon an, um uns dunkel zu
werden. Wenn dem aber wirklich so ist, oder
nur werden will, so ist es wahrscheinlich erlaubt, und vielleicht nothwendig, die allgemeine Aufmerksamkeit rege zu machen, damit
wir wenigstens bewogen werden, die Augen
aufzuthun.

Je seltner aber diese Gesetze sind, desto
mehr verdienen sie bekannt zu seyn, und das
nachstehende Gesetz eines weisen Fürsten,
der sich dadurch als ein wahrer Landesvater charakterisirt, kann als Muster für
alle aufgestellt werden.

Edict des Fürsten von Piombino
und Lucca, die Ausrottung der Blattern durch die Impfung der Schutzblattern betreffend. d. d 25 Dec. 1806.

„Da Wir, heißt es in demselben, jene
mörderische Pest, die natürlichen Blattern,
ganz und auf immer aus unsern Staaten verbannen wollen, so befehlen Wir folgendes:
Drey Tage nach Publicirung dieses Edicts
muß jeder Familienvater bey Strafe von
100 Franks die Anzeige machen, wenn jemand in seinem Hause von den natürlichen
Blattern befallen ist. Derjenige, welcher
bey der Obrigkeit einen verheimlichten Blat-
terkranken angibt, erhält eine Belohnung
von 50 Francs. Jedes Haus, in welchem
die natürlichen Blattern grassiren, wird gesperrt, mit Wache umgeben, und alle Gemeinschaft mit den Bewohnern desselben aufgehoben. Wer daraus zu entkommen sucht,
wird 40 Tage lang eingesperrt. Nach 14
Tagen, von der Publication des Edicts an
gerechnet, müssen alle Kinder und Personen,
welche die natürlichen Blattern noch nicht
gehabt haben, vaccinirt werden. Alle neugeborne Kinder müssen künftig schon in den
ersten zwey Monaten ihres Lebens vaccinirt
seyn. Die Eltern und Vormünder sind für
die Kinder verantwortlich, und die Ueber-

treter dieser Vorschrift werden zu einer
Strafe von 100 Francs, oder zu einer vier-
zehntägigen Einsperrung verurtheilt. Die
Impfung geschieht durch fürstliche dazu angestellte Aerzte unentgeltlich. Welcher Arzt
sich dabey vorzüglich auszeichnet, erhält eine
große goldene Medaille. Derjenige, welchem
die Kuhpocken in der Ordnung durch die angestellten Aerzte eingeimpft worden sind, und
der hinlänglich beweisen kann, daß er nachher von den natürlichen Blattern befallen
worden sey, empfängt eine Belohnung von
100 Francs."

Wenn man diesem vortrefflichen Edict
zu seiner Vollendung noch etwas wünschen
sollte, so wäre es der Zusatz:

„daß der Impfarzt jedem Subjecte,
welches auf die Impfung wirkliche Schutzblattern bekam, ein Attestat darüber ausstellte, in welchem alle die die Schutzblattern charakterisirenden Aeußerungen verzeichnet wären." z. B.

Der Unterschriebene bezeuget hiermit,
daß dato N. N. im Monate
(Jahre) seines (ihres) Alters die Schutzblattern geimpft worden sind, welche sich
an der Zahl, gegen den vierten Tag
erhoben, an Größe zunahmen, am sieben-
den Tage die Größe einer Erbt convexen,
auf ihrer Spitze etwas nach innen gezogenen Linse hatten, mit einer wasserhellen
Feuchtigkeit angefüllt und einer peripheri-
schen Röthe umgeben waren, wobey sich
an diesem und einigen folgenden Tagen Fie-
berbewegungen bemerken ließen, und dann
die Blattern mit schwarzbraunen Schorfen
abtrockneten und deutliche Narben hinter
ließen, wodurch sie sich als wirklich schützen-
de Blattern zeigten.

(L. S.) Dr N. N.
beeidigter Impfarzt.

Diese Verfügung würde den großen Vortheil haben, daß der Impfarzt nun genöthigt
wäre, sich genau um seine Impflinge zu
bekümmern, daß man müßte, welches Subject die Schutzblattern gehabt hätte, welche
nicht, und den Geimpften würde ein solches
Attestat immer zur Beruhigung dienen.

Dienst - Gesuche.

1) Ein Mann in mittlern Jahren, der
mehrere Jahre eine Oeconomie im Pacht
hatte, und durch zwey unglückliche Jahre
einen so beträchtlichen Verlust erlitten, daß
er nach geendigter Pachtzeit nicht wagen
wollte, eine eigene Pachtung wieder zu übernehmen, wünscht als Verwalter ein Unterkommen zu finden. Er ist verheirathet und
hat vier Kinder. Sollte sich eine Gelegenheit
finden, wo die Seinigen mit beschäftigt werden könnten, so würde es ihm desto angenehmer seyn, da seine Frau eine thätige
Hauswirthin ist, und beyder Eltern innigster
Wunsch ist, ihre Kinder ferner so wie bisher
zum Fleiß und zur Thätigkeit in häuslichen
Geschäften anzuhalten. Sollte aber seine
Familie seine Anstellung erschweren, so würde er auch ohne sie eine Stelle annehmen,
wo er durch Arbeit sein Brod und nur einigen Zuschuß zur Versorgung der Seinigen
verdienen könnte. Da er auch im Rechnungswesen nicht unerfahren ist; so würden ihm
auch Geschäfte der Art anvertraut werden
können. Von seinem zeitherigen Verhalten
und bewiesenen Treue und Fleiß ist er bereit,
die erhaltenen Zeugnisse auf Erfordern vorzulegen, und ihre Wahrheit durch Redlichkeit
und Fleiß zu erweisen. Unter der Adresse
an den dienstsuchenden Oeconomen B. in W.
werden nähere Nachrichten von ihm zu erlangen seyn, die die Expedition des allg.
Anz. besorgen wird, wenn Briefe frey an sie
geschickt werden. W. den 21 Febr. 1087.

———

2) Ein Mann von 30 Jahren, der seit
11 Jahren in Schreibstuben gedient, wo er
sich vorzüglich dem Rechnungsfach gewidmet,
in den letzten sechs Jahren aber auch die
Stelle eines Actuars mit versehen hat,
wünscht als Rechnungsführer oder Verwalter angestellt zu werden. Er kann auf
Erfordern eine verhältnißmäßige Caution
leisten und sich mit guten Zeugnissen legitimiren. Portofreye Briefe unter der Adresse
F. D wird die Expedition des allg. Anz.
besorgen.

———

6) J. H. Kromm's.

Der seit 60 Jahren abwesende Johann Heinrich, Sohn von weiland hiesigem Bürger und Metzgermeister. Johann Georg Kromm, oder dessen rechtmäßige Erben, werden hiermit öffentlich vorgeladen, binnen 6 Monaten von heute an, dahier vor Amt in Person oder durch Bevollmächtigte zu erscheinen, und wegen des elterlichen Vermögens des Abwesenden Red und Antwort zu geben, gegenfalls aber gewärtig zu seyn, daß dieses den hiesigen nächsten Verwandten gegen gebührende Caution wird verabfolgt werden.

Schotten, den 9 Febr. 1807.
Großherzoglich Hessisches Amt daselbst.

7) J. Schaumlöffel's.

Des Durchlauchtigsten Fürsten und Herrn, Herrn Friedrichs Fürsten zu Waldeck, Grafen zu Pyrmont und Rappoltstein, Herrn zu Hohenack und Geroldseck am Wasigen ꝛc. ꝛc.

Wir zu Höchstdero Consistorio verordnete Präsident, Vice-Canzler und Räthe fügen hiermit zu wissen:

Es hat die Ehefrau des Johannes Schaumlöffel zu Nieder-Wildungen Barbara Catharine geborne Bartholty gegen gedachten ihren Ehemann aus Holzhausen im churhessischen Amt-Gudenberg gebürtig, welcher sie vor länger als 10 Jahren heimlich verlassen hat, eine Ehescheidungs-Klage bey Uns angestellt, und gebeten, daß Wir denselben als einen malitiosum desertorem öffentlich vorladen, und im Fall dessen ungehorsamlichen Zurückbleibens, des zwischen ihm und ihr bisher bestandene eheliche Verbindung trennen und wiederaufheben möchten. Wir citiren und rufen demnach gedachten Johannes Schaumlöffel aus Holzhausen, daß er von heute in drey Monaten vor Uns auf dem Consistorio dahier erscheinen, die veranlaßten Gründe seiner heimlichen Entweichung anzeigen, und sich dieserhalb gehörig rechtfertigen, oder im Zurückbleibungsfall sich gewärtigen solle, daß sdie Klage seiner Ehefrau für eingestanden angenommen, mithin er pro desertore malitioso erklärt, auf seinen Ungehorsam die Ehescheidung dem Suchen seiner Ehefrau gemäß erkannt, und dieser auch die anderweite Heirath gestattet werde. Urkundlich Unserer gewöhnlichen Fertigung.

Arolsen, den 5 Februar 1807.
Fürstl. Waldeck. zum Consistorio verordnete Präsident, Vice-Canzlar und Räthe daselbst.
Zerbst.
J. Kleinschmit.

8) M. Lieb's.

Dem Martin Lieb, hiesigem Bürgersohn, welcher vor ungefähr 13 Jahren von hier als Kürschner-Geselle seiner Äußerung nach gegen Hamburg auswanderte, wird bekannt gemacht, daß ihm ein Legat von 1 1/2 Morgen Ackers von seiner verlebten Base Christina, gebornen Wirthwein in der

Art zugedacht worden sey, wenn binnen sechs Jahren von ihm eine Nachricht seines Aufenthalts, oder er selbst dahier einträte, ansonsten dieses Legat seinen Geschwistern heimgefallen seyn solle.

Stebingen im Kraichgau, den 2 Januar 1807.
Gräflich Wolff Metternichisches Amt.
Tils.

9) A. L. Richter's.

Der Seilenhauer August Ludwig Richter, angeblich aus Dresden gebürtig, hat sich mit Zurücklassung einer namhaften Schuldenlast von hier entfernt, und wird anmit öffentlich aufgefordert, a dato binnen vier Wochen um so gewisser dahier zu erscheinen und auf die gegen ihn vorgebrachten Schuldklagen zu antworten, als sonst solche rücksichtlich seiner für eingestanden angenommen, und die Gläubiger aus dem Erlaß seiner dahier zurückgelassenen und alsdann zu verkaufenden Effecten sollen befriediget werden.

Sign. Wertheim den 9 Febr. 1807.
Stadt-Amt,
Bürgermeister und Rath.
v. Berg.

Kauf- und Handels-Sachen.

Verkauf eines Hauses nebst Waarenlager in Ansbach.

Da bey dem hiesigen Stadtgericht auf Ansuchen des Curators des Kaufmann Löwis-Concurs-Massa das in der Adlerwirthsgasse dahier unter Nro. 186. belegene Haus nebst Zubehör und besonders nebst dem darin befindlichen Waarenlager von Tuch und andern Waaren an den Meistbietenden öffentlich Schuldenhalber verkauft werden soll, und die Bietungs-Termine auf den 17 April, den 17 Junius, und besonders den 17 August d. J. jedesmahl Vormittags um 10 Uhr in dem Stadtgericht. Sessions-Zimmer vor dem Deputirten-Assessor Meusel angesetzt worden; so wird solches, und daß gedachtes Haus und Waarenlager nach der davon aufgenommenen Taxe, welche in der Registratur eingesehen werden kann, ersteres auf 4000 fl. und letzteres auf 18556 fl. 53 1/2 kr. gewürdigt worden, den Kauflustigen bekannt gemacht, mit der Nachricht, daß im letzten Bietungs-Termin, welcher peremtorisch ist, das Grundstück dem Meistbietenden unfehlbar zugeschlagen, und auf die etwa nachher einkommenden Gebote nicht weiter geachtet werden soll. Zugleich wird denjenigen, welche etwa auf dem Hause wieder eine Handlung zu treiben gewillt sind, bekannt gemacht, daß sie deßhalb zuvor die besondere Erlaubniß der hiesigen königl. Kriegs- und Domänen-Kammer zu erhalten bemüht seyn müssen.

Ansbach, den 5 Febr. 1807.
Stadtgerichte.
von Spieß.

Verkauf einer Pottaschensiederey nebst Grundstücken.

Vor dem gräfl. Stolbergis. Amte Questenberg allhier sollen Johann Friedrich Otte'ns zu Hayn-rode Grundstücke, bestehend in einer mit den erfor-derlichen Kesseln und Laugenfässern versehenen Pot-aschensiederey und dazu gehörigem Hause, auch Scheune, Ställen, Schuppen und Garten, inglei-chen 7 3/4 Acker arthaftes Land, 1/2 Acker Wiese und einem Fleck Holz, auf

den 23 April l. J.

öffentlich an den Meistbietenden verkauft werden. Es haben daher diejenigen, welche gedachte Grund-stücke käuflich an sich zu bringen gesonnen sind, be-sagten Tags Vormittags um 9 Uhr sich an Amts-stelle entweder in Person, oder durch hinlänglich Be-vollmächtigte zu melden und ihre Gebote zu thun. Eine genaue Beschreibung dieser Grundstücke ist nicht nur aus den vor den Rathhäusern zu Eisleben und Frankenhausen, und dem Amthause zu Kelbra angeschlagenen Subhastations-Patenten und Con-signationen zu ersehen, sondern auch beym gräfl. Amte gegen die Schreibgebühren zu erhalten.

Sign. Rossla, am 14 Februar 1807.

Gräfl. Stolbergis. Amt Questenberg daselbst.

Carl Sigismund Bürger.

Verkauf einer Mühle.

Da ich gesonnen bin, meine vor dem obern Thore allhier gelegene Mahl-Schneide-Oel-und Lohmühle, nebst den dazu gehörigen Grund-stücken, aus freyer Hand zu verkaufen, und beliebigenfalls meine Ackerwirthschaft dem Käufer der Mühle zu verpachten, so mache ich dieses hier-mit öffentlich bekannt und ersuche die Kaufliebha-ber, mich mit ihrem Besuche zu beehren.

Stadtilm im Schwarzburg-Rudolstädtischen, den 20 Febr. 1807.

Johann Michael Wagner.

Versteigerung von harzen Bergtheilen.

Mittwochen den 8 April sollen die zur von Vultejoischen Nachlaßschafts-Masse gehörigen harzen Bergtheile, namentlich:

a) 1/48 Kur Dorothea.
b) 3/4 Kur Neue Benedicta.
c) 1/2 Kur Carolina.
d) 1/24 Kur Aunfang.
e) 1 1/2 Kur Gabe Gottes und Rosenbusch.
f) 1/2 Kur St. Elisabeth.
g) 1/16 Kur Sophia.
h) 1/16 Kur St. Margaretha.
i) 1/4 Kur Gnte des Herrn.
k) 1/16 Kur kleiner St. Jacob.
l) 1/8 Kur Herzog Christian Ludwig.
m) 1/3 Kur Kranich.
n) 1/4 Kur braune Lilie.
o) 11/24 Kur Abendröthe.
p) 1 3/4 Kur Herzog August und Johann Friedrich.

q) 1/16 Kur weißer Schwan und
r) 1/4 Kur Lautenthals Glück.

öffentlich versteigert werden. Welches Kaufluftigen mit dem Bemerken bekannt gemacht wird, daß a, b, c, d, und e, dermahlen noch Ausbeute brin-ger, f, g, und h, im Freybau sich befinden, die übrigen i — r, aber in der Zubuße stehen. Lieb-haber zu dem Einzelnen so wie zum Ganzen, können sich daher Vormittags auf der Regierung anmelden, ihr Gebot zu Protocoll anzeigen, und dem Befin-den nach als bald des Zuschlags gewärtigen.

Cassel, den 11 Febr. 1807.

B. W. Rüppell.

vig. Commis.

Oeconomie-Verpachtung.

Nachdem die, zu den Rittergütern Meineweh und Schleiniz gehörige Oeconomie von Johannis 1807 bis mit Johannis 1816. und zwar die, dem Rittergute Meineweh zuständige Wirthschaft den dritten April 1807.

die schleiniser hingegen den darauf folgenden vierten April bes. Jahres

zu besagtem Meineweh an gewöhnlicher Gerichts-stelle Vormittags um 12 Uhr öffentlich verpachtet werden soll; als wird solches hiermit bekannt ge-macht, und können auf Verlangen die dießfallsigen Anschläge beym Herrn Accis-Inspector Beyer in Freyberg und bey Endesbenanntem in Weißenfels wohnhaft zur Einsicht vorgelegt werden.

Meineweh, am 25 Dec. 1807.

Die Adel. Schönbergischen Gerichte daselbst.

Johann Christian Kunnd, Ger. Verwalter.

Frankfurter Wechsel-Cours.

den 20 Februar 1807.

	Briefe.	Geld.
Amsterdam in Banco k. S.	—	—
2 Mon.	—	142 3/4
Amsterdam in Courant k. S.	—	142 3/4
2 Mon.	142 1/2	—
Hamburg k. S.	—	149
2 Mon.	—	148 1/2
Augsburg k. S.	100 1/8	—
Wien k. S.	47	—
2 Mon.	—	—
London 2 Mon.	—	—
Paris k. S.	—	78
à 2 Uso	—	77 5/8
Lyon	—	77 1/2
Leipzig M. Species	—	—
Basel k. S.	—	—
Bremen k. S.	—	109

Allgemeiner Anzeiger
der
Deutſchen.

Freytags, den 27 Februar 1807.

Geſetzgebung und Regierung.

Nachtrag, über die Ausgleichung der Kriegs-Contributionen.

M. in N. hat in ſeinen Bemerkungen (Nr. 41 des allg. Anz. d. D.) zwey Grundſätze aufgeſtellt, die ich unbedenklich unterſchreibe; den einen, daß alle Staatsbürger zu den Kriegscontributionen verhältnißmäßig beyzutragen haben; den andern, daß die Beyträge der Pfarrer und Schullehrer nicht nach den Grundſtücken, die ſie benutzen, ſondern nach ihrem ganzen Dienſt-Einkommen zu berechnen ſind.

Es ſey mir erlaubt, zu beyden noch einige Bemerkungen beyzufügen. Die erſte iſt dieſe, daß Pfarrer und Schullehrer anders nicht und nach keinem andern Verhältniß zur Mitleidenheit zu ziehen ſind, als wenn und in ſo fern die weltlichen Staatsdiener mit dazu gezogen werden. Beyde gehören in dieſelbe Claſſe der Staatsdiener, müſſen alſo auch gleich beſteuert werden. Die zweyte, daß außer den Grundbeſitzern und ſteuerbaren Unterthanen auch Capitaliſten, Kaufleute, Fabrikherren, und andere producirende oder conſumirende Unterthanen contribuiren müſſen. Bey ihnen kann derſelbe Maßſtab eintreten, wie bey den Staatsdienern; nur daß jene jährliches Einkommen auf Bürgerpflicht anzugeben haben, welches bey dieſen auf andere Art erforſcht, wenigſtens controllirt werden kann. Die dritte, daß von der Allgemeinheit diejenigen auszunehmen ſind, die weder Grundeigenthum, noch Amt, Handel, Gewerbe, Capi-

Allg. Anz. d. D. 1 B. 1807.

talien beſitzen, ſondern für jeden Tag bloß das Bedürfniß des Tages verdienen. Die vierte, daß eine Provinz nicht nach der andern beurtheilt werden mag, ſondern daß in jedem Kreiſe die Localumſtände eine verſchiebene Eintheilung nöthig machen. So muß in Thüringen der Feldbau zum erſten Maßſtab dienen, weil dieſer ſelbſt in den meiſten Städten der Hauptnahrungszweig iſt. Im Erzgebirge ſtehen Fabriken und Manufacturen mit dem Feldbau wenigſtens im Gleichgewicht, wo ſie ihn nicht, wie ich glaube, überwiegen. Darum müßte da ein anderer Maßſtab angenommen werden. Die fünfte, daß Ungleichheit und Prägravation bey aller Sorgfalt unvermeidlich iſt; ſo ward in Thüringen geklagt, daß man Alles nach dem Scheffl. Ausſaat-Feld berechnet habe, da doch der Ertrag des Bodens ſo verſchieden iſt, und oft um's alterum tantum abweicht; und daß man beſonders bey Gütern auf Holzungen, Wieſen-Zins, welche oft mehr, als der Feldbau abwerfen, keine Rückſicht genommen hat. Und daher die ſechſte Bemerkung, daß in ruhigen Zeiten entweder eine richtige Proportion vorbereitet, oder eine Ausgleichung nachgeholet werden muß, indem in den Zeiten der Unruhe und des Dranges der gebietende Theil nach einer nur leidlich richtigen Proportion zugreifen, und der gehorchende ſich dabey beruhigen, und der eine wie der andere die Ungleichheit mit dem Drange der Umſtände entſchuldigen muß.

T.   J.

schenclasse, und sie wagt es daher, auch auswärtige Menschenfreunde, besonders solche, welche des Glück genießen, von einigen der drückendsten Lasten des gegenwärtigen Krieges frey zu seyn, um einige beliebige Beyhülfe, sie bestehe in Geld, oder alten noch brauchbaren Kleidungsstücken (in sofern bey leztern die Transportkosten nicht zu hoch im Verhältniß des Werths sind) geziemend zu ersuchen. Die Einsendung kann an jedes der oben genannten Mitglieder, am besten jedoch an den Herrn Referendair Geißenheimer, welcher die Führung der Rechnung gefällig übernommen hat, geschehen, und wird man darüber mit Benennung der Herrn Einsender, dem es nicht ausdrücklich verbieten, dem Publicum von Zeit zu Zeit Rechnung ablegen. Erfurt den 4 Februar 1807.
Die Gesellschaft.

Anfrage.

Was nennen die Apotheker den wouischen Apparat, der vor einiger Zeit in den götting. Anzeigen in einer Recension der neuen Pharmacopœa Batava so angelegentlich angepriesen wurde? Oder wo kann man darüber nähere Nachricht finden?

Dienst = Anerbieten.

1) Die zeitherigen Kriegs-Unruhen haben meinen Geschäfts = und Fabrik = Gang in seiner Thätigkeit durch die überall stockenden Aufträge auf einige Zeit unterbrochen, so daß mehrere Gesellen von meinen Schuhmacher = Werkmeistern verabschiedet werden mußten. Da aber jezt die auswärtigen Anfragen häufiger sich finden, und Commissionen gegeben werden, so finde ich für nöthig, meine Fabrik wiederum in ihre alte thätige Gewohnheit zu bringen, und mache hierdurch bekannt, diejenigen Schuhmacher-Gesellen, welche gute echte Arbeit fertigen und Lust haben, hier zu arbeiten, können ihrer zwanzig bey meinen zwey Werk = Meistern sogleich Arbeit finden.
Gotha den 19 Febr. 1807.
Johann Nicolaus Meyer.

2) Sollte ein junger Mensch willens seyn, die Land = Wirthschaft auf einem nicht unbeträchtlichen und in einer schönen Gegend liegenden Gute des Werragrundes bey einer liberalen und zweckmäßigen Behandlung zu erlernen; so wendet man sich in portofreyen Briefen, die in Eisenach bey dem Hrn. Professor Schneider abgegeben werden, an den Pachter Schwabe in Tiefenort, wo man die nähern Bedingungen des Kostgeldes und sonst noch erfährt.

3) In eine gute Seifensiederey in Nordhausen wird ein Lehrbursche gesucht; auf eine solide und billige Behandlung kann man sich Rechnung machen. Wer dazu Lust hat, wendet sich in frankirten Briefen an die Expedition des allg. Anz. in Gotha.

Dienst = Gesuche.

1) Ein lediges Frauenzimmer von mittlern Jahren, das zur Führung einer vollständigen Haushaltung alle nöthige Kenntnisse besizt und bereits 12 Jahre bey zwey Familien, theils als Gesellschafterin, theils als Haushälterin und Ausgeberin gestanden hat, auch die besten Zeugnisse aufweisen kann, sucht, nach erfolgtem Ableben ihrer lezten Principalin, anderweit in solcher Eigenschaft in einer Stadt oder auf dem Lande wieder unter zu kommen. Nähere Nachricht ertheilt auf frankirte Anfragen die Expedition des allg. Anz.

2) Ein Mensch von 17 Jahren, der bereits drey Jahre in Diensten war, wo er Gelegenheit hatte, sich im Rechnen und Schreiben und im Latein etwas zu üben, Reitpferde zu behandeln und die Aufwartung zu erlernen, sucht eine Stelle, wo er, wie bey seinem bisherigen Herrn, gut behandelt wird. Frankirte Briefe besorgt die Expedition des allg. Anz. an E. A.

Abgemachte Geschäfte.

Zur Nachricht dient hiermit, daß die unter dem 7 Febr. in Nr. 37 angebotene Verwalter = Stelle besezt ist.

Justiz- und Polizey-Sachen.

Vorladungen: 1) §. Wiener's.

Es ist die Wittwe des vormahls in hochfürstlich heßischen Diensten gestandenen und zu Pirmasens verstorbenen Lieutenants Wiener, Louise Susanne Salome geborne Breithaupt, vor kurzem gleichfalls allhier mit Tode abgegangen, und hat, dem Vernehmen nach, einen einzigen Sohn, Namens Friedrich, welcher als Sattler-Geselle auf die Wanderschaft gegangen, von dessen Aufenthalt aber man mehr nicht hat in Erfahrung bringen können, als daß er sich vor etwa 3 bis 4 Jahren, bey der be Bachischen Kunstreiter-Gesellschaft zu Prag befunden haben solle, hinterlassen. Es wird demnach gedachter Friedrich Wiener hierdurch citirt, sich binnen drey Monaten zur Legitimation und zum Empfange der mütterlichen Verlassenschaftsmasse allhier einzufinden, gegenfalls dieselbe unter gerichtliche Curatel gegeben und das Weitere sachgemäß wird verfügt werden. Diejenigen Gerichts-Behörden und Privat-Personen, welche von dem gegenwärtigen Aufenthalte oder allenfallsigen Tode dieses Friedrich Wiener Wissenschaft haben, werden ersucht, hiervon die gefällige Anzeige hierher zu thun. Darmstadt, den 10 Febr. 1807.

Großherzoglich Heßisches Kriegs-Collegium daf.

Bch. v. Stamerdingbe. Scriba. Balfer.
Refulé.

2) der Gläubiger L. Căfar's.

Es ist der Regierungs-Registrator Ludwig Căfar gesonnen, seinen Gläubigern Zahlungs-Vorschläge zu thun, und selbige zu befriedigen. Sämmtliche dessen Creditoren werden daher hiermit vorgeladen, Mittwochs den 11 März d. J. auf der Regierung vor unterzeichnetem Commissario sich anzumelden, nach alsbald zu documentirenden und summarisch zu erörternden Forderungen die Vergleichs-Anträge zu vernehmen, und sich darüber bey Strafe der Präclusion zu erklären, mit der Verwarnung, daß auf den demnächstigen Wiederspruch eines oder des andern nicht weiter Rücksicht genommen, sondern die Uebereinkunft sofort abgeschlossen, und bestätigt werden soll.

Cassel, den 4 Februar 1807.
D. W. Rüppell,
Kraft Auftrags.

3) der Erben oder Gläubiger J. B. Zangrandi's.

Diejenigen, welche eine Forderung aus irgend einem Rechtsgrunde an die Verlassenschaft des da-

hier verstorbenen Ritterstifts-Vicarii Johann Baptist Zangrandi zu machen haben, werden hiermit aufgefordert, diese binnen 4 Wochen dahier darzubringen, oder zu gewärtigen, daß nach fruchtlosem Umlauf dieser Frist die Erbschaft ohne weiters nach dem Inhalt des Testaments verabfolgt werde.

Bruchsal, am 12 Februar 1807.
Von gemeinschaftlicher Inventur Commissionswegen.
in fidem
§. W. Hartmann.

4) des Licent-Einnehmers Winter.

Hiermit wird der vorhin in Lauterberg gestandene Licent-Einnehmer Winter, welcher schon seit geraumen Jahren abwesend ist, ohne daß man seinen Aufenthalt bis jetzt in Erfahrung bringen können, wie auch seine etwanigen Leibeserben aufgefordert, die gegen ein Vorlehn von 74 rthlr. 30 gl. 2 1/4 pf. der Eisenhütten-Administration zur Königshütte bey Lauterberg verpfändeten Sachen, binnen hier und dem 14 May gegen Berichtigung obgedachter Schuld einzulösen; widrigenfalls aber, nach Verlauf solcher Frist die in deposito befindlichen Pfänder zur endlichen Abtragung gedachter Schuld meistbietend verkauft werden sollen.

Clausthal, den 12 Februar 1807.
Im hiesigen Berg-Amte.
Lunde.

5) Frz. Mich. Hamberger's.

Der schon längst als Schuster in die Fremde gegangene hiesige Bürgersohn Franz Michael Hamberger, oder dessen Descendenten, werden hiermit aufgefordert, sich binnen einem Jahr und sechs Wochen wegen Antretung des dem Michael Hamberger von seinen Eltern angefallenen Vermögens von 975 fl. 21/2 kr. bey diesem Magistrat zu melden, widrigens dasselbe dessen nächsten Anverwandten gegen Sicherheit eingeantwortet werden würde.

Altdreysach, am 30 Januar 1807.
Magistrat der Großherzoglich Badischen Stadt allda.
Schilling, Syndicus.

Kauf- und Handels-Sachen.

Lein- und Klee-Samen.

Bey J. L. Mählig und Comp. in Leipzig ist ächter neuer rigaer Leinsamen und spanischer Kleesamen um billige Preise zu haben.

Allgemeiner Anzeiger
der
Deutschen.

Sonnabends, den 28 Februar 1807.

Nützliche Anstalten und Vorschläge

Nähere Erläuterung des Aufsatzes in Nr. 168 des A. A. 1805: Ueber die einzig zweckmäßigen Mittel, immer vollauf Brod zu haben.

Zu Artikel 1) Man sehe auf gehörig viel Getreideland. Nicht die Summen Geldes, welche die Landeserzeugnisse gelten, zeigen den allgemeinen Wohlstand der Bewohner an, sondern die Leichtigkeit, mit der jedermann seine ordentlichen vernunftmäßigen Bedürfnisse befriedigt, ohne durch ängstliche Sorgen die Heiterkeit seines Geistes zu schaden, beweiset die Wohlfahrt der Menschen. Zur Beförderung dieses Glücks kommt kein Vorschlag, der diese Absicht hat, zu früh, daher wag' auch ich es, dazu meinen Beytrag zu liefern, ob ich gleich die freudige Hoffnung, bey meinen Lebzeiten hier zu Lande meine Wünsche oder Vorschläge erfüllt zu sehen, beynahe nicht hegen darf.

Staunend betracht' ich täglich die Verschleuderung der Mittel, die uns hiesigen Orts zu Gebote stehen, einen wichtigen Beytrag zur Landeswohlfahrt zu liefern, denn der Zweck dieser Vergendung ist Hut und Trift von äußerst geringem Werthe. Tausend Morgen Acker liegen hier reine Brache und eben so viel, wo nicht noch mehr Anger (Grasung, Weide) werden nicht so benutzt, wie sie es könnten. Die Brache liefert uns nicht einen Halm grünes Futter, daher kommt der Mangel an Rindvieh, und man hält auf Vermehrung der Schafe große Stücken, allein es fehlt immer an der dem

Allg. Anz. d. D. 1 B. 1807.

Acker so nöthigen Kraft (Düngung) und das Pfluglohn wird verschwendet. Durch das öftere Umpflügen verringert sich die Schafweide darauf oft bis zu Null, dann sind die Heerden auf den Anger und die Berge gewiesen, aber sie finden auch hier sehr wenig; denn theils sind die Wiesen zugestochen, (vor Behutung bewahrt) theils besteht der übrige Anger aus hundertjährigen Fahrgleisen, die jährlich noch vermehrt werden, und die Berge sind in trocknen Sommern auch dürr und kahl, weil kein Schatten gebender Baum darauf steht. Also nutzt die große Weide dem Viehe nichts oder sehr wenig, und deswegen gehören Antriften, Abschälung der Weidenbäume und so weiter zu den nothwendigen Erhaltungsmitteln des weidenden Viehes.

Zur Erreichung eines doppelten Zweckes schlag' ich daher folgende Mittel vor, die nicht allein bey uns hiesigen Orts, sondern auch an manchen andern Orten anwendbar seyn könnten.

1) Müßten die Gesetzgeber befehlen, wo es mehr als Erlaubniß bedarf:

Die Bestellung der Brache des tragbaren Ackers und der Wiesen;

2) Die Vertheilung des Angers zu Acker;

3) Die Bepflanzung der Berge und Grasetriften zwischen den Aeckern mit Bäumen.

4) Daß ein zu bestimmten Theil dieses neu erworbenen Ackers in abwechselnden Jahren von jedem Eigenthümer mit Klee besäet werde und zur Viehweide bis Bartholomäi

tag ungepflügt und ungemähet liegen bleiben müßte.

5) Scheint mir die Verpachtung solcher
neuen Grundstücke am zweckmäßigsten zu
seyn.

Meiner Meinung nach würden wir hier
allein an zwölfhundert Morgen Acker gewinnen, und das ist doch keine Kleinigkeit für
einen Ort; aber was wäre dieß für eine
Kleinigkeit gegen die Summe der Erwerbung
dieser Art in ganz Deutschland? Wie viel
Futterkräuter würden mehr gebauet? Wie
viel Stück Rindvieh mehr gehalten, ohne
vielleicht ein einziges Schaf abzuschaffen, und
folglich der Acker zu höherm Ertrage gebracht
werden! Die vorzüglichsten Folgen dieser
Aenderung des alten Herkommens würden
seyn: eine außerordentliche Mehrzahl an
Wispeln von Getreide, Kartoffeln und Obst-
Vermehrung des Brenn- und Nutzholzes und
der landesherrlichen Einkünfte. Kein Gewerbe würde durch Verbote unterbrochen
werden müssen! Handel und Wandel würden blühen und auf lange Zeit würde sich
jedermann freuen des wohlfeilern Preises
seiner Bedürfnisse.

Ditfurt.   L.Fh. Bollmann.

Gesundheitskunde.

Erinnerung an ein Mittel wider Hühneraugen.

In Nr. 43 des N. A. 1806 befindet sich
ein Aufsatz, in welchem verschiedene Mittel
wider Hühneraugen angegeben sind. Da ich
selbst oft von diesem Uebel heimgesucht worden bin, und also aus Erfahrung weiß, welche Schmerzen sie verursachen, so halte ich
es für meine Schuldigkeit, ein bewährtes
Mittel wider dieses Uebel bekannt zu machen,
besonders da ich durch den Inhalt jenes Aufsatzes auf die Vermuthung gekommen bin,
daß dieses Mittel wol weniger bekannt seyn
möchte, als ich bisher zu glauben Ursache
hatte, weil ich, wenn ich nicht irre, die Anzeige dieses Mittels schon vor mehrern Jahren in einem öffentlichen Blatte gelesen habe.
Es ist folgendes:

Man nehme gewöhnliches Baumwachs,
dessen man sich beym Pfropfen, Oculi-
ren u. s. w. der Bäume bedient, und welches
man in jeder Apotheke bekommt, drücke das

vor zwischen den Fingern so viel, als zur Bedeckung des Hühnerauges nöthig ist, weich,
und lege es darauf. Zur Bedeckung dieses
Pflasters nehme ich gewöhnliches Schreibpapier, denn Leinwand läßt das Wachs durchbringen, welches dann an dem Strumpfe
anklebt und dadurch leicht verschoben wird.
Weiches Leder würde vielleicht auch dieselben
Dienste leisten; doch könnte es seyn, daß es
wegen der größern Stärke mehr zum Drücken Veranlassung gäbe, als das Papier.
Ist das Hühnerauge an einer Fußzehe, so ist
der Verband sehr leicht zu machen. Man
wickele nämlich ein Streischen Papier, welches ohngefähr die Breite der Zehe beträgt,
etwa zweymahl um die Zehe und binde es
dann mit einem Faden Zwirn zusammen.
Hat aber das Hühnerauge seinen Sitz auf
der Fußsohle, so lege man ein Stückchen
Papier über das Wachs, wickele darüber ein
etwas breites Band um den ganzen Fuß herum und nähe dieses fest zusammen. Bald
nach diesem ersten Verbande, welchen ich
nach 4 oder 6 Tagen mit einem neuen ver-
wechsele, bemerkt man Linderung, und in
kurzer Zeit verliert man alle Schmerzen. Die
Geduld, die bey andern Heilungsarten dieses
Uebels immer sehr auf die Probe gestellt
wird, ist hier gar nicht nöthig, denn es ist
nun so gut, als wäre man schon von diesem
Uebel gänzlich befreyt, da das angelegte
Pflaster durchaus keine Unbequemlichkeiten
und Nachtheile verursacht. Bey jeder Erneuerung des Pflasters ist es nöthig, das
Hühnerauge so weit ab- und auszuschneiden,
als man seine Schmerzen empfindet, wozu
weder Fußbäder, noch andere erweichende
Mittel nöthig sind; bloß ein scharfes Messer
ist dazu erforderlich. Man fährt nun mit
dem Auflegen frischer Pflaster so lange fort,
bis das Hühnerauge ganz weggeschnitten ist;
dieses Pflaster zieht solches immer mehr
und mehr heraus, so daß man endlich die
ganze Wurzel mit einem spitzigen Messer aus-
heben kann. So lange aber dieses noch nicht
geschehen ist, darf man die Cur nicht als
beendigt ansehen, weil sonst über lang oder
kurz das Hühnerauge wieder zum Vorschein
kommt; es ist daher besser, die Cur länger
fortzusetzen, als damit zu bald abzubrechen.

L. in D.   J. . . . g.

Allerhand.

Antwort in Betreff des Extrapost-
Geldes.

In Nr. 35 des allg. Anz. hat ein anonymer Einsender sich über die Theurung des
Extrapost-Geldes beschwert; indem bey dem
Haferpreis zu 5 rthlr. das Pferd 10 gl. die
Meile, jetzt aber 12 gl. kostete. Der Einsender scheint aber den Grund dieser Erhöhung
nicht recht einzusehen, indem bey den jetzt in
etwas gesunkenen Haferpreisen die Erhöhung
des Extrapost-Geldes sehr weislich dazu
dienen soll, den durch jene hohen Haferpreise
gänzlich ruinirten Postmeistern etwas wieder
aufzuhelfen. Die darin ausgesetzten Haferpreise finden sich aber an wenig Orten, und
der Scheffel Hafer zu 1. rthlr. möchte jetzt
wol zu den seltenen Erscheinungen gehören,
da er bey mehreren Stationen im Königreiche
Sachsen über 2 rthlr. bis 2 rthlr. 8 — 10 gl.
gilt. — Eine Beschwerde über das zu wohlfeile Extrapost-Geld erinnert man sich in
jenen theuren Zeiten von jenem Einsender
nicht gelesen zu haben. Und sind denn
nicht die eben so nöthigen Requisiten zum
Postwesen, als Pferde, Wagner, Sattler,
Schmid und Riemer, und unzählige andere
Dinge nicht noch eben so theuer, wie sonst,
ja fast noch theurer?

Die jetzt häufig gehenden Extraposten
sind aber wol ein sicherer Beweis, daß diese
Art fortzukommen immer noch die wohlfeilste
und beste seyn muß, und man bedauert recht
sehr, daß sich jener Herr von der erschreckli-
chen Theurung des Postgeldes, worüber er zuerst
gerechte Klagen führen will, wahrscheinlich
wird abhalten lassen, je wieder mit Extrapost
zu fahren, und den etwa damit zu berühren-
den Poststationen großen Schaden zufügen
wird. Den 11 Febr. 1807.

Von einem Königl. sächs. lange
gedienten Postmeister.

Aufforderung.

Es ist mir nach der Schlacht von Jena
ein Packknecht sammt dem Pferde und Felleisen abhanden gekommen, welcher das Pferd
in genanntem Zwischenraum als entlaufen
angibt. Der gutdenkende jetzige Besitzer,
dem das Pferd (an seiner falben Farbe mit
schwarzem Streif über dem Rücken, kurz

gedrungenem Bau und stehenden abgeschnittenen Mähnen vorzüglich kennbar) mit dem
Felleisen zugekommen, wird dringendst gebeten, letzteres — da das darin enthaltene Patent nebst mehrern Schriften ihn wenig interessiren kann — gegen eine reelle Belohnung an die Expedition des allg. Anz. in
Gotha oder an den Herrn Major von Usten-
gershausen in Erfurt gelangen zu lassen.

Lt. v. Poseck,
im Drag. Reg. v. Wobeser.

Justiz- und Polizey-Sachen.

Aufforderung.

Es gehet ein Gerücht herum, daß die in
der vorjährigen Schlachten in Deutschland
gebliebenen Menschen- und Thierkörper hier
und da nicht tief genug eingegraben worden seyen, und daß man daher nothwendig
fürchterliche Folgen zu erwarten haben werde!
Das letztere würde allerdings mir zu gewiß
seyn, wenn das erstere wahr wäre. Wer
kann dieses aber von den, bekanntlich so trefflichen Polizeystellen glauben? Sollte denn
eine Anzeige dieses Gerüchts in einem öffentlichen, allenthalben und auch von diesen
Stellen gelesenen Blatte dieselben nicht bewegen, das Publicum unter ihrer Autorität hierüber baldigst zu beruhigen,
und dadurch die Unglückspropheten, denen
am wirklichen Jammer des Kriegs und seiner
traurigen Folgen so wenig genüget, daß sie
auch sogar der Einbildungskraft der geplagten Deutschen noch Schreckbilder aufstellen,
Lügen zu strafen?

Den 21 Febr. 1807. A. A.

Rüge.

Wenn von Polizey- und Almosen-An-
stalten, mit Recht und ganz consequent, verboten wird, jungen und alten Bettlern vor
den Hausthüren und auf den Straßen
der Städte eine Gabe zu reichen, sollten
diese Stellen nicht auch dafür sorgen, daß
diese Armen nicht die Hausthüren der Einwohner belagern, und sie auf den Gassen mit
anhaltendem Flehen und Winseln so lange
verfolgen dürften, bis diesen entweder das
Herz bricht, oder die Ungeduld sie dahin
bringt, das Gesetz zu übertreten, und die

flehenden zu befriedigen? Wozu sind All-
mosenknechte und Straßenvögte da, und
warum werden diese nicht streng zu ihrer
Pflicht angehalten?   A. A.

Vorladungen: 1) C. Jac. Leiblin's.
    Der ohngefähr 64 bis 65 Jahr alte Carl
Jacob Leiblin, Sohn des zu Carlsruhe verstorbenen Raths und Archivarius Leiblin, welcher im Jahr
1791 letztenmahls bey dem spanischen Schweizer-
Regiment v. Reding in Barcelona als Sergeant in
Diensten gewesen ist, hat seit dieser Zeit nichts
mehr von sich hören lassen, jedoch ein Vermögen
von circa 4200 fl. zurückgelassen. Da nun dessen
nächste Verwandte um Auslieferung besagten Vermögens gegen Caution gebeten haben, so wird ersagter Leiblin, oder dessen eheliche Leibes- oder
sonstige Erben andurch vorgeladen, binnen neun
Monaten sich um Auslieferung solchen Vermögens
zu melden, oder zu gewärtigen, daß dasselbe gegen
Caution in Erbschafts-Pflegschaft werde übergeben
werden. Carlsruhe, den 16 Januar 1807.
              Aus Auftrag
    Großherzoglich Badischen Hof-Raths-
        Collegii erst. Sen.
              Vdt. Walther,
                   Secretarius.

    2) Jos. Schäffer's.
    Dahiesiger Bürger und Handelsmann Wolf
Jacob Würzweiler hat bey Großherzogl. Hofgericht
eine wegen der Forderung des dahiesigen Bürgers
und Ackersmanns Joseph Schäffer an den Commandeur von Streicher auf ihn lautende Cessions-Urkunde überreicht und um Ausfolgung der cedirten
Schuld gebeten. Da nun benannter Schäffer, der sich
über sothane Bitte zu erklären hat, von hier
angeblich entfernet, ohne daß man weiß, wohin er
sich begeben habe; als wird derselbe hiermit vorgeladen, seine Erklärung in einer ohnerstrecklichen
Frist von 6 Wochen über die Richtigkeit der ausgestellten Cession durch einen dahier angestellten Hofgerichts-Procuratoren abzugeben, oder zu gewärtigen, daß nach Verlauf dieser Frist die an den Wolf
Jacob Würzweiler angeblich geschehene Cession
seiner Forderung gegen den Commandeur von
Streicher für anerkannt angesehen werden solle.
    Mannheim, den 30 Januar 1807.
        Großherzogliches Hofgericht der Badi-
            schen Pfalzgrafschaft.
        von Hacke.   Courtin.
                                 Dietz.

    3) Seb. Bueb's.
    Nachdem der diesseitige Bürgerssohn Sebastian
Bueb, seiner Profession ein Becker, schon im Jahr

1784 in die Fremde gegangen, ohne bisher von
seinem Aufenthaltsort, Leben oder Tod die mindest
Nachricht ertheilt zu haben, so wird er oder sein
etwaige Leibeserben hiermit aufgefordert, sich binnen einem Jahre und sechs Wochen so gewiß bei
der unterfertigten Stelle zu melden, widrigen-
fein dahier unter Curatis stehendes, beyläufi
1400 fl. betragendes Vermögen seinen nächsten Anverwandten gegen Caution verabfolgt werden würde
    Altbreisach, am 17 Januar 1807.
    Magistrat der Großherzogl. Badischen
            Stadt allda.
            Schilling, Syndicus.

    4) der Gläubiger L. Cäsar's.
    Es ist der Regierungs-Registrator Ludwig
Cäsar gesonnen, seinen Gläubigern Zahlungs-Vorschläge zu thun, und selbige zu befriedigen. Sämmtliche dessen Creditoren werden daher hiermit vorgeladen, Mittwochs den 11 März d. J. auf der
Regierung vor unterzeichnetem Commissario sich
anzumelden, nach alsbald zu documentirenden und
summarisch zu erörternden Forderungen die Vergleichs-Anträge zu vernehmen, und sich darüber
bey Strafe der Präclusion zu erklären, mit der War-
warnung, daß auf den demnächstigen Widerspruch
eines oder des andern nicht weiter Rücksicht genommen, sondern die Uebereinkunft sofort abgeschlossen,
und bestätigt werden soll.
    Cassel, den 4 Februar 1807.
            B. W. Rüppell,
                Kraft Auftrags.

Kauf- und Handels-Sachen.

    Tafel- und Spiegelglas.
    Da mit allergnädigster königl. baierischer Con-
cession die hier neu errichtete und in der bequemsten
Lage zur Glas-Abfuhr, nahe an der Chaussee von
Fürth nach Cham in der obern Pfalz liegende
Glashütte nunmehr in vollkommenem Stande ist,
und auf derselben alle Sorten von Tafel- und
Spiegelglas gefertiget werden; so wird dieses allen
und jeden, die mit Glas Geschäfte machen, hierdurch mit der Versicherung bekannt gemacht, daß
sie, wenn sie diese Fabrik mit Aufträgen beehren
wollen, stets auf das reelleste bedient werden sollen.
Bey endesunterschriebener Verwaltung können die
nähern Bedingungen, unter welchen der Glas-
Versand geschiehet, in portofreyen Briefen abverlangt werden: Waaredein bey Rankau in der Grafschaft Cham in der obern Pfalz, den 7 Febr. 1807.
    Baron Voelderndorffs. Glashütten-
            Verwaltung.
                Pro Cura.
            Wilhelm Steingrüber.

Allgemeiner Anzeiger

der

Deutschen.

Sonntags, den 1 März 1807.

Literarische Nachrichten.

So eben sind bey unterzeichnetem Verleger erschienen:

Vorschriften von M. H. Dorn, Schreibmeister beym königl. Lyceum in Bamberg, welche in Kupfer gestochen 12 Platten auf Velinpapier à 36 kr. enthalten.

Schon lange erwartete man von dem erwähnten Herrn Schreibmeister die öffentliche Herausgabe derselben.

Dieß that er kurz vor seiner Versetzung nach Inspruck, und hinterließ Musterschriften, die ganz der Erwartung entsprechen, die man sich wegen seiner ausgezeichneten Fertigkeit in der Kalligraphie von ihm machen konnte.

Seine Anweisung darin hat nach dem unparteyischen Urtheile eines Kenners alle die Eigenschaften einer guten Musterschrift im strengsten Sinne. Sie enthält alle gemeinnützigen Schriftgattungen mit ihren Arten, und verbindet mit dieser Vollständigkeit eine gedrängte Kürze, welche die unverkennbare Schönheit der Buchstabenformen schon beym ersten Anblicke darstellt. Es herrscht in der gedachten Anleitung eine gesunde Methode, von den leichteren zu den schwereren, oder von den einfachen zu den zusammengesetzten Buchstaben übergegangen ist. Nicht minder hervorstechend ist in jeder Schrift das richtige Verhältniß aller Theile eines Buchstaben zum Ganzen und Ebenmaß, die Simplicität und Ungezwungenheit. Überhaupt erscheint die Gestalt der Buchstaben nach einem niedlichen, modernen und schönen Geschmacke, wie er in den schönen Jacks Vorschriften ist; besonders gilt dieß von der deutschen Currentschrift.

Wer kennt nicht den Nutzen und die Nothwendigkeit einer schönen Schrift dieser Art? Ist sie nicht die Seele einer jeden andern Schrift? Daher tragen die übrigen in den bemerkten Vorschriften enthaltenen Schriftarten ein geschmackvolles Kleid.

Wer verkennt demnach den allgemeinen Gebrauch dieser Musterschriften? Literaten, die sich

Allg. Anz. d. D. 1 B. 1807.

durch Schönschreibkunst den Weg zu öffentlichen Aemtern im Staate bahnen wollen: Lehrer, die ihre Aufmerksamkeit auf die Bildung ihrer Zöglinge in diesem Fache zu richten haben, junge Leute, welche sich der Handlung widmen wollen, werden sich um so geneigter finden lassen, die berührte Anweisung zu Hülfe zu nehmen. Zwar gibt es unter den Deutschen noch einige vortreffliche Vorschriften, als die des Jacks, Moßners rc.; allein sie sind zu hoch im Preis. Damit nun jedermann Dorns Vorschriften, die ben nehmlichen Gehalt und die nöthige Vollständigkeit haben, benutzen kann: so sah weder der Herausgeber noch der Verleger auf Gewinn. Bamberg, am 12 Febr. 1807.

Johann Baptist Reindl.

Auction.

Helmstädt. Die auf den 16 Febr. d. J. angesetzte Auction einer Sammlung guter auch seltner Bücher kann wegen unvorhergesehener Hindernisse erst den 27 April d. J. statt haben. Aufträge dazu besorgt der Buchhändler C. G. Fleckeisen.

Pränumerations - Ankündigung

von der erschienenen ersten Lieferung des Allgemeinen Repertoriums der Literatur, von 1796 bis 1800.

Den Herren Interessenten des Allgemeinen Repertoriums der Literatur glauben wir eine angenehme Nachricht zu geben, indem wir hiermit anzeigen, daß so eben bey uns erschienen, und an alle, welche Bestellungen darauf gemacht haben, versandt worden ist; Allgemeines Repertorium der Literatur, drittes Quinquennium, für die Jahre 1796 bis 1800. Erste Lieferung, welche 1) die Wissenschaftskunde, 2) die philologische und 3) die theologische Literatur enthält. Jeder Freund der Literatur wird hoffentlich nunmehr überzeugt werden, daß dieß schätzbare Werk, nach dem etwas zusammengezogenen, vom Herrn Prof. Ersch im Januar 1805 bekannt gemachten Plane, seinem

gewiſſen Fortgang habe, und wir werden immer,
ſowie zwey oder drey Fächer der Wiſſenſchaften die
Preſſe verlaſſen haben, eine Lieferung ausgeben,
um das Ganze nach und nach und ſo ſchnell, als es
die Schwierigkeiten des höchſt mühſamen Drucks
und der Correctur verſtatten, in die Hände des
Publicums zu bringen. Alle, die ſich noch jetzt zur
Anſchaffung dieſes unentbehrlichen Leitfadens in dem
ungeheuern Felde der Literatur und des Bücherwe-
ſens entſchließen, genießen einen bedeutenden Vortheil, indem wir ihnen daſſelbe bis zur Oſtermeſſe
1807. um den Pränumerationspreis von 5 rthlr.
ſächſ. oder 9 fl. rhein. überlaſſen, die wir aber baar
und franco einzuſenden bitten müſſen. Nach Verlauf dieſes Termins aber tritt der Ladenpreis von
7 rthlr. 12 gl. ſächſ. oder 13 fl. 30 kr. rhein. unabänderlich ein. Von den Wiſſenſchaftsfächern unter
ihren beſonderen Titeln können wir alſo auch 1)
das ſyſtematiſche Regiſter der theologiſchen Literatur von den Jahren 1796 bis 1800 zu 1 rthlr.
20 gl. oder 3 fl. 18. kr., und 2) daſſelbe von der
Wiſſenſchaftskunde und philologiſchen Literatur
von eben dieſen Jahren zu 1 rthlr. oder 1 fl. 48 kr.
einzeln ausgeben. Da wir von dem 2ten Quinquennium des allgemeinen Repertoriums der
Literatur von 1791 bis 1795 noch einigen Vorrath
haben, ſo offeriren wir Allen neu antretenden
Liebhabern daſſelbe um die Hälfte des Ladenprei-
ſes von 10 rthlr. ſächſ. nehmlich für 5 rthlr. ſächſ.
oder 9 fl. rhein. gegen gleich baare Zahlung ebenfalls bis zur Oſtermeſſe 1807. Späterhin tritt alsdann der Ladenpreis wieder ein.

Weimar, im Januar 1807.

H. S. pr. Landes-Induſtrie-
Comptoir.

Periodiſche Schriften.

Anzeige für Damen.

Mit noch erböhterem Schubahrt ſowohl als Innern als Aeußern, iſt der dritte Jahrgang des für
das ſchöne Geſchlecht veranſtalteten Taſchenbuchs,
unter dem Titel:

Drittes Toiletten-Geſchenk. Ein Jahrbuch für
Damen. 1807. Mit 20 Kupfert. und 10 Muſikblättern. Kl. 4.

zunmehr wieder in allen Buchhandlungen und auf
allen reſpect. Poſtämtern zu erhalten.

Unter der erſten Ueberſchrift: Bildung zur
Kunſt und zum ſchönen weiblichen Leben, findet
man folgende Aufſätze, als: 1) Lina's Briefe an
ihre Mutter. 2) Erſcheinungen. 3) Briefe aus
der ſächſiſchen Schweiz; von Tierſch. 4) Ueber
weibliche Kunſtliebhaberey. 5) Der ſchöne Circel,
oder Züge aus dem Portrait einer geiſtreichen Dame.
Eine dramatiſche Skize. Von Louiſe Brachmann.
6) Ueber Schüchternheit. Nach dem Engliſchen.
7) Der Tuuskopf, oder, die Herrſchaft der Männer. Eine Anecdote aus dem häuslichen Leben.
Die zweyte Ueberſchrift: Zeichenkunſt und Mah-

lerey, enthält: 1) Natur und Kunſt. 2) Betrachtungen über die Zeichenkunſt, mit beſonderer Anwendung auf das Landſchaftzeichnen. Von Fr.
Barthel. Die dritte Ueberſchrift: Tanzkunſt. 1)
Körperliche Bildung oder Erziehung der Jugend.
Von Roller. 2) Wahrſcheinliche Urſache des Verfalls der Tanzkunſt, als Privatvergnügen. Von
demſelben. 3) Ueber Damencomplimente, für alle
Situationen des geſellſchaftlichen Lebens ſowohl als
des Tanzes. Von demſelben. 4) Theorie der Tanzkunſt. Von demſelben. 5) Der Ländener. Von
demſelben. 6) Ein Paar Worte über die Tanzmu-
ſik in dieſem Toiletten-Geſchenk. Die vierte Ue-
berſchrift: Muſik. 1) Ueber Muſik und Lyrik. 2)
Ueber Rhythmus und Metrik. 3) Geſangmuſik.
Die fünfte Ueberſchrift: Weibliche Kunſtbeſchäfti-
gungen. 1. Allgemeine Bemerkungen über die Art,
Blumen in Zimmern und vor Fenſtern zu ziehen.
Von Kurt Sprengel. 2) Strickerey. Von Henr.
Jügel. 3) Stickerey. Von Mad. Klodenbring.
4) Künſtliche Näharbeiten. Von Philipſon. 5)
Unweiſung, Agrements oder Beſetzungen auf Kleider aus freyer Hand zu verfertigen. Die ſechſte
Ueberſchrift: Häusliche Oeconomie. 1) Zimmer-
verzierungen. Von Eſpenhayn. 2) Kochkunſt.
Die ſiebente Ueberſchrift: Regeln zur Erhaltung
und Vervollkommnung der weiblichen Schönheit. Belehrung über die Haut.
Außer den Muſikblättern iſt das ſchöne Titelkupfer (im erſten Aufſatz gehörig) das zweyte Ku-
fer, Anſicht von Pirna, begleitet die Briefe aus
der ſächſiſchen Schweiz; die übrigen Kupfertafeln
ſind: eine zur Zeichenkunſt und Mahlerey; drey
zur Tanzkunſt, vier zur Blumen, im Zimmer und
vor den Fenſtern zu ziehen, vier zur Strickkunſt
und Tapiſſeriearbeiten, zwey zu Stickerey, zwey zu
Näharbeiten, eine zu Agrements oder Beſetzungen
auf Kleider und eine zu Zimmerputz beſtimmt. Ein
geſchmackvoller Umſchlag umſchließt wieder das Ganze.
Der Preis davon iſt: auf Schweizer Papier 4 rthlr.
Auf engl. Velinpapier 6 rthlr.

Leipzig, im Februar 1807.

Georg Voß.

In letzter Mich. Meſſe iſt erſchienen:
Dr. J. F. Ch. Löffler's Magazin für Prediger,
zu Bds. 16 Stück, mit dem Bildniſſe des
Herrn Dr. Ammon in Erlangen von Lips.
gr. 8. 18 gl.

Inhalt: I. Abhandlungen. 1. Ueber die
ſittliche Verbeſſerungen des Volks, von Gebhard.
2. Ueber die gerichtlichen Warnungen vor dem
Meineide, von Zachariä. 3. Anzeigen vom
Herausgeber. III. 15 Entwürfe zu Predigten
und Reden. a. 8 über Evangelien. b. 5 hiſtori-
ſtel. c. 4 über freye Terte. d. 7 Euſuiſtiſche, von
Demme, Gebhard, Zärter, Petiſcu, Hei en-
ſius, Stolz, Pychon, Weſtermeier, Simonis,
IV. A. Karecheriſt von Gebhard. B. Liturgik
von Zujnagel, Meinike.

So wie dieses Stück durch die Reichhaltigkeit und den innern Gehalt seines Inhalts, sich vorzüglich auszeichnet, so ist auch die Bogenzahl von einem Alphabet für den Preis von 18 gl. weit mehr, als Herausgeber und Verleger zu liefern je versprochen, und macht dieses Journal, besonders bey dem so öconomischen Druck und den jeden Band begleitenden, ihm gestochenen Porträts, vielleicht zu dem wohlfeilsten unter den in Deutschland erscheinenden Journalen.

Jena, im Januar 1807.

Friedrich Frommann.

Von dem

Journal für deutsche Frauen

wird das erste Stück des 3ten Jahrgangs mit einem Kupfer von Böhm in einigen Tagen ausgegeben. Herausgeber und Verleger desselben glaubten bey den jetzigen Verhältnissen keine genügende Theilnahme zu dem friedlichen Institut voraussetzen zu dürfen, und kündigten den Beschluß desselben mit dem Ende des Jahres 1806 an. Um so ehrenvoller und erfreulicher sind für sie die seitdem erhaltenen vielen Beweise von der Fortdauer dieser Theilnahme, durch welche sie ermuntert werden, dieß Journal nicht nur überhaupt, sondern mit noch manchen Vorzügen fortzusetzen. Warum der Herausgeber zu dem bisherigen Titel noch ein Wort hinzugefügt hat, wird in der Einleitung erklärt, so im Verfolg des ganzen Werkes ermiesen.

Leipzig, den 12 Febr. 1807.

G. J. Göschen.

In Würzburg soll eine auf Pränumeration ankündigte medicinische Zeitschrift bis zu Ende Aprils, wo der Pränumerations-Termin sich schließt, unter der Redaction des dortigen Professors der Medicin, Dr. Thomas August Ruland, in lateinischer Sprache erscheinen und den Titel führen: commentarii medici historico-critici de rebus a Germanis in universa medicina gestis.

Das Pränumerations-Quantum ist 11 fl. rheinisch, von welchem die Hälfte jedesmahl halbjährig vorausgezahlt wird. Man kann auf allen Postämtern und bey allen Buchhandlungen pränumeriren. Der Inhalt der Zeitschrift, von welcher wöchentlich 3 Blätter, nöthigenfalls mit erklärenden Kupfern erscheinen sollen, wird in folgender Nummern nach einer lateinischen Sprache erschienenen Ankündigung angegeben:

. Expositiones variorum de tempore obtinentium philosophematum, quatenus ad medicinam relationem habent, nec non de conatibus, eorumque successu relationes, illa ad hanc transferendi.

II. Judicia de libris quibuscunque medicis gravioris momenti a Germanis editis, cum plenaria rerum memoria dignarum epitome.

Scripta minus insignia brevibus verbis indicabuntur.

III. Relationes de statu chirurgiae et artis obstetriciae.

IV. Descriptiones variorum in Germania repetriundorum institutorum ad medicinam promovendam facientium.

V. Relationes super rarioribus morbis eorum medela et exitu.

VI. Nova in rebus medicis et scientiis auxiliaribus inventa.

VII. Notitiae litterariae et miscellanea:

Würzburg, den 15 Febr. 1807.

Bücher-Anzeigen.

In allen guten Buchhandlungen sind zu haben:

Linkmeyers 7 Confirmations-Reden. 6 ggl.

Schulze, J. H., Reden bey der Confirmation der Jugend. 9 ggl.

Breigers, G. C., Betrachtungen für Confirmanden, zur Vorbereitung auf die Confirmation. 15 Bogen. 8 ggl.

Vocabulaire partatif françois et allemand à l'usage des Commençans de la langue françoise de Mr. Minudier 75, corrigé par Sagittaire, 23 1/2 Bogen, nur 8 ggl.

Neue Wässerungs-Methode, oder Darstellung der einfachsten Art, Wasser zur Wässerung der Gärten, Felder und Wiesen, und zum Gebrauch der Manufacturen rc. in die Höhe zu heben. Herausgegeben von Dr. C. G. Eschenbach. Mit 5 Kupf. 4. 1807. Leipzig, bey Hinrichs. 16 gl.

Für die Manufacturen und für die Landwirthschaft gewiß eine äußerst willkommne Erfindung. Die Methode ist leicht in der Ausführung, sie ist wohlfeil, überall anwendbar, und macht eine Menge kostbarer Versuche und Proben entbehrlich.

Zum ersten Unterricht für Kinder in der französischen Sprache ist vorzüglich dienlich und brauchbar:

Abécédaire utile ou petit Tableau des Arts et Metiers. Orné de 24 fig. enlum. 8. gebunden. 16 gl.

Livre, ou premier ie. élémentaire. Ouvrage propre à occuper agréablement les Enfans et à exercer leur intelligence. Orné de 50 figures en taille douce. gr. 8. schwarz 2 rthlr. 12 gl.; illum. 5 rthlr.

Restaut, Abrégé des principes de la Grammaire française. 8. 1798. 8 gl.

und durch alle Buchhandlungen zu bekommen.

Leipzig, bey Gerhard Fleischer d. jüng.

Encyclopädie des gesammten Maschinenwesens, oder vollständiger Unterricht in der practischen Mechanik und Maschinenlehre, mit Erklärung der

dazu gehörigen Kunstwörter, in alphabetischer
Ordnung. Ein Handbuch für Mechaniker, Kameralisten, Baumeister und jeden, dem Kenntniße des Maschinenwesens nöthig und nützlich sind.
Von J. H. M. Poppe. Mit Kupfern. gr. 8.
ist für die zahlreichen Besitzer der beyden ersten,
nun in allen Buchhandlungen zu haben und kostet
2 rthlr. 16 gl. Am vierten und letzten Theile dieses schönen aber höchst mühsamen Werkes arbeitet
der geschätzte Herr Verfasser jetzt mit allem nur
möglichen Fleiße, um durch die baldige Vollendung
dem Wunsch und Beyfall, den es so allgemein gefunden hat, zu begegnen.

Die bis jetzt herausgekommenen 3 Theile zusammen, mit 28 Kupfertafeln, kosten 9 rthlr.

Von den Pflichten gegen Selbstmörder, eine
Predigt am Sonntage nach dem neuen Jahr 1806.
in der Kirche zu Gelnhaar gehalten, von Ch. F.
Warmholz Pfarrer daselbst und zu Bergheim,
Amts Ortenberg im Fürstenthum Hanau. Nebst
einem Vorbericht und einem Gesange über den-
selben Gegenstand. (Das Exemplar kostet 15 kr.)
Zum Besten des Baues einer Orgel für die Kir-
che zu Gelnhaar. Büdingen, gedruckt bey dem
Hofbuchdrucker Andr. Heller.

Vermischte öconomische Schriften, welche die
neue theils umgearb. theils unveränd. Auflage der Annalen der niedersächs. Landwirthschaft enthalten. Herausgeg. von A. Thaer,
königl. preuß. Rath. 6 Bände. 8. Hannover, bey den Gebr. Hahn. 1806. 12 rthlr.

Gern werden ausübende Kenner und Liebhaber der Landwirthschaft hören, daß der Hr. geh.
Rath Thaer ihnen einen Kern aus Resultaten aus
Niedersachsen anbietet. Was er im Verein mit
mehreren würdigen Oeconomen fand und wirkte,
ist hier unter einen hellen Gesichtspunct concentrirt.
Zuerst landwirthschaftliche Länderbeschreibungen und
Umriße der Länder Calenberg, Lüneburg, Hohnstein, Hoya und Dannenberg, Bremen, Mecklenburg und Holstein. Man vernimmt nur die Nahmen, um den Reichthum öconomischer Entdeckungen und Ansichten zu ermessen, welche sich, in dieser eigentlichen Fundgrube des deutschen Ackerbaues,
Männern von eben so wissenschaftlichem Geiste, als
ächt patriotischem Sinne, zeigen mußten. Die Angaben des übrigen, für practische Oeconomen so
nützlichen Inhalts gestattet der Raum dieser Blätter nicht. Mit patriotischer Freude kündigt Recens.
dieses Werk an, welches, von seinem Vaterlande
aus, andern Provinzen Deutschlands bald zum allgemeinen Hand- und Handbuch dienen wird, wenn
anders sie endlich belehrt seyn wollen, wie man den
verschiedensten Landstrichen durch fleißige, vorsichtige
Behandlung dennoch eine blühende, fruchtbringen-

de Natur abgewinnen könne. — Durch die hin-
zugekommene Umarbeitung der Quartalsberichte der
drey ersten Jahrgänge in eine concentrirte Jahres-
geschichte hat diese zweyte Ausgabe der Kono-
mischen Annalen noch einen Vorzug vor der ersten
erhalten, und ist auch um die Hälfte wohlfeiler im
Preise geworden. Der ehemalige Preis war
24 rthlr., jetzt nur 12 rthlr.

Zur Ostermesse 1807 erscheint in unserm Verlage eine Schrift:
Beyträge zu einer wissenschaftlichen Bearbeitung und bessern Organisirung des Kriegs-
Einquartierungswesens.

Der Verfasser, ein Geschäftsmann, welcher über
10 Jahre in diesem Fache gearbeitet hat, umfaßet
seinen Gegenstand ganz als Gelehrter und was noch
mehr ist, — als Practiker. Wir machen im voraus auf diese interessante Erscheinung aufmerksam,
weil durch dieselbe nicht allein die Grundsätze und
Begriffe über diesen wichtigen Gegenstand berichtiget und die Meinungen vereiniget, sondern auch in
practischer Rücksicht geprüfte Vorschläge zur bessern
und vollkommnern Behandlung dieses schwierigen
Geschäftes gemacht worden — wodurch also den
bis an das große Publicum und die Publicisten
gelangten häufigen Klagen und Beschwerden vorläufig befriedigend abgeholfen werden wird. —
Frankfurt, im Februar 1807.
　　　　　　　　　　　Gebhard und Körber.

So eben ist die Presse verlassen und ist wieder
durch alle Buchhandlungen zu haben:
J. P. Kirch's Jesus in seinem Leiden, als das
erhabenste Muster unserer Nachahmung in 6 Fastenpredigten, nebst 4 andern Gelegenheitsreden.
2te durchaus verbesserte Auflage. 8. Mannheim,
bey Tobias Löffler. Preis 16 gl.

Eben ist erschienen und in allen Buchhandlun-
gen zu haben:
Frauenspiegel von C. A. Tiedge. Velinpapier
1 rthlr. 4 gl. Schreibpapier 18 gl.
Halle, den 8 Febr. 1807.
　　　　　　　　　　Rengersche Buchhandlung.

M. T. Ciceronis orationes XII. selecta
tir. inst. accom. Stud. et Cur. J. J. Beller-
manni. 8. Erford 1806. 14 gl.
P. Ovidii N. Metamorphoses adopt. ed.
coll. tir. inst. acc. J. J. Bellermann. 8.
10 gl.

Es sind dieses Fortsetzungen der bey dem verstorbenen Buchdruckerherrn Müller in Erfurt angefangenen, jetzt bey dem Buchhändler Keyser be-
herauskommenden Schulactoren, die sich durch gefälligen Druck und Correctheit empfehlen.

Allgemeiner Anzeiger
der
Deutschen.

Montags, den 2 März 1807.

Gelehrte Sachen.

Etwas über Geheimschreiberey.

Die Erfindung der Geheimschreiberey ist alt, ihre Tochter ist die Entzifferungskunst, diese für die Diplomatik so nützliche Wissenschaft. Es würde außer den Grenzen meines Plans liegen, und überhaupt auch ganz überflüssig seyn, alle mir bekannte geheime Schreibarten nach einander zu prüfen, und ihre Brauchbarkeit oder Unbrauchbarkeit durch Gründe zu zeigen. Ich stellte diese Prüfung längst an, das Resultat davon war:

1) Die mehrsten geheimen Schreibarten sind auflösbar, verfehlen mithin ihren Endzweck und bedürfen keiner weitern Erwähnung.

2) Die mir bekannten unauflösbaren Zifferschriften sind sämmtlich in ihrer Anwendung wenigstens mit nicht ganz geringen, oft mit außerordentlichen Schwierigkeiten verknüpft, und hierdurch wird ihr Endzweck nur halb erreicht.

Dieses zu beweisen, wird mir nunmehr obliegen.

Ich theile zuvörderst die geheimen Schreibarten in gewöhnliche und ungewöhnliche ein. Zu den erstern rechne ich solche, deren man sich täglich bedient, worin Briefe, Berichte, Instructionen ꝛc. geschrieben werden, und diese müssen in ihrer Anwendung mit möglichst geringen Schwierigkeiten verknüpft seyn; ungewöhnliche Schreibarten nenne ich diejenigen, deren man nur bey außerordentlichen Gelegenheiten sich bedient und diesen muß man es nicht einmahl

Allg. Anz. d. D. 1 B. 1807.

ansehen können, daß sie einen geheimen Sinn verbergen.

Es ist wirklich nicht so schwer, wie man vielleicht glaubt, eine Schreibart zu ersinnen, deren Auflösung dem geschicktesten Entzifferer unmöglich bleibt. Man darf nur die Regeln der Entzifferungskunst wissen, und man wird die Anwendung derselben fruchtlos machen können.

Fabricius (Breithaupti ars decifratoria 737 S. 20 der Vorrede) glaubte, aus einem Buche zu schreiben, das heißt durch Zahlen in einem Buche die Seite und Zeile anzuzeigen, worin der erforderliche Buchstabe der erste sey, wäre eine vortreffliche unauflösbare Erfindung. Indem ich Breithaupt's Urtheil darüber am angeführten Orte völlig beypflichte, frage ich nur noch: wie viel Zeit wol erforderlich seyn möchte, auf solche Weise einen Bogen zu schreiben oder zu lesen.

Ein anderer (l. c. p. 22) drückte nicht allein Buchstaben, sondern gar Sylben und ganze Worte durch Zahlen aus, und glaubte wol gewiß, die Kunst des größten Entzifferers müsse an dieser Erfindung scheitern, allein Wallisius belehrte ihn eines andern.

Trithemius, oder eigentlich v. Heidenberg, welcher im 15. Jahrhundert Abt zu Würzburg war (Breithaupt disqui. etc. pag. 38 etc.) hat ein eigenes Werk über Geheimschreiberey herausgegeben und manche sonderbare Erfindung bekannt gemacht, allein ich zweifle, ob irgend jemand geneigt seyn möchte, sich seiner Alphabete zu bedienen, ohneracht selbige angeblich unter dem Schutz respectabler Geister stehen. Um noli venire in schreiben? Ein Wortzeichen falsch gesetzt, und der Sinn des Ganzen leidet unausbleiblich.

Darf ich hier zur Behauptung dieses Satzes den Umstand anführen, daß bey den Unterhandlungen mit dem wiener Hofe wegen der preußischen Krone ein Schreibfehler vortheilhaft war? Kann nicht aber auch eben so leicht das Gegentheil durch solche Schreibfehler bewirkt werden?

Die dritte Idee c) endlich, Buchstaben durch Worte auszudrücken, muß auf eben die Art wie die zweyte ausgeführt werden, das heißt, jeder Buchstabe besonders die Vocale müssen durchaus durch mehr als ein Wort bezeichnet werden können, denn sonst ist es dem geübten Entzifferer völlig gleich, er findet Vocal e durch ein ⊹ oder ein II oder durch ein ganzes Wort ausgedrückt.

Mit Uebergehung der von Kortum in seiner Anleitung zur Entzifferungskunst deutscher Zifferschriften 1782 angeführten verschiedenen geheimen Schreibarten, deren Auflösung theils schon gelehrt ist, oder welche nach meinem Begriff nicht zu den gewöhnlichen, sondern zu den ungewöhnlichen Schreibarten gehören, will ich nur noch einige Bemerkungen über das vorhin gesagte hersetzen. Eine Schreibart, die unauflösbar seyn soll, muß, wie schon gesagt, die Anwendung der in der Dechiffrirkunst üblichen Regeln vereiteln: geschiehet dieses durch viele verschiedene Zeichen, wodurch ein Buchstabe, Sylbe oder Wort ausgedrückt wird, so folgt natürlich, daß zu einer Schreibart eine große Sammlung von Characteren oder Wortzeichen, wozu vielleicht noch besondere Regeln kommen, erforderlich sey. Sollten sich diese leicht erlernen lassen? Ich zweifle mit Grund. Es muß also beym Schreiben, wie beym Lesen solcher Schriften beständig der Schlüssel zur Hand genommen werden; wie wenn nun aber Zufall oder List diesen Schlüssel selbst, oder was noch schlimmer ist, eine Abschrift davon in unrechte Hände bringt, welcher bedeutende Nachtheil kann daraus nicht entstehen? Wäre es nicht gut, wenn man eine Schreibart hätte, die unauflösbar und leicht zu erlernen wäre, so daß der Schlüssel nicht im Schreibtisch, sondern bloß im

Kopfe aufbewahrt zu werden braucht? Ich denke ja!

Und nun sey es mir erlaubt, ehe ich meiner geringen Erfindung erwähne, zuvorderst noch die zweyte Gattung der geheimen Schreibarten, welche ich die ungewöhnliche nenne, abzuhandeln zu dürfen.

Sie läßt sich in die sichtbare und unsichtbare eintheilen. Unter der sichtbaren ungewöhnlichen Schreibart begreife ich solche, wo in Worten und Bildern außer der gewöhnlichen und in die Augen fallenden Bedeutung auch noch ein versteckter Sinn liegt. Je weniger dieser bemerklich ist, desto besser ist die Schrift. Kortum S. 104 §. 124 und S. 107 §. 125 führt einige Beyspiele dieser Schreibarten an, wo in Fabeln und Briefen ein ganz anderer Sinn liegt, als der bloße Ueberblick darstellt. Zu dieser Gattung gehört auch der im göttinger Revolutions-Almanach von 1795 bekannt gemachte Brief, wovon ich das Nähere hier anführen will.

Im Jahr 1793 wurde bey der würmserschen Armee am Rhein kurz vor ihrem Rückzuge eine neue Art von Chiffre-Sprache entdeckt, deren sich die damahligen Neu-Franken bedienten, um mit ihren Freunden zu correspondiren. Der Brief bestand nämlich aus einem ganz unbedeutenden Inhalt: der, welcher ihn empfing und um das Geheimniß wußte, legte darauf ein gleich großes Stück Papier, das nach der Verabredung an gewissen Stellen ausgeschnitten war, und bis nun die Worte, welche durch diese Oeffnungen durchschauten und den wahren Sinn enthielten. Hier ist der Brief.

Lieber Bruder!

Morgen früh reise ich auf acht Monate fort, ohngeachtet der so *stürmenden* Winde. *Gott wird uns die Freude geben,* uns wohl zu sehen. *Diese Linien sollen Zeuge meiner Liebe seyn bis wir uns* wieder sehen.

Das darüber gelegte Blatt Papier war so ausgeschnitten, daß nur die hier unterstrichenen Buchstaben und Worte zu sehen waren, welche folgenden Sinn gaben:

Und nun die Rechnung:

		thl.	gr.	pf.
1806 der Hr. Pastor Sebaldus Hoch-				
Jan. ehrwürden beliebten und em-				
pfingen:				
3 1 ℔ Graupen — —			4	3
1 ℔ Kaffee — —			17	
1 ℔ Zucker — —			14	
1/4 ℔ Candis — —			6	
2 Dutzend lange Pfeifen —			11	
1/2 Dtznd. Citronen 18 gr.				
Thee — — 1 6			19	6
16 Batavia 1 ℔ —			16	
Zucker 1/2 ℔ —			7	
Pfropfen — —				6
Syrop 2 ℔ —			8	
Kaffee 1 ℔ —			18	
3 ℔ Lichter 18 gr. 1 ℔ Reiß 4 gr. —			22	
1 ℔ Thran —				6
26 Baumwolle —				6
1 ℔ Baumöl 8 gr. 1 ℔ Stärke 5 gr. —			13	
1 ℔ Cichorien 3 gr. und engl.				
Gewürz 1 gr. 6 pf. —			4	6
Summa		6	23	3

Magdeburg   F. Schmidt u. Comp.
den 30 Januar   zu ergebenstem Dank
1806.   bezahlt.

Vorstehende Rechnung enthält die Worte: Das Pulver geht zu Ende.

Wäre der Fall, daß mittelst obiger Schreibart eine Nachricht in die Stadt ge- langen sollte, so könnte allenfalls eine öco- nomische Rechnung von einem Landgute an den Gutsherrn nach der Stadt gesendet wer- den und da läßt sich denn durch Wispel, Scheffel und Metzen eben das bewirken, was hier durch Thaler, Groschen und Pfennige geschehen ist. Ueberhaupt lassen sich noch mancherley Veränderungen hierbey machen, die hier nicht angeführt werden können. Die andere Idee ist Seite 606 dieses Aufsatzes näher auseinander gesetzt, auch mit einem Beyspiel begleitet.

Daß alle dergleichen Erfindungen nicht zum gewöhnlichen Gebrauch angewendet wer- den können, ist leicht zu erachten, denn es möchte wol schwer halten, ganze Briefe auf solche Weise zu schreiben, und dieserhalb nen-

ne ich eine solche geheime Schreibart eine ungewöhnliche sichtbare und rechne end- lich zu den ungewöhnlichen unsichtbaren Schreibarten alle diejenigen, die Kortum S. 139 §. 160—167 anführt und zu entdecken lehrt, und welche mit allerley sympathetischen Dinten geschrieben werden können. Diese Schreibarten sind ebenfalls nicht zum ge- wöhnlichen Gebrauch, und leicht entdeckt, so bald die geringste Muthmaßung ihres Da- seyns vorhanden ist.

Ehe ich nun zu dem Haupt-Endzweck dieses Aufsatzes übergehe, sey es mir erlaubt, über die Entzifferungskunst selbst noch ein Paar Worte zu sagen.

Wie wichtig dieselbe in Hinsicht der Di- plomatik sey, bedarf wol keiner Erwähnung, der Staatsmann und der Historiker berei- cherten ihre Wissenschaften schon unzähliges mahl durch Anwendung der Entzifferungs- kunst, und wir würden unstreitig noch manche historische Kenntniß entbehren, wenn sie uns nicht in dem Chaos von runischen Alphabeten und verzerrter Mönchsschrift vorgeleuchtet hätte. Schwer zu erlernen ist diese Kunst eben nicht, allein es fehlt den mehrsten Lieb- habern an Uebung im Entziffern, und dieß rührt besonders daher, weil diese Kunst selbst so wenig Verehrer hat, mithin es schwer hält, ehe man jemand findet, der uns Aufsätze zu entziffern gibt. Hieraus folgt denn, daß man es selten weit in dieser Kunst bringt.

Eine brodlose Kunst! rief man mir schon oft zu. Freylich möchte es wol schwer hal- ten, daß jemand sein Glück dadurch grün- dete, indessen verliert eine Kunst noch nichts von ihrem Werth, wenn sie uns schon nicht grade ernährt. Schon vor mehrern Jahren habe ich mich damit beschäftigt, die bekann- ten Arten der Zifferschriften zu studiren, und ihr Gutes und Mangelhaftes oder Unbeque- mes gegen einander abzuwägen, und da fand ich denn bald, so weit mein Gesichtskreis hierin reichte, die eben bemerkte Erfahrung, welche ich hier nochmahls wiederhole, bestä- tigt:

jede unauflösbare Zifferschrift ist in ihrer Anwendung mit außerordentlichen Schwierigkeiten verknüpft.

Daß ich nur von solchen Zifferschriften rede, die mir aus Büchern oder mündlichen und schriftlichen Nachrichten bekannt sind, versteht sich von selbst, so wie, daß mir noch verschiedene geheime Schreibarten bekannt sind, die hier aus Gründen nicht mitgetheilt werden können, welche zwar unauflösbar, jedoch ebenfalls außerordentlich schwer in Ausübung zu bringen sind.

Sollte denn Unauflösbarkeit einer Zifferschrift sich mit Leichtigkeit in der Anwendung durchaus nicht vereinigen lassen, dachte ich und fing nun an, die Resultate meiner gemachten Erfahrungen und angestellten Prüfungen niederzuschreiben. Im Anfang realisirte ich freylich Ideen, die von denen meiner Vorgänger nur in der Form abwichen, ich setzte Zifferschriften auf, denen ich zwar auf der einen Seite Unauflösbarkeit nicht absprechen konnte, die aber von der andern Seite betrachtet, ebenfalls mit vielen Schwierigkeiten verknüpft waren. Nach manchem mißlungenen Versuch gerieth ich endlich auf die gegenwärtige Erfindung, von der ich hoffe, meinen gehabten Endzweck, Unauflösbarkeit mit Leichtigkeit zu verbinden, nicht ganz verfehlt zu haben. Was ich jetzt darüber sagen kann, ist folgendes:

1) Das Alphabet dieser Schreibart ist äußerst leicht zu erlernen und beruhet, wie die dazu gehörigen Regeln, auf sehr einfachen Grundsätzen.

2) Diese Schreibart nimmt nicht mehr Raum ein, wie die gewöhnliche deutsche Schrift, das heißt, was mit solcher in eine Reihe geschrieben werden kann, läßt sich mit meinem Alphabet ebenfalls in eine Reihe schreiben.

3) Ein Copist kann darin vorarbeiten, ohne das Ganze zu kennen, wenn man ihm nämlich aufgibt, gewisse Seiten oder Blätter mit den erforderlichen Grundstrichen [——] zu versehen, denn wenn auch der Schreiber nicht weiß und wissen kann, wo ein Wort zu Ende gehen wird und diese Schreibart durchaus das Vorzügliche hat, daß jedes Wort isolirt steht, so kann man da, wo ein Wort sich endet, einen Grundstrich unbezeichnet lassen.

4) Das Alphabet dieser Schrift ist außer dem Erfinder noch keinem Sterblichen bekannt und geht, wenn diese Schreibart keinen Liebhaber finden sollte, mit ihm zu Grabe, da durchaus nichts handschriftliches darüber vorhanden ist. Die Wahrheit dieser Angabe verbürgt der Erfinder jederzeit mit seinem Kopfe.

5) Diese Schreibart läßt sich sehr leicht und auf sehr mannichfache Weise verändern, so daß, wenn auch wirklich jemand selbige entziffert hätte, sofort andere von dieser völlig abweichende Schreibarten aufgesetzt werden können, die, wie man will, mit dieser gleich schwer oder viel schwerer aufzulösen seyn werden, dabey aber, wie meine jetzige Art, mit gleicher Leichtigkeit und geringer Mühe zu erlernen sind.

6) Bis jetzt haben sehr geübte Entzifferer diese geheime Schreibart durchaus als unauflösbar anerkannt, welches ich dadurch beweisen zu können glaube, daß seit den öffentlichen Aufforderungen im Anzeiger vom 6 October 1792 Nr. 82 S. 667, so wie in der hamburger Zeitung vom 23 Junius 1793 Nr. 104 wenigstens einige 50 Probeblätter versendet sind, wovon, so viel ich weiß, bis jetzt noch keins entziffert ist.

Ich fordere nun alle Entzifferer Deutschlands auf, meine Erfindung zu enträthseln und können Probeblätter jederzeit in frankirten Briefen von dem königl. preuß. wohllöbl. Postamte in Stendal in der Altmark abgefordert werden.

Sept. 1806.   S.

Dienst = Anerbieten.

Für die Steingutfabrik in Zell am Harmersbach ohnweit Lahr im Breisgau, wo nach Art von Wedgewood gearbeitet wird, werden geschickte Steingutdreher und Former gesucht. Wer etwas Vorzügliches in diesen Fächern zu leisten vermag, kann auf Anstellung unter günstigen Bedingungen und auf Ersatz der Reisekosten von Frankfurt aus bis nach Zell rechnen. Schriftlich wendet man sich deßfalls an das Handelshaus Schnizler und Lenz in Lahr im Breisgau oder an Hrn. Joseph Anton Burger in Zell am Harmersbach.

Dienst-Gesuche.

Ein examinirter und approbirter Provisor, lediges Standes, von mäßigem Vermögen, ausgerüstet mit allen Kenntnissen in der Pharmacie und Chemie, und mit guten Zeugnissen eines moralischen Wandels versehen, welcher noch jetzt als Provisor in einer ansehnlichen Apotheke steht, wünscht in einer guten Apotheke Sachsens als Provisor oder in einer Droguerie-Handlung zur fabrikmäßigen Verfertigung der Medicinal-Waaren angestellt zu werden, jedoch in beyden Fällen gegen ein gutes Salarium und bey guten häuslichen Verhältnissen. Briefe bittet er portofrey an die Expedition des allg. Anz. unter der Adresse H. B. einzusenden.

Justiz- und Polizey-Sachen.

Vorladungen: 1) militärpflichtiger Nassauer.

Sämmliche conscriptionsfähige junge Mannschaft aus dem Herzogthum Nassau, welche bey den vorgewesenen Recrutenzügen entweder ungehorsamlich ausgeblieben oder heimlich entwichen sind, werden hiermit aufgefordert, sich binnen drey Monaten so gewiß wieder in ihrem Wohnort einzufinden, und sich bey ihren Beamten zu melden, als die nicht binnen dieser Zeit zurückkommenden ihres Bürger- und Gemeinderechts verlustig erklärt, und nicht allein nie wieder in die herzoglichen Lande aufgenommen werden, sondern auch ihr Vermögen confiscirt, und das künftig zu hoffende einstweilen zur Confiscation annotirt, und bey eintretendem Anfall wirklich confiscirt werden soll.

Biebrich, den 31 Januar 1807.

Herzoglich Nassauisches Kriegscollegium dahier.

2) der Gläubiger des Grafen F. C. A. Alex. Heinrich's zu Stolberg.

Es ist der Major im großherzogl. hessischen General-Stabe, Erbgraf Friedrich Carl Aug. Alexander Heinrich zu Stolberg, vor einiger Zeit allhier mit Tode abgegangen und hat eine, seine Activ-Verlassenschaft dergestalt überschreitende Schuldenmenge hinterlassen, daß selbst die gesetzlich privilegirten Gläubiger bey weitem nicht befriedigt werden können. Damit indessen über die bereits zur Anzeige gekommenen und allenfalls noch weiter angezeigt werdenden Forderungen rechtlicher Ordnung nach verfahren und hiernächst über diesefben und über die Vertheilung der Masse erkannt werden möge; so werden alle diejenigen, welche sich bis jetzt mit ihren habenden Anforderungen noch nicht gemeldet haben, und welche die vorliegenden Verhältnisse der Sache ungeachtet, ihre Ansprüche geltend zu machen gedenken, aufgefordert, diesel-

ben binnen einer peremtorischen Frist von vier Wochen a dato, bey dem bestellten Commissario, großherzogl. Kriegsrath Dalfer allhier, anzuzeigen und gehörig zu liquidiren, gegenfalls sich zu gewärtigen, daß sie nicht weiter gehört, sondern von gegenwärtiger Masse werden ausgeschlossen werden.

Darmstadt, den 3 Februar 1807.

Großherzogl. Hessisches Kriegs-Collegium daselbst.

v. Weyhers. Frh. v. Grampenslinghe. Scriba. Dalfer. Rekulé.

3) Chrph. Bruchbeck's.

Der im Jahre 1716 dahier geborne, aber während unbekannter Zeit abwesende hiesige Bürgersohn Christoph Bruchbeck, oder dessen etwaige Leibserben werden zur Uebernahme des ihm von seiner verlebten Schwester Margaretha angefallenen geringen Erbantheils binnen 9 Monaten unter dem Nachtheile vorgeladen: daß im Nichterscheinungsfalle auf der Miterben Anrufen nach den Landesgesetzen darüber disponiret werde.

Weinheim, am 7 Februar 1807.

Großherzoglich Badensches Amt Beitborn. vdt. Dalfer.

4) L. Hahn's und Frz. Herter's.

Ludwig Hahn von Wachenheim an der Pfriem und Franz Herter von Kreuznach, zwey Kieferpursche, welche wegen verübten Diebstahls in Untersuchung gezogen, und nach geschehenem Einbekenntniß aus ihren gefänglichen Haften entflohen, zu deren Verfangung und Einlieferung anhero bereits die Obrigkeiten durch eben dieses Blatt unterm 18 Nov. v. J. geziemend angegangen worden, werden andurch öffentlich aufgefordert, zur Verantwortung über ihre Flucht, dann Erstehung der gegen sie verhängten Strafe innerhalb 6 Wochen sich dahier unter dem Nachtheil zu sistiren, daß ansonsten auf Betreten nach fruchtlos abgelaufenem Termin gegen sie nach der Landes-Constitution, wie gegen entwichene Verbrecher verfahren werden solle.

Heidelberg den 31 Jan. 1807.

Großherzogl. Bad. Stadtvogtey-Amt. Baurittel. vid. Gruben.

Kauf- und Handels-Sachen.

Guts- und Waaren-Verloosung.

Da die Ziehung der casselschen Lotterie mit der ersten Classe am 2 März d. J. ihren Anfang nimmt, und nach derselben meine Guts- und Waaren-Verloosung in der Art eingerichtet ist, daß in jeder Classe die nehmliche Anzahl von Gewinnen, in eleganten Waaren bestehend, vorkommen, auch in der sechsten entscheidenden Haupt-Classe für die Niesen ebenfalls Freyloose zu einer, in einer einzigen Classe bestehenden Waaren-Verloosung ausgetheilt werden, so daß niemand leer ausgeht, so zeige ich hierdurch an, daß bey mir noch Loose zur ersten Classe à 12 ggl. und ganze durch alle Classen gültige Loose, mit passenden Devisen zu Geburts- und Namenstags-Geschenken à 7 1/2 rthlr. im 20 fl. Fuß sowohl einzeln, als in Quantitäten, und zwar bey leztern, unter möglichst vortheilhaften Bedingungen, bis zum Tage der Ziehung zu haben sind.

Ich ersuche zugleich hierdurch die Herrn Commissionäre und Collecteure um zeitige Einsendung der Gelder oder nicht verkauften Loose laut denen ihnen ertheilten Bedingungen.

Haus Ahmsen bey Herford, den 15 Febr. 1807.
von Exterde.

Verpachtung eines Kaufmannsladens.

In einem accisefreyen Mittelstädtchen im königl. sächs. Thüringen, in der sogenannten goldnen Aue, steht ein ganz completter, zu Schnitt- und Material-Handel wohl eingerichteter feuerfester Kaufmannsladen, nebst Stube, Keller und Kammern, auf mehrere Jahre zu verpachten. Frankirte Briefe mit der Aufschrift X. U. besorgt die Expedition d. Allg. Anz. d. D.

An meine Handelsfreunde.

Auf mehrere Anfragen wegen des Anhangs zu meinem systematischen Verzeichniß, welches nehmlich mit Bemerkung der äußersten Preise enthält:

Alle Arten Reißzeuge, Zirkel, Reißfedern, Transporteurs, Maßstäbe, Meßinstrumente, Lineale u. dgl.; Erd- und Himmelsgloben, Maschinen zur Lehre der Geographie und Astronomie, Sonnenuhren und was sonst hierzu gehört; mechanische Stücke und Modelle, Springbrunnen und mehrere hierzu einschlagende Kunstproducte, Optiken, optische Spiegel aller Gattungen, Mikroskope, Laterna magica, Camera obscura und clara, alle Sorten Augengläser und Perspective, optische Belustigungen u. dgl. Apparate, Electrisirmaschinen, Experimente, als auch allem Zubehör; Magnete und solche Belustigungen, Compasse u. s. w.; Barometer, Thermometer, Hygrometer von mancherley Sorten, Aräometer, Luftpumpen und Apparate; Mineraliencabinette nebst Zugehör; anatomische u. chirurgische Apparate und Instrumente; Taschenspieleranparate und magische Belustigungen. — Eine große Auswahl von Spielsachen und nützliche Apparate zum angenehmen Zeitvertreib, als auch lehrreichen Unterricht; alle Gattungen von Kistchen, als Chatoullen, Toiletten, Thee-, Tabads-, Spielmarken-, Arbeits- und Rasier-Kisten, allerley feine lackirte blechene Waaren, als auch Spiegel, Handwerkszeug ꝛc ꝛc.

zeige ich einem geehrten Publicum an, daß solcher bis zu Anfang des Monats März fertig, und mancherley zu obigen Waaren gehörige neue Artikel enthalten und auch gratis gegeben wird.

Joh. Val. Albert,
am Liebfrauenberge Lit. G. Nro. 22.
in Frankfurt a. M.

Preis-Courant von Siegellacken, fabricirt bey S. C. Ritze Sohn und Comp. in Magdeburg. Auf der Tischlerbrücke Nro. 1625.

Pr. Contant mit 10 Procent Rabatt.

	℔	ß
Rothes, das Pfund.		
Extra fein engl. wohlriechend, à 12 u. 16 Stangen	2	—
Extra fein Kronen ditto, à 12 u. 16 Stg.	2	16
Fein fein ditto	1	16
Nro. 1. ditto	1	8
— 2. à 12, 16 u. 32 Stangen	—	20
— 3. à 12 u. 16 Stangen	—	16
— 4. ditto	—	12
— 5. ditto	—	8
— 6. ditto	—	6
— 7. à 12 Stangen	—	4
— 8. ditto	—	4
Gegossenes.		
Superfein, à 8, 12 u. 16 Stangen	2	—
Extrafein Kronen ditto	1	16
Fein fein ditto	1	8
Nro. 1. ditto		
Strohlacke.		
Extrafein wohlriechend, à 12 u. 16 Stang.	1	12
Nro. 1. ditto ditto	1	8
— 2. ditto ditto	1	4
Schwarzes.		
Superfein Strohlack, wohlriechend, à 12 u. 16 Stangen	1	16
Extrafein, à 12 u. 16 Stangen	1	8
Nro. 1. ditto	—	16
— 2. ditto	—	12
— 3. ditto	—	8
— 4. à 12 Stangen		
Gegossenes.		
Superfein, à 8, 12 u. 16 Stangen	1	16
Extrafein ditto	1	8
Packlack, pr. Centner.		
Ord. rothes	12	
ditto schwarzes	11	
ditto ohne Farbe	10	
Couleurte Lacke, gegossen.		
Fein grün Lack, à 12 Stangen	1	12
— braun ditto ditto	1	12
— gelb ditto ditto	1	16
— Gold ditto ditto	1	16

Auch werden Bestellungen auf mehr oder weniger Stangen, jedoch nicht über 32 pr. Pfund, angenommen.

Allgemeiner Anzeiger
der
Deutschen.

Dienstags, den 3 Mårz 1807.

Glånzende Genugthuung des Königs von Preußen für den Bürgerstand.

In dem Publicandum wegen Abstellung verschiedener Mißbråuche bey der Armee (Ortelsburg den 12 Decbr. 1806) sagt der König § 9:

"So lange der Krieg dauert, wird der Unterofficier und Gemeine, wenn er sich durch Gewandheit und Geistesgegenwart besonders auszeichnet, so gut Officier, als der Fürst."

Das ist vortrefflich! Welch' ein herrliches, amtliches Zeugniß, daß der Staat, wenn er Röpfe braucht, sie allenthalben suchen will, und zu finden hofft, anstatt daß zur Parade, zum Müßiggang, und nebenbey zum Verderben des Staats, dürre Stammbäume gut genug sind! Und welch' ein hochehrendes Zutrauen zu dem armen, im Frieden zurückgesetzten, von manchem erbårmlichen Fåhnrich und Lieutenant nur zu oft gemißhandelten und verachteten Bürgerstande, daß man ihm nicht die Gedanken und Aeußerungen fürchtet: "Ja, jetzt, in der Noth — — — — — —

— — — sind wir gut genug, unsern Verstand, unsere Kråfte und unser Leben aufzuopfern, um — nach dem Frieden reducirt, elend pensionirt, in Depotbataillons untergesteckt, und allenthalben wieder verachtet zu werden, wie vorher!"

Seyd stolz, Bürger! Solche Genugthuung, solches Zutrauen erwirbt sich nur der beste Stand in allen Staaten!

§ + f + f.

Allg. Anz. d. D. 1 B. 1807.

Moralische Gegenstånde.

Etwas für Tanzlustige.

Die Mode scheint in unsern Tagen mancherley zu begünstigen, was die Sittlichkeit mißbilligt; so z. B. das immer allgemeiner werdende enge Tanzen. Manches junge Tanzpaar, welches doch sonst auf sittliche Bildung Anspruch macht, erlaubt sich wåhrend dem Walzen Stellungen, die außerdem kaum das Auge eines Satyrs ohne Abscheu ansehen könnte. Brust an Brust, Körper an Körper fest angeschmiegt, gleichsam in eine Masse vereinigt, dreht sich das ohnehin leicht gekleidete Pårchen im Kreise. Der stiere Blick, der tactlose unstete Tritt verråth die unzüchtigen Gedanken, die sich durch die von den Biegungen bewirkten Frictionen bey dem månnlichen Tånzer oft unmittelbar in ihren Folgen åußern und auf die physische und moralische Gesundheit so schådlichsten Einfluß haben. Am auffallendsten nimmt sich diese Art zu tanzen bey dem sogenannten Schottisch-Walzen aus. Daß die Mode diese unverschåmte, unsittliche Stellung wåhrend dem Tanze eben so wenig rechtfertigt, als das daß für die Gesundheit so nachtheilige Festtragen gewisser Theile des weiblichen Körpers, wird mit mir niemand bezweifeln. Möchten doch vernünftige Eltern, Lehrer und Hausvåter durch meine Erinnerung veranlaßt werden, ihre Kinder, Böglinge und Hausgenossen bey öffentlichen Lustbårkeiten auf die Unanståndigkeit des engen Tanzens aufmerksam zu machen und so ihr sittliches Gefühl, das ohnehin bey Bållen u. d. gl., wo das Blut erhitzt und die Phantaffe belebt wird, in doppelte Gefahr kommt, vor dem Verderben zu verwahren suchen.

$\qquad$ H. v. Sch.

Naturkunde.

Antwort auf die Anfrage in Nr. 49 S. 494 des allg. Anz.

Ein Hr. R. R. (eine Dame wird's wol nicht seyn!) will mit den freundlichen, schönen Wintern nicht vorlieb nehmen, sondern auch die schlimmen Folgen derselben kennen lernen. Wir müssen ihm also zu seiner Beruhigung sagen, daß wirklich nach 28 bis 30 schönen Wintern, die vom XII bis zum XVIII Jahrh. die Welt, (wenn auch nicht ihn,) erfreuten, sechs böse Nach-Winter und dreymahl schlimme Seuchen über Land und Menschen kamen, und daß wir, (wie er gesehen hat,) nach den schönen Januar-Tagen vom 19—21 Febr. Schlittenbahn hatten, jetzt aber Thauwetter haben. Sollte, (was jedoch Gott verhüten wolle!) unsern schönen Wintertagen etwas Schlimmes nachfolgen, so soll Hr. R. R. seinen Theil davon gewissenhaft haben! D.

Antwort auf die Frage im allg. Anz. Nr. 304 S. 304 vom v. J.

Daß die Alpengletscher nur bey trüber Witterung in Schwaben sichtbar sind, läßt sich dadurch am besten erklären, daß bey heiterm Himmel die Reflexion der Lichtstrahlen zu sehr aufs Auge wirke und es blende; die trübe Luft aber dieselbe Wirkung hervor bringt, welche ein mit Lampenrauch angelaufenes Glas bey der Ansicht einer Sonnenfinsterniß zu leisten im Stande ist.

$\qquad$ v. M........g.

Gesundheitskunde.

Beytrag zu den in diesen Blättern vorgeschlagenen Mitteln wider Pollutionen.

Alle mir bisher theils durch Aerzte, theils durch öffentliche Blätter bekannt gewordenen Mittel, mit welchen ich fast ohne Ausnahme, mit der größten Genauigkeit Versuche gemacht habe, halfen, weil das Uebel bey mir schon so tief eingerissen war,

daß ich die völlige Auszehrung hatte, durchaus nichts. Schon hatte ich alle Hoffnung zu meiner Genesung aufgegeben und sah daher mit der größten Gleichgültigkeit einem baldigen Tode entgegen, als ich, bey Lesung eines Aufsatzes über D. Gall's Gehirn- und Schädellehre, auf den Gedanken kam, meine Krankheit auf folgende Art zu curiren. Ich wusch nämlich den Nacken und untern Theil des Kopfes, wo das Zeugungsorgan seinen Sitz haben soll, täglich 6, 8 bis 10 mahl mit frischem Wasser, und fand bald, daß dieses Mittel von erwünschter Wirkung sey. Um mich hiervon zu überzeugen, stellte ich die vorher beobachtete Diät ganz ein, und genoß (außer Kartoffeln, welche bekanntlich stark auf den Abgang des Urins wirken) alles, was mir vorkam. Statt daß ich nun vorher wöchentlich drey bis vier, selbst oft in einer Nacht mehreremahl, und dieses fast zwey ganzer Jahre hinourch, Pollutionen gehabt hatte: so setzten sie nunmehr zuerst drey, dann zwey und zuletzt wieder drey Wochen aus. Doch muß ich bemerken, daß die Ursachen dieser dreymahl wiederkehrenden Pollutionen darin lagen, daß ich Abends entweder Thee getrunken, oder hart gesottene Eyer gegessen oder einige Tage nach einander geritten hatte. Es ist daher nothwendig, daß man alles meidet, was stark reizt und den Körper mit zu viel Nahrungsstoff überfüllt. Vorzüglich ist in jeder Hinsicht Mäßigkeit zu empfehlen.

$\qquad$ L. in D. J......g.

Dienst-Anerbieten.

In einer Specerey-Handlung einer Hauptstadt Thüringens wird auf Ostern ein junger Mensch in die Lehre gesucht, der mit den nöthigen Kenntnissen versehen ist und auf dessen Treue, Redlichkeit und freundliches Betragen man rechnen kann. Die Bedingungen sind äußerst billig, nur muß man noch bemerken, daß kein anderer, als von gutem Herkommen kann angenommen werden. Die hierzu Lusttragenden belieben sich in portofreyen Briefen mit den Buchstaben W. W. in E. an die Expedition des allgem. Anz. in Gotha zu wenden.

Dienst = Gesuche.

1) Ein verheiratheter Buchdrucker, 26 Jahr alt, sucht Condition, am liebsten, wenns seyn kann, nicht zu weit von Gotha entfernt. Noch lieber würde es ihm seyn, wenn diese Arbeit von längerer Dauer seyn könnte, als die Termine von Messe zu Messe sind. Sein Fleiß, seine Geschicklichkeit und seine Accuratesse in seinen Arbeiten können, wenn es verlangt wird, mit Zeugnissen bestätigt werden. Auch besitzt er Kenntnisse, um in nöthigen Falle Rechnungen führen zu können. Postfreye Briefe erbittet man unter der Adresse A. B C. in S. an die Expedition des allg. Anz. in Gotha einzusenden.

2) Ein Mann von guter Familie, 29 Jahr alt, evangelischer Religion und verheirathet, welcher nicht allein im Rechnungssache vorzüglich geübt ist, daß er selbst mehrere brauchbare Schüler gezogen hat, sondern auch eine gute und correcte Hand schreibt und noch mehrere gemeinnützige Kenntnisse damit verbindet, wünscht Verhältnisse halber seinen jetzigen Platz baldigst verändern zu können, und sucht, wo möglich, wieder als Schloß= oder Hausverwalter, Inspector, Secretair, Rechnungsführer oder in einem ähnlichen Posten bey einer angesehenen Familie angestellt zu werden. Derselbe hat das allgemeine Lob eines thätigen, fleißigen, ordentlichen und sparsamen Mannes, und kann auch erforderlichen Falles ungefähr 1000 rthlr. baare Caution leisten und für mehrere 1000 rthl. Sicherheit stellen. — Da seine Gattin, ein gutes, sanftes Weib, viel Kenntnisse in weiblichen Arbeiten besitzt und als brave Hauswirthin bekannt ist, dürfte dessen Verheirathung kein Anstoß, sondern vielleicht mancher hohen Herrschaft angenehm seyn. — Auf gute, freundliche Behandlung und wo möglich Aussicht zu einem lebenslangen Brode würde von Seiten des Dienstsuchenden noch mehr Rücksicht genommen, als auf hohen Gehalt. — Wer für ein dergl. Geschäft demnach jemand brauchen sollte, habe die Güte, sich in portofreyen Briefen unter Adresse G S. V. in B. an die Expedition des allg. Anz. in Gotha zu wenden, worauf sich oberwähnter Mann selbst in Correspondenz setzen wird.

Justiz = und Polizey = Sachen.

Vorladungen: 1) J. G. Kromm's.

Der seit 60 Jahren abwesende Johann Heinrich, Sohn von weiland hiesigem Bürger und Metzgermeister Johann Georg Kromm, oder dessen rechtmäßige Erben, werden hiermit öffentlich vorgeladen, binnen 6 Monaten von heute an, dahier vor Amt in Person oder durch Bevollmächtigte zu erscheinen, und wegen des elterlichen Vermögens des Abwesenden Red und Antwort zu geben, gegenfalls aber gewärtig zu seyn, daß dieses den hiesigen nächsten Verwandten gegen gebührende Caution wird verabfolgt werden.

Schorten, den 9 Febr. 1807.

Großherzoglich Hessisches Amt daselbst.

2) J. Schaumlöffel's.

Des Durchlauchtigsten Fürsten und Herrn, Herrn Friedrichs Fürsten zu Waldeck, Grafen zu Pyrmont und Rappoltstein, Herrn zu Hohenack und Geroldseck am Wasigen 2c. 2c.

Wir zu Höchstdero Consistorio verordnete Präsident, Vice = Canzlar und Räthe fügen hiermit zu wissen:

Es hat die Ehefrau des Johannes Schaumlöffel zu Nieder = Wildungen Barbara Catharine geborne Bartholdy gegen gedachten ihren Ehemann aus Holzhausen im churhessischen Amt = Gudensberg gebürtig, welcher sie vor länger als 10 Jahren heimlich verlassen hat, eine Ehescheidungs = Klage bey Uns angestellt, und gebeten, daß Wir denselben als einen malitiosum desertorem öffentlich vorladen, und im Fall dessen ungehorsamlichen Zurückbleibens, die zwischen ihm und ihr bisher bestandene eheliche Verbindung trennen und wiederaufheben möchten. Wir citiren und rufen demnach gedachten Johannes = Schaumlöffel aus Holzhausen, daß er von heut an in drey Monaten vor Uns dem Consistorio dahier erscheinen, die veranlaßten Gründe seiner heimlichen Entweichung anzeigen, und sich dieserhalb gehörig rechtfertigen, oder im Zurückbleibungsfall sich gewärtigen solle, = daß die Klage seiner Ehefrau für eingestanden angenommen, mithin er pro desertore malitioso erklärt, auf seinen Ungehorsam die Ehescheidung dem Suchen seiner Ehefrau gemäß erkannt, und dieser auch die anderweite Heirath gestattet werde. Urkundlich Unserer gewöhnlichen Fertigung.

Arolsen, den 5 Februar 1807.

Fürstl. Waldeck. zum Consistorio verordnete Präsident, Vice = Canzlar und Räthe daselbst.

Zerbst.

F. Kleinschmit.

3) der Gläubiger L. Cäsar's.

Es ist der Regierungs = Registrator Ludwig Cäsar gesonnen, seinen Gläubigern Zahlungs = Vorschläge zu thun, und selbige zu befriedigen. Sämmtliche dessen Creditoren werden daher hiermit vorgeladen, Mittwochs den 11 März d. J. auf der

Regierung vor unterzeichnetem Commissario sich anzumelden, nach alsbald zu documentirenden und summarisch zu erörtenden Forderungen die Vergleichs-Anträge zu vernehmen, und sich darüber bey Strafe der Präclusion zu erklären, mit der Verwarnung, daß auf den demüthigen Widerspruch eines oder des andern nicht weiter Rücksicht genommen, sondern die Uebereinkunft sofort abgeschlossen, und bestätigt werden soll.

Cassel, den 4 Februar 1807.

B. W. Küppell,
Kraft Auftrags.

Wechsel- und Geld-Cours in Sächsischer Wechselzahlung.

Leipzig, den 24 Februar 1807.

In den Messen.	Geld	Briefe.
Leipz. Neujahr-Messe	—	—
— Oster- —	99	—
Naumburger —	98	—
Leipz. Michaels —	—	—
Amsterdam in Bco. à Uso	—	—
Detto in Curr. à Uso	—	143
Hamburg in Bco. à Uso	—	150 1/2
Lion 2 Uso in Liv.	—	78 1/2
Paris 2 Uso in Liv.	—	78 1/2
Augsburg à Uso.	—	100 3/4
Wien à Uso.	—	—
Prag à Uso.	—	—
London à 2 Uso p. Pf. St.	—	—
Ränder-Ducaten	11	—
Kaiser-Ducaten	11 1/2	—
Wichtige Duc. à 66 Ag	10	—
Breslauer à 65 1/2 ditto	10	—
Leichte à 65 ditto	9	—
Almarco ditto	—	—
Almarco Louisd'or	—	—
Souverained'or	—	—
Louisd'or à 5 Rthl.	9	9
Sächs. Conv. Geld	pari	—
Schill-Louisd'or	2 1/2	—
Laubthaler	—	2 1/2
Preuß. Cure.	5	
Do. Münze.	10	
Xer.	pari	
Cass. Bill.	3/4	
Kronenthaler	1/2	
3. 7. Kr.	9 1/4	
17	4 1/2	
Wiener Banc. Zettel		
Frankfurt a. M. à Uso.	2 1/4	

Wechsel- und Geld-Cours in wichtigen Pistolen à 5 Rthlr.

Bremen, den 25 Febr. 1807.

London für 100 Lsterl. à 2 Uso	—
Amsterdam in Banco 250 fl. k. S.	—
Dito 2 Mon. dato	—
Dito in Courant k. Sicht	31 3/4
Dito 2 Mon. dato	30 1/4
Hamburg in Banco 300 Mk. k. Sicht	37 3/4
Dito 2 Mon. dato	36 3/4
Paris für 1 Fr. 2 Uso	—
Bourdeaux à 2 Uso	—
Frankfurt a. M. für 100 rthlr. Lbr.	—
Leipzig dito	—
Wien, in Courant	—
Holl. Rand-Ducaten f. 1 St.	2 xG. 61
Feine 2/3 Stück av.	4
Convent. Münze Verlust	9 1/2
Holländ. Fl. in Natura 1 St.	37

Bremer Courant

Hamburger Courfe.

den 24 Febr. 1807.

London für 1 Lsterl. à 2 Uso	—
Amsterdam in Banco k. Sicht	33 13/16
dito 2 Mon. dato	34 3/16
dito in Cour. k. Sicht	4 3/4
dito 2 Mon. dato	5 1/2
Paris für 3 Fr. 2 Uso	25 1/4
Gordeaux dito 2 Uso	25 5/8
Madrid 3 M. 1 Duc.	—
Cadix	91
Lissabon 3 M. für Crusados	42 1/4
Wien und Prag 6 W. in Cour.	320
Copenhagen Cour. 2 Monat dato	49 1/2
Pistolen à 5 Rthlr.	10 ⅌ 15ß
Gold al Marco	—
Ducaten	—
Feine 2/3 Stück	31 1/2
Grob Dän. Courant	26 1/8
Hamburger dito	24
Preuß. dito	—

Allgemeiner Anzeiger
der
Deutschen.

Mittwochs, den 4 März 1807.

Literarische Nachrichten.

Bücherkaufe.

Es wünscht jemand in Thüringen les Oeuvres de Voltaire — p. Palissot Paris 1792 — 98. 55 Bände um einen billigen Preis zu kaufen.

Expedition des allg. Anz. in Gotha.

Nachfolgende ältere Schriften werden gegen baare Bezahlung unter der Adresse des Hrn. Lindauer, Buchhändler in München, zu kaufen gesucht:

Nro. 1. Gerhard kurze Nachricht von dem zu Köfen entdeckten mineral. Gesundbrunnen. Naumburg 1726. 8.

Nro. 2. Dißler Beschreib. des Carber Salzbrunnen (auch unter dem Titel: vom Carber Gesundbrunnen bey Zwießberg), Frankfurt 1724.

Nro. 3. Gräters Salzquelle zu Halle in Schwaben. Schwäbischhall 1636. 8.

Nro. 4. (C. F. J. Christ. Fried. Jägers) kurze Beschreibung der Eigenschaften des gemeinen Salzes, nebst Anzeige, wie weit die Salzbrunnen zu Halle andere übertreffen. Erlangen 1708. 4.

Nro. 5. (Graf v. Dernar) historische Bruchstücke zur Aufklärung der Geschichte des Oldesloer Salzwerks. (Ohne Verlagsort) 1787. in 4. (32 S.)

Nro. 6. Fischers Gedanken über das dem Hause Sachsen zukommende regale jus Salinarum. Dresden 1755.

Nro. 7. Schoap europäische Gewichts- und Ellen-Vergleichung. Nürnberg 1722. Fol.

Nro. 8. Schulzers topographische Beschreibung der Herzogthums Holstein. Kiel und Hamb. 1772. 8.

Nro. 9. Ioh. Hoffmann Commentarius posterior de sale et salinis Francohusanis. (Frankenhausen und) Stolberg 1715. 4.

Nro. 10. C. H. Damen Dissertatio phys. mathem. de montium altitudine barometro metienda. Hagae. Com. 1785. in 8.

Allg. Anz. d. D. 1 B. 1807.

Nro. 11. Papowitsch Untersuchung vom Meere. Frank. und Lpzg. 1750. 4.

Nro. 12. C. F. Kausler Inauguraldissertation über das Höhenmessen mittelst des Baro- und Manometers. Stuttgart 1785. 4.

Nro. 13. Dissertatio grad. de observationibus barometricis ope thermom. corrigendis Praef. J. H. resp. Lindquist J. Wegelius (Abo in Finland in Schweden). 1788. 4.

Nro. 14. Pfleiderer Thesium inaug. pars mathematica physica. d. 1 Sept. 1789. defenf. Tubingae 1790, etc. 4.

München, den 12 Febr. 1807.

Herabgesetzte Bücherpreise.

Für Französisch Lernende, für französ. Sprachmeister, und für Freunde der französischen Sprache.

Endesunterzeichnete Buchhandlung sieht sich, durch den so eben gemachten Ankauf einer französischen Sortiments-Buchhandlung, veranlaßt, Obengenannten die angenehme Nachricht zu ertheilen, daß sie ihnen, soviel der angekaufte Vorrath reicht, eine nicht unbedeutende Menge in die schöne Literatur einschlagender Schriften, größtentheils aus dem vorigen Jahrzehent, um einen äußerst erniedrigten Preis überlassen kann. Sie hat zu dem Ende die sämmtlichen Vorräthe, in 4 Classen vertheilt. Die Bücher von Nro. 1. erhält man um die Hälfte, Nro. 2. um den dritten Theil, Nro. 3. um den vierten Theil, Nro. 4. endlich, um den sechsten Theil des bisherigen Ladenpreises. Zwar ist es, der großen Mannichfaltigkeit dieser Bücher wegen, nicht möglich, ein Verzeichniß derselben zu liefern, denn die Druck- und Insertionskosten eines solchen Verzeichnisses würden die Bücher selbst viel theurer machen; dagegen aber glaubt Unterzeichnete, dem Publicum, dem sie es doch auch nicht verargen kann, wenn es nicht aufs Gerathewohl kaufen mag, eine hinlängliche Uebersicht von dem, was sie zu erwarten hat, zu geben, wenn sie versichert, daß Nro. 1., Nro. 2. und Nro. 3. Romans, Reisebeschreibungen, und andere unterhaltende (größtentheils in Paris erschienene) Schriften enthalten, wovon vorzüglich die von Nro. 1. und von Nro. 2 großen Theils mit niedlichen Kupfern verziert sind; Nro. 4. enthält theils Romane, theils vermischte Schriften. Alle diese Bücher sind geeignet, in der gegenwärtigen Zeit, wo die Kenntniß der französischen Sprache so sehr zur Nothwendigkeit geworden ist, den Unbemittelten ein wohlfeiles Mittel, ihr Sprachstudium fortzusetzen, den Bemittelten hingegen für eine Kleinigkeit eine Bibliotheque amusante zu verschaffen. — Damit indeß niemand, der Unterzeichnete noch nicht in Rücksicht ihres guten Rufs kennt, besorge, sein Geld unnütz auszugeben, so kann ja jeder leicht einen Versuch im kleinen machen, und etwa nur für einen Thaler verschreiben. Dabey bittet man aber genau zu bestimmen, ob man von Nro. 1, oder von Nro. 2, oder von Nro. 3., oder von Nro. 4. verlangt. Wer nun einen rthlr. Conventionsgeld oder 1 rthlr. 2 gl. preuß. Cour. , oder 1 fl. 48 fr. rhein., nebst etwas für Emballage einschickt, der erhält dafür entweder von Nro. 1. für 2 rthlr., oder von Nro. 2. für 3 rthlr., oder von Nro. 3. für vier rthlr., oder von Nro. 4. für sechs rthlr., nach den bisherigen Ladenpreisen. Wer hingegen 12 rthlr. oder 22 fl. rhein. einsendet, erhält aber die zwölf rthlr. noch für einen rthlr. in herabgesetztem Preise mehr, als Zugabe. Ohne baare Zahlung kann, da diese Wohlfeilheit bloß durch schnellen Umsatz des darauf verwandten Capitals möglich ist, durchaus kein Auftrag besorgt werden; aus diesem Grunde erbittet man sich die Aufträge nicht hdurch Buchhandlung, sondern unmittelbar an

Die Sommersche Buchhandlung
in Leipzig.

*   *   *

Außer den zu diesen vier Classen gehörigen sind noch folgende, größtentheils wissenschaftliche Werke, um beygefügte äußerst erniedrigte Preise in der Sommerschen Buchhandlung zu haben:

Abrégé des Etudes de l'homme fait en faveur de l'homme à former, par le Clerc. 2 Vols. Paris. Ladenpreis 2 rthlr. 16 gl. jetzt 16 gl. oder 1 fl. 12 fr.

Abrégé des principes de la grammaire françoise. par Restaut. Lad. 8 gl. j. 4 gl. od. 18 fr.

Edda; ou Monumens de la Mythologie et de la Poësie des anciens peuples du Nord, par Mallet. Paris. L. 18 gl. j. 6 gl. oder 27 fr.

Entretiens sur la Physique et sur l'Histoire naturelle, en françois et en allemand. Destinées aux personnes, qui veulent acquérir quelques notions de ces sciences, en s'exerceant dans les deux langues, 2 Vols.

Auch unter dem Titel:

Unterhaltungen über Naturlehre und Naturgeschichte. Deutsch und Französisch. Für diejenigen, welche Kenntnisse dieser Wissenschaften erlangen, und sich in beyden Sprachen üben wollen. 2 Bde. L. 20 gl. j. 8 gl. oder 36 fr.

l'Homme des champs; ou, les Géorgiques françoises, par Jacques-Delille, av. figures. gr. 8. beau papier. Basle 1800. L. 2 rthlr. j. 16 gl. oder 1 fl. 12 fr.

Necker, N. J. Elementa botanica, genera genuina, species naturales omnium vegetabilium detectorum, eorumque characteres diagnosticos ac peculiares exhibentia, secundum Systema omologicum seu naturale evulgata. Cum 64 tabulis aeri incisis. 4 Vol. 8 maj. L. 7 rthlr. j. 2 rthlr. oder 3 fl. 36 fr.

Observation sur le Gouvernement et les loix des Etats-unis d'Amérique, Par Mably. L. 18 gl. j. 6 gl. oder 27 fr.

Oeuvres du Boileau Despréaux. Paris. L. 1 rthlr. j. 12 gl. oder 54 fr.

Oeuvres du Comte de Tilly. gr. 8, Berlin 1803. L. 1 rthlr. j. 6 gl. oder 27 fr.

Principes de la philosophie naturelle, dans lesquels on cherche à déterminer les dégrés de certitude ou de probabilité des connoissances humaines. 2 Vols. gr. 8. L. 3 rthlr. j. 18 gl. oder 1 fl. 21 fr.

Questions sur l'Encyclopédie, par Voltaire. 9 Vols. 8. L. 7 rthlr. j. 2 rthlr. oder 3 fl. 36 fr.

Recherches philosophiques sur les Egyptiens et les Chinois. P. M. d. P. 4 Vols. L. 1 rthlr. 8 gl. j. 10 gl. oder 45 fr.

Recherches sur la nature et les causes de la Richesse de Nations, p. A. Smith. 4 Vols. L. 3 rthlr. 12 gl. j. 21 gl. oder 1 fl. 21 fr.

Recueil de Chansons choisies, avec les airs notés. 8 petits jolis Vols. avec 205 pages de Musique gravées en taille douce. L. 4 rthlr. j. 1 rthlr. 8 gl. oder 2 fl. 24 fr.

Recueil de discours à la Jeunesse, dont le but est de former le citoyen par les principes de la Morale et de la Religion. Paris. L. 1 rthlr. 8 gl. j. 8 gl.

Roland furieux, poëme héroïque de l'Arioste. Traduit par d'Ussieux. gr. 8. 4 Vols, avec 95 superbes gravures, par Bartolozzi et autres célébres artistes. Paris. L. 25 rthlr. j. 16 rthlr. od. 28 fl. 48 fr.

Tableau de Berlin. L. 1 rthlr. j. 8 gl.

Tablottes d'un amateur des arts, contenant la gravure au trait des principaux ouvrages de peinture et de sculpture, qui se trouvent en Allemagne, avec leur description. Recueil pouvant faire suite au Manuel du Museum, et aux Annales du Musée français. 7 Livraisons avec 27 belles gravures. 1804. L. 3 rthlr. 12 gl. j. 1 rthlr. 8 gl. oder 2 fl. 24 fr.

Téléscope de Zoroastre; ou Clef de la grande Cabbale divinatoire des Mages. gr. 8. 1796. av. fig. L. 1 rthlr. j. 8 gl. oder 36 fr.

Traité abrégé de la culture des arbres fruitiers, qui enseigne, ce qu'il faut faire, à cet égard, chaque mois del année. Traduit de l'Anglois des Jardiniers Mawe, d'Abercrombie, etc. L. 1 rthlr. j. 6 gl.

Traité d'Architecture pratique, concernant la
manière de bâtir solidement, avec les observations necessaires sur le choix des materiaux,
leurs qualité, et leur emploi, suivant leur
prix fixé à Paris et autres endroits, d'après
un Tableau de comparaison, le salaire des
Ouvriers, etc. Ouvrage necessaire aux Ar-
chitectes, Experts, et Entrepreneurs, ainsi
qu'aux personnes, qui desireroient faire bâtir
et conduire elles-mêmes leurs constructions,
par J. P. Monroy. à Paris. av. fig. gr. 8,
1 rthlr. 18 gl. j. 12 gl. ob. 54 kr.
Traité des principales et des plus fréquentes
Maladies externes et internes. A l'usage des
jeunes Docteurs en Médecine, des Chirurgi-
ens Médecins, et des Praticiens; qui supplé-
ent au défaut des Médecins gradués; ainsi qu'à
celui des personnes éclairées, qui, par des mo-
tifs de bienfaisance, exercent la Médecine dans
les Campagnes, ou qui, peu à portée des se-
cours de l'art, sont obligés d'être propre médecin, et de médicamenter ceux qui les envi-
ronnent. Ouvrage, qui contient non seulement les directions nécessaires, pour apprendre
à bien distinguer les maladies, et à les traiter
à l'aide du régime et des ordonnances usitées
pour l'Apothicaire, mais encore au moyen de
remèdes domestiques, ou rédigés en une petite pharmacie portative, peu dispendieuse.
Par J. F. de Herrenschwand. gr. 4. Lad.
5 rthlr. 10 gl. j. 21 gl. oder 1 fl. 35 kr.
Traité, ou Description abrégée et méthodique
des Mineraux; presenté à l'Academie des Sciences et Belles-Lettres de Bruxelles, qui l'a
jugé digne de faire partie de ses propres Me-
moires et de leur servir de suite, par le
Prince D. de Gallitzin. Edition augm-
mentée. Neuwied. gr. 4. L. 1 rthlr. 16 gl. j.
10 gl. oder 45 kr.
Les Veillées philosophiques; ou Essais sur la
Morale expérimentale et la Physique systema-
tique, par A. L. Villetergue. 1 Vols. Paris. gr. 8. Labpr. 2 rthlr. 12 gl. j. 15 gl. oder
1 fl. 8 kr.

Periodische Schriften.

Almanach oder Uebersicht der neusten Fortschritte
Erfindungen, Entdeckungen, Meinungen
und Gründe in den speculativen und positiven Wissenschaften, namentlich der Philosophie,
Theologie, Rechtsgelehrsamkeit, Staatswissenschaft, Pädagogik, Philologie, Archäologie, Geographie und Geschichte. Herausgegeben von Dr.
J. J Bellermann. 6 Jahrg. oder Band. Erfurt, 1807. 8. bey Keyser. 1 rthlr 8 gl.
Dieser Jahrgang oder Band liefert wieder aus
den genannten Wissenschaften die in dem jährigen
Zeitraum der Literatur vorgekommenen Ideen, Meinungen, Verfügungen und Rathschläge oder Grün-

de, die jedem Leser eben so nützlich als angenehm
seyn können, und die Bereicherung der mannichfaltigen Fächer der in diesem Werke aufgestellten Rubriken wahrnehmen lassen. Ueber diese erschienenen
6 Jahrgänge oder Bände dieses Almanachs wird nun
zu nächster Messe ein vollständiges Register über die
darin vorkommenden Gegenstände, Namen und
Dinge u. b. bewerkstelliget und geliefert werden,
wodurch jeder Besitzer in den Stand gesetzt wird,
das Gewünschte leicht aufzufinden.
Auch ist von
Busche Almanach oder Uebersicht der Fortschritte
neuesten Erfindungen und Entdeckungen in Wissenschaften, Künsten, Manufacturen und
Handwerken, der XI. Jahrg. oder Band mit
1 K. S. erschienen, der eben wieder das Interes-
santeste der mancherley Fächer darstellt und 1 rthlr.
21 gl. kostet.   Der Verleger.

Ueber den künftigen Plan des allgemeinen Vereinigungsblattes der kritischen Literatur.

Indem wir uns freuen über den Beyfall, welcher dem Plane des allgem. Vereinigungsblattes,
so wie seiner Ausführung auch durch öffentliche Stimmen ertheilt worden ist, und danken für die thätige Unterstützung des Publicums, glauben wir unsere Freude und unsern Dank nicht deutlicher und
besser beweisen zu können, als durch unser ernstliches Bemühen, auch die höhern Forderungen, die
man im künftigen Jahre mit Recht an uns machen
kann, zu befriedigen. Ob wir gleich glauben, daß
das kr. Vereinigungsblatt alles war und leistete,
was es im ersten Jahre, wo es mit Hindernissen
mancherley Art zu kämpfen hatte, seyn und leisten
konnte, so fühlen wir doch, daß es nicht war und
seyn konnte, was es seyn soll. Daß es dieß werde und so der Vollkommenheit immer näher komme,
haben wir für das nächste Jahr folgende Einrichtung getroffen:

1) Es soll in dem kommenden Jahre in
dem A. V. B. keine bedeutende Schrift eher
angezeigt werden, bis die Urtheile wo nicht
aller, doch der meisten kritischen Blätter über
dieselbe erschienen sind und zusammengestellt
werden können. Jedoch werden wir uns nicht unterfangen, das Gesetz Karls des Großen zu verletzen, das befiehlt, an Gerichtstagen die Armen
bald und zuerst anzuhören und abzufertigen. Auch
bey Schriften, die nur durch die Neuheit ihren
Werth erhalten und bey ausländischen, werden wir
eine Ausnahme machen.

Nur durch eine solche Vereinigung aller kritischen Stimmen, die für jede Classe von Lesern vielfachen Nutzen und Interesse haben muß, wird es
dem Literator, Schriftsteller und Verleger möglich,
ein eigenes entscheidendes Urtheil über ein Werk zu
fällen. Eben dadurch wird aber auch das A. V. B.
ein vollständiges Repertorium der Literatur, wofür
wir auch nicht nur durch ein genaues jährliches,
sondern auch durch monatliche Register sorgen wer-

den. Endlich muß es auch schon aus dem ersten Jahrgange offenbar geworden seyn, wie das A. D. B. die besten Beyträge zu einer Geschichte der Kritik unsers Zeitalters liefert, indem man daraus unsere Recensenten und kritischen Institute aufs Beste kennen lernen und würdigen kann.

Wenn nun aber die Urtheile unserer bedeutendsten kritischen Journale über eine Schrift erst abgewartet werden sollen, so entsteht dadurch der Nachtheil, daß manche Schrift erst spät angezeigt werden kann. Diesem Mangel wollen wir durch ein unentgeltlich ausgegebenes

2) Errablatt abhelfen, das dazu bestimmt ist, alle wöchentlich in allen *) deutschen Journalen beurtheilten Schriften mit einer kurzen An-

*) In der Beurtheilung unsers A. D. B. in dem Revisionsblatte der Georgia Nro. 16. sagt der Herausgeber in der Anmerkung: „Unter den „Journalen, aus denen referirt wird, erblickt „man zur großen Verwunderung der besser un„terrichteten Leser und mit wahrem Mißver„gnügen die Zeit. f. d. e. W. und den Frey„müthigen zc. Die Redaction ist durch diese „Zeitschr. sehr gefährdet, und es können Auszüge „aus Recensionen dieser Zeitschr. dem sonst sehr „verdienstvollen und achtungswerthen Vereini„gungsblatte nur schaden, nichts aber nützen, „und lohnen nicht der Mühe des Abschrei„bens." — Wollten wir solchem parteyischen „Rathe folgend, alle Zeitschriften, denen ande„re nicht günstig sind, ausschließen, oder woll„ten wir auch nur alle werthlosen Recensionen „weglassen, was bliebe uns denn? — Tref„fend und wahr ist übrigens das, was über den „Geist und die Tendenz des A. D. B. gesagt „wird: „Das Vereinigungsblatt wird mittelbar „und unwillkührlich, ohne daß die daran ar„beitenden Referenden gerade mit dem Schwerd„te drein zu schlagen brauchen, eine Geißel „für manche Recensenten und Recensentan„stalten, theils schon durch die treuen Relatio„nen, theils aber noch mehr durch die öfters „Statt findenden sich widersprechenden Recen„sionen eines und desselben Werkes. Es wird „ferner seiner Natur und Einrichtung nach ein „vortreffliches Repertorium für die gesammte „Literatur, vollständiger und brauchbarer, als „bis jetzt eins vorhanden ist, welches insbe„sondere dem Gelehrten zum Nachschlagen ge„schätzbares Hülfsmittel zum Nachschlagen ge„währen kann. Den Schriftstellern selbst wird „es willkommen seyn, zu sehen, wo und wie „ihre Schriften recensirt worden sind. Den „Geschäftsmännern aller Art, besonders den von „Städten entfernen, die sich aus Mangel an „Zeit und Gelegenheit nicht durch einen Wust „von Recensionen durchwinden können, ist es „gewiß ein dankenswerthes Geschenk, so wie „es nicht minder den Buchhändlern sehr zu „Statten kommen wird."

gabe des Urtheils anzuzeigen. Wir machen besonders Schriftsteller und Buchhändler auf den Werth einer solchen wöchentlichen Uebersicht der kritischen Literatur aufmerksam.

Die in dem Errablatte mit wenigen Worten angezeigten Recensionen werden, sobald mehrere über dieselbe Schrift zusammengekommen sind, ausführlicher in dem A. D. B. selbst aufgestellt, mit der Ausnahme, daß ganz schlechte und unwichtige Bücher mit dem in dem Errablatte erhaltenen Tauf- und Todtenscheine abgefertigt sind, weil es lächerlich wäre, todtgeborne Kinder und Bücher ein Jahr nach ihrem seligen Tode noch todtschlagen zu wollen oder Eintagsfliegen am dritten Tage.

3) Durch diese Einrichtung wird soviel Raum gewonnen, daß es möglich ist, auch auf den Inhalt der Schriften Rücksicht zu nehmen, und die Mitarbeiter des Vereinigungsblattes werden vorzüglich bäuig sehen, daß das Neue, was ein Werk in irgend einer Wissenschaft gibt, oder wichtige historische Notizen, die es enthält, herausgehoben und namhaft gemacht werden, so daß in Zukunft das kritische Vereinigungsblatt jährlich die Taschenbücher der Fortschritte von Bellermann, Busch u. s. w. entbehrlich macht.

Der Preis dieser Zeitschrift ist 6 rthlr. sächs. jährl. und wird halbjährl. mit 3 rthlr. pränumerirt. Bey allen Postämtern, Zeitungs-Expeditionen und Buchhandlungen kann man Bestellung darauf machen.

In das Intelligenzblatt werden auch künftig wie bisher Anfritiken, literarische Notizen, Bücheranzeigen u. s. f. aufgenommen.

Hildburghausen, am 31 Dec. 1806.

Das Directorium des allgemeinen Vereinigungsblattes der kritischen Literatur.

***

Folgende Journale sind so eben fertig geworden und versandt:

1) Journal des Luxus und der Moden, 1807. 2s St.
2) Allgem. geograph. Ephemeriden, 2s St.
3) Allgem. deutsches Garten-Magazin, 1806. 12s St.

Von letzterm erscheint das 1ste Stück pr. 1807. in einigen Wochen.

Weimar, den 14 Februar 1807.

F. S. priv. Landes-Industrie-Comptoir.

Das 9te Stück des Jahrgangs 1806. von London und Paris ist an alle löbliche Buchhandlungen und resp. Post- und Zeitungs-Expeditionen versandt. Das 1ste Stück des Jahrgangs 1807. wird in 14 Tagen nachfolgen.

Halle, im Febr. 1807.

Neue Societäts-Buch- und Kunst-Handlung.

Allgemeiner Anzeiger
der
Deutschen.

Donnerstags, den 5 März 1807.

Gesetzgebung und Regierung.

Ueber Vertheilung der Kriegs-
Contributionen.

In Nr. 15 des allg. Anz. ist die Frage
aufgeworfen: Können Geistliche mit Recht
zu Contributionen aufgefordert und gezwungen werden. Wie einer meiner Amtsbrüder
P. B. darüber denkt, kann in Nr. 143 des
R. A. 1806, und wie der Concipient obiger
Frage darüber denkt, kann in gedachter Nr.
15 von 1807 nachgelesen werden. Eigenes
Privatinteresse sollte mich nun zwar mit dem
Verf. des letzten Aufsatzes übereinstimmend
denken, urtheilen und entscheiden lassen:
weil ich auch wegen zu meiner Pfarre gehörigen starken Ackerbaues und sonstiger schwachen Accidentien und Fixa stark und drückend
in Contribution gesetzt bin. Aus nachfolgenden Rücksichten und Gründen denke ich jedoch
anders. Wenn, wie der Verfasser sagt, in
Thüringen die weltlichen Staatsdiener zur
Mitcontribution nicht aufgefordert sind, so
ist das äußerst unbillig und hart; denn gemeinschaftliche Lasten müssen gemeinschaftlich
getragen werden. Daß man aber dem Einnehmer 1/3 Procent pro stundert lebens zu-
billiget und giebt, ist nicht unbillig, und vorzüglich dann Recht, wenn er von seinem übrigen Einkommen verhältnißmäßig beysteuern
muß. Ich will zugeben, daß zwischen dem
adelichen Gutsbesitzer, dem Feldeigenthümer,
die ihr Eigenthum verpfänden, verkaufen
und vererben können, und dem Prediger,
der von seinem zur Pfarre gehörigen Lande

Allg. Anz. d. D. 1 B. 1807.

nur Nutznießer auf Lebenszeit ist, dem niemand darauf borget, der nichts davon vererben kann, ein großer Unterschied ist, und
daß es in dieser Rücksicht gegen jene äußerst
unbillig ist, gleich besteuert zu seyn.

Wenn ich aber annehme, oder gewiß
voraussetze, daß die Geistlichen nur wegen
Kriegssteuern in Contribution gesetzt sind:
und dann so die Alternative setze; der an
der Landesgrenze angekommene Feind, oder
der das Land schon in Civilbesitz nehmende Feind sagt: ich komme als Feind,
ich maße mir das Recht an, zu plündern,
zu fouragiren und zu nehmen, wo ich
was finde. Mein Souverain schickt keine
Magazine nach, wir sind von allem entblößt,
und müssen suchen, uns alles nothwendige zu
verschaffen; wollen euch schuldlose brave Einwohner des Landes N. N gut und die-
der behandeln; behandelt uns aber auch brav
und gut, gebt uns Lebensunterhalt und
Kleidung — thut ihr das aber nicht, so müssen wir handeln, wie es Kriegsrecht mit sich
bringt. Also euer Loos bereitet ihr euch selbst.
Laßt uns gegenseitig billig und vernünftig
handeln.

Wenn nun bey Annäherung des Feindes
an die Grenze, oder beynahe schon occupirtem
Lande, die Landesregierung sagte: Landes-
Einwohner ohne Unterschied, Staatsdiener
weltlichen und geistl. Standes, adeliche
freye Gutsbesitzer, Pächter, Prälaten, Aebte,
Prediger, Feldeigenthümer und Häusler,
jetzt ist es uns in die Willkür gestellt, ob
wir sämmtlich wollen ausfouragirt und aus-

geplündert seyn; oder ob wir dem Feinde
eine abgeforderte Summe, sey sie auch hoch
und drückend, freywillig verabreichen, und
so uns von allen feindlichen Ueberfällen und
Turbationen befreyen wollen. So viel es
sich in der kurzen Zeit thun läßt, haben wir
folgende Arten der Einhebungen gewählt —
um eures eignen Bestens willen zahle also.
Wollen Sie nun, Herr Amtsbruder, Ihre
Wäsche, Ihr Silbergeschirr, sey es auch
wenig, Ihre Baarschaft, sey sie auch gering,
Ihre glatte und rauhe Fourage, die, wenn
Sie stark besteuert sind, auch nicht unwichtig
seyn kann, kurz alles Ihr bewegliches Eigenthum, worüber Sie bey Lebenszeit und nach
Ihrem Tode disponiren können, zum Besten
geben, je nachdem es fälle, zum Theil oder
ganz verlieren; oder wollen Sie lieber zur
Abwendung alles bessern verhältnißmäßig
die Sie treffende Contribution für diesen außerordentlichen Fall zahlen?

Der Staat oder summus episcopus
konnte unmöglich bey Ausfertigung der Vocation Ihr bewegliches Eigenthum vor Feuersgefahr und Kriegsverheerungen sichern und
Ihnen garantiren, und der Feind wird nicht
untersuchen, ist der Eigenthümer dieses Hauses, dieser Meublen, dieses Fleisches, Brodes,
Pinnens, dieser Kleidung, dieses Heues, Strohes
im Orte, im Lande exemt, von Lasten und Contributionen befreyet — wo im ganzen und
vorzüglich jeder einzeln herumirrende hungri-
ge, oft von nöthiger Bekleidung entblößte Soldat, wird und muß nehmen, wo er was
findet, und da nimmt er lieber reinliches,
gutes Essen, gutes Zeug und Kleidung
von sogenannten Honoratioren, als schlechtes schmutziges von Taglöhnern und dergleichen. Wenn wir Prediger reisen, und das
Recht hätten, Quartier zu nehmen, wo es
uns gut dünkt, gehen wir nicht lieber auf
elenden Dörfern in ein gutes Haus, und
welches doch gewöhnlich noch immer vor vielen andern das Predigerhaus ist, als in die
Hütte des armen Hirten und Anbauers?
Wer nun in solchen Zeiten und unter solchen
Umständen mehr zu verlieren hat als andere, muß nach Billigkeit auch mehr, gern
und bereitwillig beysteuern, um jene Umstände abzuwenden.

Das von einem Herrn Amtsbruder aufgestellte Beyspiel mit dem Bedienten paßt

gar nicht. Der Bediente kann nicht mehr
prästiren, wenn der Herr reich und übel
reich wird, und auch alsdann nicht mehr von
Rechtswegen verlangen: er braucht aber
auch nichts weniger zu nehmen, als sie eins
geworden, wenn der Herr, ohne Verschulden
des Bedienten, verarmet und Unglücksfälle
erlebt; deshalb die billige Classification vom
Liedlohn bey Concursen. Wird aber dem
Bedienten durch gewaltsamen Einbruch einer
Diebesbande, oder durch Feuersbrunst, oder
durch allgemeine Kriegsverheerung und das
mit verknüpfte Plünderung sein in eigener
Verwahrung befindliches baares Vermögen,
seine Wäsche und Kleidung gestohlen, verbrannt und geraubt, oder durch Plünderung
entwandt, so braucht ihm der vornehmste
und überreichste Principal nicht von
Rechts wegen zu ersetzen.

Wenn nun jene Alternative aufgestellt
ist, deren Billigkeit die Verantworten mögen,
die sich das Recht dazu anmaßen, und wegen
ihrer in Händen befindlichen Macht anmaßen
können: so dürfen wir nicht fragen, muß
ich auch beysteuern, sondern wir müssen
einstimmig gemeinschaftlich sagen, wir wollen alle gemeinschaftlich beysteuern, um
von zwey Uebeln das geringste zu wählen,
es soll sich aber keiner befreyen, und wer
am meisten zu verlieren hat, soll und
muß am meisten beysteuern. Wenn man
nun annimmt, der Feind nimmt und kann
nur bewegliches Eigenthum nehmen, kann
kann also auch dem im Wohlstande lebenden,
ein volles Haus (an Pretiosen, Meublen und
Victualien) habenden Honoratioren, wozu doch
gewiß die Geistlichen und Prediger gehören,
mehr rauben, als dem oft armen Landeigen-
thümer, so wird doch die Unbilligkeit der Besteurung in jenem Falle wegfallen? — Prediger und alle Einwohner des Landes müssen
und können darauf dringen, daß jeder,
der hat verlieren können, auch zu der ausgeschriebenen Kriegssteuer beytrage. Hier
werde ich eine taube Nuß aufknacken, die
mir Wurmmehl in den Mund bläst. Jedoch
der rechtschaffene Mann scheuet sich nicht,
Wahrheit zu sagen.

Ich komme wieder auf die Alternative
zurück, weil ich sie unter den jetzigen Umständen für richtig halte. Der Maßstab, daß
die weltlichen Staatsdiener von ihren Be-

soldungen gewisse Abzüge statt Besteurung leiden müssen, scheint nicht der richtigste zu seyn. Der vornehme oder geringe Staatsdiener, der sehr viel oder just so viel, als die Besteurungssumme ausmacht, Gehalt hat, muß gleiche Abzüge von einer bestimmten Summe leiden, er mag im Wohlstande oder in Armuth leben, er mag große Familie oder gar keine haben, er mag ein sogenanntes gutes oder großes Haus machen, oder wegen Familie und deren Verhältnisse spärlich, kümmerlich leben, und nichts an Hausgeräthe und Aufwand wenden. Wie kann nun der eben so viel vom gleichen Gehalte oder Salarium beysteuern, dessen bewegliche Habe nicht so viele Pistolen werth ist, als eines andern, außer seinem Salarium reichen, Staatsdieners viele tausende werth ist. Jener sagt vielleicht, ehe ich mir 100 Thlr. abziehen lassen kann, mag mir der Feind alles nehmen; und der andere sagt vielleicht, ehe ich mich ausplündern lasse, gebe ich 5000 — 10000 Thlr. Und doch sollen sie vom Gehalt, das ihnen der Staat gibt, nur ein gleiches zur allgemeinen Kriegssteuer geben. Wer viel hat, das geraubt werden könnte, der muß auch viel beysteuern. Ist nun dieser Grundsatz der unwiderbar richtigste, so müssen die großen Gutsbesitzer, die großen Pächter großer Domainengüter, außer was sie vom Grundherrschaft beysteuern, auch für ihre bewegliche, wichtige, sehr wichtige Habe wichtig und stark beysteuern. Oft ist das bewegliche sogenannte Inventarium wichtiger, als das Vermögen des Pächters überhaupt, oft ist aber seine übrige bewegliche Habe, als Baarschaft, Pretiosa, Meubeln, Linnen, Drell, Bücher, Kupfer, Schildereyen, Gewehre und dergleichen wichtiger, als jenes, und beydes zusammen genommen, immer sehr wichtig, und jeder würde, um es vor Plünderung zu sichern, es gewiß durch eine nahmhafte Summe zu erhalten und zu schützen suchen.

Es ist also zu wünschen, daß die obersten Staatsdiener, und alle diejenigen, die dergleichen einleiten und anordnen können, es einleiten und anordnen, daß jetzt und künftig alle wegen des Kriegs auferlegte Kriegslasten gemeinschaftlich getragen werden, daß sie sich nicht befreyen wollen, und dadurch der schon genug belasteten, im Schweiß ihres Angesichts sich nährenden Volksklasse unerschwingliche Lasten aufbürden wollen. Wahrlich, gewiß und unleugbar, diese wichtige, ja allerwichtigste Menschenclasse (der Producent ist immer wichtiger, als der Consument, und doch wird er so oft verkannt, und nie recht gewürdigt) leidet die Kriegsübel und Ungemach sehr unverdient und schuldlos, und gewöhnlich am meisten und am drückendsten. Alle durchgehende feindliche und allirte Truppen muß er etapenmäßig verpflegen und einnehmen, und lastbare gefährliche Kriegsfuhren allein verrichten. Wenn hier ein junger Prinz Kriegsvölker en Parade durch die Residenz führt, dort ein erfahrner großer Feldherr einem Souverain Rathschläge gibt, hier ein Prinz eines kleinen Hauses durch Vermählung mit einem großen Hause verwandt wird, hier ein Land Apenage eines entfernten großen Reichs ist, hier ein lange unter dem Krummstabe glückliches Land einem großen Beherrscher wider Wunsch und Willen zugegeben wird, und dieß alles Ursachen werden, daß ein glücklicher Beherrscher eines großen Volks diese Länder und Ländchen mit seinen Kriegsvölkern überzieht, und in seinen ruhigen friedlichen Einwohnern die angeschuldigten Fehler, Rathschläge und Unterstützungen der feindlichen Parteyen bestrafen will: so leiden ja diese Einwohner sehr unschuldig und unverdient. Billig müßten nur die Fürsten und Beherrscher allein die Folgen des Kriegs empfinden; denn wenn wer Schuld daran ist, so sind sie es nur allein. Dieß ist nun aber ungesdenkbar, und der ruhige Unterthan muß büßen, was er nicht verbrochen. Muß aber jeder, der verlieren konnte, zu den Kriegslasten verhältnißmäßig beysteuern: so müssen auch gleich jetzt von ihren Kammer und Domainengütern die Fürsten beysteuern, und künftig aus ihren geretteten Schätzen und aus ihrer Privat-Chatulle die sich über Vermögen aufopfernden Unterthanen unterstützen und von extraordinairen Ausgaben befreyen.

Bey einer Reise in ein benachbartes Land habe ich erfahren, daß der Landbebauer vom ackerbaren Lande und von Häusern zugleich zur

Kriegssteuer stark beysteuern muß. Wenn ich von seiner beweglichen Habe dasjenige abrechne, was ihm zu seinem Fortkommen, zu seiner nothdürftigen Sustentation durchaus gelassen werden muß, wenn ihn die eigene Landesregierung nicht selbst ruiniren und von Haus und Hof verjagen will, so ist das Uebrige davon kaum, oftmahls gewiß nicht so viel werth, als er unter allen Rubriken zur Kriegssteuer schon beygesteuert hat, und noch beysteuern muß, und Einquartierung und Kriegsfuhren hat er besonders gehabt und geleistet. Die Pächter der Domainen-Güter des Landes steuern, wie die Unterthanen von dem herrschaftlichen Lande gleichen Beytrag, den sie an dem Pacht abziehen, aber sie steuern nichts für sich, für ihre wichtige bewegliche Habe und Vermögen. Und dieß ihr Vermögen ist doch immer sehr wichtig, und vorzüglich jetzt gegen den kleinen Landbauer verhältnißmäßig sehr wichtig. Dieser hat um Geld zu erhalten sein Getreide verkauft und bey jetzt verringertem Preise ein fast nicht entbehrliches Quantum verkaufen müssen, seine rauhe Fourage reicht kaum hin, bis grünes Futter da ist. Das im Hause wöchentlich gesponnene Garn wird wöchentlich verkauft, und das dafür kommende Geld ist oft schon im voraus aufgenommen. Für was zahlt nun der kleine Landbebauer so viel; um Kriegsübel abzukaufen? und warum zahlt der große Pächter, der Baarschaft, Pretiosa, Meublen, reines Korn in großen Quantitäten, rauhe Fourage desgleichen hat, gar nichts? Ist hier eine Billigkeit? Werden die Kriegsübel gemeinschaftlich getragen?

Die jetzigen temporairen Landesregierungen müssen, um den lastbaren Bauer einigermaßen zu erleichtern, und um Ruhe und Ordnung zu erhalten, eine gleiche Besteuerung aller Individuen, die hätten verlieren können, anordnen. Der Hauseigenthümer, oder der reiche, kostbare Effecten habende Miethling muß zur Kriegssteuer verhältnißmäßig beytragen. Fangen die obern Staatsdiener bey sich selber an und sagen: Für mein sämmtliches bewegliches, den Plünderungen ausgesetztes Vermögen will ich so viel zur Kriegssteuer beytragen, und wir hoffen, die billig denkenden Mitglieder der Collegien und Corporationen thun ein gleiches, und beurkunden künftig: (so bald als möglich) durch diese Classe ist so viel, durch jene so viel zur abgeforderten Kriegssteuer aufgekommen, und jeder sieht also, daß alle, die hätten verlieren können, haben gemeinschaftlich und verhältnißmäßig beygesteuert; so wird und muß sich jeder beruhigen, und wird unvorhergesehene Uebel und Lasten bereitwillig und ohne Murren ertragen und leisten. Gott gebe, daß dieß alles nicht fromme Wünsche bleiben!

Berichtigungen und Streitigkeiten.

In Nr. 151 des Freymüthigen von 1805 wird folgende Anecdote erzählt:

Ein Uhrmacher im neufchateller Dorfe Locle, Namens Janneret, erfand vor einiger Zeit eine Maschine, mittelst deren er die Unruhen an den Uhrwerken mit solcher Schnelligkeit verfertigte, daß er im Stande war, seine Arbeit ungleich wohlfeiler zu geben, als irgend ein anderer Fabrikant. Er bedachte, daß diese Erfindung ihn zwar bereichern, aber alle andere Arbeiter im nämlichen Fache um ihr Brod bringen würde; er vernichtete seine Maschine und arbeitet jetzt von 5 Uhr Morgens bis 10 Uhr Abends an den nämlichen Uhrwerken, die er in zehn oder zwanzigmahl weniger Zeit zu Stande bringen könnte.

Und nun setzt Hr. H., der Einsender, hinzu:

Wer die menschliche Natur kennt, wird nicht den Reichthum, nicht die Menge und Bequemlichkeit für das größte Opfer halten, welches der treffliche Mann seinem Begriffe von dem, was recht und gut war, brachte, sondern die Erfindung — diese ist es, was sich unstreitig mit dem edelsten Opfer des Vermögens und des Lebens; zu denen die Tugend jemahls Menschen vermochte, messen darf; und in künftigen Geschichten der Erfindungen sollte Janneret's Maschine, ob sie gleich nicht mehr existiert; ja nicht vergessen werden!

Der letzten Meinung bin ich auch; aber aus einem ganz andern, diesem entgegen gesetzten Grunde; indem nämlich eine solche Erinnerung in den Geschichtsbüchern ein

Denkmahl der unglücklichen Verblendung abgeben würde, welche sich nur gar zu leicht und zu oft mit einem so raschen Enthusiasmus, als hier der Erfinder und sein Panegyrist gehabt haben, zu verbinden pflegt; welche Klippe dann die ruhig prüfende Vernunft gemeiniglich zu vermeiden pflegt. Kann diese ruhige Vernunft es wol wirklich billigen, daß dieser Mensch seine Erfindung, wodurch eine so namhafte Summe von Zeit und Menschenkraft würde gespart worden seyn, vernichtete? Blieb ihm kein anderer edlerer Weg übrig? Konnte er nicht damit für die Menschheit sorgen, ohne ihr zu schaden? Wie? wenn er, da er keinen Vortheil davon ziehen, und doch auch seinen Nebenkünstlern nicht zu gleicher Zeit damit schaden wollte, diese Erfindung allgemein bekannt gemacht hätte? Die Arbeit wäre dann wohlfeiler bezahlt worden, und das wäre Vortheil für's Publicum gewesen, und der Künstler hätte dennoch keinen Schaden davon gehabt, weil er in einer Stunde das machen konnte, wozu er sonst zehn bedurfte, und also nun der Welt in den ersparten neun übrigen Stunden mit andern nützlichen Arbeiten dienen konnte. Er konnte ferner, wenn er die Erfindung für sich behalten und doch nicht reich dadurch werden wollte, den Erwerb zu milden Gaben, oder wenn er wirklich das Lob des großmüthigen Edlen verdienen wollte, seinen Kunstverwandten schenken, um sie für den durch seine Erfindung verminderten Absatz zu entschädigen. Auch hatte er ja seinen freyen Willen, auf dieser Maschine nicht mehr zu verfertigen, als seine Kunstverwandten liefern konnten. Er verdient also für diese Vernichtung seiner Erfindung statt des Lobes vielmehr nachdrücklichen Tadel; denn er verletzte damit wichtige Menschenpflichten. Erstlich raubte er der Mit- und Nachwelt den Werth eines nicht zu berechnenden Geschenkes in Rücksicht auf Ersparung an Zeit und Menschenkraft. Zweytens muß er sich nun vom Morgen bis an den Abend abquälen, und opfert seine eigene Zeit und seine eigene Kraft auf. Drittens entzieht er sich und seinen Kindern die Mittel, die ihn in den Stand setzen konnten, letztern eine anständige und nützliche Erziehung zu geben, und kann sich den Fluch der-

selben, wenn sie übel geartet sind, oder den Unwillen der besseren über den Hals ziehen; zumahl wenn die Zukunft und der Nutzen in Betrachtung kommt, welcher mit einem redlich verdienten Vermögen hätte können gestiftet werden, und der nun nicht Statt hat, und das Gelindeste, was von ihm gesagt werden kann, ist: daß er nicht klug gehandelt habe.

Eine ganz andere Bewandniß hat es mit jenem, welcher die Kunst erfand, Schiffe unter dem Wasser anzubohren und mit Mann und Maus untergehen zu machen, und der diese Erfindung großmüthig und freywillig aufgab. Was opferte der nicht, gegen Janneret gehalten, auf? und wie viel edler handelte er, da solch eine Erfindung zum Ruine des menschlichen Geschlechts gedient haben würde, statt daß Janneret's Erfindung demselben nützlich gewesen wäre.

***

Dienst-Gesuche.

Ein junger Mann aus einer guten Familie wünscht bald die Veränderung seiner gegenwärtigen Lage. Er hat schon mit vollkommener Zufriedenheit einigen soliden Handlungs-Häusern als Commis gedient, deren Zeugnisse hinlänglich beweisen, daß er in jeder Art von Handlung mit Nutzen zu gebrauchen und anzustellen ist. Außer den nöthigen Handlungskenntnissen, die er besitzt, liebt er auch andere wissenschaftliche Fächer, die ihn um so mehr die Gewährung seines Wunsches hoffen lassen. Besonders besitzt er die Kenntnisse (nicht etwa aus Büchern, sondern aus eigener Praxis und Erfahrung) viele chemische Producte, die im Handel geliefert werden, fabrikmäßig und auf einem nicht jedem bekannten vortheilhaften Wege zu verfertigen; als z. B. alle Arten von Mahler Farben, Bereitung und Raffinirung vieler Salze; alle mögliche Färberey auf Wolle und Baumwollengarn, besonders das echt englische und türkische Rothfärben, und dann das geschwinde und vortheilhafte Bleichen der weißen baumwollenen Garne und leinenen Zeuge etc. und versichert jeden, der sich mit einem oder dem andern beschäftigen wollte, oder sich bereits damit beschäftiget, daß er mit unermüdetem Eifer und unverbrüchlichster Treue diesen Geschäften vorstehen und den Nutzen gewiß befördern helfen würde.

Das Nähere erfährt man von ihm selbst in frankirten Briefen mit dem Adreß-Zeichen N.—S in W. unter dem Couverte: An die Expedition des allg. Anz. in Gotha.

Justiz- und Polizey-Sachen.

Bekanntmachung.

Gerichtswegen wird hiermit bekannt gemacht, daß dem Christian Thomas hierselbst die Verwaltung seines Vermögens untersagt, und solche dessen Vater Carl Thomas übertragen worden, mithin ohne Vorwissen und Genehmigung des letztern keine Verbindlichkeit, Veräußerung oder Verpfändung des Sohnes von Kräften seyn werde.

Datum Gleina im Herzogthum S. Altenburg den 7 Febr. 1807.

Herzogl. S. Gerichte das.
D. F. Asverus.

Vorladungen: 1) F. Wiener's.

Es ist die Wittwe des vormahls in hochfürstlich hessischen Diensten gestandenen und zu Pirmasens verstorbenen Lieutenants Wiener, Louise Susanne Salome gebohrne Breithaupt, vor kurzem gleichfalls allhier mit Tode abgegangen, und hat, dem Vernehmen nach, einen einzigen Sohn, Namens Friedrich, welcher als Sattler-Geselle auf die Wanderschaft gegangen, von dessen Aufenthalt man nicht hat in Erfahrung bringen können, als daß er sich vor etwa 3 bis 4 Jahren, bey der be Badischen Kunstreiter-Gesellschaft zu Prag befunden haben solle, hinterlassen. Es wird demnach gedachter Friedrich Wiener hierdurch citirt, sich binnen drey Monaten zur Legitimation und zum Empfange der mütterlichen Verlassenschaftsmasse allhier einzufinden, gegenfalls dieselbe unter gerichtliche Curatel gegeben und das Weitere sachgemäß wird verfügt werden. Diejenigen Gerichts-Behörden und Privat-Personen, welche von dem gegenwärtigen Aufenthalte oder allenfallsigen Tode dieses Friedrich Wiener Wissenschaft haben, werden ersucht, hiervon die gefällige Anzeige hierher zu thun. Darmstadt, den 10 Febr. 1807.

Großherzoglich hessisches Kriegs-Collegium das.
Sch. v. Stamerdinghe. Scriba. Baller.
Rekylé.

2) C. Jac. Leiblin's.

Der ohngefähr 64 bis 65 Jahr alte Carl Jacob Leiblin, Sohn des zu Carlsruhe verstorbenen Raths und Archivarius Leiblin, welcher im Jahr 1791 letztenmahls bey dem spanischen Schweizer-

Regiment v. Reding in Barcelona als Sergeant in Diensten gewesen ist, hat seit dieser Zeit nichts mehr von sich hören lassen, jedoch ein Vermögen von circa 4200 fl. zurückgelassen. Da nun dessen nächste Verwandte um Auslieferung besagten Vermögens gegen Caution gebeten haben, so wird ersagter Leiblin, oder dessen eheliche Leibes-oder sonstige Erben andurch vorgeladen, binnen neun Monaten sich um Auslieferung solchen Vermögens zu melden, oder zu gewärtigen, daß dasselbe gegen Caution in Erbschafts-Pflegschaft werde übergeben werden. Carlsruhe, den 16 Januar 1807.

Aus Auftrag
Großherzoglich Badischen Hof-Raths-Collegii erst. Sen.
Vdt. Walther,
Secretarius.

3) Jos. Schäffer's.

Dahiesiger Bürger und Handelsmann Wolff Jacob Würzweiler hat bey Großherzogl. Hofgerichte eine wegen der Forderung des dahiesigen Bürgers und Ackersmanns Joseph Schäffer an den Commandeur von Streicher auf ihn lautende Cessions-Urkunde überreichet, und um Ausfolgung der cedirten Schuld gebeten. Da nun benannter Schäffer, der sich über sothane Bitte zu erklären hat, sich von hier angeblich entfernet, ohne daß man weiß, wohin er sich begeben habe; als wird derselbe hiermit vorgeladen, seine Erklärung in einer ohnerstrecklichen Frist von 6 Wochen über die Richtigkeit der ausgestellten Cession durch einen dahier angestellten Hofgerichts-Procuratoren abzugeben, und um zu gewärtigen, daß nach Verlauf dieser Frist die an den Wolff Jacob Würzweiler geschehene Cession seiner Forderung gegen den Commandeur von Streicher für anerkannt angesehen werden solle.

Mannheim, den 30 Januar 1807.

Großherzogliches Hofgericht der Badischen Pfalzgrafschaft.
von Hacke. Courtin.
Diez.

4) Seb. Bueb's.

Nachdem der diesseitige Bürgerssohn Sebastian Bueb, seiner Profession ein Becker, schon im Jahr 1784 in die Fremde gegangen, ohne bisher von seinem Aufenthaltsort, Leben oder Tod die mindeste Nachricht ertheilt zu haben, so wird er oder seine etwaige Leibeserben hiermit aufgefordert, sich binnen einem Jahre und sechs Wochen so gewiß bey der unterfertigten Stelle zu melden, widrigenfalls sein dahier unter Curativo stehendes, beyläufig 1400 fl. betragendes Vermögen seinen nächsten Anverwandten gegen Caution verabfolgt werden würde.

Altbreisach, am 17 Januar 1807.

Magistrat der Großherzogl. Badischen Stadt allda.
Schilling, Syndicus.

5) Frz. Mich. Hamberger's.

Der schon längst als Schuster in die fremde gegangene hiesige Bürgerssohn Franz Michael Hamberger, oder dessen Descendenten, werden hiermit aufgefordert, sich

binnen einem Jahr und sechs Wochen wegen Antretung des dem Michael Hamberger von seinen Eltern angefallenen Vermögens von 975 fl. 21½ kr. bey diesem Magistrat zu melden, widrigens dasselbe dessen nächsten Bauerwandten gegen Sicherheit eingeantwortet werden würde.

Liebreysach, am 30 Januar 1807.
Magistrat der Großherzoglich Badischen Stadt allda.
Schilling, Syndicus.

6) der Erben oder Gläubiger J. B. Zangrandi's.

Diejenigen, welche eine Forderung aus irgend einem Rechtsgrunde an die Verlassenschaft des dahier verstorbenen Ritterstifts-Vicarii Johann Baptist Zangrandi zu machen haben, werden hiermit aufgefordert, diese binnen 4 Wochen dahier beyzubringen, oder zu gewärtigen, daß nach fruchtlosem Umlauf dieser Frist die Erbschaft ohne weiters nach dem Inhalt des Testaments verabfolgt werde.

Bruchsal, am 12 Februar 1807.
Von gemeinschaftlicher Inventur Commissionswegen.
in fidem
J. W. Hartmann.

7) in Betreff der Nachlassenschaft der Marie Florentina Lorenz.

Nachdem von den Edlen Stadtgerichten zu Leipzig, in der Marie Florentine Lorenz, des vormaligen hiesigen Oberleichenschreibers Johann Georg Lorenz hinterbliebenen Tochter, Nachlassenschaft betreffenden Sache gewöhnliche Edictal-Ladung erlassen und

der 3 August 1807
zu Liquidirung der Forderungen
der 2 September d. J.
zur Inrotulation der Acten, so wie
der 5 ejusdem
zu Eröffnung eines Präclusivbescheides unter den gesetzlichen Verwarnungen anberaumet worden ist; als wird solches und daß die erlassenen Edictal-Ladungen in loco publico allhier, auch zu Torgau, Zwickau, Weissenfels, Eulenburg, Grossenhayn, Gotha und Coburg, aushängen, endurch zu jedermanns Wissenschaft gebracht.

8) der Gläubiger der Dorothea Bock.

Es ist die Handelsfrau, Dorothea Wittwe Bock allhier, mit Hinterlassung einer beträchtlichen, ihr Vermögen weit übersteigenden Schuldenlast verstorben, deren Kinder haben gerichtlich erkläret, daß sie ihr Erbrecht nicht exerciren, vielmehr ihrer Mutter vorhandenes Vermögen deren Gläubigern,

so weit es zu reicht, zur Befriedigung überlassen wollten; daher, denn solches in gerichtlichen Beschluß zu nehmen, und den Concurs-Proceß zu eröffnen, sich nöthig gemacht hat.

Da nun
der 9 Junius dies. Jahres, ist der Dienstag nach dem 2 Sonntag Trinitatis zum Liquidations-Termin für bekannte und unbekannte Gläubiger anberaumt worden; als werden alle und jede bock'sche Gläubiger hiermit geladen, besagten Tages zur rechten Gerichtszeit, vor hiesigen Gerichten, resp. mit ihren Vormündern in Person, oder durch genugsam instruirte Bevollmächtigte sub poena praeclusionis et amissionis beneficii restitutionis in integrum zu erscheinen, zuvörderst die Güte zu pflegen, in deren Entstehung aber ihre Forderungen ordnungsmäßig zu liquidiren und zu bescheinigen, mit dem bestellten Curators litis darüber sowohl, als nach Befinden de prioritate unter sich zu verfahren, und nach allerseits gehörig beygebrachter Nothdurft, fernerer gerichtlichen Verfügung zu gewarten.

Sig. Apolda, den 17 Februar 1807.
Fürstl. S. Academis. Gerichte daselbst.
Traugott Reyher.

Kauf- und Handels-Sachen.

Nachricht an unsere Handelsfreunde.

Da das Engagement, in welchem wir mit unserm ehemaligen Reisenden, Hrn. G. A. Diaesch, gestanden, gänzlich beendiget ist, so halten wir uns für dasjenige nicht mehr responsabel, was derselbe fernerhin thun und verrichten möchte.

Rotterdam den 1 Febr. 1807.
Joh. Adolph Remy und Comp.

Vermiethung eines Gewölbes in Leipzig.

Ein Gewölbe nebst Schreibestube und Kinderlage auf dem neuen Neumarkt ist von Ostern 1807 an zu vermiethen. Nähere Nachricht ertheilt Herr Abraham Herzog in Leipzig in der grimmaischen Straße.

Verpachtung eines Rittergutes.

Den 31 März dieses Jahres soll das in der herzoglich weimarischen Stadt Rastenberg, eine Stunde von Buttstädt, gelegene bickerbürische Rittergut, bestehend aus 243 Acker (den Acker zu 140 sechszehnschuhigen ☐ Ruthen) guten ertragbaren, im besten Stande sich befindenden Landes, 16½ Acker Gärten und Grummetwiesen, 3 Acker künftlichen Wiesen, den nöthigen Wirthschaftsgebäuden, Deputat an Brennholz, auch mit obes dem Inventarium, der Meistbietenden an Ort und Stelle selbst auf 6 Jahre verpachtet werden und zwar so daß der Pächter zu Johannis dieses Jahres den Pacht antritt.

Pachtlustige können die nähern Bedingungen entweder von dem Herrn Actuarius Schmidt zu Hardisleben, oder vom Eigenthümer zu Kastenberg mündlich oder schriftlich durch freye Briefe, erfahren.

Verkauf eines Hauses.

In einer königl. würtembergischen berühmten und in dem besten Flor stehenden Handelsstadt ist ein Kaufmann Alters und sonstiger Geschäfte halber gesonnen, sein zur Specerey-Handlung vorzüglich gut eingerichtetes und wohl gelegenes Haus, worauf eine nicht unbeträchtliche Nahrung ruhet, an einen soliden Handelsmann unter vortheilhaften Bedingungen aus freyer Hand zu verkaufen.

Es bestehet solches aus einem gewölbten Keller, Laden, Comtoir, Magazin, Hof und Stallung, 9 Zimmern, 2 Küchen, 3 Kammern, 2 Böden nebst mehrern Bequemlichkeiten. An dem Kaufschilling kann ein beträchtliches Capital gegen Verzinsung stehen bleiben, auch wird dem Käufer die ganze darauf ruhende Kundschaft abgetreten, so wie das courante Waaren-Lager nebst allen Geräthschaften käuflich überlassen. Das Handlungs-Correspondenz- und Commissions-Bureau in Heilbronn giebt auf freye Briefe deshalb nähere Auskunft.

Versteigerung von harzer Bergtheilen.

Mittwochen den 8 April sollen die zur von Vultejoischen Nachlaßenschafts-Masse gehörigen harzer Bergtheile, namentlich:

a) 1/48 Kux Dorothea.
b) 3/4 Kux Neue Benedicta.
c) 1/12 Kux Carolina.
d) 1/24 Kux Nunfang.
e) 1 1/2 Kux Gabe Gottes und Rosenbusch.
f) 1/2 Kux St. Elisabeth.
g) 1/16 Kux Sophia.
h) 1/16 Kux St. Margaretha.
i) 1/4 Kux Güte des Herrn.
k) 1/16 Kux kleiner St. Jacob.
l) 1/8 Kux Herzog Christian Ludwig.
m) 1/3 Kux Kranich.
n) 1/4 Kux braune Lilie.
o) 11/24 Kux Abendröthe.
p) 1 3/4 Kux Herzog August und Johann Friedrich.
q) 1/16 Kux weißer Schwan und
r) 1/4 Kux Lauthenthals Glück.

öffentlich versteigert werden. Welches Kauflustigen mit dem Bemerken bekannt gemacht wird, daß a, b, c, d, und e, dermahlen noch Ausbeute bringen, f, g, und h, im Freybau sich befinden, die übrigen i — r, aber in der Zubuße stehen. Liebhaber zu dem Einzelnen so wie zum Ganzen, können sich daher Vormittags auf der Regierung anmelden.

ihr Gebot zu Protocoll anzeigen, und dem Befinden nach als bald des Zuschlags gewärtigen.

Cassel, den 11 Febr. 1807.
H. W. Küppell,
vig. Commiss.

Tafel- und Spiegelglas.

Da mit allergnädigster königl. baierischer Concession die hier neu errichtete und in der bequemsten Lage zur Glas-Abfuhr, nahe an der Chaussee von Fürth nach Cham in der obern Pfalz liegende Glashütte nunmehr in vollkommenem Stande ist, und auf derselben alle Sorten von Tafel- und Spiegelglas gefertiget werden; so wird dieses allen und jeden, die mit Glas Geschäfte machen, hierdurch mit der Versicherung bekannt gemacht, daß sie, wenn sie diese Fabrik mit Aufträgen beehren wollen, stets auf das reellste bedient werden sollen. Bey untenunterschriebener Verwaltung können die nähern Bedingungen, unter welchen der Glas-Versand geschiehet, in portofreyen Briefen abverlangt werden. War adein bey Kankam in der Grafschaft Cham in der obern Pfalz, den 7 Febr. 1807.

Baron Voelderndorffs. Glashütten-
Verwaltung.
Pro Cura.
Wilhelm Steingröber.

Lein- und Klee-Samen.

Bey J. C. Mühlig und Comp. in Leipzig ist echter neuer rigaer Leinsamen und spanischer Kleesamen um billige Preise zu haben.

Frankfurter Wechsel-Cours.

den 27 Februar 1807.

	Briefe.	Geld.
Amsterdam in Banco k. S.	—	—
, 2 Mon.	—	—
Amsterdam in Courant k. S.	142 1/2	—
, 2 Mon.	141 3/4	—
Hamburg k. S.	—	149 1/2
, 2 Mon.	—	148 3/4
Augsburg k. S.	—	100
Wien k. S.	46 3/4	—
, 2 Mon.	—	—
London 2 Mon.	78 3/8	—
Paris k. S.	78	—
, à 2 Uso	—	77 3/4
Lyon	—	—
Leipzig M. Species	—	—
Basel k. S.	—	—
Bremen k. S.	—	108 7/8

Allgemeiner Anzeiger
der
Deutschen.

Freytags, den 6 März 1807.

Gesundheitskunde.

Medicinischer Rath für Damen, ihre periodische Unpäßlichkeit betreffend.

Alle Aeußerungen, die wir in der Periode der Reinigung des zweyten Geschlechts bemerken, lassen auf einen Zustand von Schwäche mit erhöheter Reizbarkeit schließen. Es bedarf das keines Beweises. Das Ansehen der Damen beweiset es schon. Die Haut wird während dieser Epoche sehr verändert. Ihre Drüsen sondern eine größere Menge Fett ab, und die erschlaffte Haut befördert das Durchschwitzen desselben. Daher das glänzende schmutzige Ansehen der Haut, daher will hier das Schminken nicht gelingen, das Rouge nicht halten. Die Haare werden um diese Zeit gewöhnlich trocken und spröde, der Kopf bedeckt sich auch wol mit Schuppen, wie bey kleinen Kindern. Bey manchen äußern sich hier Verunstaltungen der Haut, Flecken, Finnen, besonders vor der Stirn, um den Mund und an dem Kinn. Die Ausdünstung wird um diese Periode gewöhnlich vermehrt, wie der Athem beweiset. Man hat die Bemerkung gemacht, daß einige Thiere, besonders Hunde, von der Ausdünstung der Frauenzimmer, die gerade ihre Reinigung haben, sonderbar afficirt werden. — Die Blutgefäße laufen an, und strotzen von Blut, daher die blauen Ringe um die Augen. Herzklopfen, Nasenbluten u. s. w. — Die Reizbarkeit der Nerven wird um diese Epoche sehr erhöht; daher sehen wir die sanftesten Damen hier wild werden, jede Kleinigkeit

Allg. Anz. d. D. 1 B. 1807.

afficirt sie, jede Leidenschaft wird heftiger. — Auch auf die Verdauung hat die Menstruation Einfluß. Wir bemerken hier entweder Mangel an Appetit, oder Begierde zu ungewöhnlichen Speisen und Getränken. — Auffallend ist die Veränderung, welche die Menstruation auf die Stimme hat. Die Sängerinnen wissen das sehr wohl. Daher bespricht man sich beym Theater erst mit der prim. Donna, ehe man den Tag zur Aufführung der Oper bestimmt. — Während dieser Epoche verschlimmern sich die meisten Krankheiten, die schon geheilten kehren oft wieder zurück. — Um diese Zeit ist der weibliche Körper mehr für die Wirkung aller möglichen Krankheits-Ursachen empfänglich, als zu jeder andern. Daher sollten die Frauenzimmer um diese Periode vorzüglich auf ihre Gesundheit Rücksicht nehmen.

Ich empfehle hier folgende Vorschriften zu beobachten:

Die leichte Kleidertracht ist für diese Zeit höchst gefährlich. Halten Sie sich hier warm, bedecken Sie besonders Ihren Busen, und tragen Sie in diesen Tagen Beinkleider. Unter die bedenklichsten Zufälle, welche Erkältung hier verursachen können, gehören die Menstrual-Koliken. Sie werden dies ses Uebel durch Warmhalten, und wenn Sie bey nasser Witterung im Hause bleiben, verhüten. Durch die wiederholten Menstrual Koliken, welche nichts anders, als eine leichte Entzündung der Gebärmutter sind, wird oft der Grund zu Verhärtungen dieses Eingeweides gelegt. Der Krebs der Gebärmutter entsteht gewöhnlich auf diese Weise. Die Blässe mancher Damen ist sehr oft einer Erkältung in dieser Zeit zuzuschreiben. — Was die Zweckmäßigkeit der Speisen und Getränke betrifft, so ist, im Ganzen genommen, eine leichte Fleischdiät, weil das Fleisch am leicht verdaulichsten ist, dienlicher, als die meisten groben Gemüse. Doch kommt es hier viel auf Gewohnheit an. Dasselbe gilt auch von den Getränken. Jedes kalte Getränk ist hier gefährlich, alles Erhitzende zu vermeiden. — Nichts ist um diese Periode schädlicher, als heftige Bewegung. Ueberlassen Sie daher in diesen Tagen das Laufen, Tanzen, Reiten und schnelles Fahren Gesundern.

Wenn ich hier zu Eltern, Erziehern und Eheherrn spräche, so würde ich ihnen rathen, so viel wie möglich alle Umstände, welche heftige Leidenschaften bey den Damen erregen könnten, zu vermeiden. Ein Frauenzimmer wird durch ein unsanftes Betragen in dieser Zeit noch empfindlicher gekränkt, als zu jeder andern. Wenn sie hier aufbraust und ganz verändert ist, so ist das nicht Eigensinn oder Zanksucht, sondern eine Aeußerung, für welche sie nicht kann, da der Grund derselben in ihrem Physischen liegt. Ersparen Sie daher Ihren Frauenzimmern um diese Zeit jede unangenehme Nachricht, jeden Schrecken, und was sie sonst afficiren könnte.

W.   5—r.

Werband.

Auch etwas zur Antwort auf die Anfrage im X. A. 1806 Nr. 2410 wie ein an einer hartnäckigen Augenkrankheit leidender neunjähriger Knabe am besten zur Unterhaltung und Bildung beschäftigt werden könne?

Auf diese Anfrage ist meines Wissens im X. A. nur eine einzige Antwort, die noch dazu beym Allgemeinen stehen bleibt. (Nr. 219. S. 2673 f.) eingegangen. Mit Vergnügen mache ich also auf eine Schrift aufmerksam, die ich so eben durch die hallische allg. L. Z. 1806 Nr. 106 kennen lerne. Sie hat zwar ein ganz blindes Kind zum Gegenstande,

wird aber ohne Zweifel für den bekümmerten Vater, der die obenstehende Anfrage einrücken ließ, und für andere, die sich in ihm in gleichem Falle befinden, manchen nützlichen Wink enthalten. — Ihr Titel ist: „Beschreibung eines mit einem neunjährigen Knaben angestellten gelungenen Versuches, blinde Kinder zur bürgerlichen Brauchbarkeit zu bilden. Von Joh. Wilh. Klein, Armenbezirks-Director." (Wien, bey Geistinger 1806. 26 S. 8.) In der obgedachten Recension heißt es von dieser Schrift: „Der Versuch ist Hrn. K. trotz den Schwierigkeiten, die er dabey zu besiegen hatte, gelungen. Er hat seinen neunjährigen, schon in seinem dritten Jahre erblindeten Zögling in weniger als zwey Jahren ohne Mithülfe anderer, ohne fremde Anweisung in Rücksicht der Methode, und ohne im ersten Jahre ihm viel Zeit zu widmen, so weit gebracht, daß derselbe ausgeschnittene und in Wachs vertiefte Schrift liest, rechnet, schreibt, sich auf den eigens für ihn verfertigten Landkarten zu orientiren versteht, mancherley wissenschaftliche Kenntnisse besitzt, die Harfe spielt, in Pappe arbeitet und sich auch in moralischer Hinsicht sehr veredelt hat. Hr. K. beschreibt in diesem Berichte, den er über den Fortgang seiner Bemühungen dem Publicum abstattet, die Mittel, die er bey der Bildung seines Zöglings erfunden und angewendet habe. Sie sind einfach und natürlich. Man wird seine kleine Schrift nicht ohne frohe Theilnahme, und gewiß mit dem Wunsche lesen, daß sein gelungener Versuch, besonders an seinem Aufenthaltsorte, in Wien, beherzigt, und die Veranlassung zu ähnlichen, vom Staate unterstützten Versuchen im Großen werde."

Gaildorf.   J. K. Höck.

In vielen Zeitungen, unter andern in der nürnberger Nr. 126 von 1805, wurde von Mitau aus erzählt, daß der berühmte Leibeigene, Küster Frist, welcher 37 Menschen mit eigner Lebensgefahr aus dem Wasser gerettet hatte, durch kaiserliche Belohnung und sonst sehr ausgezeichnet worden sey, und daß der Gouverneur von Mitau ihn umarmt habe, worin ihm „seine würdige Gemahlin gefolgt sey, welche es nicht verschmähte, dem Bauer an ihr menschenfreundliches Herz zu drücken, worauf dann jeder der hohen und adeligen Anwesenden sich beeiferte, diesen wahren Edelmann mit einer brüderlichen Umarmung zu ehren." Das alles ist denn recht hübsch, und ganz besonders gefällt mir, nicht erwähnt zu finden, daß man diesen Leibeigenen frey gemacht hätte. Denn wer ist frey geboren, wenn es dieser Mann nicht ist! Aber etwas anstößig finde ich den Ausdruck: wahrer Edelmann. Denn ungerechnet, daß ein solcher durch eine brüderliche Umarmung weiter eben nicht geehrt werden kann: so schmecket jener Ausdruck ziemlich merklich nach dem Sauerteig von Freyheit und Gleichheit, der überhaupt keinen Kopf mehr, am allerwenigsten aber gut censirte Zeitungen, verunreinigen sollte.

G+g+g.

Gelehrte Sachen.

Antwort auf Nr. 294 des allg. Anz. 1805 S. 3566 das Gärtner- und Garten-Lexicon betreffend.

Ich habe schon seit einigen Jahren für mich und zu meinem Gebrauch ein solches Lexicon zusammen getragen; aber vollständig ist es noch nicht. Sollte ein Verleger sich dazu finden: so würde ich dasselbe bald zu vollenden suchen. — Die Expedition des allg. Anz. besorgt die eingehenden Anträge.

Anfragen.

1) Welches ist wol die beste Abhandlung über das Verfahren, aus türkischem Mays oder Welschkorn Branntwein zu brennen, und Stärke daraus zu bereiten.

2) Jemand, der die schönen Wissenschaften und Künste für sich studiren will, wünscht einige Bücher kennen zu lernen, in welchen er von den hauptsächlichsten Schriftstellern jeder Nation und Zeit in jeder Dichtungsart und in jedem Kunstfach biographische Notizen nebst Angabe ihrer Werke finden könnte.

Dienst-Gesuche.

Ein examinirter und approbirter Provisor, ledigen Standes, von mäßigem Vermögen, ausgerüstet mit allen Kenntnissen in der Pharmacie und Chemie, und mit guten Zeugnissen eines moralischen Wandels versehen, welcher noch jetzt als Provisor in einer ansehnlichen Apotheke steht, wünscht in einer guten Apotheke Sachsens als Provisor oder in einer Droguerie-Handlung zur fabrikmäßigen Verfertigung der Medicinal-Waaren angestellt zu werden, jedoch in beyden Fällen gegen ein gutes Salarium und bey guten häuslichen Verhältnissen. Briefe bittet er portofrey an die Expedition des allg. Anz. unter der Adresse H. B. einzusenden.

Familien-Nachrichten.

Todes-Anzeige.

Mit tiefem Schmerzgefühl mache ich das Hinscheiden meiner theuersten Mutter, der Pfarrwitwe, Rosina Margaretha Christiana Ernesti, allen Verwandten und Freunden in der Nähe und Ferne, auch im Namen meines werthen Bruders, des königl. Kreis-Secretairs Ernesti zu Erlangen, bekannt. Sie starb am 20 Febr. d. J. im 77 Jahre ihres christlichen tugendreichen Lebens bey meinem erstgedachten noch einzigen leiblichen Bruder.

Coburg den 23 Febr. 1807.

Joh. Heinr. Martin Ernesti.

Aufforderung.

An welchem Orte und unter welcher Herrschaft ist der ehemahlige Officier Johann Andreas von Samuel gestorben, und wo liegt derselbe begraben? Er ist ohngefähr 1798 oder 1799 gestorben. Die Gerichtsobrigkeiten oder Prediger des Orts werden dringend gebeten, eine beglaubigte Nachricht der Expedition des allg. Anz. zukommen zu lassen.

Justiz- und Polizey-Sachen.

Vorladungen: 1) der Gläubiger des Prinzen Ludwig Carl Friedrich, Herzogs zu S. Coburg Saalfeld.

Da der, in der Verlassenschafts-Sache des am 4 Julius 1806 allhier zu Coburg verstorbenen Herrn Prinzen Ludwig Carl Friedrich Herzogs zu Sachsen Coburg-Saalfeld rc. k. k. östreichischen General-Feldmarschall-Lieutenants rc. höchsten Orts ernannte Bevollmächtigte, geheime Canz-

leyrath Opitz allhier, bey der unterzeichneten, zur
Reguliurung der erwähnten Verlassenschafts-Sache
niedergesetzten Immediat - Commission die Erklärung abgegeben hat, daß seine höchste Principal-
schaft beschlossen habe, die besagte Erbschaft sub
beneficio inventarii anzutreten; so werden alle
diejenigen, welche an des gedachten Herrn Prinzen
Ludwig Carl Friedrich Durchl. Verlassenschaft
aus irgend einem Rechtsgrunde Ansprüche zu haben
vermeinen, hiermit aufgefordert und vorgeladen,
Donnerstags den 16 Julius dieses Jahres
vor der unterzeichneten Immediat-Commission in
dem Commissions-Zimmer des Regierungsgebäudes
allhier in Person oder durch hinlänglich Bevollmächtigte zu erscheinen, ihre allenfallsigen Forderungen
und Ansprüche zu Protocoll zu geben, zu bescheinigen, und sodann des Weitern zu gewärtigen mit
der Verwarnung: daß diejenigen, welche in dem
erwähnten Termine nicht erscheinen, ihrer Ansprüche
an die gedachte Verlassenschaft und der Rechtswohlthat der Wiedereinsetzung in den vorigen Stand
für verlustig werden erklärt werden.
(L. S.) Herzogl. S. Immediat Commission.
Hofmann. Regenherz.

2) der Gläubiger C. Ludwig's Freyhr.
von Niebecker.

Zu Folge allerhöchsten Auftrags sind vor das
königl. Sächs. Justiz-Amt Borna in Verlassenschafts Sachen des verstorbenen Herrn Carl Ludwig Freyherrn von Niebecker alle diejenigen
bekannten und unbekannten Gläubiger, welche an
diesen Nachlaß Ansprüche zu machen gesonnen sind,
unter den gesetzlichen Verwarnungen auf
den dreyßigsten Junius 1807
zu Liquidirung und Bescheinigung ihrer Ansprüche,
so wie auf
den achtzehnten August 1807
zu Ertheilung eines commissarischen Bescheides,
und auf
den sechsten October 1807
zur Publication einer Präclusio-Sentenz, vermöge
des nach Maßgabe des unterm 13 November 1779
ergangenen, die Edictal-Citation in Civil-Sachen
ausserhalb des Concurs-Processes betreffenden
Mandats, erlassenen und sowohl bey hiesigem Amte
als an den Rathhäusern zu Dresden, Leipzig, Freyberg, Altenburg und Rudolstadt angeschlagenen
Edictalien, peremtorie vorgeladen worden, und
solches daher zu jedermanns Wissenschaft andurch
bekannt gemacht. Datum Justiz-Amt Borna,
den 20 Januar 1807.
Königl. Sächs. Commissions-Rath und
Justiz-Ammann alda und zu
Pegau als
Commissarius Causae
Tobias Gottlob Hänel.

3) der Gläubiger Copr. Bechtold's.

Wer aus was immer für eine Rechtsgrunde
einen Anspruch an den Nachlaß des dahier verstorbenen rheinpfälzischen Hofkriegsraths Hrn. Konrad Bechtold zu haben vermeint, hat solchen innerhalb sechs Wochen von heute an unfehlbar anzubringen, oder zu gewärtigen, daß er nach Umlauf
dieser Frist nicht mehr damit gehört und von der
Verlassenschafts-Masse, die zur Befriedigung der
bekannten vorzüglichen Gläubiger nicht einmahl zureicht, ausgeschlossen werde.
Mannheim, den 25 Februar 1807.
Großherzoglich Badensches Garnisons-
Auditoriat.
J. A. Luz,
Auditeur.

4) Jacob Stöhr's von Gottenheim.

Jacob Stöhr, seiner Profession ein Metzger,
von Gottenheim aus dem Breisgau gebürtig, ist
schon 32 Jahre abwesend, ohne daß man etwas von
seinem Aufenthalt oder Daseyn erfahren könnte.
Nachdem nun seine hierländische Geschwister
um Einantwortung seines unter gerichtlicher Pflegschaft stehenden Vermögens von ohngefähr 1000 fl.
angesucht haben, so werden hieraus gedachter
Jacob Stöhr oder dessen eheliche Abstämmlinge
aufgefordert:
binnen 1 Jahr und 6 Wochen
sich um so gewisser zu melden und zu legitimiren,
als sonst sein Vermögen auch ohne Caution seinen
sich hier Landes befindlichen nächsten Anverwandten
eingeantwortet werden wird.
Freyburg, den 10 Januar 1807.
Großherzoglich Badisches auch Lehnamt
der Herrschaft Kranzenau.
Manz.

Kauf- und Handels-Sachen.

Anerbieten.

Das Handlungs-Correspondenz- und Commissions-Bureau in Heilbronn kann einem ledigen Handlungs-Commis, welcher in einem Alter
von 30 bis 40 Jahren und der katholischen Religion
zugethan seyn muß, in einer lebhaften Ober-Amts-
Stadt des Königreichs Würtemberg, wo Wohlstand und Bürgerglück herrscht, ein sehr gutes,
schon seit langen Jahren bestehendes Geschäfts-
Etablissement procuriren. Um dorbey aber etwa
überflüssige und zwecklose Anfragen zu vermeiden,
wird hier noch die Bemerkung gemacht, daß ein solches Subject nicht unter 1000 Rthlr. Reichswährung
baar, und alle nöthige Eigenschaften eines ehrlichen
Mannes besitzen müsse.

Allgemeiner Anzeiger
der
Deutschen.

Sonnabends, den 7 März 1807.

Gesundheitskunde.

Ein edler Mann und meine Beinbruchs-
Maschine.

Das Göttliche im Menschen, das Göthe
so schön besang und das den Menschen von
allen Wesen, die wir kennen, unterscheidet,
wird auch durch die folgende Thatsache bewiesen.

In Bezug auf meinen Aufsatz über Beinbrüche in Nr. 304 des allg. Anz. 1806 schrieb
unter dem 19 Nov. l. J. Herr v. d. B.
hessischer Oberstlieutenant außer Dienst zu
W. in der Grafschaft Mannsfeld an mich,
und bat mich um Uebersendung einer Beinbruch-Maschine, deren Betrag nicht zu hoch
für ihn seyn, und auf ein Paar Louisd'or
sich belaufen werde.

Ich sandte ihm die Maschine und ich
erhielt die folgende Antwort unter dem 28
December.

„Ew. Wohlgeb. *) bin ich für die mir
mit so vieler Gefälligkeit geschickte Maschine
ungemein verbunden und übersende dafür
hierbey anderthalb Friedrichsd'or postfrey."

„Ich wünschte mir die Maschine zur
Vorsorge für mein Haus und meine Unterthanen, weil hier so oft Beinbrüche vor-

fallen, die zwar durchgehends glücklich **)
geheilt werden, aber auf eine für die Patienten
so äußerst unbequeme Art, daß die Behandlung mehr, wie der Schaden zu fürchten ist."

„Dieser Sorge haben Dieselben mich
nun überhoben und wollen dafür meinen
verbindlichsten Dank mit der Versicherung
der u. s. w."

Ehre dieser edlen That! und Ehre der
edlen That des Churfürsten von Hessen, der,
wie schon gemeldet, jedem seiner Regimenter
eine Maschine (überhaupt 15) gab!

Man erlaube mir bey dieser Gelegenheit
einige Betrachtungen.

Alles (vorgebliche) Gute mache man
öffentlich bekannt, und mit der Zeit wird die
öffentliche Meinung über den Werth oder
Unwerth der Sache entscheiden.

Meine Beinbruch-Maschine (von Löffler, Braun und mir erfunden) habe ich,
wie sie damahls war, öffentlich beschrieben
und abgebildet.

Es ist wahrscheinlich, daß mancher Wundarzt, der nicht allein, ohne Stolz und Starrsinn, Verstand, sondern auch Barmherzig-
keit hat, nach der in dem Buche (Faust und
Hunold über u. Leipzig bey Kummer 1806)
gegebenen Beschreibung und Abbildung die

*) Die Titulatur Wohl und Hochwohlgeboren, wenn sie wie in Horazens Carm. saec. den Wunsch,
daß der Mensch für sich und die Mutter gut und leicht, nicht wie Tristram Shandy, geboren sey,
andeuten soll, macht den Deutschen Ehre. Da aber leider! ein sehr großer Theil der Menschen
weder wohl, noch viel weniger hoch wohl geboren ist, so thäte man unstreitig am besten, wie Dr.
Wendelstadt auch neuerlich vorschlug, alle Titulaturen wegzulassen.
**) Durchgehends glücklich kann nur deswegen Statt gefunden haben, weil keine sehr böse Beinbrüche
mit zerschmetterten Knochen vorfielen. In diesen Fällen hätte der Kranke wol Glied oder Leben
verloren.

Maschine wird verfertigen lassen; und es ist,
wenn der Werth derselben so groß ist, als
ich denke, möglich, daß sie mit der Zeit allgemein und fast bey allen Knochenbrüchen
des Unterschenkels angewandt werde.

Aber a) die mehrsten Wundärzte werden sie, wie der Augenschein mich überzeugte,
unvollkommen und in vielen Stücken verbil-
det, nach der gegebenen (mangelhaften) Beschreibung verfertigen lassen; b) ich habe
die Maschine seit ihrer Beschreibung noch in
vielen Stücken neuerlich vervollkommnet;
und c) 20, 30, 50 Jahre können verstließen,
und — wenn ein Mensch unter 4000 jährlich
ein Bein bricht — ein auch zweymahlhundert-
tausend Unterschenkel können allein in Deutschland zerbrochen werden, ehe die Maschine
allgemein wird.

Wie viele hundert, ja tausend Menschen
haben seit dem 9 und 14 October v. J. bis
hierher an zerbrochenen oder zerschmetterten
Unterschenkeln darnieder gelegen, und welche
Schmerzen haben sie erduldet!

Da (man verzeihe es dem Manne, der
an Verbesserung des moralischen Menschen —
die, entfernt von der scheußlichen, die Menschheit und die Völker zermalmenden Hexenlehre
der Glückseligkeit und der Menschen- und
Völkerbeglückung, nur einzig durch Freyheit
und Recht Statt findet — nicht glaubt, daß
er mit desto größerem Enthusiasmus den
physischen Menschen und dessen Vervollkommnung, Heilung und Rettung — Gott behüte!
durch Kräuter — umfaßt) da, in der
öffentlichen Noth, stieg der Wunsch in mir
auf, alle die großen Feldhospitäler bereisen zu
können, um mit Hand und Mund zu sorgen,
daß jeder Beinbruch-Kranke eine Maschine
bekomme; geglückt, wenigstens zum Theil,
so abentheuerlich das Unternehmen (das gegen 300 thlr. gekostet haben würde) vielleicht hier oder da, selbst meinen Freunden,
auch schien, wäre es wol,*) meine Vermö-
gensumstände legten aber ein großes Hinderniß in den Weg. ———

Nun konnte ich nichts weiter thun, als
den Verwundeten zu Gotha, Erfurt, Wei-

mar, Jena und Naumburg, auch zu Lübeck
Maschinen, ob der Eile und der Kosten ohne
Stahlfeder mit leinenen Binden, zu senden.

Aber im Drang der unendlichen Noth,
wo es oft an Charpie zum Verbinden fehlt,
haben jene Sendungen wol wenig gefruchtet,
oder kamen zu spät.

Im Frieden, langsam und allmählig —
oft am besten aus vielen Puncten, aus vielen
Samenkörnern — können gute Sachen nur
gedeihen.

Zwey auch drey Friedrichsd'or kostet
eine vollkommene Maschine.

Und da dachte ich schon manchmahl:
Sende, nebst Buch und Rechnung von drey
Frd'or., die Maschine in ihrem neuen vervollkommneten Zustande an alle Fürsten
Deutschlands! bitte sie, die Maschine bey
Beinbrüchen anzuwenden, und, hat mehrfäl-
tige Erfahrung ihren großen Werth erwiesen,
diese verbesserte Maschine als Muster zur
Nachahmung im Lande dienen, und sie so
viel als möglich durch die medicinisch-chirurgischen Behörden in allen Hospitälern, bey
Regimentern und im ganzen Lande einführen
zu lassen — Beinbrüche aus der Reihe der
großen Uebel im Leben zu vertilgen — den
achten Theil des menschlichen Körpers in den
allermehrsten Fällen mit den wenigsten
Schmerzen und Beschwerden heilbar zu
machen.

Aber eitel, wie Paulus sagt, sind oft
die Gedanken der Menschen. Die Ueberlegung kam hinterher geschlichen und flüsterte
mir ein: man nimmt diese Sendung vielleicht als unschicklich (auch Könige können
ihre Unterschenkel zerbrechen!) zudringlich,
stolz auf; man würdigt sie keiner Antwort,
nicht des Danks; legt den Kasten uneröffnet
bey Seite; er kommt in unrechte oder mit dem
unendlichen Nichts beschäftigte Hände, oder
der Arzt oder der Wundarzt, dem die Maschine übergeben wird, hat ein Vorurtheil
gegen sie, wendet sie gar nicht oder unrecht
an, und weggeworfen sind Mühe und Kosten
oder man lächelt gar der angebetenen thörichten Sendung.

*) Noch kein Wundarzt, dem ich die Maschine zeigte und demonstrirte, hat ihr und der Wahrheit
(meine Beredsamkeit ist wol nur gering) widerstehen können, und es freut mich, daß alle holländische Oberwundärzte, die mit ihren Bataillons durch Büchbura marschirten und meine Maschine
sahen (ihre Namen sind Beneker, Werner, Helmrich und Münch) sich dieselbe von mir ausbaten.

Ja, ein heilloses Ding ist die kalte,
rechts und links blickende Ueberlegung! sie
überzieht, wie Yorik sagt, das Herz mit
einer Demantkruste. Würde die Sendung
auch nichts fruchten, würde man ihr und mir
lächeln, und hätte ich weggeworfen Mühe
und Kosten: so würde doch über dieses, wie
über manches, Unrecht keine Bitterkeit in
meinem Herzen rasten — es hätte es ja gut
gemeint, und bey schwarzem Brod und Freyheit schlüge auch ferner Freude und jener
Funke in ihm.

Es wäre also doch möglich, daß ich dem
ersten Klopfen meines Herzens folgte, und
die Maschine versendete. Ein Edelmann
sorgte ja für seine hundert oder tausend Unterthanen, warum nicht ein Fürst für seine
hunderttausende?

Und sollte ich es thun (welches ich alsdann vielleicht auch öffentlich bekannt mache,
später den Erfolg) so ergehet an Euch,
Aerzte oder Wundärzte, denen die Maschine
übergeben werden wird, meine Bitte: denkt
weder Gutes noch Böses von derselben;
wendet sie in zwey, vier, sechs und mehreren Fällen von Knochenbrüchen, einfachen
und complicirten, des Unterschenkels an;
sucht die Knochen-Enden durch gute, starke
Ausdehnung, wo möglich, voreinander zu
bringen; wären sie auch noch so schief oder
in Trümmer (die wegnehmbaren weggenommen) zerbrochen, so wendet nie und nimmer
die anhaltende Aus- und Gegenausdehnung
an; bedient euch bey der Maschine eines leichten, dünnen, die Form des Unterschenkels nicht
entstellenden und keine Schmerzen verursa-
chenden Verbandes mit dünnen pappenen
Schienen. Vermeidet Druck und Gewalt,
bey Wunden Salben und die vielfachen
Künsteleyen; habt als weise, milde Aerzte,
auf die Natur und die Maschine, erstere ist
so groß! (letztere so gut) Vertrauen. Dann
werdet ihr (verhältnißmäßig zu eurer Menschlichkeit) erkennen lernen den Werth der
Maschine, Ihr Verunglückten segnet sie.

Zum Schluß die Geschichte des Bein-
bruchs eines im Gang der Welt sehr merk-

würdigen Mannes, behandelt von einem gewiß in großem Ruf stehenden Wundarzte
jener vieltönenden Stadt, die sich für das
Haupt der Welt hält und wo man doch gewiß auch zu verstehen glaubt (oder verstehen
sollte), dem Menschen ein zerbrochenes Bein
wieder gut zu heilen. Sie ist genommen
aus dem Journal, London und Paris 1803,
ztes St. S. 151. „Wenn man in Zukunft
ein Beyspiel anführen will, wie weit es
menschlicher Muth in Bezwingung und Aus-
daurung der Schmerzen bringen kann: so
kann man Lafayette nennen. Im verfloß-
senen Winter (am 4 Febr. 1803) fiel er, indem er aus dem Hotel des Kriegsministers
kam, und brach ein Bein; er raffte sich demungeachtet auf und versuchte zu geben; dieß
vermehrte aber den Schaden so sehr, daß
der (die) Knochen ganz aus seiner (ihrer)
Lage gebracht wurde (wurden), die Muskeln
und Sehnen sich zusammenzogen und Lafayette Gefahr lief, seine übrige Lebenszeit
hindurch Krüppel zu seyn und hinkend zu
bleiben. Ein hiesiger (pariser) Wundarzt,
Deschamps, erbot sich, ihm das Bein wieder einzurichten, kündigte ihm aber auch zugleich an, daß er hundert Tage lang unsäg-
liche Schmerzen würde leiden müssen. Lafayette entschloß sich demungeachtet dazu.
Deschamps applicirte eine neue von ihm
hierzu erdachte Maschine (Pieropano's?);
die Muskeln wurden auseinander gezogen,
und dieß unter so heftigen Schmerzen des
Generals, daß man mehreremahle befürch-
tete, er werde es nicht aushalten können.
Jedesmahl, wenn die schmerzhafte Operation
vorgenommen wurde, hatte ein Arzt Las
fayette's Arm in der Hand und befühlte den
Puls; wenn er fühlte, daß dieser sehr
schwach zu werden anfing und fast ausblieb,
so wurde inne gehalten. Hatte der Kranke
wieder ein wenig ausgeruht, so wurde wieder auf's neue angefangen. Oft sagte er
selbst, wenn er seine Kräfte erschöpft fühlte,
man solle still halten, und ließ wieder anfangen, sobald er die Rückkehr seiner Kräfte
fühlte. *) Bey diesen unaussprechlichen

---

*) Kurz eine Tortur! Und welchen Missethäter hat die Barbarey 100 Tage gefoltert? — O! es ist
schrecklich, daß Wundärzte die anhaltende Aus- und Gegenausdehnung anrathen können. Ist sie
wirklich und anhaltend (was aber, Gott sey Dank, in den allermehrsten Fällen aus dem einfachen
Grunde, weil die Kranken es nicht ausstehen können, nicht Statt findet): so verdirbt oder tödtet
sie das Glied. Die beständige Aus- und Gegenausdehnung ist chirurgische Folter.

Schmerzen betrug er sich als wahrer Philosoph im edelsten Sinne des Worts; seine Freunde bezengten ihm außerordentlichen Antheil und äußerten, wie unglücklich sie ihn glaubten und wie sehr sie ihn beklagten. Der Kranke hingegen war immer heiter, sagte, er sey bey weiten nicht so unglücklich, als er es in dem Gefängnisse zu Olmütz gewesen sey, wo er des Trostes und der Gesellschaft aller seiner Freunde beraubt gewesen, da er jetzt im Gegentheil die wärmsten Freundschaftsbeweise von allen Seiten erhalte. Nichts soll besonders rührender seyn, als die Familie des Generals um ihn her zu sehen, wie jeder beschäftiget ist, den Wünschen desselben zuvorzukommen. Außer einem Bedienten, der mit ihm in Olmütz war, wurde er seine ganze Curzeit hindurch von niemand, als seinen zwey Töchtern, seiner Schwiegertochter, seiner Frau — die lange an den Folgen der olmüßer Gefangenschaft litt, jetzt aber wieder vollkommen hergestellt ist — seinem Sohne und seinen Schwiegersöhnen bedient. Noch ist er nicht im Stande, anders wohin transportirt zu werden, weil der ganze Fuß voller Wunden ist, die durch die hunderttägige Application der (Deschamps'schen) Maschine verursacht worden sind."

Bückeburg den 31 Jan. 1807.

B. C. Faust, Dr.

Kauf- und Handels-Sachen.

Ueberlassung eines Handlungsgeschäfts.

Der Besitzer eines sehr angenehmen Handlungsgeschäfts in einer berühmten Handelsstadt im Unterlande ist, da derselbe schon alt und keine Familie besitzt, gesonnen, entweder das Ganze oder aber auch nur die Hälfte seiner Handlung an einen soliden Mann, und der etwa im Stande wäre, ein Capital von sechs oder zwölftausend Gulden vorzuschießen, abzutreten. Das Geschäft selbst ist ganz keinem Risico mehr unterworfen, auch trägt dasselbe mehr als sonst gewöhnliche Interessen, so, daß der Uebernehmer dessen oder ein etwaiger Compagnon sich versichert halten darf, sein ganzes Capital in 5 bis 6 Jahren wiederum herausgezogen zu haben. Für alles wird die größte Sicherheit geleistet, und wer sich hierzu geneigt fühlen sollte, dieses ganz solide Geschäft zu übernehmen, der wende sich des-

balb in postfreyen Briefen an das Handlungs-Correspondenz- und Commissions-Bureau zu Heilbronn, welches beauftragt ist, über das Ganze nähere und ausführliche Auskunft zu ertheilen.

Versteigerung von Fabrikgeräthschaften.

Die zur Concurs-Masse der Zißfabrikanten Weckesser und Kraiß gehörigen vollständigen und noch in gutem Stande sich befindenden Fabrikgeräthschaften sollen Montags den 27 April nächsthin und die darauf folgenden Tage in dem Gebäude der hiesigen Zißfabrik, gegen baare Bezahlung, an den Meistbietenden öffentlich versteigert werden.

Ein besonders schönes, brauchbares und kostbares Stück darunter ist eine Presse mit einer eisernen Spindel und messingenen Mutter, nebst 13 großen und 24 kleinen Kupferplatten und sonstigem Zugehör. Dann zeichnen sich folgende Stücke vorzüglich aus: Eine Walke mit drey Löchern, nebst einer großen Kalander, mit einem großen Triebwerk, eine kleinere Hand-Kalander, ein großer kupferner Kessel, ein kleinerer detto, die zu einem gut eingerichteten Laboratorium erforderlichen Geräthschaften, ein großer chemischer Apparat zur Geschwind- oder Fix-Bleiche, ein kleinerer detto und ein Vorrath von circa tausend Stück Formen zum Drucken.

Vorbeschriebene Stücke können jederzeit in Augenschein genommen werden, und wendet man sich deshalb an den aufgestellten Curatorem bonorum, Hrn. Christian Oesterlein, dahier.

Die Versteigerung wird an den bestimmten Tagen präcis 9 Uhr Morgens ihren Anfang nehmen, und werden die Liebhaber hierzu höflich eingeladen.

Auswärtigen Käufern bietet der Maynfluß die beste Gelegenheit zum Transport, sowohl ab- als aufwärts dar.

Sig. Wertheim, den 16 Febr. 1807.

Von Regierungs-Commissions wegen.

v. Berg,
Justizrath und Stadtamtmann.

Nelken-Samen.

Der sämmtliche von lauter Mutterblumen erzogene Nelken-Samen, aus einer ganz vorzüglichen und auserlesenen Hauptflor, die gegenwärtiger Verhältnisse wegen sich ganz beschränkt, wird ganz echt und in Commission die Prise mit 300 Körnern für 1 Conventions-Thaler bey Hrn. Bernhard Straß in Gotha verkauft. Briefe und Gelder aber werden portofrey erwartet oder außerdem nicht angenommen.

Sonntags, den 8 März 1807.

Literarische Nachrichten.

Kupferstiche.

In dem Industrie-Comptoir zu Leipzig ist wieder zu haben:

1) Dr. Martin Luthers Porträt von Buchhorn gestochen nach L. Kranach, in gr. 4to. 12 gl. 2) Schiller's Porträt, gest. von Roßmäßler nach Tischbein, gr. 4. 6 gl. 3) Gall's Porträt, gez. von Schnorr, gest. von Arndt. 4. 16 gl. 4) Das Porträt Alexanders I., Kaisers von Rußl. in Medaillon, in punctirter Manier gest. v. Bötticher, schwarz 8 gl. illum. 12 gl 5) Derselbe zu Pferde sitzend, nach Budin gest. von Mettling; gr. 4. 12 gl. 6) Friedr. Wilhelm III., König von Preußen, zu Pferde sitzend, gest. von Mettling, gr. 4. 12 gl. 7) Amalia Augusta, Prinzessin von Sachsen, nach Friedbeim gest. von Stölzel, in Medaillon. 8 gl. 8) Friedrich's des Einzigen Zusammenkunft mit dem Großfürsten Paul Petrowitz, nochmahl. Kaiser Paul I., in Berlin im J. 1776. Aquatinta-Manier, 24 Zoll breit, 18 Zoll hoch. Preis 1 rthlr. 8 gl. Dieser Kupferstich ist ein vortreffliches Seitenstück zu dem bekannten Kupfer: 9) Alexander I. an der Gruft Friedrich's des Einzigen zu Potsdam. 1 rthlr. 8 gl. 10) Dasselbe Sujet, gezeichnet von Catel, gest. von Meyer, 3 Fuß hoch, 2 F. breit. Preis 1 Louisd'or in Gold.

Ferner ist daselbst zu haben:

11) Abbild. des Herolds in altdeutschem Costüm, der am 20 Dec. v. J. zu Dresd. die Königsmürde von Sachsen ausrief. gr. 4. illum. Preis 4 gl. — und 12) Das Bildniß Napoleon's I., in Porträt, zu 4 gl. ferner zu 12 gl. und illum. zu 16 gl. — Napoleon zu Pferde sitzend, mit seiner Suite, braun 16 gl. — und endlich: dasjenige Bildniß Napoleons I., das ihn in ganzer Figur, in der Chasseur-Uniform und in Berlin darstellt, wie er seine Garden in Berlin musterte, und das schon längst vom Publicum als das getreffenste anerkannt und gesucht worden ist, wenn gleich

Allg. Anz. d. D. 1 B. 1807.

ein Speculant neulich es aus dem Grunde verdächtig zu machen suchte, weil — die Hörner in den Rockzipfeln nicht recht stünden! Es kostet 6 gl.

Periodische Schriften.

Seit dem neuen Jahre erscheint allhier eine Wochenschrift unter dem Titel: Allgemeiner Anzeiger für Literatur und Kunst. 4.

Die neuesten Erscheinungen der literarischen und artistischen Welt auf das schnellste und wohlfeilste zur Kenntniß des Publicums zu bringen, ist der Hauptzweck dieser Schrift.

Außer kleinen Aufsätzen über Literatur und Kunst und Anzeigen der neuesten Schriften aus allen Zweigen der Wissenschaften, nebst Angabe ihres Inhaltes enthält dieser Anzeiger auch noch Berichtigungen über die Fortsetzung oder Beendigung irgend eines Werkes, Beförderungs-, Aufenthalts-, und Ortsveränderungs- Anzeigen von Gelehrten, Nekrologen nebst einer jedesmahligen Uebersicht der Werke des Verstorbenen, Preisfragen von Academien und gelehrten Gesellschaften.

Bücher- und Kunstanzeigen, Handlungsnachrichten und Ankündigungen bezahlen einen Kreuzer Insertionsgebühr für die Zeile. Unentgeltlich zu diesem Behufe eingesandte Bücher, Kupferstiche ic. werden auch wieder unentgeltlich und zwar ausführlich angezeigt. Die übrigen Rubriken werden gratis und mit Dank aufgenommen. Alle Wochen erscheint ein halber Bogen. Der ganze Jahrgang kostet 1 fl. 12 kr. Das k. bayer. Oberpostamt allhier übernahm die Hauptspedition. Die gütige Aufnahme ist für den Unternehmer eine schmeichelhafte Kritik; er empfiehlt daher diese Schrift allen Freunden der Literatur und Kunst, und allen Buchhandlungen, Kunst- und Musikhandlungen zur Bekanntmachung ihrer Artikel. Briefe und Paquete für den Anzeiger erbitte ich mir durch Hrn. Gräff in Leipzig unter der Adresse: An die

Joseph Lentner'sche Buchhandlung in München, für den allgem. Anz. der Lit. und Kunst

Schlesische Provinzialblätter, 1807. Nr. 1 bis 5.
Januar.

Inhalt.

Inhalt der literarischen Beylage.

Bücher-Anzeigen.

Was soll man in den jetzigen Kriegszeiten thun, um sich gegen die Gefahren des Nerven- und Faulfiebers zu schützen? — Beantwortet vom Medicinalrath Dr. Zillan. 8. Leipzig, bey Mittler, geb. 12 gl.

Ohne dem Urtheil anderer competenten Richter über den Werth dieser Schrift vorgreifen zu wollen, glauben wir wenigstens das Publicum auf die Erscheinung derselben darum schon aufmerksam machen zu dürfen, wie der Verfasser dieser Schrift selbst ausführlich dargethan und unwidersprechlich erwiesen hat, die Beschaffenheit der gegenwärtigen Zeitumstände der Art ist, daß eine Nerven- oder Faulfieberepidemie, besonders in den Gegenden der bisherigen Schlachtengefilde, durchaus unvermeidlich ist.

In dieser Ueberzeugung hat der Verf. in gedrängter Kürze, und in einer jedwedem verständlichen Sprache gesucht, auseinanderzusetzen: 1) Wie man sich zu verhalten habe, um nicht vom Nerven- oder Faulfieber befallen zu werden.
2) Was man zu thun habe, daß dasselbe so wenig wie möglich epidemisch und contagiös werde,
3) Wie man sich am sichersten gegen Ansteckung, und deren Verbreitung schützen kann. —
Außerdem hat der Verfasser zugleich auch das desfalls bey den jetzt im Felde stehenden Armeen zu beobachtende Verhalten mit angegeben.

Staatsverfassung Großbritanniens, vom geheimen Rath Schmalz. Halle, bey Schimmelpfennig und Comp. gr. 8. 1 rthlr. 8 gl.
Dieses Buch ist erst vor kurzem herausgekommen und dem Verleger freuen sich, es dem größern Publicum besonders den Herren Kaufleuten, durch den Auszug einer Recension in den göttinger gelehrten Anzeigen bekannt zu machen. Es heißt in jener

Recension: „Auch dieses Buch gehört zu den statistischen Werken, durch welche ein besserer Geist in die Wissenschaft gebracht wird. Es ist kein Machwerk aus Tabellen geschöpft, keine Darstellung des Gerippes der engl. Verfassung, sondern des brittischen Staats, wie er leibt und lebt. Der Verf. wollte kein dickes Buch über England schreiben, sondern eine lebendige Ansicht des Staats geben. Der Verfasser hat mit vielem Beobachtungsgeist geschrieben und sein Werk in mehrere Abschnitte und diese wieder in Capitel getheilt. Durch Klarheit und Deutlichkeit hat er diesen Abschnitten einen ganz eigenthümlichen Werth gegeben; wodurch sie auch selbst für unterrichtete Leser höchst lehrreich werden. Wir rechnen dahin alle die, welche sich auf Staatswirthschaft und Finanzen beziehen. Die Leser finden keine Rechnung oder Tabelle, aber sie finden allenthalben den, der über Staatswirthschaft nachgedacht hat, und der besonders eine Festigkeit des Blickes darin zeigt, das klar und deutlich darzustellen, was durch die Künste des Finanziers und durch Mißbrauch, der damit getrieben wurde, sehr verwickelt und schwer zu übersehen ist, wozu die Lehre von den Banken zum Beyspiel dienen mag."

Da das Studium der französischen Sprache jetzt mehr als jemals Bedürfniß ist, so empfehle ich als eine der angenehmsten Lectüre, sowohl in Hinsicht der Sprache, der Leichtigkeit, als des sittlichen und schönen Inhalts, die in meinem Verlage herausgekommenen Werke des beliebten Florians, welche sowohl complet als einzeln durch alle Buchhandlungen in folgenden Preisen sind:

Florian, Oeuvres completes, mit didotschen Lettern, nebst 13 Kupfern. 8. 8 rthlr.
— — Don Quixotte de la Manche, traduit de l'Espagnol de Michel de Cervantes. 5 Tom. mit Kupfern. 8. 2 rthlr.
— — Numa Pompilius, second Roi de Rome. 8. 16 gl.
— — Galatée, Roman pastoral. 8. 10 gl.
— — Theatre. 2 Vol. 8. 1 rthlr. 12 gl.
— — Guillaume Tell, ou la Suisse libre. 8. 10 gl.
— — Fables. 8. 12 gl.
— — Gonzalva de Cordoue. 2 Vol. 8. 1 rthlr. 12 gl.
— — Six Nouvelles. 8. 10 gl.
— — Nouvelles Nouvelles. 8. 10 gl.
— — Estelle, Roman pastoral. 8. 12 gl.
— — Eliezer et Nephtaly; poème traduit de l'Hebreu. 8. 12 gl.

Gerhard Fleischer der jüngere,
Buchhändler in Leipzig.

Geſchichte der Frau von Maintenon, Seiten-
ſtück zur Geſchichte de La Valière. Von Madu-
me de Genlis. Für Deutſche bearbeitet, von
K. L. M. Müller. 2 Bde. mit Kupf. 8; 1807.
Leipzig, bey Hinrichs. 1 rthlr. 16 gl.

Nichts kann wohl intereſſanter ſeyn, als ein
liebenswürdiges, unſchuldiges, hochgeſinntes Weib
an einem üppigen, an allen Arten des Genuſſes überreichen Hofe, wie der Ludwigs XIV. in Paris war,
ſich ſo benehmen zu ſehen, daß ſie ſelbſt den Neid
und die Eiferſucht verſtummen machte. Ein ſolches
Bild ſtellt dieß Werk dar, welches ein beſonderes
Intereſſe durch die höchſt abentheuerliche, ganz
wahre frühere Lebensgeſchichte der Frau von Maintenon erhält. Wir können es unter die vorzüglichſten Erzeugniſſe der neueſten, ſchönen Literatur
rechnen.

___

Dr. J. J. Stolz, hiſtoriſche Predigten. 2 Thle;
1r Thl. 2te Abtheil. David, Iſaiz Sohn, von
Bethlehem. gr. 8. 20 gl.

Iſt in letzter Mich. Meſſe erſchienen und enthält
Nro. 23—43. Die letzte, oder 2ten Theils 2te
Abtheil über Paulus erſcheint in bevorſtehender
Oſtermeſſe. Mit ihr wird dann eine der ausgezeich-
netſten Sammlungen von Predigten vollendet ſeyn,
für deren innern Werth folgendes Urtheil eines der
competenteſten Richter am beſten entſcheiden wird.
„Die Predigten ſelbſt ſind kurz, in Form über-
dachter Homilien; die Sprache iſt rein und verſtändlich, ohne redneriſchen Schmuck oder poeti-
ſche Bilder.— oder. der Inhalt, bey aller Einfachheit des Vortrags, überaus anziehend und belehr-
rend. Es iſt kein Stand, keine Denkart des Menſchen, welche nicht Belehrung darin findet; und
ich ſollte glauben, daß ſolche Predigten, welche
freylich in dieſem Tone, und mit ſolchen Bemerkungen nur vor gebildeten Zuhörern gehalten werben können, ſelbſt manchen der Gelehrten, der Ge-
ſchäftsmänner und der Weltleute, die die Kirche
längſt verlaſſen haben, wieder in die Kirche zurück
zu führen, geſchickt wären. Wenigſtens habe ich
Perſonen, deren Leſerey Predigten am wenigſten
ſind, durch dieſe Sammlung ſo angezogen gefunden,
daß ſie ſie nicht aus der Hand legten, ohne ſie ge-
endigt zu haben.“

Jena, im Januar 1807.
Friedrich Frommann.

___

In meinem Verlage erſcheint nächſtens folgendes Werk, auf welches ich das Publicum und
beſonders diejenigen, welche die franzöſiſche Sprache bald zu erlernen wünſchen, in dem jetzigen Zeitpuncte aufmerkſam zu machen nöthig achte: Der
ſelbſtlehrende franzöſiſche Sprachmeiſter, oder
kurzgefaßte Anweiſung, auf eine leichte Art ohne

Beyhülfe eines Lehrers, in kurzer Zeit die
Hauptgrundſätze der franzöſiſchen Sprachlehre zu
erlernen. Von Charles Louis Barger.

Dieſer Titel ſagt alles, und Kenner der franzöſiſchen Sprache werden finden, daß der Inhalt dem
Zwecke völlig entſpricht, und dieſes eine der vollſtändigſten und in der Ausſprache richtigſten Grammatiken iſt.

Der Preis iſt roh 14 gl.; brochirt 16 gl. Wer
12 Exempl. roh begehrt, bekommt ſolche für 6 rthlr.;
gebunden 7 rthlr. wenn man ſich directe an die Verlagshandlung wendet.

Liebhaber belieben ſich alſo in hieſiger Gegend
an meine, auswärtige an die ihnen zunächſt gelegene Buchhandlung zu wenden.

Erfurt, den 18 Februar 1807.
Georg Adam Keyſer.

___

Unterhaltungen für die Paſſionszeit, in 19 Betrachtungen über die Leidensgeſchichte Jeſu, von
Joh. Keiß, Diacon. an der Lorenzer Hauptkir-
che in Nürnberg, 2 Theile. 8. 1 rthlr. 8 gl.
Nürnberg, bey Schneider und Weigel. 1806.

Dieſe Erbauungsſchrift enthält eine kurze Aus-
einanderſetzung und practiſche Benutzung der Fälle
aus den letzten eigentlichen Leidenstagen Jeſu, bis
zu deſſen Begräbniß. Sie ſind in allen Buchhandlungen, ſowie in Leipzig bey P. G. Kummer zu
haben.

___

Theoretiſch-practiſches Handbuch der Thierheilkunde, oder genaue Beſchreibung aller Krankheiten und Heilmethoden der ſämmtlichen Hausthiere, nach den neueſten Grundſätzen für denkende Aerzte, Thierärzte und Oeconomen, von
Dr. B. Laubender, 3r Band. 8. Erfurt 1806.
496 S. XVI. B. 1 rthlr. 8 gl.

Dieſer Band behandelt im erſten Abſchnitt die
ſtheniſchen Krankheiten des Rindviehes, in
17 Capiteln. Im 2. Abſchn. Die aſtheniſchen in
34 K. Im 3. Abſchn. Die örtlichen Krankheiten
deſſelben, in 32 Kapiteln, und giebt von den Zufällen, Kennzeichen und Heilungsverfahren die zweck-
mäßigſten Erklärungen und die beſten Heilmittel an.

___

In meinem Verlage iſt ſo eben die für den gegenwärtigen Zeitpunct merkwürdige Abhandlung
erſchienen, und durch alle Buchhandlungen zu
bekommen:
Erörterung der Frage: Wie können die gegenwärtigen Kriegs- Contributions- Militär-
und andere Laſten für ganz Sachſen unmerklich werden? Eine Schrift zur Beherzigung bey
der bevorſtehenden allgemeinen Ausgleichung.
Allen ſächſ. Patrioten gewidmet. 8. geh. Pr. 6 gl.

Der ungenannte Herr Verfasser ist ein bedeutender und geübter Staatsbeamter, der beseelt von reiner Vaterlandsliebe in dieser kleinen Schrift eine wichtige Frage sachkundig geprüft, die von ihm aufgestellte Meinung gründlich dargelegt, und, indem er seine patriotischen Wünsche äußert, diesen Gegenstand, der gewiß allgemein interessirt, in deutliches Licht gesetzt hat.

Leipzig, im Februar 1807.

Carl Tauchnitz.

Versuch einer Prüfung und Verbesserung der jetzt gewöhnlichen Behandlungsart des Scharlachfiebers, vom Dr. Johann Stieglitz, königl. Leibmedicus zu Hannover ɾc. 8. Hannover, bey dem Gebr. Hahn. 1807. 1 rthlr.

Die neuesten Scharlachfieber-Epidemieen haben das medicinische und nicht medicinische Publicum in Bewegung gesetzt. Hier tritt nun einer der angesehensten Aerzte, sowohl im Felde der Kritik als der Erfahrung auf, und zeigt durch beydes, daß die Bösartigkeit dieser Epidemieen in der verfehlten Behandlung des Scharlachfiebers seinen Grund habe, und daß letztere eine entgegengesetzte Behandlung erfordere, die er angibt. Neben dieser Hauptabsicht der Schrift und im Verfolg der Untersuchung sind aber überdem sehr wichtige scharfsinnige Bemerkungen und Ansichten über mehrere der neuesten Gegenstände der Medicin eingewebt, und aus dem Ganzen spricht ein so vortrefflicher, von den Fesseln der Systeme freyer Geist den Leser an, daß, nach Rec. Ueberzeugung, kein Arzt das Buch ohne Belehrung und Hochachtung gegen den Verf aus der Hand legen wird.

Ankündigung einer Anecdoten-Sammlung, die beyden merkwürdigen Kriege in Süd- und Nord-Deutschland, in den Jahren 1805 und 1806, betreffend.

Der Zweck dieser Sammlung ist hauptsächlich Beförderung der Humanität im weitesten Sinne des Worts. Weitläuftiger wird sich der Herausgeber darüber in der Vorrede zum ersten Hefte der Sammlung erklären. Hier nur so viel: Es werden darin Erzählungen von edlen und unedlen Handlungen und überhaupt alles, was darauf Bezug hat, das menschliche Elend in künftigen Kriegen zu vermindern, aufgenommen. Man bittet daher um Beyträge, welche diesem Zwecke entsprechen. Die Einsender wollen gefälligst ihre Namen unterzeichnen, damit der Herausgeber die Wahrheit der Erzählung desto sicherer verbürgen kann; sie selbst können aber der heiligsten Verschwiegenheit versichert seyn, wenn sie nicht etwa ausdrücklich bemerken, daß sie genannt seyn wollen. Jede Erzählung gewinnt an Interesse und Glaubwürdigkeit,

wenn Orte und Personen namentlich angezeigt werden; in wiefern dieß in jedem besondern Falle rathsam sey, bleibt der Klugheit der Hrn. Einsender überlassen.

Der Herausgeber.

Der Herausgeber ist dem Publicum durch mehrere wichtige Schriften zur Genüge bekannt; die Verhältnisse, in welchem derselbe steht, setzen ihn besonders in den Stand, die wichtigsten historischen Züge, welche jene großen politischen Ereignisse auffstellen, aus zuverlässigen Quellen geschöpft, mitzutheilen. Die erbetenen Beyträge werden an unterzeichnete Verlagshandlung addressirt, welche sie anständig honorirt. Diese Anecdoten-Sammlung wird in zwanglosen Heften, jedes von ohngefähr 6 Bogen in 8. und das erste Heft noch zu Ostern d. J. geliefert werden.

Leipzig, im Februar 1807.

Baumgärtnerische Buchhandlung

Wir zeigen hiermit an, daß das von Ihro Hochwürden dem Herrn Pater Schneider, Sr. königl. Maj. von Sachsen Beichtvater zu Dresden, im Geiste der reinen geläuterten katholischen Religion verfaßte:

Gebet- und Erbauungsbuch für katholische Christen

von nun an bey uns in Commission zu haben ist. Mit Titelkupfer und Titelvignette verziert, kostet das Exemplar auf Schreibpapier 1 rthlr., auf Druckpapier 20 gl. Wer sich aber directe an uns wendet, erhält ersteres für 18, dieses für 16 gl.

Industrie-Comptoir in Leipzig.

Naturgeschichte für Bürger- und Landschulen, 1n Bandes 2te Abth. mit 11 Abbildungen fortgesetzt von C. Dietrbey, Lehrer am Gymnasium in Nordhausen, Säugerthiere. 8. Erfurt, 1806. illum. 20 gl.; schwarz 10 gl.

Diese Fortsetzung dieser von dem verstorbenen Buchdrucker Müller begonnenen Naturgeschichte ist nach einem andern Plane, den mehrere Recensenten schon gepriesen haben, bearbeitet, nach welchem der durch seinen thüringischen Kinderfreund schon bekannte Verfasser nach Naturgeschichten und Reisebeschreibungen lehrt, was dieses oder jenes Thier dem Menschen nützt oder schadet, wie wird es bey uns und wie in andern Ländern benutzt, welche Vortheile bringt es uns und welche Nachtheile haben andere davon ɾc. In dieser Abtheilung kommen nun vor, Säugethiere 1te Ordn. 4te Gattung, die Fledermaus vespertilio, 2te Ord. Thiere ohne Schneidezähne Bruta 7 Gattungen, 3te Ord. Raubthiere Ferae 6 Gattungen. Es verdient dieses gemeinnützliche Buch in Stadt- und Landschulen eingeführt und empfohlen zu werden.

Allgemeiner Anzeiger
der
Deutschen.

Montags, den 9 März 1807.

Gesetzgebung und Regierung.

Ueber Kriegslasten und deren Ausgleichung.

Im allg. Anz. von 1806 Nr. 345 fragt ein Ungenannter:

Welches ist die zweckmäßigste, den Grundsätzen der Gerechtigkeit und Billigkeit angemessene Art, Kriegscontributionen so zu vertheilen, daß jeder Staatsbürger in richtigem Verhältnisse daran Antheil nimmt und sie am schnellsten und leichtesten erhoben werden können?

Der Anfrager unterstellt schon hierbey als recht und billig, was auch ohne allen Zweifel gewiß recht und billig ist, was aber bey den Vertheilungen der Kriegscontributionen noch nicht überall befolgt wird. Er unterstellt nämlich eine verhältnißmäßig — das heißt: eine dem Vermögen eines jeden angepaßte — gleiche Vertheilung unter alle Staatsbürger als wirklich recht und billig, und scheint nur eigentlich die angemessenste Art zu suchen, wie nach dem unterstellten Grundsatze solche Gleichheit zu finden und in Ausführung zu bringen sey? Eine richtige, überallhin passende Beantwortung dieser letztern Frage ist sehr schwierig, weil sie so sehr von der Landesverfassung abhängt, welche in den verschiedenen Staaten Deutschlands bekanntlich sehr verschieden ist. So wird z. B. in Sachsen im erzgebirg. Kreise (nach Nr. 11 des allg. Anz.) die Einrichtung mit den Magazinhufen als die angemessenste Art, Gleichheit zu finden, zum Maßstabe genommen. Anderwärtshin, wo man keine

Allg. Anz. d. D. 1 B. 1807.

Magazinhufen oder auch keine ähnliche Einrichtung hat, paßt das nicht. Im Allgemeinen läßt sich also über den schicklichsten Maßstab in jedem Lande zwar wenig sagen, vielleicht sind aber doch folgende Bemerkungen über Vertheilung der Kriegslasten und Kriegscontributionen — ein Gegenstand, mit welchem jede Gesetzgebung längst auf dem Reinen hätte seyn sollen — nicht ganz überflüssig.

Kriegsschaden ist das genus; Kriegscontribution eine Gattung davon.

Eigentlich sogenannte Kriegscontribution ist die Geldsumme, welche die höchste oder wenigstens eine competente höhere Behörde des Feindes durch die Landesbehörden einem Lande oder einer Stadt zu bezahlen auferlegt hat. Es gehört wol nicht wesentlich in den Begriff, aus welcher Ursache oder zu welchem Behuf der Feind das Geld fordert. Sey es, um eine allgemeine Plünderung damit abkaufen zu lassen, oder um das feindliche Land zu nöthigen, Beyträge zu den Kriegskosten herzugeben, oder auch bloß, um sich selbst zu bereichern; so hat das alles wenig oder gar keinen Einfluß auf den Billigkeitspunct bey der Vertheilung.

Wenn der Feind eine gewisse Summe Geldes von einem Lande fordert, so nimmt er effectiv das Vermögen des Landes, es bestehe, worin es wolle — Geld und andere Vermögensstücke, die einen Geldwerth haben und leicht in Geld umgesetzt werden können, damit in Anspruch. Die Billigkeit, daß ein jeder, welcher Vermögen im Lande hat, ohne alle Ausnahme, nach dem Verhältniſſe dieſes Vermögens, oder noch billiger, nach dem Verhältniſſe ſeines jährlichen Einkommens, zur Bezahlung der Contribution beytragen müſſe, liegt alſo ſchon in der Natur der Sache und bedarf keiner beweiſenden Ausführung. Ein jeder Unpartheyiſche mag ſagen, ob ihn nicht ſein Gefühl ſchon darauf hinführet.

Alſo Gleichheit in der Vertheilung nach dem Verhältniſſe des Vermögens oder Einkommens iſt eine Grundlage, welche als unumſtößlich unterſtellt werden kann. Dieſe Gleichheit leidet keine Ausnahmen. Sie kennt keine beytragsfreyen Grundſtücke, ſie mögen gehören, wem ſie wollen. Sie kennt auch keine privilegirten Stände und keine freye Gattung des Vermögens im Lande. Die einzige Befreyung, welche ſie zu geſtatten erlaubt, iſt diejenige, welche das Unvermögen gebietet. Das iſt aber nicht Ausnahme von der Regel, ſondern es iſt die Regel ſelbſt.

Aber, wenn man gleiche Vertheilung nach dem Verhältniſſe des Vermögens oder Einkommens ſo offenbar der Billigkeitspunct bey der Sache iſt, warum hat man denſelben bisher ſo vielfältig außer Augen geſetzt? Warum werden Kriegscontributionen bald allein auf ſteuerbare Grundſtücke nach einem alten Steuercataſter vertheilt? oder bald auch ſteuerfreye zwar mit zugezogen, aber andere Vermögensgegenſtände oder Einkünfte zur Mitleidenheit nicht in Anſchlag gebracht? Warum das? Weil es — ohne was etwa Vorurtheile oder unlöbliche Begünſtigungen oder auch Eigennutz dabey gethan haben mögen — in keinem Lande ein Vermögens- oder Einkommens Cataſter giebt, und weil es unendlich ſchwierig iſt, ein ſolches zu verfertigen. Man kann bey der Eile, womit Kriegscontributionsgeſchäfte gewöhnlich betrieben werden müſſen, die Verfertigung eines ſo ſchwierigen Cataſters faſt unter die Unmöglichkeiten ſetzen, und vermuthlich ſind die Stände des erzgebirgiſchen Kreiſes durch dieſe Unmöglichkeit oder durch ähnliche unüberſteigliche Schwierigkeiten genöthiget worden, vorerſt bey dem löblichen Schritt, welchen ſie gethan haben, ſtehen zu bleiben und nicht weiter zu

gehen. Sie vertheilen nach den beyden Publicandis, welche in Nr. 11 und 30 des allg. Anz. 1807 abgedruckt ſtehen, die ihnen auferlegte Kriegscontribution zwar bloß auf das Grundeigenthum, ſie ſtehen aber dabey nicht nur alle ſonſt befreyte Grundſtücke zur gleichen Mitleidenheit, ſondern wollen auch, daß keiner, der ſonſt (außer Grundſtücken) Vermögen beſitzt, von verhältnißmäßigen Beyträgen frey bleiben ſolle. Nur kommen letztere nicht in das allgemeine Contributionscataſter, ſondern ſollen bey der Subrepartition von der Commune, wo ſie wohnen, zu deren Erleichterung beygezogen werden. Wenn ein Fremder, der die dortige Verfaſſung und das dortige Local nicht kennt, ein Wort dazu ſagen darf, ſo ſcheint der letzte Punct dem Begriff einer richtigen Gleichheit nicht ganz zu entſprechen, ſondern möchte wol noch zu großer Ungleichheit hinführen.

Bey den vielen Schwierigkeiten, ein Vermögens- oder Einkommens Cataſter aller Staatsbürger, wodurch allein völlige Gleichheit bewirkt werden kann, jedesmahl neuerdings zu verfertigen (denn die Verhältniſſe des außergrundſtücklichen Vermögens ſind zu veränderlich, als daß Verzeichniſſe davon lange brauchbar ſeyn ſollten) war es gar nicht zu verwundern, daß man aus Noth oder Bequemlichkeit die ſchon vorhandenen Steuer- oder ähnliche Cataſter mit allen ihren Mängeln und Ungleichheiten lieber gleich zur Hand nahm, die Kriegscontributionen darauf vertheilte, und einen Theil der Staatsbürger, während der andere frey ausging, drückte.

So iſt wahrſcheinlich bisher an vielen Orten der gewöhnliche Gang der Sache geweſen. Es iſt aber gewiß zu erwarten, daß man denſelben überall bald verlaſſen und eine Gleichheit in Vertheilung der Kriegscontributionen, ſo weit ſie nach Umſtänden möglich iſt, zu bewerkſtelligen ſuchen werde. Ob dabey ein ſchon vorhandenes Steuer oder anderes Cataſter zum Grunde gelegt und was zur Ausgleichung erforderlich iſt, nur darin nachgetragen und ergänzt werden könne, das hängt von Localitäten ab.

Ohne hier auf die vielen Schwierigkeiten und Zweifel einzugehen, welche ſich der

richtigen Ausmittelung und Taxation des
Vermögens oder Einkommens vieler Privat-
personen entgegen stellen, scheint jedoch eine
der wichtigsten Fragen nicht ganz unberührt
bleiben zu dürfen. Ist es nämlich billig,
daß alle Staatsbürger ohne Rücksicht
auf ihr größeres oder minderes Vermögen oder Einkommen nach gleichen
Procenten beygezogen werden? Oder
ist es nicht billiger, vermittelst einer
Eintheilung in gewisse Classen den Reichen mit höheren Procenten zu bela-
sten, als den Armen? Im Oestreichischen
und auch in verschiedenen andern Staaten
hat man, wie erinnerlich ist, bey Vertheilung der Kriegssteuern schon mehrmahls den
letztern Weg eingeschlagen.

Nach dem oben von Kriegscontribution gegebenen Begriff gehören nicht dazu

1) Alle feindliche Exactionen außer Geld
und

2) alle einzelne Beschädigungen und Erpressungen außer dem regelmäßigen Wege
der Requisition von der feindlichen competenten Behörde.

Exactionen außer Geld bestehen vorzüglich in Naturallieferungen.

Es ist der Natur der Sache nach nicht
möglich, alle Staatsbürger gleich bey der
feindlichen Forderung damit in Anspruch zu
nehmen, denn ein großer Theil derselben besitzt nicht, was verlangt wird. Entweder
sieht sich also der Staat selbst genöthigt, die
requirirte Waare zu kaufen, und so entsteht
aus dem Preise mittelbar eine gleichmäßig zu
vertheilende Kriegscontribution; oder die
Lieferung wird verhältnißmäßig auf diejenigen vertheilt, welche die verlangte Waare
besitzen, wie solches gemeiniglich bey Getrei-
de- und Fourage-Lieferungen zu gehen pflegt.

Im letztern Falle gehen freylich diejenigen, welche nicht geerntet haben, für den
Anfang frey aus. Es liegt auch allerdings
in der Regel der Billigkeit, daß sie noch
in der Folge durch eine im Lande zu bewir-
kende Ausgleichung beygezogen, und dadurch
diejenigen, welche die Lieferung machten,
verhältnißmäßig entschädiget werden. Es
ist aber bey solchen Ausgleichungsgeschäften
die größte Behutsamkeit anzuwenden, wenn
nicht übel ärger gemacht und eine größere

Ungleichheit erschaffen werden soll, als vorher schon da war.

Der Begriff einer Ausgleichung beruhet im Wesentlichen darauf, daß derjenige,
welcher keinen oder nur geringen Schaden
gehabt, denjenigen verhältnißmäßig mit entschädigen helfen soll, welcher wirklichen oder
wirklich größern Verlust erlitten hat. Wirklicher unverhältnißmäßig erlittener Verlust auf einer Seite ist also wesentlich erforderlich, wenn eine Ausgleichung Statt haben soll. Nicht jeder scheinbare Verlust ist
aber ein wirklicher. Wenn z. B. die Güterbesitzer in dem jetzigen Kriege durch Lieferung
einen kleinen Theil ihrer Ernte verloren,
eben dieser Krieg und eben diese Lieferungen
veranlaßten aber eine solche Steigerung der
Getreidepreise, daß sie den übrigen größern
desto theurer verkaufen konnten, und daß
die Unbegüterten also ihre Bedürfnisse von
ihnen selbst desto theurer kaufen mußten;
auf welcher Seite ist hier wirklicher Verlust?
Und sollten hier unter dem Namen der Ausgleichung die Unbegüterten am Ende noch zur
Mitleidenheit der Lieferungen gezogen werden, würde die Ungleichheit, welche zu ihrem
Nachtheile schon so viele Jahre gegen die
Güterbesitzer gedauert hat, damit nicht noch
obendrein vergrößert werden?

Ferner: Bey jeder Ausgleichung muß
der Schade in Geld gesetzt und berechnet
werden. Welche Preise sollte man annehmen? Die enormen Preise der Lieferungs-
zeit? So gewönnen die Güterbesitzer desto mehr.

Zur Veranlassung einer Ausgleichung
ist also

a) ein durch den Krieg unverhältnißmäßig erlittener wirklicher Schade wesentlich erforderlich. Dieses Erforderniß allein
ist aber zur Aufnahme in die Parificationssumme noch nicht hinreichend, sondern es
gehört auch

b) dazu, daß der Schade von der competenten feindlichen Behörde selbst herrühre.
Kriegsbeschädigungen außer diesem regelmäßigen Wege gehören beynahe alle in die Classe
der Räubereyen, Plünderungen und überhaupt der unbefugten Erpressungen, welche
in der Regel der Staat um so weniger ersetzen kann, da nicht allein keine Forderung

am dem Staat dabey zum Grunde liegt, sondern da auch jeder Eigenthümer einzelne Uns
glücksfälle selbst zu tragen schuldig ist. Es
kann allerdings Fälle geben, wo es die Billigkeit erfordert, auch einzelne Beschädigungen, Beraubungen und Plünderungen aus-
nahmsweise zur Ausgleichung mit aufzunehmen, zur Regel möchte es aber dabey wol
nicht erhoben werden dürfen. Welchen Unterschleifen würde dadurch Thor und Thüre
geöffnet!

c) Am wenigsten können Aufopferungen,
welche, um sich guten Willen zu machen,
oder aus einer andern Ursache freywillig gemacht worden sind, zu einer Ausgleichung
mit aufgerechnet werden.

Ueberhaupt sollte man, so weit es mit
Recht und Billigkeit geschehen kann, bedacht
nehmen, die Parificationssumme möglichst
gering zu halten. Man läuft sonst Gefahr,
eine Last zu schaffen, die lange nach dem
Kriege fortdauern muß, und es gibt keinen
größern Nachtheil für den Staat selbst,
als lange nach dem Frieden mit dem
Kriege noch zu schaffen zu haben.

Im Februar 1807.

Gelehrte Sachen.

Ueber die Anfrage — von dem Kriegerischen Gespenste auf den ruinirten Berg-
schlössern im Odenwalde (s. allg. Anz.
1806 Nr. 333 S. 3921) — kann vielleicht folgende Stelle aus Keyßler's Illustr. Monum.
S. 11 C. 2 §. 7 die alte Sage beleuchten.

Valhalla Odini,
ubi aura corusca
Tignis limnitur
et Odinus recipit
quovis die
ferro caesos viros.

Das ist: „In Odens heiligem Haine,
wo Gewitterlüfte über den Gebäuden (Schlössern) wehen, nimmt Oden alle Tage die
verwundeten (die durchs Schwerd getödteten)
Krieger auf." — Dieses Monument scheint
auf eine Priesterverheißung zu deuten,
„daß die in der Schlacht für das Vaterland
gebliebenen Krieger in Valhalla wieder auf-
stünden"; ein Volksglaube wie in Nuß-
land, welcher zu der Dichtung des wilden

Jäger-Mährchens den Stoff liefert, wozu das Eulengeschlecht die Melodie compo-
nirt hat, und worin die Hunds-Eule als erste
Sängerin auftritt. Die Deutschen verstanden unter dem Valhalla nicht ausschließlich
den Aufenthalt jenseits des Grabes, sondern
ihre Haine, ihre Versammlungsplätze zum
Gottesdienste, mit dem Namen Valhalla,
wo nach dem Tode die Seelen ihrer Väter
heimen. Häufige Spuren dieser Haine findet man im Odenwalde — Wodans Walde — (der wüthende Jäger ist vermuthlich
der Wortende) 1) der Odenhain bey Michelstadt, Erbachisch; 2) der Drey-Eichen-
hain; 3) der Götzenhain (bey Einführung des
Christenthums so getauft); 4) vulgo der
Hain; alle drey letztere Isenburgisch, eine
Meile von Frankfurt am Mayn. — Sollte
diese meine Hermeneutik einer mystischen
Auslegung unterliegen, so tröste ich mich mit
vielen meiner Vorgänger.

Frankfurt a. M. den 17 Jan. 1807.

Ehrmann.

Künste, Manufacturen und Fabriken.

Anerbieten.

Ein Mann in einer ansehnlichen Stadt
Deutschlands, der eine Anstalt eingerichtet
und mit Erfolg fortgesetzt hat, Baumwolle
auf eine vollkommene Art zu spinnen, ist
durch die Kriegsunruhen veranlaßt worden,
dieses Unternehmen aufzugeben. Er erbietet
sich daher, einer solchen schon eingerichteten
Anstalt auf das gewissenhafteste vorzustehen,
oder auch neue Spinnmaschinen für die billigsten Preise zu verfertigen und den dazu
nöthigen Unterricht zu ertheilen. Das Nähere erfährt man in Altona in der großen
Elbe-Straße Nr. 521, wohin man sich unter der Adresse W. J. A. in postfreyen Briefen wenden kann.

Hänel's Bleiche in Ohrdruf.

Mit Vergnügen sehen wir jährlich die
Anzahl der Freunde unserer hiesigen schles.
schen Bleich-Anstalt vermehrt. — Dieser angenehme Beweis der Zufriedenheit verdoppelt unsere Sorgfalt für die uns anvertrauten Waaren, und ist uns Veranlassung, unsere Gönner und Freunde um recht viel-

Aufträge für dieses Jahr zu ersuchen. Als Mittelspersonen zur Annahme derselben schlagen wir folgende vor: in Gotha Herrn Cassirer Dürfeldt; in Erfurt Hrn. Kaufmann Treitschke; in Jena Hrn. Kaufmann Schäfer; in Rudolstadt Hrn. Kaufmann Ulay; in Sömmerda Hrn. Kaufmann Hoffmann; in Artern Hrn. Kaufmann Ulahler; in Eisenach Hrn. Kaufmann Hofmann; in Meiningen Hrn. Hof-Apotheker Treiber; in Suhl Hrn. Kaufmann Hänel.

Ohrdruf den 27 Febr. 1807.

Gottl. Friedr. Hänel's seel. Erben.

Dienst - Anerbieten.

1) Für die Steingutfabrik in Zell am Harmersbach ohnweit Lahr im Breisgau, wo nach Art von Wedgewood gearbeitet wird, werden geschickte Steingutdreher und Former gesucht. Wer etwas Vorzügliches in diesen Fächern zu leisten vermag, kann auf Anstellung unter günstigen Bedingungen und auf Ersatz der Reisekosten von Frankfurt aus bis nach Zell rechnen. Schriftlich wendet man sich desfalls an das Handelshaus Schnizler und Lenz in Lahr im Breisgau oder an Hrn. Joseph Anton Bürger in Zell am Harmersbach.

2) Es wird sogleich ein unbeweibter Gärtner, jedoch nicht über 40 Jahr alt, in Dienst gesucht; er muß die Stelle eines Bedienten mit vertreten, und glaubwürdige Atteste seiner Treue, Geschicklichkeit und seines guten Betragens aufzuweisen im Stande seyn. Der Strumpfwirker-Meister Johann Gottlieb Hesse in Chemnitz in Sachsen ertheilt nähere Auskunft.

Dienst - Gesuche.

1) Ein noch unverheiratheter Mensch, der die Apothekerkunst erlernt hat und sich einige Jahre unter der Leitung eines der ersten Chemiker Deutschlands — dessen täglicher Gehülfe er bey seinen chemischen und pharmaceutischen Arbeiten zu seyn das Glück hatte — sowohl in der Pharmacie als Chemie vervollkommnete — was auch durch Zeugnisse darüber bewiesen werden kann, sucht baldigst

unter vortheilhaften Bedingungen eine Anstellung als Administrator einer Apotheke oder in einer chemischen Fabrik aber an einem andern für ihn schicklichen Platze. Briefe an denselben sendet man unter der Adresse H. S. an die Expedition des allgem. Anz. in Gotha.

2) Ein verheiratheter Forstmann, der schon 10 Jahre sich diesem Dienst gewidmet, befindet sich jetzt dienstlos und wünscht so bald als möglich wieder in einen solchen Posten eintreten zu können. Er unterwirft sich jeder Prüfung sowohl in Forst- als Jagd-Kenntnissen. Portofreye Briefe bittet man unter der Adresse A. C. in F. an die Expedition des allg. Anz. einzusenden.

3) Ein Mensch von gesetztem Alter wünscht auf folgende Kenntnisse bey einer guten Herrschaft in Dienste zu treten. Er kann einer Wirthschaft, sie bestehe in Häusern oder auch etwas Feld-Oeconomie, vorstehen, eine Tafel serviren, frisiren, rasieren und ist auch auf Reisen gut zu gebrauchen.

4) Ein Frauenzimmer von 19 Jahren, von honetten Eltern und guter Erziehung, wünscht, da sie durch den Tod ihre Mutter verloren und seither bey angesehenen Familien in allen weiblichen Arbeiten Unterricht gab, unter guten Bedingungen als Kammerjungfer oder auch um Kinder in feinen weiblichen Arbeiten zu unterrichten, in herrschaftliche Dienste zu treten. Sie spricht französisch, besitzt alle Fähigkeiten, die eine Herrschaft von ihr verlangen wird, und kann sich durch gute Zeugnisse empfehlen. Frankirte Briefe an dieselbe besorgt die Expedition des allg. Anz.

E. in Franken.

Familien - Nachrichten.

Todes - Anzeigen.

1) Der Doctor und Stadtphysicus August Christian Kühn zu Eisenach, Ehrenmitglied von fünf auswärtigen gelehrten Gesellschaften, rühmlichst als Schriftsteller bekannt, starb am 23 Febr. früh 8 Uhr, an einem gallichten Brustfieber, in einem Alter

von 63 Jahren und zwey Monaten, und im
42 Jahre seiner thätigen medicinischen Laufbahn. Die Witwe und drey Kinder des
Verstorbenen empfehlen sich der fernern Gewogenheit und dem Wohlwollen auswärtiger
Freunde und Gönner.

C. Kühn geb. Köhler, Witwe.
Dr. Aug. Christ. Kühn, Sohn.
Amalia Kupp geb. Kühn, in
Meiningen.
Friederike Kühn.

2) Heute Morgen um 4 Uhr verlor ich,
nach 21 jähriger glücklicher und zufriedener
Ehe meine geliebte Gattin, Helene geborne
Deahna, im 55 Jahre ihres Alters, an den
Folgen einer Entkräftung. Indem ich diesen
für mich und meine Kinder äußerst schmerzhaften Trauerfall allen unsern Verwandten
und Freunden hiermit bekannt mache, verbitte ich mir alle Beyleidsversicherungen und
empfehle mich und meine sämmtlichen Kinder
zu fernerer Freundschaft und geneigtem
Wohlwollen. Cronach den 23 Febr. 1807.
Friedrich Slevogt,
königl. baierischer Forst-Inspector.

Justiz- und Polizey-Sachen.

Vorladungen: 1) In Betreff zweyer verlornen
Staatsobligationen.

Es sind der Gotteshauspflege zu Marctleugast
und Marienweyher vor einigen Jahren zwey mit
domkapitelschem Consens vom 29 Octbr. 1798 versehene Staatsobligationen des Fürstenthums Bamberg d. d. 31 Aug. 1796 über

200 Fl. Frkl. Capital von dem Gotteshause Marienweyher, und
100 Fl. Frkl. Capital von dem Gotteshause Marctleugast beyde à 4 pro Cento verzinslich,

welche Summen, zur Erfüllung der damahls ausgeschriebenen französischen Contribution, dem Staate vorgeliehen worden, abhanden gekommen.
Da nun die Auszahlung der Zinsen bis zur
nachgewiesenen Amortisation der Urkunden nicht
erfolgen soll und daher die Gotteshauspflege auf
Bewirkung der lettern angetragen hat, so werden
Kraft dieses alle diejenigen, welche als Eigenthümer, Cessionarien, Pfand- oder sonstige Brief-Inhaber an bemerkte Capitalsposten, und die darüber
verlautenden Documente Anspruch machen zu können glauben, aufgefordert, sich spätestens bis zum
28 August dieses Jahres, und zwar Vormittags 10 Uhr

bey unterzeichneter Stelle zu melden und den An-
spruch zu bescheinigen; oder widrigenfalls die gänz-
liche Amortisation zu gewärtigen.
Urkundlich unter geordneter Unterschrift und
Siegelung
Kupferberg im Fürstenthum Bayreuth den 10
Februar 1807.
Das Justiz-Amt dahier.
Molitor. Müller.

2) Jac. Schue's.
Nachdem Jacob Schue von Griesheim, alt
32 Jahren, bey der kaiserl. königl. Reichswerbung
in Offenburg sich engagiren lassen, in der Folge
dem kaiserl. kön. Regiment Terzi, Nr. 16 der Zeit
Erzherzog Rudolf genannt, zugetheilet, am 6
May 1796 aber in Kriegsgefangenschaft gerathen,
und von da nicht mehr zurückgelanget ist: so wird
derselbe oder dessen allenfällige rechtmäßige Leibes-
Erben hiermit vorgeladen, binnen einem Jahre und
drey Tagen vor diesseitigem Oberamt oder der demselben untergeordneten Vogtey Griesheim zu erscheinen, und sein, oder ihres Erblassers in 483 fl. bestehendes Vermögen zu erheben; widrigens daßselbe
den darum sich meldenden nächsten Anverwandten,
gegen Caution würde eingeantwortet werden;
Offenburg, am 10 Horn. 1807.
Großherzogl. Badis. Oberamt der
Landgrafschaft Ortenau.
Kleinbrob.

3) Chrn. Adolph Renzhausen's.
Da der hiesige Nachrichter Christian Adolph
Renzhausen sich vor einigen Monaten auf das
entfernt hat, ohne seitdem über den Ort seines
Aufenthalts und die Absicht seiner Zurückkunft Nachricht zu ertheilen: so wird derselbe auf Befehl des
Kammer-Collegiums in Hannover hiermit peremtorie citiret, sich vor dem ersten May dieses Jahres
beym hiesigen Amte zu melden, unter der Verwarnung, daß er widrigenfalls der ihm bis Maytag
1809 verliehenen Nachrichterey und Abdeckerey verlustig erkläret und darüber auderweitig disponiret
werden solle.
Amt Winsen an der Luhe, am 23 Febr. 1807.
Meyer. Jahto. Beckmann. Westfeld.
G. J. Lippe.

4) der Gläubiger Gottl. H. Jlge's.
Auf schriftliche Instanz des rotweiner Cantors,
Hrn. Gottlib Friedrich Jlge, werden hierdurch
alle diejenigen, welche an die Verlassenschaft dessen
Bruders, weil. des Kunst- und Papierhändlers,
Hr. Gottlieb Heinrich Jlge allhier Vermögen
ex Capite crediti, hereditatis vel alia causa eini-
ge Ansprüche zu formiren haben, hierdurch edicta-
liter jedoch peremtorie aufgefordert
Montag den 27 April a. c.
welcher Tag zum Liquidations- und Gütepflegungs-
Termin Rathswegen anberaumet worden, Vormit-

tags 10 Uhr in Person oder durch hinlänglich legitimirte Mandatarien vor uns auf dem Rathhause
allhier zu erscheinen, ihre Forderungen, sub poena
praeclusi, zu liquidiren und zu bescheinigen, sodann mit Hrn. Cantor Jllge ein gütliches Abkommen zu treffen, und in dessen Entstehung weiterer
rechtlichen Weisung gewärtig zu seyn.
Wornach sich zu achten. Sig. Gera, der 24
Febr. 1807.
Bürgermeister und Rath.
J. F. Senf.

5) F. Wiener's.
Es ist die Witwe des vormahls in hochfürstlich
hessischen Diensten gestandenen und zu Pirmasenz
verstorbenen Lieutenants Wiener, Louise Susanne
Salome geborne Breithaupt, vor kurzem gleichfalls allhier mit Tode abgegangen, und hat, dem
Vernehmen nach, einen einzigen Sohn, Namens
Friedrich, welcher als Sattler-Geselle auf die
Wanderschaft gegangen, von dessen Aufenthalt aber
man mehr nicht hat in Erfahrung bringen können,
als daß er sich vor etwa 3 bis 4 Jahren, bey der
de Bachischen Kunstreiter-Gesellschaft zu Prag
befunden haben solle, hinterlassen. Es wird demnach gedachter Friedrich Wiener hierdurch citirt,
sich binnen drey Monaten zur Legitimation und zum
Empfange der mütterlichen Verlassenschaftsmasse
allhier einzufinden, gegenfalls dieselbe unter gerichtliche Curatel gegeben und das Weitere sachgemäß
wird verfügt werden. Diejenigen Gerichts-Behör
den und Privat-Personen, welche von dem gegenwärtigen Aufenthalte oder allenfallsigen Tode dieses Friedrich Wiener Wissenschaft haben, werden
ersucht, hiervon die gefällige Anzeige hierher zu
thun. Darmstadt, den 10 Febr. 1807.
Großherzoglich Hessisches Kriegs-Collegium das.
Dch. v. Stamerdinghe. Scriba. Balser.
Rekulé.

6) der Erben oder Gläubiger J. B.
Zangrandi's.
Diejenigen, welche eine Forderung aus irgend
einem Rechtsgrunde an die Verlassenschaft des dahier verstorbenen Ritterstifts-Vicarii Johann
Baptist Zangrandi zu machen haben, werden hiermit aufgefordert, diese binnen 4 Wochen daher
darzubringen, oder zu gewärtigen, daß nach fruchtlosem Umlauf dieser Frist die Erbschaft ohne weiters
nach dem Inhalt des Testaments verabfolgt werde.
Bruchsal, am 12 Februar 1807.
Von gemeinschaftlicher Inventur
Commissionswegen.
in fidem
F. W. Hartmann.

Kauf- und Handels-Sachen.

Nachricht an unsere Handelsfreunde.
Da das Engagement, in welchem wir mit unserm ehemahligen Reisenden, Hrn. G. A. Biaesch,
gestanden, gänzlich beendiget ist, so halten wir uns
für dasjenige nicht mehr responsabel, was derselbe
fernerhin für uns verrichten möchte.
Rotterdam den 1 Febr. 1807.
Joh. Adolph Remy und Comp.

Versteigerung einer Apotheke.
Nachdem die von der Frau Johanne Friedrike
Magdalene Kluge besessene, in der Anlage sub
K. umständlich beschriebene Apotheke allhier, mit
den darin befindlichen Officinalwaaren und Gefäßen,
wovon die Apothekerwohnung auf 700 rthlr. Conventionsgeld, die Waaren und vasa hingegen, deren Specification allhier vorgelegt und eingesehen,
oder auch, auf Verlangen, eine Abschrift davon
gegeben werden kann, auf 225 rthlr. 3 gr. 6 pf.
taxirt worden sind, ausgeklagter Schulden halber
den, zum Licitationstermin hiermit bestimmten,
dreyßigsten May dieses Jahres
öffentlich an den Meistbietenden nach Vorschrift
der Subhastationsordnung verkauft werden soll: so
wird Raths wegen solche hiermit subhastirt und
ausgeboten, und die Kauflustigen werden aufgefordert, sich mündlich oder schriftlich vor oder in dem
angesetzten Termine bey Rathe allhier zu melden,
ihre Gebote in groben patentmäßigen Münzsorten
zu thun und, wenn solches in einzureichenden
Schreiben geschieht, selbige noch vor 10 Uhr Vormittags des gesetzten Termins, weil nachher keine
schriftlichen Gebote angenommen werden, zu übergeben, auch auf selbigen, wenn sie bis zum Termin
verschlossen bleiben sollen, solches und daß es ein
Gebot auf die subhastirte Apotheke enthalte, zu
bemerken, hierauf aber im Termine selbst Vormittags 9 Uhr vor Rathe zu erscheinen und der vorschriftsmäßigen
Versteigerung, so wie Nachmittags der Zuschla-
gung der subhastirten Apotheke mit Waaren und
vasis gewärtig zu seyn. Derjenige, welcher das
höchste und annehmlichste Gebot gethan hat, muß
jedoch in diesem oder dem gleich zu bestimmenden Abjudicationstermine wenigstens den fünften
Theil der Erstehungssumme baar erlegen und wegen Abzahlung der übrigen Summe mit Interessen
Uebereinkunft treffen. Wenn Auswärtige, welche
nicht hier ansässig sind, mit licitiren wollen: so
haben sie zur Sicherheit wegen fortzusetzenden und
zu erfüllenden Anerbietens diesen fünften Theil sofort baar im Licitationstermine zu deponiren, oder
durch annehmliche Bürgen dessfalls Sicherheit zu
bestellen, sonst kann auf ihre Gebote keine Rücksicht
genommen werden; daher auch diese Bürgen, wenn
schriftlich vor dem Termin licitirt wird, sich mit

unterschreiben müssen, außerdem die Schreiben nicht angenommen werden können.

Sign. Rastenberg, im Herzogthum Weimar, am 21 Febr. 1807.

Der Stadtrath daf.

K.

Beschreibung der Apothekerwohnung:

Ein Wohnhaus, Hof und Viehstall über dem Markte, neben dem Schmiedemeister Mädel, vormahls Herrn Johann Ernst Scherf, lehnt dem Rathe ins reichsvoigtische Gut und zink dahin 1 Michaelshuhn und 4 gr., schoßt 6 gr., steuert 5 gr. 8 3/4 pf., hält 14 1/2 Ruthe, hat 2 Stockwerke und darin vier schöne Stuben, einen geräumigen Apothekerladen, zwey dergleichen Keller und eine große Hausflur, ist mit Ziegeln gedeckt und alles im besten Stande, in der Brandcasse aber mit 1575 rthlr. assecurirt.

F. B. fol. 371 Nr. 46 und fol. 379 Nr. 47.

Verkauf eines Hauses nebst Färberey.

Dem von einer hochfürstlich hochlöblichen Justiz-Canzley zu Oehringen erhaltenen Auftrag gemäß wird hiermit wiederholt die vormahlig Jünglingsche Wohnung und Färberey, — welche leztere unter anderen zwey große Küpen, sechs kupferne Kessel von verschiedener Größe, desgleichen zwey messingene und einen großen zinnenen Kessel nebst dazu gehörigen Geräthschaften; ferner eine hölzerne Mange und zwey dergleichen verschiedene Pressen enthält; — ingleichen auch das daran stoßende Sommergärtlein zum öffentlichen Verkauf an den Meistbietenden angeboten und zu dieser Verhandlung der 23 künftigen Monats März anberaumt, an welchem Tage Vormittags die Kaufsliebhaber bey der unterzeichneten Behörde sich einzufinden belieben wollen.

Neuenstein den 21 Febr. 1807.

Instituts-Verwaltung daselbst.

Verkauf eines Hauswesens in einer Stadt in Schwaben.

Unweit Wahingen an der Enz, mitten im Ort, wodurch eine der frequentesten Landstraßen führt, ist ein wohl conditionirtes Hauswesen, mit oder ohne Liegenschaft, aus freyer Hand zu verkaufen. Dasselbe ist in Hinsicht seiner Situation an der Straße für jeden Commercianten und Professionisten, z. B. Handelsmann, Conditor, Seifensieder, Sattler, Seiler ꝛc. woran der nahrhafte und starke Ort von 300 Bürgern ohnehin gänzlich Mangel leidet, bereits schon füglich und bequem eingerichtet. In jeder Rücksicht kann das Nähere auf dem Handlungs Correspondenz- und Commissions Bureau zu Heilbronn erfragt, und mit dem Eigen-

thümer sodann selbst unter annehmlichen Bedingungen contrahirt werden.

Verpachtung eines Ritterguts.

Den 31 März dieses Jahres soll das in der herzoglich weimarischen Stadt Rastenberg, eine Stunde von Buttstädt, gelegene hickerbierische Rittergut, bestehend aus 243 Acker (den Acker zu 140 sechszehnschuhigen ☐ Ruthen) guten, arbaren, im besten Stande sich befindenden Landes, 16 1/2 Acker Gärten und Grummetwiesen, 11 Acker künstlichen Wiesen, den nöthigen Wirthschaftsgebäuden, Deputat an Brennholz, auch mit oder ohne Inventarium, dem Meistbietenden an Ort und Stelle selbst auf 6 Jahre verpachtet werden und zwar so, daß der Pächter zu Johannis dieses Jahres den Pacht antritt.

Pachtlustige können die nähern Bedingungen entweder von dem Herrn Actuarius Schmidt zu Hardisleben, oder vom Eigenthümer zu Rastenberg mündlich oder schriftlich durch freye Briefe erfahren.

Samen der spanischen Kohlrübe.

Im allg. Anzeiger Nr 42 ist mit Recht die spanische Kohlrübe, oder die gelbe untererdige, oder Boden-Kohlrabi, als ein gutes Gemüse, und vorzügliches Futter für Rindvieh empfohlen worden, und dabey erwähnet, daß der Same bisher bloß in Frankfurt am Mayn, das Loth zu 30 kr. verkauft worden sey.

Ein Landwirth in Niedersachsen hat dieß Gewächs schon seit mehrern Jahren mit Vortheil gebauet, und besonders dem Viehfutter den größern Nutzen vor der Runkelrübe erprobt, indem sich jenes weit länger durch den Winter, und bis zur Zeit des neuen grünen Futters erhalten läßt, als diese Rübe. Zufällig hat er im vorigen Jahre eine solche Quantität Samen davon selbst gebauet, daß er sich im Stande befindet, 5 bis 6 Pfund davon abzustehen, welche er einer Samen-Handlung im Ganzen das Pfund zu 1 Rthlr. Conv. M. anbietet. Die Expedition des allg. Anz. besorgt frankirte Briefe an den Verkäufer des Samens.

Antwort auf eine Anfrage im allg. Anz.

Das beliebte brown'sche Pflaster ist nach dem gedruckten Gebrauchszettel echt und unverfälscht zu haben bey Gottfried Kresse zu Leipzig in der Nicolaistraße und bey Christ. Friede. Touchard in Frankfurt am Mayn.

Anfrage.

Wo bekommt man Ableger von der echten syrischen Seiden-Pflanze (Asclepias syriaca) welche sehr lange Schoten trägt und sonst in Liegnitz in Schlesien zu haben war.

Allgemeiner Anzeiger

der

Deutschen.

Dienstags, den 10 März 1807.

Gesetzgebung und Regierung.

A Messieurs P. et D. M. sur leurs petits mots (Allg. Anz. Nr. 26 et 54.)

D'où vient-il, Messieurs les Allemands, que vous nous donnez des petits mots français dans le Journal general des Allemands, et sur les interets de l'Allemagne? Est-ce pour etre compris, ou pour ne pas l'etre, que vous vous servez de cette langue etrangere? Si je suis votre exemple, c'est pour vous faire plaisir, fut-ce meme par les fautes de mon style. Car à coup sur on y entreverra l'homme, qui seroit mieux de l'exprimer dans le language de son pays, ou bien dans aucun de tous. N'importe; voila mes observations.

1) La plus grande partie de l'Allemagne ne suit que celles des loix mosaiques, dont la justice, moyennant une voix secrete de la nature, se trouve reconnue par la majorité des peuples civilisés, ou dont la sagesse surpasse vraiment les droits etrangers, ou dont la difference, en les comparant à d'autres legislations, n'est ni exorbitante, ni dure. Montrez nous, s'il vous plait, des exemples du contraire, et nous verrons. S'il en reste, qui soient peu conformes aux circonstances actuelles, elles ne peuvent etre qu'en tres petit nombre. En tout cas, n'allez pas parler de barbarismes; ceci, à vrai dire, ne prouveroit qu'on manque de connoissances de votre part. C'est une certaine theologie philosophique moderne, née en France et adoptée en Allemagne, qui nous a voulu faire mepriser ces loix et le grand livre qui les renferme. Heureusement parmi les gens d'esprit les jours de fete de cette philosophie sont passés.

2) L'ancien testament forme la base du Christianisme. N'en deplaise aux sophismes philosophes: il est la voix de Dieu, tout comme le nouveau. Celles d'entre les loix des Hebreux, qui ne furent données à cette nation que pour la periode de son education, ne sont plus pour nous que des antiquités signifiantes. Celles au contraire, qui ne peuvent etre jugé abolies par l'Evangile de Jesus-Christ, doivent nous obliger comme des ordonnances de Dieu publiées à tous les peuples de la terre. Ces derniers, appellées par notre Sauveur à toutes les prerogatives spirituelles de la famille d'Abraham, doivent succeder pareillement dans toutes les obligations generales et conformes à une epoque quelconque du genre humain. Les obligations, dont je viens de parler, ne contiennent que la plus saine morale, et se trouvent expressement confirmées par le fondateur de notre religion, cet homme divin, qui n'est pas venu pour dissoudre la loi de son Pere, mais pour l'accomplir. D'ailleurs les deux Testaments sont si etroitement liés ensemble, qu'il faut qu'on ne connoisse ni l'un ni l'autre, pour pretendre avec quelques esprits forts à force de foiblesse: „que l'ancien testament ne nous oblige plus du tout.‟

Allg. Anz. b. D. 1 B. 1807.

3) L'Allemagne a defiré depuis très
longtems de poffeder un code general de
loix civiles. Il l'agit, fi fon fort actuel
favorife plus cette idée, que celni d'au-
paravaut. Si nous fommes deftinés a former une nation, qu'on ne nous donne
pas un code etranger, mais un tel, qui
foit propre à nos moeurs et à notre charactere; que nos princes f uniffent à faire
compofer par des hommes fages et pru-
dens, dont nous ne manquons pas, un
code puifé dans les loix et coutumes,
jusqu'ici etablies parmi nous. Comme ce
feroit un code pour des Chretiens, il y
entreroit neceffairement une elite convenable des droits de Moyfe, tout comme
ces loix de notre ancien Empire, dont la
maxime n'est que la pure juftice et inde-
pendante de tous les changemens poffibles.

N.   *N.*

Naturkunde.

In Nr. 304 des allg. Anz. v. J. fragt
jemand an, woher es komme, daß man, wie
ein Reifender verficherte, auf der fchwäbi-
fchen Alp die tyroler Gebirge bey trübem
Wetter deutlich, bey hellem aber niemahls
fehen könne; auch daß nach einer alten Bauernregel nach folcher Erfcheinung in 24 Stunden Regen komme, und wie fich das phyfifch
erklären laffe? Vielleicht genügt ihm folgens
des als Antwort hierauf, wenn nicht etwa
die Frage vor mir fchon etwa beffer und deutlicher beantwortet feyn follte. *)

Auch ich wohne fehr hoch und noch über
24 Stunden gegen Norden von der fchwäbi-
fchen Alp entfernt, und habe alle Jahre häufige
Gelegenheit, die von hier gegen 70 Stunden
entfernten tyroler Gletfcher, dann die etwas
näher liegenden falzburger Gebirge, auch
manchmahl verfchiedene, noch
weiter entfernt liegenden fchweizer Gebirgen
zu fehen, welches einen prächtigen Anblick
gewährt. Im Winter erfcheinen fie fchwarz,
weil die Sonne zu niedrig fteht, als daß fie
die nördliche Seite beleuchtet, im Sommer
hingegen wie eine hellglänzende Wolke, und
man kann mit einem mittelmäßig guten Seh-
rohr die verfchiedenen Abdachungen deutlich

*) Vergl. allg. Anz. 1807 Nr. 61 S. 619.

erkennen, fo daß es einem vorkommt, als
ob man in eine befchneite Stadt blickte,
worin Thürme und Häufer von verfchiedener
Bauart anzutreffen wären. Nur muß ich
bemerken, daß man diefe Erfcheinung nicht
immer bey trübem Wetter, fondern mehr bey
hellem Himmel haben kann. Indeffen ift es
richtig, daß jederzeit nach folcher Erfcheinung
Regen oder ftarker Wind kommt.

Die Sache phyfifch zu erklären, ift, wie
mich dünkt, nicht fchwer. Jeder Naturbeo-
bachter wird bemerkt haben, daß öfters, wenn
ein Regenwetter vorhanden ift, der ganze
Horizont neblig düfter und trübe überzogen
ift, und daß fich nur gegen Mittag hin ein
fchmaler heller Streif an demfelben zeigt,
welches man im Frühjahr und Herbft am
häufigften zu bemerken Gelegenheit hat.
In diefem fchmalen hellen Streif fieht man
nun faft ftets die benannten Gebirge. In fo
fern hat alfo jener Reifende Recht, wenn er
behauptet, daß man fie nur bey trübem Wetter,
(nämlich in dem lichten Kreife gegen Mittag)
fieht. Außerdem aber, wenn der ganze Horizont trübe ift, fieht man fie nicht. Aus
obigem erklärt fich auch eine andere ftets richtig befundene Bauernregel: Wenn es gegen
die Donau hell ift, fo kommt Regen.

Diefe Erfcheinung phyfifch zu erklären,
dazu wären meines Bedünkens zwey Wege.
Es ift bekannt, daß fich im Waffer alle Gegenftände höher präfentiren, als ihre eigentliche natürliche Lage ift. Da nun bey einem
nahen Regen die Luft mit vielen wafferigen
Theilen erfüllt ift, fo wäre es vielleicht möglich, daß fich in einem folchen Zuftande der
Natur jene Gegenftände weit höher darftell-
ten, als fie wirklich liegen; vielleicht ift auch
vorher in jener Gegend ein Regen gefallen,
und wie nach folchem die Luft fehr gereinigt
ift, das Erdreich noch von demfelben glänzt,
auch öfters bald in andere Gegenden (in Regen darauf folgt, wenn es nun einmahl zu
regnen angefangen hat, fo ließe fich auch
hieraus gedachte Erfcheinung erklären. Da
aber jene Gletfcher wirklich hoch über unferm
Horizont liegen, fo hat diefer Beweis, ob
ihn gleich verfchiedene denkende Perfonen
gegen mich äußerten, wenig Kraft. Vielmehr
läßt fich diefes weit beffer aus folgender Er-

b. A.

fahrung erklären. Bey schönem Wetter ist die Luft dick und schwer. Daher erscheinen uns selbst nahe liegende Wälder und Berge blau und entfernt, daher athmet man schwer, daher steigt das Barometer, weil die Schwere der Luft den Mercurius in die Höhe drückt. Ganz anders verhält sichs aber bey nahem Regen. Die dicken Dünste sind angezogen und weggeräumt, die Wälder erscheinen nahe und schwarz, man athmet leichter, das Barometer fällt, weil kein Gegendruck mehr vorhanden ist, das menschliche Auge reicht also weiter, da die Luft klar und dünn ist, und so sieht man denn auch jene Gebirge bey aufgezogenen Dünsten, und so wie dieses Anziehen eine Anzeige baldigen Regens oder Windes ist, so ist auch jene Erscheinung zur Bauernregel geworden. Hiermit glaube ich dem Anfrager einigen Aufschluß gegeben zu haben. Da man aber zezuweilen im Sommer bey lange anhaltender Dürre jene Gebirgsketten gleichfalls, wiewohl nicht so deutlich und hell sieht, so wünsche ich, daß ein eigentlicher Physiker auch dieses Problem lösen möchte. V. W. den 22 Febr. 1807.

Fr.

Dienst - Anerbieten.

In eine bedeutende Conditorey, worin alle in dieses Fach einschlagende Kenntnisse zu sammeln sich Gelegenheit darbietet, wird ein junger Mensch von guter Erziehung in die Lehre gesucht. Das Nähere deshalb ist aus dem Handlungs - Correspondenz - und Commissions - Bureau in Heilbronn zu erfahren.

Familien - Nachrichten.

Todes-Anzeigen.
1) Am 4 Febr. Abends entriß mir der Tod meinen mir unvergeßlich theuren Gatten, Friedrich Philipp Hertling, Prediger der hiesigen reformirten Gemeinde. Ich zeige diesen für mich so schmerzlichen Verlust hiermit allen seinen Freunden und Bekannten ergebenst an, und empfehle mich ihnen zu gleich ergebenst.

Nürnberg den 5 Febr. 1807.
Sophie Hertling, geb. Jockisch.

2) Am 2 dieses Monats entriß uns der Tod unsere geliebte Mutter, die verwittwete Christiana Wilhelmina Fischer geb. Hartung, allhier, im 61 Jahre ihres Alters. Unter Verbittung aller Beyleidsbezeugung zeigen wir diesen für uns schmerzlichen Verlust unserer redlichen Mutter unsern Freunden und Verwandten an.

Cahla den 4 März 1807.
Der Verstorbenen vier nachgelassene Töchter.

Justiz - und Polizey - Sachen.

Vorladungen; 1) der Gläubiger des Freyhrn. Ph. Jos. von Frankenstein.

Entgegen den Philipp Joseph Freyherrn von Frankenstein Probst und resp. Capitular der ehemahligen Domkifter zu Worms und Speyer ist bey der von dem Gemeinschuldner selbst anerkannten, und in Actis vorliegenden Unzulänglichkeit seines Vermögens zur Befriedigung seiner Gläubiger der Gant-Proceß erkannt, und für sämmtliche diese Gläubiger, welche an die hier gesammelte Administrations - Masse Anspruch zu haben vermeinen, zur Anbringung ihrer Forderungen, Liquidirung derselben, und Ausführung des etwaigen Präferenz - Rechtes Terminus auf Montag den 27 April d. J. anberaumt, an welchem Tage sie entweder in Person oder durch hinlänglich Bevollmächtigte in der Stadt Bruchsal Morgens neun Uhr auf dem bischöflichen Vicariats-Gebäude zu erscheinen, im Ausbleibungsfalle aber zu gewärtigen haben, daß sie von gegenwärtiger Gant-Masse gänzlich ausgeschlossen werden.

Bruchsal, am 4 Febr. 1807.
Von bischöflicher Commission wegen.
Keppler, Act. Commiß.

2) J. Phil. Müller's.

Von dem Stadtrathe allhier werden hiermit der von Neustadt an der Heide gebürtige Johann Philipp Müller, welcher von da schon seit längerm als 30 Jahren als Glasergesell nach Straßburg und in die Fremde gegangen, von dem aber seit jener Zeit keine Nachricht eingegangen ist, oder, wenn er gestorben seyn sollte, dessen etwa hinterlassene Leibes-Erben öffentlich und peremtorisch citiret, längstens bis zum ersten October dieses Jahres Vormittags auf dem hiesigen Rathhause persönlich oder durch hinlänglich legitimirte Bevollmächtigte zu erscheinen, sich bey dem Stadtrathe gebührend anzumelden und nach vorgängiger Legitimation die ihm oder ihnen von der gedachten Müller's Mutterbruder, dem gewesenen Bürgermeister und Kaufmann weiland Herrn Johann Christoph Escherich hierselbst in seinem Testamente und dessen Anhange vermachten neun hundert und funfzig Gulden fränkisch nach

geschehenem Abzuge der Nachsteuer und des Collateral-Geldes, auch der Stadtrathsgebühren, in
Empfang zu nehmen, widrigenfalls aber zu gewärtigen, daß sie der Wohlthat der Wiedereinsetzung
in den vorigen Stand für verlustig erkläret, auch
mit dem erwähnten Vermächtnisse nach Vorschrift
des Escherischen Testamentes und der Rechte verfahren werden sollen.

Sonneberg bey Coburg, den 28 Febr. 1807.
Bürgermeister und Rath hierselbst.
Johann Nicolaus Bischoff,
Bürgermeister.

Wechsel- und Geld-Cours in Sächsischer Wechselzahlung.

Leipzig, den 3 März 1807.

In den Messen.	Geld	Briefe
Leipz. Neujahr-Messe	—	—
— Oster-	99	—
Naumburger	98	—
Leipz. Michaels	—	—
Amsterdam in Bco. à Uso	—	143
Detto in Curr. à Uso	—	150 1/2
Hamburg in Bco. à Uso	—	78 1/4
Lion 2 Uso in Liv.	—	78 1/4
Paris 2 Uso in Liv.	—	100 1/2
Augsburg à Uso.	—	45 1/2
Wien à Uso.	—	45 1/2
Prag à Uso.	—	
London 2 Uso p. Pf. St.	—	
Ränder-Ducaten	11	—
Kaiser-Ducaten	11 1/2	—
Wichtige Duc. à 66 Aß	10	—
Breslauer à 65 1/2 ditto	10	—
Leichte à 65 ditto	9	—
Almarco ditto	—	—
Almarco Louisd'or	—	—
Souveraind'or	9	—
Louisd'or à 5 Rthl.		9
Sächs. Conv. Geld	pari	
Schild-Louisd'or	2 1/4	
Laubthaler		2 1/2
Preuß. Curr.	5 1/4	
Do. Münze.	10 1/4	
Zer.	pari	
Cass. Bill.	3/4	
Kronenthaler	1/2	
3. 7. Kr.	9	
17	4 1/4	
Wiener Banc. Zettel	45	
Frankfurt a. M. à Uso	2 1/2	

Wechsel- und Geld-Cours in wichtigen Louis-Carl u. Fried'or à 5 Rthlr.

Bremen, den 4 März 1807.

London für 10 Lsterl. à 2 Uso	—
Amsterdam in Banco à vista	—
Dito 2 Mon. dato	31 3/4
Dito in Courant à vista	31 3/4
Dito 2 Mon. dato	30 1/2
Hamburg in Banco à vista	37 1/2. 3/4
Dito 2 Mon. dato	36 3/4. 37
Grob Dän. Courant 14 Tage vista	17 1/2. 5/8
Paris für Liv. Tourn. à 2 Uso	17 1/2. 5/8
Bourdeaux à 2 Uso	17 1/2. 5/8

Holl. Rand-Ducaten av.	2 Rℳ. 6ß
Diverse wichtige detti dito	
Gute 2/3 Stück av.	4
Hannöv. Cassa-Geld av.	
Holl. Courant av.	37
Dänisch Cour. dito	
Conv. Münze 9 1/2 p. C.	

Hamburger Wechsel- und Geld-Cours in Banco.

den 3 März 1807.

London für 1 Lsterl. à 2 Uso	
Amsterdam in Banco à vista	33 3/4
dito 2 Mon. dato	34 1/8
dito in Cour. à vista	41/2
dito 2 Mon. dato	51/4
Paris pro Ecu 2 Uso	25 1/4
Bordeaux dito 2 Uso	25 1/2
Cadix pro Ducat dito	91
Venedig pro dito dito	
Lissabon pro Crusados dito	42 1/4
Copenhagen Cour. dito	48 1/2
Wien in Cour. 6 W. dato	335

Louis-Carl u. Fried'or pro Stück 10 $ 15ß	
Ducaten	
Gute 2/3 Stück	31 1/2
Grob Dän. Courant	26 1/4
Hamburger dito	24

Allgemeiner Anzeiger
der
Deutschen.

Mittwochs, den 11 März 1807.

Naturkunde.

Denkfreyheit in der Naturkunde.
Zum 112 St. des R. A. S. 1305 u. f. vom
J. 1806.

Einsender kennt eine Gegend in Deutschland, wo man aus dem Brustknochen der
Gänse eine Art von Auspicien über den kommenden Winter führt. Dieser Knochen ent-
hüllt sich bey einer gebratenen Gans, und
macht den trockensten Theil des Knochen-
systems bey diesem Geflügel aus. Man
macht von demselben den Kindern die sogenannten Heuschrecken oder Springböcke durch
ein künstlich angebrachtes Drehwerk eines
an den Seitenschenkeln befestigten und durch
einen Hebel gespannten Bindfadens, welcher
durch seine Reaction den in der obern Kno-
chenhöhle an Wachs geklebten Hebel ablöset,
und durch dessen Niederschlag auf den Boden
die Maschine schreckhaft in die Höhe sprengt.
Dieses Brustselet erscheint nicht jedes Jahr
mit gleicher Zeichnung der Farben. Manchmahl hat es mehr Roth, manchmahl mehr
Weiß. Das Rothe hält man für eine Deutung auf trockenes Wetter und Frost; das
Weiße soll geringe Kälte mit Schnee andeuten; und eine gleiche Mischung ein Zeichen
eines gemischten Winters seyn.

In unsern Gegenden ist für gegenwärtigen Winter das Brustselet durchaus mehr
weiß als roth. Wenn sich dieß allgemein so
verhalten und damit jene Deutung bestätigt
werden sollte, so wird die Frage entstehen:
worin diese Erscheinung gegründet sey. Die
Antwort könnte wol nicht anders ausfallen,

Allg. Anz. d. D. 1 B. 1807.

als daß gewisse Wirkungen von noch unbekannten Ursachen im Thierreiche herrschen.
Indeß ist eine solche Verlorenheit der Ursachen nicht selten die Mutter des Aberglaubens; und es soll das Geschäft eines jeden
Naturforschers seyn, einen auffallenden Gegenstand durch allerley Darstellung aus der
Verborgenheit hervorzuziehen, um andere
Naturforscher zu gemeinschaftlicher Theilnahme einzuladen, und hiermit den Aberglauben
aus der Naturgeschichte zu entfernen, welcher in voreiligen Einbildungen und in Beyfall ohne gründliche Prüfung seinen Ursitz
hat. Es ist also kein Aberglaube, wenn
jemand im Forschen mehrere Fälle als möglich aufstellt, um auf dem Wege der Vergleichung durch Wahrscheinlichkeit den Weg
zur Wahrheit zu finden.

Wie leicht es aber sey, von diesem Wege
verschlagen zu werden, davon gab unlängst
das Beyspiel eines sonst liebenswürdigen Plinius einen Beweis, welcher die Fortpflanzung des monoculus (cancrorana) mit der
Palingenesie des Kleisteraals vergleicht und
also schließt: der Kleisteraal vertrocknet mit
dem Kleister und lebt mit dessen Benetzung
wieder auf: also auch der Monoculus. Man
könnte den Schluß immerhin übersehen.
Aber wenn er gebraucht wird, andere Meinungen dadurch auf's Spiel zu setzen, so
geht das zu weit. Hier wird außer dem
Sprunge in der Vergleichung eines kaum
sichtbaren Infusions-Thierchens mit einem
Amphibium, wie ein Daumen an einer Hand
groß, welches durch sein Drängen an den
Rand der Pfütze und durch sein Aufklettern

mittelst seiner schwachen fußähnlichen Krallen an den Halmen der Wassergräser in der Pfütze seine amphibische Natur verräth; hier, sag' ich, wagt sich unser Naturforscher zu nahe an den Vesuv, wenn er es für Aberglauben erklärt, wenn jemand aus dem Platze, wo das Insect gefunden wird und aus andern Vergleichungen auf eine Vermuthung über die Natur desselben ausgeht. Sobald es hinreichend erwiesen seyn wird, daß das Insect sich auch in großen Entfernungen von Flüssen und Bächen aufhalte, wohin weder Frosch noch Krebs kommt, wird jene Vermuthung von selbst einer gründlichern ausweichen.. Aber warum ist dieß Pfützenthier nicht beständig da, wenn es in Pfützen, die vom fließenden Wasser entfernt sind und stets Wasser haben, so isolirt leben könnte? Der Vibrio wird sich nicht verlieren, so lange der Kleister naß bleibt. Und wenn der Kleister vertrocknet seyn wird, werden aus demselben so gut, wie aus andern Naturkörpern, die nie im Wasser waren, als Pfefferkörnern, trockenen Blättern und hundert andern Dingen durch nassen Aufguß microscopische Thierchen entstehen, welche ihr eignes Thierreich haben und mit größern Thieren nicht können verglichen werden.

Dergleichen Thierchen finden sich überall. Beyläufig zu sagen, war einst eine ungemeine Menge der gallertartigen Materie, die ich ohne Aberglauben für meteorisch halte, in einer Nacht gefallen. Dicke Ballen und hinter ihnen geringere bis zu den kleinsten Stücken, worin sie sich verloren, lagen zerstreut auf dem Boden, nach dem Verhältniß des Schusses durch die Luft und ihrer Schwere. Der Himmel war Abends vorher mit sehr häufiger Sternschnuppe durchschossen, und in der Nacht folgte sehr heftiger Sturm. Es war eine November-Nacht in den Gegenden des flachen Landes von Hannover. Ich verwahrte etwas von dem Abwurfe in verstopften Gläsern, worin es sich flüssig mit widrigem Geruch auflösete. Millionen von Thierchen waren darin, die ich damahls nicht unterscheidend genug kannte, um sie mit andern microscopischen Thierchen, vielweniger mit größern Thieren vergleichen zu können. Sollte man nicht Muthmaßungen über so verborgene Naturscenen mit solchen Vorwür-

fen verschonen müssen, da großentheils unsere ganze Naturkunde auf der Entwicklung von Muthmaßungen beruht.

Doch vielleicht hält mancher meine Vermuthungen über die Erdbildung ebenfalls für Aberglauben, indem er etwa meint, daß dieselben auf die Geschichte der noaischen Fluth gebauet wären. Aber ich kann versichern, daß dieß so wenig der Fall ist, daß vielmehr die Geschichte von jener Fluth durch die unter dem Schein als Thatsache auffallende Bildung der Erdfläche neue Belege gewinnen könnte, wenn es ihr irgend an historischem Glauben fehlte.

Meine Theorie ist ungelehrt und bloß analytisch. Ihr Anfang ist, daß man die Buchten oder Gegenthäler kenne, die in der Linie der Niederungs-Ufer an solchen Plätzen stehen, wo an der andern Seite die Niederung eines Thals, Bachs, oder Flusses eintritt. Dieses Gegenthal ist nach Beschaffenheit des gegenüber eintretenden Thals größer oder kleiner, und bildet im ersten Fall den Bogen eines Zirkels. Im andern Falle, wenn die Kraft geringer war, ist wenigstens das Zeichen davon an der Ungleichheit des Niederungsufers zu vernehmen. Und wenn darnach die abwechselnd schrägen und steilen Niederungsufer, nebst den vorstehenden und einspringenden Winkeln, nicht weniger das Gefäll der Flüsse zwischen den Gebirgen, verglichen werden, so kommt alles im System der Wasserbildung zusammen. Den Schlußstein reicht der geographische Globus in den Ocean-Gängen von Süden nach Norden dar. Und wenn man da auf die Vermuthung fällt, daß es außer dem Erdball Körper geben könne, welche das große Element des Wassers auf planetarische Körper treiben, so ist auch dieß kein Aberglaube.

Wenn man demnach bey der auffallenden Aehnlichkeit des Mon. 29. mit Fröschen in Ansehung der Kopf- und Halsrundung, der sehr ähnlichen Haut und der Krallen an den Füßen; und mit Krebsen in Ansehung der baarten Augen, der Schaalen um die Schenkel und des zwar völlig ohne Schaale bestehenden, doch so ähnlich geformten Hintertheils, wie er nur immer in der Krebssuppe erscheint und dem am Ende des Schweifes die verkehrte Krebsnatur verrathenden Unter-

ten des Krebses, die dem essenden Thiere zu
nichts helfen, auf die Gedanken geräth, daß
der Schöpfer, noch unbekannt, zu was für
Zwecken, hieselbst einen Uebergang unter den
Amphibien unter zufälligen Umständen nicht
verhindert habe: so sollte doch niemand so
hart seyn, mit weitläufigen Deductionen a
priori dagegen aufzutreten, voraus, wenn
man selbst keine gründlichere Muthmaßungen
vorzubringen weiß.

Dergleichen Batterien, aus Studierstu-
benfenstern abgefeuert, könnten wenigstens
veranlassen, daß mancher den Hut halten
müßte, wenn er auf Naturkunde ausgeht,
damit er fest sitzt.

Weylar.   **S. A. X.**

Gelehrte Sachen.

Ueber Hrn. GutsMuths Bibliothek der
pädagog. Literatur.

Diese sehr nützliche, zweckmäßige Bibliothek hat seit 1806 Plan und Namen verändert, und dadurch das Publicum um eine
brauchbare, fortdauernd nützliche Schrift gebracht, die zahllosen Halbwesen von Zeitschriften für den Zeitvertreib? oder Zeitver-
derb? vermehrt, und seine eigene Dauer
ganz gewiß untergraben. Statt der ehemahls versprochenen und auch ziemlich gut
gehaltenen Vollständigkeit in Ansehung der
Anzeige aller in das Gebiet gehörigen Schriften will sie sich nämlich nun nur auf die
wichtigsten einschränken, Lesebücher, Ju-
gendschriften u. s. w. mit größter Strenge
ausschließen, und dergl. Bequemlichkeiten
mehr sich verschaffen, auf Kosten der Bequemlichkeit ihres Publicums, das nun natürlich nicht mehr ihr Publicum bleiben kann.
Denn wenn nicht einmahl ausdrücklich für
einen bestimmten Zweig der Literatur gewidmete Blätter Vollständigkeit gewähren
wollten, wo soll man sie denn sonst suchen
und fordern, da die allgemeinen Literatur-
Zeitungen schon längst ihr Wort sophistisch
gebrochen haben? Wenn der durch Zeit und
oft noch mehr durch Vermögen beschränkte
Pädagog, um seine Literatur vollständig zu
übersehen, neben der pädagog. Bibliothek
noch immer alle andere gelehrte Zeitungen
und Monatsschriften durchblättern muß, was

soll er mit der Bibliothek? Denn das ist
nur Vorwand der Bequemlichkeit, daß an
äußerlicher Vollständigkeit nichts liege. Der
gründliche Kenner seines Fachs muß auch
das Schlechte darin kennen, und sucht dessen
Angabe in Literaturwerken beynahe emsiger,
als des Guten, nicht allein, weil er dieses
allenfalls anders woher kennen lernt, sondern auch, weil es mit dessen Kenntniß in
der That gewissermaßen nicht so viel Eile
hat, wie mit jener. Ein gutes Buch wird
immer noch zeitig genug gekauft und gelesen.
Ein durch Titel oder Namen täuschendes,
und, weil nicht bald genug ein gründliches
Urtheil bekannt wurde, gekauftes schlechtes
Buch ist nachher nicht so leicht wieder und
nie ohne Schaden verkauft. Wenn man
sagen will, das bloße Schweigen von einem
Buche gilt in unserer Zeitschrift für Verur-
theilung, so kann dagegen gefragt werden:
wann ist man des Schweigens gewiß? Wenn
manches gute Buch erst nach Jahren recensirt wird, so muß der Leser also auch Jahre
lang ungewiß bleiben, aus welcher Ursache
ein gewisses Buch noch nicht vorgekommen
ist. Ein Paar Zeilen an jedes Buch des
Fachs einer dafür bestimmten Zeitschrift gewendet, helfen allen den Uebeln ab.

                              L+e+e.

Allerhand.

Bitte an edle und wohlthätige
Menschenfreunde.

Haßlehhausen, in Thüringen, hat bey
der am 14 October 1806 hier vorgefallenen
Bataille auch dadurch sehr viel gelitten, daß
die Kirchen und Pfarrgebäude durch die
Kanonenkugeln sehr beschädigt und dadurch
große Reparaturen nöthig geworden sind.
Die hiesigen Bewohner, welche noch überdieß eine im vorigen Jahre angefangene und
nur bis zur Hälfte aufgeführte neue Schul-
wohnung vollenden müssen, haben daher mit
Inbegriff der angeführten Reparaturen in
diesem Jahre einen Aufwand von 500 bis
600 Thlr. zu machen. Da nun hier das
gesammte Kirchenvermögen nicht mehr als
23 Thlr. beträgt, alle reiche und wohlhabende Bauern bey der hier vorgefallenen Bataille ganz rein ausgeplündert sind, und also

die ärmern Bewohner des Dorfs von diesen
Seiten gar keine Erleichterung erwarten dürfen, so wird es besonders für diese sehr drückend, und für manche ganz unmöglich, den
gedachten Aufwand zu bestreiten; zumahl da
in diesem Falle der Arme, wie der Reiche,
zu gleichem Theile beytragen muß. Wohlthätige und edle Menschenfreunde, welche
dazu Kräfte haben, würden sich also unsterb-
lichen Dank verdienen, wenn sie etwas zur
Bestreitung dieser nothwendigen Reparaturen
der Kirchen und Pfarrgebäude des hiesigen,
durch die Kriegsnoth so sehr leidenden Orts
liebreich widmen wollten. Unterzeichneter
wird jeden milden Beytrag, der an ihn etwa
eingesendet werden sollte, wäre er auch klein,
hochschätzen und mit der größten Dankbarkeit aufnehmen, für die gewissenhafteste Anwendung sorgen und zur gehörigen Zeit in
den Zeitungsblättern die pünctlichste und
reelleste Rechnung darüber ablegen.

Haffenhausen bey Naumburg am 2 März
1807.

Joh. Christian David Tietze, P. L.

Dienst - Anerbieten.

1) Eine Herrschaft auf dem Lande sucht
eine Person von gesetzten Jahren, am liebsten wäre eine thätige, muntere Wittwe, zur
Aufsicht über die übrigen weiblichen Domesti-
ken. Auf Treue und Rechtschaffenheit derselben muß man sich vollkommen verlassen
können; sie muß auch einer großen Wirthschaft bereits vorgestanden und von allen
Geschäften, die im ganzen Umfange eines
großen Hauswesens vorfallen, Kenntnisse,
Geschicklichkeit in allen weiblichen Arbeiten,
und im Schreiben und Rechnungswesen vollkommen geübt seyn. Ueber das Detail ihrer
Geschäfte, so wie über die Bedingungen ertheilt die Expedit. des allg. Anz. in Gotha,
auf frankirte Anfragen, nähere Nachricht.

2) Ein wohl erzogener junger Mensch,
welcher als Gold- und Silber-Arbeiter in
die Lehre zu kommen wünscht, kann durch das

Handlungs = und Correspondenz = und
Commissions = Büreau in Heilbronn einen
guten Platz erhalten, und sogleich eintreten.

Familien - Nachrichten.

Aufforderung.

Johann Hieronymus Wagenführer,
von Friemar bey Gotha gebürtig, welcher
als Reit- oder Fahnenschmid von Breslau
aus, wo er als Schmidegesell gearbeitet,
mit zur preußischen Armee gegangen und
bey der reitenden Artillerie oder einem
Kürassier-Regiment im vergangenen Jahr
gestanden haben, auch bey der Schlacht bey
Jena gegenwärtig gewesen seyn soll, wird
hierdurch dringend aufgefordert, seinem Vater Johann Michael Wagenführer allhier
bald möglichst Nachricht von seinem jetzigen
Aufenthalt und dadurch seiner, seinetwegen
sehr bekümmerten Mutter die Ruhe wieder
zu geben. Um dieselbe Gefälligkeit werden
auch außerdem alle gebeten, welche von gedachtem Wagenführer irgend einige Wissenschaft haben sollten.

Friemar, den 7 März 1807.

Kauf - und Handels - Sachen.

Sämereyen.

Ich glaube den Freunden der Gärtnerey eine
Gefälligkeit zu erweisen, wenn ich hierdurch anzeige,
daß die im 39 Stück benannten Blumen-Samen,
weit wohlfeiler als dort angegeben, und weit mehr und
gut, bey J. J. Gotthold und Compagnie in
Arnstadt, und zwar, die Prisen viel viermahl
stärker als obige, zu 1 gl. ohne Unterschied zu haben sind.

Eben so die in Nr. 42 S. 423 vom Ober-Pfar-
rer Christ in Kronberg beschriebene und allerdings
vortreffliche spanische gelbe Boden-Kohlrabi ist
nicht mehr so selten und theuer als der Einsender
glaubt; sie ist in hiesiger Gegend, wenn auch nicht
allgemein, doch hier und da schon seit mehr als 8
Jahren bekannt, und seit 1804 in Gottholds
Samen-Verzeichniß das Loth à 2 gl. oder 9 kr. aufgeführt, von woher ich sie seit jener Zeit und zu
diesem Preise immer echt bezogen habe, und wer
diese einmahl kennen lernt, dankt gewiß die weise
ganz ab.

Von einem Freunde der Gärtnerey.

Allgemeiner Anzeiger
der
Deutschen.

Donnerstags, den 12 März 1807.

Supplement zu dem Vergleichungs-Tarif *)

der in den eroberten Landen gültigen Münzen, mit ihrem Werthe nach französischem Gelde: festgesetzt durch uns den General-Schatzmeister der Krone, General-Administrator der Finanzen und Domainen, assistirt von Hrn. Labouillerie, General-Einnehmer der Contributionen.

		Werth der Münzen.					
		In preußischem Gelde.				In französischem Gelde.	
		Rthlr.	Gr.	Pf.	Bruche.	Franc	ct.	Ju.
Hannöverische Münzen. Geld.	Der hannöverische Thaler	1	4	10		4	45
	Der halbe Thlr. oder 12 Gr. od. 45 Kreuz.	—	14	5		2	22
	Ein Gulden oder zwey drittel Thlr.	—	19	3		2	97
	Ein halb. Gulb. oder ein drittel Thlr.	—	9	7		1	48
	Das rostocker Geld, und das von schw. Pommern wird nach dem hannöverischen Münzfuß berechnet.						
Meklenburgische Münzen. Geld.	Ein meklenburgisch. Thaler	1	3	—		4	16
	Ein ⅔ Stück	—	18	—		2	77
	Ein ⅓ Stück	—	9	—		1	38
Dänische Münzen. Geld.	Ein dänischer Thlr. (Species, Reichsthaler)	1	12	—		5	55
	Eine Mark	—	9	—		1	38

Alle Stücke unt. einem Thaler werden nach Thaler reducirt. Der Thaler theilt sich in 24 Groschen, der Groschen in 12 Pfennige; der Thaler theilt sich ebenfalls in 90 Kreuz.. der Kreuz.. in 2 Heller. Der Thaler gilt ein ...

Der meklenburgische und dänische Thaler theilt sich in 3 Mark imaginäre Münze und er theilt sich auch in 24 Groschen.

Der dänische Thaler zu 4 Mark.

Geschehen, Berlin, am 18 Februar 1807.

Unterzeichnet: Esteve.

*) Allg. Anz. 1806 Nr. 340 S. 3985.   d. R.

Gesetzgebung und Regierung.

Vertheidigung des Hufen- und Steuerfußes zu Aufbringung der Contributionen im Königreiche Sachsen.

Die Repartition der Kriegscontributionen, besonders im Königreiche Sachsen, ist jetzt, unter andern auch im allg. Anz. von mehrern in Betrachtung gezogen worden; es ist gleichsam an der Tagesordnung darüber zu klügeln, und man hört und liest mancherley Urtheile über diesen allerdings interessanten Gegenstand, welche mehr oder weniger richtig sind. Sie laufen gemeiniglich dahin aus: daß der Hufen- und Steuerfuß sich zu Aufbringung der Contributionen nicht schicke, sondern dazu angewandt höchst ungerecht wäre. Die individuellen Hufen, Steuerschocke und Quatember-Contingente, heißt es nämlich, wären unbeschreiblich ungleich, und viele ansäßige Einwohner hätten auf ihren zahlreichen Grundstücken wie die unangesessenen dergleichen ganz und gar nicht; wenn nun die Contribution darnach vertheilt würde, so würden viele unter den verhuften und besteuerten Contributenten vor andern sehr bedrückt werden, die Hufen-, Schock- und Quatember-Freyen aber ganz frey ausgehen. Die Contribution wäre jedoch keine gewöhnliche, sondern eine außerordentliche Landeslast, welche alle Einwohner ohne Ausnahme anginge, und daher unter alle nach Verhältniß ihres Vermögens gleichmäßig ausgetheilet werden müßte, wenn man keine himmelschreyende Bedrückung verhängen wollte.

Einsender ist aber hierin ganz anderer Meinung. Denn ist es um deswillen, weil die individuellen Hufen-, Schock- und Quatember-Contingente ungleich sind, und weil viele Grundstückbesitzer, nebst den Unangesessenen, dergleichen gar nicht haben, unschicklich und ungerecht, die Contributionen nach dem Hufen- und Steuerfuße zu vertheilen: müßte es dann nicht noch weit unschicklicher und ungerechter seyn, die gewöhnlichen Landesbedürfnisse darnach aufzubringen? Sind nicht die Hufen- praestanda, Schock- und Quatembersteuern, Miliz-Verpflegungsgelder, welche Jahr aus Jahr ein abgeführt werden müssen, von größerm Belange, als die jetzt

ge vorübergehende Contribution, die nur ein einzigesmahl gegeben wird, und nur der vorgedachten beständigen Abgabe eines einzigen Jahres gleichkommt? Sollten nicht ungleich und nicht allgemein vertheilte beständige Landeslasten schädlicher und ungerechter seyn, als eine nach ihrem Maßstabe vertheilte Contribution?

Gleichwohl sind in Sachsen die meisten Landesbedürfnisse seit mehrern hundert Jahren nach dem jetzt üblichen Hufen- und Steuerfuße aufgebracht worden. Allein in so langer Zeit würde gewiß einmahl über den Hufen- und Steuerfuß geklagt worden seyn; die um die Landeswohlfahrt immer ängstlich besorgt gewesenen Landstände, welche wol über geringfügigere Dinge gravaminirt haben, würden gewiß einmahl den Hufen- und Steuerfuß getadelt, und der Regierung zur Verbesserung empfohlen haben; in so langer Zeit würden gewiß viele nachtheilige Folgen von dem Hufen- und Steuerfuße an den Tag gekommen und beherzigt worden seyn — wenn derselbe fehlerhaft und ungerecht wäre.

Da aber niemahls darüber geklagt worden ist; da ihn die Landstände immer so, wie er jetzt ist, geduldet haben; da die Contributenten dabey in unvergleichlichen Wohlstand gekommen, die Staatspapiere großen Credit erlangt und die Finanzen in einen sehr glänzenden Zustand gekommen sind: so kann unsere Verfassung und Einrichtung nicht so fehlerhaft und ungerecht seyn.

Wenn nun aber der Hufen- und Steuerfuß zu Aufbringung der ordinairen Landesbedürfnisse zweckmäßig und gut genug ist: so muß er sich noch viel mehr zur Vertheilung vorübergehender Contributionen schicken. Dieß beweist auch schon der Umstand, daß ihn die meisten Kreisdeputationen zu diesem Behufe erwählt haben; denn diese müssen ja diesen Fuß vom dreyßigjährigen und siebenjährigen Kriege her, wo ungeheure Summen darnach repartirt worden sind, bewährt gefunden haben; wie hätten sie sonst verständiger und billiger Weise wieder einen Maßstab ergreifen können, den sie aus den gewiß bedachten Folgen jener Kriege als landverderblich und ungerecht kennen gelernt hätten?

Ich sehe hierin nicht einen hinreichenden Grund, warum die Contribution unter alle

Landeseinwohner gleichmäßig zu vertheilen seyn sollte. Weil sie eine außerordentliche Staatslast ist? Allein die ordinairen Landeslasten, welche sich nicht aus der Ewigkeit herschreiben, sind ja zur Zeit ihrer Einführung ebenfalls außerordentliche Bedürfnisse gewesen, und doch ist man auf keine allgemeine und gleichmäßige Vertheilung gefallen; vielmehr sind z. B. die Besitzer der Rittergüter von allen Landeslasten bis auf den heutigen Tag frey geblieben.

Gelten Befreyungen von gewöhnlichen Landeslasten, so müssen sie meines Bedünkens auch von außergewöhnlichen Statt finden; diejenige Classe von Einwohnern, welcher jene zukommen, muß in der Regel auch diese auf sich nehmen.

Ueberhaupt muß ich erinnern, daß man bey Vertheilung der Contributionen und anderer Kriegslasten nicht sowohl auf die, gar relative Billigkeit, sondern vielmehr darauf sehen müsse, was in jedem Lande die eingeführte Verfassung und das Herkommen mit sich bringt, folglich Rechtens ist.

..28.

Anfrage, die Kirchenbücher im Königreich Sachsen betreffend.

Wenn in Sachsen jemand zum Vater eines unehelichen Kindes angegeben wird, und derselbe wider Einschreibung seines Namens ins Kirchenbuch als Vater dieses unehelichen Kindes beym Pfarrer Appellation einwendet, so muß diese Appellation sogleich an den Superintendenten überschickt werden, worauf die Verordnung erfolgt, der Pfarrer solle mit Einschreiben des Vaternamens ins Kirchenbuch noch anstehen. Nach einiger Zeit geht auf erstatteten Bericht des Superintendenten jedesmahl folgende Consistorial-Verordnung ein: Es solle im Kirchenbuche bemerkt werden, daß N. N. den N. N. zwar zum Vater ihres unehelichen Kindes angegeben habe, von diesem aber Appellation dagegen eingewendet worden sey. Diese Sentenz kommt den Appellanten ungefähr 3 — 4 Thlr. zu stehen und läßt die Hauptsache unentschieden. Denn ob der zum Vater Angegebene die Vaterschaft noch zugestanden oder abgeschworen hat, welches vor weltlichem Gerichte verhandelt wird, kommt nicht zur Kenntniß des Pfarrers, als etwa aufs Hörensagen. Das Kirchenbuch läßt es mithin zweifelhaft, was für einen Familiennamen das uneheliche Kind zu führen habe. Wäre es nicht zweckmäßig, daß in solchem Falle, nach gerichtlicher Verhandlung der Sache, dem Pfarrer officiell angezeigt würde, welcher Familienname für das Kind ins Kirchenbuch einzutragen sey? Wie kann denn sonst ein solches Kind aus dem Kirchenbuche einmahl erfahren, welchen Namen es führen soll?

Nützliche Anstalten und Vorschläge.

Noch eine Bemerkung über Papier-Verschwendung.

Der in Nr. 240 des allg. Anz. stehende Aufsatz über den obigen Gegenstand berührt insbesondere die öffentliche Geschäftsführung in Sachsen als Veranlassung der überhand nehmenden Papier-Verschwendung. Diese Rüge gibt dem Verfasser des gegenwärtigen Aufsatzes Anlaß, seine Gedanken über eine ähnliche Ursache des übermäßigen Papier-Aufwandes öffentlich an den Tag zu legen.

Es ist nämlich einem preußischen Geschäftsmanne auffallend, wie viel die Verwaltung der Staatsgeschäfte in den preußischen Staaten zum Papieraufwande beyträgt. Denn nicht nur die Weitläufigkeit des Tabellen und Rechnungswesens, sondern auch die gerichtlichen Angelegenheiten erfordern unglaublich viel Papier. Zwar ist den Advocaten und Justizcommissarien nicht viel Spielraum bey ihren Schriften gelassen, indem solche wegen der als Regel eingeführten protocollarischen Verhandlungen seltener, als anderwärts, vorkommen und die Aufsicht strenger zu seyn pflegt. Allein die Weitläufigkeit des Geschäftsgangs erfordert desto mehr Papier, indem alle bloß mündliche Verhandlungen verbannt und und über jede Kleinigkeit etwas Schriftliches nöthig ist. Hauptsächlich ist dieß bey Führung der Acten sehr merkbar, vorzüglich bey solchen Behörden, wo eine collegialische Verfassung eingeführt ist. Wie viele Bogen kommen vor, auf deren jedem bloß ein Paar Zeilen, vielleicht nicht einmahl so viel stehen? Gewöhn-

lich wird ein Actenband durch die leer stehenden halben Bogen um ein Beträchtliches
stärker. Z. B. ein hundert Blätter starker
Fascikel enthält noch zwanzig bis dreyßig leere.

Doch läßt sich gegen einen Papierge-
brauch, welcher eine nothwendige Folge der
einmahl eingeführten Geschäftsführung ist, so
viel nicht erinnern, als gegen diejenige Verschwendung, welche zwar ebenfalls dadurch
veranlaßt wird, aber dennoch sich füglich
vermeiden ließe. So ist es z. B. gewöhnlich, daß die Beylagen zu Berichten und
andern Eingaben besondern Bogen gewidmet
sind. Solche Beylagen bestehen oft in Abschriften, welche füglich gleich hinter einander folgen und auf einem bis drey Bogen
Raum finden könnten, wirklich aber vielleicht
acht bis zehn Bogen einnehmen, weil die
Beylagen so viele sind, keine davon aber eine
Seite lang ist. – Oft könnte auch zu einer
amtlichen Verfügung, oder einer Eingabe,
oder einem Protocoll bloß ein halber Bogen
genommen werden, wozu ein ganzer oder
mehrere Bogen verbraucht sind. Ferner
dürfte oft ohne gegründeten Anstand ein
Protocoll, eine Expedition, eine Antwort
auf eine Anfrage, oder sonst etwas dergleichen auf den nämlichen Bogen, mit etwas
Anderem gesetzt werden, anstatt daß dazu
ein neuer Bogen angewendet wird.

Nicht zu gedenken, daß durch dergleichen
Weitläufigkeiten die Acten voluminöser werden, ist es unläugbar, daß dadurch eine
Menge Papier unnützer Weise verwendet
wird, welche, nur für eine Provinz berechnet, jährlich so bedeutend ist, daß es keineswegs, wie mancher denken mag, für Klei-
nigkeitskrämerey gehalten werden darf, davon öffentlich zu reden und darauf aufmerksam zu machen. Vielmehr dürften es die
obern Behörden für rathsam und wichtig genug halten, durch sachdienliche Verfügungen
dieser gerügten Papier-Verschwendung Einhalt zu thun, wohin unter andern gehören
möchte, daß die in den gehefteten Acten hinten ganz leer stehenden Blätter abgeschnitten
und wieder angewendet würden.

Gesundheitskunde.

Das Buschbad bey Meißen.

Nahe bey der vor 11 Jahren entdeckten
Quelle des Buschbades bey Meißen hat D.
Lutheritz der ältere im Monat September
1806 eine zweyte Quelle entdeckt, welche
nach den vorläufig damit angestellten Versuchen an innerm Gehalt die früher benutzte
und zugleich alle in Sachsen bis jetzt bekannte Mineralquellen weit übertrifft. Nächstens
soll eine genaue chemische Prüfung derselben
angestellt, und das Resultat dem Publicum
vorgelegt werden. Es ist mit Sicherheit zu
erwarten, daß, da schon die bisher bekannte
schwächere Quelle sich in chronischen Krankheiten mancher Art wirksam bewiesen, die
heilende Kraft des Buschbades durch das
Hinzukommen dieser neu entdeckten Quelle
sehr vermehrt werden, und dieß Bad unter
den sächsischen Mineralbädern eine sehr vorzügliche Stelle erlangen werde. Die romantische Lage desselben, die gute Gesellschaft,
die jeder dort zu finden sicher ist, die gefällige Aufmerksamkeit des verdienstvollen Besitzers, die in jeder Rücksicht gute und billige
Bedienung, und die Nähe von Meißen und
Dresden machen ohnehin das Buschbad sehr
empfehlenswerth. Meißen.

D. Carl George Neumann.

Warnung für Tanzlustige.

Das galante Frauenzimmer trägt seit
einiger Zeit wieder Federn, welche von Glas
gemacht sind, auf den Hüten. Einem meiner Freunde kam vor einiger Zeit beym Tanz
ein solcher Glassplitter in das Auge, und nur
mit großer Mühe eines geschickten Arztes
wurde nach fast fünfmonatlicher Cur unter
vielen Schmerzen das Auge gerettet. Möchte
doch das schöne Geschlecht aus Liebe für ihre
Mittänzer diesen Flitterstaat ablegen! Wie
leicht kann ein Mädchen selbst ihren Liebhaber, und mit diesem tanzt man doch immer
enger und traulicher, um ein Auge bringen!
Oder haben sie es vielleicht gern, wenn der
Liebhaber schon bey Zeiten ein Auge zudrücken lernt? Fr.

Künste, Manufacturen und Fabriken.

Ueber die Construction des woulf'schen Destillirapparats finden der Anfrager in Nr. 57 des allg. Anz. eine genügende Auskunft in Dr. C. H. Theodor Schreger's kurzer Beschreibung der chemischen Geräthschaften älterer und neuerer Zeit. m. Kpfrn. 1 Bd. Seite 294, 295.

Gelehrte Sachen.

Berichtigung einer in Nr. 258 des allg. Anz. enthaltenen Beantwortung, auf die in eben diesem Blatte Nr. 236 S. 2905 eingerückte Anfrage.

Der Verfasser des in jener Anfrage rühmlichst erwähnten Werkes: die Zahlenrechnung als Wissenschaft, ist nicht, wie in der aus einer sehr unlautern Quelle geflossenen Beantwortung grundfalsch angegeben, der verstorbene Professor Voßmann, das der Einsender aus dem Munde desselben gehört; sondern ein hier etablirter talentvoller junger Mann, den bis jetzt mehrere Motive bestimmt haben, seinen Namen noch nicht öffentlich zu nennen. — Der 2 Theil dieses geschätzten Werkes ist nicht unterblieben, sondern liegt wirklich zum Abdruck fertig, und der Verfasser wird denselben, noch besonders durch die schmeichelhafte Aufforderung in der berührten Anfrage hierzu veranlaßt, so bald als möglich, vielleicht diesen Sommer noch, der Presse übergeben.
Heidelberg den 26 Febr. 1807. L.

Antwort auf die Frage in Nr. 189 des R. A. 1806.
Der Componist des Liedes: Freut euch des Lebens x. ist der kunstgelehrte Musikverleger Hans Georg Nägeli in Zürich, dem wir so viele schöne Ausgaben älterer und neuerer ausgewählter musikalischer Werke zu danken haben.

Gerber.

Beantwortung der Anfrage in Nr. 189 S. 2281 des R. A., verglichen mit Nr. 201 S. 2451.
Der Text von Freut euch des Lebens ist nicht von Nägeli, sondern von Martin Usteri in Zürich.

Antwort auf die Anfrage in Nr. 205 S. 2490.
Der Verfasser des Liedes: Wo eilt ihr hin, ihr Lebensstunden x. ist Ehrenfried Liebich, geb. den 13 Jun. 1713 zu Probsthayn im Liegnitzschen; er wurde 1740 Prediger zu Lomnitz in Schlesien, wo er den 23 Dec. 1780 starb.
Das Lied: Sorge du für meine Kinder x. ist wahrscheinlich vom General-Superintendent J. A. Schlegel in Hannover. In den Liedern der Deutschen (Hamburg 1774) Nr. 195 heißt der Anfang: Dir befehl ich meine Kinder x. Es hat hier 13 Stanzen und weicht in mehreren Stellen vom biberacher Nr. 838 ab. Da Schlegel selbst bis in sein Alter eine ausnehmende Sorgfalt der Vollendung seiner Lieder widmete, (s. Richter's biogr. Lexicon) so ist zu vermuthen, daß auch die veränderte Gestalt, womit dieses und mehrere seiner Lieder in den Gesangbüchern vorkommen, zum Theil von ihm selbst herrühre.
Das Lied: Tief gerührt von deiner Güte x. habe ich bis jetzt nur anonym gefunden.
Meß.

Nähere Erläuterung der Antwort im R. A. Nr. 236 S. 2905.
Nicht Samuel, sondern Simon Dach heißt der im Jahr 1659 zu Königsberg in Preußen als Magister der Weltweisheit und Professor der Dichtkunst verstorbene Verfasser des im alten leipziger Gesangbuche unter Nr. 776; im zittauer unter Nr. 992, und im hirschberger unter Nr. 1450 befindlichen Liedes: „Ich bin ja, Herr, in deiner Macht x." Man sehe Wetzel, Serpil und übrige Biographen der vorzüglichsten Liederdichter. *)
3-tt-u.   M-y.

*) Aus den übrigen hier folgenden Antworten ist nur das abgedruckt, was als weitere Erläuterung der vorhergehenden Nachrichten betrachtet werden kann. d. A.

Simon Dach, der Verf. der Liedes: Ich steh', o Herr, in deiner Macht ꝛc. war aus Memel in Preußen gebürtig und starb als Poeta laureatus und Professor der Dichtkunst zu Königsberg den 15 April 1659, im fünf und funfzigsten Jahre seines Lebens.

Der Anfrager kann sich mit dem Geiste dieses Dichters näher bekannt machen, wenn er folgende Lieder von ihm nachlesen will:

Ey so geht Gott allerseit ꝛc. — Ihr, die ihr los zu seyn begehrt ꝛc. — O theures Blut, o rothe Fluth ꝛc. — Was? soll ein Christ sich fressen ꝛc. — Herr ich denk an jene Zeit ꝛc. — O wie selig seyd ihr doch, ihr Frommen ꝛc. — Gleichwohl hab ich überwunden, gleichwohl ꝛc.

Er findet sie in dem alten reibersdorfer Gesangbuche, woraus die sehr große Kirchen-Gemeine zu Weigsdorf in der Oberlausiß selbst noch im Jahre 1806 singt, und hoffentlich auch noch im Jahre 1816 singen wird.

* * *

Simon Dach war ein berühmter Liederdichter seiner Zeit. Er soll der Verfasser von 67 geistlichen Liedern seyn, unter denen das Lied: Ich bin, o Herr ꝛc. und: O, wie selig seyd ihr doch, ihr Frommen ꝛc. die bekanntesten sind. S. Heerwagen's Literaturgeschichte der evangelischen Kirchenlieder ꝛc. Theil 1, S. 140.

J.   Blht.

* * *

Simon Dach wurde 1605 den 29 Jul. zu Memel geboren. Von seinen geistlichen Liedern, welche in den preußischen Kirchen gesungen werden, und andern Gedichten findet man eine Nachricht in Jöcher's gelehrtem Lexicon B. 3 S. 1. Ich übergehe seine vielen Gedichte und bemerke nur das oben angeführte Lied: Ich bin ja Herr ꝛc. Dieses findet man in vielen ältern und neuen Gesangbüchern mit der Anweisung, daß es nach der Melodie: O Ewigkeit du Donnerwort, gesungen werden solle. So schön diese Melodie für den Gesang ist, zu welchem sie gesetzt ist, so wenig paßt sie sich für unsern sanft fließenden Gesang, und hat dabey das unbequeme, daß in der dritten und sechsten Zeile zwey Sylben ausgeworfen werden müssen, weil mehr Sylben als Noten seyn würden. In dem lüneburgischen Gesang-

buche 1770 stehet dieses Lied Nr. 896 S. 579 mit der Melodie Nr. 19. Das Choralbuch, auf welches die Nr. 19 verweiset, fehlet mir. In Freylinghausen's Gesangbuche, Halle 1741 stehet dieses Lied 1380. S. 939. wobey eine doppelte Melodie in Noten gesetzt ist. Beyde scheinen mir mehr Kunst zu zeigen, als dem sanften Liede anpassend ist. Mir ist noch eine Melodie dieses Liedes bekannt, welche ich vor 66 Jahren, da ich Altist in einem Singchor war, gelernt habe, welche, wenn sie dreystimmig und mit moderirten Stimmen gesungen ward, vielen Beyfall fand, so daß verschiedene, denen das Chorsingen etwas Religiöses war, anstatt einer Motette oder Arie, einige Verse aus diesem schönen Liede verlangten. Jucunda rerum praeteritarum recordatio. —   M.

Dienst = Anerbieten.

Es wird ein Hauslehrer gesucht, der im Stande ist, einen 12 jährigen Knaben, welcher dem Studium der Rechtswissenschaft sich bestimmt, in allen nöthigen Wissenschaften auf die Universität vorzubereiten. Das Handlungs = Correspondenz = und Commissions = Bureau zu Heilbronn gibt auf freye Briefe deshalb nähere Auskunft.

Dienst = Gesuche.

Ein junges Frauenzimmer aus Franken, von Stande, Geist = und Herzensbildung, welches Französisch spricht und schreibt, zeichnet, mahlt ꝛc. sucht bey einer Familie oder einzelnen Dame die Stelle einer Gesellschafterin. Nicht unangenehm würde es ihr seyn, zur vollen Ausbildung erwachsener Töchter mitwirken zu können. Sehr widrige Familien = Verhältnisse bestimmen sie zu diesem Wunsche, Ort und Lage zu verändern, und deshalb sind ihre Forderungen sehr einfach. Wohlwollende moralisch gute Menschen; ein angemessenes Honorar zur Bestreitung der nothwendigsten Ausgaben, würden ihre ganze Zufriedenheit ausmachen. Die Expedition des allg. Anz. besorgt frankd eingehende Briefe.

Justiz- und Polizey-Sachen.

Vorladungen: 1) der Gläubiger des Prinzen
Ludwig. Carl Friedrich, Herzogs
zu S. Coburg-Saalfeld.

Da der, in der Verlassenschafts-Sache des
am 4 Julius 1806 allhier zu Coburg verstorbenen
Herrn Prinzen Ludwig Carl Friedrich Herzogs
zu Sachsen-Coburg-Saalfeld ec. k. k. östreichischen General-Feldmarschall-Lieutenants ec. höchsten Orts ernannte Bevollmächtigte, geheime Canz-
leyrath, Opitz allhier, bey der unterzeichneten, zur
Regulirung der ermähnten Verlassenschafts-Sache
niedergesetzten Immediat-Commission die Erklärung abgegeben hat, daß seine höchste Principal-
schaft beschlossen habe, die besagte Erbschaft sub
beneficio inventarii anzutreten; so werden alle
diejenigen, welche an des gedachten Herrn Prinzen
Ludwig Carl Friedrich. Durchl. Verlassenschaft
aus irgend einem Rechtsgrunde Ansprüche zu haben
vermeinen, hiermit aufgefordert und vorgeladen,
Donnerstags den 16 Julius dieses Jahres
vor der unterzeichneten Immediat-Commission in
dem Commissions-Zimmer des Regierungsgebäudes
allhier in Person oder durch hinlänglich Bevollmächtigte zu erscheinen, ihre allenfallsigen Forderungen
und Ansprüche zu Protocoll zu geben; zu bescheinigen, und sodann des Weiteren zu gewärtigen, mit
der Verwarnung, daß diejenigen, welche in dem
ermähnten Termine nicht erscheinen, ihrer Ansprüche
an die gedachte Verlassenschaft und der Rechtswohlthat der Wiedereinsetzung in den vorigen Stand
für verlustig werden erklärt werden.

(L. S.) Herzogl. S. Immediat Commission.

Hofmann.   Regenberz.

2) der Gläubiger Conc. Bechtold's.

Wer aus was immer für einem Rechtsgrunde
einen Anspruch an den Nachlaß des dahier verstorbenen rheinpfälzischen Hofkriegsraths Hrn. Tom
zab Bechtold zu haben vermeint, hat solchen innerhalb sechs Wochen von heute an unfehlbar anzubringen, oder zu gewärtigen, daß er nach Umlauf
dieser Frist nicht mehr damit gehört und von der
Verlassenschafts-Masse, die zur Befriedigung der
bekannten vorzüglichen Gläubiger nicht einmahl zureicht, ausgeschlossen werde.

Mannheim, den 25 Februar 1807.
Großherzoglich Badensches Garnisons-
Auditoriat.
J. A. Lug,
Auditeur.

Kauf- und Handels-Sachen.

Nachricht an unsere Handelsfreunde.

Da das Engagement, in welchem wir mit unserm ehemahligen Reisenden, Hrn. G. A. Biatsch,

gestanden, gänzlich beendiget ist, so halten wir uns
für dasjenige nicht mehr responsabel, was derselbe
fernerhin für uns verrichten möchte.

Rotterdam den 1 Febr. 1807.

Joh. Adolph Remy und Comp.

Verpachtung eines Ritterguts.

Den 31 März dieses Jahres soll das in der
herzoglich weimarischen Stadt Rastenberg, eine
Stunde von Burgstädt, gelegene bicherbierische
Rittergut, bestehend aus 243 Acker (den Acker zu
140 sechzehnschuhigen □ Ruthen) guten artbaren,
im besten Stande sich befindenten Landes, 16 1/2
Acker Gärten und Grummetwiesen, 11 Acker künstlichen Wiesen, den nöthigen Wirthschaftsgebäuden,
Deputat an Brennholz, auch mit oder ohne Inventarium, dem Meistbietenden an Ort und Stelle
selbst auf 6 Jahre verpachtet werden und zwar so,
daß der Pachter zu Johannis dieses Jahres den
Pacht antritt.

Pachtlustige können die nähern Bedingungen
entweder von dem Herrn Actuarius Schmidt zu
Hardisleben, oder vom Eigenthümer zu Rastenberg mündlich oder schriftlich durch freye Briefe
erfahren.

Versteigerung von harzer Bergtheilen.

Mittwochen den 8 April sollen die zur von
Vultejuschen Nachlassenschafts-Masse gehörigen
harzer Bergtheile, namentlich:
a) 1/42 Kux Dorothea.
b) 3/4 Kux Neue Benedicta.
c) 1/12 Kux Carolina.
d) 1/24 Kux Nünfang.
e) 1 1/2 Kux Gabe Gottes und Rosenbusch.
f) 1/2 Kux St. Elisabeth.
g) 1/16 Kux Sophia.
h) 1/16 Kux Margaretha.
i) 1/4 Kux Güte des Herrn.
k) 1/16 Kux kleiner St. Jacob.
l) 1/8 Kux Herzog Christian Ludwig.
m) 1/3 Kux Kranich.
n) 1/4 Kux braune Lilie.
o) 1 1/24 Kux Abendröthe.
p) 1 3/4 Kux Herzog August und Johann
Friedrich.
q) 1/16 Kux weißer Schwan und
r) 1/4 Kux Lauthenthals Glück.

öffentlich versteigert werden. Welchen Kauflustigen
mit dem Bemerken bekannt gemacht wird, daß
a, b, c, d, und e, dermahlen noch Ausbeute bringen, f, g, und h, im Freybau sich befinden, die
übrigen i — r, aber in der Zubuße stehen. Liebhaber zu dem Einzelnen so wie zum Ganzen, können
sich daher Vormittags auf der Regierung anmelden,

ihr Gebot zu Protocoll anzeigen, und dem Besten nach als bald des Zuschlags gewärtigen.
Cassel, den 11 Febr. 1807.
D. W. Küppell.
vig. Commis.

Versteigerung von Fabrikgeräthschaften.

Die zur Concurs-Masse der Zißfabrikanten Weckesser und Kraft gehörigen vollständigen und noch in gutem Stande sich befindenden Fabrikgeräthschaften sollen Montags den 27 April nächsthin und die darauf folgenden Tage in dem Gebäude der hiesigen Zißfabrik, gegen baare Bezahlung, an den Meistbietenden öffentlich versteigert werden.

Ein besonders schönes, brauchbares und kostbares Stück darunter ist eine Presse mit einer eisernen Spindel und messingenen Mutter, nebst 13 großen und 24 kleinen Kupferplatten und sonstigem Zugehör. Dann zeichnen sich folgende Stücke vorzüglich aus: Eine Walke mit drey Löchern, nebst einer großen Kalander, mit einem großen Triebwerk, eine kleinere Hand-Kalander, ein großer kupferner Kessel, ein kleinerer detto, die zu einem gut eingerichteten Laboratorium erforderlichen Geräthschaften, ein großer chemischer Apparat zur Geschwind- oder Fix-Bleiche, ein kleinerer detto und ein Vorrath von circa tausend Stück Formen zum Drucken.

Vorbeschriebene Stücke können jederzeit in Augenschein genommen werden, und wendet man sich deshalb an den aufgestellten Curatorem bonorum, Hrn. Christian Oesterlein, dahier.

Die Versteigerung wird an den bestimmten Tagen präcis 9 Uhr Morgens ihren Anfang nehmen, und werden die Liebhaber hierzu höflich eingeladen.

Auswärtigen Käufern bietet der Maynfluß die beste Gelegenheit zum Transport, sowohl ab- als aufwärts dar.

Sig. Wertheim, den 16 Febr. 1807.
Von Regierungs-Commissions wegen.
v. Berg,
Justizrath und Stadtamtmann.

Verkauf eines Hauses nebst Färberey.

Dem von einer hochfürstlich hochlöblichen Justiz-Canzley zu Oehringen erhaltenen Auftrag gemäß wird hiermit wiederholt die vormahlig Jünglingsche Wohnung und Färberey, — welche letztere unter anderen zwey große Küpen, sechs kupferne Kessel von verschiedener Größe, desgleichen zwey messingene und einen großen zinnernen Kessel nebst dazu gehörigen Geräthschaften; ferner eine hölzerne Mange und zwey dergleichen verschiedene Pressen enthält; — ingleichen auch das daran stoßende Sommergärtlein zum öffentlichen Verkauf an den Meistbietenden angeboten und zu dieser Verhandlung der 23 künftigen Monats März anberaumt, an welchem Tage Vormittags die Kaufliebhaber bey der unterzeichneten Behörde sich einzufinden belieben wollen.

Neuenstein den 21 Febr. 1807.
Instituts-Verwaltung daselbst.

Tafel- und Spiegelglas.

Da mit allergnädigster königl. baierischer Concession die hier neu errichtete und in der bequemsten Lage zur Glas-Abfuhr, nahe an der Chaussee bey Fürth nach Cham in der obern Pfalz liegende Glashütte nunmehr in vollkommenem Stande ist, und auf derselben alle Sorten von Tafel- und Spiegelglas gefertiget werden; so wird dieses allen und jeden, die mit Glas Geschäfte machen, hierdurch mit der Versicherung bekannt gemacht, daß sie, wenn sie diese Fabrik mit Aufträgen bedenken wollen, stets auf das reelleste bedient werden sollen. Bey endesunterschriebener Verwaltung können die nähern Bedingungen, unter welchen der Glas-Versand geschiehet, in portofreyen Briefen abverlangt werden. Waradein bey Kankam in der Grafschaft Cham in der obern Pfalz, den 7 Febr. 1807.
Baron Voitbernsdorffl. Glashütten-Verwaltung.
Pro Cura.
Wilhelm Steingräber.

Frankfurter Wechsel-Cours.
den 6 März 1807.

	Briefe.	Geld.
Amsterdam in Banco k. S.	—	—
2 Mon.	—	—
Amsterdam in Courant k. S.	142 1/2	—
2 Mon.	141 1/2	—
Hamburg k. S.	—	149 1/2
2 Mon.	—	148 5/8
Augsburg k. S.	—	100
Wien k. S.	46	—
2 Mon.	143 1/4	—
London 2 Mon.	—	—
Paris k. S.	—	78
2 Uso	—	77 5/8
Lyon	—	77 3/4
Leipzig M. Speciès	—	—
Basel k. S.	—	—
Bremen k. S.	—	109

(Wegen des morgen hier gefeyerten Bußtages wird kein Stück ausgegeben.)

Allgemeiner Anzeiger
der
Deutschen.

Sonnabends, den 14 März 1807.

Nützliche Anstalten und Vorschläge.

Ueber Mißbrauch des Sonntags.

Es ist noch an vielen Orten der Gebrauch, daß an Sonntagen allerley, was nicht auf Belehrung und Erbauung abzweckt, vor den Kirchenthüren, nach dem Schluß des Gottesdienstes, öffentlich bekannt gemacht wird. Einforderung herrschaftl. Gelder mit Executions-Bedrohung, Ankündigung von Forst- und Polizey-Rügen, Concurs-Sachen, Subhastationen 2c. sind die gewöhnlichen Gegenstände, welche von den untergerichtlichen Personen der Gemeinde insgemein näher als die Predigt an's Herz gelegt werden. Nicht selten geben auch Gemeinde- oder Kirchspiels-Deputirte von dem Gang ihrer Processe unangenehme Nachricht; zwischen den verschiedenen Gemeinden eines Kirchspiels kommen streitige Verhältnisse zur Sprache, und die Versammlung geht oft unter lauten Debatten mit Zank aus einander. Es bedarf wenig Nachdenkens, um sich zu überzeugen, wie widersprechend dieß der Sonntagsfeyer und der öffentlichen Gottesverehrung sey. Ist nicht der Sonntag ein Tag der Ruhe, der Erholung? ein Tag, woran der Mensch, so frey als möglich von irdischen Geschäften und Sorgen, für seine höhere Bestimmung leben und das Gemüth sich edlern Empfindungen öffnen soll? In welchem widrigen Contraste erscheinen aber oft damit die obigen Bekanntmachungen? Man denke sich einen verarmten Schuldner, der sechs Tage von ungestümen Gläubigern und sechs Nächte von nagenden Sorgen ge-

Allg. Anz. d. D. 1 B. 1807.

quält wird, wie er am siebenten im geliehenen Rock zur Kirche geht, um einen tröstlichen, bessern Gedanken zu fassen, und nun beym Ausgang vom Gerichtsdiener den Tag bestimmen hört, an dem seine Hütte, oder seine einzige Kuh den Gläubigern preis gegeben werden soll. Welcher gute Gedanke wird stark genug seyn, der nicht hiervon verdunkelt würde? Und wenn er die Bekanntmachung vorher weiß, wird er nicht lieber zu Hause über seinem Kummer brüten, als in der Kirche getröstet, und vor der Kirche an den Pranger gestellt werden wollen? Dort vom Erlassen der 10000 Pfunde und hier vom Würgen um 100 Groschen hören zu wollen? Man denke sich eine Anzahl gutmüthiger Gläubiger, die hier ihren Verlust durch muthwilligen Bankerott erfahren, oder doch daran erinnert werden, und frage, ob sie wol mit dem edeln Glauben an Menschen-Tugend und mit dem Vorsatz, zu helfen, zu leihen und zu geben, nach Hause gehen werden. Man nehme an, daß die geforderten herrschaftlichen Gelder zu denjenigen gehören, über die die Unterthanen (mit Recht oder Unrecht, ist hier gleich viel) als eine Vermehrung ihrer Lasten Beschwerde führen, und frage, ob die Schlußworte des Predigers: „gebet hin in Frieden," in Erfüllung gehen werden. Man denke sich endlich den Prediger, der auf der Studierstube und auf der Kanzel alles gethan, und gute Empfindungen und Gedanken erweckt und genährt zu haben glaubt, wie er, so ganz in der Nähe, die Dornen erblickt, welche den guten Samen ersticken, daß er keine Frucht bringt; er kann

nicht anders, als mit Unmuth wieder an
seine Arbeit gehen.

Gewiß wirkt dieser Mißbrauch um so
nachtheiliger, weil ihm der Schein obrigkeitlicher Autorisation geliehen ist, und es würde
sich Auskunft genug finden, wo man ernstlich darauf dächte, ihn abzustellen.

Meß.

Nachschrift.

Obiger Aufsatz lag wenigstens 3 Jahre
unter meinen Papieren, weil ich mir wenig
davon versprach; doch mit welcher Freude
wurde er hervorgesucht, als ich in Schude-
roff's Journal V Jahrg. 1 Bandes 3 St.
den Aufsatz: Ueber den gegenwärtigen
Zustand des öffentl. Religionscultus in
der reformirten Kirche der badenschen
Pfalzgrafschaft — las. Es heißt daselbst
S. 409.

Man weiß ferner nichts von dem Unfuge,
daß der Prediger, gleich dem gemeinen Aus-
schreyer, das Intelligenzblatt von der Kanzel abrufe, und noch nicht lange hat der
jetzige Landesherr wörtlich verordnet:

„Die Verkündigung der landesherrlichen
oder obrigkeitlichen Verordnungen von den
Kanzeln dulden wir nur in so weit in unsern Landen, als ihr Gegenstand unmittelbar Bezug auf Religion und Sitten hat.
Selbst die Verkündigung derselben auf
dem Kirchplatze nach Ausgang der Sonn-
tagskirchen, die immer die Leute von ihren
Betrachtungen zu schnell auf weltliche Gegenstände herüber lenkt, erlauben wir nur
da, wo wegen zerstreuter Lage der Höfe
und Zinken, als zusammen eine Gemeinde
ausmachen, eine andere Versammlungsart
schwierig und für die Unterthanen zeitver-
derblich seyn würde."

Gesundheitskunde.

Aufforderung an menschenfreund-
liche Aerzte.

Die hallische allg. Literatur-Zeitung recensirt in Nr. 118 des Jahrganges 1806 ein
Werk unter dem Titel: Sammlung auserlesener Abhandlungen practischer Aerzte, 20
— 22t Band; und erwähnt dabey einer im
zweyten Stücke des zwanzigsten Bandes ent-

haltenen Uebersetzung von Lanoix's Beobachtungen über die mit dem Abschneiden der
Haare in einigen hitzigen Krankheiten verbun-
dene Gefahr. Der Recensent setzt hinzu:
„ein Aufsatz, der sowohl wegen der darin
beschriebenen merkwürdigen Fälle, als auch
wegen der Betrachtung in Rücksicht des
Nachtheils der jetzt herrschenden Mode des
Haarabschneidens, zu welchem geführt wird,
alle Aufmerksamkeit verdient. Der Uebersetzer bemerkt in einem besondern Zusatz,
daß seit der genannten Mode mehrere Taub-
heiten, Augenentzündungen und Ausschläge
Statt finden. So viel ist wenigstens gewiß,
daß diese Mode keineswegs für die Gesundheit gleichgültig ist."

Wären diese Bemerkungen so ganz wahr,
wie sie hier stehen, so wäre es himmelschrey-
end, daß alle Aerzte Deutschlands dieser
allgemeinen Mode so lange zugesehen, und
nicht laut dagegen gewarnt hätten; unver-
antwortlich bleibt es aber von jenem Uebersetzer, daß er sich mit einer solchen allgemeinen Aeußerung in medicinischen Blättern begnügt, und nicht vielmehr in einem allgemein gelesenen Volksblatte laut seine Stimme
gegen jene unglückliche Mode erhoben hat.

Die Sache wird indeß hoffentlich so
schlimm nicht seyn. Bekanntlich werden ja
allen kleinen Kindern oft die Haare verschnitten, weil man dieß für ein sehr gutes
Mittel hält, einen starken Haarwuchs zu befördern. Der Landmann trägt fast allgemein abgeschnittenes Haar; auch ist sehr zu
wünschen, daß dieß wo möglich von jedem geschehen könne, weil es bey einer großen Zahl
von Menschen die Reinlichkeit ungemein befördert. Nur ist jener Recension zu Folge,
wol anzunehmen, daß hierbey auch Mißbräuche möglich sind, welche die erwähnten
bösen Folgen des Haarabschneidens zunächst
veranlassen. Vielleicht gehört dahin der
schnelle Uebergang von der warmen Kopfbedeckung eines starken Haarwuchses zu der
kühlen Tracht eines Schweden- oder Titus-
Kopfs; vielleicht ist das häufige Waschen der
Haare mit kaltem Wasser, um ihnen die gewünschte Lage zu geben, vielleicht dieses
Waschen grade zur unrechten Zeit, z. B.
bey dem Aufstehn aus dem Bette, der Hauptfehler.

Menschenfreundliche Aerzte werden also der Aufforderung gewiß gern genügen, dem Publicum eine faßliche und belehrende kurze Diätetik über das zweckmäßige Benehmen bey der jetzigen Sitte des Haarabschneidens in dieser überall und unter allen Claßen verbreiteten Zeitschrift mitzutheilen, um uns entweder wegen der nach obigen Andeutungen möglichen schlimmen Folgen zu beruhigen oder uns davor durch guten Rath zu bewahren. Berlin am 27 Febr. 1807.

Allerhand.

Aufforderung und Warnung.

Nachdem das von herzogl. Kammer-Leihbank zu Altenburg unterm 24 Aug. 1799 sub Nr. 882 auf 150 rthl. Laubthlr. à 1 1/2 rthlr. unter Kammer-Unterschrift und Siegel ausgestellte, auf den Candidat der Theologie, Christian Ehrenfried Steinbrücker, in Altenburg lautende Schuld-Document, bey der am 14 Octbr. 1806 geschehenen Plünderung des hiesigen Dorfes von meiner Pfarrwohnung allhier abhanden gekommen ist und alles Nachsuchens ungeachtet bis nicht hat auffinden laßen wollen, so wird derjenige, in deßen Händen es sich etwa befindet, ersucht, dieses Document mir als dem Eigenthümer wieder zuzustellen, zugleich aber auch jedermann hiermit öffentlich gewarnt, solches, da ich es hiermit als ungültig, todt und erloschen erkläre, auf irgend eine Weise an sich zu bringen, indem ich bereits in Hinsicht dieses Capitals rc. befriediget worden bin. Vierzehnheiligen am 3 März 1807.
Christian Ehrenfried Steinbrücker,
Pfarrer daselbst.

Erinnerung.

Herr Dr. und Prof. Theophil Heidemann aus Berlin, welcher sich vor kurzen noch in Regensburg aufhielt, beliebt sich gewißer Verbindlichkeiten daselbst zu erinnern, die er unerfüllt ließ, und nicht einmahl vor seinem stillen Abschied einer weitern Ausdehnung würdigte. Sollen ihn davon auch durch Sie, Herr Professor, abermahls an das Sprüchelchen erinnert werden: Fide, sed cui vide? —
A. den 1 März 1807.
M. & W. R.

Dienst-Anerbieten.

1) Eine Familie sucht für ihre beyden Töchter, wovon die eine 9, die andere 12 Jahr alt ist, einen Lehrer und Erzieher. Er muß ein Mann von gebildetem Verstande, feinen Sitten und untadelhaftem Character seyn, so wie Geschicklichkeit und Neigung zum Unterricht haben, welcher hauptsächlich in moralischer Bildung des Herzens, in deutscher Sprache, Naturlehre, Geographie, Rechnen, und Schreiben besteht. Man wünscht die Bedingungen eines solchen Mannes durch die Expedition des allg. Anz. in Gotha, in frankirten und mit F. H. bezeichneten Briefen zu erhalten.

2) Ein solider, gebildeter Mann in den dreyßiger Jahren und unverheirathet, welcher mit freyem Thätigkeitstriebe sich gern jedem Geschäfte unterzieht, auch auf Reisen und vorzüglich im Laden zu gebrauchen ist, und eine baare Caution von 800 bis 1000 Thlr. leisten kann, wird bey einer angehenden Fabrik in Bayern eine Anstellung finden, wo er gegen seiner Seits moralisch guten Character auf die freundschaftlichste Behandlung rechnen kann. Frankirte Anfragen mit E in R. gezeichnet, besorgt die Expedition des allg. Anz. in Gotha.

3) In einer Hauptstadt Thüringens wird auf Ostern oder Pfingsten in eine Handlung in Ausschnitt und im Ganzen ein junger Mensch von gutem Herkommen in die Lehre gesucht, auf deßen Redlichkeit und Treue man vorzüglich rechnen kann. Die Bedingungen sind verhältnißmäßig annehmlich. Der allg. Anz. gibt auf portofreye Briefe nähere Auskunft.

Familien-Nachrichten.

Todes-Anzeige.

Heute Mittag um 12 Uhr starben Ihro Durchlaucht der Herr Fürst Reuß von Plauen, Heinrich XV., königlich portugiesischer Oberst und St. Hubertus-Ordens Ritter, an den Folgen von Nervenkrämpfen, welche seit acht Monaten sein Leben verbitterten. Durch sein edles, menschenfreundliches, herablaßendes Betragen erwarb sich dieser Prinz die größte Verehrung

und allgemein ist der Schmerz über seinen
Verlust. In ihm verlor seine Frau Gemahlin, eine junge edle liebenswürdige Dame,
den besten, den zwölften Gemahl. Noch
keine anderthalb Jahre miteinander vermählt,
mußte schon der Tod dieses glückliche Ehe-
paar trennen. Beyde verband die wärmste
innigste Liebe und das reinste häusliche Glück
würzte ihre Tage, bis es durch die unglücklichen Nervenzufälle unterbrochen wurde.
Sanft ruhe die Asche dieses redlichen Fürsten,
und Segen, tausendfachen Segen über seine
allgemein verehrte Gemahlin und ihren
Säugling!

Seit Ende Septembers 1805 hatte Gießen
das Glück, Ihn in seiner Mitte zu haben,
und Tausende von Thränen werden seinem
Staube nachgeweint.

2) Den am 8 Februar 1807 zu Galenbeck
im Mecklenburg-Strelitzischen erfolgten seligen Hintritt der verwittweten Frau Kammer-
herrin Auguste Friederike von Rieben geb.
von Frankenberg machen hiermit der Verstorbenen hinterbliebene Kinder ihren, so
wie der Seligen Verwandten, Gönnern und
Freunden unter Verbittung aller Beyleidsbezeugungen gehorsamst bekannt.
Die Landräthin von Arnim geb.
von Rieben.
Der Geheimerath von Rieben.
Der Kammerherr von Rieben.

Aufforderung.

Stuttgart. J. G. A. ruft hiermit
seinen Stiefsohn, welcher vor einigen Monaten sich von hier entfernt hat, dringend auf,
von seinem gegenwärtigen Aufenthalte Nachricht zu geben, um mit ihm über gewisse
Dinge, welche während seiner Abwesenheit
eine für ihn nachtheilige Wendung nehmen
könnten, Rücksprache nehmen zu können.
Er versichert ihn zugleich, daß das Geschehene gänzlich vergessen werden solle, und
daß jene Eltern bloß beschäftigt seyen, um
das Vorgefallene auf eine für ihn unschädliche Art in Ordnung zu bringen, welches
aber nicht anders geschehen kann, als wenn

vorher eine nähere Erklärung von seiner
Seite vorangegangen ist.
Den 22 Februar 1807.

Justiz- und Polizey-Sachen.

Vorladungen: 1) Tob. Schug's.
Tobias Schug von Biberach gebürtig, hie-
siger Bürger und Messerschmid, wird anduch auf-
gefordert, innerhalb drey Monaten sich dahier wie-
der einzufinden, und über seinen Austritt zu ver-
antworten, oder zu erwarten, daß gegen ihn nach
den Landes-Verordnungen wie gegen ausgetretene
Unterthanen verfahren werde.
Heidelberg den 23 Febr. 1807.
Großherzogliches Stadtvogtey-Amt.
Sartorius.
Vidi. Gruber.

2) Elias Chrw. Krauß's.
Rathswegen wird auf Instanz der Geschwister
Krauß hierselbst ihr abwesender Bruder, der Zeug-
machergeselle, Elias Christian Krauß, welcher
seit 22 Jahren in die Fremde gegangen ist, und seit
länger als 20 Jahren von seinem Aufenthalte,
Leben und Tode keine Nachricht gegeben hat, ingleichen ein jeder andere, welcher aus irgend einem
Rechtsgrunde an dessen elterliches Vermögen einigen Anspruch zu haben glaubt, hierdurch geladen,
Montags den 17 August dieses Jahres
zu recht früher Gerichtszeit, vor Uns, dem Stadtrathe zu erscheinen, und sich in Ansehung der Person und zur Sache zu legitimiren, unter der Verwarnung, daß sonst der abwesende Zeugmacher-
geselle Krauß für todt und verschollen, ein jeder
andere aber mit seinen Ansprüchen für ausgeschlossen und verlustig geachtet, das wenige Vermögen des
Verschollenen aber den seine implorantischen Geschwister ohne Sicherheitleistung verabfolgt werden
wird. Wornach sich zu achten.
Sig. Eisenach, am 3 März 1807.
Der Rath daselbst.
A. Friedrich Zellmann.

Kauf- und Handels-Sachen.

Nachricht.

Das auswärtige Publicum wird hierdurch ersucht, sich wegen der Bestellungen bey der Mar-
mor- und Kartenfabrik des Zucht- und Arbeits-
hauses zu St. Georgen von jetzt an an den Me-
dicinal-Registrator und Rendanten Zimmermann
daselbst, als dermahligen Verweser des Instituts,
zu wenden. Bayreuth, den 18 Febr. 1807.
Die Kriegs- und Domainen-Kammer

Allgemeiner Anzeiger

der

Deutschen.

Sonntags, den 15 März 1807.

Literarische Nachrichten.

Von der Monatlichen Correspondenz zur Beförderung der Erd= und Himmelskunde, herausgegeben vom Freyherrn Franz von Zach, Herzogl. Sachsen=Gothaischen Oberhofmeister, ist der Februar=Heft erschienen und hat folgenden

Inhalt:

VI. Astronomische Beobachtungen und Bemerkungen auf einer Reise in das südliche Frankreich im Winter von 1804 auf 1805. (Fortsetzung.)

VII. Historische Untersuchungen über die astronomischen Beobachtungen der Alten, von Ludwig Ideler, Astronomen der königl. preußischen Academie der Wissenschaften.

VIII. Auszug aus einem Schreiben des Dr. Gauß.

IX. Auszug aus einem Schreiben des Herrn Oriani.

X. Auszug aus einem Schreiben des Herrn Ingenieurs und Fortifications=Directors Joh. Serr.

XI. Auszug aus einem Schreiben.

XII. Louis-Feuillée. (Fortsetzung.)

* * *

Aufgeschnittene und beschmutzte Hefte werden nicht zurückgenommen. Der Preis eines Jahrganges ist gegen Pränumeration sechs Thaler in Gold (11 Fl. Rhein.); und man kann zu jeder Zeit in das Abonnement eintreten, muß aber den ganzen laufenden Jahrgang nehmen. Einzelne Monatsstücke kosten 14 gl. (1 Fl. 3 kr.) Man macht die Bestellungen bey den Post=Expeditionen und Buchhandlungen jedes Orts, welche die Exemplare von unterzeichneter Buchhandlung auf den gewöhnlichen Wegen beziehen. Gotha.

Die Beckersche Buchhandlung.

Auctionen.

Kupferstich=Auction in Frankfurt a. M.

Am 23 März und den folgenden Tagen wird in Frankfurt am Mayn eine Sammlung von äußerst schätzbaren Kupferstichen, worunter viele Capitalblätter sind, nebst einigen vorzüglichen Kupferwerken öffentlich versteigert werden; die Cataloge darüber erhält man in den bekannten Kunsthandlungen, und in Frankfurt bey Hrn. Buchhändler J. H. Simon, Hrn. Auctionator Klebinger und Hrn. Auctions=Schreiber Jäger, die auf frey eingehende Bestellungen mit hinlänglich gestellter Sicherheit Aufträge annehmen und besorgen.

Bücher=Auction in Leipzig.

Der Catalog einer den 11 May d. J. anzuhebenden Bücher=Auction ist bey Hrn. Proclamator Weigel in Leipzig zu haben, welcher, sowie die bekannten Hrn. Commissionärs, Aufträge übernehmen wird. Die darin enthaltene Sammlung begreift Bücher aus allen Wissenschaften (1600 Nummern) und Kenner werden sich überzeugen, daß dieser Catalog in Hinsicht der großen, seltenen und vortrefflichen Bücher vorzüglich wichtig ist. Unter den philologischen Büchern befinden sich viele mit den handschriftl. Anmerkungen berühmter Gelehrten und Manuscripte. Durch alle Buchhandlungen wird man sich diesen Catalog verschaffen können.

Landkarten.

Atlas vom Kriegsschauplatz.
Theatre de la Guerre en XVI. Feuilles.
6 rthlr. 8 gl., der folgende Landkarten in großem Olifant-Format, von D. Jr. Sotzmann,
enthält, die auch einzeln zu 12 gl. zu haben sind:
1) Das ehemahl. Polen, mit den Theilungen von
1793, 95 und 97. 2) Das Königr. Preußen von
ebend. 3) Pommern, 4) Brandenburg, 5) die
sämmtl. sächs. Länder, 6) Schlesien; ferner in
kleinerm Format: 7) Niedersachsen, 8) Obersachsen, jedes Blatt 8 gl.; sämmtl. von Sotzmann gezeichnet. Von Güssefeld sind: 9) Südpreußen. 10) Die Neumark, jedes Blatt 8 gl.
11) Postkarte von Deutschland, von Güssefeld,
à 12 gl. 12—13.) Die sämmtl. Länder in Franken, worauf Bamberg, Coburg, Nürnberg,
Hildburghausen, Bayreuth 2c. abgebildet, à rthlr.
8 gl. 14) Altstedt, ein weimar. Amt, topographisch gezeichnet, von Güssefeld, 8 gl. 15) Rußland, 1 Blatt, welches das europäische und asiatische Reich enthält, neugezeichnet von Spath.
2 gl. 16) Ost- und West-Gallizien, von Mannert. 8 gl.
Außer diesen sind noch folgende Karten zu haben, die preuß. russisch. österreich. Besitzungen
im ehemahl. Polen, nach Büsching und andern.
Hülfsmitteln gezeichnet, von Uz, 1803. 4 Blätter. 2 rthlr.

2) Ungarn. mit dem schwarzen Meers, der Türkey.
Moldau, Wallachey 2c. von ebend. 1803. 8 gl.

3) Der Hellespont und der Canal von Constantinopel, die Straße der Dardanellen, worauf der
Zug Alexanders gegen die Perser, die alten Namen und die jetzige Benennung befindlich ist, gezeichnet von Güssefeld. 8 gl. 4) Südpreußen,
in die 3 Cammer-Depart., als Posen, Kalisch,
Warschau abgetheilt, nebst angränzendem West-
Ost- und Neuost-Preußen, dem Neudistrict 2c.
von Güssefeld. 1803. 8 gl.

5) Die europäische Türkey mit Kleinasien, ein Theil
von Syrien, ein sehr vollständiges Blatt, auf
dem das schwarze Meer, die Krimm, sehr deutlich abgebildet ist, von C. Mannert, in großem
Olifant-Format. 12 gl.

6) Ungarn, Siebenbürgen, Croatien, Slavonien,
Dalmatien, Gallizien, nebst angränzenden Ländern der Türkey, die ganze Moldau und Wallachey, als Gränzländer erscheinen Boßmen, Servien, 2 große Blätter, von Mannert gezeichnet. 1 rthlr.

7) Das russische Reich, östl. und westl. Theil, in
2 großen Blättern, bis zur Theilung von Polen,
in Gouvernements abgetheilt und gezeichnet von
C. Mannert. 1 rthlr.

8) Karte vom Archipelagus, Griechenland, Albanien, Macedonien, Romanien nach Larochette
und andern Hülfsmitteln vermehrt, herausgegeben von D. F. Sotzmann. 8 gl.

9) Kriegsvorfälle zwischen den österreich. und türkischen Armeen im Jahre 1788, eine Postkarte,
in Croatien, Slavonien, Bannat, Siebenbürgen, der Moldau und Bukowina, herausgegeben von D. F. Sotzmann, 1790. ein großes
Blatt. 12 gl.
Diese Landkarten sind nebst vielen andern durch
alle Buchhandlungen zu bekommen, sowie in Leipzig. bey P. G. Kummer, und in Nürnberg in der
Schneider- und Weigelschen
Kunst- und Landkarten-Handlung.

Plan der Schlacht bey Preußisch-Eylau.
Da wir bey dieser zweyten wichtigen Schlacht
des gegenwärtigen Kriegs in dem Besitz von Materialien über die dortige Gegend sind, die sich auf
wirkliche Vermessungen gründen, werden wir binnen einigen Wochen einen Plan dieser Schlacht,
welcher auch das vorhergehende Gefecht bey Hoff
enthalten wird, nach den französischen Original-
Berichten liefern.
Weimar, den 6 März 1807.
Das geographische Justitut.

Kupferstiche.

Anzeige.
Der General Graf von Kalkreuth, in ganzer Figur zu Pferde, wurde während seines letztern
Aufenthalts in Leipzig von Hrn. Geisler allhier trefffend gezeichnet und gestochen. Da nun jetzt auch
neue halb öffentliche Blätter von diesem verdienstvollen königl. preuß. Heerführer sprechen, und ihnen
zufolge, derselbe erst kürzlich vom kaiserl. russischen
General Kaminskoi mit dem Andreasorden, den dieser selbst trug, beehrt wurde, so zeigen wir an, daß
obiges Porträt in groß Quartformat, auf Velinpapier, colorirt für 12 gl. zu haben ist bei
Industrie-Comptoir in Leipzig.

Musikalien.

Neueste Verlagsmusikalien der Breitkopf- und Härtelschen Musikhandlung
in Leipzig.

Schuster Joh., Gesang zur Feyer des Friedens und der sächsischen Königswürde, als
Prolog im italienischen Operntheater in Dresden gesungen, von Hrn. Benelli; ital. und
deutsch. Clav. Auszug. 8 gl.

Harder, A., Klotar, Romanze v. Kind mit
Guitarrebegleitung. 4 gl.

Maydn, J., Orpheus und Euridice, Clavierauszug (ital. u. deutscher Text). 2 rthlr.
10 gl.

— — der schlaue Pudel, für Gesang mit Clavierbegleitung. 5 gl.

— — Arie: Ja in dem Himmel etc. 4 gl.

Krebs, 4 Duetti per Soprano e Tenore, e
4 Terzetti per Sopr. Tenoro et Baßo col accomp. di Pianoforte. 1 rthlr.
Sterkel, J. F., Cantatine für eine Singstimme
und Chor, mit Begleitung des Pianof. 8 gl.
von Winzingerode, H. L., 6 Lieder mit
Begleit. des Pianoforte. 16 gl.

Clementi Werke, Cah. 7. contenant: 8 Sonates p. Pianof. avec accomp. d'un Violon et
Violoncelle. Pränum. Preis 1 rthlr. 12 gl.
Ladonpr. 3 rthlr.
Cramer, J. B., 2 Sonates p. l. Pianof. av. Violon ou Flûte. Op. 31. Nro. 1. 2. 18 gl.
— — Sonate p. Pianof. Op. 51. Nr. 3. 12 gl.
— — Notturno p. le Pianof. av. acc. d'un Violon et Vlle. Op. 32. 12 gl.
— — 3 Sonates p. le Pianof. Op. 37. 1 rthlr.
16 gl.
— — 4me Concerto p. le Pianof. Op. 38.
2 rthlr. 8 gl.
Dussek, J. L., gr. Sonate p. Pf. à 4 mains.
Op. 32. 1 rthlr.
— — 3 Sonates p. Pianof. av. acc. d'une Flûte
et Violon. Op. 51. 1 rthlr. 12 gl.
— — La Chasse p. Pianof. 8 gl.
Haydn, dernier Quatuor p. Violon arr. en Sonate p. Pianof. 12 gl.

Endesuntere. empfiehlt einem geehrtesten Publicum nachstehende neue, vorzüglich leichte und gefällige
Musikalien von seinem Sohn C. S. Chronicker,
welche um beygesetzte billige Preise bey ihm zu haben sind: 24 Tänze, siebenstimmig, bestehend in
8 Walzern, 6 Ecossaisen, 6 Anglais. 3 Achtel Tact,
und 4 Quadrillen, als: 2 in 3 Achtel und 2 in
2 Viertel Tact, 1 rthlr. Desgl. für's Clavier,
12 gl. Ferner: 12 Piecen für blasende Instrumente, als: 6 für 1 F Trompete, 2 F Hörner, 2
C Clarinetten und 2 Fagotte; ingl. 6 für 2 G Hörner, 1 Oetavflöte, 2 C Clarinetten und 1 Fagott.
16 gl. Alles reinlich und gut geschrieben, und erwartet die geneigten Aufträge in portofreyen Briefen.
Eilenburg, den 27 Febr. 1807.
       J. C. Chronicker, Stadtmusicus.

Bücherkauf.

Paykuls fauna suecica, 1t und 2t Theil, letzterer
doppelt.
Panzers entomologisches Taschenbuch, oder Ento-
mologia germanica.
Illigers Magazin der Insectenkunde.
Fabricii Systema Rhyngaetorum etc.
     werden billig zu kaufen gesucht,
           von
     C. F. Jochsch, in Nürnberg.

Schiller's Geschichte des 30jährigen Krieges. Calenderformat. 1791. 92. 93. Leipz. bey Göschen.
v. Archenholz's Geschichte des 7jährigen Krieges.
Calenderformat. Berlin bey Haude und Spener,
werden zu kaufen gesucht, jedoch gut conditionirt
und nicht defect. Man wendet sich deshalb gefälligst mit Bemerkung des Preises an die
       Jägersche Buch - Papier - und Landkar-
ten - Handlung in Frankfurt am M.

Periodische Schriften.

Der rheinische Bund, 4s Heft oder des 2n Bds
1s Heft. Preis jeden Bandes von 3 Heften,
2 fl. 36 kr.
     Inhalt: 1) Ueber die Auslegung der rhein.
Bundesacte. 2) K. bayer. Organisation der vorhin
österreich. Provinz Tyrol und Vorarlberg. 3) Beytritt der Herzoge zu Sachsen zum rhein. Bunde.
4) K. bayer. Organisation der vormahl. Reichsstadt
Augsburg. 5) Einige Anmerk. über die Art. 26.
27. 28. und 34. der rhein. Consöderationsacte vom
12. Julp 1806. von dem geh. Rath Medibus in
Weilburg. 6) Nachricht von der Vertheil. der
reichsritterschaftl. Besitzungen. 7) Uebereinkunft
und Vertrag zwischen der großherzogl. badisch. und
großherzogl. hess. Regierung verschiedene strittige
Länderpuncte betr. 8) Gedanken über den Sinn
und die Auslegung des 34. Art. der rhein. Bundesacte. 9) Herstellung des richtigen Textes der Consöderationsacte. 10) Ausgleichung über verschiedne
Anstände zwischen der großherzogl. hess. und fürstl.
Isenburg. Regierung. 11) Tausch - und Spura-
tionsvertrag zwischen dem Könige von Wirtemberg
und Großherzoge von Baden. 12) Nachtrag zu
der im 3 Hefte abgedruckten Abhandlung: Ueber
die Unterhaltung des ges. Personals des kaiserl.
Reichskammergerichts. 13) Ansicht des rheinischen
Bundes. 14) Zum 7. Artikel der Consöderationsacte. Nachtrag zu der oben mitgetheilten Organisation der Provinz Tyrol. 16) Territorialeinthei-
lung der zum Großherzogth. Berg gehörigen Her-
zogthümer Berg und Cleve. 17) Kurze Nachrichten.
Frankfurt, 20 Febr. 1807.
       J. C. B. Mohr.

So eben sind erschienen und an alle Buchhandlungen, Postamts - und Zeitungs - Expeditionen
versandt worden:
Das 3te Stück vom Journal des Luxus und
           der Moden 1807.
— 3te — von den allg. geogr. Ephеme-
           riden.
— 2te — von Wielands neuem deutschen
           Merkur.
Die ausführlichen Inhalte davon stehen in unserm Monatsberichte der in allen Buchhandlun-

736

gen, Postamts- und Zeitungs-Expeditionen gratis
zu bekommen ist. Weimar, im März 1807.
J. S. pr. Landes-Industrie-
Comptoir.

Bücher-Anzeigen.

Bey Kortmann in Berlin.
Hermbstädts Grundriß der theoretischen und experimentellen Pharmacie, zum Gebrauch bey Vorlesungen, 1r Theil, (als Grundriß zu experimentellen Vorlesungen) 2te durchaus umgearbeitete und verbesserte Auflage. 2 rthlr. 12 gl.
Auf feinem Papier 3 rthlr. 12 gl.

Hiervon ist der 2te Theil unter der Presse und
wird zur nächsten Ostermesse gewiß erscheinen, sowie auch der 4te Band von Klaproths Beyträgen
zur Mineralogie.

Der 2te und letzte Band von
J. W. Heubergers nothw. Handwörterbuch zur
Erklärung aller in deutschen Büchern und Journalen vorkommenden fremden Wörter, Kunst-
ausdrücke und Redensarten 2c. 8. 1 rthlr. 6 gl.
ist nunmehr erschienen und an alle Buchhandlungen versandt. Beyde Bände dieses außerordentlich nützlichen Werks kosten 2 rthlr. 12 gl.

Ferner ist erschienen:
Natorp, B. C. L., Predigt-Entwürfe über die
sonn- und festtägl. Pericopen. gr. 8. 1 rthlr.
12 ggl.
Ehrenbergs, (Hofprediger in Berlin) Porträt,
von Thelott. 8. 8 ggl.
Natorps Quartalschrift für Religionslehrer,
2r Jahrg; 2s St. mit Ehrenbergs Porträt.
Duisburg, im Februar 1807.
Bädecker und Comp.

Bey H. Dieterich in Göttingen ist so eben folgendes interessante Werk erschienen, und bey
ihm, sowie in allen Buchhandlungen für 2 rthlr.
zu erhalten.
Brede, P. J., Reise durch Deutschland, Frankreich und Holland, im Jahr 1806. 1 Bd. in 8.
Wer unterhaltende, belehrende und mahlerische Darstellungen liebt, dem werden diese Blätter
volle Befriedigung gewähren. Der 2 Bd. wird nächstens folgen.

Seit dem November ist:
Just, K. G., neues kurzgefaßtes und leichtes Lehr-
und Lesebuch für die Dorfjugend und zum Gebrauch in Dorfschulen. 3te ganz umgearbeitete
und verbesserte Auflage. 8. 5 gl.
in Anzahl für Schulen gegen baare Zahlung
50 Exemplare, 6 rthlr. 6 gl. 25 Exemplare,
3 rthlr. 3 gl.
wieder zu haben und zwar ist diese 3te Auflage wirklich durchaus umgearbeitet, dem Bedürfniß der

Zeit und den andern kleinen Schulbüchern des Verf.
angemessen. Es schließt sich bekanntlich an, an:
Desselben, kleiner Katechismus, oder Lehr- und
Lesebüchlein für die untern Classen der Dorfschulen. Enthaltend die Anfangsgründe der christl.
Lehre, kleine sittliche Erzählungen, biblische Geschichten, lehrreiche Betrachtungen über das Leben Jesu und die Hauptstücke Lutheri. 8. 3 gl.
baar: 50 Exempl. 3 rthlr. 12 gl. 25 Exempl.
1 rthlr. 18 gl.
Beyden dient zur Begleitung:
Desselben Spruchbuch für die Schuljugend. Oder:
die christliche Religion in biblischen Sprüchen und
Liederversen. 8. 2 gl.
baar: 50 Exempl. 3 rthlr. 25 Exempl. 1 rthlr.
12 gl.
Alle drey werden in vielen Dorfschulen mit
großem Nutzen gebraucht und ich fordere daher die
Herren Schulvorsteher und Schullehrer der Landschulen auf, zu deren weitern Einführung immer
mehr beyzutragen. Jena, im Januar 1807.
Friedrich Frommann.

Reise in die beyden Louisianen unter die wilden
Völkerschaften am Missouri, durch die vereinig-
ten Staaten und die Provinzen am Ohio, in den
Jahren 1801, 1802 und 1803, von Perrin du
Lac. Deutsch bearbeitet von K. L. M. Müller.
2 Theile mit Kupf. und Karte. gr. 8. 1807.
Leipzig, bey Hinrichs. 1 rthlr. 18 gl. Feines
Papier 2 rthlr. 21 gl.

Wenn ein Reisender voll Geist und Kenntniß
und von einer lebhaften und angenehmen Darstel-
lungsgabe begünstigt, das, was er bey seinem Aufenthalt in einem der herrlichsten Länder der Welt
und unter Nationen gesehen und erfahren hat, die
man bisher nicht einmal dem Namen nach kannte,
wieder erzählt, dann wird gewiß jeder dem Erzähler sein Ohr leihen und in dieser Unterhaltung ein
sehr großes Vergnügen finden. Ein gleiches dürfen wir auch den Lesern dieses interessanten Buchs
versprechen, welches hier von einem unserer beliebtesten Schriftsteller verdeutscht erscheint und schon
dadurch genug empfohlen ist. Es ist zugleich als
wissenschaftliches Werk eben so wichtig, als es sich
als Unterhaltungsbuch auszeichnet!

Zur nächsten Ostermesse erscheint unter andern
bey Friedrich Frommann in Jena.
Fr. Jakobs, Elementarbuch der griechischen Sprache, für Anfänger und Ge-
übtere. 1r und 2r Cursus. Zweyte durchaus
verbesserte und vermehrte Auflage. 8. 18 gl.
Raccolta di autori classici italiani.
Poeti. Tomo I—III. Dante, divina Comoe-
dia. gr. 12mo.
Sturm, K. Ch. G., Grundlinien einer
Encyclopädie der Kameralwissen-
schaften. gr. 8. 1 rthlr. 8 gl.

Allgemeiner Anzeiger
der
Deutschen.

Montags, den 16 März 1807.

Ueber die Zuziehung des geistlichen Standes im erzgebirgischen Kreise zu Contributionsbeyträgen.

Quoties urgente neceſſitate comparationes frumenti, olei — vel quibuslibet provinciis indicuntur, nulli penitus poſſidentium, ſeſe ſub cujuscunque privilegii occaſione excuſandi, tribui facultatem cenſemus: omnique cuicunque quocunque modo tempore per ſacros apices vel etiam pragmaticam ſanctionem aut judicialem forte diſpoſitionem hujuſmodi excuſatio data eſt, vel poſtea data fuerit, licentia minime unquam. — valitura; Adeo uſaeque hujuſmodi onera cunctis, pro qua ſingulos portione contigerit, volumus irrogari, ut ab iisdem comparationibus nec ſacratiſſimam noſtrae pietatis, nec Sereniſſimae noſtrae Conjugis domum patiamur ſubtrahere.

Dat. 3 cal. Aug. Conſtantin. 491.

Imp. Anaſtaſius.
(Vide C. 10 Tit. XXVII. 1.)

So oft in Fällen der Noth den Provinzen unſers Reichs Lieferungen an Getreide, Oel und ziehen; kein Privilegium ſchützt ihn. Alle diesfalls hergebrachte Begünſtigungen ſind ohne Unterſchied, wann und auf was für Art ſie entſtanden, ungültig; ſie ſind es auch alsdann, wenn ſie ſich auf Verträge, auf landesherrliche Reſcripte oder auf richterliche Ausſprüche gründen ſollten. Wir wollen, daß ein jeder die ihm nach Verhältniß auferlegte Laſt um ſo mehr tragen ſoll, da Wir weder Unſere geheiligte Perſon noch Unſere Durchlauchtige Gemahlin von dergleichen Lieferungen befreyt wiſſen wollen. Gegeben Conſtantinopel den 29 Julius 494.

Kaiſer Anaſtaſius.

Der allg. Anz. d. D. iſt ein ſo allgemein geleſenes Blatt, als daß man nicht eine allgemeine Publicität der Ideen und Aufſätze, die er enthält, vorausſetzen müßte. Die in Nr. 41 S. 409—414 befindlichen Bemerkungen über die Ausgleichung der Kriegscontributionen, vorzüglich in Beziehung auf die Mitleidenheit der Geiſtlichen werden alſo auch von den mehreſten Herrn Geiſtlichen des erzgebirgiſchen Kreiſes geleſen, und einige von dieſen konnten wol dadurch zu der Vermuthung veranlaßt werden, daß

die Deputation des erzgebirgiſchen Kreiſes weniger ſorgfältig bey der Discuſſion der Grundſätze wegen ihrer Zuziehung zu den Contributionsbeyträgen geweſen wäre, als ſie billig hätten erwarten und verlangen können.

Wäre dieß letztere wirklich der Fall, ſo könnte entweder die Deputation nicht wohl läugnen, daß ſie einem achtungswürdigen Stande im Kreiſe und alſo zugleich der Gerechtigkeit und Billigkeit weniger Aufmerkſamkeit gewidmet habe, als ihre Pflicht (trotz der dringenden Eile, mit der aus bekannten

Gründen alles verfügt werden mußte) gebot: — dieß kann ich als Deputationsmit-
glied nicht zugeben. — Oder das Publicau-
dum vom 18 December d. v. J. gab den Geiß
der Grundsätze, welche die Deputation angenommen hatte, nicht treu wieder: — dieß
kann ich als dessen Verfasser nicht zugestehen.

Aus diesen und mehrern andern hierher
nicht gehörigen Gründen muß ich mich also
meines angetasteten Kindes als Vater annehmen. Ich thue dieß letztere, ohngeachtet ich
jetzt der freyen Augenblicke nur sehr wenige
habe, mit desto größerem Vergnügen, da
ich hoffen darf, jede Bedenklichkeit im Kreise,
welche durch jene Bemerkungen hätte entstehen können, zu beseitigen; und da der würdige Hr. Verf. jener Bemerkungen offenbar
ein Mann ist, der (erhaben über Eigennuß
oder sonstige, auch in diesen Blättern laut
gewordene Vorurtheile seines Standes) nur
das will, was recht und billig ist, und der
nur deswegen Bemerkungen machte, weil er
eben glaubte, es solle etwas geschehen, was
nicht recht und nicht billig sey.

Zuvörderst sind wir beyde in der Hauptsache einig:
daß es Herabwürdigung des geistlichen
Standes gewesen seyn würde, wenn man
ihm, dem Lehrer der ehrwürdigsten Religion,
welche der Menschheit erhabene Lehre:
„Geben ist seliger als nehmen“ so rührend
an das warme Herz legt; wenn man eben
diesem Stande das schöne Recht hätte
rauben wollen, Theil an dem Unglücke zu
nehmen, welches der Staat, dessen Bürger sie sind; welches die Gemeinde, deren
Väter, Lehrer, Tröster und Freunde sie
seyn sollen, traf. Würde es nicht un-
menschlich seyn, einem Vater die Hände
zu binden, in dem Augenblicke, wo er sie
brauchen will, um eine schwere Last mit
zu tragen, welche ohne fremden Beystand
sein geliebtes Kind zu Boden zu drücken
droht? —

Der Herr Verf. der Bemerkungen sagt
selbst:
„auch Prediger und Schullehrer müssen
„beytragen, aber die Frage ist, wie? in
„welchem Verhältnisse?“
und folgert nun, weil das Grundeigenthum
Maßstab der Deputation bey der Repartition

der Contribution auf die verschiedenen einzelnen Gemeinden des Kreises sey, daß
1) „Nur solche Geistliche Beyträge zur
„Contribution geben dürften, welche
„Pfarrgüter haben,
2) „Und daß selbst die begüterten geistli-
„chen Stellen dadurch unverhältniß-
„mäßig gedrückt oder geschont werden
„würden.“
Wären diese Consequenzen richtig, gingen aus dem Publicandum jene Ungleichheiten sub 1, und jene schreyenden Ungerechtigkeiten
und Ungleichheiten sub 2 wirklich hervor: so
würde ich mich schämen, der Verfasser und
Mitglied der höchst achtungswürdigen Kreis-
Deputation zu seyn, die es erließ.

Die Deputation hat es allerdings auf
dem Lande und in der Regel nur mit Grundeigenthum zu thun, und bestimmt nur nach
diesem einzig sichern, vor Ungerechtigkeit
schützenden Maßstabe die Beytragsquoten
jedes einzelnen Orts. In diesen bedrängten
Zeiten würde es doppelt bedenklich seyn, den
letzten Heller eines redlichen Mannes actens-
mäßig zu constatiren, unterdessen der minder
Gewissenhafte sich ärmer machen würde, als
er wirklich wäre. Allerdings werden daher,
weil der erzgebirgische Kreis keine Immunität anerkennt, bey Festsetzung der Localbey-
träge, ————— nur die nicht in
Magazinhufenfuße begriffenen Hufen der
Pfarrgüter berücksichtiget. Aber deshalb
gibt weder der Geistliche des Orts eben so
viel, als auf den Ort wegen seiner blinden
Hufe mehr gelegt wurde, noch bleibt der
Prediger in der Stadt oder auf dem Lande
deshalb frey, weil er keine Hufen besißt.

Sobald nämlich die Quota des Orts
von der Deputation festgesetzt und ausge-
schrieben ist, müssen die Communen schlechterdings vergessen, daß sie das Wort Hufe
jemahls gehört haben. Die Jury der Commun versammelt sich unter der Direction der
Obrigkeit und sagt:
Wir alle, ohne Rücksicht auf Hufenbe-
sitz, haben so und so viel zu der Contribution beyzutragen, und sollen es unter uns
alle, die wir an diesem Orte wohnen, oder
etwas in seinem Umfange besitzen, redlich
also vertheilen: daß der den größten Beytrag gibt, der das größte Vermögen hat,

dieſes mag nun beweglich oder unbeweglich
ſeyn; der am wenigſten gibt, welcher das
geringſte Vermögen hat. Wer notoriſch
arm iſt, muß frey bleiben.

Alſo Nr. 1, der Herr Paſtor! dieſer
hat ein Pfarrgut, das eine Huſe enthält,
und außer einigen geringen Accidentien ſein
ganzes Einkommen ausmacht. Sein Nachbar, Thomas mag dieſer heißen, hat auch
ein Huſengut. Alſo gibt der Herr Paſtor
ſo viel als Thomas? Das würde eine ab-
ſcheuliche Jury ſeyn, die das verlangte. Das
Wort Vermögen iſt relativ. Der Landgeiſt-
liche, der nur den Ertrag eines Huſengutes
hat, iſt arm. — Thomas, der ein bezahltes
Huſengut beſitzt, iſt reich! — Der Herr Paſtor muß ſich ſtandesmäßig in Kleidung,
Wäſche und Tiſch halten, wenn er ſeinem
Amte in den Augen des ſinnlichen Menſchen
ohne Nachdenken nicht ſchaden will; er muß
auf Literatur wenigſtens etwas jährlich wenden, wenn er nicht in der Cultur ſeines Gei-
ſtes zurück bleiben will; er kann, wenn ſein
Superintendent ihn beſucht, dieſem ſeine
Erdäpfel vorſetzen; er kann ſeine Kinder —
ſo geſund es dieſen auch ſeyn möchte — nicht
halb nackend gehen laſſen. Er darf nicht
ſelbſt pflügen, oder die Kuh auf den Vieh-
markt führen, er muß alſo Knechte und Taglöhner miethen, u. ſ. w. Das braucht der
Thomas alles nicht, um ein Ehrenmann zu
bleiben; für den die Koſten eines Prieſter-
rocks ein kleines Capital ſind, das er auf
Zinſen ausleiht, unterdeſſen der redliche
Paſtor mit trockenem Munde ausgeben muß.
Daher iſt Thomas reich, der Herr Paſtor
bey übrigens ganz gleichem Grundbeſitze arm;
der erſte kann, alſo bey dieſem Verhältniſſe
viel, der zweyte wenig geben.

Wenn hingegen Thomas ein bezahltes
Huſengut beſäße und der nachbarliche Herr
Paſtor hätte nicht eine Handvoll Grundeigenthum, aber 100, 150 bis 200 Schfl. Korn
jährlich Decem, wäre unverheirathet, und
brauchte alſo wenig bey einem großen Einkommen: ſo würde der Herr Paſtor ohne
Grundeigenthum weit reicher, als der Hüfner Thomas, mithin auch mehr zu geben,
verbunden ſeyn, als dieſer.

Mit wenigen Worten iſt alſo das Vermögen

eines öffentlichen Staatsbeamten, er
gehöre zu einer Faculät, zu welcher er
wolle, darnach zu rechnen und ſeinen Contributionsbeytrag von der Ortsjury darnach zu beſtimmen, was ihm nach redli-
chem parteyloſen Ermeſſen von dem Revenuen ſeines Privatvermögens und ſeiner
Amtseinkünfte nach Verlauf des Jahres
übrig bleibt, wenn er anſtändig und ohne
Luxus gelebt hat. Bleibt ihm gar nichts
übrig, wenn er mit der weiſeſten Oeconomie gelebt hat, ſo kann der Staatsdiener,
er heiße Amtshauptmann oder Paſtor, er
gebe hohe oder wenige Perſonenſteuer,
nicht mehr geben, als der Häusler auf
dem Dorfe, der Bürger in der Stadt,
dem auch von der Arbeit ſeiner Hände
nicht mehr übrig bleibt, als was er zu ſeiner und ſeiner Familie Erhaltung nothdürftig braucht.

So und nach dieſen Grundſätzen muß
die Subrepartition der von der Deputation
dem Orte zugetheilten Quota im ganzen Umfange des erzgebirgiſchen Kreiſes geſchehen.
Das Publicandum verordnet dieſes, nur freylich nicht ſo ausführlich, S. 9 folg. von den
Worten an:

Zu dieſem dem Orte aufgelegten Local-
quanto ꝛc.

Daraus ſteht nun ſelbſt der Hr. Verfaſſer der Bemerkungen:

1) Daß kein einziger Geiſtlicher des
ganzen erzgebirgiſchen Kreiſes, er be-
ſitze Grundeigenthum oder nicht, frey
bleiben,

2) Daß kein einziger unverhältnißmäßig gedrückt werden oder ſonſt ver-
ſchont bleiben könne.

Vergäßen ſich ja irgendwo die ſchätzen-
den Repräſentanten der Communen, ſo bleibt
ja noch außerdem die Beſchwerde bey der
Obrigkeit, und wenn auch dieſe nicht helfen
wollte, bey der Deputation übrig. So
glaube ich in dieſer Rückſicht alle Beſorg-
niſſe des würdigen Hrn. Verfaſſers der Bemerkungen gehoben, und die durchaus treffende Gerechtigkeit gerettet zu haben, welche
das erzgebirgiſche Publicandum ſo weit bezweckte, als menſchliche Kräfte in ſo kurzer
Zeit, als zur Aufbringung der Contribution
feſtgeſetzt war, es erlaubten. Nur noch die

letzte aufgeworfene Frage bleibt mir zu beantworten übrig. Es ist diese:

„Warum der Clerus nicht der Taration
„durch Behörden, an die er in der Regel
„nicht gewiesen ist, entnommen, und nach
„den übergebenen Specificationen seiner
„Einkünfte zur Mitleidenheit bey Bezah-
„lung der Contribution gezogen worden
„sey.“

Die Antwort darauf soll, hoffe ich, gleich
befriedigend seyn.

1) Weil es hier nicht auf sonstige Prä-
rogativen und Jurisdictionsverhältnisse
ankommt;

2) Weil bey diesen Contributionszah'angen der Fürst und der Schulmeister
nur ein Recht haben, das Recht, die
allgemeine Last mit zu tragen, und weil
ein guter Vater denn doch schon der guten
Sache und der öffentlichen Meinung
schuldig ist, sein Schicksal nicht von dem
seiner Kinder, sie mögen vornehm seyn
oder geringe, zu trennen. Die Jury, welche diese schätzt, schätzt ihn auch, es geschieht noch überdieß unter der Direction
der Obrigkeit und also in der Regel des
geistlichen Co-Inspectoris.

3) Weil mit dem nämlichen Rechte jeder
andere, der ein forum privilegiatum hat,
eine gleiche Ausnahme hätte verlangen
können. Welch ein Heer von Streitigkeiten würde zwischen den verschiedenen Behörden selbst dadurch entstanden seyn! Die
Deputation würde statt Geldes nur ge-
wechselte Säze erhalten haben.

4) Würden dadurch auch die Ausschreiben sowohl, als die Einrechnungen in gleicher Maße vervielfältiget worden seyn.
Das Cassenwesen würde weit verwickelter,
die Uebersicht schwerer, das Ganze weniger durchgreifend und weniger einfach gewesen seyn. In der That, eine sehr wichtige Rücksicht, wenn es auf schnelle Aufbringung einer aufgelegten Contribution
ankommt.

„Nun wohl! Aber warum ist nicht we-
„nigstens der Grundsatz bey Ausbringung der
„Beyträge des Clerus nach den von ihnen
„eingereichten Verzeichnissen ihrer Einkünfte
„eingerichtet worden?“ Weil

5) Dieß eine sehr große Ungerechtigkeit
gewesen seyn würde. Das klingt para-

dor! — Wir wollen uns einmahl freundlich zu Proben auf das Exempel die Hände
bieten; da werden wir der Wahrheit bald
auf die Spur kommen. Also

2.

Ein Pastor hat 100 bis 300 Thlr. jährs-
liche Einkünfte. Nach der Meinung des
Hn. Verfassers der Bemerkungen soll er also
zwey Thaler geben! Das ist für einen
Geistlichen, der nur so wenige Einkünfte
hat, nach den eben aufgestellten Grundsätzen
ohnehin schon zu viel. Aber, wenn nun
vielleicht der arme Mann acht unerzogene
Kinder zu ernähren hat? Dann ist zwey
Thaler ein Capital für ihn. Meine Jury
wird ihn höchstens 8 gr. geben lassen, wenn
sie ihn nicht unter die notorisch Armen zählte.

Ein anderer Geistlicher hat bey einem
persönlichen Vermögen von 30000 Thlr. —
mit gutem Willen, um zwar gemeinnützlich
zu seyn, aber zugleich ungestörter den Wissenschaften sich widmen zu können, seinen
spärlichlohnenden Dienst angenommen und
behalten. Er hat nicht gearbeitet, keine
Kinder; der Buchhändler bezahlt ihm ein
ansehnliches Honorar für den Bogen seiner
Werke. Sollte der auch nur zwey Thaler
geben, wie der sub a? Nach der gewünschten Modalität könnte niemand ihm mehr abfordern, unterdessen sein armer Nachbar,
ein Halbhüfner, der vielleicht schon seit fünf
Jahren contract wäre und seine kleine Wirthschaft durch einen Knecht bestellen lassen
müßte — fünf Thaler — gäbe!

Wäre das gerecht? Wäre das billig?
Ein Maßstab, der solche Ungerechtigkeiten
nur möglich macht, muß verworfen werden.
Mein redlicher Gegner, der nur will, was
recht ist, ob ihm dieß gleich persönlich das
Doppelte kosten würde, wird mir nun gewiß
zugestehen, daß für eine gewissenhafte Kreisdeputation das Auffinden gemeingültiger
ausreichender Maßstäbe, welche die Probe
halten, weit schwerer sey, als man wol beym
ersten Blick glauben sollte, und daber ihr
nicht das ehrenvolle Recht gönnen, das er ihr
nicht gern zuzugestehen scheint, gleich allen
übrigen Staatsbürgern auch die Herren
Geistlichen, ohne Dazwischenkunft der allerhöchsten Justizbehörden, zur Concurrenz bey
Aufbringung der Contribution ziehen zu dür-

fen. Gutwillig konnte es wenigstens die
Deputation so lange nicht aufgeben,

so lange das Recht der Bewilligung und
Einsammlung der bewilligten Auflagen
oder geforderten Contributionen in dem
Königreiche Sachsen nur den Ständen
desselben unter allerhöchster landesherrli
cher Bestätigung verfassungsmäßig zustehet.

Aus diesem einfachen Grunde war es
zugleich ein Act der allerhöchsten Gerechtigkeit unseres, über jedes Lob erhabenen, an-
gebeteten Königs, daß er seine Stände in
den verschiedenen Kreisen durch das
Anbefehlen allgemeiner Grundsätze beschränkte, wie der Hr. Verfasser der Bemerkungen
im Eingange derselben verlangt.

Wenn endlich die Herren Stände der
übrigen Kreise bey Aufbringung der Contribution ihren Localverhältnissen andere
Grundsätze, als die sind, welche der erzgebirgische Kreis annahm, für angemessen
hielten und mit allerhöchster königlicher Bestätigung annahmen: so werden sich wahrscheinlich die Herren Geistlichen jener Kreise,
ohne eben widerspenstig zu seyn, so lange mit
Recht weigern, gleich ihren Confratern des
Erzgebirges persönliche Contributionsbeyträ-
ge zu geben, so lange nicht die Herren
Stände jener Kreise mit allerhöchster königlicher Bestätigung beschließen, daß der Clerus ihrer Kreise auch contribuable seyn sollte.
Concludendo. Freyberg d. 17 Febr. 1807.
Carl Wilhelm Ferber.

Gelehrte Sachen.

Historische Anfrage.

Zu Dannenberg im Herzogthum Lüneburg befindet sich neben dem Amthause ein
alter Thurm, der von jeher zum Staatsge-
fängniß gebraucht worden, und noch jetzt im
baulichen Stande erhalten wird. Hier starb
1756 ein Mann, dessen Geschichte so dunkel,
und durch die auffallende Aehnlichkeit mit der
Erscheinung des Mannes mit der eisernen
Maske so interessant ist, daß sie eine nähere
Bekanntmachung verdient. Er wurde einige
Jahre vorher in einer sechsspännigen Kutsche
unter einer militairischen Bedeckung von
Lüneburg nach Dannenberg gebracht und
dem Amtmann überliefert; dem in einer

versiegelten Ordre das Verhalten gegen diesen vornehmen Staatsgefangenen auf das
genaueste vorgeschrieben war. Er sollte ihn in
die besten Zimmer des Thurms logiren und
zugleich seinen Kammerdiener mit verschließen,
der ihm zwar zugelassen werde, aber nicht
einen Fuß aus dem Thurme setzen sollte;
nicht zu erlauben, daß außer dem Amtmann,
jemand ihn sehen oder mit ihm sprechen
sollte; auch sollte er sich, bey unvermeid-
licher hoher Strafe, alles neugierigen For-
schens über den Stand und die Geschichte
des Staatsgefangenen enthalten.

Der Amtmann sollte für die Verkösti-
gung sorgen, ihm jeden Mittag sechs Schüs-
seln auftragen lassen; das Abendessen und
der Wein sollte von der Forderung des
Staatsgefangenen abhängen; doch müßte
ihm der Amtmann hierin, er mochte begehren, was er wollte, jederzeit willfahren;
am Ende eines jeden Monats die Rechnung
aufstellen, und sie an gewisse benannte Personen in Lüneburg einschicken, von denen er
die Zahlung erhalten würde. Correspondenz
war dem Gefangenen zugelassen; doch mußten seine Briefe durch die Hände des Amtmanns gehen, und mit einem Convert an
obige Personen in Lüneburg versehen seyn,
an die sie abgeschickt wurden. Auf den
Briefen, die er erhielt, stand nie eine
Adresse. Kein Posttag verging, an dem
er nicht Briefe erhielt und welche abschickte.
Nach der Erzählung des Amtmanns muß es
ein Mann von dem vornehmsten Stande gewesen seyn, der in seinen Unterredungen
große Weltkenntniß, seine Sitten und weitläufige Belesenheit verrieth, aber es sehr
sorgfältig vermied, seine Geschichte auch nur
auf die entfernteste Art zu berühren; die kurzen Billets, die er dem Amtmann schrieb,
unterzeichnete er stets: der Staatsgefangene.
Er hatte viel Geld und eine kostbare Garderobe bey sich, ließ sich auch während seines
Verhafts noch einige galonnirte Kleider machen; beschäftigte sich sehr mit seinem Anzug,
so daß er sich manchen Tag drey bis viermahl
umkleidete. Im Jahr 1756 wurde dieser
Staatsgefangene kränk; nach dem Bericht
des Amtmanns kam sogleich von Lüneburg
ein Arzt und ein Chirurgus; auf die Nachricht von der Beschaffenheit der Krankheit

erschien eine Person von Wichtigkeit, die ihn
selten verließ, und so bald er verschied, seine
Papiere in einen Koffer packte und versiegelt
nach Lüneburg abschickte. Der Körper blieb
in einem doppelten Sarg einige Wochen in
Dannenberg, wurde darauf in der Nacht
zugleich mit dem Kammerdiener unter einer
starken Bedeckung nach Lüneburg gebracht,
von da in der Nacht weiter transportirt
worden, ohne daß man je erfahren können,
was aus beyden geworden ist.

So lautet eine Geschichte, die sich noch
als Tradition in der Erinnerung und Erzählung vieler Personen, die in damahliger Zeit
lebten, fortdauernd erhält. Möchte es verständigen Männern dortiger Gegend gefallen,
das Publicum in diesen Blättern gefälligst
zu belehren, ob die ganze Erzählung eine
Fabel, oder, wenn sie gegründet seyn sollte,
welches Opfer der Cabinets-Justiz wol unter
dieser Hülle verborgen gewesen seyn möchte?

Dienst - Anerbieten.

Für die Steingutfabrik in Zell am
Harmersbach ohnweit Lahr im Breisgau,
wo nach Art von Wedgewood gearbeitet
wird, werden geschickte Steingutdreher und
Former gesucht. Wer etwas Vorzügliches
in diesen Fächern zu leisten vermag, kann
auf Anstellung unter günstigen Bedingungen
und auf Ersaß der Reisekosten von Frankfurt
aus bis nach Zell rechnen. Schriftlich wendet man sich desfalls an das Handelshaus
Schnißler und Lenz in Lahr im Breisgau
oder an Hrn. Joseph Anton Burger in
Zell am Harmersbach.

Dienst - Gesuche.

1) Eine Person von honetter Herkunft,
etliche dreyßig Jahr alt, welche die Haus-
haltungs-Geschäfte verstehet, auch kochen
kann, wünscht als Haushälterinn eine
Stelle zu finden. Nähere Auskunft gibt der
Amtmann Riehm in der Burg Friedberg in
der Wetterau.

2) Ein lediger Mensch von 25 Jahren,
welcher schon auf mehrern sächsischen Postämtern als Postschreiber gewesen, und mit
den besten Zeugnissen versehen ist, wünscht
in gleicher Qualität auf irgend einem Postamte, wenn es auch im Auslande wär, angestellt zu werden. Die Expedition des allg.
Anz. besorgt freye Briefe unter der Adresse
J. in K. Postschreiber.

Familien - Nachrichten.

Nachricht

zufolge der Aufforderung des Hrn. v. L
zu C. de dato 24 Januar d. J. S. 294
des allg. Anz. d. D.

Den vielfältigen drohenden Gefahren
des Octobers v. J. glücklich entkommen,
wenn gleich mit Aufopferung des größern
Theils der Gesundheit, erreichte ich im No-
vember-Monat die Universität Kiel im Holsteinischen; für diesen Augenblick noch unbestimmt, wie lange ich mich hier aufhalte.
Mit Sicherheit verweile ich hier bis zum 7
April d. J. Sollte ich mich dann von hier
entfernen, so wird mein bisheriger Wirth,
der Uhrmacher Herr Geertz, meinen fernern
Aufenthalt wissen, und das von dem Herrn
v. L. zu C. mitzutheilende ohnfehlbar mir
sicher eingehändigt werden.
Kiel den 1 März 1807.
Klockmann,
Stud. jur. aus Schwerin im Mecklenb.

Aufforderung.

Der ehemahlige Candidat J. A. Fleisch-
hauer, welcher im Jahr 1801 zu Holte im
Bremischen Hauslehrer war, jetzt sich aber
im Schwarzburgischen aufhalten soll, wird
hierdurch ersucht, uns seinen jetzigen Aufenthaltsort sofort anzuzeigen.
Gebrüder Hahn,
Buchhändler in Hannover.

Anfrage.

Ich wünsche zu wissen, ob der Freund
meines Herzens, Carl Teuthold Heinze,
noch in Südpreußen lebt, oder wo er weilt,
und ob derselbe mein vollendetes Heldenge-
dicht Thuiskon von meinem Verleger, dem
Herrn Prof. Schreiter in Leipzig, empfangen
hat? Kiel den 2 März 1807.
Detlef Friedrich Bielefeld, D.

Justiz- und Polizey-Sachen.

Vorladungen: 1) der Gläubiger des Freyherrn
Ph. Jos. von Frankenstein.

Entgegen den Philipp Joseph Freyherrn von
Frankenstein Probst und resp. Capitular der ehemahligen Domstifter zu Worms und Speyer ist
bey der, von dem Gemeinschuldner selbst anerkannten, und in Actis vorliegenden Unzulänglichkeit seines Vermögens zur Befriedigung seiner Gläubiger
der Gant-Proceß erkannt, und für sämmtliche
diese Gläubiger, welche an die hier gesammelte
Administrations-Masse Anspruch zu haben vermeinen, zur Anbringung ihrer Forderungen, Liquidirung derselben, und Ausführung des etwaigen
Präferenz-Rechtes Terminus auf Montag den
27 April d. J. anberaumt, an welchem Tage sie
entweder in Person oder durch hinlänglich Bevollmächtigte in der Stadt Bruchsal Morgens neun Uhr
auf dem bischöflichen Vicariats-Gebäude zu erscheinen, im Ausbleibungsfalle aber zu gewärtigen haben, daß sie von gegenwärtiger Gant-Masse gänzlich ausgeschlossen werden.

Bruchsal, am 4 Febr. 1807.

Von bischöflicher Commission wegen.

Keppler, Act. Commiss.

2) Jos. Halter's.

Joseph Halter diesseitiger Amtsangehöriger
von Kieselangen, welcher schon das 62 Jahr zurückgelegt hat, ließ sich im 17 oder 18 Jahre seines
Alters unter das ehemahlige k. öst. Regiment Bender engagiren, von dieser Zeit an aber nichts mehr
von sich hören, und es ist daher weder von seinem
Aufenthalte, noch Leben, oder Tode diesseits etwas
bekannt.

Da nun dessen nächste Anverwandte um Verabfolgung seines unter Pflegschaft stehenden Vermögens von beyläufig 400 fl. gebeten haben: so
wird der verschollene Joseph Halter, oder dessen
allenfallsige Descendenz hierdurch öffentlich aufgefordert, sich binnen neun Monaten von heute bey
unterfertigter Justizstelle zu melden und sein Vermögen in Empfang zu nehmen, oder aber zu gewärtigen, daß solches seinen nächsten Anverwandten gegen Caution zur Verwaltung überlassen werden würde. Böblingen (bey Radolphszell am
Untersee) am 22 December 1806.

Großherzogl. Badis. Obervogteyamt.

Vidt. Hinweg.

3) Andr. Kaiser's.

Der militärpflichtige Andreas Kaisers von
Münzensheim, welcher ohne Erlaubniß auf die
Wanderschaft gegangen, wird zufolge hochpreis-
lichen Kriegs-Collegienbeschlusses, vom 24 v. M.
Nr. 1374, hiermit vorgeladen, in Zeit von drey Mo-
naten vor unterzeichneter Stelle zu erscheinen, und

sich wegen seines Austritts zu verantworten, oder
zu gewärtigen, daß gegen ihn nach den bestehenden
Landesgesetzen werde verfahren werden.

Bretten, den März 1807.

Großherzogl. Badisches Amt.

E. Posselt.

Vidt. Schiller.

4) J. Buntruh's.

Johann Buntruh Schneider von Weizen
diesseitigen Amtes, ist bey 40 Jahren abwesend,
ohne daß man von dessen Leben oder Aufenthalt
einige Nachricht hat.

Derselbe oder dessen Intestat-Erben werden
hiermit vorgeladen, binnen 6 Monaten sich dahier
bey Amte zu melden, und das ihm zuständige Vermögen von 300 fl. in Empfang zu nehmen, widrigenfalls dasselbe gegen Caution seinen nächsten bekannten Intestat-Erben wird ausgefolget werden.

Stühlingen den 23 Hornung 1807.

Hochfürstlich-Fürstenbergische O. J.
Amts-Kanzley.

Vidt. Schwab, Rath und Ober-Vogt.

5) der Erben oder Gläubiger Casp. Jederan's.

In der Curatel-Sache des aus Dimitz im
Mecklenb. Schwerinschen gebürtigen, seit vielen
Jahren abwesenden Caspar Jederan, wird auf
das unterm ersten hujus abgehaltene Protocoll hierdurch zum rechtlichen Bescheide ertheilet:

daß, da so wenig der gedachte Verschollene, als
seibliche Nachkommen auf ihm in Gemäßheit der
erlassenen Edictal-Ladung sich persönlich oder
schriftlich gemeldet, er, der 70 jährige Caspar
Jederan hiemittelst für todt, und die Substanz
seines Vermögens seinen nächsten Seitenverwandten, der gesetzlichen Erbfolge nach, für anheim-
gefallen erklärt wird.

Auch werden nunmehr alle diejenigen, welche
an des mehrerwähnten Caspar Jederan sub cura
hierselbst gestandenes, jetzt nachgelassenes Vermögen
als Erben oder aus sonstigem Grund Ansprüche zu
haben vermeinen, hierdurch geladen, daß sie am 29
April d. J. Morgens um 9 Uhr vor Gericht allhier
entweder persönlich oder durch genugsam Bevoll-
mächtige erscheinen, ihre Erbrechte und Ansprüche
anzeigen, auch solche sofort gehörig darthun;
widrigenfalls haben sie zu gewärtigen, daß sie unter
Auflegung eines immerwährenden Stillschweigens
damit werden ausgeschlossen und abgewiesen werden.

Datum Neustrelitz den 17 Februar 1807.

Herzogl. Meckl. Steel. Stadtgericht hies.

J. Bartholdi.

6) der Gläubiger Gottl. F. Jüge's.

Auf schriftliche Instanz des roßweiner Cantors,
Hrn. Gotthilf Friedrich Jüge, werden hierdurch

alle diejenigen, welche an die Verlassenschaft deſſen
Bruders, weil des Kunſt- und Papierhändlers,
Hr. Gottlieb Heinrich Illge allhier Vermögen
ex Capite crediti, hereditatis vel alia causa einige Anſprüche zu förmiren haben, hierdurch edictaliter jedoch peremtorie aufgefordert
Montag den 27 April a. c.
welcher Tag zum Liquidations- und Gütepflegungs-
Termin Rathswegen anberaumet worden, Vormittags 10 Uhr in Perſon oder durch hinlänglich legitimirte Mandatarien vor uns auf dem Rathhauſe
allhier zu erſcheinen, ihre Forderungen, ſub poena
praecluſi, zu liquidiren und zu beſcheinigen, ſodann mit Hrn. Cantor Illge ein gütliches Abkommen zu treffen, und in deſſen Entſtehung weiterer
rechtlichen Weiſung gewärtig zu ſeyn.
Wornach ſich zu achten. Sig. Gera, der 24
Febr. 1807.
Bürgermeiſter und Rath.
J. F. Senf.

Kauf- und Handels-Sachen.

Nachricht.

Das unterzeichnete Comptoir zeigt hiermit an,
daß es ſich durch ſeine Lage zwiſchen den Gränzen
von Frankreich und den rheiniſchen Bundeslanden
in einer der bevölkertſten Städte Helvetiens bewogen, und durch viele ſeiner ſowohl in- als ausländiſchen Freunde dazu aufgefordert entſchloſſen hat,
mit ſeinen ſchon lange geführten Geſchäften von gerichtlichen Betreibungen, Anzeigen, Nachforſchun-
gen u. ſ. w. auch den commiſſionsweiſen Verkauf und Ankauf von Objecten aller Arten zu verbinden.

Daſſelbe glaubt ſich deswegen aller weiteren Em-
pfehlung enthalten zu dürfen, weil es das bisher ſo-
wohl von Auswärtigen als Inländiſchen genoſſene
Zutrauen als hinlängliche Empfehlung anſieht.
Briefe und Paquete bittet man ſich franco aus.
Baſel, den 20 November 1806.

Commiſſions- und Correſpondenz-
Comptoir, zum Pelikan Nro. 451.

Thermometer.

Da ich ſeit einem Jahre viele Thermometer
nicht liefern konnte, welches aber nun wieder geſchehen kann, ſo mache ich ſolche unter nachſtehenden Preiſen wieder bekannt.
Ein Mercurialthermometer auf verſilberter und
richtig aufgeriſſener Scale auf einem Bretchen
die Abtheil. nach Reaum. à 2 fl.
Ein ditto nach Reaum. und Fahr. à 2 fl. 30 kr.
Ein Badthermometer nach Reaum. im Gehäuſe,
à 3 fl.
Ein ditto mit zurückſchlagender Scale, à 3 fl.
30 kr.

Zugleich bemerke, daß ſolche auch um den-
ſen Preis, nebſt einem Zuſchuß von 36 — 45
pr. St. für Fracht, Emballage ꝛc. bey Hrn. Jo-
Valentin Albert in Frankfurt am Mayn a
Liebfrauenberg zu haben ſind.
Unangenehme Erfahrungen machen es abe-
nothwendig, daß ich kein Inſtrument an Unbekannt
unbezahlt abſenden kann, worüber mich nachfolgendes einzige Beyſpiel rechtfertigen wird, ſowie ich
auch für das Verunglücken auf dem Transport nich-
haften kann, indem ich alle Vorſicht beym Verpa-
cken anwende.
Herr Brötel, angeblich Gaſtgeber in Wimpfen
am Nekar, verlangte in einem Schreiben d. d.
22 April 1805 drey Thermometer von mir, die
ich ihm auch unverzüglich zuſandte. Seit dem Empfange blieb aber meine öftere und ſchon einmahl
im K. A. ergangene Ermahnung fruchtlos, und ich
ſehe mich getäuſcht.

Johann Conrad Höchemer, in Uſſen-
heim in Franken.

Echter oſtindiſcher Nanquin
in Stücken von etwa 8 Ellen iſt bey uns einzeln à 40 gl.
und bey Abnahme von 50 Stücken und drüber, à
36 gl. pr. St. contante Zahlung, begehrten Falls
mit Paſſierzetteln, zu haben.
Dresden, den 4 März 1807.

F. A. Peyer und Comp.

Fortepianos

in Flügel-Clavier- und aufrechtſtehender Form von
verſchiedener Eleganz und Holzgattung von den beſten wiener Meiſtern ſind in großer Anzahl vorräthig, und zu den billigſten Preiſen zu verkaufen,
im muſikaliſchen Inſtrumenten-Magazin von C. F.
Lehmann auf der Ritterſtraße in Leipzig.

Liqueurs.

Bey dem Kaufmann Wilhelm Metzel in Jena,
wohnhaft in der Johannisſtraße Nr. 43 roth, ſind
folgende, unter Aufſicht eines bekannten Chemikers
bereitete feine Liqueurs in verſiegelten Maaßflaſchen
um beygeſetzte Preiſe zu verkaufen.

Eau de ſanté d'aromate rouge		
— — — d'aromate blanc	bie Bouteille	
— — — de canelle	1 rthl. 2 gr.	
— — — de girofle rouge	Sächſ.	
— — — de macis		
— — de menthe poivrée		
— — de carvi	die Bout. 1 rthl.	
— — d'orange	Sächſ.	
— — de citron		
— — de violetto		

Wer zehn oder mehr Bouteillen auf einmahl
nimmt, erhält 5 Procent Rabat.
Wilhelm Metzel.

Allgemeiner Anzeiger
der
Deutschen.

Dienstags, den 17 März 1807.

Nützliche Anstalten und Vorschläge.

Versorgungs-Anerbieten für Personen
beyderley Geschlechtes.

Eine Fundation bürgerlicher Gesellschaft
edler Menschenfreunde ist bereit, in gemeinnütziger Absicht und besonders in Betrachtung der gegenwärtigen allgemein nahrlosen
und kriegerischen Zeiten sich dahin zu erweitern, daß auch unbemittelte, durch Kriegs-
Unglück herabgekommene Personen, jedoch
von guter Familie, Erziehung und Bildung,
an anständiger Beschäftigung vermittelt
einer besonders dazu eingerichteten englischen Maschinen-Spinn-Fabrik Antheil und
lebenslängliche Versorgung erhalten können,
und eröffnet hiermit, daß

1) Als wirkliche Fundations-Mitglieder
noch fünf bis sechs Personen beyderley Geschlechts unter den bestehenden Bedingnissen
und Vortheilen gegen baaren Erlag der Ein-
kaufs-Summe für lebenslänglich freye und
gänzliche Verpflegung à 3800 Thlr. für ein
und allezeit aufgenommen werden.

2) Daß als dienstthuende Mitglieder acht
bis zehn Personen mehrentheils Frauenzimmer gegen gute Ausweisung der erforderlichen Eigenschaften sich adjungiren und unentgeltlich eintreten können.

Nützliche Kenntnisse und Thätigkeitsliebe
befördert in ersterer Classe zu vorgesetzten
Stellen, welche ihre besonderen Vorzüge erhalten; und angenehmer Lebens-Genuß in
gesellschaftlichem Zirkel wird zugleich bey dieser uneigennützigen Anlage vorzüglich beab-

Allg. Anz. d. D. 1 B. 1807.

sichtiget, weswegen musicalische Talente auch
für letztere sehr empfehlen.

Nähere Erläuterung ertheilt auf ganz
franco einlaufende Briefe Wilhelm Brachmann, Fundations-Secretär, abzugeben bey
Hn. Käffer lit. E. Nr. 102 in Regensburg.

Künste, Manufacturen und Fabriken.
Empfehlung von Bier- und
Branntweinwagen.

Wie unbestimmt und schwankend alle
bisher bekannt gewordene Wagen dieser Art
sind, ist den Brauern und Brennern bekannt
genug. So oft man von neuen eine andere
Wage sich anschaffte, gab selbige eine von
der zuvor gebrauchten verschiedene Zahl der
Grade an, und es war unmöglich, in Schriften die wahren Bestandtheile von Spiritus
und Phlegma richtig zu unterscheiden, oder
die wahre Summe einer jeden im Branntwein enthaltenen Eigenschaft untrüglich zu
bestimmen. Eben so verhielt es sich mit den
Bierwagen, wenn man das wahre Verhältniß
von Wasser zu dem von Geist und Oel erlangen wollte. Ging die bisher gebrauchte
Wage verloren, oder fing man mit einer
derselben an zu messen, so konnte einem erst
der längere Gebrauch und die mehrmalige
Vergleichung des Geschmacks mit der Zahl-
angabe dieser Wage das ungefähre Merkmahl zeigen, von welcher Beschaffenheit das
Bier sey, welches man zu haben wünschte.
In Schriften war ebenfalls keine zuverlässige, genaue Bestimmung der Güte oder der

Beschaffenheit des Bieres möglich, weil noch
keine Wage vorhanden, die ohne Unterschied
immer die nämliche Anzahl der Grade gezeigt, wenn das Bier von ein und eben derselben Beschaffenheit, Güte, Schwere und
Kraft war. Denn so viel Bierwagen bisher im Gebrauch waren, so vielerley Verschiedenheiten der Grades-Anzeige fand sich
auch in der Vergleichung mit selbigen.

Ein wahrhaftiges Bedürfniß waren daher Bier- und Spiritluswagen, die eine,
wie die andere allemahl richtig ein und eben
daffelbe Merkmahl oder ein und eben dieselben Grade anzeigen, auf die man sich
berufen kann, und nur nennen darf, so oft
es nöthig ist, die Vergleichung und Beschaffenheit zu bestimmen, oder bekannt zu machen.
Daß Herr H. M. Stoppani in Leipzig
diesem großen Bedürfniß in der That vollkommen abgeholfen, kann ich hiermit versichern, und halte es für Pflicht, dem Publicum einen nicht unwichtigen Dienst mit der
Bekanntmachung der bey ihm beständig zu
habenden Bier- und Spirituswagen zu leisten. Zu verschiedenen Preisen werden diese
Wagen nach 60 und auch 100 Graden verkauft, und verdienen es unläugbar, unter
dem Namen stoppanische allgemein bekannt
und in Gebrauch genommen zu werden.
Erst nach meiner dreyjährigen Prüfung dieser vortrefflichen Wagen wollte ich öffentlich
meine Gedanken und Zusicherung darüber
mittheilen.

H. A. von Steindel,
pract. Landwirth und öconomischer
Schriftsteller.

Gesundheitskunde.

Eine gemeinnützige Bitte an Aerzte.

Bey dem höchst veränderlichen Character
dieses Winters hat sich, wohin man hört,
der Keich- oder Stickhusten der Kinder verbreitet. Es ist ein langwieriges, hartnäcki-
ges Uebel, wobey die armen Kleinen ungemein leiden. Sie magern dabey ab, verlieren die Eßlust, und werden besonders des
Morgens von dieser bösen Plage angegriffen,
welche manchem Kinde das Leben gekostet, und bey manchem gewiß — durch
Verletzung einiger Lungengefäße — den Keim

zu künftigen tödlichen Brustübeln gelegt hat.
Viele Eltern, die auf dem Lande wohnen,
müssen fast ganz der ärztlichen Hülfe dabey
entbehren, und das Uebel entweder bloß der
Natur überlassen, oder sich mit Hausmitteln
begnügen, wobey Mißgriffe nicht selten sind.
Möchte sich doch daher recht bald einer der
bekannten deutschen Aerzte, z. B. ein Faust
oder Struve, das neue und große Verdienst
erwerben, eine faßliche Methode im allg.
Anz. bekannt zu machen, wonach in Abwesenheit von Aerzten, jene Krankheit durch
eine schickliche — freylich mehrentheils diäte-
tische — Behandlung der Kinder, begegnet
werden könne.

Berichtigungen und Streitigkeiten.

Zeitungs-Unparteylichkeit.

Folgende Stelle im 61 Bülletin der großen Armee, d. Landsberg den 18 Febr.

Le nombre des généraux et officiers
morts dans l'armée russe est très-considé-
rable. Par la bataille d'Eylau plus de 5000
blessés sont tombés entre les mains du
vainqueur, soit au champ de bataille, soit
dans les ambulances. Beaucoup sont
morts; les autres blessés légèrement aug-
menteront le nombre des prisonniers;
1500 ont été rendus à l'armée russe. On
évalue le nombre des blessés russes à 15,000,
sans y comprendre les 5000 ci-dessus.
(Journ. de Francfort Nr. 68.)
ist im hamburg. unpartey. Correspond.
Nr. 38 folgendermaßen gegeben:

„Die französische Armee hat viele Officiers von der Generalität, besonders in den
verschiedenen Affairen verloren, die seit dem
ersten Februar vorgefallen. Ueber 5000 Ver-
wundete sind auf dem Schlachtfelde von
Eylau geblieben."

In einer Zeitung des südlichen Deutschlands hat man so viele französische Generale
getödtet, daß die große Armee ganz davon
entblößt ist.

Wenn werden doch Zeitungsschreiber
aufhören, thätigen Antheil an den großen
Welthändeln zu nehmen?

Familien = Nachrichten.
Todes = Anzeigen.

1) Heute, Vormittag endete der Tod die großen Leiden, die meine geliebte Ehegattin, Mariane geb. Harnier, während eines langwierigen Krankenlagers leider erdulden mußte. Diesen Trauerfall mache ich unsern werthgeschätzten Freunden und Verwandten, unter Verbittung der Beyleidsbezeugungen, hierdurch bekannt, und empfehle mich mit meinen Kindern ihrer fortdauernden Freundschaft und Gewogenheit.

Caffel der 3 März 1807.
A. C. Waitz, Hofrath.

2) Meinen Freunden und Gönnern mache ich bekannt, daß meine Frau Susanne Magdalene geb. Meyer am 6 dieses Monats Abends um 10 3/4 Uhr nach einer zwölfjährigen Kränklichkeit und nach vielen damit verbundenen Leiden in einem Alter von 31 Jahren 5 Monaten und 4 Tagen zu einem bessern Leben einschlief. Zugleich danke ich herzlichst für die vielen Beweise von Achtung und Freundschaft, die sie durch ihre allgemein anerkannte vorzügliche Herzensgüte von allen Seiten einernte, so wie für die sichtbare Theilnahme, welche man an ihren Leiden nahm. Mich und meine drey noch unerzogenen Kinder empfehle ich ihrem Andenken und ihrer fernern Gewogenheit und Freundschaft. Schweina im meiningischen Amte Altenstein am 9 März 1807.

Johannes Walch,
Adjunctus, Assessor des geistl. Untergerichts zu Altenstein und Pfarrer zu Schweina und Liebenstein.

Justiz = und Polizey = Sachen.
Nachricht von Vagabunden und Marktdieben.

Auf dem, am 2 Februar l. J. dahier gehabten Roßmarkt wurden die Vagabunden und Marktdiebe die acht unten beschriebnen Juden aufgegriffen, die zwey erstern auf drey, die letztern sechs aber auf zwey Monat, jedoch ohne Willkommen und Abschied, auf Befehl königlich bayer. Krieges = und Domainen-Kammer dahier in das Zuchthaus nach Schwabach am heutigen Tage abgeliefert, und werden diese noch außerdem, nach erstandener Strafzeit über die Grenze gegen ihre Heimath gebracht, und schon bloß auf den Fall der Rückkehr in die königlichen Lande mit zweyjähriger Festungsstrafe belegt werden.

Alle in = und ausländische Gerichte werden hiermit geziemendst ersucht, wenn sich die unten beschriebenen irgendwo eines noch unbestraften Verbrechens schuldig gemacht haben sollen, unterzeichneter Stelle hiervon schleunig gefällige Nachricht zu ertheilen. Ansbach den 6 März 1807.

Königl. Bayer. Polizey Direction.
von Lüzemberger.

Signalements.

I) Jacob Abraham aus Amsterdam, noch ledig, ist 18 Jahr alt, 5 Schuh 1 Zoll nürnberger Maßes, untersetzter Statur, gesunder Gesichtsfarbe, hoher Stirne, blauer Augen, langer etwas gebogener Nase, mittlern Mundes, breiten Kinns, länglicht glatten Gesichts, hat schwarz braune abgeschnittene Kopfhaare, sehr wenig blonden Bart und dergleichen Augenbraune; trägt weißbraunen Ueberrock mit dergl. Knöpfen, grün und schwarz manschesterne Weste mit rother Tour, blau und gelb gedruckte Halsbinde, runden schwarzen Hut, schwarz gestreifte manschesterne lange Hosen, schwarze Stiefeln ohne Stulpen; spricht deutsch, und sucht Condition als Knecht.

II) Moyses Levi, aus Frankfurt a. M. gebürtig, noch ledig, ist 17 Jahr alt, 5 Schuh 1 1/2 Zoll nürnberger Maß, ziemlich untersetzter Statur, blasser Gesichtsfarbe, hoher Stirne, blauer Augen, langer Nase, mittlern Mundes, etwas spitzigen Kinns, länglichen Gesichts; hat kurz geschnittene zum Theil gekrausete dunkelbraune Kopfhaare, dergleichen Augenbraunen, noch keinen Bart; trägt runden schwarzen Hut, roth und blau gesteint baumwollen Halstuch, braunröthlichen Frackrock mit gelben Knöpfen, schwarz graues Kittelein mit kleinen gelben Huffaren-Knöpfen, alte grau melirte ins gelbe gekreuzte Weste, kurze schwarze manschesterne Bleinkleider, schwarz lederne Stiefel ohne Stulpen; spricht deutsch ins Jüdische fallend, und handelt mit Brillen.

III) Marum Baer, 45 bis 46 Jahr alt, verheirathet, aus Runkel gebürtig, schuplos, ist fünf Schuh nürnberger Maßes, untersetzter Statur, braunen nicht allzuvollen länglichen Angesichts, mittlerer Stirn, graubrauner Augen, mittlerer zugespitzter Nase, breiten Munds und Kinns, hat nicht allzukurz abgeschnittene schwarzgraue Kopfhaare, dergleichen Backen- und geschornen Gesichts-Bart, dann solche Augenbraunen, trägt einen dreyeckigen schwarzen Filzhut, gelb und roth gedruckte cattunene Halsbinden, schwarz braunen Bieber-Ueberrock mit mittlern großen Kragen, braune tuchene Weste mit gestickten Blumen, gelb lederne lange Hosen, schwarze Stiefel ohne Stulpen; spricht deutsch, ziemlich jüdisch, und handelt mit Brillen, Scheermessern 2c.

IV) Joseph Baer, vorstehenden Marum Baers Sohn, ist 15 1/2 Jahr alt, 5 Schuh, 1 Zoll nürnberger Maß, hagerer Statur, blassen länglichten Angesichts, hoher Stirne, grau gelblicher Augen, langer niederer Nase, kleinen Mundes, schmalen Kinns; hat nicht all zu kurz geschnittene ſchwarze krauſe Haare, dergl. Augenbraunen, noch keinen Bart; trägt blau tuchene Haube, mit lioner goldener Treſſe, und aſchgrauen Pelz, dann Schirm; roth und blau geſtreiftes baaumwollenes Halstuch, bleymeiß farbenen tuchenen Ueberrock, mit weiß-metallenen Knöpfen, nankinetten Kittelein; blau-geſtreifte mancheſterne Weſte, dergl. lange Bein-kleider, grünlich graue Ueberhoſen mit weiß bei-nernen Knöpfen, kurze ſchwarze Stiefel; ſpricht ganz jüdiſch deutſch, und handelt mit Brillen, Bändern ꝛc.

V) Joſeph Läſer, beweibt aus Joſtein gebür-tig, ſchunlos, iſt 54 Jahr alt, 5 Schuh Nürn-berger Maßes, unterſetzter Statur, bräunlich leb-haften, runden ſtarken blatternarbigen Angeſichts, hober Stirne, blauer Augen, langer ſtark ſtumpfer Naſe, ordinairen Mundes, breiten Kinns, ſchwar-zer nicht allzukurzer Kopfhaare, dergl. mit kleinem Bäublein verſehenen Barts und Augenbraunen; trägt dreyeckigen ſchwarzen Filzhuth, ſchwarz ſlorne Halsbinde, ordinairen bechtgrauen biebertuchenen Rock mit dergl. Knöpfen, weiß und braun über-zwergs geſtreifte Weſte, braun mancheſterne kurze Hoſen, weiß wollene Strümpfe, und Bänderſchuh; ſpricht jüdiſch deutſch und handelt mit Brillen, dann andern kleinen Waaren.

VI) Laeſer Joſeph, des vorſtehenden Joſeph Laeſer's Sohn, iſt 17 Jahr alt, 5 Schuh 5 Zoll nürnberger Maßes, hagerer Statur, geſunden vollen länglichen Angeſichts, hoher Stirn, ſchwarz-brauner Augen, vollkommener etwas breiter Naſe, gewöhnlichen Mundes, ſpitzigen Kinns, hat ſchwarz-braune, abgeſchnittene Kopfhaare, dergl. Augen-braunen, noch keinen Bart; trägt runden ſchwar-zen Huth, ſchwarze dicke ſeidene Halsbinde, blau tuchenen ordinairen Rock, roth und blau geſtreift baumwollenes Kittelein, gelb roth und ſchwarzgrün über-zwergs geſtreifte Weſte, dann hierunter noch eine bergl. roth, weiß und blau geſtreifte, blau ge-ſtreifte mancheſterne kurze Hoſen, blaumollene Strümpfe und Schuhe mit Bändern; redet jüdiſch deutſch, und handelt mit Brillen, Schnallen, Meſſern.

VII) Meyer Simon, noch ledig, aus Am-ſterdam gebürtig, 22 Jahr alt, 5 Schuh 3 Zoll nürnberger Maßes, unterſetzter Statur, geſunden vollen ovalen Angeſichts, hoher Stirne, blauer Augen, großer langer breiter Naſe, aufgeworfe-nen Mundes, breiten Kinns, hat rothe, etwas gekräuſelte abgeſchnittene Kopfhaare, dergleichen Augenbraunen und geſchornen Bart; trägt einen dreyeckigen ſchwarzen Huth, blau tuchenen ordinai-ren Rock mit weißen Stahlknöpfen, weiß und braun klein geſteintes Halstuch, weiß und braun geſteinte Caſimir-Weſte, roth und weiß geſtrieften Kittel, weiß lederne kurze ſchmutzige Hoſen, weiß wollene Strümpfe und Bänder-Schuhe; ſpricht jüdiſch deutſch und ſucht Knechts-Dienſte.

VIII) Salomon Iſrael, beweibt, aus Bei-ſingen im Schwarzwald gebürtig, iſt ſchunlos, 28 Jahr alt, 5 Schuh 3 Zoll nürnberger Maßes, etwas ſchwacher Statur, blaſſen länglichen Angeſichts,

hoher Stirn, hellgrauer Augen, großer Naſe, ten Mundes, ſchmalen Kinns; hat ſchwarzbraune a ſchnittene borkige Kopfhaare, ſchwarze Augenb nan, ſehr wenig Bart, trägt runden ſchwa Hut, blau und grün geſtreift cottunenes tuch, röthlich grauen tuchenen Oberrock, braun roth, dann grün gedruckten, geblümten cattun Kittel, braun und grünlich klein geſteinte mau-ſterne Weſte, grünliche mancheſterne kurze Ho ſchwarzlederne Stiefel ohne Stulpen; ſpricht diſch deutſch, und handelt mit Brillen.

Wechſel- und Geld-Cours in C Wechſelzahlung.

Leipzig, den 10 März 180

In den Meſſen.	Geld	Bri
Leipz. Neujahrs Meſſe		
Oſtern	99 1/4	
Naumburger	98 1/4	
Leipz. Michaels		
Amſterdam in Bco. à Uſo		
Detto in Curr. à Uſo		143 1/4
Hamburg in Bco. à Uſo		1 1/4
Lion 2 Uſo à Uſo		78 1/4
Paris 2 Uſo in Liv.		78 1/4
Augsburg à Uſo.		100 1/2
Wien à Uſo.		47
Prag à Uſo.		47
London à 2 Uſo p. Pf. St.		
Ränder à Ducaten	11	
Kaiſer à Ducaten	11 1/2	
Wichtige Duc. à 66 Aß	10	
Breslauer à 65 1/2 ditto	10	
Leichte à 65 bitto	9	
Almarco bitto		
Almarco Louisb'or		
Souverainb'or	9	
Louisb'or à 5 Rthl.	9	
Sächſ. Conv. Geld	pari	
Schild Louisb'or	2 1/4	
Laubthaler		2 1/2
Preuß. Curr.	5	
Do. Münze	10 1/4	
Xer.	pari	
Caſſ. Bill.	3/4	
Kronenthaler	1/2	
3. 7. Kr.	8 1/2	
17	4	
Wiener Banc. Zettel	47	
Frankfurt a. M. à Uſo.	2 1/2	

Allgemeiner Anzeiger
der
Deutschen.

Mittwochs, den 18 März 1807.

Literarische Nachrichten.

Kupferstiche.

Porträt von Schiller.

Zu der Suite der Bildnisse unserer berühmten Zeitgenossen, welche die Kunstliebhaber bereits aus den erschienenen Porträts von Gall und Wieland kennen, ist so eben das getreue Porträt des verewigten Friedrich von Schiller, gemahlt 1793 von Mad. Simonavin in Stuttgart, gestochen 1806 — 1807 vom Hrn. Heinrich Schmidt, erschienen, fl. Folio. 1 Rthlr. oder 1 rthlr. 14 gl. sächs. vb. 2 fl. 45 kr. — Wir haben mit Vorbedacht dieses frühere vortreffliche Gemählde (welches ein Freund des geseyerten in Jena besitzt) weil in jener Periode die Gesichtszüge des großen Dichters durch Kränklichkeit, wie in den nachfolgenden Jahren, noch nicht gelitten hatten, und seine Verehrer ein desto bedeutenderes Bild hier von ihm erhalten. In allen Kunst- und Buchhandlungen sind Exemplare zu haben, oder es können daselbst Bestellungen darauf gemacht werden.

Weimar, den 12 Februar 1807.

F. S. priv. Landes-Industrie-
Comptoir.

Uebersetzung.

Von dem so eben in Paris herausgekommenen Werke:

La Chymie appliquée aux Arts, par Monsieur le Sénateur Chaptal, 4 vol. gr. in 8.

läßt die Endesunterzeichnete von einem sachkundigen und rühmlich bekannten Gelehrten eine Uebersetzung in die deutsche Sprache besorgen; was hiermit zur Vermeidung aller Collision angezeigt wird von

Samuel Flick's Buchhandlung in
Basel und Arau.

Allg. Anz. d. D. 1 B. 1807.

Musikalien.

Für Guitarrespieler.

Harder, petites pièces progressives p. Guit. (Handstücke). Nro. 1. 2. à 8 gl.
— — Ergebung, v. Salis. 4 gl.
— — Romanzen und Lieder. 13. Werk. 18 gl.
Himmel, Gesellschaftslied v. Kotzebue. 4 gl.
— — 6 Gesänge. 20tes W. ditto, 21tes W. à 20 gl.
— — Ges. à Fanchon: Doch in d. Mädchens. 4 gl.
Zumsteeg, Abschiedslied Johannens; a. Jungf. v. Orleans. 4 gl.
Ehlers, der Rattenfänger. 6 gl.
Kahn, 6 Lieder. 8 gl.
Ferrari, 3 Canzonette ital. P. 1. 2. à 8 gl.
Garat, Belisaire, Romanze. (Auch deutsch). 4 gl.
Willimann, Auswahl von Liedern. 12 gl.
Reinicke, Arietten, auch m. ital. Text 14 gl.
Sterkel, Vergiß mein nicht. 4 gl.
Schifferliedchen: L. J. E. B. E. 4 gl.
Kanne, Der Fischer, v. Göthe. 6 gl.
Mozart, Gesänge, arrang. v. Harder. 1te ate Lief. à 12 gl.
Reichardt, 6 Canzonetto. 16 gl.
Bornhardt, 12 leichte Lieder, als Handstücke. 18 gl.
Guitarre-Schule. Vollst. und faßliche Anleitung. Nebst 76 Handst. Neue, ganz umgearb. Aufl. 1 rthlr. 8 gl.

Leipzig.

Bureau de Musique,
A. Kühnel.

Neueste Verlagsmusikalien, der Breitkopf- und Härtelschen Musikhandlung in Leipzig.

Louis Ferdinand Prince de Prusse, Quintetto p. Pianoforte av. 2 Violons, Alto et Basse. 3 rthlr. 12 gl.

— — Trio pour Pianof. av. Violon et Violon-
\celle. Op. 2. 2 rthl.
— — Ditto. Op. 3. 2 rthlr.
— — Andante p. Pianof. av. Violon, Vla et
Vcelle. Op. 4. 1 rthlr. 8 gl.
— — Quatuor p. Pianof. av. Vlon, Viola et
Vlle. Op. 5. 2 rthlr. 12 gl.
— — Ditto. Op. 6. 2 rthlr. 12 gl.
Nisle, I., Siciliano av. Variations pour Piano-
forte. Op. 11. 6 gl.
— — Marche p. Pianoforte. Op. 12. 6 gl.
— — Andante av. Var. p. Pf. Op. 15. 8 gl.
Riem, W. F., petits études de difficulté pro-
gressive p. le Pianof. dans tous les tous ma-
jeurs et mineurs. Cah. 1. 16 gl.
— — 12 Ecossoises p. Pianof. Nro. 2. 8 gl.
Schulze, C., 6 Marches théatrales p. Piano-
forte. à 4 mains. L. 1. 12 gl.
Steibelt, D., 3 Rondeaux p. Pianof. Liv. 1.
12 gl.
— — Ditto. Liv. 2. 12 gl.
— — Ditto. Liv. 3. 12 gl.
— — Ditto. Liv. 4. 12 gl.
— — Polonoise favorite arr. en Rondeau pour
Pianoforte. 4 gl.
— — Polonoise de Viotti varié p. Pf. 8 gl.
— — Variations p. Pianof. Liv. 1. 12 gl.
— — Fantaisie militaire p. Pf. Nro. 1. 12 gl.
— — Ditto. Nro. 2. 16 gl.
— — 2 gr. Sonates p. le Pianof. av. acc. d'un
Violon. Op. 27. 2 rthlr.
— — 3 Sonates faciles et agréables, p. Pianof.
Op. 41. 16 gl.
— — 3 ditto p. Pf. av. accomp. de Violon ad
libitum. Op. 56. 1 rthlr.
— — Sonate p. Pianoforté avec Violon ad libit.
Op. 59. 12 gl.
— — 3 Sonates p. Pianof. avec Violon et Vlle.
Op. 61. 1 rthlr. 12 gl.
— — 3 Sonatines p. Pianof. Op. 62. 12 gl.
— — gr. Sonato p. Pf. Op. 64. 1 rthl. 8 gl.
Wölfl, J., 3 Sonates p. Pf. Op. 33. 1 rthlr.
12 gl.
— — 3me gr. Concerto p. Pianof. Op. 32.

Bücher-Anzeigen.

Bey Anton Doll dem jüngern, Buchhändler in Wien, sind im Jahre 1806 nachstehende
Originalwerke erschienen:
Anecdotenkrämer, der. Eine ausgewählte Sammlung neuer echt komischer Anecdoten, witziger
und geistreicher Einfälle, überraschender Wort-
spiele und frappanter Characterzüge. 8. 16 gl.
Archiv, historisch statistisches, für Süddeutschland. Mit Kupf. und Karten. gr. 8. 2 rthlr.
Curtius, (Qu. Ruf.) von den Thaten Alexanders
des Großen. Uebersetzt von Al. von Rainer.
2 Theile, mit Portr. gr. 8. 1 rthlr. 16 gl.

Geschichte des neunzehnten Jahrhunderts, mit
besonderer Hinsicht auf die österreichischen Staaten. 36 Bändchen. Geschichte des Jahrs 1803.
Auch mit dem Titel: Historisches Taschenbuch,
3ter Jahrgang. Mit 4 Porträten, 1 Kupfer und
1 Vign. Auf Schreibpapier. 8. 3 rthlr.
Grasser St. Sauveur (Andr.) Reise in die vor-
mahls venezianischen Inseln der Levante, nehm-
lich: Corfu, Paro, Bucintro, Parga, Prevesa,
St. Mauro, Vonizza, Thiaqui, Cephalonia,
Zante, die Strophaden, Cerigo und Cerigotte.
Frey aus dem Französ. Mit Kupf. und Kart. 8.
Frey aus dem Französ. Mit Kupf. und Kart. 8.
20 gl.
Journal, Wiener, für Theater, Musik und
Mode. Jahrgang 1806. 24 Hefte mit 24 illum.
Modekupfern. gr. 8. 8 rthlr.
Rollweg (Max.) Predigt bey dem feyerlichen Dank-
fest über den wiederhergestellten Frieden und die
erfreuliche Rückkunft d. k. k. Majestäten. 8. 4 gl.
Meyer, (Dr. C. F.) Handbuch auserlesener Arz-
neyvorschriften, mit beygefügten pharmakologi-
schen Bemerkungen, nach dem Geiste des Zeitalters für angehende Aerzte und Wundärzte. gr. 8.
1 rthlr. 12 gl.
Moser, (K. A.) neuer Handlungsbriefsteller,
oder Sammlung origineller Kaufmannsbriefe.
Zum Gebrauche für junge Leute, die sich dem
Handelsstande widmen, herausgegeben. gr. 8.
16 gl.
Müller, (Karl) neues Sitten- und Geschichten-
büchlein für die zartere Jugend. Oder Erzählungen und wahre Geschichten zur Belehrung
und Bildung guter und folgsamer Kinder. Mit
3 Kupf. und Umschlag. 12. 6 gl.
— — Sittenlehre in Beyspielen aus der historischen Kinderwelt. Oder lehrreiche Erzählungen
für die Jugend, aus der Geschichte genommen.
Mit 4 Kupf. und Umschlag. 8. 10 gl.
Plautus, (VII. A.) sämmtliche Lustspiele. Aus
dem Lateinischen metrisch übersetzt und mit Anmerkungen begleitet, von Chr. Auffner. 5 Bde.
mit Portr. gr. 8. 8 rthlr.
Plutarch, neuer, oder kurze Lebensbeschreibungen
der berühmtesten Männer aller Nationen, von
den ältesten bis auf unsere Zeiten. Herausgegeben von Pet. Blanchard. Aus dem Französisch.
frey übersetzt und mit neuen Biographien vermehrt, 3t und 4t Band, mit 100 Porträten. 8.
3 rthlr. 16 gl.
Schaller, (K. L.) Handbuch der deutsch. Dicht-
und Redekunst, aus Beyspielen entwickelt, zwey
Theile, mit Kupf. gr. 8. 2 rthlr. 12 gl.
Schulz, (L. F.) die Deutschen in den ältesten
Zeiten, im Mittelalter und in der neuesten Epoche. Ein Gemälde ihrer Verfassung, Religion,
Sitten, des Characters, der eigenthümlichen
Gebräuche, Unterhaltungen, Nationalfeste und
Vergnügungen in jeder dieser Perioden. 2 Theile,
mit Kupf. 8. 1 rthlr. 16 gl.

Schwaldopfer, J., über Friedr. von Schiller und seine poetischen Werke. Auf Velinpapier. Mit Kupf. 8. 1 rthlr. 4 gl.
Streifzüge, mahlerische, durch die interessantesten Gegenden um Wien. 3r Band. Auch mit dem Titel: Taschenbuch für Freunde schöner vaterländischer Gegenden. 3r Jahrgang. Mit 6 Kupf. und 2 Vign. Auf Schreibpap. 8. 3 rthlr.
Weber (Joh. Bapt.) kurze Kanzelreden auf alle Sonntage im Jahre, die in der Universitäts-Kirche zu Wien sind vorgetragen worden, 3 Jahrgänge, in 6 Bänden. gr. 8. 8 rthlr.
— — kurze Kanzelreden auf die Festtage des Kirchenjahres. gr. 8. 1 rthlr. 8 gl.
— — kurze Kanzelreden über die Leidensgeschichte Jesu. gr. 8. 1 rthlr. 8 gl.
Wenzel, (G. J.) der Mann von Welt, oder Grundsätze und Regeln des Anstandes, der Grazie, der feinen Lebensart und wahren Höflichkeit. Neue verbesserte Aufl. Mit Kupf. 8. 16 gl.

Zur Ostermesse erscheint:
Getreue Abbildungen naturhistorischer Gegenstände für Eltern und Lehrer, 7t Bd. in 100 illum. Kupfertafeln. gr. 8.
Um Eltern und Lehrern nach und nach ein vollständiges Hülfsmittel bey dem Unterricht in der Naturgesch. zu verschaffen, fahre ich fort, die noch übrigen Abbildungen naturhist. Gegenstände, die ihnen interessant seyn können, nebst beygefügten kurzen Bemerk. zu liefern.
Auch in diesem Bande werden Künstler und Verleger dafür sorgen, daß Stich und Illum. die gehörige Feinheit erhalte.
Treu werden die Abbild. immer seyn, da sie theils von natürl. Exemplaren, theils nach guten Originalien abgezeichnet sind. Wenigstens wird sie in dieser Hinsicht, wozu auch die Wohlfeilheit gehört, kein ähnliches Werk übertreffen.
J. M. Bechstein.

In diesem Bande erscheinen sehr schön gemahlte Conchilien, schädliche Forst-Insecten, die Fortsetz. von Audeberts Affen, nebst den noch rückständigen Säugethieren und Vögeln, sauber gestochen und illuminirt. Das systemat. Register über die vorhergehenden 6 Bände ist ebenfalls fertig und in allen Kunst- und Buchhandl. zu haben.
Schneider und Weigel in Nürnberg.

Mathilde. Eine Geschichte aus den Zeiten der Kreuzzüge. Nach Mad. Cottin, für Deutsche bearbeitet von W. P. Stampeel. 4 Bände, m. Kupf. 8. 1807. Leipzig; bey Hinrichs. 3 rthlr. 20 gl.
Man sagt nicht zu viel, wenn man diesen Roman, seines hohen ästhetischen Werthes wegen, zu den ersten zählt, die der Deutsche besitzt. Nur den Stoff lieferte das ausländische Product dem wohl-

bekannten Bearbeiter; ihm gehört Darstellung, Würde und Schönheit des Ganzen, das auch in den kleinsten Theilen der strengsten Forderung entspricht. Ihm gebührt daher auch der volle Beyfall, zu dem dieß Werk jeden Leser anreizen wird.

Der richtige Gebrauch des Säbels ist, was bey persönlicher Bravheit und einem gut abgerichteten Pferde, einen guten Cavalleristen macht. Dieß hat die sächsische Cavallerie augenscheinlich bewiesen. Ein Officier derselben theilt hier nun die durch Erfahrung bestätigten Regeln und Vortheile in der Kunst den Säbel zu führen dem militärischen Publicum in folgendem Werkchen mit:
Unterricht zum Gebrauch des Seitengewehrs für die Cavallerie; zunächst für Unterofficiers und Gemeine;
mit 6 Kupfertafeln, welche die verschiedenen Hiebe vorstellen. 8. Format, brochirt. Preis 12 gl. Es ist sowohl bey uns, als in allen guten Buchhandlungen zu haben.

Industrie-Comptoir in Leipzig.

Für denkende Oeconomen und Gutsbesitzer empfehlen sich folgende Schriften, welche bey dem Gebr. Gahn in Hannover verlegt sind, durch ihren theoretischen und practischen Inhalt ganz vorzüglich.
Leopold's, J. L. G., Taschenbuch für Oeconomie-Verwalter, auch haupts. für diejenigen, welche Glieder dieses Standes werden, oder sie bilden und beurtheilen wollen, dritte verbesserte und vermehrte Aufl. 1 rthlr.
— — Handwörterbuch des Gemeinnützigsten und Neuesten aus der Oeconomie- und Haushaltungskunde in alphabetischer Ordnung, 2te verb. Aufl. 2 rthlr. 6 ggl.
— — der Futterbau, als erste Bedingung einer wohlgegründeten Landwirthschaft, nach vieljährigen Beobachtungen und Erfahrungen pragmatisch bearbeitet. 1 rthlr. 8 ggl.
— — die landwirthschaftliche Viehzucht, in allen ihren Zweigen und mit allen Erfordernissen; nach 20jährigen Erfahrungen pragmatisch bearbeitet. 1 rthlr. 8 ggl.
— — Taschenbuch für die Haushaltungskunst und Landwirthschaft, enthaltend allerley Nachrichten und Verfahrungsarten aus dem Gebiete derselben. 12 ggl.
Thaer's, A., Einleitung zur Kenntn. der englischen Landwirthschaft und ihrer neuen theoretischen und practischen Fortschritte, in Rücksicht auf die Vervollkommnung deutscher Landwirthschaft, 1r Band 3te vermehrte Auflage. 2 rthlr. 12 ggl.
Desselben Werk 2ter und 3ter Theil, mit vielen Kupfern. 6 rthlr. 12 ggl.
Dessen Abbildung und Beschreibung der nutzbarsten Ackergeräthschaften, 3 Hefte, 9 rthlr., Pränumerationspreis 7 rthlr. 12 ggl.

Deſſen landwirthſchaftliche Schriften; theils Aus-
zugsweiſe, theils unveränderter Abdruck der Jahrgänge der Annalen der niederſächſiſchen Landwirthſchaft, in 6 Bänden, welche ſonſt im Laden-
preiſe 24 rthlr. koſteten, jetzt nur 12 rthlr.
Als Anhang dazu: Meyer, J. K., über die Anlagen der Schwemmwieſen und der Wieſenver-
beſſerung überhaupt, eine Preisſchrift, mit 5 Kupfertafeln 1 rthlr.
Abhandlungen, neue, und Nachrichten der Land-
wirthſchafts-Geſellſchaft in Celle, 4 Bände.
1 rthlr. 12 ggl.
Gerke practiſche Beyträge zur Landwirthſchaft,
1s Hft, mit Kupfern. 16 ggl.
Jordans practiſche Anweiſung zum Weißbier-
brauen, mit Kupfern. 16 ggl.
Vollborths Handlexicon für Küchengartenfreun-
de, oder Anleitung zur Kenntniß und Cultur aller
in einem guten Hausweſen unentbehrlichen Kü-
gartengewächſe, nebſt einem Küchengartencalen-
der. 20 gl.
Smiths Handbuch zur Vertilgung ſchädlicher Thiere, mit 8 Kupfertafeln. 1 rthlr.
Piepenbrings Anleitung zur Kenntniß verſchiedener Ackerarten. 14 ggl.
Strube practiſche Anweiſung zur Bienenzucht,
2te verb. Aufl. 16 ggl.
Weſtrumbs practiſche Bemerkungen und Vorſchläge für Branntweinbrenner, 3te verbeſſerte
Auflage, mit einem Kupfer. 1 rthlr.
Deſſen Bemerkungen und Vorſchläge für Blei-
cher, oder Anleitung zur beſten und wohlfeilſten
Methode zu bäfen und zu bleichen. 22 ggl.
Ackerbau-Catechismus, oder Anleitung für deje-
nigen, welche ſich der Landwirthſchaft widmen
wollen, vom Amtm. Kannengießer, 8 ggl. In
Quantitäten für Landſchulen. 6 ggl.

Vorſchläge zu einigen vortheilhaften Unternehmungen.
Im Verlags- und Geſchäfts-Comptoir in
Leipzig, im Stadtpfeifergäßchen No. 648. ſind
wieder in Commiſſion zu haben: Anweiſung aus
Kartoffeln den reinſten und ſtärkſten Branntwein zu ziehen. 2 rthlr. Anleitung ohne Feuer
und Abziehung in der Geſchwindigkeit einen guten Liqueur, als Perſico, Ratafia, Pommeranzen,
Zimmt, Nelken und Kümmel zu machen. 2 rthlr.
Anweiſung aus Gerſte den beſten Eſſig zu machen. 2 rthlr.

Der Frau von Genlis kleine Romane und Erzählungen. A. d. franzöſiſchen überſetzt von
Theodor Hell. 8 Bände. Neue Ausgabe. 8.
Leipzig, 1807. bey Hinrichs. 4 rthlr. 20 gl.
Dieſe an ſich ſo gehaltreichen Erzählungen der
berühmten Verfaſſerin haben, man kann ſagen,
noch mehr gewonnen durch den deutſchen Ueberſetzer.

Wer die Anmuth, die Leichtigkeit ſeines Vortrags
nicht ſchon kennt, wird ſich hier davon überzeugen
und nicht wiſſen, ob der Verfaſſerin oder dem Ueberſetzer der meiſte Dank gebührt.

In der Neuen Societäts-Buchhandlung in
Halle iſt erſchienen und in allen guten Buchhandlungen zu haben:
Der franzöſiſche Nothhelfer. Oder kurzgefaßte
Anleitung, mit leichter Mühe, in kurzer Zeit und
ohne Sprachmeiſter franzöſiſch ſprechen zu lernen,
um ſich wenigſtens im Nothfalle verſtändlich machen zu können. gr. 8. 9 gl.
Durch möglichſte Vollſtändigkeit und gute Auswahl der im gemeinen Leben vorkommenden Redensarten zeichnet ſich dieſes Werkchen von allen übrigen gleichen Inhalts ſehr vortheilhaft aus.
Wer eine Anzahl Exemplare von der Verlagshandlung direct bezieht, erhält einen anſehnlichen
Rabat.

Man hat mit franzöſiſchen Dollmetſchern allerley Art das Publicum bisher unterſtützt, um in
der Noth zu helfen. Aber man hat noch nicht be-
an gedacht, ein Hülfsbuch dem in die Hände
geben, der mit der franzöſiſchen Sprache etwas bekannt, jedoch aus Mangel an Uebung im Sprechen
oft zu ſagen pflegt: il a fini mal ſon affaire, il
parle toujours de ſoi, je l'ai déja dit avant, j'ai
entendu cette nouvelle, le tems vous deviendra
long oder wohl gar voulez vous avec u. ſ. w. Zur
Vermeidung dergleichen deutſch gedachter Redensarten und überhaupt zur Uebung im guten Ausdruck,
iſt ein Buch erſchienen, unter dem Titel:
Manuel à l'uſage de ceux, qui déſi-
rent ſe perfectionner dans la langue françoiſe, par Nattanſon. 12mo
à Halle, chez Hemmerde, und iſt broch.
für 16 gl. in allen Buchhandlungen zu haben.

Auswahl aus der Materia Medica, oder pract.
Abhandlung der unentbehrlichſten und nützlichſten
Arzneymittel, ihrer Kräfte und ihres Gebrauchs
in den verſchiedenen Krankheiten des menſch-
Körpers, mit beygefügten Formeln, in welchen
ſie am beſten verordnet werden können. Dritte
gänzlich umgearbeitete und vermehrte Auflage. 8.
Jägerſche Buchhandlung in Frankfurt a. M.
20 gl. ob. 1 fl. 24 kr.
Ein gutes practiſches, jedem Arzt zu empfeh-
lendes Buch, deſſen Brauchbarkeit und zweckmäßige
Einrichtung ſich nun ſchon in der dritten Ausgabe
bewährt.

Vollkommene Büttner- und Küferlehre, neue
vermehrte und verbeſſerte Auflage. Mit 37 Kupfertafeln.
Iſt in allen Buchhandlungen à 16 gl. ob. 1 fl. 12 kr.
zu haben.

Allgemeiner Anzeiger

der

Deutschen.

Donnerstags, den 19 März 1807.

Nützliche Anstalten und Vorschläge.

Noch etwas über den Chausseebau, als Mittel zur Beschäftigung brodloser Fabrikarbeiter, und über einige andere zu diesem Zwecke führende Maßregeln.

Im allg. Anz. ist verschiedentlich und unter andern in Nr. 142 des vorigen Jahres der Chausseebau als Mittel zur Beschäftigung brodloser Fabrikarbeiter empfohlen. Je bequemer es aber ist, die Last, der Brodlosigkeit einer großen Menschenmasse abzuwälzen, dem Staate im Allgemeinen zuzuwälzen, und sich der persönlichen Theilnahme an derselben zu entziehen, je mehr ist auch zu fürchten, daß die allgemeine Meinung sich bey dem Glauben, als jenes Mittel allein auf eine wirksame Art der Noth abhelfen könne, beruhige, und entweder Mißmuth verbreiten möchte, wenn die einzelnen Landesregierungen dieses Mittel nicht ergreifen, oder einige Behörden durch die allgemeine Stimmung verleitet werden könnten, dieses Mittel am unrechten Orte und zur unrechten Zeit anzuwenden; und daher scheint es nicht unzweckmäßig zu seyn, zur Berichtigung des Urtheils über einen so wichtigen Gegenstand durch die nachfolgenden Bemerkungen vielleicht einige Veranlassung zu geben. Es ist zwar für Deutschland der glückliche Zeitpunct wahrscheinlich für lange Zeit vorüber, der die Regierungen an Landesverbesserungen aller Art arbeiten ließ; es könnte also dieser Aufsatz wol etwas zu spät kommen. Wenn er indeß auch nur zur Be-

Allg. Anz. d. D. 1 B. 1807.

richtigung der Theorie führen sollte, so würde sein möglicher Nutzen doch nicht allein von der Zeit seiner Erscheinung abhängig seyn, und hoffentlich wird er hier und da die Veranlassung werden, auf andere Mittel zur Beschäftigung solcher brodlosen Menschen ernstlicher zu denken, wenn man sich überzeugt, daß der Chausseebau dazu nicht passend gewählt seyn würde.

Der Zweck alles Chausseebau's ist: Beförderung des Verkehrs, nicht: Beschäftigung der Arbeiter. Letztere ist nur ein aus dem Streben nach jenem Zwecke entspringender Nebenvortheil, und es ist also immer schon an sich Unrecht, diesen zum Hauptzweck machen zu wollen. Es sollte daher vom Chausseebau überall nur da die Rede seyn, wo das Handelsinteresse ihn wünschenswerth macht. Das Letztere ist nicht überall, wo es so scheint, der Fall, und es ist gewiß eine richtige cameralistische Regel: nie eine Chaussee anzulegen, wenn man nicht gewiß ist, daß sie sich selbst erhalten, d. h. durch das zu erhebende mäßige Chausseegeld so viel aufbringen wird, daß die jährlich nöthigen Unterhaltungskosten davon ohne Zwang der Unterthanen und in freyen Accorden bestritten, außerdem aber noch alle Administrationskosten gedeckt werden können. In jedem andern Falle tritt der von Friedrich II oft gesagte, aber von ihm nur zu allgemein angewendete Satz ein, daß die Chaussee zur Landplage wird. Man bilde sich nicht ein, daß durch Erhöhung des Chausseegeldes die Summe der Einnahme willkürlich zu vergrößern und zureichend zu allen Bedürfnissen zu erzwingen wäre. Der Unterthan so gut als der Frachtfuhrmann weiß seine Reisekosten sehr genau zu berechnen, und die Chausseen, die zu hohe Geldsätze mit sich bringen, wohl zu umfahren. So treten die Chausseen in die Stelle der Zölle, die, wenn sie zu hoch sind, den Handel über die Grenze jagen, und die Landeseinkünfte herunter bringen, anstatt sie zu erhöhen. Ist ein Staat reich genug, zur Erhaltung der Chausseen das, was sie nicht selbst aufbringen, zuzuschießen, ohne — wie leider gewöhnlich ist — zu Zwangdiensten der Unterthanen entweder unentgeltlich, oder doch gegen zu geringe Bezahlung seine Zuflucht zu nehmen; und hat er nicht nöthig, gezwungene Abtretungen an Grund und Boden zur Erweiterung der Steinbrüche und Grandgruben fordern zu müssen, dann mag er immerhin alle seine Landstraßen in Chausseen verwandeln. Wie viele solcher Staaten gibt es aber? Wie viele sind wol in der Lage, die Kosten der Chaussee-Unterhaltung so aus den Landeseinkünsten bestreiten zu können, daß die Abgaben der Unterthanen dadurch nicht überspannt, und jener Fonds selbst bey einem nachfolgenden, vielleicht weniger sorgsamen Regenten, ungeschwächt seiner ersten Bestimmung gemäß verwendet werden kann? Der Chausseen, die sich selbst erhalten, gibt es sehr wenige. Man wird dieß schlechterdings nur bey den großen Commercialstraßen Deutschlands, nicht einmahl bey den kleinern Provincialstraßen, die des innern Productenabsatzes wegen chaussirt werden, antreffen; und bey einfachen Poststraßen ist gar nicht daran zu denken. Zinsen des aufzuwendenden Capitals kommen niemahls auf.

Hiernach ist also der Rath gewiß nicht überflüssig, wegen der sonst unzureichend bleibenden Einnahme in der Wahl der Orte, wo man eine Chaussee führen will, recht vorsichtig zu seyn; und in der Wahl der Zeit, wann man den Bau unternimmt, ist dieß nicht weniger nothwendig. Die Kunsterfahrnen werden darin einig seyn, daß der Bau am vollkommensten wird, wenn im ersten Jahre die Wasserleitungen und Erdarbeiten, im zweyten Jahre die Steinarbeiten und im dritten Jahre die Vollendung des Ganzen

durch eine Hauptnachbesserung vorgenommen wird. Von dieser Regel sollte man sich durch keine Umstände, sie mögen seyn, welche sie wollen, abbringen lassen, und den Bau nie schneller beendigen wollen. Die kostbarsten, lange Jahre immer wieder vorkommenden Ausbesserungen sind sonst eine unvermeidliche Folge. Nun betrachte man einmahl diese dreyjährige Arbeit als ein Mittel zur Beschäftigung brodloser Menschen. Ist die Masse derselben groß, und es soll nur eine germaßen eine beträchtliche Zahl von Arbeitern Beschäftigung finden; so muß die Strecke einer Meile, oder die Länge von 2000 Ruthen jährlich von neuen in Arbeit genommen werden, so daß, wenn auf einer Meile die letzte Vollendung ausgeführt wird, man sich schon auf der zweyten mit den Steinarbeiten, und auf der dritten mit den Erdarbeiten beschäftiget. Da nun die Steinbrüche, Sandgruben und das Chausseeplanum sich nicht immer dicht neben den Wohnungen der brodlosen Menschen befinden, und der Bau sich natürlich auch immer mehr von ihnen entfernet, so folgt daraus die Nothwendigkeit, daß der Arbeiter vom Hause zur Baustelle, und von dieser zurück einen weiten Weg zu machen hat, der doch wenigstens für die, welche der Kinder wegen täglich in ihre Wohnungen zurückkehren müssen, nicht höher, als auf eine Meile angenommen werden darf; und hiernach ist denn der Chausseebau nur eine Gelegenheit zum Erwerb für ein und eben dasselbe Individuum höchstens auf drey Jahre. Was soll es nun nach Verlauf derselben anfangen? Dann ist man nicht allein auf demselben Punct, von dem man ausging, sondern man ist schlimmer daran. Denn es war hier nur von Beschäftigung der Fabrikarbeiter die Rede, deren Fabricate einen schwächern Absatz finden, und die dadurch verarmen. Es kann seyn, daß zufällige Stockungen einer Fabrik eine Zeit lang sehr hinderlich werden, und daß, wenn diese aufhören, ganz die alten Verhältnisse wieder eintreten, jedoch ist dieß letztere viel seltener der Fall, als man glaubt. Die Noth hat die Menschen, welche eine Zeit lang unsere Fabricate entbehren mußten, gelehrt, auf andern Wegen sich zu helfen. Gewöhnung, und noch mehr, einmahl eingegangene und nicht so geschwind wieder abzubrechende Handelsverbindungen machen, daß die anfänglich ungern ergriffenen Hülfsmittel wenigstens zum Theil noch beybehalten werden; und so entsteht aus einer einmahl Statt gehabten Störung des Handels die gewöhnliche Folge, daß der frühere blühende Zustand desselben nie wieder zurückkehrt.

Das einzige Mittel, dieß zu bewirken, ist erhöhete Industrie der Fabrikunternehmer durch Lieferung völlig preiswürdiger, im Geschmacke mit der Zeit fortgeschrittenen Waaren, zu möglichst billig gestellten Preisen. Diese Verbesserung der Fabrication wird aber erschwert, wenn der Arbeiter sich seiner gewöhnlichen Handthierung entwöhnt, sein Handwerkszeug in einem Winkel verfallen läßt, und durch die schwere Chausseearbeit seine Hände zum fertigen Gebrauche bey der oft sauberen Weberey untüchtig macht. Zugleich wird dadurch der Fabrikunternehmer eingeschläfert; er entwöhnt sich in den drey Jahren der Chausseearbeit der sonst ihm näher liegenden Pflicht, für den Unterhalt seiner Arbeiter zu sorgen, und diese haben nach Verlauf jener drey Jahre eine Zuflucht weniger.

Dieß sind die gewissen Folgen jedes precairen Hülfsmittels, welches man zur Unterstützung der Fabriken gebraucht; und wenn man deshalb in der Anwendung derselben allemahl höchst vorsichtig seyn muß, so ist dieß doppelt nöthig bey dem Vorhaben eines Chausseebaues, da dieser in ein und eben derselben Gegend doch durchaus nur einmahl möglich ist, und es also höchst nöthig wird, zur Ausführung desselben den möglich vortheilhaftesten Zeitpunct wahrzunehmen. Dieser kann aber, wenn der Nebenzweck der Menschenbeschäftigung zugleich berücksichtigt werden soll, nur dann eintreten, wenn ein zufälliges Uebel durch ein eben so zufälliges Hülfsmittel gut gemacht werden kann. Zu solchen Uebeln sind zu rechnen: die Verwüstungen des Krieges; Viehsterben; anhaltend gewesene schlechte Ernten; in den Städten vorzüglich, große Garnison-Veränderung u. d. g. Denn in allen solchen Fällen kommt es darauf an, nur in der ersten Verlegenheit dem Nahrungslosen Arbeit zuzuweisen; mit der Zeit gleicht sich die Sache wieder von selbst aus, und die alten Verhältnisse kehren zurück. Für solche Fälle gibt es nicht leicht ein kräftigeres Hülfsmittel, als den Chausseebau; und wehe dem Staate, der die Gelegenheit, sich desselben zu bedienen, schon früher und mit wenigerer Wirksamkeit benutzte!

Noch einmahl also: zur Beschäftigung brodloser Fabrik-Arbeiter taugen Chausseeanlagen nicht. Keine menschliche Kraft kann berechnen, wie lange der Absatz der Fabricate gehemmt bleiben kann; und daß der Verdienst bey dem Chausseebau nur auf eine verhältnißmäßig kurze und mit nichts zu verlängernde Zeit die Lücke ausfüllen kann, ist dargethan. Was soll denn auch da werden, wo keine große Commercialstraße in der Nähe ist, die den Chausseebau rathsam macht? Oder da, wo die Chaussee schon vollendet ist? Bey weiten in den meisten Fällen liegt die Quelle zu dem Zurückkommen der Fabriken — offen sey es gesagt — in den Fabriksunternehmern selbst. Aus Mangel an Industrie; aus Mangel an allgemeinern Kenntnissen, und aus Bequemlichkeitsliebe soll die Fabrik grade so fortgehen, wie sie vor einem halben Jahrhundert vom Großvater vielleicht angelegt war. Das ist doch nicht möglich. Alles ist ja der Veränderung unterworfen, und vor allen hängt der Beyfall der Fabricate häufig von Kleinigkeiten, von der Mode, selbst von Laune ab. Die Waare bleibt sich auch nicht gleich; es schleichen sich bey der Fertigung jedes Artikels nach und nach Mißbräuche ein; man will durch billigere Preise mehrerer Concurrenz den Weg versperren; gegen die Preiserniedrigung streiten die Zeitumstände; man hilft sich also mit Verschlechterung der Waaren bey fortgesetztem Bestreben, ihr den äußern Schein zu erhalten. So weit und nicht weiter speculieren die meisten Fabrikunternehmer; und grade dadurch befördern sie indirect den schwächern Absatz und die Entwöhnung des Publicums von ihren Waaren. So entstehen nach und nach die bald so groß sich zeigenden Veränderungen im Gebiete der Mode; und da der Einzelne nicht wider den Strom schwimmen kann, so bleibt nichts übrig, als im Uebel selbst eine neue Quelle des Glücks aufzusuchen.

Der Mensch entwöhnt sich selten einer Sache, die ihm Bedürfniß geworden ist, ohne etwas anderes an die Stelle zu setzen. Also nur beständig — auch im lebhaftesten Gange der Fabrication — auf die Veränderungen in den Bedürfnissen der Menschen Acht gegeben, Ihr Herren Fabricanten, und diesen nur, so viel an Euch ist, nachgegangen in Euren Unternehmungen, und Ihr werdet nie nöthig haben, Eure Arbeiter aus Mangel an Absatz abzulohnen.

Dieß speciel auf Sachsen und noch näher auf Thüringen angewendet, woher jetzt die meisten Klagen über fehlende Beschäftigung der Fabrikarbeiter gehört werden: so ist es ja thöricht, wenn die dortigen Fabrikanten verlangen, daß man ihrentwegen noch so viele wollene Bänder und leichte wollene Zeuge, namentlich alle Arten von Sergen, Boyen, Kamelotten ꝛc. tragen soll, wie ehemahls, wenn gleich jetzt das wohlhabende Landmädchen sich lieber mit halbseidenen und seidenen Bändern putzt, wenn die groben Barchende schon längst die weißen Flanelle, wenn Nankins und Mousselinets die leichtern, wenn Casmirs und dergleichen die schwereren wollenen Waaren verdrängt haben. Immerhin mag die 10 Jahre schon anhaltende Theurung, verbunden mit den heftigen kriegerischen Zuckungen, denen Europa seit 15 Jahren fast ununterbrochen unterworfen gewesen ist, Schuld seyn, daß die Wolle so sehr im Preise gestiegen und die daraus verfertigte Waare kaum noch bezahlbar ist; immerhin mag man hoffen, daß ein baldiger allgemeiner Friede, und einige gute Ernten die ehemahlige wohlfeilere Zeit uns bald wieder bringen können; wird dann auch wieder so viele wollene Waare consumirt werden, als ehemahls? Nimmermehr! und was soll also ein so precaires Hülfsmittel, als der Chausseebau it, bewirken, wenn man, vorauszusehen ist, daß selbst der goldene Friede dem Fabrikarbeiter die alte Nahrung nicht wieder zuweisen kann.

Wohl ist es eine bekannte Erfahrung, auf die schon ein jetzt nur zu sehr verkannter aber gewiß noch immer sehr nutzbarer Schriftsteller, v. Justi, in seinen Schriften wiederholt zurückführt: daß es weit schwerer ist, eine alte Fabrik im fortgehenden Flor zu

erhalten; als einer neuen Anlage einen blühenden Zustand zu gründen. Aber eben deshalb sollten die Mittel, jenen Zweck zu erlangen, nicht so sehr, wie es geschieht, von den Fabrikunternehmern vernachlässigt werden. Die meisten von ihnen behalten die Söhne, die sie zu ihrer Unterstützung im Alter heranziehen, von Kindheit auf bey sich, und lassen sich von ihnen je eher je lieber, wenigstens theilweise, ihre Last abnehmen. Viele glauben ein übriges schon zu thun, wenn sie vor einem erwachsenen Sohne die Gegenden, woher sie die Materialien ziehen, und wohin sie ihre Waaren vorzüglich versenden, einmahl bereisen lassen. So nützlich dieß letztere werden kann: so wenig ist es ausreichend. Abgesehen davon, daß sehr wenige junge Leute diese Reisen mit wahrem Nutzen unternehmen, sondern sich dabey mit Regulierung der ausstehenden Schulden, und mit Annahme der Vergnügungen begnügen, die ihnen der väterliche Handlungsfreund zu verstatten für Pflicht hält: so besteht doch der höchste Nutzen, den diese Reisen gewähren, darin, daß beyde Theile sich über die den Materialien oder den fertigen Waaren anklebenden Fehler, und über die eingeschlichenen Mißbräuche verständigen, und dadurch allerdings eine verbesserte Fabrication vorbereiten. Aber sehr selten werden solche Reisende die Mittel, andere ähnliche Fabrikzweige genauer kennen zu lernen, um die neuern Erfindungen in der Maschinerie, um neue Handgriffe, kurz neue Vortheile jeder Art auf ihre specielle Fabrik überzutragen, zu finden Gelegenheit erhalten. Außer gründlichen Handlungskenntnissen müßte wol eigentlich ein solcher junger Mann es in der Mathematik, besonders in der Mechanik recht weit gebracht haben; ferner im Theoretischen der Farbekunst unterrichtet seyn, und nun vorher, eh er Antheil an der väterlichen Fabrik gewinnt, sowohl in einer großen Seidenfabrik, als auch in einer Wollen- und Baumwollenfabrik wenigstens ein Jahr servirt haben, damit er die Vortheile einer jeden kennen gelernt hat, um dadurch sowohl seine Fabrik zu vervollkommnen, als auch besonders um neue Artikel jeder Art denen substituiren zu können, die er bey der veränderten Mode wegen des fehlenden Absatzes, aufgeben muß

Wäre die Fabrikanten, die jetzt ihre
Fabrikarbeiter brodlos umhergehen sehen,
Männer vor den Kenntnissen, die im Vorstehenden angedeutet werden, und hätten sie,
bey der ersten bemerkten ernstlichen Stockung
im Debit ihrer wollenen Waaren-Artikel,
mit einigen ihrer geschicktesten Arbeiter Versuche in Baumwolle angestellt: so würden sie
mit der Zeit fortgegangen seyn; sie würden
mit den übrigen Baumwollen-Fabrikanten
zu gleicher Zeit ihre Waaren vervollkommnet
haben, und jetzt z. B. in der Kasimir- und
Runkins-Fabrication eben so weit seyn, als
diese; folglich nicht über Nahrungslosigkeit
ihrer Arbeiter klagen dürfen. Jetzt mag es
nun freylich zu spät und überhaupt nicht der
Zeitpunct seyn, ein neues Unternehmen der
Art zu gründen; es bleibt aber immer noch
nöthig, den Söhnen der wohlhabenden Fabrikanten, deren Erziehung noch nicht beendigt ist, eine zweckmäßige Ausbildung zu
ihrem künftigen Stande vorzubereiten, und
sie besonders an eine frühe Aufmerksamkeit
auf die sich verändernden Bedürfnisse der
Menschen zu gewöhnen.

Wie dringend nothwendig dieser Rath
ist, und wie wenig derselbe seither noch befolgt wird, mag ein einziges Beyspiel belegen.
Die Mode, welche jetzt unsere Damen nur
in ein einziges, dicht anschließendes leichtes
Gewand hüllt, hat sie gezwungen, ihrer
Garderobe ein neues Stück zuzulegen, woran man vor 20 Jahren noch nicht dachte;
bey weiten die meisten tragen jetzt Beinkleider. Für uns Männer weben die
Strumpf-Fabrikanten längst wollene und
baumwollene Unterhosen; aber noch niemand
hat dergleichen für Frauenzimmer angekündiget, die freylich ihrem Körperbau und ihren
Bedürfnissen angemessen, folglich ganz anders, als die männlichen Beinkleider geformt
seyn müßten, die aber doch von unsern denkenden Fabrikanten gewiß bald auf eine
zweckmäßige Art dargestellt werden könnten,
und besonders für Kinder gewiß schnellen Absatz finden würden. Warum unterbleibt
dieß? Doch allein aus Mangel an Aufmerksamkeit und Industrie.

(Der Beschluß folgt.)

Gemeinnützige Gesellschaften.

Oeconomische Preisaufgaben der Societät der Wissenschaften in Göttingen:

Auf den Julius 1807: Welchen Einfluß oder welche Wirkung haben die verschiedenen Arten der Steuern auf die
Moralität, den Fleiß und die Industrie
des Volks.

Auf den November 1807: Welche
Wirkungen haben die verschiedenen Arten des Düngers bey einerley Land auf
die Eigenschaften der darauf gezogenen
Pflanzen.

Für jede dieser Aufgaben ist der Preis
12 Ducaten, und der Einsendungstermin der
Schriften für die Julius-Aufgabe der May,
für die November-Aufgabe der September.

Allerhand.

Anzeigen.

1) Unterschriebener macht hiermit seinen
Bekannten und Handlungsfreunden bekannt,
daß er seinen bisherigen Knecht, Andreas
Liteljörge aus Nordhausen, aus seinen
Diensten entlassen hat.

Nordhausen den 5 März 1807.

Joh. Wilhelm Kramer, Chymist.

2) Der Unterzeichnete zeigt hiermit dem
Publicum an, daß der seit mehrern Jahren
bey seinem Fuhrwesen angestellt gewesene
Christian Breitrück nicht mehr in seinen
Diensten ist; weshalb, um Irrungen und
Unannehmlichkeiten vorzubeugen, diese Dienst-
entlassung zur Notiz aller mit dem Unterzeichneten in Verbindung stehenden Personen mit
der Bemerkung gebracht wird, daß derselbe
niemanden, sowohl wegen aller von dem
Christian Breitrück auf sein Conto erhobenen
Zahlung schadlos halten, als auch wegen anderer auf seinen Namen geschehenen Handlungen vertreten wird.

Nordhausen den 5 März 1807.

Joh. Christian Liebheit, Chymist.

Es ist voriges Jahr im Monat October
ein großer, mit einem Stern versehener schöner schwarzer Wallach, so wie eine roth-
schäckige Kuh und ein rothschäckiges Stier-

chen nach der Schlacht bey Jena bey mir stehen geblieben. Diejenigen, welche sich als Eigenthümer dazu legitimiren können, erhalten sie gegen Bezahlung der Futterkosten zurück.

Willerstädt am 5 März 1807.

Johann Carl Schwarze.

Dienst = Anerbieten.

Da der in fürstlich lippeschen Diensten gestandene Hautboist Christian Schmidt sich unter dem Vorgeben, seine Erbschafts-Angelegenheiten in Rinteln zu berichtigen, von hier entfernt, und ohne vorher erhaltenen Abschied bey dem in Hameln garnisonirenden holländischen Militair Dienste genommen hat: so ist dadurch die Stelle eines Musikers bey dem hiesigen Hautboisten = Corps erledigt worden. — Wer sich durch Talente auf der Flöte vorzüglich auszeichnet, neben bey auch die Hoboe spielt, unverheirathet, seinen sittlichen Lebenswandel durch glaubhafte Zeugnisse zu bescheinigen im Stande und die erledigte Stelle anzunehmen geneigt ist, der wolle sich innerhalb 4 Wochen vom Tage dieser Bekanntmachung an gerechnet, schriftlich bey mir melden, um alsdann von den guten Bedingungen und übrigen angenehmen Verhältnissen unterrichtet zu werden.

Detmold in der Grafschaft Lippe den 10 März 1807.

Sterzenbach, fürstl. lippes. Rath.

Familien = Nachrichten.

Todes = Anzeige.

Das am 27 vor. Monats erfolgte Ableben unseres Gatten und Vaters, Johann Friedrich Görwitz, Oberpfarrers, auch Ephori und Superintendenten der herzogl. sachs. eisenach. Dioeces Ostheim machen wir auswärtigen Gönnern, Freunden und Verwandten mit der Bitte bekannt, den Schmerz über diesen herben Verlust durch Beyleidsbezeugungen uns nicht noch tiefer fühlen zu lassen.

Ostheim den 6 März 1807.

Des Verewigten Angehörige.

Aufforderung.

Dem Herrn Franz Vancolani wird der Tod seines Vaters Paul Vancolani in Bassano in Italien angezeigt, und wenn er jetzt die Reise zur Hebung des Nachlasses seines Vaters nicht antreten kann, solches durch die Einsendung von gehöriger Vollmacht zu thun.

Kauf = und Handels = Sachen.

Eine Partie Maculatur von gutem Druckpapier, leipziger Größe, ist ballenweise, der Ballen um 4 französl. thlr. oder Werth, in Gotha gegen baar Zahlung zu verkaufen. Wer drey Ballen zusammen nimmt, erhält 8 gr. Rachlaß auf jeden Ballen. Man wendet sich deshalb an die Exped. des allg. Anzeigers.

Rittergut bey Gotha.

Ein Mannlehn-Rittergut, in einer der besten Gegenden ohnweit Gotha, ist aus freyer Hand zu verkaufen. Die Einkünfte davon bestehen in guten Zins-Früchten, theils in baaren Erbzinsen, Lehn-und Auflaß-Geldern, nebst dem erforderlichen Bauholz, und jährlich 4 1/2 Klafter Brennholz aus das gewöhnliche Auffas-Geld. Ferner der Gerechtigkeit, 50 Stück Schaafe zu halten, Bier zu braun und Branntwein ohne Abgaben zu brennen, so viel auf diesem Gute verbraucht wird; wie auch aus einem Wohnhause, mit Stallung, großem Hof und Gemüse-Garten, zusammen auf 18000 Rthlr. taxirt. Davon der Anschlag in der Expedition des allg. Anz. zu haben ist.

Kauf= und Pacht=Antrag in Mannheim.

In dieser Residenz = und Handelsstadt der rheinischen Pfalz sucht ein lediger Mann, welcher eine der größten Gebäude in dieser Stadt als Eigenthum besitzt, offene Gast = und Weinwirthschaft, bey welcher jede Woche zweymahl Tanz gegeben wird, und dabey eine stark besuchte große Bade-Anstalt versehen muß, einen Theilnehmer an diesem großen, für ihn allein zu beschwerlichen Geschäfte.

Der gerichtliche, genau taxirte Werth der Gebäude, der Bade = Anstalt und wirthschaftlichen Einrichtung beträgt die Summe von 30000 fl. Man verlangt daher von demjenigen, der Lust hat, Theil an dem Geschäfte zu nehmen, daß er 1) 10000 fl. baares Vermögen besitzt, für welches ihm die Hälfte von dem obigen Werth der 30000 fl. gerichtlich zugesichert wird. 2) Daß er, wo möglich, schon einige Kenntnisse von der Wirthschaft besitzt, oder wenigstens von dem Weinhandel verstehe, und daß endlich 3) von gutem, unbescholtenem Rufe sey. Uebrigens mag er ledig, oder, welches um so mehr zu wünschen ist, verheirathet seyn. Sollte ein solcher das ganze Geschäft allein übernehmen wollen, so wird er die billigsten Bedingungen finden, wobey die größere Hälfte des Capitals kann stehen bleiben

Der Theilnehmer kann auch weiblichen Geschlechts seyn, da der Eigenthümer einer soliden Verpflichtung nicht zuwider wäre. Die Liebhaber belieben sich in frankirten Briefen an die Expedition des allg. Anz. in Gotha zu wenden, von welcher sie das Nähere erfahren können.

Justiz- und Polizey-Sachen.

Gestohlnes Pferd.

Es ist in der Nacht vom 10 bis 11 d. M. ein zu dem dahier liegenden Commando des kön. bayer. 4 Chevaux legers Reg. gehöriges Dienstpferd — ein Zwitter, kastanienbraun, mit einem kleinen Stern, funfzehn Fäuste hoch und gegen zehn Jahre alt, mit dem königl. bayer. Zeichen M. J. L. gebrannt — mit einer werthvollen Decke nebst Gurt und vollständiger Zäumung versehen, aus dem hiesigen Wirthstall mittelst Einbruchs vorher verschlossenen Thüren diebischer Weise entführt worden.

Die unterzeichneten Gerichte ersuchen hierdurch geziemendst, unter Versicherung gleicher Gegengefälligkeiten, alle resp. hohe und niedere Obrigkeiten, sowohl auf dieses beschriebene Pferd, als auf den allenfallsigen Verkäufer oder Inhaber desselben gefälligst ein genaues Augenmerk zu richten, beyde im Betretungsfall anzuhalten und nach Befund gegen Einrichtung der Gebühr anhero abliefern zu lassen. Sign. Unterstemaut bey Coburg, den 22 März 1807.

Abel. Königl. Gerichte das.
J. W. Alt.

Steckbrief hinter J. M. Höfner und Christoph Neubauer.

In der Nacht vom 13 zum 14 Oct. vorigen Jahres, als eben mehrere französische Armee-Corps durch hiesigen Ort nach Jena marschirten, haben zwey wegen verschiedener Diebstähle in hiesiger Amt-Frohnfeste gesessene Inquisiten, Johann Michael Höfner, und Christoph Neubauer, Gelegenheit gefunden, ihrer Haft zu entkommen. Wenn nun an Wiedererlangung dieser, in nachstehendem Signalement näher bezeichneten Verbrecher viel gelegen ist; als werden alle und jede Obrigkeiten hierdurch zur Hülfe Rechtens gebührend ersucht, auf dieselben fleißige Stellung machen, — sie im Betretungsfall sofort arretiren und in sichere Verwahrung bringen zu lassen, sodann aber gegen Aufstellung gewöhnlicher Reversalien und Erstattung der Kosten anher auszuliefern.

Thalbürgel, den 9 März 1807.

Herzogl. Sächs. Weimarif. Amt das.

Signalement.

1) Johann Michael Höfner ist aus Winzerla bey Jena gebürtig, 41 Jahr alt, langer hagerer Statur, hat ein längliches etwas blatternarbiges Gesicht, spitzige Nase und blondes verschnittenes Haar, spricht nach oberfächf. Mundart etwas vornehm, hat vor seiner Verhaftung das Metier eines Zahnarztes und Kammerjägers getrieben, als welcher er eine Menge Attestate besitzt. Er hat eine Frau und fünf Kinder, vier Mädchen und einen Jungen. Bey seinem Entkommen ist seine ganze Familie mit ihm gegangen, und er selbst hatte damahls eine Aermelweste von dunkelblauem Tuch, woran die Aufschlagklappen mit großen seidenen Blumen gestickt gewesen, ein Paar lange Hosen von dunkelblauem Tuch und Stiefeln getragen. Nach eingegangenen Nachrichten soll er damahls seinen Weg nach Naumburg genommen, und unterwegs in Kischlitz unweit des sächs. Städtchens Stöblen eine blaue französische Soldaten-Montirung angezogen, auch in Schönburg, einem Dorfe zwischen Naumburg und Weißenfels, sich für einen Franzosen ausgegeben und Futter verlangt haben, daselbst aber fortgejagt worden seyn.

2) Christoph Neubauer ist aus dem eisenbergif. Amtsdorfe Heydorf gebürtig, und in dem hiesigen Amtsdorfe Waldeck verheirathet, wo seine Frau noch bey ihrem Vater befindlich; hat ein glattes Gesicht, schwarzes verschnittenes Haar, ist untersetzter Statur, und 27 Jahre alt. Bey seiner Entweichung hat er eine dunkelblaue Tuchjacke mit weißen metallenen Knöpfen, ein rothes Läppchen von lüneburger Zeuge mit metallenen eines Guldens großen Knöpfen, ein Paar alte lederne Hosen, ein Paar kaltlederne Striefeln, wovon die Ueberschläge bis an die Kniee gehen, ein schwarzseidenes Halstuch, und auf dem Kopfe ein rundes schwarzledernes Fuhrmanns-Käppchen getragen.

Aufforderung.

Der in untenstehendem Signalement näher beschriebene Adam Müller, Bürger und Bauer zu Ohsenbach, hat sich vor ungefähr drey Wochen nach geschehener Anzeige unter Aeußerungen von offenbarem Wahnsinn von Hause weg, angeblich zu den Armen, begeben, ohne daß bis jetzt sein Aufenthalt bekannt geworden wäre. Man ersucht daher sämmtliche obrigkeitliche Behörden ergebenst, im Fall derselbe in ihren Amtsbezirken angetroffen wird, ihn anzuhalten, und der weiteren Verfügung wegen anher beliebige Nachricht zu ertheilen.

Neckargemünd den 3 März 1807.

Großherzoglich Badisches Amt.

Reidel.
Fertig.

Signalement.

Adam Müller, 36 Jahr alt, fünf Schuh zwey Zoll groß, untersetzter Statur, runden Angesichts, mit Sommersprossen, brauner kraußer Haare, kleiner grauer Augen, dicker Nase, runden Kinne, stammelt ein wenig, trug bey seiner Entfernung einen dreyeckigen Bauernhut, dunkelblau tuchenen Bauernrock mit weiß metallenen Knöpfen, schwarz seidenes Halstuch mit rothen Streifen, roth und grau gestreiftes franzleinenen Brusttuch, hirschlederne Beinkleider, leinene Ueberhosen mit beinernen Knöpfen und Stiefel.

Vorladungen: 1) J. Zand's.

Rötteln. Auf eingekommene Bitte der nächsten Anverwandten werden Johannes Zand von Binzen, der zu Anfang der 1790 Jahre als Schreinergesell auf die Wanderschaft gegangen ist, und sich darauf in Ungarn aufgehalten hat, oder dessen rechtmäßige Leibes-Erben, aufgefordert, sich binnen 9 Monaten, von heute an, entweder persönlich oder durch einen hinlänglich Bevollmächtigten vor hiesigem Oberamt zu stellen, und das ihm zugefallene Vermögen in Empfang zu nehmen, indem es sonst gegen Caution an diese Anverwandten ausgefolget werden wird. Verordnet bey großherzoglich badischen Oberamt Rötteln zu Lörrach am 20 Februar 1807.

Großherzoglich-Badisches Oberamt Rötteln.

2) der Erben Conr. Mahler's.

Der in großherzoglich hessischen Diensten gestandene Hoflaquai Conrad Mahler starb vor kurzem dahier, und hinterließ ein Testament, worin die beyden hinterbliebenen Töchter des dahier verstorbenen Schuhmachers Anton Hartmann zu Universal-Erben dessen Nachlasses eingesetzt worden sind.

Da derselbe aber, dem Vernehmen nach, außer einigen Anverwandten dahier, noch mehrere auswärtige Verwandten hinterlassen haben soll, über deren Aufenthalt zum Theil gar keine, zum Theil nur unbestimmte Nachrichten vorhanden sind; so werden alle diejenigen, welche der vorliegenden Willens-Disposition ohngeachtet, ex jure hereditatis Ansprüche an die gegenwärtige Verlassenschaft machen zu können glauben, hiermit edictaliter aufgefordert, sich von heute innerhalb der peremtorischen Zeitfrist von sechs Wochen bey dem Unterzeichneten zu melden, und ihre Erklärungen abzugeben, im Außbleibungsfall aber zu erwarten, daß sie nicht mehr gehört, sondern die Verlassenschaft nach Inhalt des Testaments ohne weiters ausgeliefert werden solle. Darmstadt am 5 März 1807.

Vermöge Auftrags
Maurer,
großherzogl. hess. Hof-Secretär.

3) F. W. Reinhardt's.

Nachdem bey dem allhiesigen Stadtrath der Bürgermeister und Land-Commissair, Herr Johann Gottfried Reinhardt allhier, zu vernehmen gegeben, daß sein mittler Sohn, Herr Friedrich Wilhelm Reinhardt in den Jahren 1784 und 1785 auf der Universität zu Göttingen den Studiis obgelegen habe, und hierauf ohne Vorwissen seiner, dessen Vaters, dem Verlauten nach mit einem jungen Grafen aus Ungarn im Jahr 1785 von Göttingen ab- und auf Reisen gegangen sey, auch von jenem 1785 Jahre an bis hierher ihm, dem Vater, oder auch seinen noch lebenden Geschwistern allhier von seinem Leben und Aufenthalt nicht die geringste Nachricht gegeben habe, und daher wegen der Ver-

abfolgung seines Sohnes in 3000 Rthlr. 21 gl. 5 pf. bestehenden mütterlichen Vermögens an ihn, so wohl als wegen künftiger Regulirung seiner, des Herrn Bürgermeisters Reinhardt künftigen eigenen Verlassenschaft, nach seinem dereinstigen Ableben, in Ansehung seiner übrigen Erben, um Erlassung gewöhnlicher Edictalien gebeten hat, diesem Suchen auch zu fügen unbedenklich gewesen, und von der herzogl. hochpreißl. Landes-Regierung zu Gotha dem allhiesigen Stadtrath hierzu gnädigste Commission ertheilet worden ist; als wird Eingangs gedachter Studiosus Herr Friedrich Wilhelm Reinhardt, oder Falls er nicht mehr am Leben seyn sollte, dessen nachgelassene Erben und alle diejenigen, welche an dessen Vermögen, aus irgend einigem Grunde, Ansprüche zu machen haben, bey Strafe des Verlusts ihrer Forderungen und Ansprüche, wie auch bey Verlust der Wohlthat der Wiedereinsetzung in vorigen Stand hiermit edictaliter Commissions- und Raths-wegen edictaliter geladen, auf den

12 September dieses Jahres, ist der Sonnabend nach dem 15 Trinitatis-Sonntag,

Vormittags 10 Uhr vor dem Stadtrath und Commission allhier entweder in Person, oder durch hinlänglich legitimirte Bevollmächtigte behörig zu erscheinen, sich anzumelden, ihr an dieses mütterliche Vermögen, so wohl als das nach dem Ableben des Herrn Bürgermeisters und Land-Commissairs Reinhardt zu erwarten habende väterliche Vermögen, zu suchen habende Erbschafts-Recht oder andere Ansprüche anzugeben, und zu bescheinigen, und hierauf zu gewarten, daß der abwesende Herr Studiosus Reinhardt bey dessen Außenbleiben für todt und verschollen, dessen hinterbliebene Erben und andere an dieses Vermögen Ansprüche und Forderungen machende Personen aber, im Fall ihres Außbleibens, mit diesen ihren Ansprüchen und Forderungen von dieser mütterlichen Erbschafts-Masse sowohl als der künftigen Succession in des Herrn Bürgermeisters Reinhardt dereinstige Verlassenschaft, nebst dem besagten Herrn Studiosus Reinhardt selbst für ausgeschlossen und der Wohlthat der Wiedereinsetzung in den vorigen Stand für verlustig werden erklärt, und dagegen des Herrn Studiosi Reinhardt ererbtes mütterliches Vermögen dessen noch lebendem Herrn Vater, der demselben noch seines Vaters Ableben zufallen könnende väterliche Vermögens-Antheil aber des Herrn Bürgermeisters Reinhardt übrigen Erben, nach Vorschrift der herzogl. Landesgesetze ohne Caution eigenthümlich werde zuerkannt und überlassen, und auf ihn, den Herrn Studiosum Reinhardt, bey künftiger Vererb- und Vertheilung seines väterlichen Vermögens unter des Vaters Erben, keine weitere Rücksicht werde genommen werden.

Waltershausen, im Herzogthum Gotha, den 29 Januar 1807.

Bürgermeister und Rath daselbst,
vi Commissionis.

Allgemeiner Anzeiger
der
Deutschen.

Freytags, den 20 März 1807.

Nützliche Anstalten und Vorschläge.

Noch etwas über den Chausseebau,
als Mittel zur Beschäftigung brodloser
Fabrikarbeiter ꝛc.

(Beschluß zu Nr. 76 S. 769—777.)

Doch genug von dem, was künftig geschehen muß, um dem Verfalle blühender
Fabriken mehr wie bisher zuvorzukommen.
Jetzt kommt es darauf an, für die armen
Menschenclassen zu sorgen, die nun einmahl
durch die Statt gehabten Nachläßigkeiten
wirklich außer Brod gekommen sind, und
nach dem Vorstehenden auch nur wenig Hoffnung behalten, in der gewohnten Art je wieder in Nahrung gesetzt zu werden. In Rücksicht ihrer kann man auf nichts kräftiger,
auf nichts mit einer so sichern Aussicht einer
beständig ausreichenden Hülfe verweisen, als
auf die gütige Natur, auf diese reiche Ver-
gelterin jeder Pflege, die der lieben Mutter
Erde erwiesen wird.

Ihr, die ihr den väterlichen Boden be-
bauet, der alle Menschen zu ernähren bestimmt ist, ihr habt zunächst die heilige
Pflicht, euch der brodlosen Menschen anzunehmen, und ihnen Gelegenheit zur Arbeit
und Verdienst anzuweisen. Jede neue Ernte
lohnt reichlich diese euren Brüdern erzeigte
Wohlthat. Die jetzige Art, den Ackerbau
zu treiben, ist lediglich aus Mangel an Menschenhänden, die sich der Feldarbeit unterziehen konnten, entstanden. Er hat bey der Nothwendigkeit, große Flächen in Cultur zu nehmen, den Pflug und die Egge erfunden; er hat
die Menschen den Samen wild ausstreuen

gelehrt, der dann zwar vielleicht 6—10 Körner trägt, der aber mit Sorgfalt ausge-
pflanzt, 80 und hundertfältige Frucht bringen würde. Das soll nicht sagen, daß die
Aecker den zehnfachen Ertrag geben würden,
wenn die Körner darauf nicht ausgesäet,
sondern ausgesteckt würden; sondern es heißt
nur so viel, daß mit einem weit geringern
Theile des Saatkorns eine volle Bestaubung
des Landes, und eine völlig gesegnete Ernte,
wie jetzt nur zu erwarten steht, sich bewirken
läßt. Das Saatgetreide großentheils zu ersparen, ist jetzt wahrlich der Mühe werth;
und mit dieser Ersparung lassen sich Menschen ernähren. Halb erwachsene Kinder
sind fähig, auf den Knien über ein Ackerfeld
hinzurutschen, in der linken Hand ein kleines
zugespitztes Stöckchen, um den Hals und die
Schultern eine Tasche voll Saatgetreide,
und in der rechten Hand einige Körner haltend, die Stelle des Säemanns zu vertreten,
indem sie in die mit den Stöcken gemachten
Löcher die Körner werfen, und die Oeffnungen mit den Knien zudrücken. Wie viele
Körner werden jetzt von Tauben und andern
Thieren verzehrt, ehe sie unter die Erde gebracht werden? Wie viel von der Saat
muß auf das Verwittern gerechnet werden,
da nicht jedes Korn in Aehren aufschoßt,
sondern von seinem stärkern Nachbar unterdrückt wird? Diese sonst verlorene, durch
obige Handgriffe zu rettende Saat lohnt
reichlich das aufzuwendende Arbeitslohn;
und diese Bestellungsart des Ackers würde
gewiß auch längst üblich seyn, wenn es nicht
in der Regel an Menschenhänden fehlte, um

fie auszuführen. Jetzt finden sich diese ausgestreckt und um Brod bettelnd; nun so gebe
man ihnen doch, und stehe von dem ab, was
nur die Noth erfand, und die Zeit zur Gewohnheit machte.

Auch mit dem Pfluge und: der Egge ist
dieß der Fall. Der Spaten in der Hand
eines treuen Tagelöhners arbeitet viel tiefer,
lockert das Erdreich viel regelmäßiger auf,
und zerstört viel zuverlässiger den Keim des
Unkrauts, als der Pflug. Die Harke in
einer treuen Hand ebnet das Land viel genauer, zerstößt die festen Erdklöße viel sorg-
samer, und bedeckt das Saatgetreide viel
gleichförmiger, als die Egge. Sie, so gut
wie der Pflug, sind nur Hülfsmittel der
Noth; wo diese nicht ist, da lasse man sie
weg; da beschäftige man wieder Menschenhände, und eine weit reichlichere Ernte, von
reinerem, weniger mit Unkraut vermengtem
Korn wird das Tagelohn vielfach ersetzen.
Das Verlesen des Saatgetreides ist jetzt auch
nicht üblich; und doch würde das daran zu
wendende Arbeitslohn sich vielfach durch eine
schönere Ernte verinteressiren. Der Landwirth, dem es ein Ernst ist, im nahen Frühjahre einmahl den Versuch zu machen, eine
gewisse Zahl brodloser Menschen zur Acker-
bestellung anzustellen, der gewinnt auch in
der jetzt so kostbaren Unterhaltung des Spann-
viehes. An vielen Orten hat der Krieg es
nur schon zu sehr weggerafft; man schaffe
nur das allernothwendigste wieder an, und
bedenke, daß das, was ein arbeitendes Pferd
an Unterhaltungskosten erfordert, eine ganze
Familie ernähren kann.

Wahrlich! auf diesem Wege wäre es
möglich, recht vielen Unglücklichen zu helfen;
aber leider! ist voraus zu sehen, daß wenige
Landwirthe sich zu einem Versuche dieser Art
verstehen, und die meisten: „weil sie doch
nicht hören, daß auch dieß thun, " die
Sache auch vorerst noch werden abwarten
wollen. Die gewöhnliche Hülle der Bequemlichkeitsliebe, die das Gute zwar erkennt,
aber zu träge ist, um es auszuüben! Vielleicht denkt aber doch nicht ein jeder so; vielleicht finden sich wenigstens einige Ackerwir-
the, die den Versuch machen, von zwey
neben einander liegenden gleich großen Acker-
stücken das eine in der gewohnten Art, das

andere nach obigen Ideen zu bestellen, von
jedem die Ernte besonders zu bemerken und
die Bestellungskosten zu vergleichen. Sicher
zeigt sich ein überwiegender Vortheil bey dem
mit Menschenhänden bearbeiteten Ackerstücke;
und werden dann diese mit Zahlen belegten
Versuche öffentlich bekannt gemacht, so ist
baldige Nachahmung zu hoffen. —

So lange aber, bis jene Vorschläge,
vielleicht erst nach und nach, mehr in Ausübung kommen, bemühet euch, ihr Gemein-
heitsvorsteher eines Ortes, die größern
Vieh haltenden Einwohner dahin zu stimmen,
daß sie einen Theil der Angerweide mit der
Hütbung in diesem Frühjahr und Sommer
verschonen, und daß jedem Aermsten des
Orts nach seinem Bedarf und nach seinen
Kräften ein Stückchen davon zu einer einjährigen Kartoffelernte eingeräumt werde. Dieß
wird eure Ortsarmen im Winter ernähren,
und der im nächstfolgenden Frühjahr neu
belebte Graswuchs dieser einmahl aufgerisse-
nen Anger wird die dießjährige Aufopferung
reichlich vergelten. So kann denn so weit
leichter künftig ein anderes Stück der Angerweide denselben Zweck erfüllen; so kommen
nach und nach die Wiesen einmahl aufgeris-
sen, von Maulwurfshaufen gereiniget und
vom schilfigen Grase befreyet werden. So
werden doppelt gesegnete Ernten die süße
Belohnung der Armuth erzeigten Wohlthaten herbeyführen, und so wird am sichersten durch erhöhte Cultur dem allgemeinen
Feinde, der Theurung, entgegen gearbeitet,
und manche Quelle menschlicher Thränen
verstopft werden.

Wohl dem Mann, dessen Wirkungskreis
es erlaubt, auf diesen Wegen, wenn auch
nur im Kleinen, Gutes zu wirken und durch
sein kräftiges Beyspiel seine Nachbarn zur
Nachahmung zu ermuntern.

Berlin am 24 Febr. 1807.

Allerhand.

Danksagung.

Für die durch die unlängst vorgefallenen
Kriegsunruhen verunglückten Einwohner zu
Umpferstedt und Wiegendorf sind an mich
eingegangen 30 Kr. von einem Ungenannten,
und 12 rthl. von einem edeln Menschenfreunde,

dem Hn. Kaufmann Br. — in Etl., welches ich sogleich unter die Hülfsbedürftigsten vertheilte, deren herzlichen Dank er hierdurch öffentlich erhält; von einem theilnehmenden Wohlthäter war das viel, aber für viele Unglückliche wenig; doch habe ich die Hoffnung noch nicht aufgegeben, daß sich mehrere Menschenfreunde finden werden, die das Unglück der erwähnten bedauernswürdigen Einwohner, die weiter nichts, als leere Hütten und verwüstete Felder behalten haben und noch dabey große Lasten tragen müssen, großmüthig zu lindern suchen werden.

Umpferstedt d. 6 März 1807.

K. Bogenhard, Pfarrer.

Dienst - Anerbieten.

Ich wünsche die Stelle meines bisherigen Factors und Freundes, dessen Todes-Anzeige in diesem nämlichen Blatte befindlich ist, recht bald, wo nicht ganz auszufüllen (denn das dürfte schwer seyn) doch bestmöglichst zu besetzen. Ein moralisch guter, Zutrauen erregender, offener Character ist Hauptbedingung; dann fordere ich: hinlängliche Kenntniß des Geschäfts, eine gute Handschrift, noch mehr aber guten Styl; sodann, daß derselbe Französisch spreche. Und, da ich meine Buchdruckerey nicht zu gewöhnlichen Arbeiten, sondern fast lediglich zu Werken der Kunst ist und des Geschmacks bestimmt habe, so ist es natürlich, daß mein künftiger Factor ein Mann von gebildetem Geschmacke seyn, und mit Menschen von feiner Bildung, die ihm Aufträge geben, umzugehen wissen muß. — Von meiner Seite ist eine nicht gemeine, sondern verdientes Zutrauen belohnende, artige und freundschaftliche Behandlung eine der Bedingungen, die ich im voraus zusichere. Eine zweyte ist, daß ich ihn in Fällen, wo seine Erfahrungen nicht hinreichen, mit den meinigen um so mehr unterstützen will und kann, da ich das typographische Fach weniger von Seiten des Erwerbs, mehr aber als Lieblingsgegenstand betrachte und behandle.

Johann Christian Sommer,
Eigenthümer der sommer'schen Buchdruckerey und Buchhandlung
in Leipzig.

Dienst-Gesuche.

Ein Mann von mittlerm Alter, welcher sowohl in theoretischer als practischer Hinsicht sich als ein bewährter Oeconom bekannt gemacht, die Verwaltung eines großen Guts 12 Jahre hindurch mit größter Redlichkeit geführt und das Gut durch eine musterhafte Forstcultur ungemein verbessert, und überhaupt als ein thätiger, kluger und moralisch guter Mann unter allen Umständen sich bewiesen hat, wünscht als Administrator großer Güter angestellt zu werden. Die vortheilhaftesten Zeugnisse bewähren das oben Angeführte; die Expedition des allg. Anz. wird sie auf Verlangen mittheilen.

Familien - Nachrichten.

Todes-Anzeige.

Am 4 März starb in der Blüthe des Lebens Friedrich Schöttler, Factor meiner Buchdruckerey. Er verwaltete mit einer Redlichkeit ohne Gleichen und mit einer kenntnißvollen Thätigkeit die ihm, mit vollem Vertrauen auf beydes, von mir übertragenen Geschäfte. — Noch mehr aber, er war, in ganz bedeutenden Umfange dieser schönen Benennung, mein Freund, und theilte seit Jahren durch zärtliches Mitgefühl die Leiden, die mich und meine Familie trafen. — Jetzt ist er aus unserm kleinen friedlichen Kreise hinausgetreten in einen größern, schönern, und seinem, auf einer hohen Stufe der Cultur stehenden Geiste angemessenern Wirkungskreis; und wir blicken mit Thränen der innigsten Freundschaft und Liebe ihm nach, ihm, der uns alle, bis zum letzten Momente seines Lebens, mit herzlicher Freundschaft und Liebe umfaßte.

M. Johann Christian Sommer,
und dessen Familie.

Justiz - und Polizey - Sachen.

Vorladungen: 1) J. G. Möller's. Johann Georg Möller ein Sohn des hier verlebten Bürgers und Metzgermeisters Bernhard Möller entfernte sich schon vor 33 Jahren als Metzgerknecht, ohne weiters etwas von sich hören zu lassen. Auf Anrufen der Interessenten werden daher Johann Georg Möller oder seine Erben hier-

durch vorgeladen, binnen 6 Monaten auf gehörige Legitimation das unter Pflege stehende Vermögen in Empfang zu nehmen, oder es wird nach Verfluß dieser Zeit nach der vorhandenen Verordnung verfahren. Brückenau den 28 Februar 1807.
Unter K. K. französischer Administration Fuldaisches Stadtschultheißenamt.
M. N. Comitti.
In Fidem
Braun.

2) J. G. Reif's.

Röteln. Wenn Johann Georg Reif von Candnen, der sich schon im Jahr 1795 von Haus entfernt hat, oder seine etwaige Leibes-Erben, innerhalb 9 Monaten von heute an sich nicht vor hiesigem Ober-Amt persönlich oder durch Bevollmächtigte einfinden werden, um das noch übrige Vermögen des Reif in Empfang zu nehmen; so wird dasselbe gegen Caution seinen nächsten Anverwandten überlassen werden. Verordnet bey großherzoglich badischem Ober-Amt Röteln, Lörrach den 27 Februar 1807.
Großherzoglich Badisches Ober-Amt Röteln.

3) der Erben oder Gläubiger J. E. Hübner's.

Wir Bürgermeister und Rath der Altstadt Hannover fügen hiermit zu wissen:
Nachdem der allhier sich seit mehrern Jahren aufgehaltene Sprachmeister und angebliche Doctor Medicinae Johann Ernst Hübner, welcher aus Sachsen-Meinungen gebürtig gewesen seyn soll, am 31 v. M. mit Tode abgegangen, und dessen geringfügiger Nachlaß unter gerichtliche Siegel genommen worden; so werden alle diejenigen, welche aus einem Erb-, oder andern Rechtsgrunde an diese Verlassenschaft Anspruch machen zu können vermeinen, in dem ad profitendum et liquidandum auf den 7 April d. J. Dienstags nach dem Sonntage Quasimodogeniti anberaumten Termine, auf dem hiesigen Rathhause Vormittags um 11 Uhr in Person oder durch hinlänglich bevollmächtigte Anwälde zu erscheinen, kraft dieses und sub poena praeclusi ac perpetui silentii edictaliter citirt und vorgeladen. Gegeben Hannover den 17 Febr. 1807.
Jussu Senatus
(L. S.)   G. Stambke,
Syndicus.

4) der Gläubiger Conr. Bechtold's.

Wer aus was immer für einem Rechtsgrunde einen Anspruch an den Nachlaß des dahier verstorbenen rheinpfälzischen Hofkriegsraths Hrn. Konrad Bechtold zu haben vermeint, hat solchen innerhalb sechs Wochen von heute an unfehlbar anzubringen, oder zu gewärtigen, daß er nach Umlauf dieser Frist nicht mehr damit gehört und von Verlassenschafts-Masse, die zur Befriedigung bekannten vorzüglichen Gläubiger nicht einmahl reicht, ausgeschlossen werde.
Mannheim, den 25 Februar 1807.
Großherzoglich Badensches Garnison-Auditoriat.
J. A. Lutz,
Auditeur.

Kauf- und Handels-Sachen.

Geld-Anleihe.

Für eine öffentliche, äußerst solide und vollkommen sichere, beynahe ganz schuldenfreye Landescasse eines benachbarten Staats, der von den Kriegsunruhen völlig verschont geblieben und auch künftig verschont bleiben wird, werden 30000 Rthlr in Pistolen zu 5 Thaler, in einzelnen Summen jedoch nicht unter 500 Rthlr., gegen 5 pro Cent jährlicher Zinsen, welche halbjährig postfrey erlegen und von dem Tage anheben, da die Gelder gezahlt werden, auf bündige Landesobligationen und halbjährige beyden Theilen frey bleibende Kofkündigung, anzuleihen gesucht. Man melde sich dieserwegen beym Hrn. Postsecretair Jacob? Gotha.

Buchdruckerey-Verkauf.

In dem vor uns am 17 vorigen Monats gehaltenen Licitations-Termine ist der dem Buchdrucker, Herrn Georg Friedrich Wirth allhier zuständig gewesene
Buchdruckerey, bey welcher zwey Pressen mit Spindeln und Matern, die eine mit hölzernem, die andere mit eisernem Fundament, und beyde mit holländischen Schlößern befindlich, nebst der dazu gehörigen Schriften und sonstigen Erfordernissen
das unbedeutende Gebot von
Zweyhundert Reichsthalern in 20 kr. zu 5 gl. 10 pf.
gethan und, nunmehr
der 26 May dieses Jahres, ist der Dienstag nach dem Trinitatisfeste
zum Erstehungs-Termine bestimmet worden. Indem nun solches hiermit zu jedermanns Wissenschaft gebracht wird: so werden zugleich alle diejenigen, welche sothane Buchdruckerey zu erstehen gesonnen, aufgefordert, sich bestimmten Tages Vormittags um 11 Uhr allhier zu Rathhause an ordentlicher Raths-Gerichtsstelle einzufinden, ihre erhöhete Gebote zu den Acten zu geben und nach Befinde des Zuschlags gewärtig zu seyn. Wornach sich jedermann zu achten. Sig. Kreisstadt Cahla den März 1807.
Der Rath daselbst.

Druckfehler. In Nr. 74 S. 754 Z. 16 von unten Phstegma anstatt Phlegma,

Allgemeiner Anzeiger
der
Deutschen.

Sonnabends, den 21 März 1807.

Naturkunde.

Ein kleiner Beytrag zur Natur-
geschichte des Hundes.

Das Studium der Naturgeschichte ist angenehm, und sehr weitläufig das Feld, das zur Beobachtung vor uns liegt. Natürlich ist's daher, daß täglich neue Beobachtungen gemacht werden und gemacht werden können.

Das Nachfolgende wurde von einem Wahrheit liebenden Manne bemerkt, und ich glaube in etwas zu nützen, wenn ich es bekannt mache.

Eine Person, die sonst nie spät zu Hause kam, hatte sich in frohen Zirkeln über Mitternacht verweilt und findet den Haushund vor der geschlossenen Hausthür liegend. Bey der Ankunft schmeichelt der Hund, wird aber nicht laut. Ehe noch an die Hausthür gepocht wird, läuft er schnell auf die andere Seite des Hauses und bellt so stark, daß die an der Seite schlafende Familie zum Theil wach wird, und Anstalt macht, die Thür zu öffnen. So bald als der Hund Geräusch im Hause hört, kehrt er zurück und schmeichelt wieder, bis die Thür geöffnet wird.

Ein andermahl bellt er des Nachts zu einer Zeit, wo man keinen Beweis seiner Wachsamkeit erwartete, keine Unsicherheit fürchtete, wo alles still im Hause war. Man wird aber doch dadurch aufmerksam gemacht; man sucht die Ursache des starken Bellens zu erforschen, und findet, daß der Hund bey der Hausthür im Hause steht, und dadurch, daß er zwischen die aus Versehen

Allg. Anz. d. D. 1 B. 1807.

offen gelassene Hausthür die Nase hält, anzeigt, daß zur Sicherheit des Hauses noch nicht alles geschehen sey.

Zu einer andern Zeit trifft der Hund die Katze, mit welcher er sonst in Freundschaft lebt, und die sich oft dicht an ihn legt, stehlend an: — sie hatte nämlich ein Stück Speck von einem Tische entwendet und war im Begriff, solches zu verzehren. Der Hund ergreift sie und hält sie, da sie das Stück Speck im Maule behält, so lange fest, bis die Hausfrau der diebischen Katze das Geraubte wieder abgenommen hatte, und nun läßt er sie laufen.

Dieß treue Thier beißt sich bloß mit seines gleichen, andere Thiere stößt es zur Strafe mit der Nase. Es liebt die Kinder, und läßt sich von ihnen alles gefallen. Sein Alter ist jetzt 8 Jahr und es ist von Pudelrace, aber nicht reiner Pudel.

Oedelsheim im Febr. 1807.

w.

Anfrage.

Als im Jahr 1756 das preußische Regiment Gensd'armes Befehl zum Ausrücken erhielt, wollte ein Wachtmeister desselben einen Pudel, den er selbst erzogen, der sehr an ihn gewöhnt war, in den Unruhen des bevorstehenden Feldzugs nicht gern verlieren. Er überließ ihn daher seinem Schwager, einem Pächter, der fünf Meilen von Berlin wohnte und den Hund mehrere Wochen vor dem Ausmarsch des Regiments mit sich auf das Land nimmt. Die Gensd'armes rücken in das Feld, stehen lange in dem Lager bey

Pirna, und geben darauf mit der Armee des Königs nach Böhmen. Den Tag nach der Schlacht bey Lowositz kommt der Pudel plötzlich in das Zelt des Wachtmeisters gerennt, springt an ihm in die Höhe, liebkoset ihn, und wälzt sich mit ausgelassener Freude auf der Erde herum.

Man erklärt dergleichen Wahrnehmungen, deren mehrere bekannt sind, gewöhnlich aus dem starken Geruch des Hundes; es ist aber schwer zu begreifen, wie dieser Pudel, der schon mehrere Wochen vor dem Ausmarsch des Regiments fünf Meilen von Berlin war, durch den Geruch den Weg, den sein Herr genommen, entdecken konnte; ihm nach zu laufen, durch Brandenburg und Sachsen, und ihn endlich aufzufinden vermochte in dem Lager bey Lowositz in Böhmen.

Möchte es doch einsichtsvollen Männern gefallen, gelegentlich in diesen Blättern zur Erläuterung dieser für die Naturgeschichte des Hundes wichtigen, wahrhaften Bemerkung gefälligst etwas zu sagen.

Allerhand.

Bemerkungen über das Vernageln der Geschütze; veranlaßt durch den im 320 Stück des allg. Anz. mitgetheilten militairischen Vorschlag.

Der Verfasser dieses militairischen Vorschlags wünscht, daß die Infanterie und Cavallerie mit Nägeln versehen würde, die bey der Artillerie zum Vernageln der Geschütze üblich sind, um in vorkommenden Fällen ein erobertes schweres Geschütz wenigstens auf einige Zeit unbrauchbar zu machen.

Diese Meinung verdiente allerdings berücksichtigt zu werden, da es so oft vorkommt, daß besonders leichte Truppen nur kurze Zeit sich in dem Besitze eroberter Kanonen oder Haubitzen erhalten können, weil mancherley Umstände es selten erlauben, das vom Feinde (gewiß ohne Bespannung) zurückgelassene Geschütz gleich zu transportiren und dadurch die Eroberung desselben zu sichern. Macht die Cavallerie auch Anstalten, einige Pferde anzuspannen, um das eroberte Geschütz zurück zu bringen, so wird dieß doch manchmahl durch den verstärkt vorrückenden Feind,

der diese Art Waffen nicht gern verlieren vereitelt, so daß man gezwungen wird, Beute wieder aufzugeben.

Auf jeden Fall ist es daher sehr und nothwendig, sowohl die Geschütze, wel man verlassen muß, als diejenigen, we erobert werden, zu vernageln. Dieses Ver nageln muß nun aber in der kürzesten Zeit und so geschehen, daß dadurch nur ga allein der Feind Nachtheil davon habe.

Wenn man Geschütze im freyen Feld verlassen muß, so wird dieß von einer br ven Bedienung nur erst dann geschehen, wenn an keine Rettung mehr zu denken, keir Erhaltung des Geschützes mehr wahrschein lich ist. Denn die Wirkung der Artilleri wird in der Nähe erst recht mörderisch; di Contenance der Bedienung eines Geschützes und die Verdoppelung der Geschwindigkei des Feuerns, ohne sich jedoch dabey zu über eilen, in den Zeitpuncten, wo der Feind auf 200 bis 100 Schritt heranrückt, ist gewiß stets für den muthigen, standhaften Artilleristen belohnend, befreyet oft die Truppe aus der gefahrvollsten Lage, und kann zu der Rettung von Tausenden beytragen.

Daß in solchen kritischen Zeitpuncten alle angegebene und bis jetzt bekannte Vor schläge des Verfassers im angezogenen Auf satze und anderer Schriftsteller nicht anwend bar sind, fällt leicht in die Augen; am besten bleibt es noch, wenn in solchen Fällen die Bedienung des Geschützes sich mit dem Lade zeug zurückzieht, oder wenn auch dazu keine Zeit übrig ist, solches entzwey schlägt, wo durch der Eroberer von den Stücken doch wenigstens vorerst der Mittel beraubt wird von den genommenen Geschützen sogleich gegen die sich zurückziehenden Truppen Ge brauch machen zu können. Durch dieß Be nehmen setzen sich aber die gefangenen Arti leristen oft einer unfreundlichen Behandlun von dem Sieger aus, oder andernfalls kan die etwa zurückkehrende Bedienung bey Wi dereroberung des Geschützes auch keinen au genblicklichen Gebrauch von ihrem errunge nen Vortheile machen; es scheint mir obige Verfahren daher nicht zulänglich zu seyn.

Ein Mittel also, um ein metallenes od eisernes Geschütz, welches man verläßt, au genblicklich in den Zustand der Unbrauchba

keit für den Feind zu versehen, solches aber
bey der Wiedereroberung in einem Augenblick wieder activ zu machen, ohne daß dadurch das Geschütz selbst im mindesten
benachtheiligt wird, verdient daher gewiß
die Aufmerksamkeit eines Feldherrn oder
commandirenden Generals der Artillerie.

Unterzeichneter ist im Stande, solches
zu bewerkstelligen und wird sich ein Vergnügen, eine Ehre daraus machen, dieß Mittel
einem Fürsten oder Armee-Befehlshaber,
der sich für diese Sache interessirt, bekannt
zu machen und zur Prüfung unterthänigst
vorzulegen. Fulda den 13 März 1807.

Carl Sewelob,
grau. nassau-fuldaif. Kammerrath,
vormahls Lieutenant im hannöverischen Artillerie-Corps.

Nützliche Anstalten und Vorschläge.

**Nachricht, Hartig's Forst- und Jagd-
Lehr-Institut betreffend.**

Ich habe die Ehre, das Publicum zu
benachrichtigen, daß die Collegia in meinem
Forst- und Jagd-Lehr-Institute 14 Tage
nach Ostern wieder ihren Anfang nehmen
werden. Die schon bekannte Einrichtung
dieses Instituts hat durch seine Verpflanzung
nach Stuttgart keine Veränderung erlitten.
— Zugleich bemerke ich, zu Beantwortung
mehrerer Anfragen, daß das Journal für
Forst-, Jagd- und Fischereywesen ununterbrochen wöchentlich ausgegeben wird, und
daß man es bey allen Postämtern als Wochenschrift, und aus allen Buchläden in
Quartals-Heften jährlich für 4 fl. 48 kr.
erhalten kann. Stuttgart im Febr. 1807.

Hartig,
königl. würtemberg. Oberforstrath.

Familien-Nachrichten.

Nachricht von einem gefundenen Kinde.

Am 4 März d. J. wurde ein verlassenes
kleines Mädchen nahe vor hiesiger Stadt
durch die Polizeydiener hülflos gefunden und
in das hiesige Armen- und Werkhaus gebracht. Nach vorgenommener Untersuchung
erklärte dieß arme Kind: daß es von
Aschersleben gebürtig und mit seinem Vater, einem Lieutenant von Biermann, in

welchen Diensten wußte es nicht, in Cam-
pagne gewesen sey, worin selbiger gestorben
wäre. Von seiner Mutter will es aber gar
keine Kenntnisse haben.

Dieß arme Mädchen ist dem Ansehen
nach zwischen 6—7 Jahr alt, spricht die
obersächsische Sprache sehr gut und soll sich
mit einer alten Soldatenfrau bettelnd um-
hergetrieben haben, bis es von letzterer vor
hiesiger Stadt schändlich verlassen worden ist.

Es hat folgende Namen: Wilhelmine
Henriette Caroline.

Sollten gutdenkende Menschen in und
um Aschersleben sich dieses kleinen Mädchens erinnern und demselben wieder zu dem
Glück, mit seiner Familie vereint zu werden,
verhelfen können, so ersucht Unterzeichneter
alle und jede, ihm sofort gefälligste Nachricht
davon zu geben.
Cassel den 12 März 1807.

Augener, Werkhaus-Cassirer.

Justiz- und Polizey-Sachen.

**Vorladungen: 1) der Gläubiger des Prinzen
Ludwig Carl Friedrich, Herzogs
zu S. Coburg-Saalfeld.**

Da der, in der Verlassenschafts-Sache des
am 4 Julius 1806 allhier zu Coburg verstorbenen
Herrn Prinzen Ludwig Carl Friedrich Herzogs
zu Sachsen Coburg-Saalfeld ec. k. k. östreichischen General-Feldmarschall-Lieutenants ec. höchsten Orts ernannte Bevollmächtigte, geheime Can-
zleyrath Opitz allhier, bey der unterzeichneten, zur
Regulirung der ernannten Verlassenschafts-Sache
niedergesetzten Immediat-Commission die Erklärung abgegeben hat, daß eine höchste Principal-
schaft beschlossen habe, die besagte Erbschaft sub
beneficio inventarii anzutreten; so werden alle
diejenigen, welche an des gedachten Herrn Prinzen
Ludwig Carl Friedrich Durchl. Verlassenschaft
aus irgend einem Rechtsgrunde Ansprüche zu haben
vermeinen, hiermit aufgefordert und vorgeladen,
Donnerstags den 16 Julius dieses Jahres
vor der unterzeichneten Immediat-Commission in
dem Commissions-Zimmer des Regierungsgebäudes
allhier in Person oder durch hinlänglich Bevollmächtigte zu erscheinen, ihre allenfallsigen Forderungen
und Ansprüche zu Protocoll zu geben, zu bescheinigen, und sodann des Weitern zu gewärtigen mit
der Verwarnung, daß diejenigen, welche in dem
erwähnten Termine ausbleiben, ihrer Ansprüche
an die gedachte Verlassenschaft und der Rechtswohlthat der Wiedereinsetzung in den vorigen Stand
für verlustig werden erklärt werden.

(L. S.) Herzogl. S. Immediat-Commission.
Hofmann. Regenherz.

2) der berchelmann'schen Erben und der Inhaber berchelmann. Versicherungs-Urkunden.

Demnach die Caution von 2500 fl., welche der vorlängst dahier verstorbene Amtskeller Berchelmann wegen der ihm anvertraut gewesenen dahiesigen Renter-Verwaltung geleistet hatte, dem großherzoglichen Fiscus, wegen des propren Recesses gedachten Amtskellers Berchelmann, verfallen ist, deßhalb von seinen Erben die über die Leistung jener Caution ausgestellten Versicherungs-Urkunden, nämlich vermöge:

1) Obligation d. d. 10 Junius 1767. 1000 fl.
2) Obligation d. d. 18 Julius 1767. 800 fl.
3) Obligation d. d. 28 Februar 1774. 700 fl.
und in Summa 2500 fl.

vorlängst zurück zu liefern gewesen wären, bisher aber nicht zu erhalten gewesen sind, und die bermahligen Aufenthalts-Orte von zwey der gedachten berchelmännischen Erben nicht ausfindig zu machen sind, als werden nicht nur gedachte Erben, sondern auch jede allenfallsige andere Inhaber gedachter nicht mehr gültigen Versicherungs-Urkunden hiermit aufgefordert und vorgeladen, dieselbe binnen drey Monaten an hiesige großherzogliche Rentkammer so gewiß zurückzuliefern, als gegenfalls das Nöthige wegen Verrechnung der bemeldeten Caution nichts desto weniger verfüget, und auf allenfalls aus gedachten Urkunden formiret werden wollende Ansprüche nicht die mindeste Rücksicht mehr genommen werden wird, wie dann auch dieselben Urkunden auf jeden Fall für nicht mehr geltend, und jede daraus zu formirende Ansprüche für erloschen hiermit ausdrücklich erklärt werden. Gießen den 4 März 1807.
Großherzoglich-Heßliche Rentkammer daselbst.

3) der Gläubiger Ant. J. Merz's.

Nachdem der im May d. J. verstorbene hiesige Kammer-Secretaire Anton Johann Merz eine sein Vermögen weit übersteigende Schuldenlast hinterlassen, daher bey der Insolvenz des Nachlasses mit dem Concursproceß zu verfahren gewesen, und von fürstl. reuß. plauiß. Regierung sämmtliche bekannte und unbekannte Gläubiger, oder wer sonst an diesen Nachlaß Anspruch zu haben vermeinet, zu dem auf den
15 Junius des Jahres 1807 angesetzten Liquidations-Termin zur Anbringung und Bescheinigung ihrer Forderungen und Ansprüche bey Verlust derselben und der Wiedereinsetzung in den vorigen Stand, auch ferner zu dem auf den 20 Julius d. J. sowohl zur Eröffnung eines Präclusiv-Bescheides wider diejenigen, welche im ersten Termin nicht erscheinen, als auch zur Gütepflegung angesetzten resp. Vorbescheids-Termin unter der Verwarnung, daß die Nichterscheinenden und sich nicht Erklärenden für einwilligend werden angesehen

werden, edictaliter und peremtorie vorgelad auch den Auswärtigen die Bestellung eines Bevollmächtigten hiesigen Orts aufgegeben, und die fälligsten Edictales sowohl allhier in Greiz, al Leipzig und Altenburg öffentlich angeschlagen den, so wird solches zu jedermanns Wissenschaft hiermit nochmahls bekannt gemacht.
Greiz den 22 Dec. 1806.
Fürstl. Reuß. Plauiß. Regierung da

Kauf- und Handels-Sachen.

Verkauf eines Hauses in Erfurt.

Da der zum öffentlichen Verkauf des Concurs-Masse des Juweliers Carl Kopp geh gen Hauses auf den 27 h. M. angesetzte letzte rungs-Termin auf den Charfreytag fällt: so solcher auf 8 Tage weiter hinaus und zwar
auf den 3 April
gesetzt, welches zur Nachricht hierdurch bekam gemacht wird. Erfurt, den 14 März 1807.
Das von Sr. Majestät dem Kaiser d Franzosen und König von Italien bestätigte Stadtgericht.
Frank.

Boules d'acier.

Le soussigné donne avis au Public par la présentes que par erreur et faute de possed la langue allemande, son Avertissement du Avril 1806 étoit erronique, puisqu'il n'y éto fait mention que de quatre Villes, où il n'a dépôt de ses veritables Boules d'acier. — Comme donc il n'y est pas fait mention de la Vill d'Offenbach sur Meyn, ou son Altesse Seréni sime le Prince regnant d'Isembourg a établi dépôt des dites Boules d'acier, après ce que sous igné, — sans préjudice de soi-même suivant les arrangemens, qui en ont été co clus — a communiqué à S. A. Sme Monseigne le dit Prince, le vrai secret de la dite Bo d'acier véritable; la présente déclaration a do pour büt, de rectifier l'ebmission susmention par la voye des feuilles publiques. Fait Francfort sur Meyn ce trois de Fevrier, huit cent sept.
D. Mandel.

La déclaration ci-dessus fut faite, répét et signée de propre main en ma présence Mr. Dominique Mandel, Bourgeois habit d'Offenbach, ce présent malade en cette V de Francfort; ce qu'à due réquête je le cert de foi de ma charge publique.
A Francfort sur Meyn ce trois Fevrier, huit cent sept.
(L. S.)　Joan Gérard Jaennike Notaire public immatriculé de c Ville de Francfort.

Druckfehler: In Nr. 71 S. 726 und 727 ist unter der Todesanzeige des Fürsten R von Plauen die Unterschrift: Gießen den 27 Febr. 1807 aus Versehen weggelaß

Allgemeiner Anzeiger
der
Deutſchen.

Sonntags, den 22 März 1807.

Literariſche Nachrichten.

Landkarten.

Allgemeiner Kriegsſchauplatz enthaltend: Ober- und Niederſachſen, Pommern, Schleſien, ganz Polen, einen Theil von Rußland, einen Theil von Ungern, Boſnien, der Wallachey, Moldau, nach den beſten aſtronomiſchen und geograph. Hülfsmitteln gezeichnet v. Ingenieur Mollier iſt erſchienen, und koſtet in Landkarten-Format 12 gl. ſächſ. — Wer für 5 Exemplare baar Geld einſchickt, erhält das 6te frey. Desgl. iſt erſchienen: Plan der merkwürdigen Schlacht bey Eylau, am 7 Febr. gezeichnet von Le Roux. Preis 5 gl. in Folio. Wer auch bey dieſen Planen für 5 Exempl. das Geld baar einſendet, erhält das 6te frey. Außerdieſem ſind noch bey mir Exempl. von nachſtehenden Planen zu haben: Plan der Schlacht bey Jena und Auerſtädt, mit Beſchr. 8 gl. — Plan der Schlacht bey und in Lübeck, mit Beſchreib. 9 gl. — Plan der Schlacht von Auſterlitz, mit Beſchreib. 6 gl. — Plan der Feſtung Stralſund, nebſt General u. Plan von Schwediſch-Pommern. 6 gl. — Grundriß der Feſtung Glogau. 4 gl. — Plan der Feſtung Gaeta im Königreich Neapel. 8 gl. Dieſe ganze Suite koſtet zuſammen 2 rthlr. 11 gl., wer aber 2 rthlr. baares Geld direct an unterzeichnete Handlung einſchickt, erhält ſolche dafür.

Die reſp. Beſteller des Kriegsſchauplatzes erhalten dieſelben nach der Reihe, wie ſolche eingegangen, und werden dieſe Woche die letzten abgeſendet. Leipzig, den 10 März 1807.
Geograph. Verlagshandlung von J. G. Herzog, auf dem alten Neumarkt Nr. 617.

Muſikalien.

Neue Muſik.
Beethoven, Sinfonia eroica, aggiuſt. p. Pf. a quattro mani d. A. E. Müller. 2 rthlr.
Reicha, A., Hamlets Monolog, m. Pf. 10 gl.
Allg. Anz. d. D. 1 B. 1807.

Himmel, 6 Lieder von Göthe, m. Pf. oder Guitarre (Ihro Maj. d. Königinn v. Preußen gewidmet). altes W. 20 gl. — Geſellſchaftslied v. Kotzebue: Es kann ſchon etc., m. Pf. od. Gwit. 4 gl.
Eberl, A., Serenate (Nachtmuſik) für 2 Tenor- und 2 Baßſtimmen, Clar., Viole und Vcelle. Deutſch und italien. Op. 35. 1 rthlr. 4 gl.
Rode, 9me Concerto pour Viol. princ. in C. 1 rthlr. 16 gl.
Beer, J., (Prem. Clar. de S. M. le Roi de Pruſſe) Concerto p. Clarinette. in B. 1 rthl. 16 gl.
Kozeluch, 6 leichte Stücke f. Clav. für Anfänger. (Mit beygeſ. Fingerſetzung.) 10 gl.
Leipzig.   Bureau de Muſique.
                         A. Kühnel.

Muſikaliſche Anzeige für Bürgerſchulen, Gymnaſien, Singinſtitute etc.

Schicht, Drey- und vierſtimmige Choralmelodieen für 2 Soprane und 2 Contr'alte, zum Gebrauch f. Gymnaſien, Bürgerſchulen, Singinſtitute, auch für jeden Anfänger im Singen, geſammlet und bearbeitet von J. G. Schicht. Preis 20 gl.

*) Bey dieſem wichtigen Werke, das als ein neues Hülfsmittel des Singunterrichts angeſehen werden kann, befinden ſich intereſſante Bemerkungen, welche den Choralgeſang und den Singunterricht insbeſondere betreffen.
Leipzig.   Bureau de Muſique.
                         A. Kühnel.

Neueſte Verlagsmuſikalien, der Breitkopf- und Härtelſchen Muſikhandlung in Leipzig.

Cherubini Faniska, Opera arr. en Quatuor pour 2 Violons, Viola et Violoncelle, p. M. G. Fiſcher. 5 rthlr.

Dusfek, J. L., 5 Quatuors p. 2 Vls. Vla. et. Vlle. Op. 60. Nro. 1. 2. 3. à 1 rthlr. 8 gl.

Haydn, J., 85me et dernier Quatuor p. 2 Vls. Vla et Vlle. 16 gl.

— Sinfonien in Partitur. Nro. 7. (D moll). 16 gl.

Heine, F., Ouverture à gr. Orch. Op. 12. 1 rthlr.

Kreutzer, P., Menuet de Don Juan varié p. le Vlon av. acc. de Vlle. 8 gl.

— 12 Variations pour le Violon av. acc. de Vlle. sur l'air. Die Milch ist gelinder etc. 6 gl.

— Pot-Pourri p. un Violon av. acc. d'un second Vlon et Basse. 8 gl.

Mozart, W. A., 3 Quatuors p. 2 Vls. Vla. et Vlle. Cah. 4. 2 rthlr.

Nisle, J., 3 Duos p. 2 Violons. Op. 15. 16 gl.

Weber, Variations p. Violoncelle avec acc. de Guitarre. 8 gl.

Dietter, 5 Duos p. Flûte et Violon av. acc. de Voelle. Op. 21. 1 rthlr.

— 3 Duos p. Flûte et Viol. Op. 22. 1 rthlr.

— 24 pet. pièces p. 2 Flûtes. Op. 25. Cah. 1. 12. gl.

— 18 pet. pièces p. 2 Fl. d'une difficulté progressive. Op. 24. Cah. 2. 1 rthlr.

Schwegler, 4 Quatuors p. 2 Flûtes et 2 Cors. Op. 3. 2 rthlr.

Viotti, P. B., 3 Quatuors p. Flûte, Violon, Viola et Violoncelle. Op. 22. 4 rthlr.

Fischer, M. G., 12 Orgelstücke verschiedener Art. Op. 10. 2r Heft. 18 gl.

Vierling, 48 leichte Choralvorspiele. 5 Heften à 16 gl.

In musikalischen Magazine auf der Höhe in Braunschweig ist so eben erschienen:
Schlachtgesang bey Jena, mit Begleitung des Fortepians, in Form einer Ballade, von Dr. Heinroth. 20 gl.

Periodische Schriften.

Allgemeiner Kameral-Korrespondent für Deutschland. Inhaltsverzeichniß vom Monat Februar 1807.

Höchste Verordnung der königl. bayerischen Landes-Direction, daß sämmliche Rentämter des Fürstenthums Bamberg in Zukunft die Ankündigungen aller Verpachtungen und Verkäufe von Staats-Realitäten in den Kameral-Verkündiger einrücken lassen sollen. — Wie sollten alle Staatswaldungen vermarkt seyn? Von Hrn. Forstmeister Zimmr in Bamberg. — Kameralistische Literatur. Der Sammler für Geschichte und Statistik von Tyrol. — Gedanken über zu bestitigende Unter-

schleife der Mahlmüller. — Neue Verordnungen. — Kameral-Chronik. — Beförderungen. — Re... Preisfragen. — Miscellen. — Warnung geg... literarischen Betrug, d. i. gegen Mungo Par... neueste und letzte Reise in das Innere von Afrika: Hamburg, 1807. — Vergleichung der Nürnberger und Bamberger Staatsabgaben. Von de... königl. bayer. Hrn. Hofgerichts-Director Web... in Bamberg. — Bemerkungen über das Einquartierungs-Wesen. Von dem königl. bay... Hrn. Hofgerichts-Director C. Weber in Bamber... — Bemerkungen über das Einquartierungs-... sen. — Beylage: Kameral-Prospect. — Kamera... Chronik. — Höchstes Rescript des königl. bay... rischen General-Land-Commissariats als Etat... Kuratels an die königl. Rent-Beamten der Pro... vinz Bamberg, wodurch der Allgemeine Kame... ral-Korrespondent für Deutschland, als eine sehr nützliche und fast unentbehrliche Zeitschrift, vorzüglich empfohlen wird. — Ueber Abnahme der Bevölkerung und der Ehen. Von Hrn. B—r in Ulm. — Neue Verordnungen. — Kameral-... Verkündiger. — Einige Bemerkungen über di... recte und indirecte Steuern. — Beylage: Ueber Diebweibern in jungen Schlägern und Viebbeschä... digungen in Ansehung der Holzzucht. Von Hrn. F. von Donop. — Kameral-Chronik. — Erhe... bung. — Postscript. — Kameral-Verkündiger. — Höchste Verordnung des königl. bayer. Ge... neral-Land-Kommissariats als Provinzial-Kuratels, daß sämmtliche Amt- und Forstkammer der Provinz Neuburg alle Verpachtungen und Verkäufe der Staats-Realitäten künftig auch in den Kameral-Verkündiger einrücken lassen sollen. — Von der Taxation der Staatswaldungen, Von Hrn. Forstmeister Zimmr in Bamberg. — Kameral-Chronik. — Literarische Notizen. — Miscellen. — Beylage: Welche Verpachtungs-Methode dürfte bey kleinen Domainen die vortheilhafteste und billigste seyn? Von Hrn. L. v. S. in D. — Beförderungen. — Kameral-Verkündiger. — Skizze der Entstehungsgeschichte der Kameralistik als eigenen Wissenschaft. Von Hrn. Dr. F. A. Armbrust. — Aufforderungen. — Beylage: Ueber die Regulierung der Steuern. — Kameral-Chronik. — Berichtigung. — Nekrolog. — Miscellen. — Postscript. — Ueber die Regulirung der Steuern. — Miscellen. — Kameral-Verkündiger. — Ueber die Regulirung der Steuern. — Kameral-Chronik. — Miscellen. — Aufforderung. — Kameral-Verkündiger.

Der Allgemeine Kameral-Korrespondent erscheint wöchentlich dreymahl und ist posttäglich auf allen Postämtern und Zeitungs-Expeditionen, und monatlich in allen Buchhandlungen zu haben. Man bestellt den K. K. entweder bey dem nächsten Postamt, oder bey der zunächst gelegenen Buchhandlung. Man kann zu jeder Zeit eintreten und auch halbjährlich austreten. Jeder neu eintretende Abonnent erhält die bereits erschienenen

Nummern des laufenden halben Jahrs. Alle Briefe, Beyträge oder Inserate den Kameral-Korrespondenten oder Kameral-Verkündiger betreffend werden frankirt eingesendet.

An die Expedition des Allgemeinen Kameral-Korrespondenten in Erlangen.

NB. Die löbl. Buchhandlungen wenden sich mit ihren Bestellungen an die Palmische Universitäts-Buchhandlung in Erlangen, einzelne Nummern des K. K. werden nicht abgegeben. Für fränkl. sächs. ob. 9 fl. rhein. ist der Kameral-Korrespondent in ganz Deutschland zu haben. Wer Monatshefte von der Expedition in Erlangen bezieht, zahlt nur 7 fl. Prän. und erhält das 7te Exempl. gratis.

Bertuch's Bilderbuch Nrs. 95. und 96.

So eben ist erschienen und an alle Buchhandlungen versandt worden:

Bilderbuch für Kinder 2c. von F. J. Bertuch, mit vierfachem, deutschem, französischem, englischem und italienischem Texte dazu, und ausgemahlten oder schwarzen Kupfern. Nro: XCV. und XCVI. 4. Nebst D. C. Funke's ausführlichem Texte dazu. 8. Ebendiese Hefte.
und enthalten folgende Gegenstände:

XCV. Heft.

Tafel 71. Merkwürdige Säugthiere. Fig. 1. Die canadische Ratte. Fig. 2. Die weisse Hausmaus.
— 72. Merkwürdige Insecten. Die größte Heuschrecke.
— 73. Schöne deutsche Dämmerungsfalter. Fig. 1. Der Pappelschwärmer. Fig. 2. Der Lindenschwärmer. Fig. 3. Der mittlere Weinschwärmer.
— 74. Deutsche Obst-Arten. Fig. 1. Die gemeine Zwetsche. Fig. 2. Die gemeine Stammkirsche.
— 75. Rosen-Arten. Fig. 1. Die gemeine Zucker-Rose. Fig. 2. Die große fleischfarbene Rose.

XCVI. Heft.

— 76. Deutsche Singvögel. Fig. 1. Die Nachtigall mit ihrem Neste. Fig. 2. Die Sylvia-Nachtigall.
— 77. Deutsche Waldbäume. Fig. 1. Die gemeine Buche. Fig. 2. Die gemeine Ulme.
— 78. Deutsche Obstarten. Fig. 1. Der Johannisbeerstrauch. Fig. 2. Der Stachelbeerstrauch.
— 79. Prächtige ausländische Schmetterlinge. Fig. 1. Der Brustbeerspinner. Fig. 2. Der Claretweinschwärmer.
— 80. Merkwürdige Höhlen. Die Erdmannshöhle bey Hasel.

Alle Vierteljahre erscheinen richtig zwey Hefte von diesem interessanten und allgemein beliebten

Werke, von welchem auch stets noch einzelne Hefte vom Anfange an um den gewöhnlichen Preis zu haben sind. Weimar, im Febr. 1807.

F. S. pr. Landes-Industrie-Comptoir.

So eben ist erschienen, versendet und bey L. W. Wittrich in Berlin, leipziger Straße Nro. 38, sowie in allen guten Buchhandlungen zu haben:

Dr. C. W. Hufeland's Journal der practischen Heilkunde. XXV. Bd. 2s Stück. 8. 1807. Pr. 12 gl.

Inhalt.

I. Practische Beyträge und Beobachtungen, von Dr. Dürr, practischem Arzte zu Pegau. 1. Ein Fragment zu den diagnostischen Kennzeichen des Erschütterungen der Eingeweide: 2. Erfahrung über die specifische Kraft des innerlichen Gebrauchs der rauchenden Salpetersäure beym Scharlachfieber und über den Verlauf des letztern in und um Pegau. 3. Große Wirkung der auf den geschornen Kopf und Nacken gelegten Blasenpflaster bey einer durch schnellen Zurücktritt der Milch wahnsinnig gewordenen Wöchnerinn. 4. Beobachtung einer glücklich geheilten Rose am Unterleibe bey einem neugebornen Kinde. 5. Beobachtung über den Nachtheil des Haupthaarabschneidens auf die Oeconomie des kindlichen Körpers, besonders beym honigartigen Kopfgrinde (Favus). II. Bemerkungen über die Wirkungen des Aderlassens der Haare im gesunden und kranken Zustande, von Dr. Wilh. Harcke, practischem Arzte zu Wolfenbüttel. III. Practische Belege zur Heilung der Schwindsucht und der Wassersucht, von Dr. C. L. Fischer, vormahl. herzogl. weimar. Hofrathe und Professor zu Jena. IV. Chemische und medicinisch-practische Bemerkungen über menschliche Harnsteine, vom Hofrath Ritter zu Cassel. V. Vermischte Beobachtungen, von Dr. Schmidt zu Neuwied. 1. Lungenschwindsucht und Herzpolypen bey einem jungen Menschen. 2. Merkwürdige Krankheitsgeschichte und Bericht der Leichenöffnung eines zwölfjährigen Knaben. VI. Zergliederung eines sehr ausgedehnten und mit Schleim erfüllten Ovariums. Mitgetheilt vom Professor Reich zu Königsberg.

Mit diesem Stücke des Journals wird ausgegeben:

Bibliothek der practischen Heilkunde. 18r Bd. 2s Stück.

Inhalt.

Joh. Christ. Fried. Scherf's allgemeines Archiv der Gesundheitspolizey. 1r Band 1s 2s und 3s Stück. 1805.

Inhaltsanzeige von

Vogt's (N.) europäischen Staatsrelationen, siebenten Bandes drittes Heft. Frankfurt am Mayn, in der Andreäischen Buchhandlung.

I. Der Feldzug vom Jahre 1806. Fortsetzung.
II. Politische Bemerkungen über die Geschichte
der Deutschen.
III. Genealogie des Menschengeschlechts.

Bücher-Anzeigen.

Neue Bücher zur Jubilatemesse 1807. Bey Johann Jacob Palm in Erlangen.

Junk's kryptogam. Gewächse des Fichtelgebirges, 7s und 8s Heft, gr. 4. in Comm. jeder Heft 1 fl. 12 kr. od. 18 ggl.

Glück's Erläuterung der Pandecten, ein Commentar, VIII. Bandes 1te Abth. gr. 8. 1 fl. 12 kr. od. 18 ggl.

— dess. III. Bds 2te Abth. Zweyte verm. Aufl. gr. 8. 1 fl. 12 kr. od. 18 ggl.

Karl's allgemeiner Kameral-Oeconomie-Forst- und Technologie-Correspondent für 1807, eine wöchentl. Zeitschrift. Zweyter Jahrg. gr. 4. in Commiss. praenumerando 7 fl. oder 4 rtlr.

Pöhlmann's practische Anweisung, Kinder auf eine anschauliche, den Verstand in Thätigkeit setzende und leichte Weise die ersten Anfangsgründe der Rechenkunst beyzubringen, 1r Theil 2te mit 2 Tabellen verm. und verbess. Aufl. oder des Versuchs einer practischen Anweisung für Schullehrer, 6r Theil. 8. 1 fl. 30 kr. od. 1 rthlr.

Rau's Materialien zu Kanzelvorträgen über die Evangelien, 1n Bandes 2s Stück, 2te verm. Aufl. gr. 8. 40 kr. ab. 10 ggl.

Rösling's neue Fabrikenschule, 1r Theil, enth. über die noch nicht beschriebene Stanniolschlägerey eine Abhandlung von Herdegen, und über Hammerwerke mit Schwanzhämmern für Stanniolhammerwerke ein mechan. Abhandl. von dem Herausgeber, mit 4 illum. Kupf. gr. 8. 6 fl. ob. 4 rthlr.

Linien zu Pöhlmann's Schreiblectionen, in Kupfer gestochen, das 100 à 50 kr. od. 12 ggl. baar.

Uebungen im Lesen und Denken, (für Stadt- und Landschulen.

Unter diesem bescheidenen Titel hat ein Schulbuch, die Presse verlassen, und findet sich in Commission der Jägerschen Buch-Papier- und Landkarten-Handlung zu Frankfurt a. M., welches bey weitem mehr, als man bey der ersten Ansicht des Titels erwartet, und in der That alles enthält, was derjenige darin suchen kann, der den Titel Wort für Wort, seinen Sinn prüfend betrachtet. Es fängt mit dem an, was dem Schüler zuerst gelehrt werden muß, so bald er mit dem Syllabiren im Reinen ist, und zum Lesen übergeht, und reicht ihm Stufenweise immer nahrhafte Kost in einer angenehmen Abwechselung, bis zu der Zeit, wo er der Schule entwachsen ist. Für die Richtigkeit der Stufenfolge spricht die Inhaltsanzeige, die hier mit einiger Abkürzung stehen mag, statt aller weitern Empfehlung. Unserer obigen Bemerkung gemäß fängt der Verfasser in einem muntern Tone an, von Unterscheidungszeichen zu reden, geht dann über auf den Wort- und Redeton, fügt moralische Erzählungen mit daraus entwickelten Sittenregeln bey und setzt damit Gesundheitsregeln in Verbindung. Hierauf folgen Uebungen im Zählen, im Kopfrechnen, wozu Beyspiele in Erzählungen eingekleidet sind. Ferner von der Zeit und der Anwendung. Hierauf mancherley Verstandesübungen und Kenntnisse, bald in räthselartige Fragen eingekleidet, theils in deutscher Auseinandersetzung verschiedener wissenschaftlichen und moralischen Begriffe bestehend. Hiermit wechseln mit beständiger Beobachtung des Stufenganges viele Belehrungen aus der Naturgeschichte und populären Naturlehre ab, bis eine kurze Seelenlehre mit der Ueberschrift „Von den Vorzügen des Menschen" welche Gemeinverständlichkeit und Gründlichkeit möglichst vereinigt. Hierauf eine kurze deutsche Sprachlehre sammt Regeln der Rechtschreibekunst und Uebung und Belehrung zu schriftlichen Aufsätzen, besonders Briefen und andere im häuslichen und bürgerlichen vorkommenden Aufsätzen. Die Gränzen einer Anzeige, wie die gegenwärtige ist, erlauben nicht, mit bey einzelnen Abschnitten dieses gehaltreichen Buchs ins Einzelne gehen, und zeigen wie zweckmäßig sie bearbeitet sind.

Wir begnügen uns, nur noch die Bemerkung zu machen, daß dieses Buch nicht nur recht zweckmäßig für den Schulunterricht ist, sondern auch Eltern willkommen seyn muß, welche den Stoff zu nützlichen Unterhaltungen mit ihren Kindern in einem wohlfeilen Buche vereinigt sehen wollen. Preis 16 gl. oder 1 fl.

Die stille Ecke am Rohrreiche, oder Anton und Ebba, vom Rath J. G. D. Schmiedtgen, 2 Bdch. m. Kupfern. Neue Ausgabe. 8. Leipzig, bey Hinrichs. 1 rthlr. 8 gl.

Eines der gelungensten Werke dieser Art; Wahrheit, Kraft, Fülle und Neuheit der Ideen ziehen den Leser aufs glücklichste mit sich fort. Man schließt sich so gern an jedes dargestellte Bild an, und verläßt das eine nur aus Sehnsucht nach dem andern. Selbst öffentliche Blätter forderten den Verfasser auf, den Stoff dieser Gemälde, der durchaus wahr seyn müßte, bestimmter anzugeben; ein Beweis, wie das Ganze mit dem höchsten Interesse ans Herz des Lesers sich anschmiegt.

Der Buchhändlerzwist, eine Posse mit Chören, ist so eben erschienen und durch alle Postämter zu bekommen, die sich mit ihren Bestellungen den Postsecretär Lenk in Gotha zu wenden belieben. Preis 4 gl. sächs. oder 18 kr. rhein.

Allgemeiner Anzeiger
der
Deutschen.

Montags, den 23 März 1807.

Gesetzgebung und Regierung.

Réplique. fuccincte aux fins de non re-
cevoir fournies dans le No. 54.

N'ayant point proposé la réception
du Code-Napoléon, tout ce qu'on dit à
ce fujet dans le No. 54 de cette feuille ne
porte point contre moi. Réveiller, s'il
ztait poffible, l'attention des hommes en
place fur un abus révoltant, qui fante
aux yeux, qui tient à un préjugé gothi-
que et qui peut être réformé, d'un trait
de plume, tel a été le deffein, qui m'a
principalement conduit en mettant la main
à la plume.

Le Code français ferait-il un bienfait
pour l'Allemagne avec les changemens
indiqués par les localités, les mocurs,
es ufages etc.? ou bien, vaudrait-il mieux
nettre de, côté et ce Code et les maté-
iaux nombreux qu'il renferme, et con-
truire un édifice à neuf avec ceux qui fe,
trouvent fous nos mains? Voilà des que-
lions d'une importance majeure que je
n'ai garde d'aborder ici.

Je ne doute point qu'il ne fe *trouve*
parmi nous des gens affez habiles pour
rédiger un nouveau Code de lois civiles,
fans s'étayer d'aucun autre, foit national
foit étranger; je doute feulement fi cela
arrivera de fi tôt.

Mr. D. M. doute de fon côté que ma
conjecture fur le Code Napoléon fe véri-
fie jamais. C'eft à l'évènement à en déci-
der. On m'a affuré cependant que cette
prétendue prophétie fe lit auffi dans un

Allg. Anz. d. D. I B. 1807.

des derniers extraits de la Gazette litté-
raire de Jena de l'annee paffée. Je ne
ferai donc pas le feul faux prophète, et
j'aurai au moins la confolation de me
retrouver en bonne compagnie.

Au bout du compte j'avoue n'avoir
pas toujours bien compris Mr. D. M.;
mais j'aime mieux m'en prendre à ma
courte vue que de faire ici le purifte mal
à propos.

Je fuis d'ailleurs très-reconnaiffant
de la bonté qu'il a eue de diriger mon attention fur l'ouvrage de M. Zachariae,
que je n'ai pas encore reçu quant à moi,
mais que je tacherai de me procurer.

A B......n le 7 mars 1807.

*P****.*

Gelehrte Sachen.

Verzeichniß
der Vorlesungen auf der Universität zu
Marburg im Sommer 1807.

1) Hodegetische Anweisung zur zweckmäßigen Benutzung der Universitäts-Jahre.
Oeffentlich Prof. Creuzer.

2) Philologie. — Anfangsgründe der
fyrischen und chaldäischen Sprache, 10—11.
Hebräisches Elementare 11—12, Prof. Harti-
mann. — Griechisches Fundamentale mit
Erklärung der xenophontischen Cyropädie
oder des Herodot 4—5, Prof. Rommel. —
Horaz Oden, verbunden mit Uebungen im
lateinischen Style 11—12, Prof. Crede. —
Horaz Satyren- oder Epifteln, abwechfelnd

mit auserlesenen Reden Cicero's, verbunden mit latein. Stylübungen 7.— 8, Prof. Rommel. — Vellejus Paterculus 4—5, C. R. Wachler. — Französisches Fundamentale 8—9; Voltaire Henriade 9—10; Stylübungen 11—12; Conversatorium, öffentl. Prof. de Beauclair. — Privatunterricht im Französischen, Lector Senault. — Englisch und Italienisch, Prof. de Beauclair. — Grundsätze des deutschen Styls, verbunden mit Uebungen im Schreiben und Declamiren 6—7, C. R. Wachler.

3) Geschichte. — Encyclopädie, nach Feßmaier, öffentlich 6—7, C. R. Wachler. Geschichte des Mittelalters, nach s. Grundrisse 3—4, derselbe. — Geschichte Deutschlands, nach Pütter 11—12, Prof. Robert. Neuere Kirchengeschichte, nach s. Lehrbuche, verbunden mit einem öffentlichen Examinatorium darüber 7—8, Prorect. Münscher. Geschichte der morgenländischen Sprachen, öffentl. 1—2, Prof. Hartmann. — Römische Alterthümer 10—11, Prof. Rommel. — Geographie nach Fabri 2—3, Prof. de Beauclair.

4) Mathematik. — Reine Elementarmathematik 10—11; mathemat. Analysis 9—10; practische Geometrie 5—6, Prof. Hauff.

5) Naturkunde. — Elementarphysik 3—4, Prof. Hauff. — Chemie, Prof. Wurzer. — Naturgeschichte des Menschen, öffentl. Mittw. und Sonnab. 7—8, Prof. Busch. — Botanik, verbunden mit Excursionen 11—12, Hofr. Merrem. — Mineralogie 6—7; über die in Hessen vorkommenden Fossilien, öffentl. 1—2, Prof. Ullmann der ältere.

6) Philosophie. — Geschichte der neueren Philosophie, nach Socher 11—12; Uebersicht des metaphysischen Dogmatismus, nach s. Ursachen und Gründen, öffentl. Prof. Tennemann. — Psychologie, nach Kiesewetter, 6—7, derselbe. — Logik nach Kant, verbunden mit einer Einleitung in das Studium der Philosophie, Prof. Creuzer; nach Hoffbauer, Prof. Tennemann 9—10. — Examinatorium über die Logik, öffentl. Prof. Bering und Creuzer. — Metaphysik 8—9, Prof. Bering. — Moral 11—12, Prof.

Creuzer. — Naturrecht, nach Tieftrunk, Prof. Bering; nach Gros, Prof. Creuzer 4—5. — Aesthetik 5—6, Superintendent Justi. — Theorie der körperlichen Beredsamkeit, öffentl. Sénnt. 11—12, Prof. Rommel. — Disputatorium öffentl. Sonn. 8—9, Prof. Bering.

7) Staatswissenschaft. — Landwirthschaft nach Beckmann, 6—7; Polizeywissenschaft nach Lamprecht, 8—9, Hofr. Nierrem. — Forstwissenschaft, 11—12, Prof. Ullmann d. ält. — Theorie der forstlichen Gehau-Theilung, öffentl. 8—9, Prof. Hauff. — Bergbau 7—8, Prof. Ullmann d. ält. — Cameralistisches Practicum, 11—12, Hofr. Merrem.

8) Theologie. — Exegetische Vorlesungen über das A. T. 2—3; Psalme, Prof. Hartmann; Jesaias, Prof. Arnoldi. — Einige Psalme, öffentl. 1—2, Superint. Justi. — Exeget. Vorles. über das N. T. 10—11; Br. an d. Römer, Pror. Münscher; Br. an d. Römer u. Ephesier, Sup. Justi; Br. an die Korinthier, Prof. Zimmermann. — Dogmatik und öffentl. Examinatorium darüber 9—10 und 11—12, Prof. Arnoldi. — Moral und Examinatorium, öffentl. 8—9, Prof. Zimmermann. Homiletik 3—4, Pror. Münscher. — Katechetik, verbunden mit Uebungen 4—5, Prof. Zimmermann.

9) Jurisprudenz. — Geschichte des römischen Rechts, nach Hugo 7—8, Prof. Weis und Dr. Bucher. — Institutionen, nach Walbeck 8—9, Prof. Weis. — Pandecten nach Böhmer, 9—10 und 2—3, Vice-Canzler Erxleben. — System der Pandecten, verbunden mit einem öffentl. Examinatorium 11—12, Dr. Bucher. — Einige interessante Materien des römischen Civilrechts, öffentl. Prof. Weis. — Das testamentarische Erbrecht, öffentl. Ab. 6—7, D. Bucher. — Von den Dienstbarkeiten und vom Pfand- und Hypothekenrecht, öffentl. 5—6, Vice-Canzler Erxleben. — Examinatorium über das R. R., Prof. Weis. — Generelles deutsches Privatrecht, nach Runde 7—8, Prof. Bauer und Dr. Ulrich. — Specielle Privatrechte 8—9; Bergrecht, öffentlich, Prof. Bauer. — Katholisches und protestantisches Kirchenrecht, nach Böh-

mer, 10—11. — Theorie des kanonischen Processes, öffentl. Montags und Donnerst. 3—4, Prof. Bucher. — Katholisches Kirchenrecht nach Schenkl, Prof. Müller. — Lehnrecht, nach Böhmer, 3—4, Prof. Robert. — Criminalrecht, nach Meister 10—11, Prof. Bauer. — Bürgerl. Proceß, D. Ulrich, 3—4 — Gerichtliche Klagen und Einreden, nach Böhmer, Prof. Bucher, 8—9; nach Menken, Prof. Weis, 6—7. — Practicum, 4—5, Prof. Robert. — Examinatorium über die vornehmsten Materien seiner theoret. Collegien, Dienstag und Donnerst. 4—5, Prof. Robert. — Examinatoria über einzelne Theile der Rechtswissenschaft, Prof. Bauer.

10) Medicin. — Encyclopädie und Methodologie nach s. Compendium, öffentl. Mittwochs und Sonnabends, 10—11. Prof. Conradi. — Knochen- und Bänderlehre, 10—11, Prof. Ullmann der jüngere. — Ueber Krankheiten der Knochen, Mittwochs und Sonnabends, 3—4, Oberhofr. Michaelis. — Physiologie, 2—3; specielle Pathologie, 4—5; allgemeine Therapie, 10—11, Prof. Conradi. — Medicinisch-practische Vorlesungen über die vorwaltenden Krankheiten der Irritabilität und Sensibilität und deren Behandlung, 11—12 und 3—4; Examinatorium darüber, 5—6; allgemeine Pathologie und Therapie, Hofrath Sternberg. — Erster Theil der Chirurgie, 7—9, Ob. Hofr. Michaelis; Examinatorium darüber, öffentl. Dienstags und Freyt. 11—12, Prof. Ullmann der jüng. — Verband- und Maschinenlehre mit Uebungen, nach Stark, 2—3, Prof. Ullmann d. j. — Entbindungskunst, 10—12; Examinatorium darüber 11—12; Literärgeschichte der Entbindungskunst, Montags und Donnerst. 3—4, Prof. Stein. — Geburtshülfe, Prof. Busch.

Arzneymittellehre, 3—4; Pharmacie, 5—6, Hofr. Wurzer. — Ueber die physische Erziehung des Menschen, öffentl. Mittw. 1—2; über Beköstigung der Armen, öffentl. Sonnabends 1—2, derselbe. — Medicinisches Klinicum, öffentl. 1—2, Hofrath Sternberg. — Chirurgisch. Klinicum, Mittwochs und Sonnabends, 10—11, Ob. Hofr. Michaelis. — Accoucher-Institut,

Prof. Stein. — Gerichtliche Arzneykunde, 4—5, Oberhofr. Michaelis. Ueber Knochenbau der Hausthiere, Montags und Donnerstags 7—8; Arzneymittellehre für Thierärzte, 11—12, Prof. Busch.

Allerhand.

Aufforderung.

Durch die im October 1806 bey uns geschehenen kriegerischen Ereignisse habe ich so viel verloren, daß es mir jetzt viel Mühe macht, mich als einen ehrlichen Mann durchzubringen. Ich sehe mich daher genöthigt, alle meine respect. Gläubiger hiermit ergebenst zu ersuchen, mir meine Forderungen bis zu Ende des Monats August dieses Jahres einzusenden. Sollte dieß bis dahin noch nicht geschehen seyn, so würde ich nicht länger anstehen, auf dem Wege Rechtens meine außenstehenden Schulden auf das strengste einzutreiben. Doch glaube ich, daß es die mehrsten meiner Schuldner nicht bis dahin kommen lassen werden, da ich sie jederzeit als ehrlicher Mann bedient, und dadurch meine Bezahlung schon längst verdient habe.

Jena den 16 März 1807.

J. A. Bäz,
Burgkeller-Wirth.

Anerbieten zum Ausstopfen der Thiere.

Unterzeichneter empfiehlt sich allen Naturforschern im Ausstopfen vierfüßiger Thiere und Vögel-Bälge; die man ihm zu diesem Behuf zusendet, wird er naturgetreu darstellen. Er nimmt auch Bestellungen auf deutsche vierfüßige Thiere und Vögel an, und verkauft alle Sorten reingeschliffener Gläser zu künstlichen Thieraugen à 5 kr.

Briefe und Geld erbittet er sich postfrey. Offenbach im Febr. 1807.

Georg Gesell.

Danksagung.

Dank, inniger Dank dem unbekannten edeln Geber S. in Nürnberg für die durch die Expedition der allgem. Anz. erhaltenen 2 fl. 42 kr. zu meiner Unterstützung! Lohne es ihm der Vergelter des Guten!

Der Prediger A. W. S. an der Militairstraße.

Dienst = Gesuche.

1) Ein auf einem der berühmtesten Forst= Institute und Universitäten Deutschlands ge= bildeter Forstmann, welcher schon mehrere Jahre eine Stelle beym practischen Forst= und Jagdwesen bekleidet hat, wünscht, da sein gegenwärtiger Wirkungskreis sehr be= schränkt ist, einen seinen Talenten und Hange zur Thätigkeit angemessenern, mit anständiger Behandlung und guten Bedingungen verbun= denen zu erhalten, und entweder beym Forst= und Jagdwesen, oder als Forstingenieur und Tarator bey Würdigung der Forsten, oder in einem ähnlichen Fache angestellt zu seyn. Zur Sicherstellung ist er auch erbötig, eine seinen Vermögensumständen angemesse= ne Caution zu stellen. Die Moralität seines Characters, so wie seine Kenntnisse bewäh= ren vollgültige Zeugnisse. Anträge beliebe man unter der Adresse M. H. C. an die Ex= pedition des allg. Anz. franco zu senden.

2) Ein junger unverheiratheter Mann, der juristische Kenntnisse besitzt, und über diese, so wie über sein Verhalten gute Zeug= nisse beybringen kann, wünscht, da er durch den jetzigen Krieg zur Zeit aus seinem Dienst= verhältnisse gerissen ist, sich bey einem Ge= schäftsmann als Gehülfe oder Privat= Se= cretair gegen mäßige Bedingungen baldigst zu engagiren; er wird auch nöthigen Falls gern die Stelle eines Hauslehrers vertreten, indem er die dazu erforderlichen Sprach= und wissenschaftlichen Kenntnisse besitzt. Man bittet Briefe unter der Adresse an I. H zu C. an die Post= Expedition zu Hof in Franken zu richten.

3) Ein junger Mann von gutem Charac= ter und Aufführung, welcher die Handlung erlernt hat, und bey seinem Lehrherrn in einer Handelsstadt nun fast zwey Jahr als Diener geblieben ist, wünscht von Johannis dieses Jahrs an, um sich als Kaufmann noch mehr auszubilden, in einem größern guten Handelshause oder Comtoir, allenfalls auch als Volontair, jedoch gegen freye Station angestellt zu werden. Wer ihm dazu eine frohe Aussicht eröffnen kann, der beliebe sich

in portofreyen Briefen unter der Adresse V A. S. in K. an die Expedition des allg. An zu wenden, welche die Briefe an die Behör befördern wird.

4) Ein zwar verheiratheter, jedoch gutem Rufe stehender Mann von gesetzte Jahren, welcher als Jäger gelernt un bereits als solcher in Diensten gestanden eingetretener Ereignisse halber sich jetzt auß Geschäften befindet, wünscht recht bald wy det eine Anstellung als Jäger und erbiet sich auch zu Leistung einer Caution. Nähe Nachricht hierüber ertheilt Herr Gerlach in Leipzig auf dem ranstedter Steinwege in Ha Förster's Hause.

Familien = Nachrichten.

Aufforderungen.

1) Andurch bitte ich meinen Ehemann, den Porzellain= Fabrikanten und Former Joh. Andreas Tiedemann, mir von seinem jetz gen Aufenthaltsorte hierher Nachricht geben, indem ich ihn vor 9 Monaten allbier vergeblich gesucht, und bis dato nicht wah ren konnte, wo er sich hingewendet hat. Auch bitte ich andere gute Freunde, die sei nen Aufenthalt wissen, mir solches geneu test bekannt zu machen, weil ich nicht wissen kann, ob ihm dieses selbst zu Gesichte kommt. Wallendorf im Fürstenthum Saalfeld den 15 März 1807.

J. D. Chr. Tiedemann.

2) Der Schlossergeselle Johann Christian Schier aus Merseburg, der noch vor einem Jahre in Straßburg gearbeitet haben soll, wird hiermit gebeten, seinen Aufenthalt eiligst anzuzeigen, um mit ihm wegen Absterb ben seiner Mutter das Nöthige verabhandeln zu können. Käme dieß seinen Bekannten und Freunden früher als ihm zu Gesichte, so bittet man ergebenst, ihm diese Nachricht gütigst mitzutheilen.
Merseburg den 12 März 1807.
Christian August Dürrbeck, Chirurgus.

Justiz- und Polizey-Sachen.

Vorladungen: 1) der Gläubiger des Freyhrn. Ph. Jos. von Frankenstein.

Entgegen den Philipp Joseph Freyherrn von Frankenstein Probst und resp. Capitular der ehenahligen Domstifter zu Worms und Speyer ist bey der, von dem Gemeinschuldner selbst anerkannten, und in Actis vorliegenden Unzulänglichkeit seines Vermögens zur Befriedigung seiner Gläubiger der Gant-Proceß erkannt, und für sämmtliche diese Gläubiger, welche an die hier gesammelte Administrations-Masse Anspruch zu haben vermeinen, zur Anbringung ihrer Forderungen, Liquidirung derselben, und Ausführung des etwaigen Präferenz-Rechtes Terminus auf Montag den 17 April d. J. anberaumt, an welchem Tage sie entweder in Person oder durch hinlänglich Bevollmächtigte in der Stadt Bruchsal Morgens neun Uhr auf dem bischöflichen Vicariats-Gebäude zu erscheinen, im Ausbleibungsfalle aber zu gewärtigen haben, daß sie von gegenwärtiger Gant-Masse gänzlich ausgeschlossen werden.

Bruchsal, am 4 Febr. 1807.
Von bischöflicher Commission wegen.
Keppler, Act. Commiss.

2) Jul. Gottl. Wilhelm's von Rheinboth.

Von den fürstl. anhalt dessauischen Amts- und Commissions-Gerichten allhier ist in Gemäßheit des von fürstl. hochlöbl. Landes-Regierung zu Dessau-hierzu ertheilten hochgeneigten Auftrags der abwesende fürstl. Rath, Hr. Julius Wilhelm von Rheinboth, welcher im Monat August 1788, mit Zurücklassung einiger Vermögen, von hier weggereiset, ohne seinen hiesigen Geschwistern, oder sonst jemanden zu sagen, wohin er reisen wollen, auch seitdem und anfänglich nur von Polland aus, einige wenige unvollständige, seit dem Jahr 1790 aber nicht die mindeste Nachricht weiter von seinem Leben und etwanigen Aufenthalts-Orte anher ertheilet hat, zwar schon vorhin unter dem 12 September v. J. edictaliter vorgeladen worden; da indessen eins der hiervon gerichtlich affigirt gewesenen Patente bey dem jetzigen Kriegsunruhen gewaltsam abgerissen worden und verloren gegangen; so hat um deswillen der Beschluß gefaßt werden müssen, gedachte Edictal-Citation nochmahls zu wiederholen, und erwähnten abwesenden Rath, Hrn. Julius Gottlieb Wilhelm von Rheinboth, oder dessen etwaige Leibes- und onstige rechtmäßige Erben, die an deßelben Vermögen allhier gegründete Forderungen haben, oder zu haben vermeinen möchte, andereit edictaliter und peremtorie vorzuladen, in Terminis

den 29 April c.
den 19 Junius c. oder längstens
den 4 September c.

vor den fürstl. Amts- und Commissions-Gerichten allhier, entweder in Person oder durch hinlänglich Bevollmächtigte zu erscheinen, sich gehörig zu legitimiren, ihre habenden und zu bescheinigen den Ansprüche zu liquidiren und zu bescheinigen, oder aber widrigenfalls zu gewärtigen, daß nach Verlauf des dritten und letzten peremtorischen Termins, der abwesende Rath, Hr. Julius Gottlieb Wilhelm von Rheinboth, für verstorben, seine etwanigen Erben und sonstigen Prätendenten aber von dessen hiesigem Vermögen für ausgeschlossen geachtet, und daßelbe sammt allem, was dahin gehörig, dessen sich gemeldeten leiblichen Geschwistern zuerkannt und solche für dessen rechtmäßige Intestat-Erben werden erklärt werden. Auch ist zugleich und eventualiter zur Eröffnung des hierüber zu ertheilenden präclusivischen und sonstigen Bescheides

der 23 September c.

pro Termino anberaumt, zu dessen Anhörung die Erb- und andere Interessenten vorgeladen, die Auswärtigen aber angewiesen werden, einen Procuratorem hier in loco Judicii bey 3 Thaler Strafe zu bestellen. Zerbst den 1 März 1807.

Fürstl. Anhalt. Dessauische Amts- und Commissions-Gerichte allhier.
J. W. Ritter.

3) J. Döring's.

Johannes Döring von Schnell ging vor länger denn 30 Jahren als Schneidergesell auf die Wanderschaft, und hat seitdem nichts wieder von sich hören lassen. Da nun dessen nächste Verwandte um die Verabfolgung seines — bisher sub cura gestandenen — in 974 fl. 33 3/4 kr. bestehenden Vermögens — gegen Stellung einer angemessenen Caution — gebeten haben; so wird erwähnter Johannes Döring, oder dessen etwaige Leibes-Erben hiermit öffentlich vorgeladen, a dato binnen drey Monaten bey Amt dahier zu erscheinen, dieses Vermögen resp. in Empfang zu nehmen, oder sich dazu gebührend zu legitimiren, gegenfalls sich zu gewärtigen, daß solches dessen nächsten Verwandten gegen Caution überlassen werden soll.
Bingenheim den 14 März 1807.
Großherzogl. Hess. Amt daselbst.
Zuehl.

4) der Gläubiger L. W. Schober's.

Nachdem der am 1 May 1805 zu Frankfurt am Mayn verstorbene fürstl. plauis. Hofrath, Leibarzt auch Stadt- und Landphysicus, Hr. D. Ludwig Wilhelm Schober eine sein Vermögen weit übersteigende Schuldenlast hinterlassen, und daher bey der Insolvenz seines Nachlasses mit der Eröffnung des Concursprocesses zu verfahren gewesen, von fürstl. reuß. plauis. Regierung dahier auch deßelben sämmtliche bekannte und unbekannte Gläubiger, oder wer sonst an den schoberschen Nachlaß Anspruch haben mag oder zu haben vermeinet, zu dem auf den 27 Julius dieses Jahres angesetzten Liquidations-Termin zur Angabe, Liquidirung und Bescheinigung der Forderungen und Ansprüche bey Strafe der Ausschließung von diesem Concurs im Falle des Außenbleibens sowohl als bey Verlust der Wiedereinsetzung in den vorigen Stand, auch ferner zu dem auf den 31 August desselben Jahres sowohl zur Eröffnung eines Präclusiv-Bescheides wider diejenigen welche im ersten Termin nicht erschienen, als auch zur Gütepflegung angesetzten resp. Vorbescheids-Termin unter der Verwarnung, daß die Nichterscheinenden und sich Nichterklärenden für einwilligend werden angesehen werden, edictaliter und peremtorie vorgeladen, hiernächst den Auswärtigen die Bestellung eines Bevollmächtigen hiesigen Ortes aufgegeben und die dißfälligen Edictalien allhier, und zu Frankfurt a. May und Eger öffentlich angeschlagen worden; so wird solches zu jedermanns Wissenschaft hiermit bekannt gemacht.

Greiz den 8 Jan. 1807.

Fürstl. Reuß. Plauis. Regierung das.

5) J. Phil. Müller's.

Von dem Stadtrathe allhier werden hiermit der von Neustadt an der Heide gebürtige Johann Philipp Müller, welcher von da schon seit länger, als 30 Jahren als Glasergesell nach Straßburg und in die fremde gegangen, von dem aber seit jener Zeit keine Nachricht eingegangen ist, oder, wenn er gestorben seyn sollte, dessen etwa hinterlassene Leibes-Erben öffentlich und peremtorisch citiret, längstens bis zum ersten October dieses Jahres Vormittags auf dem hiesigen Rathhause persönlich oder durch hinlänglich legitimirte Bevollmächtigte zu erscheinen, sich bey dem Stadtrathe gebührend anzumelden und nach vorgängiger Legitimation die ihm oder ihnen von dem gedachten Müller's Mutterbruder, dem gewesenen Bürgermeister und Kaufmann weiland Herrn Johann Christoph Escherich hierselbst in seinem Testamente und dessen Anhange vermachten neun hundert und fünfzig Gulden Fränkisch nach geschehenem Abzuge der Nachsteuer und des Collateral-Geldes, auch der Stadtrathsgebühren, in Empfang zu nehmen, widrigenfalls aber zu gewärtigen, daß sie der Wohlthat der Wiedereinsetzung in den vorigen Stand für verlustig erkläret, auch mit dem erwähnten Vermächtnisse nach Vorschrift des Escherischen Testamentes und der Rechte verfahren werden sollen.

Sonneberg bey Coburg, den 28 Febr. 1807.

Bürgermeister und Rath hierselbst.

Johann Nicolaus Bischoff,
Bürgermeister.

Kauf- und Handels-Sachen.

Versteigerung von Fabrikgeräthschaften.

Die zur Concurs-Masse der Zißfabrikanten Weckesser und Kraft gehörigen vollständigen

und noch in gutem Stande sich befindenden Fabrikgeräthschaften sollen Montags den 27 nächsthin und die darauf folgenden Tage in Gebäude der hiesigen Zißfabrik, gegen baare Zahlung, an den Meistbietenden öffentlich versteigert werden.

Ein besonders schönes, brauchbares und bares Stück darunter ist eine Presse mit eisernen Spindel und messingenen Mutter, nebst großen und kleinen Kupferplatten und sonstigem Zugehör. Dann zeichnen sich folgende Stücke vorzüglich aus: Eine Walze mit drey Löchern, einer großen Kalander, mit einem großen Triebwerk, eine kleinere Hand-Kalander, ein großer kupferner Kessel, ein kleineres detto, die zu einem gut eingerichteten Laboratorium erforderlichen Geräthschaften, ein großer chemischer Apparat, Geschwind- oder Fix-Bleiche, ein kleinerer dazu und ein Vorrath von circa tausend Stück Formen zum Drucken.

Vorbeschriebene Stücke können jederzeit in Augenschein genommen werden, und wendet man sich deßhalb an den aufgestellten Curatorem bonorum Hrn. Christian Oesterlein, dahier.

Die Versteigerung wird an den bestimmten Tagen präcis 9 Uhr Morgens ihren Anfang nehmen, und werden die Liebhaber hierzu höflichst geladen.

Auswärtigen Käufern bietet der Maynstrom beste Gelegenheit zum Transport, sowohl ab- als aufwärts dar.

Sig. Wertheim, den 16 Febr. 1807.

Von Regierungs-Commissions wegen

v. Berg,
Justizrath und Stadtamtmann.

Verkauf eines Hauses nebst Färberey.

Dem von einer hochfürstlich hochlöblichen Justiz-Canzley zu Oehringen erhaltenen Auftrag gemäß wird hiermit wiederholt die vormalig Jünglingsche Wohnung und Färberey, — welche letztere unter anderen zwey große Küpen, sechs kupferne Kessel von verschiedener Größe, desgleichen zwey messingene und einen großen zinnernen Kessel nebst dazu gehörigen Geräthschaften; ferner eine hölzerne Mange und zwey dergleichen verschiedene Pressen enthält; — ingleichen auch das daran stoßen Sommergärtlein zum öffentlichen Verkauf an den Meistbietenden angeboten und in dieser Verhandlung der 23 künftigen Monats März anberaumt an welchem Tage Vormittags die Kaufliebhaber bey der unterzeichneten Behörde sich einzufinden belieben wollen.

Neuenstein den 21 Febr. 1807.

Instituts-Verwaltung daselbst.

Verkauf einer Mühle.

Zum Verkauf der, unter der frankenscharter Hütte belegenen haberland'schen Erbzins Mühle wird anderweit hiermit Terminus auf

28 April d. J. anberaumt, und haben sich Kauflu-
stige besagten Tages Morgens 11 Uhr im hiesigen
Amthause einzufinden.
Clausthal den 26 Februar 1807.
　　　J. C. Luther.　Lunde.　M. Ebert.

Thalitterisches Kupfer.

Nachdem für gut befunden worden ist, die auf
der Schmelzhütte zu Thalitter in der großherzoglichen Provinz Oberhessen in diesem Jahr nach und
nach producirt werdenden gegen 4 bis 500 Ctr. der
bekannten feinen, zur Messingfabrication und zum
Drathzuge ganz vorzüglich brauchbaren thalitteri-
schen Kupfer unter den bey der Versteigerung bekannt
gemachte werdenden Bedingungen dahier auf großherzogl. Rentkammer-Canzley öffentlich versteigern
zu lassen, und hierzu terminus auf Donnerstag
den 16 April Vormittags 10 Uhr anberaumt worden ist; als wird solches allen Kaufliebhabern bekannt gemacht, damit sie in diesem Termine entweder in eigener Person oder mittelst gehörig Bevollmächtigter dahier erscheinen, der Versteigerung
beywohnen und bey annehmlichen Geboten sich des
Zuschlags gewärtigen können.
Gießen den 13 März 1807.
　　　Großherzogl. Hessische Rentkammer das.

Eisendrathe aller Art, nebst Woll- und
Baumwollen-Kratzen.

Da wir durch erweiterte Anlagen unserer seit
mehrern Jahren mit gutem Erfolge bestehenden Ei-
sen-Drath-Fabrik nunmehr in Stande sind, nicht
nur unsere Freunde desto prompter zu bedienen,
sondern auch mit denen in Verbindung zu treten,
deren verehrliche Bestellungen wir, des noch nicht
genugsam ausgebreitet gewesenen Betriebs halber,
abweisen mußten: so machen wir solches dem in
diesem Artikel commercirenden Publicum durch den
Anhang ergebenst bekannt, daß wir nicht nur allein
wie bisher alle Gattungen Ringen- und Kratzen-
drath, so wie Stangendrath in preiswürdiger
unverbesserlicher Güte fertigen, sondern auch Commissionen auf jede Art von Woll- und Baumwol-
en-Kratzen, nach englischer Manier gearbeitet,
innehmen, und dabey reelle Besorgung versichern.
Wir werden es uns fortwährend zur Pflicht machen,
jeden uns zugehenden Auftrag zur vollkommenen
Zufriedenheit der Besteller auszurichten.
Sachenburg im Herzogthum Nassau den 1 März
807.　　　　　　　Drucker und Comp.

Die seidel'sche Bischoff-Essenz.

Die frischen Orangen, woran es oft mangelt,
werden durch nichts besser ersetzt, als durch diese
us ihnen gezogene Essenz, welche sich durch Stärke
nd Reinheit des Geschmacks vor vielen ähnlichen
ssenzen auszeichnet. Daher wird auch begreiflich,

daß man, sogar im Vaterlande der Orangen, zur
Bereitung des Bischoffs selbe Essenz der frischen
Frucht vorzieht. Ein Loth davon auf zwey Quartier rothen Weine, welcher lauwarm und mit Zucker
gehörig versüßt seyn muß, gibt den wohlschmecken-
sten Bischoff. Als Arzney nimmt man sie entweder
unvermischt, mit Wasser, oder in Wein, auch auf
Zucker; sie wirkt in jeder dieser Verbindungen
äußerst wohlthätig und stärkend auf den Magen,
und ist auch in dieser Hinsicht als eines der trefflichsten Hausmittel empfehlenswerth. Wem es bequem
ist, sich gerade an Unterzeichneten zu wenden, erhält gegen postfreye Einsendung des Betrags das
Gläschen zu 2 Bout. à 4 Schill. und zu 4 Bouteillen
à 8 Schilling Lübsch; wer aber Gotha näher wohnt,
wende sich mit seigen Bestellungen auf dieselbe Art
an Herrn Ernst Arnoldi daselbst, welcher mit
einem guten Vorrath solcher Essenz beständig versehen ist.
　　Lübeck.　　　　M. C. Seidel.

Mir bleibt nichts hinzuzufügen, als daß ich
unter obigen Bedingungen in Dutzenden das Gläschen zu 2 Bouteillen à 21/2 ggr. und zu 4 Bout.
à 5 ggr. verkaufe.
　　Gotha.　　　　　Ernst Arnoldi.

Perennirende Pflanzen.

Da nach der jetzigen Mode die Gärten mit
perennirenden Pflanzen anzulegen, die alle Jahr
wieder kommen, und vom März bis es zufriert,
immer Blumen liefern, und, wenn sie einmahl
gepflanzt, keine weitere Wartung brauchen, als
nur von Unkraut gereinigt zu werden und daher
viel besser, als bloß jährige Sorten sind, die erst
spät blühen und alle Jahr wieder gepflanzt werden
müssen: so erbiete ich mich, Liebhabern 100 Stück.
in folgenden 50 Sorten für 5 rthlr. und 100 Stück.
in 100 Sorten zu 10 rthlr. ohne Namen zu geben.
Bey der Wahl der Sorten ist auf alle Farben und
daß sie den ganzen Sommer immer Blumen geben,
Rücksicht genommen, auch daß sie im Schatten der
Bäume wachsen, wie dieses in kleinen Gärtchen der
Fall ist, die schon mit großen Blumen bepflanzt
sind.

1) Aconitum Lycoctemum, gelber Sturmhut.
2)　　—　　neomontanum, blauer
3)　　—　　variegatum, mit bunten Blumen.
4) Anemone hepatica fl. caeruleo, blaue Le-
　　　　　berblume.
5)　　—　　—　　rubro pleno, roth gefüllte
6)　　—　　pulsatilla, Küchenschelle.
7)　　—　　sylvestris, Wald-Anemone.
8) Antirrhinum pelloria, gelbes Löwenmaul.
9) Aquilegia vulgaris fl. pleno, Ageleyblume.
10) Aster amellus, italienischer Aster.
11)　　—　　canus, ungarischer.
12)　　—　　ericoides, haidenartiger.
13)　　—　　grandiflorum, mit großen Blumen.

14) — laevis, mit frühen blauen Blumen.
15) — novi belgii, neu belgischer.
16) Bellis perennis fl. alba et rubro, Tausen-schönchen.
17) Buphthalmum helianthoides, Rindsauge.
18) Campanula cervicaria, Glockenblume.
19) — latifol., mit breiten Blättern.
20) — persici fol., mit schmalen Blättern.
21) — pyramidalis, Thurm-Glocke.
22) Centaurea montana, Bergglockenblume.
23) Chrysocoma linosiris, Goldhaar.
24) Convallaria majalis fl. rubro, rothe May-blume.
25) Coreopsis tripteris, Holmeiß.
26) Dianthus plumarius, Feder-Nelken.
27) Epilobium hirsutum flo. varieg., Weidrich mit bunten Blättern.
28) Geranium macrohizum, Storchschnabel.
29) — striatum, gestreifter.
30) Gnaphalium margaritaceum, ewige Blume.
31) Helianthus decapetalus, kleine Sonnen-blume.
32) Hieracium aurantiacum, rothes Habichts-kraut.
33) Iris pumila fl. caeruleo, niedrige Lilie.
34) — germanica coelest., hohe mit blauen Blumen.
35) — sibirica, sibirische.
36) Lilium bulbiferum, Feuerlilie.
37) Lychnis chalcedonica, Jerusalems-Kreuz.
38) Phlox carolina, Flammenblume.
39) — glaberrima, rothe.
40) — maculata minor, niedrige Violette.
41) — omnium maximum, hohe.
42) — alba, weiße.
43) Ranunculus acris fl. pleno, gefüllte Ra-nunkel.
44) Rudbeckia laciniata, Zwerg-Sonnenblume.
45) Saxifraga punctata, Steinbrech.
46) Solidago mexicana, Goldruthe.
47) — latifol., breitblätterige.
48) Thalictrum aquilegifol, Wiesenraute.
49) Veronica maritima, Ehrenpreis.
50) Viola odorata fl. pleno, gefüll März-Veil-chen.
51) — italica, immerblühendes —

Zerbst den 8 März 1807.

Johann Carl Corthum.

J. P. Spehr's Samenhandlung.

Die seit mehr als 40 Jahren bekannte Samen-handlung des hiesigen Hofgärtners, Hrn. Wagen-knecht, ist durch dessen Absterben an den Kaufmann Herrn Joh. Per. Spehr käuflich abgetreten wor-den, wohin sich künftig ein jeder, der mit obiger Handlung in Verbindung war, sich zu wenden Güte haben wird.

Braunschweig den 12 März 1807.

C. Wagenknecht, Hofgärtner in Salz-thalum.

Bohnstädt, Kaufmann.

In Folge der obigen Bekanntmachung find man bey mir ein vollständiges Lager von allen Gar-ten- und Blumensaam n nach einem unentgeltlich abzufordernden Verzeichnisse. Von einzelnen, ausgewählt schönen Blumen sind Pakete von Samen-Arten für 1 rthlr. zu haben. Mit Zie-den von exotischen Gewächsen tausche ich gern al Pflanzen und Samen, und lasse auch davon gegen billige Bezahlung ab. — Auch findet man bey m eine schöne Sammlung perennirender, im Freyen ausdauernder Pflanzen und Blumen.

Joh. Per. Spehr.

C. L. Brede in Offenbach a. M.
empfiehlt sich und führt

1) Die bekannten offenbacher und hanauer Landca-lender, und andere Verlagsartikel.
2) Ein Lager von Schreib- und andern, besonders seinen Druckpapieren; und läßt nach allen An-gaben arbeiten.
3) Geschlagen Gold, Zwischgold und Silber, für Vergolder und Buchbinder; das er für eigne Rechnung schlagen läßt.
4) In Buchdruckerarbeiten, wie man sie von eine wohlassortirten Buchdruckerey in edelstem Ge-schmack zu fordern berechtigt ist.
5) In Buchdruckerschriften nach dem schönstem Schnitt und von gutem Zeug, wovon Proben einzusehen; nach aufgegebenen Bestellungen.
6) Gute Buchdruckerfarbe.
7) In Speditionsgeschäften.

Blas-Instrumente.

Ein schuppicht gemahlter und lackirter sehr gut gehaltener Serpent, eine gute Feldtrompete und ein mit zwey Roßschweifen versehener zur türkischen Musik brauchbarer Halbmond sind um billige Preise zu verkaufen. Nähere Nachricht davon ist zu erhal-ten bey

Lechner Lit. 8. Nr. 564 in der Egidien-gasse in Nürnberg.

Echter ostindischer Nanquin in Stücken von etwa 8 Ellen ist bey uns einzeln à 40 gl und bey Abnahme von 50 Stücken und drüber, i 36 gl. pr. St. contante Zahlung begehrten Fall mit Passierzettels, zu haben.

Dresden, den 4 März 1807.

S. R. Peyer und Comp.

Allgemeiner Anzeiger
der
Deutschen.

Dienstags, den 24 März 1807.

Das Register des zweyten Bandes des allg. Anz. 1806 ist während des Monats März an die Interessenten versandt worden.

Familien = Nachrichten.

Antwort einer Mutter auf den Brief ihres Sohnes F. K.

Dir, mein Sohn F. K. der Du unter dem Datum vom 30 August 1806, aber ohne Angabe deines Aufenthaltsorts, einen Brief an deine Eltern gesendet hast, muß ich die traurige Nachricht geben, daß dein braver Vater leider! vor geraumer Zeit verstorben ist. — Wenn das Versprechen der Besserung, welches dein Brief enthält, aufrichtig ist, so darfst Du von meinem mütterlichen Herzen Verzeihung hoffen. — Melde mir daher deinen Aufenthaltsort und sende den Brief unter der Adresse: Antwort des Sohnes F. K. an seine Mutter, in einem Umschlage an die Expedition des allg. Anz. in Gotha, welche ihn an mich gelangen lassen wird.

Justiz = und Polizey = Sachen.

Erhöhung der Grabhügel auf dem Schlachtfelde bey Auerstädt und Jena.

Ein Reisender passirte durch die Gegend von Auerstädt, und sah an einem lauen Mittage die Gräber der am 14 October auf dem Schlachtfelde Gebliebenen rauchen, in welchen die Todten sehr oberflächlich mit Erde bedeckt seyn sollen. Der Reisende hatte hierbey folgende Gedanken:

Nichts läßt sich wol mit mehr Zuverläßigkeit vorher sehen, als eine Epidemie, die sich aus den aufsteigenden Dünsten in den Gegenden entwickelt, durch welche die Dünste von den Winden geführt werden. Diese Gräber hätten freylich so tief gemacht werden müssen, daß ihre Ausdünstungen der Gesundheit der Lebendigen nicht nachtheilig werden konnten.

Vielleicht machte es aber Mangel an Zeit, vielleicht machten es tausend andere Hindernisse den Behörden unmöglich, zweckmäßige Verfügungen zu treffen, um die todten Körper tiefer unter die Erde bringen zu lassen.

Allein sollte es nicht jetzt noch der Mühe lohnen, das Wohl der Gegenden um Auerstädt zu beherzigen? Denn es kommen mehrere tausend Menschen in Lebensgefahr! Wäre es nicht sehr leicht, diese Grabhügel mit Kalk *) zu überschütten, dann auf den Kalk wieder Erde in gehöriger Quantität zu bringen, und auf diese Art die Ausdünstungen theils zu binden, theils zu unterdrücken?

*) Ehe man dieses thut, sollte das Gutachten einsichtsvoller Männer, die über Anwendung des Kalks in ähnlichen Fällen Erfahrungen gesammelt haben, eingeholt werden. Irre ich nicht, so fand ein solcher Vorschlag bey einer gewissen Gelegenheit vor mehreren Jahren starken Widerspruch.
d. Redact.

Freylich entstehen die Fragen: wer soll den Kalt hergeben, wer soll die Arbeiten leisten; und wer soll die Ackerbesitzer entschädigen, denen durch eine wiederholte Erhöhung der Grabhügel eine Ernte entzogen wird. Diese Fragen dürften äußerst leicht zu beantworten seyn. Mehrere umliegende Gegenden, deren Leben und Gesundheit in Gefahr geräth, würden gern Hand anlegen, wenn sie von den Behörden veranlaßt würden, und sie würden dieses ohne sonderlichen Aufwand thun können.

Noch eine Frage wäre: Sind außer den vorgeschlagenen andere Mittel vorhanden, der zu befürchtenden Epidemie Einhalt zu thun?

Menschenfreunde verdienen gewiß den wärmsten Dank, die genauere Kenntnisse in dieser Hinsicht besitzen, und sie dem Publicum mittheilen. Es ist periculum in mora! Tritt warme Witterung ein, dann gestattet der üble Geruch, der schon jetzt heftig ist, keine Vorkehrungen. — —

Gesetzgebung und Regierung.

Ueber Vertheilung der Einquartierungen.

Durch die Aufforderung im allg. Anz. Nr. 327 S. 3858 bewogen, sende ich hier zur Einsicht sowohl die Einrichtung der Tabelle des Schatzungs-Anschlags unter Nr. 1 als auch des Buches unter Nr. 2, wo jeder

Quartiertragende seine eigene Seite zeugen kann, daß ihm so und so viel von Zahl der Einquartierung zukomme und da viele Klagen hinwegfallen.

Auch in hiesiger Stadt entstanden jeder Truppen-Einquartierung Klagen, das Militair nicht auf die richtige Art quartiert sey. Der Reiche, dessen mögen mehrentheils in Geld bestand, langte, daß die Soldaten auf die Schatzu der Liegenschaften ausgetheilt würden, Begüterte hingegen forderte, daß der Ca talist ebenfalls einen Theil der Beschwert der Einquartierung um so mehr trage müsse, als auf den Liegenschaften sch außerordentliche Abgaben von Fourage-Lief rung und außerordentliche Kriegssteuern ha teten, wovon der Capitalist nichts beyzutra gen habe.

Es wurde daher von dem hiesigen Stadt gericht mit Genehmigung des Oberamts b schlossen, die Tabelle Nr. 1 dergestalt verf tigen zu lassen, daß nicht allein die Lieg schaften eines jeden hiesigen Einwohner nach dem Schatzungsfuß eingetragen, son dern auch in der Rubrik des zugesetzten girten Schatzungs-Anschlags nach dem Nah rungsstande der Capitalisten und die Hand werber, welche durch die Anwesenheit der Truppen außerordentliche Losung haben, und folglich hierdurch gewinnen, in Considera tion gebracht werden sollten.

Nr. 1

Der Quart.	Namen der Hausbesitzer.	Bauschatzung.	Güterschatzung.	Handwerkschatzung.	Bürgerliches Nobiltament.	Zugesetzte fingirte Schatzung nach b. Nahrungsstande.	Totale der Schatzung.	Anmerkungen.
1	Leonhard Schlosser	2	6	1½		2	3½	Arm.
11	Carl Michel 1ter.	11	6	3½	2	24	3½	
76	Phil. Martin Schmidt's Wwe.	3	28		2		33	hat 7 Ki
287	Georg Peter Schäfer	5	52	1	2	30	1 32	hat ver und 1
208	Frau Hofjägerin Ferber	4	50 3¢	2	2	1	2¢	Witwe.
211	Franz Denninger	5	30	1	2	24	3	

Poststein den 13 Jan. 1807.   gefertigt durch Präsenzmeister

Häuser.

Erklärung der Tabelle Nr. 1.

Nr. 1. Leonhard Schlosser besitzt zwar ein Häuschen, ist aber nach der Anmerkung sehr arm und wurde aus dem Grunde mit Einquartierung verschont.

Nr. 11. Karl Michel 1ter wurde wegen seiner Wirthschaft und übrigen Vermögens 24 Kreuzer zugesetzt.

Nr. 76. Phil. Martin Schmidt's Witwe treibt ebenfalls Wirthschaft und hätte derselben nach dem angenommenen Grundsätze 6 bis 8 Kr. zugesetzt werden sollen, da aber dieselbe noch sieben unerzogene Kinder zu ernähren hat: so wurde hierauf Rücksicht genommen und dieselbe mit der fingirten Schatzung verschont.

Nr. 187. Georg Peter Schäfer wurde mit 30 Kr. angezogen, weil derselbe nicht allein Wirthschaft treibt, sondern auch Bier braut und Branntwein brennt.

Nr. 208. Frau Hofjäger Ferber wurde wegen ihrer ausstehenden Capitalien mit 3 Kr. beygezogen.

Nota Bey den Capitalien wurde besonders beschlossen, daß derjenige, welcher nur 100 Fl. jährliche Zinsen einzunehmen hat, mit nichts beygezogen wird, weil er solche zu seinem Unterhalt ganz nöthig hat. Dahingegen sind:

Von 150 Fl. jährl. reinen Zinsen 3 Kr.
— 200 — — — — 6
— 300 — — — — 12
— 400 — — — — 18
— 500 — — — — 30

2c. 2c. angenommen worden.

Nr. 211. Franz Denninger wegen seiner Weißgerberey und Saffian-Fabrik 24 Kr.

Becker, Wirthe und Krämer wurden nach Verhältniß ihrer Nahrung ebenfalls mit 6, 8 bis 10 Kr. taxiret.

Als nun diese Tabelle fertig war und berechnet wurde, so zeigte sich die totale Schatzung auf 51 Fl. 56 Kr., wonach also bey Einrückung der Truppen einem jeden sein Antheil nach Verhältniß zugetheilt wird.

Derjenige nun, welchem die Einquartierung übertragen worden, führt ein besonderes Buch, wie Beylage Nr. 2 zeiget, wo die Zahl der Truppen, Ankunft und Abgang gehörig eingetragen wird.

Nr 2

Muß tragen An 50 Mann 1 / 100 — 2 / 200 — 4 / 300 — 5½			Der Häuser.	Namen der Quartierträger.	Maßa der Einquartierung.	1806.		Trug an Mannschaft.	über	über	Betrag an Geld zur Vergütigung der Officiers.		
Schatzungs Simml.			Nr	Franz Denninger	Mann	Ankunft	Abgang	Stand	Nacht	M.tag	fl.	kr.	pf.
fl.	kr.	pf.											
1	3		211	— — —	101	30 May	22 Jun.	1¼	—	—		6	
					80	22 Jun.	2 Aug.	1¼	—	—			
					—	8 Jul	9 Jul	—	1	—			
					—	11 Jul.	12 Jul.	—	1	—			
					80	2 Aug.	15 Aug.	1½	—	—			
						3 Aug.	4 Aug.	—	1	—			
						10 Aug.	10 Aug.	—	—	1			
						19 Aug.	20 Aug.	—	1	—			

2c.

Jdstein den 13 Januar 1807.

F. Robbe, Stadt-Oberschultheiß.
Joh. Phil. Hemrich, Mitglied des Billetten-Amts.

N. S. Derjenige, welcher die Einquartierung besorgt und das Hauptbuch über dieselbe führt, ist zur Belohnung einquartierungsfrey.

Dienst-Gesuche.

Ein Verwalter ledigen Standes, welcher mit den besten Zeugnissen versehen ist, sucht sogleich wieder in Dienste zu kommen. Er versteht nicht nur die Oeconomie gründlich, sondern auch die Branntweinbrennerey aufs beste zu verwalten. Die Expedition des allg. Anz. sagt, an wen man sich zu wenden hat.

Wechsel- und Geld-Cours in Sächsischer Wechselzahlung.
Leipzig, den 17 März 1807.

In den Messen.	Geld	Briefe.
Leipz. Neujahr-Messe	—	—
— Oster-	99 1/4	—
Naumburger —	98 1/4	—
Leipz. Michaels —	—	—
Amsterdam in Bco. à Uso	—	—
Detto in Curr. à Uso	—	143 1/4
Hamburg in Bco. à Uso	—	150 1/4
Lion 2 Uso in Liv.	—	78 1/4
Paris 2 Uso in Liv.	—	78 1/4
Augsburg à Uso	—	100 3/4
Wien à Uso	—	—
Prag à Uso	—	—
London à 2 Uso p. Pf. St.	—	—
Ränder-Ducaten	11	—
Kaiser-Ducaten	11 1/2	—
Wichtige Duc. à 66 Aß	10	—
Breslauer à 65 1/2 ditto	10	—
Leichte à 65 ditto	9	—
Almarco ditto		
Almarco Louisd'or		
Souveraind'or	9 ℛ℟	
Louisd'or à 5 Rthl.	9	
Sächs. Conv. Geld	pari	
Schild-Louisd'or	2 1/4	
Laubthaler		2 1/2
Preuß. Curr.	5	
Do. Münze	10	
Xet.	pari	
Cass. Bill.	3/4	
Kronenthaler	1/2	
3. 7. Kr.	8	
17	4	
Wiener Banc. Zettel	45 3/4	
Frankfurt a. M. à Uso	2 3/4	

Wechsel- und Geld-Cours in wichtig... Louis-Carl- u. Fried'or à 5 Rthlr.
Bremen, den 18 März 1807.

Amsterdam 250 fl. in Banco 8 T. d.	—
Dito 2 Mon. dato	—
Dito in Courant 8 T. d.	31 1/4
Dito 2 Mon. dato	30 1/4
Hamburg 300 Mk. in Bco 6 T. d.	37 1/2
Dito 2 Mon. dato	36 1/4
London für 100 Lsterl. 2 Mt.	—
Paris 1 Fr. 2 Mt.	17 3/8
Bourdeaux dito dito	—
Frankf. a. M. 2 Mt.	—
Leipzig 2 Mt.	—
Berlin 2 Mt.	—
Holl. Rand-Ducaten 1 St.	2 ℛ℟ 61
Neue 2/3 Stück gewinnen	4
Conv. Münze verliert	9 1/2
Laubthaler à 1 1/2 Rthl. dito	7 1/2
Preußisches Courant	16
Holl. fl. per Stück	37

Hamburger Wechsel- und Geld-Cours in Banco.
den 17 März 1807.

Amsterdam in Banco k. S.	33 3/4
dito 2 Mon. dato	34 1/8
dito in Cour. k. S.	4 1/2
dito 2 Mon. dato	5 1/4
London für 1 Lsterl. 2 Mt.	
Paris 3 Fr. 2 Mt.	25 1/4
Bordeaux dito dito	25 1/4
Madrid 1 Duc. 3 Mt.	90
Cadix dito dito	90
Lissabon 1 Crus dito	42 1/4
Wien u. Prag in Cour. 6 W. d.	330
Copenhagen 2 Mt.	48
Louis-Carls u. Fried'or à 5 Rt. 10 ß	15 β 3
Holl. Rand-Ducaten	
Neue 2/3 Stück	31 1/2
Grob Dän. Courant	26 1/8
Hamburger dito dito	23 1/2
Preuß. dito dito	57 3/4

Allgemeiner Anzeiger
der
Deutschen.

Mittwochs, den 25 März 1807.

Das Register des zweyten Bandes des allg. Anz. 1806 ist während des Monats März an die Interessenten versandt worden.

Literarische Nachrichten.

Von der Monatlichen Correspondenz zur Beförderung der Erd- und Himmelskunde, herausgegeben vom Freyherrn Franz von Zach, Herzogl. Sachsen-Gothaischen Oberhofmeister, ist der März-Heft erschienen und hat folgenden

Inhalt:

XIII. Astronomische Beobachtungen und Bemerkungen auf einer Reise in das südliche Frankreich im Winter von 1804 auf 1805. (Fortsetzung.)

XIV. Ueber die Figur des Saturns, mit Rücksicht auf die Attraction seiner Ringe, von F. W. Bessel in Lilienthal.

XV. Historische Untersuchungen über die astronomischen Beobachtungen der Alten, von Ludwig Ideler, Astronomen der königl. preußischen Academie der Wissenschaften. (Fortsetzung.)

XVI. Auszug aus einem Schreiben des herzogl. sachsen-coburgischen geheimen Regierungsraths C. Arzberger.

XVII. Auszug aus einem Schreiben des Hn. Professors und Adjuncts an der k. k. Sternwarte in Wien T. Bürg.

XVIII. Louis Feuillée. (Fortsetzung.)

* * *
Aufgeschnittene und beschmutzte Hefte werden nicht zurückgenommen.

Allg. Anz. d, D, 1 B. 1807.

Der Preis eines Jahrganges ist gegen Pränumeration sechs Thaler in Gold (11 Fl. Rhein.); und man kann zu jeder Zeit in das Abonnement eintreten, muß aber den ganzen laufenden Jahrgang nehmen. Einzelne Monatsstücke kosten 14 gl. (1 Fl. 3 kr.)

Man macht die Bestellungen bey den Post-Expeditionen und Buchhandlungen jedes Orts, welche die Exemplare von unterzeichneter Buchhandlung auf den gewöhnlichen Wegen beziehen. Gotha.

Die Beckersche Buchhandlung.

Auction in Leipzig.

Der Catalog einer den 11 May d. J. anhebenden Bücher-Auction ist bey Hrn. Proclamator Weigel in Leipzig zu haben, welcher, sowie die bekannten Hrn. Commissionärs, Aufträge übernehmen wird. Die darin enthaltene Sammlung begreift Bücher aus allen Wissenschaften (5600 Nummern) und Kenner werden sich überzeugen, daß dieser Catalog in Hinsicht der großen, seltenen und vortrefflichen Bücher vorzüglich wichtig ist. Unter den philologischen Büchern befinden sich viele mit den handschriftl. Anmerkungen berühmter Gelehrten und Manuscripte.

Durch alle gute Buchhandlungen wird man sich diesen Catalog verschaffen können.

Bücher-Verkäufe.

Für bevgesetzte baar einzusendende niedrige Preise sind nachstehende gebundene, gut conditionirte Bücher bey dem Buchbinder Luther sön. in Hannover in Commission zu verkaufen:

In Folio.

Dictionnaire historique et critique, par P. Bayle 5eme Edit. avec la vie de l'Auteur 1634. V. Tom. sauberer Franzbd. 20 rthlr. — Das nehmliche Werk, troisième Edition. Roterdam 1721. 4 Frzbde. 15 rthlr. — Dictionnaire universel de commerce, d'histoire Naturelle et des arts et metiers, par Savary. Geneve 1750. 6 Franzb. complet. 15 rthlr. — Vasi delle magnificenze di Roma antica e moderna. Lib. X. in 5 Bänden, mit prächtigen Kupfern. Rom 1747. 30 rthlr. — Gebauer et Spangenberg Corpus juris civilis, Göttingen 1776. complet. 10 rthlr. — Rethmeyer Braunschweig-Lüneburgis. Chronica, 3 Pergamentb., mit Kupfern. Braunschweig, 1722. 5 rthlr. — Bayle historisch-kritisches Wörterbuch, 4 Theile, in Pappbd. Leipzig, 1741. 7 1/2 rthlr. — S. S. Winter von Adlersflügel, von der Stuterey oder Fohlenzucht, mit vielen Kupfern, so die Abbildung aller Racenpferde darstellen. Nürnberg, 1703. Halbfranzb. 5 rthlr.

In Quarto.

Hannöverisches Magazin, vom Anfang seiner Entstehung, als von 1750 bis incl. 1805. incl. 56 Jahrgänge, in Pappbd. 35 rthlr. (Ladenpr. ist 170 rthlr. (Dieses Werk ist in allen gelehrten Blättern als ein schätzbares Werk empfohlen worden). — Die Jenaer Literarurzeitung, vom Jahre 1786 bis 1801, — doch fehlt der Jahrg. 1798. alle 15 Jahrgänge sind gebunden, für 30 rthlr., auch der Jahrgang 1788 und 1789, bepde für 2 rthlr. — Herber's Ideen zur Philosophie der Geschichte der Menschheit, 4 Thle., in Hlbfrzbd Lpz. 1791. 4 rthlr. — Falkenstein's thüringische Chronika, Erfurt, 1738. 3 Bände. 2 1/2 rthlr. — Geschichte des siebenjährigen Krieges, von 1757 bis 1763. mit Karten und Planen, 5 Bände. 2 1/2 rthlr. Turpin von Crissé Versuch über die Kriegskunst, 2 Theile, mit 25 Kupf. Potsdam, 1757. 2 1/2 rthlr:

In Octav.

Die allgemeine deutsche Bibliothek, alte und neue, von erterer sind 117 Bände, wovon 100 Bände in halben Franzb. die übrigen Bände in Pappb geb., von der neuen sind 107 Bände nebst Anhängen und Register, alle in Pappb., bepde complet, bepde für den geringen Preis von 25 Pistolen. — Archenholz Minerva, von Anfang, als 1793 bis 1806. in 60. neuen Bänden, für den halben Ladenpreis von 60 rthlr. — Meiners's und Spitler's göttingisches historisches Magazin, altes und neues, zusammen 11 Bände, complet. 10 rthlr. — Wieland's deutscher Merkur von Anfang, als 1773 bis 1782, 10 complete Jahrg., in 32 Bänden. 6 rthlr. — Neuer deutscher Merkur, von Anfang, 1798 —1805, 8 Jahrgänge. 8 rthlr. — Museum

von Anfang, als 1776 bis 1786. in 22 Bänden, für 7 1/2 rthlr. — London und Paris, vom Jahre 1799—1805. sieben Jahrgänge. 15 rthlr. — Voltair's sämmliche Schriften, deutsche Uebersetzung, 29 Bände, 15 rthlr. — Sammlung neuer und merkwürdiger Reisen, zu Wasser und zu Lande, mit Karten und Kupf., Göttingen 1750. 11 Bände. 6 rthlr.

Gehler physikalisches Wörterbuch, 4 Bände, mit Kupfern, Leipzig 1791. 7 1/2 rthlr. — Hube vollständiger und faßlicher Unterricht in der Naturlehre, mit Kupfern. Leipzig 1801. 4 Theile. 7 1/2 rthlr. — von Archenholz britische Geschichte, Tübingen, 20 Bände, compl. 10 rthlr. — Seiler's großes biblisches Erbauungsbuch über das alte und neue Testament, 17 halbe Franzbände. Erlangen, ganz complet. 7 1/2 rthlr. — Zöllner's Lesebuch für alle Stände. Berlin 1781. 9 Bände. 3 rthlr. — Von Burgsdorf's Forsthandbuch, 3te Auflage. Berlin 1800. 2 saubere Bände. 3 rthlr. — Lüder's Briefe über die Bestellung eines Küchengartens. Hannover 1778. 3 Bände. 2 rthlr. — Dessen Blumengarten. Hannover 1786. 1 rthlr. Lasius Brobachtungen über die Harzgebirge, 2 Thle. mit einer petrographischen Karte. Hannover 1789. 3 rthlr. — v. Scharnhorst Handbuch für Officierr, mit vielen Kupfern. Hannover 1787. 3 Bände. 3 rthlr. — Dessen militärische Denkwürdigkeiten, vom Jahre 1793 und 1794. 3 Bände. 2 rthlr. — Struensee Anfangsgründe der Kriegsbaukunst. 3 Theile. Leipzig 1771. 2 rthlr. — von Egger's neues Kriegs-, Ingenieur-, Artillerie-, See- und Ritter- Lexicon, 2 Theile. Dresden 1757. 1 1/2 rthlr. — Oeuv. de Moliere, par M. Bret. 8 Franzb. Paris 1786. 7 1/2 rthlr. — L'esprit des Journaux françois et étrangers, 13 Jahrgänge. 1782—1793. an den 4 letzten Jahrgängen fehlen 5 Theile, zusammen sind es 151 Bände für den geringen Preis von 15 rthlr. — Histoire de l'academie royale des sciences, à Amsterdam, 17 Frzb. 3 rthlr. — Topografia fisica della Campania di Scipion Breislak, Fiorenza 1798. mit 2 Specialkarten vom Vesuv und der umliegenden Gegend. 3 rthlr. — Der Arzt, eine medicinische Wochenschrift, von Unzer, 12 Theile, in 6 Bänden, complet. 3 rthlr. — Thaer's Beyträge zur Kenntniß der engl. Landwirthschaft, mit Kupfern. Hannover 1800, 3 Theile. in 4. Franzb. 5 rthlr.

Bücher-Anzeigen.

Anweisung, gründliche und vollständige, das Englische richtig zu lesen und auszusprechen. Nebst einer englischen Mythologie zur Uebung im Uebersetzen und untergesetzten deutschen Wörtern und Anmerkungen. Ein brauchbares Handbuch für diejenigen, welche diese Sprache lehren oder erlernen wollen. Dritte vom Hrn. Rector Meidinger durchsehene Auflage. gr. 8. 1 rthlr. oder 1 fl. 30 kr.

Wenn der Engländer es selbst für nöthig findet, zur richtigen Aussprache sich eines Taschenwörterbuches zu bedienen, so muß es dem Deutschen, der diese Sprache gründlich lehren oder erlernen will, nicht unwillkommen seyn, ein ähnliches Hülfsmittel in obigem zu erhalten. Die oberflächliche Behandlung dieses Gegenstandes in allen Grammatiken bewog den Verfasser, seiner Nation das zu geben, was ein gewisser William Scott der seinigen in seinem Spelling pronouncing and explanatory Dictionary gab. Er benutzte dasselbe mit Anmendung auf die deutsche Sprache aufs beste, und daß er Beyfall fand und wirklichen Nutzen schaffte, beweist wol am besten diese dritte Auflage.

Jägersche Buch- Papier- und Landkarten-Handlung in Frankf. a. Mayn.

Neuigkeiten der Buchhandlung von Montag und Weiß in Regensburg, zur leipz. Jubilate-Messe 1807:
Neueste Anweisung zum Kreuz-Einsiedler- od. Kapuziner-Spiel. Mit 99 figürlichen Proben. 8.. à 16 ggl. oder 1 fl.
Tirania, oder das Reich der Mährchen. Aus dem Klarfeldischen Archive, herausgegeben von dem Verfasser des goldenen Kalbes. 8. à 1 rthlr. 12 gl. oder 2 fl. 42 kr.

Babet von Etibal, nach dem Französischen des de la Tour frey bearbeitet. Neue Aufl. Mit Kupf. 16. 1807. Leipzig, bey Hinrichs. 21 gl.
Ist die Frucht glücklicher Stunden. Heiterkeit und frohe Laune ist der Character dieser Schrift, und Frohsinn der Zweck, zu dem sie leitet.

In Andreä's Buchhandlung in Frankfurt am Mayn sind folgende neue Schriften erschienen:
Chefs-d'Oeuvre de literature et de morale, ou recueil en prose et en vers des plus beaux morceaux de la langue françoise, enrichi de notes explicatives, des mots et des phrases, de notes historiques, geographiques et mythologiques; à l'usage de la jeunesse allemande de l'un et de l'autre sexe. Tom. II. gr. 8. 1 rthlr. oder 1 fl. 30 kr.
Diel's (A. F. A.) Versuch einer systemat. Beschreibung in Deutschland vorhandener Kernobstsorten, 14.und 15tes oder 6tes Bändchen- und 9tes Aepfelheft. 8. 1 rthlr. 16 gl. od. 2 fl. 30 kr.
Paulizki's (H. F.) Anleitung für Landleute zu einer vernünftigen Gesundheitspflege; wie man die gewöhnlichsten Krankheiten durch wenige und sichere Mittel, hauptsächlich aber durch ein gutes Verhalten verhüten und heilen kann. — Ein Handbuch für Landgeistliche, Wundärzte und Hauswirthe. Mit Vermehrungen und Verbesserungen, von J. C. G. Ackermann. 4te Auflage. 8. 1 rthlr. oder 1 fl. 30 kr.

Bey Carl Aug. Solbrig in Leipzig ist seit kurzem eine neue Auflage von dem mit so vielem Beyfall aufgenommenen:
Gemeinnützigen Koch- und Wirthschaftsbuch, oder Anweisung alle Arten von Speisen, Bäckereyen und was sonst in der Küche und Wirthschaft nöthig und nützlich, mit Vermeidung dessen, was der Gesundheit schädlich ist, zuzubereiten, erschienen. Der Preis ist 1 rthlr.

Um aber jeder Familie, in deren Händen sich dieß erwähnte Koch- und Wirthschaftsbuch noch nicht befindet, den Werth und Nutzen, desselben mitzutheilen: so setzt der Verleger nur den Inhalt auf, welcher 9 Abschnitte enthält; der erste-handelt: von Suppen, Potagen und Kaltenschaalen, zusammen 110 Sorten. 2ter Abschn., vom Kochen des Fleisches und dazu gehörigen Gemüses, 114 Sorten. 3ter Abschn., von Zubereitung der Fische und andrer Wasserthiere, 118 Sorten. 4ter Abschn., von Zubereitung des Geflügels, 61 Sorten. 5ter Abschn., vom Braten des Fleisches, 32 Sorten. 6ter Abschn., von Zubereitung des Wildprets, 25 Sorten. 7ter Abschn., von Kloßen, Mußen und andern Mehl- und Milchspeisen, 48 Sorten. 8ter Abschn., von Zubereitung der Eyer, 13 Sorten. 9ter Abschn., von der Zurichtung des Gemüses, der Salate, der Brühen, des Obstes etc. 49 Sorten.

Bey Herold und Wahlstab in Lüneburg, so wie in den vornehmsten Buchhandlungen Deutschlands ist zu haben:
Trucheman, oder französischer Dollmetscher (mit der Aussprache) für Bürger und Bauern. Vierte stark vermehrte Auflage. geb. 3 ggl.
Ecole du Soldat et de Peloton. à Paris 1805. broché. 8 ggl.

Jugendlehrern und Schulvorstehern dürfen wir wol das in unserm Verlage erschienene
"Lehrbuch der städtischen Gewerbkunde, von
Friedrich Erdmann Petri, Prof. zu Fulda." nicht ohne Zuversicht empfehlen. Denn nach vorläufiger Prüfung unserer bewährtesten technologischen Lehr- und Lesebücher hat sich der Verfasser enthaltend bemüht, sein Compendium durch möglichst gedrängte, ja wortkarge Reichhaltigkeit, viele geographische sowohl als literarische Nachweisungen und manche Sprachbemerkungen der Einführung in Unter-Classen in Gelehrten- und Ober-Classen der Bürgerschulen würdig zu machen. Inhalts-Uebersicht, Commun-Titel, und drey Register, können nicht nur seinen Fleiß zeigen, sondern auch den zweckmäßigen Gebrauch dieses Lehrbuchs befördern, dessen Ankauf wir Schülern dadurch erleichtern wollen, daß wir ihnen das Exempl. für 14 gl., sobald wenigstens 12 Exemplare zusammen genommen und gleich in Cash. Gelde bezahlt werden, ablassen wollen. Der gewöhnliche Merkaufspreis ist für 21 1/2 weiße Druckbogen, mit kleiner Schrift. 20 gl. sächs.

Dykische Buchhandlung in Leipzig.

An Besitzer der Tauben und Canarienvögel.

1) Die Täubinn ꝛc. sich, ihren Garten, ihre Eyer und Jungen, auch ihre Gesellschaft vor allen Arten von Raubthieren gänzlich zu sichern und zu bewahren. Ein Werkchen, welches für alle Besitzer der Tauben höchst nöthig und unentbehrlich ist, indem sonst in der schönen Heckzeit und während jedem Feldflug, ja auch den eingekerkerten, großer Nachtheil und Verlust zugefüget, dadurch aber mit Gewißheit völlig abgeholfen werden kann. in 8. broch. 8 gl.

2) Unterricht der Canarienheckvögel, von dem Einkaufe. Behandlung und Zufällen, nebst wahren Gründen, wie und worauf alles ankommt, schöne, gesunde und viele junge Vögel zu erzeugen? in 8. broch. 8 gl.

Obige Werkchen sind in Leipzig beym Not. Schmidt, im Schuhmachergäßchen Nro. 567. wohnhaft, u. Buchhändler Gruber, in Dresden im Todrenschen Commissions-Comptoir, und in Halle in der Expedition des Wochenblatts zu haben.

Lang's, (C. H.) Passionspredigten. Neue umgearbeitete und mit neuen Passionspredigten vermehrte Auflage, mit einer Vorrede über die Leidensgeschichte Jesu, von Dr. W. F. Hufnagel. gr. 8. 1 rthlr. oder 1 fl. 48 kr.

Das günstige Urtheil des Hrn. Dr. W. F. Hufnagel, der zugleich in seiner hierzu gelieferten Vorrede die Leidensgeschichte Jesu mit wahrer Theilnahme und herzlicher Wärme schildert; sowie die vortheilhaften Recensionen der Jenaer Literat. Zeit. und anderer Beurtheilungsanstalten, empfehlen diese Passionspredigten als nützliche und gutes Buch für alle Leser von Geist und Herz, sowohl in Rücksicht des lichtvollen Vortrags, als der geist- und herzvollen Weise, womit der würdige Verfasser die Geschichte des Leidenden ohne seines Gleichen bearbeitet hat.

Jägersche Buch- Papier- und Landkarten-Handlung in Frankfurt am M.

Bekanntmachung an Deutsche und Franzosen.

Das allgemeine Gespräche-Lexicon, und zugleich amusante Lesebuch von Jubert d'Aprix, worin Deutsche und Franzosen in vollständigen Redensarten ein schnelles Mittel finden, sich in allen Gelegenheiten zu verständigen, ist fertig. Es ist nicht eine Sammlung einzelner Wörter ohne Zusammenhang, sondern völlige Gespräche über alle Gegenstände, so daß wer nicht einmahl das Deutsche und Franz. lernen mag, sich doch deutlich erklären kann, indem man nur in der Tabelle zu wählen hat, was man sagen will, und die 3te Column nach deutscher Mundart den Franz. vorweisen darf. Um Franz. allein zu lernen, sind die Wörter beyder Sprachen in nehmlicher Ordnung, daß man gleich ihre Bedeutung sieht, wo aber die Wortfügung zuviel abweichend ist, sind solche mit Kr. bezeichnet. Die Lernenden finden in der Volkä-

rischen Orthographie, die in diesem Werk eingeführt ist, eine große Erleichterung, indem sie unterschreiben können, wenn sie sagen sollen ois oder ais, z. B. françois oder français, Ecollois oder Ecollais, und den Leprern die Mühe erspart, Fehler zu verweisen. Der 1te Band kostet 12 gl., das ganze Werk 1 rthlr. und ist beym Verfasser im Schloß zu Leipzig, oder beym Hrn. Siegmeyer, Oberpostamts-Secretär, auch in der Hinrich'schen Buchhandlung zu Leipzig zu haben. Wer 5 Exemplar gegen baare Zahlung nimmt, erhält das 6te frey.

Neue Verlagsbücher der Allgerischen Buchhandlung in Arnstadt und Rudolstadt zur Ostermesse 1807.

Busch's, C. C. B., Almanach der Fortschritte, neuester Erfindungen und Entdeckungen in Wissenschaften, Künsten, Manufacturen und Handwerken von Ostern 1806—07. 12r Jahrg. 8.

Auch unter dem Titel:

Busch's, C. C. B., Ueberficht der Fortschritte neuester Erfindungen ꝛc. von Ostern 1806—07. 12r Band. 8.

Dundschuh's, J. A., Mannichfaltigkeiten aus der fränkischen Erdbeschreibung und Geschichte zur Unterhaltung für Liebhaber, besonders zur Erklärung des Grundrisses zum Vortrage der vaterländischen Erdbeschreibung und Geschichte Frankens, 1r und 2r Heft. gr. 8.

John Carr Esquire, Beschreibung einer Reise durch Dänemark, Schweden, Norwegen, Rußland und Preußen. 2r Theil. 8.

Sesselbach's vollständige Anleitung zur Bergliederungskunde des menschlichen Körpers. 3t Heft. gr. 4.

Hunold, von Durchbohrung des Trommelfells, mit zwey Kupfern. gr. 8.

John's, Dr. Frd. neues System der Kinderkrankheiten, zweyte vermehrte und verbesserte Auflage.

Laurette, ein Roman von Romano. 2r Band. 8.

von Siebold's, Dr. B., Sammlung seltener chirurgischer Beobachtungen und Erfahrungen, mit 7 Kupfern. 2r Band. gr. 8.

Zimmer's, Dr. J. C. physiologische Untersuchungen über Mißgeburten, nebst deren Beschreibung und Abbildung einiger Zwillingsmißgeburten. gr. 8. mit 5 Kupfern.

In Commission.

Enthüllung der Hieroglyphen in dem Bienenrodischen A B C-Buche, mit 24 ausgemahlten Original-Holzschnitten. gr. 8.

Fantastische Gemählde. Neue Ausgabe, mit Kpf. gr. 8. 1807. Leipzig, bey Hinrichs. 1 rthlr.

Wer der Phantasie in ihren mannichfaltigen Richtungen und Regionen folgen will, wer das Schauerliche liebt und die überraschende Klarheit, wo man sie nicht erwartet, der lese dreymahl diese Gemählde.

Allgemeiner Anzeiger
der
Deutschen.

Donnerstags, den 26 März 1807.

Gesetzgebung und Regierung.
Vertheilung der Einquartierung.

Da es der Billigkeit angemessen ist, daß zur Erleichterung der Hauseigenthümer auch die Miether, wie es überall gewöhnlich ist*) nach Verhältniß bequartiert werden, und solchen zugleich die Beköstigung der Einquartierung obliege: so wird dem Publicum dieses zur Achtung hierdurch bekannt gemacht.

Breslau den 6 März 1807.

Börner,

Gen. Adj., Chef vom General-stabe des Gouvernements von Schlesien und Commandant von Breslau.

*) „Wie es überall gewöhnlich ist“?! Möchte diese Behauptung eben so wahr seyn oder noch werden, als jene Vertheilung der Einquartierung gerecht und billig ist!

der Redact.

Justiz- und Polizey-Sachen.

Die vorschriftmäßige Beerdigung der auf dem Schlachtfelde bey Jena Gebliebenen und in den Lazarethen Verstorbenen.

Durch Anfragen in mehrern öffentlichen Blättern ist die Besorgniß bey dem Publicum rege gemacht worden, als ob wegen nachläßiger Begrabung der Todten in der hiesigen Stadt und Gegend vorigen Jahres im bevorstehenden Frühjahr und Sommer der Gesundheit nachtheilige Dünste und ansteckende Krankheiten zu fürchten wären. Die hiesige Polizey-Commission hält sich daher verpflichtet, auf den Grund eines von dem Herrn geheimen Hofrath und Leibarzt Dr. Stark, als hiesigem Amts- und Stadt-Physicus, erforderten Gutachtens diesem nachtheiligen Gerücht als völlig ungegründet zu widersprechen, und was die in der Schlacht selbst Gebliebenen betrifft, zu bemerken, daß fürstl. General-Polizey-Direction zu Weismar sich nicht damit begnügt hat, die Gemeinden zu ungesäumter vorschriftmäßigen Begrabung der Todten in ihren Fluren durch die Aemter anhalten zu lassen, sondern sie hat durch einen eigens dazu abgesendeten Subaltern, den fürstl. Registrator Wangemann, überall, ob der gegebenen Vorschrift Folge geleistet worden, an Ort und Stelle nachsehen lassen. Was hingegen die in den hiesigen Lazarethen verstorbenen Blessirten betrifft, so sind selbige unter eigner Aufsicht des obgedachten Amts- und Stadt-Physicus in einer beträchtlichen Entfernung und Höhe an Orte begraben worden, wo der beständige Luftzug die hiesige Stadt vor jedem nachtheiligen Einfluß um so mehr sichert, da theils die Todten vier Ellen tief begraben und mit Kalk überschüttet worden, theils der gelinde Winter die Fäulniß der Cadaver so sehr befördert hat, daß jetzt keine Anhäufung schädlicher Dünste zu besorgen ist. — Zugleich wird das nachstehende Verzeichniß dem sich verbreitenden Gerücht einer hier bestehenden enormen Theurung von selbst widersprechen.

Halbjähriges Logis 5 rthl. bis 20 rthlr. Mittagstisch wöchentlich 18 gr. bis einen Laub-

thaler. Brod 1 Pfund 24 Loth 3 Dth. 1 gr.
Eine Klftr. Holz 4 rthl. 6 gr. 12 Loth weiße
Semmeln 6 pf. Ein Maß Bier 4 bis 5 pf.
Ein Pfund Rindfleisch 2 gr. 4 bis 8 pf. Ein
Pfund Schweinefleisch 3 gr. 2 bis 3 pf. Ein
Pfund Schöpsenfleisch 2 gr. 6 bis 8 pf. Ein
Pfund Kalbfleisch 1 gr. 8 pf. 36 Loth Butter
ein Kopfftück bis 7 gr.

Jena den 20 März 1807.

Fürftl. fächf. Polizey=Commiffion
dafelbft.

Künfte, Manufacturen und Fabriken.

Noch einige Bemerkungen über den
Rauch und Ruß verzehrenden Ofen.
Zur Berichtigung verfchiedener falfchen
Begriffe, die man fich bisher von ihm
machte.

Es ift fonderbar, aber beswegen, zu=
mahl in Deutfchland, nichts Unerhörtes, daß
neue Vorrichtungen, feyen fie auch von noch
fo großem Werth und Nutzen für das Ganze,
dennoch bey anfänglicher Verbreitung allezeit
großen Widerfprüchen unterworfen find *).
Die Urfache hiervon liegt aber in der Richt=
kenntniß der Dinge, und in den Vorurthei=
len, die man gegen alles faßt, was neu
und uns noch unbekannt ift. Die meiften
Menfchen mögen folche Dinge keiner Unter=
fuchung würdigen, und bleiben lieber aus
Gemächlichkeit beym Alten. Nur wenige
haben Luft, aber keine Kenntniffe, andere
wenige widmen diefen Gegenftänden ihre
volle Aufmerkfamkeit, erreichen wol auch für
fich ihren Zweck mit vieler Mühe und Koften
aufwand, weil es an Handwerkern fehlt,
die Sinn für etwas Gutes haben; allein
ftatt folche Männer zu weiterm Fortfchritten
ihrer angefangenen Verfuche aufzumuntern,
fpottet man ihrer Mühe, und vereitelt mit
allem Fleiße ihr Beftreben, gemeinnützig zu
werden. Wie dieß der Fall im Allgemeinen
ift, fo ift er es auch in Hinficht des Rauch
und Ruß verzehrenden Ofens.

Werner in Leipzig gibt fich Mühe, feine
Mitmenfchen mit einer nützlichen Vorrich=
tung zu Erfparung des Holzes bekannt zu

machen, und die Hitzkraft der Brennmate=
alien auf vielfache Art zugleich zu benu[tz]
ohne daß auch nur ein geringer Theil der[=]
ben verloren gehe. Er macht uns mit d[e]
Rauch und Ruß verzehrenden Ofen bekan[nt]
wodurch wir allerdings fehr viel gewin[n]
können, wenn nur die Sache in Hinficht d
Ausführung und Behandlung richtig [b]
urtheilt wird. Hier liegt aber der Stein k
Anftoßes, woran fich fo mancher aus
kunde ftößt, und fchon beym erften Stoß
immer abgehalten wird, etwas Nützli[ch]
auszuführen. Sonderbar, daß diefer Rau[ch]
verzehrende Ofen, der doch fo ziemlich i
feiner Bauart vereinfacht ift, noch bis j[tz]
bey aller feiner Brauchbarkeit und Gemein
nützigkeit fo viele Widerfprecher hat, die fi[ch]
alle Mühe geben, feine bereits entfchiedene[n]
Vorzüge zu den größten Fehlern herabzuwü[n]
digen. Außer Leipzig und Wittenberg, w[o]
man diefe Vorkehrung nach Würden zu fch[ä]
tzen wußte, wo man gleich anfangs d[er]
nützlichen Erfindung volle Gerechtigkei[t w]
derfahren ließ, und ihre Vorzüge öffent[lich]
rühmte, wird man wenige Städte [an]
können, wo diefe Empfehlung fo ftarken E[in]
druck gemacht hätte. Verfuche folcher A[rt]
fowohl in herrfchaftlichen Gebäuden, als i[n]
Privatwohnungen auszuführen; und f[ind]
auch Verfuche gemacht worden, fo wurde[n]
fie, weil fie nicht fogleich gerathen find, w[ie]
der aufgegeben, und es blieb nach wie vo[r]
beym Alten. Wenn es nun auch ein einz[el]
ner Privatmann über fich nahm, mit ein[em]
wohlgeglückten Verfuch hervorzutreten, u[m]
die gute Sache mit vollem Ernfte zu ve[r]
theidigen, wenn er fich ein befonderes G[e]
fchäft daraus machte, allen und jeden, d[ie]
feine geglückten Verfuche mit eigenen Aug[en]
anfehen mochten, augenfcheinlich die Nü[tz]
lichkeit und Nothwendigkeit zur allgemein[en]
Einführung diefer Sache an das Herz
legen, fo fällt ihm leider die Erinnerung f[ehr]
empfindlich auf, daß nur wenige es b[ei]
Mühe werth achteten, diefe Verfuche anzu[fe]
hen; der meifte Theil blieb taub gegen fe[ine]
Einladungen und Erklärungen, und begnüg[te]
fich, die ganze Sache auch ungefeh[en]

---

*) Ein fchönes Beyfpiel vom Gegentheil gab der Erzherzog Carl durch Einführung der Holzfp[ar]
öfen und Kochherde in allen Militair= und Staatsgebäuden, wovon man das Nähere in der Na[tio]
Ztg. d. D. 1807, 9 St. nachlefen kann.　　　　　　　　　　　　　　　d. R.

zu bewitzeln und sogar die Geißel der Satyre
über den zu schwingen, der nicht nur durch
Erfahrungen von dem vollen Nutzen der
Sache selbst für sich überzeugt, sondern
sogar auch von der Landesregierung, welche sich auf eingereichte Vorstellung gar
bald mit der nämlichen Ueberzeugung beseelt
sah, zur Verbreitung der Vorrichtung aufgemuntert wurde. Man hält es daher für
Pflicht, die von diesem Ofen gefaßten falschen
Begriffe zu berichtigen, und ist überzeugt,
daß hierdurch weit mehr, als durch alle weitere Empfehlungen bezweckt werde.

Der Rauch und Ruß verzehrende Ofen,
eine Vorrichtung, wo die Luft in engen Canälen eingeschlossen ist, wo sie durch manche
Krümmungen erst einen Ausweg findet, wenn
sie durch Hitze ausgedehnt, zum Emporstei-
gen gezwungen wird, hat allerdings einen
sehr großen Widerstand zu bekämpfen, wenn
er geheizt wird, und muß demnach so fest
als möglich zusammengesetzt werden, wenn
anders der Zweck erreicht werden soll. Wer
kennt nicht die außerordentlich große Kraft
der durch die Hitze ausgedehnten, in einen
engen Raum eingeschlossenen Luft? Wer
weiß nicht, daß durch plötzliche Ausdehnung
derselben selbst die dichtesten Metallgefäße
zersprengt werden können; und doch will
man sich wundern, wenn durch plötzliche
Erhitzung der Ofen ihre Theile oft mit Gewalt zersprengt werden; wenn zumahl im
Winter die Luft durch die Kälte weit mehr
zusammen gezogen ist, als im Sommer, weswegen sich auch weit mehr Luftmasse in
einem Raum befindet, als bey derjenigen
Luft geschieht, die im Sommer durch höhere
Temperatur ausgedehnt mehr Raum einnimmt. Will man nun einen Rauch und
Ruß verzehrenden Ofen so aufbauen, daß er
unserer Absicht soll entsprechen können, so
sehe man doch ja darauf, daß seine einzelnen
Bestandtheile selbst von gutem Stoffe bereitet und dann in ihren Fugen durch gut bereitete Bindemittel auf das festeste und ganz
luftdicht zusammengesetzt und verwahrt werden. Der hierzu gewöhnlich bestimmte Lehm,
eine bekannte Erdart, die aber nicht überall
gleiche Beschaffenheit hat, und demnach
eine nach Bedarf ganz verschiedene Behandlungsart erfordert, muß von dem Töpfer

oder Maurer, der einen solchen Ofen bauen
will, mit einer sehr großen Sorgfalt durch-
gearbeitet und tüchtig mit Haaren und Sand
nach vorliegender genau zu untersuchenden
Beschaffenheit mehr oder weniger ver-
mengt und auch nicht zu naß verwendet werden, weil in diesem Falle beym Zurück-
schwinden ganz unumgänglich Risse entstehen
müßten, welche doch bey diesem Ofen den
ersten Grund zur seiner baldigsten Zerstörung
legen.

Ist nun auch der Ofen genau nach Vorschrift und Zeichnung aufgebauet und mit
aller Vorsicht verwahrt, so ist noch in reifliche Erwägung zu ziehen, daß die Gewalt
der gepreßten, durch übermäßiges Einfeuern
zu plötzlich ausgedehnten Luft, der selbst die
stärksten Metallgefäße nicht Trotz bieten können, einen zum größten Theile aus zerbrech-
lichem Thone auferbauten Ofen, wo die Luft
in engen Canälen eingeschlossen, durch viele
Unterbrechungen in ihrem natürlichen Abzuge in die Höhe aufgehalten wird, damit
sie ihre Hitze vor ihrem Abgange in den
Ofen absetzen muß, gar leicht in seinen Fugen auseinander treiben kann, und also bey
Erhitzung eines solchen Ofens vorzüglich
Rücksicht auf die Natur und Eigenschaft der
Luft und Wärme genommen und möglichst
vorsichtig zu Werke gegangen werden muß.
Weiter wähnen auch sehr viele ganz falsch,
daß dieser Rauch und Ruß verzehrende Ofen
in seinem Innern immer ganz rein bleiben
und nie einer Reinigung unterworfen werden müsse.

So wahr es ist, daß der Ruß in diesem
Ofen durch das durch's Luftzugrohr in die
Flamme geleitete Sauerstoffgas der atmosphärischen Luft entzündet und seinen brennfähigen Theilen nach verzehrt wird, so ist es
auch wahr, daß die wenigsten Theile der
Atmosphäre aus Sauerstoffgas bestehen, wo
also bey übermäßiger Hitze unmöglich, genug solcher zum Anzünden des Rauches nothwendigen Luftsäure beygeführt werden kann;
dann ist auch in Erwägung zu ziehen, daß
nur das Brennfähige des Rußes verflüchtiget
wird, nach dem Verbrennungsprocesse aber
allezeit noch eine erdige Substanz zurück
bleibt, welcher man den Namen Rußasche
beylegen dürfte. Diese Asche von allem

brennfähigen Stoffe befreyt, in der Voraussetzung, daß nicht durch übermäßiges Feuern
aus Mangel an Luftsäure sich auch noch
eigentlich unverbrannter Ruß mit untermische, setzt sich in den Canälen des Ofens,
wol nicht in so großer Menge, als in den
gemeinen Oefen, der Glanz= und Flugruß
doch immer in genugsamer Menge fest, um
die an und für sich engen Röhren verstopfen
und dem Abzug der Luft — so wie auch der
Absetzung der Hitze das größte Hinderniß in
den Weg legen zu können, weil die Asche bekanntlich der schlechteste Wärmeleiter ist.
Diesem Uebel vorzubeugen, weil in solchem
Falle der Ofen unmöglich der Erwartung
entsprechen kann, und nun von unkundigen
Menschen, welchen die Behandlung der Oefen
ausschließlich anvertraut ist, die die Sache
nach ihrer Weise mit Gewalt treiben wollen, gemeiniglich zu Grunde gerichtet werden
muß, muß man allerdings durch angebrachte
und wohlverwahrte blecherne Schieber je zuweilen, wenn man merkt, daß der Ofen keinen Zug mehr hat, diese Rußasche aus den
Canälen des Ofens heraus nehmen lassen,
welches von einem jeden Töpferlehrling mit
leichter Mühe und ohne große Kosten unternommen werden kann; da man nicht, wie
ehedem, nöthig hat, die blecherne Röhre bey
einem Schmiede oder Schlosser ausbrennen
zu lassen. Diese kleine Last wird wol ein
jeder gern gegen den großen Nutzen, den dieser Ofen in Hinsicht der Ersparung vielen
Holzes, der Entfernung des beschwerlichen
Rauches aus unsern Küchen, der Beseitigung
aller Feuersgefahr, die bisher gar oft durch
häufigen Ansaz des Rußes in den Kaminen
entstanden, und des großen Vortheils, unsere
Speisen weit schmackhafter, als bey offenem
Feuer zurichten zu können, gewährt, übernehmen. Wer wird nun unter obbemerkten
Umständen eine gute Sache bloß deswegen
verachten, und alle ihre Tugenden mit allem
Fleiße verkennen, weil sie nicht mehr leisten
kann, als es ihre natürliche Beschaffenheit
erlaubt, weil sie mit einem Worte das Gepräge der Vergänglichkeit an sich trägt, welches doch in dem Gange der Natur von keinem Kunst= und Naturproducte geläugnet
werden kann. Und dieser Ofen soll auch noch
obendrein den Fehlern der Behandlungsart

noch weit mehr Trotz bieten, als andere von
weit dauerhafterm Stoffe gebaute Oefen zu
thun im Staude sind? Welch eine Genugthuung! Der Kochofen statt des offenen
Herdes in den Küchen leistet so viele Vortheile, daß man gern die Baukosten anwenden sollte, um sich den Besiz derselben zu
verschaffen. Wer nur einmahl seine Tugenden kennt, achtet nicht mehr auf die zufälligen Mängel, sondern sucht sie zu verbessern.
Geist der Erfindung und der Kunst,
wärest du bey den Bewohnern Deutschlands
so geehrt und belohnt, wie bey den Bewohnern Albions, wahrlich, man würde dem
Auslande bey weitem nicht mehr so viel
Tribut bezahlen!

S....t.　　　　　　L. m. p. r t.

Gelehrte Sachen.

Warnung vor einem Nachdruck,
nebst Nachricht vom landwirthschaftlichen Institute bey Helmstedt.

Im 25 Stück des Cameralcorrespondenten
für Deutschland werde ich aufgefordert, mich
zu erklären, wie meine landwirthschaftlichen
Schriften, betitelt: practische Anleitung zur
Führung der Wirthschaftsgeschäfte, für angabende Landwirthe, in drey Bänden, bey Reimer in Berlin verlegt, nun auf einmahl in
den Verlag des Aloys Doll in Wien, welcher
sie unter eben dem Titel in der wiener Zeitung
angekündigt habe, gerathen wäre.

Herr Reimer, Inhaber der Realschulbuchhandlung in Berlin, ist der rechtmäßige
Verleger meiner practischen Anleitung zur
Führung der Wirthschaftsgeschäfte für angebende Landwirthe, in drey Bänden bestehend
und mit einer Vorrede von Thaer versehen.
Hat nun Herr Aloys Doll der ältere zu
Grätz am Stephansplatze im deutschen
Hause wohnhaft eben dieses Werk in der
wiener Zeitung Seite 736 als Verleger angekündiget: so hat ihm das Recht dazu ein
gänzlicher Mangel an Ehrgefühl und Rechtlichkeit und die niedrigste Gewinnsucht gegeben. Da er in der Ankündigung des dritten
Bandes von einer ersten und zweyten Abtheilung spricht, wovon mein echter dritter
Band nichts verkündiget, so muß ich fast als
wahr annehmen, daß er, um nicht ganz

Nachdrucker seyn zu wollen, Zusätze und Veränderungen in dem Werke angebracht hat. Vor dieser verfälschten Waare das Publikum zu warnen, halte ich für meine Pflicht. Ich schrieb gewissenhaft meine dreyßigjährige Erfahrung als ein Lehrsystem nieder, um angehenden Landwirthen die Erlernung dieses Faches leichter zu machen, wie sie mir zu theil geworden ist, und jeder Leser konnte mit Gewißheit darauf rechnen, daß er durch meine Rathschläge nicht irre geleitet, sondern ganz auf den rechten Weg geführt würde. Sind nun, wie sich das wol mit Gewißheit annehmen läßt, theoretische Einschaltungen und Umänderungen durch einen unredlichen Verleger hinzugefügt worden, so können die Käufer sehr irre geleitet und nicht selten ins Unglück geführt werden. Sie kaufen dann freylich eine wohlfeile, aber auch eine gefährliche Waare, und ich muß dagegen feyerlich protestiren; daß man mir keine Schuld geben mag, wenn mein auf die niedrigste Art gemißbrauchter Name nachtheilige Folgen anrichtet. Mir schadet dieser ehrlose Nachdrucker nicht, indem mein rechtmäßiger Verleger Herr Reimer in Berlin mein Manuscript gekauft und bezahlt hat; aber diesem und seiner Familie, die jetzt noch dazu die Drangsale des Kriegs erleiden müssen, stiehlt er das Brod. Er mag diese schändliche Handlung vor seinem Richter verantworten, ich mag seine Sünden nicht tragen. Kloster St. Ludgeri bey Helmstedt den 12 März 1807.

Fried. Carl Gustav Gericke, Oberamtmann.

N. S. Mein landwirthschaftliches Lehrinstitut auf dem hiesigen Kloster ist, ohnerachtet der schwierigen Zeitverhältnisse, ganz nach meiner bekannt gemachten Anzeige eingerichtet. Der Anfang übertraf meine durch die kriegerischen Umstände herabgestimmten Erwartungen. Jetzt genießt die Universität und mein Institut den Schutz des kaiserl. französischen Gouvernements in Braunschweig; der Schauplatz des Kriegs ist entfernt und man darf mit Grund einen Fortgang der Sache hoffen, der den Anfang übertrifft. Dieß den Eltern und Vormündern aus entfernten Gegenden, deren Söhne und Curanden ohnerachtet des getroffenen

Engagements des Krieges wegen nicht eintreffen konnten. Gericke.

Nützliche Anstalten und Vorschläge.

Erziehungsanstalt für Mädchen.

Schon seit einigen Jahren beschäftigte ich mich damit, Töchter würdiger Eltern zu erziehen, doch konnte ich wegen meiner bisherigen beschränkten Wohnung die Anzahl der Zöglinge auf mehr als zwey oder drey nicht ausdehnen. Da ich mir nun aber, um meinen Wirkungskreis zu erweitern, eine geräumigere und bequemere Wohnung gekauft habe, so bin ich im Stande, die Anzahl der Kostgänger, für deren Herzens- und Verstandesbildung auf das beste gesorgt wird, zu vermehren. Unterricht in weiblichen Arbeiten aller Art erhalten sie von mir und meiner Tochter, und außer dem Unterrichte, welchen sie in der Religion und im Schreiben, Rechnen, in der Geographie und Naturgeschichte empfangen, haben sie die beste Gelegenheit, Zeichnen und Musik zu lernen. Sollten Eltern oder Vormünder geneigt seyn, (es wird sie nicht gereuen) mir ihre Töchter oder Mündel zur Erziehung anzuvertrauen, so bitte ich sie, das Billige und Nähere mit mir in portofreyen Briefen oder mündlich zu unterhandeln. Sandersleben im Anhalt Dessauischen den 13 März 1807.

Amalie Wilhelmine Falco, lutherische Predigers Witwe.

Dienst-Anerbieten.

Ein Seifensiederlehrling wird gesucht in einer thüringischen Marktstadt. Der Lehrmeister verspricht: theoretischen und practischen Unterricht seiner Kunst; thätige Theilnahme an der Bildung und Erziehung des Lehrlings; Unterricht in den Hülfswissenschaften dieser Kunst, so wie in der Chemie und in den andern Kenntnissen überhaupt, die ein jeder Künstler und Handwerker haben sollte; humane Behandlung. Vom Lehrlinge werden die zum Seifensieder tauglichen Eigenschaften verlangt. Bedingungen und nähere Aufschlüsse erfährt man durch Briefe, im Einschluß adressirt an die Expedition des

allg. Anz. in Gotha; die Briefe werden signirt durch A. B. C. D. E.

Familien = Nachrichten.

Todes=Anzeigen.

1) Den 16 März d. J. Mittags 1 Uhr entschlief mein ältester siebzehnjähriger lieber
Sohn, Emil, am 21 Tage seiner typhischen
Krankheit an Desorganisation verschiedener
Organe der Brust und des Unterleibs, vorzüglich des Gekröses und des innern Darm-
canals. — Brav und von echtem Biedersinn
war der gute mir unvergeßliche Sohn. —
Allen meinen Gönnern, Verwandten und
Freunden zeige ich diesen mich tief erschüt-
ternden Verlust an.

Arnstadt den 21 März 1807.
Christian Günther Beyer, D.

2) Das heute früh 2 Uhr durch einen
Nerven- und Lungen-Schlag erfolgte, uns
höchst schmerzhafte Ableben unserer guten
Mutter, der verwitweten Kammer-Räthin
Marie Christiane Friederike Appelius
geb. Schmidt allhier, im 62 Jahre ihres
Alters, zeigen wir allen unsern auswärtigen
Verwandten und Freunden, der Fortdauer
ihrer schätzbaren Freundschaft, auch wir
alle Beyleidsbezeugungen, versichert, hiermit öffentlich an.

Eisenach den 20 März 1807.
Carl Ludwig Appelius.
Carl Friedr. August Appelius.
Charlotte Beyer geb. Appelius.

Aufforderung.

Christian Stitzel, gebürtig von hier,
hat gegen 14 Jahr als Musketier im königl.
preuß. Dienst bey der Leibcompagnie des
Herrn Generals von Zastrow in Breslau
gestanden, und ist im Jahr 1777. verabschiedet worden; seitdem ist unbekannt, wo er
sich aufhält. Unterschriebener bittet alle
Menschenfreunde höflichst, welche von dessen
Aufenthalt, Leben oder Tode Kenntniß haben
möchten, gegen Erstattung aller Kosten, beglaubte Nachricht zu ertheilen an
Ernst Stitzel in Rotenburg
an der Fulda in Hessen.

Justiz = und Polizey = Sachen.

Vorladungen: 1) der Erben und Gläubiger der Gerr. Wiesen.

Nachdem die Ehefrau des ehemahligen hiesigen Universitäts-Buchdruckers Baptista Wiesen,
mens Gertrudis Wiesen, geborne Dechent,
Sommer 1805 in concursmäßigen Umständen geben, und zur Vertheilung ihres geringfü-
gen Nachlasses unter die aufgetretenen Gläubiger gegenwärtige Edictal-Ladung nöthig gefunden worden,
als werden alle diejenigen, welche an die Verlassenschaft der gedachten Gertrudis Wiesen, geb.
Dechent, aus irgend einem Grunde, es sey-
en Gläubiger, Erben, oder sonst, Anspruch zu
haben glauben, hierdurch vorgeladen, in dem
auf Montag den 4 May d. J. angesetzten peremtorischen Termin, Vormittags von 9 bis 12 Uhr, in
dem academischen Gebäude hierselbst in Person oder durch Bevollmächtigte zu erscheinen, und ihre
Ansprüche auszuführen, unter der Verwarnung,
daß sie widrigenfalls damit weiter nicht gehört werden sollen, – und die Masse mit Ausschluß ihrer
den bereits aufgetretenen Prätendenten überlassen
werden wird.

Decretum Heidelberg den 4 März 1807.
Großherzoglich Badisches Academisches
Gericht.
A. C. S. Thibaut,
d. z. Prorector.
v. Kleudgen, Syndicus.

2) J. Jac. Zöll's.

Sommaringen. Johann Jacob Zöll, von
hier, der im Jahr 1803 aus dem königlichen Militair den Abschied erhalten, und sich sofort auf die
Wanderschaft begeben hat, wird hiermit, bey Verlust seines Bürger- und Unterthanen-Rechts, aus
seines Vermögens, aufgefordert, binnen drey
Monaten wieder in sein Heimwesen zurück zu kommen, weil er schuldig ist, als Ex-Capitulant nun
auch noch die vorgeschriebenen Jahre, unter dem
königlichen Land-Bataillon, Dienste zu leisten.

Den 12 März 1807.
Königl. Württemberg. Stabsamt.

3) Jos. Zalter's.

Joseph Zalter diesseitiger Amtsangehöriger
von Rielasingen, welcher schon das 62 Jahr zurück
gelegt hat, ließ sich im 17 oder 18 Jahre seines
Alters unter das ehemahlige k. östr. Regiment Bel-
der engagiren, von dieser Zeit an aber nichts meh-
von sich hören, und es ist daher weder von seinem
Aufenthalte, noch Leben, oder Tode diesseits etwas
bekannt.

Da nun dessen nächste Anverwandte um Verabfolgung seines unter Pflegschaft stehenden Vermögens von beyläufig 400 fl. gebeten haben: so
wird der verschollene Joseph Zalter, oder dessen
allenfallsige Descendenz andurch öffentlich aufgefor-

dert, sich binnen neun Monaten von heute bey unterfertigter Justizstelle zu melden und sein Vermögen in Empfang zu nehmen, oder aber zu gewärtigen, daß solches seinen nächsten Anverwandten gegen Caution zur Verwaltung überlassen werden würde. Böblingen (bey Radolphszell am Untersee) am 22 December 1806.

Großherzogl. Badis. Obervogteyamt.

Vidt. Sinweg.

4) der Erben J. Gottl. Becker's.

Bey dem Magistrate zu Neuhaldensleben sind die unbekannten Erben und deren Erben oder nächsten Verwandten des daselbst verstorbenen Candidati Chirurgiae Johann Gottlieb Becker, aus Christianstadt gebürtig, sowie die sonstigen Prätendenten an seinen Nachlaß zur Angabe und Nachweisung ihres Erbrechts und sonstiger Ansprüche binnen neun Monate und spätestens den 22 December dieses Jahres auf hiesiges Rathhaus edictaliter vorgeladen worden; unter der Verwarnung, daß der Nachlaß als ein herrenloses Gut der hiesigen Kämmerey wird zugesprochen werden. Uebrigens sind den zu Felde abwesenden Militär-Personen ihre Rechte vorbehalten.

5) das von Uttenhoven'sche Familien-Fideicommiß betr.

Der Durchlauchtigsten Herzogin und Frau, Frau Louise Eleonore, verwittweten Herzoginn zu Sachsen ꝛc. gebornen Fürstinn zu Hohenlohe ꝛc. Obervormünderinn und Landesregentinn.

Wir, zu Höchstihro obervormundschaftl. Regierung verordnete Präsident, Canzler, Räthe und Assessor fügen hiermit zu wissen:

Demnach bey Uns der königl. preuß. General-Major Herr Adam Hans Georg Siegfried von Uttenhoven zu Culmbach in Schriften zu erkennen gegeben, wie derselbe mit den übrigen bekannten Interessenten des von den beyden verstorbenen Fräuleins Louise von Uttenhoven und Josephe von Zusrecken weil. zu Schwarzwald im Jahr 1790 für die jedesmahl vorhandenen und unvermählten von Uttenhovens, Töchter aus den Stämmen der verstorbenen vier Gebrüder

I. des Herrn Georg Christoph von Uttenhoven zu Schwarzwald,
II. des Herrn Hofjunkers Christian von Uttenhoven zu Steinach,
III. des Herrn Wilhelm von Uttenhoven zu Tettma, und
IV. des kaiserl. königl. österreich. Generals Hrn.

Siegfried von Uttenhoven, gestifteten Fideicommisses dahin übereingekommen sey, dieses Fideicommiß aus bewegenden Ursachen für immer und auf ewige Zeiten aufzuheben, mit angefügter Bitte, die in originali eingereichte, von ihnen vollzogene Aufhebungs-Acte gerichtlich zu bestätigen; zuvörderst aber zu wissen nöthig, wer etwa noch, außer demselben, gegründete Ansprüche auf

dieses Fideicommiß machen zu können glaube und solche daher edictaliter vorzuladen beschlossen worden ist; als haben Wir zu dem Ende

den 25 May d. J.

zum deßfalligen peremtorischen Termin anberaumt, citiren und laden daher alle und jede, welche an das mehrerwähnte Fideicommiß, bey der gedachtermaßen beschlossenen Aufhebung desselben, gegründete Ansprüche zu haben vermeinen, besagten Tages zu rechtsfrüher Vormittagszeit bey Strafe des Verlustes derselben und der Wiedereinsetzung in den vorigen Stand Rechtens vor Uns in Person, oder durch genugsam Gevollmächtigte zu erscheinen und ihre fraglichen Ansprüche gehörig an- und auszuführen, im Außbleibungsfall aber zu gewarten, daß sie damit nicht weiter gehört, sondern gänzlich werden präcludirt werden.

Urkundlich ist diese Edictal-Citation unter vorgedrucktem herzogl. sächs. obervormundschaftl. Canzley-Insiegel und gewöhnlicher Unterschrift ausgefertigt worden. Datum Meiningen zur Elisabethenburg, den 16 Februar 1807.

(L. S.) Karl von Zäußberg.

6) der Gläubiger Gottl. Jlge's.

Auf schriftliche Instanz des rothweiner Cantors, Hrn. Gotthilf Friedrich Jlge, werden hierdurch alle diejenigen, welche an die Verlassenschaft dessen Bruders, weil. des Kunst- und Papierhändlers, Hr. Gottlieb Heinrich Jlge allhier Vermögen ex Capite crediti, hereditatis vel alia causa einige Ansprüche zu formiren haben, hierdurch edictaliter jedoch peremtorie aufgefordert

Montag den 27 April a. c.

welcher Tag zum Liquidations- und Gütepflegungs-Termin Rathswegen anberaumet worden, Vormittags 10 Uhr in Person oder durch hinlänglich legitimirte Mandatarien vor uns auf dem Rathhause allhier zu erscheinen, ihre Forderungen, sub poena praeclusi, zu liquidiren und zu bescheinigen, sodann mit Hrn. Cantor Jlge ein gütliches Abkommen zu treffen, und in dessen Entstehung weiterer rechtlichen Weisung gewärtig zu seyn.

Wornach sich zu achten. Sig. Gera, der 24 Febr. 1807.

Bürgermeister und Rath.

J. F. Genß.

Kauf- und Handels-Sachen.

Haus-Verkauf.

In einer der ersten Markt- und Handelsstädte Thüringens ist ein ganz massives Wohnhaus mit großen ökonomischen Seitengebäuden zu verkaufen. Das Haus ist seinem Locale und seiner Einrichtung nach ganz geeignet für einen Oeconomen, Kaufmann oder Handwerker, der Verkehr hat. Ein jeder von diesen drey Ständen kann bey einem mittelmäßigen Fonds seine Nahrungsgeschäfte mit

dem besten Erfolg betreiben. Für den Geschäftsmann, wenn er auch nicht Oeconom wäre, hat die
Stadt auch noch überdieß mannigfaltige Industrie-
zweige. Nähere Nachricht erfährt man durch Briefe
an die Expedition des allg. Anz. zu Gotha, signirt
mit N. = N.

Bey Franz Nicolaus Stoppani,
der seit 1799 in Leipzig etablirt ist, und die
ihm allein zugehörenden Geschäfte unter un-
terstehender Firma betreibt, sind selbst verfertigte Alkoholometer,
oder Spiritusmesser, zu haben. — Diese Spiritusmesser sind für Apotheker und Chemiker sehr wichtig, für Destillateurs und Branntweinbrenner aber
ganz unentbehrlich; weil man durch dieselben ganz
genau bestimmen kann, wie stark jede geistige Flüssigkeit, die, wie bekannt, vom Branntweine an
bis zum stärksten Spiritus, aus Wasser und Wein-
geist besteht, ist, und wie viele wässerige oder verfälschte Theile sie enthält. Bisher bediente man
sich, um dieß zu erfahren, verschiedener Mittel,
indem man, entweder durch den Geschmack, oder
durch die gewöhnlichen Branntweinwagen, und
wo diese nicht zureichten, durch andre Handgriffe,
zu erfahren suchte, wie viele Theile wirklichen Wein-
geist in einem bestimmten Maße zu prüfender Flüssigkeit enthalten sey; allein man irrte gewöhnlich.
Da nun bey allen Destillationen und chemischen Arbeiten alles darauf ankommt, die wahre Stärke
irgend einer geistigen Flüssigkeit ganz genau zu
wissen, so machte Obengenannter viele Versuche,
dem alten Uebel abzuhelfen, bis es ihm endlich
gelang, diesen Alkoholometer oder Spiritusmesser
zu verfertigen. Auf der Spindel desselben heben
sich vom Gehalte des Wassers (o) an, die Grade
ganz deutlich einzeln, bis zum ganz wasserfreyen
Weingeiste (Alkohl) (100), und man sieht also
ganz bestimmt, und nach Procenten, wie viele wirklich geistige Theile in der Flüssigkeit enthalten sind,
und man kann daher genau bestimmen, ob auf dem
Transporte, oder von den Destillateuren, oder auf
andre Art, Verfälschungen vorgegangen sind, und
wie viel Wasser zugesetzt worden ist. So kann man
es, z. B. auch anwenden, um den Arac und den
Cognac zu prüfen, wobey jedoch zu bemerken ist,
daß, um sich von der Richtigkeit der Probe mit diesem Instrumente vollkommen überzeugt halten zu
können, eine gleichmäßige Temperatur der zu prüfenden Flüssigkeiten erfordert wird. Die Beobachtung derselben geschieht am sichersten permittelst
eines dazu eingerichteten Thermometers, dessen
Stand 12 bis 13 Grade nach Reaumur über dem
Eispuncte seyn muß. — Dieser Alkoholometer ist,
nebst einem zum Prüfen der Flüssigkeit eingerichteten Glascylinder, und damit er durch das Versenden keinen Schaden leide, in einem Futterale gut
verwahrt, nebst gedruckter Anweisung, für 2 Thaler
sächs., oder 3 fl. 36 kr. rhein., derselbe für Gemeine, die nur bis 60 Grad erreichen, 1 Rthlr.
oder 2 fl. 24 kr. bey Endesunterzeichneten zu b
Bey größern Bestellungen wird ein ansehn
Rabat gegeben. Briefe und Gelder werden
frey erbeten.

Außer obigem Alkoholometer sind auch
folgende richtige Wagen um die beygesetzten Preise bey Unterzeichnetem
zu haben, als:
1) Bier-Wagen, oder Messer, 1 thlr. 8 gr.
oder 2 fl. 24 kr. rhein.
2) Aräometer, oder Salz- und andre Lau
Wagen, 1 thlr. 8 gr. oder 2 fl. 24 kr.
3) Weinaräometer, oder Wagen, 1 thlr. 1
oder 3 fl.
4) Dergleichen zum Vitriol-Oel, zur Vi
Säure, und zu andern sehr schweren Flüss
ten, 3 thlr. oder 5 fl. 24 kr.
5) Zu Flüssigkeiten eingerichtete Thermometer,
Futteral, 1 thlr. 16 gl. oder 3 fl.
Gebrüder Stoppani,
in Leipzig in Auerbachs Hofe.

Klee-Samen.
Deutscher oder dreyblätteriger, als auch wei
oder luzerner Kleesamen, ist beständig in kle
und großen Partien im billigsten Preise zu haben b
Moses Wolf Dünckelsbühl,
in Mannheim.

Frankfurter Wechsel-Cours.

den 20 März 1807.

		Briefe.	Gd
Amsterdam in Banco k. S.		—	
Amsterdam in Courant k. S.	2 Mon.	—	142
		—	141
Hamburg k. S.	2 Mon.	149 1/2	
		149	
Augsburg k. S.		100 3/8	
Wien k. S.		45 3/4	
	2 Mon.		
London 2 Mon.			142
Paris k. S.		78 1/2	
	2 Uso	77 3/4	
Lyon			78
Leipzig M. Species			
Basel k. S.			
Bremen k. S.		109	

(Morgen wird kein Stück wegen der Charfreytags-Feyer ausgegeben.)

Künste, Manufacturen und Fabriken.

Ueber die den Gelehrten Oesterreichs und des Auslandes von der medicinischen Facultät zu Wien gemachten Bemerkungen über meinen Lichtleiter.

Seitdem ich den Lichtleiter bekannt gemacht habe, sind die meisten öffentlichen Meinungen zu dessen Vortheil ausgefallen. Nur ein hiesiger Accoucheur, der, ohne alle Kenntniss von Physik und Mathematik, unmöglich einen Begriff von der Sache haben kann, rückte vor einigen Jahren aus Leidenschaft gegen die einfache Ankündigung der Erfindung etwas in das nämliche Blatt ein, in welchem er nun eiligst das Facultätsurtheil abdrucken ließ. Einige anonyme Aufsätze stritten nur über die Möglichkeit einer innern Erleuchtung des lebenden Körpers, und waren so gehaltlos, daß man sie deswegen füglich als aus der obigen Quelle geflossen hätte halten können. Da nun die öffentlichen Urtheile allgemein so günstig waren, und kein Gelehrter von einigem Ansehen gegen die Sache bisher aufgetreten ist, so hätte ich eben deswegen gewiß selbst an der Brauchbarkeit des Lichtleiters gezweifelt, wenn ich nicht durch häufige Versuche zu sehr von der selben überzeugt gewesen wäre. Noch ist keine Sache von Belang und Wahrheit ohne die hartnäckigsten Widersprüche in der Medicin durchgegangen. Man erinnere sich nur der Fehden, die das System von Harvey zu kämpfen hatte, und jetzt ist die Impfung der Kuhpocken ein gegenwärtiges Beyspiel. Da diese Streitigkeiten der Prüfstein des

Wahren sind, da durch sie das Nachdenken geschärft wird, und Verbesserungen hervorgebracht werden, so hoffte ich mit Sehnsucht auf einen Gegner, mit dem ich mich mit Ehren einlassen könnte. Ich freue mich deswegen, mit einer so berühmten Facultät zu verhandeln. Da die Anwendbarkeit des Lichtleiters das Wohl der Menschheit und die Vervollkommnung der Kunst betrifft, so wird es derselben nicht unangenehm seyn, wenn sie bey ruhiger Ueberlegung meiner Gründe gegen ihr Urtheil sich vollkommen widerlegt findet. Vorher aber will ich die bösen Ideen und zum Theil herrschenden Gerüchte, die bey vielen, und besonders denen, die die Versuche ebenfalls sahen, gegen die Facultät entstanden sind, vernichten, um die literärische Ehre der Facultät, die dabey so sehr compromittirt ist, zu retten.

1) Da die k. k. medicinisch-chirurgische Josephs-Academie in der wiener Zeitung von den mit dem Lichtleiter angestellten Versuchen eine sehr vortheilhafte Nachricht ertheilt, die medicinische Facultät aber ganz das Gegentheil behauptet, und sogleich ihre Meinung in die nämliche Zeitung einrücken läßt, so ist es dem oberflächlichen Anscheine nach natürlich, daß einige auf die Vermuthung kamen, als sey die Facultät mit der Academie in gespannten Verhältnissen, und habe daher aus Leidenschaft so ganz entgegengesetzt geurtheilt. Ich widerspreche mit allem Feuer für Recht dieser falschen Idee, die so sehr hinter der Wahrscheinlichkeit versteckt zu seyn scheint. Einer so schmutzigen Leidenschaft ist die Facultät gewiß unfähig. Noch eher

möchte ich die Vermuthung entschuldigen,
daß eine edle Absicht die Facultät beseelt
habe, daß sie nur deswegen der Academie
entgegengesetzt spricht, um durch Widerspruch
näher zur Untersuchung zu gelangen. Die
k. k. medic. chirurgische Josephs-Academie
sagt wörtlich: „Die Versuche ꝛc. fielen dieß
mahl eben so, wie das vorigemahl, ganz zur
Ehre des Erfinders aus, indem sie die
Brauchbarkeit dieser genialischen Kunsterfin-
dung vollkommen bewährten.“ — Zugleich
erklärt sie, daß sie bedeutende Verbesserungen mit dem Instrumente vorgenommen
habe. — Die k. k. medicin. Facultät drückt
sich dagegen folgendermaßen aus: „Freylich
ist der Lichtleiter selbst jetzt noch so construirt,
daß es leicht wäre, viele Verbesserungen
an selbem anzubringen, aber auch durch alle
Verbesserungen vervollkommnet, wird er immer ein bloßes Spielwerk bleiben ꝛc.“ —
Wer sieht nicht hier auf den ersten Blick,
daß die medicin. chirurg. Josephs-Academie
von der Facultät unvermeidlich aufgefordert
ist, ihre Gründe gegen sie zu behaupten,
weswegen sie die Brauchbarkeit des Instruments als vollkommen bewährt angibt, und
zugleich genöthigt ist, ihren gemachten Verbesserungen den etwas starken Namen eines
Spielwerks zu entziehen. Diese Aufforderung trifft zugleich alle Gelehrte, die für
den Lichtleiter schrieben; durch solche Discussionen gewinnt die Untersuchung, und war
vielleicht eher die Ursache, sowohl des gegen
alle Ueberzeugung geschriebenen Aufsatzes,
als auch einiger gegen die Academie hart gewählten Ausdrücke.

2) Die Vermuthung, als habe nur ein
Glied der k. k. Facultät, das zufällig prädo-
minirt, den Aufsatz verfaßt, die Unterschrift
der übrigen so erhalten, daß sie sich anderer
Geschäfte wegen nicht gehörig selbst überzeugen konnten, ist empörend, eben so wenig
ist es von der Facultät zu erwarten, daß sie
den Lichtleiter gar nicht richtig hätte anwenden können, oder in Höhlen, wohin die
Röhre nicht gehört, dieselbe eingebracht
hätte, oder einen eigenen schlechten Lichtleiter gehabt habe, oder daß die Mitglieder die
eben geurtheilt hätten, keine Physik und noch
weniger Zeichnungen verstünden. Diese
Ideen sind eben so unrichtig, wie die Ver-

muthung lächerlich ist, als wäre viell[...]
die Facultät kurz- oder beysichtig.

Nun zur Beleuchtung des von der [...]
cultät über den Lichtleiter — Gesagten. —

Gleich Anfangs erklärt die Facultät ü[...]
den Lichtleiter bereits berichtet zu hab[...]
nachdem sie Versuche damit angestellt ha[...]
Ich glaube aber nicht einmahl, daß sie ei[...]
Lichtleiter besitzt. — Selbst die k. k. Josep[...]
Academie hat nur einen Lichtbehälter v[...]
mir erhalten, mit einer allein für das Ac[...]
chement bestimmten Lichtleitung, und [...]
dieser Lichtleitung fehlt sogar noch der Ke[...]
Dieser und alle übrige Röhren sind noch [...]
der Arbeit, und ich werde erst in eini[...]
Tagen sie abschicken können. Doch dem [...]
wie ihm wolle, ich will nun den Inhalt de[...]
von der Facultät Gesagten prüfen.

Sie sagt nämlich:
1) „Die Röhre des Lichtleiters, mittel[...]
„welcher das Licht in die Höhle geleitet wird[...]
„ist gerade, sie kann daher nur in solche[...]
„Höhlen eingebracht werden, welche eine[...]
„geraden Ausgang haben ꝛc. —

Dieser erste Satz ist durchaus falsch[...]
denn erstens ist diese Röhre nicht [...]
gerade (aber freylich die Facultät ba[...]
kennt noch keine gebogene Röhren) nu[...]
zweytens kann auch die gerade Röhre i[...]
Höhlen gebracht werden, die keinen geraden
Ausgang haben, z. B. in den Uterus wäh[...]
rend oder nach der Geburt. Es muß als[...]
bey diesen wenigen Worten schon der Facultät selbst in die Augen springen, wie unrichtig ihre Behauptung ist.

2) „Nicht der ganze Umfang einer in[...]
„nern Höhle des menschlichen Körpers wird
„sichtbar, sondern nur jener sehr kleine und
„unbeträchtliche (?) Theil derselben, gegen
„welchen die eingebrachte Röhre gerichtet wer[...]
„den kann; — alle übrige Theile bleiben
„unsichtbar ꝛc.“

Mit Erlaubniß! — Wenn der Facultät
nicht die ganze Höhle, die nicht einen bedeutenden Winkel bildet, oder eine zu kleine
Oeffnung hat, erleuchtet erscheint, so hat sie
entweder den Versuch mit einem schlechten
Lichtleiter angestellt, oder eine unrechte Leitung in die nicht für sie gehörige Höhle gebracht, oder eine unrechte Reflexionsröhre
für die gewählte Lichtleitung eingelegt, denn

sonst muß durchaus die ganze Höhle erleuchtet erscheinen. — Die an die k. k. Josephs-Academie überschickte Lichtleitung muß (wenn nicht etwa die Reflectionsleitung durch die Reise aus dem Lichtwinkel gekommen ist) in dem geöffneten Fruchtbehälter nach der Geburt wenigstens eine Fläche von vier bis fünf Zoll erleuchten. Für Höhlen, die aber nur einen Zoll im Durchmesser und nur 3 bis 4 Zoll in der Länge haben, ist diese Röhre nicht mehr passend. Ich mache mich verbindlich, nicht mit meinem verbesserten, sondern nur mit meinem ersten Lichtleiter die Höhle der Vagina, die Stäbe abgerechnet, ganz zu erleuchten und sie jedem zu zeigen, den die Facultät dazu beauftragt. Weitere Höhlen, z. B. der Magen ꝛc. lassen sich der kleinen Oeffnungen wegen zwar nur theilweise, aber durch Veränderung der Leuchtstelle nach und nach ganz sehen. —

3) „Da nun also die beleuchtete Stelle „so klein ist, daß sie im Durchmesser höch„stens einen Zoll beträgt, so würde man „meistentheils (wüßte man nicht im voraus, „was man sieht) nicht im Stande seyn, zu be„stimmen, welcher Theil des menschlichen „Körpers hier dem Auge beleuchtet darge„stellt werde ꝛc.“

Hier bitte ich das ganze denkende Publicum um ein geneigtes Gehör, und die verehrungswürdige Facultät nur um ein klein Bißchen Ueberlegung. Die Facultät sagt hier selbst, daß man in der Tiefe der Höhle eine einen Zoll große Stelle erleuchtet stehe. — Gegen die Erleuchtung sagt und kann sie nichts sagen, sie setzt also nur aus, daß die erleuchtete Stelle zu klein sey. — Nun frage ich alle Welt, und die Facultät selbst, ist denn gar nichts für die Kunst gewonnen, wenn man in den Höhlen eines lebenden animalischen Körpers eine Stelle von einem Zoll im Durchmesser und die Zwischenräume zwischen den Stäben deutlich erleuchtet sieht, wo man sonst nichts sah? Wie viele Höhlen sind denn im menschlichen Körper, die einen viel größern Durchmesser als einen Zoll haben? Wenn auch nur ein Zoll im intest. recto z. B. auf einmahl erleuchtet ist, so wird eine auf dieser Stelle befindliche Fistel erleuchtet, die vielleicht nur einige Linien im Durchmesser hat. Diese Fistel-Oeffnung ist also ganz

sichtbar, und nicht einmahl angenommen, daß sie so hoch sey, daß der untersuchende Finger sie nicht erreichen kann, ist es nicht der Mühe werth, diese pathologische Erscheinung im Innern durch das Gesicht zu beobachten? — Ist denn das orificium uteri etwa größer als ein Zoll, und sind seine Veränderungen nicht wichtig genug, um zu verdienen, gesehen zu werden? Ein hiesiger verdienstvoller Chirurgus erzählte mir von einem Falle, wo ein Absceß des Magens sich nach außen öffnete; die Oeffnung war so groß, daß bey Ueberladung die Speisen heraus kamen. Wäre die Beobachtung einer einen Zoll großen Stelle der Magenwände, ihres Verhaltens bey der Verdauung ꝛc. so ganz unbedeutend? Wie viel ließe sich noch hierüber sagen, aber wenn das Publicum nur über dieß angegebene gedacht und die Facultät es überlegt hat, so habe ich wol beyde überzeugt.

Daß aber nichts so durchaus falsch ist, daß nicht auch ein Körnchen wahres sich sparsam darin vorfinde, beweist auch der gegenwärtige Aufsatz der Facultät vollkommen. Sie hat vollkommen recht, wo sie sagt: „daß man nicht recht deutlich bestimmen „könnte, was man sieht, wenn man es „nicht zum voraus wüßte.“

Dieß ist ganz wahr, denn da man nie die inneren Höhlen in der Zusammenstellung sah, wie sie in der Natur sind, so muß das Auge eben so erst geübt werden, wie das Gefühl bey Geburtshelfers und des Chirurgen. So hell ich die ganze ◼agina erleuchtet sah, so konnte ich nur so ◼ erst das Orificium uteri deutlich unterscheiden. Die Facultät muß aber, da die Theile hell genug erleuchtet sind, diese Deutlichkeit nicht von dem Lichtleiter, sondern von der Uebung ihres Auges erwarten.

4) „Uebrigens ist die Anwendung des „Lichtleiters mit bedeutenden Schwierigkei„ten verbunden. Im lebenden und gesun„den Zustande würde die Einbringung und „Richtung der Röhre des k. k. nicht ohne „anhaltende unangenehme Empfindungen, „oder wirkliche Schmerzen bewerkstelliget „werden können.“

Die Facultät hat wahrscheinlich ihre Lichtleitung ohne Kern eingebracht und noch

glaube ich nicht, daß sie einmahl weiß, was
der Kern ist, denn sonst hätte sie das Unrichtige dieser Behauptung einsehen müssen. Die
Lichtleitung bildet mit ihrem Kern einen der
animalischen Oeffnung angemessenen Kegel.
Für die Vagina z. B. ist der Kegel etwa vier
Zoll lang, hat gegen vier Linien im Durchmesser, und der Knopf des Kerns (der sogar
elastisch seyn kann) ragt eine halbe Linie
über die Blätter der Röhre hervor. Jeder
Sachverständige urtheile nun, ob die Einbringung eines ganz glatten erwärmten Kegels, der kaum so dick als ein kleiner Finger
ist, unangenehme Empfindung verursachen
kann, wenn er nach den Regeln der Kunst
eingebracht wird? Eben dieß Verhältniß ist
bey allen andern Höhlen angenommen. —

5) „Wäre die Höhle entzündet, mit
„Geschwüren bedeckt ꝛc., so würde die Ein-
„bringung der Röhre größtentheils unmög-
„lich ꝛc. wie das auch der Fall bey Wunden
„seyn müßte.“

In dieser Behauptung hat sich die Facultät nur verschrieben, außerdem wäre sie
derselben nicht fähig gewesen. Denn wer
würde denn auch in den Fällen die Röhre
jetzt noch anwenden? — Aber doch scheint
die Facultät nicht daran gedacht zu haben,
daß hier nur zusammen gesetzte Sonden eingebracht werden dürfen, durch deren Mitte
das Licht einfällt, und daß sie auch nur bey
Wunden da indicirt seyn können, wo die
Sonde, die wie jeder fremde Körper der
Wunde nachtheilig wird, anzuwenden ist.

6) „Er wird ni███ leisten, was man
„durch denselben ███rach, nämlich die
„krankhafte Beschaffenheit innerer Höhlen
„des menschlichen Körpers dem Auge sichtbar
„darzustellen.

Die Facultät hat hier vergessen, daß sie
oben selbst sagt, man sehe den Raum eines
Zolls in der Höhle erleuchtet. Wenn sie also
gefälligst überlegen wollte, daß sie sogar die
Einbringung der Röhre hier und da für möglich hält, und daß durch die zusammen gesetzten Sonden sie auch da möglich und anwendbar wird, wo sie sie nicht für möglich hielt,
so hat sie ja hier schon zugegeben, was sie
unten widerspricht. Doch ist die sichtbare
Darstellung der krankhaften Beschaffenheit
innerer Höhlen des menschlichen Körpers

nicht der alleinige Vortheil, den ich v█
Lichtleiter erwarte. Denn da wir die äuße
sichtbaren Krankheiten sehen und doch grö-
tentheils nicht heilen können, so müssen u
uns erst von den physiologischen Verrichtu
gen näher unterrichten. Ich hoffe für l
Physiologie bey Versuchen mit demselben
Thieren durch Incisionen, und für die G
burtshülfe bey der Geburt, wenigstens ni
geringere Vorzüge, worauf ich in der ne█
ren Bekanntmachung des ꝛc. ꝛc. aufmerksa
gemacht habe.

Ich habe in keiner Beschreibung de
Lichtleiters außer der Berechnung des Ver
hältnisses der Reflectionsröhre zur Lichtlei
tung eine Zeichnung oder bestimmte Angab█
einer jeden individuellen Reflectionsröhre ge
geben. Eben so habe ich die Wahl jeder
besonderen Lichtleitung (der Stäbchen, Röhren ꝛc.) für jede einzelne Höhle den Aerzten
überlassen, weil ich die Beurtheilungskraft
derselben zu sehr achtete, um nicht in diesen
einfachen und äußerst leichten Verfahren vor
zugreifen. Allein die Facultät beweist m█
daß ich mich in dieser Meinung doch ge██
habe, denn sie will im pathologischen Zustand█
der Höhlen und bey Wunden die Röhre neh
men, wo doch nur die zusammen gesetzten
Sonden hingehören; sie spricht mir von ein█
einzigen Lichtleitung, die sie in allen Höhlen,
wofür sie nicht paßte, anwandte, und hat
sogar, da die erleuchtete Stelle nur einen
Zoll im Durchmesser enthält, die unrechte
Reflectionsleitung eingelegt. Damit also
auf Voraussetzungen solcher Art gestützte Re
sultate dem Publicum nicht ferner lästig wer
den, so müßten die gewählte
Lichtleitung und die Berechnung der
dazu genommenen Reflectionsleitung bey
den zur Publicität gebrachten Versuchen und
Aeußerungen genau angegeben werden. We█
nigstens werde ich mich ohne diese Angabe
auf nichts mehr einlassen können. —

Ich statte übrigens der Facultät meinen
verbindlichsten Dank ab, daß sie mir Gele
genheit gab, diesen Gegenstand näher aus
einander zu setzen. Da ich mir schmeichle,
daß ich nun derselben alle Zweifel gehoben,
und eben dadurch sie von der Meinung abge█
bracht habe, „als ob der Lichtleiter durch
„alle Verbesserungen vervollkommt, doch

nur immer ein bloßes Spielwerk bleiben würde": so hoffe ich nun bald zu erfahren, daß sie selbst bedeutende Verbesserungen mit dem Instrumente vorgenommen und erneute Versuche damit angestellt haben wird. Dieß ist erhabener für die Facultät, nützlicher für die Menschheit und schätzbarer für die Kunst, als jedes unreife Urtheil, wenn es auch selbst näher zur Wahrheit führt.

Frankfurt a. M. den 26 Febr. 1807.

Dr. Bozzini.

Nützliche Anstalten und Vorschläge.

Erziehungs-Anstalt für Mädchen.

Neun Jahre, die ich dem Geschäfte widmete, junge Mädchen zu ihrer künftigen Bestimmung vorzubereiten, machten mir dasselbe zum angenehmen Bedürfniß. In wiefern, was mir angenehm, auch andern nützlich ward, überlasse ich zur Entscheidung denjenigen, deren Herz diese Frage thut und deren eigne Erfahrung dieselbe beantwortet. Daß ich dem Geschäfte, wozu Neigung mich rief, auch ferner meine Kräfte weihen werde, sage ich darum hier öffentlich, weil vor kurzem die Nähe des Krieges, der wol schon heiligere festere Bande trennte, meinem Institut den Schein der Auflösung gab, den Viele für Gewißheit nahmen. Aber der Friede, der jetzt um uns wohnt, gewährt wieder friedliches Beginnen, und ich bin gesonnen, die dem werthen Publicum schon bekannte "Erziehungsanstalt für Mädchen zwischen dem sechsten und vierzehnten Jahre" nach dem Osterfeste aufs neue zu eröffnen. Eltern, deren Wünschen ich mit dieser Erklärung begegne, bitte ich, dieselben mir bis zur Mitte, spätestens bis zum Ende Aprils bekannt zu machen, und über jedes détail mündlich oder brieflich mit mir Rücksprache zu nehmen.

Erfurt im März 1807.

Sophie Häßler.

Allerhand.

Danksagung und Bitte.

Die Größe von Jena's Unglück im vorigen Jahre zu schildern, vermag meine Feder nicht; auch ist es nur zu bekannt, wie sehr die hiesigen Einwohner gelitten haben. Unter denen, die das doppelte Jammer empfanden, denen das verheerende Feuer alles raubte, befand auch ich mich mit meinen Kindern. Doch fand ich viele mitleidsvolle Herzen, die sich meiner Noth erbarmten. Unsern edlen Gönnern, Verwandten und Freunden sagen wir hiermit öffentlich nochmahls unsern gerührtesten Dank für ihre gütige Unterstützung. Aber auch mancher Unbekannte errichtete sich ein Denkmahl der Dankbarkeit in unsern Herzen. Unter diesen befanden sich auch einige, die bey Lebzeiten meines seligen Mannes auf der Rose und sonst zu unserer geehrten Tischgesellschaft gehörten. Dieß sey Ihnen ein öffentlicher Beweis unserer Hochachtung und Dankbarkeit, ohne daß wir ihre edlen Namen kennen.

Darf aber wol eine durch so manches Unglück tiefgebeugte und hülfsbedürftige Witwe es wagen, diejenigen Herren, welche ehemahls als hiesige Studenten bey uns speisten, aber bey ihrem Abgange mit einem Theile ihrer Schuld (zuweilen auch mit der ganzen) in Rest blieben, um gütige Bezahlung zu bitten? Nichts als Schuldbücher habe ich dem Feuer entrissen; und sollten diese mich zwingen, an der Menschheit zu zweifeln? Aber schmerzhaft würde es mir zugleich seyn, wenn ich Namen nennen sollte, wenn ich manchen, der ein angesehenes Amt im Staate bekleidet, öffentlich zur schuldigen Bezahlung einer abgebrannten Witwe auffordern sollte. Jena den 13 März 1807.

Traugotte Sophie Hermann geb. Albert.

Danksagung.

Mit dem innigsten Dank und mit den heißesten Segenswünschen bescheinige ich hiermit den Empfang der 5 rthlr Caff. Bill. von Heinrich in Dresden für den hiesigen im Kriege verarmten Schuhmacher zu neuem Werkzeuge, mit der Versicherung der Ueberlieferung. Schwerstedt bey Weimar.

Wuttig, Pf.

Aufforderung.

Der Herr Graf C. v. F. welcher sich in den Monaten November und December 1803

und zu Anfang des Jahrs 1804 in Nürnberg
aufgehalten, wird ersucht und aufgefordert,
in Zeit von drey Monaten an Unterzeichneten
in Hinsicht seines hier zurückgelassenen Activ-
und Passiv-Standes das Nöthige wissen zu
laffen, da nach Verfluß dieses Zeitraums zu
Berichtigung der Rückstände die zweckdienliche Verfügung ohne weiteres Nachwarten
getroffen werden wird von seinem Freunde
Scht.

Dienst-Anerbieten.

In meine Zitz- und Rattun-Manu-
factur und Handlung suche ich einen jungen
Menschen von guten Eltern und guter Erziehung als Lehrling gegen billige Bedingungen. Nähere Auskunft werde ich auf frankirte Briefe ertheilen. Hof im Voigtlande
den 15 März 1807.
J. G. Herold.

Dienst-Gesuche.

Ein Kaufmann, von Geburt ein
Deutscher, 36 Jahr alt, der ein eigenes Geschäft hatte, daffelbe aber wegen mancher,
durch die Zeitumstände herbeygeführten Widerwärtigkeiten aufgeben mußte, wünscht in
einem Handlungshause auf eine annehmliche
Art angestellt zu werden. — Derselbe hat
seine Lehr- und folgenden Jahre in Frankreich zugebracht, und sich in den bedeutendsten Städten dieses Reichs Theorie und Praxis zu sammeln gewußt, so daß er das Erforderliche leisten kann, worüber er auch die
besten Empfehlungen beyzubringen im Stande ist. Wer sich in Anfragen und Vorschlägen an ihn wenden will, habe die Güte, die
Briefe an ihn unter Adresse: H. B. H. in G.
an die Herren Mettenheimer und Simon
in Frankfurt am Main portofrey gelangen
zu laffen.

Familien-Nachrichten.

Todes-Anzeige.

Mit schmerzerfülltem Herzen betrauern
wir den Verlust unser besten, unsrer zärt-
lichsten Mutter, der verwittweten Obersten
Catharine Juliane Caroline Christine

Sophie Freyfrau von und zu Mannsbach
geb. Reichsfreyin von Geyßo. Von einer
Brustkrankheit ergriffen, entschlummerte sie
sanft in der Nacht vom 12 zum 13 d. M.
im 69 Jahre ihres Alters. Entbunden von
Harm und Sorgen, wovon so oft hienieden
unser Auge thränt, schwang zu befferer Welten Seligkeit sich ihr verklärter Geist hinüber. Dort — so lispelt nur leise die
Stimme des Trostes — dort in Elysium ist
einstens frohes Wiedersehn.
Mannsbach am 18 März 1807.
L. Fr. von Mannsbach,
herzogl. sächs. meiningischer Oberforstmeister.
F. A. Fr. F. v. Osterhausen
geb. von Mannsbach.

Justiz- und Polizey-Sachen.

Aufforderung an Francisca Volk.

Von dem Magistrate der großherzoglich badischen Stadt Freyburg wird der abwesenden Bürgerstochter Francisca Volk erinnert, es habe der
hiesige Wundarzt Michael Haarstrik bey diesem
Gerichte eine Aufforderungsklage wegen Rechtfertigung einer über eine Forderung von 445 fl. erhaltenen Vormerkung eingereicht, worüber Verhandlungstagfahrt auf den 31 März dieses Jahrs Vormittags 10 Uhr im städtischen Rathhause angeordnet worden.

Da nun der Aufenthalt der Francisca Volk
unbekannt ist, so hat man zu ihrer Vertretung, und
zwar auf ihre Gefahr und Kosten, den diesseitigen
Regierungs- und Hofgerichtsadvocaten Hrn. Dr.
Traschak als Sachwalter aufgestellt, mit welchem
die angebrachte Aufforderungsklage den bestehenden
Gesetzen gemäß ausgeführt und entschieden werden
wird.

Die aufgeforderte Francisca Volk wird hiervon zu dem Ende verkündiget, daß sie allenfalls
bey gedachter Tagfahrt selbst erscheinen, oder inzwischen dem bevollmächtigten Vertreter ihre Rechtsbehelfe an die Hand geben, oder für sich einen andern Sachverwalter bestellen möge; widrigens sie
sich die aus ihrer Verabsäumung entstehenden Folgen selbst beyzumessen haben wird.
Freyburg, den 17 Hornung 1807.
Adrians, Bürgermeister.
Ex Consilio Magistratus.
Glockner.

Vorladungen: 1) militairpflichtiger Wür-
temberger.

Gomaringen. Nachbenannte, in dem diesei-
tigen Amts-Bezirk geborne königliche Unterthanen,

welche sich zum Theil auf der Wanderschaft, zum Theil in auswärtigen Kriegs-Diensten besinden, und bereits schon im Allgemeinen aufgerufen worden sind, werden nunmehr zu Folge der allerhöchsten Verordnungen, namentlich, edictaliter citirt: daß sie zu Berichtigung der Conscriptionslisten, innerhalb drey Monaten, in ihr Heimwesen zurückkehren und sich bey ihrem vorgesetzten Stabs-Amt melden, oder aber gewärtigen sollen, daß neben dem Verlust des Bürger- und Unterthanen-Rechts, all' ihr gegenwärtiges und künftiges Vermögen ohne weiters consfiscirt wird, und zwar von:

Gomaringen: 1) Friedrich Rilling. 2) Jacob Adam Rapp. 3) Joseph Reinhardt. 4) Johann Georg Merz. 5) Georg Friedrich Heinz. 6) Philipp David Asskalk. 7) Johann Georg Renz. 8) Johann Jacob Kern. 9) Wilhelm Friedrich Hahn. 10) Johann Michael Grauer. 11) Joh. Jacob Hauser. 12) Johann Georg Jöll. 13) Johann Georg Staiger. 14) Christoph Heinrich Merz. 15) Johann Ulrich Rapp. 16) Johann Michael Strohmaier. 17) Johann Stephan Wuchser. 18) Johann Conrad Stahl. 19) Johann Heinrich Riester. 20) Johann Martin Weyhing. 21) Johann Michael Rapp. 22) Johann Jacob Strohmaier. 23) Johann Conrad Epp. 24) Jacob Friedrich Kemmler. 25) Johann Martin Weyhing. 26) Johann Georg Röser. 27) Johann Georg Stahl. 28) Johann Friedrich Rilling. 29) Johann Friedrich Riester. 30) Johann Georg Riester. 31) Johann Martin Rapp. 32) Johann Georg Ruhbauch. 33) Stephan Strohmaier. Hinterweiler. 1) Johann Georg Rilling. 2) Johann Georg Haug. 3) Stephan Junger. Den 12 März 1807. Königl. Wirtemberg. Stabs-Amt.

2) der Gläubiger Wolf Löw Bomeisel's.

Da mehrere Gläubiger des hiesigen Schutz- und Handelsjuden Wolf Löw Bomeisel aus Rücksicht der von denselben betroffen habenden und ihnen vorgestellten Unglücksfälle mit demselben einen Nachlaß und Ausstands-Vertrag eingegangen, ehe und bevor aber diese Verträge obrigkeitlich bestätiget werden können, noch vordersamst sämmtliche Gläubiger sich hierüber zu erklären haben, so werden alle jene, welche sich über das berührte und ihnen vorgeschlagene Pactum remissorium et dilatorium noch nicht erklärt, oder die etwa noch eine Forderung an gedachten W. L. Bomeisel haben möchten, anduruch öffentlich unter dem Nachtheile aufgefordert, sich bis Mitwoch den 15 April nächsten Morgens 9 Uhr dahier behörend zu melden und sich über die Puncte des ihnen eröffnet werdenden Nachlaß- und Ausstands-Vertrages zu erklären, daß sie ansonsten nicht mehr gehört sondern der Mehrzahl als beytretend geachtet werden sollen.

Heidelberg, den 11 März 1807. Großherzogl. Badisch. Stadt-Vogteyamt. Sartorius. Vid. Gruber.

3) J. Zandt's.

Rötteln. Auf eingekommene Bitte der nächsten Anverwandten werden Johannes Zandt von Binzen, der zu Anfang der 1790 Jahre als Schreinergesell auf die Wanderschaft gegangen ist, und sich darauf in Ungarn aufgehalten hat, oder dessen rechtmäßige Leibes-Erben, aufgefordert, sich binnen 9 Monaten, von heute an, entweder persönlich oder durch einen bevollmächtigten vor hiesigem Oberamt zu stellen, und das dem Zandt zugefallene Vermögen in Empfang zu nehmen, indem es sonst gegen Caution an diese Anverwandten ausgefolgt werden wird. Verordnet bey großherzoglich badischen Oberamt Rötteln zu Lörrach am 20 Februar 1807.

Großherzoglich Badisches Oberamt Rötteln.

4) der Gläubiger C. Ludwig's Freyh. von Riebecker.

Zu Folge allerhöchsten Auftrags sind vor das königl. Sächs. Justiz-Amt Borna in Verlassenschafts-Sachen des verstorbenen Herrn Carl Ludwig Freyherrn von Riebecker alle diejenigen bekannten und unbekannten Gläubiger, welche an diesen Nachlaß Ansprüche zu machen gesonnen sind, unter den gesetzlichen Verwarnungen auf

den dreyßigsten Junius 1807 zu Liquidirung und Bescheinigung ihrer Ansprüche, so wie auf

den achtzehnten August 1807 zu Ertheilung eines commissarischen Bescheides, und auf

den sechsten October 1807 zur Publication einer Präclusiv-Sentenz, vermöge des nach Maßgabe des unterm 13 November 1779 ergangenen, die Edictal-Citation in Civil-Sachen außerhalb des Concurs-Processes betreffenden Mandats, erlassenen und sowohl bey hiesigem Amte als an den Rathhäusern zu Dresden, Leipzig, Freyberg, Altenburg und Rudolstadt angeschlagenen Edictalien, peremtorie vorgeladen worden, und solches daher zu jedermanns Wissenschaft anduruch bekannt gemacht. Datum Justiz-Amt Borna, den 20 Januar 1807.

Königl. Sächs. Commissions-Rath und Justiz-Amtmann alda und zu Pegau als Commissarius Causae Tobias Gottlob Hänel.

5) der Gläubiger J. Martin's von Haagen.

Da bey allhiesigem Stadtgerichten zu Eursuing des Schuldenwesens des Handelsmanns Johann Martin von Haagen die öffentliche Vorladung dessen Gläubiger beschlossen worden: so werden alle bekannte und unbekannte Gläubiger desselben hierdurch peremtorie und mit der Verwarnung, daß die Nichterscheinenden bey diesem Schuldenwesen für ausgeschlossen und der Rechtswohlthat der Wiebereinsetzung in den vorigen Stand werden verlustig erklärt werden, hiermit citiret, Freytags nach dem Fest Trinitat. ist

der 29 May d. J.

zu rechtsbehöriger Vormittagszeit resp. cum Curat. oder durch hinlänglich Bevollmächtigte zu erscheinen, sich gebührend zu melden, ihre Forderungen zu den Acten zu liquidiren und zu bescheinigen, die Güte zu pflegen, in deren Entstehung aber über die Richtigkeit ihrer Forderungen mit dem annoch zu bestellenden Contradictor, unter sich aber über die Priorität zu verfahren und hierauf das Weitere rechtlicher Ordnung gemäß zu gewärtigen.

Datum Meiningen, den 11 Febr. 1807.

Bürgermeister und Rath.

Kauf- und Handels-Sachen.

Special-Subhastations-Patent.

Nachdem auf den, dem Hieronymus Böttner und dessen Eheweib Marien Elisabethen Böttner zu Marlishausen zugehörigen Gasthof zur grünen Tanne daselbst, sammt allen damit verbundenen und vereinbarten Gerechtigkeiten und Freyheiten, Wein und Bier darin zu schenken, darein Heimbürgen und Einwohner nicht tragen, legen, noch das Geträncke schützen dürfen, ingleichen das Backen und Schlachten, nebst Haupt- und Seiten-Gebäuden, Brauhaus, Malzdarre, Hofraum und Scheuer, ingleichen dem dazu gehörigen Garten, und den hier unten näher specificirten Gemeindetheilen, welcher Gasthof nebst beschriebenem Zubehör von den ernannten börtnerischen Eheleuten für 950 Rfl. erkauft worden ist, gnädigste Herrschaft als ein Erbgut zu Lehn geht, jährlich mit Michaelis 1 Rfl. 15 gl. 8 pf. und zwey Michaelis-Hühner dahin zinset, und gewöhnliche Trankssteuer prästiret, der Gemeinde zu Marlishausen 11 gl. 2 pf. schosset, 7 gl. contribuiret, von einem höhern Käufer ein Gebot von fünf hundert Rthlr. in Laubthalern zu 1 Rthlr. 15 gl. gethan, und um dessen Special-Subhastation geziemend nachgesuchet, diesem Gesuch auch Statt zu geben resolviret worden ist; als wird ermeldeter Gasthof mit dem darauf geschehenen Gebote der fünf hundert Rthlr. in Laubthalern zu 1 rthl. 15 gl. hiermit des Endes specialiter angeschlagen, damit derjenige, welcher ein höheres licitum darauf zu thun gemeinet wäre,

den 8 May d. J.

als in dem solcherhalb festgesetzten Licitations-Termine, oder auch noch vorher sein Gebot mündlich oder schriftlich anzeigen, in dem Termin selbst aber gewärtig seyn solle, daß mehrgedachter börtnerischer Gasthof nebst Zubehör von 10 Uhr Vormittags an zu dreyen verschiedenenmahlen mit dem jedesmahligen höchsten Gebote ausgerufen, und demjenigen,

welcher Mittags mit dem zwölften Glockenschlage der hiesigen Schloß-Uhr das höchste Gebot gethan, wenn derselbe den zehnten Theil des liciti baar zu erlegen, oder durch Bürgen oder Pfand sicher zu stellen im Stande ist, sofort zugeschlagen und nach baarer Erlegung des ganzen liciti in einem dazu anzuberaumenden Termine förmlich adjudiciret werde. Sign. den 12 März 1807.

Fürstl. schwarzb. Regierung zu Arnstadt.

(L. S.) Johann Benjamin Friedrich Eberwein.

Haus nebst Handlung in Frankenberg.

Mein in Frankenberg bey Chemnitz sehr vortheilhaft gelegenes und von Grund aus steinern und feuerfest gebautes neues Haus mit Hintergebäude und Garten und die daselbst im besten Zustande mit vieler Kundschaft versehene Material-, Wein- und Liqueur-Handlung wünsche ich an einen soliden thätigen Mann zu verkaufen. Es ist alles da, was dazu nöthig ist, auch kann ich ihm einen mäßigen Vorrath an Waaren, Meubles zu 1 oder 2 Stuben, und alles, was zu einer Haushaltung gehört, mit übergeben. Der Preis des Hauses mit dem Inventario, den Haus- und Handlungs-Mobilien, ist 3500 Thlr., auch kann allenfalls ein Drittheil darauf stehen bleiben. Solide Käufer haben sich persönlich oder in postfreyen Briefen an mich hierher in Freyberg zu wenden.

Freyberg den 10 März 1807. Ernst Seele.

Antirheumatische Sohlen.

Um mehrere Anfragen auf einmahl zu beantworten, so zeige ich hierdurch an, daß die bey rheumatischen Zufällen bisher mit so glücklichem Erfolge gebrauchten antirheumatischen Gesundheits-sohlen auch jetzt für den ersten billigen Preis, nämlich zwey Paar Sohlen nebst der dazu gehörenden Abhandlung für 1 Laubthlr. oder 2 fl. 45 kr. Rhein. bey mir zu haben sind. In dieser Abhandlung (Meinungen der Aerzte über die Gicht, die Ursachen ihrer Entstehung und die sichersten Mittel ihrer Heilung) habe ich die Zubereitung der Sohlen bekannt gemacht, und es wird mich unendlich freuen, wenn ihr Gebrauch nach und nach recht allgemein wird. Jeder Mensch, der seine Gesundheit lieb hat, sollte sich derselben auch in gesunden Tagen bedienen, um dadurch die fürchterlichen Schmerzen, die vom Podagra, periodischen Kopf- und Zahnweh 2c. entstehen, zu vermeiden.

Weimar. Joh. Philipp Schellenberg,

Revisor b. dem herz. s. priv. Landes-Industrie-Comptoir.

(Den 29, 30 u. 31 März werden wegen der Feyer des Osterfestes keine Stücke ausgegeben.)

Allgemeiner Anzeiger
der
Deutschen.

Mittwochs, den 1 April 1807.

Gesetzgebung und Regierung.

Ueber Besteurung der Prediger bey Contributionserhebungen.

Der Geist der Zeit ist ziemlich so weit fortgeschritten, daß der Prediger, wenn er fragt: ob es denn recht und billig sey, ihn, den Usufructuarius eines Grundstücks, eben so zu besteuern, wie den Grundeigenthümer eines ähnlich großen Feldgutes, auch schon als ein Mensch verurtheilt wird, welcher sich den allgemeinen Lasten entziehen will. Dennoch wage ich es, diese Frage öffentlich aufzuwerfen und dreist zu verneinen.

Gerecht und billig ist es, daß, besonders bey allgemeinen Unglücksfällen, wie sie der Krieg herbeyführt, jeder Staatsbürger nach gleichem Verhältnisse tragen hilft, folglich auch der Pfarrer und Schullehrer an ihn treffenden Theil mit trägt. Gerecht und billig ist es, daß z. E. der Amtmann und der Pfarrer eines Ortes, deren jeder 800 Rthlr. Einnahme hat, beyde gleich zu einer Contribution beygetragen.

Aber kann diese gerechte und billige Gleichheit Statt finden, wenn der Prediger als Grundeigenthümer seines Besoldungsstückes behandelt wird? Unmöglich! Gleichwohl scheint dieß im Großherzogthume Darmstadt und nach dem Publicandum *) des erzgebirgischen Kreises wirklich geschehen zu sollen.

Ist es denn einerley, ob ich 10000 Rthlr. im Vermögen habe, oder ob ich von 10000

Rthl. alljährlich, so lange ich lebe, die Interessen ziehe? Kein vernünftiger Mensch wird dieß behaupten. Zwar ist die Benutzung für den Einzelnen, der eben lebt, vielleicht dieselbe, obgleich auch in dem freyen Walten über 10000 Rthlr. auch die Möglichkeit eines ungleich größern Gewinnes, als etwa 500 Rthlr. Interesse liegt. Aber für die Familie ist es doch ein ganz gewaltiger Unterschied. Gibt der Besitzer des Capitals heute 100 Rthlr. Contribution und stirbt morgen, so kann seine Familie mit 9900 Rthlr. in wenigen Jahren ihr Capital wieder erfüllen. Womit soll denn dieß aber die Familie des usufructuarii bewirken, wenn dieser heute eben so viel von seinen Interessen gab, und morgen todt ist? Ueberdieß der Besitzer des Capitals hat noch eine inwohnende freye Kraft, die er Geldi und Vermögen erwerbend benutzen kann. Der Besoldete mit den Interessen des Capitals hat diese freye Kraft für diese Interessen auf zeitlebens verkauft, und um dieß nur zu können, hat er eine Reihe Jahre zuvor ein eigenthümliches Capital hingegeben.

Wenn gegen diese Bemerkungen wenig einzuwenden seyn wird, möchte ich doch nun wissen, ob etwa darin ein Unterschied ist, daß der Besoldete mit baarem Gelde besoldet wird, für dessen Erhebung er eine Quittung an seinen verordneten Rechnungsführer schreibt, oder daß er mit eines Landgutes Ertrag besoldet wird, für dessen Erhebung er Mühe, Sorgen, Aergerniß und Risico bloß

*) Vergl. die näheren Erläuterungen desselben in Nr. 73 S. 737 f.   b. R.

zur Ergöhlichkeit hat? Ja, ja, darin liegt
der Unterschied? Deßhalb ist es billig und
recht, daß der Pfarrer, welcher in der That
keine lucrative Person für den Staat ist, und
nicht einen Heller aus den Beuteln anderer,
in die öffentlichen Cassen fördert, daß dieser
überhaupt sehr entbehrliche und unnütze
Mensch jetzt, da es die Gelegenheit gibt, einmahl recht mitgenommen, und künftighin
ganz nach Ordnung und Gesetz wie der Bauer, mit dem er lebt, niedergehalten werde,
Getreidelieferungen und Magazinfuhren leiste,
und, wenn es sich nicht anders thun läßt,
neben dem Wagen im Fuhrmannskittel mit
der Peitsche einher gehe.

Ernstwort Wahrmund.

Gesundheitskunde.

Wunsch.

Man versichert sehr zuverläßig, ein berühmter noch lebender Lehrer der Arznei-
wissenschaft zu Göttingen äußere in seinen
Vorlesungen über die Wundarzneykunst, ein
Schäfer in einem benachbarten Lande habe
ein Mittel zur Heilung des Krebses gekannt,
mit dem er oft Krebs-Patienten, die er, der
große Lehrer, als unheilbar entlassen, glücklich und vollkommen wieder hergestellt habe.
Der Schäfer habe die Kenntniß dieses Mittels für sich behalten, seinen Kindern und
Verwandten nicht bekannt gemacht; mit dem
Tode dieses Mannes sey also die Kenntniß des
Mittels erloschen, und der große Lehrer der
Wundarzneykunst, einer der ersten Männer
seiner Wissenschaft, glaubte dieses einen wahren Verlust für das ganze menschliche Geschlecht.

Häufig sind medicinische Collegia gra-
duirter Aerzte zu hart und zu inquisitorisch
gegen den unberufenen Pfuscher, der, ohne
zünftig zu seyn, menschliche Leiden und Gebrechen heilen zu wollen, sich kühn unterfängt.
Daß viele dieser unberufenen und verfolgten After-Aerzte unwissende, ungeschickte
und schädliche Menschen sind, ist wol außer
Zweifel; aber viele, dieser Leute heilen mit
sogenannten Hausmitteln, d. h. zufällig erfundenen, durch lange Erfahrung gegen dieses
oder jenes Leiden erprobten, als Familien-
geheimniß erhaltenen und fortgepflanzten

Mitteln, dieses oder jenes menschliche Gebrechen, ohne daß derjenige, der es verordnet,
selbst weiß oder versteht, wie Heilung dadurch bewirkt wird.
Es könnte wirklich von großem Nutzen
seyn, diese durch lange Erfahrung als sicher
und probat gekannten, unter dem Volk verbreiteten sogenannten Hausmittel zu erforschen, zu sammeln, bekannt zu machen und
zu prüfen. Vielleicht könnte dadurch in vielen Fällen der Unzuverläßigkeit einer Wissenschaft nachgeholfen werden, die schwankend in Grundsätzen und deren Anwendung
durch Cultur der mit ihr verwandten Wissenschaften an Festigkeit wenig gewann,
und deren Unzuverläßigkeit selbst ihre größten Meister offenherzig gestanden und gestehen.

Gelehrte Sachen.

Mit Beziehung auf Nr. 36 sind noch
folgende Bemerkungen nöthig, aber auch
hinreichend.
Volkssagen und Volkssitten stammen
aus einer Quelle her, die Sitten sind aber
veränderlicher und werden leicht dadurch
unverständlicher. Beyde erklären und ergänzen einander.
Beyde müssen höchst einfach, treu, ein-
fältig und ohne Zier bekannt gemacht werden.
Naivetät ist ihr nothwendiger Character.
An Beybehaltung aller örtlichen und persönlichen Namen im Provinzialdialect ist höchst
gelegen, am liebsten wenn kleine, reimweise
gestellte Sprüche oder Lieder mit aufbewahrt
werden können. Darauf muß man nicht
achten, daß manches abgebrochen, unzusam-
menhängend erscheint, dieß liegt in der Sache und verleiht ihnen einen hohen Reiz.
Die örtlichen oder provinziellen Sagen
werden am leichtesten zu erlangen seyn, die
allgemeinen, die sich in ganz Deutschland
finden, sind die wenigsten und wichtigsten,
obgleich sich auch in ersteren manches antrifft,
welches als bloße Modification betrachtet
werden muß, und in seine ursprünglichen
Theile aufgelöst werden kann.
Das meiste und gedeihlichste steht von
mündlicher Ueberlieferung zu erwarten. Es
ist die höchste Zeit dazu gekommen, daß jetzt

ge Treiben der Welt ist daran, in unaufhörlichen Steigerungen unbewußter Weise alles,
was aus der epischen Zeit übrig geblieben,
alle Volkssagen und Volkspoesie, aufzurei-
ben. Vor einem Menschenalter noch wäre
mit leichterer Mühe viel mehr zu erbeuten
gewesen. Nach einem Menschenalter werden
fast nur wenige Spuren bleiben.

Indessen sind auch Nachweisungen aus
Büchern willkommen und alles Dankes werth.

Vor einem wird besonders gewarnt. Es
ist schon mehrern begegnet und verderblich
gewesen, dieser Naturpoesie allegorische oder
moralische Bedeutung unterzulegen, oder
dieselbe mit der Art zu messen, die bey der
neueren Behandlung der Geschichte gewöhnlich ist.

Dieser mit dem Sammeln der Volkssagen und Lieder unverträglichen Neigung
muß sich jeder abthun, der an jenem Lust
findet. Es bleibe auch übrigens einem reinen Sinn überlassen, so viel davon mit der
bekannten Geschichte in Verbindung zu bringen, als er will. Zu einer Anordnung des
Ganzen ist es zu früh, da die Materialien
fehlen.

Zu manchen andern Behauptungen und
Bestreitungen will sich hier kein Ort gestatten.

N. S. Eine genaue Sammlung der
deutschen Sagen vom Zwerg- und Riesenvolk
wäre besonders angenehm. Auch Nachtigall
hat einen schönen Anfang gemacht. Auch
von den Zigeunern gehen viele herum u. s. w.
Hundert Beyspiele für eins wären leicht zu
geben.

Hessen-Cassel.   † † †

Allerhand.

Gegenfrage zu der Anfrage im 35
Stück des allg. Anz. S. 354, das
Extrapostgeld betreffend.

Als bis zur Mitte des vorigen Jahrhunderts der Scheffel Hafer 10 — 16 gr., der
Centner Heu 4 — 6 gr. und jeder Hammel
1 rthlr., höchstens 1 rthlr. 8 gr. zu stehen
kam, zahlte man von der Meile auf ein Pferd
8 gr. Extrapostgeld. Wie kann man, bey
den um das Dreyfache gestiegenen Preisen —
selbst des Frachtfuhrlohns — noch fragen:

„warum das Extrapostgeld nur um ein Drittheil erhöht sey? oder gar zu der auf Kosten der Posthalter im Jahr 1805 fortgesetzten Billigkeit noch scheel sehen: wenn während der im Hannövrischen gesetzten 16 ggr.
Cassengeld, in Sachsen von einigen Reisenden nur 10 ggr. Conv. noch gehandelt wurde?
— Sind 12 ggr. zu viel, warum gibt denn
das kaufmännische Publicum einen großen
Theil seiner Waaren zur Post? ...

Anerbieten zum Ausstopfen der
Thiere.

Unterzeichneter empfiehlt sich allen Naturforschern im Ausstopfen vierfüßiger Thiere;
und Vögel-Bälge, die man ihm zu diesem
Behuf zusendet, wird er naturgetreu darstellen. Er nimmt auch Bestellungen auf
deutsche vierfüßige Thiere und Vögel an,
und verkauft alle Sorten reingeschliffener
Gläser zu künstlichen Thieraugen à 5 kr.

Briefe und Geld erbittet er sich postfrey.

Offenbach im Febr. 1807.

Georg Gesell.

Dienst-Gesuche.

1) Ich bin 24 Jahr alt und ledig, habe
unter Anleitung meines Vaters in der Oeconomie und einer damit verbundenen Material-
und Samenhandlung mir so viel Kenntnisse
und Fertigkeiten erworben, daß ich im
Stande bin, bey einer ähnlichen Anstalt die
Stelle eines Buchhalters und Verwalters
zu versehen, und wünsche bald eine solche zu
finden, wo ich mich noch mehr ausbilden und
vervollkommnen kann. — Ich kann ansehnliche Caution stellen, erwarte anfangs keinen
bestimmten Gehalt, sondern eine beliebige
Belohnung meiner Arbeiten, und verspreche
dagegen, keine Erwartung und keine Pflicht,
die eine solche Stelle auferlegt, unerfüllt zu
lassen. Die Expedition des allg. Anz. besorgt die Briefe an mich.   M. N. O

2) Ein Mensch von 18 Jahren, welcher
sich ganz der Schreiberey gewidmet, auch
seit vier Jahren in zwey ansehnlichen Cassen
gearbeitet, und über diese Zeit gründliche
Attestate seines Wohlverhaltens beybringen
kann, auch eine hübsche Hand schreibt, und

darin, so wie in allem, was ihm noch fehlt, sich gewiß ausbilden wird, sucht eine Stelle als Schreiber, bey welcher er Gelegenheit hat, sich noch ganz zu diesem, einmahl fest gesetzten Geschäft auszubilden; er wird sich gewiß in jeden seinen künftigen Herrn Principal zu schicken wissen. Er gibt auf nähere gütige Nachfrage in postfreyen Briefen unter der Adresse an A. L. in B., welche die Expedition des allg. Anz. in Gotha weiter besorgt, Auskunft.

Justiz = und Polizey = Sachen.

Vorladungen: 1) der berchelmann'schen Erben und der Inhaber berchelmann. Versicherungs = Urkunden.

Demnach die Caution von 2500 fl., welche der vorlängst dahier verstorbene Amtskeller Berchelmann wegen der ihm anvertraut gewesenen dahiesigen Rentey = Verwaltung geleistet hatte, dem großherzoglichen Fiscus, wegen des proppen Recesses gedachten Amtskellers Berchelmann, verfallen ist, deshalb von seinen Erben die über die Leistung jener Caution ausgestellten Versicherungs-Urkunden, nämlich vermöge:

1) Obligation d. d. 10 Junius 1767. 1000 fl.
2) Obligation d. d. 18 Julius 1767.   800 fl.
3) Obligation d. d. 28 Februar 1774. 700 fl.

und in Summa 2500 fl.

vorlängst zurück zu liefern gewesen wären, bisher aber nicht zu erhalten gewesen sind, und die ermahligen Aufenthalts-Orte von zwey der gedachten berchelmännischen Erben nicht ausfindig zu machen sind, als werden nicht nur gedachte Erben, sondern auch jede allenfallsige andere Inhaber gedachter nicht mehr gültigen Versicherungs = Urkunden hiermit aufgefordert und vorgeladen, dieselbe binnen drey Monaten an hiesige großherzogliche Rentkammer so gewiß zurückzuliefern, als gegenfalls das Nöthige wegen Verrechnung der bemeldeten Caution nichts desto weniger verfüget, und auf allenfalls aus gedachten Urkunden formiret werden wollende Ansprüche nicht die mindeste Rücksicht mehr genommen werden wird, wie dann auch dieselben Urkunden auf jeden Fall für nicht mehr geltend, und jede daraus zu formirende Ansprüche für erloschen hiermit ausdrücklich erklärt werden. Gießen den 4 März 1807.

Großherzoglich Hessische Rentkammer daselbst.

2) J. G. Reif's.

Rötein. Wenn Johann Georg Reif von Candnen, der sich schon im Jahr 1795 von Haus entfernt hat, oder seine etwaige Leibes-Erben, innerhalb 9 Monaten von heute an sich nicht vor diesigem Ober-Amt persönlich oder durch Bevollmächtigte einfinden werden, um das noch übrige Vermögen des Reif in Empfang zu nehmen; so wird dasselbe gegen Caution seinen nächsten Anverwandten überlassen werden. Verordnet bey großherzoglich badischem Ober-Amt Rötein, Lörrach den 27 Februar 1807.

Großherzoglich Badisches Ober-Amt Rötein.

Kauf = und Handels = Sachen.

Thalitterisches Kupfer.

Nachdem für gut befunden worden ist, die auf der Schmelzhütte zu Thalitter in der großherzoglichen Provinz Oberhessen in diesem Jahr nach und nach producirt werdenden gegen 4 bis 500 Ctr. der bekannten feinen, zur Messingfabrication und zum Drathzuge ganz vorzüglich brauchbaren thalitterschen Kupfer unter den bey der Versteigerung bekannt gemachten Bedingungen dahier auf großherzogl. Rentkammer-Canzley öffentlich versteigert zu lassen, und hierzu terminus auf Donnerstag den 16 April Vormittags 10 Uhr anberaumt worden ist; als wird solches allen Kaufliebhabern bekannt gemacht, damit sie in diesem Termine entweder in eigener Person oder mittelst gehörig bevollmächtigter dahier erscheinen, der Versteigerung beywohnen und bey annehmlichen Geboten sich des Zuschlags gewärtigen können.

Gießen den 13 März 1807.

Großherzogl. Hessische Rentkammer das.

Verkauf einer Mahl = Oel = und Graupenmühle, nebst dazu gehörigem Gut.

In dem Fürstenthume Schwarzburg Rudolstadt, ohnweit der Residenz, steht eine Mahlmühle mit drey Gängen, ingleichen die dabey befindl. Oel = und Graupen = Mühle und das dazu gehörige Gut aus freyer Hand zu verkaufen. Es gehören unter vielen andern sehr wichtigen Gerechtigkeiten und Freyheiten auch dazu gezwungene und volkreiche Ortschaften, und dennoch hat sie einen mäßigen Zins. Sollten sich daher Kaufliebhaber dazu finden, so werden solche ersucht, sich an den Adv. Christian Roß zu Rudolstadt, der die genaueste Auskunft über alles geben wird, in frankirten Briefen zu wenden.

Rittergut bey Gotha.

Ein Mann = und Weiberlehn freyes Rittergut mittlerer Größe, ist in der Gegend von Gotha aus freyer Hand zu verkaufen. Liebhaber können dem Eigenthümer hiervon in der Expedition des allgem. Anzeigers d. D. zu Gotha erfahren.

Allgemeiner Anzeiger
der
Deutschen.

Donnerstags, den 2 April 1807.

Gesetzgebung und Regierung.
Auch etwas über Vertheilung der Einquartierungen in Magdeburg.

Gewiß gereicht es jedem wahren Patrioten zur herzlichsten Freude, im allg. Anz. Nr. 305 S. 3650 folg. einen Gegenstand zur Sprache gebracht zu sehen, der allerdings zu einer fast bis zum Verderben gereichenden Last der Bewohner Deutschlands, in den gegenwärtigen Verhältnissen, gehört. Das der hier öffentlich dem Verfasser jenes Aufsatzes aufrichtigen Dank!

Ja, gewiß nicht leicht greift eine Sache so stark in das Privat-Wohl der Staats-Individuen, als eben dieser Gegenstand! Ich fühle mich daher verpflichtet, unpartey-isch zu erzählen, auf welche Art man hier einquartiert; und glücklich werde ich mich fühlen, könnte ich hierdurch zur nähern Beleuchtung dieser Sache etwas beytragen. Glücklicher noch, vermöchte ich dadurch das Elend, worin seit einiger Zeit gerade durch diese Lasten so mancher redliche hiesige Bürger versunken ist, zwey, drey bis vier Nächte hier einquartiert gewesen. Vom mindern Dank!

Es wird nicht überflüssig seyn, wenn ich zuvor eine oberflächliche Uebersicht gebe, welche Einquartierungs-Lasten diese Stadt seit kurzen getragen. Vom Anfang Septembers bis zum 20 October v. J. sind mehr als hundert tausend Mann von den königl. preuß. und sächs. Truppen auf eine, zwey, drey bis vier Nächte hier einquartiert gewesen. Vom 20 October bis 11 November befand sich eine mehr als 20,000 Mann starke Besatzung hier,

Allg. Anz. b. D. 1 B. 1807.

welche größtentheils in den Bürgerhäusern einquartiert war. Am 11 November rückte bekanntlich das französische Armee-Corps unter den Befehlen des Marschalls Ney hier ein, und seitdem haben die Truppendurch-züge der kaiserl. französischen Armee und ihrer Alliirten nicht aufgehört.

In der Regel muß die ganze Einquar-tierungs-Last von den Haus-Eigenthü-mern getragen werden; hiervon sind jedoch die Mitglieder der königl. Regierung und Kammer, die Geistlichen, die Mitglieder der Magisträte, Lehrer an öffentlichen Schulen, die Mitglieder der königl. Servis-Commission und des Billet-Amts, die Viertel-Capitains, die Häuser am neuen Markt — wo während der Anwesenheit des Hofs, eines Generals Stabs oder dergl. diese nur allein dort ein-logirt werden — ferner einige Freyhäuser — das heißt solche, deren frühere Besitzer bey Gelegenheiten sich durch Urkunden Befrey-ungen von gewöhnlichen Bürger-Lasten er-worben hatten — und die Freudenhäuser be-freyet. Alle andere Bürger-Häuser sollen mit Einquartierung belegt werden, ohnerach-tet man einige Casernen — oder Baraquen, wie man es hier nennt — hat, wo eine große Menge Soldaten einquartiert werden kann.

Man nimmt bey Vertheilung der Ein-quartierungen gewöhnlich die Servis-An-lage zum Maßstabe, was jedoch im Monat October und November v. J. wegen der beym Billet-Amte zu sehr sich häufenden und drängenden Geschäfte nicht beachtet ward, und vielleicht nicht beachtet werden konnte. Ist nun z. B. ein Haus monatlich mit zehn

Groschen Servis veranlagt, so erhält es,
wenn in der Stadt ungefähr sechs tausend
Mann Truppen einquartiert werden sollen,
zwey Mann, ist es mit zwölf Groschen veranlagt, vier Mann, und hat das Haus
Brau-Gerechtigkeit — acht Mann.

Bey den wohlhabendern Bürgern werden alle Officiere einquartiert; ein Capitain
oder Lieutenant wird für vier Mann gerechnet. Bey dieser Vertheilung nimmt man
auf den größern oder geringern Wohlstand
des Hausbesitzers, auf seine übrigen Verhältnisse, auf den Raum seines Hauses, auf
sein Gewerbe und wie dasselbe mit den Zeit-
umständen in Verhältniß stehe, nicht Rücksicht. — Daher standen in diesen Tagen so
viele Hausbesitzer als ganz verarmt da.

Der Miethmann, sey er arm oder
reich, von welchem Stande er seyn mag,
trägt dazu nichts bey.

Die Besitzer der Gasthöfe erhalten mehr-
rentheils nur Cavallerie, oder Pferde und
Wagen, welche zu den einquartierten Armee-
Corps gehören, zur Einquartierung; nach
welchem Maßstabe diese Einquartierung vertheilt wird, ist mir nicht bekannt.

Bleibt das Militair auf längere Zeit
hier, so erfolgt von Zeit zu Zeit eine Um-
quartierung der Mannschaft, aber niemahls
bleibt — wie es in Nürnberg der Fall ist —
ein Theil der Bürgerhäuser auf einige Tage
zu einiger Erleichterung frey. Dieß findet
nur dann Statt, wenn ein Theil der Truppen ausrückt und nicht sogleich durch frisch
angekommene Truppen ersetzt wird.

Es ist hier aber nur die Rede von Ein-
quartierungs-Vertheilung im gewöhnlichen
Geschäftsgange. Ich muß daher einiger
Ausnahmen erwähnen, welche die letztern
Monate hervorgebracht haben. Im October
erhielten auch mehrere Häuser am neuen
Markte, die Frey-Häuser und mehrere
andere sonst verschonte Häuser Einquartierung und bey dem stündlich mehr zunehmenden Einmarsche der Krieger, vom 16 bis 20
October, wo ein Theil der Truppen vor den
Thoren biouaquiren mußte, und es nicht
möglich war, ihnen allen Quartiere zu verschaffen, da war es unmöglich, dem angenommenen Maßstabe treu zu bleiben. Daher hatten Häuser, die mit 10 gr. Servis

veranlagt sind, eben so viele, zum Theil
mehr Mannschaften, als ein Haus, was
mit 12 gr. Servis veranlagt war. Daher
wurden Pferde nicht allein in Gasthöfe,
sondern auch in Kirchen und Privathäusern,
wo weder Stallung noch Hofraum war,
einquartiert.

Beym Einmarsch der französ. Truppen konnte gleich anfangs ebenfalls nicht
nach Grundsätzen und nach einem Maßstabe
die Einquartierung vertheilt werden, weil
man nicht genau die Anzahl des einrückenden
Militairs wußte. Fabrik-Häuser wurden
sehr stark mit Einquartierung belegt; auch
ganz arme Hausbesitzer wurden nicht verschont. Seit einiger Zeit ist aber die vorige
Ordnung zurückgekehrt; überdieß sind ganz
Arme von Einquartierung befreyet worden,
und um die verarmten Bürger wieder in den
Stand zu setzen, zur Erleichterung der be-
mitteltern Bürgerclasse, die ihnen zukommende Einquartierung halten zu können, leistet ein Theil der letztern freywillige Geld-
beyträge zur Unterstützung der Verarmten;
und die Miethleute müssen hierzu besonders
beytragen. So viel über die Vertheilung
der Einquartierung. Nun noch einige Worte
über die Geschäftsverwaltung bey dieser Vertheilung.

Das hiesige Billet-Amt steht unter der
Direction der königl. Servis-Commission,
welche aus allen drey hiesigen Bürgerschaften, als: der deutschen, der pfälzer, und
der französischen, Mitglieder in ihrer Mitte
hat. Ein Rendant und ein Controlleur besorgen die Geschäfte als Billeteurs; die
Landpassaten müssen den Hausbesitzern, so
oft solche Einquartierung bekommen sollen,
diese Tags vorher ansagen.

Sobald die einpassirten Fouriers die ankommenden Truppen gemeldet haben, vertheilt das Billet-Amt sie nach dem oben
bemerkten Maßstabe. — Größtentheils mögen aber die Fouriers eine größere Anzahl
Truppen melden, als wirklich einmarschiren;
sie erhalten auf diese Art mehr Billets, als
sie brauchen, und nun beginnen sie bey Voll-
streckung der Einquartierung mit den Bürgern einen Handel, wodurch ein Theil der
letztern sich von der Last befreyen. Auch die
Landpassaten treiben diesen Handel, unter

dem Vorwande, daß sie die Soldaten bey
andern Bürgern gegen Zahlung unterbringen. Diese höchst unerlaubte Partiererey
hat so vielseitige Nachtheile für's Allgemeine
sowohl, als für einzelne Individuen, daß
ich noch einige Augenblicke bey diesem Gegenstande verweilen muß. Dadurch, daß die
Fouriers eine größere Anzahl der einrückenden Truppen angeben, werden die Billeteurs
irre geleitet — sie haben ihre Pflicht erfüllt,
wenn sie die angegebene Mannschaft regelmäßig vertheilt und nun diese Vertheilung
in ihrer Controlle eingetragen haben; sie
glauben alle die Häuser besetzt, auf welche
sie Billets abgegeben. Nun kommen aber
mehrere Truppen, die ebenfalls einquartiert
werden müssen; zufällig ist ihre Zahl nicht
so groß, wie die vorige, ist vielleicht ganz
unbestimmt, man schreibt auf die Häuser
von Nr. 1 bis 40 zwey, vier, acht Mann,
wie es der Maßstab mit sich bringt und
nimmt sich vor, beym nächsten Falle die
Häuser von Nr. 41 bis 80 zu belegen, welcher Vorsatz jedoch zuweilen in Vergessenheit
kommen mag. Die Hausbesitzer von Nr. 1
bis 40 waren unvermögend, konnten sich
nicht in den gerügten Handel einlassen, hatten die erste Natural-Einquartierung nehmen müssen, oder hielten es für zu sehr
pflichtwidrig, sich von einer allgemeinen Last
zum großen Nachtheil ihrer Mitbürger
loszumachen; durch die zwepte Vertheilung
ward ihnen zum Lohn ihrer Bürger-Tugend
doppelte Einquartierung — während ihre
vermöglichern Nachbarn einquartierungsfrey
blieben; ich selbst habe auf diese Art in den
letztern Tagen dreyfache Einquartierung und
dieß zweymahl hintereinander erhalten.
So lange mir die Nachtheile nicht bekannt waren, die durch dergleichen Loskau-
fungen für andere Hausbesitzer entstanden,
so lange mir alle dabey vorhandene Schleich-
wege unbekannt blieben, verhandelte ich selbst
einigemahl meine Einquartierung und eben
dadurch entdeckte ich neue Bevortheilungen.
Von nun an und noch lange vor Anfang des
gegenwärtigen Kriegs nahm ich jedesmahl die
mir zugetheilte Einquartierung in natura an.
Beym Anfang des gegenwärtigen Kriegs
und im Laufe desselben wurden mehrere Arbeiter beym Billet-Amte angestellt; unter-

barbar bleibt mir hierbey, daß diese Gehülfen aus den beyden kleinern Bürgerschaften
gewählt wurden! Erst in diesem Monate
hat man einen Kaufmann aus der deutschen
und bey weiten zahlreichsten Bürgerschaft
zur Assistenz mit angenommen. Die mehrsten Gehülfen sind aus der kleinsten — der
französischen Bürgerschaft gewählt. So viel
mir bekannt ist, sind diese Mitarbeiter zum
Lohn für ihre Dienstleistungen nicht allein
von Einquartierung befreyt geblieben, sondern erhalten noch täglich besondere Gratificationen auf Kosten des Gemeinwesens.
Wenn wir vaterländische Krieger zur
Besatzung haben, ist bekanntlich hier — selbst
bey starken Truppen-Durchzügen — die Einquartierungslast bey weiten nicht so drückend
als gegenwärtig, da der Bürger noch verbunden ist, die Verpflegung der Vaterlands-
Vertheidiger auf eigne Kosten zu bewerkstelligen. Man giebt ihnen gewöhnlich bey ihrer
Ankunft ein Mittagsmahl, einen Schnaps
oder Kaffee dazu — nachdem sorgt man für's
Kochen ihrer Speisen — versieht die Heitzung
der Stube und giebt ihnen ein gutes Nacht-
lager. Diese Last genirt freylich manchen
Hausbesitzer, indeß, sie ist doch zu ertragen,
und laufen hierbey Unrichtigkeiten unter —
ist hierbey nicht alles so, wie es seyn sollte
— so bleibt es freylich eine nie zu billigende
Ungerechtigkeit — ist jedoch nicht von dem
großen Nachtheile für das Privatwohl der
Bürger und für das allgemeine Beste, wie
gegenwärtig, wo so viele Hausbesitzer, die
ihr fremdes Capitalien ihre Häuser kauften,
die nur in Friedenszeiten so viel erwerben
können, um die Zinsen für die Capitalien
und nebenbey den spärlichen Unterhalt für
sich und ihre Familien zu erschwingen — noch
für den kostspieligen Unterhalt von 2, 4, 8
bis 20, 30, und mehr Soldaten sorgen
sollen! Wie lange wird ein solcher Bürger
diese Lasten tragen können? — Mit bluten-
dem Herzen denke ich an die Menge der das-
durch in Armuth versunkenen, sonst so redlichen Menschen!
O Wehe jedem, durch dessen Willen,
durch dessen Vernachlässigung einem Hausbesitzer in diesen Tagen auch nur ein Mann
mehr, als er tragen mußte, als Einquartierung zugetheilt ward! — Mögen die Thrä-

nen der Angst, der nagendsten Sorgen und
des tiefsten Jammers, welche aus solchen
Unrichtigkeiten flossen, nicht gezählt werden
von dem Richter der Welten!

M. den 29 Januar 1807.

Nützliche Anstalten und Vorschläge.

**Vorschlag zu Errichtung einer Wittwen-
gesellschaft für die Justiz- und Rent-
beamten und Actuarien in
Sachsen.**

Oft, sehr oft bestätiget sich die traurige
Erfahrung, daß im Königreiche Sachsen
(auf dieses beschränke ich mich vor der Hand)
Justiz- und Rentbeamten, auch Actuarien mit
Hinterlassung ganz armer und den größten
Verlegenheiten ausgesetzter Wittwen und
Waisen sterben.

Es mag diese traurige Erfahrung schon
manchem rechtschaffenen Gatten und Vater
sein Sterbelager erschwert und seinen Tod
verbittert haben, und doch hat man noch
nicht im Ernste daran gedacht, dieser Noth
auf eine zweckmäßige Art abzuhelfen. Hier
und da bestehen zwar Leichen- und Sterbe-
cassen, allein damit scheint mir dem Uebel
nicht hinlänglich vorgebeugt zu seyn, indem
diese Cassen nichts weiter leisten, als ein für
allemahl die dazu geleisteten Einlagen den
Hinterbliebenen eines ihrer Mitglieder, wieder zu erstatten.

Nun wird aber zu den Beerdigungs-
kosten eines Familienvaters gewöhnlich
immer noch Rath, wenn auch schon bey
dessen Lebzeiten die Einkünfte spärlich gewesen seyn sollten; allein das übelste, der
gänzliche und drückendste Mangel des Unterhalts, tritt gewöhnlich dann erst ein, wenn
der persönliche Verlust schmerzlich zu seyn
aufhört.

Meiner Ueberzeugung nach dürfte nun
diesem wirklichen Elende durch eine förmliche

Assecuranz am besten abzuhelfen seyn, wo
einer zu treffenden Uebereinkunft nach den
hinterbliebenen Wittwen und unerzogenen
Waisen eine ähnliche Pension ausgesetzt
würde. So wohlthätig ein solches Institut
für dergleichen Arme und Nothleidende seyn
würde, so wenig drückend würde auch der
hierzu auszumittelnde Fonds für die Mitglieder dieser Assecuranz seyn. Denn wenn ich
annehme, daß ein Beamter einen jährlichen
Beytrag von 12 Rthlr. und ein Actuarius
von 6 oder 8 Rthlr. dazu leisten müßte: so
würde dieses in Erwägung des heilsamen
Zwecks dennoch leicht zu vermissen seyn,
und es könnten davon nach einem zu entwer-
fenden Plane die hinterbliebenen Wittwen
und Waisen einen solchen Jahrgehalt bekommen, der sie vor Kummer und drückenden Nahrungssorgen hinlänglich schützte.
Ich fordere daher sachkundige Männer,
denen das Wohl ihrer armen Wittwen und
Waisen am Herzen liegt, auf, darüber mit
sich selbst zu Rathe zu gehen und dießfallsige
Plane zu entwerfen, und solche in diesen
Blättern der allgemeinen Prüfung vorzulegen *), wobey ich noch in Vorschlag bringe,
daß sodann zu Vereinigung über einen dieser
Plane in Leipzig, als dem Mittelpunct des
Königreichs Sachsen, eine allgemeine Versammlung der diesem Institute beyzutreten-
den Mitglieder veranstaltet und ein gemeinschaftlicher Entschluß gefaßt werden könnte.

5—gr.

Gesundheitskunde:

**Ueber Aufbewahrung der Kuh-
pockenlymphe.**

Aerzten in kleinen Städten und auf dem
Lande, welche selten Gelegenheit haben, das
Vaccinationsgeschäft das ganze Jahr hindurch ununterbrochen fortzusetzen und oft
aus Mangel an wirksamer Kuhpockenlymphe

---

*) Nur bitte ich, diese Plane nicht eher zu entwerfen und an die Expedition zum Abdruck einzusen-
den, bis ein mit großer Gründlichkeit und Scharfsinn abgefaßter Aufsatz, mit der Ueberschrift:
„Beweis, daß nur eine solche Wittwengesellschaft sich eine feste Dauer versprechen könne, zu welcher eine ganze Classe von Menschen nothwendig beyzutreten verbunden ist; eine aus dem bloßen
freywilligen Beytritte gewisser Glieder erwachsene Wittwengesellschaft aber ihrem Untergange unauf-
haltsam, früh oder spät, entgegeneile", im K. Anz. 1799 Nr. 298 S. 3433—3441, reiflich durchdacht und wohl erwogen ist, — damit nicht unhaltbare Entwürfe, wie so viele schon vorhanden,
zu Papier gebracht werden. d. R.

fortzuimpfen sich außer Stand sehen, empfehle ich hiermit ein im vorigen Jahrgange
der salzb. med. chir. Zeitung in einer Recension einer kleinen Schrift angeführte Methode, den Impfstoff eine geraume Zeit wirksam zu erhalten. Sie ist folgende: Zwischen
zwey Glasplatten frisch aufgetragene und
durch eine, die äußere Luft abhaltende Emballage verwahrte, oder auch auf baumwollene
Faden oder Fischbeinstäbchen aufgefaßte Kuhpockenlymphe in einem wohlverschlossenen
Gläschen aufbehalten, wird in einem Gefäße
voll pulverisirter Holzkohle, so daß sie allenthalben damit umgeben ist, an einem tempe-
rirten Orte aufbewahrt. Mehrmahligen Erfahrungen zufolge hat der auf diese Art auf-
behaltene, durch das Kohlenpulver — als
einen schlechten Leiter der Wärme — vor
der Einwirkung der Hitze und Kälte geschützte
Impfstoff mir noch nach zwey bis dritthalb
Monaten seine volle Wirksamkeit bewiesen,
da im Gegentheil die nach den vorher bekannten Methoden behandelte Lymphe oft schon
nach 14 Tagen ganz unkräftig war. Auch
dürfte das von James Bryce (Practische
Beobachtungen über die Impfung der Kuhpocken. Aus dem Engl. übers. von D. Friese.
Breslau 1803) empföhlene Verfahren, die
echten Kuhpockenschorfe zu sammeln; gehörig
aufzubewahren und dann mit Wasser aufgelöst zur Impfung wieder anzuwenden, die
größte Aufmerksamkeit der Vaccinatoren verdienen, um so mehr, da noch neulich in dem
copenhagner Universalbericht über den Fortgang der Kuhpockenimpfung in dem Königs-
reiche Dänemark dieser Methode beyfällige
Erwähnung geschehen ist.

Waltershausen im März 1807.
Dr. J. A. Braun.

Gelehrte Sachen.

An Herrn C+e+e, zur Antwort
auf dessen: „Ueber GuthsMuths Bibliothek der pädagog. Literatur. S.
d. allg. Anz. 1807 St. 64 S. 701.

Sie bedauern, Hr. Lee, den Tod der
„sehr nützlichen, zweckmäßigen" Bibliothek
ich auch; sie machen mir über diesen Tod
indirecte Vorwürfe — ich mir nicht. Woran
ist sie denn gestorben? — Ich habe dieß deut-

lich genug angezeigt im September-Stück
1805. S. 3 und 4. Sie nöthigen mich noch
deutlicher zu sprechen.

Lieber Hr. Lee, das pädagogische Publicum ist groß und sehr reich — nur nicht an
Gelde. Ich kann das nicht anders machen.
Es theilt nach Marc. 8 Ein Gerstenbrod
unter 571 3/7 Mann, indem es z. B.
auf einer berühmten Universität so ein
„nützliches und zweckmäßiges" Gerstenbrod der jährlichen Bibliothek einer kleinen
Armee von Lesern für 18 pf. à Person zum
besten gibt. Ich habe wahrlich meine Freude
darüber im Stillen gehabt, und mich ordentlich darob gewundert, daß sogar auf einer
Universität ein solcher evangelischer Segen
noch Statt findet; aber weiter konnte ich
absolut nicht kommen.

Um ein solches Jahrs-Brod zu backen,
brauchte mein Verleger zum kritischen Ein-
heizfeuer einen gewaltigen Stoß neuer Bücher. Ein kostete mehr als solche zuversicht-
liche Armeen aufbrachten u. s. w.

Sie, Hr. Lee, schieben den Tod der
Bibliothek meiner Bequemlichkeit in die
Pantoffeln. Vielleicht finden Sie nun, daß
ich dergleichen nicht trage: Finden Sie es
aber nicht — denn jeder kann, wenn er will,
Alles nicht finden, und wol viel eher als
finden — so weiß ich Rath und spreche folgendes ernstliche Wort:

☞ Die Bibliothek soll wieder aufleben,
wenn das pädagogische Publicum es will.
Nicht wie sie war, sondern in jeder
Hinsicht und besonders auf Vollständigkeit mit vollkommner und mit der jetzigen pädagogischen Zeitschrift vereint,
wenn sich binnen heute und dem letzten
Tage dieses Jahrs eine hinreichende
Zahl von Subscribenten bey mir meldet.

Wohlan! es gelte den Versuch: Gelingt
er, so haben Sie, Hr. Lee, nicht, so habe
ich gewonnen.

Wie leicht ist solch eine Subscription
gemacht!

„Für die neue Bibliothek der pädag. Liter.
unterschreibt sich N N zu N N."

Da man jetzt die Freyheit so inbrünstig
liebt, so habe ich mir bey der Sache die
Postfreyheit auserlesen. Gern werden auch
die Buchhandlungen die Bestellungen solcher

Subscriptions-Briefe unter meiner Adresse durch Hrn. J. F. Gleditsch in Leipzig an mich gelangen lassen.

Da es unter den jetzigen Zeitumständen am klügsten und außerdem gewöhnlich ist, die Zu- oder Abnahme des Erdplaneten und den daher rührenden Einfluß den Mondbewohnern zu überlassen, die sich darnach einzurichten haben, indeß wir es nicht bemerken, ob er voll oder im letzten Viertel ist: so habe ich mich dagegen nach dem Monde zu richten für billig geachtet. Ich eröffne die Subscription im zunehmenden Monde, den 19 des Frühlingsmonats; mit dem ersten Vollmonde im Jenner 1808 wollen wir sehen. In meiner Zeitschrift für Pädagogik werde ich nebenan Nachricht geben.

Sie werden es nun, lieber Hr. Lee, gestehen müssen, daß ich mich von der Sünde, deren Sie mich beschuldigen, reiner gewaschen habe, als Sie wol dachten. Aber nun kommt die Reihe an Sie. Ich mache es nicht schlimm, und Sie, Hr. Lee, sollen das ??? dolentis dabey nicht von sich geben. Ich danke Ihnen sogar für Ihre mir wahrlich angenehme Theilnahme über das Anhören jener kritischen Anstalt; aber ein wenig waschen, nur mit zwey Worten, muß ich Sie doch. Sie haben den Plan der jetzigen Zeitschrift nicht einmahl begriffen, die Zeitschrift nicht gelesen, und urtheilen doch so sicher, so hart, prophezeihen so übel, daß ich gar in Angst war, der Prophet Hesekiel hätte sich hinter den dreyen Lee gegen mich offenbaret, zumahl da ich wußte, daß dieser die Bücher nicht zu lesen, sondern zu verschlingen pflegte!

Ibenhayn bey Schnepfenthal den 19 März 1807.

GutsMuths.

Allerhand.

Nöthige Vorsicht beym Gebrauch der Tabackspfeifen-Spitzen.

Vor einiger Zeit will sich einer meiner Freunde auf einem auswärtigen Jahrmarkte eine Pfeifenspitze kaufen, probirt deren eine ganze Menge, kann aber keine nach seinem Geschmack finden. Einige Tage darauf spürt er an der Lippe einen Schmerz, den er anfangs nicht achtet, bald darauf zeigen sich in

---

dem Munde kleine Geschwüre, er vertrauet sich einem Arzte, und hört von diesem mit Erstaunen, daß es venerische sind. Seiner Unschuld sich bewußt, weiß er den Grund dieser sonderbaren Erscheinung nicht zu finden, bis er endlich auf den Augenblick zurückkommt, wo er die Pfeifenspitzen probirte, und der Arzt findet die Sache einleuchtend. Glücklicherweise ist dieser junge Mann geheilt worden; wie oft können aber nicht noch ähnliche Fälle vorkommen!

Jena den 8 März 1807.

A. Slevogt, Herausgeber der J. u. P. Rügen.

Der ungenannte Einsender einer Anfrage wegen Heilmittel der Nervenschwäche wende sich an einen erfahrnen Arzt. Nach mitgetheilter Adresse werden die überschickten 16 gr. wieder erstattet werden.

der Redact.

Familien-Nachrichten.

Aufforderung.

In den Jahren 1777 und 1778 studirte der Unterzeichnete mit einem gewissen Herrn Schmeerbauch in Leipzig. Zu einem gewissen Zweck wünschte man dessen gegenwärtigen Aufenthaltsort zu wissen und bittet ihn also, davon an die Expedition des allgem. Anz. unter nachstehender Bezeichnung gefällige Nachricht zu geben.

S.   A. C. M.

Justiz- und Polizey-Sachen.

Auf höchsten Befehl der herzogl. hochpreisl. Landes-Regierung in Gotha wird hierdurch zur Wissenschaft des Publicums gebracht:

daß dem Landcommissair Heinrich Gottlieb Balemann allhier und dessen Ehegenossin Johanne Elisabethe Marie geb. Schönkopf die Fähigkeit, Schulden zu wirken, benommen worden sey.

Es wird daher jedermann hiermit gewarnt, den balemannischen Eheleuten Credit zu geben, widrigenfalls sich selbst beyzumessen, wenn ihm zu den gemachten Vorschüssen, sie seyen von welcher Art sie wollen, aus dem Vermögen der balemännis. Eheleute nicht verholfen werden wird.

Herbsleben, den 14 März 1807.

Adel. Forsternf. Amts-Gerichte und Commission daselbst.

Aufforderung an Francisca Volk.
Von dem Magistrate der großherzoglich badischen Stadt Freyburg wird der abwesenden Bürgerstochter Francisca Volk erinnert, es habe der hiesige Wundarzt Michael Haarstrik bey diesem Gerichte eine Aufforderungsklage wegen Rechtfertigung einer über eine Forderung von 445 fl. erhaltenen Vormerkung eingereicht, worüber Verhandlungstagfahrt auf den 31 März dieses Jahrs Vormittags 10 Uhr im städtischen Rathhause angeordnet worden.

Da nun der Aufenthalt der Francisca Volk unbekannt ist, so hat man zu ihrer Vertretung, und zwar auf ihre Gefahr und Kosten, den diesseitigen Regierungs- und Hofgerichtsadvocaten Hrn. Dr. Traschak als Sachwalter aufgestellt, mit welchem die angebrachte Aufforderungsklage den bestehenden Gesetzen gemäß ausgeführt und entschieden werden wird.

Die aufgeforderte Francisca Volk wird hiervon zu dem Ende verständiget, daß sie allenfalls bey gedachter Tagfahrt selbst erscheinen, oder in zwischen dem bevollmächtigten Vertreter ihre Rechtsbehelfe an die Hand geben, oder für sich einen andern Sachverwalter bestellen möge; widrigens sie sich die aus ihrer Verabsäumung entspringenden Folgen selbst beyzumessen haben wird.

Freyburg, den 17 Hornung. 1807.
Adriano, Bürgermeister.
Ex Consilio Magistratus.
Glöckner.

Einberufung cantonpflichtiger Würtemberger.
Reutlingen. Stockach. Pfullingen. Oberhausen. Genkingen. Unter Androhung der Vermögens-Confiscation und des Verlustes des diesseitigen Bürger- und Unterthanen-Rechts auf den Fall des ungehorsamen Ausbleibens werden nach Maßgabe der Conscriptions-Ordnung folgende der Militär-Conscription unterworfene Jünglinge aus diesseitigem Amts-Bezirk zur alsbaldigen Rückkehr in ihr Heimwesen, woselbst sie sich bey ihrem vorgesetzten Oberamt zu melden haben, andurch namentlich aufgefordert, als:

a) Aus Reutlingen: Philipp Eberhard Elwert, Zeugmacher. Friedrich Ludwig Hebsaker, Seckler, Sohn des Knopfmachers Johann Jacob Hebsaker. Andreas Schleicher, Weber, Sohn des Webers Andreas Schleicher. Philipp Franz Fischer, Tuchmacher, Sohn des verstorbenen Tuchmachers Joh. Jacob Fischer. Johann Jäger, Weber, Sohn des Webers Sebastian Jäger.

b) Aus Stockach: Johann Georg Wittel, Schuster, Sohn des Taglöhners Joh. Georg Wittel.

c) Aus Pfullingen: Joh. Georg Schwarz, Beck, Sohn des Weingärtners Joh. Michael Schwarz. Joh. Ludwig Haid, Schreiner, Sohn des verstorbenen Bauern Joh. Haid.

Philipp Heinrich Zinkulen, Metzger, Sohn des Becken gleichen Namens. Georg Friedrich Nonnenmacher, Papierer, Sohn des Bauern Stephan Nonnenmacher. Andreas Weiß, Beck, Sohn des Müllers Joh. Georg Weiß.

d) Aus Oberhausen: Joh. Georg Reiff, Bauernknecht, Sohn des Bauern gleichen Namens. Johannes Staiger, Schmid, Sohn des Schneiders Matthäus Staiger.

e) Aus Genkingen: Jacob Früh, Beck, Sohn des verstorbenen Bauern Matthäus Früh.

Reutlingen, den 10 März 1807.
Königl. Würtemberg. Oberamt.

Vorladungen: a) Jul. Gottl. Wilhelm's von Rheinboth.
Von den fürstl. anhalt deßauischen Amts- und Commissions-Gerichten allhier ist in Gemäßheit des von fürstl. hochlöbl. Landes-Regierung zu Dessau hierzu erhaltenen hochgeneigten Auftrags der abwesende fürstl. Rath, Hr. Julius Gottlieb Wilhelm von Rheinboth, welcher im Monat August 1788, mit Zurücklassung einigen Vermögens, von hier weggereiset, ohne seinen hiesigen Geschwistern, oder sonst jemanden zu sagen, wohin er reisen wollen, auch seitdem und anfänglich nur von Holland aus, einige wenige unvollständige, seit dem Jahr 1790 aber nicht die mindeste Nachricht weiter von seinem Leben und etwanigen Aufenthalts-Orte anher ertheilet hat, zwar schon vorhin unter dem 12 September v. J. edictaliter vorgeladen worden; da indessen eins der hiervon gerichtlich affigirt gewesenen Patente bey den jetzigen Kriegsunruhen gewaltsam abgerissen worden und verloren gegangen; so hat um deswillen der Beschluß gefaßt werden müssen, gedachte Edictal-Citation nochmahls zu wiederholen, und erwähnten abwesenden Rath, Hrn. Julius Gottlieb Wilhelm von Rheinboth, oder dessen etwaige Leibes- und sonstige rechtmäßige Erben, auch wer sonst an deßelben Vermögen allhier gegründete Forderungen haben, oder zu haben vermeinen möchte, andurch edictaliter und peremtorie vorzuladen, in Terminis

den 29 April c.
den 19 Junius c. oder längstens
den 4 September c.

vor den fürstl. Amts- und Commissions-Gerichten allhier, entweder in Person oder durch hinlänglich Bevollmächtigte zu erscheinen, sich gehörig zu legitimiren, ihre habenden oder zu haben vermeinenden Ansprüche zu liquidiren und zu bescheinigen, oder aber widrigenfalls zu gewärtigen, daß nach Verlauf des dritten und letzten peremtorischen Termins, der abwesende Rath, Hr. Julius Gottlieb Wilhelm von Rheinboth, für verstorben, seine etwanigen Erben und sonstigen Prätendenten aber von dessen hiesigem Vermögen für ausgeschlossen geachtet, und daßelbe sammt allem, was dahin gehörig, dessen sich gemeldeten leiblichen Geschwi-

stern zuerkannt und solche für dessen rechtmäßige
Intestat-Erben werden erklärt werden. Auch ist
zugleich und eventualiter zur Eröffnung des hierüber zu ertheilenden präclusivischen und sonstigen
Bescheides

der 23 September c.
pro Termino anberaumt, zu dessen Anhörung die
Erb- und andere Interessenten vorgeladen, die
Auswärtigen aber angewiesen worden, einen Pro-
curatorem hier in loco Judicii bey 3 Thaler Strafe
zu bestellen. Zerbst den 1 März 1807.
Fürstl. Anhalt. Dessauische Amts- und
Commissions-Gerichte allhier.
J. W. Ritter.

Kauf- und Handels-Sachen.

Landgüter und Landstellen

zu verschiedenen billigen Preisen im Hollsteinischen,
Mecklenburgischen ꝛc. sind bey Unterzeichnetem zu
erfragen, und wird derselbe gern jedem, der ihm
mit seinem Zutrauen beehrt, beym Ankauf als sach-
kundiger Landmann rathen und an die Hand geben.
Friedr. Aug. Jercho,
Landgütermäkler in Hamburg.

Fabrik der neuesten Feuerungs-Anlagen.

Es sind nunmehr bey der, in Schwarzenberg
im königl. sächsischen Erzgebirge errichteten Fabrik
neuer Feuerungs-Anlagen alle Sorten Rauch ver-
zehrender Oefen zu haben, bey welchen gegen die
alte Einrichtung die Hälfte Holz erspart wird, oder
auch bloß mit Torf, Stein- und Braunkohlen geheizt werden kann, ohne den mindesten übeln Geruch zu verspüren, sowie auch alle Feuersgefahr dabey vermieden wird, als welches von der königl.
sächs. Landes-, Oeconomie-, Manufactur- und
Commerzien-Deputation, der leipziger economi-
schen Societät, den Physikern und Chemikern der
Universitäten Wittenberg und Leipzig untersucht und
bestätigt, und in mehrern öffentlichen Blättern bekannt gemacht worden. Diese Oefen werden gleich
in fertigem Stand zusammengesetzt geliefert, so daß
sie nur in das Zimmer hingestellt werden dürfen,
ohne weitern Bau daran nöthig zu haben, als: Oefen bloß die Zimmer zu heitzen, sowohl simpel als
sehr elegant, die von einem Zimmer in das andre
getragen werden können: Oefen mit Koch- und
Bratofen: Oefen zur Landwirthschaft große Quantitäten Wasser heiß zu mechen und Kartoffeln in
Menge im Dampfe zu kochen: Küchen-Oefen, wodurch alle Heerdfeuerung erspart und die Küche in
eine Kochstube verwandelt wird. Ferner Dampfkessel für Fabriken, Färberyen und Bleichen, wo
mittelst eines einzigen Feuers unter dem Dampfkessel das Wasser oder sonstige Flüssigkeit in fünf bis
sechs andern Kesseln oder auch hölzernen Gefäßen
gekocht werden kann. Ingleichen Dampfkessel zu

Branntweinbrennereyen, wodurch die kupfernen
Blasen überflüssig, eine große Menge Brennmate-
rial erspart, und mehr Branntwein erhalten wird.
Eine Niederlage dieser Fabrikwaaren ist für die be-
vorstehende Ostermesse in Leipzig in der Reichsstraße
im Häudlerischen Hause Nro. 398.
Schwarzenberg, im Monat März 1807.
Friedrich Traugott Bonig,
Christian Friedrich Werner.

Eisendrathe aller Art, nebst Woll- und Baumwollen-Kratzen.

Da wir durch erweiterte Anlagen unserer seit
mehrern Jahren mit gutem Erfolge bestehenden Ei-
sen-Drath-Fabrik nunmehr im Stande sind, nicht
nur unsere Freunde desto prompter zu bedienen,
sondern auch mit denen in Verbindung zu treten,
deren verehrliche Bestellungen wir, des noch nicht
genugsam ausgebreitet gewesenen Betriebs halber,
abweisen mußten: so machen wir solches dem in
diesem Artikel commercirenden Publicum mit dem
Anhang ergebenst bekannt, daß wir nicht nur allein
wie bisher alle Gattungen Ringen- und Kratzen-
drath, so wie Stangendrath in preiswürdiger
unverbesserlicher Güte fertigen, sondern auch Commissionen auf jede Art von Woll- und Baumwol-
len-Kratzen, nach englischer Manier gearbeitet,
annehmen, und dabey reelle Besorgung versichern.
Wir werden es uns fortwährend zur Pflicht machen,
jeden uns zugehenden Auftrag zur vollkommenen
Zufriedenheit der Besteller auszurichten.
Hachenburg im Herzogthum Nassau den 1 März
1807. Drucker und Comp.

Klee-Samen.

Deutscher oder dreyblätteriger, als auch ewiger
oder luzerner Kleesamen, ist beständig in kleinen
und großen Partien im billigsten Preise zu haben bey
Moses Wolff Dünckelspieht,
in Mannheim.

Fichtensamen:

Man sucht 2000 Pfund Fichtensamen und leistet
bey Ablieferung des Samens Zahlung, mit der
Bedingung, daß der Samen gut und in billigen
Preisen ist. Ist er nicht gut und geht nicht auf:
so behält man sich vor, den Samen-Lieferanten
bey seiner Behörde zu belangen, daß er entweder
andern Samen schaffen, oder das erhaltene Geld
nach Befund zurückzahlen muß, und muß des Endes Bürgschaft leisten. Der Samen muß aber
noch vor dem 15 April geliefert werden können,
weil solcher noch dieses Frühjahr ausgesäet werden
soll. Wer nun unter obigen Bedingungen zu liefern Lust hat, entweder die ganzen 2000 Pfund,
oder einen Theil, der melde dieß baldmöglichst an
die Expedition des allg. Anz. in Gotha. ₰

Allgemeiner Anzeiger
der
Deutschen.

Freytags, den 3 April 1807.

Gesetzgebung und Regierung.

Ueber Vertheilung der Einquartierung
in Magdeburg.

In Verfolg dessen, was ich unterm 29
Januar d. J. über diesen Gegenstand sagte*),
macht es mir viel Vergnügen, den Lesern
dieses Blattes ein von den hiesigen Magisträ-
ten erlassenes Publicandum mitzutheilen,
durch welches von einer neuern Einrichtung
bey Vertheilung der Einquartierungslasten
Nachricht gegeben wird.

Publicandum.

Die hiesigen Magisträte und Gerichtsobrigkeiten haben in der Ueberzeugung, —
daß die mit der Einquartierung des k. k. Militairs und der verbündeten Truppen ver-
bundene Natural-Verpflegung keine Verpflichtung sey, die einzig und allein von den
Hausbesitzern getragen werden dürfe; sondern, daß jeder auch von der Natural-
Einquartierung gesetzlich befreyte Hauseigenthümer sowohl, als der Miether, und
überhaupt jeder Einwohner ohne Unterschied des Standes, die Verbindlichkeit
auf sich habe, zu dieser Natural-Verpflegung
Beyträge zu leisten, — schon seit einigen
Monaten den Versuch gemacht, durch freywillige Subscriptionen Beyträge einzusammeln und zu deren Vertheilung ein besonderes Unterstützungs-Bureau errichtet. Dieser Versuch aber hat der erwarteten Beyhülfe
nicht entsprochen, und es haben nur die
dürftigsten Bürger aus dieser Casse eine
geringe Unterstützung, wodurch ihr Verlust

*) In Nr. 86 S. 881 f.   d. A.

Allg. Anz. d. D. 1 B. 1807.

bey weiten nicht aufgewogen wird, erhalten
können. Dieses hat Veranlassung gegeben,
daß mit Genehmigung königlicher Krieges-
und Domainen-Kammer zur möglichst gleichen Vertheilung dieser allgemeinen Krieges-
last eine allgemeine Sublevations-Casse
errichtet worden.

Es ist eine Anlage gefertigt, nach welcher jeder Hauseigenthümer, er sey von Natural-Einquartierung gesetzlich frey oder
nicht, sein Haus sey von Einquartierung frey
oder belegt, und jeder Miether ohne Rücksicht auf persönliche Exemtion, wöchentlich
das ihm zugeschriebene Quantum in die Sublevations-Casse einzahlt, und dagegen jeder
bequartierte Haus-Eigenthümer oder Miether, außer den Rationen an Brod und
Fleisch, welche das k. k. französische Gouvernement bewilligt hat, für jeden gemeinen
Soldaten und für jeden Officier, nach Verschiedenheit des Standes, eine verhältnißmäßige Vergütung, theils durch Abrechnung
auf den Beytrag, welchen er selbst leisten
muß, theils durch baare Nachzahlung aus
der Casse erhält. Es haben sich für die Altstadt Magdeburg, den neuen Markt und die
Gouvernements-Gerichtsbarkeit 87 patriotische Bürger gefunden, welche aus Liebe für
ihre Mitbürger sich diesem mühsamen Geschäft unentgeltlich unterzogen haben. Sie
werden täglich den Quartierstand jedes Hausbesitzers untersuchen, die Vergütung, welche
derselbe zu erwarten hat, in dem jedem Eigenthümer und Miether zuzustellenden Be-
rechnungsbogen notiren, und entweder den
zur Casse fließenden Ueberschuß einheben,

über den Nachschuß aus derselben an die Bequartierten zahlen. Jeder Eigenthümer oder Miether, welcher Einquartierung hat, ist aber gehalten, dem Districts-Commissarius noch an eben dem Tage, wenn ein oder mehrere Mannschaften sein Haus verlassen, diese Veränderung des Quartierstandes, bey einem Thaler Strafe für jeden Mann, welche Strafe ihm auf die zu fordern habende Vergütung abgerechnet wird, anzuzeigen und demselben die Quartier-Billets einzuliefern. Der Hauseigenthümer oder Miether, welcher mit seinen Beyträgen in Rückstand bleibt, erhält ohne Rücksicht auf seine sonstige Freyheit so lange Natural-Einquartierung ohne baare Vergütung, bis der Rückstand getilgt ist. Die Magiſträte erwarten mit Recht von den Bürgerschaften, daß sie die offenbaren Vortheile dieser Einrichtung nicht verkennen und den Districts-Commissarien bey den ihnen aufgetragenen Recherchen mit aller Achtung und Beſcheidenheit begegnen werden. Sollten sie aber in ihren Verrichtungen durch Widersetzlichkeit gestört werden: so haben die Schuldigen nachdrückliche Bestrafung zu gewarten.

Gegeben Magdeburg, den 22 Febr. 1807.

Die Magiſträte.

Den Plan dieser neuen Einrichtung verdanken wir einem unserer geschätzten Mitbürger; der Erfolg wird die Zweckmäßigkeit derselben documentiren. Nur durch eine solche Einrichtung war es möglich, einige Gleichheit *) in die Vertheilung dieser Art Kriegeslaſten zu bringen, und da es möglich, daß die Sache anderwärts eine verdiente Nachahmung erhält, finde ich einige nähere Details über die Sublevations-Casse für nöthig.

Die Direction derselben führt eine Commission, deren Mitglieder aus Deputirten der königl. Krieges- und Domainen-Kammer, der königl. Regierung, der Magiſträte und des bürgerlichen Ausschusses bestehen.

Jeder Hausbesitzer bezahlt den monatlichen Servis zwanzigfach; so z. B. muß er, wenn sein Haus mit 10 gr. Servis veranlagt ist, monatlich 8 rthl. ½ gr. — wenn es 12 gr.

gibt, monatlich 10 rthl. zu der Sublevations-Casse beytragen.

Der Miethmann wird nach den Miethzinsen tarirt. Wer sonach ein Quartier bewohnt, wofür er 30 rthl. jährlichen Miethzins gibt, leiſtet von jedem rthl. monatlich 1 1/2 gr. Beytrag; von 30 rthl. also 1 rthl. 21 gr.

Man hat mir gesagt, daß bey dieser Taxation folgende Moderationen Statt finden sollen. Welcher Miether weniger, als 30 rthl. Miethzins gibt — und der muß bey den hiesigen hohen Miethzinsen nur ein sehr erbärmliches Quartier bewohnen, welcher weniger geben sollte — wird als Armer angesehen und bezahlt zu der Sublevations-Casse nichts. Welcher Miether hiernächst 30 rthl. und mehr Zinsen für sein Logis entrichten muß, jedoch notorisch arm ist, oder beweisen kann, daß er durch die gegenwärtigen Zeitverhältnisse seine Einnahme ganz oder größtentheils verloren und keinen neuen Erwerbszweig erhalten hat, wird von den Beyträgen zu der Sublevations-Casse entweder ganz, oder nach Befinden der Umstände, verhältnißmäßig befreyet.

Nach diesem Verhältniß wird jeder auch von der Einquartierung gesetzlich befreyte Hauseigenthümer und selbst jeder Beamte, zu dessen Dienst-Emolumenten eine freye Wohnung gehört, behandelt:

Dagegen erhält jeder bequartierte Hauseigenthümer oder Miether für jeden Officier eine Vergütung von täglich einem Thaler und für jeden gemeinen Soldaten außer den im Publicandum erwähnten Rationen an Brod und Fleisch, täglich vier Groschen.

Es soll bey der Feſtſtellung der desfallsigen Rechnungssätze angenommen seyn, daß die Garnison aus 8000 Mann bestehe; da aber selten eine so starke Besatzung wirklich vorhanden, seltner noch die Garnison stärker, dieß nur in außerordentlichen Fällen Statt findet, so iſt sehr bald ein nicht unbeträchtlicher Caſſenbeſtand zu erwarten und in dieser Rücksicht soll feſtgesetzt worden seyn, daß Spring-Monate — d. h. Monate eintreten sollen, in welchen sämmtliche Einwohner von Beyträgen zur Sublevations-Caſſe

*) Ich bemerke einige Gleichheit, — denn völlige Gleichheit — der richtigste Maßſtab — iſt dadurch noch nicht ausgemittelt! der Einſender.

ganz befreyet werden — die Vergütung an
die bequartierten Bürger aus der Casse hingegen fortdauern.

Wie nun aber fast jede neue Einrichtung
bey practischer Ausübung durch Erfahrungen
herbey geführte Abänderungen erhält, so
wird vielleicht auch an der gegenwärtigen
noch manche Feile angelegt werden, um ein
dem allgemeinen Besten entsprechendes Vollkommenes und Ganzes aufzuführen. Vielleicht
dürfte dieß unter andern auch die Art der
Einhebung der Beyträge und Auszahlung
der Vergütungen durch die 87 patriotischen
Bürger treffen. Ich kenne zwar die mit diesem Geschäfte verknüpften Beschwerlichkeiten
nicht, indeß glaube ich nicht zu irren, wenn
mir eine gewisse Ahnung sagt: dieß wird
nicht Bestand haben. Gerade dieß wird für
die Geschäftsführenden außer dem Verlust
der Zeit für ihre eignen Geschäfte Unannehmlichkeiten mancherley Art herbeyführen.
Würde es nicht zu bewerkstelligen, und wenn
dieß ist, rathsamer seyn, wenn dieß Geschäft
von der Direction selbst auf die Art übernommen würde, wie das Billet-Amt die
Servis-Gelder einhebt und die Vergütung
für Natural-Einquartierung auszahlt? Dann
würde jeder Bürger und überhaupt jeder,
der Beyträge zu leisten, oder Vergütung zu
empfangen hätte, sich jeden Sonnabend mit
seinem Buche und Beyträge beym Rendanten
der Sublevatios-Casse einfinden und gegen
jeden Säumigen die festgestellte Strafe ertheilt werden.

Daß übrigens jene patriotischen Bürger
täglich den Quartierstand jedes Hausbesitzers
untersuchen, ist nicht allein der Sache selbst
ganz angemessen, sondern auch höchst nothwendig und sie verdienen für ihre Bemühungen den wärmsten Dank.

Gleichen innigen Dank jedem Edeln,
der sich auch in dieser Angelegenheit für's
allgemeine Wohl so lebhaft interessirte — für
die Ueberwindung aller in den Weg getrete-
nen Hindernisse und für die Ausdauer bey
Regulirung der ganzen Angelegenheit.

Magdeburg den 6 März 1807.
H. Ph. Lincke.

Gelehrte Sachen.

Aufforderung.

Noch jetzt fühlt sich ein wohldenkender
Mann erhoben, wenn er in dem Schrecken
der Proscriptionen der alten Römer die vielen edeln Züge der Liebe und der Treue sieht,
die der Freund an dem Freund, die Schwester an dem Bruder, die Gattin an dem
Manne bewies.

Jetzt, in diesen Tagen, drückt Unglück
und Leiden aller Art hart und schwer auf den
Menschen; verändert, unveranlaßt und unverschuldet, manche vorher glückliche, wohlhabende und bequeme Lage; trennt sichere,
feste und enge Verbindungen, die sonst Stütze
und Vertrauen des Lebens waren; nöthigt
manchen einzelnen, aller eigenen Hülfsquel-
len beraubt, ganz auf das hinzusehen, was
Treue, Freundschaft und Liebe, mit seltenem
Edelmuth, für seine Rettung und Erhaltung
thun.

Wäre es in diesen trüben Tagen nicht
höchst wünschenswerth und sehr wichtig, zur
Ehre der menschlichen Natur, zum Beyspiel
für Welt und Nachwelt zu sammeln und auf-
zubewahren das Große und Edle, was
Freundschaft an dem Freunde, Liebe an dem
Geliebten, Schwester an dem Bruder, der
Diener an dem Herrn, die Gattin an dem
Gatter that?

Möchte doch ein jeder, dem solche, in
diesen Tagen häufige Beyspiele seltenen Edel-
muths und wahrer Seelengröße bekannt sind,
sie gefälligst in diesen Blättern *) niederlegen, die nach ihrem großen Wirkungskreise
so sehr geeignet sind, was ein wohldenkender
Mann bey solchen Anzeigen bezweckt, auf das
vollkommenste zu erfüllen. —

Dienst-Anerbieten.

In meine Zitz- und Kattun-Manu-
factur und Handlung suche ich einen jungen
Menschen von guten Eltern und guter Erziehung als Lehrling gegen billige Bedingungen. Nähere Auskunft werde ich auf frankirte Briefe ertheilen. Hof im Voigtlande
den 15 März 1807.
J. G. Herold.

*) Als historische Data gehören solche Beyspiele in die Nation. Zeitung der Deutschen.
der Redact.

Justiz = und Polizey = Sachen.

Steckbrief hinter J. Trommer.

In der Nacht vom 10 auf den 11 d. M. wurde dahier ein königl. bayerif. Militär = Pferd gestohlen, und am 11 d. in Haßfurth von dem wahrscheinlichen Thäter zum Verkauf losgeschlagen.

Er heißt Johann Trommer, ein vormahliger k. bayer. Deserteur, ist 48 bis 50 Jahr alt, seinem Vorgeben nach aus Erlangen gebürtig, von untersetzter Statur, ohngefähr 5 Fuß 6 Zoll groß, etwas blatternarbig, hat schwarze Haare, schwarze Augen, einen starken schwarzen Backenbart, schwärzliche Gesichtsfarbe, spitzige Nase und Kinn, und trug bey dem Pferdeverkauf zu Haßfurth einen runden Huth, einen Beaurrock, dunkelgrüne manchesterne Hosen und ganz schwarze Stiefeln.

Er soll sich für einen k. k. österreichis. Uhlanen-Gemeinen und Werb=Commandirten ausgeben und einen vermuthlich falschen Paß von dem zu Coburg verstorbenen k. k. österr. Hauptmann von Weller bey sich führen.

Da nun den unterzeichneten Gerichten daran gelegen ist, dieses Inculpaten habhaft zu werden; so werden alle Justiz = und Polizeybehörden zur Hülfe Rechtens, mit Versicherung gleicher Gegengefälligkeiten in ähnlichen Fällen und der Kostenerstattung, geziemendst ersucht, denselben im Betretungsfall anhalten und hierher ausliefern zu lassen.

Untersiemau bey Coburg, den 27 März 1807.
Adel. Königl. Gerichte das.
J. v. Alt.

Vorladungen: 1) J. Jac. Föll's.

Gommaringen. Johann Jacob Föll, von hier, der im Jahr 1803 aus dem königlichen Militair den Abschied erhalten, und sich sofort auf die Wanderschaft begeben hat, wird hiermit, bey Verlust seines Bürger = und Unterthanen = Rechts, auch seines Vermögens, aufgefordert, binnen drey Monaten wieder in sein Heimwesen zurückzukommen, weil er schuldig ist, als Ex = Capitulant zum auch noch die vorgeschriebenen Jahre, unter dem königlichen Land = Bataillon, Dienste zu leisten.

Den 12 März 1807.
Königl. Würtemberg. Stabsamt.

---

2) Jos. Halter's.

Joseph Halter diesseitiger Amtsangehöriger von Rielasingen, welcher schon das 62 Jahr zurückgelegt hat, ließ sich im 17 oder 18 Jahre seines Alters unter das ehemahlige k. bkr. Regiment Bender engagiren, von dieser Zeit an aber nichts mehr von sich hören, und es ist daher weder von seinem Aufenthalte, noch Leben, oder Tode diesseits etwas bekannt.

Da nun dessen nächste Anverwandte um Verabfolgung seines unter Pflegschaft stehenden Vermögens von beyläufig 400 fl. gebeten haben: so wird der verschollene Joseph Halter, oder dessen allenfalsige Descendenz andurch öffentlich aufgefordert, sich binnen neun Monaten von heute bey unterfertigter Justizstelle zu melden und sein Vermögen in Empfang zu nehmen, oder aber zu gewärtigen, daß solches seinen nächsten Anverwandten gegen Caution zur Verwaltung überlassen werden würde. Bohlingen (bey Radolphszell am Untersee) am 22 December 1806.

Großherzogl. Badis. Obervogteyamt.
Vidt. Zinweg.

---

3) J. Döring's.

Johannes Döring von Echzell ging vor länger denn 30 Jahren als Schneidergesell auf die Wanderschaft, und hat seitdem nichts wieder von sich hören lassen. Da nun dessen nächste Verwandte um die Verabfolgung seines — bisher sub cura gestandenen — in 974 fl. 33 3/4 kr. bestehenden Vermögens — gegen Stellung einer angemessenen Caution — gebeten haben; so wird erwähnter Johannes Döring, oder dessen etwaige Leibes=Erben hiermit öffentlich vorgeladen, a dato binnen drey Monaten bey Amt dahier zu erscheinen, dieses Vermögen resp. in Empfang zu nehmen, oder sich dazu gebührend zu legitimiren, gegenfalls sich zu gewärtigen, daß solches dessen nächsten Verwandten gegen Caution überlassen werden soll.

Bingenheim den 14 März 1807.
Großherzogl. Hess. Amt daselbst.
Zuehl.

Kauf = und Handels=Sachen.

Antwort auf die Anfrage in Nr. 67 die syrische Seidenpflanze betr.

Von der ächten syrischen Seiden = Pflanze, die unmittelbar von dem Stadtdirector Schnieber in Liegnitz bezogen worden, sind Ableger bey Endesunterschriebenem zu Langensalza, das Schock für einen Thaler, zu bekommen. Dieses Gewächs erhält desto längere Schoten und um so schönere und glänzendere Seide, wenn es auf gut gearbeitetem Boden kommt, von Unkraut rein gehalten wird, und nicht alle Stengel zum Blühen gelassen, sondern bald abgenommen werden. Es gewährt vielfachen Nutzen, als Blume zum Wohlgeruch, wegen seiner schönen Pflanzen=Seide, und die Stengel können sehr vortheilhaft als Flachs, auch zum Papier benutzet werden. Langensalza, den 17 März 1807.

Johann Heinrich Rink,
(im Schloße zu erfragen.)

Allgemeiner Anzeiger
der
Deutschen.

Sonnabends, den 4 April 1807.

Künste, Manufacturen und Fabriken.

Bemerkungen über einen Auffaß im allg. Anz. Nr. 54, den Stillstand der erzgebirgischen Bandmanufacturen betreffend. *)

Der Verfasser jenes Auffaßes sagt: er habe im 206 Stück des frankfurter Ristretto vom 27 Dec. v. J. mit Bedauern gelesen, daß man in den erzgebirgischen Bandmanu: facturen deswegen nicht könne fortarbeiten lassen, weil es an gefärbter Seide, welche in Berlin zubereitet würde, zu fehlen an: fange) und daß derselbe diese Meinung für glaubwürdig hält, läßt sich erstens daraus erkennen, daß er dadurch Veranlassung ge: nommen, die Frage aufzuwerfen: ob denn das Stillstehen der gedachten Manufacturen von den politischen Verhältnissen Berlins nothwendig abhängen müsse; und zweytens, daß er den Vorschlag gethan, man könnte die benöthigte Seide nach Offenbach am Main zum Färben übersenden, damit dem Mangel abgeholfen und viele arme Arbeiter wiederum beschäftiget werden könnten.

Mittel und Wege zu zeigen, wie den Bedrängnissen vieler Menschen abzuhelfen seyn möchte, ist sehr lobenswerth; allein, der erwähnte Vorschlag ist dazu eben so wenig geeignet, als die Meinung, welche ihn ver: anlaßt, keinen wirklichen Grund hat; denn wenn auch in den berliner Färbereyen jetzt

noch mehr Seide als ehedem gefärbt werden könnte, so würde es doch nichts helfen, weil unter den gegenwärtigen drangvollen Zeitumständen zu wenig Absatz in seidnen Bändern ist, und die Handlung überhaupt zu sehr stockt. — Könnte also der Verfasser des gedachten Auffaßes, statt des Vorschlags, die benöthigte Seide nach Offenbach zum Färben zu überschicken, gewisse Auskunft geben, auf welchen Wegen die seidenen Bänder in hinlänglicher Quantität und mit Sicherheit zu verkaufen seyn möch: ten, so würde er sich sehr verdiene um viele arme Leute und um den Bandhandel über: haupt machen.

Mangel an Absatz kann also wol nur die Hauptursache des angeführten Stillstan: des seyn, und wenn es jemand vermöchte, demselben abzuhelfen, dann würde sich ohn: streitig bald zeigen, daß man nicht nur im Erzgebirge seidne Bänder würde fortarbeiten lassen können, sondern daß auch andre in den königl. sächsischen Landen befindliche Ma: nufacturen, welche Seide gebrauchen, wie: derum in Gang kommen dürften, gesetzt auch, daß in jenem Lande keine Seide mehr gefärbt werden sollte, welches jedoch nicht zu ver: muthen steht. — So lange es nur in Ita: lien nicht an Seide und Farbematerialien fehlt, und von dorther Seide bezogen werden kann, so lange wird man auch nicht Ursache haben, über Mangel derselben zu

*) In diesem Auffaße stehet zwar Bandfabriken, aber die Benennung Bandmanufacturen wird wol richtiger seyn, denn Fabrikwaaren nennt man eigentlich diejenigen, welche durch Hülfe des Feuers und des Hammers verfertiget werden, um solche von Manufacturwaaren zu unterscheiden. Im gemeinen Leben wird dieser Unterschied freylich nur selten beobachtet. X.

Allg. Anz. d. D. 1 B. 1807,

klagen, und was man in Italien nicht will
färben laſſen; das kann in den leipziger
Seidenfärbereyen gut und ſchön gefärbt werden, im Fall nur die nöthigen Species in
erforderlicher Qualität dazu vorhanden ſind.

Daß ſchon ſeit einer langen Reihe von
Jahren in Leipzig bedeutende Quantitäten
von Seide gefärbt worden ſind, iſt bekannt;
daß man aber auch für die ſächſiſchen Manufacturen bisher in Berlin viel Seide hat
färben laſſen, kann gar nicht widerlegt werden, und der Wahrheit gemäß muß man
auch geſtehen, daß die dortigen Färbereyen
ſchöne Farben geliefert haben.

Leipzig im Monat März 1807.   R.

Gelehrte Sachen.

Zu dem Etwas über Geheimſchreiberey
im allg. Anz. Nr. 60 1807.

Die Mutter derſelben heißt Noth; der
Vater wird wol auch keinen Namen haben;
dießmahl iſt das Ey klüger, als die Henne.

Die zwey Reſultate ſind auf die mehreſten, Herrn S. bekannten eingeſchränkt, und
paſſen z. B. nicht auf die im Myſterienbuche
Leipzig bey Leo 1797, 8. S. 36 angegebene
Gitterſchrift, welche faſt ſo geſchwind als
gewöhnliche Schrift geſchrieben und geleſen,
aber ohne Schlüſſel für den geübteſten De-
chiffreur eben ſo gut als unmöglich zu entziffern iſt.

S. 611. 1) Jede Ueberſetzung des Al-
phabets in Zeichen, Ziffern ꝛc. erfordert zum
Schreiben und Leſen Uebung; jeder Schreib-
ſchüler jeder ſchreibenden Nation kann durch
das Gitter ſchreiben und leſen.

5) Alſo iſt die noch keinem andern Sterblichen bekannte und vielleicht mit dem Erfinder zu Grabe gehende Geheimſchrift doch zu
entziffern?

6) Eine Probe der Gitterſchrift, zu
welcher noch kein Sterblicher — ſogar dann
noch nicht, als der Inhalt dargelegt ward —
den Schlüſſel fand, iſt in Hindenburg's Archiv 1 B. Leipzig bey Schäfer 1795 S. 348
und 2 B. S. 82.

Wenn Herr S. eine chiffrirte Schrift
nebſt Inhalt an die Expedition des allg. Anz.
franco einſenden will: ſo findet ſich vielleicht

ein andrer Sterblicher, der den Schlüſſel
dazu fertiget.

Anfrage und Wunſch.

Der kürzlich in Braunſchweig verſtor-
bene Leiſewitz beſchäftigte ſich, wie allgemein bekannt, einen großen Theil ſeines
Lebens mit einer pragmatiſchen Geſchichte
des dreyßigjährigen Krieges. Die Erwartung von dem Werke war groß, da die von
züglichen Talente des Verfaſſers ſo ſehr berechtigten, etwas Ausgezeichnetes zu ſehen.
Bey dem leider zu frühen Tode des würdigen Mannes iſt es dem Freunde vaterländi-
ſcher Geſchichte ein ſehr anliegender Wunſch,
durch eine gefällige Nachricht in dieſen Blättern zu erfahren, ob die Geſchichte des dreyßigjährigen Krieges, an der der ſelige Leiſewitz einen großen Theil ſeines Lebens gearbeitet, bey ſeinem Tode vollendet, oder
wie weit ſie fortgerückt war? Was das
Schickſal der dazu gemachten Sammlungen
ſeyn wird? Ob Hoffnung da iſt, daß das
Ausgearbeitete und Vollendete durch Abdruck
und Herausgabe Eigenthum der Geſchichte
werden dürfte.

Bekanntlich haben wir Deutſche über
dieſe ewig denkwürdige Erſchütterung und
Umkehrung unſeres Vaterlandes Sammlungen, aber noch keine Geſchichte. Was ein
Ausländer (Bougeant) darüber arbeitete,
konnte er doch nur, als Jeſuit, unter
Aufſicht und Leitung der Obern eines
Ordens, der hier einſt eifrig, entſcheidend
wirkende Partie war, arbeiten und ſchreiben.

Es war erhebendes Nationalgefühl,
wenn nun zu hoffen erlaubt würde, daß ein
Deutſcher ausgezeichnet ſeltner Talente,
mit allen Hülfsmitteln, die nur allein in
dem Lande, wo der Schauplatz der großen
Begebenheit war, anzutreffen ſeyn konnten,
die Geſchichte einer Revolution ſchreiben
würde, deren Folgen in dem, was der Tag
dem Vaterlande heranführt, nur zu ſichtlich
und zu fühlbar ſind. So iſt es lebhaftes
Gefühl für Ehre des deutſchen Namens, das
nochmahls angelegentlich die Bitte und den
Wunſch wiederholen läßt, durch eine gütige
Nachricht in dieſen Blättern belehrt zu werden, wie weit Leiſewitz das große Unter-

nehmen bey seinem Absterben ausgeführt
oder vollendet hatte.

Allerhand.

Quittung.

Den 13 Februar d. J. erhielt Endesunterschriebener durch die Redaction des allg.
Anz. 8 Gulden 24 Kr. von einigen ungenannten Schulen des würtemberger Unterlandes,
für das unglückliche arme Mädchen Helbig
allhier, welche, wie gemeldet, in einem der
vorigen Winter durch Frost und hieraus erfolgte Amputation beyde Beine verlor: jetzt
aber, gegen alles Erwarten, über Berg,
Thal und Eis, ohne Stecken und Stab,
geschwind und mit leichter Mühe auf ihren
Stelzfüßen dahin schreitet. Mit äußerst
gerührtem Herzen empfing ich, liebenswürdige Jugend des Auslandes! diese Gaben und
Geschenke für Eure höchst bedaurnswürdige
kleine Mitschwester, deren trauriges Schicksal dadurch abermahls ansehnlich erleichtert
worden ist. Wernsdorf zwischen Glanchau
und Zwickau in Sachsen den 11 März 1807.

J. C. A. Franke,
Pastor allda.

Gesundheitskunde.

Künstliches kohlenstoffsaures Eisenbad.

Denen, welche sich im vergangenen Sommer der künstlichen Eisenbäder, nach meiner
Vorschrift und durch die von mir dazu erhaltenen Ingredienzien bereitet, bedienten, zeige
ich hiermit an, daß ich besorgt gewesen bin,
dergleichen wieder vorräthig zu haben. Wer
außerdem eine nähere Auskunft deshalb zu
haben wünscht, hat sich in postfreyen Briefen
an mich zu wenden.

Dr. Joh. Friedr. Aug. Göttling,
Jena. Professor.

Dienst = Anerbieten.

An einem beynahe in der Mitte von
Deutschland gelegenen Orte könnte ein Mann,
welcher Papier=Formen von Holz sowohl
als von Draht nach vorgegebenen Zeichen
und Namen accurat und sauber zu verferti-

gen versteht, mit einer Familie bequem Unterhalt finden, indem mehrere bedeutende
Papiermühlen in ziemlicher Nähe beysammen
liegen. Wenn jemand glaubt, diesen Erwartungen entsprechen zu können, so soll er auf
portofrey eingesandte Briefe Antwort und
nähere Auskunft über den Ort seiner künftigen Bestimmung erhalten.

Loschge,
Papierfabrikant zu Bürgthann
ohnweit Nürnberg.

Dienst = Gesuche.

Ein Apotheker=Gehülfe, der mit guten
Attestaten sowohl seiner Geschicklichkeit, als
auch seines Betragens und Fleißes versehen
ist, sucht auf Johannis in einer nicht zu
kleinen Stadt in einer Apotheke die Stelle
eines Gehülfen. — Diejenigen, welche von
ihm Gebrauch machen können, belieben ihre,
mit der Adresse an den Apothekergehülfen
G versehenen Briefe an die Expedition des
allg. Anz. zu senden.

Familien = Nachrichten.

Todes = Anzeige.

Am 22 März entschlief im 62 Jahre seines thätigen Lebens nach einem eilftägigen
Krankenlager, durch einen heftigen Husten
völlig entkräftet, unser unvergeßlicher Gatte
und Vater Joh. Adolph Herzog, herzogl.
weimar. Rentcommissair allhier.

Ilmenau, den 27 März 1807.

Mariane Herzog geb. Schenk.
Mariane verwittwete Sohn geb.
Herzog, in ihrem und ihrer
beyden Kinder Namen.
Adolph Herzog, Med. Dr.
Carl Herzog, Amtsaccessist.

Kauf = und Handels = Sachen.

Eine Partie Maculatur
von gutem Druckpapier, leipziger Größe,
ist ballenweise, der Ballen um 4 französi.
Lbthlr. oder Werth, in Gotha gegen baare
Zahlung zu verkaufen. Wer drey Ballen
zusammen nimmt, erhält 8 gr. Nachlaß auf
jeden Ballen. Man wendet sich deshalb an
die Exped. des allg. Anzeigers.

Aufgeschobene Waarenverloosung.

Da die gehabten Kriegs-Ereignisse mich bestimmt haben, meine Waarenverloosung in diesem Jahre nicht vor sich gehen zu lassen, so mache ich dieses denjenigen, welche Theil daran genommen hatten, und noch nehmen wollten, mit dem Beyfügen bekannt: daß selbige kommendes Jahr, auf nehmliche Art, wie die Plane darüber zeigten, unternommen werden wird, worüber ich in diesen Blättern zu seiner Zeit Anzeige machen werde. Auch mache ich sogleich jeden Interessenten, der Theil daran genommen hatte, mitwissend, daß die eingegangenen Gelder für eingelößte Loose, sämmtlich wieder retour gesendet worden seyn.

Schleiz im Voigtland den 1 März 1807.

Friedrich August Knoch.

Ueberlassung eines Postwesens!

Sollte irgendwo in Deutschland, jedoch in einer vom Kriegs-Schauplatz entfernten angenehmen und lebhaften Gegend ein Postmeister geneigt seyn, sein Postwesen nebst Inventarium und Grundstücken abzutreten; so würde er hierzu einen Liebhaber in einem gesetzten und rechtschaffenen Manne finden, der außer der Oeconomie noch besonders thätig zu seyn wünscht. Man kann sich mit ihm in geheime und sichere Correspondenz setzen, unter der Adresse: L. O. P. vermittelst der Expedition des allgem. Anzeigers in Gotha.

Apotheker-Verkauf.

In einer angesehenen Stadt der Wetterau ist eine im besten Stande befindliche, mit allem versehene wohl eingerichtete Apotheke zu verkaufen. Die nähern vortheilhaften Bedingungen ertheilen in portofreyen Briefen die Herren Materialisten Daucker und Clare in Frankfurt am Mayn.

Justiz- und Polizey-Sachen.

Aufforderung an Francisca Volk.

Von dem Magistrate der großherzoglich badischen Stadt Freyburg wird der abwesenden Bürgerstochter Francisca Volk erinnert, es habe der hiesige Wundarzt Michael Haarstrik bey diesem Gerichte eine Aufforderungsklage wegen Rechtfertigung einer über eine Forderung von 445 fl. erhaltenen Vormerkung eingereicht, worüber Verhandlungstagfahrt auf den 31 März dieses Jahrs Vormittags 10 Uhr im städtischen Rathhause angeordnet werden.

Da nun der Aufenthalt der Francisca Volk unbekannt ist, so hat man zu ihrer Vertretung, und zwar auf ihre Gefahr und Kosten, den diesseitigen Regierungs- und Hofgerichtsadvocaten Hrn. Dr. Traschak als Sachwalter aufgestellt, mit welchem

die angebrachte Aufforderungsklage den bestehenden Gesetzen gemäß ausgeführt und entschieden werden wird.

Die aufgeforderte Francisca Volk wird hiervon zu dem Ende verständigt, daß sie allenfalls bey gedachter Tagfahrt selbst erscheinen, oder inzwischen dem bevollmächtigten Vertreter ihre Rechtsbehelfe an die Hand geben, oder für sich einen andern Sachverwalter bestellen möge; widrigens sie sich die aus ihrer Verabsäumung entstehenden Folgen selbst beyzumessen haben wird.

Freyburg, den 17 Hornung 1807.

Adriano, Bürgermeister.

Ex Consilio Magistratus

Glockner.

Vorladung militairpflichtiger Wirtemberger.

Gomaringen. Nachbenannte, in dem hiesigen Amts-Bezirk geborne königliche Unterthanen, welche sich zum Theil auf der Wanderschaft, zum Theil in auswärtigen Kriegs-Diensten befinden, und bereits schon in den Allgemeinen aufgerufen worden sind, werden nunmehr zu Folge der allerhöchsten Verordnungen, namentlich, edictaliter citiret: daß sie zu Berichtigung der Conskriptionslisten innerhalb drey Monaten, in ihr Heimwesen zurückkehren und sich bey ihrem vorgesehenen Stabs-Amt melden, oder aber gewärtigen sollen, daß wohl, dem Verlust des Bürger- und Unterthanen-Rechts, all' ihr gegenwärtiges und künftiges Vermögen ohne weiters confiscirt wird, und zwar von:

Gomaringen: 1) Friedrich Killing. 2) Jacob Adam Rapp. 3) Joseph Reinhards. 4) Johann Georg Vierz. 5) Georg Friedrich Heinz. 6) Philipp David Aßfalk. 7) Johann Georg Renz, 8) Johann Jacob Kern. 9) Wilhelm Friedrich Hahn. 10) Johann Michael Grauer. 11) Job. Jacob Hauser. 12) Johann Georg Koll. 13) Johann Georg Staiger. 14) Christoph Heinrich Vierz. 15) Johann Ulrich Rapp. 16) Johann Michael Strohmaier. 17) Johann Stephan Wuchter. 18) Johann Conrad Stahl. 19) Johann Heinrich Kiesler. 20) Johann Martin Weybing. 21) Johann Michael Rapp. 22) Johann Jacob Strohmaier. 23) Johann Conrad Epp. 24) Jacob Friedrich Kemmler. 25) Johann Martin Weybing. 26) Johann Georg Roser. 27) Johann Georg Stahl. 28) Johann Friedrich Killing. 29) Johann Friedrich Kiesler. 30) Johann Georg Kiesler. 31) Johann Martin Rapp. 32) Johann Georg Roßbauch. 33) Stephan Strohmaier.

Hinterweiler. 1) Johann Georg Killing. 2) Johann Georg Haug. 3) Stephan Junger.

Den 12 März 1807.

Königl. Wirtemberg. Stabs-Amt.

Allgemeiner Anzeiger
der
Deutschen.

Sonntags, den 5 April 1807.

Literarische Nachrichten.

Subscriptions-Ankündigung

Meine neueste Reise zu Wasser und Land, oder ein Bruchstück aus der Geschichte meines Lebens ꝛc. ꝛc.

Unter diesem Titel will ich dem Publicum ein Büchlein liefern, das in mehrerer Hinsicht Interesse erregen wird. Es soll weder eine trockene, diariennmäßige Aufzählung der öfters genug abgedruckten geographischen und anderer dergleichen Notizen von den Orten und Gegenden, durch die mich mein Weg führte, enthalten; noch sollen, nach der Manier mehrerer neuerer sogenannter Reisebeschreibungen, die Bögen mit Schwärmereyen angefüllt seyn, die Kopf und Herz leer lassen und wo man sich am Ende fragt, was man denn eigentlich gelesen habe. Ich werde außer den geographisch-statistischen neuen, mir eigenen Bemerkungen, vorzüglich die sittliche Cultur der Einwohner und ihre Lebensweise schildern; dieß Neue und nicht Unwichtige aus der Geschichte des Feldzugs im verflossenen Jahre einweben; und besonders alle meine vorgekommenen Leiden und Freuden in der Manier erzählen, die für viele edle Menschen, auf die ich stieß, ein öffentliches Denkmahl der Dankbarkeit seyn soll.

Meine Reiseroute war folgende: Erlangen, Bayreuth, Hof, Weyda, Gera, Zeitz, Leipzig, Düben, Wittenberg, Treuenbrietzen, Beliz, Berlin, Neustadt-Eberswalda, Schwedt, Stargardt, Massow, Treptow, Colberg, Lassehne, Zanow, Schlawe, Stol-

Allg. Anz. d. D. 1 B. 1807.

pe, Lupow, Lauenburg (im Cassubenlande), Neustadt, Oliva, Danzig, Elbing, Frauenburg, Braunsberg, Brandenburg, Königsberg, Pillau, (von da im Monat December zur See, nach einem fürchterlichen Sturme eingelaufen in) Christians-De (und endlich gelandet in) Rostock, Bützow, Sternberg, Schwerin, Boizenburg, Lauenburg, Lüneburg, Celle, Hannover, Einbeck, Nordheim, Göttingen, Heiligenstadt, Mühlhausen, Langensalza, Gotha, Schmalkalden, Meinungen, Hildburghausen, Coburg und Bamberg.

Aus mehreren Gründen will ich das Büchlein auf Subscription herausgeben und weil es zugleich eine Art von Stammbuch für meine vielen Freunde und Bekannten seyn soll, so werde ich die Namen der Subscribenten vordrucken lassen. Ich fordere daher alle Liebhaber einer nützlichen und unterhaltenden Lectüre, und besonders meine Freunde im In- und Auslande, auf, dieses mein Unternehmen auf's beste durch große Subscribenten-Verzeichnisse zu unterstützen. Das Ganze wird ungefähr ein Alphabet in Octav mit einem saubern Kupfer, die Ansicht von der wichtigen dänischen Felsenklippe und dem Hafen Christians-De vorstellend, ausmachen und der Preis nicht über einen Thaler preußisch Cour. betragen. Bis Ende May müssen die Subscribenten-Verzeichnisse portofrey an mich oder an eine der hiesigen Buchhandlungen eingeschickt werden, und in kurzer Zeit darauf werden die bestellten Exemplare abgeliefert. Wer die Mühe des

Subscribenten-Sammelns übernimmt, erhält ein Sechstheil Rabat. *)

Erlangen den 28 Februar 1807.

D. Johann Christian Fick.

*) Wegen der — mir bekannten — außerordentlichen Veranlassung und Beschaffenheit dieser Reise des dem Publicum längst durch seine Schriften bekannten Hrn. Dr. Fick so wohl, als zur Beförderung der guten Absicht, die bey ihrer Herausgabe obwaltet, erbiete ich mich, in hiesiger Gegend Pränumeration darauf mit 1 Rthlr. anzunehmen, und wünsche, daß sich eine große Anzahl Interessenten dazu finden möchten.

Gotha. R. J. Becker.

Auction.

Bekanntmachung.

Da die auf den 2ten Juny 1806. bestimmt gewesene Auction von ungebundenen Büchern aus allen Theilen der Wissenschaften zu Nürnberg wegen der damahligen unruhigen Zeiten und Verhältnisse nicht hat vorgenommen werden können, so wird sie nun mit den 4 May dieses Jahres ihren Anfang nehmen. Cataloge sind davon noch zu haben in der Grattenauerschen Buchhandl. in Nürnberg.

Periodische Schriften.

Schlesische Provinzialblätter 1807. Nr. 6 bis 9. Februar.

Inhalt.

1. Breslaus Belagerung im November und December 1806.
2. Mißverständnisse.
3. Lied eines Geretteten am 1 Jan. 1807.
4. Geschichte des Klosters der Elisabethinerinnen zu Breslau während der Belagerung.
5. Auszug aus einer Zuschrift des Erzpriesters zu St. Nicolai Herren Hübner an die Herausgeber.
6. Die seltene Treue, ein Mährchen aus der Ritterwelt.
7. Die Elisabethkirche in Breslau, nach der Belagerung.
8. Chronik.

Inhalt der literarischen Beylage.

1. Recensionen.
2. Neue Schriften.
3. Nachrichten.

Nachricht von einem Hennebergischen Wochenblatte.

In dem königl. sächsischen Antheil der gefürsteten Grafschaft Henneberg ist schon seit mehreren Jahren ein Intelligenzblatt zu Stande gekommen, welches allwöchentlich in Schleusingen mit einer politischen Beylage ausgegeben und wirklich mit Interesse gelesen wird. Auswärtige Freunde unsers geliebten Hennebergs, denen gewiß, auch in der Entfernung, noch jede Bezichung auf ihr Vaterland schätzbar seyn wird, nehmen wahrscheinlich diese Nachricht nicht ohne Vergnügen auf und lassen sich solche vielleicht zu einer freywilligen Aufforderung dienen, durch eine patriotische Theilnahme zur Unterstützung und Beförderung dieses längst gewünschten nützlichen Instituts mit beyzutragen. Zum Behuf unserer Mittheilung hierunter können sie sich am füglichsten an Herrn Schichtmeister Reinhard in Suhl, als Redacteur dieser Blätter, wenden.

Bücher-Anzeigen.

Nachricht.

Die Ursache der langen Verzögerung der 2ten Abtheilung des 2ten Theils von Gmelins Naturgeschichte (Vögel) ist die Stärke und Mannichfaltigkeit dieses Geschlechts, da von jedem Geschlechte etwas zu nehmen, und gute, richtige und zugleich schöne Arbeit, sowie solche noch beynahe in keiner bis jetzt erschienenen Naturgeschichte, geliefert worden, zu liefern, sowie auch die kurzen Wintertage waren an dieser Verzögerung schuld. Die Herren Interessenten gewinnen aber immer dabey, und solche werden uns selbst entschuldigen, indem die richtige Zeichnung, Stich und Illumination von 56 Platten und 79 Abbildungen, die zu diesem Theile kommen, noch viel Zeit erfordern, und wir nicht durch Uebereilung in die Sünden unsrer Vorfahren wieder verfallen wollen. — Jedoch hoffen wir in längstens 2 Monaten diesen Theil an die Herren Interessenten versenden zu können, durch welchen alle diejenigen, die durch das lange Warten aufgebracht waren, wieder mit uns ausgesöhnt werden, wie auch durch die Fortsetzung von Bürmanns Contor-Encyclopädie, die ebenfalls nächstens erscheinen wird. Von beyden Werken ist seit dem Neujahr der Ladenpreis, welcher noch einmal so stark ist als der Pränumerationspreis war, eingetreten. Mannheim, im März 1807.

Neues Industrie-Comptoir.

Diejenigen Herren Interessenten, welche ihre Bestellungen auf obige beyde Werke bey mir gemacht haben, belieben diese Nachricht als Antwort auf ihre desfalls an mich ergangenen Anfragen anzunehmen. Zugleich zeige ich hiermit an, daß ich von beyden Werken noch eine kleine Anzahl von Exemplaren vorräthig habe, die ich noch um den Pränumerationspreis ablassen will. Derselbe beträgt für Gmelins Naturgeschichte 7rthlr. 6 gl. sächs., und für Bürmanns Contor-Encyclopädie 1 Carolin.

Postsecretär Lenk in Gotha.

Wir haben nun dem Publicum die Erscheinung folgendes wichtigen Werkes anzukündigen:
Entwurf eines Staatsrechts für den rheinischen Bund. Nach den Grundsätzen des allgemeinen Völkerrechts bearbeitet, von J. Zintel. gr. 8. München, bey Fleischmann. 16 gl. oder 1 fl. 12 kr. rhein.

Es darf wol hier nicht erst behauptet werden, daß der Gegenstand, den der durch mehrere historische Schriften bekannte Verfasser in dieser merkwürdigen Schrift behandelt, von dem größten Interesse ist. Der neue Staatenverein, der sich unter dem Schutze des Helden unsers Zeitalters bildete, liegt gleich einer neuen Schöpfung vor uns da, und erfordert daher auch ganz neue Ansichten, die freylich eine schwere Aufgabe sind, aber hier gründlich entwickelt werden.

Kochbuch, das kleine frankfurter; eine kurze und deutliche Anweisung zur guten und schmackhaften Zubereitung aller Speisen in großen und kleinen Haushaltungen, nebst 87 Recepten vom Einmachen und Aufbewahren der Obst- und andern Früchte und zur Verfertigung der Milch- und Mehlspeise. Sechste verbesserte und vermehrte Auflage. 8. 8 gl. oder 36 kr.

Wer die eigentliche und wahre Art, wie fast in jeder frankfurter Haushaltung gekocht wird, kennen lernen will, wird es nirgends so bestimmt, als in diesem ersten frankfurter Kochbuch finden. Eine noch in ihrem Tode geschätzte würdige Hausfrau der ersten hiesigen Familien war die Urheberin, und theilte es anfänglich ihren Bekannten und Freundinnen nur in Abschriften mit. So circulirte es bald in allen Haushaltungen, denn jedem war die einfache und doch schmackhafte Zubereitung der Speisen sehr willkommen. Es wurde zum Druck befördert und die öftere Wiederholung desselben, sowie auch die beträchtlichen Vermehrungen und Zusätze sind wohl der redendste Beweis, daß es auch in Haushaltungen anderer Städte — ohngeachtet aller seither versuchten Nachahmungen unter mancherley und ähnlichen Titeln — hier so gern aufgenommen und vorgezogen wurde.

Jägersche Buch-, Papier- und Landkarten-Handlung in Frankfurt am M.

Zur Ostermesse erscheint in meinem Verlage:
„Lafontaine, A., Sittenspiegel für das weibliche Geschlechte." Fünfter Band.

Oder unter dem zweyten Titel:
„Lafontaine's Erzählungen aus dem häuslichen Leben. Zweyter Band.

Die erste Erzählung dieses neuen Bandes ist betitelt:
„Der Familienehrgeiz oder die Freundschaft."

Ich mache die Erscheinung dieses 5n Bandes den Liebhabern der Lafontaineschen Schriften und vorzüglich auch den Herren Buchhändlern darum bekannt, weil ich unter den gegenwärtigen Zeitum-

ständen gern meine Versendungen genau nach ihren Wünschen und Bedürfnissen, um deren Bekanntmachung ich bitte, einrichten möchte.
Görlitz, im März 1807.
C. G. Anton.

Dispensatorium für die königl. sächsischen Lande, deutsch bearbeitet, von Dr. K. F. Burdach. 1806. 1 rthlr. 12 gl.
Nachtrag zu dem Dispensatorium für die königl. sächsischen Lande, von Dr. K. F. Burdach. 1807. Leipzig, bey Hinrichs 12 gl.

Dieses nützliche Werk vereinigt die Vorzüge mehrerer unserer besten Dispensatorien in sich, und ist daher dem medicinischen, chirurgischen und pharmaceutischen Publicum als ein sehr brauchbares Handbuch zu empfehlen.

Anzeige von P. Montfaucon's griechischen und römischen Alterthümern, mit Kupfern. Fol.

Zur nächsten leipz. Jubilate-Messe erscheint im Verlage endesunterzeichneter Buchhandlung eine neue verbesserte und vermehrte Auflage von folgendem bis interessanten Werke, das bisher selten und nur noch hier und da in Auctionen um hohen Preis zu bekommen war, nehmlich:
P. Bernhard von Montfaucon, griechische römische und andere Alterthümer, für Studirende, Zeichner, Mahler, Bildhauer, Kupferstecher, Gold- und Silber-Arbeiter, und andere Künstler in einen deutschen Auszug gebracht, von M. Joh. Jac. Schatz 2c. mit Anmerk. versehen von Dr. Joh. Carl Semler. Neue verbesserte und mit Zusätzen vermehrte Aufl. Nebst 151 Kupfertafeln, herausgegeb. von Joh. Ferd. Roth, Senior zu St. Sebald in Nürnberg. 4 Alph. stark, mit Inhalts-Anzeige. Fol. 1807.

Bey dieser neuen Ausgabe wurde von dem itztgenannten gelehrten Herausgeber das kostbare Originalwerk des Montfaucon zu Rathe gezogen, der deutsche Styl durchaus verbessert, und alles das sorgfältig beygefügt, was neuere Forscher der Alterthümer, als Böttiger, Caylus, Heyne, Hirt, Hummel, Schlichtegroll, Vogel, u. a. m., entdeckt haben, wodurch diese neue Auflage viele Vorzüge erhalten hat, die sich auch im Aeußern vor der ältern Ausgabe durch die neuen didotischen Lettern, saubern Druck und Papier, ingleichen durch gute kräftige Kupferabdrücke und den sehr billigen Preis empfiehlt.

Da dieses Werk das Wissenswürdigste aus der Geschichte der Alterthümer in einer sehr vollständigen Beschreibung und Erklärung derselben enthält und den Beyfall der Kenner bereits erhalten hat so bedarf es unsers Lobes weiter nicht.

Wir zeigen nur noch an, daß mit dieser Messe hindurch ein Exemplar auf Druckpapier und den Kupfert. auf Schreibpap. für 11 fl. oder 6 rthlr. 8 ggl. Ebendasselbe nebst den Kupfert. beydes auf

Schreibpap. für 12 fl. oder 7 rthlr. Ebendasselbe
auf Schreibpap. mit den Kupfert. auf Velinpapier,
um 15 fl. oder 9 rthlr. gegen gleich baare Bezahlung erlassen, nach derselben aber der Preis um
den 4ten Theil erhöht wird.

Von eben diesem Werke sind auch noch Exemplare von der ersten Aufl. mit Kupf. auf Schreibpap. in satein. Sprache für 12 fl. oder 7 rthlr. bey
uns zu haben; auf beyde nimmt Hr. Joh. Ambr.
Barth in Leipzig in frankirten Briefen Bestellungen an, bey dem auch Exemplare zu haben sind.
Noch sind bey uns: Gorii etrurische Alterthümer, als Supplement zu Montfaucon's röm. Alterthümern, von Nic. Schwebel, mit 58 Kupfrt.
Fol. 1770. herausgeg. für 4 rthlr. oder 7 fl. 12 kr.
besonders zu haben.

Nürnberg, den 14 März 1807.

Riegel und Wiessner,
Kunst- und Buchhändler.

Ankündigung für Gartenfreunde.

Mein Handbuch für Freunde der verschönerten
Natur ist fertig. Es führt einen zweyten Titel:
Dritte Uebungen zur Bildung der Gartenkünst-
ler. Mit Kupfern. Für einen halben Laubthaler
kann es bey mir erholten werden.

Lüdenscheid bey Iserlohn, den 10 März 1807.

Wilh. Tappe.

In der Keyser'schen Buchhandlung in Erfurt
ist erschienen:
Der selbstlehrende französische Sprachmeister,
oder kurzgefaßte Anweisung auf eine leichte Art,
und ohne Beyhülfe eines Lehrers in kurzer Zeit
die Hauptgrundsätze der französischen Sprachlehre
zu erlernen. Von Charles Louis Berger.

Der Preis ist roh 14 gl., gut brochirt 16 gl.,
und wer 12 Exemplare zusammen nimmt, erhält
solche roh für 6 rthlr., gebunden für 7 rthlr.

Das sicherste Mittel, das Rauchen in den Häusern, Küchen und Laboratorien zu verhüten, v.
C. G. Für. 4. Mit Kupfern. 1807. Leipzig,
bey Hinrichs. 10 gl.

Jeder Vorschlag, der einigermaßen auf
vernünftige Grundsätze sich stützt, muß dem willkommen seyn, der das Uebel kennt, welches der Rauch
in so unzähligen Wohnungen rc. verbreitet. Um so
willkommner werden daher diese Vorschläge seyn,
welche nach reiflichen Prüfungen und als Folge
wissenschaftlicher Einsicht hier mitgetheilt werden.

In allen Buchhandlungen Deutschlands ist zu
haben:
Das corsische Kleeblatt, König Theodor, General Paoli und Consul Bonaparte. Nebst
einer Schilderung der Sitten und Gebräuche der
Corsen, vom Bürger Feydel. 8. 16 gl.

Seit Erscheinung dieses Werks ist das Kleeblatt
etwas unproportionirlich geworden. Des Helden
unserer Zeit, des großen Napoleons, Kaisers der

Franzosen und Königs von Italien Lebensbeschreibung ist hier kürzlich aufgestellt und dann im Contraste die Geschichte des ephemerischen Upgmäen-
Königs, Haupts des Volksstammes, aus dem der
Held unserer Zeit hervorgieng, und dann die Schilderung dieses Völkleins mit seinen Sitten und Gebräuchen.   Auch Paolis Leben, des corsischen Re-
publikaners, vermehrt das Interesse dieses Werks
und die Zusammenstellung dieser drey merkwürdigen Männer sagt unserm Zeitgeiste vollkommen zu.

Zur Ostermesse erscheint bey Wittekindt in
Eisenach.
C. Vict. Kindervateri, eccles. scholarum-
que in Ducatu S. Isenacensi Superintend. etc.
posthuma, seu orationes aliquot
inaugurales scholasticas et suam,
unacum vita, edidit F. C. G. Perlet,
Gymnas. Isenac. Professor.

Le Mangs französische Briefe nebst deutschen Uebungen. (1 rthlr. 16 gl.) Halle, Kümm-
melsche Verlagshandlung.

Ein Mittel schnelle Fortschritte ohne fremde
Hülfe in der französischen Sprache zu machen.

Wer nur einige Zeit die beliebte Anweisung
zum Sprechen der französischen Sprache von
Hrn. Le Mang genützt hat, wird durch den Gebrauch obiger Briefe sehr schnell weitere Fortschritte
im französischen Ausdrucke machen. Das Zurück-
übersetzen ist die allerbeste Uebung hierzu, und dieses wird durch obiges, welcher sich ohne Lehrer fortbel-
so daß sogar der, welcher sich ohne Lehrer fortbel-
fen will, seinen Zweck erreichen kann; dem Lehrer
aber erspart es nicht nur das zeitversplitternde Dic-
tiren, sondern gibt ihm auch gleich ein, in schönem
Deutsch ausgedrucktes Exercitium, zu dessen elegan-
ter Uebersetzung der französische Brief daneben Anleitung gibt, und wobey auch der untreinäßige Lehrer nicht in Gefahr kömmt, seinen Schülern etwas
unrichtiges zu lehren. Nichts macht so schnell mit
dem Geiste beyder Sprachen vertraut, als diese Uebung des Rückübersetzens nach guten Mustern in
beyden Sprachen. Und solche Muster liefert das
obige Buch. Denn die französischen Briefe sind
sämmtlich aus classischen Schriftstellern entlehnt,
und die deutschen Nachahmungen sind ganz nach
dem Geiste der deutschen Sprache geformt.

Vorschläge zu einigen vortheilhaften Unter-
nehmungen.

Im Verlags- und Geschäfts-Comptoir in
Leipzig, im Stadtpfeifergäßchen Nro. 648. sind
wieder in Commission zu haben: Anweisung aus
Kartoffeln den reinsten und stärksten Branntwein zu ziehen. 2 rthlr. Anleitung ohne Feuer
und Abziehung in der Geschwindigkeit einen guten Liqueur, als Persico, Ratafia, Pommeranzen,
Zimmt, Nelken und Kümmel zu machen. 2 rthlr.
Anweisung aus Gerste den besten Essig zu machen. 2 rthlr.

Allgemeiner Anzeiger
der
Deutschen.

Montags, den 6 April 1807.

Gesetzgebung und Regierung.

Ueber die Ungleichheit der Ritterpferde im Königreich Sachsen und die
Unbrauchbarkeit derselben bey Ausbringung gemeinschaftlicher Lasten der
Ritterschaft.

Es ist schon öfter in diesen Blättern die
Rede gewesen von den Mitteln, die allgemeinen Kriegslasten gleichmäßig zu vertheilen;
aber niemahls hat man dabey der Ritterschaft gedacht, ungeachtet sie ebenfalls die
dem Königreiche Sachsen auferlegten Contributionen zum vierten Theile trägt. Die
von der Deputation des erzgebirgischen Kreises gemachte Vertheilung der von demselben
aufzubringenden Kriegs-Contribution, welche
als musterhaft in den allg. Anz. aufgenommen worden ist, betrifft nur die steuerbaren
Contribuenten, und erwähnt ebenfalls der
Rittergüter nicht.

Gleichwohl ist die Sache von sehr großer
Wichtigkeit, weil die Ritterschaft in Sachsen,
wie in vielen andern Ländern, von directen
Abgaben, welche auf ihrem Grund und Boden haften, frey ist, mithin nicht so, wie
bey steuerbaren Besitzungen, irgend eine
Schatzung oder sonstiger Maßstab vorhanden
ist, welcher, wenn auch nicht ganz gleich,
doch der Gleichheit sich nähert und welcher
daher einstweilen, bis zu einer richtigern
Peräquation (Ausgleichung, gleichmäßigen
Vertheilung), zum billigen Maßstabe der
Aufbringung dienen könnte.

Die Deputationen der Stände, welche
die Ausschreibung des ritterschaftlichen Am-

theils der Contributionen zu besorgen hatten,
haben in mehrern Kreisen ohne weitere Untersuchung die Ritterpferde zum Maßstabe
der Ausbringung angenommen, weil dieser
einmahl vorhanden war und es also der
allerdings mit Schwierigkeiten verknüpften
Auffindung eines andern und richtigern Maß-
stabes nicht bedurfte.

Allein es ist bekannt, daß die Ritterpferde äußerst ungleich vertheilt sind und daß
öfters Güter mit 20 bis 30 Hufen Landes
nur ein halbes, ein Viertel, oder gar nur ein
Achtel-Ritterpferd haben, indeß auf einem
Gute von 10 bis 15 Hufen ein, zwey, auch
wol mehr ganze Ritterpferde haften. Mißverhältnisse dieser Art sind dem Einsender
mehrere bekannt und es muß jeden empören,
der Gefühl für Recht und Unrecht hat, daß
nach einer solchen Eintheilung nicht selten
der Besitzer eines großen Guts eine Kleinigkeit zahlt und dagegen sein Nachbar, mit der
Hälfte an Besitzungen, ihn übertragen muß;
so fühlt der Reichere die Lasten des Kriegs
fast gar nicht, von welchen der Aermere fast
erdrückt wird.

Was diesen Gegenstand für die unverhältnißmäßig mit Ritterpferden belegten Güter noch wichtiger und gefährlicher macht, ist
die sichere Aussicht bey den jetzigen außerordentlichen Zeitumständen, daß die Ritterschaft, was gewöhnlich nicht Statt findet,
sich nicht wird entbrechen können, einen Theil
der so sehr vermehrten Staatslasten zu übernehmen, es sey nun durch ein baares dar-
gratuit, oder durch Aufnahme eines Capitals auf den besondern Credit der Ritter-

schaft, wie neuerlich im Oesterreichischen
geschehen ist. Sollte dieses wiederum auf
die Ritterpferde repartirt werden, so sind
die kleinern Güter, welche am schwersten
damit belastet sind, auf viele Jahre, vielleicht auf immer von den großern unterdrückt. Denn wo sind jetzt Aussichten zu
Verminderung der Bedürfnisse des Staats?
Werden ihm nicht, ehe er sich noch von seinen jetzigen Wunden geheilt hat, neue geschlagen werden? So werden die kleinern
Rittergüter schlimmer daran seyn, als selbst
die steuerbaren Besitzungen; sie werden in
ihrem Werthe unter diese herabsinken, dahingegen die großen Güter der Vernunft und
dem Rechte zum Trotz von ihren weitläuftigen
Aeckern, Wiesen und Forsten dem Staate
zu seinen Bedürfnissen nur eine elende Kleinigkeit abgeben werden.

Woher kommt es aber, daß die Besitzer
kleinerer, mit Ritterpferden überladener Güter den Druck so geduldig ertragen? Die
Ursachen sind verschieden. Einige halten,
weil sie sonst Vermögen genug haben, oder
aus natürlicher Indolenz, oder, weil sie
nicht gewohnt sind, in die Zukunft zu blicken,
den Druck für nicht so groß und für bloß
vorübergehend; andere lassen sich durch eine
gewisse Aengstlichkeit abschrecken, (welche
manche um ihres eigenen Interesse willen
zu vermehren suchen;) sie fürchten nämlich:
die Auffindung eines andern Maßstabs, als
die alten hergebrachten Ritterpferde, könnte
eine nachtheilige Wirkung hervorbringen in
Rücksicht der jetzt mehr als sonst beneideten
Steuerfreyheit der Rittergüter; es sey nicht
rathsam, die Masse des steuerfreyen Grund
und Bodens kundbar werden zu lassen; man
müsse diesen Gegenstand für ein Heiligthum
ansehen, von welchem es gefährlich sey, den
Vorhang wegzuziehen. Zu diesen Ursachen
kommt nun noch, daß von der großen Zahl
Rittergutsbesitzer nur der kleinere Theil
durch die Ungleichheit der Ritterpferde vorzüglich gedrückt wird; denn bey vielen ist
die Ungleichheit ist zu gar sehr groß, nur
bey manchen ist sie empörend; jene nehmen
daher als Gleichgültige gar keine Partie, und
die Klagen der letztern — wie können sie
unter dem Geschrey und dem Jubel der
Glücklichen gehört werden, welchen die Un-

gleichheit der Ritterpferde Freyheit von
außerordentlichen Staatslasten in Kriegs-
und Friedenszeiten gewährt?

Der Einsender, welcher seine Ritter-
äcker eben so gern, als andere die ihrigen,
steuerfrey behalten will, findet es gleichwohl
äußerst sonderbar, daß man sich durch eine
ganz unzeitige Furcht, die Steuerfreyheit zu
verlieren, von Vorschritten abhalten lassen
soll, welche die Selbsterhaltung den bedrück-
ten Gutsbesitzern zur Pflicht macht. Eines
Theils ist die Steuerfreyheit von Landesher-
ren und Ständen von undenklichen Zeiten
anerkannt, und kann daher mit Recht und
ohne Gewaltthätigkeit nicht aufgehoben werden; diese ist aber unter dem Schutze des ge-
rechtesten und geliebtesten Königs nicht zu
befürchten, noch weniger aber möchte die
Geheimhaltung des Betrags des steuerfreyen
Bodens irgend eine gewaltsame Abänderung
aufhalten, wenn sie wirklich zu befürchten
wäre. Denn ich verwette alles, daß die
nicht ritterartig begüterten Einwohner sich
den Betrag der rittermäßigen Besitzungen
im Vergleich größer vorstellen, als er wirklich ist. Sodann sehe ich auch nicht ein,
warum eine Schätzung der Rittergüter nach
Flächeninhalt, oder nach dem Werth bekannt werden müßte? Sie könnte ja jetzt
eben so gut geheim bleiben, wie die von
1622, in welchem Jahre die Ritterschaft sich
ebenfalls nach dem Werthe der Güter, zu
Schocken gerechnet, schatzte. Endlich begreife ich nicht, wie die mit Ritterpferden
überladenen Güter dazu kommen, daß sie
eine Vorsicht oder Klugheitsmaßregel, welche ihnen wenig oder zum Theil gar nichts
hilft und nur denen zu Statten kommt, die
wenig Ritterpferde haben, mit ihrem baaren
Gelde bezahlen sollen? Damit diese nicht in
die ganz grundlose Angst gerathen, Steuern
auferlegt zu bekommen, sollen jene weit mehr
übernehmen, als ihnen jemahls an Steuern
angesonnen werden könnte.

Ich weiß nicht, ob irgend jemahls ein
Vernünftiger den Satz bezweifelt, oder gar
bestritten hat: daß die Lasten eines Kriegs so
viel möglich unter alle Einwohner eines
Staats gleichmäßig vertheilt werden müssen.
Was besonders Kriegs-Contributionen betrifft, welche ein siegender Feind fordert, so

werden sie eigentlich dafür bezahlt, daß der
Feind Personen und Eigenthum des eroberten Landes verschonen soll. Je mehr also
jemand Eigenthum hat, desto mehr muß er
billiger Weise für die Verschonung desselben
bezahlen. Grundstücke können zwar nicht
weggenommen werden, allein der Sieger
könnte doch den Eigenthümer vertreiben und
sie einem Andern geben. — Auf Immunitäten, Freyheiten von Abgaben nimmt der
Feind nie Rücksicht, sondern seine Forderung
betrifft alle Einwohner, welche etwas im
Vermögen haben, es sey viel oder wenig;
eben so wenig fragt der Feind darnach, ob
gewisse Personen oder Grundstücke in Friedenszeiten mehr, andere weniger Abgaben
haben — er macht seine Forderung an die
Vermögens-Masse der Einwohner und be-
kümmert sich nicht um die Ausbringung.

Dieses alles bedarf wol keines Beweises,
und es leuchtet daher von selbst ein, daß
Vorwände der Art gar keine Rücksicht verdienen: daß, wer nun einmahl ein mit Ritterpferden überladenes Gut besitzt, sich auch
in Kriegszeiten in diese Unannehmlichkeit fügen müsse; daß hingegen, wer verhältnißmäßig zu wenig Ritterpferde hat, nun einmahl das Recht, zu wenig beyzutragen, erlangt habe, worin er nicht beeinträchtigt
werden könne. In Friedenszeiten und bey
den gewöhnlichen Donativen mag eine solche
Behauptung an ihren Ort gestellt bleiben;
aber Kriegslasten, sofern sie einem ganzen
Lande oder Bezirke aufgelegt sind, erfordern,
der Natur der Sache nach, eine möglichst
gleiche Vertheilung; ist ein richtiges Verhältniß noch nicht vorhanden, so muß es
schleunig und mit Redlichkeit ausgemittelt
werden; keiner hat sein Gut mit der Verbindlichkeit gekauft, die Lasten des Kriegs
für andere Güter zu tragen; keiner hat ein
Gut gekauft mit dem Privilegium, daß es
im Kriege von andern Gütern übertragen
werden müsse. Die lächerlichkeit solcher
Voraussetzungen braucht nicht ins Licht gesetzt zu werden.

Auf den Rittergütern haftet nichts, als
die Verbindlichkeit zu Ritterdiensten, im
übrigen sind sie frey von directen Abgaben
oder Beyträgen zu den Bedürfnissen des
Staats. Allein diese Freyheit von Abgaben

rührt nicht von den Ritterdiensten her, hat
vielmehr gar keinen Zusammenhang damit.
Dieß hat schon die Ritterschaft selbst in ihren
Schriften über die Steuer-Quästionen von
1776 behauptet, (s. Hunger's Finanz-Ge-
schichte von Chursachsen S. 304 und von
Carlowitz in comment. de pecun. servit.
equest. vicar. Lipf. 1802, welche Schrift über
diesen Gegenstand classisch ist, hat überzeugend dargethan, daß die Abgabenfreyheit
der Rittergüter einen ganz andern Ursprung
hat, nämlich aus den ältesten Zeiten, wo
bey den Deutschen nur Knechte, Leibeigene
und unterjochte Völker Abgaben schuldig
waren, hingegen die Freyen, außer dem
Zehnten an die Geistlichkeit und freywilligen
Geschenken, welche die Fürsten zuweilen erhielten, nichts zu entrichten hatten; diese
anfangs bloß persönliche Freyheit ging nach
und nach auf die Besitzungen über, zumahl
nachdem die Personen bürgerlichen Standes
in Sachsen das Recht erhalten hatten, freye
Güter zu besitzen.

Hieraus ergibt sich sogleich, daß Ritterpferde, welche nur den eigentlichen Ritter-
dienst betreffen, (statt dessen das Donativ
bezahlt wird) schon ihrem Ursprunge nach
nicht passen, wenn von Aufbringung einer
allgemeinen Abgabe die Rede ist, und ich
lasse daher von Carlowitz's Behauptung:
daß die Besitzer der mit Ritterpferden übermäßig belegten Güter mit Recht die Schuld
ihrer Vorfahren zu tragen hätten, hier unbeantwortet, ungeachtet sich gar vieles, besonders aus dem Beyspiele der Steuer, welche
ebenfalls die durch Fundamental-Schatzun-
gen aufgelegten Schocke moderirt und ändert,
dagegen sagen ließe. Genug Ritterpferde
gehören nicht hierher, wo von Eintheilung
von Kriegscontributionen oder öffentlichen
Staatslasten die Rede ist. Ritterguts-Grund
und Boden ist nach der Staatsverfassung
frey, und kann, so lange diese besteht, nicht
belastet werden; es existirt daher auch nicht,
wie bey steuerbaren Besitzungen, ein Maßstab der Belastung, sondern, wenn Summen zu Kriegscontributionen oder Staatsbedürfnissen von solchen befreyten Gütern
aufgebracht werden sollen, so muß erst der
Maßstab dazu regulirt werden.

Man sage mir nichts von andern vormahligen Kriegen, und daß die feindlichen Contributionen sonst auch nach Ritterpferden ausgebracht worden wären. Jeder Krieg ist für sich; jeder hat seine eigene Geschichte, seine eigenen Leiden. Nur darin kommen alle überein, daß jeder ein gemeinschaftliches Uebel oder Unglück eines Staats ist, welches gemeinschaftlich getragen werden muß. Würde man den nicht auslachen, welcher sagen wollte: Ich und meine Vorfahren haben seit undenklichen Zeiten in vielen Kriegen durch Verjährung das Recht erlangt, daß mein Gut frey ist von Kriegsbeschwerden? oder daß es nur die Hälfte oder nur den vierten, sechsten, achten Theil trägt von dem, was andere ähnliche Güter tragen müssen? — Und gleichwohl ist dieß die Anmaßung derjenigen, welche wenig Ritterpferde haben, gegen solche, welche damit übermäßig belastet sind. Sie zucken höchstens mitleidig gegen uns die Achseln, und bedauern uns wol selbst, daß wir für sie bezahlen sollen. Aber, wie läßt sich vom Kriege, vom Zustande des Schreckens und der Gewalt, welcher jede Verjährung unterbricht, selbst den Anfang einer Verjährung nicht einmahl zuläßt, gleichwol eine Verjährung ableiten? Und wollte man die Acten der vorigen Kriege untersuchen, so würde man finden, daß die Contributionen nicht allemahl nach Ritterpferden aufgebracht worden sind; vom siebenjährigen Kriege wenigstens weiß ichs gewiß, und die abgeschmackteste Verjährung von der Welt würde nicht einmahl zu erweisen seyn.

Es ist wahr, die hohe Landesregierung zu Dresden hat die Eintheilung der Kriegscontributionen nach dem Fuße der Ritterpferde genehmigt; allein sie hat die verschiedenartigsten Eintheilungen in den verschiedenen Kreisen ebenfalls genehmigt. Ich finde das ganz natürlich. Die Deputationen hatten es übernommen, die Eintheilung zu machen; ihre Pflicht war es, für die Gleichmäßigkeit derselben zu sorgen; sie mußten wissen, welche Eintheilung die gerechteste und schicklichste war, und die Regierung hatte keine Pflicht oder Veranlassung, dieses zu untersuchen. Aus dieser Genehmigung folgt aber nicht, daß nunmehr nach herge-

stelltem Frieden eine gerechte Eintheilung nicht gemacht werden dürfe oder könne. Jetzt ist vielmehr der Zeitpunct dazu eingetreten, und der auszumittelnde Maßstab kann zugleich dienen, den Antheil zu repartiren, welchen die Ritterschaft zu den jetzigen außerordentlichen Staatslasten, unbeschadet ihrer sonstigen Freyheit, sich nicht wird entbrechen können, für dießmahl zu übernehmen. Ueberhaupt aber kann jene auf die ohne Zweifel mangelhaften Berichte der Kreisdeputationen erhaltene Genehmigung die Rechte der gedrückten Rittergutsbesitzer nicht aufheben. Sie werden selbst wider diejenigen, welche eine solche ungleiche Vertheilung machten, ein gegründetes Klagerecht auf Entschädigung und Vergütung behalten s. Winkler von Kriegsschäden II. 9 §. 29 und wenn unser guter und gerechter König die Klagen seiner verhältnißwidrig gedrückten Vasallen erfahren wird, so ist der Erfolg nicht zweifelhaft.

Es ist bekannt, daß die Ritterrollen, welche noch von alten Zeiten herrühren, (die jetzt noch gangbare ist von 1632 f. Finshut. Lehnrecht §. 135 Anm. 4) fast ganz nach zufälligen Umständen, und fast ohne alle Rücksicht auf die Güter gemacht sind. Die Vasallen erboten sich, mit Pferden und Knechten zu erscheinen, je nachdem sie Eifer und Lust zum Kriege, oder zum Dienste des Landesherrn hatten, oder auch sich hervorthun wollten; selbst die Amtshauptleute oder Beamten, welche zuweilen auf Befehl die Ritterrollen machten, richteten sich mehr nach den Vermögensumständen des Vasallen, ohne besondere Rücksicht auf sein Gut; so hatte natürlich oft mancher bey einem kleinern Gute mehr Vermögen, als ein anderer bey einem größern; mancher hatte vielleicht mehrere Güter, und man setzte ihn mit Pferden an, unbekümmert, von welchem seiner Güter er mehr dazu nahm, und von welchem weniger. In den Ritterrollen findet man häufig nur den Namen des Vasallen, ohne alle Erwähnung eines Guts. (s. die Schrift über die churfächs. Steuerverfassung, Leipz. 1800 S. 96.) Eine solche in Rücksicht ganz anderer Umstände gemachte, auf ganz verschiedenen Gründen beruhende, zu ganz andern Zwecken bestimmte Eintheilung kann setzt nicht anders als unpassend, für einen großen Theil drückend und dem Könige selbst, so wie dem Staate nachtheilig seyn, welchem daran gelegen seyn muß, daß niemand über die Gebühr gedrückt, keiner dem andern aufgeopfert werde.

Ich für mein Theil vertraue meinem Könige und meiner gerechten Sache; ich werde alles thun, was rechtmäßig ist, um die Pflicht der Selbsterhaltung gegen mich und meine Familie zu erfüllen, und meine Besitzung nicht von einem Rittergute bis tief unter die steuerbaren Besitzungen hinunter drücken zu lassen.

Den 17 März 1807. ***

Nützliche Anstalten und Vorschläge.

Erziehungsanstalt für Mädchen.

Schon seit einigen Jahren beschäftigte ich mich damit, Töchter würdiger Eltern zu erziehen, doch konnte ich wegen meiner bisherigen beschränkten Wohnung die Anzahl der Zöglinge auf mehr als zwey oder drey nicht ausdehnen. Da ich nun aber, um meinen Wirkungskreis zu erweitern, eine geräumigere und bequemere Wohnung gekauft habe, so bin ich im Stande, die Anzahl der Kostgänger, für deren Herzens- und Verstandesbildung auf das beste gesorgt wird, zu vermehren. Unterricht in weiblichen Arbeiten aller Art erhalten sie von mir und meiner Tochter, und außer dem Unterrichte, welchen sie in der Religion und im Schreiben, Rechnen, in der Geographie und Naturgeschichte empfangen, haben sie die beste Gelegenheit, Zeichnen und Musik zu lernen. Sollten Eltern oder Vormünder geneigt seyn, (es wird sie die beste Gelegenheit nicht gereuen) mir ihre Töchter oder Mündel zur Erziehung anzuvertrauen, so bitte ich sie, das Billige und Nähere mit mir in portofreyen Briefen oder mündlich zu unterhandeln. Sandersleben im Anhalt Dessauischen den 13 März 1807.

Amalie Wilhelmine Falco, lutherische Predigers-Witwe.

Dienst-Anerbieten.

Es wird ein Lehrer in Schwaben unter vortheilhaften Bedingnissen zum Unterricht von vier Kindern gesucht. Die Erfordernisse sind, daß er der evangel. lutherischen Religion zugethan, in dieser Unterricht gebe, der deutschen, lateinischen, französischen, wo möglich auch der italienischen Sprache mächtig sey, die Anfangsgründe der Mathematik, Geschichte und Geographie lehre, vorzüglich aber auch musikalisch sey; sollte er dabey auch öconomische Kenntnisse besitzen, so wäre es um so angenehmer. Wer diese Stelle annehmen will, sende seine Briefe, wenn er hinlängliche Zeugnisse seiner von ihm verlangten Kenntnisse und seines untadelhaften Lebenswandels aufweisen kann, an die Expedition des allg. Anz., wo man weitere Auskunft erhalten wird.

Allerhand.

Anerbieten zum Ausstopfen der Thiere.

Unterzeichneter empfiehlt sich allen Naturforschern im Ausstopfen vierfüßiger Thiere; und Vögel-Bälge, die man ihm zu diesem Behuf zusendet, wird er naturgetreu darstellen. Er nimmt auch Bestellungen auf deutsche vierfüßige Thiere und Vögel an, und verkauft alle Sorten reingeschliffener Gläser zu künstlichen Thieraugen à 5 kr.

Briefe und Geld erbittet er sich postfrey.
Offenbach im Febr. 1807.

Georg Gesell.

Justiz- und Polizey-Sachen.

Vorladungen: 1) militairpflichtiger Badener.

Nachbenannte conscriptionsfähige Leute sind theils ohne Erlaubniß, theils über die gesetzliche Zeit außer Landes, und werden in Gemäßheit landesherrlicher Verfügung hierdurch aufgefordert, sich bey unterzeichneter Behörde zu stellen.

Von Bahlingen: Joh. Jac. Adler, Beck. Joh. G. Baumgartner, Dreher. Joh. G. Baumgartner, Metzger. Jonas Boos, Weber. Joh. Jacob Demmler, Schmid. Joh. M. Diehr, Kiefer. Joh. Georg Diehr, Schuster. Joh. Georg Diehr, Beck. Jac. Diehr, Weber. Joh. Georg Ernst, Beck. Matthias Häuber, Schuster. Joh. Georg Jobo, Kiefer. Jonas Krumm, Schuster. Joh. Krumm, Maurer. Joh. Kromer, Wagner. Georg Kreutner, Schmid. Joseph Metzger, Schuster. Joh. Jac. Maurer, Schuster. Joh. Maurer, Schuster. Peter Schöpf, lin, Schreiner. Joh. Schmidt, Beck. Klaus Würstle, Schuster. Jacob Weber, Maurer. Mat. Kaufmann, Schneider. Joh. Kaufmann, Weber. Wilhelm Ernst, Beck.

Von Bickensohl: Christian Schmidt, Zimmerman. Christian Breisacher, Metzger. Joh. Jacob Blais, Weber.

Von Bischoffingen: Michel Schmidelin, Schneider.

Von Bötzingen und Oberschaffhausen: Christian Thier, Schuster. Matris Höfle, Schneider. Jacob Brenn, Maurer. Joh. Jacob Groß, Schuster. Georg Fr. Serauer, Beck. Joh. G. Bühler, Beck. Joh. Fr. Flesch, Schreiner. Christian Holdermann, Metzger. Matthias Bührer, Schneider. G. Fr. Serauer, Beck. Jacob Jenne, Schmid. Joh. G. Stein, Schneider. Georg Lehnert, Schuster. M. Flesch, Zimmermann. G. Fr. Ankenmann, Chirurg.

Von Denzlingen: Joh. Georg Malzacher. Andr. Rübling, Schuster. Andr. Mit, Dreher.

Von Colmarsreuthe: Andr. Jöhe, Schuster.

Von Eichstetten: Matthias Ziß, Beck. Joh. Martin Böhnert, Schneider. Joh. G. Enderle, Schuster. M. Diesele, Zimmermann. Martin Sommer, Beck. Joh. Jacob Sommer, Weber. Joh. Staiger, Schmid. Carl Wiedemann, Schuster. Michael Joole, Weißgerber. Wilhelm Joole, Beck. Tobias Müller, Hafner. Christian Bockstahler, Weber. Joh. Martin Dettweiler, Schuster. Joh. Jacob Boch, Schneider. Jacob Schumacher, Kiefer. Joh. Georg Brandenberger. M. Danzeisen, Wagner. Joh. Weißhaar, Beck. Georg Jacob Ziß, Beck. Christian Dreher, Weber. M. Schöpfle, Wagner. Joh. G. J. Schnibler, Schmid. Joh. M. Sprich, Metzger. Georg Jacob Kaiser. Joh. Schmidt, Schuster. M. Boch, Schneider. Joh. Martin Rinklin, Weber. Joh. Georg Weißhaar, Schneider.

Vogtey Freyamt: Joh. G. Reinbold, Beck. Thomas Kern, Schuster. Joh. G. Schillinger, Schreiner. Joh. Bührer, Metzger. Mat. Haas, Wagner. Mat. Buderer, Schmid. Joh. Jacob Kern, Maurer. Christian Zimmermann, Schuster. Andr. Kölble, Schuster. Joh. G. Schillinger, Schuster. Joh. G. Staiger, Schuster. Christian Bührer, Schuster. Gottlieb Kern, Schreiner. Jacob Haas, Schmid. Jacob Buderer, Weber. Matris Kern, Schneider.

Von Gundelfingen: Friedr. Schüssele, Weber. Joh. G. Schüssele, Schuster. Fr. Hättich, Schreiner. Christian Winkler, Weber. Engelhard Maurer, Schneider.

Von Ihringen: Martin Fuchs, Schneider. Joh. G. Graf, Maurer. Joh. G. Ziller, Schneider. Joh. G. Jäbri, Schuster. Martin Mooser, Schuster. Joh. Jacob Schillinger, Carl Fr. Hörner, Beck. Joh. G. Hildenbrand, Kiefer.

Von Köndringen: Joh. G. Markstahler, Zimmerman. Fr. Schillinger, Weber. Joh. M. Markstahler, Weber. Fr. Kloter, Zimmermann.

Friedr. Schindler, Schreiner. Joh. G. Schweigler, Schuster. Andreas Klaisler, Wagner. Mat. Valentin, Weber.

Von Königschaffhausen: Joh. Fr. Kaltenbach, Sattler. Fr. Brand, Schuster. Jacob Treffeisen, Weber. Joh. G. Serauer, Glaser.

Von Leiselheim: Jacob F. Jacobi, Schneider. Andreas Merkle, Schuster. Jacob Merklin, Weber. Georg Brüstlin, Metzger.

Von Malterdingen: Joh. Kummle, Schneider. Joh. G. Strohm, Zimmermann. Wilh. Willarede, Kiefer. Joh. M. Schüssele. Joh. Jacob Kaitlin, Maurer. Joh. Fr. Ziger, Schreiner. Joh. G. Bührer, Schneider. Joh. Schülinger, Metzger. Joh. M. Storz, Weber. Gottlieb Ernst, Sailer. Joh. M. Breithaupt, Schmid. Michel Rigmann, Weber. Andreas Bührer, Schneider. Georg Obrecht, Maurer. Michel Breithaupt, Schmid.

Von Maleck: Christian Köblin, Weber. Jacob Jung, Schuster. Fr. Baumgartner, Schneider.

Von Mundingen: Joh. M. Traulieb, Schuster. Joh. G. Möplin, Kiefer. Martin Ehrenfelder, Weber.

Von Nieder-Emmendingen: M. Klaisler, Ziegler.

Von Nimburg: Andreas Storz, Zimmermann. Joh. G. Schmidt, Kiefer. Joh. G. Junghänl, Müller. Fr. Schneider, Schneider. Jacob Schmidt, Schuster. Matth. Junghänl, Schuster. Georg Jac. Haller, Zimmermann. Joh. Georg Herzog, Weber. Joh. G. Dieter, Zimmermann. Erhard Meier, Gerber. Jac. Meier, Schmid. Jacob Schmidt, Weber. Fr. Joho, Weber. Joh. Jacob Kämmerle, Metzger.

Von Ottoschwanden: Daniel Ziebold.

Von Sexau: Matris Schwab, Kellner. Andreas Stricher, Kiefer. Andreas Haas, Schuster. Mattias Holzer, Schneider. Joh. M. Schumacher, Schneider.

Von Theningen: G. J. Ehrler, Schuster. Casper Engler, Schuster. Jacob Schmidt, Wagner. Georg Froß, Schmid. Joh. M. Heß, Weber.

Von Vörstetten: Christian Besort, Schreiner. Joh. Eberle, Maurer. Martin Mesort, Schneider. Joh. Danzeisen, Beck.

Von Wasser: Joh. M. Schneider, Wagner.

Von Weisweil: Joh. M. Laag, Schmid. Joh. M. Wolf, Schneider. Balzer Küpfel, Schneider. Jacob Ehret, Schuster. Joh. Jacob Ehret, Weber. Joh. M. Adelin, Schneider. Joh. G. Kristen, Schuster. Balzer Fuchs, Beck. Joh. Fuchs, Beck. Seb. Fuchs, Schuster. Fr. Fuchs, Beck. J. G. Walter, Schneider.

Von Windenreuthe: Joh. Chr. Schlenker, Schneider.

Verordnet beym großherzoglich badischen Oberamt Hochberg zu Emmendingen im Breisgau den 23 März 1807.

Hoch. — Montanus.

2) Chrn. Hagen's.

Christian Hagen von Kronau ist bereits im Jahr 1764 mit seinem Vater Georg Hagen in das Königreich Ungarn abgezogen, und soll zu Tuschau wohnhaft gewesen seyn. Da jedoch derselbe bisher nichts Zuverläßiges von sich hat vernehmen lassen; und dessen Seiten-Verwandte um Ausfolgung des Vermögens angestanden sind, so wird gedachter Christian Hagen oder dessen etwaige Leibes-Erben andurch aufgefordert, binnen 3 Monaten von unten gesetztem Tage an um so gewisser dahier zu erscheinen, und das in 336 fl. 51 5/8 kr. bestehende Vermögen in Empfang zu nehmen, als im Ausbleibungsfalle solches den Seiten-Verwandten gegen ordnungsmäßige Sicherheit zur nußnießlichen Verwaltung übergeben werden solle.

Ißlau, am 14 März 1807.

Großherzogl. Badisches Amt.
Woll.
Vdt. Boos.

3) J. Zandt's.

Röteln. Auf eingekommene Bitte der nächsten Anverwandten werden Johannes Zandt von Binzen, der zu Anfang des 1790 Jahrs als Schreinergesell auf die Wanderschaft gegangen ist, und sich darauf in Ungarn aufgehalten hat, oder dessen rechtmäßige Leibes-Erben, aufgefordert, sich binnen 9 Monaten, von heute an, entweder persönlich oder durch einen hinlänglich Bevollmächtigten vor hiesigem Oberamt zu stellen, und das dem Zandt zugefallene Vermögen in Empfang zu nehmen, indem es sonst gegen Caution an diese Anverwandten aus gefolgt werden wird. Verordnet bey großherzoglich badischem Oberamt Röteln zu Lörrach am 20 Februar 1807.

Großherzoglich Badisches Oberamt
Röteln.

4) Val. Moser's.

Valentin Moser, Bürgerssohn von Hausach, 19 Jahre alt, ohne Professions-Kenntniß, hat sich schon unterm 4 Januar von hier ungebührlicher und heimlicher Weise fort begeben, und war seit dem aller versuchten Nachfrage seiner Verwandten ohngeachtet nicht mehr auszukundschaften.

Derselbe wird daher unter Bedrohung des Verlustes seines jetzigen und anhoffenden Vermögens, wie auch seines Bürgers- und Unterthanen-Rechts zur Rückkehr und Stellung inner nächsten drey Monaten hiermit oberkeitlich aufgefordert.

Wolfach, den 12 März 1807.

Hochfürstl. Fürstenb. Oberamtscanzley der Landvogtey Kinzingerthal.

5) der Gläubiger Chrn. Friedheim's.

Bey dem hiesigen Stadtrathe hat der Kaufmann Christian Friedheim einen Vergleich übrrrich, welchen er zu Berichtigung seines Debitwe-

sens mit seinen Creditoren privatim abgeschlossen hat. Da nun aber noch einige dieser letztern dieser Privat-Uebereinkunft in Güte beyzutreten, sich nicht haben entschließen können: so ist zugleich von Seiten des erwähnten Kaufmanns Friedheim, und von den allhier von dessen consentirenden Gläubigern bestellten Bevollmächtigten darauf angetragen worden, daß alle diejenigen, welche dem gütlichen Beytritt zu jener Vergleichs-Verhandlung bisher verweigert haben, zu demselben gerichtlich angewiesen werden möchten.

Um nun nach Maßgabe dieses unbedenklichen Gesuchs dieserhalb nach Vorschrift der hiesigen herzoglichen Proceß-Ordnung die weitere Gebühr Rechtens verfügen zu können, werden hierdurch die sämmtlichen bekannten und unbekannten Creditoren des Kaufmanns Friedheim, welche bisher dem über dessen Schuldenwesen privatim abgeschlossenen Vergleiche noch nicht beygetreten sind, Rathswegen vorgeladen

den 7 September d. J. ist der Montag nach dem 15 Trinitatis-Sonntage Vormittags 11 Uhr entweder in Person oder durch sattsam Bevollmächtigte bey Strafe des Verlusts ihrer Forderungen und des Verlusts der Wiedereinsetzung in den vorigen Stand zu hiesiger Rathsstelle zu erscheinen, sich gebührend anzumelden, ihre Forderungen gehörig anzugeben und zu bescheinigen, und sodann die weitere gesetzmäßige Anordnung nach Vorschrift der herzogl. Proceß-Ordnung zu gewarten. Diejenigen Gläubiger aber, welche in der hiesigen Stadt nicht wohnhaft sind, haben auf das späteste in diesem Termine einen Bevollmächtigten allhier zu Annahme der Citationen bey Verlust ihrer Forderungen zu bestellen.

Gotha, den 25 März 1807.

Bürgermeister und Rath das.

6) J. F. Bräcklein's.

Johann Friedrich Bräcklein, ein Sohn des weiland Johann Georg Bräcklein, gewesenen Müllers in der Riethmühle, ist 1753 als ein Müller in die Fremde gegangen und seit jener Zeit verschollen geblieben. Da nun derselbe nach beygebrachten Zeugnissen den 23 März 1737 geboren ist, mithin nunmehr das 70 Jahr zurückgelegt hat und dessen nächste Anverwandte um Aushändigung dessen zeither unter vormundschaftlicher Administration gestandenen Vermögens nachgesuchet haben; als werden gedachter Johann Friedrich Bräcklein oder dessen allenfalls vorhandene Leibeserben, auch alle, welche an dessen Vermögen Ansprüche zu machen glauben, Kraft dieses geladen, in dreyen sächsischen Fristen und zwar in folgender

Donnerstag den 6 August l. J. in Person oder durch genugsam Bevollmächtigte vor Rath allhier zu erscheinen, ihre Ansprüche gehörig

anzugeben und zu bescheinigen, oder im Nichter-
scheinungsfall zu gewärtigen, daß Joh. Friedrich
Bräcklein zu todt und die Ansprüche auf dessen
Vermögen für erloschen erklärt, auch solches den
nächsten Anverwandten ausgehändiget werden wird.
Wonach sich zu achten.
Signat. Rodach den 24 März 1807.
Burgemeister und Rath das.

Kauf- und Handels-Sachen.

Kauf- und Pacht-Antrag in Mannheim.

In dieser Residenz- und Handelsstadt der rheinischen Pfalz sucht ein lediger Mann, welcher eines
der größten Gebäude in dieser Stadt als Eigenthum besitzt, offene Gast- und Weinwirthschaft,
bey welcher jede Woche zweymahl Tanz gegeben
wird, und dabey eine stark besuchte große Bade-
Anstalt versehen muß, einen Theilnehmer an diesem großen, für ihn allein zu beschwerlichen Geschäfte.

Der gerichtliche, genau taxirte Werth der Gebäude, der Bade-Anstalt und wirthschaftlichen Einrichtung beträgt die Summe von 30000 fl. Man
verlangt daher von demjenigen, der Lust hat, Theil
an dem Geschäfte zu nehmen, daß er 1) 10000 fl.
baares Vermögen besitzt, für welches ihm die
Hälfte von dem obigen Werth der 30000 fl. gerichtlich zugesichert wird. 2) Daß er, wo möglich, schon
einige Kenntnisse von der Wirthschaft besitzt, oder
wenigstens den Weinhandel versteht, und daß er
endlich 3) von gutem, unbescholtenem Rufe sey.
Uebrigens mag er ledig, oder, welches um so mehr
zu wünschen ist, verheirathet seyn. Sollte ein solcher das ganze Geschäft allein übernehmen wollen,
so wird er die billigsten Bedingungen finden, wobey
die größere Hälfte des Capitals kann stehen bleiben.

Der Theilnehmer kann auch weiblichen Geschlechts seyn, da der Eigenthümer einer soliden
Verehelichung nicht zuwider wäre. Die Liebhaber
belieben sich in frankirten Briefen an die Expedition
des allg. Anz. in Gotha zu wenden, von welcher
sie das Nähere erfahren können.

Thalitterisches Kupfer.

Nachdem für gut befunden worden ist, die auf
der Schmelzhütte zu Thalitter in der großherzoglichen Provinz Oberhessen in diesem Jahr nach und
nach producirt werdenden gegen 4 bis 500 Ctr. der
bekannten feinen, zur Messingfabrication und zum
Drahtzuge ganz vorzüglich brauchbaren thalitterschen Kupfer unter den bey der Versteigerung bekannt
gemacht werdenden Bedingungen dahier auf großherzogl. Rentkammer-Canzley öffentlich versteigern
zu lassen, und hierzu terminus auf Donnerstag

den 16 April Vormittags 10 Uhr anberaumt worden ist; als wird solches allen Kaufliebhabern bekannt gemacht, damit sie in diesem Termine entweder in eigener Person oder mittelst gehörig Be-
vollmächtiger dahier erscheinen, der Versteigerung
beywohnen und bey annehmlichen Geboten sich des
Zuschlags gewärtigen können.
Gießen den 13 März 1807.
Großherzogl. Hessische Rentkammer das.

Persio,
ein neues Farbe-Material zur Ersparniß des Indigs und der Cochenille.

Die Erfindung des Persio ist gewiß in der
Färberey eine der wichtigsten; die Vortheile, die
diese Farbe bewirkt, sind auffallend. Beym Blau
wird nicht allein ein Drittel Indig erspart, sondern
das Blau wird alsdann dadurch viel feuriger,
glänzender, und färbt nicht ab. Ein gleiches ist
auch bey Himmelblau, bis zur hellesten Schattirung,
Perlenblau, zu bemerken; eben so vortheilhaft hilft
diese Farbe bey Purpur, Pompadour, Violett,
Lilla, Eminence, Braun, morte d'oye und überhaupt bey allen Farben, welche eine röthliche Schattirung verlangen. Wenn man die Hälfte Cochenille dazu nimmt, so kann man sehr echt Carmoisin
damit färben; man wird also einsehen, daß die
dadurch bewirkte Ersparniß bey den jetzigen steigenden Preisen des Indigs und der Cochenille wichtig
ist. — Bey allen braunen, carmelitrenen und dergl.
Farben wird dieses Farbe-Product mit Nutzen
gebraucht; es ist zum Schauen, Aufsetzen, oder
Abdunteln wohlfeiler und haltbarer als Orseille,
Fernambuc, Blauholz und dergl. Vorzüglich wird
der Persio auf Wolle gebraucht, doch gewährt er
eben den Nutzen auf Seide. Er ist bey Streiber
in Eisenach in Thüringen nebst einer Beschreibung
zum Gebrauch, echt und zu verschiedenen Preisen,
so wie auch mehrere andere Farbe-Waaren zu
haben. — Man warnet zugleich vor dem nachgemachten und verfälschten Persio.

Hopfen.

Guter heerspruckter Hopfen soll in Buttstädt
verkauft werden. Der Kaufmann Hickethier daselbst gibt auf portofreye Briefe wegen des Preises
nähere Nachricht, auch auf Verlangen Proben.

Messing und andere Metalle.

Altes reines Messing, in großen und kleinen
Stücken, kauft in großen und kleinen Partien nebst
anderen Metallen,
Paul Carl Hertel, Stück- und Glocken-
Gießer in Nürnberg.

Mehrere Zeitungen haben den in Nr. 61
des allg. Anz. vom 3 März S. 617 befindlichen Artikel *) verstümmelt und mit einem
Anhang aufgenommen, welchen der brave
Verfasser nicht billigen dürfte.

Das ist Schade! „Friedrich Wilhelm
III" — sagt ein anderes Blatt und jeder
Wahrheit liebende Edle, jeder echte Patriot
vom ersten bis zum letzten, der des unglücklichen Regenten Character würdiget, stimmt
von ganzem Herzen ein — „Friedrich's Enkel, der stets als ein gerechter Regent das
Beste seiner Unterthanen wollte, der immer
treu an dem, was versprochen hatte, hing;
dem es viel Mühe kostet, einem andern
Treulosigkeit zuzutrauen, wovon er durch die
triftigsten Gründe belehrt werden muß, um
sich von ihm abzuwenden, dessen Herz ohne
Falsch, dessen Verstand richtig, dessen Betragen gerade und bieder ist; dessen Unglück
die Schuld der Zeit und dessen Standhaftigkeit ein Beweis seiner edeln Grundsätze ist;
dieser Regent wird, wenn einst bessere Tage
wiederkehren, dann dem Talente, der Einsicht, dem Verdienste und der Treue allein
sein Vertrauen schenken und diese Mächte
der Erde werden ihn wieder groß und mächtig machen."

Das hoffen wir mit Zuversicht! Stark
war die Lehre! Aber auf einmahl läßt sich's
nicht von gewissen so tief eingewurzelten,
so vielfältig bis zum letzten entscheidenden

Momente, ja jetzt noch von Leuten einer gewissen Classe, genährten Ideen losreißen:
um so weniger ein Herz wie Friedrich Wilhelm's, welches sein Vertrauen nur mühsam aufgibt.

Haben nicht zahllose Verfechter des alten
Glaubens, Männer von Metier, Veteranen,
die einen hohen Grad von Celebrität erlangt,
bis zur entscheidenden Catastrophe aus vollen
Backen geblasen? Hat nicht unter andern
die hochberühmte Minerva davon unzählige
Belege in jedem Stücke geliefert? Was hat
sie uns z. B. nicht noch im August v. J. —
S. 242 — 261 — glauben machen wollen?
Und von welchem originellen Kriegs-Sinn,
oder vielmehr von wessen Ehre redet
nun H. v. Archenholz selbst noch in seiner
— im December-Stück S. 377 — 396 ingl.
S. 544 — 554 befindlichen Elegie? Unterzeichneter war auch einst im Militär — in
den Annalen der leidenden Menschheit
hat er gezeigt, daß er ein aufmerksamer Beobachter war — Aber er ist bürgerlicher
Herkunft und so hat er es mit andern Tausenden oft tief und schmerzhaft fühlen müssen, wie die gepriesenen Helden ihre ganz
eigene Art von Ehre nur zur Erniedrigung
jeder andern Classe geltend machten.

Es ist gut — so verschieden ist der Gesichtspunct, woraus geurtheilt wird! — daß
der magische Spiegel zerschlagen, die Täuschung aufgehoben, der leere Dunst, jenes

*) Er hat die Ueberschrift: Glänzende Genugthuung des Königs von Preußen für den Bürgerstand, und endet mit dem Satze: „Seyd stolz' Bürger! Solche — Staaten". d. Red.

Phantom, verflogen ist; das eigentliche Wesen, die wahre Kraft der edeln Masse bleibt und regenerirt sich, und wir werden nicht mit dem Hn. v. Archenholz am Grabe der preußischen Monarchie weinen, sondern, statt dessen, was er eigentlich auf seines Gleichen anzuwenden hat:

Fuimus ———! fuit ———!

hoffnungsvoll mit Attinghausen *) sagen dürfen:

„Das Alte stürzt, es ändert sich die Zeit
„Und neues Leben blüht aus den
Ruinen!"

N—t—

*) In Schiller's Wilhelm Tell S. 175.

Nützliche Anstalten und Vorschläge.
Das Postwesen betreffend.

Ein in Nr. 21 des allg. Anz. befindlicher Aufsatz über das Postwesen als Bann-Anstalt in einigen deutschen Ländern wird unstreitig vom Publicum mit getheiltem Beyfall aufgenommen worden seyn, obgleich der Verfasser einen höchst interessanten Gegenstand sehr gründlich auseinandergesetzt und zu beweisen sich bemüht hat, wie äußerst vortheilhaft die Posten beym ersten Entstehen eingerichtet waren. In nachstehenden Thatsachen erlaube man mir einen Beytrag zu obigen freymüthigen Gedanken zu geben, in der Absicht, nicht um bestehende Landeseinrichtungen zu verkleinern, sondern zu zeigen, wie unsicher in unsern Tagen die vorausgesetzte Sicherheit werden kann.

Gegen Ende vorigen Jahrs wurden bey völliger Ruhe gewisse öffentliche Gelder einer städtischen Post-Expedition unter der gewöhnlichen Ordnung übergeben und ein gedrucktes Attest vom Postamte über den Empfang sogleich ausgestellt, worauf die aufgegebene Summe gehörig abging und in einem Zeitraume von sechs Tagen bey der Behörde auf der letzten Station zwar eintraf, aber daselbst unstreitig durch Unvorsichtigkeit der Officianten entwendet wurde, die daraus zu beweisen, daß der Aufgeber erst nach zwey Monaten durch einen abgesandten Strichzettel seinen Verlust erfahren konnte, den doch die davon instruirte Expedition sogleich zur nächsten Station rückwärts hätte melden sollen.

Weil nun Absender durch den erlittenen Verlust den vierfachen Ersatz leisten mußte, fühlte er sich nach den Landesgesetzen berechtiget, durch alle vorgeschriebene Gerichtsbehörden die Restitution des ersten Verlustes zu suchen, wurde aber mit seinen aufgeführten Beweisen bey höchster Instanz abgewiesen unter dem Vorgeben, daß von den Officianten hierbey nichts versäumt worden.

Ein zweyter eben so wahrer Vorfall mußte Aufmerksamkeit erwecken, als eine gewisse Summe Papiergeld mit der Post versendet wurde, aber nicht eingetroffen war. Als nach mehrern Wochen diese Commissions-Gelder vom Spediteur abgefordert wurden, konnte das Eintreffen derselben durch einen Laufzettel zwar bewirkt werden, doch hatte sich das Papiergeld in Courantmünze verwandelt. — So sind endlich auch öftere Fälle vorhanden, daß aufgegebene oder angekommene Briefe, Geld- und andere Packete von Neugierigen durchsucht, geöffnet oder wol gar unterschlagen worden.

S.   C***s.

Naturkunde.

Antwort auf die Frage: wie kann es Regen ankündigen, wenn entfernte Gebirge sichtbar werden? in Nr. 304 S. 3645.

Es ist sehr begreiflich, daß entfernte Gegenstände bey wolkenlosem, heiterm Himmel nicht gesehen werden können, weil die Luft zu der Zeit die aufgelösten Dünste in sich trägt, und dadurch, besonders in der niedern Region, an Durchsichtigkeit so merklich abnimmt, daß selbst das dunkele Blau des Himmels bläulich grau erscheint. So bald die Dünste von der Luft geschieden werden und sich in Wolken sammeln, muß die Luft wiederum an Durchsichtigkeit gewinnen, mithin der entfernte Gegenstand sichtbar werden. Aus eben dem Grunde sind entfernte Gebirge auch sichtbar gleich nach einem allgemeinen Regen. Allein eben darum ist die Regel: Wenn man die Gletscher sieht, so gibt es in 24 Stunden Regen, nicht unbedingt wahr; denn sie bleiben auch noch eine Zeitlang nach dem Regen sichtbar.

Schnepfenthal.   GutsMuths.

Gelehrte Sachen.

Wunsch.

Es war bey unsern Vorfahren gebräuch-
lich, daß Städte häufig Chroniken führten, in denen unter obrigkeitlicher Autorität
zum Nutzen der Nachkommen zuverlässig aufgezeichnet und bemerkt wurde, was sich in
der Stadt und dem Lande, zu dem sie gehörte, merkwürdiges ereignete. Ungewöhnliche Witterung, sehr reiche oder magere
Ernten, neue Gebräuche in Kleidung, Sitten, Genüssen, der ganzen Art zu seyn,
auffallende Natur-Erscheinungen, herrschende Krankheiten, aufgekommene Nahrungs-
zweige, Sinken oder Steigen der Gewerbe
und des Wohlstandes der Stadt und des
Landes; was bey entstandenen Kriegen, feindlichen Einfällen erfuhren u. s. w.
Alles dieses wurde zur Belehrung der Nachkommen authentisch aufgezeichnet.

Diese vorhandenen Städte-Chroniken
sind noch gegenwärtig eine Hauptquelle unserer deutschen Provinzial-Geschichte. Sie
geben eine höchst angenehme Unterhaltung,
weil es großes Vergnügen macht, sich in die
Sitten und Lebensweise unserer Vorfahren
zu versetzen; sie erheitern das Gemüth bey
allgemeinem Unglück, wenn es anders, ein
Trost seyn kann, hinzusehen, daß uns
Zeiten waren, wo unsere Väter eben so viel,
als wir gegenwärtig, leiden und überstehen
mußten.

Dieser sehr löbliche Gebrauch unserer
Väter scheint seit geraumer Zeit in Vergessenheit gekommen zu seyn und doch würde
es wichtig seyn, was wir erlebten und
erfuhren, für die, so nach uns kommen,
mit eben der Sorgfalt und Treue zu ver-
zeichnen, wie unsere Väter, die dahin sind,
für uns zu sorgen gewohnt waren.

Möchte doch dieser gut gemeinte Wunsch
seinen Zweck erfüllen, und die Erinnerung an
einen löblichen Gebrauch unserer Vorfahren
erneuern und beleben, dem wir zu viel verdanken, um nicht mit gleicher Sorgfalt für
unsere Enkel zu sorgen, wie die Väter für
uns gethan.

Allerhand.

Nachricht für die unbekannte Dame H H. aus N. in S.

Der unbekannten Dame zeigt der blinde
Franz Adolph Sachse aus Gera den richtigen Empfang ihres Briefes vom 27 Febr.
nebst der gütigen Beylage an. Er kann der
theilnehmenden Unbekannten nicht allein sein
vollkommnes Wohlseyn versichern, sondern
daß auch bey jenen stürmischen Tagen der
Schutz Gottes sichtbar an ihm war, und
daß er mit allen den Lieben, um welche er
zunächst lebte, nichts verloren, sondern nur
die allgemeine Angst und Schrecken mit empfand. Auch um Sie Gute, lebte er nicht
wenig in Sorgen, und wie dankbar freute
er sich nichts der Erfüllung seiner Wünsche,
daß Ihnen kein Leid geschah, und Sie ebenfalls den Schutz Gottes sichtbar erkannten.
Sein herzlicher Wunsch ist nur, Ihnen ein
Ereigniß baldigst schriftlich kund machen zu
dürfen, welche glückliche Wendung sein
Schicksal genommen, was Ihnen von Ihrem
unglücklichen Freund gewiß nicht uninteressant zu lesen seyn wird. Da er nun das vor
der Hand öffentlich zu thun nicht für gut findet, so bittet er Sie ergebenst, einen andern
Weg anzuzeigen, den er gewiß auf keine
Weise mißbrauchen wird, weder Ihrer Deli-
catesse, noch Ihrem Incognito zu nahe zu
treten. Die späte Anzeige bringen Sie ja
nicht auf Rechnung einer Nachlässigkeit,
sondern einzig auf die der Abwesenheit, wo
ihm erst bey der Rückkehr der beruhigende
Inhalt Ihres Briefs kund gemacht wurde.

Gera, den 28 März 1807.

Justiz- und Polizey-Sachen.

Vorladungen: 1) F. W. Reinhardt's.

Nachdem bey dem allhiesigen Stadtrath der
Bürgermeister und Land-Commissair, Herr Johann
Gottfried Reinhardt allhier, zu vernehmen gegeben,
daß sein mittler Sohn, Herr Friedrich Wilhelm
Reinhardt, in den Jahren 1784 und 1785 auf der
Universität zu Göttingen den Studiis obgelegen
habe, und hierauf ohne Vorwissen seiner, dessen
Vaters, dem Verlauten nach mit einem jungen
Grafen aus Ungarn im Jahr 1785 von Göttingen
ab und auf Reisen gegangen sey, auch von jenem
1785 Jahre an bis hierher ihm, dem Vater, oder
auch seinen noch lebenden Geschwistern allhier von

feinem Leben und Aufenthalt nicht die geringſte
Nachricht gegeben habe, und daher wegen der Verabfolgung ſeines Sohnes in 3000 Rthlr. 21 gl. 5 pf.
beſtehenden müterlichen Vermögens an ihn; ſo
wohl als wegen künftiger Regulirung ſeiner, des
Herrn Bürgermeiſters Reinhardt künftigen eigenen
Verlaſſenſchaft, nach ſeinem bereinſtigen Ableben,
in Anſehung ſeiner übrigen Erben, um Erlaſſung
gewöhnlicher Edictalien gebeten hat, dieſem Suchen
auch zu fügen unbedenklich geweſen, und von der
herzogl. hochpreiſl. Landes-Regierung zu Gotha
dem allhieſigen Stadtrath hierzu-gnädigſte Commiſſion ertheilet worden iſt: als wird Eingangs gedachter Studiofus Herr Friedrich Wilhelm Reinhardt,
oder Falls er nicht mehr am Leben ſeyn ſollte, deſſen nachgelaſſene Erben und alle diejenigen, welche
an deſſen Vermögen, aus irgend einigem Grunde,
Anſprüche zu machen haben, bey Strafe des Ver-
luſts ihrer Forderungen und Anſprüche, wie auch
bey Verluſt der Wohlthat der Wiedereinſetzung in
vorigen Stand hiermit Commiſſions- und Rathswegen edictaliter geladen, auf den
    12 September dieſes Jahrs, iſt der
        Sonnabend nach dem 15 Trinitatis-
            Sonntag,
Vormittags 10 Uhr vor dem Stadtrath und Commiſſion allhier entweder in Perſon, oder durch hinlänglich legitimirte Bevollmächtigte behörig zu erſcheinen, ſich anzumelden, ihre an dieſes mütterliche Vermögen, ſo wohl als das nach dem Ableben des Herrn Bürgermeiſters und Land-Commiſ-
ſärs Reinhardt zu erwarten habende väterliche
Vermögen, zu ſuchen habendes Erbſchafts-Recht
oder andere Anſprüche anzugeben, und zu beſcheinigen, und hierauf zu gewarten, daß der abweſende
Herr Studioſus Reinhardt bey deſſen Außenbleiben für todt und verſchollen, deſſen mitterbliebtné
Erben und andere an dieſes Vermögen Anſprüche
und Forderungen machende Perſonen aber, im
Fall ihres Ausbleibens, mit dieſen ihren Anſprüchen
und Forderungen von dieſer mütterlichen Erbſchafts-
Maſſe ſowohl als der künftigen Succeſſion in des
Herrn Bürgermeiſters Reinhardt dereinſtige Verlaſſenſchaft, nebſt dem beſagten Herrn Studioſo
Reinhardt ſelbſt für ausgeſchloſſen und der Wohlthat der Wiedereinſetzung in den vorigen Stand
für verluſtig werden erklärt, und dagegen des
Herrn Studioſi Reinhardt ererbtes mütterliches
Vermögen deſſen noch lebendem Herrn Vater, in
demſelben nach ſeines Vaters Ableben zufallen könnende väterliche Vermögen aber des
Herrn Bürgermeiſters Reinhardt übrigen Erben,
nach Vorſchrift des herzogl. Landesgeſetze ohne Caution eigenthümlich werde zuerkannt und überlaſſen,
und auf ihn, den Herrn Studioſum Reinhardt,
bey künftiger Vater- und Vertheilung ſeines mü-

terlichen Vermögens unter des Vaters Erben,
keine weitere Rückſicht werde genommen werden.
    Waltershauſen, im Herzogthum Gotha, den
29 Januar 1807.
        Bürgermeiſter und Rath daſelbſt,
            vi Commiſſionis.

        2) J. Phil. Müller's.

    Von dem Stadtrathe allhier werden hiermit
der von Neuſtadt an der Heide gebürtige Johann
Philipp Müller, welcher von da ſchon ſeit länger,
als 30 Jahren als Gloſergeſell nach Straßburg und
in die Fremde gegangen, von dem aber ſeit jener
Zeit keine Nachricht eingegangen iſt, oder, wenn er
geſtorben ſeyn ſollte, deſſen etwa hinterlaſſene Leibes-
Erben öffentlich und peremtoriſch citiret, zugleich
bis zum erſten October dieſes Jahres Vormittags
auf dem hieſigen Rathhauſe perſönlich oder durch
hinlänglich legitimirte Bevollmächtigte zu erſcheinen,
ſich bey dem Stadtrathe gebührend anzumelden und
nach vorgängiger Legitimation die ihm oder ihnen
von des gedachten Müller's Mutterbruder, dem
geweſenen Bürgermeiſter und Kaufmann weiland
Herrn Johann Chriſtoph Eſcherich hierſelbſt in
ſeinem Teſtamente und deſſen Anhange vermachten
neun hundert und funfzig Gulden Fränkiſch nach
geſchehenem Abzuge der Nachſteuer und des Collateral-Geldes, auch der Stadtverwaltung in
Empfang zu nahmen, widrigenfalls aber zu gewärtigen, daß ſie der Wohlthat der Wiedereinſetzung
in den vorigen Stand für verluſtig erklärt, auch
dem nach erfüllten Teſtamente nach Vorſchrift
des Eſcherichſchen Teſtamentes und der Rechte verfahren werden ſollen.
    Sonneberg bey Coburg, den 28 Febr. 1807.
        Bürgermeiſter und Rath hierſelbſt.
            Johann Nicolaus Biſchoff,
                Bürgermeiſter.

        3) J. G. Reif's.

    Rötein, Herrn Johann Georg Reif, von
Candern, der ſich ſchon im Jahr 1795 von Hauſe
entfernt hat, oder ſeine etwaige Leibes-Erben,
innerhalb 9 Monaten von heute an ſich nicht vor
hieſigem Ober-Amt perſönlich oder durch Bevollmächtigte einfinden werden, um das noch übrige
Vermögen des Reif in Empfang zu nehmen; ſo
wird daſſelbe gegen Caution ſeinen nächſten Anverwandten überlaſſen werden. Verordnet bey großherzoglich badiſchen Ober-Amt Rötein, Lörrach
den 27 Februar 1807.
        Großherzoglich Badiſches Ober-Amt
            Rötein.

Allgemeiner Anzeiger
der
Deutschen.

Mittwochs, den 8 April 1807.

Literarische Nachrichten.

Die hallische landwirthschaftliche Zeitung betreffend.

Aufgefordert durch ehrenwerthe Männer, deren Antrag mich allein schon um ihrer selbst willen zur Uebernahme desselben verbände, wenn auch die gute Sache, welche man dadurch zu fördern denkt, mich nicht dazu verpflichtete, soll ich öffentlich an das südliche Deutschland ein Wort der Empfehlung für die landwirthschaftl. Zeitung sagen. Obschon ich mich bescheide, keine entscheidende Stimme über den Werth eines Instituts zu haben, das der achtungswürdigsten Männer viele zu Mitarbeitern hat, deren Namen schon, mehr aber noch ihre darin niedergelegten Arbeiten und Mittheilungen die schönsten Empfehlungen sind, so schmeichle ich mir doch, mir bey dem vaterländischen Publicum wenigstens das Recht erworben, vielleicht auch verdient zu haben, sein Empfehler werden zu dürfen.

In dem immer erneuerten Jammer unserer Tage erwachte des Deutschen Sinn für Mittheilung und Annahme von Lehre und Rath, von Hoffnung und Trost dem allgemeinen Unglück zu begegnen. Das Fundament von allem Völkerwohl, die Landwirthschaft, gewann die ganze Aufmerksamkeit der Zeitgenossen. Selbst große, edle Fürsten standen auf, um Rath und Beyspiel ihrer Zeit zu seyn, durch überdachten Fleiß und ruhige Thätigkeit sich gegen den verheerenden Geist der Zeit zu waffnen. — Mehrere Zeitschriften entstanden in dieser Periode, deren Zweck es ist, jene segnende Wissenschaft des Landbaues immer mehr zu vervollkommnen, und die Resultate der neuesten Versuche dem Publicum zur Ermunterung vorzulegen, und jede dieser Zeitschriften hat ihre Verdienste, und darf des Segens ihrer Wirksamkeit versichert seyn. Vorzüglich aber zeichnet sich unter denselben die Landwirthschaftliche Zeitung aus, oder das Repertorium alles Neuen und Wissenswürdigen aus der Land- und Hauswirthschaft, für practische Landwirthe, unter der Leitung

Allg. Anz. b. D. I B. 1807.

einer Gesellschaft practischer Landwirthe, herausgegeben von G. H. Schnee. 4. Halle, bey Hemmerde und Schwetschke, und zu haben wöchentlich auf allen Postämtern und monatlich in allen Buchhandlungen.

Mit dem würdigen Herausgeber stehen viele vortreffliche Männer zu seinem Zwecke vereinigt, Männer, deren Arbeiten das Vaterland Achtung und Dank schuldig ist. Unter den Händen dieser Verdienten entstand vor vier Jahren die landwirthschaftliche Zeitung, und erhielt bis diesen Tag den Ruhm der Zweckmäßigkeit, Nützlichkeit und möglichsten Vollkommenheit, indem sie das Depot der ihren Zweck angehenden interessantesten Entdeckungen, Erfahrungen, Abänderungen, Verbesserungen, Bekanntmachungen, Empfehlungen, wechselseitigen Bitten und Gewährungen war, auch mit Beziehung auf das Ausland, und ihre Leser von vielen Seiten belohnte, von allen aber befriedigte.

Das Publicum weiß, daß Uebertreibung nicht mein Fehler ist, und keine Rücksicht mein Urtheil bestimmt. Das nördliche Deutschland unterschreibt mein Urtheil über diese Zeitung; das südliche setze sich bisher noch nicht in die Lage zu entscheiden. Es ist wahrlich nicht mein, aber gewiß sein Vortheil, wenn es sich in dieser Absicht rathen läßt. Auch uns thut Fortschreiten Noth, und auch der Weise wird weiser stets durch hören. Würde Süddeutschland den wohlgemeinten Rath seines Mitbürgers beherzigen, so würden auch die denkend practischen Landwirthe unsers Landes Theils mit verdoppelter Thätigkeit für die diesseitigen Bedürfnisse an jenem Institute mit arbeiten, und denselben den Vorzug der allseitigen Nützlichkeit erhalten und sichern. Dieß meine Meinung und mein Wunsch. Findet ersterer und letzterer Eingang und Gehör, so würde ich mich glücklich wissen in der Ueberzeugung, bey Tausenden des Guten mancherley gefördert zu haben. Die vielen Freunde, deren ich mich auch in dieser Hälfte meines guten Vaterlandes rühmen und freuen darf, befestigen mich in der Er-

wartung, daß durch ihre Mitwirkung mein unei-
geänndiger Zweck nicht unerreicht bleiben wird.
Geschrieben zu Philipps-Eich bey Frankfurt
am Mayn, im März 1807.

Wilhelm Habermann, Pfarrer.

Landkarten.

So eben ist bey uns die vor kurzem angekündigte: Karte des nördlichen Theils der europäischen Türkey (der Moldau, Wallachey und Servien, Bosnien und der nördlichen Theile von
Albanien und Macedonien, erschienen und an die
Buch- und Kunsthandlungen versendet worden. Sie
ist für jeden bestimmt, der eine leichte nicht überla-
dene Uebersicht dieser jetzt interessanten Gegenden
und der angränzenden Territorien (wie von der
Terra Firma des italienischen Dalmaten, den
Buchten von Cattaro, Ragusa, u. s. f.) zu haben
wünscht, und wir glauben, sie jedem Zeitungsleser
empfehlen zu können. Der Preis ist 6 gl. Conventions-Münze oder 27 kr. rhein.

Zugleich ist die versprochene Karte oder allgemeine Uebersicht der Stellungen der französischen und preußischen Armeen kurz vor und am
Tage der Schlacht bey Jena und des Treffens
bey Auerstädt, mit deutschem und französ. Text,
fertig geworden. Sie ist, indem sie den Zusammenhang der am 14 October 1806. vorgefallenen
Begebenheiten darstellt, und unsere von dem Publicum bereits mit ungetheiltem Beyfall aufgenommenen beyden Pläne der Schlacht bey Jena und
des Treffens bey Auerstädt mit einander verbindet und desselben erläutert, den Besitzern dieser
Pläne unentbehrlich. Dieses Blatt stellt zugleich
beynahe das ganze Fürstenthum Weimar und das
Erfurter Gebiet, soweit es der Maßstab erlaubte,
möglichst genau dar. Der Preis ist 9 gl. Conv.
Münze oder 40 kr. rhein. Diejenigen, welche die
oben erwähdten Pläne noch nicht besitzen, können
das Ganze unter dem Titel: Darstellung der
Schlacht bey Jena und des Treffens bey Auerstädt aus möglichst zuverlässigen Quellen, in
zwey Plänen und einer Karte, (nebst einem franz.
und deutschen Text von 4 Bogen in 4to) bey und
gedruckt für 1 rthlr. 6 gl. Conv. Münze, oder 2 fl.
15 kr. rhein. erhalten.

Endlich bemerken wir hier noch, daß, da diese
Uebersichts-Karte, ihrer dermaßigen Einrichtung
wegen, nicht als Probesection der von uns angekündigten topogr. militärisch. Karte von Deutschland, in 204 Blättern, dienen kann, wir als solche dinnen kurzem die Sect. 69, oder Eisleben
ausgeben werden. Weimar, den 22 März 1807.

Das geographische Justitut.

Nouvelle grande Carte d'Allemagne,
oder neuer Atlas von Deutschland und den angränzenden Staaten, mit genauer Angabe aller

Gränzen, Städte, Schlösser, Postwege, Post-
routen und Poststationen etc. vom Ingenieur Champion, in 30 nach der neuesten Eintheilung illuminirten Karten. Folio. 1806. Leipzig, bey
Hinrichs.

Was öffentliche Blätter von diesem neuen Atlas
rühmen, ist hinlänglich durch die Ueberzeugung der
Käufer bestätigt. Bis jetzt hat man noch nichts
Vollkommneres in der Art. Die Einrichtung des
Ganzen nach dem preßburger Frieden und dem rheinischen Bunde, die Illumination — kurz, alles entspricht der Zeit, dem Geschmack und den Bedürfnissen vollkommen. Zusammengesetzt hat diese Karte
54 Zoll Höhe und 48 Zoll Breite, und eignet sich
ganz dazu, sowohl in öffentlichen Bureaus und Comptoirs, als auch in den Zimmern von Staatsmännern,
Militärpersonen und Privatleuten, welche die Geschichte des Tages und den Gang der militärischen
Operationen kennen lernen wollen, aufgehängt zu
werden, wo sie zugleich eine geschmackvolle Zim-
merverzierung abgibt. Auf diese Art und auf Leinewand gezogen kostet sie 3 Ducaten, als Atlas geheftet 2 Ducaten und im Taschenformate oder en Etui
7 rthlr. Im letztern Falle ist sie für Reisende und
besonders für Officiere im Felde, wegen der daraus
genau angegebenen Flüsse, Straßen etc., um richtige Positionen zu nehmen, und mittelst der beygefügten französischen und deutschen Erklärung der
Nummern, äußerst brauchbar und bequem. Durch
alle Buchhandlungen, Postämter und Zeitungs-Expeditionen ist sie zu erhalten, jedoch am schnellsten
beym Verleger selbst, welcher auch auf 5 Exemplare
das 6te frey gibt.

Bücher-Verkäufe.

Der Reichs-Anzeiger von 1797 bis 1806. 20 Jahrgänge, compl. ungeb. 12 rthlr. pr. C.
Der deutsche Obstgärtner, von Sickler, von
1797-98. 99. 800. 801. 5 Jahrg. 12 rthlr. pr. C.
sind gegen portofreye Einsendung des Geldes zu verkaufen bey
Friedrich Danner in Mühlhausen.

Pränumerations-Ankündigung

der zweyten sehr vermehrten Auflage eines wohlfeilen Schul-Lexicons der lateinischen
Sprache.

Der schmeichelhafte Beyfall, welcher sowohl
von Schulmännern als Privat-Personen dem
vollständigen lateinisch-deutschen und deutsch-
lateinischen Handwörterbuche, nach den besten größern Werken etc. ausgearbeitet von J.
G. Haas, 2 Bände. 1804. gr. 8. 693 und
598 S.

ertheilt worden ist, sowie die guten Recensionen,
welche dasselbe in den angesehensten Instituten erhalten hat, auch der äußerst wohlfeile Preis des-

selben, wirkten auf deſſen Abſatz ſo vortheilhaft, daß binnen zwey Jahren die ſtarke Auflage deſſelben bis auf das letzte Exemplar verbraucht wurde.

Aufgemuntert durch dieſen glücklichen Erfolg haben Verfaſſer und Verleger zu einer zweyten Ausgabe ſich entſchloſſen. Sie ſind aber weit entfernt, bey einem bloßen wörtlichen Abdruck der erſten Edition es bewenden zu laſſen; denn obſchon der Reichthum der Wörter dieſes Lexicon auch in ſeiner erſten Geſtalt vor allen andern auszeichnete; ſo glaubte der Verfaſſer dennoch, dieſe neue mit vielen Wörtern und Redensarten noch zweckmäßig vermehren zu können, und hofft dadurch daſſelbe nicht bloß für Schulen, ſondern auch für jeden Gelehrten noch nützlicher zu machen.

Ungeachtet nun durch die vielen Verbeſſerungen und Zuſätze das Werk beträchtlich ſtärker, als die erſte (82 Bogen gr. 8. ſtarke) Ausgabe werden dürfte, ungeachtet der größern Koſten für eine ganz neue Schrift und für ein weit ſchöneres Papier *), wird der Verleger den Ladenpreis dennoch nicht erhöhen, ſondern auf 2 rthlr. 12 gl. ſächſ. ſtehen laſſen. Da er aber über dieſes dem Schulanſtalten ſowohl, als Privat-Perſonen, welche für Bücher keine großen Ausgaben machen können; dieſes Buch noch um ein Beträchtliches wohlfeiler, als zu obigem Preiſe, erhalten mögen: ſo eröffnet er auf daſſelbe eine Subſcription, und bietet allen, welche bis zu Michaelis dieſes Jahres ihre Beſtellungen darauf machen, das complete Exemplar zu 1 rthlr. 16 gl. ſächſ. oder 2 fl. 45 kr. rhein., (ohne irgend einen Nachſchuß) auch bey 4 Exemplaren noch ein fünftes gratis an. Man kann bey allen denen, welche dieſe Anzeige zu verbreiten die Güte haben, ſowie auch in allen Buchhandlungen darauf ſeine Beſtellungen machen. Die Herren Vorſteher oder Lehrer an gelehrten Schulen werden überdieß ausdrücklich eingeladen, für ihren Wirkungskreis dem Geſchäfte der Subſcriptions-Sammelns ſich gütigſt zu unterziehen, und mit ihren Aufträgen den unterzeichneten Verleger recht bald zu beehren.

Da der Druck des Werks bereits weit vorgerückt iſt, ſo kann das Publicum der Vollendung deſſelben zu Michaelis dieſes Jahres verſichert ſeyn. Sobald es die Preſſe wirklich verlaſſen hat, wird davon ſogleich die Anzeige durch öffentliche Blätter geſchehen, und man erwartet ſodann die freye Einſendung der Subſcriptions-Gelder, worauf die Ablieferung frey bis Leipzig unverzüglich erfolgen wird, von da aus man die Exemplare durch Fuhrgelegenheit leicht beziehen kann.

Ronneburg, im März 1807.

A. Schumann.

*) Bey dem Freunde, welcher ſich dieſer Pränum.-Sammlung unterzieht, iſt auch ein Probebogen des Werkes ſelbſt niedergelegt, aus dem nicht nur zu erſehen iſt, worin dieſe Auflage von der erſten ſich unterſcheide, und was man zu erwarten habe, ſondern auch, daß bereits lebhaft an demſelben gedruckt wird.

Periodiſche Schriften.

Auf allen Poſtämtern und in Buchhandlungen iſt fortdauernd zu erhalten:
Bildungsblätter. Eine Zeitung für die Jugend 1807. Mit Kupf- und Muſikbeylagen. 4. Nebſt pädagogiſchen Verhandlungsblättern für Eltern, Erzieher, Jugendlehrer und Kinderfreunde. In wöchentlichen Lieferungen. Redigirt von J. C. Dolz.

Möchten doch alle Eltern die ein richtiges Gefühl für die Erziehung ihrer kleinen Lieblinge hegen, und die Mittel beſitzen, für deren Bildung und höchſtnützliche Unterhaltung im Laufe eines ganzen Jahres 8. rthlr. ſächſ. oder 14 1/2 fl. mehr zu verwenden, dieſe Jugendzeitung doch nur erſt kennen, ſich von dem ſchönen Plan derſelben, der überaus großen Reichhaltigkeit ihres werthvollen Inhalts, den vielen durchaus ſchönen ſteißigen Kupfern, Muſikbeylagen, u. ſ. w. näher zu überzeugen ſuchen — gewiß, ſie ſchon jetzt in der That ſehr große Anzahl der reſp. Intereſſenten würde noch um vieles vergrößert werden.

Durch die vereinten Bemühungen der Herausgeber und Mitarbeiter, lauter Männer, die als Jugendlehrer hochgeachtet, und als die erſten Jugendſchriftſteller Deutſchlands allgemein geſchätzt ſind, iſt der Beyfall dieſer Bildungsblätter gleich mit dem erſten Jahrgange der vorigen Jahre ſo feſt gegründet, daß ſelbſt die traurigen Zeitläufe dieſes Winters keine merkliche Verminderung hervorgebracht haben.

Der unterzeichnete Verleger, mit dem hohen Werth dieſes Inſtituts am genaueſten bekannt, ſchätzt das dadurch für ihn vergrößerte ehrenvolle Verdienſt mit dem reſp. Publicum zu ſehr, um nicht fernerhin das Möglichſte für die Dauer dieſer Zeitung zu verwenden. Nicht ohne gerührt zu ſeyn hat er gegen Ende des vorigen Jahres mehrere aufmunternde troſtvolle Aufforderungen von guten Vätern und wackern Kinderfreunden erhalten; dieſe Jugendzeitung doch ja im jetzigen Jahre fortzuſetzen; daß dieß keinem Zweifel unterlag, macht ihm die größte Freude.

Georg Voß.

Bücher-Anzeigen.

G. Th. Flügel's erklärter Courszettel und Vergleichung des Gewichts und Ellenmaßes der vorzüglichſten Handelsplätze in Europa, als Comptoir-Handbuch nach den neuſten Coursen und andern Veränderungen umgearbeitet, verbeſſert und vermehrt von Joh. Ernſt Liebhold. Nebſt den Wechſelgeſetzen der Stadt Frankfurt am Mayn von Anno 1739 bis 1798. — Dieſes Handbuch hat ſeine Entſtehung den Mängeln zu verdanken, welche, bey alle Flügel'ſche Courszettel in allen ſeinen verſchiedenen Ausgaben mit ſich führt, wenn gleich das Gegentheil und bedeutende Verbeſſerungen bey jeder neuen Auflage verſichert wur-

den. Die Einfachheit der Einrichtung entschied
übrigens schon längst die Nützlichkeit des Gebrauchs
und gab diesem Hülfsbuche stets den Vorzug vor
vielen andern ähnlichen. Mit Beybehaltung derselben hat der Herausgeber nun so viel nur immer
möglich gewesen ist, alle seit geraumer Zeit entstan-
dene mercantilische und geographische Veränderungen gesammelt und sowohl diese als manches im practischen Geschäftsgang selten erscheinende so darin
verwebt, daß der Geschäftsmann den wirklich bedeutenden Unterschied gegen alle andere Flügel'sche
und nicht Flügel'sche Courszettel unverkennbar
entdecken und in diesem Liebhold'schen Comptoir-
Handbuche ein dem ganzen handelnden Publicum
willkommenes, vielleicht manchen unentbehrliches
Buch finden wird. Preis 16 ggl. oder 1 fl. 12 kr.
rhein.

Jägersche Buch-, Papier- und Landkartenhandlung in Frankfurt am Mayn.

In allen Buchhandlungen Deutschlands ist zu
haben:
Der russische Colonist, oder Ch. G. Züge's Leben
in Rußland. Nebst einer Schilderung der Sitten und Gebräuche der Russen, vornehmlich in
den asiatischen Provinzen. 2 Bde. 8. 1 rthlr.
12 gl.
Zu einer Zeit, wo die Russen in jedem Zeitungs-
blatt erwähnt werden, ist man sicher begierig, diese
Völkerschaften etwas näher kennen zu lernen, und
man wird in diesem Werke Befriedigung finden,
denn unser Colonist beschreibt nicht etwa bloß die
Palläste und Sitten der Großen, sondern schildert
das gemeine Volk, unter welchem er lebte, und ihre
Sitten und Eigenheiten, in welche er sich fügen
mußte.

Handwörterbuch der schönen zeichnenden Künste; oder Sammlung allegorischer Vorstellungen
für Mahler, Zeichner, Kupferstecher, Formschnei-
der, Medailleurs, Bildhauer und Dilettanten,
auch für Humanitätsschulen, worin man sich durch
Kenntnisse dieses Fachs über den gewöhnlichen
Handwerker erheben und sich auszeichnen will.
Nebst einer Einleitung zur historischen Uebersicht der schönen zeichnenden Künste. Von
K. P. Moriz. Ronneburg, bey A. Schumann,
1807. 8. (Preis 1 rthlr. 8 gl. Durch alle Buchhandlungen zu haben.)
Ein Buch dieser Art hat für alle auf dem Titel
genannte Personen noch gänzlich gefehlt. Der
Name des Verfassers, der sich bereits durch andere
schön-wissenschaftliche Werke vortheilhaft bekannt
machte, bürgt dafür, daß niemand in seiner Er-

wartung von: demselben sich täuschen, jeder aber in
dem Gebrauche desselben eine reiche Fundgrube für
sein Fach entdecken werde.
Bey directer Beziehung von dem Verleger erhält man auf 3 Exemplare das vierte gratis.

Instruction zur Abrichtung der Scharfschützen
über die Tactik des Fußvolks und die Geschichte
der leichten Infanterie seit der Erfindung des
Schießpulvers. Mit 4 Planen. gr. 8. 1807.
Leipzig, bey Hinrichs. 1 rthlr. 8 gl.
Man kann wohl sagen, daß diese Schrift mehr
noch leistet, als ihr Titel verspricht, und der immer wichtiger werdenden Kriegskunst eine Menge Vortheile anbietet. Sie ist dem hohen und niedern Krieger gleich vortheilhaft, da sie mit Faßlichkeit und Scharfsinn sowohl in den Geist, als in
das Mechanische der Kriegswissenschaft einführt.

Principes de morale, ou Catéchisme
de la Raison, par le Prof. Herrmann.
Avec le texte allemand et 10 planches enlumi-
nées. 4me édition corrigée. 1807. 6 gl.
La nécessité où l'éditeur s'est vu de donner
la 4me édition d'un ouvrage, dont l'auteur ne
s'étoit pas nommé jusqu'ici, suffiroit seule pour
constater son excellence. On peut recommen-
der ce petit ouvrage à toute espèce d'écoles,
pour servir de première lecture aux enfans; il
sera également utile à quiconque voudra conduire la jeunesse sans détours à la connoissance
des principes d'un saine morale. Le même ouvrage accompagné du texte italien ou anglois
pour servir de première lecture à ceux, qui ap-
prennent ces deux langues, se vend au même
prix chez Hinrichs, libraire à Leipsic.

Bey Klüger in Arnstadt ist in Commission
erschienen und in allen Buchhandlungen für 12 gl.
zu haben:
Enthüllung der Hieroglyphen in dem Bienrodi-
schen A B C-Buche, mit 24 ausgemahlten Original-Holzschnitten. 1807.
Wer in den ehrwürdigen Sätzen: Der Affe
gar possirlich ist, zumahl wenn er vom Apfel
frißt. Wie grausam ist der wilde Bär, wenn
er vom Honigbaum kömmt her u. s. w., und in
den dazu gehörigen Hieroglyphen schon echte Le-
bensweisheit ahndete, oder wer gar frevelhaft genug war, aus Unwissenheit sie für abgeschmackt
zu erklären, — am meisten aber die Freunde des
Contrasts und der wohlthätigen Wirkung desselben
werden durch dieses höhere A B C-Buch respective
erbaut, bekehrt und angenehm erschüttert werden.

Druckfehler. In Nr. 48 S. 485 Z. 16 steht Lästersucht statt Leistensucht.

Allgemeiner Anzeiger
der
Deutschen.

Freytags, den 10 April 1807.

Land = und Hauswirthschaft.

Vortheilhafterer Kartoffel= Bau durch
Pflanzen.

Anfangs April schüttete ich 10 Körbe
Kartoffeln auf ein Gartenbeet, zog sie mit
einem Rechen so von einander, daß keine auf
der andern liegen blieb, und bedeckte sie so=
dann mit 4 Zoll hoher Erde. Anfangs Ju=
nius hatten sie schon 1/2 Schuh hohe Pflan=
zen getrieben. Den 2 und 3 Junius nahm
ich sie klumpenweise mit einem Spaten her=
aus, sonderte die ausgetriebenen Pflanzen
davon ab, und besetzte damit ein ganz frisch
=gedüngtes und geackertes Stück Feld von
290 vierzehnschuhigen Ruthen, oder 2 Acker
und 10 Ruthen und zwar 2 Schuh weit so=
wohl nach der Länge als Breite in gerader
Linie von einander. Die Mutter=Kartoffeln
hatten durch ihren Austrieb von ihrer Güte
nicht das mindeste verloren, sie waren noch
vollkommen gesund und wurden mit dem
Vieh verfüttert.

Nachdem diese Pflanzung bis Anfangs
Julius gestanden, wurde sie behackt und 14
Tage nachher, wo sie eine ziemliche Höhe
erreicht hatte, mit einem besonders dazu
=gefertigten Pfluge angehäufelt. Dieser Pflug
ist leicht, hat ein doppeltes Schaar, und ein
doppeltes Molchbret, und wird nur mit
einem Stück Vieh bespannt, damit in den
2 Schuh weiten geraden Linien ohne Nach=
theil der Pflanzen hindurch gezogen werden
kann.

Nun blieb diese Pflanzung ohne alle
weitere Bearbeitung bis zum 15 und 16 Oct.

Allg. Anz. d. D. 1 B. 1807.

stehen, wo die Ernte begann, welche 381
Körbe fast alle gleich große, vollkommen
schöne und reife Kartoffeln brachte; mithin
war der Ertrag 38fältig, und einige der grö=
ßten wogen 134 Pfund.

Die Begattung des Ackers und die Pflan=
zung selbst geschah folgendermaßen: im
Anfange des Aprils wurde der Acker gestürzt—
den 30 May Dünger darauf gefahren — den
2 Jun: derselbe untergeackert, abgeeggt und
sodann mit einer Art Rechen, dessen Balken
6 Fuß lange und vier starke Zinken hat, so
daß jeder Zinke 2 Fuß weit von dem andern
entfernt steht, gerade Linien auf dem so zu=
bereiteten Acker der Länge nach hingezogen.
Auf diese Weise bekommt man gerade, gleich
weit abstehende Linien, und dadurch großen
Vortheil bey dem Anhäufeln mit dem oben
beschriebenen Pfluge. Die Pflanzung selbst
geschah also: die Pflanzen, welche mit der
Wurzel ungefähr 1 Schuh lange waren,
wurden bis an die Blätter liegend in die Erde
gebracht, nämlich es wurde mit der Hand
eine Vertiefung in den lockern Boden nach
Maßgabe der gezogenen Linien gemacht, in
dieselbe sie die Pflanze der Länge nach oder
schräge gelegt und mit Erde bedeckt. Unge=
achtet es eben dürre Witterung war und die=
selbe auch geraume Zeit anhielt, so gingen
doch alle Pflanzen an und fast keine einzige
verdorrete.

Ob ich nun gleich diese Art, Kartoffeln
zu pflanzen, schon drey Jahre, doch nur im
Kleinen, versucht hatte, so habe ich dieß
Jahr, wo ich in's Größere ging, noch immer
Fehler damit gemacht, daß ich 10 Körbe Kart.

toffeln auf ein Beet schüttete, und glaubte, wenn sie nur nicht auf einander lägen, so wäre es gut, allein ich fand, daß die am Ende des Beets hervorgewachsenen Pflanzen weit stärker, als die in der Mitte waren; daher war auch die Ernte so verschieden, als die Pflanzen selbst, und man kann annehmen, daß sich die Ausbeute von einer starken tüchtigen Pflanze um die Hälfte erhöht. Um also gleich große Pflanzen zu erhalten, muß jede Kartoffel wenigstens 2 bis 3 Zoll von der andern abgesondert liegen. Dadurch wird man zugleich weit mehr Pflanzen erhalten; denn wenn sie so enge liegen, daß sie einander berühren, so wird mancher Keim unterdrückt. Künftig werde ich dieses befolgen, und verspreche mir davon eine sechzigfältige Frucht.

Um aber auch zeitig genug gute Pflanzen zu bekommen, so lege man dazu die Kartoffeln mit dem Anfange Aprils, und weil da noch Fröste zu fürchten sind, zumahl in hiesiger Gegend, wo man Ausgangs May noch nicht sicher davor ist, so halte man Tannenreisig oder Erbsstroh bereit, um in solchem Fall das Beet damit zu bedecken.

Der Nutzen dieser Pflanzungsmethode ist offenbar.

1) Erspare ich die Satz- oder Samen-Kartoffel ganz.

2) Brauche ich nur einmahl sie zu behacken, welches in hiesigem Lande, wo das Unkraut zu Hause ist, dreymahl geschehen muß.

3) Zieht man weit größere Kartoffeln, welches das Ausnehmen sehr erleichtert, und

4) hat man mit der Verpflanzung Zeit bis Anfangs Junius, wo man nicht mehr an der Bestellung der andern Früchte gehindert wird.

Man wird vielleicht sagen: im Sandboden kann diese Art Pflanzung wol angehen, und vortheilhaft seyn. Wird sie aber auch im Lehm, Thon, Haselerde ꝛc. gedeihen? Dieß kommt auf einen Versuch an, und ich glaube, daß da, wo Kartoffeln wachsen und Kohlrüben verpflanzt werden, auch diese Pflanzung gut fortkommen wird. Denn ich habe gefunden, daß die Kartoffel-Pflanzen mehr, als alle andere aushalten können. Nur wird in schwerem Boden die Pflanzung

nicht mit der bloßen Hand verrichtet werden können, sondern man wird die Hacke zu Hülfe nehmen und mit derselben die länglichen Vertiefungen machen müssen, in welche die Pflanzen eingelegt und dann erst durch die Hand mit der ausgehackten Erde bedeckt werden. Man könnte auch der Meinung seyn, es bedürfe keines besondern Beetes im Garten, oder anderswo, auf welchem man die Pflanzen besonders ziehe, sondern man dürfe nur ein Stück Feld, wie gewöhnlich, mit Setz-Kartoffeln belegen, und wenn diese ihre Keime zur gehörigen Größe hervorgetrieben, von jedem Stocke eine, zwey oder mehrere Pflanzen abreißen, und damit ein anderes Stück Feld bepflanzen. Ich selbst habe dieses schon 1804 gethan und die Ernte war nicht schlecht, sondern brachte von 1 1/2 Acker 271 Korbe. Allein da diese Pflanzung nicht zeitig genug vorgenommen werden kann, sondern man abwarten muß, bis die Pflanzen die gehörige Größe und Stärke erhalten, welches erst gegen den 7 und 8 Jul. geschieht, so gedeihen sie zwar nach ihrer Verpflanzung, aber weil es schon einen ganzen Monat spät ist, so kommt die Frucht nicht zur völligen Reise, und kann nicht zur Speise, sondern nur fürs Vieh verbraucht werden.

X. Graf.

Allerhand.

Liebhabern und Kennern musikalischer Instrumente empfehle ich, bey ihrer Reise nach Neudietendorf einen kurzen Seitenweg nach Kornhochheim zu machen, und daselbst bey einem jungen Manne, Johann Friedrich Kraft, welcher sich in Dresden für seine Kunst gebildet hat, ein Pianoforte zu sehen und zu hören, welches ihnen nicht wenige Befriedigung gewähren wird.

Apfelstädt bey Gotha den 30 März 1807.
Christian Waitz.

Aufforderung.

Alle diejenigen in Winterberg und am Falkenberg, welche mir schuldig sind, fordere ich hiermit auf, bis zum Monat Junius d. J. ihre Schuld unfehlbar abzutragen.

Broterode den 2 April 1807.
Andreas Ritter sen.

Dienst = Anerbieten.

1) An einem Orte in Thüringen wird ein Lehrer und Erzieher, der neben den erforderlichen Kenntnissen die nöthige Geschicklichkeit und Erfahrung besitzt, gesucht. Die Zeit der Anstellung ist im September d. J. Die Expedition des allg. Anz. ertheilt die Adresse.

2) Ein tüchtiger Verwalter, welcher zugleich das Rechnungswesen gründlich versteht, wird sogleich in Dienste auf einem Gute in Thüringen verlangt. Die Expedit. des allg. Anz. ertheilt die Adresse.

3) In meine Zitz = und Kattun = Manufactur und Handlung suche ich einen jungen Menschen von guten Eltern und guter Erziehung als Lehrling gegen billige Bedingungen. Nähere Auskunft werde ich auf frankirte Briefe ertheilen. Hof im Voigtlande den 15. März 1807.

$\qquad$ J. G. Herold.

4) Da die jetzigen Zeitumstände die Dame in Niedersachsen, welche in Nr. 35 des allg. Anz. eine Gesellschafterin und Vorleserin suchte, noch von ihrem Landsitze entfernt halten: so werden diejenigen, welche sich zu dieser Stelle gemeldet, ersucht, die weitern Annäherungen abzuwarten, ohne, bis diese Statt gefunden, im mindesten durch ihre Anträge gebunden zu seyn.
Den 20 März 1807.

Familien = Nachrichten.
Aufforderung.

Dem Herrn Caspar von Orell aus Zürich in der Schweiz wird angezeigt, daß er durch ein Brevet zur Stelle eines Premierlieutenants beym vierten Schweizerregiment in k. k. französischen Diensten ernennt ist. Seine nächsten Verwandten laden ihn ein, sich unverzüglich nach Zürich zu begeben. Wem der Aufenthalt dieses jungen Mannes bekannt ist, wird dringend ersucht, ihm gegenwärtige Nachricht mitzutheilen.
Zürich den 7 Jenner 1807.

Todes = Anzeigen.

1) Heute verstarb dahier der als Staatsmann, Gelehrter und Schriftsteller rühmlichst bekannte und wegen seines edeln Characters höchst schätzbare vormahlige großherzoglich hessische Staats = Minister Christian Hartmann Samuel Freyherr v. Gatzert im 67 Lebens = Jahre.
Gießen den 2 April 1807.

2) Der 17 März war der traurige Tag, wo unser geliebtester Bruder, der Doctor Medicinae, Johann Friedrich Wilhelmi, an den Folgen einer Brustkrankheit, im 72 Jahre seines sehr thätigen Lebens starb. Allen unsern auswärtigen Freunden und Anverwandten machen wir hiermit dieses für uns so schmerzhafte Ereigniß bekannt, verbitten, von der herzlichen Theilnahme überzeugt, alle Beyleidsversicherungen und empfehlen uns zur fernern freundschaftlichen Gewogenheit. Arnstadt den 23 März 1807.
Johann Adrian Wilhelmi,
Christiana Wilhelmi.

3) Unser guter Gatte und Vater, der Amtmann Johann Friedrich Pfaff, starb am 24 dieses im 74 Lebens = und 56 Dienstjahre, nach einer Krankheit von einigen Jahren, am Schlagfluß. Von der Theilnahme seiner auswärtigen Kinder und Freunde an unserm Verluste überzeugt, verbitten wir alle schriftliche Beyleidsversicherungen.
Sondershausen den 29 März 1807.
Die hinterlassene Witwe und
Kinder.

Abgemachte Geschäfte.

Die in Nr. 71 des allg. Anz. angebotene Stelle eines Erziehers ist besetzt; es werden also fernere Meldungen verbeten.
$\qquad$ S. 5.

Justiz = und Polizey = Sachen.

Vorladungen: 1) der Erben oder Gläubiger des Hofcaplans 2c. 2c. von Klein.
Wer an die Verlassenschafts = Masse des dahier verlebten Hofcaplans und Stifts = Herrn zu Heinsberg, Herrn von Klein aus irgend einem Grunde

einen Anspruch zu machen berechtiget ist, wird anmit aufgefordert, solchen innerhalb sechs Wochen
bey der dahier angeordneten Inventur-Commission
um so gewisser einzubringen, als nach Verlauf dieser Frist das rückgelassene Vermögen an die Erb-
Interessenten ohne weiters wird verabfolgt werden. Mannheim, den 31 März 1807.
Von Inventur-Commissionswegen.
Volpers.

2) Jacob Ströhr's.
Jacob Ströhr, seiner Profession ein Metzger,
von Gottenheim aus dem Breisgau gebürtig, ist
schon 32 Jahre abwesend, ohne daß man etwas von
seinem Aufenthalt oder Daseyn erfahren konnte.
Nachdem nun seine hierländische Geschwister
um Einantwortung seines unter gerichtlicher Pflegschaft stehenden Vermögens von ohngefähr 1000 fl.
angesucht haben, so werden hiermit gedachter
Jacob Ströhe oder dessen eheliche Abstämmlinge
aufgefordert:
binnen 1 Jahr und 6 Wochen
sich um so gewisser zu melden und zu legitimiren,
als sonst sein Vermögen auch ohne Caution seinen
sich hier Landes befindlichen nächsten Anverwandten
eingeantwortet werden wird.
Freyburg, den 10 Januar 1807.
Großherzoglich Badisches auch Lehnamt
der Herrschaft Kranzenau.
Manz.

3) Jac. Schue's.
Nachdem Jacob Schue von Griesheim, vor
32 Jahren, bey der kaiserl. königl. Reichswerbung
in Offenburg sich engagiren lassen, in der Folge
dem kaiserl. kön. Regiment Terzi, Nr. 16 der Zeit
Erzherzog Rudolf genannt, zugetheilet, am 6
May 1796 aber in Kriegsgefangenschaft gerathen,
und von da nicht mehr zurückgelanget ist: so wird
derselbe oder dessen allenfallsige rechtmäßige Leibes-
Erben hiermit vorgeladen, binnen einem Jahre und
drey Tagen vor diesseitigem Oberamt oder der demselben untergeordneten Vogtey Griesheim zu erscheinen, und sein, oder ihres Erblassers in 483 fl. bestehendes Vermögen zu erheben, widrigens dasselbe
den darum sich meldenden nächsten Anverwandten
gegen Caution würde eingeantwortet werden.
Offenburg, am 10 Horn. 1807.
Großherzogl. Badis. Oberamt der
Landgrafschaft Ortenau.
Kleinbrod.

4) der berchelmann'schen Erben und der
Inhaber berchelmann. Versicherungs-
Urkunden.
Demnach die Caution von 2500 fl., welche der
vorlängst dahier verstorbene Amtskeller Berchelmann wegen der ihm anvertraut gewesenen dahiesigen Rentey-Verwaltung geleistet hatte, dem
großherzoglichen Fiscus, wegen des proprien Recef-

ses gedachten Amtskellers Berchelmann, verfallen
ist, deshalb von seinen Erben die über die Leistung
jener Caution ausgestellten Versicherungs-Urkunden,
nämlich vermöge:
1) Obligation d. d. 10 Junius 1767. 1000 fl.
2) Obligation d. d. 18 Julius 1767. 800 fl.
3) Obligation d. d. 28 Februar 1774. 700 fl.
und in Summa 2500 fl.
-vorlängst zurück zu liefern gewesen wären, bisher
aber nicht zu erhalten gewesen sind, und die dermahligen Aufenthalts-Orte von zwey der gedachten
berchelmännischen Erben nicht ausfindig zu machen
sind, als werden nicht nur gedachte Erben, sondern
auch jede allenfallsige andere Inhaber gedachter nicht
mehr gültigen Versicherungs-Urkunden hiermit aufgefordert und vorgeladen, dieselbe binnen drey
Monaten an hiesige großherzogliche Rentkammer
so gewiß zurückzuliefern, als gegenfalls das Nöthige
wegen Verrechnung der bemeldeten Caution nichts
desto weniger verfüget, und auf allenfalls aus gedachten Urkunden formirter werden wollende Ansprüche
nicht die mindeste Rücksicht mehr genommen werden
wird, wie dann auch dieselben Urkunden auf jeden
Fall für nicht mehr geltend, und jede daraus zu
formirende Ansprüche für erloschen hiermit ausdrücklich erklärt werden. Gießen den 4 März 1807.
Großherzoglich Hessische Rentkammer
daselbst.

Kauf- und Handels-Sachen.

Englisches Dintenpulver.

Diejenigen, welche sich der englischen Copier-
maschinen bedienen, könnten bey gegenwärtigen
unterbrochenen Handelsgeschäften mit England an
dem dazu nöthigen Dintenpulver Mangel leiden.
Diesem Mangel kann ich abhelfen: denn ich habe
nach verschiedenen, mit englischem Dintenpulver
angestellten Versuchen dessen Bestandtheile und Verhältnisse ganz gefunden. Mehrere hiesige Kaufleute
gebrauchen schon seit einigen Jahren dieses von mir
selbst verfertigte Dintenpulver bey ihren Copier-
maschinen, und sind in Hinsicht des Preises und
der Güte vollkommen zufrieden. Die Anwendung
ist ganz so wie bey dem englischen.
Auch für diejenigen, welche auf Reisen oder
auf dem Lande in der Geschwindigkeit der Dinte
benöthigt sind, ist dieses Pulver sehr nutzbar, indem
es, nach vorher geschehener Vermischung bevder
Päckchen, wovon man ein Paar Messerspitzen voll
in ein Weinglas Wasser auflöst, augenblicklich eine
schöne schwarze und klare Dinte gibt; worüber ich
auch für ganz Unkundige auf Verlangen eine schriftliche Anweisung zum Gebrauch beyfügen kann.
Eine Portion, wovon man ein Nösel sehr
schwarze Dinte erhält, kostet 6 gl. gutes Geld.
Plauen im Voigtlande den 22 März 1807.
Johann Gottlob Croemer,
Apotheker.

Allgemeiner Anzeiger
der
Deutschen.

Sonnabends, den 11 April 1807.

Nützliche Anstalten und Vorschläge.

Ueber Abschaffung der Pericopen.

Im allg. Anz. 1806 Nr. 334 S. 3930 wird angefragt: Ob es nicht einmahl Zeit sey, anstatt der in der lutherischen Kirche jetzt noch gewöhnlichen Pericopen auf die Sonn- und Festtage neue Abschnitte aus dem alten und neuen Testamente einzuführen? — Wer wollte nicht diese Frage, als Wunsch betrachtet, mit ja beantworten? Wenn nur aber einer gewaltsamen und plötzlichen Abschaffung jener sogenannten Sonn- und Festtags-Evangelien ꝛc. von Seiten des hier und da noch leider zu sehr am Hergebrachten hängenden größern Haufens in den Städten und auf den Dörfern sich nicht so viele Schwierigkeiten entgegen stämmten! — Denn kennt denn der Anfrager die mannichfaltigen Discussionen nicht, welche seit länger als 40 Jahren über diesen Gegenstand unter den Theologen, Predigern und Laien in der evangelisch-lutherischen Kirchenpartey sind gemacht worden? Brachte nicht schon in den Jahren 1765 oder 1766 der heldenkühne Dr. Töllner diese Sache zur Sprache, und that den Vorschlag, bis zur gänzlichen Abschaffung der gewöhnlichen Pericopen (sie zwar, um Anstoß zu vermeiden, öffentlich vorzulesen, aber eine andere Stelle der Bibel als Text zur Predigt jedesmahl damit zu verbinden, und ist dieß nicht auch schon sehr oft geschehen? Schon der längst verstorbene Dr. Münter in Kopenhagen bediente sich lange jener Methode und so auch andere. Wurden nicht schon vorlängst in den hannöverischen

Allg. Anz. d. D. 1 B. 1807.

landen diese Pericopen durch Zusätze aus dem Vorhergehenden oder Nachfolgenden erweitert, um ihnen das oft gar zu auffallend Fragmentarische zu benehmen, mehr Zusammenhang und daher auch mehr Sinn in manche zu legen, und eben hierdurch den Predigern ihre Meditationen bey ihren Religionsvorträgen zu erleichtern. Blieb es dem Verf. jener Anfrage ganz unbekannt: daß vorzüglich seit den letzten 20 Jahren her in Recensionen, in Vorreden zu Predigtsammlungen, und in allen homiletischen und Prediger-Journalen diese Sache nachdrücklich betrieben wurde; daß aber die Meinungen theils öfters getheilt blieben, theils und am meisten eine solche Veränderung der Liturgie auf einmahl durch Befehle vorzunehmen bedenklich gefunden wurde, weil der gemeine Mann noch sehr oft diese Pericopen zum Wesen der Religion selbst rechnet und gegen eine schleunige Abschaffung derselben sich mächtig sträuben, sie wol gar für eine Verfälschung der echt lutherischen Religion selbst ansehen würde. —

Auch diese Veränderung, die sehr zu wünschen ist, muß daher erst nur nach und nach eingeleitet werden. Wir wollen uns begnügen, daß jetzt die Consistorien den Predigern stillschweigend erlauben, wenn es ohne Anstoß bey ihren Gemeinden geschehen kann, sich bisweilen anderer Terte anstatt der verjährten Evangelien und Episteln zu bedienen. Dadurch wird der gemeine Mann bald nach und nach dahin gebracht werden, eine solche Veränderung ohne allen Widerspruch zu begünstigen. Ich — selbst

Landprediger — habe bloß in den letzten zwey Monaten des vorigen Jahres mich dieser Freyheit viermahl bedienet, ohne Anstoß meiner Zuhörer. Inzwischen gibt es aber doch auch noch Gründe für die Beybehaltung mehrerer der hier in Frage stehenden Perico-pen. Der zu früh verstorbene Generalsup. Kindervater zu Eisenach hat in seiner treff-lichen Schrift: Ueber nützliche Verwal-tung des Predigtamts im 2 Th. der Beut-theilung dieses Gegenstandes einen ganzen Brief gewidmet. Es wäre zu wünschen; es möchte diese mit so vieler Sachkenntniß, mit so vieler Klugheit und Rücksicht auf alle ein-zelne Theile der Amtsführung des Landpre-digers, mit so vieler Kenntniß des gemeinen Haufens geschriebene Schrift von Candidaten, jungen Land- auch wol Stadtpredigern fleißig gelesen, aber auch das Gesagte beherziget und befolgt werden. Dann würde man sicher keine gegründete Klage mehr über unwürdige Prediger hören, und selbst Predi-ger nicht mehr geneigt seyn, manchem ihrer Amtsbrüder zuzurufen: Wer will den bey Ehren erhalten, der sein Amt selbst un-ehret, Syrach 10, 32.

...n. den 6 Jan. 1807.

Ein Landprediger.

Land- und Hauswirthschaft.

Vortheile in der Gärtnerey beym Samen-Aussäen.

Damit solches nicht allzu dick geschehe und der Same nicht zu gedrängt aufgehe, bediene ich mich durchbrochener oder durch-stochener blecherner Löffel; (fast wie die ge-wöhnlichen Abschaumlöffel in der Küche) in diese thue ich meinen Samen, und bringe ihn damit aufs Land. Ich bediene mich grober, eng und weit durchbrochener Löffel, je nach-dem der Same grob oder kleinkörnig ist. Meine auf diese Weise ausgestreuten Samen geben in einer Gleiche auf und die Pflanzen werden, weil sie nicht so gedrängt stehen, sehr gedrungen und stammhaft.

J. G. B.

Ein Mittel zur Abhaltung der nackten Gartenschnecke von den Beeten.

Eine gänzliche Vertilgung dieser Gar-tenfeinde, die besonders voriges Jahr große Verwüstungen angerichtet haben, ist wol eben so unmöglich, als sie gewiß nicht heil-sam seyn würde. Man muß daher nur auf Verminderung und Abhaltung dieses Ge-wurms denken. Erstere wird einzig durch fleißiges Absuchen erreicht, letztere aber ganz vorzüglich dadurch, daß man um die Beete und Pflanzen die Spreu von Gerste (oder grobe Sägspähne) streut. Die Schnecken verkriechen sich bey Tage meistentheils ins Gras; daher auch die Beete, welche in Grasgärten liegen, gewöhnlich am härtesten mitgenommen werden. Aus dem Grase ma-chen sie sich des Abends auf die Beete und greifen immer die zärtesten und feinsten Pflanzen zuerst an. Sind aber diese Beete und Pflanzen mit solcher Gerstenspreu umge-ben, so ist ihnen der Weg dazu verschlossen, indem sie ihren schleimigen Körper über die sich anhängende und zugleich stachelnde Spreu nicht hinwegschleppen können und mögen. L.

Allerhand.

Anliegen an Menschenfreunde.

Zwey liebenswürdige Knaben von 9 und 10 Jahren, die in der jetzigen Zeit elternlos und arm geworden sind, suchen in einem bemittelten und theilnehmenden Manne einen zweyten Vater, der wie bis zum 14 Jahre ihnen den nöthigen Unterhalt geben wollte. Solche, diesen Kindern erwiesene Güte wird dereinst durch die Kinder selbst gewiß belohnt werden. Wer die Bitte dieser Verwaiseten erfüllen will, sende die Erklärung gefälligst an die Expedition des allg. Anz. zu Gotha, unter den Buchstaben E. L. H.

Dienst-Anerbieten.

1) Bey einer Gelehrtenschule in Franken ist die Stelle des Lehrers der französischen Sprache offen. Sie trägt jetzt wegen eines noch davon abfallenden Gnadengehaltes zwar nur 150 Gulden; doch kann jener (100 G.) bald zurückfallen: und auch außerdem ist Verbesserung zu hoffen. In einer ansehnli-chen Stadt, wie die, von welcher die Rede ist, können und werden auch einem geschick-ten und gesitteten Manne Privatstunden nicht

fehlen, wozu er reichliche Zeit hat, weil er wochentlich nur 12 bis höchstens 14 Stunden in der Schule gibt. Anmeldungen zu dieser Stelle:

An K. B. W.
überschrieben, wird die Expedition des allg. Anz. besorgen.

2) Eine Familie sucht für ihre beyden Töchter, wovon die eine 9, die andere 12 Jahr alt ist, einen Lehrer und Erzieher. Er muß ein Mann von gebildetem Verstande, feinen Sitten und untadelhaftem Character seyn, so wie Geschicklichkeit und Neigung zum Unterricht haben, welcher hauptsächlich in moralischer Bildung des Herzens, in deutscher Sprache, Naturlehre, Geographie, Rechnen, und Schreiben besteht. Man wünscht die Bedingungen eines solchen Mannes durch die Expedition des allg. Anz. in Gotha, in frankirten und mit F. H. bezeichneten Briefen zu erhalten.

Dienst-Gesuche.

1) Ein Apotheker-Gehülfe, welcher bereits 6 Jahre conditionirte, und sein Fach sowohl von der rationellen als empirischen Seite hinlänglich kennt und einen guten Character hat, worüber er gültige Attestate aufweisen kann, wünscht recht bald eine gute Stelle zu erhalten. Frankirte Briefe an denselben besorgt die Expedition des allg. Anz. unter der Adresse G. T. L.

2) Ein junger Mensch, welcher sich vorzüglich den zeichnenden Künsten gewidmet hat, wünscht zum Unterricht im freyen Handzeichnen, geometrischen und perspectivischen Zeichnen und der Aquatinta, so wie in den ersten Anfangsgründen der Mathematik und der Baukunst, in einer Lehranstalt oder einem angesehenen Hause, oder auch auf eine andere diesen angemessene Art angestellt zu werden. So wünschte er bey Anlegung eines schönen Gartens nach eignen Ideen Anleitung geben zu können. Anträge beliebe man unter der Adresse D Z. K. B. in frankirten Briefen an Hrn. M. Lux in Leipzig zu schicken.

3) Ein Mann, der viele Jahre bey einer ansehnlichen Bierbrauerey angestellt gewesen und sich mit den besten Zeugnissen rechtfertigen kann, wünscht auf gleiche Art wieder in Dienste zu kommen. Jede Art Bier kann er brauen und alle nöthige Gefäße, als geschickter Böttger, fertigen. Sollte eine Herrschaft einen solchen Braumeister annehmen wollen, so bittet man, die Briefe an die Expedition des allg. Anz. zu schicken und die Bedingungen vorzuschlagen.

Familien-Nachrichten.

Aufforderungen.

1) Christiane Brack, 19 Jahr alt, von Gotha gebürtig, welche vor acht Wochen mit einem französischen Officier als Köchinn von hier nach Marburg in Hessen ging, wird von ihrer kränklichen Mutter aufs dringenste gebeten, zu ihr zurückzukehren, da dieselbe des bisher einzigen Beystandes, ihres Sohnes, der zum Militairdienst genommen worden, beraubt ist. — Wer diesem Mädchen den Wunsch der bekümmerten Mutter mittheilt, thut ein gutes Werk.

Gotha den 7 April 1807.
Joh. Eva Brack.

2) Lucas Weymann, aus Schwaben gebürtig, 35 Jahr alt, hat beym Regiment Prinz Louis als Scharfschütze gestanden, ist den 11 November 1806 von Magdeburg als Kriegsgefangener transportirt worden, und seit der Zeit hat derselbe nichts von sich hören lassen. Da ich als Frau von ihm mit zwey Kindern zu wissen wünschte, ob derselbe noch lebt, so wird er gebeten, binnen hier und zwey Monaten seinen Aufenthalt bekannt zu machen, damit ich mich darnach zu richten weiß. Magdeburg den 29 März 1807.
Dorothea Weymann.

Justiz- und Polizey-Sachen.

Steckbrief hinter J. Chrn. Wittich.

In der Nacht vom 13 zum 14 October vorigen Jahres ist, während des Durchmarsches eines großen Theils der französischen Armee, ein mehrerer Diebstähle halber allhier in Untersuchung und gefänglicher Haft befindlich gewesener hiesiger Amts-Unterthan, Johann Christian Wittich, aus

Bobeck, aus der Frohnfeste entkommen, hat sich sofort wiederum nach seinem Geburtsorte Bobeck gewendet, von da aus bey der höchsten Behörde um ein sicheres Geleite supplicirt, und, als ihm solches versagt worden, er vielleicht am 8 d. M. wiederum in gefängliche Haft zurück gebracht werden sollen, abermahls die Flucht ergriffen. Wenn nun an dessen Wiedererlangung viel gelegen; als werden alle und jede Obrigkeiten hierdurch zur Hülfe Rechtens nach Standesgebühr ersucht, auf sothanen Wittich, welcher 26 Jahr alt, und mittlerer Statur ist, eine rothe gesunde Gesichtsfarbe und dunkles verschnittenes Haar hat, und bey seiner Flucht aus Bobeck einen blauen Tuchrock, gelblederne Hosen und Stiefeln, einen runden Hut, und darunter eine weiße baumwollene Mütze an und aufgehabt, ein genaues Augenmerk zu haben, ihn im Betretungsfall sofort arretiren und in sichere Verwahrung bringen zu lassen, hierauf aber, gegen Ertheilung gewöhnlicher Recesvatten, und Erstattung der Kosten, anher auszuliefern.

Thalbürgel, den 28 März 1807.

Herzogl. S. Weimars. Amt daselbst.

Vorladungen: 1) der Interessenten der neufreistedter oder lenderswalder Compagnie.

In der ersten Hälfte des vorigen Jahrhunderts hat sich zu Freystedt, hiesigen Oberamts, eine Gesellschaft speculativer Unternehmer vereinigt, um ein, zur Manufactur, Commerz und hauptsächlich Holzhandel bestimmtes Etablissement, das unter dem Namen Neufreistedt, auch neufreistedter Compagnie oder lenderswalder Compagnie bekannt ist, zu errichten, und ein bedeutendes Capital zusammen geschossen. Die Gesellschaft erreichte aber ihren Zweck nicht, sondern die Unternehmung schlug fehl. Seit jener Zeit aber befindet sich hier noch eine nicht unbeträchtliche, aber durch mehrere Schuld-Processe, verlorne Acten und Zeit, Ablauf höchst verworrene Masse unter obrigkeitlich bestellter Curatel.

Da man nun selbige auseinander zu setzen wünscht, aber die Interessenten daher nicht vollständig bekannt sind: so werden, hiermit alle und jede, Bekannte und Unbekannte, welche als Socieräts Genossen, oder als Erben der ehemahligen Societäts Glieder, oder als Gläubiger ersagter neufreistedter oder lenderswalder Compagnie Masse einen Anspruch an dieselbe zu machen gedenken, hiermit ein für allemahl aufgefordert, binnen neun aufeinander folgenden Monaten von heute an zu rechnen, dahier beym Oberamt zu erscheinen und in Person, oder durch genugsam Bevollmächtigte ihre Ansprüche unter Production ihrer Beweismittel anzubringen, und das weitere zu vernehmen, unter dem Rechtsnachtheil des Ausschlusses von ersagter Masse, ohnabgesehen, ob vielleicht ältere, jetzt nicht leicht mehr zu verfolgende Spuren ihres Anspruchs in den Acten liegen dürften, oder nicht.

Mit dieser Masse stehet das Schuldenwesen des vorzüglichsten Unternehmers jener Societät, des

gewesenen, Anno 1756 verstorbenen Commerzien-Raths Georg Daniel Zuch in Verbindung, und ist eben sowohl eine, jedoch geringere Masse unter obrigkeitlicher Verwaltung, an deren Erledigung ebenfalls gelegen ist.

Es werden daher alle Interessenten, ihr Interesse mag beruhen auf welchem Rechtsgrund es wolle, hierdurch edictaliter vorgeladen, in obgedachtem Termin, vor untergezogener Gerichts-Stelle zu erscheinen, und ihre Ansprüche vorzutragen, und zu bescheinigen, oder deren Ausschließung bey der Masse gewärtig zu seyn.

Verfügt Bischofsheim am hohen Steeg, den 28 Februar 1807.

Großherzogl. Badisches Oberamt allda.

C. v. Wechmar.   C. v. Baur.

2) der Gläubiger J. Martin's von Haagen.

Da bey allhiesigen Stadtgerichten zu Erörterung des Schuldenwesens des Handelsmanns Johann Martin von Haagen die öffentliche Verladung dessen Gläubiger beschlossen worden: so werden alle bekannte und unbekannte Gläubiger desselben hierdurch peremtorie und mit der Verwarnung, daß die Nichterscheinenden bey diesem Schuldenwesen für ausgeschlossen und der Rechtswohlthat der Wiedereinsetzung in den vorigen Stand werden verlustig erklärt werden, hiermit citirt, Freytags nach dem Fest Trinitat. ist

der 29 May d. J.

zu rechtsbehöriger Vormittagszeit resp. entweder, oder durch hinlänglich Bevollmächtigte zu erscheinen, sich gebührend zu melden, ihre Forderungen zu den Acten zu liquidiren und zu bescheinigen, die Güte zu pflegen, in deren Entstehung aber über die Richtigkeit ihrer Forderungen mit dem annoch zu bestellenden Contradictor, unter sich aber über die Priorität zu verfahren und hierauf das Weitere rechtlicher Ordnung gemäß zu gewärtigen.

Datum Meiningen, den 11 Febr. 1807.

Bürgermeister und Rath.

Kauf- und Handels-Sachen.

Aufgeschobene Waarenverloosung.

Da die gehabten Kriegs-Ereignisse mich bestimmt haben, meine Waarenverloosung in diesem Jahr nicht vor sich gehen zu lassen, so mache ich dieses denjenigen, welche Theil daran genommen hatten, und noch nehmen wollten, mit dem Beyfügen bekannt: daß selbige kommendes Jahr, auf nehmliche Art, wie die Plane darüber zeigten, unternommen werden wird, worüber ich in diesen Blättern zu seiner Zeit Anzeige machen werde. Auch macht ich sogleich jeden Interessenten, der Theil daran genommen hatte, mitwissend, daß die eingegangenen Gelder für eingelöste Loose, sämmtlich wieder retour gesendet worden seyn.

Schleiz im Voigtland den 1 März 1807.

Friedrich August Knoch.

Allgemeiner Anzeiger
der
Deutschen.

Sonntags, den 12 April 1807.

Literarische Nachrichten.

Verlags-Anerbieten.

Der durch mehrere mit Beyfall aufgenommene literarische Arbeiten bekannte
Herr Domprediger Rotermund in Bremen
hat sich seit vielen Jahren damit beschäftiget,
das Jöcherische Allg. Gelehrten-Lexicon
zu ergänzen und bis auf die neuern Zeiten
fortzusetzen. Er ist darin so weit fortgerückt,
daß er die Früchte seines angewandten mühsamen Fleißes nun dem Publicum mittheilen
kann, und hat eine Probe davon aus dem
Buchstaben R, nebst den Namen der darin
aufgeführten Gelehrten, von Raas bis Ra-
sungali, auf 2 1/2 Bogen besonders abdrucken lassen. Die Zahl dieser Namen ist 254,
woraus man die beträchtliche Vermehrung
mit neuen Artikeln ersehen kann. Die
Buchhandlungen, welche Lust haben, den
Verlag davon auf billige Bedingungen zu
übernehmen, sollen ihm ihre Vorschläge
schriftlich eröffnen.   d. s.

Landkarten.

Plan von Constantinopel und von Danzig.
Nachstehende Plane von zwey jetzt vorzüglich
interessanten Städten sind so-eben bey uns erschienen, und in allen soliden Buch- und Kunsthandlungen für die beygesetzten Preise zu bekommen:

1) Plan von Constantinopel, aufgenommen von
F. Kauffer und J. B. Lechevalier. In gewöhnlichem Landkarten-Format, 8 gl. Conv. Münze
oder 36 kr. rhein. auf Olifantpapier 12 gl. oder
54 kr.

Allg. Anz. d. D. 1 B. 1807.

2) Karte der Stadt und des Hafens von Danzig und der umliegenden Gegend, gr. Fol.
3 gl. oder 14 kr. rhein.
Weimar, im April 1807.
Das geographische Institut.

Bücher-Verkauf in Gotha.

Die allgemeine deutsche Bibliothek 11 bis
117t Band - wovon jedoch die 1te Abtheilung des
79ten Bandes ingleichen der 81., 88. und 89te Band
fehlt - nebst den Anhängen vom 13ten bis 86sten
Band und die neue deutsche Bibliothek, 1 bis
26t Band - von welchen aber die 1te Abtheilung
des 5., 16., 18., 19 und 25sten Bandes, sowie die
2te Abtheilung des 9. und 10ten Bandes ebenfalls
fehlt - soll für den äußerst niedrigen Preis von
fünf und zwanzig Thalern sächs. oder dafern
vielleicht eine Buchhandlung geneigt seyn sollte, dieses Werk an sich zu kaufen, für fünf und dreyßig
Thaler andere dafür selbst zu wählende, in Deutschland erschienene Bücher, verlassen werden. Die
allgemeine Bibliothek ist bis auf wenige Bände, die
nur brochirt sind, in halben Franz sauber gebunden.
Die Bände der neuen Bibliothek sind insgesamt
brochirt. Die Expedition des allgemeinen Anzeigers d. D. gibt auf Nachfrage Auskunft, bey wem
dieses Werk zu verkaufen steht.

Pränumerations-Ankündigung.

Neues nützliches Werk in drey Theilen, für alle
Freunde der französischen Sprache.
Da man meine Anweisung zum Sprechen der
französischen Sprache und meine französischen Briefe
nebst deutschen Nachahmungen gut aufgenommen
und mir vorgeschlagen hat, ein größeres und vollkommnes Werk über die schönen feinen und für die
Deutschen oft schwierigen Redensarten zu liefern,
so bearbeite ich folgendes: „Die Kunst, mit der
französischen Sprache und ihrem Geist ganz ver-

traut zu werden, oder gründlicher Unterricht in der
französischen Wortfolge und im Uebersetzen der interessantesten Erzählungen eines Meißner's, Wieland's, Schiller's, Göthe's und anderer berühmten Deutschen; in Lectionen, und mit wichtigen Bemerkungen über alle Eigenheiten und sinnverwand-
te Wörter der französischen Sprache bereichert."

Innere Einrichtung dieses Werks: 1) Die gewählten deutschen Erzählungen sind in Lectionen
von 20 bis 30 Zeilen abgetheilt. 2) Unter jeder
dieser Lectionen steht die richtige Wortfolge in deutscher Sprache nebst den Unterscheidungszeichen, die
in der franz. Sprache-anders, als in der deutschen angebracht werden. — 3) Gleich unter
der Wortfolge sind die in der Lectüre vorkommenden Wörter und Ausdrücke, übersetzt, angegeben.
— 4) Alsdann folgt die reine französische Uebersetzung, nach welcher der Lernende die seinige, ohne
Lehrer berichtigen kann. — 5) Die schon erwähnten
wichtigen Bemerkungen machen den Beschluß.

Wer nun mit den Elementen der französischen
Sprache genau bekannt ist, der kann dieses Werk
sehr vortheilhaft benutzen.

Der erste Theil, auf gutem Schreibpapier, gegen 70 gedruckte Bogen stark, wird gleich nach Johanni 1807, erscheinen. Wer auf diesen ersten Theil
1 Thaler baar in sächs. Gelde pränumeriren will,
beliebe sich in frankirten Briefen grade an mich zu
wenden. — Wer Pränumeranten sammelt, erhält
für den Betrag für 6 Exemplare, sieben. — Nur
bis Johanni kann auf diesen ersten Theil pränumerirt werden; hernach ist der Preis; 1 Thaler
16 Groschen. Man wird schätzbar ist es, wenn man
sich stets rein und richtig auszudrücken weiß! Ma
plume va bien, und nicht, écrit bian, meine Feder schreibt gut. — De grace, raccommodet - moi
cette plume, und nicht, corriget - moi, Corrigi-
ren Sie mir gefälligst diese Feder. — Il n'y a pas
de quoi, oder, point de remerciment, und nicht,
vous n'avez pas sujet oder raison, lieu de remer-
cier, Sie haben nicht Ursache zu danken, oder verschonen Sie mich mit Ihren Dank. — Il va en
poste, und nicht, par la poste extraordinaire, er
fährt mit Extrapost. Etre d'une bonne constitution oder complexion, und nicht nature, eine gute
Natur haben. — J'ai des stores à mes fenétres,
und ja nicht rouleaux, ich habe Rollos vor meinen
Fenstern. — Prendre du café à l'eau, und nicht
boire, schwarzen Caffee trinken. — Auch sagt man :
Comment trouvez - vous ce vin? Wie schmeckt Ihnen dieser Wein? Goutez ce vin, kosten — versuchen Sie diesen Wein. Apportez - moi de la lu-
mière, je n'y vois plus, bringen Sie mir Licht,
ich kann nicht mehr sehen. Mettre le couvert, den
Tisch decken; oter la nappe, ihn abdecken. — Rogner
les ducats, Ducaten beschneiden. — Le gressier
und nicht l'actuaire, der Actuar. Le bouquiniste,
der Antiquar. L'Antiquair der Liebhaber von Alterthümern. Des pains à cacheter, und nicht des
coublies; des hosties, Oblaten zum Zumachen der

Briefe. — Uebrigens tragen die Bemerkungen über
die Synonymen sehr viel zur Bildung des Verstandes bey. Leipzig, im April 1807.

G. F. Le Mang, Lehrer der franz.
Sprache.

Ich wohne am Thomaskirchhofe, Nro. 70, eine
Treppe hoch.

Periodische Schriften.

Von Schlichtegroll's Nekrolog sind vor kurzem folgende Fortsetzungen bey mir erschienen und
in allen Buchhandlungen zu haben, als:

Nekrolog 1800. 2r Band, (oder eilften Jahrg.
2r Band). Preis 1 rthlr. Enthält: die Biographien von Fischer - Consistorialrath und Rector
in Halberstadt; dessen Gattinn A. A. Fischer;
Geißler, Hofrath und Bibliothekdirector in Gotha; Selle, Geheimerath und Leyt in Berlin;
Justi, Prof. und Superintendent zu Marburg;
Kästner, Geh. Justizrath und Prof. der Mathemat. zu Göttingen; O. E. Zerenner, geb. Nes-
sau; Junker, Prof. der Medicin zu Halle; Freyherr von Senkenberg zu Gießen; Helwing,
Rath und Bürgermeister zu Lemgo.

Nekrolog der Teutschen für das 19te Jahrhundert 5r Band mit Spaldings Porträt.
Preis 1 Rthlr. Inhalt: Nestler, Pastor Pri-
marius u. Schulinspector in Bautzen; Danz,
Regierungsrath zu Stuttgart; Spalding, Ober-
Cons. Rath u. Probst zu Berlin; Wunder-
bing, geb. Lieberkühn, dessen Gattin; Helena
Pawlowna, Großfürstin von Rußland, Erb-
prinzessin von Mecklenburg; Wunderlich, Superint. zu Wunsiedel; Güte, Prof. der Theol.
u. Prediger zu Halle; Abel, Geistl. Rath, Inspector, Senior und Pastor zu Möckern im Magdeburg.

Gotha, im März 1807.

Justus Perthes.

Nachricht für Zeitungsleser.

Unter die interessantesten Erscheinungen, womit uns das beginnende Jahr erfreut hat, gehören
ohnstreitig die in mehreren öffentlichen Blättern
empfohlenen Zeitungen:

Der Freymüthige für alle Stände auf das Jahr
1807.

Geist des Neunzehnten Jahrhunderts 2c. 2c.

Abendblatt, eine Zeitung für das gesellige Leben 2c. 2c. (Diese Zeitung erscheint auch unter
dem Titel: Zeitung für die Toilette und das
gesellige Leben 2c. 2c.)

Diese Zeitungen werden ununterbrochen fortgesetzt und gewinnen täglich immer mehr an Interesse, wovon die bereits erschienenen Stücke zum Beweis dienen, welche in allen soliden Buchhandlungen zu haben sind. Jede dieser Zeitungen kostet
halbjährlich 2 Rthlr. 12 gl. pränumerando in Golde.

Wer sich an uns wendet, zahlt halbjährlich für jede dieser Zeitungen 1 rthlr. 21 gl. und wer alle drey Zeitungen zusammennimmt, zahlt für alle drey halbjährlich nur 5 rthlr. pränumerando in Golde. Ausführliche Anzeigen davon und eine Uebersicht des Inhaltes findet man im europäischen Universal-Anzeiger, welcher vierteljährig 4 gl. kostet.

Expedition des europäischen Universal-Anzeigers in Leipzig.

Einem geehrten Publicum, welches bisher meinen Arbeiten gütigen Beyfall schenkte, mache ich hierdurch bekannt, daß mein Almanach der Fortschritte in Wissenschaften u. s. w. von jetzt an in der Klügerischen Buchhandlung in Arnstadt herauskommen wird, und empfehle diese Schrift zu fernerer geneigten Aufnahme.

Arnstadt, den 4ten April 1807.
Gabriel Christoph Benjamin Busch,
Superint. zu Arnstadt.

Da uns Hr. Superint. Busch allhier die Herausgabe seines beliebten Almanachs übertragen hat, so machen wir dem geehrten Publicum bekannt, daß dieser Almanach zu jetziger Ostermesse unter folgendem Titel in unserm Verlage erscheinen wird: Almanach der neuesten Fortschritte in Wissenschaften, Künsten, Manufacturen, Fabriken und Handwerken, enthaltend die neuesten Erfindungen und Entdeckungen, von Ostern 1806 — 1807. 11r Jahrg. oder Uebersicht der neuesten Fortschritte in Wissenschaften, Künsten, Manufacturen, Fabriken u. Handwerken, enthaltend die neuesten Erfindungen und Entdeckungen von Ostern 1806 — 1807 11r Bd.

Unterzeichnete Buchhandlung wird nicht ermangeln, alles anzuwenden, was zu fernerer Empfehlung dieser längst als nützlich anerkannten Schrift beytragen kann. Arnstadt, d. 4. April 1807.
Klüger'sche Buchhandlung.

Bücher-Anzeigen.

Cours de Mythologie à l'usage de la jeunesse, avec des notes allemandes explicatives, historiques et géographiques. Avec figures. 12. Francfort, chez Jäger. Prix. 20 gl. ou 1 fl. 30 kr.

Je wichtiger in unsern Tagen die Erlernung der französischen Sprache für jeden gebildeten Mann, für jedes wohlerzogne Frauenzimmer ist, desto erwünschter werden dem Publicum solche Hülfsmittel seyn, wodurch nicht nur das mühsame Sprachstudium erläutert, sondern auch zugleich der gute Geschmack gebildet, das Gedächtniß mit nützlichen Kenntnissen bereichert wird.

In keinem Fache des beschreibenden Styls haben die Franzosen geschmackvollere Schriftsteller aufzuweisen als in der Mythologie. Wer kennt nicht einen Démoustier, Noel und so viele andere, die mit großem Erfolg in die Fußstapfen des römischen Ovid und anderer Classiker traten. Aus ihnen

hat ein eben so gelehrter als geschmackvoller französischer Gelehrter die Quintessenz und den Geist gezogen um diesen in einem Cours de Mythologie der Jugend und besonders dem schönen Geschlecht vorzutragen.

Ein deutscher Gelehrter hat das französische Werk mit zweckmäßigen Noten bereichert. Keine schwierige Redensart ist übergangen, keine Geschichtsbegebenheit, kein Ort in der alten Erdbeschreibung ist unerläutert geblieben. So umfaßt ein niedlicher Duodezband, der sich zugleich durch geschmackvolle typographische Behandlung empfiehlt, die ganze Wissenschaft der Mythologie; und in dem die jungen Leser und Leserinnen aus dem Text den reinsten französischen Styl und die zierlichsten Wendungen lernen, merken sie zugleich tausend nützliche Dinge aus der classischen Vorzeit, die sonst in hundert langweiligen Quarranten zerstreut, hier aber zweckmäßig zusammen gestellt, oder in epigrammatischer Kürze angedeutet sind, jeder der die witzigen Anspielungen der Dichter verstehen, der einer gebildeten Gesellschaft ohne Blößen zu geben beywohnen will, wird sich dieses Buches mit Vortheil bedienen; und in Schulen, besonders in höhern Bildungsanstalten des schönen Geschlechts, möchte eine solche Schrift in der man zugleich die sorgfältigste Aufmerksamkeit angewendet hat, um alles, was weiblichen Zartgefühl beleidigen könnte, zu entfernen, ein unentbehrliches Lese- und Uebungsbuch seyn. Die kleinen Umrisse der merkwürdigsten Götter, die hinten angehängt sind, erhöhen den Werth und die Brauchbarkeit des in jeder Hinsicht so empfehlungswürdigen Buches.

Reise durch Kursachsen in die Oberlausitz, nach Barby, Gnadau, Herrnhut, Niesky und Kleinwelka, nebst einer Schilderung des bürgerlichen, religiösen und sittlichen Zustandes der evangelis. Brüdergemeinde. Neue Ausgabe mit Charte. 8. 1807. Leipz. bey Hinrichs. 1 Rthlr. 12 gr.

Die evangelischen Brüdergemeinden verdienen es immer mehr, daß ihre Verhältnisse unparteiisch nach ihrem Geist und Sinn aufgestellt werden. Und gerade dieß ist in diesem Werke so geschehen, wie es noch nicht der Fall war. Man findet kein trocknes Register bekannter Städte und Flecken, sondern Thatsachen, gleich wichtig für Verstand und Herz.

Das Schweizerthal, ein Familiengemählde des 18. Jahrhunderts. Neue Ausgabe. Mit 1 Kupf. 8. 1807. 1 Rthlr.

Eine Geschichte, welche freundliche Bilder des friedlichen Erdenlebens aufstellt, das Gute anpreist, und ohne Gefahr für Herz und Phantasie den Leser zur glücklichen Beschauung führt.

Bey Webel in Zeiz und in allen Buchhandlungen Deutschlands ist zu haben:
Geist und Critik der neuesten über die Theurung der ersten Lebensbedürfnisse erschienen

nen Schriften; oder gesammlete und eigene Vorschläge, diese Volksnoth in Zukunft sicher abzuwenden, herausgegeben von Gottlob Heinrich
Heinse 8. 1 rthlr.

Je drückender die Zeitumstände sind, je beher-
zigungswerther ist der Gegenstand dieser Schrift,
der im wesentlichen alles in sich faßt, was über Theurung und Volksnoth geschrieben worden, und eben
deshalb das Publicum zu Erwartungen über ihr end-
liches Resultat berechtigt, weil das eigene Urtheil
des Verfassers durch gegenseitige Vergleichungen
aller schriftstellerischen Meinungen Gelegenheit
finden mußte, sich zu berichtigen.

Bey Carl Aug. Solbrig in Leipzig ist seit
kurzem eine neue Auflage von dem mit so vielem
Beyfall aufgenommenen:

Gemeinnützigen Koch- und Wirthschaftsbuch,
oder Anweisung alle Arten von Speisen, Bäckereyen und was sonst in der Küche und Wirthschaft
nöthig und nüblich, mit Vermeidung dessen,
was der Gesundheit schädlich ist, zuzubereiten.
erschienen. Der Preis ist 1 rthlr.

Um aber jeder Familie, in deren Händen sich
dieß erwähnte Koch- und Wirthschaftsbuch noch nicht
befindet, den Werth und Nutzen desselben mitzutheilen: so sezt der Verleger nur den Inhalt auf,
welcher 9 Abschnitte enthält; der erste handelt:
von Suppen, Potagen und Kaltenschaalen, zusammen 110 Sorten. 2ter Abschn., vom Kochen des
Fleisches und dazu gehörigen Gemüses, 114 Sorten. 3ter Abschn., von Zubereitung der Fische
und andrer Wasserthiere, 118 Sorten. 4ter Abschn., von Zubereitung des Geflügels, 61 Sorten.
5ter Abschn., vom Braten des Fleisches, 32 Sorten. 6ter Abschn., von Zubereitung des Wildprets,
25 Sorten. 7ter Abschn., von Aßsen, Musen und
andern Mehl- und Milchspeisen, 48 Sorten. 8ter
Abschn., von Zubereitung der Eyer, 13 Sorten.
9ter Abschn., von der Zurichtung des Gemüses,
Salate, der Brühen und Obstes 2c. 49 Sorten.

Neue Bücher zur Ostermesse 1807, in der Verlagshandlung von Georg Voß in Leipzig, welche durch alle reelle Buchhandlungen zu erhalten
und zu bestellen sind.

Arbeitsstunden, die, im Stricken, Nähen und
Stricken. Ein Lehrbuch für fleißige Töchter. Mit
Vorzeichnungen und Mustern auf 15 Kupferta-
feln. Il. 4. 1 rthlr. 8 gl.
Barthel's, Fr., Eumorphea, Anleitung zur Ge-
schmacksbildung für die zeichnenden Künste mit
besonderer Hinsicht auf landschaftliche Darstellung.
Mit 20 Kupf. Il. Fol. 4 rthlr.
Bilderschule, kleine, für die Jugend. Mit Kup-
fern und illum. Kupfern. Vierte verbess. und mit neuen
Kupfern verm. Aufl. gr. 8. 1 rthlr. 16 gl.
Pölz's, Vicedirect., J. C., Anstandslehre für die
Jugend. 8.

— katechetische Unterredungen über religiöse
Gegenstände mit einer gebildeten Jugend, in den
sonntäglichen Versammlungen in der Freyschule
zu Leipzig gehalten. 2te Samml. dritte verb. Auflage. 8. 16 gl.
Blaß's, Jac., moralische Gemählde für die gebildete Jugend. 2 Theile mit Kupfern von Arnde,
Nettling und Penzel. Zweyte sehr verb. und
verm. Aufl. Il. 4. 3 rthlr. 8 gl.
Hahn's, Rector. B., angenehme Schulstunden.
Gedichte und gereimte Erzählungen für die Jugend verschiedenen Alters. 8. 1 rthlr. 4 gl.
Kästner's, M. C. A. L., Kunst in zwey Monaten
franz. lesen, verstehen, schreiben und sprechen zu
lernen. gr. 8.
Küttner's, C. G., Wanderungen durch die Niederlande, Deutschland, die Schweiz und Italien,
in den Jahren 1793 und 1794. 2 Theile. 8. 2te
unveränderte Aufl. 3 rthlr.
Wege, die, des Lebens; oder was willst du werden: Ein encyclopädisches Spiel für die Jugend.
Mit einer Bildertafel und historischen Erläuterung derselben. Aus der Jugendzeitung besonders arrangirt. gr. 4. 18 gl.
Weiße's, C. F., Selbstbiographie. Herausgegeben von dessen Sohn C. E. Weiße, und dessen
Schwiegersohne S. G. Frisch. Mit Zusätzen von
dem leztern. Wohlfeile Ausgabe. gr. 8. 1 thlr.

Bildungsblätter. Eine Zeitung für die Jugend.
1807. Mit vielen Kupfern und Musikbey. 2c.
Nebst pädagogischen Verhandlungsblättern für
Eltern, Erzieher, Jugendlehrer und Kinderfreunde. In wöchentlichen Lieferungen. 4. der
Jahrg. compl. 8 rthlr.
Zeitung für die elegante Welt. 1807. Mit Kupfern und Musikbeylagen in wöchentlichen zwey-
mahligen Lieferungen. 4. der Jahrg. cpl. 6 rthlr.

Lottchen, eine Erzählung von Theodor Hell, mit
Kupfern. 8. Neue Ausgabe. 1807. Leipzig bey
Hinrichs 20 gr.

Den Namen des Verfassers stellten schon jetzt
viele neben dem Namen des unvergeßlichen Jüngers.
Auch in dieser Erzählung findet man sein glückliches
Talent. Heiter und leicht schließt sich Bild an Bild,
jedes gut gewählt. Man kann wetten, daß dem
Lottchen jeder Leser gut seyn muß.
Der Einsame, oder der Weg des Todes, ein Roman von F. Horn. Neue Ausgabe, mit 1 Kupfer.
8. 1807. 16 gr.
Ganz in der Manier des bekannten Verfassers.
Finstre Schwermuth, Kälte gegen das Leben und
Klarheit und Wärme haben, wo es bricht, machen
die Hauptzüge des Gemähldes, welches sich durch sei-
nen eignen Charakter vor so vielen andern auszeichnete.

Künste, Manufacturen und Fabriken.

Nützliche Erfindungen
für Lederfabrikanten, Gerber und
Leder-Zurichter.

Bekannt mit den wissenschaftlichen Grundsätzen der Gerberey und Lederbereitung in ihrem ganzen Umfange, bin ich seit geraumen Jahren bemüht gewesen, durch eigenes Nachdenken und Untersuchungen die Resultate meiner practischen Erfahrungen zur Verbesserung unsers Metiers anzuwenden, und ich war so glücklich, mehrere wichtige Vortheile aufzufinden, deren Bekanntmachung jedem Kunstgenossen so willkommen als nützlich seyn kann.

Der Wunsch mehrerer sachkundigen Männer hat öfters und unlängst wiederholt die Mittheilung meiner Erfindungen verlangt — und ich finde mich gegenwärtig solches zu bewirken bereit, in sofern nämlich mein eignes, für die Bekanntmachung meiner Methode billig zu entschädigendes Interesse zugleich sicher gestellt werden kann.

Als rechtlicher Mann muß ich jedoch nicht minder bedacht seyn, diejenigen Liebhaber, welche Gebrauch von meinem Anerbieten machen wollen, von aller Besorgniß eines Risico zu befreyen. Wie ich dieses zu bewerkstelligen gedenke, werde ich weiter unten sagen. Zunächst folgt hier der Inhalt dessen, was ich durch gegenwärtiges bekannt zu machen willens bin.

I Die Kunst, alle Oberleder-Sorten für Schuhmacher, Sattler rc. bey einer der Lösung und Bindung thierischer Felle und

Häute angemessenen Behandlung ganz ohne mineralische Mittel, durch ein bis jetzt ununtersucht gebliebenes, zweckmäßiges Surrogat, unter Mitwirkung kalten — jedoch nur von Grad zu Grad verstärkten Rinden-Loh oder Gerbestoffs, und zwar mit Ersparniß von wenigstens einem Drittel an Material und Zeit, folglich mit weniger Kosten, vollkommen, sowohl in Ansehung der innern als äußern Güte, gar zu machen; obwohl ich mehrere Proben mit Menage von zwey Drittel an Gerbestoff und Zeit hergestellt habe.

Dabey ist folgendes zu bemerken:

a) Daß die Gerbung befördernde und mitwirkende Surrogat kömmt verhältnißmäßig nicht theurer, als Rindenloh zu stehen, und ist überall in Europa hinlänglich und leicht zu bekommen.

b) Der Gerber kann, bey Loh-Mangel, das Lederwerk mehrere Monate ohne alle Gefahr in diesem Surrogat erhalten, hat die Zeit der Arbeit mehr in seiner Gewalt, und kann dieselbe nach Umständen und Gelegenheit verlängern oder verkürzen.

c) Das nach dieser Methode gegerbte Leder widersteht dem Wasser weit mehr, wie jedes andere gewöhnlich gegerbte.

II. Ein Mittel, jedes gut gegerbte Leder, nach zweckmäßiger Verrichtung, mit mäßigen Kosten vollkommen wasserdicht zu machen — so daß solches von keinem andern Leder der Art in beyder Rücksicht übertroffen werden kann.

Ich darf an der Gemeinnützigkeit des durch eine solche verbesserte Methode zu be-winnenden Products, daß gewiß alle Auf-merksamkeit verdient, um so weniger zwei-feln, als

a) allgemein bekannt ist, welchen wohl-thätigen Einfluß auf die menschliche Gesundheit die Bewahrung der Füße vor äußerer Nässe und der daher rüh-renden Verkältung hat, welches durch alle bis jetzt angewandte Bereitungsar-ten, selbst durch die des Engländers J. Bellamy und andere neuerdings bekannt gewordene und angepriesene Methoden nur unvollkommen erreicht wird; indem

b) die in das Leder gebrachten Fette und Oele nur kurze Zeit dem Wasser wider-stehen, und durch ihren Ueberfluß die Strümpfe und Beinkleider beschmutzen; auch

c) bald durch Staub und absorbirende Erdarten, die während des Gehens sich anhängen, verschluckt und ausge-zogen werden, oder als vegetabilische Harze sich lackartig verhärten, wodurch das Leder zunächst trocken und brüchig wird, mithin auch an seiner Haltbar-keit einbüßt.

Diesen Mängeln ist hingegen durch meine Methode abgeholfen. Die damit zubereiteten Leder widerstehen dem Regen- und Schnee-wasser — selbst an den Stellen, wo durch die nothwendige Biegung und Bewegung des Fußes Falten Statt finden, — sind auf der innern Seite reinlich, verlieren beym Ge-brauch ihre Geschmeidigkeit nicht leicht, und können so wohlfeil bereitet werden, daß der Gebrauch derselben selbst zu Kutschen- und Pferde-Geschirren nicht zu kostspielig wird.

III) Lederwerk, vorzüglich Rind- und Roßleder, welches bekanntlich dreyerley Stärken hat — und aus freyer Hand selbst durch die geschicktesten Zurichter mit Auf-wendung vieler Zeit nicht egal gefalzet wird, mittelst einer Maschine, die nicht zu kostbar herzustellen ist, dergestalt vorzurichten, daß solches der Ungleichste in kurzer Zeit — und zwar nach jeder beliebig vorgeschriebenen Stärke, vollkommen egal auszuarbeiten im Stande ist.

Mittelst dieses Verfahrens kann man nicht allein schlechte Leder, sondern auch Leder, nach dem Einkaufen viel stärker fal-zen, dadurch mehr Leim-Leder gewinnen, Gerbe-Stoff und Zeit ersparen, und erlangt ein Leder von weit mehr Nutzbarkeit und höherem Werth, und ersetzt endlich den Mangel an geschickten Zurichtern.

Als Zugabe folgt nach

IV) ein erst kürzlich erfundener, auf eine ganz neue Art eingerichteter Leder- oder Gerber-Falz, der in Hinsicht der Form mit dem gewöhnlichen gleich ist, eben so wie seiner Güte dem englischen nicht nachsteht — überall, nach Belieben, groß oder klein gemacht werden kann und den Vorzug hat, daß er noch einmal so ge-schwind und leicht zu schleifen ist, und viel wohlfeiler zu stehen kommt, als ein engli-scher Falz.

Die Vortheile dieser drey oder vielmehr vier Erfindungen und Verbesserungen können der Einsicht des Sachkundigen unmöglich entgehen, und ich bin, falls sich eine zu-längliche Anzahl von Liebhabern finden be-reit, durch den nämlichen Weg in der Folge noch wichtige Gegenstände, die ich theils schon bearbeitet, theils noch im Sinne habe, dem Publicum mitzutheilen.

Bedingungen.

Ueber obige unter Nr. I bis IV ange-führten Puncte werde ich eine hinreichende, deutliche Beschreibung und richtige Zeichnun-gen der Maschinen, welche jeden Professions-Verwandten oder sachkundigen Liebhaber voll-kommen in Stand setzen werden, darnach zu verfahren, liefern, und zu meiner sowohl, als der sich findenden Interessenten Sicher-stellung habe ich folgenden Weg eingeschlagen.

1) Jeder Liebhaber macht sich zur Mittheilung der unter I, II, III und IV angeführten Erfindungen mit 5 Thlr. oder zwey wichtigen Friedrichsd'or oder deren Werth verbindlich.

2) Zu meiner Sicherheit deponiren die Interessenten diese zwey Fr.d'or bey der Expedition des allg. Anzeigers in Gotha, indem sie solche entweder baar, oder in Assignationen von bekannten Handelshäu-

fern, franco an dieselbe einsenden; wobey es zur Ersparung des Porto dienen wird, wenn mehrere Interessenten eines Ortes ihre Beyträge gemeinschaftlich übersenden. Der Pränumerations-Termin bleibt offen bis zum letzten August d. l. Jahres.

3) Ist alsdann eine hinlängliche Anzahl Pränumeranten vorhanden, so mache ich einige der nächstwohnenden sachverständigen Interessenten mit den angezeigten Erfindungen in ihrem ganzen Umfang bekannt, und setze sie dadurch in den Stand, darüber vollkommen urtheilen zu können, um ein glaubwürdiges Attestat über die Anwendbarkeit und Richtigkeit meiner Angaben auszustellen.

Ist dieses Attestat gehörig erfolgt, so werden gegen dessen Aushändigung die pränumerirten und bis dahin deponirt gelegenen Gelder von der Expedition des allg. Anzeigers d. D. an mich ausgezahlt, und jeder Interessent erhält unmittelbar darauf die versprochene umständliche Anweisung und Erklärung.

4) Sollte indessen die nöthige Anzahl der Beyträge nicht erfolgen, so werden die bezahlten und deponirten Gelder zurückgegeben; welches auch auf den Fall geschieht, wenn ich mich nicht zuvor durch hinlängliche Atteste über die Erfüllung meines Versprechens legitimirt haben werde; wodurch dann für die Sicherheit der Pränumeranten wol hinlänglich gesorgt ist.

Weimar, im Monat März 1807.

H. Rösch,
Herzogl. Sächsf. privilegirter engl.
Leder-Fabrikant.

Zusatz.

Da es unstreitig eine wünschenswerthe Sache wäre, wenn die deutschen Gerbereyen eben so gutes Leder, wie die englischen, und wohlfeiler, als diese lieferten, und überhaupt die Lederbereitung, die großentheils auf chemischen Kenntnissen beruhet, durch Benutzung der neuern Fortschritte dieser Wissenschaft verbessert und weniger nach dem alten Schlendrian betrieben würde; —

da der Herr Verfasser vorstehenden Aufsatzes sich durch Vorlegung verschiedener, nach dem Urtheil von Kennern vortrefflicher Leder-Proben von seiner Fabrik, so wie durch

Zeugnisse über ihre Dauerhaftigkeit im Gebrauch, als Meister in seinem Fache legitimirt hat; und — da bey der Art, wie er seine Kenntnisse für eine billige Vergütung gemeinnützig machen will, das Publicum nichts wagt, als das Porto für die Pränumerationsgelder:

so hat Unterzeichnete sich gern zu der Besorgung dieses Geschäfts verstanden und wird die bey ihr zu deponirenden Pränumerations-Gelder in Empfang nehmen, und nicht eher an Herrn Rösch abgeben, bis er obige Bedingungen erfüllt hat.

Gotha den 4 April 1807.

Die Expedition des allg. Anzeigers d. D.

Gesundheitskunde.

Etwas über die Behandlung der Brustwarzen bey Erstgebährenden.

Es ist leider sehr bekannt, und manches junge verheirathete Frauenzimmer hat schon die bittere Erfahrung gemacht, daß sie bey Anlegung ihres erstgebornen Säuglings, wenn dieses ohne alle Vorbereitung geschiehet, erst gewahr wird, daß sie schlechte oder gar nicht hervortretende Brustwarzen hat, oder daß solche, wenn sie auch hervorgehen, hart und schmerzhaft sind, und in einigen Tagen wund werden, aufspringen, und die empfindlichsten Schmerzen verursachen.

Diese Uebel entstehen so oft und so vielfältig, daß es wenig Familien gibt, die nicht von einer oder der andern dieser Krankheit unangenehme Erfahrungen gemacht haben, die für die Kranken um desto empfindlicher und schmerzhafter sind, da sie größtentheils unmittelbar nach einer schweren und erschöpfenden Geburt entstehen, und diese Schmerzen sind oft so groß, daß sie die bey der Geburt bey weitem übersteigen.

Diese Krankheiten verdienen daher nicht allein wegen der Schmerzen bey denselben, sondern auch wegen der Folgen, die solche größtentheils zurücklassen, die größte Aufmerksamkeit, indem bekannt ist, daß bey schlecht hervorgehenden oder wunden Brustwarzen die Säuglinge aus Furcht vor Schmerzen seltner angelegt werden, als es seyn sollte, woher denn Anhäufung und Stockung der Milch in den Milchdrüsen und Gefäßen entstehet, die nur selten vertheilt, sondern größtentheils in Eiterung übergehet, und die Verengerung und Verderbung der Milchgefäße und Drüsen nach sich ziehet, wobey die Brust in der Folge zusammenfällt, viel kleiner wie die gesunde wird, und nicht allein bey künftigen Kindbetten keine, oder doch nur wenig, dünne und wässerige, zum Ernähren des Kindes untaugliche Milch von sich giebt, und also für immer verdorben ist, sondern auch einen bleibenden und äußerst unangenehmen Uebelstand verursacht, daß eine Brust ungewöhnlich groß, die andere aber klein wird, ja fast ganz verschwindet, wie dieses häufige Beyspiele beweisen.

Diese so äußerst unangenehmen Folgen sind es aber noch gar nicht allein, die bey obigen Krankheiten eintreten, sondern es kann in der Folge zu noch weit größeren der Grund gelegt werden, indem durch die Verderbung der Milchdrüsen, und Zusammenschrumpfung der ganzen Brust und Untauglichkeit derselben, entweder durch äußere Ursachen, oder durch ein kummervolles Leben, das vielen Einfluß hierauf hat, leicht Drüsenverhärtungen und zuletzt wahre Krebse entstehen, wozu obige Umstände als die vorbereitenden Ursachen angesehen werden können.

Alle diese üblen Folgen sind den versäumten Vorkehrungen zuzuschreiben, da sie bey jeder Erstgebährenden erforderlich sind, und die entweder dem Arzte oder den Angehörigen zugerechnet werden müssen, indem die unnunterrichtete Schwangere nichts hiervon versteht, und nichts eher davon gewahr wird, als bis sie den Säugling anlegen und ihm seine Nahrung reichen will.

Durch folgende Vorbereitung können aber alle diese Uebel sehr leicht verhütet werden, wenn man wenigstens 14 Tage bis 4 Wochen vor der Niederkunft die Brüste jeder Erstgebährenden genau untersucht, ob die Warzen genugsam hervorstehen, daß man sie mit zwey Fingern bequem fassen und es das hervorziehen kann. Geschiehet dieß nicht, so lasse man es von der Schwangern ... und Ausziehen jedesmahl wiederholen, und so wird die Warze, auch selbst nach dem Einfluß der Milch, wo die Brüste ... mehr angeschwollen, genugsam her... ... daß sie den Säugling gut fassen

und bequem daran trinken kann. Erhellet aber aus dieser Untersuchung, daß die Warzen nur wenig oder gar nicht hervorgehen, so ist zu erwarten, daß sie diesen nach dem Einflusse der Milch desto weniger thun werden, wodurch sie also der Säugling nicht ... hörig fassen und austrinken kann, und also obige Uebel auf dem Fuße nachfolgen.

In diesem Zustande ist es daher äußerst nothwendig, daß die Warzen bey Zeiten ... vorgezogen, und zum Anlegen des Säuglings geschickt gemacht werden, wozu man sich bisher mancherley Ziehgläser, elastischer Milchgläser, der steinischen Milchpumpe u. s. w. bedient hat, wovon aber erstere ganz un... zulänglich sind, letztere aber wegen ihrer Kostbarkeit und Complicität nur äußerst wenig gebraucht wird, und daher bey der bisherigen Behandlung die Heraußziehung und das Herausbleiben der Brustwarzen nie auf eine vollkommene Weise erlangt worden ist.

Durch mancherley Versuche in diesen Fällen geleitet, habe ich mir daher eine Saugspritze verfertigen lassen, die meinen Erfahrungen zu Folge, diesem Zweck vollkommen entspricht, und womit man selbst in den hartnäckigsten Fällen, bey ... mähliger Bearbeitung die Warzen so heraus ziehen kann, daß jedes Frauenzimmer, ohne Abnahme, ihren Säugling selbst stillen, und ihre süßesten Mutterpflichten zu erfüllen im Stande ist.

Wird aber bey obiger Untersuchung gefunden, daß zwar die Warzen gut hervorstehen, und also in Hinsicht der Anlegung des Säuglings nichts zu befürchten stehet; so fragt es sich dennoch: ob die Warze beym Anfassen und Herausziehen ganz unschmerzhaft, die Haut an derselben zart und leicht ausdehnbar ist, oder ob sie, besonders durch gelinden Anziehen, schmerzt, hart anzufühlen ist, oder etwa kleine harte Stellen in der Haut zu fühlen sind, die gern Gelegenheit zu Schrunden und zum Aufreissen geben? In diesem Falle lasse man sie täglich zweymahl mit erweichenden Oelen z. B. Oel von süßen Mandeln wohl einreiben, die Warzen mit den Fingern fassen, etwas anziehen, und gelinde reiben, so werden sich die allzugroße Steifheit der Warze und die etwaigen harten Stellen, der Haut leicht heben, und also

Schmerzen ausdehnen laffen, so daß der Säugling nach Herzenslust daran ziehen kann. Sollte aber alles dieses versäumt worden seyn, und es sich entweder gleich nach der Geburt, oder erst bey Anlegung des Säuglings offenbaren, daß obige Umstände zu erwarten sind; so ist freylich guter Rath theuer. Ist indeffen die benannte Saugspritze bey der Hand, so kann man oft, binnen den zwey Tagen nach der Geburt, bis die Milch einschießt, noch viel ausrichten, und den Zweck zum Theil erreichen; aber da, wo man es erst bey Anlegung des Säuglings gewahr wird, ist die Zeit zu kurz, und man muß annehmen wie es kommt. Indeffen bestreiche man bey den öfteren Ziehversuchen die Warzen auch alsdann noch mit Mandelöl, so kann es wol noch glücken, daß alles gut gehet. Werden aber demohngeachtet die Warzen wund, so stehe man von den erweichenden Mitteln ab, und bediene sich des vogler'schen Warzenpulvers, welches man auf die wunden Stellen streuet, oder nehme die Auflösung von 4 Gran Alaun in 2 Unzen Waffer aufgelöst, oder zu andern trocknen Mitteln seine Zuflucht, und lege wegen des Anliebens einen Fingerhut von gelben Rüben oder Kohlrabi auf, welches das Beste seyn wird, diese durch öfteres Zerren nicht in Ruhe gelaffenen wunden Stellen wieder zu heilen.

Diese Saugspritze dient aber nicht allein zur Herausziehung der Warzen, sondern auch zur Herausziehung der Milch, und kann daher in allen Fällen da, wo die Milch aus den Brüsten gezogen werden muß, mit dem besten und vollkommensten Erfolg angewendet werden. Wenn man sich dieser Spritze bedienen will, so schraubt man eine von bey den, einem Fingerhut ähnliche Maschine, die zu Warze am besten zu paffen scheint, auf, setzt sie auf die Warze und ziehet den Stöpsel an, so stark, als man es für gut befindet, und sucht hierdurch die Spritze etwas von der Brust zu entfernen, so wird die Warze nicht allein gern aus der Brust gehen, sondern sich auch ohne Schmerzen noch länger ziehen laffen. Will man die Warze wieder los haben, so stößt man den Stöpsel wieder in die Spritze, so geht sie von selbst wieder los. Diese Ziehversuche werden täg-

lich drey bis viermahl wiederholt. Es versteht sich aber, daß der Fingerhut gut angeschraubt, und daß der Stöpsel gut mit seinem Flachs gefüttert, und mit Seife etwas gestrichen ist, damit weder die Schraube am Fingerhut, noch der Stöpsel Luft durchlaffen, und letzterer dabey gern hin und her gehet, wozu vor dem Gebrauche etwas warmes Waffer hineingezogen sehr dienlich ist.

Diese Saugspritze ist also, da sie nach meinen Erfahrungen ihren Zweck in Herausziehung der Warzen und Milch aus den Brüsten auf's vollkommenste erreicht, dabey höchst einfach und ihr Gebrauch leicht zu lernen ist, allen andern Ziehmaschinen dieser Art und selbst der steue'schen Milchpumpe bey weiten vorzuziehen, so daß sie, da diese Fälle jedem Entbindungskünstler und jeder Hebamme fast täglich vorkommen, auch jedem ganz unentbehrlich ist. Auch kann sie zugleich zu einer Klystirspritze für Kinder gebraucht werden, indem eine kleine gerade Röhre, die dazu gegeben wird, nur angeschraubt werden darf. Diese Spritze ist bey Zacharias Neef und Sohn in Frankfurt am Mayn für 3 fl. nebst Emballage zu haben. Da sie wegen ihrer Nützlichkeit allgemein angewandt und gebraucht zu werden verdient, so halte ich für nöthig, diese Anzeige im allg. Anz. bekannt zu machen, indem die Publicität deffelben weit größer, wie bey jedem medizinischen Journal ist.   Holzappel an der Lahn.

Unger.

Dienst-Anerbieten.

In einer Farben-Fabrik wird ein der Chemie erfahrner rechtschaffener Mann als Fabrikant — und nach Umständen mit einigem Vermögen zugleich auch als Theilnehmer angenommen.

Auf Anfragen in frankirten Briefen unter Couvert der Expedit. des allg. Anz. mit R. G. bezeichnet, erhält man das Nähere hierüber.

Dienst-Gesuche.

1) Ein junger Mensch, der auf einer berühmten Universität die Rechts- und Kameralwiffenschaften studirt und schon einige

Zeit auf einem Cameralamt gearbeitet hat, übrigens einige empfehlende Rekenntnisse besitzt, wünscht auf einem Privat= oder öffentlichen Rechnungs=Bureau gegen billige Bedingnisse angenommen zu werden.

Frankirte Briefe an denselben besorgt die Expedition des allg. Anz. in Gotha.

2) Ein junges, wohlerzogenes Frauenzimmer von Stande wünscht sich eine Stelle als Rammerjungfer. Herrschaften, welche einer solchen Person benöthiget sind, belieben sich an die Expedition des allg. Anz. in Gotha in frankirten Briefen zu wenden.

Justiz= und Polizey=Sachen.

Vorladungen: 1) militairpflichtiger Wirtemberger.

Gomaringen. Nachbenannte, in dem diesseitigen Amts=Bezirk geborne königliche Unterthanen, welche sich zum Theil auf der Wanderschaft, zum Theil in auswärtigen Kriegs=Diensten befinden, und bereits schon im Allgemeinen aufgerufen worden sind, werden nunmehr zu Folge der allerhöchsten Verordnungen, namentlich, edictaliter citirt: daß sie zu Berichtigung der Conscriptionslisten, innerhalb drey Monaten, in ihr Heimwesen zurückkehren und sich bey ihrem vorgesetzten Stabs=Amt melden, oder aber gewärtigen sollen, daß ihnen dem Verlust des Bürger= und Unterthanen=Rechts, all' ihr gegenwärtiges und künftiges Vermögen ohne weiters confiscirt wird, und zwar von:

Gomaringen: 1) Friedrich Rilling. 2) Jacob Adam Rapp. 3) Joseph Reinhardt. 4) Johann Georg Merz. 5) Georg Friedrich Heinz. 6) Philipp David Aßfalk. 7) Johann Georg Renz. 8) Johann Jacob Kern. 9) Wilhelm Friedrich Hahn. 10) Johann Michael Grauer. 11) Joh. Jacob Jauser. 12) Johann Georg Föll. 13) Johann Georg Staiger. 14) Christoph Heinrich Merz. 15) Johann Ulrich Rapp. 16) Johann Michael Strohmaier. 17) Johann Stephan Wuchter. 18) Johann Conrad Stahl. 19) Johann Heinrich Riesler. 20) Johann Martin Weybing. 21) Johann Michael Rapp. 22) Johann Jacob Strohmaier. 23) Johann Conrad Epp. 24) Jacob Friedrich Remmler. 25) Johann Martin Weybing. 26) Johann Georg Röser. 27) Johann Georg Stahl. 28) Johann Friedrich Rilling. 29) Johann Friedrich Riesler. 30) Johann Georg Riesler. 31) Johann Martin Rapp. 32) Johann Georg Rühbauch. 33) Stephan Strohmaier.

Zimmerweiler. 1) Johann Georg Rilling. 2) Johann Georg Haug. 3) Stephan Junger. Den 12 März 1807.

Königl. Wirtemberg. Stabs=Amt.

2) **Steph. Conr. Kretschmar's.**

Von unterzeichneter Instanz wird andurch der hiesige Bürger= und Schneidermeister, Stephan Conrad Kretschmar, welcher seine ihm ehelich angetraute Frau, Rebecka Maria Kretschmar im Monat Februar 1806 heimlich verlassen, bald darauf aber derselben von Eger aus geschrieben: daß er sich unter das k. k. österreichische Militair begeben, und zu des Fürsten Czortorski Infanterie Regiment Nr. 9 transportirt werden sollte, daselbst aber, nach eingezogener Erkundigung, weder eingerückt noch sonst etwas von ihm in Erfahrung gebracht worden ist, nachdem seine Ehefrau eine Ehescheidungsklage gegen ihn bey diesseitiger Instanz angebracht, vorgeladen, binnen zwey Monaten entweder persönlich oder durch einen bevollmächtigten Anwald zu erscheinen, und auf die Klage seiner Ehefrau sich vernehmen zu lassen, außerdem derselbe es sich selbst zuzuschreiben hat, wenn auf klägerisches fernerweites Anrufen alle von der Klägerin angegebene Thatsachen für zugestanden angenommen und sonsten weiters ergehen werde, was Rechtens ist. Nürnberg, den 6 März 1807.

Königlich Baierisches Stadt= und Ehegericht.

3) **Jean Balo's.**

Da der schon seit etlich und zwanzig Jahren abwesende Jean Balo von Unter=Mutschelbach während dieser langen Zeit lediglich nichts mehr von sich hören lassen, so wird er andurch aufgefordert, binnen 9 Monaten um so gewisser dahier zu erscheinen und sein, in ohngefähr 2000 Gulden bestehendes Vermögen in Empfang zu nehmen, als sonst dasselbe seinen darum nachsuchenden nächsten Verwandten gegen Caution in ungänzliche Verwaltung gegeben wird. Pforzheim, am 20 März 1807.

Großherzogliches Oberamt.

Donsbach.

4) **der Maria Frey gebornen Uibel und J. Mich. Uibel's.**

Maria geborne Uibel, gebürtig von Bodersweiher, welche mit ihrem Ehemann Georg Frey von Zierolshofen im Jahr 1770 nach Ungarn gezogen, so wie ihr Bruder Johann Michael, von gedachtem Bodersweiher gebürtig, der als Schreinergesell auf die Wanderschaft ging, seit langer Zeit aber nichts mehr von sich hören lassen, diese beyde, oder ihre rechtmäßigen Erben, haben sich um Besitznahme ihres vorhandenen geringen Vermögens bey hiesigem Oberamt binnen drey Monaten von jetzt an zu melden, welches sonst ihren Geschwistern gegen Caution ausgefolgt werden wird.

Verordnet den Großherzogl. Oberamts Bischofsheim, den 11 März 1807.

5) **J. Döring's.**

Johannes Döring von Schzell ging vor länger denn 30 Jahren als Schneidergesell auf die

Wanderschaft, und hat seitdem nichts wieder von
sich hören lassen. Da nun dessen nächste Verwandte
um die Verabfolgung seines — bisher sub cura gestandenen — in 974 fl. 33 3/4 kr. bestehenden Vermögens — gegen Stellung einer angemessenen Caution — gebeten haben; so wird erwähnter Johannes Döring, oder dessen etwaige Leibes-Erben
hiermit öffentlich vorgeladen, a dato binnen drey
Monaten bey Amt dahier zu erscheinen, dieses Vermögen resp. in Empfang zu nehmen, oder sich
dazu gebührend zu legitimiren, gegenfalls sich zu
gewärtigen, daß solches dessen nächsten Verwandten gegen Caution überlassen werden soll.

Bingenheim den 14 März 1807.

Großherzogl. Heff. Amt daselbst.

Zuehl.

6) der Erben Conr. Mahler's.

Der in großherzoglich hessischen Diensten gestandene Hof-zu Conrad Mahler starb vor kurzem dahier, und hinterließ ein Testament, worin
die beyden hinterbliebenen Töchter des dahier verstorbenen Schuhmachers Anton Hartmann zu Universal-Erben dessen Nachlasses eingesetzt worden sind.
Da derselbe aber, dem Vernehmen nach,
außer einigen Anverwandten dahier, noch mehrere
auswärtige Verwandten hinterlassen haben soll,
über deren Aufenthalt zum Theil gar keine, zum
Theil nur undeutliche Nachrichten vorhanden sind;
so werden alle diejenigen, welche der vorliegenden
Willens-Disposition ohngeachtet, ex jure hereditatis Ansprüche an die gegenwärtige Verlassenschaft
machen zu können glauben, hiermit edictaliter aufgefordert, sich von heute innerhalb der peremtorischen Zeitfrist von sechs Wochen dem Unterzeichneten zu melden, und ihre Erklärungen abzugeben,
im Ausbleibungsfall aber zu erwarten, daß sie nicht
mehr gehört, sondern die Verlassenschaft nach Inhalt des Testaments ohne weiters ausgeliefert werden solle. Darmstadt am 5 März 1807.

Vermöge Auftrags

Maurer,

großherzogl. heff. Hof-Secretär.

7) der Gläubiger Chrn. Friedheim's.

Bey dem hiesigen Stadtrathe hat der Kaufmann Christian Friedheim einen Vergleich überreicht, welchen er zu Berichtigung seines Debitwesens mit seinen Creditoren privatim abgeschlossen hat.
Da nun aber noch einige dieser letztern dieser Privat-Uebereinkunft in Güte beyzutreten, sich nicht
haben entschließen können: so ist zugleich von Seiten des erwähnten Kaufmanns Friedheim, und von
dem allhier von dessen consentirenden Gläubigern
benessten Bevollmächtigten darauf angetragen worden, daß alle diejenigen, welche dem gütlichen Beytritt zu jener Vergleichs-Verhandlung bisher verweigert haben, zu demselben gerichtlich angewiesen
werden möchten.

Um nun nach Maßgabe dieses unbedenklichen
Gesuchs dieserhalb nach Vorschrift der hiesigen herzoglichen Proceß-Ordnung die weitere Gebühr Rechtens verfügen zu können, werden hierdurch die sämmtlichen bekannten und unbekannten Creditoren des
Kaufmanns Friedheim, welche bisher dem über dessen Schuldenwesen privatim abgeschlossenen Vergleiche noch nicht beygetreten sind, Rathswegen vorgeladen,

den 7 September d. J. ist der Montag nach
dem 15 Trinitatis-Sonntage
Vormittags 11 Uhr entweder in Person oder durch
satsam Bevollmächtigte bey Strafe des Verlusts
ihrer Forderungen und des Verlusts der Wiedereinsetzung in den vorigen Stand an hiesiger Rathsstelle
zu erscheinen, sich gebührend anzumelden, ihre Forderungen gehörig anzugeben und zu bescheinigen, und
sodann die weitere gesetzmäßige Anordnung nach
Vorschrift der herzogl. Proceß-Ordnung zu gewarten. Diejenigen Gläubiger aber, welche in der hiesigen Stadt nicht wohnhaft sind, haben auf das
späteste in diesem Termine einen Bevollmächtigten
allhier zu Annahme der Citationen und Verlust ihrer
Forderungen zu bestellen.

Gotha, den 25 März 1807.

Bürgermeister und Rath das.

Kauf- und Handels-Sachen.

Versteigerung einer Apotheke.

Nachdem die von der Frau Johanne Friedrike
Magdalene Kluge besessene, in der Anlage sub
K. umständlich beschriebene Apotheke allhier, mit
den darin befindlichen Officinalwaaren und Gefäßen,
wovon die Apothekerwohnung auf 700 rthle. Conventionsgeld, die Waaren und vasa hingegen, wo-
ren Specification allhier vorgelegt und eingesehen,
oder auch, auf Verlangen, eine Abschrift davon
gegeben werden kann, auf 225 rthle. 3 gr. 6 pf.
tarirt worden sind, Schulden halber
den, zum Licitationstermin hiermit bestimmten,
dreyßigsten May dieses Jahres
öffentlich an den Meistbietenden nach Vorschrift
der Subhastationsordnung verkauft werden soll: so
wird Raths wegen solche hiermit subhastirt und
ausgeboten, und die Kaufslustigen werden aufgefordert, sich mündlich oder schriftlich vor oder in dem
angesetzten Termine bey Rathe allhier zu melden,
ihre Gebote in groben patentmäßigen Münzsorten
zu thun und, wenn solches in einzureichenden
Schreiben geschieht, selbige noch vor 10 Uhr Vormittags des gesetzten Termines, weil nachher keine
schriftlichen Gebote angenommen werden, zu übergeben, auch auf selbigen, wenn sie bis zum Termin
verschlossen bleiben sollen, solches und daß es ein
Gebot auf die Apotheke enthalte, zu bemerken,
hierauf aber im Termine selbst Vormittags 9 Uhr
vor Rathe zu erscheinen und der vorschriftsmäßigen
Versteigerung, so wie Nachmittags der Zuschla-

gung der subhastirten Apotheke mit Waaren und Vasis gewärtig zu seyn. Derjenige, welcher das höchste und annehmlichste Gebot gethan hat, muß jedoch in diesem oder in dem gleich zu bestimmenden Adjudicationstermine wenigstens den fünften Theil der Erstehungssumme baar erlegen und wegen Abzahlung der übrigen Summe mit Interessen Uebereinkunft treffen. Wenn Auswärtige, welche nicht hier ansäßig sind, mit licitiren wollen; so haben sie zur Sicherheit wegen fortzusetzenden und zu erfüllenden Anerbietens diesen fünften Theil sofort baar im Licitationstermine zu deponiren, oder durch annehmliche Bürgen deßfalls Sicherheit zu bestellen, sonst kann auf ihre Gebote keine Rücksicht genommen werden; daher auch diese Bürgen, wenn schriftlich vor dem Termin licitirt wird, sich mit unterschreiben müssen, außerdem die Schreiben nicht angenommen werden können.

Sign. Rastenberg, im Herzogthum Weimar, am 21 Febr. 1807.

Der Stadtrath das.
K.

Beschreibung der Apothekerwohnung:
Ein Wohnhaus, Hof- und Viehstall über dem Marste, neben dem Schmiedemeister Mädel, vormahls Herrn Johann Ernst Scherf, lehnt dem Rathe ins reichwitzsche Gut und zinst dahin 1 Michaelisguhn und 4 gr., schoßt 6 gr., steuert 5 gr. 8 3/4 pf., hält 14 1/4 Ruthe, hat 2 Stockwerke und darin vier schöne Stuben, einem geräumigen Apothekerladen, zwey dergleichen Keller und eine große Hausflur, ist mit Ziegeln gedeckt und alles im besten Stande, in der Brandcasse aber mit 1575 rthlr. assecurirt.
F. B. fol. 371 Nr. 46 und fol. 379 Nr. 47.

Buchdruckerey-Verkauf.
In der von Uns am 17 vorigen Monats gefangenen Licitations-Termine ist auf die dem Buchdrucker, Herrn Georg Friedrich Wirth allhier zuständig gewesene Buchdruckerey, bey welcher zwey Pressen mit Spindeln und Matern, die eine mit hölzernem, die andere mit eisernem Fundament, und beyde mit holländischen Schlössern bräuchlich, nebst den dazu gehörigen Schriften und sonstigen Erfordernissen das unbedeutende Gebot von

Zweyhundert Reichsthalern in 20 kr. 5 gl. 10 pf.

gethan und nunmehr
der 26 May dieses Jahres, ist der Dienstag nach dem Trinitatisfeste zum Erstehungs-Termine bestimmet worden. Indem nun solches hiermit zu jedermanns Wissenschaft gebracht wird; so werden zugleich alle diejenigen,

welche sothane Buchdruckerey zu erstehen gesonnen, aufgefordert, sich bestimmten Tages Vormittags um 11 Uhr allhier zu Rathhause an ordentlicher Raths-Gerichtsstelle einzufinden, ihre erhöheten Gebote zu den Acten zu geben und nach Befinden des Zuschlags gewärtig zu seyn. Wornach sich jedermann zu achten. Sig. Kreisstadt Cahla den 7 März 1807.

Der Rath daselbst.

An das musicalische Publicum.
Da an mehreren Orten sich das falsche Gerüchte verbreitet hat, als wenn ich mein Geschäft ganz niedergelegt, dieses aber doch der Fall nicht ist, so halte ich es für Pflicht — aufgefordert von mehreren meiner Freunde — diese Unwahrheit hier öffentlich zu widerlegen.

Ich arbeite noch beständig fort, und es ist mir auch nicht eingefallen, aufzuhören; indem ich in dem glücklichen Alter lebe, worin ich der Welt noch Instrumente liefern kann. Ich werde daher alle einlaufende Bestellungen mit dem besten Fleiß und Accuratesse zur vollkommensten Zufriedenheit meiner Freunde eben so, wie ich immer gethan, besorgen.

Zugleich habe ich die Ehre, dem resp. Publicum anzuzeigen, daß ich Pianoforte vom schönsten Mahagonyholz von sechs Octaven, wie auch von sehr schönem vaterländischen Holz; auch Clavichorde von Mahagony- und deutschem Holz von Contra F — a mit doppeltem Resonanzboden, schön gelaurt polirt, verfertige.
Göttingen im April 1807.
Johann Paul Krämer.

Branntwein 2c. 2c.
Bey dem Handlungs-Correspondenz- und Commissions-Bureau in Heilbronn liegen ungefähr fünf würtemb. Eimer Fruchtbranntwein, desgleichen eine Partie Wein, auch Frucht-Essig von ganz vorzüglich guter Qualität und zu sehr billigen Preisen zum Verkauf bereit.

Baumwollen-Garn.
600 Pf. einfaches baumwollenes Garn, Handgespinst, liegen in der Nähe von Gotha zum Verkauf.

Cichorien-Samen.
Bey Anton Georg Fischer in Braunschweig ist ächter Cichorien-Samen bester Gattung und gesiebt zu haben. Der Preis ist in Quantitäten von 50 Pfund und darüber 16 ggr. pr. Pfund und in kleinern Quantitäten 20 ggr. pr. Pfund beydes mit 20 fl. Fuß.

Allgemeiner Anzeiger

der

Deutschen.

Dienstags, den 14 April 1807.

Land- und Hauswirthschaft.

Etwas Willkommenes für die Liebhaber der Erdmandelcultur.

Den patriotischen Oeconomen machte es sehr stutzen, daß im vorigen Jahre 1806 die Erdmandeln so schlecht gerathen, ja daß man ihrem Gartenfreunde und Erdmandelpflanzer von tausend Stücken nicht eins aufgegangen ist. Ich dachte: sollte denn der Schöpfer nicht die nämliche Keimkraft in die Erdmandel gelegt haben, und das Bestreben, ihre Keime zu entwickeln, als in jeden andern Samen? — besonders da schon vom Anfang ihres Anbaues her die fast allgemeine Klage war, daß so viele Erdmandeln zurückblieben und nicht keimten. — Allein diese edle Pflanze ist noch als ein neuangekommener Fremdling bey uns zu betrachten, und wir haben ihre Natur und Eigenheiten noch gar nicht studirt. Es ist daher wol einer Mißernte werth, wenn sie uns in der Kenntniß dieses Gewächses und ihres gedeihlichen Baues ein guten Schritt weiter bringt.

Dieses bemeldete Mißjahr in dem Erdmandelbau bey fast allen denen im Reiche, welche ihre im Jahre 1805 selbst gezogenen Erdmandeln ausgesteckt, und nicht Samen aus Triest angewendet hatten, (dergleichen in Nürnberg zu bekommen war,) gab dem sehr verdienten patriotischen Oeconomen, dem Pfleger von Scheurl zu Herspruck bey Nürnberg, Veranlassung, gegen Ende des vergangenen Jahres in einem gemeinnützigen Wochenblatt Bayerns sehr interessante Bemerkungen über den Erdmandelbau

Allg. Anz. d. D. 1 B. 1807.

bekannt zu machen, in welchem dieser würdige Mann bey seiner rastlosen patriotischen Bemühung unter allen Oeconomen die meisten Fortschritte gemacht hat. — Ich will die Hauptmomente daraus, da die Zeit herbey nahet, die Erdmandeln der Erde zu übergeben, in unserm allgemein gelesenen Anzeiger d. D. mittheilen, und einige weitere Nachrichten beyfügen.

Was nun zuvörderst die Ursache betrifft, warum diejenigen Erdmandeln, die im Jahr 1805 bey uns gezogen waren, im vorigen Frühjahr so schlecht und selten aufgekeimt, (wie man solches auch bey gar vielen andern Samen wahrgenommen,) und so die Hoffnung einer ergiebigen Ernte getäuschet, so ist noch erinnerlich, daß die Witterung des Sommers 1805 kühl und naß war, welche nicht nur gehindert, daß die Samen zur gehörigen Reife und ihre Keime zur Kraft gekommen, sich im folgenden Jahre zu entwickeln, zu vermehren und Frucht anzusetzen; sondern es ereignete sich auch noch obendrein den 2ten Nov. in der Nacht auf Allerheiligen ein solcher heftiger Frost (mit 6 bis 8 Grad Reaum.) dergleichen wir um diese Zeit lange nicht erlebt hatten. Dieser Frost tödtete noch vollends die Keimkraft des ohnehin nur halbreisen Samens. Man sah es zwar den Erdmandeln nicht an, daß sie durch den Frost Schaden gelitten, und war auch am Gesträuke davon nichts zu spüren: aber es äußerte sich hernach leider genug.

Was nun aber die Ursache anbelangt, daß überhaupt bisher so viele der ausgesteckten Erdmandeln zurückgeblieben und nicht aufgegangen sind, so rührte solches von dem Versehen her, daß sie gewöhnlich zu tief in die Erde gelegt worden, daß diese Grasart nicht vertragen kann. Ich habe zwar in meinen erstern Anweisungen über den Bau der Erdmandeln gesagt, man solle die Erdmandeln nur nicht zu tief in den Boden legen: allein der Pfleger von Scheuerl sagt noch bestimmter und richtiger: man könne sie nicht flach genug legen. Er läßt daher nur ganz zarte Rinnen, höchstens einen Viertelszoll tief ziehen, worin der Same in der Weite eines Fußes von einander gelegt und dann die Erde sanft darüber geharket wird. Kommt bald ein Regen, so ziehen sie sich immer noch tief genug in die Erde, besonders da man voraussetzen muß, daß das Land, in welches sie gelegt werden, schon im Herbst, und nun wieder im Frühjahr gut und zart gegraben worden. — Auch solle man mit dem Samen nicht geizig seyn, sondern auf jede Stelle, wo man eine Pflanze erwartet, 3 auch 4 Mandeln legen. Es müßte schlimm seyn, wenn nicht von 4 Stücken zwey aufkeimen sollten. Laufen sie alle 4 auf, so ist es desto besser, denn der Stock wird desto größer und voller. Und da jede Pflanze einen Quadratfuß zu ihrer Disposition hat, so kann kein Stock den andern hindern oder ihm Nahrung entziehen.

Man hat ferner anfänglich, da man das eßbare Cyperngras als nützlich und des mehrern Anbaues würdig empfahl, geglaubt, die Erdmandeln müßten viel begossen werden, weil man von dem Grundsatz ausging, daß sie als eine Sumpfpflanze, in Aegypten zu Hause, die Nässe recht gut vertragen könne, und man daher die jungen Pflanzen beständig begießen müsse; — das wol manchen practischen Landwirth mag abgehalten haben, ihren Bau im Großen zu versuchen: denn wo hätte man Zeit und Hände genug hernehmen wollen, einen mit diesem Grase angebauten Morgen Landes täglich zu begießen, zumahl in einem Monate, wo der Landwirth so viele Geschäfte hat? — Allein gerade in nassen Jahren mißrieth die Erdmandel. — In ihrem heißen Vaterlande in Aegypten oder im südlichen Frankreich mag ihr wol häufige Nässe sehr angemessen seyn: aber bey uns in Deutschland, wo mit Nässe fast immer Käl-

te verbunden ist, haben wir gerade das Gegentheil erfahren. Und auch diese Lehre war immer eine Mißernte werth. — Jener Oeconom läßt nun seine Erdmandeln nie begießen; hingegen läßt er das Feld, so bald sie gesteckt sind, mit klar zerriebenem Taubenmist bestreuen; denn Wärme ist das Element dieser Frucht, in der sie allein glücklich gedeiht. Alles Gießen, geschähe es noch so stark, wird ihre Keimkraft nicht entwickeln; nur die Sonnenstrahlen sind es, die den Keim beleben und an den Tag fördern können. Je leichter es diesen gemacht wird, darauf wird kein zu können, um so schneller werden sie hervorbrechen, und ist einmahl eine Grasspitze sichtbar, so wächst die Pflanze auf das freudigste fort, zumahl wenn der Boden durch Dünger gewärmt ist.

Man glaubte ferner, daß diese Frucht gar keine, auch keine schnell vorübergehende Kälte vertragen könne; und doch sind schon die besten Ernten gewesen, da noch im Junius ein Paar so kalte Morgen einfielen, daß die Spitzen des Cyperngrases ganz braun wurden. Ja es haben schon Gartenfreunde einberichtet, daß ihre Erdmandeln, die aus Versehen über Winter im Boden stehen geblieben, vom Frost nicht gelitten hätten, wovon ich aber noch keine Probe gemacht habe.

Uebrigens versteht sich von selbst, daß die Erdmandelländer gut gegraben und gedüngt und von allem Unkraut rein gehalten werden müssen. Erfordert dieses gleich Arbeit und Kosten, so wird man dagegen nicht nur durch eine gute Ernte entschädiget, sondern man hat auch den Vortheil, daß, wenn im nächsten Jahr auf diesem Felde andere Früchte, z. B. Weizen 2c. erbauet werden sollte, solcher ganz rein bleibt, und ist deswegen auch die starke Düngung, die auf das Feld gewendet wird, nicht ganz unter die Ausgaben zu rechnen, die den Erdmandeln zur Last fallen könnten, indem sie ja noch drey Jahr fortwirkt und reiche Erndten versichert. —

Die Ausbeute der Erdmandelernte nimmt unser Oeconom im Durchschnitt für sechzigfältig an in einem Mitteljahr; bey noch günstigerer Witterung aber und auf dem bessern Boden könne der Ertrag achtzig, und neunzigfach seyn. — Wo kann man wol den Ertrag eines Morgens des besten Landes so hoch bringen? — Wenn auf 200 ☐Ruthen, oder, was das nämliche, auf einer Grundfläche von 51200 ☐Schuhen eben so viele Pflanzen stehen und jede nur zwey Loth Erdmandeln trüge, (sie tragen aber meist mehr) so wird man 32 Centner vom Morgen ernten, der, wenn der Centner nur mit 20 fl. bezahlt würde, sich also mit 640 fl. rentiren müßte. — Und da über das zwey vierspännige Wagen Erdmandelgras, das so gern vom Vieh gefressen wird, vom Morgen zu gewinnen ist, so würde solches die Hälfte der Culturkosten ersetzen.

Möchte doch nun aber auch das aus den Erdmandeln bereitete Getränk, — das man freylich nicht für Kaffee ausgibt, aber doch gewiß ein edles Kaffeesurrogat heißen kann und ungleich besser ist, als das von der bittern Cichorie und Wegwarte, und tausendmahl gesünder, als der nervenschwächende indische Kaffee, der seit 50 Jahren ein Heer von Krankheiten erzeugt hat, die unsern Voreltern durchaus unbekannt waren: — möchte doch die angenehme Cypera auf unsern Kaffeetischen mehr zu Mode werden! — Wie manche Wunde, die die Kriegsjahre unserm deutschen Vaterlande geschlagen, würde das durch schneller vernarben, als es außerdem geschehen kann! Wie viele Tonnen Goldes würden im Vaterlande bleiben, die wir den Engländern anfordern und womit sie deutsches Blut einkaufen! Wie vieler Familien Wohlstand erhalten, die allgemeine Thätigkeit belebt und die Nationalindustrie aufgemuntert werden! — Jedoch wir dürfen nicht ungerecht klagen: Franken, Oestreich, Sachsen, Lausiz, Schlesien und mehrere Länder freuen sich dieses Geschenkes der Vorsehung, der Erdmandel: und schon im tiefen Norden, in Fridericia in Nord-Jütland, ja an den Grenzen Norwegens und zu Aalborg werden Erdmandeln gepflanzt, die ich dahin an die Missionarius Albachten habe senden müssen und wo mein Tractat vom Erdmandelbau, von dem Staats-Physicus Simonsen in das Dänische übersetzt, längst circuliret. Ist es da schon sehr kalt, so hat es doch zwey heiße Monate, die viel wirken. Auch nach Ahens in Dänemark, nach Croatien ꝛc. habe ich auf Verlangen vielen Sa-

men gesendet. — Dieses muntert mich auf, nach Cossigny's Anweisung eine Probe zu machen, wie in der Normandie, raffinirten Zucker aus Apfelmost zu verfertigen, und dem Publicum seiner Zeit über den Erfolg Nachricht zu geben, wie sich das Product gegen die Kosten verhalte? —

Noch muß ich den Freunden des Erdmandelbaues eine sehr gute Methode bekannt machen, eine treffliche Chocolate aus Erdmandeln zu bereiten, die mir ein Freund aus Schlesien, ein großer Oeconom, Hr. Doct. Med. Raschke zu Goldberg, mitgetheilt hat, und ich vortrefflich gefunden habe: "Ich röste die Erdmandeln nur schwach, wie "den Cacao, nehme die Gewürze, wie zur "Chocolate, lasse sie — gleichviel Pulver "oder Tafel — in der Milch etwas länger, "als die Chocolate, kochen; und so erhalte "ich von 1 1/2 Loth Erdmandeln eine so gute "Chocolate, als von 1/4 Pfund aus Ca-"cao bereitete, die mit 1 Quart Milch zu-"bereitet und mit 2 Eyerdottern abgequirlt "worden. Alle Eigenschaften sind alsdann vor-"handen: die gehörige Consistenz: ein starkes "Schäumen: ein vortrefflicher Geschmack."
Christ, Pf. zu Kronberg.

Familien - Nachrichten.

Todes-Anzeige.

Am 3 April 1807 verschied unser geliebter Vater, Dr. Carl Caspar von Siebold, des großherzogl. würzburgischen Medicinal-Collegiums Director, Rath und öffentlich ord. Professor an der Julius-Universität, im 72 Jahre seines Alters. Indem wir diesen schmerzlichen Verlust mit Verbittung aller schriftlichen Beyleidsversicherungen allen unsern auswärtigen Anverwandten, Gönnern und Freunden hiermit bekannt machen, empfehlen wir uns und die Unsrigen ihrem ferneren gütigen Andenken.

Dr. Theod. Damian von Siebold, großherz. darmstädtischer Medicinalrath und Physicus.
Dr. Johann Barthel von Siebold, großherzogl. würzb. Professor und Oberwundarzt.
Dr. Adam Elias von Siebold, großherzogl. würzb. Medicinalrath und Professor.

Kauf- und Handels-Sachen.

Messing und andere Metalle:
Altes reines Messing, in großen und kleinen Stücken, kauft in großen und kleinen Partien nebst anderen Metallen
Paul Carl Hertel, Stück- und Glocken-Gießer in Nürnberg.

Wechsel- und Geld-Cours in Sächsischer Wechselzahlung.

Leipzig, den 7 April 1807.

In den Messen.	Geld	Briefe.
Leipz. Neujahr-Messe	—	—
— Oster-	99 3/4	—
Naumburger	98 3/4	—
Leipz. Michaels	—	—
Amsterdam in Bco. à Uso	—	—
Detto in Curr. à Uso	—	143
Hamburg in Bco. à Uso	—	149 3/4
Lion 2 Uso in Liv.	—	78 1/4
Paris 2 Uso in Liv.	—	78 1/4
Augsburg à Uso	—	100
Wien à Uso	—	45 1/2
Prag à Uso	—	45 1/2
London à 2 Uso p. Pf. St.		
Ränder-Ducaten	11	—
Kaiser-Ducaten	11 1/2	—
Wichtige Duc. à 66 Aß	10	—
Breslauer à 65 1/2 ditto	10	—
Leichte à 45 ditto	9	—
Almarco ditto		
Almarco Louisd'or		
Souveraind'or	9 x?	
Louisd'or à 5 Rthl.	9 1/2	—
Sächs. Conv. Geld	pari	
Schild-Louis'or	2 1/4	
Laubthaler		2 1/2
Preuß. Curr.	5	
Do. Münze	10	
Zet.	pari	
Cass. Bill.	3/4	
Kronenthaler	1/2	
3. 7. Kr.	8	
17	4 1/4	
Wiener Banc. Zettel	45 1/2	
Frankfurt a. M. à Uso	3	

Wechsel- und Geld-Cours in wichtigen Louis-, Carl- u. Fried'or à 5 Rthlr.

Bremen, den 8 April 1807.

Amsterdam 250 fl. in Banco 8 T. d. — —
Dito 2 Mon. dato . . . —
Dito in Courant 8 T. d. . . . 30 1/2. 1/2
Dito 2 Mon. dato . . . 29 3/4. 1/2
Hamburg 300 Mk. in Bco 6 T. d. 37. 37
Dito 2 Mon. dato . . . 36 1/4. 1/4
London für 100 Lstrl. 2 Mt. . . .
Paris 1 Fl. 2 Mt. . . . 17 3/8
Bourdeaux dito dito . . . .
Frankf. a. M. 2 Mt. . . . .
Leipzig 2 Mt. . . . .
Berlin 2 Mt. . . . .

Holl. Rand-Ducaten 1 St. . 2 x? 61
Neue 2/3 Stück gewinnen . . . 4
Conv. Münze verliert . . . 9 1/2
Laubthaler à 1 1/2 Rthl. dito . . 7 1/2
Preußisches Courant 16
Holl. fl. per Stück 37

Hamburger Wechsel- und Geld-Cours in Banco.

den 7 April 1807.

Amsterdam in Banco k. S. . . . 33 3/4
dito 2 Mon. dato 34
dito in Cour. k. S. 4 1/2
dito 2 Mon. dato 5
London für 1 Lstrl. 2 Mt. . . . —
Paris 3 Fl. 2 Mt. 25 1/4
Bordeaux dito dito 25 1/2
Madrid 1 Duc. 3 Mt. 90 1/2
Cadix dito dito 90 1/2
Lissabon 1 Crus dito 42 3/4
Wien u. Prag in Cour. 6 W. d. . 340
Copenhagen 2 Mt. 48

Louis-, Carl- u. Fried'or à 5 Mt. 10 ß 15 ß 5/8
Holl. Rand-Ducaten
Neue 2/3 Stück 30 1/4
Grob Dän. Courant 26 1/8
Hamburger dito dito . . . . —
Preuß. dito dito . . . . —

Allgemeiner Anzeiger
der
Deutschen.

Mittwochs, den 15 April 1807.

Literarische Nachrichten.

Bücher-Verkaufe.

Folgende Zeitschriften sind um beygesetzte sehr wohlfeile Preise in sächs. Währung zu verkaufen.

1. Politisches Journal. Hamb. vom Anfang 1781 bis 1801. 21 Jahrgänge (im Ladenpreis zu 3 rthlr. 4 gl.) Pp. B. zusammen für 16 rthlr.

2. Journal von und für Deutschland, complet, 9 Jahrgänge von 1784 — 92. (zu 5 rthlr. L. Pr.) in 9 Pappb. für 9 rthlr. (die Portraite und einige Prospecte fehlen darin.)

3. Kaiserl. priv. Reichs Anzeiger 12 Jahrgänge von 1791 bis 1802. (zu 4 rthlr. L. Pr.) in 24 Bänden Ppb. 20 rthlr.

4. Schlözers Briefwechsel. H. 1—60. und dessen Staats Anzeigen. H. 1—66. (b. H. 9 gl. Labpr.) beyde complet nebst Ekkards Register zu den ersten 24 H. der Staats-Anzeigen zusammen 15 rthlr.

5. Journal des Luxus und der Moden, von Bertuch und Kraus. Jahrg. 1795 6 Hefte. J. 1796 7 H. J. 1797 compl. J. 1798 compl. J. 1799 11 H. J. 1800 compl. J. 1801 11 Hefte. 1802 compl. (der Heft 8 gl. Ladenpr.) zusammen 83 Hefte 6 rthlr.

6. Oeconomische Hefte oder Sammlung von Nachrichten, Erfahrungen und Beobachtungen für den Land- und Stadtwirth. (3 rthlr. der Jahrg.) complet und ganz neu 14 Jahrg. mit 2 Bänden Register 20 rthlr.

7. Journal für Fabrik, Manufactur, Handlung und Mode. (der Jahrg. 5 rthl.) 15 Jahrgänge compl. und neu 30 rthl.

8. National-Zeitung der Teutschen, (der Jahrgang 2 rthl.) compl. von 1796—1805 10 Jahrg. nebst Staatengeschichte von 1796 und 97 8 rthlr.

9. Schlesische Provinzialblätter vom Jahr 1791 —1806. 16 Jahrgänge 10 rthlr. (Es fehlen 18 einzelne Hefte, die der Verkäufer um den gewöhnlichen Preis verschaffen wird.)

* Allg. Anz. d. D. 1 B. 1807.

10. Monatliche Correspondenz zur Beförderung der Erd- und Himmelskunde vom Freyherrn von Zach. Jahrg. 1801—1806. (der Jahrg. bis 1804 5 rthlr. dann 6 rthlr. sächs.) 6 Jahrgänge complet 15 rthlr.

11. Denkwürdigkeiten und Tagesgeschichte der preußischen Staaten, herausgegeben von Rossmann und Heinsius. Berlin. Jahrg. 1796 compl. J. 797 11 Hefte. J. 798 11 H. J. 799 compl. J. 1800 complet. J. 801 compl. J. 802. 11 H. Jahrg. 803 10 Hefte; zusammen 5 rthlr.

12. Sächsische Provinzialblätter, herausgegeben vom Grafen von Beust, Jahrg. 1797 compl. 798 2 Hefte. 799 compl. 1800 9 H. 801 compl. 802 compl. 803 compl. 804 2 H. (Pr. der Jahrg. 3 rthlr.) zusammen 3 rthlr.

13. Historisches Journal, herausgeg. von Friedr. Gentz. Jahrg. 1799. 1800 compl. 2 rthlr.

14. Journal von und für Franken. complet 4 Bände 1790—97. Ppb. 5 rthlr.

15. Die Zeiten. Herausg. vom Prof. Voß. Jahrg. 1805 und 806 compl. (der Jahrg. 8 rthlr.) zusammen 6 rthl.

16. Der Rathgeber für alle Stände. Herausgeg. von Collenbusch. 11 und 2r Jahrg. compl. 1 rthl.

17. Salzburgische medicin chirurgische Zeitung, vom 1n Jahrg. 1790 an bis 1799, nebst General-Repertorium und 4 Ergänzungsbänden, vollständig und ganz neu. 20 rthlr.

18. Posselt's europäische Annalen, die Jahrgänge 1795 bis 1799. (drey einzelne Hefte fehlen) 8 rthlr.

19. Göttingisches Magazin der Wissenschaften und Literatur. Herausgegeben von Lichtenberg und Forster. m. Kupf. 3 Jahrg. und vom vierten das erste und zweyte Stück complet. 6 rthlr.

20. Von Eggers deutsches Magazin, die Jahrgänge 1796 bis 1800. (2 Hefte fehlen) 3 rthlr.

21. Schleswig holsteinische Provinzialberichte, 1787—99 compl. (der 8 Heft von 1798 fehlt.) 8 rthlr.

22. Anspachische Monatsschrift. 1—7r Heft compl. 12 gl.

23. Huber's neue Klio, eine Monatsschrift für die französ. Zeitgeschichte. 1—6s Heft 12 gl.

24. Lausitzische Monatsschrift, herausgeg. von
Dr. Peschek. und fortgesetzt von der lausitzsl. Gesellschaft der Wissenschaften, 1790 bis 1794 complet. 4 rthlr.
25. Schweizerisches Museum 1783 compl. 12 gl.
26. Literatur- und Völkerkunde, herausg. von
von Archenholz. 1. 2. Bd. compl. 3r. Bd. Nr.
I.—III. 1 rthlr.
27. Gutsmuths- pädagogische Bibliothek 1800
bis 1802, compl. 5 rthlr.
28. Kielisches Magazin für Geschichte, Staats-
klugheit und Staatenkunde. 1r 2r Bd. compl.
und neues kielisches Magazin. 1.26 St. 1 rthlr.
29. Hebe, 1—4s St. Gera 1785. 8 gl.
30. Braunschweigisches Journal von Campe und
Trapp. 1—3s Stück. 8 gl.
31. Musarion, eine Monatsschrift für Damen
von A. Lindemann. 1—12s H. 16 gl.
32. Jahrbücher der preußischen Monarchie unter der Regierung Friedrich Wilhelm's III. die
Jahrgänge 1798 bis 1801 compl. 5 rthlr.
33. Chronik der Menschheit: Eine Zeitschrift 1801.
6. Hefte (mehr ist nicht erschienen) 8 gl.
34. Pfälzisches Museum, 21 verschiedene Hefte.
12 gl.
35. Medicinische National-Zeitung für Deutschland 2c. 1r und 2r Jahrg. Altenburg 1798. 1799.
2 rthlr.
36. Medicinische Annalen des 19 Jahrhunderts.
Altenburg 1801—1806. 5 Jahrg. 5 rthlr. (von
1802 fehlen die zwey ersten Hefte.)
37. Freymüthige Darstellung der Geschichte des
Tages, von M. C. A. Sörgel. 1 B. 1800 compl.
2 B. 3—6 H. 3 B. compl. 4 B. 1—4 Heft.
zusammen 1 rthlr.
Der Betrag dieser Preise ist 223 Rthlr.
16 gl. Sollte aber jemand diese ganze
Sammlung für eine Lese-Bibliothek zusammen kaufen wollen; so wird sie für die runde
Summe von 150 Rthlr. erlassen. Man
wendet sich deshalb in frankirten Briefen an
die Expedition des allg. Anzeigers, welche
die bey einigen Journalen fehlenden Hefte
um die gewöhnlichen Preise verschaffen kann.

Subscriptions-Ankündigung,

Einladung an Schullehrer.
Eine namhafte Buchhandlung läßt verschiedene
wichtige Schulbücher drucken. Diejenigen Schullehrer, welche auf dieselben gegen einen ansehnlichen Rabbat Unterzeichnungen (nicht Vorausbezahlungen) sammeln, und das Gute folglich unterstützen wollen, belieben ihre Adresse an Hrn. Advocat Götzel in Leipzig, am alten Neumarkt neben der
Feuerkugel in einem mit Nr. 100 bezeichneten Couvert baldigst einzusenden.

Periodische Schriften.

So eben ist erschienen, versendet und bey L.
W. Wittich in Berlin, leipziger Straße Nr. 39,
wie in allen guten Buchhandlungen zu haben.
Dr. C. W. Hufeland Journal der practischen
Heilkunde. XXV. Bandes 3s Stück. 8. 1807.
Preis 12 gl.

Inhalt:
I. Ueber die Cur der Lungenschwindsucht, vom
Hofmedicus Dr. Storr zu Stuttgart. II. Semio-
tische Bemerkungen über das auch zu Hof im Jahr
1806 herrschend gewesene Nervenfieber, von Dr.
Petr. Gottfr. Joerdens, Stadtphysicus und practischem Ärzte in Hof. III. Fernere Erfahrungen
über die Wirksamkeit des thierischen Leims im
Wechselfieber. Auszug aus einem Schreiben des
Hrn. Prof. Dr. Wilh. Remer zu Helmstädt. IV.
Vermischte Beobachtungen und Erfahrungen, mitgetheilt von Dr. Hofr. Aepli dem ältern zu Gott-
lieben bey Contanz. 1) Geschichte einer complicirten Lithiasis. 2) Geschichte einer enormen Ausdehnung des Magens nebst der Leichen Oeffnung.
Aus einem Schreiben des Dr. Alexander Aepli in
St. Gallen an Dr. und Hofr. Aepli. 3) Rettung
zweyer Lungenschwindsüchtigen im Anstalte. 4)
Die Geschichte einer von der Natur vollzogenen Amputation des Unterfußes. Aus dem Tagebuch eines
thurgauischen Wundarztes. 5) Vergiftung eines
Kindes mit Mohnsaft. 6) Ein thurgauisches Rec-
num. V. Bemerkungen und Erfahrungen über
das Erysipelas neonatorum, von Dr. New von
Eichbeck in Sickershausen bey Kitzingen. VI.
Beobachtung von Fragilität der Knochen in der
Jugend, ein Beytrag zur Lehre von den Knochenkrankheiten. Mitgetheilt von Dr. Carl Stead
dem Sohne in Mainz.
Mit diesem Stücke des Journals wird ausgegeben:
Bibliothek der practischen Heilkunde 15r Band
3s St. Preis 6 gl.

Inhalt:
Adam-Friedr. Marcus-Magazin für specielle
Therapie, Klinik und Staatsarzneykunde. 2r Bds.
1s St. 1805. Adolph Henke über die Vitalität
des Blutes und primaire Säftekrankheiten 1806.
G. F. Christ. Wendrstädt. Wahrnehmungen am
medicinischen und chirurgischen Krankenbette. 1r B.
1801. Benj. Smith Barton Abhandlung über
den Kropf, so wie er sich in verschiedenen Theilen
von Nordamerica häufig findet. Aus dem Englischen übersetzt und mit Anmerkungen versehen von
Wilhelm Liebsch 1807.

Neue Feuerbrände. Ein Journal in zwanzigsten
Heften. Erstes Heft.
Inhalt. Correspondenz. — Schreiben aus
Jena. — Fortsetzung. — Ueber die jetzt allgemeine
Herabwürdigung des preußischen Militairs. —
Großpolens Besitznahme war der Untergang Preu-

tend. — Ist es wahr, daß in dem Lande, in welchem vorzüglich das landwirthschaftliche Gewerbe
getrieben wird, jede Art von Abgaben die Grundeigenthümer treffe? — Preußens naher Verfall
nach der Schlacht bey Auerstädt, geschrieben am
24 October 1806.

Dieses erste Heft wird in einigen Wochen in
allen Buchhandlungen zu haben seyn.

Bücher-Anzeigen.

In allen Buchhandlungen ist zu haben:
Hüllmann's Geschichte des Ursprungs der Stände. 2r Thl. gr. 8. 1 rthlr. 6 gl.

Dieser zweyte Band ist schon in der letzten Michaelismesse erschienen, hat aber, der Zeitumstände
wegen, erst zu Anfange dieses Jahres versandt
werden können. Wenn schon der erste Band dieses
Werks die Aufmerksamkeit des historischen Publicums erregt hat, so dürfte dieß der zweyte noch
mehr, da derselbe in spätere Zeiten herabgeht, und
größtentheils der Geschichte des hohen und niedern Adels gewidmet ist. Der Reichthum der Materien hat den Verfasser bewogen, für den vielleicht interessantesten Theil des Werks, für die
Geschichte des deutschen Bürgerstandes und
städtischen Gewerbes im Mittelalter, einen besondern dritten Band zu bestimmen, der die Arbeit
beschließen und nächstens erscheinen wird.

Frankfurt an der Oder den 13 März 1807.
Academische Buchhandlung.

Von Coßius moralischer Bilder-
bibel ist vor kurzem die zweyte Bandes erste
Lieferung mit fünf vorzüglich schönen Kupferblättern
erschienen und an alle Abonnenten, so wie auch an
alle Buchhandlungen, versendet worden.

Die zweyte Lieferung dieses Bandes wird aller-
nächstens ausgegeben und wird, wie ich mir gewiß
schmeichle, eben den Verfall, wie die vorherigen aufgenommen werden, da man den Fleiß des
Künstlers bey Verfertigung der Kupfer gewiß nicht
verkennen wird. *Gotha im März 1807.*
Justus Perthes.

Bey Herold und Wahlstab in Lüneburg und
in den vornehmsten Buchhandlungen ist zu haben:
L. C. Wedekind's Denkwürdigkeiten der neuesten Geschichte, in chronologischer Uebersicht,
zweyte stark vermehrte Auflage. 1 rthlr.
Dessen Zusätze zu seinen Denkwürdigkeiten, für
die Besitzer der ersten Auflage, besonders abgedruckt. 8 gl.

Folgende zwey allgemein interessante Schriften
haben so eben die Presse verlassen, und sind bey
uns in Commission zu haben:
Erste Linien zu einer Geschichte der europäischen
Staatenumwandlung; am Schluß des 18ten

und zu Anfang des 19ten Jahrhunderts. gr. 8.
Mit 4 Kupferblättern. Preis 1 rthlr. 16 gl.; ohne dieselben aber nur 1 rthlr. 4 gl.
Das Jahr 1806. und Deutschlands Souveraine
zu Anfang des Jahres 1807. Uebersicht der
denkwürdigsten Vorfälle seit dem presburger Frie-
denstractat bis zur Schlacht bey Eylau. gr. 8.
Preis 10 gl.

Noch findet man darin; eine Schilderung der
Belagerung von Breslau aus der Feder des Hrn.
Prof. Manso; eine Schilderung des jetzigen Zustandes von Frankreich aus der Feder eines Freundes von Jor; eine chronologische Uebersicht aller
Länder der preußischen Monarchie u. s. w. Die Me-
daillons der 5 Stifter des preußischen Kriegsheeres
auf einem Blatt diese der Schrift; welche als ein
Anhang zur Geschichte der europäischen Staatenumwandlung zu betrachten ist; zur Zierde.
Dykische Buchhandlung in Leipzig.

Ein Buch gegen die englischen Waaren.
Deutschland ist jetzt auf dem Puncte, von der
Pest der englischen Manufacturwaaren befreyt zu
werden. Wohlthätig zu diesem Zwecke mitwirken
muß jeder Beytrag zur genauern Kenntniß unsers
deutschen Manufactur-Fleißes. Was wir nun, z. B.
alles von der Industrie nur einer deutschen Stadt,
zum reichlichen Ersatze der fremden Artikel, erhalten
können; wird aus der Lectüre des so eben erschienenen Werks:
Der nürnberger Handel. Eine Darstellung des
merkwürdigen Industriefleißes der Nürnberger
und ihrer Handelsverbindungen mit dem Auslande; oder Geschäftsadressen, und Comptoir-Buch
für alle; mit dem nürnberger Platze correspondi-
rende Kaufleute. Ronneburg, bey A. Schumann. 1807. 8. Preis 1 Rthlr. 16 gr. oder 2 fl.
45 Kr. rheinl. (Durch alle Buchhandlungen zu
haben.)
deutlicher hervorgehen. Jeder Kaufmann, der den
Reichthum seines Vaterlandes kennen und benutzen
lernen will; jeder Staatsmann, dessen Bestreben
auf Unterstützung des vaterländischen Gewerbefleißes
abzweckt; sollte den Ankauf, die Verbreitung und
Benutzung dieses patriotischen Werkes zu befördern
suchen. —

Gegen baare Bezahlung giebt der Verleger bey
3 Exemplaren das vierte gratis.

In allen Buchhandlungen Deutschlands ist zu
haben:
Taschenbuch der Freude und der ernstern Unterhaltung, enthaltend viele sinnreiche Gesell-
schaftspiele, Anweisung zu den verschiedenen Arten des Tarac, Tarok-Homber, l'Hombre, Whist,
wie auch zu dem neuen empfehlungswerthen Spiele
Amüsette und dem königlichen Schach mit Kupf.
2te umgeänderte und vermehrte Auflage. Ta-
schenformat; gebunden. 16 gl.

Häufig tritt der Fall ein, daß in Gesellschaften die Unterhaltung stockt. Man wird aufgefordert, solche durch Vorschläge und Spiele zu beleben, und so reichlich auch das Gedächtniß hiermit ausgestattet ist, so verhören die allein Schicklichen derselben nicht selten den Musterungsruf, stellen sich dem Geiste nicht im rechten Zeitpunkte vor, und so entweiche das erschlaffte Vergnügen und macht der Langeweile Platz. — Obiges Büchlein kann um so mehr zum Talismanne gegen dieß Gespenst dienen, da es die sorgfältigste Auswahl der Gegenstände dieser Art enthält.

Plan und Aufruf eines ehrlichen Vaterlandsfreundes zu einer hauswirthschaftlichen Verbrüderung, und einem Kreuzzuge gegen die Tyrannen des Luxus und der gegenwärtigen Theurung. Zunächst der Aufmerksamkeit seiner churfächsischen Brüder und Schwestern empfohlen, welche im Begriffe stehen, eine Haushaltung anzufangen, oder sich von jenem Tyrannen zu dem Entschlusse übermannen lassen wollten, dem Glücke des ehelichen Lebens zu entsagen. 8. 1806. 8 gl.

In je größere Verlegenheit die Tyranney des Luxus das bürgerliche Leben gestürzt hat, je beherzigenswerther ist der Aufruf zu einem förmlichen Bunde gegen diesen Tyrannen.

Dictionnaire portatif, françois-allemand et allemand-françois, redigé d'après les meilleurs Dictionnaires des deux langues. Avec les mots de nouvelle création et de tables des verbes irréguliers, des nouvelles mesures, poids et monnoies de France. Par Charles Benjamin Schade. 2 Vol. 8. 1807. Leiplic chez Hinrichs. 2 Ecus.

Ce Dictionnaire portatif, dont le dernier Volume vient de paroître, destiné en particulier à l'usage des comptoirs et des classes, ne pourra être que bien accueilli du public. Il remplit parfaitement le but, que l'auteur s'étoit proposé, celui de renfermer dans le plus petit espace toutes les richesses de la langue françoise, considérablement augmentées par les mots de nouvelle création. Les caractéres de Didot, qui sont d'ailleurs le plus bel effet sur le bon papier blanc, fatiguent moins la vue que les lettres minces, dont on se sert ordinairement pour ces sortes d'ouvrages. Cependant le prix en est extrêmement modique, plus de 100 Feuilles se vendant pour 2 écus. On pourra cependant se procurer au même prix la 5me édition toute récente du Dictionnaire anglois-allemand et allemand-anglois, composé par le même auteur et d'un volume égal. S'adresser à toutes les bonnes librairies.

Der König in der Einbildung. Eine Posse in Knittelversen in drey Aufzügen. Mit einem Kpf. Hamburg bey Adolph Schmidt 1807. 215 S. 8.

Die Fabel dieses Stückes ist anziehend, die Handlung raschfortschreitend, und die Unterhaltung, die das Ganze gewährt, wird durch naive Seitenblicke auf neuere Zeitbegebenheiten noch um vieles erhöhet. Wir glauben daher, diese Posse den Freunden einer belustigenden Lectüre mit vollem Rechte empfehlen zu können.

Daß zwischen französischen Militairs und ihren deutschen Wirthen zuweilen Unannehmlichkeiten vorfielen, war, wie vielfältige Erfahrung bewiesen hat, zunächst Folge der Unfähigkeit, sich gegenseitig zu verständigen. Letzterm Uebel und jener Folge desselben abzuhelfen, bietet man den Deutschen ein Buch an, welches mit genauer Rücksicht auf ihre gegenwärtigen Verhältnisse mit den Franzosen bearbeitet wurde, und selbst denjenigen, welcher nicht eine Sylbe französisch versteht, in den Stand setzen wird, sich in allen Fällen, über alles Nothdürftige verständlich zu machen. Auch denen, welche dieser Sprache kundig sind, empfiehlt es sich durch eine möglichst vollständige Nomenclatur der Theile der Wagen und Kutschen, des Reitzeuges und Wagengeschirres, wie auch durch 16 der vornehmsten Reiserouten, und vergleichende Tabellen des französischen Geldes, Maßes und Gewichtes gegen deutsche der verschiedenen Länder. Durch den wohlfeilen Preis gemeinnütziger zu werden, ist es broschirt für 8 gl. oder 36 Kr. in allen Buchhandlungen zu haben unter dem Titel:

Der Franzos und der Deutsche, oder Auswahl von Gesprächen zum leichten Umgange zwischen beyden, herausgegeben von G. H. Heinze. 8. Zeiz bey Webel.

Allgemeiner Anzeiger
der
Deutschen.

Donnerstags, den 16 April 1807.

Berichtigungen und Streitigkeiten.

Beschluß
der Bemerkungen über die Hydrometrographen des Landesdirections Raths Jos. Baader.

Der Landesdirections Rath Jos. Baader hat sich am 12 Nov. 1806 (Allg. Anz. 1806 Nr. 344 und Nr. 345) über meine Bemerkungen, seine Hydrometrographen betreffend, in einem sehr unfreundlichen und heftigen Tone geäußert. Er will durch ein Protocoll vom 4 Nov. v. J., welches über eine im Großen (wie er sich ausdrückt) veranlaßte Nachmessung seiner Hydrometrographen im Hauptbrunnenhause gehalten wurde, erweisen, daß 1) derselbe vollkommen genau und zuverlässig messe, und 2) daß es nicht wahr sey, daß die Hydrometrographen öfters in ihrem Gange stehen bleiben. Um die vorgelegten Beweise der geeigneten Critik unterwerfen zu können, muß ich voraus die Geschichte seiner Abweichung, und dann meine darauf getroffenen Vorkehrungen mit ihren Resultaten erzählen.

B. wählte zu seinem Versuche ein 18 Fuß langes und 3 Fuß breites Gefäß mit einem Wasserspiegel von 54 Quadratfuß. Kann man bey so einer Oberfläche, bey welcher eine Decimallinie mehr oder minder Höhe schon über 1/2 Cbkfuß Differenz verursachet, einige Cubikzoll (wie er sagt) bemerken? — Nachdem dieses Gefäß vom pensionirten Salinengeometer Mayr abgeeicht war, machte B. für sich Versuche, und fand, daß 19 Kasten-Ausleerungen zu 5 Cbfuß genau 95

derselben gaben, — ? — Hierauf verfertigte derselbe (um vollends unparteyisch zu seyn) eigenhändig den größten Theil des mayrschen Protocolls, welchen derselbe schon vor dem Versuche aus dem Originale dictirte. Nun begannen am 4 Nov. die Versuche, und das Gefäß wurde, ungeachtet B's. eigene Nachmessungen bey dem nämlichen Höhenstande des Abeichungszeichens genau eingetroffen haben sollen, bis auf 1/4 Zoll nicht voll. Am 5 maß man neuerdings 95 Cbfuß Soole in das Gefäß, setzte das Eichmaßblättchen an die geeignete Stelle, und doch gab am 6 Nov. der Hydrometrograph nach mehrfältigen Abänderungen kein richtiges Maß, bis man endlich die Ausleerungszeit eines Kastens auf 2 bis 2 1/2 Minuten bestimmte. Erst dann soll derselbe, nachdem er sich voraus wenigstens siebenmahl weigerte, endlich dreymahl ein richtiges Maß gegeben haben. —

Da einige Mitglieder dieses Versuches nicht alles dasjenige in das Protocoll bringen lassen wollten, was B. verlangte, so erließ er am 6 Nov. Abends einen drohenden Auftrag, was sie (wegen nicht geschehener Abänderung des Hydrometrographen) in das Protocoll setzen mußten, und da selbiges seiner Absicht doch nicht vollends entsprochen haben möchte, so corrigirte er am Ende eigenhändig in das unparteyische Protocoll.

Als es zu den Unterschriften kam, wollte der quiescirte Bauschreiber Rißner, welcher von der Richtigkeit der im Monat May vorgenommenen Abweichung überzeugt war, und der Salinengehülfe Daum, weil er bey

selbiger gar nicht zugegen gewesen ist, das
Protocoll nicht unterzeichnen, bis die Schluß
anmerkung über die vorgebliche Unrichtigkeit
der frühern Abrechnung weggelassen wäre.
Man unterstrich sie der Ungültigkeit halber,
und die letzteren waren ehrlich genug, das
Protocoll, damit es B. vorgezeigt werden
könne, einstweilen zu unterzeichnen, bis sel=
biges reinlicher umgeschrieben seyn würde.
Bald aber fürchteten sie, daß man ihre Un=
terschriften mißbrauche, und sahen sich daher
veranlaßt, schon am 9 Nov. bey der Sali=
nen=Administration die Geschichte der mayr=
schen Abweichung, und zugleich die Erklärung
vorzulegen, daß sie ihre nur bedingnißweise
gegebenen Unterschriften widerriefen und
für ungültig erklärten. —

Zum Beweise meines bisherigen Vortra=
ges und der Illegalität des mayr'schen
Protocolls folgen in den Beylagen Nr. I. und
II. die Erklärungen des B. Kisner. *) Jene
des S. G. Paur müssen der Kürze wegen,
da sie vollkommen mit erstern übereinstimmen,
weggelassen werden.

Ob sich nun gleich jedermann aus den
bisherigen Daten von der Unzuverlässigkeit
dieses bader'schen Versuchs, und somit von
der Unbrauchbarkeit der Hydrometrographen
würde hinlänglich überzeugt haben, so wollte
ich doch die Wahrheit vollends erschöpfen;
und bat daher das k. Landgericht Reichenhall,
in Beyseyn aller Salinen=Oberbeamten, der
Observationsmitglieder, und der einschläg=
gen Werkmeister nicht nur noch einmahl eine
genaue Abweichung des Hydrometrographen,
und zwar, wie im Monat May geschah,
von Kasten zu Kasten vorzunehmen, son=
dern auch vor sämmtlichen Anwesenden die
Erklärung abzufordern: ob die Hydrometro=
graphen in ihrem Gange stehen bleiben; oder
nicht; alle Ereignisse aber in ein Protocoll
zu bringen.

Die Abweichung geschah am 5 und 6 De=
cember, und ich würde das darüber aufge=
nommene Protocoll sammt zwey Beylagen nach dem
ganzen Inhalte hier anlegen, wenn die Gren=
zen dieses Blattes damit nicht überschritten

*) Zur Ersparung des Raums fand ich nöthig, obige Bemerkungen nicht nur überhaupt abzukürzen,
sondern auch die beyden Protocolle, Nr. I und II, deren Inhalt übrigens mit dem oben angeführten
Vortrage übereinstimmt, ganz wegzulassen, da das Detail dieser Streitsache nur wenig Interesse für die
Leser, die keine Salinisten sind, haben dürfte.

würden. Es muß daher, leider, die Bemer=
kung genügen, daß die Resultate der Abwei=
chung von Kasten zu Kasten, welche aber
auch zugleich in das bader'sche Abweichungs=
gefäß von 95 Cbfuß eingelassen wurden, da=
rin bestanden, daß bey 19 Ausleerungen 7
das rechte Maß, 9 aber zu viel, und 3 zu
wenig, alle 19 Kasten aber im großen Gefäß
gegen 4 1/4 Cbfuß zu viel gaben. Da die
Ventile der Hydrometrographen nicht voll=
ends schlossen, so erhielt man anfangs im=
merhin ein richtiges Maß, weil man so lan=
ge wartete, bis in dem Abweichungsgefäß 5
Cbfuß voll waren; allein als die Abweichungs=
gesellschaft eine Zeit des Abtropfens bestimm=
te, so gaben am andern Tage von 19 Ausleer=
rungen 16 zu viel, 2 genau, und eine zu we=
nig, und im großen Gefäße waren statt
95, wohl 99 1/2 Cbfuß enthalten.

Ueber das Stillstehen der Hydrometro=
graphen während ihres Ganges, sagt das
landgerichtliche Protocoll, erklärten sowohl
die Observations=Mitglieder, als auch
sämmtliche Gradirer und Brunnenwär=
ter öffentlich, daß dieselben die ganze Zeit
hindurch, und auch noch im Monat Nov=
ber, öfters stehen geblieben sind.

Obgenannte 6 Salinenbeamte
Werkmeister obige Versuche bestätigen, so
bemerkten doch Mayr, Huber, und Lütten=
mann, daß sie die Abweichungen bey unter=
brochenem Gange der Maschine, und im Klei=
nen nicht für richtig anerkennen, ohne daß
sie jedoch nothwendig fanden, die Ursache ih=
rer Behauptung anzugeben. Die l. Sali=
nenbeamten stimmten hierauf sogleich für ei=
ne sogenannte Abweichung im Großen, und
merkten sie, daß der Wasserspiegel von 54
Quadratfuß verkleinert werden müsse, weil
man dabey die Differenzen nicht genau genug
beobachten könne. Die für B. sprechende
Partey willigte ein, und das große Abwei=
chungs=Gefäß wurde bis auf eine Oberfläche
von 4 Quadratfuß geschlossen, und zwar
mußte vorgerichtet. Ich reiste nun Abends ab,
und kam erst nach einigen Wochen wie=
der zurück.

Am 5 Jänner bat ich, daß das k. Landgericht zu Vollendung dieses Geschäfts auch
noch der Abeichung im Großen beywohnen,
und deren Resultate ebenfalls in ein Protocoll bringen möchte. —

Ob nun gleich B. seinen Anhängern
Mayr und Huber nachdrücklich verbot, keinem Abeichungsversuche mehr beyzuwohnen,
so erschienen selbige, auf eine landgerichtliche Einladung, doch. Die Resultate
der vom 9 bis 13 Jänner d. J. vorgenommenen Abeichungen enthält das unter Nr. III.
folgende Landgerichts-Protocoll, sammt einer
Beylage Nr. IV. oder einer geschichtlichen
Darstellung der Versuche, welche die k. Sa-
linenbeamten verfaßten.

Ob nun gleich Mayr und Huber einen
ganzen Monat Zeit hatten, alle nur erdenkliche Verbesserungen an den Hydrometrographen anzubringen, so gab jener im Brunnenhause bey der ersten Abeichung doch bey 95
Cbfuß 33 Maß zu wenig. Da sich an dem
Hydrometrographen ein Fehler fand, wurde
zur genauesten Vorrichtung, und zu Vermeidung aller Ausreden, als hätte man
nicht Zeit genug gehabt, den 10 und 11
Jänner ausgesetzt, und am 12 gaben drey Versuche 78 1/3 Maß im Durchschnitte zu wenig.
Man eichte die Abtheilungskasten der Maschine wieder ab, weil man sie abermahls fehlerhaft fand, und da alle Anwesende nunmehr
vollends zufrieden waren, so begannen am 13
die eigentlich genauen, und jedesmahl dreymahl wiederholten Versuche, welche erweisen,
daß der Hydrometrograph in einer Ausleerungszeit von 28 1/3 Minute im Durchschnit,
bey 95 Cbfuß zuerst 13 dann 18 und endlich 19 Maß zu wenig; bey einer Zeit von
37 1/3 Minute, einmahl 19, dann 26, und
13 Maß zu wenig, und endlich bey einer
Zeit von 19 1/3 Minute einmahl 2, dann 10,
und endlich 13 Maß *) zu viel gegeben
habe. — !!

Die Abeichungsgesellschaft wollte auch
den danebenstehenden zweyten Aufgabs-Hydrometrographen untersuchen, allein Huber und Mayr erklärten sogleich, daß er
nicht zuverlässig wäre, — und doch wur-

*) Jede zu 74, 304 Duodecimal-Cubikzoll, und nicht jene, welche ich und mit mir wahrscheinlich auch
   Kruse, welcher selbige zu 53 3/4, und Westrurieder, der sie zu 54 1/2 franz. Cubikzoll annahm, aus
   einer Schenke geholt haben. —

de derselbe herhin für die Aufgabssoole auf
den Grabirhäusern gebraucht, und seine Angaben in die Rechnung gesetzt. —

Um sowohl der hohen Regierung, als
dem Publicum den einleuchtendsten Beweis von
der Wahrheit meiner Erzählung zu geben,
so habe ich am 17 Jänner, ehe ich wieder
nach Tyrol abreisete, sämmtliche Originale-
documente, die Erklärung des B. Risner und
S. G. Paur und alle Landgerichtsprotocolle
bey der k. Landesdirection in München deponirt, und bitte ich hiermit öffentlich, bitte,
mich für einen Charlatan und Lügner zu
erklären, wenn nicht alles dasjenige in den
eingesendeten Originalproducten enthalten ist,
was ich so eben über die Resultate der vor
sich gegangenen Abeichungen vortrug. —

So wäre denn also, nicht durch einen,
sondern durch mehrere im Großen und Kleinen, mit aller möglichen Aufmerksamkeit und
Schärfe, von 11 Personen (gegen deren Un-
partheylichkeit und Competenz nicht die geringste Einwendung Statt finden kann) angestellte, und mit verschiedenen Abänderungen wenigstens 15 mahl wiederholte Versuche die vollkommenste Unzuverlässigkeit
und Ungleichförmigkeit der baader'schen
Hydrometrographen bis zur Evidenz
erwiesen, und ich somit in Stand gesetzt,
wiederholt zu erklären, daß dieser Vortrag,
meiner veränderten Verhältnisse wegen, ein
für allemahl der letzte sey. —

Zum Schlusse glaube ich der guten Sache der reichenhallischen Dorngra-
diranstalten und meiner Ehre noch die Bemerkung schuldig zu seyn, daß zur Zeit, als
der k. D. B. den Dornwänden Verderben
und Zerstörung drohte, durch ein allerhöchstes Rescript vom 24 October 1806 ein neues
es, mit einer einfachen Dornwand und
einem Dache (weil es in der gebirgigen Gegend Reichenhalls unverhältnißmäßig viel
regnet) versehenes, 400 Fuß langes
Dorngradirhaus, wovon die Grundmau-
ern bereits größtentheils stehen, allergnädigst befohlen wurde; und daß ich zu der
Zeit, als mir B. Cassation und Tod schwur,
zu Folge eines von Sr. Majestät dem König

eigenhändig unterzeichneten Decrets vom 25
Nov. 1806 motu proprio zum Director des
k. Oberbergamts der Provinz Tyrol mit fol=
gendem allergnädigsten Ausdrucke befordert
wurde: „Wir gewärtigen übrigens, daß
dem Oberbergamts=Director Wagner die
ihm zugedachte Beförderung als ein Be=
weis der allerhöchsten Zufriedenheit mit
seiner bisherigen Dienstleistung zu ferne=
rer Aufmunterung gereichen werde."
Schwatz im Hornung 1807.
Wagner.

III. Beylage. Protocoll,
welches bey wiederholt angestelltem Versuche
des Hydrometrographen im hiesigen königl. Haupt=
brunnenhause abgehalten worden, am 9, 12, 13
und 14 Jänner 1807. In Beyseyn der sowohl von
Seiten des k. Landgerichts, als der k. Salinenbe=
amten erschienenen und unterzeichneten Personen.

Indem bey der letzthin unterm 5 und 6 De=
cember 1806 vorgenommenen Prüfung des Hydro=
metrographen die Herren Mayr, Huber und Ester=
mann diesen gemachten Versuch im Kleinen für
unrichtig erklärten, hat der k. k. Oberbergamts=
director von Schwatz, Titl. Wagner, weil es
noch in die Dienstverhältnisse als eines ehemaligen
Salinen=Administrators eingreife, das hiesige k.
Landgericht ersucht, den einmahl begonnenen Ver=
such des Hydrometrographen im Großen fortzufe=
gen, und die Resultate hiervon in ein abzuhalten=
des Protocoll zu fassen, um die königl. Landesdi=
rection über die vollendeten Erfolg, es, wel=
cher er wolle, in pflichtschuldige Kenntniß setzen zu
können. Nachdem man nun sowohl die sämmtli=
chen Herren Salinen = Ober = und Unterbeamten,
als auch die Grabirungs = Observations = Mitglieder
Herren Mayr, Risner, Paur und Huber zufolge
des Ersuchungsschreibens auf den zum Anfang des
neuen Versuches bestimmten Tag als den 9 dieses
eingeladen hatte, begab man sich in das hiesige k.
Hauptbrunnenhaus, woselbst das unterzeichnete
Landgericht von folgenden Ereignissen Augenzeuge
war. Man traf daselbst den unterm 5 und 6 Dec.
gebrauchten 95 Cubikfuß haltigen Trog mit verklei=
nertem Wasserspiegel an. Nachdem derselbe ordent=
lich abgeeicht und das Eichungszeichen fest gemacht
worden, begann der Versuch. Der Hydrometro=
graph machte in ununterbrochenem Gange, wozu
er 29 Minuten Zeit gebrauchte, 19 Ausleerungen,
wovon jede 5 Cubikfuß geben sollte; in dem 95
Cubikfuß haltigen Wassertroge fehlten aber 33 Maß.

Nachdem sich an dem Hydrometrographen, der
sodann durch Eingießung von 5 Cubikfuß Wasser
nochmahls berichtiget werden sollte, ein Gebrechen
ergab, weil er nicht mehr Luft hielt, wurde für
diesen Tag der Versuch beschlossen.

Am 12 Jänner wurde, nachdem der Hydrome=
trograph durch einzelne Aufgießung von 5 Cubikfuß
abermahls berichtiget worden, mit dem Hauptver=
suche fortgefahren, und zu dreymahlen wiederholt.
Die ersten 19 Ausleerungen in ununterbroche=
nem Gange in 27 Minuten Zeit gaben im Wasser=
troge um 79 Maß, die zweyten 19 Ausleerungen
geschahen in 28 Minuten, und es wurde um 78
Maß zu wenig erhalten.

Zum drittenmahle, als die 19 Ausleerungen
in 27 1/2 Minute geschahen, enthielt der Trog um
80 Maß zu wenig.

Nach solchen drey Versuchen fanden die an we=
senden Herren eine Abordung des Hydrometrogra=
phen nothwendig, wobey durch Einschaltung des
Wassers das erstemahl, als noch 9 Maß an völli=
gen 5 Cubikfuß fehlten, und das zweytemahl, als
noch 12 Maß fehlten, die Leufrinne in Umschwung
gesetzt wurde. Auch heute wurde der Versuch be=
schlossen, nachdem das Eichblättchen im untern
Troge gegen jede Verlegung durch Ordonanzen,
wie am 9 Jänner, verwahrt worden.

Am 13 Jänner bemerkte man bey den drey=
mahligen Versuchen, daß die ersten 19 Auslee=
rungen in 28 Minuten 13, die zweyte in 28 Mi=
nuten 9 Maß zu wenig gaben.

Sodann wurde der nämliche Versuch, jedoch
in langsamen Gange, gemacht, und es zeigte sich,
daß die ersten 19 Ausleerungen in 39 Minuten um
19 Maß zu wenig, die zweyte in 37 Minuten
und die dritte in 36 Minuten 13 Maß zu wenig
gaben. Hierauf wurde der Hydrometrograph in
schnellen Gang gesetzt, und das erstemahl in 20
Minuten zeigte sich um 2, das zweytemahl in 20
Minuten um 10, und das drittemahl in 19 Minu=
ten um 13 Maß zu viel.

Am 12 Jänner begann eine Untersuchung des
zweyten, an der Seite des Radwellbaum befindli=
chen Hydrometrographen, bey selbigen fand sich aber
ein Gebrechen im Dentil, es wurde daher der
Versuch unterlassen.

Die Titl. Herren k. Salinen=Beamten über=
geben eine eigene geschichtliche Darstellung dieser
Versuche, als Beylage zu diesem Protocoll, und
man nimmt selbige auf deren Verlangen nebenbey
auf.

Weiters machen die Hrn. Beamten den Bey=
satz zu Protocoll:

„Sie glauben nämlich noch bemerken zu müssen,
„daß diese Prüfungsversuche der Hydrometrogra=
„phen um so zuverläßiger, unparteyischer und rein
„wahr angesehen werden müssen, als der ehemah=
„lige k. Salinen = Administrator Titl. Wagner be=
„reits am 25 November 1806 durch ein allerhöch=
„stes Rescript zum Director des Oberbergamts der
„Provinz Tyrol befordert wurde, folglich auch nicht
„der mindeste Grund vorhanden war, auf ihn be=
„sondere Rücksicht, als jene, welche Wahrheit,
„Pflicht und Ehre erheischen, zu nehmen, und in

„diesem Betrachte werden sie sich auch durch keine
„Verhältnisse abschrecken lassen, die Wahrheit laut
„und überall zu bekennen." —

Hiermit wurde dieses Protocoll beschlossen und
von sämmtlichen Titl. Beamten und Werkmeistern
unterschrieben.   Actum den 14 Jänner 1807.

Salinen-Inspector Math. Baader.
Salinen-Cassirer Linn.
Speditionsbeamter Meilböck.
Baumeister Brüderl.
Max. Mayr, Sal. Geometer.
Jos. Carl Rißner, quiescirter Bau-
      schreiber.
Joh. Baptist Estermann.
Jos. Paur, Salinen-Gehülfe.
Simon Huber, Salinen-Brunn- und
      Gradirmeister.
Anton Scharinger, Amtszimmermeister.
Lorenz Lackner, Amtsschlossermeister.
Königl. bayr. Landgericht Reichenhall.
Haindl, Landrichter.
Landgerichts-Actuar von Löfl.

IV. Beylage.

Geschichtliche Darstellung des Abeichungs-Versuches.

Da bey der am 5 und 6 December vorgenommenen Prüfung der Hydrometrographen von Seiten einiger, zum Gradir-Versuch aufgestellten Individuen über die unterbrochene Abeichung der 5
C. F. haltenden Hydrometrographgefäße protestirt
und verlangt wurde, daß diese Abeichung auch in
ununterbrochenem Gange in mehreren Ausleerungen bis auf 95 über 100 C. F. geschehen soll, so
hat man sich aus Ueberzeugung, daß, wenn das
einzelne Muttermaß ungleiche Quantitäten gibt,
auch eine Summe solcher Maße ein ähnliches thue
und die behauptete Ausgleichung des Plus und
Minus bloß zufällig seyn könne, auch dazu verstanden.

Weil aber der, bey der allerersten Probe von
obenerwähnten Gradirversuchs-Individuen gebrauchte 18 Fuß lange und 3 Fuß breite und 95 Cub. Fuß
haltende Eichkasten eine Oberfläche von 54 □Fuß,
also einen zu großen Wasserspiegel gibt, wobey ein
nur profanes Menschenauge eine Mehr- oder Minderung von 10 Maßen nur schwer und zweifelhaft; von 1, 2 oder 3 Maß aber schon gar nicht
erkennen kann, so ließ man zur gegenwärtigen Probe diesen Eichkasten oben wasserdicht schließen, auf
solchen ein kleines, zur Oberfläche nicht gar 4 □Fuß
haltendes Gefäß aufzapfen, und in diesen so jube-
reiteten Kasten durch den Hrn. Salinen-Geometer
Mayr selbst 95 Cubikfuß Wasser accurat einmessen,
und das Eichzeichen schlagen.

So vorbereitet wollte man den 9 Jänner zum
Versuche selbst schreiten, da aber erwiedert wurde,
daß seit der ersten Probe ein Schwimmer an den
zu prüfenden Hydrometrographen reparirt worden
ist und daher auch die beyden Wassergefäße an sei-

bigen abgeeicht werden müßen, so wurden auch in
besagte Gefäße, in jedes einzeln, 5 C. F. Wasser
eingemessen, und da hierdurch die Maschine, wie gehörig, in Bewegung kam und von den 5 C. F.
weder ein Wasser übrig blieb, noch einiges hinzu
gethan werden mußte, ward auch diese Eichung
von beyden Parteyen für richtig erklärt. — Hierauf fing man mit der Probe selbst an, wobey sich
nach geendigten ununterbrochenen 19 Umgängen
oder Ausleerungen, welche, wenn die Maschine
richtig mißt, 95 C. F. geben sollten, hier in 29
Minuten eine Minderung von 33 Maß zeigte.

Mit diesem ungünstigen Resultate nicht zufrieden, begehrten Hr. Sal. Geom. Mayr und Brunnenmeister Huber, welche überhaupt von der Güte
dieser Maschine einen so starken Glauben äußern,
und sogar behaupteten, daß selbige auch in einem
ganzen Jahre nicht um eine Maß fehlen könne, eine
zweyte Abeichung des Hydrometrographen, weil
bey ersterer ein Fehler vorgegangen seyn müße.

Auch diese Abeichung wurde nochmahls vorgenommen und es zeigte sich wirklich, daß durch die
eingegoßnen 5 C. F. Wasser der Hebel nicht in Umschwung kam. Man wollte den entfernten Schwimmer höher stellen. Während dieser Beschäftigung
aber bekam derselbe eine Beschädigung und hielt
nicht mehr Luft und der Versuch hatte ein Ende,
weil auch der zweyte im Gange befindliche Aufgabs-
Hydrometrograph, den man statt des beschädigten
ersten in die Probe nehmen wollte, sowohl von dem
Hrn. Sal. Geometer Mayr, als Brunnenmeister
Huber für unzuverläßig erkläret wurde.

Da am Montag den 12 Jänner, während welcher Zwischenzeit von zwey Tagen der Schwimmer
wieder luftdicht und eingemacht war, aber nach
eingemeßenem 5 C. F. Wasser nicht in Bewegung kam, wurde der Schwunghber erhöhet und
die Maschine dadurch gehörig überführt.

Bey dem hierauf dreymahl wiederholten Versuche in mittelmäßigem Gange zeigte sich, daß in
27 Minuten um 79, in 28 um 76, und in 27 1/2
Minute um 80 Maß zu wenig einliefen.

Wider alles Vermuthen zeigte sich dieser zweyte Versuch noch ungünstiger, als der erste, und ein
zweyter Fehler dieser Maschine war mit Grunde zu
vermuthen, welcher um so mehr möglich war, da
sich Brunnenmeister Huber öffentlich äußerte, daß
er zu seiner Schande gestehen müße, noch keine
Maschine so fehlerhaft (freylich aus Mangel der
Zeit) als diese 7 Hydrometrographen gemacht zu
haben.

Es ward also eine dritte Abeichung der Hydrometrographen nothwendig, wobey sich zeigte, daß
das erstemahl der Schwunghber bey Eingießung
von 5 C. F. weniger 9 Maß und bey Wiederholung
im nämlichen Stande bey 5 C. F. weniger 12 Maß
in Bewegung kam, folglich die Maschine zu wenig
geben mußte. Ob dieses weniger Messen von einem
rinnenden Ventile bey der zweyten Abeichung oder
von andern Ursachen entstund, läßt sich bey einer so

combinirten und gebrechlichen Maschine nicht leicht bestimmen, und der Brunnenmeister ward nothgedrungen, den Schwungheber an der Schwimmstange so lange abzukürzen, bis durch die accurate eingemessenen 5 C.F. Wasser der Schwungheber umschlug, welches auch zur allgemeinen Genüge geschah und hierauf mit der Probe im Großen bey einem wiederholten mittelmäßigen Gange aufs neue anfing.

Die dermahlen auf dreymahlige Versuche erhaltenen Resultate am 13 Jänner waren, daß in 28 Minuten um 13, in 29 um 18 und in 28 Minuten um 9 Maß zu wenig einliefen.

Da diese dreyfachen Versuche mit 95 C.F. von allen Anwesenden, ohne Ausnahme, auf wiederholtes Befragen richtig anerkannt worden waren, so schritt man zu dem zweyten Versuche bey einem noch gemäßigtern, eigentlich langsamsten Gange und der Erfolg war, daß in 39 Minuten um 19, in 37 um 26, und in 36 Minuten um 13 Maß zu wenig einliefen.

Auch dieser zweyte Versuch veranlaßte keine Widerrede, und bey der Gegenpartey nur tiefes Schweigen. Man fing daher den dritten Versuch bey dem gewöhnlich schnellsten Gange an und das auf dreymahl erfolgte, ebenfalls unbezweifelte Resultat war, daß in 19 Minuten um 2, in 20 um 10, und in 19 Minuten um 13 Maß zu viel einliefen. —

Nach geendigten vorstehenden drey Hauptversuchen wollte man am 13 Jänner auch den zweyten beständig im Gange befindlichen Aufgabs-Hydrometrographen, welcher von dem Hn. Sal. Geometer Mayr und Brunnenmeister Huber selbst, wie schon gesagt, für unsicher erklärt, aber demungeachtet von ihnen doch immer im Gange erhalten wurde, in Untersuchung nehmen; aber kaum waren 4 Cub. Fuß Wasser in das Gefäß eingemessen, so fing auch schon das Ventil zu rinnen an. Es wurde solches herausgenommen und da hieran kein Gebrechen entdeckt werden konnte, ließ man solches wieder einrichten, aber auch das zweytemahl hat solches um den eingemessenen dritten Cubikfuß wieder geronnen.

Man ward also gezwungen, diesen Versuch gänzlich zu unterlassen und war auch darum nicht mehr nothwendig, weil schon die vorhin bemerkten, so wie diese beyden letzten Fehler nicht nur die Gebrechlichkeit und Unzuverlässigkeit dieser Meßmaschinen, sondern auch zur Genüge bewiesen, daß die hiernach seit beynahe einem Jahre aufgeschriebene Abgabe zu den Gradirhäusern gänzlich unrichtig ist. —

Bey diesen erhaltenen Resultaten hat sich also weder die behauptete Ausgleichung bey ununterbrochenem Gange, noch die angerühmte Genauigkeit der Hydrometrographen, wie dieser unparteyische Kenner derselben voraussehen mußte, bestätiget; auch können die Folgen, welche Wassermeßmaschinen dieser Art auf die schon seit beynahe 12 Monaten Statt habenden Versuche bey den hier befindlichen drey Gradir Methoden mit sich bringen müssen, leicht berechnet werden, und dieß enthebt jedes weitere Raisonnement hierüber. —

Doch ein Vorfall kann und darf hier nicht, obwohl es ungern geschieht, verschwiegen werden, weil solcher die Hydrometrographen zu nahe angeht.

Ein allerhöchstes Rescript vom 27 Febr. 1805 befiehlt puncto 2 Litt. C, daß während den besagten Gradirversuchen zu Beseitigung jedes auch nur muthmaßlichen Unfuges jeder der sieben aufgestellten Hydrometrographen außer der Beobachtung mit einem vierfachen Gesperr verschlossen bleiben soll; doch Brunnenmeister Huber erlaubte sich am 21 Novbr. und auch vermuthlich öfters, mittelst einer weggehobenen Latte, welche auch dermahlen noch unbefestigt ist, zu den Hydrometrographen im Hauptbrunnenhause zu dringen, und widersprach solches auch gar nicht, als es ihm öffentlich vorgehalten wurde, sondern behauptete nur, er habe den sieben gebliebenen Hydrometrographen wieder in Gang gebracht, welches aber ohne Einsteigen mit einer Stange, wie dieses nach Aussage der Brunnenwärter sehr oft geschah, hätte bewerkstelliget werden können; und ähnliche solche unverdächtige Fälle sind auch bey andern Hydrometrographen z. B. im baaderschen Brunnenhause und bey dem an der Tafelgradirung, wie es das Locale noch verräth, beobachtet worden.

Daß dieses alles so geschah, wie es in dieser Beylage enthalten ist, bezeugen

Reichenhall den 14 Jänner 1807.

Salinen-Inspector Matthias Bauder.
Salinen-Cassirer Rinn.
Speditionsbeamter Meilböck.
Bräuerl, Baumeister.
Jos. Carl Risner, quiescirter Bauschreiber.
Joh. Baptist Estermann.
Jos. Paur, Salinen-Gehülfe.
Ant. Schäringer, Amtszimmermeister.
Lorenz Lackner, Amtsschlossermeister.

Justiz- und Polizey-Sachen.

Steckbriefe:

1. In der Nacht zwischen dem 4 und 5 dieses Monats April sind, der bey fürstl. Amte allhier von dem Mahlmüller Carl Barthol. Bauer zu Marlishausen geschehenen Anzeige und seiner größten Vermuthung nach, von zwey in dessen Wohnstube übernachteten Mühlburschen, deren Namen er so wenig, als deren Geburtsort er erforschet, zwey in dieser Stube befindliche und verschlossen gewesene Wandschränke, wahrscheinlich mittelst eines Dietrichs eröffnet, und ist aus denen nachstehendes als:

1) ongefähr 50 Rthlr. an Gelde, bestehend in Laubthalern, Speciesthalern, Kopfstücken und kleiner gangbarer Münze,

2) eine engl. drengehäusige silberne Taschen-
Uhr, an welcher der Minutenzeiger in der Mitte abgebrochen, mit dem daran befindlich gewesenen
Bande von Pferdehaaren und semisornen Schlüssel
und Petschafte, aus welchem letztern der Stein entkommen,

3) eine semisorne Kette, in der Mitte mit
einem rothen Steine versehen,

4) eine große franz. Jagd-Uhr, davon das eine
Gehäuse von Silber, das andere aber mit Schild-
krott überzogen, mit der daran befindlich gewesenen
silbernen Kette und dergleichen Schlüssel.

5) ein weißer porcellanener Tabackkopf mit starkem silbernen Stechel-Beschlag und dergleichen doppelten Kette, an der Vorderseite dieses Tabackkopfs
stehen die Worte: die Arbeit macht mir Freude,

6) drey große silberne Schuhschnallen.

Aus der Wohnstube aber sind noch überdieß ein
Paar vorn spitzig gearbeitete kalbslederne Stiefeln
und ein gelblederner Hosenträger mit 34 elastischen Federn, diebischer Weise entwendet worden.

Sogleich nach Entdeckung dieses verübten Diebstahls am 5 dieses früh Morgens vor 7 Uhr hat nun
zwar der Mahlmüller Bauer diesen mit der Beute
vorher sich entfernten Mühlburschen durch mehrere
Personen nachsetzen und selbige in den umliegenden
Gegenden, besonders Mühlen, aufsuchen lassen;
keiner derselben aber ist demselben auf die Spur gekommen.

Beyde Mühlburschen sind von mittler Statur,
der eine hat ein rundes volles Gesicht, krause röthliche Haare, ist gegen 40 Jahr alt, trägt einen
runden Hut mit schwarzem schmalen Sammetbänd-
chen und einer kleinen viereckigen Schnalle von
weißem Metall, einen langen Oberrock von braunem
Tuche, weißbunte cattunene Jacke, eine dunkel vio-
lene Zeugweste, blau buntes cattunenes Halstuch,
schmutzige lederne Beinkleider mit blanken Knöpfen
und Stiefeln.

Der andere hat nicht so volles Gesicht, wie jener, schwarzbraune verschnittene Haare, ist über 20
Jahr alt, trägt einen runden Hut, fahlfarbenen
Oberrock von Tuch, eine Jacke von dunkelm Cattun,
lange dunkelbraune wollene Zeughosen und Stiefeln.
Beyde führen kleine Reisebündel, das eine mit einem blauen, das andere aber mit einem rothstreifi-
gen Tuche umwickelt und dicke spanische Röhre, das
eine weiß, das andere aber gelb beschlagen, bey sich.

Eingezogener Erkundigung und der angegebenen Beschreibung nach, hat der eine in der Mühle
zu Fischleben, der andere aber in der Mühle zu
Kirchheim am 3 Osterfeyertage übernachtet. Der
in der Mühle zu Fischleben soll sich Johann Gottlob Georgi genannt und dabey angegeben haben, er sey gebürtig aus Hartmannsdorf in der Gegend bey Zwickau, ins Amt Weißenburg gehörig,
und eine alte-Leutekörbs Kundschaft bey sich geführt haben. Von dem in der Mühle zu Kirchheim
übernachteten hat man weder dessen Namen, noch
dessen Geburts-Ort erfahren können.

Da nun dem hiesigen fürstl. Amte an Erlangung und Habhaftwerdung dieser jetzt beschriebenen
Mühlburschen viel gelegen; so werden die wohllöbli-
chen Aemter und Gerichte zur Hülfe Rechtens hierdurch öffentlich ersucht, auf die vorbeschriebenen
Mühlburschen, besonders in den Mühlen genau invigiliren, solche im Betretungsfall arretiren, und
die bey sich habenden Effecten in Verwahrung nehmen und davon dem hiesigen fürstl. Amte schleunige Nachricht zugehen zu lassen, damit selbige alsdann gegen Erstattung der Kosten und Ausfertigung
gewöhnlicher Reversalien abgeholet werden können,
welche rechtliche Willfährigkeit man hiesigen fürstl.
Amts wegen jederzeit prompt zu erwiedern nicht
verfehlen wird. Arnstadt, den 10 April 1807.

Fürstl. Schwarzb. Amt das.
Christian Heinrich Lümpsel,
Justiz-Amtmann.

1. Am 2 April d. J. hat eine Frauensperson
bey dem hiesigen Amtsdorfe Wienrode ein Kind,
und zwar einen Knaben von etwa 3/4 Jahren, in
einem Tragkorbe ausgesetzt und verlassen, nachdem
dieselbe sothanes Kind kurz vorher, wie von jemandem bemerkt worden, gesäuget hat.

Diese Frauensperson ist, der geschehenen Anzeige nach, mittler Statur, von ziemlich starkem Körperbau und schieren Angesichts. Dieselbe
ist mit einer braunen taffetnen Mütze, um welche
ein schwarzes seidnes Tuch gebunden, einem Wammes von braunem Tuch, einer gestreiften baumwollenen Schürze, einem Rocke von blau und weißer
Golgas und einem Mantel von derselbe im Betre-
Zeuge bekleidet gewesen.

In dem Korbe, worin das quästionirte Kind,
welches eine Mütze auf und einen Nachtrock angehabt,
gelegen hat, ist weiter gar nichts gefunden.

Da nun sehr daran gelegen ist, der vorgemäh-
ten Frauensperson habhaft zu werden; so ersucht
das hiesige Justizamt alle Ortsobrigkeiten, in subsidium juris et sub oblatione ad reciproca, hierdurch ganz ergebend, auf vorbeschriebene Frauensperson genau invigiliren und dieselbe im Betretungsfalle arretiren zu lassen, auch uns sodann deshalb gleich Nachricht zu ertheilen.

Blankenburg den 3 April 1807.

Braunschweig. Justiz-Amt das.
W. Hagemann. H. Rosenthal.

Vorladungen 1) der Erben oder Gläubiger
des Hofcaplans 2c. 2c. von Klein.

Wer an die Verlassenschafts-Masse des dahier
verlebten Hofcaplans und Stifts-Herrn zu Heinsberg Herrn von Klein aus irgend einem Grunde
einen Anspruch zu machen berechtiget ist, wird un-
mit aufgefordert, solch 1 nerhalb sechs Wochen
bey der dahier angeordneten Inventur-Commission
um so gewisser einzubringen, als nach Verlauf dieser Frist, das zurückgelassene Vermögen an die Er-

Interessenten ohne weiters wird verabfolgt werden. Mannheim, den 31 März 1807.
Von Inventur : Commissionswegen.
Volpert.

2) J. Jac. Zöll's.
Commaringen. Johann Jacob Zöll, von hier, der im Jahr 1803 aus dem königlichen Militair den Abschied erhalten, und sich sofort auf die Wanderschaft begeben hat, wird hiermit, bey Verlust seines Bürger- und Unterthanen-Rechts, auch seines Vermögens, aufgefordert, binnen drey Monaten wieder in sein Heimwesen zurückzukommen, weil er schuldig ist, als Er-Capitulant nun auch noch die vorgeschriebenen Jahre, unter dem königlichen Land-Bataillon, Dienste zu leisten.
Den 12 März 1807.
Königl. Würtemberg. Stabsamt.

Kauf- und Handels-Sachen.

Wiener Fortepianos.

Schon beym Anfang meiner Musikhandlung bestrebte ich mich, die von gefühlvollen Kennern geschätzten Fortepianos deutscher wiener Meister im nördlichen Deutschland zu verbreiten, wo man sonst nur die englischen und französischen kannte. Es scheint, daß nunmehr Deutsche deutschen Fleiß und Kunst zu beachten wissen, und ich werde — wie bisher — gewissenhaft und nach genauer Prüfung und Erfahrung jeden Musikfreund befriedigen, der mich mit Aufträgen beehrt.

Fortepianos in verschiedener Form und Gattung von allen guten wiener Meistern, auch Doppelfortepianos, verkürzte Fortepianos, Pedale zu Fortep. ꝛc. sind zu haben im
Bureau de Musique
von A. Kühnel in Leipzig.

Kunstsachen.

Folgende Kunstsachen sind in Nürnberg zu verkaufen, und ist sich dieffalls in der steinischen Buchhandlung daselbst zu melden.
1) 18 Pergament-Blätter in Octav, mit Schmetterlingen, Raupen und Insecten en miniature,

nach dem Leben vortrefflich gemahlt von dem berühmten Entomologen Rösel von Rosenhof.
2) Verschiedene Schaalen echte Majolica, am Boden mit italienischen Inschriften versehen; ferner, das große englische Bibelwerk von Tellet ꝛc. ꝛc. sauber in R. und E. gebunden.

Böhmischer Hopfen und eine Kartätsch-Maschine.

Der Kaufmann Heinrle in Bayreuth verkauft echt böhmischen zweyjährigen Hopfen für 20 Rthlr. den nürnberger Centner. Ingleichen eine mit neuen Kartätsch-Blättern belegte Kartätsch-Maschine, worauf in jeder Stunde von einer Person 1 Pfund Baumwolle kartätscht und fertig gemacht werden kann, um den geringen Preis von 50 Rthl. Der ehemalige Eigenthümer und Verfertiger derselben war der berühmte Mechanicus Apitz in Leipzig. Briefe erwartet man postfrey.

Frankfurter Wechsel-Cours.
den 10 April 1807.

	Briefe.	Geld.
Amsterdam in Banco k. S.		
⸺ 2 Mon.		
Amsterdam in Courant k. S.		143
⸺ 2 Mon.		140
Hamburg k. S.		150
⸺ 2 Mon.		149 1/4
Augsburg k. S.	100 3/8	
Wien k. S.	45	
⸺ 2 Mon.		
London 2 Mon.		
Paris k. S.		78
⸺ à 2 Uso		77 1/2
Lyon	78 1/2	
Leipzig M. Species		100 1/4
Basel k. S.		
Bremen k. S.		108 3/4

Berichtigungen zu dem Aufsatze in Nr. 54.

Zeile 5 statt il n'y a guere lies il n'y en a guere. — Z. 7 c'est de même lies il est de même. — Z. 16 que c'est lies qu'il est. — ibid. différent mit dem Tonzeichen. — Z. 21 différences eben so. — Z. 23 en adopter lies en adopter un. — Z. 25 différences mit dem Tonzeichen. — ibid. qu'il y ait lies qu'il y a. — Z. 27 et connait-on lies et si on connuit. — Zeile 30 des Auff. au lieu de rendre lies au lieu d'en rendre. — ibid. qu'on y puisse lies qu'on peut y. — Z. 35 se trouvent-ils lies se trouve-t-il — Z. 36 des gens au fait ohne Komma. — Z. 40 Febr. lies Févr. — In der Anmerkung un oeuvre lies un ouvrage.
Von andern Unrichtigkeiten, als im Ausdrucke, im Sinne, in der Interpunction, hier zu sprechen, wäre zu weitläufig.

Allgemeiner Anzeiger
der
Deutschen.

Freytags, den 17 April 1807.

Gesundheitskunde.

Faust's Beinbruchmaschine.

Wenn man behaupten kann, daß die meisten Kranken mit doppelten Leiden zu kämpfen haben, einmahl mit den Beschwerden der Krankheit selbst, und zweytens mit denen, welche mit der ärztlichen Behandlung unvermeidlich verknüpft sind (um nur einiges anzuführen: Entbehrung gewünschter Genüsse, der Gebrauch widriger Arzneyen und bey äußerlichen Krankheiten noch dazu gezwungene, unbequeme Lage des Körpers, schmerzhafter Verband u. dgl.) so verdient jeder Arzt, welcher die Unannehmlichkeiten der zur Herstellung nöthigen Hülfsmittel durch irgend eine zweckmäßige Erfindung zu mindern sucht, den Namen eines wahren Menschenfreundes und unsern wärmsten Dank. In vollem Maße zolle ich diesen dem edlen um die Menschheit so sehr verdienten Hofrath D. Faust für die Erfindung seiner so vortrefflichen, dem Leidenden die möglichste Erleichterung gewährenden Beinbruchmaschine.

Ich habe diesen Apparat nicht bloß aus Schriften kennen gelernt, sondern auch in seiner Anwendung bey einem französischen Soldaten, welcher im vergangenen Spätherbste in dem Lazarethe zu Gotha (wo überhaupt die verwundeten Krieger ohne Unterschied eine ausgezeichnet menschenfreundliche Pflege genossen) an einem Bruche des Unterschenkels darniederlag, gesehen und mich von seiner Vortrefflichkeit überzeugt.

Waltershausen b. Gotha, im April 1807.
D. Joh. And. Braun.

Anerbieten.

Einige Wochen nach dem mir unvergeßlichen 14 Oct. vor. Jahres habe ich die traurige Erfahrung gemacht, daß Personen von allerley Stande, die seit 8—10 und mehr Jahren auf meine Anordnung von der Epilepsie (fallenden Sucht) befreyet gewesen, diese Krankheit von neuen erlitten haben. Da nun aber bloß solche Personen sich von neuen bey mir gemeldet haben, die eine angemessene Vergütung für Mittel und Rath leisten konnten, kein Armer hingegen, der Mittel und Rath, meinem seit 30 und mehrern Jahren öffentlich geschehenen Anerbieten gemäß, unentgeltlich erhielte, sich darunter befindet, ich gleichwohl vermuthen muß, daß auch arme Wiederhergestellte, deren Anzahl beträchtlich ist, die Wiederkehr genannten Uebels aus Schreck und Furcht erlitten haben, und befürchte, daß diese, auf solche Art zwiefach Unglücklichen sich nicht getrauen, zum zweytenmahle sich zu mir zu wenden, so fordere ich alle arme, von neuen mit der Epilepsie befallene Personen hierdurch abermahls öffentlich auf: sie wollen sich ganz ohne Bedenken in ihrer Noth wieder zu mir wenden, und ich verspreche ihnen ohne Unterschied allen nur möglichen Beystand.

Naumburg den 6 April 1807.
D. Friedrich August Waitz.

Land- und Hauswirthschaft.

Etwas für Levcoien-Liebhaber.

Vielleicht hat es jeder Gärtner erfahren, daß die Sommer- und Winter-Levcoien, auf

Mistbeete gesäet, fleckweise, oder wol gar
durchgängig umfallen und verderben. Ich
selbst habe solches viele Jahre hindurch erfahren; seit 12 Jahren aber säe ich meine
sämmtlichen Levcojen unter den Sellerie, und
behandele das Mistbeet nicht wie ein Levcojen,
sondern wie ein Sellerie-Beet. Ich habe
leichten und schweren Boden dazu genommen,
und gleichwohl ist mir in diesen 12 Jahren
fast keine Pflanze umgefallen. Sie haben
immer fest gestanden und bey ihrer Versetzung
die gesundesten Wurzeln gehabt.

R.   Graf.

Durch Nr. 313 S. 3715 des allg. Anz.
über das Wegfangen der Maulwürfe veranlaßt mache ich auch mein probates Mittel
hierdurch bekannt: Man löst etwas weniges
Bibergeil in warmem Wasser auf, schneidet
frisches Rindfleisch in kleine Stückchen, läßt
diese in solchem Wasser eine Stunde anziehen,
nimmt es alsdann wieder heraus, bestreuet
es mit Arsenik, steckt es hier und da in die
Canäle der Maulwürfe, wo frisch aufgeworfen, und deckt die Löcher mit einem Stein
gut zu. Die Maulwürfe gehen der Witterung und dem Fleische nach, verzehren es,
und sterben vom Gifte.

Künste, Manufacturen und Fabriken.

Spinnmaschinen.
(Allg. Anz. 180r Nr. 44 S. 445.)

In Bayreuth lebt seit mehrern Jahren
ein Uhrmacher, Chr. He. Homburg, welcher Spinnmaschinen macht und vorräthig
zu verkaufen hat. Derselbe hat auch eine
Kartätschmaschine verfertiget, welche zugleich
20 Fäden Vorgespinnst liefert und dennoch
einfach in ihrer Zusammensetzung und sehr
leicht zu bewegen ist. Sie hat sich durch
mehrere Prüfungen und durch fortgesetzten
Gebrauch bewährt und ihm schon vor zwey
Jahren eine königl. Belohnung erworben.
Die Kartätsch- und Vorspinnmaschine sowohl,
als die Handspinnmaschinen verkauft er nicht
bloß, sondern verfertigt auf Bestellung, soviel man will.   J+i+i.

Fein gesponnenes Garn.

Westphälische Einwohner in Bielefeld,
Gütersloh und Rittberg, die in hölzernen

Schuhen gehen, spinnen mit den harten
Händen, welche den Pflug regieren, so fei-
nes Garn, daß aus einem Pfund Flachs ein
Faden wird, der 23 Meilen, jede zu 20,000
Fuß gerechnet, lang ist, und daß 16 Stück
Garn, oder 19,200 Faden, jeder von 6 Fuß,
etwas zusammen gedrückt, durch einen Fin-
gerring gezogen werden können.

Allerhand.

Anfrage.

In Nr. 37 der Zeitung für die elegante
Welt, Donnerstags den 5 März, findet sich
unter den Notizen ein Schreiben aus Leipzig
mit S. unterzeichnet, welches einige Berichte über das dasige Concert, namentlich,
über die Sängerinn Demoi. Schneider —
und Herrn Matthaei u. s. w. enthält, und
welches nach seiner vorhergegangenen kurzen
Bemerkung über das Orchester im Allgemeinen mit den Worten schließt: "daß es ledig-
"lich an der Direction liege, wenn so
"manches mißglückt und nicht geht,
"wie es gehen sollte."

Nicht ohne die beste Absicht und mit
voller Ueberzeugung von der Wahrheit seiner Behauptung, hatte der Verfasser jenes
Schreibens sich veranlaßt gefunden, die Anmerkung

"Ein scharfer Blick, ein feines Ohr,
"Gewißheit und vor allem das gänz-
"liche Vertrauen des Orches-ers, diese
"ersten Erfordernisse zu einem Musik-
"Director findet man bey uns nicht,
"so wie man wol erwarten könnte,
"und dieser Mangel ist es, an welchem
"unsere Hoffnungen noch lange schei-
"tern werden,"

hinzuzufügen, — allein die Censur fand für
gut, diese Bemerkung zu streichen, und die
Redaction jener Zeitung hat sie weglassen
müssen.

Es kann nicht fehlen, daß der Verfasser
jenes Schreibens die Ursache wohl wissen
möchte, welche die Censur zu dieser Strenge
bewegen konnte? — Hat sie jene Mängel
an dem Hrn. Director noch nicht bemerkt?
— Hat sie Rücksichten zu nehmen? — Oder
finden persönliche Attachements Statt, die
jenes freymüthige Urtheil unterdrücken wol-

len? — Im letztern Fall ist die Absicht weit
verfehlt, indem sie diese Anfrage veranlaßt,
und dadurch jenem sehr gerechten und sehr
gemäßigten Tadel bey weiten größere Publicität verschafft.   S......—

Dienst - Anerbieten.

Es wird in eine neu angehende Frauenzimmer-Ausbildungs-Anstalt eine Gehülfin
gesucht, welche von munterem Geist, feiner
Erziehung, gutem Ruf und moralisch guten
Sitten ist, Französisch spricht und schreibt
und etwas Handarbeit versteht —; doch
müßte eine solche Person anfangs mehr auf
eine liebreiche freundliche Behandlung, als
auf einen ansehnlichen Gehalt Rücksicht nehmen. Ueber die nähern Bedingnisse wende
man sich an den Kaufmann
    Johann Dietrich Matthias
        in Hanau.

Dienst - Gesuche.

1) Ein absolvirter Candidat der Rechtsgelehrsamkeit, der eine vorzügliche Geschicklichkeit im Clavierspielen, ziemlichen Unterricht in der französischen Sprache und im
Zeichnen besitzt, sich nebst dem mit den besten
Zeugnissen einer guten Aufführung versehen
kann, sucht in einem guten Hause als Hofmeister angestellt zu werden.

2) Ein Mann von 24 Jahren, welcher
sich seit einigen Jahren mit mathematischen
Wissenschaften beschäftiget, auch einige Jahre
in Canzleyen als Schreiber gestanden hat
und Kenntnisse von der Landwirthschaft besitzt, sucht entweder als Schreiber, Rechnungsführer oder als Verwalter angestellt
zu werden. Er kann auf Verlangen eine
verhältnißmäßige Caution stellen und sich in
Hinsicht seines Wohlverhaltens mit den besten Zeugnissen legitimiren. Die Expedit.
des allg. Anz. in Gotha besorgt freye
Briefe unter der Adresse an C. G. in G.

3) Ein Frauenzimmer von edler Herkunft und edlem Character, einem gefälligen
Aeußern und in den besten Jahren, in allen
weiblichen Geschäften wohl erfahren, im

Sticken, Nähen und Stricken Künstlerin,
mit ehrenvollen Zeugnissen versehen, wünscht
ehestens als Erzieherin oder Gesellschafterin (sie schreibt und spricht Französisch) in
einem guten Hause, bey guten Menschen,
wiederum einen anständigen Wirkungskreis.
Freye Anträge für Aegide besorgt die Expedition des allg. Anz. in Gotha.

Familien - Nachrichten.

Nachricht.

Der Mademoiselle Louise Berneaud,
schon lange Zeit in dem Hause des Herrn
von Carlsbourg in Schöneich im Sächsischen,
wird hiermit das am 3 dieses erfolgte Absterben ihres ältesten Bruders, Jean David,
bekannt gemacht — zugleich aber wird dieselbe auch von ihren nun noch lebenden Geschwistern, Paul Elie, allhier und Maria
Catharina in Mannheim, ersucht — bald
zu melden, wie es ihr gehe. — Unter der
Adresse v. d. K. in H. besorgt die Expedition
des allg. Anz. das Weitere.

Aufforderung.

Dem Herrn Caspar von Orell aus
Zürich in der Schweiz wird angezeigt, daß
er durch ein Brevet zur Stelle eines Premier-
lieutenants beym vierten Schweizerregiment
in k. k. französischen Diensten ernennt ist.
Seine nächsten Verwandten laden ihn ein,
sich unverzüglich nach Zürich zu begeben.
Wem der Aufenthalt dieses jungen Mannes
bekannt ist, wird dringend ersucht, ihm gegenwärtige Nachricht mitzutheilen.
    Zürich den 7 Jenner 1807.

Justiz - und Polizey - Sachen.

Aufforderung an J. Dietr. Johs.

Johann Dietrich Johs, welcher von hier,
seinem Geburts-Ort 1779 nach Amerika in Kriegs-
Dienste abgegangen ist, und seit 1783 die einzige
und letzte Nachricht seines Aufenthaltes aus Philadelphia hat anher gehen lassen, er, oder seine
etwaige Leibes-Erben, werden hiermit aufgefordert, das unter Pflegschaft dahier bereits 1774 ihm
zustehende Vermögen mit 1434 fl. 25 kr. binnen
9 Monat in Empfang zu nehmen, oder zu gewärtigen, daß dieses pflegschaftliche Vermögen seinen beyden Geschwistern gegen einfache Caution

unzinglich übergeben werden soll. Fiebingen im
Canton Kraichgau den 10 Nov. 1806.
Gräflich Wolf Metternichsches Amt.
LIla.

Vorladung Xav. Kohler's.

Xaver Kohler, diesseitiger Amtsangehöriger
von Rielasingen stand als Soldat in den ehemahligen
hochfürstl. konstanzischen Diensten, desertirte sohin
im May 1795 zu Haslach, und ließ seit dieser Zeit
nichts mehr von sich hören.

Derselbe, oder dessen allenfallsige Leibes-Erben
werden demnach aufgefordert, sich binnen 9 Monaten von heute bey hiesiger Gerichtsstelle zu melden,
und das unter Pflegschaft stehende Vermögen von
circa 200 fl. in Empfang zu nehmen, widrigenfalls
solches seinen nächsten Anverwandten gegen Sicherheitsleistung überlassen würde.

Bohlingen bey Radolphzell am Bodensee, am
23 März 1807.
Großherzogl. Badisches O. Vogteyamt.
Vidt. Zinweg.

Kauf- und Handels-Sachen.

Aufgeschobene Waarenverloosung.

Da die gehabten Kriegs-Ereignisse mich bestimmt haben, meine Waarenverloosung in diesem Jahre nicht vor sich gehen zu lassen, so mache ich
dieses denjenigen, welche Theil daran genommen
hatten, und noch nehmen wollten, mit dem Beyfügen bekannt: daß selbige kommendes Jahr, auf
nehmliche Art, wie die Plane darüber zeigten, unternommen werden wird, worüber ich in diesen Blättern zu seiner Zeit Anzeige machen werde. Auch
mache ich sogleich jeden Interessenten, der Theil daran
genommen hatte; mitwissend, daß die eingegangenen Gelder für eingelöste Loose, sämmtlich wieder
retour gesendet worden seyn.
Schleiz im Voigtland den 1 März 1807.
Friedrich August Knoch.

Apotheken-Verkauf.

In einer angesehenen Stadt der Wetterau
ist eine im besten Stande befindliche, mit allem versehene wohl eingerichtete Apotheke zu verkaufen.
Die nähern vortheilhaften Bedingungen ertheilen
in portofreyen Briefen die Herren Materialisten
Dancker und Clare in Frankfurt am Mayn.

Verkauf eines Gasthofes.

Da ich gesonnen bin, meinen Gasthof in dem
hiesigen, an der von Leipzig nach Cassel und Frankfurt führenden frequenten Straße gelegenen Orte,
mit Wohn- und Wirthschafts-Gebäuden, nebst
dazu gehöriger Gemeine-Gerechtigkeit, ingleichen
mein in 33 1/2 Ar. erbarer Länderey und 5 Ar.
Wiesen bestehendes halbes Bauerngut, aus freyer
Hand zu verkaufen; so mache ich solches und das,
das Gesinde von der Kaufsumme 3000 Rthlr.
auf besagten Grundstücken als rückständige Kauf-

---

gelder stehen bleiben, Kauflustige aber die nähern
Bedingungen bey mir selbst erfahren können, hier-
durch bekannt. Sättelstädt, den 12 April 1807.
Georg Heinrich Kunzer,
Gastwirth.

Violine von Jac. Stainer.

Im Junius dieses Jahres wird in Jena bey
einer Bücher-Auction eine Violine von Jacob
Stainer vom Jahr 1652 (aus Irrthum steht im
Catalog 1711) mit Bogen und verschlossenem Kasten
verauctionirt werden. Liebhaber können selbige bey
dem Proclamator Görner daselbst in Augenschein
nehmen.

Knall- oder Allarm-Fidibus.

Diese Fidibus geben, wenn sie angezündet
werden, oder wenn man auf die Stelle, welche die
knallende Materie eingeschlossen enthält, ein Stück
brennenden Schwamm legt, einen bedeutenden Knall
ohne die geringste Gefahr. Eben dieser erfolgt auch
wenn auf diese Stelle mit einem harten Körper geschlagen wird, indem solche auf einem andern harten Körper aufliegt. Hierdurch eignen sie sich zu
einer überraschenden Belustigung im geselligen Kreise, und gehören zu jenen angenehmen physikalischen
Experimenten, die uns scherzend die merkwürdigen
Kräfte der Natur kennen lernen. So wie sie zugleich dadurch nützlich werden, daß sie ein (Siehe
Allarm-Waarel bey nächtlichen Ueberfällen (Siehe
allg. Anzeiger 1806 Nr. 251, 3104) abgeben. Ich
verkaufe davon folgende Arten.

1) Doppelte, das Groß von 12 Duz. pr. 2
Rthlr. 16 gl. das Dutzend pr. 6 gl. sie sind in der
Form der gemeinen Papier-Fidibus, und enthalten
an beyden Enden einen Knall.

2) Einfache in Karten-Papier, welche vorzüglich zum betonniren durch den Schlag sich eignen
Das Groß 1 Rthlr. 8 gl. das Duz. 3 gl.

3) Einfache in Papier, wie die doppelten
nur daß sie bloß einen Knall geben. Das Gro-
1 Rthlr. 8 gl. das Duz. 3 gl.

Seibertsche Lampen-Dochte

von der feinsten gebleichten Baumwolle gewebt
und mit einer Wachs-Composition getränkt, be-
Duz. pr. 4 gl. Das Groß 1 Rthlr. 18 gl.

Leipziger Königs-Räucherpulver.

Ein vorzüglich angenehmer Wohlgeruch fi
Wäsche; oder durch Aufstreuen auf den heißen Ofe
oder ein heißes Blech für Zimmer. Das Pfur
2 Rthlr. und in Gläsern zu 8, 6 und 2 gl.

Zur Empfehlung dieser Artikel darf ich nicht
hinzusetzen als die Bitte, sich durch einen kleine
Versuch selbst zu übergeugen; da aber solchs zu übe
sehen ist, daß sie bey so kleinen Bestellungen als o
gemacht werden, Porto, Briefträgerlohn u
Emballage nicht gewonnen werden kann; so mi
ich um freye Einsendung der Briefe und Geld
höflichst bitten. Joh. Gottfried Mert Lam.
Leipzig, Nicolaistraße.

Allgemeiner Anzeiger
der
Deutschen.

Sonnabends, den 18 April 1807.

Nützliche Anstalten und Vorschläge.

Ueber die Veredlung des Menschenge=
schlechts durch die Leitung ihrer
Fortpflanzung.

In Nr. 71 des R. A. 1801 fragte ein
Ungenannter:

„Ist die Veredlung der Menschen
„durch die Leitung ihrer Fortpflan=
„zung möglich, und in wie fern
„ist sie durch solche möglich"?.

Da die Materie, welche dadurch zur Er=
örterung gebracht werden sollte, für das gan=
ze Menschengeschlecht von der äußersten Wich=
tigkeit ist, so wäre wol zu erwarten gewesen,
daß die Aufforderung etwas gefruchtet hätte.
Bisher ist aber weder im Anz. eine Ant=
wort auf die Fragen erschienen, noch der
Gegenstand, so viel bekannt ist, sonst ex pro=
fesso abgehandelt worden. Ein anderer Un=
genannter nimmt sich daher die Freyheit, die=
jenigen seiner Landsleute, welchen die Sache
am Herzen liegt, und welche zur richtigen
Auseinandersetzung Kraft in sich fühlen, noch=
mahls daran zu erinnern.

Freylich wird die Materie zur erschöpfen=
den Verhandlung für den allg. Anz. nicht ge=
eignet seyn, denn eines Theils ist sie zu reich=
haltig, um den bedürfenden Platz darin fin=
den zu können, und andern Theils zu delicat,
um alles, was darüber zu sagen wäre, vor
das große Publicum des allg. Anz. bringen
zu dürfen, da hier bloß von der physischen
Veredlung die Rede seyn kann. Ueber die
moralische Bildung haben wir in tausend
Erziehungsschriften Anweisungen genug.

Allg. Anz. d. D. 1 B. 1807.

Doch steht die geistige Veredlung mit der
physischen in so fern in der genauesten Ver=
bindung, als sie von der körperlichen Gesund=
heit und Stärke und von einer mehr oder
minder guten Organisation abhängt. In so
fern scheint sich also die Frage wirklich auch
auf geistige Veredlung auszudehnen.

Die Frage: ob eine Veredlung 2c. mög=
lich sey, wäre, wie auch oben der Anfrager
richtig bemerkt, ohne Zweifel zu bejahen.
Aber in wie fern sie möglich — oder ich möchte
lieber sagen ausführbar — sey, darauf möch=
te es hauptsächlich ankommen, wenn die Er=
örterung practisch nützlich werden soll.

Könnte man mit Menschen so umgehen,
wie mit Pflanzen oder Thieren, so wäre die
Sache leicht gemacht. Man dürfte nur den
besten unverdorbensten Samen — nicht
unreif und nicht zu alt — und den besten das=
zu tauglichen Acker — oder die stärksten
und muntersten Stücke aussuchen, so wär's
gethan. Verdorbener oder kümmerlich ge=
wachsener Same wird nicht ausgesäet, weil
nur eine schlechte Ernte davon zu erwarten
ist. Aber nicht so bey dem freyen Menschen=
geschlecht. Es ist unausführbar, alle dieje=
nigen, welche schwach an Körper oder Geist
sind, von der Fortpflanzung auszuschließen,
und eben hierin möchte das Hinderniß liegen,
jemals vollkommen zum Zwecke zu gelangen.
Inzwischen muß man thun, was zu thun mög=
lich ist, und zuverlässig wird man selten ir=
ren, wenn man aus der Analogie der Pflan=
zen oder Thiere nach bewährten Erfahrun=
gen Folgerungen und Anwendungen hierher
zieht.

Wirklich ist in unserer bürgerlichen Gesellschaft schon manches geschehen, was zum
Zwecke hinführt, und was gemeiniglich nicht
aus diesem Gesichtspuncte angesehen wird.
Vorzüglich ist die Einführung der Ehen dahin zu rechnen. Moses, dessen Ehegesetze
auch unter uns Gesetzkraft behalten haben,
ging durch das Verbot der Ehen in der nahen Verwandschaft noch einen Schritt weiter. Wahrscheinlich wollte er damit Personen, welche in einer Familie zu leben pflegen, nicht bloß von leichten Ausschweifungen
abhalten, sondern er wußte, das heut
zu Tage jeder Oeconom aus Erfahrung weiß,
daß die Kinder der nahe verwandten Thieren
schwächliche Geschöpfe sind.

Was in dem mosaischen Zeitalter, wo
die Menschen, oder zahlreiche Classen von
Menschen, durch schwelgerisches Leben noch
nicht so weit von den Bestimmungen der Natur
abgewichen waren, gegen die Ausartung des
Geschlechts allenfalls nothdürftig hinreichend
seyn mochte; das paßt zwar auch immer noch
auf uns. Ob wir aber bey der von der Natur so weit abweichenden verweichlichten Lebensart, welche in vielen Familien erblich
geworden ist, es dabey bewenden lassen, und
nicht weiter gehen sollten, das ist eine andere
Frage. Es scheint in der Natur-Sache
zu liegen, und vielleicht findet es der Beobachter in der Erfahrung gegründet, daß über-
feinerte Abweichung in der Lebensart von
dem einfachen Wege der Natur, Verweich-
lichung durch mehrere Generationen, und Ein-
zwängung der Fortpflanzung in enge Zirkel
am Ende nothwendig zur Ausartung führen.
Wer auf überdüngten Acker geil gewachsenen
Samen — gerade nicht auf eben denselben
Acker — sondern nur auf die nahe gelegene,
durch die Cultur ebenfalls überdüngte Feld-
flur immer wieder ausstreuet, der wird viel
Stroh und keine Körner ernten.

Doch! ich wollte ja eigentlich bey meinen Landsleuten die Sache nur wieder in Erinnerung bringen, ohne hier selbst etwas darüber zu sagen.

Land- und Hauswirthschaft.

Wegen seines allgemeinen Interesse verdient der folgende Aufsatz aus dem seit dem
Januar 1806 zu Dillenburg herauskommenden Journal für das Forst- Jagd- und Fischereywesen einen Platz im allg. Anz.

Der Werth des Holzes auf dem thü-
ringer Walde im 16 Jahrhundert.

Im J. 1535 hat im herzogl. gothaischen
Amte Schwarzwald jeder Waldbewohner
3 gr. Waldmiethe bezahlt, und dafür hat er
sich Holz an nicht gehegt gewesenen Orten
nach Belieben in unbestimmter Quantität
holen dürfen. Damahls gab ein Eisenham-
mer 4 Schock an Gelde (das Schock zu 20
gr.) jährlich für das zu Betreibung seines
Werkes benöthigte Kohlholz, und der Köhler
auf ein Pferd jährlich 15 gr. mit welchem er
die von ihm gefertigten Kohlen an Ort und
Stelle brachte, ohne für das Kohlholz etwas
zu entrichten. Wenn in der vorhin gedachten Zeit Holz verkauft wurde, so kostete

1 Klafter Tannen 6 Pf. höchstens 1 Gr.
1 — Buchen 1 Gr. 4 Pf.
1 Baustamm 4 Pf. (im Durchschnitt)
1 Schindelbaum 3 Gr.

hingegen für einen Vogelheerd wurde zu
jener Zeit 2 Gr. Zins entrichtet. Noch im
J. 1603 war der ganze baare Ertrag auch
Forstes im vorhin erwähnten Forstamte
Schwarzwald 90 meißn. Gülden (zu 21 Gr.)
der jetzt jährlich sechstausend Thaler beträgt.
Im Jahr 1535 gaben mehrere Ortschaften
für das zu einem neuen Gebäude benöthigte
Bauholz 1 goth. Malter Hafer an die Herr-
schaft ab.

*   *   *

Es sey mir erlaubt, bey dieser Gelegenheit noch einige Worte über das vorhin genannte Forst- Jagd- und Fischerey-Journal
zu sagen. Zwar ist der Plan dieser neuen
Zeitschrift im R. Anz. und andern öffentlichen Blättern abgedruckt worden, aber Ankündigungen der Art werden in unsern jour-
nalreichen Zeiten leicht übersehen, weil sie
nur in den Intelligenzblättern vorkommen.
Für den Werth dieses Journals bürgt schon
der mir Recht verehrte Name des Herausgebers (Oberforstrath Hartig zu Dillenburg*)
und wenn ich noch hinzufüge, daß Männer,
wie v. Witzleben, v. Wildungen, Prof.
Römer und viele andere, längst als Schriftsteller gekannt und geschätzt, thätigen Antheil
daran nehmen, so bedarf es wol keiner wei-

*) Jetzt in Stuttgart.   b. X.

den Journal für das Forst- Jagd- und Fischereywesen einen Platz im allg. Anz.

tern Empfehlung. Nicht bloß der Forstmann von Metier, auch der bloße Jagdliebhaber findet seine Rechnung dabey, indem
es durch die Mannichfaltigkeit seiner Gegenstände jedem Leser eine angenehme Unterhaltung gewährt.

Mit Bestellungen wendet man sich laut
der Ankündigung an die Ober-Postämter zu
Frankfurt a. M. und Hessen-Cassel.

C. L. Diezel.

Dienst-Anerbieten.

Sollte ein junger Mensch, schon über
zwanzig Jahr alt, sich der Gärtnerey ganz
und in allen Fächern widmen wollen, so könnte ihm eine gute Stelle werden. Derselbe
muß aber gut Deutsch und Lateinisch schreiben
können, und letzteres auch gut lesen, wenn
er es auch nicht verstehen sollte, wenn er nur
alle Buchstaben und Worte lesen kann, und
eine gute Hand schreibt, so würde man ihn
in dem Uebrigen gern unterrichten.

Sollte dieser junge Mann schon bey der
Gärtnerey gewesen seyn, und hätte er überhaupt Lust, dieses schöne und nützliche Geschäft ganz zu erlernen, dabey fleißig und
thätig zu seyn, so, daß er nach kurzem Unterricht sich des ganzen Wesens unterfangen
könnte, so würde man ihn eine deutliche Belehrung genießen lassen, ihn zum Oberaufse-
her des Ganzen und über die andern Arbeiter bestimmen, und einen angemessenen Lohn
geben. Vorzüglich werden Redlichkeit und
Rechtschaffenheit, nebst Treue und Fleiß als
Hauptbedingung, und richtige Atteste gefordert. Derjenige, welcher dazu Lust hatte, melde sich unter der Adresse: G. E. G.
bey der Expediton des allg. Anzeigers
d. D. in Gotha.

Dienst-Gesuche.

1) Ein junger Mensch von guter Erziehung,
der die Handlung erlernt, und sich dabey
mancherley Kenntnisse erworben hat, wünschte ein anständiges Unterkommen, um weitere Fortschritte machen zu können. Er wünschte ein Geschäft, wo er seine Kenntnisse mehr
erweitern könnte, und verlangt keinen Gehalt,
da er von seinem Vaterhause versorgt wer-

den würde; so würden auch die Seinigen für
seine künftige gute Aufführung bürgen können.
Fremde Sprachen kann er nicht, aber etwas
zeichnen und besitzt einige botanische Kenntnisse. Die Expedition des allg. Anz. in
Gotha besorgt Briefe an denselben mit der
Bezeichnung: H L. Th. C. J.

Im März 1807.

2) Ein Mann, der viele Jahre bey einer
ansehnlichen Bierbrauerey angestellt gewesen
und sich mit den besten Zeugnissen rechtfertigen
kann, wünscht auf gleiche Art wieder in
Dienste zu kommen. Jede Art Bier kann er
brauen und alle nöthige Gefäße, als geschickter Böttger, fertigen. Sollte eine Herrschaft einen solchen Braumeister annehmen
wollen, so bittet man, die Briefe an die Expedition des allg. Anz. zu schicken und die
Bedingungen vorzuschlagen.

Familien-Nachrichten.

Todes-Anzeige.

Am 11 April verstarb allhier meine
geliebte Schwester, die verwitwete Frau
Hauptmannin Sophie Juliane v. Mans-
delsloh, geborne von Dobeneck, nachdem
sie wenig Tage vorher ihr 82 Lebensjahr angetreten hatte. Sie war ein Muster einer
wahrhaft edlen und ehrwürdigen Frau, und
wegen ihren stillen sanften Tugenden geliebt
und verehrt von allen denen, welche ihren
trefflichen Character näher kennen zu lernen
Gelegenheit hatten. Ich habe an ihr nicht
bloß eine Schwester, sondern eine mütterliche Freundin verloren. Unter Verbittung
aller Beyleidsversicherungen mache ich diesen
für mich so traurigen Todesfall allen unsern auswärtigen Freunden und Anverwandten im Namen der sämmtlichen Familie bekannt. Weimar den 13 April 1807.

Charlotte von Dobeneck.

Justiz- und Polizey-Sachen.

Vorladungen: 1) der Interessenten der rudol-
phischen Deposten-Gelder.

Diejenigen, welche an das in der diesseitigen
Depositur befindliche rudolphische Depositum von
57 fl. 36 kr. — nähere Ansprüche, als der zu Hep-
penheim wohnende Carl Rudolph, zu haben vermeinen, werden hierdurch ohnlängst vorgeladen,

ihre etwaigen Ansprüche innerhalb drey Monaten um so gewisser auf eine rechtsbeständige Art dahier darzuthun, als nach fruchtlosem Ablauf dieser Frist besagtliches Depositum an gedachten Carl Rudolph ohne weiteres wird ausgeliefert werden.

Mannheim den 8 April 1807.

Großherzoglich Badischer Hofrath.
vdt. Steinwarz.

2) der Erben und Gläubiger J. H. Iffert's.

Alle diejenigen, welche an den Nachlaß weiland Senators Johann Heinrich Iffert zu Clausthal aus irgend einem Grunde, es sey aus einem Erb- oder anderen Rechte, Forderung haben, werden hiermit vorgeladen, solche am 27 May 1807 Morgens 10 Uhr hier zu Rathhause zum Protocoll anzuzeigen, oder zu gewärtigen, daß sie damit nach diesem Termin nicht gehört, sondern für beständig ausgeschlossen seyn sollen.

Decretum Clausthal, den 3 April 1807.

Richter und Rath der freyen Bergstadt Clausthal.
A. J. Ebert.

3) Jul. Gottl. Wilhelm's von Rheinboth.

Von den fürstl. anhalt dessauischen Amts- und Commissions-Gerichten allhier ist in Gemäßheit des von fürstl. hochlöbl. Landes-Regierung zu Dessau hierzu erhaltenen hochgeneigten Auftrags der abwesende fürstl. Rath, Hr. Julius Gottlieb Wilhelm von Rheinboth, welcher im Monat August 1788, mit Zurücklassung einigen Vermögens, von hier weggereiset, ohne seinen hiesigen Geschwistern, oder sonst jemanden zu sagen, wohin er reisen wollen, auch seitdem und anfänglich nur von Holland aus, einige wenige unvollständige, seit dem Jahre 1790 aber nicht die mindeste Nachricht weiter von seinem Leben und etwanigen Aufenthalts-Orte anher ertheilet hat, zwar schon vorhin unter dem 12 September v. J. edictaliter vorgeladen worden; da indessen eins der hiervon gerichtlich affigirt gewesenen Patente bey den hiesigen Kriegsunruhen gewaltsam abgerissen worden und verloren gegangen; so hat um deswillen der Beschluß gefaßt werden müssen, gedachte Edictal-Citation nochmahls zu wiederholen, und erwähnten abwesenden Rath, Hrn. Julius Gottlieb Wilhelm von Rheinboth, oder dessen etwanige Leibes- und sonstige rechtmäßige Erben, auch wer sonst an desselben Vermögen allhier gegründete Forderungen haben, oder zu haben vermeinen möchte, anderweit edictaliter und peremtorie vorzuladen, in Terminis

den 29 April c.
den 19 Junius c. oder längstens
den 4 September c.

vor den fürstl. Amts- und Commissions-Gerichten allhier, entweder in Person oder durch hinlänglich Bevollmächtigte zu erscheinen, sich gehörig zu legitimiren, ihre habenden oder zu haben vermeintenden Ansprüche zu liquidiren und zu bescheinigen,

oder aber widrigenfalls zu gewärtigen, daß nach Verlauf des dritten und letzten peremtorischen Termins, der abwesende Rath, Hr. Julius Gottlieb Wilhelm von Rheinboth, für verstorben, seine etwanigen Erben und sonstigen Prätendenten aber von dessen hiesigem Vermögen für ausgeschlossen geachtet, und dasselbe sammt allem, was dahin gehörig, dessen sich gemeldeten leiblichen Geschwistern zuerkannt und solche für dessen rechtmäßige Intestat-Erben werden erklärt werden. Auch ist zugleich und eventualiter zur Eröffnung des hierüber zu ertheilenden präclusivischen und sonstigen Bescheides

der 23 September c.

pro Termino anberaumt, zu dessen Anhörung die Erb- und andere Interessenten vorgeladen, die Auswärtigen aber angewiesen worden, einen Procuratorem hier in loco Judicii bey 3 Thaler Strafe zu bestellen. Zerbst den 1 März 1807.

Fürstl. Anhalt. Dessauisches Amts- und Commissions-Gerichte allhier.
J. W. Ritter.

Kauf- und Handels-Sachen.

Nachricht an das Publicum, die Ausspielung des Gutes Lohhöfe betreffend.

Da ich jetzt den Fortgang der von mir unternommenen Guts-Verloosung nach der casselschen Lotterie durch die getroffene Einrichtung gesichert und dieselbe mit bedeutenden Neben-Gewinnen und Prämien vermehrt habe, so daß diese Verloosung fast nichtenrisp ist; so mache ich dieses dem geehrten Publicum hierdurch bekannt.

Der Einsatz wird classenweise berichtigt und kostet ein Kaufloos zu der zweyten Classe, welche am 13 April d. J. gezogen wird, 1 Rthlr. 12 Ggl. Conventions-Münze; jedoch sind auch durch alle Classen gültige und mit Devisen zu angenehmen Geschenken versehene Loose zu 7 Rthlr. 12 gl. Conv. M. sowohl einzeln als in größern Quantitäten bey mir zu haben; bey letztern accordire ich die möglichst vortheilhaften Bedingungen. In Bremen sind Loose bey dem Commissionär, Herrn Heinrich Körber mit und ohne gleichlautende Nummern zur besten casselschen Lotterie zu haben.

Zugleich fordere ich jeden, der von voriger Verloosung noch Ansprüche zu haben glaubt, hierdurch auf, sich bey denjenigen, von welchen er das Loos erhalten hatte, um das Renovations-Loos zu melden, und im Fall er dieses nicht erhalten könnte, sein Geld zurück zu nehmen; sollten ihm aber Weiterungen gemacht werden, sich innerhalb 4 Wochen, mit Benennung seines Collecteurs an mich selbst zu wenden, da alle Loose von voriger Verloosung, die mir nicht bezahlt sind, im neuen Plan für ungültig erklärt worden. Haus Ahmsen im Lippischen bey Herford, den 5 April 1807.

von Exterde,
Fürstl. Lippischer Drost.

Allgemeiner Anzeiger
der
Deutschen.

Sonntags, den 19 April 1807.

Literarifche Nachrichten.

Von der
Monatlichen Correfpondenz zur Beförderung
der Erd- und Himmelskunde, heraus-ge-
geben vom Freyherrn Franz von Zach,
H S. G: Oberhofmeifter, ift der April
Heft erfchienen und hat folgenden.

Inhalt:

XIX. Aftronomifche Beobachtungen und Bemerkungen auf einer Reife in das füdliche
Frankreich im Winter von 1804 auf 1805
(Fortfetzung.) Enthält: Geographifche
Beftimmung der Quelle und des Dorfes
von Vaucluse und der Stadt l'Isle. Befchreibung diefer Quelle. Petrarca's Denkmahl dafelbft.

XX Verfuch, die geographifche Länge von
Cumana aus der vom Hrn. v. Humboldt
dafelbft beobachteten Sonnenfinfterniß vom
28 October 1799 zu beftimmen, von Hrn.
Jabbo Oltmanns.

XXI. Ueber Barometer-Veränderungen zur
Zeit der Monds-Perigäen und Apogäen,
aus einer Reihe von fieben und zwanzig-
jährigen Beobachtungen berechnet von
Placidus Heinrich, Profeffor der Phyfik
und Mathematik zu St. Emmeran in
Regensburg.

XXII. Hiftorifche Unterfuchungen über die
aftronomifchen Beobachtungen der Alten,
von Ludwig Ideler, Aftronomen der
königl. preuß. Academie d. Wiffenfchaften.

XXIII. Auszug aus einem Schreiben des
Hrn. Beffel aus Lilienthal. Neuer Comet.
Hrn. Opticus Geffen's Preiscourrant der
Spiegel zu Reflectoren, Sternbedeckungen.

Allg. Anz. d. D. I B. 1807.

XXIV. Auszug aus einem Schreiben des
Hn. D. Gauß. Beobachtungen der Pal-
las. Ueber die Mayländer Beobacht. b.
Ceres.

XXV Auszug aus einem Schreiben des Hn.
Placidus Heinrich aus Regensburg. Beobacht. Sonnenfinfterniß u. Sternbedeck.
Vorfchlag zu neuen aftronomifchen Ephemeriden in der M. C. Gewonnener Preis
bey der petersburger Academie der Wiff-
fenfchaften.

XXVI Louis Feuillée's Lebensbefchreibung.
(Fortfetzung.)

Mit diefem Hefte werden ausgegeben:
1) Eine Karte der Küfte, der Rhede und der
Infeln von Marfeille, zur größern Ver-
ftändlichkeit der im XIV Bande der M. C.
in mehrern Heften zerftreuten dahin gehörigen Abhandlungen.
2) Eine Karte des geocentrifchen Laufes der
Juno vom 12 Januar bis 21 September
1807 v. Hrn. Prof. Harding in Gottingen.

Aufgefchnittene und befchmuzte Hefte
werden nicht zurückgenommen.
Der Preis eines Jahrganges ift gegen
Pränumeration fechs Thaler in Gold
(11 Fl. Rhein.); und man kann zu jeder Zeit
in das Abonnement eintreten, muß aber den
ganzen laufenden Jahrgang nehmen. Ein-
zelne Monatsftücke koften 14 gl. (1 Fl. 3 kr.)
Man macht die Beftellungen bey den
Poft-Expeditionen und Buchhandlungen jedes
Orts, welche die Exemplare von unterzeich-
neter Buchhandlung auf den gewöhnlichen
Wegen beziehen. Gotha.
Die Beckerfche Buchhandlung.

Bücher-Verkäufe.

Anzeige für Liebhaber von seltenen Büchern.

Bey dem Antiquar Joseph Mozler in Freysingen ist wieder ein gedrucktes Verzeichniß (9 1/2 Bogen stark) über Incunabeln und seltene Bücher erschienen und dasselbe für Liebhaber bey ihm gratis zu haben. Briefe und Bestellungen werden franco erbeten. *)

Freysingen im April 1807.   J. Mozler.

*) Dieses Verzeichniß enthält so viel typographische Seltenheiten, daß nicht leicht eine Bibliothek seyn wird, für die man nicht mehrere Stücke zur Ergänzung darin finden sollte.   d. H.

In der Qvitzschen Buchhandlung in Torgau sind nachstehende Bücher und Journale um beylebende Preise gegen gleich baare Bezahlung zu verkaufen:

Riemann's Beschreibung einer Maschine, durch welche man auf eine leichte Art das Getreide vom Samen des Unkrauts reinigen kann, mit 1 K. 10 gl. Unterricht von Pachtabnahmen und Uebergaben. 10 gl. Vortheile und Kunstgriffe, deren sich die Oeconomen, Handwerker rc. bedienen, um ihren Arbeiten die größte Vollkommenheit zu geben, mit Rissen. 16 gl. Die Landwirthschaft in Gemeinheiten rc. von M. Spizner. 12 gl. a) Der vollkommene Bierbrauer. b) Untrügliche Art und Weise, bey nasser Witterung die Feldfrüchte in Sicherheit zu bringen, mit 1 Kupf. c) Ueber die Cultur und Benutzung der Sonnenblume und der Weberkarde. d) Wie kann der Landmann seine Dorfwege ohne Kosten des Staats zu seinem Nutzen verbessern 12 gl. Taschenkalender für Pferdeliebhaber, Reiter, Pferdejüchter rc. von Bouwingshausen. Auf die Jahre 1799 und 1802. 16 gl. Weber's Handbuch der öconomischen Literatur. 2 Bde. 1 rthlr. Beckmann's Grundsätze der deutschen Landwirthschaft. 8 gl. Wirthschaftserfahrungen in den Gütern Gusow und Platkow gesammelt, vom Grafen von Podewils. 4 Bde 4. mit 1 Charte 6 rthlr. Weißenbruch, das Ganze der Landwirthschaft 4 Bde. 4 rthlr. Handbuch für Soldaten, oder Beschreibung und Vorstellung der Waffen, Truppenbewegungen, Verbauungen rc. mit 7 Kupfertaf. 1 rthlr. Fabri thesaurus eruditionis scholasticae etc. ed. Cellarii. 2 rthlr. (sämmtliche Bücher sind in Pappe gebunden und sehr gut gehalten.) - Campen's Revision des gesammten Schul- und Erziehungswesens. 16 Thlr. 7 rthlr. (roh.) Landwirthschaftliches Magazin 11 Jahrgang 16 gl. Der öconomische Sammler 10 Hefte mit Kupf. 1 rthlr. 8 gl. Xavier's theologisches Journal, die Jahrgänge 1798, 799 u. 803. 3 rthlr.

Augusti theolog. Monatsschrift rc u. rc. Jahrg. 1 rthlr. 8 gl. Schmidt's Bibliothek für Kritik und Exegese des A. T. rc. Bd. 16 gl. Henning's Genius der Zeit, 7 Jahrg. von 796 — 802. 6 rthl. London, und Paris 9 Jahrg. 10 rthlr. Journal des Luxus und der Moden 4 Jahrg. von 803 — 806. 4 rthlr. Posselt's europäische Annalen Jahrg. 798. und Steinbeck's Patriot Jahrg. 802. 16 gl. Engl. Miscellen 4r, 5r u. 6r Jahrg. 3 rthlr. Sächerlin's Staatsarchiv 40 bis 45r Heft 18 gl. Neue allg. deutsche Bibliothek 43 bis 104r Bd. mit allen dazu gehörigen Portraits, nebst Anhang zum 1 bis 68n Bde. 26 rthlr. Hallische allg. Liter. Zeitung nebst Intelligenzblatt die Jahrg. 1805 u. 6. 5 rthl. Leipziger allg. Liter. Zeitung. die Jahrg. 1804, 5. u. 6. 7 rthlr. National-Zeit. der Deutschen, 8 Jahrg. 1797 — 802. 804. 805 u. 806. 3 rthlr. 12 gl. Reichs-Anzeiger Jahrg. 1799. 1805 u. 806. 2 rthl. Dresdner Anzeigen nebst gemeinnützigen Beyträgen und Miscellen, die Jahrg 1805 u. 806. 1rthl. 8 gl. Collenbusch's Rathgeber für alle Stände. 12 gl. Predig-entwürfe von Brake 12r u. 14r Jahrgang geb. 1 rthlr. 4 gl. Johannsen Grundriß zu Predigten 8 gl.

Briefe und Gelder werden portofrey erbeten.

Musikalien.

Anweisung zur Viole d'amour.

Was für Wirkung die Musik auf das Herz habe, ist heut zu Tage jedermann bekannt, ist diese Wirkung nach den Umständen mancherley, Leidenschaften, Erziehung oder Gewohnheit, Neigung, Lebensart verschieden. Wiederum kommt es sehr darauf an, wie der Vortrag und das Talent des Künstlers ist, und besonders ist der Geschmack an diesem oder jenem Instrument verschieden. Auf diesen wirkt bloß die Flöte, auf einen andern mehr das Clavier, wieder auf einen andern bloß ein rauschendes Instrument Reiz, z. B. Horn, Trompete u. s. w. Zweckwidrig würde es seyn, ein Kriegsheer mit Violinen oder Flöten zu Heldenthaten anzufeuern, dazu gehören rauschende und betäubende Instrumente, Trommel, Trompeten, wo hingegen zur Erweckung zärtlicher Gefühle andere Instrumente, anderer Vortrag pafst. Ueberhaupt gilt hier das Sprichwort: de gustibus non est disputandum, in voller Ausdehnung.

Man ist von jeher sehr geschäftig gewesen, zu jeder Art des Vortrags, zu gewissen Arten Leidenschaften dazu entsprechende Instrumente zu erfinden, aber auch in diesem Fache hat die Mode sehr starken Einfluß; so ändert sich auch der Geschmack an selben nach der Cultur einer Nation. Manches Instrument ist aber veraltet, und größtentheils außer Gebrauch gesetzt, da es noch durch kein anderes vollkommen ersetzt ist. Unter diesen glaube ich nennen zu müssen die Viole d'amour, und diese der Vergessenheit wieder zu entreißen, ist der Zweck

meines Strebens. Zwar gibt es noch hier und da
einen Künstler in einer einsamen Gegend, der sich
in melancholischer Stille ihre sanften Töne entlockt,
der sich in stillen Abendstunden vielleicht in Gesellschaft seiner zärtlich fühlenden Gattin sein Herz zu
edlen Gefühlen erhebt, aber wie wenig sind deren.
Ja man findet nicht einmahl gedruckte Stücke davon, und welches Instrument verdiente mehr eines
bessern Schicksals? Welches vereint so viel Sanftes mit der Leichtigkeit der Behandlung, welches
ist ihm gleich an den harmonischen Tönen? Das
Clavier bey weitem nicht. Man spiele einem gebildeten zärtlichen Mädchen, das selbst Clavier oder
Fortepiano spielt, einmahl ein Stück auf der Viole
d'amour mit Ausdruck, und ich wette im voraus,
sie wird für diese entscheiden. Es ist wahr, andere
Instrumente erleiden eine weitere Ausdehnung,
verschiedene Art des Vortrags für verschiedene
Arten Gefühle, aber ich glaube, daß sie eben deswegen für einerley Art dieser Gefühle unvollkommen zu nennen sind, da die Viole d'amour bloß
für zärtliche Gemüther, in einsamen Abendstunden,
zur Stille geneigt ist. Dazu kommt noch, daß ihre
Erlernung leicht und für die, welche die Violine
spielen, gar leicht ist; was die Erlernung derselben
noch mehr erleichtert, ist dieß, daß der Anfänger
nicht wie bey andern Instrumenten, lange Zeit mit
Erlernung einfacher unharmonischer. Geduld ermü-
dender Töne zubringt, hier aber bald zur Hervorbringung harmonischer Töne angeleitet wird, was
besonders für das schöne Geschlecht einen großen
Vorzug hat. Man mache einen Versuch, und der
Erfolg wird belohnend seyn. Die Viole d'amour
kann für sich allein und sehr vollkommen oder in
Begleitung einer zweyten mit Baß, Singstimme,
Flöte u. s. w. gespielet werden, und wollte man
es mir danken, manche Schöne wird durch dieses
Vermehrungsmittel ihrer Wonne in stillen A. end-
stunden meines Namens eingedenk seyn.

Da es so schwer hält, einen Künstler der Art
zu finden, oder eine ordentliche Anweisung dazu,
so nehme ich es auf mich, den Liebhabern hierzu
eine sauber geschriebene Anweisung sammt verschiedenen Partien aus verschiedenen Stücken stehend,
zu verschaffen, und ich bin überzeugt, daß sie, wenn
sie ernstlich wollen, in etlichen Wochen selbst auf
dem Gedächtniß ihre Lieblingslieder spielen können.
Eine solche Anweisung von ungefähr 4 Bogen bestehend sammt den Partien kostet, wenn 10 Subscribenten wenigstens sich vorfinden, 2 Reichsthaler,
oder 3 Fl. wiener Währung. Gelder und Briefe
werden franco an Unterzeichneten zu überschicken
gebeten. Jene, welche die Violine schon spielen,
können alle diese Partien erhalten, auf die Art,
daß sie sich die Viole d'amour nur als eine Violine
vorstellen dürfen; auf solche Art lernen sie dieses
Instrument in einem Tage spielen. Viele auf solche
Art geschriebene Partien kosten extra 1 1/2 Rthlr.;
es müssen aber wenigstens 8 Subscribenten seyn.

Hohenfurth budweiser Kreises unweit Linz.

Nenning,
Wund- und Geburts-Arzt.

Bücher-Anzeigen.

Neuer Verlag von August Schumann in
Ronneburg. Ostermesse 1807.

Abendlectüre für junge Kaufleute. gr. 8. gebunden
1 rthlr. 12 gl.

Handelsgeographie, vollständige, und allgemeines
Geschäfts-Adreßbuch von Franken. 1r Bd. 2te
gänzlich umgearbeitete Auflage. 8. 1 thl. 16 gl.

Desselben Buches 2r Bd. 2te Aufl.

Hänsch, J. A: gemeinnütziges Taschen-Lexicon für
alle Stände. 1r Bd. gr. 12.

Hansestädte, die, Lübeck und Bremen. Ein
Handbuch für die mit denselben in Verbindung
stehenden Kaufleute, und eine Beylage zu dem
Werke: „Die Handlung von Hamburg." 8.
1 rthlr 16 gl.

de Matthaei, C. F. novum Testamentum
graece. Tom. III. contin. Epistol. Pauli et
Apocalypsin. gr. 8. 2 rthlr. 16 gl. (Preis eines
compl. Exemplars 6 rthlr. 12 gl.)

Moritz, K. P. Handwörterbuch der schönen zeichnenden Künste. Nebst einer Einleitung zur histor.
Uebersicht derselben. 8. 1 rthlr. 8 gl.

Nürnbergische Handel, der. Eine Darstellung
des merkwürdigen Industriefleißes der Nürnberger und ihrer Handelsverbindungen mit dem
Auslande. 8. 1 rthlr. 16 gl.

Schumann, A. das gewerbfleißige Deutschland,
oder Versuch einer ausführlichen Handels-Erd-
beschreibung und eines richtigen Geschäfts-Adreß-
buchs aller deutschen Provinzen. Zweyten Theils
erste Abtheilung, zweyte gänzlich umgearbeitete
Aufl. 8. 1 rthlr. 16 gl.

Desselben Buchs 2n Theils 1te Abtheil. 2te Aufl.

Desselben Buches 10r Thl. 1 rthlr. 16 gl.

Dessen Versuch einer vollständigen systematisch geordneten kaufmännischen Waarenkunde. 1n Thls.
1r Bd. 1te Aufl. gr. 8. 1 rthlr. 18 gl.

— desselben Buches in Thls 2r B. gr. 8. 2 rthl. 6 gl.

— desselben Buches in Theils 3 Bd.

Wetzel, F. G. der Bund der Mainotten. Ein
Revolutionsroman. Neue Ausg. 8. 1 rthl. 12 gl.

Der hohe Windbruch, oder Eduard und sein
Freund, vom Rath J. G. D. Schmiedgen.
Neue Ausgabe. Mit Kpftn. 16. 1807. Leipzig b.
Hinrichs. 1 rthl. 4 gl. Fein Pap. 1 rthl. 12 gl.

Kalte Vernünfteley ohne edle und steigende
Leidenschaft, die alles erstürmen will, am Ende
kraftlos in sich selbst zusammenstürzt, sind hier in
ihren eigenthümlichen Farben dargestellt. Die
leichte Sprache des Verfassers und die Kraft seiner
Darstellungen sind bereits schon bekannt genug, um
noch etwas zu ihrem Lobe beyfügen zu dürfen.

Der letzte Krieg, die Schlacht bey Austerlitz,
der Friede zu Preßburg, und Frankreichs und
Preußens Politik. 8.

Diese Schrift, welche für 12 gl. in allen Buchhandlungen zu haben ist, lieset man vielleicht eben
jetzt mit doppeltem Interesse, weil hier schon bey nahe

vor einem Jahre auf Ereigniffe hingedeutet wurde,
welche feit wenig Monden dem Blicke des ſtaunen-
den Beobachters, Wundern ähnlich, vorüber flogen.

In der Weber'ſchen Buchhandlung in Lands-
hut in Bayern iſt neu erſchienen:
Bardili's philoſophiſche Elementarlehre mit
ſteter Rückſicht auf die ältere Literatur, 2 Hefte,
8. 1806. 1 rthlr.
Breyer, Dr. über den Begriff der Univerſal-
geſchichte. 8. 1806. 8 gl.
Butte's, Dr. Verſuch einer Begründung eines
endlichen und neuen Spitems der ſogenannten
Polizeywiſſenſchaft. 1r Thl. gr. 8. 1807. 2 rthlr.
Kapler's, Dr. kleines Magazin für katholiſche
Religionslehrer, 6 Hefte, 4r Jahrgang. 1806.
2 rthlr. 12 gl.
M. Magold Lehrbuch der Arithmetik mit 9 Tafeln
gr. 8. 1807. 2 rthlr.
Schwäbl, Fr. X. kleine Hauslegende für den Bür-
ger und Landmann in Erzählungen und Gleich-
niſſen, 8. 1807. 18 gl.
Weber's, Pr. Lehrbuch der Naturwiſſenſchaft,
1s Heft vom Wiſſen und oberſten Princip alles
Wiſſens, 2s H. von der Materie in empiriſcher
Hinſicht, und 3s H. von dem Lichte (in empir.
Hinſicht) iſt Abhandlung vom Magnete und
Magnetismus, mit 1 Kupfer; 8. 1806. alle drep
Hefte. 1 rthlr.
Zimmer, A. theologiæ chriſt. dogm. ſpecial.
et theoret. 5 part. 8. maj. 1805—806. 3 rthlr.
— philoſophiſche Regionslehre, 1r Theil, Lehre
von der Idee des Abſoluten. gr. 8. 1805.
1 rthlr. 6 gl.

Von dem Verfaſſer der vorzüglichſten Re-
geln der Katechetik ſind folgende Schriften bey
unterzeichn. dem Verleger erſchienen, und für den
geſetzten Preis in allen Buchhandlungen zu haben:
Anweiſung zum Rechnen für Bürger- und Dorf-
ſchulen. 2te Aufl. 1806. 6 gl.
Kurzgefaſte Glaubens- und Sittenlehre des
Chriſtenthums nach der Ordnung des kleinen
Katechismus Lutheri. 6te Aufl. 12. 1 gl. 6 pf.
Daſſelbe Buch mit hinzugefügten Sprüchen und
Sprucherklärungen. 3te Aufl. 8. 6 gl.
Die vorzüglichſten Regeln der Katechetik, als
Leitfaden beym Unterrichte künftiger Lehrer in
Bürger- und Landſchulen. 2te Aufl. 1806. 6 gl.
Materialien zu Unterredungen über Glaubens-
und Sittenlehre, zum Leitfaden beym Unter-
richte künftiger Lehrer in Bürger- und Land-
ſchulen. 9 gl.
Rechnungsaufgaben für Bürger- und Land-
ſchulen, nach obiger Anweiſung zum Rechnen
geordnet. 1 rthlr. — (Dieſe Aufgaben ſind auf
Pappe in Octavblättern gedruckt, und nebſt dem
Facitbüchlein in einem Futeral.)
Reden an künftige Volksſchullehrer, vorzüglich
zur Beförderung der Weisheit in Lehr und Leben.
4 Bände. 3 rthlr. 16 gl.

Regeln, die vorzüglichſten, der Pädagogik,
Methodik und Schulmeiſterklugheit; als Leit-
faden beym Unterrichte künftiger Lehrer in Bür-
ger- und Landſchulen beſtimmt. 6 gl.
Schulverbeſſerungsplan zum Privatgebrauch ent-
worfen. 8 gl.
Unterredungen über die vier letzten Hauptſtücke
des lutheriſchen Katechismus, Gebet, Taufe,
Beichte, Abendmahl. 1r und 2r Band, 1 rthlr.
(Die übrigen 3 Bände folgen halbjährig.) —
Dieſelben auch unter dem Titel:
Unterredungen über die Lehre vom Gebet, wie
ſie mit der Oberclaſſe einer nicht vernachläſſigten
Land- oder niedern Bürgerſchule gehalten wer-
den können. 12 gl.
Unterredungen über das Vater unſer, wie
ſie ꝛc. 12 gl.
Wer ſich directe an Unterzeichneten wendet,
erhält, bey anſehnlichen Beſtellungen, ſämmtliche
Schriften um den vierten Theil wohlfeiler.
Neuſtadt an der Orla, im März 1807.
Carl Wagner,
Buchdrucker und Verleger.

Der Mönch und die Nonne. Ein Gedicht,
iſt bey Job. Chriſtoph Görling in Erfurt erſchienen und bey ihm ſelbſt für 4 gl. zu haben; broſchirt
im Buchladen 6 gl. Wer die Wartburg bey Eiſenach erſtieg, ſah auch den Mönch und die Nonne
auf dem Mittelſtein. Mit dieſem Felſen knüpft
ſich eine Begebenheit, auch durch Sage bewahrt,
Sage aufbewahrt, die der Gegenſtand dieſes Ge-
dichts iſt. — Hoffentlich wird es dem Käufer nicht
unangenehm ſeyn, zur Abwechslung einmahl ein
Werkchen zu leſen, worin jedes Blatt nur auf
einer Seite und jede Periode mit einer andern
Schrift gedruckt iſt, wodurch man die mannichfaltigen Schriftarten, deren Kunſtnamen in einem
voranſtehenden Verzeichniß enthalten ſind, kennen
lernt. Eine Sammlung vielerley Ziffern, Kalen-
der-, mathematiſcher und chemiſcher Zeichen, Linien
und Röschen, Filets machen den Beſchluß dieſes
Werkchens. — Schriftſteller und Verleger können
es als eine Muſterkarte *) brauchen, um die zu
einem Werke paſſende Schrift zu wählen, und dem
Drucker vorzuſchreiben.

*) Der Schriftarten ſind hier 69, ſowohl deut-
ſche als lateiniſche, welche ſich durch eine ſchöne,
gut in die Augen fallende Form empfehlen.
b. Red.

Zur Oſtermeſſe erſcheint bey Steinacker in
Leipzig
Der Menſch und die Thiere. Ein gemeinfaßliches
Leſebuch, worin die Rechte und Pflichten des
Menſchen in Beziehung auf die Thiere, die
Urſachen der Thierqualen, und die Mittel dage-
gen angegeben werden. Von M. Auguſt Im-
manuel Kellner, Prediger in Suhl. 1807.

Allgemeiner Anzeiger
der
Deutschen.

Montags, den 20 April 1807.

Gesundheitskunde.

Ueber medicinische Pfuscherey und die Mittel, ihr ein Ende zu machen.

Es hat wol ein jeder Arzt Ursache, sich über die Pfuscher in der Heilkunst zu beklagen, und ich würde das Land, welches ganz von ihnen gesäubert wäre, für das El Dorado, für das Elysium der Aerzte halten. Aerzte sowohl, als Nichtärzte schreyen über diese Hydra, welche selbst nicht einmahl wie das Ungeheuer, mit welchem der Alcide kämpfte, mit Feuer vertilgt werden kann. Auch dieses Blatt gibt sehr oft Beweise davon, wie weit die Staatsverwaltungen in vielen Ländern von ihrem Ziele, diesem Unwesen ein Ende zu machen, entfernt sind. Der Zweck dieses Aufsatzes ist, die Ursachen anzugeben, warum sie nicht mehr begünstigte und einige andere Mittel vorzuschlagen, welche auf eine gründliche Heilung abzwecken; also nicht, das ohnehin ungeheure Register der Quacksalber und Pfuscher zu vermehren; sonst würde ich allein aus der Gegend, die ich bewohne, eine beträchtliche Anzahl aufzählen können. Doch muß ich eines solchen Menschen hier erwähnen. Er nennt sich Staudtmeister, wohnt in einem in der Altmark gelegenen Dorfe, Solkte genannt, und ernährt sich bloß durch medicinische und chirurgische Pfuscherey. Vergangenes Jahr impfte dieser höchst unwissende Mensch einer Menge von Kindern die Schutzblattern ein. Bald darauf wurden die Kinderblattern in der Gegend epidemisch und wo nicht alle, doch der größte Theil seiner Impflinge wurden von ihnen angesteckt, es starben sogar einige von ihnen, weil die Eltern derselben, fest vertrauend auf den Schutz der Kuhblattern, keine Hülfe suchten. Daß in der Gegend nun die Schutzblattern um alles Vertrauen gekommen sind, weil St. weislich behauptet, er habe echte Schutzblattern geimpft, aber sie schützten nicht vor den Kinderblattern, das leuchtet ein. Solcher Unglücksvögel könnte ich mehr als sechs in einem Umkreise von zwey Meilen aufzählen, wenn ich mich dabey verweilen wollte.

Die Mittel, welche der Staat bis jetzt anwandte, um der Pfuscherey zu steuren, bezogen sich größtentheils auf die Pfuscher selbst. Man verbot ihnen diese unberufene Ausübung einer nie erlernten Kunst, verbot sie bey Geld- und Leibesstrafe. Bisweilen wurden sogar diese Strafen an ihnen vollzogen und doch half es nicht. Mir ist ein Fall bekannt, wo ein Nachrichter zwey bis drey mahl bedeutende Geldstrafen erlegen mußte, weil er gepfuscht hatte. Das half nichts! Darauf mußte er schwören, daß er nie wieder ein Mittel gegen die Krankheit eines Menschen geben und verordnen wolle, und den Tag darauf ward er schon wieder auf der That ertappt. Die Aerzte, besonders die gerichtlichen, oder Physici sind ausdrücklich dazu angewiesen, einen jeden Pfuscher in der Heilkunst, welcher ihnen bekannt wird, bey der Behörde anzuzeigen. Was hilft es? Nichts! Am Harze liegt ein Städtchen H**, wo der Arzt und Physicus so lange die Pfuschereyen eines Köhlers, der sein Wesen in's Große trieb, anzeigte, bis er, aus Ge-

Allg. Anz. d. D. 1 B. 1807.

fahr zu verhungern, gemeinschaftliche Sache
mit ihm machen und den Gewinn mit ihm
theilen mußte. Der Köhler examinirte die
Kranken, bestimmte die Form der Krankheit,
und der Arzt verschrieb die Mittel dagegen?
— Warum diese Bestrafungen nicht helfen?
Wahrscheinlich doch wol, weil sie mit dem
Gewinne, den die Medikasterey abwirft,
nicht im Verhältnisse stehen, die Strafen
gegen dieselbe nicht nachdrücklich genug sind,
bisweilen Ausnahmen unter ihnen gemacht
werden, so daß sogar bisweilen einer, wenn auch
keine öffentliche, doch stillschweigende Erlaubniß erhält, sein Stümperhandwerk fortzusetzen. Ferner: weil das ungebildete Volk,
welches von der Würde der Heilkunst keine
Begriffe hat, sie den wahren Jüngern derselben vorzieht, weil es bey dem Köhler, dem
Nachrichter, dem alten Weibe u. s. w. wohlfeiler Gesundheit bekommen zu können glaubt,
als bey dem Arzte. Also Unwissenheit, Armuth und Geiz der Menschen sind die vorzüglichsten Ursachen, welche die Pfuscherey,
nicht bloß die medicinische, sondern jeder Art
begünstigen. So lange die Nichtärzte nicht
wissen, wie schwer es wird, ein guter Arzt
zu seyn, wie viele Jahre eines angestrengten
Fortstudirens dazu gehören, ehe dieser eine
bedeutende Stufe seiner Kunst erreicht; so
lange sie glauben, man könne die Heilkunde
erben, mit ihr inspirirt werden, oder durch
die bloße Kenntniß einiger Pflanzen, die
schwerste aller Künste erlernen, so lange werden Pfuscher seyn, weil das Volk will, daß
welche seyn sollen. So lange der Arzt gezwungen ist, sich von seinen Patienten eine
Cur bezahlen zu lassen, wie der Schneider
den Rock, den er gefertigt hat; so lange das
Heilen der Krankheiten der Menschen noch
Sache des Einzelnen bleibt und nicht vom
Staate veranstaltet wird, so lange und nicht
länger wird mancher Mensch negativ und
positiv von medicinischen Pfuschern und
Stümpern vergiftet werden.

Dem Gesagten zu Folge bestehen also
die einzig wirksamen Mittel gegen die Pfuscherey in der Heilkunst in folgenden dreyen:

1) Die Regierungen seyen unerbittlich
streng gegen jede Art derselben, gegen jeden,
der sie ausübt. Keine Rücksicht auf eine
irgend einmahl glücklich ausgefallene Cur,

keine Lobpreisungen seiner Geschicklichkeit,
kein Mitleiden mit vielleicht durch diese
Strenge bewirkter Armuth und Hülflosigkeit
müsse hier eine Ausnahme Statt finden lassen. Eine glückliche Cur kann zufällig ein
jeder machen, oder vielmehr, der Kranke
kann während des Gebrauchs der vorgeschriebenen Mittel gesund werden. — Ein Mittel,
wodurch das Leben und die Gesundheit
mehrerer Menschen gefährdet werden, ist
keine Tugend! Aber auch diejenigen Pfuscher
müßten nicht geduldet werden, welche vorgeben, sie besäßen gewisse geheime Medicamente gegen einzelne Krankheiten, z. B.
Krebs, Beinschäden u. s. w. Angenommen
auch, daß sie wirklich ein Mittel besäßen,
welches in einigen Fällen gute Dienste leistet,
so ist doch die Gefahr sehr groß, daß eben
dieses Mittel in andern Fällen sehr schadet,
daß diese Leute sich nicht auf die Heilung dieser einzelnen Krankheiten beschränken, sondern die Erlaubniß dazu bloß zum Vorwande
der allgemeinen Pfuscherey mißbrauchen werden. Ueberhaupt aber leuchtet mir die Möglichkeit, auch nur eine Krankheit kunstmäßig
zu heilen, bey einem Individuum welches
welches die Heilkunde nicht im ganzen Umfange inne hat. Es gibt kein Mittel, welches ausschließlich eine Krankheitsform heile
und keine Krankheitsform. Ist der andern so
ganz gleich, daß genau dasselbe Mittel in
derselben Quantität, auf dieselbe Art angewandt, die verlangten Dienste leiste. China heilt das Wechselfieber: aber versuche es
einmahl ein Nichtarzt, dieselbe anzuwenden,
er wird die Schwierigkeiten gar bald gewahr
werden.

2) Man belehre das Volk durch zweckmäßigen Unterricht, wie groß der Unterschied
zwischen einem heilbringenden, geschickten Arzte und dem unwissenden Pfuscher ist. Man
zeige ihm die Nachtheile, welche es für sein
Leben, seine Gesundheit haben muß, wenn
es sich Quacksalbern anvertraut; wie sehr es
gegen sein eigenes Interesse handelt, da diese ihm öfter noch mehr Geld abnehmen, als
es dem Arzte würde haben bezahlen müssen.
Man unterrichte die Nichtärzte, wie schwer
es, selbst nach langem Studiren und Arbeiten, einem Manne wird, welcher sich beständig damit beschäftigt, ein vollkommener Arzt

ju fern, indem man ihnen in einem allgemeinen Umriffe zeigt, wie weit die Grenzen dieser Wiffenfchaft, welche fie fo gering achten, geftecft find, indem fie nichts anders ift, als ein Theil der allgemeinen Naturwiffenfchaft, oder vielmehr diefe leßtere felbft, angewandt zur Wiederherftellung der verlornen Gefundheit.

Meine Forderungen find, ich geftehe es, fehr fchwer zu erfüllen, da der Theil der Menfchen, welchem diefe Belehrung am nöthigften wäre, als: der größte Theil der Bauern und Handwerfer, gar nicht liefet und diefer Umftand alfo dem ganzen Werfe große Hinderniffe in den Weg legt. Indeß würde doch ein Buch des angegebenen Inhalts, in dem populären Tone des befannten Roth u. Hülfsbüchleins von Becfer, von einem vorurtheilsfreyen, gefchicften Arzte verfertigt und zu einem ganz wohlfeilen Preife verfauft, gewiß großen Nußen ftiften. Es gibt politifche Zeitungen, welche felbft der Bauer liefet. Ich halte es nicht für unmöglich, eine ähnliche wiffenfchaftlichen Inhalts unter dem Landvolfe zu verbreiten, wenn man ihr den Wiß und das Angenehme, den zutraulichen Ton zu geben verfteht, welchen daffelbe fo fehr liebt.

Wie viel Nußen fönnte nicht durch ein folches Volfsblatt verbreitet, wie manches fchädliche Vorurtheil, wie mancher Aberglaube ausgerottet werden. Der verdiente Unzer hatte vor etwa 50 Jahren eine ähnliche Idee, welche er auszuführen verfuchte. Schade nur, daß er in feine Wochenfchrift, der Arzt genannt, die Heilfunde felbft aufnahm, und fo der medicinifchen Pfufcherey felbft die Hand bot!

Hätte man durch die angegebenen Maßregeln die bis jeßt über diefen Gegenftand fo wenig unterrichteten Menfchen belehrt, wie unmöglich es ift, daß ein Scharfrichter, ein Schäfer, eine alte Frau u. f. w. die zur Heilung von Kranfheiten nöthigen Kenntniffe haben fönne, wie thöricht fie alfo handeln, wenn fie fich ihnen anvertrauen, welcher Ge-

*) Kaum ein Drittel von allen Geftorbenen im hiefigen Diftricte hat fich der Hülfe irgend eines Arztes bedient, wie die Geburts- und Sterbeliften ausweifen. Die übrigen zwey Drittel gebrauchten Pfufcher, oder curirten fich fo lange mit Hausmitteln, bis jede Cur an ihnen überflüffig war. Zur Erflärung diefes Phänomens führe ich hier nur an, daß die Menfchen diefelbft größtentheils arm und wenig gebildet find.

fahr fie fich dadurch ausfeßen, wie es zugeht, daß während der Behandlung diefer Pfufcher und ungeachtet ihrer Unwiffenheit bisweilen ein Kranfer wieder hergeftellt werde: fo würden alle Pfufcher, Quacffalber und Stümper mit einemmahle alles Zutrauen verlieren und da nur verlacht und verfpottet werden, wo man fie jeßt mit ehrfurchtsvollen, frohlocfenden Blicfen empfängt und ihnen voll eifernen Vertrauens fein edelftes Gut, die Gefundheit, in die Hände gibt.

Man wird mir einwerfen, daß die Erreichung diefes Zwecfes bey der jeßigen Einrichtung der Lehranftalten wo nicht unmöglich, doch beynahe unüberfteiglichen Schwierigfeiten unterworfen fey, und ich läugne dieß auch durchaus nicht; aber wer wird mir widerfprechen, wenn ich behaupte, daß die Ausrottung eines Uebels, welches unfer theuerftes irdifches Gut gefährdet, auch uns gewöhnlicher Anftrengungen werth fey? —

3. Der Staat ftelle die nöthigen Aerzte mit einem Gehalte an, der fie in den Stand feße, Arme und Unbemittelte umfonft und weniger Reiche für eine billige Bezahlung heilen zu fönnen. Er ftelle fie in diefer Rücficht mit den Juftizbeamten gleich und betrachte fie als Diener des Staats. Die fönigl. bayerfche Regierung ift meines Wiffens die einzige bis jeßt, welche diefer Maßregel gefolgt ift, und es fann nicht fehlen, daß fie nicht davon die vortrefflichften Wirfungen gewahr werden follte. Der Staat ftelle aber auch nur folche Aerzte an, welche es im wahren Sinne des Worts find. Kein Vortheil, feine Rücfichten führe das angeftellte Collegium medicum in Verfuchung, irgend einen weniger gefchicften durchfchlüpfen zu laffen. Das eben, daß fo mancher Medicinae Doctor nur ein privilegirter Pfufcher ift, bringt dieß nicht die privilegirte Pfufcherey in Aufnahme. *)

Der Staat erlaube nicht, daß fich mehr Aerzte in einem Orte anfiedeln, als wirflich erforderlich find und fich dafelbft nähren fönuen. Bey der jetzigen Einrichtung der Dinge drängen sich an manchen Orten die Aerzte so sehr, daß mancher von ihnen in Versuchung geräth, sich durch unerlaubte Mittel einen Ruf zu verschaffen und ein Charlatan zu werden. Wenn ich mir ein Land denke, wo die Aerzte gehörig vertheilt, bebildet, menschenfreundlich und wirklich Künstler wären, so dürfte natürlich kein anderer, als diese allein das Recht haben, Arzeneyen zu verordnen, aber ein jeder müßte auch umsonst Heilung von ihnen verlangen können, dem die Bezahlung des Arztes im geringsten schwer fiele. Es würde demungeachtet noch immer Menschen geben, welche die Dienste des Arztes und seine größern oder geringern Bemühungen mit Dank erkennen und ihn schadlos halten würden. Hätte nun ein jeder, der sich jetzt vor der Bezahlung des Arztes scheut, das Recht, auch ohne diese seine Hülfe zu verlangen, so würde gewiß der größte Theil derjenigen, welche sonst zum Pfuscher eilten, diesen, als den theuersten, verlassen und den Arzt wählen. Ob ein solcher Arzt auch ungerufen Kranke besuchen dürfe oder müsse, diese Frage vermag ich jetzt nicht zu beantworten. Wären die Aerzte, was sie jetzt nicht sind, Erhalter der Gesundheit, wäre es ihnen möglich, auch die Gesunden zu besuchen und diesen Rath zu ertheilen, wie sie ihre Gesundheit erhalten, kleine Unpäßlichkeiten heben, die Ausbildung der Anlage zur Krankheit verhindern könnten, so würde manches Menschenleben mehr erhalten und manches schmerzhafte Krankenlager vermieden werden. Dann erst würden die Aerzte wahre Wohlthäter des Menschengeschlechts seyn!

Ich habe hier mit wenig Worten geschildert, was der Arzt dem Staate seyn müsse und seyn könne, und die Nachtheile der bisherigen Einrichtung der Sanitätspolizey dabey berührt. Peter Frank (System einer vollst. medic. Polizey) sagt hierüber nur zu wahr:

„Es ist sicher, ein Staat sollte sich ein„mahl für allezeit dazu entschließen, entweder „alle Aerzte und ihre Kunst gänzlich zu ver„bannen, oder eine Einrichtung zu treffen, „wobey das Leben der Menschen sicherer wä„re, als es jetzt ist, wo man bey Ausübung

„dieser so leicht gefährlichen Wissenschaft „weit weniger, als bey der geringsten Hand„werkszunft auf Ordnung und auf die Mord„thaten, die im Gemeinwesen von Aerzten „und Afterärzten geschehen, mit weit gleich„gültigerm Auge sieht, als auf Waldungen, „die nicht schlagweise gehauen werden, unge„achtet es mit dem Ersatze des Verlustes eben „so langsam hergeht und dieser da bey einer „viel höhern Gattung ist." —

Ehe wir keine wahre Sanitätspolizey haben, ehe die Regierungen der Staaten es nicht beherzigen, wie mit der größern Gesundheit der Staatsbürger auch die Kräfte des Staats selbst zunehmen werden, eher wird freylich keiner der gethanen Vorschläge vollständig zur Ausführung kommen; aber bis dahin wird auch noch mancher Mensch, wo nicht an seiner Krankheit, doch an dem Quacksalber sterben, welcher ihm Heilung verspricht und nicht zu heilen versteht.

Also Belehrung des Volks über den Schaden, den Pfuscher und Quacksalber anrichten müssen, wenn es ihnen seine Gesundheit in die Hände giebt; Unterricht über die wahre Würde der Heilkunst einerseits; schickte im Staate in gehöriger Anzahl angesetzte, mit einem Gehalte besoldete Aerzte, welcher sie wenigstens vor Mangel schützt auf der andern Seite, werden mehr gegen Pfuscherey und Stümperey ausrichten, als die Verfolgung der Pfuscher selbst, obgleich sie mit gehöriger Strenge ausgeübt gewiß nicht ohne allen Nutzen ist. Der Hang des Menschen, wichtig und klug zu scheinen, Eigennutz und der Glaube des Volks an ihre Geschicklichkeit werden nur zu oft alle Maßregeln gegen diese Unheilbringer vereiteln, und so wie einer derselben unschädlich gemacht worden ist, wird ein anderer in seine Stelle treten. Und wäre es auch wirklich möglich, die Pfuscher auszurotten, welche sich ihre Verordnungen und Arzeneyen bezahlen lassen, was wollen denn die Regierungen mit denen machen, welche nur aus Mitleiden, Eitelkeit und aufdringlicher Gefälligkeit, Arzeneyen, Hausmittel und diätetisches Verhalten vorschreiben und dem Arzte oft mehr zu schaffen machen, als die erstere Classe? Der Staat kann ihnen doch eben so wenig diese Aeußerungen des Wohlwollens, des Mitgefühls

untersagen, als er es einzelnen Menschen verbieten kann, sich selbst zu curiren. Und doch
ist der Schaden, den sie stiften, oft sehr groß.
Nur Belehrung kann hier Hülfe schaffen, und
diese gebe man also den Nichtärzten. Können diese dahin gebracht werden, daß sie ihre
Gesundheit gänzlich und allein den Händen
der Aerzte anvertrauen, gibt es nur geschickte Aerzte und keine privilegirte Pfuscher mehr
unter ihnen: so werden nicht nur Tausende
von Menschen dem Tode entrissen werden,
welche ihren Familien und dem Staate nothwendig waren, sondern der größte Theil der
übrigen sich einer kräftigern, bessern Gesundheit erfreuen dürfen. Selbst auf zukünftige
Generationen würde sich dieser Vortheil verbreiten, weil sie von gesundern Eltern gezeugt und geboren, weniger schwach und zu
Krankheiten geneigt seyn werden.

Je montre le but qu'il faut, qu'on
se propose: je ne dis pas qu'on y puisse
arriver; mais je dis que celui qui en ap-
prochera davantage, aura le mieux réussi.

J. J. Rousseau.

Calvörde.   J. S. Schmidt. M. D.

Dienst - Gesuche.

Ein junger Mensch von guter Erziehung,
welcher die größte Lust zu practischer Erler-
nung der Oeconomie hat, wünscht eine
Stelle zu finden, wo er unter guter väterli-
cher Leitung etwas Tüchtiges erlernen könnte.
Er versteht etwas Geometrie und besitzt einige
Anlage zum Zeichnen; man kann auch für des-
sen Treue haften. Briefe mit der Aufschrift:
S. I. C. besorgt die Expedition des allg.
Anz. in Gotha.

Familien - Nachrichten.

Todes-Anzeige.

Den 2 April starb Fräulein Bern-
hardine Auer von Herrnkirchen, Stifts-
Dame in dem adel. Fräulein-Stift Wasungen, zu Unterkatz bey dem dortigen würdigen
Herrn Pfarrer Heider, bey welchem sie die
Osterfeyertage im freundschaftlichen Zirkel
mit seiner Familie zu verleben gedachte, vom
Schlag getroffen. Schon den ersten Feyer-
tag erhielt sie von diesen ihren Freunden die

letzten vier Tage ihres Lebens die treue
Pflege, die ihr von ihren sie bedauernden
Geschwistern aus Unwissenheit und Entfernung nicht erwiesen werden konnte. Dank
diesen Menschenfreunden von uns allen.

Römhild den 4 April 1807.

Für mich und im Namen meiner sämmtlichen Geschwister.

Ernestine Auer von Herrnkirchen.

Aufforderung.

Herr Gottfried Seeger, welcher eine
geraume Zeit im gräflich löserischen Hause
zu Reinharz in Diensten gewesen, wird dringendst gebeten, mir seinen dermaligen Aufenthalt und Stand bekannt zu machen.

Reinharz im wittenberger Kreise, den 8
April 1807.

Joh. Gottlob Mieth.

Justiz- und Polizey-Sachen.

Vorladungen: 1) militairpflichtiger Badener.

Nachbenannte conscriptionsfähige Leute sind
theils ohne Erlaubniß, theils über die gesetzliche
Zeit außer Landes, und werden in Gemäßheit landesherrlicher Verfügung hierdurch aufgefordert,
sich bey unterzeichneter Behörde zu stellen.

Von Dahlingen: Joh. Jac. Adler, Beck.
Joh. G. Baumgartner, Dreher. Joh. G.
Baumgartner, Metzger. Jonas Boos, Weber.
Joh. Jacob Demmler, Schmid. Joh. M.
Diehr, Kiefer. Joh. Georg Diehr, Schuster.
Joh. Georg Diehr, Beck. Jac. Diehr, Weber.
Joh. Georg Ernst, Beck. Matthias Fauber,
Schuster. Joh. Georg Joho, Kiefer. Jonas
Krumm, Schuster. Joh. Krumm, Maurer. Joh.
Kromer, Wagner. Georg Kreutner, Schmid.
Joseph Menzger, Schuster. Joh. Jac. Maurer,
Schuster. Joh. Maurer, Schuster. Peter Schöpf-
lin, Schreiner. Joh. Schmidt, Beck. Klaus
Würkle, Schuster. Jacob Weber, Maurer.
Mat. Kaufmann, Schneider. Joh. Kaufmann,
Weber. Wilhelm Ernst, Beck.

Von Bickensohl: Christian Schmidt, Zimmerman. Christian Brehacher, Metzger. Joh.
Jacob Klais, Weber.

Von Bischoffingen: Michel Schmidlin,
Schneider.

Von Böttingen und Oberschaffhausen: Chri-
stian Thier, Schuster. Mattis Höste, Schuster.
Jacob Bremm, Maurer. Joh. Jacob Groß,
Schuster. Georg Fr. Neuland, Beck. Joh. G.
Bühler, Beck. Joh. Fr. Flesch, Schreiner. Chri-
stian Goldermann, Metzger. Matthias Bührer,

Schneider. G. Fr. Serauer, Beck. Jacob Jenne, Schmid. Joh. G. Stein, Schneider. Georg Lehnert, Schuster. M. Flesch, Zimmermann. G. Fr. Ankenmann, Chirurg.

Von Denzlingen: Joh. Georg Malzacher. Andr. Nübling, Schuster. Andr. Ritt, Dreher.

Von Colmarsreuthe: Andr. Fohr, Schuster.

Von Eichstetten: Matthias Ziß, Beck. Joh. Martin Böhnert, Schneider. Joh. G. Enderle, Schuster. M. Diesele, Zimmermann. Martin Sommer, Beck. Joh. Jacob Sommer, Weber. Joh. Staiger, Schmid. Carl Wiedemann, Schuster. Michael Jösle, Weißgerber. Wilhelm Jösle, Beck. Tobias Müller, Hafner. Christian Bockstahler, Weber. Joh. Martin Dettweiler, Schuster. Joh. Jacob Boch, Schneider. Jacob Schumacher, Kiefer. Joh. Georg Brandenberger. M. Danzeisen, Wagner. Joh. Weißhaar, Beck. Georg Jacob Ziß, Beck. Christian Dreher, Weber. M. Schöpfle, Wagner. Joh. G. F. Schnidler, Schmid. Joh. M. Sprich, Metzger. Georg Jacob Kaiser. Joh. Schmidt, Sattler. M. Boch, Schneider. Joh. Martin Rinklin, Weber. Joh. Georg Weißhaar, Schneider.

Vogtey Freyamt: Joh. G. Reinbold, Beck. Thomas Kern, Schuster. Joh. G. Schillinger, Schreiner. Joh. Bührer, Metzger. Mat. Haas, Wagner. Mat. Buderer, Schmid. Joh. Jacob Kern, Maurer. Christian Zimmermann, Schuster. Andr. Kölble, Schuster. Joh. G. Schillinger, Schuster. Joh. G. Staiger, Schuster. Christian Bührer, Schuster. Gottlieb Kern, Schreiner. Jacob Haas, Schmid. Jacob Buderer, Weber. Mattis Kern, Schneider.

Von Gundelfingen: Friedr. Schüssele, Weber. Joh. G. Schüssele, Schuster. Fil. Zättich, Schreiner. Christian Winkler, Weber. Engelhard Maurer, Zimmermann.

Von Ihringen: Martin Fuchs, Schneider. Joh. G. Graf, Maurer. Joh. G. Ziller, Schneider. Joh. G. Fubri, Schuster. Martin Mooner, Schuster. Joh. Jacob Schillinger. Carl Fr. Hörner, Beck. Joh. G. Zildenbrand, Kiefer.

Von Köndringen: Joh. G. Markstahler, Zimmermann. Fr. Schillinger, Weber. Joh. M. Markstahler, Weber. Fr. Klorer, Zimmermann. Friedr. Schindler, Schreiner. Joh. G. Schweigler, Schuster. Andreas Klaisler, Wagner. Mat. Valentin, Weber.

Von Königschaffhausen: Joh. Fr. Kaltenbach, Sattler. Fr. Brand, Schuster. Jacob Treffeisen, Weber. Joh. G. Serauer, Glaser.

Von Leiselheim: Jacob F. Jacobi, Schneider. Andreas Merkle, Schuster. Jacob Merklin, Weber. Georg Brüstlin, Metzger.

Von Malterdingen: Joh. Kummle, Schneider. Joh. G. Strohm, Zimmermann. Wilh. Willaredt, Kiefer. Joh. M. Schüssele. Joh. Jacob Raitlin, Maurer. Joh. Fr. Ziger, Schreiner. Joh. G. Bührer, Schneider. Joh. Schil-

linger, Metzger. Joh. M. Storz, Weber. Gottlieb Ernst, Sailer. Joh. M. Breithaupt, Schmid. Michel Ritzmann, Weber. Andreas Bührer, Schneider. Georg Obrecht, Maurer. Michel Breithaupt, Schmid.

Von Maleck: Christian Köblin, Weber. Jacob Jung, Schuster. Fr. Baumgartner, Schneider.

Von Mundingen: Joh. M. Traulieb, Schuster. Joh. G. Möplin, Kiefer. Martin Ehrenfelder, Weber.

Von Nieder-Emmendingen: M. Klaisin-Ziegler.

Von Nimburg: Andreas Storz, Zimmermann. Joh. G. Schmidt, Kiefer. Joh. G. Junghäni, Müller. Fr. Schmidt, Schneider. Jacob Schmidt, Schuster. Mattis Junghäni, Schuster. Georg Jac. Haller, Zimmermann. Joh. Georg Herzog, Weber. Joh. G. Dieter, Zimmermann. Erhard Meier, Gerber. Jac. Meier, Schmid. Jacob Schmidt, Weber. Fr. Joh. Weber. Joh. Jacob Kümmerle, Metzger.

Von Ottoschwanden: Daniel Ziebold.

Von Serau: Mattis Schwab, Kellner. Andreas Streicher, Kiefer. Andreas Haas, Schuster. Mattias Holzer, Schneider. Joh. M. Schumacher, Schneider.

Von Theningen: G. J. Ehrler, Schuster. Casper Engler, Schuster. Jacob Schmidt, Wagner. Georg Froß, Schmid. Joh. M. Frey, Weber.

Von Vörstetten: Christian Vesser, Schreiner. Joh. Eberle, Maurer. Martin Mesort, Schneider. Joh. Danzeisen, Beck.

Von Wasser: Joh. M. Schneider, Wagner.

Von Weisweil: Joh. M. Haag, Schmid. Joh. M. Wolf, Schneider. Balzer Klipfel, Schneider. Jacob Ehrer, Schuster. Joh. Jacob Ehret, Weber. Joh. M. Köslin, Schneider. Joh. G. Kristen, Schuster. Balzer Fuchs, Beck. Joh. Fuchs, Beck. Erb. Fuchs, Schuster. Fr. Fuchs, Beck. J. G. Walter, Schneider.

Von Windenreuthe: Joh. Chr. Schlenker.

Verordnet beym großherzoglich badischen Ober-Amt Hochberg zu Emmendingen im Breisgau den 23 März 1807.

Horth.   Montanus.

2) der Gläubiger Chrn. Friedheim's.

Bey dem hiesigen Stadtrathe hat der Kaufmann Christian Friedheim einen Vergleich überreicht, welchen er zu Berichtigung seines Debitwesens mit seinen Creditoren privatim abgeschlossen hat. Da nun aber noch einige dieser letztern dieser Privat-Uebereinkunft in Güte beyzutreten, sich nicht haben entschließen können: so ist zugleich von Seiten des erwähnten Kaufmanns Friedheim, und von den allhier von dessen consentirenden Gläubigern bestellten Bevollmächtigten darauf angetragen wor-

dern, daß alle diejenigen, welche den gütlichen Beytritt zu jener Vergleichs-Verhandlung bisher verweigert haben, zu demselben gerichtlich angewiesen
werden möchten.

Um nun nach Maßgabe dieses unbedenklichen
Gesuchs dieserhalb nach Vorschrift der hiesigen herzoglichen Proceß-Ordnung die weitere Gebühr Rechtens verfügen zu können, werden hierdurch die sämmtlichen bekannten und unbekannten Creditoren des
Kaufmanns Friedheim, welche bisher dem über dessen Schuldenwesen privatim abgeschlossenen Vergleiche noch nicht beygetreten sind, Rathswegen vorge-
laben

den 7 September d. J. ist der Montag nach
dem 15 Trinitatis-Sonntage
Vormittags 11 Uhr entweder in Person oder durch
sattsam Bevollmächtigte bey Strafe des Verlusts
ihrer Forderungen und des Verlusts der Wiedereinsetzung in den vorigen Stand an hiesiger Rathsstelle
zu erscheinen, sich gebührend anzumelden, ihre Forderungen gehörig anzugeben und zu bescheinigen, und
sodann die weitere gesetzmäßige Anordnung nach
Vorschrift der herzogl. Proceß-Ordnung zu gewarten. Diejenigen Gläubiger aber, welche in der hiesigen Stadt nicht wohnhaft sind, haben auf das
spätreste in diesem Termine einen Bevollmächtigten
allhier zu Annahme der Citationen bey Verlust ihrer.
Forderungen zu bestellen.

Gotha, den 25 März 1807.
Bürgermeister und Rath das.

7) J. W. Lippold's.
Des durchlauchtigsten Fürsten und Herrn,
Herrn Carl August, Herzogs zu Sachsen rc. Unsers gnädigst regierenden Herzogs und Herrn, Wir
zu Höchst Dero Landes-Regierung allhier verordnete Canzler, Räthe und Assessor thun hiermit zu
wissen: Nachdem Maria Regina Lippold, geb.
Faulwetter, aus Wolfersdorf im Altenburgischen
gebürtig, bey Uns klagend angebracht, wie ihr
Ehemann, der gewesene Bürger und Seifensieder-
Meister, Johann Wilhelm Lippold, aus Jena,
mit welchem sie im Jahr 1804 verheirathet gewesen, im Jahr 1805 mit Hinterlassung eines Schuldenwesens von Jena entwichen sey und sie boshaf-
ter Weise verlassen, indem er ihr keine weitere
Nachricht, als durch einen acht Tage nach seinem
Fortgange von Leipzig aus an sie erlassenen Brief,
von seinem nachherigen Schicksal gegeben habe,
auch sie von dessen dermaligem Aufenthalt nachher
nicht die geringste Nachricht habe erhalten können,
und sie hierauf um Eröffnung des Desertions-Pro-
cesses wider ihren Ehemann bey Uns nachgesucht;
Wir auch ihrem Gesuche zu fügen und, nachdem
sie den gewöhnlichen Desertions-Eid abgeleistet,
die gebetene Edictal Citationen zu erlassen, die
Entschließung gefaßt, und zu dem Ende drey verschiedene Termine, als: den ersten auf
den 19 Junius d. J., wird seyn der Freytag
nach dem III Sonntag nach Trinitatis,

zu Anhörung der erhobenen Klage und Einlaßung
darauf, sodann den zweyten auf
den 11 Septbr. d. J., wird seyn der Freytag
nach dem XV Sonntag nach Trinitatis,
zu Beybringung der Exculpation und Ehebesten
des Beklagten, wenn dergleichen vorhanden, und
endlich den dritten auf
den 6 Novbr. d. J., wird seyn der Freytag
nach dem XXIII Sonntag nach Trinitatis,
zu Eröffnung eines rechtlichen Definitiv-Bescheides
anberaumt haben, als wird der obgedachte Johann
Wilhelm Lippold aus Jena hierdurch zum ersten,
zweyten und drittenmahle, endlich und peremtorie
citirt, in einem und dem andern anberaumten Termine in Person, oder durch einen hinlänglich legitimirten Bevollmächtigten zu erscheinen, die Fortsetzung der erhobenen Desertions-Klage von seinem Eheweibe zu erwarten, darauf sich einzulassen
und was er sonst Erbebliches einzuwenden haben
mag, zu erwiedern, und endlich der Publication
eines Bescheides gewärtig zu seyn.
Er mag diesem Folge leisten oder nicht, so
ergehet dennoch auf des klagenden Theils Nachsuchen ferner, was Recht ist.
Sign. Weimar, den 6 April 1807.
(L. S.) Herzogl. Sächs. Regierung das.
C. F. L. v. Wolffersdl.

8) der Gläubiger J. A. Eckards.
Demnach bey herzogl. F. Oberv. Amt dieselbst
gegen den Handelsmann Johann Adam Eckards
allhier zu Wasungen so viele Schulden eingeklagt
und zum Theil von ihm selbst angegeben worden,
daß sein Vermögen zu deren Tilgung nicht anrei-
chet, daher denn die Gläubiger um Eröffnung des
Concursprocesses gebeten, solcher auch von herzogl.
oberv. Landes-Regierung zu Meiningen gnädig befohlen und zu dem Ende
der 7 Julius dieses Jahres
zum Liquidations-Termin anberaumet worden;
als werden alle und jede Gläubiger, welche an gedachten Eckards einige Forderungen haben, peremtorie und bey Verlust der Wiedereinsetzung in
den vorigen Stand hierdurch edictaliter vorgeladen, beregten Tages vor herzogl. f. oberv. Amt
dieselbst entweder in Person oder durch hinlänglich
legitimirte Anwälde zu erscheinen, ihre Forderungen zu den Acten zu liquidiren und behörig zu bescheinigen, mit dem allenfalls zu bestattenden con-
tradictore bater sowohl, als unter sich über den
Vorzug ihrer Forderungen zu verfahren und sodann das Weitere in rechtlicher Ordnung zu gewärtigen. Sign. Wasungen den 28 März 1807.
Herzogl. S. oberv. Amt das.
Dh. J. Heußinger.

9) der Gläubiger J. Martin's von Haagen.
Da bey allhiesigem Stadtgerichte zu Eruirung
des Schuldenwesens des Handelsmanns Johann
Martin von Haagen die öffentliche Vorladung des-

fen Gläubiger beschlossen worden: so werden alle
bekannte und unbekannte Gläubiger desselben hierdurch peremtorie und mit der Verwarnung, daß
die Nichterscheinenden bey diesem Schuldenwesen
für ausgeschlossen und der Rechtswohlthat der Wiedereinsetzung in den vorigen Stand werden verlustig
erklärt werden. hiermit citiret, Freytags nach dem
Fest Trinitat. ist

der 29 May d. J.
zu rechtsbehöriger Vormittagszeit resp. cum Curat.
oder durch hinlänglich Bevollmächtigte zu erscheinen,
sich gebührend zu melden, ihre Forderungen zu den
Acten zu liquidiren und zu bescheinigen, die Güte
zu pflegen, in deren Entstehung aber über die Richtigkeit ihrer Forderungen mit dem annoch zu bestellenden Contradictor, unter sich aber über die Priorität zu verfahren und hierauf das Weitere rechtlicher Ordnung gemäß zu gewärtigen.

Datum Meiningen, den 11 Febr. 1807.
Bürgermeister und Rath.

Käuf- und Handels-Sachen.

Fortepiano.

Ein ganz neues Fortepiano von Contra F bis
zum dreygestrichenen G, das in Rücksicht des Tons
zu den vollkommensten gehört, vom schönsten und
gefälligsten Ansehen, ganz aus Mahagonyholz
gearbeitet, steht in Gotha für 24 Louisd'or zu
verkaufen; wo, ist in der Expedition des allg.
Anz. zu erfahren.

Verkauf einer Theater-Decoration.

Eine vollständige Theater-Decoration mit
13 Verwandlungen, worunter sich die von Iffland
und Kozebue befinden; ingleichen 15 Opern mit
Musik sind gegen einen billigen Preis zu verkaufen.
Wo und um welchen Preis ist bey der Expedition
des allg. Anzeigers in Gotha zu erfahren.

Breslauer und danziger Liqueüre.

Diesen schon hinlänglich bekannten feinen Sorten von Liqueuren meiner Fabrik habe ich noch
einige andere geringere beygefügt. Die breslauer,
in mit Korb umflochtenen Quart-Flaschen, werden
nichts zu wünschen übrig lassen, so wie die in gläsernen Quart-Flaschen befindlichen danziger sich
durch ihre Stärke und feinen Geschmack gewiß eben
so sehr empfehlen werden. *) Die etwas geringern
Sorten unter dem Namen Aquavite sind ebenfalls
rein, fuselfrey und von gutem Geschmack, aber
beträchtlich wohlfeiler, und werden nach dresdner
Kannen verkauft.

Breslauer. Altermes, Anies, Blähungs-
Wasser, Canel, Carminativ, Christophlet, chur-
fürstl. Magen, Citron, Goldwasser, Krambambuli,
bitterer Kräuter-Magen, Kümmel, Maraschino,
Muscaten, Nelken, Orangenblüth, Parfait-amour,
Persico, Pomeranzen, Ratafia, Rosenöhl, Rossolis,
Sans-pareille, Vanille, Zimmtwasser. Die Fla-
sche 1 rthlr.

Danziger. Anies, Citron, Goldwasser, Kalmus, Kümmel, Magenwasser, rothe und weiße
Pomeranzen, Persico. Die Flasche 20 gr.

Aquavite. Citron, Kümmel, Magenwasser, Nelken, rothe und weiße Pomeranzen, Persico, bitterer Kräuter. Der Eimer 28 rthl. Die
Kanne 10 gr.

Diese Sorten sind die gewöhnlichsten und vo-
her sind sie stets vorräthig, jede andere Sorte aber
kann auf Bestellung von jeder Güte und nach
jedem Muster in kurzer Zeit geliefert werden.

Chocolate.

Nr. 1) Extra feine wiener mit Vanille und Ambra,
das Pfund von 16 Unzen 1 rthl. 8 gr.

Nr. 2) ff. wiener Gesundheits-Chocolate, wie solche im K. Anz. verlangt wurde, das Pfund von
16 Unzen 1 rthlr.

Nr. 3) Extra ff. mit Vanille das Pfund von 12
Unzen 1 rthlr.

Dergl. Nr. 7) Mittelfein à 10 gr. Hamburger
oder engl. Gesundheits-Chocolate, des Pfund ½
rthlr. 16 gr.

Von diesen Chocolaten kann man jede beliebige
Sorte sowohl nach Gewicht der Tafeln, als auch
dem Preise, auf Bestellung, liefern.

Punsch- und Bischoff-Extract.

Punsch-Extract, aus den feinsten Materialien verfertigt, gewährt die Bequemlichkeit, durch
Zugießen von heißem Wasser sogleich fertigen Punsch
zu haben. Die ganze Bouteille 36 gr., halbe 18
gr. und Viertel 9 gr.

Genuiner Orangen- oder Bischoff-Extract
ist die Quint-Essenz der Bigaraden oder bittern
Orangen, welche man zur Bereitung des angenehmen Bischoff-Weins gewöhnlich anwendet. Da
die leichte Verderblichkeit dieser edeln Frucht nicht
erlaubt, sie lange aufzubewahren, so ist dieser daraus bereitete Extract um so vorzüglicher, dessen
geistige Stärke zugleich erlaubt, aus kaum meinen
eben so geistigen Bischoff zu bereiten, wie
man ihn durch die Orangen nur mit französischen
Weinen darstellen kann. Dieß mein Fabricat ist zu
bekannt, als daß ich irgend etwas zu dessen Lobe
sagen dürfte, zumahl die Gläser zu 2 und 4 Gr.
In Hinsicht des Preises ist man ohne großen Aufwand
in den Stand setzen, sich von dessen vorzüglicher
Güte zu überzeugen. Der Preis der Maß-Bouteille ist 3 rthlr.

Ueber alle diese Artikel findet man bey mir gedruckte Preis- und Sorten-Zettel, und ich werde
durch Güte der Waare und billige Preise den Beyfall meiner Freunde zu verdienen suchen.

Joh. Gottfried Kleer sen.
in Leipzig auf der Nicolaistraße.

*) Nach den eingeschickten Proben zu urtheilen,
verdienen diese Liqueure eine vorzügliche Empfehlung. d. R.

Allgemeiner Anzeiger
der
Deutschen.

Dienstags, den 21 April 1807.

Naturkunde.

Unmaßgebliche Gedanken über die leitende Ursache des genau treffenden Bienenflugs; als vorläufige Antwort auf M. Rerzig's Erklärung darüber S. 3378 Nr. 275 des allg. Anz. 1806.

In der angeführten Nr. fordert M. Rerzig einen Mann auf, seine im R. A. versprochene Gedanken darüber bekannt zu machen: wie es zugehe, daß die Bienen ihren einmahl erlernten Flug genau wieder treffen, ja den Eingang zu ihrer Wohnung — ihr Flugloch — so genau wieder zu treffen wissen, daß, wenn man den Stock auch nur einen zwey, drey Zoll verrücke, sie jedesmahl auf den Ort wieder anfliegen, den das Flugloch zuerst einnahm.

Unterdessen aber erklärt sich mein Freund R. diese Erscheinung so, daß er außer den bey den Geschöpfen gewöhnlichen fünf Sinnen noch einen sechsten bey den Bienen annimmt. Da er nun eine vorläufige Erklärung über den fraglichen Gegenstand anbringt, ehe noch die Gedanken des aufgeforderten Mannes bekannt werden, so ist es ja auch wol einem Dritten erlaubt, seine vorläufige Meinung darüber zu äußern, womit man jedoch niemand vorgreifen, noch weniger diese Gedanken jemand aufdringen, auch seinen Freund nicht compromittiren will.

Ich will mich hier mit der Untersuchung aufhalten, ob die Bienen, wie andere Creaturen, in Wahrheit fünf Sinne haben: aber das dächte ich nicht, daß wir zur Erklärung ihres treffenden Flugs sogar

Allg. Anz. d. D. 1 B. 1807.

zu einem sechsten unsere Zuflucht nehmen müßten; vielmehr glaube ich, daß wir uns dieß recht gut schon aus dem Gesichte der B. erklären können. Und so lange sich dieß noch irgend will thun lassen, dürfen wir wol keinen besondern Sinn zu dieser Erscheinung aufsuchen.

Wir sehen ja, daß die Biene bey ihrem ersten Abfluge von einem Orte, den sie wieder finden will, nichts anders thut, als was sie, um ihn wieder finden zu können, natürlicherweise thun muß. Sie drehet sich um, und sieht den Ort, zu welchem sie wieder zurückkehren will, genau an und schwingt sich kreisend mit dem Kopfe dahin gerichtet und den Ort immer im Gesichte behaltend in die Luft. Jetzt wendet sie ihren Kopf von dem Abflugsorte weg und bemerkt im Kreißfluge auch alle Gegenstände um den verlassenen Ort herum, als Häuser, Bäume, Berge c. So macht sie es vor ihrem Stocke, wenn sie zu demselben den Flug lernt, und so macht sie es auch, wenn sie die erstenmahle von dem Orte abfliegt, wo sie gesammelt hat. Wir brauchen hier also weiter keinen Sinn, als das Gesicht, anzunehmen. Nur aber müssen wir der Gesichte der Bienen ein sehr großes Ebenmaß zuschreiben. Es ist nämlich der Biene eigen, sich nicht nur alle Gegenstände, bey welchen ihr Flug durchgeht, genau zu merken, sondern sie muß auch die Entfernung ihres Flugweges von den bemerkten Gegenständen genau abmessen können.

Wenn dieß noch nicht hinlänglich zu seyn scheint, der bedenke doch, daß eine geringe Dämmerung des Abends es schon bewirkt,

daß die Bienen ihr Flugloch nicht mehr so
gut, als am hellen Tage, treffen können.
Und diese Wirkung der Dämmerung können
wir doch wol ohne Noth nicht anders, als
auf das Gesicht annehmen? —

Stadtmeister.

Land- und Hauswirthschaft.
Ueber Hopfenbau.

Ein alter Oeconom vernimmt mit Schmerzen die Nachricht, daß die Bierbrauer der
Stadt Bamberg in dem Jahre 1806 den
böhmischen Hopfenhändlern für ihr angeblich böhmisches Product beynahe sechzig tausend Gulden bezahlen mußten, obgleich mehrere bamberger Bierbrauer durch erlogene
Waare in sehr großen Schaden kamen, wie
die vielen mißlungenen Gebräue Bier, für
welche die Verfertiger auch noch in Strafe
gezogen wurden, zur Genüge beweisen. Ein
vieljähriger Aufenthalt in Böhmen gab dem
Einsender Zeit und Gelegenheit genug, den
Einfluß jener Atmosphäre und jenes Bodens
auf die Erzeugung des Hopfens genau kennen zu lernen, und er überzeugt sich genug,
daß jenes rauhe Clima für eine so delicate
Frucht weit weniger günstig ist, als das
vom mildern Franken.

Woher kommt es aber, daß der echt böhmische Hopfen festere, harzigere und öligere
Bestandtheile, als der fränkische hat, und
eben deswegen zum Brauen eines guten
Biers brauchbarer ist? Sollte nicht der böhmische Gebauungsart von der fränkischen
wesentlich verschieden seyn? Sollte nicht die
böhmische Vermischung des gemeinen Dungs
mit eben so viel Schweinsmist, der aber die
Sächser selbst nicht berühren darf, zur früheren Blüthe und Reife des Hopfens vorzüglich beytragen? Sollte nicht das frühere
Pflücken des böhmischen Hopfens schon im
August die vielen harzigen und öligen Bestandtheile, welche wir bis Michaelis durch
den steten Einfluß der Sonne und Luft ganz
verflüchtigen lassen, an ihrem Körper erhalten und dadurch das Schwere, Klebrige und
Feste der böhmischen Dosen vor den fränkischen herstellen?

Der Einsender wünscht als Patriot
nichts anders, als seine vaterländischen
Freunde in der Oeconomie zu den nämlichen
Versuchen zu veranlassen, welche er mit so
glücklichem Erfolge machte, damit doch endlich die böhmischen Hopfenhändler von unsern Grenzen zurückgewiesen würden und so
die kleine Masse des circulirenden Geldes
unter uns erhalten werde. Unter Franz
Ludwig wurden 30 Thlr. demjenigen zugesichert, welcher 12 Centner Hopfen baute;
welchen Lohn verdient erst jener, welcher
einen solchen baut, der dem böhmischen an
Güte ganz gleich kommt!

Allerhand.
Quittung und Danksagung.

Seit dem Anfange d. J. sind bis jetzt
nachstehende milde Beyträge zur Unterstü-
zung der unglücklichen Einwohner zu Auerstädt und Rannstädt bey mir eingegangen:
10 rthl. C. B. A. Z.; 10 rthl. C. B. Leipzig H. G. D.; 5 rthl. J. G. R. Leipzig;
2 rthl. C. B. G. D. J.; 5 rthl. C. B. für
Rannstädt. Dresden H. R. G.; von
einem Unbekannten, der mich durch seigen Postamte kennen lernte: 2 Thlr. für
Rannstädt von Hrn. Pastor Sche zu Mers-
wig; 3 rthlr. C. B. vom Hrn. M. Lommatsch; 51 rthl. 22 gr. aus Zwenkau mit
Einschluß der drey barmherzigen Brüder E.
C. durch Hrn. A. Estscher; 5 rthlr. C. B.
Dresden A H.; 5 rthl. vom Hrn. M. J.
F. B. P. zu R.; 20 rthl. für Rannstädt
von der Kirchfahrt zu Rüsseina, durch den
Hrn. Pastor Lobeck daselbst; 1 Kronenthlr.
A. B.; 11 rthlr. W-b-g J. C. H. R.;
25 rthl. aus dem Adreßcomtoir in Dresden,
durch den Hrn. Pastor Vi Fritzsche zu Zwä-
tzen; 20 rthl. pr. Cour. vom Hrn. Pachter
Gerber ebend.; 4 Kronenth. Schweinfurth
J. C. S.; 4 Lauthl. für Auerstädt und 2
Lauthl. für Rannstädt von F. H. C. und L.
C. H. Vater und Sohn; (die Zuschrift die-
ser beyden Edeln hat mich mit der größten
Achtung für ihren frommen Sinn erfüllt,
aber auch meine Hoffnung für die Zukunft
auf's neue befestigt); 10 rthlr. vom Hrn.
Kriegsrath Ab. in R.; 17 gr. von Demoi.
W. B. in J.; 2 rthl. vom Hrn. Cantor
R. in E.; 200 Fl. Rhein. von einigen Men-
schenfreunden in Offenbach; 104 rthlr. ein-

gesammelt vom Hrn. Sup. M. von Brause in Freyberg, durch den Hrn. Pastor Litze zu Haffenhausen; 25 rthl. durch den Hrn. Salzschreiber Thomschütz in Unterneufulza; 6 rthl. 8 gr. vom Hrn. Actuarius Pauli in Meißen; 1 rthl. für Ranstädt durch den Hrn. D. Voigt in Naumburg; 5 rthl. 11 gr. vom Hrn. Amtscommiffarius Sartorius in Gerstungen theils gegeben, theils eingesammelt, und mit der eigenhändigen Unterschrift eines jeden, der dazu beygetragen hat, eingesendet; 16 gr. für einen dürftigen Schulknaben, von einem edeldenkenden neunjährigen Knaben, Aemilius Theodor Geier, in Rebra; und 2 rthl. 16 gr. vom Hrn. Förstmeister Cotta in Zilbach, durch den Hrn. Pastor Ortmann zu Kleinneuhausen. Auch durch diese Wohlthaten ist das Elend, welches den größten Theil meiner Parochianen drückt, sehr gemildert worden; und ich danke den menschenfreundlichen Gebern und Einsammlern für die Hülfe, welche sie diesen leidenden erwiesen, und für die erquickende Freude, welche sie mir selbst dadurch bereitet haben, mit dem lebhaftesten Gefühl einer wahren Hochachtung für die Gesinnungen, die aus ihren schönen Handlungen hervorleuchten, und mit dem herzlichsten Wunsche, daß sie nie Gefährten unsers Unglücks werden mögen.

Einige der oben erwähnten Wohlthäter haben, gerührt durch die traurige Lage, in der auch ich mich befinde, sich gegen mich freygebig bewiesen. Von den 51 rthl. 22 gr. aus Zwenkau sind 10 rthl., die 5 rthl. vom Hrn. M J. F. B., und die 2 rthl. v. Hrn. Cantor R. in E. sind ganz, und von den 2 rthl. 16 gr., die ich durch den Hrn. Pastor Ortmann erhalten habe, sind 1 rthl. 8 gr. für mich bestimmt worden. Mit dem aufrichtigsten Danke verehre ich die Großmuth meiner Wohlthäter, und ich habe die mir zuerkannte Summe von 18 rthl. 8 gr. bereits meiner sich bey mir aufhaltenden Mutter überliefert, die bey der Plünderung ebenfalls Kleider, Wäsche und Betten verloren hat, und von mir nicht so unterstützt werden kann, wie ich's wünschte, da ich fast gar keine Besoldung mehr erhalte. Jedoch werde ich jene Geschenke nur als Deposita ansehen, die ich an Bedürftigere wieder abzuliefern habe, so-

bald meine Lage sich nur einigermaßen verbessert. Auerstädt am 13 April 1807.

M. Carl Christian Viaux, Pastor daselbst und zu Rannstädt.

Familien = Nachrichten.

Todes=Anzeigen.

1) Mit dem schmerzlichsten Gefühl mache ich allen meinen auswärtigen Freunden und Bekannten das gestern Abends gegen 6 Uhr erfolgte Ableben meiner innigst geliebten Gattin, Christiane Johannette, gebornen Schnauß, bekannt. Sie starb in ihrem 53 Lebensjahre nach einem langen und schmerzhaften Krankenlager an der Wassersucht. Alle, welche die Verklärte kannten, werden fühlen, was ich an ihr verlor. Versichert ihrer herzlichen Theilnahme, verbitte ich mir alle schriftliche Beyleidsbezeugungen, und empfehle mich und meine Kinder ihrer fernern Wohlgewogenheit und Andenken.

Eisenach den 14 April 1807.

Johann Wilhelm Heinrich Dörr, fürstl. s. Rath und Landschafts=Cassierer.

2) Am 8 dieses Abends 1/2 7 Uhr entschlummerte unser zärtlich geliebter Gatte und Vater, der kaiserl. französisch bestätigte Gerichtsschultheiß Carl Joseph Knabe, nach einem kurzen Krankenlager, an den Folgen eines Schlagflusses in seinem 58 Lebensjahre. Allen den Guten, die den Verklärten kannten, machen wir mit schmerzerfüllten Herzen diesen traurigen Verlust bekannt und empfehlen uns Ihrer fernern gütigen Freundschaft. Oberdorla unterm Amt Treffurth den 12 April 1807.

Regine Knabe geb. Jordan, und meine beyden Kinder Louise und Wilhelmine.

Kauf = und Handels = Sachen.

Messing und andere Metalle!

Altes reines Messing, in großen und kleinen Stücken, kauft in großen und kleinen Partien nebst anderen Metallen

Paul Carl Hertel, Stück = und Glockengießer in Nürnberg.

b

Ableger von der Seidenpflanze.
Von der im allg. Anz. Nr. 67 verlangten syrischen
Seidenpflanze (Asclepias syriaca) sind Wurzel-
Ableger das Schock für 1 Laubthlr. zu haben bey
Coburg d. 12 Apr. 1807.   J. D. Meusel.

Von der syrischen Seidenpflanze sind, so wohl
Ableger als ganze Stöcke in Wenigenlupniz bey
Eisenach zu haben, wohin die Exp. des allg. Anz.
die Bestellungen besördert.   R.

Wechsel- und Geld-Cours in Sächsischer Wechselzahlung.

Leipzig, den 14 April 1807.

In den Messen.	Geld	Briefe.
Leipz. Neujahr-Messe		
— Oster-	99 3/4	—
Naumburger	98 3/4	—
Leipz. Michael- —		—
Amsterdam in Bco. à Uso	—	143
Detto in Curr. à Uso	—	149 3/4
Hamburg in Bco. à Uso	—	149 3/4
Lion 2 Uso in Liv.	—	78 1/4
Paris 2 Uso in Liv.	—	78
Augsburg à Uso.	—	99 3/4
Wien à Uso.	—	45 3/4
Prag à Uso.	—	45 3/4
London à 2 Uso p. Pf. St.	—	—
Ränder-Ducaten	11	
Kaiser-Ducaten	11 1/2	
Wichtige Duc. à 66 Ag	10	
Breslauer à 65 1/2 ditto	10	
Leichte à 65 ditto	9	
Almarco ditto	—	
Almarco Louisd'or	—	
Souveraind'or	9	
Louisd'or à 5 Rthl.	9 1/2	
Sächs. Conv. Geld	pari	
Schild-Louisd'or	2 1/4	
Laubthaler		2 1/2
Preuß. Cour.	5	
Do. Münze.	10	
Lct.	pari	
Cass. Bill.	3/4	
Kronenthaler	1/2	
3. 7. Kr.	8	
17	4 1/4	
Wiener Banc. Zettel	46	
Frankfurt a. M. à Uso.	3	

Wechsel- und Geld-Cours in wichtigen Louis- Carl- u. Fried'or à 5 Rthl.

Bremen, den 15 April 1807.

Amsterdam 250 fl. in Banco 8 T. d.	—
Dito 2 Mon. dato	—
Dito in Courant 8 T. d.	31 1/2. 1/4
Dito 2 Mon. dato	30 1/4. 1/4
Hamburg 300 Mk. in Bco 6 T. d.	37 5/8. 1/2
Dito 2 Mon. dato	36 1/2.1/2
London für 100 Sterl. 2 Mt.	—
Paris 1 Fr. 2 Mt.	17 3/8. 3/8
Bourdeaux dito dito	
Frankf. a. M. 2 Mt.	
Leipzig 2 Mt.	
Berlin 2 Mt.	
Holl. Rand-Ducaten 1 St.	2 61
Neue 2/3 Stück gewinnen	4
Conv. Münze verliert	9 1/2
Laubthaler à 1 1/2 Rthl. dito	7 1/2
Preußisches Courant	16
Holl. fl. per Stück	

Hamburger Wechsel- und Geld-Cours in Banco.

den 14 April 1807.

Amsterdam in Banco k. S.	33 3/4
dito 2 Mon. dato	34
dito in Cour. k. S.	4 1/2
dito 2 Mon. dato	5
London für 1 Sterl. 2 Mt.	
Paris 3 Fr. 2 Mt.	25 1/4
Bordeaux dito dito	25 1/2
Madrid 1 Duc. 3 Mt.	90 1/2
Cadix dito dito	90 1/2
Lissabon 1 Crus dito	43
Wien u. Prag in Cour. 6 W. d.	340
Copenhagen 2 Mt.	48
Louis- Carl- u. Fried'or à 5 Rt. 10 ß 15 1/4	
Holl. Rand-Ducaten	
Neue 2/3 Stück	31
Grob Dän. Courant	26
Hamburger dito dito	23 7/8
Preuß. dito dito	58 3/8

Allgemeiner Anzeiger
der
Deutschen.

Mittwochs, den 22 April 1807.

Nützliche Anstalten und Vorschläge.

Nachtrag zu dem Aufsatz in Nr. 243
des allg. Anz. 1806, über ein Hinderniß der Zweckmäßigkeit des ersten Unterrichts, in Bezug auf einen Beytrag
dazu in Nr. 12 d. J.

Je mehr ich schon zu zweifeln anfing,
ob mein Aufsatz in Nr. 243 der Aufmerksamkeit gewürdigt werden würde, die ich der
Sache so sehr wünschte; um so angenehmer,
überraschte es mich, in N. 12 d. J. einen
Beytrag dazu zu finden, der den Gegenstand
von neuen zur Sprache bringt. Die Ansicht,
welche der Verf. darin mittheilte, scheint mir
an sich vollkommen richtig und stimmt mit
meiner ebenfalls auf mehrjährige Erfahrung
gestützten Ueberzeugung überein. Aber den
Punct, worüber ich das Urtheil denkender
Pädagogen in diesen Blättern zu lesen
wünschte, läßt sie unerörtert. —

Meine Frage war: kommt es bey dem
ersten Unterrichte mehr auf die Erwerbung
von Kenntnissen und auf die Anfüllung des
Gedächtnisses, oder auf Uebung der Geisteskraft des Kindes an. — Damit nun wollte
ich keineswegs sagen, ob die Denkkraft des
Kindes mehr als die Gedächtnißkraft, oder
ob sie vielleicht gar ausschließend geübt werden müsse. Im Gegentheil bin ich theoretisch und practisch mit dem Verf. jenes Beytrags darüber einverstanden, daß das geistige Vermögen des Kindes überhaupt, — äußere es sich nun als Urtheilskraft, als Gedächtniß, oder auf irgend eine andere Weise — allseitig, harmonisch und ebenmäßig geübt und entwickelt werden müsse, wenn
die Erziehung und der Unterricht ihre höchste
Aufgabe lösen sollen. —

Mein Wunsch war nur, die Stimme
einsichtsvoller Pädagogen darüber zu vernehmen, ob der erste Unterricht mehr darauf
ausgehen müsse, ein gewisses Maß objectiver Kenntnisse, — die dann gewöhnlich todtes Eigenthum des Gedächtnisses bleiben, —
in den Geist des Kindes hineinzutragen; oder
darauf, die Anlagen und Keime, welche von
Natur in demselben liegen, subjectiv zu üben
und zu entwickeln; — ob man damit anfangen solle, dem kindlichen Geiste etwas anzubilden, ob man, wenn ich so sagen darf, irgend ein Materiale in denselben einführen,
oder ob man, was in ihm liegt, herausbilden
und seine ursprüngliche Kraft formal entwickeln solle, bevor man die Periode des Realunterrichts eintreten läßt. —

Ohne irgend Jemandem vorzugreifen zu
wollen, — denn mein sehnlicher Wunsch ist
es, daß Andere ihr unbefangenes Urtheil
über diesen Gegenstand abgeben mögen, —
scheint mir das letztere die Aufgabe des ersten
Unterrichts zu seyn, und was Salzmann
im Anfang seines Konrad Kiefer in anderer
Beziehung sagt: „das Kind ist keine Kohlspflanze, aber es hat viele Aehnlichkeit mit
ihr," bezeichnet, nach meiner Ueberzeugung,
den Weg, welchen der erste Unterricht zu
verfolgen hat, auf das treffendste. Wie die
Pflanze alles, was sie wird, nur von innen wird — versteht sich unter der Mitwirkung mannichfacher äußerer Umstände —
und wie alles, was ihr in ihrer frühe-

rett Periode von außen angeheftet wird, ihr
Wachsthum hindert und sie nicht selten verkrüppelt; so entwickelt auch die Geisteskraft
des Kindes — freylich ebenfalls unter äuße-
rem Einfluß — sich nur von innen, und
der Lehrer, welcher bey dem ersten Unterrichte dieß nicht berücksichtigt, schadet, wie
es mir wenigstens scheint, im glücklichsten
Fall doch immer negativ. —

Möge es dem Verf. jenes Beytrags, so
wie andern denkenden Erziehern gefallen, ihr
Urtheil über diese zwar nicht neue, mit aber
nicht ganz unwichtig scheinende Ansicht der
Sache in diesen Blättern mitzutheilen! Und
wenn dadurch nur Ein Vater oder Erzieher
von dem Wahn zurückgebracht würde, daß
der kindliche Geist ein todtes Magazin sey,
in welches man nur wacker eintragen müsse, — und dafür ihn als ein lebendig aus
sich selbst sich entwickelndes Wesen ansehen
lernte, — sollte das nicht hinreichende Belohnung seyn? —

$x \beta.$

Naturkunde.

Als Antwort auf die Anfrage im
allg. Anz. d. D.: „Wie lange kann ein
Schuhu hungern?“ könnte wol auch
folgende wahre Geschichte dienen.

Ein Jäger hatte aus Bequemlichkeit,
um nicht zu einer etwas entfernten Krähenhütte, und so wieder umgekehrt von da weg
nach Hause, den Schuhu im Arm tragen zu
müssen, die Gewohnheit, wenn er von der
Krähenhütte abging, ihn allemahl einzuschließen und zu füttern. Einstmahl verreiste seine
Herrschaft auf 6 Wochen, der Jäger mit,
und vergißt den Schuhu jemanden zur Pflege zu übergeben. Bey seiner Zurückkunft
erinnert er sich erst daran, glaubt nichts gewisser als dieses Thier todt zu finden, und
war höchst verwundert, als er bey Eröffnung
der Thüre den Schuhu munter und wohl wie
immer fand. Ob zuweilen eine Maus sich
zu ihm begeben und ihm zur Nahrung gedient hat, ist fast zu vermuthen, jedoch nicht
zu beweisen gewesen.

Zur Beantwortung der Anfrage in Nr. 2.

Auf dem Rittergut Neukirch bey Roßen
habe ich am 1 März 1794 eine ganz weiße
Waldschnepfe geschossen, welche in dem königlich sächsischen Naturalien-Cabinet in
Dresden noch zu sehen ist.

Winkelmann.

Gelehrte Sachen.

Antwort auf die Bitte um Veranstaltung einer lateinisch-medicinischen
Zeitung in Nr. 4 des allg. Anz.

Die Tendenz des Verfassers jenes Aufsatzes ist gut und verdient nicht nur Beyfall,
sondern auch thätige Unterstützung. Sobald
sich ein tüchtiger Arzt findet, welcher die Redaction übernehmen will *), so werde ich
mich gleich unter die Mitarbeiter stellen, und
ich zweifle keinen Augenblick daran, daß diese
zahlreich genug werden und daß das Unternehmen wenigstens nicht durch Mangel an
Theilnahme scheitern wird. Der bessere
Theil der Aerzte, Männer, welche eigentlich
zu Aerzten von Jugend auf gebildet worden,
die eine richtig geleitete Erziehung genossen,
denen also Humaniora nicht fehlen, welche
zu viel Bildung haben, um Medicin bloß als
Brodkunst auszuüben, sondern die, sie als
eine fortgesetzte Philosophie, als eine sehr
edle Wissenschaft betrachten, lieben und cultiviren, werden dem Institut beytreten.

Der Gedanke, es existirt ein Weg, auf
welchem jede große Wahrheit, die in dem
Gebiete der Wissenschaften aufgestellt, jede
Erfindung, welche gemacht wird, vom Nord-
pol bis zum Südpol hin, von Volk auf Volk
übergetragen werden kann, hat etwas Geist-
erhebendes, etwas Großes und Erwärmen-
des. Dieser Weg war eröffnet, aber Leichtsinn neuerer Zeiten hat ihn aus den Augen
gesetzt, und die Sprache der Gelehrten ist
vernachläßigt. Eine Sprache muß die
Sprache aller seyn, welche sich bestreben,
Künste und Wissenschaften zu pflegen, die
lateinische ist am meisten dazu geeignet, sie
war einst die Sprache der Gelehrten; sie
war es, sage ich, denn unsere heutigen All-

*) Eine Gesellschaft von Aerzten und Naturforschern hat bereits in Nr. 38 S. 382 eine solche Zei-
tung, unter dem Titel Commentarii ect. angekündigt.
d. R.

tags-Gelehrten achten tobte Sprachen nur als eine entbehrliche Pedanterie.

Jeder Gelehrte trage also nach Kräften dazu bey, daß die lateinische Sprache wieder die Sprache der Gelehrten werde. Der Nutzen ist unendlich groß, und, war je ein Plan gut angelegt, durch Gelehrte und Wissenschaften der Menschheit wirklich zu nützen, so war es der, daß man die lateinische Sprache zum Organ aller Zonen machte, wodurch jedes Volk die Fortschritte im Gebiete der Wissenschaften sich aneignen konnte.

Ein kleiner Beweis meiner Behauptung sey folgendes Factum, welches ich aus der Menge von Tausenden nur herausnehme. Carl von Linnäus, jenes große Genie, brachte das, was ein Aristoteles, Plinius unb deren spätere Nachbeter, Bauchin ꝛc. gesehen, geglaubt, behauptet und aufgezeichnet hatten, in ein System, in welchem das Licht seines Verstandes Einfachheit gehaucht hatte. Dieser junge feurige Mann wußte einen Olaus Celsius für sich zu interessiren und seinen Monarchen dahin zu bringen, daß er auf dessen Kosten Reisen in fremde Welttheile unternehmen konnte. Früh schon hatte er seinen Entwurf des Sexual-Systems des Pflanzenreichs und zwar lateinisch drucken lassen. Er kam nach Syrien, Arabien oder Persien, genau weiß ich dieses nicht zu bestimmen. Bey seinen Excursionen traf er einen botanisirenden Bunzen oder jemand, welcher mit einem Buche in der Hand die Blumen zergliederte. Welche Entdeckung, welche Belohnung für Verdienst und Genie! Linné fand sein eignes Werk in den Händen dieses Mannes!

Noch einmahl also, die Tendenz des Verfassers ist gut; laßt sie uns unterstützen und dazu beytragen, daß für Medicin noch eine allgemeine Sprache, eine gelehrte Sprache existire, wodurch aller nationale Unterschied aufgehoben wird, wodurch neue Wahrheiten, in dieser Sprache gesagt, von Pol zu Pol verständlich, schnell über die ganze Erde verpflanzt werden können.

Medicinalrath Wendelstadt, vormahls Physicus von Weßlar, jetzt Gutsbesitzer zu Ennerich bey Limburg an der Lahn.

Anfrage.

Ist über das Damenspiel irgend eine Bezeichnung bekannt, wodurch jeder Spieler genau dasselbe ganze Spiel (nicht bloße Spiel-Endungen) zu jeder Zeit wiederholen kann?

Wenn nicht, lohnte es die Mühe, eine solche leichtfaßliche Bezeichnung bekannt zu machen? — Benj. Fleischer's Buchhandl. in Leipzig gibt bis zur M. M. auf portofreye Briefe Antwort an den Verleger, oder notirt die Subscribenten.

Dienst-Gesuche.

Ein deutscher Privatgelehrter an einem Orte, wo sich im gegenwärtigen Kriege große Begebenheiten zutrugen, verlor dadurch Büchersammlung, schriftliche Arbeiten und Geld. Da bald darauf seine Heimath der Kriegsschauplatz wurde, so blieb ihm von seinem dortigen Vermögen nur ein kleiner Rest. Er wünscht jetzt eine feste Anstellung. Erdbeschreibung, Staatskunde, Geschichte hat er aus Quellen studirt; er kennt auch manche dieser Gegenstände aus eigener Beobachtung. Außerdem hat er sich einige Jahre mit der Erziehung und mit der deutschen Literatur immer beschäftiget. Von seiner schriftlichen Darstellung kann er gedruckte Proben nachweisen.*) Auswärtige Länder kennt er zwar nur aus Beschreibungen, doch hat er sich durch wiederholte Wanderungen im deutschen Vaterlande zu Reisen vorbereitet. Sein Körper ist abgehärtet, von dauerhafter Gesundheit und rein bewahrt von allen Ausschweifungen der Sinnlichkeit. Einige angesehene Gelehrte würdigen ihn ihrer Empfehlungen. Er wünscht eine Lehrerstelle an einer höheren Schulanstalt zu erhalten, oder auch noch auf einige Jahre junge Leute auf Reisen zu begleiten. Briefe an ihn besorgt die Expedit. d. allg. Anz. in Gotha.

F. d. r. Ch. i.

*) Eine dieser schriftstellerischen Proben ist mir zu Gesicht gekommen, und diese empfiehlt ihn nicht nur als einen Mann von vieler Bildung und Geistesfähigkeit, sondern auch von biederm Character. v. X.

Familien = Nachrichten.
Aufforderung.

Dem Herrn Caspar von Orell aus Zürich in der Schweiz wird angezeigt, daß er durch ein Brevet zur Stelle eines Premier-Lieutenants beym vierten Schweizerregiment in k. k. französischen Diensten ernennt ist. Seine nächsten Verwandten laden ihn ein, sich unverzüglich nach Zürich zu begeben. Wem der Aufenthalt dieses jungen Mannes bekannt ist, wird dringend ersucht, ihm gegenwärtige Nachricht mitzutheilen.

Zürich den 7 Jenner 1807.

Kauf = und Handels = Sachen.
Apotheken = Verkauf.

In einer angesehenen Stadt der Wetterau ist eine im besten Stande befindliche, mit allem versehene wohl eingerichtete Apotheke zu verkaufen. Die nähern vortheilhaften Bedingungen ertheilen in portofreyen Briefen die Herren Materialisten Dancker und Clare in Frankfurt am Mayn.

Wiener Fortepianos.

Schon beym Anfang meiner Musikhandlung bestrebte ich mich, die von gefühlvollen Kennern geschätzten Fortepianos deutscher wiener Meister im nördlichen Deutschland zu verbreiten, wo man sonst nur die englischen und französischen kannte. Es scheint, daß nunmehr Deutsche deutschen Fleiß und Kunst zu beachten wissen, und ich werde — wie bisher — gewissenhaft und nach genauer Prüfung und Erfahrung jeden Musikfreund befriedigen, der mich mit Aufträgen beehrt.

Fortepianos in verschiedner Form und Gattung von allen guten wiener Meistern, auch Doppelfortepianos, verkürzte Fortepianos, Pedale zu Fortep. ic. sind zu haben im
Bureau de Musique
von A. Kühnel in Leipzig.

Cigarros von Havannah = und andern amerikanischen Blättern.

Was unsere seit einigen Jahren etablirte Cigarro = Fabrik anbetrifft, zeigen wir einem geehrten Publicum hiermit an, daß wir nunmehr jedermann nach Wunsch zu bedienen uns haben angelegen seyn lassen, indem wir nicht allein solche, die im Rauchen ganz leicht, sondern auch die etwas stärker sind, das Pfund zu 150, 200 bis 300 Stück mit und ohne Röhrchen oder Halmen nach Qualität um die äußerst billigen Preise von 20 gr., 1 rthl. 1 1/4, 1 1/3 bis zu 1 1/2 rthlr., den Carolin zu 6 rthlr. verkaufen. Doch nöthigen uns die oft verlangten

Proben zu einer Bitte, man möchte nämlich bey Bestellungen von 1 bis 3 Pfund den Betrag entweder an ein hiesiges Haus oder an uns selbst remittiren, weil nur bey bedeutenden Bestellungen ein dreymonatlicher Credit, bey baarer Zahlung aber fünf Procent Rabatt gegeben wird. Briefe, die dieserhalb eingehen, erbitten wir uns postfrey.

Außer obigen Cigarros werden auch viele Sorten feine und geringe Packet = und Rollen = Tabacke gefertigt und verkauft bey
J. A. Pfaubel und Comp.
in Gotha.

Haut = und Gesichtspomade.

Von der vortrefflichen renauischen Haut = und Gesichtspomade ist wieder frische bey Christian Friedheim und bey Herrn Rebay am Markt zu Gotha, wie auch in Commission in der schäfer'schen Buchhandlung in Leipzig, das Gläschen nebst Gebrauchszettel à 14 gr. Conv. Münze zu haben. Briefe und Gelder bittet man franko einzusenden.

Gesundheits = Bettdecken.

Unterzeichneter empfiehlt sich einem geehrten Publicum mit einer ganz neuen Art Gesundheits-Bettdecken. Nervenschwache und Reconvalescenten sowohl, als auch diejenigen, welche ihrer körperlichen Umstände wegen genöthigt sind, ihre Gesundheit zu hüten, und darin viele vorzügliche Anweisung ihres kränklichen Zustandes empfinden, finden durch selbige alle die Vortheile, welche die Fürsorge für die Gesundheit zu wünschen gebietet, ohne dadurch von den Beschwerden, welche die Federbetten unter dergleichen Umständen mit sich führen, belästigt zu werden; und können sich dabey eines gesunden und stärkenden Schlafs versichert halten, wofür bey deren Zubereitung unter Aufsicht und Berathung geschickter Aerzte gesorgt wird. Insonderheit aber sind diese Gesundheits = Bettdecken allen denjenigen anzurathen, welche bevorstehenden Sommer die Bäder zu besuchen willens sind. Sie werden nicht nur wegen des leichten Transports und des wenigen Aufwands, ihren Reise = Apparat auf eine sehr nützliche Art vervollständigen; sondern auch diejenigen, welche sich dieser Decken während der Badezeit bedienen, werden sich von ihren Kräften und Wirkungen überzeugen und den besten Erfolg baldigst spühren.

Der innere Nutzen oder Werth dieser Gesundheits = Decken, welche von mehrjähriger Dauer, und mit meinem Handlungs = Petschaft besiegelt und signirt sind, ist zwar durchgehends gleich, nur so viel die Eleganz anlangt sind die Preise in 9, 10 und 11 Thaler verschieden. Bey größeren Bestellungen wird ein billiger Rabat gestattet. Sie sind einzig und allein zu haben bey
Christian Friedrich Grimmer,
in Dresden, wohnhaft am See Nr. 489.

Allgemeiner Anzeiger der Deutschen.

Donnerstags, den 23 April 1807.

Justiz- und Polizey-Sachen.

Reflexionen über das unehrliche Begräbniß der Selbstmörder.

Es ist doch sonderbar, daß man einen Menschen, der sich selbst erschießt, nicht eben so ehrlich begraben will, als einen andern, der sich durch Unmäßigkeit todtet. Man begräbt ja nicht den Menschen, sondern nur seinen Körper. Dieser hat ja nicht gesündigt; wie kann man denn Strafe am unschuldigen Theile ausüben?

Zallo's glücklicher Abend 2 Theil S. 142.

Den mancherley Anomalien unsers Zeitalters, welches in dem Grabe der Humanität sich rühmet, in welchem es sich immer mehr von derselben zu entfernen scheint, möchte, wie mich däucht, auch jenes Brandmahl der Ehrlosigkeit angehören, womit alle Welt jene Individuen gleichsam noch über der Grenze dieses irdischen Daseyns zu steinpeln bemühet ist, welche so unglücklich sind, sich selbst das Leben zu rauben. Es gehört in der That unter die merkwürdigsten psychologischen Erscheinungen, wie Menschen, deren ganzer bisheriger Lebenslauf rein und fleckenlos war, welche die Achtung ihrer Mitbürger in einem hohen Grade genossen, durch den einzigen unglücklichen Act der Selbstentleitung so sehr alle Ansprüche auf die Empfindungen des theilnehmenden Mitleids und auf eine humane Behandlung verlieren sol-

len, daß jedermann mit Entsetzen und Abscheu von dem Leichname derselben zurücktritt, ja daß sich oft nicht einer findet, welcher den Leichnam eines solchen Unglücklichen zu Grabe zu tragen sich entschließen könnte; und so könnte es denn wol kommen, daß ein wackerer achtzehnjähriger Jüngling aus der Altmark, Namens Heinau, der aus Schwermuth sich selbst entleibt hatte, noch am 25 März 1806 auf einem mit zwey Ochsen bespannten Schlitten in der Abenddämmerung zum Grabe geschleift wurde, ungeachtet kein Schnee lag, vielmehr sanfte Frühlingslüfte wehten, und die untergehende Sonne freundlich das verachtete Grab beleuchtete; denn man besann sich, daß vor drey Jahren ein ähnlicher Selbstmörder durch Ochsen auf einem Schlitten zum Grabe geschleift worden war; und so nahm man denn keinen Anstand, jenen frühern Fall zum Muster für den jetzigen zu nehmen, mochte auch gleich der Winter mit seinen Schneeflocken länger schon entwichen seyn. *)

Faßt man den Punct der bürgerlichen Strafbarkeit bey dem Selbstmorde ins Auge: so wird sich nicht entgehen, daß schon bey den Römern der Selbstmord an sich für kein Verbrechen galt, und alle die Vermögensconfiskationen, womit die römischen Gesetze nicht selten so verschwenderisch zu seyn pflegen, beschränken sich nur auf den Fall eines von dem Selbstmörder begangenen Verbrechens, womit der Vermögensverlust schon an sich verbunden war, er auch bereits im

*) National-Zeitung der Deutschen Jahrg. 1806 Nr. 29 S. 612-613.

Anklagszustande sich befunden hatte.*) Selbst die so verachtete Carolina, welche größtentheils ähnlichen Bestimmungen folgt, belegt den Selbstmord mit keiner Strafe, wenn auch gleich die Rubrik des Artik. 135 „von der Straf eygner Tödtung" das Gegentheil zu sein scheint, so wie sie auch nirgends ausspricht, was mit dem Körper eines Selbstmörders angefangen werden solle. Es ist daher kein Wunder, wenn die geistreichsten Criminalrechtslehrer Deutschlands, welche dem Grundsatze huldigen, daß das Unmoralische einer Handlung kein Motiv enthalte, sie als Verbrechen zu behandeln, und daß Strafen, welche weder in der Zufügung empfunden werden, noch in der Androhung zu wirken vermögen, nothwendig als unzweckmäßig erscheinen müssen, wenn ein Grolmann,**) ein Feuerbach ***) von dem Selbstmorde, als von einer Handlung sprechen, welche theils auf keinerley Weise in die Rubrik der Verbrechen gebracht werden kann, theils auch bey einer zugestandenen Rechtswidrigkeit derselben von einem andern Gesichtspuncte, sie dennoch schlechterdings als straflos gelassen wissen wollen.

Nur die Sanctionen des päbstlichen Rechts, eines Rechtes, welches so gern und so oft planmäßig die Grenzen, welche das Gebiet der ethischen Gesetzgebung von der juridischen scheiden, überspringet, und zu einem äußerlich strafbaren Vergehen stempelte, was oft nur in die Rubrik der Sünden gebracht werden kann, möchten allerdings nicht wenig an jener religiösen Brandmarkung schuld seyn, welche den Selbstmördern noch heut zu Tage, bald mehr bald weniger, zu widerfahren pflegt. Denn ein Gesetz, welches sich nicht begnügt, bloß die Ehre eines christlichen Begräbnisses den Selbstmördern zu versagen, sondern welches in seinem Feuereifer gegen dieselben noch so weit geht, daß es sogar den Gläubigen verbietet, für sie zu beten, †) mußte allerdings auf die herrschende Meinung des großen Haufens über Selbstentleibungen um

so nachtheiliger wirken, als nicht selten auch die Geistlichkeit, welche die Frage über die Begräbnißart der Selbstmörder als entschieden für ihr Ressort geeignet zu betrachten gewohnt ist, im Geiste desselben zu handeln pflegt, und das Ihrige getreulich beyträgt, um solche Verordnungen, je nachdem es die Umstände erlauben, nach Möglichkeit zu realisiren; was mir niemand läugnen wird, der Gelegenheit hatte, einem bey solchen Anlässen sich gewöhnlich entspinnenden Zwiste zwischen der Polizeybehörde und der Ortsgeistlichkeit beobachtend zuzusehen: und so ist es denn auch wol erklärbar, wie es kommen konnte, daß man noch heut zu Tage den Satz unter den von der Praxis geheiligten Aussprüchen verehrt: daß Selbstmörder aus Wahnsinn oder aus Melancholie still an der Mauer des Kirchhofs verscharrt werden sollen.

Ist nun aber nach den obigen Prämissen der Selbstmord eine Handlung, für welche eine richtige Strafrechtstheorie keine Strafe haben kann, ist er selbst unter dem Standpuncte unserer positiven Gesetze kein an sich verpöntes Verbrechen, gehört er lediglich für die Sphäre der innern moralischen Gesetzgebung, zu welcher keine äußere Gewaltanstalt, weder durch das Medium directer noch indirecter Strafmittel, worunter allerdings alle schimpfliche Begräbnißarten verstanden werden können, hinaufzureichen vermag, so liegt es auch im Pflichtenkreise der Polizey, dieses schützenden Genius im Staate, wie ich sie gern nennen möchte, sorgsam darüber zu wachen, daß das Andenken eines Unglücklichen, wie gewiß jeder Selbstmörder ist — der Nachwelt nicht als ein Denkmahl der Schande aufgestellt, und seine Asche auf eine Art gebrandmarkt werde, worüber der Menschenfreund im stillen erröthet. Warum soll der Unglückliche, welcher — vielleicht erliegend unter dem Drucke namenloser Widerwärtigkeiten, gegen welche er lange vergebens ankämpfte, oder von der Furie der Schwermuth unwillkürlich in den

*) Vergl. L. 9 §. 7 de pecul. L. 3 princ. und § 2. 6 de bonis eorum, qui ante Sentent. L. 1 und 2 C. eod. u. a. m.

**) Grundsätze der Criminalrechts-Wissenschaft § 283 (zweyte Auflage).

***) Lehrbuch des gemeinen in Deutschland gültigen peinlichen Rechts § 241 u. f. (der dritten Auflage).

†) „Nulla fiat oratio pro his, qui se ipsos interficiunt" sagt schon die Aufschrift des C. 12 Caus. XXIII Quaest. 5. Vergl. noch C. 12 X de Sepulturis u. a. m.

Abgrund fortgeschleudert, sich selbst den Le=
bensfaden abschneidet, warum soll er der
Kirchlichen Ceremonien entbehren, welche
einmahl die öffentliche Meinung als die letzte
Ehre jedes rechtlichen Mannes heiligte, und
die man so manchem angedeihen zu lassen
kein Bedenken trägt, welcher in moralischer
Hinsicht vielleicht tief unter ihm stehet? *) —
Auch seinem Leichname werde daher die
priesterliche Einsegnung nicht versagt, ja
es ertöne sogar an seinem Grabhügel ein
zweckmäßiger Leichensermon; denn wo ist
ein Wort der Belehrung und Tröstung, der
Ermahnung und Warnung nöthiger, als
da — wo wird der Lehrer einer rein mensch=
lichen Religion, welche nicht verdammet,
eindringlicher und herzlicher sprechen können,
als da? — Und so bleibe denn, wenn man
ja noch stille Begräbnisse will, das stille
Begräbniß in einem Winkel des Kirch=
hofes nur noch jenen, welche aus Bewußt=
seyn eines Verbrechens, das ihnen schon ei=
ne gerichtliche Untersuchung zuzog, den Ge=
setzen zum Trotz, sich selbst entleiben! **)
    Der schöne Denkspruch des Terenz:
„Homo sum, humani nihil a me alienum esse
puto" ist und bleibt auch mein Motto; dar=
um lege ich meine Bemerkungen, wie sie mir
warm aus der Seele kommen, zur weitern
Prüfung und Beherzigung in diesen Blättern
mit dem Wunsche nieder, daß die obige Ge=
schichte aus der Altmark, und mit ihr so viele
andere ihres gleichen, zur Ehre der Mensch=
heit sich nie wieder erneuern möge!
    Wolfegg.   Oberamtsrath Steiger.

Künste, Manufacturen und Fabriken.

Bemerkungen über den Aufsatz im
May= und Junius=Hefte des Jour=
nals für Fabriken, Manufacturen

und Handlung, 1806: „Fabrications=
Berechnungen über verschiedene, in
und um Nürnberg fabricirt werdende
Tabacke".
    Der Verfasser des gedachten Aufsatzes
muß wenig Kenntniß von seinen Tabacken,
deren Verfertigung und Zusammensetzung
haben, sonst würde er dem Publicum keine
Ideen im Allgemeinen aufbringen wollen,
die selbst dem Nichtkenner auffallend und
verdächtig scheinen müssen. Wenn nur die
Aufschrift der Packete die Güte des Tabacks
bestimmte, so möchte es wol angehen, daß
man Heu und Stroh für Canaster verkaufen
könnte, und so ließe sich auch aus der an=
geblichen Zusammensetzung von:
    50 Pfund maryl. Blätter, 25 Pf. ungar.
25 Pf. deutscher ein letztjähriger Canaster
Mittel=Waare, so wie von
    70 Pfund maryl. Blätter und 30 Pfund
Stengel (??) feiner Canaster, dem Na=
men nach, verfertigen; allein
kein vernünftiger Mann wird dergleichen
elendes Zeug für die auf dem Papier genann=
ten Sorten anerkennen, noch weniger 32 und
40 Kreuzer für's Pfund bezahlen. — Die
Beize mit Pottaschen=Lauge ist eben so schäd=
lich für den Taback, als für den Raucher.
    So wenig also von europäischem oder
Stengel=Taback, selbst mit Aufwand der
besten Sancen oder Beizen, feine Tabacke
herzustellen sind, eben so wenig kann man
den geschilderten großen Gewinn sicher rech=
nen, denn kein vernünftiger Mann wird
Kneller für Canaster annehmen und obige
Preise dafür bezahlen.
    Der Verfasser hätte nur die von G. C.
Bocris herausgegebene und bisher als die
einzig brauchbare Schrift: „Aufrichtige und
gründliche Unterweisung, guten Rauch= und
Schnupftaback auf holländische Art zu ver=

---

*) „Einen Selbstmörder, der sich aus der Gesellschaft der Lebendigen reißt „sagt Vater Sako" auch
„aus der Gesellschaft der Todten werfen zu wollen, ist eben so ungereimt, als einen Menschen,
„der sich die eine Hand abhauet, zur Strafe die andere auch abhauen zu wollen. Auch wird durch
„das unehrliche Begräbniß des Selbstmörders die Lieblosigkeit im Urtheile über ihn gerade ge=
„reizt. Man spricht ihm nun eben so die Seligkeit ab, wie man ihm das ehrliche Grab ab=
„spricht. Da man mit ihm nicht einmahl auf einem Kirchhofe todt seyn will, so wird man noch
„weniger in einer und derselben Welt wieder mit ihm leben wollen".
**) Nach dem Ausspruche einer der neuesten Legislationen Deutschlands, solle (bey vollbrachtem Selbst=
morde) der Körper des Selbstmörders, bloß von der Wache begleitet, an einen außer dem
Leichenhofe gelegenen Ort gebracht, und durch gerichtliche Diener verscharrt werden. S. das
neue österreich. Gesetzbuch über Verbrechen und schwere Polizey=Uebertretungen II Th. § 92.

fertigen. — 3 Auflage bey F. Wilmanns"
lesen sollen, so würde er eine ganz andere
Vorstellung von Verfertigung und Zubereitung seiner Tabacke bekommen haben; mehrere, an gelehrte Gesellschaften von dem
eben genannten Verfasser übergebene und
zum Druck verlangte Abhandlungen, besonders „über die Verbesserung und Veredlung
des Tabackbaues in Deutschland," verdienen
in diesen gemeinnützigen Blättern bekannt
gemacht zu werden.

Bey dieser Gelegenheit kann ich nicht
unterlassen, hier einige Bemerkungen über
die holländischen und deutschen Tabacksfabriken zu machen, da ich selbst während 30
Jahren eine Fabrik in Holland gehabt habe,
und also aus Erfahrung in meiner stillen Einsamkeit sowohl über die einen, als die
andern ein Urtheil ohne Leidenschaft nieder-
schreiben kann. Die holländ. Fabriken lieferten sonst im Ganzen wegen der guten Auswahl der Blätter lauter schöne Tabacke,
jetzt wird die Waare nach dem Preise eingerichtet, das heißt: schlechter gemacht, und
mit dem alles verderbenden Stengel und
inländischen Blättern versetzt und vermischt.
In Deutschland haben sich eine Menge Fabriken etablirt; eine in Hessen-Cassel macht
vor allen große Geschäfte; durch Bekanntschaften auf Reisen für die Fabrik in Zwolle
und mittelst Privilegium, großer Geldvor-
schüsse, und anderer Vortheile von der Regierung konnte es dem Fabrikanten nicht fehlen,
eine große Rolle zu spielen. Da alle Mono-
pole oder Privilegien nur allzusehr, und
zwar auf Kosten und zum Nachtheil der
armen Unterthanen gemißbraucht werden, so ist auch hier die Wahrheit dieser Behauptung ganz klar: durch den Vortheil der
Accise von einem halben Groschen für's Pfund
Taback wird der ausländische Fabrikant gehindert, seine besseren Tabacke wegen des
zu bis 15 Procent höhern Imposts in solche
Länder abzusetzen; der inländische Fabrikant,
wenn sein Name und Wappen einmahl bekannt ist, macht schlechtere Tabacke, vornehmlich Stengel statt Blätter in die Pakete, um hier die Waarheit um sein Geld
und um seine Gesundheit gebracht; denn
Taback (oder vielmehr Stengel aus Schnupf-
tabacksblättern) mit Pottasche, Salmiak und

Lauge gebeizt, ist wahres Gift in der Pfeife;
schon beym Dörren verliert mancher Arbeiter
seine Gesundheit, welches die Erfahrung leider oft bestätigt.

Die sonst so sehr beliebten leipziger Canaster sind das bey weiten jetzt nicht mehr,
was sie vor 20 Jahren waren. Dagegen
haben die hanseatischen Fabriken, bey den
durch Krieg und Sperrung in Abnahme gekommenen holländischen, jetzt mehr Absatz
und liefern größtentheils recht gute Tabacke; vorzüglich verdienen die von dem
vorhin gedachten Bocris (in Bremen) seit
mehreren Jahren verfertigten feinen Cana-
ster-Tabacke hier öffentlich empfohlen zu
werden, denn die vortreffliche Auswahl und
Zubereitung der Waare, ganz nach Gewohnheit der alten Holländer, verbunden mit
einem sehr billigen Preise, zeichnet diese vor
vielen andern aus.

Die frankfurter und offenbacher Fabriken beschränken sich größtentheils auf
Schnupftabacke, deren künstliche Saucen die
Nase reizen und wovon eine Sorte nach der
andern durch die Mode verdrängt wird.

Amsterdam im Febr. 1807.

H. van L.

Allerhand.

Rüge und Warnung vor Lotterie-Unfug.

Noch vor wenig Jahren machte sich ein
Theil braunschweigischer Lotterie-Collecteurs
durch zudringliche Anerbieten von Lotterie-
Loosen und Collectionen bey dem Publicum
unnütz; allein kaum hat dieser Unfug durch
zweckmäßige Begegnungen sein Ende erreicht,
so wird solcher schon wieder von einer andern
Seite durch einen gewissen Cornet und
Comp. in Westerburg (ohnfern dem Rhein)
mit der nämlichen Unbescheidenheit erneuert.
Es nennen sich diese Herren gräfl. leiningen-
westerburg. Hofagenten und begehen die
Ungezogenheit, ihre feile Waare an Planen
und Loosen zu dortigen Lotterien ganz unverlangt an Personen des entferntesten Auslandes, ja selbst an öffentliche Beamten solcher Staaten, wo bekanntlich jede Theilnahme an auswärtigen Lotterien streng verboten ist und wohl zu merken, noch dazu in

unfrankirten Briefen — zu versenden und unter den unverschämtesten Lobpreisungen über die Solidität und Vortheilhaftigkeit dieser Lotterien, bald zum Einsatz in selbige und bald zu Uebernehmung von Collectionen dabey, einzuladen.

Wie sehr schon das zudringliche und marktschreyerische Benehmen dieser Herren ihre Sache, auch ohne nähere Würdigung, in den Augen jedes Vernünftigen verdächtig machen muß, bedarf keines weitläufigen Ausführens. Wer aber Lust hat, der saubern Finanz-Speculation tiefer auf den Grund zu sehen, der darf nur einen Plan besonders von der sogenannten großen Lotterie vor die Hand nehmen, um das höchst Seichte, Schwankende und Unsichere der projectirten Einrichtung mit dem flüchtigsten Blicke zu durchschauen.

Auf jeden Fall hält es Einsender für Pflicht, besonders den gutmüthigen Theil des Publicums auf diese Wahrnehmungen aufmerksam zu machen und zugleich die schamlose Zudringlichkeit der Herren Cornet und Comp. zur öffentlichen Rüge zu bringen, damit jeder ehrliche Mann, der mit ähnlichen Glücks-Anerbietungen von ihnen beehliget wird, gleich bey Erblickung ihres Namens-Zeichnung wissen möge, wie er die Herren sowohl, als die von ihnen empfohlne Waare zu tariren habe.

Mir, dem die Ehre eines solchen Glücks-Antrags durch einen unfrankirten Brief unerkannter Weise ebenfalls widerfuhr, dünkte es das kürzeste und wirksamste Mittel zu Abfertigung desselben: die undankbare Einladung, unter Zurückempfangung der verursachten Porto-Auslage von dem ausgebenden Postamte, sofort zurück zu schicken; und möchte dieser Auskunfts-Weg auch von andern eingeschlagen werden, so dürften sich die Hrn. Cornet und Comp. mit ihren unfertigen Speculationen wol bald in ihre vier Pfähle zurückgetrieben sehen.

........r.

Gelehrte Sachen.

In Nr. 287 des Allg. Anz. d. D. wird gewünscht, daß die Buchhändler doch keine Titel mehr von Büchern in den leipziger Meß-Catalogen möchten einrücken lassen, die noch nicht fertig sind. Dieß ist nie zu vermeiden, indem der Catalog so früh gedruckt wird, daß der größte Theil der Buchhändler gewiß hofft, die Bücher zur Ostermesse fertig zu erhalten, deren Titel er einsendet; würden aber nur diejenigen Bücher angezeigt, die zur Zeit der Einsendung der Titel schon fertig sind, so können nur wenige der zur Ostermesse wirklich fertigen darin vorkommen.

Dieser Uebelstand wird also immer Statt haben, allein die Bücherfreunde erhalten nun in dem Morgenblatt eine Anstalt, die sie dagegen sichern wird. — Ein siebender Artikel desselben wird nämlich das Verzeichniß aller wirklich erschienenen Bücher mit den Preisen, wie sie in Leipzig zu haben sind, enthalten.

Historische Anfrage.

In den meisten bedeutenden deutschen Städten finden sich angesessene Handlungshäuser, die selten unter ihrer Firma, sondern gewöhnlich unter dem Namen der Italiener bekannt sind. Das Eigenthum und Capital dieser Handlungen gehört mehreren Familien in Italien, die einen erfahrnen Handlungs-Diener schicken, der die Geschäfte, unter der einmahl abbekannten, unveränderten bleibenden Firma der Handlung, führt, und den Vortheil und Ueberschuß jährlich nach Italien sendet. Der Absatz dieser Handlungen ist in der Regel wichtig und bedeutend; da sie sich in jeder Stadt den allgemeinen Ruf zu machen gewußt haben: der Italiener hat immer die besten Waaren. Wäre es möglich, den jährlichen Verdienst dieser, überall in Deutschland anzutreffenden italienischen Handlungshäuser zu kennen, die Summe im Total zu berechnen, die sie zusammen jährlich baar nach Italien schicken, so müßte die Summe des dadurch für Deutschland entstehenden Geldverlustes sehr beträchtlich seyn. Seit wann sind wol diese italienischen Handlungshäuser in Deutschland? Es war bekanntlich ehemahls viel gegenseitiger Handelsverkehr zwischen Italien und den großen Städten Süd-Deutschlands. Ob sich nun die Ankunft und Verbreitung dieser welschen Fremdlinge in Deutschland aus dieser

Zeit herschreibt, oder wann sie sonst eingetreten ist; darüber würde eine gefällige Notiz und Belehrung in diesen Blättern sehr angenehm und gewünscht seyn.

Anfrage.

In Betreff einer Bezeichnung des Schachbretts, wodurch jeder Spieler das ganze Spiel genau wiederholen kann, wünscht man von Meistern dieses Spieles zuvor zu vernehmen: 1) ob etwas ähnliches schon vorhanden ist? 2) wenn nicht, ob das Unternehmen einen Verleger oder auch Pränumeranten finden würde? und 3) die Anzahl der Züge beym kürzesten und längsten Spiel. Benj. Fleischer's Buchhandlung in Leipzig nimmt in portofreyen Briefen die Antworten an.

Dienst-Anerbieten.

Es wird in eine neu angehende Frauenzimmer-Ausbildungs-Anstalt eine Gehülfin gesucht, welche von munterem Geist, feiner Erziehung, gutem Ruf und moralisch guten Sitten ist, Französisch spricht und schreibt und etwas Handarbeit versteht —; doch müßte eine solche Person anfangs mehr auf eine liebliche freundliche Behandlung, als auf einen ansehnlichen Gehalt Rücksicht nehmen. Ueber die nähern Bedingnisse wende man sich an den Kaufmann
Johann Dietrich Matthias
in Hanau.

Justiz- und Polizey-Sachen.

Bekanntmachung,

Der untersetzten Behörde ist vom hiesigen Post-Amte unter der Adresse: à Messieurs les Administrateurs municipaux a dunh en palatinat, worauf statt Dunh von einem Postamte mit rother Dinte Ulm gesetzt ist, ein Schreiben zugestellt worden, worin Nachricht gegeben wird, daß den 9 vor. Monats ein Mensch mit Namen Wilhelm Thomas, 50 Jahr alt, und von Dunh en palatinat gebürtig — erfroren gefunden worden sey. Die Eltern oder Verwandten dieses Thomas können jederzeit die erhaltenen Originalien erheben bey dem Königl. bayerschen Stadtgericht Ulm.
von Schad kbnigl. bayerl. Rath- und Stadtrichter.
Ulm den 6 April 1807.
Rueß, Actuar.

Vorladungen: 1) der Interessenten der neufreistedter oder lenderswalder Compagnie.

In der ersten Hälfte des vorigen Jahrhunderts hat sich zu Freistedt, hiesigen Oberamts, eine Gesellschaft speculativer Unternehmer vereinigt, um ein, zur Manufactur, Commerz und hauptsächlich Holzhandel bestimmtes Etablissement, das unter dem Namen Neufreistedt, auch neufreistedter Compagnie oder lenderswalder Compagnie bekannt ist, zu errichten, und ein bedeutendes Capital zusammen geschossen. Die Gesellschaft erreichte aber ihren Zweck nicht, sondern die Unternehmung schlug fehl. Seit jener Zeit aber windet sich hier noch eine nicht unbeträchtliche, durch mehrere Schuld-Processe, verlorne Acten und Zeit-Ablauf höchst verworrene Masse unter obrigkeitlich bestellter Curatel.

Da man nun selbige auseinander zu setzen wünscht, aber die Interessenten dabier nicht vollständig bekannt sind: so werden hiermit alle und jede, Bekannte und Unbekannte, welche als Societäts-Genossen, oder als Erben der ehemaligen Societäts-Glieder, oder als Gläubiger ersagter neufreistedter oder lenderswalder Compagnie-Masse einen Anspruch an dieselbe zu machen gedenken, hiermit ein für allemahl aufgefordert, binnen drei aufeinander folgenden Monaten von heute an zu rechnen, dahier beym Oberamt zu erscheinen und in Person oder durch genugsam Bevollmächtigte ihre Ansprüche unter Production ihrer ... anzubringen, und das weitere zu ... dem Rechtsnachtheil des Ausschlusses von erwägter Masse, abgesehen, ob vielleicht Alten, jetzt nicht leicht mehr zu verfolgende Spuren ihres Anspruches in den Acten liegen dürften, oder nicht.

Mit dieser Masse stehet das Schuldenwesen des vorzüglichsten Unternehmers jener Societät, des gewesenen, Anno 1756 verstorbenen Commerzien-Raths Georg Daniel Auch in Verbindung, und ist eben sowohl eine, jedoch geringere Masse unter obrigkeitlicher Verwaltung, an deren Erledigung ebenfalls gelegen ist.

Es werden daher alle Interessenten, ihr Interesse mag beruhen auf welchem Rechtsgrund es wolle, hierdurch edictaliter vorgeladen, in obgedachtem Termin, vor unterzogenem Gerichte-Stelle zu erscheinen, und ihre Ansprüche vorzutragen, auch zu bescheinigen, oder deren Ausschliessung bey der Masse gewärtig zu seyn.

Verfügt Bischofsheim am hohen Steeg, den 28 Februar 1807.
Großherzogl. Badisches Oberamt allda.
C. v. Wechmar. C. v. Baur.

2) der Gläubiger L. Benj. Boehl's.

Die etwaigen Gläubiger des dahier verlebten ehemaligen Stifts-Vicars zu Weißenburg, Ludwig Benjamin Boehl, haben sich binnen vier Wochen vor der gemeinschaftlichen Juventur-Commission entweder selbst, oder durch hinlänglich Bevollmächtigte wegen ihrer allenfallsigen Forderungen zu melden, und dieselbe zu liquidiren, widrigenfalls zu gewärtigen, daß nach fruchtlosem Umlauf dieser Frist die Verlassenschaft ohne weiters abgegeben werde. Bruchsal den 31 März 1807.

Von angeordneter gemeinschaftlichen
Inventur-Commissions wegen.
in fidem
Rapparini.

3) der Erben oder Gläubiger des
Hofcaplans ꝛc. ꝛc. von Klein.

Wer an die Verlassenschafts-Masse des dahier verlebten Hofcaplans und Stifts-Herrn zu Heindberg Herrn von Klein aus irgend einem Grunde einen Anspruch zu machen berechtiget ist, wird anmit aufgefordert, solch i nerhalb sechs Wochen bey der dahier angeordneten Inventur-Commission um so gewisser einzubringen, als nach Verlauf dieser Frist das rückgelassene Vermögen an die Erb-Interessenten ohne weiters wird verabfolgt werden. Mannheim, den 31 März 1807.

Von Inventur-Commissonswegen.
Volpert.

4) der Maria Frey gebornen Uibel und
J. Mich. Uibel's.

Maria geborne Uibel, gebürtig von Boberzweiher, welche mit ihrem Ehemann Georg Frey von Zterolshofen im Jahr 1770 nach Ungarn gezogen, so wie ihr Bruder Johann Michael, von gedachtem Boberzweiher gebürtig, der als Schreinergesell auf die Wanderschaft ging, seit langer Zeit aber nichts mehr von sich hören lassen, diese beyde, oder ihre rechtmäßigen Erben, haben sich um Besitznahme ihres vorhandenen geringen Vermögens bey hiesigem Oberamt binnen drey Monaten von jetzt an zu melden, welches sonst ihrer Geschwistern gegen Caution ausgefolgt werden wird.

Verordnet bey Großherzogl. Oberamt Bischofsheim, den 11 März 1807.

5) der Erben Conr. Mahler's.

Der in großherzoglich hessischen Diensten gestandene Hoflaquai Conrad Mahler starb vor kurzem dahier, und hinterließ ein Testament, worin die beyden hinterbliebenen Töchter des dahier verstorbenen Schuhmachers Anton Hartmann zu Universal-Erben dessen Nachlasses eingesetzt worden sind.

Da derselbe aber, dem Vernehmen nach, außer einigen Anverwandten dahier, noch mehrere auswärtige Verwandten hinterlassen haben soll, über deren Aufenthalt zum Theil gar keine, zum Theil nur unbestimmte Nachrichten vorhanden sind; so werden alle diejenigen, welche der vorliegenden Willens-Disposition ohngeachtet, ex jure hereditatis Ansprüche an die gegenwärtige Verlassenschaft machen zu können glauben, hiermit edictaliter auf-

gefordert, sich von heute innerhalb der peremtorischen Zeitfrist von sechs Wochen bey dem Unterzeichneten zu melden, und ihre Erklärungen abzugeben, im Ausbleibungsfall aber zu erwarten, daß sie nicht mehr gehört, sondern die Verlassenschaft nach Inhalt des Testaments ohne weiters ausgeliefert werden solle. Darmstadt am 5 März 1807.

Vermöge Auftrags
Maurer,
großherzogl. hess. Hof-Secretär.

6) Xav. Kohler's.

Xaver Kohler, diesseitiger Amtsangehöriger von Rielasingen stand als Soldat in den ehemaligen hochfürstl. konstanzischen Diensten, desertirte sodann im May 1795 zu Haslach, und ließ seit dieser Zeit nichts mehr von sich hören.

Derselbe, oder dessen allenfallsige Leibes-Erben werden demnach aufgefordert, sich binnen 9 Monaten von heute bey hiesiger Gerichtsstelle zu melden, und das unter Pflegschaft stehende Vermögen von circa 200 fl. in Empfang zu nehmen, widrigenfalls solches seinen nächsten Anverwandten gegen Sicherheitsleistung überlassen würde.

Bohlingen bey Radolphzell am Bodensee, am 23 März 1807.

Großherzogl. Badisches O. Vogteyamt.
Vidt. Finweg.

7) J. Chrph. Lattich's.

Der Tuchmacher Johann Christoph Lattich, vorgeblich aus Wien gebürtig, so bey einem Jahr mit Annen Brigneren gebornen Müller allhier in der Ehe gelebt hat, aber vor 4 Jahren von selbiger gegangen ist, und seit dem nichts von sich hören lassen, wird hiermit aufgefordert,

Mittwoch den 1 im Julius d. J. vor unterzeichneter Gerichtsstelle zu erscheinen und auf eine, von gedachter seiner Ehefrau gegen ihn erhobene Ehescheidungs-Klage antwortlich sich vernehmen zu lassen, oder zu gewärtigen, daß er für einen böslichen Verlasser erkläret, und demgemäß weiters erkannt werde w. R.

Lengsfeld, am 1 April 1807.
Freyherrl. von Boineburg- und von Müllersches geistliches Gericht.

Kauf- und Handels-Sachen.

Verpachtung des Alexanders-Hofs
zu Weimar.

Den dreyzehnten May dieses Jahres soll zu Weimar die seither administrirt wordene große Auberge, der Alexanders-Hof genannt, von Johannis dieses Jahres an, auf zwey bis drey Jahre an den Meistbietenden verpachtet werden. Diese Auberge liegt an einem freyen Platze neben der Post, an der von Frankfurt nach Leipzig gehenden Straße, enthält gegen 50 zum Theil gut und neu

aufmeublirte Wiesen, Stallung auf 30 Pferde, Remisen für 15 bis 20 Wagen, und kann das Weitere in
diesem Gasthofe aus dem Inventarium ersehen
werden. Pachtlustige haben sich gedachten Tages Bor-
mittags 10 Uhr im Alexanders-Hof einzufinden, die
Pachtbedingungen zu vernehmen, und zu gewärtigen,
daß demjenigen, welcher Mittags 12 Uhr das
höchste Gebot gethan haben wird, jedoch mit Vorbehalt der Ratification der Eigenthümer der Pacht
zugeschlagen werden wird.
Weimar den 16 April 1807.

Verkauf eines Hauses in Erfurt.

Da zum öffentlichen Verkauf des dem Juwelier Carl Kopp zugehörigen, auf dem Anger gelegenen Hauses ein nochmaliger Bietungs-Termin
auf den 22 Junius d. J. vor dem Deputirten Hrn.
Regier. Referendair Suschieb angesetzt worden;
so wird dieses hierdurch öffentlich mit der Bemerkung bekannt gemacht, daß auf dieses Haus bereits
3300 Rthlr. grobes berliner Courant geboten worden. Erfurt den 7 April 1807.

Das von Sr. Majestät dem Kaiser
der Franzosen und König von
Italien bestätigte Stadtgericht.

Verkauf eines Gasthofs.

Da ich gesonnen bin, meinen Gasthof in dem
hiesigen, an der von Leipzig nach Cassel und Frankfurt führenden frequenten Straße gelegenen Orte,
mit Wohn- und Wirthschafts-Gebäuden, nebst
dazu gehöriger Gemeine Gerechtigkeit, ingleichen
mein in 33 1/3 Ar. artbarer Länderey und 5 Ar.
Wiesen bestehendes halbes Bauerngut, aus freyer
Hand zu verkaufen: so mache ich solches, und daß,
nach Befinden von der Kaufsumme 3000 Rthlr.
auf besagten Grundstücken als rückständige Kaufgelder stehen bleiben, Kauflustige aber die nähern
Bedingungen bey mir selbst erfahren können, hierdurch bekannt. Sättelstädt, den 12 April 1807.
Georg Heinrich Künzer,
Gastwirth.

Mineralien-Sammlungen.

Unsere bekannten Mineralien-Sammlungen,
die sowohl zum Selbststudium als zum Unterricht
sehr geeignet sind, liefern wir fortwährend zu nachfolgenden Preisen:
I) Oryktognostische Min. Sammlungen.
1) zu 100 Stück 1 Zoll groß, 2 fl. 45 kr. 2) zu
200 St. 1 3. gr. 7 fl. 20 kr. 3) zu 200 St. 1 1/2
3. gr. 14 fl. 40 kr. 4) zu 200 St. 2 - 2 1/2 3.
gr. 22 fl. 5) zu 300 St. 3 1/2 - 4 3. gr. 30 fl.
II) Gebirgsarten-Sammlungen. 1) zu 60
Stück 2 1/2 - 3 Zoll groß 5 fl. 24 kr. 2) zu 50
St. 4 - 5 3. gr. 11 fl. 3) zu 80 St. 4 - 5 3. gr.
18 fl. 4) zu 100 St. 4 - 5 3. gr. 30 fl.

Den Käufern werden, wenn solche etlich
Sammlungen zusammen nehmen, und sich unmit-
telbar an uns in portofreyen Briefen wenden
15 pr. Crnt. nachgelassen.
Mineralien- Tausch- und Handlungs-
Comtoir in Hanau.

Ein oder zwey Goldstufen aus den färbischen
Inseln werden um billige Preise zu kaufen gesucht
von Chrn. J. Jodlich in Nürnberg.

Fortepianos

in Flügel-Clavier- und aufrechtstehender Form von
verschiedener Eleganz und Holzgattung von den ächten wiener Meistern sind in großer Anzahl vorräthig, und zu den billigsten Preisen zu verkaufen,
im musikalischen Instrumenten-Magazin von C. J.
Lehmann auf der Ritterstraße in Leipzig.

Cichorien-Samen.

Bey Anton Georg Fischer in Braunschweig
ist echter Cichorien-Samen bester Gattung und gesiebt zu haben. Der Preis ist in Quantitäten von
50 Pfund und darüber 16 ggr. pr. Pfund, in
kleinern Quantitäten 20 ggr. pr. Pfund beydes in
20 fl. Fuß.

Frankfurter Wechsel-Cours

den 17 April 1807.

	Briefe.	Geld.
Amsterdam in Banco k. S.		
2 Mon.		
Amsterdam in Courant k. S.	—	143 1/4
2 Mon.		142 1/2
Hamburg k. S.	—	150
2 Mon.		149 1/2
Augsburg k. S.	100 1/4	—
Wien k. S.	46	—
2 Mon.		
London 2 Mon.		
Paris k. S.	—	78
à 2 Uso	—	77 1/2
Lyon	78 1/2	—
Leipzig M. Species	—	100 1
Basel k. S.		
Bremen k. S.	—	109

Allgemeiner Anzeiger

der

Deutschen.

Freytags, den 24 April 1807.

Nützliche Anstalten und Vorschläge.

Nenndorfer Brunnen=Anstalt.

Es sind mehrere schriftliche Anfragen eingegangen: ob die für die leidende Menschheit so wohlthätige Bade=Anstalt zu Nenndorf auch dieses Jahr bestehen werde. Es dient daher zur Nachricht, daß sowohl von Seiten Sr. Excellenz des kaiserl. königl. Herrn: General=Gouverneurs Gobert, als des Herrn Intendanten Sicard in Minden dieses wohlthätige Institut in jeder Hinsicht erhalten werde und alle Unterstützung finde; eben so daß sämmtliche Curgäste sich eines vorzüglichen Schutzes und vollkommener Sicherheit zu erfreuen haben.

Bey dieser Gelegenheit wird das verbreitete Gerücht, daß nenndorfer Mobilien zum Lazareth in Rinteln verwendet worden seyen, dahin berichtigt: daß zwar der Befehl dazu ertheilt und der Transport veranstaltet war, solcher aber von den königl. holländischen Herrn General Daendels sogleich, ehe noch ein Stück abgeliefert war, aufgehoben wurde, als man die Wohlthätigkeit dieser Anstalt darstellte. Daher auch die Curgäste versichert seyn können, daß besagte Mobilien nie in einem Lazareth gebraucht worden sind, sondern die gewöhnliche Reinlichkeit und Ordnung wie ehemahls herrschet.

Nenndorf den 29 März 1807.

Von Brunnen = Directions wegen.

Schwarzenberg.

Allg. Anz. d. D. 1 B. 1807.

Künste, Manufacturen und Fabriken.

Ueber die Tertienuhren des Herrn Pfaffius in Wesel, von Dr. Benzenberg, Prof. der Physik und Astronomie.

In Nr. 271 S. 3340 des allg. Anz. befindet sich eine Anfrage, diese Uhren betreffend, die mir erst sehr spät in Gesichte kam und daher ihre späte Beantwortung.

Die Tertienuhren von Pfaffius sind mit rundgehendem Pendel, welches sich auf zwey Schneiden wiegt, die unter Winkeln von 90 Grad stehen. Die Linse des Pendels beschreibt einen Kreis und das ganze Pendel einen Doppelkegel, dessen Spitzen sich im Aufhängepunct berühren. — Ohne Zeichnung ist diese sinnreiche Einrichtung nicht wohl verständlich zu machen. Ich habe sie in Gilbert's Annalen d. Physik B. 16 ausführlich beschrieben und in Voigt's Magazin für Nat. Kunde die Versuche angeführt, welche ich mit dieser Tertienuhr über die Fallzeiten der Bleykugeln auf der hiesigen Sternwarte angestellt habe. — Weil das Pendel immer im Kreise stetig fortgeht, so gehen die Zeiger eben so stetig fort und ohne alle hüpfende Bewegung. Bey der Hemmung bleibt das Pendel und das Räderwerk der Uhr im Gehen und bloß Secunden= und Tertienzeiger wird stille gehalten. Vermöge ihres Baues gehen diese Uhren sehr genau, und sie machen nicht ein Zehntel der Fehler, welche die gewöhnlichen Tertienuhren machen. Da, wo ich im hamburger Michaelisthurm 70 Versuche mit der Tertienuhr der göttinger Sternwarte machen mußte, um das Resultat bis auf eine gewisse Grenze genau zu erhalten, würde ich mit diesen Tertienuhren schon mit 20 Versuchen ein genaueres gehabt haben.

Da alle Uhren auf der hiesigen Sternwarte nach Decimalzeit gehen (der Tag zu 100,000 Sec.) so ließ ich die Tertienuhren auch nach Decimalzeit bauen, so daß 10 Mill. Tertien auf den Tag gehen, wodurch die Tertien noch um die Hälfte kleiner wurden, als die der gewöhnlichen Tertienuhren, die Stunden, Minuten und Secunden in 60 Theile eintheilen. Dieselbe Eintheilung hat die Uhr, welche ich jetzt im Namen des Künstlers an's Nat. Institut nach Paris schicke. Der Preis einer solchen Uhr ist 5 bis 6 Louisd'or. Man kann, wenn man sie besitzt, füglich Attwood's theure Fallmaschinen entbehren, um in der Physik Galilei's Gesetz des Falls zu zeigen, und zugleich ist dieses Gesetz beym freyen directen Fall der Bleykugeln auch deutlicher für den Zuschauer, als bey Attwood's Maschine, oder bey der geneigten Rille, in der die Kugeln laufen. Dann ist eine solche Uhr zugleich bey andern Versuchen noch sehr nützlich, bey denen man eine sehr genaue Bestimmung kleiner Zeittheile verlangt, wie z. B. bey den Versuchen über die Geschwindigkeit des Schalls durch die Luft, oder über die Geschwindigkeit, mit der er sich durch's Wasser fortpflanzt.

Da nach jetziger Verordnung der hiesigen Polizey alle Stadtuhren nach der Uhr auf der Sternwarte reguliert werden müssen, damit die bürgerlichen Geschäfte nicht durch Mangel an Uebereinstimmung der Uhren gestört werden, so wurde hierbey eine besondere Uhr auf der Sternwarte aufgestellt, die nicht, wie die übrigen, nach Decimalzeit geht, sondern bürgerliche Zeit anzeigt. Auch diese ließ ich von Pfaffius mit einem Centrifugal-Pendel machen, und ich bin mit ihrem Gange äuf'erst zufrieden. Mit einem Gewichte von acht Pfund geht sie ohne Aufzug vier Wochen, bey einer Höhe von 5 Fuß. Da das Pendel immer rund geht und nicht wie bey den gewöhnlichen Uhren hin und her, so sind sie in Wohn- und Schlafzimmern sehr angenehm, weil sie bey ihrem Gange nicht das geringste Geräusch machen. Eine solche Uhr, deren Kasten eine cannelirte Säule von Kirschbaumholz mit Piedestal und Capitäl ist, kostet 11

bis 12 Lb'or. Während des Aufziehens geht sie fort, ohne daß sie, wie die gewöhnlichen Uhren, eine Feder in der Walze für den fortgehenden Gang hat. — Selbst, wenn das Gewicht abgenommen wird, geht sie noch über eine Stunde fort, ehe sie zum Stillstehen kommt. Dann treibt sie bloß das Pendel, welches in diesen merkwürdigen Uhren mit dem Räderwerke arbeitet und ihm nicht entgegen, wie in den gewöhnlichen Uhren, durch Hemmung und Stillhalten des Steigrades. — Daher bleiben diese Uhren auch nicht so leicht stille stehen, wie die gewöhnlichen, wenn sich ein Hinderniß des Ganges findet, welches zu überwinden das Räderwerk zu schwach ist; und so treibt das schwere Pendel die Uhr mit seinen Umschwüngen allein fort.

Ich habe es mehrmahls versucht, daß ich die Uhr rückwärts gehen ließ; wo also das Pendel dem Gewicht entgegen wirkte und es in die Höhe heben mußte. Es dauerte denn doch noch über eine halbe Stunde, ehe die Uhr stille stand.

Auch Thurmuhren werden von dem geschickten Künstler auf diese Weise verfertigt. So habe ich im vorigen Jahre eine auf dem Schlosse des Freyherrn von Bollich zu Diersforth bey Wesel gesehen, die eine äußerst einfache Einrichtung hatte, obschon sie 8 Tage ging und sowohl Viertel- als ganze Stunden schlug.

Huygens hat zuerst in seinem berühmten Buche de pendulo oscillatorio von dieser Art Uhren gesprochen. Seite 157 finden sich 22 Sätze, die sich aufs Pendulum centrifugale beziehen. Auch erwähnt ihrer Poppe in seiner Geschichte der Uhrmacherkunst beyläufig unter dem Namen Pirouette. Indeß scheint Pfaffius der erste gewesen zu seyn, der die sinnreiche Aufhängung mit doppelten Schneiden zuerst angewandt hat, um eine kreisförmige Bewegung zu erhalten, und der zugleich von allen Arten Uhren, als Thurmuhren, Hausuhren, astronomische Uhren und Tertienuhren mit Centrifugal-Pendeln im Großen verfertigt hat.

Düsseldorfer Sternwarte den 4 April 1807.

Dienst = Anerbieten.

1) Einem Rechtsgelehrten oder geschickten Schreiber von gesetztem Alter wird in einem Institute eine Stelle als Secretair angeboten. Dessen vorzügliche Beschäftigung bestünde in Aufsätzen, Führung der Correspondenz und der Bücher. Verbunden mit einem guten Willen muß derselbe ein thätiger Mann seyn, einen moralisch guten Character beweisen und eine hübsche Handschrift schreiben. Da überdieß demselben auch öfters Gelder anvertraut werden, so muß er entweder baar oder durch annehmliche Bürgschaft 500 Fl. rheinisch Caution leisten. Der Eintritt könnte sogleich geschehen, und wer sich zu diesem Posten geeignet finden sollte, der wende sich deshalb in freyen Briefen unter Couvert an die Expedition des allg. Anz. in Gotha, welche sodann die Briefe an ihren bestimmten Ort befördern wird.

2) Es wird ein Lehrling in eine Materialhandlung einer Stadt Thüringens, welcher von guter Familie seyn muß, gegen billige Bedingung gesucht. Man wende sich mit Briefen an die Expedit. des allg. Anz. in Gotha unter der Adresse Z. W.

Dienst = Gesuche.

1) Ein junger unverheiratheter Oeconom aus Thüringen, von angesehener Familie und guter Bildung, der schon seit mehrern Jahren ohne jede fremde Aufsicht ein nicht unbeträchtliches Rittergut mit allgemeinem Beyfall als Verwalter bewirthschaftete, und sich darüber erforderlichen Falls mit den besten Zeugnissen legitimiren kann, wünscht, da er mit Johannis l. J. aus den bisherigen Verhältnissen zu treten gesonnen ist, eine andre Stelle als Verwalter unter annehmlichen Bedingungen zu erhalten. Briefe an ihn bittet man unter der Adresse C. L. in S. an die Exp. des allg. Anz. postfrey einzusenden.

2) Ein Mann von gesetztem Alter, welcher mehrere Jahre in einer ansehnlichen

Handelsstadt als Siegellack = Fabrikant in einer Fabrik gearbeitet hat, deren Waare sich wegen innerer Güte und schöner Politur vorzüglich empfiehlt, wünscht bey eingetretenen Familienverhältnissen wieder eine solche Anstellung, oder in einer vortheilhaften Stadt eine Fabrik gemeinschaftlich anlegen zu können. Wegen seiner moralischen Aufführung kann er die besten Zeugnisse beybringen; von seinem Eifer und Fleiß wird die Erfahrung denjenigen am besten überzeugen, der ihm ein sicheres Unterkommen zu verschaffen gesonnen ist. Auch besitzt derselbe alle Geräthschaften, die zu einer Fabrik erforderlich sind.

Auf frankirte Briefe kann er auch Proben einsenden, und wer engiren will, kann die nähern Bedingungen auf frankirte Briefe unter der Adresse: H. D W in einem Umschlag an den Kaufmann Joh. Friedr. Wilh. Hofmann in Merseburg an der Saale, erfahren.

Familien = Nachrichten.

Todes = Anzeige.

Das am 16 April im 75 Jahre an einem Schlagflusse erfolgte Ende des Adjunctus und Oberpfarrers Johann Samuel Leßler mache ich hierdurch dessen auswärtigen Freunden und Bekannten im Namen seiner Verwandten ergebenst bekannt.

Creuzburg den 17 April 1807.

J. C. G. Zeusinger, Diaconus.

Aufforderung.

Der Kunstbereiter Carl Colter wird von seiner besorgten Mutter dringendst gebeten, seinen jetzigen Aufenthaltsort anzuzeigen. Auch werden Menschenfreunde ersucht, wenn sie diesen besagten Colter kennen sollten, ihn mit dieser Aufforderung bekannt zu machen, welches mit allem Dank erkennen wird

die verwittwete Colter, jetzt verehelichte Berg.

Adresse an Herrn Tewes zu Schladen im Fürstenthum Hildesheim.

Justiz- und Polizey-Sachen.

Vorladungen: 1) J. Jac. Eichert's.
Johann Jacob Eichert, des verlebten Bürgers Jacob Eichert von Ubstatt eheliger Sohn, dermahlen 74 Jahr alt, welcher schon lange, man weiß nicht wo, abwesend ist, oder dessen allenfallsige rechtmäßige Leibes-Erben werden zum Empfang des in 3244 fl. 55 1/2 kr. bestehenden elterlichen Vermögens a dato innerhalb 9 Monaten unter dem Nachtheil hiermit vorgeladen, daß er sonst nach gesetzlicher Vorschrift für todt erkläret, und sein Vermögen an seine nächsten Anverwandten frey und eigenthümlich verabfolget werden solle.
Bruchsal, am 13 April 1807.
Großherzogl. Badisches Landamt.
Guhmann.
Fränzinger.

2) der Gläubiger J. W. Ziemann's.
Wir Bürgermeister und Rath der Altstadt Hannover fügen hiermit zu wissen:
Nachdem der hiesige Bürger und Kaufmann Friedrich Wilhelm Ziemann angezeigt, daß er sich außer Stande befinde, seine andringenden Gläubiger zu befriedigen, und solchemnach der Concurs-proceß erkannt und wegen Sicherstellung der Gütermasse das Erforderliche verfügt worden: also ist auch Terminus auf den 8 May d. J. Freytags nach Rogate berahmt und angesetzt, in welchem alle diejenigen, welche an bemeldeten Kaufmann Ziemann aus irgend einem Grunde etwas zu fordern haben, Vormittags um 11 Uhr auf dem hiesigen Rathhause in Person oder durch hinlänglich bevollmächtigte Anwälde zu erscheinen, ihre Forderungen ad Protocollum anzuzeigen, und die darüber etwa in Händen habenden Documente in Originali einzureichen, Kraft dieses und unter der Verwarnung, daß die sich sodann nicht Meldenden mit ihren etwanigen Ansprüchen präcludirt, und ihnen ein ewiges Stillschweigen auferlegt werden soll, öffentlich citirt und vorgeladen werden.
Gegeben Hannover, den 6 April 1807.
(L. S.) Jussu Senatus.
G. H. C. Heiliger, Secr.

3) der Gläubiger W. Bloch's.
Die auswärtigen Gläubiger des hiesigen Bürgers Wilhelm Bloch, deren Forderungen noch nicht eingeklagt sind, werden hierzu wegen eingetretenen Concurses, bey Vermeidung des Ausschlusses von gegenwärtiger Vermögens-Masse, auf Dienstag den 12 May dieses Jahrs Vormittags 9 Uhr
vorgeladen.
Schlitz bey Fulda, am 16.April 1807.
Gräfl. Görzisches Justiz-Amt.

Kauf- und Handels-Sachen.

Verkauf einer Theater-Decoration.
Eine vollständige Theater-Decoration mit 13 Verwandlungen, worunter sich die von Ifland und Kozebue befinden; ingleichen 15 Opern mit Musik sind gegen einen billigen Preis zu verkaufen. Wo und um welchen Preis ist bey der Expedition des allg. Anzeigers in Gotha zu erfahren.

Knall- oder Allarm-Fidibus.
Diese Fidibus geben, wenn sie angezündet werden, oder wenn man auf die Stelle, welche die knallende Materie eingeschlossen enthält, ein Stück brennenden Schwamm legt, einen bedeutenden Knall, ohne die geringste Gefahr. Eben dieser erfolgt auch, wenn auf diese Stelle mit einem harten Körper geschlagen wird, indem solche auf einem andern harten Körper aufliegt. Hierdurch eignen sie sich zu einer überraschenden Belustigung im geselligen Kreise, und gehören zu jenen angenehmen physikalischen Experimenten, die uns scherzend die merkwürdigen Kräfte der Natur kennen lernen. So wie sie zugleich dadurch nützlich werden, daß sie ein sicheres Allarm-Mittel bey nächtlichen Ueberfällen, (Siehe allg. Anzeiger 1806 Nr. 251, 2104) abgeben. Ich verkaufe davon folgende Arten:

1) Doppelte, das Groß von 12 Duß. pr. 2 Rthlr. 16 gl. das Dutzend pr. 6 gl. sie sind an der Form der gemeinen Papier-Fidibus, und enthalten an beyden Enden einen Knall.

2) Einfache in Karten, welche vorzüglich zum betoniren durch den Schlag sich eignen. Das Groß 1 Rthlr. 8 gl. das Duß. 3 gl.

3) Einfache in Papier, wie die doppelten, nur daß sie bloß einen Knall geben. Das Groß 1 Rthlr. 8 gl. Das Duß. 3 gl.

Seidlersche Lampen-Dochte
von der feinsten gebleichten Baumwolle gemacht und mit einer Wachs-Composition getränkt, das Duß. pr. 4 gl. Das Groß 1 Rthlr. 18 gl.

Leipziger Königs-Räucherpulver.
Ein vorzüglich angenehmer Wohlgeruch für Wäsche; oder durch Aufstreuen auf den heißen Ofen oder ein heißes Blech für Zimmer. Das Pfund 3 Rthlr. und in Gläsern zu 8, 6 und 2 gl.
Zur Empfehlung dieser Artikel darf ich nichts hinzusetzen als die Bitte, sich durch einen kleinen Versuch selbst zu überzeugen; da aber leicht zu übersehen ist, daß bey so kleinen Bestellungen als oft gemacht werden, Porto, Briefträgerlohn und Emballage nicht gewonnen werden kann, so muß ich um freye Einsendung der Briefe und Gelder höflichst bitten. Joh. Gottfried Klett sen. in Leipzig, Nicolaistraße.

Allgemeiner Anzeiger
der
Deutschen.

Sonnabends, den 25 April 1807.

Nützliche Anstalten und Vorschläge.

Ein Gedanke zur Milderung der Kriegsübel; zur Erwägung und Erweiterung für Menschenfreunde.

Die Noth war von jeher eine nicht zu verachtende Lehrerin der Menschen; sollte die jetzige Kriesnoth so ganz ohne Lehre für uns seyn? Mit Freude bemerkt man, daß sich die Menschen doch hier und da zur Tragung gemeinschaftlicher Lasten nähern. Wodurch kann auch mehr dem Elende vorgebeugt werden, als wenn alle, die es einst treffen könnte, zusammen treten und einen Theil desselben denen, die es schon traf, abnehmen.

Die Verheerungen des Kriegs sind gewiß eins der fürchterlichsten Uebel. Zum Glück treffen sie nicht in einem und demselben Zeitpuncte ganze große Länder und ihre Bewohner, sondern meistens nur einzelne Striche oder Puncte, wohin die Heere der Streiter sich wenden und ihren Kampfplatz finden. Aber desto schrecklicher ist auch das Schicksal derer, welche die Gegenden bewohnen, wodurch die, man möchte fast sagen, gegenwärtig unermeßlichen Heere ziehen, und besonders einander Kampf drohen oder sich bekämpfen. Unser unglückliches Deutschland kann sowohl in seinem Süden, als in seinem Norden jetzt davon sagen, und ein Theil der Fluren Schwabens und Bayerns zeugen noch diese Stunde von dem Elende, was über sie hereinbrach. Welche Provinzen Deutschlands, welche Provinzen der noch im Kriege begriffenen Mächte zittern nicht vor ähnlichen Schicksalen?

Allg. Anz. d. D. 1 B. 1807.

Ist ein Gemählde dieses Elends hier nöthig, nöthig für einen Deutschen, da jetzt fast jeder Theil Deutschlands Puncte aufzuweisen hat, auf denen seit 10 — 15 Jahren Menschen bluteten, verzweifelten, Dörfer und Städte in Flammen aufgingen, die nützlichsten und brauchbarsten Bedürfnisse des Menschen geraubt wurden, um zerstört zu werden?

Auf den Grund, daß manche Unglücksfälle unverschuldet hier und da nur einige Orte oder Striche eines größern Landes treffen und den Wohlstand derselben zerstörten, erbauete die Weisheit einiger Menschenfreunde und edlen Regierungen die Anstalt der Brandversicherungen, der Versicherungen des Viehstandes bey einbrechenden Seuchen u. dergl. schöne Anstalten, die Menschen vom gänzlichen Verderben zu retten.

Was wäre wol gerechter und billiger, als eine Anstalt, wodurch die Mitbürger eines größern Staates (bey kleinern isolirten möchte es wol nicht Statt finden können) einen Theil ihrer Habe, die sie durch Verheerung verloren, von ihren andern Mitbürgern, die solche Verheerung nicht, oder nicht in dem Maße traf, wieder erhielten, und dieß um so mehr, da sie gerade deswegen ihre Habe verloren, weil sie Mitbürger des Staats waren, der sich in diesen Krieg einließ, wodurch sie jetzt verheert wurden.

Der Grundsatz: die sämmtlichen Mitglieder eines Staats stehen für einen Mann, (denn dazu sind sie vereinigt) müssen auch von allen Lasten, jedes nach seinen Kräften, ihren Theil tragen, muß hier, so wie bey allen Abgaben und Dienstleistungen die Regel seyn, nach der sich der Staat richtet. Traf 50 oder 100 Mitglieder eines Staats ein Unglück um des Staats willen, so sind die andern 1000 oder Millionen Mitglieder desselben Staats schuldig, so bald es möglich ist, einen Theil der Folgen dieses Unglücks von ihren Mitbürgern abzunehmen und sich aufzulegen.

Dieß kann nun in dem erwähnten Falle durch eine Verheerungs = Assecuranz geschehen. *)

Um einen richtigen Besteuerungsfuß zu erhalten, ist es in wohl geordneten Staaten schon gewöhnlich, daß jedes Mitglied sowohl seines ganzen Vermögens Werth, als auch den Betrag seiner jährlichen Einkünfte angeben müßte. Nach diesen Angaben müßte ein jedes Staatsmitglied, welches es auch sey, vom geringsten Handwerker an bis zum Fürsten, seine Beyträge liefern, sobald eine Gegend verheeret worden wäre; diese Vermögensangabe würde dann auch der Fußseyn müssen, zu prüfen, wie viel ein jeder, der der Verheerung unterworfen war, verloren, ob die Hälfte oder zwey Drittel oder ein Viertel oder das Ganze seines Vermögens und seiner Einkünfte. Es würde bestimmt, wie viel ein Staatsmitglied verloren haben müßte, um auf Entschädigung Anspruch machen zu können, ob nach dem Verluste des Viertels sei nes Vermögens und der Einkünfte oder von zwey Drittel u. s. w.; bestimmt, wie viel jeder durch Verheerung heimgesuchte von dem, was er verlor, wieder erhalten müsse, ob ein Viertel oder ein Drittel des Verlustes oder mehr oder weniger, ob nach dem Verluste von bloßen jährlichen Einkünften, die sich aber das folgende Jahr wieder finden, und wie wieder zu ersetzen sey; bestimmt, wie hoch sich der Verlust belaufen dürfe, um etwa ein Drittel oder Viertel u. s. w. Ersatz zu erhalten, damit nicht, wenn einzelne Personen Millionen an Vermögen und Einkünften durch Plünderung verloren haben, das ganze Land erschöpft würde. Ich mag hierdurch nur hindeuten auf das, was hierbey Schwieriges vorkommt, um Staatskundigen es zur schärfern Ueberlegung und Berichtigung zu empfehlen.

Wenn der Feind auch einen Staat besetzt hielte, in dem eine solche Anstalt wirk-

*) Zur See bestehen schon Assecuranzen des Vermögens gegen Kaper.

sam wäre, so darf man doch haffen, daß er sie nicht stören werde, weil er selbst davon Vortheil hätte, wenn die verwüsteten Orte desselben Staats durch diese Anstalt der gänzlichen Veröduung entzogen würden, um selbst ihm seinen Aufenthalt zu erleichtern.

Der Nutzen einer solchen Anstalt für den Staat ist zu einleuchtend, als daß er erst dargelegt werden müsse. Wie viele rechtliche Bürger, die dem Staat in Zukunft die wichtigsten Dienste leisten können, werden dem schrecklichen Hungertode, der Verzweiflung und dem Tode des Kummers entrissen, wie viele dem Gewerbfleiße erhalten, zurückgeführt von der Verwilderung der Betteley und Räuberey!

Gelnhaar am 2 Ostertage 1807.
Ch. F. Warmholz.

Land = und Hauswirthschaft.

Zur Ehrenrettung der Tauben. In Beziehung auf Nr. 296 S. 3579 des allg. Anz. 1806 über die Nachtheile der Taubenzucht.

Herr K. Verfasser des berührten Aufsatzes, ist gewiß kein Freund der Tauben, wie so viele andere Oeconomen, als auch wahrscheinlich nicht der Verfasser jenes bekannten Lobgedichts auf dieselben, das unsere Jungen oft singen: Die Taube ist ein schönes Thier ꝛc. ꝛc. Doch abgesehen davon, er hat Recht, daß eine solche Menge Tauben, wie er vorgibt schon an mehreren Orten gefunden zu haben, mehr schädlich als nützlich ist, aber nicht sowohl den Bewohnern des Orts, wo sie gehalten werden, durch das Befliegen ihrer Felder, als vielmehr dem, der sie hält, indem sie demselben bey weiten mehr kosten, als sie ihm einbringen. Man denke nur was sie einen Winter über verzehren, und das doch gewiß mit mehr Vortheil an das andere Vieh gewandt werden könnte.

Die Tauben scharren bekanntlich nicht wie Hühner, und fressen auch nicht wie diese, oder die Sperlinge, die Aehren aus, sondern lesen nur das auf, was sie auf der Oberfläche entblößt liegen finden, und dieses ist doch immer für den Eigenthümer des Ackers, worauf es liegt, es mag nach der Saat oder dem Schnit seyn, verloren. Das

was die Tauben nach der Saat vom Acker
auflesen, geht doch entweder, weil es nicht
bedeckt ist, nicht auf, oder wenn es auch,
durch Regen eingeweicht, wirklich zum Keine kommt, stirbt es entweder bald wieder
ab, oder bleibt doch immer ein Verkümmer-
ter, wenig oder keine Frucht bringender
Halm; und was sie nach dem Schneiden
und Binden der Früchte auf dem Acker finden, ist ja ohnedin den Thieren zur Speise
bestimmt. Wer könnte demnach so neidisch
seyn, und diese „Brodsamen, die von des
Herrn Tische fallen" dem unschuldigen Tau-
ben-Völkchen mißgönnen. Freylich zur Zeit
der Leinsaat ist dieß was anders. Dieser
Same läßt sich, weil er leicht anklebt, einmahl nicht vollkommen unteregen, und
kann, weil seine Pflanze genug unter sich
wurzelt, ist das auch dem Besteller ohne
Schaden. Da könnten dann die Tauben
wirklich einen großen Theil des Samens auflesen, und so dem Eigenthümer großen Schaden zufügen. Allein diesem Uebel läßt sich
leicht steuern. Man bringe es dahin, daß
die Tauben um diese Zeit nur vierzehn Tage eingesperrt werden, wie es z. B. hier der
Fall ist, und dazu versteht sich gewiß jeder
Taubenhalter, wenn er ein rechtlicher Mann
ist, so gern von selbst, als im Gegentheil der
unrechtliche durch Hülfe der Obrigkeit leicht
dazu zu zwingen ist. Nachher gönne man
ihnen dann wieder wie vorher die ihnen vom
Schöpfer geschenkte Freyheit.

Daß die Tauben in Rübsen liegen und
lesen, wie gewöhnlich die Hänflinge thun,
ausfressen, ist ganz gegen meine Erfahrung,
und so halte ich auch diese Beschuldigung
für ungegründet.

Beschn.   L. J. W**g.

Ein am Siegflusse wohnender Landwirth
will die Bemerkung gemacht haben, daß, um
unter den Kücheln mehr Hühner als Hähne
zu erhalten, diejenigen Hühnereyer, welche
gegen das Licht gehalten nicht röthlich gelb,
sondern weißlich gelb, dem Weißen sich nä-
hernd, durchschienen, der Henne müßten un-
tergelegt werden, und daß es zum bessern
Ausbringen diene, Eyer, die in dem Jahre
im Monat May gelegt wären, unterzulegen.

W. n.

Dienst-Gesuche.

Ein Frauenzimmer von 39 Jahren, sehr
guter Erziehung, vortrefflichem Character,
und geschickt in weiblichen Arbeiten, wünscht
eine Stelle als Gesellschafterin bey einer
einzelnen Dame oder stillen Familie, wo sie,
wenn man es wünscht, auch gern einen Theil
des Haushalts mit übernehmen wird. Die
Expedition des allg. Anz. in Gotha besorgt die an sie eingehenden Briefe.

Familien-Nachrichten.

Todes-Anzeige.

Am 16 April entschlief zu Gera im
Voigtlande unsere gute Mutter, die verwitwete Kammerjunkerin Henriette Elisabeth Senft von Pilsach geborne von
Weißenbach, des Nachmittags gegen 4 Uhr,
im 83 Lebensjahr, an den Folgen einer Entzündung im Unterleibe und völliger Entkräftung, so sanft und ruhig, wie ihr ganzes Leben war. Von 17 leiblichen Kindern gingen ihr zehn voran, und gegenwärtig bewei-
nen sie kummervoll 7 Kinder, 27 Enkel, und
10 Urenkel.

Die nachgelassenen Kinder.

Kauf- und Handels-Sachen.

Verpachtung des Schießhauses in Weimar.

Das von dem hiesigen Stadtrath vor zwey
Jahren neu erbauete Schieß- und Gasthaus, unweit der Stadt vor dem Kegelthor, in einer angenehmen Gegend gelegen, soll nebst der dazu gehörigen Wirthschaft vor der hohen Orts angeordneten Commißion

den sechs und zwanzigsten May dieses Jahres
anderweit öffentlich verpachtet werden.

Außer der geräumigen Wohnung des Wirths
besteht dasselbe in

sieben großen Zimmern, worunter sechs heiz-
bare sind;

einem großen Tanzsaal;

einem daran stoßenden Speisesaal;

einer großen Küche mit darin befindlichen
Brat- und Backröhren, auch Ofen;

einem großen feuerfreien Speisegewölbe;

einem großen Weinkeller;

einem Bergl. in Bier;

einer großen Küchkammer;

einem mit einer Mauer umgebenen und einer
Thorfahrt versehenen geräumigen Hof, worin sich

ein Kuhstall auf 2 bis 3 Stück,
ein Hühnerstall,
ein Brunnen,
die nöthigen Holzställe und
ein Waschhaus,

befindet. Auch ist erst voriges Jahr ganz nahe am Hause eine Scheune und ein Pferdestall auf 8 Pferde angelegt worden. Ueberdieß erhält der Pachter drey bedeckte Kegelbahnen und ein Billard zu benutzen. Er ist berechtigt, Gastwirthschaft das ganze Jahr hindurch zu treiben, und Bier, Wein und Liqueur jeder Art auszuschenken, wovon jedoch die festgesetzten Abgaben an Accise, Licent und Tranksteuer zu entrichten sind.

Alle diejenigen, welche den Pacht dieses Hauses, wobey auch in Rücksicht der neu angelegten Scheune Landwirthschaft kann getrieben werden, einzugehen gesonnen seyn möchten, hinlängliche Caution zu bestellen und Zeugniß der dazu nöthigen Kenntnisse und eines guten Verhaltens beyzubringen im Stande sind, können bestimmten Tags Vormittags zehn Uhr, auf hiesiger herzogl. Regierungs-Canzley sich einfinden, gebührend anmelden und erwarten, daß mit demjenigen, welcher wegen Erfüllung der auf Verlangen einem jeden von der verordneten Commission sofort bekannt zu machenden Bedingungen am besten sich erklärt, bis auf hohe Genehmigung herzoglicher Landes-Regierung der Pacht werde abgeschlossen werden.

Weimar, den 7 April 1807.
Herzogl. Sächs. zur Sache verordnete Commission.
Johann Carl Christian Lauhn,
Regierungs-Rath.

Breslauer und danziger Liqueurs.

Diesen schon hinlänglich bekannten feinen Sorten von Liqueuren meiner Fabrik habe ich noch einige andere beygefügt. Die breslauer, in mit Korb umflochtenen Quart-Flaschen, werden nichts zu wünschen übrig lassen, so wie die in gläsernen Quart-Flaschen befindlichen danziger sich durch ihre Stärke und feinen Geschmack gewiß eben so sehr empfehlen werden.*) Die etwas geringern Sorten unter dem Namen Aquavite sind ebenfalls rein, fuselfrey und von gutem Geschmack, aber beträchtlich wohlfeiler, und werden nach dresdner Kannen verkauft.

Breslauer. Alkermes, Anies, Blähungs-Wasser, Canel, Carminativ, Christophlet, churfürstl. Magen, Citron, Goldwasser, Krambambuli, bitterer Kräuter-Magen, Kümmel, Maraschino, Muscaten, Nelken, Orangenblüth, Parfait-amour,

*) Nach den eingeschickten Proben zu urtheilen, verdienen diese Liqueure eine vorzügliche Empfehlung. d. A.

Persico, Pomeranzen, Ratafia, Rosenöhl, Rossolis, Sans-pareille, Vanille, Zimmtwasser. Die Flasche 1 rthlr.

Danziger. Anies, Citron, Goldwasser, Kalmus, Kümmel, Magenwasser, rothe und weiße Pomeranzen, Persico. Die Flasche 20 gr.

Aquavite. Citron, Kümmel, Magenwasser, Nelken, rothe und weiße Pomeranzen, Persico, bitterer Kräuter. Der Eimer 28 rthlr. Die Kanne 10 gr.

Diese Sorten sind die gewöhnlichsten und hier sind sie stets vorräthig, jede andere Sorte kann auf Bestellung von jeder Güte und nach jedem Muster in kurzer Zeit geliefert werden.

Chocolate.

Nr. 1) Extra feine wiener mit Vanille und Ambra, das Pfund von 16 Unzen 1 rthlr. 8 gr.

Nr. 2) ff. wiener Gesundheits-Chocolate, wie solche im K. Anz. verlangt wurde, das Pfund von 16 Unzen 1 rthlr.

Nr. 3) Extra ff. mit Vanille das Pfund von 12 Unzen 1 rthlr.

Dergl. Nr. 7) Mittelfein à 10 gr. Hamburger oder engl. Gesundheits-Chocolate, das Pfund 3 rthlr. 16 gr.

Von diesen Chocolaten kann man jede beliebige Sorte sowohl nach Gewicht der Tafeln, als auch dem Preise, auf Bestellung, liefern.

Punsch- und Bischoff-Extract.

Punsch-Extract, aus den feinsten Materialien verfertigt, gewährt die Bequemlichkeit, durch Zugießen von heißem Wasser sogleich fertigen Punsch zu haben. Die ganze Bouteille 36 gr., halbe 18 gr. und Viertel 9 gr.

Genueser Orangen- oder Bischoff-Extract, ist die Quint-Essenz der Bigaraden oder bittern Orangen, welche man zur Bereitung des angenehmen Bischoff-Weins gewöhnlich anwendet. Da die leichte Verderblichkeit dieser edeln Frucht nicht erlaubt, sie lange aufzubewahren, so ist dieser daraus bereitete Extract um so vorzüglicher, besser einen so geistigen Bischoff zu bereiten, wie man ihn durch die Orangen nur mit französischen Weinen darstellen kann. Dieß mein Fabricat ist zu bekannt, als daß ich irgend etwas zu dessen Lobe sagen dürfte, zumahl die Gläser zu 2 und 4 Gr. in Hinsicht des Preises jeden ohne großen Aufwand in den Stand setzen, sich von dessen vorzüglicher Güte zu überzeugen. Der Preis der Maß-Bouteille ist 3 rthlr.

Ueber alle diese Artikel findet man bey mir gedruckte Preis- und Sorten-Zettel, und ich werde durch Güte der Waare und billige Preise den Beyfall meiner Freunde zu verdienen suchen.
Joh. Gottfried Klett sen.
in Leipzig auf der Nicolaistraße.

Allgemeiner Anzeiger
der
Deutschen.

Sonntags, den 26 April 1807.

Literarische Nachrichten.

An Buchhandlungen.

Das bekannte

Noth und Hülfsbuch für katholische Leser eingerichtet von Placidus Muth, Abt des O. d. H. Benedict auf dem St. Petersberg zu Erfurt 1 u. 2t Thl. 4 6 gr. oder 27 kr.

ist nicht mehr in der Becker'schen Buchhandlung zu haben, sondern allein bey dem Königl. bayerschen Schul-Bücher-Verlags-Amt in München.

Nachricht.

Von Zang's Büttner oder Käserlehre, 2te vermehrte Aufl. mit 38 Kupf. 8. Nürnberg bey Schneider und Weigel, ist der Nachdruck von der alten Auflage abermahls von der Jäger'schen Buchhandlung zu Frankfurt als eine neue verbesserte Auflage mit 37 Kupfern in Nr. 75 des allg. Anz. angekündigt worden.

Wir haben den Nachdruck mit unsrer neuen Auflage verglichen, und gefunden, daß die Jäger'sche Buchhandlung einen Nachdruck von der alten Auflage gekauft hat. Die Kupfer sind ebenfalls in Schweinfurt nachgestochen worden.

Diesen Nachdruck, von dem weder der Verf. noch wir etwas gewußt, wie aus Nr. 176 von 1806 eben dieser Blätter zu ersehen ist, hat obige Handlung erst nach Erscheinung der echten Auflage gekauft, und wie sie uns selbst meldet, unsere Auflage schöner befunden. Auf dem neuen Titelblatt dieses Nachdrucks steht: neue verbesserte und vermehrte Auflage, ist es aber nicht.

Wie würde es der Jäger'schen Buchhandlung gefallen, wenn wir im Fall eines Nachdrucks von ihrem frankfurter Kochbuche eine alte Auflage kaufen, sie für eine neue vermehrte Auflage ausposaunen und dadurch ihr Eigenthum schmälern wollten?

Allg. Anz. d. D. 1 B. 1807.

Wir sehen uns also genöthigt, für diesen Nachdruck zu warnen, damit Buchhändler und Käufer sich durch die Anzeige der Jäger'schen Buchhandlung nicht irre führen lassen, zumahl die neue Auflage um eben den Preis zu 16. gl. in allen Buchhandlungen zu haben ist.

Nürnberg im April 1807.

Schneider und Weigel.

C. G. Roßberg's systematische Anweisung zum Schön- und Geschwindschreiben, zweyter Theil ist nun fertig. Er besteht, mit Einschluß des Titelblattes, aus 68 Kupfertafeln, und ist in Dresden, bey dem Verfasser, ingleichen in den Buchhandlungen der Herren Hilscher und Arnold, und in Leipzig in des Herrn Baumgärtner's Buchhandlung zu haben.

Der Preis dieses Theiles ist auf Schreibpapier 9 rthlr. und auf Schweizerpap. 11 rthlr.

Beyde Theile zusammen kosten Text und Kupfer auf Schreibpapier 15 Thlr. Der Text auf feines holländisches und die Kupfer auf gutes Schweizerpap. 19 Thlr. sächs. Courant.

Daß dieser Preis bey dem größten Kostenaufwande und der vielen Arbeit äußerst billig ist, davon wird der erste Anblick jeden überzeugen, und gegen den aus dem Werke zu ziehenden Nutzen ist er gewiß gering.

Berichtigung.

In dem so eben erschienenen leipziger Meßcatalog 1807 ist von der Weidmann'schen Buchhandlung folgender Titel ganz unrichtig unter dem Namen Schelling eingerückt worden, welches sehr zu verwundern ist, indem solcher sehr deutlich geschrieben von Herrn Bruder in Leipzig übergeben wurde.

Anti-Sextus, oder über die absolute Erkenntniß von Schelling.

Der Verf. ist ein warmer Verehrer des Schelling'schen Systems.

Pfähler'sche Buchhandlung
in Heidelberg.

Etablissements-Anzeige.

In Verbindung mit meinem Bruder ist bereits zu München unter der Firma: Gebrüder Mozler eine neue Kunsthandlung angelegt worden. In dieser Handlung befindet sich wirklich schon ein ansehnlicher Vorrath von guten Mahlereyen, vielen Original-Handzeichnungen, eine große Menge Kupferstiche, besonders von alten berühmten Meistern, aus allen bekannten Schulen und andern Kunst-Antiquitäten, die für billige Preise da verkauft werden. Man will durch diese Anzeige auswärtige Kunstfreunde und Liebhaber, die nach München kommen sollen, hierbey aufmerksam machen.

Zugleich wird von dieser Handlung an auswärtige Kunsthändler das Ansuchen gemacht, daß dieselben über bis künftig zu haltenden Kunst-Auctionen die gedruckte Cataloge gefällig unter der Adresse: An die Gebrüder Mozler in München, wohnhaft in der Perusagasse Nr. 272 1/3 einsenden wollen.

Nebst diesen werden auch in dieser Handlung (mit dem gewöhnlichen Rabbat) die neuesten Kupferstiche von gültigem Kunstwerthe und den soliden Kunsthändlern in Commission übernommen und darüber alle Jahre richtige Ablieferung und sichere Bezahlung abgeführt. N. B. Die Lieferungen sollen auf dem möglichst wohlfeilsten Wege gemacht werden. Mein Büchervorrath bleibt indeß noch hier. Freysingen im Monat April 1807.

Joseph Mozler, Antiquar.

Auctions-Anzeigen.

Den ersten Junius dieses Jahres und in den folgenden Tagen, wird in Nürnberg der zweyte Theil der Bibliothek des Dr. und Schaffer Panzer öffentlich versteigert, und ist hiervon der Catalog in den Expeditionen der allg. Liter. Zeitung zu Halle und Jena, und in der Expedition des allg. Anz. zu Gotha zu haben. Die noch vorräthigen Exemplare dieses 2ten Theiles auf Schreibpapier liefert die seltecker'sche Buchhandlung in Nürnberg, für 1 fl. 30 kr., jedoch nur gegen baare Bezahlung.

Das systematische Verzeichniß der sehr zahlreichen interessanten und über alle Theile der Wissenschaften sich erstreckenden Bibliothek des weil. Oberbergmeister Schmid zu Freyberg in Sachsen, welche nebst einem Anhang von Musikalien und andern Büchern vom 29ten Juny 1807 an und f. Tage verauctioniret werden soll, ist 25 Bogen stark, und zu haben in Dresden in dem Cob'schen Commissions-Comtoir; in Freyberg beym Buchhändler Craz und Gerlach und in Leipzig beym Buchhändler Steinacker.

Periodische Schriften.

Die Allgemeine Moden-Zeitung, welche alle Freytage mit einem illuminirten, bisweilen zwey Kupfern ausgegeben wird, liefert Nachrichten von den neuesten in- und ausländischen Moden und Erfindungen in Kleidung, Puß, Ameublement, Equipagen, Zimmer- und Gartenverzierung u. s. w.; ferner Correspondenznachrichten über Theater, Musik und andere Gegenstände der Kunst. Außerdem eignet sich diese Zeitschrift aus durch allgemeine Aufsäße zu einer angenehmen und interessanten Lectüre für gebildete Leser jedes Standes.

Das Märzheft enthält, außer den wöchentlichen Moden-Berichten und Correspondenznachrichten auch unter andern folgendes: Neues Modenbarometer in Wien. — Was ist ein Naturphilosoph? — Bemerkungen über die Frauen, von einer Frau. — Zwey merkwürdige Polizeyvorfälle in Petersburg. — Blicke auf Nürnberg. — Voltaire und Brittnelli. — Ein merkwürdiger Traum. — Heirathen der Spanier auf Terra ferma in Südamerica. — Characterzüge aus dem leßten Kriege. — Ueber die antiken Formen in der Mode u. s. w.

Man kann sich sowol bey uns, als bey allen Postämtern und Buchhandlungen abonniren, und zu jeder Zeit antreten. — Der Jahrgang kostet 6 Thlr. Sächs. Leipzig, im April 1807.

Industrie Comptoir.

Die dresdner politischen und statistischen Anzeigen, nebst ihren gemeinnüßigen Beyträgen, Miscellen und historischen Blättern für Vaterlandsfreunde, Pädagogen, Künstler, Kaufleute, Deconomen und jedermann, haben im gegenwärtigen Jahre einen weitumfassendern Wirkungskreis erhalten, und der Herausgeber wird sich bestreben, die Leser nach Möglichkeit zu befriedigen. Diese Blätter sind mit Recht die unentbehrlichsten unsers Zeitalters zu nennen, da sie die neuesten Nachrichten, Bemerkungen, Anzeigen und Bekanntmachungen von allen Sachen und Begebenheiten enthalten, und zugleich durch die gemeinnüßigen Beyträge und Miscellen belehrend und nüßlich sind. Der Preis mit der wöchentlichen portofreyen Versendung von 3 rthlr. 12 gl. und bey der Selbstabholung von uns auf der Stelle 3 rthlr. für den ganzen Jahrgang würde gegen die Menge von Blättern, welche jährlich mehr als 250 Bogen betragen, in keinem Verhältnisse stehen, wenn nicht die große Auflage den Herausgeber entschädigte.

Die Anzeigen enthalten: Officielle Actenstücke, Berichte, Noten und Denkschriften; königl. Mandate und Verordnungen, merkwürdige Vorfälle, so sich über das ganze Land erstrecken; Ereignisse bey Hofe und in der Residenz; Avancements und Beförderungen; Güterveränderungen bey der königl. Lehns-Curie; Anzeige von Verpachtung der Cammergüter und Vorwerke; Anzeige der Partepen

1134

Urthel bey dem königl. sächs. Appellationsgerichte; Urthel und Abschiede beym königl. sächs. Oberhof- gerichte zu Leipzig; Namenverzeichniß der summari- sulirten Advocaten, der examinirten Candidaten, der geprüften und legitimirten Medicinal-Personen; Prämien-Verzeichnisse bey der königl. Commercien- Deputation; academische Nachrichten; Brandver- sicherungs-Nachrichten; Justiz- und Polizeivan- gen; Ziehungslisten der Steuer- und Cammer Credit-Cassenscheine, desgleichen der dresdner Ar- men-Waisen- und Zuchthäuser-Lotterie; War- nungen und Berichtigungen; Handlungsnachrich- ten; Familiennachrichten; Auctionen und Subhasta- tionen; Kaufgesuche und Verkäufe; Pacht- und Miethgesuche; Verpacht- und Vermiethungen; Gel- der auszuleihen und zu suchen; verlorne und ent- wendete Sachen; gefundene Sachen und Gelder; Dienst- und andere Gesuche; Dienst- und andere Anbietungen; Ankündigungen von Waaren; Kunst- sachen, Büchern und Musikalien, Lotterien, von aufzuführenden Opern und Comödien, Concerts, Bällen und andern Lustbarkeiten; tabellarische Ver- zeichnisse der Abwesenden und Vorgeladenen; der Getreidepreise in den größten Handlungsplätzen in Deutschland, der Victualienpreise, der Geld und Wechselcurse; Verzeichniß der angekommenen Fremden; Geburts- und Sterbelisten, nebst einer Menge anderer nützlicher Dinge.

Die gemeinnützigen Beyträge enthalten: Aus- führliche Abhandlungen über alle Gegenstände, die auf besondere Nützlichkeit Anspruch machen und das große Publicum interessiren können; statistische Uebersichten; zweckmäßige Erfindungen und Ver- besserungen in der Oeconomie und in den Künsten, Fabriken und Manufacturen; erprobte Mittel und Recepte; unterhaltende Geschichte aus der ältern und neuern Zeit; alles Neue und Interessante aus der Residenz, Recensionen, Beschreibungen von Anstalten, Kunstsachen ec. Auszüge aus den wesent- lichen französischen und deutschen Journalen und Schriften; kritische Anzeigen von neuen Schriften; Handel, Welt- und Völkerkunde; Consumenten- Tabellen ec. ec. Es würde zu weitläuftig seyn, alle die vielen nützlichen Sachen hier zu nennen, die diese Blätter enthalten. Die Ausgabe derselben ist wöchentlich dreymahl, und zwar Montags, Mitt- wochs und Freytags, jedesmahl eine Nummer, die aus 1 1/2, 2, auch 2 1/2 Bogen bestehet. Dresden im Februar 1807.

Bücher-Anzeigen.

So eben ist erschienen und an alle Buchhand- lungen versandt: Chronik des neunzehnten Jahrhunderts. 1805. von G. G. Bredow. Prof. der Geschichte in Helmstädt. Altona bey J. F. Hammerich.

Dieser Band der Chronik enthält außer einer möglichst vollständigen Erzählung der politischen Begebenheiten des Jahres 1805, theils aus gedruck-

ten Blättern, theils aus schriftlichen und münd- lichen Berichten gesammelt, mehrere interessante Beylagen. Herr Hofrath Schulze hat nach einer kurzen Zusammenstellung der Hauptmomente des Gall'schen Systems besonders den wissenschaftlichen Werth desselben gewürdiget, und durch Schädel von Buschmännern, die der Herr Dr. Lichtenstein aus Afrika mitgebracht hat, glücklich unterstützt, ist er auf Beobachtungen geführt worden, die zu einem Endurtheil über die Gall'sche Entdeckung zu führen scheinen. — Herr Prof. Schrader gibt eine gedrängte kritische Uebersicht der juristischen Literatur der ersten fünf Jahre des 19 Jahrhun- derts, Herr Prof. Remer eine Uebersicht der wich- tigsten Entdeckungen und Erfahrungen in Physik, Chemie und Medicin, Herr Hofr. Bruns eine Nachricht von den Berichtigungen der Länder und Völkerkunde in eben diesem Zeitraume, und von Herrn Hofr. Pfaff findet sich dabey eine äußerst bequem eingerichtete Tabelle. Vergleichungen des franzöl. republicanischen Kalenders mit dem gregoria- nischen, vom 22 Sept. 1792 bis zum 31 December 1805, auf einen Bogen. Ein Register über alle 5 Jahrgänge erleichtert den Gebrauch. Ueber den Werth der eigentlichen Chronik muß das Urtheil kritischen Journalen und Zeitungen überlassen bleiben.

(Kostet in allen Buchhandlungen 3 rthlr., auch sind von den vorigen vier Jahrgängen noch Exem- plare für 4 rthlr. zu haben.)

In der J. G. Cotta'schen Buchhandlung in Tübingen erscheint zur Ostermesse: Bericht eines Augenzeugen über den Feldzug der Sachsen und Preußen unter dem Befehl des Fürsten von Hohenlohe, während der Monate September und October 1806, von X. v. L. mit 4 Planen und Beylagen.

Der Verfasser ward durch seine Verhältnisse als Augenzeuge in den Stand gesetzt, nicht allein während dem Laufe des Feldzugs manche Ursachen und Wirkungen näher kennen zu lernen, sondern auch unmittelbar nach demselben über andre Um- stände, die ihm weniger bekannt gewesen, aus guten Quellen ausführlichere Nachrichten einzuziehen. Er ist bemüht gewesen, die Ereignisse mit der möglich- sten Unparteilichkeit und Wahrheitsliebe darzustellen und vielleicht trägt seine Erzählung dazu bey, man- che, über diese für ganz Europa entscheidende Be- gebenheit vorhandenen Räthsel zu lösen.

Das Ganze ist in drey Perioden abgetheilt. Die erste fängt von der Mobilmachung der Armeen an, und erstreckt sich bis zur Eröffnung der Feind- seligkeiten. In die zweyte fällt der Be- richt über alles dasjenige, was sich vom Anfange der Feindseligkeiten bis zur Beendigung der Schlacht von Jena zugetragen, und die dritte endigt mit der Capitulation von Prenzlau.

Die beygefügten vier Plane beziehen sich sämmt- lich auf die Schlacht bey Jena. Ungeachtet für dieselben ein ziemlich kleiner Maßstab gewählt worden mußte, um den Preis des Buches nicht zu sehr zu erhöhen, wird man dennoch eine Menge von Details darin aufgezeichnet, und sich durch einen prüfenden Blick überzeugt finden, daß sie nichts weniger, als eine Copie der im geographischen Verlags-Comtoir in Leipzig und im grographischen Institut in Weimar früher erschienenen Plane sind. Damit die Darstellung der, so sehr veränderten Positionen während des achtstündigen Gefechts so deutlich als möglich ausfielen, so wählte der Verf. den Ausweg, den Verlauf des Treffens in vier aufeinander folgenden Planen von verschiedener Größe zu versinnlichen. Auf dem ersten Plane sind die Gefechte der Detaschementer Tauenzien und Holzendorf, das Lager und der Aufmarsch der preußischsächsischen Truppen verzeichnet. Der zweyte Plan begreift den Moment des unentschiedenen Gefechts bey Vierzehnheiligen; der dritte geht bis zum Rückzuge des Rüchelschen Corps und bis zur Gefangennehmung der sächsischen Division Niesemeuschel; der vierte liefert das Gefecht am Wiedicht bey Weimar.

Unter den 14 Beylagen befindet sich eine Relation vom Gefecht bey Schleiz, eine andere vom Gefecht bey Saalfeld, wo der Tod des Prinzen Louis Ferdinand aus den glaubwürdigsten Aussagen erzählt wird, und eine dritte von der Schlacht bey Halle, nebst einer kurzen Erzählung dessen, was bis zum 20 October bey dem Corps des Herzogs Eugen von Wirtemberg vorgefallen ist.

Der Druck ist vollendet. Die Plane, die unter dem Auge des Verf. gestochen und coloriert werden, können Ende März in den Händen des Verlegers seyn.

Der zahlreiche literarische Nachlaß des verewigten Herrn Prof. Carus ist bereits den Händen seiner nächsten Freunde anvertraut, um denselben für den Druck zu bearbeiten. Die Psychologie, an welcher der Verewigte so lange gearbeitet hat, und nächst ihr die Pädagogik, wird zur nächsten Messe bey Heinrich Gräff erscheinen.

Oster-Messe 1807.

Prof. E. Tillich in Dessau.

In dem Industrie-Comptoir zu Leipzig ist so eben erschienen und in allen Buchhandlungen zu haben:

Beschreibung von Constantinopel. Herausgegeben von J. A. Bergk. Nebst einem Plane und Prospecte dieser Stadt und einer Karte von den Dardanellen, in 4to, Preis 12 Gr.

Der König Hirsch, ein romantisches Zauberspiel in vier Aufzügen, nach Gozzi; in Versen.

Indem ich mich auf meine Charakteristik des Gozzi (allg. Zeit. 1807, Nr. 4. 5. 7. 8.) welche das Glück gehabt hat, einige Aufmerksamkeit zu erregen, so wie auf den darauf folgenden Aufsatz, mit Beauregard Pardin unterzeichnet, und auf die in genannter Zeitung nächstens abzudruckenden Scenen aus dem König Hirsch beziehe, zeige ich die Bearbeitung dieses originellsten, vortrefflichsten und wunderbarsten aller Gozzischen Stücke sämmtlichen Theater-Directionen an, und verspreche, in Betreff desselben annehmbare Bedingungen zu machen. Es spielen nur neun Personen in dem Stücke.

Braunschweig, am 17 April 1807.

G. L. P. Sievers.

In meinem Verlage ist herausgekommen und in den meisten Buchhandlungen zu haben:

Biblische Geschichte für Kinder von reiferm Alter aus den gebildeten Ständen aller christlichen Confessionen, von Ludwig Schlosser. Erster Theil. Die Geschichte des alten Testaments 30 Bogen in gr. 8. mit einem Titelkupfer. Preis 1 rthl. sächs. oder 1 Fl. 48 Kr. rhein.

Desselben Buchs zweyter Theil, die Geschichte des neuen Testaments enthaltend. 15 Bogen Preis 12 gl. sächs. oder 54 Kr. rhein.

Diese Schrift ist bestimmt, einem lange gefühlten und durch mancherley Versuche doch noch immer nicht hinlänglich befriedigten Bedürfnisse im Unterricht der Jugend abzuhelfen. Wenn nun eine nüchterne, von neologischer Leichtfertigkeit und orthodoxer Verblendung gleichweit entfernte Ansicht der Begebenheiten; wenn eine genaue Exegese, philosophisch richtige Würdigung der Charactere, verbunden mit Lebhaftigkeit und Faßlichkeit im Vortrage, die Eigenschaften sind, die man von einem Lehrbuche dieser Art verlangen muß: so darf ich versichern, daß die angekündigte Schrift dieselben in sich vereinige, daß sie die Achtung für Bibel und Religion ungemein befördern kann, da sie die besten Ansichten und Erklärungen der neuern Exegeten in ihren Kreis herunterzieht und durchgängig das Moralische und Religiöse der Begebenheiten und Personen heraushebt und in kräftigen Sentenzen darlegt. Vorzüglich wird sie den Lehrer in Familien und Erziehungsanstalten eine große Erleichterung seines Geschäfts gewähren, da er das ganze Buch von seinen Zöglingen lesen lassen kann, ohne besorgen zu müssen, auf anstößige Stellen zu kommen, oder zu sehen, wie sie über allen den nothwendigen Erläuterungen, welche hier in den Text verwebt sind, den Faden der Geschichte verlieren.

Das Buch ist correct und anständig gedruckt, und der Preis so billig wie möglich gesetzt. Wenn für Lehranstalten mehrere Exemplare auf einmahl genommen werden, und man sich mit der Bestellung geradezu an mich selbst wendet, so werde ich einen noch billigern Preis eintreten lassen.

Gotha im März 1807.

J. Perthes.

Druckfehler. In Nr. 82 S. 840 Z. 21 von unten John's anstatt Jahn's.

Allgemeiner Anzeiger
der
Deutschen.

Montags, den 27 April 1807.

Künste, Manufacturen und Fabriken.

Ueber die deutsche oder gothische Baukunst.

Wenn wir wissen wollen, welchen Regeln die alten Künstler bey Aufführung der gothischen Gebäude, sowohl in Hinsicht auf Festigkeit als Schönheit gefolget sind, so müssen wir es eines Theils auf genaue Messungen, theils auf unser natürliches Schönheitsgefühl ankommen lassen, wenn wir allgemeingültige Grundsätze, sowohl über das eine, als über das andere aufstellen wollen. Denn da sie uns hierüber nichts, als die oft noch unausgebauten Monumente selbst hinterlassen haben, so müssen wir uns an diese halten, so weit uns dieselben eine Nation noch unzerstört gelassen hat, deren Brutalität und unkünstlerischer Sinn sich schon lange bewährt hat. Wir können übrigens hierin nicht irre gehn und etwas für gothisch nehmen, das es nicht ist, da sich die Gebäude aus der schönen Epoche der gothischen Architectur so bestimmt durch die edle Einfachheit, Großheit und das Eigenthümliche des Styls vor allen andern auszeichnen. Daß bey gothischen Gebäuden Einfachheit, Gleichförmigkeit und Symmetrie wirklich Statt finden, beweisen noch viele aus der bessern Zeit vorhandene Monumente; und alle Gebäude der Art gehören nur in so weit zu dem reinen Gothischen, als man mehr oder weniger von gedachten Eigenschaften bey ihnen antrifft. Alles Inconsequente, Unnatürliche und Manierirte rührt theils von einem verdorbenen Geschmack überhaupt, theils von

der Geschmacklosigkeit einzelner Subjecte insbesondere her, deren Phantasie entweder zu wild, oder deren Fähigkeiten zu beschränkt waren, als daß sie sich einen Schwung zu Hervorbringung von etwas Neuem, welches zugleich Schönheit und Eigenthümlichkeit des Styls in sich vereinigt hätte, zu geben im Stande waren; man wich daher von den Regeln ab, und verfiel oft in beyden Fällen in einen bizarren und burlesken Geschmack, wenn man neu seyn wollte. So führte man große Gebäude nach dem Plane dieser Leute auf, die, wenn sie fertig waren und ungeheure Summen gekostet hatten, nichts gemeinschaftlich mit dem Gothischen hatten, als den Namen. Hiervon mag der Dom in Mailand im Vorbeygehen als Beyspiel genannt werden, und als Gegentheil hiervon die geschmackvollen Anhängsel, die man zu Straßburg vor 40 Jahren zu dem Münster fügte.

So wenig man von manchen beträchtlichen Gebäuden des alten und neuen Rom's auf die griechische Architectur, was sie unter Pericles gewesen ist, und nach ästhetischen Gesetzen seyn sollte, schließen kann, obgleich alle Ordnungen, deren sich die Griechen bedienten und nicht bedienten, dort an und übereinander gehäuft sind; eben so irrig würde man von manchen gothischen Gebäuden, die ihrer Größe nach eben nicht den niedrigsten Rang behaupten, auf den gothischen Geschmack überhaupt schließen. Z. B. an der Scene des Theaters des Marcus Scaurus waren drey Reihen Säulen übereinander gestellt; die unterste aus Marmor, die mittlere aus Glas und die obere aus Metall. Dieß Unwahre, Unnatürliche kann nicht zur Regel werden, ob es gleich, wie mehrere ähnliche Fehler, aus dem Alterthume kommt. Selbst mechanisch unrichtig stehen metallene auf gläsernen Säulen; wie kann zerbrechliches Glas, mit metallenen Säulen belastet, den Gedanken der Haltbarkeit erregen? Und die Haltbarkeit ist doch das erste, was bey einem Baue sichtbar seyn muß.

Die Fehler, die man an schlechten gothischen Gebäuden bemerkt, sind gewöhnlich die: die Mannichfaltigkeit ist in einer verwickelten Ordnung ohne Einheit angebracht, so daß man die Symmetrie wo nicht ganz vermißt, aber doch absichtlich so verlegt hat, daß man sie erst aufsuchen muß, und daß die Verzierungen nichts als ein Mischmasch willkürlicher Arabesken sind ꝛc. Wenn man z. B. eine Reihe Fenster an einem solchen Gebäude betrachtet, die doch alle, ihrer Form und Größe nach, einerley und doch ungleichförmig ausgezieret sind, so daß jedes einzelne Fenster zu einem ganz andern Gebäude zu gehören scheint, so kann sich die durch diese Inconsequenz beleidigte Vernunft nicht beruhigen; sie erregt die Idee der Verstümmelung, des Ungangen und nicht zusammen Gehörigen. Der Kenner wird mit Unwillen über diese absichtliche Unregelmäßigkeit und der Unkundige mit Vorurtheil gegen den gothischen Geschmack erfüllet.

Aber man wird sich nicht mehr über die wirklich nicht kleine Zahl geschmackloser Gebäude wundern, die oft nichts mehr als nur den Namen mit dem Gothischen gemein haben, wenn man nur bedenkt, mit wie vielem Heterogenen und schon an sich Schlechten sie in verschiedenen Perioden überladen und verunreinigt wurden. Bald nahm man etwas von der christl. griechischen Bauart, bald von dem Mönchsgeschmack, und endlich verlor sich der Gothe in der modernen Baukunst, und das Eigenthümliche von ihm artete so aus, daß er sich am Ende selbst nicht mehr ähnlich war. Daher viele Gebäude, die sich während dieser bedeutenden Veränderungen erhoben, und die gothische Geschmack durch sie erlitt, in Hinsicht auf das Studium des Schönen in dieser Architectur in keinen Betracht kommen, und nur in sofern noch wichtig sind, als sie zu Belegen und Beyspielen dienen, die uns am besten beleben können, welchen wichtigen Veränderungen sie in verschiedenen Zeiten unterworfen war.

Bedeutend wichtig für die Kunst sind dagegen in jeder Hinsicht folgende Monumente, im deutschen Styl: Der Dom zu Meißen, der von König Heinrich I. im Jahre 933, nach einem über die Hunnen errungenen Siege, angefangen und von seinem Sohne, Kaiser Otto im Jahr 948 vollendet wurde; das Rathhaus zu Löwen; die Kirche zu York; zu Batelha in Portugal; der Thurm zu Straßburg; der Chor und eine Sacristey zu Meißenheim, dann der Dom zu Cölln ꝛc. Letzterer wurde angefangen im Jahr 1248 und der vollendete Chor eingeweiht im Jahr 1322. Der ausführliche Grundriß von diesem Werke denn scher Baukunst, worin das Große, Edle und Erhabene so glücklich vereinigt sind, ist noch vorhanden; den Namen des Baumeisters findet man dabey nicht, aber die Steine predigen noch das Lob des vereinigten Künstlers. Ein Blick in die Höhe eines solchen Chors, wie der in Cölln, hebt das Herz auch des Ungebildeten mehr wie sich in die Höhe, als vieles andere, was dahin abzwecken soll, zu thun im Stande ist. Jedem Anschauenden Ehrfurcht und Verwunderung einzuflößen, und ihm zu imponiren, nächst dem eine gewisse Bedeutung in sein Werk zu legen, scheint der letzte Zweck deutscher Künstler überhaupt gewesen zu seyn. Dieß wird so wahrscheinlicher, je mehr das Ehrfurcht und Bewunderung einflößende zu den Bestimmungen eines solchen Gebäudes gehört und mit übereinkommt. Der Zweck dieser Künstler ging nicht dahin, durch nette, schmucke Verzierungen zu belustigen; sie wollten nicht Jovialität und Wollust, wie die Griechen, die ja in allen ihren Musenkünsten keinen ernsthaften Zweck kannten, deren Gottesdienst eine Reihe von Spielen machte, und die ihre Andacht in Tanz, Gesang und Musik setzten, sondern sie wollten feyerliche Rührung und Andacht erwecken. Der Betende, sollte sich der Gottheit näher gerückt zu seyn glauben, die er verehrte; sie dachten hierbey sehr richtig: non satis est, placuisse cplis, nisi pectora longus; denn sie konnten, ein mächtigen Einfluß der Baukunst zu Erregung moralischer Gefühle und zugleich die über alles große Wirkung der Natur zu Hervorbringung erhabener Eindrücke zu gut, als daß sie die christlichen Tempel den Wäldern nicht hätten sollen ähnlich machen, in denen auch schon unsere Vorfahren das Wesen aller Wesen verehret hatten. Schlegel sagt irgendwo: „Die gothische Baukunst hat eine Bedeutung und zwar die höchste; und wenn die Mahlerey sich wenigstens nur mit schwachen, unbestimmten, mißverständlichen Andeutungen des Göttlichen begnügen muß, so kann die Baukunst, so gedacht und angewandt, das Unendliche gleichsam unmittelbar darstellen und vergegenwärtigen, durch die bloße Nachbildung der Naturfülle; auch ohne Anspielungen auf die Ideen und Geheimnisse des Christenthums." Daher das krause Pflanzenartige, und andern Theils das schlank Emporgeschossene; das Ast-, Zweig- und laubförmige der Fenster und Thüren, und die vegetabilischen Verzierungen in den Gewölben derselben; jeder Stein scheine das Pflanzenleben zu leben, welches dem Ganzen wie durch Zaubermacht eingehaucht ist, woher denn auch das Unbegreifliche, Bezaubernde rührt, das sich unserer bey dem Anblick deutscher Architectur unwillkürlich bemächtigt. Herder beschreibt den Eindruck, den der Münster zu Straßburg auf ihn macht, folgendergestalt: „Mit welcher unerwarteten Empfindung überraschte mich der Anblick, als ich davor trat. Ein ganzer, großer Eindruck füllte meine Seele, den, weil er aus tausend harmonirenden Einzelheiten bestand, ich wohl schmecken und genießen, keineswegs aber erkennen und erklären konnte. Sie sagen, daß es also mit den Freuden des Himmels sey, und wie oft bin ich zurück gekehrt, von allen Seiten, aus allen Entfernungen, in jedem Lichte des Tages, zu schauen seine Würde und Herrlichkeit. Schwer ist's dem Menschengeist, wenn seines Bruders Werk so erhaben ist, daß er nur beugen und anbeten muß."

Diese Uebereinstimmung der unsichtbaren Kirche mit den Gebäuden der sichtbaren war es auch, was die deutsche Baukunst bey allen

christlichen Völkern so sehr in Aufnahme brachte. Selbst der Welsche rief deutsche Baumeister in sein Land, als ihn die Wirkung dieser außerordentlichen Bauart getroffen hatte, und ließ sich mitten unter den mächtigen Resten der griechischen und römischen Vorwelt, von deutscher Kunst imponiren. Und es ist gewiß, daß durch gar wenig, aus Menschenhänden hervorgegangene Gebilde er selbst so groß ist, als in wahren, reinen Werken deutscher Architectur, die ein Gegenstand der Bewunderung für alle vorurtheilsfreye Menschen seit Jahrhunderten gewesen sind und bleiben werden, so lange ihr Daseyn dauert.

Dieß mag der richtige Punct seyn, aus welchem man diese Bauart in das Gesicht nehmen muß, um alles recht vollkommen und mit dem vorgesetzten Zweck übereinstimmend zu erklären; z. B. die Thürme der gothischen Tempel, die bis in die Spitzen durchbrochen sich gleichsam in den Wolken verlieren, sind mit einem Muth, einer Kühnheit und richtig angewandten Perspective aufgeführt, die das Maß unserer Kräfte bey weiten zu übersteigen scheinet, was dann immer Bewunderung zur Folge hat. In der Form der Gewölbe, die das Gothische zu einer ganz eigenen, mit andern Architecturen nichts gemeinhabenden Bauart macht, ist ein mächtiges Gegeneinanderstreben, ein gewisser Kampf, und ungeheures Emporstreben ausgedruckt. Eigenschaften, die für alle bekannte Bauarten unerreichbar sind.

In der schlanken, bis zu der fernsten Höhe unverdünnt emporstrebenden Länge der gothischen Riesen, die die Pfeiler des Schiffs umgeben, liegt die Idee von einem bis ins Unendliche Fortstrebenden; sie sind nicht nach Modeln und Modeltheilchen gemessen und ausgetheilt. Ihre Höhe richtete sich nach der Höhe, und ihr Durchmesser nach der Dicke des Pfeilers, den sie umgeben sollten, und diese nach der jedesmaligen, mehr oder minder, großen Höhe und Sprengung der Gewölbe, denen sie als Stützen dienen mußten. Diese Riesen sind es, wodurch man das Unermeßliche in der Höhe dem Schiff bey den deutschen Tempeln beybrachte; indem sie dieß bewirkten, dienten sie dazu, den oft sehr dicken Pfeilern mehr Leichtigkeit zu er=

ben. Wenn diese Riesen die gehörige Wirkung thun sollten, mußten sie in die fernste Höhe strebend und schlank seyn; ihrer Natur nach können sie daher nicht frey stehn und ihre Bestimmung ist es nicht; sie sind aus den Pfeilern gehauen, weil sie ihnen auch als Beyzierde dienen sollten, und sie sind eben das bey den Pfeilern, was die Cannelirung bey den griechischen Säulen ist. Die Capitälverzierungen an diesen Riesen spielen eine sehr untergeordnete Rolle; sie dienten wahrscheinlich zu weiter nichts, als um den Ort, so wie ein Kämpfer bey Arcaden, anzuzeigen, wo sich das Gewölbe anhub, und um hier eine Befestigung zu bilden, weil die Riesen in mehrere Aeste gespalten, auseinandergebogen, unter den Gewölben der Seitennavatten, so wie unter dem des Schiffes hinlaufen, bis wohin eine der Riesen, in gleicher Dicke mit den Riesen unterhalb des ersten Capitals bis zu Anfang des Schiffsgewölbs fortgesetzt wurde, wo sie sich, über dem zweyten Capital, in mehrere Aeste spaltete, um die Gewölbbogen oder Rippen zur Leitung der Direction des Drucks des Schiffsgewölbes zu bilden. Diese Riesen laufen, in mehrere Aeste gespalten, bis zu dem Schluß des Gewölbes der Navatten fort.

An wohl erhaltenen, beträchtlichen Kirchen, die in die schönen Zeiten der deutschen Architectur bey ihrer Entstehung fielen, sind keine Capitäle angebracht; die Rippen der Gewölbe verlieren sich nach und nach in den obern Theil der Pfeiler, welche Bäume vorstellen, deren Aeste unter den Gewölben hinlaufen. Dieß findet man an der Kirche zu Meißenheim und der sogenannten neuen Kirche zu Straßburg, die gleichzeitig gegen Anfang der letzten Hälfte des 14 Jahrhunderts beendigt wurden.

Was die Füße betrifft, auf welchen diese Riesen aufsitzen, so sind dieselben so unbedeutende Beyzierden, daß sie, der großen Wirkungen unbeschadet, ganz füglich wegfallen können.

Welchem Vernünftigen könnte es nach dieser Ansicht noch einfallen, diese simpeln Riesen nach den Regeln beurtheilen zu wollen, nach welchen man eine Colonnade an einem Tempel zu Athen beurtheilte. Daß

ein Italiener hier eine zufällige Aehnlichkeit zwischen diesen Riesen und seinen Säulen fand, wird den nicht wundern, wer da weiß, wie und wo die Säulen der Griechen gebraucht und gemißbraucht worden sind. Welche Roheit verräth es nicht, wenn man in Milizia's Grundsätzen der bürgerlichen Baukunst den Abschnitt durchließt, der von Gebäuden zu erhabenem Endzweck handelt. Soll man die Entscheidung über den Werth und Unwerth deutscher Architectur einem Italiener überlassen?

Die Säulen der Griechen waren, zu Erreichung des Zwecks, den die deutschen Künstler bey Aufführung der Kirchen im Auge hatten, schlechthin unzulänglich und untauglich. Der Zweck des Griechen war bey Aufführung seiner Tempel himmelweit von dem des deutschen Künstlers verschieden; so weit als ihre Gottheiten und ihr Gottesdienst von einander verschieden waren. So lange man diese, auffallend bezeichneten Grenzen nicht einsehen will, oder sie einzusehen sich nicht die Mühe nimmt, so lange wird man von der unglückseligen Idee: die eine Bauart nach der andern zu beurtheilen, und die eine nach der andern ummodeln zu wollen, nicht zurück kommen. Man will nun und talentvoll seyn, und führet Gebäude in einem Styl auf, den deutsche und griechische Künstler aus der Vorzeit verabscheuen würden. Wie würde einem deutschen Baumeister bey dem Eintritt in die Kirche der heil. Magdalene in Paris zu Muthe seyn, wenn ihm ein so drolliger Mischmasch griechischer und deutscher Kunst aufstieße? Ich denke ungefähr so, als wie es einem Griechen auffiele, wenn er Glockenthürme und Spitzgewölbe an einem seiner Tempel gefunden hätte. Welch ein barocker Einfall ist nicht der des Milizia in 2 Bande der Grundsätze der bürgerlichen Baukunst, wenn er Seite 353 sagt: „man kann das „Gute der gothischen Bauart beybehalten, „und darauf gleichsam die griechische Archi„tectur pfropfen, so wird die wahre Archi„tectur daraus erwachsen". Wem fällt hier nicht sogleich, über den burlesken Einfall des Welschen, Horazens Ungethüm ein? Und welches Lächeln würde es einem deutschen Kunstverständigen der Vorzeit abnöthigen, wenn er in eben demselben Bande S. 355

bemerkte: endlich hat man den Diamant in
der gothischen Mistgrube zu finden gewußt
und dieß haben wir den Franzosen zu verdan=
ken! Ueberhaupt sind die meisten Urtheile der
Italiener über die deutsche Architectur Belege
zu dem Beweise: eines Theils wie neidisch sie
über den Vorzug der Deutschen, und andern
Theils, wie unwissend sie in dieser Art der
Architectur sind.

Es sey für jetzt nur die Rede von den
zwey Bauarten, der griechischen und der
deutschen, die wir neben einander stellen
wollen, um ihre Eigenthümlichkeiten desto
freyer in das Gesicht fassen zu können.

Unsere Kunstphilosophen sagen: ein
Naturproduct nachgeahmt und verschö=
nert, das alle Eigenschaften besitzt, wel=
che seinem Daseyn, seinen Absichten ent=
sprechen, heiße etwas Schönes machen.

Daher nimmt der gothische oder deut=
sche Architect vollkommen gewachsene Bäu=
me mit ihren schlanken Aesten als Vorbilder
zu den Säulen seiner Tempel, wie er sie ne=
beneinander ordnet; ihre schlanken, in die
Höhe strebenden Aeste werden durch die Rip=
pen nachgeahmt, die das in die ferne Höhe
strebende Gewölbe bilden, welchem sie Be=
stand, Dauer und Form geben, die den in
der Höhe zusammengeschossenen Aesten der
Haine ähneln. Diese Tempel stellen nur
Lauben vor, die der vollkommenen Natur
nachgeahmt, aber durch Kunst verschönert
und dem Zweck angemessen sind. Das Ge=
wölbe des Schiffs und der Abseiten — Kar=
vatten — führen in Süddeutschland noch
jetzt den Namen Lauben. Alle Oeffnungen,
Portale, Fenster ꝛc. sind, in Ansehung ihrer
Formen und Verzierungen, diesen Lauben
angemessen und ähnlich, so wie alles an den
Façaden dieser Tempel.

Die Eigenthümlichkeiten der deutschen
Architectur bestehen daher in dem Schlanken,
dem: in die ferne Höhe Strebenden, Hervor=
geschossenen; dem Nichthorizontalen, Ge=
wölb=Ast= und Zweigförmigen, welches zu=
sammen mit Ernst und Würde verbunden
das Große, Edle und Erhabene bewirkt, wo=
durch Verherrlichung entstehet.

Die griechische Bauart ahmt in ihren
Säulen vollkommne Baumstämme nach,
die sie aber verschönert. Ihre Zusammen=

stellung ist aus einer einfach, rauh zusam=
mengezimmerten Hütte entstanden, die man
unter Symmetrie und Eurythmie, endlich
zu einer schmucken, netten, harmonischen
und eleganten Architectur erhoben hat, bey
der man nichts antrifft, was nicht in dem
Nothwendigen seinen Grund hätte. Sie be=
zaubert durch Jovialität, Pomp und Ueppig=
keit; aber imponiret nur durch das Starke;
nie durch Größe und das Erhabene.

Hier ist immer die Rede von reiner Ar=
chitectur; daher die Eigenthümlichkeiten die=
ser darin bestehen: sie ist stark, Horizontal=
und Vertical=Linien schneiden sich nach dem
Verlängern allemahl rechtwinklig; oder ihre
Haupttheile haben horizontale und verticale
Parallelen; sie verträgt daher keine Gewölbe.
Und findet man diese Architectur anders in
ihrer Reinheit? Wären die Tempel zu Je=
rusalem und Ephesus mit Gewölben ge=
schlossen gewesen, wie St. Peter zu Rom;
St. Paul zu London, wer hätte sie ver=
brennen wollen? Die von den Gothen ge=
wölbten Kirchen am Rhein haben in frühern
Kriegen so manchen Brand ausgehalten und
stehen noch. Nein! die echt griechische reine
Architectur errichtete ihre Tempel entweder
mit horizontalen, hölzernen Decken, oder
gab ihnen gar keine. Ueberdieß wissen die
Kunstphilosophen gar wohl, daß das Kranz=
gesimse durch Colonnade die Tranfe eines
Daches vorstelle, auf welchem kein Gewölbe,
so lange man natürlich denkt, will, auf=
liegen könne. — Woher kommen denn unse=
re neuen christlichen Kirchen mit griechischen
Colonnaden verziert, worauf schwere, unge=
heure Gewölbe stehen? Es sind allem Ver=
muthen nach Nachahmungen des verdorbenen
Geschmacks der Römer. Gebäude, wie das
Pantheon, wo mehrere Säulenreihen, aus=
sen und innen, übereinander stehen und ein
Riesengewölbe tragen, mögen Anlaß dazu
gegeben haben. Kunstphilosophen der Fran=
zosen und Italiener, Laugier und Milizia,
ärgerten sich über diesen Mißgriff der Kunst.
Sie sahen wohl ein, daß die Eleganz der grie=
chischen Architectur nicht zu einer Base plum=
per ungeheurer Gewölbe dienen könne. Statt
des Ehrfurchterregenden entstehet aus einem
Mischmasch—Sammelsurium—verschiedener
Architecturen das Burleske. Ein Husar zu

weißen seidenen Strümpfen mit einem Haarbeutel.

Nun noch etwas weniges über das Mechanische dieser Bauart. Der Mechanismus der griechischen Architectur ist sehr einfach und leicht; hingegen der der gothischen um so verwickelter und versteckter, auch eben so unbekannt. Ich kenne Kirchen der gothischen Bauart, deren Schiffe 40 Schuh weit sind, wo auf sehr schlanken 2 1/2 Sch. dicken und 28 Sch. hohen Säulen Gewölbe schweben, die in ihrem Schluß nur sechs Zoll dick sind; und deren Umfassungsmauern, die diesem Gewölbe zu Widerlagen dienen, mehr nicht als drey Sch. Dicke haben, und schon 400 Jahr ohne Mängel dauern. Hält man nun die Berechnungen dagegen, welche unsere neuern Mathematiker über die Verhältnisse der Widerlagen zu den Weiten der Gewölbe und den Höhen der Widerlagen gegeben haben, so würden für eine der angeführten Kirchen folgende Maße entstehen: Dicke des Gewölbes im Schluß 2 Sch. 8 Z.; Dicke der Widerlagen 9 Schuh. Welch eine Steinmasse gegen die gothische gehalten! Und bey allen diesen ungeheuern Steinmassen, die man in neuern und den neuesten Zeiten an den ansehnlichsten Monumenten nach diesen Rechnungen verschwendet hatte, erhielten sie dennoch keine Dauer. Die Kuppel von St. Peter in Rom ist mit ansehnlichen Rissen gesprungen, und die Kuppel der Kirche der h. Genevieve zu Paris — nun Pantheon — liegt in Ruinen. Sollten uns diese Dinge nicht aufmuntern, die Ueberbleibsel der Künste unserer Vorfahren, der Gothen, näher kennen zu lernen; besonders mit ihrem Mechanismus näher bekannt zu werden, der es gewiß verdient und die angewandte Mühe reichlich belohnen würde? Wer soll aber die Reisen machen und das Geld dazu verwenden?

Ich kann übrigens unmöglich glauben, daß Baumeister, die vom Jahr 800 an bis 1500 lebten und durch ganz Europa gebraucht wurden, auch theils so bewundernswürdige Monumente hinterließen, ihre Kunst nur handwerksmäßig gelernt und getrieben haben sollten. Es müssen Schriften hierüber vorhanden gewesen seyn, wovon vielleicht eine oder die andere in Büchersammlungen gefun-

den werden könnte. Wie sehr wäre eine solche Entdeckung zu wünschen, und wie verdient würde sich der Herausgeber einer solchen um die Kunst machen!

Schwerlich kann man ein Zeitalter dunkel nennen, in welchem so außerordentliche Gebäude aufgeführt wurden, und wo man Männer gewahr wird, deren Fähigkeiten groß und deren Gelehrsamkeit achtungswürdig war. Es ist aber die Gewohnheit neuerer Schriftsteller, besonders die vergangenen Zeiten der Deutschen in das Dunkle zu stellen; entweder weil Tadel ihnen behaglicher ist, als Lob, oder weil sie glauben, das Zeitalter, worin sie leben, werde nach Verhältniß der Schatten, die man über das Alter wirft, glänzender hervorstechen. Und wie oft schimmert der Neid aus Schriftstellern anderer Nationen hervor, die Künste und Wissenschaften sich allein zueignen möchten. Der vorurtheilsfreye Mann aber sucht Licht, und gibt es wenig Ausbeute, so war es wenigstens Wille — zu finden.

Nachschrift.

Der Verfasser vorstehenden Aufsatzes ist ein Jüngling, welcher bey besonderm Fleiß ausnehmende Talente besitzt, dessen Vater aber, ein ehemaliger deutscher Staatsdiener des linken Rheinufers, durch den Krieg seiner Habe nicht nur, sondern auch, welches bey aufgeklärten Nationen bisher beyspiellos ist, mit vielen andern seiner-bürgerlichen Existenz beraubt, konnte ihn in weiter nichts unterstützen, als daß er ihm in der Mathematik und besonders in der Architectur und den Ingenieurwissenschaften Unterricht gab, worin er ansehnliche Fortschritte machte. Bey diesem Unterricht berührte der väterliche Lehrer die besondern Vorzüge der verachteten, sogenannten gothischen Architectur, welches unsern Jüngling veranlaßte, Untersuchungen für sich hierin anzustellen, wobey er zu seiner Verwunderung entdeckte, daß alle Formen dieser Bauart auf geometrische Sätze gegründet seyn, und nun war er im Stande, sie mit Leichtigkeit zu zeichnen, die er zuvor für Arabesken oder Unsinn hielt.

So weit hatte es unser Anfänger gebracht, als er dem regierenden Herrn Grafen zu Solms-Laubach bekannt wurde, einem

Herrn, der Wissenschaften, Kenntnisse und
Kunst nicht nur schätzt, sondern sich auch einen ansehnlichen Vorrath davon gesammlet
hat: Dieser großmüthige Beförderer des
Fleißes und der Talente sah mit Unwillen
die Tage dieses jungen Menschen und traf,
mit gnädigstem Beytritt des hiesigen hoch-
gräflichen Hauses, unter Leitung des ober-
vormündlichen Raths und Canzley-Directors
Seeger, die Verfügung, daß er die Universität Gießen beziehen konnte, wo er seine mathematischen Kenntnisse nicht nur erweiterte,
sondern auch Reisen durch einige deutsche
und niederländische Staaten machte, die,
größtentheils Bezug auf die gothische Architectur hatten.

Nun verließ er Gießen, um, mit fernerer Unterstützung seiner höchsten Gönner,
eine Reise nach Frankreich zu machen, damit er seine Kenntnisse mehr erweitere. Und
bey seiner hiesigen Durchreise hinterließ er
mehrere gesammelte Bemerkungen, worunter
sich obiger Aufsatz befindet, den ich einer
öffentlichen Bekanntmachung um so würdiger
hielt, weil er, zu mehreren Entdeckungen in
der deutschen Architectur, durch Kunstver-
ständige, Veranlassung geben könnte.

Michelstadt. der Einsender.

Familien - Nachrichten.

Unsern auswärtigen Gönnern, Verwand-
ten und Freunden machen wir hiermit unsre
am 31 v. M. vollzogene eheliche Verbindung
bekannt, und empfehlen uns Ihrer fernern
Gewogenheit, Freundschaft und Liebe.
Eisenberg den 14 April 1807.
Christian Gottlob Gerlach
H. S. Vice-Landrichter.
Juliane Henriette Sophie Gerlach
verw. gewesene Archidiaconin von
Roda, geb. Kertscher.

Gelehrte Sachen.

Die Herren Schriftsteller werden ersucht,
mit ihren Offerten in Betreff. eines Manuscripts, welches im Reichs-Anzeiger Nr. 189
unter den Buchstaben G. X. H. K. gesucht
wurde, nunmehr innezuhalten.

Justiz - und Polizey - Sachen.

Vorladungen: 1) der Gläubiger G. Lang's.

Alle diejenigen noch unbekannten Gläubiger,
welche an die Realitäten des von seinem häuslichen
Amwesen heimlich entwichenen Georg Lang, Sattlers und Häuslers allhier, einen gerechten Anspruch
zu machen haben, werden aufgefordert, binnen 4
Wochen sich bey unterzeichnetem Amte zu melden,
widrigenfalls sie nicht mehr würden gehört werden.

Zugleich wird das langische Anwesen, bestehend in einem Haus, Brunnen, Backofen, Wurz-
Gart- und Feldgarten, auf den 1. May dergestalt,
feilgeboten, daß der Meistbietende sich des Zuschlages unfehlbar zu erfreuen habe. Den 6 April 1807.
Königl. Baier. Freyh. von Lemmenschen
Herrschaftsgericht-Heilberg, in Wiesent, Hofgerichts-Bezirks Neuburg.
Prucker, Pfleger.

2) der Maria Frey gebornen Uibel und J. Ulrich. Uibel's.

Maria geborne Uibel, gebürtig von Bobersweiher, welche mit ihrem Ehemann Georg Frey
von Zieroldshofen im Jahr 1770 nach Ungarn gezogen, so wie ihr Bruder Johann Michael, von
gedachtem Bobersweiher gebürtig, der als Schreinergesell auf die Wanderschaft ging, seit langer
Zeit aber nichts mehr von sich hören lassen, diese
beyde, oder ihre rechtmäßigen Erben, haben sich um
Besitznahme ihres vorhandenen geringen Vermögens bey hiesigem Oberamt binnen drey Monaten
von jetzt an zu melden, welches sonst ihren Geschwistern gegen Caution ausgefolgt werden wird.
Verordnet bey Großherzogl. Oberamt Bischofsheim, den 11 März 1807.

3) Xav. Kohler's.

Xaver Kohler, diesseitiger Amtsangehöriger
von Nieralfingen stand als Soldat in den ehemaligen
hochfürstl. Constanzischen Diensten, desertirte sohin
im May 1795 zu Haslach, und ließ seit dieser Zeit
nichts mehr von sich hören.

Derselbe, oder dessen allenfalsige Leibes-Erben
werden demnach aufgefordert, sich binnen 9 Monaten von heute bey hiesiger Gerichtsstelle zu melden,
und das unter Pflegschaft stehende Vermögen von
circa 200 fl. in Empfang zu nehmen, widrigenfalls
solches seinen nächsten Anverwandten gegen Sicherheitsleistung überlassen würde.
Böblingen bey Radolphzell am Bodensee, am
23 März 1807.
Großherzogl. Badisches O. Vogteyamt.
Vidt. Zinweg.

Kauf - und Handels - Sachen.

Mobilien-Auction.

Auf den 21 May d. J. und folgende Tage sollen zu Tennstädt in Herrn Kämmerers Slohr Hause

am Steinweg, früh von 9 bis 12 Uhr und Nachmittags von 2 bis 5 Uhr, verschiedene Mobilien an Kleidern, Kutsche, Geschirr, Silberwerk, Pretiosen, Wäsche, Betten, Porcellain, Kupfer, Messing, Zinn, Meublement, hölzernem und anderm Geräthe, auch Büchern und Musicalien, vom Kreisamte Tennstädt verauctionirt werden; welches und daß daselbst gedruckte Catalogen zu haben sind, hiermit bekannt gemacht wird.

Kreisamt Tennstädt, am 18 April 1807.

Verkauf eines Hauses nebst Waarenlager in Ansbach.

Da bey dem hiesigen Stadtgericht auf Ansuchen des Curators der Kaufmann Löwis- Concurs-Massa das in der Adlerwirthsgasse dahier unter Nro. 186. belegene Haus nebst Zubehör und besonders nebst dem darin befindlichen Waarenlager von Tuch und andern Waaren an den Meistbietenden öffentlich Schuldenhalber verkauft werden soll, und die Bietungs-Termine auf den 17 April, den 17 Junius und besonders den 17 August d. J. jedesmahl Vormittags um 10 Uhr in dem Stadtgericht. Sessions-Zimmer vor dem Deputirten-Assessor Meusel angesetzt worden; so wird solches, und daß gedachtes Haus und Waarenlager nach der davon aufgenommenen Taxe, welche in der Registratur eingesehen werden kann, ersteres auf 4000 fl. und letzteres auf 28556 fl. 53 1/2 kr. gewürdigt worden, den Kauflustigen bekannt gemacht, mit der Nachricht, daß im letzten Bietungs- Termin, welcher peremtorisch ist, das Grundstück dem Meistbietenden unfehlbar zugeschlagen, und auf die etwa nachher einkommenden Gebote nicht weiter geachtet werden soll. Zugleich wird denjenigen, welche etwa auf dem Hause wieder eine Handlung zu treiben gemillt sind, bekannt gemacht, daß sie deshalb zuvor die besondere Erlaubniß der hiesigen königl. Kriegs- und Domänen-Kammer zu erhalten bemüht seyn müssen.

Ansbach, den 5 Febr. 1807.

Stadtgerichte.

von Spies.

Verkauf der Meisterey in Eisenberg.

Die Meisterey an der Stadt Eisenberg im Fürstenthum Altenburg, in einer angenehmen Lage gelegen, mit allen damit verbundenen und auf das ganze herzogl. Kreisamt Eisenberg sich erstreckenden Privilegien, die aus dem Privilegium selbst genauer zu ersehen sind, wird hierdurch freywillig zum Verkauf dargebothen. Damit ist verbunden

ein geräumiges Haus, Seitengebäude, Scheune, Hof, ein am Hause gelegener großer 1 1/4 Acker 3 Ruthen haltender, größtentheils mit vorzüglich guten Obstbäumen bepflanzter Garten. Fer-

ner gehört hierzu 36 berliner Scheffel größtentheils ganz nahe gelegenes gutes Feld als
4 1/4 Acker 9 Ruthen Feld incl. Wiese
1 1/4 Ar. 17 Rth. Feld
6 1/2 Ar. 6 Rth. Feld, auch gehören noch dazu
2 Wiesen
1 1/2 Ar. 13 Rth. eine davon, und die 2te
1/8 Ar. 14 Rth. haltend
Der Acker ist gerechnet zu 160 achtelligen □ Ruthen. Kaufliebhaber können sich bey mir Endesunterzeichnetem melden

Carl Friedrich Oerte,
Scharfrichter zu Eisenberg.

An das musicalische Publicum.

Da an mehreren Orten sich das falsche Gerücht verbreitet hat, als wenn ich mein Geschäft ganz niedergelegt, dieses aber doch der Fall nicht ist, so halte ich es für Pflicht — aufgefordert von mehrern meiner Freunde — diese Unwahrheit hier öffentlich zu widerlegen.

Ich arbeite noch beständig fort, und es ist mir auch nicht eingefallen, aufzuhören; indem ich in dem glücklichen Alter lebe, worin ich der Welt noch Instrumente liefern kann. Ich werde daher alle einzusendende Bestellungen mit dem besten Fleiß und Accuratesse zur vollkommensten Zufriedenheit meiner Freunde eben so, wie ich immer gethan, besorgen.

Zugleich habe ich die Ehre, dem resp. Publicum anzuzeigen, daß ich Pianoforte von schönem Mahagonyholz von sechs Octaven, wie auch von sehr schönem vaterländischen Holz; auch Clavichorde von Mahagony- und deutschem Holz von Contra F — a mit doppeltem Resonanzboden, spiegelglatt polirt, verfertige.

Göttingen im April 1807.

Johann Paul Krämer.

Taback.

Unterzeichnete haben die Ehre anzuzeigen, daß sie zu allen Zeiten Lager von pfälzer Blätter-Taback in Carotten- Gut und Pfeifen- Gut diesseits und jenseits des Rheins halten, und zu billigen Preisen in großen und kleinen Partien abgeben.

Sie empfehlen ihre Dienste ferner in Erkaufung von Blätter- Taback und andern Landes- Producten in Commission gegen billige Provision und in Speditions-Geschäften aller Art, indem sie ihre Herren Correspondenten auf dem rechten Rheinufer ersuchen, ihre Briefe unter der Adresse Herrn W. H. Ladenburg in Mannheim an sie gelangen zu lassen.

Speyer den 1 April 1807.

Hetzel und Sohn.

Allgemeiner Anzeiger
der
Deutschen.

Dienstags, den 28 April 1807.

Land = und Hauswirthschaft.

Ueber Tabacksbau als Ursache der Getreidetheurung.

In Nr. 311 S. 3697 des allg. Anz. äussert jemand die Meinung, daß der Tabacksbau unterlassen werden sollte, weil dem Kornbau dadurch Abbruch geschieht. — Diesem glaube ich widersprechen zu können. Kein guter Oeconom wird auf seitem Boden Taback bauen, weil er durch jede andere Frucht eben so viel Nutzen und vielleicht noch mehr ziehen kann. Er baut solchen also auf magern Feldern, und dieß ist sehr gut. Jeder Oeconom wird die Erfahrung gemacht haben, daß mit dem Bau der Früchte auf einem und dem nämlichen Felde gewechselt werden muß. Wer zwey oder drey Jahre nach einander Korn darauf baut, selbst wenn er düngt, wird finden, daß er alle Jahr weniger bekommt; dahingegen, wenn er nach der Kornernte ein oder zwey Jahr eine andere Frucht pflanzet oder säet, einen weit ergiebigern Ertrag im dritten Jahre hat. Wenn also auf Felder, welche weder zum Gersten= noch Weizen=Bau geeigenschaftet sind, jemand Taback pflanzt, so wird er

　　a) das Feld von Unkraut reinigen
　　b) zum Kornbau besser herrichten können
　　c) durch die Tabacksstengel so viel Dung erhalten, daß er sogleich ungedüngt Korn darauf säen kann, und endlich
　　d) wird die Ernte dadurch weit ergiebiger ausfallen.

　Ich bin daher der Meinung, daß es dem Kornbau nachtheilig ist, den Tabacksbau zu

Allg. Anz. d. D. 1 B. 1807.

verbieten oder einzuschränken. Ein kluger Oeconom baut ohnehin nur Taback statt der Brache, und ohne daß andere Früchte dadurch verdrängt werden.

Ueberhaupt bin ich vollkommen überzeugt, daß Ackerbau die Quelle des Reichthums eines Landes ist, aber es kommt nicht darauf an, daß viel Land mit Korn besäet wird, sondern daß das Land öfters geackert wird, und daß es wechselsweise einige Zeit liegen bleibt, damit Nebel, Reif, Hitze und Kälte das Erdreich befruchten kann, und daß es gut gedüngt werde. Da ohne Viehstand nicht hinlänglich Dung erzeugt werden kann, da ferner der Dung von dem Vieh, welches meistens auf magere Triften getrieben wird, nicht so gut ist, als von solchem Vieh, welches größtentheils im Stall stehen bleibt, so ist das wahre Beförderungsmittel des Getreidebaues Stallfütterung. Diese kann aber in den meisten Dörfern nicht eher mit Nutzen eingeführt werden, als bis der Kleebau schon einige Jahre in Gang gebracht worden ist. Wo Gemein=Gründe vorhanden sind, lassen sich diese leicht vertheilen und urbar machen, wenn nur der Landesherr dem Eigensinn der Bauern mit Zwangsmitteln hemmt, und somit leicht Kleefutter erzeugen, wo aber deren nicht oder nicht genug vorhanden sind, und eine Gemeine auf andern Triften weiden läßt, müßte eine Anordnung getroffen werden, und diese könnte zur Beförderung der Waldcultur geschehen, wenn jedem ein Stückchen Land als Vorreut vom Walde eigenthümlich gegeben würde. Es muß aber zum unerläßlichen Gesetz gemacht werden, daß solche Gemeinstücke nicht mehr einzeln verkauft werden dürfen, sondern ein unzertrennliches Eigenthum des Hausbesitzers bleiben müßten, denn außerdem entsteht der Nachtheil (wie es schon öfters geschehen ist) daß ein solches einzelnes Stück verkauft wird, und der Hausbesitzer kann zwar Vieh in seinem Hause stellen, aber nicht ernähren. Auf diese Art würden alle öde Gründe urbar gemacht, und könnte alsdann mit dem Kleebau auf den Feldern gewechselt werden; man baut nach einigen Jahren Klee auf dem eigenen Kornfeld, und das Korn hingegen auf dem Kleefeld, wodurch abermahls Dung erspart und der Ertrag ergiebiger gemacht wird.

Ich kann mich auch zur Zeit nicht überzeugen, daß in Sachsen und Franken dermahlen weniger Korn erzeugt werden sollte, als das Bedürfniß der Einwohner wäre. Die letzten Mißjahre können hier nicht in Anschlag gebracht werden, denn sie bleiben Ausnahmen von der Regel. Die Theurung dauert schon 10 Jahre und die Ursache davon ist nichts anders als der Krieg. Wie viel fremde Völker aßen nicht mit in Deutschland und brachten keine Magazine mit. Wie oft wurde der Landmann durch Kriegsfuhren gehindert, seine Felder zur rechten Zeit zu bestellen, ja wie oft war er gehindert, sie ganz zu bestellen, weil eine nachtheilige Witterung einfiel oder weil er seine Ochsen und Pferde dabey verlor, oder abgetrieben, krank oder wenigstens zu spät zurück erhielt. Ich schreibe daher die Korntheurung bloß dem Kriege zu, und wenn der große Kriegsheld uns einen baldigen und dauerhaften Frieden erobert, so kann der Getreidepreis stark, vielleicht um die Hälfte herabsinken.

Wenn aber dieß geschieht, so wird der Landmann (der ohnehin durch den Krieg seine ersparten Gelder wiederum verloren, ja sogar in Schulden gerathen ist,) sehr leiden, denn die Grundstücke müssen immer mehr an Werth verlieren (wegen Mangel an Geld und wegen Mangel an Concurrenz von Käufern) und die übrigen Bedürfnisse und theuern Waarenartikel werden so geschwind nicht herabgesetzet, und so möchte das Fallen der Getreidepreise auf einmahl viele Familien gänzlich ruiniren. Eine Getreidetheurung wird wol kein vernünftiger Mann wünschen, aber eine zu große Wohlfeilheit ist auch dem Lande nicht nützlich, aber man muß die Sache von zwey Seiten betrachten, und daher überzeuge ich mich, daß für das allgemeine Wohl zuträglich ist, daß das Fallen der Preise gleich dem Steigen allmählich geschehen muß, wenn das Wohl des Landes (also des größten Theils der Einwohner) befördert werden soll; und daß der Vorwurf, den man bisher macht, als wenn zu wenig Korn gebaut würde, unrichtig ist.

Wenn Hopfen-, Tabacks- und anderer Früchte-Bau beschränkt oder vollends verboten werden sollte, so würde die Absicht nicht erreicht, so gewiß es ist, daß die Abstellung der Brache und das Verbieten des Branntweinbrennens den Kornbau nicht vermehrt hat; denn wegen jener ist es erwiesen, daß der Ertrag sich nicht in dem Verhältniß vermehrt hat, als das vermehrte Dienstpersonale und die Feldarbeiten Geld und Zeit kosteten, und wegen dieses sich die Viehmastung und daduch die Erzeugung guten Düngers vermindert hat. Nur durch Abtheilung der Gemeingründe, Erzeugung der Futterkräuter, durch Einführung der Stallfütterung und Viehzucht, und durch freyen Getreidehandel wird der Kornbau ergiebiger werden, und sonach auch die Preise nach und nach fallen machen. Ich ersuche alle Oeconomen, diese meine Ideen zu prüfen und ihr Resultat ebenfalls bekannt zu machen.

Aus Franken, den 2 Dec. 1806.   l.

Künste, Manufacturen und Fabriken.
Farben aus einem verkannten Product.

Unreife Wachholderbeeren geben eine schöne gelbe Farbe, die besonders mit Alaun und Kochsalz hochgelb wird. Alle Kupfer-Auflösungen geben schöne dunkelgelb-braune Farben — und Kupfer- und Eisen-Auflösungen vermischte geben grüne Schattirungen, die durch ein Bad von reiner Pottasche ganz dunkelbraun werden. Mit Salpetersäure wird die gelbe Farbe Ranquingelb.

Anfrage.

Für getreidearme Gegenden, wo Kartoffeln die Hauptnahrung der Menschen und des Viehes sind, war die Erfindung des

Amtsschultheißen Müller zu Marktwippfeld,
aus Kartoffeln Branntwein zu brennen, minder wichtig; um so wichtiger ist aber für
diese die neuere Erfindung, aus Kartoffeln
Branntwein zu brennen, der Brauchbarkeit
der Kartoffeln für Menschen und Vieh ganz
unbeschadet — und also um so gerechter der
Wunsch, daß entweder die Art und Weise
ehebaldigst allgemein bekannt gemacht, oder
eine sichere Quelle, wo (wäre es auch gegen
billige Vergeltung) darüber zuverlässige
Belehrung zu erhalten, baldigst in allg. Anz.
angegeben werden möge!

Allerhand.

Neue Buchdruckerey.

Die Unterzeichneten haben mit höherer
gnädigen Erlaubniß in hiesigem Orte eine
neue Buchdruckerey errichtet, womit sie sich
dem dafür sich interessirenden Theil des
Publicums hiermit bestens empfehlen. Vorzüglich machen sie alle Buchhändler auf dieses Etablissement aufmerksam, und versprechen diesen, wenn man sie mit irgend einer
kleinern oder größern Arbeit beehren würde,
dieselbe auf das geschmackvollste und zu einem
sehr billigen Preise zu liefern. Ihre Schriften sind sämmtlich neu gegossen, sie besitzen
alle Arten derselben, so wie Einfassungen,
Verzierungen u. s. w., und sie versichern
nochmahls, jeden Auftrag mit eben so viel
Pünctlichkeit als Accuratesse zu vollziehen.

Penig in Obersachsen.

Herbst und Sieghart.

An Buchhändler.

Da mir bisher von mehreren angese-
nen Buchhandlungen zugleich die Besorgung
des Coloris meiner Arbeiten übertragen
wurde, ich auch jetzt den Stich und die Illumination eines wichtigen ausländischen
Werkes übernommen habe, so finde ich mich
veranlaßt, um ganz gute Arbeit zu liefern,
eine Illuminir-Anstalt zu errichten, in welcher dieses Geschäft mit aller Genauigkeit
unter meiner unmittelbaren Aufsicht und Leitung betrieben werden soll: da ich nebst meinen eignen Arbeiten auch die Besorgung des
Coloris fremder Werke übernehme, so empfehle ich diese Anstalt, welche sich durch

ganz gute und billige Arbeit empfehlen wird,
allen hiesigen und auswärtigen respectiven
Buchhandlungen.

Christ. Gottfr. Heinr. Geißler,
Zeichner und Kupferstecher,
in Leipzig auf der Hintergasse im leh-
mannschen Hause erste Etage.

Gelehrte Sachen.

Anfrage.

Man wünscht in diesem allg. Anz. eine
historische Nachricht über den päbstlichen
Ritterorden vom goldenen Sporn, dessen
Statuten und Decoration, worin letztere besteht, und was vorzüglich zur Aufnahme in
diesen Orden erforderlich ist, zu erhalten.
Ferner ob ein ordentliches Ordenscapitel von
diesem Orden, und wo, vorhanden, ob der
jedesmahlige Pabst Großmeister des Ordens
ist, ob mehrere Grade oder Classen bey dem
Orden sind, ob die Anzahl der Ritter nur
aus einer bestimmten Anzahl besteht, oder
nicht; ferner ob nur bloß Katholiken oder
auch andere Religionsverwandten Ritter dieses Ordens werden können, ob die Aufnahme in den Orden mit Kosten verbunden ist,
oder nicht!

Familien-Nachrichten.

Todes-Anzeige.

Gestern endigte sich das vieljährige Leiden meiner lieben Frau, Elenore Sophie
Auguste, gebornen Röder, sanft durch einen
Schlagfluß in ihrem 54 Lebensjahre, welches
ich unsern Freunden und Verwandten hierdurch bekannt mache.

Eisenach, den 23 April 1807.

Joh. Carl Salomo Thon,
geheimer Kammerrath.

Justiz- und Polizey-Sachen.

Präclusion.

Alle diejenigen etwaigen Gläubiger des Herrn
geheimen Regierungs-Raths Kleinschmie dahier,
welche in dessen Debit-Sache in dem dazu peremtorisch angestandenen, öffentlich bekannt gemachten
Termin, und bis jetzt ihre Forderungen weder angegeben, noch liquidirt haben, werden nunmehr in

Kraft dieses angedrohtermaßen damit ausgeschlossen. Arolsen, am 15 April 1807.
Aus Commission fürstlich Waldeck'scher Regierung.
W. Schumacher,
Regierungs-Rath.

Vorladung der Erben oder Gläubiger der Maria Sibylla Bogen.

Alle diejenigen, welche an die Verlassenschaft der im Jahr 1803 zu Kirchheim an der Eck gestorbenen Ehefrau des im Jahre 1783 verlebten Rathsverwandten Conrad Bogen von hier, Maria Sibylla, gebornen Kuppert, aus irgend einem rechtlichen Grunde einen Anspruch zu machen, und solchen bisher noch nicht angezeigt haben, werden hiermit aufgefordert, solchen auf den 25 künftigen Monats May Morgens 9 Uhr dahier richtig zu stellen, und die Verhandlungen über den Vorzug bey Strafe des Ausschlusses von der Masse zu pflegen. Mannheim, den 14 April 1807.
Großherzogliches Stadtvogteyamt.
Kupprecht. Hoffmeister.
Vidt. Schubauer.

Kauf- und Handels-Sachen.

Verkauf harzer Kuxe.

Auf die zum Verkauf ausgebornen nachbenannten von vultejus'schen harzer Bergtheile
a) 1/48 Kur Dorothea.
b) 3/4 Kur Neue Benedicta.
c) 1/12 Kur Carolina.
d) 1/24 Kur Neufang.
e) 1 1/2 Kur Gabe Gottes und Rosenbusch.
f) 1/2 Kur St. Elisabeth.
g) 1/16 Kur Sophie.
h) 1/16 Kur St. Margaretha.
i) 1/4 Kur Güte des Herrn.
k) 1/16 Kur kleiner St. Jacob.
l) 1/8 Kur Herzog Christian Ludwig.
m) 1/3 Kur Kranich.
n) 1/4 Kur braune Lilie.
o) 11/24 Kur Abendröthe.
p) 1 2/4 Kur Herzog August und Johann Friedrich.
q) 1/16 Kur weißer Schwan und
r) 1/4 Kur Lauthenthals Glück.
ist in dem ersten Licitationstermin kein annehmliches Gebot geschehen, und daher anderweiter Termin auf den 27 May angesetzt worden. Es wird dieß Liebhabern zu dem Ganzen oder zu einzelnen Theilen zu dem Ende bekannt gemacht, um in gedachtem Termine Vormittags nur hiesiger Regierung ihr Gebot zu Protocoll zu thun, wie dann mit dey auf das Ganze gebotenen 250 Rthlr. der Anfang gemacht werden, und nach geschehen

weitern Geboten auf das Meistgebot dem Befunden nach der Zuschlag erfolgen soll.
Sign. Cassel den 20 April 1807.
B. W. Rüppel,
kraft Auftrags.

Wechsel- und Geld-Cours in Sächsischer Wechselzahlung.
Leipzig, den 24 April 1807.

In den Messen.	Geld.	Briefe.
Leipz. Neujahr-Messe	—	—
— Oster-		
Naumburger	98	—
Leipz. Michaels	97 1/4	—
Amsterdam in Bco. à Uso		—
Detto in Curr. à Uso	143 1	
Hamburg in Bco. à Uso		150
Lion 2 Uso in Liv.		78 1/2
Paris 2 Uso in Liv.		78
Augsburg à Uso		99 3/4
Wien à Uso		45 1/2
Prag à Uso		45 1/2
London à 2 Uso p. Pf. St.		
Ränder-Ducaten	12 1/2	
Kaiser-Ducaten	12	
Wichtige Duc. à 66 Aß	10 1/2	
Breslauer à 65 1/2 ditto	10 1/2	
Leichte à 65 ditto	9 1/2	
Almarco ditto	206	
Almarco Louisd'or	189	
Souverain d'or	9 ℳ	
Louisd'or à 5 Rthl.	9 1/2	
Sächs. Conv. Geld	pari	—
Schild-Louisd'or	2 1/4	—
Laubthaler	—	21/2
Preuß. Curr.	5	
Do. Münze	10 1/4	
Xer.	pari	
Cass. Bill.	3/4	
Kronenthaler	1/2	
3. 7. Kr.	8 1/2	
17	4 1/2	
Wiener Banc. Zettel	45 3/4	
Frankfurt a. M. à Uso	3 1/4	

Druckfehler. In Nr. 106 S. 1009 Z. 18 Bauchin statt Bauhin; Z. 20 welches st. welches; Z. 21 gehaucht st. gebracht; Z. 32 jemand st. Iman.

Allgemeiner Anzeiger
der
Deutschen.

Mittwochs, den 29 April 1807.

Literärische Nachrichten.

Bücher, die zu kaufen gesucht werden.

Paykula Fauna Suecica 2 Theile, den zweyten. doppelt.

Illiger's Magazin der Insectenkunde.

Fabricii. Systema Rhyngaetorum, Hymenoypt. etc.

Panzer's entomologisches Taschenbuch. — Fauna insectorum germ. in Heften, möglichst complet.

werden billigst zu kaufen gesucht von
Christn. Friedr. Jockisch
in Nürnberg.

Landkarten.

Kriegs-Schauplatz zwischen Preußen, Rußland, der Türkey und Frankreich, in 2 großen Realblättern.
ist so eben fertig geworden, und bey mir für 1 rthlr. 12 gl. zu haben.

Gerhard Fleischer d. jüng. in Leipzig.

Die von uns angekündigte Charte der Gegend um Preußl. Eylau, auf welcher die Stellungen beyderseitiger Armeen vom 6ten bis 8ten Februar angegeben sind, ist so wie der dazu gehörige Special-Plan der Schlacht bey Preußl. Eylau so eben mit der dazu gehörigen Erläuterung in deutscher und franzö. Sprache von uns an alle Buch- und Kunsthandlungen versandt worden.

Weimar, den 18 April 1807.
Das Geographische Institut.

Herabgesetzte Bücherpreise.

Von der seltenen und schätzbaren Ausgabe sowohl der

Biblia sacra quadrilinguia Veteris Testamenti hebraici cum versionibus & re-

Aug. Anz. d. D. 1 B. 1807.

gione postea utpote versione graeca 70 in- terpretum ex Cod. Mso Alexandrino a Grabio primum evulgata, et origenianis asteriscis et obeliscis instructa et passim emendata, item versione latina Seb. Schmidii noviter revisa et textui hebraeo curatius accomodata, et germanica B. Lutheri ex ultima beati viri revisione et editione 1544 — 45 expressa, adjectis textui hebraeo notis masorethicis et graecae versionis lectionibus codicis vaticani editionis romanae et praecipuis aliarum editionum et interpretam, subjectis notisque philologicis et exegeticis aliis ut et summariis capitum et loco parallelis completissimis ornata, accurante Chr. Reineccio, cum praef. S. Deylingii 2 Tomi 1750.

als auch der

Biblia sacra quadrilingua Novi Testamenti graeci, cum versionibus syriaca, graeca, vulgari, latina et germanica, adjectis variantibus lectionibus tum graecis a Millio, praecipue Kästero, tum syriacis et polyglottis anglicanis, tum etiam germanicis annotatis. Accedunt loca parallela uberrima et annotationes philologicae et exegeticae ad loca difficiliora, ex celeb. philologis theologis et Scripturarum interpretibus congesta 1715.

sind nur noch wenige Exemplare vorräthig. Der bisherige Ladenpreis für alle 3 Thle. in ord. Folio war 18 rthlr. sächf. und in groß Folio 22 rthlr. sächf. Diejenigen Liebhaber, welche sich obiges Werk noch anschaffen wollen, erhalten die Ausgabe in ord. Folio für 12 rthlr. sächf. und die in groß Folio für 15 rthlr. sächf. baar, und ist dazu der Termin bis Ostern 1808 bestimmt; nachher tritt nicht nur der gewöhnliche Ladenpreis wieder ein, sondern er wird auch nach Maßgabe der wenigen Exemplare erhöht, da dieses Buch jetzt schon und noch mehr mit Recht unter die seltenen gezählt werden darf.

Leipzig. Ostermesse 1807.

Johann Christian Eurich.

Subscriptions = Ankündigung

Unter dem Titel:

Disconto = Tabellen, für Deutschland, Holland ꝛc. ꝛc. wornach man augenblicklich den Disconto jeder Summe von 2 1/2 bis 6 pCt. für alle Tage berechnen kann, habe ich ein Werk bearbeitet, welches gewiß dem Kaufmanne sowohl, als dem Discontenten, Rentenier ꝛc. sehr willkommen seyn, und wegen der darin beobachteten Accuratesse, und möglichsten Gedrängtheit, zweckmäßig und nützlich gefunden werden wird.

Mehrere Rücksichten bestimmen mich, dem Publicum dieses, aus einigen sechszig Tabellen bestehende Werk, schon jetzt, und zwar auf Subscription bis Ende Junius d. J., das Exemplar zu 4 Ct. anzubieten. Sobald die nicht unbeträchtlichen Kosten des Drucks einigermaßen gedeckt sind, wird damit der Anfang gemacht und von meiner Seite keine Mühe gescheut werden, das Werk in möglichster Vollkommenheit zu liefern.

Alle solide Buchhandlungen, denen, wie jedem andern gütigen Subscribenten / Sammler, ich hierdurch für ihre Bemühung einen Rabat von 25 pCt. zusichere, nehmen hierauf Subscription an, und ersuche ich Sie, mir die Namen der Herren Subscribenten, die dem Werke vorgedruckt werden sollen, sogleich bey Ablauf des obigen Termins gefälligst einzusenden. Der nachherige Preis ist 6 S.

Uebrigens nimmt auch Subscription an
Hamburg	der Herausgeber
im M. März	J. H. Decker, junior
1807.	Buchhalter
	kleine Johannisstraße No. 9.

Einladung an Schullehrer.

Eine namhafte Buchhandlung läßt verschiedene wichtige Schulbücher drucken. Diejenigen Schullehrer, welche auf dieselben gegen einen ansehnlichen Rabat Unterzeichnungen (nicht Vorausbezahlungen) sammeln, und das Gute folglich unterstützen wollen, belieben ihre Adresse an Hrn. Advocat Hölzel in Leipzig, am alten Neumarkt neben der Feuerkugel, in einem mit Nr. 100 bezeichneten Couvert baldigst einzusenden.

Periodische Schriften.

Die Klügersche Buchhandlung in Arnstadt hat sich brogen oder bereden lassen, von dem seit 1795 in meinem Verlage herausgekommenen Almanach oder Uebersicht der fortschritte, neuesten Entdeckungen und Erfindungen in Wissenschaften, Künsten, Manufacturen und Handwerken von G. C. B. Busch, wovon bis in verwichener Michaeli=Messe XI. Jahrgänge oder Bände erschienen sind, in dem aug. Anzeiger der Deutschen No.

82. den 25 März 1807. S. 840. mit ihren zu jeniger Ostermesse herauskommenden Schriften unter Busche Namen und dem nämlichen Titel den XII. Band anzukündigen.

Da ich aber von Entstehung dieses Almanachs oder Uebersicht der Wissenschaften ꝛc. an mehrere in den Vorreden zum Theil genannte, als Schriftsteller rühmlich bekannte Gelehrte und Mitarbeiter erbeten und der nunmehrige Herr Super. Busch nur bestimmte Fächer zu bearbeiten und die Vorreden als bloßer Redacteur zu verfertigen hatte, die planmäßigen Aufsäge dazu aber von sämmlichen Herren Mitarbeitern von jeher an mich eingeschickt und nach der auch von mir gleich beym zweyten Band mit Zuziehung sachverständiger Gelehrten vermittelten zweckmäßigeren systematischen Einrichtung zum Druck besorgt worden sind, ohne daß Herr S. Busch diese vor dem Abdrucke nur zu sehn bekommen: so bin und bleibe ich, so lange es mir convenirt, der alleinige rechtmäßige Verleger dieses, unter dem zeitherigen doppelten Titel herausgekommenen Almanachs und Uebersicht der Wissenschaften.

Ich habe auch bereits den XII. Jahrgang oder Band dieses Almanachs, wie gewöhnlich, in dem längst erschienenen allgemeinen Leipziger Meßverzeichniß dieser Ostermesse S. 181. unter den künftig herauskommenden Schriften, also weit früher angezeigt, da Inhalts der Titel, und des aus den Vorreden bekannten Plans, die Vollendung des Drucks und Ablieferung allemahl zur Michaelismesse erst bewerkstelligt werden kann.

Während des bald vollendeten Drucks des XI. Jahrgangs entspann sich eben ein unverschuldeter Zwist über spät eingeschickte Aufsäge des Herrn S. Busch, die für die Vollendung zu einer ohnehin durch die eingetretenen leidigen Kriegs = Conjuncturen kritischen Messe ganz unmöglich und äußerst nachtheilig machen mußten, wenn ich das Ansinnen dieses Mitarbeiters hätte befolgen wollen.

Ich bewarb mich nun gleich um andere Gelehrte, die von Herrn S. Busch zeither bearbeiteten Fächer übernahmen, und der XII. Band kömmt zur nächsten Michaelmesse zuverläßig in meinem Verlag unter dem Namen des Inhalts der Vorreden als Mitarbeiter an diesem Almanach rühmlichst bekannten hiesigen Herrn Professors Trommsdorff heraus, so wie der von mir bereits in dem Vorreden zu den letzten Bänden vom 7ten bis incl. dieses 12 Bandes verheißene Register = Band.

Ich halte es aber für Pflicht, dem unparteyischen Publicum von dieser Störung Nachricht zu geben, und nach diesen Umständen selbst zu erklären, was es in dem von der Klügerschen Buchhandlung zu jeniger Ostermesse angekündigten XII. Bande wol zu hoffen habe, da gerade seit Erscheinung meines XI. Bandes zur Zeit der M. M. durch die in Deutschland sich zusammengezogenen Kriegsheere und erfolgte Schlachten, eine allgemeine, im Buchhandel seit Entstehung der Welt

und des Buchhandels nie erlebte Stockung eingetreten ist, die auch auf die neuen literarischen Producte so unglücklichen Einfluß gehabt hat, und in
dem halben Jahre gerade fast gar keine neue Schriften, und eben darum nicht einmahl Buchhandlungs-
catalogen erschienen sind, das für meinen Almanach
sich bisher erklärte Publicum und Besitzer der erstern XI. Jahrgänge aber doch gewärtigen können,
daß das Honorarienteste aus den doch noch in jetziger
Jubilate-Messe erscheinenden neuen Schriften
nach dem Plane von den Mitarbeitern zweckmäßig
referirt werden wird, und ich mich ferner verpflichtet halte, zur Zufriedenheit des Publicums alles
beyzutragen, was als Verleger in meinem Vermögen stehet. Erfurt, den 22 April 1807.
G. A. Keyser.

So eben sind erschienen und an alle Buchhandlungen, Postamts- und Zeitungs-Expeditionen
versandt worden:
Das 4te Stück vom Journal des Luxus und
der Moden 1807.
— 4te — von der allg. geogr. Ephemeriden.
— 2te und 3te Stück der neuesten Länder- und
Völkerkunde.
— 3te — von Wielands neuem deutschen
Mercur.
Die ausführlichen Inhalte davon stehen in uniform Monatsberichte, der in allen Buchhandlungen, Postamts und Zeitungs-Expeditionen gratis
zu bekommen ist. Weimar, im März 1807.
J. S. priv. Landes-Industrie-
Comptoir.

Das Magazin aller neuen Erfindungen, Entdeckungen und Verbesserungen, herausgegeben
von Hr. geh. Rath D. Hermbstädt, Prof. See-
bass und Hr. Baumgärtner, wurde bis zum 38.
Heft vom Hrn. Prof. Gerhard redigirt. Durch dessen im October v. J. erfolgtes Ableben aber verlor
dieses vom Publicum ununterbrochen begünstigte
und ausgezeichnete Institut an ihm einen würdigen
und thätigen Beförderer, und wir feyern das Andenken an ihm und seine großen Verdienste mit der
innigsten Hochachtung! Seinen Verlust schmeicheln
wir uns jedoch in Rücksicht der fernern Herausgabe
des genannten Magazins dadurch zu ersetzen, daß
der Herr Doctor und Prof. Kühn allhier, ein durch
mehrere wichtige kameralistische Schriften, so wie
als Chemiker rühmlich bekannter Gelehrter, bereit
war, die Redaction des Magazins aller neuen Erfindungen rc. zu übernehmen. Das so eben erschienene 39te Heft, das bereits dessen Namen trägt,
wird den Erwartungen des Publicums entsprechen,
und enthält unter andern auch folgende Rubriken:
Beschreibung einer auf eigene Erfahrung gegründeten Verfahrungsart zur Fabrication des Justenle-
ders, so wie zur Zubereitung des dazu erforderlichen Birkenöls. Vom Geheimenrath Hermbstädt in

Berlin. — Theorie der Branntweinwagen oder
Aräometer, nebst einer ausführlichen Anweisung zur
richtigen und allgemein verständlichen Bestimmung
der Stärke des Branntweins und ähnlicher geistiger
Flüssigkeiten. Von C. Smellian. (Mit Abbildung.)
— Rich. Willcox's Beschreib. einer Maschine, um
Biber- und Kalbfelle u. dgl. geschwinder als es sonst
geschieht, zu enthaaren, nebst besondern Methoden,
Thierhäute zuzubereiten und zu reinigen. (Mit Abbildung). — Abbildung und Beschreibung einer
Lampe, bey welcher sich jede feine Arbeit Abends
verfertigen läßt. — William Bowlers Vorrichtung
um Zufälle zu verhüten, die Pferden und Wagen
beym Hinabfahren von Anhöhen zustoßen können.
(Mit Abbild.) — Beschreibung und Abbildung einer Kohlenpfanne zum sehr schnellen und ökonomischen Erwärmen der Bäder, und verschiedener in
Manufacturen gebräuchlichen Flüssigkeiten. (Mit
Abbild.) — Beschreibung und Abbildung einer beweglichen Bibliothek für Studierzimmer, Arbeits-
bureaus u. s.w. Vom Architect Goreux. — Chronik aller neuen Erfindungen des 19ten Jahrhun-
hunderts. Leipzig, im April 1807.
Baumgärtnersche Buchhandlung.

Dr. Elias von Siebold's, M. Raths und Professors zu Würzburg, Lucina IV. B. 2tes St.
enthält I. meine Gedanken über die Tödlichkeit der
Wendung durch Beobachtungen erläutert, von B.
in Mskr. II. Merkwürdige Entbindungs-Geschich-
te eines sobten Kindes, welches volle 46 Wochen
getragen war, und den Verdacht einer Bauchschwan-
gerschaft veranlaßte vom Dr. Henschel in Breslau.
III. Beschreibung und Abbildung mißgebildeter
Zwillinge und ihrer Placenta, nebst Bemerkungen
vom Professor Schmidtmöller in Landshut. IV.
Etwas über den von Dr. C. zu C. im 1ten St. des
4. B. der Lucina erzählten Fall, nebst einer ähnlichen Geburtsgeschichte aus den Papieren des verst.
Dbb. Stein, vom Professor Stein in Marburg.
V. Beyträge zur praktischen Geburtshülfe von Dr.
Schneider in Fulda. VI. Auszug aus den Listen
der Entbindungsanstalt zu Marburg vom Jahre
1806 vom Professor Stein in Marburg. VII. No-
tizen. VIII. Recensionen.
Leipzig im April 1807.
Fr. Gotthold Jacobäer.

Daß das Institut der Justiz- und Polizey-
Rügen, vom 1sten Januar d. J. an, muthig und
ununterbrochen fortgesetzt werde, auch die Stücke
bis jetzt ordentlich versandt worden, machen wir
hiermit bekannt. Die Register zu dem 1sten und
2ten Jahrgang sollen den May-Heften beygelegt
werden. Jena, den 14 April 1807.
Die Expedition der J. u. P. Rügen.
A. Slevogt, Herausgeber.

Bücher-Anzeigen.

In allen Buchhandlungen ist zu haben:
Geographisches Handbuch für Jugendlehrer;
oder Beschreibung der wichtigsten Städte und
Oerter fremder Welttheile. Aus den neuesten
Reisebeschreibungen gezogen und nach Gaspari's
zweytem Cursus geordnet von J. C. Müller,
Katechet und Deconom im altonaer Waisenhause.
1r Bd. welcher Asien und Afrika enthält. Altona
bey Hammerich 1806. 24 Bogen in gr. 8. Preis
1 rthlr.

Die früheren Schriften des Herrn Verfassers
wurden von Recensenten und dem Publicum mit
Beyfall aufgenommen, das gegenwärtige Handbuch
verdient gewiß nicht weniger die Aufmerksamkeit
der Jugendlehrer. Der Herr Verfasser sagt mit
Recht in der Vorrede, daß es leicht sey, beym Unterricht in der Geographie, die Wißbegierde der
Kinder, die gern etwas mehr wissen wollen, als in
dem gewöhnlichen Lehrbuche steht, zu befriedigen,
wenn von Europa die Rede ist. Betrifft es aber
außereuropäische Länder und Städte, so hat der
Lehrer selten die Quellen, die ihm Stoff zu mehreren Nachrichten darbieten könnten, bey der
Hand. Er glaubt daher, daß es diesem angemessen
seyn werde, ein Buch zu haben, welches auch von
den bedeutendsten Städten und Oertern der fremden Welttheile das Wichtigste von demjenigen enthält, was er in seinem Lehrbuche nicht findet, und
ein solches Buch von mäßiger Größe suchte er in
diesem Handbuche zu liefern, dessen zweyter Band
Amerika und Australien enthalten wird. Er ist darin dem zweyten Cursus des Gaspariſchen Lehrbuchs
gefolgt, allein da es nicht bloß eine ausführliche
Inhaltsanzeige, sondern auch ein vollständiges Register hat, so kann der Lehrer es eben so gut bey
jeder andern Geographie benutzen. Aber es ist
auch so abgefaßt, daß es ohne ein anderes Lehrbuch
ein vollständiges Ganzes ausmacht. Die Beschreibung der einzelnen Länder und Städte sind größtentheils nicht sehr lang, und nach der Ueberzeugung des Recensenten um so viel brauchbarer.
**C*.

Gibbon's, Edw. Geschichte des Verfalls und Un-
terganges des römischen Reichs. Aus dem Engl.
mit Anmerkungen von Wenk, Schreiter und
Beck. 19 Bände nebst Hauptregister. gr. 8. 1805.
306 und 907. Leipzig bey Hinrichs. Jeder
Band 1 rthlr. 8 gl.

Wenn wir nun dem Publicum hiermit die Vollendung des trefflichen, ja allein brauchbaren Ver-
deutschung des unterhaltendsten, reichhaltigsten,
vielseitigsten, in seiner Art wirklich einzigen Ge-
schichtwerkes ankündigen: so glauben wir um so
mehr auf den Dank gebildeter Leser rechnen zu dürfen, je mehr gerade die jetzigen politischen Bege-

benheiten, welche alle Welt interessiren, wie den
Periode der Vorzeit, welche eben in jenem Werke
behandelt wird, in vielem die auffallendste Aehnlichkeit zeigen, und es ein eigner Genuß ist, die sich
gleichen oder ähnlichen Zeiten der Weltgeschichte
aufmerksam zusammen zu halten. Zugleich ist obiges Werk unter allen der reichhaltigste Schatz der
trefflichsten Anecdoten und Gemählde. In jeder
Privat-, Leih- und öffentlichen Bibliothek ist es
unentbehrlich, da obendrein das Original seltner
mehr zum Verkauf kommt.

Neuigkeiten für die Ostermesse 1807. von Gebhard und Körber in Frankfurt am Main.
Beweisgründe für die Unsterblichkeit der Seele,
aus der Vernunft und Erfahrung, 1 und 2r Theil,
neue Auflage, 8. 1 Rthlr. 2 gr.
— ebend. 3r Theil 8. 10 gr.
Feyerlein, (S. S.) Beyträge zu einer wissenschaftlichen Bearbeitung und besseren Ausbildung des
Kriegs-Einquartierungs-Wesens gr. 8. 1 Rthlr. 4 gr.
Können wir uns von der Unsterblichkeit der Seele
überzeugen. Ein Wort für unsere Zeit, 2c. 8.
10 gr.
Magazin (neuestes) für Leichenpredigten, in welchem auf jeden möglichen Fall passende Leichen-
predigen, auch Dispositionen zu denselben und
Parentationen enthalten sind 2c. 4r Bd. gr. 8 1 Rgr.
— ebend. 1r Bd. 2te verbesserte Ausg. 8. 1 Rgr.
Pilger, (S.) über Rindviehseuchen, ein leicht
ausführbarer Vorschlag zur Beschützung für alle,
denen der Wohlstand des Landmanns am Herzen
liegt 2c. 8. 6 gr.
Selbstrechner (der practische) oder Berechnung
der Gulden-Fuße, der brabanter, französischen
und sächsischen Thaler und mehrerer Geldsorten
nach dem Reichsgeld 2c. 8. 10 gr.

Pouqueville's Reise durch Morea und Albanien
Constantinopel und in mehrere andere Theile des
türkischen Reiches, in den Jahren 1798, 1799,
1800 und 1801. 3 Bände mit Kupf. und Charten.
gr. 8. Leipzig bey Hinrichs. 4 rthlr.

Durch Genauigkeit und Sorgfalt der behandel-
ten Gegenstände, durch Vermeidung alles Ueber-
flüssigen und Alltäglichen und durch einen blühenden, nicht gezierten Vortrag, zeichnet sich diese in
so vieler Hinsicht wichtige Reisebeschreibung rühmlich aus. Was wir bereits auch über jene Länder
wissen, haben wir unvollständig, theils aus troke-
nen und ermüdenden Schriften, theils auch aus
solchen, die durch Erclamationen über bekannte
Dinge und durch Wiederholungen eines und desselben schon darzustellen glauben. Hier wird hingegen
jeder Leser befriedigt, er lese in ästhetischer, politischer, geographischer oder anderer Hinsicht, er
suche bloß Unterhaltung oder strebe nach Bereicherung seiner Kenntnisse.

Num. 114.

Allgemeiner Anzeiger
der
Deutschen.

Donnerstags, den 30 April 1807.

Justiz- und Polizey-Sachen.
Ueber Diebe und Diebesbanden.
Vom Amtschreiber Mejer beym hiesigen Gerichtsschulzenamte.*)

Ich habe bey der wider den Diebes-Anführer Brade und Complicen geführten Inquisition über das Diebswesen überhaupt, über die verschiedenen Gattungen der Diebe, über die Umstände, worauf die Diebe bey ihren zu verübenden Diebstählen Rücksicht nehmen, und wornach sie die Ausführbarkeit eines Diebstahls beurtheilen, über die Art und Weise, wie sie ihre Diebstähle verüben, und über die Oeconomie der Diebesbanden, vier brade'sche Complicen, unter denen Brade's Leib-Chawwer Mortje und dessen hauptsächlichster Schärfenspieler Jeremias Itzig waren, die alle sicher am Willen hatten, mir allenthalben die Wahrheit zu sagen, nicht allein einzeln aufs umständlichste und mit der größten Sorgfalt vernommen, sondern auch bey obwaltenden Differenzen über diesen und jenen Punct sie mit einander confrontirt, und dann so solche umständliche und bestimmte Nachrichten über das Diebeswesen von ihnen erhalten, wie ich dergleichen wenigstens in den mir bis dahin zu Gesichte gekommenen Inquisitions-Acten und Büchern über Diebesbanden noch nicht gefunden habe.

Ich glaube, daß eine Mittheilung dieser Nachrichten in diesen Blättern, besonders jetzt, wo fast allenthalben in unsern Landen Einbrüche und Diebstähle verübt werden, und sich Spuren von der Existenz zahlreicher Diebesbanden finden, sowohl im Allgemeinen dem Publicum nützlich seyn könne, weil man daraus lernen kann, welche Vorsichtsmaßregeln man ergreifen könne, um sich vor dergleichen diebischen Ueberfällen in etwas sicher zu stellen, — als auch insbesondere den Aemtern und Gerichten, die Untersuchungen zu führen haben, und dieß in sofern, als sie dadurch die Diebe von Profession (Kesse-Diebe) unterscheiden zu lernen, die Untersuchungen genauer zu führen, und Kesse-Diebe weit eher zum Geständniß zu bringen, in den Stand gesetzt werden dürften.

Verschiedene Gattungen der Diebe.

Es gibt 1) Jommakkener, 2) Schränker, 3) Kaudemoker oder Morgengänger, 4) Kittienschieber, 5) Schillesgänger, 6) Dorfdrücker, 7) Stipper, 8) Fetzer, 9) Aerntemakkener, 10) Schottenfeller, 11) Linkewechsler, 12) Trararumgänger und 13) Chassegänger.

1) Jommakkener sind solche Diebe, die bey hellem Tage, Mittags oder Nachmittags, mit ihren Dieterichen und dem Jatschabber

*) Obiger für die öffentliche Sicherheit höchst wichtige Aufsatz ist aus Nr. 32 des Neuen Hannöverschen Magazins d. J. entlehnt. Vermuthlich werden die Herausgeber gern erlauben, daß er aufs schleunigste auch in solchen Gegenden Deutschlands, wo der allg. Anz. vielleicht mehr als jenes gelesen wird, verbreitet werde; da ihre Liebe zum gemeinen Besten aus jedem Blatte ihres seit mehr als 50 Jahren den verdienten Ruf der Gemeinnützigkeit behauptenden Magazins hervorleuchtet. d. H.

(einem kleinen Meißel) Thüren und sonstige Behältnisse eröffnen, und bloß Geld und Kostbarkeiten — sehr selten auch wol andere, leicht fortzubringende Sachen — stehlen.

Sie gehen ganz vorzüglich galant gekleidet, logiren in den besten Aubergen, und verüben ihre Diebstähle gemeiniglich in den Aubergen während der Zeit, daß die Fremden Mittags an der Table d'hôte speisen, oder nicht zu Hause sind.

Der Jommakkener verübt seine Diebstähle immer allein, hat jedoch gemeiniglich jemand, der in der Nähe des Zimmers, in welchem der Diebstahl verübt wird, auflauert, um ihm ein Zeichen zu geben, wenn Gefahr für ihn vorhanden ist.

Die Jommakkener halten sich für die ersten und vornehmsten Diebe, und geben sich nicht leicht mit andern Dieben ab. Sie rühren viele Kleider bey sich, und kleiden sich nach einem verübten Diebstähle um.

2) Schränker sind solche Diebe, die bey Nacht, mittelst Einbrechens oder Einsteigens, stehlen.

Ihre Diebes-Instrumente sind

a) der Rebbemossche oder Krumkopf oder Großflamones. Dieß ist ein etwa 3/4 Ellen langes, einen Zoll im Durchmesser dickes, unten spitzig zulaufendes und oben mit einem anderthalb bis zwey Zoll breiten Haken versehenes Brecheisen. Es muß von ganz vorzüglich gutem Eisen geschmiedet seyn, und wird in einem von Sucheggen zusammen genähten Futteral aufbewahrt, damit es nicht roste.

b) Französische und deutsche Schlüssel, von denen erstere vorn zu, letztere aber offen sind, und eine Menge Dieteriche, vom kleinsten bis zum größten. Diese Diebesschlüssel und Dieteriche heißen Talkels oder Kleinflamones, und eine ganz complete Sammlung davon wird die Schule genannt.

c) Ein eiserner Bohrer von der Dicke eines Fingers.

d) Ein kurzes starkes sehr scharfes Messer.

e) Eine sehr scharfe Kneipzange.

f) Zunder, Stein, Stahl, Schwefelfaden und Wachsstapel.

g) Kisse, d. i. Diebes-Säcke zum Transportiren der gestohlenen Sachen.

Diese Kisse sind von dunkelblauer oder schwärzlicher Leinwand, (damit sie am Dunkeln nicht scheinen,) mit Tragbändern versehen; die von Sucheggen gemacht zu seyn pflegen, und haben eine Schnüre. Diese Schnüre ist nach unten hin, damit, wenn die Diebe ihre, mit den gestohlnen Sachen gefüllten Säcke auf dem Rücken tragen und sie verfolgt werden, sie die Schnirre öffnen und die gestohlnen Sachen aus dem Kiß herausfallen lassen können, um sich die Flucht zu erleichtern. Sie würden den ganzen Kiß um deswillen so geschwind nicht abwerfen können, weil die Tragbänder an dem Kiß so angebracht sind, daß die Diebe beyde Arme durch selbige stecken, und den Kiß so auf dem Rücken tragen, wie hier zu Lande die Bauerfrauen die großen gestohlenen Körbe tragen. Von solchen Kissen sind bey einer jeden Diebsbande so viele vorhanden, als Chawwer (Diebes-Cameraden) da sind, damit ein jeder Chawwer, nach Verübung eines Diebstahls, die gestohlnen Sachen tragen helfen könne. Alle diese Kisse werden, sammt den Groß- und Klein-Flamones, in einem großen Kiß verwahrt; und Brade hat dabey noch ein Pistol und gewöhnlich auch einen Päger, d. h. einen vergifteten Pfannkuchen, gehabt.

Ein Schränker stiehlt, oder kann vielmehr nicht allein stehlen. Er muß immer wenigstens etliche Gehülfen haben.

Da Brade und Complicen zu den Schränkern gehören, so will ich von der Art und Weise, wie die Schränker ihre Diebstähle verüben, hernach umständlich reden, und hier nur noch bemerken, daß die Schränker unter den Dieben, nächst den Jommakkenern, die vornehmsten seyn sollen.

3) Raudemoker oder Morgengänger sind diejenigen Diebe, welche des Morgens früh, bey Tages Anbruch, wenn die Thüren der Häuser geöffnet werden, und außer den Dienstboten sonst noch niemand im Hause auf ist, sich in die Häuser schleichen und aus den Zimmern, Kammern und Küchen, ohne jedoch dabey Dieteriche, oder andere Diebesinstrumente, zu gebrauchen, alles, was sie kriegen können, stehlen. Ihren Namen sollen sie von dem hebräischen Worte: Raudemoker oder Raudemiom, haben, welches so viel heißen soll, als früh bey Tage. Sie

sind oft so dreist, daß sie bis vor die Betten, worin die Herrschaften noch schlafen, sich wagen, und die vor den Betten liegenden Uhren und Geldbörsen stehlen.

4) Kittenschieber sind solche Diebe, die sich während der Zeit, daß die Herrschaften zu Mittag speisen, in die Küchen schleichen und daraus Silbergeräthe und andere Sachen stehlen. Ihren Namen haben sie von dem Worte: Kitt, welches in der Diebes-Sprache eine Küche bedeutet.

5) Schillesgänger sind solche Diebe, die des Abends, vor Aufgang des Mondes, in die Häuser — besonders der Factoren und Spediteurs — gehen und dort vorzüglich Kisten und Paquete mit Waaren von den Dielen, oder aus den unten an der Erde belegenen Zimmern stehlen. Dietriche und andere Diebes-Instrumente gebrauchen und führen sie nicht. Es pflegen aber immer mehrere zusammen einen solchen Diebstahl zu verüben, um die oft schweren Kisten oder Packen desto geschwinder transportiren zu können. Den Bimbam, oder die Haus-thür-Glocke, stellen sie vor Verübung des Diebstahls, damit sie nicht klinget.

6) Dorfdrücker sind solche Diebe, die auf den Jahrmärkten oder Messen Uhren und Börsen aus den Taschen stehlen, und zwar auf die Art, daß ihrer vier bis sechs ein Gedränge machen, und dann einer von ihnen die Uhr oder Börse herauszieht, sofort aber einem Cameraden zureicht, damit, wenn auch derjenige, welcher den Diebstahl verübt hat, von dem Bestohlnen bemerkt und ergriffen wird, das Gestohlne doch nicht bey ihm gefunden werde. Auch in den Schauspielhäusern, besonders beym Ausgange aus denselben, verüben sie ihre Diebstähle. Von dem Drängen und Drücken, welches sie machen, um ihre Diebstähle zu verüben, haben sie den Namen Dorfdrücker.

7) Stipper sind solche Diebe, die zu Kaufleuten und Geldwechslern gehen, bey selbigen Geld verwechseln und bey der Gelegenheit auf eine äußerst behende, geschickte Weise von den Tischen, auf welchen das Geld gezählt wird, Geld zu entwenden wissen. Diese Diebe gehen gemeiniglich sehr galant gekleidet, auch brauchen die Stipper ihre gleichfalls sehr galant gekleideten Wei-

ber zu solchen Diebstählen. Die Kaufleute oder Geldwechsler, welche diese Diebe für vornehme, rechtliche Leute halten, wehren ihnen nicht, bey dem Geldzählen selbst mit Hand anzulegen, und es bedarf nur einer leisen Berührung des Geldes mit den Fingerspitzen, und sie haben jedesmal wenigstens etliche Goldstücke in die flache Hand hineingeschoben und zwischen der Maus festgeklemmt, die sie dann ganz unvermerkt wegpractisiren. Sie haben gemeiniglich in dem Rücken ihrer Westen eine Tasche, in welche sie das gestippte Geld hineinlegen, und wieder von neuen stippen.

Der brabesche Complice Mortje hatte darin eine sehr große Fertigkeit. Er hat mir mehrmahlen die Art und Weise, wie die Stipper das Geld stehlen, gezeigt, und mir die Handgriffe ganz langsam vormachen müssen. Ich will versuchen, ob ich es beschreiben kann.

Indem die Stipper mit den Fingerspitzen in einem Geldhaufen herumwühlen, als wie man beym Geldzählen thut, wenn man bestimmte Geldstücke aus einem Haufen heraussuchen will: so schieben sie das Stück Geld, welches sie stehlen wollen, mit dem Zeigefinger der rechten Hand auf dem rechten Daumen ganz herauf, und kneifen es in dem Innern der flachen Hand, zwischen den Daumen-Muskeln und dem dicken Fleische, fest, und zwar dergestalt, daß sie das Geld fest halten und gleichwohl alle fünf Finger so ausgestreckt haben, als hätten sie nichts in der Hand.

Sie sollen es zu einer solchen Fertigkeit bringen, daß sie einen Stapel von 10 bis 20 Stück Pistolen auf einmahl in der flachen Hand festhalten können, wobey sie immer noch mit ausgestreckten Fingern in dem Geldhaufen fortwühlen. Mortje machte das Kunststück mit 3 Mgr. Stücken, auch mit Gulden und großen Thalern. Wenn er nur eben mit den Fingern das Geld berührt, ich mit der größten Aufmerksamkeit Acht gegeben hatte, und überzeugt war, daß er noch keines von den Geldstücken genommen haben könne, so hatte er schon oft 6 bis 7 Dreygroschenstücke in der flachen Hand festgeklemmt. Zwey bis drey Gulden oder große Thaler konnte er auf einmahl in der flachen Hand festhalten. Er versicherte, daß er dergleichen Diebstähle nie verübt habe, und in Ansehung der Behendigkeit und Fertigkeit gegen einen wahren Stipper nur ein Anfänger sey.

Die Geldwechsler sollen, da die rechten Stipper gemeiniglich nur Gold von ihnen einwechseln, manchmahl ganz außerordentlich beträchtlich von ihnen bestohlen werden.

8) Hener sind diejenigen Diebe, welche des Abends oder Nachts die Koffer von den Wagen der Reisenden oder von den Frachtwagen abschneiden und stehlen. Ihren Namen haben sie von dem Worte: Henzen, welches in der Diebes-Sprache so viel heißt, als Zerschneiden, indem sie nämlich die Stricke, womit die Koffer befestigt sind, zerschneiden; zu welchem Behuf sie große, sehr scharfe Messer bey sich führen.

9) Aerntemakkener sind solche Diebe, die bey Tage, während der Zeit, daß die Landleute ihre Häuser verlassen haben und auf dem Felde mit der Aernte beschäftigt sind, die verschlossenen Hausthüren und sonstigen Behältnisse eröffnen und allerley Sachen stehlen. Sie gebrauchen sonst keine Diebes-Instrumente, als den Jatschabber (Meißel) und den Abstecher, womit sie die Vorhänge- und sonstige schlechte Schlösser, wie die Bauersleute zu haben pflegen, sehr gut öffnen können.

10) Schottenfeller sind solche Diebe, die in die Häuser der Kaufleute gehen, unter dem Vorwande, dieß oder jenes kaufen zu wollen, sich eine Menge Waaren vorlegen lassen und dann von den Waaren ein oder mehrere Stücke auf eine unmerkliche Weise wegpraktisiren. Mannspersonen haben in ihren Chemillen oder Oberröcken inwendig an den Seiten große Taschen, worin sie die Sachen verbergen, und Frauenspersonen haben zwischen dem obern und dem darauf folgenden Rocke eine große Schlitztasche, in welchen sie die Sachen — oft mehrere Stücken Kattun auf einmahl — verbergen. Sie sind absichtlich sehr dick angezogen, damit man es ihnen äußerlich nicht ansehen könne, daß sie die gestohlnen Waaren zwischen ihren Röcken verborgen halten.

11) Linkewechsler sind solche Diebe, die Geld, welches sie bey Kaufleuten. oder sonst wo verwechseln zu wollen vorgeben, in einem Beutel versiegeln lassen, dann unter dem Vorwande, das dagegen zu verwechselnde Geld holen zu wollen, sich entfernen, und nun mit einem Beutel voll falschen Geldes, der eben so aussieht, wie der Beutel mit dem echten Gelde, wieder kommen, und nun diesen Beutel mit dem andern auf eine behende Art verwechseln.

12) Trararumgänger sind solche Diebe, die auf den Posten Kisten und Packete diebischer Weise verwechseln. Ihren Namen haben sie von dem Worte Trararum, welches in der Diebes-Sprache die Post bedeutet.

13) Chasnegänger sind solche Diebe, die in großen Trupps — manchmahl ihrer zehn bis zwanzig — des Nachts die zu Bestehlenden überfallen, binden, martern, wenn sie nicht in Güte angeben wollen, wo sie ihre Gelder und sonstige Sachen von Werth aufbewahrt haben — und berauben.

Allgemeine Bemerkungen über Diebe.

Der Regel nach stiehlt jede Gattung dieser verschiedenen Diebe nur auf ihre Art. Der Jommakkener stiehlt nicht leicht auf Dorfdrücker Art. Der Schränker nicht leicht auf Jommakkener Art. Doch in Nothfällen kehren die Diebe sich daran nicht, und stehlen, auf was Art sie irgend können.

Der Dieb, der irgendwo in Haft gewesen ist und geschliechnet (verrathen, bekannt) hat, wird, nach seiner Haft-Entlassung von den Dieben verachtet und ein Schliechner genannt, welches das empfindlichste Schimpfwort ist, das ein Dieb dem andern geben kann. Wenn hingegen sich ein Dieb im Arreste brav gehalten und nicht geschliechnet hat, so wird er nach seiner Haft-Entlassung von den Dieben ganz vorzüglich ästimirt. Brade ist so oft im Arrest gewesen, hat aber nie geschliechnet, und deßhalb ist er von den Dieben ganz vorzüglich geehrt worden. Er selbst hat auch diejenigen Diebe, die sich im Arrest brav gehalten, und alles erlittenen Ungemachs ohnerachtet, nicht geschliechnet haben, sehr geschätzt.

Den am 10 März 1797 zu Hasede aufgehängten Räuber. Schmidt aus Hohenhameln hat er, weil derselbe sich so brav ge-

halten gehabt, mit seinem Complicen Kramer, aus dem Galgen gestohlen. Kramer
hat, weil Schmidt in Ketten aufgehängt
gewesen, ihm mit einem Messer den Kopf
abgeschnitten.

 Wenn Diebe unter einander Streit bekommen, so fordern sie sich heraus aufs
Setzen, das heißt: sie fechten mit einander
mit großen Messern, womit sie sich einander
Schnittwunden, besonders ins Gesichte, beyzubringen suchen. Die Messer, womit das
Setzen geschieht, sind große, scharfe Messer
(keine Einschlagemesser) die sie, in ledernen
Scheiden, in den Seiten- oder Schlitztaschen
der Beinkleider tragen. Wer eine solche
Herausforderung nicht annimmt, macht sich
dadurch bey allen andern Dieben verächtlich.

 Wenn ein Dieb verschüttet, d. h. in
Arrest gerathen ist, so ist es die Pflicht der
übrigen, sich auf freyen Füßen befindenden Diebe, ihn wo möglich zu befreyen, und
ihm Geld und sonstige Sachen, womit er
seine Freyheit bewirken kann, zuzustecken.

 Diebe haben häufig, um, falls sie verschüttet würden, sich selbst helfen zu können,
kleine Sägeblätter von Uhrfedern zwischen
ihren Schuhsohlen und einen eisernen Nagel,
in einem Stück Brod oder Wurst versteckt,
bey sich, weshalb man bey Visitirung eines
zur Haft gebrachten werdenden Diebes nicht
vorsichtig genug zu Werke gehen kann.

 Kommt ein verschüttet gewesener Dieb
wieder auf freye Füße, so muß ihn diejenige
Chawruse (Diebesbande), an die er zuerst
kommt, die er zuerst trifft, zur Verübung
eines Massematten (Diebstahls) mitnehmen,
damit er wieder zu Gelde komme. Sollte er
aber durch diesen oder jenen Umstand verhindert werden, zur Verübung des Massematten selbst mitzugehen, so müssen die andern
Diebe ihm dennoch einen Theil von dem
Massematten abgeben.

 Wenn zwey Chawrusen einen und denselben Massematten beabsichtigen, und wenn
sie ihn eben verüben wollen, zusammentref-
fen, so machen sie gemeinschaftliche Sache.
Dieß war der Fall bey dem großen rochow-
schen Diebstahle zu Peine. Hat die eine
Chawruse den Massematten schon versucht
und ist dabey gestört worden, so muß sie die
andere Chawruse davon benachrichtigen,

damit selbige ihn nicht auch versuche und
wol gar dabey verschüttet werde. Selbst
auch dann, wenn die eine Chawruse den
Massematten glücklich verübt hat, muß sie
die andere Chawruse davon benachrichtigen.

 Die Weiber der Diebe pflegen gemeinig-
lich junge verführte Mädchen aus großen
Städten zu seyn. Die Diebe sind auf ihre
Weiber sehr eifersüchtig und verstatten ihren
Cameraden keine Vertraulichkeiten mit ihnen.
Zur Verübung der Diebstähle werden die
Weiber nie mitgenommen, (nämlich bey
Schränker-Diebstählen) auch nicht an den
Orten gelassen, wo Diebstähle verübt wer-
den sollen, oder verübt worden sind. Im
Sommer ziehen die Weiber wol mit der
Chawruse herum, im Winter aber pflegen
sie sich an einem bestimmten Orte niederzu-
lassen, und ihre Männer sind dann oft viel
und mehrere Wochen von ihnen abwesend.
Verheirathete Diebe pflegen gemeiniglich ihre
Hauptcasse ihren Weibern anzuvertrauen.

 Es ist ein äußerst seltener Fall, daß ein
Kesse-Dieb, der verschüttet und bestraft
worden, nach ausgestandener Strafe und
nach seiner Haft-Entlassung Kabin wird,
(d. i. gerecht, aufhören zu stehlen). Es ist
ihnen das Stehlen einmahl zur andern Natur
geworden, sie können nicht davon ablassen,
selbst auch wenn es ihnen nicht an Mitteln
fehlt, sich auf eine ehrliche Art ihren Brod-
erwerb zu verschaffen.

     (Die Fortsetzung folgt.)

Allerhand.

Nachricht für arme Kranke.

Ohngeachtet der Kriegsunruhen sind
unsre academischen Geschäfte ungestört, und
ich erneuere die ehedem schon gethane Aufforderung an arme Kranke, die chirurgische
Hülfe bedürfen, sich an das hiesige chirur-
gisch-clinische Institut zu wenden, wo sie
Arzeneyen und ärztliche Hülfe völlig umsonst
haben werden.

Marburg den 16 April 1807.
      Michaelis.

Danksagung.

Den herzlichsten Dank den königl. sächs.
Herrn Beamten Kottigu und Just in Treff

furt, und den milden Gebern, welche die
Summe von 66 rthlr. zur Unterstützung der
preußischen Blessirten, die sich hier befinden,
an uns eingeschickt haben. Wir werden ge=
wissenhaft den zweckmäßigsten Gebrauch zur
Erleichterung der Lage der unglücklichen
Opfer des Kriegs machen, und wünschen,
daß sich noch mehrere Menschenfreunde zu
milden Beyträgen verstehen möchten.

Erfurt den 24 April 1807.

D. Fischer,   D. Trommsdorff,
Stadtphysicus.   Professor.

Dienst-Anerbieten.

Es wird in eine neu angehende Frauen=
zimmer=Ausbildungs=Anstalt eine Gehülfin
gesucht, welche von muuterem Geist, feiner
Erziehung, gutem Ruf und moralisch guten
Sitten ist, französisch spricht und schreibt
und etwas Handarbeit verstehe —; doch
müßte eine solche Person anfangs mehr auf
eine liebreiche freundliche Behandlung, als
auf einen ansehnlichen Gehalt Rücksicht neh=
men. Ueber die nähern Bedingnisse wende
man sich an den Kaufmann

Johann Dietrich Matthias
in Hanau.

Dienst-Gesuche.

1) Ein lediges Frauenzimmer von guter
Herkunft und gesetztem Alter will, unerach=
tet sie Vermögen besitzt, um Zerstreuung und
Geschäfte zu haben, an die sie gewöhnt ist,
irgendwo bey einer vornehmen Familie je
eher je lieber in Condition treten. Sie ver=
steht alle weibliche Geschäfte, auch Putz und
die Besorgung eines Gartens, vorzüglich
aber der Hauswirthschaft. Von Jugend auf
zur Sparsamkeit und Aufmerksamkeit auf
jede Kleinigkeit des Hauswesens gewöhnt,
wird sie gewiß alles getreulich zu Rathe hal=
ten, und nach allen Theilen den Nutzen best=
möglichst zu befördern suchen, wenn man ihr
ihre aufrichtigen Bemerkungen zu gute
hält. Wegen der Nähern beliebe man sich
in postfreyen Briefen an das Handlungs=
Correspondenz= und Commissions=Bü=
reau in Heilbronn zu wenden.

2) Ein junger unverheiratheter Oeconom
aus Thüringen, von angesehener Familie
und guter Bildung, der schon seit mehrern
Jahren ohne jede fremde Aufsicht ein nicht
unbeträchtliches Rittergut mit allgemeinem
Beyfall als Verwalter bewirthschaftete, und
sich darüber erforderlichen Falls mit den be=
sten Zeugnissen legitimiren kann, wünscht,
da er mit Johannis l. J. aus den bisherigen
Verhältnissen zu treten gesonnen ist, eine
andre Stelle als Verwalter unter anseh=
lichen Bedingungen zu erhalten. Briefe an
ihn bittet man unter der Adresse C. L. in S.
an die Exp. des allg. Anz. postfrey einzu=
senden.

Familien-Nachrichten.

Aufforderung.

Der Musicus Johann Caspar Moritz
Ganß, aus Kleinschmalkalden gebürtig, wird
von seinen Eltern dringend ersucht, von sei=
nem Aufenthalt schleunige Nachricht zu er=
theilen; es werden auch Personen, die dessen
Aufenthalt wissen, gebeten, ihm diese Auf=
forderung gefälligst bekannt zu machen.

Johannes Tittmer
in Kleinschmalkalden.

Nachfrage.

Es hat sich seit vielen Jahren ein lediges
Frauenzimmer Namens Jungk, eines Schuh=
machers Tochter aus Schmalkalden, entfernt,
und soll sich vor einigen Jahren in Cassel
aufgehalten haben. Da ich ihren Aufent=
haltsort zu wissen wünsche, so bitte ich sie,
oder diejenigen Leser, die denselben wissen,
mir gefälligst Nachricht zu ertheilen.

Goldbach bey Gotha.

Johann Conrad Meusel.

Todes-Anzeige.

Es hat Gott gefallen, meine innigst ge=
liebte Gattin, Seraphine Brückner geb.
Berns, am 4 April d. J. Morgens gegen
6 Uhr an einem Brustfieber, starker Erkältz=
tung und Schlagfluß durch einen sanften und
seligen Tod in sein himmlisches Freudenleben
einzuführen. Gerecht ist mein Schmerz dar=
über in meinem Alter. Ich verbitte alle
Beyleidsbezeugungen und empfehle mich

meinen Gönnern, Anverwandten und Freunden gehorsamst und ergebenst.

Großen-Mölsen den 15 April 1807.

A. C. W. Brückner, Pfarrer.

Abgemachte Geschäfte.

Die in Nr. 69 des allg. Anz. angebotene Stelle einer Aufseherin über die weiblichen Domestiquen einer Herrschaft auf dem Lande — ist besetzt.

Justiz - und Polizey - Sachen.

Vorladungen: 1) der Interessenten der neuseelstedter oder lendenwalder Compagnie.

In der ersten Hälfte des vorigen Jahrhunderts hat sich zu Freistedt, hiesigen Oberamts, eine Gesellschaft speculativer Unternehmer vereinigt, um ein, zur Manufactur, Commerz und hauptsächlich Holzhandel bestimmtes Etablissement, das unter dem Namen Neufreistedt, auch neufreistedter Compagnie oder lendenwalder Compagnie bekannt ist, zu errichten, und ein bedeutendes Capital zusammen geschossen. Die Gesellschaft erreichte aber ihren Zweck nicht, sondern die Unternehmung schlug fehl. Seit jener Zeit aber besindet sich hier noch eine nicht unbeträchtliche, oder durch mehrere Schuld-Processe, verlorne Acten und Zeit-Ablauf höchst verworrene Masse unter obrigkeitlich bestellter Curatel.

Da man nun selbige auseinander zu setzen wünscht, aber die Interessenten daher nicht vollständig bekannt sind; so werden hiermit alle und jede, Bekannte und Unbekannte, welche als Genossen, oder als Erben der ehemaligen Societäts-Glieder, oder als Gläubiger ersagter neufreistedter oder lendenwalder Compagnie Masse einen Anspruch an dieselbe zu machen gedenken, hiermit ein für allemahl aufgefordert, binnen neun auseinander folgenden Monaten zu an zu rechnen, daher beym Oberamt zu erscheinen und in Person oder durch genugsam Bevollmächtigte ihre Ansprüche unter Production ihrer Beweismittel anzubringen und das weitere zu vernehmen, unter dem Rechtsnachtheil des Ausschlusses von ersagter Masse, ohnabgesehen, ob vielleicht ältere, bey etwa leicht mehr zu verfolgende Spuren ihres Anspruchs in den Acten liegen dürften, oder nicht.

Mit dieser Masse stehet das Schuldenwesen des vorzüglichsten Unternehmers jener Societät, des gewesenen, Anno 1756 verstorbenen Commerzien-Raths Georg Daniel Zuch in Verbindung, und ist eben sowohl eine, jedoch geringere Masse unter obrigkeitlicher Verwaltung, an deren Erledigung benfalls gelegen ist.

Es werden daher alle Interessenten, ihr Interesse mag beruhen auf welchem Rechtsgrund es

wolle, hierdurch edictaliter vorgeladen, in abgedachtem Termin, vor untenzogener Gerichts-Stelle zu erscheinen, und ihre Ansprüche vorzutragen, auch zu bescheinigen, oder deren Ausschließung bey der Masse gewärtig zu seyn.

Verfügt Bischofsheim am hohen Steeg, den 28 Februar 1807.

Großherzogl. Badisches Oberamt allda.

C. v. Wechmar. C. v. Baur.

2) J. Günther's.

Johannes Günther von hier, welcher vor ungefähr 20 Jahren als Beckerknecht in die Fremde gegangen ist, von dieser Zeit an aber von seinem Leben oder Aufenthalt nichts hat hören lassen, oder dessen allenfallsige Leibes-Erben, wird andurch vorgeladen, binnen 9 Monaten entweder selbst, oder durch Bevollmächtigte zur Empfangnahme des unter Verwaltung beruhenden Vermögens dahier sich zu melden, oder aber zu gewärtigen, daß solches, und das etwa ferner anfallende seiner sich darum gemeldet habenden Schwester zur nutzlichen Pflegschaft werde übergeben werden.

Heidelberg, den 7 April 1807.

Großherzoglich Badisches Stadtvogtey-Amt.

Weber. Wundt.

Vidt. Reudter.

3) J. Meier's.

Johannes Meier, ein Bürgerssohn von Friesenheim, hiesigen Oberamts, hat sich im Jahr 1770 in einem Alter von 19 Jahren in kaiserlich österreichische Kriegsdienste begeben, und, so lange er weg ist, nichts von sich hören lassen. Er, oder seine eheliche Leibeserben werden daher in Gemäßheit großherzoglich badischen Hofraths-Beschlußes d. d. Carlsruhe am 3 April 1807, Nr. 2080 unter dem Präjudiz, daß ansonst das Vermögen des Abwesenden seinen nächsten hiesigen Anverwandten gegen Cantion ausgefolgt werden wird, hiermit edictaliter vorgeladen, binnen drey Monaten vor hiesigem Ober-Amte zu erscheinen, und das Vermögen in Empfang zu nehmen.

Lahr im Breisgau am 15 April 1807.

Großherzoglich Badisches Oberamt.

W. Bausch.

Kauf - und Handels - Sachen.

Nachricht an unsere Handelsfreunde.

Allen meinen auswärtigen geehrten Handlungs-Freunden mache ich hierdurch ergebenst bekannt, daß ich meinem ältesten Sohn, Gottfried Wilhelm, in meiner Handlung einen Antheil gegeben, und ihn unter der künftigen Firma:

Johann Gottfried Arnoldt und Sohn

zum Handlungs-Gesellschafter aufgenommen habe.

Wir bitten um ferneres gütiges Andenken und Wohlwollen, und werden uns bemühen, uns des

Zutrauens unserer geehrten Freunde immer würdiger zu machen. Gotha, im April 1807.
Johann Gottfried Arnoldi.

Verpachtung eines Rittergutes.

Da der mit dem bisherigen Pacht-Inhaber der Oeconomie des Ritterguts Uhlstädt und dazugehörigen Vorwerks Partschefeld, auch der am letzten Orte befindlichen Schäferey, im Fürstenthum Altenburg zwischen Cahla und Rudolstadt gelegen, geschlossene Pacht, mit Walpurgis 1808 zu Ende gehet und die allhiesige hochadel. Gutsherrschaft sothane Oeconomie des benannten Ritterguts und Vorwerks nebst der Schäferey von Walpurgis 1808 anderweit zu verpachten sich entschlossen hat; dahero denn

der fünf und zwanzigste Junius dieses Jahres, ist der Donnerstag nach dem Johannis-Feste

zu einem Licitations-Termin bestimmt worden; als wird solches hiermit bekannt gemacht, und können alle diejenigen, welche die Oeconomie des hiesigen Ritterguts und dazu gehörigen Vorwerks nebst der Schäferey zu erpachten gesonnen sind, bestimmten Tages bey allhiesigen Gerichten sich melden, ihre Pacht-Licita angeben und sodann sich gewärtigen, daß mit dem, welcher die besten und annehmlichsten Bedingungen machen wird, nach vorgängiger Communication mit der Gutsherrschaft, in nähere Unterhandlung getreten werden wird.

Die nähere oeconomische Beschaffenheit des gedachten Ritterguts Uhlstädt und Vorwerks Partschefeld und der allda befindlichen Schäferey, ingleichen die Specification des Pacht-Inventarii, so wie die Bedingungen, unter welchen verpachtet werden soll, können von jedem Pachtlustigen sowohl bey dem Herrn Oberforstmeister von Schwarzenfels zu Altenburg, als bey dem Hofadvocat und Gerichtsdirector Westhoff in Cahla, so wie bey dem Vice-Actuar Ulitzsch zu Uhlstädt eingesehen und in Erfahrung gebracht werden.

Signatum Uhlstädt den 21 April 1807.
Adel. Schwarzenfelsl. Gerichte allda.
Johann Ernst Heinrich Westhoff.
Ger. Dir.

Guterverpachtung.

Ein Landgut in der Nähe von Fulda, mit ungefähr 700 Morgen Acker, 280 Morgen Wiesen, 30 Morgen Weiher, 10 Morgen Garten, einer Schäferey von 7 bis 800 Stück Schafen, welche größtentheils schon veredelt sind, einer Branntweinbrennerey, einer sehr beträchtlichen Jagd und wilden Fischerey, ist vom ersten Julius dieses Jahres an auf mehrere Jahre aus der Hand zu verpachten. Das Inventarium wird bezahlt oder sonst dafür sichere Bürgschaft geleistet.

Zur Nachricht wird noch bemerkt, daß der Pachter des Gutes durch Kriegsrequisitionen nicht

leidet, da dieselben vom Verpachter getragen werden. Gebäulichkeiten sind übrigens im besten Stande. Nähere Nachricht darüber ist durch frankirte Briefe einzuholen

bey Fleischer, Canzlist des
Fulda, den 23 April   F. Ober-Finanz-Colle-
1807.   giums zu Fulda.

Verkauf der Salpeterhütte bey Frankenhausen.

Die hiesige vor der Stadt belegene Salpeterhütte liegt zwischen dem erfurther und frauenthor an der Rathsziegelhütte, gibt 10 gl. 6 pf. Geschoß, nebst den dazu gehörigen Gebäuden, Inventarium und allen darauf haftenden Rechten und Gerechtigkeiten, geht hochfürstl. schwzb. Kammer zur Lehn, und entrichtet auf alle Sterbe- und Kauffälle fünf pro Cent Lehngeld; ingleichen:

Ein dabey befindlicher Fleck Garten 13 1/3 R. in der Länge, 6 1/2 R. in der Breite

sollen wegen rückständiger Kaufgelder öffentlich an den Meistbietenden Auct. Lege gegen gleich baare in Laubthlr. à 38 gl. zu bezahlende Kaufsumme, resp. auf diesfällige von hochfürstl. Regierung dazu erhaltene Commission auf

den 23 May d. J.

Vormittags vor Uns zu Rathhause verkauft werden, und es wird daher solches hiermit öffentlich bekannt gemacht, und Kauflustige werden hierzu eingeladen.

Sig. Frankenhausen, den 8 April 1807.
Bürgermeister und Rath allda.

Frankfurter Wechsel-Cours.

den 24 April 1807.

	Briefe.	Geld.
Amsterdam in Banco k. S.	—	—
' ' 2 Mon.	—	143 3/4
Amsterdam in Courant k. S.	—	143
' ' 2 Mon.	—	—
Hamburg k. S.	150 1/2	—
' ' 2 Mon.	150	—
Augsburg k. S.	100 1/4	—
Wien k. S.	46	—
' ' 2 Mon.	—	—
London 2 Mon.	—	—
Paris k. S.	—	78
' ' à 1 Uso	—	77 5/8
Lyon	78 1/2	—
Leipzig M. Species	—	—
Basel k. S.	—	—
Bremen k. S.	—	109 1/2

Allgemeiner Anzeiger
der
Deutschen.

Freytags, den 1 May 1807.

Justiz- und Polizey-Sachen.

Medicinal-Polizey.

Wenn sich auch bekanntlich nur wenige der wahren Medico-Chirurgen mit der Ausübung der Zahnchirurgie beschäftigen, so wird doch gewiß selbst der größte derselben sie für eben so wichtig, als jeden andern Theil der Heilkunde, und für würdig halten, ebenfalls nur von gehörig unterrichteten und erfahrnen Männern besorgt zu werden. Und doch ist leider diese Erhaltung sowohl der Gesundheit als der Schönheit beabzweckende Kunst größtentheils nur das Geschäft bald der gemeinsten, plumpesten, bald der feinsten verschmiztesten Scharlatans, — in den Händen von Menschen, welche so wenig mit dem Bau und Nutzen der Theile, an denen sie sich vergreifen, als mit den Mitteln, durch welche sie wirken wollen, bekannt sind; welche sich bald auf vermeinte Kunstgriffe, bald auf die ausgezeichneten Kräfte ihrer Hände stützen; dabey Mittel anbringen, die die Zähne oft unersetzlich verderben, oder auch — wie ich sie jetzt von einem sich oft in mancherley Theilen der Heilkunde selbst anpreisenden graduirten Manne vor mir habe, aus ganz gehaltleeren unwirksamen, gefärbten Wassern bestehen; also — auf offenbare Täuschung berechnet sind. — Ich könnte mehrere Buch Papier beschreiben, wenn ich alle mir vorkommende, durch unverständige Zahn-Aerzte verursachte Unglücksfälle erzählen wollte; dieses wäre aber unnütz, da dergleichen oft höchst traurige Ereignisse zu allgemein bekannt sind. Aber, daß man selbst stark schriftstellernden Männern, bey eigner und fremder öffentlichen Empfehlung ihrer feilgebotenen Arzeneyen nicht trauen dürfe; — daß dergleichen Feilbietungen und Arzeneykrämerey oft bloße Speculation auf Broderdienst und die erschlenenen fremden Lobpreisungen nichts als das Werk eigner Hände und Wirkung selbst übersendeter Insertionsgebühren sind, habe ich von einem rüstigen Buchfabrikanten erfahren, welcher in Nr. 22 S. 244 des R.A. 1806 selbst geschmiedete, im Original in meinen Händen befindliche Lobeserhebungen seiner antivenerischen Medicamente unter einem erdichteten Namen einrücken ließ, aber auch seiner allzu auffallenden medicinisch-polizeylichen Ungebührnisse wegen in Nr. 1 der in Jena herauskommenden höchst schätzenswerthen Justiz- und Polizeyrügen ernstlich behandelt worden ist.

Wer dieses Unwesen und die traurigen Folgen der Verwegenheit der zahnchirurgischen Pfuscher so oft als ich bey meiner langen und in vielen der größten Städte Deutschlands und Hollands betriebenen Praxis wahrgenommen, wird und muß gewiß sehnlichst eine recht baldige Beschränkung dieses medicinischen Polizeygebrechens wünschen. Aber diese Beschränkung dürfte dann nicht bloß in Vertreibung der noch jetzt in vielen kleinen Orten, besonders auf Dorfjahrmärkten öffentlich auftretenden Zahnbrecher bestehen, sondern müßte sich selbst bis auf diejenigen concessionirten Chirurgen erstrecken, welche über dieses Fach nicht besonders ge-

Allg. Anz. d. D. 1 B. 1807.

prüft und zu deſſelben Ausübung nicht ausdrücklich legitimirt worden ſind.

Dieſer Wunſch wird mir um ſo mehr vergönnt ſeyn, da ich gewiß weiß, daß mehrere große Medicinal-Collegien bey der Prüfung der Wundärzte, beſonders der untern Claſſe derſelben, gar nicht an die Behandlung kranker Zähne und der doch ſo oft vorkommenden Folgen ungeſchickt unternommener Zahn-Operationen denken, welches doch gerade bey dieſer Claſſe Menſchen um ſo nöthiger wäre, da ſich unter ihnen bekanntlich die verwegenſten Zahnbrecher befinden.

Eben ſo ſollten auch alle verkäufliche Zahnmedicamente einer ſtrengern Prüfung unterworfen ſeyn, wobey es ſich bald zeigen würde, daß von der größten Menge derſelben wenigſtens ein Drittel offenbar ſchädlich, das andere Drittel ganz unwirkſam und nur höchſtens der Reſt anwendbar und empfehlungswürdig iſt.

Carl Schmidt,
königl. ſächſ. approbirter und fürſtl. anhalt-deſſauiſcher Hofzahnarzt.

Künſte, Manufacturen und Fabriken.

Papierne Gebäude. *)

Vor einigen Tagen habe ich eine kleine Wanderung nach Hoop, ungefähr drey Viertelmeilen von Bergen (in Norwegen) gemacht, um auf dem Landgute des Canzleyraths Criſtie eine papierne Kirche zu ſehen. — Dieſe Kirche kann ungefähr 800—1000 Menſchen faſſen und iſt, trotz ihrer äußern achteckigen Figur, inwendig völlig rund. Die Mauern ſind trocken, von ziemlich unregelmäßigen Steinen aufgeſetzt, inwendig aber mit einem Papier-Ueberzuge verſehen. Die corinthiſchen Säulen, welche das Ganze ſtützen, beſtehen aus dünnen hölzernen Pfoſten, die bis zur gehörigen Dicke mit Papier überzogen ſind. Das Dach und der Plafond iſt ganz von Papier gemacht, auswendig aber, der heftigen Stürme we-

gen, mit Latten belegt. Die Statuen im Innern und die Basreliefs an den Außenwänden ſind ebenfalls von Papier.

Auf ähnliche Art iſt auch das Wohnhaus erbaut; Mauern, Plafonds und Säulen ſind größtentheils von Papier. Die Oefen, faſt alle von ſehr geſchmackvollen Formen, ſind bloß inwendig mit etwas Eiſen belegt, und auf ſteinerne Platten geſetzt.

Dieſe Papiermaſſe iſt im Grunde nichts anders, als das bekannte Papier-maché; indeſſen iſt ſie von Criſtie ſo ſehr vervollkommnet worden, daß ſie, faſt ſteinähnlich, weder von Feuer noch Waſſer angegriffen wird. Es kommt Vitriolwaſſer und mit Molken und Eyweiß gelöſchter Kalk dazu; allein die eigentliche Zubereitungsart behält Criſtie als Geheimniß für ſich.

Nützliche Anſtalten und Vorſchläge.

Penſions-Anſtalt für Knaben.

Unterzeichneter erbietet ſich, zwey uns verdorbene Knaben gegen ein verhältnißmäßig billiges Jahrgeld in Penſion zu nehmen. Dieſe können auf Verlangen an dem Unterrichte einer öffentlichen Anſtalt Theil nehmen und von mir in den den künftigen Geſchäftsmanne, Oeconomen ꝛc., ſo wie jedem gebildeten Bürger nöthigen Kenntniſſen, als Schön- und Rechtſchreiben, deutſche Sprachkunde, Rechnen, Muſik und dergleichen häuslichen Unterricht erhalten. Für fähige Lehrer in fremden Sprachen, Zeichnen und andern Wiſſenſchaften, die ich ſelbſt nicht mit Erfolg zu lehren wagen dürfte, werde ich gewiſſenhaft Sorge tragen. Eltern, die geſonnen ſind, mir ihr Kind anzuvertrauen, dürfen ſich für ſelbiges eine freundliche Behandlung nebſt geſunder Koſt und Wohnung ungezweifelt verſprechen.

Leipzig den 25 April 1807.
Carl Schindler,
Schreiblehrer an der Bürgerſchule, Hintergaſſe Nr. 1217.

*) Aus des holländ. Seecapitains Cornel. de Jong's Reiſe von Drontheim — nach Amſterdam, im erſten Bande der allgemein unterhaltenden Reiſe-Bibliothek, äſthetiſch bearbeitet von Chrn. Aug. Fiſcher (Profeſſor in Würzburg) eine Sammlung, die ich dem gebildeten Freunde der Länder- und Völkerkunde mit Ueberzeugung empfehlen kann. In Betreff der merkwürdigen Erfindung des E. R. Criſtie wäre zu wünſchen, daß er die Entdeckung derſelben der Welt nicht vorenthalten möchte. Ein Freund der Künſte und Wiſſenſchaften in Hamburg oder Kopenhagen, der dieſes lieſt, hätte wol die Aufmerkſamkeit, Hrn. Criſtie mit dieſem Wunſche bekannt zu machen. d. Red.

Allerhand.

Nachricht und Danksagung.

Unter mehrern Edelgesinnten, die mir und den Meinigen bey einem vor einiger Zeit durch Unglücksfall erlittenen beträchtlichen Verlust ihre gütige Theilnahme, ihre thätige Unterstützung ganz aus eigener Bewegung haben angedeihen lassen, hat auch noch vor wenig Tagen eine Gesellschaft mit unbekannter Personen einen ansehnlichen Geldbeytrag von Pyrmont aus mir überschickt, der mir um so schätzbarer war, da das Schreiben, womit sie ihn begleiteten, die edelsten Beweggründe dieser schönen Handlung verräth.

Diesen meinen sehr verehrlichen Freunden, wie Sie nennen zu dürfen, Sie mir die gütige Erlaubniß ertheilen, mache ich nicht nur den richtigen Empfang dieses Beytrags hierdurch bekannt, sondern füge auch, was Ihnen gewiß nicht gleichgültig seyn wird, mit gerührtem Herzen hinzu, daß Sie dadurch mich wieder in den Stand gesetzt haben, eine mir sehr theuere und angelegene Pflicht ohne weitern Aufschub erfüllen zu können.

Zugleich sage ich Ihnen, so wie allen jenen Edelgesinnten, für die bey dieser Gelegenheit mir und den Meinigen erzeigte Gewogenheit und Güte nochmahls meinen herzlichsten und innigsten Dank.

Capellendorf den 20 April 1807.

D) Emminghaus,
H. S. Justizrath und Amtmann.

Dienst-Gesuche.

1) Ein Mann von 30 Jahren, welcher viele Kenntnisse sich auf Reisen in verschiedenen Fächern gesammelt hat, als in Verfertigung von Papier-maché, im Formen, Lackiren, Zeichnen und dabey im Rechnen und Schreiben geübt ist, wünscht auf irgend eine Art in einer Fabrik oder sonstigem Platz als Aufseher oder Arbeiter angestellt zu werden. Die Expedition des allg. Anz. in Gotha besorgt die franco eingehenden Briefe an denselben.

2) Ein Mensch von 23 Jahren, welcher einige Zeit als Apotheker conditionirt, nachher auf einer berühmten Universität Chemie studirt hat, wünscht als Provisor in einer Apotheke auf Michaelis angestellt zu seyn. In portofreyen Briefen wende man sich unter der Addresse F. M. H. in B. an die Expedition des allg. Anz. in Gotha.

3) Ein Frauenzimmer von 39 Jahren, sehr guter Erziehung, vortrefflichem Character, und geschickt in weiblichen Arbeiten, wünscht eine Stelle als Gesellschafterin bey einer einzelnen Dame oder stillen Familie, wo sie, wenn man es wünscht, auch gern einen Theil des Haushalts mit übernehmen wird. Die Expedition des allg. Anz. in Gotha besorgt die an sie eingehenden Briefe.

Justiz- und Polizey-Sachen.

Vorladungen: 1) der Gläubiger G. Lang's.

Alle diejenigen noch unbekannten Gläubiger, welche an die Realitäten des von seinem häuslichen Anwesen heimlich entwichenen Georg Lang, Sattlers und Häuslers allhier, einen gerechten Anspruch zu machen haben, werden aufgefordert, binnen 4 Wochen sich bey unterzeichnetem Amte zu melden, widrigenfalls sie nicht mehr würden gehört werden.

Zugleich wird das langische Anwesen, bestehend in einem Haus, Brunnen, Backofen, Wurz-Dkt. und Feldgarten, auf den 1. May dergestalt feilgeboten, daß der Meistbietende sich des Zuschlages unfehlbar zu erfreuen habe. Den 6 April 1807.

Königl. Baier. Freyhr. von Lemminschet Herrschaftsgericht Zeilsberg, in Wiesent, Hofgerichts-Bezirks Neuburg.

Drucker, Pfleger.

2) J. Jac. Eichert's.

Johann Jacob Eichert, des verlebten Bürgers Jacob Eichert von Ubstatt ebeliger Sohn, bermahlen 74 Jahr alt, welcher schon lange, man weiß nicht wo, abwesend ist, oder dessen allenfalsige rechtmäßige Leibes-Erben werden zum Empfang des in 3244 fl. 55 1/2 kr. bestehenden elterlichen Vermögens a dato innerhalb 9 Monaten unter dem Nachtheil hiermit vorgeladen, daß er sonst nach gesetzlicher Vorschrift für todt erklärt, und sein Vermögen an seine nächsten Anverwandten frey und eigenthümlich verabfolgt werden solle.

Bruchsal, am 13 April 1807.

Großherzogl. Badisches Landamt.

Guhmann.

Fränzinger.

3) der Gläubiger J. W. Ziemann's.

Wir Bürgermeister und Rath der Altstadt Hannover fügen hiermit zu wissen:

Nachdem der hiesige Bürger und Kaufmann Friedrich Wilhelm Ziemann angezeigt, daß er sich außer Stande befinde, seine andringenden Gläubiger zu befriedigen, und solchemnach der Concursproceß erkannt und wegen Sicherstellung der Gütermasse das Erforderliche verfügt worden: also ist auch Terminus auf den 8 May d. J. Freytags nach Rogate berahmt und angesetzt, in welchem alle diejenigen, welche an bemeldeten Kaufmann Ziemann aus irgend einem Grunde etwas zu fordern haben, Vormittags um 11 Uhr auf dem hiesigen Rathhause in Person oder durch hinlänglich bevollmächtigte Anwälde zu erscheinen, ihre Forderungen ad Protocollum anzuzeigen, und die darüber etwa in Händen habenden Documente in Originali einzureichen, kraft dieses und unter der Verwarnung, daß die sich sodann nicht Meldenden (mit ihren etwanigen Ansprüchen präcludirt, und ihnen ein ewiges Stillschweigen auferlegt werden soll, öffentlich citirt und vorgeladen werden.

Gegeben Hannover, den 6 April 1807.

(L. S.)   Jussu Senatus.

G. H. C. Heiliger, Secr.

4) der Gläubiger W. Bloch's.

Die auswärtigen Gläubiger des hiesigen Bürgers Wilhelm Bloch, deren Forderungen noch nicht eingeklagt sind, werden hierzu wegen eingetretenen Concurses, bey Vermeidung des Ausschlusses von gegenwärtiger Vermögens-Masse, auf

Dienstag den 12 May dieses Jahrs des Vormittags 9 Uhr

vorgeladen.

Schlitz bey Fulda, am 16 April 1807.

Gräfl. Görtzisches Justiz-Amt.

_____

Kauf- und Handels-Sachen.

Mobilien-Auction.

Auf den 21 May d. J. und folgende Tage sollen zu Tennstädt in Herrn Kämmerers Flohr Hause am Steinweg, früh von 9 bis 12 Uhr und Nachmittags von 2 bis 5 Uhr, verschiedene Mobilien an Kleidern, Kutsche, Geschirr, Silberwerk, Pretiosen, Wäsche, Betten, Porcellain, Kupfer, Messing, Zinn, Meublement, hölzernem und anderm Geräthe, auch Büchern und Musicalien, vom Kreisamte Tennstädt verauctionirt werden; welches und daß daselbst gedruckte Cataloge zu haben sind, hiermit bekannt gemacht wird.

Kreisamt Tennstädt, am 18 April 1807.

Bruchbänder.

Ich empfehle 1) meine elastischen, oft radicalheilenden Bruchbandagen, die, äußerst bequem, elegant, in den dünnsten Beinkleidern unbemerkbar sind, und ohne Beinriemen getragen werden. A. Steife, 1 Rthlr. 16 gl. B. mit bewegl. Pelotte, 2 Rthlr. 12 gl. C. sehr schön mit bewegl. Windenpelotte, 4 Rthlr. D. aufs schönste mit Saffian, und bequemste 6 Rthlr. Von C. und D. empfehle ich von nun an auch meine Bandagen für den Beyschlaf adaptirt, für die Nacht bestimmt, (C. 5 und D. 7 Rthlr.) so wie Badebandagen à A. für 2 Rthlr. Doppelte kosten 3, 4, 6, 9 Rthlr. 2) Pollutionssperrer, von mir jetzt erfunden, die jede Pollution fast unmöglich machen, 2 Rthlr. 3) ordinäre Suspensoria, ingl. elastische, ohne Leibgurt, von mir erfunden. 4) elastische Mutterspritzen und Milchpumpen. 5) Onaniesperrer, wodurch die Selbstbefleckung unmöglich wird. 6) Schamgürtel für Wiederherstellung des männlichen Zeugungsvermögens. 7) Urinsperrer. 8) Urinhalter, elastische Catheders, Bougies, Mutterkränzchen, Schielbrillen, Bandagen für Astervorfälle, Nabelbruchbänder u. s. w. Bruchkranke senden das Maß um die Hüfte und ihnen empfehle ich noch besonders meine kleine in jeder Buchhandlung, wie bey mir, zu findende Schrift: Ein paar Worte an Bruchkranke, die von ihrem Schaden frey und vor Gefahr sicher seyn wollen, 4 gl. Für Güte, Dauer und Billigkeit bürgt mein Name, und der Umstand, daß mir allein unzählige deutsche Aerzte und Chirurgen, (denen ich bedeutenden Rabat zusichere) sondern auch viele französische Hospital-Directoren und Chirurgiens-Majors, (z. B. Hr. Jarrot vom achten Husarenregiment beym souliëschen Corps) mich mit ihrem Zutrauen beehren.

Leipzig im April 1807.

Dr. H. W. Becker, Med. Pr. in drey Rosen auf der Peterstr.

Glocken-Metall.

Eine Partie Glockenmetall von mehrern hundert Centnern sind im Ganzen oder einzeln zu verkaufen; man wendet sich in frankirten Briefen an

Ehrenreich Löper
zu Frankfurt am Main.

Gersten-Gräupchen.

Bey Unterzeichnetem sind Gerstengräupchen von vorzüglicher Güte und Schönheit in großen und kleinen Partien um die billigsten Preise zu haben.

Culmbach im Baireuthischen den 11 April 1807.

Friedrich Christian Gränier.

Allgemeiner Anzeiger
der
Deutschen.

Sonnabends, den 2 May 1807.

Gesetzgebung und Regierung.

> Le malade en mourra;
> mais c'est une bien belle Opération.
> Grabschrift auf die Werke der Oeconomisten.

Die Art der Vertheilung der Kriegsschäden, von welcher in Nr. 93 des allg.
Anz. 1807 die Rede ist, wird in der Einleitung als ein vollständiges, auf festen Grundsätzen beruhendes Gesetz angesehen und das
Publicum aufgefordert, diesen Plan zu beurtheilen. — Nachstehende Ansicht gehört für
kein Tribunal kalter Gesetzgeber; aber liberal
denkende Regierungen werden die Erleichterung, die sie dem Elende ihrer Unterthanen
und Untergebenen angedeihen lassen, nicht
aus den todten Buchstaben jener Tribunale,
sondern mehr aus den lebendigen Zügen nehmen, die in ihren Herzen geschrieben stehen.

„Es ist die erste Pflicht aller Untertha-
„nen, (so lauten die Worte des Reglements)
„nicht nur die Leiden des Kriegs gemein-
„schaftlich zu theilen, sondern auch die Min-
„derung derselben, oder die Entfernung
„größerer Unfälle stets nach Möglichkeit zu
„bewirken.“

Dieser Satz ist ganz richtig, sobald man
statt der Worte Unterthanen, Regierungen
setzt. Warum sollen die armen, ohnedieß
mehr oder weniger geplagten Unterthanen
die Kriegsleiden, die nicht selten ihre Regierungen wo nicht herbey geführt, doch durch
manche Maßregel vielleicht vergrößert haben,
allein tragen, gemeinschaftlich tragen. —
Einsender dieses Aufsatzes läßt sich hier nicht
auf die einzelnen Bestimmungen jenes Regle-

Allg. Anz. d. D. 1 B. 1807.

ments ein, da ihm Local-Kenntniß abgeht.
Sie scheinen ihm indessen zum Theil unausführbar, zum Theil hart, beynahe alle inquisitorisch und die innere Ruhe der Familien
störend. Wenn Theoretiker ein solches System einer vollkommnen Gleichstellung erfinden und aufstellen, so glaubt man einen unschädlichen Traum zu lesen, den das freyere
Leben und Weben bald verdrängt. Wollen
einen solchen Versuch Regierungen wagen,
die das Zutrauen ihrer Unterthanen in einem
hohen Grade genießen, die durch Ordnung,
Sparsamkeit, durch liberale Gesinnungen,
durch große Gewissenhaftigkeit in Verwaltung öffentlicher Gelder einen unbeschränkten
Credit haben, so ist der Schaden nicht groß,
denn es wird sich bald ergeben, daß die Ni-
vellements-Operationen zu sehr das Innere
aller bürgerlichen Haushaltungen verwunden,
daß Immoralität, falsche Angaben, trügeri-
sche Untersuchungen mehr Schaden stiften,
als selbst der Krieg durch seine augenblick-
lichen Schrecken herbey führte. Eine solche
Regierung wird bald davon abstehen, ihre
eigenen Kräfte zusammen nehmen, und helfen und ersetzen, nicht überall wo Verlust ist,
aber wo der Verlust großes Elend erzeugte,
und Familien an den Bettelstab brachte. Sie
wird durch Ersparnisse jeder Art, durch
weise Einrichtungen, durch Anstalten, wo
die Beraubten durch Fleiß und Anstrengung
einen Theil des Schadens ersetzen können,
durch Aufmunterungen dem nothleidenden
Nachbar beyzuspringen, sich in den Stand
setzen, die ausgestandenen Kriegsleiden zu mildern und den Wohlstand wieder herzustellen.

Es liegt eine so große Beruhigung darin, freywillig von seinem Ueberfluß dem Nothleidenden mitzutheilen, und der Staat hat so manche Mittel in Händen, die Tugend der Wohlthätigkeit in seinen Unterthanen zu entwickeln und geltend zu machen. Warum soll das Gesetz jene Tugend ersetzen, warum soll Zwang den Keim davon ersticken? Dem Unterthanen wird durch jenes System die Beruhigung geraubt, aus guten, wohlmeinenden Absichten seinem Nächsten zu helfen. In den Molestien, Cassen des Staats verschwindet das Verdienst der Wohlthätigkeit der Einzelnen, und der Nothleidende empfängt nur daraus, wann und wie es dem Staate beliebt. Durch jenes System werden alle Familien eines Staats mehr oder weniger gekränkt, und statt daß vorher nur einige sich unglücklich fühlten, klagen jetzt alle. Wer gibt allen Entschädigung für eine Maßregel, die alle drückt, und viele noch härter drückt, als der Verlust der fahrenden Habe, die der Krieg zertrümmerte? Nichts ist mehr und öfterer Revolutionen unterworfen, als das Eigenthum. — Diese zu hemmen, in ein System zu bringen, ist eben so unmöglich, als Regen und Sonnenschein zu ordnen und in ein gleiches Verhältniß zu setzen. Es liegt in dem Wesen des Bürgers, daß er Untersuchungen der Art, wie sie in dem Reglement angedeutet sind, mehr haßt, als er den Verlust fühlt, der ihm oft sogar die Nothdurft raubte. — Zur Sicherheit des Eigenthums, wenn es rechtmäßig erworben ist, zählt man auch das Recht, niemand als sich selbst und dem man freywillig es anvertrauen will, Rechenschaft davon zu geben.

Sollte nun endlich der Unterthan sogar glauben, daß eine solche Anstalt nur dazu gebraucht werde, sein Vermögen kennen zu lernen, um es bey einer andern Gelegenheit eigenmächtig zu tarxiren; sollte er so wenig Zutrauen in seine Regierung setzen, daß er an der zweckmäßigen Verwendung der Aufopferungen zweifelt, die man ihm jetzt ansinnt; um seine leidenden Brüder zu unterstützen, so ist leicht voraus zu sehen, was die Folgen einer solchen zwangvollen Maßregel seyn werden.

Da man öffentlich die Critik über den Ausgleichungsplan, den man in dem besnannten Stücke des allg. Anz. nachlesen muß, aufruft, so ist es ein Beweis, wie ernst man es mit dem Wohl der Unterthanen meint, und wie unverkennbar die Absicht der Regierung ist, dem Elende, welches der Krieg herbey geführt, abzuhelfen, und hierzu die zweckmäßigsten Mittel kennen zu lernen und zu machen.

Land- und Hauswirthschaft.

Ueber Acacien-Pflanzungen.

Auf die Anfrage im allg. Anz. Nr. 296, warum neue Anlagen von Acacien so selten fortkommen, diene zur Nachricht, daß ich seit etlichen 30 Jahren Acacien auf trocknem rothen Sandboden angepflanzt und daß ich Bäume habe, die mehr als 2 Fuß im Durchschnitt haben. Auf schwarzem trocknen Sandboden wachsen sie noch besser; allein auf diesem kann man auch andere Sorten fort bringen, die auf rothem Sandboden nicht gedeihen, wo überhaupt die mehrsten Bäume gar nicht fortkommen. Das Mißrathen kommt gewiß davon her, daß man die Pflanzung auf nassen Boden gemacht hat; die Wurzel der Acacie kann das Wasser gar nicht vertragen. Auf festem Leim- und Thonboden kommt sie auch weniger gut fort, als auf einem leichten Boden, wo ihre Wurzeln leichter fortkommen, und 20 und 30 Schritt weit fortlaufen. Auch könnte es seyn, daß man Pflanzungen gemacht habe von Saatbäumen, die noch keine Nebenwurzeln hatten, um sich ernähren zu können.

Schade, daß man bey den Pflanzungen sich nicht nach dem Boden richtet, da es kaum Arten genug giebt, die so verschiedene Nahrung gebrauchen, als wir. Erdarten und trockne und nasse Lagen zu bepflanzen haben. Es ist aber auch höchst nöthig, zu untersuchen, wie der Grund in der Tiefe von 2 und 3 Fuß beschaffen sey; denn öfter ist der Boden von 1/2 bis 1 Fuß ganz anders beschaffen, als der darunter liegende; auch auf einen Fuß guten Boden kommen Baum-Arten, worunter die Acacie zu zählen, sehr gut fort.

Zerbst.   Joh. Carl Corthum.

Oeconomische Erfahrung bey dem Kühmelken.

Es geschieht oft, daß, wenn die Mägde anfangen zu melken, die Kühe sich auf den Urin nöthigen, und solches dauert bey manchen so lange, als gemolken wird. Dieses Uebel entsteht von nichts anderm, als von langen Haaren, welche sich am Eiter nahe bey den Strichen befinden. Werden diese Haare mit einer Scheere abgeschnitten, so ist augenblicklich das ganze Uebel gehoben.

X.   **Graf.**

Allerhand.

Die Schwefelbäder zu Eilsen *) nahe bey Bückeburg, welche bisher erst am 15 Junius eröffnet wurden, werden für dieses Jahr schon am 1 Junius eröffnet werden. Außer anständigem Logis, reinlichen steinernen Bädern, curmäßigem Tisch und guten Weinen, werden jetzt auch pyrmonter, driburger, selterser, wildunger und vachinger Mineralwasser am Curorte zu haben seyn, sämmtlich frisch und aus der ersten Hand angeschafft.

Die jetzigen Kriegsläufte und Unruhen haben auf das friedliche eilsener Thal keinen Einfluß gehabt, und man hofft, daß auch in diesem Jahre dasselbe den respectiven Curgästen Zufriedenheit gewähren wird.

Die Preise der Schwefelbäder sind wie vorhin, 4, 8 und 10 gl., und der Schlamm-Douschen, Tropf-, Gas- und anderer Bäder von 2 bis zu 12 gl.

Der Preis der Tafel steht noch nicht zu bestimmen, wird aber auf keinen Fall höher seyn, als im letzten Jahre.

Weiße Franzweine sind zu haben in versiegelten Quartflaschen von 7 ggl. 4 pf. bis 21 ggl. 4 pf.; rothe Franzweine von 10 ggl. bis zu 1 rthlr. 14 ggl.; Rheinweine bis zu 1 rthlr. 16 ggl.

Damit in Ansehung der Logis alle geehrten Curgäste, die sich der eilsener Bäder bedienen wollen, möglichst befriedigt werden mögen, bittet Unterzeichneter, ihm in postfreyen Briefen den Tag der Ankunft, und wo möglich die Dauer des Aufenthalts zu melden. Wenn Unterzeichneter nicht ant-

*) Die von dem geschickten Chemiker Accum zuerst untersuchten Schwefelquellen zu Eilsen gehören nach Westrumb's Urtheile zu den stärksten in Europa.   **d. Red.**

wartet, so ist die Bestellung gemacht; könnte er aber der Bestellung nicht Genüge leisten, so wird er darüber mit der umgehenden Post die schriftliche Nachricht zu ertheilen nicht verfehlen. Bückeburg den 18 April 1807.

S. Pätz, Brunnen-Commissair.

Danksagung.

Wir halten uns für verpflichtet, hiermit zur Publicität zu bringen, daß unter den zum Wohlthun so geneigten Bewohnern der Stadt Altenburg, auf Verwendung des dasigen löblichen Intelligenz-Comtoirs, die Summe von 234 Thaler 4 pf. für die bedürftigsten der durch den Krieg mitgenommenen hiesigen Einwohner zusammen gebracht und zum gedachten löblichen Intelligenz-Comtoir an uns eingesendet worden ist. Indem wir zugleich nicht nur den sämmtlichen mildthätigen Gebern, sondern auch den menschenfreundlichen Verwendern, Namens derer, für welche diese Unterstützung bestimmt ist, den innigsten Dank bezeugen, fügen wir die Versicherung hinzu, daß für die gewissenhafteste Vertheilung obiger Summe von uns gesorgt werden wird.

Jena den 21 April 1807.

Bürgermeister und Rath das.

Familien-Nachrichten.

Todes-Anzeige.

Den am 23 dieses, Mittags um 11 Uhr, an der Lungensucht erfolgten Tod meiner Frau Christiane Friderike geb. v. Plessen im 54 Jahre ihres Alters zeige ich hierdurch allen meinen Gönnern, Freunden und Verwandten gehorsamst an, und verbitte, von ihrer gütiger Theilnahme überzeugt, alle Beyleidsbezeugungen. Schoenefeld bey Merseburg, den 24 April 1807.

M. Friedrich Gottlob Treitschke,
Pred. allh.

Justiz- und Polizey-Sachen.

Warnung.

Eine wol 300 Mann starke Räuberbande, die Rheinpfälzer genannt, soll bis in hiesige Gegenden vorgedrungen, und die ge-

waltsamste Beraubung nicht nur einzelner
Landhäuser, sondern auch sogar geschlossener
Orte, soll von ihr zu besorgen seyn. Sie
ziehet Nachrichten durch vorausgeschickte
Emissairs ein, welche besonders Westen von
Haasenhaaren führen, und ihre Waaren sehr
theuer ausbieten, nachher aber sehr wohlfeil
verkaufen. Aufmerksamkeit der Obrigkeiten
und Vorsicht aller Unterthanen wird hierdurch empfohlen.

Bernburg am 15. April 1807.
Reich.

___

Vorladungen: 1) der Gläubiger der Freyhrn.
Chrn. und H. L. Ferd. Goehler
von Ravensburg.

Alle diejenigen, welche ihre Forderungen an
die verstorbenen Freyhr. Christian und Friedrich
Ludwig Ferdinand Goehler von Ravensburg
noch nicht bey der bestandenen ritterschaftlichen
Theilungs-Commission angezeigt haben, werden
hiermit aufgefordert, binnen 6 Wochen selbst, oder
durch hinlänglich Bevollmächtigte dahier zu erscheinen, oder zu gewärtigen, daß sie von der Masse
ausgeschlossen werden sollen.

Mannheim, den 20 März 1807.
Großherzogliches Hofgericht der Badi-
schen Pfalzgrafschaft.
Courtin. Wolf.
Stein.

2) der Nachkommen J. H. Uden's.

Hannover. Sämmtliche Nachkommen der Erben weil. Amtmanns Johann Heinrich Uden zu
Lauensförde werden hiermit edictaliter citirt, am
7 Julius dieses Jahrs, wird seyn Dienstag nach dem
6 Sonntage post Trinit. auf hiesigem Landes-Con-
sistorio entweder in Person oder durch genugsam
Bevollmächtigte zu erscheinen, um über ein, rücksichtlich des von weil. Licent-Einnehmer Johann
Heinrich Koch zu Münden im Jahre 1713 fundir-
ten Familien-Stipendii, zu treffendes Requlatio in
Betreff des Juris praesentandi ihre Erklärung abzugeben,

___

Kauf- und Handels-Sachen.

Verkauf harzer Kure.

Auf die zum Verkauf ausgebotenen nachbenannten von vulprzus'schen harzer Bergtheile

a) 1/48 Kur Dorothea.
b) 3/4 Kur Neue Benedicta.
c) 1/12 Kur Carolina.
d) 1/24 Kur Neufang.
e) 1 1/2 Kur Gabe Gottes und Rosenbusch.
f) 1/2 Kur St. Elisabeth.

g) 1/16 Kur Sophie.
h) 1/16 Kur St. Margaretha.
i) 1/4 Kur Güte des Herrn.
k) 1/16 Kur kleiner St. Jacob.
l) 1/8 Kur Herzog Christian Ludwig.
m) 1/3 Kur Kranich.
n) 1/4 Kur braune Lilie.
o) 1 1/24 Kur Abendröthe.
p) 1 3/4 Kur Herzog August und Johann Friedrich.
q) 1/16 Kur weißer Schwan und
r) 1/4 Kur Lauthenthals Glück.

ist in dem ersten Licitationstermin kein annehmliches Gebot geschehen, und daher anderweiter
Termin auf den 27 May angesetzt worden. Es
wird dieß Liebhabern zu dem Ganzen oder zu einzelnen Theilen zu dem Ende bekannt gemacht, um
in gedachtem Termine Vormittags auf hiesiger Regierung ihr Gebot zu Protocoll zu thun, wie dann
mit den auf das Ganze gebotenen 250 Rthlr. der
Anfang gemacht werden, und nach geschehenen
weitern Geboten auf das Meistgebot dem Befinden
nach der Zuschlag erfolgen soll.

Sign. Cassel den 20 April 1807.
B. W. Rüppel,
kraft Auftrags.

___

Tabackskästchen.

A Gotha chez Sachse med. Nro. 916 on
peut avoir: des Tabatieres, dans lequels on
trouve encore le suivant: 1) Encrier, et 2) Sa-
blière, 3) Plume, 4) Crayon, 5) Cachet, 6) Mi-
roir, 7) Tablettes et 8) petite Portefeuille. Prix
cinq Francs.

* * *

Bey Sachse med. in Gotha Nro. 916 sind
Tabackskästchen zu haben, worin man noch folgendes finden, als: 1 Bleystift, Feder, Petschaft,
Dintenfaß, Streusandbüchse, Spiegel, Schreib-
tafel, Brieftasche. Preis 1 Rthlr. 8 gl.

___

Taback.

Unterzeichnete haben die Ehre anzuzeigen, daß
sie zu allen Zeiten Lager von pfälzer Blätter-Taback in Carotten-Gut und Pfeifen-Gut diesseits und jenseits des Rheins halten, und zu billigen Preisen in großen und kleinen Partien abgeben.

Sie empfehlen ihre Dienste ferner in Erkaufung von Blätter-Taback und andern Landes-Producten in Commission gegen billig-Provision und
in Speditions-Geschäften aller A., indem sie
ihre Herren Correspondenten auf dem rechten
Rheinufer ersuchen, ihre Briefe unter der Adresse
Herrn W. H. Ladenburg in Mannheim an sie
gelangen zu lassen.

Speyer den 1 April 1807.
Haizel und Sohn.

Allgemeiner Anzeiger
der
Deutschen.

Sonntags, den 3 May 1807.

Literarische Nachrichten.

Folgende deutsche und lateinische Vorschriften und Schreibebücher können mit Recht sowohl zum Gebrauch beym Privat- als öffentlichen Unterricht empfohlen werden, da besonders die leztern den Lehrer des beschwerlichen Geschäfts des Vorschreibens überheben:

Deutsches Schreibebuch, oder Anleitung ohne Lehrer eine deutliche und schöne deutsche Hand schreiben zu lernen. In 4. auf weißes starkes Papier gedruckt. Zwey Cursus, jeder 12 Gr.

Deutsche Vorlegeblätter, zur Uebung im Schönschreiben, von Rudolph Müller in Leipzig. 1r Cursus 10 Gr., 2r Cursus 12 Gr.

Deutsche große Vorschriften, von Rudolph Müller in Leipzig. Bestehend aus Current-Canzley- und Fracturvorschriften. Vermehrte Aufl. gr. 4. 1 Thlr. 12 Gr.

Englisches Schreibebuch, oder Anleitung ohne Lehrer eine deutliche und schöne englische Hand schreiben zu lernen. In 4. auf starkes Papier. Preis 12 Gr.

Englische Vorlegeblätter, zur Uebung im Schönschreiben, von Rud. Müller. Zwey Cursus, jeder 12 Gr.

Industrie-Comptoir in Leipzig.

Berichtigung.

In dem so eben erschienenen leipziger Meßcatalog 1807 ist von der Weidmann'schen Buchhandlung folgender Titel ganz unrichtig unter dem Namen Schelling eingerückt worden, welches sehr zu verwundern ist, indem solcher sehr deutlich geschrieben von Herrn Gruber in Leipzig übergeben wurde.

Anti-Sextus, oder über die absolute Erkenntniß von Schelling.

Der Verf. ist ein warmer Verehrer des Schelling'schen Systems.

Pfähler'sche Buchhandlung in Heidelberg.

Allg. Anz. d. D. 1 B. 1807.

Auctions-Anzeige.

Den ersten Junius dieses Jahrs und in den folgenden Tagen, wird in Nürnberg der zweyte Theil der Bibliothek des Dr. und Schaffer Pauzer öffentlich versteigert, und ist hiervon der Catalog in den Expeditionen der allg. Liter. Zeitung zu Halle und Jena, und in der Expedition des allg. Anz. zu Gotha zu haben. Die noch vorräthigen Exemplare dieses 2ten Theils auf Schreibpapier liefert die seidecker'sche Buchhandlung in Nürnberg, für 1 fl. 30 fr., jedoch nur gegen baare Bezahlung.

Periodische Schriften.

Neue Feuerbrände.

Herausgegeben von dem Verfasser der vertrauten Briefe über die innern Verhältnisse am preußischen Hofe seit dem Tode Friedrichs II. Ein Journal in zwanglosen Heften.

Erstes Heft.

In einem saubern allegorischen Umschlage gr. 8. gute Ausgabe 16 gl. ord. Ausgabe 12 gl.

Inhalt. Correspondenz. Schreiben aus Jena. Fortsetzung.

Ueber die jetzt allgemeine Herabwürdigung des preußischen Militärs.

Groß-Pohlens Besitznahme war der Untergang Preußens.

Ist es wahr, daß in dem Lande, in welchem vorzüglich das landwirthschaftliche Gewerbe getrieben wird, jede Art von Abgaben die Grundeigenthümer treffe?

Preußens naher Verfall nach der Schlacht bey Austerlitz, geschrieben am 24 October 1806.

Geschichte des Angriffs, der Blockirung und Uebergabe von Glogau, von Carl Friedrich Benkowiu.

Dieses erste Heft ist in allen Buchhandlungen zu haben.

Schlesische Provinzialblätter. 1807. Nr. 10.
bis 13. März.

Inhalt.

1. Abendroth. 2. Der Grädiberg. 3. Gebankensöhne. 4. Der Tod des Treuen. 5. Der Oßberg bey Jauer. 6. Die blutige Rache. 7. Grundsätze, welche bey Ausschreibung der Kriegessteuer im bresl. Cammer-Departement angenommen worden. 8. Chronik.

Inhalt der literarischen Beylage.

1. Der schlesische Adler. 2. Recensionen. 3. Neue Schriften. 4. Todesfall. 5. Abgenöthigte Erklärung.

Bücher-Anzeigen.

Verlagsbücher von Adolph Schmidt in Hamburg.

Erzählungen und Spiele. Herausgegeben von W. Neumann und K. A. Varnhagen. 8. 1807. 1 Rthlr. 12 Gr.

Heise, J. C., Ländliche Gemählde und Lieder. 8. 1803. 12 Gr.

Jauffret, L. F., Idyllen u. Erzählungen: 2 Theile. 18. 1 Rthlr. 2 Gr.

Dasselbe, deutsch u. franz. 4 Theile. 18. 2 Rthlr. 4 Gr.

König, der, in der Einbildung. Knittelversposse in 3 Aufzügen. Mit 1 Kupfer. 8. 1807. 1 Rthlr.

Mangourit. Der hannoverische Staat in allen seinen Beziehungen. Geschildert in den Jahren 1803. u. 4. gr. 8. 1806. 1 Rthlr. 6 Gr.

Mendel, J., Dr. Gall's Vorlesungen, kritisch analysirt. 8. 1806. 8 Gr.

Nahrung für weibliche Seelen, welche beglückend auch selbst glücklich seyn und bleiben möchten. 8. 1807. 2 Rthlr. 8 Gr.

Rainsford. Geschichte der Insel Hayti oder St. Domingo, besonders des auf demselben errichteten Negerreichs. Aus dem Engl. gr. 8. 1806. 2 Rthlr.

Schink, J. F., Romantische Erzählungen. Mit Kupf. 8. 1804. 1 Rthlr. 12 Gr.

Schütze, J. F., Ehestandsgesuche. Ein kom. Roman. 8. 1806. 1 Rthlr.

Ueber die Frage: Wird Antwerpen im Handel wieder so bedeutend werden, als es ehemahls war? Mit vorzüglicher Rücksicht auf Holland, England, die Hanseestädte, und insonderheit auf Hamburg. 8. 1802. 6 Gr.

Volksstimme Hannovers, unter Darstellung der Lage der churbraunschweigischen Lande. gr. 8. 1803. 6 Gr.

Wigand, Dr. über Geburtsstühle und Geburtslager. 8. 1806. 4 Gr.

In Commission:

Testimonia Auctorum de Merkelio, d. i.: Paradiesgärtlein für Garlieb Merkel. 8. 1806. 16 Gr.

Gleich nach der Messe erscheint: Hamburgisches Magazin für die Geburtshülfe. Herausgegeben von J. J. Gumprecht und J. H. Wigand. in B. 14 St. 8.

Erklärung an die Besitzer der Encyclopädie der Chemie.

Durch mehrere Leser des in unserm Verlage erschienenen Encyclopädie der Chemie des Herrn Hofraths und Prof. Hildebrandt aufgefordert, haben wir unter der Aufsicht des Herrn Verf. eine Sammlung von

Abbildungen chemischer Oefen und Werkzeuge, 15 Kupfertafeln,

theils nach Originalien, im Laboratorium desselben, theils nach Zeichnungen in den vorzüglichsten chemischen und technischen Schriften besorgen lassen, welcher der Herr Verf. eine deutliche Beschreibung beyzufügen die Güte gehabt hat. Da wir sie als eine Zugabe zum praktischen Theile der Encyclopädie betrachten, so haben wir uns entschlossen, diese funfzehn Tafeln samt der Beschreibung für den sehr geringen Preis von 1 Thlr. 20 gGr. oder 2 fl. 45 kr. zu überlassen. Erlangen, im April 1807.

Walthersche Kunst- und Buchhandlung.

In der Stettinischen Buchhandlung, in Ulm sind zu haben:

N. F. Canard's, ältesten Professors der Mathematik etc. zu Paris, Grundsätze der Staatswirthschaft. Eine durch das National-Institut gekrönte Preisschrift. Ulm, 1806. Preis 1 fl. 12 kr. oder 18 gl.

Inhalt. I. Capitel. Von den Quellen des National-Einkommens. II. Cap. Von dem Gelde. III. Cap. Von der Bestimmung des Preises der Waaren. IV. Cap. Von dem Umlaufe des Geldes und dem Credit. V. Cap. Von den Ursachen der Vermehrung und Verminderung des Nationalreichthums. VI. Cap. Allgemeiner Gesichtspunct. VII. Cap. Von den Steuern und ihren wechselseitigen Verhältnissen. VIII. Cap. Von den Auflagen. IX. Cap. Vom Darlehen.

Nützliches Allerley für Haus- und Feldökonomie. von J. C. W. Rehm, königl. preuß. Polizeydirector. Ulm, 1806. Pr. 14 kr. oder 14 gl.

In diesem gehaltreichen Buche sind 255 Mittel und Anweisungen durch alle Theile der Haus- und Landwirthschaft enthalten, bey deren Anwendung niemand solches ohne Nutzen gebrauchen wird.

Joseph Milbiller's deutsche Reichsgeschichte unter den beyden Kaisern Joseph II. und Leopold II. Ulm, 1806. Pr. 1 fl. 30 kr. oder 1 rthlr.

Das Diöcesanverhältniß katholischer Bischöfe in Ansehung katholischer Unterthanen und Einwohner protestantischer Lande. Nebst einer Ansicht der Verhältnisse zwischen der landesherrlichen und katholischen Kirchengewalt, im Hinblicke auf die neuesten publicistischen Ereignisse. Vom geheimen Rath und Oberamtmann Reidel. Ulm, 1306. Preis 30 kr. oder 8 gl.

Johann Friedrich Gmelin's Abhandlung von den giftigen Gewächsen, welche in Deutschland wild wachsen. Ulm, 1805. Pr. 45 kr. ob. 12 gl.
Inhalt: I. Schwämme. II. Unvollständige Gewächse. III. Gräser. IV. Wolfsmilcharten. V. Lilienarten. VI. Rachenförmige Gewächse. VII. Nachtschattenarten. VIII. Pflanzen mit vielen Staubfäden. IX. Die Hahnenfußarten. X. Doldengewächse.

Der Kaffee, oder Abhandlung über den Ursprung, Geschichte, Zubereitung, Verfälschung, Gebrauch, Mißbrauch, Nutzen und Schaden dieses so allgemeinen Getränks. Ulm, 1804. Preis 30 kr. oder 8 gl.

Magazin für die technische Heilkunde, öffentliche Arzneywissenschaft und medicinische Gesetzgebung. Herausgegeben von Gottfried von Ehrhart. Mit Kupfern. Ulm, 1805. Preis 2 fl. oder 1 rthlr. 8 gl.

Vermischte Abhandlungen über Gegenstände der Gesetzgebung und Rechtsgelehrsamkeit. Von X. G. Neundorf. Ulm, 1805. Pr. 1 fl. ob. 16 gl.
Inhalt. I. Gedanken über das Fehlerhafte in dem Zeugenverhör und Vorschläge zur Verbesserung desselben. II. Von dem Gebrauch des Looses bey Entscheidung streitiger Rechtsfälle. III. Ob bey den Untergerichten geschlossenen Vergleichen sollte die Reue innerhalb acht Tagen erlaubt seyn. IV. Confrontation unter Eltern und Kindern ist in keinem Falle erlaubt. V. Der Executivproceß ist in den deutschen Reichsgesetzen gegründet. VI. Ein Vater sollte nicht in einer Proceßsache Richter seyn dürfen, in welcher sein Sohn als Advocat einer von den Parteyen Beystand leistet. VII. Ueber die Desertion der Appellation erkennet der Unterrichter, wenn die Appellation noch nicht bey dem Obergerichte eingeführet worden ist. VIII. Wenn der Kaufcontract rückgängig wird, so ist der Fiscus schuldig, den erhaltenen Accis zurückzugeben. IX. Der practische Nutzen der Unterscheidung zwischen Matrimonium perfectum und consummatum durch einen seltenen Rechtsfall erläutert. X. Der Gläubiger, welcher bey dem Concurs des Hauptschuldners ein Prioritätsrecht hat, kann dieses Prioritätsrecht bey dem Concurs über des Bürgen Vermögen nicht auch verlangen. XI. Die eigenen Gläubiger des Schuldners haben kein Vorzugsrecht vor den Bürgschaftsgläubigern. XII. Ueber den Unfug bey Vorschützung der Einrede des nicht gezahlten Geldes im Concursproceß. XIII. Ein Diener des Staats kann von Rechtswegen die gesetzlich festgesetzte Besoldung verlangen, wenn schon desfalls keine ausdrückliche Verabredung vorgegangen ist. XIV. Etwas über Handelschaft der Geistlichen und über die schädlichen Folgen, wenn Geistliche auf dem Lande ihren Pfarrkindern Capitalien anlehnen. XV. Ein zwischen dem Kranken und seinem Arzte abgeschlossener Vertrag ist ungültig. XVI. Apologie der Disputirsäle. XVII. Ueber die Auslegung dunkler oder zweydeutiger Zeugenaussagen. XVIII. Von Zurückdatirung in Schuld- und Pfandverschreibungen. XIX. Der Inquirent sollte nie auch Referent seyn. XX. In Concursfachen nützt zuweilen, die Appellation eines Gläubigers auch einem andern Gläubiger, welcher nicht appellirt hat, doch ist dieser andere an den Kosten des Appellationsprocesses dem Appellanten verhältnißmäßigen Ersatz zu leisten schuldig. XXI. Die schädlichen Folgen davon, wenn der Contradictor in den Prioritätsstreit gezogen wird, werden durch einen merkwürdigen Rechtsfall gezeigt. Beyläufig auch etwas über den Uebelstand, wenn der Oberrichter vor Erkennung der Appellationsprocesse die Formalien der Appellation nicht sorgfältig prüft. XXII. Ein Vorschlag zur Verbesserung der Correlationsanstalt.

Medicinischer Rathgeber über die besonders unter dem Landvolke herrschenden schädlichen Gebräuche und Vorurtheile, in Rücksicht auf den allgemeinen Gesundheitszustand desselben, von Dr. Braun. Ulm, 1806. Pr. 15 kr. ob. 4 gl.
Inhalt. I. Capitel. Von dem Genusse der festen Speisen, dem Brod, Kartoffeln, Fleisch und Mehlspeisen. II. Cap. Von den Getränken. III. Cap. Von dem Genusse der freyen Luft. IV. Cap. Ueber das Einheitzen der Wohnzimmer, den Ofenrauch und Heldampf. V. Cap. Ueber das Tragen der Pelzmützen, und zu leichte Bekleidung des übrigen Körpers. VI. Cap. Ueber das schwere Tragen auf dem Kopfe. Ueber das Hosentragen der Weiber. VII. Cap. Ueber das Aderlassen im Allgemeinen und insbesondere der Schwangern. VIII. Cap. Von den Kindsbetten, und dem fehlerhaften Verhalten während denselben. IX. Cap. Die Brechmittel und Purganzen. X. Cap. Das Tabackrauchen und Schnupfen. XI. Cap. Von dem Schaden der zu schnell geheilten Krätze.

Verlagsbücher der Buchhandlung von Breitkopf und Härtel in Leipzig.
Alvon, Versuche über die Eigenschaften des Sauerstoffes als Heilmittel. 8. 8 gr.
Blumenbach, über die natürlichen Verschiedenheiten im Menschengeschlechte; mit Zusätzen von Gruber, mit Kupf. 8. 1 Thlr.
Brera, V. L., Vorlesungen über die Eingeweidewürmer des menschl. lebenden Körpers. Aus dem Ital. und mit Zusätzen von Dr. Weber. Mit Kupf. gr. 4. 2 Thle.
Burbach's, Propädeutik zum Studium der gesammten Heilkunde; ein Leitfaden academischer Vorlesungen. gr. 8. 21 gr.
— Beyträge zu einer künftigen Physiologie des Gehirns. 8. 1 Thlr. 8 gr.

Cavallo's Verfuch über die medicinifche Anwen-
dung der Gasarten, nebft Anhängen über das
Blut, über Watt's medicinifch-pneumatifchen
Apparat und Fifcher's Bibliographie der Refpi-
ration. Mit erläuternden Zufätzen herausgege-
ben von D. Alex. Nicol. Scherer, mit Kupf.
1 Thlr. 12 gr.
Käfter, Einleitung in die Ätologie oder Wund-
arzneymittellehre. 8. 12 gr.
Lacoste's u. Palloni's Abhandlungen über das im
Sept. Oct. Nov. 1804. herrfchende Fieber in
Livorno. 8.
Marcens, kritifches Jahrbuch zur Verbreitung der
neueften Entdeckungen in der Geburtshülfe, mit
Kupf. 8. 1 Thlr. 12 gr.
Monro's, Abbildungen und Befchreibung der
Schleimbeutel des menfchlichen Körpers, verbef.
und vermehrt herausg. von J. C. Rofenmüller.
lat. und deut. Mit 16 Kupf. Fol. Schweiz. Pap.
gebunden. 10 Thlr.
Tilefius, Dr. W. G. über die fogenannten See-
mäufe oder harnartigen Fifcheyer, nebft anato-
mifch-phyfiolog. Bemerk. über die Fortpflanzungs-
weife der Rochen und Hayfifche. Mit 3 ausgem.
Abbild. 4. 1 Thlr. 16 gr.
——— Differt. de Pathologia artis pictoriae
plafticaeque auxilio illuftr. gr. 4. 6 gr.
——— Differt. de Refpiratione Sepiae officinalis
L. c. 2. Tab. 4. 20 gr.
Rofenmüller u. Tilefius, Befchreibung merkwürdiger Höhlen. Beytrag zur phyfikalifchen Gefchichte der Erde. Mit 10 illum. Kupfern in Folio. 1r Theil. gr. 8. 3 Thlr.
——— 2r Theil. gr. 8. 2 Thlr.
Delametherie, Theorie der Erde, mit Anmerkungen von D. Efchenbach. Nebft einem Anhange
von Dr. J. R. Forfter, 3 Bände mit Kupfern, 8.
3 Thlr. 16 gr.
Forfter's Betrachtungen und Wahrheiten; als Stoff
zur künftigen Entwerfung einer Theorie der Erde.
8. 12 gr.
Wünfch Lucifer, oder Nachtrag zu den Unterfuchungen der Erdatmofphäre, vorzüglich in Hinficht auf das Höhenmeffen mit Barometern. 8.
3 Thlr.
——— Zufätze zum Lucifer. gr. 8. 1 Thlr.
Murhard, Dr. F. S. A., Literatur der mathema-
tifchen Wiffenfchaften. gr. 4. 5 Bände.
Druckpap. 5 Thlr. 16 gr. Schreibp. 6 Thlr. 14 gr.

Neue Verlagsbücher der Gebauer'fchen Buchhandlung in Halle zur Jubilatemeffe 1807.

Abhandlungen, philofophifch-mathematifche,
von A. G. Käftner und G. S. Klügel. Aus dem
philof. Magazin befonders abgedruckt. 8.
Birkenhayn's, Ernft, Gefpräche mit feinen
Kindern. Nebft Guftav's Briefen über Töplitz. 8.

Elementarwerk, neues; für d, niedern Klaffen lateinifcher Schulen und Gymnafien, nach
einem zufammenhängenden und auf die Lefung
klaffifcher Autoren in den obern Klaffen, wie
auch auf die übrigen Vorerkenntniffe gründlich
vorbereitenden Plane. Herausgegeben v. C. G.
Schütz. Erfter Th. Lateinifches Lefebuch
für d. In. Curf. oder d. unterfte Klaffe. Fünfte
Aufl. 8.
      Auch unter dem befondern Titel:
      Lateinifches Elementarbuch in vier Curfen.
Herausg. v. C. G. Schütz. Erfter Th. für
d. In. Curf. od. d. unterfte Klaffe. Fünfte Aufl.
gr. 8.
      Ebendaffelbe. Sechfter Theil. Latein.
Lefebuch für den 2n. Curf. od. d. 7te Klaffe.
Dritte Aufl. gr. 8.
                  oder:
      Lateinifches Elementarbuch u. f. w. 2r
Curf. Dritte Aufl. gr. 8.
      Ebendaffelbe. Erfter Th. Lat. Lefeb.
für d. 3n. Curf. Neue Aufl. gr. 8.
                  oder:
      Lateinifches Elementarbuch u. f. w. 3r. Curf.
Neue Aufl. gr. 8.
      Ebendaffelbe. Dreyzehnter Th. Lat.
Lefeb. für d. 4n. Curf. 1te u. 2te Abth. Neue
Aufl. gr. 8.
                  oder:
      Lateinifches Elementarbuch u. f. w. für d.
4n. Curf. 1te u. 2te Abth. N. Aufl. gr. 8.
Gartenzeitung. In Gefellfchaft mehrerer practi-
fcher Gartenkünftler. herausgegeben von Kurt
Sprengel. 1r Bd. m. Kpf. 4.
Journal, liturgifches. Herausg. von H. B.
Wagnitz, 6n Bds 3s u. 4s St. 8.
Vater's, J. S. Grammatik der polnifchen
Sprache in einer Tabelle. Fol.
      La Grammaire Polonoife la plus compen-
dieufe par I. S. Vater. 8.
      La Grammaire Allemande la plus compen-
dieufe. 8.

Vertraute Briefe über die innern Verhältniffe
am preußifchen Hofe, feit Friedrich's II.
Tode.

Diefe Schrift ift mit eben fo vieler Freymüthigkeit als Wahrheitsliebe gefchrieben, und man wird
vom Anfange bis zu Ende geftehen müffen, daß
nur ein Veteran, eingeweiht in den Myfterien der
preußifchen Regierung, während der Regierung
dreyer verfchiedenen Regenten, der Verf. davon
feyn müffe. Keine göttliche Begeifterung, keine
boshafte Verkleinerung der Gegenftände, welche
tadelhaft aufgeftellt werden, findet man in diefer
Schrift. Schiller's Gedanken: Dem Verdienfte
feine Kronen u. f. w., find dem Verfaffer ftets
gegenwärtig gewefen.

Allgemeiner Anzeiger
der
Deutschen.

Montags, den 4 May 1807.

Justiz - und Polizey - Sachen.

Ueber Diebe und Diebesbanden.
Vom Amtschreiber Mejer.

(Fortsetzung zu Nr. 114 S. 1169—1178.)

Von der Sprache der Diebe.

Die Sprache der Diebe, die Kokumlohschen, d. h. kluge Sprache, besteht aus
ganz hebräischen Wörtern, aus ursprünglichen Diebeswörtern und aus einer Composition von beyden.

Alle Diebe von Profession (Kesse-Diebe)
alle Schärfenspieler und Kesse-Wirthe verstehen die Kokumlohschen, sie mögen Juden
oder Christen seyn.

Die Wörter und Redensarten, die ich
davon habe erkundigen können, sind folgende:

Ballmassematten, Anführer bey einem
Diebstahle, derjenige, der das eigentliche
Stehlen verrichtet; dieß Wort kommt her von

Baal oder Ball — der Mann und

Massematten — der Handel, nicht
Diebstahl. Die Diebe nennen aber

Handeln — stehlen, und mithin gilt bey
ihnen das hebräische Wort: Massematten,
für Diebstahl. Sie drücken es aber bestimmter aus, durch

Massematten handeln — einen Diebstahl verüben.

Geneiwe heißt eigentlich der Diebstahl.

Chawwer — ein Diebes-Camerad.

Chawrusse — eine Diebesbande.

Balltower — kommt her von

Ball — der Mann, und

Allg. Anz. d. D. 1 B. 1807.

Dohfer oder Tower — einer der etwas
wieder sagt.

Balltower — derjenige, der die Thunlichkeit eines Diebstahls erforscht und den
Befund der Umstände den Dieben sagt, damit sie den Diebstahl verüben mögen.

Schärfen — gestohlne Sachen den Dieben verkaufen.

Schärfenspieler — derjenige, der den
Dieben gestohlene Sachen abkauft.

Klamones — Diebes-Instrumente.

Klein-Klamones — alle andere Diebes-Instrumente, exclusive des

Rebbemoosche, Krumkopf oder Groß-
Klamones — ein etwa drey Viertel Ellen
langes Eisen, von der Dicke eines Daumen,
das unten ganz spitz zuläuft und oben mit
einem anderthalb bis zwey Zoll breiten Haken
versehen ist. Dieß Brecheisen, dessen sich
die Schränker zu ihren Diebstählen bedienen,
muß von sehr gutem Eisen gemacht seyn,
weil sie damit oft eine sehr große Gewalt
ausüben. Sie verwahren es in einem von
Tucheggen verfertigten Futterale, damit es
nicht roste.

Talkels — Dieteriche, Diebesschlüssel.

Jattschabber — ein Meißel.

Kiß — ein Diebessack zur Transporti-
rung der Klamones und der gestohlenen Sachen. Sie sind gewöhnlich von schwärzlichem
oder dunkelblauem Linnen, anderthalb bis
zwey Ellen lang und anderthalb Ellen breit.
Es sind Bänder, gemeiniglich Tucheggen,
so daran befestigt, daß der gefüllte Kiß auf
dem Rücken so getragen werden kann, wie
Bauerweiber hier zu Lande die großen Körbe

oder Kiepen tragen. Unten besindet sich daran eine Schnirre, damit die Diebe, wenn sie verfolgt werden, die Schnirre nur zu öffnen brauchen und die gestohlnen Sachen aus dem Riß herausfallen lassen können. Riß heißt eigentlich ein lediger Sack.

Klumneck — ein voller, gefüllter Sack.
Barsel — Eisen.
Gebarselt — geschlossen, mit Ketten.
Mokkum — die Stadt.
Mokkum Hey — die Stadt Hannover. (Hey ist der Buchstabe H.)
Godel Mokkum Hey — die Stadt Hamburg. (Godel heißt groß.)
Mokkum Zaddik — die Stadt Celle.
Knak — die Stadt Braunschweig.
Knochen — die Stadt Peine.
Hering Mokkum — die Stadt Hildesheim.
Mokkum Lammet — die Stadt Leipzig.
Mokkum Ruf — die Stadt Cassel.
Mokkum Pey — die Stadt Frankfurt.
Kracher — Reisekoff. r.
Teiwe — eine Bauern-Lade.
Banterich — Kattun und Chitz.
Darm — Bänder.
Schneicher — seidene Tücher.
Margoleaus — Perlen.
Awone Tauwes — echte Steine, Juwelen.
Schurch — Kleidungsstücke.
Flocken — Leinewand.
Lowene Schurch — Leinen und Drelljenzeug.
Mittes und Sprathling — Betten sammt den Bettlaken.
Fuchs gehandelt — Goldmünzen gestohlen.
Picht gehandelt — Silbermünzen gestohlen.
Loschkes — silberne Löffel.
Die Klucke mit den Küken — der Vorlegelöffel nebst den dazu gehörigen kleinern Eßlöffeln.
Anorden — silberne Schnallen.
Chembene — eine Bude, ein Kaufmanns-Laden.
Chembene handeln — aus einer Bude oder einem Kaufmannsladen stehlen.
Spiese — ein Wirthshaus.
Keß oder Cheß — klug, in specie in Diebessachen.

Kesser Wirth — ein in Diebessachen wohl erfahrner Wirth) vor dem die Diebe ohne Scheu ihr Diebeswesen treiben können, der von Allem Bescheid weiß, ihnen zu ihren Dieberepen allen möglichen Vorschub leistet, sie selbst und die gestohlenen Sachen, auch die Diebes-Instrumente verbirgt u. s. w.
Kesse Spiese — ein Wirthshaus, in welchem die Wirthsleute Keß sind.
Rokum oder Rochum — klug. Ist synonym mit Keß.
Rokum Loschen — die kluge Sprache, Diebes-Sprache.
Witsch — dumm, im Gegensatz von Rokum und Keß.
Pichtgender — ein Geld-Comtoir.
Lizebajes — ein Rathhaus oder Amthaus.
Klaismelochner — ein Goldschmid.
Schuk — der Markt.
Geritt — die Messe.
Schnellen — schießen.
Pfeffern — laden.
Glaseims — Schieß-Pistolen.
Loschkoche — sich in Acht nehmen.
Piskenpeh — eine Ausrede, Ausflucht.
Schofel Piskenpeh — schlechte Ausrede, eitler Vorwand.
Schäker — lügen.
Baldze — ein Richter.
Marachun — gnädig.
Emmes — die Wahrheit.
Schemsch — die Sonne.
Laregener — ein Dieb in sensu lato.
Strohmer — ein Vagabunde.
Bajis — ein Haus.
Theuder — eine Stube, ein Zimmer.
Neir — das Licht.
Chalm oder Kalonis — das Fenster.
Blinde — der Fensterladen.
Barseilum — das Vorlege-Eisen vor dem Laden.
Tohle — ein Vorlegeschloß.
Pferdetohle — das größte von allen Vorlegeschlössern.
Schneidetohle — ein langes schmales Vorlegeschloß.
Blatte besieg — ein Stubenthürschloß.
Bohnherr — derjenige, welcher einer Diebesbande, wenn sie wohin gehen will, um einen Diebstahl zu verüben, den Weg zeigt.

Zacken — das Messer.

Junkel ⎱
Ritt ⎰ — die Küche.

Lawohne — der Mond, mondhell.

Roh'chohg — dunkel, wenn es nicht mondhell ist.

Leile — die Nacht.

Geglitsch — geschlossen, mit Ketten belastet.

Bosgenem — Schlösser öffnen.

Berkohg oder berkaug — gewaltsamer Weise.

Berkohg handeln — gewaltsamer Weise stehlen, durch nächtlichen Ueberfall, mit Binden und Mißhandeln der Bestohlnen.

Stratesegen — auf öffentlicher Landstraße rauben.

Sulm — eine Leiter.

Tulm — der Galgen.

Jna oder Jnne — die Folterbank.

Zeige — Schläge, Prügel.

Leff — das Herz.

Jom — der Tag.

Ler ⎱
Beller ⎰ — ein Hund.

Kälef ⎱
Offene ⎰ — eine Uhr.
Lupper ⎰

Mikel — ein Schrank.

Krumkläpchen — ein Schreibpult oder Bureau.

Chilles — Abends im Dunkeln, vor Aufgang des Mondes.

Dofes — fest seyn, im Arrest seyn.

Verschüttet — im Arrest befindlich, gefangen genommen.

Treiffe — verdächtige Sachen bey sich haben.

Treiffe verschüttet — bey dem, wie er gefangen genommen worden, sich verdächtige Sachen gefunden haben.

Treiffe Sohre — gestohlne Sachen.

Poter — frey seyn, seine Freyheit wieder haben.

Schliechnen — bekennen, verrathen, Geheimnisse aussagen.

Schliechner — ein Verräther, der bekannt hat. Ist das größte Schimpfwort bey den Dieben.

Pfeiffen — bekennen.

Gohle — der Strafkarren, Karrenschieben-Strafe.

Palm ⎱
Jschmechone ⎰ — ein Soldat.

Palpohf — ein Herr.

Nirschores — ein Knecht.

Befug — die Oeffnung — in specie die Oeffnung, welche die Diebe in das Behältniß, welches bestohlen werden soll, gemacht haben, wenn sie Thüren oder Fensterladen beym Stehlen schon erbrochen haben.

Zink — ein Diebeszeichen, durch Pfeifen u. s. w.

Zinken stechen — ein Diebeszeichen von sich geben.

Schemire — Schildwacht, Posten.

Schule — die ganze Sammlung von Dieterichen und Diebesschlüsseln, vom kleinsten bis zum größten.

Münge ⎱
Messumnen ⎰ verschiedenes Geld.

Zorn ⎰

Gesteim — mehrere Louisd'or zusammen.

Käsef — Silber.

Johschen — schlafen.

Roinen — sehen.

Linsen — horchen.

Jsch oder Jscho — eine Frau.

Tikmelokener — ein Uhrmacher.

Schob — die Stunde.

Schauter — der Schließer, Pförtner.

Lieche — ein heimlicher Weg.

Einem die Lichte bringen — jemand bestehlen.

Schild einlegen — durch eine Wand einbrechen.

Abstecher — ein Eisen von der Feder eines Einschlagemessers, welches die Diebe als Tabacks-Purrer an ihren Tabacksbeuteln haben, und womit sie zugleich die Vorhängeschlösser eröffnen.

Päger oder Peyger — ein mit Krähenaugen vergifteter Pfannkuchen, dergleichen die Diebe bey sich führen, um vorher da, wo sie stehlen wollen, den Hund zu vergiften.

Bequure legen — verbergen, vergraben.

Beribbischen — visitiren, betasten.

Untermakken — unterschlagen, wenn z. E. der Ballmassematten an den gestohlnen Sachen etwas vor den andern Dieben verheimlicht, es nicht zur Theilung kommen läßt.

Rehscher — ein Diebes-Knoten, der so künstlich gemacht wird, daß nur ein Dieb ihn aufzulösen im Stande ist.

Tohfle mone tiffla — die katholische
Kirche.

Mare Mokkum — die Stadt beweisen;
das heißt bezeugen, daß die Angabe eines im
Arrest befindlichen Diebes, (er sey in der
Nacht des verübten Diebstahls anderwärts
— bey diesem oder jenem Wirthe gewesen)
wahr sey. Dieß mare mokkum (Beweis
der exceptio alibi) verlangen die Diebe
von ihren Kessen-Wirthen. Brade hat einst
zu einem Kessen-Wirthe, der ihn gefragt hat,
wie es denn nun aber würde, wenn er dieserwegen seine Aussage vor Gerichte beeidigen
müßte? — gesagt: Ey, so müsse er seine
Seele zum Teufel schwören.

Rabin werden — gerecht werden, aufhören zu stehlen.

Von der Art und Weise, wie die
Schränker ihre Diebstähle verüben,
wie in specie die bradesche Schrän-
ker-Chawrufe ihre Diebstähle verübt
hat, und von der Verfassung der bradeschen Chawrufe.

Schränker d. i. solche Diebe, die des
Nachts, mittelst Einbruchs und Einsteigens,
stehlen, verüben nie einen Diebstahl, der
nicht vorher baltowert worden ist.

Einen Massematten baltowern heißt:
ausforschen, ob irgendwo was zu stehlen ist,
wo das zu Stehlende befindlich ist, auf was
Art es gestohlen werden kann, ob und welche
Gefahren bei Verübung des Diebstahls vorhanden sind u. s. w., und nun diese erforschten
Umstände den Dieben berichten und ihnen
Anleitung geben, wie der Diebstahl verübt
werden könne und müsse.

Dieß Massematten baltowern geschieht
theils von den Dieben selbst, theils auch von
den Kessen-Wirthen, von den Schärfenspie-
lern und von solchen Juden, die zur Verübung von Diebstählen zwar nicht selbst
mitgehen, die aber doch mit Dieben Verkehr
haben und Keß sind.

Der Baltower, der sich da, wo er glaubt,
daß was zu stehlen sey, unter diesem und jenem Vorwande, z. E. Handel mit kurzen
Waaren, Uhren und Brillen, mit Geldwech-
seln, daß er Glas und Porzellain zu kitten
verstehe u. s. w. Eingang zu verschaffen
sucht, sieht sich allenthalben um, ob es etwas

zu stehlen gebe, was es sey, wo es sey, und
wie es am füglichsten gestohlen werden könne.
In Ansehung der zu erforschenden Thunlichkeit der Verübung eines Diebstahls richtet
er sein Augenmerk besonders darauf, ob in
dem Zimmer, in welchem sich die Sachen befinden, Panehlwerk an den Wänden ist, wie
die Fensterladen zugemacht werden, ob neben
dem Zimmer eine Kammer ist, worin jemand
schläft, ob ein Hund und was für ein Hund
im Hause ist.

Dieser letztere Umstand ist den Dieben
von der größten Wichtigkeit. Nichts ist ihnen so sehr an der Verübung eines Diebstahls hinderlich, als ein wachsamer Haushund, und deshalb führen die Schränker
auch in ihrem Kiß, in welchem die Klamones
befindlich sind, gemeiniglich einen Jäger oder
Peyger, d. h. einen mit Krähenaugen stark
vergifteten Pfannkuchen bey sich, um den
Hund in dem Hause, welches sie bestehlen
wollen, vorher zu vergiften. Diesen Jäger
wissen sie so zuzubereiten, daß der Hund,
wenn ihm ein Stück davon vorgeworfen
wird, sicher davon frißt und schon eine Viertelstunde nachher davon crepirt.

Hat nun der Baltower einen Massematten baltowert, so gibt er dem Ballmassematten der Chawrufe davon Kundschaft.

Brade hat, wenn ihm ein Massematten
baltowert worden, es sich nie daran genügen
lassen, sondern allemahl, wo irgend möglich,
vor Verübung des Diebstahls sich selbst von
der Thunlichkeit des Diebstahls zu unterrichten gesucht.

Ist nun die Thunlichkeit der Verübung
des Diebstahls ins Reine, so wird von dem
Ballmassematten bestimmt, wann er verübt
werden soll, und wer von seinen Chawrern
zur Verübung des Diebstahls mitgehen soll.

Die Zeit der Verübung des Diebstahls
ist gemeiniglich des Nachts, auch wol schon
früher, um 10 oder 11 Uhr; aber niemahls
verüben die Schränker ihre Diebstähle bey
Lawone, d. h. wenn es mondhell ist, sondern
immer nur bey Kohschogg, d. h. wenn es
nicht mondhell, finster ist. Je finsterer,
regnichter und stürmischer die Nacht ist,
desto lieber ist's ihnen.

Vor Verübung des Diebstahls ist der Ballmassematten mit seinen Chawwern in irgend einer Kessen-Schiefe schon versammelt. Um die bestimmte Zeit tippeln die Diebe aus, d. h. sie gehen leise aus ihrer Herberge heraus, um den Diebstahl zu verüben.

Wenn sie nun bey dem zu bestehlenden Hause angekommen sind, so ist das erste, daß Besug gemacht wird, d. h. daß in das Zimmer, in welchem der Diebstahl verübt werden soll, eine Oeffnung gemacht wird, durch welche der Ballmassematten in selbiges gelangen kann. Das Besugmachen gehört für den Ballmassematten, der vorher seine Chawwer in der Nähe des bestohlen werden sollenden Hauses auf Schemire, d. h. auf Schildwacht, stellt, damit sie, wenn der Nachtwächter kommt, oder sonst etwas verdächtiges passirt, dem Ballmassematten durch Pfeifen einen Zinken stechen, d. h. ein Zeichen geben.

Der Besug kann nun auf mehrere Art gemacht werden,
1) durch Einbrechen durch eine Wand,
2) durch Erbrechen einer Thür,
3) durch Erbrechen des Fensterladen.

Das Einbrechen durch eine gemauerte Wand geschieht mit dem spitzen Ende des Rebbemoosche mit vieler Leichtigkeit. Das Besugmachen auf diese Art wird: ein Schild einlegen genannt. Es kann nur dann ein Schild eingelegt werden, wenn sich in dem Zimmer kein Panehlwerk befindet.

Soll durch Erbrechung einer Thür Besug gemacht werden, so wird sie mit dem Rebbemoosche, und zwar mit dessen großen, breiten, krummen Haken, aufgebrochen.

Ein solches gewaltsames Aufbrechen der Thür geschieht jedoch immer nur in dem Falle, wenn selbige entweder inwendig verriegelt oder sonst mit den Klein-Klamones (Dieterichen und Diebesschlüsseln) nicht zu eröffnen gewesen ist.

Die Blinde (Fensterladen) wird gemeiniglich auf die Art erbrochen, daß der eiserne Krampen des Fensterladen-Riegels mit dem spitzen Ende des Rebbemoosche herausgerissen wird.

Wenn aber der Fensterladen nicht durch eine auswärts quer davor liegende eiserne Stange, oder Riegel, sondern durch eine große eiserne Schraube, die von Außen nach dem Zimmer hineingeht, verschlossen ist, so wird die halbe Lowone geschnitten, d. h. es wird in den Fensterladen, rund um die Fensterladen-Schraube herum, mit einem fingersdicken scharfen Bohrer ein Loch neben dem andern gebohrt, und dann werden die zwischen den eingebohrten Löchern stehen gebliebenen Holzräume mit einem starken spitzen und sehr scharfen Messer durchgeschnitten, so daß dann in dem Fensterladen ein solches Loch entsteht, daß der Fensterladen, der in dem Zimmer in dem Fenster-Kreuz-Pfosten noch fest sitzenden Fensterladen-Schraube ohnerachtet, geöffnet werden kann.

Brade hat seine Diebstähle fast immer durch Herausreißung des Fensterladen-Krampen verübt, wobei ich bemerke hierbey nur noch, daß die Herausreißung dieses Krampens, so wie eine jede sonstige gewaltsame Erbrechung des Fensterladens oder einer Thür, wo irgend möglich, auf einmahl in einem Ruck mit dem Rebbemoosche geschieht, und daß die Diebe nach einem solchen Ruck sich immer eine ganze Weile ganz still verhalten, und erst ablauern, ob die Einwohner des Hauses, oder die Nachbarn, durch das Geräusch, welches durch diesen Ruck verursacht worden, auch aufgeweckt worden sind.

Wenn nun der Fensterflügel eröffnet worden, so wird das Fenster eröffnet. Bei finden sich an den Fensterflügeln, wie hier in Hannover fast durchgehends der Fall ist, eiserne oder messingene Knöpfe, deren Zungen in den Fenster-Pfosten hineingedrehet werden, und auf die Art den Fensterflügel festhalten, so wird das auswendige Niet solcher Knöpfe mit einer scharfen Kneifzange gefaßt, so der Knopf herumgedreht und der Fensterflügel geöffnet.

Ist hingegen der Fensterflügel durch Haken und Ueberfall befestigt, so wird durch den Fensterflügel-Rahmen, gerade unter dem Haken, ein Loch gebohrt, und der Ueberfall dann gar leicht von den Haken abgehoben.
(Die Fortsetzung folgt.)

Dienst-Gesuche.

1) Ein Mann von 20 Jahren, gut gewachsen und gesund, welcher bereits 2 Jahre

bey einer Regierung die Schreiberyen ver-
seh, und gegenwärtig noch bey einer hohen
Behörde als geheimer Scribent angestellt ist,
wünscht baldigst, da wegen eingetretener
Verhältnisse seine bisherige Anstellung aufhört, eine andere Unterkunft zu finden. Eine
Stelle bey einer Justizbehörde, oder sonst
eine Anstellung im Schreib- und Rechnungsfache, wo er, nebst einer guten Behandlung
und angemessenen Besoldung, hauptsächlich
Ansprüche auf eine künftige feste Versorgung
machen könnte, würde ganz seinen Wünschen
entsprechen. Außer einer guten deutlichen
Hand und der Fertigkeit im Schreiben, hat
er Uebung in Ausarbeitungen und Aufsätzen,
versteht das Rechnungsfach und die lateinische
Sprache, spielt Clavier und zeichnet, und
kann übrigens Zeugnisse seines guten bisherigen Verhaltens vorlegen. Die Expedition
des allg. Allg. gibt auf frankirte Briefe
Nachricht.

2) Ein unverheiratheter Oeconom von
28 Jahren, der eines verkauften Gutes
wegen Johannis d. J. außer Condition
kommt, wünscht zu der Zeit als Verwalter,
lieber noch als Administrator angestellt zu
werden.

Er hat die vortheilhaftesten Zeugnisse
seiner Brauchbarkeit und seines Wohlverhaltens aufzuweisen. Die Expedition des
allg. Anz. in Gotha besorgt die franco eingehenden Briefe an denselben.

Kauf- und Handels-Sachen.

In der Vorstadt von Gotha, in einer
sehr angenehmen Lage, ist zu verkaufen, ein
Wohnhaus mit 9 Stuben, einem Gesell-
schaftssaal, 13 Kammern, Küche, Keller;
ein gegenüber liegendes Stallgebäude mit
Stallung für 4 Pferde, 3 Kammern, Remisen und Böden; ein daranstoßender Garten,
3 Acker an Gehalt, mit einem Badehause,
geräumigem Gartensaal, Eisgrube und sprin-
genden Wassern versehen; ferner mit diesen
Grundstücken, oder auch einzeln ein unmittelbar daran stoßendes Vorwerk, bestehend
aus einem Wohngebäude mit 3 Stuben,
Küche, Keller, mehreren Kammern, geräumigen Böden, Stallung auf 4 bis 6 Pferde,

mehrere Kühe und dergl. einem Back- und
Waschhause, 2 großen Scheuern und 4 Acker
Garten. Auf Verlangen können 2 bis 4
Hufen in den Stadtfluren gelegene Länderey,
auch die unentbehrlichsten Mobilien mit verkauft werden. Nähere Nachricht erfährt
man unter der Adresse: In Nr. 1044b vor
dem Siebleberthore zu Gotha.

Verpachtung des Schießhauses in Weimar.

Das von dem hiesigen Stadtrath vor zwey
Jahren neu erbauete Schieß- und Gasthaus, unweit der Stadt vor dem Kegelthor, in einer angenehmen Gegend gelegen, soll nebst der dazu gehörigen Wirthschaft vor der hohen Orts angeordneten Commission
den sechs und zwanzigsten May dieses Jahres
anderweit öffentlich verpachtet werden.
Außer der geräumigen Wohnung des Wirths
besteht dasselbe in
sieben großen Zimmern, worunter sechs heiz-
bare sind;
einem großen Tanzsaal;
einem daran stoßenden Speisesaal;
einer großen Küche mit darin befindlichen
Brat- und Backröhren, auch Ofen;
einem großen feuerfesten Speisegewölbe;
einem großen Weinkeller;
einem dergl. zu Bier;
einer großen Rüstkammer;
einem mit einer Mauer umgebenen und einer
Thorfahrt versehenen geräumigen Hof, worin sich
ein Kuhstall auf 2 bis 3 Stück,
ein Hühnerstall,
ein Brunnen,
die nöthigen Holzställe und
ein Waschhaus
befindet. Auch ist erst voriges Jahr ganz nahe am
Hause eine Scheune und ein Pferdestall auf 8 Pferde
angelegt worden. Ueberdieß erhält der Pachter drey
bedeckte Kegelbahnen und ein Billard zu benutzen.
Er ist berechtigt, Gastwirthschaft das ganze Jahr
hindurch zu treiben, und Bier, Wein und Liqueur
jeder Art auszuschenken, wovon jedoch die festgesetzten Abgaben an Accise, Licent und Tranksteuer zu
entrichten sind.

Alle diejenigen, welche den Pacht dieses Hauses, wobey auch in Rücksicht der neu angelegten
Scheune Landwirthschaft kann getrieben werden,
einzugehen gesonnen seyn möchten, hinlängliche
Caution zu bestellen und Zeugniß der dazu nöthigen
Kenntnisse und eines guten Verhaltens beyzubringen im Stande sind, können bestimmten Tags,
Vormittags zehn Uhr, auf hiesiger herzogl. Regierungs-Canzley sich einfinden, wührend anmelden
und erwarten, daß mit demjenigen, welcher wegen
Erfüllung der auf Verlangen einem jeden vor der
verordneten Commission sofort bekannt zu machen-

den Bedingungen am besten sich erklärt, bis auf
hohe Genehmigung herzoglicher Landes-Regierung
der Sache werde abgeschlossen werden.
Weimar, den 7 April 1807.
Herzogl. Sächs. zur Sache verordnete
Commission.
Johann Carl Christian Laubn,
Regierungs-Rath.

Buchdruckerey-Verkauf.

In dem vor Uns am 17 vorigen Monats gestandenen Licitations-Termine ist auf die dem Buchdrucker, Herrn Georg Friedrich Wirth allhier
zuständig gewesene
Buchdruckerey, bey welcher zwey Pressen mit
Spindeln und Matern, die eine mit hölzernem,
die andere mit eisernem Fundament, und beyde
mit holländischen Schließern befindlich, nebst den
dazu gehörigen Schriften und sonstigen Erfordernissen
das unbedeutende Gebot von
Zweyhundert Reichsthalern. in 20 kr. zu
5 gl. 10 pf.
gethan und nunmehr
der 26 May dieses Jahres, ist der Dienstag
nach dem Trinitatisfeste
zum Erhöhungs-Termine bestimmet worden. Indem nun solches hiermit zu jedermanns Wissenschaft
gebracht wird: so werden zugleich alle diejenigen,
welche sothane Buchdruckerey zu erstehen gesonnen,
aufgefordert, sich bestimmten Tages Vormittags
um 11 Uhr allhier zu Rathhause an ordentlicher
Raths Gerichtsstelle einzufinden, ihre erhöheten
Gebote zu den Acten zu geben und nach Befinden
des Zuschlags gewärtig zu seyn. Wornach sich jedermann zu achten. Sig. Kreisstadt Cahla den 7
März 1807.
Der Rath daselbst.

Orgel-Verkauf.

Eine kleine Orgel, für eine nicht allzugroße
Dorfkirche passend, und von einer angenehmen
äußern Form, steht in einer hiesigen Familie zu
verkaufen. Sie hat vier gangbare Register und
1 1/2 Octave Pedal-Baß. Der Preis ist 230 Rthlr.
Herr Carl Schindler, Schreiblehrer an der Bürgerschule zu Leipzig, Hintergasse 1217. hat es aus
Gefälligkeit übernommen, darüber nähere Nachweisung zu geben.

Justiz- und Polizey-Sachen.

Vorladungen: 1) militairpflichtiger Badener.

Nachbenannte conscriptionsfähige Leute sind
theils ohne Erlaubniß, theils über die gesetzliche
Zeit außer Landes, und werden in Gemäßheit landesherrlicher Verfügung hierdurch aufgefordert,
sich bey unterzeichneter Behörde zu stellen.

Vom Dahlingen: Joh. Jac. Adler, Beck.
Joh. G. Baumgartner, Dreher. Joh. G.
Baumgartner, Metzger. Jonas Boos, Weber.
Joh. Jacob Demmler, Schmid. Joh. M.
Diehr, Kiefer. Joh. Georg Diehr, Schuster.
Joh. Georg Diehr, Beck. Jac. Diehr, Weber.
Joh. Georg Ernst, Beck. Matthias Häuber,
Schuster. Joh. Georg Jodo, Kiefer. Jonas
Krumm, Schuster. Joh. Krumm, Maurer. Joh.
Kromer, Wagner. Georg Kreuther, Schmid.
Joseph Metzger, Weber. Joh. Jac. Maurer,
Schuster. Joh. Maurer, Schuster. Peter Schöpf-
lin, Schreiner. Joh. Schmidt, Beck. Klaus
Würstle, Schuster. Jacob Weber, Maurer.
Mat. Kaufmann, Schneider. Joh. Kaufmann,
Weber. Wilhelm Ernst, Beck.
Von Bickensohl: Christian Schmidt, Zim-
merman. Christian Breisacher, Metzger. Joh.
Jacob Klais, Weber.
Von Bischoffingen: Michel Schmidtlin,
Schneider.
Von Böningen und Oberschaffhausen: Chri-
stian Thier, Schuster. Mattis Höfle, Schneider.
Jacob Brenn, Maurer. Joh. Jacob Groß,
Schuster. Georg Fr. Gerauer, Beck. Joh. G.
Bühler, Beck. Joh. Fr. Flesch, Schreiner. Chri-
stian Holdermann, Metzger. Matthias Bähren,
Schneider. G. Fr. Gerauer, Beck. Jacob Jens-
ne, Schmid. Joh. G. Stein, Schneider. Georg
Lehnert, Schneider. M. Flesch, Zimmermann.
G. Fr. Ankenmann, Chirurg.
Von Denzlingen: Joh. Georg Malzacher,
Andr. Näbling, Schuster. Andr. Itin, Dreher.
Von Colmareuthe: Andr. Jöhr, Schuster.
Von Eichstetten: Matthias Zist, Beck. Joh.
Martin Böhnert, Schneider. Joh. G. Enderle,
Schuster. M. Biesele, Zimmermann. Martin
Sommer, Beck. Joh. Jacob Sommer, Weber.
Joh. Staiger, Schmid. Carl Wiedemann,
Schuster. Michael Jööle, Weißgerber. Wilhelm
Jööle. Beck. Tobias Müller, Hafner. Christian
Bockstahler, Weber. Joh. Martin Dettweiler,
Schuler. Joh. Jacob Boch, Schneider. Jacob
Schumacher, Kiefer. Joh. Georg Brandenber-
ger. M. Danreisen, Wagner. Joh. Weißbaar,
Beck. Georg Jacob Ziß, Beck. Christian Dreher,
Weber. M. Schöpfle, Wagner. Joh. G. F.
Schindler, Schmid. Joh. M. Sprich, Metzger.
Georg Jacob Zalfer, Joh. Schmidt, Sattler.
M. Boch, Schneider. Joh Martin Zinklin,
Weber. Joh. Georg Weißhaar, Schneider.
Vogtey Freyamt: Joh. G. Reinbold, Beck.
Thomas Kern, Schuster. Joh G. Schillinger,
Schreiner. Joh. Bührer, Metzger. Mat. Haas,
Wagner. Mat. Buderer, Schmid. Joh. Jacob
Kern, Maurer. Christian Zimmermann, Schu-
ster. Andr. Köible, Schuster. Joh. G. Schillin-
ger, Schuster. Joh. G. Staiger, Schuster.
Christian Bührer, Schuster, Gottlieb Kern,

Schreiner. Jacob Haas, Schmid. Jacob Bube-
rer, Weber. Mattis Kern, Schneider.
Von Sundelfingen: Friedr. Schüssele, We-
ber. Joh. G. Schüssele, Schuster. Fril. Härtich,
Schreiner. Christian Winkler, Weber. Engel-
hard Maurer, Schneider.
Von Jhringen: Martin Fuchs, Schneider.
Joh. G. Graf, Maurer. Joh. G. Ziller, Schnei-
der. Joh. G. Fahri, Schuster. Martin Mosner,
Schuster. Joh. Jacob Schillinger, Carl Fr. Göt-
ner, Beck. Joh. G. Hilpenbrand, Kiefer.
Von Köndringen: Joh. G. Markstahler,
Zimmerman. Fr. Schillinger, Weber. Joh. M.
Markstahler, Weber. Fr. Klorer, Zimmermann.
Friedr. Schindler, Schreiner. Joh. G. Schweig-
ler, Schuster. Andreas Klaisler, Wagner. Mat.
Valentin, Weber.
Von Königschaffhausen: Joh. Fr. Kairen-
bach, Sattler. Fr. Brand, Schuster. Jacob
Treffeisen, Weber. Joh. G. Serauer, Glaser.
Von Leiselheim: Jacob F. Jacobi, Schnei-
der. Andreas Merkle, Schuster. Jacob Merk-
lin, Weber. Georg Dräßlin, Metzger.
Von Malterdingen: Joh. Kummle, Schnei-
der. Joh. G. Strohm, Zimmermann. Wilh.
Willarete, Kiefer. Joh. M. Schüssele. Joh.
Jacob Kaislin, Maurer. Joh. Fr. Ziser, Schrei-
ner. Joh. G. Bührer, Schneider. Joh. Schil-
linger, Metzger. Joh. M. Storz, Weber. Gott-
lieb Ernst, Sailer. Joh. M. Dreithaupt, Schmid.
Michel Rißmann, Weber. Andreas Bührer,
Schneider. Georg Obrecht, Maurer. Michel
Dreithaupt, Schmid.
Von Maleck: Christian Kölblin, Weber.
Jacob Jung, Schuster. Fr. Baumgartner,
Schneider.
Von Mundingen: Joh. M. Craulieb,
Schuster. Joh. G. Möplin, Kiefer. Martin
Ehrenfelder, Weber.
Von Nieder-Emmendingen: M. Klaisler,
Ziegler.
Von Nimburg: Andreas Storz, Zimmer-
mann. Joh. G. Schmidt, Kiefer. Joh. G.
Jungbäni, Müller. Fr. Schmidt, Schneider.
Jacob Schmidt, Schuster. Mattis Jungbäni,
Schuster. Georg Jac. Haller, Zimmermann. Joh.
Georg Herzog, Weber. Joh. G. Dieter, Zim-
mermann. Erhard Meier, Gerber. Jac. Schmid,
Schmid. Jacob Schmidt, Weber. Fr. Joho,
Weber. Joh. Jacob Kümmerle, Metzger.
Von Ottoschwanden: Daniel Ziebold.
Von Serau: Mattis Schwab, Kellner.
Andreas Strächer, Kiefer. Andreas Haas,
Schuster. Mattias Holzer, Schneider. Joh.
M. Schumacher, Schneider.
Von Sheningen: G. J. Ehrler, Schuster.
Casper Engler, Schuster. Jacob Schmidr, Wag-
ner. Georg Froß, Schmid. Joh. M. Heß,
Weber.
Von Wöffetten: Christian Besort, Schrei-
ner. Joh. Eberle, Maurer. Martin Wesort,
Schneider. Joh. Danzeisen, Beck.

Von Wösser: Joh. M. Schneider, Wagner.
Von Weisweil: Joh. M. Haag, Schmid.
Joh. M. Wolf, Schneider. Balzer Kürsch,
Schneider. Jacob Ehrer, Schuster. Joh. Jacob
Ehrer, Weber. Joh. M. Cosin, Schneider.
Joh. G. Kristen, Schuster. Balzer Fuchs, Bed.
Joh. Fuchs, Beck. Seb. Fuchs, Schuster. Fr.
Fuchs, Beck. J. G. Walter, Schneider.
Von Windenreuthe: Joh. Chr. Schlenker.
Verordnet beym großherzoglich badischen Ober-
Amt Hochberg zu Emmendingen im Breisgau den
23 März 1807.

Hofr. Mouranus.

2) Der Gläubiger des Syndic. Scambke.

Wir Bürgermeister und Rath der Altstadt
Hannover fügen hiermit zu wissen:
Nachdem der hiesige erste rathhäusliche Secretarius und Syndicus titularis Scambke mit Tode
abgegangen und dessen nachgelassene Kinder erklärt
haben, daß sie die Erbschaft nur cum beneficio
Inventarii antreten wollen, zu Constatirung des
Status passivorum auch um Erlassung einer Edictal-
Ladung gebeten haben: so wird Terminus ad pro-
stitendum et liquidandum auf den 22 May Freytags nach Pfingsten d. J. beraume und angesetzt,
und werden alle diejenigen, welche an obermeldten
Nachlaß des vorgedachten Syndici Scambke aus
irgend einem Rechtsgrunde Anspruch machen zu
können vermeinen, obgemeldten Tages, Vormittags um 11 Uhr in Angabe und Liquidirung ihrer Foderungen auf dem Rapport daselbst, in
Person oder durch hinlänglich bevollmächtigte Anwälde zu erscheinen und fernern zweckmäßigen Verfahrens gewärtig zu seyn, traft dieses und sub
poena praeclusi et perpetui silentii citiret und
vorgeladen.
Gegeben Hannover den 17 April 1807.
(L. S.) Jussu Senatus.
G. H. C. Heiliger, Secr.

3) Lor. Kiefer's.

Lorenz Kiefer, lediger Unterthans-Sohn aus
dem diesseitigen Stabe Schenkenzell, seiner Profession ein Weber, wurde schon unterm 29 Julius
vorigen Jahrs von der ledigen Monika Spengler
daselbst als Schwängerer angegeben, konnte aber
hierüber nicht einvernommen werden, weil derselbe
sich zur nämlichen Zeit flüchtig gemacht hatte, und
seitdem von seinem Aufenthalt nichts auszukundschaften war.
Kiefer wird demnach anmit aufgefordert, um
so gewisser inner nächsten 3 Monaten sich dahier
beym Oberamt einzufinden und zu stellen, als widrigenfalls nicht nur dieser Schwängerung halben
gegen ihn in Contumaciam erkennet, sondern überhaupt auch derselbe als ein Landesflüchtiger angesehen, und gegen ihn mit Entziehung seines Vermögens und Unterthanen-Rechte fürgeschritten werden wird. Wolfach den 8 April 1807.
Hochfürstl. Fürstenberg. Oberamts-Kanz-
ley der Landvogtey Kinzingerthel.

Allgemeiner Anzeiger

der

Deutschen.

Dienstags, den 5 May 1807.

Justiz- und Polizey-Sachen.

Ueber Diebe und Diebesbanden. 2c.
(Fortsetzung zu Nr. 118 S. 1209—1218.)

Ohne Noth zerbrechen die Diebe nicht gern eine Fensterscheibe, um das Geräusch zu vermeiden, welches durch das Fallen des Fensterglases entsteht. Kann aber das Fenster nicht anders, als durch Zerbrechung einer Fensterscheibe geöffnet werden, so wird eine Fensterscheibe auf die Art zerbrochen, daß ein Schnupftuch daran gehalten, und sie auf einmahl mit der Hand eingedrückt wird. Wenn sich in einem Fensterflügel mehrere Reihen Fensterscheiben befinden, so wird immer die Fensterscheibe in der mittelsten Reihe, die sich zunächst an dem Fenster-Mittel-Pfosten befindet, zerbrochen, und zwar um deswillen, weil dann dem Ballmaffematten den obern und untern Knopf oder Fenster-Haken-Ueberfall gleich bequem aufmachen kann.

Wenn nun das Fenster geöffnet, und mithin Befug gemacht worden ist, so steigt der Ballmaffematten mit einem seiner Chanwer ein. Brade soll gemeiniglich den Mortje, den er seinen Leib-Chanwer — seinen liebsten Chanwer — genennt haben, soll mit sich in das Zimmer hinein genommen haben. Mortje hat dieß hartnäckig geläugnet, und behauptet, daß Brade immer nur allein eingestiegen sey. Die andern Complicen haben aber ihm standhaft vorgehalten, und die Fälle namentlich bemerkt, wo und wie Brade eingestiegen sey, und auf Art und Weise, wie das Stehlen verrichtet worden.

Allg. Anz. v. D. 1 B. 1807.

z. E. das Vorrücken schwerer Kasten und Schränke vor die Thür des Zimmers, um selbige zu verrammeln, setzt es außer Zweifel, daß Brade allein dieß nicht verrichtet haben könne.

Brade soll gemeiniglich vorher, ehe er eingestiegen, seinen Oberrock und seine Stiefeln ausgezogen haben, um leiser gehen zu können, und um bey dem Wiederheraussteigen, wenn Gefahr vorhanden und Eile nöthig wäre, nicht etwa mit den Schößen des Oberrocks irgend woran hängen zu bleiben. Brade hat in das Zimmer, in welches er eingestiegen, alle seine, zur Verübung des Diebstahls mitgenommene, Clamones, auch den Reddemoosche, Stricke, Wachsstapel, Feuerstein, Stahl, Zünder und Schwefelfaden mit hinein genommen, und soll bey einem jeden Diebstahle eine mit Pulver und Schroot geladene Pistole bey sich geführt haben. Einige Complicen behaupten zwar, die Pistole sey nur allein mit Pulver — nicht mit Schroot — geladen gewesen, und Brade habe sie bloß um deswillen bey Diebstählen mit sich genommen, um, im Fall er verfolgt würde, durch Abfeuern derselben die Verfolgenden zu schrecken. Allein so viel ist wenigstens gewiß, daß die brade'schen Complicen verschiedentlich haben Pulver und Schroot holen lassen, und bey dem Complicen Hofmann, der sich hier in seinem Gefängniß erhenkt hat, ist Pulver und ein Hagelwürfel mit Hagel gefunden worden.

Wenn Brade eingestiegen gewesen, so haben seine Chanwer gleich hinter ihm den Fensterladen leise wieder angeschoben, damit

die etwa vorbey paſſirenden Nachtwächter
daraus kein Arges haben möchten, und ſie
haben, wenn es ſtürmiſch geweſen, den Fenſterladen mit einem davor geſtecklen Nagel
oder ſpitzigen Meſſer befeſtigt, damit der Stiel
nicht mit dem Fenſterladen klappern ſollen.

Zuerſt hat Brade nun in dem Zimmer,
in welches er eingeſtiegen, ſich Licht angezündet, nämlich Wachsſtapel-Enden, die er in
eine kleine Diebes-Laterne geſetzt, auch ohne
eine ſolche Laterne gebraucht hat, und ſodann die Thüren in dem Zimmer entweder
an den Schlöſſern mit Bändern zugebunden,
oder, wenn dieß nicht hat geſchehen können,
die Thüren durch Vorſetzung von Schränken,
oder ſonſtigen ſchweren Meublen, verram-
melt, damit, wenn die Beſtohlnen etwa auf-
wachten, er doch immer hinlänglich Zeit habe, mit Gemächlichkeit und Sicherheit aus
dem Fenſter entkommen zu können.

Hiernächſt hat er die verſchloſſenen Be-
hältniſſe mit ſeinen Dieterichen und Diebes-
ſchlüſſeln mit der größten Behendigkeit und
Geſchicklichkeit eröffnet, und nur im äußer-
ſten Nothfalle ſelbige mit dem Rebbemooſche
gewaltſam erbrochen.

Er hat am liebſten Geld, Silberzeug
und ſonſtige Koſtbarkeiten geſtohlen; wenn
er dergleichen aber nicht, oder nicht genug
davon vorgefunden, ſo hat er auch Waaren und Linnenzeug, und auch Kleidungsſtücke geſtohlen.

Wenn er das, was er hat ſtehlen wollen und können, geſtohlen gehabt, ſo
hat er es dem draußen zunächſt vor dem
Fenſter auf Schmire geſtandenen Chawwer
zugereicht, welcher, wenn der Sachen viele
geweſen, ſelbige irgendwo auf der Straße,
mit Hülfe der andern Chawwer, niedergelegt hat, bis alle geſtohlne Sachen aus
dem Zimmer herausgereicht geweſen ſind.
Dann iſt Brade aus dem Zimmer heraus-
geſtiegen, und nun mit ſeinen Chawwern,
nachdem die geſtohlnen Sachen in die Kiſſe
geſteckt worden, von denen jeder Chawwer
einen tragen müſſen, fortgegangen, nachdem
ſie zuvor den eröffneten Fenſterladen leiſe
wieder angeſchoben, und ihn mit einem vor-
geſteckten ſpitzen Meſſer oder Nagel befeſtigt
gehabt, damit der Wind den Fenſterladen
nicht aufreißen, und durch das Schlagen
mit dem Fenſterladen der geſchehene Dieb-

ſtahl nicht gleich entdeckt werden, und Lampen, d. h. Nachjagd, kommen ſollen.

Manchmahl ſind die Diebe noch über
Nacht in dem Orte, wo der Diebſtahl verübt worden, geblieben, und dann gemeiniglich da wieder eingetippelt, von wo ſie aus-
getippelt waren. Die mehrſte Zeit aber
haben ſie den Ort, wo der Diebſtahl verübt
worden, gleich nach Verübung des Diebſtahls
verlaſſen, und ſind zu Fuße nach einem ir
der Nähe belegenen Dorfe gegangen, wo ſit
eine Bauernfuhre genommen haben, und damit bis an die nächſte Poſtſtation gefahren
ſind. Von da haben ſie dann ihre Reiſe mit
Ertrapoſt fortgeſetzt bis nach Peine, wo das
Hauptquartier der brade'ſchen Diebsbande
geweſen iſt. In der letztern Zeit haben ſie
auch mehrere Diebes-Reiſen von Peine aus
mit einer eigens bedungenen Fuhre, mit
ihrem Reiſen-Agler, d. h. diebesklugen Fuhr-
manne, gemacht, mit welchem ſie, gleich
nach Verübung des Diebſtahls, nach Peine
wieder zurückgefahren ſind.

Wenn die Diebe, nach Verübung des
Diebſtahls, irgendwo eingetippelt, oder dahin gelangt ſind, wo ſie in Sicherheit zu
ſeyn glauben, ſo wird zur Theilung geſchrit-
ten, nachdem zuvor der Ballmaſſematten
von ihnen bekibbiſcht worden.

Wenn nämlich eine Schränker-Chaw-
ruſe irgendwo einen Diebſtahl verüben will,
ſo muß der Ballmaſſematten vorher, ehe ſie
zur Verübung des Diebſtahls austippeln,
ſeinen Chawwern ſein ſämmliches bey ſich
habendes Geld vorzeigen; und nach Verübung des Diebſtahls, vor der Theilung der
geſtohlenen Sachen wird der Ballmaſſematten nun von ſeinen Chawwern bekibbiſcht,
d. h. es werden ihm alle ſeine Taſchen und
Kleidungsſtücke aufs genaueſte durchviſitirt,
ob er auch geſtohlene Gelder und Sachen
unterſchlagen, d. h. unterſchlagen, heimlich
verborgen, und nicht mit zur Theilung kommen laſſen wollen. Der Ballmaſſematten
muß alles, was er geſtohlen hat, zur Theilung kommen laſſen. Findet ſich, daß er
Geld oder ſonſtige Sachen verborgen hat,
ſo nehmen ſeine Chawwern ihm die, oder weitern Umſtände, damit ſie nicht zur Theilung kommen. Sie ſind dazu ſo ſtrenge
gegen ihn, daß ſie, wenn er vor Verübung
des Diebſtahls ihnen nicht alle das Geld,

daß er damahls wirklich schon bey sich hatte, vorgezeigt hat, ihm bey dem Belibbischen nur die Summe Geldes, als vorhin schon gehabt, gut thun, die er ihnen vor der Verübung des Diebstahls vorgewiesen hatte.

Dieß Belibbischen hat bey Brade niemahls Statt gefunden, weil seine Ehamwer ihn für zu ehrlich gehalten haben, als daß er etwas untermakten würde. Er scheint dieß große Zutrauen jedoch nicht ganz verdient zu haben; denn bey dem h. desheimschen Kämmerey-Diebstahl sind die, außer den gestohleuen 218 rthlr. Conventionsgeld, gestohlnen 400 rthlr. nicht mit zur Theilung gekommen, und also von ihm untermakt worden. (Die Fortsetzung folgt.)

Nützliche Anstalten und Vorschläge.

An Eltern und Erzieher.

Vielleicht ist irgendwo ein Kind von 3 bis 4 bis 5 Jahren, dem man eine frohe Lage im Schoße einer Familie wünscht, die es wie ihr eigenes behandeln, ihm die nöthige Geistesentwicklung gewähren, mit unschuldigen Gespielen umgeben jede elterliche Pflege angedeihen lassen möchte. Will man es meiner Familie übergeben, so getraue ich mir, einen solchen Wunsch zu erfüllen. Zwey meiner jüngern, völlig unverdorbenen Kinder sind von obigem Alter. Ich darf hoffen, daß es in dieser Gesellschaft, mitten im Schoße einer angetretenen Natur und des ländlichen Lebens gedeihen werde; nicht nur weil, wie ich mit Pestalozzi überzeugt bin, eigentliche Familien-Erziehung recht echte Erziehung seyn kann, wenn man will, sondern auch, weil ich schon Erfahrung an mir übergebenen Kindern zu machen das Glück hatte. Dem Briefwechsel bleiben die nähern Bedingungen überlassen. Ich bitte, sich unmittelbar an mich zu wenden. Schnepfenthal bey Gotha den 28. April 1807.

Hofr. GutsMuths,
Mitarbeiter an der Erziehungs-Anstalt daselbst.

Dienst-Anerbieten.

Ich wünsche einen Mann kennen zu lernen, der über die Mariode der Universität

Jahre merklich hinaus, mit Liebe und Geduld männliche Gesetztheit und Frohsinn als Erzieher verbände, der, mit Erziehung und Unterricht vertraut, die Bildung der ihm anvertrauten Jugend nicht durch Hineinpfropfen erzwänge, sondern dabey Hebammendienst zu verrichten verstände. Anleitung zum Zeichnen müßte er geben können; wäre er musikalisch, desto besser; aber vorzüglich müßte er so viel Weltton haben, daß er in höhern Gesellschaften mit Anstand erscheinen könnte. Einen solchen Mann möchte ich einem sehr angesehenen Hause zum Privatlehrer empfehlen. Wer sich mit in obigen Hinsichten zu bewähren gedenkt, wende sich unmittelbar an mich. Ich werde sehr gern behülflich seyn. Leere, unnöthige Zudringlichkeit verbitte ich; sie kann zu nichts helfen.

Schnepfenthal den 27 April 1807.
GutsMuths.

Justiz- und Polizey-Sachen.

Nachricht von einer todt gefundenen Mannsperson.

In dem Neckar oberhalb Söllersbach hat man unterm heutigen Datum einen todten männlichen Leichnam gefunden und gelandet, ohne bey demselben ein Zeichen, welches auf seinen Namen oder Geburtsort hätte schließen lassen, zu finden. Der Leichnam war 5 Schuh 7 Zoll groß, der Körperbau stark und untersetzt. Sein ungefähres Alter oder Gesichtsbildung konnten, wer wegen der durch die Länge der Zeit, welche der Körper im Wasser gelegen, eingetretenen Zerstörung nicht mehr bestimmt werden, dessen rundgeschnittene Haare waren wahrscheinlich von dunkler Farbe.

Die Kleidung bestand in einem Rock von blauem wollenen Zeug, mit grober grauer Leinwand gefüttert, mit einer Reihe weißmetallenen glatten Knöpfen, ohne dergleichen auf den beyden Schubsäcken des Rockes, in einem blautuchenen Wammes mit Ermeln und zwey Reihen weißmetallenen gravirten Knöpfen, in einem violetten Brusttuche von Wollenzeug mit zwey Reihen kleinen weißen glatten metallenen Knöpfen, in einem Paar schwarzen ledernen Hosen, unter den Knien mit ledernem Riemen gebunden, in einem Paar Stiefel mit gelben Umschlägen, in grauen wollenen Strümpfen, in einem schwarzseidenen Halstuche, und in einem Hemde, auf der Brust mit zwey quarreaux roth gezeichnet; auch fand man bey demselben ein blau gewürfeltes leinenes Sacktuch ohne Zeichen, einen ledernen Tabacksbeutel mit schwarzen Zotteln, und einen breiten eisernen Pfeifenräumer, und ein ledernes Geldbeutelchen. Oder im linken Ohr hatte der Leichnam eine einen Zoll-breite und tiefe, demselben aller Wahrscheinlichkeit nach, bevor er in das Wasser geworfen worden, beygebrachte Wunde. Welches mit dem Bemerken öffentlich bekannt gemacht wird, daß die obenbeschriebenen Kleidungsstücke stündlich auf dahiesigem Rathhaus in Augenschein genommen werden können. Heidelberg, den 12 April 1807.

Großherzogl. Badis. Stadtvogtey-Amt.
Sartorius. Porz.
Vdt. Reudter.

Wechsel- und Geld-Cours in Sächsischer Wechselzahlung.
Leipzig, den 29 April 1807.

In den Messen.	Geld	Briefe.
Leipz. Neujahr-Messe	—	—
— Oster-	—	—
Naumburger	98	—
Leipz. Michaels	97 1/4	—
Amsterdam in Bco. à Uso	—	144
Detto in Curr. à Uso	—	150
Hamburg in Bco. à Uso	—	78 1/2
Lion 2 Uso in Liv.	—	78
Paris 2 Uso in Liv.	—	99 3/4
Augsburg à Uso	—	45 1/2
Wien à Uso	—	45 1/2
Prag à Uso	—	
London à 2 Uso p. Pf. St.	—	
Ränder-Ducaten	13	—
Kaiser-Ducaten	12 1/4	—
Wichtige Duc. à 66 Aß	10 1/2	—
Breslauer à 65 1/2a ditto	10 1/2	—
Leichte à 65 ditto	9 1/2	—
Almarco bitto	206	—
Almarco Louisd'or	189	—
Souverainl'or	9 n@	—
Louisd'or à 5 Rthl.	9 1/2	—
Sächs. Conv. Geld	pari	—
Schild-Louisd'or	2 1/4	—
Laubthaler	—	2 1/2
Preuß. Curr.	5	
Do. Münze	10 1/4	
Zet.	pari	
Cass. Bill.	3/4	
Kronenthaler	1/3	
3. 7. Kr.	8 1/2	
17	4 3/4	
Wiener Banc. Zettel	41 3/4	
Frankfurt a. M. à Uso	3 1/4	

Wechsel- und Geld-Cours in wichtigen Louis- Carl- u. Fried'or à 5 Rthlr.
Bremen, den 29 April 1807.

Amsterdam 250 fl. in Banco 8 T.d.	135 1/4 35	
Dito 2 Mon. dato		
Dito in Courant 8 T. d.	31 1/2 - 1/2	
Dito 2 Mon. dato	30 1/2 - 1/2	
Hamburg 300 Mt. in Bco 6 T. d.	37 1/4 3/4	
Dito 2 Mon. dato	36 1/4 1/4	
London für 100 Lsterl. 2 Mt.	—	
Paris 1 Fl. 2 Mt.	47 3/8	
Bourdeaux dito dito		
Frankf. a. M. 2 Mt.		
Leipzig 2 Mt.		
Berlin 2 Mt.		

Holl. Rand-Ducaten 1 St.	2 Rß. 6 s	
Neue 2/3 Stück gewinnen	4	
Conv. Münze verliert	9 1/2	
Laubthaler à 1 1/2 Rthl. dito	7 1/2	
Preußisches Courant	16	
Holl. fl. per Stück	27	

Hamburger Wechsel- und Geld-Cours in Banco.
den 28 April 1807.

Amsterdam in Banco k. S.	33 11/16	
dito 2 Mon. dato	33 15/16	
dito in Cour. k. S.	104 1/4	
dito 2 Mon. dato	104 3/8	
London für 1 Lsterl. 2 Mt.		
Paris 3 Fl. 2 Mt.	25 1/4	
Bordeaux dito dito	25 3/8	
Madrid 1 Duc. 3 Mt.	90 1/2	
Cadix dito dito	90 1/2	
Lissabon 1 Crus dito	43 1/2	
Wien u. Prag in Cour. 6 W. d.	328	
Copenhagen 2 Mt.	148	

Louis- Carl- u. Fried'or à 5 Mt.	10 ß 15	
Holl. Rand-Ducaten		
Neue 2/3 Stück	30 5/8	
Grob Dän. Courant	25 1/4	
Hamburger dito bito	20 1/4	
Preuß. dito bito	58 1/2	

Allgemeiner Anzeiger
der
Deutschen.

Mittwochs, den 6 May 1807.

Justiz = und Polizey = Sachen.

Ueber Diebe und Diebesbanden 2c.
(Fortf. zu Nr. 119 S. 1225—1229.)

Bey der Theilung der gestohlnen Sachen kommt es darauf an:

1) ob bloß Geld gestohlen worden? oder
2) ob Sachen, als Silberzeug, Waaren u. s. w. gestohlen worden.

Im erstern Falle ist das baare Geld immer so getheilt worden, daß, nach Abzug der Reise = und Zehrungskosten, auch des Honorariums für den Baltower, jeder der Diebe gleich viel bekommen hat. Brade hat als Ballmassematten nichts mehr, wie jeder einzelne Chawwer, bey der Theilung erhalten, jedoch hat er für die Klamones, die ihm als Ballmassematten zugehört, etwas zum voraus bekommen, einen Ducaten, 1, 2, 3, 4 Pistolen, je nachdem der Geld-Diebstahl klein oder groß gewesen ist.

Der Antheil oder das Honorarium des Baltowers hat sich auch nach der Größe des Diebstahls gerichtet, und Brade, als Ballmassematten, hat bestimmt, wieviel der Baltower haben solle. Ich muß hierbey noch bemerken, daß, wenn der vollführte Diebstahl von einem Chawwer der brade'schen Chawwruse selbst baltowert gewesen ist, diesem dann für das Baltowern des Diebstahls gar nichts gut gethan worden ist.

Ein solcher Chawwer hat demohnerachtet nicht mehr erhalten, wie jeder von den andern.

Wenn Sachen gestohlen worden, als Leinenzeug, Chitz, Cattun und sonstige Waaren, so sind selbige entweder in natura getheilt, oder an einen Schärfenspieler verkauft, und dann erst das daraus gelösete Geld getheilt worden.

Ob die Sachen in natura getheilt, oder an einen Schärfenspieler verkauft werden sollen? das hat lediglich von der Willkür des Ballmassematten Brade abgehangen, als welcher nicht nöthig gehabt hat, sich daran zu kehren, wenn dieser oder jener seiner Chawwer seinen Antheil an den gestohlnen Sachen in natura haben wollen.

Bey einer Theilung der gestohlnen Sachen in natura hat Brade, als Ballmassematten, gleichfalls vor seinen Chawwern nichts weiter zum voraus gehabt, als eine billige Vergütung für die Klamones. Jedoch hat er das Vorrecht gehabt, daß er von den gestohlenen Sachen gemachten, sich einander — dem Werthe nach — möglichst gleichen Haufen, welche Haufen Brade als Ballmassematten gemacht, — sich zuerst vor allen andern Chawwern, einen Haufen hat auswählen können. Wenn unter den andern Chawwern darüber Streit entstanden, daß z. E. zwey oder drey Chawwer einen und denselben Haufen haben wollen, so hat Brade den Streit gleich dadurch gehoben, daß er einem jeden von ihnen den Haufen bestimmt angewiesen hat, den er haben und nehmen sollen.

So wie es von der Willkür des Brade, als Ballmassematten, lediglich abgehangen hat, ob die gestohlnen Sachen in natura getheilt, oder an einen Schärfenspieler verkauft werden sollen, so hat es auch ganz allein von

Brade, als Ballmaſſematten, deputirt, an
welchen Schärfenſpieler die Sachen verkauft
werden ſollen.

Bey dem Verkaufe der geſtohlnen Sachen, oder des Maſſematten (die Diebe nennen den Complexum der geſtohlnen Sachen:
den Maſſematten) an den Schärfenſpieler
hat zwar ein jeder Chawwer äußern dürfen,
daß ſeiner Meinung nach das Gebot des
Schärfenſpielers zu gering ſey.

Es hat jedoch Brade ſich daran nicht zu
kehren gebraucht, ſondern er hat dem Schärfenſpieler den Maſſematten für den Preis zu
ſchlagen können, den er für annehmlich gehalten hat.

Bey einem jeden Verkaufe eines Maſſematten an den Schärfenſpieler iſt jedesmahl
aufs neue mit demſelben über den Preis der
einzelnen Sachen gehandelt worden.

Gemeiniglich hat Brade ſeinen Schärfenſpielern das Loth Silber zu 16 bis 18 Mgl.
und ſieben Ellen Cättun oder Chitz zu einem
Thaler überlaſſen.

Auf Credit ſind dem Schärfenſpieler
niemahls die geſtohlnen Sachen verkauft
worden, und dieß hat auch nicht geſchehen
können, weil gleich nach dem Verkaufe die
Theilung hat Statt finden müſſen. Dahingegen haben einzelne Chawwer einzelne, ihnen
bey der Theilung der geſtohlnen Sachen in
natura zugefallene, geſtohlne Sachen ver
ſchiedentlich an die Schärfenſpieler auf Credit verkauft oder vertauſcht.

Ehe der Verkauf des Maſſematten an
den Schärfenſpieler zu Stande gekommen,
haben die Diebe dem Schärfenſpier niemahls
geſagt, wo der Maſſematten gehandelt worden, damit, wenn ſie mit dem Schärfen
ſpieler nicht einig würden, dieſer ſie nicht
durch die Kenntniß von dem Diebſtahle in
Verlegenheit bringen, oder ſie wol gar, ihm
den Maſſematten zu einem unbillig niedrigen
Preiſe zu überlaſſen, durch die Drohung,
daß er ſie verrathen wolle, zwingen könne.
Gleich nachher aber, wenn der Verkauf der
Sachen an den Schärfenſpieler völlig zu
Stande gekommen, haben die Diebe dem
Schärfenſpieler jedesmahl ganz unfehlbar
den Namen und Wohnort des Beſtohlnen,
und den Ort, wo der Maſſematten gehandelt
worden, kund gethan, damit der Schärfen

ſpieler nicht etwa in der Unwiſſenheit die ge
ſtohlnen und geſchärften Sachen an den
Beſtohlnen ſelbſt oder an dem Orte, wo der
Maſſematten gehandelt worden, verkaufen,
und ſo ſich ſelbſt und die Diebe in Gefahr
und Unglück bringen möge.

Wenn daher ein Schärfenſpieler geſtohlne Sachen von dergleichen Keſſen-Dieben
geſchärft zu haben, eingeſtanden hat, ſo iſt
ſeine Behauptung, er wiſſe nicht, wem die
Sachen und wo ſie geſtohlen, ganz zuverläſſig falſch; denn wenn gleich die Diebe den
Namen und Character oder Stand des Be
ſtohlnen dem Schärfenſpieler vielleicht nicht
geſagt haben — weil ſie das ſelbſt nicht wußten — ſo haben ſie ihm doch immer ganz unfehlbar den Ort des verübten Maſſematten,
und alle die Umſtände genau entdeckt, die
irgend dazu dienen können, daß er ſich bey
dem Wiederverkauf der geſchärften geſtohlnen Sachen nicht ins Unglück ſtürze.

Um nun noch zu zeigen, in wie fern eine
Theilnahme aller brade'ſchen Diebes-Camraden an allen von Brade während der Exi
ſtenz ſeiner letztern Diebsbande (die mit
Einſchluß ſeiner 12 Mann ſtark war) verübten Diebesthaten Statt gefunden habe, muß
ich folgendes bemerklich machen.

Das Kriterium eines Ballmaſſematten
iſt, daß er ſich alle, zur Verübung von
Schränker-Diebſtählen nur irgend erforderliche Klamones, und ganz insbeſondere den
Rebbemooſche hält. Dieß Inſtrument iſt
gleichſam das Zepter, die Inſignie des Ballmaſſematten.

Brade, als Ballmaſſematten, hat das
Recht gehabt, ſo viele Chawwer anzunehmen, als er irgend gewollt hat, und nach
Belieben ſelbige wieder zu entlaſſen, ohne
daß er von dem Allen den übrigen Chawwern
Rede und Antwort zu geben ſchüldig geweſen.

Bey der Annahme eines neuen Chawwers hat Brade demſelben kein Handgeld
oder dergleichen gegeben, und alles, was bey
bey vorgefallen iſt, hat darin beſtanden, daß
Brade dem neuen Rekruten geſagt hat: er
nehme ihn damit zu ſeinem Chawwer an, er
ſolle von nun an auf ſeine Maſſematten mit
ausgehen.

Sold oder Koſtgeld hat Brade ſeinen
Chawwern nicht gegeben. Sie haben wei

ter nichts bekommen, als einen Antheil an
den verübten Maßematten.

Brade hat seine Chawwer nie auf eine
bestimmte Zeit engagirt, und so wie Brade
seinen Chawwer jederzeit hat dimittiren können, so hat auch der Chawwer jederzeit
Brade'n wieder verlassen können; doch ist
hierbey zu bemerken, daß die Dimittirung des
Chawwers abseiten Brade's, und die Verlassung Brade's abseiten des Chawwers,
immer nur bey Lawone hat geschehen können,
d. h. nur in einer solchen Zeit, wenn es
mondhell gewesen ist. So lange es Koh-
schogh, d. h. nicht mondhell gewesen ist,
hat der Chawwer weder Brade'n verlassen,
noch auch Brade den Chawwer verabschie-
den dürfen.

Der Chawwer hat, während seines Engagements, für sich Reisen machen dürfen,
wohin er gewollt hat, ohne daß er dazu einer
Erlaubniß des Brade bedurft hat.

Hat Brade, wenn einige seiner Chawwer verreiset gewesen, irgendwo einen Maß-
sematten handeln, und dazu auch die mitt-
lerweile verreiset gewesenen Chawwer gebrauchen wollen: so hat er an die Ressen-
Wirthe geschrieben, sie sollten den und den
von seinen Chawwern sagen, daß sie sich da
und da an dem und dem Tage bey ihm einfinden sollten.

Diejenigen Chawwer nun, die an demjenigen Orte beysammen gewesen, wo der
Diebstahl verübt werden sollen, hat Brade
zu dessen Verübung mitnehmen, oder wenn
er sie nicht sämmtlich mitnehmen wollen, und
wirklich nicht mitgenommen hat, — weil er
ihrer Hülfe nicht bedurfte —ihnen doch
einen vollen Antheil an den gestohlnen Sachen zukommen lassen müssen. Dahingegen
haben alle seine andern Chawwer, die an dem
Orte des verübten Diebstahls zur Zeit der
Verübung desselben nicht gegenwärtig gewesen sind, von den bey solchem verübten Diebstahle gestohlenen Geldern und Sachen nichts
bekommen. Dieß behauptet Mortje mit
der größten Bestimmtheit. Jeremias Izig,
behauptet dagegen, daß Brade von allen
seinen verübten Diebstählen, allen seinen
wirklich derzeit gehabten Chawwern, einen
Antheil an dem Diebstahle habe zukommen
lassen müssen, wenn gleich auch einige seiner

Chawwer bey der Verübung des Diebstahls
nicht mit zugegen gewesen wären.

Jeremias Izig führt für diese seine Behauptung an: Ruben Zender habe ihm einst
geklagt, daß er von dem (Jeremias Izig erinnerte sich nicht, was für ein Diebstahl es
gewesen) Diebstahle nicht genug bekommen
habe. Als er nun dem Ruben Zender darauf geantwortet, daß er sich nicht beschweren
könne, indem er bey jenem Diebstahle ja
gar nicht mit zugegen gewesen sey, habe Zender ihm erwiedert: Das mache nichts. Wenn
gleich er bey Verübung des Diebstahls nicht
mit zugegen gewesen sey, so gebühre ihm
doch eben so gut ein Theil davon, als denen
Chawwern, die ihn wirklich mit verübt hätten. Wenn er mitgehen müsse, wenn Brade es wolle, so müsse er auch einen Theil
haben, wenn er mitzugehen bereit sey, Brade dieß aber nicht haben wolle.

Für diese Behauptung des Jeremias
Izig scheint auch der Umstand zu sprechen,
daß

1) bey dem großen bartels'schen Diebstahle in Celle Zender einen Antheil bekommen hat, ohnerachtet er gar nicht mit
zu Celle gewesen war.

2) Daß Zender und J. von dem großen
meyerschen Diebstahle in Zellerfeld bey der
Theilung zu Peine einen Theil bekommen
haben, ohnerachtet sie nicht mit in Zellerfeld
gewesen waren.

3) Daß J. von dem wiesing'schen Diebstahle in Clausthal einen Theil bekommen,
ohnerachtet er damahls in Hannover gewesen ist.

Allein Mortje, dem ich alle diese ob-
mota eröffnet habe, ist dennoch standhaft
bey seiner Aussage verblieben, und ich glaube auch, daß er Recht hat, aus folgenden
Gründen:

1) Der von Jeremias Izig angeführte
Fall scheint nur so zu verstehen zu seyn, daß
Zender bey der Verübung jenes Diebstahls
um deswillen nicht mit zugegen gewesen,
weil Brade ihn dazu nicht mitnehmen wollen, daß er aber zur Zeit der Verübung des
Diebstahls an dem Orte, wo der Diebstahl
verübt worden, gegenwärtig, und zur Verübung des Diebstahls mitzugehen bereit gewesen ist. Dieß erhellet, meines Bedünkens,

aus den von Jeremias Thig zuletzt angeführten zender'schen Worten:

wenn er mitgehen müsse, wenn Brade es wolle,

ganz deutlich, und solchenfalls würde Zender allerdings gegründete Ursache zu klagen gehabt haben; denn Brade war, wie vorhin gezeigt worden, schuldig, allen seinen Charwern, die zur Zeit der Verübung eines Diebstahls an dem Orte selbst zugegen waren, einen Antheil abzugeben, wenn gleich er sie zur Verübung des Diebstahls nicht mitgenommen hatte. Dessen hat Brade sich aber auch nie geweigert. So zum Beyspiel bey dem großen hildesheimischen Kämmerey-Diebstahle hat Brade den Ruben Zender, der gegenwärtig und zu allen Hülfsdiensten bereit war, zur Verübung des Diebstahls nicht mitnehmen wollen, und wirklich nicht mitgenommen, auch Steinborn nicht. Gleichwohl haben aber beyde ihren vollen Antheil von diesem Diebstahle bekommen. N. B. Das abgerechnet, was Brade von den dort gestohlnen Geldern unterwuckt hat.

2) Brade hat den Ruben Zender, wegen seiner Furchtsamkeit und Weichlichkeit, nicht viel geachtet, und ihn hauptsächlich nur zum Klamones Mann gebraucht; das heißt, Zender hat ihm seine Klamones ändern, repariren, neue Klamones zurecht feilen, und die sämmtlichen Klamones in Aufsicht haben, sie auch von einem Orte zum andern tragen müssen; dafür hat nun Brade fast gewöhnlich dasjenige, was ihm bey der Theilung eines jeden Diebstahls für seine Klamones gut gethan haben, dem Zender überlassen, und so hat Zender fast von allen Diebstählen, und auch von solchen Diebstählen was bekommen, von welchen Brade ihm de jure nichts schuldig war.

(Der Schluß folgt.)

Allerhand.

Aufforderung.

Friedrich Christian Ropp aus Molsdorf bey Gotha hat sich den 1 May wider Willen seiner Eltern und seines Lehrherrn, des Kaufmanns Gottlob Fischer in Erfurt entfernt, um nach England zu reisen. Da

er nicht das mindeste an Geld und Wäsche bey sich hat, und auch mit keinem Paß versehen ist, so sind die Seinigen sehr in Sorgen um ihn, und ersuchen einen jeden Menschenfreund, im Fall sie Gelegenheit haben sollten, diesen jungen Menschen zu finden, ihn wieder zu den bekümmerten Seinigen zu rückzuführen oder Nachricht von selbigem zu ertheilen, alle dadurch verursachte Kosten wird man dankbar vergüten.

Zur Beruhigung dieses jungen Menschen versichert man zugleich seinen Wunsch zu erfüllen, und ihm mit dem hierzu Nöthigen zu unterstützen.

Justiz- und Polizey-Sachen.

Vorladungen: 1) Amand. Zweigle's.

Ludwigsburg. Der Conscriptionspflichtige Amandus Zweigle von Ossweil, welcher sich ohne obrigkeitliche Erlaubniß von seinem Heimwesen entfernt hat, wird hiermit aufgerufen, ohne Zeitverlust vor unterzeichnetem Oberamt sich zu stellen; auch werden alle Obrigkeiten ersucht, auf denselben zu fahnden, und ihn im Betretungsfall anher einliefern zu lassen. Derselbe ist 21 Jahr alt, 5 Fuß 9 bis 10 Zoll groß, hat gelbe Haare, blaue Augen, ein rundes, volles röthliches Gesicht, und ist von starkem Körperbau. Bey seiner Entweichung war er mit einem dunkelblauen Rock, einem rothbärdnen Brusttuch, braun barchenen Wamms, schwarz ledernen Hosen, Stiefeln, einem dreyeckigen Hut und einem gelben Halstuch bekleidet.

Am 23 April 1807.

Königlich würtembergisches Oberamt Ludwigsburg.

2) Phil. Krämer's.

Der seit dem 23 Februar 1783 unbekannt wo abwesende Philipp Krämer von Weiskirchen, oder dessen eheliche Leibeserben, haben sich in Zeit 3 Monate von heute an zum Empfang ihres unter Curatel stehenden Vermögens dahier zu melden, widrigenfalls solches ihren nächsten Seitenverwandten gegen Caution 15 Jahre lang nutznießlich, nach Verlauf dieser Zeit aber, eigenthümlich abgegeben werden soll. Auch wird es mit den Abwesenden in der Folge in hiesigen herzoglichen Landen etwa noch weiters zufallenden Erbschaften ohne besondere Ladung auf gleiche Art gehalten werden.

Oberursel am 26 April 1807.

Herzogl. Nassauisches Amt.

Elt, Amtmann.

in fidem.

J. A. Schumann, Amtsschreiber

Künste, Manufacturen und Fabriken.

Orientalische Schminke. *)

„Die europäische Schminke wirkt nicht
nur zerstörend auf die Gesundheit, sie erfüllt
sogar das nur in einem geringen Grade, was
dadurch eigentlich beabsichtigt werden soll.
Die Schädlichkeit der in den Abendländern
gebräuchlichen Schminke äußert sich nicht nur
im Gesicht, es erwachsen daraus auch die nachtheiligsten Wirkungen für den ganzen übrigen Körper. Die Orientalinnen bedienen
sich zu gleichem Zweck eines von den europäischen durchaus abweichenden einfachen
und unschuldigen Mittels. In der Levante
und hauptsächlich auf den Inseln des griechischen Archipelagus wächst eine Blume wild,
die von daher zuerst in die abendländi-
schen Lustgärten versetzt worden ist; ich meine die Iris, die in Griechenland Agriokrino
oder wilde Lilie genannt wird. Aus den
Zwiebeln dieser Blumenart wird die rothe
Schminke bereitet, deren sich die Türkinnen
und Griechinnen allgemein bedienen, die
Schönheit ihrer Gesichtsfarbe zu erhöhen,
und sich im Ansehn von Gesundheit und
Blüthe mitzutheilen, das durch unsere noch
so künstlichen Schminken nie erreicht wird.
Man fängt damit an, die Zwiebeln der Iris
zuerst von ihren äußern Schalen zu reinigen.
Sind diese abgestreift, so haben sie ein blendend weißes Colorit, das an Reinheit nur
dem Schnee verglichen werden kann. Die
von Schalen befreyten Zwiebeln werden nun
sauber gerieben, so fein als möglich, und das

pulverähnliche Mark, das man durch diese
Manipulation als Resultat erhält, in reines
Wasser gelegt. Hierauf wird es durch ein
äußerst feines Stück Leinwand durchgetrie-
ben. Auf das, was man nun in dem unter
dem leinenen Tüchelchen gehaltenen Gefäß
erhält, gießt man jetzt von neuen frisches
Wasser und seihet es noch einmahl durch Leinwand. Dieß wird auch noch ein drittes
mahl wiederholt. Nach diesen dreymahligen
Waschungen und Durchseihungen werden die
Trester weggeworfen, und man läßt das zum
dritten mahl erhaltene *) vom zwölf bis
funfzehn Stunden stehen, um sich zu setzen.
Dann wird das Wasser sachte abgegossen,
und nun findet man auf dem Boden des Ge-
fäßes einen äußerst feinen Satz. Dieser
wird sorgfältig getrocknet, zu einem feinen
Pulver zerrieben, und in wohlverstopften,
am besten hermetisch verschlossenen Flaschen
oder Töpfen aufgehoben, wo sich dieses Prä-
parat äußerst lange erhält. Es ist schnee-
weiß und dient doch zur rothen Schminke;
aber es soll auch nicht, wie die unsrige, aufgelegt werden; die Anwendung ist vielmehr
ganz verschieden. Will man nämlich Gebrauch davon machen, so nimmt man etwas
davon zwischen die Finger, legt es auf die
Wangen, und reibt es etliche Minuten lang
mit der flachen Hand sanft ein. Anfänglich
verursacht dieses Einreiben ein leichtes Brennen, die Wangen färben sich aber mit dem
lieblichsten Roth, das weder durch Erhitzung
noch durch Schweiß, noch durch irgend eine
andere Ursache verwischt werden kann. Das

*) Aus dem Gemählde des griechischen Archipelagus vom Hofrath Friedr. Murhard. d. R.

ist auch ganz natürlich, denn es besteht nicht in einer bloß außerhalb aufgetragenen Materie, die weggeschwemmt werden kann, sondern es ist seiner Feinheit wegen in die Poren selbst gedrungen und steckt in der Haut, aus der es nur mit der Zeit wieder heraus geht oder verfliegt. Man hat nicht nöthig, dieses Verfahren oft zu wiederholen. Die Farbe hält sich mehrere Tage lang, und man kann sich waschen, wie man will, ohne sie zu verderben. Selbst diejenigen unter den Orientalinnen, die den höchsten Grad von Eitelkeit und Putzsucht zeigen, pflegen doch nicht öfter als einen Tag um den andern vor den Spiegel zu treten, um sich auf diese Weise zu schminken oder von ihren Dienerinnen schminken zu lassen. Der Haut ist diese Einreibung des Jrispulvers auf keine Weise nachtheilig und noch weniger der Gesundheit. Nur das einzige Unangenehme führt diese Art von Schminke im Orient mit sich, daß sie stark nach dem Jrispulver riecht; allein diesem Fehler würde leicht abzuhelfen seyn, wenn bey der Verfertigung Rücksicht hierauf genommen würde. Man könnte auch nur irgend eine wohlriechende Essenz in die Mischung bringen, z. B. etwas Jasam. Wollen die Morgenländerinnen die Haut weiß färben, so begnügen sie sich damit, sehr kleine, weiße, einschalige Muscheln dazu zu nehmen, die zum Geschlecht der Porzellanschnecken gehören. Diese werden sorgfältig gewaschen, zu einem äußerst feinen Pulver gestoßen, und dann durch hineingedrückten Zitronensaft in einen schönen blendend weißen Teig verwandelt, wovon man dann so viel jedesmahl nimmt, als einem gut dünkt.

___

Allerhand.

Bemerkungen über „ein Paar Worte über Creditgeben rc." im allgem. Anz. Nr. 262 Jhrg. 1806.

Nach den Grundsätzen des gemeinen Rechts sind Privat-Aufforderungen zur Zahlung an Schuldner, ihr Aufenthalts ort mag bekannt seyn oder nicht, unerlaubt. In beyden Fällen wären sie Eingriffe in die bestehenden Gesetze, welche gegen jeden Schuldner einen rechtlichen Weg vorschreiben. Selbst die Verpflichtung, unter der Clausel

einer öffentlichen Beschimpfung, ist durch allgemeine Gesetze verboten.

Doch abgesehen hiervon, scheint Hr. F. nicht so wohl die Rechtmäßigkeit solcher Privat-Erinnerungen mittelst eines öffentlichen Blattes beweisen zu wollen, als ihren Nutzen. In dieser Hinsicht führt er an, daß Handel ohne Credit unmöglich sey, daß das rechtliche Verfahren gegen Schuldner zu leicht, schwierig und langsam wäre, und es daher weder unrecht noch schändlich seyn könnte, seine rechtmäßige Forderung auf dem Wege der Publicität zu erhalten.

Der erste Satz ist unbezweifelt richtig, der zweyte mag wahr seyn, aber er ist unerwiesen und kann daher nicht eher angenommen werden, bis F. ihn darthut.

Ein genereller Tadel scheint mir immer sehr gewagt, und F. wird es daher verzeihen, wenn er um Mittheilung seiner einzelnen Beschwerden, die den allgemeinen Justizlauf gegen Schuldner treffen, gebeten wird. Er ist dazu gewiß um so leichter im Stande, da sicher niemand das wichtigste Justitut im Staate, die Rechtspflege, eher angreifen wird, bis er hinreichende Beweise der Unzulänglichkeit desselben, und zugleich Mittel gesammelt hat, es zu verbessern, weil sonst sein Beginnen ganz fruchtlos und, ohne Beweise, unrecht wäre. Auch diese Vorschläge zu Verbesserungen wird dann F. der Welt nicht vorenthalten.

Natürlich sind jene Beweise keine Proceßgeschichten, da diese theils nichts fürs Allgemeine beweisen, theils sich F. nicht über übel ausgefallene Processe, sondern über die Justizpflege beschwert.

In Ansehung des Schlusses, den F. aus seinen beyden Sätzen zieht, erlaube er mir die Frage, wie es auszumitteln stehe, ob die gerügte Forderung rechtmäßig sey, denn nur in diesem Falle erlaubt F. die Mahnung durch öffentliche Blätter. Der Credit des Gläubigers beweist nichts, weil viele Menschen die Zeitung lesen, die diesen Credit nicht kennen, und wenn Credit so infallibel wäre, niemand betrogen werden könnte, so müßten also auch meine Bemerkungen ungeschrieben geblieben seyn müßten.

Im Januar 1807.

Aus dem Hannöverischen.

Gelehrte Sachen.

Ueber Datum.

In dem Aufſatze N. 220 des allg. Anz. 1806 findet Unterzeichneter den Vorſchlag: Jahr, Monat und Datum nach Art der Aſtronomen zu ſchreiben, beſonders für Kauf-leute ſehr anwendbar. Dieſe ſetzen ſchon in ihren Rechnungen, Conto-Couranten und Bü-chern Jahr und Monat in die erſte Columne und in die zwepte das Datum; oder ſie über-ſchreiben die Seiten wie z. B. in Factura-Büchern mit dem Jahr und Monat, und nen-nen bep Anfertigung der Facturen nur den Tag; auf ähnliche Art überſchreibt Meiſner in ſeiner deutſchen Buchhaltung die Seiten des Memorials und Caſſabuchs. „Leipzig 1802 Monat Januar" und läßt nun in den dazu beſtimmten Columnen den Tag folgen. Warum beobachten die Kaufleute dieſe Ge-wohnheit nicht auch über ihren Briefen und anderwärts, wo ſie das Datum zu ſchreiben haben. Es ſteht in keinem Falle ein Hin-derniß im Wege, außer, wenn in den vor-räthig gedruckten Avis- und Frachtbriefen, Courszetteln, Scheinen, Wechſeln u. ſ. w. die alte Einrichtung den   18   noch vorgezeichnet iſt, welches aber künftig dadurch ſehr leicht zu verbeſſern wäre, daß unmittelbar nach dem Ort nur 18 . beyge-druckt würde.

Zugleich erlaube ich mir hier eine Rüge. Viele Kaufleute brechen ihre Briefe öfters ſo, daß bey der Eröffnung der obere Theil deſſelben, wo Ort und Datum ſteht, gewöhn-lich zerſchnitten und erſterer dadurch beſon-ders ſehr undeutlich wird, und die Anmer-kung, welche Empfänger außen auf den Brief, vom Briefſteller, deſſen Wohnort und Datum gern oben aufſchreibt, auf den unbequemern untern Theil des Briefes geſetzt werden muß. Da nun dieſer Fehler gewöhn-lich nur aus Unachtſamkeit begangen wird, ſo dürfte es wol zweckmäßig ſeyn, die Ver-meidung zu einem Gegenſtande des Wohl-ſtandes und der Aufmerkſamkeit zu machen, die Correſpondenten einander ſchuldig ſind.

Zella St. Blaſii.   K.

Jedem das Seine.

Der dießjährige Oſtermeß-Catalog erzeigt mir die Ehre, meinen Namen unter vier Rubriken aufzuführen, von denen mir nur die erſte wirklich zugehört. Vermuthlich hat man die verſchiedenen Vornamen überſehen, welche bey einer ſo zahlreichen Familie, un-ter der mehrere Glieder vor dem Publicum aufgetreten ſind, einige Rückſicht verdienen. Ich bitte daher nur das, was unter dem hier unterzeichneten Namen erſcheint, ſo wie aus frühern Perioden nur die Blüthen griechiſcher Dichter und das Taſchenbuch von Weimar für mein Eigenthum anzuſehen.

Regensburg
Leo Freyherr von Seckendorf.

Dienſt-Geſuche.

1) Ein junger unverheiratheter Oeconom aus Thüringen, von angeſehener Familie und guter Bildung, der ſchon ſeit mehrern Jahren ohne jede fremde Aufſicht ein nicht unbeträchtliches Rittergut mit allgemeinem Beyfall als Verwalter bewirthſchaftete, und ſich darüber erforderlichen Falls mit den be-ſten Zeugniſſen legitimiren kann, wünſcht, da er mit Johannis l. J. aus den bisherigen Verhältniſſen zu treten geſonnen iſt, eine andre Stelle als Verwalter unter annehm-lichen Bedingungen zu erhalten. Briefe an ihn bittet man unter der Addreſſe C. L. in S. an die Exp. des allg. Anz. poſtfrey einzu-ſenden.

2) Ein geſchickter Oeconom in Thüringen, in ſeinen beſten Jahren und verheirathet, welcher bisher Güter in Pacht gehabt hat, wünſcht recht bald eine gute Verwalter-ſtelle, die er ſogleich antreten kann, gegen billige Bedingungen zu erhalten. Die Ex-pedition des allg. Anz. in Gotha beſorgt frankirte Briefe an denſelben.

Familien - Nachrichten.

Todes-Anzeige.

Unſer einziges Kind, Wilhelmine Frie-derike Louiſe, geboren den 17 Februar 1806, verſtarb am heutigen Morgen. Mit tiefem Schmerz machen wir dieſes denjeni-gen bekannt, welche uns ſtilles Mitleid ſchen-ken wollen. Jena den 29 April 1807.

D. Joh. Caſp. Gensler, Juſti-rath und Profeſſor der Rechte.

Caroline Hieronyma Gensler, geborne Heyligenſtädt.

Kauf- und Handels-Sachen.

Bekanntmachung und Warnung.

Schon vor einigen Jahren fand ich durch das häufige Nachpfuschen meiner Rauchtabacke, mit dem dabey von mehreren deutschen Fabrikanten gemachten Mißbrauche meines Namens und meiner Fabrikzeichen mich veranlaßt, in den Zeitungen hiergegen zu warnen, und zugleich bekannt zu machen, daß, um die Käufer meiner echten Waare vor jener nachgepfuschten möglichst zu sichern, künftighin das Papier meiner Packete am Rande des Umschlags zur Seite das Wasserzeichen meines Namens: A. H. THORBECKE durchschneidend enthalten werde.

Allein auch dieses Unterscheidungszeichen wurde gar bald ein neuer Gegenstand der Nachäffung für die zum Raube auf fremden Erwerbsfleiß allezeit fertigen Pfuscher-Fabriken. Nicht im Stande, dem innern schlechten Gehalte ihrer Waare unter der äußern unverdeckten Bezeichnung eigener Namen Eingang zu verschaffen, suchten sie immer auf alle Art und Weise meinen Namen und meine Zeichen nachzuformen, um, unter dem mißbrauchten Schutze derselben, das Publicum zu hintergehen, und durch solche ehrliche Kunstgriffe, verbunden mit wohlfeilern Preisen — wie es der gewöhnliche Fall bey jedem andern gestohlenen Gute ist — Käufer anzulocken. Da ihnen nun zu ihrem Machwerke jetzt noch der Name im Papier fehlte, und sich eben so gewissenlose Papiermacher fanden, die sich nicht entblödeten, mein befragtes Wasserzeichen so gut oder so schlecht es geben wollte, nachzuahmen, und jenen zu liefern: so schäme man sich auch von beyden Theilen nicht, die Nachpfuscher-Industrie vollends mit diesem verfälschten Papiere zu krönen.

Solchem nach neuerdings betrogen, meine Freunde und besonders denjenigen gutgesinnten Theil des Publicums, der durch schlechte gehaltlose, unter dem Mißbrauche meines Namens nachgepfuschte Tabacksfabrikate, sich nicht betrogen finden, oder mißwissentlich zu solchem Betruge die Hände bieten will, auf meine vorhinnige öffentliche Warnung mittelst dieser Bekanntmachung aufmerksam zu machen, bemerke ich wieders

holt und ersuche, genau und wohl zu beachten, stets gleiche innere Güte der Waare selbst und ihre eigenthümliche äußere schönere Form und Packung, vornehmlich den schönen rothen Druck, überdieß noch im Papier-Umschlage jedem Packet zur Seite herauf das obbeschriebene Wasserzeichen meines Namens, und zwar dergestalt enthalten, daß selbiges

1) vollkommen deutlich lesbar in gehörig schöner Form und Stellung der Buchstaben überall scharf ausgedruckt erscheint; daß
2) der Name in allem eilf Buchstaben zähle und von diesen die drey ersten, als Anfangsbuchstaben größer, als die übrigen achte seyn müssen;
3) von diesen eilf Buchstaben keiner willkürlich verändert weggelassen oder hinzugefügt, oder außer der Ordnung versetzt — keiner von der zugetheilten gleichen Größe abweichend, oder in verschobener und verkehrter Stellung — noch weniger die Schrift in einander geflossen und unleserlich seyn darf; daß endlich
4) die ganze Stellung des Namens nicht umgekehrt gegen den Rand des Packet-Umschlags sichtbar seyn muß.

Uebrigens dient den betreffenden Nachpfuschern — sowohl Tabacks, als Papier-Fabrikanten — hiermit zugleich zur Nachricht und Warnung, daß ich sie namentlich, sammt ihrem Thun und Treiben, recht gut kenne, daß ich Original-Briefe, Proben und sonstige gegen sie zeugende unleugbare Beweise in Händen habe, daß ich davon denjenigen Gebrauch, den mir Recht und Billigkeit erlauben, zu machen wissen und daher gewiß keinen Anstand nehmen werde, ihre Namen und ihr allem Gefühl der Ehrliebe so sehr zuwiderlaufendes Beginnen, öffentlich darzustellen — insofern sie sich nicht enthalten, meinen Namen und Fabrikzeichen ferner zu mißbrauchen, und auf diese unerlaubte Art zu bewirken oder beyzutragen, nachgepfuschte, unter eigenem Namen unverkäufliche Tabacks-Fabrikate fälschlich für echte Waare auszugeben.

Cassel im Hessen den 18 April 1807.

Andreas Heinrich Thorbecke.

Verpachtung eines Ritterguts.

Da der mit dem bisherigen Pacht-Inhaber der Oeconomie des Rittergutes Uhlstädt und dazugehörigen Vorwerks Barrschefeld, auch der am letzten Orte befindlichen Schäferey, im Fürstenthum Altenburg zwischen Cahla und Rudolstadt gelegen, geschlossene Pacht, mit Walpurgis 1808 zu Ende gehet und die allhiesige hochadel. Gutsherrschaft sothane Oeconomie des benannten Rittergutes und Vorwerks nebst der Schäferey von Walpurgis 1808 anderweit zu verpachten sich entschlossen hat; dahero denn

der fünf und zwanzigste Junius dieses
Jahres, ist der Donnerstag nach dem
Johannis-Feste

zu einem Licitations-Termin bestimmt worden; als wird solches hiermit bekannt gemacht, und können alle diejenigen, welche die Oeconomie des hiesigen Rittergutes und dazu gehörigen Vorwerks nebst der Schäferey zu erpachten gesonnen sind, bestimmten Tages bey allhiesigen Gerichten sich melden, ihre Pacht-Licita angeben und sodann sich gewärtigen, daß mit dem, welcher die besten und annehmlichsten Bedingungen machen wird, nach vorgängiger Communication mit der Gutsherrschaft, in nähere Unterhandlung getreten werden wird.

Die nähere öconomische Beschaffenheit des gedachten Rittergutes Uhlstädt und Vorwerks Barrschefeld und der alda befindlichen Schäferey, ingleichen die Specification der Pacht-Inventarii, so wie die Bedingungen, unter welchen verpachtet werden soll, können von jedem Pachtlustigen sowohl bey dem Herrn Oberforstmeister von Schwarzenfels zu Altenberga, als bey dem Hofadvocat und Gerichtsdirector Westhoff in Cahla, so wie bey dem Vice Actuar Ulinsch zu Uhlstädt eingesehen und in Erfahrung gebracht werden.

Signatum Uhlstädt den 11 April 1807.

Adel. Schwarzenfelsische Gerichte alda.

Johann Ernst Heinrich Westhoff,
Ger. Dir.

Verpachtung eines Gasthofs und Vorwerks.

Nachdem der mit Johannis d. J. zu Ende gehende Pacht des herrschaftl. Gasthofs und Vorwerks zum Neuenhaus bey Ilmenau samt dem dasigen Brauwesen öffentlich auf 6 Jahr versteigert werden soll, und hierzu

der 13 May, und
der 1 Junius dieses Jahres

zu Licitations-Terminen anberaumet worden sind; so wird solches hiermit bekannt gemacht und haben sich die Pachtlustigen an obgenannten Tagen bey herzogl. Kammer allhier, wo sie von den Pachtlustigen gehörig unterrichtet werden sollen, Vormittags 10 Uhr zu melden und diejenigen Licitanten, welche in den hiesigen Landen nicht angesessen sind, zuvörderst wegen ihres Vermögens Umstände zu legitimiren, alsdann aber zu gewärtigen, daß

demjenigen, welcher in dem letzten Termin das höchste Gebot thun wird, dieser Pacht bis auf Serenissimi Regentis gnädigste Genehmigung zugeschlagen werden soll; wobey zugleich bekannt gemacht wird, daß in den gedachten Terminen die Teich-Gräserey auf folgenden Flecken: als

1) in der Ilmenauer Flur.
   a) die Gräserey des tippirer Teichs sub No. 646 Cat. an 3/4 Ar. 18 1/4 Rth.
   b) die Gräserey des langewieser Teichs sub No. 657 Cat. an 3/4 Ar. 29 1/2 Rth.
   c) die Gräserey des rigebühler Teichs sub No. 1304 Cat. an 1 Ar. 25 1/2 Rth.
2) in der unterpörlitzer Flur.
   d) die Gräserey des großen und kleinen Streich-Teichs sub No. 12 und 13 Cat. an zusammen 5 Ar. 3 Rth.

mit verpachtet wird, jedoch auf diese Gräserey Flecke besonders zu licitiren ist. Datum Weimar den 27 April 1807.

Herzogl. S. Weimar- und Eisenachis.
Kammer daselbst.

Gutsverpachtung.

Ein Landgut in der Nähe von Fulda, mit ungefähr 700 Morgen Acker, 280 Morgen Wiesen, 30 Morgen Weiher, 10 Morgen Garten, einer Schäferey von 7 bis 800 Stück Schafen, welche größtentheils schon veredelt sind, einer Branntweinbrennerey, einer sehr beträchtlichen Jagd und wilden Fischerey, ist vom ersten Julius dieses Jahres an auf mehrere Jahre aus der Hand zu verpachten. Das Inventarium wird bezahlt oder sonst dafür hinlänglich sichere Bürgschaft geleistet.

Zur Nachricht wird noch bemerkt, daß der Pächter des Gutes durch Kriegsrequisitionen nicht leidet, da dieselben vom Verpächter getragen werden, Gebäulichkeiten und übrigens in besten Stande. Nähere Nachricht darüber ist durch frankirte Briefe einzuholen

bey Fleischer, Canzlist des
Fulda, den 23 April F. Ober-Finanz-Colle-
1807. giums zu Fulda.

Verkauf der Kriegs-Mühle bey Langensalza.

Die am Salza-Flusse gleich vor der Stadt Langensalza gelegene Kriegsmühle, welcher die Zwangs-Gerechtigkeit über die volkreichen Dörfer Schönstedt und Grumbach zustehet, wird hiermit zum freywilligen Verkauf ausgeboten. Sie hat 2 Häuser, auch weitläufige Wirthschafts-Gebäude, und vortreffliche Anlagen zu einer sehr beträchtlichen Branntweins-Brennerey. Auf 3 Mahlgängen können jede Stunde drey Scheffel Getreide gemahlen werden, und außerdem gehört auch eine Oel- und Graupen-Mühle dazu, alles in gutem Stande. Natur und Kunst ist derselben so reichlich zu Hülfe gekommen, daß darauf zu allen Zeiten bey Frost und Hitze, auch bey großen Wassern zu mahlen ist.

Der daran gelegene ohngefähr 6 Acker haltende
Baum- und Grasegarten ist mit den tragbarsten
und vorzüglichsten Obstbäumen besetzt, auch kann
das nahe bey dieser Mühle liegende viele Acker
haltende Specerey-Land alle Jahre zu allen Arten
von Feld- und Gartenfrüchten benutzt werden, und
gehören noch überdieß 5 Acker Wiesen dazu, nebst
einem Garten zu Schönstedt am Oelbache, mit einer Mühlengerechtigkeit. Die Anzahlung der Kaufgelder soll dem Käufer sehr erleichtert werden, und
sind die nähern Kaufbedingungen bey der Besitzerin Frau Keulingin zu Langensalza zu erfahren,
welche auch eine ausführliche Beschreibung dieser
Mühle und Zubehörungen mit darauf haftenden Abgaben, gegen Bezahlung von 8 gl. Schreibgebühren, herausgibt.

Verkauf harzer Kuxe.

Auf die zum Verkauf ausgebotenen nachbenannten von valtejus'schen harzer Bergtheile

a) 1/48 Kux Dorothea.
b) 3/4 Kux Neue Benedicta.
c) 1/12 Kux Carolina.
d) 1/24 Kux Neufang.
e) 1 1/2 Kux Gabe Gottes und Rosenbusch.
f) 1/2 Kux St. Elisabeth.
g) 1/16 Kux Sophie.
h) 1/16 Kux St. Margaretha.
i) 1/4 Kux Gabe des Herrn.
k) 1/16 Kux kleiner St. Jacob.
l) 1/8 Kux Herzog Christian Ludwig.
m) 1/3 Kux Kranich.
n) 1/4 Kux braune Lilie.
o) 11/24 Kux Abendröthe.
p) 1 3/4 Kux Herzog August und Johann Friedrich.
q) 1/16 Kux weißer Schwan   und
r) 1/4 Kux Lautenthals Glück.

Ist in dem ersten Licitationstermin kein annehmliches Gebot geschehen, und daher andermweiter
Termin auf den 27 May angesetzt worden. Es
wird dieß Liebhabern zu dem Ende bekannt gemacht, um
in gedachtem Termine Vormittags auf hiesiger Regierung ihr Gebot zu Protocoll zu thun, wie dann
mit den auf das Ganze gebotenen 250 Rthlr. der
Anfang gemacht werden, und nach geschehenen
weitern Geboten auf das Meistgebot dem Befinden
nach die Zuschlag erfolgen soll.

Sign. Cassel den 20 April 1807.
B. W. Köppel,
kraft Auftrags.

Glocken-Metall.

Eine Partie Glockenmetall von mehrern hundert Centnern sind im Ganzen oder einzeln zu verkaufen; man wendet sich in frankirten Briefen an

Ehrenreich Löper
zu Frankfurt am Main.

Justiz- und Polizey-Sachen.

Steckbrief hinter J. L. F. Steinmann.

In der letztabgewichenen Nacht hat der, wegen
verschiedener Holz-Defraudationen, hier in Haft
und Untersuchung befangen gewesene Jägerbursch,
Johann Ludwig Friedrich Steinmann aus Langewiesen, Gelegenheit gefunden, aus seinem Gefängnisse zu entspringen.

Er ist mittlerer untersetzter Statur, runden
vollen, etwas blatternarbigen Gesichts, hat braune
rund abgeschnittene Haare, spricht gewöhnlich etwas heiser und trug bey seiner Flucht eine braune
kalmuckene Chenille mit breitem Kragen.

Justiz- und Polizeybehörden werden daher,
da an seiner Zurückbringung viel gelegen ist, hiermit dienstergebenst ersucht, auf sothanen Steinmann möglichst genaue Achtung zu machen, ihn
im Betretungsfall zu verhaften und uns davon,
um seine Auslieferung gegen gewöhnliche Reversalien und Erstattung der Kosten veranlassen zu können, gefällige Nachricht zu ertheilen, wobey wir
jede Dienstwilligkeit in ähnlichen Fällen zusichern.

Sign. Gehren den 30 April 1807.
Fürstl. Schwarzburg. Forstamt das.

Vorladungen: 1) militairpflichtiger Schwein-
furter.

In Gemäßheit der allerhöchsten Verordnung
werden nachbenannte militairpflichtige Bürgersöhne,
welche bey der jüngsten Musterung ohne Erlaubniß
abwesend waren, mit der Weisung hierdurch öffentlich vorgeladen, daß dieselben, sofern sie sich in
der Provinz Bamberg befinden, binnen 4 Wochen,
wenn sie aber in den königl. baierischen Erbstaaten
sich aufhalten, in Zeit von 8 Wochen und wenn sie
ganz außer Landes sind, binnen 1 Jahr um so gewisser zurückkehren und sich bey unterzeichneter Behörde zu stellen haben, als gegen die Ausbleibenden die Confiscation ihres gegenwärtigen sowohl,
als zukünftigen Vermögens eintreten wird, so wie
sie des Landes-Schutzes und immer verlustig erklärt werden. Schweinfurt, den 22 April 1807.
Königl. Verwaltungs-
Vt. der königl. Stadt-   Rath dahier.
Commissär v. Lutzen-   J. P. Cramer,
berger.   Bürgermeister.
Wagner, Actuar.

1) Jacob Steuerlein, Büttner.
2) Andreas Gurjahr, Schreiner.
3) Johann Michael Binder, Säckler.
4) Christoph Friedrich Henz, Schwerdtfeger.
5) Philipp Henz, Schwerdtfeger.
6) Johann Lorenz Söz, Schneider.
7) Johann Andreas Weber, Rothgerber.
8) Martin Zill, Weber.
9) Peter Zill, Weber.
10) Adam Götz, Schneider.
11) Simon Gitterlein, Müller.
12) Georg Gotthard Gitterlein, Müller.

13) Friedrich Peter, Gärtner.
14) Lorenz Schönmann, Hutmacher.
15) Joh. Elias Striel, Weber.
16) Christoph Friedrich Heil, Uhrmacher.
17) Benedict Enzelmann, Schuhmacher.
18) Nicolaus Beyer, Hufschmidt.
19) Ulrich Kirchner, Nagelschmidt.
20) Georg Brändlein, Bauernknecht.
21) Jacob Entjahr, Seiler.
22) Heinrich Müller, Schuhmacher.
23) Andreas Ratzenberger, Fuhrknecht.
24) Vitus Meyer, Drechsler.
25) Friedrich Nicol, Taglöhner.
26) Adam Kupfer, Taglöhner.
27) Georg Balthasar Scipio, Spengler.
28) Johannes Welzich, Zeugmacher.
29) Lorenz Schmidt, Schmidt.
30) Carl Lehnemann, Tuchmacher.
31) Daniel Lehnemann, Schlosser.
32) Heinrich Lehnemann, Schneider.

2) J. Günther's.

Johannes Günther von hier, welcher vor ungefähr 20 Jahren als Beckerknecht in die Fremde gegangen ist, von dieser Zeit an aber von seinem Leben oder Aufenthalt nichts hat hören lassen, oder dessen allenfallsige Leibes-Erben, wird anduch vorgeladen, binnen 9 Monaten entweder selbst, oder durch Bevollmächtigte zur Empfangnahme des unter Verwaltung beruhenden Vermögens dahier sich zu melden, oder aber zu gewärtigen, daß solches, und das etwa ferner anfallende seiner sich darum gemeldet habenden Schwester zur nuzlichen Pflegschaft werde übergeben werden.

Heidelberg, den 7 April 1807.
Großherzoglich Badisches Stadtvogtey-Amt.
Weber. Wundt.
Vidt. Reuther.

3) der Erben oder Gläubiger der Maria Sibylla Bogen.

Alle diejenigen, welche an die Verlassenschaft der im Jahr 1803 zu Kirchheim an der Eck gestorbenen Ehefrau des im Jahre 1783 verlebten Raths-verwandten Conrad Bogen von hier, Maria Sibylla, gebornen Ruppert, aus irgend einem rechtlichen Grunde einen Anspruch zu machen, und solchen bisher noch nicht angezeigt haben, werden hiermit aufgefordert, solchen auf den 25 künftigen Monats May Morgens 9 Uhr dahier richtig zu stellen, und die Verhandlungen über den Vorzug bey Strafe des Ausschlusses von der Masse zu pflegen. Mannheim, den 14 April 1807.
Großherzogliches Stadtvogteyamt.
Ruprecht. Hoffmeister.
Vidt. Schubauer.

4) J. Jac. Eichert's.

Johann Jacob Eichert, des verlebten Bürgers Jacob Eichert von Ubstatt eheliger Sohn,

dermahlen 74 Jahr alt, welcher schon lange, man weiß nicht wo, abwesend ist, oder dessen allenfallsige rechtmäßige Leibes-Erben werden zum Empfang des in 3244 fl. 55 1/2 kr. bestehenden elterlichen Vermögens a dato innerhalb 9 Monaten unter dem Nachtheil hiermit vorgeladen, daß er sonst nach gesetzlicher Vorschrift für todt erkläret, und sein Vermögen an seine nächsten Anverwandten frey und eigenthümlich verabfolget werden solle.

Bruchsal, am 13 April 1807.
Großherzogl. Badisches Landamt.
Gußmann.
Fränzinger.

5) Jac. Schue's.

Nachdem Jacob Schue von Griesheim, vor 22 Jahren, bey der kaiserl. königl. Reichswerbung in Offenburg sich engagiren lassen, in der Folge dem kaiserl. kön. Regiment Terzi, Nr. 16 der Zeit Erzherzog Rudolf genannt, zugetheilet, am 6 May 1796 aber in Kriegsgefangenschaft gerathen, und von da nicht mehr zurückgelanget ist: so wird derselbe oder dessen allenfallsige rechtmäßige Leibes-Erben hiermit vorgeladen, binnen einem Jahre und drey Tagen vor dirseitigem Oberamt oder der demselben untergeordneten Vogtey Griesheim zu erscheinen, und sein, oder ihres Erblassers in 483 fl. bestehendes Vermögen zu erheben, widrigens dasselbe den darum sich meldenden nächsten Anverwandten gegen Caution würde eingeantwortet werden.

Offenburg, am 10 Horn. 1807.
Großherzogl. Badisch. Oberamt der Landgrafschaft Ortenau.
Kleinbrod.

6) Jacob Stöhr's.

Jacob Stöhr, seiner Profession ein Metzger, von Gottenheim aus dem Breisgau gebürtig, ist schon 32 Jahre abwesend, ohne daß man etwas von seinem Aufenthalt oder Daseyn erfahren konnte.

Nachdem nun seine hierländische Geschwister um Einantwortung seines unter gerichtlicher Pflegschaft stehenden Vermögens von ohngefähr 1000 fl. angesucht haben, so werden hiermit gedachter Jacob Stöhr oder dessen eheliche Abstämmlinge aufgefordert:

binnen 1 Jahr und 6 Wochen sich um so gewisser zu melden und zu legitimiren, als sonst sein Vermögen auch ohne Caution seinen sich hier Landes befindenden nächsten Anverwandten eingeantwortet werden wird.

Freyburg, von den 10 Januar 1807.
Großherzoglich Badisches auch Lehnamt der Herrschaft Kranzenau.
Manz.

7) J. H. Höe's.

Johann Heinrich Höe aus Hopfgarten bey Erfurt gebürtig und am 11 November 1709 geboren, hat sich schon seit mehr als 50 Jahren aus der hier

...gen Gegend entfernt, ohne daß sein nachheriger
Aufenthalt hier bekannt wurde. Während seiner
Abwesenheit sind ihm aber zwey Acker Land in der
allendorfer Flur erblich zugefallen, und seine, so
viel bekannt ist, nächsten Verwandten Ernst und
Caspar Tobias Schleevogt aus Allendorf haben
deswegen bey dem unterzeichneten Amte den Pro-
vocations-Proceß gegen ihn anhängig gemacht.

Der Johann Heinrich Zoe und dessen Erben
werden daher hiermit vorgeladen, in dem auf
den 11 November dieses Jahres früh 9 Uhr
angesetzten Termine, oder vorher sich persönlich
oder durch legitimirte Bevollmächtigte an Amtsstelle
zu melden, und die Klage zu beantworten. Im
Fall niemand erscheinen sollte, wird auf Todes-
Erklärung und was dem anhängig nach Vorschrift
der Gesetze erkannt werden.

Erfurt im Amte Azmannsdorf, am 14 Januar
1807.
Heinemann.

8) der Gläubiger F. W. Ziemann's.

Wir Bürgermeister und Rath der Altstadt
Hannover fügen hiermit zu wissen:

Nachdem der hiesige Bürger und Kaufmann
Friedrich Wilhelm Ziemann angezeigt, daß er sich
außer Stande befinde, seine andringenden Gläubiger zu befriedigen, und solchemnach der Concurs-
proceß erkannt und wegen Sicherstellung der Gütermasse das Erforderliche verfügt worden: also ist
auch Terminus auf den 8 May d. J. Freytags nach
Rogate berahmt und angesetzt, in welchem alle
diejenigen, welche an bemeldeten Kaufmann Ziemann aus irgend einem Grunde etwas zu fordern
haben, Vormittags um 11 Uhr auf dem hiesigen
Rathhause in Person oder durch hinlänglich bevollmächtigte Anwälde zu erscheinen, ihre Forderungen
ad Protocollum anzuzeigen, und die darüber etwa
in Händen habenden Documente in Originali einzureichen, Kraft dieses und unter der Verwarnung,
daß die sich sodann nicht Meldenden mit ihren et-
wenigen Ansprüchen präcludirt, und ihnen ein
ewiges Stillschweigen auferlegt werden soll, öffentlich citirt und vorgeladen werden.

Gegeben Hannover, den 6 April 1807.
(L. S.)   Jussu Senatus.
G. L. C. Heiliger, Sect.

9) J. Chrph. Lattich's.

Der Tuchmacher Johann Christoph Lattich,
vorgeblich aus Wien gebürtig, so bey einem Jahr
mit Annen Brigitten gebornen Müller allhier in
der Ehe gelebt hat, aber vor 4 Jahren von selbi-

...ger gegangen ist, und seit dem nichts von sich hören
lassen, wird hiermit aufgefordert,
Mittwochs den 1 im Julius d. J.
vor unterzeichneter Gerichtsstelle zu erscheinen und
auf eine, von gedachter seiner Ehefrau gegen ihn
erhobene Ehescheidungs-Klage antwortlich sich
vernehmen zu lassen, oder zu gewärtigen, daß er
für einen bößlichen Verlasser erkläret, und dem
gemäß weiters erkannt werde w. R.

Lengsfeld, am 1 April 1807.
Freyherrl. von Boineburg- und von
Müllersches geistliches Gericht.

10) der Gläubiger W. Bloch's.

Die auswärtigen Gläubiger des hiesigen Bürgers Wilhelm Bloch, deren Forderungen noch
nicht eingeklagt sind, werden hierzu wegen eingetretenen Concurses, bey Vermeidung des Ausschlusses von gegenwärtiger Vermögens-Masse, auf
Dienstag den 11 May dieses Jahrs des
Vormittags 9 Uhr
vorgeladen.

Schlitz bey Fulda, am 16 April 1807.
Gräfl. Görtzisches Justiz-Amt.

Frankfurter Wechsel-Cours.

Den 1 May 1807.

	Briefe.	Geld.
Amsterdam in Banco k. S.		
,, ,, ,, 2 Mon.		
Amsterdam in Courant k. S.	144 1/4	
,, ,, ,, 2 Mon.	143 3/4	
Hamburg k. S.	150 1/2	
,, ,, 2 Mon.	150	
Augsburg k. S.	100 1/4	
Wien k. S.	46	
,, ,, 2 Mon.		
London 2 Mon.		
Paris k. S.		.78
,, 2 Uso.		77 3/4
Lyon	78 1/2	
Leipzig M. Species		
Basel k. S.		
Bremen k. S.	110	

Druckfehler. In Nr. 85 S. 877 Z. 18 von unten lies Nachtigall statt Herr Nachtigall. *)

*) Unter dem angenommenen Namen Otmar gab der Prorect. J. K. Christph. Nachtigall "Einige Winke über Volkssagen und Volkserzählungen, nebst drey Volksmährchen, in W. G. Becker's (in Dresden) Erhohlungen 2 S. 1796.   d. Red.

Allgemeiner Anzeiger
der
Deutschen.

Sonnabends, den 9 May 1807.

Künste, Manufacturen und Fabriken.

Einige Beyspiele, wie sehr der Werth von Materialien durch Verarbeitung erhöhet werden kann.

Bey unsern Tüchern beträgt die Wolle, das rohe Material, gewöhnlich nur 1/5 des Preises, also 4/5 wird durch die künstliche Verarbeitung gewonnen. Für 1000 Thaler Wolle kann nicht leicht, für 5000 Thlr Tücher sehr leicht transportirt werden.

Eine kleine Quantität Flachs, roh 2 gute Groschen (9 Kreuzer) werth, spinnt der Schlesier und verkauft das Garn zu 2 Thaler (3 Gulden 36 Kreuzer.) Daraus macht der Holländer Zwirn zu 24 Thlr., und aus diesem Zwirn machen die Brabanter Spitzen, und verkaufen sie zu 200 Thlr. (360 Gulden.)

In England kostet eine Tonne Eisen 10 Pfund Sterling. Wird es nur zu groben Arbeiten verarbeitet, 56 Pfund Sterling. Natürlich ist dieß noch auffallender, je feiner die Arbeit ist. Und bey den feinsten Stahlarbeiten versichert man, daß ein Quentlein Stahl, das 3 bis 4 Pfennige kostet, durch die Verarbeitung auf 1 Ducaten komme. Vorzüglich sichtbar ist dieß bey chirurgischen Instrumenten. — Schweden hingegen führt sein Eisen meist roh aus. Von den englischen chirurgischen, aus Stahl gemachten Instrumenten müssen die Schweden 1 Loth bezahlen mit einem Schiffpund (300 Pfund) rohem Eisen — ein kleines Taschenmesser mit 5 Lispfund (5 mahl 15 oder 75 Pfund.) Der feinste Stahldrath kostet 100 mahl so viel als Stangeneisen.

Allg. Anz. d. D. 1 B. 1807.

Von einer ganz feinen Uhr ist das Silber etwa 1 Ducaten werth, die Uhr selbst 25 Thaler.

Die kleinen vorzüglich feinen Fischangeln werden am meisten und schönsten zu Waidhofen an der Ips in Niederöstreich verfertigt. Hiervon gehen 6310 Stück auf 1 Loth. Ein Loth kostet 26 Gulden. Hieraus folgt, daß 1 Centner Stangeneisen, 7 bis 8 Gulden werth, durch diese Verarbeitung auf 83,200 Gulden im Werthe steige.

Der spanische Schriftsteller Ustarus, ein sehr genauer und zuverlässiger Beobachter erzählt, daß zu seiner Zeit die Spanier 1 Centner Eisen zu 4 Piaster an die Ausländer verkauften. Sie hatten damahls in Biscaya herrliche Gewehrfabriken. (Haben auch jetzt noch fast die besten Gewehrfabriken in Europa.) Diese lieferten jährlich 20,000 Stück. Hätten die Spanier die Gewehre an die Ausländer verkauft, so hätten sie für einen Centner Eisen 25 Piaster bekommen können; sie sagten aber, wenn sie ihre Gewehre verkauften, so würden sie nachher mit ihren eigenen Gewehren bekrieget werden.

Anfrage.

Wo findet man den amerikanischen Pfeifenofen, der im 8. B. der ältern größern Schriften der leipziger oeconom. Societät v. J. 1790, S. 314 beschrieben worden ist, abgebildet? Da derselbe allen Rauch und den meisten davon entstehenden Ruß verbrennt, so würde dieß ein Beytrag zu den neuern Geschicklichkeiten dieser Rubrik werden. Man bittet, im allg. Anz. der Deutschen um Nachricht. Dieß kann als dann Anlaß geben, über das Verbrennen des Rauches, (wovon sich der sonst in Menge anlegende Ruß, als unverbranntes Material, erzeuget,) besonders auch für dieses Blatt bestimmte Erläuterungen zu ertheilen, wie dem, in einem in den freyberger gemeinnützigen Nachrichten befindlichen Aufsatze (Num. 49. S. 432 v. J. 1806) zu befürchtenden Rußausräumen abgeholfen werden könne.

Allerhand.

Verschiedene Art und Absicht zu unterstreichen.

Im allg. Anz. sind die Worte der preuß. Verordnung aus Ortelsburg (S. 617) so unterstrichen: „So lange der Krieg dauert, wird der Unterofficier und Gemeine, wenn er sich durch Gewandheit und Gegenwart des Geistes besonders auszeichnet, so gut Officier, als der Fürst."

Im politischen Journal 7 S. 94 ist das wichtige Wort besonders ganz weggelassen, und die übrige Stelle sieht so aus: So lange der Krieg dauert, wird der Unterofficier und Gemeine so gut Officier wie der Fürst. Wenn das politische Journal (welches, daß es so, wie es mit der republikanischen Freyheit und Gleichheit war, nicht bleiben könne, so lange unermüdet versichert hat, bis es endlich wahr geworden ist) durch das Unterstreichen der Worte dem Concipienten der Verordnung nicht hat einen versteckten politischen Verweis geben wollen über dieses tadelhafte Gleich machen der Gemeinen mit den Fürsten (worin doch eine doppelte unüberwindliche Ungleichheit steckt) so hätte es politische Journal, dessen Beynamen ich hier doppelt unterstreiche, lieber gar nicht unterstreichen sollen.

Beyläufig, im allg. Anz. ist die Verordnung vom 12, im politischen Journal aber vom 1 Dec. angegeben; welches ist der richtige Tag? Oder ist beydes wahr und eins? Und die neue Abhängigkeit schon bis auf die Annahme des Kalenders ausgedehnt?

O+O+O.

Nachricht.

Die vom Hrn. Lieut. D. eingeschickte Empfehlung der Pillen des D. G. kann im allg. Anz. nicht abgedruckt werden, d. R.

Gelehrte Sachen.

Einige Bemerkungen zur Anzeige dessen, was Schulkinder in der Bibel lesen sollen? — in Nr. 262 des allg. Anz. 1806.

Es ist allerdings zu wünschen, daß in mehrern Gegenden Deutschlands die Prediger und Landschullehrer bey Lesung der Bibel auf eine schickliche Auswahl Rücksicht nehmen. Ich mache daher auf zwey bereits hierüber erschienene Schriften aufmerksam, die schon an mehrern Orten in Sachsen von Predigern und Schullehrern gebraucht werden. Die eine Schrift unter dem Titel: Neuer historischer Bibel-Catechismus für die Jugend, in den Bürger- und Landschulen, von C. G. Fix, erschien bereits im Jahr 1800 bey Tasché (vormahls zu Chemnitz in Sachsen) jetzt in Gießen, unter der Firma: Müller und Tasché, und kostet 16 gl. Dieser Catechismus erstreckt sich übers alte und neue Testament im ersten Abschnitt, so wie im zweyten über die biblischen Personen und Alterthümer, auch etwas von der biblischen Genealogie, Chronologie u. s. w., desgleichen enthält er das Wissenswürdigste von den Geldsorten, Gefäßen, Maßen, der Zeitrechnung der Alten u. s. w. zum Verständniß der heiligen Schrift, und im dritten Abschnitt einen kurzen Abriß der biblischen Geschichte, zum Gebrauch eines erbaulichen und nützlichen Bibellesens. Die zweyte Schrift, die ebenfalls von dem durch mehrere Schriften bekannten Privatgelehrten C. G. Fix in Chemnitz, bey Friedr. Schumann zu Zwickau und Leipzig im Jahr 1806 erschienen ist und 13 gl. kostet, hat die Aufschrift: Biblische Lections-Tabellen des alten und neuen Testaments mit Anmerkungen. Eine Anweisung, wie die biblischen Bücher und Capitel mit Bedacht und in solcher Zahl sind ausgelesen worden, daß man ohngefähr innerhalb zwey Jahren damit füglich durchkomme. Zum Gebrauch in Betstunden, und sonst beym öffentlichen und Privatgottesdienste, wie auch in Schulen, als ein Beytrag zum neuen historischen Bibel-Catechismus. — Die Vorreden des gedachten Verfassers in beyden Schriften sind sehr lesenswerth, auch dürfte eine nach der Auswahl dieser LectionsꞏTabellen gedruckte und veranstaltete kleine SchulꞏBibel für manche Schullehrer und Prediger kein unangenehmer Verlagsartikel seyn, wodurch denselben Gelegenheit gegeben würde, ihr Amt in mancher Hinsicht noch nützlicher zu führen; mir ist es übrigens genug, auf obige beyde Schriften aufmerksam gemacht zu haben.

Von einem Schullehrer im
Erzgebirge.

Auch etwas, Dr. Luther's Uebersetzung
der Bibel betreffend.

Hosea 6, v. 9. — Und die Philister sammt ihrem Haufen sind wie die Ströter, so da lauren auf die Leute ꝛc. ꝛc. und sie würgen.

In einer baseler Bibel ist das Wort Ströter durch eine Räuberbande berichtiget worden; wozu nun wol kein großes Nachdenken gehört hat. Ein Problem möchte es aber doch für viele bleiben, warum sich Luther nicht lieber des bekanntern Wortes Straßenräuber statt des gewiß in keinem Wörterbuche stehenden: Ströter bedient hat. Die wahrscheinliche Ursache davon ist aber diese: Luther hat bekanntlich einige Zeit in Schmalkalden zugebracht; mußte auf seiner Reise nach Gotha ꝛc. das jetzt fast von lauter Fuhrleuten bewohnte Dorf Struth öfters passiren, und da kam er einmahl in Gefahr, auf Anstiften der Pfaffen, aufgehoben oder ermordet zu werden. Aus Aerger, wahrscheinlich, hat er den Struthern in seiner Uebersetzung ein Schandmahl setzen wollen. Daß der kluge, brave Luther aber ein ganzes Dorf einiger Bösewichter, oder vielmehr Verführter wegen, auf ewige Zeiten, für Straßenräuber hätte erklärt haben wollen, glaube ich nicht. Auch jener Berichtiger hat nichts zur Ehrenrettung der Struther gethan: er hat sich nur damit begnügt, zum Frommen der Einfältigen, die Sache als gleichbedeutend zu erklären.

Dienst ꞏ Gesuche.

Ein junger Oeconom, welcher schon verschiedene Jahre als Verwalter und auch als RechnungsꞏFührer conditionirt hat, worüber er gültige Zeugnisse beybringen kann, wünscht so bald als möglich wieder eine

annehmliche Stelle zu erhalten. Frankirte Briefe unter der Adresse an G. A. wird die Expedition des allg. Anz. besorgen.

Familien ꞏ Nachrichten.
Aufforderungen.

1) Mein Sohn Friedrich Christian Ropp, welcher bisher bey dem Kaufmann Herrn Gottlob Fischer zu Erfurt in der Lehre gestanden, hat sich am 1 May dieses Jahres, früh, ohne meinen und seines Lehrherrn Willen entfernt, und mehrere von selbigem vor seinem Weggang gethane Aeußerungen lassen vermuthen, daß er den Vorsatz, sich nach Hamburg und andern großen Seestädten zu begeben, auszuführen suche.

Alle Menschenfreunde, welche den Schmerz der Eltern gewiß mit fühlen, werden daher hierdurch ersucht, im Fall ihnen von dem dermahligen oder künftigen Aufenthalt dieses jungen Menschen — zu dessen Beruhigung übrigens die Versicherung hinzugefügt wird, daß ihm die zu weiterer Ausführung seines frühern Vorsatzes nöthigen Mittel nicht entstehen werden — etwas bekannt werden sollte, alsbald einige Nachricht an die Expedition des allg. Anz. in Gotha gelangen zu lassen und der dankbaren Erstattung aller, auf die Unterstützung des Entwichenen oder sonst gemachten Auslagen versichert zu seyn.

Mein ohne Paß, Geld und Kleidungsstücke weggegangener Sohn ist im 18 Jahre seines Alters, untersetzter Statur, vollen runden Angesichts, blond von Haaren und Teint und hat bey seinem Weggange angehabt, einen schwarzgrauen Oberrock mit weißen Knöpfen, runden Huth, gelbe Weste, braun manschesterne lange Beinkleider und Stiefel. Molsdorf im Herzogthum Sachsen Gotha den 4 May 1807.

Christian Friedrich Ropp.

2) Herr von Rockritz, ehemahls Lieutenant im preußischen DragonerꞏRegimente von Wobeser, wird hiermit ersucht, seinen dermahligen Aufenthalt durch die berliner oder frankfurther Zeitung kund zu machen. Durch Willfahrung dieser Bitte wird er gerichtlichen Verfolgungen zuvorkommen.

Justiz - und Polizey - Sachen.

Bekanntmachung.

In den proclamatibus, die am 17 September 1802 über den Nachlaß des hier verstorbenen Senator Beck erlassen worden, sind ihm die Vornamen Johann Gottlieb, die er hier führte, gegeben. Da aber aus den Legitimations-Papieren seiner Erben hervorgeht, daß er nicht Johann Gottlieb, sondern Burchard Zacharias Gottlieb geheißen habe; so wird solches hierdurch öffentlich bekannt gemacht, und jeder, der an dieser Bemerkung ein Interesse hat, geladen, selbiges am 30 Junius dieses Jahres Vormittags 10 Uhr vor hiesigem Waisen-Gerichte anzugeben, und sofort erweislich zu machen, oder zu gewärtigen, daß er von der gleich nach dem Termin an die längst angemeldeten und legitimirten Erben zu vertheilenden Masse auf immer werde abgewiesen werden.

Sig. Malchin, den 15 April 1807.

Verordnetes Waisen-Gericht.

Vorladungen: 1) der Gläubiger der Freyhrn. Chrn. und F. L. Ferd. Goehler von Ravensburg.

Alle diejenigen, welche ihre Forderungen an die verstorbenen Freyhr. Christian und Friedrich Ludwig Ferdinand Goehler von Ravensburg noch nicht bey der bestandenen ritterschaftlichen Theilungs - Commission angezeigt haben, werden hiermit aufgefordert, binnen 6 Wochen selbst, oder durch hinlänglich Bevollmächtigte dahier zu erscheinen, oder zu gewärtigen, daß sie von der Masse ausgeschlossen werden sollen.

Mannheim, den 20 März 1807.

Großherzogliches Hofgericht der Badischen Pfalzgrafschaft.

Courtin.   Wolff.

Stein.

2) der Erben oder Gläubiger Gr. Sans's.

Der kurzlich dahier verlebte, aus Giessheim in Franken gebürtige, ehemahls zu Ober- und Nieder-Hochstadt bey Landau als Pfarrer gestandene Georg Sans hinterließ eine letzte Willensmeinung, worin derselbe das katholische Hospital dahier als Erben seiner Nachlassenschaft einsetzte. Es werden daher alle diejenigen, welche an solche entweder aus einem Erbrechte, oder sonst eine Forderung zu haben glauben, dadurch aufgefordert, ihre allenfallsigen Ansprüche binnen 4 Wochen sub hier geltend zu machen, widrigenfalls aber zu gewärtigen, daß sie ferner nicht mehr gehöret, sondern die Nachlassenschaft nach Vorschrift des Verlebten vertheilet werde. Heidelberg, den 23 April 1807.

Großherzogl. Badisches Stadtvogtey-Amt.

Sartorius.   Vors.

Vdt. Reubter.

3) J. Hansack's.

Nachdem Maria Hansack aus Dotzheim bey Uns klagbar vorgestellt, daß ihr Ehemann, Johannes Hansack aus Böhmen gebürtig, unter dem Vorwand, zu Betreibung eines Ochsenhandels sich im Monat Februar 1802 in sein Vaterland zu begeben, seit dieser Zeit aber nichts von sich hat hören lassen, sondern sie bößlich verlassen habe, zugleich gebeten hat, sie der Ehe da her von ihm zu entbinden, und ihr eine anderweite Verehlichung zu gestatten, auch hierauf gegenwärtige Edictalcitation in Rechten erkannt worden; als wird vorbenannter Johannes Hansack dergestalt hiermit citiret und vorgeladen, daß derselbe a dato binnen drey Monaten vor dahiesigem herzogl. Consistorio erscheinen, auf die gegen ihn angestellte Eheschei dungsklage antworten, oder aber gewärtigen soll, daß im Ausbleibungsfall, und auf weiteres Ansuchen seiner Ehefrau, nichts destoweniger fortgefahren, und was Recht ist, in contumaciam gegen ihn erkannt werden soll.

Wiesbaden, den 22 April 1807.

Vt. Philgus.

Kauf - und Handels - Sachen.

Verpachtung einer Mühle.

Nachdem die allhiesige hochadel. Wangenheim. mit zwey Mahlgängen versehene und bis zum 1 Junius d. J. verpachtete sogenannte Obermühle den 21 d. M. als Donnerstag nach Pfingsten, öffentlich anderweit unter den zu bestimmenden Bedingungen verpachtet werden soll; als wird solches hierdurch bekannt gemacht, und können sich Pachtlustige gedachten Tags Vormittags 10 Uhr an ordentlicher Gerichtsstelle melden, ihre Gebote thun und sich der Pachtüberlassung sothaner Mühle gegen die annehmlichsten Bedingungen gewärtigen.

Sonneborn bey Gotha den 2 May 1807.

Hochadl. Wangenheim. Gerichte daselbst.

Heinrich Wachler.

Natur - und Kunst - Seltenheiten.

Eine beträchtliche Sammlung von Natur- und Kunstseltenheiten, worunter Edel- und viele anders geschliffene Steine, viele Sorten von Stufen, und eine Menge Conchylien und Petrefacta an Tausenden allerley Art, nebst einer kleinen Holz- und Schmetterlings-Sammlung und einigen Amphibien in Spiritus, wird weit unter dem Werthe, für 200 Ducaten angeboten. Unter den Kunstsachen sind auch chinesische. *)

*) Der Herr Kammer - Secretair Hartmann und Herr Chaussee - Secret. Fleischmann in Meiningen werden über obige Sammlung auf Verlangen, nähere Auskunft geben.

Allgemeiner Anzeiger
der
Deutschen.

Sonntags, den 10 May 1807.

Literarische Nachrichten.

An Buchhandlungen.

Das bekannte
Noth und Hülfsbuch für katholische Leser eingerichtet von Placidus Muth, Abt des O. d. H. Benedict auf dem St. Petersberg zu Erfurt 1 u. 2 Thl. à 6 gr. oder 27 kr.
ist nicht mehr in der Beckerschen Buchhandlung zu haben, sondern allein bey dem königl. bayerschen Schul-Bücher-Verlags-Amt in München.

Vorschriften.

Carl Schindler's, Schreiblehrer an der Bürgerschule zu Leipzig, größere Vorschriften, nebst Anweisung 1 Rthlr. 12 gl.
Ferner:
Ebendesselben kleinere Currens und französische Vorschriften, 56 Blättchen auf Pappe, im saubern Doppelfutteral mit bunter Einfassung 1 Rthl. 2 gl. ohne Einfassung 20 gl. roh 16 gl.
sind durch jede Buchhandlung, so wie bey dem Verfasser zu bekommen. Der Rabatt ist bey dem letztern schon mit berechnet, die größern erhält man unmittelbar beym Verfasser (Hintergasse 2217.) für 1 Rthl. 2 gl. sächs.
Beyde Werkchen sind übrigens wohl zu bekannt, als daß sie einer Anpreisung bedürften.

Kupferstiche.

Der General Graf von Kalkreuth, in ganzer Figur zu Pferde, wurde während seines letztern Aufenthalts in Leipzig von Herrn Geißler allhier trefflend gezeichnet und gestochen. Da nun jetzt aufs neue alle öffentliche Blätter von diesem verdienstvollen tön. preuß. Heerführer sprechen, und ihnen zufolge derselbe, erst kürzlich vom Kaiser russischen, General Kaminskoi mit dem Andreasorden, den dieser selbst trug, beehrt wurde; so zeigen wir an, daß obiges Porträt in groß 4 Format auf Velinpapier, colorirt für 12 Gr. zu haben ist im Industrie-Comptoir in Leipzig.
Ferner ist daselbst erschienen:
Abbildung des sogenannten 1sten königl. preuß. Infanterie-Regiments in k. k. französischen Diensten, organisirt zu Leipzig durch den Fürsten von Isenburg. Gezeichnet und gestochen von C. G. H. Geißler, und nach den eigenthümlichen Uniformen illuminirt.
Ein Blatt in groß 4. Preis 8 Gr.

Musikalien.

Verzeichniß neuer Verlagswerke von Johann André in Offenbach. 2c. 177.
Haydn's Schwanengesang: Hin ist alle meine Kraft. Quartett für 4 Singstimmen mit Clavierbegleitung. (Auflösung des vermeintlichen Canons) 30 kr.
Rode op. 17. 9s Conc. für Violin C dur. 3 fl.
Viotti 2ss. Conc. arrang. für Flöte von Gianella.
H mol 1 fl. 30 kr.

- 3 Duetten für 2 Flöten 2 fl.
- op. 55. 3 neueste Duetten für 2 Violinen 2 fl. 30 kr.

Devienne 9s. Conc. für Flöte E mol 2 fl. 45 kr.
- 11s Conc.   dito   D dur 3 fl.
- 12 dito   dito   A dur 3 fl.

André Duetten op. 27. arrang. von Arnold 2 fl.
- Anleitung zum Violinspielen, in stufenweise geordneten Uebungsstücken, mit deutschem und franz. Text, 1r u. 2r Theil, jeder 2 fl. 30 kr.
- instructive Variationen fürs P. F. um sich mit der Eintheilung der Noten, mit den Pausen, Abbreviaturen und Spielmanieren auf eine leichtfaßliche Art bekannt zu machen, deutsch und französisch 1 fl. 20 kr.
- Walzer fürs Orchester, 2te Samm. 1 fl. 30 kr.
- dito Clavier   dito   30 kr.

Kommers Duetten für 2 Flöten, arrang. von André, 2te Samml. 2 fl.

Allg. Anz. d. D. 1 B. 1807.

Steibelt, op. 65. Fantasie fürs Piano-Forte
1 fl. 24 kr.
—— op. 57. No. 1. Son. für P. F. mit Flöte 1 fl.
30 kr.
—— op. 68. No. 6. Bacchanal. 1 fl. 30 kr.
—— die Jagd fürs P. F. mit Violin 1 fl. 15 kr.
—— 3 Duetten für 2 Flöten 2 fl.
—— op. 66. Variationen fürs Piano-Forte 1 fl.
15 kr.
—— Walzer fürs P. F. mit Tamburin 30 kr.
Beethoven, Adelaide, mit Guit.Begleitung 30 kr.
Voigt, Polonaise für Violoncelle mit Orchester
1 fl. 12 kr.
Baillot op. 5. Var. für Violin 1 fl.
Hünsel op. 12. Var. für Violoncelle mit Orchester 1 fl. 30 kr.
Kaezkowsky, op 1. 10 Var. für Violin mit
Begleitung. 48 kr.
—— op. 2. 4 Polon. für Violin mit Begleitung
36 kr.
—— op. 5. 4 Var. für Violin mit Begleitung 36 kr.
Niccolo, französische Romance mit F. V. 18 kr.
Wittassek, 6 Menuets für 2 Flöten 30 kr.
Schneider, 3 Quart. für Flöte op. 40. 2 fl. 45 kr.
B. Romberg, Var. für Violin und Violoncelle
1 fl. 15 kr.
Werrlein, 9 Walzer fürs Piano-Forte 36 kr.
Gebauer, op. 52. 6 leichte Duetten für 2 Flöten
2 fl.
Deimar, op. 47. 5 Son. für P. F. mit Violin 2 fl.
Mozart Ouverture für Orchester, aus der Entfüh-
rung, mit Schluß von André 2 fl.
Berger, Ergötzung mit Clavierbegleitung 36 kr.
—— Elotar mit Guitarre-Begleitung 30 kr.
Weigl, Marsch aus Festa's Feuer für P. F. 10 kr.

Sind in Gotha bey J. G. Schade und in allen
Musikhandlungen zu haben.

Bücher-Verkäufe.

Eine Partie Lesebücher über 300 Stück, alle
gut gebunden = 3 fl. 6 pf. sind zu verkaufen. Liebhaber belieben sich in frankirten Briefen mit der Aufschrift A. W. in B. an die Expedition des Allg.
Anz. d. Deutschen in Gotha zu wenden, die sie an
den Verkäufer besorgen wird.

Periodische Schriften.
Inhaltsanzeige
von
Vogts (N.) europäischen Staatsrelationen
achten Bandes erstes Heft. Frankfurt am Main in
der Andrea'ischen Buchhandlung.
I. Der Feldzug vom Jahre 1807.
II. Schlacht bey Eylau.
III. Ueber die politischen Verhältnisse zwischen
Frankreich und England, nebst den abge-
brochenen Beylagen.

IV. Politische Bemerkungen über die Geschichte der
Deutschen. Fortsetzung.
V. Die Dardanellen. Nachtrag zu dem Feldzug
von 1807.

Bücher-Anzeigen.
Für Lehrer und Freunde der römischen Alterthumskunde.

In der Walther'schen Kunst- und Buchhandlung zu Erlangen ist erschienen:
Lehrbuch der römischen Alterthümer für Gymnasien und Schulen. Von M. Johann Leonhardt Meyer, 2te verm. u. verb. Auflage.
Mit VI Kupfertafeln.
Der Herr Verfasser ist derselbe Gelehrte, welcher
das nach dem Englischen des Herrn Adams bearbeitete Handbuch der römischen Alterthümer *)
im nämlichen Verlage in zwey Bänden herausgegeben hat. Der Plan, nach welchem dieses kleinere
Lehrbuch, das wir gegenwärtig ankündigen, ausgearbeitet worden ist, ist neu, und von den Methoden, nach welchen die römischen Alterthümer, in
größern und kleinern Werken bisher abgehandelt
worden sind, verschieden. Der Herr Verf. folgte
bey der Entwerfung derselben theils seinen eigenen
Einsichten, theils benutzte er die vortrefflichen Grundrisse, welche die Herren Prof. Heyne und Siebens
kees zum Gebrauch bey ihren Vorlesungen herausgegeben haben. Der Zweck, welchen er sich bey der
Ausarbeitung dieses Lehrbuches vorgesetzt hat, ist,
Lehrern und Jünglingen einen bequemen Leitfaden beym ersten Unterricht in der römischen Alterthumskunde in die Hände zu geben, welcher mehr,
als ein bloßes Skelet seyn soll. Er glaubt dadurch
einem wirklichen Bedürfniß auf Gymnasien und
Schulen abzuhelfen zu haben, indem die bereits
vorhandenen Lehrbücher in diesem Zweige der Wissenschaften theils durch zu große Kürze und Unvollstän-
digkeit, theils durch unnöthige Weitschweifigkeit und
Mangel an einer lichtvollen Ordnung und Darstellung der Materien ihrem Zweck nicht vollkommen
zu entsprechen scheinen. Der Verfasser des gegenwärtigen Lehrbuchs suchte Kürze mit Vollständigkeit,
und Gründlichkeit mit zweckmäßiger Ausführlichkeit
zu vereinigen. Insbesondere bemühte er sich, junge
Leute in den Geist der Staatsverfassung und Gesetzgebung der Römer, wie auch ihrer Sitten, Gewohnheiten und Gebräuche einzuleiten. Er benutzte

*) Handbuch der römischen Alterthümer zur voll-
ständigen Kenntniß der Sitten und Gewohnheiten der Römer zum leichtern Verständniß der lateinischen Classiker, durch Erklärung
der vornehmsten Worte und Redensarten, die
aus den römischen Sitten und Gebräuchen erläutert werden müssen. Für Lehrer und Lernende. II. Bände. Mit XI. Kupfertafeln. 2te
verbesserte und vermehrte Auflage. gr. 8. Erlangen 1806. (Preis 2 Rthlr. 8 Gr. oder 5 fl.

bey der Ausarbeitung mehrerer Materien das größere Werk von Adams, und suchte nicht nur durch lichtvolle Ordnung in der Darstellung derselben, sondern auch durch Beybringung verschiedener neuer Gegenstände und durch neue Sach- und Worterklärungen sich ein neues Verdienst zu erwerben. Ueberhaupt kann das erwähnte größere Werk als Commentar zu diesem kleinen Lehrbuche gebraucht werden, und die Verbindung beyder dürfte sowohl beym Unterricht als beym eignen Studium nicht ohne wesentlichen Nutzen seyn.

Dieses kleinere Lehrbuch ist auch mit sechs schönen Kupfertafeln geziert, und der Herr Verfasser hat darauf Bedacht genommen, vornämlich solche Vorstellungen zu wählen, welche für junge Leute instructiv sind. Das Titelkupfer enthält eine schön gestochene Dea Roma, die 2te Kupfertafel eine vestalische Jungfrau in ihrer priesterlichen Kleidung, aus dem Museo Mediceo; die 3te Kupfertafel enthält ein römisches Theater, aus Gravii Thesaurus; die 4te einen Pflug von der ältesten und einfachsten Form, nebst andern ländlichen Werkzeugen aus Hesiods Opera et Dies; die 5te ein römisches Lager aus dem Lipsius, und die 6te Abbildungen von den verschiedenen Kronen, welche als Belohnungen der Tapferkeit gegeben wurden. Der äußerst mäßige Preis dieses schön gedruckten, 1 Alphabet und 5 Bogen in gr. 8. starken Buchs ist 1 Rthlr. oder 1 fl. 20 kr.

In allen Buchhandlungen ist zu haben: Hüllmann's Geschichte des Ursprungs der Stände. 2r Thl. gr. 8. 1 rthlr. 6 gl.

Dieser zweyte Band ist schon in der letzten Michaelismesse erschienen, hat aber, der Zeitumstände wegen, erst zu Anfange dieses Jahres versandt werden können. Wenn schon der erste Band dieses Werks die Aufmerksamkeit des historischen Publicums erregt hat, so dürfte dieß der zweyte noch mehr, da derselbe in spätere Zeiten herabgeht, und größtentheils der Geschichte des hohen und niedern Adels gewidmet ist. Der Reichthum der Materien hat den Verfasser bewogen, für den vielleicht interessantesten Theil des Werks, für die Geschichte des deutschen Bürgerstandes und städtischen Gewerbes im Mittelalter, einen besondern dritten Band zu bestimmen, der die Arbeit beschließen und nächstens erscheinen wird.
Frankfurt an der Oder den 23 März 1807.
Academische Buchhandlung.

Neue Verlagsartikel der Buchhandlung der Erziehungsanstalt in Schnepfenthal. Oster-Messe 1807.
Beutler's, J. H. C. Sittenlehren und Klugheitsregeln in Versen für Schullehrer zum Vorschreiben und für Kinder zum Lernen. Fünfte vermehrte Auflage. 8. 1807. roh 1 Gr. gebunden 2 Gr. 6 Pf.

Wer 1 Speciesthaler baar an die Verlagshandlung einsendet, erhält 50 rohe oder 36 gebundene Exemplare.
Der Bothe aus Thüringen, Jahrgang 1807, mit Zeitungsnachrichten 1 Thlr. ohne Zeitungsnachrichten 20 Gr.
Salzmann's, C. G., Heinrich Gottschalk in seiner Familie, oder erster Religionsunterricht für Kinder von 10 bis 12 Jahren. Wohlfeile unveränderte Auflage. 8. 1807. 8 Gr.
Dessen Ameisenbüchlein, oder Anweisung zu einer vernünftigen Erziehung der Erzieher. Wohlfeile unveränderte Auflage. 8. 1807. 8 Gr.
Dessen A B C und Lesebüchlein, oder Anweisung auf die natürlichste Art das Lesen zu erlernen. Zweyter Theil. Neue verbesserte Auflage. 8. 1806. Druckpapier 6 Gr. Schreibpapier mit schwarzen Kupfern 1 Thlr. 18 Gr.
Dito mit illuminirten Kupfern 2 Thlr. 22 Gr.

So eben ist bey uns wieder erschienen:
„Neuestes Magazin für Leichenpredigten, in „welchem auf jeden möglichen Fall passende „theils ungedruckte, theils aus gedruckten „Werken abgekürzte Leichenpredigten auch „Dispositionen zu denselben enthalten sind rc. „Erster Band, zweyte verbesserte Auflage. „1807." gr. 8. 18 gl.

In dem wir die Existenz der zweyten Auflage dieses mit so ausgezeichnetem Beyfalle aufgenommenen Magazins anzeigen, bitten wir, die Vorrede zu der zweyten Auflage um so weniger zu übersehen, weil in derselben der Gehalt der, über die drey ersten Bände des Magazins in die Theol. Annalen aufgenommenen Recensionen näher gewürdigt, und wie das Publicum dieselbe zu taxiren habe, umständlicher dargelegt worden ist.

Zugleich bemerken wir, daß der 4te Band des Magazins ebenfalls die Presse verlassen, und für 18 gl. bey uns zu bekommen ist.
Frankfurt OM. 1807.
Gebhard und Körber.

Bey Großmann und Horwitz in Hamburg werden zur leipziger Jubilate-Messe und Johanni 1807 folgende Werke erscheinen, und an die Buchhandlungen versendet werden:
Vogel's, D. Ch. J. Prof. empirische Psychologie und allgemeine Logik, ein Leitfaden zu Villaume's praktischer Logik 8.
Orphal, W. E. der Philosoph im Walde, eine Thierseelenkunde 8. 1 Rthlr. 8 gl.
Taschenbuch für Freunde der Declamation mit Schiller's Portrait 12. 1 Rthlr. 12 gl.
Winter, ein, in London, aus dem Englischen übers. Mit einem in London gestochenen Titelkupfer 8.
Hamilton's, John, Hamburgisches englisches Lesebuch oder Chrestomathie 8. 12 gl.
Nach Johanni:

Henrici, Dr. G. Ueber den Begriff und die letzten
Gründe des Rechts gr. 8.
Hegel's, D. Ch. J. Prof. Gedrängte Darstellung
der Gesch. u. d. Staatsveränderungen d. Römer.
Ein Taschenbuch für die reifere Jugend. 12.

Zur Oster-Messe 1807. ist bey uns erschienen
und in allen guten Buchhandlungen um beyge-
setzte Preise zu haben:
Brüder, die ungleichen. Ein Roman mit komischen
Zügen und moralischer Tendenz. 8. 1 Rthlr.
Liebesabentheuer, bestanden von Vater u. Sohn.
Ein komischer Roman. 8. 1 Rthlr.
Mörlin, F. A. Chr., Almano und Ermina, Rache
und Liebe, Schicksal und Freyheit. Eine mor-
genländische Erzählung aus dem letzten Jahre des
18ten Jahrhunderts. 8. Mit 1 Kupfer.
— — — Antigona, Züge der Pietät aus dem
Alterthum. 8. Neue Auflage 12 gl.
Schmiedgen, J. G. D., Die Liebe am See bey
Vollmergrün. 8. 2 Bde mit Kupfern. Neue
wohlfeile Ausgabe 2 Rthlr.
Da der Werth dieser drey letzten Werke schon
in einigen öffentlichen Blättern anerkannt werden
ist, indem sie sich sehr von den gewöhnlichen Roma-
nen auszeichnen, so bedarf es bloß einer Anzeige
der neuen Ausgabe, um das lesende Publicum darauf aufmerksam zu machen; denn hier findet man
wirklich Nahrung für Geist und Herz.
Eisenberg, im April 1807.
                        W. Schöne et Comp.

In allen Buchhandlungen ist zu haben:
Katechismus zum Gebrauch für alle Kirchen
des französischen Reichs. Aus dem französischen übersetzt von M. A. F. Marr. Leipzig
bey Gerh. Fleischer dem jüngern. 1807. 16 gl.

Bey Joh. Georg Ernst Wittekind in Eisenach erschienen bereits im vorigen Jahre:
„Handbuch der Erfindungen, von Gabr.
Chr. Benj. Busch. Dritten Theils zweyte
Abth. den Buchstaben „D„ enthaltend, gr. 8.
Ladenpr. 18 ggl.
„Gewiß wird dieses den Kennern dieses Werks
willkommen seyn. Den bekannten Fleiß und die
Sorgfalt des würdigen Herrn Verf. wird man auch
in diesem Bändchen nicht verkennen, wenn man
diese Auflage mit der ersten vergleicht. Der Buchstabe „D„ faßte in der ersten Ausgabe nur 37 Seiten, und in der neuen 262 S. in sich; in der ersten
Ausgabe waren 69 Artikel, die jetzt den Namen, welche jetzt weggelassen sind, und in dieser sind 187
Artikel so ausgearbeitet, daß man das Streben des
Herrn Verf. nach Vollkommenheit deutlich bemerken kann. Besonders wird man sich durch die Artikel: Dampfmaschine, Dichtkunst, Diplomatik,

Dogmatik, u. s. w. befriedigt finden. Von eben
diesem Werke erscheint bald nach der Ostermesse das
folgende Bändchen, den Buchstaben „E„ enthaltend.

Geschichte des türkischen Reiches, von J. G.
A. Galletti. Gotha, 1801. Dieses Werk empfehlen wir denen, welche durch die bedeutende Rolle,
die jetzt die Pforte in dem kriegführenden Europa
führt, zu der Geschichte dieses Staates hingezogen
werden.'' Diese Geschichte ist bis auf die neuesten
Zeiten fortgesetzt, und darauf soll ein besonderer
die türkische Staatskunst betreffender 2ter Theil
nachfolgen. Gotha.   J. Perthes.

An die Besitzer des Elpizon.
Am Ende des 2ten Theils der neuen Ausgabe
des Elpizons sagt der Herausgeber:
„Wer den 2ten Theil des Elpizons mit Nutzen
lesen will, der thut wohl, wenn er vorher das
Phädon liefet. Beyde Bücher gehören in der
That zusammen. Im Phädon ist das Daseyn
Gottes so bewiesen, wie es nur bewiesen werden
kann; und je gestärkterm Glauben an Gott man
also an Elpizon kommt, desto stärker wirken dann
auch die Beweise desselben aus der Gottesidee für
die menschliche Fortdauer.''
Von diesem Buche ist jetzt gleichfalls eine neue
Ausgabe erschienen unter dem Titel:
Anhang zum Elpizon
in allen Buchhandlungen à 1 Rthlr. 4 gl. zu haben.

Verlagsbücher der Buchhandlung von Breitkopf
und Härtel in Leipzig.
Gesner, (Prof. in Leipzig,) Kritik d. Moral. 8.
1 Thlr. 8 gr.
— — Demokrit, oder freymüthige Gespräche über
Moral, Religion u. s. w. 2 Bände. 8. 2 Thlr.
Wagner, (J. J.) Theorie der Wärme und des
Lichtes. 8. 10 gl.
— — Philosophie der Erziehungskunst. gr. 8. 1 Thlr.
4 gr.
— — Von der Natur der Dinge. In 3 Büchern.
gr. 8. 3 Thlr.
— — über das Lebensprincip. gr. 8. 1 Thlr. 4 gr.
— — System der Idealphilosophie. gr. 8. 1 Thlr.
12 gr.
— — Staatswissenschaft und Politik im Grund-
risse. gr. 8. 1 Thlr.
— — Journal für Wissenschaft und Kunst. 1s Heft.
gr. 8. 1 Thlr.
Kanne, (J. A.) neue Darstellung der Mythologie
der Griechen. 8. 1 Thlr. 12 gr.
Uebersicht, encyclopädische, der Wissenschaften des
Orients, aus sieben arabischen und türkischen
Werken übersetzt. Den Freunden und Kennern
der orientalischen Litteratur gewidmet von einem
derselben Beflissenen in Constantinopel. 3 Thlr.
12 gr.

Allgemeiner Anzeiger
der
Deutschen.

Montags, den 11 May 1807.

General-Pardon.

Von Gottes Gnaden Wir August,
Herzog zu Sachsen ꝛc. ꝛc.

Thun hiermit kund und zu wissen: daß seit einiger Zeit mehrere in Unsern Kriegsdiensten stehende Mannschaft sich zur Desertion hat verleiten lassen, und zum Theil aus Furcht der Strafe zu ihren Fahnen zurück zu kehren Anstand findet.

Wir hätten zwar sehr gerechte Ursache, dieses Verbrechen an dergleichen pflichtvergessenen Ausreißern nach aller Strenge zu ahnden, wenn Wir nicht auf der andern Seite Uns überzeugten, daß mehrere von ihnen sich desselben aus Leichtsinn und Verführung schuldig gemacht haben.

Aus landesväterlichem Wohlwollen für Unsere Unterthanen finden Wir Uns daher bewogen, für diesesmahl sämmtlichen Deserteurs von Unsern Truppen – jedoch mit Ausschluß der Unterofficiere, welche von den Wachen, auf den Märschen und im Felde entwichen sind, und ihre Fahnen verlassen haben, wie auch diejenige Mannschaft überhaupt ausgenommen, welche nach dem 15 dieses Monats entweichen wird – dergestalt Verzeihung angedeihen zu lassen, daß diejenigen von ihnen, welche binnen drey Monaten von dem 15 dieses Monats an gerechnet, bis zum 15 August dieses Jahres, mit Bereuung ihres Verbrechens, bey den hier und zu Altenburg befindlichen Garnisonen, sich wieder einfinden und anmelden werden, gänzlich begnadigt und mit aller Strafe verschont,

Allg. Anz. d. D. 1 B. 1807.

diejenigen aber, welche sich bey erwähnten Garnisonen binnen der ihnen gesetzten dreymonatlichen Frist nicht einstellen werden, mit Confiscation ihres gegenwärtigen und zukünftigen Vermögens angesehen, und wenn sie auf öffentliche Ladung beharrlich ausbleiben, für meineidige Deserteurs erklärt, und nicht allein nach Befinden deren Namen an die Justiz geschlagen, sondern auch, wenn davon einer oder mehrere angetroffen und eingebracht würden, der oder dieselben, nach der Strenge der Kriegsrechte bestraft werden sollen.

Zu dessen Urkund haben Wir gegenwärtigen General-Pardon bekannt zu machen, auch dieses mit Unserer Handunterschrift und vorgedrucktem herzoglichen Insiegel vollzogene Patent an gehörigen Orten zu affigiren befohlen. Gotha, den 1 May 1807.

(L. S.) **August, H. z. S.**

Justiz- und Polizey-Sachen.
Ueber Diebe und Diebesbanden. ꝛc.
(Beschluß zu Nr. 120 S. 1233–1239.)

3) Zender hat von dem meyerschen Diebstahle nur einen halben Thawwers-Antheil bekommen, und diesen Antheil wahrscheinlich um deswillen erhalten, weil er diesen Diebstahl baldowert und dem Brade ausdrücklich bedeutet gehabt, er möchte damit warten, weil er dabey selbst mit zugegen seyn wolle, um ihn zurecht zu weisen, wo die Gelder ständen. Brade hat nicht gewußt, daß Zender damahls nicht zu Hause

gewesen, und nun doch in Abwesenheit des J. den meyerischen Diebstahl verübt.

4) Eben dieselbe Bewandniß hat es auch mit dem wiesingschen Diebstahle.

5) Muß die Aussage des Mortje über solche Puncte immer der Aussage des Jeremias Jnig vorgezogen werden, weil letzterer ein Chawwer von Brade nicht gewesen ist. Auch ist

6) der Satz außer allem Zweifel, daß, wenn einige bradesche Chawwer noch während ihrer Diebesverbindung mit Brade irgendwo einen Diebstahl, ohne ihn, z. E. auf Schillesgängerart verübt haben, Brade keinen Pfennig davon abbekommen hat, und darnach ist es an sich glaublich, daß im Gegentheil Brade gleichfalls nicht schuldig gewesen sey, denen seiner Chawwer, welche während der Verübung eines Diebstahls abwesend waren, einen Theil von dem Diebstahle abzugeben.

Sämmtliche bradesche Chawwer sind sich einander völlig gleich gewesen. Es haben keine Distinctionen unter ihnen Statt gefunden, und keiner von ihnen hat bey Verübung der Diebstähle eine besondere Verrichtung gehabt, sondern jeder hat sich dabey dazu gebrauchen lassen müssen, wozu Brade ihn hat gebrauchen wollen. Doch sind dem Brade alle solche Chawwer nicht von gleichem Werthe gewesen. Die herzhaftesten, verwegensten Kerls sind ihm die liebsten gewesen, z. E. Hoffmann, Kramer, Mortje und Mauschel Aelzet. Hoffmann und Mauschel Aelzet standen auch schon um deswillen bey Brade sehr in Achtung, weil sie vorhin selbst schon Ballmassematten gewesen waren. Deshalb hat Brade auch, ohnerachtet er sonst immer bey allen seinen Massematten der Ballmassematten gewesen ist, bey einigen Diebstählen verstattet, daß sie Ballmassematten seyn dürfen, und so ist Hoffmann bey dem wiesingschen und Mauschel Aelzet bey dem bartelsschen Diebstahle Ballmassematten gewesen.

Wenn Brade mit mehrern Chawwern eine Reise irgendwo hin gemacht gehabt, um einen Massematten zu handeln, der Massematten nicht gelungen und Brade mit seinen Chawwern unverrichteter Sache wieder zu Hause gereiset ist, so haben Brade und seine mitgereiset gewesenen Chawwer die Reise- und sonstige Kosten zu gleichen Theilen tragen müssen.

Ohne Brade's Vorwissen und Genehmigung haben seine Chawwer seine Klamones, insbesondere den Nebbemoosche, nicht nehmen und zu Verübung eines Diebstahls nicht gebrauchen dürfen.

Brade hat an Klein-Klamones, d. h. an Dieterichen und Diebesschlüsseln, über 100 Stück gehabt, vom kleinsten bis zum größten, und er hat alle Schlösser, selbst die allerkünstlichsten, nicht allein mit seinen Dubes-Instrumenten in wenigen Minuten eröffnen können, sondern auch diese Eröffnung, wie z. E. bey dem hildesheimischen Kämmerey-Diebstahle, den er selbst sein Meisterstück genannt haben soll, mit einer solchen Geschicklichkeit und Behändigkeit verrichtet, daß man an den Schlössern auch nicht die geringste Spur irgend einer Verletzung hat wahrnehmen können.

Seine Einbrüche und Diebstähle hat er mit einer solchen Vorsichtigkeit verübt, daß Mortje versichert, er glaube, es hätte jemand nicht allein in dem Zimmer, sondern dicht vor dem Fenster, in welches Brade eingestiegen, schlafen können, und derselbe würde dennoch von dem ganzen Actus des Stehlens nicht das Mindeste gehört haben. Es sind auch wirklich mehrere Diebstähle von ihm verübt worden, wo er den Bestohlnen die gestohlnen Gelder und Sachen dicht vor deren Betten weggenommen hat.

Der Nutzen, den sowohl das Publicum, als auch die Aemter und Gerichte, bey Inquisitionen wider Kasse-Diebe und Diebesbanden von der Bekanntmachung dieser Nachrichten haben können, ist meines Bedünkens an sich klar. Ich will jedoch einige Bemerkungen hierüber nachfolgen lassen.

1) Gegen die Bestehlung der Jommaksener können. Reisende in den Aubergen sich dadurch sicher stellen, daß sie ihre Gelder und Kostbarkeiten nicht in ihren Zimmern behalten und verschließen, wenn sie ausgehen, oder an der Table d'hôte speisen, sondern selbige dem Wirthe in Verwahrung geben. Einem holsteinischen Grafen, der diese Vorsicht nicht gebrauchet hatte, hat der Jommaksener Schmul Frankfurter zu Kiel aus dessen Zimmer in der Auberge, während der

Graf an der Table d'hôte zu Mittag ge-
speiset, 1900 Thaler gestohlen.

2) Gegen die Schränker = Diebstähle
kann man sich dadurch ziemlich sichern,

a) daß man die Zimmer, wenigstens
vorn heraus und an den freystehenden Wänden, mit einem hohen Panehlwerke versieht;
daß man.

b) den Fensterladen-Riegelkrampen so
stark und so lang machen läßt, daß er inwendig umgenietet werden kann, wo es dann mit
dem Herausreißen so leicht kein Noth haben
wird;

c) die Verwahrung des Fensterladen-
Riegels durch einen von außen nach innen
gehenden eisernen Bolten, mit einem inwendig durch selbigen gesteckten kleinen eisernen
Splinte taugt nichts, weil die Diebe, wenn
sie diese Einrichtung beym Baltowern des
Diebstahls bemerkt haben, nur den Knopf
des Boltens mit einer Kneipzange zu fassen
und den Bolten umzudrehen brauchen, wo
dann schon das kleine eiserne Splint heraus-
fällt. Einige Splinte sind jedoch mit einer
Feder versehen, die, wenn das Splint durch
den Bolten gesteckt worden, vorspringt, und
dann das Herausfallen des Splints aus dem
Bolten unmöglich macht.

d) Man hat selbst hier in Hannover verschiedentlich die eisernen Fensterladen-Riegel
(ich meine die eisernen Querstangen) durch
ein auswärts an dem Hause befindliches
Schloß befestigt. Da nun die Eröffnung
eines Schlosses den Dieben mit ihren Dieter-
richen und Diebesschlüsseln so gar leicht ist,
so muß ich diese Verwahrungsart des Fensterladen-Riegels gerade für die aller un-
sicherste halten, und ich halte mich verpflichtet, hierauf aufmerksam zu machen.

Ich muß hierbey noch einen besondern
Umstand anführen.

Brade hat in Braunschweig mit mehrern seiner Chawwer einen nächtlichen Diebstahl auf folgende listige Art sehr leicht
verübt:

Er geht des Abends mit seinen Chawwern
auf der Gasse spazieren, und findet ein
Dienstmädchen mit dem Zumachen der Fensterladen beschäftigt. Das Mädchen hat den
Fensterladen schon zugemacht, den Querriegel davorgelegt und den Bolten schon durch

den Querriegel gesteckt, als einer seiner
wohlgekleideten Chawwer sich mit ihm ins
Wort giebt, und nun während dessen ein
anderer Chawwer den Bolten herauszieht,
den Querriegel leise herunter läßt, und nun
den Bolten wieder durch das Loch steckt.
Das Mädchen, das hieraus kein Arges gehabt hat, geht nun ins Haus und verwahrt den durchgestochenen Bolten mittelst
Durchsteckung des Splints, ihrer Meinung
nach, ganz sicher. Brade hat darauf in der
Nacht den nicht ganz unbeträchtlichen Diebstahl ohne alle Mühe verübt.

e) Man muß sich, besonders auf dem
Lande, denn in Städten hat es mit Schränker-Diebstählen so leicht nichts zu sagen,
wiewohl freylich Brade auch in Städten
deren genug verübt hat, wachsame Hunde
halten, und die des Abends spät oder des
Nachts nicht frey auf dem Hofe herumlaufen
lassen, sondern in dem Hause behalten, und
zwar so, daß die Diebe ihnen nicht beykom-
men und ihnen nicht von außen ein vergifte-
tes Stück Pfannkuchen (Jäger) zuwerfen
oder zustecken können. Besonders gut ist es
auch, wenn in Beamten-Häusern, namen-
lich solchen, worin Geldcassen aufbewahret
werden, des Nachts Licht gebrannt wird,
weil die Diebe dann eine Wache im Hause
vermuthen müssen.

f) Man nehme sich vor solchen unbekannten Juden in Acht, die unter diesem und
jenem Vorwande, um Brillen und seidene
Bänder, Regenschirme und dergleichen zu
verkaufen, Geld zu verwechseln, Glas und
Porzellain zu kitten, (dieß sind lauter wirklich vorgekommene Baltowerfälle) in die
Häuser gehen, um Diebstähle zu baltowern;
oder man beobachte wenigstens die Vorsicht,
daß man, wenn man ihnen Geld verwechselt,
oder ihnen was abkauft, sie nicht wahrnehmen lasse, wo man sein Geld aufbewahre.

Kaufleuten und Geldwechslern rathe ich
insbesondere zu der Vorsicht, die eingehobe-
nen Gelder in ihren Tresen und Comtoirs
des Nachts nicht liegen zu lassen, sondern
sie jedesmahl, wenn es irgend möglich ist,
Abends mit in ihre Schlafkammern zu nehmen. Diese Vorsicht hat, wie mehrere Fälle
davon vorgekommen sind, bey wirklich ver-

übten Schränker-Diebstählen den Brstohlnen-
große Summen Geldes gerettet.

Auf die Stärke und künstliche Einrichtung von Schlössern darf man sich gar nicht
verlassen.

Ich hatte mir hier zu meinem Schreib-
tische ein Schloß bey einem hiesigen, vorzüglich geschickten, Schlosser eigends machen
lassen, von welchem der Schlosser versicherte,
daß es ohne Gewalt, mit einem Dieterich
oder Diebesschlüssel möglicher Weise nicht
geöffnet werden könne, und wirklich der
Schlüssel zu diesem Schlosse war ungemein
künstlich gearbeitet. Ich habe diesen Schlüssel den sämmtlichen hier in Haft befindlich
gewesenen bradeschen Complicen gezeigt, und
alle versicherten einstimmig, daß Brade das
Schloß dennoch im Dunkeln in weniger als
5 Minuten mit seinen Dieterichen eröffnen
würde.

3) Wider die Bestehlung der Dorfkrü-
cker muß man sich dadurch zu sichern suchen,
daß man nie, wie viele thun, seine Geldbörse
in die Rocktaschen steckt, und daß man auf
Jahrmärkten, in Schauspielhäusern und
beym Ausgange aus selbigen, wenn ein Gedränge entsteht, ganz besonders auf seine
Uhr und Geldbörse Acht hat, und selbst auch
dann nicht darauf zu achten unterläßt, wenn
man im Gedränge gezupft oder getreten
wird, als welches solche Diebe oft absichtlich
thun, um die Aufmerksamkeit des zu Bestehlenden von der Bewahrung seiner Uhr und
Geldbörse abzulenken.

4) Geldwechsler können sich aus demjenigen, was von den Stippern vorgekommen ist, die Vorsichtsregeln abstrahiren, daß
sie keinen Unbekannten, und wäre er noch
so galant gekleidet, der Geld bey ihnen verwechseln will, gestatten, bey dem Aussuchen
der umzuwechselnden Geldsorten selbst mit
Hand anzulegen. Wenn sie diese Vorsicht
nicht Statt finden lassen, so hilft ihnen alle
Aufmerksamkeit zu nichts, denn es ist nicht
möglich, die Entwendung des Geldes wahrzunehmen, und wenn man auch unverwand-
ten Blicks auf die Hände sieht.

5) Wenn Reisenden ihre Koffer abgeschnitten werden, so haben sie sich das selbst
beyzumessen.

Denn man muß einen Koffer nie mit
Stricken fest binden, sondern, wenn ma

den Koffer nicht fest schrauben kann, (welches das sicherste ist,) ihn wenigstens mit
einer starken eisernen Kette, und selbige mit
einem guten starken Schlosse dergestalt verwahren, daß das Schloß hinter dem Koffer
und so hängt, daß die Diebe mit der Hand
nicht leicht daran kommen können. Denn
sonst hilft auch dieß nichts, weil die Diebe
die Vorhänge-Schlösser gar leicht mit ihren
sogenannten Abstechern eröffnen können. Man
gestatte auch auf Reisen nicht, daß Unbekannte sich hinten auf den Wagen auf den
Koffer setzen.

6) Wider die Schortenfeller, die oft viel
Unheil anrichten, besonders durch Stehlen
von Stücken theurer Spitzen und Blonden,
die noch leichter, als Cattun und sonstige
Waaren, weg zu practisiren sind, ist die Vorsicht anzurathen, unbekannte Käufer genau
und unablässig zu beobachten.

7) Wider Chasnegänger, wie z. B. die
darsinghäuser Räuber, hilft im Grunde keine
Vorsicht.

In solchen Fällen hilft, wenn man der
Ueberfall zur rechten Zeit gewahr wird, nichts
als muthige Gegenwehr, daß man gleich bey
der Entree ein Paar der ungebetenen Gäste
niederschießt. Solche Kerls sind, auch wenn
ihrer ein Dutzend beysammen sind, dennoch
furchtsam, und man hat Beyspiele, daß ein
einziger, bloß allein mit einem Säbel bewaff-
net gewesener Mann, durch herzhaftes Das
zwischenhauen, eine zahlreiche Räuberbande
verjagt hat. Ist vollends einer der Räuber
niedergeschossen, so machen die andern sich
gemeiniglich gleich davon. Ich rathe jedem,
der auf dem Lande wohnt, sich mit Schießgewehr zu versehen. Auch solche Chasnegänger pflegen doch das zu beraubende Haus
vorher zu lassen, und da macht
es gewiß einen guten Eindruck, wenn sie erfahren, daß man mit Schießgewehr versehen
ist. Man wird nicht leicht finden, daß ein
Forstbedienter von solchen Kerls heimgesucht
worden, und dieß kommt wahrscheinlich bloß
daher, weil sie fürchten, daß ihnen dort ent-
gegengefeuert werden möchte.

Die wider die Bestehlung der Raube-
möfer, Kittenschieber und andern Diebe anzuwendenden Vorsichtsmaßregeln wird man
sich aus der vorbeschriebenen Art und Weise,

wie diese Diebe ihre Diebstähle verüben, gar leicht selbst abstrahiren können.

Aemtern und Gerichten, die Inquisitionen zu führen haben, werden diese, mit aller möglichen Behutsamkeit und Sorgfalt von den brabeschen Complicen eingenommenen Nachrichten, deren Zuverlässigkeit ich wohl verbürgen möchte, in mehrerer Rücksicht nützlich seyn können.

1) Können die Aemter und Gerichte einen ihnen gebracht werdenden verdächtigen Menschen, der an seinem Tabacksbeutel einen vorbeschriebenen Abstecher, hinten auf dem Rücken in seiner Weste eine heimliche Tasche hat, und einen leicht zu erkennenden Riß bey sich führt, auch wenn sich sonst keine Dieteriche oder andere verdächtige Sachen bey ihm finden, bis auf weitere Erkundigung für einen Kessem Dieb halten, und selbigen ihrer besondern Aufmerksamkeit anempfohlen seyn lassen.

2) Werden sie sich daraus von der Nothwendigkeit überzeugen, einen solchen Kerl auf das sorgfältigste visitiren zu lassen, ihm von seinen bey sich habenden Sachen nichts mit in sein Gefängniß zu geben (namentlich nicht ein bey sich habendes Stück Brod oder Wurst) wenn es nicht vorher auf das allergenaueste untersucht worden ist.

3) Müssen sie einen solchen Kerl überhaupt sicher, und, wo irgend möglich, zugleich auch so verwahren, daß er nicht von seinen auf freyen Füßen sich befindenden Cameraden, denen eine diebesgesetzliche Pflicht ist, befreyet werden kann.

4) Sieht man daraus, daß ein förmlich auf Schränker-Art verübter Einbruch und Diebstahl nicht allein immer vorher baldowert, sondern auch immer von mehrern, nie von einem allein, verübt worden.

5) Kann man sich darauf verlassen, daß jemand, der Kessen-Dieben gestohlne Sachen abgekauft hat, wenn er sich sonst zu einem Schärfenspieler qualificirt, (denn auch ein rechtlicher Mann wird oft Arges gestohlne Sachen kaufen) nothwendig wissen müsse, wo die Sachen, gestohlen worden, und daß er die Diebe kenne.

6) Können die von der Einrichtung und Verfassung der Schränker-Banden eingezogenen Nachrichten bey Untersuchungen wider Diebesbanden auf manchen Umstand, in

Ansehung der Eruirung der Imputabilität, und des Concursus ad delicta aufmerksam machen.

7) Weiß ich aus eigener Erfahrung, daß ein Inquirent, der von dergleichen Diebesschlichen, und den Terminis technicis der Diebe unterrichtet — der, ut ita dicam, auch Keß ist — weit eher Kesse-Diebe zum Geständniß bringen kann, als derjenige, der von dem allen nichts weiß.

Ich habe wenigstens Gründe, zu glauben, daß ich der Anführung einiger Diebes-Redens-Arten, und einer Auskramung meiner erlangten Kenntnisse vom Diebeswesen es fast lediglich zu verdanken habe, daß ein Kesse-Schärfenspieler, der schon Jahre lang in Haft gewesen war, und nicht geschlechnet hatte, gleich in dem ersten Verhöre geschlechnet hat.

Schließlich bitte ich sämmtliche Aemter und Gerichte in den hiesigen (hannöverischen) Landen, welche Untersuchungen wider Kesse-Diebe zu führen haben, angelegentlichst, mir, wenn sie über dergleichen Puncte ein Mehreres zu erforschen Gelegenheit haben sollten, solches auf meine Kosten geneigtest mitzutheilen.

Dienst-Anerbieten.

In einer Verlags- und Sortiments-Buchhandlung wird ein junger Mensch von guter Erziehung und mit den nöthigen Vorkenntnissen versehen in die Lehre gesucht; weitere Auskunft ertheile auf frankirte Briefe
Secretair D. Eccard
in Erfurt.

Familien-Nachrichten.

Todes-Anzeige.

Der 27 April entriß mir meinen lieben Mann, den anhalt-bernburgischen geheimen Rath Carl von Brandenstein auf Rockendorf, an einem Nervenfieber. Möchte er in dem Andenken seiner Freunde so fort leben, als er in dem meinigen nie verlöschen wird.

Rockendorf im neustadt-orlaischen Kreise des Königreichs Sachsen den 28. April 1807.
Louise von Brandenstein geborne von Reibniß und Gensau.

Justiz- und Polizey-Sachen.

Vorladungen: 1) militairpflichtiger Wirtemberger.

Reutlingen, im Königreich Wirtemberg.

Unter Androhung der Vermögens-Confiscation und des Verlustes des hiesseitigen Bürger- und Unterthanen-Rechts auf den Fall des ungehorsamen Ausbleibens werden nach Maßgabe der Conscriptions-Ordnung folgende der Militair-Conscription unterworfene Jünglinge aus hiesigem Ober-Amt zur alsbaldigen Rückkehr in ihr Heimwesen, woselbst sie sich bey ihrem vorgesetzten Ober-Amt anzumelden haben, andurch und zwar zum zweytenmahl namentlich aufgefordert, als:

a) Aus der Amts-Stadt Reutlingen: Jacob Heinrich Uber, Kaufmann, Sohn des verstorbenen Kaufmanns Johann Jacob Uber; Johann Adam Werwag, Beck, Sohn des verstorbenen Becken Johann Jacob Werwag; Johannes Helbling, Zeugmacher, Sohn des verstorbenen Meßners Johann Jacob Helbling; Gottfried Benjamin Kocher, Seiler, Sohn des Seilers Johann Georg Kocher; Johann Conrad Bertsch, Fuhrknecht, Sohn des Gerstenmüllers Matthäus Bertsch; Johann Jacob Schäfer, Strumpfweber, Sohn des Weißbecken Jacob Schäfer; Johann Jacob Hummel, Bortenmacher, Sohn des Bortenmachers Johann Jacob Hummel; Johannes Göbel, Rothgerber, Sohn des verstorbenen Rothgerbers Johann Wilhelm Göbel; Matthäus Jacob König, Seiler, Sohn des Seilers Johannes König; Johann Georg Weinmann, Metzger, Sohn des Metzgers Johann Jacob Weinmann, Barthenschlagers Tochtermann; Johann Jacob Bibler, Metzger, Sohn des Metzgers Johann Georg Bibler; Christoph Michael Braun, Bortenmacher, Sohn des verstorbenen Stadtdieners Johann Christoph Braun; Johann Georg Nonnenmacher, Gürtler, Sohn des Becken Johann Conrad Nonnenmacher; Jacob Friedrich Hummel, Metzger, Sohn des verstorbenen Rothgerbers Christoph Peter Hummel; Johann Ludwig Benz, Bortenmacher, Sohn des verstorbenen Kannengießers Daniel Loth Benz; **Lotharius Amandus Wunderlich**, Sohn des verstorbenen Notarii Daniel Loth Wunderlich; Johann Ludwig Faßnacht, Metzger, Sohn des verstorbenen Feld-Schützen Johann Ludwig Faßnacht; Johann Ludwig Gekeler, Weber, Sohn des verstorbenen Rothgerbers Johann Christoph Gekeler; Andreas Wurst, Beck, Sohn des verstorbenen Müllers Johann Martin Wurst; Paul Schäfer, Beck, Sohn des verstorbenen Becken Johann Georg Schäfer; Johann Georg Gmünder, Bortenmacher, Sohn des verstorbenen Bortenmachers Johannes Gmünder; Johannes Ostertag, Fuhrknecht, unehlicher Sohn der Margaretha Merth; Johannes Renz, Strumpfweber, Sohn des Thorwarts Johann Jacob Renz; Johannes Hebsaker, Bortenmacher,

Sohn des Knopfmachers Johann Jacob Hebsaker; Johann Peter Göbel, Weber, Sohn des verstorbenen Gerstenmüllers Johann Peter Göbel; Salomon Walz, Seiler, Sohn des verstorbenen Seilers Johannes Walz; Johann Christoph Carl Vollmar, Weißgerber, Sohn des verstorbenen Scharfrichters Johann Paul Vollmar; Johann Heinrich Gekeler, Weber, Sohn des verstorbenen Rothgerbers Christoph Gekeler; Johann Jacob Friedrich Kehrer, Seiler, Sohn des Drechsler Georg Heinrich Kehrer; Johann Wilhelm Klingmann, unehelicher Sohn der Anna Barbara Aumer; Christoph Melchior Weinmann, Metzger, Sohn des Metzgers Wilhelm Weinmann; Johann Conrad Braun, Schmid, Sohn des Hufschmids Johann Georg Braun; Christoph Michael Gmünder, Fuhrknecht, Sohn des Färbers Johannes Gmünder; Johann Martin Reicherter, Metzger, Sohn des Metzgers Johannes Reicherter; Christoph Jacob Hummel, Rothgerber, Sohn des verstorbenen Rothgerbers Marcus Hummel; Samuel Jacob Rall, Beck, Sohn des verstorbenen Contlors Johann Caspar Rall; Johann Christoph Vohrer, Küfer, Sohn des Küfers Alt-Johann Conrad Vohrer; Franz Kislinger, Bortenmacher, Sohn des verstorbenen Müllers Johann Jacob Hirlinger; Michael Gräninger, Küfer, Sohn des Küfers Michael Gräninger; Eberhard Christian Zittel, Kaufmann, Sohn des Apothekers Stephan Zittel; Johann Caspar Schleicher, Beck, Sohn des verstorbenen Webers Conrad Schleicher; Johann Georg Deurer, Schmid, Sohn des Hufschmids Peter Deurer; Johann Jacob Gekeler, Weißgerber, Sohn des Weißgerbers Caspar Friedrich Gekeler; Georg Martin Eisenlohr, Färber, Sohn des Becken Salomon Eisenlohr; Joseph Klein, Schneider, Sohn des verstorbenen Schneiders Johann David Klein; Johann Georg Jais, Weber, Sohn des verstorbenen Landkrämers Johann Georg Jais; Martin Weinmann, Metzger, Sohn des Metzgers Andreas Weinmann; Georg Michael Mössinger, Buchbinder, Sohn des verstorbenen Buchbinders Johann Georg Mössinger; Johann Georg Reicherter, Metzger, Sohn des Metzgers Johann Martin Reicherter; Johann Peter Lamparter, Metzger, Sohn des verstorbenen Weingärtners Johann Conrad Lamparter; Daniel Votteler, Hutmacher, Sohn des Hutmachers Daniel Votteler; Jacob von Schreyvogel, Kaufmann, Sohn des Kaufmanns David Johann Schreyvogel; Johann Jacob Schaal, Rothgerber, Sohn des verstorbenen Rothgerbers Johann Jacob Schaal; Philipp Theodor Gmünder, Färber, Sohn des Färbers Johannes Gmünder; Johannes Vohrer, Küfer, Sohn des Küfers Jacob Luther; Johann Georg Bibler, Metzger, Sohn des Metzgers Johann Georg Bibler; Johann Georg Weinmann, Metzger, Sohn des Metzgers Wilhelm Weinmann; Johannes

Kurz, Metzger, Sohn des ausgewichenen Metzgers Johann Jacob Kurz; Theodor Astfalk, Müller, Sohn des verstorbenen Müllers Carl Astfalk; Johann Adam Hummel, Rothgerber, Sohn des verstorbenen Rothgerbers Johannes Hummel; Johann Friedrich Scheerer, Metzger, Sohn des verstorbenen Metzgers Jacob Heinrich Scheerer; Johann Jacob Kenngott, Weißgerber, Sohn des verstorbenen Weißgerbers Michael Kenngott; Sebastian Fuchs, Müller, Sohn des Kornmessers Johann Balthas. Fuchs; Johann Georg Bertsch, Strumpfweber, Sohn des Becken Johann Georg Bertsch; Samuel Müller, Weißgerber, Sohn des Pulvermachers Johannes Müller; Andreas Kurz, Sohn des ausgewichenen Landkrämers Erhard Kurz; Joachim Schmid, Schneider, Sohn des verstorbenen Schneiders Joachim Schmid; Simon Friedrich Kurz, Rothgerber, Sohn des ausgewichenen Metzgers Johann Jacob Kurz; Andreas Hurb, Sattler, Sohn des Leistschneiders Johann Jacob Heth; Johann Martin Trisler, Rothgerber, Sohn des Becken Johann Jacob Schaible; Johann Jacob Schaible, Schuster, Sohn des verstorbenen Schneiders Jacob Schaible; Johannes Faßnacht, Metzger, Sohn des Metzgers Ludwig Faßnacht; Johann Jacob Wetzel, Beck, Sohn des verstorbenen Hafners Christoph Wetzel; Adam Friedrich Jäger, Messerschmid, Sohn des verstorbenen Webers Johann Georg Jäger; Jacob Peter Gailer, Buchdrucker, Sohn des Buchdrucker-Gesellen Jacob Peter Gailer; Franz Urban Vogel, Schmid, Sohn des ausgewichenen Schmids Johann Bernhard Vogel; Johann Caspar Kenngott, Conditor, Sohn des Seklers Alt Johann Justus Kenngott; Samuel Rall, Beck, Sohn des verstorbenen Becken Christian Rall; Johann Jacob Wetzler, Kupferschmid, Sohn des Metzgers Peter Wetzler; Jacob Ludwig Müller, Schlosser, Sohn des Sailers Johann Martin Müller; Jacob Vogelwaid, Messerschmid, Sohn der Maria Magdalena Vogelwaid; Johann Jacob Braun, Schmid, Sohn des Hufschmids Johann Georg Braun; Daniel Böbel, Seifensieder, Sohn des Seifensieders Wilhelm Böbel; Johannes Faßnacht, Metzger, Sohn des Metzgers Johann Caspar Faßnacht; Johannes Grüninger, Küfer, Sohn des Küfers Samuel Grüninger; Ludwig Lamparter, Messerschmid, Sohn des Weingärtners Johann Georg Lamparter; Johann Georg Bek, Schuhmacher, Sohn des verstorbenen Schuhmachers Johann Georg Bek; Caspar Friedrich Krug, Rothgerber, Sohn des verstorbenen Becken Caspar Friedrich Krug; Johann Jacob Knapp, Dreher, Sohn des Safflangerbers Johann Jacob Knapp; Simon Astfalk, Sekler, Sohn des verstorbenen Müllers Andreas Astfalk; Jacob Friedrich Ammer, Rothgerber, Sohn des Rothgerbers Urban Ammer; Michael Hebsaker, Buchbinder, Sohn des Knopfmachers Johann Jacob

Hebsaker; Johann Georg Kurz, Rothgerber, Sohn des verstorbenen Rothgerbers Johannes Kurz; Johann Jacob Kalbfell, Metzger, Sohn des Metzgers Johann Dietrich Kalbfell; Johann Georg Vogel, Schmid, Sohn des ausgewichenen Schmids Johann Bernhard Vogel; Johann Christoph Rokenstihl, Bortenmacher, Sohn des verstorbenen Bortenmachers Israel Rokenstihl; Johann Philipp Eisenlohr, Bierbrauer, Sohn des Becken Johann Michael Eisenlohr; Johann Wilhelm Buohl, Beck, Sohn des verstorbenen Bleichers Isaac Buohl; Johann Georg Kurz, Sohn des ausgewichenen Landkrämers Erhard Kurz; Johannes Bohrer, Weingärtner, Sohn des Weingärtners Jacob Heinrich Bohrer; Georg Friedrich Haußmann, Schuhmacher, Sohn des Schuhmachers Johann Jacob Haußmann; Christoph David Votteler, Sattler, Sohn des verstorbenen Kupferschmids Johann Georg Votteler; Johannes Elwerth, Rothgerber, Sohn des verstorbenen Goldschmids Christoph David Elwerth; Johann Georg Schrade, Beck, Sohn des verstorbenen Schneiders Johann Ludwig Schrade; Johann Jacob Bentel, Strumpfwoeber, Sohn des verstorbenen Strumpfwebers Conrad Jacob Bentel; Georg Leopold Jäger, Seifensieder, Sohn des Seilers Johann Leopold Jäger; Johannes Fischer, Rothgerber, Sohn des verstorbenen Zeuchmachers Johann Christoph Fischer; Johann Friedrich Zeihlen, Beck, Sohn des verstorbenen Becken Conrad Zeihlen; Johannes Laur, Glaser, Sohn des Buchdrucker-Gesellen Johann Christoph Laur; Christoph Peter Ramsperger, Sohn der Maria Catharina Bigner; Georg Friedrich Ochs, Zimmermann, Sohn des verstorbenen Nagelschmids Georg Friedrich Ochs; Wilhelm Heinrich Ruof, Beck, Sohn des Färbers Johannes Ruof; Jacob Fuchs, Weingärtner, Sohn des verstorbenen Weingärtners Johannes Fuchs; Johann Jacob Fleischmann, Buchdrucker, Sohn der Regine Judithe Genkinger; Georg Friedrich Buohl, Metzger, Sohn des Zeugmachers und Polizeidieners Jacob Buohl; Daniel Hummel, Seifensieder, Sohn des verstorbenen Seifensieders Johannes Hummel; Matthäus Kocher, Schneider, Sohn des Schneiders Johann Jacob Kocher; Jacob Michael Späth, Schuster, Sohn des Schusters Caspar Späth; Michael Votteler, Weingärtner, Sohn des Weingärtners Christoph Votteler; Matthäus Knapp, Safflangerber, Sohn des ausgewichenen Safflangerbers Matthäus Knapp; Johannes Gailer, Rothgerber, Sohn des Rothgerbers Friedrich Gailer; Johann Balthas Fuchs, Zirkel Sohn des Zimmermanns Alt Johann Balth. Fuchs; Johann Jacob Grüninger, Küfer, Sohn des verstorbenen Küfers Johann Conrad Grüninger; Johann Conrad Lamparter, Müller, Sohn des Müllers Jacob Heinrich Lamparter; Georg Conrad Renz, Schneider, Sohn des Theowärts Johann Jacob Renz; Heinrich Ruoff, Beck, Sohn des verstorbenen Becken Johann Georg Ruoff; Michael Heinrich Seidelmeier, Gärtner, Sohn des verstorbenen Gärtners Johann Jacob Seidelmeier; Johann Georg Spahn, Buchdrucker-Gesell, Sohn der Lucie Hohloch; Johann Peter Fuchs, Beck, Sohn des Zimmermanns Jung Johann Balthas Fuchs; Johannes Heßlen, Schleifer, Sohn des verstorbenen Zieglers Johann Martin Heßlen; Christoph Jacob Wechsler, Weißgerber, Sohn des Weißgerbers Christoph Wechsler; Johann Heinrich Kehrer, Dreher, Sohn des Drehers Georg Heinrich Kehrer; Johann Friedrich Kalbfell, Kammmacher, Sohn des Kammmachers David Kalbfell; Johann Friedrich Göppinger, Kellner, Sohn des verstorbenen Rothgerbers Johannes Göppinger; Georg Michael Wurst, Glaser, Sohn des verstorbenen Müllers Johann Martin Wurst; Eberhard Friedrich Heß, Schlosser, Sohn des verstorbenen Schlossers Johann Jacob Heß; Georg Eberhard Fuchs, Seifensieder, Sohn des Zimmermanns Jung Johann Balthas Fuchs; Daniel Helb, Sattler, Sohn des verstorbenen Rothgerbers Johann Jacob Helb; Johannes Reicherter, Metzger, Sohn des Metzgers Johann Martin Reicherter; Johann Jacob Arnold, Buchdrucker, Sohn des Weingärtners Johannes Arnold; Johann Jacob Fuchs, Zimmermann, Sohn des Zimmermanns Johann Balthas Fuchs; Johann Georg Grüninger, Beck, Sohn des Weingärtners Johann Jacob Grüninger; Benjamin Gottlob Kurz, vormahliger Schreiberey-Incipient, Sohn des Conditors Gottlieb Ferdinand Kurz; Philipp Carl Grüninger, Sattler, Sohn des verstorbenen Küfers Johann Conrad Grüninger; Johann Balthas Fuchs, Zimmermann, Sohn des Zimmermanns Jung Johann Balthas Fuchs; Johann Wilhelm Göbel, Sattler, Sohn des ausgewichenen Sattlers Johann Philipp Göbel; Christoph Sebastian Pappenlauer, Schuster, Sohn des Schusters Johann Georg Pappenlauer; Johann Jacob Wenzel, Bortenmacher, Sohn des verstorbenen Schusters Johann Melchior Wenzel; Carl Friedrich Werwag, Sohn der Rosine Margarethe Werwag; Erhard Kurz, Sohn des ausgewichenen Landkrämers Erhard Kurz; Johann Georg Maier, Weingärtner, Sohn des ausgewichenen Weingärtners Johann Jacob Maier; Johann Jacob Bek, Zimmermann, Sohn des Seilers Johannes Bek.

b) Aus dem Amts-Ort Bezingen: Jacob Kurz und Friedrich Kurz, beyde Metzger, Söhne des Ochsenwirths Johann Georg Kurz; Jacob Schlotterbek, Weber, Sohn des verstorbenen Geigers Martin Schlotterbek; Johann Georg Digel, Strumpfweber, Sohn des Taglöhners Martin Digel; Martin Kirschbaum, Schafknecht, Sohn des Flecken-Schäfers Martin Kirschbaum;

c) Aus dem Amts-Ort Ohmenhausen: Johannes Hack, Schneider, Sohn des verstorbenen Taglöhners Martin Hack; Ludwig Hack, Schuhmacher, Sohn des Bauren Michael Hack; Johannes Weeber, Schneider, Sohn des Bauren Johann Martin Weeber; Johannes Renz, Schuhmacher, Sohn des Bauren Jacob Renz; Johann Georg Hofer, Schuhmacher, Sohn des verstorbenen Zimmermanns Johann Martin Hofer;

d) Aus dem Amts-Ort Wannweil: Jacob Gutbrod, Schuster, Sohn des verstorbenen Schusters Martin Gutbrod; Johann Georg Gutbrod, Sohn des Bauren Johann Georg Gutbrod; Johann Georg Steinmeier, Schmid, Sohn des verstorbenen Maurers Jacob Steinmeier;

e) Aus dem Amts-Ort Bronnenweiler: Johann Jacob Grauer, Strumpfweber, Sohn des verstorbenen Schulmeisters Johann Georg Grauer.
Den 29 Novbr. 1806.
Königliches Ober-Amt daselbst.

2) der Gläubiger des Freyherrn C. L. von Niebecker.

Eingetretener legaler Hindernisse halber kann der, in der auf allerhöchsten Befehl vor allhiesigem königl. sächs. Justizamte anhängig gewordenen Verlassenschaftssache des verstorbenen Herrn Carl Ludwigs Freyherrn von Niebecker, auf den 30 Junius l. J. anberaumt gewesene Liquidations-Termin seinen Fortgang nicht haben, es ist vielmehr der erste September 1807 zu diesem Behuf anderweit präfigiret, und es sind alle diejenigen bekannten und unbekannten Gläubiger, welche an diesen Nachlaß Ansprüche zu machen gedenken, unter den gesetzlichen Verwarnungen auf beregten ersten Sept. 1807 zu Liquidirung und Bescheinigung ihrer Ansprüche, so wie auf den neunzehnten October 1807 zu Ertheilung eines commissarischen Bescheides, oder zur Acten-Inrotulation und deren Versendung nach rechtlichem Verspruch, und den achten December 1807 zur Publication dieser Präclusiv-Sentenz, vermöge der nach Maßgabe des unterm 13 Nov. 1779 ergangenen, die Edictal-Citation in Civilsachen, außerhalb des Concurs-Processes betreffenden Mandats, anderweit erlassenen und sowohl bey hiesigem Amte, als an den Rathhäusern zu Dresden-Leipzig, Freyberg, Altenburg und Cöthen angeschlagenen Edictalien peremtorie vorgeladen worden, welches zu jedermanns Nachachtung bekannt gemacht wird.
Datum Justizamt Borna den 9 März 1807.
Königl. sächs. Commissions Rath und Justiz-Amtmann allda und zu Pegau als
Commissarius Causae
Tobias Gottlob Hänel.

Allgemeiner Anzeiger
der
Deutschen.

Mittwochs, den 13 May 1807.

Nützliche Anstalten und Vorschläge.
Ueber Schul = Aufsicht.

Was haben doch manche sonst gute, kluge, einsichtsvolle, rechtschaffene Männer, die gewiß nicht ihre (ironisch so genannten) guten Ursachen dazu haben, für einen sonderbaren Eifer gegen alles, was Schul-Aufsicht, Schulinspector u. s. w. heißt! einen Eifer, der so weit geht, daß Abhandlungen auf Abhandlungen darüber geschrieben, alle Gelegenheiten, beyläufig einen Ausfall dagegen zu thun, ergriffen, und Sophistereyen, Bußvermahnungen und Halbsatyren erschöpft werden; ja, daß noch neuerlich in Gutsmuths Zeitschrift Jahrg. 7 B. 1 S. 22, „die Erfahrung“ versichert wurde, „daß der Schulinspector der Schulverderber ist!“ Sehen sie denn nicht in jedem wohleingerichteten Staate rund um sich in jedem Fache, bey jeder Classe von Staatsdienern angeordnete Aufsicht? Und ist es deren Daseyn oder ihr Mangel, oder ihre Ausartung, was die Geschäfte und mit ihnen die Staaten verderbt? Wollen diese rechtschaffenen Männer behaupten, alle andere Arten von Staatsdienern seyen weniger gewissenhaft, weniger geschickt, weniger ehrliebend, als die Schulmänner? Oder die Schulmänner seyen durchaus weniger Menschen, als andere, und können nicht einschlummern, sich vernachlässigen, ihre Pflicht verletzen? Alles, was gegen Schulinspectionen vorgebracht wird, gilt entweder unbedingt gegen jede Art Staatscontrolle, oder es ist Sophisterey. Hört man doch nicht auf, zu klagen, zu wünschen, Himmel und Erde zu bewegen,

Allg. Anz. d. D. 1.B. 1807.

um mehr Aufmerksamkeit der Regierungen auf die Schulen zu erwecken! Nun! diese Aufmerksamkeit soll doch nicht bloß im Geben, im Verbessern der Stelle bestehen? Es soll doch wol auch das Amt, das Geschäft verbessert werden? Und dieses kann und darf doch wol nicht von dem Belieben, und den richtigen oder unrichtigen, albernen oder schwärmerischen Ansichten jedes einzelnen Schulmannes abhängen, wenn im Allgemeinen etwas Gutes und Nützliches geschehen soll; wird aber den Schulen die von allen Parteyen längst und laut verlangte Aufmerksamkeit gewidmet, thut der Staat, was man verlangt, macht er die Anordnungen, die Sachverständige, Männer des Faches wünschten, vorschlugen, entwarfen: so muß er ja doch auch dafür sorgen, zu wissen, wie ausgeführt wird, was er anordnete!

Wäre die Rede nur von fehlerhafter Schulaufsicht, so wäre kein Wort dagegen zu verlieren; denn wer würde die in Schutz nehmen? Dann würden Geschäftsmänner gern Vorschläge hören, und lesen und prüfen, um sie zu verbessern. Aber nein! alle Aufsicht, unbedingt alle taugt nichts, ist "total schädlich," (Gutsmuths S. 24) und das „muß dem aufmerksamen Beobachter sogleich in die Augen springen.“ — Ich weiß nicht, ob ich nicht aufmerksam oder nicht Beobachter genug bin, aber das einzige, das mir in die Augen springt, und wovon ich glaube, daß es jedem vernünftigen Manne in die Augen springen müßte, ist, daß es dem rechtschaffenen, seiner Sache gewissen Lehrer, der immer seine Pflicht thut, immer wie vor Gottes Gegenwart

arbeitet, in jeder Minute seiner Pflichterfül-
lung ganz vollkommen gleichgültig, und also
nicht kränkend, nicht beschämend seyn kann
und wird, ob jemand angemeldet oder unan-
gemeldet zu seinem Unterrichte hinzutritt.
Dieses wird auch durch die Erfahrung bestätigt; denn es gab und gibt Schulen und
Erziehungsanstalten, wo es nicht bloß allen
Eltern und Angehörigen, sondern jedem
Reisenden, jedem Pädagogen, jedermann
Jahr aus Jahr ein zu jeder Stunde frey
steht, beliebige oder alle Classen des Unterrichts zu besuchen, und sich länger oder kürzer da aufzuhalten. Wenn das Männer, wie
Neuendorf in Dessau, Salzmann in
Schnepfenthal, Niemeyer in Halle nicht
nachtheilig fanden, so kann man wol hinzusetzen, es sollte allenthalben seyn. Und
wenn die unvermuthete Gegenwart des ersten besten Fremden nicht schadet, warum
sollte denn die Gegenwart eines angestellten,
vernünftigen, mit der Schule bekannten Auf-
sehers nicht mancherley nützen können, vorausgesetzt, daß der Lehrer auch vernünftig
ist, und sie benutzen will?

Der ist wol ein seltenes Sonntagskind,
wer, zum Studiren bestimmt, in seiner
Jugend auf gelehrten Schulen gewesen ist,
und sich nicht wenigstens eines Lehrers erinnert, der sich und seine Classe unverantwort-
lich vernachlässigte! nicht eines andern, der
an Kenntnissen, Fleiß und Amtstreue zwar
musterhaft, durchaus unfähig war, sich
Ansehen zu erhalten, und mit seiner unruhigen Horde fertig zu werden! Wird nicht in
manchen Schulanstalten, um nur die Geschicklichkeit manches Mannes benutzen zu
können, ihm noch ein Lehrer beygegeben,
der ihm die dazu nöthige Ruhe und Folgsamkeit erhält? Kennt nicht jeder aus seiner
Jugendgeschichte solche unglückliche Lehrer,
welche gegen die ihnen über den Kopf gewachsene, unbändige Jugend von ihrem
benachbarten Amtsgenossen Hülfe erwarten;
oder gar suchen mußten? Bey einem tüchtigen Schulaufseher, der seine Schuldigkeit
thut, und so viel Menschenkenntniß hat, das
größte Bedürfniß bald zu entdecken, und daher die Classen am fleißigsten zu besuchen,
welche es am nöthigsten brauchen, kann ein
solches Uebel in dem Grade nicht entstehen
und überhand nehmen.

Aber die Sache spricht so laut für sich
selbst, daß man in der That nicht mehr
nöthig haben sollte, ein Wort darüber zu
verlieren; und daß, wenn übrigens rechtliche
Männer sich gegen alle Aufsicht eifern und
sträuben, dieses wol nur aus einem unstatt-
haften Streben nach der willkürlichsten Unabhängigkeit, und aus demselben Grunde
erklärt werden kann, welchen jener englische
Schullehrer hatte, seinen Hut selbst vor seinem Könige nicht abzunehmen, damit die
Jungen nicht denken möchten, es gäbe außer
ihrem Monarchen noch etwas Höheres und
Vornehmeres.   *L.+l.+l.*

Gelehrte Sachen.

Der Ritter Orden vom goldenen Sporn.
(Vergl. die Anfrage Nr. 112 S. 1158
des allg. Anz.)

Der Pabst pflegt diesen Orden mit einem Breve denjenigen zu geben, welche dem
heil. Stuhl einen besondern Dienst geleistet
haben; daher ertheilt er denselben u. a. an
dem Jahrstage seiner Erhöhung auf den
päbstlichen Stuhl denen, die ihm als Pagen
aufwarten, wenn er in Procession aus dem
Vatikan nach der Basilika von Lateran geht.
Die Worte des Breve sind: Te auratae mi-
litiae Equitem ac Aulae Lateranensis et Palatii Apostolici Comitem facimus et crea-
mus, teque aliorum Equitum et Comitum
huiusmodi numero et consortio favorabili-
ter aggregamus, tibique (?) torquem aureum,
et ensem, et aurata calcaria gestare licite (?)
volumus.

Das Ordenszeichen ist ein goldenes,
achtspitziges, rothemaillirtes Kreuz, an welchem unten ein goldener Sporn hängt.

Außerdem daß die Ritter vom goldenen
Sporn Sacri Palatii Comites et Equites au-
rati genannt werden, ist nichts von Benefi-
cien bekannt, welche mit diesem Orden ertheilt werden.

Die Päbste haben auch der Familie
Sforza das Recht ertheilt, Ritter vom goldenen Sporn zu ernennen, und man sagt,
es werde derselbe für wenig Kosten ertheilt:
gleiches Recht haben die päbstlichen Nuntien,
die Auditores della Rota, und einige andere
römische Prälaten, deren jeder zwey Ritter
dieser Art creiren kann. Du Dont l'Expedi-

tion ne coute qu'une piſtolle, ce qui fait que l'on regarde avec mépris ces fortes de Chevaliers," ſagt Helyot, wenn er von dieſem Ritterſchlage derer von Sforza ſpricht.

Nachrichten von dieſem Orden findet man in folgenden Büchern:

Helyot Hiſt. des Ordres. T. VIII. p. 391-396.

Bonanni Verzeichniß der Ritter-Orden. 4 Th. S. 19.

Eichler's Schaupl. der Ritter-Orden. S. 21—24.

Hanſon Hiſt. account of all the Ordres of Knighthood in Europa. Vol. I. p. 94. W—r. V—s.

Dienſt - Geſuche.

Ein junger Oeconom, welcher ſchon verſchiedene Jahre als Verwalter und auch

als Rechnungs-Führer conditionirt hat, worüber er gültige Zeugniſſe beybringen kann, wünſcht ſo bald als möglich wieder eine annehmliche Stelle zu erhalten. Frankirte Briefe unter der Addreſſe an G. A. wird die Expedition des allg. Anz. beſorgen.

2) Ein unverheiratheter Bedienter, von angenehmen Aeußern und großer Statur, welcher die Aufwartung ſowohl als auch mit Pferden umzugehen verſteht, und mit den beſten Zeugniſſen verſehen iſt, ſuchet ſo gleich in Dienſte zu kommen. Die Expedition des allg. Anz. wird die Anfragen deswegen weiter beſorgen. Die Briefe bittet man zu frankiren und mit A. K. in Z. zu bezeichnen.

Familien - Nachrichten.

Mancherley Mißverſtändniſſe zwingen mich, meine zwar am 9 Auguſt 1804 zu Caſſel vollzogene eheliche Verbindung mit der Demoiſelle L. Richter bekannt zu machen, aber zugleich auch die am 15 April 1806 darauf erfolgte geſetzliche Eheſcheidung, mit Zurücknahme meines Namens. Zugleich erkläre ich aber auch, daß kein Grund zu dieſer ehelichen Trennung meiner ehemahligen Gattin, jetzt Demoiſelle Richter, zur Laſt gelegt werden kann, noch die Hochachtung, die ich und jeder, der ſie kennt, für ſie hegen muß, ſchwächen wird, nur die verweigerte Genehmigung ihres Herrn Vaters, und hauptſächlich der nie geahnete Verluſt meines wichtigen Proceſſes in Paris, der mir die Mittel raubte, einer geliebten und geſchätzten Gattin eine anſtändige Verſorgung, die ihrer würdig, zu geben, war die Urſache, unſere beyderſeitigen Gelübde geſetzlich zurück zu nehmen.

Berlin, den 30 März 1807.

Amadée François Labalme de Rénnéville.

Diverſes circonſtances qui ont pu donner lieu à de fauſſes interprétations; m'obligent de notifier mon mariage avec la Demoiſelle L. Richter, lequel eut lieu le 9 Août 1804 à Heſſe-Caſſel; mais je dois en même temps ajouter que, le 15 Avril 1806, je me ſuis juridiquement ſéparé de mon épouſe, en lui reprenant mon nom. Cependant, pour rendre hommage à la vérité, je déclare qu'on ne ſauroit aucunement lui rien imputer qui m'ait forcé à ce divorce; c'eſt une juſtice que j'aime à lui rendre publiquement et que lui rendront ſans doute toutes les perſonnes qui la connoiſſent. La ſeule raiſon de notre ſéparation conſentie des deux parts eſt le refus obſtiné de Monſieur ſon père, et principalement l'iſſue malheureuſe d'un procès important que j'avois à Paris, et dont la perte imprévue m'ôte tout moyen de procurer à cette digne et reſpectable épouſe une exiſtence digne d'elle.

En foi de quoi j'ai ſigné:

Berlin, ce 30 Mars 1807.

Amadée François Labalme de Rénnéville.

Justiz - und Polizey - Sachen.

Bekanntmachung.

In den proclamatibus, die am 17 September 1802 über den Nachlaß des hier verstorbenen Senator Beck erlassen worden, sind ihm die Vornamen Johann. Gottlieb, die er hier führte, gegeben. Da aber aus den Legitimations-Papieren seiner Erben hervorgehet, daß er nicht Johann Gottlieb, sondern Burchard Zacharias Gottlieb geheißen habe; so wird solches hierdurch öffentlich bekannt gemacht, und jeder, der an dieser Bemerkung ein Interesse hat, geladen, selbiges am 30 Junius dieses Jahres Vormittags 10 Uhr vor hiesigem Waisen-Gerichte anzugeben, und sofort erweislich zu machen, oder zu gewärtigen, daß er von der gleich nach dem Termin an die längst angemeldeten und legitimirten Erben zu vertheilenden Masse auf immer werde abgewiesen werden.

Sig. Malchin, den 15 April 1807.
Verordnetes Waisen-Gericht.

Steckbriefe: 1) hinter Adam Ernst Hösling.

Adam Ernst Hösling, bisher zu Erfurt sich aufhaltend, 23 Jahr alt, langer hagerer Statur, blassen hagern Gesichts, brauner Haare, langsamer leiser Sprache, und von wankendem Gang, welcher bisher das Fuhrwesen betrieben, und wegen eines Pferde-Diebstahls in hiesiger Gerichtsbarkeit in Haft und Untersuchung gerathen, hat sich vergangene Nacht seiner Bande entledigt und die Flucht ergriffen. Er war bekleidet mit einem alten Roquelaure von blauem Tuch, einer alten grauen Jacke, über welche er eine rothe schwarze Schärpe trägt, alten gelbledernen Beinkleidern und Stiefeln.

Alle Gerichte - Behörden werden um Hülfe Rechtens ersucht, auf solchen Bestallung machen, und gegen dankbare Erwiederung auch gewöhnliche Reversales und Erstattung der Auslagen solchen anher ausliefern zu lassen.

Gleina bey Roda im Herzogthum Altenburg, den 6 May 1807.
Herzogl. Sächs. Gerichte daselbst.
D. Ferdinand Averus, GD.

2) hinter J. L. L. Steinmann.

In der letztabgewichenen Nacht hat der, wegen verschiedener Holz-Defraudationen, hier in Haft und Untersuchung besangen gewesene Jägerbursch, Johann Ludwig Friedrich Steinmann aus Langewiesen Gelegenheit gefunden, aus seinem Gefängnisse zu entspringen.

Er ist mittlerer, untersetzter Statur, runden vollen, etwas blatternarbigen Gesichts, hat braune rund abgeschnittene Haare, spricht gewöhnlich etwas heiser und trug bey seiner Flucht eine braune kalmuckene Chenille mit breitem Kragen.

Justiz - und Polizeybehörden werden daher, da an seiner Zurückbringung viel gelegen ist, hier-

mit dienstergebenst ersucht, auf sothanen Steinmann möglichst genaue Stellung zu machen; ihn im Betretungsfall zu verhaften und uns davon, um seine Auslieferung gegen gewöhnliche Reversalien und Erstattung der Kosten veranlassen zu können, gefällige Nachricht zu ertheilen, wobey wir jede Dienstwilligkeit in ähnlichen Fällen zusichern.

Siga. Gebren den 30 April 1807.
Fürstl. Schwarzburg. Forstamt das.

Vorladungen: 1) Jos. Blitt's.

Der schon über 50 Jahre abwesende Joseph Blitt, gebürtig aus Bernau, freyherrl. von Kolischer Herrschaft, oder seine allenfallsige Leibeserben werden hiermit aufgefordert, à Dato innerhalb drey Monaten die ihm von seiner dahier verstorbenen Base Verina Blitt angefallene Erbs - Betreffniß um so mehr in Empfang zu nehmen, als nach Ablauf dieses peremtorischen Termins ersagte Erbbetreffniß dessen nächsten Anverwandten gegen Caution verabfolgt werden würde.

Reichenau, am 22 April 1807.
Großherzogl. Badisches Obervogtey-Amt.
Vdt. v. Krafft.

2) Chryph. Ph. Dieterich's.

Da der schon seit etlichen und 40 Jahren abwesende Beck Christoph Philipp Dieterich dahier, während dieser langen Zeit lediglich nichts mehr von sich hören lassen; so wird er anderweit öffentlich aufgefordert, binnen 9 Monaten um so gewisser dahier zu erscheinen und sein in ohngefähr 300 fl. bestehendes Vermögen in Empfang zu nehmen, als sonst dasselbe seiner darum nachsuchenden Schwester gegen Caution in nutznießliche Verwaltung gegeben werden wird.

Verordnet Pforzheim, den 24 April 1807 bey Großherzoglich Badischen Oberamt.

3) Ph. J. Wiedmann's.

Von dem Stadtgericht zu Ansbach ist auf Ansuchen des Kammer Revisors Wolff der seit 10 Jahren verschollene von hier gebürtige Beckergesell Philipp Jacob Wiedmann nebst seinen etwa zurückgelassenen Erben und Erbnehmern dergestalt öffentlich vorgeladen worden, daß er sich binnen neun Monaten, und zwar längstens in dem auf den 14 Nov. 1807 Morgens um 11 Uhr anberaumten Termin auf der Gerichtsstube des hiesigen Stadtgerichts persönlich oder schriftlich melden, und diese weitere Anweisung, im Fall seines Außenbleibens aber gewärtigen solle, daß er werde für-todt erklärt, und daß sein sämmtliches zurückgelassenes Vermögen seinen nächsten Erben, die sich als solche gesetzmäßig legitimiren können, werde zugeeignet werden. Ansbach, den 29 Jan. 1807.
Stadtgerichte.
von Spies.

Allgemeiner Anzeiger
der
Deutschen.

Dienstags, den 12 May 1807.

Justiz- und Polizey-Sachen.

Ueber Abstellung beträchtlicher Holz-dieberey im Königreich Sachsen.

In dem ehemahligen Churkreise Sachsens haben bekanntlich besonders die Hüfner-Gemeinden noch viele Holzungen, wo sie alljährlich Klafterholz schlagen, und nach den nächstgelegenen Städten zum Verkauf fahren. Nun gibt es aber in diesen Dörfern kleine Güterbesitzer, die wenig Acker haben, und meistentheils gar kein Holz; diese rauben das ganze Jahr hindurch eine beträchtliche Zahl Klafterhölzer, wovon sie sich fast ganz ernähren; diese sind nun bey ihren Nachbarn stets der Wolf im Walde. Die Hüfner eines solchen Orts, die selbst viel Holz haben, sehen zum Theil diesem Raube ruhig zu, weil durch dieß Nachsehen das ihrige unangetastet bleibt.

Um nun diesem Nachtheil möglichst einzuschränken und ihm abzuhelfen, würde meines Erachtens folgendes nützlich seyn, nämlich: jede Dorf-Gemeinde müßte ihren besondern Holzhammer, mit dem Namen ihres Orts oder einigen Buchstaben desselben haben; diesen Hammer müßte der Richter jeder Zeit unter guter Verwahrung halten, und jeder Einwohner des Dorfs, welcher Holz zum Verkauf wegfahren will, müßte es dem Richter melden. Dieser nähme es nun in Augenschein; wäre das Holz keinem entwendet, und der Verkäufer kann darthun, daß es sein rechtmäßiges Eigenthum ist, so schlägt es der Richter mit diesem Hammer an; jedoch muß der Richter auch einen Paß oder ein

Allg. Anz. d. D. 1 B. 1807.

Attestat beyfügen, welches von demselben unterschrieben und besiegelt seyn muß, gleichlautend mit den Buchstaben des Hammers; auch muß derselbe im Passe bemerken, den Namen des Verkäufers, Monat und Datum des Tages, und wie viel Holz derselbe geladen, und was für Sorte, auch den Ort, wohin es zum Verkauf gefahren wird.

Es braucht nicht jedesmahl ein neues Attestat gegeben zu werden, sondern im alten wird alles nur bloß pünctlich erneuert.

Dafür würde dem Richter von Obrigkeits wegen ein Bestimmtes für die Klafter festgesetzt, welches der Verkäufer geben muß; auch müßte Obrigkeits wegen sowohl auf dem Lande als in den Städten bey namentlicher Strafe des Uebertreters bekannt gemacht werden, daß niemand einzelne Klaftern von den Bauern, deren Holz nicht angeschlagen und mit einem Attestat versehen ist, kaufen dürfte, widrigenfalls Käufer und Verkäufer gehörig bestraft werden müßte.

Ich wünsche nun meiner Mitbrüder wegen, daß die hohern Behörden, denen dieses Blatt zu Gesicht kommt, diese meine Vorschläge beherzigen mögen, um auf diese oder eine andere Art den rechtmäßigen Besitzern ihr Eigenthum zu schützen. Weiß aber jemand bessere Vorschläge, der beliebe sie gefälligst in diesem Blatte bekannt zu machen, mit Vergnügen werde ich eine bessere Abstellung des Holzdiebstahls vernehmen.

Klepzig im April 1807.

Der Förster Pohle.

Aus Humanität wurden vor mehrern
Jahren die Strafen für den Frevel aufgehoben, und Triller-, Fiddel- und Tauchnias
schienen abgeschafft; darüber wird ein Theil
des gemeinen Wesens so inhuman, daß man
in Feldern und Gärten manchen Schaden
erfährt. Frevler schleichen bey Nacht umher
und zerbrechen die Planken und Thüren an
den Gärten bloß aus Muthwillen, und andere beleidigen die Feldrechte wo sie können.
Sollte es nicht gut seyn, wiederum öffentliche Strafstätte dagegen aufzurichten?
Wetzlar den 28 April 1807.

Land- und Hauswirthschaft.

Bemerkung zu dem Aufsatz in Num. 98
des allg. Anz. über die Cultur der
Erdmandel.

Diesen lehrreichen Aufsatz des Oberpfarrers Christ zu Kronberg wird gewiß
jeder Liebhaber und Anbauer der Erdmandel
mit Vergnügen gelesen haben. Auffallend
aber war es mir, darin die Behauptung zu
finden, daß in nassen Jahren diese Frucht
mißrathe, indem ich gerade die entgegengesetzte Erfahrung gemacht habe. Als im
Sommer 1804 hiesige Gegend durch eine
außerordentliche Ueberschwemmung der Spree
heimgesucht wurde, stand auch mein Garten
vom 20 Jun. bis gegen das Ende dieses Monats unter Wasser. Alle Früchte verdarben,
nur allein die Erdmandel hatte sich erhalten.
Das Kraut wuchs nach Abfluß des Wassers
aufs üppigste hervor und der Ertrag war
so ergiebig, daß von mancher Staude an 200
Erdmandeln abgelesen wurden. Diese Wahrnehmung bewog mich, im vorigen Jahre —
denn im J. 1805 schlug die Erndte wegen
einiger vorgekommenen Vernachlässigungen
beynahe ganz fehl — mein Verfahren darnach einzurichten. Ich ließ nämlich nicht
nur die Furchen, in welche der Samen gelegt war, offen, damit der Regen sich desto
mehr einziehen könne, sondern ließ auch sehr
fleißig begießen und der Erfolg entsprach
vollkommen meiner Erwartung, indem ich
gewiß eine eben so ergiebige Erndte als im
Jahre 1804 gehabt haben würde, wenn nicht
die Mäuse mit mir getheilt hätten. Lübben
in der Niederlausitz am 25 April 1807.
J. C. U.

Allerhand.

Bitte an Menschenfreunde.

Ein junger, lediger Mann von dreyßig
Jahren, der ein öffentliches Amt bekleidet,
und jährlich 400 Gulden Rhein. Besoldung
zieht, ist durch traurige Familien-Umstände
dahin gebracht worden, daß er gegen 300
Rthlr. edictm. Währ. Schulden gemacht hat.
Er befindet sich gegenwärtig, da seine Gläubiger keine fernere Nachsicht mit ihm haben
wollen, in der größten Verlegenheit, die
durch besondere Verhältnisse noch sehr erhöht wird. *) Sollte sich ein Menschenfreund finden, der ihm obige Summe, oder
auch nur 200. Rthlr., auf einen Wechsel, unter der Bedingung gütigst darleihen wollte:
daß jährlich acht Carolins von seiner Einnahme, bis zum gänzlichen Abtrag des Capitals und der Interessen, gerichtlich an
denselben cedirt würden, so hielte er sich
diesem stets dankbar verpflichtet.

In so fern seine Lage günstiger werden
sollte — was leicht, nach Verlauf von drey
bis vier Monaten, der Fall seyn kann —
wird er mit Vergnügen die ihm anvertraute
Summe, nebst den Zinsen, ohne weitern
Verzug und im Gefühl der aufrichtigsten
Dankbarkeit, seinem Wohlthäter wieder erstatten. Die Expedition des allg. Anz.
der Deutschen besorgt Briefe an den Verfasser dieser Bitte, unter der Adresse an
A. F. in H.

*) Wer helfen kann und helfen will, der übe
diese Menschenliebe bald, da hier Periculum
in mora ist.   d. Red.

Dienst-Gesuche.

Ein unverheiratheter Oeconom von
28 Jahren, der eines verkauften Gutes
wegen Johannis d. J. außer Condition
kommt, wünscht zu der Zeit als Verwalter,
lieber noch als Administrator angestellt zu
werden.

Er hat die vortheilhaftesten Zeugnisse
seiner Brauchbarkeit und seines Wohlverhaltens aufzuweisen. Die Expedition des
allg. Anz. in Gotha besorgt die franco eingehenden Briefe an denselben.

Familien = Nachrichten.

Todes = Anzeige.

Unvermuthet und um so trauriger war
für uns die Nachricht von dem am 12 ver=
wichenen Monats zu Brieg in Schlesien an
einem Nervenfieber erfolgten Tode eines gu=
ten unvergeßlichen Sohnes und geliebten
Bruders, des bey dem königl. baierischen
fünften leichten Infanterie=Bataillon, Obrist
de la Motte, gestandenen Oberlieutenants
Paul Christoph Siegmund von Praun.
Sein biederer Character und seine Herzens=
güte machen uns seinen Verlust doppelt
schmerzlich. Wir zeigen hiermit allen unsern
hochgeschätzten Verwandten und Freunden
diesen für uns so schmerzlichen Todesfall ge=
ziemend an, und empfehlen uns zu fernerer
Gewogenheit und Freundschaft.

Nürnberg den 4 May 1807.

Helena Clara von Praun, geb.
von Harsdorf, Witwe.

Siegmund Christoph v. Praun,
königl. baieris. Stadt= und Ehe=
gerichts=Assessor.

Joh. Friedr. Siegm. v. Praun,
königl. baierischer Hauptmann.

Jobst Christoph Siegmund von
Praun.

Siegmund Friedrich Wilhelm
von Praun, königl. baierische
Land= und Bauerngerichts=
Assessoren.

Justiz= und Polizey=Sachen.

**Vorladung M. Hörmann's, J. Dieterle's,
S. Strohm's und J. Benz's.**

Mathias Hörmann und Johann Dieterle
aus dem Stab Oberwolfach, wie auch Sebastian
Strohm und Johann Benz aus dem Stab Schen=
tenzell gebürtig, sind von dem hochlöbl. großher=
zoglich badischen Infanterie=Regiment Markgraf
Ludwig desertiret, und haben also innerhalb näch=
sten vier Wochen sich zu stellen, oder aber die Ent=
ziehung ihres jetzigen und künftigen Vermögens,
nebst dem Verlust des Bürger= und Unterthanen=
Rechts zu gewärtigen.

Wolfach, den 25 April *) 1807.

Hochfürstl. Fürstenberg. Oberamtskanzley
der Landvogtey Kinzingerthal.
Schwab. Vt. Willi.

*) Hier angelangt am 6. May. d. R.

Kauf = und Handels = Sachen.

Versteigerung einer Apotheke.

Nachdem die von der Frau Johanne Friederike
Magdalene Klinge besessene, in der Anlage sub
K. umständlich beschriebene Apotheke allhier, mit
den darin befindlichen Officinalwaaren und Gefäßen,
wovon die Apothekerwohnung auf 700 rthlr. Con=
ventionsgeld, die Waaren und vasa hingegen, be=
ren Specification allhier vorgelegt und eingesehen,
oder auch, auf Verlangen, eine Abschrift davon
gegeben werden kann, auf 225 rthlr. 3 gr. 6 pf.
tarirt worden sind, ausgeklagter Schulden halber
ben, zum Licitationstermin hiermit bestimmten,
dreyßigsten May dieses Jahres
öffentlich an den Meistbietenden nach Vorschrift
der Subhastationsordnung verkauft werden soll: so
wird Raths wegen solche hiermit subhastirt und
ausgeboten, und die Kauflustigen werden aufgefor=
dert, sich mündlich oder schriftlich vor oder in dem
angesetzten Termine bey Rathe allhier zu melden,
ihre Gebote in groben patentmäßigen Münzsorten
zu thun und, wenn solches in einzureichenden
Schreiben geschieht, selbige noch vor 10 Uhr Vor=
mittags des gesetzten Termins, weil nachher keine
schriftlichen Gebote angenommen werden, zu über=
geben, auch auf selbigen, wenn sie bis zum Termin
verschlossen bleiben sollen, solches und daß es ein
Gebot auf die Apotheke enthalte, zu bemerken,
hierauf aber im Termine selbst Vormittags 9 Uhr
vor Rathe zu erscheinen und der vorschriftsmäßigen
Versteigerung, so wie Nachmittags der Zuschla=
gung der subhastirten Apotheke mit Waaren und
vasis gewärtig zu seyn. Derjenige, welcher das
höchste und annehmlichste Gebot gethan hat, muß
jedoch in diesem oder in dem gleich zu bestimmen=
den Adjudicationstermine wenigstens den fünften
Theil der Erstehungssumme baar erlegen und we=
gen Abzahlung der übrigen Summe mit Interessen
Uebereinkunft treffen. Wenn Auswärtige, welche
nicht hier ansäßig sind, mit licitiren wollen: so
haben sie zur Sicherheit wegen fortzusetzenden und
zu erfüllenden Anerbietens diesen fünften Theil so=
fort baar im Licitationstermine zu deponiren, oder
durch annehmliche Bürgen desfalls Sicherheit zu
bestellen, sonst kann auf ihre Gebote keine Rück=
genommen werden; daher auch diese Bürgen, wenn
schriftlich vor dem Termin licitiret wird, sich mit
unterschreiben müssen, außerdem die Schreiben
nicht angenommen werden können.

Sign. Rastenberg, im Herzogthum Weimar,
am 21 Febr. 1807.

Der Stadtrath das.

X.

Beschreibung der Apothekerwohnung:

Ein Wohnhaus, Hof und Viehstall über dem
Markte, neben dem Schmiedemeister Mickel, vor=
mahls Herrn Johann Ernst Scherf, lehnt dem Ra=
the ins leichwitzische Gut und zinst dahin 1 Mi=

chaelsbuhn. und 4 gr.) schoß 6 gr., steuert 5 gr.
8 3/4 pf., hält 14 1/4 Ruthe, hat 2 Stockwerke
und darin vier schöne Stuben, einen geräumigen
Apothekerladen, zwey dergleichen Keller und eine
große Haußflur, ist mit Ziegeln gedeckt und alles
im besten Stande, in der Brandcasse aber nur
1575 rthlr. ossecurirt.
F. B. fol. 371 Nr. 46 und fol. 379 Nr. 47.

Wechsel- und Geld-Cours in sächsischer Wechselzahlung.

Leipzig, den 5 May 1807.

In den Messen.	Geld	Briefe.
Lepz. Neujahr-Messe • •		
Oster- • •		
Naumburger — • •	99	
Leipz. Michael- — • •	97 1/4	
Amsterdam in Bco. à Uso	—	
Detto in Curr. à Uso •	—	143 3/4
Hamburg in Bco. à Uso •	—	150 1/2
Lion 2 Uso in Liv. • •	—	78 1/4
Paris 2 Uso in Liv. • •	—	78
Augsburg à Uso. • •	—	99 3/4
Wien à Uso. • • •	—	45 1/4
Prag à Uso. • • •	—	45 1/4
London à 2 Uso p. Pf. St.		
Gewinnen { Ränder-Ducaten	13	—
Kaiser-Ducaten •	12 1/4	—
Wichtige Duc. à 66 Aß	10 1/2	—
Breslauer à 65 1/2 ditto	10 1/2	—
Leichte à 65 ditto • •	9 1/2	—
Almarco ditto • • •		
Almarco Louisd'or • •		
Souverainsd'or • • •	9 x @	
Louisd'or à 5 Rthl. • •		9 1/2
{ Sächs. Conv. Geld •	pari	
Schild-Louisd'or • •	2 1/4	
Laubthaler • • •		2 1/2
Verlieren { Preuß. Curr. • • •	5	
Do. Münze. • • •	10 1/4	
Xer. • • •	pari	
Cass. Bill. • • •	3/4	
Kronenthaler • • •	1/2	
3. 7. Kr. • • •	8 3/4	
17 • • •	4 3/4	
Wiener Banc. Zettel •	45 1/2	
Frankfurt a. M. à Uso. •	3	

Wechsel- und Geld-Cours in wichtigen Louis-, Carl- u. Fried'or à 5 Rthlr.

Bremen, den 6 May 1807.

Amsterdam 250 fl. in Banco 8 T. d.	—
Dito 2 Mon. dato	—
Dito in Courant 8 T. d. •	31 1/2. 1/2
Dito 2 Mon. dato •	30 1/2. 1/2
Hamburg 300 Mk. in Bco. 6 T. d.	37 1/4. 1/4
Dito 2 Mon. dato	36 3/8. 1/4
London für 100 Pfsterl. 2 Mt. •	—
Paris 1 Fr. 2 Mt. •	17 3/8. 3/8
Bourdeaux dito dito	—
Frankf. a. M. 2 Mt. •	—
Leipzig • 2 Mt. •	—
Berlin • 2 Mt. •	—
Holl. Rand-Ducaten 1 St. • à x. 6r.	
Neue 2/3 Stück gewinnen •	4
Conv. Münze verliert •	9 1/2
Laubthaler à 1 1/3 Rthl. ditto	7 1/2
Preußisches Courant •	16
Holl. fl. per Stück • •	37

Hamburger Wechsel- und Geld-Cours in Banco.

den 5 May 1807.

Amsterdam in Banco k. S. •	33 11/16
dito 2 Mon. dato • •	33 15/16
dito in Cour. k. S. • •	104 1/2
dito 2 Mon. dato • •	104 3/4
London für 1 Pfsterl. 2 Mt. •	—
Paris 3 Fl. 2 Mt. • •	25 1/4
Bordeaux dito dito • •	25 3/8
Madrid 1 Duc. 3 Mt. •	90 1/2
Cadix dito dito • •	90 1/2
Lissabon 1 Crus dito • •	—
Wien u. Prag in Cour. 6 W. d. •	336
Copenhagen 2 Mt. • •	146
Louis-, Carl- u. Fried'or à 5 Rt. 10 ß	151/2
Holl. Rand-Ducaten • •	—
Neue 2/3 Stück • • •	30
Grob Dän. Courant • •	24 3/4
Hamburger dito dito • •	—
Preuß. dito dito • •	58

Allgemeiner Anzeiger
der
Deutschen.

Donnerstags, den 14 May 1807.

Gelehrte Sachen.

Einige Worte über die Nothwendigkeit der französischen Sprache in unsern Tagen, nebst Empfehlung eines vortrefflichen Lehrbuchs zu deren leichten Erlernung.

Die dringende Nothwendigkeit, Französisch zu verstehen und zu sprechen, gehört mit zu den hervorstechendsten Zeichen unserer Zeit. Gehörte die französische Sprache sonst nur zum guten Ton: so ist sie jetzt beynahe in ganz Deutschland Bedürfniß für das tägliche Leben, und dieses Bedürfniß überraschte Deutschlands Mittelclasse so plötzlich, daß sie aus Mangel an Vorkehrung — sich in nicht geringer Verlegenheit fühlt.

Menschen, in deren Erziehungsplan es nicht lag, in ihrer Jugend mit der Sprache der Höfe bekannt zu werden, erhalten jetzt in reifern Jahren zu ihrem großen Nachtheil eine anschauliche Idee vom babylonischen Thurmbaue: ja noch mehr, es gibt in unsern ominösen Tagen Fälle, wo Ruhe und Leben davon abhängt, sich — verständlich machen zu können.

Was nun in dieser Noth beginnen? — In aller Geschwindigkeit die fremde Sprache erlernen. Ja, wenn das nur so ginge. In reifern Jahren faßt das Gedächtniß nicht mehr so leicht,; die nöthige Aufmerksamkeit wird durch tausend Brod-Gedanken abgezogen. Zu dem fehlt es dem Unstudirten oft an den nöthigsten Vorkenntnissen, welches die Sache nicht wenig erschwert. Sich einem guten Lehrer anzuvertrauen, wäre noch das rathsamste; aber die guten französischen Sprachlehrer sind äußerst selten. Endlich ist in einer Zeit, wo schon die Kinder-Erziehung für den Hausvater so beschwerlich ist, die späte Selbsterziehung ein sehr lästiger Artikel in der Ausgabe.

Nach allen diesen, sich mir so warm aufdringenden Betrachtungen, glaube ich wirklich dem Genius der Zeit ein angenehmes Opfer zu bringen, wenn ich meine Landsleute auf ein Buch aufmerksam mache, welches alle Eigenschaften eines Lehrbuchs zum Selbstunterricht in sich vereinigt, und Faßlichkeit, Bestimmtheit und Gründlichkeit zu seinen größten Vorzügen zählt. Es ist: die neue französische Sprachlehre von Lavés, Professor dieser Sprache am weimarischen Hofe. *)

Es fehlt freylich nicht an andern schätzbaren Lehrbüchern der französ. Sprache; aber die guten sind nicht zum Selbstunterricht geeignet, und die zu diesem Endzwecke bestimmten sind so herzlich schlecht, daß sie keiner Erwähnung verdienen.

*) Der ausführliche Titel dieser vortrefflichen Grammatik ist: „Neue französische Sprachlehre, zum practischen Unterricht, in Fragen und Antworten abgefaßt, in welchen alle Regeln auf die einfachste und deutlichste Art erklärt, und mit deutschen auf jede Regel angewandten Uebungsstücken versehen sind. Für Lehrer und Lernende, und auch für diejenigen, welche diese Sprache ohne Lehrer erlernen wollen, von L. D. Lavés, Professor dieser Sprache am weimarischen Hofe. Weimar, 1805 Hoffmannische Buchhandlung. XXIV u. 501 S. 8. (gebunden 1 Rthlr. 2 gl.)

Allg. Anz. d. D. 1 B. 1807.

Die Grammatik von Lavés hingegen enthält alles nur erdenkliche, was zur leichten, geschwinden und gründlichen Erlernung der französischen Sprache erforderlich ist. Den Inhalt ausführlich hier mitzutheilen, verstattet der Raum dieser Blätter nicht, aber das darf ich versichern, daß man in sehr vielen Lehrbüchern vergebens suchen möchte, was man hier planvoll zusammengestellt findet.

Ich schließe mit der völligen Ueberzeugung, daß jeder, der dieses für unsere Zeiten so schätzbare Buch sich anschafft, sich nicht täuscht, und mir es im Herzen danken wird, darauf aufmerksam gemacht zu haben.

Weimar.   C. Reinhold.

Historische Anfrage.

Die Schweden führten weiland ihre Kriege nicht bloß gegen die Armee eines Landes, sondern auch gegen dessen Kunstschätze, Bibliotheken und Archive. Es war eine große Menge Handschriften, Gemählde, Bücher, Kunstsachen aller Art, die sie, während ihres großen Krieges in Deutschland, aus diesem Lande nach Schweden schleppten. Als sie hernach unter Carl Gustav in Polen und Preußen kriegten, geschah das nämliche; die Anzahl der durch sie dort weggeführten Urkunden, Handschriften, Bücher, Kunstwerke aller Art war so beträchtlich, daß Polen und Brandenburg bey den Unterhandlungen des olivischen Friedens viel davon sprachen, man müsse Schweden durch einen Artikel des Friedens verbinden, diese weggeführten Sachen wieder herauszugeben und zurückzustellen. Findet sich wol irgends eine vollständige Uebersicht der Handschriften, Bücher und Kunstsachen, die Schweden aus Deutschland weggeführt hat?

Es wäre ein sehr nützlicher und wichtiger Beytrag, damit man doch dereinst zusammenstellen und übersehen könnte, was Deutschland in verschiedenen Perioden durch Einfälle und Ueberzüge fremder Völker an Schätzen dieser Art verloren hat.

Künste, Manufacturen und Fabriken.

Beantwortung der Anfrage in N. 161 des allg. Anz. wegen Verfertigung der sogenannten Luftbetten.

Man nimmt gutes und starkes Leder, läßt sich daraus von einem Hosenmacher Kopfküssen und Pfühle von beliebiger Größe mit einer äußerst dichten sogenannten umgewandten Nath verfertigen, so daß nicht die mindeste Luft durchdringen kann. In das Leder an der Seite eines jeden Küssen oder Pfühls befestiget man ein anderthalb bis zwey Zoll langes Röhrchen von hartem Holz, in welches man das Ende von einem Blasebalge steckt, wenn man das Leder aufblasen will. Man muß sich jedoch hüten, das Leder zu satt mit Luft zu füllen. Sobald man gehörig aufgeblasen hat, verwahrt man die kleine Röhre sorgfältig mit einem genau darauf passenden Stöpsel und bindet den Stöpsel an die Röhre fest. So bekommt man ein wohl eingerichtetes und weiches Unterbett, welches man auf Reisen sehr bequem bey sich führen und bey dem jedesmahligen Gebrauche wieder aufblasen kann. Besonders soll im Sommer ein solches Bett kühl und angenehm seyn, im Winter hingegen dürfte man eine warme Decke dabey nöthig haben.

Anmerkung. Die Hauptsache ist, daß man starkes dauerhaftes Leder dazu nimmt und daß es gut genähet wird. Auf ähnliche Art verfertigte ein Irländer ein Schiff von Leder, und Beinkleider, mit denen er ohne Gefahr ins tiefste Wasser ging.

Sl. . .   C. Gr.

Anfrage.

Ist schon eine Methode bekannt, Tücher, Leinewand oder Kleidungsstücke zum eigenen Gebrauche wasserdicht zu machen?*) Kann man sie nicht erfahren, um sich zu seinem jährlichen Hausbedarf seine Kleidung länger zu schonen? Man bittet darum.

Allerhand.

Danksagung.

Für die unglücklichen Prießnitzer sind seit den ersten Weheragen des Octobers folgende Wohlthaten eingegangen:

*) Ja! Schon mehrmahl ist in diesem Blatte davon die Rede gewesen. . . d. R.

14 Brode von der Gemeinde Seißelitz
den 18. Octbr.; 37 Rthlr. von Hrn. Bürgermeister Neumann in Schköhlen den 22
Octbr.; 24 Brode von der Gemeinde Köke-
nitzsch den 24 Octbr. und 11 dergl. den 14
Novbr.; 24 Brode v. d. Gemeinde Seidewitz
den 28 Octbr.; 9 Brode v. d. Gemeinde
Kauerwitz und 13 eisenberger Viertel Korn
v. d. Gemeinde Groitzschen den 29 Octob.
und 6 Brode d. 4 Novbr.; 12 eisenberger
Viertel Korn v. d. Gemeinde Kasekirchen,
und 6 dergl. und 2 Maß v. d. Gemeinde
Seißelitz d. 6 Novbr.; 8 Viertel 1 Maß
dergl. v. d. Gemeinde Aue d. 6 Novbr.; 13
Viertel Korn v. d. Gemeinde Seidewitz d.
31 Octbr.; 10 Brod v. d. Gemeinde Reidschütz d. 16 Novbr.; 4 1/2 Viertel Korn und
5 1/2 B. Gerste v. d. Gemeinde Kauerwitz
d. 20 Novbr.; 1 Viertel 2 Maß Korn und
1 B. 2 M. Gerste vom Kaynsberge den 27
Novbr.; 9 dreßdner Scheffel Korn v. d. Gemeinde Heiligenkreuz d. 6 Decbr.; 4 eisenberger Viertel Korn und 4 dergl. Gerste von
Christian Eschenbach aus Molau d. 23 Novbr.;
10 1/2 dreßdner Scheffel Korn, 8 dergl.
Gerste, 14 1/2 dergl. Hafer und 4 Schock
Stroh von den Gemeinden Krölpa und Löb-
schütz d. 17 April 1807; 5 Scheffel Korn
und 5 dergl. Gerste von unserm Mitnachbar
Gottfried Schmidt den 17 April; 12 Scheffel 2 Viertel jenaisch Maß Korn, Gerste
und Hafer v. d. Gemeinde Schmiedehausen
d. 18 April; 4 Scheffel Korn, 4 dgl. Gerste
u. 4 dgl. Hafer v. d. Gemeinde Altlöbnitz d.
18 April; 4 dreßdner Scheffel Korn und 4
dergl. Gerste von unserm Mitnachbar Peter
Zwirgler den 18 April; 6 1/2 Scheffel Hafer und 4 1/2 Gerste v. d. Gemeinde Heiligenkreuz d. 24 April; 5 Scheffel Korn, 5
dergl. Gerste und 2 dgl. Hafer von Lehmann,
Vater und Sohn, aus Reidschütz nebst 1
Schock Stroh d. 24 April; 5 Scheffel 2 1/2
Metze Gerste und 5 Scheffel 2 B. 3 M. Hafer v. d. Gemeinde Boblaß d. 24 Apr.; 4
Scheffel 3 B. Korn, 5 Scheffel 3 B. Gerste,
5 Scheffel 1 B. Hafer v. d. Gemeinde Ja-
nisroda d. 24 April; 3 Viertel Gerste und
3 B. Korn von Christoph Krauschwitz eben-
daselbst d. 24 Apr.; 1 Scheffel 2 B. Korn,
5 Scheffel Gerste, 4 Scheffel Hafer nebst
1 Schock Stroh v. d. Gemeinde Freyrothe

d. 28 April; aus Molau: vom Gastwirth
Becker 12 Scheffel Gerste; von Michael
Becker 2 dergl. Gerste und 1 dergl. Korn;
von Mstr. Eschenbach 1 Scheffel Korn, 3
dergl. Gerste, und 2 dgl. Hafer; von Kutsch-
bach, Liscke und Zentzschel 1 Scheffel Korn,
4 dergl. Gerste, 2 Viertel Hafer; von Herrmann 1 Scheffel Korn und 1 Scheffel Gerste, alles eisenberger Maß, nebst 3 Mandel
Stroh den 29 April; 40 preußische Thaler
von B.... in A. den 22 April, welche nach
der Bestimmung des Wohlthäters, wiewohl
nicht unter 4. sondern (Verzeihung für diese
Abweichung!) unter 7 der bedürftigsten Familien sind vertheilt worden. — Außerdem
haben die meisten von unsern Nachbarsdör-
fern nicht nur im Herbst mit ihren etwa geretteten Pferden unsere Felder bestellet und
besäet; sondern auch in Herbeyführung der
nöthigen Baumaterialien und sonst uns nach-
barlich und treulich beygestanden.

Dank euch allen, ihr edlen bekannten
und unbekannten Wohlthäter, für die Theilnahme, die ihr uns bewiesen und den Beystand, den ihr uns in dieser Zeit der Noth
geleistet und bewiesen seyd ihr uns
beygesprungen mit einem Eifer und einer
Beständigkeit, die eurem Verstande und eurem Herzen gleich viel Ehre macht. Viele
von euch entäußerten sich selbst und gaben
manchem von uns Obdach und Unterhalt;
mehrere sind, die nicht von ihrem Ueberfluß
sondern von ihrem Bedürfniß gaben; einige,
welche, das Brandunglück abgerechnet, so
sehr, als wir, betroffen waren, haben
den Ueberrest brüderlich mit uns getheilt; andere haben in Wahrheit das
Scherflein der Witwe hingegeben. Solche
Beyspiele müssen jedes gefühlvolle Herz im
Glauben an die Menschheit stärken. So
lange solche Menschen leben, dürfen wir
nicht verzweifeln. Habt Dank für eure Liebe!"

　　　　　　　G. L. Großmann
　　　　　　im Namen der abgebrannten
　　　　　　　　Prießnizer.

Dienst - Gesuche.

Ein Frauenzimmer von gutem Stande
und guter Erziehung, 25 Jahr alt, welche
mit einem vortrefflichen Character, einem

richtigen Verstande, einem gefälligen Betragen, alle erforderliche Kenntnisse, einer Wirthschaft vorzustehen, (besonders was die Küche, und bestmögliche Behandlung der Wäsche betrifft) viel Fertigkeit in weiblichen Arbeiten als z. B. schön weiß Nähen, Schneidern, Baumwollenspinnen u. s. w., und mit allen diesen die angestrengteste Thätigkeit verbindet, wünscht bey einer guten Familie, als Vorsteherin des Hauswesens, Ausgeberin oder in irgend einer solchen Qualität angestellt zu werden. Da sie früh zu größter Thätigkeit gewöhnt ist, so kann man sich gewiß versichert halten, daß sie jedes Geschäft, das auch außer dem ihr angewiesenen Wirkungskreise liegt, willig übernehmen, und sich auf jede Weise nützlich und des Zutrauens ihrer Gebieter würdig machen wird. Ihre große Liebe für Kinder, und ihr frohes gefälliges Wesen würde sie zu einer guten Erzieherin qualificiren, und da wo sie zur körperlichen und moralischen Bildung der Kinder, (denn Erlernung der Sprachen und schönen Künste liegen außer ihrem Kreise) beytragen sollte, würde sie wesentlichen Nutzen stiften. Die unparteyische Freundin, die der strengsten Wahrheit gemäß dieß Zeugniß ausstellte, fügt hinzu, daß, da der Raum es ihr nicht gestattet, die guten Eigenschaften des sehr empfehlungswerthen Subjects zu detailliren, sie denen, die ein halbes Probejahr bey den mäßigsten Bedingungen mit ihr eingehen wollen, auf das gewissenhafteste die höchste Zufriedenheit im voraus zusichern darf. Könnte sie der Gewährung ihres dringendsten Wunsches, einer sanften liebevollen Behandlung sich zu erfreuen, sich versichert halten, so würden die billigsten Bedingungen ihr gefügen; noch wünscht sie, da sie jeden Tag dazu bereit ist, baldmögliche Anstellung.

Familien - Nachrichten.

Aufforderung.

Herr von Kockritz, ehemahls Lieutenant im preußischen Dragoner-Regimente von Wobeser, wird hiermit ersucht, seinen dermahligen Aufenthalt durch die berliner oder frankfurther Zeitung kund zu machen. Durch Willfahrung dieser Bitte wird er gerichtlichen Verfolgungen zuvorkommen. -

Kauf- und Handels-Sachen.

Bekanntmachung und Warnung.

Schon vor einigen Jahren fand ich durch das häufige Nachpfuschen meiner Rauchtabacke, mit dem dabey von mehreren deutschen Fabrikanten gemachten Mißbrauche meines Namens und meiner Fabrikzeichen mich veranlaßt, in den Zeitungen hiergegen zu warnen, und zugleich bekannt zu machen, daß, um die Käufer meiner echten Waare vor jener nachgepfuschten möglichst zu sichern, künftighin das Papier meiner Packete am Rande des Umschlags zur Seite das Wasserzeichen meines Namens: A. H. Thorbecke durchschneidend enthalten werde.

Allein auch dieses Unterscheidungszeichen wurde gar bald ein neuer Gegenstand der Nachäffung für die zum Rande auf fremden Erwerbsfleiß allezeit fertigen Pfuscher-Fabriken. Nicht im Stande, dem innern schlechten Gehalte ihrer Waare unter der äußern unverdeckten Bezeichnung eigener Namen Eingang zu verschaffen, suchten sie immer auf alle Art und Weise meinen Namen und meine Zeichen nachzuformen, um unter dem mißbrauchten Schutze derselben das Publicum zu hintergehen, und durch solche ehrliche Kunstgriffe, verbunden mit wohlfeilern Preisen — wie es der gewöhnliche Fall bey jedem andern gestohlenen Gute ist — Käufer anzulocken. Da ihnen nun zu ihrem Machwerke jetzt noch der Name im Papier fehlte, und sich eben so gewissenlose Papiermacher fanden, die sich nicht entblödeten, mein befragtes Wasserzeichen so gut oder so schlecht es gehen wollte, nachzuahmen, und jenen zu liefern: so schämte man sich auch von beyden Theilen nicht, die Nachpfuscher-Industrie vollends mit diesem verfälschten Papiere zu krönen.

Solchem nach neuerdings bewogen, meine Freunde und besonders denjenigen gutgesinnten Theil des Publicums, der durch schlechte gehaltlose, unter dem Mißbrauche meines Namens nachgepfuschte Tabacksfabrikate, sich nicht betrogen finden, oder nicht wissentlich zu solchem Betruge die Hände bieten will, auf meine vorhinnige öffentliche Warnung mittelst dieser Bekanntmachung aufmerksam zu machen, bemerke ich wieder:

holt und ersuche, genau und wohl zu beachten, stets gleiche innere Güte der Waare
selbst und ihre eigenthümliche äußere schönere Form und Packung, vornehmlich den
schönen rothen Druck, überdieß noch im
Papier-Umschlage jedem Packet zur Seite
herauf das obbeschriebene Wasserzeichen meines Namens, und zwar dergestalt enthalten,
daß selbiges
1) vollkommen deutlich lesbar in gehörig
schöner Form und Stellung der Buchstaben, überall scharf ausgedruckt erscheint; daß
2) der Name in allem eilf Buchstaben zähle
und von diesen die drey ersten als Anfangsbuchstaben größer, als die übrigen achte seyn müssen;
3) Von diesen eilf Buchstaben keiner willkürlich verändert weggelassen oder hinzugefügt, oder außer der Ordnung versetzt — keiner von der zugetheilten gleichen Größe abweichend, oder in verschobener und verkehrter Stellung —
noch weniger die Schrift in einander
geflossen und unleserlich seyn darf; daß
daß endlich
4) die ganze Stellung des Namens nicht
umgekehrt gegen den Rand des Packet-
Umschlags sichtbar seyn muß.

Uebrigens dient den betreffenden Nachpfuschern — sowohl Tabacks- als Papier-
Fabrikanten — hiermit zugleich zur Nachricht und Warnung: daß ich sie namentlich,
sammt ihrem Thun und Treiben, recht gut
kenne, daß ich Original-Briefe, Proben
und sonstige gegen sie zeugende unleugbare
Beweise in Händen habe, daß ich davon
denjenigen Gebrauch, den mir Recht und
Billigkeit erlauben, zu machen wissen und
daher gewiß keinen Anstand nehmen werde,
ihre Namen und ihr allem Gefühl der Ehrliebe so sehr zuwiderlaufendes Beginnen,
öffentlich darzustellen — insofern sie sich nicht
enthalten, meinen Namen und Fabrikzeichen
ferner zu mißbrauchen, und auf diese unerlaubte Art zu bewirken oder beyzutragen,
nachgepfuschte, unter eigenem Namen unverkäufliche Tabacks-Fabrikate fälschlich für
meine echte Waare auszugeben.
Cassel in Hessen den 18 April 1807.

Andreas Heinrich Thorbecke.

Associé zu einer Wachstuch-Manufactur
gesucht.

In eine bereits bestehende solide Wachstuch-
Manufactur, in einer der besten Gegenden Ober-
Deutschlands, wo die rohen Producte aller Art
dazu erzielt werden, wird ein Associé, der nebst
einem guten Character auch hinlängliche merkanti-
lische Kenntnisse besitzt, und circa 8000 fl. rhl. Einlage machen könnte, gesucht. Frankirte Briefe, mit
der Aufschrift, an die Wachstuch-Manufactur in
Ober-Deutschland, besorgt die Expedition des
allgem. Anzeigers der Deutschen in Gotha.

Verkauf eines vorzüglichen Naturalien-
Cabinets.

Mein am 24 Junius 1806 verstorbener geliebter Gatte, der Pastor Johann Adam Valentin
Weigel zu Haselbach bey Schmiedeberg in Schlesien, sammelte seit 25 Jahren
1) ein Herbarium vivum, wozu er
sich die Exemplare entweder in seinem Garten und
dem darin von ihm erbauten Treibhause selbst erzog
oder auf Reisen und Spaziergängen sammelte, die
für ihn um so ergiebiger seyn konnten, da er in
einem für Botanik höchst fruchtbaren Thale des
Riesengebirges wohnte, und das Riesengebirge selbst
mehr denn zwanzigmahl bestieg und recht eigentlich
durchwanderte. Ueberdieß unterhielt er mit den
berühmtesten Naturforschern unsrer Zeit, einem
Wildenow, Hedwig, Ludwig, Starke, Seliger einen beständigen interessanten Briefwechsel,
und brachte gegen 5000 Species zusammen, die er
höchst sorgfältig wählte, einlegte, und nach dem
linneeischen System bezeichnete.
2) sammelte er auch mehr denn 1000 Arten
Samen und bewahrte sie in kleinen Schachteln auf.
3) sammelte er seit 20 Jahren die Gebirgs-
arten und Erz-Stufen von ganz Schlesien und
brachte theils durch eignes Aufsuchen, theils durch
Unterstützung naher und entfernter Freunde gegen
2000 auserlesene reichhaltige Stufen zusammen,
die in Glasschränken aufbewahrt und gehörig geordnet und bezeichnet sind. Die charakteristische Beschreibung haben die ruhmvoll bekannten
Mineralogen von Buch und Karsten besonders berichtigt, und es gewinnt diese Sammlung dadurch
einen um so höhern Werth.
4) widmete er sich auch der Entomologie
und brachte auch darin eine Sammlung zu Stande,
die er, selbst im 10 Theile seiner naturhistorisch-
geographischen Beschreibung Schlesiens systematisch
aufgeführt, in besondern Glaskasten und Glasschränken aufgesteckt und nach Fabricius, Dork-
hausen und Panzer bestimmt hat. Das Ganze
enthält über 2000 Species.

Diese naturhistorischen Schätze, die alljährlich
von einer Menge Reisender aus nahen und entfernten Ländern besucht und bewundert wurden, bin
ich, damit sie entweder in die Hände eines Kenners
kommen, oder zu allgemeiner Benutzung derselben

in öffentlichen Bildungs-Anstalten oder zum Gebrauch naturforschender Gesellschaften zu verkaufen gesonnen.

Wer nun für diese drey Fächer der Naturgeschichte besonderes Interesse hat, den fordere ich hiermit auf, diese Schätze zu kaufen, mir sein freywilliges Gebot schriftlich, jedoch franco bis zum 1 August dieses Jahres bekannt zu machen, und dann unter der mir anzuzeigenden Adresse gewisse Antwort zu erwarten. Es hat schon bisher an Anfragen darum nicht gefehlt, die aber mehr eine oder die andre Branche, als das Ganze betrafen, daher ich bis jetzt noch mit dem Verkauf gewartet habe, im Fall sich Liebhaber zu dem ganzen Cabinet finden. Sollte dieß nicht seyn; so bin ich nicht abgeneigt, auch jedes der drey angeführten Fächer einzeln zu verkaufen, im Fall das dafür offerirte Pretium von der Art ist, daß ich durch die Vereinzelung des Cabinets nicht zu sehr gefährdet werde.

Henriette Friederike verw. Weigel zu Haselbach bey Schmiedeberg.

Verkauf eines Hauses nebst Conditorey-Geräthschaften.

Ein zum Handel und zur Conditorey eingerichtetes, gut ausgebautes Haus in einer Mittelstadt im Altenburgischen wird mit den Conditorey-Geräthschaften unter annehmlichen Bedingungen aus freyer Hand verkauft, und können sich Liebhaber deswegen in frankirten Briefen bey dem Herrn Posamentier Birmse in Ronneburg melden, wo sie das Nähere erfahren werden. Ronneburg, den 29 April 1807.

Nachricht für Buchdrucker.

Da ich mich nun mit meiner in Neustadt an der Orla errichteten Schriftgießerey nach München begeben habe, so zeige ich es hierdurch meinen auswärtigen Freunden und besonders den Herren Buchdruckern, mit denen ich in Geschäften stehe, an, und versichere zugleich, daß sie auch von hier aus eben so reelle und prompte Bedienung zu erwarten haben. Auch bemerke ich hierbey, daß ich außer den zwey Proben von Jahre 1804 und 1805 auch noch eine dritte habe abdrucken lassen, worauf ich noch einige französische und deutsche Schriften, besonders Ciceri, dann auch neue Schreibschrift, Instrumental-Noten, Griechisch, Hebräisch, französische Klammern und Einfassungen befinden, und immer werden mehrere neue Schriften und Röschen noch folgen. München, den 18 April 1807.

Johann Gottfr. Prüfer,
Schriftgießer und Schriftschneider.

Tabak.

Unterzeichnete haben die Ehre anzuzeigen, daß sie zu allen Zeiten Lager von pfälzer Blätter-Tabak in Carotten-Gut und Pfeifen-Gut diesseits und jenseits des Rheins halten, und zu billigen Preisen in großen und kleinen Partien abgeben.

Sie empfehlen ihre Dienste ferner in Erkaufung von Blätter-Tabak und andern Landes-Producten in Commißion gegen billige Provision und in Speditions-Geschäften aller Art, indem sie ihre Herren Correspondenten auf dem rechten Rheinufer ersuchen, ihre Briefe unter der Adresse Herrn W. H. Ladenburg in Mannheim an sie gelangen zu lassen.
Speyer den 1 April 1807.

Heizel und Sohn.

Nähnadeln.

Bey G. H. Wagner in Leipzig ist eine bedeutende Partie kurzäugige Nähnadeln, welche wegen der besonders feinen Bearbeitung die englischen fast noch übertreffen; in folgenden Nummern und Preisen, jedoch bey keiner kleinern Quantität, als tausend von einer Nummer, zu verkaufen.

Crown Nr. 1 das Tausend 41 Ggl.
dito Nr. 2 dito 37 —
dito Nr. 3 dito 33 —
dito Nr. 4 dito 29 —
dito Nr. 5 dito 27 —
dito Nr. 6 dito 25 —
dito Nr. 7 dito 24 —
dito Nr. 8 dito 23 —
dito Nr. 9 dito 21 —
dito Nr. 10 dito 21 —
dito Nr. 11 dito 20 —
dito Nr. 12 dito 20 —
dito Nr. 5 bis Nr. 8 das Tausend 26 Ggl.
dito Nr. 5 bis Nr. 10 dito 25 —
dito Nr. 5 bis Nr. 12 dito 23 —
White Chapel
Nr. 5 bis Nr. 10 das Tausend 29 Ggl.
alles in sächsischem Courant per Contant.

Spinn- und Krämpel-Maschinen.

Auf eine Anfrage im allg. Anz. dient zur Nachricht: daß Wolle-Spinn- und Krämpel-Maschinen verschiedener Art von dem Tischlermeister Johann Samuel Göthlich in Görlitz gut und billig verfertiget werden.

Justiz- und Polizey-Sachen.

Vorladungen: 1) militairpflichtiger Wirtemberger.

Pfullingen, Groß-Engßlingen, Genkingen, im Königreich Württemberg.

Unter Androhung der Vermögens-Conficcation und des Verlustes des diesseitigen Bürger- und Unterthanen-Rechts auf den Fall des ungehorsamen Ausbleibens werden nach Maßgabe der Conscriptions-Ordnung folgende der Militair-Conscription unterworfene Jünglinge aus hiesigem Oberamt und den beyden eingehörigen Staabs-Orten, Groß-Engßlingen und Genkingen zur alsbaldigen Rückkehr in ihr Heimwesen, woselbst sie sich bey ihrem vorgesetzten Oberamt anzumelden haben, andurch und zwar zum zweytenmahle namentlich aufgefordert, als

a) Aus der Amtsstadt Pfullingen: Joh. Georg Jeremias Aichmann, Zimmermann, und Jacob Heinrich Aichmann, Zimmermann, Söhne des Zimmermanns Jeremias Aichmann; Joh. Martin Bauder, Strumpfweber, Sohn des Strumpfwebers Joh. Georg Bauder; Joh. Martin Bek, Zimmermann, Stiefsohn des Bauren Joh. Georg Maurer; Johannes Erbe, Bek, Sohn des Becken Johannes Erbe; Joh. Georg Häberlen, Bek, Sohn des verstorbenen Müllers Georg Wendel Häberlen; Andreas Hagenloch, Bortenmacher, und Joh. Georg Hagenloch, Bek, Söhne des Becken Alt Andreas Hagenloch; Joh. Georg Herdtner, Schreiner, und Johannes Herdtner; Joh. Georg Zeppeler, Metzger, und Christoph Peter Zeppeler, Metzger, Söhne des verstorbenen Zieglers Joh. Georg Zeppeler; Friedrich Wilhelm Zeppeler, Rothgerber, Sohn des Landumgeldters Ferdinand Zeppeler; Georg Friedrich Klingelstein, Bauernknecht, Sohn des Weingärtners Michael Klingelstein; Georg Friedrich Losch, Schuster, Sohn des Zeugmachers Johann Ulrich Losch; Johann Jacob Losch, Schneider, Sohn des Becken Joh. Jacob Losch; Joh. Jacob Mader, Bek, und Joh. Georg Mader, Metzger, Stiefsöhne des Bauren Friedrich Tröster; Joh. Georg Mollenkopf, Zimmermann, Sohn des Klosterzimmermanns Jacob Friedrich Mollenkopf; Johannes Mollenkopf, Schreiner, Sohn des Schreiners Johannes Mollenkopf; Joh. Georg Mollenkopf, Bek, Sohn des Weingärtners Joh. Georg Mollenkopf; Joh. Jacob Mollenkopf, Schneider, Sohn des verstorbenen Küfers Matthes Mollenkopf; Christian Heinrich Muff, Zimmermann, Sohn des Chirurgi Philipp Ludwig Muff; Johannes Kaiser, Weber, und Philipp Jacob Kaiser, Bauernknecht, Söhne des verstorbenen Johannes Kaiser; Johannes Rehm, Bek, Sohn des Becken Joh. Friedrich Rehm; Joh. Georg Renner, Bortenmacher, Sohn des Schusters Joh. Georg Renner; Matthias Renz, Schneider, Sohn des verstorbenen Küfers Christoph Thomas Renz; Joseph Friedrich Renz, Papierer, Sohn des verstorbenen Hirten Ludwig Friedrich Renz; Joh. Jacob Rifer, Papierer, Sohn des verstorbenen Papierers Georg Jacob Rifer; Jacob Friedrich Schlegel, Nadler, Sohn des Chirurgi Joh. Friedrich Schlegel; Joh. Christian Schmid, Strumpfweber, Sohn des gewesenen Amtsknechts Daniel Schmid; Joh. Georg Schwillen, Bek, Sohn des Weingärtners Daniel Ludwig Schwillen; Jacob Friedrich Seiz, Zimmermann, Sohn des Seegmüllers Christoph Friedrich Seiz; Johann Christoph Senner, Zimmermann; Joh. Zimmermanns Christoph Senner; Joh. Jacob Senner, Metzger, Sohn des Weingärtners Ludwig

Senner; Johann Georg Stoll, Bek, Sohn des Küfers Johannes Stoll; Johann Georg Tröster, Schmid, Sohn des verstorbenen Bauren Ludwig Tröster; Georg Ferdinand Volk, Bek, Sohn des Becken Georg Friedrich Volk; Johann Friedrich Volk, Schreiner, und Christoph Friedrich Volk, Schreiner, Söhne des Schreiners Friedrich Volk; Theodor Weiß, Bortenmacher, Joh. Georg Weiß, Bek, und Andreas Weiß, Bek, Söhne des Müllers Joh. Georg Weiß; Lorenz Ludwig Wörner, Küfer, Sohn des Küfers Johannes Wörner; Joh. Christoph Wörner, Papierformenmacher, Sohn des Papierformenmachers Joh. Martin Wörner; Johannes Wolf, Schneider, und Johann Jacob Wolf, Strumpfweber, Söhne des Becken Jacob Wolf; Johannes Zimmermann, Schuhmacher, Sohn des Schuhmachers Johann Martin Zimmermann.

b) Aus Unterhausen: Andreas Melchinger, Müller, Sohn des Müllers Stephan Melchinger; Johannes Bertsch, Maurer, Sohn des Webers Joh. Jacob Bertsch; Johannes Reutter, Bauernknecht, Sohn des Bauren Johannes Reutter; Joh. Michael Reiff, Maurer, Sohn des Bauren Johannes Reiff; Matthes Harstein, Maurer, Sohn des Schneiders Johannes Harstein; Michael Neubrander, Maurer, Sohn des Webers Joh. Martin Neubrander; Johannes Riß, Schneider, Sohn des Bauren Andreas Riß; Marcus Zimmerer, Schreiner, Sohn des Becken Thomas Zimmerer; Andreas Keppler, Schreiner, Sohn des Bauren Ludwig Keppler; Joh. Georg Reiff, Schuster, Sohn des Bauren Johannes Reiff; Jacob Wörner, Schuster, Sohn des Bauren Joh. Georg Wörner; Johannes Reiff, Schneider, Sohn des verstorbenen Joh. Jacob Reiff; Johannes Wörner, Weber, Sohn des Bauren Johann Georg Wörner; Johann Ulrich Schweizer, Schmid, Sohn des Schmids Johann Georg Schweizer.

c) Aus Oberhausen: Bartolomäus Baber, Zimmermann, Sohn des Bauren Johannes Baber; Matthes Metzger, Schmid, Sohn des Bauren Bartolomäus Metzger; Matthes Häbe, Schreiner, Sohn des Schreiners Jacob Häbe; Johannes Reiff, Zimmermann, Sohn des Bauren Joh. Georg Reiff; Johannes Schweizer, Schmid, Sohn des Schmids Johannes Schweizer; Johann Georg Baber, Zimmermann, Sohn des Bauren Balthas Baber; Johannes Häbe, Schreiner, Sohn des Schreiners Jacob Häbe; Philipp Gottfried Mak, Schreiner, Sohn des Schneiders Johannes Mak; Andreas Bertsch, Zimmermann, Sohn des Bauren Benjamin Bertsch; Benjamin Wörner, Weber, Sohn des Bauren Matthes Wörner; Matthes Herrmann, Wagner, Sohn des Bauren Jacob Herrmann.

d) Aus Honau: Philipp Heinr. Stahlecker, Schmid, Stiefsohn des Bauren Jacob Krieg; Joh. Martin Raßmaier, Ziebler, Sohn des Schusters Jacob Raßmaier.

e) Aus Holzelfingen: Joh. Georg Gekeler,
Schuster, Sohn des verstorbenen Bauren Jacob
Gekeler; Joh. Georg Gekeler, Schuster, Sohn
des Wagners Joh. Martin Gekeler.

f) Aus Kleinengstingen: Johannes Schnizer, Bierbrauer, Sohn des Metzgers Christian
Schnizer; Johannes Spohn, Baurenknecht,
Sohn des Webers Johannes Spohn; Joh. Ludwig Stooß, Maurer, Sohn des Maurers Joh.
Georg Stooß; Joh. Adam Hägele, Schneider,
Sohn des Webers Jeremias Hägele; Joh. Friedrich Maduz, Zimmermann, Sohn des verstorbenen Taglöhners Friedrich Maduz.

g) Aus Großengstingen: Joseph Schmid,
Baurenknecht, Sohn des Taglöhners Joseph
Schmid; Joseph Anton Gogel, Chirurg, Stief-
sohn des Chirurgi Marzell Binder; Stanislaus
Freudigmann, Schuster, Sohn des Bauren Jo-
seph Freudigmann; Anton Eiselen, Zimmermann,
Sohn des Schusters Joseph Eiselen; Joh. Georg
Eiselen, Schreiner, Sohn des Bauren Joseph
Eiselen; Gabriel Wälder, Schreiner, Sohn des
Schäfers Johannes Wälder; Nepomuk Binder,
Barbierer, Sohn des Chirurgi Marzell Binder;
Franz Anton Aigster, Schuster, Sohn des Schu-
sters Joseph Aigster; Johannes Hummel, Schnei-
der, Sohn des Schneiders Anton Hummel; Ste-
phan Eiselen, Stricker, Sohn des Bauren Jo-
seph Eiselen; Jacob Gogel, Schreiner, Stief-
sohn des Matthes Noak; Stephan Staneker,
Schuster, Sohn des Schusters Joseph Staneker;
Mattias Freudenmann, Metzger, Sohn des
Zimmermanns Michael Freudenmann; Johannes
Wälder, Schneider, Sohn des Schäfers Johannes Wälder.

h) Aus Genkingen: Michael Herrmann,
Schneider, Sohn des Bauren Matthes Herrmann;
Johannes Herrmann, Schmid, Sohn des
Schmids Michael Herrmann; Matthes Diez,
Schreiner, Sohn des Schreiners Jacob Diez;
Joh. Martin Herrmann, Schneider, Sohn des
Schneiders Michael Herrmann; Matthes Herr-
mann, Maurer, Stiefsohn des Michael Sauer;
Jacob Rhein, Schneider, Sohn des Jacob Rhein.
Den 4 Decbr. 1806.

Königliches Oberamt.

2) J. G. Böttger's.

Bey dem fürstl. reuß. plauis. Amte allhier
haben des seit langer Zeit von hier abwesenden, aus
dem hiesigen Amtsdorfe Langenwetzendorf gebürtigen Johann Georg Böttger's Geschwister, dahin
angetragen, daß dieser ihr abwesender Bruder,
welcher bereits über 70 Jahr alt und der
noch einiges unter vormundschaftlicher Verwaltung
stehendes Vermögen besitze, öffentlich ausgerufen
und vorgeladen werden möchte. Da nun diesem Gesuch nicht zu entsehen ist; so werden hierdurch
Johann George Böttger aus Langenwetzendorf

so wie dessen etwaige Leibes-, und sonstige rechtmäßige Erben, nicht weniger alle diejenigen, die
an dessen Vermögen Ansprüche, es sey aus welchem
Rechtsgrund es wolle, zu haben vermeinen, edictaliter und peremtorie geladen, binnen dreymahl 45
Tagen und längstens in dem bestimmten Termin
nämlich

Donnerstags den 17 Septemb. dieses Jahres
vor fürstl. Amte allhier entweder in Person oder
durch hinlänglich Bevollmächtigte und resp. bevor-
mundet zu erscheinen, sich gehörig zu legitimiren,
ihre habenden oder zu haben vermeinenden Ansprüche zu liquidiren und zu bescheinigen, widrigenfalls aber zu gewarten, daß nach Ablauf des bestimmten peremtorischen Termins der abwesende
Johann Georg Böttger für todt und verschollen, seine etwaige Leibes Erben und sonstige Prätendenten aber von dessen hiesigem Vermögen für
ausgeschlossen, auch der Rechtswohlthat der Wiedereinsetzung in vorigen Stand für verlustig geachtet, das Vermögen aber sodann den sich gemeldeten bürgerlichen Geschwistern zuerkannt, und solchen überlassen werden soll. Zugleich werden auch
sämmtliche bürgerliche Erben und andere Interessenten hiermit geladen

Montag den 12 October dieses Jahres
vor fürstl. Amte allhier zu erscheinen, und der Eröffnung des in dieser Sache zu ertheilenden präclusivischen oder sonstigen Bescheides gewärtig zu seyn.
Wornach sich zu achten.

Markt Hohenleuben, den 20 April 1807.
Fürstl. Reuß. Plauis. Amt der Pflege
Reichenfels daselbst.
G. L. Alberti.

Frankfurter Wechsel-Cours.
den 8 May 1807.

	Briefe.	Geld.
Amsterdam in Banco k. S.	—	—
" " 2 Mon.	—	—
Amsterdam in Courant k. S.	144	—
" " 2 Mon.	143 1/4	—
Hamburg k. S.	150 1/2	—
" " 2 Mon.	150	—
Augsburg k. S.	100 1/4	—
Wien k. S.	45 1/2	—
London 2 Mon.	—	—
Paris k. S.	—	78
" 2 Uso	—	77 3/4
Lyon	78 1/2	—
Leipzig M. Species	—	—
Basel k. S.	—	—
Bremen k. S.	109 3/4	—

Allgemeiner Anzeiger
der
Deutschen.

Freytags, den 15 May 1807.

Nachricht, den Badeort Pyrmont betreffend.

Da bey den gegenwärtigen kriegerischen Zeiten vielleicht mancher, welcher sich zur Befestigung oder Wiederherstellung seiner Gesundheit des hiesigen, durch seine wohlthätigen Wirkungen so allgemein berühmten Stahlbrunnens und Bades zu bedienen wünscht, und dem es an Gelegenheit fehlt, von hier unmittelbare Nachrichten einzuziehen, zu der Besorgniß veranlaßt werden kann, ob die Curgäste und Fremden im nächsten Sommer sich auch wol hier eines ruhigen Aufenthalts zu erfreuen haben dürfen: so siehet unterzeichnete Behörde sich veranlaßt, hierdurch öffentlich bekannt zu machen, daß nicht nur die ganze hiesige Gegend von allen und jeden kriegerischen Auftritten dermahlen gänzlich befreyt ist, sondern daß auch insonderheit die Grafschaft Pyrmont, so wie überhaupt die sämmtlichen fürstlich waldeckischen Lande unter dem besondern Schutze Sr. glorreichen Majestät des Kaisers Napoleon stehen, und durch ein allerhöchst-kaiserliches allergnädigstes Decret gegen alle Turbationen gesichert, auch bereits zur deutschen Conföderation aufgenommen worden sind, so daß also ein jeder Curgast einen ganz ruhigen, friedsamen und ungestörten Aufenthalt dahier erwarten darf. Pyrmont den 28 April 1807.

Fürstl. Waldeck. Polizey-Direction der Grafschaft Pyrmont.

v. Laffert. Stölting. Severin. Benn.

Allg. Anz. d. D. 1 B. 1807.

Land- und Hauswirthschaft.
Neue Sparsuppe.

Professor A. G. Rumi zu Teschen in österreichischen Schlesien hat eine wohlfeile, sehr nahrhafte Sparsuppe erfunden, die vorzüglich im Lager bey Fleischmangel, und wenn nicht täglich gekocht werden kann, mit vielem Vortheil anwendbar, und sonst auch für Haushaltungen auf dem Lande sowohl als in Städten, und insonderheit für Armens Anstalten besonders empfehlungswerth ist.

Man nimmt zu dieser Sparsuppe 2 Pf. Maisgraupen oder auch bloße gestoßene Maiskörner (wenn man keinen Mais hat, kann man auch Gerstengraupen oder gestoßene Erbsen und Bohnen nehmen, aber Mais ist viel nahrhafter), ferner 8 Pf. Kartoffeln, 4 Pf. weiße Rüben oder Mohren, 16 Loth Knochenpulver oder in dessen Ermangelung 12 Loth Speck, dann 2 Pf. Brod, 22 Loth Salz und 30 Pf. Brunnen- oder Flußwasser. Diese Quantität ist, gekocht, zur täglichen Nahrung von 20 Personen hinreichend. Diese Sparsuppe wird auf folgende Weise zubereitet. Gegen Abend (um 5 Uhr) kocht man in einem Kessel acht Maß (oder 16 Quart) Wasser, thut die Mais- oder Gerstengraupen, oder die zerstoßenen Maiskörner, Erbsen oder Bohnen, in den Kessel, und läßt sie die Nacht über langsam kochen. Den folgenden Morgen läßt man die 8 Pf. der vorher wohl gereinigten Kartoffeln gut sieden, zerstößt sie nachher, und läßt sie durch einen Durchschlag ablaufen, gießt dann 2 Maß laulliches Wasser darauf, bis ein dicker Brey daraus wird;

auch die weißen Rüben oder Möhren werden
klein geschnitten und eine halbe Stunde lang
gekocht. Wenn dieses zubereitet ist, wirft
man alle Ingredienzen zu dem Maiß in den
Kessel, thut das vorher mit hinlänglichem
heißem Wasser aufgelösete Knochenmehl oder
das zerlassene Speck und das Salz hinzu,
rührt die ganze Masse gut um, und läßt sie
noch 3 Stunden lang kochen.

Diese Sparsuppe ist viel einfacher und
wohlfeiler, als die bekannte rumford'sche
Suppe, und hat vor ihr außerdem den großen Vortheil, daß sie sich gegen 5 Tage lang
hält und genießbar bleibt, da hingegen die
rumford'sche Suppe gleich nach dem Zube-
reiten verspeiset werden muß. Beym Auf-
wärmen braucht man nur etwas warmes
Wasser hinzu zu gießen.

Anfragen.

Im allg. T. Garten-Magazin XI Stück
S. 437, 1806 schreibt H. Sickler:
„Der lange Sommerbergamottenbaum
heißt an vielen Orten der Timpfling,
Tipling, Timpling.“
Heißt nur der Baum so, wie es nach diesen
Worten scheint, oder heißt auch die lange
Sommerbergamotte also? Warum sollte
der Baum nur diesen Namen führen? Führt
aber auch die Frucht diesen Namen — ist es
wol richtig ausgedrückt, wenn es heißt: der
lange Sommerbergamottenbaum heißt an
vielen Orten der Timpfling rc. ?
Ist diese lange Sommerbergamotte —
die diejenige, welche ein v. N. zu B. im
allg. Anz. Nr. 255. S. 3139, 1806 Zuckerbirn nennt?

Gesundheitskunde.

Anerbieten.

Da in den hiesigen und umliegenden Gegenden Augenkrankheiten so häufig sind, und
es nicht in dem Wissen und Kenntnissen eines
jeden Arztes liegt, die mancherley Gattungen von Augenkrankheiten gehörig zu unterscheiden und nach richtigen Grundsätzen zu
heilen, so zeige ich hierdurch an, daß ich mich
ferner noch mit Heilung der Augenkrankheiten wie in den vorhergehenden Jahren beschäftige. Eine vieljährige Erfahrung und

eine mit vielen solchen glücklichen Curen bezeichnete Praxis macht es mir vorzüglich zur
Pflicht, allen solchen Augenkranken, vorzüglich denjenigen, welche am grauen Staar
blind, oder mit Geschwülsten und Gewächs-
sen an den Augenliedern und im Gesichte behaftet sind, meine fernere Hülfe anzubieten.
Auch mehrern andern Kranken, welche
mit Schäden und Entstellungen an äußern
Theilen des Körpers behaftet sind, wobey
vorzüglich chirurgische Hülfe erfordert wird,
verspreche ich, wenn sie sich an mich wenden
wollen, allen nur möglichen Beystand zu einer sichern und gründlichen Heilung.
Gotha den 8 May 1807.
D. Sickler.

Allerhand.

Danksagung.

Die von verschiedenen Freymäurer-Logen
in Deutschland uns zugeschickten Beyträge
für die durch Brand und Plünderung hier
verunglückten Personen haben bis jetzt
68 rthlr. 15 gl.
betragen, welche heute unter 29 hiesige hülfsbedürftige Einwohner vertheilt worden sind.
Wir danken den Wohlthätern für die
schöne Gabe um so mehr herzlich, als jetzt jede Gegend mit den Ereignissen der Zeit selbst
zu kämpfen hat.
Denjenigen Logen, welche noch geneigt
seyn sollten, an uns eine Gabe für die übrigen noch sehr bedürftigen Einwohner einzusenden, machen wir bekannt, daß wir solche
anzunehmen forthin bereit sind, und werden
wir ihnen von der Vertheilung noch besondere Berechnung einsenden.
Jena, den 17 März 1807.
v. Hendrich. D. Stark. D. Böttger.

Aufforderungen.

1) Unterzeichnete sehen sich genöthigt, den
Kaufmann Herrn B. H. M. von Wolf-
ramsdorf in Rotterdam hiermit öffentlich
aufzufordern, ihnen in der bewußten Sache
binnen dato und 3 Wochen eine reell befriedigende Antwort zu ertheilen.
Gotha, den 12 May 1807.
Die Curatoren der Friedheimischen
Debit-Masse.

2) Herr D. Scurm in Eisenach wird erinnert, sich über den vor 3 Wochen von Klein-Brembach aus an ihn abgeschickten Brief gegen mich zu erklären; sein längeres Schweigen dürfte mich bewegen, öffentlich zu ihm zu sprechen.

M. J. W. B.

Dienst - Anerbieten:

1) Eine Familie, wohnhaft auf dem Lande in einer angenehmen Gegend des Königreichs Sachsen, sucht zur Erziehung ihrer Töchter von 5 — 11 Jahren eine Gouvernante. Ein rein moralischer Character, Kenntniß der französischen Sprache im Schreiben und Sprechen, und gehörige Geschicklichkeit in weiblichen Arbeiten, sind die Haupterfordernisse, dagegen die freundschaftlichste Behandlung nebst einem ansehnlichen Gehalt zugesichert wird. Man kann mit dem Einsender in portofreyen Briefen unter der Adresse F. W., welche die Expedition des allg. Anz. besorgen wird, in weitere Unterhandlungen treten.

2) Eine junge Witwe sucht zur Bildung ihrer drey Töchter von 6 bis 10 Jahren eine Gehülfin. Sie wünscht, daß diese ihre Freundin hübsch und froh seyn möge; Unterricht im Französischen, und in weiblichen Arbeiten geben, und wo möglich musikalisch seyn möge, nicht um die Töchter zu unterrichten, sondern um mit solchen zu repetiren. Frankirte Briefe wird die Expedition des allg. Anz. besorgen. Unfrankirte gehen wieder zurück.

W. v. B.

Familien - Nachrichten:

Todes-Anzeigen:

1) Am 2 May d. J. entschlummerte, nach 8 Wochen langen Leiden an den Folgen eines Nervenfiebers, mein sehr geliebter Gatte, Georg Christoph Heim, Adjunctus und Pfarrer zu Gumpelstadt, im 64 Jahre seines thätig verlebten Alters, zu einem bessern Leben. Jeder, der diesen Menschenfreund gekannt hat, wird gewiß mir und meinen Kindern sein Beyleid nicht versagen können; da dieses meinen Schmerz noch mehr ver-

größern würde, so verbitte ich und meine Kinder dieses gehorsamst.

Gumpelstadt den 5 May 1807.

Sabina Elisabethe Joh. Heim, geb. Schwarzenau, als Gattin.

Kinder:

Johann Ludwig Heim, Dr. und Physicus vom Amte Salzungen, Altenstein und Liebenstein.

Antoinette Wagner geb. Heim.

S. W. Heim, des heil. Predigtamts Candidat.

Louise verwittwete Schneider geb. Heim.

G. L. Heim, Cand. juris.

Hans Heim.

2) Unsern Freunden und Verwandten zeigen wir hierdurch den am 9 dieses erfolgten, für uns äußerst schmerzhaften Verlust unsers kleinen Sohnes an, den eine kurze Krankheit uns schnell entriß. Es ist der zweyte, den wir verlieren, und der von seinen vier Schwestern mit uns betrauert wird. Der Theilnahme überzeugt, verbitten wir uns alle Beyleidsbezeugungen.

Erfurt den 10 May 1807.

D. J. B. Trommsdorff, Professor.

M. Trommsdorff geb. Hoyer.

Justiz- und Polizey - Sachen:

Vorlad. 1) militärpflichtiger Würtemberger. Ludwigsburg. Nachstehende abwesende Conscriptionspflichtige aus dem hiesigen Oberamt werden hiermit bey Strafe des Verlusts ihres Unterthanen- und Bürgerrechts, und der Confiscation ihres Vermögens aufgerufen, a dato innerhalb 4 Monaten in ihrem Heimwesen sich einzufinden, und den königlichen Conscriptions-Gesetzen sich zu unterwerfen; und zwar von —

Ludwigsburg, Beysassen: Johann Friedrich Joseph Leopold Barrier, Bortenwirker. Bernhard Sauter, Gürtler. Carl Ernst Seiter, Bijoutier: Johann Michael Luz, Schneider. Franz Sauter, Bijoutier. Wilhelm Joseph Dominicus Luz, Schneider. Adam Flori, Metzger. Friedrich Ludwig Grünewald, Bijoutier. Michael Klöpfer, Schreiner. Friedrich Wilhelm Heinz, Bijoutier. Friedrich Franz Schweikert, Schreiner. Carl Friedrich Kümmele, Buchdrucker.

Von Aidingen: Johann Carl Eichenbrenner, Chirurgus. Johann Georg Jäger, Weber. Heinrich Halderer, Weber. Christoph Bausch, Maurer. Georg Caspar Thumm, Metzger. Gottfried

Büchner. Carl Ludwig Rommel, Schuster. Christoph Längle, Schneider. Christian Friedrich Reichert, Kiefer. Leonhardt Bräkle, Nagelschmid. Johannes Hahn, Weber. Jacob Friedrich Brügel, Sattler. Georg Adam Schmid, Schneider. Franz Maximilian Rommel, Maurer. Michael Schneider, Schuster. Wilhelm Friedrich Eichenbrenner, Strumpfweber. Johann Georg Bräkle. Albrecht Notter, Schuster. Ernst Immanuel Eichenbrenner, Windenmacher. Johann Jakob Sonderegger, Schuster. Simon Buchhalter, Metzger. Hieronymus Buhl, Metzger. Simon Keller, Schuster. Georg Caspar Längle, Schneider.

Von Aspera: Jacob Grammer, Metzger. Jacob Merkle, Schreiner. Friedrich Wohlgemuth, Schuster. Leopold Rein, Chirurgus. Gottfried Fink. Georg Heinrich Seiz, Weber. Johann Christoph Rösch, Schneider. Johann Christoph Betsch, Häfner. Johannes Holderer, Weber. Ludwig Leopold, Barbierer. Johann Georg Stahl, Seifensieder. Friedrich Reichert, Maurer. Friedrich Holderer, Weber. Friedr. Kämpf, Schneider. Conrad Schaber, Schuster. Christian Betsch. Gottlieb Völlm. Johann Adam Greppener, Maurer. Philipp Leopold, Beck. Johann Adam Kraft, Maurer. Wilhelm Kämpf, Weber. Gottlob Bürkle, Maurer.

Von Benningen: Georg Canz, Beck. Michael Lang, Weber. David Hieber, Schmid. Andreas Entenmann, Wagner. Friedrich Entenmann, Kupferschmid. Michael Köpf. Christian Haug, Maurer.

Von Eglosheim: Jacob Friedrich Haupp. Jacob Friedrich Schirm, Schuster. Johann Georg Föll, Beck. Johann David Schuster, Schuhmacher. Georg Jakob Bernegger. Johannes Schirm, Steinhauer. Johann Jacob Kampp. Johann David Schober, Steinhauer. Johann David Bernegger.

Von Hoheneck: David Eiselen, Müller. Michael Gläser, Schneider. Wilhelm Friedrich Gläser, Beck. Bernhard Friedrich Lairer. Johann Friedrich Rapp, Schneider. Ludwig Friedrich Schäfer.

Von Kornwestheim: Friedr. Durian, Metzger. Johann Georg Ezel, Schuster. Christoph Friedrich Weiß, Kellner. Bernhard Jeble, Seiler. Andreas Rau, Wagner. David Böpple, Weber. Andreas Balheim, Wagner. Leonhard Merkle, Weber. Imanuel Gier, Schneider. Johann Georg Holzhog, Schmid. Gottfried Riche, Schuster.

Von Möglingen: Jacob Pfingsfelder. Jacob Friedrich Buchhalter. Michael Rößle, Schuster. Johann Friedrich Pflugfelder, Schuster. Johannes Ekstein, Zimmermann. Jakob Friedrich Tagel, Maurer. Johann Georg Gieß, Schmid. Johann Adam Pflugfelder, Schneider. Johann Georg Würth, Metzger. Johannes Kienzle, Wagner. Jacob Friedrich Kienzle. Jacob Friedrich Würth, Metzger. Jacob Schmid, Schneider.

Von Neckarweihingen: Ludwig Brüst. Matthäus Wörner, Gärtner. Jacob Sommer, Schneider. Joseph Haug, Gärtner. Jacob Sommer, Schneider. Joseph Haug, Gärtner. Georg Strieter, Schuster. Elias Wörner, Gärtner. Johannes Unterkofler, Wagner. Johannes Maier. Georg Friedrich Maier, Schuster. Jacob Theurer, Beck. Heinrich Theurer, Metzger. Matthäus Sommer, Schuster. Jacob Haaß. Johannes Strieter, Schuster. Johannes Luz, Schneider. Christian Friedrich Gräter, Kaufmann. Johannes Schneider, Beck.

Von Oßweil: Georg Wünsch, Wagner. Gottlieb Sachß, Weber. Jacob Reinhardt. Conrad Bürkle, Metzger. Philipp Wünsch, Wagner. Amandus Zweigle. Johann Jacob Weber, Weber.

Von Pflugfeld: Elias Hartmaier, Weber. Jacob Würth, Schuster. Michael Supp, Weber. Georg Steudle, Weber.

Von Poppenweiler: Friedrich Zryber. Michael Zürn. Jacob Friedrich Geiger, Beck. Johann Georg Kraft, Metzger. Johann Georg Jud, Maurer. Friedrich Krauß, Kiefer. Christoph Friedrich Quasti, Metzger. Jacob Eßlinger, Schneider. Jacob Bauder, Beck.

Von Zuffenhausen: Felix Junghans, Schneider. Christoph Junghans, Schneider. Johannes Pfisterer. Johann Georg Schwinghammer, Beck. Conrad Wöhrwag, Metzger. Georg Friedrich Schwinghammer, Beck. Christian Gottfried Schwinghammer, Beck. Johann Johann Michael Schäfer, Metzger. Andreas Wöhrwag, Metzger. Conrad Kauberger, Beck. Carl Friedrich Wilhelm Albe, Sattler. Jacob Käfer, Joseph Nikel, Beck. Matthäus Bauer, Wagner. Joh. Georg Wörz, Weber. Johann Georg Käfer.

Am 1ten May 1807.

Königlich Würtembergisches Ober-amt allda.

2) J. Casim. Kansel's.

Jean Castmir Kansel aus Kelse in Niederhessen ist Anno 1776 mit den hessischen Truppen nach Amerika gegangen, seitdem verschollen, und hat laut Taufscheins das 70 Jahr zurückgelegt. Auf Instanz seiner hiesigen Geschwister, welchen sein hinterlassenes in 200 Rthlr. bestehendes Vermögen unlängst gegen Caution verabfolgt worden, wird daher derselbe oder dessen nähere Erben hierdurch ein für allemahl edictaliter vorgeladen, vor dem Stadtschultheißen-Amte hiesiger Oberneustadt in dem auf den 31 August bestimmten peremtorischen Termin persönlich oder durch gehörig Bevollmächtigte zu erscheinen und sich zum Empfange obigen Nachlasses zu legitimiren, indem sonst erwähnter Jean Castmir Kansel für todt erklärt und die eingelegte Caution zurück gegeben werden wird.

Cassel in Hessen, den 29 April 1807.

Stadtschultheißen-Amt der Ober-Neustadt daselbst.

Reinück.

Allgemeiner Anzeiger
der
Deutschen.

Sonnabends, den 16 May 1807.

Land- und Hauswirthschaft.

Ueber den Bau der Erdwände zu unsern
Bauernhäusern, als ein Mittel der
so nothwendigen Holzersparung.

So manches Uebel drückt den Menschen
und preßt ihm Seufzer aus, und es liegt
nur an ihm, und an einer Vereinigung mit
seinen Mitbrüdern, um es schnell ganz zu
heben, oder doch sehr zu mildern; er darf
nur um sich blicken und das Hülfsmittel liegt
ihm vor den Füßen.

Dieß ist zum Theil der Fall mit einer
Noth, die hier und da sehr stark zu werden
anfängt, zu deren Verminderung ich schon
einen Vorschlag dem deutschen Publicum mitzutheilen wagte, (K. Anz. 1805 Nr. 283) dem
immer zunehmenden Mangel an Holz. In
dem angeführten Aufsatze legte ich meinen
deutschen Mitbrüdern besonders einen Vorschlag ans Herz, da allgemeine Backöfen
einzuführen, wo sie noch nicht eingeführt
sind, um eine große Ersparniß an Brennholz zu bewirken. Ich weise zurück auf die
dort gelieferte Berechnung. Meine gegenwärtigen Bemerkungen sollen auf ein Mittel
aufmerksam machen, Ersparung an Bauholz
zu finden.

Wem ist wol unbekannt, wie sehr der
Mangel an dieser Art Holz von Tag zu Tag
steigt, wie hier und da Gegenden gefunden
werden, welche wegen Mangel dieses Holzes
baufällige Gebäude nicht repariren oder
schlecht repariren, welche fast keine neuen
Gebäude, so sehr sie auch wegen vermehrter
Volksmenge nöthig wären, aufführen können.

Allg. Anz. d. D. 1 B. 1807.

Es würde mich hier zu weit führen,
wenn ich alles das Elend, physisches und
moralisches, schildern wollte, was daraus
entsteht und in Zukunft noch mehr entstehen
muß, daß unsre Tagelöhner, unsre armen
Landbewohner und unsre dürftigen Handwerker genöthigt sind, in den elendesten Hütten,
worin sie Schnee und Regen, Wind und
Wetter finden, zu wohnen, auf einander gehäuft und in einander gedrängt zu wohnen.
Ich rufe nur jeden Menschenfreund auf, daß
er, und besonders im Winter, in einem
solchen Winter, wie der jetzige ist,
in diese Hütte trete — und er wird finden,
daß hier weder Gesundheit noch Sittlichkeit
gedeihen kann, er wird sehen, daß hier die
Quelle des Wohlseyns einer so zahlreichen
Menschenclasse vergiftet wird, und fernerhin noch mehr vergiftet werden muß, je
schwieriger es werden wird, alte Wohnungen zu erneuern und neue für die wachsende
Volksmenge aufzubauen. Ich mußte diese
Bemerkung hier vorläufig machen, um das
auf hinzuweisen, daß nicht allein die, auch
an sich sehr empfehlungswerthe, Holzersparung, sondern ein mit ihr innig verbundener
höherer Gesichtspunct mir die Feder in die
Hand gab, durch sie zu einem gebildeten,
nach Verbesserung strebenden Publicum zu
reden.

Die Ueberschrift dieses Aufsatzes hat
schon dem aufmerksamen Leser verrathen, auf
welchem Wege den hier angedeuteten Uebeln
begegnet und eine so nützliche Holzersparung
befördert werden soll. Der Vorschlag, Erdwände zu unsern Bauernhäusern, Tages-

löhnerhütten und Handwerkerwohnungen zu errichten, führt uns sogleich dahin, daß wir ohne weitere Auseinandersetzung sehen; dadurch muß allerdings Holz erspart werden, „denn wenn wir Erde zu unsern „Wänden nehmen, bedürfen wir kein Holz."

Bey diesem Vorschlage werden jedoch die Einwürfe gemacht werden; wäre es nicht besser, wenn man einmahl Holz bey Aufführung unsrer Wohngebäude ersparen will, daß man lieber Steine nehme; werden solche Erdwände, wenn sie zu unsern Wohnhäusern genommen werden sollen, euch bequem, dauerhaft und weniger kostspielig seyn, werden sie nicht die Ungesundheit der Wohnungen befördern? Auf diese Einwürfe muß geantwortet werden.

Der Aufbau eines Gebäudes von Stein muß immer empfehlungswürdig seyn, wegen seiner Festigkeit, längern Haltbarkeit, großen Schutz gegen die Witterung, Schönheit und leicht anzubringender Bequemlichkeit; aber freylich nur immer da, wo Bausteine zu haben sind und auch da nur für solche, welche die dennoch großern Baukosten anwenden können. Der Aufbau eines Gebäudes von Stein wird auch in solchen Gegenden, wo es Bausteine genug gibt und das Bauholz schon in ansehnlicherm Werthe ist, immer höher zu stehen kommen, als der Aufbau desselben Gebäudes von Holz und sogenanntem Fachwerk.

Wenn auch der Bau eines Gebäudes von Stein nicht mehr Kosten erheischte, als derselbe von Holz, so würde doch der Bau eines Gebäudes von Erdwänden von weniger Größe viel wohlfeiler seyn, und deswegen empfohlen werden müssen. Kann man auch eine Wohnung, deren Wände von Erde zusammengesetzt sind, nicht auf die Dauer eines Gebäudes von Stein Anspruch machen, so hat sie doch vor Gebäuden von Stein den Vorzug, daß sie im Winter bey weitem wärmer ist, sonst aber in allen Stücken mit ihnen gleich stehet.

Vor unsern gewöhnlichen Gebäuden von Holz und Fachwerk, welche uns nur nothdürftig gegen den Einfluß der Witterung schützen, hat die Wohnung von Erdwänden eben, augenscheinliche Vorzüge. Der schon berührt ist, daß sie mit geringern

Kosten erbauet werden kann, daß sie ferner bey gehöriger Aufsicht länger dauert, als ein Holzgebäude von Tannen, daß es im Winter die Kälte und Feuchtigkeit besser abhält und die Wärme besser erhält, als ein hölzernes Gebäude, im Sommer die Hitze nur wenig eindringen läßt, überdieß dem so schädlichen Zuge nicht unterworfen ist, und weil wir einmahl seine Vortheile aufzählen, bey gewaltsamen Einbrüchen den Räubern widersteht, indem durch die Erdwand wol kein Räuber durchdringen wird, wenn Fenster und Thüren wohl verwahrt sind, wie durch die Wand von Fachwerk. Auch wenn die Feuersbrunst das ganze Haus von Holz verzehrt, widersteht die Erdwand dem Brande und erleichtert seinem unglücklichen Besitzer den Aufbau seiner Wohnung.

Dadurch, daß die Erdwand eines Wohngebäudes seine Bewohner besser gegen Frost und Hitze schützt, besser noch als ein steinernes Gebäude und eine stets gleiche Temperatur leichter hervorbringt, als jedes andere, muß eine solche Wohnung, wenn sie sonst nach richtigen Bauregeln aufgerichtet ist, der menschlichen Gesundheit am förderlichsten seyn.

Was hier von den Vorzügen eines Hauses gesagt worden ist, dessen Wände aus Erde bestehen, ist keineswegs aus Gründen a priori genommen, sondern auf Erfahrung gestützt, und die Bewohner einer bekannten Provinz Deutschlands können es bekräftigen. Thüringen weiset ganze Dörfer auf, worin alle Wohnungen, oft mit sehr wenigen Ausnahmen, von Erdwänden umgeben sind, in welchen man sich bey so großem Mangel an Brennholz doch recht gut gegen die Strenge des Winters schützt, und ohne sie gewiß sehr übel würde schützen können. Fremde, die jenes gesegnete Land durchreisen, mußten hier und da die nettesten Häuser sehen und sie im Vorbeyfluge für steinerne nehmen, wenn sie, von einer Tünche von Kalk gegen den Regen geschützt, auch durch ihr Aeußeres gefallen sollten. Der Bau solcher Häuser geht sehr leicht, obgleich nicht schnell von statten und hat gar nicht die Schwierigkeiten des vielfach angepriesenen Piß-Baues, braucht nicht so mancherley Vorrichtungen, als derselbe, sondern ein jeder Tagelöhner in Thü-

ringen, der nur einige Fertigkeit in den gewöhnlichen Hausarbeiten hat, pflegt die
Wände zu seinem Häuschen selbst aufzubauen.

Dieses geschieht auf folgende Art: Ein
Maurer legt, sobald der Platz, auf den das
Haus gestellt werden soll, bezeichnet und abgestochen ist, die Grundmauer etwa zwey
Schuh breit und 1 1/2 bis 2 Schuh hoch, über
die Erde. Ist diese vollendet, so wird Erde,
so wie sie sich auf dem Bauplatze selbst oder in
der Nähe vorfindet, nur rein von Steinen
und Kies, aufgeschüttet, mit Roggenstroh,
welches ein- bis zweymahl durchgehackt ist,
bestreut, das Ganze mit Wasser beschüttet
und gefeuet, wie man die Erde und den
Lehm zu kneten pflegt; mit welchem man
eine Tenne machen oder Wände und Decken
tünchen will. Diese fest ineinander getretene
Erde wird mit Mistgabeln schichtweise, jede
ohngefähr 2 bis 2 1/2 Schuh hoch auf die
Grundmauer lothrecht aufgetragen, so daß,
wenn die erste getrocknet ist, die andere begonnen wird. An den Stellen, wo Thüren
und Fenster hinkommen, läßt man Lücken.
In dieser Operation fährt man so lange fort,
bis die Wand die Höhe erreicht hat, welche
sie haben soll. Ist die Wand fertig und getrocknet, so wird sie rings herum etwas durch
Abstechen geglättet. Auch wird jede Schicht,
wenn sie noch nicht getrocknet ist, von einigen mit einem platten Schlägel auf beyden
Seiten geschlagen, um mehrere Festigkeit
zu erhalten. Die Hauptsache liegt darin,
daß die Erde fest aufgelegt und lothrecht in
die Höhe geführt werde. Auf solche Art
können die Wände zu einstöckigen Häusern
von Tagelöhnern, selbst neben ihrer gewöhnlichen Tagesarbeit, errichtet werden. Auch
Wände zu zweystöckigen Häusern kann man
so errichten, nur versteht es sich, daß hier
die Grundmauer breiter und die Vorsicht und

Uebung im Aufsetzen der Schichten größer
seyn müsse. Ist eine auf solche Art errichtete Wand getrocknet, so kann nun der Zimmermann sein Zimmerwerk auflegen.

Es wird hier nur noch das zu beantworten seyn, ob man auch so häufig die Erde,
wie sie nöthig ist, werde finden können.
Eine jede Erdart, die mit Wasser vermischt,
sich leicht bindet, es mag die schwarze Dammerde Thüringens seyn, oder sie mag meistens
aus Lehm und Thon bestehen, so bald sie
tauglich ist, feste Tennen damit zu schlagen,
muß sie auch zu solchen Erdwänden dienen
können, nur Erde, die aus der Hälfte oder
zwey Drittel und noch mehr Sand besteht,
dürfte nicht dazu genutzt werden können.
Die meisten Gegenden Deutschlands, selbst
diejenigen, welche sehr viel Sandboden haben,
können immer Erde bey einigem Nachgraben
finden, mit welcher sie solche Wände würden aufbauen können, denn an den meisten
Orten findet man in den röthlichen Lehm,
der überall zum Auswerfen der Fächer und
zum Betünchen gebraucht wird.

Der Vorschlag dürfte also an den wenigsten Orten so vielen Schwierigkeiten unterworfen seyn, daß er nicht zur Beförderung der
Errichtung neuer Wohngebäude für die ärmere Volksclasse, ohne Vermehrung des Bau-
holzconsumtion, selbst mit Verminderung derselben ausgeführt werden könnte.

Nachfolgende Berechnung dient zur Uebersicht der Holzersparniß nach gegebenem
Vorschlage.

Man nehme an, daß ein Bauernhaus,
wie das meistens der Fall seyn wird, 37
Schuh Rheinisch die Länge und 24 die Breite
groß, und in seinem einen Stocke 10 Schuh
hoch sey. Für ein solches Haus geht, wenn
es, wie jetzt gewöhnlich ist, gebauet werden
soll, folgendes Holzbedürfniß hervor. *)

	Cubikschuh.	Cubikzoll.
1. 10 Pfosten an jeder langen und 6 an jeder Giebelseite zu 10 Schuh hoch,		
7 Zoll dick, 8 Zoll breit, zusammen 32, macht cubischen Inhalt	206	2158
2. 4 Eckposten jeder 10 Schuh hoch, 10 Zoll ins Gevierte	27	1344
3. 2 Schwellen zu 37 und 2 dergleichen zu 24 Schuh Länge, zusammen 122		
Schuh, 6 Zoll dick, 1 Schuh breit, gibt	80	1704

*) Ein jeder denkende Leser wird nach den folgenden Berechnungen selbst weiter gehen können, um zu
bestimmen, wie viel Holz gebraucht werde, wenn ein Haus von minderer oder mehrerer Größe gebauet werden soll, auch wohl wissen, daß die Zimmerleute in Absicht auf die Dicke und Breite des
erforderlichen Holzes hier und da von einander abgehen können, auch wol Pfosten, Balken und
Sparren ꝛc. dichter stellen, als hier angenommen ist, oder weiter.

		Cubikschuh.	Cubikzoll.
4.	122 Schuh Riegel rings ums Haus zu 6 Zoll dick 7 Zoll breit geben	35 —	1008 —
5.	122 Schuh Pfähle rings ums Haus zu 6 Zoll dick 8 Zoll breit geben	40 —	1152 —
6.	21 Pfosten zu einer Längen und zwey Querscheidewänden jede 10 Schuh hoch 6 Zoll dick 8 breit geben	73 —	576 —
7.	85 Schuh der Längen und der 2 Querscheidewände 7 Zoll dick 10 breit geben	41 —	552 —
8.	85 Schuh Riegel dieser Scheidewände 6 Zoll dick 7 breit geben	24 —	1384 —
9.	85 — Pfähle 6 Zoll dick 8 breit	28 —	576 —
10.	66 Staken jede: äußern Längenwand und 42 jeder äußern Querwand zusammen	— —	216 —
	66 Staken für die innere Längenscheidewand und 84 für die Querscheidewände gibt 366 Staken; den 5ten Theil für Fenster u. Thüren abgezogen, bleiben 293 jeder 47 Zoll lang 2 Zoll breit 1 Zoll dick gibt	15 —	150 —
11.	95,976 ☐ Zoll Fläche aller Längenwände, 81840 ☐ Zoll Fläche aller Querwände, zusammen 177,816 ☐ Zoll nach Abzug der Fläche, die Pfosten, Schwellen, Riegel- und Stühlen-Decken, wozu Zäunstöcke gebraucht werden müssen, jeden Zaunstock zu 1 Viertel Zoll dick gerechnet, macht 1 Fünftheil auf Fenster und Thüren abgezogen, bleiben 35,564 Kubik- zoll oder	— — 24 —	44454 — 192 —
12.	10 Balken lang 6 Zoll dick 8 breit zum Balkenkeller	46 —	1152 —
13.	1 Träger 23 Schuh lang 10 Zoll dick und breit	15 —	1680 —
14.	Schaalholz zur Kellerdecke 196 Zoll lang 144 breit 1 dick	16 —	576 —
15.	11 Balken zur Hausdecke jeder 24 Fuß lang 6 Zoll 8 breit	88 —	— —
16.	1 Träger 37 Schuh lang 10 Zoll ins Gevierte	25 —	1200 —
17.	Schaalholz zur Decke 356 Zoll lang 207 breit 1 Zoll dick	42 —	1116 —
18.	24 Sparren jeder 20 Schuh lang 5 Zoll dick, 6 breit	100 —	— —
19.	12 Hahnebalken jeder 6 Schuh lang 5 Zoll dick 6 breit	15 —	— —
20.	4 doppelte Dachstuhlpfosten jeder 10 Schuh lang, 16 Z. dick 6 Zoll breit	26 —	1152 —
21.	4 Aehlbalken jeder 7 Schuh lang 8 Zoll dick 6 breit	9 —	576 —
22.	8 Dachböcke jeder 7 Schuh lang 5 Zoll breit 6 dick	11 —	1152 —
23.	3 Durchzüge des Dachstuhls jeder 37 Schuh lang 8 Zoll dick 8 Zoll breit	37 —	— —
24.	12 Durchzugsböcke jeder 8 Schuh lang 5 Zoll ☐	16 —	1212 —
25.	5 Giebelpfosten für beyde Giebel jede 15 1 halb Fuß lang 6 Zoll 8 breit	25 —	1440 —
26.	2 Giebelschwellen jede 24 Fuß lang 7 Zoll dick 10 breit	23 —	576 —
27.	2 Reihen Riegel für beyde Giebel jede 18 Schuh lang und 2 Reihen jede 7 Schuh lang 6 Zoll dick 6 breit	14 —	1008 —
28.	18 Staken jeder zu 152 Zoll lang 2 Zoll breit 1 dick	3 —	288 —
29.	248 Zoll lange und 152 Zoll breite 1 viertel Zoll dicke Zäunruthen	4 —	152 —
30.	48 Latten auf jeder Dachseite 39 Schuh lang anderthalb Zoll breit 3 Vier- tel Zoll dick	28 —	1160 —
31.	24 Leisten an den Sparren jeder 3 Schuh lang 4 Zoll ☐	7 —	728 —

Die Summe des Holzbetrags der ersten 11 Nummern, die ich von den folgenden getrennt habe, macht 499 Cubikschuh 1400 Cubikzoll, die Summe der folgenden Nummern ist 557 Cbfschuh 884 Cbfzoll, beyde zusammen 1057 Cubikschuh 556 Cubikzoll Holz. Wird nun ein Haus von der oben angegebenen Größe mit Erdwänden gebauet, so gebraucht man das Holz der letzten 21 Nummern allein, 557 Cubikschuh 884 Cbfzoll und weil doch die Erdwände mit Fensterstöcken und Thürpfosten und Schwellen von Holz meistens versehen werden, 76 Cbfschuh Holz auf diese, also 633 Cbfschuh 884 Cbfzoll

in allem; es werden also von der Summe 1057 Cbfschuh 556 Cbfzoll Holz, welche ein ganz von Holz erbautes Haus nöthig hat, 423 Cbfschuh 1400 Cbfzoll erspart, welches 1 Cbfschuh 1400 Cbfzoll mehr als zwey Fünftheile des ganzen Bedarfs ist.

Wollte man ein Haus von oben angegebener Größe und Weite zweystöckig bauen, so brauchte man, sollte es ganz von Holz erbaut werden, nach der bisherigen Rechnung 1557 Cbfschuh 208 Cbfzoll Holz; würde man aber die Wände beyder Stöcke, welches freylich schon schwieriger ist, von Erde bauen, so würde man nur 709 Cbfschuh 884 Cbfzoll

dazu nöthig haben, folglich 849 Cbfſchuh 1052
Cbtzoll erſparen.

Setzt man dieſe Berechnung fort und denkt
ſich, daß in einem Dorfe von 100 Haushaltungen oder Wohnhäuſern jährlich nur 2 neue
Häuſer obiger Größe gebauet werden, ſo wird
dabey, wenn die Wände von Erde gebauet
werden, 847 Cbfſchuh 1072 Cbtzoll Holz erſpart, indem man auf beyde Häuſer nur 1267
Cbtſchuh 40 Cbtzoll zu rechnen nöthig hat.
Von dem erſparten Holze kann noch ein und
faſt ein halbes Haus derſelben Größe gebauet
werden. In zehn Jahren werden demnach in
einem ſolchen Dorfe 8476 Cbfſchuh 252 Cbtzoll gewonnen, womit noch 13 Häuſer gleicher Größe gebauet werden können.

Setzt man ein Ländchen von etwa 20 Dörfern und Städtchen jedes im Durchſchnitt zu
100 Wohnungen gerechnet; in dieſen würden
jährlich 40 Häuſer erbauet werden, und man
würde darin, wenn man die Häuſer nach
obigem Anſchlage mit Erdwänden erbauete,
jährlich 16952 Cbfſchuh 804 Cbtzoll Holz erſparen. In 10 Jahren trüge dieß 169524
Cbfſchuh 1128 Cbtzoll, von welchem noch 267
Häuſer erbauet werden könnten, ohne deswegen mehr Holz aufzuwenden.

Schwerlich wird in einem Ländchen der
oben angegebenen Größe eine ſo große Fami-
lienzahl, die noch 267 Häuſer bedürfte, da
ſeyn, um dieſe Häuſer noch neben den jährl.
zu erbauenden, wie wir annahmen, aufzuführen; es werden alſo immer mehr Häuſer
in einem ſolchen Ländchen erbauet werden
können, als jetzt geſchieht, ohne daß der
Holzaufwand größer werde, es müßten denn
in derſelben Zeit mehr als 267 Familien neue
Wohnhäuſer bauen wollen.

Wer ſieht nicht ein, und kann nach der
angegebenen Berechnung weiter gehen, welch
eine erſtaunende Menge Bauholz für Deutſchland erſpart werden würde, wenn der Vorſchlag, die kleinen Häuſer mit Erdwänden
zu erbauen, da, wo es der Boden leidet, angenommen würde? Wie vielen armen und
hülfsbedürftigen Menſchen, die jetzt genöthigt ſind, weil ihnen eine eigne Wohnung
mangelt, hin und herzuziehen und ihr Leben
an Unſtetigkeit und Unordnung zu gewöhnen,
oder die in elenden Winkeln ſchmachten, ihre
und ihrer Familien Geſundheit aufopfern

müſſen, weil ſie in den erbärmlichſten Hütten mit andern Familien, denen der Beſitz derſelben gehört, eingezwängt, oder in dem eignen baufälligen Gerippe eines Hauſes leben,
das ſie nicht ausbeſſern können, weil das
Holz dazu fehlt, würde das Holz geliefert
werden können, daß ſie ſich, theils ihre tranri-
gen Hütten verbeſſerten, theils neue erbaueten?
Wie viel Elend und Unheil würde dann von
den ſo verlaſſenen Menſchen abgehalten? Iſt
nicht die Wohnung in unſerm kalten rauhen
Himmelsſtriche dem Menſchen ſo nothwendig
als das Brod, ſo nothwendig als ein Kleid,
und ſollten wir, ſo für die Menſchen ſorgen,
nicht auch das zu ihrer Sorge rechnen, daß
die Menſchen und wie die Menſchen, wenn
nun der Sturmwind heult, der Schnee krei-
ſelt, der Froſt an den Wagenrädern ſchwirrt,
der Regenſtrom rauſcht, ein Obdach, einen
Schutz gegen dieſe Zerſtörer der menſchlichen
Geſundheit finden?

Möge dieſe Stimme in einer Zeit, wo
ſo viele Menſchenclaſſen vom Könige u. Fürſten an bis auf den gemeinen Troßknecht fühlen, welch' ein Labſal es dem von Sturm
und Wetter, Schnee und Regen entkräfteten
Menſchen iſt, wenn ihn ein Haus aufnimmt,
worin er nichts mehr von dem Sturm und
Regen fühlt; wo ſo viele ein Raub des Grabes wurden, weil ihnen die bergende Hütte
fehlte, oder aus derſelben Moder und Un-
reinlichkeit entgegenbauchte, möge dieſe Stimme, ſelbſt unter der Stimme der Wehklage
über die Schmerzen des Kriegs nicht ganz
verhallen, daß hier und in der Erdhüttchen
verſucht werde, wo Hütten in Rauch aufgingen, daß wir geneigt werden, das ſo nöthige Bedürfniß des Holzes aufzuſparen für
die ſich mehrenden Nachkommen.

Gelnhaar, 1807.

Ch. F. Warmholz, Pfr.

Kauf- und Handels-Sachen.

Anleihe für das Eichsfeld und die incorporirten
Städte Nordhauſen und Mühlhauſen.

Zur Abzahlung der dem Fürſtenthum Eichsfeld-
und den incorporirten Städten Nordhauſen und
Mühlhauſen auferlegten Kriegs-Contribution ſoll
nach dem einmüthigen Geſchluße der Kriegs- und
Domainen-Kammer, als von Sr. Majeſtät dem
Kaiſer der Franzoſen beſtätigten Landes-Adminiſtra-

tions-Behörde der versammelten Stände des Eichsfeldes und der Deputirten der Städte Nordhausen und Mühlhausen ein Anlehn von 200000 Rthlr. eröffnet, und dieß Geschäft von der unterzeichneten Kammer und Landes-Deputation vollführet werden, weshalb letztere im Folgenden die Bedingungen der Anleihe bekannt macht.

§. 1. Das Anlehn geschieht unter Verpfändung des ganzen Fürstenthums Eichsfeld incl. der Städte Mühlhausen und Nordhausen, der Staats- und ständischen Güter, des Vermögens der Städte und Gemeinden, der Corporationen, und der Individuen gegen 5 pro Cent Zinsen.

§. 2. Es werden nur Capitalien von zwey hundert Thalern an, und mit dieser Summe steigend, angenommen. Die Obligationen werden nur auf 200 Rthlr., auf den Inhaber lautend, ausgestellt.

§. 3. Die Annahme der Gelder geschieht bey der Landes-Casse hierselbst. Die Capitalien werden nach preuß. Courant berechnet, und nur in preuß. groben Geldsorten von 2 gl. bis 1 Rthlr. Stücken oder in folgenden Münzsorten angenommen, und zurückgezahlt, nämlich: der französische Laubthaler zu 1 Rthlr. 14 gl. 5 pf. Der brabanter Kronenthaler zu 1 Rthlr. 13 gl. 8 pf. Der sächsische Conventions-Thaler zu 1 Rthlr. 9 gl. 6 pf. und die 20 kr. Stücke zu 5 gl. 7 pf. Preußisch gerechnet.

§. 4. Diejenigen, welche 20000 Rthlr. Capital sammeln und auf einmal zahlen, erhalten ein pro Cent, für 40000 Rthlr. und darüber aber zwey pro Cent Provision.

§. 5. Bis zum Jahre 1813 werden nur die Zinsen, und zwar halbjährlich am 1 May und 1 Novbr. gezahlt, mit dem Jahre 1813 fängt auch die Capital-Zurückzahlung nach der Verloosung an.

§. 6. Außer dieser planmäßigen Tilgung, deren größere vergrößert werden kann, findet keine Abzahlung, Aufkündigung 2c. Statt.

§. 7. Die Aufbringung der Gelder zur Zinsen-Zahlung und Amortisation geschieht durch eine jährliche Steuer.

Diejenigen, welche unter diesen Bedingungen Capitalien herzuleihen, sich geneigt finden, werden eingeladen, sich deshalb baldigst an die unterzeichnete Deputation zu wenden, und der promptesten Beförderung zu gewärtigen.

Heiligenstadt, den 4 May 1807.

Kammer- und Landes-Deputation des Fürstenthums Eichsfeld.

von Dohm,
Kammer-Präsident.

Borsche,
Kammer-Director.

Dittmar,
Kriegs- u. Domainen-Rath.

Kuhlmeyer,
Kriegs- und Domainen-Rath.

Patberg,
Deputirter der Geistlichkeit.

von Motz,
Deputirter der Ritterschaft.

Engelhard,
Deputirter der eichsfeldl. Städte.

Riemann,
Deputirter der Stadt Nordhausen.

Stephan,
Deputirter der Stadt Mühlhausen.

Klein.

Ein Capital von 100,000 Fl. gesucht.

Auf eine Herrschaft in Böhmen, die im Jahre 1805 für 300000 Fl. erkauft, und darauf bereits 88000 Fl. bezahlt worden ist, 82000 Fl. aber theils auf der Herrschaft immerdar haften, theils aber in sehr leidlichen terminlichen Zahlungen abgeführt werden, wie documentirt werden wird, sucht man ein Darlehn von 100000 Fl. in W. B. N. gegen jura cessa und beliebige Verzinsung. Wer sich dieserhalb in Unterhandlungen einlassen will, schicke die Erklärung schriftlich, aber unverzüglich an die Expedition des allg. Anz. in Gotha. Bey der Anheimzahlung dieses Capitals, die in einigen Jahren schon geschehen kann, will der Schuldner die 100000 Fl. in W. N. gerade ausbezahlen, und was sie gegen die Darleihung etwa noch schlechter stehen, mit vergüten. Auch 50000 Fl. würde man annehmen.

Gutsverpachtung.

Ein Landgut in der Nähe von Fulda, mit ungefähr 700 Morgen Acker, 280 Morgen Wiesen, 30 Morgen Weiher, 10 Morgen Garten, einer Schäferey von 7 bis 800 Stück Schafen, welche größtentheils schon veredelt sind, einer Branntweinbrennerey, einer sehr beträchtlichen Jagd und wilden Fischerey, ist vom ersten Julius dieses Jahres an auf mehrere Jahre aus der Hand zu verpachten. Das Inventarium wird bezahlt oder sonst dafür sichere Bürgschaft geleistet.

Zur Nachricht wird noch bemerkt, daß der Pachter des Gutes durch Kriegsrequisitionen nicht leidet, da dieselben vom Verpachter getragen werden. Gebäulichkeiten sind übrigens im besten Stande. Nähere Nachricht hat man durch frankirte Briefe einzuholen

bey Fleischer, Canzlist des
Fulda, den 23 April   F. Ober-Finanz-Colle-
1807.   giums zu Fulda.

Verpachtung einer Materialhandlung.

In einer angenehmen nahrhaften Landstadt Thüringens nahe bey der Residenz gelegen, ist eine wohl eingerichtete Material-Handlung, welche gute Geschäfte macht, zu verpachten. Liebhaber hierzu wenden sich in frankirten Briefen unter der Adresse A. K. an die Expedition des allgem. Anzeigers der Deutschen.

Verkauf der Weißmühle bey Lahnstein.

Die an der Lahn, eine halbe Viertelstunde von hier gelegene herrschaftl. Kameral-Erbbestands- oder sogenannte Weißmühle, stehet gerichtlich feil. Dieselbe besteht aus einem geräumigen Wohnhause von Stein, Scheuer, Stallung und einer daran gelegenen kleinen großen Hausgarten, und noch 6 Morgen drey Sch. Wiesen, auch einem an der Mühle gelegenen Wäldchen. Sie ist eine Bann-Mühle für Oberlahnstein, ausschließlich aller andern Müller, hat zwey Mahlgänge und einen Deischlag, ist von ordinairer Schaßung und Laßen, nicht aber von extraordinairen befreyet; der herrschaftl. Canon bestehet in 14 maltz. Malter Korn.

Da nun zu deren Versteigerung der erste Termin auf den 17 Junius, der zweyte auf den 1 Jul. und der dritte und letzte auf den 15 Julius d. J. Morgens 9 Uhr in loco der Weißmühle von herzogl. Amts wegen, anbefohlen worden ist. Als wird solches den etwa hierzu sich findenden Steigliebhabern hiermit bekannt gemacht.

Lahnstein, den 2 May 1807.
Herzogliches Amt.
Vogt.   Beisler.

_____

Haus nebst Specerey-Waarenlager und Tabacksfabrik.

In einer der ersten Haupt- und Handelsstädte Oberdeutschlands steht ein frequentes solides offenes Specereygeschäft mit einem verhältnißmäßigen Waarenlager, nebst einem solid gebauten Hause auf der Hauptstraße gelegen, zu verkaufen oder bey hinlänglicher Caution auch zu verpachten. Vom Kaufschilling des Hauses kann der größere Theil als Capital liegen bleiben.

Mit diesem Etablissement ist auch noch eine Rauchtabacksfabrik verbunden, die damit verkauft, aber nicht in Pacht gegeben werden kann. Franfirte Briefe hierüber besorgt die Expedition der k. b. allgem. Vaterlandskunde in Augsburg.

Nanquin.

Echter ostindischer Nanquin in Stücken von acht Ellen, ist sowohl einzeln als auch in Quantitäten, bey uns Endesunterzeichneten in sehr schöner Qualität zu haben. Wer funfzig Stück nimmt, erhält ihn à 36 gl. per Stück; begehrten Falls auch General- und Landaccis-Passirzettel dazu.

Dresden, den 8 May 1807.
J. R. Deyer und Comp.
Scheffelgasse Nr. 189.

Glocken-Metall.

Eine Partie Glockenmetall von mehrern hundert Centnern sind im Ganzen oder einzeln zu verkaufen; man wendet sich in franfirten Briefen an Ehrenreich Köper zu Frankfurt am Main.

_____

Justiz- und Polizey-Sachen.

Vorladungen: 1) militairpflichtiger Schweinfurter.

In Gemäßheit der allerhöchsten Verordnung werden nachbenannte militairpflichtige Bürgerssöhne, welche bey der jüngsten Musterung ohne Erlaubniß abwesend waren, mit der Weisung hierdurch öffentlich vorgeladen, daß dieselben, wofern sie sich in

der Provinz Bamberg befinden, binnen 4 Wochen, wenn sie aber in den königl. baierschen Erbstaaten sich aufhalten, in Zeit von 8 Wochen und wenn sie ganz außer Landes sind, binnen 1 Jahr um so gewisser zurückkehren und sich bey unterzeichneter Behörde zu stellen haben, als gegen die Ausbleibenden die Confiscation ihres gegenwärtigen sowohl, als zukünftigen Vermögens eintreten wird, so wie sie des Landes-Schutzes auf immer verlustig erklärt werden. Schweinfurt, den 22 April 1807.

Königl. Verwaltungs-
VI. der königl. Stadt-   Rath dahier.
Commissär v. Lugen-   J. P. Cramer,
berger.   Bürgermeister.
                         Wagner, Actuar.

1) Jacob Steuerlein, Büttner.
2) Andreas Gutjahr, Schreiner.
3) Johann Michael Binder, Sückler.
4) Christoph Friedrich Heuß, Schwerdfeger.
5) Philipp Genz, Schwerdfeger.
6) Johann Lorenz Götz, Schneider.
7) Johann Andreas Weber, Rothgerber.
8) Martin Zill, Weber.
9) Peter Zill, Weber.
10) Adam Götz, Schneider.
11) Simon Gitterlein, Müller.
12) Georg Gotthard Gitterlein, Müller.
13) Friedrich Peter, Büttner.
14) Lorenz Schönmann, Hutmacher.
15) Joh. Elias Stiel, Weber.
16) Christoph Friedrich Heil, Uhrmacher.
17) Benedict Zußelmann, Schuhmacher.
18) Nicolaus Beyer, Hufschmidt.
19) Ulrich Kirchner, Nagelschmidt.
20) Georg Brändlein, Bauernknecht.
21) Jacob Gutjahr, Schloßer.
22) Heinrich Müller, Schuhmacher.
23) Andreas Razenberger, Fuhrknecht.
24) Vitus Meyer, Drechsler.
25) Friedrich Nicol, Taglöhner.
26) Adam Kupfer, Taglöhner.
27) Georg Balthasar Scipio, Spengler.
28) Johannes Weinich, Zeugmacher.
29) Lorenz Schmidt, Schmidt.
30) Carl Lehnemann, Tuchmacher.
31) Daniel Lehnemann, Schloßer.
32) Heinrich Lehnemann, Schneider.

2) der Erben oder Gläubiger Gr. Sans's.

Der kürzlich dahier verlebte, und Giesigheim in Franken gebürtige, ehemahls zu Ober- und Nieder-Hochstadt bey Landau als Pfarrer gestandene Georg Sans hinterließ eine letzte Willensmeinung, worin derselbe das katholische Hospital dahier als Erben seiner Nachlassenschaft einsetzte. Es werden daher alle diejenigen, welche an solche entweder aus einem Erbrechte, oder sonst eine Forderung zu haben glauben, andurch aufgefordert, ihre allenfallsigen Ansprüche binnen 4 Wochen dahier geltend zu machen, widrigenfalls aber zu ge-

wärtigen, daß sie ferner nicht mehr gehöret, son‹
dern die Nachlassenschaft nach Vorschrift des Ver‹
lebten vertheilet werde.   Heidelberg, den 23
April 1807.
Großherzogl. Badisches Stadtvogtey‹
Amt.
Sartorius.   Porz.
Vdt. Neubrer.

3) J. Hansack's.

Nachdem Maria Hansack aus Dozheim bey
Uns klagbar vorgestellt, daß ihr Ehemann, Jo‹
hannes Hansack aus Böhmen gebürtig, unter dem
Vorwand, zu Betreibung eines Ochsenhandels sich
im Monat Februar 1802 in sein Vaterland zu be‹
geben, seit dieser Zeit aber nichts von sich hat hö‹
ren lassen, sondern sie bößlich verlassen habe, zu‹
gleich gebeten hat, sie der Ehe halber von ihm zu
entbinden, und ihr eine anderweite Verehlichung
zu gestatten, auch hierauf gegenwärtige Edictalcita‹
tion in Rechten erkannt worden; als wird vorbe‹
nannter Johannes Hansack dergestalt hiermit
citiret und vorgeladen, daß derselbe a dato binnen
drey Monaten vor dahiesigen herzogl. Consistorio er‹
scheinen, auf die gegen ihn angestellte Ehescheit‹
dungsklage antworten, oder aber gewärtigen soll,
daß im Ausbleibungsfall, und auf weiteres Anse‹
hen seiner Ehefrau, nichts destoweniger fortgefah‹
ren, und was Recht ist, in contumaciam gegen
ihn erkannt werden soll.
Wiesbaden, den 22 April 1807.
Vt. Philgus.

4) der Erben Mart. Schuler's.

Zu der Verlassenschaft des in dem Alexandri‹
nen‹Stift zu Cöln verstorbenen ehemahligen Hof‹
mahlers Martin Schuler, welche nach der gesten‹
ten Curatel‹Rechnung in 1154 fl. 53 kr. besteht,
hat sich ein angeblicher Bruder desselben Carl Schu‹
ler dahier gemeldet.
Da nun zu wissen nöthig ist, ob nicht noch an‹
dere Geschwister oder Geschwisterkinder des verleb‹
ten Martin Schuler am Leben seyen, welche an
dessen Verlaßthum mit gedachtem Carl Schuler
gleichen Anspruch zu machen hätten; so werden die‹
selben, um ihre Ansprüche hierauf innerhalb einer
Frist von neun Monaten dahier gehörig nachzuwei‹
sen, hiermit unter dem Nachtheil vorgeladen, daß
nach dieser umlaufenen Frist obige Verlassenschaft
an gedachten Carl Schuler werde ausgefolgert wer‹
den.   Mannheim, den 4ten May 1807.
Großherzogl. Badischer Hofrath.
Vdt. Zarg.

5) der Erben oder Gläubiger der Maria A. Mayer.

Wer aus einem Erb‹ oder sonstigen Rechte
einen gegründeten Anspruch an den geringen Nach‹
laß der am 12 Februar l. J. ohne Testament dahier
verstorbenen Kriegs‹Registratorswitwe Maria
Anna Mayer, einer gebornen Hierber von Mann‹
heim, zu haben vermeinet, hat solchen in Zeit dreyer
Monate von heute an bey unterzeichneter Stelle
ein‹ und auszuführen, oder zu gewärtigen, daß er
damit nicht mehr gehöret, und über diese Verlassen‹
schaft verfügt werde, was Recht ist.
Mannheim, den 5 May 1807.
Großherzoglich Badisches Garnisons‹
Auditorlat.
Lutz, Auditeur.

6) der Gläubiger der Freyhrn. Chrn. und L. L. Ferd. Goehler von Ravensburg.

Alle diejenigen, welche ihre Forderungen an
die verstorbenen Freyh. Christian und Friedrich
Ludwig Ferdinand Goehler von Ravensburg
noch nicht bey der bestandenen ritterschaftlichen
Theilungs‹Commission angezeigt haben, werden
hiermit aufgefordert, binnen 6 Wochen selbst, oder
durch hinlänglich Bevollmächtigte dahier zu erschei‹
nen, oder zu gewärtigen, daß sie von der Masse
ausgeschlossen werden sollen.
Mannheim, den 20 März 1807.
Großherzogliches Hofgericht der Badi‹
schen Pfalzgrafschaft.
Courtin.   Wolff.
Stein.

7) der Erben oder Gläubiger der Maria Sibylla Dogen.

Alle diejenigen, welche an die Verlassenschaft
der im Jahr 1803 zu Kirchheim an der Eck verstor‹
benen, Ehefrau des im Jahre 1782 verstorbenen Raths‹
verwandten Conrad Dogen von hier, Maria
Sibylla, gebornen Zuppert, aus irgend einem recht‹
lichen Grunde einen Anspruch zu machen, und sol‹
chen bisher noch nicht angezeigt haben, werden
hiermit aufgefordert, solchen auf den 25 künftigen
Monats May Morgens 9 Uhr dahier richtig zu
stellen, und die Verhandlungen über den Vorzug
bey Strafe des Ausschlusses von der Masse zu pfle‹
gen.   Mannheim, den 14 April 1807.
Großherzogliches Stadtvogteyamt.
Zupprecht.   Hofmeister.
Vidi. Schubauer.

(Wegen der Feyer des Pfingstfestes werden d. 17, 18 u. 19 keine Stücke ausgegeben.)

Allgemeiner Anzeiger

der

Deutschen.

Mittwochs, den 20 May 1807.

Literarische Nachrichten.

Von der
Monatlichen Correspondenz zur Beförderung
der Erd- und Himmelskunde, herausge-
geben vom Freyherrn Franz von Zach,
H. S. G. Oberhofmeister, ist der May-
Heft erschienen und hat folgenden

Inhalt:

XXVII. Astronomische Beobachtungen und
Bemerkungen auf einer Reise in das südliche Frankreich im Winter von 1804 auf
1805. (Fortsetzung.) — Reise nach Carpentras. Geschichte dieser Stadt während der französ. Revol. Nachrichten über
den Bischof Inguimbert. Bibliothek
daselbst. Peyresc's Handschriften.
XXVIII. Beytrag zu der trigonometrischen
Differenzenrechnung, in Beziehung auf
Delambre's Méthodes analytiques pour la
détermination d'un arc du méridien, vom
Prof. C. Mollweide in Halle.
XXIX. Auszug aus einem Schreiben. —
Beurtheilung einer unverschämten Schrift:
über die Berechnung der Cometenbah-
nen, vom Jesuiten Gußmann in Wien.
XXX. Auszug aus einem Schreiben des k.
k. östreichischen Gen. Maj. und Gen.
Quartiermeisters Mayer von Heldens-
feld. — Neues astronom. trignom. Netz über
die ganze k. k. östreichische Monarchie.
XXXI. Auszug aus einem Schreiben des
Herrn Prof. van Beeck Calkoen. —
Länge von Amsterdam und Utrecht durch
Pulversignale. Sternbedeckung. Gang
einer astronom. Seeuhr. Gedanken über
Gradmessungen.

Allg. Anz. d. D. 1 B. 1807.

XXXII. Auszug aus einem Schreiben des
russ. kaif. Kammer-Assessors D. U. J.
Seetzen. — Reisenachrichten. Geogr.
Breite von Damask.
XXXIII. Auszug aus einem Schreiben des
Herrn Spec. Superintend. und Stadt-
pfarrer in Durlach, L. J. Hartmann. —
Geogr. Breite von Durlach.
XXXIV. Louis Feuillée. (Fortsetzung.) —
Geschichte der Bestimmung des ersten Me-
ridians. Dessen Reise nach den canari-
schen Inseln in dieser Absicht.
XXXV. Ueber den neuen vom D. Olbers in
Bremen entdeckten Planeten Vesta. Beob-
achtungen desselben zu Bremen und Göt-
tingen.
XXXVI. Sternbedeckungen zu Göttingen,
vom Hrn. Prof. Harding.

Aufgeschnittene und beschmutzte Hefte
werden nicht zurückgenommen.

Der Preis eines Jahrganges ist gegen
Pränumeration sechs Thaler in Gold
(11 Fl. Rhein.); und man kann zu jeder Zeit
in das Abonnement eintreten, muß aber den
ganzen laufenden Jahrgang nehmen. Einzelne Monatsstücke kosten 14 gl. (1 Fl. 3 kr.)

Man macht die Bestellungen bey den
Post-Expeditionen und Buchhandlungen jedes
Orts, welche die Exemplare von unterzeich-
neter Buchhandlung auf den gewöhnlichen
Wegen beziehen. Gotha.

Die Becker'sche Buchhandlung.

Etablissements-Anzeige.

Der Nachtheil getrennter Etablissements, besonders in Kriegszeiten, bestimmte mich, daß ich
meine seit 4 Jahren in Nürnberg besessene Sorti-

mentshandlung an Herrn Jobst Wilhelm Wittwer obrat, und meinen ganzen Verlag, mit Inbegriff der bekannten von dem Verlasser der Resden an Jünglinge neuumgearbeiteten katholischen Geberbücher, so wie des Schmolken, mit meiner schon seit 25 Jahren zu Sulzbach geführten Buchdruckerey verbunden habe, wozu mir des Königs von Baiern Majestät und allerhöchst dessen alle Gute besrderende Ministerium, ein schickliches Gebäude daselbst allerhuldvollst bestimmt haben. Vom ersten May dieses Jahres an eröffne ich also mein ganzes Geschäft in Sulzbach unter der bisherigen Firma:

Johann Esaias Seidelsche Buch- und Kunsthandlung,

wohin ich von nun an alle schätzbaren Aufträge sowohl in Buchhandlunge- als auch Druckerey-sachen zu addressiren, und alle Zahlungen zu leisten bitte. Eine in jeder Hinsicht reelle Bedienung wird stets mein größtes Augenmerk seyn!

Sulzbach, den 28 April 1807.

Johann Esaias Seidel,

Königlich baierscher Commerzienrath, Inhaber einer Buch- und Kunsthandlung nebst einer Buchdruckerey.

Landkarten.

Aus Moscoviens weit umfassenden Gefilden zieht am östlichen Saume Europens ein Wetter, aus den entferntesten Nationen Asiens gebildet, zusammen, welches sich über die Moldau und Walachey durch Servien den Küsten des adriat. und schwarzen Meeres nähert, und schrecklich verheerend in seinen Folgen werden kann. Um sich die Resultate desselben zu vergegenwärtigen und den beschreibenden Zeitungs- oder andern Nachrichten mit auf dem Plaze selbst folgen zu können, muß dem Leser von Einsicht eine ganz dazu sich eignende Karte willkommen seyn, die unter dem Titel:

Neuer Kriegsschauplaz

zwischen den franz. kais. königl. russ. kaiserl. und türkischen Herren, welcher die Länder und Provinzen vom venetianischen Meerbusen bis zum asovischen Meere enthält und in zwey an einander gesägten illuminirten Blättern für 18 gl. in den meisten Buchhandlungen zu haben ist durch die

Jäger'sche Buch- Papier und Landkartenhandlung in Frankfurt a. M.

Kupferstiche.

Das Bildniß des kaiserl. russ. Generals en Chef Freyherrn von Benningsen, des königl. preuß. Obristen von Schille, und des königl. preuß. Generals von Kalkreuth, in ganzer Figur zu Pferde, wurden (erstere beyde nach zwey Originalgemählden, letztere während dessen Aufenthalt in Leipzig) von Hrn. C. F. H. Geißler allhier treffend gezeichnet und gestochen. In Folio,

auf Velinpapier und getreu colorirt, kostet jedes 12 Gr.

Der genannte, höchst geschickte Künstler wird nach und nach eine vollständige Suite aller in diesem Kriege sich auszeichnenden russischen, preußischen u. a. Generale in unserm Verlag liefern. Ferner das wohlgetroffene Bildniß Sr. Maj. des russ. Kaisers Alexander I. das Bildniß Sr. Maj. des Königs von Preußen Friedrich Wilhelm III. das Bildniß Sr. Maj. des Königs von Schweden, Gustav Adolph IV. alle drey in ganzer Figur zu Pferde, gez. und gest. von Geißler. Folio, Velinpap. colorirt à 12 Gr. und endlich dasjenige

Bildniß Napoleon's I., das ihn in ganzer Figur, in der Chasseur- Uniform, und in dem Moment darstellt, wie er seine Garden in Berlin mustert, ist bey uns für 6 Gr. zu haben.

Da wir wegen der ein- oder auswärtsstehenden Posthörnern in der Chasseur- Uniform mit dem Verkäufer eines jüngst angepriesenen Bildes, (das aber sechzehn Groschen kosten sollte!) keinen Krieg anfangen wollen, so wiederholen wir bloß, daß das einstimmige Urtheil aller Personen, die den großen Kaiser mit eigenen Augen sahen, das hier angezeigte Portrait für das sprechend- ähnlichste unter allen hält. Leipzig im April 1807.

Industrie- Comptoir.

Auctions- Anzeigen.

1) Da die Bücher- Auction, welche den 25 May 1807 in der Behausung des Buchhändlers Zolling in Langensalza ihren Anfang nehmen sollte, nach wovon die Catalogen schon versandt sind, wegen eingetretener Verhinderung auf diesen Tag nicht angefangen werden kann, so wird hiermit angezeigt, daß der Anfang derselben auf den 11 Junius d. J. verschoben werden muß.

2) Den ersten Junius dieses Jahres und in den folgenden Tagen, wird in Nürnberg der zweyte Theil der Bibliothek des Dr. und Schaffer Panzer öffentlich versteigert, und ist hiervon der Catalog in den Expeditionen der allg. Litter. Zeitung zu Halle und Jena, und in der Expedition des allg. Anz. zu Gotha zu haben. Die noch vorräthigen Exemplare dieses 2ten Theiles auf Schreibpapier liefert die felsecker'sche Buchhandlung in Nürnberg, für 1 fl. 30 kr., jedoch nur gegen baare Bezahlung.

3) Den 8 Jun. d. J. wird allhier in Meiningen eine Auction von Büchern, warunter viele gute Werke, nebst einigen Kupferstichen, gehalten werden. Cataloge sind in hiesiger herzogl. Hofbuchdruckerey, so wie bey Herrn Kammersecretär Hartmann und Herrn Chaußeesecretär Fleischmann, welche auch über obige Sammlung Auskunft geben, zu haben. Meiningen, den 2 May 1807.

4). Auswärtigen Bücherfreunden mache ich hiermit bekannt, daß den 11 Jun. d. J. u. f. T. in meiner Behausung hierselbst eine Auction von Büchern aus fast allen Fächern der Wissenschaften, gehalten werden wird. Cataloge werde ich auf Verlangen übersenden, so wie auch alle Commissionen bestens besorgen. Erfurt, den 10 May 1807.

Chr. Meyer, priv. Auctions-Commissar.

Subscriptions-Ankündigung

Die Kriegsunruhen sind Ursache, daß der 7te Band von Dietrichs Lexicon der Gärtnerey und Botanik zu der leipziger Ostermesse 1807 nicht hat erscheinen können; wir nehmen daher noch 2 Rthlr. 6 gl. oder 4 fl. Pränumeration auf denselben an, und wer sich an uns selbst wendet, erhält auch noch jeden der ersteren 6 Bände für diesen Preis. Der Ladenpreis von jedem Bande ist 3 Rthlr. oder 5 fl. 24 kr.

Gebrüder Gädicke, Buchhändler in Berlin.

Einladung an Schullehrer.

Eine namhafte Buchhandlung läßt verschiedene wichtige Schulbücher drucken. Diejenigen Schullehrer, welche auf dieselben gegen einen ansehnlichen Rabatt Unterzeichnungen (nicht Vorausbezahlungen) sammeln, und das Gute folglich unterstützen wollen, belieben ihre Adresse an Hrn. Advocat Hölzel in Leipzig, am alten Neumarkt neben der Feuerkugel, in einem mit Nr. 100 bezeichneten Couvert baldigst einzusenden.

Periodische Schriften.

Der Freymüthige für alle Stände.

Diese Zeitung, welche keiner Partey huldigt, giebt dem gebildeten Publicum eine Lecture in die Hand, welche Geist, Herz und Phantasie auf eine ungemein angenehme Weise beschäftigt; sie liefert nicht allein viele wichtige Aufschlüsse über die neuesten Kreignisse, sondern sie theilt auch vielerley Ideen-Kenntnisse und Mittel zur Unterhaltung in der feinern Gesellschaft mit. Die bis jetzt erschienenen Stücke haben unter andern folgenden Inhalt: Der jetzige regierende König von Sachsen Friedrich August. — Briefe über die Schlacht bey Jena. — Einige Betrachtungen über den Weltlauf. — Napoleon der Große. — Ueber die Ausgleichung der Kriegscontributionen vorzüglich in Bezug auf die Mitleidenheit der Geistlichen. — Einige Worte über Prags Carneval. — Carl Wilhelm Ferdinand Herzog von Braunschweig. — Rückblicke auf die Ruinen von Deutschland. — Ein Paar Worte über Herder. — Eine Exspectoration über die vornehme Erziehung der Töchter. — Einige Betrachtungen über das Morgenblatt. — Fragmente aus einem noch ungedruckten Reisebeschreibung nach der Grafschaft Glatz. — Die Conversationssäle. — Ueber

den Ausbruch des jetzigen Krieges. Von einem Preußen. — Nachrichten aus Breslau. — Ueber Zeitungsnachrichten und Zeitungsleser. — Ueppigkeit und Verschwendung. — Einige Bemerkungen über das preußische Militair. — Größe und Macht des rußischen Reichs. — Friedrich des Großen Aufnahme in den Freymaurer-Orden. — Kurze historische Parallele zwischen den Jahren 1707 und 1807. — Ein Urtheil über den verstorbenen Herzog von Braunschweig. — Eine treue Erzählung der Retirade eines großen Theils des preußischen Heeres durch Langensalza. — Was für Wirkungen thut eine despotische Regierung auf die Sitten und das Verhalten der unter ihr lebenden Menschen? — Ist ein jeder gefangene und auf sein Ehrenwort entlassene Officier gehalten, sein gegebenes Ehrenwort zu erfüllen? — Erzählungen eines pariser Policeybeamten über die Filous. — Groß ist der Fürst durch Gefühl und Weisheit; Ein Gott wird er, steht Wahrheit ihm zur Seite. — Ueber die Steuern (oder andere Auflagen) im Allgemeinen, ihre Folgen und Einfluß auf das Tagelohn. — Mehrere Schreiben königl. baierischer Officiere. — Sachsens neueste Lage. — Merkwürdige Vorrede vom Jahre 1673. — Ein werkwürdiges Pröbchen, was alles aus der heil. Schrift bewiesen werden könne. — Lichtstrahl auf ein verdunkeltes Gemählde. — Hat der einzelne Mensch Verbindlichkeiten gegen seine Nation? — Ueber den Freymüthigen, von einem Freymüthigen. — Ueber das Fechten der Deutschen bey Jena. — Etwas über das Leben des Privat- und des Staatsmannes. — Ueber einige äußerst nachtheilige Vorurtheile. — Ueber Staaten und ihre wechselseitigen Verhältnisse. — Bleiben sich die Menschen in allen Zeitaltern gleich? — Ein Paar unschuldige Fragen. — Rezensionen über die Geschichte der neuesten Zeit. — Ueber politische Zeitungen. — Eine auffallende, aber nicht angenehme Erscheinung. — Einige Bemerkungen über die Franzosen. — Mehrere Schreiben aus Maynz an einen Brandenburger. — Erfordert die Extragung des Glücks oder jene des Unglücks mehr Verstand? — Expectorationen eines Teufels. — (Diese Zeitung kostet halbjährig 2 Rthlr. 12 gl. und ist durch alle Buchhandlungen, Postämter und Zeitungsexpeditionen zu bekommen, wer sich an die Joachimsche Buchhandlung in Leipzig wendet, zahlt halbjährig 1 Rthlr. 16 gl.

Miscellen für die neueste Weltkunde herausgegeben von Herrn Forst- und Bergrath Zschokke.

Der allgemeine Beyfall, mit welchem diese historische, die neueste Geschichte der Staaten, des Menschen, der Kunst, der Wissenschaften, der Entdeckungen u. s. w. umfassende Zeitschrift seit ihrer Erscheinung mit Anfang des Jahres aufgenommen worden ist, macht von unserer Seite jede Empfehlung überflüßig. Ein Journal, wie dieses, zu dessen Vollkommenheit sich soviel ausgezeichnete Gelehrte in den verschiedensten Gegenden Frankreichs,

Italiens, der Schweiz, Deutschlands und Hollands mit dem Herrn Herausgeber vereinigen, verdiente eine günstige Aufnahme selbst in dem für Journale ungünstigsten Zeitpuncte.

Wir zeigen hiermit nur an, daß man auch im Laufe des ganzen Jahrs abonniren könne, ohne den Anfang eines neuen Semesters abzuwarten, und die vorhergehenden Stücke werden den neueintretenden Abonnenten nachgeliefert.

Alle Woche erscheinen zwey Nummern im größten Quartformat, von Zeit zu Zeit mit kritischen Beyblättern begleitet; alle Vierteljahr wird ein schönes Kupfer beygefügt.

Der Preis des ganzen Jahrgangs mit allen Beylagen und Kupfern ist 10 fl. 48 kr. rheinisch, oder 6 Thaler sächsisch.

Alle Buchhandlungen jedes Orts, so wie alle respective Postämter und Zeitungs-Expeditionen in ganz Deutschland und der Schweiz nehmen darauf Bestellungen an.

Arau, den 2 April 1807.
Samuel Flick's Buchhandlung.

Bücher-Anzeigen.

Beschreibung der Dardanellen. Durch einen freundschaftlichen Brief aus Constantinopel mitgetheilt. (Mit einer in Kupfer gestochenen und illuminirten perspectivischen Einsicht in den Canal der Dardanellen gegen das Meer von Marmora und Constantinopel und einer Charte des Canals zwischen Europa und Asien, von dem Eingange bey den Dardanellen bis zu seinem Ausgange in das schwarze Meer, nebst der europäischen Küste bis Constantinopel.) Leipzig bey Heinrich Gräff. Preis 8 gl.

Es ist nicht lange her, so ging die Nachricht von der kühnen Unternehmung der Engländer, die Dardanellen zu forciren und zu passiren, die Aufmerksamkeit von ganz Europa auf sich. Tausende von Lesern kannten die Dardanellen nicht einmahl von Hörensagen. Interessant und willkommen wird diesen diese Beschreibung und Abbildung seyn. Ich bin überzeugt, ein Jeder wird das Vergnügen genießen, das ich beym Lesen dieser kleinen Schrift empfand.

Neue Verlagsartikel des Buchhändlers A. C. Stiller zu Rostock. L. O. M. 1807.
Abend-Zeitvertreib in unterhaltenden Schilderungen, aus dem wirklichen Leben und vermischten Aufsätzen — als Ersatz der Romanen-Lectüre. 8. (unter der Presse.)
Der Cid. Tragödie, übersetzt von C. E. Kleffel. 8. 9 gl.
Dahl, J. C. G. Comm. exeg. crit. de ΑΘΕΝΤΙΑ Epistolarum Petrinae posterioris atque Judae: adj. sunt Ziegleri Animad. in sensum nominis Epp. catholicarum earumque Numerum in vetustissima Ecclesia. 4. 16 gl.

v. Essen, Beschreibung der Wechsel-Wirthschaft des Hrn. v. Juel auf der Insel Thorseng. Mit 1 Kupf. gr. 8. 1 Rthlr. 8 gl. Auch unter dem Titel: Merkwürdige Landwirthschaften 2r. Theil.
Fraehn, C. M. Curarum exeget. crit. in Nahamum prophetam Specimen. 4. 6 gl.
Huschke, J. G. Commentatio de Orphei Argonauticis. 4. 8 gl.
Mühlenbruch, D. C. J. Lehrbuch der Encyclopädie und Methodologie des positiven in Deutschland geltenden Rechts. 8. 1 Rthlr. 16 gl.
Schmidt, C. J. Vorbereitungs- und Confirmationsreden. gr. 8. 10 gl.
Die Unruhen in Göttingen, in Haupt-Bezug auf Ludwig Spangenberg. gr. 8. 12 gl.
Vogel's, D. neue Annalen des Seebades zu Doberan, 44 Heft; nebst einer Belehrung für Personen von schwacher Gesundheit. 8. (unter der Presse.)

Diese Bücher sind in allen Buchhandlungen für beygesetzte Preise zu haben.

Beym academischen Buchdrucker Gutmann in Heidelberg ist erschienen und wird auf Verlangen versandt:

Darstellung der Gründe, warauf die doppelte Buchhaltung beruht; von Carl Hecht. 8. 24 kr. — Schreiben einer Mutter an ihre neu verehlichte Tochter, zur Beförderung der häuslichen Glückseligkeit. Geschenk f. erwachsene Töchter und junge Gattinnen. 8. steif broch. farbiger Umschlag, Schreibpapier 30 kr. — Auswahl unterschiedlicher Andachts- und Tugendübungen. Für alte, besonders die nach christlicher Vollkommenheit trachtenden (katholischen) Christen, von Peter Schönach. Mit 1 Titelf. 8. 20 kr. — Doloris faciei dissecto infraorbitali nervo profligati historia. Auctore P. Loydig medic. et chirurg. Doctore. 4. Schreibpapier 30 kr. Kurzer Plan zur Errichtung einer höhern Schulanstalt. 8. 8 kr.

Zur Ostermesse erscheint bey Steinacker in Leipzig:

Der Mensch und die Thiere. Ein gemeinfaßliches Lesebuch, worin die Rechte und Pflichten des Menschen in Beziehung auf die Thiere, die Ursachen der Thierqualen und die Mittel dagegen, angegeben werden. Von M. August Immanuel Kellner, Prediger in Suhl.

Nachricht für die Zeitungsleser.

In unterzeichneter sowohl, als in allen Buchhandlungen ist die interessante Schrift zu haben:
Beschreibung von Constantinopel, herausgegeben von J. A. Bergk. Nebst einem Plane und Prospecte dieser Stadt und einer Karte von den Dardanellen. Preis 12 gr.

Industrie-Comtoir in Leipzig.

Allgemeiner Anzeiger
der
Deutschen.

Donnerstags, den 21 May 1807.

Künste, Manufacturen und Fabriken.

Aufruf an die deutschen Oeconomen.

Jeder weiß durch Erfahrung, wie nützlich eine Branntweinbrennerey auf einem großen Gute ist; manche haben in den letzten Jahrzehnten ein beträchtliches Vermögen dadurch erworben. Jeder weiß aber auch, welche Klagen gegen die Brenner entstehen. Die Landesobrigkeit klagt über den großen Verbrauch des Getreides, der Forstmann über den Holzverbrauch, und beyde haben gewissermaßen recht. In manchen Ländern, wie z. B. in Hessen, war das Brennen sogar den herrschaftlichen Pachthöfen verboten; und doch gibt es Mittel, beyde Kläger zum Stillschweigen zu bringen, durch folgende zwey neue Entdeckungen.

Die erste, einen Branntwein aus Runkelrüben zu verfertigen, der dem berühmten Cognac wenig nachgibt.

Die zweyte, ein neuer Brenn-Apparat, mit welchem man im geringsten Anschlag die Hälfte Holz erspart.

Verschiedene Schriftsteller haben bereits von diesen zwey wichtigen Entdeckungen Meldung gethan; ganz insbesondere der Commerzienrath Neuenhahn im zweyten Theile seines Werks über die Branntweinbrennerey. In diesem schätzbaren Werke beschreibt der Verf. die Versuche, die er über diesen ersten Gegenstand gemacht hat, und behauptet, daß man von einem Morgen Land mit Runkelrüben bepflanzt so viel Branntwein erhalten könnte, als auf acht Morgen mit Roggen besäet.

Allg. Anz. d. D. 1 B. 1807.

In einer benachbarten Stadt verbanden sich verschiedene Personen, unter welchen ein Apotheker ein geschickter Chemiker war; um Branntwein aus Runkelrüben zu brennen. Wie mir einer der Interessenten selbst sagte, ging, so lange der Chemist dabey war, alles gut, nur als Krankheit diesen entfernte, stießen sie auf eine Schwierigkeit. Die Masse wollte nicht mehr recht gähren, ohnerachtet sie mit den besten Oberhefen angestellt war, und dann war das Product der Destillation sehr gering. Wie leicht diesem Fehler abzuhelfen ist, wird jeder einsehen, der mit der Theorie der Gährung bekannt ist.

Man hat dem Runkelrüben-Branntwein vorgeworfen, er hätte einen fuselichen brennlichen Geschmack; es gibt aber ein leichtes Mittel, ihn zu reinigen. Wenn er mit Fluß- oder Regenwasser bis zum Drittheil verdünnt, auf ein Ohm 6 bis 8 Pfund Kohlenpulver zugesetzt, behutsam rectificirt wird, verliert er allen fremden Geschmack und kann zur Verfertigung der feinsten Liqueure dienen; wie eine Probe beweiset, die ich von den erwähnten Personen erhielt.

Die Trester, welche man beym Auspressen der gekochten Rüben erhält, dienen als ein treffliches Futter für's Vieh, und gewähren also auch in dieser Hinsicht dem Oeconomen den größten Nutzen.

Wie elend ist dagegen der schlechte Kartoffel-Fusel! wie abgeschmackt für einen zarten Gaumen. Wie leicht ist es aber, sobald man einmahl einen reinen wohlschmeckenden Branntwein hat, allerley wohlfeile Aquavite zu machen, und dem gemeinen Mann ein

besseres Labsal als bisher anzubieten, leuchtet ohne Anstrengung der Denkkraft jedem
gleich ein.

Allein im Allgemeinen schwebt der Geist
des Eigensinns, der Beschränktheit und der
Langsamkeit über Deutschlands Bewohnern;
aus Trägheit will man beym Alten bleiben,
weil das Neue Mühe macht, aller Anfang
schwer ist. Wenn auch einzelne, durch einen
höhern Genius geleitet, die Dornenbahn der
Entdeckungen wandeln, so wandeln sie solche
einsam, ohne Gefährten. In hülfloser Iso-
lirung schwinden ihre Kräfte an den Widerständen, die ihnen zu oft Neid und Vorurtheil entgegen setzen.

Die Beschreibung der zweyten Entdeckung, Branntwein mit Ersparniß des Brenn-
stoffes zu erzeugen, wird uns ein Beyspiel
hievon geben.

Seit der Zeit, als die Naturlehre uns
nähere Kenntnisse über die Eigenschaften des
Wärmestoffs gegeben hat, ist uns bekannt,
daß die Hitze kugelartig nach allen Richtungen
wie der Lichtstoff sich verbreitet, daß sie sich
mit allen Körpern bis zur Sättigung verbindet. Man mußte also auf den Gedanken
kommen, daß, wenn man Feuer wie bisher
unter einen Kessel machte, in einem Ofen
von Mauerwerk ein großer Theil der Hitze
verloren ging; daß ein großer Theil vom Boden, von den kalten Steinen eingesaugt wird,
und nur vielleicht der dritte Theil benutzt, auf
den Kessel wirkt. Daher ist die Idee entstanden, das Oefchen in die Mitte der zu erwär-
menden Flüssigkeit zu bringen und so seine
ganze wirkende Kraft zu benutzen.

Ein Oefchen von Kupfer, mit seinem
Rost und Luftzügen, wird mit seinem Schür-
loch in einem hölzernen Faß so befestiget,
daß keine Flüssigkeit hineindringen, und das
Faß so verwahrt, daß es keine verlieren
kann; dieses Faß mit einem schicklichen
Helm bedeckt, mit der Kühlanstalt verbunden, wird zur Destillation gebraucht.

Das Oefchen, welches hier mit der
Flüssigkeit umgeben ist, kann keine Hitze ab-
setzen als an sie; die Ersparung des Holzes
ist also hier augenscheinlich. Allein so auf-
fallend, so überzeugend hier die Theorie ist,
Schwierigkeiten findet man in der Praxis.
Commerzienrath Neuenhahn hat schöne
Versuche über diese Arbeiten gemacht, die er

in seinem bereits erwähnten Werke beschreibt,
hat aber auch die Schwierigkeiten gefunden,
und nachdem er bereits eine beträchtliche
Summe angewendet, hat er, ermüdet durch
die zu starke Ausgabe, alle fernere Versuche
aus eigenen Mitteln aufgegeben.

Sollen die Arbeiten dieses verdienstvollen
Mannes fruchtlos bleiben, der so ganz geeig-
net ist, diese interessante Entdeckung zur
Vollkommenheit zu bringen? Soll er nicht
in der Unterstützung der Oeconomen die
Mittel finden, Versuche fortzusetzen, deren
Gelingung allen so vortheilhaft wäre?

Mein Vorschlag wäre also: Deutschlands
Oeconomen unterschrieben sich jeder nur für
etliche Thaler; den Ertrag dieser Subscription schickte man dem Commerzienrath Neuenhahn, um seine Versuche, sowohl über
diesen Gegenstand, als über die Erzeugung
des Branntweins aus Runkelrüben fortzusetzen, und binnen Jahresfrist schriebe er für
die Subscribenten ein kleines Tractätchen,
worin er ihnen das Resultat seiner Arbeiten
bekannt machte.

Ohne je meiner Verhältnisse wegen in
Fall zu seyn, Nutzen aus dieser Sache zu
ziehen, bloß als Dilettant der Naturkunde
habe ich an erwähnten C. R. N. der mir
bloß als Schriftsteller bekannt ist, ein kleines
Memorial gesandt, mit einigen Winken über
diesen Gegenstand, welche theils englische
Versuche, theils Aufsuche einiger Freunde,
die in diesem Fache schöne Erfahrungen gemacht haben, theils das wenige, was mir
das anhaltende Studium der Chemie und
Physik verschafft hat, enthält.

Wenn die Oeconomen über den im allgemeinen erbärmlichen Zustand der drey beträchtlichen Gewerbe in Deutschland nachdenken, welche ihrer Natur nach mit der
Landwirthschaft verbunden seyn sollten,
nämlich die Bier- und Essigbrauerey und
Branntweinbrennerey, welche meistens, besonders die Brauerey, in den Händen empi-
rischer Zünfte ist, die im Durchschnitt gewöhnlich ihrer Natur ähnliche Producte
erzeugen; wenn sie die Nothwendigkeit dieser
drey Producte betrachten, ihre beträchtlich-
keit, ihre Wirkung auf die Gesundheit des
Publicums, dann muß der Deutsche sich über
sein Vaterland schämen, besonders wenn er

in den Künsten den Riesengang der Engländer mit unsern Zwergschritten vergleicht. Um dieses anschaulicher zu machen, wollen wir nur einige Exempel von englischer Industrie vortragen, die gerade in die hier erwähnten Fächer schlagen.

Die englische Regierung, welche sogar das Tagslicht besteuert, hatte auch eine Abgabe auf die Zeit gelegt, während welcher eine Branntweinblase im Gange war. In Schottland brachten die dortigen Brenner durch wiederholte Versuche endlich einen äußerst künstlichen, nunmehr bekannten Destillir-Apparat zu Stande, mit welchem sie anstatt viermahl in 24 Stunden, vier hundert und achtzigmahl die Blase abtrieben.

In einer an Steinkohlen reichen Gegend in England wurde ein Canal gegraben, um dieses da unentbehrliche Brennmaterial fortzubringen. Der stromlose Canal, seine niedrige Lage, ließen kein anderes Mittel übrig als Ruder, um das Schiff in Gang zu bringen. Um dieses ohne Kosten zu bewerkstelligen, wurde auf dem Schiffe eine Branntweinblase errichtet, deren Dämpfe den Cylinder einer Dampfmaschine in Bewegung setzten, welche durch mechanische Verbindung die Ruder trieb. Der Brenner war zugleich der Steuermann, und da die Dämpfe trotz ihrer Wirkung, doch ohne sich zu verlieren, in die Vorlage kamen, so verrichteten sie eine Arbeit, die anstatt etwas zu kosten noch Geld eintrug.

Überhaupt die vortheilhafte Anwendung der Dampfmaschine bey allen Zweigen der Industrie in England ist bewundernswürdig. Es gibt Fabriken, wo ganze Werkstätte durch sie in Bewegung gesetzt werden, wo der erstaunende Fremdling ein Zauberwerk zu erblicken glaubt, wenn er da alles ohne Menschenhände arbeiten sieht, oft ohne die Kraft wahrzunehmen, die so auffallende Wirkungen hervorbringt.

In etlichen londner Brauhäusern gibt es solche Maschinen, deren Cylinder nicht mehr als 24 Zoll im Durchmesser hat, die nicht mehr Geräusch als ein Spinnrad machen, und doch eine Kraft von siebenzig Pferden haben; wo alle Arbeiten, die in andern Ländern durch die höchste Anstrengung der Menschen geschehen, in England gleichsam spielend verrichtet werden.

Die Engländer, welche bey allen ihren Unternehmungen die tiefste Theorie der Kunst practisch ausüben, haben auch die chemische Erfahrung benutzt, welche eine Thatsache in der Chemie ist, nämlich daß die Flüssigkeiten, die die geistige Gährung ausgehalten, nicht so leicht, in großer Quantität, in die saure übergehen. Sie haben daher Fässer, worin sie ihre Biere aufbewahren, die bis fünftausend Ohm halten. Ihr Bier hat eine solche Haltbarkeit, daß es auf ihren Flotten in alle Theile der Welt verführt wird.

Wenn wir also die hier erwähnten Mittel mit den unsrigen vergleichen, wird nicht jeder unparteyische Cosmopolit finden, daß wir nur Zwergschritte gegen Britanniens Riesengang thun.

Ihr Deutschen, in den Künsten des Kriegs und des Friedens so weit zurück, was hemmt eure Fortschritte? Warum seyd ihr im allgemeinen so klein, im besondern oft so groß? Ja es gibt unter euch Genies, die selbst England, wie unsern Herschel, bewundern würde, sie leben aber von euch verkannt und unnterstützt, ihre mühsamen Anstrengungen lähmen sich oft an den Widerständen, die das Heer eurer alten unsinnigen Vorurtheile und Gewohnheiten ihnen entgegensetzen. Nahrungssorgen, Mangel an Vermögen halten sie ab, ihre hungrigen Kinder seufzen nach Brod, und die Kunst schmachtet in den Ketten der Noth.

In Deutschland ist es ein Hauptfehler, daß Leute, die durch Glücksumstände dazu geeignet wären, in den Künsten Fortschritte zu machen, sich meistens wenig damit abgeben. Tänzer und Musikanten verschlingen ihre Einkünfte. Eine Vigano entzückt ein thörichtes Publicum ———

In England gibt es dagegen eine Menge reicher, höchst gebildeter Dilettanten, Mathematiker, Physiker, Chemiker, die mit diesen unentbehrlichen Vorkenntnissen von der Theorie in die Praxis übergehen. Diesen hat dieses Vaterland des menschlichen Kunstfleißes seine sinnreichen Maschinen zu verdanken, auf deren vortheilhafte Anwendung sich der Flor ihrer Fabriken gründet.

Ich hatte das Glück, einst einen solchen Mann zu finden. Ein Jahr lang genoß ich seinen lehrreichen Umgang, und er vermehrte und bereicherte meine wenigen Kennt-

wiffe. Colclough! Wenn werde ich deinen
Verlust ersetzen, wenn ein anders Wesen
finden, das besser als eine Encyclopädie
alle meine forschenden Fragen beantworten
kann; und meinen Durst nach Kenntniffen
stillen. Wird mir das Schicksal endlich
einen Platz für meine Kräfte, einen Wirkungskreis für meinen Willen geben, wird
es mich nicht im Staube der Beschränktheit,
im langweiligen Kreise alltäglicher Erbärm-
lichkeit verschmachten laffen?
Frankfurt a. M. den 10 Febr. 1807.

Joseph Servière
der Chemie und Mechanik
Dilettant.

Dienst - Anerbieten.

Ein nie heirathender Mann von gutem
Sinne und Wandel, und im Genuffe einer
mittelmäßigen Besoldung wünscht eine Haushälterin, die nebst den gewöhnlichen Kenntniffen einen moralischen Character und aus
gewiffen Gründen einiges Vermögen besitzt. Vielleicht findet fich auch eine kinder-
lose Witwe, die im nie zu vereitelnden Vertrauen auf die beste Behandlung fich deßhalb
in freyen Briefen an die Expedition des
allg. Anz. in Gotha wendet.

Dienst - Gesuche.

Ein Mensch von 21 Jahren, der bisher
sein erlerntes Metier schon 8 Jahre bettrieben,
aber fich jetzt entschloffen hat, es zu verlaffen
und dagegen sein Lieblingsfach, die Jägerey
noch zu erlernen wünscht einen Platz bey
einem geschickten Jäger. An Fähigkeiten zu
diesem Fache fehlt es ihm nicht, und die ersten Kenntniffe der Jägerey glaubt er zu besitzen; auch ist er in der Geometrie nicht un-
bewandert. In Rücksicht des Lehrgeldes
hofft er billige Forderung und wünscht auch
nicht lange in der Lehre zu stehen. Man
wende fich in frankirten Briefen an die Expedition des allg. Anz. unter der Adresse:
H. N.

Familien - Nachrichten.

Todes-Anzeigen.

1) Mit tiefer Betrübniß zeigen wir hierdurch unsern Verwandten und Freunden den
großen Verlust, den wir durch den Tod
unsers geliebten Bruders und resp. Schwa-
gers, des Kaufmanns Herrn Wilhelm Friedrich Röse allhier, erlitten haben, an. Er
entschlief sehr sanft am 10 d. M. früh 9 Uhr
an den Folgen der Auszehrung im 27 Jahre
seines Lebens. Wir find von der herzlichen
Theilnahme aller, die den edeln thätigen
jungen Mann kannten, überzeugt, und verbitten uns alle schriftliche und mündliche
Beyleidsbezeugungen, indem wir uns zugleich
ihrem fernern Wohlwollen freundschaftlich
empfehlen. Eisenach den 12 May 1807.

Johanne Mey geb. Röse.
C. Mey.
C. Röse.
H. Röse geb. Perthes.

2) Daß am gestrigen Tage an einer Entkräftung im 85 Jahre allhier erfolgte Ableben unsers guten Vaters und resp. Schwie-
gervaters, des Hofadvocaten und Gerichts-
Directors, Barthol Theodor Heinrich
Knabe, vormahls zu Treffurt, machen wir
hierdurch unsern auswärtigen Freunden und
Bekannten unter Verbittung aller Beyleidsbezeugungen bekannt.
Creuzburg den 10 May 1807.

Henriette Knabe.
Ernestine verwittwete Knabe,
geb. Köhler.

Abgemachte Geschäfte.

Die in Nr. 88 S. 909 des allg. Anz.
angetragene Stelle für einen Papierform-
macher ist besetzt. Burgthann bey Nrnbrg.

Losche.

Kauf - und Handels - Sachen.

Bekanntmachung und Warnung.

Schon vor einigen Jahren fand ich
durch das häufige Nachpfuschen meiner
Rauchtabacke, mit dem dabey von mehreren deutschen Fabrikanten gemachten Miß-

brauche meines Namens und meiner Fabrikzeichen mich veranlaßt, in den Zeitungen
hiergegen zu warnen, und zugleich bekannt
zu machen, daß, um die Käufer meiner ächten Waare vor jener nachgepfuschten möglichst zu sichern, künftighin das Papier meiner Packete am Rande des Umschlags zur
Seite das Wasserzeichen meines Namens:
A. H. Thorbecke durchschneidend enthalten werde.

Allein auch dieses Unterscheidungszeichen
wurde gar bald ein neuer Gegenstand der
Nachäffung für die zum Raube auf fremden
Erwerbßfleiß allezeit fertigen Pfuscher-Fabriken. Nicht im Stande, dem innern schlechten Gehalte ihrer Waare unter der äußern
unverdeckten Bezeichnung eigener Namen Eingang zu verschaffen, suchten sie immer auf
alle Art und Weise meinen Namen und meine
Zeichen nachzuformen, um unter dem mißbrauchten Schutze derselben das Publicum
zu hintergehen, und durch solche ehrliche
Kunstgriffe, verbunden mit wohlfeilern Preisen — wie es der gewöhnliche Fall bey jedem
anderst gestohlenen Gute ist — Käufer anzulocken. Da ihnen nun zu ihrem Machwerke
jetzt noch der Name im Papier fehlte, und
sich eben so gewissenlose Papiermacher fanden, die sich nicht entblödeten, mein befragt-
tes Wasserzeichen so gut oder so schlecht es
gehen wollte, nachzuahmen, so jenen zu
liefern: so schämte man sich auch von beyden
Theilen nicht, die Nachpfuscher-Industrie
vollends mit diesem verfälschten Papiere zu
krönen.

Solchem nach neuerdings bewogen, meine
Freunde und besonders denjenigen gutgesinnten Theil des Publicums, der durch
schlechte gehaltlose, unter dem Mißbrauche
meines Namens nachgepfuschte Tabacksfabrikate, sich nicht betrogen haben, oder nicht
wissentlich zu solchem Betruge die Hände bieten will, auf meine vorhinnige öffentliche
Warnung mittelst dieser Bekanntmachung
aufmerksam zu machen, bemerke ich wiederholt und ersuche, genau und wohl zu beachten, stets gleiche innere Güte der Waare
selbst und ihre eigenthümliche äußere schönere Form und Packung, vornehmlich den
schönen rothen Druck, überdieß noch im
Papier-Umschlage jedem Packet zur Seite
darauf das obbeschriebene Wasserzeichen mei-

nes Namens, und zwar dergestalt enthalten,
daß selbiges

1) vollkommen deutlich lesbar in gehörig
schöner Form und Stellung der Buchstaben, überall scharf ausgedruckt erscheint; daß

2) der Name in allem eilf Buchstaben zähle
und von diesen die drey ersten als Anfangsbuchstaben größer, als die übrigen acht seyn müssen;

3) von diesen eilf Buchstaben keiner willkürlich verändert weggelassen oder hinzugefügt, oder außer der Ordnung versetzt — keiner von der zugetheilten gleichen Größe abweichend, oder in verschobener und verkehrter Stellung —
noch weniger die Schrift in einander
geflossen und unleserlich seyn darf;
daß endlich

4) die ganze Stellung des Namens nicht
umgekehrt gegen den Rand des Packets
Umschlags sichtbar seyn muß.

Uebrigens dient den betreffenden Nachpfuschern — sowohl Tabacks- als Papier-
Fabrikanten — hiermit zugleich zur Nachricht und Warnung: daß ich sie namentlich,
sammt ihrem Thun und Treiben, recht gut
kenne, daß ich Original-Briefe, Proben
und sonstige gegen sie zeugende unleugbare
Beweise in Händen habe, daß ich davon
denjenigen Gebrauch, der mir Recht und
Billigkeit erlauben, zu machen wissen und
daher gewiß keinen Anstand nehmen werde,
ihre Namen und ein als Gefühl der Ehrliebe so sehr zuwiderlaufendes Beginnen,
öffentlich darzustellen — insofern sie sich nicht
enthalten, meinen Namen und Fabrikzeichen
ferner zu mißbrauchen, und auf diese unerlaubte Art zu bewirken oder beyzutragen,
nachgepfuschte, unter eigenem Namen unverkäufliche Tabacks-Fabrikate fälschlich für
meine echte Waare auszugeben.

Cassel in Hessen den 18 April 1807.
Andreas Heinrich Thorbecke.

Verkauf der Meisterey zu Lengsfeld.
Das dem Johann Aham Luccas zuständige und
vor dem Unterthor allhier zu Lengsfeld gelegne
Wohnhaus und Garten, womit die Rasenmeisterey-
Gerechtigkeit verbunden ist, soll.
Donnerstags den 9 in künftigem Julius d. J.
Mittags 11 Uhr
an den Meistbietenden verkauft werden. Kaustieb-

daher haben sich alsdann vor unterzeichneter Gerichtsstelle zu melden, ihre Gebote zu thun und nach Befinden des Zuschlags zu gewärtigen.

Zu Urkund unter Amts Siegel und Hand ausgefertiget. Lengefeld am 16 April 1807.

Freyherrl. v. Boineburg- und von Müller'sches Amt.

Nachricht von einem neuen und wohlfeilen Vergrößerungs-Instrumente.

Ob ich gleich im 39 Stück S. 223 des Reichs-Anzeigers vom vergangenen Jahr bey der Ankündigung meiner verbesserten Lampenmicroscope das Stück für 14 bis 28 Friedrichsd'or zu liefern versprach, so könnte doch bey einem so hohen Preise dieß Instrument nur für reiche Liebhaber

Aus der hier beygedruckten Figur wird man leicht die Form und Größe des Lampenmicroscops beurtheilen können. Das Instrument selbst legt sich in den Kasten, welcher ihm beym Gebrauch zum Stativ dient, ein, worin außer 100 gut präparirten Objecten der übrige Apparat und eine gedruckte Beschreibung mit zwey Kupfertafeln befindlich ist. Ich glaube das, was noch von der Wirkung des Instruments gesagt werden könnte, zu übergehen, indem nachfolgendes Zeugniß hinlängliche Auskunft darüber gibt, dessen Verfasser der gelehrten Welt aus mathematischen und naturhistorischen Schriften rühmlich bekannt ist,

Caffel in Hessen.

micrographischer Wahrnehmungen seyn. Da es aber nicht sowohl mein, als auch mehrerer meiner Freunde angelegenster Wunsch war, dieß Werkzeug unter dem Mittelstande und in Schulen allgemeiner zu machen, so habe ich gesucht, demselben eine solche Einrichtung seines äußeren Baues zu geben, daß ich das Exemplar in der besten Vollkommenheit seiner Wirkung und Einrichtung für 3 Carolins, wenn der Betrag baar eingesandt wird, den Naturfreunden liefern kann.

Diejenigen Schulen aber, deren Fonds nicht erlaubt, auch diese Ausgabe zu machen und denen doch ein solches Instrument von Nutzen seyn dürfte, erhalten, wenn sich deren Vorsteher unmittelbar an mich wenden, theils das Instrument um den halben Preis, oder nach den Umständen umsonst.

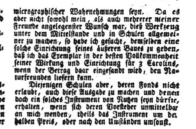

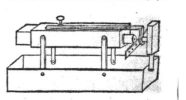

Reiffig, Professor.

A.

— — — Ich säume nicht, mein verlangtes Urtheil über die Brauchbarkeit der Lampen-Microscope, welche der Hr. Prof. Reiffig in Caffel verfertigen läßt, um so lieber mitzutheilen, da ich Gelegenheit hatte, mehr als eins derselben zu sehen, und zum Behuf meiner micrographischen Untersuchungen zu gebrauchen. Die unterscheidenden Vorzüge eines solchen Instruments sind:

1) Bequemlichkeit der Anschauung und Schonung der Augen, indem man das Bild in der natürlichen Stellung der letztern wahrnimmt, welches allein schon hinreichen muß, seinen Gebrauch jedem zu empfehlen, der viel beobachten will.

2) Außerordentliche Größe des Sehfeldes. Ein Mückenflügel (von Culex pipiens) nimmt bey einer geringen Vergrößerung der Linse ein Feld von drey par. Zoll im Durchmesser ein und wird ganz gesehen.

3) Sehr starke Beleuchtung, die man immer eher zu mindern, als zu vermehren hat — und außerordentliche Schärfe.

4) Vorzügliche Tauglichkeit zu Abendbeobachtungen, wobey ein guter Mechanismus die Stärke der Beleuchtung nach dem Bedürfniß des Objects modificirt.

5) Besonders wichtige Brauchbarkeit, undurchsichtige Objecte zu beschauen, und Darstellung ihrer natürlichen Farben.

6) Endlich Brauchbarkeit, Objecte aller Art bequem nach ihrer Vergrößerung zeichnen zu können.

Wer nur einmahl ein Instrument dieser Art zu seiner microscopischen Beobachtungen gebraucht hat, wird sich schwer entschließen können, ein Compositum auch von dem vorzüglichsten Meister an dessen Stelle treten zu lassen, und es ist zu wünschen, daß dasselbe in recht viele Hände kommen möge, um der Naturforschung fortzuhelfen.

Magdeburg am 22 Aug. 1806.

J. F. W. Koch,
Pred. zu St. Johann. in Magdeburg.

Justiz- und Polizey-Sachen.

Steckbrief hinter C. H. Hoffmann.

In der vergangenen Nacht hat sich ein Gefangener auf der hiesigen Speiserey, Namens Hoffmann, welcher bey den hiesigen Stadtgerichten wegen Verfertigung falscher Münzsorten in Untersuchung gekommen, und in dem nachstehenden Signalement beschrieben ist, durch die Flucht heimlich zu entfernen gewußt. Es ist uns an der Wiederhabhaftwerdung dieses durch seine Verschmitztheit und seinen bisherigen Lebenswandel so gefährlichen Menschen alles gelegen. Wir ersuchen daher hiermit alle Militair- und Civil-Obrigkeiten, auch andere Personen dienstergebenst, auf denselben ein genaues Augenmerk zu haben, ihn im Betretungsfalle arretiren und an das unterzeichnete Stadtgericht abliefern zu lassen. Wir offeriren uns nicht nur zur Wiedererstattung der gehabten Auslagen, sondern sind auch bereit, in vorkommenden Fällen gleiche Rechtswillfährigkeit zu erwiedern.

Erfurt den 27 April 1807.

Das von Sr. Majestät dem Kaiser der Franzosen und König von Italien bestätigte Stadtgericht.

Loes.

Signalement.

Carl Heinrich Hoffmann ist angeblich 35 Jahr alt, evangelischer Religion und aus Hamburg gebürtig, will bisher mit kurzen Waaren gehandelt und seit 6 Jahren keinen festen Wohnsitz gehabt, sich seit dieser Zeit in der Gegend von Hannover, Hildesheim, Münden, Osnabrück, Nordhausen, Erfurt aufgehalten haben. Er giebt sich für einen Freymaurer aus, und scheint bis zu seiner Arretirung ein bloßes Vagabundenleben geführt zu haben. Er ist mittler untersetzter Statur, rundem bleichen Gesichte, hat eine abgestumpfte Nase, blaue Augen, trägt sein greises und dunkelbraun gemischtes Kopfhaar rund abgeschnitten und eine gleichfarbigen Backenbart, den Kopf trägt derselbe auf seinem kurzen Halse etwas eingedrückt. Seine Kleidung besteht in einem erbsenfarbigen tuchenen kurzen Oberrocke und dergleichen Beinkleidern, erstern mit weißen metallenen Knöpfen, einer schwarzseidenen und einer gelb gestreiften baumwollenen Weste, einem schwarzseidenen Halstuche, weißwollenen Strümpfen, und ein Paar Commißschuhen mit lebernen Riemen zugebunden. Er spricht die niedersächsische Mundart und verschlinge das R.

Bekanntmachung.

In den proclamatibus, die am 17 September 1802 über den Nachlaß des hier verstorbenen Senator Beck erlassen worden, ist ihm die Vornamen Johann Gottlieb, die er hier führte, gegeben. Da aber aus den Legitimations-Copieren seiner Erben hervorgehet, daß er nicht Johann Gottlieb, sondern Burchard Zacharias Gottlieb geheißen habe; so wird solches hierdurch öffentlich

bekannt gemacht, und jeder, der an dieser Bemerkung ein Interesse hat, geladen, selbiges am 30 Junius dieses Jahres Vormittags 10 Uhr vor hiesigem Waisen Gerichte anzugeben, und sofort erweislich zu machen, oder zu gewärtigen, daß er von der gleich nach dem Termin an die längst angemeldeten und legitimirten Erben zu vertheilenden Masse auf immer werde abgewiesen werden.

Sig. Malchin, den 15 April 1807.

Verordnetes Waisen-Gericht.

Vorladungen: 1) Jos. Blül's.

Der schon über 50 Jahre abwesende Joseph Blül, gebürtig aus Bernau, freyherrl. von kellischer Herrschaft, oder seine allenfallsige Leiberserben werden hiermit aufgefordert, à Dato innerhalb drey Monaten die ihm von seiner dahier verstorbenen Base Verina Blül angefallene Erbs-Betreffniß um so mehr in Empfang zu nehmen, als nach Ablauf dieses peremtorischen Termins erfagte Erbsbetreffniß dessen nächsten Anverwandten gegen Caution verabfolgt werden würde.

Reichenau, am 22 April 1807.

Großherzogl. Badisches Obervogtey-Amt.

Vdt. v. Krafft.

2) Chrph. Ph. Dietrich's.

Da der schon seit etlichen und 40 Jahren abwesende Beck Christoph Philipp Dietrich dahier, während dieser langen Zeit lediglich nichts mehr von sich hat hören lassen, so wird er anduch öffentlich aufgefordert, binnen 9 Monaten um so gewisser dahier zu erscheinen und sein in ohngefähr 300 fl. bestehendes Vermögen in Empfang zu nehmen, als sonst dasselbe seiner darum nachsuchenden Schwester gegen Caution in nutznießliche Verwaltung gegeben werden wird.

Verordnet Pforzheim, den 24 April 1807 bey Großherzoglich Badischen Oberamt.

3) der Helena Moret.

Helena Moret, von Ortenberg in der Ortenau, ist schon 32 Jahr abwesend, und während dieser Zeit hat man von ihrem Aufenthalte nichts erfahren. Sie oder ihre allenfalls vorhandenen ehelichen Erben, werden daher aufgefordert, binnen 12 Monaten sich zu melden und zu legitimiren, indem im Unterlassungsfalle ihr unter Curatel bestehendes Vermögen ihren hierländischen nächsten Verwandten ausgeantwortet würde.

Offenburg, am 28 April 1807.

Großherzogl. Oberamt der Landgrafschaft Ortenau.

Kleinbrod. Hinderfad.

4) J. Riedmeyer's.

Gegen den seit einigen Jahren abwesend gewesenen Becker Johannes Riedmeyer von Feldberg, welcher sich, bald nachdem er zur kurze Zeit nach Haus gekommen, wieder entfernt hat, sind mehrere beträchtliche Forderungen erhoben worden.

Es wird demnach dieser Johannes Riedmeyer hiermit öffentlich vorgeladen, innerhalb einer Frist von drey Monaten um so gewisser vor der unterzeichneten Stelle sich einzufinden, um sich auf die angebrachten Klagen gerichtlich einzulassen, als im Falle seines Außbleibens die Forderungen als liquid würden erachtet, und die Gläubiger aus dem rückgelassenen Vermögen des Schuldners würden befriedigt, gegen ihn aber weiters nach der Landes-Constitution verfahren werden.

Schliengen, den 4 May 1807.

Großherzoglich Badisches Oberamt Badenweiler allda.

C. L. Barck.

5) J. Günther's.

Johannes Günther von hier, welcher vor ungefähr 20 Jahren als Beckerknecht in die Fremde gegangen ist, von dieser Zeit an aber von seinem Leben oder Aufenthalt nichts hat hören lassen, oder dessen allenfallsige Leibes-Erben, wird andurch vorgeladen, binnen 9 Monaten entweder selbst, oder durch Bevollmächtigte zur Empfangnahme des unter Verwaltung beruhenden Vermögens dahier sich zu melden, oder aber zu gewärtigen, daß solches, und das etwa ferner anfallende seiner sich darum gemeldet habenden Schwester zur nutzlichen Pflegschaft werde übergeben werden.

Heidelberg, den 7 April 1807.

Großherzoglich Badisches Stadtvogtey-Amt.

Weber. Wundt.

Vidt. Reuderer.

6) Amand. Zweigle's.

Ludwigsburg. Der Conscriptionspflichtige Amandus Zweigle von Oßweil, welcher sich ohne obrigkeitliche Erlaubniß von seinem Heimwesen entfernt hat, wird hiermit aufgerufen, ohne Zeitverlust vor unterzeichnetem Oberamt sich zu stellen; auch werden alle Obrigkeiten ersucht, auf denselben fahnden, und ihn im Betretungsfall anher einliefern zu lassen. Derselbe ist 21 Jahr alt, 5 Fuß 9 bis 10 Zoll groß, hat gelbe Haare, blaue Augen, ein rundes, röthliches Gesicht, und von starkem Körperbau. Bey seiner Entweichung war er mit einem dunkelblauen Rock, einem rothbarchetnen Brustlich, braun barchetnen Wamms, schwarzledernen Hosen, Stiefeln, einem drepeckigen Hut und einem gelben Halstuch bekleidet.

Am 23 April 1807.

Königlich württembergisches Oberamt Ludwigsburg.

7) J. Casim. Ranßel's.

Jean Casimir Ranßel aus Kelze in Niederhessen ist Anno 1776 mit den hessischen Truppen nach Amerika gegangen, seitdem verschollen, und

hat laut Tauffscheins das 70 Jahr zurückgelegt. Auf Instanz seiner hiesigen Geschwister, welchen sein hinterlassenes, in 200 Rthlr. bestehendes Vermögen unlängst gegen Caution verabfolgt worden, wird daher derselbe oder dessen nähere Erben hierdurch ein für allemahl edictaliter vorgeladen, vor dem Stadtschultheißen-Amte hiesiger Oberneustadt in dem auf den 31 August bestimmten peremtorischen Termin persönlich oder durch gehörig Bevollmächtigte zu erscheinen und sich zum Empfange obigen Nachlasses zu legitimiren, indem sonst ermähnter Jean Casimir Ranßel für todt erklärt und die eingelegte Caution zurück gegeben werden wird.

Cassel in Hessen, den 29 April 1807.

Stadtschultheißen-Amt der Ober - Neustadt daselbst.

Reinück.

8) J. Chrph. Lattich's.

Der Tuchmacher Johann Christoph Lattich, vorgeblich aus Wien gebürtig, so bey einem Jahr mit Annen Brigitten gebornen Müller allhier in der Ehe gelebt hat, aber vor 4 Jahren von selbiger gegangen ist, und seit dem nichts von sich hören lassen, wird hiermit aufgefordert,

Mittwochs den 1 im Julius d. J. vor unterzeichneter Gerichtsstelle zu erscheinen und auf eine, von gedachter seiner Ehefrau gegen ihn erhobene Ehescheidungs-Klage, antwortlich zu vernehmen zu lassen, oder zu gewärtigen, daß für einen bößlichen Verlasser erklärt, und dem gemäß weiters erkannt werde w. R.

Lengsfeld, am 1 April 1807.

Freyherrl. von Boineburg - und von Müllersches geistliches Gericht.

9) J. Chrn. Moseberg's.

Johann Christian Moseberg von hier hat im Jahre 1786 sich von hier entfernt und bis daher keine Nachricht von sich gegeben, dessen Bruder Johann Friedrich Moseberg allhier aber um Verabfolgung dessen, unter vormundschaftlicher Verwaltung stehenden, etwa 50 fl. betragenden Vermögens gebeten; so wird, in Gemäßheit des höchsten Mandates vom 20 August 1777 erwehnter Johann Christian Moseberg und alle diejenigen, welche an dessen Vermögen einen gegründeten Anspruch machen können, hierdurch citiret und erfordert

Dienstags den 6 October dies. Jahrs vor dem herzogl. sächf. Amte allhier gesetzmäßig zu erscheinen, und ihre Anforderungen bey Strafe des Verlustes derselben anzubringen und zu bescheinigen, oder zu gewärtigen, daß erwanntes Vermögen den sich meldenden nächsten Verwandten ohne Sicherheitsleistung aufgeantwortet werde.

Sig. Creutzburg, den 12 May 1807.

Herzogl. Sächf. Amt das.

Carl Ludwig Appelius.

Druckfehler. In Nr. 126 S. 1300 Z. 3 von unten: Rota statt Kota.

Allgemeiner Anzeiger
der
Deutschen.

Freytags, den 22 May 1807.

Nachricht, den Badeort Pyrmont
betreffend.

Da bey den gegenwärtigen kriegerischen
Zeiten vielleicht mancher, welcher sich zur
Befestigung oder Wiederherstellung seiner
Gesundheit des hiesigen, durch seine wohlthätigen Wirkungen so allgemein berühmten
Stahlbrunnens und Bades zu bedienen
wünscht, und dem es an Gelegenheit fehlt,
von hier unmittelbare Nachrichten einzuziehen, zu der Besorgniß veranlaßt werden
kann, ob die Curgäste und Fremden im
nächsten Sommer sich auch wol hier eines
ruhigen Aufenthalts zu erfreuen haben dürfen: so siehet unterzeichnete Behörde sich
veranlaßt, hierdurch öffentlich bekannt zu
machen, daß nicht nur die ganze hiesige Gegend von allen und jeden kriegerischen Auftritten dermahlen gänzlich befreyt ist, sondern
daß auch insonderheit die Grafschaft Pyrmont, so wie überhaupt die sämmtlichen
fürstlich waldeckischen Lande unter dem besondern Schutze Sr. glorreichen Majestät
des Kaisers Napoleon stehen, und durch
ein allerhöchst-kaiserliches allergnädigstes Decret gegen alle Turbationen gesichert, auch
bereits zur deutschen Conföderation aufgenommen worden sind, so daß also ein jeder
Curgast einen ganz ruhigen, friedsamen und
ungestörten Aufenthalt dahier erwarten
darf. Pyrmont den 28 April 1807.
Fürstl. Waldeck. Polizey-Direction
der Grafschaft Pyrmont.
v. Laffert. Stölting. Severin. Benn.

Allg. Anz. d. D. 1 B. 1807.

Land- und Hauswirthschaft.

Anerbieten zur Entdeckung eines
sichern und bewährten Mittels, den
Brand des Weizens zu verhüten.

Seit länger denn hundert Jahren ist
über das gefährliche Uebel des Brandes unter dem Weizen so viel und mannichfaltig
geschrieben, und mündlich darüber verhandelt worden, und dennoch ist demungeachtet
noch kein Mittel bekannt, wodurch dieses
höchst schädliche Uebel ausgerottet oder auch
nur einmahl vermindert werden könnte.

Dem Oeconomen ist das Uebel des Brandes unter dem Weizen hinlänglich bekannt;
dem Nicht-Oeconomen und demjenigen,
welcher dasselbe gar nicht kennt, sey es genug hier zu bemerken, daß der Brand unter
dem Weizen das sey, wenn sich unter den
Aehren des auf dem Halme zur Reife stehenden Weizens mehrere oder wenigere befinden,
welche schwarze rußartige Körner haben und
bey dem Ausdreschen wie Asche aus den Hül-
sen fallen. Dieses Uebel findet sich mehr
oder geringer auf allen Weizenfeldern, und
man behauptet nicht zu viel, wenn man annimmt, daß durchgängig der vierte oder fünfte Theil des Weizens in den meisten Feldern
durch den Brand verloren geht; da in manchen Feldern die Hälfte, in vielen ein Drittheil, Viertheil oder Fünftheil, durch den
Brand verdorben wird. Wenn dieser durch
entstehende Schaden für ganze Feld-
marken, Landgüter oder für ganze Länder berechnet wird, so ist solcher wirklich außerordentlich und man darf sich nicht wundern, wenn

man vernimmt, daß die mannichfaltigsten, oft sogar lächerlichsten Versuche angestellt worden sind, dieses Uebel auszurotten, und dennoch alle Versuche dem gewünschten Endzwecke keineswegs entsprochen haben. Die Meinungen alle aufzuzählen, welche der Oeconom und der Landmann von der Entstehung des Weizen-Brandes gemacht haben, würde ein ganzes Buch anfüllen, und mitunter Verwunderung und Lachen erregen. So glauben z. B. viele Landbauer, daß der Weizenbrand vom Winde herrühre, daß Tag und Stunde des Säens Einfluß darauf hätten. Ja, an manchen Orten glaubt sogar der Landmann, daß der Brand daher rühre, daß der Knecht oder der Säemann zur Saatzeit den Beyschlaf begehe, und nimmt daher während dieser Zeit den Knecht, oder denjenigen, welcher sonst das Säen des Weizens verrichtet, wohlweislich mit in seine Kammer, um den Beyschlaf und den Brand des Weizens ja zu verhüten. Kurz — jeder Landbebauer folgt hierbey, wenn auch ganz insgeheim, seinen eigenen Grundsätzen und Erfahrungen, wenigstens seinem Aberglauben.

Wenn nun aber wirklich ein bewährtes, sicheres, wirksames Mittel gegen den Brand des Weizens endeckt ist: so ist solches allerdings von der allergrößten Wichtigkeit, und von einem für alle Oeconomen und Landbauer gar nicht zu berechnenden Nutzen.

Diese Entdeckung ist nun von dem, in der Stadt Königslutter im Herzogthum Braunschweig wohnenden Oeconomen und Krappfabrikanten Christian von Seidlitz gemacht worden. Hr. von Seidlitz führte nämlich seit dem Jahre 1772 den bis daher unbekannten Krappbau im Braunschweigischen ein, und brachte dadurch einen bedeutenden Nahrungszweig in die Stadt und die umliegende Gegend von Königslutter. Nebenbey baute v. S. das zu seiner Consumtion nöthige Getreide, und machte bey dem Weizenbau die nämliche traurige Erfahrung, wie alle andere Landwirthe, daß der Brand oft so großen Schaden darunter anrichtet. Dieses brachte den Hrn. v. S. auf den Gedanken, alle mögliche Versuche zur Ausrottung oder Minderung dieses Uebels anzustellen. Lange Jahre hindurch mißglückten alle Anstrengungen und alle Versuche schlu-

gen fehl: endlich glückte es demselben aber, durch chemische Mittel dahin zu gelangen, daß er den schädlichen Brand unter dem Weizen verhütete. Eine fortgesetzte Anwendung dieses Mittels bestätigte Hrn. v. S. in seiner Erfahrung, und bis auf den heutigen Tag hat derselbe das Mittel unzähligemahle angewendet, und durch den besten Erfolg bestätigt gefunden.

Die Unkosten, welche die Anwendung des Mittels selbst verursacht, betragen auf einen braunschweigischen Wispel oder 40 Himten Weizen Einsaat drey Thaler Sächsisch, und sind also mit dem Gewinne, der dadurch bezweckt wird, fast in gar keinem Verhältnisse.

Hr. v. S. wünscht diese Entdeckung des erfundenen Mittels, welche von großer Wichtigkeit ist, mitzutheilen, jedoch nur unter der Bedingung einer angemessenen Belohnung, als welche zu verlangen, ihm seine nicht übermäßigen Glücksumstände, seine zahlreiche Familie, und der Aufwand, den auf das Mittel eine Reihe von Jahren hindurch verwendeten Zeit, Kosten und Mühe allerdings zur Pflicht machen, und welche in Rücksicht der höchst nützlichen Erfindung nur angemessen und gerecht seyn kann. Eine solche Belohnung kann und wird jedoch bey Hrn. v. S. kein einzelner Gutsbesitzer oder Landwirth zusichern, vielmehr dürfte die Annahme und gemeinnützige Verbreitung des Mittels nur Sache eines Landesherrn oder einer Landes-Regierung, welche das Beste des Landes zu befördern sucht, vorzüglich aber Sache einer Landwirthschafts- und Ackerbau-Societät seyn, welche mit gerechter und gewissenhafter Hand eine Prämie für die wohlthätige Erfindung spendete.

Hr. v. S. wünscht deshalb in Unterhandlungen zu treten, und fordert daher Landes Regierungen und Gesellschaften des Ackerbaues und der Landwirthschaft dazu auf, unter der Bedingung, daß ihm die Zusicherung einer ihm anständigen Prämie oder Belohnung schriftlich oder sonst auf eine sichere Art dergestalt ertheilt wird, daß solche, wenn das entdeckte Mittel bewährt gefunden worden, ihm eingehändigt wird, wogegen Hr. v. S. dasselbe demjenigen, der es belohne, gänzlich überläßet.

Noch muß hier bemerkt werden, daß vor einigen Jahren in dem Oesterreichischen einem Müller für die bloße Erfindung, den brandigen Weizen während des Mahlens abzuhülfen, und dem Mehle dadurch mehr Weiße zu verschaffen, eine Prämie von 100 Stück Ducaten ertheilet worden ist. Durch die von Hrn. v. S. gemachte Erfindung bedarf es jener Entdeckung nicht mehr, und wird es alsdann aufhören, brandigen Weizen zu geben.

Hr. v. S. erwartet und bittet um portofreye Briefe.

Gesundheitskunde.

Nachricht.

Denjenigen Personen, die diesen Sommer den mineralischen Brunnen zu Biebra in Thüringen besuchen wollen, zeige ich hiermit an, daß ich die drey Sommermonate mich beständig, Sonnabend und Sonntag ausgenommen, in Biebra aufhalten werde, und daß diejenigen, die meines ärztlichen Beystandes bedürfen, sich bey dem Wundsarzt, Hrn. Waßmann daselbst zu melden haben, erinnere aber meine Correspondenten dabey, daß demohnerachtet alle Briefe an mich nach Naumburg zu senden sind.

Naumburg den 12 May 1807.
Friedrich August Walz,
Physicus des Amtes Eckartsberge.

Dienst - Anerbieten.

1) Eine Familie, wohnhaft auf dem Lande in einer angenehmen Gegend des Königreichs Sachsen, sucht zur Erziehung ihrer Töchter von 5 — 11 Jahren eine Gouvernante. Ein rein moralischer Character; Kenntniß der französischen Sprache im Schreiben und Sprechen, und gehörige Geschicklichkeit in weiblichen Arbeiten, sind die Haupterfordernisse, dagegen die freundschaftlichste Behandlung nebst einem ansehnlichen Gehalt zugesichert wird. Man kann mit dem Einsender in portofreyen Briefen unter der Adresse F. W., welche die Expedition des allg. Anz. besorgen wird, in weitere Unterhandlungen treten.

2) In einer Verlags - und Sortiments - Buchhandlung wird ein junger Mensch von guter Erziehung und mit den nöthigen Vorkenntnissen versehen in die Lehre gesucht; weitere Auskunft ertheilt auf frankirte Briefe

Secretair D. Eccard in Erfurt.

Dienst-Gesuche.

1) Ein junger Mann von 27 Jahren wünscht als Hauslehrer oder irgend auf einem Comptoir als Rechnungsführer oder Secretair angestellt zu werden. Ueber das Nähere wende man sich in postfreyen Briefen unter der Adresse: A. O. an die Expedition des allg. Anz., welche die Briefe weiter besorgen wird.

2) Ein junges wohlgebildetes und gut erzogenes Mädchen, im Waschen, Platten, Nähen und andern Hausarbeiten geübt, sucht zur Erleichterung seiner noch in Gotha lebenden Eltern Dienste bey einer gutgesinnten Herrschaft und verspricht sich durch gute Zeugnisse zu legitimiren. Anträge erbittet es sich franco durch die Expedit. des allg. Anz. mit dem Zeichen M. A.

Familien - Nachrichten.

Aufforderung.

Dem Hrn. Franz Vancolani von Bassano wird das Absterben seines Vaters Paul Vancolani in Bassano hiermit angezeigt; sollte er, um die Erbschaft anzutreten, nicht zu Hause kommen können, so wird er ersucht, die nöthigen Vollmachten zur Regulirung derselben einzusenden.

Justiz- und Polizey - Sachen.

Vorlad. 1) militärpflichtiger Würtemberger.

Ludwigsburg. Nachstehende abwesende Conscriptionspflichtige aus dem hiesigen Oberamt werden hiermit bey Strafe des Verlusts ihres Unterthanen- und Bürgerrechts, und der Confiscation ihres Vermögens aufgerufen, a dato innerhalb 4 Monaten in ihrem Heimwesen sich einzufinden, und den königlichen Conscriptions-Gesetzen sich zu unterwerfen; und zwar von

Ludwigsburg, Beysassen: Johann Friedrich Joseph Leopold Barvier, Bortenwirker. Bernhard Sauter, Gürtler. Carl Ernst Seiter, Bijoutier. Johann Michael Lutz, Schneider. Franz Sauter, Bijoutier. Wilhelm Joseph Dominicus Aust, Schneider. Adam Flori, Metzger. Friedrich Ludwig Grünewald, Bijoutier. Michael Klöpfer, Schreiner. Friedrich-Wilhelm Heinz, Bijoutier. Carl Friedrich Rümmele, Buchdrucker.

Von Aldingen: Johann Carl Eichenbrenner, Chirurgus. Johann Georg Jäger, Weber. Heinrich Holberer, Weber. Christoph Bausch, Maurer. Georg Caspar Thumm, Metzger. Gottfried Büchner. Carl Ludwig Rommel, Schuster. Christoph Längle, Schneider. Christian Friedrich Reichert, Kiefer. Leonhardt Bräkle, Nagelschmid. Johannes Hahn, Weber. Jacob Friedrich Brügel, Sattler. Georg Adam Schmid, Schneider. Franz Maximilian Rommel, Maurer. Michael Schneider, Schuster. Wilhelm Friedrich Eichenbrenner, Strumpfweber. Johann Georg Bräkle. Albrecht Notter, Schuster. Ernst Immanuel Eichenbrenner, Windenmacher. Johann Jacob Sonderegger, Schuster. Simon Buchhalter, Metzger. Hieronymus Buhl, Metzger. Simon Keller, Schuster. Georg Caspar Längle, Schneider.

Von Asperg: Jacob Grammer, Metzger. Jacob Merkle, Schreiner. Friedrich Wohlgemuth, Schuster. Leopold Rein, Chirurgus. Gottfried Fink. Georg Heinrich Seiz, Weber. Johann Christoph Rösch, Schneider. Johann Christoph Betsch, Hafner. Johannes Holberer, Weber. Ludwig Leopold, Barbierer. Johann Georg Stahl, Seifensieder. Friedrich Reichert, Maurer. Friedrich Holberer, Weber. Friedr. Kämpf, Schneider. Conrad Schaber, Schuster. Christian Bersch. Gottlieb Völlm. Johann Adam Greppenet, Maurer. Philipp Leopold, Beck. Johann Adam Kraft, Maurer. Wilhelm Kämpf, Weber. Gottlob Bürkle, Maurer.

Von Benningen: Georg Cans, Beck. Michael Lang, Weber. David Kleber, Schmid. Andreas Entenmann, Wagner. Friedrich Entenmann, Kupferschmid. Michael Köpf. Christian Haug, Maurer.

Von Eglosheim: Jacob Friedrich Haupp. Jacob Friedrich Schirm, Schuster. Johann Georg Zöll, Beck. Johann David Schuster, Schuhmacher. Georg Jakob Bernegger. Johannes Schirm, Steinhauer. Johann Jacob Kampp. Johann David Schober, Steinhauer. Johann David Bernegger.

Von Hoheneck: David Eiselen, Müller. Michael Gläser, Schneider. Wilhelm Friedrich Gläser, Beck. Bernhard Friedrich Lairer, Johann Friedrich Rapp, Maurer. Ludwig Friedrich Schäfer.

Von Kornwestheim: Friedr. Durian, Metzger. Johann Georg Ezel, Schuster. Christoph Friedrich Weiß, Keller. Bernhard Jeble, Seiler. Andreas Rau, Wagner. David Böpple, Weber. Andreas Balheim, Wagner. Leonhard Merkle, Weber. Immanuel Gier, Schneider. Johann Georg Holzbog, Schmid. Gottfried Aicht, Schuster.

Von Möglingen: Jacob Pflugfelder. Jacob Friedrich Buchhalter. Michael-Rößle, Schuster. Johann Friedrich-Pflugfelder, Schuster. Johannes Elstein, Zimmermann. Jakob Friedrich Daigel, Maurer. Johann Georg Gieß, Schmk. Johann Adam Pflugfelder, Schneider. Johann Baltus Pflugfelder, Metzger. Johann Georg Würth, Metzger. Johannes Kienzle, Wagner. Jacob Friedrich Kienzle. Jacob Friedrich Würth, Metzger. Jacob Schmid, Schneider.

Von Neckarweihingen: Ludwig Brust. Matthäus Wörner, Gärtner. Jacob Sommer, Schneider. Joseph Haug, Weber. Georg Strieter, Schuster. Elias Wörner, Gärtner. Johannes Unterkofler, Wagner. Johannes Maier. Georg Friedrich Maier, Schuster. Jacob Theurer, Beck. Heinrich Theurer, Metzger. Matthäus Sommer, Schuster. Jacob Haaß. Johannes Strieter, Schuster. Johannes Lutz, Schneider. Christian Friedrich Gräter, Kaufmann. Johannes Schneider, Beck.

Von Oßweil: Georg Wünsch, Wagner. Gottlieb Sachß, Weber. Jacob Reinhardt. Conrad Bürkle, Metzger. Philipp Wünsch, Wagner. Amandus Zweigle. Johann Jacob Wünsch, Weber.

Von Pflugsfeld: Elias Hartmaier, Weber. Jacob Würth, Schuster. Michael Supp, Weber. Georg Steudle, Metzger.

Von Poppenweiler: Friedrich Zeyher. Michael Zürn. Jacob Friedrich Geiger, Beck. Johann Georg Kraft, Metzger. Johann Georg Jud, Maurer. Friedrich Krauß, Kiefer. Christoph Friedrich Quast, Metzger. Jacob Eßlinger, Schneider. Jacob Bauder, Beck.

Von Zuffenhausen: Felix Jungbauß, Schneider. Christoph Jungbauß, Schneider. Johannes Pfisterer. Johann Georg Schwinghammer, Metzger. Georg Friedrich Schwinghammer, Beck. Christian Gottfried Schwingbammer, Beck. Johann Michael Schäfer, Metzger. Andreas Wöhrwag, Metzger. Conrad Runberger. Carl Friedrich Wilhelm Elbe, Sattler. Jacob Käfer. Joseph Nikel, Beck. Matthäus Bauer, Wagner. Joh. Georg Wörz, Weber. Johann Georg Käfer.

Am 1ten May 1807.

Königlich Württembergisches Oberamt allda.

Allgemeiner Anzeiger
der
Deutschen.

Sonnabends, den 23 May 1807.

General-Pardon.

Von Gottes Gnaden Wir August,
Herzog zu Sachsen. 2c. 2c.

Thun hiermit kund und zu wissen: daß
seit einiger Zeit mehrere in Unsern Kriegsdiensten stehende Mannschaft sich zur Desertion hat verleiten lassen, und zum Theil aus
Furcht der Strafe zu ihren Fahnen zurück zu
kehren Anstand findet.

Wir hätten zwar sehr gerechte Ursache,
dieses Verbrechen an dergleichen pflichtvergessenen Ausreißern nach aller Strenge zu
ahnden, wenn Wir nicht auf der andern
Seite Uns überzeugten, daß mehrere von
ihnen sich desselben aus Leichtsinn und Verführung schuldig gemacht haben.

Aus landesväterlichem Wohlwollen für
Unsere Unterthanen finden Wir Uns daher
bewogen, für diesesmahl sämmtlichen Deserteurs von Unsern Truppen — jedoch mit
Ausschluß der Unterofficiere, welche von den
Wachen, auf den Märschen und im Felde
entwichen sind, und ihre Fahnen verlassen
haben, wie auch diejenige Mannschaft überhaupt ausgenommen, welche nach dem 15 dieses Monats entweichen wird — dergestalt
Verzeihung angedeihen zu lassen, daß diejenigen von ihnen, welche binnen drey Monaten von dem 15 dieses Monats an gerechnet,
bis zum 15 August dieses Jahres, mit Bereuung ihres Verbrechens, zu Erweisung
redlicher Dienste, bey den hier und zu Altenburg befindlichen Garnisonen, sich wieder
einfinden und anmelden werden, gänzlich
begnadigt und mit aller Strafe verschont,

Allg. Anz. v. D. 1 B. 1807.

diejenigen aber, welche sich bey erwähnten
Garnisonen binnen der ihnen gesetzten drey
monatlichen Frist nicht einstellen werden, mit
Confiscation ihres gegenwärtigen und zukünftigen Vermögens angesehen, und wenn
sie auf öffentliche Ladung beharrlich ausbleiben, für meineidige Deserteurs erklärt, und
nicht allein nach Befinden deren Namen
an die Justiz geschlagen, sondern auch, wenn
davon einer oder mehrere angetroffen und
eingebracht würden, der oder dieselben, nach
der Strenge der Kriegsrechte bestraft werden
sollen.

Zu dessen Urkund haben Wir gegenwärtigen General-Pardon bekannt zu machen,
auch dieses mit Unserer Handunterschrift und
vorgedrucktem herzoglichen Insiegel-vollzo-
gene Patent an gehörigen Orten zu affigiren befohlen. Gotha, den 1 May 1807.

(L. S.) **August,** H. z. S.

Gesundheitskunde.

Ueber die Gesundheits-Anstalten
bey den Schwefelquellen zu Eilsen in
der Grafschaft Schaumburg.

Der Curort Eilsen, in der Nähe von
Bückeburg, Minden und Rinteln, gewinnt
jährlich an mehrerer Frequenz, welche in
dem letztern Jahre so stark war, daß die neu
errichteten beyden Logir-Häuser die Brun-
nengäste kaum aufnehmen konnten.

Die an Mineralgehalt verschiedenen
und reichen Schwefelwasser daselbst werden
innerlich und äußerlich mit dem größten
Nutzen angewendet, und es sind bisher sehr

glückliche Curen dadurch verrichtet worden.

Innerlich gebraucht, leisten diese Schwefelwasser die besten Dienste in Stockungen
des Bluts in den Gefäßen des Unterleibes
und den daher rührenden Krankheiten, als
Hämorrhoiden, Coliken, Magenkrämpfen,
Hypochondrie und andern Krankheiten des
Pfortadersystems, in der Gicht, Podagra,
Rheumatismen, Scropheln, auch in Lungenkrankheiten, als hartnäckigem Husten, Heiserkeit, der anfangenden Schwindsucht, dann
auch in allerley Hautkrankheiten.

Zum Wohl der leidenden Menschen fühle
ich mich besonders verpflichtet, hier öffentlich
bekannt zu machen, daß die aus den Mine-
ral-Wassern entwickelte und in Zimmern
angesammelte Schwefelluft (Schwefel- oder
Lebergas) sowohl, als auch die Luftsäure,
mit dem merkwürdigen asphaltischen oder
Stickstoff verbunden — in welchem, mit at-
mosphärischer Luft vermischten Gasarten die
sämmtlich Kranke, nach Erfordern der Umstände, Tag und Nacht sich aufhalten und
nicht nur die ganze Oberfläche ihres Körpers
den Einwirkungen derselben aussetzen, sondern auch, ohne andere künstliche Vorrichtung, beständig darin athmen können, eine
Anstalt, die unter dem Namen Gasbad daselbst bekannt ist — sich schon außerordentlich
wirksam, sowohl in Hautkrankheiten, z. B.
Ausschlägen, Geschwüren u. a. m., als auch
in Lungenkrankheiten, Heiserkeit, hartnäckigem Husten, der anfangenden Schwindsucht
verschiedener Gattung, bewiesen haben. Ich
kann diese Gasmischung Kranken jener Art
nicht genug empfehlen. Es bestätigen sich
auch hier die vortrefflichen Wirkungen, welche Schenk (practisches Archiv 1804 S. 7)
vom Schwefelgase zu Baden bey Wien, und
Busch (Ueber die Lungensucht. Straßburg
1804) in Lungensuchten und andern Lungenkrankheiten gerühmt haben. Hülfsbedürftige
werden zu diesen Gasbädern um so mehr
Vertrauen erhalten, wenn ich noch hinzufüge, daß die größten Aerzte Deutschlands,
als Hufeland, Osiander, Sam. Gottl.
Vogel u. a. m., bey ihren Besuchen in Eilsen, dieser Anstalt ihren völligen Beyfall
gegeben haben und mit uns die heilsamsten
Wirkungen davon in manchen Krankheiten

erwarten, deren Sitzen nicht besser, als
durch das Athmen der Gasarten um den
ganzen Körper und das Einathmen derselben
unmittelbar beygekommen werden kann.

Die Schlammbäder daselbst behaupten
noch immer sowohl ihren großen Werth in
vielen hartnäckigen Krankheiten überhaupt,
als auch in manchen Fällen den entschiedensten Vorzug vor den Bädern aus reinem
Schwefelwasser. Verschiedene Kranke haben
nicht nur an andern berühmten Curorten,
sondern auch selbst zu Eilsen in dem stärksten
Schwefelwasser ohne allen Nutzen gebadet,
und zuletzt und augenblicklich einzig und allein
Hülfe durch die Schlammbäder erhalten.

Ich nenne hier die sonst allen Heilmitteln hartnäckig widerstehenden Flechten, wie
auch andere Hautausschläge und Geschwüre verschiedener Art — wirkliche Lähmun-
gen, welche sowohl Folgen des Schlages,
als auch vorzüglich von äußern Ursachen entstanden waren — steife und unbrauchbare
Glieder (Anchylosis) von mancherley Ursachen — weiße Gelenk-Geschwulst, besonders des Knies — wahre gichtische, rheu-
matische und scrophulöse Geschwerden,
nerviges Hüftweh — in welchen Fällen ich
den Nutzen der Schlammbäder ganz vorzüglich rühmen darf.

Die zweckmäßigsten Einrichtungen zu
den gewöhnlichen Schwefelwasser- Dous-
sche- Dunst- und Tropfbädern sind zu
Eilsen ebenfalls getroffen worden; und da
diese Bäder aus den stärksten und reichhaltigsten Schwefelwassern bereitet werden
(Westrumb's kleine Schriften physical. und
chemischen Inhalts, 1 Band, oder Beschreibung der Gesundbrunnen zu Eilsen. Hannover 1805), so ist auf ihren Nutzen eben so
fest und sicher, wie bey andern Schwefelbä-
dern, zu rechnen. Vielfältige glückliche Curen haben dieß schon sattsam dargethan.

Es können auch zu Eilsen Bäder von
sehr verschiedenem Schwefelgas- Gehalt bereitet werden, nach Erforderniß der vorliegenden Krankheiten. Der daselbst quellende
schwache eisenhaltige Säuerling athmet sogar
das angenehme und weiche rehburger Bad
vollkommen nach. Man sehe die angeführte
Schrift des Hn. Westrumb S. 116, welche
Schrift man, nur von der Verschiedenheit

der in Eilsen quellenden Wasser Unterricht zu erhalten, ganz lesen muß.

Für Logis, Tisch und andere nöthige Bequemlichkeiten ist zu Eilsen gesorgt worden. Stadthagen am 1 May 1807.

J. Ch. Gebhard,
Med. D. und Brunnen-Arzt.

Nützliche Anstalten und Vorschläge.

An Eltern und Erzieher.

Vielleicht ist irgendwo ein Kind von 3, 4 bis 5 Jahren, dem man eine frohe Lage im Schoße einer Familie wünscht, die es wie ihr eigenes behandeln, ihm die nöthige Geistesentwickelung gewähren, mit unschuldigen Gespielen umgeben und jede elterliche Pflege angedeihen lassen möchte. Will man es meiner Familie übergeben, so getraue ich mir, einen solchen Wunsch zu erfüllen. Zwey meiner jüngern, völlig unverdorbenen Kinder sind von obigem Alter. Ich darf hoffen, daß es in dieser Gesellschaft, mitten im Schoße einer angenehmen Natur und des ländlichen Lebens gedeihen werde; nicht nur weil, wie ich mit Pestalozzi überzeugt bin, eigentliche Familien-Erziehung recht echte Erziehung seyn kann, wenn man will, sondern auch, weil ich schon Erfahrung an mir übergebenen Kindern zu machen das Glück hatte. Dem Briefwechsel bleiben die nähern Bedingungen überlassen. Ich bitte, sich unmittelbar an mich zu wenden. Schnepfenthal bey Gotha den 28 April 1807.

Hofr. GutsMuths,
Mitarbeiter an der Erziehungs-Anstalt daselbst.

Allerhand.

Bitte.

Ein junges Frauenzimmer, welche den Gebrauch ihrer linken Hand und ihres linken Fußes verloren hat, wünscht eine angenehme und unterhaltende Beschäftigung für sich, nun mit Lesen eine Abwechselung zu haben. Demjenigen, welcher damit bekannt ist, bittet sie, in der Expedition des allg. Anz. solche bekannt zu machen, wofür man sehr gern erkenntlich seyn wird.

Dienst-Anerbieten.

Eine adeliche Herrschaft auf dem Lande in Thüringen, nicht weit von mehrern kleinen Städten entfernt, sucht unter annehmlichen Bedingungen einen unverheiratheten, nicht zu jungen Bedienten, der, mit guten Zeugnissen versehen, mit den Geschäften eines Bedienten bekannt ist und dabey gut rasiren und etwas fristren, und wo möglich Mannskleider verfertigen kann; er wird sich aber gefallen lassen, vier Wochen Probedienst zu halten, und so kann er sogleich, längstens aber Johannis d. J. antreten; wo, erfährt er in der Expedition des allg. Anz. oder in Ilmenau bey dem Adjunctus Schenk.

Dienst-Gesuche.

Eine Witwe 30 Jahr alt, ehrbaren Standes, welche die landwirthschaftliche Haushaltung, Putz und Kleider zu fertigen, und sonst alle weibliche Arbeiten verstehet, sich durch gute Zeugnisse ihrer Aufführung halber rechtfertigen kann, sucht als Wirthschafterin oder Haushälterin auf dem Lande oder in einer Stadt bey einer Herrschaft ihr Unterkommen. Bevorstehende Johannis kann dieselbe den Dienst antreten. Nähere Auskunft gibt der Stadtschreiber und Advocat Groß in Annaburg bey Wittenberg auf postfreye Briefe.

Familien-Nachrichten

Aufforderung.

E. L. B. aus Leipzig gebürtig, ein guter artiger stiller Jüngling, 17 Jahr alt, von ansehnlicher Körpergröße und einziger Sohn seiner Eltern, ist seit dem 6 May Abends in Frankfurt am Mayn verschwunden, und noch ist keine Nachricht von ihm zu erfahren gewesen. Da man keine Ursache weiß, auch alle seine Kleider, Wäsche, selbst seine kleine Baarschaft, zu welcher er in einigen Tagen mehr zu erhalten wußte, gefunden hat, so scheint seine Entfernung nicht bedacht und freywillig gewesen zu seyn. Menschenfreunde, die von dessen Aufenthalt, Leben oder Tode etwas in Erfahrung bringen können, werden inständig gebeten, schleunige Nach-

richt an an die Herren Wichelhausen und
Passavant in Frankfurt am Main, oder an
den Herrn Vice-Director Doltz in Leipzig
zu melden, auch ihm nöthigenfalls gegen
dankbaren Ersatz hülfreich beyzustehen. Er
aber wird aufgefordert, wenn und so bald
es ihm möglich, zu seinen ihm gewogenen
Lehrherren zurückzukehren, oder wenigstens
Nachricht von seinem Schicksale an dieselben,
seine Eltern oder seinen Freund P. S. zu
melden.

Justiz- und Polizey-Sachen.

Anfrage.

Die nachstehend beschriebenen Leute sind als
betrügerische Collectanten allhier gefänglich eingezogen worden; man hat auch bey dem einen von ihnen
den nachfolgenden unverständlichen Zettel (sub A.)
gefunden, von welchem derselbe eine ganz und gar
unglaubliche Erklärung gegeben hat, und wodurch
diese Menschen noch verdächtiger werden. Es werden daher alle und jede Obrigkeiten, so wie überhaupt alle diejenigen, denen von diesen Personen
etwas bekannt ist, oder die über den nachstehenden
Zettel eine Erklärung geben können, andurch geziemend und resp. in subsidium juris ersucht, solches
dem hiesigen Amte baldmöglichst mitzutheilen; welches man von Seiten des letztern mit Dank erkennen, und in andern Fällen bereitwillig erwiedern
wird. Sig. Schleusingen, am 1 May 1807.

Königl. Sächs. Amt das.

Signalement.

Franz Zannoni, 39 Jahr, trägt einen hell-
braunen tuchenen Oberrock mit schwarzem manchesternen Kragen, moltonne Weste, mit weißen beinernen Knöpfen, alte abgetragene gründliche Beinkleider, runden Hut, kurze Stiefeln, ist kurzer untersetzter Statur, hat schwarze verschnittene Haare,
ein rundes Gesicht, breite und runde Stirn, braune
Augen, schwarzen Bart, gebogene Nase, und blasse
Gesichtsfarbe.

Alexander Zannoni, 43 Jahr, mittler untersetzter Statur, trägt einen grauen Oberrock, hellbraune tuchene Weste, schwarze lederne Beinkleider,
graue Kamaschen, hat schwarze abgeschnittene Haare,
gelbes mageres pockennarbiges, mehr breites als
langes Gesicht, breite Stirn, große gebogene Nase,
braune Augen und blonden Bart.

Anton Zannoni, 16 Jahr, ist kleiner Statur,
hat blaue Augen, aber lebhafte braune Gesichtsfarbe mit Sommerflecken, eine gebogene Nase,
breite Stirn, schwarze Haare, trägt einen grauen
Oberrock mit metallenen Knöpfen, franz. blaue
Weste, manchesterne Beinkleider, Halbstiefel, und
einen runden Hut.

A.

Siafinborg tarocho
anau micera comandate
mareborg micera comandante
cassella tarocho in Gognia
chietina tarocho fiolz Senate
alligenstatto tar. in gont.
il paise del Lippis bandio
il Andeise bandio —
pergis e tileborgis bandio
Hofepacha LoL
in Nobra
menbra L.
ainderaime L.
Purgedorf L.
Ritela do esse L.
vnga L
here naichirge L
anobrisi
grose munsela L.
lanspringa g. L.
pola G. L.
anobresimina il troei L.
mendrese g. l.
in Sain Nalstato L.
Prisacha L.
in beslala tincha L.
Lanfera g. L.
Conton *) vna ora emezza
da haime de berinborg
vna terra L
e pocho Lontau vna
terra delli campanin
borchi a quatri de coppi.

*) könnte vielleicht auch lontan heißen sollen.

Vorladung der Erben und Gläubiger der Gertraud Partusched.

Nachdem die diesseitig fürstliche Kammerlakais-
Witwe Gertraud Partusched, geborne Vligt, und
Grüßel, gebürtig, ohne eheliche Leibeserben mit
Tode abgegangen, so werden alle diejenigen, welche
auf deren Nachlaß ex quocunque capite Anspruch zu
machen gedenken, hiermit vorgeladen, a dato dieser,
Vorlad. innerhalb sechs Wochen diese ihre vermeintlichen Ansprüche bey unterfertigter Stelle entweder
in Person oder durch einen hinlänglich Bevollmächtigten um so gewisser anhängig zu machen, als sie
nach Verlauf dieser peremtorischen Zeitfrist nicht
weiter damit gehört werden, sondern ersagter Nachlaß an die hier befindlichen Intestaterben extradirt
werden wird. Regensburg den 9 May 1807.

Hochfürstl. Thurn und Tarisches Hof-
Marschall Amts-Gericht.

W. B. von Leykam,
hochfürstlich Thurn und Tarischer geheimes
Rath und Hof Marschall.

Kayser, hochf. Th. u. Tarif. Hofrath, als
Hofmarschall-Amts-Gerichts-Commissar.

Allgemeiner Anzeiger
der
Deutschen.

Sonntags, den 24 May 1807.

Literarische Nachrichten.

An Buchhandlungen.

Das bekannte
Noth und Hülfsbuch für katholische Leser eingerichtet von Placidus
Muth, Abt des D. d. H. Benedict auf
dem St. Petersberg zu Erfurt 1 u. 2t
Thl. à 6 gr. oder 27 kr.
ist nicht mehr in der Beckerschen Buchhandlung zu haben, sondern allein bey dem
königl. bayerschen Schul-Bücher-
Verlags-Amt in München.

Couverts oder Speisekarten
mit Devisen aus den besten Dichtern.

Diese Karten sind bey großen Tischgesellschaften
zur Bezeichnung der Couverts zu gebrauchen, und
werden durch ihren Inhalt die Unterhaltung vermehren helfen. Ein Sortiment von 96 Blättern
kostet bey den Gebrüdern Gädicke in Berlin 12 gl.
oder 54 kr. Ein Päckchen mit 24 Blättern kostet
3 gl. oder 14 kr.

Auction.

Von den von dem verstorbenen großbritt. und
churbraunschweig. Minister-Residenten Herrn
Joachim von Schwarzkopf, hinterlassenen Büchern,
welche in Frankfurt a. M. den 15 Jun. und folgende Tage versteigert werden, ist in der Expedition dieser Blätter das Verzeichniß gratis zu haben.

Musikalien.

Neue Musikalien bey N. Simrock in Bonn
im 24 fl. Fuß.
Anschuez. Recueil p. le chant et Guitarre. Auswahl aus den besten ital. und deutschen Opern
und andere Gesänge No. 8 und 9. jedes Heft
1 fl. 22 1/2 kr.

Allg. Anz. d. D. 1 B. 1807.

Beethoven, 3de Sinfonie, op. 36. arrangée à
9 parties. Kann auch als Quintette gebraucht
werden, Flute, Cors, Contre Bass, ad lib.
3 fl. 30 kr.
— 1 Quatuor à 2 Violons, Alt et Vlle arrangé
d'une Sonate de l'oeuvre 31. No. 1. 1 fl. 30 kr.
— 3d. Trio p. 2. Violons et Vlle. 1 fl. 36 kr.
— 3d. Trio p. 2. Clarinettes et Basson 1 fl. 36 kr.
— 3d. Trio p. 2. Hautbois et Basson 1 fl. 36 kr.
— 1 Sonate p. Pianoforte Solo op. 31. No. 3.
1 fl. 22 1/2 kr.
— 6 Sonates p. P. F. Violon obligé et Vlle ad
lib. op. 60. No. 1. 2. 3. 4. 5. 6. jede 1 fl. 50 kr.
— 3 Trios p. P. F. V. et Vlle op. 61. No. 1. 2. 3.
jedes 1 fl. 50 kr.
Bortolazzi, 6 airs var. p. Guit. et Violon Liv.
1 et 2. jedes 55 kr.
— 6 airs Var. p. Guit. Flute. Liv. 1 et 2. jedes
55 kr.
Cimarosa, Oriate e Curiaze Opera arr. p. le
P. F. par. ital. francoises et allem. 5 fl. 30 kr.
— Oriase e Curiaze Ouverture avec Violon 36 kr.
v. Dalberg, Fr. 6 Romances, paroles Allem.
op. 25. Liv. 1. 1 fl. 22 1/2 kr.
— 9 Romances, paroles Allem. op. 25. Liv. 2.
1 fl. 22 1/2 kr.
Dusseck, 6 Sonates faciles p. P. F. avec Viol.
op. 46. 2 fl. 18 kr.
Haydn, 3 Sinfonies arr. de l'oeuvre 98 à 9 parties Liv. 1 et 2. 6 fl. 15 kr.
— dernier Quatuor p. 2 Viol. A. et Vlle op. 103.
55 kr.
— Messe en partition à 4 Voix 2 fl. 45 kr.
— dito les parties separées, Voix et d'instru-
mens 3 fl. 40 kr.
— 6 Trios p. 2 Violon et Basso p. Commençans
No. 2. 2 fl. 18 kr.
Köhler, XII petites pieces faciles p. P. F. 55 kr.
— 4 Walses et Ecossaises à 4 mains 42 kr.
— 1 Sonate facile p. P. F. et flute, op 48. 55 kr.
— 1 — P. P. F. ou Harpe et flute op.
49. 55 kr.

Mozart. Collection Complette p. Pianoforte.
Cahier 19. 20. 21. 22. 23. NB. die ganze
Sammlung wird noch im Pränum. Preis das
Cahier zu 1 fl. 50 fr. abgegeben.
— 1 Quatuor p. flute op. 88. Liv. 1. 1 fl. 36 fr.
— Idomeneo arr. en Quintetti, ganz vollständig
zu 2 Violons. 2 Viole et Vlle. Liv. 1. welches
den 1ten und 2ten Act enthält. 6 fl. 25 fr.
Ries, F. 2 Sonates Solo p. P. F. op. 1. 2 fl. 45 fr.
— 1 gd. Trio p. P. F. Ve et Vlle op. 2. 2 fl.
Reicha, J. 1 Sinfonie a gd. Orch. op. 5. No. 6.
et No. 5. 2 fl. 45 fr.
Simrock, H. Recueil d'airs p. 2 Clarinettes.
No. 1 et 2. 1 fl. 10 fr.
— XV Duos p. 2 Flageolets No. 3. 1 fl. 22 1/2 fr.
— XII Duos p. 2 Flageolets No. 5 et 4. 1 fl.
22 1/2 fr.
— XII Walses et Contredanses p. 2 flytes 55 fr.
— idem p. Flute et Violon 55 fr.
Struck. gd. Du. p. P. F. Clarinette ou Violon
op. 7. 1 fl. 22 1/2 fr.
Stiastny. 2 Solos. p. Violoncelle et Vlle adu.
2 fl. 4 fr.
Wahlert, 6. deutsche Lieder mit Guit. 55 fr.
Wanhal. 6 pieces p. Guit. et P. F. Liv. 1 et 2.
55 fr.

Commissions-Artikel.

Steibelt. mama mia. Rondo p. P. F. 28 fr.
— 5 Sonates p. P. F. avec Violon op. 40. 2 fl.
45 fr.
Jadin. Bataille d'Austerlitz 55 fr.
— Bataille de Jena 1 fl. 12 fr.
D'allairac. Gulistan-Ouv. et airs. arr. p. P. F.
paroles fr. et all 3 fl. 26 fr.
— — Ouverture avec Violon 30 fr.
— Gulistan 5 Romances p. Guit. avec paroles
fr. et all 55 fr.
In Leipzig bey Hrn. Ant. Meysel, in Frank-
furt am Mayn bey Hrn. Gail und Hedler, in
Gotha bey Hrn. Schade und in allen Musikhand-
lungen.

Bücher-Verkäufe.

Von dem bekannten schon lange mit Beyfall zu
Frankfurt erscheinenden Journal des Dames
et des Modes mit gemahlten schönen Mode-
Kupfern, sind die completten Jahrgänge von 1804.
1805 und 1806 jeder Jahrgang in 52 Heften bestehend, sauber und größtentheils noch unaufgeschnit-
ten, nebst noch einigen frühern Jahrgängen, worin
nur wenig Hefte mangeln, in billigen Preis zu verkaufen. Daß dieses Journal außer der Mode auch
in Hinsicht seines Inhalts als sehr angenehme
Lecture betrachtet, einen bleibenden Werth hat,
darf man wol nicht erinnern. Herr Antiquarius
Zacker zu Frankfurt a. M. gibt auf frankirte
Briefe weitere Auskunft.

Subscriptions-Anzeige.

Unter dem Titel:
Disconto-Tabellen, für Deutschland, Holland 2c. 2c.
wornach man augenblicklich den Disconto jeder
Summe von 2 1/2 bis 6 pCt. für alle Tage berechnen kann, habe ich ein Werk bearbeitet, welches
gewiß dem Kaufmanne sowohl, als dem Disconten-
ten, Rentenier 2c. sehr willkommen seyn, und wegen der darin beobachteten Accuratesse, und möglichsten Gedrängtheit, zweckmäßig und nützlich gefunden werden wird.
Mehrere Rücksichten bestimmen mich, dem Publicum dieses, aus einigen sechzig Tabellen bestehende Werk, schon jetzt, und zwar auf Subscription bis Ende Junius d. J., das Exemplar zu 4 fl.
Crt. anzubieten. Sobald die nicht unbeträchtlichen
Kosten des Drucks einigermaßen gedeckt sind, wird
damit der Anfang gemacht und von meiner Seite
keine Mühe gescheut werden, das Werk in möglichster Vollkommenheit zu liefern.
Alle solide Buchhandlungen, denen, wie jedem andern gütigen Subscribenten-Sammler, ich
hierdurch für ihre Bemühung einen Rabat von 20
pCt. zusichere, nehmen hierauf Subscription an;
und ersuche ich Sie, mir die Namen der Herren
Subscribenten, die dem Werke vorgedruckt werden sollen, sogleich bey Ablauf der obigen Termins gefälligst einzusenden. Der nachherige Preis
ist 6 fl.
Uebrigens nimmt auch Subscription an
Hamburg   der Herausgeber
im M. März   J. H. Decker, junior
1807.   Buchhalter.
Kleine Johannisstraße No. 9.

Periodische Schriften.

Nachricht an das Publicum, die Fortsetzung
von Busch's Almanach betreffend.
Der Universitäts-Buchhändler, Herr, G. A.
Keyser zu Erfurt-hat sich Nr. 113. S. 1163. des
allgemeinen Anzeigers der Deutschen gerühmt,
daß er der alleinige, rechtmäßige Verleger meines
Almanachs oder Uebersicht der Fortschritte 2c.
sey und so lange, als es ihm convenire, bleibe, daher
er solchen auch unter einem andern Namen fortsetzen lassen werde; es hat ihm aber die Flügerische
Buchhandlung allhier, welcher ich den fernern Verlag dieses Almanachs übertragen habe, dieser sich
schon früher herausgenommenen Ermächtigung halber bereits schon länger, dann vor einem Monate
gerichtlich belangt, und Herr Keyser wird ohnfehlbar bald eines andern überzeugt, und von seinem
Irrwahne zurückgeführet werden. Ob nun sonach
gleich die Sache zu rechtlicher Verhandlung gediehen und richterlicher Entscheidung unterworfen ist:
so finde ich mich doch durch Herrn Keysers Pro-
clama veranlaßt, das Publicum vorläufig kürzlich

zu benachrichtigen, daß ich geraume Zeit vorher, ehe ich noch an die Keyserische Buchhandlung dachte, diesen Almanach unter den beyden Titeln, die er von seinem Entstehen an führte, erst einer andern Buchhandlung, welche dieses auch gehörigen Orts attestiren wird, zum Verlag angetragen habe, und erst als diese den leztern nicht übernehmen konnte, entschloß ich mich, den ersten Jahrgang dem Verlage Herrn Keysers zu offeriren, der sich anfangs gar keine Idee und solche nur dann erst von meinem Almanach machen konnte, als ich ihm die ersten Manuscripte eingesendet hatte. Eben so ist auch dieser erste Jahrgang ganz allein von mir ausgearbeitet worden, weil diejenigen Freunde, die mir zu Beyträgen Hoffnung gemacht hatten, an der Erfüllung ihres Versprechens gehindert wurden. Erst beym zweyten Jahrgange fanden sich Mitarbeiter an dem medicinischen Fache, unter welchen ich eine die systematische Ordnung der Wissenschaften für den Almanach vorschlug, welche auch, jedoch nicht eher, als durch vorgängiger schriftlicher und mündlicher Communication mit mir und erst auf meine damit bezeigte ausdrückliche Zufriedenheit, angenommen wurde, und es hat also die Keyserische Buchhandlung an dieser, von einem meiner gelehrten Freunde proponirten und von mir, dem Herausgeber des Almanachs, genehmigten Verbesserung nicht den geringsten Antheil, überhaupt genommen aber weiter gar kein Verdienst um selbigen, als daß solcher, so lange ich ihr erlaubt und den Verlag davon überlassen, von ihr zum Druck befördert und verkauft worden ist. Mit dem XIten Jahrgange dieses Almanachs veranlaßte nun Herr Keyser die gänzliche Aufhebung aller, wegen dessen Verlags, vorher unter uns bestandenen Verhältnisse, und mit selbiger mußte nothwendig aller weitere Einfluß desselben auf den Almanach von selbst aufhören; weshalb ich auch bey den so einleuchtenden Gründen, nach welchen Herr Keyser nicht das geringste Recht weiter auf den quaest. Almanach hat, billig zweifle, daß irgend ein Gelehrter sich die Fortsetzung desselben anmaßen, und mich dadurch in die Unannehmlichkeit setzen werde, die rechtlichen Maßregeln gegen ihn ergreifen zu müssen, die mich gegen einen solchen Eingriff in ein ursprüngliches und rechtmäßiges Eigenthum zu schützen vermögend sind. Zur Widerlegung dessen, wodurch Herr Keyser den, von der Klügerischen Buchhandlung angekündigten XIIten Jahrgang meines oftgedachten Almanachs herabzusetzen sich die Mühe genommen, habe ich nicht nöthig, das geringste zu sagen, da ich überzeugt seyn kann, daß das Publicum demselben eben die Zufriedenheit, womit es meine vorherigen Schriften beehret hat, zu schenken Ursache finden wird, und ich halte mich schlüßlich nur noch verpflichtet, dasselbe zu benachrichtigen, daß der XIIte Jahrgang bereits die Presse verlassen hat und nunmehr in der gedachten Klügerischen Buchhandlung zu haben ist.

Arnstadt, den 8 May 1807.

G. C. B. Busch,
Superintendent zu Arnstadt.

In der Baumgärtnerischen Buchhandlung zu Leipzig ist so eben erschienen und in allen Buchhandlungen zu haben:

Unterhaltendes Magazin zur Verbreitung der Natur- und Weltkenntniß und zur Befestigung des Glaubens an Gott. Bearbeitet von einer Gesellschaft deutscher Gelehrten und herausgegeben von Fr. G. Baumgärtner u. M. Müller. Zweyten Bandes erstes Stück. Mit 5 Kupfern.

Es hat folgenden Inhalt:

1) Ueber die Bestätigung des Glaubens an Gott durch die Betrachtung der Welt. 2) Einige Thatsachen und Bemerkungen die leuchtenden Phänomene betreffend; von W. R. (Mit einer Abbildung auf der 2. Kupfertafel.) 3) El dorado, und Philipp von Urre's Zug nach diesem Lande. 4) Etwas über Jerusalem. (Mit einer Abbildung Nr. 3.) 5) Bemerkungen über die seltsame Gestalt des Saturns; von William Herschel. (Mit einer Abbildung Nr. 2. 6) Flemming und seine Frau. 7) Ueber einige merkwürdige im Oronoko lebende Thiere. 8) Die Prinzenhöhle unweit Stein im Erzgebirge. (Mit einer Abbildung Nr. 4.) 9) Ueber den Cacao. 10) Der Kanguru. 11) Fortsetzung des im vierten Stücke des ersten Bandes dieses Magazins abgedruckten Aufsatzes: Die Lappländer. 12) Die langhälsige Schildkröte. (Mit einer Abbildung Nr. 5.) 13) Brasilien. 14) Ein Scheiterhaufen, auf welchem ein Talapoine verbrannt wird. (Mit einer Abbildung Nr. 1.)

Nachricht für die Abonnenten der Georgia.

Obgleich die Georgia, Zeitung für die gebildete Welt, seit dem Anfang des April-Monats nicht mehr in Leipzig verlegt wird, so hat sie darum dennoch nicht aufgehört, im Gegentheil sind wir nicht nur der außerordentliche Beyfall, den sich unsere Zeitung, wie bisher im Norden, die jetzt nur während unseres Hierseyns auch im Süden erworben hat, noch mehr zur Anstrengung unserer Kräfte ermuntert, sondern sowohl die größere Unterstützung von Seiten des Publicums, als auch der neuere Beytritt gewichtiger Mitarbeiter die fernere Fortsetzung unserer Zeitung noch mehr und auf jeden Fall gesichert. Wir zeigen dieß daher unsern Abonnenten an, und bemerken zugleich, daß die königl. baierische Postamts- und Zeitungs-Expedition dahier von jetzt an die Hauptspedition unserer Zeitung übernommen hat, und auf allen Postämtern und Zeitungs-Expeditionen einzusehen ist, was alles in diesem Jahre in unserer Zeitung erschienen. Uebrigens werden die künftigen Abonnenten am besten thun, ihre Bestellungen auf unsere Zeitung bey dem ihnen zunächst gelegenen Postamte machen, indem sie nicht nur auf diesem Wege die einzelnen Lieferungen unserer Zeitung wöchentlich und richtig, sondern zugleich auch portofrey erhalten. Bamberg im April 1807.

Expedition der Georgia.

So eben hat die Presse verlassen:
Der rheinische Bund. Herausgegeben von H.
K. A. Winkopp. 56 Heft oder II Bdes 2s Stück.
Inhalt: 18) Ausschreiben ausserordentlicher
Steuern in versch. Staaten der rhein. Souverains.
19) Vers. e. Darstell. der rechtl. Verhältn. u. künft.
Staatsverfass. der Herren Fürsten zu Wied-Run-
kel und Wied-Neuwied und deren Lande, rück-
sichtl. der hohen souperainen Höfe Nassau-Usingen und Nassau-Weilburg nach der rhein. Bundesacte vom 12 Julius 1806. Verf. von Franz
Gärtner, F. N. W. Geh. Rath. 20) Kön. baier.
Verordn. die der k. Souperainität unterworfne.
Ritterschaft und ihre Hintersassen betr. 21) Auszug
des Abtretungsvertrags über Cassel und Koftheim
zwischen Sr. Maj. dem K. Napoleon und dem
Herrn Fürsten zu Nassau. 22) Beytrag z. Ausleg.
der rhein. Bundesacte v. 12 Julius 1806. vom Ca-
binetsrath Stephan zu Braunfels. 23) Vertrag
den Beytritt Sr. kön. Hoheit des Erzherz. Großherz. von Würzburg zur rhein. Confoderat. betr.
24) Weiterer Nachtr. z. Abhandl. ü. die Unterhalt.
des ges. Personale des k. Reichskammergerichts.
25) k. Wirtemberg. Staats-Ministerial-Resolu-
tion an den königl. Zutelrath v. 14 Febr. 1807,
die Obsignationen, Inventuren und Vermögens-
theilungen bey den mediatisirten Fürsten, Grafen
und Rittergutsbesitzern betr. 26) Noch einige Berichtigungen zur Herstell. d. richtigen Textes der
Confoderationsacte. 27) Nachtrag zu der im 4n.
Hfte. abgedr. Beytritts-Urkunde der Herzoge zu
Sachsen. 28) Neue Rechte der droben reform. Gemeinden in Frankfurt a. M. 29) Bevölkerung des
ehemahl. Fürstenth. 30) Bevölkerung d.
Grafsch. Castell in Franken. 31) Kurze statist. Uebersicht d. großherz. hess. Fürstenth. Starkenburg.
32) Berichtig. einiger Ausdrücke in der allgem.
geogr. Ephemeriden. 33) Zur Note 31. im I Hefte
b. rhein. B. das Dorf oder die Herrschaft Münz-
felden betr. 34) Kurze Nachrichten und Berichtigungen.

Bey dieser Gelegenheit bemerken wir wieder-
holt, daß einzelne Stücke dieser Zeitschrift nicht
gegeben werden können. Der Band von den drey
Stücken kostet 2 Rthlr. oder 3 fl. 36 kr.
Frankfurt 20 April 1807.
J. C. B. Mohr.

Bücher-Anzeigen.

Patriotische Ansichten des königl. sächsischen
Mandats wegen der Verhältnisse der katholischen und evangelischen Religion d. d. 16 Febr.
1807. Eine Schrift zur landständischen Versammlung im Jahr 1807. 1½ B. Ist in allen Buchhandlungen Sachsens zu haben.

So eben ist in unserm Verlag erschienen und
für 1 Rthlr. 4 gl. in allen Buchhandlungen zu
bekommen:
Feyerlein, (J. S.) Beyträge zu einer wissenschaftlichen Bearbeitung und besseren Ausbildung des Kriegs-Einquartierungs-Wesens
gr. 8.
Der Herr Verfasser, ein Geschäftsmann, welcher über 10 Jahre in diesem Fache gearbeitet hat,
umfaßt nicht nur als Gelehrter, sondern was noch
ungleich vorzüglicher ist, als practiker seinen Gegenstand ganz. Wir machen auf diese interessante
Erscheinung aufmerksam, weil durch dieselbe, nicht
allein die Grundsätze und Begriffe über diesen reich-
tigen Gegenstand berichtiget und die Meinungen
vereiniget, sondern auch in practischer Rücksicht geprüfte Vorschläge zur besseren und vollkommenern
Behandlung dieses schwierigen Geschäftes gemacht
werden, wodurch den sogar zur Publicität gelangten häufigen Klagen befriedigend abgeholfen werden
könnte. Frankfurt im April 1807.
Gebhard und Körber.

In der Andreä'ischen Buchhandlung in Frankfurt am Main sind folgende neue Schriften
erschienen:
Chefs-d'Oeuvre de literature et de morale, ou
recueil en prose et en vers des plus beaux
morceaux de la langue françoise, enrichi de
notes explicatives des mots et des phrases de
notes historiques, géographiques et mythologiques; a l'usage de la Jeunesse allemande de l'un
et de l'autre sexe. Tome II. gr. 8. 1 Rthlr.
Diel's, A. F. A. Versuch einer systematischen Beschreibung in Deutschland vorhandener Kernobstsorten, 14 u. 158 Heft, oder die Birnen 6s Heft
und der Aepfel 9s Heft, 8. 1 Rthlr. 16 gl.
Nau's, B. S. Anleitung zur Forstwissenschaft,
1r Bd. mit Kupfern, 2te verm. Auflage, gr. 8.
1 Rthlr. 8 gl.
Büschenthal, L. M. Gedichte 18 B. gr. 8. 1 Rthlr.
Paulitzky, H. F. Anleitung für Landleute zu einer vernünftigen Gesundheitspflege, wie man die
gewöhnlichsten Krankheiten durch wenige und sichere
Mittel, hauptsächlich aber durch ein gutes Verhalten verhüten und heilen kann. Ein Handbuch für Landgeistliche, Wundärzte und Hauswirthe, mit Vermehrungen und Verbesserungen,
von J. C. G. Ackermann, 4te Aufl. 8. 1 Rthlr.
Röschlaub, A. Lehrbuch der besondern Nosologie, Jatreusiologie und Jaterie, in B. 1ste
Abthl. Die Einleitung in das Ganze und die
Abhandlung der, am geistigen Leben des Menschen erscheinenden Uebelseraformen enthaltend.
gr. 8. 1 Rthlr. 12 gl.

Allgemeiner Anzeiger
der
Deutschen.

Montags, den 25 May 1807.

Gesetzgebung und Regierung.

Skizzirte Geschichte der Grundsätze und Ansichten des Kriegs-Einquartierungswesens.

Dem wissenschaftlichen und gebildeten Theile der Leser dieses Blattes glaube ich durch die Zusammenstellung der Grundbegriffe eines darin so oft verhandelten Gegenstandes einen nützlichen und angenehmen Dienst zu thun. Es ist um so interessanter, als dieser Zweig der Staatsverwaltung noch kaum erst in die Blüthe seiner Ausbildung geschossen zu seyn scheint.

Zwey Zeitabschnitte sind es vornehmlich, welche die Stadien abstecken, welche die Begriffe und Urtheile über das Kriegs-Einquartierungswesen bisher durchlaufen haben. An dem dritten sind sie angelangt, vielleicht schon eingetreten; die Epoche der Realisten und Personalisten, die Epoche der Umschaffung und die Aere der critischen Behandlung.

Die alten Rechtsgelehrten halten sämmtlich die Kriegs-Einquartierungslast für eine dingliche, das heißt, den Liegenschaften, besonders Häusern und Gebäulichkeiten allein aufliegende Beschwerde. Einige wenige sehen sie für persönliche Last an. Winkler schließt die Reihe der Realisten. Sein von Gelehrsamkeit eben so, wie von Widersprüchen volles, noch immer sehr schätzbares Werk: Dr. Carl Gottfried Winkler's rechtliche Abhandlung von Kriegsschäden, Leipzig 1762

Allg. Anz. b. D. 1 B. 1807.

behandelt das Kriegs-Einquartierungswesen von S. 343 bis 370. Nach seinem obersten Grundsatze ist die Kriegs-Einquartierung eine Grundbeschwerde.

Der glänzende Polarstern der Personalisten, und zugleich der erste glückliche Reformator in diesem Fache ist Bodmann. Ein verdienstliche Bearbeiter dieses Gegenstandes in seiner

Erörterung der Grundsätze, wornach die Kriegsschäden jeder Art fest zu stellen. Frankfurt am Mayn 1798.

Mit diesen philosophischen Versuchen, die Kraft und Geist so laut verkündigen, bricht die Morgenröthe der Umschaffung der Rechtsbegriffe über die Kriegs-Einquartierung an. Bodmann's erster Satz heißt: Jeder factische Besitzer ist der Kriegs-Einquartierung unterworfen. Er behandelt diesen Gegenstand von S. 202 bis 236.

Sein gleichzeitiger Rival und mächtiger Mitreformator ist Weber, ein Mann von eigener Weihe und originellen Ansichten. Sein Buch:

Dr. G. M. Weber über die Repartition der Kriegsschäden. Würzburg 1798.

Dieser hebt zuerst die Fackel der Critik. Seine Abhandlung über die Kriegs-Einquartierung geht von S. 181 bis 209; zu seinen Originalitäten gehört sein Grundprincip: Die Kriegs-Einquartierungslast ruhe eigentlich auf dem ganzen Staate als solchem, die einzelnen Quartierträger wären nur als so viele Wirthe anzusehen, die am Ende entschädiget werden müßten.

Vielleicht die richtigste, aber gewiß nicht practicable Ansicht.

Auf Weber folgt ein Anonymus — sein Name soll Johann Melchior Hoscher seyn, welcher in einer kleinen sehr gelesenen und dermahlen vergriffenen Schrift

Ueber die Einquartierung in der Stadt Augsburg. Augsburg 1805.

viel gutes gesagt und richtige Bemerkungen gemacht hat. Diese 30 Seiten starke Schrift, die ihrem Verfasser vielen Verdruß in Augsburg zugezogen haben soll, bleibe immer eine merkwürdige Erscheinung und ist in der Justiz- und Polizey-Fama im Januar 1806 wörtlich abgedruckt, ob mit oder ohne Erlaubniß des Verfassers, ist nicht bekannt geworden. Dieser Anonymus bekennet sich zu der Lehre der Personalisten.

Die neueste und gewiß von so mancher Seite angeschliffene Bearbeitung der Grundsätze und Manipulation des Kriegs-Einquartierungs-Wesens athmet Weber's Geist der Critik. Ueberall zeigen sich philosophische Winke, und man findet es leicht, daß diese Blätter mit warmen Herzen und hellem Kopfe ausgearbeitet sind. Schade, daß viele und bedeutende Druckfehler dem äußern Gewande einigen Werth der innern Eleganz zu benehmen drohen. Diese

Beyträge zu einer künftigen wissenschaftlichen Bearbeitung und vollkommnen Ausbildung des Kriegs-Einquartierungs-Wesens, von Fr. Siegm. Feyerlein, S. R. Lzt. Frankfurt am Mayn 1807.

zeichnen sich noch dadurch aus, daß sich ihr Verfasser als einen zwölfjährigen Practiker angibt, und als solcher auch in die innere Behandlung des Geschäfts, wiewohl nicht ganz vollständig, eingehet. Darin gehet er am weitesten und vielleicht am richtigsten, daß nach ihm die Kriegs-Einquartierungslast

1) jedes Staatsmitglied und alle, welche die Vortheile des Staats genießen, anspricht — solche also auch von dem Staate selbst, den eigentlichen Bürgern und jedem Einwohner übernommen werden muß, und neuerer Zeit

2) auf dem Vermögen, als Object der Verpflegung; der Wohnung, als Object der Beherbergung und der Person selbst, als Bedingung von beyden hafte.

Dadurch entfernt der Verf. viele Unterschiede z. B. zwischen dem Capitalisten und dem Ackerbegüterten, dem Kaufmann und Fabrikanten ꝛc. Von Weber's Hauptsätze kann sich der Verf. nicht überzeugen, und unterscheidet, was ich bey eigener Sachkenntniß sehr richtig gefunden habe, zwischen dem Geschäfte der Anschätzung der Quartierträger und dem Bequartierten selbst. Jenes ist des Staats und der Verwaltung, dieses oder das genaue Verfahren nach den vorgeschriebenen Anschätzungen die Obliegenheit des Quartieramtes. Der Kern seiner Schrift liegt in den Seiten 97 — 158.

Möchte dieses Werkchen, um mit dem Verf. zu schließen, recht viel Gutes stiften, und das Kriegs-Einquartierungswesen seiner Vollkommenheit bis dahin nahe bringen, wo die erhöhte Menschheit, wenn sie seine fürchterliche Veranlassung nicht mehr kennen wird, auch desselben nicht mehr bedarf.

J. v. B.

Nützliche Anstalten und Vorschläge.
Hofmeister.

(Allg. Anz. d. D. 7 S. 169.)

Unter dem vielen sehr Wahren und Wichtigen, was Hr. Dr. K—z. über das Verhältniß zwischen Eltern und Hofmeistern sagt, ist auch der Wunsch, den Namen Hofmeister aus dem Sprachgebrauche zu bringen. Wird das möglich seyn? und würde es etwas helfen? Das Wort ist bekanntlich das neueste und vornehmste für verwandte Begriffe, und eben darum in Umlauf gekommen (in honorem) weil alle andere, Candidat, Informator, Magister, ungerechnet, daß sie noch unrichtiger bezeichnen, schon vorher noch tiefer gesunken waren (jam ceciderant).

Aber das Wort werde heute abgeschafft, so wie gebildete und moralisch bedutsame Menschen aus guten Ursachen Schulmeister nicht mehr brauchen; wird man auch die Wörter und Begriffe schulmeistern und hofmeistern aus der Sprache bringen?

Und was ist nun das, daß manche Stände, Gewerbe und dergleichen, und die Wörter und Begriffe davon unaufhaltbar

ins Lächerliche, Verächtliche, oder Verhaßte
fallen, und andere wieder, so sehr sie das
eine oder andere verdienten, nicht?

P+p+p.

Naturkunde.

Kleiner Beytrag zur Naturgeschichte
des Hundes.

(Vergl. allg. Anz. Nr. 78 S. 794.)

Bey dem Feldzuge der Preußen nach
Champagne lief bey der Equipage des H. v.
W. ein Spitz mit seinem Herrn, dem Kut-
scher. Den 13 October 1792 warf er zu
Longwy Junge, und blieb dort zurück. Den
9 Nov. kam der Spitz nach Coblenz, suchte
und fand seinen Herrn daselbst, und lief mit
nach Neuwied. Als es den 24 Nov. nach
Coblenz zurückging, blieb der Spitz daselbst
und wurde vergessen; den 5 Januar 1793
kam er in Frankfurt an und suchte seinen
Herrn dort wieder auf. — Wie mag der
Hund über den Rhein gekommen seyn?

Gelehrte Sachen.

Antwort auf die Anfrage im allg.
Anz. 8-7 Nr. 88 S. 908, Leisewitz's
Bearbeitung der Geschichte des drey-
ßigjährigen Kriegs betreffend.

Nach öffentlichen Nachrichten hat Leisewitz die Geschichte des dreyßigjährigen
Kriegs, wozu er lange Zeit hindurch die Materialien gesammelt hatte, wegen Kränklichkeit und Mangel an Muße nicht vollendet
und kurz vor seinem Tode die Vernichtung
aller seiner in der Handschrift hinterlassenen
literarischen Arbeiten ausdrücklich verordnet.
Gaildorf.   J. K. Höck.

Dienst - Gesuche.

1) Oft werden durch böse Gesellschaften
junge Männer mit den besten Anlagen ins
Verderben gestürzt. Diesem Uebel vorzubeugen, hat ein Cavalier von dem besten
Rufe und sehr vielen Kenntnissen beschlossen,
junge Studirende in Kost, Logis, Aufsicht
und Unterricht zu nehmen. Er wird suchen,
seinen jungen Freunden alle nur mögliche
unschuldige Ergötzlichkeiten zu verschaffen,

aber stets in seiner Gesellschaft, welche, wie
er sich schmeichelt, jungen Männern lehrreich, aber nie lästig werden soll. Er spricht
Französisch, Englisch, Italienisch und Deutsch,
in welchen Sprachen er sich erbietet, Unterricht zu geben, so wie im Fechten und in den
schönen Wissenschaften. Der Cavalier kann
von seinem bisherigen Wohnorte die besten
Zeugnisse aufweisen. Eltern, welche ihm ihre
Söhne anvertrauen wollen, werden ersucht,
in postfreyen Briefen das Quantum zu bestimmen, und was sie dafür verlangen,
unter der Adresse G. W. U. N. v. L. abzugeben in der Exped. des allg. Anz. zu
Gotha.

Frankfurt am Mayn.

2) Wie mancher wohlhabende, aber durch
langwierige, vielleicht unheilbare Krankheit
an ein Schmerzenslager gefesselte Leidende
ist im Stande, sich jedes Labsal zu verschaffen, jedes Bedürfniß erfüllt zu sehen, nur
das Bedürfniß nicht, dessen Erfüllung ihm
nichts als ein Ungefähr zuführen kann, das
große immerwährende, jeden Tag und jeden
Augenblick sich erneuernde Bedürfniß einer
guten und geschickten Abwartung. Ums
sonst wechselt er seine Bedienung, immer
fühlt er von neuen, entweder durch ungeschickte, nachlässige, oder durch stürmisch
dienstfertige, unruhige, überlästige, oder
durch ungeduldige, gefühllose, mürrische
Aufwärter und Aufwärterinnen seine Leiden
zehnfach erschwert. Er sehnt sich, wie nach
dem einzigen Gut, was ihm fehlt, nach einer
geschickten, treuen, vernünftigen, gleichmüthigen und geduldigen Bedienung, und
wünschte sich dieses Haupterleichterniß seiner
Leiden um jeden Preis erwerben zu können.

Sollte sich jemand in einer ansehnlichen
Stadt, wie Leipzig, Dresden, Gotha ꝛc.
oder auch auf dem Lande in dieser traurigen Lage befinden, so bietet sich eine Frau
von 30 Jahren, welche das vortheilhafteste
Zeugniß ihrer erprobten Geschicklichkeit in
diesem Fache vorzuweisen hat, an, um gegen einen ihren eigenen Umständen angemessenen Lohn alsbald einen solchen Dienst anzutreten. Nähere Auskunft gibt die Exped.
des allg. Anz. in Gotha.

N. S. Daß diese Frau, die in ihrer ersten Jugend in ansehnlichen Diensten gestanden, auch in allen weiblichen Handarbeiten (nur das Küchenwesen ausgenommen) erfahren ist, jeden andern weit weniger be-

schwerlichen Dienst, als Kammerfrau und dergleichen, unter gleich annehmlichen Bedingungen.... antreten würde, versteht sich von selbst.

Familien = Nachrichten.

Mancherley Mißverständnisse zwingen mich, meine zwar am 9 August 1804 zu Cassel vollzogene eheliche Verbindung mit der Demoiselle L. Richter bekannt zu machen, aber zugleich auch die am 15 April 1806 darauf erfolgte gesetzliche Ehescheidung, mit Zurücknahme meines Namens. Zugleich erkläre ich aber auch, daß kein Grund zu dieser ehelichen Trennung meiner ehemahligen Gattin, jetzt Demoiselle Richter, zur Last gelegt werden kann, noch die Hochachtung, die ich und jeder, der sie kennt, für sie hegen muß, schwächen wird, nur die verweigerte Genehmigung ihres Herrn Vaters, und hauptsächlich der nie geahndete Verlust meines wichtigen Processes in Paris, der mir die Mittel raubte, einer geliebten und geschätzten Gattin eine anständige Versorgung, die ihrer würdig, zu geben, war die Ursache, unsere beyderseitigen Gelübde gesetzlich zurück zu nehmen.

Berlin, den 30 März 1807.

Amadée François Labalme
de Rénnéville.

Diverses circonstances qui ont pu donner lieu à de fausses interprétations, m'obligent de notifier mon mariage avec la Demoiselle L. Richter, lequel eut lieu le 9 Août 1804 à Hesse-Cassel; mais je dois en même temps ajouter que, le 15 Avril 1806, je me suis juridiquement séparé de mon épouse, en lui reprenant mon nom. Cependant, pour rendre hommage à la vérité, je déclare qu'on ne sauroit aucunement lui imputer qui m'ait forcé à ce divorce; c'est une justice que j'aime à lui rendre publiquement et que lui rendront sans doute toutes les personnes qui la connoissent. La seule raison de notre séparation consentie des deux parts est le refus obstiné de Monsieur son père, et principalement l'issue malheureuse d'un procès important que j'avois à Paris, et dont la perte imprévue m'ôte tout moyen de procurer à cette digne et respectable épouse une existence digne d'elle.

En foi de quoi j'ai signé;
Berlin, ce 30 Mars 1807.

Amadée François Labalme
de Rénnéville.

Aufforderung.

Carl Ohmstede, welcher seit dem 8 März d. J. abwesend ist, wird von seiner Mutter auf das dringendste aufgefordert, seinen jetzigen Aufenthaltsort ihr schriftlich zu melden, und wenn Menschenfreunde Kenntniß davon haben sollten, so werden diese eben so dringend ersucht, nicht nur den jungen Ohmstede, dem dieses Blatt vielleicht nicht zu Gesicht kommen könnte, von der Aufforderung seiner Mutter zu benachrichtigen, sondern auch derselben von dem ihnen

bekannten Orte seines Aufenthalts gefällige Nachricht nach Zerbst unter der unterschriebenen Adresse zugehen zu lassen. Können und wollen Sie die Güte haben, ihre geneigte Hülfe dahin zu erstrecken, den jungen Ohmstede an sich zu nehmen und unterdessen für ihn Sorge zu tragen, so wird solches mit dem dankbar gerührtesten Herzen erkannt, und eben so der Unterhalt und Kostenbetrag erstattet werden, der dadurch verursacht ist.

Die verwitwete Amtmännin,
Fr. Ohmstede in Zerbst.

Juſtiz- und Polizey-Sachen.

Vorladungen: 1) militairpflichtiger Schweinfurter.

In Gemäßheit der allerhöchſten Verordnung werden nachbenannte militairpflichtige Bürgersöhne, welche bey der jüngſten Muſterung ohne Erlaubniß abweſend waren, mit der Weiſung hierdurch öffentlich vorgeladen, daß dieſelben, wofern ſie ſich in der Provinz Bamberg befinden, binnen 4 Wochen, wenn ſie aber in den königl. baierſchen Erbſtaaten ſich aufhalten, in Zeit von 8 Wochen und wenn ſie ganz außer Landes ſind, binnen 1 Jahr um ſo gewiſſer zurückkehren und ſich bey unterzeichneter Behörde zu ſtellen haben, als gegen die Ausbleibenben die Conficiation, ihres gegenwärtigen ſowohl, als zukünftigen Vermögens eintreten wird, ſo wie ſie des Landes-Schutzes auf immer verluſtig erklärt werden. Schweinfurt, den 22 April 1807.

Königl. Verwaltungs-
Vt. der königl. Stadt-   Rath dahier.
Commiſſär v. Lützen-   J. P. Cramer,
berger.   Bürgermeiſter,
                                                     Wagner, Actuar.

1) Jacob Steuerlein, Büttner.
2) Andreas Gutjahr, Schreiner.
3) Johann Michael Binder, Sädler.
4) Chriſtoph Friedrich Zenz, Schwerdtfeger.
5) Philipp Zenz, Schwerdtfeger.
6) Johann Lorenz Götz, Schneider.
7) Johann Andreas Weber, Rothgerber.
8) Martin Zill, Weber.
9) Peter Zill, Weber.
10) Adam Götz, Schneider.
11) Simon Gitterlein, Müller.
12) Georg Gotthard Gitterlein, Müller.
13) Friedrich Peter, Gärtner.
14) Lorenz Schönmann, Hutmacher.
15) Joh. Elias Stiel, Weber.
16) Chriſtoph Friedrich Zeit, Uhrmacher.
17) Benedict Zuzelmann, Schuhmacher.
18) Nicolaus Beyer, Hufſchmidt.
19) Ulrich Kirchner, Nagelſchmidt.
20) Georg Brändlein, Bauernknecht.
21) Jacob Gutjahr, Seiler.
22) Heinrich Müller, Schuhmacher.
23) Andreas Ratzenberger, Fuhrknecht.
24) Vitus Meyer, Drechsler.
25) Friedrich Nicol, Taglöhner.
26) Adam Kupfer, Taglöhner.
27) Georg Balthaſar Scipio, Spengler.
28) Johannes Weinich, Zeugmacher.
29) Lorenz Schmidt, Schmidt.
30) Carl Lehnemann, Tuchmacher.
31) Daniel Lehnemann, Schloſſer.
32) Heinrich Lehnemann, Schneider.

2) Conr. Stüber's.

Ludwigsburg. Conrad Stüber von Oßweil, Schaffknecht, 19 1/2 Jahr, 6 Fuß 1/4 Zoll groß,

iſt geſtern, als er zur Rekruten-Aushebung hierher abgeholt werden ſollte, entwichen. Derſelbe wird daher bey Strafe des Verluſtes ſeines Unterthanen- und Bürgerrechts, und der Conficiation ſeines Vermögens hiermit aufgerufen, à dato binnen vier Monaten, welche ihm für den erſten Termin anberaumt werden, vor unterzeichneter Behörde ſich zu ſtellen, und über ſein Entweichen Rechenſchaft zu geben; auch werden alle Obrigkeiten geziemend erſucht, ihn auf Betreten zu arretiren und gegen Erſatz der Koſten wohlverwahrt anher einliefern zu laſſen. Am 6 May 1807.

Königlich Würtemberg. Oberamt allda.

3) J. L. Beuther's und J. Lauer's.

Johann Ludwig Beuther aus Ziegenbach in Franken gebürtig, welcher bereits 70 Jahr alt und ſeit 50 Jahren abweſend und verſchollen iſt; dann Johannes Lauer, der zu Gillingshauſen in Franken geboren, nun 76 Jahr alt iſt, und welcher in den 1760 Jahren als Pachtgärtner zu Eiſenach geſtanden, Anno 1770 oder 1771 aber nach Amerika gezogen ſeyn ſoll; werden bevde und ſo, wie ihre etwaige Leibes-Erben, hierdurch vorgeladen, binnen 6 Monaten bey hieſigem Juſtiz-Amte zu erſcheinen und ſich zu ihrem unter Pflegſchaft ſtehenden Vermögen, wovon das des Beuther ſich gegenwärtig auf 278 fl. 24 kr. rhl. und das des Lauer, welches dieſem von ſeinem dahier verſtorbenen Bruder angefallen iſt, auf 108 fl. 43 kr. rhl. beläuft, gehörig zu legitimiren; im Gegentheile aber zu gewärtigen, daß ſie beyde für todt erkläret werden, und gedachtes ihr Vermögen an die nach hieſigen Geſetzen ſich dazu qualificirenden nächſten Verwandten ohne Caution verabfolget werden ſoll.

Caſtell in Franken, den 12 May 1807.

Königl. Baiern, gräfl. Caſtelliſches
Juſtiz Amt.

J. A. Endres.

4) Caſp. Maier's.

Caspar Maier von Oberacker, jetzt über 70 Jahr alt, als Beckerknecht 46 Jahr abweſend, wird hiermit ſo wie ſeine etwaige Leibes-Erben vorgeladen, ſein bisher pflegſchaftlich verwaltetes Vermögen von 4000 Gulden ſelbſt oder durch Bevollmächtigte, von jetzt in drey Monaten, in Empfang zu nehmen, nach Verfluß dieſer Friſt aber zu gewärtigen, daß obiges Vermögen den nächſten Verwandten eigenthümlich überlaſſen werde.

Unterowisheim, den 9 May 1807.

Großherzogl. Badiſches Oberamt.
von König.

Vdt. Walcker.

5) Dan. Hage's.

Da der ſchon ſeit etlichen und 20 Jahren als Maurer und Steinhauer-Geſelle abweſende Daniel Hage von Huchenfeld während dieſer langen Zeit lediglich nichts mehr von sich hat hören lassen, so wird er andurch öffentlich aufgefordert, binnen 9 Monaten um so gewisser dahier zu erscheinen, und sein in ohngefähr 550 fl. bestehendes Vermögen in Empfang zu nehmen, als sonst dasselbe seinen darum nachsuchenden nächsten Anverwandten gegen Caution in nutznießliche Verwaltung gegeben werden wird.

Publicirt bey Großherzoglich Badischem Oberamt.

Pforzheim, den 4 May 1807.

6) Adam Lorenz's.

Auf den von dem straßburger Schiffer Johannes Zabern wegen einer an den von hier gebürtigen, aber in Iphofen bey Würzburg als Chirurgus ansäßig gewesenen Adam Lorenz aufgestellten Forderung von 200 fl. auf dessen dahier beruhendes Vermögen impetrirten Nacharrest, wird gedachter Adam Lorenz, dessen jetziger Aufenthalt zur Zeit unbekannt ist, andurch öffentlich aufgefordert, binnen drey Monaten sich über die Schuld ad 200 fl. sowohl als den Arrest dahier unter dem Nachtheile zu erklären, als ansonsten jede Einrede dagegen für versäumt, und der Arrest als fortbestehend erkläret, fortwegen dessen Wirkung bey dem seiner Zeit zur Auszahlung kommenden Vermögen das weitere Rechtliche verfügt werden solle.

Heidelberg, den 27 April 1807.

Großherzogliches Stadtvogtey-Amt.

Sartorius.

Potz.
Vidt. Gruber.

7) der Erben oder Gläubiger Gr. Gans's.

Der kürzlich dahier verlebte, aus Gießigheim in Franken gebürtige, ehemahls zu Ober- und Nieder-Hochstadt bey Landau als Pfarrer gestandene Georg Ganz hinterließ eine letzte Willensmeinung, worin derselbe das katholische Hospital dahier als Erben seiner Nachlassenschaft einsetzte. Es werden daher alle diejenigen, welche an solche entweder aus einem Erbrechte, oder sonst eine Forderung zu haben glauben, andurch aufgefordert, ihre allenfallsigen Ansprüche binnen 4 Wochen dahier geltend zu machen, widrigenfalls aber zu gewärtigen, daß sie ferner nicht mehr gehöret, sondern die Nachlassenschaft nach Vorschrift des Verlebten vertheilet werde. Heidelberg, den 23 April 1807.

Großherzogl. Badisches Stadtvogtey-Amt.

Sartorius. Potz.
Vdt. Reubter.

8) J. Hansack's.

Nachdem Maria Hansack aus Dogheim bey Uns klagbar vorgestellt, daß ihr Ehemann, Johannes Hansack aus Böhmen gebürtig, unter dem Vorwand, zu Betreibung eines Ochsenhandels sich im Monat Februar 1802 in sein Vaterland zu be-

geben, seit dieser Zeit aber nichts von sich hat hören lassen, sondern sie böslich verlassen habe, zugleich gebeten hat, sie der Ehe halber von ihm zu entbinden, und ihr eine anderweite Verehlichung zu gestatten, auch hierauf gegenwärtige Edictalcitation in Rechten erkannt worden; als wird vorbenannter Johannes Hansack dergestalt hiermit citiret und vorgeladen, daß derselbe a dato binnen drey Monaten vor dahiesigen herzogl. Consistorio erscheinen, auf die gegen ihn angestellte Ehescheidungsklage antworten, oder aber gewärtigen soll, daß im Ausbleibungsfall, und auf weiteres Anhalten seiner Ehefrau, nichts destoweniger fortgefahren, und was Recht ist, in contumaciam gegen ihn erkannt werden soll.

Wiesbaden, den 22 April 1807.

Vt. Philippi.

9) der Erben Mart. Schuler's.

Zu der Verlassenschaft des in dem Alexandrinen-Stift zu Cöln verstorbenen ehemahligen Hofmahlers Martin Schuler, welche nach der gehaltenen Curatel-Rechnung in 1154 fl. 53 kr. bestehet, hat sich ein angeblicher Bruder desselben Carl Schuler dahier gemeldet.

Da nun zu wissen nöthig ist, ob nicht noch andere Geschwister oder Geschwisterkinder des verstorbenen Martin Schuler am Leben seyen, welche an dessen Verlaßthum mit gedachtem Carl Schuler gleichen Anspruch zu machen hätten; so werden dieselben, um ihre Ansprüche hierauf innerhalb einer Frist von neun Monaten dahier gehörig nachzuweisen, hiermit unter dem Nachtheil vorgeladen, daß nach dieser umlaufenen Frist obige Verlassenschaft an gedachten Carl Schuler werde ausgefolgert werden.

Mannheim, den 4ten May 1807.

Großherzogl. Badischer Hofrath.

Vdt. Karg.

10) Jos. Bill's.

Der schon über 50 Jahre abwesende Joseph Bill, gebürtig aus Bernau, freyherrl. von kollischer Herrschaft, oder dessen allenfallsige Leiberben werden hiermit aufgefordert, à Dato innerhalb drey Monaten die ihm von seiner dahier verstorbenen Base Verina Bill angefallene Erbs-Betreffniß um so mehr in Empfang zu nehmen, als nach Ablauf dieses peremtorischen Termins erfagte Erbsbetreffniß dessen nächsten Anverwandten gegen Caution verabfolgt werden würde.

Reichenau, am 22 April 1807.

Großherzogl. Badisches Obervogtey-Amt.

Vdt. v. Krafft.

11) Chrph. Ph. Dietrich's.

Da der schon seit etlichen und 40 Jahren abwesende Beck Christoph Philipp Dietrich dahier,

während dieser langen Zeit lediglich nichts mehr
von sich hat hören lassen, so wird er andurch öffentlich aufgefordert, binnen 9 Monaten um so gewisser dahier zu erscheinen und sein in ohngefähr 300 fl.
bestehendes Vermögen in Empfang zu nehmen, als
sonst dasselbe seiner darum nachsuchenden Schwester
gegen Caution in nutznießliche Verwaltung gegeben werden wird.

Verordnet Pforzheim, den 24 April 1807, bey
Großherzoglich Badischen Oberamt.

Kauf- und Handels-Sachen.

Ein Capital von 100,000 fl. gesucht.

Auf eine Herrschaft in Böhmen, die im Jahre
1805 für 300000 fl. erkauft, und darauf bereits
83000 fl. bezahlt worden ist, 82000 fl. aber theils
auf der Herrschaft immerdar haften, theils aber in
sehr leidlichen terminlichen Zahlungen abgeführt
werden, wie documentirt werden wird, sucht man
ein Darlehn von 100000 fl. in W. B. N. gegen
jura cessa und beliebige Verzinsung. Wer sich
dieserhalb in Unterhandlungen einlassen will, schicke
die Erklärung schriftlich, aber unverzüglich an die
Expedition des allg. Anz. in Gotha. Bey der
Anheimzahlung dieses Capitals, die in einigen Jahren schon geschehen kann, will der Schuldner die
100000 fl. in B. N. gerade ausbezahlen, und was
sie gegen die Darleihung etwa noch schlechter stehen,
mit vergüten. Auch 50000 fl. würde man annehmen.

Anfrage.

Ein Mann, der eine Fabrik besitzt, welche in
bester Aufnahme ist, die aber mehr Raum erfordert,
als er gegenwärtig inne hat, und sich für jetzt nicht
in solchen Vermögens Umständen befindet, um
selbst ein Gebäude, welches seinem Bedürfnisse und
dem Absatz seiner Fabricate angemessen wäre, kaufen
oder bauen zu können, fragt hierdurch an: Ob
etwa ein Eigenthümer eines großen und geräumigen Gebäudes, es sey in Sachsen oder oder besser
in Franken, besonders in der Gegend von Nürnberg, oder Bamberg zu verpachten hat? Wäre der
Verpachter ein Mann von verträglichem und gutem
Character, und geneigt, selbst Antheil an dem
Geschäft zu nehmen, so verschiert man hierdurch
nur so viel: daß ein Capital nicht sicherer und nützlicher als hierzu angelegt werden kann, weil das
Fabricat nicht der Mode, sondern dem Bedürfniß
untergeordnet ist, und wegen guten Absatzes kein
Lager die Circulation des Capitals hemme. Bey
Anzeigen bietet man die Bedingungen und die Gelegenheiten des Gebäudes genau zu bemerken, und
besonders, ob es hinlänglich Wasser hat. Die
Expedition des allg. Anz. wird portofreye Briefe
mit der Adresse: Fabrik-Gebäude betreffend, an
den Suchenden befördern.

**Verkauf einer Droguerey- und Farben-
Handlung.**

Eine alte längst bestandene, vor kurzen noch
erneuerte Droguerey- und Farbenhandlung in
Leipzig soll eingetretener Verhältnisse halber aus
freyer Hand nächstens verkauft werden. Kauflustige haben sich an Hrn. Dr. Johann Friedrich
August Diedemann, Oberhofgerichts- und Consistorial-Advocaten daselbst, wohnhaft in der Fleischgasse Nr. 222, zu wenden

Verkauf der Weißmühl le bey Lahnstein.

Die an der Lahn, eine halbe Viertelstunde von
hier gelegene herrschaftl. Kameral-Erbbestands-
oder sogenannte Weißmühle, stehet gerichtlich feil.
Dieselbe bestehet aus einem geräum gen Wohnhause
von Stein, Scheuer, Stallung und einer daran
gelegenen Kapelle, nebst einem großen Hausgarten,
und noch 6 Morgen drey Sch. Wiesen, auch einem
an der Mühle gelegenen Wäldchen. Sie ist eine
Bann-Mühle für Oberlahnstein, ausschließlich
aller andern Müller, hat zwey Mahlgänge und
einen Delschlag, ist von ordinairer Schätzung und
Lasten, nicht aber von extraordinairen befreyet;
der herrschaftl. Canon bestehet in 14 mainz. Malter Korn.

Da nun zu deren Versteigerung der erste Termin auf den 17 Junius, der zweyte auf den 1 Jul.
und der dritte und letzte auf den 15 Julius d. J.
Morgens 9 Uhr in loco der Weißmühle von herzogl.
Amts wegen, anberaulet worden ist. Als wird solches den etwa hierzu sich findenden Steigliebhabern hiermit bekannt gemacht.

Lahnstein, den 2 May 1807.

Herzogliches Amt.

Vogt.   Beisler.

Fortepianos

in Flügel-Clavier- und aufrechtstehender Form von
verschiedener Eleganz und Holzgattung von den besten Wiener Meistern sind in großer Anzahl vorräthig, und zu den billigsten Preisen zu verkaufen,
im musikalischen Instrumenten-Magazin von C. J.
Lehmann auf der Ritterstraße in Leipzig.

Kunstsachen.

Den zahlreichen Freunden und Verehrern des
Hrn. Hofrath Jung genannt Stilling wird es die
willkommenste Nachricht seyn, daß derselbe bey seinem letztern hiesigen Aufenthalt durch den Hofbildhauer und Professor Danneker modelirt worden ist.

Dieses Bild en medaillon vereinigt in einer
Größe von zwey Schuh alles, was von einem Portrait erwartet werden kann, und ist nach dem ungetheilten Beyfall aller Kenner eine der gelungensten
Arbeiten dieses eben so vortrefflichen, als berühmten Künstlers.

Der Unterzeichnete, welcher dieses seltene Kunstwerk besitzt, wurde deswegen aufgemuntert, solches, theils in Gyps-Abdrucken, theils in einem Kupferstich dem Publicum mitzutheilen, und erbietet daher auf den Wege der Subscription (um Zeit zu den nöthigen Vorkehrungen zu erhalten)

1) einen Abdruck in Gyps, mit Inbegriff der Kiste und Emballage, für 1 Ducaten oder 5 fl. 30 kr. Reichsgeld, ohne solche für 5 fl.

2) einen Abdruck des Kupfers halb folio groß, durch den aus mehrern sehr vorzüglichen Arbeiten bekannten Hn. A. Keßler gestochen, auf das feinste Velin-Papier zu 1 fl. 12 kr. außer der Subscription kostet ein Abdruck 1 fl. 30 kr.

Da dieser Unternehmung keine Gewinnsucht zum Grunde liegt, so dürfen die resp. Herren Subscribenten versichert seyn, daß von keiner der beyden Gattungen Abdrücke ausgegeben werden, denen irgend ein Fehler beyzumessen wäre.

Die Bestellungen werden in portofreyen Briefen gemacht bey
Stuttgart im May 1807.   C. Kylius.

Thee.

Endesunterzeichnete empfehlen sich mit folgenden Sorten feinen und extrafeinen Thee, den sie, sowohl pfundweise, als auch in größern Quantitäten, zu verhältnißmäßigen billigern Preisen, verkaufen, als:

Grüne Thee.

Echter russischer Caravanen-Thee, in bleyernen Dosen von ungefähr 1 1/8 Pf. netto à 4 1/3 bis 4 1/2 rthl., dergleichen in Kistchen von 1 1/4 Pf. à 6 rthl., dergleichen offen à 4 1/4, 5, 6, 7, 8 rthl. Tchy, Gun Powder oder Poudre à canon à 5 rthl. Haysan à 3 rthl. Holländ. Bloom-Thee in blechernen Dosen à 4 rthl. Songlo à 36 gr. Tonkay à 42 gr. Soulan die bleyerne Dose von 24 Loth à 6 rthl. Haysan Chin à 36 gr.

Schwarze Thee oder Thee Boue.

Echter russ. Caravanen à ... . Pecco à 2 1/4, 2, 2 1/2, 4, 4 3/4 bis 5 fl. . Dergleichen in bleyernen Dosen à 4 1/2 rthl. . Ziou Zioung à 5 1/2 rthl. Congo à 40 gr. Boue à 20 gr.

J. A. Peyer, und Comp. in Dresden.

Gottlob Frenzel, Jahn und Comp. in Leipzig in Amtmannshof, sonst Johann Carl Bertel, empfehlen sich bestens mit holländ. rohledernen Zugschäften à 20 1/2 rthl. und 17 rthl., tür

zere 16 rthlr. zweynähige Schäfte, braun niederl. Kalbfelle, Schubleder, Stolpen u. s. w. Hamburger Federspulen von 1 1/3 bis 4 rthlr. spanischen Cigarren 100 Stück von 1 rthlr. bis 1 1/2 rthlr. extrafein geschnittenem Canaster à 8, 10, 12, 16 gl. 1 rthlr. bis 1 2/3 rthlr. auch besorgen selbige jeden Speditions- und Commissions-Auftrag aufs billigste und reellste.

Seidschützer Bitterwasser.

Bey Joh. Heinr. Paul Schack's Wittwe und Erben ist eine große Partie echtes seidschützer Bitterwasser, laut Certificat, von der Quelle angekommen und wird in einzelnen Bouteillen und in ganzen und halben Kisten verkauft.

Gotha den 9 May 1807.

Nähnadeln.

Bey G. H. Wagner in Leipzig ist eine bedeutende Partie kurzäugige Nähnadeln, welche wegen der besondern feinen Bearbeitung die englischen fast noch übertreffen, in folgenden Nummern und Preisen, jedoch bey keiner kleinern Quantität, als tausend von einer Nummer, zu verkaufen.

Crown	Nr. 1	das Tausend	41 Ggl.
dito	Nr. 2	dito	37 —
dito	Nr. 3	dito	33 —
dito	Nr. 4	dito	29 —
dito	Nr. 5	dito	27 —
dito	Nr. 6	dito	25 —
dito	Nr. 7	dito	24 —
dito	Nr. 8	dito	23 —
dito	Nr. 9	dito	21 —
dito	Nr. 10	dito	21 —
dito	Nr. 11	dito	20 —
dito	Nr. 12	dito	20 —
dito	Nr. 5	bis Nr. 8	das Tausend 26 Ggl.
dito	Nr. 5	bis Nr. 10	dito 25 —
dito	Nr. 5	bis Nr. 12	dito 23 —

White Chapel
Nr. 5 bis Nr. 10 das Tausend 29 Ggl.
alles in sächsischem Courant per Contant.

Anfrage.

Wie theuer kommt die papinianische Maschine oder Digestor nach van Marum's Verbesserung zu stehen? Es wäre ja doch wol zu wünschen, daß sie bey ihrer bekannten Brauchbarkeit allgemeiner eingeführt würde; besonders zu der sogenannten Knochengallerte.

Hohenfurth unweit Linz.   Henning.

Druckfehler. In Nr. 131 S. 1355 Z. 3 von unten: Schwierigkeiten anstatt so viel Schwierigkeiten.

Allgemeiner Anzeiger
der
Deutschen.

Dienstags, den 26 May 1807.

Gesundheitskunde.

Beschreibung des Erfolges von acht Kinderblattern-Impfungen bey solchen Kindern, welche vorher die Schutzblattern vollständig überstanden hatten.

In den ersten drey Monaten des laufenden Jahres starben in Helmstädt und dessen Vorstädten, deren Einwohner noch nicht die Zahl von 4500 ausmachen, sieben und dreyßig Kinder an den Kinderblattern. Die Ursache davon war die Verbreitung falscher Gerüchte und vieler Vorurtheile gegen die Schutzblattern, wodurch besorgte Eltern und Erzieher von ihrem vorigen Eifer dafür abgeschreckt wurden.

Auf das heftigste erschüttert durch dieses Unglück so vieler Familien, entschlossen sich die Unterzeichneten, an ihren eignen Kindern Versuche mit Gegen-Impfungen anzustellen, indem sie überzeugt waren, daß diese Kinder echte Schutzblattern gehabt hatten und folglich hoffen durften, ein solcher Versuch werde ihre Mitbürger von der sichernden Kraft der Schutzblattern überzeugen.

Auf ihr Gesuch wurden durch den Bergrath von Crell, in Gegenwart des Abts und Generalsuperintendenten D. Lichtenstein, Pastors D Kroll und Polizeycommissärs Secr. Herber am 27 März die zu diesem entscheidenden Probe bestimmten Kinder mit guter Kinderblattern-Materie geimpft.

Am 31 März, 3, 5, 8 und 10 April wurden die Kinder durch den B. R. von Crell untersucht und zu diesen Untersuchungen, außer den oben genannten Herren, noch der geheime Justizrath Häberlin, Professor D. Sievers und die Bürgerhauptleute Overlach, Piest, Vibrans und Balcke zugezogen.

Bey allen Kindern fand man, daß die Impfung an der Impfstelle eine starke Entzündung und Eiterung hervorgebracht hatte, allein keines von allen wurde von Fieber, Achseldrüsen-Geschwulst, oder gar von Kinderblattern-Ausschlag befallen.

Es war also der Versuch ein überzeugender Beweis davon, daß durch die Schutzblattern-Impfung die Kinder vor den Kinderpocken gesichert werden.

Die Namen der zu diesem Versuche angewendeten Kinder sind:

1) Friedrich Marr,	war mit Schutzblattern geimpft am	20	Febr.	1801.
2) Wilhelm Marr,	— — — —	18	Apr.	1803.
3) Julius Remer,	— — — —	11	—	1803.
4) Johanne Remer,	— — — —	9	May	1805.
5) Christiane Falke,	— — — —	28	Febr.	1801.
6) August Bartels,	— — — —	18	Jan.	1806.
7) Auguste Falke,	— — — —	1	—	1807.
8) Charlotte Bartels,	— — — —	22	—	1807.

Allg. Anz. d. D. 1 B. 1807.

Die Impfungen wurden bey 1 und 2,
mittelst eines Schnittes, bey 3, 4, 6 und 7
mittelst eines Blasenpflasters, und bey 5 und
8 mittelst des Blasenpflasters und Schnittes
gemacht. Ueber die Impfung selbst und
über die verschiedenen, mit den Impflingen
vorgenommenen Besichtigungen haben der
Stadtsecretär Serber Protocolle, und der
B. R. von Crell Registraturen aufgenommen, welche gesammelten Actenstücke bey
hiesigem Polizeycollegium niedergelegt sind
und jedermann zur Einsicht offen stehen.
Auch hat der B. R. von Crell eine ausführliche Beschreibung dieses Impfungsversuches
in dem braunschweigischen Magazine von diesem Jahre Nr. 16 S. 239 f. abdrucken lassen.
Von diesem Aufsatze findet sich ein Auszug
in des Professors Remer Anmerkungen zu
des Inspectors Spannuth Predigt: Ueber
die nichtigen Einwendungen und das
schwere Vergehen derer, welche absichtlich ihre Kinder und Pfleglinge nicht
durch Schutzblattern gegen die Kinderblattern zu sichern suchen. Helmstädt, bey
Fleckeisen. 1807. 8.
Helmstädt den 11 May 1807.
    D. Ernst Bartels, Prof. b. Med.
    A. F. Falke, Cand. Med.
    D. Wilh. Remer, Prof. b. Med.
    Friedr. Marr, Stadtwundarzt.

Künste, Manufacturen und Fabriken.

Versuch einer Beantwortung der
Anfrage im allg. Anz. Nr. 33 S. 332:
was lundisch Tuch gewesen sey.

Lundisch Tuch (das übrigens nicht
bloß in Urkunden und archivalischen Schriften des funfzehnten, sondern auch in Reichs-
und Landesgesetzen des sechzehnten Jahrhunderts, z. B. in der Reichspolizey-Ordnung
von 1530 Tit. 10 §. 1, 4, und in der würt-
tembergischen Landesordnung von 1567
Tit. 105 §. 1 vorkommt, ist wahrscheinlich
solches, das in der zu dem vormahligen Herzogthum Brabant gehörigen kleinen Stadt
Landen verfertiget wurde. Dieß vermuthe
ich um deswillen, weil in den beyden angeführten Gesetzen das lundisch oder lündisch
Tuch unmittelbar mit solchen Tüchern zusammengestellt ist, die in zwey gleichfalls bra-

bantischen Städten, Mecheln und Lier,
fabricirt wurden. Denn so heißt es in der
R. P. O. von 1530 a. a. O §. 1 „Und erstlich setzen, ordnen und wollen wir, daß der
gemein Bauersmann und Arbeitsleut, oder
Taglöhner auf dem Land, kein ander Tücher,
dann inländisch, so in deutscher Nation gemacht, doch stammet, lündisch, mechlisch,
lyrisch und dergleichen gemeine Tücher ausgescheiden, tragen und anmachen mögen.
Und die Röck nicht anders, dann zum halben Waden, auch daran nicht über sechs
Falten machen lassen sollen. Doch mögen
sie Hosen von einem lündischen, lyrischen
und mechlischen Tuch, nachdem dasselbig,
seiner Art nach, zu Hosen würdig, und ein
barchet Wammes, ohn große weite Ermel
machen lassen, aber in alle Weg unzertheilt,
unzerschnitten und unzerstückelt." und in
der würtembergischen F. O. von 1567 a. a. O.
„Und erstlich setzen, ordnen und wollen
wir, daß der gemein Bauersmann und Ar-
beitleuth, oder Taglöhner auff dem Landt,
keine andere Tücher dann Einländische, so
in teutscher Nation gemacht, doch stammet,
lündisch, mechlisch, lierisch und dergleichen
Tücher ausgescheiden, tragen, und an Röcken
nicht über sechs Fält machen lassen sollen,
doch mögen sie Hosen von einem lündischen,
lierischen und mechlischen Tuch, nachdem
dasselbig seiner Art nach zu Hosen würig,
und ein barchatin Wammes, ohn große weite
Ermel machen lassen, aber in alle Weg sich
unzimbliche zerscheidens und zerstücklens
enthalten."

Daß in der 1735 veranstalteten neuen
Auflage der eben erwähnten Landesordnung
statt lundisch allemahl ländisch gesetzt ist,
macht diese Vermuthung noch wahrscheinlicher. Ich überlasse aber ihre Prüfung und
allenfallsige Berichtigung denen, die mit der
speciellen Gewerbsgeschichte des Mittelalters
genauer bekannt sind, und die Modejournale
unsrer lieben Altvodern (auch sie scheinen
nach dem „Verzeichniß der teutschen Bücher
und Schriften, so seyther Anno 1564 bis auff
die Herbstmeß Anno 1592 außgangen" ihre
Bertuche und Krause gehabt zu haben)
einsehen können.

Gaildorf.   J. A. Höck.

Allerhand.

Eine einfältige Frage.

Der Fahnjunker, welcher bey Halle, um seine Fahne zu retten, mit ihr in die Saale sprang, hatte freylich weit mehr von dem Geiste der alten preußischen Heere, als manche Generale, Obersten, Majore u. s. w. und Schande über den, der diesem braven Jünglinge seine Ehre, die ja doch, wie alle Tugend, im rechten Willen liegt, schmälern wollte! Aber....

konnte er denn schwimmen? Man kann ersaufen, auch wenn man schwimmen gelernt hat, das ist gewiß; aber noch gewisser ist es doch, daß man nichts, wobey es aufs Schwimmen ankommt, retten oder ausführen wird, ohne schwimmen zu können. Wunder zu thun, muß sich der rechte Mann vorsetzen; nicht, auf Wunder zu harren. Unter andern Dingen also, die künftig gelernt werden müßten, wäre es so übel nicht, der Parade, den Würfeln und — — ein paar Stündchen abzubrechen, um auch das Schwimmen reglementsmäßig allgemein zu lernen und zu üben.

K+F+F.

Dienst-Gesuche.

Ein junger Mann von 27 Jahren wünscht als Hauslehrer oder irgend auf einem Comptoir als Rechnungsführer oder Secretair angestellt zu werden. Ueber das Nähere wende man sich in postfreyen Briefen unter der Adresse: A. O. an die Expedition des allg. Anz., welche die Briefe weiter besorgen wird.

Familien-Nachrichten.

Aufforderung.

Dem Hrn. Franz Vancolani von Bassano wird das Absterben seines Vaters Paul Vancolani in Bassano hiermit angezeigt; sollte er, um die Erbschaft anzutreten, nicht zu Hause kommen können, so wird er ersucht, die nöthigen Vollmachten zur Regulirung derselben einzusenden.

Justiz- und Polizey-Sachen.

Vorladungen: 1) der Gläubiger Jul. Böhner's.

Die etwa unbekannten Gläubiger des dahier verlebten evangl. reformirten Schullehrers Julius Böhner werden hiermit zur Richtigstellung ihrer Forderungen innerhalb 6 Wochen bey der unterzogenen Stelle aufgefordert, sonst aber den Ausschluß von der vorhandenen Masse zu gewärtigen.

Mannheim, den 12 May 1807.

Großherzogl. Badische Evangl. Reform.
Kirchenraths-Commission.
C. L. Daniel.   Hofmeister.
                        Vdt. Schubauer.

2) Cron's Gläubiger.

Diejenigen, welche an den dahier verlebten Gothenmeister Cron rechtlichen Anspruch zu machen, und ihre Forderung vor der bestehenden großherzoglichen Hofgerichts-Commission nicht angezeigt haben, sollen diese innerhalb einer unerstreklichen Frist von sechs Wochen, bey der bestehenden Commission unter dem Rechtsnachtheile anzeigen, daß sie sonst auf erfolgendes Anrufen damit nicht mehr gehört, und von der Masse ausgeschlossen werden sollen.

Verfügt im Großherzoglichen Hofgericht der Badischen Pfalzgrafschaft.
Mannheim, am 28 April 1807.
Fhr. von Hack.   Courtin.
                        Dietz.

3) der Gläubiger Seb. Tanneberger's.

Demnach des ehemahligen hiesigen Bürgers und Ober-Aeltesten des Tuchmacher-Handwerks, Sebastian Tanneberger's hinterlassene, zur Zeit annoch unbekannte Erben und Descendenten, überhaupt aber alle diejenigen, welche an die für die vom ernannten Tanneberger, vormahls zum königl. großen Garten allhier abgetretenen und käuflich überlassenen Felder rückständigen Kaufgelder-Reste gegründete Ansprüche zu haben vermeinen, sub poena praeclusi und bey Verlust ihrer etwanigen Ansprüche, auch des beneficii restitutionis in integrum, den neunzehnten October a. curr. vor dem königl. sächs. Amte allhier zu erscheinen, sich gehörig zu legitimiren, mit dem allergnädigst verordneten Procuratore Fisci, weniger unter sich selbst und mit den vorhandenen tannebergerschen Erben über ihr Erb- und Näher-Recht zu verfahren, und sodann den ein und zwanzigsten Januar 1808 zu Anhörung eines Urtheils oder andern Bescheides mittelst der allhier, nicht minder an den Rathhäusern zu Wittemberg, Tennstädt, Altenburg und Halle angeschlagenen Edictalien, vigore Commissionis peremtorie citiret worden; als wird solches hierdurch öffentlich bekannt gemacht.

Amt Dresden, am 23 April 1807.

Kauf- und Handels-Sachen.

Haut- und Gesichtspomade.

Von der vortrefflichen renauischen Haut- und Gesichtspomade ist wieder frische bey Christian Friedheim und bey Herrn Rebay am Markt zu Gotha, wie auch in Commission bey Hrn. Klein in Auerbachshof in Leipzig, das Gläschen nebst Gebrauchszettel à 14 gr. Conv. Münze zu haben. Briefe und Gelder bittet man franko einzusenden.

Wechsel- und Geld-Cours in sächsischer Wechselzahlung.

Leipzig, den 20 May 1807.

In den Messen.	Geld	Briefe.
Leipz. Neujahrs Messe	—	—
— Oster-		
Naumburger —	99 1/4	—
Leipz. Michael-	97 1/2	—
Amsterdam in Bco. à Uso	—	—
Detto in Curr. à Uso	—	143 1/4
Hamburg in Bco. à Uso	—	150 1/4
Lion 2 Uso in Liv.	—	78 1/4
Paris 2 Uso in Liv.	—	78
Augsburg à Uso	99 3/4	
Wien à Uso.	—	46 3/4
Prag à Uso.	—	46 3/4
London à 2 Uso p. Pf. St.		
Länder-Ducaten	13	—
Kaiser-Ducaten	12 1/4	
Wichtige Duc. à 66 Aß	10 1/2	—
Breslauer à 65 1/2 ditto	10 1/2	
Leichte à 65 ditto	9 1/2	—
Altmarco ditto		
Almarco Louisd'or		—
Souverainsd'or	9 X©	
Louisd'or à 5 Rthl.		9 1/2
Sächs. Conv. Geld	pari	—
Schild-Louisd'or	2 1/4	—
Laubthaler		2 1/2
Preuß. Curr.	5 1/4	
Do. Münze	10 1/2	
Xer.	pari	
Caff. Bill.	3/4	
Kronenthaler	1/2	
3. 7. Kr.	8 3/4	
17	5	
Wiener Banc. Zettel	46 3/4	
Frankfurt a. M. à Uso.	3	

Wechsel- und Geld-Cours in wichtigen Louis-, Carls- u. Fried'or à 5 Rthlr.

Bremen, den 16 May 1807.

Amsterdam 250 fl. in Banco 8 T. d.	—	
Dito 2 Mon. dato	—	
Dito in Courant 8 T. d.	31 1/2. 1/2	
Dito 2 Mon. dato	30 1/4. 1/8	
Hamburg 300 Mt. in Bco 6 T. d.	37 1/4. 1/4	
Dito 2 Mon. dato	36 1/4. 36	
London für 100 Efterl. 2 Mt.		
Paris 1 Fl. 2 Mt.	173/8. 3/8	
Bourdeaux dito dito		
Franff. a. M. 2 Mt.		
Leipzig 2 Mt.		
Berlin 2 Mt.		

Holl. Rand-Ducaten 1 St.	2 X©. 60
Neue 2/3 Stück gewinnen	4
Conv. Münze verliert	8 1/2
Laubthaler à 1 1/2 Rthl. dito	7
Preußisches Cotrant	16
Holl. fl. per Stück	37

Hamburger Wechsel- und Geld-Cours in Banco.

den 15 May 1807.

Amsterdam in Banco f. ©.	33 11/16
dito 2 Mon. dato	33 15/16
dito in Cour. f. ©.	4 1/4
dito 2 Mon. dato	4 3/4
London für 1 Efterl. 2 Mt.	
Paris 3 Fl. 2 Mt.	25 1/4
Berdeaux dito dito	25 3/8
Madrid 1 Duc. 3 Mt.	90 3/4
Cadix dito dito	90 3/4
Lissabon 1 Crus dito	44
Wien u. Prag in Cour. 6 W. d.	334
Copenhagen 2 Mt.	42 1/2

Louis- Carls- u. Fried'or à 5 Rt. 10 ℔	15 1/4
Holl. Rand-Ducaten	6 1/2
Neue 2/3 Stück	30
Grob Dän. Courant	25
Hamburger dito dito	24
Preuß. dito dito	38 3/4

Literarische Nachrichten.

Ankündigung einer sehr interessanten
Ausgabe von Tabellen über die Zitz-,
Cattun-, Indienne- oder Callico-
Druckerey aus dem Gebiete der Erfahrung; mit mehrern tausend auf Cattun
gedruckten und gefärbten natürlichen Mustern in allen Farben und Nüancen; nebst
vielen Mustern von echten Tafeldruckfarben
und Reservagen und deren Bereitungsart.

Ich glaube eine nicht unverdienstliche
Arbeit zu unternehmen, wenn ich bis Ende
dieses Jahres eine vollständige und leichte
tabellarische Uebersicht derjenigen Farben
liefere, welche durch die verschiedenen neutra-
len Verbindungen der Erde, Metalloxyde ꝛc.
mit Säuren, Alkalien ꝛc. und in verschiedenen Mischungsverhältnissen mit dem Pigment
des Krapps, der Cochenille, des Fernam-
bucks-, Campechen-, Fiset- und Maulbeer-
baumholzes, der Querzitronrinde, der Gothe,
des Sumachs und mehrerer andern erzeugt
werden.

Die Tabellen werden in Verbindung mit
den beygelegten natürlichen Mustern den
Herren Fabrikbesitzern und ihren Coloristen
eine sehr große Menge von Farben und Nüancen, welche durch die mannichfaltigsten
chemischen Combinationen entstehen, und
meistentheils als ganz neue Erscheinungen zu
betrachten sind, vor Augen legen.

Die Bereitungsart der Beizmittel, welche ich hier anwende, soll dabey auf eine so
gründliche, faßliche und deutliche Art beschrieben werden, daß jeder Fabrikant oder

Allg. Anz. d. D. 1 B, 1807.

Colorist, der von diesen vielen tausend natürlichen Farben irgend eine darstellen will, genau die nämliche Nüance hervorbringen kann.
Alle Beizmittel (Mordant) zur Darstellung
der natürlichen Muster zu diesen Tabellen
werden mit Senegalgummi regelmäßig ver-
dickt und gedruckt, hierauf theilweise in den
verschiedenen Pigmenten gefärbt und ge-
bleicht.

Zuletzt werden noch einige Tabellen natürlicher Muster und die Anleitung ihrer
Verfertigung in allen Farben und Nüancen
von schönen Tafeldruck- und Schilderfarben
und mehrere Gattungen Reservagen in
Weißdruck und Grundfarben folgen, die sich
durch ihre vorzügliche Schönheit, Güte und
leichte Bereitungsart vortheilhaft auszeichnen, und dem speculirenden Fabrikanten ein
neues Feld eröffnen, auf dem er seine Geschäfte weiter ausdehnen und seinen Wohlstand vermehren kann.

Ich habe mich bei den großen Beschwerden
und Aufopferungen, die mit der Bearbeitung
eines für die Cattundruckerey so nützlichen
und wegen der Menge neuer Gegenstände so
dem raffinirenden Fabrikanten so interessanten
Werkes verbunden sind, nicht abhalten lassen, der Vollendung desselben alle mögliche
Mühe, Fleiß und Studium zu widmen. Da
es sich aber nicht für den Buchhandel eignet,
so muß ich das ganze sehr kostspielige Unternehmen auf meine Gefahr allein wagen.
Um indessen nur einigermaßen für den dabey
nöthigen großen Aufwand gedeckt zu seyn,
schlage ich den Weg der Pränumeration ein,
und biete das Exemplar um den der Natur

der Sache nach gewiß äußerst billigen Preis
von 15 Louisd'or (den Louisd'or zu 11 Fl.
im 24 Fl. Fuß) an. Der Pränumerations-
termin bleibt bis Ende August d. J. offen;
hernach kostet das Exemplar 20 Louisd'or,
indem nur wenige Exemplare über die Prä-
numerationszahl gedruckt werden.

Die Herren Pränumeranten werden gebeten, ihren Namen und Wohnort deutlich
geschrieben mit einzusenden, damit die Expedition des Pränumerationsscheins und die
des Werkes selbst richtig besorgt werden kann.
Der Text wird in deutscher und französischer Sprache gedruckt. Man beliebe
daher bey der Pränumeration zu bemerken,
in welcher Sprache man das Werk zu ha-
wünscht.

Druck, Papier und die natürlichen Muster werden den Forderungen, die man an
ein Product der Art mit Recht machen kann,
vollkommen entsprechen, und ich darf, ohne
Unbescheidenheit, zum voraus versichern, daß
dieses Werk durch seinen wichtigen Gegenstand
und durch die eigene zweckmäßige Behandlung desselben das einzige seiner Art in
Deutschland und im Auslande seyn und
wahrscheinlich auch bleiben werde, da wegen
mehrerer Umstände nicht wol eine Concurrenz
denkbar ist. Kurz, jeder Fabrikbesitzer wird
dadurch mit so vielen neuen und bedeutenden
Vortheilen bekannt werden, daß ihm die nach
Verhältniß sehr geringe Auslage für die
Pränumeration mit Wucher wieder zurückkommt; wie es denn überhaupt unleugbar
ist, daß der Gebrauch einzelner specieller
Schriften ihm nie den Blick über das Ganze
seines Fachs, über die technische Behandlung
und vortheilhafteste Production der Farben
gewähren könne, was allein eine allgemeine,
auf geprüfter Erfahrung beruhende Darstellung, wie die hier angekündigte ist, zu leisten vermag. So viel einstweilen vorläufig.

Zugleich dienet zur Nachricht, daß das
fünfte Heft oder des zweyten Bandes erstes
Heft meines Journals für die Zins, Cat-
tuns oder Indiennendruckerey, die Seidens und Zeugdruckerey, auch Wollens,
Seidens, Baumwollens und Leinenfär-
berey und Bleicherey in einigen Tagen die
Presse verläßt. Der Jahrgang dieses zwey-
en Bandes kostet, so wie der erste, 5 Fl.

30 Kr. und ist auf allen Postämtern; so wie
in jeder soliden Buchhandlung zu haben.
Augsburg den 7 May 1807.
Dr. Joh. Gottfried Dingler,
Chemiker ic.

Etablissements - Anzeige.

Daß ich Endesbenannter die Lesebibliothek,
7000 Bände stark, des seel. verstorbenen Herrn
Trainer gekauft habe, und solche von Messe zu
Messe mit den neuesten und besten Werken vermehrt,
mache ich hierdurch bekannt, und versichere dero Lesern die billigsten Bedingungen zu machen. Zugleich
bemerke ich auch, daß ich nun von dieser leipzigerOster-
messe an im Stande bin, alle Bücherbestellungen in
kurzer Zeit zu expediren. Neue Landkarten, Pläne,
Kupferstiche, Frachtbriefe, Wechselbriefe, Anweisungen u. s. w. sind jederzeit bey mir zu haben.
Meine Wohnung ist in dem Hause des Herrn Re-
gimentos-Chirurgus Mennel Nr. 304. neben der
Stadtkirche parterre vorne heraus.
Naumburg, den 13ten May 1807.
Karl August Wild, Buchhändler.

Periodische Schriften.

Folgende Journale sind so eben fertig und versandt worden:
1) Journal der Moden. 58 Stück.
2) Länder und Völkerkunde 3 Bds. 48 Stück.
3) Wielands neuer deutscher Mercur. 4. 56 Stück.
Die ausführlichen Inhalte sind in unserm Monatsberichte, der in allen Buchhandlungen und löbl.
Postämtern gratis zu haben ist, zu finden.
Weimar im May 1807.
F. S. pr. Landes-Industrie-
Comptoir.

Abendblatt,
eine Zeitung für das gesellige Leben.

Diese Zeitung erscheint auch unter dem Ti-
tel: Zeitung für die Toilette und das gesellige
Leben ic.
Die bereits erschienenen Stücke dieser Zei-
tung enthalten mit dem damit verbundenen
Collectaneen-Blatte
so viel Geistreiches, Anmuthiges, Lebensvolles und
Pikantes in einer so angenehm reizenden Abwechse-
lung und Mannichfaltigkeit, daß man jedem gebil-
deten und bildungsfähigen Menschen kaum etwas
Besseres zum Nutzen und Vergnügen empfehlen kann.
Die bis jetzt erschienenen Stücke haben folgenten
Inhalt: Die Schönheit und die Mode, vor dem
Richterstuhl der Frauen. — Heilsame und unver-
muthete Wirkung des Thees. — Ueber den Kuß.—
Bemerkungen über den Zeitgeist. — Welches ist der
sicherste Weg, sein Glück zu machen? — Seelen-

größe und Belohnung derselben. — Geistesgegenwart. — Der Einsiedler. — Das griechische Gastmahl. — Ueber das Neue, in Beziehung auf Gegenstände der Natur. — Bemerkungen über das Wort: Held und Heldengröße. — Auch eine Kriegsscene. — Merkwürdiges Beyspiel von Körperdicke. — Der Traum der Mutter. — Der römische Krieger, ein Bild für die Phantasie. — Ueber einige Modewörter unserer Zeit. — Segnungen des Kriegs. — Dürfen Weiber von Politik sprechen? — Friedenshoffnungen. — Wanderungen durch das Gebiet der neuesten Literatur. — Wer ist ein guter Gesellschafter. — Ueber Häßlichkeit. — Sonderbare Tare. — Niedrige Schmeicheley. — Wie unterscheidet sich Artigkeit und Höflichkeit? — Zeichensprache. — Das Weib in seinen verschiedenen Lebensaltern. — Des schwermüthigen Menschenfreundes Klage und Trost. — Die Jünglinge von Westen und Osten. (Ein politischer Traum). — Merkwürdige Beyspiele von Feinheit des Geruchs. — Das Kopfkissen von Rosaatlas. — Züge aus dem Bilde eines Feldherrn. — Ueber politischen und religiösen Enthusiasmus. — Oeffentliche Antwort auf eine nicht öffentliche Frage. — Züge aus dem Leben des Marschalls Massena. — Blick auf die Geschichte Preußens. — Großer Handel mit kleiner Waare. — Häusliche Scenen. — Ueber die Achtung der Großen gegen Gelehrte. — Beyspiel kaiserlicher Rache. — Ein paar Anecdoten. — Frömmigkeit, eine Zierde des weiblichen Geschlechts. — Die Schmarozer. — Reminiscenzen. — Bild eines Mannes. — Kann man ein guter Bürger und ein schlechter Mensch zugleich seyn? — Blick auf die Geschichte Frankreichs, vom Ausbruche der Revolution, bis auf Napoleon I. — Der Theetisch. — Ueber den Nutzen und Schaden des Politisirens. — Worin besteht die wahre Stärke einer Nation? — Ein nothwendiger Charakterzug in dem Beherrscher der Franzosen. — Ueber die Religiosität der Soldaten. — Das Stadtleben nach seiner Licht- und Schattenseite. — Notizen über den Minister Talleyrand, Fürsten von Benevent. — Der edelmüthige Kosak. — Eine wohlfeile Art zu reisen. — Das Bücherverzeichniß von der Ostermesse 1807. — Sultan Selim III. jetzt regierender türkischer Kaiser. — Ein paar Worte über Mißheirathen. — Wunderähnliche Rettung aus der fürchterlichsten Todesgefahr. — (Diese Zeitung kostet halbjährig 2 Rthl. 12 gl. und ist durch alle Buchhandlungen, Postämter und Zeitungs-Expeditionen zu bekommen, wer sich an uns oder an die Joachimsche Buchhandlung in Leipzig wendet, zahlt halbjährig 1 Rthlr. 16 gl.)

Expedition des europäischen Universal-Anzeigers in Leipzig.

Bücher-Anzeigen.

Erklärung an die Besitzer der Encyclopädie der Chemie.

Durch mehrere Leser der in unserm Verlage erschienenen Encyclopädie der Chemie des Herrn Hofraths und Prof. Hildebrandt aufgefordert, haben wir unter der Aufsicht des Herrn Verf. eine Sammlung von

Abbildungen chemischer Oefen und Werkzeuge. 15 Kupfertafeln.

theils nach Originalen im Laboratorium desselben, theils nach Zeichnungen in den vorzüglichsten chemischen und technischen Schriften besorgen lassen, welcher der Herr Verf. eine deutliche Beschreibung beyzufügen die Güte gehabt hat. Da wir sie als eine Zugabe zu dem praktischen Theile der Encyclopädie betrachten, so haben wir uns entschlossen, diese funfzehn Tafeln samt der Beschreibung für den sehr geringen Preis von 1 Thlr. 20 gGr. oder 2 fl. 45 kr. zu überlassen. Erlangen, im April 1807.

Walthersche Kunst- und Buchhandlung.

Corinna.

Ein Roman von der Frau von Stael aus dem Franz. übersetzt von Friedrich Schlegel.

Von diesem Roman, welcher wegen seines interessanten Inhalts im voraus allgemein empfohlen zu werden verdient, erscheint in kurzen der erste Theil. Ich liefere hier bloß das Inhalts-Verzeichniß dieses ersten Theils und der künftige Leser wird sich in seinen Erwartungen von diesem Roman gewiß nicht betrogen finden. 1) Oswald, 2) Corinna auf dem Capitol, 3) Rom, 4) Fortsetzung, 5) Corinna, 6) das gesellschaftliche Leben des Italieners, 7) Literatur. — Druck und Papier werden gut und geschmackvoll seyn. Berlin im May 1807.

J. F. Unger.

In der Steinischen Buchhandlung in Nürnberg hat die Presse verlassen, und ist in allen soliden Buchhandlungen zu haben:

Hazzi, J. statistische Aufschlüsse über das Herzogthum Baiern, aus ächten Quellen geschöpft. IV. Bandes 2te Abthl. 8. 1 Rthlr. 8 gr. oder 2 fl. Dasselbe Werk complett 18 Rthlr. 17 gr. ob. 28 fl. — Statistik von Mähren, mit 1 Karte u. Tabellen. 8. in Umschlag 8 gr. oder 30 kr.

Moll's Ephemeriden der Berg- und Hüttenkunde. II Bandes 3te Lief. und III Bandes 1te Lieferung 3 Rthlr. oder 4 fl. 30 kr.

Preißler's, J. D. theoretisch-practisches Zeichenbuch, m. 85 Kupfern. Neue Auflage gr. Folio 4 Rthlr. oder 6 fl.

Wolf, D. Joh. Naturgeschichte für die Jugend, ihre Lehrer und für Freunde der Natur. 1s Heft mit 23 nach der Natur illum. Kupfern. gr. 8. 20 gr. oder 1 fl. 15 kr.

Die Flachs-Oeconomie
oder vollständiger Unterricht in der Cultur,
Wartung und Pflege derjenigen Pflanzen, Bäume und Sträucher, welche ein bastartiges
Material liefern; nebst dem Verfahren, solches
wie Flachs zu benutzen, zu veredeln und in
Manufacturen zu verwenden, von Dr. J. F.
Breitenbach. Berlin 1807. zu haben bey den Gebrüdern Gädicke und in allen andern Buchhandlungen für 1 Rthlr. 8 gl. oder 2 Fl. 24 kr.

Der Verfasser dieses nützlichen Buches ist dem
öconomischen Publicum schon durch ähnliche Werke
rühmlich bekannt, und es ist wohl nicht zu zweifeln,
daß auch dieß gut aufgenommen werden wird. Die
ähnlichen von ihm herausgegebenen Bücher, welche
ebenfalls in allen Buchhandlungen zu haben sind,
sind folgende:
Die Fleisch-Oeconomie, 2 Theile. 2 Rthlr. 12 gl.
   oder 4 Fl. 30 kr.
Die Obst-Oeconomie, 2 Theile. 3 Rthlr. 12 gl.
   oder 6 Fl. 18 gl.
Die Oel-Oeconomie. 1 Rthlr. 12 gl. ob. 2 Fl. 42 kr.

Für Reisende auf dem Rhein.

In der Gebra'schen Hofbuchhandlung in Thal
Ehrenbreitstein ist zu haben:
1) Lang's, Reise auf dem Rhein von Mainz bis
   Düsseldorf. 2 Bände, mit einer Karte, Plan
   und 8 Aussichten und der Verordnung über die
   Polizey der Post-Schiffe zwischen Mainz und
   Cölln. Zweyte verbesserte und ganz umgearbeitete Auflage, gebunden 5 fl. 30 kr. ohne Plan
   und Kupfer, aber mit der Karte gebunden 4 fl.
   24 kr. ungebunden 4 fl.

Die Aussichten enthalten folgende Gegenstände:
Die Festung Ehrenbreitstein, Romersdorf, Engers,
Neuwied, Andernach, Leutersdorf, Unkel und
Hoppelsdorf, nebst dem Plan des vierten Ueber-
gangs der französischen Sambre- und Maas-Armee
unter dem Oberbefehl des General Hoche bey Neuwied über den Rhein.

Durch die Verordnung über die Polizey der
Post-Schiffe, welche nun dieser Reise beygefügt
worden ist, werden die Reisenden in den Stand gesetzt, die vortreffliche Reise auf dem Rhein ver-
gnügt und ohne weitere Sorgen fortzusetzen, und
sind keinen Verdrießlichkeiten ausgesetzt.
2) Minola, kurze Uebersicht dessen, was sich
   unter den Römern seit Julius Cäsar bis auf
   die Eroberung Galliens durch die Franken
   am Rheinstrome Merkwürdiges ereignete.
   Auf Veranlassung der bey Neuwied entdeckten
   Alterthümer. Nebst dem Grundriß des bey Neuwied entdeckten römischen Castri, gebunden
   1 fl. 36 kr.

In der ballischen Lit. Zeitung No. 540. 1805.
findet sich eine vortreffliche Recension von letzterem,
wo es am Schlusse derselben heißt: „So viel von
einer Schrift, die ein dankenswerther Beytrag zur
Aufklärung des vaterländischen Alterthums ist.“

Verlagsbücher der Buchhandlung von Breitkopf und Härtel in Leipzig.

Sommerville, (R.) vollständige Uebersicht der gewöhnlichen und mehrerer bisher minder bekannten Düngemittel und deren Wirksamkeit. A. d.
Engl. mit einer Vorrede von D. Scherer. gr. 8.
   2 Thlr.
George, vollständiges Handbuch der Jagdwissenschaft, für Jäger und Jagdfreunde. Herausgegeben von Prof. Leonhardi, 2 Bde. gr. 8.
   2 Thlr. 4 gr.
Freemann, (Stq.) Abhandlung über den Bau und
Mechanismus des Pferdefußes, nebst Beschreibung einer neuen der Natur und Construction
des Pferdefußes angemessenern Methode des Be-
schlags. Aus dem Englischen mit 16 Kupf. gr. 4.
Druckpap. 1 Thlr. 12 gl. Schreibp. 1 Thlr. 16 gr.
Crumpe, über die sichersten Mittel, dem Volke
Arbeit und Verdienst zu schaffen. gr. 8. 1 Thlr.
   8 gr.
Wichmann, (Chr. Aug.) über die natürlichen Mit-
tel, die Frohndienste ohne Nachtheil der Grund-
herren aufzuheben. gr. 8. 1 Thlr. 4 gr.
Weiße, D. Chr. E. Geschichte der churfächsischen
Staaten. 3 Bde. Schreibpap. 4 Thlr.
— neues Museum für die sächsische Geschichte,
Litteratur und Staatskunde. 1r Band. 1s u. 2s
Stück. gr. 8. à 18 gr.
Schubart, (G) de Fatis jurisprudentiae Ro-
manae liber, quo potiora hist. juris civ. Rom.
capita studiose portractantur. Ed. per C. G.
Tilling. 8. maj. 1 Thlr.

**Die Kosaken, Tataren, Kalmücken, Kirgisen
und Baschkiren**

nach ihren Sitten, Gebräuchen und Waffen, ihrer
Lebensart, ihren Beschäftigungen und ihrer Art
Krieg zu führen, bildlich dargestellt und beschrie-
ben von J. A. Bergk und C. G. H. Geißler.
Mit 4 illuminirten Kupfern, die diese Völker in
ihrer Nationaltracht zeigen. In 4. broch.

Diese Schrift wird, als ein wichtiger Beytrag
zur Völkerkunde überhaupt, vorzüglich den Zei-
tungslesern interessant seyn, welche von jenen
berüchtigten, aber bisher doch nicht genug bekannten Völkern und die in dem gegenwärtigen Kriege
die allgemeine Aufmerksamkeit auf sich ziehen, näh-
re Kenntniß zu erlangen wünschen. Sie ist bey uns und
in allen guten Buchhandlungen für 18 Gr. zu haben.

Industrie-Comptoir in Leipzig.

In allen guten Buchhandlungen ist zu haben:
Graecae linguae Dialecti recognitae opera Mich.
Maittaire, post J. F. Reitzium qui praef.
et excerpta ex Apoll. Dyscoli grammatica addi-
derat totum opus rec. emend. aux. F. G.
Sturzius. Lips. 1807. 8 maj. 3 Rthlr. 8 gl.
Charta mel. 4 Rthlr. 8 gl.

Gesetzgebung und Regierung.

Staatswirthschaftliche Ideen über
die Wahl der Mittel zur Deckung einer
Kriegssteuer.

Vom
Oberrentkammer-Archivar Dr. Murhard zu Caßel.

Waren jemahls Untersuchungen über die
Natur und das Wesen außerordentlicher
Kriegssteuern und über die Mittel, sie zu
decken, wichtig und interessant, so sind sie
es leider in unsern Tagen, da theils Europens größere Hälfte in Krieg verwickelt
und außer Stande, mit den gewöhnlichen
Einkünften die ungeheuern Kriegsbedürfnisse
zu bestreiten, genöthigt ist, zu außerordentlichen Steuern ihre Zuflucht zu nehmen, theils
manchen Staaten, besonders in unserm deutschen Vaterlande, Wunden geschlagen worden sind, die dereinst nur durch eine mit
Weisheit regulirte Kriegssteuer geheilt werden können. Ich hoffe daher, kein undank-
bares Geschäft übernommen zu haben, gelingt es mir, durch die hier mitgetheilten
Ideen die Leser auf die Grundsätze aufmerksam zu machen, wornach dieser wichtige Gegenstand beurtheilt werden muß, und auf
solche Art etwas dazu beyzutragen, daß zur
Deckung von Kriegssteuern, welche der Drang
der Umstände in dem einen oder andern
Lande nothwendig macht, Mittel gewählt
werden, die Theorie und Erfahrung als die
zweckmäßigsten empfehlen.

So zahlreich und mannichfaltig die Mittel sind, deren man sich zur Herbeischaffung
einer Kriegssteuer bedienen kann, eben so

Allg. Anz. d. D. 1 B. 1807.

verschieden sind auch die Folgen, welche aus
der Anwendung dieser Mittel für den Nationalreichthum hervorgehen, denn während ihn
die einen in seinen Grundfesten erschüttern,
lassen ihn die andern beynahe völlig unverändert. Unendlich wichtig ist daher das
Geschäft aller derer, welchen der Staat die
Wahl dieser Mittel überlassen hat, denn von
ihrer Wahl hängt ja so oft ganz unmittelbar
das Wohl oder Wehe der Nation ab. Nicht
minder schwierig als wichtig aber ist zugleich dieses Geschäft, und es sollte billig nur
Männern anvertraut werden, welche ausge-
stättet mit den erforderlichen statistischen
Kenntnissen und eingeweiht in die Grundsätze
der National-Oeconomie im Stande sind,
die Vorschriften dieser erhabenen Wissenschaft
auf den in Frage stehenden Staat anzuwenden. Wem es an diesen Eigenschaften und
Kenntnissen fehlt, der getraue sich doch ja
kein Urtheil in solchen Sachen zu, will er
anders nicht Gefahr laufen, Schein für
Wirklichkeit, Irrthum für Wahrheit zu halten, verderbliche Rathschläge zu ertheilen
und in den Augen des Kenners lächerlich
zu erscheinen. So wenig ein Laie der Jurisprudenz oder der Medicin über wichtige und
schwierige Puncte dieser Wissenschaften Rath
zu ertheilen sich anmaßen darf, eben so wenig sollten alle, denen die Gesetze unbekannt
sind, wornach der Reichthum der Nationen
sich vermehrt oder vermindert, über staatswirthschaftliche Gegenstände von so großer,
vielumfassender Wichtigkeit entscheidende Urtheile zu fällen wagen.

Der Gesichtspunct, von dem ausgegangen werden muß, sobald die Frage entsteht: welches von den vielen in Vorschlag gebrachten Mitteln zur Herbeyschaffung einer Kriegssteuer den Vorzug verdiene, ist kein anderer, als der Wohlstand der Nation. Je weniger dieser bey der Anwendung eines Mittels gefährdet ist, desto mehr verdient dasselbe empfohlen zu werden, und je mehr ein vorgeschlagenes Mittel dem Nationalwohlstande Gefahr droht, desto verwerflicher ist es. Da nun in Ermangelung eines Staatsschatzes oder sonstigen Fonds das Vermögen der einzelnen Nationalglieder die ausschließliche Quelle ist, aus der die Steuer erhoben werden kann, so kommt alles darauf an, zu prüfen: wie diese Quelle auf eine solche Art benutzt werden könne, daß der mindest mögliche Nachtheil für den Nationalwohlstand daraus erwachse? Ich will es versuchen, diese Prüfung auf eine der Wichtigkeit des Objects angemessene gründliche Art anzustellen, und werde dabey jenen höhern Standpunct erwählen, aus dem allein staatswirthschaftliche Gegenstände betrachtet werden dürfen; der leider aber gewöhnlich von Beurtheilern, die in den Gefilden der National-Oeconomie fremd sind, vernachlässigt wird.

Unsere Ideen bey der Untersuchung dieses Gegenstandes müssen vor allen Dingen von dem wichtigen Unterschiede ausgehen: welcher Theil des Vermögens der Nationalglieder durch das zur Deckung der Kriegssteuer vorgeschlagene Mittel vermindert wird, ob das Capital oder das Einkommen? Wir haben daher zuvörderst die Natur dieses Unterschieds zu entwickeln und dann uns zu bemühen, von der Vergleichung der verschiedenen Resultate dieser Entwickelung eine practische Anwendung zu machen.

Capital ist der über das gegenwärtige, höchstens nächste, Bedürfniß überschießende Vorrath von Stoff oder Genußmitteln. Man hüte sich ja, wie selbst Adam Smith gethan hat, Capital mit Vermögen zu verwechseln, denn besteht gleich jedes Capital aus Vermögen, so ist doch nicht jedes Vermögen zugleich Capital. Alle gesammelte Vorräthe oder Capitale aber lassen sich entweder augenblicklich gegen andere Genußmittel umsetzen oder nicht. Jene heißen lebendiges Capital oder Capitalstoff, diese todtes Capital. Jedes todte Capital kann unter gegebenen Umständen lebendiges werden, so wie durch Mangel an Concurrenz der Eintauschenden bey einer überwiegenden Zahl der Vertauscher, bey einem zu großen Ueberfluß an Stoff oder Genußmitteln, lebendiges todt werden kann. Selbst die edeln Metalle, welche fast immer lebendiges Capital sind, können ihre Eigenschaft der Umsetzbarkeit verlieren und, wenigstens eine Zeit lang, todtes Capital werden. Dieser Fall ereignet sich nicht selten zu Zeiten allgemeiner Noth, bey Belagerung von Festungen und ähnlichen Gelegenheiten. *) Uns kommt es bey der gegenwärtigen Untersuchung nur auf das lebendige Capital an, denn nur durch dieses, nicht durch das todte, werden unmittelbar Productivkräfte in Thätigkeit gesetzt und zur Erzeugung von Genußmitteln, folglich zur Vermehrung des Nationalwohlstandes fähig gemacht.

Da alle Productivkräfte, wodurch die Werthe hervorgebracht werden, deren Inbegriff den Nationalwohlstand ausmacht, zu ihrer Aeußerung jenes früher gesammelten Vorraths von Genußmitteln bedürfen, den wir Capitalstoff nennen, so muß überall die National-Industrie im genauesten Verhältniß mit der Quantität des angelegten Capitalstoffs stehen, und wie jede Vermehrung dieses das unbegrenzte Mittel ist, den Nationalwohlstand zu erhöhen, so muß jede Verminderung desselben eine Schwächung des Nationalwohlstandes zur unmittelbaren Folge haben. Der Capitalstoff ist die Vorbedingung einer jeden Gattung von Production, und weder die Urproduction, noch die industrielle, noch die commerzielle kann seiner entbehren; denn fehlt es dem Urproducenten an Vieh, an Geschirr, an Samengetreide, gebricht es ihm an Lebensmitteln oder an Münze, dem Aequivalent derselben, um den Arbeitern so lange Lohn und Unterhalt zu liefern, bis der Acker selbst lohnt, so müssen die fruchtbarsten Felder unbebaut bleiben, und Disteln statt Getreide den üppigs-

*) Ueber die Natur des Capitals verdanken wir die wichtigsten Aufklärungen dem Scharfsinn des Reichsr. Joh. v. Soden. S. dess. National-Oeconomie B. 1 (Leipz. b. Barth 1805) S. 60.

ften Boden bedecken; zugleich verliert das
Grundeigenthum dadurch die Eigenschaften
des Vermögens, wird also vernichtet, und
die Größe des Nationalcapitals nimmt ab,
während da, wo an Capitalstoff kein Mangel ist, nackte Felsen urbar gemacht, Haiden
in ergiebige Fluren und dürre Steppen in
lachende Gärten verwandelt werden, also
Grundeigenthum zu Vermögen erhoben und
das Capital der Nation vergrößert wird.

Eben so wenig, als der Urproducent,
kann der industrielle Producent und der Kaufmann ohne Capitalstoff seine Productivkräfte
äußern, und was die Theorie in dieser Hinsicht lehrt, wird durch Geschichte und Erfahrung auf das vollkommenste bestätigt. Wegen mangelnden Capitalstoffs ist Polen's
fruchtbarer Boden größtentheils schlecht, zum
Theil gar nicht bebaut und allen seinen Städten fehlt's an Kunstfleiß und Handel, während Holland's Ueberfluß an Capitalstoff die
Bewohner dieses Sumpflandes vermochte,
Morgen Landes zu Tausenden dem Meere zu
entreißen, nutzlose Seen auszutrocknen und
aus stinkenden Morästen Wohlgeruch — duf-
tende Wiesengründe zu schaffen.

Die segensreichen Wirkungen des Capitalstoffs auf die Erhöhung des Nationalreichthums entspringen theils aus der Bezahlung
productiver Arbeit, wodurch Genußmittel
hervorgebracht werden, deren Werth nicht
bloß die Kosten der Production ausgleicht,
sondern ihn noch übertrifft, theils aus der
Herbeyschaffung von Mitteln, wodurch nicht
nur die Vertheilung der Arbeit in einem
Grade möglich gemacht wird, welcher außerdem nicht denkbar wäre, sondern auch die
Kosten der Production ansehnlich vermindert werden. Soll nämlich Theilung der
Arbeit, der mächtigste Hebel der Production,
Statt finden, so wird eine größere Anzahl
von Händen oder die Anschaffung kostspieliger Maschinen erfordert, und um diese sowohl
in Thätigkeit zu setzen, als mit den nöthigen
Materialien zu versehen, ist ein beträchtlicher
Capitalstoff unumgänglich nothwendig; da
nun hauptsächlich von der Theilung der Arbeit die Größe des Products abhängt, so
läßt sich der wichtige Einfluß des Capitalstoffs auf die Vermehrung des Nationalwohlstandes nicht leicht verkennen.

Den Capitalstoff in einem Lande vermindern, heißt in der That nichts anders, als
die Quelle schwächen, aus der alle Genußmittel hervorgehen, und die Nation verliert
dabey nicht bloß den Werth des Capitalstoffs
selbst, sondern zugleich den Ertrag, der ihr
vermittelst desselben jährlich zu Theil geworden wäre, den Werth der Genußmittel, deren Hervorbringung erst durch ihn möglich
war.

Es bedarf demnach wol keiner weitläufigen Erörterung, daß einer weisen Regierung nichts so sehr am Herzen liegen muß,
als den Capitalstoff der Nation immer höher
zu treiben, dagegen aber alles zu vermeiden,
was eine Verminderung desselben zur Folge
haben könnte, und eben so klar erhellt daraus,
daß eine Abgabe, welche den Capitalstoff
angreift, für den Nationalwohlstand die aller-
schädlichste ist, und nur in dem äußersten
Nothfall, wenn alle sonstige Quellen verstopft sind, sich rechtfertigen läßt. Wir
gehen daher jetzt zu der zweyten Hauptgat-
tung von Abgaben über, wodurch Kriegssteuern gedeckt werden können, nämlich zu
den Abgaben vom Einkommen der Nationalglieder.

Alles Einkommen der Nationalglieder ist
theils rohes, theils reines Einkommen;
dieser Unterschied ist so wesentlich und von so
großer practischen Wichtigkeit, daß auf ihn
bey der Wahl der auf das Einkommen zu
legenden Abgaben vor allen Dingen Rücksicht
zu nehmen ist; wir müssen daher die Natur
dieses Unterschieds sorgfältig prüfen und
dann untersuchen, welche von diesen beyden
Gattungen des Einkommens zur Kriegssteuer
gewählt werden muß, wenn dem Nationalwohlstande daraus der mindeste Nachtheil
erwachsen soll.

Das rohe Einkommen einer Nation
besteht aus der Masse von Gütern, welche
sie wirklich einnimmt, ohne daß dieselben
vorher in ihren Händen waren, es ist theils
unmittelbar, theils mittelbar rohes Einkommen; das erstere begreift alle jene Güter
in sich, das letztere hingegen nur diejenigen,
welche übrig bleiben, nachdem die zur Unterhaltung der stehenden und umlaufenden Ca-

pitale *), vermittelſt deren ſie hervorgebracht wurden, erforderlichen Koſten abgezogen worden ſind, es enthält alſo die Maſſe der Genußmittel, welche die Nation verbrauchen kann, ohne ihr Capital zu ſchwächen, welche ſie verzehren kann, ohne ihre Fonds zu vermindern.

Das reine Einkommen der Nation aber beſteht in der Maſſe von Gütern, welche ihr von dem mittelbar-rohen Einkommen übrig bleiben, nachdem der zum abſoluten Bedürfniß der Nationalglieder erforderliche Betrag abgezogen worden iſt, es ſind die Güter, welche die Nation zu ihrer Bequemlichkeit und zum Luxus verwenden kann, ohne Gefahr, ihr Capital zu ſchwächen, oder des zu ihrer eigenen Conſumtion nothwendig erforderlichen Bedürfniſſes zu entbehren.

Adam Smith nennt das, was wir mittelbar-rohes Einkommen genannt haben, reines Einkommen, und liefert für das, was nach uns reines Einkommen heißt, keine eigenthümliche Benennung, allein wir halten die hier mitgetheilte Eintheilung des Einkommens nicht nur für richtiger und vollſtändiger, ſondern glauben auch, daß dadurch in dieſe überhaupt ſehr ſchwierige und verwickelte Materie der Staatswirthſchaft mehr Klarheit gebracht werde. **)

Abgaben, welche vom unmittelbar-rohen Einkommen gefordert werden, nehmen ſehr oft die Natur von Steuern an, die vom Capital bezahlt werden, verdienen daher eben ſo wenig, wie dieſe, eine Empfehlung. Sind ſie nämlich ſo beträchtlich, daß ſie nicht bezahlt werden können, ohne daß die Mittel angegriffen werden, wodurch jenes unmittelbar-rohe Einkommen hervorgebracht wird, ſo muß das Capital in Anſpruch genommen und der Beſteuerte eben dadurch unfähig werden, ſeine Productivkraft auf die bisherige Art zu äuſſern, was zeither eine,

vielleicht wichtige, Quelle des mittelbar-rohen Einkommens war, hört nunmehr auf, dieß zu ſeyn und der Induſtrie ſowohl, als dem Wohlſtande der Nation erwächſt daraus ein bedeutender Nachtheil. Höchſt ſchwierig aber bleibt es immer, die Gränzlinie genau zu beſtimmen, welche nicht überſchritten werden darf, wenn die Abgabe vom unmittelbar-rohen Einkommen nicht zu groß ſeyn, alſo dieſe ſchädlichen Folgen nicht haben ſoll, und unvermeidlich iſt es oft, beym Schein der größten Gleichheit, welche doch das erſte Geſetz einer jeden Beſteuerung ſeyn muß, die Nationalglieder auf eine höchſt ungleiche Art zu belaſten, alſo die ſchreyendſten Ungerechtigkeiten zu begehen.

Ein auffallendes Beyſpiel hiervon giebt der Natural-Zehnte, wie er in den meiſten neuern Staaten erhoben wird. Geſetzt, es forderte die Urbarmachung einer gewiſſen wüſte liegenden Haide ein Capital, deſſen jährliche Zinſen zwanzig Rthlr. betragen, die Ausſaat, der Dünger, die Unterhaltung der nöthigen Werkzeuge und ähnliche zur wirklichen Benutzung des Feldes nothwendige Bedürfniſſe betrügen jährlich zehn Rthlr., die zur Unterhaltung der Urproducenten während der Arbeit erforderlichen Genußmittel aber koſten jährlich zwanzig Rthl., ſo betragen die zum wirklichen Anbau eines ſolchen Feldes unumgänglich erforderlichen Unkoſten jährlich die Summe von funfzig Rthlr. Wenn nun der unmittelbar-rohe Ertrag jährlich im Durchſchnitt zehn Malter Korn beträgt und der Mittelpreis dieſer Getreideart, das Stroh mitgerechnet, iſt fünf Rthlr. p. Malter, ſo hat der ganze unmittelbar-rohe Ertrag dieſes Grundſtücks den Werth von funfzig Rthlr., es wird alſo der zum Anbau dieſes Feldes erforderliche Aufwand durch das Product deſſelben gerade ausgeglichen. Verlangt nun der Staat von jedem

*) Der Unterſchied zwiſchen dem ſtehenden und umlaufenden Capital liegt nach Smith bekanntlich darin, daß das erſte ſeinem Beſitzer unmittelbar und ohne ihn zu verlaſſen ein Einkommen verſchafft, das letztere aber nur mittelbar, indem es aus einer Hand in die andere geht. So gehört der Grund und Boden, das Zugvieh und Ackergeräthe zum ſtehenden Capital des Landmannes, das zum Verkauf beſtimmte Maſtvieh aber zum umlaufenden. Vom Capital des Fabrikanten ſind Werkſtätte und Werkzeuge ſtehend, Materialien und vollendete Waaren umlaufend. Das Capital des Kaufmanns iſt größtentheils umlaufend.

**) Vergl. hierüber die intereſſante Schrift des Hrn. Prof. Julda Ueber National-Einkommen. (Stuttgard b. Leßund 1805) S. 30.

cultivirten Felde den zehnten Theil seines
unmittelbar = rohen Ertrags, folglich im
angenommenen Fall ein Malter Korn als
Abgabe, so ist der Besitzer mit dem übrig
bleibenden fünf und vierzig Rthlr. werden
unmittelbar = rohen Ertrage nicht im Stande, die Culturkosten zu bestreiten, denn er
müßte die fehlenden fünf Rthlr. aus einer
andern Quelle des Einkommens hernehmen
und litte also offenbaren Schaden beym Anbau. Wäre hingegen der Boden des Feldes
so fruchtbar, oder gestatteten es besondere
günstige Umstände, daß die Culturkosten desselben z. B. nur vierzig Rthlr. betrügen und
der unmittelbar = rohe Ertrag zwanzig Malter Korn, folglich den Werth von hundert
Rthlr. ausmachte, so würden dem Staate
zwey Malter als Zehnte abgeliefert werden
können und der Unternehmer behielte dennoch funfzig Rthlr. als mittelbar = rohes
Einkommen übrig.

Das angeführte Beyspiel beweist nicht
nur, wie äußerst ungleich diese Abgabe beym
Schein der größten Gleichheit ist, indem
unter verschiedenen Umständen und bey verschiedenen Lagen zweyer Grundstücke gleich
große Antheile von ihren Ernten sehr ungleiche Theile des mittelbar = rohen und des
reinen Einkommens für die Besitzer derselben seyn können, sondern auch, wie sehr sie
zugleich der Urproduction Hindernisse in den
Weg legt, indem sie nur die Cultur derjenigen Ländereyen zuläßt, deren Production
capitalistisch (d. h. einen reinen Ertrag ab-
werfend) ist, die Cultur aller Felder aber,
deren Production nur streng = öconomistisch
(d. h. die Culturkosten ausgleichend) ist, unmöglich macht.

Es bedarf, wie mir scheint, keiner weitern Ausführung, daß das unmittelbar =
rohe Einkommen der Nationalglieder eine
schlechte Basis ist, worauf Steuersysteme
gebaut werden können, weil man dabey immer Gefahr läuft, entweder die Quantität
des Capitalstoffs im Lande zu vermindern,
oder die Industrie der Nation zu lähmen,
oder wenigstens durch ungleiche Vertheilung
der Lasten sich große Ungerechtigkeiten gegen
die Staatsbürger zu Schulden kommen zu
lassen.

Eine fast gleiche Bewandtniß hat es mit
den Abgaben, welche dem mittelbar = rohen
Einkommen gefordert werden, denn auch bei
diesen ist oft der Fall unvermeidlich, daß das
Capital angegriffen, folglich die Quelle jenes
Einkommens selbst geschwächt, oder der Ge-
werbfleiß niedergedrückt wird. Unumgänglich nothwendig nämlich ist es, daß die Producenten durch den Werth ihrer Arbeit die
Genußmittel erlegt bekommen, deren sie während der Arbeit zur Aeußerung ihrer Productivkräfte bedürfen; ist nun also die Steuer,
welche auf das mittelbar = rohe Einkommen
eines Producenten gelegt wird, so groß, daß
von demselben nicht so viel übrig bleibt, als
zur Befriedigung seiner nothwendigsten Bedürfnisse während der Arbeit erforderlich ist,
so muß jener Producent seine Arbeit entweder gänzlich niederlegen, oder das Fehlende
aus seinem Capitale ersetzen; das eine wie
das andere aber wirkt dem Fortschreiten des
Nationalwohlstandes offenbar entgegen.

Es bleibt uns nunmehr noch die letzte
Gattung des Einkommens, nämlich das
reine Einkommen zu betrachten übrig. Da
die Natur desselben von der Natur der übrigen Gattungen völlig verschieden ist, indem
es aus der Summe von Genußmitteln besteht,
welche der Nation von ihrem unmittelbar =
rohen Einkommen übrig bleibt, nachdem
sowohl die zur Unterhaltung der stehenden
und umlaufenden Capitale nothwendigen
Kosten, als auch die zum absoluten Bedürfniß der Producenten erforderlichen Werthe
abgezogen worden sind, so ist auch die Verwendung derselben zu einer Kriegssteuer den
Gefahren für den Nationalwohlstand nicht
unterworfen, welche, wie wir gezeigt haben,
bey einer ähnlichen Verwendung des rohen
Einkommens unvermeidlich sind. Es ist
vielmehr das reine Einkommen die einzige
Quelle, aus der ohne Nachtheil für die Industrie und den Wohlstand der Nation zum
Behuf einer Kriegssteuer geschöpft werden
darf. Da inzwischen diese Quelle ungleich
der einzige Fonds ist, woraus dem Capitale
der Nation eine Vermehrung zufließen kann,
mit der Größe des Capitals aber wieder das
Einkommen derselben im genauesten Verhältniß steht, so ist vor allen Dingen darauf zu
sehen, daß sie nicht ganz erschöpft werde,

sondern, daß vielmehr ein Theil in den Händen der Nationalglieder verbleibe, den diese
zu ihrem Capital schlagen und zur Erhöhung
ihres Einkommens benutzen können.

Das Princip aber, welches bey der Besteurung des reinen Einkommens zum Grunde
gelegt werden muß, ist kein anderes, als
das Princip der Gleichheit. Die Besteurung ist da am zweckmäßigsten organisirt,
wo jeder Staatsbürger im Verhältniß zu
seinem reinen Einkommen zu der Kriegssteuer beyträgt. Die Steuer selbst kann sehr
mäßig im Verhältniß zum National-Einkommen und doch, weil bey ihrer Vertheilung
das Princip der Gleichheit nicht gehörig befolgt ist, zerstörend im höchsten Grade seyn,
so wie sie auf der andern Seite, wo jenes
Princip zum Grunde gelegt worden, sehr beträchtlich seyn kann, ohne den Nationalwohlstand im mindesten zu erschüttern.

Inzwischen ist die Befolgung dieses Princips oft mit den größten Schwierigkeiten
verbunden, und nie läßt sich's erwarten, daß
man in dieser Hinsicht seinen Zweck vollkommen erreiche. Die Ungleichheit des Vermögens, der Unterschied der Classen der bürgerlichen Gesellschaft und ihre besondern
Verhältnisse werden nie eine ganz genaue
Bestimmung des reinen Einkommens erlauben, denn der einen Classe muß man immer
einen standesmäßigern Unterhalt zugestehen,
als der andern. Ein einzelner Bürger hat
viele, ein anderer wenige, ein dritter gar
keine Kinder zu ernähren. Der letztere behält also nach Verhältniß mehr reines Einkommen übrig, als der verletzte und dieser
wieder mehr, als der erste. Ein Bürger
hat ein dankbareres Gewerbe, als der andere,
der eine ist speculativer, als der andere, ein
dritter hat mehr Bedürfnisse, als der vierte,
und so muß es eine Unmöglichkeit werden,
jeden Bürger nach seinem reinen Einkommen vollkommen genau zu schätzen.*) — Zum
Glück aber kommt es auch nicht auf eine
vollkommene Gleichheit der Besteurung an,
es ist immer schon sehr viel gewonnen, wenn
man der Vollkommenheit nur nahe gekommen
ist, und diesen Punct zu erreichen, muß die
Hauptendtenz aller derer seyn, denen die

*) Vergl. hierüber Eschenmayer's schätzbare Schrift: Ueber Staats-Aufwand und die Bedeutung
derselben (Heidelberg b. Mohr u. Zimmer 1806. 8.)

Vertheilung einer Kriegssteuer von der Nation anvertraut ist.

Wir gehen nunmehr zum practischen
Theil dieser Abhandlung über, welcher eine
Prüfung enthalten soll, wie die Mittel, die
vorzüglich zur Deckung einer Kriegssteuer
gewählt werden, zu der vorgetragenen Theorie sich verhalten, welche hiernach einen
Vorzug verdienen, und welche gänzlich verworfen werden müssen?

Bey dieser Prüfung fällt uns vor allen
Dingen der Hauptunterschied in die Augen,
daß die Steuer entweder auf einmahl oder
nur allmählig von den Steuerpflichtigen
erhoben wird. Ist nämlich die aufzubringende Summe gering und die Nation reich,
so kann erstere auf einmahl und zwar ohne
Gefahr, daß reine Einkommen zu übersteu-
ern, durch Auflagen von der Nation erhoben
werden, nur wird dabey immer als Be-
wendig vorausgesetzt, daß das Abgaben-Sy-
stem nach den Principien der Nationalökonomie organisirt und vor allem Dingen auf
Gleichheit gegründet ist.

In den meisten Fällen aber reicht das
reine Einkommen nicht hin, die ...
Kriegssteuer augenblicklich zu bezahlen, und
dann bleibt der Nation, will sie nicht ihr
Capital angreifen, also die Quelle ihres Einkommens schwächen, nichts anders übrig,
als Schulden zu contrahiren und dann darauf
Bedacht zu nehmen, daß die allmählige Rückzahlung des aufgenommenen Capitals und die
Berichtigung der bis zum Abtrag desselben
erforderlichen Zinsen aus dem reinen Einkommen der Staatsbürger bestritten werde.
(Die Fortsetzung folgt.)

Dienst-Anerbieten.

Berichtigung, wegen der angebotenen Gärtner-Stelle im ... Jen.
Nr. 102. S. 1053.

Mehrere haben dieses Anerbieten nicht
nach seinem Inhalte verstanden; ich ertheile
daher auf mehrere Zuschriften hiermit meine
Gesinnung als Antwort.

Mein künftiger Gärtner muß practisch
seyn, da ich ihn als Theoretiker und bloßen

Aufseher nicht gebrauchen kann; er muß
demnach selbst graben und verpflanzen, und
so viel er für seinen Theil thun kann, selbst
thun; übrigens werden ihm so viel Arbeiter
zugegeben, als das Geschäft erfordert; daß
er bisweilen einiges Arbeitszeug mit in die
Hand nehmen muß, erfordert die Gärtner-
kunst, doch wird man ihm keine despectirli-
chen Arbeiten auftragen, aber das Gewächs-
haus muß er besorgen, und wenn sein Benehmen mit Fleiß und Artigkeit verbunden
ist, wird man ihm nebst freyer Wohnung
und Kost einen anständigen Lohn zugestehen,
und ihn als Freund behandeln.
den 14 May 1807. G. L. G.

2) Es wird ein Mann unter vortheilhaften Bedingungen gesucht, welcher einer Wol-
lenzeug-Manufactur als Werk- und Färbermeister im strengsten Sinne, vorzüglich
aber der Appretur vorzustehen fähig ist, und
sich hierüber durch gültige Zeugnisse ausweisen kann. Die Antwort hierauf ersucht
man, unter Beylegung der Zeugnisse, unter
der Adresse A. N. in P. an die Expedition
des allg. Anz. in Gotha einzusenden.

Familien-Nachrichten.
Aufforderung.

Es werden alle diejenigen, welche an
unsere jüngst hier zu Thamsbrück verstorbene Mutter Friederike Christine Backhauß
gegründete Ansprüche haben, hiermit aufgefordert, sich deßhalb binnen dato und vier
Wochen bey dem Herrn Gerichtsdirector
und Advocat Johann Christoph Pfennig
in Langensalza zu melden, und von selbigem nach vorhergehender Bescheinigung ihrer Anforderung der Bezahlung zu gewärtigen. Nach Ablauf dieser Frist aber sollen
alle an unsere verstorbene Mutter zu machenden Ansprüche und Forderungen für
erloschen geachtet werden. Sign. Göttingen und Cassel den 19 May 1807.
Georg Friedrich Backhauß.
Johann Friedrich Backhauß.

Todes-Anzeige.

Am 13 May früh gegen 6 Uhr verschied
an einem nervösen Fieber unser geliebter
Vater, der geheime Kirchen- und Consisto-

rialrath, erster ordentlicher Professer der
Theologie auf der hiesigen Friedrichs-Alter-
Universität, Superintendent wie auch Director des Instituts der Moral und schönen Wissenschaften, D. Georg Friedrich Seiler, in
einem Alter von 73 Jahren und 7 Monaten.
Wir tiefgebeugten stehen an seinem Grabe
und weinen ihm nach in das Land der Belohnung! Er war nicht bloß Lehrer der
christlichen Religion in Schriften und in
Worten, sondern in seinem ganzen beyspiellos thätigen Leben. Jeder gute Mensch
nimmt gewiß Antheil an unserer Betrübniß
ohne es uns buchstäblich oder mündlich zu
bezeugen. Erlang den 15 May 1807.
Georg Christian Friedrich Seiler,
beyder Rechte Doctor und sachsen-
coburg-saalfeld. Rath.
Joh. Henriette Louise Gründler,
geb. Seiler.
Dr. Burkhard Wilhelm Seiler,
Professor der Heilkunde in Wittenberg.
Dr. Carl August Gründler, ordentl.
Lehrer der Rechte in Erlangen.

Justiz- und Polizey-Sachen.

Steckbriefe: 1) hinter Chrn. Büchner, Balth.
Duß und Heinr. Böhme.
Gestern Nachmittag um 3 Uhr haben sich drey
hiesige Züchtlinge Namens
Christian Büchner,
Balthasar Duß,
Heinrich Böhme,
aus dem hiesigen Zuchthause durch die Flucht in entfernen gemußt. Sie sind durch ihre Verschmitztheit
und ihren Hang zu Verbrechen dem Publicum gleich
gefährlich; und werden daher hiermit alle Militair-
und Civilobrigkeiten dienstergebenst ersucht, ein besonderes Augenmerk auf diese Verbrecher zu haben,
sie im Betretungsfalle arretiren und dem unterzeichneten Stadtgerichte sogleich Behufs Auslieferung
derselben Nachricht gefälligst ertheilen zu lassen.
Wir werden nicht nur die auflaufenden Kosten erstatten, sondern auch in vorkommenden Fällen gleiche
Rechtsgefälligkeit erwiedern.
Erfurt, den 16 May 1807.
Das von Sr. Majestät dem Kaiser der
Franzosen und König von Italien
bestätigte Stadtgericht hierselbst.

Signalements.

1) Christian Wilhelm Büchner ist 34 Jahr
alt, aus Erfurt gebürtig, langen starken Körper-
baues, schmalen länglichen Gesichts, hat über sei-

ner selben Nase viele Sommersiecken, einen langen Hals und bräunliche abgestutzte Haare. Er gibt sich gewöhnlich für einen Bandmacher oder Bortenwirker aus. Bey seiner Entweichung soll derselbe eine wollene Straußmühle, ein klangekreistes leinenes Halstuch, eine weiße Weste von Drillich, eine graue wollene Jacke mit beinernen Knöpfen, ein Paar dergl. Hosen mit weinernen Knöpfen auf beyden Seiten, graue wollene Strümpfe und ein Paar Schuh mit ledernen Riemen getragen haben.

II) Balthasar Dust ungefähr 43 Jahr alt, aus Mineswerk im Mühlhausischen gebürtig, luther. Religion, ist mittelmäßiger Statur, von starkem Körperbau, hat etwas dicken Kopf mit einem aufgedunsenen blassen breiten Gesichte, hoher Stirn, etwas dicken abgestumpften Nase, einem breiten Munde, aufgeworfenen Lippen und grauen Augen. Sein braunes langes Kopfhaar ist bloß hinten abgestumpft. Bey seiner Entweichung trug er einen breiten runden alten Hut, ein blaugestreiftes leinenes Halstuch, eine weiße Weste von Sackdrillig, einen alten dunkelblauen Bauerrock mit breiten weißen metallenen Knöpfen, ein Paar lange Hosen von weißem Sackdrillich mit beinernen Knöpfen, ein Paar wollene graue Strümpfe und ein Paar Schuh mit Riemen zugebunden.

III) Michael Heinrich Böhme 25 Jahr alt, aus Bruchstedt, ist kleiner untersetzter Statur, von starkem Körperbau, hat ein längliches blasses dickes Gesicht, eine hohe Stirn, lange Nase, schwarze Augenbrauen, einen kleinen Mund und graulicke Augen. Sein schwarzes vorn abgestutztes Kopfhaar trug er in einem Zopf. — Bey seiner Entweichung trug er einen alten runden Hut, ein blaugestreiftes altes leinenes Halstuch, eine weiße Weste von Sackdrillich und eine dergl. Jacke mit Knochenknöpfen, ein Paar dunkelblaue alte Tuchhosen mit beinernen Knöpfen, über welche er eine alte zerrissene Hose mit dergl. Knöpfen von Sackdrillich gezogen hatte. Seine Strümpfe waren grau von Wolle und seine Schuh mit Riemen gebunden.

2) hinter J. Chrn. Henkelhaupt.

In der letztvergangenen Nacht ist der, wegen genommenen Antheils an einem, durch die Beraubung einer vor dem Gasthofe zu Stedten gestandenen Reise-Chaise verübten Diebstahl, bey dem hiesigen herzogl. Amte inhaftirt gewesene, nachbeschriebene Johann Christian Henkelhaupt aus Beernau im königl. sächs. Henneberg, aus der hiesigen Frohnfeste entsprungen. Es werden daher alle hohe und niedere Justiz- und andere Behörden, so wie jede Privatperson ersucht, denselben, wo er sich betreten lasse, anhalten zu lassen und davon dem allhiesigen herzogl. Amte zu weiterer Verfügung im Betreff seiner Abhohlung gegen Bezahlung der

erwachsenen Unkosten Nachricht zu geben, welch rechtliche Assistenz man in ähnlichen Fällen zu erwiedern ohnermangeln wird. Ichtershausen am 2 May 1807.

Herzogl. sächs. Amt das.

C. H. L. W. Spiller v. Mitterberg.

Beschreibung des entwichenen Henkelhaupts.

Derselbe ist 22 Jahr alt, großer Statur, schmalen blassen Gesichts, hat einen großen Mund, eine lange Nase, hellbraune Haare, macht sich besonders durch eine etwas weinerliche Stimme kenntlich und war bey seinem Entweichen mit einer rothen tuchenen Weste, einem dunkelblauen Rock und weiß leinenem Kittel, einer gelblederten Hose, weißen Strümpfen, Stiefeln und runden Hut bekleidet.

Vorladungen: 1) Amand. Zweigle's.

Ludwigsburg. Der Conscriptionspflichtige Amandus Zweigle von Oßweil, welcher sich ohne obrigkeitliche Erlaubniß von seinem Heimwesen entfernt hat, wird hiermit aufgerufen, ohne Zeitverlust vor unterzeichnetem Oberamt sich zu stellen; auch werden alle Obrigkeiten ersucht, auf denselben fahnden, und ihn im Betretungsfall anher einliefern zu lassen. Derselbe ist 21 Jahr alt Fuß 9 bis 10 Zoll groß, hat gelbe Haare, blaue Augen, ein rundes, volles röthliches Gesicht, und ist von starkem Körperbau. Bey seiner Entweichung war er mit einem dunkelblauen Rock, einem manchesternen Brusttuch, braun barchetnen Wamms, schwarledernen Hosen, Stiefeln, einem dreyeckigen Hut und einem gelben Halstuch bekleidet.

Am 13 April 1807.

Königlich württembergisches Oberamt Ludwigsburg.

2) Joachim's Gläubiger.

Alle diejenigen, welche an den verstorbenen fürstlich fürstlichen geheimen Rath Joachim zu Bruchsal irgend eine Forderung, und solche noch nicht angezeigt haben, werden hierdurch öffentlich vorgeladen, um in einer unerstrecklichen Frist von 6 Wochen bey der Landvogtey Michelsberg, als welche zum Concursverfahren von großherzogl. Hofgerichte beauftragt worden, unter dem Rechtsnachtheile ihre Forderungen zu liquidiren, und über den Vorzug zu streiten, daß sie sonst aus erfolgendes Anrufen nicht mehr gehört, und von der Masse ausgeschlossen werden sollen.

Mannheim, den 28 April 1807.

Großherzogliche Hofgerichte der Badischen Pfalzgrafschaft.

Fhr. von Hack. Courtin.

Dietz.

Allgemeiner Anzeiger
der
Deutschen.

Freytags, den 29 May 1807.

Gesetzgebung und Regierung.

Staatswirthschaftliche Ideen über
die Wahl der Mittel zur Deckung einer
Kriegssteuer rc.

. (Fortsetzung zu Nr. 138 S. 1425—1436.).

Da, wird die erste Methode, nämlich
die augenblickliche Erhebung der Steuer
vermittelst Individualbeyträge der National,
glieder gewählt, alles nur darauf ankommt,
daß die Gesetze eines richtigen, auf staats,
wirthschaftliche Grundsätze gebauten Steuer,
systems dabey auf das genaueste befolgt wer,
den, so bleibt uns jetzt nur noch der andere
Fall zu erörtern übrig, wenn die Nation die
verlangte Kriegssteuer aus ihrem reinen
Einkommen auf einmahl zu bezahlen nicht
im Stande, also genöthigt ist, zur Eröff,
nung einer Staatsanleihe ihre Zuflucht zu
nehmen. Da diese Methode, eine Kriegs,
steuer zu erheben, in den meisten Fällen
den Vorzug vor der andern eben erwähnten
Methode vermittelst der Individualbeyträge
der Staatsglieder verdient, weil dabey das
National-Capital weit weniger in Gefahr
schwebt, so wollen wir uns bemühen, die
Natur derselben genauer zu prüfen, die das
bey vorkommenden mannichfaltigen Verhält,
nisse aus einander zu setzen und zu erforschen,
wie auf diesem Wege der Zweck am vortheil,
haftesten für den Nationalwohlstand erreicht
werde.

Die Staatsphilosophen älterer und neu,
erer Zeit haben in Ansehung des Einflusses

*) Hope's Letters on Credit p. 19-
**) Champion's Reflections on the national debt.

Allg. Anz. d. D. 1 B. 1807.

der Staatsanleihen auf den Nationalreich,
thum sehr verschiedene Urtheile gefällt, einige
haben sie in dieser Hinsicht als heilsam und
wohlthätig empfohlen, andere als unpolitisch
und nachtheilig verworfen. Die Lobredner
der Staatsanleihen gehen von der Idee aus,
daß dadurch neue Capitale hervorgebracht
würden, die vorher nicht existirten, und
deren Circulation für das Publicum eben so
vortheilhaft wäre, als die Circulation jedes
andern gleich großen reellen Reichthums;
wenn die Nationalglieder die Summen vor,
schössen, so erhielten sie auch die Zinsen das
von, es bleibe also die ganze Ausgabe beym
Volke, der eine Theil zahle die Zinsen, der
andere empfange sie, und es werde die Na,
tion dadurch nicht ärmer, weil ihre Capitale
und Revenüen dieselben blieben.

Mehrere brittische Schriftsteller, z. B.
Hope*), Champion und Lauderdale haben
selbst die englische Nationalschuld für eine
große Wohlthat gehalten. Hope *) glaubt,
diese Nationalschuld sey eben sowohl ein
wirkliches Gut, als irgend ein aus Gold und
Silber bestehendes Eigenthum, der Werth
des Goldes und des Silbers beruhe ja nur
auf der Menschen Meinung und auf der
Schwierigkeit es zu erhalten, diese Meinung
und diese Schwierigkeit allein machten, daß
Gold und Silber mehr als Kupfer und Zinn
geschätzt würden. Champion **) behaup,
tet sogar, wenn die englische Nationalschuld
abgetragen worden, so müsse man eilen, so
schnell wie möglich neue Schulden zu contra

hiren, um den mit der Abtragung der Schulden gesunkenen Handel und Wohlstand wieder empor zu bringen. Der scharfsinnige Lord Lauderdale *) widerräth die Errichtung eines Schuldentilgungsfonds aus Besorgniß, es möchten dadurch so viele Capitale in Großbrittannien angehäuft werden, daß eine geschickte Anwendung derselben der Nation unmöglich falle, und daß alsbald die Capitalgewinnste bis zu einer so unbedeutenden Kleinigkeit herabsinken müßten, daß die englischen Capitale nach Frankreich zur Unterstützung der Industrie der Feinde übergehen würden.

Allen diesen Raisonnements liegen, wie noch aus der Folge unserer Abhandlung erhellen wird, falsche Principien der Staatswirthschaft zum Grunde, und wer nur mit Smith's Theorie gehörig vertraut ist, dem kann es nicht schwer fallen, das Schwankende und Nichtige derselben einzusehen.

Wird nämlich, wie es gewöhnlich der Fall ist, das durch die Anleihe aufgebrachte Capital nicht auf eine productive Art angelegt, sondern verzehrt, so geht es verloren, und die Nation muß noch obendrein so lange die Zinsen bezahlen, bis das Capital wieder erstattet worden. Dieses Capital ist ja nichts anders, als ein Theil des jährlichen Products des Bodens und der Industrie der Nation, und wurde, ehe es in die Hände der Regierung kam, größtentheils als Capital benutzt, d. h. auf die Unterhaltung productiver Arbeit verwandt. Die Staatsgläubiger erhalten zwar für ihr vorgeschossenes Capital Zinsen, aber nicht von dem Producte dieses Capitals, sondern von dem Producte der übrigen Capitale der Nationalglieder. Da dieselben zugleich für ihr dargeliehenes Geld eine Verbriefung erhalten, deren Werth in den meisten Fällen dem Werthe jenes gelieferten Capitals gleich kommt, die sie verkaufen, worauf sie Geld borgen und die sie völlig wie lebendiges Capital benutzen können, so können sie freylich jener dem Staate gemachten Vorschüsse ungeachtet, ihren Handel und ihre Gewerbe auf gleiche Art wie vorhin

*) Lauderdale's Inquiry into the nature and origin of public wealth and into the means and causes of its increase (Edinburgh 1804).

**) Adam Smith: Ueber d. National-Reichthum B. III. u. Lüder: Ueber National-Industrie und Staatswirthschaft B. 3 (Berlin b. Frölich 1804.) S. 742.

fortsetzen, allein jenes neue Capital, das die Staatsgläubiger durch das Borgen auf ihre Obligationen oder durch den Verkauf derselben von andern erhalten, muß doch schon im Besitz der Nation gewesen und wie alle Capitale zur Unterhaltung productiver Arbeit benutzt worden seyn. Als es in die Hände der Staatsgläubiger kam, war es zwar für diese ein neues Capital, aber für die Nation war es ein altes, das jetzt seinem bisherigen Kreise entzogen wurde, um einem andern zugewandt zu werden. Ersetzte es gleich den Staatsgläubigern, was diese der Regierung vorgeschossen haben, so ersetzte es doch dem Lande nicht, was in die Hände der Regierung gekommen war. Hätte der Staat nicht geborgt, so würde jetzt statt eines einfachen ein doppeltes Capital auf die Unterhaltung productiver Arbeit verwendet werden **)

Höchst auffallend aber ist es, wie brittische Schriftsteller, besonders Lord Lauderdale aus Besorgniß, es möchte zu viel Capital im Lande angehäuft werden, Staatsanleihen empfehlen und die Errichtung eines Schuldentilgungsfonds widerrathen können. Die Grenze, über welche hinaus keine gewinnvolle Anwendung des Capitals Statt finden kann, besteht darin, wenn in einem Lande alle Gattungen der Production auf den höchsten Gipfel der Vollkommenheit gebracht worden sind, wenn also der Boden durchaus auf das vortrefflichste angebaut und wenn weder der Kunstfleiß einer größern Bervollkommnung, noch der Handel einer weitern Ausdehnung fähig ist. Von der Erreichung dieser Grenze bleibt jedes Land immer mehr oder weniger weit entfernt, und mit der Vermehrung der Fonds müssen auch die Anwendungen derselben sich immer mehr vermehren. So groß auch das Capital ist, was im brittischen Reiche auf Hervorbringung productiver Arbeit verwendet wird, so beweisen doch die daselbst vorhandenen beträchtlichen Heiden und der in vielen Gegenden noch sehr unvollkommene Landbau, sowie der schlechte Zustand Irlands und eines großen Theils von Schottland, welche unge-

heute Capitale dort noch eine Anwendung
finden können.*) Gesetzt aber auch, es wäre
wirklich von dem angehäuften Capitale im
Lande selbst gegenwärtig keine Anwendung zu
machen, ein Fall, der nicht leicht denkbar ist,
so erwäge man doch, daß die Lage eines
Landes nicht immer dieselbe bleibt, und daß
die Summen, die jetzt als überflüssig ins
Ausland gehen, dereinst eine vortheilhafte
Anwendung im Vaterlande finden können.
Für Holland z. B. ist es doch in der That
von nicht geringem Werthe, daß es einst in
glücklichern Zeiten mit weiser Sparsamkeit
seine überflüssigen Fonds im Auslande anlegte, denn an ihnen hat die Industrie seiner
gewerbfleißigen Einwohner in den gegenwärtigen schlechten Zeiten eine mächtige Stütze.

Falsch ist also der Gesichtspunct, aus
dem diese Schriftsteller die Staatsanleihen
betrachteten, und irrig sind die Vorstellungen, welche sie sich hiernach von ihnen machten. Nie verdient eine Anleihe darum gepriesen zu werden, weil sie einen Theil der
Capitale im Lande verschlingt, sondern dieser Umstand ist es eben, welcher oft für das
Wohl der Nation höchst nachtheilige Folgen
hervorbringt. Wenn aber die Geschichte
uns Völker zeigt, deren Nationalreichthum
mit ihren Schulden sich vermehrte, so waren
es doch nicht die Schulden, welche so wohlthätig auf den Reichthum wirkten, sondern
andere günstige Umstände, hauptsächlich
Fleiß und Sparsamkeit der Nationalglieder
machten, daß der Reichthum der Nation sich
vermehren konnte, der Staatsschulden ungeachtet. Uebrigens fehlt es auch der Geschichte
nicht an Beyspielen von Völkern, deren Wohlstand abnahm, so wie die Schulden stiegen.

Wir glauben bey der Untersuchung der
Frage: ob eine Staatsanleihe wohlthätig
oder nachtheilig auf den Nationalreichthum
wirke, vor allen Dingen auf den Unterschied
Rücksicht nehmen zu müssen, ob productive
Arbeit dadurch im Lande hervorgebracht wird
oder nicht? Der erste, leider seltenste Fall
tritt ein, wenn große, dem Heil der Nation
bezweckende und auf keine andere Art mögliche Unternehmungen dadurch zu Stande
gebracht werden, wenn z. B. Canäle gegra-

ben werden sollen, von denen sich für den
Handel und das Total Vergnügen des Landes
wohlthätige Wirkungen versprechen lassen,
daß die aufgewandten Kosten dadurch nicht
bloß ersetzt, sondern weit übertroffen werden;
wenn eine Nationalbank damit begründet
werden soll, und es an sonstigen Fonds zur
Errichtung eines solchen hochwichtigen Instituts fehlt. Es bedarf wol keines Beweises,
daß Anleihen, zu dergleichen Zwecken eröffnet,
sehr heilsam, den Nationalwohlstand beför-
bernd, und also in hohem Grade empfehlenswerth sind. Aber ganz anders verhält sich
die Sache, hat die Anleihe, wie es gewöhnlich und namentlich bey Verwendung derselben zur Deckung einer Kriegssteuer der Fall
ist, nicht die Hervorbringung productiver
Arbeit zum Zweck.

Die erste alsdann daraus entstehende
nachtheilige Folge ist eine Verminderung des
Genusses der Nationalglieder, denn diese
müssen zur Herbeyschaffung des Anlehn-Ca-
pitals und dessen Zinsen aus ihrem Vermögen Summen liefern, wofür sie sonst Genußmittel hätten eintauschen können, ohne daß
ihnen in der Folge, wie es bey der Verwendung auf productive Art geschieht, die vor-
geschossenen Summen auf irgend eine Weise
wieder erstattet werden. Noch schädlicher
aber wirken dergleichen Anleihen dadurch,
daß sie Fonds wegnehmen, welche zur Bezahlung productiver Arbeit hätten verwendet
werden können, denn sie verhindern auf diese
Art die Hervorbringung der möglich größten
Werthe im Lande, beschränken den Gewerb-
fleiß der Nation und hemmen ihre Fortschritte
zum Reichthum.

Welcherley Nachtheile aber auch aus
Staats-Anleihen für den Nationalwohlstand
hervorgehen mögen, so bleiben sie doch oft
ein unvermeidliches Uebel, und unter allen
Mitteln, sich in der Noth zu helfen, sind sie
noch immer das beste, denn sie sind das Mittel, die Summen, welche man mit einem
mahle und plötzlich braucht, schnell zu erheben und doch das Bad nur allmählig und
in unmerklichen Abtheilungen wieder bezahlen zu lassen.**) Es besitzt nämlich jeder
Staatsbürger in der Regel immer nur so

*) Vergl. Sartorius's Abhandlungen, die Elemente des Nationalreichthums und die Staatswirthschaft
betreffend. 1 Th. (Göttingen 1806). S. 95.
**) Jakob's Grundsätze d. Nationalökonomie (Halle 1805) S. 537.

viel baares Geld, als er zur Bestreitung
seiner laufenden Ausgaben und zwar theils
zur eignen Consumtion, theils zur Unterhaltung der stehenden und umlaufenden Capitale bedarf, weil jeder Vorrath, der dieses
Bedürfniß übersteigt, in seinen Händen ein
mäßiges Capital, folglich nutzlos bleiben
würde. Soll nun eine Kriegssteuer durch
Individual-Beyträge augenblicklich gedeckt
werden, so kann der Fonds, der dazu erfordert wird, in den Händen der Steuerpflichtigen nicht sogleich vorhanden seyn. Dem
Staatsbürger bleibt alsdann gewöhnlich kein
anderes Mittel übrig, als entweder zu borgen, oder den zur Unterhaltung der Capitale
bestimmten Fonds anzugreifen, oder seine
Consumtion zu beschränken. Im ersten Fall
ist er bey der großen Concurrenz der Borgen-
den nie außer Gefahr, dem Wucher in die
Hände zu fallen, im zweyten wird sein Privat-Eigenthum, so wie das Total-Erzeugniß
des Landes vermindert, und durch die Beschränkung seiner Consumtion wird der Vertrieb oder die Arbeit anderer Individuen geschwächt, während dadurch, daß diese die
nämliche Maßregel ergreifen, seine Industrie
und die Quellen seines Einkommens gleichfalls leiden. *) Alle diese Nachtheile fallen
weg, alle jene Gefahren werden vermieden,
sobald eine Anleihe die Stelle der unmittelbaren Besteurung vertritt, vorausgesetzt,
daß dieselbe mit Weisheit und nach den
Grundsätzen der Nationalöconomie organisirt
worden. Wir haben daher noch zu prüfen,
welche Regeln bey Eröffnung einer Staats-
Anleihe zu befolgen und auf welche Puncte
vorzüglich Rücksicht zu nehmen ist, damit
dem Fortschreiten der Nation zum Reichthum
die wenigsten Hindernisse in den Weg gelegt
werden.

(Der Beschluß folgt.)

Dienst - Anerbieten.

1) Derjenige Candidat der Rechtsgelahr-
heit, welcher sich im 101 Stücke des allgem.
Anz. zu einem Hauslehrer darbietet, wird
hiermit ersucht, über seinen Aufenthaltsort
und seine Person nähere Auskunft zu geben,

*) Principes d'économie politique par B. V. F. Canard, Chap. IX. (Paris chés F. Buisson)
1801. 8.

indem ihm bey den gemeldeten Eigenschaften
eine noch bessere Stelle, als er zu suchen
scheint, zu Theil werden könnte. Der Herr
Hauptzeughaus-Agent Kühnel in Dresden
nimmt diese Nachricht an.

2) In einer Stadt nicht weit vom Harz
wird ein Lehrbursche unter den billigsten Bedingungen in eine Apotheke gesucht, welcher aber von guter Erziehung seyn und einige Vorkenntnisse haben muß; er hat sich der
besten Behandlung zu erfreuen. In portofreyen Briefen wendet man sich deshalb an
die Expedition des allg. Anz. in Gotha.

Justiz - und Polizey - Sachen.

Vorladungen: 1) der Gläubiger A. B. I. S.
Kiefhaber's und seiner Ehefrau.

Zu Folge eines unter dem hiesigen Rathhaus
angeschlagenen General-Liquidations-Edicts vom
heutigen Dato werden in der darin peremtorisch
bestimmten Zeitfrist von 45 Tagen alle diejenigen,
welche an die sämmtliche Habe und an die sämmtlichen Güter des hiesig bürgerl. Spezereyhändlers
A. Bernhard Jacob Friedrich Kiefhaber, und
dessen Frau Helena Maria Magdalena, aus
welchem Grunde es sey, rechtliche Ansprüche und
Forderungen zu haben glauben, zu deren Anzeige
und Liquidation unter dem Rechtsnachtheil citiret,
daß sie im Entstehungsfall mit ihren Ansprüchen
nicht weiter gehöret, sondern von allem Antheil an
der kiefhaberischen Debitmasse gänzlich ausgeschlossen werden. Nürnberg, den 11 May 1807.
Königl. Bayerisch. Stadt-Gericht.

2) M. Willig'o.
Nachdem Michael Willich von Niederrimsingen, seiner Profession ein Kiefer, im Jahr 1796
in die Fremde gegangen, und kurz nachher in k. k.
österreichische Kriegsdienste getreten ist, seither aber
von seinem Leben oder Tode nichts in Erfahrung
gebracht werden konnte: so wird er oder seine
etwaige Leibes-Erben anmit aufgefordert, sich binnen einem Jahr und 6 Wochen um so gewisser bey
dem unterfertigten Magistrate zu melden, als
widrigens sein unter Curatie stehendes Vermögen
von 502 fl. 31 kr. seinen nächsten Anverwandten
gegen Caution würde ausgeantwortet werden.
Altbreysach, am 31 März 1807.
Magistrat der Großherzoglich Badischen
Stadt allda.
Schilling, Syndicus.

Allgemeiner Anzeiger
der
Deutschen.

Sonnabends, den 30 May 1807.

Gesetzgebung und Regierung.

Staatswirthschaftliche Ideen über
die Wahl der Mittel zur Deckung einer
Kriegssteuer 2c.

(Beschluß zu Nr. 139 S. 1441—1447.)

Da, wie wir oben als Grundsatz festge-
stellt haben, soll die Hauptquelle der Production und folglich auch des Reichthums, nämlich das im Lande angelegte Capital, nicht
geschwächt werden, bloß das reine Einkommen der Nation ein Gegenstand der Besteurung seyn darf, so müssen auch die Behörden, denen die Eröffnung einer Anleihe vom
Volke übertragen worden ist, ihre ganze
Aufmerksamkeit dahin richten, daß die Maßregeln, welche sie zu diesem Behuf erwählen,
so viel wie möglich, jenem Hauptgrundsatze
entsprechen. Vollkommen aber würden sie
in dieser Hinsicht ihren Zweck erreichen, könnten sie es dahin bringen, daß

1) zwar die Zinsen und die zum allmähligen Abtrag des Anlehncapitals erforderlichen Summen so lange vermittelst
Steuerbeyträge, welche nach einem richtigen,
auf staatswirthschaftliche Grundsätze gebauten Steuersystem repartirt worden, von den
Staatsbürgern erhoben würden, bis die Nationalschuld völlig getilgt ist, daß hingegen

2) zu dem bey Eröffnung der Anleihe
erforderlichen Anlehns-Capital selbst vom
Vermögen der Staatsbürger nur diejenigen
Geldcapitale hergeschossen würden, welche
außerdem, sey es wegen mangelnder Gelegenheit oder aus irgend einem andern Grunde, entweder unbenutzt geblieben, oder we-

Allg. Anz. d. D. I B, 1807.

nigstens nicht auf eine productive Art angelegt
worden, oder dem Auslande zugeflossen waren, der an der aufzubringenden Summe
noch fehlende Betrag aber durch im Auslande
negotirte Anleihen herbeygeschafft würde.

Gelingt es, auf eine solche Art, die zur
Anleihe erforderliche Summe herbeyzuschaf-
fen, so bleibt der Nationalwohlstand beynahe
völlig unverändert, denn alle Capitale, welche bisher productive Arbeit im Lande beschäftigten, sind ja unangetastet geblieben,
und die Summen, welche die Nation jährlich
zu den Zinsen und zur allmähligen Rückzahlung des Capitals herschießt, werden ja von
ihrem reinen Einkommen entrichtet, können
also auf keinen Fall nachtheilige Folgen hervorbringen. Oft treten freylich Umstände
in den Weg, welche die vollkommne Anwendung dieser preiswürdigen Methode zur
Herbeyschaffung eines Anlehn Capitals verhindern, aber viel kann doch immer in dieser
Hinsicht geschehen, wird mit Eifer und Sachkenntniß gearbeitet, und werden alle vorhandene Mittel angewandt, diesem Zwecke näher
zu kommen.

Hat eine Regierung durch musterhafte
Staats-Klugheit und Wirthschaftlichkeit sich
Zutrauen erworben, drückten sie bisher gar
keine oder nur wenige Schulden und ist also
ihre Finanzverfassung in einem blühenden
Zustande, so kann es ihr gar nicht schwer fal-
len, selbst zu mäßigen Zinsen, im Auslande
Passiv-Capitalien aufzunehmen.

Sollte es aber, könnte man vielleicht
einwerfen, nicht rathsamer seyn, wenn wo
möglich gar nicht im Auslande geborgt, son-

dem unsere Würtburger selbst viele Zinsen. Dieser Einwurf scheint im ersten Augenblick allerdings gegründet, aber er scheint auch nur so, untersucht man ihn genauer, so verschwindet er.

Werden nämlich die Staatsbürger gezwungen, Beyträge zum Anlehn zu liefern, die sie, um ihr Capital nicht anzugreifen, wenigstens in einer solchen Quantität freywillig nicht geliefert haben würden, so beziehen sie zwar selbst die Zinsen vom Anlehn und es geht für diese Zinsen kein Heller aus dem Lande, aber sie sind nun auch nicht mehr im Stande, so viele Werthe hervorzubringen, als sie vorher konnten, denn die Fonds, womit productive Arbeit bezahlt wird, haben sich ja eben dadurch beträchlich vermindert und der Schaden, welcher aus dieser Verminderung des Total-Erzeugnisses hervorgeht, wird durch den für Zinsen im Lande zurückbleibenden Geldbetrag bey weiten nicht ausgeglichen. Werden hingegen die auf eine productive Art angelegten Capitale unberührt gelassen, so bringen sie Werthe hervor, welche nicht bloß die Zinsen wiedererstatten, sondern zugleich für die Unternehmer Gewinnste enthalten, und unterstützen noch überdieß die Industrie vieler Nationalglieder, die, fielen jene Capitale weg, wegen mangelnden Fonds ihre Productivkräfte nicht äußern könnten, also dem Staate zur Last fallen müßten.

Man lasse sich demnach nicht durch Forderungen hoher Zinsen abschrecken, im Auslande zu borgen. Mögen diese Forderungen auch etwas übertrieben seyn, so können sie doch keine andere nachtheilige Wirkung hervorbringen, als daß die Rückzahlung des Anlehn Capitals langsamer erfolgen muß, als bey niedrigen Zinsen der Fall gewesen wäre, weil aber die Abtragung der Zinsen und die Rückzahlung des Capitals, wenigstens bey einem auf staatswirthschaftliche Grundsätze gebauten Finanz-System, bloß aus dem reinen Einkommen des Volks bestritten wird, so kann hieraus für den Nationalwohlstand nie ein solcher Schaden erwachsen, als unvermeidlich wäre, wenn die ganze große Capi-

Hieraus ergibt sich zugleich, welche Vorzüge die Negotiirung eines freywilligen Anlehns durch Bankiers vor derjenigen hat, welche von den Staatsbehörden durch Zwang geschieht. Die Summen, welche der Bankier als Provision verlangt, und die sonstigen Bedingungen, die er sich stipulirt, können anfangs leicht von diesem ganzen Handel abschrecken, läßt man sich aber nicht durch den äußern Schein irre leiten, betrachtet man vielmehr die Sache genauer, und stellt besonders eine Vergleichung zwischen dem Wesen einer freywilligen Anleihe und dem Schaden einer gezwungenen an, so wird man bald gewahren, daß die Vortheile, welche der Bankier sich ausbedingt, nicht reiner Gewinnst für ihn sind, sondern größtentheils den Käufern der Staatsobligationen zu Gute kommen, und daß gewöhnlich die Negotiirung auf keine wohlfeilere Art in dieser Hinsicht ihren Zweck erreichen kann. Was anfangs als Wucher schien, wird dann bey näherem Ansehen einer für das Ganze wohlthätigen Speculation erhalten, und gern man dem Bankier die Gewinnste gönnen, die er in Rücksicht der bey einem solchen Geschäfte nothwendigen Handelskenntnisse, wegen des dabey erforderlichen ausgebreiteten Credits, so wie der davon unzertrennlichen Gefahren und Bemühungen wegen, ganz billige Ansprüche hat.

Besonders aber sollte man hierbey nie vergessen, daß in den meisten Fällen ein freywilliges Anlehn weit leichter und schneller durch Bankiers zu Stande zu bringen ist, als ein gezwungenes durch die Staatsbehörden, auf dem Wege des Zwanges verlangte, einer geläuterten Politik widersprechende und die Freyheit so wie den Wohlstand der Staatsbürger zerstörende Maßregeln ergriffen werden müssen, ja daß es sogar bisweilen bey reiner Unmöglichkeit wird, die selbst mäßige Summe auf diesem Wege beyzuschaffen, die, wäre das ganze Finanz-Geschäft einem Bankier überlassen worden, mit großer Schnelligkeit und ohne Gefahr für den Nationalwohlstand zusammen-

worden wäre. Die Ursache dieser beym er=
sten Anblick auffallenden Erscheinung ist nicht
schwer zu erforschen.

Da nämlich die Basis, worauf eine
Zwangs=Anleihe gegründet wird, nothwen=
dig das Vermögen der Nation ist, so stößt
man gleich anfangs auf die große Schwierig=
keit, das Vermögen der einzelnen National=
glieder zu erfahren, um darnach ihren Bey=
trag zum Anlehn bestimmen zu können. So
leicht dieses oft in Ansehung der Grund=Ei=
genthümer (Urstoffbesitzer) ist, eben so
schwer ist es fast immer in Ansehung der Geld=
capitalisten. Man kann das Vermögen dieser
letztern nicht anders mit einiger Gewißheit in
Erfahrung bringen, als durch gerichtliche
Untersuchung. Schreitet man aber hierzu,
so wird man dem Credit der Staatsbürger,
vorzüglich des Handelsstandes außerordent=
lich schaden und einen großen Theil der Capi=
täle aus dem Lande verdrängen, es bleibt
daher nichts weiter übrig, als mit der eignen
Angabe der Bürger sich zu begnügen, die nur
höchst selten ein richtiges Resultat liefert.

Gesetzt aber auch, es gelingt in der That,
das Vermögen der Nationalglieder genau zu
erforschen, so ist damit doch noch gar wenig
gewonnen, denn nun kommt erst die Haupt=
schwierigkeit in Betracht, wie die Quote,
welche nach jener Schätzung des Vermögens
den einzelnen Unterthanen zugetheilt worden,
von ihnen zu erhalten steht? Im Besitz eines
ansehnlichen Vermögens und ausgebreiteten
Credits vermag der Geldcapitalist und noch
mehr der Grund=Eigenthümer oft nicht, sei=
nen Beytrag zum Anlehn in Metallmünze zu
liefern, während der Besitzer eines sehr mit=
telmäßigen Capitals, weil er gerade Vorrath
an Metallmünze hat, im Stande seyn kann,
seine Quote dreyfach zu entrichten. Die große
Nachfrage nach Metallmünze wird den Zins=
fuß im Lande zu einer solchen Höhe treiben,
daß dadurch dem Wucher Thür und Thor ge=
öffnet wird, und die natürliche Folge hiervon
wird seyn, daß die Staatsbürger, welche zu=
fällig im Besitz von Metallmünze sind, auf
Kosten derer, denen es in diesem Augenblick
daran fehlt, sich übermäßig bereichern. Ist
aber die aufzubringende Summe so beträcht=
lich, daß die sämmtlichen baaren Vorräthe
der Geldcapitalisten dazu nicht einmahl hin=

reichen, so geräthen die Geld suchenden Staats=
bürger durch die Zwangs=Anleihe in eine
Verlegenheit, aus der sie nicht einmahl die
Anbietung wucherlicher Zinsen retten kann.
Selbst die strengsten Maßregeln, welche die
obern Behörden gegen sie ergreifen, um sie
zum Abtrage ihrer Quoten zu nöthigen, sogar
executorische Mittel, müssen oft fruchtlos
bleiben und das Uebel nur vermehren, sind
jene Vorräthe einmahl erschöpft.

Ganz anders aber verhält sich die Sache,
hat ein Bankier, der mit den erforderlichen
Eigenschaften ausgestattet ist, das Anlehns=
Geschäft übernommen. Der Credit des Ban=
kiers reicht weiter, als der Credit der übrigen
Staatsbürger, er erstreckt sich jenseits der
Grenzen des Landes, und mit Leichtigkeit schafft
er vom Auslande Summen herbey, deren Be=
ziehung aus der Fremde allen andern Staats=
bürgern unmöglich fallen würde, denn jenem
stehen Quellen zu Gebot, die diesen verschlos=
sen sind und wovon nur derjenige eine Ah=
nung hat, der mit den unzähligen geheimen
Triebfedern eines ausgedehnten Handels ver=
traut ist.

Je tiefer wir daher über diesen Gegen=
stand nachdenken, desto mehr werden wir
überzeugt, daß eine freywillige Staatsan=
leihe, sey sie auch mit Aufopferungen zu
Stande gebracht, stets große Vorzüge vor
der gezwungenen hat, und daß es die Grund=
sätze der Nationalökonomie verkennen hieße,
wollte man zu dieser rathen, während der
Weg zu jener noch offen steht.

Was nun noch die Art und Weise der
Rückzahlung einer Staatsschuld betrifft, so
muß auch hier, wie schon aus dem Vorher=
gehenden erhellen wird, lediglich auf das
reine Einkommen der Nation Rücksicht ge=
nommen werden, die Summe nämlich, wel=
che neben den Zinsen jährlich vermittelst In=
dividual=Beyträge von den Steuerpflichtigen
bezahlt wird, um zum Schuldentilgungsfonds
geschlagen zu werden, darf nie das rohe,
sondern einzig und allein das reine Einkom=
men angreifen. Ueberschreitet sie dieses Ziel,
so wird das Capital besteuert und alle jene
üblen Folgen treten ein, die, wie wir oben
ausführlich dargethan haben, von der Be=
steuerung des Nationalcapitals untrennbar
sind. Wie übereile man sich daher mit der

Tilgung einer Nationalschuld, sondern erwäge vielmehr stets auf das sorgfältigste, wie
das Volk dadurch am wenigsten gedrückt wird?
Ob einige Jahre länger Zinsen bezahlt werden, ist von geringer Bedeutung, höchst wichtig aber ist es, daß das Capital der Nation
unberührt bleibe. Einer weisen, thätigen
und wohlwollenden Regierung stehen unzählige Mittel zu Gebote, das reine Einkommen
der Unterthanen zu erhöhen, bleibt der Fonds
dieses Einkommens nur unverändert, denn
groß ist ihre Wirksamkeit, mächtig ihr Einfluß auf Belebung des Nationalgeistes zu
Fleiß und Sparsamkeit, aber unendlich schwieriger ist es, dem Wohlstande wieder aufzuhelfen, der durch Vernichtung von Capitalien einmahl herabgesunken ist.

Zweckmäßig etablirte Staats-Anleihen
haben übrigens immer große Vorzüge vor
jeder andern Gattung von Papiermünze, deren sich Regierungen in manchen Fällen bedient haben, um auf eine schnelle und wohlfeile Art zu baarem Geld zu gelangen. Ich
müßte indessen zu tief in die Theorie der Banken eingehen, und für dieses Blatt zu weitläufig werden, wollte ich jetzt alle Nachtheile
herzählen und alle Gefahren schildern, welche
bey der Einführung solcher Papiermünze unvermeidlich sind. Ich begnüge mich daher
gegenwärtig damit, die Leser des allg. Anz.
auf die Gefahren nur aufmerksam gemacht
zu haben, und behalte mir vor, das Detail
darüber in der Folge dem Publicum mitzutheilen.

Da es mir bey Entwerfung dieser Abhandlung einzig und allein um Beförderung der Wissenschaft und um Aufkündung
der Wahrheit zu thun war, ihr Gegenstand
selbst aber zugleich von so hohem Zeit-Interesse
ist, so würde es mich schmeicheln, wenn sie
von Kennern nach allen Seiten geprüft und
die darin entwickelten Ideen vorurtheilfrey
in dieser Zeitschrift beurtheilt würden.
Cassel im May 1807.

Dienst - Gesuche.

1) Zwey wohlerzogene unverheirathete
Frauenzimmer von 30 und 20 Jahren, aus
guter Familie, sind, um ihrer verwitweten
Mutter die Sorge für ihre und ihrer zahlreichen Geschwister Unterhalt zu erleichtern,
entschlossen, in den Dienst gut gesinnter
Menschen sich zu begeben. Beyde haben
nicht nur die nöthigen Kenntnisse und Erfahrung zu Führung eines bedeutenden Haushalts, sondern sind auch im Stande, bey
allen darin vorfallenden Arbeiten selbst Hand
anzulegen. Sie dürfen sich zugleich der Geschicklichkeit in allen feinen weiblichen Arbeiten rühmen und verbinden damit die besten
Gesinnungen. Ihr Wunsch ist, sobald als
möglich und zwar am liebsten außerhalb Hessen-Cassel, gleich viel, ob in einer Stadt,
oder auf dem Lande, eine Versorgung zu finden. Der Regierungs-Procurator Wöhler
in Hessen-Cassel, an welchen man sich in
portofreyen Briefen zu wenden hat, wird
die nöthigen Einleitungen treffen.

2) Ein Candidat der Theologie, der
schon einige Zeit Hauslehrer gewesen, und
mit Nutzen unterrichtet hat, welches rühmliche Zeugnisse bestätigen können; auch außer
den gewöhnlichen Schulkenntnissen im Französischen und auf dem Clavier zur Zufriedenheit Unterricht gegeben, welches es auch nicht
ganz fertig spricht und spielt (?!?) wünscht
sich zu ähnlichen Geschäften zu engagiren,
weshalb postfreye Briefe die Expedit. des
allg. Anz. in Gotha an ihn besorgen wird.

Familien - Nachrichten.

Aufforderung.

E. L. B aus Leipzig gebürtig, ein gut-
artiger stiller Jüngling, 17 Jahr alt, von
ansehnlicher Körpergröße und einziger Sohn
seiner Eltern, ist seit dem 6 May Abends
in Frankfurt am Mayn verschwunden, und
noch ist keine Nachricht von ihm zu erfahren
gewesen. Da man keine Ursache weiß, auch
alle seine Kleider, Wäsche, selbst seine kleine
Baarschaft, zu welcher er in einigen Tagen
mehr zu erhalten wußte, gefunden hat, so
scheint seine Entfernung nicht bedacht und
freywillig gewesen zu seyn. Menschenfreunde, die von dessen Aufenthalt, Leben oder
Tode etwas in Erfahrung bringen können,
werden inständig gebeten, schleunige Nachricht an an die Herren Wichelhausen und
Passavant in Frankfurt am Mayn, oder an

den Herrn Vice-Director Dolz in Leipzig zu melden, auch ihm nöthigenfalls gegen dankbaren Ersatz hülfreich beyzustehen. Er aber wird aufgefordert, wenn und so bald es ihm möglich, zu seinen ihm gewogenen Lehrherren zurückzukehren, oder wenigstens Nachricht von seinem Schicksale an dieselben, seine Eltern oder seinen Freund P. S. zu melden.

Todes-Anzeigen.

1) Am 23 d. M. starb unser innigst geliebter hoffnungsvoller zwepter Sohn, der kön. preuß. Fahnjunker vom Regiment v. Arnim, Carl Friedrich August, an den Folgen eines Scharlachfiebers, in der schönsten Blüthe seines Lebens, im 16 Jahre. Wie groß war unsere Freude, da ihn die Vorsicht aus den größten Gefahren seines Lebens, (er war den 14 Oct. mit in der Schlacht bey Auerstedt, und wurde bey Prenzlau gefangen) uns wieder schenkte; aber desto größer ist jetzt unser Schmerz. Diesen für uns so traurigen Verlust machen wir allen unsern Freunden hierdurch ganz ergebenst bekannt.

und empfehlen uns zu fernerm gütigem Wohlwollen. Emleben den 25 May 1807.
C. L. v. Wurmb.
A. M. v. Wurmb.

2) Unsern auswärtigen Freunden und Bekannten zeigen wir hiermit an, daß am 18 dieses Abends 8 Uhr unser geliebter Sohn und Bruder Gottfried Trommsdorff, Conrector an der hiesigen Raths- und Predigerschule, sanft entschlief, nachdem er auf einem 18 Wochen langen Krankenlager viele Leiden mit festem Muth und Geduld ertragen hatte. Der Theilnahme unserer Freunde an unserm gerechten Schmerz versichert, verbitten wir uns alle Beyleidsbezeugungen.
Erfurt den 26 May 1807.
Verwittwete Planer geb. Schellhorn als Mutter.
D. Joh. Bartholmä Trommsdorff.
Christian Trommsdorff.
Martha Dufft geb. Trommsdorff.
D. Friedr. Trommsdorff, als Geschwister.

Allerhand.

In Nr. 133 des allg. Anz. fand ich eine Aufforderung an diejenigen, die über die drey eingezogenen betrügerischen Collectanten einige Nachricht, oder über den beygefügten Zettel (sub A) eine Erklärung geben könnten. Ich freue mich, vermöge der mir bekannten Dialecte verschiedener Provinzen Italiens im Stande zu seyn, wenn auch nicht alles, doch wenigstens den größten Theil dieser Collectanten-Marschroute zu erklären. Diese folgt hierbey in zwey Columnen und ich werde mich sehr freuen, den erwünschten Nutzen daraus entspringen zu sehen.
Gotha den 26 May 1807.
Andreas Kebay, Kaufmann.

Romanisch (nach sehr fehlerhafter Schreibart)	Deutsch.
Siasinborgo tarocho	Aschaffenburg kann ich spielen oder collectiren.
anau micera comandate (comandato)	In Hanau war ich bestellt.
mareborg micera comandanda (comandato)	In Marburg war ich bestellt.
cassella tarocha in Gognia	In Cassel spiele ich bey Hof.
chietina tarocho siolt Senato	In Göttingen beym Magistrat.
alligenstatto tar. in gont.	In Heiligenstadt im Schloß.
il paife del Lippis bandio	Das Lippische Land ist verboten.
il stodeise bandio	Das (ich kenne es nicht) verboten.
pergis e tileborgis bandis	Berg und Dillenburg verboten.
Hofepacha Lol. (oder libero im Italienischen)	Offenbach ist frey.
in Nobra L. mendra L. sinderaime L. } wahrscheinlich Städte und Dörfer, nach roman. Mundart fehlerhaft geschrieben (L. bedeutet frey.)	
Purgedorf L.	Burgdorf frey.
Ritela do esse L. (vom Italienischen deve essere Es ist wahrscheinlich.)	Rinteln ist wahrscheinlich frey.

vax L.			
here naichirge L.			
anobrisi			
grose innsela L.			
lanspringa g. L.			
pola G. L.			
anohresimina il trost l.			
mendrese g. L.			
in Sain Naistato L.			
Frisacha L.			
in hosfala tincha L.			
Lanfora g. L.			
Conton vna ora emezza			
da haime de berinborg			
vna terra L.			
e poco Lontan vna			
terra delli campanin			
borchi a quatri de coppi			

wahrscheinlich Städte und Dörfer nach der eignen Provincialsprache geschrieben.

(g. L. wahrscheinlich go lib., im Italienis. ho libero ich habe es frey)

In ——— ditto

ditto ——— beym Droß

Conton, eine und eine halbe Stunde von Hoym, ein freyes bernburger Dorf.

unweit davon ist ein Dorf, dessen Glockenthürme mit Ziegeln bedeckt sind (vielleicht Ballenstedt, die Residenz des Herzogs v. Anhalt Bernburg.)

Justiz = und Polizey = Sachen.

Steckbrief hinter F. Heine.

Hohe und niedere Obrigkeiten werden hierdurch geziemend und dienstgebend ersucht, auf unten genau beschriebenen, wegen Diebstahl gefänglich eingezogen gewesenen, in der Nacht vom 18 bis 19 dieses Monats aus hiesigen Gewahrsam entsprungenen Friedrich Heine, aus Klein = Cromsdorf im Weimarischen gelegen, ein genaues Augenmerk zu haben, solchen im Betretungsfall verhaften zu lassen und der unterzeichneten Behörde gefällige Nachricht hiervon zu ertheilen.

Wir versprechen Kostenerstattung und gleiche Rechtswillfährigkeit in ähnlichen Fällen.

Sign. Jena den 19 May 1807.

Stadtgerichte daselbst.

Christian Jacob Geneslet, D.

Beschreibung der Person.

Friedrich Heine, von Profession ein Tischler, ist angeblich neunzehn Jahr alt, großer Statur, dicken rothen glatten Gesichts, hat lebhafte Augen, womit er niemand aufrichtig ansehen kann, eine mittelmäßige gerade Nase und blonde, kurz verschnittene Haare. Er entwich mit sehr alten abgetragenen müllerblauen weiten langen Beinkleidern von Tuch und einer kurzen, roth und gelblaubigten getuschten Aermelweste von Cattun, ohne Hut, ohne Mütze, ohne Halstuch und ohne Strümpfe.

Vorlad. 1) militärpflichtiger Würtemberger. Ludwigsburg. Nachstehende abwesende Conscriptionspflichtige aus dem hiesigen Oberamt werden hiermit bey Strafe des Verlusts ihres Unterthanen = und Bürgerrechts, und der Confiscation ihres Vermögens aufgerufen, a dato innerhalb 4 Monaten in ihrem Heimwesen sich einzufinden, und

den königlichen Conscriptions = Gesetzen sich zu unterwerfen; und zwar von

Ludwigsburg. Beysassen: Johann Friedrich Joseph Leopold Barrier, Bortenwirker. Bernhard Sauter, Gürtler, Carl Ernst Seiter, Bijoutier. Johann Michael Luz, Schneider. Franz Sauter, Bijoutier. Wilhelm Joseph Dominicus Luz, Schneider. Adam Flori, Metzger. Friedrich Ludwig Grünewald, Bijoutier. Michael Klöpfer, Schreiner. Friedrich Wilhelm Heinz Bijoutier. Friedrich Franz Schweikert, Schreiner. Carl Friedrich Kümmele, Buchdrucker.

Von Aldingen: Johann Carl Eichenbrenner, Chirurgus. Johann Georg Jäger, Weber. Heinrich Holderer, Weber. Christoph Dausch, Maurer. Georg Caspar Thumm, Metzger. Gottfried Büchner. Carl Ludwig Kommel, Schuster. Christoph Längle, Schneider. Christian Friedrich Reichert, Messer. Leonhardt Bräkle, Nagelschmid. Johannes Hain, Weber. Jacob Friedrich Brügel, Sattler. Georg Adam Schmid, Schneider. Franz Maximilian Kommel, Maurer. Michael Schneider, Schuster. Wilhelm Friedrich Eichenbrenner, Strumpfweber. Johann Georg Bräkle. Albrecht Notter, Schuster. Ernst Imanuel Eichenbrenner, Windenmacher. Johann Jacob Sonnereger, Schuster. Simon Buchhalter, Metzger. Hieronymus Bußl, Metzger. Simon Keller, Schuster. Georg Caspar Längle, Schneider.

Von Asperg: Jacob Crammer, Metzger. Jacob Merkle, Schreiner. Friedrich Wohlgemuth, Schuster. Leopold Rein, Chirurgus. Gottfried Fink. Georg Heinrich Seiz, Weber. Johann Christoph Rösch, Schneider. Johann Christoph Bersch, Hafner. Johannes Holderer, Weber. Ludwig Leopold, Barbierer. Johann Georg Stahl, Seifensieder. Friedrich Reichert, Maurer. Friedrich Holderer, Weber. Friedr. Kämpf, Schneider. Conrad Schaber, Schuster. Christian Bersch.

Gottlieb Völlm. Johann Adam Greppener, Maurer. Philipp Leopold, Beck. Johann Adam Kraft, Maurer. Wilhelm Kämpf, Weber. Gottlob Bürkle, Maurer.

Von Benningen: Georg Canz, Beck. Michael Lang, Weber. David Zieber, Schmid. Andreas Entenmann, Wagner. Friedrich Entenmann, Kupferschmid. Michael Köpf. Christian Haug, Maurer.

Von Eglosheim: Jacob Friedrich Haupp. Jacob Friedrich Schirm, Schuster. Johann Georg Zöll, Beck. Johann David Schuster, Schuhmacher. Georg Jacob Bernegger. Johannes Schirm, Steinhauer. Johann Jacob Kampp. Johann David Schober, Steinhauer. Johann David Bernegger.

Von Hoheneck: David Eiselen, Müller. Michael Gläser, Schneider. Wilhelm Friedrich Gläser, Beck. Bernhard Friedrich Laiter. Johann Friedrich Rapp, Maurer. Ludwig Friedrich Schäfer.

Von Kornwestheim: Friedr. Durian, Metzger. Johann Georg Ezel, Schuster. Christoph Friedrich Weiß, Kellner. Bernhard Oehle, Seiler. Andreas Kau, Wagner. David Böpple, Weber. Andreas Balheim, Wagner. Leonhard Merkle, Weber. Imanuel Gier, Schneider. Johann Georg Holzbog. Gottfried Richt, Schuster.

Von Möglingen: Jacob Pflugfelder. Jacob Friedrich Buchhalter. Michael Rösle, Schuster. Johann Friedrich Pflugfelder, Schuster. Johannes Edstein, Zimmermann. Jakob Friedrich Tangel, Maurer. Johann Georg Girk, Schmid. Johann Adam Pflugfelder, Schneider. Johann Baltus Pflugfelder, Maurer. Johann Georg Würth, Metzger. Johannes Kienzle, Wagner. Jacob Friedrich Kienzle. Jacob Friedrich Würth, Metzger. Jacob Schmid, Schneider.

Von Neckarweihingen: Ludwig Brust. Matthäus Wörner, Gärtner. Jacob Sommer, Schneider. Joseph Haug, Weber. Georg Stritter, Schuster. Elias Wörner, Gärtner. Johannes Unterkofler, Wagner. Johannes Maier. Georg Friedrich Maier, Schuster. Jacob Theurer, Beck. Heinrich Theurer, Schuster. Matthäus Sommer, Schuster. Jacob Saak, Johannes Stritter, Schuster. Johannes Luz, Schneider. Christian Friedrich Grazer, Kaufmann. Johannes Schneider, Beck.

Von Oßweil: Georg Wünsch, Weber. Gottlieb Sachs, Weber. Jacob Reinhardt, Conrad Bürkle, Metzger. Philipp Weber, Wagner. Amandus Zweigle. Johann Jacob Weber, Weber.

Von Pflugfeld: Elias Gartmaier, Weber. Jacob Wurst, Schuster. Michael Supp, Weber. Georg Staudele, Weber.

Von Poppenweiler: Friedrich Zeyber, Michael Zürn. Jacob Friedrich Geiger, Beck. Johann Georg Krais, Metzger. Johann Georg Jud, Maurer. Friedrich Krauß, Kiefer. Christoph

Friedrich Quaßt, Metzger. Jacob Eßlinger, Schneider. Jacob Bauber, Beck.

Von Jussenhausen: Felix Jungbauß, Schneider. Christoph Jungbauß, Schneider. Johannes Pfisterer. Johann Georg Schwinghammer, Beck. Conrad Wöhrwag, Metzger. Georg Friedrich Schwinghammer, Beck. Christian Gottfried Schwinghammer, Beck. Johann Michael Schäfer, Metzger. Andreas Wöhrwag, Metzger. Conrad Kunberger. Carl Friedrich Wilhelm Elbe, Sattler. Jacob Käfer. Joseph Nikel, Beck. Matthäus Bauer, Wagner. Joh. Georg Wörs, Weber. Johann Georg Käfer. Am 1ten May 1807.

Königlich Württembergisches Oberamt allda.

2) J. L. Beuther's und J. Lauer's.

Johann Ludwig Beuther aus Ziegenbach in Franken gebürtig, welcher bereits 70 Jahr alt und seit 50 Jahren abwesend und verschollen ist: dann

Johannes Lauer, der zu Billingshausen in Franken geboren, nun 76 Jahr alt ist, und welcher in den 1760 Jahren als Pachtgärtner zu Eisenach gestanden, Anno 1770 oder 1771 aber nach Amerika gezogen seyn soll; werden beyde eben so, wie ihre etwaige Leibes-Erben, hierdurch vorgeladen, binnen 6 Monaten bey hiesigem Justiz-Amte zu erscheinen und sich zu ihrem unter Pflegschaft stehenden Vermögen, wovon das des Beuther sich gegenwärtig auf 278 fl. 24 kr. rhl. und das des Lauer, welches diesem von seinem dahier verstorbenen Bruder angefallen ist, auf 108 fl. 43 kr. rhl. beläuft, gehörig zu legitimiren; im Gegentheile aber zu gewärtigen, daß sie beyde für todt erkläret werden, und gedachtes ihr Vermögen an die nach hiesigen Gesetzen sich dazu qualificirenden nächsten Verwandten ohne Caution verabfolget werden soll.

Castell in Franken, den 12. May 1807.

Königl. Baierl. gräfl. Castellisches Justiz-Amt.

J. A. Endres.

3) der Erben Mart. Schuler's.

Zu der Verlassenschaft des in dem Alexandrinen-Stift zu Cölln verstorbenen ehemaligen Hofschuhlers Martin Schuler, welche nach der gestellten Curatel-Rechnung in 1154 fl. 53 kr. besteht, hat sich ein angeblicher Bruder desselben Carl Schuler gemeldet.

Da nun zu wissen nöthig ist, ob nicht noch andere Geschwister oder Geschwisterkinder des verlebten Martin Schuler am Leben seyen, welche an dessen Verlassenschaft mit gedachtem Carl Schuler gleichen Anspruch zu machen hätten; so werden dieselben ihre Ansprüche hierauf innerhalb einer Frist von neun Monaten dahier gehörig nachzuweisen, hiermit unter dem Nachtheil vorgeladen, daß nach dieser unfruchtbaren Frist obige Verlassenschaft

an gedachten Carl Schuler werde ausgefolgert wer-
den.   Mannheim, den 4ten May 1807.
Großherzogl. Badischer Hofrath.
Vdt. Karg.

Kauf = und Handels=Sachen.

Ein Capital von 100,000 Fl. gesucht.

Auf eine Herrschaft in Böhmen, die im Jahre
1805 für 300000 Fl. erkauft, und darauf bereits
88000 Fl. bezahlt worden ist, 82000 Fl. aber theils
auf der Herrschaft immerdar haften, theils aber in
sehr leidlichen terminlichen Zahlungen abgeführt
werden, wie documentirt werden wird, sucht man
ein Darlehn von 100000 Fl. in W. B. R. gegen
jura cessa und beliebige Verzinsung.   Wer sich
dieserhalb in Unterhandlungen einlassen will, schicke
die Erklärung schriftlich, aber unverzüglich an die
Expedition des allg. Anz. in Gotha.   Bey der
Anheimzahlung dieses Capitals, die in einigen Jahren schon geschehen kann, will der Schuldner die
100000 Fl. gerade ausbezahlen, und was
sie gegen die Darleihung etwa noch schlechter stehen,
mit vergüten.   Auch 50000 Fl. würde man annehmen.

Anfrage.

Ein Mann, der eine Fabrik besitzt, welche in
bester Aufnahme ist, die aber mehr Raum erfordert,
als er gegenwärtig inne hat, und sich für jetzt nicht
in solchen Vermögens = Umständen befindet, um
selbst ein Gebäude, welches seinem Bedürfnisse und
dem Absatz seiner Fabricate angemessen wäre, kaufen
oder bauen zu können, fragt hierdurch an: Ob
etwa ein Eigenthümer eines großen und geräumigen Gebäudes, es sey in Sachsen oder aber besser
in Franken, besonders in der Gegend von Nürnberg oder Bamberg zu verpachten hat? Wäre der
Verpachter ein Mann von verträglichem und gutem
Character, und geneigt, selbst Antheil an dem
Geschäft zu nehmen, so versichert man hierdurch
nur so viel: daß ein Capital nicht sicherer und nützlicher als hierzu angelegt werden kann, weil das
Fabricat nicht der Mode, sondern dem Bedürfniß
untergeordnet ist, und wegen guten Absatzes kein
Lager die Circulation des Capitals hemmt. Bey
Anzeigen bittet man die Bedingungen und die Gelegenheiten des Gebäudes genau zu bemerken, und
besonders, ob es hinlänglich Wasser hat. Die
Expedition des allg. Anz. wird portofreye Briefe
mit der Adresse: Fabrik=Gebäude betreffend, an
den Suchenden befördern.

Allgemeine Geschäftsanstalt in Leipzig.

Hiermit gebe ich mir die Ehre, einem in = und
auswärtigen hochadelichen und bürgerlichen Publicum anzuzeigen, daß ich auf hiesigem Platz eine all-
gemeinnützige Geschäfts=Anstalt in Besorgung von
Agenturen, Decponomie, Handlungsgeschäften, Commissionen, Versorgung dienstsuchender Subjecte zur
männlichen und weiblichen Bedienung, und mehrern andern reellen Geschäfts=Anträgen und Aufträgen errichtet habe. Sowohl durch reelle und
prompte Bedienung als auch die strengste Recht-
genheit werde ich mir jederzeit das gütige Zutrauen
eines jedweden zu erwerben bemüht seyn, der sich
in einer oder der andern Angelegenheit an diese
Geschäfts=Anstalt wendet.
M. W. A. Stock in Leipzig
a. d. Brühl in Hr. Frankens Hause, Nr. 473
zweyte Etage.

**Verkauf einer Droguerey = und Farben=
Handlung.**

Eine alte längst bestandene, vor kurzen noch
erneuerte Droguerey = und Farbenhandlung in
Leipzig soll eingetretener Verhältnisse halber aus
freyer Hand nächstens verkauft werden.   Kauflustige haben sich an Hrn. Dr. Johann Friedrich
August Diedemann, Oberhofgerichts = und Con-
sistorial = Advocaten daselbst, wohnhaft in der Fleischgasse Nr. 222, zu wenden.

Verkauf eines Schnittwaaren=Lagers.

In einer sehr angenehmen, in Rücksicht ihrer
Lage ganz zum Handel geeigneten Provinzial=Stadt
Thüringens, in welcher sich vier Schnittwaaren=
Handlungen befinden, welche mit keinem Engros-
betrieben werden, soll Familienverhältnisse wegen
ein Schnittwaaren=Lager unter billigen Bedingungen verkauft werden.

Namen und Ort des Eigenthümers wird die
Expedition des allg. Anz. auf franco an dieselbe
einzusendende Briefe anzeigen.

Verkauf der Weißmühle bey Lahnstein.

Die an der Lahn, eine halb=Viertelstunde von
hier gelegene herrschaftl. Kameral = Erbbestand=
oder sogenannte Weißmühle, stehet gerichtlich feil.
Dieselbe bestehet aus einem geräum gen Wohnhaus
von Stein, Scheuer, Stallung und einer daran
gelegenen Kapelle, nebst einem großen Hausgarten,
und noch 6 Morgen drey Sch. Wiesen, auch einem
an der Mühle gelegenen Wäldchen.   Sie ist eine
Bann = Mühle für Oberlahnstein, ausschließlich
aller andern Müller, hat zwey Mahlgänge und
einen Oelschlag, ist von ordinairer Schatzung und
Lasten, nicht aber von extraordinairen befreyet.
der herrschaft. Canon besteht in 14 maltr. Malter Korn.

Da nun zu deren Versteigerung der erste Ter-
min auf den 17 Junius, der zweyte auf den 1 Jul.
und der dritte und letzte auf den 15 Julius d. J.
Morgens 9 Uhr in loco der Weißmühle von hiesigl.
Amts wegen, anberahmt worden ist.   Als wird sol-
ches den etwa hierzu sich findenden Steigerha-
bern hiermit bekannt gemacht.
Lahnstein, den 2 May 1807.
Herzogliches Amt.
Vogt.   Dreisler.

Allgemeiner Anzeiger

der

Deutschen.

Sonntags, den 31 May 1807.

Literarische Nachrichten.

Etablissements = Anzeige.

Der Nachtheil getrennter Etablissements, besonders in Kriegszeiten, bestimmte mich, daß ich meine seit 4 Jahren in Nürnberg besessene Sortimentshandlung an Herrn Jobst Wilhelm Wittwer abtrat, und meinen ganzen Verlag, mit Inbegriff der bekannten von dem Verfasser der Reden an Jünglinge neuumgearbeiteten katholischen Gebetbücher, so wie des Schmolken, mit meiner schon seit 25 Jahren zu Sulzbach geführten Buchdruckerey verbunden habe, wozu mir des Königs von Baiern Majestät und allerhöchst dessen alles Gute befördernde Ministerium, ein schickliches Gebäude daselbst allerhuldvollest bestimmt haben. Vom ersten May dieses Jahrs an eröffne ich also mein ganzes Geschäft in Sulzbach unter der bisherigen Firma:

     Johann Esaias Seidelsche Buch-
     und Kunsthandlung,

wohin ich von nun an alle schickbaren Aufträge sowohl in Buchhandlungs = als auch Druckereysachen zu addressiren, und alle Zahlungen zu leisten bitte. Eine in jeder Hinsicht reelle Bedienung wird stets mein größtes Augenmerk seyn!

Sulzbach, den 28 April 1807.
       Johann Esaias Seidel,
königlich baierscher Commerzienrath, Inhaber einer Buch- und Kunsthandlung nebst einer Buchdruckerey.

Auctions = Anzeigen.

1) Den 8 Jun. wird allhier eine Versteigerung von Büchern, worunter viele gute Werke sind, gehalten werden. Commissionen übernimmt Hr. Cammersecretair Hartmann und Hr. Chaussee-Secretair Fleischmann, bey welchen auch Verzeichnisse gratis zu haben sind.

Meiningen den 23 May 1807.

. Allg. Anz. d. D. 1.B. 1807.

2) Montags den 15 Jun. d. J. und die folgenden Tage wird in Bremen eine ansehnliche Sammlung gebundener Bücher aus verschiedenen Fächern und in vielerley Sprachen öffentlich den Meistbietenden verkauft werden. Das Verzeichniß dieser Bücher Sammlung ist zu bekommen in Frankfurt bey Herrn Buchhändler Simon, in Göttingen bey Hrn. Proclamator Schepeler, in Gotha in der Expedition des allg. Anj., in Hamburg bey Hrn. Aug. Friedrich Ruprecht, in Hannover bey Hrn. Antiquar Gsellius, in Leipzig bey Hrn. Buchhändler Liebeskind. Gleich nach Beendigung dieser Bücher = Auction wird auch eine beträchtliche Partie Maculatur in verschiedenen Formaten Ballenweise meistbietend verkauft werden. Postfrey eingehende Aufträge zu dieser Auction nimmt, außer den im Cataloge bemerkten Herren, an

     der Auctionator Joh. Georg Heyse.

Bücher = Anzeigen.

Verlagsbücher der Buchhandlung von Breitkopf und Härtel in Leipzig.

Clodius, Entwurf einer systematischen Poetik nebst Collectaneen zu ihrer Ausführung 2 Theile gr. 8. 4 rthlr.

Kalliroe Tragödie. gr. 8. Velinpap. mit Kupf. 1 rthlr.

Shakespear's Othello. Trsp. bearbeitet von Schubart. Mit Melodien von Zumsteg. 8. schweizerpap. 18 gl.

Gozzi, A. der Rabe, dramatisches Mährchen. Aus dem Italien. von A. G. Wagner. 8. 14 gl.

Wagner, A. zwey Epochen der modernen Poesie, dargestellt in Dante, Petrarka, Boccaccio, Göthe, Schiller und Wieland. gr. 8. 12 gl.

Thomson, J. the Seasons, a new edition, Velinpap. 8. 12 gl.

Nardini, L. Scelta di lettere familiari degli autori più celebri ed uso degli studiosi della lingua italiana. 8. 1 rthlr.

Stieglitz, die Baukunst der Alten. Ein Handbuch für die Freunde dieser Kunst, nebst einem archi-

critonischen Wörterbuche in mehrern Sprachen.
Mit 11 Kupfern, gr. 8. Schreibpapier 2 rthlr.
Schweizerpap. 2 rthlr. 12 gl.
Gretry Versuche über den Geist der Musik. gr. 8.
1 rthlr. 12 gl.
Chladni Lehrbuch der Akustik mit vielen Kupfern.
gr. 4. 4 rthlr.
Schlimbach über die Structur, Erhaltung, Stim-
mung und Prüfung der Orgel, mit Kupfern und
Noten. gr. 8. 1 rthlr. 8 gl.

Unter dem Titel:
Schlachtengemählde, gesammelt und herausgege-
ben, von L. Müller. Leipzig bey Joachim.
Preis 16 gl.
ist eine sehr anziehende Lectüre erschienen, wovon
wir hier den Inhalt mittheilen: 1) Die Schlacht
bey Sempach, zwischen den Eidgenossen und dem
Herzog Leopold von Oesterreich. 2) Die Schlacht
bey Cressy, zwischen dem König Eduard III. von
England und den Franzosen. 3) Die Schlacht bey
Poitiers, zwischen dem Prinzen von Wales und
dem Könige Johann von Frankreich. 4) Die
Schlacht bey Leipzig, zwischen Gustav Adolph von
Schweden und dem Kaiserl. General-Tilly. 5) Die
Schlacht bey Lützen, zwischen Gustav Adolph und
Wallenstein. 6) Die Schlacht bey Fehrbellin, zwischen Friedrich Wilhelm von Brandenburg und den
Schweden. 7) Die Schlacht bey Torgau, zwischen
Friedrich dem Großen und dem östreich'schen Feld-
marschall Daun. 8) Die Schlacht bey Marengo,
zwischen den Franzosen unter Anführung des Ober-
consuls Bonaparte und den Oestreichern im Jahr 8.
nach franz. Zeitr. 9) Die Schlacht bey Austerlitz,
zwischen Napoleon dem Großen und den verbündeten Kaiserheeren von Oestreich und Rußland im
Jahr 11. nach franz. Zeitr.

Bey dem Buchdrucker Schill zu Schneeberg
ist vor kurzem ein aus drey Bogen bestehendes Büchlein erschienen, das, um Kindern das deutsche Lesen
zu erleichtern, unterhaltende und lehrreiche Erzählungen in lauter einsylbigen Wörtern enthält. Dieses einsylbige Lesebuch für Anfänger im deutschen Lesen ist in Leipzig beym Herrn Buchdrucker
Solbrig für 1 Gr. netto zu haben. Wer aber
dasselbe in nicht geringen Partien, und darauf eine
ansehnliche Zugabe zu erhalten wünscht, der beliebe
sich in frankirten Briefen an den obgedachten Verleger selbst zu wenden.

Bey Heinrich Ludwig Brönner in Frankfurt a. Mayn sind in der diesjährigen Ostermesse
nachstehende zwey Werke erschienen und an alle
Buchhandlungen versandt worden:
Andreä Böhm's gründliche Anleitung zur Meß-
kunst auf dem Felde; nebst zwey Anhängen von
dem Nivelliren und von der Markscheidekunst.
Dritte Auflage, größtentheils umgearbeitet von
J. G. J. Cämmerer, großherzogl. hessischem

Major und Professor der militairischen Wissenschaften an der Universität zu Gießen. Mit 15
neugezeichneten Kupfertafeln. gr. 8. 3 Rthlr.
Der allgemein anerkannte Werth des böhmischen Lehrbuchs, dessen zweyte Auflage schon seit
einigen Jahren gänzlich vergriffen war, verbunden
mit den häufigen Nachfragen nach demselben, machten eine neue Auflage nöthig. Eben so nothwendig
war es aber auch, dieselbe mit allen den neuen Entdeckungen und Erfahrungen zu bereichern, welche
diese Wissenschaft in ihren Fortschritten seit der Erscheinung der zweyten Ausgabe gemacht hat. Der
verdienstvolle Herausgeber, Herr Major Cämmerer,
hat alles dieses durch eine fast gänzliche Umarbeitung des böhmischen Werks auf eine so vollkommene Weise geleistet, daß dasselbe in seiner jetzigen Gestalt mit Grund als ein classisches Lehrbuch der Meß-
kunst auf dem Felde angesehen und empfohlen werden kann.
Nouvelles aménités literaires, à
l'usage des jeunes personnes de l'un et
de l'autre sexe, par J. J. Römer, Dr.
et Professeur à Francfort. Première partie. 8. 16 ggl.
Die Tendenz dieser Schrift, die Erlernung der französischen Sprache zu erleichtern, und zugleich unter
Jünglingen und Mädchen Tugend und Lebensweis-
heit zu verbreiten, kann unmöglich ihren Zweck verfehlen. Wir haben dem Verfasser schon manche andere mit Beyfall aufgenommene Schrift für die Jugend zu verdanken.

In der Stettin'schen Buchhandlung ist so eben erschienen:
Dictionnaire Univerfel des Synonymes
de la Langue francoise, à l'ufage des Allemands oder: Allgemeine französische Synony-
mik für die Deutschen, nach den besten Natio-
nalschriftstellern Girard, Beauzée, Roubaud
und den Encyclopädisten in beynahe 1200 Artikeln practisch und in alphabetischer Ordnung bearbeitet, und durch französische und deutsche Beyspiele zur Uebung im Uebersetzen erläutert von
M. Joh. Lang, 1807. ganz groß Octav. 48 Bogen. Pränumerationspreis 3 fl. 15 kr. Ladenpreis 4 fl. 15 kr.
Dieses Dictionnaire enthält nach einer ihm eigenthümlichen Einrichtung 1) sämmtliche bis jetzt
von französischen Schriftstellern bearbeitete Synonyme in alphabetischer Ordnung; der Text der Erklärungen ist theils französisch, theils deutsch, 2)
die Abstammung jedes Synonyms aus dem Griechischen, Lateinischen, Französischen 2c. nebst seinen
eigentlichen und uneigentlichen Bedeutungen,
3) die Sinnverwandtschaft oder die gemeinschaftliche Bedeutung der französischen Synonyme,
deutsch ausgedrückt, 4) mehrere französische und
deutsche Beyspiele zur Erläuterung und zur Uebung
im Uebersetzen, 5) ein französisches und deutsches
Register, auch als Dictionnaire zu gebrauchen.

Den Werth dieses mit sichtbarem Fleiße bearbeiteten und sowohl zu einem Lehr- und Uebungs-
buche in höheren französischen Schulclassen, als zu
einem Leitfaden bey academischen Vorlesungen, so
wie zu einem Handbuche jedes Freundes der französischen Sprache geeigneten Werkes zu bestimmen,
überläßt die Verlagshandlung, wie billig, den Sachkundigen.

Dieses Werk macht gleichsam den dritten Band
oder den Anhang des

Nouveau Dictionnaire Raisonné portatif françois-allemand et allemand-françois, oder
neues möglichst vollständiges und erklärendes
französisch-deutsches und deutsch-französi-
sches Handwörterbuch, nach den neuesten und
besten größern Wörterbüchern beyder Nationen
bearbeitet von J. D. E. Weiler, und M. J.
Kang, 2 Bände in ganz groß Octav, zusammen über 110 Bogen stark, Ulm 1800 — 1805
bey Stettin,

aus, dessen beyde Bände 5 fr. 30 kr. im Pränume-
rations- und 7 fl. 15 kr. im Ladenpreis kosten. Wer
diese beyden Wörterbücher zusammen nimmt, erhält sie noch bis Ende dieses Jahrs gegen baare
Einsendung für 8 fl. 15 kr., dagegen der Ladenpreis
derselben zusammen 11 fl. 30 kr. ist. Zugleich empfiehlt
unterzeichnete Buchhandlung dem Publicum überhaupt, vorzüglich aber Schulvorstehern u. d Schullehrern, in deren Schulen die französische Sprache
getrieben wird, folgende Schrift, um den äußerst
niedrigen Preis von 24 kr.

Le nouveau Testament de notre Seigneur Jesus-Christ. Traduit en François sur l'original grec par Mrs. de Beausobre et Len-
fant. D'après l'édition la plus correcte
d'Amsterdam 1805. (26 Bogen in Octav.)

Die französische Uebersetzung des Neuen Testaments, welche die Kenner längst als eine der vorzüglichsten anerkannten, hat davon noch den Vorzug, daß sie mit einer äußerst niedlichen, hellen
und deutlichen Schrift, und auf sehr feines Papier
gedruckt ist. Jedes Capitel ist mit einer Inhaltsanzeige versehen, und unter dem Texte sind sehr
viele Parallelstellen angeführt, so daß dieses Buch
in Schulen, wo die Lehrlinge mit der französischen
Sprache bereits in etwas bekannt sind, auch bey
der Lesung der heiligen Schrift gebraucht werden,
und so der Lehrer durch dasselbe zwey Zwecke zugleich erreichen kann.

Auch sind davon Exemplare auf Postpapier
à 45 kr. zu haben. Wer 10 Exemplare nimmt, erhält das 10te frey.

Die Stettin'sche Buchhandlung in Ulm.

Bey Johann Friedrich Unger in Berlin ist
erschienen:

Anecdotes et traits caracteristiques, de la Vie
de Frédéric le grand I. — IV. Cah. 1 Thlr.
8 Gr.

Mutter Anna und Mutter Dore, oder
die gute Nachbarschaft; Gesellschaftslied von

L. Monti, Verfasser der Berlinade 4to 2 Gr.
(Musik.)

Bibliothek der Robinsone, in zweckmäßigen Aus-
zügen vom Verf. der grauen Mappe, 4ter Band.
8. 1 Thlr. 12 Gr.

Fischer, Ch. A. Allgemeine unterhaltende Reise-
Bibliothek oder Sammlung der besten und neuesten Reisebeschreibungen, nach ausländischen Originalen ästhetisch bearbeitet. 2ter Band. 8. auf
engl. Druckp. 2 Thlr.
— dasselbe auf ord. Druckpap. 1 Thlr. 8 Gr.

Nach der Messe wird fertig.

Arethusa oder die bukolischen Dichter des
Alterthums IIter Theil. 4to mit Vignetten auf
Englisch Druckpap. und auf Schweizerpapier.

Corinna ein Roman in 2 Bänden von Frau von
Staël, aus dem Franz. übersetzt von Friedrich
Schlegel.

Horn, Franz, Leben und Wissenschaft, Kunst und
Religion, in Briefen und Fragmenten, gr. 8.

Nibelungen, der, Lied, bearbeitet durch F. H.
von der Hagen. gr. 8.

In der Ostermesse 1806 waren neu.

Arethusa oder die bukolischen Dichter der
Alterthums. Iter Theil. 4to mit Vign. auf Engl.
Druckp. 1 Thlr. 8 Gr.
— dasselbe auf geglätt. Schweizerpap. 2 Thlr.

Bibliothek der Robinsone, in zweckmäßigen Aus-
zügen vom Verf. der grauen Mappe. 3ter Band.
8. 1 Thlr. 12 gl.

Buchholz, F. Bekenntnisse einer schönen Seele,
von ihr selbst geschrieben. 8. 1 Thlr. 12 Gr.

Collin, Balboa, Trauerspiel in 5 Aufz. gr. 8.
16 Gr.
— dasselbe auf Velinpap. 1 Thlr. 12 Gr.
— dasselbe in fl. 8. Druckpap. 8 Gr.

Fischer, Ch. A. Allgemeine unterhaltende Reise-
Bibliothek oder Sammlung der besten und neuesten Reisebeschreibungen, nach ausländischen Originalen ästhetisch bearbeitet. 1ter Band. 8. auf
engl. Druckp. 2 Thlr. 12 gl.
— dasselbe auf ord. Druckpap. 1 Thlr. 8 Gr.

Franke, G.S. Ueber die Eigenschaft der Analysis
und der analytischen Methode in der Philosophie. Eine Abhandlung, welcher von der königl. Academie der Wissenschaften zu Berlin
der Preis von 50 Ducaten zuerkannt worden
ist. gr. 8. 8 Gr.

Kausch, Dr., Ueber den Milzbrand des Rindviehes. Eine Abhandlung, welcher von der
königl. Academie der Wissenschaften zu Berlin der Preis von 50 Ducaten zuerkannt ist.
gr. 8. 8 Gr.

Luden, H. Hugo Grotius nach seinen Schicksalen
und Schriften dargestellt. gr. 8. 1 Thlr. 12 Gr.

Religionsunterricht, der natürliche und christliche,
für Kinder. Von einem Geschäftsmanne und Familienvater entworfen. 8. 1 Thlr 12 gl.

Scherz und Liebe, in italienischen Novellen. 8.
2 Thlr.

P. Terentii Comediae. In usum elegantiorum hominum edidit F. H. Bothe. Cum icone Terentii a F. Boltio. incisa. 8 maj. auf gegl. Schweizerpap. 5 Thlr. 8 gr.
— Daffelbe auf franz. Velinpap. 2 Th. 12 Gr.
— Daffelbe auf ord. Druckpap. 1 Thlr. 16 Gr.
Valentin, Louis, Abhandlung über das amerikanifche gelbe Fieber, aus dem Franz. überf. mit Anmerkungen und Vorrede von Dr. K. Ch. H. Ameiung. 8. 18 Gr.
Bittor, Ch., Thème avec huit variations et Coda pour piano forte. Oeuv. I. quer fol. 8 Gr.
Deffelben Trois Duos italiens. avec accompagnement de Pianoforte. Cinquième Livraison. quer fol. 12 Gr.
Sechs deutsche Lieder mit Begleitung des Pianoforte und der Guitarre für sich allein, von einem Ungenannten. Erftes Heft. quer fol. 12 Gr.

In der Michaeliemeffe 1806 war neu.
Euphrofyne, oder Schönheit und Würde des weiblichen Geschlechts. Ein Gedicht von J. H. Eichholz. 18 Gr.
Neuer Bienenkalender für alle Gegenden, auch unter dem Titel: Taschenbuch für Bienenliebhaber auf 1807. 16 Gr.

Des Superintendent Schröter Nachträge zu seinem Buche vom Alter, und untrügliche Mittel alt zu werden. 1te Lieferung. Berlin 1807. bey den Gebrüdern Gädicke und in allen andern Buchhandlungen zu haben für 12 gl. oder 54 kr.
Das Hauptwerk mit den 11,780 Beyspielen von Perfonen welche 80 bis 190 Jahre alt geworden find, und welches in allen Buchhandlungen für 2 Rthle. oder 3 fl. 36 kr. ebenfalls zu haben ist, ist hinlänglich bekannt. In den Nachträgen fängt der Herr Verfaffer an, nur Beyfpiele von 99 und mehrjährigen Alten zu liefern, und diese erfte Lieferung enthält 145. die zuletzt angegebene Perfon ift 200 Jahr alt geworden.

Im Verlage der Meyer'fchen Buchhandlung in Lemgo, find zur Oftermeffe 1807 fertig geworden:
Becker, J. G. Bemerkungen über Erziehungsanftalten und häusliche Erziehung. 8. 9 ggr.
Ebermaier, Dr. J. Chr. pharmaceutifche Bibliothek für Aerzte und Apotheker. 1ften Bandes 4tes St. 8. 6 ggr.
Ernefti, J. J. A. encyclopädifches Handbuch einer allgemeinen Geschichte der Philofophie und ihrer Literatur. Nebst Beyträgen zum weitern Gebrauch der Hißmannifchen Anleitung zur Kenntniß der auserlefenen Literatur in allen Theilen der Philofophie. 8. 2 Rthlr.

Ovidii, P. Naf. Metamorphofeon Libri XV. Des Dolbius 15 Bücher der Verwandlungen, mit Anmerkungen zum Nutzen der Jugend herausgegeben von A. Chr. Meinecke, 1ster Theil. 8. 1 Rthlr. 4 ggr.
Portmann, M. C. weftphälifcher Volks-Calender auf das Jahr 1807. 9 ggr.
Quedenfeld, J. Chr. vollftändige Syntax der franzöfifchen Sprache; oder Anweifung zu einem ocht franzöfifchen Style; durch eine Menge zweckmäßiger und inhaltreicher Beyfpiele aus ältern und neuern franzöfifchen Schriftftellern erläutert, gr. 8. 2 Rthl. 4 ggr.
— dito — dito — dito Schreibpap. 3 Rthl.
Wolfrath, Fr. W. Verfuch eines Lehrbuches der allgemeinen Catechetik, als Vorbereitung auf die religiös moralifche. Zum Gebrauch für academifche Vorlefungen, 8. 12 ggr.
welche Bücher in jeder folben Buchhandlung zu bekommen find.

Ueber die nichtigen Einwendungen und das fchwere Vergeben derer, welche abfichtlich ihre Kinder und Pfleglinge nicht durch Schutzblattern gegen die Kinderpocken zu fichern fuchen.
Eine Predigt am Sonntage Judica den 15 März 1807 in der Stephanskirche zu Helmftädt gehalten von Johann Friedrich Julius Spannuth, Infpector des dafigen Schullehrer-Seminariums und Gehülfsprediger. Herausgegeben und mit Anmerkungen begleitet von D. Wilhelm Remer, ordentl. Profeffor der Arznekunde auf der Julius Karls Univerfität.
Wer da weiß Gutes zu thun, und thut es nicht, dem ift es Sünde. Jacobus.
Helmftädt, bey C. G. Fleckeifen 1807.

Zur Oftermeffe erfcheint bey Steinacker in Leipzig:
Der Menfch und die Thiere. Ein gemeinfaßliches Lefebuch, worin die Rechte und Pflichten des Menfchen in Beziehung auf die Thiere, die Urfachen der Thierqualen und die Mittel dagegen, angegeben werden. Von M. Auguft Immanuel Zeßner, Prediger in Suhl.

Eben ift erfchienen:
Die Fruchthandlung mit größtmöglichem Vortheil zu führen und zukünftige Getreidepreife vorher zu wiffen. Mit Gewißheit erwiefen von Gottfr. Erich Rofenthal, herzogl. fachfen-gothaifchen Berg-Commiffarine 2c. gr. 8. Leipzig in der Joachimfchen Buchhandlung. Preis 8 gl.

Allgemeiner Anzeiger
der
Deutschen.

Montags, den 1 Junius 1807.

Gesetzgebung und Regierung.

Auch etwas über Vertheilung der Contribution im erzgebirgischen Kreise des Königreichs Sachsen.

(Zunächst die Subrepartitionen auf dem Lande betreffend.)

Bey den, in Gemäßheit der von der hohen Kreisdeputation unterm 18 Dec. 1806, 8 Januar und 25 April 1807 erlassenen Publikanden, an jedem einzelnen Orte auf dem Lande unter der Direction der Obrigkeit, mit Zuziehung der Gerichts- und Ausschußpersonen, vorzunehmenden Subrepartitionen der jedem Orte im Ganzen nach der Anzahl der Magazinhufen und der neuerlich zu diesem Behufe aufgezogenen sogenannten blinden Hufen zugetheilten Haupt-Quota zu der, dem armen erzgebirgischen Kreise ganz unverhältnißmäßig auferlegten französischen Contribution kommen so mannichfache Zweifel und Differenzen vor, die eine authentische allgemeine Entscheidung nöthig machen, weil sie zu häufigen Verdrießlichkeiten und ärgerlichen Auftritten Anlaß gegeben haben, oder noch geben, und die fast an jedem Orte anders, an keinem aber wol nach dem echten Sinn der hohen Publicanden behandelt worden sind. An vielen Orten, besonders an solchen, die die Contributions-Beyträge, weil für den Augenblick kein anderer Ausweg war, im Ganzen erborgt haben, ist eine eigentliche Subrepartition für jetzt noch gar nicht vorgenommen, sondern bis zur künftigen Wiederbezahlung verschoben worden; es wäre also sowohl für diese Orte, als auch

Allg. Anz. d. D. 1 B. 1807.

für andere, wo man die Subrepartition theils angefangen, theils vermeintlich vollendet hat, wo aber dabey manche himmelschreyende Ungleichheit und Unbilligkeit, theils mit bösem Vorsatz, theils aus Irrthum und Mißverstand, begangen worden ist, die sich also noch verbessern ließe, sehr zu wünschen, daß die hohe Deputation sich dadurch ein neues großes Verdienst um den Kreis, besonders um den ärmern Theil der Dorfbewohner, erwerben möchte, wenn von ihr recht bald eine officielle allgemeine Erläuterung über die am häufigsten vorkommenden Zweifel bekannt gemacht und dadurch der mögliche höhere Grad einer beabsichtigten Ausgleichung bewirkt würde. Denn eine völlige Parification ist unter den vorwaltenden Umständen ohnehin nicht möglich, weil bey dem einmahl festgesetzten Maßstabe es unvermeidlich ist, daß ein Ort vor dem andern außerordentlich prägravirt wird, indem z. B. viele Orte bey einem großen Umfange der Fluren und einem ergiebigen, fruchtbaren Boden dennoch wenige Magazin-Hufen und dabey eine Menge wohlhabender Grundbesitzer oder reicher Ausgügler u. s. w. haben, statt daß an eben so vielen Orten das Gegentheil von allem dem Statt findet; folglich an diesen letztern auf das Tausend des geringen Communvermögens doppelt und dreyfach als Beytrag gegeben werden muß, was an den erstern nur einfach gegeben wird.

Vielleicht ist es nicht überflüssig, hier einige der vom Verf. dieses Aufsatzes bemerkten Differenzen namentlich anzuführen und wenn die hohe Deputation oder der verehrte

Verfasser der Publicanden sie einer öffentlichen, als Norm anzusehenden Beantwortung würdigen wollte, so würde dadurch schon ein bedeutender Vorschritt zu einer gleichmäßigern Subrepartition auf dem Lande gethan werden, auch würden dadurch auf einmahl eine Menge einzelner Bittschriften, Vorstellungen und Beschwerden, die von einzelnen Contribuenten bey der hohen Deputation theils schon eingereicht worden seyn, theils noch beabsichtigt werden mögen, sich beseitigen und abfertigen lassen.

Es fragt sich also zuerst, in wie fern sind die Rittergutsbesitzer bey der Subrepartition zur Mitleidenheit zu ziehen? In Ansehung des Ritterguts selbst können sie wol keiner Taxation unterworfen seyn, denn für dieses bezahlen sie nach den Ritterpferden in jedem Drittel, aber wegen solcher Grundstücke, die nicht mit Ritterpferden verdient werden, namentlich wegen solcher, die seit undenklicher Zeit als steuerbare wüst gelegene Bauergüter zum Rittergute gekommen und als solche mit einer Anzahl Magazinhufen belegt, oder falls sie frey besessen worden, neuerlich zur blinden Hufen aufgezogen sind, — sollen sie deshalb ohne weiteres nach dem Betrag der aufhabenden Magazin- und der aufgezogenen blinden Hufen contribuiren, oder sollen diese Grundstücke taxirt werden, was gewöhnlich großen Schwierigkeiten unterworfen und nicht selten gar nicht zu eruiren ist, weil man zuweilen nicht mit Zuverlässigkeit angeben kann, welches die ursprünglich zum Rittergute gehörigen und welches die dazu acquirirten Bauergrundstücke sind? Und soll, falls sie im Orte wohnen, ihr Mobiliar-Vermögen, namentlich auch der ungefähre Betrag ihrer ausstehenden Capitale, mit in Anschlag kommen? Falls sie nicht im Orte, sondern vielleicht wegen einer Staatsbedienung in der Residenz wohnen, oder mehrere Güter besitzen, auf denen sie sich wechselsweise aufhalten, wie soll es da gehalten werden? Sollten sie nicht wenigstens von ihrem, oft kostbaren Meublement und dem Inventarium, was sie an jedem Orte besitzen, was beydes der Plünderung zunächst ausgesetzt war, beytragen?

Auch ist es bey andern Personen oft der Fall, daß sie an mehrern Orten Besitzungen haben und an einem andern Orte wohnen. [illegible] In jedem dieser [illegible] doch wol der [illegible] ihres Vermögens taxirt werden, [illegible] selbst besitzen?

Was heißt aber überhaupt Privatvermögen? Soll dasjenige, was eigentlich der Frau oder den Kindern eigenthümlich gehört, und wovon der Mann oder Vater nur Usufructuar ist, mit in Ansatz kommen? Das scheint unbillig, und von der andern Seite betrachtet, würden die Frau oder Kinder bey einer wirklichen Plünderung einen großen Theil des Ihrigen ebenfalls verloren haben, also sollen auch diese selbst nach ihrem Vermögen beytragen. Eine Präliminar-Frage, auf deren Erörterung und [illegible]scheidung im Ganzen unglaublich viel [illegible] würde.

Ritterguts-Pachter, die [illegible] taxiren lassen, die oft selbst so [illegible] Kaufleute genau wissen, wie sie [illegible] ten wol einen nach dem Betrag der [illegible] Pachtgelder fixirten Beytrag [illegible]

Zweytens. Die [illegible] chen Standes betreffend [illegible] die dießfalls erschienene [illegible] Schrift vom 17 Februar und [illegible] Publicandum vom 26 [illegible] über entschieden und [illegible] Ort, etwas wider diese Entscheidung [illegible] erinnern; ungeachtet es z. B. [illegible] te, daß allein der Geistliche [illegible] gen und von den Diensteinkünften [illegible] soll, da dieses — übrigens [illegible] Verhältniß in den Städten [illegible] andere Stände als allgemeine [illegible] schrieben ist, oder anwendbar gemacht wird; indeß gibt es doch noch einige specielle, häufig vorkommende Fälle, die zu Streitigkeiten Anlaß geben und deren in jenen [illegible] gen nicht gedacht ist. Z. B.

a) Wenn ein Geistlicher außer der Kirche seines Orts, oder der sogenannten Mutterkirche, auch noch eine Filialkirche zu besorgen und in beyden Dörfern Grundstücke zu usufruiren hat, kann er doch nicht an beyden Orten nach dem Vermögen und den Diensteinkünften contribuiren? Seinen nach beyden ausfallenden Beytrag wird sich die Commune des Orts, wo er wohnt, allein anmaßen, denn, da

man ohnmaßt den geistlichen Stand nicht
überhaupt frey gelassen hat, so ist auch zu
erwarten, daß die meisten Communen, die
sich freuen, daß der Pfarrer gleich jedem
andern Individuum des Orts nach dem
Vermögen taxirt werden und contribuiren
soll, ohne irgend eine billige Rücksicht zu
beobachten, die Saiten so hoch als möglich spannen werden, um nicht etwa das
Pfarrgut übertragen zu müssen, wie wird's
nun wegen der Hufe auf dem Filialdorfe?
Setzen wir den Fall, daß die Kirche des
Filialdorfs ganz arm ist, die Kirchfahrt
selbst eine unverhältnißmäßig starke Quota
aufzubringen und bereits außerdem durch
Einquartierungen allzuviel gelitten hat,
so daß es höchst unbillig seyn und am Ende
wol gar eine große, höchst nachtheilige Er-
bitterung gegen den unschuldigen Pfarrer,
der nicht sogleich doppelt geben will, hervorbringen würde, wenn man ihr auch
noch die wegen der Pfarrhufe dem Orte
auferlegte Summe abforderte, und daß
kein Holz auf der Hufe steht, wovon nach
dem Publ. vom 25 April ja höchstens
etwas geschlagen und verkauft, das Kauf-
geld aber zu Bestreitung der erforderlichen
Summe verwendet werden könnte, wie
soll es da gehalten werden? Ohnehin
fragt sich's noch, ob in dem angegebenen
Falle, wenn zwar etwas Holz da ist, dieses aber nur den kleinsten Theil des Pfarrgutes auf dem Filialdorfe ausmacht, die
ganze wegen des Pfarrgutes dem Ort treffende Rata aus diesem genommen werden
darf, und ob die Kirchen-Inspection ohne
Berichtserstattung an die Consistorien eine
solche billig scheinende Maßregel verfügen
kann? b) Wenn Pfarrwitwen am Orte leben,
die nicht ganz arm sind, deren Vermögen
aber ihnen nur einen jährlichen Zinsertrag
von ungefähr 100 bis 150 Thlr. mit Inbegriff der etwaigen Pension gewährt, wovon sie, ohne irgend ein anderes Susten-
tationsmittel nothdürftig leben müssen,
was kann man mit Billigkeit von diesen
als Beytrag verlangen? c) Wie sind die Schulmeister zur Mitleidenheit zu ziehen? Das Publ. vom 25
April nennt sie gar nicht, sind sie aber dem

noch darunter gemeint und sollte nicht in
Ansehung der Beyträge von ihrem Dienst-
einkommen ein anderer Maßstab festgesetzt
werden, weil sie in der Regel mit wenigerm ausspannen können und geringern
Aufwand zu machen haben, als der Pfarrer,
folglich einer mit 150 Thlr. dem Pfarrer,
der 200 Thlr. Einkünfte hat, einer mit 200
Thlr. dem Pfarrer, der 300 Thlr. Einkünfte hat, u. s. w. gleichzustellen wäre?
Auch verdient wol der Umstand einer Be-
rücksichtigung, daß die letzten tabellarischen
Eingaben bey den Ephorien älter sind, als
das Ober-Consistorial-Rescript vom 9
Junius 1806 durch welches, (wenigstens
in dem Umfange der Freyberger Ephorie,
ob ein gleichlautendes auch an andere
Superintendenten ergangen ist, weiß Einsender dieses nicht bestimmt anzugeben,)
ein Groschen wöchentliches Schulgeld als
Minimum festgesetzt wurde, seit dessen Einführung mithin ihre Einkünfte bedeutend
gestiegen sind. Drittens: Die Auszügler betreffend,
so können wol die Natural-Auszüge und die
mit 10, 20, oder höchstens 30 Thlr. jährlich
zahlbaren, unzinsbaren Leeningelder, indem
beydes zusammen gewöhnlich kaum zum
nothdürftigsten Lebensunterhalte hinreicht,
nicht der Taxe unterworfen seyn. Also nur
zinsbare rückständige Kaufgelder und außer
ausgeliehene Capitale sollten den Maßstab
ihrer Contributions-Beyträge abgeben? Viertens: Die Grundstücke der Hüfner,
Gärtner und Häusler betreffend. Sollen
diese, wenn nicht neuere Käufe und zwar solche, die nicht mit Eltern, Schwiegereltern
oder Ehefrauen, sondern mit fremden Personen abgeschlossen worden sind, den wahren
Werth ausweisen, taxirt werden, und in wie
fern können oder sollen die Passiv-Schulden
der Besitzer von diesem Betrage des Werths
ihrer Grundstücke abgezogen werden? Nach
meiner Meinung wäre diese letztere Art von
Billigkeit gegen Einzelne die höchste Unbilligkeit gegen die Uebrigen. Denn, wie kommen
die ordentlichen, wohlwollenden Grundbesitzer dazu, daß sie für liederliche, oder un-
vorsichtige, unverständige Besitzer die durch
elende, unsinnige Bewirthschaftung dem Bankerott nahe kamen, oder, weil sie allzutheuer

kauften, dadurch viele Schulden zu contrahiren gezwungen wurden, eben dadurch aber auch andere verdrängten, die einen verhältnißmäßigen Preis baar bezahlen konnten, indebite bezahlen sollen? Diese Grundstücke gehören zum Commun-Vermögen, also müssen ihre Besitzer zwar nicht nach dem Hufenfuße, aber doch nach dem wahren jetzigen Werthe ihrer Grundstücke verhältnißmäßig contribuiren. Bey andern fortdauernden Abgaben wird ja ebenfalls nicht auf die Schuldenlast der Grundbesitzer Rücksicht genommen, warum sollte es hier zum Verderben der wenigen wohlhabenden der Fall seyn und so der Liederlichkeit, dem Unverstande und dem Trotze ein ganz besonderer Schutz gegönnt werden? Würden alle diese Schulden der Grundbesitzer von der Summe des Communvermögens abgezogen, so müßte natürlich, wenn solcher verschuldeten Besitzer allzuviele im Orte sind, wie ich häufige Beyspiele weiß, auf die schuldenfreyen Besitzungen der übrigen wenigen eine ungeheure Summe ausfallen? Genug, wenn die Beyträge der verschuldeten Grundbesitzer, sie mögen Bauern, Gärtner oder Häusler heißen, nicht den Werth des Viehes und des übrigen Inventariums erreichen, indem dieses zunächst der Plünderung unterworfen war, und wobey natürlich keiner der plündernden Soldaten erst gefragt haben würde, ob der Eigenthümer ein verschuldetes oder schuldenfreyes Grundstück besitze.

Ueberhaupt sollte an jedem Orte eine besondere Modification der Beyträge von den Grundstücken, unter diesen aber wieder von bloßen Häusern ohne Feld, und von dem Mobiliar-Vermögen Statt finden, da der größere Feldbesitzer weit eher durch verständige Benutzung seines Grundstücks und durch die nächste ergiebige Ernte sich für den Verlust, den er durch seinen Contributionsbeytrag erleidet, entschädigen kann, als der Häusler, oder als der besoldete Diener und der Privatmann, der vom Ertrage seiner oft unsicher ausgeliehenen Capitale leben muß, welchen allen keine solche Aussicht einer Entschädigung bleibt.

Fünftens: Die Bergleute betreffend. Gemeine Bergleute sollen, nach einem angeblich ergangenen höchsten Rescripte, frey seyn, aber nur, wenn sie nicht ansässig sind, auch die Steiger nicht. Dennoch wollen sowohl die ansässigen Bergleute, als die Steiger, an vielen Orten auf jene Befreyung provociren. Das rührt daher, weil das Rescript selbst nicht bekannt gemacht worden ist, aus welchem sich die Modalität der Befreyung bestimmt ersehen ließe. Ganz unbillig ist bes sonders eine solche Befreyung bey Besitzern von ehemaligen Huth- und Zechenhäusern, über die die Bergämter die Jurisdiction ausüben, indem dergleichen Häuser sonst von allen Abgaben und Prästationen frey sind, eben deshalb aber zu der Contribution um so williger und zwar nach einem höhern Satze, als andere mit ungeheuer vielen Abgaben beschwerte Häuser, beytragen sollten. Sollen die Orts-Obrigkeiten wegen solcher Reniten ten sich mit den Bergämtern in weitläufige, gewöhnlich fruchtlose oder am Ende liegen bleibende Communication einlassen, oder sich unmittelbar an die hohe Deputation wenden? Auch gibt es gemeine Bergleute, die außer ihrem Lohne baares Vermögen oder ausgeliehene Capitale, obwohl gerade keine Grundstücke besitzen, warum sollen diese frey bleiben?

Sechstens: Unansäßige Tagelöhner, die nichts als ihr geringes Tagelohn haben, von dem sie, oft mit Weib und Kindern, die wenig oder nichts verdienen können, leben müssen, auf das sie jetzt bey der Stockung jedes Gewerbes nicht einmahl für jeden Tag bestimmt rechnen können, das kann wegfällt, wenn Feyertage, Krankheiten und dergl. eintreten, müssen wol, als notorisch arme, ganz frey bleiben.

Siebentens: Die Beyträge vom Gesinde sollten wol nach dem Betrage des Lohns, (und wenn dieses zum Theil in Naturalien, als Flachs, Leinwand rc. besteht, nach Gelde gerechnet,) fixirt werden, so daß von der hohen Deputation selbst bestimmt würde, ob z. B. sechs Pfennige, oder ein Groschen vom Thaler, und zwar an einem Orte, wie am andern, gegeben werden müßten.

Achtens fragt sich: Wie ist es mit der executivischen Beytreibung der Reste von hartnäckigen Restanten? Diese müßten wol bey der Ablieferung mittelst Restspecification übergeben und von Seiten der hohen Depu-

cation, nicht der Ortsobrigkeiten, durch mi=
litärische, an die einzelnen Restanten abzu=
schickende Execution eingebracht werden.
Nur einige wirkliche Beyspiele dieser Stren=
ge würden bald die übrigen Renitenten zum
Gehorsam bringen.

Im Allgemeinen wäre sehr zu wünschen,
daß die Subrepartitionen entweder nach ei=
nem vorzuschreibenden allgemeinen tabellari=
schen Schema der hohen Deputation zur Ge=
nehmigung vorgelegt werden müßten, oder
daß sie durch zu ernennende Commissarien,
die mit dem Orte in keinem Verhältnisse stün=
den, jedoch unter Zuziehung der Ortsobrig=
keiten, so wie der Gerichts= und Ausschuß=
personen, in jedem Orte definitiv vorgenom=
men würden, ohngefähr wie in dem treffli=
chen Regulativ für die coburg=saalfeldschen
Lande wegen Vertheilung der Kriegsschäden
(Allgem. Anz. der Deutschen Nr. 93. vom
Jahre 1807) angeordnet ist. Jetzt hindert
nicht mehr der Drang der Umstände, wie vor
und bey Ausschreibung des ersten Drittels,
eine solche zweckmäßigere Maßregel.

Das Beste für das arme gesammte Land
wäre freylich gewesen, wenn unser geliebter
König, nachdem die Contribution im Ganzen
an die französischen Behörden durch eine Re=
gotiation mit dem Bankier Frege in Leipzig
berichtigt worden, sich mit Zuziehung der
Stände entschlossen hätte, die Summe,
welche das ganze Königreich trifft, zu einer
Landesschuld auf nen auszufertigende Steueri
scheine, allenfalls mit 4 und 5 pro Cent, zu
machen, so daß die entkräfteten Unterthanen
gänzlich damit hätten verschont werden kön=
nen. Wäre es bloß die Contribution gewe=
sen, die das Land drückte, so wäre das noch
allenfalls zu verschmerzen, aber weit drücken=
der als diese sind die noch immer fortdauern=
den Einquartierungen fremder Truppen.
Hätte man wenigstens von Seiten der höch=
sten Landesbehörden denjenigen Orten, die
durch Einquartierung so viel gelitten haben,
daß nach den officiellen vielfachen Elugaben
der dießfallsige Aufwand und Verlust die dem
Orte noch überdieß abgepreßte Contributions=
Summe doppelt und mehrfach übersteigt, die
billige Schonung an einzelnen glücklichen Or=
ten, die seit dem October 1806 keinen einzi=
gen fremden Soldaten in ihrem Bezirke ge=

sehen, noch weniger verpflegt haben, ange=
deihen lassen, daß ihnen nachgelassen worden
wäre, die Beyträge zur Contribution, allen=
falls nur zum Theil, als eine vorläufige Ver=
gütung auf jenen fürchterlich drückenden
Einquartierungs=Aufwand, inne zu behal=
ten! Sogar die schuldigen Gelder für die
letztern Stückpferde und Natural=Lieferun=
gen durften nicht in Zurechnung gebracht und
compensirt werden, ohngeachtet die Unter=
thanen jetzt bloß Schuldner der königl. Rent=
kammer sind, die die Anleihe des B. Frege
successive wieder zu bezahlen übernommen
hat, die aber auch, wegen der ihr unterge=
ordneten General=Kriegs=Zahlcasse jene Rück=
stände für die Stückpferde und für die Lie=
ferungen in die Militair=Magazine, nach den
zugesicherten geringen Vergütungs=Preisen,
zu berichtigen schuldig ist. Einsender dieses
kennt mehrere schon vorher arme Dörfer, die
durch alle diese Kriegslasten dem gänzli=
chen Verderben nahe gebracht worden sind
und die künftig zur größern Hälfte aus Bett=
lern bestehen werden. Wem sollte bey solchen
traurigen Beobachtungen und Erfahrungen
das Herz nicht bluten? Aber leider können
die, welche es am liebsten wollten, gewöhn=
lich am wenigsten helfen. —

Die hohe Deputation hat übrigens un=
endlich viel für den Kreis gethan und noch
weit mehr bewirken wollen, aber es stand
nicht in ihrer Macht, sie wird auch gewiß
noch ferner in ihren redlichen Bemühungen
fortfahren. Nur Undankbarkeit und Mangel
an Uebersicht der Lage der Dinge können das
verkennen lassen. Der Unterzeichnete fühlt
sich zur innigsten Verehrung verpflichtet.

S. am 13 May 1807.　　　F. L.

Dienst=Anerbieten.

Eine einzelne Dame von Stande in den
Rheingegenden sucht ein Fräulein von 24 bis
30 Jahren, gebildeter Erziehung, heiterem
guten Gemüthe, zur Gesellschaft.

Dienst=Gesuche.

1) Ein junger Mann, von Eifer beseelt
und von guter Familie, welcher die juristische
Laufbahn in seiner Lage nicht fortsetzen konn=

te, wünscht als Privatsecretär angestellt zu werden: er könnte auch als Hauslehrer, z. B. in neuern Sprachen, zugleich einige Dienste thun. Seine und der Seinigen Dankbarkeit wäre unbegrenzt, wenn er hier einen sichern Weg zu seinem Glücke fände. Die Expedition des allgem. Anz. besorgt frankirte Briefe an denselben.

2) Ein Frauenzimmer von einigen 20 Jahren, aus einer adelichen Familie, wünscht, in Voraussetzung einer freundschaftlichen guten Behandlung, unter äußerst billigen Bedingungen in irgend einer soliden, nicht zu starken Familie, oder auch bey einer einzelnen Dame, entweder in der Stadt, lieber aber auf dem Lande, jedoch wo möglich in Sachsen, recht bald eine Stelle als Gesellschafterin annehmen zu können; wobey sie sich zugleich, wenn man es wünschte, mit Vergnügen den ihr nicht unaewohnten Geschäften der wirthschaftlichen Besorgniß, oder auch Erziehung und Belehrung kleinerer Kinder unterziehen würde. Portofreye Briefe deshalb, unter der Adresse: An E. v. A. zu R. wird die Expedition des allg. Anz. in Gotha besorgen.

Justiz- und Polizey-Sachen.

Vorladungen: 1) der Milizpflichtigen H. Hoffmann, J. Weber und G. Volker.

Die Milizpflichtigen Heinrich Hoffmann, als Bierbrauer, Johann Weber, als Becker wandernd, beyde von hier, und Georg Volkert von Ostersheim, als Zimmergeselle in der Fremde, werden hiermit aufgefordert, binnen unerstreklicher Frist von drey Monaten in ihren Geburtsorten zu erscheinen, widrigenfalls aber zu gewärtigen, daß gegen sie nach der Landes-Constitution gegen ausgetretene Unterthanen verfahren werde.

Schwetzingen am 23 May 1807.
Großherzogl. Badisches Amt.
L. Pfister.
Neuberth.

2) Conr. Stüber's.

Ludwigsburg. Conrad Stüber von Oßweil, Schaffknecht, 19 1/2 Jahr, 6 Fuß 1/4 Zoll groß, ist gestern, als er zur Rekruten-Aushebung hieher abgeholt werden sollte, entwichen. Derselbe wird daher bey Strafe des Verlustes seines Unterthanen- und Bürgerrechts und der Confiscation seines Vermögens hiermit aufgerufen, à dato binnen vier Monaten, welche ihm für den ersten Termin anberaumt werden, vor unterzeichneter Behörde sich zu stellen, und über sein Entweichen Rechenschaft zu geben; auch werden alle Obrigkeiten geziemend ersucht, ihn auf Betreten zu arretiren und gegen Ersatz der Kosten wohlverwahrt anher einliefern zu lassen. Am 6 May 1807.
Königlich Würtemberg. Oberamt allda.

3) Casp. Maier's.

Caspar Maier von Oberacker, jetzt über 70 Jahr alt, als Beckerknecht 46 Jahr abwesend, wird hiermit so wie seine etwaige Leibes-Erben vorgeladen, sein bisher pflegschaftlich verwaltetes Vermögen von 4000 Gulden selbst oder durch Bevollmächtigte, von jetzt in drey Monaten, in Empfang zu nehmen, nach Verfluß dieser Frist aber zu gewärtigen, daß obiges Vermögen den nächsten Verwandten eigenthümlich überlassen werde.

Unterowisheim, den 9 May 1807.
Großherzogl. Badisches Oberamt.
von Rönig.
Val. Walcker.

4) Dan. Hage's.

Da der schon seit etlichen und 20 Jahren als Maurer und Steinhauer-Geselle abwesende Daniel Hage von Huchenfeld während dieser langen Zeit lediglich nichts mehr von sich hat hören lassen, so wird er andurch öffentlich aufgefordert, binnen 9 Monaten um so gewisser dahier zu erscheinen, und sein in ohngefähr 550 fl. bestehendes Vermögen in Empfang zu nehmen, als sonst dasselbe seinen darum nachsuchenden nächsten Anverwandten gegen Caution in nutznießliche Verwaltung gegeben werden wird.

Publicirt bey Großherzoglich Badischem Oberamt.
Pforzheim, den 4 May 1807.

5) der Gläubiger Jul. Böhmer's.

Die etwa unbekannten Gläubiger des dahier verlebten evangl. reformirten Schullehrers Julius Böhmer werden hiermit zur Richtigstellung ihrer Forderungen innerhalb 6 Wochen bey der unterzogenen Stelle aufgefordert, sonst aber dem Ausschluß von der vorhandenen Masse zu gewärtigen.

Mannheim, den 12 May 1807.
Großherzogl. Badische Evangl. Reform.
Kirchenraths-Commission.
C. L. Daniel.   Hoffmeister.
Val. Schubauer.

6) Cron's Gläubiger.

Diejenigen, welche an den dahier verlebten Bothenmeister Cron rechtlichen Anspruch zu machen, und ihre Forderung vor der bestehenden großherzoglichen Hofgerichts-Commission nicht angezeigt haben, sollen diese innerhalb einer unerstrecklichen Frist von sechs Wochen, bey der bestehenden Commission unter dem Rechtsnachtheile anzeigen, daß sie sonst auf erfolgendes Anrufen damit nicht mehr gehöret, und von der Maffe ausgeschloffen werden sollen.

Verfügt im Großherzoglichen Hofgericht der Badischen Pfalzgraffchaft.

Mannheim, am 28 April 1807.

Chr. von Buck. Courtin.

Dietz.

7) Jer. Fr. Wigand's.

Des durchlauchtigsten Fürsten und Herrn, Herrn Friedrich, Fürsten zu Waldeck, Grafen zu Pyrmont und Rappolstein, Herrn zu Hohenack und Gerolseck am Wasigen 2c. Wir zu höchst dero Regierung verordnete Präsident, Vice-Canzler und Regierungsräthe fügen hiermit zu wissen:

Jeremias Friedrich Wigand aus Corbach, ein Sohn des weil. Hofraths und Stadt-Commissarii Wigand dafelbst, hat sich schon vor 30 Jahren von feiner Vaterstadt weg und zuerst in holländische, nachher aber in spanische Kriegsdienste begeben, und feit langen Jahren von feinem Leben nichts weiter hören laffen. Wie nun aber deffen noch lebende Geschwifter um Ausantwortung feines Vermögens-Antheils gegen Einlegung hinlänglicher Sicherheit bey Uns nachgesucht, und um die Erlaffung gewöhnlicher Edictalien gebeten haben, diesem Gesuch auch bewandten Umständen nach Statt gegeben worden ist: Als heischen und laden Wir den obengedachten Jeremias Friedrich Wigand oder deffen etwanige Leibes-Erben, sich von heute an binnen sechs Monaten vor hiesiger Regierung in Person oder durch einen hinlänglich Bevollmächtigten um fo gewiffer zu stellen, oder fonst eine glaubhafte Nachricht von feinem Leben und Aufenthalt zu geben, als widrigens, nach deren fruchtlosem Ablauf, auf weiteres Anmelden feiner Geschwister, deffen gesammtes Vermögen gegen genügfame Caution verabfolgt werden soll. Urkundlich Unferer gewöhnlichen Fertigung.

Arolsen den 8 May 1807.

Fürstl. Waldeck. zur Regierung verordnete Präsident, Vice-Canzler und Regierungsräthe dafelbst.

J. H. Hagemann.

Varnhagen.

8) J. Caffim. Ranfel's.

Jean Caffimir Ranfel aus Kelse in Niederheffen ist Anno 1776 mit den heffischen Truppen nach Amerika gegangen, feitdem verfchollen, und hat laut Taufscheins das 70 Jahr zurückgelegt. Auf Instanz feiner hiefigen Geschwister, welchen fein hinterlaffenes, in 200 Rthlr. bestehendes Vermögen unlängst gegen Caution verabfolgt worden, wird daher derfelbe oder deffen nähere Erben hierdurch ein fur allemal edictaliter vorgeladen, vor dem Stadtschultheißen-Amte hiesiger Neustadt in dem auf den 31 Auguft bestimmten peremtorischen Termin persönlich oder durch gehörig Bevollmächtigte zu erscheinen und sich zum Empfange obigen Nachlaffes

zu legitimiren, indem fonst erwähnter Jean Caffimir Ranfel für todt erklärt und die eingelegte Caution zurück gegeben werden wird.

Caffel in Heffen, den 29 April 1807.

Stadtschultheißen-Amt der Ober-Neustadt dafelbft.

Reinäck.

9) J. Chrn. Mofeberg's.

Johann Christian Mofeberg von hier hat im Jahre 1786 sich von hier entfernt und bis daher feine Nachricht von sich gegeben, deffen Bruder Johann Friedrich Mofeberg allhier aber um Verabfolgung deffen, unter, vormundschaftlicher Verwaltung stehenden, etwa 50 fl. betragenden Vermögens gebeten; es werden daher in Gemäßheit des höchsten Mandates vom 20 August 1777 ermittelter Johann Christian Mofeberg und alle diejenigen, welche an deffen Vermögen einen gegründeten Anspruch machen können, hierdurch citiret und erfordert,

Dienstags den 6 October dies. Jahrs vor dem herzogl. fächs. Amte allhier gefeßmäßig zu erscheinen, und ihre Anforderungen bey Strafe des Verlustes derfelben anzubringen und zu befcheinigen, oder zu gewärtigen, daß erkanntes Vermögen dem sich meldenden nächsten Verwandten ohne Sicherheitsleistung ausgeantwortet werde.

Sig. Creußburg, den 12 May 1807.

Herzogl. Sächf. Amt daf.

Carl Ludwig Appelius.

Kauf- und Handels-Sachen.

Verkauf einer Steingut-, Fayence- und Steinbouteillen-Fabrik.

Auf erfolgtes Absterben des Fabrikanten Johann Stößer foll zur Auseinandersetzung der nachgelaffenen Kinder fowohl deffen Steingut-, Fayence- und Steinbouteillen-Fabrik allhier, als dazu gehörige Glafurmühle, wie folche in der Beylage befchrieben und wovon die Gebäude durch die vereidigten Sachverständigen zu 4840 rthlr. tarirt find, öffentlich an die Meistbietenden verkauft werden. Da nun das Justizamt zu Lieferungsterminen

den 1 Julius

— 15 Aug. } 1807

— 30 Sept.

angeseßt hat; fo werden alle diejenigen, welche diefe Fabrik zu kaufen Luft haben, eingeladen, in diefen Terminen zu erscheinen, ihre Gebote in Golde zu thun und zu erwarten, daß dem Meistbietenden im dritten und leßten Bietungs-Termine diefe Fabrik Mittags 12 Uhr nach Vorschrift des Subhastationsedicts wird zugeschlagen werden.

Urkundlich unter Amts-Hand und Siegel.

Bernburg am 16 May 1807.

Herzogl. Anhalt. Justizamt allhier.

(L. S.) Herold.

Beschreibung
der Steingut- Fayence- und Steinbouteillen-Fabrik zu Bernburg und was mit derselben verkauft werden soll.

1) Die Fabrikgebäude liegen sehr nahe am schiffbaren Saalstrome, ohne der Ueberschwemmung ausgesetzt zu seyn, und sind erst vor wenigen Jahren neu erbauet worden, sie bestehen in zwey massiven Wohn- und Arbeitshäusern, einem Brennhause mit zwey Oefen, Magazin und Trockenstube, einem großen Holz- und Thonschuppen, einigen kleinen Ställen, einer Pumpe und vier Thonmaschen; ferner einer der Fabrik gegenüber liegenden Mühle, die der Saalstrom treibt und worin zwey Stampfen als acht Kübel die Masse und Glasur reiben.

2) Alle zur Fabrik gehörige Geräthschaften, besonders zehn im Gange seyende Scheiben und ein Kahn zum Ueberfahren nach der Mühle; nicht weniger

3) die vorräthigen gebrannten Waaren im Magazine, die rohen Waaren und alles, was sich an rohen Producten in der Fabrik findet, wie auch die ausstehenden Activreste, sollen zugleich mit der Fabrik verkauft werden.

Der Werth aller dieser Sachen ist jetzt ungefähr 1600 rthlr., weil wegen des starken Absatzes das Magazin gar nicht zu Vorrath gekommen ist, da aber die Fabrik ununterbrochen fortgetrieben wird, so verändert sich dieses täglich, und soll deshalb im letzten Licitationstermine ein genaues Verzeichniß vorgelegt werden.

4) Diese Fabrik hat ein landesherrliches Privilegium, Inhalts dessen sie jährlich 120 rthl. Conventions-Geld zum Canon an die hiesige herzogl. Kammer-Casse geben muß, sonst aber von allen andern Abgaben befreyet ist, und soll das Original-Privilegium in Termino licitationis vorgelegt werden.

Kein ähnliches Etablissement darf in hiesigen Landen weiter errichtet, und Thon und Sand kann an allen Orten ungehindert gegraben werden.

Das benöthigte Holz kann auch im Auslande angekauft und zu Wasser angeschifft werden, ohne davon Zoll- oder Schleusengeld im hiesigen Lande zu erlegen.

Verkauf der Meisterey zu Lengsfeld.

Das dem Johann Adam Lucces zuständige und vor dem Unterthor allhier zu Lengsfeld gelegene Wohnhaus und Garten, womit die Rasenmeisterey-Gerechtigkeit verbunden ist, soll

Donnerstags den 9 in künftigem Julius d. J.
Mittags 11 Uhr

an den Meistbietenden verkauft werden. Kaufliebhaber haben sich alsdann vor unterzeichneter Gerichtsstelle zu melden, ihre Gebote zu thun und nach Befinden des Zuschlags zu gewärtigen.

Zu Urkund unter Amts Siegel und Hand ausgefertiget. Lengsfeld am 16 April 1807.
Freyherrl. v. Boineburg- und von Müller'sches Amt.

Schafvieh.

Liebhabern der Schafzucht macht Endesunterzeichneter hiermit bekannt, daß er gesonnen sey, nächst künftigen 3 Julius einige hundert Stück im höchsten Grade spanisch veredeltes gesundes Zuchtvieh zu Cännich bey Rudolstadt und Remda gegen baare Zahlung in Spec. zu 32 gl. oder andere gleichhaltigen Münzsorten meistbietend zu veräußern.
Kuhn,
abgehender Pachter zu Remda.

Amerikanisches Wildleder,

wie auch zubereitetes Leder von Büffelhäuten, beydes von verschiedenen Sorten — ist sowohl im Ganzen als auch einzeln zu haben, bey dem Weißgerbermeister Joh. Christian Böhm in Walterhausen bey Gotha.

Kunstsachen.

Den zahlreichen Freunden und Verehrern des Hrn. Hofrath Jung genannt Stilling wird es die willkommenste Nachricht seyn, daß derselbe bey seinem letztern hiesigen Aufenthalt durch den Hofbildhauer und Professor Danneker modelirt wurde.

Dieses Bild en medaillon verrieth in einer Größe von zwey Schuh alles, was von einem Portrait erwartet werden kann, und ist nach dem ungetheilten Beyfall aller Kenner eine der gelungensten Arbeiten dieses eben so vortrefflichen, als berühmten Künstlers.

Der Unterzeichnete, welcher dieses seltene Kunstwerk besitzt, wurde deswegen aufgemuntert, solches, theils in Gyps-Abdrücken, theils in einem Kupferstich dem Publicum mitzutheilen, und erbietet daher auf dem Wege der Subscription (um Zeit zu den nöthigen Vorkehrungen zu erhalten)

1) einen Abdruck in Gyps, mit Inbegriff der Kiste und Emballage, für 1 Ducaten oder 5 fl. 30 kr. Reichsgeld, oder solche für 5 fl.

2) einen Abdruck des Kupfers halb folio groß, durch den auch mehrern sehr vorzüglichen Arbeiten bekannten Hn. A. Keßler gestochen, auf das feinste Velin-Papier zu 1 fl. 12 kr., außer der Subscription kostet ein Abdruck 1 fl. 30 kr.

Da dieser Unternehmung keine Gewinnsucht zum Grunde liegt, so dürfen die resp. Herren Subscribenten versichert seyn, daß von keiner der beyden Gattungen Abdrücke ausgegeben werden, denen irgend ein Fehler beyzumessen wäre.

Die Bestellungen werden in portofreyen Briefen gemacht bey
C. Zylius.

Stuttgart im May 1807.

Allgemeiner Anzeiger

der

Deutschen.

Dienstags, den 2 Junius 1807.

Nachricht, den Badeort Pyrmont betreffend.

Da bey den gegenwärtigen kriegerischen Zeiten vielleicht mancher, welcher sich zur Befestigung oder Wiederherstellung seiner Gesundheit des hiesigen, durch seine wohlthätigen Wirkungen so allgemein berühmten Stahlbrunnens und Bades zu bedienen wünscht, und dem es an Gelegenheit fehlt, von hier unmittelbare Nachrichten einzuziehen, zu der Besorgniß veranlaßt werden kann, ob die Curgäste und Fremden im nächsten Sommer sich auch wol hier eines ruhigen Aufenthalts zu erfreuen haben dürfen: so siehet unterzeichnete Behörde sich veranlaßt, hierdurch öffentlich bekannt zu machen, daß nicht nur die ganze hiesige Gegend von allen und jeden kriegerischen Auftritten dermahlen gänzlich befreyt ist, sondern daß auch insonderheit die Grafschaft Pyrmont, so wie überhaupt die sämmtlichen fürstlich waldeckischen Lande unter dem besondern Schutze Sr. glorreichen Majestät des Kaisers Napoleon stehen, und durch ein allerhöchst-kaiserliches allergnädigstes Decret gegen alle Turbationen gesichert, auch bereits zur deutschen Confoderation aufgenommen worden sind, so daß also ein jeder Curgast einen ganz ruhigen, friedsamen und ungestörten Aufenthalt dahier erwarten darf. Pyrmont den 28 April 1807.

Fürstl. Waldeck. Polizey-Direction
der Grafschaft Pyrmont.

v. Laffert. Stölking. Severin. Zinn.

Allg. Anz. d. D. 1 B. 1807.

Land- und Hauswirthschaft.

Zufällige Entdeckung bey dem dießjährigen Beschneiden der Bienenstöcke.

Bey dieser in diesem Frühjahr ungemein lohnenden Arbeit schnitt ich aus einem Stocke zwey neben einander hängende Mutterzellen, deren eine zwar offen, die andere aber noch zugedeckt war. Ich legte das Stück Raas, woran diese Zellen hingen, bey Seite, um nach vollendeter Arbeit Untersuchung darüber anzustellen. Ich erwartete in der verschlossenen Zelle nichts anders, als eine verdorbene Made oder todte Königin; aber es fand sich bey Eröffnung derselben eine todte, völlig ausgebildete Arbeitsbiene. Bey einiger Verwunderung darüber war mein erster Gedanke: warum hast denn du dich nicht durchgebissen? Ich legte diese Biene sogleich unters Mikroskop und fand, daß ihr die Zähne fest geschlossen und verwachsen waren. Sie hatte also in ihrer Geburtszelle verhungern müssen, da sie nicht im Stande gewesen, sich durchzubeißen.

Diese Erfahrung lehrte mich also augenscheinlich, daß außer der Königin auch noch andre Bienen in königlichen Zellen erbrütet werden; eine Sache, worüber die Bienenkenner noch nicht einig sind. Denn als vor einigen Jahren meine Correspondenz mit dem verstorbenen M. Spizner zu Trebitz unter andern diesen Gegenstand betraf, wollte mir dieser alte erfahrne Bienenlehrer nicht zugeben, daß auch gemeine Bienen in königlichen Zellen erbrütet würden. Da ich keine eigene Erfahrung zu der Zeit über diesen Gegenstand gemacht hatte, so konnte ich ihm weiter nichts

entgegenfetzen, als die Erfahrungen Riem's
und Ramdohr's, welche S. 231 der Rie-
mifchen Sammlung vermifchter öconom.
Schriften 2c. 10 Th. 1796 ausdrücklich ver-
fichern, diefe Entdeckung gemacht zu haben.
Ich ftimme aber demjenigen bey, was Riem
zur Erklärung diefer Gefchichte in der Note
unter Ramdohr's Auffatz S. 234 fagt, und
glaube nicht fowohl, daß es ein Verfehn der
Natur fey, wenn Arbeitsbienen in Mutterzellen erbrütet werden, als vielmehr, daß
dieß Drohnenmütter feyen, welche regelmäßig in folchen Zellen ihr Dafeyn empfangen. Denn da diefe und die Königinnen Eyer
legen, die gemeine Arbeitsbiene aber nicht,
fo entftehet die Vermuthung, daß beyde Eyer-
legende Arten auch auf eine ähnliche Weife
gezeugt werden und von der Zeugung gemeiner Bienen abweichen. Und wirklich hatte
auch meine, in der verfchloffenen Mutterzelle
gefundene Biene das Anfehn einer Drohnen-
mutter, vorzüglich am Kopf und an
der etwas fchwärzlichern Farbe bemerklich ift.

Aber, war denn der Stock nicht weifellos, der die verfchloffene Mutterzelle hatte?
höre ich erfahrne Bienenkenner fragen. Nein,
er war es nicht. Er ift jetzt der volkreichfte
Stock auf meinem Stande. Er hatte zu feiner Sicherheit die alte Mutter bey dem
Schwärmen behalten, welches daraus bemerkbar wurde, daß diefer Stock nach dem
Schwärmen nicht aufhörte, täglich, auch
noch 3 Wochen nach Abzug des Schwarms,
Junge heraus zu laffen, welches regelmäßig
von denen nicht gefchiehet, mit deren erftem
Schwarme die alte Mutter abflog. Bey diefen pflegt, wenn die letzten von der abge-
fchwärmten Mutter noch gelegten Eyer ausgelaufen find, ein drey wöchentlicher Zeitraum
einzutreten, wo keine Jungen zum Vorfchein
kommen, und beym fogenannten Vorfpiel den
Flug lernen. Sodann kann es ja auch feyn,
daß die Bienen die Drohnenmutterzelle von
der königlichen zu unterfcheiden wiffen, wenn
auch das menfchliche Auge wenig oder gar
keinen Unterfchied derfelben bemerken kann.
Sonft aber ift es ganz richtig, daß die Wei-
fellofigkeit bey Schwärmftöcken gemeiniglich
daher zu kommen pflegt, weil die letzte Mutterzelle eine verdorbene Made hat. Befindet
fich nämlich unter den vielen Zellen, welche

die Bienen zur Erbrütung neuer Mütter an-
fetzen, eine oder die andere, worin die Brut
vor der Reife erftirbt, fo wird der Stock gewiß weifellos. Die Bienen pflegen in diefem
Falle, wenn fie das Schwärmen einftellen
wollen, alle fchon ausgelaufene Mütter zu
tödten, und legen fich dann um die noch verfchloffene Mutterzelle herum, in der Hoffnung, daß ihre Mutter hier herauskommen
foll. Und da dieß nicht gefchehen kann, weil
die Made darin verdorben ift, fo bleibt ein
folcher Stock alsdann mutterlos, und das
um fo mehr, da alle Eyer bereits ausgelaufen,
und keine mehr vorhanden find, woraus eine
Mutter erbrütet werden könnte.

Uebrigens war die Honigernte in diefem
Frühjahr fehr reichlich, auch fogar von jungen Stöcken, denen man in gewöhnlichen
Jahren wenig oder gar nichts nehmen kann.
Die Bienen hatten auch im Durchfchnitt wenig gezehrt, weil der Honig fehr confiftent,
und mithin fättigend war. So war auch
der Winter gelinde, doch nicht fo gelinde,
daß die Bienen darin fliegen konnten. Und
in folchen Wintern zehren die Bienen, befonders junge Stöcke, am wenigften, da in harten Wintern befonders den leptern vieler-
Honig erfrieret, und beym Aufthauen wie
Waffer aus den Zellen läuft.

Schließlich bemerke ich noch, daß in diefem Jahre die Stöcke außerordentlich volk-
reich aus dem Winter gekommen find. Ift
Tracht und Witterung nur einigermaßen gut,
fo wird es wieder viele Schwärme geben,
und man mag im voraus auf Stöcke zum
Einfaffen bedacht feyn.

Bennftedt den 4 May 1807.

Staudtmeifter.

1) Bitten um Belehrung.

1) Die Güte der Eppsböden zur Aufbewahrung des Getreides ift, wenn ich nicht
irre, anerkannt. Da man fie aber im Alten-
burgifchen und den daran grenzenden Gegenden von Sachfen noch nicht fo allgemein und
zum Theil fchlecht findet, fo wäre zu wünfchen, daß Sachkundige ihre Erfahrungen
über die Verfertigung guter Eppsböden und
den Nutzen derfelben bald in diefen Blättern
zu einer gemeinnützigen Publicität bringen
möchten.

2) Es würde gewiß manchem Gutsbesitzer, Pachter, wie auch Pachtlustigen angenehm seyn, wenn man in diesen Blättern einig zu werden suchte, wie sich die wirthschaftliche Taxe einer Sache zum wahren Werth verhält.

Nützliche Anstalten und Vorschläge.

Nachricht an Eltern.

Ein Gelehrter auf einer süddeutschen Academie, welche der vollkommensten Ruhe genießt, hat sich entschlossen, für junge Leute, welche sich entweder zum Studiren vorbereiten wollen, oder auch schon den Anfang dazu machen, aber noch der Leitung und Führung, so wie des Nebenunterrichts bedürfen, ein Institut zu errichten, ihnen hier selbst den nöthigen Unterricht in allen zur Bildung nothwendigen Wissenschaften und Sprachen, in der Geschichte, Mathematik, Philosophie, Naturlehre, und im Lateinischen, Griechischen, Französischen und Englischen, zu ertheilen, in jeder Hinsicht für ihr Wohl zu sorgen, sie zu ihrer Bestimmung gewissenhaft vorzubereiten, unter Aufsicht und Leitung zu behalten, und den Eltern die Kosten eines Hofmeisters oder anderer Anstalten dadurch großentheils zu ersparen. Man ist im Stande, den Eltern, welche ihre Söhne diesem Institute anvertrauen wollen, sehr billige Bedingungen zu machen, für eine wohlfeile Kost zu sorgen, und ihren Söhnen jede weitere Gelegenheit zur Bildung und zum Unterricht in allen andern Wissenschaften und Kenntnissen auf der Academie zu verschaffen. Nähere Nachrichten wird auf Verlangen Hr. Dr. Stutzmann in Erlangen ertheilen.

Kauf= und Handels=Sachen.

Bekanntmachung wegen Ueberlassung der Gewehrfabrik in Amberg in Entreprise.

Die bisher auf königliche Rechnung geführte Gewehrfabrik zu Amberg soll, vermöge allerhöchsten Befehls Seiner königlichen Majestät von Baiern, an einen oder mehrere Privaten in Entreprise gegeben werden. Die vorläufig im Allgemeinen hierüber allergnädigst festgesetzten Bedingnisse sind:

a) Die Entrepreneurs können auf die jährliche Abnahme von 4000 Gewehren für die königlich

baierschen Truppen Rechnung machen. Ueber die Qualität, den Preis und die Bezahlung werden sie mit der königlich baierschen Hauptzeughausdirection zu München besonders unterhandeln müssen.

b) Wird den Entrepreneurs der nöthige Bedarf an Holz auf 10 bis 12 Jahre für bestimmte Preise zugesichert.

c) Steht es den Entrepreneurs frey, ihr Materialeisen von inländischen oder auswärtigen Hüttenwerkern beyzuschaffen; eben so bleibt es ihnen

d) überlassen, von den Gebäuden, Utensilien und Maschinen dasjenige zu übernehmen, dessen sie zum Betriebe bedürfen.

Was sie aber übernehmen, muß von denselben nach einem billigen Schätzungspreis baar vergütet werden.

Die bisher der Fabrik zugestandenen Vortheile, worunter vorzüglich die Befreyung der Arbeiter von der Militärpflichtigkeit gehört, sollen auch den Entrepreneurs bewilliget werden.

Ueber die speciellen Bedingnisse, welche sich erst in der Folge aus den wirklichen Unterhandlungen ergeben werden, haben sich Seine königliche Majestät die allergnädigste Genehmigung vorbehalten.

Jene In= und Ausländer, welche allenfalls die erwähnte Gewehrfabrik gegen billige Bedingnisse zu übernehmen Lust haben, werden hiermit aufgefordert, sich in einem Zeitraume von drey Monaten schriftlich oder mündlich zu melden, und wegen der Bedingnisse der Uebernahme näher zu erklären.

Amberg, den 15 May 1807.

Königlich baiersche Gewehrfabriks-Commission.

In fidem concordantiae.

v. Voith, Landesdirectionsrath.

Verkauf eines Bauerngutes.

Nachdem von fürstl. sächs. Oberamte allhier zum Verkauf des den gerlachischen Erben auf dem Kirkungshofe gehörigen Bauerngutes mit der vollständigen diesjährigen Ernte, wie solches in der Anlage beschrieben ist, Termin auf den Freytag den 26 kommenden Monats Junius a. c. anberaumet worden ist: als wird solches hierdurch nicht nur öffentlich bekannt gemacht, sondern es werden auch Kauflusthaber hierdurch aufgefordert, gedachten Tages Vormittags 10 Uhr vor dem fürstl. sächs. Ober=Amte allhier zu erscheinen, geschickt, ihre Gebote in groben patentmäßigen Münzsorten zu erkennen zu geben, und sodann Nachmittags 3 Uhr des Zuschlags desselben an den Erstbeher gewärtig zu seyn. Wobey zugleich bekannt gemacht wird, daß die Hälfte des Kaufgeldes gegen fünf Procent jährliche Interessen und hinreichende Versicherung auf solchem Gute stehen bleiben können.

Sign. Eisenach den 22 May 1807.

Fürstl. S. Ober= Amt das.

C. J. Traberth.

Beschreibung

des den gerlachischen Erben auf dem Kirstingshof gehörigen Gutes, der Kirstingshof genannt,
eine halbe Stunde von Dornvorf herzogl. eisenach.
Amtes Cranberg gelegen.

2 1/2 Acker 7 1/4 Ruthen Haus, Hofraum und
Garten.
— Ar. 10 Ruthen Schäfers-Wohnung und Garten.
74 Ar. 15 1/4 Rth. arthaft Land.
9 Ar. 14 3/4 Rth. Wüstung und Rasen.
22 1/4 Ar. 26 1/4 Rth. Holz und Buschwerk.
72/4 Ar. 2 Rth. Wiesen.
1 Ar. 29 Rth. Teich.
10 3/4 Ar. 44/4 Rth. Huth und Triftrasen.
1 2/4 Ar. 32 1/4 Rth. Wiesen auf dem Vogtwalde.
17 Ar. 13 1/2 Rth. Wiesen auf der dornorfer und
kieselbacher Flur.

Außer diesen enthält das Gerlachische Gut
1) Ein vor zwey Jahren neu aufgebautes
Wohnhaus von zwey Etagen, worin in der untern
a) eine große Wohnstube,
b) zwey Kammern,
c) eine geräumliche Küche, nebst angebautem
Backofen,
d) ein mit zugehauenen Steinen ausgelegter
Hauserden;
e) ein gewölbter Keller;
f) ein großer Trankeller;
in der obern
g) eine Stube nebst Kammer daran;
h) noch zwey Kammern, welche aber noch nicht
gedielt sind;
i) ein ungedielter Vorsaal befindlich. Auf diesem Gebäude ist
k) ein ungedielter 16 Schritt langer und 14
Schritt breiter Fruchtboden, und vor diesem
durch einen Bretterverschlag und Thüre abgeson-
derter, aber auch noch nicht gedielter kleinerer
Fruchtboden vorhanden. Ueber dem Fruchtboden ist
l) ein großes Taubenhaus befindlich, und kann
noch ein geräumlicher Boden daran angelegt
werden.
2) Ein übersetztes ebenfalls neu aufgebautes
Seitengebäude, worin
m) ein Pferdestall;
n) ein Ochsen- und Kuhstall;
o) oben darüber ein Futterboden vorhanden ist.
3) Eine große Scheuer.
4) Eine kleinere, worin auf beyden Seiten
p) Schafställe angebracht sind.
5) Ein neues Gebäude, worin
q) vier Schweinskoben und oben darüber
r) ein Tauben- und ein Hühnerhaus befindlich.
6) Eine Schäfermohnung, welche zu drey
Viertel zu dem gerlachischen Gute gehörig ist.

Von obigen Länderey sind ohngefähr
24 2/3 Ar. 5 1/12 Rth mit Korn und Weizen,
24 2/3 Ar. 5 1/12 Rth. mit Gerste, Hafer und
Sommerkorn

24 2/3 Ar. 5 1/12 Rth. mit Klee, Kartoffeln, Kraut
Rüben, Erbsen, Wicken und Lein bestellt.

Außerdem ist noch eine Schafhaltung von 6
Stück dabey befindlich. Die auf diesem Gute haftenden Steuern und Zinsen sollen im Licitations-
termin bekannt gemacht werden.

Eisenach den 22 May 1807.

Fürstl. Sächs. Ober-Amt das.

Wechsel- und Geld-Cours in sächsischer Wechselzahlung.

Leipzig, den 26 May 1807.

In den Messen.	Geld	Briefe.
Leipz. Neujahrs-Messe	→	→
— Oster-	→	→
Naumburger	99 1/2	→
Leipz. Michaels	97 3/4	→
Amsterdam in Bco. à Uso	—	→
Detto in Curr. à Uso	—	143 1/4
Hamburg in Bco. à Uso	—	150
Lion 2 Uso in Liv.	—	78 1/4
Paris 2 Uso in Liv.	—	78
Augsburg à Uso.	—	100
Wien à Uso.	—	47
Prag à Uso	—	47
London à 2 Uso p. Pf. St.	—	→
Räuber-Ducaten	13	→
Kaiser-Ducaten	12	→
Wichtige Duc. à 66 Aß	10 1/2	→
Breslauer à 65 1/2 ditto	10 1/2	→
Leichte à 65 ditto	9 1/2	→
Almarco ditto		→
Almarco Louisd'or		→
Souverainsd'or	9×©	→
Louisd'or à 5 Rthl.		9 1/2
Sächs. Conv. Geld	pari	
Schild-Louisd'or	2 1/4	
Laubthaler		2 1/2
Preuß. Curr.	5 1/4	
Do. Münze.	10 1/2	
Xer.	pari	
Cass. Bill.	3/4	
Kronenthaler	1/2	
3. 7. Kr.	8 3/4	
17	5	
Wiener Banc. Zettel	47	
Frankfurt a. M. à Uso.	3	

Allgemeiner Anzeiger
der
Deutschen.

Mittwochs, den 3 Junius 1807.

Justiz = und Polizey = Sachen.

Die öffentliche Betteley und das Herz umstreichen des liederlichen Gesindels von einer andern schädlichen Seite betrachtet.

Es ist dem Menschenfreunde ein erfreuliches, wohlthätiges Gefühl, wahrzunehmen, wie Regierungen von regem Eifer belebt sind, das zahllose Elend, welches unter den Menschen wohnt, zu vermindern und gänzlich zu vertilgen. Jeder, welcher ein gefühlvolles Herz in dem Busen trägt und mit leidet, wenn er seinen Bruder oder seine Schwester leiden sieht, jeder, welcher es aufrichtig mit der Menschheit meint und willig sein Scherflein beyträgt, wenn das Elend ihn anspricht um Hülfe und Rettung — muß der Menschheit zu dem Zeichen unsrer Zeit-Glück, wünschen, daß Regierungen im regen Streben, im eifrigen Bemühen, wohl zu thun und Aufklärung zu verbreiten, wetteifern. Heil der Menschheit, wenn nicht eitle Ruhmsucht, sondern nur wahrer lebendiger Drang, Menschenelend zu vermindern, den Bestimmungsgrund hierzu für eine Regierung abgibt! Mag aber auch das erstere seyn, gleichviel! wenn nur Gutes geschieht und die gesammte Menschheit immer fortschreitet in der Vervollkommnung und Ausbildung. Wer denkt nicht noch an das zahllose Elend, welches die Pocken unter den Menschen stifteten, wer war nicht selbst Augenzeuge des Schmerzes, welchen sorgsame Eltern über den Tod ihres hoffnungsvollen Kindes, der Bruder über den Tod der geliebten Schwester empfanden,

Allg. Anz. b. D. 1 B. 1807.

welche die scheußliche Krankheit der Pocken dahin raffte?

Die Entdeckung der Kuhpocken war daher das schönste, freundlichste Gestirn, welches den Abend des achtzehnten Jahrhunderts erleuchtete. Mit ihm schien der entflohene Genius der Menschheit wieder zu kehren und in die tief geschlagenen Wunden lindernden Balsam zu gießen.

Schade nur, daß trotz der rühmlichsten Bemühungen unsrer Regierungen die Einimpfung der Kuhpocken unter dem niedern Stande noch nicht den gewünschten Beyfall fand. Wer mit der Denkungsart des gemeinen Mannes bekannt ist, der wird sich hierüber nicht wundern; und gleichwohl kann nur derjenige sich einen Begriff von dem namenlosen Elend machen, welches die natürlichen Blattern noch in unsern Tagen stiften, welcher Gelegenheit hat, das menschliche Elend auf der untersten Stufe zu erblicken und in die Gemächer des Jammers und Entsetzens zu kommen. Auch hier bewährte die hessen = casselsche Regierung ihren alten Ruhm, das tausendfache Elend von ihren Staatsbürgern abzuwenden oder doch zu vermindern. Sie verordnete, daß die Kinder der ärmern Classe unentgeltlich geimpft und verpflegt werden sollen, und setzte sogar Prämien von 100 Rthlr. für diejenigen hessischen Aerzte aus, welche in einem Jahre die größte Anzahl Kinder impfen würden. Ein Beyspiel, für jede Regierung der Nachahmung würdig, welcher das Wohl der Staatsbürger und die Ausrottung der natürlichen Blattern am Herzen liegt!

Die öffentliche Betteley, das Herumstreichen des liederlichen Gesindels und der
Vagabunden trägt aber auch dazu bey, daß
die Blatterpest von Zeit zu Zeit wieder zum
Ausbruche kommt und noch nicht ausgerottet
werden kann, auch daß andere ansteckende
Krankheiten ausgebreitet werden. In hiesiger Gegend erlebten wir noch vor kurzem ein
merkwürdiges, trauriges Beyspiel von dieser
Erfahrung. In Schreckssbach, einem ziemlich ansehnlichen Dorfe des hessischen Amtes
Neukirchen in der Grafschaft Ziegenhain waren seit vielen Jahren die natürlichen Blattern nicht herrschend gewesen. Auch in der
ganzen umliegenden Gegend wußte man von
ihnen nichts; nur in Obernzell, einem großherzoglich hessischen, 3 Stunden davon entfernten, Dorfe waren sie. Jetzt wurden
plötzlich mehrere Kinder in Schreckssbach
von den natürlichen Blattern befallen und
zwar brachen sie in einem Hause zuerst aus,
dessen Bewohner gegen die bestehenden Po-
lizey-Ordnungen einige Tage vor dem Ausbruche derselben Bettler mit inficirten Kindern aus Obernzell einige Stunden beher-
bergt haben sollen. Die Pocken griffen so
schnell um sich, daß fast alle Kinder, die
nicht geimpft waren, daran krank darnieder
lagen und oft an einem Tage mehrere Kinder
starben. Schon seit 3 Wochen hat diese
Schreckenskrankheit unter den armen Landleuten gewüthet, schon sind in dieser kurzen
Zeit zwanzig Kinder daran gestorben und noch
kann man nicht hoffen, daß dieses Elend bald
endigen wird. Keine Rettung, keine Hülfe
ist hier anwendbar, nur der Tod bringt den
Leiden der Kranken und straft den Unverstand
und die Nachlässigkeit der betrübten Eltern.
Selbst jener Beherberger der Bettler büßte
hart für seine strafbare Handlung und für
das Elend, welches er über seine Mitbürger
verbreitete; — zwey seiner Kinder fielen als
die ersten Opfer dieser menschenfeindlichen
Krankheit.

Laßt uns wegblicken von diesen Scenen
des Jammers, meine Brüder, aber laßt uns
die Regierungen anflehen, diesem Elende zu
steuern und das Uebel in der Quelle zu verstopfen. Sie, deren mächtiger Arm das
Unmögliche möglich machen kann — welche
mit einem Federstrich ausführen können, wo

der Privatmann mit frommen Wünschen sich
begnügen muß — sie können diesen Leiden
ein Ziel setzen, ihnen nur ist der Dank der
Menschheit vorbehalten, wenn die Blattern-
pest gänzlich ausgerottet wird. Und Euch,
Ihr Minister, welche Ihr zu den Herzen
unsrer Großen der Erde eine freyere Sprache führet, welche Ihr so viel Gutes schafft,
Euch ruft das schreckliche Elend an. Verbreitet die Aufklärung unter dem Volke, untersagt bey harter Strafe die öffentliche Betteley, das Herumstreichen der Bettler und
Vagabunden, welches außer den andern
Nachtheilen auch diesen, bis jetzt nicht beach-
teten, bringt. Aber thut noch unendlich
mehr; verstopft die vielen Quellen des Uebels! In letzter Instanz hängt dieß freylich
von der verbesserten Organisation des Staats
überhaupt ab. Der Staat hat aber doch
bessere Mittel die unmittelbar zum Zwecke
hinführen; er hat doch Leib- und Assistenz-
Cassen, um der Armuth aufzuhelfen; er kann
doch Werk- und Arbeitshäuser anlegen, statt
die Bettler und Vagabunden über die Gränze
seinem Nachbar zuzuschicken.

Dann wird alles zum Segen wirken, die
Pockenpest wird vertilgt werden und Eure Be-
mühungen werden die schönsten Früchte tragen.
Neukirchen in Hessen am 18 Febr. 1807.
C. P. T. Wangemann,
der Rechte Candidat.

Künste, Manufacturen und Fabriken.

Mineralweiß oder chemisch reines Bleyweiß.

Die Kaufleute Ernst Arnoldi's Söhne
in Gotha lassen, unter andern Mahler-Far-
ben, ein Bleyweiß fabriciren, welches sie,
weil es sich durch mehrere Eigenheiten von
andern gewöhnlichen Bleyweißarten vortheilhaft auszeichnet, unter dem Namen Mineralweiß verkaufen. Es ist mir dieses Bleyweiß zur Prüfung vorgelegt worden, und ich
habe bey genauer chemischer Untersuchung
gefunden, daß sich solches als ein durchaus
reines kohlenstoffsaures Bleyoxyd oder des-
misch reines Bleyweiß bewährt, und schlechterdings nichts von den gewöhnlichen Substanzen, womit käufliches Bleyweiß versetzt
zu seyn pflegt, als: Kreide, Gyps, Schwer-

spath rc. eingemischt enthält. Es kommen
ihm daher vorzugsweise vor andern Bleyweißarten alle Eigenschaften zu, die das reine
kohlenstoffsaure Bleyoxyd besitzt, nämlich:

1) Es löset sich vollkommen in destillir-
tem Essig auf und gibt damit einen sehr weißen und reinen Bleyzucker.

2) Gibt ein Theil dieses Bleyweißes mit
der Hälfte Baumöl gekocht, in kurzer Zeit
ein sehr schönes und weißes sich immer gleich
bleibendes Pflaster. Das Oel wird zwar
anfangs stark eingesaugt, stärker, als von
den gewöhnlichen Bleyweißarten, und die
Mischung ist sehr dick; aber bey behutsamer
Regierung des Feuers und fleißiger Agitation
erfolgt die Auflösung ungemein schnell und
man erhält sehr bald Consistenz. Mit gleichen Theilen Oel und diesem Bleyweiß geht
die Auflösung noch schneller vor sich, nur
muß dann mit dem Kochen länger angehalten werden, ehe die gehörige Consistenz erscheint.

3) Da dieses Bleyweiß sehr zerreiblich
und voluminös ist, so läßt es sich leichter,
als gewöhnliches Bleyweiß zerreiben, und
gibt mit einem guten Firniß einen vortrefflichen weißen Firniß. Bey seiner besonders
deckenden Eigenschaft kann man mit einer
bestimmten Menge davon eine größere Fläche
anstreichen, als es bey so viel gewöhnlichem Bleyweiß geschehen kann.

4) Versteht sich von selbst, daß es sich,
als reines Bleyoxyd, mit schwarzem Fluß zu
reinem metallischen Bley reduciren läßt.

Wegen dieser seiner Reinheit verdient
dieses Mineralweiß genannte Bleyweiß ganz
besonders zum pharmaceutischen, so wie zum
technischen Gebrauch empfohlen zu werden.
Der Preis 15 rthlr. p. 110 Pfund ist, bey dem
jetzt so theuern Material, billig zu nennen.
D. Joh. Bartholmä Trommsdorff,
Professor der Chemie zu Erfurt.

Anerbieten an Gelehrte, Kunst- und
Buchhändler wegen illuminirter Abbildungen.

Mancher Gelehrte unterläßt oft ein nützliches Werk, mancher Buchhändler eine vortheilhafte Speculation, weil die Illumination der nöthigen Abdrücke ihm die größte
Schwierigkeit dabey ist. Bald fehlt es in

seinem Locale an hinlänglichen Subjecten,
bald diesen an guten erprobten Farben, um
schnell und schnell liefern
zu können. Diesem abzuhelfen, erbiete ich
mich, jeden Auftrag dieser Art mit Vergnügen anzunehmen, die Abbildungen musterge-
treu und mit dauernden Farben zu bearbeiten, und sie unter jeder Quantität pünctlich
zu liefern. Wollen Sie also gefälligst mir
solche Commissionen übergeben, so haben Sie
außer den Porto-Kosten weiter nichts zu
besorgen. So billig und prompt, als ich Sie
bediene, wird wol jede andere Localität großer Städte Künstlern dieser Art es nicht gestatten. Johann Rietsch,
in Nürnberg Nr. 1171.

Dienst-Anerbieten.

Ein unverheiratheter Mensch von männ-
lichem Alter und gesetztem Character, welcher über gründliche Erlernung der Wayd-
und Schönfärberey sowohl, als gute Aufführung, und daß er alle dazu erforderlichen
Kenntnisse besitzt, Küpen ansetzen, fortfüh-
ren und selbige hinlänglich im Stande erhalten zu können, glaubhafte Zeugnisse vorzeigen kann, wird in eine gut eingerichtete
Wollentuch-Färberey an die Stelle des
verstorbenen Meisters unter annehmlichen
Bedingungen verlangt. — Weitere Auskunft
darüber gibt Herr Postmeister Koch in
Eisenach.

Familien-Nachrichten.

Am 26 May, Mittags 12 Uhr ist aus
Furcht vor der Strafe wegen eines kleinen
Vergehens ein Knabe von 14 Jahren, weißlichen kurz abgeschnittenen Haaren, in eine
hellblaue Tuchjacke und weißlederne Hose gekleidet, übrigens barfuß und ohne Weste und
Hut entlaufen. Er heißt Johann Christoph; Unterzeichneter, sein Vater, bittet
jeden Menschenfreund, der etwas von diesem
Kinde erfährt, inständigst, zu bewirken, daß
es doch bald wieder zu seinen betrübten armen Eltern zurückkehre.
Pferdingsleben bey Gotha.
Johann Georg Reinhardt.

Justiz- und Polizey-Sachen.

Vorladungen: 1) Joachim's Gläubiger.

Alle diejenigen, welche an den verstorbenen fürstlich-speyerischen geheimen Rath Joachim zu Bruchsal irgend eine Forderung, und solche noch nicht angezeigt haben, werden hierdurch öffentlich vorgeladen, um in einer unerstrecklichen Frist von 6 Wochen bey der Landvogtey Michelsberg, als welche zum Concursverfahren von großherzogl. Hofgerichte beauftraget worden, unter dem Rechtsnachtheile ihre Forderungen zu liquidiren, und über den Vorzug zu streiten, daß sie sonst auf erfolgendes Anrufen nicht mehr gehört, und von der Masse ausgeschlossen werden sollen.

Mannheim, den 28 April 1807.

Großherzogliches Hofgericht der Badischen Pfalzgrafschaft.

Jhr. von Hack.　Courtin.

Dietz.

2) M. Willig's.

Nachdem Michael Willich von Niederrimsingen, seiner Profession ein Kiefer, im Jahr 1796 in die Fremde gegangen, und kurz nachher in k. k. österreichische Kriegsdienste getreten ist, seither aber von seinem Leben oder Tode nichts in Erfahrung gebracht werden konnte: so wird er oder seine etwaige Leibes-Erben anmit aufgefordert, sich binnen einem Jahr und 6 Wochen um so gewisser bey dem unterfertigten Magistrate zu melden, als widrigens sein unter Curatie stehendes Vermögen von 502 fl. 31 kr. seinen nächsten Anverwandten gegen Caution würde ausgeantwortet werden.

Altbreysach, am 31 März 1807.

Magistrat der Großherzoglich Badischen Stadt allda.

Schilling, Syndicus.

3) der Erben oder Gläubiger der Maria A. Mayer.

Wer aus einem Erb- oder sonstigen Rechte einen gegründeten Anspruch an den geringen Nachlaß der am 12 Februar l. J. ohne Testament dahier verstorbenen Kriegs-Registratorswitwe Maria Anna Mayer, einer gebornen Hierber von Mannheim, zu haben vermeinet, hat solchen in Zeit dreyer Monate von heute an bey unterzeichneter Stelle ein- und auszuführen, oder zu gewärtigen, daß er damit nicht mehr gehöret, und über diese Verlassenschaft verfügt werde, was Recht ist.

Mannheim, den 5 May 1807.

Großherzoglich Badisches Garnisons-Auditoriat.

Aug, Auditeur.

4) Adam Lorenz's.

Auf von dem Straßburger Schiffer Johannes Zabern wegen einer an den von hier gebürtigen, aber in Iphofen bey Würzburg als Chirurgus ansässig gewesenen Adam Lorenz aufgestellten Forderung von 200 fl. auf dessen dahier befindendes Vermögen impetrirten Nacharrest, wird gedachter Adam Lorenz, dessen jetziger Aufenthalt zur Zeit unbekannt ist, andurch öffentlich aufgefordert, binnen drey Monaten sich über die Schuld ad 200 fl. sowohl als den Arrest dahier unter dem Nachtheile zu erklären, als ansonsten jede Einrede dagegen für versäumt, und der Arrest als fortbestehend erkläret, fortwegen dessen Wirkung bey dem seiner Zeit zur Auszahlung kommenden Vermögen das weitere Rechtliche verfügt werden solle.

Heidelberg, den 27 April 1807.

Großherzogliches Stadtvogtey-Amt.

Sartorius.　Vorz.

Vidt. Gruber.

5) der Gläubiger des Freyherrn C. L. von Niebecker.

Eingetretener legaler Hindernisse halber kann der, in der auf allerhöchsten Befehl vor allhiesigem königl. sächs. Justizamte anhängig gewordenen Verlassenschaftssache des verstorbenen Herrn Carl Ludwigs Freyherrn von Niebecker, auf den 30 Junius l. J. anberaumt gewesene Liquidations-Termin seinen Fortgang nicht haben, es ist vielmehr

der erste September 1807

zu diesem Behuf anderweit präfigiret, und es sind alle diejenigen bekannten und unbekannten Gläubiger, welche an diesen Nachlaß Ansprüche zu machen gedenken, unter dem gesetzlichen Verwarnungen auf beregten ersten Sept. 1807 zu Liquidirung und Bescheinigung ihrer Ansprüche, so wie auf

den neunzehnten October 1807

zu Ertheilung eines commissarischen Bescheides, oder zur Acten-Inrotulation und deren Versendung nach rechtlichem Verspruch, und

den achten December 1807

zur Publication dieser Präclusiv-Sentenz, vermöge der nach Maßgabe des unterm 13 Nov. 1779 ergangenen, die Edictal-Citation in Civilsachen, außerhalb des Concurs-Processes betreffenden Mandats, anderweit erlassenen und sowohl bey hiesigem Amte, als an den Rathhäusern zu Dresden, Leipzig, Freyberg, Altenburg und Cöthen angeschlagenen Edictalien peremtorie vorgeladen worden, welches zu jedermanns Nachachtung bekannt gemacht wird.

Datum Justizamt Borna den 9 März 1807.

Königl. sächs. Commissions-Rath und Justiz-Amtmann allda und zu Pegau als

Commissarius Causae

Tobias Gottlob Hänel,

Allgemeiner Anzeiger
der
Deutschen.

Donnerstags, den 4 Junius 1807.

Naturkunde.

Ueber die aus der Luft gefallenen Steine.

Alte und neue Schriftsteller erzählen theils als Sagen, theils als eigene Erfahrungen, daß Steine aus der Luft auf die Erde gefallen seyen. Die religiöse Verehrung einiger Steine im grauen Alterthum, wo sie Bätylia hießen, hat sicherlich ihren Ursprung in dieser Sage. In den von Eusebius aufbewahrten Fragmenten der Geschichte Sanchuniatun's heißt es vom Gott Uranos: er erfand die Baetylien, indem er beseelte Steine hervorbrachte, λίθους ἐμψύχους. Nach der symbolischen Sprache der Vorwelt heißt dieses wol nichts anders, als: sie fielen vom Himmel auf die Erde. Bey den Griechen und Römern wurden mehrere Steine göttlich verehrt. Livius erzählt öfters: Lapidibus pluisse. Auch auf Münzen findet man Abbildungen von Steinen und Sterne darüber. Die älteste nähere Beschreibung eines solchen Steins ist von Plutarch und Plinius: er war coloris fürvi, adusti, angulis prominentibus, inaequalibus. Von einem andern sagt Plinius, er sey von schwammiger Textur, ganz wie Pallas die 1600 Pfund schwere Eisenmasse beschreibt, welche die Tatarn von den ältesten Zeiten her als ein vom Himmel gefallenes Heiligthum verehrten. Genug, in neuern Zeiten sind die Nachrichten von herabgefallenen Steinen nicht selten. Man findet sie mit Fleiß zusammen getragen in Gilbert's Annalen und andern Schriften. Soll man sie gera-

Allg. Anz. d. D. 1 B. 1807.

dezu für fabelhaft erklären, weil sie den angenommenen Meinungen widersprechen? Dieß wäre höchst unphilosophisch und dem Fortgange der Wissenschaften hinderlich, weil dadurch mancher Gelehrter von näherer Untersuchung abgehalten würde. Und doch geschah es bis auf das Jahr 1794, daß die Gelehrten solche Erzählungen als Fabeln belachten, und solche Steine kaum in die Hand nehmen wollten, die ihnen von Augenzeugen gebracht wurden. Jetzt wäre die Reihe an diesen, die Gelehrten zu verlachen, die damahls so ungläubig waren. Unserm Zeitalter war es vorbehalten, das Wahre der Erzählung vom Fabelhaften zu scheiden, und Cicero's Ausspruch zu bestätigen: Opinionum commenta dies delet, naturae judicia confirmat. Ein Steinregen zu Siena im Jahr 1794 gab der Sache ein neues Interesse. Aus dem Vesuv konnten die Steine nicht ausgeworfen seyn: dawider zeugte ihre Beschaffenheit und die 200 Meilen betragende Entfernung. Sie hätten, um bis dorthin zu gelangen, 50 deutsche Meilen hoch geworfen werden müssen; aber die höchste Höhe, bis welche sie geworfen werden, betrage nur die dreyfache Höhe des Bergs, oder etwa eine Meile. Nun wurde der Fleiß der Gelehrten rege, den historischen Grund der alten und neuen Nachrichten zu untersuchen, und den Ursprung dieser Steine zu erklären. Der Lärm, den diese Steine in ganz Europa machten, war außerordentlich. Das Resultat war: — daß die Echtheit der meisten Nachrichten nicht geläugnet werden könne.

Ein geschickter englischer Chemiker, Howard, betrat einen Weg, der auf eine andere Art zur Entscheidung führte. Er verschaffte sich Stücke von solchen Steinen aus verschiedenen Ländern, verglich sie nach ihren physischen Characteren und zerlegte sie überdieß chemisch. Hieraus ergaben sich folgende denkwürdige Resultate: 1) die in verschiedenen Ländern, ja Welttheilen herabgefallenen Steine sind im Wesentlichen ganz von einerley Bestandtheilen und Textur. 2) Sie sind von Producten der Erde und von vulcanischen Producten ganz verschieden; denn sie enthalten Schwefelkies von einer eigenen Natur und Eisen, wie es sonst nirgends vorkommt, nämlich regulinisch oder gediegen, mit Nickel legirt. Ersteres deutet auf einen gemeinschaftlichen Ursprung, dieses auf einen Ursprung außer dem Erdkörper. Letzteres führt auf zwey neue Fragen: Sind diese Massen in unserer Atmosphäre gebildet worden, oder kommen sie aus dem weiten Himmelsraum zu uns?

So sehr eine echte Logik erfordert, die Ursache einer Erscheinung zuerst in der Nähe zu suchen, ehe man sie aus dem weiten Himmelsraum her holt, so hat doch die Meinung, daß diese Steine in unserer Atmosphäre gebildet werden, viel zu große Schwierigkeiten, als daß sie viele Anhänger gewinnen könnte. Diese Schwierigkeiten liegen vorzüglich in der metallischen Beschaffenheit, in der außerordentlichen Größe und Dichtigkeit vieler solcher Steine. Ihr Gewicht kann mehrere Centner betragen; man fand sie von 1 Pfund bis 16 Centner, (so viel wiegt die von Pallas entdeckte Masse von gediegenem Eisen.) Lichtenberg hielt den Steinregen zu Siena für einen trockenen Niederschlag aus einer elastischen Flüssigkeit, in welcher sie sich aufhielten, wie Kieselerde in der Flußspatluft (Gas acide fluorique); allein sein Scharfsinn zeigte ihm auch zugleich die Schwierigkeiten dieser Erklärung, die ihren Grund in der großen Masse dieser Steine im Verhältniß gegen die geringe specifische Schwere der Flußspatluft hatten.

Niemand hat wol die Gründe für diese Erklärung aus einer atmosphärischen Bildung mit mehr Fleiß und Scharfsinn ins

Licht gesetzt, als Hofr. und Prof. Mayer in Göttingen in seiner Schrift: Lehrbuch über die physische Astronomie und die Theorie der Erde. Göttingen 1805. Seine Gründe sind folgende: Die Vulcane sind ein reiches Magazin zur Hervorbringung von Wasserstoffgas, welches zehnmahl leichter ist, als die atmosphärische Luft, und zu andern uns unbekannten Flüssigkeiten, welche wegen ihrer Leichtigkeit in die höhern Regionen aufsteigen und in diesem Zustand sich uns nie darstellen; wol aber können durch das Verbrennen des Wasserstoffgases die dort aufgelösten Bestandtheile solcher Meteorsteine sich niederschlagen, wie einander angezogen werden und so zu einer festen Masse sich bilden; diese große Masse wird vielleicht erst nach und nach, während des Herabfallens, wie die Hagelklumpen gebildet. Ferner kann die chemische Kunst, noch mehr die Natur feste Materien in Verbindung mit andern luftförmig darstellen, und umgekehrt aus flüssigen Körpern feste machen, z. B. die Kohle wird durch Verbindung mit Sauerstoff leicht verflüchtigt, eben so die Kieselerde mit der Flußspatsäure, wenn man sie in gläsernen Gefäßen bereitet.

Endlich ist die Verwandlung von elastischen Flüssigkeiten in große Massen eben so leicht möglich, als umgekehrt die plötzliche Verwandlung von vielen hundert Centnern Schießpulver in eine elastische Flüssigkeit. Diesen Gründen kann man noch folgende beyfügen: Die metallischen Bestandtheile dieser Steine geben dem ersten Anschein nach einen starken Einwurf gegen die atmosphärische Erzeugung ab; allein mehrere Thatsachen beweisen, daß die Metalle in ihrer Auflösung die Leichtigkeit annehmen können, um sich in die Luft erheben zu können, z. B. Proust's arsenikhaltiges Wasserstoffgas beweist, daß der Wasserstoff eine vorzügliche Rolle bey den Verflüchtigungen metallischer Substanzen spiele. Ja, es macht die Verbindung mit Schwefel bey diesen Massen, (der so, wie die Metalle zwar bisher unzerlegt, aber sicherlich von zusammengesetzter Natur ist) es wahrscheinlich, daß in der Atmosphäre Metalle nicht nur aufgelöst, sondern auch erzeugt werden. Schon Mitchel hielt das Wasserstoffgas für ein dampfförmig aufgelöstes Metall; das Eisen insbesondere kommt in der animalischen und organischen Natur in solcher Menge vor, daß man mit der Annahme eines bloßen Absetzens aus andern Körpern nicht ausreicht. Endlich macht es die neuere Chemie sehr wahrscheinlich, daß alle Qualität der Natur ihren Ursprung nur dem Kohlen-, Erd-, Sauer- und Wasserstoff vermittelst des Wärmestoffs, vielleicht auch Lichtstoffs, zu danken habe, wo also von der Möglichkeit einer metallischen Erzeugung gar keine Rede seyn kann.

Einsender dieses hat nun alle Gründe für die Entstehung dieser Steine durch einen Niederschlag aus den höheren Regionen der Atmosphäre in ihrer ganzen Stärke vorgetragen; aber nun kommen auch Gegengründe, die jene sicherlich weit überwiegen. Sie sind folgende: Woher kommt es, daß man bey der Analyse der atmosphärischen Luft noch nie eine solche Gasart entdeckt hatte, welche eine metallische Natur vermuthen ließ? Ueber unserer Atmosphäre ein Meer von uns unbekannten Gasarten anzunehmen, möchte darum mißlich seyn, weil es sich mit der untern Schichte bald durch ihre wechselseitige chemische Wirkung vermischen müßte: denn die chemische Vereinigung hängt nicht vom statischen Unterschied der Schwere ab. Ferner liegt eine Hauptschwierigkeit in der außerordentlichen specifischen Leichtigkeit solcher Gasarten, und hingegen der großen Dichtigkeit und Masse solcher aus der Luft gefallenen Steine. Jene müßten noch leichter seyn, als Wasserstoffgas, das doch zehnmahl leichter ist, als die gemeine Luft, und wovon also ein Cubikschuh nur ungefähr 60 Gran wiegt. Welche ungeheure Menge solcher elastischen Flüssigkeiten würde also erfordert, wenn ein solcher Stein von mehrern Centnern erzeugt werden sollte? (Zu einem Centner würden 130 Cubikschuh erfordert) durch welche Kraft soll sie entzündet werden? Welche schreckliche Wirkungen und Zerstörungen, die sicherlich auch auf die untern Schichten der Atmosphären, ja auf den Erdkörper selbst einen zerstörenden Einfluß haben müßten, würden nicht durch die Entzündung eines so ungeheuren Volumens, und NB durch den dadurch entstehenden großen leeren Raum entstehen?

Was hält die Entzündung ab, daß sie sich nicht noch weiter verbreitet; so wie die Entzündung einer Menge Schießpulvers durch die ganze Masse fortgeht? Benzenberg gibt in seiner Schrift: Ueber geographische Längenbestimmung 1802, die Schwierigkeiten immer noch größer an: Nach dem marisottischen Gesetze ist in einer Höhe von 25 Millionen Meilen die Luft 1200 billionenmahl dünner, als an der Erde, und die Cubikmeile Luft wiegt dort nur noch 1/30 Loth; (die darüber schwebende elastische Flüssigkeit müßte also noch leichter seyn,) ein dadurch erzeugter meteorischer Stein von zwey Centnern müßte also 192000 Cubikmeilen Gas erfordern. Man begreift aber nicht, wie eine so große Menge sich so schnell zu einem neuen, an Gewicht gleichen, aber an Volumen weit kleinern und an Dichtigkeit eben deswegen um viele Billionen größern Körper vereinigen könne."

Die Ursache wird also wol außer der Erdatmosphäre im Raume des Universums zu suchen seyn? Auch hier zeigte sich; was deutscher Fleiß und Scharfsinn bey geringen Hülfsmitteln leisten konnte. Klaproth und Barthold haben nicht nur Howard's Beobachtungen bestätigt, sondern es hat auch D. Chladni in Wittenberg, der bekannte Schöpfer einer Theorie der Akustik, das, was jene Männer auf dem Wege einer methodischen Erfahrung entdeckten, durch seinen Scharfsinn und Combinationsgabe auf dem Wege der Speculation schon früher zu einem hohen Grade von Wahrscheinlichkeit gebracht, indem er treffende Gründe angab, daß das Herabfallen der Meteorsteine mit den eben so sonderbaren Feuerkugeln, die unstreitig in einer außerordentlichen Höhe sich bewegen, im genauen Zusammenhang stehe, S. Ueber den Ursprung der von Pallas gefundenen und anderer ihr ähnlichen Eisenmassen und über einige damit in Verbindung stehens de Naturerscheinungen, von D. Chladni. Riga 1794. Seine Gründe für den gleichen Ursprung der Meteorsteine und der Feuerkugeln sind folgende: Es gibt sichere Erfahrungen von Steinen, welche im Augenblick des Zerspringens eines Feuerkugel herabfielen und noch eine sehr große Hitze zeigten; das blendend weiße Licht der Feuerkugeln, das Funkenauswerfen zeigt sich bey geschmolzenem Metall, besonders in reiner Luft; die Beymischung von Schwefel erleichtert das Brennen in dünner Luft; die schwammige Beschaffenheit der Massen verräth eine anfängliche Ausdehnung und nachfolgende Zusammenziehung; das Herabfallen geschah in den allermeisten Fällen in Gemeinschaft mit einem feurigen Meteor. Wegen der außerordentlichen Höhe der Feuerkugeln hält er sie für kosmische Körper, die sich im Raum des Universums entweder ursprünglich befinden, oder durch uns unbekannte Processe erzeugt werden, (wie denn der Raum zwischen den Himmelskörpern sich nicht als leer und todt denken läßt) oder Stücke zersprungener Sterne sind, (Weltspäne, Planetenkörner) und die durch irgend eine Ursache sich der Erde nähern und durch die chemische Wirkung derselben in Brand gerathen. Das Schicksal dieser Hypothese war folgendes: Von einigen wurde sie angestaunt, ohne zu wissen, was sie daraus machen sollen, von andern angenommen, von andern ohne Gründe belacht, von andern mit Gründen angegriffen. Chladni beantwortete den Haupteinwurf: daß diese Steine wegen der großen Höhe ihres Falls sehr tief in dem Erdboden eindringen, sich also unserm Blick entziehen und vorher alles zerstören würden, dadurch, daß er bemerkte: ihr Fallen erfolge wegen der auf sie wirkenden Centrifugalkraft der Erde, nach schiefer Richtung, ferner hemme der Widerstand der Luft ihre Geschwindigkeit. Niemand konnte eine bessere Hypothese zur Erklärung der Feuerkugeln und der Meteorsteine vorbringen. Sogar gab der große Geometer la Place vor vier Jahren durch seine obgleich etwas speciellere Ansicht jener Hypothese ein neues Gewicht. Er äußerte nämlich die Vermuthung: jene räthselhaften Steine seyen vielleicht aus Vulkanen des Mondes auf die Erde geschleudert worden. Zur Ehre Deutschlands muß man aber auch hier bemerken, daß I) Olbers, ein Deutscher, der berühmte Entdecker der Planeten Pallas und Vesta, schon im Jahr 1795 diese Vermuthung wagte; auch hielt schon Anaxagoras die Meteorsteine für Auswürfe eines fremden Weltkörpers. Uebrigens hat la Place das eigene Verdienst, daß er zuerst

durch angestellte Berechnung die Möglichkeit der Sache gezeigt hat. Mehr wollte er nicht beweisen; aber auch selbst die Wahrscheinlichkeit dieser Erklärung ist in folgender Schrift auf einen hohen Grad gebracht worden: Ueber Massen und Steine, die aus dem Mond- auf die Erde gefallen sind, von H. A. Freyherrn von Ende, Oberappellationsrath in Celle, (nun königl. wirtemberg. Justizminister) 1804. Da die Beweise für diese Erklärung hier geschärft und manche Schwierigkeiten glücklich beseitigt sind, so wird eine kurze Zusammenstellung der angeführten Gründe hier am rechten Orte seyn.

Vermöge Newton's Gravitationslehre gibt es zwischen der Erde und dem Monde einen Punct, wo die Anziehung der Erde und des Mondes gleich stark ist; würde nun eine Masse aus einem Mondsvulkan bis an jenen Punct geschleudert, so würde sie dort stehen bleiben; würde sie über diesen Punct (den Indifferenzpunct zwischen Erde und Mond) hinaus geschleudert, so könnte sie nicht mehr auf den Mond zurück, sondern müßte mit beschleunigter Geschwindigkeit auf die Erde fallen. Dieser Punct muß nun viel näher bey dem Monde, als bey der Erde liegen, weil die Anziehungskraft des Mondes weit geringer ist; mithin entsteht hieraus schon einige Vermuthung, daß eine dazu erforderliche Explosion möglich sey. Die Rechnung gibt aber folgende bestimmte Data. Die Schwerkraft des Mondes oder seine Kraft, die Körper auf ihm zurückzubehalten, ist fünfmahl kleiner, als die Schwerkraft der Erde; dagegen ist die Explosionskraft der Mondsvulkane, oder ihre Kraft, die Körper fortzuschleudern, fünf bis sechsmahl größer, als der Vulkane der Erde, indem die Wallgebirge des Mondes, deren Gestalt einen vulkanischen Ursprung zeigt, nach dem Verhältniß beyder Weltkörper fünf bis sechsmahl höher sind, als der höchste Berg der Erde. Endlich hat der Mond eine äußerst dünne Atmosphäre, die dem Auswurf der Steine keinen Widerstand entgegensetzt; auch gibt es Gründe, welche eine sehr große Anzahl von Vulkanen und eine öftere Explosion derselben beweisen. Wenn nun eine Masse aus einem solchen Vulkan mit einer Schnelligkeit von ungefähr 7700 Fuß in einer Secunde

oder fünfmahl schneller, als eine Kanonen-
kugel, ungefähr in einer geraden Linie zwischen dem Mond und der Erde in die Höhe
geschleudert würde, so würde sie auf die
Erde herabstürzen. Eine solche Geschwindigkeit ist nun bey der angeführten Beschaffenheit des Mondkörpers gar nicht unwahr-
scheinlich; vielmehr zeigt der Verf. dieser
Schrift, daß sie weit mehr Gründe für sich
habe, als alle andere Erklärungsarten. Mehrere Naturforscher gaben derselben sogleich
Beyfall: auch Chladni gab seine Hypothese
auf, oder zeigte vielmehr, daß diese eine
Modification der seinigen sey, die überhaupt
einen kosmischen Ursprung behaupte. An
Einwürfen fehlte es freylich nicht; z. B. da
nach allen Beobachtungen die Vulkane auf
dem Monde noch immer außerordentlich to-
ben, so sollten diese Auswürfe öfter vorkommen; allein die Ankunft auf der Erde setzt
ein sehr bestimmtes Verhältniß der Richtung
und der Wurfgeschwindigkeit des Körpers
voraus; außerdem kann der Körper wegen
der Bewegung des Mondes um die Erde in's
Universum hinausgeworfen werden. Er
könnte alsdann als ein uns unsichtbarer Tra-
bant um die Erde laufen; er könnte auch als
eine Feuerkugel, die nicht zerplatzt, von uns
erblickt werden; (deren auch mehrere schon
erschienen sind) oder es könnten auch einige
Sternschnuppen von besonderer Art solche
kleine Erdtrabanten seyn. z. B. der kleine
Lichtpunct, den Schröter einst durch das
Feld seines Fernrohrs streichen sah und den
auch andere bemerkten. Ferner ist jener Indifferenzpunct vom Mönde nur 5000, hingegen von der Erde 35000 deutsche Meilen entfernt: diese Steine, welche ungefähr 2 1/2
Tag auf ihrem Wege zubringen, müßten
wegen ihres immer mehr beschleunigten Falls
mit einer außerordentlichen Geschwindigkeit
herabfallen und höchst zerstörend wirken;
hierauf läßt sich antworten: die meisten werden nicht vertical, sondern nach einer schie-
fen Richtung geworfen; ferner setzt ihnen
die Atmosphäre der Erde einen großen Widerstand entgegen; endlich schlugen einige
wirklich mehrere Fuß tief in den Erdboden.
Ferner hat man eingewendet, daß wegen der
großen Dünnigkeit der Mondsatmosphäre die
Explosionskraft dort nicht so groß seyn

könne; allein es können ja andere Gasarten
dort wirksam seyn, und die oben angeführten
Gründe beweisen, daß sie es in der That.
seyen: auf der Erde gibt ja der Salpeter
allein schon allen zu einer Detonation wirksamen Sauerstoff her. Endlich kann man fragen: woher kommt es, daß manche solcher
Steine noch glühend gefunden wurden, da
sie doch fast drey Tage auf dem Wege zu-
brachten? Antwort: Von der chemischen
Wirkung unserer Atmosphäre auf sie, und
von ihrer mechanischen Reibung, da sie,
des Widerstands unerachtet, immer mit der
Geschwindigkeit einer abgeschossenen Kano-
nenkugel ankommen.

So wäre also der Ursprung und die
Natur dieser räthselhaften Steine in Verbindung mit einer andern eben so räthselhaften Erscheinung der Feuerkugeln durch eine
dem ersten Anschein nach ebenfalls unbegreifliche Hypothese erklärt. Indem man das
Absurde und Unmögliche ausmerzt, wird
man oft veranlaßt, das anzunehmen, was
vorher unglaublich schien. Läßt gleich diese
Hypothese noch viele Einwürfe zu, so kann
man doch ihre Unmöglichkeit nicht beweisen:
heißt es gleich hier: de his multi multa,
omnes aliquid, nemo satis, so hat sie doch,
wie Hr. von. Ende am Schluß seiner
Schrift bemerkt, den Vorzug vor andern,
daß sie manche Erscheinungen ungezwungener
erklärt: man wird sie also so lange als Wahrheit annehmen dürfen, bis man uns befrie-
digendere und genauere Aufschlüsse über jene
sonderbaren Phänomene gibt, welches nach
den vorhandenen Thatsachen nicht nur sehr
schwer, sondern beynahe unmöglich scheint.

M. J.

Allerhand.

Liebenstein.

Da die Gegend von Liebenstein in einer
glücklichen Entfernung von jeder Militär-
straße liegt, bisher einer ungestörten Ruhe
genossen hat, und wahrscheinlich ferner genießen wird; so melden wir dem Publicum,
welches sich dafür interessiret, daß die Bade-
wirthschaft, wie gewöhnlich, in der Mitte
des Monats Junius eröffnet, und bis zu
Ende des Augusts fortgesetzt werden wird.

Die Quelle zu Liebenstein ist noch so kräftig, die Natur noch so schön, wie sonst, und die Liebhaber gesellschaftlicher Unterhaltung werden auch die drey großen Ressourcen, Tanz, Spiel und Schauspiel wiederfinden. Alles wird dazu geeignet seyn, uns in die gute alte Zeit zurückzuführen, und die Leiden der nahen Vergangenheit schneller vergessen zu machen.

Mit Fragen über die Wirkungen des Brunnens wendet man sich an den Hrn. Hofmedicus und Brunnenarzt D. Panzerbieter, und mit Logisbestellungen an den Hrn. Kämmerier Kleimenhagen.

Meiningen den 26 May 1807.

H. S. Meiningische Badedirection.

Dienst - Anerbieten.

1) Wenn ein geschickter Fabrikant, welcher hinreichende Kenntnisse besitzt, Eisenbleche so zu verzinnen, daß selbige den englischen an Güte und Ebenheit gleich kommen, und der in diesem Fache mit Erfolg arbeiten kann, geneigt seyn möchte, nach Schweden zu reisen, um daselbst angestellt zu werden: so kann sich derselbe durch Briefe mit beygelegten Zeugnissen an den Kaufmann und Eigenthümer einer Eisengießerey, Herrn Gust. Dan. Wilke in Stockholm wenden, um von demselben die näheren Bedingungen und die Reiseroute zu erfahren. Es werden aber nur Briefe von solchen Fabrikanten erwartet, die das Verlangte wirklich leisten können.

2) Eine einzelne Dame von Stande in den Rheingegenden sucht ein Fräulein von 24 bis 30 Jahren, gebildeter Erziehung, heiterem guten Gemüthe, zur Gesellschaft.

Dienst - Gesuche.

Zwey wohlerzogene unverheirathete Frauenzimmer von 30 und 20 Jahren, aus guter Familie, sind, um ihrer verwittweten Mutter die Sorge für ihre und ihrer zahlreichen Geschwister Unterhalt zu erleichtern, entschlossen, in den Dienst gut gesinnter Menschen sich zu begeben. Beyde haben nicht nur die nöthigen Kenntnisse und Erfahrung zu Führung eines bedeutenden Haushalts, sondern sind auch im Stande, bey allen darin vorfallenden Arbeiten selbst Hand anzulegen. Sie dürfen sich zugleich der Geschicklichkeit in allen feinen weiblichen Arbeiten rühmen und verbinden damit die besten Gesinnungen. Ihr Wunsch ist, sobald als möglich und zwar am liebsten außerhalb Hessen-Cassel, gleich viel, ob in einer Stadt, oder auf dem Lande, eine Versorgung zu finden. Der Regierungs-Procurator Wöhler in Hessen-Cassel, an welchen man sich in portofreyen Briefen zu wenden hat, wird die nöthigen Einleitungen treffen.

Abgemachte Geschäfte.

Daß die in Nr. 107 dieses Blatts angetragene Stelle für eine Gehülfin, in einer neu angehenden Frauenzimmer-Ausbildungs-Anstalt besetzt, und dem Verlangen völlig entsprochen worden, folglich alle weitere Anfragen verbeten werden; wird hier durch bekannt gemacht von

Joh. Dietrich Matthias in Hanau.

Justiz- und Polizey-Sachen.

Gestohlne Sachen.

Vermittelst Aushebung eines Fensters sind aus der Küche des hiesigen Gutes nachfolgende, zum Theil sehr kenntliche Sachen in der Nacht vom 25 zum 26 May diebischer Weise entwendet und allem Anschein nach auf's Eichsfeld oder in die Gegend verschleppt worden, als:

1) Zwey große runde kupferne Eßnäpfe mit fest genieteten kupfernen Angriffshenkeln, inwendig verzinnt, jeder etwa 6 Pfund schwer und etwa einen Eimer voll enthaltend, der eine ist auf der Seite geflickt.

2) Ein dergleichen etwas kleiner, und statt des Angriffshenkels mit einem beweglichen Ringe, zum Aufhängen, etwa 5 Pfund schwer. Die Verzinnung von allen dreyen ist so abgenutzt, daß das Kupfer überall durchscheint.

3) Ein großer runder kupferner Deckel mit einem starken Falze, und einem eisernen festgenieteten Angriff oben-auf, auf einen kupfernen Kochtopf gehörig, etwa 4 Pfund schwer.

4) Drey kupferne Deckel auf Casserollen, von verschiedener Größe, mit geraden eisernen Stielen, wovon zwey ganz neu verzinnt sind, jeder etwa 1 1/2 bis 2 Pfund schwer und schwach gesalzt.

5) Zwey Schneckenkuchen-Formen, inwendig verzinnt, eine von mittlerer Größe, die andere klein.

6) Sechs Stück kupferne Kaffee- und Milchkännen von verschiedener Größe zu 1, 2 und 3 Portionen, wovon ein Paar ganz neu ist, vom kleinsten ist der Deckel zurückgeblieben.

7) Ein kupferner runder Kaffee-Wärmer, aus drey Theilen bestehend, als:

  a) Einer kupfernen Schüssel mit 2 kupfernen Angriffhenkeln und drey Beinen darauf;

  b) Einer kupfernen Kohlenpfanne, durchbrochen mit Blumen verziert und drey kleinen Beinen darauf;

  c) Einem runden kupfernen Blech mit runden Löchern und einem verbogenen kupfernen Stiele, woran der hölzerne Angriff fehlt, alles von Kupfer.

8) Ein großer kupferner Kaffee- oder Wasserkessel, etwa 1/2 Eimer haltend, stark gebraucht.

9) Ein großer gelber messingener Durchschlag.

10) Ein kleiner messingener Durchschlag, defect, der Boden mit Zinn gelöthet.

11) Eine große messingene Wasserkelle, der Stiel von Eisen, sehr defect.

12) Eine kleine dito zu Fleischbrühe, ganz neu.

13) Ein messingenes Kaffeekännchen für eine Person.

14) Ein kleiner messingener Milchkessel, etwa eine Kanne enthaltend.

15) Ein großer messingener Mörser mit Stößer, etwa 20 Pfund schwer.

16) Ein kleiner dito dito mit Stößer.

17) Ein messingener Leuchter, am Fuß mit Zinn gelöthet.

18) Zwey zinnerne Leuchter, worauf der Kopf, wo das Licht eingesetzt wird, von Messing eingelöthet ist.

19) Eine Jagdflinte, etwa 2 Fuß hoch.

20) Acht Stück silberne Eßlöffel, auf der Kelle, wo sich der Stiel endiget, mit einer Blumenverzierung, jeder etwa 2 1/2 Loth schwer.

21) Ein silberner Suppenlöffel mit runder Kelle und krummen Stiele, hat eine Beule.

22) Sechs Stück silberne Kaffeelöffel, etwa 2 Loth schwer, auf dem Stiele mit einer Rosenblume verziert, auf sämtlichen Löffeln ist die Probe 12 und das Goldschmidszeichen H. O. S. befindlich.

23) Ein Vorleglöffel von Zinn mit runder Kelle und krummen Stiele.

24) Ein Paar weiße wollene Mannsstrümpfe.

25) Ein Paar dito Frauens dito.

26) Eine Tabakspfeife mit grünem elastischen Rohre und beschlagenem hölzernem Kopfe.

27) Ein weißes Schnupftuch mit rother Kante.

Alle Orts-Obrigkeiten, so wie alle Gold- und Kupferarbeiter, auch sonstige Personen, bey denen oben beschriebenen, nicht gewöhnlichen, zum Theil sehr kenntlichen Sachen, zum Verkauf oder sonst vorkommen sollte, werden ersucht, darauf genau zu achten und selbige mit dem Inhaber anzuhalten zu lassen, und dem hiesigen Gerichte davon schleunig Nachricht zu geben, welches außer Ersetzung aller Kosten, demjenigen, mit Verschweigung

seines Namens noch besonders eine Carolin zuzusichern beauftragt ist, welcher den oder derjenigen Thäter dermaßen nachweisen kann, daß sie zur gefänglichen Haft gebracht werden können.

Sign. Dölckershausen den 21 May 1807.

Suchter'sches Gericht hierselbst.
Zettenbach, Richter.

Vorladungen: 1) derjenigen, die Forderungen an das Vormund-Amt in Nürnberg zu machen haben.

Die Untersuchung des vorbestellten Rechnungswesens macht eine förmliche Liquidation aller und jeder Forderungen, welche von Allerheiligen 1795 bis Lichtmeß 1806 an das Vormund-Amt gemacht werden können, nothwendig. Es werden daher alle und jede, welche von dem hiesigen Vormundamt, oder dem Vormund-Amts-Secretair Dölckert in dem bestimmten Zeitraum ausgestellte Obligationen, Schuldscheine, Empfangs- und Depositions-Scheine, oder andere auf Ansprüche an dieses Amt sich beziehende schriftliche Documente in Händen haben, aufgefordert, solche längstens bis zum 31 Julius laufenden Jahrs, wobey der 30 May zum ersten, der 20 Junius zum zweyten und der 31 Julius zum dritten und letzten Termin gegeben wird, bey den — zu dieser Untersuchung mit höchster Genehmigung des königlichen General-Land-Commissariats angeordneten beyden Personen, dem Finanzrath von Holzschuher und dem Dr. Drexel in den wöchentlichen Mittwoch und Sonnabend Vormittags in dem geheimen Steuer-Deputations-Zimmer anzuzeigen, oder durch hinlänglich Bevollmächtigte vorzeigen zu lassen, mit dem angedrohten Rechtsnachtheil, daß alle dergleichen Documente, welche binnen dieser peremtorischen bestimmten Frist auf die vorgeschriebene Weise nicht vorgelegt worden sind, ohne weiters für null, nichtig und erloschen angesehen werden.

Nürnberg, den 16 May 1807.

Königlich Baierischer Stadtmagistrat.

2) J. L. Beuther's und J. Lauer's.

Johann Ludwig Beuther aus Ziegenbach in Franken gebürtig, welcher bereits 70 Jahr alt und seit 50 Jahren abwesend und verschollen ist: dann Johannes Lauer, der zu Billigshausen in Franken geboren, nun 76 Jahr alt ist, und welcher im Jahr 1760 Jahren als Pachtgärtner zu Eisenach gestanden, Anno 1770 oder 1771 aber nach Amerika gezogen seyn soll: werden beyde eben so, wie ihre etwaige Leibes-Erben, hierdurch vorgeladen, binnen 6 Monaten bey hiesigem Justiz-Amte zu erscheinen und sich zu ihrem unter Pflegschaft stehenden Vermögen, wovon das des Beuther sich gegenwärtig auf 278 fl. 24 kr. rhl. und das des Lauer, welches diesem von seinem daher verstorbenen Bruder angefallen ist, auf 209 fl. 42 kr. rhl. beläuft, gehörig zu legitimiren, im Gegentheile aber zu gewärtigen, daß sie beyde für todt erklärt werden, und gedachtes ihr Vermögen an die nach hiesigen Gesetzen sich dazu qualificirenden nächsten Verwandten ohne Caution verabfolget werden soll.

Castell in Franken, den 12 May 1807.

Königl. Baiersch. gräfl. Castellisches Justiz-Amt.

J. A. Endres.

3) der Militärpflichtigen H. Hoffmann, J. Weber und G. Volkert.

Die Militärpflichtigen Heinrich Hoffmann, als Bierbrauer, Johann Weber, als Becker manderud, beyde von hier, und Georg Volckert von Ostersheim, als Zimmergeselle in der Fremde, werden hiermit aufgefordert, binnen unerstreslicher Frist von drey Monaten in ihren Geburtsorten zu erscheinen, widrigenfalls aber zu gewärtigen, daß gegen sie nach der Landes-Constitution gegen ausgetretene Unterthanen verfahren werde.

Schwetzingen am 23 May 1807.

Großherzogl. Badisches Amt.

L. Pfister.

Neuberth.

Kauf- und Handels-Sachen.

Verkauf einer Droguerey- und Farben-Handlung.

Eine alte längst bestandene, vor kurzen noch erneuerte Droguerey- und Farbenhandlung in Leipzig soll, eingetretener Verhältnisse halber aus freyer Hand nächstens verkauft werden. Kauflustige haben sich an Hrn. Dr. Johann Friedrich August Diedemann, Oberhofgerichts- und Consistorial-Advocaten daselbst, wohnhaft in der Fleischgasse, Nr. 222, zu wenden.

Kunstsachen.

Den zahlreichen Freunden und Verehrern des Hrn. Hofrath Jung genannt Stilling wird es die willkommenste Nachricht seyn, daß derselbe bey seinem letztern hiesigen Aufenthalt durch den Hofbildhauer und Professor Danneker modelirt wurde.

Dieses Bild en medaillon vereinigt in einer Größe von zwey Schuh alles, was von einem Portrait erwartet werden kann, und ist nach dem ungetheilten Beyfall aller Kenner eine der gelungensten Arbeiten dieses eben so vortrefflichen, als berühmten Künstlers.

Der Unterzeichnete, welcher dieses seltene Kunstwerk besitzt, wurde deswegen aufgemuntert, solches, theils in Gyps-Abbrücken, theils in einem Kupferstich dem Publicum mitzutheilen, und erbietet daher auf dem Wege der Subscription (um Zeit zu den nöthigen Vorkehrungen zu erhalten)

1) einen Abdruck in Gyps, mit Inbegriff der Kiste und Emballage, für 1 Ducaten oder 5 fl. 30 kr. Reichsgeld, ohne solche für 5 fl.

2) einen Abdruck des Kupfers halb Folio groß, durch den aus mehrern sehr vorzüglichen Arbeiten bekannten Hn. A. Keßler gestochen, auf das feinste Velin-Papier zu 1 fl. 12 kr.; außer der Subscription kostet ein Abdruck 1 fl. 30 kr.

Da dieser Unternehmung keine Gewinnsucht zum Grunde liegt, so dürfen die resp. Herren Subscribenten versichert seyn, daß von keiner der beyden Gattungen Abdrücke ausgegeben werden, denen irgend ein Fehler beygemessen wäre.

Die Bestellungen werden in portofreyen Briefen gemacht bey

Stuttgart im May 1807.   C. Aylius.

Nanquin.

Echter ostindischer Nanquin in Stücken von acht Ellen, ist sowohl einzeln als auch in Quantitäten, bey uns Endesunterzeichneten in sehr schöner Qualität zu haben. Wer funfzig Stück nimmt, erhält ihn à 36 gl. per Stück; begehrten Falls auch General- und Landaccise-Passirzettel dazu.

Dresden, den 8 May 1807.

J. K. Peyer und Comp.

Scheffelgasse Nr. 189.

Schafvieh.

Liebhabern der Schafzucht macht Endesunterzeichneter hiermit bekannt, daß er gesonnen ist, nächst künftigen 3 Julius einige hundert Stück im höchsten Grade spanisch veredeltes gesundes Junqvieh zu Tännich bey Rudolstadt und Remda gegen baare Zahlung in Spec. zu 22 gl. oder andere gleichhaltigen Münzsorten meistbietend zu veräußern.

Zubr,
abgehender Pachter zu Remda.

Frankfurter Wechsel-Cours.

den 29 May 1807.

		Briefe.	Geld.
Amsterdam in Banco k. S.			
	2 Mon.		
Amsterdam in Courant k. S.			142 1/2
	2 Mon.		141 5/8
Hamburg k. S.		149 3/4	
	2 Mon.	149 1/4	
Augsburg k. S.		100	
Wien k. S.		47 1/2	
	2 Mon.		
London 2 Mon.			
Paris k. S.		78 1/4	
	à 2 Uso	77 3/4	
Lyon		78 3/8	
Leipzig M. Species			
Basel k. S.			
Bremen k. S.		109	

Allgemeiner Anzeiger

der
Deutschen.

Freytags, den 5. Junius 1807.

Land - und Hauswirthschaft.

Noch etwas über die Cultur der
Erdmandel.

Ein Unbekannter äußert sich unter dem
12 May im allg. Anz. auf Veranlassung des
Aufsatzes von Christ über die Erdmandeln,
daß ihm die Behauptung, daß die Erdmandeln in nassen Jahren mißrathen, aufge-
fallen sey, weil die Erfahrung ihm genau
das Gegentheil gelehrt habe.

„Seine Erfahrung war diese. Im Jahr
1804 verursachte die Spree eine starke Ueberschwemmung, die auch seinen Garten unter
Wasser setzte. Dieses geschah am 20 Junius.
Das Wasser blieb bis zu Ende des Monats
stehen. Alle Gartenfrüchte wurden dadurch
verdorben. Nur die Erdmandeln erhielten
sich und wuchsen nach abgelaufenem Wasser
freudig fort. Endlich erfolgte eine reiche
Ernte.“

So wenig an der vollkommenen Richtigkeit dieser Beobachtung werden getrennt
darf, die der Unterzeichnete alle Jahre gemacht, da sein Garten hart an einem Flusse
liegt — so wenig widerspricht solche doch
dem in Nr. 98 des allg. Anz. aufgestellten
Satze. Denn dort wird nur von nassen
Jahren geredet, von solchen, wie das Jahr
1805 gewesen, wo es in den Sommermona-
ten sehr viel geregnet hat. Wenn es aber
in diesen Monaten viel regnet, so ist mit
dem Regen Kühle, oft Kälte verbunden;
immer aber Mangel des Sonnenlichtes und
beydes ist dem Wachsthum des Cypergrases
ungünstig. Der Garten des Ungenannten

Allg. Anz. b. D. 1 B. 1807.

würde am 20 Junius überschwemmt. Er
stand bis Ende des Monats unter Wasser;
also höchstens acht Tage. Das Wasser war
fett und warm, denn die Gartengewächse
verdarben, weil dieses Wasser die Stengel
angriff und in Fäulniß setzte. Nur die Erdmandeln blieben unbeschädigt. Am 20 Junius konnten die Erdmandeln noch kaum
Büsche angesetzt haben. Sie hatten es auch
wirklich nicht, denn es heißt: „das Kraut
„wuchs nach dem Ablauf des Wassers auf
„das üppigste hervor.“

Wäre diese Ueberschwemmung im August
eingetreten, so wäre es gefährlich gewesen.
Um diese Zeit hätten sich die Haarwurzeln
sehr vermehrt gehabt; schon hätten sich junge
Knollen angesetzt und diese hätten faulen
können.

Wahrscheinlich war auch der Boden, wie
es in der Lausitz gewöhnlich, Sand oder stark
mit Sand vermischt. In diesem Boden
konnte sich das Wasser leicht abziehen. Hätte
der Boden das Wasser nicht durchgelassen,
das heißt, wäre unter der Oberfläche Thon
oder Letten gewesen, das Wasser daher um
die Wurzeln herum gestanden, so würde es
auch schlimmere Folgen gehabt haben.

Die im Flußwasser vorhandenen fetten
Theile können sogar als Dünger betrachtet
werden, denn da sich das Wasser durch den
Boden abseih'te, setzten diese sich in selbigen
ab, und vermehrten die Fruchtbarkeit; und
dieses Düngmittel mußte in dem Maße noch
wirksamer werden, in welchem auf die
Ueberschwemmung heitere und warme Tage
folgten.

Eine so früh eintretende Ueberschwemmung schadet daher nie; da hingegen nasse Jahre, wegen Mangel der Wärme und des Lichtes, dem Gerathen der Erdmandeln höchst schädlich sind.

Der Freund der Erdmandeln, der uns seine Bemerkungen mitzutheilen die Güte hatte, ließ seiner gemachten Erfahrung zu Folge nun die Furchen, in welche die Erdmandeln gelegt wurden, offen, damit sich der Regen desto leichter einziehen konnte; auch sorgte er für fleißiges Begießen.

Es ist auch gar nicht zu widersprechen, daß das Begießen, wenn es stark geschehen kann, besonders bey heißem Wetter und anhaltender Dürre, dem Cypergras ungemein ersprießlich sey. Allein nicht immer hat man das Wasser in der Nähe, und wenn man es auch hätte, so würden zu viele Hände dazu gehören, dieses Begießen gehörig vorzunehmen, wenn der Erdmandelbau in's Große getrieben werden wollte; und dieses muß geschehen, wenn er seinen Zweck erfüllen, d. h. wenn dadurch die Ausgabe für indischen Kaffee vermindert werden soll; denn so lange die Erdmandel nur in Gärten gebaut wird, so lange wird sie in zu hohem Preise stehen, um der Absicht guter Patrioten und wirthschaftlicher Hausväter zu entsprechen. Es ist also die Frage: ob das Begießen nicht erspart werden kann? Und meiner Erfahrung nach ist dieß allerdings thunlich.

Weniges Begießen ist sogar schädlich; denn der Boden bekömmt dadurch eine Rinde, durch welche die Nebensprossen des Cypergrases nicht durchdringen können. Wo man bey sehr heißen Tagen das Feld wässern könnte, würde man sich sehr glückliche Folgen versprechen dürfen. Da aber dergleichen Operationen nur selten anwendbar sind, so darf man sie auch nicht als Regeln der Cultur vorschreiben.

Ein fleißiges Auslockern des Bodens mit einer kleinen Gartenhacke ersetzt das Begießen und reiniget zugleich, was eine Hauptsache ist, den Acker vom Unkraut, und dieses ist ein arger Feind der Erdmandeln. Durch dieses fleißige Aufhacken des Bodens wird er für Thau, Regen und Sonnenlicht empfänglicher; auch können sich die seinen Haarwurzeln bequemer ausbreiten. Aber

dieses ist noch nicht genug, sondern zu Ende Julius oder Anfang Augusts muß auch jeder Stock angehäuft werden, damit sich in diesem kleinen Hügel die Frucht besser halten, der Stock auch in selbigen Haarwurzeln austreiben und durch solche Saft und Wärme einsaugen könne.

J. G. V. zu Lübben wird diese kleinen Noten zu seinem Text nicht übel nehmen. Das Publicum muß es ihm Dank wissen, daß er seine Erfahrung mittheilte; denn von je mehreren Seiten eine Sache betrachtet wird, um so leichter kömmt man der Wahrheit auf die Spur, und er ist gewiß der Mann, dem es um Wahrheit zu thun ist. Indem ihm der Unterzeichnete öffentlich seine Hochachtung bezeugt, ersucht er ihn auch, sich ihm näher zu erkennen zu geben, weil er nichts eifriger wünsche, als sich über die Cultur der Erdmandeln mit Männern besprechen zu können, die diese Frucht schon mehrere Jahre anbauen und die solche so genau beobachten, als der würdige Unbekannte in Lübben.

Hersbruck bey Nürnberg.

von Scheurl.

Allerhand.

Bad Brückenau.

Einem hochverehrungswürdigen Publicum wird hierdurch von unterzeichneter Administration ergebenst bekannt gemacht, daß, da hier im Lande alles ruhig und dasselbe von keinen Truppen besetzt ist, die Curzeit des hiesigen Bades zu Anfang des künftigen Monats Junius wieder, wie sonst, eröffnet wird. Spiel, Bälle und alle in dergleichen Orten gewöhnliche Lustbarkeiten und Gemüthserheiterungen werden sich wechselseitig folgen, und man wird auch überhaupt weder Mühe noch Kosten sparen, den Curgästen ihren Aufenthalt nicht nur angenehm zu machen, sondern sie auch so billig wie möglich, und besonders diejenigen, die ihren Aufenthalt über acht Tage hier verlängern werden, sowohl in Rücksicht der Logis, als auch der Tafel zu bedienen.

Da das hiesige Land nunmehr unter k. f. französischen Administration stehet, so haben Se. Excellenz der Herr v. Thiebault,

General, Commandant der Ehrenlegion und Gouverneur zu Fulda, durch einen Beschluß vom ersten dieses gnädigst geruhet, der unterzeichneten Administration bekannt zu machen, daß Hochdieselben im Namen Sr. Majestät des Kaisers und Königs allen Fremden, die den Sommer hierher kommen würden, volle Sicherheit und Schutz versprechen, und daß dem zufolge zur Handhabung der Ordnung und Polizey des hiesigen Bades die National-Garde des hiesigen Oberamts während der Curzeit hier anwesend seyn solle.

Bad Brückenau am 15 May 1807.
Brunnen-Administration.

Aufforderung.

Herr Paul Graßler, Handelsmann in Reichmansdorff und Vormund des Herrn Georg Nicolaus Götze, der Rechte beflissen, aus Saalfeld im Coburgischen, wird hiermit nochmahls freundschaftlich aufgefordert, mein mehrmahliges Schreiben zu realifiren.

Heidelberg den 24 May 1807.
L. Rhodius im Stern.

Berichtigungen und Streitigkeiten.

Erklärung.

Durch den gereimten Scherz in der Nr. 118 S. 472 des Morgenblattes werde ich plötzlich zur nochmahligen Einsicht des diesjährigen leipziger Ostermeßcatalogs aufgeschreckt, worin ich wirklich folgenden Titel finde: Wagner's neue Ansichten des Lebens. 8. Arnstadt, Müller. — Ich habe niemahls neuere oder andere Ansichten des Lebens schildern wollen, als die, welche mein redlicher Willibald hatte, und von welchen bey der Verlagshandlung (Frau Witwe Hanisch in Hildburghausen) so eben eine abermahlige, elegantere Auflage besorgt wird. Außerdem ist nichts von mir im Druck erschienen, als die reisenden Mahler, bey Hrn. G. J. Göschen in Leipzig, und den vermuthlichen Beschluß meiner kleinen poetischen Wallfahrt werden die Reisen aus der Fremde in die Heimath machen, wovon das erste Bändchen noch unter der Presse ist, und woraus Hr. J. G. Cotta bereits einiges in das gedachte Morgenblatt aufzunehmen die Güte gehabt. — Sollte ein Glied

von meiner ansehnlichen Namensverwandtschaft (denn der Name Wagner ist in Deutschland, Ungarn, ja selbst Siebenbürgen in allen Ständen noch viel häufiger, als unter den deutschen Schauspielern "Herr und Madam Müller" erscheinen!) das Leben besser oder schlimmer angesehen haben, als ich, so will ich gern das verehrte Publicum und ihn selbst von Herzen selig preisen oder bedauern, übrigens aber es vor der Hand meiner Verlagshandlung überlassen, den arnstädtischen Herrn Müller, oder irgend eine dortige Madam Müller wegen des obigen Titels zur Rede zu setzen.

Meiningen den 24 May 1807.
Johann Ernst Wagner,
herzogl. f. Cabinetsecretär.

Familien-Nachrichten.

Todes-Anzeige.

Am 13 May d. J. starb unser guter resp. Gatte und Vater, der fürstl. schwarzb. rudolstädtische Hofrath, Stadt- und Land-Physicus, auch Garnisons-Medicus, Mitglied der kaiserl. Academie der Naturforscher, D) Carl Christoph Eckner, im 64 Lebensjahre, an der Brustwassersucht. Allen unsern auswärtigen Verwandten und Freunden zeigen wir diesen uns äußerst schmerzhaften Verlust hierdurch ganz ergebenst an, und empfehlen uns unter Verbittung aller weitern Beyleidsversicherungen zu fernerer Gewogenheit und Freundschaft. Rudolstadt d. 21 May 1807.

Johanne Eleonore Eckner, geb. Binder;

Caroline von Winterfeld, geb. Eckner.

Ernst von Winterfeld, königl. preuß. Forstmeister.

Friedrich Carl August Eckner, Amtsadvocat und Accessist des dasigen fürstl. Justiz-Amts.

Aufforderung.

Der Lieutenant, Charles Kervyn de Volkertsbeke, Gens d'armes d'Ordonnance de Sa Maj' l'Empereur et Roi, wünscht sehr angelegentlich, zu erfahren, wo sein Freund, der reformirte Prediger oder Candidat Wenz, mit dem er in Leyden

studirt hat, jetzt sich aufhalte, und ersucht
Hrn. Wenz, ihm diese Nachricht so schleunig, als möglich, nach Berlin à poste restante
zugehen zu lassen.

Kauf- und Handels-Sachen.

Verkauf eines Bauernguts.

Nachdem von fürstl. sächs. Oberamte allhier
zum Verkauf des den gerlachischen Erben auf dem
Kirlingshofe gehörigen Bauernguts mit der vollständigen diesjährigen Ernte, wie solches in der Anlage beschrieben ist, Termin auf den
Freytag den 26 kommenden Monats Junius a. c.
anberaumet worden ist: als wird solches hierdurch
nicht nur öffentlich bekannt gemacht, sondern es
werden auch Kaufliebhaber hierdurch aufgefordert,
gedachten Tages Vormittags 10 Uhr vor dem fürstl.
sächs. Ober-Amte allhier zu erscheinen, geschickt,
ihre Gebote in groben patentmäßigen Münzsorten
zu erkennen zu geben, und sobann Nachmittags
3 Uhr des Zuschlags desselben an den Erstehet gewärtig zu seyn. Wobey zugleich bekannt gemacht
wird, daß die Hälfte des Kaufgeldes gegen fünf
Procent jährliche Interessen und hinreichende Versicherung auf sothanem Gute stehen bleiben können.
Sign. Eisenach den 22 May 1807.
Fürstl. S. Ober-Amt das.
C. J. Traberth.

Beschreibung

des den gerlachischen Erben auf dem Kirlingshof gehörigen Gutes, der Kirlingshof genannt,
eine halbe Stunde von Dornbdorf herzogl. eisenach.
Amtes Craynberg gelegen.

2 1/2 Äcker 7 1/4 Ruthen Haus, Hofraum und
Garten.
— Ar. 10 Ruthen Schäfers-Wohnung und Garten.
74 Ar. 15 1/4 Rth. arthaft Land.
9 Ar. 14 3/4 Rth. Wüstung und Rasen.
21 1/4 Ar. 26 1/4 Rth. Holz und Buschwerk.
7 3/4 Ar. 2 Rth. Wiesen.
1 Ar. 29 Rth. Teich.
10 3/4 Ar. 4 1/4 Rth. Huth und Triftrasen.
1 1/4 Ar. 32 1/4 Rth. Wiesen auf dem Vogtwalde.
17 Ar. 13 1/2 Rth. Wiesen auf der dornbörfer und
kieselbacher Flur.

Außer diesem enthält das Gerlachische Gut
1) Ein vor zwey Jahren neu aufgebautes
Wohnhaus von zwey Etagen, worin in der untern
a) eine große Wohnstube,
b) zwey Kammern,
c) eine geräumliche Küche, nebst angebautem
Backofen,
d) ein mit zugehauenen Steinen ausgelegter
Hauserden;
e) ein gewölbter Keller;
f) ein großer Trankeller;
in der obern

g) eine Stube nebst Kammer daran;
h) noch zwey Kammern, welche aber noch nicht
gedielt sind;
i) ein ungedielter Vorsaal befindlich. Auf diesem Gebäude ist
k) ein ungedielter 16 Schritt langer und 14
Schritt breiter Fruchtboden, und vor diesem
durch einen Bretterverschlag und Thüre abgeson-
berter, aber auch noch nicht gedielter kleinerer
Fruchtboden vorhanden. Ueber dem Fruchtboden ist
l) ein großes Taubenhaus befindlich, und kann
noch ein geräumlicher Boden daran angelegt
werden.
2) Ein übersetztes ebenfalls neu aufgebautes
Seitengebäude, worin
m) ein Pferdestall;
n) ein Ochsen- und Kuhstall;
o) oben darüber ein Futterboden vorhanden ist.
3) Eine große Scheuer.
4) Eine kleinere, worin auf bepden Seiten
p) Schafställe angebracht sind.
5) Ein neues Gebäude, worin
q) vier Schweineköden und oben darüber
r) ein Tauben- und ein Hühnerhaus befindlich.
6) Eine Schäferswohnung, welche zu drey
Viertel zu dem gerlachischen Gute gehörig ist.
Vom übrigen Länderey sind ongefähr
24 2/3 Ar. 5 1/12 Rth mit Korn und Weizen.
24 2/3 Ar. 5 1/12 Rth. mit Gerste, Hafer und
Sommerkorn
24 2/3 Ar. 5 1/12 Rth. mit Klee, Kartoffeln, Kraut,
Ruben, Erbsen, Wiesen und Lein bestellt.
Außerdem ist noch eine Schafhaltung von 66
Stück dabey befindlich. Die auf diesem Gute haftenden Steuern und Zinsen sollen im Licitations-
termin bekannt gemacht werden.
Eisenach den 22 May 1807.
Fürstl. Sächs. Ober-Amt das.

Justiz- und Polizey-Sachen.

Vorladung Conr. Stüber's.

Ludwigsburg. Conrad Stüber von Oßweil,
Schaftknecht, 19 1/2 Jahr, 6 Fuß 1/4 Zoll groß,
ist gestern, als er zur Rekruten-Aushebung hierher abgeholt werden sollte, entwichen. Derselbe
wird daher bey Strafe des Verlustes seines Unter-
thanen- und Bürgerrechts und der Confiscation
seines Vermögens hiermit aufgerufen, à dato binnen vier Monaten, welche ihm für den ersten Termin anberaumt werden, vor unterzeichneter Behörde sich zu stellen, und über sein Entweiche
Rechenschaft zu geben; auch werden alle Obrigkeiten
geziemend ersucht, ihn auf Betreten zu arretire
und gegen Ersatz der Kosten wohlverwahrt anhe
einliefern zu lassen. Am 6 May 1807.
Königlich Würtemberg. Oberamt allda.

Allgemeiner Anzeiger
der
Deutschen.

Sonnabends, den 6 Junius 1807.

Gesundheitskunde.

Ein kleiner, aber wol nicht unwichtiger Beytrag zur Beurtheilung und Würdigung der Schutzblattern=Impfung.

Vom Hrn. Pastor Seidel in Süpplingen. *)

Bereits seit fünf Jahren waren bis zu Ende des vorigen Jahrs durch den hiesigen Chirurgus, Hrn. Häseler, einen eben so geschickten und in seinen Kenntnissen fortschreitenden Wundarzt, als auch emsigen und genauen Beobachter, hier in Süpplingen und in einigen benachbarten Dörfern über 200 Kindern die Schutzblattern mit dem besten Erfolg eingeimpft.

Bey der im Januar dieses Jahrs sich eingestellten und auch hieselbst ausgebrochenen Epidemie der natürlichen Blattern hat er dieses Schutzmittel wol bey 50 Kindern angewandt.

Unter denselben befanden sich auch drey Kinder des hiesigen Kothsassen Christoph Knust, wegen deren Einimpfung mir Hr. Häseler nachstehende schriftliche Note einhändigte:

„Christoph Knust's beyden Töchtern „wurden am 29 Januar 1807 von mir die „Schutzblattern eingeimpft. Jedes Kind „bekam sechs Pocken. Bey diesen beyden „Kindern hielten die Pocken ihre richtigen „stadia. Ferner wurde dessen Sohn von „mir den 5 Februar von seiner zweyten

„Schwester eingeimpft. Er bekam vier „Pocken. Auch diese hielten ihre stadia „richtig. Besondere Zufälle sind bey die „sen drey Kindern nicht erschienen."

Häseler, Chirurgus.

Aus den hiesigen Kirchen=Registern von den Gebornen bemerke ich, daß um die Zeit der Einimpfung diese Kinder alt gewesen sind:

Die älteste Tochter 4 Jahr 4 Mon.
Die zweyte   —   2   —   6 —
Der Sohn   —   —   —   6 —

Dieses jüngste Kind erhielt damals, so wie noch gegenwärtig, seine Nahrung aus der mütterlichen Brust. Die Einimpfung desselben ward um acht Tage später, als bey seinen Schwestern, vorgenommen, weil es vorher einen starken Ausschlag hatte.

Von der Knust'schen Ehefrau, der Mutter dieser drey Kinder, welche hier in Süpplingen geboren und jetzt 26 Jahr alt ist, war es allgemein bekannt, daß sie die Pocken noch nicht gehabt hatte, so wie auch dieses ihre noch lebenden Eltern bezeugen. Ein jeder war um so mehr bey dem Anfall der natürlichen Blattern für sie besorgt, da sie immer eine sehr gesunde, volle und starke Person gewesen ist. So oft ihr auch gerathen ward, sich durch das neu entdeckte wohlthätige Mittel der Schutzblattern zu sichern, so gab sie doch bey dem Glauben: sie werde nie von dem Blatterngift angesteckt werden, und vielleicht auch an der Trüglichkeit dieses Mittels, diesem Rathe kein Gehör. Nach wie

*) Aus dem braunschw. Magaz. 1807 21 St. — Vergl. die vom Prof. Remer, im allg. Anz. 1807 Nr. 126 aufgestellten Fälle, wodurch die Sicherung vor den Kinderpocken vermittelst der Kuhpocken. Impfung aufs neue dargethan wird.   b. Red.

Allg. Anz. d. D. 1 B. 1807.

vor nahm sie sich der treuen Verpflegung
aller ihrer drey eingeimpften Kinder an, ließ
sie, neben sich im Bette liegen, und reichte
dem eingeimpften Säugling beständig gern
und sorglos ihre Brust.

Nachdem bey diesem jüngsten Kinde die
Schutzblattern etwa seit acht Tagen abgetrocknet waren, so empfand die Mutter, (ich
erzähle nach dem von ihr erhaltenen Bericht)
manche fieberhafte Umwandlung, zunehmende
Abwechselung von Frost und Hitze und etwa
acht Tage nachher brachen bey ihr am ganzen
Körper viele Flecke hervor, wovon sich viele
bald als kleine Geschwüre über den ganzen
Leib, besonders an Händen und Beinen, aus-
breiteten. Sie weiß sich nicht zu erinnern,
bey einem von natürlichen Blattern ange-
steckten Kranken gewesen zu seyn, und hat
auch bey dem betroffenen Anfall, von welchem sie nach Verlauf von 14 Tagen völlig
wieder hergestellt war, nichts als Hausmittel gebraucht. Hr. Häseler, der die Patien-
tin während dieses Zeitraums in Rücksicht
auf ihre eingeimpften Kinder öfters besucht
und gesehen hat, bezeugt:

„daß die Knust'sche Ehefrau die wahren
„natürlichen Pocken gehabt habe,"
und mehrere Personen, die Augenzeugen gewesen sind, haben sie dafür erkannt.

Diese Krankheitsgeschichte scheint mir zu
der Behauptung merkwürdig:

1) daß die sogenannten Kuhpocken ihr Gift
nie weiter verbreiten;

2) daß die natürlichen Pocken auf einen
von den Schutzblattern gehörig eingeimpften und verwahrten Körper ihre
Wirksamkeit nicht weiter äußern, indem
selbst die Muttermilch, außer der unab-
lässigen Behandlung der Mutter, hier
ihre Kraft zur Ansteckung verliert.

Vielleicht ist dieser Vorfall seit der Erfindung der Vaccinations-Methode unter den
angeführten Umständen noch nicht vorgekommen, und verdient deshalb eine nähere Aufmerksamkeit und genauere Untersuchung,
worüber Hr. Häseler alle mögliche weitere Auskunft geben wird.

Noch bemerke ich, daß bey der hier grassirten Epidemie der natürlichen Pocken, (woran vom 27 Januar bis den 7 März überhaupt sechs Kinder verstorben sind)

1) Von allen eingeimpften Kindern kein
einziges davon angegriffen ist,

2) daß Hr. Häseler verschiedenen Subjecten, welche, wegen der gehabten Pocken
ungewiß waren, die Schutzblattern ohne
Erfolg beygebracht habe,

3) daß bey allen von ihm vorgenommenen
Impfungen die Operation sehr gut gelungen sey, außer bey einem einzigen
des Anbauers und Schlächters Jürges
Kinde, bey welchem sich schon am sechsten Tage nach der Impfung die natürlichen Blattern gezeigt, die es jedoch
glücklich überstanden hat.

Anfrage.

Da aus der Physiologie bekannt ist, daß
zu viele Kalkerde die organische thierische
Fiber zu steif mache, ist daher in dieser Hinsicht nicht zu fürchten, daß die Knochensuppe,
oder Knochengallerte lebenverkürzend wirke,
da die pathologischen Leichenöffnungen nur
zu oft zeigen, daß die Gefäße und andere
organische Theile verknöchert, gefunden werden? Ist es daher rathsam, diese Supp
unbedingt zu empfehlen; da bekanntlich nicht
jede wohlfeile Speise auch die zuträglichste
ist? Eine Erläuterung von einsichtsvollen
Gelehrten würde in diesen Blättern für die
dürftige Menschheit von größtem Nutzen seyn.
Hohenfurth unweit Linz. Nenning.

Allerhand.

Was haben solche Personen, die nicht
schwimmen können, bey einem Unglücksfall im Wasser zu ihrer Selbstrettung zu thun?

Der Mensch ist specifisch leichter als
Wasser, und wenn sehr viele Menschen auch
nicht um ein volles Zehntel oder Eilftel
leichter sind, als See- oder Regenwasser, so
ist doch die größere Zahl unter ihnen so leicht,
daß bey gehöriger Haltung in aufrechter Stellung oder schräger Lage auf dem Rücken, das
ganze Gesicht bis an die Ohren, oder alle
Nachhülfe aus dem Wasser hervorsteht. Diese Leichtigkeit kann ihr Retter werden denn
sie verschafft ihnen ein freyes Athmen. Darauf stützt sich aber die ganze Selbsthülfe, von
der hier die Rede ist. Von einem solchen

Nichtschwimmer werden nur zur Rettung verschiedene Bedingungen erfordert.

Der Nothleidende muß sich erst feste Ueberzeugung von seiner specifischen Leichtigkeit zu verschaffen suchen, um bey einem Unglücksfalle sich fest darauf verlassen zu können. Thut er dieß nicht, so wird alle Gegenwart des Geistes verschwinden, er wird in tödtliche Verwirrung gerathen, und darin Bewegungen vornehmen, die ihn nur mehr in die Tiefe hinabbringen. Um seine specifische Leichtigkeit zu erkennen, braucht er sich nur unter gehöriger Sicherheit ins naffe Element zu werfen, sich von demselben emporheben zu laffen, und zuzusehen, bis zu welchem Grade es den Körper hinauftreibt.

Man mache ferner gar keine Bewegungen, sondern man überlaffe sich einzig und allein dem Waffer, und der specifischen Leichtigkeit des Körpers. Es kommt ja nicht darauf an, nur überhaupt Bewegungen zu machen; wenn sie etwas helfen sollen, so müssen es Schwimmbewegungen seyn. Von diesen versteht aber der Nichtschwimmer nichts; er wird daher viel leichter falsche Bewegungen vornehmen, und sich dadurch in die Tiefe hinabarbeiten. Das was er in Absicht der Haltung seines Körpers zu thun hat, besteht einzig darin, den Kopf stark rückwärts zu biegen, als wollte er gern gen Himmel sehen, und die Arme auf beyden Seiten auszustrecken.

Wer ins Waffer fällt, wird durch den Sturz anfänglich unter die Oberfläche hinabgetrieben. Hierdurch entsteht für jeden, der gar nicht ans Waffer gewöhnt ist, auch wol niemahls mit dem ganzen Körper im Waffer war, eine so fremdartige überraschende Empfindung, daß sie leicht jeder, der sie noch nie hatte, in der Angst wol gar für den Anfang des Todes selbst hält. Alsdann ist alle Besinnung weg, tödliche Furcht bemächtigt sich des Unglücklichen, er geräth außer sich, empfindet Beklemmung, schnappt nach Luft, und schluckt mit dem Waffer den Tod ein. Es ist höchst wahrscheinlich, daß durch diesen Umstand allein die meisten Menschen im Waffer so schnell ihren Tod finden, wenigstens weit früher finden, als es geschehen würde,

wenn sie sich nur etwas an das Waffer gewöhnt hätten. Einige Gewöhnung an das Waffer, und an das Untertauchen in demselben ist daher gewiß für jeden nothwendig, der etwas Anspruch auf Selbstrettung machen will, damit er beym Fallen ins Waffer nicht gleich Mund und Nase auffperre. Denn es ist ja durchaus nothwendig, beyde so lange verschloffen zu halten, bis der Körper wieder durch das Waffer in die Höhe getrieben wird, und das Gesicht aus demselben hervorsteht.

Nun gibt es aber verschiedene künstliche Mittel, wodurch der Nichtschwimmer sein Leben retten kann. Dahin gehören unter andern die Schwimmgürtel. Ich kann bey dieser Gelegenheit nicht umhin, Haßler's *) Schwimmgürtels rühmlichst zu gedenken. Ich besitze einen solchen nach der neuen Verbefferung, diesen binde ich jedesmahl um, wenn mich meine Geschäfte an das Waffer rufen, und besonders bediene ich mich deffen bey dem Baden. Ich trage ihn ohne die mindeste Beschwerde an mir, und in seiner Gesellschaft bin ich vor jeder Waffersgefahr sicher. Schon zweymahl verdanke ich diesem Gürtel mein Leben, und empfehle ihn daher jedermann bestens.

YY.   S....

Justiz- und Polizey-Sachen.

Frage an sächsische Rechtsgelehrte.

X ist gestorben, und hat Erben und Legatenempfänger in seinem Testamente festgesetzt. Es vergeht beynahe ein Jahr, und weder der Hauptereben noch die Obrigkeit geben den zum Theil weit entfernten übrigen Theilnehmern die geringste Nachricht. Ist das in Sachsen Rechtens?

Ein solcher Y erfährt indessen X's Tod aus der Zeitung, und weil er Grund hat, sich im Testamente erwähnt zu finden, auf alle Fälle aber einen schon früher ganz ausgemachten Anspruch auf die Verlaffenschaft hat, so wendet er sich an einen Advocaten, der auch die Sache übernimmt. Weil indeffen Y auf mehrere Briefe an den Advocaten erst wenig und dann gar keine Antwort erhält, da doch die Angelegenheit von der

*) Der Ober-Steuer-Examinator Haßler in Dresden ist Erfinder des Schwimmgürtels; sollte jemand einen solchen zu besitzen wünschen, so darf er sich nur an den Erfinder wenden, welcher die Besorgung gern übernehmen wird.   b. Red.

höchſten Einfachheit iſt, ſo fürchtet er, der
Advocat könnte geſtorben ſeyn, und wendet
ſich deswegen ganz gehörig und höflich an die
Obrigkeit, die er um einen Vorſchlag eines
andern Sachwalters, und bis zu deſſen Er-
nennung um obrigkeitlichen Schutz für ſeine
Anſprüche bittet. Iſt in dieſem Verfahren
ein Fehler gegen den ſächſiſchen Geſchäfts-
gang? Und wenn es wäre, verdient eine
höfliche Bitte in Sachſen keine Belehrung?

Daß der erſtgewählte Advocat, der nicht
todt war, die Miene annahm, als finde er
ſich beleidigt, und dieſe Gelegenheit ergriff,
die Vollmachten zurück, und die ganze Beſorgung aufzugeben; davon die wahrſcheinli-
chen Urſachen aufzuſuchen, iſt nicht der Mühe
werth. Aber er bat zugleich die Obrigkeit,
dem Y aufzugeben, einen andern Bevollmächtigten aufzuſtellen; und dieſe Bitte erfüllte die Obrigkeit. Y's Bitte hingegen um
einen Vorſchlag eines andern (da er bey ſeiner weiten Entfernung die dortigen Advocaten nicht kennen konnte, und überhaupt an
dem Orte niemand kannte) wurde nicht erfüllt, und die Bitte um obrigkeitliche Vertretung gänzlich mit Stillſchweigen übergangen.
Iſt das in Sachſen Rechtens? oder da das
in der Vernunft und Gerechtigkeit nicht Rechtens zu ſeyn ſcheint, alſo vielleicht auf Y's
Seite ein Fehler begangen ſeyn könnte: wo
liegt der Fehler? Pünctlich richtig iſt die
Erzählung, das könnte der Herausgeber verbürgen, welcher den Erzähler kennt, weiß,
daß er Actenſtücke zu leſen verſteht, und ſeine Wahrheitsliebe nie bezweifelt hat.

X + x + z.

Vorladungen: 1) Jer. Fr. Wigand's.

Des durchlauchtigſten Fürſten und Herrn, Herrn
Friedrich, Fürſten zu Waldeck, Grafen zu Pyr-
mont und Rappolſtein, Herrn zu Hohenack und
Geroldeck am Waſigen ꝛc. Wir zu Höchſt dero
Regierung verordnete Präſident, Vice-Canzler
und Regierungsräthe fügen hiermit zu wiſſen:

Jeremias Friedrich Wigand aus Corbach,
ein Sohn des weil. Hofraths und Stadt-Commiſ-
ſarii Wigand daſelbſt, hat ſich ſchon vor 30 Jahren
von ſeiner Vaterſtadt weg und zuerſt in holländiſche,
nachher aber in Hanſiſche Kriegsdienſte begeben,
und ſeit langen Jahren von ſeinem Leben nichts

weiter hören laſſen. Wie nun aber deſſen noch lebende Geſchwiſter um Beantwortung ſeines Vermögens-Antheils gegen Einlegung hinlänglicher
Sicherheit bey Uns nachgeſucht, und um die Erlaſſung gewöhnlicher Edictalien gebeten haben, dieſem Geſuch auch bewandten Umſtänden nach Statt
gegeben worden iſt: Als heiſchen und laden Wir
den obengedachten Jeremias Friedrich Wigand
oder deſſen allenfallſige Leibes-Erben, ſich von
heute an binnen ſechs Monaten vor hieſiger Regierung in Perſon oder durch einen hinlänglich Bevollmächtigten um ſo gewiſſer zu ſtellen, oder ſonſt
eine glaubhafte Nachricht von ſeinem Leben und
Aufenthalt zu geben, als widrigens, nach deren
fruchtloſem Ablauf, auf weiteres Anmelden ſeiner
Geſchwiſter, deſſen geſammtes Vermögen gegen ge-
nügliche Caution verabfolgt werden ſoll. Urkundlich Unſerer gewöhnlichen Fertigung.

Arolſen den 8 May 1807.

Fürſtl. Waldeck. zur Regierung verordnete Präſident, Vice-Canzler
und Regierungsräthe daſelbſt.

J. H. Hagemann.

Varnhagen.

2) der Gläubiger Jul. Böhner's.

Die etwa unbekannten Gläubiger des dahier
verlebten evangl. reformirten Schullehrers Julius
Böhner werden hiermit zur Richtigſtellung ihrer
Forderungen innerhalb 6 Wochen bey der unterzeig-
nen Stelle aufgefordert, ſonſt aber den Ausſchluß
von der vorhandenen Maſſe zu gewärtigen.

Mannheim, den 12 May 1807.

Großherzogl. Badiſche Evangl. Reform.
Kirchenraths-Commiſſion.

L. L. Daniel, Hofmeiſter.

Vdt. Schubauer.

3) Cron's Gläubiger.

Diejenigen, welche an den dahier verlebten
Gothenmeiſter Cron rechtlichen Anſpruch zu machen,
und ihre Forderung vor der beſtehenden großherzoglichen Hofgerichts-Commiſſion nicht angezeigt
haben, ſollen dieſe innerhalb einer unerſtrecklichen
Friſt von ſechs Wochen, bey der beilehenden Commiſſion unter dem Rechtsnachtheile anzeigen, daß
ſie ſonſt auf erfolgendes Anrufen damit nicht mehr
gehört, und von der Maſſe ausgeſchloſſen werden
ſollen.

Verfügt im Großherzoglichen Hofgericht
der Badiſchen Pfalzgraffſchaft.

Mannheim, am 28 April 1807.

Fhr. von Hack, Courtin.

Dietz.

Allgemeiner Anzeiger
der
Deutschen.

Sonntags, den 7 Junius 1807.

Literarische Nachrichten.

Anderweite Nachricht an das Publicum, die Fortsetzung des Almanachs oder Uebersicht der Wissenschaften Künste und Handwerke ꝛc. betreffend.

Daß ich der rechtmäßige Verleger dieses seit 11 Jahren in meinem Verlage herausgekommenen Almanachs war und ferner bleiben werde, so lange es mir convenirt, hoffe ich vor jedem hohen und niedern Gerichte zu behaupten, und ich finde nur auf des Herrn Superintendenten Busch's zu Anstadt in Nr. 134 des allg. Anz. vorgebrachte Benachrichtigung die Erklärung nöthig, daß ich freylich anfänglich dieses mir angetragenen Verlags-Artikels wegen mancherley Zweifel hegen mußte, ob dieser Almanach nach seinem Plane zweckmäßig und für das Publicum nützlich ausfallen möchte, wenn Hr. S. Busch auch über die so mannichfaltigen medicinischen, chemischen und alle darin aufgenommene Fächer der Wissenschaften ꝛc. urtheilen und referiren wolle, was neu und brauchbar sey. Der Erfolg bewies auch, daß meine Besorgnisse gegründet waren, da nach Erscheinung des auch ganz unschicklich alphabetisch eingerichteten ersten Jahrgangs mehrere Gelehrte und Recensenten auch den so unvollkommenen Inhalt tadelten, und ich bewogen wurde, wie Hr. S. Busch nicht nur in seiner Nachricht, sondern auch in den nachherigen Vorreden selbst sagt, Mitarbeiter anzuwerben, und mich mit diesen über einen zweckmäßigern Plan und eine systematischere Ordnung zu berathen, und die wissenschaftlichen Fächer eben an mehrere auch sachverständigere, als Schriftsteller bekannte Gelehrte, zu vertheilen und dann erst Hr. S. Busch davon Eröffnung zu thun.

Ich brauchte dazu weder seine Erlaubniß, noch seine Zufriedenheit, da dieser Almanach nach seinem Wesen, Zweck und Plan von jedem Gelehrten redigirt werden konnte, wenn er mit der bessern Einrichtung unzufrieden war; indem jeder nur in den Vorreden dem Publicum von dem Eröffnung

Allg. Anz. d. D. 1 B. 1807.

thot, was etwa nöthig war, übrigens seine Fächer zu behandeln hatte, wie Hr. S. Busch das eben in mehreren der Vorreden immer selbst erklärt hat.

Ich habe mir indeß diese vermittelte Veränderung auch nie zu einem besondern Verdienst angerechnet; als Verleger dieses Verlagsartikels aber das jedem Gelehrten und mit dem Wesen dieses Almanachs bekannten Weltbürger gewiß einleuchtende Recht, diesen Almanach durch andere Gelehrte fortsetzen zu lassen, und das geschieht trotz aller lächerlichen Insinuationen des Hrn. S. Busch, da schon der Publicum eröffnet habe, und der Hr. Prof. Trommsdorff allhier ist von mir ersucht an die Stelle des Hrn. S. Busch als Redacteur zu treten, und wird sich an den sonderbaren Glauben des letztern im mindesten nicht kehren und dieser Almanach unter dem zeitherigen Titels zu nächster Michaelismesse gewiß in meinem Verlage erscheinen, und überlasse ich dann dem unbefangenen Publicum die Wahl und gebe nur den Besitzern der zeitherigen Bände zu erwägen, daß das von mir zu den letzten sechs Bänden versprochene Register nur zu meiner rechtmäßigen Auflage paßt.

Erfurt den 26 May 1807.

G. A. Keyser.

N. S. Da ich diese Replik dem Hrn. Prof. Trommsdorff zur Verlustration zuschicke; erhalte ich sie mit nachstehender eigenhändigen Erklärung zurück und ich bestätige nur den Inhalt.

Keyser.

Da ich schon seit mehrern Jahren die Fächer der Chemie, Pharmacie und Arzeneymittellehre für den Almanach der Erfindungen bearbeitet habe, und nach dem, was mir Herr Keyser vorgelegt hat, nicht zweifeln kann, daß er zur rechtmäßigen Fortsetzung dieser Schrift befugt sey, so habe ich keinen Anstand genommen, von nun an die Redaction dieses Almanachs zu besorgen, und ich unterziehe mich dieses Geschäftes um so lieber, da die Bearbeitung der einzelnen Fächer sachkundigen Gelehrten aufgetragen ist, deren Namen das gelehrte Publicum mit Achtung nennt. Obgleich Herr S. Busch dem Gelehrten drohete, der es wagen dürfte, einen Almanach der Erfindungen fortzusetzen, so fürchte ich doch diese Drohung keinesweges, und sehe sie bloß als Folge einer leidenschaftlichen Uebereilung an, daher sie auch nicht im Stande ist, die Achtung zu vermindern, die ich gegen die Verdienste des Hrn. S. Busch stets bezeugt habe. Daß übrigens mich kein niedriges Interesse zur Fortsetzung dieser Schrift verleitet hat, sondern, daß Freundschaft und Liebe für die Wissenschaft mich bestimmten, den Antrag des Herrn Zeyser anzunehmen, wird er selbst öffentlich bezeugen.

Professor Trommsdorff.

Landkarten.

1) Vollständige Landkarte von den Dardanellen, oder Hellespont und dem Canal von Constantinopel, nebst dem Meer von Marmora und anliegenden Gegenden von Europa und Asien, von Güssefeld herausgegeben. 8 gl. worauf alle Festungen der Dardanellen zu sehen, ingleichen die Insel Tenedos, das schwarze Meer ꝛc.
2) Karte vom Archipelagus, mit dem Meer von Marmora, die sieben Inseln, bis Dalmatien, nach de la Rochette herausgegeben von D. J. Sotzmann, 8 gl.
3) Europäische Türkey mit Kleinasien, Syrien, worauf auch Croatien, Bosnien und Servien abgebildet ist, von C. Mannert, ein großes und vollständiges Blatt, bis eine Uebersicht der Moldau, Walladey, dem schwarzen Meer, der Krimm ꝛc. gewährt. 12 gl.

Diese drey Blätter geben bey den gegenwärtigen Begebenheiten einen deutlichen Ueberblick, weil jedes die Gegenstände größer und deutlicher dargestellt als man sie nicht leicht auf einem Blatt antrifft. Obige Landkarten sind durch alle Kunst- und Buchhandlungen zu bekommen, so wie in Nürnberg in der Kunst- und Landkarten-Handlung von Schneider und Weigel.

Bücher-Anzeigen.

Leben und Kunst in Paris, seit Napoleon dem Ersten, von Helmina von Hastfer, geb. von Klenk, 2r Theil, Weimar, Landes-Industrie-Comtoir, 1807. 2 rthlr. 11 gl. od. 4 fl. 30 kr.

Das Publicum hat bereits im vorigen Jahre den ersten Theil dieses interessanten Werks mit Beyfall aufgenommen, da es auf vieljährige Beobachtung und dem Umgange mit den ersten Gelehrten und Künstlern gegründet, über Paris und seine Kunstschätze viele neue Aufschlüsse gibt, die von der geistreichen Verfasserin in einer eigenen gemüthvollen anziehenden Sprache dargestellt sind. — Frau von Hastfer (jetzt vermählte v. Cheyr) setzt in diesem zweyten und letzten Theil ihre so vielseitigen Beobachtungen fort. Wir geben hier bloß die Ueberschriften der Abschnitte, um das gebildete Publicum selbst urtheilen zu lassen, welche interessante Gegenstände sie in diesem zweyten Theile behandelt finden:

I. Das Museum Napoleon (Fortsetzung). II. Zeichnungssaal. III. Erinnerungen aus dem ersten Jahre meines hiesigen Aufenthalts. IV. Ueber Theater in Paris, in Betracht ihres Verhältnisses mit der Gesellschaft. V. Neigung des Volks zu Theater und Kunstgegenständen. VI. Architectur-Museum von Dufourny. VII. Kupferstich-Cabinet der kaiserl. Bibliothek. VIII. Frühlings-Hymne der Liebe. IX. Persische Manuscripte der kaiserl. Bibliothek von A. L. Cheyr. X. Manuscripte arabischer, persischer und türkischer Historiker auf der kaiserl. Bibliothek. XI. Poesien nach alten gallischen Versen. XII. Das Cabinet der Medaillen und Antiken der kaiserl. Bibliothek. XIII. Versuch einer Uebersicht der neuen französischen Schule. XIV. Versuch über Volksleben und Character in Paris. XV. Sentimentale Phantasie. XVI. Severes. XVII. Die Industrie-Ausstellung im Palais du Corps legislatif 1806.

Beyde Theile zusammen kosten 4 rthlr. Sächs. oder 7 fl. 12 kr. Rhein.

Weimar den 20 May 1807.

H. S. pr. Landes-Industrie-Comptoir.

Für Lehrer und Freunde der römischen Alterthumskunde.

In der Walther'schen Kunst- und Buchhandlung in Erlangen ist erschienen:

Lehrbuch der römischen Alterthümer für Gymnasien und Schulen. Von M. Johann Leonhard Meyer. 2te vermehrte und verbesserte Auflage. Mit VI Kupfertafeln.

Der Herr Verfasser ist derselbe Gelehrte, welcher das nach dem Englischen des Herrn Adams bearbeitete Handbuch der römischen Alterthümer *) im nämlichen Verlage in zwey Bänden herausgegeben hat. Der Plan, nach welchem dieses kleine Lehrbuch, das wir gegenwärtig ankündigen, ausgearbeitet worden ist, ist neu, und von den Methoden, nach welchen die römischen Alterthümer in größern und kleinern Werken bisher abgehan-

---

*) Handbuch der römischen Alterthümer, zur vollständigen Kenntniß der Sitten und Gewohnheiten der Römer und zum leichtern Verständniß der lateinischen Classiker, durch Erklärung der vornehmsten Worte und Redensarten, die aus den römischen Sitten und Gebräuchen erläutert werden müssen. Für Lehrer und Lernende. II Bände. Mit XI Kupfertafeln. Neu verbesserte und vermehrte Auflage. gr. 8. Erlangen 1806. (Preis 3 rthlr. 8 gl. oder 5 fl.)

deſt worden ſind, verſchieden. Der Herr Verf. verſolgte bey der Entwerfung derſelben theils ſeinen eigenen Einſichten, theils benußte er die vortreff⸗ lichen Grundriſſe, welche die Herren Prof. Heyne und Siebenkees zum Gebrauch bey ihren Vorle⸗ ſungen herausgegeben haben. Der Zweck, welchen er ſich bey der Ausarbeitung dieſes Lehrbuchs vor⸗ geſeßt hat, iſt, Lehrern und Jünglingen einen bequemen Leitfaden, beym erſten Unterricht in der römiſchen Alterthumskunde in die Hände zu geben, welcher mehr, als ein bloß trockner Skelet ſeyn ſoll. Er glaubt dadurch einem wirklichen Bedürf⸗ niß auf Gymnaſien und Schulen abgeholfen zu haben, indem die bereits vorhandenen Lehrbücher in dieſem Zweige der Wiſſenſchaften theils durch zu große Kürze und Unvollſtändigkeit, theils durch unnöthige Weitſchweifigkeit und Mangel an einer lichtvollen Ordnung und Darſtellung der Materien ihrem Zweck nicht vollkommen zu entſprechen ſchei⸗ nen. Der Verf. des gegenwärtigen Lehrbuchs ſuchte Kürze mit Vollſtändigkeit und Gründlichkeit mit zweckmäßiger Ausführlichkeit zu vereinigen. Insbeſondere bemühte er ſich, junge Leute in den Geiſt der Staatsverfaſſung und Geſeßgebung der Römer, wie auch ihrer Sitten, Gewohnheiten und Gebräuche einzuleiten. Er benußte bey der Ausar⸗ beitung mehrerer Materien das größere Werk von Adams, und ſuchte nicht nur durch lichtvolle Ord⸗ nung in der Darſtellung derſelben, ſondern auch durch Beybringung verſchiedener neuer Gegenſtän⸗ de, und durch neue Sach⸗ und Worterklärungen ſich ein neues Verdienſt zu erwerben. Ueberhaupt kann das erwähnte größere Werk als Com⸗ mentar zu dieſem kleinen Lehrbuche gebraucht werden, und die Verbindung beyder dürfte ſowohl beym Unterrichte als beym eignen Stu⸗ dium nicht ohne weſentlichen Nußen ſeyn.

Dieſes kleinere Lehrbuch iſt auch mit ſechs ſchö⸗ nen Kupfertafeln giert, und der Herr Verf. hat darauf Bedacht genommen, vornehmlich ſolche Vorſtellungen zu wählen, welche für junge Leute inſtructiv ſind. Das Titelkupfer enthält eine ſchön geſtochene Dea Roma, die zweyte Kupfertafel eine veſtaliſche Jungfrau in ihrer prieſterlichen Klei⸗ dung, aus dem Muſeo Mediceo; die dritte Kupfer⸗ tafel enthält ein römiſches Theater, aus Gräv's Theſaurus; die vierte einen Pflug von den älteſten und einfachſten Form, nebſt andern ländlichen Werkzeugen aus Heſiods Opera et Dies; die fünfte ein römiſches Lager aus Lipſius, und die ſechſte Abbildungen von den verſchiedenen Kronen, welche als Belohnungen der Tapferkeit gegeben wurden. Der äußerſt mäßige Preis dieſes ſchön gedruckten, ein Alphabet und fünf Bogen in gr. 8. ſtarken Buchs iſt 1 rthlr. oder 1 fl. 30 kr.

Brünning's Abhandlung über die Geſchwin⸗ digkeit des flieſenden Waſſers und von den Mitteln daſſelbe auf alle Tiefen zu beſtimmen. A. d. Holl. überſetzt von Kroencke mit einer

Vorrede von Wieboking. Mit einer ſehr ſchö⸗ nen Kupfertafel vorſtellend: 1) den Brunningſchen Strommeſſer. 2) deſſen Waſſerhebel. 3) Michelotis Waſſerhebel. 4) die Waſſerfahne des Ximenes. 5) die pitoſche Röhre etc. in gr. 4. 1798. 13 Bogen ſtark 16 ggl. ob. 1 fl. Boſſut's und Viallet's Unterſuchung über die beſte Conſtruction der Deiche. A. d. Franz. von Kroencke. Mit 7 Kupfern, gr. 4. 1798. 10 Bogen. 16 ggl. ob. 1 fl. Von dieſen beyden wiſſenſchaftlichen Werken ſoll der äußerſt niedrige Preis noch bis zur nächſten Leipz. M. Meſſe gelten, nachher aber tritt der Ladenpreis wieder ein. Frankfurt a. M. den 1. May 1807. D. Körner.

Jena bey Mauke: Vocabelbuch zu Brä⸗ ders kleiner lateiniſcher Grammatik, nach der Folge der Paragraphen. gr. 8. 1807. (Kauf⸗ preis 6 gl.)

Allen Schullehrern und Erziehern, welche ih⸗ ren Zöglingen den lateiniſchen Elementarunterricht zweckmäßig erleichtern wollen, wird dieſe kleine Schrift weſentliche Dienſte leiſten. Der Herausge⸗ ber, Herr Kirchenrath Schmid zu Jena, zeigt in der Vorrede zu derſelben nicht nur die Unentbehr⸗ lichkeit eines ſolchen Vocabelbuchs nach Ordnung der lateiniſchen Aufſäße und die Unbrauchbarkeit der vorhandenen alphabetiſchen Wörterbücher für die erſten Anfänger, ſondern erklärt auch die Me⸗ thode, den erſten lateiniſchen Sprachunterricht über⸗ haupt und beſonders die Erlernung der Wörter nach pſychologiſchen Geſeßen der Gedächtniskunſt merk⸗ lich zu erleichtern, ohne daß weder der grammati⸗ ſchen Gründlichkeit, noch der wahren Selbſtthätig⸗ keit der Lehrlinge einiger Abbruch geſchehe.

Im Verlag der Haniſchen Buchhandlung in Hildburghauſen iſt erſchienen: Ueber den Begriff der Polizey und den Umfang der Staatspolizeygewalt. Ein Verſuch von Joh. Friedr. Euſebius Loß. 8. 2 Rthl. 12 gl. Es werden ganz neue Anſichten in dieſem Werke gegeben. Uebrigens ſind die Wichtigkeit des Ge⸗ genandes und der Name des in der gelehrten Welt ſchon vortheilhaft bekannten Verfaſſers die beſte Empfehlung deſſelben.

Im Verlage der Meyerſchen Buchhandlung in Lemgo iſt erſchienen: Quedenfeld's, J. Chr. vollſtändige Syntax der franzöſiſchen Sprache; oder Anweiſung zu einem echt franzöſiſchen Style, durch eine Menge zweck⸗ mäßiger und inhaltsreicher Beyſpiele aus ältern und neuern franzöſiſchen Schriftſtellern erläutert. gr. 8. Druckpap. 2 Rthlr. 4 ggr. Holländiſch Schreibpap. 3 Rthl. Unter allen Schriften, die über die franzöſiſche Sprache ſo häufig erſcheinen, verdient obiges Werk eine ganz vorzügliche Auszeichnung. Die Syntar ist darin, dem umständlichen Titel gemäß, vollständig abgehandelt, und alle Regeln dieser Sprache sind mit Beyspielen aus einer großen Anzahl classischer Schriftsteller erläutert. Sehr lobenswerth ist es, daß die Regeln vom Geschlechte der französischen Substantifs aus de la Touche angehängt sind, worin Deutsche oft fehlen. Wer die Absicht hat, diese schöne und in unsern Tagen so allgemein nothwendig gewordene Sprache gründlich zu erlernen, oder auch andere mit besten Erfolg darin zu unterrichten, wird dieses, nach einem so richtigen Plane und mit so ausharrendem Fleiße abgefaßte Werk ungerne entbehren. Die grammatischen Lehrstunden gewinnen durch den Gebrauch dieses Buchs vorzüglich. Der Verleger sorgte für ein gefälliges Aeußere. X —

National oder Bürgergardisten wird es angenehm seyn zu erfahren, daß von dem Buche mit dem Titel: der Soldat als Beystand der Polizey eine neue Auflage erschlegen ist. Diese hat einen Anhang bekommen: oder Organisation und Pflichten der Bürgergarden, Bürgerwachen oder Nationalgarden, und dieß Buch ist daher für den Bürgerstand, welcher jetzt an mehreren Orten Militärdienste verrichtet, sehr nützlich geworden. Man findet selbst Vorschriften zu Meldezetteln, so wie auch Belehrungen über Arretirungen rc. darin. Es kostet bey den Gebrüdern Gädicke in Berlin und in allen andern Buchhandlungen 1 Rthlr. oder 1 fl. 48 kr.

Verlags- und Commissionsbüchern der academischen Buchhandlung in Kiel. Ostermesse 1807.
Eckermann, Dr. und Prof. J. C. R., Erklärung aller dunkeln Stellen des Neuen Testaments. Zweyter Theil, gr. 8. 1 Thlr. 20 Gr.
Auch unter dem Titel:
Erklärung aller dunkeln Stellen des Evangeliums Johannis, der Apostelgeschichte und des Briefes Pauli an die Römer.
Leben, Bildung und merkwürdiges Schicksal eines studierenden von Jena nach Kiel vom 13ten Oct. bis Nov. 1806 stehenden Mecklenburgers, 8. 12 Gr.
Persius, des Aulus Flaccus, sechs Satyren übersetzt von Prof. J. A. Nasser, 8. 12 Gr.
Pfaff, Prof. H. C., über unreife, frühreife und spätreife Kartoffeln, nebst Prof. C. Viborg. von der Unschädlichkeit der unreifen und der rothen Kartoffeln, gr. 8. 16 Gr.
— — über den Zweck, Inhalt und Plan einer Populär. Chemie rc. gr. 8. 4 Gr.
Thieß, Dr. und Prof. J. O., Predigt: schicket euch in die Zeit, denn es ist böse Zeit, gr. 8. 4 Gr.
— — Wörterbuch, Deutsch-Dänisches, von G. H. Müller, revidirt von Prof. Fr. Høegh Guldberg. Erster Theil, A bis J. gr. 8. 3 Thlr.

für das wißbegierige Publikum.
Merkwürdiger, als jemahls sind seit kurzem die Dardanellen, die Schlüssel zu Constantinopel, geworden. Noch ist die räthselhafte Unternehmung der Engländer nicht gelöset und hält jeden, dem die Geschichte des Tages nicht gleichgültig ist, (und wem könnte sie gleichgültig seyn?) in der gespanntesten Erwartung. Um sich eine richtige Vorstellung von den Dardanellen zu machen, wird folgende neue kleine Schrift:
Beschreibung der Dardanellen, durch einen freundschaftlichen Brief von Constantinopel mitgetheilt, nebst einer in Kupfer gestochenen und illuminirten perspectivischen Einsicht in den Canal der Dardanellen und der dazu nöthigen Charte,
ganz gewiß sehr behülflich seyn, deren allgemeine Brauchbarkeit auch dem ungebildeteren Zeitungsleser zu Statten kommen wird. Diese deutliche, ausführliche Beschreibung ist in allen Buchhandlungen für 8 Gr. zu haben.

Darstellung einer neuen und äußerst leichten Methode, alle große und kleine Landwirthschafts-Rechnungen in doppelten Posten nach kaufmännischer Art zu führen, ohne daß der Landwirth mehrere Schreiberey als bisher nöthig hat, oder von seinem gewohnten Verfahren wesentlich abzuweichen braucht. Im Geselschaft einiger erfahrnen Oekonomen nach den Grundsätzen der neuen deutschen kaufmännischen Buchhaltungs-Methode ausgearbeitet von G. G. Meisner, Berlin 1807 bey den Gebrüdern Gädicke und in allen Buchhandlungen, zu haben für 20 gl. oder 1 fl. 30 kr.
Der kürzlich verstorbene königl. preuß. Staatsminister von Struensee schrieb laut der Vorrede unterm 27 Aug. 1803 dem Verfasser: „— — Für „landwirthschaftliche Rechnungen wäre es sehr verdienstlich, eine Methode in Umlauf zu bringen, die „sich leicht erlernen und anwenden ließe, und wo„durch diese Rechnungen mehr Klarheit und Zuver„läßigkeit erhielten. Ew. — — besitzen die Fähigkei„ten, um hierin eine nutzliche Reform zu bewirken, „oder wenigstens vorzubereiten, und ich wünsche, „daß Ihre äußern Verhältnisse Ihnen gestatten mö„gen, diese Idee weiter zu verfolgen." Dieser schmeichelhaften Aufforderung hat man dieß Buch zu verdanken, welches wahrscheinlich vielen Landwirthen angenehm seyn wird.

Ein Wort über Humanität zum Besten der berliner armen Soldatenfamilien. Von dem Hofprediger Breidenstein zu Homberg vor der Höhe. Das geheftete Exemplar 27 Kreuzer oder 6 Gr. Auf Kosten des Verfassers. Gedruckt bey Varrentrapp und Wenner in Frankfurt am Mayn 1807.

Allgemeiner Anzeiger
der
Deutschen.

Montags, den 8 Junius 1807.

Gelehrte Sachen.

Sprachbemerkungen.

Der Leibmedicus Marcard hatte im Neuen Teutschen Merkur 1804 1 B. S. 106 ff. einen Aufsaß unter dem Titel: „Rüge einiger Neuerungen in der deutschen Spra‍che" abdrucken lassen. Professor Fernow beantwortete denselben im Neuen Teutschen Merkur; und ihm folgte darin Ulfo von Wildingen, und zwar im Novemberstücke von 1804 S. 162, zu dessen Aufsaße ich mir folgende Anmerkungen erlaube.

„1) Muß man sich wundern, daß v. W., da er doch ein so geübter deutscher Sprach‍critifer ist, die aus dem Lateinischen herkom‍menden Zeitwörter, die eine deutsche Endung erhalten, mit einem ie schreibt, wie S. 166 das Wort „declamieren" und S. 175 „docie‍ren." Vermuthlich ist er durch die ursprüng‍lich deutschen, sich ie endigenden Zeitwörter unvermuthet in den Irrthum verfallen, z. E. schmieren, verlieren, zieren ꝛc. aber freylich in dem Augenblicke, da man andere tadelt, sollte man sich nicht selbst des Tadels würdig machen.

2) Wenn man sich freuen muß, daß v. W. einzelne Autoritäten nicht als Ge‍waltsprüche anerkennt, z. E. S. 169 Les‍sing, wozu ich den, in diesem Falle selten gemißbrauchten Luther auch rechne, der damahls allerdings besseres Deutsch schrieb, als seine Zeitgenossen; aber darum doch nicht in dieser Hinsicht Muster für seine Nachkommen, zumahl für uns, die wir an Einsicht in diesem Fache so weit vorgerückt

Allg. Anz. d. D. 1 B. 1807.

sind, seyn kann, und es auch nicht wollte; und weil man sonst mit einigen unsrer ersten Schriftsteller „gerochen" — welches doch offenbar von riechen herkommt — statt „ge‍rächet" von dem regelmäßigen Zeitworte ich räche, schreiben müßte. Ferner, daß er der niederdeutschen Mundart viele Worte (Wörter) und Ausdrücke zugesteht, die dem Hochdeutschen fehlen — wovon ich denn allen‍falls ein ansehnliches Verzeichniß ganz beson‍ders bezeichnender Wörter, Ausdrücke und Redensarten liefern könnte —: so muß man doch dagegen auch beklagen, daß der Verf. hier und da selbst Blößen gibt. Denn nicht der Anspielungen auf Marcard's neuern Streit mit den an Jahren jüngern Aerzten, die sich durch den Namen „Neuerer" so we‍nig für gescholten halten, als die Papisten, wenn der Protestant sie Katholiken nennt; ich sage dieser und noch einer und der andern nicht rühmwürdigen (S. 177 f.) Anspielun‍gen nicht zu gedenken, da sie nicht zur vor‍habenden Sache gehören, auch deswe‍gen mit weggewünscht werden dürfen: — so sollte doch S. 277 nicht stehen: „Ratten wird — gesprochen. Es muß gesagt hei‍ßen. Freylich, wenn man „Ratten" sagt, so spricht man; aber das Wort sprechen sollte nur immer von dem Sprachvermögen und dem Zeigen dieß Vermögens gebraucht werden. Der Lateiner geht da mit gu‍tem Exempel vor. Wenn er sagt dicit, ait, inquit, so ist das ganz was anderes, als wenn er sagt loquitur. Loquitur ist unser deutsches „er spricht". Wenn ich aber an‍deuten will, daß er was bestimmt spricht, so heißt es „er sagt". Z. B. Er sagt mir was in einer fremden Sprache, so höre ich, daß der Mensch spricht, aber ich weiß nicht, was er sagt; aber was er spricht, weiß ich wohl, nämlich Worte. Eben so wenig kann ich reden für sagen oder sprechen gebrauchen, außer in wenigen Fällen z. B. „er redete ihn an" denn es schließt schon ein eine Zeitlang dauerndes Sagen in sich. Hier könnte man dem Hrn. v. W. seine Invective gegen die Niedersachsen, die ich S. 181 ungern finde, zurück geben, und sagen: man sieht aus dem hier am unrechten Orte gebrauchten Worte „sprechen" daß Hr. v. W. ein Obersachse ist. Das muß aber in solchen Untersuchungen nicht Statt finden. Und überdieß, welcher Niedersachse wird Adelung darum tadeln, weil er etwa nicht zu seiner Landsmannschaft gehört. Ihn aber gar nicht tadeln sollen, selbst da, wo er noch mangelhaft ist, welches er mit den auf Erden auch Vollkommensten gemein hat, wer wird das verlangen können?! Und ist's denn etwa nicht ausgemacht, daß der richtig sprechende Niedersachse seine Buchstaben besser und wahrer aussprechen kann, als der gelehrte Obersachse? Es dürfte doch wol seltene Fälle geben, wo der letztere, je nachdem er in Sachsen oder im Brandenburgischen oder selbst noch an der niedersächsischen Grenze wohnt, sein B und P und sein D und T nicht oft eins für's andere aussprache; wo er nicht das G bald als K, bald als J hören ließe, und zwischen Sp und St, wie in Spieß und Stein, ein sch schöbe, und Schpieß und Schtein daraus machte und das ei in eh verwandelte, wie in „Behn" statt Bein, welches er denn noch wol gar als Pehn klingen läßt. Man kann sich am besten

durch die Endreime in gebundener Schreibart davon überzeugen *). Ich läugne aber damit nicht, daß ein ähnlicher Vorwurf auch einigen Niedersachsen gemacht werden könne, wenn sie ihr sch als ß aussprechen und ein „Schwein" zwein nennen und statt „schwer" zwer, statt „schmeißen". Zweißen sagen, weil das ch im Plattdeutschen diesen Wörtern fehlt: wenn sie das Wort „gegangen" jejangen hören lassen, wenn sie, wie der Göttinger, nicht Göttingen, sondern Chöttingen sagen. Aber sie sagen doch nie Jott für Gott, noch weniger Kott, auch nicht keschtosten für gestoßen, und wissen es wenigstens, daß sie falsch sprechen, wenn sie jejangen u. f. w. sagen; und unter Gelehrten wird dergleichen Versündigung ohnehin äußerst selten seyn: weswegen ich mich denn auch vorhin auf den richtig sprechenden Niedersachsen berief; da ich nun den W. für einen gebornen Obersachsen aus dieser und einigen andern Anzeigen halten muß, so erfordert es die Wahrheit und die Höflichkeit, zu erklären, daß ich mit allem diesen bloß im Allgemeinen geredet haben will, und ihm persönlich damit nichts habe zuwider sagen wollen. Aber ich hätte denn auch gewünscht, daß derselbe, da er der niedersächsischen Sprache nicht kundig war, keine Beweise für seine Behauptungen hergenommen hätte, zumahl da er darin einen Mißgriff gethan, wie auch schon der anonyme Niederdeutsche in der Note gezeigt hat; der aber auch nicht daran gedacht zu haben scheint, daß Niederdeutsch und Niedersächsisch und Plattdeutsch wieder nicht einerley ist, und daß unter einem Namen nicht alle niederdeutsche, oft von einander sehr verschiedene Dialecte begriffen werden können; nicht nur wegen der Aus-

*) Hr. Schreiber will in Nr. 104 (oder 154 ich kann's in meinem Concepte nicht deutlich lesen) des Freymüthigen von 1805 die Reime „schweigen und reichen, steigen und erbleichen, sagen und sprachen, stechen und liegen, nicht getadelt wissen, und nennt den Unterschied des Tons und Tonfalles bey diesen Wörtern geringe. Der Niedersachse aber findet den Unterschied äußerst groß. Ferner sagt er, die für das Auge nicht übereinstimmenden Buchstaben machten also nur den unangenehmen Eindruck, daß entscheide aber nichts, weil die Buchstaben übereinstimmen und doch dem Ohre äußerst unangenehm seyn könnten, wie z. E. Fuß und Gruß, ab und Trab. Wenn auch diese hier man in Niedersachsen ganz überein. Das Beyspiel aber von um und Heiligthum, und Troß und groß, ist richtig. So nennt er auch den Unterschied zwischen Zeiten und weiden klein; und zwischen Rede und Drommete, Dede und Röthe, Strande und Vermandte, Gebieter und Lieder, die ein niedersächsisches Ohr schlechterdings nicht verträgt. Die übrigen von ihm angeführten Beyspiele aber erlaubt er sich in der Niedersächse. Daß Marschisson Klang auf Dank reimt, geht auch in Niedersachsen recht gut an, so wie mehren mit nähren, verspätet mit gebetet, er mit Bär. Es läßt sich also wegen dieser beyden deutschen Dialecte über den Reim wol nichts festsetzen.

Sprache der nämlichen Wörter, sondern wegen sogar ganz anderer Wörter und Namen
für eine und dieselbe Sache. So spricht der
Harzer, dessen Sprache ein Gemisch von
Hoch- und Plattdeutsch ist, und der doch so
gut in Niedersachsen wohnt, als der Hamburger und Hannoveraner, ganz anders, als
diese, und der Braunschweiger anders, als
der Mecklenburger. Wenn der eine sagt:
Mei will öwwer be Jote jahn, so drückt
daß der andere so aus: Wie wille ower de
Gote gahn. Der eine nennt den Kessel
„Kettel" der andere nennt ihn „Kätel".
Wenn der eine spräken (sprechen) will, so
will der andere köddern, und der dritte käe-
ren, und der vierte snacken. Der eine
hat'n Dössel, der andere 'n Kopp. Wenn
der eine auf den Boden geht, so geht der
andere auf den Balken u. s. w. Ich habe
dieß anführen müssen, um mich zu rechtfertigen. Denn so offenbar unrecht der B. im
Terte hat, wenn er den Plattdeutschen einen
Buchdrucker Bauchdrucker nennen läßt,
eben so unrichtig nennet der Anonymus in
der Note sein Book oder Bohk niederdeutsch;
er hätte es müssen hamburgisch nennen.
Denn z. E. im Braunschweigischen wird kein
Mensch ein Buch „Bohk" nennen; er nennt
es Bauk, und sagt demnach auch nicht Ge-
sangbook, sondern Gesangbauk: wäre es ja
in den Grenzgegenden der Fall, so darf man
die nicht zu Beweisen gebrauchen, weil ja
die Sprachen, so wie die Dialecte, in einander fließen. Das nämliche hat man ja auch
im Oberdeutschen. Schwaben, Bayern,
Schweizer, Oestreicher und Tyroler sprechen
deutsch; aber wie? so hat es nöthig war, jene wirklich aufgeführt seyn sollende Comödie,
Adam und Eva, oder die Erschaffung der
Welt, von der man nicht eigentlich weiß,
worüber man bey ihr am meisten erstaunen
soll, aus dem Schwäbischen in's Oestreichi-
sche zu übersetzen, und den Text einander
gegen über zu drucken, der sich denn ungefähr einander so ähnelt, wie Delille's französischer Milton dem ihm gegen über gedruckten englischen und einem Hochdeutsch sprechenden Niedersachsen nicht viel verständli-
cher ist, als dem Franzosen das Englische,
wenn er's nicht gelernt hat: oder auch wie
einem gebornen Obersachsen das Plattdeut-

sche vorkommen mag, wenn er's noch nie
gehört hat.
Wegen der Richtigkeit des Worts „Au-
genbran" und im Plattdeutschen „Ogen-
brane" bin ich zweifelhaft; glaube aber, daß
ich's nicht mit Unrecht Augenbräme, wie ich
zu thun pflege, schreibe, weil es eine wirkliche Verbrämung ist, und alsdann dieser
Namen Sinn hat, der ihm sonst fehlt, und
den er doch, wegen der Zusammensetzung
mit „Augen" schlechterdings haben soll.
Ich bemerke ferner, daß ich nicht auf
Gren's Auctorität hin Spießglanz schreiben
werde, sondern deswegen, weil man vom
Spießglase wieder ein Glas hat und es wunderlich klingt, wenn man dasselbe im Deutschen Spießglasglas nennen muß; und da
das Antimonium aus glänzenden Spießen
besteht, so ist es eine glückliche Abänderung,
wenn man es Spießglanz nennet, und die
Discussion darüber verdient wol nicht unter
die Rubrik von Gellert's Irrwisch und Irr-
licht gesetzt und damit lächerlich gemacht zu
werden. Eigentlich aber soll hier wol Gellert's Streit der Nachtwächter über das
„bewahrt" und „verwahrt" gemeint seyn;
wo sich jedoch der gute Gellert nicht recht
vorsah: denn daß ein Licht bewahren, das
heißt: Acht darauf geben, etwas anders sey,
als es verwahren, d. h. in einen Kasten
schließen rc. das leuchtet einem jeden ein.
Im Freymüthigen von 1805 Nr. 207
und 208 werden mehrere Beweise von dergleichen Sprachfehlern gegeben, und vorzüglich der fehlerhafte Gebrauch des Particips
gerüget, und die Entschuldigung, daß dergleichen Kleinigkeiten zu beobachten nicht
nöthig sey, mit Recht nicht angenommen.
Denn, wenn wir es dem Knaben nicht hingehen lassen, wenn er in einer todten Sprache grammaticalische Fehler macht, wie sollten wir Männer uns denn nicht schämen
müssen, wenn wir unsere eigene Muttersprache nicht einmahl recht verstehen.
Wenn nun Gallus das in diesem Aufsatze als Antwort auf den seinigen in Nr.
217 des N. A. von vorigem Jahre Passende
hier herausnehmen will, so habe ich auch
dem nichts weiter zu sagen.

Germanus.

Anfrage an Mineralogen.

Da die Versteinerungen in den Flötzgebirgen ein helles Licht über die Flötzformationen allein zu geben vermögend sind, so wünscht man nichts sehnlicher, als ein Werk zu kennen, das hierüber befriedigende Aufschlüsse ertheilt. Es ist zwar manches hierüber geschrieben worden, und selbst dem D. Reuß verdankt das gelehrte Publicum die Herausgabe einer frühern ähnlichen Beschreibung, bey der man nicht bergen kann, daß ihr die Zeichnungen fehlen, wodurch es allein möglich wird, die vorkommenden Versteinerungen versinnlicht zu sehen, und bey der Auffindung sie richtig zu benennen. Man stellt daher an gelehrte Mineralogen das Ansuchen, das beste Werk der Art mit genauen, naturgetreuen Zeichnungen i. m. allg. Anz. anzuzeigen.

Tyrol im Monat März 1807.

Nützliche Anstalten und Vorschläge.

Nachricht an Eltern.

Ein Gelehrter auf einer süddeutschen Academie, welche der vollkommensten Ruhe genießt, hat sich entschlossen, für junge Leute, welche sich entweder zum Studiren vorbereiten wollen, oder auch schon den Anfang dazu machen, aber noch der Leitung und Führung, so wie des Nebenunterrichts bedürfen, ein Institut zu errichten, ihnen selbst den nöthigen Unterricht in allen zur Bildung nothwendigen Wissenschaften und Sprachen, in der Geschichte, Mathematik, Philosophie, Naturlehre, und im Lateinischen, Griechischen, Französischen und Englischen zu ertheilen, in jeder Hinsicht für ihr Wohl zu sorgen, sie zu ihrer Bestimmung gewissenhaft vorzubereiten, unter Aufsicht und Leitung zu behalten, und den Eltern die Kosten eines Hofmeisters oder anderer Anstalten dadurch größtentheils zu ersparen. Man ist im Stande, den Eltern, welche ihre Söhne diesem Institute anvertrauen wollen, sehr billige Bedingungen zu machen, für eine wohlfeile Kost zu sorgen, und ihren Söhnen jede weitere Gelegenheit zur Bildung und zum Unterricht in allen andern Wissenschaften und Kenntnissen auf der Academie zu

verschaffen. Nähere Nachrichten wird auf Verlangen Hr. Dr. Stützmann in Erlangen ertheilen.

Allerhand.

Aufforderung.

Unter den Papieren des verstorbnen geheimen Raths Dr. Nösselt in Halle haben sich viele Scheine, theils über verliehene Bücher, theils über ausstehende Forderungen gefunden. Alle diejenigen, die dieß angeht, werden ersucht, sich spätestens binnen hier und Michaelis entweder an den Oberamtsregierungsrath Gerhard zu Breslau, an den Prediger Leiste zu Leicha bey Halle, oder den Prediger Nösselt in Cüstrin, darüber zu erklären. Je mehr man sich von der Dankbarkeit der resp. Zuhörer überzeugt hält, die den Verstorbnen ehrten und liebten, desto gewisser dürfen auch dessen Kinder auf Gewährung ihrer Bitte rechnen.

Dienst-Anerbieten.

1) Für eine Familie im Herzogthum Holstein wird ein Hauslehrer und Erzieher von ausgezeichneten Kenntnissen und Fähigkeiten gesucht. Die Adresse ertheilt die Expedition des allg. Anz. in Gotha.

2) Eine einzelne Dame von Stande in den Rheingegenden sucht ein Fräulein von 24 bis 30 Jahren, gebildeter Erziehung, heiterem guten Gemüthe, zur Gesellschaft.

3) Ich wünsche einen jungen Menschen zu finden, den ich in meiner Kunsthandlung als Commis gebrauchen könne. Hierzu werde ich aber niemand anders nehmen, als der von anständigem Betragen ist, und einen gesitteten Character hat. Er muß überdieß an Kunstsachen Geschmack finden, und nicht ganz fremd unter ihnen seyn. Er muß auch die mechanischen Kenntnisse eines Kaufmanns haben, wenigstens nicht unwillig seyn, sich solcher zu befleißigen, und die französische Sprache sprechen und schreiben. Wer nun diesen Forderungen Genüge leisten kann und allenfalls Beweise davon zu geben im Stande ist,

mag sich in frankirten Brie
den und ich werde mich ihm
Dresden den 1 Junius 1807.
Heinrich Rittner,
Kunsthändler in Dresden.

Dienst = Gesuche.

Zwey wohlerzogene unverheirathete
Frauenzimmer von 30 und 20 Jahren, aus
guter Familie, sind, um ihrer verwitweten
Mutter die Sorge für ihre und ihrer zahlreichen Geschwister Unterhalt zu erleichtern,
entschlossen, in den Dienst gut gesinnter
Menschen sich zu begeben. Beyde haben
nicht nur die nöthigen Kenntnisse und Erfahrung zu Führung eines bedeutenden Haushalts, sondern sind auch im Stande, bey
allen darin vorfallenden Arbeiten selbst Hand
anzulegen. Sie dürfen sich zugleich der Geschicklichkeit in allen feinen weiblichen Arbeiten rühmen und verbinden damit die besten
Gesinnungen. Ihr Wunsch ist, sobald als
möglich und zwar am liebsten außerhalb Hessen-Cassel, gleich viel, ob in einer Stadt,
oder auf dem Lande, eine Versorgung zu finden. Der Regierungs-Procurator Wöhler
in Hessen-Cassel, an welchen man sich in
portofreyen Briefen zu wenden hat, wird
die nöthigen Einleitungen treffen.

Familien = Nachrichten.

Unsere am 24 May geschlossene Verbin-
dung machen wir allen unsern Freunden und
Verwandten bekannt, und bitten um die
Fortsetzung ihrer Freundschaft und Gewo-
genheit. Stadt-Ilm den 1 Jun. 1807.
Christian Erdman Stößner,
F. S. R. Land-Commissair.
Carolina Stößner, geb. Schell-
horn.

Aufforderung an J. F. Lonhardt.
Da mein ältester Sohn, der Barbier-
Geselle Johann Friedrich Lonhardt, vor
mehrern Jahren in die Fremde gegangen,
so wünsche ich, daß derselbe sich bald möglich
bey mir um deshalb einfinden möchte, weil
sein Vater, als mein gewesener Ehemann,

vor einem halben Jahre verstorben ist, und
ich aus bewegenden Ursachen mit ihm mündliche Unterredung zu pflegen gesonnen bin.
Sollten seine Umstände es nicht vergönnen,
baldigst anher zu kommen, so wird derselbe
ersucht, doch von seinem Aufenthaltsorte
Nachricht zu geben.
Sondershausen den 1 Jun. 1807.
Maria Dorothea, Witwe Lonhardt.

Justiz = und Polizey = Sachen.

Aufforderung.

Dem Gewürzhändler Lorenzo Jani aus Arnstadt dient hiermit zur Nachricht, daß man seinen
Handlungsdiener Joseph Scarbellini mit dem
Reste des bey ihm vorgefundenen gestohlenen Geldes arretirt habe. Er wird also hiermit aufgefordert, von seiner Nachspürung nach diesem Kerl
abzustehen und sich so schleunig als möglich, Behuf
der Untersuchung dahier vor dem Criminalgerichte
zu stellen. Schmalkalden den 30 May 1807.
Aus dem Criminalgerichte das.
Schwoerde.

Gestohlne Sachen.

Vermittelst Aushebung eines Fensters sind aus
der Küche des hiesigen Gutes nachfolgende, zum
Theil sehr kenntliche Sachen in der Nacht vom
25 zum 26 May diebischer Weise entwendet und
allem Anschein nach aufs Eichsfeld oder in die
Gegend der verschlepper worden, als:
1) Zwey große runde kupferne Schnäpfe mit fest
genieteten kupfernen Angrifshenkeln, inwendig
verzinnt, jeder etwa 6 Pfund schwer und etwa
einen Eimer voll enthaltend, der eine ist auf der
Seite geritzt.
2) Ein dergleichen etwas kleiner, und statt des
Angriffshenkels mit einem beweglichen Ringe, zum
Aufhängen, etwa 5 Pfund schwer. Die Verzinnung von allen dreyen ist so abgenutzt, daß das
Kupfer überall durchscheint.
3) Ein großer runder kupferner Deckel mit einem
starken Falze, und einem eisernen festgenieteten
Angriff oben auf, auf einen kupfernen Kochtopf
gehörig, etwa 4 Pfund schwer.
4) Drey kupferne Deckel auf Casserollen, von verschiedener Größe, mit geraden eisernen Stielen,
wovon zwey ganz neu verzinnt sind, jeder etwa
1 1/2 bis 2 Pfund schwer und schwach gefalzt.
5) Zwey Schmeerkuchen-Formen, inwendig verzinnt, eine von mittlerer Größe, die andere klein.
6) Sechs Stück kupferne Kaffee- und Milchkannen
von verschiedener Größe zu 1, 2 und 3 Portionen, wovon ein Paar ganz neu ist, von kleinsten
ist der Deckel zurückgeblieben.
7) Ein kupferner runder Kaffee-Wärmer, aus
drey Theilen bestehend, als:

a) Einer kupfernen Schüssel mit 2 kupfernen
   Angriffhenkeln und drey Beinen darauf;
b) Einer kupfernen Kohlenpfanne, durchbrochen
   mit Blumen verziert und drey kleinen Beinen darauf;
c) Einem runden kupfernen Blech mit runden
   Löchern und einem verbogenen kupfernen
   Stiele, woran der hölzerne Angriff fehlt,
   alles von Kupfer.
8) Ein großer kupferner Kaffee- oder Wasserkessel,
   etwa 1/2 Eimer haltend, stark gebraucht.
9) Ein großer gelber messingener Durchschlag.
10) Ein kleiner messingener Durchschlag, defect,
    der Boden mit Zinn gelöthet.
11) Eine große messingene Wasserkelle, der Stiel
    von Eisen, sehr defect.
12) Eine kleine dito zu Fleischbrühe, ganz neu.
13) Ein messingenes Kaffekännchen für eine Person.
14) Ein kleiner messingener Milchkessel, etwa eine
    Kanne enthaltend.
15) Ein großer messingener Mörser mit Stößer,
    etwa 20 Pfund schwer.
16) Ein kleiner dito dito mit Stößer.
17) Ein messingener Leuchter, am Fuß mit Zinn
    gelöthet.
18) Zwey zinnerne Leuchter, worauf der Kopf, wo
    das Licht eingesetzt wird, von Messing eingelö-
    thet ist.
19) Eine Jagdflinte, etwa 5 Fuß hoch.
20) Acht Stück silberne Eßlöffel, auf der Kelle, wo
    sich der Stiel endiget, mit einer Blumenverzie-
    rung, jeder etwa 2 1/2 Loth schwer.
21) Ein silberner Suppenlöffel mit runder Kelle
    und krummen Stiele, hat eine Beule.
22) Sechs Stück silberne Kaffeelöffel, etwa 9 Loth
    schwer, auf dem Stiele mit einer Rosenblume
    verziert, auf sämmtlichen Löffeln ist die Probe M 12
    und das Goldschmidszeichen H. O. S. befindlich.
23) Ein Vorleglöffel von Zinn mit runder Kelle
    und krummen Stiele.
24) Ein Paar weiße wollene Mannsstrümpfe.
25) Ein Paar dito Frauens dito.
26) Eine Tabackspfeife mit grünem elastischen
    Rohre und beschlagenem hölzernen Kopfe.
27) Ein weißes Schnupftuch mit rother Kante.
   Alle Orts-Obrigkeiten, so wie alle Gold- und
Kupferarbeiter, auch sonstige Personen, denen von
oben beschriebenen, nicht gewöhnlichen, zum Theil
sehr kenntlichen Sachen, etwas zum Verkauf oder
sonst vorkommen sollte, werden ersucht, darauf genau zu achten und selbige dem Inhaber anhalten zu lassen, und dem hiesigen Gerichte davon
schleunig Nachricht zu geben, welches außer Erse-
zung aller Kosten, demjenigen, mit Verschweigung
seines Namens noch besonders eine Carolin zuzusichern beauftragt ist, welcher den oder diejenigen
Thäter dermaßen nachweisen kann, daß sie zur gefänglichen Haft gebracht werden können.
   Sign. Völckershausen bey Wanfried den 27
May 1807.
            Zuschke'sches Gericht hieselbst.
            Hattenbach, Richter.

Vorladungen: 1) militairpflichtiger Badener.
   Nachbenannte, ohne obrigkeitliche Erlaubniß
über die gesetzliche Wanderzeit abwesende Untertha-
nen-Söhne, als:
   Franz Beldermann, Schuhmacher, Johannes
Mechling, Becker, und Johannes Ziegler von
Dilsberg. Johannes Schallenberger von Wim-
mersbach. Franz Keller, Sattler und Johann
Heinrich Hunsinger, Glaser von Lobenfeld. Franz
Elbert, Schuhmacher von Spechbach. Michael
Laute, Schuhmacher von Eschelbronn. Jacob
Hopf, Gerber, Jacob Heuberger und Kaspar
Spizer, Seifensieder von Neckargemünd. Johan-
nes Münch, Wagner von Wiesenbach. Balthasar
Oerles, Schreiner von Mauer. Georg Schleich,
Becker, Johann Heber, Zimmermann und Peter
Schlüßer, Schneider von Mekesheim. Dieterich
Risch, Schmid, Wilhelm Keidel, Leineweber
und Johann Maier, Leineweber von Zuzenhausen.
Johannes Schaller und Johannes Sulzer, beyde
Leineweber von Beuertal, haben a dato binnen
drey Monaten sich bey Verlust ihres Vermögens
und Unterthanenrechts dahier zu sistiren.
   Neckargemünd den 22 May 1807.
      Großherzoglich Badensches Amt.
            Reidel.
                     Rettig.

   2) der Militzpflichtigen H. Hoffmann,
      J. Weber und G. Volkert.
   Die Militzpflichtigen Heinrich Hoffmann, als
Bierbrauer, Johann Weber, als Becker von
bernd, beyde von hier, und Georg Volckert von
Dirsheim, als Zimmergeselle in der Fremde, werden hiermit aufgefordert, binnen unerstreklicher
Frist von drey Monaten in ihren Geburtsorten zu
erscheinen, widrigenfalls aber zu gewärtigen, daß
gegen sie nach der Landes-Constitution gegen ausgetretene Unterthanen verfahren werde.
   Schwezingen am 23 May 1807.
         Großherzogl. Badisches Amt.
            L. Pfister.
                     Neuberth.

      3) Joachim's Gläubiger.
   Alle diejenigen, welche an den verstorbenen
fürstlich-speyerschen geheimen Rath Joachim zu
Bruchsal irgend eine Forderung, und solche noch
nicht angezeigt haben, werden hierdurch öffentlich
vorgeladen, um in einer unerstreklichen Frist von
6 Wochen bey der Landvogtey Michelberg, als
welche zum Concursverfahren von großherzogl. Hofgerichte beauftraget worden, unter dem Rechtsnachtheile ihre Forderungen zu liquidiren, und über dem
Vorzug zu streiten, daß sie sonst auf erfolgendes
Anrufen nicht mehr gehört, und von der Masse ausgeschlossen werden sollen.
   Mannheim, den 28 April 1807.
   Großherzogliches Hofgericht der Badischen
            Pfalzgrafschaft.
      Fhr. von Hack.   Courtin.
                     Dietz.

4) W. Willig's.

Nachdem Michael Willich von Niederrimsingen, seiner Profession ein Kiefer, im Jahr 1796 in die Fremde gegangen, und kurz nachher in k. k. österreichische Kriegsdienste getreten ist, seither aber von seinem Leben oder Tode nichts in Erfahrung gebracht werden konnte: so wird er oder seine etwaige Leibes-Erben anmit aufgefordert, sich binnen einem Jahr und 6 Wochen um so gewisser bey dem unterfertigten Magistrate zu melden, als widrigens sein unter Curatel stehendes Vermögen von 502 fl. 31 kr. seinen nächsten Anverwandten gegen Caution würde ausgeantwortet werden.

Altbreysach, am 31 März 1807.

Magistrat der Großherzoglich Badischen Stadt allda.

Schilling, Syndicus.

5) Adam Lorenz's.

Auf den von dem straßburger Schiffer Johannes Zabern wegen einer an den von hier gebürtigen, aber in Iphofen bey Würzburg als Chirurgus ansässig gewesenen Adam Lorenz aufgestellten Forderung von 200 fl. auf dessen dahier beruhendes Vermögen impetrirten Nacharrest, wird gedachter Adam Lorenz, dessen jetziger Aufenthalt zur Zeit unbekannt ist, anduch öffentlich aufgefordert, binnen drey Monaten sich über die Schuld ad 200 fl. sowohl als den Arrest dahier unter dem Nachtheile zu erklären, als ansonsten jede Einrede dagegen für versäumt, und der Arrest als fortbestehend erkläret, fortwegen dessen Wirkung bey dem seiner Zeit zur Auszahlung kommenden Vermögen das weitere Rechtliche verfügt werden solle.

Heidelberg, den 27 April 1807.

Großherzogliches Stadtvogtey-Amt.

Sartorius.

Vidt. Gruber.

6) Dan. Hage's.

Da der schon seit etlichen und 20 Jahren als Maurer und Steinhauer-Geselle abwesende Daniel Hage von Huchenfeld während dieser langen Zeit lediglich nichts mehr von sich hat hören lassen, so wird er anduch öffentlich aufgefordert, binnen 9 Monaten um so gewisser dahier zu erscheinen, und sein in ohngefähr 550 fl. bestehendes Vermögen in Empfang zu nehmen, als sonst dasselbe seinen darum nachsuchenden nächsten Anverwandten gegen Caution in nutznießliche Verwaltung gegeben werden wird.

Publicirt bey Großherzoglich Badischem Oberamt.

Pforzheim, den 4 May 1807.

7) der Erben Chrph. Zeller's.

Es hat bey hiesigem herzogl. l. Amte der allhiesige Bürger und Handarbeiter Johann Samuel Groß darum geziemend nachgesucht, daß ihm die von seinem verstorbenen Großvater Christoph Zeller hinterlassenen Immobilien, in einem Wohnhaus in hiesiger Stadt und in einem sogenannten wüsten Berge unterm Klosterhagen belegen, bestehend, als dessen alleinigem angeblich noch lebenden Enkel und Erben zugeschrieben werden möchten, und es ist daher hiesigen herzogl. Amts wegen, da von dem Leben und Aufenthalte oder Tode der übrigen Zellerschen Kinder nichts bekannt, die Erlassung dießfalliger Edictalien resolviret worden. Demnach werden noch benannte Zellersche Kinder

Christoph Zeller,
Marie Elisabethe Zeller, und
Anna Christina Zeller,

oder deren etwa nachgelassene Erben und überhaupt alle diejenigen, welche rechtmäßige Ansprüche auf erwähnten Nachlaß, es sey aus welchem Titel es wolle zu machen haben, hiermit citiret und geladen, sich den 1 Sept. a. c. vor hiesigem herzogl. Amte, entweder in Person oder durch hinlänglich legitimirte Bevollmächtigte unfehlbar zu rechter Gerichtszeit zu melden, und ihre etwa habenden Ansprüche an die befragliche Verlassenschaft gehörig anzubringen und zu bescheinigen, oder zu gewarten, daß der Ausbleibende nach vorgängiger Ungehorsams-Beschuldigung sowohl seiner Ansprüche, als der Wiedereinsetzung in den vorigen Stand für verlustig geachtet, und der Zellersche Nachlaß dem Eingangs erwähnten Johann Samuel Groß überlassen und zugeeignet, auch der dießfallige Bescheid

den 29 d. m.

publiciret werden solle.

Datum Altstedt, den 8 May 1807.

Herzogl. S. Amt das.

8) der Geschwister Klöger.

Nachdem des am ersten Februar dieses Jahres allhier verstorbenen königl. sächs. Zoll- und Biersteuer-Einnehmers Herrn Johann Daniel Noack's Wittwe, Frau Maria Sophia geb. Klöger, welche aus Gotha gebürtig und 52 Jahr alt, den 17 dieses Monats allhier ab intestato plötzlich verstorben und die Verstorbene bey ihrem Leben geäußert, daß sie drey Geschwister habe, deren Wohnungsort allhier unbekannt; als wird solches zu deren Wissenschaft und Wahrnehmung ihrer Erbrechte hiermit bekannt gemacht. Fürstenberg in der Niederlausitz, den 20 May 1807.

Bürgermeister und Rath daselbst.

Kauf- und Handels-Sachen.

Nachricht an unsere Handelsfreunde.

Allen meinen geehrten Handlungsfreunden mache ich hierdurch ergebenst bekannt, daß ich meinen Sohn Ernst Schellhorn in meinem Ausschnitt-Tuch- und Material-Handlung einen Antheil gegeben, und ihn unter der künftigen Firma Johann Andreas Schellhorn und Sohn zum Handlungs-Gesellschafter aufgenommen habe.

Wir bitten um ferneres gütiges Andenken und Wohlwollen, und werden uns bemühen, uns des Zutrauens würdiger zu machen.

Stadt-Ilm, den 1 Junius 1807.

Johann Andreas Schellhorn.

Anerbieten wegen Torflieferung.

Sollte jemand geneigt seyn, eine Glashütte zu grünem Glase und Bouteillen zu etabliren, so erbietet sich der Eigenthümer eines beträchtlichen Torfmoores, den Torf dazu zu einem sehr billigen Preise herzugeben, und würde nach Beschaffenheit der Umstände nicht abgeneigt seyn, einen Antheil an der Entreprise zu nehmen. Das Moor ist in dem Herzogthum Holstein, nicht völlig eine Tagreise zwischen Hamburg und Lübeck belegen, und da gar keine Glashütte im ganzen Lande vorhanden ist, so ist der Absatz keiner Schwierigkeit unterworfen. Liebhaber, welche darauf reflectiren, können sich mit ihren Bedingungen in frankirten Briefen an das Adreß-Comtoir in Hamburg wenden, und die Briefe mit den Buchstaben A. D. K. bezeichnen.

Martin Schlegelmilch seel. Söhne in Subl,

empfehlen sich in schwarzem Sturz-Bord- und Pfannen-Blech, Eisen und Stahl, übernehmen auch Commissions-Aufträge in andern hiesigen Fabrik- und Manufactur-Waaren, und versichern reelle und billige Bedienung.

Haartouren für Herren und Damen.

Der Unterzeichnete verfertigt Haartouren für Damen nach der neuesten Mode, und nachdem die Farbe der Haare ist, für 1 1/2 bis 2 Louis'd'or à 11 fl. — Eine Tour à la Titus à 6—8 fl. Bey Bestellungen lege man nur das Maß des Kopfes, mit einem Faden genommen, bey, und bestimme die Farbe der Haare. — Er verfertigt Haartouren für Herren, welche Glatzen haben, à 4—6 fl.; und zwar glatt oder à la Titus, daß man die Kunst von der Natur nicht unterscheiden kann. Die Größe der Glatze in Papier geschnitten nebst der Farbe der Haare muß der Bestellung beygelegt werden. Zu einer solchen Tour giebt er eine Portion eines ganz neu erfundenen Pulvers, um sie aufzusetzen, woran man ein Jahr genug hat, und bey dessen Gebrauche man bestimmen kann, ob die Tour acht Tage oder acht Wochen fest halten soll. Von diesem Pulver, welches er seiner Vortrefflichkeit und Unschädlichkeit wegen empfiehlt, wird in jeder bedeutenden Stadt eine Niederlage und zugleich ein gedruckter Gebrauchszettel damit ausgegeben werden. Mannheim im May 1807.

Bellendorff, Friseur des großherzogl. Hof-Theaters.

Thee.

Endesunterzeichnete empfehlen sich mit folgenden Sorten feinen und extrafeinen Thee, den sie, sowohl pfundweise, als auch in größern Quantitäten, zu verhältnißmäßigen billigern Preisen, verkaufen, als:

Grüne Thee.

Ächter russischer Caravanen-Thee, in blechernen Dosen von ungefähr 1 1/8 Pf. netto à 6 1/4 bis 4 1/2 rthl., dergleichen in Kistchen von 1 1/4 Pf. à 6 rthl., dergleichen offen à 4 1/4, 5, 6, 7, 8 rthlr. Tchy, Gun Powder oder Foudre à canon à 5 rthl. Haysan à 3 rthl. Holländ. Bloom-Thee in blechernen Dosen à 4 rthlr. Songlo à 36 gr. Tonkay à 42 gr. Soulan die bleyerne Dose von 34 Loth à 6 rthlr. Haysan Chin à 36 gr.

Schwarze Thee oder Thee Boue.

Ächter russ. Caravanen à 5 rthl. Pecco à 2 1/2, 3, 3 1/2, 4, 4 3/4 bis 5 rthl. Dergleichen in bleyernen Dosen à 4 1/2 rthl. Ziou Zioung à 2 1/2 rthl. Congo à 40 gr. Boue à 20 gr.

J. A. Peyer und Comp. in Dresden.

Persio,

ein neues Farbe-Material zur Ersparniß des Indigs und der Cochenille.

Die Erfindung des Persio ist gewiß in der Färberey eine der wichtigsten; die Vortheile, die diese Farbe bewirkt, sind auffallend. Beym Blau wird nicht allein ein Drittel Indig erspart, sondern das Blau wird alsdann dadurch viel feuriger, glänzender, und färbt nicht ab. Ein gleiches ist auch bey Himmelblau, bis zur hellesten Schattirung, Perlenblau, zu bemerken; eben so vortheilhaft hilft diese Farbe bey Purpur, Pompadour, Violett, Lila, Eminence, Braun, merte d'oye und überhaupt bey allen Farben, welche eine röthliche Schattirung verlangen. Wenn man die Hälfte Cochenille dazu nimmt, so kann man sehr echt Carmoisin damit färben; man wird also einsehen, daß die dadurch bewirkte Ersparniß bey den jetzigen steigenden Preisen des Indigs und der Cochenille wichtig ist. — Bey allen braunen, carmelitenen und dergl. Farben wird dieses Farbe-Product mit Nutzen gebraucht; es ist zum Schauen, Aufsetzen, der Abdunkeln wohlfeiler und haltbarer als Orseille, Fernambuc, Blauholz und dergl. Vorzüglich wird der Persio auf Wolle gebraucht, doch gewähret er einen guten Nutzen auf Seide. Er ist bey Streicher in Eisenach in Thüringen nebst einer Beschreibung zum Gebrauch, echt und zu verschiedenen Preisen, so wie auch mehrere andere Farbe-Waaren zu haben. — Man warnet zugleich vor dem nachgemachten und verfälschten Persio.

Allgemeiner Anzeiger
der
Deutschen.

Dienstags, den 9 Junius 1807.

Bitte an einige deutsche Männer.

Seit einiger Zeit kann man in deutschen Journalen lesen, daß mehrere unter uns vor einer gewissen Vereinigung zittern, und ihre Bangigkeit theils auf eine gemäßigte, theils auf eine bittere, den Gegentheil beleidigende Art an den Tag legen. Handeln sie weise? Ich zweifle daran.

Denn sie dürften dadurch, ihrer Absicht zuwider, die Ursache werden, daß in einem großen, unternehmenden, alles scharf beobachtenden Kopfe ein ihm bis jetzt gewiß ganz fremder Vereinigungsplan sich bildet, der ohne jene unvorsichtigen Ausdrücke der Besorgniß nicht in ihm entstanden wäre. — Auch müssen sie ferner hierdurch dem mächtigen Gegentheile die ihm bisher offenbar im Ganzen gleichgültige Sache wichtig machen, und denselben zu unserer Bekehrung aufmuntern, worüber wir politisch Beklagenswerthen uns doch ärgern würden. Daß aber der Mensch jetzt oft etwas für unbedeutend und tadelnswerth hält, worauf er bald nachher einen großen Werth legt, das können wir an uns selbst wahrnehmen, wenn wir unsere jetzigen Gesinnungen gegen Reinhard mit unsern ehemaligen vergleichen. — Endlich werden sie die für die heilige Sache nicht erwärmten Gemüther dahin bringen, daß sie zu einer, wie ich glaube, mit Unrecht befürchteten Zeit nicht mit Kraft handeln, sondern muthlos und gleichgültig denken: es gibt keine Rettung. Die Sache ist ihnen nämlich nicht auffallend, sie sind daran gewöhnt, damit vertraut, darauf vorbereitet.

Allg. Anz. d. D. 1 B. 1807.

So war es bisher bey allen Begebenheiten, die uns schwer gedrückt und betrübt haben. Werden wir noch nicht klug werden? Der Deutsche muß anfangen, über manche Puncte zu schweigen. —

Euch, die ihr gutmeinend, aber voreilig eure Stimme erhoben habt, ich ersuche euch, haltet ein aus Liebe gegen die herrliche Sache und gegen eure Brüder, denen ihr unnöthige Sorgen macht. Ihr werdet ja doch sehen, daß ihr so gewiß irret, als ihr aus edlem Eifer gesprochen habt.

5.   Fr. v. R. D. M. n.

Berichtigungen und Streitigkeiten.

Bisogna levarsi le mosche dal naso.

Wer boshaft, frech, schlau und unwissend ist, dabey sich auch durch Charlatanerie einen Anhang zu verschaffen gewußt hat, kann zwar seinen Parteygenossen durch mündliche und schriftliche Urtheile einen blauen Dunst vormachen, demungeachtet aber bleibt es jedem andern unparteyischen Leser solcher Aeußerungen unbenommen, was und wie viel er von solchen, eine unlautere Quelle verrathenden Urtheilen glauben will oder nicht. — Der sich so viel zutrauende und mit Anmaßung sprechende Herr, als Chef seiner clique, welcher gegen die Direction der leipziger Concerte sowohl in der eleganten Zeitung, als auch im allgemeinen Anzeiger Nr. 101 zu Felde gezogen ist, muß einen sehr scharfen Blick, ein außerordentlich feines Ohr und eine Totalgewißheit in der

Mufik haben, auch ein vertrauter Freund
von jedem Individuum des Orchesters seyn;
sonst wäre er nicht so hinter die Schliche
gekommen, die Schwachheiten der Direction
und das Mißtrauen des Orchesters gegen
dieselbe zu entdecken. — Bey allen seinen
großen Kenntnissen muß er aber doch perio-
disch mit Taubheit und Blindheit geschlagen
seyn, wenn er einer Sängerin, die von Jugend auf keine strenge und sichere Leitung im
Tact bekommen hat, nicht rein intonirt und
überhaupt im Tactgefühl von der Natur
etwas stiefmütterlich ausgestattet worden ist,
nicht zuvor mit gutem Rath und That an die
Hand geht, ehe er wegen mißlungener Dinge
eine Direction so sans façon in Anspruch
nehmen will. — Eine Sängerin, die noch
nicht das Mechanische der Kunst besitzt, muß
auch nicht prätendiren, daß nach ihrem, mehrentheils an unschicklichen Orten angebrachten Zögern und Eilen, unrichtigem Pausiren,
zu früh oder zu spätem Eintreten, Tact-
überspringen oder Weglassen ganzer Rhyth-
men, sich ein Orchester von 60 Mitgliedern
accommodiren soll. — In Concerten, wo alles
auf musikalisch-richtige Ausführung berechnet werden muß, ist solcher Unfug schlechterdings nicht zu gestatten, wenn auch dergleichen Licenzen bey Theatern entweder um der
Handlung willen, oder aus Ignoranz der
Sängerinnen vorkommen sollten. — Der
beste Rath, den man einer solchen Sängerin
geben kann, ist demnach, daß sie sich zuvörderst im Tact sicher zu machen suche, damit
weder die Direction, noch das Orchester
durch gegentheiliges Verfahren in Verlegenheit gesetzt werden. — Wenn endlich eine
Sängerin in einer fremden Sprache singen
will, die sie noch nicht versteht, so muß sie
doch wenigstens für eine deutliche und gute
Aussprache derselben besorgt seyn und sich
den Inhalt des Textes von einem, dieser
Sprache kundigen Manne erklären lassen;
außerdem ist es eben so lächerlich, als wenn
ein unwissender Knabe von acht Jahren einen
Gesang aus der divina Comedia des Dante
oder ein Sonett aus dem Petrarca declamiren wollte. — Sollte es übrigens meinem
Antagonisten, oder einem andern aus der
clique desselben belieben, über diesen Gegenstand noch etwas zu schreiben, so erkläre ich

hiermit ganz frey und offen, weiter keine
Sylbe mehr darauf zu antworten.

S......

Gelehrte Sachen.

Erklärung auf geschehene Anfragen,
und Aufruf an alle edle Beschützer
der Menschenrechte.

Mißgriffe der Justiz- und Polizeybehörden zu rügen, Barbarey und Inconsequen-
zen aus den Gerichtshöfen zu verbannen,
Tyranneyen zu züchtigen und Schikanen zu
entlarven, verzögerte oder gar verweigerte
Justizpflege, Parteylichkeiten bey abgefaßten
Urteln und Bescheiden, Mängel in dem
Schlendrian des processualischen Verfahrens
zur Publicität zu bringen; dagegen auch
rühmliche Handlungen zur Nachahmung aufzustellen, die jetzigen politischen Verhältnisse
ins Auge zu fassen, die ehrwürdigen Rechte
der Menschheit wieder geltend zu machen und
dadurch Menschenwohl zu befördern, dieß
ist der Zweck meines Instituts.

Zur thätigen Mitwirkung fordere ich
alle Beschützer der Menschenrechte, denen es
Ernst darum ist, nochmahls feyerlichst hier
mit auf! Keine Zeit ist anstrebender, als
jetzt! Jena im May 1807.

A. Slevogt, Herausgeber der Justiz-
und Polizey-Rügen, zur Förde-
rung des Menschenwohls.

Dienst-Anerbieten.

1) Wenn ein geschickter Fabrikant, welcher
hinreichende Kenntnisse besitzt, Eisenbleche
so zu verzinnen, daß selbige den englischen
an Güte und Ebenheit gleich kommen, und
der in diesem Fache mit Erfolg arbeiten kann,
geneigt seyn möchte, nach Schweden zu reisen, um daselbst angestellt zu werden: so
kann sich derselbe durch Briefe mit beygelegten Zeugnissen an den Kaufmann und Eigenthümer einer Eisengießerey, Herrn Gust.
Dan. Wilke in Stockholm wenden, um
die Reiseroute zu erfahren. Es werden aber
nur Briefe von solchen Fabrikanten erwartet,
die das Verlangte wirklich leisten können.

2) Es wird ein Gärtner gesucht; welcher außer der gewöhnlichen Gärtnerey, die Behandlung der Orangerie und exotischer Gewächse, und die Ananas-Treiberey selbst mit Erfolg getrieben hat, und ein durchaus bescheidener, fleißiger und ordnungsliebender, unbeweibter, wenigstens kinderloser Mann ist. Die Adresse ertheilt die Expedition des allg. Anz. in Gotha.

W. im Eisenachischen.

Dienst-Gesuche.

Wie mancher wohlhabende, aber durch langwierige, vielleicht unheilbare Krankheit an ein Schmerzenslager gefesselte, Leidende ist im Stande, sich jedes Labsal zu verschaffen, jedes Bedürfniß erfüllt zu sehen, nur das Bedürfniß nicht, dessen Erfüllung ihm nichts als ein Ungefähr zuführen kann, das große immerwährende, jeden Tag und jeden Augenblick sich erneuernde Bedürfniß einer guten und geschickten Abwartung. Umsonst wechselt er seine Bedienung, immer fühlt er von neuen, entweder durch ungeschickte, nachlässige, oder durch stürmisch dienstfertige, unruhige, überlästige, oder durch ungeduldige, gefühllose, mürrische Aufwärter und Aufwärterinnen seine Leiden zehnfach erschwert. Er sehnt sich, wie nach dem einzigen Gut, was ihm fehlt, nach einer geschickten, treuen, vernünftigen, gleichmüthigen und geduldigen Bedienung, und wünschte sich dieses Haupterleichterniß seiner Leiden um jeden Preis erwerben zu können.

Sollte sich jemand in einer ansehnlichen Stadt, wie Leipzig, Dresden, Gotha rc. oder auch auf dem Lande in dieser traurigen Lage befinden, so bietet sich eine Frau von 30 Jahren, welche das vortheilhafteste Zeugniß ihrer erprobten Geschicklichkeit in diesem Fache vorzuweisen hat, an, um gegen einen ihren eigenen Umständen angemessenen Lohn alsbald einen solchen Dienst anzutreten. Nähere Auskunft giebt die Exped. des allg. Anz. in Gotha.

N. S. Daß diese Frau, die in ihrer ersten Jugend in ansehnlichen Diensten gestanden, auch in allen weiblichen Handarbeiten (nur das Küchenwesen ausgenommen) erfahren ist, jeden andern weit weniger beschwerlichen Dienst, als Kammerfrau und dergleichen, unter gleich annehmlichen Bedingungen gern antreten würde, versteht sich von selbst.

Familien-Nachrichten.

Todes-Anzeige.

Allen unsern auswärtigen Verwandten und Freunden machen wir hierdurch den Tod unseres zweyten Sohnes, Christian Wilhelm, bekannt. Er hatte sich dem Kaufmannsstande gewidmet, und bereitete sich zu Gotha in dem Hause des Herrn Trebsdorf mit Schlusse dieser Vorbereitung, am 30 May, ein Nervenfieber in seinem 20 Lebensjahre uns entriß. Wer sich in die Lage treuer Eltern bey dem frühzeitigen Absterben hoffnungsvoller Kinder versetzen kann, wird es natürlich finden, wenn wir uns alle schriftliche Beyleidsversicherungen verbitten.

Kuhla am 3 Junius 1807.

Johann Adolph Hellmann,
Charlotte Christiane Hellmann,
geb. Laufer.

Justiz- und Polizey-Sachen.

Vorladung der Inhaber ritterschaftlicher Depositen-Consense.

Bey der gegenwärtig zu Friedberg von den Commissarien der betheiligten resp. hohen Souverains vorgenommenen Abtheilung der ritterschaftlichen Acten und Litteralien hat sich ergeben, daß auch für die Sicherstellung des ritterschaftlichen Depositenwesens gesorgt werden muß; es werden demnach alle diejenigen, welche für ihre Personen oder Besitzungen unter herzoglich nassauischer Souveränität irgend einen Anspruch wegen eines Depositi zu haben vermeinen, hierdurch aufgefordert, denselben mit Belegung eines etwa in Händen habenden Depositey-Cassescheins oder sonst glaubwürdigen Documents binnen sechs Wochen a dato hierher zu veranzeigen, welchem nach Ablieferung des Depositi das Erforderliche nach Befund wird vorgekehrt werden. Im Fall der unterlassenen Anzeige und Ausweisung haben die Interessenten es sich selbst beyzumessen, wenn sie in der Folge Schwierigkeiten finden sollten, zu den ihnen gehörigen Depositen zu gelangen.

Wiesbaden den 28 May 1807.

Herzoglich nassauische zur Administrations-Commission verordnete Präsidenten, geheimer Director und Räthe.

Ar.

vdt. Cunninghause.

Kauf = und Handels = Sachen.

Mineralwaffer.

Bey Carl Heinrich Kleinert in Leipzig ist
frisches sawdschiger Bitterwasser, Eger, Pyrmonter, Spaa, Selter und Fachinger Wasser angekommen und wird in ganzen und halben Kisten und
einzelnen Flaschen verkauft.

Leipzig den 23 May 1807.

Wechsel = und Geld = Cours in sächsischer
Wechselzahlung.

Leipzig, den 2 Junius 1807.

In den Messen.	Geld	Briefe.
Leipz. Neujahr. Messe	—	—
— Ostern —	—	—
Naumburger —	99 1/2	—
Leipz. Michaeli —	97 3/4	—
Amsterdam in Sco. à Uso	—	—
Detto in Curr. à Uso	—	143 1/2
Hamburg in Sco. à Uso	—	150
Lion 2 Uso in Liv.	—	78 1/4
Paris 2 Uso in Liv.	—	78
Augsburg à Uso.	—	100
Wien à Uso.	48	—
Prag à Uso.	48	—
London à 2 Uso p. Pf. St.	—	—
Länder = Ducaten	13	—
Kaiser = Ducaten	12 1/4	—
Wichtige Duc. à 66 Aß	10 1/2	—
Breslauer à 65 1/2 ditto	10 1/2	—
Leichte à 65 ditto	9 1/2	—
Almarco ditto	—	—
Almaro Louisd'or	—	—
Souverain'or	9xx@	—
Louisd'or à 5 Rthl.	9 1/2	—
Sächs. Conv. Geld	pari	—
Schild Louisd'or	2 1/4	—
Laubthaler	—	2 1/2
Preuß. Curr.	5 1/4	—
Do. Münze.	10 1/2	—
Xer.	pari	—
Cass. Bill.	3/4	—
Kronenthaler	1/2	—
3. 7. Kr.	8 3/4	—
17	5	—
Wiener Banc. Zettel	48	—
Frankfurt a. M. à Uso.	3	—

Wechsel = und Geld = Cours in wichtigen
Louis = Carl = u. Fried'or à 5 Rthlr.

Bremen, den 3 Jun. 1807.

Amsterdam 250 fl. in Banco 8 L. b.	—
Dito 2 Mon. dato	—
Dito in Courant 8 L. b.	31 1/2. 1/2
Dito 2 Mon. dato	30 1/2. 1 4
Hamburg 300 Mk. in Sco 6 L. b.	36 3/4. 1 2
Dito 2 Mon. dato	35 3/4. 1 2
London für 100 Lsterl. 2 Mt.	—
Paris 1 Fr. 2 Mt.	17 3/8. 3/8
Bourdeaux dito dito	—
Frankf. a. M. 2 Mt.	—
Leipzig 2 Mt.	—
Berlin 2 Mt.	—
Holl. Rand = Ducaten 1 St.	2 xx@. 60
Neue 2/3 Stück gewinnen	4
Conv. Münze verliert	8 1/2
Laubthaler à 1 1/2 Rthl. dito	7
Preußisches Courant	16
Holl. fl. per Stück	37

Hamburger Wechsel = und Geld = Cours
in Banco.

den 2 Jun. 1807.

Amsterdam in Banco k. S.	33 5/8
dito 2 Mon. dato	33 3/8
dito in Cour. k. S.	43/4
dito 2 Mon. dato	3 1/4
London für. 1 Lsterl. 2 Mt.	—
Paris 3 Fr. 2 Mt.	25 1/4
Bordeaux dito dito	25 3/8
Madrid 1 Duc. 3 Mt.	91
Cadix dito dito	91
Lissabon 1 Crus dito	44
Wien u. Prag in Cour. 6 W. b.	320
Copenhagen 2 Mt.	43

Louis = Carl = u. Fried'or à 5 Rt. 11 ß.

Holl. Rand = Ducaten	—
Neue 2/3 Stück	30 1/4
Grob Dän. Courant	25 3/8
Hamburger Ntro dito	23 3/4
Preuß. dito dito	58 3/4

Allgemeiner Anzeiger
der
Deutschen.

Mittwochs, den 10 Junius 1807.

General-Pardon.

Von Gottes Gnaden Wir August,
Herzog zu Sachsen ꝛc. ꝛc.

Thun hiermit kund und zu wissen: daß
seit einiger Zeit mehrere in Unsern Kriegsdiensten stehende Mannschaft sich zur Desertion hat verleiten lassen, und zum Theil aus
Furcht der Strafe zu ihren Fahnen zurück zu
kehren Anstand findet.

Wir hätten zwar sehr gerechte Ursache,
dieses Verbrechen an dergleichen pflichtvergessenen Ausreißern nach aller Strenge zu
ahnden, wenn Wir nicht auf der andern
Seite Uns überzeugten, daß mehrere von
ihnen sich desselben aus Leichtsinn und Verführung schuldig gemacht haben.

Aus landesväterlichem Wohlwollen für
Unsere Unterthanen finden Wir Uns daher
bewogen, für diesesmahl sämmtlichen Deserteurs von Unsern Truppen — jedoch mit
Ausschluß der Unterofficiere, welche von den
Wachen, auf den Märschen und im Felde
entwichen sind, und ihre Fahnen verlassen
haben, wie auch diejenige Mannschaft überhaupt ausgenommen, welche nach dem 15
dieses Monats entweichen wird — dergestalt
Verzeihung angedeihen zu lassen, daß diejenigen von ihnen, welche binnen drey Monaten von dem 15 dieses Monats an gerechnet,
bis zum 15 August dieses Jahres, mit Bereuung ihres Verbrechens, zu Erweisung
redlicher Dienste, bey den hier und zu Altenburg befindlichen Garnisonen, sich wieder
einfinden und anmelden werden; gänzlich

Allg. Anz. d. D. 1 B. 1807.

begnadigt und mit aller Strafe verschont,
diejenigen aber, welche sich bey erwähnten
Garnisonen binnen der ihnen gesetzten dreymonatlichen Frist nicht einstellen werden, mit
Confiscation ihres gegenwärtigen und zukünftigen Vermögens angesehen, und wenn
sie auf öffentliche Ladung beharrlich ausbleiben, für meineidige Deserteurs erklärt, und
nicht allein nach Besinden deren Namen an
die Justiz geschlagen, sondern auch, wenn
davon einer oder mehrere angetroffen und
eingebracht würden, der oder dieselben nach
der Strenge der Kriegsrechte bestraft werden
sollen.

Zu dessen Urkund haben Wir gegenwärtigen General-Pardon bekannt zu machen,
auch dieses mit Unserer Handunterschrift und
vorgedrucktem herzoglichen Insiegel vollzogene Patent und Patenten an gehörigen Orten zu affigiren befohlen. Gotha den 1 May 1807.

(L. S.)   August, H. z. S.

Gesundheitskunde.

**Vorschlag zu einer Reise-Apotheke
und Rettungs-Apparat.**

Dem medicinisch-practischen Publicum
erzeige ich vielleicht keinen unangenehmen
Dienst, wenn ich Sie mit der Einrichtung
einer äußerst bequemen Reise-Apotheke und
Rettungs-Apparat bekannt mache, welche mir
seit mehrern Jahren auf dem Lande, wo
weder Apotheke noch Chirurg in der Nähe
waren, die ersprießlichsten Dienste leistete,
besonders in Fällen, wo die schleunigste An-

wendung der inneren und äußeren Heilmittel das einzige Rettungsmittel des Lebens war. So entschieden der Vortheil für
das bey sich führen mehrerer, in schleunigen
Fällen anzuwendenden Arzneymittel und Instrumente auch immer seyn mag, so groß ist
die Schwierigkeit, solche bequem beym Reiten oder Fußgehen mit sich zu führen. —
Auch werden dem Arzte von den Bothen,
welche ihn zum Kranken rufen, oft solche unverständliche Relationen von dem Zustande
des Patienten gemacht, daß schlechterdings
daraus nicht abzunehmen ist, was man zur
Rettung zu sich stecken- und mitnehmen soll;
ja oft ist der Bothe weder Hausgenosse noch
Anverwandter des Kranken, und weiß gar
nichts von des Kranken Zustande.

Soll daher eine Reise-Apotheke und Rettungs-Apparat von Nutzen seyn, so muß sie
folgenden Forderungen entsprechen:

a) sie muß bequem bey sich zu führen seyn;

b) sie muß solche Arzneymittel und Instrumente enthalten, welche in allen Fällen, wo schleunige Hülfe nöthig ist, angewendet werden können;

c) die Arzneymittel müssen von der Art
seyn, daß sie weder durch Wärme, noch
durch starkes Rütteln die Gefäße zersprengen, oder durch einen Fall zerbrochen werden können, und

d) muß das Ganze kein marktschreyeri-
sches Ansehen haben.

Allen diesen Forderungen entspricht meine Reise-Apotheke. — Sie besteht in einer ledernen Tasche, in der Form einer gewöhnlichen Jäger-Cartusche, und enthält 12 kleine halbe Unzen-Gläser, mit eingeriebenen
Stöpseln, wovon sechs oberhalb und sechs
unterhalb der Tasche dergestalt angebracht
worden, daß die unteren und oberen Gläser
mit ihren Boden an einander, jedoch jedes in
seinem eignen Fache zu stehen kömmt. —
Diese Gläser enthalten folgende Ingredienzien:

Aether sulphur.; Acetum concentr.;
Camphor pulver.; Calcaria sulphur.; Can-
tharides pulver.; Rad. belladonnae pulv.;
Rad. ipecacuanhae pulv.; Opium purissi-
mum pulv.; Radices rhei pulv.; Riech-
salz (eine Mischung aus gleichen Theilen
Ammonium und kali carbonicum); Tarta-
rus sulbratus; Thee viridis.

Die Klappen, welche diese Gläser nach besonders bedecken, sind von colorirtem Saffian und
enthalten in den darin angebrachten Taschen
eine Lancette, ein Bistouri, eine Sonde,
einen elastischen Katheter, ein Klystier-
Rohr, eine Pincette, ferner Charpie, Fla-
nel, Feuer- und Waschschwam, aufgestri-
chenes Heftpflaster, eine Schwein- oder
Kinderblase, Goldschlagerhäutchen und einige chirurgische Heftnadeln.

Das Ganze wird mittelst eines Riemens um
den Leib geschnallt, und kann unter dem
Oberrock bequem und unbemerkt bey sich geführt werden.

Auf diese Weise bin ich nicht allein auf
alle Fälle vorgesehn, sondern habe auch nicht
das Geringste bey mir, was entbehrlich oder
unbequem wäre. Bürsten, Scheeren, Bla-
sebalg, Fischbein, Oel, Seife, Salz ꝛc. sind
an jedem Orte, zu haben. Etwas Fett mit
spanisch Fliegenpulver macht das spanisch
Fliegenpflaster entbehrlich, und aus der
Schwefelleber kann ich in der Geschwindigkeit das Schwefelleber-Luftwasser (ein un-
vergleichliches Mittel in Vergiftungen, Fällen)
bereiten. Mit der Lancette erspare ich den
Aderlaßschnepper, und außer den verschie-
nen Dilatations-Fällen vertritt das Bistouri
und die Pincette einen vollständigen Sections-
Apparat, vorausgesetzt, daß allenthalben eine Baum- oder andere scharfe Säge zur Oeffnung der Kopfhöhle zu haben ist.

Was ich nun bey der Bekanntmachung
dieser meiner Reise-Apotheke und Rettungs-
Apparat keine andere Absicht habe, als das
durch das medicinische und chirurgisch-practi-
sche Publicum auf diese mir äußerst bequem
und zweckmäßig scheinende Einrichtung aufmerksam zu machen, und dadurch fürs Rüh-
liche mitzuwirken, so zeige ich zugleich auch
noch an, daß der hiesige Sattlermeister
Schwarz dergleichen Taschen dauerhaft
und elegant um billige Preise verfertiget,
und ich werde mir ein Vergnügen daraus
machen, auf Erfordern, auch die nicht aller
Orten zu habenden Instrumente beyzulegen.

Der ganz vollständige Apparat mit Ausnahme der Arzneymittel beträgt, wenn Sonde
und Pincette von Silber ist, zwölf Gulden
sechs und dreyßig Kreuzer Rhein. oder 7 thlr.
Sächs. Bergel im Fürstenthum Bayreuth.

D. Carl Heinrich Ludwig Schulz.

Land = und Hauswirthschaft.

Ein sehr einfaches Mittel, die Geschwulst, welche ein Pferd durch den Druck des Sattels erhalten hat, schnell und ohne nachtheilige Folgen zu vertreiben.

Ein Cavallerie=Officier äußerte gegen mich, daß Pferde, welche gedruckt wären, oft mehrere Tage und, wenn man nicht darauf gehörig achte, wol auf längere Zeit, unbrauchbar würden, da sie doch durch ein sehr einfaches Mittel wieder in brauchbaren Stand gesetzt werden könnten. Er verfuhr folgendermaßen: Sobald er bemerkte, daß sein Pferd gedrückt war, legte er einen frisch gestochenen Rasen auf die Geschwulst, breitete die Stalldecke darüber und gurtete diese auf beyden Seiten des Rasens fest, ohne diesen mit dem Gurtriemen zu berühren, doch so, daß er nicht herabfallen und sich auch nicht verschieben konnte. Der Rasen blieb nun eine Nacht liegen und am folgenden Morgen war die Geschwulst zertheilt, ohne weitere nachtheilige Folgen zu haben.

Dieß Mittel muß indessen gleich angewandt werden, noch ehe die Geschwulst zur eigentlichen Wunde geworden ist. Auch darf das Pferd nicht erhitzt seyn, wenn man den Rasen auflegt. Der gute Erfolg von dem Gebrauche dieses Mittels wurde mir nachher von einem sehr erfahrnen Oeconomen bestätigt. A...

Anfrage.

Man wünscht durch den allg. Anz. über den Anbau und die Benutzung des noch wenig in Deutschland bekannten Seekohls, brassica maritima und tatarica zuverlässige Belehrung. v. D.

Antwort.

In Nr. 197 S. 2588 des R. Anz. 1801 ist über den Seekohl (Crambe maritima) und die tatarische Brodwurzel (Crambe tatarica) hinlängliche Nachricht gegeben und in einer Anmerkung W. Curtis's Beschreibung u. s. w. überf. von C. F. A. Müller. Göttingen b. Schröder 1800 angeführt.

der Redact.

Dienst = Anerbieten.

In eine ansehnliche Cattun=Fabrik in Sachsen wird ein Couleurist gesucht, welcher neben der Kunst alle und jede Farben vollkommen gut und schön herzustellen, auch chemische Kenntnisse besitzt.

Wer sich hierzu geschickt fühlt und übrigens gute Zeugnisse von seinem moralischen Character aufzuweisen hat, wende sich beliebigen Falls in frankirten Briefen an die Herren Sintenis Gebrüder in Leipzig, wo das Weitere zu erfragen ist.

Familien = Nachrichten.

Todes=Anzeige.

Gestern Abends gegen 9 Uhr starb nach einem kurzen Krankenlager an einer Lungenentzündung meine geliebteste Ehegattin, Frau Henriette Juliane von Utterodt, geborne Freyin von Rothkirch Trach. Sie ward geboren den 16 Februar 1768 und stand also im 40 Jahre ihres Alters.

Gotha den 6 Junius 1807.

Ludwig Ernst von Utterodt, zum Scharfenberg,
h. f. gothaischer Ober=Kammerherr, Oberster und Commandant der herzogl. Leib=Garde zu Pferde.

Justiz = und Polizey = Sachen.

Vorladung militairpflichtiger Badener.

Nachbenannte, aus hiesigem Amt gebürtige Unterthanensöhne, welche ohne Erlaubniß und über die gesetzliche Wanderzeit abwesend sind, werden hiermit vorgeladen, sich innerhalb drey Monaten um so gewisser bey hiesigem Amte zu stellen, als sie ansonst ihres Vermögens und Unterthanen=Rechts für verlustig erklärt werden sollen.

Von Ladenburg: Georg Reinle, Schuster. Johannes Wenzel, Schreiner. Georg Michael Bek, Schneider. Michel Morano, Schneider. Georg Vobr, Schuster. Ludwig Vobr, Schreiner. Valtin Munz, Schneider. Johannes Keller, Dreher. Johannes Riedinger, Schreiner. Valtin Leonhard, Schuster. Franz Anton Dreiling, Seifensieder. Christian Boos, Schreiner. Jacob Remelius, Schmid. Valentin Weindбl, Schuster. Wilhelm Köfer, Müller. Mathias Mildner, Glaser. Mathias Grab, Maurer. Michel Klos, Schneider. Johannes Bauer, Metzger. Johannes Stumpf, Leinweber. Franz Glaßner,

Leinweber. Michael Müller, Becker. Georg
Michael Stichs, Sattler. Peter Ludwig Merkel,
Schneider. Jacob Bartscherer, Müller. Daniel
Stanz, Schuster. Michel Eisenhard, Weißgerber.
Von Nekarhausen: Philipp Stahl, Schuster.
Georg Peter Stahl, Schuster.
Von Wallstatt: Peter Dusterer Leinweber.
Von Seubenheim: Melchior Hermann,
Schneider. Valentin Schaaf, Schmid. Franz
Reuter, Schneider.
Von Sandhofen: Andreas Stübner. Michael
Kühn. Martin Bade. Georg Bade. Michael
Erbächer.
Von Kirschgartshausen: Johannes Griefer.
Daniel Baumer.
Von Heddesheim: Peter Hiß, Schneider.
Nicolaus Reinhard, Schneider.
Ladenburg, den 26 May 1807.
Großherzoglich Badensches Landamt.
Schreck.
Haag.

Kauf- und Handels-Sachen.

Verkauf eines Bauernguts.

Nachdem von fürstl. sächs. Oberamte allhier
zum Verkauf des den gerlachischen Erben auf dem
Kirstingshofe gehörigen Bauernguts mit der vollständigen diesjährigen Ernte, wie solches in der Anlage beschrieben ist, Termin auf den
Freytag den 26 kommenden Monats Junius a. c.
anberaumet worden ist: als wird solches hierdurch
nicht nur öffentlich bekannt gemacht, sondern es
werden auch Kaufliebhaber hierdurch aufgefordert,
gedachten Tages Vormittags 10 Uhr vor dem fürstl.
sächs. Ober-Amte allhier zu erscheinen, geschickt,
ihre Gebote in grober patentmäßigen Münzsorten
zu erkennen zu geben, und sodann Nachmittags
3 Uhr des Zuschlags desselben an den Ersteher gewärtig zu seyn. Wobey zugleich bekannt gemacht
wird, daß die Hälfte des Kaufgeldes gegen fünf
Procent jährliche Interessen und hinreichende Versicherung auf sothanem Gute stehen bleiben können.
Sign. Eisenach den 22 May 1807.
Fürstl. S. Ober-Amt das.
C. J. Traberth.

Beschreibung

des den gerlachischen Erben auf dem Kirstingshof gehörigen Gutes, der Kirstingshof genannt,
eine halbe Stunde von Dornbdorf herzogl. eisenach.
Amtes Crapnberg gelegen.
2 1/2 Acker 7 1/4 Ruthen Haus, Hofraum und
Garten.
— Ar. 10 Ruthen Schäfers-Wohnung und Garten.
74 Ar. 15 1/4 Rth. arthaft Land.
9 Ar. 14 3/4 Rth. Wüstung und Rasen.

22 1/4 Ar. 26 1/4 Rth. Holz und Buschwerk.
7 3/4 Ar. 2 Rth. Wiesen.
1 Ac. 29 Rth. Teich.
10 3/4 Ar. 4 1/4 Rth. Huth und Triftrasen.
1 1/4 Ar. 32 1/4 Rth. Wiesen auf dem Vogtwalde.
17 Ar. 13 1/2 Rth. Wiesen auf der Dornbdorfer und
kieselbacher Flur.
Außer diesen enthält das Gerlachsche Gut
1) Ein vor zwey Jahren neu aufgebautes
Wohnhaus von zwey Etagen, worin in der untern
a) eine große Wohnstube,
b) zwey Kammern,
c) eine geräumliche Küche, nebst angebautem
Backofen,
d) ein mit zugehauenen Steinen ausgelegter
Hauserbein;
e) ein gewölbter Keller;
f) ein großer Trankkeller;
in der obern
g) eine Stube nebst Kammer daran;
h) noch zwey Kammern, welche aber noch nicht
gedielt sind;
i) ein ungedielter Vorsaal befindlich. Auf diesem Gebäude ist
k) ein ungedielter 16 Schritt langer und 14
Schritt breiter Fruchtboden, und vor diesem
durch einen Bretterverschlag und Thüre abgeson-
derter, aber auch noch nicht gedielter kleinerer
Fruchtboden vorhanden. Ueber dem Fruchtboden ist
1) ein großes Taubenhaus befindlich, und in
noch ein geräumlicher Boden daran angrie
werden.
2) Ein übersetztes ebenfalls neu aufgebautes
Seitengebäude, worin
m) ein Pferdestall;
n) ein Ochsen- und Kuhstall;
o) oben darüber ein Futterboden vorhanden ist.
3) Eine große Scheuer.
4) Eine kleinere, worin auch auf beyden Seiten
p) Schafställe angebracht sind.
5) Ein neues Gebäude, worin
q) vier Schweinskoben und oben darüber
r) ein Taubenhaus und ein Hühnerhaus befindlich.
6) Eine Schäferwohnung, welche zu drey
Viertel zu dem gerlachischen Gute gehörig ist.
Von obiger Länderey sind ohngefähr
24 2/3 Ar. 5 1/12 Rth. mit Korn und Weizen,
24 2/3 Ar. 5 1/12 Rth. mit Gerste, Hafer und
Sommerkorn,
24 2/3 Ar. 5 1/12 Rth. mit Klee, Kartoffeln, Kraut,
Rüben, Erbsen, Wicken und Lein bestellt.
Außerdem ist noch eine Schafhaltung von 66
Stück dabey befindlich. Die auf diesem Gute haftenden Steuern und Zinsen sollen im Licitations-
termin bekannt gemacht werden.
Eisenach den 22 May 1807.
Fürstl. Sächs. Ober-Amt das.

Allgemeiner Anzeiger
der
Deutschen.

Donnerstags, den 11 Junius 1807.

Gesetzgebung und Regierung.

Einquartierungssachen.

Zu Folge der in dem meißnischen Kreise getroffenen Einrichtung wird von und mit dem 1 May dieses Jahres jedem Hausbesitzer für die Verpflegung der von Zeit zu Zeit bey ihm einquartierten durchgehenden Truppen folgende Vergütung an Gelde gereicht, als: für einen General vier Thaler, für einen Staabsofficier drey Thaler, für einen Hauptmann und jeden andern Officier vom Hauptmann abwärts zwey Thaler, für einen Unterofficier, ingl. für einen Gemeinen vierzehen Groschen auf Tag und Nacht.

Diese Vergütungs-Quanta werden den hiesigen Hausbesitzern von Monat zu Monat ausgezahlt.

Die Auszahlungstage sind jedesmahl der 15 und 16 des nächstkommenden Monats dergestalt, daß an diesen beyden Tagen die in dem vorhergehenden Monat erfolgte Einquartierung vergütet, und mithin, was die in dem gegenwärtigen Monat May gehabte Einquartierung anlangt, auf nächstkommenden den 15 und 16 Junius d. J. die Vergütung derselben bewerkstelliget wird. U. s. w

Dresden am 23 May 1807.

Johann Gottlieb Näke.
Der Rath zu Dresden.

Land- und Hauswirthschaft.

Ueber die Benutzung des Spargel-Samens als vorgeschlagenes Surrogat des indischen Kaffees.

Wie leicht es sey, gegen einen mit unsern Vorstellungen nicht übereinstimmenden Vorschlag Einwürfe zu ersinnen und auf einander zu thürmen, wenn man es mit deren Gewichtigkeit nicht gar zu genau nimmt, davon kann man sechs Beweise in den sechs Einwendungen finden, welche in Nr. 272 des allg. Anz. 1806 gegen den Vorschlag vorgebracht sind, Spargelsamen als Kaffee-Surrogat zu gebrauchen.

Da ich, als der Vorschlag dazu bekannt gemacht wurde, die Sache als eine solche ansehen konnte, die sehr wichtigen Einfluß auf das Wohl des deutschen Vaterlandes haben könne, so glaubte ich, auch für meine Person, Versuche, als das einzige Mittel zur Entscheidung, anstellen zu müssen. Diese habe ich gemacht, und benutze die in angezogenem Stücke des allg. Anz. erschienenen Einwürfe gegen den Vorschlag als Veranlassung, meine Erfahrungen jenen Gedanken gegen über zu stellen.

Der erste von mir gemachte Versuch war nichts weniger als meiner aufgeregten Hoffnung entsprechend. Aus vielfältiger Erfahrung habe ich mich aber überzeugt, daß man anstatt der, gewöhnlich blitzschnell ausgesprochenen Phrase: das geht nicht, in den meisten Fällen weit richtiger und verständiger hätte sagen sollen: das haben wir noch nicht recht gemacht. In meinem Hause ist es nun einmahl so eingeführt, zu glauben, daß man erst lernen müsse, eine Sache wirklich zu machen, wenn man gleich gehört und gelesen hat, wie sie gemacht werden soll, und daher ließ ich mich nicht irren, daß der erste Versuch nicht meiner Erwartung entsprochen hatte, sondern vielmehr, nachdem der Spargel wieder reifen Samen trug, von neuen gesammelt, dessen Anwendung von neuen

versucht, und ich fand — mich von neuen getäuscht, zugleich aber auch Gründe zur Vermuthung, daß die Ursache des Mißlingens
wol in der nicht recht getroffenen Röstung
liegen dürfte, welche richtig zu treffen deswegen etwas schwierig ist, weil sich die kohl-
schwarze Farbe des Samens auch nach starkem Rösten nicht verändert. Ich fuhr daher
fort einzusammlen, ließ aber dem Samen,
auch nach dem Abschneiden der Stängel, noch
Zeit zum Nachreifen, ehe ich ihn riffelte.

Es hatte der Spargel auf dem eigends
hierzu gewidmeten Quartiere in diesem Jahre
eine sehr verspätete Ankunft, und daher
ward er auch bis zu Johannis gestochen, und
an den hinterher aufgeschossenen Stängeln
war nur an einigen, an keinem aber viel,
Samen. Da aber Spargelpflanzen einzeln
im Garten umher von selbst sich ausgesäet
haben, welche nicht aufgesucht worden waren, größtentheils aber noch zu jung sind,
um schon gestochen zu werden, so waren an
diesen mehrere Stängel in die Höhe gegangen, und trugen mehr Samen als auf dem
Spargelbeete. Ich brachte, ohngefähr von
25 Stöcken 2 1/2 Pfund Samen zusammen
von einer Metze rother Beeren. Es ward
dieser Same nun stärker als bey den ersten
Versuchen, und zwar so lange geröstet, bis
er, eben so wie es der indische Kaffee zu thun
pflegt, Dampf aus der Kaffee-Trommel aus-
stieß und bis die Körner ganz schwarz glänzend schienen. In diesem Zustande ließ sich
der Same eben so gut wie Kaffee auf der
Kaffee-Mühle mahlen, da er vorher beym
schwächern Rösten sich nicht mahlen, und
auch im Mörser nicht klar machen ließ. Mehrere Erfahrung wird auch in diesem Stücke
mehr Kenntniß verschaffen, denn von dem
richtig getroffenen Rösten hängt nicht allein
die schöne braune Farbe, sondern auch selbst
die Stärke im Geschmacke zum Theil mit ab,
wie auch schon beym indischen Kaffee ein zu
schwaches oder zu starkes Rösten nachtheilig
auf den Geschmack des Absudes wirkt.

Vorzüglich verdienstlich ist die Empfehlung des Spargelsamens als Surrogat des
indischen Kaffees deswegen, weil hierdurch
eine bisher ganz unbenutzte Sache zu einer
sehr hohen Benutzung gebracht, mithin die
Production der Genüsse und zugleich also der

Nationalreichthum vermehrt, gegentheils aber
Dinge, welche bisher als Surrogate benutzt
und ihrer sonstigen Benutzungsart entzogen
und dadurch theurer gemacht worden waren,
ihrer vorigen Benutzung wieder gegeben werden, und weil, wie ich weiter unten darthun
werde, keine Verminderung der Genuß-Ar-
tikel in irgend einer Rücksicht, sondern allents-
halben Vermehrung derselben veranlaßt wird.
Wenn zum Beweise ehedem, wo doch bey der
Landwirthschaft noch sehr wenig Land jährlich besommert wurde, ein Korb Möhren
höchstens mit 3 Gr. gekauft werden konnte,
und jetzt mit 12 Gr. gekauft und als Kaffee-
Surrogat noch mit beträchtlichem Vortheil
angewendet, durch den bisher noch unbenutz-
ten Spargelsamen aber wieder aus dem Range der Kaffee-Surrogate verdrängt werden
sollte, so muß durch diese Zurückführung entweder der Preis der Möhren wieder fallen
und nun, als Speise für Menschen und Vieh
angewendet, zur Erleichterung der Production der Fleischwaaren und zur Verminderung der hohen Preise derselben mitwirken,
oder wenn deren Anbau beym Fallen des
Preises derselben sich mindern sollte, so müßte entweder durch verminderte Veranlassung
zur Sömmerung des Landes der Ertrag an
Winterfrüchte wieder zunehmen, oder eine
andere Sorte von Gewächsen an die Stelle
der Möhren erbauet werden. Eben so verhält es sich mit dem Anbau aller andern Surrogate, die man bisher zu dieser Absicht in
den Feldern erbauet hat. Nicht genug aber,
daß die Einführung der Benutzung des Spargelsamens als Kaffee-Surrogat die vorher
bemerkten nützlichen Wirkungen hervorbringen dürfte, er wird vielmehr, außer der vermehrten Einnahme aus Benutzung des Spargelsamens, auch zu vermehrter Benutzung
der Spargelpflanze die directe Veranlassung
geben, mithin zu der großern Wohlfeilheit
dieses Genußmittels beytragen. Denn wenn
jemand auf seinem Eigenthume an den Zäu-
nen, auf den Rabatten im Garten, an den
Mauern und an andern schicklichen Stellen,
z. E. 1000 einzeln umherstehende Pflanzen
hat, wo er vorher weder Spargel noch etwas andres angepflanzt gehabt hat, und von
jeder Pflanze jährlich nur drey der stärksten
Schößlinge sticht, so entsteht daraus ein

Sammlung von 3000 Spargelstängeln oder von circa 300 Pfund Spargel, die ihm außer der Vermehrung der Genußmittel zur eignen Consumtion, noch eine Gelegenheit zu beträchtlicher baarer Einnahme machen wird.

Die Darstellung der Wichtigkeit der Erfindung des Kaffee-Surrogats durch Spargelsamen, die auf keine Weise für übertrieben wird befunden werden, läßt mich hoffen, daß ich theils die Bitte mit Erfolg an die Leser thun dürfe, in der Aufsuchung noch mehrerer bisher unbenutzt gebliebenen und zu Kaffee-Surrogaten tauglichen Dinge nicht zu ermüden, theils daß ich noch einiges anführen dürfe, was zu näherer Kenntniß und Würdigung des vorgeschlagenen Kaffee-Surrogats dienen wird.

Das allgemein bekannte Kaffee-Mäßchen wog, angefüllt

a) mit ungebranntem Kaffee 2 ⅓ Lth.
b) mit ungebranntem Spargelsamen 2 ⅓ Lth.
c) mit gebranntem Kaffee 1½ Lth.
d) mit gebranntem Spargelsamen 2 ⅓ Lth.

Ein halbes Pfund ungebrannter Spargelsamen gab 12 Loth gebrannten oder ziemlich 6 Mäßchen voll. Wer also die Mühe des Wiegens sich ersparen will, kann sich damit helfen, wenn er statt 2 Loth gebrannten Spargelsamen 1 Kaffee-Lothmäßchen oder statt 1 Loth gebrannten Spargelsamen ein halbes Lothmäßchen voll nimmt, wenn er zuvor durch Versuche sich bestimmt hat, wie viel Pulver er auf eine Kanne oder ein Rößel Getränke nehmen müsse, um ein seinem Geschmacke am besten entsprechendes Surrogat des indischen Kaffees darin zu finden.

Ob ein Getränk aus Spargelsamen sowohl überhaupt als auch in Rücksicht mancher Constitutionen mehr oder weniger ungesund seyn möchte, als der indische Kaffee oder auch als dessen bisherige Stellvertreter, dieß ist allerdings eine Sache, die der Untersuchung der Aerzte würdig ist. Wahrscheinlich werden sie über diesen Gegenstand manches Nützliche dem Publikum zu sagen wissen; wahrscheinlich werden sie selbst einander, am gewissesten aber wird des Arztes eignes Verfahren seinen gegebenen Anweisungen widersprechen; und höchst wahrscheinlich wird das Publicum sich an das alles fürohin eben so wenig kehren, als dieß bisher bey dem ge-

schehen ist, was für und wider den Gebrauch des indischen Kaffees und dessen bisherige Surrogate von den Aerzten gesagt worden ist. Von mir und den Meinigen kann ich versichern, daß uns beym Genusse des Getränks aus Spargelsamen gerade so wohl gewesen ist als beym Gebrauche des martinischen Kaffees; ich würde mich aber in andrer Rücksicht noch weit besser befinden, wenn ich anstatt 2 1/2 Pf. 250 Pf. Samen eingesammelt hätte.

Nun noch ein Paar Worte über die sechs Einwendungen in Nr. 272 des allgem. Anz. Der ersten Einwendung: „Nicht in jedem Erdreiche und Boden gedeihet die Cultur der Spargelpflanze gleich gut;" so wie der zweyten Einwendung: „Nicht in jedem Jahre setzt sie ergiebigen Samen an," und der dritten Einwendung: „Manches gute Land kann auf andre Weise noch ergiebiger genutzt werden, als durch den Spargelbau auch bey dem besten Ertrage," wird, wie die Einwendungen da stehen, von keinem Menschen widersprochen werden. Wenn aber die Absicht dieser Einwendungen doch wol da hin gehen soll, durch sie der Anwendung des Spargelsamens als Kaffee-Surrogat etwas in den Weg zu legen, so hat der Verfasser schlechte Mittel zu dieser Absicht gewählt. Wenn solche Einwendungen sollten im Stande seyn, den Anbau irgend einer Pflanze zu verhindern, so wäre überall nichts, gegen welches nicht dieselben Einwendungen sollten gemacht werden können; es wäre also überall nichts anzubauen rathsam, weder Getreide, noch Obst, noch Wein, noch Wurzeln, noch Gras, vielleicht nicht einmahl Quecken: alle diese Dinge trifft, wo nicht jede, doch immer einige dieser Einwendungen. Ueberdieß fehlt es offenbar dem Verfasser an aller Bekanntschaft mit dem Gegenstande, gegen welchen er spricht.

Vierte Einwendung: „Mehrere Jahre verstreichen doch erst, ehe man so weit käme, reichlich Samen zu erbauen; soll diese nutzlos verstrichene Zeit, wo das Land keinen Nutzen abwirft, gar nicht in Rechnung gebracht werden?"

Ich möchte den Verfasser dagegen fragen, soll denn nichts angebauet werden, als was

gleich in den ersten Jahre reichlichen Samen
gibt? Es kommt ja doch bey der Anpflan-
zung eines Gewächses in einem ihm angemef-
senen Boden nicht darauf an, ob das Gewächse in diesem Boden eben so geschwind
reichliche Ernten gibt als andre Gewächse in
dem ihnen angemessenen Boden, sondern wol,
hauptsächlich darauf, ob und wie der Anbau
eines Gewächses hinterher neben den Kosten
der Anlage auch den Grundzins auf die nutzlos verstrichene oder doch auf die weniger benutzt verstrichene Zeit wieder einbringe. Ueberdieß ist es ja dem gemeinsten Gärtner bekannt, daß selbst Spargelbeete, bey denen es
bisher lediglich auf Benutzung der Spargel-
keime angelegt gewesen ist, in den ersten
Jahren so wenig als nachher keines weges
gar keine andre Benutzung des Bodens zulassen. Aber der Verfasser scheint mit solchen
Dingen, noch mehr aber mit dem Umstande,
unbekannt zu seyn, wenn die Spargelpflanze, welche des Samens wegen angebauet wird, Samen zu tragen und reichliche
Ernten zu geben anfängt, da dieser ihre Keime nicht im Frühjahre abgestochen worden.
Auch scheint er gar nichts davon zu ahnen,
wie hoch ein mit Spargel bepflanztes Stück
Land jährlich zu benutzen sey; aber doch erlaubt er sich Einwendungen gegen die Sache
zu machen.

Fünfte Einwendung: „Es gehörte
wahrlich viel dazu, um Spargelsamen im
ganzen Pfunden einsammeln zu können, und
welch ein Bezirk Landes müßte bestellt werden, wenn eine einigermaßen zahlreiche Familie ihre jährliche Consumtion von Kaffee
davon ein gewinnen sollte.“

Da vielleicht sehr wenig Menschen bisjetzt auf die Spargelpflanze als Samen
tragendes Gewächs einige Aufmerksamkeit
gehabt haben mögen, folglich unter den Lesern des allg. Anz. vielen diese fünfte Einwendung mag von einigem Belang geschienen
haben, zumahl da bey der Getreide-
Theurung sich die Vorstellung leicht mit auf-
dringt, als müsse die Entziehung eines so
großen Terrains dem Getreidebau nachtheilig werden, und die Getreidepreise
noch höher treiben, so scheint es der Mühe
werth zu seyn, mich auf die Erfahrungen,
die ich oben schon angeführt habe, hier aber-

mahls zu beziehen, um nicht so ganz ins
Blaue hinein über eine solche Sache, wie
die Entbehrlichmachung des Kaffees der Nation seyn muß, zu reden. Ich habe nämlich
ohngefähr von 25 Spargelpflanzen von zwey-
drey- und vierjährigem Alter, welche einzeln
im Garten herumstehen, 2 1/2 Pf. Samen
bekommen. Ich mag nicht behaupten, daß
der Jahrgang von 1806 dem Spargel als
Samen tragender Pflanze besonders ungünstig gewesen sey, ob es schon ziemlich wahrscheinlich ist, ich will daher annehmen, man
bekäme nie reichlichere Ernten, und auch alsdann nicht, wenn die Pflanzen älter werden
geworden seyn, (welches doch ganz der Natur
der Pflanze angemessen ist) und man brauche
zu jeder Pflanze eine Quadrat-Elle Raum,
so würde man also auf einem Acker Land nach
hiesigem Maße von 180 neunelligen Quadrat-
Ruthen 3240 Spargelpflanzen haben, und
324 Pf. Samen ernten und eben so viel Kaffee ersparen und das Bedürfniß von wenigstens 10 Familien dadurch decken können.
So einladend aber auch ein solches Erzeugniß
ist, so würde es doch allerdings bedenklich
seyn, den Bau des Spargels auf dem Felde
betreiben zu wollen, wenn auch nicht schon
in der vereinirenden Natur der Pflanze und
in Huth und Trift sehr große Schwierigkeiten
gegen ein solches Unternehmen angetroffen
würden. Aber wozu wäre auch nöthig, Acker-
land dazu nehmen zu wollen, da vielleicht einem jeden durch Erfahrung bekannt ist, daß
der Spargel nicht so wohl guten und umständlich zubereiteten Boden als vielmehr
Schonung in den ersten 4—5 Jahren nach
der Einsaat und Raum zu Ausbreitung seiner
Wurzeln bedarf, um gute starke Keime her-
auszuschieben, aber auf diese käme es ja bey
dem vorliegenden Zwecke nicht einmahl an,
sondern auf Stängel zum Samen tragen.
Sehen wir nicht, daß der Spargel in dem
verschieden gearteten Boden in Wiesen und
Bergen von selbst sich einpflanzt, und freudig
wächst. Es ist also wegen des Anbaues des
Spargels keine Schmälerung des erforderlichen Landes zum Getreidebau, und der Verwendung des zu letzterm erforderlichen Düngers nothwendig, vielmehr wird jeder, der
Grund und Boden hat, zahlreiche Stellen zu
finden wissen, wo Spargel, unbeschadet der-

bisherigen Benutzung derselben, für eigne Haushaltung und zum Verkauf an andre angezogen werden kann.

Sechste Einwendung: „Und endlich wie viel Mühe und Zeitaufwand würde bloß, die Einsammlung des Samens erfordern, wenn man ihn zu ganzen Pfunden bauen wollte?"

Ja das ist wahr! wenn man sich das Einsammeln des Samens auf gar keine andre Art, als die rothen Beeren mit zwey Fingern abzuknaubeln, als möglich denken kann. Weiß denn der Verfasser aber nicht das mindeste von der Manier, wie so viele Millionen Pfund Leinsamen jährlich vom Halme gebracht werden?

Dürrenberg.

Erdmann Friedrich Senff.

Dienst - Gesuche.

An Patrone lutherischer Pfarreyen, oder ehrenvoller Civilstellen.

1) Männer, denen die Sorge übertragen ist, erledigte Predigerstellen zu besetzen, oder alle diejenigen, welche dabey mitzuwirken im Stande sind, werden ergebenst ersucht, auf einen Mann geneigtest Rücksicht zu nehmen, der außer aller Verbindung lebt, kein Jüngling mehr ist, übrigens eine Ruhmsucht tief unter seiner Würde hält, und dessen Bekanntschaft in mancher Hinsicht für seinen künftigen Gönner wünschenswerth und von erheblichem Interesse seyn dürfte — Sollte indeß sich keine seinen Wünschen entsprechende Aussicht zu einer Predigerstelle finden, so ist er auch entschlossen, jede andere lebenslängliche solide Verforgung anzunehmen. Er kann erforderlichen Falls 1000 bis 1500 Rthlr. Caution stellen, und würde auch nicht abgeneigt seyn, dieses Capital, nach Maßgabe der ihm zu Theil werdenden Stelle, seinem Wohlthäter aus Dankbarkeit eigenthümlich zu überlassen. Da er sich hierdurch nur einen neuen Weg zu seinem künftigen Wirkungskreise zu bahnen gedenkt, so bittet er diejenigen gehorsamst, welche auf ihn Rücksicht zu nehmen, oder eine dießfallsige Aussicht zu eröffnen die Wohlgewogenheit haben wollten, einstweilen mit ihm in nähere Correspondenz zu treten. Portofreye Briefe bittet man mit der Aufschrift: Carl Anton J. J. in J. J. an die Expedition des allg. Anz. in Gotha gefälligst zu adressiren.

Aus Thüringen.

2) Ein Jäger ledigen Standes, welcher mit guten Zeugnissen versehen ist, sucht sogleich bey Herrschaften in Dienst zu kommen. Die Expedition des allgem. Anzeigers wird die deshalb einlaufenden Briefe unter der Adresse: An den Jäger H. in F. weiter befördern.

Justiz- und Polizey- Sachen.

Vorladungen: 1) militairpflichtiger Badener.

Die ohne amtliche Wanderpässe sich aus ihren Geburtsorten entfernten oder über die gewöhnliche Wanderzeit ausbleibenden Bürgersöhne Georg Zieger und Nicolaus Heißer von Philippsburg; Joseph Weißbart und Joseph Kern von St. Leon; Johann Adam Bäyer und Carl Joseph König von Neudorf; Baptist Becker von Rheinhausen; Valentin Lenz von Oberhausen; Jacob Gehweiler von Wiesenthal; Franz Andreas Jungkind von Hüttenheim und Georg Peter Bäcker von Dettenheim; sollen sich so sicherer binnen drey Monaten bey dahiesigem Amt stellen, als sonst nach deren fruchtlosem Ablauf gegen sie nach Landesgesetzen verfahren, sie als Bürgerrechts verlustig erkläret und ihr Vermögen confiscirt werden wird.

Philippsburg den 29 May 1807.

Großherzoglich Badensches Amt.

Schoch.

vdt. 3opf.

2) militairpflichtiger Fürstenberger.

Folgende zum Militairdienst schon bestimmte als namentlich:

Joseph Jlg, von Hausach,
Michael Dikler, von Schenkenzell,
Mathias Lehmann von da, und
Anton Schmid von Kaltbrunn.

Dann jene wegen einer künftigen Aushebung ohne Wanderpaß und Kundschaft schon entflohenen Militairpflichtigen, als: Xaver Armbruster, Johann Georg Decker, und Jacob Schnider, alle drey von Hausach gebürtig, werden vorberufen, sich inner acht oder vierzehn Tagen zu stellen, widrigenfalls nebst dem Verlust des Bürger- und Unterthanen Rechts zu gewärtigen.

Wolfach den 30 May 1807.

Hochfürstl. Fürstenberg. Oberamts Canzley der Landvogtey Kinzingerthal.

vdt. Willi.

3) der Marg. Mayer.

Die abwesende Margaretha Mayer von Plankstatt oder derselben allenfallsige Leibeserben werden hiermit edictaliter vorgeladen, sich innerhalb drey Monaten über die Beerbung und das Testament ihrer unlängst zu Plankstatt verlebten Schwester resp. Tante Catharina zu erklären, widrigenfalls aber zu gewärtigen, daß nach Maßgabe des Testaments, worin Georg Treiber und dessen Ehefrau d. s. als Universalerben eingesetzt sind, verfahren werde. Schwetzingen den 29 May 1807.

Großherzgl. Badisches Amts-Commissariat.

H. Frey.

4) J. Meier's.

Johannes Meier, ein Bürgersohn von Friesenheim, hiesigen Oberamts, hat sich im Jahr 1770 in einem Alter von 19 Jahren in kaiserlich österreichische Kriegsdienste begeben, und, so lange er weg ist, nichts von sich hören lassen. Er, oder seine eheliche Leibeserben werden daher in Gemäßheit großherzoglichen badischen Hofraths-Beschlusses d. d. Carlsruhe am 1 April 1807, Nr. 2080 unter dem Präjudiz, daß ansonst das Vermögen des Abwesenden seinen nächsten hiesigen Anverwandten gegen Caution ausgefolgt werden wird, hiermit edictaliter vorgeladen, binnen drey Monaten vor hiesigem Ober-Amte zu erscheinen, und das Vermögen in Empfang zu nehmen.

Lahr im Breisgau am 15 April 1807.

Großherzoglich Badisches Oberamt.

W. Bausch.

5) Jac. Schue's.

Nachdem Jacob Schue von Griesheim, vor 32 Jahren, bey der kaiserl. königl. Reichswerbung in Offenburg sich engagiren lassen, in der Folge dem kaiserl. kön. Regiment Terzi, Nr. 16 der Zeit Erzherzog Rudolf genannt, zugetheilet, am 6 May 1796 aber in Kriegsgefangenschaft gerathen, und von da nicht mehr zurückgelanget ist: so wird derselbe oder dessen allenfallsige rechtmäßige Leibes-Erben hiermit vorgeladen, binnen einem Jahre und drey Tagen vor dießeitigem Oberamt oder der demselben untergeordneten Vogtey Griesheim zu erscheinen, und sein, oder ihres Erblassers in 483 fl. bestehendes Vermögen zu erheben, widrigens dasselbe den darum sich meldenden nächsten Anverwandten gegen Caution würde eingeantwortet werden.

Offenburg, am 10 Horn. 1807.

Großherzogl. Badisch. Oberamt der Landgrafschaft Ortenau.

Kleinbrod.

6) Jacob Stöhr's.

Jacob Stöhr, seiner Profession ein Metzger, von Gottenheim aus dem Breisgau gebürtig, ist schon 32 Jahre abwesend, ohne daß man etwas von seinem Aufenthalt oder Daseyn erfahren konnte.

Nachdem nun seine hierländische Geschwister um Einantwortung seines unter gerichtlicher Pflegschaft stehenden Vermögens von ohngefähr 1000 fl. angesucht haben, so werden hiermit gedachter Jacob Stöhr oder dessen eheliche Abstämmlinge aufgefordert:

binnen 1 Jahr und 6 Wochen sich um so gewisser zu melden und zu legitimiren, als sonst sein Vermögen auch ohne Caution seinen sich hier Landes befindlichen nächsten Anverwandten eingeantwortet werden wird.

Freyburg, den 10 Januar 1807.

Großherzoglich Badisch auch Lehnamts der Herrschaft Kranzenau.

Marx.

7) in Betreff zweyer verlornen Staatsobligationen.

Es sind der Gotteshauspflege zu Marctleugast und Marienweyher vor einigen Jahren jwey mit domkapitelschem Consens vom 29 Octbr. 1798 versehene Staatsobligationen des Fürstenthums Bamberg d. d. 31 Aug. 1796 über

200 Fl. Frkl. Capital von dem Gotteshause Marienweyher, und

100 Fl. Frkl. Capital von dem Gotteshause Marctleugast beyde à 4 pro Cento verzinslich,

welche Summen, zur Erfüllung der damahls ausgeschriebenen französischen Contribution, dem Staate vorgeliehen worden, abhanden gekommen.

Da nun die Auszahlung der Zinsen bis nachgewiesenen Amortisation der Urkunden nicht erfolgen soll und daher die Gotteshauspflege die Bewirkung der letztern angetragen hat, so werden Kraft dieses alle diejenigen, welche als Eigenthümer, Cessionarien, Pfand- oder sonstige Brief-Inhaber an bemerkte Capitalsposten, und die darüber lautenden Documente Anspruch machen zu können glauben, aufgefordert, sich spätestens bis zum 28 August dieses Jahres, und zwar Vormittags 10 Uhr bey unterzeichneter Stelle zu melden und den Anspruch zu bescheinigen, oder widrigenfalls die gänzliche Amortisation zu gewärtigen.

Urkundlich unter geordneter Unterschrift und Siegelung.

Kupferberg im Fürstenthum Bayreuth den 10 Februar 1807.

Das Justiz-Amt dahier.

Molitor. Müller.

8) der Erben Leonh. v. Friebel's.

Von Seiten des königlichen Justiz-Amts Wasserrüdingen werden auf das Ansuchen des Regierungs-Auscultators Haßold hierselbst, als aufgestellten Commun-Mandatars, der friedlischen Erbschafts-Sache von Roeckingen, diejenigen auswärtigen Erben des im Jahre 1801 daselbst verstorbenen Unterthanen und Schuldmeisters

Leonhard Paul Friedel, oder dessen allenfallsige
Erben oder Erbnehmer, deren Aufenthaltsort bisher
nicht ausgemittelt werden konnte, und zwar
namentlich:

1) Anna Barbara,
2) Johann David,
3) Anna Sophia,
4) Johann Georg,
5) Johann Michael,
6) Margaretha Barbara,
7) Johann Leonhard, und
8) Anna Barbara Friedel,

welche sämmtlich in dem hiesigen Amtsorte, Rot-
tingen geboren sind, dergestalt andurch öffentlich
vorgeladen, daß sie sich binnen neun Wochen und
zwar längstens in dem

auf den 28 August 1807 Vormittags um 9 Uhr,
anberaumten Termin, auf der Gerichtsstube des
hiesigen königlichen Justiz-Amts vor dem Deputirten desselben, Justiz-Actuar Freyer, persönlich
oder schriftlich melden, und daselbst weitere Anweisung, im Fall ihres Außenbleibens aber gewärtigen
sollen, daß die bereits bekannten Erben für die einzigen rechtmäßigen angenommen werden, ihnen
als solchen der Nachlaß zur freyen Disposition
verabfolgt wird, und der nach erfolgter Präclusion
sich etwa erst meldende nähere, oder gleich nahe
Erbe alle ihre Handlungen und Dispositionen an-
zuerkennen und zu übernehmen schuldig, dann
von ihnen, weder Rechnungslegung noch Ersatz der
gehobenen Nutzungen zu fordern berechtiget, sondern sich lediglich mit dem, was alsdann noch von
der Erbschaft vorhanden ist, zu begnügen verbunden seyn sollen. Urkundlich unter dem justizamt-
lichen interimistischen Siegel und der geordneten
Unterschrift ausgefertigt. Wasserrüdingen, im
Fürstenthum Ansbach, am 26 May 1807.
Königlich Baierisches Justiz-Amt.
Fleischer.
Vt. Doederlein.

9) Jer. Fr. Wigand's.

Des durchlauchtigsten Fürsten und Herrn, Herrn
Friedrich, Fürsten zu Waldeck, Grafen zu Pyr-
mont und Rappoltstein, Herrn zu Hohenack und
Geroldseck am Wasigen re. Wir zu höchst dero
Regierung verordnete Präsident, Vice-Canzler
und Regierungsräthe fügen hiermit zu wissen:

Jeremias Friedrich Wigand aus Corbach,
ein Sohn des weil. Hofraths und Stadt-Commissarii Wigand daselbst, der sich schon vor 30 Jahren
von seiner Vaterstadt weg und zuerst in holländische,
nachher aber in spanische Kriegsdienste begeben,
und seit langen Jahren von seinem Leben nichts
weiter hören lassen. Wie nun aber dessen noch lebende Geschwister um Ausantwortung seines Vermögens-Antheils gegen Einlegung hinlänglicher
Sicherheit bey Uns nachgesucht, und um die Erlassung gewöhnlicher Edictalien gebeten haben, diesem Gesuch auch bewandten Umständen nach Statt

gegeben worden ist: Als heischen und laden Wir
den obengedachten Jeremias Friedrich Wigand
oder dessen allenfallsige Leibes-Erben, sich von
heute an binnen sechs Monaten vor hiesiger Regierung in Person oder durch einen hinlänglichen Bevollmächtigten um so gewisser zu stellen, oder sonst
eine glaubhafte Nachricht von seinem Leben und
Aufenthalt zu geben, als widrigens, nach deren
fruchtlosem Ablauf, auf weiteres Anmelden seiner
Geschwister, dessen gesammtes Vermögen gegen ge-
nügliche Caution verabfolgt werden soll. Urkundlich Unserer gewöhnlichen Fertigung.
Arolsen den 8 May 1807.
Fürstl. Waldeck. zur Regierung verordnete Präsident, Vice-Canzler
und Regierungsräthe daselbst.
J. H. Hagemann.
Varnhagen.

Gestohlne Sachen.

Vermittelst Aushebung eines Fensters sind aus
der Küche des hiesigen Gutes nachfolgende, zum
Theil sehr kenntliche Sachen in der Nacht vom
25 zum 26 May diebischer Weise entwendet und
allem Anschein nach auf's Eichsfeld oder in die
Gegend verschleppt worden, als:

1) Zwey große runde kupferne Eynöpfe mit fest
genieteten kupfernen Angriffshenkeln, inwendig
verzinnt, jeder etwa 6 Pfund schwer und etwa
einen Eimer voll enthaltend, der eine ist auf der
Seite gestickt.

2) Ein dergleichen etwas kleiner, und statt des
Angriffshenkels mit einem beweglichen Ringe, zum
Aufhängen, etwa 5 Pfund schwer. Die Verzin-
nung von allen dreyen ist so abgenutzt, daß das
Kupfer überall durchscheint.

3) Ein großer runder kupferner Deckel mit einem
starken Falze, und einem eisernen festgenieteten
Angriff oben auf, auf einen kupfernen Kochtopf
gehörig, etwa 4 Pfund schwer.

4) Drey kupferne Deckel auf Casserollen, von verschiedener Größe, mit geraden eisernen Stielen,
wovon zwey ganz neu verzinnt sind, jeder etwa
1 1/2 bis 2 Pfund schwer und schwach gefalzt.

5) Zwey Schneckenkuchen-Formen, inwendig verzinnt, eine von mittlerer Größe, die andere klein.

6) Sechs Stück kupferne Kaffee- und Milchkannen
von verschiedener Größe zu 1, 2 und 3 Portionen, wovon ein Paar ganz neu ist, vom kleinsten
ist der Deckel zurückgeblieben.

7) Ein kupferner runder Kaffee-Wärmer, aus
drey Theilen bestehend, als:
a) Einer kupfernen Schüssel mit 2 kupfernen
Angriffshenkeln und drey Beinen darauf;
b) Einer kupfernen Kohlenpfanne, durchbrochen
mit Blumen verziert und drey kleinen Beinen darauf;
c) Einem runden kupfernen Blech mit runden
Löchern und einem verbogenen kupfernen

Stiele, woran der hölzerne Angriff fehlt, alles von Kupfer.
8) Ein großer kupferner Kaffee = oder Wasserkessel, etwa 1/2 Eimer haltend, stark gebraucht.
9) Ein großer gelber messingener Durchschlag.
10) Ein kleiner messingener Durchschlag, defect, der Boden mit Zinn gelöthet.
11) Eine große messingene Wasserkelle, der Stiel von Eisen, sehr defect.
12) Eine kleine dito zu Fleischbrühe, ganz neu.
13) Ein messingenes Kaffeekännchen für eine Person.
14) Ein kleiner messingener Milchkessel, etwa eine Kanne enthaltend.
15) Ein großer messingener Mörser mit Stößer, etwa 20 Pfund schwer.
16) Ein kleiner dito dito mit Stößer.
17) Ein messingener Leuchter, am Fuß mit Zinn gelöthet.
18) Zwey zinnerne Leuchter, worauf der Kopf, wo das Licht eingesetzt wird, von Messing eingelöthet ist.
19) Eine Jagdflinte, etwa 5 Fuß hoch.
20) Acht Stück silberne Eßlöffel, auf der Kelle, wo sich der Stiel endiget, mit einer Blumenverzierung, jeder etwa 2 1/2 Loth schwer.
21) Ein silberner Suppenlöffel mit runder Kelle und krummen Stiele, hat eine Beule.
22) Sechs Stück silberne Kaffeelöffel, etwa 9 Loth schwer, auf dem Stiele mit einer Rosenblume verziert, auf sämtlichen Löffeln ist die Probe M 12 und das Goldschmidezeichen H. O. S. befindlich.
23) Ein Vorlegelöffel von Zinn mit runder Kelle und krummen Stiele.
24) Ein Paar weiße wollene Mannsstrümpfe.
25) Ein Paar dito Frauens dito.
26) Eine Tabackspfeife mit grünem elastischen Rohre und beschlagenem hölzernen Kopfe.
27) Ein weißes Schnupftuch mit rother Kante.
Alle Orts = Obrigkeiten, so wie alle Gold = und Kupferarbeiter, auch sonstige Personen, denen von oben beschriebenen, nicht gewöhnlichen, zum Theil sehr kenntlichen Sachen, etwas zum Verkauf oder sonst vorkommen sollte, werden ersucht, darauf genau zu achten und selbige nebst dem Inhaber anhalten zu lassen, und dem hiesigen Gerichte davon schleunig Nachricht zu geben, welches außer Ersetzung aller Kosten, demjenigen, mit Verschweigung seines Namens noch besonders eine Carolin zuzusichern beauftragt ist, welcher den oder diejenigen Thäter dermaßen nachweisen kann, daß sie zur gefänglichen Haft gebracht werden können.
Sign. Völckershausen bey Wanfried den 27 May 1807.
Zuschke'sches Gericht hieselbst.
Hartenbach, Richter.

Kauf = und Handels = Sachen.

Verkauf der Meisterey zu Lengsfeld.
Das dem Johann Adam Luccas zuständige und vor dem Unterthor allhier zu Lengsfeld gelegene

Wohnhaus und Garten, womit die Räsurmeisters=Gerechtigkeit verbunden ist, soll Donnerstags den 9 in künftigem Julius d. J. Mittags 11 Uhr an den Meistbietenden verkauft werden. Kaufliebhaber haben sich alsdann vor unterzeichneter Gerichtsstelle zu melden, ihre Gebote zu thun und nach Befinden des Zuschlags zu gewärtigen.
Zu Urkund unter Amts Siegel und Hand ausgefertiget. Lengsfeld am 16 April 1807.
Freyherrl. v. Boineburg = und von Müller'sches Amt.

Anzeige des pariser Eau Antique, an Bäder und Brunnen betreffende Kaufleute und Herrschaften.

Da bekanntlich dieses Waschwasser während der Cur = Zeit seiner großen Verschönerung und vortheilhaften Wirkung auf die Haut wegen besonders stark gesucht wird, so daß es vorigen Sommer in Carlsbad und Pyrmont mit 1 Ducaten bezahlt wurde und doch Mangel daran war: so hat die Fabrik gesorgt, daß den Hrn. Kaufleuten en gros auch in Deutschland solches mit einigem Rabat, jedoch nur gegen Courant, aber nie auf Commission gegeben wird.
Nur die Gläser sind echt, die außer dem Firma-Siegel auch die Namenunterzeichnung des pariser Fabrikanten führen.
Poststrepe Briefe à Messieurs les Directeurs de la Fabrique Cosmetique, abzugeben in Frankfurt bey Hrn. Solban Sohn, Leipzig Hrn. Meyerda, Hannover Hrn. Lichtenauer, wo auch im Einzeln das Glas à 1 Thlr. 20 ggr. zum Gebrauche Anzeige zu haben ist.

Frankfurter Wechsel = Cours.

den 5 Jun. 1807.

		Briefe.	Geld.
Amsterdam in Banco k. S.		—	—
	2 Mon.	—	—
Amsterdam in Courant k. S.		—	142 5/8
	2 Mon.	—	141 3/4
Hamburg k. S.		149 3/4	—
	2 Mon.	149	—
Augsburg k. S.		99 7/8	—
Wien k. S.		—	48
London 2 Mon.		—	47 1/2
Paris k. S.		78 1/4	—
à 2 Uso		77 3/4	—
Lyon		78 3/8	—
Leipzig M. Species		—	—
Basel k. S.		—	—
Bremen k. S.		109	—

Allgemeiner Anzeiger
der
Deutschen.

Freytags, den 12 Junius 1807.

Juſtiz = und Polizey = Sachen.
Landesherrliche Verordnung,
Rechtlos=Erklärung der Jauner betr.

Wir Carl Friedrich von Gottes
Gnaden, Großherzog von Baden, Herzog von
Zähringen, geben andurch zu vernehmen:
Wir haben unter dem 30 Jänner 1804
bey der damahls überhand genommenen Unſicherheit für nöthig erachtet, zu Steuerung
dieſes Unweſens nachfolgende Verordnung
zu erlaſſen:

„Wir finden Uns durch die überhand
nehmende Störung der öffentlichen Sicherheit, und das freche Herumſchweifen ſo vielen liederlichen Geſindels bewogen, drey
Wochen von Verkündung dieſes Edicts durch
das Regierungsblatt an, alle Jauner, auch
herumſchweifende Räuber oder Diebe auf
drey Jahre für rechtlos zu erklären, und in
deſſen Gefolge zu verordnen: daß

a) Für jeden, der als ein ſolcher in
Jaunerliſten, Steckbriefen, oder obrigkeitlichen Signalements ausgeſchrieben iſt, auch
innerhalb Landes beygefangen, und, falls er
von obrigkeitlichen, zur Beyfahung verordn
neten Perſonen hätte erlegt werden müſſen,
todt, oder ſonſt lebendig eingebracht wird,
eine Prämie erſten Falls von zwanzig fünf
Gulden, letzten Falls von funfzig Gulden
bezahlt werden ſoll.

b) Daß alles dieſes Jauner= und vagi-
rende Geſindel hiermit aus dem Schirm der
milden Landesgeſetzgebung geſetzt, mithin
jeder, der in Unſern Landen in Unterſuchung
verfällt, nach der Strenge der peinlichen

Allg. Anz. d. D. 1 B. 1807.

Halsgerichtsordnung und der Kreißſchlüſſe
verurtheilt werden ſoll. Wobey Wir Uns
jedoch

c) Vorbehalten, diejenigen ſowohl, welche zur Todesſtrafe nicht, ſondern nur zur
mehrjährigen Verhaftungsſtrafe geeignet ſind,
als jene, an welchen Wir aus Gründen etwa
die Todesſtrafe nicht vollziehen laſſen wollen, auf Galeeren, oder in Colonien depor-
tiren zu laſſen.“

Da nun bey den wieder eingetretenen
Kriegszeiten und aus mehrern zuſammenkom-
menden Urſachen ſich dieſe Unſicherheit abermahls vermehrt hat, ſo finden Wir für nöthig, dieſe Unſere höchſte Verordnung nicht
nur auf weitere drey Jahre, drey Wochen
von dieſer öffentlichen Verkündung an gerechnet, zu erneuern, ſondern dieſelbe auch auf
Unſere, indeß neu angefallenen und Oberho-
heits=Lande auszudehnen, ꝛc. Gegeben unter Unſerm großern Staatsſiegel, und verkündet, Carlsruhe, im großherzogl. geheimen Rath, den 25 May 1807.

Nützliche Anſtalten und Vorſchläge.

Actenbruchſtück über Schulprämien.

Ganz unerwartet erhob ſich noch neuerlich wieder ein kleiner Streit über die Zweckmäßigkeit der Schulprämien und der Benutzung des Ehrtriebes (m. ſ. allg. Anz. d. D.
1806 Nr. 269 S. 3322.) Man ſollte denken, wenn irgend etwas in der Welt für
ausgemacht angenommen werden könnte, ſo
müſſe es dieſer Gegenſtand ſeyn, über welchen die vollſtändigſten Acten und die ſcharf-

sinnigsten und gründlichsten, vor dem Publicum liegen. Aber was wird denn in der
Welt ausgemacht! Und auf wie lange!

Multa renascentur, quae jam cecidere,
cadentque,
quae nunc sunt in honore!

Ein Glück ist es noch, daß in manchen
Dingen die Praxis, so wie der Sprachge-
brauch über das Auf- und Untergehen der
Sonne, sich durch aller Welt Rechnungen
und Theorien nicht irre machen läßt, und
daß derselbe Schulweise, der eben eine prächtige Abhandlung gegen die Benutzung des
Ehrtriebs drucken ließ, sie seiner Regierung
vielleicht mit unter den Gründen anführt,
warum er „zu seiner Aufmunterung" wie er
hoffe, nicht unbillig an die Begnadigung mit
dem Titel eines Professors oder Consistorial-
raths u. s. w. einigen Anspruch machen könne.
Im Ernste ist das Schwatzen gegen Ehren-
puncte, Prämien, öffentliche Auszeichnun-
gen u. dgl. auf Schulen für junge Knaben
lächerlich und abgeschmackt, so lange man
leere Titel, bunte Bänder, Kreuze und Sterne bey alten Knaben noch nicht entbehren
kann, um sie nur einigermaßen, und doch
oft noch schlecht genug, zu Beobachtung ihrer
Pflicht zu bringen; und es wird verächtlich
und empörend, wenn dieselben folgewidrigen
Pedanten, welche gegen Benutzung des Ehrtriebes (des Edelsten in der menschlichen Natur) declamiren, gleichwohl Beschämung,
Beschimpfung, Stock und Carcer nicht entbehren wollen und können. Erniedrigung,
Herabwürdigung, Unterdrückung verträgt
sich also besser mit dem kategorischen Imperativ, als Erhebung, Veredlung, Stärkung
des Muthes und Selbstgefühls?

Unversehens fand ich kürzlich in Acten,
worin man sonst selten auf etwas Erfreuliches stößt, eine Anmerkung ganz in diesem
Sinne. Im Ernste? Nein! das wäre Lä-
sterung des witzigen und geistreichen Verfassers, der mit Beschränktheit und Unverstande
nichts zu thun hat. Die Anmerkung ist lesenswerth, und werth, aus Acten, worin sie bald
vermodern würde, an das Licht zu kommen.
„Fleiß belohnt sich selbst; sagt er bey
Gelegenheit eines Antrages eines Schulrec-
tors auf Prämien. Die Prämien und Aus-

*) In Landes-Collegien, z. B. in Kriegsräthen, Staatsräthen u. s. w.

zeichnungen auf Schulen bestärken den Jüngling in dem Wahne, daß es in der Welt
nach Verdienst gebe. Das ist nicht wahr.
Diese spätere Entzauberung macht in der
Folge weit muthloser, als eine Prämie vorher aufgemuntert hat. Der Endzweck der
Erziehung ist Aufklärung, nicht Illusion. —
Es fragt sich, ob es nicht gut wäre, wenn
man die guten Köpfe auf Gymnasien, statt
sie mit Prämien aufzumuntern, lieber strafte,
drückte, hintansetzte, sie durch die dummen
Kameraden guverniren, belehren, zurecht-
weisen ließe. So erfahren sie gleich, wie es
ihnen in der wirklichen Welt *) gehen kann.
Und wenn sie doch aushalten und sich dazu
die gehörige Reactionskraft sammeln; dann
sind es die echten Guten!"

Scherz bey Seite, es ist etwas wahres
daran. Aber das menschliche Gemüth nicht
etwas so sehr zartes; verstimmte Ungerechtigkeit, in der Kindheit erduldet, nicht gemeiniglich so fürchterlich für das ganze Leben; und könnte man sie wissentlich zum
Spaße ertragen, ohne ihr Wesen zu zerstören, so wie man sich wissentlich zum Spaße
gegen physische Uebel, Kälte, Hitze, Hunger, Durst, Schmerzen abhärten kann, um
sich zu üben, zu stärken und für möglichen
Ernst vorzubereiten; so wäre ein Versuch
nicht übel, und müßte vorzüglich vortreffliche Subalternen aller Art bilden. Man
hätte dann das geistige Gegenstück zu den
sinesischen Tsinglong, die Lichtenberg so vortrefflich beschrieben hat. (vermischte Schriften, B. 5 S. 237).

M+m+m.

Familien-Nachrichten.

Anzeige und Dank.

Ein Mann, der viele und große Leiden
duldete, und dessen Loos noch jetzt Tausende
für das Loos eines Unglücklichen halten werden, weil fortwährend finstre Nacht sein Aus-
ge umgibt, hat gestern am Altare mit gerührtem Herzen für seines Lebens Glückseligkeit Gott den freudigsten Dank darge-
bracht.

Edle Menschen, die Sie thätig an meinem Unglück Theil nahmen, und meine

Schmerzen milderten, freuen Sie sich meines
Glücks. Ein Weib, das ich nun ohne Un-
schicklichkeit nicht laut loben darf, dessen
Werth ich aber tief empfinde, und das ich
seit Jahren schon als Freundin schätzte, hat
sich durch das Band der Ehe mit mir verbunden, um mich mit liebefreundschaftlicher
Hand durchs dunkle, aber nun für mich
durch das dennoch schöne Erdenthal zu leiten.

Johanna Dorothea, verwitwete Jock,
zu Gera ist meine Gattin geworden. Von
dem ehrwürdigen Hrn. Oberconsistorial-Rath
und Generalsuperintendent Demme wurden wir am 19 dieses in Altenburg auf der
Superintendentur zur Ehe eingesegnet. Er
war der Begründer meines Glücks, durch
die Herausgabe meiner Biographie, (die mir
überhaupt den Besitz so manches biedern Herzens verschaffte) und wer diesen trefflichen
Mann aus seinen Schriften, so wie aus seinen überaus schönen und herzlichen Religionsvorträgen kennt, wird mir vollen Glauben beymessen, daß die Einsegnung, worin
sich sein volles schönes Herz spiegelte, mir
der festlichste Tag meines Lebens, durch ihn
ungemein erhöht, und uns unvergeßlich gemacht wurde. O wie herzlich danke ich Gott
für dieß unerwartete große Glück! Aber,
auch Sie, Edle! die Sie durch Ihr Wohlwollen, Ihre Freundschaft und Ihre thätige
Unterstützung mir so manche Blume auf den
nächtlichen Pfad meines Lebens streueten,
meinen Glauben an Gott, an Tugend und
Menschengüte belebten, und meinen Muth
aufrecht erhielten, mit welchem es mir auch
als Blinden möglich ward, ein nicht ganz
unnützliches Mitglied der menschlichen Gesellschaft zu seyn — Sie, die dadurch selbst
mein jetziges Glück verbreitet haben: empfangen auch Sie dafür meinen herzlichsten
Dank.

Oft habe ich weinend zu Gott für Ihr
Wohl gebetet, auch jetzt bete ich mit der
Freudenthräne im dunkeln Auge: Gott
gebe Ihnen allen das reinste und beste
Lebensglück!

Vertrauensvoll empfehle ich mich, und
nun auch meine theuerste Gattin, Ihrer Gewogenheit und Freundschaft für die Zukunft
unsers Lebens, da wir uns gewiß eifrig be-

streben werden, das Wohlwollen edler Menschen zu verdienen. Gera den 24 May 1807.
Franz Adolph Sachse.

Todes-Anzeige.

Am 3 Junius 1807 Vormittags 10 Uhr
starb zu Gotha nach einem kurzen Krankenlager mein geliebter Ehegatte, der königlich
preußische Kriegsrath, Christian Adolph
Lutteroth, im 51 Jahre seines Alters.
Sophie Friederike Lutteroth,
Witwe, geb. Schaller.

Dienst - Anerbieten.

Für eine Familie im Herzogthum
Holstein wird ein Hauslehrer und Erzieher
von ausgezeichneten Kenntnissen und Fähigkeiten gesucht. Die Adresse ertheilt die Expedition des allg. Anz. in Gotha.

Allerhand.

Nachricht.

An das — Haus in Hettstädt im
Mannsfeldischen, von welchem wir einen
Brief an Aegide datirt vom 1 May ohne
Unterschrift erhielten und besorgten, ist eine
Antwort bey uns eingegangen.
Exped. d. allg. Anz. d. D.

Justiz - und Polizey - Sachen.

Vorladungen: 1) der Inhaber ritterschaftlicher
Depositen: Consense.

Bey der gegenwärtig zu Friedberg von den
Commissarien der betheiligten resp. hohen Souverains vorgenommenen Abtheilung der ritterschaftlichen Acten und Litteralien hat sich ergeben, daß
auch für die Sicherstellung des ritterschaftlichen
Depositenwesens gesorgt werden muß; es werden
demnach alle diejenigen, welche für ihre Personen
oder Besitzungen unter herzoglich nassauischer Souveränität irgend einen Anspruch wegen eines Depositi zu haben vermeinen, hierdurch aufgefordert,
denselben mit Belegung eines etwa in Händen habenden Depositi-Cassescheins oder sonst glaubwürdigen Documents innen sechs Wochen a dato
hierher zu veranzeigen, welchen nächst wegen Ablieferung des Depositi das Erforderliche nach Befund wird vorgekehrt werden. Im Fall der unterlassenen Anzeige und Ausweisung haben die Interessenten es sich selbst beyzumessen, wenn sie in der

Folge Schwierigkeiten finden sollten, zu den ihnen
gehörigen Depositen zu gelangen.
Wiesbaden den 28 May 1807.
   Herzoglich-nassauische zur Administrations-Commission verordnete Präsident,
geheimer Director und Räthe.
             Ley.
          vdt. Emminghaus.

2) militairpflichtiger Badener.

Nachbenannte, ohne obrigkeitliche Erlaubniß
über die gesetzliche Wanderzeit abwesende Untertha-
nen-Söhne, als:
   Franz Beldermann, Schuhmacher, Johannes
Mechling, Becker, und Johannes Ziegler von
Dilsberg. Johannes Schattenberger von Wim-
mersbach. Franz Keller, Sattler und Johann
Heinrich Kunsinger, Glaser von Lobenfeld. Franz
Elbert, Schuhmacher von Spechbach. Michael
Laute, Schuhmacher von Eschelbronn. Jacob
Zopf, Gerber, Jacob Heuberger und Kaspar
Spitzer, Seifensieder von Neckargemünd. Johan-
nes Münch, Wagner von Wiesenbach. Balthasar
Oerles, Schreiner von Mauer. Georg Schleich,
Becker, Johann Heber, Zimmermann und Peter
Schlüßer, Schneider von Meckesheim. Dieterich
Risch, Schmid, Wilhelm Keidel, Leineweber
und Johann Maier, Leineweber von Zuzenhausen.
Johannes Schaller und Johannes Sulzer, beyde
Leineweber von Beuertal, haben a dato binnen
drey Monaten sich bey Verlust ihres Vermögens
und Unterthanenrechts dahier zu sistiren.
Neckargemünd den 22 May 1807.
    Großherzoglich Badensches Amt.
            Keidel.
                Rettig.

3) Peter Buz's.

Der im Monat April v. J. von Zaisenhausen
sich entfernt habende und angeblich in Ungarn befindliche verwitwete Bürger Peter Buz von Zaisenhausen wird hierdurch aufgefordert, binnen drey
Monaten vor unterzeichneter Stelle zu erscheinen,
und sich wegen seines Austritts zu verantworten
oder zu gewärtigen, daß gegen ihn nach der bestehenden Landes-Constitution werde verfahren werden. Bretten, den 1 Junius 1807.
    Großherzoglich Badensches Amt.
          A. Stadler.
             Schill.

Kauf- und Handels-Sachen.

Ein Capital von 100,000 Fl. gesucht.

Auf eine Herrschaft in Böhmen, die im Jahre
1805 für 300000 Fl. erkauft, und darauf bereits
88000 Fl. bezahlt worden ist, 82000 Fl. aber theils
auf der Herrschaft immerdar haften, theils aber in
sehr leidlichen terminlichen Zahlungen abgeführt
werden, wie documentirt werden wird, sucht man
ein Darlehn von 100000 Fl. in W. B. N. gegen
jura cessa und beliebige Verzinsung. Wer sich
dieserhalb in Unterhandlungen einlassen will, schicke
die Erklärung schriftlich, aber unverzüglich an die
Expedition des allg. Anz. in Gotha. Bey der
Anheimzahlung dieses Capitals, die in einigen Jahren schon geschehen kann, will der Schuldner die
100000 Fl. in B. N. gerade ausbezahlen, und was
sie gegen die Darleihung etwa noch schlechter stehen,
mit vergüten. Auch 50000 Fl. würde man annehmen.
    Sollte aber jemand auf diese Herrschaft 110000
Fl. in kaiserl. Staats-Papieren darleihen wollen,
will man auch mit ihm in Unterhandlung treten
und verspricht dem Darleiher vortheilhafte Bedingungen. Im Fall aber gar jemand sich dazu entschließen wollte, diese Herrschaft zur Hälfte mit
anzunehmen, bietet der Eigener auch dazu die
Hände, macht aber zur Bedingung, daß der Mitannehmer 140000 Fl. auch nur in benannten Papieren, leisten kann und zwar 92000 Fl. für sich
und 48000 Fl. für den jetzigen Eigener, von welchem er die Zinsen zu 5 p. C. aus den Revenue
der Herrschaft erhält und nach zehn Jahren die
48000 mit 4000 Fl. alljährlich vortheilhaft abgezahlt werden sollen. Uebrigens ist auch auf dieser
Herrschaft die beste Gelegenheit, eine Fabrik zu
errichten, wo ein Landes-Product mit großem
Nutzen verarbeitet und auch sogleich abgesetzt werden kann!

Mineralwasser.

Bey Carl Heinrich Kleinert in Leipzig ist
frisches sandschiger Bitterwasser, Eger, Pyrmonter, Spaa, Selter- und Fachinger-Wasser angekommen und wird in ganzen und halben Kisten und
einzelnen Flaschen verkauft.
    Leipzig den 23 May 1807.

Druckfehler: In Nr. 121 S. 1247 Z. 14, Nr. 127 S. 1312 Z. 14 und Nr. 131 S. 1361
Z. 9 durchschneidend anstatt durchscheinend; in eben angeführten Stücken S.
1248 und S. 1313 Z. 2 und S. 1361 Z. 6 ist nach den Worten: „genau und wohl
zu beachten" ausgelassen: daß meine echten Tabacke, neben der bekanntlich
längst bewährten, stets gleich rc. rc.

Allgemeiner Anzeiger
der
Deutschen.

Sonnabends, den 13 Junius 1807.

Land- und Hauswirthschaft.

Nachtrag zu Nr. 98; über Erdmandel-Chocolate.

Verschiedene Erdmandelfreunde haben mir die Erinnerung — und zwar mit Recht, wie ich bekenne, — gemacht, daß ich in am geführtem Stück die Art und Weise, die Erdmandel-Chocolate zu verfertigen und zu bereiten, nicht deutlich und umständlich genug beschrieben hätte; ich will es daher nachholen.

Sie zu verfertigen nimmt man 2 Pfund (das Pfund zu 32 Loth) Erdmandeln, röstet sie in einer Kaffeetrommel, aber nicht so stark wie der Kaffee gebrannt wird, sondern nur so, daß die Erdmandeln eine zimmtbräunliche Farbe haben, oder bis sie anfangen zu knastern, das man deutlich hört. Alsdann schüttet man sie, ohne daß man sie völlig erkalten läßt, in einen über gelindem Kohlenfeuer stehenden und schon erwärmten Mörser, läßt sie fein stoßen bis zu einem Brey: thut alsdann 1 Pfund fein gestoßenen Zucker, 1 Quentchen Zimmt, 1/2 Quentchen Gewürznägelein, auch wol etwas Vanille, (das alles ebenfalls zuvor fein gemacht ist,) in die Masse, und läßt es noch so lange, bis man keinen Zucker mehr siehet, stoßen.

Sind die dazu genommenen Erdmandeln zweyjährig, so kann man diese Chocolate in Tafeln formiren. Ist dieß aber nicht der Fall, so nimmt man sie, wenn der Zucker durch das Stoßen innigst gemischt ist, als Pulver heraus und drückt es fest in eine Blechbüchse oder steinernen Topf, oder in eine Schachtel.

Allg. Anz. d. D. 1 B. 1807.

Diese Erdmandel-Chocolate zu bereiten, nimmt man zu einem halben Maß oder 2 Schoppen guter Milch (1 Schoppen wiegt 1 Pfund, und 2 Schoppen sind 1 Quart oder 2 Pfund) 1 1/2 Loth von dem Chocolaten-pulver: läßt solches mit der Milch etwas länger oder stärker kochen, als bey der Cacao-Chocolate. Alsdann quirlt man 2 Eydotter hinein, und läßt sie noch einmahl auf kochen — Wer diese Chocolate gern schaumig trinkt, darf nur vor dem Einschenken sie allemahl gut quirlen, so wird sie jederzeit zu Schaum.

Das Rösten ist also bey den Erdmandeln, wie beym Cacao, die erste Vorbereitung, um hernach Chocolate daraus machen zu können. Alles Gesäme, woraus man Oele schlagen und pressen will, muß zuerst geröstet werden, damit sich das darin enthaltene Oel entwickle. Es ist aber das Rösten ein gelinderer Proceß, als das Brennen des Kaffees, und darf besonders bey den Erdmandeln, die eine dünne Haut haben, nicht stark, sondern ganz gelinde seyn. Hernach muß der Mörser, worin die Erdmandeln nach dem Rösten gestoßen werden, nicht heiß seyn, sondern nur so viel Kohlenfeuer darunter unterhalten werden, als daß er bloß warm, aber nicht heiß wird.

Bey der Cacao-Chocolate hat man 2 Pfund Zucker zu 2 Pfund Cacao zu ihrer Zusammensetzung nöthig, aber zu 2 Pfund Erdmandeln nur 1 Pfund Zucker. Wer sie gern sehr süß trinkt, kann alsdann, wenn sie gekocht ist, in der Tasse sich nachhelfen. Ferner braucht man zu einer Chocolate aus Cacao von einem halben Maß Milch 1/4 Pf.

Tafel, da man hingegen zu einer solchen Erd-mandel-Chocolate von einem halben Maß nur 1 1/2 Loth, höchstens 2 Loth Erdmandel-Chocolaten-Pulver nöthig hat, und sie wird gleichwol delikater, als jene.

Um wie viel wohlfeiler wird daher dieses gesunde Getränk, als der Kaffee von den indischen Bohnen, der ungebrannt weiter nichts ist, als ein Kirschstein, der durch das Brennen ein brenzliches ätherisches Oel bekommt, von dem man nicht genau ausmitteln kann, ob es Educt oder Product ist. Wahrscheinlich erzeugt es sich erst beym Brennen. Dieses Bißchen Oel hat indessen nichts Nährendes, nichts Stärkendes, sondern ist ein Reizmittel, welches vorzüglich auf das Schlagader-System wirket, daher er mehr schädlich als nützlich ist, und seit 50 Jahren ein Heer von Krankheiten in Europa verbreitet hat, die immer auf die Nachkommen fortgepflanzet werden.

Hiernächst will ich den Liebhabern von gesalzener Butter und den Hausmüttern eine vorzügliche Bereitungsart derselben bekannt machen, deren man sich besonders in England häufig bedient, und wodurch die Butter eine auffallende Vortrefflichkeit bekommt.

Man nimmt 2 Theile des besten Küchensalzes, 1 Theil Zucker und 1 Theil Salpeter. Alles dieses wird zusammen fein gestoßen und unter einander gemischt. Von dieser Mischung nimmt man 2 Loth auf 24 Loth Butter, oder — welches eben das ist — auf drey Pfund Butter, 1/4 Pfund oder 8 Loth Salz, Zucker und Salpeter nach Maßgabe der angezeigten Mischung, als welche zu 8 Lothen 4 Loth Salz, 2 Loth Zucker und 2 Loth Salpeter erfordert; knetet solches recht fleißig ein, damit alles gleich vertheilet und innigst vereiniget werde. Diese so gesalzene Butter verwahrt man in dichten Gefäßen, am besten in steinernen oder porcellanen Töpfen, die man bis zum Gebrauch fest verschließt und mit doppeltem Schreibpapier zubindet.

Diese also eingesalzene Butter muß drey Wochen stehen und ruhen, ehe man von ihr Gebrauch machen will, damit sich das Salz

*) Sie gründet sich auf authentische Belege, ohne welche ihr der Abdruck nicht gestattet worden wäre. d. Red.

gehörig einmische, und der Salpeter nicht mehr vorsteche. Sodann aber, wenn die Butter gleichsam reif ist, wird man sie vortrefflich finden und einen außerordentlichen Unterschied zwischen solcher, nach beschriebener Methode eingesalzener und einem andern Theil von eben der Butter, die man zur Probe auf die gewöhnliche Art bloß mit Salz zugerichtet hat. Jene Butter ist von einer sehr guten, festen und markigen Consistenz: behält eine schöne Farbe und nimmt nie eine bröcklichte Härte an, noch einen widrig salzigen Geschmack, wobey jedoch zugleich der Zucker nicht fühlbar, und dem Geschmack, der die Süßigkeit nicht leiden kann, keineswegs süß oder widrig ist. Sie hält sich bis 3 Jahre, ohne von ihrer ersten Güte etwas zu verlieren.

Christ, Oberpfarrer.

Allerhand.

Warnung und Bitte. *)

Man hält es für Pflicht, das Publicum mit einem gewissen Thomas Cood bekannt zu machen, welcher sich durch seine Papiere als einen ehemaligen englischen Capitain legitimirt. Er ist lang, von schlankem Wuchs, ungefähr 30 Jahr alt, hat lichte blonde Haare, blaue oder graue Augen, und ist im Gesicht etwas mager, spricht außer Englisch auch Deutsch und Französisch, doch seine Aussprache bezeichnet den Ausländer; behauptet einen Oncle zu haben, welcher sich John Breest nennen und in Street-Hall in Essex in England aufhalten soll; erzählt eine Plünderungs-Geschichte u. d. g. m. Er wird begleitet von einem jungen Frauenzimmer, welche sich für eine geborne von Syddow aus Emden und für seine Frau ausgibt; ferner von einem Hrn. Brown, welcher ein geborner Schottländer seyn soll und nur Englisch spricht. Da dieser erwähnte Cood wegen nicht erfüllter Verbindlichkeiten zu sehr übeln Vermuthungen Veranlassung gegeben hat, so wird man dieses Urtheil nur dann widerrufen können, wenn er sich ganz gerechtfertiget hat. Diesen Schritt der öffentlichen Bekanntmachung hat er sich nur durch sein Benehmen zugezogen. Sollte jemand wegen seines Aufenthalts Nachricht geben können, der wird ersucht, es per Adresse Hrn. Kaufmann Christian August Juncke, Friedrichsstadt bey Dresden, zu thun; auch ist man erbötig, eine Vergütung wegen der Bemühung zu geben. Wahrscheinlich hält er sich in Böhmen oder Oestreich auf.

Sollte jemand mit Recht eine nähere Erklärung fordern können, so ist man gern erbötig, diese zu geben.

* * *

Auch hier in Gotha hat dieser Gentlemann mit nur zu gutem Erfolg seine Gaunerkünste geübt. Eine sauber in Kupfer gestochene Anweisung (Jack) auf die Bankiers Drummonds in London — ein Haus, das, wie die Proteste beweisen, gar keine Kenntniß von dem Aussteller hat — diese elegante Anweisung, welcher bloß die Summe von L. 150 stl. die ordre ** *** und die Unterschrift Tho* Cood beyzufügen waren, verschaffte ihm, der ohnehin zu imponiren mußte, das Recht, sich auf einen hiesigen Kaufmann berufen zu dürfen; dieser traute dem Scheine nicht, und zahlte nichts auf die Tratte aus, aber läugnen konnte er nicht, sie nach London gesandt zu haben, woher unfehlbar 1000 Thaler zu erwarten waren, wenn — dort die 150 stl. für die Anw. bezahlt wurden. Dieß war genug, um das Publicum zu täuschen und den Kaufmann wenigstens um die Protestkosten zu betrügen.

Familien-Nachrichten.
Aufforderung.

Da mein am 27 April d. J. allhier auf seinem Rittergute Rockendorff bey Pösneck in Sachsen verstorbener Schwiegervater, der geheime Rath Carl Gottlob Traugott von Brandenstein verschiedene Capitalien theils an baarem Gelde, theils an Obligationen, Zins-Coupons und Interessen, so wie verschiedene Schuldposten für Wein und andere Forderungen ausstehen hat, und ich wegen jetzt überhäufter Geschäfte noch keine genaue Uebersicht aus dessen hinterlassenen Hauptbüchern und Papieren erhalten kann, so ersuche ich zur Erleichterung dieser Ge-

schäfte alle diejenigen, welche dergleichen von demselben theils in Händen haben, theils von solchen und dessen Angelegenheiten überhaupt einige Kenntniß besitzen, mich gefälligst zu benachrichtigen, damit ich im Namen meiner Frau als Erbin dieselben theils übernehmen, theils in die von ihm eingeleiteten Geschäfte treten könne. Rockendorff bey Pösneck in Sachsen den 28 May 1807.

Carl von Byern,
Major außer Diensten.

Dienst-Anerbieten.

1) Zur Etablirung einer Salpeter-Siederey und Pott-Aschen Fabrik in einer der besten Gegenden des nördlichen Deutschlands wird ein Salpeter-Sieder gesucht. Dieß muß ein unverheiratheter Mann seyn, der durch Beybringung von Attestaten beweisen kann, daß er die gehörigen Kenntnisse und Fähigkeiten besitzt, ein solches Werk einzurichten, um mit Rath und That dabey an die Hand geben zu können. Sollte er ein Mann von einigem Vermögen seyn, so könnte derselbe durch einen Gesellschafts-Vertrag zugleich Theilnehmer dieser Anlage und des sich hieraus zu versprechenden Gewinnstes werden. Um indeß über die nähern Bedingungen einander eine oder die andre Art sich vorher zu vereinigen, so beliebe ein jeder, der dazu Geschicklichkeit besitzt und Neigung hat, sich zu engagiren, an die Expedition des allg. Anzeigers in Gotha in postfreyen Briefen zu schreiben; unter der Adresse: An P. A. F.

2) In eine ansehnliche Cattun-Fabrik in Sachsen wird ein Couleurist gesucht, welcher neben der Kunst alle und jede Farben vollkommen gut und schön herzustellen, auch chemische Kenntnisse besitzt.

Wer sich hierzu geschickt fühlt und übrigens gute Zeugnisse von seinem moralischen Character aufzuweisen hat, wende sich beliebigen Falls in frankirten Briefen an die Herren Sintenis-Gebrüder in Leipzig, wo das Weitere zu erfahren ist.

Justiz- und Polizey-Sachen.

Vorladung militairpflichtiger Badener.

Zufolge hochpreißlichen Hofraths i S. Beschluß von d. 13 Nr. 3476 werden nachbenannte diesseitige militärpflichtige Amtsuntergebene, welche zum Theil ohne Wanderpaß sich in die Fremde begeben, theils aber über die gesetzliche Wanderzeit ohne amtliche Erlaubniß in der Fremde geblieben, so wie auch jene, welche auswärts in Diensten stehen, hiermit aufgefordert, binnen drey Monaten vor unterzeichneter Stelle ohnfehlbar zu erscheinen, oder zu gewärtigen, daß gegen sie nach der bestehenden Landes-Constitution mit Landes-Verweisung und Vermögens-Confiscation werde fürgefahren werden. Bretten, den 22 May 1807.

Großherzogl. Badisches Amt.

J. Stadler.

Schille.

Von Bretten: Peter Ruß, Becker. Daniel Uftinger, Zimmermann. Peter Bertich, Schneider. Jacob Blanckenheimer, Strumpfwirker. Matheis Friedrich Baum, Schmid. Matheis Jäger, Becker. Matheis Hölzle, Schneider. Johann Hartung, Schneider. Johannes Peter, Schneider. Conrad Peter, Schuster. Jacob Hoock, Häfner. Wilhelm Ritter. Jacob Graff, Schneider. Simon Conans, Schmid. Alexander Bernard Anthenrieth, Seiler. Carl Friedrich Schaifele, Becker. Martin Baum, Kiefer. Leonard Schill, Schuster. Gottlieb Eberle, Kübler. Joseph Bauer, Schmid. Heinrich Freund, Schuster. Hieronymus Guse, Maurer. Alexander Friz, Schneider. Carl Ludwig Güllerdon, Gerber. Philipp Jacob Zorstue, Dreher. Georg Jacob Schuler, Becker.

Von Gölshausen: Leonard Bohner, Schmid. Gottlieb Kohlmann, Maurer. Friedrich Schmiz, Zimmermann. Georg Holzwarth, Schubmacher. Johann Friedrich Sapfle, Ziegler. David Woerle, Becker. Emanuel Woerle, Schnallenmacher. Georg Jacob Woerle, Weber. Friedrich Weeber. Georg Martin Höhle. Johannes Müller. Georg Sipfle. Johannes Lichtenberger. Heinrich und Jacob Bohner. Jacob Foßler, Friedrich Poll. Carl Wilser. Andreas Kohlmann, sämmtlich als Bauernknechte.

Von Zaisenhausen: Georg Heinrich Schoch. Johann Mart Zischer, Schneider. Georg und Wilhelm Schüßler, Schneider. Samuel Friedrich Birckle, Schreiner. Johann Georg Carle, Schuhmacher. Georg und Franz Schmeißer, Schäfer. Melchior Raegel, Schmid. Marr Roth, Maurer.

Von Sponnthal: Philipp Jonas Meister. Absolon Monloß.

Von Riedlingen: Conrad Böckle.

Von Bauerbach: Johann Joseph Haußer, Schmid. Georg Joseph Goepferich, Schreiner. Andreas Steiner, Müller. Jacob Glowelt, Maurer. Georg Westermann, Schuhmacher. Valentin Kleiner, Becker.

Von Diedelsheim: Andreas Dittes, Schmid. Conrad Dittes, Wagner. Friedrich Zaziele, Häfner. Jacob Steiger, Becker. Michel Heßelbacher, Müller. Friedrich Zurst, Zimmermann. Heinrich Jonas Beier, Schreiner. Ernst Dittes, Schreiner. Heinrich Weiß, Küfer. Bernard Gobe, Bauer. Augert Zefele, Zimmermann. August Buock, Becker. Christoph Werner, Schuster.

Kauf- und Handels-Sachen.

Johann Kabelbach aus Leipzig bezieht diese naumburger Petri-Pauli-Messe mit süchsischen und schweizer Cattunen, diversen Mousselinen in weiß und gedruckt, Cašmir, Callmuck, feinen Tüchern, Boiking, ostindischem 8—12 Ellen Nankin, Westenzeugen, zwey und drey fädigem Brodé- und Strickgarn, Gesundheitsflanell und mehreren Artikeln, goldenen und silbernen Uhren: Mein Gewölbe ist Nr. 47 am Markt in Herrn Vogel sen. Hause.

Haartouren für Herren und Damen.

Der Unterzeichnete verfertigt Haartouren für Damen nach der neuesten Mode, und nachdem die Farbe der Haare ist, für 1 1/2 bis 2 Louisd'or à 11 fl. — Eine Tour à la Titus à 6—8 fl. Bey Bestellungen lege man nur das Maß des Kopfes, an einem Faden genommen, bey, und, bestimme die Farbe der Haare. — Er verfertigt Haartouren für Herren, welche Glatzen haben, zu 4—6 fl.; und zwar glatt oder à la Titus, daß man die Kunst von der Natur nicht unterscheiden kann. Die Größe der Glatze in Papier geschnitten nebst der Farbe der Haare muß bey der Bestellung beygelegt werden. Zu einer solchen Tour gibt er eine Portion eines ganz neu erfundenen Pulvers, um sie aufzufrischen, woran man ein Jahr genug hat, und bey dessen Gebrauche man bestimmen kann, ob die Tour acht Tage oder acht Wochen fest halten soll. Von diesem Pulver, welches er seiner Vortrefflichkeit und Unschädlichkeit wegen empfiehlt, wird in jeder bedeutenden Stadt eine Niederlage und zugleich ein gedruckter Gebrauchszettel damit ausgegeben werden. Mannheim im May 1807.

Bellendorff, Friseur des großherzogl. Hof-Theaters.

Martin Schlegelmilch seel. Söhne in Suhl, empfehlen sich in schwarzem Sturz-Bord- und Pfannen-Blech, Eisen und Stahl, übernehmen auch Commissions-Aufträge in andern hiesigen Fabrik- und Manufactur-Waaren, und versichern reelle und billige Bedienung.

Literarische Nachrichten.

Da der Herr Prof. Heinrich zu Regensburg im diesjährigen April-Stück der monatlichen Correspondenz des Freyherrn von Zach die Besorgniß äußert, daß meine astronomischen Jahrbücher bey den gegenwärtigen Unruhen aufhören möchten: so zeige ich hiermit allen Astronomen und Liebhabern der Sternkunde an, daß solche ununterbrochen zur gesetzten Zeit erscheinen werden.

Berlin den 29 May 1807.   Bode.

Landkarten.

Bey Unterzeichnetem ist zu haben:

Allgemeiner Kriegsschauplatz in Norden, gezeichnet vom Ingenieur Mouller, Landkarten-Format 12 gl.

Generalkarte von Deutschland bezeichnet mit den Märschen der französischen Armeen 1805, 1806 und 1807. Landkarten-Format 9 gl. sächs.

Ferner sind daselbst zu haben, Plan der Schlacht bey Jena und Auerstädt mit Text 8 gl. — Plan der Schlacht bey Lübeck mit Text 9 gl. — Plan der Schlacht bey Eylau 6 gl. Plan von Stralsund, nebst Karte von Schwedisch-Pommern 6 gl. — Grundriß von Glogau 4 gl. — Plan der Schlacht von Austerlitz mit Text 6 gl. — Plan der Festung Gaeta mit Nachricht 8 gl. — Plan von Danzig 4 gl. — Plan von Colberg 3 gl. — Wer 5 Exemplare directe von mir verschreibt, erhält das 6te frey, und wer für diese ganze Suite dieser zur gegenwärtigen Kriegsgeschichte gehörigen Karten und Plane, von welchen der Ladenpreiß 2 rthlr. 18 gl. ist, direct von mir verschreibt, erhält solche für 2 rthlr. 4 gl. Leipziger Ostermesse 1807.

Johann Gottfried Herzog
auf dem alten Neumarkt Nr. 617.

Allg. Anz. d. D. 1 B. 1807.

Musikalien.

Anzeige für Fortepianospieler.

Der allgemein verehrte J. Haydn hat mit einem Quart. für 2 Viol. A. u. B., von seinen und seiner Werke Freunden auf immer Abschied genommen. Dieses letzte Andenken des ehrwürdigen Greises, welches mit einem Canon endigt, dem er selbst. die Worte: Hin ist alle meine Kraft, alt und schwach bin ich, unterlegte, auch den Fortepianospielern desto werther zu machen, hat es Unterzeichneter mit allem Fleiß fürs Fortepiano (ohne Begleitung) eingerichtet. Bestellungen werden von J. Dienemann u. C. in Penig und von mir selbst angenommen. Der Preis ist 8 Groschen, welche nicht voraus verlangt werden.

Frohburg in Sachsen.
J. G. Werner, Organ.

Bücher-Verkäufe.

Folgende gut conditionirte theils gebundene, theils ungebundene Bücher sind zu verkaufen. Wer auf eins oder das andere bis Ende Jul. das höchste Gebot macht, erhält solches franco Frankfurt, Mannheim oder Heidelberg.

Deutsche Encyclopädie oder allgemeines Real-Wörterbuch aller Künste und Wissenschaften, Fol. 22 Bände, davon 21 ganz neu in Leder geb. und einer ganz roh ist.

Allgemeine deutsche Bibliothek, 118 Bände, compl. nebst 21 Bänden Anhang. Neue allgemeine deutsche Bibliothek 91 Bände (wovon aber der 4te 14te, 59te, 63te und 80te fehlen) nebst 10 Bänden Anhang, in Pappdeckel neu gebunden. Die allgemeine Literatur-Zeitung von 1785 bis 1805 (wovon aber einige Bände fehlen) ganz neu in Pappdeckel gebunden. Schiller's historische Memoiren, 1te Abthlg. 1r bis 4r Band 2te Abtheilung 29 Bde. (wovon aber der 17te 21te 22te und 23te fehlt) in Pappdeckel gebunden.

Schmidt's Geschichte der Deutschen, 21 Bände Original (wovon aber der 3te und 13te Thl. fehlt.)

Bülching's Erdbeschreibung 10 Bände. Girtaner's französische Revolution 11 Bände Original (wovon aber der 8te fehlt) in Pappdeckel gebunden. Plüschberg's vermischte Schriften 9 Bände (wovon aber der 5te fehlt) Encyclopedie ou Dictionnaire universel raisonné des Connoissances humaines, mis en ordre par M. le Felice, gr. 4. Yverdon 1770 42 Vol. Supplement par le meme 6 Vol. gr. 4. 1775. Planches par le meme 10 Volumes gr. 4. Complet 58 Bände ganz neu in Leder gebunden. Alexandri Natalis historia ecclesiastica 9 Bände mit zwey Supplementen, die venetianer Ausgabe in Fol. roh. Adelung's deutsches Wörterbuch 5 Bände ganz neu in Leder gebunden. Böhmeri exercitationes ad Pandectas 6 Tom. gr. 4. roh. Böhmeri bibliotheca historiae naturalis 7 Vol. gr. 8. roh. Buffon's allg. Naturgeschichte 7 Bände. Dessen Naturgeschichte der Vögel 12 Bände sämmtlich mit schwarzen Kupfern die berliner Ausgabe roh. Crameri observationes juris 6 Tomi roh. Bossuet Einleitung in die allgemeine Weltgeschichte 7 Theile. Filangieri System der Gesetzgebung 6 Theile in Pappdeckel. Gerstlacher's Handbuch der deutschen Reichsgesetze 11 Bde. Gibbon's Geschichte des Verfalls und Untergangs des römischen Reichs 14 Bände Original gr. 8. roh. Häberlin's neueste deutsche Reichsgeschichte 5 Bände roh. Haller's Bibliothek der Schweizergeschichte 6 Theile roh. Buffon's Naturgeschichte der vierfüßigen Thiere 15 Bände.

Halleri disputationes ad morborum historiam et curationem facientes 7 Tomi gr. 4. roh. Halleri bibliotheca chirurgica 4 Tomi. Artis medicae principes, Hippocrates, Aretaeus, Alexander, Aurelianus, Celsus, Rhazis, recensuit praefatus est de Haller 11 Tomi. Der Hausvater von Germershausen 5 Bände. Helfeldi Repertorium reale practicum juris privati 4 Tom. Hißmann's Welt- und Menschengeschichte 15 Bde. Dessen Magazin für die Philosophie und ihre Geschichte 7 Bände. Hume's Geschichte von Großbrittannien 4 Bände. Leyseri meditationes ad Pandectas complet. Ludovici Kaufmanns-Lexicon 5 Theile gr. 8. Macquer's chimisches Wörterbuch 7 Bände complet. Mangelsdorf allgemeine Geschichte der europäischen Staaten 11 Hefte. Meermann Novus thesaurus juris civilis et canonici 7 Tomi. Millot's Universalhistorie 12 Bände mit zwey Registern Original. Mülleri observationum practicarum ad Leyseri meditationes 6 Tomi. Senkendorf's Oeconomia forensis 8 Vol. complet. Nicolai's Beschreibung einer Reise durch Deutschland und die Schweiz 7 Bände. Richelieu's Memoiren 9 Bände. Rollin Historien von Erbauung der Stadt Rom bis zu Ende der Republik 14 Thle. Sarpin's Historie des tridentinischen Concilii, herausgegeben von Rambach 6 Theile. Strelin's Realwörterbuch für Kameralisten und Oeconomen 7 Bände. Schröckh's Kirchengeschichte 19 Bände. Walch's neueste Religionsgeschichte 9 Theile. Wit-

ting practisches Handbuch für Prediger 5 Bände. Sprengel's Künste und Handwerke 15 Sammlungen.

Man wendet sich dieserwegen, aber in frankirten Briefen (unfrankirte werden nicht angenommen) an die

Pfähler'sche Buchhandlung in Heidelberg.

Subscriptions-Anzeige.

Unter dem Titel:

Disconto-Tabellen, für Deutschland, Holland ꝛc. ꝛc.

wornach man augenblicklich den Disconto jeder Summe von 2 1/2 bis 6 pCt. für alle Tage berechnen kann, habe ich ein Werk bearbeitet, welches gewiß dem Kaufmanne sowohl, als dem Disconten-ten, Rentenier ꝛc. sehr willkommen seyn, und wegen der darin beobachteten Accuratesse, und möglichsten Gedrängtheit, zweckmäßig und nützlich gefunden werden wird.

Mehrere Rücksichten bestimmen mich, dem Publicum dieses, aus einigen sechzig Tabellen bestehende Werk, schon jetzt, und zwar auf Subscription bis Ende Junius d. J., das Exemplar zu 4 ½ Crt. anzubieten. Sobald die nicht unbeträchtlichen Kosten des Drucks einigermaßen gedeckt sind, wird damit der Anfang gemacht und von meiner Seite keine Mühe gescheut werden, das Werk in möglichster Vollkommenheit zu liefern.

Alle solide Buchhandlungen, denen, wie ich dem andern gütigen Subscribenten-Sammler, ich hierdurch für ihre Bemühung einen Rabat von 25 pCt. zusichere, nehmen hierauf Subscription an; und ersuche ich Sie, mir die Namen der Herren Subscribenten, die dem Werke vorgedruckt werden sollen, sogleich bey Ablauf des obigen Termins gefälligst einzusenden. Der nachherige Preis ist 6 ℔.

Uebrigens nimmt auch Subscription an Hamburg der Herausgeber im M. März 1807.   J. H. Decker, junior, Buchhalter. kleine Johannisstraße No. 3.

Periodische Schriften.

Es ist nunmehr erschienen und an alle Buchhandlungen versandt worden:

Die Zeiten, oder Archiv für die neueste Staatengeschichte und Politik, von C. D. Voß. Januar 1807.

Inhalt.

VI. Notiz, die verspätete Erscheinung dieses Stücks und die zu beschleunigende der folgenden betreffend.

Von dieser Zeitschrift erscheint in der Regel monatlich ein Heft von 10 bis 12 Bogen, deren drey einen Band ausmachen. Da die Hindernisse welche die Verspätung der erstern Monatshefte dieses Jahrgangs veranlaßten, nunmehr gehoben sind, so werden die zurückgebliebenen in möglichst kurzer Zeit nachgeliefert werden, um den vorigen regelmäßigen Gang wiederherzustellen. — Bestellungen können nun in allen soliden Buchhandlungen und auf allen Postämtern gemacht werden.

Schlesische Provinzialblätter. 1807. Viertes Stück. April.

Inhalt.

Anzeige wegen Zuelaud's Journal und Bibliothek der practischen Heilkunde.

Wegen häufig einlaufender Beschwerden der Leser dieser Zeitschrift wird hierdurch bekannt gemacht, daß dieselben gegenwärtig prompt zu der auf dem Umschlage bemerkten Zeit versendet werden. Wer dieselben nicht zur bestimmten Zeit erhält, hat dieß lediglich seinem Buchhändler zuzuschreiben, und kann sich davon überzeugen, wenn er sich an einen andern Buchhändler wendet.

Berlin. L. W. Wittich.

Bücher-Anzeigen.

Deutsches Handwörterbuch für die Geschäftsführung, den Umgang und die Lectüre. In zwey Bänden. gr. 8. *)

Alle bisher erschienenen gemeinnützigen Wörterbücher wird dieses Werk an Reichthum und Mannichfaltigkeit übertreffen, und wer sich davon überzeugen will, wird diese Behauptung bestätigt finden.

*) Was der Verleger von dem mannichfachen Nutzen dieses Buchs rühmt, werden die Käufer durch den Gebrauch desselben bestätigt finden. Zum Besten des Verlegers wünsche ich, daß ihre Anzahl recht groß seyn möge.

Was nur irgend aus den Wissenschaften und Künsten, dem Handel und den Gewerben, z. B. aus der Philosophie und Physik, der länder- und Völkerkunde, der Architectur, dem Kriegswesen, der Schiffahrt, dem Bergbau u. s. w. in die Geschäfts-, Umgangs- und Büchersprache überzugehen pflegt; alles aus fremden Sprachen Entlehnte oder auch echt Deutsche, aber nicht allgemein und nur dem Zirkel der höhern Welt Verständliche, ist in diesem Wörterbuche aufgeführt, erklärt und erforderlichen Falls mit Beyspielen erläutert. Der Gelehrte, der Kaufmann, der Künstler und Handwerker, jeder wird darin für die Lücken seines Wissens die gewünschte Befriedigung finden. Am Ende dieses Werks sind Nachträge und Nachweisungen geliefert, und ein Verzeichniß der in Schriften gewöhnlichen Abbreviaturen, wie auch der fremdartigen Wörter nach ihrer Aussprache, so weit sich solche mit deutschen Lauten bezeichnen läßt, beygefügt. Bey diesem Umfange, der nur das ganz Unbedeutende, Entbehrliche und Ueberflüssige ausschließt, verbindet es dennoch Gedrängtheit und bündige Kürze, und es ist überdieß in einem Style geschrieben, der es auch zu einer lehrreich unterhaltenden Lectüre machen wird.

Es soll mich freuen, wenn ich durch dieses Unternehmen, das mir einen beträchtlichen Kostenaufwand verursachte, etwas Nützliches geleistet, und zugleich auch meinen Vortheil bezweckt habe. Der Preis des Ganzen ist 4 rthlr. 12 gl., wer sich aber postfrey und directe zu mich wendet, erhält dasselbe für 3 rthlr. 16 gl. baar. Leipzig im Jun. 1807.

Theodor Seeger, Buchhändler.

In der academischen Buchhandlung in Kiel ist erschienen:

Leitfaden zur gründlichen Erlernung der englischen Sprache, mit beständiger Hinweisung auf A. Fr. Ch. Wagner's vollständige englische Sprachlehre. In zwey Abtheilungen. Preis 20 Groschen.

Die Recension der hallischen Literaturzeitung 1807. No. 56. lautet darüber wörtlich:

„Dieses Buch wird gewiß einem jeden Freunde des englischen Sprachstudiums willkommene Erscheinung seyn. War gleich der vorzügliche Werth der von Wagner 1802 herausgegebenen englischen Sprachlehre von allen sachkundigen Männern in vollem Maße anerkannt worden, so stand doch ihrer allgemeinern Einführung nur der Umstand im Wege, daß sie nicht nach der gewöhnlichen Methode jeder Regel einige Stücke voll von Uebungen zum Uebersetzen ins Englische folgen ließ, welches auch nicht geschehen konnte, ohne den Faden, worauf das Ganze so schön zusammengereihet worden ist, nicht alle Augenblicke zu unterbrechen. Diesem Mangel nun ist durch das gegenwärtige Werk auf eine gewiß jedem Lehrer willkommene Art abgeholfen worden. Es besteht dasselbe aus zwey Abtheilungen, von denen die erste eine Sammlung der

mannichfaltigsten Aufsätze enthält, indeß die zweyte
die zum Uebersetzen erforderlichen Wörter und
Phrasen, nebst den nöthigen Hinweisungen auf obige Grammatik umfaßt. Die Wörter und Redensarten sind nach der Folge der Stücke aufgestellt worden, und jedem Worte findet man die Nachweisung
der bey der Verbindung desselben zu beobachtenden
Regel beygefügt. Was dieses Werk ausserdem noch
sehr empfiehlt, ist dieses, daß das Deutsche nicht
dem englischen Ausdrucke und Sprachgebrauche an-
gegränzt, sondern rein und fließend ist; sind jedoch
die Abweichungen der beyden Sprachen zu groß, so
wird dieses in der zweyten Abtheilung bemerkbar
gemacht, wo zugleich durch die Ordnung, worin die
Wörter nach einander aufgestellt sind, die Wortfolge in der englischen Sprache bemerkbar gemacht
wird. Bey solchen Vorzügen verdient dieses Werk
vorzüglich empfohlen zu werden.

In allen guten Buchhandlungen ist zu haben:
Graecae linguae Dialecti recognitae opera Mich.
Maittaire, post J. F. Reitzium qui praef.
et excerpta ex Apoll. Dyscoli grammatica addi-
derat totum opus rec. emend. auz. F. G.
Sturzius. Lips. 1807. 8 maj. 3 Rthlr. 8 gl.
Charta mel. 4 Rthlr. 8 gl.

Anecdoten von guten Juden. Zweyte
verbesserte Auflage. Berlin 1807 bey den Gebrüdern Gädicke und in allen andern Buchhandlungen zu haben für 12 gl. oder 54 kr.

Diese Sammlung von Anecdoten und kurzen
Erzählungen soll dazu dienen, den so sehr schwan-
kenden Glauben an der Existenz guter Juden zu
befestigen, und kann auch als ein unterhaltendes
und zum Guten wirkendes Lesebuch betrachtet werden.
Die ältere Auflage enthielt 66 edle Züge von Juden,
diese neue hat 77, dagegen ist aber die unvollständige Zugabe jüdischer Weisheitslehren weggeblieben.

Novitäten. Ostermesse 1807. von C. J. G.
Hartmann in Riga.

Abhandlungen, der liefländischen, gemeinnützigen
und ökonomischen Societät 4r Band mit 2 schwarzen und 1 illuminirten Kupfer. gr. 8.
18 Gr.
v. Buddenbrok, Beytrag zur Kenntniß der Pro-
vinzialverfassung und Verwaltung des Herzogthums Livland, über die Provinz Oesel gr. 8.
(Commission) 8 Gr.
de la Croix, I. Pantheon der russischen Literatur 1r Theil. gr. 8. (Commiss.) 1 rthlr. 12 gl.
Drümpelmann, E. W. und W. L. Friebe, getreue Abbildungen und naturhistorische Beschreibung des Thierreichs, aus den nördlichen Provinzen Rußlands, vorzüglich Lief-
lands, Ehstlands und Curlands, 1s Heft mit
5 illuminirten Kupfern von Sussemihl in
Darmstadt. gr. Fol. (Commission) 4 rthlr.

Giese, Ferd. Lehrbuch der Pharmacie zum
Gebrauch öffentlicher Vorlesungen und zur
Selbstbelehrung 1r Band in 5 Abtheilungen.
gr. 8. 3 rthlr.
Postes de Russie, ou itinéraire des grandes
et principales Routes de l'empire, à l'usage
des Etrangers. 12. (Commission) 8 gl.
Rosenmüller's, J. G. Predigt am ersten Tage des
Jahres 1807, in der Peterskirche zu Leipzig ge-
halten. gr. 8. (Commission). 4 gl.
Sonntag, K. G. Geschichte und Gesichtspunct der
allgemeinen liturgischen Verordnung für die Lu-
theraner im russischen Reiche. gr. 8. 8 gl.
Dessen Formulare, Reden und Ansichten bey Amts-
handlungen. 3r Theil. 8. 20 gl.
Sophoclis, ut volunt, Clytaemnestrae frag-
mentum. Post editionem mosquensem prin-
cipem edi curavit notis adiectis D. C. L. Stru-
ve. 8. 21 gl.
Vannoti, I. Handbuch für den angehenden
Feldarzt. gr. 8. 1 rthlr. 6 gl.
Verfassung provisorische der Bauern-Standes in
Ehstland. gr. 8. (Commission) 18 gl.

Bey K. F. Köhler in Leipzig ist in voriger
Ostermesse erschienen:
Pantheon, oder der mehrern nützlichen Wissen-
schaften geweihte Tempel, von einem practischen
Erzieher. 8. 16 gl.

Replik der Anzeige der Herren Schneider &
Weigel in Nr. 110 des allg. Anz.
Vollkommene Büttner- oder Kieferlehre. Neu
verbesserte Auflage mit 37 Kupfern. Schweinfurt verlegts J. G. F. Riedel.
So lautet bestimmt der Titel eines Buchs,
welches wir ohne Scheu, auch ohne unständliche
Anpreisung, dem bloßen Titel nach als eine Waare
anzeigten, die wir auf eine mit Beweisen belegt
werden könnende rechtmäßige Art kauften und
wissentlich für keinen Nachdruck achten können.
Herr Schneider besorgte späterhin, oder ihm und
uns unbewußt vielleicht zu gleicher Zeit eine Ausgabe mit dem Namen des Verfassers auf dem Titel
und zeigte diese mit angelegentlicher Empfehlung
und liebloser Warnung vor obigem Vordruck, im
wahren Sinn des Worts an. Schon in unserer
frühern Gegenerklärung in Nr. 190 von 1806 im
allg. Anz. überließen wir jedem Unbefangenen das
Urtheil eines solchen, eigentlich unbedeutsamen
Streits, so denn auch jetzt in beyderseits gelieferten
Anzeigen die leichte Auffindung des Posaunenton
der den Ohren des Hrn. S. so nahe gewesen, nun
lassen diesen Gegenstand fortan nun auf sich beruhen.

Jägersche Buch- Papier- und Landkar-
ten- Handlung in Frankfurt am M.

Allgemeiner Anzeiger
der
Deutschen.

Montags, den 15 Junius 1807.

Gemeinnützige Gesellschaften.

Nachrichten von den Verhandlungen und Preisfragen der hamburgischen Gesellschaft zur Beförderung der Künste und nützlichen Gewerbe.

Am 28 May d. J. ward die gewöhnliche öffentliche Versammlung der Gesellschaft, zum Anhören des Berichtes über die seit Michaelis v. J. geführten Verhandlungen, gehalten. In dem Vortrag des Unterzeichneten wurden folgende Hauptgegenstände derselben näher entwickelt.

Cultur der Wissenschaften, Künste und gemeinnützigen Kenntnisse.

Errichtung einer wöchentlichen literarischen Versammlung am Donnerstag zwischen 12 und 2 Uhr. In der alsdann dem Zutritt eines jeden offnen Bibliothek, zur Unterhaltung über wissenschaftliche, artistische und andere gemeinnützige Gegenstände, zum Lesen, oder zur Besichtigung von Kupferwerken und der naturhistorischen und andern Sammlungen; in welchen Stunden auch Bücher gegen Scheine der Mitglieder nach der Bibliothekordnung verliehen und wieder zurückgeliefert werden. — Die im Werk begriffene Aufnahme eines vollständigen Catalogs der Sammlungen; die Vermehrung der Bibliothek durch Ankauf und Geschenke; die Bereicherung des Archivs mit sechs starken Heftbänden der von dem verstorbenen Senator Günther der Gesellschaft hinterlassenen Handschriften, literarischen und gemeinnützigen Inhalts.

   Allg. Anz. d. D. 1 B. 1807.

Die Errichtung eines wöchentlichen Zirkels von Künstlern und Kunstfreunden, welcher in den Wintermonaten in den Versammlungszimmern der Gesellschaft gehalten ward, um vorgelegte Werke der bildenden Künste aus Privatsammlungen von Gemählden, Handzeichnungen und Kupferstichen, oder aus der Kupferstichsammlung der Gesellschaft gemeinschaftlich zu betrachten, sich darüber zu unterhalten, hier verfertigte Kunstwerke auszustellen, Vorträge über ästhetische Gegenstände anzuhören u. s. w.

Die Erscheinung des 7 Bandes der Verhandlungen und Schriften der Gesellschaft, welcher, außer ihrer Geschichte seit d. J. 1800, hauptsächlich enthält: die Verhandlung über die Anlage und innere Einrichtung eines allgemeinen Gefangenhauses für Inquisiten während des Processes statt der bisher dazu dienenden, zerstreuten, unsichern, engen und der Gesundheit nachtheiligen hiesigen Garnisons-Wachen; und die Verhandlung über den Vorschlag zur Stiftung einer Ersparungs- und Pensions-Casse für die arbeitenden Classen; eines Instituts, das, wenn die durch den Frieden verbesserten Zeitumstände dessen Errichtung einst begünstigen werden, als Mittel zur Verhinderung der Verarmung, zur Beförderung der Moralität und des bürgerlichen häuslichen Wohls dieser Stände, einen wichtigen Einfluß und Nutzen verspricht.

Die Herausgabe des vom Prof. Wolf aus der Gesellschaft übergebenen Manuscripts einer Abhandlung über die, größtentheils aus dem schlechten Verhalten der Haus- und

mannichfal-
tige
Uhr
ge
art
be
be
F
f

1619

Wiederhohlungskiere entstehenden Eigenschaften der
und raumstücks über die Entstehung
. Erwärmung des Körpers der öfteren
sondere Schrift ein Theil als Beytrag
hamburgischen Almanach für das
Jahr 1820 angestossen worden ist.
Die von dem hiesigen Schiffscapitain
P. Krohn überstellten Schiffsjournale
27. D. Krohn, die hellste auf seinen Rei-
und Excursse v. France u. s. w. mit großem
Fleiß und sonderbarer Ordnung besonders-
herausgegebenen und auf deren Werth und
und vorreführigen Nutzen die Gesellschaft
machting einen Stück der diesjährigen Abreß
in den Nachrichten aufmerksam gemacht
Schiffscapitain Krohn zu ihrem
ernannt hat.

Die Vertheilung der von dem Grafen
Berchtold in Wien übersandten 1000
seiner Tabellen zur Warnung vor
der Ausübung verschiedener Hand-
verbundenen Gesundheitsgefahren.

Die eingesandt erhaltenen und mit der
Schuldeputation der allgemeinen Armen-An-
stalt in Erwägung gezognen Vorschläge zur
Einführung der pestalozzischen Lehrmethode in den Schulen dieser Anstalt, wo sie
wegen der sehr großen Zahl der Kinder und
der übrigen Localeinrichtung nicht anwendbar
gefunden ist; jedoch wird die weitere Erwägung über den obigen Gegenstand noch fortgesetzt.

Technologische und artistische Lehr-
anstalten.

Die mit glücklichem Erfolg wieder eröff-
nete Lehranstalt für junge Künstler, Fabrikanten und Professionisten, in welcher
im vorigen Winter vom Professor Zipp die
Mathematik (besonders die Lehren der Arithmetik, Geometrie und Trigonometrie) und
die Physik einer Zahl von 400 Zuhörern vorgetragen wurde.

Der Fortgang der in drey Classen ge-
theilten Zeichnungsschule, worin sich jetzt
75 Lehrlinge befinden, und die an sechs der
fleißigsten Knaben ertheilten silbernen Medaillen, (s. unten.)

Der Bestand der Abendschule für Lehrbursche von Handwerkern im Zeichnen von
Musterrissen, unter Lange's Anweisung.

Die
Verbesserung einzelner Gewerbe
betreffend, hat die Gesellschaft, durch den
aus Sachsen eingesandten, für das hiesige
Local aber unausführbar gefundenen Vorschlag zur Errichtung von Gemeinde-Back-
öfen, veranlaßt, die folgende Preisaufgabe
bekannt zu machen beschlossen:

Sind die Backöfen in den hiesigen Backhäusern, nach bester Form und Bauart,
vorzüglich in Rücksicht auf Ersparung
des Feuerungs-Materials, eingerichtet?
und wenn das nicht wäre, nach welcher
Form und Bauart können sie verbessert
werden? Ist die Heizung derselben mit
Holz die vortheilhafteste, oder wäre vielleicht Heizung mit Steinkohlen oder mit
Torf u. s. w. vortheilhafter? und wenn
das wäre, wie müßten sie eingerichtet werden, ohne daß der gute Geschmack und das
Ansehen des Brodes darunter litte? Ferner, wäre nicht eine andere Art, den Ofen
zu erleuchten; zu erfinden, als die bisherige sehr kostspielige vermittelst des sogenannten Leuchtholzes ist? — Auf die
örtlich zweckmäßigte Beantwortung dieser
Frage wird ein Preis von 15 Species Ducaten, und auf die nächstbeste ein Accessit
von 8 Spec. Ducaten gesetzt. — Die mit
einem versiegelten Namenszettel verse-
nen Preisschriften werden vor Weihnachten
dieses Jahrs der Gesellschaft geliefert.
Anmerk. Die Preisbewerber haben sich
bloß auf das hiesige Locale zu beschränken,
und nicht etwa anzunehmen, daß mit dem
hiesigen Backwesen eine Abänderung im Ganzen, z. B. durch Einführung von Gemeinde-
backhäusern, oder auf andere Weise, gemacht
werden könnte.

Polizeywesen.

Die bey der Rettungs-Anstalt für
Ertrunkene vom 1 September 1806 bis zum
1 May d. J. geschehenen Meldungen von
neun und vierzig Rettungsfällen, darunter
13 durch chirurgische Hülfe hergestellt und
28 durch schnell herbeyeilende Helfer gleich

gerettet werden; an 5 Verunglückten wurden
die Hülfsmittel vergebens angewendet, und
3 andere starben einige Tage nach der Wie-
derbelebung, an den Folgen bedeutender Verletzung wichtiger Organe. — Folgende Aerzte
und Wundärzte, machten sich in diesem Zeitraum durch zweckmäßige Anwendung der Rett-
tungsmittel verdient: Brenig in Billwärder,
D. Fürth, Gottschalk, Heydrich, Hen-
necke in St. Georg, Klaiber, auf dem
hamburger Berge, D. A. Meyer, Schmidt,
D. Schuch, Steffen, Struve, Werner
und die Patientengesellen der Herren Brenner
und Steffen. Bey der ersten Rettung ver-
unglückter Personen zeichneten sich aus:
Kappel, Kluwer, H. Pestorff, C. G.
Volkmann, G. W. Niemann, Möh-
ring, Möller, Ohlmeyer, und mehrere
Leute von der Zollwacht. — In der neuen
Artillerie-Wache Vincent auf dem Wall ist
von der Behörde ein eignes Rettungszimmer
zur Unterstützung der Anstalt angelegt, von
dieser auf der Außen-Alster ein neues Eis-
bot angeschafft, und auf der Binnen-Alster
für die Wintermonate die Hinlegung mehrerer Rettungsböte veranlaßt worden. — Von
den Behörden in Danzig, Stralsund und
Swinemünde, wo nach dem Muster dieses
Instituts ähnliche Anstalten errichtet sind,
wurden mehrere Rettungsgeräthe verschrieben und dorthin gesandt.

Da sich in dem verflossenen Jahr kein
Fall zur Ertheilung der großen Rettungs-
prämie ganz qualificirte, so ward für dießmahl suspendirt und wird hierdurch für das
nächste Jahr bekannt gemacht:

Demjenigen hiesigen Wundarzt, welcher
erwiesenermaßen durch anhaltende Bemühung und Anwendung der vorgeschriebenen
Rettungsmittel einen im Wasser verunglückten Scheintödten wiederherstellt,
bey dem die größte Lebensgefahr, und,
den Symptomen nach, die geringste Hoffnung zur Herstellung war, für einen solchen sich in einem Jahr auszeichnenden und
von der Gesellschaft als vorzüglich wichtig
erklärten Rettungsfall eine außerordentliche Prämie von einhundert und fünfzig Mark.

Ehrenbezeugungen.

Die Gesellschaft hat dem dankbaren Andenken ihres verstorbenen verdienten Mitglie-
des und Wohlthäters, Senators Johann
Arnold Günther, eine Gedächtnißtafel,
mit dessen von Silber gearbeitetem Bildniß
und der Unterschrift: dem Beförderer des
Bürgerwohls gewidmet und sie in ihrem
Versammlungszimmer aufgestellt.

Sie hat ihrem verehrten Senior, Professor Johann Albert Hinrich Reimarus,
zum Beweise ihrer Theilnahme an der Feyer
des funfzigsten Jahrestages seiner medicinischen Laufbahn, am 29 April d. J., ihre
beyden goldenen und beyden silbernen Ehren-
medaillen überreicht.

Belohnungen und Unterstützungen.

Die Gesellschaft übergab dem hiesigen
Gold- und Silber-Arbeiter August Anton
Heinrich Wilhelmi die größere goldne Ehrenmünze, zum Dank für das von ihm mit
vieler Zartheit in Silber gearbeitete und derselben überreichte Profilbildniß des verewigten Senators Günther.

Sie erkannte dem 70 Jahr alten Bedienten Martin Baner, wegen seiner, während
des ein und dreyßigjährigen Dienstes bey
dem Herrn Licentiat Willebrand und dessen
Eltern bewiesenen Rechtschaffenheit und
treuen Anhänglichkeit, ihre goldne Ehrenmünze zu.

Sie ertheilte dem Dienstmädchen bey
Herrn Sagener, Anna Sophia Fischer,
die von ihrer Herrschaft das Zeugniß erhalten, derselben fünf und zwanzig Jahre
hindurch, redlich, pflegsam und uneigennützig
gedient zu haben, nebst einem Geldgeschenk
ihre größere silberne Ehrenmünze.

Eben diese Auszeichnung der mit Geld-
geschenken begleiteten silbernen Ehrenmünze,
erhielten: der Zimmergesell Christian Stein-
copf aus Berwalde in der Neumark, wegen
der von ihm mit vieler Entschlossenheit und
Gefahr bewirkten Rettung eines beym Ab-
brechen eines alten Gebäudes herabgestürzten
Arbeiters; — und die Bewohner von Moh-
rensleth Johann Jacob Wehr und dessen
Sohn Johann Joachim, welche mit eigner
Lebensgefahr sieben auf der Elbe mit einem
Boot umgeschlagene Personen retteten.

Die silberne Fleißmedaille ward heute folgenden Schülern der Zeichnungsschule der Gesellschaft ertheilt:

Aus der Claſſe für Bauriſſe: Nicol. Baſilius Büter und Hans Hinrich Hinrichs.

Aus der Claſſe für hiſtoriſche Handzeichnungen: J. W. G. Hölbeling und J. H. L. Giſow.

Aus der Claſſe für Decorationszeichnungen: Johann Martin Heinrich Lemcke und C. J. G. Harras.

Einem jungen, die Mathematik und Waſſerbaukunſt in Kiel ſtudirenden Hamburger hat die Geſellſchaft für dieſes Jahr einen Unterſtützungsbeytrag von 20 Thalern aus ihrer Caſſe bewilligt, und eine Subſcription für ihn bey ihren Mitgliedern eröffnet.

*   *   *

Oeffentlichen Dank bezeugt die Geſellſchaft einem großmüthigen Freunde, für das von ihm erhaltene Geſchenk ſeiner zur Unterſtützung ihres Hauskaufes unterzeichneten fünf Actien, eine jede zu 100 Mark Banco — ſo wie für die in dieſem halbjährigen Zeitraum von Auswärtigen erhaltenen Geſchenke von Büchern; nämlich: von Herrn von Türk in Oldenburg, deſſen verſchiedene Werke über Peſtalozzi's Lehrmethode u. a. m. vom Herrn D. C. Meyer, hamburgiſchen Conſul in Bordeaux: Antiquités Bordelaiſes, in Fol. m. K. vom Hrn. Prof. Wolſtein in Altona ſeine der Geſellſchaft zugeeignete Schrift über die Seuchen der Haus- und Wirthſchaftsthiere.

Von Mitgliedern hat die Geſellſchaft folgende Bücher zum Geſchenk erhalten: Origines Guelficae, 5 Bde. in Fol. m. K. — La Gallerie du monde, 12 Bde. in Fol. m. K. — Der deutſche Hausvater, in Fol. m. K. Zimmermann über die Einſamkeit, 4 Bände, Prachtausgabe. gr. 8. — Leben König Karls XII. 2 Bde. in Fol. m. K. — La Henriade de Voltaire. Didot's Prachtausgabe in Fol. m. K. — Geſchichte von England, von Timäus überſ. 1r Bd. — Acten über die Verbeſſerung der Juden in Frankreich, 1r Bd. — J. A. H. Reimarus, nach zurückgelegten 50 Jahren ſeiner mediciniſchen Laufbahn. —

Sie erhielt von Mitgliedern ferner folgende Kunſtwerke zum Geſchenk: Eine ſeltne Sammlung von 105 colorirten Blättern aus der niederländiſchen Geſchichte zur Zeit Philipp's II. — 200 Kupferſtiche, größtentheils Portraits, hiſtoriſche Blätter, Muſterzeichnungen für Zeichnungsſchulen u. dgl. — Ein engliſches Teleſkop und ein engliſches Mikroſkop. — Das in Röm von Kork gearbeitete Modell des Tempels der Sibylle in Tivoli. — Vier Büſten von Gelehrten.

Ein und dreyßig contribuirende Mitglieder ſind der Geſellſchaft ſeit dem Monat September v. J. beygetreten; ſie hat acht Mitglieder durch den Tod verloren.

Zu Aſſociirten ſind ernannt:

Nicolaus Peter Krohn, hieſiger Schiffscapitain.

Friedrich Ludwig Hinrich Waagen, hieſiger Hiſtorienmahler, Stifter und Vorſteher einer academiſchen Lehranſtalt im Zeichnen und Malen.

Johann Dietrich Stegmeſter, hieſiger Architect.

Geheimer Rath von Vietinghoff zu Dorpat.

§. J. L. Meyer, Dr.
d. Z. proponirender Secretair der Geſellſchaft.

Künſte, Manufacturen und Fabriken.

Nachricht von den Secunden- und Tertien-Uhren von Caſpar Schmid in Marburg.

Aus Veranlaſſung der Nachricht von den Tertienuhren von Pfaffius, welche Prof. Benzenberg vor kurzen in dieſem Blatte gegeben hat, mache ich dem Publicum bekannt, daß auch hier in Marburg ein geſchickter Künſtler ſchon vor Jahr und Tag, auf die erſte erhaltene Anzeige, daß jemand eine ſolche Uhr mit laufendem Zeiger verfertiget hätte, über die vollkommenſte Einrichtung einer ſolchen Uhr nachgedacht, und nicht zur geruhet habe, als bis es ihm völlig gelungen war, ſelbſt eine ſolche zu Stande zu bringen. Der Name dieſes Künſtlers iſt Caſpar Schmid, und die Art der Hemmung, deren er ſich bedient hat, kann man füglich die Hemmung mit dem Meſſerkreuze (l'echappement à croix des touteaux) nennen, weil die Hauptſache dabey in einem

Kreuze besteht, das von zwey, oder, wenn
man will, von vier Messern gebildet wird,
die sich unter rechten Winkeln schneiden, und
deren Schärfen nach entgegengesetzten Richtungen gekehrt sind. Das Wesentliche dieser
Aufhängungsart des Pendels ist von dem
Seecompasse oder von der Lampe des Car-
danus entlehnt, und der ganze Unterschied
jener und dieser besteht bloß darin, daß da,
wo bey den letztern cylindrische Zapfen angebracht sind, um deren Axen die aufgehängten
Körper sich schwingen, bey den erstern, auf
ähnliche Art, wie bey den Läusern an Leu-
pold's Universalwage, Messerschneiden angewandt wurden, um die Größe der Reibung
so viel als möglich zu vermindern.

Um sich diese Einrichtung deutlicher vor-
zustellen, denke man sich an der Rückseite der
Hinterplatte der Uhr, auf dieser Platte lothrecht, einen wagrechten Ansatz befestiget, auf
welchem in den Endpuncten von dem mittlern
Durchmesser des darüber schwebenden, sogleich näher zu beschreibenden, Ringes zwey
keilförmige Stücke mit aufwärts gerichteten
Schärfen lothrecht aufgestellt sind. Zwischen
diesen beyden Keilen ist der Ansatz kreisförmig
ausgeschnitten, um die Pendelstange durch-
zulassen. Ueber diese Keile ist ein platter
stählerner Ring so gelegt, daß er mit zwey,
nach der Form der Keile bis auf die Hälfte
seiner Dicke von unten nach oben in ihn ein-
gearbeiteten Pfannen über den Schärfen der
Keile schwebt. Auf der obern Seite dieses
Ringes sind, an den Enden des Durchmessers,
der die Verbindungslinie der untern Keile
unter rechten Winkeln schneidet, zwey Pfannen von oben nach unten auf seine halbe
Dicke in ihn eingearbeitet, in welchen sich die
scharfen Enden eines keilförmigen Stückes
wiegen, in dessen Mitte die Pendelstange befestiget ist. Das obere Ende dieser Stange
führt den kürzern Arm eines Winkelhebels
herum, dessen längerer Arm ein Getriebe
trägt, welches seine Bewegung einem wag-
recht liegenden Stirnrade mittheilt, das hier
die Stelle des, mit dem englischen Haken in
Verbindung stehenden rechten Steigrades,
vertritt. Am untern Ende trägt die Pendelstange einen Doppelkegel.

Daß diese Art, das Pendel aufzuhängen,
in der That die aller vollkommenste sey, läßt

sich leicht so übersehen: Es war schon lange
ein ausgemachter Erfahrungssatz, daß eine
Uhr, bey übrigens gleichen Bedingungen,
um so viel vollkommener sey, je weiter bey
ihr die Unabhängigkeit des Pendels von dem
Einflusse des Räderwerks getrieben ist. Das
äußerste Ziel, was man hierbey erreichen
kann, ist das, daß die Gewalt des Pendels
über das Räderwerk die größte, und der Einfluß des letztern auf das erstere der kleinste
wird. Daß dieses Ziel erreicht sey, erkennt
man daraus, wenn die Uhr, ohne die Mitwirkung einer andern Kraft, bloß vermöge
der Einwirkung des Pendels, während des
Aufziehens nicht die geringste Störung in
ihrem Gange leidet. Und dieß ist es eben,
was die Hemmung mit dem Messerkreuze
vollkommen bewirkt.

C. Schmid hat vor kurzem eine Secun-
den-Uhr mit einer Feder und einer solchen
Hemmung verfertiget, die, in Hinsicht auf
die übrige Arbeit, den vollkommensten Uhren
von Le Roi und Berthoud nichts nachgibt,
durch diese Hemmung aber sie bey weiten
übertrifft, und sich noch überdieß durch eine
höchst elegante Form als ein Zierstück für ein
Prunkzimmer empfiehlt.

Das Gehäuse der Uhr ist eine messingene
Kugel von etwa 5 Zoll Durchmesser, die auf
einer, nach sehr guten Verhältnissen gearbeiteten, mit dem Säulenstuhle etwa 2 Fuß hohen, marmorartig lackirten, canelirten Säule ruhet, in welcher das Pendel schwingt.
Die vordere Seite des Säulenstuhls läßet
durch ein Glas die Bewegung des Doppel-
kegels in einem, gegen den Horizont geneigten, Spiegel sehen, welche eben so stetig und
gleichförmig, als der Umlauf des Secunden-
zeigers, erscheint. Gleichwohl hört der An-
schauende auch nicht den leisesten Laut.

Die Uhr schlägt, wenn man will, und
repetirt die Stunden, und geht 8 Tage. Auch
Taschenuhren mit freyer Hemmung verfertiget Schmid in großer Vollkommenheit,
und in seinen Preisen ist er eben so billig, wie
Pfafflus. Marburg im May 1807.

Hauff, Professor.

Anfrage.

Bey dem ungeheuren Potaschen-Preise
wünscht man recht bald die Beantwortung,

ob kein Surrogat der Potasche bey Verfertigung des Glases angewendet werden könne und wie dabey verfahren werden müsse.

v. D.

Allerhand.

Anfrage.

Ohngefähr im Jahre 1761 wurden zu Sachsenburg in Thüringen bey der Unstrut zwey Denkmähler des Alterthums aufgefunden, von denen das eine einen Apis vorstellte, das zweyte aber eine Urne war, in welcher noch Asche und Knochen anzutreffen waren. Beyde Denkmähler erhielt der vormahlige Hofrath und Dr. Lauhn in Tennstedt, welcher sie nach Verlauf eines Jahres der lateinischen Gesellschaft in Jena widmete, und diese ließ auf Lauhn's Veranlassung von einem Mitgliede der Gesellschaft eine Abhandlung unter dem Titel:

Commentatio de monimentis quibusdam sepulcralibus Sachsenburgicis

drucken. Dem Einsender liegt daran, zu wissen: ob diese Denkmähler noch vorhanden sind und wo sie jetzt aufbewahret werden? Wer hierüber zuverlässige Auskunft geben kann, wird ersucht, selbige in dem allg. Anzeiger bekannt zu machen.

Berichtigungen und Streitigkeiten.

Große Geschäfte erwecken Neider. Dieß liegt in der Natur roher oder verdorbener Menschen, und ist etwas ganz gewöhnliches. Wenn aber der Neid zur Verläumdung sich erniedrigt, welche Ehre und Credit antastet, dann fordert deren Aufrechthaltung den im Dunkeln schleichenden Verläumder der Gerechtigkeit zu überliefern. Ist der Urheber der Lüge: „Große Häuser zu Wien, Augsburg und München hätten an den von Unterzeichnetem gemachten Lieferungen für die 1798 und 99 in Bayern und Schwaben gestandenen kaiserl. königl. und Reichsarmeen beträchtlich verloren‟ — auszufinden, so sollen dem Entdecker, Kraft dieses, zwey hundert Kronenthaler bezahlet werden.

Heidelberg den 29 May 1807.

Heinrich Wilhelm Achenbach.

Dienst = Anerbieten.

1) Man wünscht in einer Stadt des südlichen Deutschlands einen Musiker in Engagement zu nehmen, dessen Instrument die Violine ist, welche er mit hinlänglicher Geschicklichkeit muß spielen können, um ein bald schwächer bald stärker besetztes Liebhaber=Orchester mit Präcision und Kraft zu dirigiren. Gründliche Theorie und Orchester=Praxis, verbunden mit Kunstliebe und Berufstreue werden vorausgesetzt. Er hat zwar einen mäßigen Gehalt, aber eine sehr liberale Behandlung zu erwarten. — Anfragen und Anerbietungen hierzu nimmt in postfreyen Briefen an und besorgt an die Behörde: F. B. G. Fleischer's Buchhandlung in Leipzig.

2) Wenn ein geschickter Fabrikant, welcher hinreichende Kenntnisse besitzt, Eisenbleche so zu verzinnen, daß selbige den englischen an Güte und Ebenheit gleich kommen, und der in diesem Fache mit Erfolg arbeiten kann, geneigt seyn möchte, nach Schweden zu reisen, um daselbst angestellt zu werden: so kann sich derselbe durch Briefe mit beygelegten Zeugnissen an den Kaufmann und Eigenthümer einer Eisengießerey, Herrn Gust. Dan. Wilke in Stockholm wenden, um von demselben die näheren Bedingungen und die Reiseroute zu erfahren. Es werden aber nur Briefe von solchen Fabrikanten erwartet, die das Verlangte wirklich leisten können.

3) Ein Lehrbursche von gutem Herkommen, mit den nöthigen Kenntnissen versehen, wird in eine Ausschnitthandlung in Erfurt gegen die gewöhnlichen Bedingungen gesucht, kann jedoch aber ohne Lehrgeld nicht angenommen werden. Man kann sich deshalb in frankirten Briefen an den Sensal Christian Meyer daselbst wenden.

Dienst-Gesuche.

Ein unverheirathetes Frauenzimmer von gutem Ruf, feiner Bildung und solidem Charakter, welche die besten Zeugnisse ihres moralisch guten Betragens beybringen kann, wünscht als Gesellschafterin, wo sich solche zugleich den Geschäften eines kleinen Haus=

halts mit unterziehen würde, eine Stelle zu
erhalten. Sie würde mehr auf eine liebreiche
freundschaftliche Behandlung, als auf einen
ansehnlichen Gehalt Rücksicht nehmen. Nähere Auskunft hierüber ertheilt Pastor San-
dig in Scharzfeld am Harz auf frankirte
Briefe.

Familien - Nachrichten.

Todes-Anzeige.

Allen meinen Verwandten und Freunden
mache ich den schmerzlichen Verlust meines
so geliebten Gatten Carl Friedrich Ranke,
Stiftsguts-Pachters, welcher mir am 20
May durch einen sanften Tod von der Seite
gerissen wurde, mit Verbittung aller Beyleidsbezeugung, bekannt.
Vogelsberg den 31 May 1807.
Johanna Christiane Rank,
geb. Hartlepp.

Kauf - und Handels - Sachen.

Wunsch, Werner's Rauch verzehrende
Oefen betreffend.

Es wäre gewiß der guten Sache und
der Fabrik nützlich, wenn von den im allg.
Anz. Nr. 86 S. 895, und in der Nat. Ztg.
S. 263 erwähnten Arten von Oefen wenigstens ungefähre Preise im allg. Anz. bekannt
gemacht würden, damit man sich in der Entfernung das vorläufige Hin- und Herschreiben ersparen, und geschwinder seine Maßregeln nehmen könnte. Wer weiß, wie viele
Hrn. Shandy's es gibt, welche Zeitlebens
einen holzsparenden Ofen haben möchten,
aber ohne ihn sterben, weil sie einen Brief
hätten schreiben müssen, um seinen Preis zu
erfahren! Und wie viel Antwort- und Nach-
richtschreiben erspart die Fabrik mit einer
allgemeinen, gedruckten Anzeige!
                                    M + n + n

Verkauf eines Wohnhauses nebst einer Cichor-
rien- und Gesundheitskaffee-Fabrik.

Ein ganz neu aufgebautes Wohnhaus, bestehend in 4 Stuben, 3 Kammern, 4 Küchen, 3
Böden, einem Keller, geräumigen Tennen, Hof-
raith, Gärtchen, und andern Bequemlichkeiten,
wird, nebst einer dabey befindlichen, vollkommen
eingerichteten, sehr ergiebigen Cichorien- und Ge-

sundheitskaffee-Fabrik und den dazu gehörigen Geräthschaften und Waaren-Vorrath, ehestens aus
freyer Hand verkauft. Liebhaber wenden sich deshalb in frankirten Briefen an:
Nürnberg d. 5 Jun. 1807.   Dr. Volkert,
                             Lit. G Nr. 182.

Anerbieten wegen Torflieferung.

Sollte jemand geneigt seyn, eine Glashütte zu
grünem Glase und Bouteillen zu etabliren, so erbietet sich der Eigenthümer eines beträchtlichen
Torfmoores, den Torf dazu zu einem sehr billigen
Preise herzugeben, und würde nach Beschaffenheit
der Umstände nicht abgeneigt seyn, einen Antheil
an der Entreprise zu nehmen.   Das Moor ist in
dem Herzogthum Holstein, nicht völlig eine Tagreise zwischen Hamburg und Lübeck belegen, und
da gar keine Glashütte im ganzen Lande vorhanden
ist, so ist der Absatz keiner Schwierigkeit unterworfen. Liebhaber, welche darauf reflectiren, können
sich mit ihren Bedingungen in frankirten Briefen
an das Adreß-Comtoir in Hamburg wenden, und
die Briefe mit den Buchstaben A. D. K. bezeichnen.

Justiz - und Polizey - Sachen.

Steckbrief hinter Franz Renner.

Der Schiffpursche Franz Renner von Schlier-
bach ist des beabsichteten Mordes eines Menschen äußerst verdächtig, vor der Arretirung aber
auf flüchtigen Fuß gemacht; derselbe wird daher
andurch aufgefordert, binnen 6 Wochen dahier zu
erscheinen, und über das ihm zu Last gelegte Verbrechen, und über seinen Austritt sich zu verantworten, in Entstehungsfalle aber zu gewärtigen, daß
gegen ihn nach der Landes-Constitution wider ausgetretene Unterthanen werde verfahren werden,
und das weiter Rechtliche gegen ihn auf Betreten
vorbehalten bleibe.

Zugleich werden sämmtliche Gerichtsbehörden
in Freundschaft ersucht, gegen besagten Renner
genaue Kundschaft auszustellen, solchen auf Betreten
arretiren, und gegen Erstattung der Kosten und
Erwiederung ähnlicher Rechtsgefälligkeiten anher
liefern zu lassen; derselbe ist ungefähr 30 Jahr
alt, kleiner untersetzter Statur, hat ein ovales
Angesicht, braune rundgeschnittene Haare, trägt
auf Markttägen gewöhnlich einen grauen leinenen
Wammes, dergleichen kurze Hosen, ein baumwollenes Gilet, graue Strümpfe, und Schuhe, dann
einen runden Hut, um auf Festtägen blaue manchesterne kurze Hosen, weiße baumwollene Strümpfe,
Schuhe mit Schnallen, einen blauen Wammes,
und ein weißes Gilet.
Heidelberg den 26 May 1807.
Großherzgl. Badisches Stadtvogtey-Amt.
    Baurittel.   Wundt.
              vdt. Reudter.

Vorladungen: 1) militairpflichtiger Badener.

Nachbenannte, aus hiesigem Amte gebürtige Unterthanensöhne, welche ohne Erlaubniß und über die gesetzliche Wanderzeit abwesend sind, werden hiermit vorgeladen, sich innerhalb drey Monaten um so gewisser bey hiesigem Amte zu stellen, als sie ansonst ihres Vermögens und Unterthanen-Rechtes für verlustig erklärt werden sollen.

Von Ladenburg: Georg Reinle, Schuster. Johannes Wenzel, Schreiner. Georg Michael Bek, Schneider. Michel Morano, Schneider. Georg Vohr, Schuster. Ludwig Vohr, Schreiner. Valtin Munz, Schneider. Johannes Keller, Dreher. Johannes Riedinger, Schreiner. Valtin Leonhard, Schuster. Franz Anton Dreiling, Seifensieder. Christian Boos, Schreiner. Jacob Remelius, Schmid. Valentin Weindhl, Schuster. Wilhelm Höfer, Müller. Mathias Mildner, Glaser. Mathias Grab, Maurer. Michel Kloß, Schneider. Johannes Bauer, Metzger. Johannes Strumpf, Leinweber. Franz Glasner, Leinweber. Michael Müller, Becker. Georg Michael Stichs, Sattler. Peter Ludwig Merkel, Schneider. Jacob Barrscherer, Müller. Daniel Stanz, Schuster. Michel Eisenbard, Weißgerber.

Von Nekarhausen: Philipp Stahl, Schuster. Georg Peter Stahl, Schuster.

Von Wallstatt: Peter Dusterer Leinweber.

Von Feudenheim: Melchior Hermann, Schneider. Valentin Schaaf, Schmid. Franz Reuter, Schneider.

Von Sandhofen: Andreas Stübner. Michael Kühn. Martin Babe. Georg Babe. Michael Erbächer.

Von Kirschgartshausen: Johannes Grieser. Daniel Ballmer.

Von Heddesheim: Peter Hiß, Schneider. Nicolaus Reinhard, Schneider.

Ladenburg, den 26 May 1807.

Großherzoglich Badensches Landamt.

Schreck.

Haag.

2) der Geschwister Wichenfelder.

Da die nächsten Anverwandten der schon lange abwesenden Salome Wichenfelder, verehelichten Obermeyer und derselben Bruders Caspar Wichenfelder von Zeutern im großherzoglich badenschen Fürstenthum Bruchsal, wovon erstere bis nächsten August 70 Jahre alt wird, letzterer aber das 67 Alters-Jahr bereits erreicht hat, um eigenthümliche Ueberantwortung bepderseitigen Vermögens, welches sie seit etlichen Jahren gegen Caution im Genuß gehabt, angestanden: als werden dieselben oder dessen rechtmäßige Leibeserben anmit edictaliter vorgeladen, binnen einer unerstrecklichen Frist von neun Monaten a Dato sich zum Empfang ihres befraglichen Vermögens bey unterzogenem Amte zu melden, und genüglich zu legitimiren, unter dem Rechtsnachtheile, daß beyde sonst für verschollen erklärt, und dieses

ihr Vermögen den Impetranten, welche sich dazu bereits als nächste Erben legitimiret haben, für erb und eigenthümlich zuerkannt werden solle.

Odenheim am 30 im Monat May 1807.

Großherzoglich Badensches Amt.

A. Meßbach.

Kirchgeßner.

3) der Erben oder Gläubiger der Maria A: Mayer.

Wer aus einem Erb- oder sonstigen Rechtseinen gegründeten Anspruch an den geringen Nachlaß der am 12 Februar l. J. ohne Testament dahinverstorbenen Kriegs-Registratorswittwe Maria Anna Mayer, einer gebornen Hierber von Mannheim, zu haben vermeinet, hat solchen in Zeit dreyer Monate von heute an bey unterzeichneter Stelle ein- und auszuführen, oder zu gewärtigen, daß er binnen nicht mehr gehöret, und über diese Verlassenschaft verfügt werde, was Recht ist.

Mannheim, den 5 May 1807.

Großherzoglich Badisches Garnisons-Auditoriat.

Lutz, Auditeur.

4) der Marg. Mayer.

Die abwesende Margaretha Mayer von Plankstatt oder derselben allenfallsige Leibeserben werden hiermit edictaliter vorgeladen, sich innerhalb drey Monaten über die Beerbung und das Testament ihrer unlängst zu Plankstatt verlebten Schwester resp. Tante Catharina zu erklären, obrigenfalls aber zu gewärtigen, daß nach Maßgabe des Testaments, worin Georg Treiber und dessen Ehefrau b. i. als Universalerben eingesetzt sind, verfahren werde. Schwezingen den 29 May 1807.

Großherzogl. Badisches Amts-Commissariat.

H. Frey.

5) J. G. Kloz's.

Johann Georg Kloz von Waldangelloch, ein Sohn des Georg Kloz, gewesenen Jägers daselbst, hat sich in seinem 17 Jahre aus Verdrüßlichkeit mit seinem Pfleger Jacob Sälzer entfernt, ohne daß von dessen Aufenthalt bisher das mindeste bekannt geworden.

Da nun dessen nächster Anverwandter Ludwig Hartmann um die Extradition des Vermögens gegen einfache Caution bey dahiesigem Amte angestanden, so wird derselbe oder seine allenfallsigen Leibeserben in Gemäßheit bestehender höchsten Verordnung hiermit öffentlich vorgeladen, binnen sechs Monaten sich selbst oder durch hinlänglich Bevollmächtigten um zu dem dahier von den Vermögensmächtigten um die Ausfolgerung zu melden, als ansonsten dasselbe seinem nächsten Anverwandten auf seine vorgebrachte Bitte auf obige Art abgegeben werden wird.

Odenheim am 7 März 1807.

Großherzoglich Badensches Amt.

A. Meßbach.

Kirchgeßner.

Allgemeiner Anzeiger
der
Deutschen.

Dienstags, den 16 Junius 1807.

Justiz- und Polizey-Sachen.
Ueber das unehrliche Begräbniß der Selbstmörder.

Folgender Vorfall, der sich eben ereignete, als ich im Jahre 1802 das sächs. Erzgebirge bereiste und mich einige Tage in A. aufhielt, mag als ein Beytrag zu den im 107 Stck. d. allg. Anz. gemachten Reflexionen über das unehrliche Begräbniß der Selbstmörder und als Beweis dienen: daß auch zuweilen Obrigkeiten selbst Schuld sind, wenn diesem Vorurtheile nicht kräftiger entgegen gearbeitet wird, ja daß sie selbst wol diejenigen sind, die nicht zugeben wollen, daß einzelne Personen auf die Ausrottung solcher Vorurtheile hinwirken.

Eine Bergmannsfrau daselbst, Namens A. wurde aus Mißmuth, durch die äußerst schlechte Behandlung ihres Mannes, der ihr öfters das trockne Brod versagte, endlich Selbstmörderin und ersäufte sich in einem Kunstwasser, wo sie einer ihrer Söhne bey dem Anfahren vor einem Wasserrade liegend fand. Im 16 Jahrhundert wurde eine solche unglückliche Person durch des Scharfrichters Knecht aufgehoben und begraben; im 19 Jahrhundert sollte dieß wieder geschehen, weil die gewöhnlichen Leichenträger sich nicht entschließen wollten, diese Unglückliche an ihre Grabstätte zu tragen, und ihre Söhne selbst es nicht wagen durften aus Besorgniß, ihre Arbeit beym Grubenbau dadurch zu verlieren; es traten daher einige Handlungsdiener ins Mittel, verabredeten sich, nicht allein die Leiche zum Grabe öffentlich zu tragen,

Allg. Anz. d. D. 1 B. 1807.

sondern auch die Begräbnißkosten aus ihren Mitteln zu bestreiten. Schon wollte man den Sarg bestellen und alles bestimmen, wie und wenn der Leichenzug bey Tage geschehen solle, als man erst daran dachte, dem Stadtrathe von dieser Verabredung Nachricht zu geben, weil man glaubte, dieß sey noch Zeit genug und dieser müsse ja das Unternehmen ohnedieß billigen. Einer der Handlungsdiener, der gleich anfangs das ganze Unternehmen in Vorschlag gebracht hatte, benachrichtigte daher den Stadtrichter und Kaufmann C. von diesem Vorhaben. Mit Vergnügen ward der patriotische Antrag angehört, die Gesinnungen der Unternehmer gelobt, die Sache selbst aber — verboten: weil man das einmahl herrschende Vorurtheil nicht so gerade zu angreifen dürfe und die Träger sich doch späterhin vieler Verdrüßlichkeiten von Seiten der Bürger in öffentlichen Gesellschaften aussetzen würden.

Ohngeachtet jene nun erklärten, daß sie diesen Einwurf schon vorher reiflich überlegt hätten und darauf keine Rücksichten zu nehmen brauchten; so blieb es doch bey der ersten Resolution und die entleibte Bergmannsfrau ward durch des Scharfrichters Knecht Abends verscharrt.

Naturkunde.

Zurückwerfung der Sonnenstrahlen vom stillen Wasser, zur Zündung am Brennglase.

Daß von gewöhnlichen Flachspiegeln die zurückgeworfenen Sonnenstrahlen mittelst der

Brenngläser zünden, ist bekannt. Man kann
an heißen Tagen zu jeder Stunde die Strahlen zwey, auch wol dreymahl auf andere
Spiegel fallen lassen, so werden sie noch immer, wenn gleich bey jeder Vermehrung der
Spiegel langsamer, zünden. Aber mit der
Abspiegelung der Sonne vom Wasser ähnliche Versuche zu machen, ist die Gelegenheit
weit seltner. Der Himmel muß bis auf den
Horizont rein, das Wasser hell und unbe-
wegt, und so tief seyn, daß der Boden keine
Strahlen auffaßt. Der Platz muß von der
Sonnenseite frey von Anhöhen und Bäumen, auf der andern Seite aber mit Bäumen besetzt seyn, hinter welchen das wahre
Sonnenbild bedeckt ist, damit unter ihnen das
zurückgeworfene Bild in dem Reflexionswin-
kel vom Wasser heraufstrahlt. Denn wenn
der Versuch in vollem Sonnenschein gemacht
wird, ist man nicht sicher vor einer Diver-
sion, welche der gleichzeitige Schein des Ur-
bildes und des Abbildes der Sonne veranlassen könnte. Auch muß die Sonne sich gegen
den Untergang senken, damit ihr Abbild vom
Wasser schräg genug unter den Bäumen hinaus strahle.

Eine vortreffliche Zusammenkunft aller
Umstände zeigte sich am 25 May Abends nach
sechs Uhr unter den Linden bey Wetzlar, wo
sich das Sonnenbild im Abglanze auf der
vorüberfließenden Lahn spiegelte. Die Lahn
ist daselbst wegen des Felsrückens, der bey
der sogenannten steinernen Hand unterhin
streicht, und ihren Lauf aufhält, sehr tief
und still. Es regte sich keine Luft, und das
Wasser war ruhig. Dabey war es hell und
ungetrübt. Die Spazierenden sahen unter
dem grünen Gewölbe der Bäume über sich
den Schimmer des von unten heraufstrahlen-
den Wasserbildes der Sonne. Die Hitze war
seit ein Paar Tagen stark. Reaumur hatte
21 Grad.

Hier zeigte sich das physische Paradoxon,
daß sich in der Reflexionslinie des Sonnenbil-
des aus dem Wasser durch ein gutes Brenn-
glas Zunder entzündete. Noch nach sieben
Uhr sah man die Wirkung, so oft man wollte.

S. A. A.

---

*) Vergl. die Antwort in Nr. 128 S. 1300.

Anfrage:

Welches einheimische Kraut kann unter
Rauchtaback, will nicht sagen, statt desselben,
gebraucht werden, um ihn wohlfeiler rauchen
zu können? **VI.**

Gelehrte Sachen.

Ueber die Ritter mit dem goldnen
Sporn, in Bezug auf Nr. 112 S.
1158 des allg. Anz. *)

Die Ritter, oder wie sie andre nennen,
Pii participantes, hat Pabst Pius IV im
Jahr 1559 oder 1560 errichtet. Ihr Ordenszeichen war, wie einige wollen, das Bild
des heiligen Ambrosius an einer goldnen
Kette, nach andern aber ein goldnes Malte-
ser-Kreuz und ein daran hängender goldner
Sporn. Es hatte sich aber gedachter Pabst
so in diese Ritter verliebt, daß er erst 317
derselben machte, die endlich bis 335 anwuch-
sen. Er eignete ihnen den Vorzug vor dem
Maltheser und deutschen Orden zu; sie hatten aber mit denselben und den S. Petri
Rittern wahrscheinlich einerley Beschaffenheit. Die Schriftsteller, sonderlich aber
Justiniani leiten diese Ritter von Constantin
dem Großen ab, und meinen, Pius habe sie
nur bestätigt. Ciacconius aber sagt ausdrücklich, letzter habe sie eingesetzt. Der
Stifter vermachte ihnen ein großes Einkommen; allein nach seinem Tode fiel alles wieder über den Haufen. Cohellius will, daß
sie bis auf 535 angewachsen seyen; es habe
ihnen aber Pius V die Flügel ziemlich be-
schnitten.

Schon im Jahr 1526 machte jener Pabst
Ritter von erwähntem Orden. Ihr Geschäft
bestand darin, daß sie den Pabst tragen und
führen mußten, wenn er ausging. Die Ritter des Ordens vom güldnen Sporn wurden
eben sowohl, als die andern equites änrati
genannt, weil sie vergoldete Degen und
Sporn trugen. Der Pabst gab diesen Ritterorden sowohl den Soldaten, als auch andern Personen. Sie waren auch zugleich
Comites Palatini, bekamen eine gewisse Pension von dem Pabst, und hatten das Privilegium, Doctores in allen Facultäten, wie
auch Notarios publicos zu creiren, und un-

s. Reb.

eheliche Kinder ehrlich zu machen. (Aus
Gryphius kurzem Entwurf der geist= und
weltlichen Ritterorden).

- Die Ritter dieses Ordens wurden auch
Cavalieri Pii genannt, daher auch einige
zweifeln, ob sie zu Pabsts Pius Zeiten „vom
goldnen Sporn" genannt worden seyen, und
vielmehr für glaublicher halten, daß die Rit=
ter desselben noch älter am römischen Hofe
sind, wie denn schon Paul III vier Gebrü=
dern vom Hause der Grafen Storria von
Sancta Flora für sie und ihre Nachkommen
das Recht gegeben hat, Ritter vom goldenen
Sporn zu ernennen, wovon die Bulle noch
vorhanden ist, welche mehrere Päbste bestä=
tigt haben. Sie trugen ein von goldenen
Faden gewirktes Kreuz, daran unten ein
Sporn hing. Im Jahr 1677 den 7 May
beehrte der Pabst Innocentius XI den vene=
tianischen Gesandten mit diesem Ordenszei=
chen, worüber sich nicht wenige verwundert,
da der Orden schon damahls sehr gemein
war. Er ist aber nachmahls noch mehr her=
untergekommen, indem er allein fast
jedermann gegeben wird, sondern auch von
allen päbstlichen Nuntiis, Auditoribus Rotae,
von mehrern Prälaten des römischen Hofs
2c. kann ausgetheilt werden.
Carl von Anjou, König von Neapel,
hat im Jahr 1266 nach Ueberwindung Man=
freds gleichfalls einen Orden dieses Namens
aufgerichtet, um einen Theil seiner vornehm=
sten Officiere dadurch zu belohnen; es scheint
aber auch dieser nicht lange gewährt zu haben.
Sonst sind die goldnen Sporn fast allen an=
dern Ordensrittern gemein. (Aus dem allg.
histor. Lexicon.)

Anfragen.

1) Wenn hat man den zweyten Theil des
von Dr. Wichelhausen zu Mannheim her=
ausgegebenen Buches über die Erkenntniß,
Verhütung und Heilung der schleimigen Lun=
gensucht zu hoffen? Der verehrte Verfasser
desselben wird hiermit ersucht, es doch im
allg. Anz. bekannt zu machen, ob wir uns
dessen baldigst erfreuen können.

2) Wer kann beweisen, daß das dem drit=
ten Theile von Schiller's Theater vorge=
setzte Portrait wirklich das Bildniß Wallens

steins und nicht vielmehr das eines nieder=
ländischen Mahlers ist?

Dienst = Anerbieten.

Für eine Familie im Herzogthum
Holstein wird ein Hauslehrer und Erzieher
von ausgezeichneten Kenntnissen und Fähig=
keiten gesucht. Die Adresse ertheilt die Ex=
pedition des allg. Anz. in Gotha.

Dienst = Gesuche.

Ein etliche Jahre servirender Pharma=
cente wünscht auf Michaelis seine jetzige Stel=
le zu wechseln, und am liebsten in eine gute
Officin zu kommen, wo mit Receptur und
Defectur gewechselt wird. Frankirte Briefe
mit den Bedingungen besorgt die Exped.
des allg. Anz. d. D.

Justiz= und Polizey = Sachen.

Vorladungen: 1) militairpflichtiger Badener.
Die ohne amtliche Wanderpässe sich aus ihren
Geburtsorten entfernten und über die gewöhnliche
Wanderzeit ausbleibenden Bürgerssöhne
Georg Zieger und Nicolaus Heister von Phi=
lippsburg; Joseph Wernbart und Joseph Kern
von St. Leon; Johann Adam Gayer und Carl
Joseph König von Neudorf; Baptist Becker von
Rheinhausen; Valentin Lenz von Oberhausen;
Jacob Gebweiler van Wiesenthal; Franz Andreas
Jungkind von Hüttenheim und Georg Peter Bär=
cher von Dettenheim; sollen sich so sicherer bin=
nen drey Monaten bey hiesigem Amte stellen,
als sonst nach deren fruchtlosem Ablauf gegen sie
nach Landesgesetzen verfahren, sie alles Bürger=
rechts verlustig erklärt und ihr Vermögen con=
fisciret werden wird.
Philippsburg den 29 May 1807.
Großherzoglich Badensches Amt.
Schuch.
vdt. Zopf.

2) der Gläubiger des Burggrafen
Wiedemann.
Alle diejenigen, welche an die Verlassenschaft
des verstorbenen Burggrafen Wiedemann Ansprüche
formiren zu können glauben, werden hiermit sub
praejudicio praeclusi aufgefordert, solche in ter=
mino den 8 Jul. zu Protocoll anzuzeigen und so
viel als möglich sofort zu begründen.
Schmalkalden den 1 Jun. 1807.
Schoebbe.

Kauf- und Handels-Sachen.

Mineralwaſſer.

Bey Carl Heinrich Kleinert in Leipzig iſt friſches ſaydſchitzer Bitterwaſſer, Eger-, Pyrmon-ter-, Spaa-, Selter- und Fachinger-Waſſer ange-kommen und wird in ganzen und halben Kiſten und einzelnen Flaſchen verkauft.
Leipzig den 23 May 1807.

Wechſel- und Geld-Cours in ſächſiſcher Wechſelzahlung.

Leipzig, den 9 Junius 1807.

In den Meſſen.	Geld	Briefe.
Leipz. Neujahr-Meſſe	—	—
— Oſter-	—	—
Naumburger	99 3/4	—
Leipz. Michaels —	98	—
Amſterdam in Bco. à Uſo	—	—
Detto in Curr. à Uſo	—	143 1/2
Hamburg in Bco. à Uſo	—	149 3/4
Lion 2 Uſo in Liv.	—	78 1/4
Paris 2 Uſo in Liv.	—	78
Augsburg à Uſo.	—	100
Wien à Uſo.	—	50
Prag à Uſo.	—	50
London à 2 Uſo p. Pf. St.	—	—
Ränder-Ducaten	13	—
Kaiſer-Ducaten	12 1/4	—
Wichtige Duc. à 66 Aß	10 1/2	—
Breslauer à 65 1/2 ditto	10 1/2	—
Leichte à 65 ditto	9 1/2	—
Almarco ditto		—
Almarco Louiſd'or		—
Souverainb'or	9 xC	—
Louiſd'or à 5 Rthl.	9 3/4	—
Sächſ. Conv. Geld	pari	—
Schild-Louiſd'or	2 1/4	—
Laubthaler		2 1/2
Preuß. Curr.	5 1/4	
Do. Münze.	10 1/2	
Xer.	pari	
Caſſ. Bill.	3/4	
Kronenthaler	1/2	
3. 7. Kr.	8 3/4	
17	5.	
Wiener Banc. Zettel	50	
Frankfurt a. M. à Uſo.	3	

Wechſel- und Geld-Cours in wichtigen Louis-Carl- u. Fried'or à 5 Rthlr.

Bremen, den 10 Jun, 1807.

Amſterdam 250 fl. in Banco 8 T. b.	
Dito 2 Mon. dato	
Dito in Courant 8 T. b.	31 3/4-1/2
Dito 2 Mon. dato	30 1/2. 1/2
Hamburg 300 Mk. in Bco 6 T. b.	37. 36 7/8
Dito 2 Mon. dato	36 1/4. 36
London für 100 Lſterl. 2 Mt.	—
Paris 1 Fl. 2 Mt.	17 3/8. 3/8
Bourdeaux dito dito	—
Frankf. a. M. 2 Mt.	—
Leipzig 2 Mt.	—
Berlin 2 Mt.	—
Holl. Rand-Ducaten 1 St.	2 xC. 60
Neue 2/3 Stück gewinnen	4
Conv. Münze verliert	8 1/2
Laubthaler à 1 1/2 Rthl. dito	7.
Preußiſches Courant	16
Holl. fl. per Stück	37

Hamburger Wechſel- und Geld-Cours in Banco.

den 9 Jun. 1807.

Amſterdam in Banco k. S.	33 3/4
dito 2 Mon. dato	34
dito in Cour. k. S.	4 1/4
dito 2 Mon. dato	5
London für 1 Lſterl. 2 Mt.	
Paris 3 Fl. 2 Mt.	257/16
Bordeaux dito dito	257/16
Madrid 1 Duc. 3 Mt.	91 1/4
Cabiz dito dito	91 1/4
Liſſabon 1 Crus dito	447/8
Wien u. Prag in Cour. 6 W. b.	300
Copenhagen 2 Mt.	42
Louis-Carl- u. Fried'or à 5 Rt.	11 4 1/4
Holl. Rand-Ducaten	7 5/8
Neue 2/3 Stück	30
Grob Dän. Courant	25
Hamburger dito dito	23 3/4
Preuß. dito dito	58 1/4

Allgemeiner Anzeiger der Deutschen.

Mittwochs, den 17 Junius 1807.

Literarische Nachrichten.

Verkauf einer Buchhandlung.

Eine Buchhandlung wünscht ihren sämmtlichen nicht unbedeutenden Verlag, der noch in letzter leipziger Messe mit neuen gangbaren Artikeln vermehrt worden, auf einmahl sammt Verlagsrecht zu verkaufen. Sollte vielleicht ein junger Mann hierauf zu entriren Lust haben, um sein Etablissement zu begründen, so kann derselbe, unter gehöriger Sicherheitsleistung, sich billiger Bedingungen im voraus versichert halten. Man wendet sich desfalb in postfreyen Briefen an die Expedition des allg. Anz. unter der Adresse an R. B.

Musikalien.

Endesgenannter ist entschlossen, einige Hefte Partien für die gewöhnlichen Blasinstrumente auf eigne Kosten herauszugeben. Der erste Heft, welcher noch vor Michaelis d. J. erscheinen soll, wird sechs große Character-Märsche (viere der franz. Armee, einen der polnischen Legion, und einen der schwed. Garde) enthalten. Jeder Heft wird sauber gestochen oder gedruckt, nach dem Erscheinen 1 Thlr. 8 gr. kosten. Man kann aber auch auf den ersten Heft von jetzt an bis zum 1 Septbr. bey mir selbst oder in der Musikhandlung F. Hofmeister's in Leipzig in portofreyen Briefen pränumeriren mit einem Gulden Sächs. Wer fünf Gulden sendet, erhält sechs Exemplare.

Benndorf bey Frohburg in Sachsen, im Monat Junius 1807.

C. F. G. Jänig.

Bücher, die zu kaufen gesucht werden.

Aristoteles loca mathem. ex universis ejus Opp. collecta et explicata Auct. Jos. Blancano. Bologna 1615 in 4to.
Antiquae musicae scriptores VII. Edit. M. Meibomius. Amstelodami 1652 in 4to.

Allg. Anz. d. D. 1 B. 1807.

Pappi Alexandrini mathematicae. Collect. Bononiae 1660 in Folio.

Hamburg im Junius 1807.
Großmann und Horaczek Schulbuchhandlung.

Subscriptions- Ankündigung.

Unter dem Titel: Nachrichten von Surinam und seinen Einwohnern, sonderlich den Arowacken, Warunen und Karaiben, von den nützlichen Gewächsen und verschiedenen Thieren des Landes, von den Geschäften der dortigen Missionarien der Brüderunität und von der Sprache der Arowacken in 8. — bin ich gesonnen, auf Anrathen mehrerer Freunde, meinen schon vor einigen Jahren gefertigten Aufsatz mit Beyfügung einer Karte und ein Paar Kupfern in Druck zu geben.

Weil von den in diesen Gegenden wohnenden indianischen Nationen noch wenig zuverlässige Nachrichten im Publicum erschienen sind, so hoffe ich, daß meine während einem etlichjährigen Aufenthalt in diesem Lande gemachten Bemerkungen die Leser nicht uninteressant finden werden, auch manchem Sprachliebhaber eine kurze grammaticalische Anweisung der Sprache der Arowacken, mit welcher man sich unter den indianischen Nationen von der Suriname bis an die Dronoko und die Insel Trinidat durchhelfen kann, willkommen seyn werde.

Um einigermaßen die Stärke der Auflage bestimmen zu können, ersuche ich die Liebhaber bey mir oder bey den Buchbindern in den Brüdergemeinden, die ihnen am nächsten sind, zu subscribiren. Wer für 10 Exemplare unterzeichnet, erhält das 11te frey. Der Preis kann jetzt noch nicht fest bestimmt werden; doch hoffe ich, daß wenn sich hinlängliche Subscribenten finden, derselbe nicht viel über einen Reichsthaler steigen werde.

Herrnhut, den 18 May 1807.
Christ. Quandt.

Unter dem Titel:

Disconto - Tabellen, für Deutschland, Holland ꝛc. ꝛc.

wornach man augenblicklich den Disconto jeder Summe von 1 bis 6 pCt. für alle Tage berechnen kann, habe, ich ein Werk bearbeitet, welches gewiß dem Kaufmanne sowohl, als dem Discontenten, Rentenier ꝛc. sehr willkommen seyn, und wegen der darin beobachteten Accuratesse und möglichsten Gedrängtheit, zweckmäßig und nützlich gefunden werden wird.

Mehrere Rücksichten bestimmen mich, dem Publicum dieses, aus einigen sechzig Tabellen bestehende Werk schon jetzt, und zwar auf Subscription bis Ende Julius d. J., das Exemplar zu 7 ℔ 8 ß Crt. anzubieten. Sobald die nicht unbeträchtlichen Kosten des Drucks einigermaßen gedeckt sind, wird damit der Anfang gemacht und von meiner Seite keine Mühe gescheut werden, das Werk in möglichster Vollkommenheit zu liefern.

Ein zweyter, von 6 1/2 bis 12 pCt. gebender Theil wird diesem. zu gleichem Subscriptionspreise folgen; weshalb man auf beyde, oder auch vorläufig nur auf den ersten Theil subscribiren kann.

Alle solide Buchhandlungen, denen, wie jedem andern gütigen Subscribenten-Sammler, ich hierdurch für ihre Bemühung einen Rabat von 25 pCt. zusichere, nehmen hierauf Subscription an; und ersuche ich sie, mir die Namen der Herren Subscribenten, die dem Werke vorgedruckt werden sollen, sogleich bey Ablauf des obigen Termins gefälligst einzusenden. Der nachherige Preis ist 10 ℔ für jeden Theil.

Uebrigens nimmt auch Subscription an
Hamburg   der Herausgeber
im M. März,   J. H. Decker, junior
1807.   Buchhalter
          Kleine Johannisstraße No. 4.

Periodische Schriften.

Eben ist erschienen:
Der rheinische Bund. 6s Heft oder II. Band; 3s und letztes Stück.

Inhalt: 35) Fortsetzung der im 5n Hefte unter Nr. 19 abgebrochenen Abhandlung des Hrn. geheimen Rath Gärtner zu Neuwied. 36) Königl. baiersche Declaration die Bestimmung der künftigen Verhältnisse der der königl. Souverainität unterworfenen Fürsten, Grafen und Herren zu den verschiedenen Zweigen der Staatsgewalt betreffend. 37) Einige Vorschläge zur neuen Einrichtung des Zunftwesens in den Staaten des rheinischen Bundes, vom Hrn. geb. Rath Medikus zu Weilburg. 38) Ideen von Errichtung eines Bundesgerichts. 39) Ueber die Souverainität des fürstl. Hauses Lichtenstein. 40) Betrachtungen über die Souverainität der rheinischen Bundsgenossen, veranlaßt durch den Aufsatz des Hrn. geb. Raths Medikus

im 4n Heft des Journals. 41) Vorbereitung zur Bestimmung des künftigen Zustandes der vormahligen reichsunmittelbaren Ritterschaft im Großherzogthum Baden. 42) Fürstl. primatisches Rescript, die Wahl wirklicher Repräsentanten der Bürgerschaft zu Frankfurt betreffend. 43) Gerichtsstand der vormahligen Reichsstände und Reichsritter im Großherzogthum Hessen. 44) Einleitung zur Auseinandersetzung verschiedener den vormahligen fränkischen Kreis betreffenden Gegenstände. 45) Gerichtsstand der vormahligen geistlichen Regenten n der baier.schen Monarchie. 46) Uebergabe der ertenauischen Ritterschaft unter die Souverainität des Großherzogs von Baden. 47) Kurze Nachrichten.

Das 7te Heft ist unter der Presse und erscheint in Monatsfrist. Frankfurt, den 30 May. 1807.
                                 J. C. B. Mohr.

Inhalts-Verzeichniß der Georgia vom Monat May 1807.

Nr. 37. Literatur; (Martin Luther, oder die Weihe der Kraft ꝛc.) von Sch. Lotosblätter, von Isidorus Orientalis. Geschichte des Tages. (Aus Schleswig.)

Nr. 38. Literatur; (Martin Luther, oder die Weihe der Kraft. Beschluß.) An Schiller's Schatten von S—g. Einem Freunde ins Stammbuch, von S—g. Lotosblätter, von Isidorus Orientalis.

Nr. 39. Der menschliche Kopf in Bezug a Gall's Schädellehre. (Fortsetzung.) Briefe aus Copenhagen. (Fortsetzung.) Frühlings-Sehnsucht, von Isidorus Orientalis.

Nr. 40. Ueber Journale, von Dr. Jbling. Lotosblätter, von Isidorus Orientalis. Spätes Geständniß, von Carl Müchler.

Nr. 41. Briefe über Copenhagen. (Fortsetzung.) Ueber Journale. (Beschluß.) Geschichte des Tages. (Aus München.)

Nr. 42. An Apollon Delios; Homerischer Hymnus, von M. Krehl. Der menschliche Kopf in Bezug auf Gall's Schädellehre. (Fortsetzung.)

Nr. 43. Der menschliche Kopf in Bezug auf Gall's Schädellehre. (Beschluß.) Glück der Zufriedenheit, von S—g. In ein Stammbuch, von S—g. Geschichte des Tages. (Aus München.)

Nr. 44. Testamentarische Ermahnung für Advocaten, von C*. An Apollon Delios. (Beschluß.) Ueber Gifrpflanzen, ihren Schaden und Nutzen für die Gesundheit. Geschichte des Tages. (Aus München.)

Nr. 45. Ueber das Bad zu Teplitz. Der Abünaki, von K. M—r. Ueber Giftpflanzen u. s. w. (Fortsetzung.) Geschichte des Tages. (Aus Hamburg.)

Nr. 46. Literatur. (Neue französische Sprachlehre ꝛc. Weimar 1805.) Das Panorama des Lebens, von Dr. Jbling. Ueber das Bad zu Teplitz. (Beschluß.) Grabschrift, von A. L.

Nr. 47. Einige Reflexionen über das Theater
und Theater-Publicum in Bamberg. von Kilian.
An die Einsamkeit, von K. Müchler. Mars und
Amor, v. N.

Nr. 48. Wann werden die Deutschen deutsch
reden lernen? Ulrike und Waldrich; Ballade; von
S—g. Auch etwas über Dr. Gall's Schädellehre;
eine wahre Anekdote, von E*.

Nr. 49. Schöne Literatur: (Kalliope, eine
Sammlung lyrischer und epigrammatischer Gedichte,
von Friedrich Raßmann.) Wann werden die
Deutschen deutsch reden lernen? (Beschluß.) Geschichte des Tages. (Aus Berlin.)

Von der
Bibliothek der redenden und bildenden
Künste,
welche seit einem Jahre an die Stelle der mit dem
72 Bande geschlossenen
Bibliothek der schönen Wissenschaften und
der freyen Künste
trat, ist so eben des 3n-Bandes 16 Stück fertig geworden, in welchem man unter andern ausführliche Beurtheilungen von den beyden Trauerspie-
len, die Weihe der Kraft, und die Altolier, findet.
Dieses Journal wird regelmäßig fortgesetzt, so daß
alle drey Monate ein Stück von 13 — 14 Bogen
erscheint, dessen Preis 16 ist.
Dykische Buchhandlung in Leipzig.

Bücher-Anzeigen.

Anzeige, die Fortsetzung des Repertoriums der
Literatur. drittes Quinquennium für die
Jahre 1796 — 1800 betreffend.
Die zweyte Lieferung des allgemeinen Repertoriums der Literatur drittes Quinquennium
für die Jahre 1796 bis 1800 oder das 4te bis 7te
Fach ist so eben von uns an die Buchhandlungen
und Besteller versandt worden. Da der Pränume-
rationstermin verflossen ist, so tritt nunmehr der
Ladenpreis von 7 rthlr. 12 gl. sächs. oder 13 Fl.
30 kr. rhein. unabänderlich ein.
Für die Freunde der Literatur, die sich nicht
das ganze Werk anschaffen wollen, sind nun folgende in den ersten zwey Lieferungen enthaltene Fächer
besonders zu haben:
Systematisches Verzeichniß aller in der Wissenschaftskunde und philologischen Literatur in
den Jahren 1796 bis 1800 herausgekommenen
teutschen und ausländischen Schriften. gr. 4.
1 rthlr. oder 1 fl. 48 kr.
— — aller in der theologischen Literatur in den
J. 1796 bis 1800 herausgek. teutschen und ausländischen Schriften. gr. 4. 1 rthlr. 20 gl. oder
3 fl. 18 kr.
— — aller in der juristischen Literatur in den
J. 1796 bis 1800 herausgekommenen Schriften.
gr. 4. 1 rthlr. oder 1 fl. 48 kr.

— — aller in der medicinischen Literatur in den
J. 1796 bis 1800 herausgek. Schriften. gr. 4.
r rthlr. 4 gl. oder 2 fl. 6 kr.
— — aller in der philosophischen Literatur in
den J. 1796 bis 1800 herausgek. Schriften. gr. 4.
15 gl. oder 1 fl. 8 kr.
— — aller in der pädagogischen Literatur in den
J. 1796 bis 1800 herausgekommenen Schriften.
gr. 4. 12 gl. oder 54 kr.
Es wird an der Fortsetzung ununterbrochen
fortgedruckt und in kurzen werden wir wieder im
Stande seyn, die dritte Lieferung zu versenden,
und bis Michaelis das ganze Werk zu vollenden.
Weimar im May 1807.
J. S. priv. Landes-Industrie-Comtoir.

Bey Rottmann in Berlin sind kürzlich erschienen
Fermbstädt's Grundriß der theoretischen und
experimentellen Pharmacie. 2r Theil als Selbstunterricht in der Materia pharmaceutica. 2te
durchaus umgearbeitete und verbesserte Auflage.
gr. 8. 2 rthlr. 8 gl. auf feinem Pap. 3 rthlr. 8 gl.
Klaproth, M. H., Beyträge zur chemischen
Kenntniß der Mineralkörper. 4r Band. gr. 8.
2 rthlr. auf feinem Papier 2 rthlr. 12 gl.
Haas, Wilh., Beschreibung der systematischen
Stücklinien und Zwischenspäne, nach typo-
graphischen Puncten eingerichtet. Mit dazu
gehörigen Tabellen. Nebst einer Anmerkung über
die gegossenen Stege. Zum Nutzen der Buch-
druckerkunst. 4. brochirt. Velinpap. 12 gl.

Schulanstalten und Schülern
machen wir bekannt, daß bey uns folgende Schul-
schriften nun fertig geworden und in allen Buchhandlungen zu haben sind: 1) Die lateinischen
Declinationen und Conjugationen in Verbindung
einiger Wörter zum Auswendiglernen, nebst einigen
Hauptregeln für die ersten Anfänger in der lateinischen Sprache, von G. E. Beuster, Preis 4 gl.
oder 18 kr. Der Verfasser glaubt durch diese
Schrift einem Bedürfniß in den niedern Klassen
der latein. Schulen abzuhelfen und zu verhindern,
daß man den kleinen Schülern nicht gleich ein dickes
Buch mit weitläuftigen Regeln in die Hände zu
geben brauche. Die beygefügten Vocabeln sind zu
täglichen Aufgaben bestimmt. 2) Die Redetheile
der deutschen Sprache. Zum bequemen Uebersicht
in den untern Classen der Schulen zu gebrauchen.
Pr. 2 gl. oder 9 kr. Diese Tabelle ist nach Art der
bekannten morizischen Tabellen über die englische
Sprache ausgefertigt. 3) Vorschriften zu einer
verständigen Uebung in der deutschen Rechtschreibekunst von D. J. E. E. Danz. Zweyte sehr
verbesserte Auflage. Pr. 12 gl. oder 54 kr. Man
bekommt hier 120 Blättchen, welche, auf Pappe
aufgeklebt, den Kindern über jeden Fall in der
deutschen Rechtschreibekunst vorgelegt werden können. Daß diese Vorschriften Beyfall und Abgang

erhielten, gibt die neue Auflage zu erkennen. Deshalb sind auch noch erschienen: 4) Vorschriften
und Aufgaben zu allerley schriftlichen Aufsägen.
von D. J. C C. Danz. Der Vorschriften über
die Rechtschreibekunst zweyter Theil. Pr. 9 gl.
oder 40 kr. Dieser Theil enthält 112 Blättchen,
welche ebenfalls in den Schulanstalten zur Uebung
vorgelegt werden können. 5) Kurzer Abriß des
geistigen Menschen, für Schullehrer und Erzieher
Preis 12 gl. oder 54 kr. Nicht bloß Schullehrern
und Erziehern, sondern auch allen jungen Studierenden, welche über sich selbst denken und ihre eigenen Geisteskräfte kennen lernen wollen, ist dieß
Werkchen zu empfehlen. 6) Mythologische Erzählungen aus der ältern griechischen Geschichte.
Ein latein. deutsches Lesebuch für junge Leute. Pr.
8 gl. oder 36 kr. Der Titel erklärt dieß Schulbuch
hinlänglich.   Gebrüder Gädicke in Berlin.

   Neue Verlags- und Commissions-Bücher von
Tobias Löffler in Mannheim.
Bauvittel, C. L., Bemerkungen über die Beru-
fung in Strafsachen, 8. 6 gl.
Einrichtung der Armenanstalt zu Mannheim,
4. 8 gl. netto.
Gebete, auserlesene, zum Gebrauch für fromme
Christen, mit Kpfrn. Neue vermehrte Aufl. 8.
6 gl. netto.
Kirch, J. P., Jesus in seinem Leiden, als das
erhabenste Muster unserer Nachahmung, in 6
Fastenpredigten nebst vier andern Gelegenheits-
reden, 2te durchaus verb. Aufl. 8.   16 gl.
Medikus, F. C., Beyträge zur Cultur exotischer
Gewächse, mit einer Kupfertafel, 12. Auf Druckpapier 17 gl. Auf Schreibpap. 20 gl.
Polizey-Vorschriften für die Haupt- und Resi-
denz-Stadt Mannheim, nach alphabetischer
Ordnung, 8. 8 gl.
Scherer, Dr. J. L. W. allgemeines Lehrbuch der
biblischen Religionsgeschichte für Kinder, 8. 12 gl.
Welt, deutsche, thu einmahl wegen der Philosophie und Geistlichkeit die Augen auf! oder Beyträge über wechselseitige Verhältnisse der Philosophie und Religion, des Staats, der Kirche, der
Strafgerechtigkeit und Bildung — Verbesserung
der Geistlichkeit, Verarmung und Verhütung
derselben, 2 Theile, gr. 8. Germanien 1 rthl. 8 gl.
Zipf, Stephan, (Dr. und Prof. auf der Universität
Heidelberg) Lehrbuch der Krankheiten der Thiere
und besonders der Pferde. Erster Theil, Fieber.
gr. 8.

   In allen guten Buchhandlungen ist zu haben.
Mathieu Lovat's an sich selbst vollzogene
Kreuzigung zu Venedig im Jahr 1805, aus
dem Französischen von Dr. J. F. Schlegel, mit
zwey Kupfern.

                  Klüger'sche Buchhandlung
                     in Arnstadt.

   Neue Verlagsbücher der Kunst-Buch- und
Landkartenhandlung von Schneider und Weigel
in Nürnberg.
1) ABC, instructiv pour apprendre aux enfans
les élémens de la langue françoise par C. W.
Brunner revu et augmenté. 8. 4 gl. le
même avec figur. enlum. 1 rthlr. 8 gl. — av.
fig. noires 20 gl.
2) Bechstein's getreue Abbildungen. 7r Band
1, 2, 3s Heft illuminirt à 16 gl. 2 rthlr.
3) Lehrreiche Erzählungen aus der biblischen
Geschichte für die Jugend, mit Kupfern. Neu
Aufl. 8. 20 gl. mit illum. Kpfrn. 1 rthlr. 8 gl.
ohne Kupfer 12 gl.
Die nämlichen ins Französische übersetzt 20 gl.
   Diese auserlesenen biblischen Erzählungen empfahl schon der sel. Prediger Zollikofer seiner Gemeinde in Leipzig, als eine sehr nützliche Lecture.
4) Gürle, Unterricht, Firnisse zu machen, 2r
Theil. Neue Aufl. 8. 1 rthlr.
5) Orbis pictus, der deutsche, oder Elementarbuch zur Beförderung nützlicher Begriffe aus der
Natur und Kunst für junge Leute, mit vielen
illum. Kupf. gebunden 8. 16 gl.
   Die Beschreibung der Gegenstände, welche diesem sehr nützlichen Buche zum Grunde liegt, ist
sehr deutlich und der Natur gemäß abgefaßt, und
enthält folgendes: 1) Die vier Elemente, 2) der
Bergbau, 3) Mineralien, 4) Metalle, 5) der
Hüttenbau, 6) das Pflanzenreich, 7) Verkleid-
rungen, 8) Conchilien, 9) das Thierreich, 10) das
Haus und die Küchengeräthschaften ꝛc. Durch ge-
bene Kupferstiche erklärt.
6) Vignola bürgerliche Baukunst, mit 50 Kupf.
4. Neue Aufl. 20 gl.
7) Zwölf Prospecte zum Illuminiren und Zeichnen. 4. illum. 12 gl. schwarz 8 gl.

             Landkarten.
1) Die Erdhämisphären oder die Erdkugel auf ein
Blatt von D. J. Sotzmann. 1807. 12 gl.
2) Karte von Polen auf einem großen Blatt oder
Kriegsschauplatz von ebendems. 12 gl.
3) Polen in vier Blättern von Us. 2 rthlr.
4) Das ganze russische Reich, europäischer und
asiatischer Theil, neu entworfen von L. Spöct.
12 gl.
5) Karte von Italien Nr. 5 zum Atlas der Karten von Mannert und Stieler in sechs Blättern
obiges Blatt enthält Calabrien und Sicilien 9 gl.
6) Theatre de la Guerre in 18 Blättern enthält
die Länder von Norddeutschland, Rußland ꝛc.
aus unserm großen Atlas von Sotzmann genommen und kostet 6 rthle. 16 gl.
   Man kann obiges durch alle Kunst- und Buchhandlungen erhalten.

Allgemeiner Anzeiger
der
Deutschen.

Donnerstags, den 18 Junius 1807.

Nützliche Anstalten und Vorschläge.

Bemerkungen zu dem Aufsatze im allg. Anz. d. J. über Schulaufsicht.

Es ist allerdings eine auffallende Erscheinung, die in neuern Zeiten mehr als je bemerkt wird, daß man unbedingt gegen jede Aufsicht über die Schulen klagen und dieselbe als unnöthig und zweckwidrig verschreyen hört. Wenn es einem Schulmanne, der manche Erfahrung darüber zu sammeln Gelegenheit gehabt hat, vergönnt ist, seine Gedanken darüber, als eine Zugabe zu jenem Aufsatze, laut werden zu lassen, — und wer möchte ihm dieses verweigern, wenn er die Sache unparteyisch zu erwägen gemeint ist, — so ist wol zu wünschen, daß nachstehende Ideen etwas dazu beytragen mögen, den Streit zu heben und ein Mißverhältniß zu beseitigen, das den Schulen durchaus keinen Vortheil bringen kann. Wie immer, gilt auch hier das bekannte Iliacos intra muros peccatur et extra. Zuerst also von den Fehlern der Schulmänner, welche ihre Unzufriedenheit mit jeder Schul-Aufsicht entspringt. Denn daß sie daran nicht selten Schuld sind, wird niemand bezweifeln, wer es weiß, welche hohe Idee ein nicht geringer Theil dieser Männer mit der Nothwendigkeit und Nutzbarkeit ihres Standes, mit der Vielseitigkeit ihrer Cultur, und mit den Vortheilten ihrer Bemühungen für die Menschheit und für den Staat hervorgehen sollen. Allerdings hängt von der Bildung und dem Unterrichte der Jugend alles ab, was man sich von der heranwachsenden

Allg. Anz. d. D. 1 B. 1807.

Welt versprechen soll, und der Stand der Lehrer erhält dadurch ein sehr bedeutendes Interesse: allein, welcher bescheidne Mann vom Fache wird nicht unverhohlen gestehen, daß sein ganzes Wirken, wenn es von gesegneten Folgen seyn soll, doch immer nur negativ bleibt d. h. nur darauf berechnet seyn kann, das aufkeimende, sich entwickelnde Talent nicht zu hemmen, dem edlen, sittlichen Gefühl keine falsche Richtung zu geben, und die regsame Thätigkeit in der jungen Seele nicht auf eine verkehrte Weise zu lähmen, sondern so zu leiten, daß sie den Weg der Wahrheit, der Pflicht und der Selbstständigkeit in dem Streben nach wünschenswürdiger Geschicklichkeit und wissenschaftlicher Bildung nicht verfehlen, noch an der Hand des Leichtsinnes, der Eitelkeit und Thorheit irre gehen möge.

Talent zu geben vermag der Lehrer eben so wenig, als Geschicklichkeit zu erzeugen, wo es an Anlagen dazu fehlt, und wer sich dessen rühmt, hält Schulen und Lehranstalten für Treibhäuser und Menschen für Wesen, die man zu gewissen Zwecken nur abzurichten brauche. Jene negative Thätigkeit der Lehrer heischt aber eine eigenthümliche Geschicklichkeit, die nicht zu erwerben ist, wo die Natur die Anlagen dazu versagt hat. Man kann erstaunlich viele Gelehrsamkeit und eine große Gewandheit in ältern und neuern Sprachen besitzen, ja sogar unter seinen Händen eine Menge talentvoller junger Leute sich vortrefflich entwickeln und ausbilden sehen, und doch zum Lehrer, im wahren Sinne des Wortes, völlig verdorben seyn, weil man, ohne recht zu wissen, wie es mit jener Er-

scheinung eigentlich zugebe, die Ursache davon
in Dingen sucht, in welchen sie gerade am
wenigsten zu suchen ist, und auf diese nun
einen besondern und größern Werth legt, als
sie in dieser Rücksicht verdienen, so schätzens-
werth sie übrigens an sich seyn mögen.

Diese Idee von sich und seinen Verdien-
sten, die in dem Kopfe dessen, der sich des
wahren Werthes seines Einflusses nicht bewußt ist, zum Riesen anwächst, ist es, welche so manchen Schulmann empfindlich gegen
jede äußere Superiorität macht, und ihn verleitet, außer seiner eignen, jede fremde Autorität zu verhorresciren. Daß dieses nicht selten auch dem wahren Schulmanne begegnen
kann, wird damit nicht geläugnet; aber selten wird er sich in der Ursache, warum auch
er manche Inspection drückend findet, auf
eine so unhumane Art irren, vielmehr wird
er, eben weil er sich fühlt und mit Bewußtseyn den Werth seiner Thätigkeit würdigen
kann, keinen Augenblick anstehen, das Un-
vollkommne irdischer Verhältnisse durch vernünftige Resignation und durch Bescheidenheit, wie sie dem ernsten Manne ziemt, zu
mildern.

Ohne uns näher auf das einzulassen,
was in allen Verhältnissen sich gleich bleibt,
setzen wir voraus, daß niedere Leidenschaften,
von denen Lehrer in Schulen eben so wenig
ganz frey zu sprechen sind, als unvollkomme
Menschen in andern Ständen, an dieser Erscheinung hier und da auch Antheil haben mögen. Allein, wer aus Eitelkeit, aus Stolz,
aus Arroganz, und aus der sonderbaren Meinung, daß sein Stand, sein Verhältniß, weil
er mit demselben mehr moralische Wirksamkeit verbunden glaubt, besser sey als jeder
andere, in jenen Irrthum verfällt, ist ein
Thor, und verdient mit Recht jede Kränkung,
welche sich die Thorheit, da wo sie laut wird,
zuzieht. Derjenige aber, welchen dieser mit
Gelehrsamkeit und wissenschaftlicher Bildung
nicht selten gepaarte Irrthum der Selbstgenügsamkeit beschleicht, sollte wenigstens bedenken, daß er diese Vorzüge mit andern gemein und also nicht sonderlich Ursache haben
könne, sich deren als Schulmann zu überheben. Und wäre er in diesem Fache dem Inspector wirklich überlegen; so hat er um so
weniger Ursache, diesen eine solche Ueberle-

genheit auf jene Art fühlen zu lassen, weil
sogar der eitelste und stolzeste Mann, im
Falle der Inspector unter diese Thoren gehören sollte, dem bescheidenen und determinirten
Verdienste seine Huldigung und liebevolle
Achtung nicht wird versagen können: da im
Gegentheil sich niemand mehr gekränkt und
zur Arroganz aufgefordert sieht, als ein
schwacher Geist, dem politische Verhältnisse
eine bedeutende Stelle angewiesen haben,
wenn er merkt, daß man ihn zu beseitigen
willens sey.

Kluge und erfahrne Schulmänner haben
sich daher mit ihren Inspectoren, die in der
That nicht immer und überall so abscheulich
sind, als einige Lehrer in Schulen sie uns
schildern wollen, zu vertragen gewußt, und
es scheint daher, als ob jene Klagen über das
Drückende der Inspectionen ohne Grund wären. Indessen ist nicht zu läugnen, daß einiger Anschein vorhanden ist, der nicht die Inspectionen, sondern manchen Inspector der
Schulen, als denjenigen darstellt, der den
Fehde-Handschuh hinwirft. Nur etwas weniges erlaube ich mir noch darüber anzudeu-
gen, um zu zeigen, daß auch hier die Wahrheit in der Mitte liege.

Sehr viele Inspectoren haben entweder
nur idealische, oder auch wol gar keine Begriffe von dem Geschäfte eines Lehrers in
Schulen. Nicht wenige begnügen sich mit
den Ideen, die sie als Hauslehrer, oder noch
früher, in Zeiten, da sie selbst noch die
Schule besuchten, mit unreifem Geiste über
ihre Lehrer und deren persönlichen Character
eingesammelt haben, und die in der Folge
der Maßstab seyn müssen, nach welchem sie
jeden ihrer Inspection untergeordneten Lehrer beurtheilen. Sie ahnden in jedem Schritt,
den er thut, in jeder, auch noch so unvoll-
kommnen Aehnlichkeit der Methode, die er
befolgt, selbst in manchen persönlichen Eigenheiten, die sie bemerken wollen, nicht selten
ohne weitere Ueberlegung und Prüfung, gerade den Mann, den sie als Schüler Ueben
oder haßten, und dieser Mißgriff verleitet sie
zu einem Benehmen, das nicht selten den ge-
lassensten und bescheidensten Mann mit Unwillen erfüllen muß. Das Vorurtheil, daß
der Schulstand nur aus solchen Gliedern bestehe, die sich sonst nirgends nützbar machen

können, trägt zu dieser mißlichen Stimmung
nicht wenig bey, welche durch manche alte,
unbillige Observanz ihre reichliche Nahrung
bekommt. Der Schulmann, der sich dadurch
gekränkt fühlt, läßt nun seine Empfindlichkeit
nicht selten an Einrichtungen und Verhältnissen aus, die daran ganz unschuldig sind,
und die seinen Unwillen nur durch die Schuld
unbilliger Männer erregen.

Wenn es übrigens in jenem Aufsatze
heißt, daß der faule, kein Ansehen habende 2c.
Schullehrer des Inspectors bedürfe: so ist
dieses falsch. Wer nicht zum Schulmanne
taugt, und das ist der Fall mit Männern,
die jene Fehler haben, den wird kein Inspector dazu machen, und wenn er alle Tage
die Schule besucht: denn alte Schälke, sagt
schon Luther, macht man nicht fromm, wohl
aber kann man sie durch Strenge dahin bringen, ihre Schalkheit schlauer zu üben. Wer
aber wahrer Schulmann ist, bedarf einer
solchen Hülfe nicht, sie schadet ihm im Gegentheil: obgleich die Schule der Inspection
nicht entbehren kann. Ueberhaupt wird der
Inspector, wenn er weiß, was das heißt,
Hochachtung für den Lehrer haben, welches
in allen Schulordnungen dem Inspectoren geboten wird, nie mit einer besondern
Amtsmiene die Schule besuchen, noch weniger
dem Lehrer, der gewohnt ist, sich statt einer
Perrücke, nach alter Sitte, eines Mützchens
zu bedienen, zumuthen, daß er in seiner Gegenwart eine Ausnahme von der Regel machen, und ohne Kopfbedeckung den Vortrag
fortsetzen solle, den er mit dem Mützchen auf
dem Kopfe begann. Fände sich aber ein so
ungesitteter Mann, der während der Lection
mit dem Hute auf dem Kopfe seinen Schülern ein Aergerniß gäbe; so müßte ihm dieses
nicht nur in Gegenwart des Inspectors als
anzulässig, sondern als etwas dem gefälligen
Sitten nachtheiliges überhaupt untersagt
werden.

Ist ja noch etwas zu wünschen übrig, so
sey es dieses, daß alle Schulinspectoren vorher brave Schulmänner gewesen seyn möchten. Denn selbst der academische Lehrer hat
keinen vollkommnen und richtigen Begriff
von der Lage eines Schulmannes, wenn er
sie als einen Appendix inferioris ordinis der
seinigen betrachtet.

Wie kommt es aber, daß, da man ein-
sieht, wie nothwendig bey öffentlichen Schulen eine eigne Inspection sey, man im Gegentheil Privatanstalten ohne alle Aufsicht
ihr Wesen treiben läßt, und nicht einmahl
darnach fragt, wie es wol da zugehen möge? Sollte dieses nicht eine von den Ursachen seyn, warum vernünftige Männer, die
als Lehrer an öffentlichen Schulen angestellt
sind, die Inspection drückend finden, wenn
sie sehen, wie der Privatlehrer sein Geschäft
ohne Störung, ganz den Wünschen seiner
Committenten gemäß, treiben, sie aber bey
jeder Kleinigkeit, und wenn ihre Einrichtung
auch noch so zweckmäßig seyn sollte, ein In-
terlocut von dem Inspector befürchten müssen, der übrigens für seine Kinder nicht einmahl Gebrauch von der öffentlichen Schule
macht, sondern seine Theilnahme nur durch
Achselzucken und dadurch zu erkennen gibt,
daß er eine Anstalt, an welcher er wesentlich
keinen Theil zu nehmen gedenkt, unablässig
hofmeistert, und indem er auf diese Art sein
Ansehen sichern will, das Ansehen der Schule
und ihrer Lehrer, vielleicht wider seinen Willen, schwächt? — Jus et aequitas! Gibt
es einmahl öffentliche Schulen; so sollte
durchaus alles, was auf Bildung und Unterricht Beziehung hat, nur unter öffentlicher,
nicht bloß begünstigender, sondern eingreifen-
der Auctorität betrieben werden, und nicht
jedem, dem es einfällt, freystehen dürfen,
nach seiner Laune und auf seine Hand sich als
Privatlehrer setzen, oder Vorlesungen halten
zu können. Wer dieses lieset, der merke
darauf!

Ein Schulmann.

Gesetzgebung und Regierung.

Antwort auf die Frage in Nr. 70 des
allg. Anz., die Kirchenbücher im Königreich Sachsen betreffend.

Unrichtig ist die Meinung, daß jede Appellation, welche wider die Einschreibung des
von der Mutter eines unehelichen Kindes angegebenen Namens des Vaters ins Kirchenbuch eingewendet wird, von dem Pfarrer an
den Superintendenten eingeschickt werden
müsse. — Gibt die Mutter ihren Schwänger
vor namentlich an, so wird er als Vater in

das Kirchenbuch eingetragen, und daß Kind auf seinen Namen getauft. Fehlt zu der einseitigen Anzeige der Mutter das eigne Bekenntniß des Vaters, so soll der Pfarrer, der gesetzlichen Vorschrift zufolge, nur einschreiben, wen die Mutter als Vater ihres Kindes benannt habe. Läßt nun der Appellant, was er nicht hindern soll, noch mit rechtlichem Effect hindern kann, sich gefallen, daß er nämlich als der von der Mutter benannte, nur nicht als wahrer, Vater in das Kirchenbuch eingeschrieben werde: so bedarf es keines Berichts auf die eingewandte Appellation. Nur alsdann, wenn die Appellation wider die gesetzlich geordnete Einzeichnung des von der Mutter genannten Vaters beharrlich gerichtet wird, und der Appellant darüber, daß dieß geschehen müsse und er deswegen nicht als der rechte Vater des Kindes angesehen werde, keine Belehrung annimmt, tritt erst der von dem Verfasser der Anfrage angenommene Fall ein, und der Appellant hat die vergeblichen Kosten, welche der Gang der Sache nothwendig verursachet, daß die der Pflichtausübung des Pfarrers muthwillig entgegengesetzte Appellation aus dem Wege geräumt werde, lediglich sich selbst oder seinem unverständigen Rathgeber zuzuschreiben.

Uebrigens habe ich gegen den wohlgemeinten Vorschlag des Anfragers nichts zu erinnern; und es würde allerdings zweckmäßig seyn, wenn die Obrigkeiten angewiesen würden, daß sie die zu Berichtung und Ergänzung der Kirchenbücher dienlichen Resultate der von ihnen verhandelten und rechtskräftig entschiedenen Streitigkeiten über die Vaterschaft den betreffenden Geistlichen officiell mittheilten. Nach der jetzigen Einrichtung bleibt die Sorge für diesen nicht selten wichtigen Punct theils den Müttern unehelicher Kinder, theils den von selbigen wider die Wahrheit des unzüchtigen Umgangs und der Vaterschaft beschuldigten Personen, welchen daran gelegen ist, daß sie durch völlige Entkräftung der in das Kirchenbuch aufgenommenen Beschuldigung von dem daraus wider sie entstandenen Verdacht und übler Nachrede gänzlich frey werden, fast allein überlassen. Von dieser Sorgfalt möchten sich aber wol die meisten durch die damit verbundenen Bemühungen, Wege und Kosten abschrecken lassen. —— Z.

Allerhand.

Bad zu Langenschwalbach.

Das Publicum wird hierdurch benachrichtigt, daß die hiesige Curzeit in diesem Jahr, wie in den vorhergehenden, mit den ersten Tagen des nächsten Monats Julius ihren Anfang nehmen, und zu diesem Zeitpunct für die Unterhaltung der Curgäste durch Spiel und Musik gesorgt seyn wird.

Einer verehrungswürdigen k. k. Familie des Administration verdankt der hiesige Ort sowohl als die ganze Grafschaft eine völlige Befreyung von aller militairischen Einquartierung. Uebrigens ist für die, — in manchen andern Ländern jetzt durch Räuberbanden und Gesindel gestörte — Sicherheit besonders gut gesorgt, indem außer andern Polizey-Maßregeln auch noch in jedem Orte der Grafschaft eine starke bürgerliche nächtliche Sicherheitswache organisirt worden ist.

Langenschwalbach am 12 Junius 1805.

Unter Autorität Sr. Maj. des Kaisers der Franzosen und Königs von Italien, die Canzley in der Niedergrafschaft Katzenelnbogen.

Anerbieten.

Einer Dame, oder einem Frauenzimmer von gesetztem Alter, ohne, oder doch ohne große Familie, die auf dem Lande zu leben wünschte, wird in einer der reizendsten Gegenden Frankens, ganz nahe an einer bedeutenden Hauptstadt, eine angenehme möblirte Wohnung, nebst Gärten und andern Vortheilen, frey, gegen die bloße Aufsicht, angeboten. Man wendet sich in postfreyen Briefen an die Exped. des allg. Anz. unter der innern Adresse: An l. F.

Dienst - Anerbieten.

1) Zur Etablirung einer Salpeter-Siederey und Pott-Aschen Fabrik in einer der besten Gegenden des nördlichen Deutschlands wird ein Salpeter-Sieder gesucht. Dieß muß ein unverheiratheter Mann seyn, der

durch Beybringung von Attestaten beweisen
kann, daß er die gehörigen Kenntnisse und
Fähigkeiten besitzt, ein solches Werk einzurichten, um mit Rath und That dabey an
die Hand geben zu können. Sollte er ein
Mann von einigem Vermögen seyn, so könnte
derselbe durch einen Gesellschafts-Vertrag
zugleich Theilnehmer dieser Anlage und des
sich hieraus zu versprechenden Gewinnstes
werden. Um indeß über die nähern Bedingungen auf eine oder die andere Art sich vorher zu vereinigen, so beliebe ein jeder, der
dazu Geschicklichkeit besitzt und Neigung hat,
sich zu engagiren, an die Expedition des allg.
Anzeigers in Gotha in postfreyen Briefen
zu schreiben; unter der Adresse: An P. A.
S. F.

2) In eine ansehnliche Cattun-Fabrik in
Sachsen wird ein Couleurist gesucht, welcher neben der Kunst alle und jede Farben
vollkommen gut und schön herzustellen, auch
chemische Kenntnisse besitzt.
　Wer sich hierzu geschickt fühlt und übrigens gute Zeugnisse von seinem moralischen
Character aufzuweisen hat, wende sich beliebigen Falls in frankirten Briefen an die Herren Sintenis Gebrüder in Leipzig, wo das
Weitere zu erfragen ist.

3) In eine Schnitthandlung einer
Residenzstadt Thüringens wird ein junger
Mensch, von guter Erziehung, der gute Fä-
higkeiten und auch schon einige Kenntnisse im
Rechnen und Schreiben besitzt, als Lehr-
ling gesucht.
　Die Expedition des allgem. Anz. in
Gotha besorgt die deshalb franco eingehen-
den Briefe.

Dienst-Gesuche.

1) Ein solider Mann, mit den besten
Zeugnissen versehen, wünscht eine Veränderung seiner gegenwärtigen Lage und eine seinen Kenntnissen angemessene Stelle in Ober-
deutschland oder in den Rheingegenden. Außer den nöthigen Handlungskenntnissen versteht derselbe Englisch, Französisch, Mathematik und Musik. Vorzüglich besitzt er viele
practische Kenntnisse in Bereitung mehrerer

nützlichen chemischen Handlungs-Producte
im Großen, als Bleyweiß nach der neuesten Methode, berliner Blau, braunschweiger Grün, Salmiak, casseler
Gelb, Kugellack, Grünspan, Vitriol-
und Salpeter-Säure, des Weinessigs u.
s. w., welche er sich in Fabriken des In- und
Auslandes Gelegenheit zu erwerben gehabt
hat. Jedem Unternehmer des einen oder andern wird er mit besonderem Fleiß und Treue
dienen und gewiß dessen Nutzen zu befördern
suchen. Frankirte Briefe an denselben besorgt die Expedition des allg. Anz. unter
der Adresse: L. M.

2) Ein Jüngling, der sich auf Academien
der Rechtswissenschaft widmete, sich auch
in der lateinischen, französischen, englischen und italienischen Sprache (die er
spricht) und Literatur nach allen seinen Kräften vervollkommnete, auch mehrere äußerst
vortheilhafte Zeugnisse der angesehensten
Männer aufweisen kann, wünscht als Secretair oder Hofmeister in Dienste zu treten.
Frankirte Briefe an denselben besorgt die
Expedition des allg. Anz. in Gotha.

Abgemachte Geschäfte.

　Die in Nr. 102 des allgem. Anz. angebotene Stelle eines Gärtners ist besetzt; dieses zur Nachricht des suchenden Freundes,
nebst dem freundlichsten Dank für die mir so
vielfachen Anerbietungen.
　Den 12 Jun. 1807.　　　G. E. G.

Justiz- und Polizey-Sachen.

Vorladungen: 1) der Inhaber ritterschaftlicher
Depositen Consense.
　　Bey der gegenwärtig zu Friedberg von den
Commissarien der verhandten resp. hohen Souverains vorgenommenen Abtheilung der ritterschaftlichen Acten und Litteralien hat sich ergeben, daß
auch für die Sicherstellung des ritterschaftlichen
Depositenwesens gesorgt werden muß; es werden
demnach alle diejenigen, welche für ihre Personen
oder Besitzungen unter herzoglich nassauischen Souveränität irgend einen Anspruch wegen eines Depositi zu machen gedenken, hierdurch aufgefordert,
denselben mit Belegung eines etwa in Händen habenden Depositen-Cassescheins oder sonst glaubwürdigen Documents binnen sechs Wochen a dat-

hierher zu veranzeigen, welchem nächst wegen Ablieferung des Depositi das Erforderliche nach Befund wird vorgekehrt werden. Im Fall der unterlassenen Anzeige und Ausweisung haben die Interessenten es sich selbst beyzumessen, wenn sie in der
Folge Schwierigkeiten finden sollten, zu den ihnen
gehörigen Depositen zu gelangen.

Wiesbaden den 28 May 1807.

Herzoglich nassauische zur Administrations-Commission verordnete Präsident,
geheimer Director und Räthe.

L e y.

vdt. **Emminghaus.**

2) militairpflichtiger Badener.

Zufolge hochpreislichen Hofraths i S. Beschluß von d. 13 Nr. 3476 werden nachbenannte diesseitige milizpflichtige Amtsuntergebene, welche zum
Theil ohne Wanderpaß sich in die Fremde begeben,
theils aber über die gesetzliche Wanderzeit ohne
amtliche Erlaubniß in der Fremde geblieben, so
wie auch jene, welche auswärts in Diensten stehen,
hiermit aufgefordert, binnen drey Monaten vor
unterzeichneter Stelle ohnfehlbar zu erscheinen,
oder zu gewärtigen, daß gegen sie nach der besteh-
den Landes-Constitution mit Landes-Verweisung
und Vermögens-Confiscation werde fürgefahren
werden, Bretten, den 22 May 1807.

Großherzogl. Badisches Amt.

A. Stadler.

Schille.

Von Bretten: Peter Ruß, Becker. Daniel
Uslinger, Zimmermann. Peter Bertsch, Schnei-
der. Jacob Blanckenheimer, Strumpfwircker.
Matheis Friedrich Baum, Schmid. Matheis
Jäger, Becker. Matheis Zölzle, Schneider.
Johann Hartung, Schneider. Johannes Peter,
Schneider. Conrad Peter, Schuster. Jacob
Hoock, Häfner. Wilhelm Ritter. Jacob Graff,
Schneider. Simon Conanz, Schmid. Alexander
Bernard Anthenrieth, Seiler. Carl Friedrich
Schaifele, Becker. Martin Baum, Kiefer.
Leonard Schill, Schuster. Gottlieb Eberle,
Kübler. Joseph Bauer, Schmid. Heinrich
Freund, Schuster. Hieronymus Gufe, Maurer.
Alexander Fritz, Schneider. Carl Ludwig Güller-
don, Gerber. Philipp Jacob Jorsius, Dreher.
Georg Jacob Schuler, Becker.

Von Gölshausen: Leonard Bohner, Schmid.
Gottlieb Kohlmann, Maurer. Friedrich Schmuz,
Zimmermann. Georg Holzwarth, Schmid.
Johann Friedrich Supfle, Ziegler. David Woerle.
Becker. Emanuel Woerle, Schnallenmacher.
Georg Jacob Woerle, Weber. Friedrich Weeber.
Georg Martin Höstle. Johannes Miller. Georg
Sipfle, Johannes Lichtenberger, Heinrich und
Jacob Bohner. Jacob Fostler, Friedrich Poll.
Carl Wilser. Andreas Kohlmann, sämmtlich als
Bauernknechte.

Von Zaisenhausen: Georg Heinrich Schoch.
Johann Marx Fischer, Schneider. Georg und

Wilhelm Schüßler, Schneider. Samuel Friedric
Birckle, Schreiner. Johann Georg Carle, Schuh
macher. Georg und Franz Schmeiser, Schäfer
Melchior Raegel, Schmid. Marx Roth, Maurer

Von Sponnthal: Philipp Jonas Meister
Absolon Monlof.

Von Riedlingen: Conrad Böckle.

Von Bauerbach: Johann Joseph Haußer
Schmid. Georg Joseph Goepferich, Schreiner
Andreas Steiner, Müller. Jacob Clowelk, Mau-
rer. Georg Westermann, Schuhmacher. Valentin
Kleiner, Becker.

Von Diedelsheim: Andreas Dittes, Schmid
Conrad Dittes, Wagner. Friedrich Haesele.
Häfner. Jacob Steiger, Becker. Michel Hest-
bacher, Müller. Friedrich Hurst, Zimmermann.
Heinrich Jonas Beier, Schreiner. Ernst Dittes,
Schreiner. Heinrich Weiß, Küfer. Bernard
Gobe, Bauer. Augert Hefele, Zimmermann.
August Buock, Becker. Christoph Werner,
Schuster.

3) Peter Buz's.

Der im Monat April v. J. von Zaisenhausen
sich entfernt habende und angeblich in Ungarn befindliche verwittwete Bürger Peter Buz von Zaisenhausen wird hierdurch aufgefordert, binnen drey
Monaten vor unterzeichneter Stelle zu erscheinen,
und sich wegen seines Austritts zu verantworten
oder zu gewärtigen, daß gegen ihn nach der besteh-
henden Landes-Constitution werde verfahren werden. Bretten, den 1 Junius 1807.

Großherzoglich Badenisches Amt.

A. Stadler.

Schille.

4) der Marg. Mayer.

Die abwesende Margaretha Mayer von
Planckstatt oder derselben allenfallsige Leibeserben
werden hiermit edictaliter vorgeladen, sich innerhalb drey Monaten über die Beerbung und das
Testament ihrer unlängst zu Planckstatt verlebten
Schwester reip. Tante Catharina zu erklären, widrigenfalls aber zu gewärtigen, daß nach Maßgabe
des Testaments, worin Georg Treiber deren
Ehefrau d. j. als Universalerben eingesetzt sind, verfahren werde. Schwezingen den 29 May 1807.

Großherzgl. Badisches Amts-Commissariat.

H. Frey.

5) der Gläubiger Jos. Ben. Pia's.

Nachdem der hiesige Bürger und Handelsmann
Joseph Benedict Pia gestorben, und zu vollkom-
diger Herstellung seines Nachlasses zu wissen nothwendig, wer allenfalls rechtliche Ansprüche daran
habe, als werden alle diejenigen, welche sich
in dieser Lage befinden, andurch aufgefordert, dieselben, wenn sie hiesige, in Zeit von sechs Wochen,
wenn sie aber auswärtige, in Zeit von zwölf Wochen, beyzubringen und zu liquidiren, oder aber zu

erwärtigen, daß sie mit ihren Forderungen als präkludirt angesehen und behandelt werden sollen.

Regensburg den 9 Junius 1807.

Sr. Hoheit des Fürst Primas ꝛc. Stadtgericht der Residenzstadt Regensburg.

H. G. G. Gumpelzhaimer, Direct. Rath und Stadtschultheiß.

Scheurich, Act.

5) J. G. Chrn. Schieck's.

Da bey herzogl. f. Oberv. Conkurio allhier die Magdalene Schieck zu Sonneberg eine Desertionsklage gegen ihren Ehemann den Kaufmann Johann Georg Christian Schieck übergeben und gebeten hat, denselben edictaliter vorzuladen; so wird derselbe peremtorie hierdurch citirt,

den 23 Jul. d. J.

persönlich oder durch einen behörig bevollmächtigten Anwald vor Uns zu erscheinen, seines Eheweibes Klage anzuhören und zu beantworten; sollte er daran verhindert werden, so hat er

den 20 Aug. d. J.

die Ursachen seines Nichterscheinens anzugeben und zu bescheinigen, oder zu gewärtigen, daß

den 17 Septbr. d. J.

nach Vorschrift des Desertionsprocesses in contumaciam gegen ihn werde erkannt werden.

Urkundlich ist diese Edictal-Citation unter dem herzogl. Oberv. Consistorial-Siegel und gewöhnlicher Unterschrift ausgefertiget worden.

Meinungen zur Elisabethenburg den 9 May 1807.

Herzogl. S. Oberv. Consistorium das.

Zeim.

Steckbrief hinter Franz Renner.

Der Schiffpursche Franz Renner von Schillerbach hat sich des beabsichteten Mordes eines Menschen äußerst verdächtig, vor der Arretirung aber auf flüchtigen Fuß gemacht; derselbe wird daher andurch aufgefordert, binnen 6 Wochen dahier zu erscheinen, und über das ihm zu Last gelegte Verbrechen, und über seinen Ausriß sich zu verantworten, im Entstehungsfalle aber zu gewärtigen, daß gegen ihn nach der Landes-Constitution wider ausgetretene Unterthanen verfahren werden, und das weiter Rechtliche gegen ihn auf Betreten verbehalten bleibe.

Zugleich werden sämmtliche Gerichtsbehörden in Freundschaft ersucht, gegen besagten Renner genaue Kundschaft auszustellen, solchen auf Betreten arretiren, und gegen Erstattung der Kosten und Erwiederung ähnlicher Rechtsgefälligkeiten anher liefern zu lassen; derselbe ist ungefähr 30 Jahr alt, kleiner untersetzter Statur, hat ein ovales Angesicht, braune rundgeschnittene Haare, trägt auf Markttägen gewöhnlich einen grauen tuchenen Wammes, dergleichen kurze Hosen, ein baumwollenes Gilet, graue Strümpfe, und Schuhe, dann einen runden Hut, und auf Festtägen blaue manchesterne kurze Hosen, weiße baumwollene Strümpfe,

Schuhe mit Schnallen, einen blauen Wammes, und ein weißes Gilet.

Heidelberg den 26 May 1807.

Großherzogl. Badisches Stadtvogtey-Amt.

Baurittel.　Wundt.

vdt. Reudter.

Kauf- und Handels-Sachen.

Ein Capital von 100,000 Fl. gesucht.

Auf eine Herrschaft in Böhmen, die im Jahr 1805 für 300000 Fl. erkauft, und darauf bereits 88000 Fl. bezahlt worden ist, 82000 Fl. aber theils auf der Herrschaft immerdar haften, theils aber in sehr leidlichen terminlichen Zahlungen abgeführt werden, wie documentirt werden wird, sucht man ein Darlehn von 100000 Fl. in W. W. N. gegen jura cessa und beliebige Verzinsung. Wer sich dieserhalb in Unterhandlung einlassen will, schicke die Erklärung schriftlich, aber unverzüglich an die Expedition des allg. Anz. in Gotha. Bey der Anheimzahlung dieses Capitals, die in einigen Jahren schon geschehen kann, will der Schuldner die 100000 Fl. in W. W. N. gerade ausbezahlen, und was sie gegen die Darlehung etwa noch schlechter stehen, mit vergüten. Auch 50000 Fl. würde man annehmen.

Sollte aber jemand auf diese Herrschaft 110000 Fl. in kaiserl. Staats-Papieren darleihen wollen, will man auch mit ihm in Unterhandlung treten und verspricht dem Darleiher vortheilhafte Bedingungen. Im Fall aber gar jemand sich dazu entschließen wollte, diese Herrschaft zur Hälfte mit anzunehmen, bietet der Eigner auch dazu die Hände, macht aber zur Bedingung, daß der Mitannehmer 140000 Fl. auch nur in benannten Papieren, leisten kann und zwar 92000 Fl. für sich und 48000 Fl. für den jetzigen Eigner, von welchem er die Zinsen zu 5 p. C. aus den Revenüen der Herrschaft erhält und nach zehn Jahren die 48000 mit 4000 Fl. alljährlich vortheilhaft abgezahlt werden sollen. Uebrigens ist auch auf dieser Herrschaft die beste Gelegenheit, eine Fabrik zu errichten, wo ein Landes-Product mit großem Nutzen verarbeitet und auch sogleich abgesetzt werden kann.

Verkauf des mainzer Hofs in Mannheim.

Das Lit. D. 9 Nr. 4 an den Planken gelegene dreystöckige Wirthshaus zum mainzer Hof genannt, welches eine beträchtliche Anzahl geräumige Zimmer und Stallung für mehrere Pferde enthält, mit großem trockenen Keller versehen, und überhaupt zu einer ansehnlichen Wirthschaft gut gelegen und eingerichtet ist, wird den 20 k. M. Julius Nachmittag 3 Uhr auf hiesigem Rathhause der Erbertheilung wegen unter annehmlicher Bedingniß versteigt. Mannheim den 8 Junius 1807.

Großherzogliche Stadtschreiberey.

Leers.

Verkauf eines Ritterguts.

Ein in dem Großherzogthum Würzburg der
mahlen gelegenes ganz freyes eigenthümliches, mit
beträchtlichen Waldungen, Oeconomie, hoher und
niederer Gerichtsbarkeit, Patronat-Kirchen-Recht,
Jagd 2c. versehenes Rittergut ist zu verkaufen.
Liebhaber wenden sich in postfreyen Briefen an die
Expedition des allg. Anz. in Gotha mit der
innern Adresse an. M. R.

Verkauf eines Hauses nebst Waarenlager in Ansbach.

Da bey dem hiesigen Stadtgericht auf Ansuchen des Curators der Kaufmann Lowitz Concurs-
Massa das in der Adlerwirthsgasse dahier unter Nro.
186. belegene Haus nebst Zubehör und besonders
nebst dem darin befindlichen Waarenlager von Tuch
und andern Waaren an den Meistbietenden öffentlich Schuldenhalber verkauft werden soll, und die
Bietungs-Termine auf den 17 April, den 17 Junius
und besonders den 17 August d. J. jedesmahl Vormittags um 10 Uhr in dem Stadtgericht. Sessions-
Zimmer vor dem Deputirten-Assessor Meusel angesetzt worden; so wird solches, und daß gedachtes
Haus und Waarenlager nach der davon aufgenommenen Taxe, welche in der Registratur eingesehen
werden kann, ersteres auf 4000 fl. und letzteres auf
18556 fl. 53 1/2 kr. gewürdigt worden, den Kaufslustigen bekannt gemacht, mit der Nachricht, daß im
letzten Bietungs-Termin welcher peremtorisch ist,
das Grundstück dem Meistbietenden unfehlbar zugeschlagen, und auf die etwa nachher einkommenden
Gebote nicht weiter geachtet werden soll. Zugleich
wird denjenigen, welche etwa auf dem Hause wieder
eine Handlung zu treiben gewillt sind, bekannt gemacht, daß sie deshalb zuvor die besondere Erlaubniß der hiesigen königl. Kriegs- und Domänen-
Kammer zu erhalten bemüht seyn müssen.

Ansbach, den 5 Febr. 1807.

Stadtgerichte.

von Spies.

Verpachtung eines Guts.

Ein in der angenehmsten Gegend Frankens
nahe bey der Residenzstadt Würzburg gelegenes
Gut, das dadurch und durch den hart daran fließenden schiffbaren Maynstrom zum Absatz und Handel
aller Oeconomie-Producte vorzüglich geeignet ist,
mit den schönsten Wiesen, höchst fruchtbarem Boden,
guter Maßhut für Schafe, einer wohleingerichteten Mühle und Brännweinbrennerey, auch Brauer-
rey versehen; soll sobald sich ein erfahrner und
rechtschaffener Pachter findet, auf 6—12 Jahre verpachtet werden. Es bestehet beyläufig aus 600
Morgen sehr fruchtbaren Artfeld, 200 Morgen
Wiesen, großen Gärten und Weinbergen. Liebhaber dazu haben sich in frankirten Briefen an die
Expedition des allg. Anz. in Gotha zu wenden.
Doch wird sich natürlich nur mit Männern von hin-
reichendem Vermögen zu einem solchen Pacht und
unbescholtenem Character in Unterhandlung eingelassen.

Neue Schriftgießerey.

Sämmtlichen löblichen Buchdruckerherrn zeige
ich hierdurch an, daß ich nun endlich nach vieler
angewandten Muhe und Fleiß eine Schriftgießerey
allhier angelegt habe, und glaube mit derselben
vollkommen im Stande zu seyn, jede Bestellung
ohne Bedenken annehmen zu können. Ich habe zu
dem Ende eine Probe von meinen Schriften abdrucken lassen, und werde mit dem größten Vergnügen den resp. Herren, auf Verlangen ein
Exemplar davon zuschicken. Ich kann übrigens die
resp. Herren, welche mich mit ihrem gütigen Zutrauen beehren wollen, versichern, daß ich die beste
und regelmäßigste Arbeit, wie auch die schleunigste
Ablieferung aller Bestellungen pünctlichst besorgen
werde. Noch muß ich bemerken, daß alle halbe
Jahr meine Proben mit neuen geschmackvollen
Schriften vermehrt werden sollen, und jedem der
Herren, welche Bestellungen machen, ein Exemplar
davon zugeschickt werden wird.

Jena, den 10 Junius 1807.

Johann Carl Gans.

Martin Schlegelmilch seel. Söhne
in Suhl,
empfehlen sich in schwarzem Sturz-Bord- und
Pfannen-Blech, Eisen und Stahl, übernehmen
auch Commissions-Aufträge in andern hiesigen
Fabrik- und Manufactur-Waaren, und versichern
reelle und billige Bedienung.

Frankfurter Wechsel-Cours.
den 12 Jun. 1807.

		Briefe.	Geld.
Amsterdam in Banco k. S.	2 Mon.		
Amsterdam in Courant k. S.		143	142 1/2
	2 Mon.	142 3/8	142
Hamburg k. S.		149 1/2	
	2 Mon.	148 7/8	
Augsburg k. S.		99 3/4	
Wien k. S.		50	
	2 Mon.		
London 2 Mon.		143	
Paris k. S.		78 1/4	78
		77 3/4	77 1/2
Lyon		78 1/4	
Leipzig M. Species			
Basel k. S.			
Bremen			108 3/4

Allgemeiner Anzeiger
der
Deutschen.

Freytags, den 19 Junius 1807.

Justiz- und Polizey-Sachen.
General-Pardon.
Von Gottes Gnaden Friedrich, Herzog zu Sachsen rc.

Thun hiermit kund und zu wissen: Es hat sich seit einiger Zeit mehrere in Unsern Kriegsdiensten stehende Mannschaft zur Desertion verleiten lassen, und ist bis jetzt zum Theil aus Furcht vor der Strafe nicht zurückgekehret. Ob Wir nun gleich gerechte Ursache hätten, dieses Verbrechen an dergleichen pflichtvergessenen Ausreißern nach aller Strenge der Kriegs-Gesetze zu ahnden, so sind Wir jedoch auf der andern Seite überzeugt, daß mehrere derselben dieses Verbrechens sich nur aus Leichtsinn und Verführung schuldig gemacht haben. Wir finden Uns daher bewogen, für diesesmahl aus landesväterlichem Wohlwollen für Unsere Unterthanen allen denjenigen, welche aus Unsern Kriegsdiensten entwichen, jedoch mit Ausschluß der Unterofficiere, welche von den Wachen, auf den Märschen und im Felde entwichen sind, wie auch derjenigen Mannschaft überhaupt, welche nach dem 15 dieses Monats entweichen wird, dergestalt Verzeihung angedeihen zu lassen, daß diejenigen von ihnen, welche binnen zwey Monaten von dem 15 dieses Monats an gerechnet bis zum 15 August dieses Jahrs mit Bereuung ihres Verbrechens zu Erweisung redlicher Dienste bey dem hier befindlichen Depot sich wieder einfinden und anmelden werden, gänzlich begnadiget und mit aller Strafe verschont; diejenigen aber, welche sich hier binnen der ih-

Allg. Anz. d. D. 1 B. 1807.

nen gesetzten zweymonatlichen Frist nicht einstellen werden, mit Confiscation ihres gegenwärtigen und zukünftigen Vermögens angesehen, und wenn sie auf öffentliche Ladung beharrlich ausbleiben, für meineidige Deserteurs erklärt und nicht allein nach Befinden deren Namen an die Justiz geschlagen, sondern auch, wenn deren einer oder mehrere angetroffen und eingebracht werden, der oder dieselben nach der Strenge der Kriegsrechte bestrafet werden sollen.

Zu dessen Urkund haben Wir gegenwärtigen General-Pardon bekannt zu machen, auch dieses mit Unserer Handunterschrift und vorgedrucktem herzogl. Insiegel vollzogene Patent an gehörigen Orten zu affigiren befohlen. Sign. Hildburghausen, den 9 Jun. 1807.

(L. S.)   Friedrich H.-z. Sachsen.

Freyhr. v. Lichtenstein.

Künste, Manufacturen und Fabriken.

Ueber C. F. Werner's Oefen.

Noch etwas zu den „Bemerkungen über den Rauch und Ruß verzehrenden Ofen: zur Berichtigung verschiedner falschen Begriffe, die man sich bisher von ihm gemacht hat, in Nr. 83 des allg. Anz. d. D."

Hr. L. findet die Ursache, warum neue Erfindungen in Deutschland so kaltsinnig behandelt werden, größtentheils darin, daß das Publicum nicht gehörig davon unterrichtet ist. Und doch, inconsequent genug, unterhält er uns, statt uns reelle Aufklärung zu geben, in seinem Aufsatze größtentheils

mit Declamationen. Das ist der gewöhnliche
Fehler von Anzeigen neuer Erfindungen,
man declamirt zu viel und raisonnirt zu
wenig. Weit sicherer könnte jener Zweck er=
langt werden, wenn (C. F.) Werner in ei=
ner besondern Schrift, die um einen mäßigen
Preis zu haben seyn müßte, dem Publicum
eine ausführliche Nachricht von seiner Erfin=
dung mittheilte. Die theoretisch = practische
Abhandlung des (verstorbenen) Majors Wer=
ner über holzsparende Feueranlagen kann we=
gen ihrer planmäßigen Gründlichkeit zum Mu=
ster solcher Schriften dienen. Die Grund=
sätze, von welchen (C. F.) W. ausging,
und auf welche sich seine Erfindung stützt,
müßten darin aufgestellt, die Anwendung
derselben auf die verschiednen Arten von
Feuerung, zur Erhitzung der Stuben, Be=
reitung der Speisen, Erhitzung von Kesseln,
Pfannen 2c. gezeigt und genau angegeben,
und endlich die Vortheile sowohl als Nach=
theile, die Bequemlichkeiten und Unbequem=
lichkeiten, die damit verbunden sind, ausein=
ander gesetzt und gegen einander abgewogen
werden. Ueberhaupt müßte Präcision und
vollkomme Deutlichkeit in einer solchen
Schrift herrschen, damit man darnach kann
arbeiten lassen.

Schon vor einem Jahre hatte der Com=
miss. Rath Riem, zufolge einer Aeußerung
in den dresdner Anzeigen, die Absicht, von
seiner schon ehemahls herausgegebnen Schrift
über die verschiedenen Arten Rauch verzehren=
der Feuer=Anlagen eine neue Ausgabe zu
veranstalten; und es ist sehr zu bedauern,
daß sie bis jetzt noch nicht erschienen ist, da
der Gegenstand derselben, Holzsparniß, so
interessant für den Privatmann sowohl, als
für den Staat ist.

In der mittelmäßigen Provinzialstadt,
in welcher ich lebe, werden, nach einem un=
gefähren Ueberschlage, 8000 Klaftern Holz
jährlich verbrannt; bey zweckmäßiger Be=
handlung könnte diese Anzahl auf 3000 Klaf=
ter vermindert werden; 5000 Klaftern werden
demnach alle Jahr unnüß verschwendet.
Man dehne dieß auf ganz Sachsen aus, wie
viel Land könnte gewonnen werden, auf dem

Früchte wachsen und Menschen in Wohlbe=
hagen leben könnten?

Es wäre überhaupt sehr zu wünschen,
daß Künstler, welche Erfindungen machen,
die besonders geeignet sind, mit verminderten
Kosten häusliches Wohlbehagen zu vermehren
und Handarbeiten zu erleichtern, auch schon
um ihrer eignen Ehre willen ihre Erfindun=
gen mit Bestimmung der zu erlangenden Vor=
theile und Bequemlichkeiten im allg. Anz. der
Deutschen bekannt machten, und die Anzeig=
mit Attestaten glaubwürdiger, sachkun=
diger Männer *) begleiteten. Das Publi=
cum würde dann Zutrauen gewinnen, und
der echte Künstler würde bald vom Wind=
beutel unterschieden werden können; auch der
Vorzug dieser oder jener Erfindung ohne weit=
läufige Versuche ausgemittelt werden, und
der Liebhaber seine Wahl mit Sicherheit be=
stimmen können.

Wir haben, um nur ein Hausgeräth zum
Beyspiel zu wählen, mehrere Ankündigungen
von Lampen; bey keiner ist indessen die Intensi=
tät des Lichts, die Oelconsumtion und die Art
der Erleuchtung, ob nämlich die Lampe nur
auf einer oder auf mehrern Seiten, ob
auch unter sich leuchtet, angezeigt.
Christian Reißig, Hofmechanicus in Cassel
hat davon, meines Wissens, eine Ausnahme
gemacht. Er gibt in Nr. 48 von 1805 an,
daß seine Lampe die Strahlen um sich her
streut, so daß man in einer Entfernung von
40 Schritten die kleinste Schrift mit der voll=
kommensten Bestimmtheit erkennen kann; die
Oelconsumtion betrage in 10 Stunden eine
halbe Unze Baumöl. Aber warum sind die=
ser Anzeige nicht mehrere glaubwürdige Cer=
tificate beygefügt? Bey Lampen muß die Oel=
consumtion jederzeit in Unzen bestimmt wer=
den, weil dieß Gewicht in ganz Deutschland
(Hannover ausgenommen) gleich schwer ist.
S.   B.

Tabacksbeize.

Da gegenwärtig guter Rauchtaback im=
mer seltner, oder doch, wo er noch zu haben
ist, immer theurer wird, so empfiehlt Einsen=
der dieses jedem Raucher folgende eben so

---

*) Wiederholt habe ich dieß vorgeschlagen, aber nur wenige haben darauf Rücksicht genommen; ein
der neuesten Beyspiele vom Gegentheil findet sich in Betreff eines neuen Bleyweiß in Nr. 144
S. 1500.   d. Red.

unschädliche als treffliche Beize, welche er
von einem Türken erhalten hat, und bey je=
der Sorte bereits gebeizten Rauchtabacks an=
gewendet werden kann:

Man nehme zu einem Pfund beliebigen Ta=
back eine obere Tasse voll schwarzen unver=
mischten Kaffee, lasse in derselben etwa 6
Stück weißen Zucker zergehen, (wie viel au
Gewicht?) und gieße drey Kaffee=Löffel voll
Gummi Bensoe hinzu: hiermit begieße man
den Taback schichtenweis.

Anfragen.

1) Es wurden neuerlich im allg. Anz.
einige sehr dauerhafte Ofen=Kitte empfohlen.
Einsender dieses hat sich schon lange nach
einem dauerhaften Kitt, um das Beschläge
an seinen Pfeifen=Köpfen anhaltend fest
zu machen, vergebens umgesehen, denn im=
mer ist der gewöhnliche, von Goldschmiden
aufgelegte Kitt von kurzer Dauer. Wer die
Verfertigung eines solchen dauerhaften Kit=
tes weiß, wird durch ihre Mittheilung im
allg. Anz. einen nicht geringen Dienst vielen
Tabacks=Rauchern erzeigen.

2) Macht die Wallwurzel, Symphitum
offic. das Leder wirklich geschmeidig, wie D.
Handel vorgibt? Wie verfährt man dabey?
H.

Dienst = Anerbieten.

Eine Material= und Weinhandlung
in einer thüringischen Landstadt sucht einen
Lehrburschen; die Haupterfordernisse eines
solchen Subjects sind: eine gute Erziehung
und ein williges gutes Betragen, wogegen
ihm die liebreichste Behandlung zugesichert
wird. Man beliebe deshalb unter Adresse:
H. S. frankirte Briefe an die Exped. des
allg. Anz. zu senden.

Dienst = Gesuche.

Ein Mann von 32 Jahren aus Ober=
sachsen, der studirt und schon mehrere Jahre
mit sehr rühmlichen Zeugnissen in einigen gu=
ten Häusern conditionirt hat, seit zwey und
einem viertel Jahre bey einem großen Herrn
als Lehrer eines Kindes, Buchhalter und

Actuarius, verbunden mit Secretair=Ge=
schäften, angestellt ist, zu Michaelis aber
seine Stelle verlassen will, wünscht zu dieser
Zeit, als Secretair, Actuarius, Kreis=
schreiber, Buchhalter, Rechnungsführer,
oder in einem andern dahin einschlagenden
Fache angestellt zu werden.

In jedem Amte, das ihm anvertrauet
werden sollte, verspricht er, alles, was sei=
nen Kräften möglich ist, gewissenhaft zu lei=
sten. Auch als Lehrer ist er entschlossen, in
Condition zu treten, da er die gewöhnlich er=
forderlichen Kenntnisse sämmtlich besitzt; nur
wünscht er, daß damit zugleich ein weltlicher
Posten verbunden seyn möchte, oder ihm doch
Hoffnung gemacht werden könnte, einstens
in einem weltlichen Fache sein Brod zu erhal=
ten. Seine Wünsche gehen bey einem etwa=
nigen Engagement nicht auf einen großen Ge=
halt, sondern hauptsächlich auf eine gute Be=
handlung, und wo möglich auf Aussicht zur
weitern Versorgung.

Frankirte versiegelte Briefe unter der
Adresse: W. W. wird das löbliche herzogl.
Postamt zu Neu=Brandenburg, im Meck=
lenburg=Strelitzischen gefälligst besorgen.

Justiz = und Polizey = Sachen.

Vorladungen: 1) der Gebrüder Georg, Bla=
sius und Michael Kurz; 2) der Gebrüder
David und J. Peter Scheifelen.

Die drey Brüder Georg, Blasius und Michael
Kurz, sodann die zwey Brüder David und Johann
Peter Scheifelen, sämmtlich von Böhringen dies=
seitigen Bezirks, finden sich schon über zo Jahre von
ihrer Heimath abwesend, und es ist in dieser langen
Zwischenzeit über ihr Leben und Aufenthalt nicht
die mindeste Nachricht eingegangen.

Da nun ihre nächsten Anverwandten um die Ver=
abfolgung ihres pflegschaftlich verwalteten geringen
Vermögens anrufen, so werden hierdurch ermeldete
Brüder Kurz und Scheifelen oder deren Leibes=
Erben peremtorisch vorgeladen, innerhalb drey
Monaten a dato vor unterzeichnetem königl. bair.
Landgerichte entweder in Person oder durch einen
genugsam Bevollmächtigten zu erscheinen, widri=
genfalls ihr Vermögen den nächsten Anverwandten
gegen gewöhnliche Caution verabfolgt werden wird.

Geißlingen an der Steige, den 5 Jun. 1807.

Königl. Bairsch. Landgericht allda.

Wollaib, Landrichter.
Scheppich, Actuar.

3) J. Andr. Rueff's.

Des verstorbenen Gottlieb Rueff, gewesenen Stadtschuldheißen allhier, Sohn erster Ehe Johann Andreas, welcher bereits, falls er noch am Leben seyn sollte, einige siebenzig Jahre alt seyn müßte und im Jahr 1760 in kaiserlichen Kriegsdiensten als Unter-Lieutenant gestanden, hat seit dieser Zeit keine Nachricht mehr weder an seine hiesigen noch auswärtigen Verwandten von seinem Aufenthalt oder sonstigen Verhältnissen gegeben. Sein in vormundamtlicher Administration stehendes Vermögen beträgt 84 fl. um dessen Aushändigung sich seine Anverwandten, da die noch hiesigen Statuten bestimmte Verschollzeit von 70 Jahren bereits abgelaufen, beworben. Da nun ersagte Verwandten ihre Ansuchung um Verabfolglassung desselben neuerdings gebeten, als will man hiermit Eingangs gedachten Johann Andreas Rueff, so wie alle diejenigen, welche von demselben Auskunft geben können, öffentlich aufgefordert haben, solches in dem Lauf von 12 Wochen a dato angerechnet, zu thun, und sich an unterzeichnete Stelle deßfalls zu wenden, im Unterbleibungsfall aber zu gewärtigen, daß ersagter Johann Andreas Rueff für verschollen und todt erkläret, und dessen Vermögen seinen sich gemeldeten Blutsverwandten ohne Sicherheitsleistung ausgeliefert werde.

Regensburg, den 6 Junius 1807.

Sr. Hoheit des Fürsten Primas, und des souverainen Fürstenthums Regensburg Vormundschafts Amt.

Georg Theodor Böhmer, Director.

Pöller, Actuar.

4) militairpflichtiger Badener.

Nachbenannte, aus hiesigem Amt gebürtige Unterthanensöhne, welche ohne Erlaubniß und über die gesetzliche Wanderzeit abwesend sind, werden hiermit vorgeladen, sich innerhalb drey Monaten um so gewisser bey hiesigem Amte zu stellen, als sie ansonst ihres Vermögens und Unterthanen-Rechtes für verlustig erklärt werden sollen.

Von Ladenburg: Georg Reinle, Schuster. Johannes Wenzel, Schreiner. Georg Michael Beg, Schneider. Michel Morano, Schneider. Georg Vohr, Schuster. Ludwig Vohr, Schreiner. Valtin Munz, Schneider. Johannes Keller, Dreher. Johannes Riedinger, Schreiner. Valtin Leonhard, Schuster. Franz Anton Dreiling, Seifensieder. Christian Boos, Schreiner. Jacob Remelius, Schmid. Valentin Weindöl, Schuster. Wilhelm Zöler, Müller. Mathias Mildner, Glaser. Mathias Grab, Maurer. Michel Klos, Schneider. Johannes Bauer, Metzger. Johannes Strumpf, Leinweber. Franz Glaßner, Leinweber. Michael Müller, Becker. Georg Michael Stichs, Sattler. Peter Ludwig Merkel,

Schneider. Jacob Bartscherer, Müller. Daniel Franz, Schuster. Michel Eisenhardt, Weißgerber. Von Nekarhausen: Philipp Stahl, Schuster. Georg Peter Stahl, Schuster. Von Wallstatt: Peter Dusterer Leinweber. Von Seudenheim: Melchior Hermann Schneider. Valentin Schaaf, Schmid. Franz Rentzer, Schneider. Von Sandhofen: Andreas Stühner. Michael Kühn. Martin Babe. Georg Babe. Michael Erbacher. Von Kirschgartshausen: Johannes Grieser. Daniel Ballmer. Von Seddesheim: Peter Hiß, Schneider. Nicolaus Reinhard, Schneider.

Ladenburg, den 26 May 1807.

Großherzoglich Badensches Landamt.

Schreck.

Haag.

Kauf- und Handels-Sachen.

Gutsverpachtung.

Nachdem das Gut zu Berterode, zwey Stunden von Eisenach gelegen, an Wohn- und Wirthschaftsgebäuden, Gärten, Schäferey, 80 Acker Wiesen, 15 Hufen Landes und dazu gehörigen Frohnen, dem Inventario, an Vieh, Schiff und Geschirr mit der vollen Ernte auf drey oder mehrere Jahre an den Meistbietenden verpachtet werden soll; als werden alle diejenigen, so dies Gut zu erpachten gemeinet, hiermit aufgefordern, Donnerstags den 9 Jul. a. c. vor dem herzogl. f. com. Amte Creuzburg sich einzufinden, geschickt, daselbst die nähern Pachtbedingnisse mit anzuhören, sodann aber für ihre Personen wegen der zu leistenden Sicherheit auf das Gebot und der zu bestellenden Pachtcaution sich behörig zu legitimiren, sofort ihre Gebote zu erkennen zu geben und daß endlich das Gut nebst Zubehörungen dem Meistbietenden zugeschlagen und des nächsten übergeben werden soll, gewärtig zu seyn.

Geschehen Creuzburg, den 12 Jun. 1807.

Herzogl. S. com. Amt das.

Carl Ludwig Appelius.

Johann Zadelbach aus Leipzig bezieht diese naumburger Petri-Pauli-Messe mit sächsischen und schweitzer Caituren, diversen Mousselinen in weiß- und gedruckt, Casimir, Calmuck, feinen Tüchern, Boiking, ostindischem 8 — 12 Ellen Nankin, Westenzeugen, zwey und drey fädigen Brodé- und Strickgarn, Gesundheitsflanell und mehreren Artikeln, goldenen und silbernen Uhren. Mein Gewölbe ist Nr. 47 am Markt in Herrn Vogel seel. Hause.

Allgemeiner Anzeiger
der
Deutschen.

Sonnabends, den 20 Junius 1807.

Nützliche Anstalten und Vorschläge.

Antwort auf die Frage in Nr. 14
des allg. Anz.: Ist es nicht der Moralität nachtheilig, die Todten ohne
Särge zu begraben?

Wäre es nicht besser, die Todten auf eine andre Art, als gewöhnlich in Särgen zu
begraben? Diese Frage hat in neuern Zeiten
sehr viele beschäftigt, und in der That verdient dieselbe eine reifliche Untersuchung.
Der Anfrager in jenem Stücke scheint aber
mehr aus Abneigung gegen die Begrabungs-
art ohne Särge, wo nicht gar aus Haß gegen die Einrichtung des Raths zu L., als
aus Liebe zum Wahren und zur Beförderung
des Nützlichen, diese Frage aufgeworfen zu
haben. Er verlangt die Antwort nicht von
einem Cameralisten; ich bin keiner, sondern
habe einen Stand erwählt, dem es besonders obliegt, Sittlichkeit zu befördern; aber
es muß doch einem jeden auffallen, daß man
in unsern holzarmen Zeiten noch so verschwenderisch mit dem Holze umgehet, noch so wenig auf Ersparung im Ganzen denkt; auch
jeder, der kein Cameralist ist, muß einsehen,
daß es eine thörichte Verschwendung sey, das
Holz wohl zubereitet und in einander gefüget
in die Erde zu verscharren, um es unnöthiger
Weise der Fäulniß zu übergeben. Ich will
zwar nicht die Art und Weise vertheidigen,
wie der Rath zu L. die Todten zu begraben
befohlen hat, weil ich weder den Ort, noch
seine Lage kenne; aber die Glieder desselben
müssen doch aufgeklärte, das Gute ernstlich
wollende Männer seyn, welche es wagen,

Allg. Anz. d. D. 1 B. 1807.

dem allgemeinen Vorurtheile zuwider, dergleichen Beschlüsse zu fassen. Der Anfrager
bemerkt, daß ein solches Ersparen für dortige
Gegend unnöthig sey, indem das Holz sich
im Ueberfluß daselbst befinde. Dieß gilt aber
nicht von andern Gegenden, wo es nicht in
solcher Menge, noch weniger im Ueberfluß
da ist.

In den jetzigen Zeiten, wo so viel verwüstet worden ist, sollte man doch ernstlich
darauf denken, einen Gebrauch abzuschaffen,
der uns jährlich so viel Holz raubt. Man
berechne nur, wie viel Bretter an einem Orte,
wo im Durchschnitt wöchentlich 20 bis 30
Menschen sterben, das ganze Jahr hindurch
verbraucht werden; dann nehme man die
Summe, welche in einem Lande, wie z. B.
Sachsen nothwendig ist, und man wird darüber erstaunen. Warum sollen die Lebenden
vor Frost erstarren oder erfrieren, damit die
Todten auf die gewöhnliche und hergebrachte
Weise begraben werden können? Warum
die auf der Erde Zurückgebliebenen sich die
nöthige Bequemlichkeit versagen, oder übers
aus theuer bezahlen, damit die Verstorbenen
in einem hölzernen Kasten eingescharrt werden mögen? Unsre Urväter konnten einen
solchen Gebrauch wohl einführen, sie hatten
Holz genug; ihre Küchen verzehrten auch
nicht so viele Klaftern; ihre Zimmer wechsel-
ten nicht mit jedem Moden-Journale das
Geräthe, sondern es erbte vom Vater auf
Sohn und Enkel.

Der Anfrager führt auch einige Worte
des verehrungswürdigen Demme an, die
allerdings zu beherzigen sind. Wir wollen

den Menschen auch nicht wie eine taube Nuß wegwerfen; nicht seinen Leichnam anf dem Anger einscharren. Nein der Unterschied zwischen Thier und Mensch muß auch an der entseelten Hülle beobachtet werden. Aber man muß sich hüten, daß man nicht ein schädlich gewordenes Vorurtheil vertheidige, und eigensinnig am Hergebrachten hange. Das Moralgesetz verlangt, wir sollen das Wahre und Gute überall befördern, nicht schädlich gewordene und nachtheilige Vorurtheile hegen. Hat man denn in den ältern Zeiten der Römer und Griechen diese Gewohnheit, die Todten in Särgen zu begraben, auch für nothwendig erachtet? Die Patriarchen, wie wir aus der jüdischen Geschichte wissen, wußten auch nichts von Särgen; die evangelischen Erzählungen erwähnen ihrer eben so wenig, wie wir es selbst aus dem Begräbnisse Jesu sehen. Warum sollen wir uns zum Nachtheil der Hinterbliebenen in einen Kasten legen lassen; mögen doch unsre Gebeine im eigentlichsten Sinne ruhen in dem kühlen Schoße der Erde, wo ihnen das Auflösen der einzelnen Theile in ihre Urstoffe nicht erschwert wird. S.

Künste, Manufacturen und Fabriken.

Ueber die Bemerkungen in Nr. 298 des allg. Anz. 1806 in Betreff der deutschen Leinen-Manufactur (im R. A. 1803. Nr. 150.)

Wenn der Verfasser des Aufsatzes in Nr. 150 den sehr richtigen — patriotischen Wunsch äußert, „daß wir den Engländern „die Zeit nicht lassen möchten, uns mit den „Spinnmaschinen unsere Leinen-Manufac-„turen zu verderben;" so ist es wol grundfalsch, wenn der Verfasser der Bemerkungen dagegen behauptet: als ob dabey nur allein auf die Leinwandhändler Rücksicht genommen sey, damit es ihnen nicht an hinlänglichem Garn zum Verarbeiten durch die Leineweber fehlen möge. Indessen es doch damit und hier vorzüglich nur auf die fernere Existenz deutscher Leinen-Manufacturen allein abgesehen war, wodurch aber ebenfalls die Leinen-Händler, statt — der Meinung des

*) S. die vortreffliche Abhandlung des Dr. Murhard in allg. Anz. 1806 Nr. 317 und 318 S. 3764 Ueber Handels-Bilanzen.

Bemerkers, nach — zu gewinnen, nur bey Befolgung der Ideen in diesen Bemerkungen, ihrem eigenen Erwerbs-Zweige den Untergang bereiten würden. Mit diesem zugleich würde und müßte auch die bisher durch Garn-Spinnen sich nährende dürftige Menschen-Classe unausbleiblich viel verlieren. Das Augenmerk des Verfassers von jenem Aufsatze wurde auch — wie der Verfasser der Bemerkungen meint — in dieser Hinsicht, keinesweges „von der untern Menschen-Classe bis „zu dem ganz Dürftigen hinab abgezogen;" vielmehr suchte er aller Wahrscheinlichkeit nach ein, bald früher bald später, mit den Spinn-Maschinen dem Laufe der Dinge nach nothwendiger Weise eintretendes Ereigniß so einzuleiten und so vorzubereiten, damit der Verlust davon nicht zu fühlbar und ohne zu großen Nachtheil für die deutsche Nation abgehen könne. Die Sache verhält sich nämlich folgender Gestalt: Den deutschen Leinen-Manufacturen steht jetzt auf jeden Fall die Gefahr ihres gänzlichen Untergehens dadurch bevor, wenn sie bey den, ob zwar vormahls sehr zweckmäßig befundenen, jetzt jedoch veralteten Fabrik-Manipulationen durchaus und aus Gewohnheit beharren, wodurch sie in der Concurrenz auf den größeren und gemeinen Märkte mit dem Auslande, namentlich mit England, wo die Spinn-Maschinen bekanntlich in großer Vollkommenheit sind, nicht mehr gleiche Preise und Fortschritte zu halten im Stande sind. Darf und muß ich hierbey noch die Gesetze, denen die sämmtlichen Waarenpreise unterworfen sind, so wie die Wahrheit hier in Erinnerung bringen, daß der verglichene Werth jeder Waare den Aufwand, den ihre Hervorbringung kostete, vollkommen ausgleichen muß, und daß jede, durch einen äußern Umstand, wie z. B. die verminderte Concurrenz der Käufer bewirkte Preis-Verminderung von der ferneren Hervorbringung abschrecken, ja wol sogar in gewissen Fällen sie unmöglich machen müsse? *)

Fortschritte jeder Art zum Besserseyn und einer mehr vervollkommneten Industrie gehören nun einmahl unter die Combinationen der

Natur des steigenden National-Reichthums; wenn diesem sonst nur nicht Hindernisse in den Weg gelegt würden. Eine Nation, welche diese Fortschritte, entweder aus Mangel an Kraft, Vermögen, oder aus Gewohnheit und andern Rücksichten zu thun unterließe, darin aber von andern Ländern den Vorrang sich ablaufen lassen würde, muß dadurch immer unvermeidlich zurückgesetzt werden. Der übrigens fromme Wunsch, daß die Armen des Staats fürs erste darunter nicht leiden dürften, kann diesen Gang der Angelegenheiten weder aufhalten noch hintertreiben. Im Gegentheil würde der Arme und namentlich hier der leidende Garn-Spinner hinterher in noch weit größern Verlust dadurch versetzt werden, wenn aus Mangel an Vorsicht und gänzlicher Unterlassung der Mittel zur Erleichterung eines glücklichen Ueberganges in dieser bevorstehenden Crisis der Fonds selbst, aus dem jener seinen Unterhalt fortwährend schöpfen soll, litte, und das, in diesem Gewerbe angelegte Capital auf die beschriebene Weise vermindert, angegriffen, oder wol selbst ganz verloren gehen sollte.

Eine Fabrik oder Manufactur aber, die, so wie hier die Leinen-Manufactur, vermittelst des Betriebes von Spinn-Maschinen, die Waaren allein zu wohlfeileren Preisen zu liefern im Stande ist, wird jederzeit damit anfangen, den Vorrang ähnlichen Anstalten abzulaufen, zuletzt aber mit dem Ruin der letzteren endigen. Ein ähnliches Beyspiel haben wir ja mit den deutschen Baumwollen-Manufacturen bereits erlebt und vor Augen, dem die Wollen-Manufacturen sicher auch bald nachfolgen würden, wenn sonst der Woll-Handel gleicher Vorrechte sich zu erfreuen hätte und überhaupt Wolle eben so wie die Baumwolle ausländisches und eingeführtes Product wäre. Flachs zu produciren ist aber überhaupt jedermann zu Sache. Ist kein Gewinn dabey, so unterbleibt diese Production ganz und sie hat also die Auflage eines ähnlichen Monopols — so wie dieses fast überall von den Woll-Manufacturisten jetzt ausgeübt wird — so leicht nicht zu befürchten. Einen Viehstand und besonders auch Schafe zu halten, ist gewissermaßen Bedürfniß jedes Länderey-Besitzers; allein mit dem Flachsbau verhält es sich ganz anders, und die Auflage eines Monopols zum

Vortheil der Spinner und Leinen-Manufacturen gegen die Producenten ist hier nicht ausführbar.

Wenn nun mit den Zeit-Umständen fortgeschritten und die Spinn-Maschinen — nolens volens sogar — eingeführt werden müssen, so erfordert es auch die Klugheit, sich in die Verhältnisse zu fügen, damit wenigstens der wahrscheinlich völlige Untergang der deutschen Leinen-Manufactur umgangen und ein großer und ähnlicher Capital-Verlust, so wie er bey den deutschen Baumwollen-Manufacturen bereits Statt fand, vermieden werde. Dieses Capital vorzüglich ist es, woraus die niedere Menschen-Classe ihren Erwerb auf irgend eine Weise immer wieder finden kann und wird. Wenn nur dieses Capital bleibt, so wird es auch an Auskunfts-Mitteln für die sich beschäftigende Menge auf keine Weise fehlen. Selbst eine vermehrte Zunahme der Weberey-Geschäfte ist dabey immer noch denkbar. Uebrigens muß jede Verrichtung als nützlicher betrachtet werden, sobald es der alten gewohnteren an gehörigem Verdienst und billiger Entschädigung als Arbeitslohn zugleich gebricht, wenn die neu ausgedachte, statt jener zu ergreifenden Beschäftigung, nur irgend besseren Lohn erhält. Wenn auch auf dem Lande bloß nur, wenn es keine andere Arbeit gab, gesponnen wurde; so setzt doch dieses noch immer eine billige Entschädigung der dabey übernommenen Mühwaltung voraus. Fällt nun diese Entschädigung ganz oder größtentheils durch die veränderten Zeitverhältnisse hinweg, so würde auch wol unstreitig das Geschäft des Spinnens ohnedieß und das ganze dadurch unterhaltene Gewerbe ferner aufhören oder doch leiden müssen. Die Hauptrücksicht dabey bleibe also immer die Erhaltung und Vermehrung des zu diesem Behufe angelegten Capitals. Das letztere ist offenbarer Zweck der einzuführenden Spinn-Maschinen. Was aber auf Dörfern möglich und ausführbar wird, kann es in Städten, wo die manufacturmäßige Betreibung der Leinen-Weberey deshalb, weil die Menschen gedrängter bey einander wohnen, noch ausführbarer ist, bey weiten mehr seyn. Hier würde also der Nutzen des Anschaffens solcher Spinn-Maschinen vorzüglich groß seyn.

Mag immerhin Spinnen bisher das gemeine tägliche Geschäft der Menschen gewesen seyn, so muß doch bey veränderten Umständen die Frage immer die seyn, ob diese Verhältnisse noch ferner so bestehen können? woran ich auch aus angeführten Gründen billig zweifeln muß. Wenn aber der Landmann auf das Spinnen verwandte Zeit, wie kaum zu vermuthen ist, nicht in Anschlag bringt, so ist dieß, däucht mir, wol ein deutlicher Beweis, daß das Ganze davon im Sinken und für den Erwerb nicht mehr so vortheilhaft, wie ehemahls ist, wo sich ganze Gegenden und Dörfer davon ernährten.

Flachs würde sich übrigens schon in genugsamer Menge finden, so bald nur gehöriger Absatz davon zu erwarten ist. Eine bekannte Regel ist die, daß die — inländische oder ausländische gilt hier gleich — Production sich allemahl nach einem überall gesicherten und auch die Unkosten gehörig vergütenden Absatze richten werde. Der zeither in staatswirthschaftlicher Hinsicht begangene Fehler liegt allein in dem nicht genug unterstützten Absatze. Die Anführung, daß man bloß deßhalb Spinnmaschinen sich wünsche, „um nur das Ausland — namentlich das hier „angeführte England — mit Leinwand ver„sehen zu können, damit dasselbe nicht auf „den Einfall komme, sein Leinen durch Ma„schinen selbst zu machen"; ist daher nur erdichtet und beweist auch nur, daß der Verfasser von der wahren Lage dieser Angelegenheiten nicht gehörig unterrichtet ist. Sobald England auf die erwähnte Weise mit eigenen wohlfeilen Leinwanden sich zu versehen im Stande ist, so begreife wol jeder, daß es nicht so unsinnig handeln würde, sich die deutschen Garne oder Leinwande mit Verlust kommen zu lassen. Auch der bisherige Ausgang der leinenen Garne nach England scheint mir das bey weiten nicht zu beweisen, was es hier beweisen soll; ob es zukünftig Statt haben könne, würde noch die Frage seyn, und eine noch nähere Untersuchung zuvor erfordern. Vielleicht daß das deutsche Garn bloß zur sogenannten Werfte oder als Aufziehfäden bisher diente, wozu bekanntlich ein festeres Garn als zu dem sogenannten Einschuß genommen wird: oder wenn das deutsche Garn in England besser bezahlt wurde,

so beweist auch dieses wahrscheinlich weiter nichts, als daß die Engländer mit einem großen disponiblen Capitale die deutschen Spinner in Thätigkeit theils erhielten, theils auch bey ihren Weberarbeiten, noch besondere Vortheile durch Maschinen u. s. w. anzubringen wußten, die Deutschen also hierbei billig nachgestanden haben.

Die Meinung, daß der Landmann und gewisse Aecker mit Lein besäen könne und also Lein hierzu disponiblen Capitale die deutschen Spinner, wie vorhin schon bemerkt worden, auf ein bloßes Vorurtheil, das ganz an bisherigen Gewohnheiten und Einrichtungen fest hängt und davon nicht ablassen will.

Sollten wir Deutsche denn nicht aus dem fast gänzlichen so belehrenden Untergange aller deutschen Baumwollen-Manufacturen, bereits durch diese Erfahrung noch mehr gereizt, uns heilsame Lehren ziehen können; dadurch aber gewitziget, nur dahin trachten wollen, mit den Zeit-Umständen gleiche Fortschritte zu machen, damit nicht im entgegengesetzten Fall, Bankerut, Ruin und Verarmung die Folgen unserer eigenen Thorheiten dabey werden?

Dienst-Gesuche.

Ein junger Mensch von 24 Jahren, welcher die Kaufmannschaft erlernt hat, wünscht so bald wie möglich seine jetzige Stelle zu verändern. Er kann sowohl wegen seiner Kenntnisse als auch wegen seiner bisherigen untadelhaften Aufführung und Rechtschaffenheit nicht allein die besten Zeugnisse aufweisen, sondern auch Empfehlungen von sehr guten Häusern beybringen. Indem er sich selbst schmeichelt, alles dasjenige, was man als Kaufmann mit Recht von ihm verlangen kann, leisten zu können, verspricht er zugleich, um sich von seinen Kenntnissen und vor seiner Rechtschaffenheit genugsam überzeugen zu können, das erste Vierteljahr ohne Salair zu dienen, auch wenn es verlangt wird, Caution zu stellen. Da ihm seine Glücksumstände erlauben, nicht aus Roth dienen zu müssen, so wird er nicht sowohl auf hohen Salair, als auf gute Behandlung und Erweiterung seiner Kenntnisse sehen. Sollte man ihm irgend wo Zutrauen schen-

'en wollen, so wird er willig und gern auf
ebe Anfrage mit der Aufschrift: F. K. A.
velche die Exped. des allg. Anz. an ihn
befördern wird, nähere Nachricht ertheilen.

Justiz- und Polizey-Sachen.

Nachricht von einer eingefangnen Diebsbande.

In dem hiesigen Amtsdorfe Thüringen wurde
eine verdächtig scheinende Landstreicherbande in der
Nacht vom 18 zum 19 März d. J. aufgehoben, und
ob gleich sämmtliche Angehaltene richtig scheinende
Pässe und Kundschaften vorzeigten, hauptsächlich
deswegen, weil man bey derselben einen Beutel
mit Diebsgeräthschaften fand, zum Arreste gebracht.
Die bey derselben gefundenen Sachen wurden in
Fortgang der Untersuchung für auf dem Wegehause
bey Harzgerode, auf der Bickenmühle bey Gernrode und auf der Münchenmühle bey Blankenburg durch nächtlichen Ueberfall geraubte erkannt,
die Beraubungen und die Theilnahme daran sogar von einem der Eingezogenen zugestanden,
und durch denselben, so wie durch weitere Nach-
forschung so viel herausgebracht.

Eine Bande Landstreicher, die schon seit mehrern Jahren bald zusammengetroffen ist, bald wieder sich zerstreuet hat, soll besonders ihren Aufenthalt in Dartirheim bey Halberstadt im Feldhüter-
Hause, in Horrenburg im Gasthofe zum Lämmchen,
in Westerburg im dasigen Wirthshause, und in
Güsten bey einem gewissen Basemann, und neuerlich in Haselfelde bey dem Gastwirthin Münchhoff,
und in Elrich im Gasthofe zum Löwen gehabt haben. Ihren Anführer hat sie den großen Carl genannt, anfänglich bloß von kleiner Diebstählen
und Almosen gelebt, dann hin und wieder Räubereyen
begangen, gewiß ist es, daß sie verschiedene in diesem Jahre ausgeführte Räubereyen auf dem Harze
gemacht hat, wahrscheinlich, daß auch die übrigen
gleichzeitigen und ältern Räubereyen in der Harz-
gegend und in der Gegend von Halberstadt, Magdeburg rc. von ihr verübt worden sind. Die Mitglieder der Bande scheinen sich unter einander selbst
nicht durchgängig als Mitglieder zu kennen, sondern bloß dem Anführer und vielleicht einigen seiner Hauptgesellen bekannt zu seyn. Sie haben
durchgängig richtig scheinende Pässe oder Kundschaften, die sie aber zum Theil sich selbst verfertigen, zum Theil gefertigt zu erhalten wissen. Die
Mitglieder der Bande nachgemerkte drey Siegel
besitzen,

1) Eine geöffnete Scheere von zwey Löwen
auswärts stehend gehalten, mit einer Krone, und
der Umschrift der Schneider H. W. Siegl: in
Kömnitz.

2) Ein Siegel, in welchem schlecht gestochen
die Grundstriche eines größern und eines kleinern

Haufes sich befinden, mit der Umschrift: Rath-
Siegel zu Gesnitz 1710.

3) Ein Siegel mit einem Ochsenkopfe, über
demselben zwey in den Stielen über das Kreuz
gestellten Fleischer-Beilen, und über denselben ein
Wurstreisen, deren Umschrift sich nicht angeben läßt,
aber auf das Fleischerhandwerk
zu Gräfenstein
gestellt seyn wird, so werden wahrscheinlich die
meisten Genossen mit diesen Siegeln bedruckte Pässe
und Kundschaften haben. Jedoch kann es seyn,
daß sie bey der Leichtigkeit, mit der sie nachgesto-
chene Siegel haben erlangen können, diese schon
mit andern verwechselt haben.

Diejenigen Genossen, über die sich eine etwas
nähere Beschreibung hat erlangen lassen, sind von
1) bis 12) nachstehend beschrieben, und der Unterzeichnete kann seinen Collegen die strengste Verfolgung dieser gefährlichen Leute, von denen er Nr. 1)
und 12) für die gefährlichsten hält, nicht genug
empfehlen. Da die Mannspersonen durchgängig
an der Beraubung der oben erwähnten drey Häuser Theil genommen, die Weibspersonen aber die
geraubten Sachen mit verhehlt und fortgeschafft
haben, so werden die Aemter Blankenburg, Gernrode und Harzgerode mit Vergnügen die Auslieferung der etwa Eingefangenen annehmen.

Bey dem hiesigen Amte sind die von Nr. 13)
bis 17) beschriebenen Mitglieder der Bande in Arrest, sie zeigen sich als solche ganz abgefeimt, und
sind, aus ihrem Betragen zu schließen, mehr, in
Untersuchung und Arrest gewesen, bleiben der Vorlegung der sie überführenden Umstände ungeachtet,
fast durchgängig bey dem Läugnen, und bey Erzählungen über ihr Herkommen und bisherigen Unter-
halt, von denen das Gegentheil actenmäßig ist. Der Unterzeichnete findet sich dadurch
bewogen, alle und jede Gerichtsobrigkeiten sowohl
als Privatpersonen aufzufordern, ihm das gefälligst
mitzutheilen, was ihnen über diese Personen bekannt ist. Wo es gefordert wird, wird er die Gebühren erstatten, versichert auch zugleich, daß er
in Untersuchungssachen alle in seinen Kräften stehende Rechtshülfe unentgeltlich zu leisten gewohnt
ist. Amt Leibra, in der Unterherrschaft Schwarzburg, am 27 May 1807.

Johann Friedrich Heydenreich.

Beschreibung.

1) Der große Carl, ist langer Statur, hat
ein volles rothes Gesicht, braune kurz abgeschnittene Haare, die etwas kraus sind, und schwachen
ganz unmerklichen Barth. Sein Alter wird, auf
einige und zwanzig Jahre angegeben, sein Benehmen soll äußerst fein und das eines Mannes von
einer ganz gebildeten Erziehung seyn, seinen Dieb-
genossen soll er über seine Herkunft und wahres
Zunahmen nicht das geringste haben wissen lassen.
Er trägt einen feinen runden Huth, weiß und blau

melirtes Halstuch, dunkelblauen Ueberrock mit runden gelben Knöpfen, weiß und blaubunte Weste, dunkelblaue Ueberhosen, zwischen den Beinen mit Leder besetzt und darunter ein Paar Hosen von schwarzem Tuch, die Nähte mit rothem Garn genähet, kurze Stiefeln, und gibt sich einmahl für einen Gärtner aus Wolfenbüttel, Namens Heinrich Oppermann, ein andermahl für einen Kammerjäger, auch für einen verunglückten Bürger aus Frankfurt am Mayn aus. Er hat die nachbeschriebene Räuberbande, die außer den angegebenen Gliedern noch zahlreich zu seyn scheint, angeführt, und mehrere Räubereyen im Magdeburgischen und zuletzt im Februar d. J. den auf dem Wegehause bey Harzgerode, auf der Bickenmühle bey Gernrode, und auf der Münchenmühle bey Blankenburg mit derselben begangen.

2) Bartholomäus Wachtel, ist kleiner untersetzter Statur und etwa 18 Jahr alt, hat blonde etwas ins gelbliche fallende Haare und dergleichen Augenbraunen, ein längliches blasses, aber volles Gesicht mit Sommerflecken und einigen kleinen Blatternarben, stößt, wenn er geschwind spricht, mit der Zunge an; er trägt einen feinen runden Huth, schwarzseidenes Halstuch, einen grünlich schwarzgrauen Ueberrock mit dergleichen Knöpfen, gelbgestreifte Weste von englischem Leder, lange dunkelblaue Tuchhose, weiße baumwollene Strümpfe und pariser Schuhe mit seidenen Tratteln oder Quasten.

3) Georg Müller, ist ungefähr 21 Jahr alt, mittler stark untersetzter Statur, hat dunkelbraune lang verschnittene und vorn bis auf die Augenbraunen herab hängende Haare, ein volles glattes und feines Gesicht, ist überhaupt ein schöner Mensch mit rothen Backen. Er trägt einen ordinairen runden Huth, mit weißem Moußelin mit einer schmalen bunten Kante; erbßgelben Ueberrock mit dergleichen Knöpfen und darunter einen dunkelblauen Frack von feinem Tuche mit gelben Knöpfen besetzt, roth, schwarz und gelbgestreifte Weste, Beinkleider von schwarzem Manchester, lang, aber schon etwas abgetragen und eine graulich spielend, und lange bis unter die Knie reichende gute Stiefeln.

4) Friedrich Kißfeld, ist ungefähr 22 Jahr alt, langer untersetzter Statur und ganz gelben Gesichts. Er spricht durch die Nase, und trägt kurz verschnittene Haare, die ganz schwarz sind, einen zwar groben, aber ganz neuen runden Huth mit breitem seidenen Bande und einer langen schmalen Schnalle, einen mülerfarbenen Ueberrock mit Kragen von schwarzem Manchester und darunter einen dunkelblauen Frack mit gelben Knöpfen, bunte Weste, eine große weiße leinene Ueberhose, unten mit Bändern gebunden, und unter derselben ein Paar Beinkleider von gelbem Nanquin, an den Füßen kurze Stiefeln. Ist ein Leinweber.

5) Celler, oder der Celler, ist ungefähr 45 bis 46 Jahr alt, mittler Statur und schwärzliche Angesichts, hat einen starken schwarzen Bart, a dem Hinterhaupte eine große Glaze, und über haupt nur wenig Haare, so im Nacken abgeschnitten sind, und vorn etwas auf die Stirn herab hängen. Er trägt einen schlechten runden Hut, e braun canunenes Halstuch, gelblich grünen Ueberrock nach gemeiner Art gemacht, mit grünem Unterfutter, graue Tuchweste, kurze weiße Tuchhosen graue Gamaschen und ordinaire Schuhe mit Bändern gebunden.

6) Christian, ist 18 bis 19 Jahr alt, klein und dickstämmig, hat ein rundes blasses Gesicht und braune verschnittene Haare, und gibt sich für einen Becker aus. Er trägt einen runden alten Hut, blaues leinenes Halstuch, gelblichen Ueberrock, zu und zerrissen, und unter demselben einen müllerfarbenen Leibrock mit Klappen wie ein Frack aus geschnitten, Weste von gelbem Nanquin, Beinfleider von grünem Manchester, und lange kalblederne Stiefeln.

7) Der Schieferdecker, ist etliche 40 bis 50 Jahr alt, von mittler Größe und hagerer Statur, er hat ein schwärzliches Angesicht und schwarze Haare, welche vorn abgeschnitten und hinten bis am Kopfe in einen nicht gar langen Zopf gewickelt sind. Er trägt einen grauen gemeinen Ueberrock, kurze Beinkleider von grünem Manchester und lange Stiefeln, alles nach gemeiner Art.

8) Catharine Wachtel, des unter Nr. 1 beschriebenen Wachtels ältere Schwester, ist etwa 20 Jahr alt, mittler Statur und runden blatternarbigen Gesichts, hat hellbraune Haare, die gewöhnlich unter der Mütze hervor im Nacken herum den Kopf herum hängen. Sie trägt eine Mütze mit rothseidenem Bande und ein schwarzseidenes Tuch um den Kopf, ein Kamisol von braunem Tuch mit einem großen, über die Schultern herab hängenden Kragen; Rock von blaubuntem Flanell, weiße leinene Schürze mit rothen Streifen, und pariser Schuhe mit Quasten. Sie hat ein Kind, den ungefähr 18 Wochen, welches sie im Korbe mit sich nimmt.

9) Eleonore Wachtel, Zwillingsschwester der vorigen, ist kleiner schwächlicher Statur und ein Gesichtsfarbe und Haaren ganz wie ihre Schwester. Sie trägt ebenfalls eine Mütze mit rothseidenem Bande und ein Kopftuch von violettem Catun, ein Kamisol von weißbuntem Catrun, roth und weißgestreiften Rock von wollenem Zeuge, weiße Strümpfe und pariser Schuhe. Diese beiden Weibspersonen gehen gewöhnlich mit ihrem Bruder und Georg Müller, und wirthschaften gemeinschaftlich.

10) Des Schieferdeckers Schwiegermutter ist eine große lange Frau, ungefähr 50 Jahr alt, hager und hat große lange Zähne. Sie trägt eine Mütze mit schwarzem Bande, ein Kamisol von

grünem Tuche mit großem Kragen, weiße wollene Strümpfe und Mannsschuhe.

11) Des Schieferdeckers Ehefrau ist 24 bis 25 Jahr alt, klein und hager, blassen Angesichts mit Sommerflecken von der Größe der Linsen, hat dicke Lippen, und vorn im Munde fehlen die obern Zähne ganz, und unten einige. Sie trägt ein Kamisol von braunem Tuche mit großem Kragen, blaubunten Flanell = Rock, weißgestreifte leinene Schürze und Mannsschuhe mit Riemen gebunden. Sie führt ein Kind weiblichen Geschlechts von drey Jahren mit sich, und geht, wie ihre Mutter, gewöhnlich mit einem Korbe.

12) Johann Christoph Friedrich Striebig aus Hamburg, 22 Jahr alt, 70 bis 71 Zoll sächs. Maßes aufgeschossen und mager von Statur, schmalen Gesichts, brauner verschnittener etwas sich kräuselnder Haare, brauner nicht starker Augenbraunen, grauer matter Augen, spitziger Nase, kleinen Mundes, aufgeworfener Lippen, ohne Bart, sieht nicht übel aus, trägt eine Jacke von blaugrundiger Leinwand mit rothen und gelben Streifen, und kleinen gelben Knöpfen, eine graugrundige Manschester-Weste mit gelben Knöpfen, und die Knopflöcher mit rothem Garn genäht, grüne lange Strumpfhosen, kalblederne Stiefeln, ein großes schwarzseidenes Halstuch, und in dem linken Ohr einen großen gelben Ring, hat sonst einen grau melirten Ueberrock mit dergleichen Garnknöpfen übergetragen, stößt etwas mit der Zunge im Sprechen an, steht mit den Knien etwas gebogen, hat aber sonst eine gute Haltung des Körpers und hat gewöhnlich dem Mund offen.

Er führt eine Kundschaft der Fleischer = Innung zu Gräfenstein, den 8 Februar 1807 deren Ausfüllung und verschiedene Unterschriften von einer Hand sind, der Obermeister ist Heinrich Schmidt genannt. Nach Aussage eines Complicen hat er im Nacken einen Knoten (eine Wallnuß groß), den er, als er aus dem Gefängniß des Amtes Werna entsprungen, von einem Schlage der ihn Verfolgenden erhalten hat. Er soll bald als Handwerksgesell, bald als Topfbinder im Lande herum gegangen seyn.

13) Elisabeth Wilhelmine Völcker, angeblich 20 Jahr alt, aus Frankfurt a. M. gebürtig, 25 bis 26 Jahr alt, hat schwarze Haare, ein rundes volles Gesicht, freundliche Miene, graue Augen, etwas aufgeworfene rothe Lippen, auf dem rechten Backen gleich über dem Mundwinkel und auf den Augenknochen zwey rothe verschwindartige Flecken, ihre Augen sind feurig, ihr Busen ist voll, und ihre Größe mittler, und ziemlich stark, sie scheinet schwanger zu seyn; ihr Betragen ist gesittet, gesprächig, dreust, nicht verlegen, aber auch nicht zudringlich oder geschwätzig, und ihre Mundart die reine hochdeutsche. In der Untersuchung hat sich ergeben, daß ihr angegebener Name und Geburtsort wahrscheinlich nicht der richtige ist, und ihr ganzes Benehmen zeigt, daß sie schon mehr in

Untersuchung gewesen seyn mag. Sie will im Januar dieses Jahres als Gesellschafterin eines französischen höhern Officiers, den sie dem Character nach nicht angeben zu können versichert, von Frankfurt am Mayn über Cassel nach Magdeburg gegangen, und von demselben für seine Gemahlin ausgegeben worden seyn, und in Magdeburg mit ihm bey einem Kaufmann einquartirt gewesen, wegen dessen am 5 März von dort erfolgten Abmarsches zur eignen Armee aber zurückgegangen, und erst wenig Tage vor der Einziehung zur Bande gekommen seyn. Aus einem bey ihr gefundenen Briefe aber scheint sie schon im Januar in Mannsfeldischen sich aufgehalten, und mit der Bande in älterer Verbindung gestanden zu haben. Sie trägt ein grünlich graues cattunenes Kleid, modern gemacht, und von ziemlich modernem Cattun, mit einem an den Hals ziemlich in die Höhe stehenden Kragen, großes gelbgrundiges Cattun = Halstuch mit grünlichem Druck und grünbunter Kante. Ein noch um den Hals gebundenes Halstuch von Cattun, violet und weiß gemischt, um den Kopf trägt sie ein schwarzseidenes Tuch umgebunden, die Haare auf die Stirn gekämmt, und durchaus verschnitten, an den Füßen weiße baumwollene Strümpfe und rothe Pantoffeln.

14) Margarethe Christine Peist, 17 Jahr alt, aus Quedlinburg gebürtig, mittler Größe, hat ein rundes Gesicht, etwas Pockengruben, bräunliche Farbe, dunkelbraune fast schwarze Haare, und dergleichen Augenbraunen, die Haare trägt sie über die Stirn in das Gesicht gekämmt und abgeschnitten, hinten unter die Mütze aufgeschlagen, gewölbte Stirn, dunkelgraue Augen, eine ziemlich breite abgestumpfte Nase, weiße regelmäßige Zähne, sie trägt zwey kleine gelbe Ohrenringe, eine violett-cattunene Mütze mit schwarzem Bande, und ein schwarzes Kopftuch, ein weiß roth und blaugewürfeltes leinenes Halstuch, gelbgrundiges cattunes Kamisol mit einzelnen Blumen, mit langer Taille und kurzen Ermeln, eine blaubunte gedruckte Schürze, grüngrundige cattunen Rock mit kleinen Blumen, weiße baumwollene Strümpfe und Schuhe. Sie ist fast von Kindheit auf als Landstreicherin in der Welt herum gegangen, und in Colditz auf dem Arbeitshause gewesen, vielfältig hat sie sich in Günthersdorf bey Obersleben aufgehalten.

15) Johann Carl David-Preußer, 18 Jahr alt, aus Magdeburg gebürtig, 72 Zoll groß, hagern Wuchses, hellbrauner Haare, die er etwas lang abgeschnitten und in das Gesicht gekämmt trägt, er hat graue Augen und braune nicht starke Augenbraunen, der linke Augapfel steht gewöhnlich etwas nach der linken Seite und aufwärts. Er trägt seinen Körper schlecht und ohne Haltung gewöhnlich nach der linken Seite und vorwärts gebogen, den Kopf dagegen wieder rechts gebogen, so daß er etwas ausgewachsen zu seyn scheint, was jedoch nicht der Fall ist. Er hinkte in der ersten Zeit seines Arrestes stark und gab einen gichtischen Schmerz als

Ursache an, jetzt hat dieses Hinken sich verloren, sein Gesicht ist übrigens regelmäßig, seine Nase etwas breit, seine Gesichtsfarbe gelblich und seine Brust eingedrückt. Er trägt einen dunkelblauen Reitrock mit geschliffenen Stahlknöpfen, eine kurze schwarze Weste mit zwey Reihen kleinen spitzen gelben Knöpfen, lange Beinkleider von gelbem gestreiften Nanquin, ein großes rothgrundiges gelbliches baumwollenes Halstuch und kalblederne Stiefeln mit Sammtbande eingefaßt; sonst gab er sich den Namen David Meyer, und unter diesem Namen hat er eine richtig scheinende Kundschaft der Schneider-Innung zu Kamnitz, vom 23 Februar 1807 bey sich.

16) Carl Friedrich Krieger, 26 Jahr alt, aus Dresden angeblich, klein und von mittler Stärke, hat dunkelbraune Haare, verschnitten, die ziemlich borstig wegstehn, seine Augen sind grau und matt, die Augenlieder hängen weit über die Augen weg, die Stirn ist vorkebend, seine Nase steht mit der Stirn in einem ziemlich starken Winkel und ist groß, seine Gesichtsfarbe gelblich, auf der linken Seite des Haars vorstehenden Kinnes hat er ein stark sichtbares behaartes Leberfleck, sein brauner Bart ist wenig sichtbar, er spricht schnell mit sehr merklichem Lispeln, sein Ton ist Tenor.

Er trägt eine graue schon schabhafte Chenille von Halbtuch, einen graumelirten Ueberrock mit Tuchknöpfen, keine Weste, ein weißes schlechtes Halstuch, und hat eine Kundschaft unterschrieben von dem angeblichen Weißbecker-Handwerke zu Bärna, (Pirna) in der Unterschrift und Ausfüllung von einer Hand. Er ist nach seinem Aeußern zu urtheilen, vielleicht auf dem Theater gewesen.

17) Johann Heinrich Eyler aus Magdeburg, ohngefähr 46 Jahr alt, klein und untersetzt von Wuchs, schwarzer Haare, die er als Titus-Kopf trägt, und die er etwas kräuseln, auf der Mitte des Kopfes eine kleine Glatze, seine Stirn hat starke Ecken und über der Nase zieht er sie mit einer finstern Miene in Falten. Er hat schwarze Augenbraunen, die nicht stark sind, einen starken schwarzen bis kräuselnden Backenbart, etwas vorstehende Augenknochen, dunkele Augen, die klein aber ziemlich feurig sind, einen wilden starren Blick, schwarzen Bart. Er trägt ein schwarzseidenes Halstuch, blauen Tuchüberrock mit gelben Knöpfen, blaugestreifte Trill-Ueberknöpfhose mit Knochenknöpfen und Stiefeln.

Er will königl. preußischer Soldat gewesen und erst am 14 October 1806 bey Jena gefangen worden seyn, nach eingezogener Erkundigung aber soll sein richtiger Name Schulz seyn, und er bald unter seinem angenommenen, bald unter seinem rechten Namen schon vor einem Jahre und länger in Niedersachsen herumgestrichen seyn.]

Vorladungen: 1) der Erben Aug. d'Eymar's.

Der vormalige bischöflich straßburgische General-Vicar und infulirter Probst zu Neuweiler im Elsaß Herr Angelus d'Eymar, ist den 15 März d. J. zu Offenburg ohne Hinterlassung einer letztwilligen Anordnung mit Tode abgegangen.

Da weder seine Erben, noch ihre gegenwärtigen Aufenthaltsorte dahier bekannt sind, so sieht man sich genöthiget, dieselben hiermit edictaliter aufzufordern, daß sie sich binnen einem unerstreclichen Termine von drey Monaten in Person oder durch einen hinlänglich Bevollmächtigten bey der unterzeichneten Stelle einzufinden und zu erklären sollen, ob sie die ihnen angefallene Verlassenschaft des gedachten Herrn General-Vicarius Abbé d'Eymar anzunehmen geneigt seyen oder nicht.

Und da zu Berichtigung der Erbschaftsmasse die Kenntniß der darauf haftenden Schulden gleichfalls unumgänglich nöthig ist, so werden zugleich auch alle diejenigen, welche irgend eine Forderung an diese Verlassenschaft zu machen haben dürften, hiermit peremtorisch vorgeladen, solche den 6 und 7 Julius d. J. in Offenburg vor der obervogtei-amtlichen Commission um so gewisser anzumelden und zu beweisen, als sie sonsten sich selbsten beyzumessen haben, wenn die Erbschaft nach Umfluß des Termins denen darum sich meldenden Interessenten ohne weiters ausgefolget werden solle. Verfügt bey Obervogtei-Amt.

Gengenbach den 8 May 1807.

2) militairpflichtiger Badener.

Nachbenannte, ohne obrigkeitliche Erlaubniß über die gesetzliche Wanderzeit abwesende Unterthanen-Söhne, als:

Franz Delbermann, Schuhmacher, Johannes Mechling, Becker, und Johannes Ziegler von Dilsberg. Johannes Schallenberger von Wimmersbach. Franz Keller, Sattler und Johann Heinrich Hunfinger, Glaser von Lobenfeld. Franz Elbert, Schuhmacher von Spechbach. Michael Laute, Schuhmacher von Eschelbronn. Jacob Hopf, Gerber, Jacob Heuberger und Kaspar Spitzer, Seifensieder von Neckargemünd. Johannes Münch, Wagner von Wiesenbach. Balthasar Derles, Schreiner von Mauer. Georg Schleich, Becker, Johann Heber, Zimmermann und Peter Schlößer, Schreiner von Meckesheim. Dieterich Risch, Schmid, Wilhelm Reidel, Leineweber und Johann Maier, Leineweber von Zuzenhausen, Johannes Schaller und Johannes Sulzer, Leineweber von Zeuertal, haben a dato binnen drey Monaten sich bey Verlust ihres Vermögens und Unterthanenrechts dahier zu fixiren.

Neckargemünd den 22 May 1807.

Großherzoglich Badensches Amt.
Reidel.

Rettig.

Allgemeiner Anzeiger

der

Deutschen.

Sonntags, den 21 Junius 1807.

Literarische Nachrichten.

Nachricht für Freunde schmackhafter und solider Geistesnahrung.

Zu Anfang August dieses Jahres erscheint und ist in allen soliden Buchhandlungen, so wie bey unterzeichneter, zu haben: Gemmen. Taschenbuch für Schiller's Freunde auf das Jahr 1808. Von dem Verfasser des goldenen Kalbes. 1 Rthlr. Sächs. oder 1 Fl. 48 Kr. Rhein. Auf Schreibpapier 1 Rthlr. 8 Gr. oder 2 Fl. 24 Kr.

Macklot's Hofbuchhandlung in Karlsruhe.

Periodische Schriften.

Mnemosyne, ein poetisches Taschenbuch auf 1807 von Carl Giesebrecht. Bremen in der hanseatischen Buchhandlung. 203 S.

Religion und Freundschaft singt uns der Dichter. Ihre Segnungen füllen sein fühlendes Herz, heben es in Morgenträumen zum frohen Hoffen. Klar sah sein Auge den Himmel, und die Hand brach froh der Erde Seligkeit. Laut es uns zu verkünden, was still sein Herz empfand, übergab er uns diese Dichtungen. Sie weichen ab von dem Alltäglichen. Mnemosyne ist nicht für die Menge; aber Genuß, rein und stärkend, beut sie dem Freunde des Ernsten und Erhabnen. Der hohe religiöse Geist, der wie Engelstimmen zur reingestimmten Leyer tönt, spricht überall zur verwandten Seele, und stimmt sie zu erhebenden Gefühlen, welche dem Herzen wohl thun. So wird gewiß jeder urtheilen, der dieß Taschenbuch las, wird es liebgewinnen, und sich den Dichter Mnemosyne zur trauten Freundin in den stillen Stunden der Einsamkeit wählen. Nur Zeitgeist und Parteynehmen kann den Werth dieser Gedichte verkennen.

Allg. Anz. d. D. 1 B. 1807.

welche, bescheiden nur für das Jahr bestimmt, uns stets erfreuen werden. Möchte des Dichters Geist so noch oft zu uns sprechen! Möchte er Eingang finden bey vielen, und den Sinn für Religion erwecken, beleben, stärken!

So eben sind erschienen und versandt worden: Das 6te Stück vom Journal des Luxus und der Moden 1807.

Das 2te u. 3te St. vom Allg. Teutschen Gärten-Magazin.

Das 5te St. der neuesten Länder- und Völkerkunde.

Die ausführlichen Inhalte stehen in unserm Monatsberichte, der bey allen Buchhandlungen, Post-Amts- und Zeitungs-Expeditionen gratis zu bekommen ist. Weimar im Jun. 1807.

H. S. pr. Landes-Industrie Comptoir.

So eben ist erschienen und versandt worden: Das 3te Stück von London und Paris 1807.

Der ausführliche Inhalt steht in dem Monatsberichte des H. S. pr. Landes-Industrie Comptoirs zu Weimar. Halle im Jun. 1807.

Neue Societäts-Buch- u. Kunsthandlung.

Bücher-Anzeigen.

Anzeige

an Staatsmänner und Rechtsgelehrte und an alle mediatisirte Fürsten, Grafen und Güterbesitzer.

Der letzte französische Reichskrieg, noch mehr aber die Friedensschlüsse und nachgefolgten Verträge der mächtigen Theile des deutschen Reichs haben in einem Zeitraume von 15 Jahren das Resultat der gänzlichen Auflösung der alten deutschen Reichsverfassung herbeygeführt, und neue Verhältnisse sind aus der alten Masse hervorgegangen, und der rheinische Bund insbesondere hat eine neue Ordnung der Dinge begründet; die Bundesacte hebt die staatsrechtlichen Verhältnisse in Deutschland auf, und gibt den Bundesfürsten ein,

im Geiße der franzöf. Diplomatik und nach franzöf.
Rechtsprinchien verfaßet, neues Staatsrecht.

Je beßimmter und kürzer die einzelnen Säge
der rheinischen Bundesacte abgefaßt sind, deßo
leichter konnten seit kurzem einige Gelehrte dem
Grundterte verschiedenartige Auslegungen geben,
welche dem Rechtsforscher eine, allgemeinere Ueberficht wünschenswerth machen müßen.

Dieser vorzuarbeiten tat sich der großherzoglich
badische Herr Geheimrath J. N. F. Brauer,
durch seine Auslegung des weßphälischen Friedens
und seine andere Schriften im Auslande bey der
rechtsgelehrten Welt bekannt, bewogen gefunden,
ein Werk abzufaßen, das manchem Staatsmann
und Rechtsgelehrten willkommen seyn wird, und
die unterzeichnete Buchhandlung kündigt solches
unter dem Titel an:

Beyträge zu einem allgemeinen Staatsrecht der
rheinischen Bundesacte in 50 Sägen, von
Johann Nicolaus Friedrich Brauer, b. R. Dr.
großherzoglich badischem Geheimrath.

Das Werk, welches VIII. und 288 Seiten in
Octav stark ist, koßet brochirt 1 fl. 36 kr. und ist
in allen Buchhandlungen und bey Mohr und Zimmer in Heidelberg in Commißion zu haben.

Karlsruhe im April 1807.

C. F. Müller'sche
Verlagshandlung und Hofbuchdruckerey.

Bey L. W. Wittich in Berlin sind so eben
erschienen und in allen guten Buchhandlungen
zu haben:

Koßüme auf dem königl. National-Theater zu
Berlin. XII. und XIII. Heft. klein Folio.
Preis 2 Rthlr. 12 gl. jedes Heft.

Es umfaßen diese beyden Hefte sechzehn der
kräftigßen, lebendigßten Darßellungen aus dem berühmten Ritterschauspiele: Martin Luther, oder
die Weihe der Kraft. Sie können zum Beweise
dienen, daß dieses für dramatische und mimische
Kunst höchst intereßante Unternehmen nicht etwa
zu einem Artikel für Bilderläden herabßinkt, sondern fortführt, unter Iffland's belebendem Schuze
und durch Hrn. Däßling's geistreichem Pinsel immer mehr und mehr den Ansprüchen das vollkomm-
menßte Genüge zu leisten, welche auch die schöne
Kunst an ein Unternehmen dieser Art machen kann.

Conversations-Lexicon mit vorzüglicher Rückficht auf die gegenwärtigen Zeiten. 5u Heft.
2s Heft.

iß so eben bey mir erschienen und für 1 rthlr.
fächf. zu haben. Der Preis aller 5 Theile ist 6 rthlr.
6 gl. fächf.

So wenig es mir als Verleger zukommt, über
den Werth dieses so allgemein gekannten, und gewiß
eben so allgemein nüglichen Werks etwas zu sagen,
oder nach Art und Weise mancher Herren Collegen, mit
Herabsezung anderer nur die Vortrefflichkeit dieses

Werks zu erheben, so darf ich doch wol ohne mich
einer ähnlichen Lächerlichkeit schuldig zu machen,
oder der Bescheidenheit der Herren Herausgeb r
zu nahe zu treten, die Wichtigkeit und Brauchbarkeit auch dieses Theils, der nun den vorlezten
von dem ganzen Werke ausmacht, der bedeutenden Anzahl von Lesern mit eben der Zuversicht empfehlen, mit welcher ihnen auch die vorhergehenden
in die Hände gegeben worden sind. Es wäre mir
ein leichtes, durch Briefe von Männern, welche
in der literarischen Welt gewiß auch mitsprechen
dürfen, die vortheilhaftesten Urtheile über die ihnen
einzeln zugezeigten Bogen hier anzuführen, wenn
ich nicht überzeugt wäre, daß es jenen geschäzt-
Lesern, welche so zahlreich die ersten Theile dieses
Lericons gekauft, und mir so vieler Theilnahme
die Fortsezung gewünscht und gesucht haben, schon
genug sey zu wißen, daß der fünfte Theil nun wirklich vollendet bey mir zu haben ist; und daß die
Mannichfaltigkeit eben so wohl, als die Wichtigkeit
die darin enthaltenen Artikel das Urtheil eines gewiß unbefangenen Recensenten von dem vorhergehenden Theile in der allgemeinen deutschen Bibliothek hinlänglich rechtfertige, welcher behauptet,
„daß wie sonst bey ähnlichen Werken gewöhnlich der
Fleiß, die Sorgfalt und Genauigkeit der Bearbeiter in der Folge abnähme, hier gerade der entge-
gengesezte Fall sey, indem das Werk in seinem
Fortgange immer brauchbarer würde und sich zer
vollkomme." — Es darf also mir als Verleger
wol erlaubt seyn, wenigstens unter Beziehung auf
solche Urtheile, eine Anzeige dieser Art in das
Publicum ergehen zu laßen.

Der 6te Theil, welcher dieses Werk beschließt,
ist sofort angefangen, und wird zur Michaelismeße
beendigt seyn, und bey mehr als 30 Bogen tros
nicht über 1 rthlr. 18 gl. und folglich das ganze Werk
complet 8 rthlr. koßen.

Noch erkläre ich in Ansehung des Preises, um
den Ankauf zu erleichtern, daß wer mir bis Ende
Julius einen wichtigen Friedrichsd'or, oder 5 rthlr.
12 gl. Conventionsgeld einsendet, erhält nicht nur
die ersten fünf Bände dafür sogleich ausgeliefert,
sondern bekommt noch einen Schein, gegen welchen
deßen sobald der 5te und lezte Band fertig ist,
dieser unentgeltlich nachgeliefert wird, allein nur
bis Ende Julius und nicht länger bleibt diese Bedingung offen. Leipziger Oßtermeße 1807.

Johann Eortfried Herzog
auf dem alten Neumarkt Nr. 617.

In Schneider's und Weigel's Kunst- und
Buchhandlung in Nürnberg sind nachstehend
nüzliche Schriften zu haben:

Lehrbuch der theoretischen und practischen Bliz-
ableitungskunst, nebst kurz Unterricht von
Bliz und den Blitz und Wetterableitern, wert
zur Belehrung und Beruhigung bearbeitet, von
J. K. Göhle, Lehrer der Mathematik u. Physit

mit 17 Kupfert. und einem Beytrag, wie man
sich bey Gewittern ohne Blitzableiter verwahren
könne. gr. 8. 3 rthlr. 8 gl.

Da der Verf. fast sein ganzes Leben auf den
ausübenden Theil dieser (Gegenstände verwandt,
und selbst viele Blitzableiter angelegt hat, so kann
man die Versicherung ertheilen, daß in diesem von
Kennern geachteten Werke, außer der Vollständigkeit, allerdings Gründlichkeit und leicht Ausführ-
bares enthalten sey.

Der Verf. gibt allgemeine Regeln, wie Blitzableiter zu verfertigen und zeigt Fehler, die dabey
zu vermeiden sind. Das Eisen zieht er jedem andern Metalle vor, die Spitzen an der Auffangungs-
stange macht er lanzenförmig und von Kupfer, womit der obere Theil bedeckt wird, und er erklärt
dieses durch die beygefügten Kupfertafeln.

Von Luz und andern Naturforschern werden
Belehrungen und Widerlegungen der Einwürfe ge-
geben, die man gegen die Blitzableiter erheben will.
Der Anhang gibt Regeln von dem Verhalten bey
Entstehung eines Gewitters, im Zimmer und auf
dem Felde, der auch besonders für 12 gl. zu haben ist.

Aus diesem Anhange ist noch besonders abgedruckt und für 6 gl. zu bekommen:

Allgemeine Sicherheitsregeln bey Gewittern für
jedermann. 8.
worin das Verhalten bey fast allen Fällen, sowohl
zu Hause als auf Reisen, wie die vom Blitz getroffenen zu behandeln und wieder zum Leben zu bringen sind, angegeben wird. Man kann obiges für
die Menschheit so wichtige Werk durch alle Buchhandlungen erhalten.

Neue öconomische Schriften
bey J. Dienemann und Comp. in Penig.

Der Verwalter wie er seyn sollte, oder practischer Unterricht in allen Fächern der Landwirthschaft, als Handbuch für alle diejenigen,
welche die besten Grundsätze derselben kennen
lernen wollen; von mehrern practischen Oeconomen bearbeitet und herausgegeben. 3 Bände
auf weißes Druckpap. in groß Format mit einem
Kpfr. Preis 6 rthlr. 12 gl.

Tägliches Hand- und Taschenbuch für Oeconomen, oder Anweisung zur vortheilhaftesten
Betreibung aller jeden Monat beym Ackerbau, der Viehzucht, in Küchen- und Baum-
gärten sowohl, als auch in den Waldungen vorkommenden Arbeiten. 2 Bände mit einer großen Kupfertafel. Preis 3 rthlr. 8 gl.

Oeconomisches Rechnungs-, nebst Formula-
ren zu allen Rechnungen, die man bey großen
Wirthschaften zu führen hat. Schreibpapier
in 4. Preis 2 rthlr. 12 gl.

Oeconomisches Hauptrechnungs-Manual zur
bequemen und genauen Berechnung aller
Vorräthe, Einnahme und Ausgabe. Zum nützlichen Gebrauch für alle Eigenthümer und Pacht-

Inhaber großer Landgüter. Schreibpap. in Folio,
gebunden. Preis 1 rthlr.

Dasselbe Werk, mit weißem Schreibpapier durchschossen, Preis 1 rthlr. 12 gl.

Materialien zu einem mit der Natur überein-
stimmenden Systems der Landwirthschaft.
Theorie der vollkommenen Gährt; Mängel und
Gebrechen der englischen Landwirthschaft für
Deutschland, von C. J. Werner. Preis 18 gl.

Sämmtliche vorstehende Werke können wir wegen ihrer großen Brauchbarkeit mit vollem Recht
empfehlen. Vorzüglich sind die beyden ersten für
angehende Oeconomen, denen es noch an eigener
Erfahrung mangelt, von Wichtigkeit; denn sie ersetzen ihnen beynahe eine ganze kostspielige Bibliothek und dienen als treuer Rathgeber bey allen den
mannichfaltigen Geschäften, die immer in der Oeconomie vorkommen mögen. — Zugleich machen wir
auf folgendes wichtige Buch von neuen aufmerksam.

Einziges untrügliches Mittel, eine jede brennen-
de Feueresse augenblicklich zu löschen; nebst
einer Anweisung alle Essen so anzulegen, daß
sie statt des Kehrens zu jeder Zeit ohne Gefahr
ausgebrennt, auch weit enger und bequemer angelegt werden können; ingleichen einer Angabe
eines zuverlässigen Spar-ofens, der zugleich
zum Kochen, Braten und Backen eingerichtet
werden kann. Mit 2 Kupfertafeln, geheftet.
Preis 16 gl.

In unserm Verlage ist so eben erschienen:
Topographie der Stadt Hanau, in Beziehung
auf den Gesundheits- und Krankheitszustand
der Einwohner. Von Dr. J. H. Kopp. 8.
18 ggl. od. 1 fl. 12 kr.

Diese Schrift ist dem Arzte eben so empfehlenswerth, als sie dem Nichtarzte Interesse gewährt.
Der Verf. hat sich durch den Plan, nach dem die
Bearbeitung geschah, durch die Naturgeschichte
der ganzen Gegend, und durch manche andere
Beobachtungen, welche man in allen Theilen dieser
Ortsbeschreibung aufgestellt findet, vor andern Werken ähnlicher Art vortheilhaft auszuzeichnen gewußt. Für ein geschmackvolles Aeußere haben wir
bestens gesorgt. Frankfurt am M.
J. C. Hermann'sche Buchhandlung.

Neue Verlags-Bücher von Georg Friedrich
Heyer in Gießen, welche theils zur Jubilate-
Messe 1807 erschienen sind, theils im Laufe des
Jahres noch erscheinen werden:

de Beauclair, A. Französisches Lesebuch für
Anfänger und die untern Schulclassen. 8. 6 gr.
oder 27 kr.

Bus, P. H., Anleitung zur zweckmäßigen Verrichtung sämmtlicher Haushaltungsgeschäfte 2c.
2 Bde. mit Kupfern. gr. 8.

Crome, Dr. Aug. Fried. Wilh., Handbuch der
Statistik der europäischen Staaten. 4 Bde. gr. 8.

Dahl's, R., Beschreibung des Amts und der
Stadt Gernsheim am Rhein ꝛc. 8. (in Commis-
sion) 1 Rthlr. oder 1 fl. 48 kr.
Drais, (Freyherrn von, und Oberforstmeisters
in Schwetzingen) Versuch eines Lehrbuchs der
Forst- und Jagdwissenschaft für Förster. 1 Th.
gr. 8.
Ebhard's, C. F. Versuch einer Anleitung zum
practischen Cameralrechnungswesen, zunächst für
Unterrechnungsbeamten 4to.
Eutropii, breviarium historiae romanae accedit vita Ciceronis a Badeno conscripta. 8vo.
8 gr. oder 36 kr.
Herrmann's, Joh. Christ., neues vollständiges
Choralbuch aller Melodien des nassau-usingen-
schen Gesangbuchs. Querfol. 1 Rthlr. 6 ggr.
oder 2 fl. 15 kr.
Hofmann I. P., über Einquartierungen und deren gleichförmige Vertheilung, mit Bezug auf
angelegte Militairstraßen. Nebst Tabellen 8.
6 gr. oder 27 kr.
Krönke's, C., Untersuchungen über den Werth
des Holzes und über die Wichtigkeit der Holzersparung, mit Vorschlägen begleitet, wie diese
Ersparung im Großen zu bewirken seyn möchte.
8. 16 gr. oder 1 fl. 12 kr.
Lieder, auserlesene christlich religiöse, zur Beförderung der öffentlichen und häuslichen Erbauung,
gesammelt von einem protestantischen Prediger. 8.

Auch unter dem Titel: Neues solms-braunfel-
ser Gesangbuch ꝛc. 8.

Müller's, C. L., geprüfte Anweisung zur der Kunst
mit weit wenigerm Aufwand, als bisher, ein weit
vorzüglicheres Bier zu brauen nach Anleitung
chemischer Grundsätze. Mit Kupfern und einer
Vorrede vom Hrn. Prof. Walther. 8.
Phaedri Augusti Liberti fabulae aesopiae accedit appendix fabularum a rec. apolog. com-
positarum. 8. 9 gr. oder 40 kr.
Raßmann's, R. H., Hülfsbuch bey dem Gebrauche meines Unterrichts im reinen Christenthume,
für diejenigen, die eine Erläuterung desselben
wünschen oder derselben bedürfen. 8. 18 gr. od.
1 fl. 20 kr.
Rau, Dr. G. M. W. L., Handbuch für Hebam-
men, zur Selbstbelehrung und als Leitfaden beym
Unterrichte. Mit 1 Kupfertafel 8. 48 gr. oder 36 kr.
— — dessen Anleitung, zweckmäßige Krankheits-
berichte zu verfertigen. Für denkende Nichtärzte. 8.
Roth's, (Rector in Friedberg), Lehrbuch der Uni-
versalgeschichte für Schulen. 2 Thle. 8.
Schies, Joh. Ferdinand, Sittenlehren in Beyspielen. Ein Lesebuch für Mädchenschulen. Zweyte
ganz umgearbeitete Ausgabe. Mit 1 Titelkupfer
von Zeißing. 8.

— — dasselbe Buch auf Schreibpapier: 8.
Schmidt's, J. E. C., Handbuch der christlich-
Kirchengeschichte. 4r Bd. gr. 8. 1 Rthlr. 8 g
oder 2 fl. 24 kr.

Bey Friedrich Christian Dürr in Leipz
sind zur Ostermesse 1807 folgende Bücher fert
geworden und in allen Buchhandlungen zu habe
Bornschein's, C., historische Gemählde des fr.
zösischen Kaiserthums unter seinem Gründer N.
poleon dem Großen. Für nicht gelehrte, a.
doch gebildete Liebhaber der Geschichte von d.
Bornschein. Erster Theil. gr. 8. 1 thlr. 6 gr.
von Campenhausen's, Frhrn. Bemerkungen üb
Rußland, besonders einige Provinzen dies
Reichs und ihre Naturgeschichte betreffend, neb
einer kurzgefaßten Geschichte der japoroger Ko'
ken, Bessarabiens, der Moldau und der Krims.
gr. 8. 18 gr.
Langen's, G., biblische Geschichten aus dem alten
und neuen Testamente, mit lehrreichen Bemerkungen und Sittenlehren für die Jugend, besonders für Bürger- und Landschulen. 8. 6 gr.
Dessen Sammlung einiger biblischen Stellen, exe-
getisch und homiletisch bearbeitet, nebst einer Predigt über jede derselben; zuerst zum Gebrauche
an den in den königl. sächs. Landen angeordneten Bußtagen bestimmt. 4. 1 thlr. 12 gr.
Mandel's, J. H., französische Sprachübungen
vorzüglich für die ersten Anfänger, in neuer
Manier, und nach den Bedürfnissen der Ju.
eingerichtet. 5 gr.
Schraber's, M. G. L., neues ABC und Lesebuch
für Bürger- und Landschulen, mit ausgemahlten
Figuren. 8. 2 gr.
Dasselbe ohne Bilder. 1/2 gr.

Neue interessante Bücher.

Berlin bey Fr. Maurer ist erschienen und in
allen Buchhandlungen zu bekommen.
1) Bonaventura's (eines Corsen) mystische
Nächte; oder Leben und Meinungen desselben.
Von Dr. J. A. Feßler. 8. Berl. mit Kupfern
auf Velinpap. 3 rthlr. 4 gl. und auf Schreibpap.
2 rthlr. 4 gl.
2) Merkwürdige Belagerung Magdeburg's im
sechzehnten Jahrhundert, als Gegenstück zu
der im neunzehnten. 8. Berl. 1807. geheft. 8 gl.
3) Geschichte eines afrikanischen Affen, genannt
Lav Muley Hassan, vormals Arour Voltäre.
Von C. Fr. Benkowin. 8. Berl. geheftet 14 gl.
3) Braudes, Joh. Christ. (vormals Schauspie-
ler und Theaterdichter) eigene Lebensgeschichte
2r und 3r Band, 2te mit Kupfern verm. Aufl.
8. Berl. 1807. 2 rthlr. 20 gl.

Allgemeiner Anzeiger
der
Deutschen.

Montags, den 22 Junius 1807.

Nützliche Anstalten und Vorschläge.

Ueber Prämien-Austheilung auf Schulen.

Der Pastor Buße zu Bledeln im Hildes, heimischen hat diesen pädagogischen Gegen, stand im Reichsanzeiger Nr. 247 vor. Jah, res zur Sprache gebracht. Die Wichtigkeit desselben bestimmt mich, auch meine Gedan, ken darüber in demselben Blatte niederzule, gen: denn in der That ist er es wohl werth, aus mehreren Gesichtspuncten betrachtet zu werden. Nicht zwar, daß ich die Sache zu erschöpfen gesonnen wäre: die Gründe für, werden wahrscheinlich längst von Pädagogen (deren ich keiner bin) aus einander gesetzt worden seyn: ich will nur des P. B. Gründe gegen in Kürze prüfen.

Zur Entscheidung der aufgeworfenen Frage kommt es, meines Erachtens, vor allem auf die Einrichtung an, welche bey der Prämien-Austheilung Statt findet. Wenn in den Schulen, von welchen der angeführte Aufsatz spricht, in jeder Classe nur ein Prä, mium, und dieses an den Sittsamsten und Fleißigsten hergegeben wird — wie dieses allerdings zu erhellen scheint —; so werde ich nie in Abrede stellen, daß B's Einwen, dungen für diese Schulen völlig gegründet, und, solche Prämien zu verwerfen, seyen. Wenn also in der Einrichtung selbst keine Aenderung getroffen werden könnte; so würde ich mit B. ausrufen: weg mit den Prämien! Aber sollen wir deshalb selbst öffentliche Be, lohnung verwerfen? Hier ist es, wo ich mit B. nicht übereinstimmen kann. Er spricht

Allg. Anz. d. D. 1 B. 1807.

allen Prämien-Austheilungen auf Schulen das Verdammungs-Urtheil; ich möchte eini, ge gern gerettet haben. Vielleicht aber, daß wir, wenn wir uns gegen einander erklärt haben, eines Sinnes werden.

Man erlaube mir zu dem Ende, die Prä, mien-Austheilung der Schulen und Gymna, sien meiner Zeit und meiner Gegend darzu, legen.

Die Einrichtung unserer Gymnasien war eine wahre Preisbewerbung. Die Schüler jeder Classe arbeiteten, während dem letzten Vierteljahre ohngefähr, in jedem Fache, das gelehrt wurde, zu verschiedenen Zeiten drey Aufgaben in dem Schulzimmer aus, oder beantworteten schriftlich mehrere ihnen vom Lehrer über einen Lehrgegenstand vorgelegte Fragen; in beyden Fällen von aller fremden Hülfe entfernt. Auf ihre Arbeit, welche sie dem Präfecten des Gymnasiums überreichten, setzten sie, nicht ihren Namen, sondern ein Motto stand auf einem Billette, das im In, nern den Namen des Schülers enthielt. Die Ausarbeitungen oder Antworten wurden, ohne die Billette, drey Professoren (unter welchen aber der eigene Lehrer nicht seyn durfte) jedem einzeln, zur Censur gegeben: die Stimmenmehrheit entschied: und jetzt erst wurden die Billette eröffnet. Der beste Schü, ler erhielt dann, nach geendigten Prüfungen aller Classen, das erste, sein Nachfolger das zweyte Prämium des Faches, in welchem sie die besten gewesen, öffentlich aus den Hän, den eines andern Schülers, und die vier ih, nen gleich Nachstehenden wurden ebenfalls öffentlich genannt. In den Versen, welche

bey Ueberreichung des Prämiums (bey uns
jederzeit ein brauchbares Buch) von dem
überreichenden Schüler hergesagt wurden,
erhielt der eigene Lehrer des zu Krönenden
die schönste Gelegenheit, denselben, seinem
ganzen Verdienste, seinem Character, seinem
Bedürfnisse gemäß zu loben, zu ermuntern,
zu tadeln, ihn entweder seiner Furchtsamkeit
aufzuhelfen, oder seinen Hochmuth zu demüthigen, seine allenfallsigen andern Fehler zu
züchtigen.

Wo in unsern Land- und Stadt-Schu-
len Prämien ausgetheilet werden, erhält selbige auch der Fleiß und die Sittsamkeit; denn
die vorige Idee ist bey den Kindern daselbst
nicht ausführbar, aber sie sind weder beträchtlich, noch eine Auszeichnung für einen
einzigen Schüler oder eine einzige Schüle-
rin; sondern jedes Kind, welches das Jahr
durch die Schule fleißig besucht und sich artig
betragen hat, erhält sein Prämium, das in
einem Büchelchen, einem Bilde ꝛc. besteht.
Man will nämlich hier nicht sowohl belohnen,
als den Unfleiß und die Unart strafen.

In dieser Art von Prämien-Vertheilung
waren, meines Erachtens, alle von B. angeführte Inconvenienzen beseitiget.

Von der letztern kann wol keine Frage
seyn.

Dadurch, daß in der erstern die Prämien
denjenigen zu Theil wurden, die in drey verschiedenen, zu verschiedenen Zeiten der letzten
Schulmonate verfertigten schriftlichen Ausarbeitungen, oder (je nachdem die Natur des
Lehrgegenstandes es mit sich brachte) Beantwortungen von Fragen, sich nach dem Urtheile competenter unparteyischer Richter
ausgezeichnet hatten, erhielten selbige doch
aller menschlichen Wahrscheinlichkeit nach die
Geschicktesten in jedem Fache, und also die
Würdigsten. Man ging nämlich von einem
andern Grundsatze aus, als in B's Schulen.
Man wollte der Jugend durch eine Belohnung Freude machen, sie ermuntern, durch
Hoffnung spornen; aber man wollte dabey
gerecht seyn, und deshalb nicht belohnen,
was man nicht beurtheilen konnte. B. hat
ganz Recht, daß die Entscheidung über den
größten Fleiß und die größte Sittsamkeit sehr
trüglich sey. Denn was ist im Grunde Sittsamkeit bey Kindern bis ins vierzehnte und

funfzehnte Jahr? Ein wilder Frohsinn ist be-
nicht Unsittsamkeit? denn wir wollen doc
vorzüglich aus Knaben, keine Drathpupp-
ziehen? — Und Fleiß? Nach welchem Maßstabe soll dieser abgemessen werden? S-
der Talentvolle, wenn er gleich viel me-
leistet, zurückstehen, um einem unsinnig
Schwachkopfe den Rang zu lassen? Od-
sollte man nicht besser thun, das Talent a-
zumuntern? Und, wie will man den Fl-
eines Schülers kennen, den man nicht-
ganzen Tag unter den Augen hat? — E-
gibt also keinen sicherern Maßstab der Belo-
nung, als gezeigte Kenntnisse; so wie si-
auch eigentlich nichts anderes belohnen läß-
wenn wir nicht die Moralität verderben wo-
len. — Mittelbar wird durch eine solche Belohnung auch der Fleiß ermuntert: denn e-
wäre wol ein Wunder einer Classe, welc-
so viele ausgezeichnete Köpfe zählte, daß de-
Mittelmäßige durch großen Fleiß sich nicht in
irgend einem Fache unter die sechs Erste-
hinaufarbeitete, wenn jene nicht fleißig a-
ren. Von den Schafsköpfen kann kein-
Sprache seyn; es wäre besser, wenn si-
nicht studirten: diese bedürfen also ein-
besondern Aufmunterung.

Nach Vorausschickung dieser Erklärun-
und dieser Bemerkungen kann ich meine Gedanken über B's fernere Gründe nicht besse-
mittheilen, als wenn ich den entsprechenden-
Theil seines Aufsatzes mit meinen Anmerkungen begleite.

„Nichts ist gefährlicher, sagt er, und in
„den meisten Fällen auch wirklich verderbli-
„cher für das jugendliche Gemüth, als über-
„triebenes oder unzeitiges Lob, besonders
„wenn es öffentlich ertheilt wird." — Hier
merke ich nur an, daß B. wahrscheinlich
sein wohlwollender Eifer für die gut geglaub-
te Sache zu einem unpassenden Ausdruck-
verführt habe, der freylich seinen Satz völl-
richtig macht. Uebertriebenes oder unzei-
ges Lob ist jederzeit schädlich. Aber übertriebenes Lob kann nur ein ungeschickte-
Lehrer — und dieser wird es zu jeder Zei-
des Jahres thun — ertheilen: Prämien a-
sich sind aber doch wol kein übertriebenes
Lob? Und wenn die Anerkennung des Verdienstes selbst am Ende des Schuljahres un-
zeitig ist; so müssen wir sagen, man dürfe

ein Kind, einen Jüngling, nie loben. Daß öffentliches Lob eher schädlich werden könne, muß den Lehrer behutsamer in seinen Ausdrücken machen.

„Mit Ertheilung des Lobes, fährt er „fort, kann überhaupt nicht behutsam genug „verfahren werden. Die gewöhnlichen Fol„gen sind eine stolze Selbstgenügsamkeit und „schnöde Verachtung der andern; und diese, „wie bekannt, ersticken alle weitere Frucht." — Dieses kann nur der Fall bey übertriebenem oder stetem Loben seyn; wie z. B. durch die gleich darauf folgenden Worte selbst bekennt: „Mir wenigstens sind in meinem „Leben der Beyspiele manche vorgekommen, „wo Lehrer, ja sogar auch Eltern, wirklich „talent- und hoffnungsvollen Zöglingen und „Söhnen das Weihrauchfaß zu häufig unter „die Nase hielten, und des Lobens, selbst ins „Angesicht, nicht müde werden konnten. Was „hätten jene Jünglinge werden können? — „Und was wurde nun wirklich aus ihnen? — „O weg mit den Prämien! ꝛc." — Gehört aber eine Prämien-Austheilung in jene Kategorie? Und noch dazu eine Prämien-Austheilung, wie ich sie oben beschrieben habe? Selbst bey einer solchen, wo der größte Fleiß und die größte Sittsamkeit in einem Subjecte belohnt wird, kann der kluge Lehrer sein mäßiges Lob mit einer so starken Dosis von Ermahnung und Warnung vermischen, daß die von z. B. übrigens trefflich geschilderten Folgen eines von Affenliebe eingegebenen Lo-

bes gewiß nicht zu befürchten sind. Und nun gar die Prämien unserer Gymnasien und Schulen, welche mehr ein Zeugniß erworbener Kenntnisse, als ein Lob, sind; wo nicht einer allein ausgezeichnet wird, sondern jeder seine Ehre mit andern theilet; wo künftiges Jahr wieder neue Lorbeeren in einem Kampfe anderer Art zu erringen sind, wo die Belohnung mehr mit Ermahnungen und Aufmunterungen — zuweilen sogar mit Tadel — als mit Lobeserhebungen, begleitet wird: soll sie denn bey diesen frohsinnigen Jünglingen eine stolze Selbstgenügsamkeit und schnöde Verachtung nur ihrer Mitschüler zu besorgen seyn? Ein Anderes ist stetes Loben und Erheben dessen, was der Jüngling leistet: und ein anderes eine jährliche öffentliche Anerkennung, daß er unter die Geschicktesten seiner Classe gehöre. Der Schüler, welcher das erste Prämium auch von jedem Gegenstande erhielte — gewiß ein Fall, der in hundert Jahren vielleicht nicht ein einziges Mahl eintritt — weiß es ohnehin aus der Mühe, die er sich geben mußte, um dahin zu kommen, daß er deshalb doch noch triftige Mitbewerber habe, so wie eben dieses Wissen die andern tröstet und aufrecht erhält. *)

Bey dem letzten Grunde: „Nicht An„spornung sondern Zurücksetzung, nicht Er„munterung sondern demüthigende Kränkung „sind die dem Fleiße öffentlich ertheilten Prä„mien für den Unbelohnten ꝛc." werde ich nun wol nicht nöthig haben, etwas anzumer-

*) Darin bin ich mit z. einverstanden, daß zu vieles Loben und unzeitiges Loben die Jugend gewöhnlich verderbe, im Wissenschaftlichen sowohl, als im Sittlichen. Weil sie noch wenig weiß, bildet sie sich leicht ein, sie wisse viel. Allein was ist unzeitiges Loben? Ich glaube nicht zu irren, wenn ich folgende Regel aufstelle: Einzelne Fälle, einzelne Handlungen ꝛc. kann man auf der Stelle in der Regel ohne Scheu und ohne Gefahr mäßig loben, ins Angesicht billigen; aber nicht den ganzen Character, nicht den Verstand, Kenntnisse überhaupt, und auch einzelne Fälle nicht zu wiederholt, nicht bey jeder sich darbietenden Gelegenheit: dieses wäre ein Loben zur Unzeit. — So sehr und so oft nun auch gegen diese Regel gefehlt wird, so rhun doch, vorzüglich unkluge Eltern, welche wohl gerathene talentvolle Kinder haben, nicht selten einen noch ärgern Mißgriff, wenn sie im Beyseyn dieser Kinder selbige mit andern, die eine weniger gute Aufführung, weniger Kopf ꝛc. haben, vergleichen und über diese erheben. Kinder vergleichen sich wol selten mit andern Menschen: aber durch Herabsetzung anderer, während sie selbst gelobt werden, lernen sie es. Das ist die ergiebigste Quelle jener schnöden Verachtung anderer, die den Character verderben und die Ausbildung hindern kann. Vor dieser Schwachheit sollten sich demnach Eltern und Erzieher am sorgfältigsten hüten! Statt dessen thäten sie besser, bey jeder Gelegenheit das Gute an jedem Gespielen oder Bekannten ihrer Kinder und Zöglinge, aber ebenfalls ohne Vergleichung, bemerklich zu machen. — Mit dem Lobe selbst sey man also behutsam, aber nicht geizig; es sey denn, der Zögling wäre einzig derisch oder übermüthig. Eben so behutsam sey man indessen auch mit dem Tadeln, um das Kind nicht störrig und unempfindlich zu bilden. Die eben in Ansehung des Lobes aufgestellte Regel gilt im Großen auch für den Tadel.

ken. Bey seinen Prämien ist seine Einwendung völlig gegründet; aber sie paßt wol
nicht auf die nach dem oben vorgelegten
Plane.

Und so mag denn eine öffentliche Prämien-Austheilung auf Schulen nach unserm
Plane immer ihren Gang fortgehen: sie wird,
statt zu schaden, den Geschickten und Talent-
vollen, so wie den Mittelmäßigen und Fleißigen, Freude und Ermunterung geben, das
faule Talent und den Unartigen zur Besserung antreiben: und wenn sie den ganz Unfähigen niederschlägt; so ist daran, meines
Erachtens, nichts gelegen.

H. Sölix.

___

Gesetzgebung und Regierung.

Bekanntmachung,
die Buchbinder-Profession betreffend.

In der königl. baierischen Stadt Nürnberg war bisher auf der Buchbinder-Profession der unnütze und kostspielige Handwerks-
Gebrauch mit dem sogenannten Examiniren
hier angekommener fremder Gesellen, so wie
in mehrern Städten Deutschlands, welche
daher Examinations-Städte genannt wurden, gewöhnlich.

Die Vorsteher der Buchbinder-Profession
haben bey ihrem vorgesetzten Handwerks-Ge-
richte den Antrag auf Abstellung dieses Zunft-
unwesens gemacht, wo derselbe auch mit
Wohlgefallen aufgenommen und dieser lo-
benswürdige Entschluß zur erwünschten Ausführung gebracht worden.

Diese, zu wahren Besten der hiesigen
Zunft geschehene Abschaffung jener obsoleten
Handwerks-Rituale möge für die Folge sich
dadurch wohlthätig beweisen, daß vom Auslande mehrere Professions-Verwandte der
Stadt Nürnberg ungehindert zureisen können, und dann möge ferner diese Bekanntmachung für andere Städte, wo diese Exa-
minations-Gewohnheit annoch besteht, die
Veranlassung abgeben, diesem Vorgange,
durch reinen Zunft-Geist beseelt, recht bald
nachzufolgen.

___

Berichtigungen und Streitigkeiten.
Berichtigung.

Der größte Theil der vom Amtschreiber
Mejer in Nr. 118 des allg. Anz. angezeigten
Diebeswörter ist unverändert aus der Ju-
den sogenannten Lohschen-Kaudesch ge-
nommen; und es ist daher höchst wahrschein-
lich, daß einige derselben durch Verhören ꝛc.
verunstaltet worden sind. Da ich der Juden-
Sprache ziemlich rede und verstehe, um
mehreres Licht in dieser Sprache zu erhalten,
manchem nützlich seyn kann: so nehme ich mir
die Freyheit, sie zu berichtigen.
Statt Kokumlohschen, (weiße Sprache) lies
Chochum-Lohschen.
— Glaseim, (Schießgewehr) l. Glasa-
jims.
— Baldze, (Richter, Amtmann) l. Baal-
Alze.
— Bajis, (das Haus) l. Bajes, ob. Bais.
— Neir, (das Licht) l. Närr.
— Chalm, (das Fenster) l. Challen.
— Zacken, (das Messer) l. Sackin, oder
Sacken.
— Kálef, (der Hund) l. Kailof.
— Ischmechone, der Soldat) l. Jsch-
Melchome.
— Pallppff, (der Herr) l. Balboes.
— Mesumnen, (das Geld) l. Mesummen.
— Gesleim, (mehrere Louisd'or) l. Käf-
lajim.
— roinen, sehn) l. rojenen.
— Jsch, oder Jscho, (die Frau) l. Jsche.
Kleinschmalkalden.

Paulus.

___

Allerhand.
Bad zu Langenschwalbach.

Das Publicum wird hierdurch benachrichtigt, daß die hiesige Curzeit in diesem
Jahr, wie in den vorhergehenden, mit den
ersten Tagen des nächsten Monats Julius ihren Anfang nehmen, und zu diesem Zeitpunct
für die Unterhaltung der Curgäste durch
Spiel und Musik gesorgt seyn wird.

Einer verehrungswürdigen k. k. Lan-
des-Administration verdankt der hiesige Ort
sowohl als die ganze Grafschaft eine völlige
Befreyung von aller militairischen Einquar-

sierung. Uebrigens ist für die, — in manchen andern Ländern jetzt durch Räuberbanden und Gesindel gestörte — Sicherheit besonders gut gesorgt, indem außer andern Polizey-Maßregeln auch noch in jedem Orte der Grafschaft eine starke bürgerliche nächtliche Sicherheitswache organisirt worden ist.
Langenschwalbach am 12 Junius 1807.
Unter Autorität Sr. Maj. des Kaisers der Franzosen und Königs von Italien, die Canzley in der Niedergrafschaft Katzenelnbogen.

Familien-Nachrichten.

Aufforderung an Polizey-Behörden und Menschenfreunde.

Inständigst und dringend wird hierdurch jeder Menschenfreund, insonderheit alle Polizey-Behörden ersucht, folgende Bitte schmerzlich bekümmerter Eltern zu beherzigen, nämlich:

Nach allen Kräften dazu beyzutragen, daß ein, wegen seines begangenen, ihm zu verzeihenden Fehlers, in Furcht gerathener und am 13 Jun. d. J. von hier entflohener Knabe von 14 Jahren auf seiner Flucht aufgehalten und dessen sehr bekümmerten Eltern Nachricht davon ertheilt werden könne.

Es ist derselbe kleiner als sein Alter vermuthen läßt; er hat ein längliches, feines, mit wenig Roth tingirtes Gesicht, blaue große Augen, eine etwas dicke Unterlippe, und weiße breite Zähne. Er trägt einen lichtbraunen Frack mit Perlmutterknöpfen, olivengrün gewürfelten Satinet — oder grüne gestreifte Manschester Beinkleider, eine blaßgelb gestreifte Sommerweste, runden Hut, und saubere Wäsche mit den Buchstaben W. R. gezeichnet. Sein Taufname ist Carl Wilhelm, und der Name seiner ehrenwerthen Eltern ist der Expedition des allg. Anz., so wie Endesunterschriebenen wohl bekannt: daher ein jeder, der zur Erfüllung dieser rührenden Bitte beyzutragen im Stande ist, gebeten wird, nach seinem Belieben an uns oder den andern sich zu wenden, und den Ersatz aller aufgewendeten Kosten und Auslagen für Ernährung, Pflege u. s. w. nebst innigstem Dank, auch, wenn es verlangt wird, ansehnliche Belohnung, gewiß erwarten kann. Naumburg an der Saale den 14 Junius 1807.
D. Senckeisen, Stiftsphysicus.

Aufforderung.

Ein gewisser Hr. Geiselbrecht gab vor mehreren Jahren mit vielem Beyfall in einer Stadt am Rhein Vorstellungen seiner ombres chinoises und Marionetten. Gegenwärtig wünscht man an diesem Ort seinen jetzigen Aufenthalt zu kennen, und er wird daher ersucht, seine Adresse an die Expedition des allg. Anz. unter dem Zeichen F. P. gefällig einzusenden.

Todesanzeige und Aufforderung.

Daß Meister Johann Michael Stauch, gewesener Huf- und Waffenschmid in Seidenberg ohnweit Görlitz, den 10 März dieses Jahres nach einer vierwöchentlichen Krankheit verstorben, wird dessen hinterlassenem jüngsten Sohne Johann Gottlieb, der anfangs Julius 1804 von hier aus auf die Wanderschaft gegangen, hierdurch bekannt gemacht, und derselbe von seiner betrübten Mutter angelegentlich ersucht, so bald als möglich nach Hause zu kommen.
Seidenberg bey Görlitz den 8 Jun. 1807.

Dienst-Anerbieten.

Eine angesehene Familie in einer Landstadt Thüringens sucht, wo möglich bis zu Michaelis dieses Jahres, für einen siebenjährigen Knaben einen Erzieher, der aber alle Eigenschaften eines guten Erziehers und Hauslehrers in sich vereinigen muß, wogegen man ihm auch nicht nur einen sehr guten Gehalt sondern auch eine durchaus humane Behandlung verspricht. Diejenigen, die zu dieser Stelle die erforderlichen Eigenschaften haben, und selbige zu erhalten wünschen, belieben ihre Briefe unter der Adresse H. U. C. postfrey an die Expedition des allg. Anz. in Gotha zu senden, welche selbige an die Behörde befördern und worauf man in nähere Correspondenz mit ihnen treten wird.

Justiz = und Polizey = Sachen.

Berichtigung.

Im allg. Anz. 1806 Nr. 328, 333 und 340 ist in der Vorladung der Gläubiger des verstorbenen Zuchthaus=Controlleurs Lichtenberger durch einen Schreibfehler in der Original=Vorladung Lichtenger gedruckt worden, welches auf Verlangen des großherzoglichen Hofgerichts der badischen Pfalzgrafschaft zu Mannheim hiermit berichtiget wird.   der Redact.

Vorladungen: 1) der Gläubiger Chrn. Gottlieb Müller's.

In einem unter dem hiesigen Rathhaus angeschlagenen General=Liquidations=Edict von zu Ende gesetztem Datum werden innerhalb des darin peremtorisch anberaumten Termins von 45 Tagen alle diejenigen, welche an und auf die sämmtlichen Habe und Güter des in Concurszustand gerathenen hiesigen Bürgers und Stadtgerichts=Secretairs Christian Gottlieb Müller rechtliche Ansprüche und Forderungen zu haben glauben, zu deren Anzeige und Liquidation unter dem Rechtsnachtheil des gänzlichen Ausschlusses von gegenwärtiger Concurs=Masse anher vorgeladen.

Zugleich wird anmit die Verhängung des offenen Arrests öffentlich bekannt gemacht, und allen und jeden, welche von dem Gemeinschuldner etwas an Geld, Effecten oder Briefschaften bey sich und in Verwahrung haben, oder welche demselben etwas bezahlen oder liefern sollen, hiermit anbefohlen, an niemand das mindeste verabfolgen zu lassen, vielmehr solches unterzeichneter Instanz vordersamst getreulich anzuzeigen, und die in Händen habenden Gelder und Sachen, jedoch mit Vorbehalt ihrer daran habenden Rechte, in das gerichtliche Depositorium abzuliefern.   Sollte aber dagegen gehandelt werden, so wird solches für nicht geschehen geachtet, und zum Besten der Masse anderweit hergetrieben werden, und haben diejenigen, so etwas verschwiegen oder zurück halten, zu erwarten, daß sie noch außerdem ihres daran habenden Unterpfands, oder andern Rechts für verlustig werden erklärt werden.

Nürnberg, am 29 May 1807.

Königlich Baierisches Stadt=Gericht.

2) der Interessenten der Depositen=Gelder Sim. Morgenstern's.

Pfarrer Martin Morgenstern zu Ettlingen= Weier, angeblicher Bruder des abwesenden Simon Morgenstern hat sich zu dem, in dem diesseitigen Depolito beruhenden Geldbetrage Simon Morgenstern's ad 376 fl. 32 kr. gemeldet, diejenigen nun, welche einen gleichen Anspruch auf dieses Vermögen zu machen glauben, werden daher vorgeladen, ihre Ansprüche dahier behörend nachzuweisen, oder zu gewärtigen, daß nach 9 Monaten, und auf Anrufen des gedachten Pfarrers Morgenstern derselbe zur unzünglichen Pflegschaft dieses Vermögens zugelassen, oder derselbe, falls er das wirkliche Ableben des Simon Morgenstern, oder daß derselbe 70 Jahre alt sey, nachweise, ihm, als eigenthümlich zugeschieden werden wird.

Mannheim, den 26 May 1807.

Großherzogliches Hofgericht der Badis. Pfalzgrafschaft.

Courtin.   Wolff.

Stein.

3) militairpflichtiger Badener.

Zufolge hochpreußlichen Hofraths L. G. Beschluß von d. 13 Nr. 3476 werden nachbenannte diesseitige militärpflichtige Amtsuntergebene, welche zum Theil ohne Wanderpaß sich in die Fremde begeben, theils aber über die gesetzliche Wanderzeit ohne amtliche Erlaubniß in der Fremde geblieben, so wie auch jene, welche auswärts in Diensten stehen, hiermit aufgefordert, binnen drey Monaten vor unterzeichneter Stelle ohnfehlbar zu erscheinen, oder zu gewärtigen, daß gegen sie nach der bestehenden Landes=Constitution mit Landes=Verweisung und Vermögens=Conflscation werde fürgefahren werden. Bretten, den 22 May 1807.

Großherzogl. Badisches Amt.

A. Stadler.

Schill.

Von Bretten: Peter Auß, Becker.   Daniel Ußinger, Zimmermann.   Peter Berrich, Schneider.   Jacob Blanckenheimer, Strumpfwirker.   Matheis Friedrich Baum, Schmid.   Matheis Jäger, Becker.   Matheis Hölzle, Schneider.   Johann Hartung, Schneider.   Johannes Peter, Schneider.   Conrad Peter, Schuster.   Jacob Hoock, Häfner.   Wilhelm Ritter, Jacob Graff, Schneider.   Simon Conanz, Schmid.   Alexander Bernard Anthenrieth, Seiler.   Carl Friedrich Schalfele, Becker.   Martin Baum, Kiefer.   Leonard Schill, Schuster.   Gottlieb Eberle, Kübler, Joseph Bauer, Schmid.   Heinrich Freund, Schuster.   Hieronymus Guse, Maurer.   Alexander Friz, Schneider.   Carl Ludwig Güller don, Gerber.   Philipp Jacob Jorstus, Dreher.   Georg Jacob Schuler, Becker.

Von Gölshausen: Leonard Bohner, Schmid.   Gottlieb Kohlmann, Maurer.   Friedrich Schmuz, Zimmermann.   Georg Holzwarth, Schuhmacher.   Johann Friedrich Supfle, Ziegler.   David Woerle, Becker.   Emanuel Woerle, Schnallenmacher.   Georg Jacob Woerle, Weber.   Friedrich Weeber, Georg Martin Hößle.   Johannes Miller, Georg Sipfle.   Johannes Lichtenberger, Heinrich und Jacob Bohner.   Jacob Foßler, Friedrich Poll, Carl Wilfer.   Andreas Kohlmann, sämmtlich als Bauernknechte.

Von Zaisenhausen: Georg Heinrich Schoch.
Johann Marx Fischer, Schreiber. Georg und
Wilhelm Schüßler, Schneider. Samuel Friedrich
Bircfle, Schreiner. Johann Georg Carle, Schuh-
macher. Georg und Franz Schmeißer, Schäfer.
Melchior Raegel, Schmid. Marx Roth, Maurer.
Von Sponnthal: Philipp Jonas Meister.
Absolon Monlof.
Von Riedlingen: Conrad Böcfle.
Von Bauerbach: Johann Joseph Zaußer,
Schmid. Georg Joseph Goepferich, Schreiner.
Andreas Steiner, Müller. Jacob Glowell, Mau-
rer. Georg Westermann, Schuhmacher. Valentin
Kleiner, Becker.
Von Diedelsheim: Andreas Dittes, Schmid.
Conrad Dittes, Wagner. Friedrich Zaefele,
Häfner. Jacob Steiger, Becker. Michel Heßel-
bacher, Müller. Friedrich Zürst, Zimmermann.
Heinrich Jonas Beier, Schreiner. Ernst Dittes,
Schreiner. Heinrich Weiß, Küfer. Bernard
Gobe, Bauer. Augert Zefele, Zimmermann.
August Buock, Becker. Christoph Werner,
Schuster.

Steckbrief hinter Franz Renner.

Der Schiffpursche Franz Renner von Schlier-
bach hat sich des beabsichteten Mordes eines Menschen äußerst verdächtig, vor der Arretirung aber
auf flüchtigen Fuß gemacht; derselbe wird daher
andurch aufgefordert, binnen 6 Wochen dahier zu
erscheinen, und über das ihm zu Last gelegte Verbrechen, und über seinen Austrit sich zu verantworten, im Entstehungsfalle aber zu gewärtigen, daß
gegen ihn nach der Landes-Constitution wider ausgetretene Unterthanen werde verfahren werden,
und das weiter Rechtliche gegen ihn auf Betreten
vorbehalten bleibe.
Zugleich werden sämmtliche Gerichtsbehörden
in Freundschaft ersucht, gegen besagten Renner
genaue Kundschaft ausstellen, solchen auf Betreten
arretiren, und gegen Erstattung der Kosten und
Erwiederung ähnlicher Rechtsgefälligkeiten anher
liefern zu lassen; derselbe ist ungefähr 30 Jahr
alt, kleiner unterstzter Statur, hat ein ovales
Angesicht, braune rundgeschnittene Haare, trägt
auf Markttägen gewöhnlich einen grauen leinenen
Wammes, dergleichen kurze Hosen, ein baumwollenes Gilet, graue Strümpfe, und Schuhe, dann
einen runden Hut, und auf Festtägen blaue manchesterne kurze Hosen, weiße baumwollene Strümpfe,
Schuhe mit Schnallen, einen blauen Wammes,
und ein weißes Gilet.
Heidelberg den 26 May 1807.
Großherzgl. Badisches Stadtvogtey-Amt.
Hautittel. Wundt.
vdt. Reubter.

Kauf- und Handels-Sachen.

Verkauf des mainzer Hofs in Mannheim.

Das Lit. D. 9 Nr. 4 an den Planken gelegene
dreystöckige Wirthshaus zum mainzer Hof genannt,
welches eine beträchtliche Anzahl geräumige Zimmer
und Stallung für mehrere Pferde enthält, mit
großem trockenen Keller versehen, und überhaupt
zu einer ansehnlichen Wirthschaft gut gelegen und
eingerichtet ist, wird den 20 f. M. Julius Nachmittag 3 Uhr auf hiesigem Rathhause der Erbver-
theilung wegen unter annehmlicher Bedinguß versteigt. Mannheim den 8 Junius 1807.
Großherzogliche Stadtschreiberey. [
Leers.

Verpachtung einer Apotheke.

Eine gute und vollständige Apotheke, in einer
ansehnlichen Handelsstadt Hessens, welche selbst
am Hauptplatz gelegen und ohnehin in einem guten
Rufe ist, steht gegen hinreichende Caution und
die sonstigen Erfordernisse einem mit gehörigen
Kenntnissen resp. erfahrnen Subjecte von Termino
Michaelis 1807 auf sechs nach einander folgende
Jahre unter billigen Bedingungen zu verpachten.
Frankirte Briefe besorgt in dieser Angelegenheit
die Expedition des allg. Anz. in Gotha.

Mikroskope und Perspective.

Bey dem Universitäts-Mechanicus und Opticus Weickert in Leipzig ist außer den schon bekannten Mikroskopen und Mikroskopen, sowohl der einfachen,
als auch der zusammengesetzten für Botaniker und
Naturforscher, ein Mikroskop vorräthig, welches
zur Betrachtung botanischer und anderer naturhistorischen Gegenstände äußerst bequem und zweckmäßig ist; es besteht aus vier über einander ge-
schraubten Linsen, welche zusammen nicht nur eine
sehr starke Vergrößerung geben, sondern auch dabey ein sehr großes Sehefeld haben. Nach jedem
Bedürfniß kann man eine Linse nach der andern
ab- oder anschrauben, um die Vergrößerung zu
vermindern oder zu vermehren; außer diesem ist
noch eine Linse besonders einzuschrauben, deren
Brennweite eine pariser Linie beträgt. Ein dazu
sehr bequemes Gestelle von Zahn und Trieb nebst
Erleuchtungsspiegel, Scalbet, Pinzette, gläsernem
Objecten-Schieber und Halter, alles dieses befindet sich in einem saubern Futeral von 4 1/2 Zoll
Länge und 3 Zoll Breite, um das Ganze bequem
bey sich zu führen. Beym Gebrauch wird das Mikroskop auf das Futeralkästchen aufgeschraubt.
Ferner sind auch bey mir Opernperspective zu
sehr verschiedenen Preisen, als auch Perspective
von verschiedener Länge, mit und ohne Stativ,
für Erde und Himmel zu gebrauchen, vorräthig zu
haben.

Gesundheitsbettdecken.

Unterzeichneter empfiehlt sich einem geehrten Publicum mit einer ganz neuen Art Gesundheitsbettdecken. Nervenschwache und Reconvalescenten sowohl, als auch diejenigen, welche ihrer körperlichen Umstände wegen genöthigt sind, das Bette zu hüten, und darin eine vorzügliche Beschwerde ihres kränklichen Zustandes empfinden, finden durch selbige alle die Vortheile, welche die Fürsorge für die Gesundheit zu wünschen gebietet, ohne dadurch von den Beschwerden, welche die Federbetten unter dergleichen Umständen mit sich führen, belästiget zu werden, und können sich dabey eines gesunden und stärkenden Schlafs versichert halten, als wofür bey deren Zubereitung unter Aufsicht und Berathung geschickter Aerzte gesorgt wird. Insonderheit aber sind diese Gesundheitsbettdecken allen denjenigen anzurathen, welche die Bäder zu besuchen willens sind. Sie werden nicht nur wegen des leichten Transports und des wenigen Aufwands ihren Reiseapparat auf eine sehr nützliche Art vervollständigen, sondern auch diejenigen, welche sich dieser Decken während der Badezeit bedienen, werden sich von ihren Kräften und Wirkungen überzeugen und den besten Erfolg baldigst spüren.

Der innere Nutzen dieser Gesundheitsbettdecken, welche von mehrjähriger Dauer, und mit meinem Handlungspetschaft besiegelt sind, ist zwar durchgehends gleich, nur so viel die Eleganz anlangt, sind die Preise à 9, 10 und 11 Thaler Conv. Geld verschieden. Bey größeren Bestellungen wird ein billiger Rabat gestattet. Sie sind einzig und allein zu haben bey Christian Friedrich Grimmer in Dresden vor dem Seethor am See Nr. 489.

Eine Kirchenglocke und auf Glas gemahlte Wappen.

In Nürnberg steht eine mittlere Kirchenglocke von ungefähr 700 bis 800 Pfund zu verkaufen. Sie ist noch so gut, als ganz neu, ohne den geringsten Schaden, auch nicht so dumpf, als die gewöhnlichen, sondern einen reinsten Silberklang. Ferner aus einer Kirche 40 Stück sehr schön in Glas gemahlte Wappen, 2 1/2 thl. Schuh hoch und 2 breit, deren alte Kunst in dieser Vollkommenheit so leicht nie wieder erfunden werden wird. Liebhaber belieben sich an die bestelmeier'sche Handlung in Nürnberg, als Eigenthümer von obigen Sachen, zu wenden.

Neue Schriftgießerey.

Sämmtlichen löblichen Buchdruckerherrn zeige ich hierdurch an, daß ich nun endlich nach vieler angewandten Mühe und Fleiß eine Schriftgießerey allhier angelegt habe, und glaube mit derselben vollkommen im Stande zu seyn, jede Bestellung ohne Bedenken annehmen zu können. Ich habe zu dem Ende eine Probe von meinen Schriften abdrucken lassen, und werde mit dem größten Vergnügen den resp. Herren, auf Verlangen ein Exemplar davon zuschicken. Ich kann übrigens die resp. Herren, welche mich mit ihrem gütigen Zutrauen beehren wollen, versichern, daß ich die beste und regelmäßigste Arbeit, wie auch die schleunigste Ablieferung aller Bestellungen pünctlichst besorgen werde. Noch muß ich bemerken, daß alle halbe Jahr meine Proben mit neuen geschmackvollen Schriften vermehrt werden sollen, und jedem der Herren, welche Bestellungen machen, ein Exemplar davon zugeschickt werden wird.

Jena, den 10 Junius 1807.

Johann Carl Gang.

Eisendrathe.

Da ich in meinem ganz neu angelegten Drathzug von Eisendrath verfertigen laße, so empfehle ich mich allen denjenigen, die damit Geschäfte machen oder selbst verarbeiten, auf's freundschaftlichste, ich verspreche billige Preise und reelle Bedienung. Ohdruf den 10 Jun. 1807.

Joh. Christoph Fiedler.

Warnung.

Ich bin es dem Publicum und mir schuldig, hiermit öffentlich anzuzeigen, daß van der Dasbuysien in Dresden, an der Viehweide wohnhaft, unedel genug ist, meinen Namen zu mißbrauchen, und unter demselben eine nachgemachte Sorte Taback, das Pfund zu 17 gr. zu verkaufen, wovon bey mir das Pfund nur 16 gr. kostet. Außer dem höhern Preise ist die Qualität dieses Tabacks viel geringer. Diese Anzeige bestimme ich also zunächst nur für diejenigen, welche die Güte meines Tabacks noch nicht kennen, und habe das Vertrauen, daß niemand eine unedle Speculation unterstützen wird. Ich empfehle mich bey dieser Gelegenheit zu geneigten Aufträgen und versichere eben so reelle Waare, als prompte Bedienung.

Leipzig den 11 Junius 1807.

L. A. Schrader, Peterstraße Nr. 74.

Druckfehler. In Nr. 149 S. 1554 Z. 22 Schwoedde anstatt Schoedde. Nr. 151 S. 1571 Z. 19 von unten: Apothe statt Apotheke; und letzte Z. fibratus st. fiibeatus; S. 1573 Z. 4 von unten Turris st. Curtis; Nr. 155 S. 1611 Z. 34 Aretaus st. Aretaeus; S. 1613 ist zu Ende der Anmerkung, worin das Handwörterbuch für die Geschäftsführung rc. b. Th. Seeger in Leipzig, empfohlen wird, die Unterschrift: der Redact. weggelassen worden.

Allgemeiner Anzeiger

der

Deutschen.

Dienstags, den 23 Junius 1807.

Nützliche Anstalten und Vorschläge.

Vorschlag zu einer Kriegsschädens Assecuranz. *)

Es ist ein herzbewegender Anblick, wenn man so viele Familien, welche vor Ausbruch des jetzigen Kriegs sich in Wohlstand befanden, jetzt in einer jammervollen Verfassung und mit den Ihrigen in Stillen Noth leiden sieht, deren verschiedene Drangsale zu beschreiben, viel Raum erfordern würde. Ich habe oft Thränen vergossen, wenn ich die so ruhigen, gutmüthigen, Gesetz, Ordnung und ihren Souverain bis zur Anbetung liebenden Unterthanen in so stiller Dahingebung ihr hartes Schicksal dulden, und unverschuldet ihr sämmtliches Vermögen verlieren sah.

Ein Patriot und Menschenfreund kann unmöglich die Pflicht und Schuldigkeit unterdrücken, diese von allem Gewerbe entblößten, durch feindliche Ueberfälle des Vermögens beraubten Nebenmenschen, welche gleichsam das Opfer für ein Land oder einen Bezirk werden mußten, mit Kraftanstrengung vom gänzlichen Untergange zu retten und ihren Zustand zu verbessern. Diese Betrachtung brachte mich auf den Gedanken, eine durch höchste Landesregierungen ausführbare Kriegsschädens Assecuranz in Vorschlag zu bringen, wodurch sämmtliche, durch feindliche oder freundliche Requisitionen aller Art verursachte Schäden in einem ganzen Lande vergütet und die ganz niedergebeugten Familien und Individuen zufrieden gestellt werden könnten.

Dieser wohlthätige Zweck würde erreicht werden, wenn nach allgemeinem Frieden (in so fern alle Aufwände und Schäden aufgehört haben) oder im Fall sich diese Hoffnung entfernen sollte, wenn in zwey Abtheilungen, vom Ausbruch des Krieges bis zu einer bestimmten Zeit, und von dieser Zeit bis zum Stillstand aller Aufwände, zuvörderst

1) von jedem Individuum insbesondere, so wie von jeder Gemeinde überhaupt, welches auch hier und da bereits angeordnet worden, alle durch Requisitionen aller Art erlittenen Schäden, ausgenommen die Brandschäden, wenn solche durch besondere Assecuranzen gedeckt worden, speciell und richtig eingegeben, deren Werth beygesetzt, und entweder diese Angaben glaubwürdig bescheinigt oder eidlich bestärkt, folglich daraus die Totalsumme des Verlusts und sämmtlicher Aufwände bestimmt werden würde; sodann, wenn

2) diese Schadensumme zu vergüten, die etwaigen landesherrlichen Don gratuits, Collecten und andere freywillige Beyträge nicht zureichend seyn dürften, das noch ers mangelnde Entschädigungsquantum auf die in einem oder dem andern Lande gewöhnlichen Real- oder Personal-Fundamenta der Abgaben, wie z. B. im Königreich Sachsen auf die Totalsumme der Immobiliar-Brand-Cassen-Subscription, oder auf die Personen-Schock- und Quatemberstteuer-Schätzung

---

*) Vergl. allg. Anz. Nr. 109 S. 1121.   d. Red.

Allg. Anz. d. D. 1 B. 1807.

ausgeschlagen, und diejenige Summe, welche ein jeder Ort nach seinem aufhabenden Schätzungsquantum beytragen müßte, schleunig beygetrieben würde.

3) Könnte einer jeden Obrigkeit frey stehen, die der Stadt oder dem Dorfe zugetheilte Kriegsschäden-Vergütungssumme nach einem dem Locale angemeßnen Maßstabe selbst aufzubringen, um die sich etwa daselbst aufhaltenden unangeseßnen vermögenden Privatpersonen, Staatsdiener, Geistlichen u. s. w., welche bey der Immobiliar-Brand-Casse nicht getroffen würden, nach Procenten von ihren jährlichen Revenüen zur Mitleidenheit zu ziehen, um dadurch wenigstens die bey erwähntem Brand-Cassen-Institute von geistlichen und andern öffentlichen Gebäuden zu leistenden Beyträge übertragen zu können.

Zwangsmittel, sollte man glauben, würden zu deren Beytreibung bey billig denkenden Personen nicht nöthig seyn, weil derjenige District, oder dasjenige Individuum, welches die Lasten des Krieges nicht, oder nur zum Theil betroffen, und welche Mißhandlungen, die durch keine Beyträge vergütet werden können, nicht gesehen, nicht empfunden, Gott und ihrem Landesfürsten für Abwendung jener Kriegsdrangsale nicht genug Dank sagen, sondern vielmehr willig und gern diese Assecurangelder als Opfer für die leidenden Mitbrüder darbringen können, nicht zu gedenken, daß diejenigen, welche in ungestörtem Genuß ihrer Güter ꝛc. verblieben, in der Zwischenzeit die Beyträge erwerben konnten, indeß jene ihres Geldes, ihres Erwerbes, ihrer Habe, ihres Handwerkszeuges, ihres Getreides, ihres Viehes und dergl. Beraubten, mit Mühe und Noth durch Verkauf der Grundstücke, durch Anleihen u. s. w. das nöthige Handwerkszeug, Wäsche, Kleider, Vieh, Brod u. dergl. anschaffen und auf diese Art sich und die Ihrigen vom gänzlichen Untergange retten müssen.

Denjenigen aber, welche die erquickende Hoffnung erlangen, mit Inbegriff der zu leistenden Beyträge dadurch wenigstens zu zwey Drittheilen entschädigt zu werden, könnte die ihnen beyzutragen obliegende Summe von dem Vergütungsquantum abziehen erlaubt werden, weil es ihnen nicht

möglich seyn würde, die Beyträge baar zu leisten.

Durch diese der Natur der Sache angemessene Kriegsschäden-Vergütungs-Anstalt würden auf der Wagschale der Gerechtigkeit die Lasten getheilt und gemeinschaftlich getragen, auch gewiß den Unternehmern der durch die That einer edlen Handlung verdiente Lohn zu Theil, und von so vielen nach Hülfe Seufzenden der Segen des Himmels erstehet werden. ***r.

Land- und Hauswirthschaft.

Auch noch ein Paar Worte über Vertilgung des Schwammes in Gebäuden.

In dem Gebäude, welches ich bewohne, fand sich zu meinem großen Verdrusse in einer nahe an einer Gosse gelegenen Stubenkammer der verhaßte Schwamm ebenfalls ein, und breitete sich sehr bald solchergestalt aus, daß ich nicht allein viel Nachtheil fürs Gebäude selbst fürchtete, sondern auch wegen seines äußerst starken Gestanks für seinen schädlichen Einfluß auf die Gesundheit besorgt war.

Auch die mühsamsten Reinigungen der schwammigen Stellen und alle durch Oeffnung der Fenster und Thüren herbeygeleitete freye Luft vermochte nichts gegen das eingekehrte Uebel.

Nach Verlauf von wenig Tagen stand der Schwamm eben so vollkommen und oft auf neuen Stellen wieder da. Vor zwey Jahren endlich ließ ich in diese Kammer — da sie von einer Seite an die Küche grenzt und deshalb eine, für eine Wirthschaft sehr bequeme Lage hatte, einen Kochofen setzen und so wie dieser einige Wochen stark geheizt in Gebrauch gewesen, so verschwand der überlästige Gast. Im Sommer 1806 wo die Heizung des Kochofens ausgesetzt ward, ließ sich der Schwamm zu meiner großen Freude ebenfalls nicht wieder blicken und da nun durch die erneuerte starke und fast ununterbrochene Heizung des Ofens während des jetzt verlebten Winter alle Theile der Stube gehörig ausgetrocknet sind, so hoffe ich mit Grund, den Schwamm auf immer aus meinem Gebäude verbannt zu haben; versteht sich, wenn mit Heizung der Stube jeden Winter fortgefahren wird.

Vielleicht ist die Erfahrung, welche ich so zufällig und doch so wirksam zur Vertilgung des Schwammes gemacht habe, für manchen angenehm und eine Nachahmung, wo es sich thun läßt, allgemein rathsam!

Es bestätigt diese meine Erfahrung auch das, was von Wehrs im 291 St. des allg. Anzeigers v. J. Seite 3542 hierüber sagt, indem derselbe bemerkt:

„Starke Heizung entfernt nicht nur die Nässe, sondern verwandelt auch den Samen in unfruchtbaren Staub und tödtet das Leben der Pflanzen."

Magdeburg den 19 März 1807.

H. Ph. Lincke, Kaufmann.

Anfrage

über Benennung der besten theoretischen Anweisungen zur Verfertigung sowohl künstlicher als natürlicher Verbesserungen aller Art weißer und rother Weine; ferner, aller Gattungen von warmen und kalten Getränken als, Chocolate, Punsch, Bischoff, Cardinal, Wipp, Limonade, Sirop capillaire und dergleichen mehr; dann, über die Zubereitung aller Art Bäckereyen, als Confituren und alle, in die sogenannte Schweizer Bäckerey einschlagende Kuchen und andere Gegenstände, und endlich, über die schärfste Zubereitung aller Art gesalzener und gedörrter Fleische, als, Salami, Wurst, göttinger und braunschweiger Würste, ferner, von westphälinger Schinken und andern Bökelfleische, wie auch des sogenannten italienischen Salates.

Einer gefälligen Beantwortung obiger Fragen sieht man in den nächsten Blättern des allgem. Anzeigers entgegen.

Bamberg den 12 Junius 1807.

J. L. Gebhardt.

Dienst-Anerbieten.

Eine Material- und Weinhandlung in einer thüringischen Landstadt sucht einen Lehrburschen; die Haupterfordernisse eines solchen Subjects sind: eine gute Erziehung und ein williges gutes Betragen, wogegen ihm die liebreichste Behandlung zugesichert wird. Man beliebe deshalb unter Adresse: H. S frankirte Briefe an die Exped. des allg. Anz. zu senden.

Justiz- und Polizey-Sachen.

Vorladungen: 1) N. N. Vögele's und seiner Gläubiger.

Da es zur endlichen Berichtigung des, von dem Academiker N. N. Vögele aus Zweybrücken (welcher in dem Jahre 1792 die Jurisprudenz allhier studirt hat) contrahirten Schuldenwesens, so wie auch zur Verfügung über die von dessen Geldern dahier noch mit Arrest belegten 67 fl. 1 kr. erforderlich ist, über den, hier unbekannten, Aufenthalt des Schuldners sowohl, als über seine allenfalls noch unbekannten Gläubiger Nachricht einzuziehen, so wird

1) gedachter N. N. Vögele von Zweybrücken oder dessen Erben hiermit edictaliter aufgefordert, von heute an binnen drey Monaten bey Verlust der ihm, allenfalls zustehenden Schutzreden, und bey Strafe des Eingeständnisses, selbst oder per Procuratorem, sich bey unterzeichneter Behörde über die Forderungen der liquidirenden Gläubiger, allenfalls auch über seine auf das vorhandene Depositum habenden Ansprüche zu erklären; zu welchem Ende auch

2) des genannten Vögele sämmtliche noch unbekannte Gläubiger hiermit edictaliter vorgeladen werden. Donnerstags den 3 September d. J. Morgens 9 Uhr bey dem academischen Gerichte dahier, selbst oder durch gehörig Bevollmächtigte, sub poena praeclusi, zu erscheinen und die zur Liquidation ihrer Forderungen dienenden Beweismittel mitzubringen. Verfügt Heidelberg, den 2 Junius 1807.

Großherzoglich Badensches academisches Gericht daselbst.

C. Martin D. b. R. Prorector.

v. Zieudgen, Syndicus.

2) Peter Buz's.

Der im Monat April v. J. von Zaisenhausen sich entfernt habende und angeblich in Ungarn befindliche verwitwete Bürger Peter Buz von Zaisenhausen wird hierdurch aufgefordert, binnen drey Monaten vor unterzeichneter Stelle zu erscheinen, und sich wegen seines Austritts zu verantworten oder zu gewärtigen, daß gegen ihn nach der bestehenden Landes-Constitution werde verfahren werden. Bretten, den 1 Junius 1807.

Großherzoglich Badensches Amt.

A. Stadler.

Schill.

3) militairpflichtiger Badener.

Die ohne amtliche Wanderpässe sich aus ihren Geburtsorten entfernten und über die gewöhnliche Wanderzeit ausbleibenden Bürgersöhne:

Georg Zieger und Nicolaus Heißer von Philippsburg; Joseph Weißbart und Joseph Kern von St. Leon; Johann Adam Gayer und Carl Joseph Becker von Rheinhausen; Valentin Lenz von Oberhausen; Jacob Gehweiler von Wiesenthal; Franz Andreas

Jungkind von *Hüttenheim* und *Georg Peter Kär-
cher* von Dettenheim; sollen sich so sicherer binnen drey Monaten bey dahiesigem Amte stellen,
als sonst nach deren fruchtlosem Ablauf gegen sie
nach Landesgesetzen verfahren, sie alles Bürgerrechts verlustig erkläret und ihr Vermögen con-
fisciret werden wird.

Philippsburg den 29 May 1807.

Großherzoglich Badensches Amt.

Schoch.

vdt, 3 pf.

Wechsel- und Geld-Cours in sächsischer Wechselzahlung.

Leipzig, den 16 Junius 1807.

In den Messen.	Geld	Briefe.
Leipz. Neujahr-Messe	—	—
— Oster-	—	—
Naumburger —	99 3/4	—
Leipz. Michaels —	98	—
Amsterdam in Bco. à Uso	—	—
Detto in Curr. à Uso	—	143 1/2
Hamburg in Bco. à Uso	—	149 3/4
Lion 2 Uso in Liv.	—	78 1/4
Paris 2 Uso in Liv.	—	78 1/2
Augsburg à Uso.	—	100
Wien à Uso.	—	48 1/2
Prag à Uso.	—	48 1/2
London à 2 Uso p. Pf. St.	—	—

Gewinnen {		
Ränder-Ducaten	13	—
Kaiser-Ducaten	12 1/4	—
Wichtige Duc. à 66 Aß	10 1/2	—
Breslauer à 65 1/2 ditto	10 1/2	—
Leichte à 65 ditto	9 1/2	—
Almarco ditto	—	—
Almarco Louisd'or	—	—
Souverainb'or	9 xℓ	—
Louisd'or à 5 Rthl.	9 3/4	—
Sächs. Conv. Geld	pari	—
Schild-Louisd'or	2 1/2	—
Laubthaler	—	2 1/2

Verlieren {		
Preuß. Curr.	5 1/4	
Do. Münze.	10 1/2	
Xer.	pari	
Cass. Bill.	3/4	
Kronenthaler	1/2	
3. 7. Kr.	8 3/4	
17	5	
Wiener Banc. Zettel	49	
Frankfurt a. M. à Uso.	3	

Wechsel- und Geld-Cours in wichtigen Louis-Carl- u. Fried'or à 5 Rthlr.

Bremen, den 17 Jun. 1807.

Amsterdam 250 fl. in Banco 8 T. d.	—
Dito 2 Mon. dato	—
Dito in Courant 8 T. d.	31 1/4. 1/4
Dito 1/8. 2 Mon. dato	30 1/8. 1/8
Hamburg 300 Mk. in Bco 6 T. d.	37. 36 3/4
Dito 2 Mon. dato	36 1/4. 36
London für 100 Lsterl. 2 Mt.	—
Paris 1 Fr. 2 Mt.	17 3/8. 3/8
Bourdeaux dito dito	—
Frankf. a. M. 2 Mt.	—
Leipzig 2 Mt.	—
Berlin 2 Mt.	—

Holl. Rand-Ducaten 1 St.	2 xℓ. 60
Neue 2/3 Stück gewinnen	4
Conv. Münze verliert	8 1/2
Laubthaler à 1 1/2 Rthl. dito	7
Preußisches Courant	16
Holl. fl. per Stück	37

Hamburger Wechsel- und Geld-Cours in Banco.

den 16 Jun. 1807.

Amsterdam in Banco k. S.	33 11/16
dito 2 Mon. dato	33 15/16
dito in Cour. k. S.	4
dito 2 Mon. dato	4 3/4
London für 1 Lsterl. 2 Mt.	—
Paris 1 Fr. 2 Mt.	25 3/8
Bordeaux dito dito	25 1/16
Madrid 1 Duc. 3 Mt.	91 1/4
Cadix dito dito	91 1/4
Lissabon 1 Crus dito	44 3/4
Wien u. Prag in Cour. 6 W. d.	310
Copenhagen 2 Mt.	41

Louis-Carl- u. Fried'or à 5 Mt.	11 ℔ 5/8
Holl. Rand-Ducaten.	8
Neue 2/3 Stück	29 3/4
Grob Dän. Courant	24 7/8
Hamburger dito dito	23 3/4
Preuß. dito dito	58

Allgemeiner Anzeiger
der
Deutschen.

Mittwochs, den 24 Junius 1807.

Literarische Nachrichten.

Nachdruck in Wien.

Da ein Nachdrucker in Wien sich nun auch an das Museum des Wundervollen ꝛc. gemacht hat, so zeigen wir an, daß wer sich directe an uns wendet, dieses Werk vom 1sten bis zum 32 Heft für 16 rthlr. baar eingesendet, erhalten soll. Die Liebhaber werden nun wol lieber das Originalwerk, welches allein gegen 160 Kupfer enthält, kaufen, als für einen ähnlichen Preis jenes durchaus verstümmelte Machwerk, das überdieß zu einem Band nur zwey Kupfer gibt.

Baumgärtnersche Buchhandlung
in Leipzig.

Verkauf einer Buchhandlung.

Eine Buchhandlung wünscht ihren sämmtlichen nicht unbedeutenden Verlag, der noch in letzter leipziger Messe mit neuen gangbaren Artikeln vermehrt worden, auf einmahl sammt Verlagsrecht zu verkaufen. Sollte vielleicht ein junger Mann hierauf zu entreten Lust haben, um sein Etablissement zu begründen, so kann derselbe, unter gehöriger Sicherheitsleistung, mit billiger Bedingung im voraus versichert halten. Man wendet sich deßfalls in postfreyen Briefen an die Expedition des allg. Anz. unter der Adresse an R. B.

Bücher-Verkäufe.

Bey dem Antiquar Schumann in Leipzig sind folgende Bücher zu verkaufen.

1) Rösels Insecten-Belustigungen, 4 Theile mit schön illum. Kupf. Nürnb. 1746. 4 engl. Bände 25 rthlr. 2) Martini allgemeine Geschichte der Natur 11 Theile mit 540 illum. Kupf. Berl. 1774 —93. 11 Bde. 20 rthlr. Krocker Flora Silesiaca Tom. I. II. c. Tab. 97 illum. Vratisl. 787. 3 Bde. 4 rthlr. 4) Histoire des carex ou laiches p. Schkuhr trad. de l'allemand p. de la Vigne av.

Allg. Anz. d. D. I B. 1807.

fig. enlum. 54. Leipz. 802. Ppbb. 3 rthlr. 5) Beschäftigungen der berliner Gesellschaft naturforschender Freunde 4 Theile mit schwarzen und illum. Kpf. Berl. 775—79. 4 Frbbe. 3 rthlr. 6) Ebert's Naturlehre 3 Thle mit Kupf. Lpz. 793. 3 h. engl. Bde. 3 rthlr. 7) Unterhaltung in der Naturgeschichte für die Jugend 5 Theile mit vielen illum. Kupfern. Leipz. 782—96. 5 Ppbbe. 4 rthlr. 8) Wänsch Unterhaltung über den Menschen 2 Theile mit illum. Kpfrn. 796. 2 h. Frbbe. 4 rthlr.

Periodische Schriften.

Es ist erschienen und bereits an alle Buchhandlungen versandt worden:

Die Zeiten oder Archiv für die Staatengeschichte von Voß. Zweytes Heft. 1807.

I. Krieg zwischen Frankreich und Preußen. Zwey Kriegserklärungen. 1) Von Seiten Frankreichs, Vorerinnerung des Herausgebers. Actenstücke, Bemerkungen.

II. Polens Untergang und Palingenesie. Beylagen, 1) Urkundenbuch. Originalurkunden der Kriegserklärung Frankreichs. 2) Politisch-literarischer Anzeiger. Vorerinnerung, Bücherrecensionen, vertraute Briefe über die innern Verhältnisse des preußischen Hofs. Historisch-statistische Notizen.

Das Märzstück ist unter der Presse, und wird in vierzehn Tagen erscheinen.

Inhaltsanzeige von

Vogt's (17.) europäischen Staatsrelationen, achten Bandes zweytes Heft, Frankfurt a. M. in der andreä'ischen Buchhandlung.

I. Von der Stärke und Schwäche der Coalitionen.

II. Ueber die Berechtigung der Advocaten und Procuratoren des ehemaligen Reichskammergerichts zu einem Entschädigungsanspruch nach dessen Auflösung.

III. Politische Bemerkungen über die Geschichte der Deutschen. Fortsetzung.

Das 33ste, oder 6n Bandes 3s Stück des Museum des Wundervollen, oder Magazin des Außerordentlichen in der Natur, der Kunst und im Menschenleben,

ist so eben mit 5 interessanten Kupfern erschienen und an alle Buchhandlungen versandt worden. Es kostet brochirt 18 gl.

Dieses Journal, welches vom Hrn. D. Bergk, dem ehemaligen Herausgeber des europäischen Auffehers redigirt wird, wird sich nunmehr auch da Voigt's Magazin für den neuesten Zustand der Naturkunde bekanntlich aufgehört hat, über die merkwürdigsten neuen Entdeckungen in der Natur verbreiten, und besonders die in der Zoologie von Zeit zu Zeit mittheilen.

Leipzig im Junius 1807.

Baumgärtner'sche Buchhandlung.

Bücher-Anzeigen.

Die Ereignisse unserer Zeit, daß auch spanische Hülfstruppen nach Deutschland und in die nördlichen Gegenden kommen, erwecken bey manchen die Neigung, die spanische Sprache zu erlernen. Dieß veranlaßt mich, die bey mir unter folgendem Titel herausgekommene

M. Fr. Chr. Babrdt's (ehemahligen Rector in der Schulpforte) kurzgefaßte spanische Grammatik, worin die richtige Aussprache, und alle zur Erlernung dieser Sprache nöthigen Grundsätze abgehandelt und erläutert sind, daß jeder, der Lateinisch versteht, die Sprache in ein Paar Wochen ohne Lehrmeister zu erlernen im Stande ist. Nebst einigen Gesprächen und einer Sammlung angenehmer Erzählungen und Geschichtchen. 3te vermehrte und verbesserte Aufl. herausg. von H. L. Trücher. 8. Erfurt 1796. 6 gl.

solchen Liebhabern ins Gedächtniß zu bringen, und jüngern als die beste zu empfehlen, die das leistet, was der Titel verheißt. Erfurt den 13 Jun. 1807.

G. A. Keyser.

Zur Ostermesse 1807 erschien in unserm Verlage:
Gefälligkeiten des Herrn von Zagheim auf Zornhorn. 8. 15 gl.

Hänsch, Fr. A. gemeinnütziges Handwörterbuch für alle Stände. 1r Bd. Fl. 4. 1 rthlr.

Julius und Eleonore von Blankenstein. Eine sächsische Geschichte aus der Gegend des blanken, auer Grundes bey Chemnig im Erzgebirge. 8. 1 Rthlr. 12 gl.

Riedel, G. Magazin auserlesener Schriftstellen, als Aufgabe zum Auswendiglernen für die obern Classen in Volksschulen. Mit einer hinreichenden katechetischen Erklärung versehen und zunächst für Lehrer in solchen Schulen bestimmt. 8. 16 gl.

Scenen aus Gustav Wallo's Lebenstagen. 2 Bde. 8. 1 Rthlr. 18 gl.

Schreiter, Chr. Beyträge zur Geschichte der alten Wenden und ihrer Wanderungen. 8. 12 gl.
Dasselbe Werk auf Schreibpapier 15 gl.

Zur Ostermesse 1806 waren neu:
Das Reich der Meinungen unter den Gelehrten und Ungelehrten älterer und neuerer Zeit ꝛc. 8. 16 gl.
Döhnel, C. Fr. Stelette. 8. 20 gl.
Fix, Chr. G., biblische Lectionstabellen des alten und neuen Testaments, mit Anmerkungen 8. 18 gl.
Kilian Liebgeiger, oder über die Frage: Wie steht es zu, daß zwey Geschöpfe einer Art, ein männliches und ein weibliches, ein drittes ihrer Art zeugen. Ein historisch-phystologisches Lesebuch für alle Stände. 8. 14 gl.
Die Rechte der Bauern; ein kurzer Unterricht für den sächs. Landmann. 8. 9 gl.
Ueber die Natur der Seide, des Hanfes und Flachses, der Wolle und Baumwolle, mit Beziehung auf ihre Empfänglichkeit. Für Seiden-, Leinen-, Wollen- und Baumwollen- Manufacturisten und Färbermeister, wie auch für Zig- und Cattunfabrikanten. 8. 20 gl.

F. Schumann in Zwickau.

Esprit de la langue Françoise, oder kurze, faßliche und gründliche Anweisung zur baldigen und leichten Erlernung dieser Sprache, von J. G. A. Belin, gr. Format: Preis 20 gl.
Dieß neue Sprachlehre vereinigt alles in sich, was man von einer solchen bey der durchgehends beobachteten Kürze erwarten kann; sie ist deshalb allen Französisch lernenden als eine der brauchbarsten Grammatiken mit Recht zu empfehlen und muß vorzüglich Unbemittelten wegen ihres wohlfeilen Preises willkommen seyn. — Von demselben Verf. ist bey uns noch folgendes sehr zu empfehlende Werk neuerlich erschienen:
Dictionnaire des Proverbes, Idiotismes et Expressions figurées de la langue françoise avec les proverbes allemands. gr. 8. 21 gl.

Ferd. Dienemann und Comp. in Penig.

In Schneider's und Weigel's Kunst- und Buchhandlung in Nürnberg sind nachstehende nützliche Bücher zu haben:
Lug, J. Fr., auf Erfahrung gegründete Beschreibung aller bisher bekannten Barometer, wie sie zu verfertigen und zu Höhenmessungen anzuwenden sind, mit 6 Kupfertafeln. gr. 8. 1 rthlr. 20 gl.
Dessen Anweisung Thermometer zu verfertigen, mit 1 Kupfer. gr. 8. 20 gl.
Dessen Anweisung das Eudiometer zu verfertigen, nebst Unterricht in kurzer Zeit Mineralwasser zu verfertigen, mit 1 Kpf. 8. 6 gl.
Obige Handbücher sind für den Gelehrten, Physiker und Künstler nicht nur die lehrreichern,

brauchten, sondern auch die vollständigsten, die wir über diese für die Naturlehre und Meteorologie so wichtigen Werkzeuge haben, denen Kenner auch ihren entschiedenen Werth beylegten.

Bey F. C. Dürr in Leipzig ist zu bekommen:
D. J. A. Unzer's medicinisches Handbuch. Von neuen ausgearbeitet. 1794. gr. 8.

Der Werth dieses Buchs ist längst anerkannt, so daß es keiner Anpreisung bedarf. Bloß Hausvätern, die auf dem Lande lebend, nicht gleich die Hülfe eines Arztes haben können, ist diese Bekanntmachung bestimmt, im Fall sie dasselbe noch nicht kennen sollten. Sie finden hier Rath und Belehrung in jeder Krankheit, wobey allemahl genau angegeben ist, welcher Mittel sie sich bis zur Ankunft eines Arztes bedienen können. Dieses Werk um so gemeinnütziger zu machen, ist der Preis von 2 rthl. 16 gr. auf 1 rthl. 16 gr. gesetzt, wofür es durch alle Buchhandlungen zu bekommen ist.

Dr. Justus Jenner's d. jüngern freymüthige Briefe über Schwalbach, dessen Quellen und Umgebungen. 8. 1807.

Eine für den Chemiker, Mineralogen, Arzt und für jeden gebildeten Curgast gleich interessante Schrift! Der Verfasser liefert darin zuerst die lehrreichsten topographischen, antiquarischen, chemischen und mineralogischen Bemerkungen über Schwalbach und seine Quellen. Dann folgt eine Beschreibung der verschiedenen Lustbarkeiten und Vergnügungen während der Curzeit, und hier erklärt sich der Verfasser mit einem warmen dem Menschenfreund characterisirenden Enthusiasmus gegen die Hazardspiele an Bädern und Heilquellen. Die sich hieran schließende Beleuchtung der Fortschritte in der Cultur der medicinischen Hydatologie ist für jeden interessant. Warme Wünsche für Schwalbachs Wohl und Verschönerung machen den Schluß. Das Ganze ist mit gediegener Kürze und Klarheit und in blühender Diction abgehandelt. — Preis brochirt 9 gr. oder 36 kr. und überall zu haben durch die Jäger'sche Buch- Papier- und Landkarten-Handlung in Frankfurt a. M.

Practisch-oconomische Bemerkungen auf einer Reise durch Hollstein, Schleswig, Dichtmarsen und einen Theil des bremer- und hannöverschen Landes an der Elbe. Herausgegeben von Heinr. Christian Philipp Riesewetter. Mit 6. Kupfertafeln. Hof bey G. A. Grau. 1807. (Preis 1 rthlr. 8 gl. Sächs. od. 2 fl. 24 kr. Rhein.)

Diese für jeden denkenden Oeconomen wichtige Schrift enthält die practischen Erfahrungen und Bemerkungen, welche der Herr Verf. in den auf dem Titel genannten Gegenden zu machen Gelegenheit hatte, und schon der Name dieser Länder, wo die Landwirthschaft zur höchsten Cultur gebracht ist, läßt auf den Reichthum landwirthschaftlicher Entde-

ckungen und Aufklärungen schließen, die hier mitgetheilt werden.

Vorzüglich interessant wird diese Schrift noch durch die ausführliche Darstellung der Wirthschaft des Herrn Etats-Raths von Vogbr zu Floibeck, die in jeder Rücksicht als Muster für die zweckmäßigste Benutzung großer Ländereyen anzunehmen ist, und wo auch die eben so nöthige, aber noch wenig bekannte Einrichtung eines nach Grundsätzen der doppelten Buchhaltung eingeführten landwirthschaftlichen Rechnungswesens besteht, die ausführlich beschrieben und mit practischen Beyspielen belegt wird, wonach es jedem Gutsbesitzer leicht seyn wird, ähnliche Einrichtungen auf seinen Gütern zu treffen, und sich richtige Uebersichten über deren Ertrag zu verschaffen.

Die beygefügten 6 Kupfertafeln enthalten getreue Abbildungen verschiedener nutzbarer aber noch wenig bekannter Ackerwerkzeuge und Maschinen, über deren zweckmäßigste Anwendung der Herr Verf. nach eigenen Erfahrungen gründliche Anweisung ertheilt.

Verlags- und Commissionsbücher der academischen Buchhandlung in Kiel. Ostermesse 1807.
Ackermann, Dr. und Prof. J. C. R., Erklärung aller dunkeln Stellen des Neuen Testaments. Zweyter Theil. gr. 8. 1 Thlr. 20 Gr.

Auch unter dem Titel:
— Erklärung aller dunkeln Stellen des Evangeliums Johannis, der Apostelgeschichte und des Briefes Pauli an die Römer.
* Leben, Bildung und merkwürdiges Schicksal eines studierenden Jena nach Kiel vom 13ten Oct. bis Nov. 1806 fliehenden Mecklenburgers, 8. 12 Gr.
* Horaz, des Aulus Flaccus, sechs Satyren übersetzt von Prof. J. A. Nasser, 8. 12 Gr.
Pfaff, Prof. C., über unreife, frühreife und spätreife Kartoffeln, nebst Prof. C. Viborg von der Unschädlichkeit der unreifen und der rothen Kartoffeln. gr. 8. 16 Gr.
* — über den Zweck, Inhalt und Plan einer Populär-Chemie 2c. 8. 4 Gr.
* Thieß, Dr. über Prof. J. D., Predigt: schicket euch in die Zeit, denn es ist böse Zeit. gr. 8. 4 Gr.
— Wörterbuch, Deutsch-Dänisches, von G. H. Müller, revidirt von Prof. Fr. Hoegh Guldberg. Erster Theil, A bis F. gr. 8. 3 Thlr.

Neue Schriften des Industrie-Comptoirs in Leipzig. Ostermesse 1807.
Beschreibung von Constantinopel. Herausgegeben von J. A. Bergk. Nebst einem Prospect und einem Grundriß dieser Stadt und einer Charte von den Dardanellen. in 4to. 12 gl.
Gebeth- und Erbauungsbuch für katholische Christen. (Verfaßt vom Herrn Pater Schneider, Sr. Maj. des Königs von Sachsen Beichtvater in Dresden.) 8. mit Titelkupfer und Vignette.

Schreibpapier 1 rthlr. Druckpapier 20 gl. (In Commission.)

Magazin schrecklicher Ereignisse und fürchterlicher Geschichten. 2n Bds. 3s Stück. Mit Kpfrn. 8. brochirt. 12 gl.

Modern-Zeitung, allgemeine. Mit illumin. und schwarzen Kupfern, und natürlichen Waarenmustern: für 1807. in 4to. Jahrgang 6 Thlr.

Schilderung und Abbildung der merkwürdigsten russischen Völkerschaften, welche in dem jetzigen Krieg gegen Frankreich kämpfen. Oder: Die Kosaken, Tataren, Kalmücken, Kirgisen und Baschkiren nach ihren Sitten, Gebräuchen und Waffen, ihrer Lebensart, ihren Beschäftigungen und ihrer Art Krieg zu führen, dargestellt v. J. A. Bergt und C. G. H. Geißler. Mit 4 illum. Kupf., die diese Völker in ihrer Nationaltracht zeigen. In 4. broch. 18 Gr.

Dessen 2te Lieferung mit 4 illum. Kupfern; in 4. broch. 18 Gr.

Unterricht zum Gebrauch des Seitengewehrs für die Cavallerie; zunächst für Unterofficiers und Gemeine. Herausgeg. von einem sächsischen Cavallerie-Officier, der seine Escadron darnach exercirt und sich mit ihr in dem jetzigen Kriege rühmlichst ausgezeichnet hat. Mit 6 Kupfern, welche die verschiedenen Hiebe darstellen. 8. brochirt. 12 Gr.

Vorschriften für Schreibschüler.

Deutsches Schreibebuch, oder Anleitung, ohne Lehrer eine deutliche und schöne deutsche Hand schreiben zu lernen. In 4to, auf weißes starkes Papier gedruckt. Zwey Cursus, jeder 12 Gr.

Deutsche Vorlegeblätter, zur Uebung im Schönschreiben, von Rudolph Müller in Leipzig. 1r Cursus 10 Gr., 2r Cursus 12 Gr.

Deutsche große Vorschriften, von Rudolph Müller in Leipzig. Bestehend aus Current- Canzley- und Fracturvorschriften. Vermehrte Auflage. gr. 4to. 1 Thlr. 12 Gr.

Englisches Schreibebuch, oder Anleitung, ohne Lehrer eine deutliche und schöne englische Hand schreiben zu lernen. In 4to, auf starkes Papier. Preis 12 Gr.

Englische Vorlegeblätter, zur Uebung im Schönschreiben, von Rudolph Müller. Zwey Cursus, jeder 12 Gr.

Kupferstiche:

Abbildung des sogenannten 1 königl. preuß. Infanterie- Regiments in französischen Diensten, organisirt zu Leipzig durch den Fürsten von Isenburg. Gezeichnet und gestochen von C. G. H. Geißler und nach den eigenthümlichen Uniformen illuminirt. gr. 4. 8 Gr.

— des Herolds in altdeutschem Costüm, der am 20 Decbr. 1806 zu Dresden die Königswürde von Sachsen ausrief. gr. 4. illum. 4 Gr.

Bildniß Napoleon's I, Kaisers von Frankreich und Königs von Italien, in ganzer Figur, in der

Chasseur-Uniform und in dem Moment dargestellt, wie er seine Garden in Berlin musterte. 4to, Velinpapier, 6 Gr.

— Derselbe zu Pferde. Gestochen von C. G. H. Geißler in Leipzig. Folio, Velinp. colorirt. 12 Gr.

— — Sr. Maj. des russischen Kaisers Alexander I, zu Pferde sitzend. Gest. von Ebendems. Folio, Velinp. colorirt. 12 Gr.

— — Sr. Maj. des Königs von Preußen, Friedrich Wilhelm III, zu Pferde. Gest. von Ebendems. Fol., Velinp. color. 12 Gr.

— — Sr. Maj. des Königs von Schweden Gustaph Adolph IV, zu Pferde. Gestochen von Ebend. Folio, Velinp. colorirt. 12 Gr.

— — Sr. kaiserl. Hoheit des Erzherzogs Carl von Oestreich, zu Pferde. Gestochen von Ebendems. Folio, Velinp. color. 12 Gr.

— — des kaiserl. russ. Generals en Chef Freyherrn von Bennigsen, zu Pferde. Nach einem Originalgemählde gezeichnet und gestochen von Ebendems. Folio, Velinp. colorirt. 12 Gr.

— — Derselbe im Brustbild in Medaillon. gr. 4. schwarz 8 Gr. colorirt 12 Gr.

— — des kön. preuß. Generals Grafen von Kalkreuth, in ganzer Figur zu Pferde, während seines letztern Aufenthalts in Leipzig v. Hrn. Geißler treffend gez. und gestochen. in Fol. Velin 12 Gr.

— — des königl. preuß. Generals von Blücher, zu Pferde. Gestochen von Ebendems. Folio, Velinp. colorirt. 12 Gr.

— — des königl. preußisch. Obristen von Schill. Gezeichnet und gestochen von Ebendems. Folio, Velinp. colorirt. 12 Gr.

In der Michaelismesse 1806 waren unter andern neu:

Geschenk für Kinder, oder neuestes ABC, mit 30 illum. Blättern in russischer, französischer und deutscher Sprache, in 18. geb. 2 Thlr.

Joujou für Kinder, ein kleines ABCbuch, mit 24 color. Blättern von M. A. Friedrich Martz Prediger in Liebertwolkwitz und Groß-Pösna bey Leipzig. Gebunden 1 Thlr. 8 Gr.

F. C. Dürr in Leipzig hat von Sal. Linke folgende Verlagsartikel mit dem Verlagsrecht an sich gekauft:

Sommer, C. F., Pertinenz- und Erbsonderungsregister. Herausgegeben von D. G. L. Winkler. Sechste Ausgabe. 8. 18 gr.

Nomenclator botanicus omnes plantas ab Illustri C. a Linné descriptas aliisque botanicis temporis recentioris detectas enumerans. Editio cura E. A. Reuschel. 8maj. 1 rthlr. 4 gr.

Unzer's, D. J. A. medicinisches Handbuch. Von neuem ausgearbeitet. gr. 8. sonst 2 thlr. 16 gr. jetzt 1 rthlr. 16 gr.

Allgemeiner Anzeiger
der
Deutschen.

Donnerstags, den 25 Junius 1807.

Gefühle eines Deutschen, beym Lesen eines Aufsatzes in der Minerva.

Im diesjährigen April-Stück der Minerva hat v. A. einem Gedichte Platz verstattet, das Resignation überschrieben ist. Es hat keine geringere Tendenz, als darzustellen: die gegenwärtigen mit Krieg, Verwüstung, Druck, Schmach und Elend erfüllten Zeiten bewiesen, daß kein Gott sey und ihrentwegen wäre der deutsche Mann berechtiget, sich der Verzweiflung bis zur Selbstvernichtung zu weihen.

Man kann dem Dichter das Verdienst nicht absprechen, alles angeboten zu haben, um Kleinmüthige noch kleinmüthiger zu machen, um Zweiflern Stoff zu neuen Zweifeln zu geben.

Kein von allen Vorurtheilen religiöser Art, wie Schreiber dieses es ist, hat doch sein Herz tief und viel dabey gefühlet, als er wahrnahm, wie in einer der gelesensten und beliebtesten Monatschriften dem gesammten deutschen Publicum das Nichtdaseyn Gottes gepredigt werde; wie man sich öffentlich erlaube, die jetzigen trüben Zeitumstände dazu zu gebrauchen, um Vielen das letzte, was ihnen blieb, den Glauben an eine weise, wenn schon unbegreifliche Weltregierung und den daraus entspringenden Trost im Leiden zu rauben.

Hoffen darf man, daß dieses Gedicht keine Proselyten machen und in dieser Hinsicht wenig Böses stiften werde. Man muß auf einer sehr tiefen Stufe der Vernunft, des

Herzens und der Rechtlichkeit stehen, sollte es Eingang finden. Angestoßen ist aber doch gröblich gegen Humanität, Moral und die Pflicht des Schriftstellers und Sammlers.

Aergerte sich dessen auch nur ein Schwacher, würde nur ein Mensch mehr in beunruhigenden Zweifeln bestärkt, so ist des Bösen schon weit mehr gestiftet, als die ganze Tirade Werth hat.

Doch, was, weil es folgenreicher seyn kann, mich weit empfindlicher schmerzt, ist, daß ein vorgeblicher Deutscher zu Deutschen so herabwürdigend Kleinmuth und Verzweiflung prediget. — Die schwarze Farbe, in die er seine Feder tauchte, um unsre Lage zu schildern, ist mit dem Auge des Kenners gewählt; aber weiß er uns nichts Besseres zu sagen; zu leben, als: nur Verzweiflung sey uns übrig, die Selbstvernichtung zum Resultat hat!! —Sowohl die Geschichte, als der Character des Mannes und seine Pflichten müssen dem Dichter gleich unbekannt seyn.

Allerdings ist das, was geschehen ist, was noch täglich geschiehet, und bey der herrschenden Kopf- und Kraftlosigkeit wahrscheinlich geschehen wird, so ganz geeignet, um den Mann, der deutsches Blut in seinen Adern fühlt, tief zu beugen. Sind wir aber die Ersten, welche so etwas erleben? Alte, mittlere und neuere Geschichte schildern Scenen der mannigfaltigen Kriege, denen Deutschland zum Tummelplatz diente, so grausend, wie der jetzige noch keine gewährte. Und doch lebten unsre Voreltern, doch leben wir durch sie, und stehen, sicher mit durch dieses gewaltsame Leiden, auf einer Stufe der

Cultur und des Wohlstandes, wie die Vorzeit nie sah, die kein Despot uns wegen ihres zu soliden Grundes ganz rauben kann.

Freylich würde es so nicht seyn, hätten in vorderen Zeiten deutsche Männer in dem Geist des Dichters gehandelt; hätten sie in erlebten, gewiß weit ärgeren Zeiten als die unsrigen, bey unendlich geringeren Hülfsmitteln sich der Verzweiflung ergeben, nicht vielmehr in der traurigen und gefährlichen Lage des Vaterlandes die stärkste Aufmunterung gefunden, mit verdoppelten Kräften seine Wunden zu heilen.

Urtheilen wir frey von Privatinteresse und Leidenschaften, so überzeugen wir uns bald, nichts ist da, was nicht so kommen mußte, durch Schuld der Mehrheit und besonders der Einzelnen, die jene repräsentirten. Denken wir mit Kälte und Muth nach, so finden wir, daß noch nicht alles verloren, und daß die Gegenwart noch zu ertragen ist. Selbst um unsrer Hoffnung eine kräftige Nahrung zu geben, bedürfen wir keiner schmeichelnden Phantasie, sondern nur einer rein-philosophischen Würdigung des Geistes der Zeit, der Menschen und der Verhältnisse. Ich sage nicht zu viel, wenn ich behaupte, daß der Deutsche mehr als je berechtigt ist, alles zu erwarten, was dem Deutschen heilig und werth seyn kann. Allerdings aber nicht von daher, woher noch oft von Vorurtheilen Geblendete der Rettung entgegen sehen, sondern vielleicht gerade daher, wo man den Willen, es uns zu geben, am wenigsten hat.

Um aber der Erfüllung solcher Hoffnung und Erwartung uns würdig zu machen, müssen wir gerade den Gesinnungen des Dichters entgegen handeln. Statt zu verzweifeln, müssen wir unermüdet wirken; nie verzagen; keine Gefahr scheuen; unserem Vaterlande in seinen Leiden mit thätiger Treue beystehen, und sowohl in den Zeiten des Sturms als der Ruhe es dahin zu bringen streben, daß der Mensch das werde, was er seyn soll und seyn kann, daß er sich bessere. Nur dadurch werden wir fähig zum Genuß besserer Zeiten und zur Entfernung so mancher Verhältnisse, die uns bald drücken.

Dann können auf uns, dermahlen freylich tiefherabgewürdigte Deutsche die tröstenden Worte des fünften Verses des siebzehn-

ten Gesanges Ariosts, durch Gries, anwendbar werden, so wie noch die vorderen acht Strophen des ersten und fünften Verses allzu passend auf uns und manche außer europäischen Leides-Gefährten sind.

Am 14 May 1807. K. H.

Allerhand.

Ueber das Zähmen der Vögel — besonders der Canarienvögel.

Wer sich schon damit befaßt hat, Vögel auf die gewöhnliche Weise zahm zu machen, weiß es, wie viel Mühe es verursachet, dieß zu bewirken. In der frühesten Jugend muß schon der Anfang gemacht werden; man muß durch künstliches Füttern die hier mühsamere Stelle der Alten vertreten, und am Ende findet man sich dazu noch öfters in seiner Erwartung getäuscht, indem man statt einem vermeintlichen Hahne ein bloß zwitscherndes Weibchen mit so vieler Mühe gezähmet. — Manchem Liebhaber solcher zahmen Thiere glaubt daher Einsender ein Vergnügen zu machen, wenn er ihm hier ein Mittel, wenigstens noch nicht allgemein bekannt, dürfte, anzeigt, wodurch er dieses Zähmen nicht nur an alten Vögeln, sondern auch in der kurzen Zeit von einer Viertelstunde ohne Nachtheil für den Gezähmten bewirken kann — Es ist folgendes:

1) Man schneidet dem Vogel an den beyden Flügeln die längeren Schwingen an jedem Kiel so weit ab, daß sie den gegenüberstehenden kürzeren gleich sind — Hat der Vogel einen sehr starken Schweif, so kann man auch diesen, des leichteren Haschens wegen, auf die nämliche Weise beschneiden — Dieß ist die mühsamste Operation, und man muß sich dabey vorzüglich vorsehen, daß man nicht den Kiel selbst verletzt, was die Flügel verunzieren würde, da hingegen das bloße Stümpfen der Schwingen, wenn es mit einer feinen Scheere und mit Genauigkeit gemacht wird, nur beym Ausbreiten der Flügel bemerkt werden kann.

Ist dieses, was bloß zum leichtern Haschen des Vogels nöthig ist (und vielleicht wenn man sich die Mühe des ohne dieses Mittel natürlich weit schwerern Fangens des

Vogels nicht verdrießen laſſen wollte, auch
wegbleiben.tönnte) geſchehen: ſo nimmt man
2) Lilien= und Pomeranzen=Oel,
was man in jeder Apotheke bekommt,
zu gleichen Theilen für einige Kreuzer,
benetzt damit eine Feder oder auch den
Finger und tupft dieſes dem Vogel auf
die Stirne und den oberen Theil des
Schnabels, wodurch er in eine gewiſſe
Trunkenheit geräth. Während dieſer ſetzt
man ſich nun
3) am beſten an einen dunkeln Ort,
etwa hinter eine Gardine, mit dem Vo=
gel, ſtellt dieſen auf den Finger und
ſtreift ihm nun mit dem Finger der an=
dern Hand von dem Hals abwärts über
die Bruſt gegen die Beine, ſo, als
wollte man ihn dadurch von dem Finger
herunter drängen. Durch dieſes Andrän=
gen wird der Vogel zurückgedrückt, wodurch
er anfangs öfters herunter fällt, in der Folge
aber, beſonders wenn man ihm, falls er
gar zu ungelehrig ſeyn ſollte, etwa ein und
das andremahl ein Bein auf den obern Fin=
ger ſetzt, und dieſen dann in die Höhe ziehet,
ſich auf den andrängenden Finger ſetzt, und
bey der Wiederholung dieſes anfängliche
Steigen und nachherige Hüpfen von einem
Finger auf den andern in ſeiner Trunkenheit
mechaniſch ſo lernet, daß er ſchon bey der
Annäherung des andern Fingers, ohne ſich
drängen zu laſſen, ſogleich auf denſelben
hüpft. — Man muß es ſich hierbey nicht ver=
drießen laſſen, den im Anfange und beſon=
ders, ſo lange als das Oel nicht ſeine Wir=
kung zeigt, deſſen Auftupfen dann nöthigen=
falls wiederholt werden kann, öfters weg=
fliegenden Vogel ſogleich wieder zu haſchen,
und das Manövre, bis er es kann, fortzu=
ſetzen. Wohl thut man, wenn man im An=
fang dem ſich oft niederlegenden Trunkenen
den Mittelfinger noch unterſetzt, denn da=
durch wird das öftere Herunterfallen vermin=
dert. — Hat der Vogel endlich und was ge=
wiß längſtens in fünf bis zehn Minuten, je
nach den Talenten des Schülers, der Fall
ſeyn wird, das Steigen von dem einen auf
den andern andrängenden Finger begriffen,
ſo trägt man
4) ihn mitunter auf dem Finger frey
in dem Zimmer herum, übt nun das

Hüpfen auch im Hellen, fängt ihn aber,
was man ohnehin in der Folge nicht
mehr thun muß, nicht mit der Hand,
wenn er weg fliegt, ſondern läßt ihn auf
den Finger von der Erde ſelbſt hüpfen,
was man im Anfang durch Andrängen
an die Wand leicht bewirken kann. Man
kann ihm jetzt noch ein Stückchen Zucker,
Apfel ꝛc. oder was er ſonſt gern ißt, darrei=
chen, er nimmt oft ſogleich davon, da er
gewöhnlich durch die ſtarke Motion Appetit
bekommt. Will er aber nicht, ſo ſetzt man
ihn wieder in ſeinen Käfig, wo er einige Zeit
ausruhen und ſich füttern kann. — Man
muß keine Sorge über ſeine jetzt erſcheinende
Mattigkeit haben, ſie iſt Folge ſeiner Trun=
kenheit und vergeht bald. — Iſt er wieder
munter, ſo nimmt man ihn, am beſten durch
Vorhalten des Fingers, wieder heraus, und
wiederholt nun täglich etlichemahl ſeine Lec=
tion ſo lange mit ihm, bis er ſie vollſtändig
begriffen. Vorzüglich muß dieß den erſten
Tag noch etlichemahl geſchehen. In der
Folge läßt man ihn am beſten außer dem
Käfig, indem man ſein Futter auch heraus=
ſetzt. Die Anwendung des Oels iſt nur
das erſtemahl nöthig. —
Durch dieſes gezwungene Zähmen iſt
nun natürlich der Vogel noch nicht heimiſch;
doch iſt jetzt die Hauptſache gewonnen, daß
er vor dem Menſchen, wenn er ihn holen
will, nicht mehr fort fliegt. Man kann ihn
hier durch ein gewiſſes Anrufen, Pfeifen ꝛc.
leicht gewöhnen, daß er bey Hörung deſſel=
ben ſogleich ſitzen bleibt und auf den Finger
hüpft. Das eigentliche Heimiſchwerden muß
erſt durch die öftere Uebung, Gewohnheit
und hauptſächlich dadurch bewirkt werden,
daß man ihn ſein Futter nur aus der Hand
reicht. Weiß er dieß einmahl, ſo wird er
dann ſelbſt geflogen kommen, um ſich dieß
zu holen; — denn fliegen kann er immer
noch, wenn man die Schwingen nicht zu
ſtark beſchneidet, nur nicht mit der Kraft
und Behendigkeit, wie zuvor. Die Schwin=
gen wachſen erſt wieder mit dem ganzen Kiel,
doch verunſtaltet dieß nicht den Vogel, denn
wer es nicht weiß, bemerkt es nicht leicht.
Daß übrigens ein noch junger Vogel immer
beſſer hierzu, als ein ſchon ſehr alter iſt,
begreift ſich von ſelbſt; demungeachtet wird

man aber auch an einem alten den Versuch nicht vergeblich machen. —

Schließlich muß ich noch bemerken, daß diese, obgleich gewaltsame Operation dem Vogel schlechterdings nichts schadet, er wird bald wieder eben so munter und wenn er auch nicht gleich in den ersten Stunden — selbst Tagen wieder schlagen sollte, so kommt doch auch dieß unfehlbar wieder. Mit Canarienvögeln und sogenannten Distelfinken hat man die Proben schon vielfach gemacht; sie sind allemahl gelungen. Mit Nachtigallen soll es sich jedoch nicht thun lassen, weil diese zu wild sind. Wollte jemand mit diesen und andern, vorzüglich mit Vögeln größerer Gattung, wo verhältnißmäßig die Dosis dieses Mittels stärker oder wol auch andere betäubende und zugleich unschädliche Mittel anzuwenden seyn würden, machen; so thut er ja wol dem Einsender den Gefallen, dieß gleichfalls in diesem vielgelesenen Blatt bekannt zu machen.

§. im April 1807. R.

Bad zu Langenschwalbach.

Das Publicum wird hierdurch benachrichtigt, daß die hiesige Curzeit in diesem Jahr, wie in den vorhergehenden, mit den ersten Tagen des nächsten Monats Julius ihren Anfang nehmen, und zu diesem Zeitpunct für die Unterhaltung der Curgäste durch Spiel und Musik gesorgt seyn wird.

Einer verehrungswürdigen k. k. Canz des Administration verdankt der hiesige Ort sowohl als die ganze Grafschaft eine völlige Befreyung von aller militairischen Einquartierung. Uebrigens ist für die, — in manchen andern Ländern durch Räuberbanden und Gesindel gestörte — Sicherheit besonders gut gesorgt, indem außer andern Polizey Maßregeln auch noch in jedem Orte der Grafschaft eine starke bürgerliche nächtliche Sicherheitswache organisirt worden ist.

Langenschwalbach am 12 Junius 1807.

Unter Autorität Sr. Maj. des Kaisers der Franzosen und Königs von Italien, die Canzley in der Niedergrafschaft Katzenelnbogen.

Dienst - Gesuche.

An Patrone lutherischer Pfarreyen oder ehrenvoller Civilstellen.

1) Männer, denen die Sorge übertragen ist, erledigte Predigerstellen zu besetzen, oder alle diejenigen, welche dabey mitzuwirken im Stande sind, werden ergebenst ersucht, auf einen Mann geneigtest Rücksicht zu nehmen, der außer aller Verbindung lebt, kein Jüngling mehr ist, übrigens eitle Ruhmsucht tief unter seiner Würde hält, und dessen Bekanntschaft in mancher Hinsicht für seinen künftigen Gönner wünschenswerth und von erheblichem Interesse seyn dürfte — Sollte indeß sich keine seinen Wünschen entsprechende Aussicht zu einer Predigerstelle finden, so ist er auch entschlossen, jede andere lebenslängliche solide Versorgung anzunehmen. Er kann erforderlichen Falls 1000 bis 1500 Rthlr. Caution stellen, und würde auch nicht abgeneigt seyn, dieses Capital, nach Maßgabe der ihm zu Theil werdenden Stelle, seinem Wohlthäter aus Dankbarkeit eigenthümlich zu überlassen. Da er sich hierdurch nur einen neuen Weg zu seinem künftigen Wirkungskreise bahnen gedenkt, so bittet er diejenigen gehorsamst, welche auf ihn Rücksicht zu nehmen, oder eine diesfallsige Aussicht zu eröffnen die Wohlgewogenheit haben wollten, einstweilen mit ihm in nähere Correspondenz zu treten. Portofreye Briefe bittet man mit der Aufschrift: Carl Anton Z. Z. in Z. Z. an die Expedition des allg. Anz. in Gotha gefälligst zu adressiren.

Aus Thüringen.

2) Ein Mann von 32 Jahren aus Obersachsen, der studirt und schon mehrere Jahre mit sehr rühmlichen Zeugnissen in einigen guten Häusern conditionirt hat, seit zwey und einem viertel Jahre bey einem großen Herrn als Lehrer eines Kindes, Buchhalter und Actuarius, verbunden mit Secretair Geschäften, angestellt ist, zu Michaelis aber seine Stelle verlassen will, wünscht zu dieser Zeit, als Secretair, Actuarius, Kreisschreiber, Buchhalter, Rechnungsführer, oder in einem andern dahin einschlagenden Fache angestellt zu werden.

In jedem Amte, das ihm anvertrauet werden sollte, verspricht er, alles, was sei-

nen Kräften möglich ist, gewissenhaft zu lei=
sten. Auch als Lehrer ist er entschlossen, in
Condition zu treten, da er die gewöhnlich er=
forderlichen Kenntnisse sämmtlich besitzt; nur
wünscht er, daß damit zugleich ein weltlicher
Posten verbunden seyn möchte, oder ihm doch
Hoffnung gemacht werden könnte, einstens
in einem weltlichen Fache sein Brod zu erhal=
ten. Seine Wünsche gehen bey einem etwa=
nigen Engagement nicht auf einen großen Ge=
halt, sondern hauptsächlich auf eine gute Be=
handlung, und wo möglich auf Aussicht zur
weitern Versorgung.

Frankirte versiegelte Briefe unter der
Adresse: W. W. wird das löbliche herzogl.
Postamt zu Neu=Brandenburg im Meck=
lenburg=Strelitzischen gefälligst besorgen.

----

3) Ein verheiratheter Mann, 34 Jahr alt,
durch Unglücksfälle seines eignen Etablisse=
ments beraubt, wünscht in einer bedeuten=
den Handlung eine seinen Fähigkeiten ange=
messene Stelle zu erhalten; er würde sich
auch zu Geschäfts=Reisen verbinden. Fünf=
zehnjährige Arbeiten auf mehrern Comptoi=
ren in Frankreich und Deutschland verschaff=
ten ihm hinlängliche theoretische und practi=
sche Kenntnisse, um jeder Handelssache, vor=
züglich aber der deutschen und französischen
Correspondenz zur Zufriedenheit des Princi=
pals vorstehen zu können.

Familien = Nachrichten.

Todesanzeige und Aufforderung.

Daß Meister Johann Michael Stauch,
gewesener Huf= und Waffenschmid in Sei=
denberg ohnweit Görlitz den 10 März dieses
Jahres nach einer vierwöchentlichen Krank=
heit verstorben, wird dessen hinterlassenem
jüngsten Sohne Johann Gottlieb, der an=
fangs Julius 1804 von hier aus auf die Wan=
derschaft gegangen, hierdurch bekannt ge=
macht, und derselbe von seiner betrübten
Mutter angelegentlich ersucht, so bald als
möglich nach Hause zu kommen.

Seidenberg bey Görlitz den 8 Jun. 1807.

Justiz = und Polizey = Sachen.

Steckbrief hinter J. H. Uhlemann.

Nachdem zur Anzeige gekommen, wie der
Schlachtergeselle Johann Heinrich Uhlemann,
welcher seit 14 Tagen bey dem hiesigen Schlachter=
meister Kohl in Arbeit gestanden, mit 120 Rthlr.
N. 2/3 aufs Land gesandt worden, um gekauftes
Schlachtvieh damit zu bezahlen, aber mit dem ihm
anvertraueten Gelde entwichen ist, als werden alle
Orts=Obrigkeiten in Subsidium juris und unter
Erbietung gleicher Willfährigkeit ersucht, auf den im
untenstehenden Signalement beschriebenen Schlach=
tergesellen Uhlemann in ihrem Gerichtsbezirk sorg=
fältig vigiliren zu lassen, im Betretungsfall ihn
sofort zu arretiren, und sodann dem hiesigen Ge=
richt zur weitern Verfügung Nachricht davon zu
ertheilen. Ratzeburg den 13 Jun. 1807.

Stadt=Commissarius, Bürgermeister und
Rath.

J. M. Ch. Gottschalk.

Signalement.

Der Schlachtergeselle Johann Heinrich Uhle=
mann, welcher nach der bey sich habenden Kund=
schaft im vorigen Winter bis gegen Ostern d. J.
zu Leipzig in Arbeit gestanden, ist aus Kemnitz bey
Gera gebürtig, etwa 22 Jahr alt, von mittler un=
tersetzter Statur, hat kurz abgeschnittenes blondes
Haar, eine gebogene Nase, und lächelt gewöhnlich
beym Sprechen. Bey seiner Entweichung ist er
bekleidet gewesen mit einem alten Ueberrock von
grünblau Tuch, mit gelben metallenen Knöpfen,
einer weißgeblümten cattunenen Weste, schwarzen
ledernen Hose, Stiefeln, trauben Hut mit grü=
nem wachsruchenen Ueberzug und einem rothen
mousselinenen Halstuch mit kleinen weißen Flecken.

Vorladungen: 1) der Gebrüder Georg, Bla=
sius und Michael Kurz; 2) der Gebrüder
David und J. Peter Scheifelen.

Die drey Brüder Georg, Blassus und Michael
Kurz, sodann die zwey Brüder David und Johann
Peter Scheifelen, sämmtlich von Böhringen dies=
seitigen Bezirks, finden sich schon über 50 Jahre von
ihrer Heimath abwesend, und es ist in diesen langen
Zwischenzeit über ihr Leben und Aufenthalt nicht
die mindeste Nachricht eingegangen.

Da nun ihre nächsten Anverwandten um die Ver=
abfolgung ihres pflegschaftlich verwalteten geringen
Vermögens anrufen, so werden hierdurch ermeldete
Gebrüder Kurz und Scheifelen oder deren Leibes=
Erben peremtorisch vorgeladen, innerhalb drey
Monaten a dato vor unterzeichnetem königl. bair.
Landgerichte entweder in Person oder durch einen
genugsam Bevollmächtigten zu erscheinen, widri=
genfalls ihr Vermögen den nächsten Anverwandten
gegen gewöhnliche Caution verabfolgt werden wird.

Geißlingen an der Steige, den 5 Jun. 1807.

Königl. Bairis. Landgericht allda.

Wollaib, Landrichter.

Scheppich, Actuar.

3) J. Andr. Rueff's.

Des verstorbenen Gottlieb Rueff, gewesenen Stadtschuldheißen allhier, Sohn erster Ehe Johann Andreas, welcher bereits, falls er noch am Leben seyn sollte, einige siebenzig Jahre alt seyn müßte und im Jahr 1760 in kaiserlichen Kriegsdiensten als Unter-Lieutenant gestanden, hat seit dieser Zeit keine Nachricht mehr weder an seine hiesigen noch auswärtigen Verwandten von seinem Aufenthalt oder sonstigen Verhältnissen gegeben. Sein in vormundamtlicher Administration stehendes Vermögen beträgt 84 fl. um dessen Aushändigung sich seine Anverwandten, da die nach hiesigen Statuten bestimmte Verschollzeit von 70 Jahren bereits abgelaufen, beworben. Da nun ersagte Verwandten ihre Ansuchung um Verabfolglassung desselben neuerdings gebeten, als will man hiermit Eingangs gedachten Johann Andreas Rueff, so wie alle diejenigen, welche von demselben Auskunft geben können, öffentlich aufgefordert haben, solches in dem Lauf von 12 Wochen a dato angerechnet, zu thun; und sich an unterzeichnete Stelle desfalls zu wenden, im Unterbleibungsfall aber zu gewärtigen, daß ersagter Johann Andreas Rueff für verschollen und todt erkläret, und dessen Vermögen seinen sich gemeldeten Blutsverwandten ohne Sicherheits-Leistung ausgeliefert werde.

Regensburg, den 6 Junius 1807.

Sr. Hoheit des Fürsten Primas, und des souverainen Fürstenthums Regensburg Vormundschafts Amt.

Georg Theodor Böhner, Director.
Pöller, Actuar.

4) Jos. Albert's.

Joseph Albert, von hier gebürtig, hat sich im Jahre 1794 in Potsdam aufgehalten, von dieser Zeit an aber sind alle Nachrichten über dessen Leben oder Aufenthalt ausgeblieben. Derselbe wird daher, oder seine allenfallsige Leibeserben hiermit aufgefordert, a Dato innerhalb neun Monaten das unter Pflegschaft stehende väterliche Vermögen von 264 fl. um so mehr in Empfang zu nehmen, als nach Ablauf dieses peremtorischen Termins auf näheres Anrufen obiger Betrag seinen beyden sich darum gemeldet habenden Schwestern zur nutznießlichen Erbpflegschaft verabfolget werden solle.

Mannheim den 2 Jun. 1807.

Großherzogl. Hofgericht der Badischen Pfalzgrafschaft.
Frhr. von Hacke.   Courtin.
vdt. Dietz.

5) der Erben Ang. d'Eymar's.

Der vormahlige bischöflich straßburgische General-Vicar und insulirter Probst zu Neuweiler im Elsaß Herr Angelus d'Eymar, ist den 15 März d. J. zu Offenburg ohne Hinterlassung einer letztwilligen Anordnung mit Tode abgegangen.

Da weder seine Erben, noch ihre gegenwärtigen Aufenthaltsorte dahier bekannt sind, so sieht man sich genöthiget, dieselben hiermit edictaliter aufzufordern, daß sie sich binnen einem unterstrecklichen Termine von drey Monaten in Person oder durch einen hinlänglich Bevollmächtigten bey der unterzeichneten Stelle einzufinden und erklären sollen, ob sie die ihnen angefallene Verlassenschaft des gedachten Herrn General-Vicarius Abbé d'Eymar anzunehmen geneigt seyen oder nicht.

Und da zu Berichtigung der Erbschaftsmasse die Kenntniß der darauf haftenden Schulden gleichfalls unumgänglich nöthig ist, so werden zugleich auch alle diejenigen, welche irgend eine Forderung an diese Verlassenschaft zu machen haben dürften, hiermit peremtorisch vorgeladen, solche den 6 und 7 Julius d. J. in Offenburg vor der obervogteyamtlichen Commission um so gewisser anzumelden zu beweisen, als sie sonsten sich selbsten beyzumessen haben, wenn die Erbschaft nach Umfluß des Termins denen darum sich meldenden Intestaterben ohne weiters ausgefolget werden solle. Verfügt ꝛc. bey Obervogtey-Amt.

Gengenbach den 8 May 1807.

6) der Interessenten der Depositen-Gelder Sim Morgenstern's.

Pfarrer Martin Morgenstern zu Ettlingen Weier, angeblicher Bruder des abwesenden Simon Morgenstern hat sich zu dem, in dem hiesigen Deposito beruhenden Geldbetrage Simon Morgenstern's ad 256 fl. 32 kr. gemeldet, diejenigen nun, welche einen gleichen Anspruch auf dieses Vermögen zu machen glauben, werden daher vorgeladen, ihre Ansprüche dahier bedyhrend nachzuweisen, oder zu gewärtigen, daß nach 9 Monaten, und auf Anrufen des gedachten Pfarrers Morgenstern derselbe zur unzinslichen Pflegschaft dieses Vermögens zugelassen, oder derselbe, falls er das wirkliche Ableben des Simon Morgenstern, oder daß derselbe 70 Jahre alt sey, nachweise, ihm, als eigenthümlich zugeschieden werden wird.

Mannheim den 26 May 1807.

Großherzogliches Hofgericht der Badis. Pfalzgrafschaft.
Courtin.   Wolff.
Stein.

7) der Gläubiger des Freyherrn C. L. von Niebecker.

Eingetretener legaler Hindernisse halber kann der, in der allerhöchsten Befehl vor allhiesigem königl. sächs. Justizamte anhängig gewordenen Verlassenschaftsache des verstorbenen Herrn Carl Ludwigs Freyherrn von Niebecker, auf den 30 Junius l. J. anberaumte gemeine Liquidations-Termin seinen Fortgang nicht haben, es ist vielmehr der erste September 1807 zu diesem Behuf anderweit präfigiret, und es sind alle diejenigen bekannten und unbekannten Gläubiger, welche an diesen Nachlaß Ansprüche zu machen gedenken, unter den gesetzlichen Verwarnungen auf beregten ersten Sept. 1807 zu Liquidirung und Bescheinigung ihrer Ansprüche, so wie auf

den neunzehnten October 1807
zu Ertheilung eines commissarischen Bescheides, oder zur Acten-Inrotulation und deren Versendung nach rechtlichem Verspruch, und

den achten December 1807
zur Publication dieser Präclusiv-Sentenz, vermöge der nach Maßgabe des unterm 13 Nov. 1779 ergangenen, die Edictal-Citation in Civilsachen, außerhalb des Concurs-Processes betreffenden Mandats, anderweit erlassenen und sowohl bey hiesigem Amte, als an den Rathhäusern zu Dresden. Leipzig, Freyberg, Altenburg und Cöthen angeschlagenen Edictalien peremtorie vorgeladen worden, welches zu jedermanns Nachachtung bekannt gemacht wird.

Datum Justizamt Borna den 9 März 1807.
Königl. sächs. Commissions-Rath und Justiz-Amtmann allda und zu Pegau
als
Commissarius Causae
Tobias Gottlob Hänel.

8) der Erben J. Gottl. Becker's.
Bey dem Magistrate zu Neuhaldensleben sind die unbekannten Erben und deren Erben oder nächsten Verwandten des daselbst verstorbenen Candidati Chirurgiae Johann Gottlieb Becker, aus Christianstadt gebürtig, sowie die sonstigen Prätendenten an seinen Nachlaß zur Angabe und Nachweisung ihres Erbrechts und sonstiger Ansprüche binnen neun Monate und spätestens den 22 December dieses Jahres auf hiesiges Rathhaus edictaliter vorgeladen worden; unter der Verwarnung, daß der Nachlaß als ein herrnloses Gut der hiesigen Kämmerey zu-gesprochen werden. Uebrigens sind den zu Felde abwesenden Militär-Personen ihre Rechte vorbehalten.

9) J. G. Chrn. Schieck's.
Da bey herzogl. s. Oberv. Consistorio allhier die Magdalene Schieck zu Sonneberg eine Desertionsklage gegen ihren Ehemann den Kaufmann Johann Georg Christian Schieck übergeben und gebeten hat, denselben edictaliter vorzuladen; so wird derselbe peremtorie hierdurch citirt,

den 23 Jul. d. J.
persönlich oder durch einen behörig bevollmächtigten Anwald vor Uns zu erscheinen, seines Eheweibes Klage anzuhören und zu beantworten; sollte er daran verhindert werden, so hat er

den 20 Aug. d. J.
die Ursachen seines Nichterscheinens anzugeben und zu bescheinigen, oder zu gewärtigen, daß

den 17 Septbr. d. J.

nach Vorschrift des Desertionsprocesses in contumaciam gegen ihn werde erkannt werden.

Urkundlich ist diese Edictal-Citation unter dem herzogl. Oberv. Consistorial-Siegel und gewöhnlicher Unterschrift ausgefertiget worden.

Meiningen zur Elisabethenburg den 9 May 1807.
Herzogl. S. Oberv. Consistorium das.
Heim.

10) in Betreff des finck'schen Wohnhauses.
Demnach der vormahls hiesige Hr. Canzley-Rath, jetziger Regierungs-Rath v. Türck, zu Ovenburg, sein allhier in der See-Straße gelegenes ehemahliges finck'sches Wohnhaus c. p. hinwiederum aus freyer Hand verkaufet hat, und zu dem Ende um Erlassung gewöhnlicher proclamatum angetragen worden; als werden alle und jede, welche an bemeldetes Haus c. p. aus irgend einem Grunde Ansprüche oder Forderungen haben, oder zu haben vermeinen, hiermit citirt und vorgeladen: in Termino den 29 k. M. Julius Vormittags 10 Uhr vor hiesigem herzogl. Stadtgerichte zu erscheinen, solche ihre Ansprüche oder Forderungen zu liquidiren und zu justificiren, sub praejudicio, daß sie sonst damit werden präcludirt und ihnen deshalb ein ewiges Stillschweigen werde auferlegt werden.

Datum Neu-Strelitz, den 4 Jun. 1807.
Herzogl. Stadt-Gericht hierselbst.
J. Barthold.

Kauf- und Handels-Sachen.

Ein Capital von 100,000 Fl. gesucht.
Auf eine Herrschaft in Böhmen, die im Jahre 1805 für 300000 Fl. erkauft, und darauf bereits 88000 Fl. bezahlt worden ist, 82000 Fl. aber theils auf der Herrschaft immerdar haften, theils aber in sehr leidlichen terminlichen Zahlungen abgeführt werden, wie documentirt werden wird, sucht man ein Darlehn von 100000 Fl. in W. B. N. gegen jura cessa und beliebige Verzinsung. Wer sich dieserhalb in Unterhandlungen einlassen will, schicke die Erklärung schriftlich, aber unverzüglich an die Expedition des allg. Anz. in Gotha. Bey der Anheimzahlung dieses Capitals, die in einigen Jahren schon geschehen kann, will der Schuldner die 100000 Fl. in B. N. gerade ausbezahlen, und was sie gegen die Darleihung etwa noch schlechter stehen, mit vergüten. Auch 50000 Fl. würde man annehmen.

Sollte aber jemand auf diese Herrschaft 110000 Fl. in kaiserl. Staats-Papieren darleihen wollen, will man auch mit ihm in Unterhandlung treten und verspricht dem Darleiher vortheilhafte Bedingungen. Im Fall aber gar jemand sich dazu entschließen wollte, diese Herrschaft zur Hälfte mit anzunehmen, bietet der Eigener auch dazu die Hände, macht aber zur Bedingung, daß der Mitannehmer 140000 Fl. auch nur in benannten Pa-

pieren, leiſten kann und zwar 92000 Fl. für ſich
und 48000 Fl. für den jetzigen Eigener, von welchem er die Zinſen zu 5 p. C. aus den Revenüen
der Herrſchaft erhält und nach zehn Jahren die
48000 mit 4000 Fl. alljährlich vortheilhaft abgezahlt werden ſollen. Uebrigens iſt auch auf dieſer
Herrſchaft die beſte Gelegenheit, eine Fabrik zu
errichten, wo ein Landes-Product mit großem
Nutzen verarbeitet und auch ſogleich abgeſetzt werben kann!

Verkauf des mainzer Hofs in Mannheim.

Das Lit. D. 9 Nr. 4 an den Planken gelegene
dreyſtöckige Wirthshaus zum mainzer Hof genannt,
welches eine beträchtliche Anzahl geräumige Zimmer
und Stalung für mehrere Pferde enthält, mit
großem trockenen Keller verſehen, und überhaupt
zu einer anſehnlichen Wirthſchaft gut gelegen und
eingerichtet iſt, wird den 20 k. M. Julius Nachmittag 3 Uhr auf hieſigem Rathhauſe der Erbver-
theilung wegen unter annehmlicher Bedingniß ver-
ſteigt. Mannheim den 8 Junius 1807.

Großherzogliche Stadtſchreiberey.
Leers.

Gutsverpachtung.

Nachdem das Gut zu Berterode, zwey Stunden von Eiſenach gelegen, an Wohn- und Wirth-
ſchaftsgebäuden, Gärten, Schäferey, 80 Acker
Wieſen, 15 Hufen Landes und dazu gehörigen
Frohnen, dem Inventario, an Vieh, Schiff und
Geſchirr mit der vollen Ernte auf drey oder mehrere Jahre an den Meiſtbietenden verpachtet werben ſoll; als werden alle diejenigen, ſo dieſes
Gut zu erpachten gemeinet, hiermit aufgefordert
Donnerſtag den 9 Jul. a. c.
vor dem herzogl. f. com. Amte Creutzburg ſich einzufinden, geſchickt, daſelbſt die nähern Pachtbeding-
niſſe mit anzuhören, ſodann aber für ihre Perſon
wegen der zu leiſtenden Sicherheit auf das Gebot
und der zu beſtellenden Pachtcaution ſich behörig zu
legitimiren, ſofort ihre Gebote zu erkennen zu geben und daß endlich das Gut nebſt Zubehörungen
den Meiſtbietenden zugeſchlagen und des nächſten
übergeben werden ſoll, gewärtig zu ſeyn.
Geſchehen Creutzburg, den 12 Jun. 1807.
Herzogl. S. com. Amt daſ.
Carl Ludwig Appelius.

Verpachtung einer Apotheke.

Eine gute und vollſtändige Apotheke, in einer
anſehnlichen Handelsſtadt Heſſens, welche ſelbſt
am Hauptplatz gelegen und ohnehin in einem guten

Rufe iſt, ſtehet gegen hinreichende Ca-
die ſonſtigen Erforderniſſe einem mit
Kenntniſſen reſp. erfahrnen Subjecte vor
Michaelis 1807 auf ſechs nach etwa ände
Jahre unter billigen Bedingungen zu u
Frankirte Briefe beſorgt in dieſer Ang
die Expedition des allg. Anz. in Gothe

Reuſchel und Comp. hierſelbſt ſchr
vom 1 Jul. a. c. an:
„Gebrüder Reuſchel und Comp
welches ſie, anſtatt der gewöhnlichen
Briefe, ihren auswärtigen Freunden hie
gefälliger Anmerkung ergebenſt bekannt m
Zwätzen bey Jena, den 19 Jun. 1807.

Johann Radelbach
aus Leipzig bezieht dieſe naumburger
Pauli Meſſe mit ſächſiſchen und ſchweizer E
diverſen Mouſelinen in weiß und gedruck
mir, Callmuck, feinen Tüchern, Boiting,
ſchein 8 — 12 Ellen Nankin, Weſtenzeugen,
und drey ſädigem Brodé- und Strickgarn, S
heitsſtanell und mehreren Artikeln, golden
ſilbernen Uhren. Mein Gewölbe iſt Nr. 4
Markt in Herrn Vogel ſen. Hauſe.

Frankfurter Wechſel-Cours.

den 19 Jun. 1807.

	Briefe
Amſterdam in Banco k. S.	
2 Mon.	
Amſterdam in Courant k. S.	143
2 Mon.	142 1/2
Hamburg k. S.	149 1/2
2 Mon.	148 7/8
Augsburg k. S.	99 3/4
Wien k. S.	47 1/2
2 Mon.	
London 2 Mon.	140 1/2
Paris k. S.	
2 Uſo	
Lyon	
Leipzig M. Species	
Baſel k. S.	
Bremen k. S.	109

Allgemeiner Anzeiger

der

Deutschen.

Freytags, den 26 Junius 1807.

Gesetzgebung und Regierung.

Den Aufsatz im allg. Anz. Nr. 138
— 140 1807. „Staatswirthschaftliche
Ideen über die Wahl der Mittel zur
Deckung einer Kriegssteuer", betreffend.

Zur Aufbringung der, von mehrern in
Krieg verwickelten Ländern seit einiger Zeit
geforderten, außerordentlichen Kriegssteuern
sind von den Behörden Mittel verschiedener
Art gewählt worden. Die öffentliche Stimme, welche in unsern Zeiten so gern über
Staatsmaximen und politische Maßregeln ein
entscheidendes Urtheil fällt und sich bey ihrem
Urtheile oft auf das Feld der National-Oeconomie und Staatswirthschaft wagt, worauf
die größten Männer unsrer Zeit nicht immer
festen Fuß gewinnen konnten — schwieg auch
hier nicht, wo es um nichts geringeres, als
um die Entscheidung des National-Wohl-
standes für ein ganzes Menschenalter galt.
Sehr natürlich war es daher, daß der große
Haufe nach Verschiedenheit der, von den Behörden zur Deckung gewählten Mittel bald
die größern oder geringern Folgen für den
National-Wohlstand berechnete; und daß
dieser große Haufe, der so oft richtig urtheilt,
ohne sich der Regeln in abstracto bewußt zu
seyn, sich hin und wieder so laut gegen die
gewählten Mittel, die Kriegssteuer herbeyzu-
schaffen, ohne den National-Wohlstand so
wenig als möglich zu fährden, erklärte.

Es war uns daher eine erfreuliche Erscheinung, von dem Verfasser der oben angezeigten Abhandlung, Oberrentkammer-Ar-

Allg. Anz. d. D. 1 B. 1807.

chivar D. Murhard zu Hessen-Cassel, die
von den verschiedenen Behörden gewählten
Mittel zur Deckung einer Kriegssteuer mit
den letzten Gründen der Staatswirthschaft
verglichen und seine Ideen darüber in diesen
Blättern in einer, auch dem großen Publicum
verständlichen Sprache niedergelegt zu sehen.
Der, als Gelehrte und Geschäftsmann gleich
verdiente Verfasser, welcher uns schon mit
mehrern staatswirthschaftlichen Abhandlungen in dem allg. Kameral-Korresp. sowohl als
in diesem Blatte, mit großem Nutzen für das
Publicum und reichem Gewinn für die Wissenschaft beschenkte, hat in dieser Abhandlung
gezeigt, welche Mittel zur Deckung einer
Kriegssteuer sich darbieten, wie die Wahl
der Mittel auf den National-Wohlstand wirkt
und mit welcher Vorsichtigkeit und Behutsamkeit man bey der Wahl der verschiedenen
Mittel zu Werke gehen müsse. Wir müssen
daher, der practischen Tendenz der Abhandlung wegen, darauf aufmerksam machen.
Der Verf. hat uns hierdurch eine neue Probe
seines Scharfsinns, seiner gelehrten Kenntnisse und seines treffenden practischen Blickes
gegeben. Er hat sich durch die hier mitgetheilten Ideen den Dank aller Leser erworben,
und wir eilen um so mehr, ihm dieson darzubringen, da er einen Gegenstand bearbeitete,
der vom größten Zeit-Interesse ist und über
den man hin und wieder gleichwohl mit uners.
hörtem Leichtsinn hinwegschritt.

Noch einige Wünsche können wir nicht
bergen: daß nämlich der Verf. seine, in mehrern Zeitschriften zerstreuten Abhandlungen
sammeln und besonders dem Druck übergeben

und daß er bald eine Aufstellung finden möge,
wo er einen ausgebreitetern und seinen Kennt=
nissen angemessenern Wirkungskreis erhält.
~. am 14 Junius 1807.

••••n••••n••

Nützliche Anstalten und Vorschläge.

Ueber Verminderung der Unglücksfälle im Umgange mit Schießgewehr.

In dem vortrefflichen Aufsatze „Ueber
Diebe und Diebesbanden ꝛc. allg. Anz. 1807
Nr. 114, 118, 119, 120 und 124 wird S.
1280 die Anschaffung eines Hausgewehrs,
besonders wider die dort beschriebenen Chas=
negänger sehr empfohlen. Da nun schon
ohnedieß anzunehmen ist, daß nach und nach
in allen Häusern Schießgewehre sich vorfin=
den werden, so muß man auf der andern
Seite die Besorgniß hegen, daß die zeither
aus Leichtsinn, Unvorsichtigkeit und Unkennt=
niß so oft Statt gehabten Unglücksfälle mit
dem Gewehre sich dadurch noch
häufiger zeigen werden, wenn nicht eine
zweckmäßige Anweisung über den Umgang
mit Gewehr und dessen vorsichtige Aufbe=
wahrung in öffentlichen Blättern, Kalen=
dern und selbst in Schulen zu jedermanns
Wissenschaft gebracht wird. Einen solchen
Aufsatz, wozu mir öftere Unfälle der Art die
Veranlassung gaben, werde ich seiner Zeit
zur Aufnahme in diese Blätter bringen.

Durch vorstehendes wurde ich an die
„Vorschläge zur Verminderung der Unglücks=
fälle durch Schießgewehr" 1805 Nr. 188 S.
2361 erinnert, wo ich auch Ermahnungen
wider die häßliche Gewohnheit der Jugend,
mit der Flinte im Scherz auf andere zu zie=
len, berührt fand; diese Unbesonnenheit
habe ich auch schon sehr oft von Erwachsenen
begehen sehen und mich nie enthalten können,
die Unstatthaftigkeit zu zeigen, wofür ich
mir aber eben so oft den Spott der Unbeson=
nenen habe gefallen lassen müssen. Unter
den übrigen Vorschlägen scheint mir auch
derjenige, daß Gewehr hinführo lieber so
über den Schultern zu tragen, daß der Lauf
nicht auf die Menschen, sondern nach den
Wolken zu gerichtet ist, nicht unbedeutend;
aber der wenigen Bequemlichkeit halber, die=

diese Art beym Auf= und Abnehmen des Ge=
wehrs gewährt, der andern gefährlichern
Art nachgesetzt zu seyn. Würde nun aber
eine einfache, nicht auffallende oder gar ge=
schmackwidrige Vorrichtung, vielleicht nur
eine Veränderung des Riemens oder an des=
sen Befestigung, erfunden, wobey der ge=
wöhnliche Riemen entweder benutzt oder =
Preis nicht viel überstiegen; das Aufhängen
und Abnehmen von den Schultern eben so
geschwind als bequem bewirkt würde und der
Lauf im Tragen doch beständig in die Höhe
gerichtet bliebe: so dürfte bleß, zu einem Ge=
genstand der Mode gemacht, unter deren
Begünstigung weit früher zur Sitte für hohe
und niedrige Gewehrbesitzer werden, als es
außerdem durch die triftigsten Vorstellungen
der Zweckmäßigkeit geschehen wird. Sach=
kundige belieben doch diesen Gegenstand eini=
ger Aufmerksamkeit werth zu halten, um auf
diese Art die alte Gewohnheit als unschick=
lich zu verdrängen, wodurch es nach und
nach so auffallend werden könnte, wer
jemand sein Gewehr nach alter Art wie
wie ungefähr beym Reiten derjenige, wel=
cher auf der unrechten Seite auf's Pferd
steigt, sich einem Gespötte aussetzt, unge=
achtet dieß weit unschädlicher ist, als jene
alte Gewohnheit.

Auf einem andern Wege hat man schon
seit vielen Jahren die Gefahr vom Schieß=
gewehre durch verschiedene Vorrichtungen
selbst abzuwenden gesucht, die mehr oder we=
niger zu Gunsten ihres Zwecks gelungen sind.
In der Meinung, eine umständliche vergleu=
chende Darstellung dieser Mittel, besonders
an den Schlossen, durch Schieben, Dreh=
hahn, Drehdeckel, Drehpfanne ꝛc. habe für
ein größeres Publicum Interesse, werde ich
gelegentlich diesen Blättern einen Aufs.
darüber einliefern.

Sind bereits zweckmäßige Anweisungen
über den Umgang mit Gewehr und deren
Aufbewahrung bekannt, so wünschte ich eine
der die gefällige Anzeige davon im allg. Anz.
zu finden.

Zella St. Blasii 1807 May 30.

Gefundheitskunde.

**Warnendes Beyspiel gegen den Ge-
brauch des Schnupftabacks.**

Wie sehr sonst nicht ganz schädliche
Dinge durch Mißbrauch den größten Schaden anrichten können, beweist folgendes, alle
die, welche dem Schnupftaback gehuldigt
haben, sehr warnende Beyspiel:

Ein Mann in M..... (dessen Namen
zu verschweigen, mir erlaubt sey,) hatte sich
so sehr dem Schnupftaback ergeben, daß er
täglich kaum mit einem Loth ausreichte. Er
schwächte hierdurch die Geruchsorgane so
sehr, daß auch nachher vom schärfsten Tas
back kaum 2 Loth täglich hinreichten. Allmählig mochte sich im obern Theil der Nase
eine ziemliche Menge von Schnupftaback gesammelt haben, so daß er nicht lange vor
seinem Tode (ungefähr 3 Jahr) des Geruchs
beraubt ward. Das Uebel ward bey fortgesetztem Gebrauch immer ärger, so daß er
kurz vor seinem Tode wie sinnlos und ohne
alles feinere Gefühl war. Nach demselben
untersuchte man die Ursache dieser Betäubung, und fand, was man vermuthet hatte,
daß sich im obersten Theil der Nase ein Ballen Schnupftaback gesammelt hatte, wie sich
Ballen im Magen einiger Thiere zu sammeln
pflegen. Möchte doch diese Warnung alle
die bewegen, welche sich so außerordentlich
im Gebrauch des Schnupftabacks verwöhnt
haben. Will man auch seinen oft großen
Nutzen nicht aufheben, so darf man aber
doch auch nicht leugnen, daß zu viel Unbequemlichkeiten mit ihm verbunden sind.

Göttingen: 　　　J. C. J. B....

Land- und Hauswirthschaft.

Im allg. Anz. Nr. 128 S. 1323 wird
angefragt: ob bey der Erwähnung des langen Sommerbergamottenbaums, der auch an
vielen Orten der Timpsling, Tipling, Timps
ling genannt werde, nur der Baum oder auch
die Frucht so heiße. Die Sache ist kaum einer Frage werth. Erstlich ist von Bäumen
die Rede; wenn also von Bäumen die Rede
ist, so versteht man bey denselben Worten
auch wieder Baum darunter, ohne besonders wieder dazu zu setzen der Timpslings-

baum, der Tiplingbaum, der Timpslingbaum.
Zweytens so trägt ein Timpslingsbaum ꝛc.
Timpslinge, und ein Timpsling wächst an einem Timpslingsbaume; wie ein Bergamot-
tenbaum Bergamotten trägt, und eine Ber-
gamotte an einem Bergamottenbaume wächst,
beydes wird für einander gebraucht, wie die
Ursache für die Wirkung und die Wirkung
für die Ursache; folglich ist an dem richtigen
Ausdruck nichts zu tadeln. Ob auch diese
Birn die Zuckerbirn genannt werde, hat
der zu beantworten, der sie im allg. Anz.
Nr. 255 dafür angibt.

　　　　　　　　　　　Sickler.

Berichtigungen und Streitigkeiten.

Berichtigung.

Das Garten-Magazin, welches seit
einigen Jahren in dem Landes-Industrie-
Comptoir in Weimar erschienen ist, lieferte
anfänglich manche lehrreiche Unterhaltung
für Garten-Freunde; allein die Abhandlungen über den Gemüse- und Blumenbau werden immer dürftiger und enthalten größtentheils allgemein bekannte, in andern
Schriften schon deutlicher und gründlicher
angegebene Culturmethoden. Im ersten Hefte
des vierten Jahrgangs 1807 findet sich eine
unvollständige Abhandlung über den Anbau
der Gewürzpflanzen von St. (wahrscheinlich
Sturm) S. 29 heißt es: „Das grüne Ba-
silicum mit dem Brennesselblatte (ocimum
urticifolium, oder ocimum menthoides
Linn.") welche unbotanische Aeußerung!
Ocimum urticifolium Roth und ocimum
menthoides Linn. sind zwey ganz verschiedene Arten. Die erstere unterscheidet sich
durch einen strauchartigen Stengel, durch
ey-lanzett-formige, nicht gleich breite Blätter, und durch lange einfache Blumentrau-
ben; die zweyte ist eine jährige Pflanze, hat
einen krautartigen Stengel und gleich breit
lanzettförmige Blätter. Das heilige Basilienkraut ocimum sanctum Linn. ist keineswegs eine Varietät von ocimum urticifolium, wofür es von St. gehalten wird,
sondern eine eigene Art, welche Willdenow
in spec. pl. und Dietrich in seinem Lexicon
der Gärtnerey und Botanik genau beschrieben
haben. Im vorigen Jahre habe ich diese Pflan-

ze in meinem Garten cultivirt und die Beschreibung der eben gedachten Botaniker richtig gefunden. Ohnfehlbar hat St. die Varietät von dem gemeinen Basilienkraut mit schwarzrothen Blättern und Blumenähren gesehen und diese für ocimum sanctum angenommen.

Es wäre überhaupt sehr zu wünschen, daß die Mitarbeiter des Garten-Magazins, als St., Th..s, Lh., N—tt. sich mehrere gärtnerische und botanische Kenntnisse zu erwerben suchten, ehe sie sich auf Bestimmung und Beschreibung der Pflanzen einließen, und dann ihre Abhandlungen nicht bloß mit Buchstaben, sondern mit ihren Namen bezeichneten. Leipzig im Junius 1807.

P. C. J. Müller.

Dienst-Anerbieten.

1) Eine angesehene Familie in einer Landstadt Thüringens sucht, wo möglich bis zu Michaelis dieses Jahres, für einen siebenjährigen Knaben einen Erzieher, der aber alle Eigenschaften eines guten Erziehers und Hauslehrers in sich vereinigen muß, wogegen man ihm auch nicht nur eine sehr guten Gehalt sondern auch eine durchaus humane Behandlung verspricht. Diejenigen, die zu dieser Stelle die erforderlichen Eigenschaften haben, und selbige zu erhalten wünschen, belieben ihre Briefe unter der Adresse H. U. C. postfrey an die Expedition des allg. Anz. in Gotha zu senden, welche selbige an die Behörde befördern und worauf man in nähere Correspondenz mit ihnen treten wird.

2) Ein junger Oeconom, welcher Kenntnisse von der Landwirthschaft hat und eine gute Hand schreibt, könnte bey einer Oeconomie eine Anstellung als Wirthschaftsschreiber finden. Wenn er obige Eigenschaften besitzt und sich auf einige Jahre engagiren will, so werden 60 fl. Gehalt, freye Station und gute freundschaftliche Behandlung zugesichert. Man wendet sich deshalb in frankirten Briefen an die Expedition des allg. Anz. in Gotha unter der Adresse X. Y. Z. welche die Briefe an die Behörde besorgen wird.

3) Eine Material- und Weinhandlung in einer thüringischen Landstadt sucht einen Lehrburschen: die Haupterfordernisse eines solchen Subjects sind: eine gute Erziehung und ein williges gutes Betragen, wogegen ihm die liebreichste Behandlung zugesichert wird. Man beliebe deshalb unter Adresse: H. S. frankirte Briefe an die Exped. des allg. Anz. zu senden.

Justiz- und Polizey-Sachen.

Vorladungen: 1) der Erben oder Gläubiger der N. N. Roux.

Wir Bürgermeister und Rath der Altstadt Hannover fügen hiermit zu wissen:

Demnach in Verlassenschafts-Sachen der hierselbst kürzlich verstorbenen vormahligen französischen Haushälterin Roux, deren Vorname nicht bekannt ist, welche jedoch aus Lyon gebürtig seyn soll, Inhalts Bescheides vom heutigen Tage gegenwärtige Edictales zu Recht erkannt worden; so werden in Kraft dieses alle, und jede, welche an den unter gerichtliches Siegel gelegten unbeweglichen Nachlaß der gedachten Roux ex quocunque capite vel jure, hereditario aut quocunque alio, rechtsbegründete Forderungen oder Ansprüche zu haben vermeinen, ad profitendum et liquidandum um 24 August dieses Jahres Montags nach dem 13 Sonntage post Trinit. Vormittags um 11 Uhr persönlich oder durch legitimirte Anwälde auf hiesigem Rathhause zu erscheinen und zweckdienlichen Verfahrens zu gewärtigen, Kraft dieses edictaliter et sub poena praeclusionis vorgeladen.

Gegeben Hannover am 21 May 1807.

(L. S.) Juissu Senatus,
C. H. C. Zeiliger, Secr.

2) J. Dav. Mey's.

Der verschollene Schuhmacher-Geselle Johann David Mey aus Maßerhammer, oder dessen etwaige Leibeserben, so wie alle diejenigen, welche an sein hiesiges Vermögen Ansprüche zu haben vermeinen, werden, unter der Verwarnung, daß ersterer ansonst für todt und letzterer ihrer Forderungen, so, wie des Rechts der Wiedereinsetzung in den vorigen Stand für verlustig erkläret werden, auf

den 10 December d. J.

zur Anmeldung und Herausforderung, auch Bescheinigung ihrer Ansprüche in gesetzlicher Ordnung, Kraft dieses öffentlich anhero vorgeladen.

Signa. Gehren den 15 Jun. 1807.

Fürstl. Schwarzburgis. Amt das.

Allgemeiner Anzeiger
der
Deutschen.

Sonnabends, den 27 Junius 1807.

Nützliche Anstalten und Vorschläge.

Man spricht so viel von sichern Mitteln, die zu Tilgung großer Feuersbrünste anges wendet werden können und macht gleichwohl keine Anstalt zur Nutzanwendung. Seit uns gefähr einem halben Jahre wurden mehrere Städte und Dörfer eingeäschert, und in keinem dieser Orte ist von den mehrmahl ems pfohlenen Vorschlägen zu schnellerer Tils gung dieser ausgebrochenen Feuer Gebrauch gemacht worden. Sey es nun, daß man sie nicht gehörig würdigte, oder fand man keine Gelegenheit zu näherer Kenntniß derselben. Der allg. Anz., der in einem so großen Wirs kungskreise viel Gutes verbreitet, schien mir daher am geeignetsten zu seyn, nachstehende Vorschläge zur näheren Kunde des Publicums zu bringen.

Jede Gemeinde lasse folgende Species bereiten und zum Gebrauch an einem guten trocknen Orte aufbewahren: 30 Pfund ges pülverten Alaun. 40 Pf. gepülverten grünen Vitriol, 200 Pf. geschlemmten, gelinde ges trockneten und fein gesiebten Thon. Unter diese Masse kommen 90 Kannen Wasser (Ges halt eines Orxhofts), in jede Spritze wird verhältnißmäßig eine Quantität von genanns ter Masse geschüttet, und mit diesem anges machten Wasser in die größte Gluth des Feuers gespritzt, wodurch gar bald die weis tern Ausbreitung desselben Einhalt gethan werden wird. Die Bereitung dieser Masse kostet mit Fuhrlohn ungefähr 20 Thaler.

Ist das Feuer gering, so nimmt man in der Geschwindigkeit 1 Pf. Alaun und 2 Pf.

Allg. Anz. d. D. I B. 1807.

Vitriol, lässet beyde Species in einem Was serkübel auflösen, und, wenn dieses auf das genaueste geschehen, welches man an dem Ges schmack spürt, so gießt man eine Quantität, nach Verhältniß des Feuers, in den Kübel der Spritze, und richtet das Rohr auf den Ort, wo das Feuer am heftigsten wüthet.

Jena.   A. Slevogt, Herausgeber der Justiz- und Polizey-Rügen.

Berichtigungen und Streitigkeiten.

Im allg. Anz. d. D. April-Heft Nr. 107 S. 1101 hat ein Ungenannter unter der Aufschrift: Künste, Manufacturen und Fas briken, etwas über Rauchtabacks-Fabricas tion dem Publicum aufgetischt, was dieses so wenig interessiren kann — so wenig es mich kümmert, wie, was und auf welche Art andere fabriciren. Meiner Meinung nach muß jeder einzelne Tabacks-Raucher wol am besten beurtheilen können, welche Waare ihm für sein Geld schmeckt oder nicht schmeckt. Er wird also immerhin jene kaufen — diese ausschlagen; und insofern würde ich diesen Aufsatz eines müßigen Kopfes völlig auf demjenigen Werthe beruhen lassen, den er bey besser unterrichteten Kennern ohnehin finden wird.

Wenn aber im Verfolg desselben auf S. 1103 von meiner Tabacks-Fabrik nicht uns deutlich und in ganz besonderer Beziehung auf außerwesentliche Dinge die Rede wird, und von allem dem dort Gesagten nicht das mindeste, im strengsten Sinne genommen, wahr ist: so legt der Ungenannte entweder

feine größte Unwissenheit der Sachen, wor,
über er zu schreiben sich berufen glaubte, an
den Tag, und er hätte sich wenigstens erst
besser unterrichten sollen, ehe er solche lächer,
liche Anführungen wagte — oder die bos,
hafte Absicht, hinter seiner Anonymität, eines
andern Ehre, Ansehen und Einfluß zu un,
tergraben.

Da indessen der Redacteur des allg. Anz.
den Namen des versteckten Schreibers zu
nennen verweigert: so halte ich letztern in
solcher Eigenschaft keiner ausführlichen Be,
antwortung würdig, werde sie ihm auch wei,
terhin nicht geben, sondern begnüge mich
damit: allen jenen seinen Anführungen
als völlig grundlos und wahrheitswi,
drig zu widersprechen, und ihn dabey als
einen Menschen darzustellen, der durch fal,
sche Angaben seinem Nächsten zu schaden sich
bestrebt. Findet er sich dadurch beleidigt:
so mag er hervor treten und mich bey meiner
richterlichen Behörde belangen, wo ich ihn
zu seiner Zurechtweisung gern erwarte.

Cassel am 13 Jun. 1807.

Finanz, Rath Thorbecke.

Gelehrte Sachen.

Der geh. Registr. Roßberg in Dresden
hat Wort gehalten, daß er den zweyten
practischen Theil seiner system. Anweisung
zum Schönschreiben nicht nur im vorigen
Jahre noch zur Vollkommenheit gebracht,
sondern auch, daß er der Welt ein solches
Werk vor Augen gestellt hat, das unstreitig
das einzige in seiner Art ist, und wovon kein
Künstler, außer Albrecht Dürer, einen Vor,
schmack gegeben. Ueberall leuchtet unermü,
deter Fleiß hervor, und man weiß nicht, ob
man die Kunst seiner Erfindung nach geome,
trischen Grundsätzen, welche derselbe im I
Theile aufgestellt, oder die Kunst seines
Grabstichels, wodurch er erstere im II Theile
zu erhöhen gewußt hat, und welche man in
der deutschen Schrift noch nie so vollkommen
gesehen, mehr bewundern soll. Alle Platten sind
so sauber und rein, und besonders die ge,
schriebenen Schriften sind so täuschend gesto,
chen, daß, wenn man den Spiegel der Platte
nicht entdeckte, glauben müßte, es wären
solche von einer geschickten Hand geschrieben.

Es ist jeder Buchstabe, ja jeder Feder,zu
mit dem Ausdrucke, den eine gute Fed,
beym Schönschreiben bestimmt, so natürli
dargestellt, als wenn er mit der Feder g
macht wäre. Daher werden auch alle die i
diesem Theile gezeigten Muster viel leichter
als nach einem andern, wo das Natürlich
einer Feder mangelt, mit Hülfe der dazu i
Texte gegebenen Anweisung nachzumach
und zu erlernen seyn. Dieses Werk ist zw
etwas kostbar; allein, wer solches sich anzu
schaffen im Stande ist, dem wird es nie g
reuen. Es kann einer daraus eine Hand
schrift sich nach eigenem Gefallen wähle
und solche für sich viel leichter erlernen, al
er sonst in langer Zeit bey fehlerhafte
mündlichen Unterrichte nicht so richtig un
schön erlernen würde. Für Kinder, die noc
nicht verstehen, was sie lesen, ist es freyli
nicht. Desto mehr ist es für Lehrer be
Gymnasien, Seminarien und Schreibschu
len: denn für solche scheint es ganz geeigne
zu seyn.

Allerhand.

Anfrage.

Mir ist unlängst aus dem Nachlasse
eines alten Schachspielers: Verbessertes,
oder vergrößertes Kriegs, oder Schach,
spiel, im Manuscript, in die Hände geko
men, wie folgt:

					2.	1.	2.					
2.	3.	4.	5.	6.	2.	6.	5.	4.	3.	2.		
F.	F.	F.	F.	F.	F.	F.	F.	F.	F.			
F.	F.	F.	F.	F.	F.	F.	F.	F.	F.			
2.	3.	4.	5.	6.	2.	6.	5.	4.	3.	2.		
					2.	1.	2.					

Man ersieht aus dieser Schachbret,Fi,
gur, daß das Champ de Bataille nicht aus
64, sondern aus 121 Feldern besteht, wobey

zu bemerken, daß die vier Eckfelder schwarz
sind, und daß in der ersten Reihe jeder Armee vier F:lder rechts und vier Felder links
unbesetzt bleiben: wahrscheinlich, um Se
Majestät nicht zu sehr einzuschließen. Es
besteht also jede Armee, mit Einschluß des
Königs, aus 25 streitbaren Männern. Die
Erklärung der Zahlen ist folgende:

1. Ist der König.

2. 2. 2. 2. 2. sind fünf Kanonen. Diese
gehen wie die Rochen oder Thürme.

3. 3. sind zwey Husaren, gehen wie die
Läufer.

4. 4. sind zwey Dragoner, gehen ebenfalls wie die Läufer.

5. 5. sind zwey Cürassier, gehen wie die
Springer.

6. 6. sind zwey Leibgarden, haben den
Gang der Königin.

F. F. F. 2c. sind 11 Füsilier. Diese
gehen jedesmahl nur einen Schritt, vor- und
rückwärts, seitwärts rechts und links, immer in gerader Linie, von roth auf weiß,
von weiß auf roth; sie schlagen auch vor-
und rückwärts, aber allemahl schräge, d. i.
von roth auf roth, von weiß auf weiß. Dagegen bleiben sie beständig Füsilier, wenn
sie auch gleich das letzte Feld des Feindes
erreichen.

Diesem Spiel waren folgende Regeln
beygefügt:

1) Der Stein, so einmahl berührt worden, muß gezogen werden, und wenn er
einmahl festgesetzt ist, kann er nicht zurück
gezogen werden. (Dieß ist eine alte bekannte
Regel.)

2) Der König kann bey diesem Spiel
niemahls rochiren. (Dieß ist neu.)

3) Beym doppelten Schachgebote ist
kein anderes Mittel, der erstickte König muß
weichen. (Ist alt, und versteht sich von
selbst.)

4) Ein aufgehobenes Spiel, ohne Gewinn
und Verlust, ist das: wenn der König kein
fluchtfreyes Feld mehr übrig hat; wenn er
bey jedem Zuge, so er thut, in's Schachge-
bot zieht, und wenn er, um solches zu vermeiden, auch keinen Stein mehr übrig hat
zu ziehen. (Ist auch eine alte Regel.)

5) Der von allen Steinen entblößte König hat kein besonderes Recht; ist er vom

Gegner Schachmat gesetzt, so ist das Spiel
verloren. (Diese Regel weicht ab von der
alten Art.)

6) Das blinde Mat (Pat) ist, wenn
dem Könige bloß Schach geboten ist, ohne
zu bemerken, daß er Schachmat ist; dann
ist das Spiel nur zur Hälfte gewonnen.
(Auch eine alte Regel.)

Frage: Ist diese Art Schachspiel auswärts schon bekannt und richtig? Ich
selbst habe es noch nicht gespielt, weil ich
den Apparat dazu nicht habe.

Nordhausen den 19 Jun. 1807.
Commercien-Rath Neuenhahn.

Aufforderung.

Hr. Schifffahrts-Commissär Gaum in
Mannheim wird von Unterzeichnetem auf's
dringendste gebeten, so bald mir möglich ihm
Auskunft wegen meiner Effecten zu geben,
die schon am 1 März d. J. franco nach
Mayn, geladen waren.

Leipzig,   J. G. Heynig,
in der Fleischergasse Nr. 243. Privatgelehrter.

Nachricht.

Die Anfrage wegen eines Mittels zur
Entwöhnung — versteht sich gegen den guten
Willen des Trinkers — vom Branntwein
wird nicht abgedruckt, weil es, ohne Anwendung von Zwang, kein sicheres Entwöh-
nungsmittel gibt.   d. Red.

Dienst - Anerbieten.

Ein Forst- und Jagdlehrling, der
Schulkenntnisse haben muß, wird gegen sehr
billige Bedingungen sofort gesucht. Die
Expedition des allg. Anz. gibt nähere
Nachricht.

Familien - Nachrichten.

Todes-Anzeige.

Am 17 d. M. starb unsere gute Ehegattin,
Mutter und Schwiegermutter, Magdalena
Wilhelmine Henriette Sieckel geb. Schlich-
terweg im 57 Jahre ihres Lebens an einem
Stickfluß. Dieß machen wir allen unsern
auswärtigen Verwandten und Freunden hiermit bekannt, und verbitten alle Beyleidsver-

ficherungen, indem wir überzeugt find, daß jeder, der fie kannte, unfern großen Verlust fühlt. Nordhausen den 21 Junius 1807.

Joh. Chrift. Sieckel.
Joh. Sophie Conradine Siesckel, verehl. Rettembeil.
Sophie Friederike Christiane Siecktel, verehl. Schlichteweg.
Christian Gotthard Rettembeil.
August Christian Schlichteweg.

Todesanzeige und Aufforderung.

Daß Meister Johann Michael Stauch, gewesener Huf- und Waffenschmid in Seidenberg unweit Görlitz den 10 März diefes Jahres nach einer vierwöchentlichen Krankheit verstorben, wird deffen hinterlaffenem jüngsten Sohne Johann Gottlieb, der anfangs Julius 1804 von hier aus auf die Wanderschaft gegangen, hierdurch bekannt gemacht, und derselbe von seiner betrübten Mutter angelegentlich erfucht, fo bald als möglich nach Haufe zu kommen.
Seidenberg bey Görlitz den 8 Jun. 1807.

Justiz- und Polizey-Sachen.

Vorladungen: 1) Ferd. W. Dorn's.
Vermöge einer unter dem hiefigen Rathhaus angeschlagenen Edictal-Citation vom heutigen Dato wird auf Verlangen der Relicten des Caplans und Diaconus zu Veilden Konrad Dorn, deren vor ungefähr 28 Jahren nach Holland und von da nach Oftindien als Chirurg gegangener, nunmehr in einem Alter von ungefähr 50 Jahren ftehender Bruder,

Ferdinand Wilhelm Dorn,
da dem Angeben nach, die ganze Zeit, alles Nachforfchens ungeachtet, nicht das Mindefte von deffen Aufenthaltsorte, und ob derselbe noch am Leben fich befinde, oder ob er vielleicht Frau und Kinder hinterlaffen habe, zu erfahren gewefen, oder deffen allenfällige Relicten dergeftalt vor unterzeichnetes Gericht geladen, daß er oder fie innerhalb des peremtorifch anberaumten Termins von zwey Monaten, entweder felbft in Perfon alhier erfcheinen, oder von ihrem dermahligen Aufenthaltsorte die erforderliche Anzeige machen, ausserdem aber, und wenn selbige den präfigirten Termin fruchtlos verftreichen laffen würden, fich felbft es zuzuschreiben haben follen, wenn auf fie keine weitere Rückficht genommen, fondern den von Dorn's Geschwiftern gemachten Anträgen willfahrt, und selbigen

deffen väterliches und mütterliches Vermögen, jedoch gegen hinlängliche Cautionsleiftung, ausgebändigt werden wird.
Wornach fich alfo gedachter Ferdinand Wilhelm Dorn, oder deffen allenfällige Relicten zu richten haben. Nürnberg, am 15 Jun. 1807.
Königlich Baierifches Stadtgericht.

2) F. Bühler's.
Friedrich Bühler von hier, ein Metzger, welcher vor 21 Jahren fich von hier weg, angeblich mit königlich würtenbergifchen Truppen nach dem Vorgebirge der guten Hoffnung begeben, und feitdem zwischen nichts mehr von fich vernehmen laffen, oder deffen etwaige Erben, werden andurch ediktaliter aufgefordert, fich innen 9 Monaten a dato entweder felbft oder durch einen hinlänglich Bevollmächtigten fich dahier bey Amt zum Empfang feines in 37 fl. beftehenden Vermögens zu melden, oder zu gewärtigen, daß folches feinem fich darum gemeldet habenden Bruder Conrad Bühler von hier zur unzinslichen Pflegfchaft übergeben werde.
Neckargemünd, den 9 Jun. 1807.
Großherzoglich Badenifches Amt.
Keidel.
Kettig.

Kauf- und Handels-Sachen.

Verkauf eines Rittergutes.
Das zwischen den Städten Altenburg, Pegau und Zeitz, von jedem Orte drey Stunden entfernte, in der fruchtbarften Aue von fich gelegene Rittergut Theuritz nebft Hagenest, deffen jährliche Revenuen fich über 3400 rthlr. belaufen, ift unter billigen Bedingungen aus freyer Hand zu verkaufen. Kauflustige können den Anfchlag bey dem Herrn Ober-Steuer-Secretair Thienemann zu Altenburg, dem Hrn. Accife-Infpector Brunnemann zu Borna, der Frau v. Kirchbach zu Seldta und dem Hrn. Kammerherrn von Backoff Echt zu Altenburg einfehen, und mit den beyden letzteren den Kauf abfchließen.

Birkenfamen.
Diejenigen, welche Birken, auch andere Laubholzfamen diefen Herbft in Quantität zu haben wünfchen, muß ich recht fehr bitten, die Beftellung bis zum September gefälligft einzufchicken; weil ich befanntlich außer dem beftellten keinen Samen aus nächfte Jahr einfammeln laffe. Da befonders der Birkenfame fehr gut und auch in Menge zu gerathen fcheint, fo kann man die billigften Preife erwarten. Zur Erfparung der Transportkoften und der vielen Emballage find bey den Samen auf Verlangen rein und ohne Spreu liefern.
Steierthal bey Nordhaufen.
G. Kahne, reit. Förfter.

Allgemeiner Anzeiger
der
Deutschen.

Sonntags, den 28 Junius 1807.

Literarische Nachrichten.

Periodische Schriften.

Von der
Monatlichen Correspondenz zur Beförderung
der Erd- und Himmelskunde, herausge-
geben vom Freyherrn Franz von Zach,
H. S. G. Oberhofmeister, ist der Mays
Heft erschienen und hat folgenden

Inhalt:

XXXVII. Astronomische Beobachtungen und
Bemerkungen auf einer Reise in das südliche Frankreich im Winter von 1804 auf
1805. (Fortsetzung.) — Beob. Länge und
Breite v. Carpentras mit Cassini's trigon.
Bestimm. vergl. Höhe von Carpentras
über dem Meere. Reise nach dem Mont
Ventoux. Beschreibung des Clima's. Ge-
ographische Bestimmung des Mont Ven-
toux aus verschiedenen Dreyecks-Meff.
Höhe des M. Vent. Höhe einiger Berge
v. Mr. Guérin barom. gemessen.
XXXVIII. Beschreibung des Bergfalles, wel-
cher den 2 Septbr. 1806 das Thal zwischen
dem Lowerzer- und Zuger-See im Canton Schwyz in Helvetien verschüttete. Mit
einem nach dem Augenmaße und auf der
Stelle entworfenen Plane dieser Gegend.
Vom Herrn Ing. und Fortif. Director J.
Feer in Zürich.
XXXIX. Auszug aus einem Schreiben des
Hrn. Prof. Bürg in Wien. — Geograph.
Länge und Breite des Schloss. Mirabel
und der Universität in Salzburg. Breite
von Gmünden. Ueber Charten von der
Gegend um Salzburg u. s. w.

Allg. Anz. d. D. 1 B. 1807.

XL. Auszug aus einem Schreiben des Hrn.
v. Murr in Nürnberg. — Berichtigungen in der M. C. Jos. Scheiner, nicht
der erste Entdecker der Sonnenflecken,
Verfolger des Galiläi.
XLI. Louis Feuillée (Fortsetzung.) — Bestimm. der Höhe d. Pic's v. Teneriffa.
Reise nach Ferro. Unsicherheit v. Feuillée's geogr. Best. v. Ferro. Beschreibung
dieser Insel und des fabelhaften Baums
daselbst.
XLII. Fortgesetzte Nachrichten über die drey
Planeten: Ceres, Pallas und Juno. —
Beob. d. ♀ in Göttingen. Beob. d. ☿ in
Bremen.
XLIII. Fortgesetzte Nachrichten über den
neuen von Dr. Olbers in Bremen entdeck-
ten Planeten Vesta. Beob. in Bremen,
Göttingen, Lilienthal, Mayland u. Braun-
schweig. I und II Elemente.

*   *
*

Mit diesem Hefte wird ausgegeben:
Plan des verschütteten Thals zwischen dem
Lowerzer- und Zuger-See in der Schweiz.

*   *
*

Aufgeschnittene und beschmutzte Hefte
werden nicht zurückgenommen.
Der Preis eines Jahrganges ist gegen
Pränumeration sechs Thaler in Gold
(11 Fl. Rhein.); und man kann zu jeder Zeit
in das Abonnement eintreten, muß aber den
ganzen laufenden Jahrgang nehmen. Einzelne Monatsstücke kosten 14 gl. (1 Fl. 3 kr.)
Man macht die Bestellungen bey den
Post-Expeditionen und Buchhandlungen jedes
Orts, welche die Exemplare von unterzeich-

peter. Buchhandlung auf den gewöhnlichen
Wegen beziehen.   Gotha.
Die Becker'sche Buchhandlung.

Geist des neunzehnten Jahrhunderts.
Diese Zeitung, deren Herausgeber den edlen
Deutschen schon durch den europäischen Aufseher
und durch andere treffliche Arbeiten bekannt ist,
hat unter andern folgenden Inhalt: Das Zeitalter
Napoleon's des Großen. — Ueber die Ursachen der
Siege der Franzosen. — Unglückliche Zeiten verschlimmern die Menschen. — Ueber Leipzig. —
Ueber einige Fehler der Deutschen. — Wie schickt
man sich in die Zeit? — Einige characteristische Züge
der Spanierinnen. — Die Art, wie die Kalmucken
Krieg führen. — Wer versteht den Geist der Zeit? —
Ueber einige Vorurtheile unserer Zeit. — Warum
treffen so viele Dinge ein, die der des Weltlaufs
kundige vorausfagt? — Ueber eine sonderbare Erscheinung unserer Tage. — Dem tapfern Manne
ist nichts verächtlicher als Feigheit. — Das Gleichgewicht der Aufklärung. — Was dem Manne nicht
geziemt! — Was ist das Glück? — Der jetzt re-
girende König von Preußen, Friedrich Wilhelm III.
— Ueber einige Verdienste der preußischen Monarchie um die deutsche Nation. — Die hohe Pforte
im Verhältniß zu Rußland und zu Frankreich. —
Der Erzherzog Karl, Generalissimus der östereich.
kaiserlichen Armeen. — Einige Bemerkungen über
Polen. — Das Gewissensgericht in Rußland. —
Ueber den Geldumlauf. — Dessau in den letzten
Tagen des Octobers. — Einige tröstende Blicke
auf unsere Zeiten. — Die Dardanellen und ihre
festen Schlösser. — Römer Character. — Merkwürdige Prophezeihung Friedrichs des Großen. —
Kant's Urtheil über den Krieg. — Einige Anecdoten von Friedrich Wilhelm III. König von Preußen.
— Schilderung der Javaner. — Resultate, die sich
für die Deutschen aus dem jetzigen Kriege ergeben. —
Der Kaiser Napolen als Psycholog. — Wie erzieht
man den Menschen zur Tapferkeit? — Wie wirkt
des Volk auf die Regierung? — Was helfen Klagen? — Jetziger Zustand der Kenntnisse unter den
Mahomedanern in der Türkey. — Ein Deutscher
über Deutsche. — Einige Bemerkungen über die
Ursachen der Unfälle der preußischen Armee. —
Die Kosaken. — Welchen Vortheil gewährt die
jetzige Art Krieg zu führen? — Die Ehre des
Adels. — Nothwendigkeit der Aufklärung im Kriege
für den Soldaten. — Suwarow's militairischer Catechismus, oder seine Unterhaltungen mit den Soldaten in ihrer Sprache. — Ehrenrettung der Sünde. — Glaubensfreyheit im Staate, nebst
ein Paar Bemerkungen über Sachsen in dieser Hinsicht. — Selim III. Sultan der türkischen Reiches. — Nutzen der Landstände für die Regenten.
— Was wirkt am stärksten und dauerhaftesten auf die
Gemüther der Deutschen. — Schilderung der Mol-

dauer und Walachey. — Trotz für die Deutschen. —
Schilderung der türkischen Armee. — Der russische
General Michelson. — Alexander's des Gerechten
tägliche Lebensweise. — Wie steht es in Polen aus
dem Lande aus. — Warum war das türkische Reich
sonst so furchtbar? — Ueber das Gewissen im polnischen Leben. — Ueber die Widerrechtlichkeit der
Todesstrafe. — Eine Prophezeihung, den Untergang des türkischen Reichs in Europa betreffend. —
Welche Pflichten sind die Nationen ihren Frauen
schuldig? — Schilderung der Tataren in der
Krimm. — Eine Regierung mit alten Männern
und mit Adelsvorurtheilen taugt nicht für unsere
Zeiten. — Was hat Deutschland zu fürchten? —
Was hat Deutschland zu hoffen? — Was hat Europa nicht zu fürchten? — Was hat Europa nicht
zu hoffen? — Chemische Kunst seine Gesundheit
zu erhalten. — Das türkische Reich. — Die festen
Schlösser des Bosphorus, welche vom schmerzen
Meere her Constantinopel vertheidigen. — Eine
gute Seite des Krieges! — Eine schlimmere Seite
des Kriegs! — Ist ein ewiger Friede menschen-
werth? — Der gewesene russische Vochbefehler zu
Constantinopel, Graf Italinsky. — Was ehrt
eine Nation? — Hat Frankreich ein Interesse, die
preußische Monarchie zu schwächen, oder gar zu
vernichten? — Ueber Schwedens Macht. — Ueber
die drey Hauptpersonen in dem neuen englischen
Ministerium. — Der Mensch in der Schlacht. —
Ein Krieg im Norden von Europa ist weit verderb-
licher als einer im Süden dieses Erdtheiles. —
Urtheil eines Russen im Jahr 1804 über die preußische Armee. — Ueber den englischen Handel nach
der Türkey. — Die Valide Sultane oder die Kaiserin Mutter. — Ueber eine Seite des Politisirens,
wodurch dasselbe Werth erhält. — Ueber das politische Gleichgewicht. — Worin liegen die Fehler der
Deutschen? — Ueber einige Mittel zur Erweckung
des deutschen Patriotismus. — Brief der jetzigen
Königin von England an Friedrich den Großen. —
Die Kaiserin von Oestreich, Maria Therese. —
Schilderung der Russen. — Welche Bewandniß
hat es mit der brittischen Navigationsacte. —
Ueber die Verabschiedung der letzten englischen Minister. — Ist es dem Landständen erlaubt, die Kriegscontributionen von den Rittergütern, nicht wie
gewöhnlich nach Ritterpferden, sondern nach einer
eigenen Taxe zu erheben? — Wie mißlich steht es
um die Wahrheit der Geschichte aus! — Ueber
Menschen, die sich zu Tode gelacht haben. — Die
spanische Armee. — Jedermann ist mehr oder weniger ein Sclave seines Zeitalters. — Das Geschichts-
tribunal in China. — Ueber die Veränderlichkeit
des Zeitgeistes. — Welchen Nutzen haben Geschich-
ren für den Menschen? — (Der Jahrgang dieser
Zeitung kostet 5 rthlr. in Golde, wer sich an die
Joachimsche Buchhandlung in Leipzig wendet,
erhält den Jahrgang für 3 rthlr. 8 gl.)

Inhaltsanzeige von
Röschlaub's (Dr. Andr.) Magazin zur Vervollkommnung der Medicin, 10 Bandes 16 Stück.
8. Frankfurt a. M. in der Andreäischen Buchhandlung.
I. Physiologische Fragmente. Zweyte Lieferung.
  a) Ueber Physiologie überhaupt, und über Physiologie des Menschen insbesondere.
  b) Vorläufige Bemerkungen über die Anfänge
   und Elemente der Naturwesen und über den
   dynamischen Proceß.
II. Ueber Krankheit überhaupt, und über Krankheit
  des Menschen insbesondere.
III. Uebr die Entstehung und Heilung der Geisteskrankheiten.
Erster Aufsatz. Medicinisch-kritische Untersuchungen über Göthe's Lila.
Anhang. Bemerkungen über die Merkmahle der
  Geisteskrankheiten.
IV. Recensionen über die zwey ersten Stücke des
  neunten Bandes dieses Magazins, geliefert in
  der jenaischen Literaturzeitung Nr. 235 den 4
  October 1806 mit Anmerkungen begleitet vom
  Verfasser dieser Stücke.

Von dem
Magazin über Asien
ist in letzter Ostermesse das 4te Stück in 4. mit 6
illuminirten Kupfern bey uns erschienen.
  Die deutsche Literatur hat über diesen reichhaltigen Gegenstand noch kein Werk von solcher Pracht
aufzuweisen, als dieses Magazin. Alle Gegenstände der Kupfer sind für den Europäer neu und
äußerst interessant. Da bey dem Publicum als Schriftsteller bereits bekannt ist, und
Sprach- und Länderkunde mit philosophischem
Geiste verbindet, darf nur als Herausgeber genannt werden, um jede Anempfehlung überflüssig
zu machen. Jedes Heft kostet 1 rthlr. 12 gl. und
ist dafür in allen Buchhandlungen zu haben.
    Baumgärtner'sche Buchhandlung
          in Leipzig.

Schlesische Provinzialblätter. 1807. Fünftes
Stück. May.
          Inhalt.

Bücher-Verkäufe.
  Bey dem Antiquar Schumann in Leipzig sind
folgende Bücher in Commission zu verkaufen:
  1) Zedler's Universallexicon aller Künste und
Wissenschaften, 64 Theile. Lpz. 1731—54. in 32
Pphbde, 35 rthl. 2) Das englische Bibelwerk, 19
Theile. Lpz. 748. 19 Frzbde. 12 rthl. 3) Luther's
sämmtl. Werke, 22 Thle. Lpz. 729—41. 22 Frzbde.
Folio. 12 rthl. 4) Idem liber. ib. eod. h. Przb.
8 rthl. 5) Schröckh's Kirchengeschichte, 34 Thle.
Lpz. 772 u. f. 34 neue Pphbde. 25 rthl. 6) Dasselbe Buch. 1 bis 20 Theil ib. eod. 20 Pphbde.
10 rthl. 7) Schleusneri Lexicon graeco lat.
Novi Test. Tomi II. Lips. 792. 2 Prgbbe. 4 rthlr.
8) Biblia graeca et latina c. libris apocryph.
Tomi IV. Basil. apud Prylinger 1550. 8 editio
rara. 4 h. Frzbde. 2 rthl. 16 gr. 9) Martialis in
einem Auszuge latein. und deutsch gesammelt
von K. W. Ramler. 5 Theile. Lpz. 787—91.
5 Pphbe. 3 rthl. 10) Funk's Naturgeschichte und
Technologie. 3 Theile mit v. illum. Kupf. in quer
Folio aparte gebunden. Brschw. 1802. 3 h. Frzbbe.
6 rthlr. 11) Beck's Welt- und Völtergeschichte.
3 Theile. Lpz. 787. 3 h. Frzbbe. 12) Schröckh's
Reformationsgeschichte. 2 Theile. Leipz. 1804. 2
Pphbe. 2 rthl. 13) Glossae sacrae Hesychii gr.
c. J. Ch. G. Ernesti. Lipf. 785. b) Suidae et
Phavorini Glossae sacrae gr. c. Ernesti. ib. 786.
Prgb. 1 rthl. 14) Der neueste Handatlas von Europa, von Lange. Ppb. 3 rthl. 15) Einer bergl.
von Sachsen, von Lange. Ppb. 3 rthl. 16) Friedrichs II Königs in Preußen hinterlassene Werke,
15 Theile nebst 4 Suplementbänden. Berl 788. in
19 h. Englbänden. 8 rthl.

  Sieben Jahrgänge Reichs-Anzeiger von 1800
bis 1806 incl. sind für 10 Rthlr. zu verkaufen.
Bey dem herzogl. sächsischen Postamte in Weimar
sind solche zu bekommen.

Bücher-Anzeigen.
  Neue Verlagsartikel der Müller'schen Buch-
handlung in Bremen, von der Ostermesse 1807.
von Embden's, Diätetik für Schwangere, in
Beziehung auf das Wohl ihrer selbst und der
Frucht. 12 gl.
Gittermann, N. C., der angenehme Gesellschaf-
  ter; ein Lesebuch für alle Stände, 3te Aufl. 18 gl.
— Geschichte Joseph's; ein Lesebüchlein für
  Kinder. 8 gl.
Hüner Koch's theoretisch-practische Anweisung zur
  Erlernung der deutschen Sprache für Stadt-
  und Landschulen, 3te Aufl. 1 rthlr. 12 gl.
Interpréte, oder französischer Dollmetscher, mit
  der Aussprache für Bürger und Bauern. 3 gl.
Müller's Sammlung deutscher poetischer Mei-
  sterstücke des 18 Jahrhunderts, 1r Theil. 2te

verbefferte Aufl. auf Poppapier 1 rthlr. 12 gl.
Schreibpap. 1 rthlr. 8 gl. Druckpap. 1 rthlr.
Nelfon's Lebensbeschreibung, aus dem Englis
schen von Sir Charnok, mit kritischen Anmerkungen und mit 7 Kupfert. 2 Thle. 3 rthlr. 12 gl.
Noth- und Hülfsbüchlein, medicinisch-diätisches
für Stadt- und Landleute zc. 10 gl.
Vom Dafeyn Gottes, aus dem Französischen
übersetzt. 3 gl.
Wienhold's, A. hinterlaffene ärztliche Miscellen,
herausgegeben von Scharf. 1 rthlr. 6 gl.

Romane:

Die schöne Büssende, oder Veronika aus den
Karpathen. 2 Theile. 1 rthlr. 20 gl.
Ida und Claire, oder die Freundinnen aus den
Ruinen. 2 Thle. 1 rthlr. 12 gl.
Cäcilie von Chapell, oder die Schicksale einer
Emigrantin. 1 rthlr. 8 gl.
Das wunderbare Verlöbniß, oder die steinerne
Braut, der hülfreiche Fisch, das Kabermännchen,
3 Mährchen. 1 rthlr.
Lebensgeschichte eines Miethpferdes, nacherzählt
von Ambr. Speckmann. 2te Aufl. 12 gl.
In der Michaelismesse waren neu
Antikleeblatt, oder Visionen, Dialogen und Er-
zählungen. 2te Aufl. 20 gl.
Die sonderbare Burg, der Ritter Reano zwischen
Himmel und Erde, von Julie Berger. 18 gl.
Der Sohn Ethelwolfs, eine historische Erzählung
des neunten Jahrhunderts. 2te Aufl. 1 rthlr.
Sophia, oder die Folgen des Leichtsinns und der
Unwirthlichkeit, eine Geschichte für Mütter,
Jungfrauen und Gattinnen, von Julie Berger.
18 gl.

Comödien.

Prinz Alberan, oder das Ungeheuer, ein Mähr-
chen in vier Aufzügen. 16 gl.
Sertorius, ein Trauerspiel in fünf Aufzügen von
Giesebrecht. 18 gl.

Historisches Gemählde des französischen Kaiserthums unter seinem Gründer Napoleon dem
Großen, für nicht gelehrte, aber gebildete
Liebhaber der Geschichte, von Ernst Dornschein.
Erster Theil. Leipzig, bey F. C. Dürr und in
allen guten Buchhandlungen. (Preis 1 rthlr, 6 gr.)
Der Verfasser ist bereits durch die Geschichte
unsers deutschen Vaterlandes und mehrere Werke,
besonders in Hinsicht seiner leichten und anschau-
lichen Erzählungsgabe, bekannt, daß ich dem Publicum die Erscheinung dieses Buchs mit um so
größerm Vergnügen anzeige, da dasselbe sich theils
durch die obigen Eigenschaften, theils auch dadurch
auszeichnet, weil es bis zu einer der neuesten Perioden unserer Zeit, bis zur Abschließung des
rheinischen Bundes, geht. Dieser Theil zerfällt
in vier Bücher und eine Einleitung. Diese enthält
die Geschichte der pichegru'schen Verschwörung gegen Napoleon I als Basis zu seiner Thronbesetz-

ung. Das erste Buch enthält die Begebenheiten
Frankreichs von Napoleon's Thronbesteigung bis
zu seiner Krönung. Das zweyte beginnt mit sein
Krönung bis zum Ausbruch des Kriegs auf dem
festen Lande. Das dritte enthält die Facta des
Kriegs bis zum Frieden von Presburg, und das
vierte endlich begreift von da an alles das, was
sich für Frankreich merkwürdiges ereignete, bis zu
Bildung des rheinischen Staatenbundes. Der
zweyte Theil folgt gleich nach dem Abschluß des
allgemeinen Friedens. F. L. Dürr.

Deutsches Handwörterbuch für die Geschäftsführung, den Umgang und die Lectüre. In
zwey Bänden. gr. 8. *)

Alle bisher erschienenen gemeinnützigen Wörterbücher wird dieses Werk an Reichthum und Mannichfaltigkeit übertreffen, und wer sich davon überzeugen will, wird diese Behauptung bestätigt finden.
Was nur irgend aus den Wissenschaften und
Künsten, dem Handel und den Gewerben, z. B. aus
der Philosophie und Physik, der Länder- und Völkerkunde, der Architectur, dem Kriegswesen, der
Schiffahrt, dem Bergbau u. f. w. in die Geschäfts-
Umgangs- und Büchersprache übergegangen ist,
alles aus fremden Sprachen Entlehnte oder auf
echt Deutsche, aber nicht allgemein und nur dem Zirkel
der höhern Welt Verständliche, ist in diesem Wörterbuche aufgeführt, erklärt und auf erforderlichen Falls
mit Beyspielen erläutert. Der Gelehrte, der Kaufmann, der Künstler und Handwerker, jeder wird
darin für die Lücken seines Wissens die gewünschte
Befriedigung finden. Am Ende dieses Werks sind
Nachträge und Nachweisungen geliefert, und ein
Verzeichniß der in Schriften gewöhnlichen Abbreviaturen, wie auch der fremdartigen Wörter nach
ihrer Aussprache, so weit sich solche mit deutschen
Lauten bezeichnen läßt, beygefügt. Bey diesem
Umfange, der nur das ganz Unbedeutende, Entbehrliche und Ueberflüssige ausschließt, verbindet sich
dennoch Gedrängtheit und bündige Kürze, und es
ist überdieß in einem Style geschrieben, der es
auch zu einer lehrreich unterhaltenden Lectüre
machen wird.

Es soll mich freuen, wenn ich durch dieses Unternehmen, das mir einen beträchtlichen Kostenaufwand verursachte, etwas Nützliches geleistet, und
zugleich auch meinen Vortheil befördert habe. Der
Preis des Ganzen ist 4 rthlr. 12 gl., wer sich aber
postfrey bestellt und es mich wendet, erhält dasselbe
für 3 rthlr. 16 gl. baar. Leipzig im Jun. 1807.
Theodor Seeger, Buchhändler.

*) Was der Verleger von dem mannichfachen
Nutzen dieses Buchs rühmt, werden die Käufer
durch den Gebrauch desselben bestätiget finden.
Zum Besten des Verlegers wünsche ich, daß
ihre Anzahl recht groß seyn möge.
d. Redact.

Allgemeiner Anzeiger
der
Deutschen.

Montags, den 29 Junius 1807.

Gesetzgebung und Regierung.

Reform der jüdischen Nation.

Die Augen der ganzen jüdischen Nation, und zum Theil auch der christlichen, waren auf die große Versammlung, Sanhedrin, gerichtet, welche der große Napoleon in der Hauptstadt seines Reichs zusammen berufen hatte. Der lichtscheue Andächtler fürchtete, beleuchtet und so plötzlich aus seinem Maul wurfsbusch vertrieben zu werden; der Orthodoxe glaubte den jüngsten Tag im Anzuge, seufzete im stillen, und suchte durch Fasten und Beten den Geist der Zeit zu bestechen, daß er der Sonne befehlen sollte, still zu stehen; der leichtsinnige, unreligiöse Jüngling sah sich schon im Geiste an der Hand eines christlichen Engels den steilen und dornichten Pfad des Lebens wandeln, und gewiß auch mancher nicht jüdische hoffte durch die Vereinigung mit einem schönen weiblichen Wesen unserer Nation auch die unjüdischen Ducaten zu erhalten, von denen man, ungeachtet der verschiedenen Meinungen über den Weg der Seligkeit nach diesem Leben, doch einstimmig gestehet, daß sie viel zur Glückseligkeit dieses Lebens beytragen; der gebildete und aufgeklärtere Theil glaubte allgemein, daß jenes Chaos der alten Sitten und Gebräuche, welches der jüdischen Nation, trotz ihrer modernisirten Kleidertracht, noch immer den Stempel der Antiquität aufdrückt, durch die schöpferische Macht des Kaisers Napoleon und durch den von ihm verordneten hohen Rath zuwickelt und dessen Atomen eine neue schöne, von schweren Dunstwolken gereinigte,

Allg. Anz. d. D. 1 B. 1807.

und von den ursprünglichen Strahlen der Wahrheit beleuchtete Reichform hervorgehen würde; daß ein neuer Moses mit der Feuersäule der Aufklärung dem Volke vorleuchten, und es, zwar nicht nach Kanaan, aber doch im Geiste zurück nach jenem, von der Gegenwart des Allmächtigen umgebenen Sinai führen würde, wo das Nachtgebilde der ägyptischen Finsterniß voll Vorurtheil und Aberglauben vor dem lichten Glanze der Majestät des Allerhöchsten, wie der Nebel vor der Sonne, schwand; nach jener Höhe, wo das gütigste Wesen mit einer furchtbaren Donnerstimme dem hartnäckigen und immerwiderstrebenden Menschen nur die heiligen Gesetze wiederholte, die seine Vaterhand schon bey der Schöpfung in das Herz eines jeden Menschen durch die Hand der Natur mit leserlichen Buchstaben schrieb.

Die Sitzungen des hohen Raths enden, und beyde, Furcht und Hoffnung, sinken in ihr Nichts zurück. Das tausendjährige Reich der Zwietracht, welches durch die ungeheure Kluft zwischen beyden Nationen entstanden war, scheint noch nicht verflossen und die es begleitenden Furien, Neid und Haß, noch nicht in die Hölle zurückgestoßen zu seyn, wo sie ewig angefesselt bleiben sollten. Vielleicht, daß noch viele Jahrhunderte in den alles verschlingenden Strudel der Zeit fließen, ehe die himmlische Harmonie, die Tochter der Aufklärung, auf den Flügeln der Liebe an das Strahlenband der Vertraulichkeit und Freundschaft die zwey Brüder eines Vaters wieder anknüpft, welche nur die grausame Hand des Fanatismus durch schwarze Verstummung trennen konnte.

Denn nach dem Resultate zu urtheilen, scheint jene Sitzung mehr geeignet gewesen zu seyn, durch speculative Hypothesen die vorgelegten Fragen zu beantworten, als auf wirkliche Reform zu denken. Denn daß durch alle diese Beantwortungen, auch wenn sie wirklich allgemein als Dogmen angenommen werden sollten, noch lange keine innere moralische Verbesserung (welches doch der Hauptzweck einer Reform seyn muß) hervor gebracht werden kann, ist einleuchtend. Die Untersuchung, ob es religiös befohlen sey, zu wuchern, ist 1) an und für sich widrig, eine Beleidigung für den Gesetzgeber, der eine größere und schändlichere Unmenschlichkeit dadurch begangen haben würde, als wenn er den Mord befohlen hätte, denn durch den Wucher werden dem Nebenmenschen langsam und qualvoll die Lebenssäfte ausgesaugt; er wird moralisch und physisch zugleich getödtet. Aber diese Untersuchung ist auch 2) vergebens und unnütz. Denn wäre der Wucher religiös befohlen, *) oder auch nur vom Staate erlaubt, was könnte ein Verbot der jüdischen Versammlung (wenn es auch zugleich von der strengsten Verordnung des Staats begleitet wäre) gegen dieses schleichende Gift wirken, da es so viele tausend christliche Wucherer gibt, die weder durch die Landesgesetze, noch weniger durch das Verbot ihrer Religion abgehalten werden können. Nur durch die weise Eintheilung und Classificirung des Volks nach den verschiedenen Ständen und

Gewerken kann der Wuchergeist erstickt und vermindert werden. Daß der Jude aber ein Handwerk lernen könne und sogar solle, hat den schon die Talmudisten deutlich genug gesagt, indem es heißt: wer seinem Sohne kein Handwerk lehrt, der lehrt ihn stehlen.

Die Dispensation von den Ceremonien während des Soldatenstandes eines jüdischen Jünglings trägt gewiß im ganzen gar nichts zur Verbesserung der Sitten der Nation bey. Wer weiß nicht, daß besonders in Kriegszeiten, wo die Schrecken und der Jammer der Schlachten, Plünderungen und Eroberungen jede Empfindung ersticken, die sanften Gefühle der Religion durchaus verschlossen bleiben. Weit eher wird das bessere und edlere Gemüth durch das engere Zusammenseyn mit der Rohheit, dem Uebermuthe und der Bosheit verschlechtert, als daß dieses bessere und feinere Sitten mit zurück in den Schoß seiner Familie bringen sollte. Wird nun der jüdische Soldat gesetzlich von allen äußern Ceremonien seiner Religion losgesprochen, so ist das bey ihm eben so viel, als ihn von aller Religion lossprechen; da einmahl wenigstens nach seinen Begriffen, diese Ceremonien mit dem Wesen seiner Religion innig verbunden sind, er also mit der Schale auch den Kern wegwerfen, und, von seinen Banden mehr gefesselt, seinen Leidenschaften frey den Zügel schießen lassen wird. Eigentlich würde ohne eine solche förmliche Dispensation die Sache sich von selbst geben und da, wie auch der

*) Daß es nie in Schulen als Imperativ gelehrt wurde, zu wuchern, das es jetzt seit Bekanntwerdung der richtigern Uebersetzung der bekannten Stelle durch Mendelssohn (von einem Ausländer kannst du Zinsen nehmen, aber nicht von deinem Bruder) gewiß nicht so gelehrt wird, davon kann man sich überzeugen, wenn man nur unsere Schulen besucht, und das erste beste Kind darüber befragt. Ueberhaupt aber muß erst der große Unterschied zwischen Zinsen und Wucher erklärt werden.
Der jüdische Gesetzgeber spricht nur von Zinsen, nie von Wucher. Wenn der Staat 5 bis 6 pro Cent zu nehmen erlaubt, so sind dieses Zinsen, die auch der Bruder vom Bruder nehmen mag; nur wenn er mehr nimmt, wird es als Wucher betrachtet und bestraft. Daß aber der Jude auch diese erlaubten Zinsen in jenen Zeiten nicht von seinem Glaubensgenossen nehmen durfte und das nach dem Talmud das Verbot sich sowohl auf den Verleiher, als auf den Leiher bezieht, dies sagt Mendelssohn in seinem Commentar ganz vortrefflich. Der Gesetzgeber wollte seine Nation an frugale Lebensart und zur Arbeitsamkeit gewöhnen; sie sollte die Felder bestellen, die Heerden hüten, nicht durch Handel und den davon herrührenden Luxus den Ackerbau vernachlässigen. Hauptsächlich wollte er dadurch bezwecken, daß nicht Korn und andere Landesfrüchte übertheuert würden, wenn der, welcher damit handelt, Gelder leihen und die Zinsen davon auf die Frucht schlagen muß. Der ausländische Kaufmann aber, der mit Waaren des Luxus ins Land kam, oder auch vielleicht Früchte kaufen wollte, brauchte vom Zinsengeben nicht frey zu seyn, da es dem Kaufmann nicht schadete, weil er die gekaufte Waare im Auslande gewiß mit Profit verkaufen konnte, und auch dem Lande nicht nachtheilig war, da der Luxus durch die Theurung der dahin einschlagenden Artikel geschwächt werden mußte.

Talmud sagt, Noth kein Gesetz kennt, alle
Inconvenienzen von selbst sich heben, die der
Ceremonialdienst für den jüdischen Krieger
haben könnte.

Daß auf der Verehelichung eines jüdischen Glaubensgenossen mit einem Christen
nicht der Fluch haften solle, ob sie gleich
kirchlich unrecht sey; diese so ängstliche Antwort scheint durch die Furcht eingegeben zu
seyn, im Fall einer gänzlichen Verneinung,
gegen die Wünsche und Plane der Regierung
zu verstoßen, und durch eine unbedingte Be-
jahung die Fortdauer der eigenthümlichen
Existenz der jüdischen Nation zu bedrohen
und sie vielleicht dem Schicksale so vieler andern Nationen auszusetzen, daß auch ihr Name mit der Zeit in das Buch der Vergessenheit getragen werden möchte. Aber so wie
die Verordnung jetzt besteht, ist sie ganz unnöthig, da sie keine von allen den unübersteig-
lichen Schwierigkeiten zu beseitigen sucht, die
sich einer solchen Verbindung, wenn sie auch
nach aller Form Rechtens erlaubt wäre, doch
entgegensetzen würden. Denn so lange alle
Ceremonialgesetze und Gebräuche als unumgänglich nothwendig und der jüdischen Religion wesentlich gehalten werden, so kann weder der Jude in die Haushaltung einer Christin, noch eine Jüdin in die Wirthschaft eines Christen sich hinein finden. Denn die
Verschiedenheit, da sie sich sogar auf Essen
und Trinken erstreckte, ist so groß, daß sie
entweder eine Quelle beständiger Uneinigkeit
und die Ursache zu einer gänzlichen Zerrüttung der öconomischen Umstände werden,
oder zur nothwendigen Folge haben müßte,
daß der eine Theil, und das würde denn wol
der jüdische Glaubensgenosse seyn, seine abweichende Lebensart aufgeben und mit dem
andern sich amalgamiren würde. Der letztere Fall müßte dann dem Theile, der sich so
von seinen Brüdern trennte, unstreitig sehr
viel Unannehmlichkeiten zuziehen, sein Lebensglück verbittern, und was noch schlimmer
ist, eine Person aus ihm machen, die gar
keine Religion, also keine Stütze ihrer Moralität mehr hat. Gesetzt aber auch, daß
durch Abschaffung der Ceremonialgesetze alle
diese Hindernisse gehoben werden könnten,
so bleibt doch gewiß ein unübersteiglicher Berg
in Rücksicht der Kinder übrig. In welcher

Religion sollen diese erzogen werden? Wenn
Christen von verschiedenen Religionsparteyen
sich gegenseitig heirathen, so werden die männlichen Kinder nach dem Vater, die weiblichen
nach der Mutter gelehrt; nach den jüdischen
Gesetzen wird die Religion der Kinder überhaupt durch die der Mutter bestimmt. Wie
wird sich dieser gordische Knoten zur Zufriedenheit beyder Parteyen, und ohne gegen die
eine oder die andere eine Ungerechtigkeit zu
begehen, lösen lassen? Die unter den Christen angenommene Bestimmung möchte bey
einer Verbindung zwischen Gatten von so
verschiedenen, so entgegengesetzten Religionen,
wie die jüdische und christliche, wol schwerlich ausführbar seyn. Sollte man also die
jüdische Anordnung als Grundsatz annehmen?
Der Jude, welcher ein christliches Mädchen
heirathet, müßte also seine Kinder Christen
werden lassen. Aber hat nicht der Vater besonders auf die religiösen Grundsätze des
Kindes einen sehr großen Einfluß? Dadurch,
daß er eine Christin heirathet, ohne sich doch
in Religionsmeinungen von seinen Glaubens-
brüdern zu trennen, zeigt er schon eine innige,
auf Grundsätze gestützte Achtung und Liebe
für die Religion seiner Väter. Wird er da
nicht, wenigstens heimlich und so gut, als
es die Umstände erlauben, seine Ideen und
Vorstellungsarten den Kindern einzuprägen
suchen, während diese öffentlich einen ganz
andern Unterricht bekommen? Welche Verwirrung muß daraus entstehen, welcher
Mischmasch in den Begriffen und Grundsätzen, besonders bey Kindern von gemeiner
Herkunft, die keine Gelegenheit haben, ihren
Verstand durch eine vollendete wissenschaftliche Erziehung völlig auszubilden? Auch in
dem Falle, wenn der Jude ein völlig aufge-
klärter und edler Mann wäre, der es einsähe,
daß die wahre Religion nur im Geiste und
im Herzen bestehe, läßt sich zwar eine echt
religiöse Bildung der Kinder hoffen, welche
nicht orthodoxe, aber wahre, vernünftige und
moralisch gute Menschen werden würden,
die Gott im Geist und in der Wahrheit ver-
ehren und das Wesen der Religion nicht in
äußern Ceremonien und Glaubensmeinungen
setzen. Aber der Name Christ gäbe doch immer, wenigstens für die Glaubensbrüder des
Vaters, einen Anstoß. Nehmen wir den

umgekehrten Fall, daß der Chriſt ein jüdi-
ſches Mädchen heirathet, wird dieſer es wol
je zugeben, daß ſeine Kinder nach jüdiſchen
Grundſätzen erzogen würden? So lange
dieſe ſo ſind, wie gegenwärtig, mochte dieß
wol eine abſolute Unmöglichkeit ſeyn.

Aus dem Geſagten erhellet wenigſtens
ſo viel, daß das Synedrium zu Paris bis
jetzt eigentlich noch nichts für eine wahre
Reform der jüdiſchen Nation gethan hat.
Eine wahre Reform muß in Schulen und
Kirchen angefangen werden. In den Schulen iſt es, wo auf den künftigen Menſchen
am beſten und ſicherſten gewirkt werden kann.
Hier muß und kann der Grund zur Sittlichkeit und allen edlen Empfindungen gelegt
werden. Im zarten Alter, wo alle Fiebern
noch weich und biegſam, jede Seelenkraft in
ungeſchwächter Wirkſamkeit, das Herz jedem
Eindrucke offen iſt, wo noch alles im Zauber
der Neuheit uns vorſchwebt: da iſt der ſchick-
lichſte Zeitpunct, reine und wahre Gefühle
für das Gute und Edle auf den weichen Boden zu pflanzen, die noch in fernen Generationen Früchte tragen können. — In Kirchen wird auf den innern Menſchen gewirkt
durch moraliſche, zur Tugend begeiſternde
Vorträge und Herz erhebende, für die jedesmahlige Lage und Zeitumſtände eingerichtete
Gebete. Dadurch wird nach und nach das
beſſere Gefühl im Menſchen geweckt, der,
welcher ſchon gut, im Guten geſtärkt und immer mehr veredelt, der weniger Gute ermuntert, dem höhern Ziele eifriger nachzuſtreben,
der ſchlechte aus ſeinem Schlafe aufgeſchreckt,
zur Erkenntniß gebracht und gebeſſert, und
ſo zum wahren und guten Staatsbürger und
zum echten Menſchen gebildet.

So haben alle angefangen, die wirklich
reformiren wollten und reformirt haben, und
ſo wird auch der große Napoleon, dieß
Vertrauen ſind wir ſeinem hohen Genius
ſchuldig, das Werk noch beginnen, wenn
Ruhe und Friede wieder auf der Erde herr-
ſchen und das Schwerd, das ſeine Hand jetzt
führt, ach möchte es auf ewig ſeyn! in die
Scheide geſteckt iſt. Jetzt, wo ſo viel tau-
ſend Gegenſtände ſeine Sorgen theilen, jetzt
war noch nicht der Zeitpunct, etwas ſeiner
würdiges von ihm zu verlangen; aber die
Zukunft wird gewiß ſeine großen Plane ent-

hüllen, und da er einmahl ſein Augenme
auf unſere Nation gerichtet hat, ſo wird
das angefangene große Werk nicht unvollen-
det laſſen, ſondern auch hier neue und herrliche Schöpfungen aus ſeinem Geiſte hervor
rufen. Er wird die Erziehung und die kirch-
liche Verfaſſung der Juden verbeſſern, ihnen
würdige Lehrer in Schulen und Tempeln geben und ſo den Aufruf des Propheten Eze-
kiel erfüllen:

Macht Bahn, macht Bahn! ebnet d'
Weg, ſchafft aus meines Volkes Pfad jede
Hinderniß fort! So ſpricht der Hohe und
Erhabene. Ruft es mit lautem Ton, laß
nicht ab! wie Poſaunenruf erſchalle die
Stimme! Ueberzeuge mein Volk ſeiner Miſ-
ſethaten, das Haus Jacobs ſeiner Sünden!
O dann wird wie Morgenroth dein Licht
durchbrechen, Geneſung deiner Seele ſchnell
entſprießen! Dann wallt die Tugend vor dir
her, und Gottes Majeſtät beſchließt den Zug;
dann geht im Dunkeln auf dein Licht, die
Finſterniß wird helle Mittagsſonne; dann
bau'ſt aufs neue du der Vorwelt öde Trümmer, ſenkſt aufs neue der Feſte Grund für
Folgezeit; dann nennt Wiederherſtelle die
Nachwelt dich.

S. Kor.

Allerhand.

Der regelmäßig ſyſtematiſch faule reiche Holländer.

Paul von D*., Sohn eines reichen
Holländers, ward am 17 September 1717
Abends 10 Uhr geboren und ſtarb 1787 an eben
dem Tage und in eben der Stunde. Sein ganzer
Lebenslauf beſtand darin, daß er, als er im
20 Jahre ſeinen Vater verlor, Holland verließ, nach Deutſchland zog, und hier in einer
kleinen ſächſiſchen Stadt den Mammon verzehrte, den weiland ſein Vater ſo mühſam
zuſammen geſcharrt hatte. Er gehörte zu
den unſeligen Mittelbingern, die zwar keine
Verbrechen begehen, aber auch nichts Gutes
thun, gar keine nützliche Thätigkeit äußern.
Das einzige Gute, wenn man es ſo nennen
darf, hatte er an ſich, daß er alle ſeine phy-
ſiſchen Bedürfniſſe nach dem Stundenſchlage
einrichtete, und ein beſonderes Buch hielt,
worin er aufzeichnete, wie viel Stunden er

schlief, aß, trank, spielte oder zu andern Bedürfnissen gebrauchte, auch wie vielen Feyerlichkeiten, als Hochzeiten, Kindtaufen, Leichenbegängnissen und Gesellschaften er beygewohnt habe. Aus diesem Buche sind die folgenden Berechnungen entlehnt und gefolgert.

Für die Kindheit werden 10 Jahre gerechnet, und angenommen, D*. habe darin nur ein vegetirendes Leben geführt. Von der Jugend, vom 10 bis zum 20 Jahre, sind gewiß zwey Drittheile verloren gegangen.

Er ging pünctlich um 9 Uhr zu Bette, und stand um 8 wieder auf, zog sich täglich 1 Stunde an, 1/2 Stunde aus, brauchte zum Thee- und Kaffeetrinken Morgens 1, Nachmittags 1/2 Stunde, zum Morgenimbiß, welcher um 11 Uhr erfolgte, täglich 3/4 Stunden, zum Mittagsessen 2, zum Abendessen 1 Stunde, hielt nach dem Essen 1 Stunde Mittagsruhe, sammelte täglich 2 Stunden Menschenkenntniß ein, indem er aus dem Fenster sah, und die Vorübergehenden musterte, wohnte bey 657 Kindtaufen, für deren jede hier 6 Stunden gerechnet werden, die Eßenszeit, welche schon oben berechnet ist, abgerechnet, ferner 127 Hochzeiten, die gemeiniglich 3 Tage währten, hier jede zu 12 Stunden gerechnet, und 580 Leichenmahlen, hier jedes zu 4 Stunden gerechnet. Er hielt auch wöchentlich 3 kleine Spielgesellschaften, die, wenn jede nur 2 Stunden währte, jährlich 312 Stunden wegnahmen.

Berechnung des Zeitverlustes.

	Jahr	Wochen	Tage	Stunden
Kindheit	10	—	—	—
Jugend	6	34	4	16
Schlaf (in 50 Jahren)	22	30	4	14
Anzug	2	4	—	10
Kaffee und Thee	3	6	3	15
Morgenimbiß	1	29	3	7 1/2
Essen	6	13	6	6
Mittagsruhe	2	4	2	10
Anzug	—	—	1	5
Fensterfeyer	4	—	1	20
Kindtaufen	—	24	—	10
Hochzeiten	—	9	—	12
Leichenmahle	—	13	5	16
Spiel	1	40	6	—

Summa 62 Jahr   34 Wochen   — Tage   21 1/2 Stunde.
(Und 70 Jahr ward er alt.)

Dienst-Anerbieten.

In einer sächsisch-hennebergischen Stadt wird gegen Michaelis laufenden Jahres ein Platz für eine Haushälterin eröffnet. Außer den übrigen hierzu nöthigen Eigenschaften sind besonders Reinlichkeit und Ehrlichkeit die ersten Bedingungen, welche von einem solchen Subjecte erfordert werden. Wer nun diesen Forderungen zu entsprechen weiß und sich vorzüglich über die letztere Qualität durch glaubwürdige Zeugnisse ausweisen kann, der wende sich, mit Beyfügung dieses, in postfreyen Briefen, hingen längstens hier Wochen, an die Expedition des allg. Anz. in Gotha, welche dann die eingegangenen Aufsuchen an den Einsender zu behufiger Auswahl und weiterer Verhandlung befördern wird.

Dienst-Gesuche.

Ein junger Mann von Stande, der die Welt kenne, viel gereist ist, und seit mehreren Jahren Mitglied eines Landes-Collegii ist, wünscht, während seiner gegenwärtigen Mu..., sich als Reisegesellschafter, oder als

Führer eines jungen Menschen auf Reisen, durch seine Kenntnisse in Sprachen, Wissenschaften und Künsten nützlich zu machen. Er wird auch nicht abgeneigt seyn, beträchtliche Geschäftsreisen zu übernehmen. Die Expedition des allg. Anz. wird Briefe, welche unter der Adresse: A. A. A. einlaufen, besorgen.

Justiz- und Polizey-Sachen.

Vorladungen: 1) militairpflichtiger Badener: Bischofsheim am hohen Steg. Nachdem unsere Unterthanen-Söhne hiesigen Oberamtsbezirks, die zum großherzogl. badischen Militair bestimmt sind, deren Aufenthalt aber dahier unbekannt ist, sollen sich binnen drey Monaten a dato dahier bey großherzogl. Oberamt einfinden, widrigenfalls gegen sie nach den Landesgesetzen verfahren werden wird, und zwar:

Von Bischofsheim: Daniel Wappnis, Georg Weick, Friedrich Koch, Jacob Zimpfer, Ludwig Wappnis, Martin Koch und Philipp Schneider.

Von Boderweiher: Michael Elles, Wilhelm Bilz.

Von Diersheim: Jacob Waag.

Von Kreistett: Georg Klotter, Georg Kramp, Georg Henneberger, Jacob Hänis, Christian Lasch, Philipp Schütt, Martin Hutmacher, Georg Wagner und Daniel Hummel.

Von Helmlingen: Jacob Zimpfer, Maurer, und Jakob Stauffer.

Von Linx und Hobböm: Johannes Gerber, Maurer, Georg Koerkel, Georg Waag, Michel Gerber, Leonhard Koerkel, Jakob Koerkel, Michel Koerkel und Jakob Bürkel.

Von Honau: Ludwig Andrie.

Von Leutesheim: Mattis Zimmer, Michael Zimmer und Michel Koßer.

Von Lichtenau: Michel Kirschemann.

Von Memprechtshofen: Philipp Gerhard, Mattis Frey, Johann Philipp Schaug und Johannes Meier.

Von Muckenhofen: Mattis Zimmer.

Von Scherzheim: Jakob Eberlin und Christian Kaug.

Von Zierolshofen: Georg Bachschmidt.

Verordnet bey Oberamt Bischofsheim am 17 Julius 1807.

2) derjenigen, welche Unterpfands- oder sonstige Realrechte auf breisgauische Dominical- und Rustical Realitäten haben.

Die breisgauische Landtafel, worin Eigenthums- und Unterpfandsrechte auf Dominical-Realitäten gerichtlich eingetragen werden, hat man durch Brandunglück und andere Kriegesfolgen bey näherer Untersuchung unvollständig gefunden, so,

daß die neue Errichtung derselben ein dringendes Bedürfniß geworden. Auch in Ansehung der Rustical-Realitäten fehlt es dermaßen noch an verschiedenen Grundbüchern, und selbst wegen der gerichtlichen Unterpfandsverschreibungen bereits hier und da manche Lücken vorkommen lassen. Zur Erhaltung des allgemeinen Credits, und besonders zur Sicherheit der Pfandgläubiger sieht man sich deswegen veranlaßt, nicht nur auf eine neue Landtafel in Ansehung der Dominical-Realitäten zu denken, sondern auch vollständige Grundbücher rücksichtlich der Rusticalien nach und nach fertigen zu lassen, und zunächst die Lücken der Unterpfandsverschreibungen auszufüllen zu lassen.

Daher ergehet hierdurch die öffentliche Ladung an alle diejenigen, welche Unterpfands- oder sonstige Realrechte auf eines Andern im Breisgau, oder in der Ortenau gelegenen Dominical- oder Rustical Realitäten zustehen, daß jene Berechtigten, welche sich in den großherzoglich badischen, auch in den königlich würtembergischen Staaten aufhalten, längstens bis den letzten August d. J. — alle übrige in andern Staaten befindliche aber längstens bis den letzten November d. J. und zwar in Ansehung der Dominical-Realitäten bey großherzoglicher Regierung — wegen der Rustical-Realitäten aber bey dem betreffenden Oberamte oder weiteren Amtsbehörde um so gewisser melden, und ihre diesfälligen Verschreibungen oder andere Urkunden gehörig vorlegen und vortragen lassen sollen, als widrigen Falls die bleibenden in der Folge mit ihren älteren etwa Realrechten demjenigen, der nach Ablauf der anberaumten Termins früher in die Verschreibungen sich jetzt künftig eingetragen wird, in allen Rechtswirkungen würden nachgesetzt werden.

Verordnet Freyburg im Breisgau den 13 Junius 1807.

Großherzoglich badische provisorische Regierung und Kammer.

Contab. Frhr. von Reblaw.
D. A. Hartmann.
J. Fr. v. Neven.
Däcle.

3) der Interessenten der Depositen-Gelder Sim. Morgenstern's.

Pfarrer Martin Morgenstern zu Berlingen Weier, angeblicher Bruder des abwesenden Simon Morgenstern hat sich in dem, in dem diesjährigen Depositio berühmten Gelddbetrage Simon Morgenstern's ad 356 fl. 31 kr. gemeldet, diejenigen nun, welche einen gleichen Anspruch auf dieses Vermögen zu machen glauben, werden daher aufgefordern, ihre Ansprüche dahier beybringend nachzuweisen, oder zu gewärtigen, daß nach 9 Monaten, und zwar erwähnter gedachten Pfarrers Morgenstern derselbe zur unzulänglichen Pflegschaft dieses Vermögens zugelassen, aber derselbe, falls er das wirkliche Ableben des Simon Morgenstern, oder des

Derselbe 70 Jahre alt sey, nächweise, ihm, als ihm zenthümlich zugeschieden werden wird.

Mannheim, den 26 May 1807.

Großherzogliches Hofgericht der Badis. Pfalzgrafschaft.

Courtin.   Wolff.

Stein.

4) Jos. Albert's.

Joseph Albert, von hier gebürtig, hat sich im Jahre 1794 in Potsdam aufgehalten, von dieser Zeit an aber sind alle Nachrichten über dessen Leben oder Aufenthalt ausgeblieben. Derselbe wird daher, oder seine allenfallsige Leibeserben hiermit aufgefordert, a Dato innerhalb neun Monaten das unter Pflegschaft stehende väterliche Vermögen von 264 fl. um so mehr in Empfang zu nehmen, als nach Ablauf dieses peremtorischen Termins auf näheres Anrufen obiger Betrag seinen beyden sich darum gemeldet habenden Schwestern zur nutznießlichen Erbpflegschaft verabfolget werden solle.

Mannheim den 2 Jun. 1807.

Großherzogl. Hofgericht der Badischen Pfalzgrafschaft.

Frhr. von Hacke.   Courtin.

vdt. Dietz.

5) der Erben Ang. d'Eymar's.

Der vormahlige bischöflich straßburgische General-Vicar und insulirter Probst zu Neuweiler im Elsaß Herr Angelus d'Eymar, ist den 15 März d. J. zu Offenburg ohne Hinterlassung einer letztwilligen Anordnung mit Tode abgegangen.

Da weder seine Erben, noch ihre gegenwärtigen Aufenthaltsorte dahier bekannt sind, so sieht man sich genöthiget, dieselben hiermit edintaliter aufzufordern, daß sie sich binnen einem unerstrecklichen Termine von drey Monaten in Person oder durch einen hinlänglich Bevollmächtigten bei der unterzeichneten Stelle einfinden und erklären sollen, ob sie die ihnen angefallene Verlassenschaft des gedachten Herrn General-Vicarius Abbé d'Eymar anzunehmen geneigt seyen oder nicht.

Und da zu Berichtigung der Erbschaftsmasse die Kenntniß der darauf haftenden Schulden gleichfalls unumgänglich nöthig ist, so werden zugleich auch alle diejenigen, welche irgend eine Forderung an diese Verlassenschaft zu machen haben dürften, hiermit peremtorisch vorgeladen, solche den 6 und 7 Julius d. J. in Offenburg vor der obervogteiamtlichen Commission um so gewisser anzumelden und zu beweisen, als sie sonsten sich selbsten beyzumessen haben, wenn die Erbschaft nach Umfluß des Termins denen darum sich meldenden Intestaterben ohne weiters ausgefolget werden solle. Verfügt x. bey Obervogtey-Amt.

Gengenbach den 8 May 1807.

---

6) J. Andr. Rueff's.

Des verstorbenen Gottlieb Rueff, gewesenen Stadtschuldheißen allhier, Sohn erster Ehe Johann Andreas, welcher bereits, falls er noch am Leben seyn sollte, einige siebenzig Jahre alt seyn müßte und im Jahr 1760 in kaiserlichen Kriegsdiensten als Unter-Lieutenant gestanden, hat seit dieser Zeit keine Nachricht mehr weder an seine hiesigen noch auswärtigen Verwandten von seinem Aufenthalt oder sonstigen Verhältnissen gegeben. Sein in vormundamtlicher Administration stehendes Vermögen beträgt 84 fl. um dessen Ausländigung sich seine Anverwandten, da die nach hiesigen Statuten bestimmte Verschollzeit von 70 Jahren bereits abgelaufen, beworben. Da nun ersagte Verwandten ihre Ansuchung um Verabfolgung desselben neuerdings gebeten, als will man hiermit Eingangs gedachten Johann Andreas Rueff, so wie alle diejenigen, welche von demselben Auskunft geben können, öffentlich aufgefordert haben, solches in dem Lauf von 12 Wochen a dato angerechnet, zu thun; und sich an unterzeichnete Stelle deßfalls zu wenden, im Unterbleibungsfall aber zu gewärtigen, daß ersagter Johann Andreas Rueff für verschollen und todt erkläret, und dessen Vermögen seinen sich gemeldeten Blutsverwandten ohne Sicherheits-Leistung ausgeliefert werde.

Regensburg, den 6 Junius 1807.

Sr. Hoheit des Fürsten Primas, und des souverainen Fürstenthums Regensburg Vormundschafts-Amt.

Georg Theodor Bößner, Director.

Pöller, Acuar.

7) in Betreff des finck'schen Wohnhauses.

Demnach der vormahls hiesige Hr. Canzley-Rath, jetziger Regierungs-Rath v. Türck, zu Oldenburg, sein allhier in der See-Straße gelegenes ehemahliges finck'sches Wohnhaus c. p. hinwiederum an freyer Hand verkaufet hat, und zu dem Ende um Erlassung gewöhnlicher proclamatum angetragen worden, so werden alle und jede, welche an bemeldtes Haus, c. p. aus irgend einem Grunde Ansprüche oder Forderungen haben, oder zu haben vermeinen, hiermit citirt und vorgeladen, in Termino den 29 k. M. Julius Vormittags 10 Uhr vor hiesiger Stadtgerichte zu erscheinen, solche ihre Ansprüche oder Forderungen zu liquidiren und zu justificiren, sub praejudicio, daß sie sonst damit werden präcludirt und ihnen deshalb ein ewiges Stillschweigen werde auferlegt werden.

Datum Neu-Strelitz, den 7 Jun. 1807.

Herzogl. Stadt-Gericht hier selbst.

J. Bartholdi.

8) Da an Verlag. J. Obers. Consistorio allhier die Magdalene Schieck zu Sonneberg eine Desertionsklage gegen ihren Ehemann den Kaufmann

Johann Georg Christian Schick übergeben und
gebeten hat, denselben edictaliter vorzuladen; so
wird derselbe peremtorie hierdurch citirt,
den 23 Jul. d. J.
persönlich oder durch einen behörig bevollmächtigten
Anwald vor Uns zu erscheinen, seines Ehrenbetes
Klage anzubeten und zu beantworten; sollte er
daran verhindert werden, so hat er
den 20 Aug. d. J.
die Ursachen seines Nichterscheinens anzugeben und
zu bescheinigen, oder zu gewärtigen, daß
den 17 Septbr. d. J.
nach Vorschrift des Desertionsprocesses in contumaciam gegen ihn werde erkannt werden.
Urkundlich ist diese Edictal-Citation unter dem
herzogl. Oberv. Consistorial-Siegel und gewöhnlicher Unterschrift ausgefertiget worden.
Meiningen zur Elisabethenburg den 9 May 1807.
Herzogl. S. Oberv. Consistorium das.
Heim.

9) J. Chrph. Hellmann's.
Bey dem altbiesigen herzogl. Amte hat Dorothea Elisabetha, dermahlen verehelichte Grauel zu
Friedrichrode, um die öffentliche Vorladung ihres
seit 10 Jahren abwesenden und vormahls von dem
herzogl. sachsen-gothaischen löblichen Leibregimente
desertirten Sohnes; Johann Christoph Hellmann,
und daß sein unter vormundschaftlicher Verwaltung
stehendes Vermögen ohne Caution ihr überlassen
werden möchte, nachgesucht. Es werden daher
besagter Johann Christoph Hellmann
so wie dessen etwaige Leibes- und sonstige rechtmäßige Erben, wie nicht, minder alle diejenigen,
welche an dessen Vermögen Ansprüche aus irgend
einem rechtlichen Grunde zu haben vermeinen,
hiermit beschieden
den 15 December dieses Jahres, ist der
Dienstag nach dem dritten Advent-
Sonntage
vor dem altbiesigen herzogl. Amte behörig zu erscheinen, und ihre Ansprüche und Forderungen, bey
Verlust derselben, und der Rechnwohlthat der
Wiedereinsetzung in den vorigen Stand, anzugeben
und zu bescheinigen, unter der Verwarnung, daß
das in Frage stehenden eigenthümliche Vermögen
des Sohnes der gedachten Mutter werde überlassen
werden. Tenneberg in dem Herzogthum Gotha
den 16 Junius 1807.
Herzogl. Sächs. Amt Reinhardsbrunn das.
C. J. Langsdorf.

Kauf- und Handels-Sachen.

Gutsverpachtungen.
1) Da die seitherige Pachtung des hiesigen,
den Herrn Gebrüdern und Vettern von Harstall

zuständigen Rittergutes zum rothen Schloß, u
ches aus ungefähr 406 Ar. Ackerland, auch Wie
und einem großen Garten besteht, und mit w
guten und geräumigen Wohn- und Wirthsch
gebäuden versehen ist, zu Mariä Verkündigu
den 25 März 1808 zu Ende geht, und daher d
ses Gut mit neuem auf sechs, vielleicht nach Bef
den auch wol auf mehrere Jahre an die Meis
tenden durch die hiesigen Gesammt-Gerichte v
pachtet werden soll; so wird hierzu Termin auf
Montag den 3 August d. J.
anberaumt, wo sich die Pachtliebhaber allhier e
zufinden, ihr Gebot zu erkennen zu geben, vo
aber sich in Ansehung ihrer öconomischen Ver
nisse, und wie sie die erforderliche Sicherhei
bestellen vermögen, durch glaubhafte Atteste
legitimiren haben, und dann die Pachtung d
Befinden dem Meistbietenden zugeschlagen werd
wird, der alsbald, wenn er ein Ausländer ist, weg
seines Gebotes durch Deponirung einer baar
Summe von 500 Rthlr. oder auf sonst beliebi
Weise einstweilige Sicherheit bis zum Antritt de
Pachtes zu leisten hat.
Uebrigens können die Pachtlustigen sich wege
der, außer dem Pachtgelde statt findenden Pach
bedingnisse vorher bey den hiesigen Gerichten er
den, und jene Bedingnisse sich vorlegen lassen.
Wibl, am 20 Junius 1807.
Hochadl. Harstall. Ges. Gerichte d
Johann Carl Seewa
Gerichts-Director.

2) Nachdem das Gut zu Bettenrode, zwey Stu
den von Eisenach gelegen, an Wohn- und Wir
schaftsgebäuden, Gärten, Schäferey, so 31
Wiesen, 15 Hufen Landes und dazu gehörig
Prohaern, dem Inventario, an Vieh, Schaff u
Geschirr mit der vollen Ernte, auf drey oder me
rere Jahre an den Meistbietenden verpachtet we
den soll; als werden, alle diejenigen, so welch
Gut zu verpachten gemeinet, hiermit aufgefordert
Donnerstag den 9 Jul. a. c.
vor dem herzogl. f. com. Amte Creuzburg sich e
zufinden, geklekte, daselbst die nähern Pachtbedin
nisse mit anzuhören; sodann aber für ihre Perso
wegen der zu leistenden Sicherheit auf das Gr
und für zu bescheinenden Pachtcaution sich behörig
legitimiren, sofort ihre Gebote zu erkennen zu
ben, und daß endlich das Gut nebst Zubehörung
den Meistbietenden zugeschlagen und den näu
rübergehen werden soll, gewärtig zu seyn.
Geschehen Creuzburg, den 12 Jan. 1807.
Herzogl. S. com. Amt das.
Carl Ludwig Appetius.

Allgemeiner Anzeiger
der
Deutschen.

Dienstags, den 30 Junius 1807.

Gesundheitskunde.

Ein vortreffliches Mittel gegen Steinschmerzen.

Dank sey dem menschenfreundlichen Generalmajor von Restorff für die Mittheilung des Mittels gegen Nierenstein-Schmerzen und Strangurie (A. Anz. 1803 Nr. 132 S. 1761.) Meine Gattin wurde dadurch von ersterm Uebel fast gänzlich befreyt; denn alle medicinische Hülfe hat in 16 Jahren das nicht bewirkt, was dieses einfache Mittel leistete. Gerade im May 1803 waren die Schmerzen so anhaltend und fürchterlich, daß wir alle an ihrem Aufkommen zweifelten, und gerade da kam die schnelle Hülfe. Der hiesige, sehr geschickte Botaniker Schinkenhofer lehrte mich die Pflanze kennen; ich machte Gebrauch davon, und den dritten Tag ging ein Stein von ihr, der nach Apothekergewicht 18 Gran wog, und den sie 7 Wochen lang in der Blase fühlte; der Menge kleiner Steine und des Sandes nicht zu gedenken, die damit abgingen.

Von der Zeit an war jeder Anfall weniger schmerzlich und anhaltend; denn Steine, woran sie vorher Monat lang Schmerzen litt, gingen auf den Trank in ein Paar Tagen, ja einmahl 26 unmittelbar nach einander ab. Jetzt ist es, Gott sey ewig Dank, so weit gekommen, daß seit anderthalb Jahren sich nur ein paarmahl geringe Spuren zeigten, wo dann auf den Gebrauch des Trankes kleine nur sandartige Steinchen abgehen.

Allg. Anz. d. D. 1 B. 1807.

Beschreibung der heilsamen Pflanze von Schinkenhofer.

Juncus bilosus, haarige Binse. Ein binsenartiges Gras, mit flachen, langen behaarten Wurzel- und Stengelblättern; der Stengel trägt eine After-Dolde, welche aus ganz einfachen einblümigen sechsblätterigen, gestielten und ansitzenden Blüthen besteht. Die Wurzel ist astig und fasrig. Die Pflanze findet sich bey uns häufig in waldigen, sandigen und bergigen Gegenden, besonders in jungem Holz, und blühet zu Anfang des Frühlings, bleibt aber bis in den spätesten Herbst immer von der besten Wirkung. Es wird wol kaum zu vermeiden seyn, daß nicht selbst Botaniker die Binse Juncus campestris mit obiger verwechseln; denn man findet sie vielfältig bey und neben einander, und der Unterschied besteht bloß darin, daß diese zusammen gehäufte Aehrchen trägt, deren viele in den Achseln der Blüthenstiele ungestielt eingesteckt sind. Aber im Gebrauch und im Nutzen ist eine wie die andere, das habe ich aus Erfahrung.

Gebrauch. Von diesen Binsen werden die röthlichen fasrigen Wurzeln hart unter der Krone abgeschnitten (ich habe auch die neuen Schosse, die hart an der Wurzel herauswachsen, wenn noch nichts Grünes hervorsticht, dazu genommen und gut gefunden) dann in kaltem Wasser von der Erde gereiniget, in lauwarmem Wasser von dem Erdgeschmack bloß Waschen gereiniget, und an einem luftigen Orte getrocknet. Zum Gebrauch werden 4 Loth abgewogen, in einem reinen Hafen bey einem mäßigen Feuer mit

einem starken Quart, oder 1 1/4 Nößel Wasser, wohl zugedeckt, langsam anderthalb
Viertelstunden lang gekocht, zuvor aber muß
man einen Kaffeelöffel voll reine geschabte
Kreide daran thun. Dann läßt man es zugedeckt abkühlen, und durch ein Tuch seihen,
wo es sodann von brauner Farbe, klar und
durchsichtig erscheinet. Hiervon trinkt der
Patient des Morgens eine Stunde nach dem
Frühstück die Hälfte und unter Tages oder
gegen Abend die andere Hälfte. *)

NB Wir haben die Portion Wurzel
jedesmahl noch einmahl auch mit einem Löf-
selchen voll Kreide abgesotten, und an Wirkung und Farbe dem ersten Absud gleich gefunden!

Johann Paul Thelott,
Kupferstecher in Augsburg.

*) Wer sich noch genauer von der Anwendung
dieses Tranks unterrichten will, nehme die
oben angeführte Nr. des A. A. zur Hand.
der Red.

Künste, Manufacturen und Fabriken.

Nachricht von einer vorzüglichen Art Dreh-Orgeln.

Musik-Liebhabern und besonders Freunden der Choral-Musik, die sich dieses erhei-
ternde Vergnügen nicht durch eigene Kunst
verschaffen können und doch gleichwohl davon,
zu Beförderung ihrer häuslichen Andacht,
Gebrauch zu machen wünschen, glaubt Einsender dieses einen sehr angenehmen Dienst
zu erweisen, wenn er ihnen für jene Absicht
hiermit einen Mann empfiehlt, der schon seit
vielen Jahren eine Art Dreh-Orgeln verfertiget, die sich sowohl durch ihren guten Mechanismus, als durch Reinheit des Tons,
auch richtige Abmessung des Tacts und durch
ihre gefällige Bauart im Aeußern sehr vorzüglich auszeichnen.

Es ist dieser geschickte Künstler Georg
Simon Ehrlicher in Neustadt an der Heyde
bey Coburg, wohin sich also Liebhaber mit
ihren Bestellungen wenden können. Er bearbeitet die erwähnte Gattung Orgeln auf
Verlangen ganz nach des Bestellers eigenem
Geschmack und Vorschrift, sowohl in Absicht
auf die Zahl als Wahl der Stücke, und Einsender kann ihn nicht allein wegen seiner sol-

den Arbeit, sondern auch wegen der Billigkeit seiner Behandlung, mit so mehrerm Rechte öffentlich anpreisen, da er selbst von ihm
mit einem solchen Werke, zu seiner vollkommensten Zufriedenheit, versehen worden
ist. Daß dieser Mann zeither außer dem nahen Bezirke seines Wohnorts, und sehr wenig dem Namen nach bekannt wurde, ist bloß
die Folge seiner anspruchslosen Bescheidenheit;
denn obgleich seine Werke schon bisher in die
entferntesten Welt-Gegenden versendet worden sind, so wurden sie doch meistentheil
bloß von Kaufleuten unmittelbar bezogen und
dann von letztern, auf ihre Rechnung, weiter
versendet. Diese Betrachtung macht es also
dem Einsender, als Verehrer des deutschen
Kunstfleißes, um so mehr zur Pflicht, Ehrlicher's stilles Verdienst durch gegenwärtige
öffentliche Bekanntmachung aus seinem bisherigen unverdienten Dunkel hervorzuziehen.
— i — — ü — *)

*) Obgleich der Verfasser obiger Empfehlung sich
nicht unterzeichnet hat, so verdient sie gleichwohl volle Glaubwürdigkeit, da er als ein
wahrheitsliebender Mann mir bekannt ist.
d. Red.

Anfrage.

Der Wasserbauinspector Kopp zu Hanau hat (besage des Almanachs der Erfindungen 6 Theil S. 377) ein Sicherungsmittel
gegen Wassergefahr für bekleidete und des
Schwimmens unkundige Personen erfunden.
Ist über diese so nützliche Erfindung etwas weiter bekannt geworden?

Allerhand.

Warnungen.

1) Daß meine beyden Bedienten, Ernst
Christian Streckert aus Lispenhausen Amts
Rothenburg in Hessen, und Johannes Krause aus Zell im Schwarzenfelsischen vergangene Nacht mich heimlich verlassen und mehrere ihnen nicht zugehörige Sachen mitgenommen haben (circa für 75 Thlr.), mache ich
hiermit einem geehrten Publicum bekannt,
und warne jeden, sich vor diesen Elenden,
meine zahllose Güte mit schändlichem Undank
belohnt habenden Menschen, die mit Recht

unter den Auswurf der Menschen gehören, in Acht zu nehmen.

Signalement.

1) Ernst Christian Streckert ist 19 Jahr alt, trägt schwarze rund abgeschnittene Haare, hat ein glattes, längliches, gesundes Gesicht, auswärts gebogene Beine, und ist von mittler Größe.

2) Johannes Krause ist 26 Jahr alt, sehr langer Statur, hat rothe kurze Haare und ein mit Pockennarben und Sommersprossen bedecktes Gesicht, dabey eine affectirte Sprache, und stand vormahls im churhessischen Regiment Landgraf Carl in des Major Mühlhausen Compagnie.

Salmannshausen bey Eisenach den 21 Junius 1807.

Julius von Göckell.

2) Es geht ein junger Mensch, wahrscheinlich ein Jude, mit einem blauen Frack, gelben weiten Beinkleidern, mehr kleiner, als mittlerer Statur, mit einer gebogenen nicht sehr großen Nase, schwarzen, gelockten abgeschnittenen Haaren, höchstens ein angehender zwanziger; von Stadt zu Stadt, von Dorf zu Dorf, und trägt bald Sackuhren feil, bald gibt er vor, er käme von der Armee als Bedienter, weil sein Herr bey Osterrode erschossen worden sey, und er nach Metz, seinem Geburtsort gehen wolle, habe die Sackuhr seines Herrn noch, und wolle sie um ein Reisegeld verkaufen. Die Uhren sind von Semilor und vergoldet und mit Steinen besetzt, wahrscheinlich mit böhmischen. Diese bietet er als goldene mit guten Steinen besetzte Uhren, bald für 12, bald für 10, bald für 6, bald für 5 Carolin aus. Um die Echtheit der Steine zu beweisen, macht er in der Geschwindigkeit ein schön geschriebenes lateinisches D ins Fenster; er gibt vor, es sey ins Glas geschnitten; es ist aber kein Schnitt, sondern ein Riß, den man auch mit einem Feuerstein machen kann. Da schon mehrere durch solche Menschen mit solchen Uhren betrogen worden sind, und für eine solche Uhr 3, 4, 5, auch 6 Carolin bezahlt haben: so glaubt man das Publicum auf diesen Betrüger aufmerksam machen zu müssen, da eine solche Uhr nicht mehr Werth

hat, als höchstens 11 bis 15 fl. Fränkisch. Sollten nicht besonders Obrigkeiten auf diesen Betrüger aufmerksam seyn, um von ihm zu erfahren, ob wol gar eine Fabrik dieser Uhren existire? Denn dergleichen Uhren scheinen Fabrikuhren zu seyn: dabey erinnert man sich, daß vor drey oder vier Jahren ebenfalls dergleichen Uhren feil geboten worden sind.

Dienst = Gesuche.

Ein junger Mensch von 20 Jahren, der die Handlung erlernt hat, die Buchhalterey versteht, Französisch spricht und schreibt, wünscht bald in einem Comptoir, oder auch als Reisender angestellt zu werden. Er verspricht, wenn er eine gute Behandlung findet, ohne Salair zu dienen. Franco eingehende Briefe an C. W. adressirt, besorgt die Expedition des allg. Anz. in Gotha.

Justiz = und Polizey = Sachen.

Vorladung J. Dav. Mey's.

Der verschollene Schuhmacher=Geselle Johann David Mey aus Masserhammer, oder dessen etwaige Leibeserben, so wie alle diejenigen, welche an sein hiesiges Vermögen Ansprüche zu haben vermeinen, werden, unter der Verwarnung, daß er sonst für todt und letztere ihrer Forderungen, so, wie des Rechts der Wiedereinsetzung in den vorigen Stand für verlustig erkläret werden, auf

den 10 December d. J.

zur Anmeldung und Heraushebe, auch Bescheinigung ihrer Ansprüche in gesetzlicher Ordnung, Kraft dieses öffentlich anhero vorgeladen.

Sign. Gehren den 15 Jun. 1807.

Fürstl. Schwarzburgis. Amt das.

Kauf = und Handels = Sachen.

Verpachtung einer Apotheke.

Eine gute und vollständige Apotheke, in einer ansehnlichen Handelsstadt Hessens, welche selbst am Hauptplatz gelegen und ohnehin in einem guten Rufe ist, steht gegen hinreichende Caution und die sonstigen Erfordernisse einem mit gehörigen Kenntnissen resp. erfahrnen Subjecte von Termino Michaelis 1807 auf sechs nach einander folgende Jahre unter billigen Bedingungen zu verpachten. Frankirte Briefe besorgt in dieser Angelegenheit die Expedition des allg. Anz. in Gotha.

Anzeige für Tabacks-Fabrikanten.
Die Kunst, die gegossenen Tabacks-Bleye zum
Einpacken des Rauch- und Schnupf-Tabacks zu
verfertigen, wird käuflich angeboten, und die dazu
nöthige Maschine beygegeben. Die dessfalsigen
billigen Bedingnisse sind bey Herrn Buchhändler
Kaufmann in Heidelberg einzuholen.

Wechsel- und Geld-Cours in sächsischer Wechselzahlung.

Leipzig, den 23 Junius 1807.

In den Messen.	Geld	Briefe.
Leipz. Neujahr-Messe	—	—
— Oster-	—	—
Naumburger —	99 3/4	—
Leipz. Michaels —	98	—
Amsterdam in Bco. à Uso	—	—
Detto in Curr. à Uso	—	143 1/4
Hamburg in Bco. à Uso	—	149 1/2
Lion 2 Uso in Liv.	—	78 1/4
Paris 2 Uso in Liv.	—	78 1/2
Augsburg à Uso.	—	100
Wien à Uso.	—	47 1/4
Prag à Uso.	—	47 1/4
London à 2 Uso p. Pf. St.		
Ränder-Ducaten	13 1/2	—
Kaiser-Ducaten	12 1/2	—
Wichtige Duc. à 66 Aß	10 1/2	—
Breslauer à 65 1/2 ditto	10 1/2	—
Leichte à 65 ditto	9 1/2	—
Almarco ditto	—	—
Almarco Louisd'or	—	—
Souverainb'or	9x@	—
Louisd'or à 5 Rthl.	10 1/4	—
Sächs. Conv. Geld	pari	—
Schild-Louisd'or	2 1/4	—
Laubthaler	—	2 1/2
Preuß. Curr.	5 1/4	
Do. Münze.	10	
Zet.	pari	
Caß. Bill.	3/4	
Kronenthaler	1/2	
3. 7. Kr.	8 3/4	
17	5	
Wiener Banc. Zettel	—	
Frankfurt a. M. à Uso.	3	

Wechsel- und Geld-Cours in wichtige Louis- Carls- u. Fried'or à 5 Rthlr.

Bremen, den 24 Jun. 1807.

Amsterdam 250 fl. in Banco 8 T. d.	—
Dito 2 Mon. dato	—
Dito in Courant 8 T. d.	31 1/4.1/
Dito 2 Mon. dato	30 1/4.30
Hamburg 300 Mk. in Bco 6 T. d.	36. 35 3/
Dito 2 Mon. dato	35
London für 100 Lsterl. 2 Mt.	—
Paris 1 Fl. 2 Mt.	17 3/8.1/
Bourdeaux dito dito	
Frankf. a. M. 2 Mt.	
Leipzig 2 Mt.	
Berlin 2 Mt.	
Holl. Rand-Ducaten 1 St.	2 xC. 60
Neue 2/3 Stück gewinnen	7
Conv. Münze verliert	8 1/2
Laubthaler à 1 1/2 Rthl. dito	7
Preußisches Courant	16
Holl. fl. per Stück	37

Hamburger Wechsel- und Geld-Cour in Banco.

den 23 Jun. 1807.

Amsterdam in Banco k. S.	33 11/16
dito 2 Mon. dato	33 15/16
dito in Cour. k. S.	4
dito 2 Mon. dato	4 3/4
London für 1 Lsterl. 2 Mt.	
Paris 3 Fl. 2 Mt.	25 1/2
Bordeaux dito dito	257/16
Madrid 1 Duc. 3 Mt.	91 1/2
Cadix dito dito	91 1/2
Lissabon 1 Crus dito	44 1/2
Wien v. Prag in Cour. 6 W. d.	318
Copenhagen 2 Mt.	39 1/2
Louis- Carls u. Fried'or à 5 Rt.	11 & 1
Holl. Rand-Ducaten	8 3/4
Neue 2/3 Stück	29 1/2
Grob Dän. Courant	24 1/2
Hamburger dito dito	23 5/8
Preuß. dito dito	57 1/2

Register

zum ersten Bande

des

Allgemeinen Anzeigers 1807.

Bücher-Taufe.

Herrmann principes de morale ou catechisme de
la raison etc. 4 edition 92, 952.
Heß, J R über die Natur der Krankheit, welche
im Herbst d. J 1804 zu Livorno geherrscht hat
10, 94.
Heuberger's, J W. nothw. Handwörterbuch zur
Erklärung aller vorkommenden fremden Wörter
72, 735.
Heyer's, G J. in Gießen Verlagsbücher 162, 1694.
Hildebrandt's Abbildungen chemischer Oefen und
Werkzeuge 137, 1422.
Hochheimer's, C. F. A. allgemeines öconomisch-
chemisch-technologisches Haus- und Kunstbuch rc.
1 — 4 B. 24, 240.
Holscher's Beruhigungsgründe bey dem Tode unserer Freunde 3, 23.
Homeri Ilias, editio nova in usum Scholarum
etc. 3, 23.
Hommel's, C. F. Pertinenz- und Erbsonderungsre-
gister von D. G L. Winkler 6 Aufg. 165, 1723.
Horn, F der Einsame rc. neue Ausg. 96, 992.
Houel's Reisen durch Sicilien, Malta und die liparischen Inseln; aus dem Franz. von J. H Keerl
4 Th. 24, 238.
Hufeland's, C. W. Journal der pract. Heilkunde
und Wundarzneykunst 24 B. 4 St. 24, 236.
25 B. 1 St. 24, 236. 25 B. 2 St. 79 806.
25 B 3 St. 99, 1020. 155, 1613. — Bibliothek der pract. Heilkunde 17 B. 4 St. und 18
B. 1 St. 24, 236. 18 B. 2 St. 79, 806. 18
B. 3 St 99, 1020. — Universalregister zu den
ersten 20 B. d. Journ. der pract. Heilkunde rc.
24, 236.
Hüllmann's Geschichte des Ursprungs der Stände.
2 Th. 99, 1021. 123, 1269.
Huschke, J. G. commentatio de Orphei argonauticis 23, 258.
Jakobs's, F. Elementarbuch der griechischen Sprache etc. 1 und 2 Cursus 2 Aufg 72, 736.
Jung, C. R. die Vortheile des Krieges 31, 312.
45, 455.
Industrie-Comtoir in Leipzig; neue Verlagsbücher
desselben 165, 1725.
Instruction zur Abrichtung der Scharfschützen 92,
952.
Jöcher's Gelehrten-Lexicon, neu bearbeitet von Rotermund 96, 985.
Jordan's, J. L. v. T. L. Hasse's Magazin für Ei-
senberg- und Hüttenkunde 1 H. 24, 238.
Journal des Luxus u. d. Moden 1 St. 38, 381.
2 St. 62, 632. 3 St. 723 734. 4 St. 113,
1165. 5 St. 137, 1420. 6 St. 1807 162, 1690.
— für deutsche Frauen 59, 597.
Jubert d'Aprix allgemeines Gesprächs-Lexicon 82,
839.
Jaff's, R. G. neues kurzgefaßtes und leichtes Lehr-
und Lesebuch rc 3 Aflg 72, 735. — kleiner Katechismus 72, 736. — Sprachbuch für die Schuljugend 72, 736.

Kalkmann's Gegenstände der ältesten Geschichte, ein
englisches Lesebuch 2, 21.
Kameral-Oekonomie-Forst- und Technologie-Korrespondent, allg f Deutschland 3, 17. 31, 310.
48, 486. Febr H. 79. 803.
Kellner, M. A J der Mensch und die Thiere 103,
1064. 130, 1352. 141, 1472.
von Kerefe's Abhandlungen über Metaphysik und
Naturlehre 99, 1024.
Kern's, D. W pädagogische Fragmente 2, 23.
Kirchmeyer's, H. Ch Ph. pract. öconom. Beme-
kungen auf einer Reise durch Holstein rc. 165,
1721.
Kilian, D. was soll man in den jetzigen Kriegszün
thun, um sich gegen die Gefahren des Nerven-
und Faulfiebers zu schützen? 66, 667.
Kindergespräche, deutsch, und franz 2 Aflg. 3, 21.
Kindervater's, C. V. neues Communionsbuch für
Bürger und Landleute rc 45, 455.
Kindervateri, C. V. posthuma etc. edidit F. C.
G. Perlet 99, 920.
Kirch's, J. V. Jesus in seinem Leiden 59, 600.
Klaproth's, M. H. Beyträge zur chemischen Kennt-
niß der Mineralkörper 4 B. 158, 1646.
Kleeblatt, das corsische rc. 89, 919
Klüger's in Aenncke und Rudolstadt Verlagsbücher
82, 840.
Kochbuch, das kleine frankfurter 6 Aflg. 89, 917.
Koch- und Wirthschaftsbuch, gemeinnütziges 52
338. 96, 991.
König, der, in der Einbildung 99, 1024.
Kopp's, D. J. H. Topographie der Stadt Hanau
162, 1694.
Kriegssteuerrecht, allgemeines, mit Rücksicht auf
die Kriegssteuern der Pfarrer u. Geistlichen 48, 487.
de La Combe, A et G. L. Seebas: nouvelle gram-
maire française 52, 526.
Lafontaine's, A. Sittenspiegel für das weibliche
Geschlecht 5 B. 89, 917. Arcadien 3 B. 99,
1024.
Länder- und Völkerkunde, neueste, 1 St. 38, 381.
2 und 3 St. 113, 1165. 3 B. 4 St. 137, 1420.
5 St 162, 1690.
Lang's Reise auf dem Rhein 2 B. 137, 1423.
— H. Passionspredigten rc. von D. W. F. Huf-
nagel 82, 839
Lang's, M. J. dictionnaire universel des synony-
mes de la langue française 141, 1458.
Laubender's, D. B theoret. pract. Handbuch der
Thierheilkunde rc 3 B 66, 670
Laukhard's, F. C. neues franz Lesebuch 2 Aflg. 52
527.
Landwirthschaftliche Zeitung f. 1807 92, 945.
Le Mang's franz. Briefe nebst deutschen Nachahmun-
gen 89, 920. — Die Kunst mit der französischen
Sprache und ihrem Geiste ganz vertraut zu wer-
den 96, 985.
Leopold's, J L G Landbienenzucht 48, 487.
Lesebuch, einsylbiges, für Anfänger im Deutsch-
lesen 141, 1467.

C.

L.

b

V.

Vorladungen.

Lightning Source UK Ltd.
Milton Keynes UK
UKHW022200140219
337291UK00006B/627/P

9 780364 835180